Kant-Lexikon
Studienausgabe

Kant-Lexikon

Studienausgabe

Herausgegeben von
Marcus Willaschek, Jürgen Stolzenberg,
Georg Mohr, Stefano Bacin

unter Mitarbeit von
Thomas Höwing, Florian Marwede, Steffi Schadow

in Verbindung mit
Eckart Förster, Heiner Klemme, Christian Klotz,
Bernd Ludwig, Peter McLaughlin, Eric Watkins

DE GRUYTER

Herausgeber
Marcus Willaschek, Johann Wolfgang Goethe-Universität, Frankfurt
Jürgen Stolzenberg, Martin-Luther-Universität Halle-Wittenberg
Georg Mohr, Universität Bremen
Stefano Bacin, Università Vita-Salute San Raffaele, Milano

ISBN 978-3-11-051910-5

Library of Congress Cataloging-in-Publication Data
A CIP catalog record for this book has been applied for at the Library of Congress.

Bibliografische Information der Deutschen Nationalbibliothek
Die Deutsche Nationalbibliothek verzeichnet diese Publikation in der Deutschen Nationalbibliografie; detaillierte bibliografische Daten sind im Internet über http://dnb.dnb.de abrufbar.

Satz: le-tex publishing services GmbH, Leipzig
Druck und Bindung: CPI books GmbH, Leck
♾ Gedruckt auf säurefreiem Papier
Printed in Germany

MIX
Papier aus verantwortungsvollen Quellen
FSC® C083411

www.degruyter.com

Vorwort

Die vorliegende Studienausgabe des dreibändigen Kant-Lexikons versammelt die Artikel zu den wichtigsten philosophisch relevanten Termini der Philosophie Kants in einem Band. Diese Studienausgabe erschließt damit die bedeutendsten Themen von Kants Werken.

Die Artikel enthalten im ersten Abschnitt eine Definition bzw. Erläuterung des Stichworts. Es folgen Hinweise auf die wichtigsten Stellen durch Angabe von Band und Seitenzahl der *Akademie-Ausgabe*, an denen Kant den Terminus erläutert oder verwendet. Daran schließt sich, wo dies sinnvoll erschien, eine Schilderung des historischen Kontexts an. Der zentrale Abschnitt des Artikels erläutert die systematische Funktion des betreffenden Terminus in der Philosophie Kants unter Berücksichtigung der Entwicklung des Kantischen Denkens. Interpretationsschwierigkeiten und -kontroversen werden, wo es sachlich geraten schien, in einem gesonderten Abschnitt zusammenfassend dargestellt.

Am Ende des Artikels werden Hinweise auf ausgewählte weiterführende Literatur gegeben. Die vollständigen Angaben zur Literatur, auf die *in den Artikeln* in Form von Kurztiteln verwiesen wird, finden sich in der Bibliographie am Ende dieser Studienausgabe des Kant-Lexikons.

Dank

Dem Verlag Walter de Gruyter und der Cheflektorin, Frau Dr. Gertrud Grünkorn, danken die Herausgeber für die Bereitschaft, eine Studienausgabe des Kant-Lexikons in das Verlagsprogramm aufzunehmen und für die zuvorkommende Betreuung.

Frankfurt/M., Halle, Bremen und Pisa,
Februar 2017

Die Herausgeber
Marcus Willaschek
Jürgen Stolzenberg
Georg Mohr
Stefano Bacin

Inhalt

Siglenverzeichnis

1. Einleitung KU	Erste Einleitung in die Kritik der Urteilskraft
Ableben Funk	Gedanken bei dem frühzeitigen Ableben des Herrn Johann Friedrich von Funk
Anthropologie	Anthropologie in pragmatischer Hinsicht
Anthropologie Busolt	Vorlesung über Anthropologie, Nachschrift Busolt
Anthropologie Collins	Vorlesung über Anthropologie, Nachschrift Collins
Anthropologie Friedländer	Vorlesung über Anthropologie, Nachschrift Friedländer
Anthropologie Menschenkunde	Vorlesung über Anthropologie, Nachschrift „Menschenkunde“
Anthropologie Mrongovius	Vorlesung über Anthropologie, Nachschrift Mrongovius
Anthropologie Parow	Vorlesung über Anthropologie, Nachschrift Parow
Anzeige	Anzeige des Lambertischen Briefwechsels
Aufklärung	Beantwortung der Frage: Was ist Aufklärung?
Ausgleichung	Ausgleichung eines auf Mißverstand beruhenden mathematischen Streits
Bemerkungen	Bemerkungen zu den Beobachtungen über das Gefühl des Schönen und Erhabenen, [Kant-Forschungen, Bd. 3], hg. von Marie Rischmüller, Hamburg: Meiner 1991
Beobachtungen	Beobachtungen über das Gefühl des Schönen und Erhabenen
Betrachtung	Fortgesetzte Betrachtung der seit einiger Zeit wahrgenommenen Erderschütterungen
Beweisgrund	Der einzig mögliche Beweisgrund zu einer Demonstration des Daseins Gottes
Buchmacherei	Über die Buchmacherei
Büchernachdruck	Von der Unrechtmäßigkeit des Büchernachdrucks
Danziger Rationaltheologie	Vorlesung über Rationaltheologie, Nachschrift Mrongovius, nach Baumbach
De igne	Meditationum quarundam de igne succincta delineatio [Knappe Darstellung einiger Gedanken über das Feuer]
De mundi	De mundi sensibilis atque intelligibilis forma et principiis [Über die Form und die Prinzipien der Sinnen- und Verstandeswelt]
Deutlichkeit	Untersuchung über die Deutlichkeit der Grundsätze der natürlichen Theologie und der Moral
Einfluß des Mondes	Etwas über den Einfluß des Mondes auf die Witterung
Ende aller Dinge	Das Ende aller Dinge
Entdeckung	Über eine Entdeckung, nach der alle neue Kritik der reinen Vernunft durch eine ältere entbehrlich gemacht werden soll
Entwurf Geographie	Entwurf und Ankündigung eines Collegii der physischen Geographie nebst dem Anhange einer kurzen Betrachtung über die Frage: Ob die Westwinde in unsern Gegenden darum feucht seien, weil sie über ein großes Meer streichen

Erdbeben	Von den Ursachen der Erderschütterungen bei Gelegenheit des Unglücks, welches die westliche Länder von Europa gegen das Ende des vorigen Jahres betroffen hat
Erklärung Schlettwein	Erklärung gegen Schlettwein
Erklärung Fichte	Erklärung in Beziehung auf Fichtes Wissenschaftslehre
Fakultäten	Der Streit der Fakultäten
Fortschritte	Welches sind die wirklichen Fortschritte, die die Metaphysik seit Leibnizens und Wolffs Zeiten in Deutschland gemacht hat?
Frieden	Zum ewigen Frieden
Gegenden	Von dem ersten Grunde des Unterschieds der Gegenden im Raume
Gemeinspruch	Über den Gemeinspruch: Das mag in der Theorie richtig sein, taugt aber nicht für die Praxis
Geschichte	Idee zu einer allgemeinen Geschichte in weltbürgerlicher Absicht
Geschichte Erdbeben	Geschichte und Naturbeschreibung der merkwürdigsten Vorfälle des Erdbebens, welches an dem Ende des 1755sten Jahres einen großen Teil der Erde erschüttert hat
GMS	Grundlegung zur Metaphysik der Sitten
Handexemplar KrV A	Kants Handexemplar der *KrV A*, darin *Selbständige Reflexionen* zu verschiedenen Textstellen der *KrV* sowie *Textemendationen*
KpV	Kritik der praktischen Vernunft
Krankheiten	Versuch über die Krankheiten des Kopfes
KrV	Kritik der reinen Vernunft
KrV A	Kritik der reinen Vernunft, 1. Auflage
KrV B	Kritik der reinen Vernunft, 2. Auflage
KU	Kritik der Urteilskraft
Lehrbegriff	Neuer Lehrbegriff der Bewegung und Ruhe und der damit verknüpften Folgerungen in den ersten Gründen der Naturwissenschaft
Logik	Logik. Ein Handbuch zu Vorlesungen, hg. von Gottlieb Benjamin Jäsche
Logik Bauch	Logik-Vorlesung. Unveröffentlichte Nachschriften. Logik Bauch, bearb. von Tillmann Pinder, Hamburg: Meiner 1998 [Kant-Forschungen, Bd. 8]
Logik Blomberg	Vorlesung über Logik, Nachschrift Blomberg
Logik Hechsel	Logik-Vorlesung. Unveröffentlichte Nachschriften. Logik Hechsel, Warschauer Logik, bearb. von Tillmann Pinder, Hamburg: Meiner 1998 [Kant-Forschungen, Bd. 9]
Logik Pölitz	Vorlesung über Logik, Nachschrift Pölitz
MAN	Metaphysische Anfangsgründe der Naturwissenschaft
Menschenrace	Bestimmung des Begriffs einer Menschenrace
Metaphysik der Sitten Vigilantius	Vorlesung über Moralphilosophie „Metaphysik der Sitten", Nachschrift Vigilantius

Metaphysik Dohna	Vorlesung über Metaphysik, Nachschrift Dohna
Metaphysik Herder	Vorlesung über Metaphysik, Nachschrift Herder
Metaphysik L1	Vorlesung über Metaphysik, Nachschriften-Kompilation „L1"
Metaphysik L2	Vorlesung über Metaphysik, Nachschrift Pölitz „L2"
Metaphysik Mrongovius	Vorlesung über Metaphysik, Nachschrift Mrongovius
Metaphysik Volckmann	Vorlesung über Metaphysik, Nachschrift Volckmann
Metaphysik v. Schön	Vorlesung über Metaphysik (Ontologie), Nachschrift von Schön
Monadologia physica	Metaphysicae cum geometrica iunctae usus in philosophia naturali, cuius specimen I. continet monadologiam physicam [Der Gebrauch der Metaphysik, sofern sie mit der Geometrie verbunden ist, in der Naturphilosophie, dessen erste Probe die physische Monadologie enthält]
Moralphilosophie Collins	Vorlesung über Moralphilosophie, Nachschrift Collins
MSR	Die Metaphysik der Sitten, Erster Teil: Metaphysische Anfangsgründe der Rechtslehre
MST	Die Metaphysik der Sitten, Zweiter Teil: Metaphysische Anfangsgründe der Tugendlehre
Mutmaßlicher Anfang	Mutmaßlicher Anfang der Menschengeschichte
Nachricht Vorlesungen	Nachricht von der Einrichtung seiner Vorlesungen in dem Winterhalbenjahre von 1765–1766
Nachricht Ärzte	Nachricht an Ärzte
Nachschrift Mielcke	Nachschrift zu Christian Gottlieb Mielckes Littauisch-deutschem und deutsch-littauischem Wörterbuch
Natürliche Theologie Volckmann	Vorlesung über Natürliche Theologie, Nachschrift Volckmann, nach Baumbach
Negative Größen	Versuch den Begriff der negativen Größen in die Weltweisheit einzuführen
Nova dilucidatio	Principiorum primorum cognitionis metaphysicae nova dilucidatio [Neue Erhellung der ersten Prinzipien metaphysischer Erkenntnis]
Ob die Erde veralte	Die Frage, ob die Erde veralte, physikalisch erwogen
Op. post.	*Opus postumum*
Optimismus	Versuch einiger Betrachtungen über den Optimismus
Orientieren	Was heißt: sich im Denken orientieren?
Pädagogik	Über Pädagogik, hg. von Friedrich Theodor Rink
Philanthropin	Zwei Aufsätze, betreffend das Basedow'sche „Philanthropin"
Physische Geographie	Physische Geographie, hg. von Friedrich Theodor Rink
Prolegomena	Prolegomena zu einer jeden künftigen Metaphysik, die als Wissenschaft wird auftreten können
Racen	Von den verschiedenen Racen der Menschen
Radikal Böse	Über das radikale Böse in der menschlichen Natur
Refl.	Handschriftliche Notizen (*Reflexionen*) aus dem Zeitraum 1765–1800

Religion	Die Religion innerhalb der Grenzen der bloßen Vernunft
Religionslehre Pölitz	Vorlesung über Philosophische Religionslehre nach Pölitz
Rez. Herder	Rezensionen von Johann Gottfried Herder: Ideen zu einer Philosophie der Geschichte der Menschheit
Rez. Hufeland	Rezension von Gottlieb Hufeland: Versuch über den Grundsatz des Naturrechts
Rez. Moscati	Rezension von Moscatis Schrift: Von dem körperlichen wesentlichen Unterschiede zwischen der Struktur der Tiere und Menschen
Rez. Schulz	Rezension von Schulz: Versuch einer Anleitung zur Sittenlehre für alle Menschen, ohne Unterschied der Religion, nebst einem Anhange von den Todesstrafen
Rez. Silberschlag	Rezension von Silberschlags Schrift: Theorie der am 23. Juli 1762 erschienenen Feuerkugel
Sömmering	Anhang zu Sömmering: Über das Organ der Seele
Spitzfindigkeit	Die falsche Spitzfindigkeit der vier syllogistischen Figuren erwiesen
Teleolog. Prinz.	Über den Gebrauch teleologischer Prinzipien in der Philosophie
Theodizee	Über das Mißlingen aller philosophischen Versuche in der Theodizee
Theorie der Winde	Neue Anmerkungen zur Erläuterung der Theorie der Winde
Theorie des Himmels	Allgemeine Naturgeschichte und Theorie des Himmels, oder Versuch von der Verfassung und dem mechanischen Ursprunge des ganzen Weltgebäudes, nach Newtonischen Grundsätzen abgehandelt
Träume	Träume eines Geistersehers, erläutert durch Träume der Metaphysik
Umdrehung der Erde	Untersuchung der Frage, ob die Erde in ihrer Umdrehung um die Achse, wodurch sie die Abwechselung des Tages und der Nacht hervorbringt, einige Veränderung seit den ersten Zeiten ihres Ursprungs erlitten habe und woraus man sich ihrer versichern könne, welche von der Königlichen Akademie der Wissenschaften zu Berlin zum Preise für das jetztlaufende Jahr aufgegeben worden
Verkündigung	Verkündigung des nahen Abschlusses eines Traktats zum ewigen Frieden in der Philosophie
Vermeintes Recht	Über ein vermeintes Recht, aus Menschenliebe zu lügen
Vornehmer Ton	Von einem neuerdings erhobenen vornehmen Ton in der Philosophie
Vorrede Jachmann	Vorrede zu Reinhold Bernhard Jachmann: Prüfung der Kantischen Religionsphilosophie
Vulkane	Über die Vulkane im Monde
Wahre Schätzung	Gedanken von der wahren Schätzung der lebendigen Kräfte und Beurteilung der Beweise derer sich Herr von Leibniz und andere Mechaniker in dieser Streitsache bedienet haben, nebst einigen vorhergehenden Betrachtungen welche die Kraft der Körper überhaupt betreffen
Warschauer Logik	Logik-Vorlesung. Unveröffentlichte Nachschriften. Logik Hechsel, Warschauer Logik, bearb. von Tillmann Pinder, Hamburg: Meiner 1998 [Kant-Forschungen, Bd. 9]
Wiener Logik	Vorlesung über Logik „Wiener Logik“

a priori / a posteriori

Das Begriffspaar a priori/a posteriori beinhaltet bei Kant eine negative und eine positive Perspektive. Gemäß der *negativen Perspektive* ist Apriorität Erfahrungs*un*abhängigkeit, Aposteriorität dagegen Erfahrungsabhängigkeit. Dabei sind *Urteile* dann a priori, wenn sie ohne Rekurs auf durch sinnliche Wahrnehmung bedingte Erfahrung begründet werden können, während Anschauungen oder Begriffe dann a priori sind, wenn ihr Inhalt weder direkt noch indirekt auf Erfahrung zurückgeht (vgl. KrV A 1ff. / B 1ff.). Der Sinn des Begriffspaares a priori/a posteriori erschöpft sich aber keineswegs in dieser negativen Perspektive. Dem *positiven Gesichtspunkt* nach bezeichnen Apriorität und Aposteriorität die zwei Grundweisen, wie Urteile begründet werden können, nämlich entweder unter Rekurs auf die *Form* des Erkenntnisvermögens selbst (vgl. z. B. KrV A 50f. / B 75) (= a priori) oder auf die empirische Mannigfaltigkeit der Anschauung (= a posteriori). Kant verwendet den Terminus ‚a posteriori' zumeist als gleichbedeutend mit ‚empirisch'. Weitere wichtige Stellen: 1:54; 2:92ff.; 2:378; KrV B XII; KrV B XVII; KrV B 1ff.; KrV A 9 / B 13; KrV A 43f. / B 60f.; KrV A 85 / B 118; KrV A 99ff.; 4:267; 4:270; 4:275; 4:281; 4:294; 4:319; 4:373; 4:275; 4:277ff.; 4:305; 4:375; 4:467ff.; 4:481ff.; 9:12; 20:266ff.

Philosophische Funktion

Das Begriffspaar a priori/a posteriori beinhaltet (1) einen *urteilsklassifikatorischen* Sinn, (2) einen *erkenntniskonstitutiven* Sinn und es macht (3) eine *Begründungshierarchie* innerhalb der Apriorität selbst möglich.

1 Der urteilsklassifikatorische Sinn

Die Erfahrungsunabhängigkeit eines apriorischen Urteils resultiert für Kant aus seiner Rechtfertigung durch Gründe, die in der *invarianten Form* unseres Erkenntnisvermögens *selbst* (vgl. z. B. KrV A 50f. / B 75) liegen. (Zur Funktion der *invarianten Form* bei Kant vgl. Cassirer, *Substanzbegriff und Funktionsbegriff*). Je nach Begründungsvariante (vgl. z. B. KrV A 6ff. / B 14ff.; 4:267ff.) ergeben sich hieraus das analytisch-apriorische Urteil *einerseits* und das synthetisch-apriorische Urteil *andererseits*. Das *analytisch*-apriorische Urteil wird durch die logische Form unseres Denkens gerechtfertigt, das *synthetisch*-apriorische Urteil der Mathematik durch die Form unserer „Sinnlichkeit". Bei einem aposteriorischen Urteil hingegen wird die Bestimmung des Subjektbegriffs des Urteils durch das Prädikat durch einen *empirischen Anschauungsbezug* gerechtfertigt. Urteile im Sinne apriorischer Begründung sind durch strenge ausnahmslose Allgemeinheit und Notwendigkeit ausgezeichnet (vgl. z. B. KrV B 4). Urteile mit aposteriorischer Begründung hingegen sind kontingent. Da Kant nicht nur analytische Urteile als apriorische Urteile anerkennt, sondern gerade auch synthetisch-apriorische Sätze annimmt, liegt in dieser Charakteristik kein zirkuläres Begründungsverhältnisses von Allgemeinheit und Notwendigkeit *einerseits* und (analytischem) Apriori *andererseits* vor (vgl. Hanna, *Kant and the Foundations*, S. 127f.).

Bei jedem Urteil ist eine Begründung anzuführen, warum sein Prädikatsbegriff gültig auf den Subjektsbegriff bezogen werden kann. Im *analytischen* Urteil wird das „bereits Enthaltensein" des Prädikatsbegriffs im Begriffsinhalt des Subjektbegriffs gedacht. Damit ist das analytische Urteil durch logische Prinzipien fundiert. Da im Begriff ‚Körper' die Ausdehnung als Merkmal enthalten ist, verwendet ein Urteilender, der in einem Urteil dem Körper das Prädikat der Ausdehnung abspricht, den Begriff ‚Körper' falsch (vgl. z. B. KrV A 7 / B 12). Analytische Urteile explizieren den Minimalmerkmalsbestand eines Begriffes, den der Urteilende kennen muss, um überhaupt etwas als unter diesen Begriff fallend denken zu können. Das unabdingbare prädikative Denkenmüssen von bestimmten Merkmalen im Subjektsbegriff eines analytischen Urteils sowie das unabdingbare prädikative Ausschließenmüssen von bestimmten Merkmalen aus dem Subjektsbegriff eines analytischen Urteils artikulieren die formallogischen *Teilbedingungen* möglicher gegenständlicher Referentialität eines Begriffes. Wer Körper als *nicht* ausgedehnt denkt, begeht einen logischen Widerspruch. Die Rechtfertigungsart des analytischen Urteils (vgl. z. B. KrV A 6ff. / B 10ff., 4:267ff.) entspricht somit dem *positiven* Kriterium der Apriorität. Das analytische Urteil wird qua Begründung durch logische Prinzipien (insbesondere qua Begründung durch das Widerspruchsprinzip) durch *eines* der beiden *Grundelemente* der Form des Erkennens begründet – nämlich durch das Element der Form *des Denkens* (vgl. z. B. auch KrV A 50f. / B 75).

Die →Mathematik verfügt über synthetisch-apriorische Sätze. Mathematische Sätze sind a priori, weil auch sie aus *einem* der beiden Grundelemente der Form unserer Erkenntnis begründet werden können – dem *Grundelement* der Anschauungsform (vgl. z. B. KrV A 6ff. / B 10ff.; 4:267ff.). Die Anschauungsformen von Raum und Zeit stellen für Kant *invariante Formen* unserer Sinnlichkeit dar. Weil der apriorisch-konstruktiv erzeugte Gegenstand der Mathematik ein *anschaulicher* Gegenstand ist, lassen sich kraft seiner reinen, anschaulichen Gegebenheit weitere wissenserweiternde synthetische Urteile a priori generieren.

2 Der erkenntniskonstitutive Sinn

Die Frage nach der Möglichkeit synthetischer Urteile a priori ist für Kant zugleich die zentrale Frage nach der Möglichkeit einer wissenschaftlich-dogmatischen →Metaphysik. Die Tatsache, dass Metaphysik keine Gegenstände aufweist, die in der (empirischen) Anschauung gegeben werden könnten, schließt die Möglichkeit wissenserweiternder synthetischer Urteile a posteriori in dieser Wissenschaft aus. Wissenserweiternde metaphysische Urteile könnten somit nur synthetische Urteile a priori *aus bloßen Begriffen* sein. Aus der Analyse der angeführten Typen von Urteilsbegründungen ergibt sich, dass *direkte* synthetisch-apriorische Urteile aus bloßen Begriffen unmöglich sind – und dass demzufolge eine wissenschaftliche Metaphysik aus bloßen Begriffen scheitern muss. Dennoch kann es – wie Kant in der Methodenlehre der *KrV* ausführt (vgl. KrV A 736f. / B 764f.) – in *indirekter Weise* synthetische Urteile a priori aus Begriffen geben, wenn diese in Bezug zu möglicher Erfahrung stehend gedacht werden. Unter der erkenntniskonstitutiven Perspektive wird deutlich, dass apriorische Prinzipien nur deshalb zur Begründung von apriorischen Urteilen herangezogen werden können, weil diese Prinzipien die Möglichkeit der Erfahrung und deren Gegenstände begründen. Kant schreibt über die Grundsätze des Verstandes (hier am Beispiel des Grundsatzes der Kausalität): „Er heißt aber *Grundsatz* und nicht *Lehrsatz*, ob er gleich bewiesen werden muß, darum, weil er die besondere Eigenschaft hat, daß er seinen Beweisgrund, nämlich Erfahrung, selbst zuerst möglich macht, und bei dieser immer vorausgesetzt werden muß“ (KrV A 737 / B 765). Der erkenntniskonstitutive Sinn des Apriori ist also sein prinzipientheoretischer Fundierungssinn. Als Bedingungen der Möglichkeit des Denkens empirischer Gegenstände – und folglich Bedingungen der Anschauungsgegebenheit empirischer Gegenstände *als* Gegenstände (vgl. Cramer, *Zur systematischen Differenz*, S. 27–58, bes. 27) – können die Prinzipien *einerseits* begründungstheoretisch nicht in Abhängigkeit zu „empirischen Gegenständen“ stehen, da sie diese doch allererst in ihrer Gegenständlichkeit ermöglichen sollen. Andererseits können und müssen sie sich dennoch a priori auf empirische Gegenstände beziehen, gerade weil ihre ganze objektive Realität ausschließlich darin liegt, empirische Gegenstände in ihrer Gegenständlichkeit möglich zu machen.

3 Die Begründungshierarchie innerhalb des Apriori

Für Kant gibt es eine Differenz in der Begründungshierarchie zwischen den erfahrungskonstitutiven Prinzipien (Kategorien und Anschauungsformen) und den konstitutiven Begriffen eines ‚regionalen Gegenstandsbereiches‘ (wie z. B. der Physik). Trotz der Zurückweisung der dogmatischen Metaphysik bezeichnet die *KrV* jede apriorische Erkenntnisart aus Begriffen als metaphysisch. So wird auch die Transzendentalphilosophie in der *Architektonik* (KrV A 832ff. / B 860ff.) unter den Terminus ‚Metaphysik‘ rubriziert (vgl. KrV A 845 / B 873). Kant verwahrt sich gegen die Bestimmung der Metaphysik als Lehre von den „ersten Principien der menschlichen Erkenntniß“ (KrV A 843 / B 871). Der Grad der Allgemeinheit von Prinzipien sage nichts über deren Begründungsstatus aus, da es auch unter empirischen Prinzipien einen Gradationsunterschied der Allgemeinheit gebe. Echte Fundierungsprinzipien müssten deshalb von ihrem apriorischen Ursprung aus gefasst werden – nur diese apriorische Art der Prinzipienerkenntnis sei „metaphysisch“ (vgl. KrV A 842f. / B 870f.). Andererseits wird eine ‚regionale‘ apriorische Erkenntnis aus Begriffen, die nicht in den apriorischen transzendentalen Konstitutionsbegriff der Gesamterfahrung gehört, in dezidierter Abgrenzung zu „transscendental[]" als „metaphysisch[]" bezeichnet (vgl. 4:469f.; 5:181; KrV A 56f. / B 80f.; KrV A 848 / B 876). Neben der →Transzendentalphilosophie, welche die elementaren Konstitutionsprinzipien der Erfahrung entfaltet, gibt es auch die „bloß" apriorisch-metaphysische Ebene eines spezifischen Gegenstandsbereichs (vgl. KrV A 848 / B 876). Kants Paradebeispiel sind die *MAN*. Peter Plaass (vgl. *Kants Theorie der Naturwissenschaft*) und Konrad Cramer (vgl. *Zur systematischen Differenz*) weisen betreffs dieser Zusammenhänge überzeugend nach, dass nach Kant ein ‚regionaler' metaphysischer Begriff im Unterschied zu einem reinen Verstandesbegriff der transzendentalen Begründungsebene *keine ‚reinen'* synthetischen Urteile a priori fundieren könne. Gleichwohl könne ein solcher regional-metaphysischer Begriff *nichtreine*, aber *dennoch synthetisch*-apriorische *Urteile* (mit)fundieren. Die Ursache dieser Ebenenunterscheidung innerhalb des Apriori sei darin begründet, dass die gegenständliche Referenz eines nichtreinen metaphysischen Begriffes a priori ausschließlich a posteriori ausgewiesen werden könne. Referierten die Kategorien nämlich immer auch und zugleich a priori von sich aus auf empirische Gegenstände, könnten sich die Begriffe der metaphysischen Dimension hingegen, obgleich apriorisch fundierbaren Gehaltes, nur a posteriori auf empirische Gegenstände beziehen.

Weiterführende Literatur

Cramer, Konrad: „Zur systematischen Differenz von Apriorität und Reinheit in Kants Lehre von den synthetischen Urteilen a priori", in: Henrich, Dieter / Wagner, Hans (Hg.): Subjektivität und Metaphysik. Festschrift für Wolfgang Cramer, Frankfurt/M.: Klostermann 1966, 21–63.

Cramer, Konrad: Nicht-reine synthetische Urteile a priori. Ein Problem der Transzendentalphilosophie Immanuel Kants, Heidelberg: Carl Winter Universitätsverlag 1985.

Hanna, Robert: Kant and the Foundations of Analytic Philosophy, Oxford: Clarendon Press 2001.

Hiltscher, Reinhard: Wahrheit und Reflexion. Eine transzendentalphilosophische Studie zum Wahrheitsbegriff bei Kant, dem frühen Fichte und Hegel, Bonn: Bouvier 1998.

Reinhard Hiltscher

Achtung, Achtung für das Gesetz

Unter Achtung für das Gesetz versteht Kant das Bewusstsein freier und vernunftbegabter Handlungssubjekte, unter der Forderung des moralischen Gesetzes zu stehen (vgl. 4:401 Anm.; 5:80; 5:117). Aufgrund der Wirkung, die das Bewusstsein dieser moralischen „*Nöthigung*" (5:80) auf die →Sinnlichkeit eines endlichen Vernunftwesens ausübt, bezeichnet er diese Achtung auch als ein moralisches Gefühl, durch das das Sittengesetz Triebfeder zur guten Handlung ist (vgl. 5:75). In der *MST* versteht Kant die Achtung („reverentia", 6:402) im Unterschied dazu zum einen als eine „*Selbstschätzung*" (6:399), die eine der Bedingungen dafür ist, dass Menschen sich überhaupt als verpflichtet denken können (vgl. 6:399; 6:402). Zum anderen bezeichnet die „*Achtung*" („observantia", 6:462) hier eine der „*Tugendpflichten gegen Andere*" (6:448). Weitere wichtige Stellen: 4:401; 5:71–89; 6:399; 6:402f.; 6:448f.; 6:462–468.

Philosophische Funktion

1 Achtung als Triebfeder: Achtung für das Gesetz
Kant bezeichnet die Achtung für das Gesetz als ein „sonderbare[s] Gefühl, welches mit keinem pathologischen in Vergleichung gezogen werden kann" (5:76). Im Gegensatz zum „pathologischen" →Gefühl ist es nicht-empirischer Herkunft, da es nicht auf sinnliche ‚Einflüsse' zurückzuführen und daher kein Produkt der →Rezeptivität der Sinnlichkeit ist (vgl. 4:401 Anm.), sondern auf einem reinen „Vernunftbegriff" (4:401 Anm.), dem Moralgesetz, beruht. Kant bringt diesen Gedanken in der Formulierung zum Ausdruck, das moralische Gefühl der Achtung sei „lediglich durch Vernunft bewirkt" (5:76) bzw. ein „durch einen Vernunftbegriff *selbstgewirktes* Gefühl" (4:401 Anm.). Es ist zu verstehen als eine „*Wirkung* des Gesetzes aufs Subject und nicht als *Ursache* desselben" (d. h. des Gesetzes) (4:401 Anm.). Dies meint Kant, wenn er schreibt, dass die „Achtung vor dem Gesetze [...] subjectiv als moralisches Gefühl bezeichnet wird" (6:464). Aufgrund ihrer Sonderstellung ist die Achtung „das einzige [Gefühl], welches wir völlig a priori erkennen" (5:73; vgl. 5:79). Im Kontext praktischer Deliberation stellt es

sich notwendigerweise ein und kann bei allen endlichen Vernunftwesen vorausgesetzt werden (vgl. 5:77).

Wie Kant schon früh in Abgrenzung zur Moral-Sense-Philosophie betont, können Gefühle keine verlässliche Grundlage von moralischen →Urteilen sein (vgl. z. B. *Refl.* 6634, 19:120; 29:626 und Kant, Vorlesung zur Moralphilosophie, S. 26). Dementsprechend „dient [das moralische Gefühl der Achtung] nicht zu Beurtheilung der Handlungen, oder wohl gar zur Gründung des objectiven Sittengesetzes selbst" (5:76; vgl. auch 4:460). Seine Funktion besteht hingegen darin, Triebfeder zur Befolgung des moralischen Gesetzes zu sein (vgl. 5:76).

Der *GMS* zufolge haben genau diejenigen →Handlungen moralischen Wert, die aus Achtung für das Gesetz vollzogen werden (vgl. 4:440; 5:71; 5:81). Solche Handlungen stimmen mit dem Sittengesetz nicht nur äußerlich überein, sondern sind durch die Vorstellung dieses Gesetzes selbst bzw. durch den Pflichtgedanken motiviert (→Pflicht; pflichtmäßig / aus Pflicht / aus Neigung).

Im Kapitel über die ‚Triebfedern der reinen praktischen Vernunft' der *KpV* beschreibt Kant das Gefühl der Achtung als subjektive Wirkung des Moralgesetzes auf den →Willen (vgl. 5:71–89). Die dort formulierte Frage, „auf welche Art das moralische Gesetz Triebfeder werde" (5:72), ist Teil seiner Argumentation für die zentrale These der *KpV*, *„daß es reine praktische Vernunft gebe"* (5:3). Das „Verhältnis[] der reinen praktischen Vernunft zur Sinnlichkeit" (5:90) wird hier durch eine Beschreibung der faktischen Wirkung des Moralgesetzes auf das menschliche →Gemüt analysiert, die mehrere Aspekte umfasst (vgl. 5:78f. sowie Schadow, *Achtung für das Gesetz*, S. 241–249). So wird zunächst der Wille als reine →praktische Vernunft durch das moralische Gesetz im „Urtheile der Vernunft" bestimmt (5:78). Als rationales und freiheitliches Wesen verbindet der Mensch dieses Vernunfturteil gleichzeitig mit einer Bewertung seiner „Neigungen" und seiner eigenen „Person" (5:78). Weil die „Meinung seines persönlichen Werths" angesichts der moralischen Inadäquatheit der auf Neigungen beruhenden Willensbestimmung „auf nichts" herabgesetzt wird, ruft das vernünftige moralische Urteil ein Gefühl der Unlust hervor (5:78). Kant bezeichnet diese „*negative* Wirkung" des „Gesetzes aufs Gefühl" als „Demüthigung" (5:78; vgl. auch 6:435). Die „Demüthigung des Eigendünkels" (5:79) bezeichnet jedoch nur *einen* Aspekt der Wirkung des Sittengesetzes, nämlich sofern die „sinnliche[] Seite" des menschlichen Willens betroffen ist (5:79). Als zwar von Neigungen affiziertes, jedoch freies und vernunftbegabtes Wesen erlebt der Mensch diese Wirkung zudem ‚positiv' in Form einer „Erhebung der moralischen [Seite]", da mit dem Bewusstsein des Moralgesetzes „das Bewußtsein einer Thätigkeit der praktischen Vernunft aus objectiven Gründen" (5:79) – und das heißt: das Wissen um das Moralgesetz als einem Gesetz der eigenen praktischen Vernunft – verbunden ist. In der „praktischen Schätzung des Gesetzes selbst" (5:79) wirkt das Gesetz willensbestimmend (→praktisch) und motivierend, indem durch das Bewusstsein dieses Gesetzes und das damit verbundene Wissen um die eigene moralische Anlage zur *„Persönlichkeit"* (6:27) „subjective Ursachen" zugunsten von „objectiven Gründen" zurückgestellt werden (5:79). Die positive Einstellung zum moralischen Gesetz bezeichnet Kant schließlich als „Achtung fürs Gesetz", die ihrerseits „subjectiver Grund der Thätigkeit" und das heißt: *„Triebfeder"* ist (5:79).

Kants Überlegung beruht auf der handlungstheoretischen Voraussetzung, dass endliche Wesen wie der Mensch „irgend wodurch zur Thätigkeit angetrieben" werden müssen (5:79), d. h. nach Triebfedern handeln. Da allein eine Handlung, die durch das Bewusstsein des moralischen Gesetzes motiviert ist, moralischen Wert hat, ist die Achtung „die einzige und zugleich unbezweifelte moralische Triebfeder" (5:78). Sie ist, als ein Gefühl für die Pflicht, der *Modus*, in dem sich ein freies und zugleich endliches Vernunftwesen des moralischen Gesetzes bewusst wird (vgl. Schadow, *Achtung für das Gesetz*, S. 166, S. 218, S. 273, S. 302). In ihrer Funktion als moralischer Triebfeder macht sie die moralische Norm, die als objektiver Bestimmungsgrund des Willens im Vernunfturteil faktisch immer schon vorliegt, auch subjektiv zu einem hinreichenden Handlungsgrund, indem sie „dem Gesetze [...] Ansehen verschafft" (5:76). In diesem Sinne ist die Achtung „Grund zu Maximen eines ihm [dem moralischen Gesetz] gemäßen Lebenswandels" (5:79). Denn das *„moralische Interesse"*, das sie bewirkt (5:79), ist ein „Vernunftinteresse", das einer „intellectuelle[n] Lust" an der Bestimmung des Willens durch das Gesetz entspricht (6:212; Vernunft, Interesse der). Damit ist das moralische Gesetz Triebfeder, weil sich ein endliches Vernunftwesen dieses Gesetzes mit Achtung bewusst wird und dieses Bewusstsein des Sittengesetzes über die negative Wirkung eines Unlustgefühls eine positive, motivierende Wirkung hat, die sich als „praktische Schätzung des Gesetzes selbst" und das heißt: als „Achtung fürs Gesetz" in der Willensbestimmung bemerkbar macht (5:79). Insofern liefert Kant mit seiner Lehre von der Achtung für das Gesetz in der *KpV* eine ‚Theorie der moralischen Sensibilität' (vgl. Reath, *Kant's Theory of Moral Sensibility*), mit der er zeigt, dass Menschen gerade deshalb Autoren der Moral sind, weil sie als zugleich sinnlich veranlagte Subjekte für die Gebote ihrer eigenen Vernunft empfänglich sind.

2 Achtung als ‚Selbstschätzung'

In der *Einleitung* in die *MST* zählt Kant die Achtung unter die „*[ä]sthetische[n] Vorbegriffe der Empfänglichkeit des Gemüths für Pflichtbegriffe überhaupt*" (6:399). Neben dem „*moralische[n] Gefühl*", dem „*Gewissen*" und der „*Liebe* des Nächsten" bezeichnet er sie hier als eine der „natürliche[n] Gemüthsanlagen (praedispositio) durch Pflichtbegriffe afficirt zu werden" (6:399). Dabei wird Achtung hier genauer verstanden als „*Achtung* für sich selbst (*Selbstschätzung*)" (6:399) und stellt „ein Gefühl eigener Art" dar (6:402). Sie geht aus der Wirkung des Bewusstseins „eines moralischen Gesetzes [...] aufs Gemüth" hervor (6:399) und ist die Voraussetzung dafür, dass Menschen sich überhaupt als verpflichtet denken können: „denn er muß Achtung vor dem Gesetz in sich selbst haben, um sich nur eine Pflicht überhaupt denken zu können" (6:403). Kant nimmt hier den bereits in der *KpV* angedeuteten Gedanken von der positiven Wirkung des Autonomiebewusstseins auf das menschliche Gemüt wieder auf, wenn er das Bewusstsein von einer „inneren Gesetzgebung" als Grund für die „Achtung (reverentia) gegen sich selbst" bezeichnet (6:436).

3 Tugendpflichten aus Achtung

Schließlich gibt es eine Verwendung des Ausdrucks ‚Achtung' in der *MST*, in der Kant die Achtung mit einer Klasse von Tugendpflichten verbindet, insofern er von „*Tugendpflichten gegen andere Menschen aus der ihnen gebührenden Achtung*" spricht (6:462; vgl. 6:464). Dabei besteht die Achtung, „die ich für andere trage [...] (observantia [...])" (6:462; vgl. 6:449), in der „Anerkennung einer *Würde* (dignitas) an anderen Menschen, d. i. eines Werths, der keinen Preis hat" (6:462). Sie ist „nur eine *negative* Pflicht", da sie nicht (positiv) fordert, „andere [...] zu *verehren*" (6:467), sondern lediglich (negativ), „sich nicht über Andere zu erheben" (6:449) – und das heißt, in einer Formulierung der *GMS*, sie „*niemals bloß als Mittel [zu] brauch[en]*" (4:429). Eine positive Pflicht der Achtung kann es hingegen nur in Bezug auf das Gesetz selbst geben; „dieses, nicht aber andere Menschen überhaupt zu verehren [...], ist allgemeine und unbedingte Menschenpflicht gegen Andere" (6:468). „Alle Achtung für eine Person ist eigentlich nur Achtung fürs Gesetz [...]" (4:401 Anm.), denn „es hat nichts einen Werth als den, welchen ihm das Gesetz bestimmt" (4:436). Indem er sich nach dem „Princip der Gleichheit" (6:451) unter dasselbe Gesetz mit allen anderen Menschen stellt, erfüllt der Mensch seine (negative) Pflicht, sich „nicht über Andere zu erheben" (6:449; vgl. Sensen, *Duties to Others From Respect*, S. 348f.). Damit ist die Pflicht der Achtung gegenüber anderen Menschen ihrer Form nach der →Rechtspflicht „analog", da sie wie diese darauf gerichtet ist, „niemanden das Seine zu schmälern" (6:449), weshalb sie als „bloße Tugendpflicht, verhältnißweise gegen die Liebespflicht" als „*enge* [...] Pflicht angesehn" werden muss (6:450).

Mit der „Pflicht der Achtung meines Nächsten" (6:450) geht der „rechtmäßige[] Anspruch auf Achtung von seinen Nebenmenschen" einher (6:462; vgl. 6:464). Den Mangel an Achtung bezeichnet Kant als „*Laster*" (6:464). Formen dieses „*die Pflicht der Achtung für andere Menschen verletzenden Laster[s]*" (6:465) sind der Hochmut, die üble Nachrede und die Verhöhnung (vgl. 6:465–468). Während „Liebe und Achtung" prinzipiell auch „abgesondert (jede für sich allein) erwogen werden und so auch bestehen" können (6:448), sind die Pflichten der Liebe und der Achtung in der Freundschaft miteinander ‚vereinigt' (vgl. 6:469; siehe dazu Bacin, *Duties of Love and Duties of Respect*).

Weiterführende Literatur

Engstrom, Stephen: „The ‚Triebfeder' of Pure Practical Reason", in: Reath, Andrews / Timmermann, Jens (Hg.): Kant's ‚Critique of Practical Reason'. A Critical Guide, Cambridge: Cambridge University Press 2010, 90–118.

McCarty, Richard: „Kantian Moral Motivation and the Feeling of Respect", in: Journal of the History of Philosophy 31, 1993, 421–435.

Reath, Andrews: „Kant's Theory of Moral Sensibility. Respect for the Moral Law and the Influence of Inclination", in: Kant-Studien 80, 1989, 284–302; wiederabgedruckt in: ders.: Agency and Autonomy in Kant's Moral Theory. Selected Essays, Oxford: Oxford University Press 2006, 8–32.

Schadow, Steffi: Achtung für das Gesetz. Moral und Motivation bei Kant, Berlin u. a.: de Gruyter 2013.

Sensen, Oliver: „Duties to Others from Respect (TL 6:462–468)", in: Sensen, Oliver / Timmermann, Jens / Trampota, Andreas (Hg.): Kant's ‚Tugendlehre'. A Comprehensive Commentary, Berlin u. a.: de Gruyter 2013, 343–364.

Zinkin, Melissa: „Respect for the Law and the Use of Dynamical Terms", in: Archiv für Geschichte der Philosophie 88, 2006, 31–53.

Steffi Schadow

Affektion

Affektion ist bei Kant allgemein jede Einwirkung von etwas auf das „Gemüth als blos leidend" (15:268; vgl. auch KrV A 19 / B 33). Der Begriff der Affektion kann dabei sowohl den Prozess des Affizierens als auch das Ergebnis dieses Prozesses, seine Wirkung im affizierten Subjekt, zum Inhalt haben. (In der zweiten Bedeutung ist er synonym zum Begriff des Eindrucks).

Affektion als Prozess des Affizierens ist entweder die Wirkung einer „intelligibele[n]" (KrV A 494 / B 522) oder „transscendental[en]" Ursache (KrV A 496 / B 524) auf die → Sinnlichkeit oder die Einwirkung einer empirischen Ursache auf empirische Subjekte und deren Sinnesorgane.

Als intelligible Ursache ist sie Einwirkung auf die Sinnlichkeit als „Receptivität, auf gewisse Weise mit Vorstellungen afficirt zu werden" (KrV A 494 / B 522) durch das, was diesen Vorstellungen an sich oder als „nichtsinnliche Ursache" (KrV A 494 / B 522) korrespondiert. Diese nichtsinnliche Ursache affiziert entweder den äußeren oder den inneren Sinn.

Im ersten Fall ist sie „dasjenige Etwas, welches den äußeren Erscheinungen zum Grunde liegt, was unseren Sinn so afficirt, daß er die Vorstellungen von Raum, Materie, Gestalt etc. bekommt, [. . .] als Noumenon (oder besser als transscendentaler Gegenstand) betrachtet [. . .]" (KrV A 358). Erkennen können wir von diesem „Ding an sich selbst" (4:314) nur „die Art, wie unsre Sinnen von diesem unbekannten Etwas afficirt werden" (4:314f.).

Im zweiten Fall handelt es sich um eine Selbstaffektion: Der „Verstand und dessen ursprüngliches Vermögen das Mannigfaltige der Anschauung zu verbinden [. . .] übt unter der Benennung einer *transscendentalen Synthesis der Einbildungskraft* diejenige Handlung aufs *passive* Subject, dessen Vermögen er ist, aus, wovon wir mit Recht sagen, daß der innere Sinn dadurch afficirt werde" (KrV B 153f.).

Die Affektion ist Bedingung der Möglichkeit von Vorstellungen mit Objektbezug in endlichen Vernunftwesen, da diese auf sinnlich gegebene Vorstellungen angewiesen sind und Sinnlichkeit „bloß Vorstellungen enthält, die nur entspringen, wenn man von Dingen afficirt (mithin leidend) ist [. . .]" (4:452; vgl. auch 7:141). In diesem Sinne „beruhen" alle „Anschauungen, als sinnlich, [. . .] auf Affectionen [. . .]" (KrV A 68 / B 93). Allerdings entstehen aus der Affektion allein keine derartigen Vorstellungen, denn „daß diese Affection der Sinnlichkeit in mir ist, macht gar keine Beziehung von dergleichen Vorstellung auf irgend ein Object aus" (KrV A 253 / B 309; vgl. auch 17:657). Weitere wichtige Stellen: KrV B 129; 4:282; 4:476; 5:32; 6:32; 7:140f.; 8:219–223; 15:165; 17:677; 18:43; 18:56; 18:124; 22:43; 22:293.

Philosophische Funktion

1 Das Problem der Affektion durch Dinge an sich

Aus dem Begriff der → Erscheinung folgt für Kant, dass es etwas geben muss, was da erscheint: Wenn „wir die Gegenstände der Sinne wie billig als bloße Erscheinungen ansehen, so gestehen wir hierdurch doch zugleich, dass ihnen ein Ding an sich selbst zum Grunde liege [. . .]" (4:314). Das Verhältnis der Erscheinung zu diesem → Ding an sich charakterisiert Kant als

Affektion unserer Sinnlichkeit durch Dinge an sich.

Ein wichtiges Problem für das Verständnis dieses Teils der kantischen Theorie besteht darin, zu klären, was denn eigentlich die Relata dieser Relation seien. Als *Affiziertes* kommen das empirische Subjekt, das transzendentale Subjekt und natürlich auch beide in Frage. Die diesen Möglichkeiten entsprechenden Zuordnungen auf der Seite des *Affizierenden* sind Gegenstände der Erfahrung, Dinge an sich – oder wiederum beide (vgl. dazu Vaihinger, *Commentar*, S. 53).

Die Affektion des empirischen Subjekts durch empirische Objekte, Gegenstände der Erfahrung, ist für Kant völlig unproblematisch. Da diese Affektion das Verhältnis von Gegenständen der Erfahrung – empirisches Subjekt, empirisches Objekt – betrifft, haben wir einen klaren Begriff von dieser empirischen Affektion als einem kausalen Verhältnis.

Dieser klare Begriff scheint aber im Falle der Affektion des transzendentalen Subjekts durch das Ding an sich gerade zu fehlen: Wir müssen diese Affektion doch scheinbar als kausal denken; gleichzeitig hat aber die Kategorie der Kausalität Anwendung nur im Bereich der Erfahrung (dies war der zentrale Punkt der Kritik von Jacobi, vgl. Jacobi, *Ueber den transzendentalen Idealismus*).

2 Auflösung: Denken vs. Erkennen

Die für die Auflösung dieser Schwierigkeit zentrale Unterscheidung ist die zwischen Denken und Erkennen. Zunächst einmal ist festzuhalten, dass wir die Affektion durch Dinge an sich als Verhältnis von Grund und Folge widerspruchsfrei denken können und deshalb nicht darauf angewiesen sind, die Kategorie der Kausalität als schematisierte Kategorie auf diese Beziehung anzuwenden.

Sofern wir die Affektion durch Dinge an sich anders als nur als Verhältnis von Grund und Folge denken wollten, müssten wir die Prinzipien inhaltlicher Charakterisierung verwenden, die Kant in seiner Tafel der Kategorien auflistet und im Schematismus-Kapitel auf die Bedingungen unserer Sinnlichkeit restringiert. Dem formalen Verhältnis der unschematisierten Kategorie von Grund und Folge entspricht dort die schematisierte Kategorie von Ursache und Wirkung. Kant macht wiederholt deutlich (vgl. z. B. KrV B 307f.), dass wir die Affektion durch Dinge an sich zwar formal angemessen als Verhältnis von Grund und Folge denken können; dass wir aber über seine tatsächliche Beschaffenheit nichts inhaltlich erkennen können, da die Kategorien nur in ihrer Anwendung auf anschaulich Gegebenes (Phaenomena) zur Erkenntnis führen und deshalb für das Erkennen der Affektionsbeziehung unangemessen sind.

Diese Charakterisierung der Affektionsbeziehung ist demnach vollständig leer und rein syntaktisch. Dennoch reicht sie dafür aus, sie zum Gegenstand der Reflexion zu machen, sofern wir nur widerspruchsfrei bleiben. Erkennen können wir die dieser Affektionsbeziehung zugrunde liegenden Entitäten, die Dinge an sich, deshalb aber nicht: dazu müssten sie uns anschaulich gegeben sein und wären dann eben keine Dinge an sich mehr. „Einen Gegenstand *erkennen*, dazu wird erfordert, daß ich seine Möglichkeit (es sei nach dem Zeugniß der Erfahrung aus seiner Wirklichkeit, oder *a priori* durch Vernunft) beweisen könne. Aber *denken* kann ich, was ich will, wenn ich mir nur nicht selbst widerspreche, d. i. wenn mein Begriff nur ein möglicher Gedanke ist, ob ich zwar dafür nicht stehen kann, ob im Inbegriffe aller Möglichkeiten diesem auch ein Object correspondire oder nicht. Um einem solchen Begriffe aber objective Gültigkeit (reale Möglichkeit, denn die erstere war bloß die logische) beizulegen, dazu wird etwas mehr erfordert" (KrV B XXVI Anm.; vgl. dazu Förster, *Bedeutung von §§ 76, 77*, S. 179).

3 Affektion und Passivität

Doch wir können die Beziehung der Affektion durch Dinge an sich nicht bloß als rein *formale* Relation denken: Affektion selbst ist keine bloß formale Beziehung. Den entscheidenden Grund für Kants Annahme einer unabhängig von den an sich existierenden Akten des Repräsentierens gleichfalls an sich existierenden Realität liefert nämlich ein phänomenologisches Faktum, ein „Factum des Bewusstseins" (12:216), wie Tieftrunk in einem Brief an Kant von 1797 treffend formuliert, und dessen transzendentalphilosophische Interpretation: die *Passivität des repräsentierenden Subjekts hinsichtlich des Gegenstands seiner empirischen Repräsentationen*. Denn der „Sinn [enthält] bloß Vorstellungen [...], die nur entspringen, wenn man von Dingen afficirt (mithin leidend) ist"

(4:452). Aus diesem Grund müssen wir etwas annehmen, was für uns nur dadurch gekennzeichnet ist, dass es diese Vorstellungen mit diesem Inhalt in uns hervorruft und wir deshalb ihm gegenüber leidend sind – dazu scheint aber eine rein formal konzipierte Relation nicht auszureichen.

Wir sind also darauf angewiesen, dass uns in der → Wahrnehmung etwas gegeben wird. Wir sind uns nicht bewusst, selbst für das uns so Gegebene verantwortlich zu sein. Deshalb müssen wir uns als affiziert durch etwas denken, das dafür verantwortlich ist – auch wenn wir es nicht erkennen können (vgl. dazu Willaschek, *Affektion*, S. 223–227; anders Allison, *Kant's Transcendental Idealism* ²2004, S. 64f.). Diese Art der Abhängigkeit unseres vorstellenden Bezugs auf Gegenstände von einer unabhängig von uns existierenden Wirklichkeit bezeichnet Sellars als ‚Geführtwerden' unserer Wahrnehmung (vgl. Sellars, *Science and Metaphysics*, S. 16; Pippin spricht von ‚Angewiesenheit', vgl. Pippin, *Theory of Form*, S. 46).

Der passive Aspekt des sinnlichen Erlebens ist also die phänomenologische Tatsache, dass wir uns gegenüber dem Gegebenen der Sinnlichkeit leidend verhalten. Dieser Aspekt ist für Kant der entscheidende Grund dafür anzunehmen, dass es etwas geben muss, was dafür verantwortlich ist, dass wir mit Vorstellungen reagieren (vgl. auch Paton, *Kant's Metaphysic of Experience*, S. 565f.).

4 Die Affektionsbeziehung als Denknotwendigkeit

Auch die auf diese Weise als Affektionsrelation inhaltlich bestimmte Grund-Folge-Beziehung bleibt allerdings harmlos, solange wir uns auf das bloße Denken dieser Beziehung beschränken. In formaler Hinsicht ist die Beschreibung dieser Beziehung als eine syntaktische Beziehung von Grund und Folge widerspruchsfrei; in inhaltlicher Hinsicht ist sie in einer Weise bestimmt, die keinen Erkenntnisanspruch impliziert. Sie erfüllt so die notwendigen Bedingungen des widerspruchsfreien Denkens der fraglichen Affektionsbeziehung.

Allerdings ist durch diese Möglichkeit offen gelassen, ob wir diese Beziehung auch denken müssen. Die Antwort liefern die Überlegungen zur Passivität unserer Wahrnehmung: Wir müssen uns auf Grund dieser Passivität als von etwas affiziert denken, das unabhängig davon, dass und wie es uns erscheint, an sich existiert und dem wir „allen Umfang und Zusammenhang unserer möglichen Wahrnehmungen zuschreiben" (KrV A 494 / B 522f.).

Die Beziehung der Affektion des transzendentalen Subjekts durch Dinge an sich lässt sich also nicht nur formal korrekt denken, sie ist vielmehr in transzendentalphilosophischer Hinsicht eine Denknotwendigkeit. Die Vorstellung dieser Beziehung erhält dadurch keine objektive Gültigkeit im kantischen Sinne: Sie wird keine Erkenntnis von einem Objekt. Aber sie verändert dennoch ihren epistemischen Status: Sie wird von einer beliebigen, widerspruchsfreien Vorstellung zur Vorstellung einer Voraussetzung des Vorstellens selbst.

Das Ding an sich ist als Noumenon „im *negativen* Verstande" (KrV B 307) ein transzendentalphilosophisch motivierter Grenzbegriff. „Unser Verstand bekommt auf diese Weise eine negative Erweiterung, d. i. er wird nicht durch die Sinnlichkeit eingeschränkt, sondern schränkt vielmehr dieselbe ein, dadurch daß er Dinge an sich selbst (nicht als Erscheinungen betrachtet) Noumena nennt. Aber er setzt sich auch sofort selbst Grenzen, sie durch keine Kategorien zu erkennen, mithin sie nur unter dem Namen eines unbekannten Etwas zu denken" (KrV A 256 / B 312).

Das Denken einer Affektion durch Dinge an sich ergibt sich dann als transzendentalphilosophische Konsequenz aus der Charakterisierung des „problematisch[en]" Begriffes (KrV A 254 / B 310) des Dinges an sich.

5 Selbstaffektion

Auch in der Selbstaffektion haben wir es mit der Affektion durch ein Ding an sich zu tun: in diesem Fall mit uns selbst, wie wir an sich sind. Diese Affektion verschafft uns empirisches Bewusstsein unser selbst sowie der Gegenstände außer uns, da auch die Vorstellungen von Gegenständen außer uns qua Vorstellungen eines empirischen Subjekts Modifikationen unseres empirischen Bewusstseins sind (dieser Umstand war wichtig für Adickes' Fehlinterpretation der kantischen Affektionslehre als doppelter Affektion). Zwar haben wir auch transzendentales Selbstbewusstsein, weil wir uns unseres „Dasein[s]" (KrV B 157 Anm.) als „Einheit der Handlung" (KrV B 153) bewusst sind, mit der die Apperzeption den Gegenstand zur objektiven Einheit bringt. Das Bewusstsein meiner selbst als Subjekt der Spontaneität ist nichts anderes als bloß das Bewusstsein dieser Spontaneität: „Das: Ich denke, drückt den Actus aus, mein Dasein zu bestimmen. [...] Dazu gehört Selbstanschauung, die eine a priori gegebene Form, d. i. die Zeit, zum Grunde liegen hat, welche sinnlich und zur Receptivität des Bestimmbaren gehörig ist“ (KrV B 157 Anm.).

Ich bin mir im ‚Actus‘ der Spontaneität, d. h. der Synthesis, meiner selbst bewusst, aber „nicht wie ich mir erscheine, noch wie ich an mir selbst bin, sondern nur *daß* ich bin“ (KrV B 157). Dieses Bewusstsein entspringt also aus einer Selbstanschauung, ohne die wir uns der eigenen Spontaneität überhaupt nicht bewusst werden könnten, weil ohne sie der ‚Aktus‘ der Bestimmung des eigenen Daseins unbewusst bliebe.

Da die Selbstanschauung als innere Anschauung aber bereits eine Bestimmung von etwas Bestimmbaren ist, die unter zeitlichen Formen der Rezeptivität steht, sind wir uns selbst immer nur so gegeben, wie wir uns selbst erscheinen, nicht so, wie wir an sich sind. „Da nun zum *Erkenntniß* unserer selbst außer der Handlung des Denkens, die das Mannigfaltige einer jeden möglichen Anschauung zur Einheit der Apperception bringt, noch eine bestimmte Art der Anschauung, dadurch dieses Mannigfaltige gegeben wird, erforderlich ist, so ist zwar mein eigenes Dasein nicht Erscheinung (vielweniger bloßer Schein), aber die Bestimmung meines Daseins kann nur der Form des inneren Sinnes gemäß nach der besonderen Art, wie das Mannigfaltige, das ich verbinde, in der inneren Anschauung gegeben wird, geschehen; und ich habe also demnach keine *Erkenntniß* von mir, *wie ich bin*, sondern bloß, wie ich mir selbst *erscheine*“ (KrV B 157f.).

Wir sind uns selbst also nur gegeben als reine Aktivität. Sobald diese Aktivität sich gleichsam auf sich selbst richtet, bestimmt sie sich selbst. Eine Bestimmung setzt aber etwas Bestimmbares voraus. Und Bestimmbares ist uns immer in bestimmter Weise anschaulich gegeben. Die Form dieser Selbstanschauung ist aber die Zeit als „Form des inneren Sinnes“ (KrV B 158).

Was aber affiziert den inneren Sinn in der Selbstanschauung? „Weil nun der Verstand in uns Menschen selbst kein Vermögen der Anschauungen ist und diese, wenn sie auch in der Sinnlichkeit gegeben wäre, doch nicht *in sich* aufnehmen kann, um gleichsam das Mannigfaltige *seiner eigenen* Anschauung zu verbinden, so ist seine Synthesis, wenn er für sich allein betrachtet wird, nichts anders als die Einheit der Handlung, deren er sich als einer solchen auch ohne Sinnlichkeit bewußt ist, durch die er aber selbst die Sinnlichkeit innerlich in Ansehung des Mannigfaltigen, was der Form ihrer Anschauung nach ihm gegeben werden mag, zu bestimmen vermögend ist“ (KrV B 153). Durch unsere spontane Aktivität affizieren wir unseren inneren Sinn und synthetisieren diese Aktivität deshalb gemäß der Form der inneren Anschauung. Als verantwortlich für das Bestimmbare dieser Bestimmung müssen wir uns also selbst denken, das ist der Kern von Kants Theorie der Selbstaffektion.

Weiterführende Literatur

Adickes, Erich: Kants Lehre von der doppelten Affektion unseres Ich als Schlüssel zu seiner Erkenntnistheorie, Tübingen: J. C. Mohr 1929.

Allison, Henry E: Kant's Transcendental Idealism, revised and enlarged Edition, New Haven u. a.: Yale University Press ²2004, insbes. 64–73.

Baumanns, Peter: Kants Philosophie der Erkenntnis. Durchgehender Kommentar zu den Hauptkapiteln der „Kritik der reinen Vernunft“, Würzburg: Königshausen & Neumann 1997, insbes. 182–204.

Haag, Johannes: Erfahrung und Gegenstand. Zum Verhältnis von Sinnlichkeit und Verstand, Frankfurt/M.: Klostermann 2007, insbes. Kap. 3.

Herring, Herbert: Das Problem der Affektion bei Kant, Köln: Kölner Universitätsverlag 1953.

Prauss, Gerold: Kant und das Problem der Dinge an sich, Bonn: Bouvier Verlag 1974.

Vaihinger, Hans: „Zu Kants Widerlegung des Idealismus“, in: Straßburger Abhandlungen zur Philosophie, 1884, 87–164.

Johannes Haag

Analogie

Die Analogie wird von Kant zusammen mit der Induktion zu den Schlussprinzipien der reflektierenden → Urteilskraft gerechnet. Induktions- und Analogie-Schlüsse zeichnen sich grundsätzlich und im Unterschied zu den Schlüssen der bestimmenden Urteilskraft dadurch aus, dass sie vom Besonderen auf das Allgemeine gezogen werden (vgl. 9:131f.). Während mit Hilfe einer Induktion von dem Vorliegen einer Eigenschaft bei vielen Dingen einer Art darauf geschlossen wird, dass die Eigenschaft bei allen Dingen der Art vorliegt, wird mittels Analogien von der partiellen Übereinstimmung (bzw. Ähnlichkeit) der Dinge einer Art darauf geschlossen, dass sie auch hinsichtlich aller Eigenschaften übereinstimmen (bzw. einander ähnlich sind), deren Vorliegen nur bei einigen Dingen der Art bekannt ist: „Die *Analogie* schließt von *particularer* Ähnlichkeit zweier Dinge auf *totale*, nach dem Princip der *Specification*: Dinge von einer Gattung, von denen man vieles Übereinstimmende kennt, stimmen auch in dem Übrigen überein, was wir in einigen dieser Gattung kennen, an andern aber nicht wahrnehmen" (9:133). Eine besondere Rolle spielen in der kantischen Erkenntnistheorie die drei ‚Analogien der Erfahrung', nämlich die Substanzerhaltung, das Kausalprinzip sowie das Wechselwirkungsprinzip. Als Grundsätze des reinen Verstandes gehören sie zu den obersten synthetischen Urteilen a priori des Erfahrungswissens und sind „Regel[n] [...], nach welche[n] aus Wahrnehmungen Einheit der Erfahrung [...] entspringen soll" (KrV A 180 / B 222). Im Unterschied zu Analogie-Schlüssen, die nicht durch Notwendigkeit gekennzeichnet sind, stellen die Analogien der Erfahrung jedoch notwendige Bedingungen der Möglichkeit von Erfahrung dar und sind nicht als Schlüsse, sondern eher als qualitative Verhältnisbestimmungen konzipiert. Weitere wichtige Stellen: KrV A 178ff. / B 221ff.; 4:357f.; 5:464f.; 6:64f.; 9:131ff.

Philosophische Funktion

1 Analogien als empirische Schlüsse

Streng genommen handelt es sich bei Analogien im Unterschied zu Induktionen nicht um Schlüsse auf das Allgemeine, sondern um Schlüsse von der Übereinstimmung der Dinge einer Art hinsichtlich bestimmter Eigenschaften auf ihre Übereinstimmung hinsichtlich bestimmter anderer Eigenschaften, deren Vorliegen bislang nur bei einigen Dingen der Art bekannt ist. Dem Gesichtspunkt der Allgemeinheit wird in Analogie-Schlüssen indes insofern Rechnung getragen, als „nach dem Princip der *Specification*" (9:133) geschlossen wird, d. h. ein Analogie-Schluss nur dann als gerechtfertigt anzusehen ist, wenn die Dinge, auf deren Eigenschaften Bezug genommen wird, von derselben Art sind und die in dem Schluss involvierten Eigenschaften *„zu demselben Princip gehören"* (9:132).

Als Schlüsse der reflektierenden Urteilskraft werden Analogien von Kant – ebenso wie Induktionen – als „empirische Schlüsse" (9:133) bezeichnet, denen nicht wie Vernunftschlüssen das Merkmal der Notwendigkeit zukommt, die aber „unentbehrlich zum Behuf der Erweiterung unsers Erfahrungserkenntnisses [sind]" (9:133). Nach moderner Terminologie gehören Analogie-Schlüsse damit zur induktiven Logik, in deren Rahmen Schlüsse behandelt werden, für deren Gültigkeit im Unterschied zu deduktiven Schlüssen nicht verlangt wird, dass die Prämissen die Konklusion logisch implizieren. Vielmehr hängt die Gültigkeit bzw. Korrektheit induktiver Schlüsse davon ab, inwieweit die Prämissen eines Schlusses seine Konklusion stützen oder wahrscheinlich machen. Die Überzeugungskraft von Analogie-Schlüssen hängt im Besonderen davon ab, ob die in Analogie zueinander gesetzten Eigenschaften von Dingen gerade aufgrund der Artgleichheit dieser Dinge in einem inhaltlichen Zusammenhang zueinander stehen. Die Übertragung einer an Mäusen beobachteten Wirkungsweise eines zu testenden Medikaments per Analogie-Schluss auf den Menschen wird man beispielsweise nur dann als gerechtfertigt ansehen, wenn es Anlass zu der Vermutung gibt, dass das fragliche Medikament seine Wirkung aufgrund spezifischer Eigenschaften entfaltet, die Menschen und Mäusen (etwa qua Säugetier) gemeinsam sind.

Kant betont allerdings, dass bei Analogie-Schlüssen nicht verlangt ist (und oft auch nicht begründet werden kann), dass die Eigenschaft eines Dinges, auf die geschlossen wird, mit der Eigenschaft eines anderen Dinges, von der aus geschlossen wird, identisch ist (vgl. 9:133). In der Diskussion des *„Schlusse[s]* nach der *Analogie"* (5:463) zum teleologischen Beweis der Existenz Gottes verweist er z. B. darauf, dass die Analogie zwischen den Kunstprodukten des menschlichen Verstandes und den Naturzwecken eines „übersinnlichen Urwesen[s]" (5:465) zwar berechtigt sei, aber nicht der Fehlschluss begangen werden dürfe, den Verstand und die Kausalität Gottes mit dem menschlichen Verstand und seinen Wirkungen gleichzusetzen. Die Analogie trägt also nur so weit, wie das Verhältnis eines Verstandes zu seinen Hervorbringungen („Causalität des Urwesens“, 5:465) betroffen ist, vermag aber keinerlei Anhaltspunkte für die Beschaffenheit eines übersinnlichen Verstands zu liefern. Ähnliche Überlegungen zur Tragweite von Analogie-Schlüssen finden sich auch in Kants Kritik des physikotheologischen Gottesbeweises (vgl. KrV A 625ff. / B 653ff.).

2 Analogien der Erfahrung
In der *Analytik der Grundsätze* der *KrV* verwendet Kant die Bezeichnung ‚Analogie‘ zur Charakterisierung der obersten Prinzipien der Erfahrungserkenntnis in Anlehnung an den mathematischen Begriff der Analogie, der mit dem der Proportionalität in eins fällt und die Gleichheit zweier Größenverhältnisse meint (vgl. KrV A 180f. / B 222). Eine gewisse Verwandtschaft mit Analogie-Schlüssen weisen die Analogien der Erfahrung gleichwohl insofern auf, als sie Regeln an die Hand geben, vermittels deren Erscheinungen gesucht werden können, die zu bereits gegebenen Erscheinungen in einem bestimmten Verhältnis, z. B. der Ursache-Wirkungs-Beziehung, stehen. Daher nennt Kant die Analogien der Erfahrung im Unterschied zu den konstitutiven, d. h. Erscheinungen konstituierenden, Axiomen der Anschauung und Antizipationen der Wahrnehmung „*regulativ[]*“ (KrV A 180 / B 222). Mit Hilfe von Analogie-Schlüssen wird auf noch nicht bekannte Eigenschaften von Dingen einer bestimmten Art geschlossen; Analogien der Erfahrung geben Regeln vor, nach denen Ereignisse, z. B. Ursachen gegebener Ereignisse, gesucht werden können. Es darf allerdings nicht übersehen werden, dass der epistemische Status der Analogien der Erfahrung als synthetischer Urteile a priori deutlich unterschieden ist von demjenigen der empirischen Schlüsse gemäß einer Analogie. Erstere stellen transzendentale Bedingungen der Möglichkeit von Erfahrung dar, letztere sind mehr oder weniger gut begründete Schlüsse induktiven, d. h. nicht notwendigerweise Wahrheit erhaltenden, Charakters.

Schließlich ist zu berücksichtigen, dass es sich bei den Analogien der Erfahrung nicht im strengen Sinn um mathematische („*quantitative[]*“) Analogien handelt, sondern um „*qualitative[]*“ Analogien, gemäß denen ein unbekanntes Ereignis zu einem bekannten Ereignis in einer qualitativen Relation steht (KrV A 180 / B 222). Für die zweite Analogie der Erfahrung leuchtet dies unmittelbar ein, wenn man sie als eine Analogie mit vier Gliedern auffasst und behauptet, dass sich ein noch unbekanntes Ereignis A zu einem bereits bekannten Ereignis B verhält wie eine Ursache zu ihrer Wirkung (vgl. Höffe, *Kants Kritik der reinen Vernunft*, S. 181ff.; Thöle, *Analogien*, S. 274f.). Um die erste Analogie der Erfahrung, das Prinzip der Substanzerhaltung, derart zu rekonstruieren, scheint es erforderlich zu sein, eine Analogie mit drei Gliedern – ähnlich wie im mathematischen Fall der geometrischen Analogie $a/b = b/c$ – zu bemühen (vgl. Höffe, *Kants Kritik der reinen Vernunft*, S. 181f.) und darunter die Beziehung zweier Akzidenzien auf eine Substanz zu verstehen. Möglicherweise ist im Fall der ersten Analogie der Erfahrung auch an eine Analogie des Verhältnisses von Substanz und Akzidenz mit der Subjekt-Prädikat-Struktur des kategorischen Urteils, dem die erste Analogie der Erfahrung zugeordnet ist, zu denken (vgl. KrV A 70 / B 95; KrV A 73 / B 98). Erst recht macht es jedoch Schwierigkeiten, den Begriff der Analogie auf die dritte Analogie der Erfahrung, das Wechselwirkungsprinzip, zu beziehen. Vielleicht ist Folgendes gemeint: Wenn eine Substanz A auf eine Substanz B einwirkt, so wirkt ‚analog‘ auch Substanz B auf Substanz A ein, Substanzen stehen also stets in einem Wechselwirkungsverhältnis zueinander.

Christian Suhm

Analytik

Unter ‚Analytik‘ versteht Kant den ersten Teil der reinen allgemeinen (formalen) → Logik: „Die allgemeine Logik löset nun das ganze formale Geschäfte des Verstandes und der Vernunft in seine Elemente auf und stellt sie als Principien aller logischen Beurtheilung unserer Erkenntniß dar. Dieser Theil der Logik kann daher Analytik heißen“ (KrV A 60 / B 84). Unter den in der Analytik dargelegten „Elemente[n]“ (KrV A 60 / B 84) sind die Grundregeln des formal korrekten Verstandes- und Vernunftgebrauchs und in diesem Sinn die richtigen → Handlungsweisen von → Verstand und → Vernunft zu verstehen: „Die *Analytik* entdeckt durch Zergliederung alle Handlungen der

Vernunft, die wir beim Denken ausüben" (9:16). Da Urteile, die diesen Regeln nicht entsprechen, nicht wahrheitsfähig sind, stellt die Analytik eine „Logik der Wahrheit" (KrV A 62 / B 87) dar, jedoch nur in dem Sinn, dass sie einen „negativen Probirstein der Wahrheit", d. h. notwendige und nicht hinreichende Bedingungen der Urteilswahrheit darlegt (KrV A 60 / B 84). Sie ist daher nur ein „*Kanon* zur Beurtheilung" gegebener Urteile, und nicht etwa ein zureichendes Mittel der Erzeugung als wahr verbürgter Urteile (KrV A 61 / B 85). Weitere wichtige Stellen: KrV A 796 / B 824; 4:276; 9:17; 9:20.

Philosophische Funktion

1 Die mit Kants Begriff der Analytik gegebene Einteilung der Logik

Kants Begriff der Analytik als Teil der Logik bezieht sich auf die gesamte logische Lehre von →Begriff, →Urteil und →Schluss. Auch wenn Kant sich im Zusammenhang der Definition des Begriffs der Analytik ausdrücklich auf Aristoteles als „Vater der Logik" bezieht (9:20), lässt sich keine genaue Entsprechung zur Terminologie der aristotelischen Tradition herstellen. Der Umfang des kantischen Analytik-Begriffs entspricht vielmehr dem sog. aristotelischen *Organon*, während er inhaltlich der Bedeutung des Ausdrucks im Titel *Erste Analytiken* („*analytika protera*") des Aristoteles nahesteht, der freilich nur auf die Schlusslehre bezogen ist. Dass Kant das kennzeichnende Merkmal dieses Teils der Logik darin sieht, „Logik der Wahrheit" (KrV A 62 / B 87) im Sinn einer Darlegung der (notwendigen) formalen Bedingungen der →Wahrheit von Urteilen zu sein, hängt mit Kants eigentümlicher Bestimmung der Differenz zwischen Analytik und →Dialektik zusammen: Während in Meiers *Auszug*, die Kant als Grundlage seiner Logik-Vorlesungen benutzte, der Unterschied zwischen Analytik und Dialektik noch darin gesehen wurde, dass die erste von sicherer, die zweite von wahrscheinlicher Erkenntnis handelt, versteht Kant seit etwa 1780 die Dialektik als negativen Teil der Logik, der der Kritik des nur scheinbar gültigen Verstandesgebrauchs gilt, und stellt ihr die Analytik als Theorie des formal gültigen, wahrheitsfähigen Denkens gegenüber (vgl. Brandt, *Analytic/Dialectic*, S. 182). Damit wird die Dualität von Wahrheit und Schein grundlegend für die Einteilung der Logik, wobei der Analytik als „Logik der Wahrheit" die logische Lehre der Begriffs-, Urteils- und Schlussbildung zugeordnet wird.

2 Die Struktur der Analytik und die kritische Vermögenslehre

Die Einteilung der Analytik in Begriffs-, Urteils- und Schlusslehre entspricht nach Kant der Einteilung der oberen Erkenntnisvermögen in Verstand, →Urteilskraft und Vernunft (vgl. KrV A 130f. / B 169). Dieser vermögenstheoretischen Zuordnung liegt der Gedanke zugrunde, dass die Logik vom Denkvermögen – vom „Verstand[] überhaupt" – handelt. Sie tut dies freilich im Hinblick auf die normativ-regelgeleitete Eigenschaft dieses Vermögens, und nicht etwa als psychologische Theorie von dessen Ausübung (die Kant als „angewandte Logik" bezeichnet (KrV A 52f. / B 77f.). Dementsprechend werden in den einzelnen Teilen der Analytik Regeln bzw. Handlungsweisen spezifiziert, die den diskursiven Teilvermögen als Prinzipien ihres formal richtigen Gebrauchs inhärent sind (vgl. Longuenesse, *Capacity to Judge*, S. 5; Wolff, *Die Vollständigkeit*, S. 22ff.). Kants Zuordnung der Teile der Analytik zu den Teilvermögen des Denkens wirft jedoch im Einzelnen Probleme auf. So wird der Verstand von Kant sowohl als „Vermögen der Begriffe", als auch als „Vermögen [. . .] der Urtheile" charakterisiert (KrV A 126) – beides ist für Kant letztlich dasselbe, da Begriffe nur in Urteilen verwendet werde können (vgl. KrV A 69 / B 94) –, und scheint damit nicht nur Gegenstand des ersten, sondern auch des zweiten Teils der Analytik zu sein. Von der Urteilskraft als dem für objektiv gültiges Urteilen notwendigen Vermögen der Subsumption von Einzelfällen unter Begriffe bzw. Regeln sagt Kant überdies, dass ihre Leistungen nicht durch allgemeine formale Regeln explizierbar seien, so dass die Analytik keine „Doctrin" für die Urteilskraft enthalten kann (KrV A 135 / B 174). Die Zuordnung des urteilstheoretischen Analytik-Teils zur Urteilskraft lässt sich also nicht aufrechterhalten. Schließlich stellt sich die Frage, ob Kants Reduktion des Begriffsgebrauchs auf das Urteilen in der *KrV* noch Raum lässt für die überkommene Trennung von logischer Begriffs- und Urteilslehre (vgl. Wolff, *Die Vollständigkeit*, S. 190ff.).

3 Analytik und transzendentale Analytik
Kant unterscheidet in der *KrV* von der Analytik als formallogischer Prinzipienlehre die *Transscendentale Analytik* (KrV A 64–292 / B 89–349), die den ersten Teil der *Transscendentalen Logik* (KrV A 50–705 / B 74–733) darstellt. Der Unterschied beider besteht darin, dass die logische Analytik nur die formalen Bedingungen wahrheitsfähiger Urteile darlegt, während die transzendentale Analytik die grundlegenden apriorischen Begriffe und Urteile – insofern Inhalte – erörtert, die für den wahrheitsfähigen Verstandesgebrauch notwendig sind (vgl. KrV A 55f. / B 79f.). Zwischen der Analytik als Teil der formalen Logik und der transzendentalen Logik bestehen jedoch nach Kant ungeachtet dieser Differenz der theoretischen Aufgabenstellung strukturelle Entsprechungen: Beide enthalten als ersten Teil eine Analytik der Begriffe, der eine Analytik der Urteile folgt (vgl. KrV A 65 / B 90; KrV A 130 / B 169). Es ist aber nicht zu übersehen, dass zugleich erhebliche Differenzen zwischen dem Aufbau der (formallogischen) Analytik und der transzendentalen Analytik bestehen: Die formallogische Analytik enthält auch die Lehre von den Vernunftschlüssen, deren transzendentales Pendant sich nicht in der transzendentalen Analytik, sondern in der *Transscendentalen Dialektik* findet (KrV A 293–704 / B 349–732). Und die transzendentale Analytik der → Urteile enthält eine Doktrin für die Urteilskraft als dem Vermögen der Subsumtion von Anschauungen unter Begriffe bzw. Regeln, während die formallogische Analytik ausdrücklich keine Regeln für die Urteilskraft angeben kann, sondern nur die in Urteilen involvierte Verstandesform darlegt (vgl. KrV A 135 / B 174; vgl. Abs. 2). Ein weiterer, über den Aspekt der strukturellen Entsprechungen und Differenzen hinausgehender Gesichtspunkt der Beziehung zwischen formallogischer und transzendentaler Analytik und → transzendentaler Logik betrifft ihre inhaltlichen Berührungspunkte: Die transzendentale Analytik der Begriffe zieht die Urteilstafel der formalen Analytik heran, um die Grundbegriffe des reinen Verstandes zu entdecken (vgl. KrV A 70 / B 95). Kant setzt dabei voraus, dass eine Entsprechung zwischen urteilslogischen und kategorialen Strukturen besteht (vgl. Longuenesse, *Capacity to Judge*, S. 26ff.; Horstmann, *Metaphysische Deduktion*; Frede/Krüger, *Zuordnung*).

4 Die Analytiken in der zweiten und dritten Kritik
In Entsprechung zum Aufbau der *KrV* enthält auch die *Elementarlehre* der *KpV* (5:33–266) eine Analytik. Auch diese wird im Kontrast zur ihr folgenden Dialektik als Lehre von der „Regel der Wahrheit" charakterisiert (5:16). Die Funktion der Analytik besteht nun jedoch darin, die reine → praktische Vernunft zu analysieren und ihr Prinzip, das Sittengesetz, als Bedingung sowohl des Begriffs des Guten, als auch von spezifisch moralischer Motivation auszuweisen. Da das Sittengesetz von allen Prinzipien scharf abzusetzen ist, welche das Handeln auf die „eigene[] Glückseligkeit" ausrichten (5:22), ist die Unterscheidung zwischen Sitten- und Glückseligkeitslehre „die erste und wichtigste ihr obliegende Beschäftigung" der Analytik der reinen praktischen Vernunft (5:92). Aus der eigentümlichen Aufgabe der Analytik in der *KpV* ergibt sich nach Kant, dass ihr innerer Aufbau dem der transzendentalen Analytik in der *KrV* gegenläufig sein muss. Denn es kann in ihr keine der Analytik der Grundsätze vorgängige Analytik der Begriffe geben; der Begriff des Gegenstands der praktischen Vernunft, d. h. der Begriff des Guten lässt sich vielmehr nur im Ausgang vom Sittengesetz und damit dem Prinzip der reinen praktischen Vernunft bestimmen (vgl. 5:16; 5:89f.).

In der *KU* werden sowohl die ästhetische Urteilskraft in ihren beiden Formen als Beurteilung des → Schönen und des → Erhabenen, als auch die teleologische Urteilskraft Gegenstand einer Analytik, die jeweils gegen eine Dialektik abgesetzt ist (vgl. 5:203; 5:244; 5:362). Die Analytiken der dritten Kritik sind freilich, im Unterschied zu den Analytiken in der *KrV* und der *KpV*, nicht als auf ‚Wahrheit' im Sinne von (theoretischer oder praktisch-normativer) objektiver Gültigkeit bezogen zu verstehen, da das Prinzip der → Zweckmäßigkeit, das in verschiedenen Weisen allen der reflektierenden Urteilskraft eigentümlichen Urteilstypen zugrundeliegt, kein objektiv-konstitutives Prinzip, sondern eine subjektiv notwendige Voraussetzung der Beurteilung empirischer Strukturen ist ; → Teleologie, teleologisch). Die Aufgabe der Analytik besteht hier vielmehr in dem Aufweis des eigentümlichen Status des jeweils vorausgesetzten Prinzips, allgemeingültig zu sein, ohne jedoch objektiv gegenstandsbestimmende Urteile zu ermöglichen.

5 Die Analytik als Teil der Logik und Kants übergreifender Begriff der Analytik

In der *KrV* bezieht Kant sich mit dem Term ‚Analytik' ohne spezifizierenden Zusatz auf den ersten Teil der reinen allgemeinen (formalen) Logik. Da Kant in der *KrV* auch den Begriff der ‚transzendentalen' Analytik einführt und auch die zweite und dritte *Kritik* [s. u.] als ‚Analytik' betitelte Theorieteile enthalten, scheint die Analytik als Teil der formalen Logik nur noch einen besonderen Fall einer Analytik darzustellen, den man als ‚formale' Analytik bezeichnen kann. Hierdurch wird ein allgemeiner Analytik-Begriff impliziert, unter den diese und die kritischen Analytiken als besondere Fälle einer Analytik zu subsumieren sind. Dieser allgemeine Analytik-Begriff wird von Kant nicht ausdrücklich dargelegt, beinhaltet aber zumindest, dass eine Analytik die apriorischen Grundprinzipien einer oder mehrerer der oberen Erkenntnisvermögen (Verstand, Urteilskraft und Vernunft) darlegt, seien diese bloß formal (wie im Fall der Analytik als Teil der reinen allgemeinen Logik), oder inhaltlich durch aus dem fraglichen Vermögen entspringende Begriffe a priori bestimmt (wie im Fall der kritischen Analytiken). Darüber hinaus kann eine kritische Analytik weitere Aufgaben erfüllen, wie die, eine transzendentale Deduktion der fraglichen Begriffe oder Prinzipien zu liefern (→Deduktion, transzendentale).

Weiterführende Literatur

Brandt, Reinhard: „Analytic/Dialectic", in: Schaper, Eva / Vossenkuhl, Wilhelm (Hg.): Reading Kant. New Perspectives on Transcendental Arguments and Critical Philosophy, Oxford: Basil Blackwell 1989, 179–195.

Frede, Michael / Krüger, Lorenz: „Über die Zuordnung der Quantitäten des Urteils und der Kategorien der Grösse bei Kant", in: Kant-Studien 61, 1970, 28–49.

Horstmann, Rolf-Peter: „Die metaphysische Deduktion in Kants Kritik der reinen Vernunft", in: Tuschling, Burkhart (Hg.): Probleme der „Kritik der reinen Vernunft", Berlin: de Gruyter 1984, 15–34.

Longuenesse, Béatrice: Kant and the Capacity to Judge, Princeton: Princeton University Press [2]1998.

Stuhlmann-Laeisz, Rainer: Kants Logik, Berlin: de Gruyter 1976.

Tonelli, Giorgio: „Der historische Ursprung der kantischen Termini ‚Analytik' und ‚Dialektik'", in: Archiv für Begriffsgeschichte 7, 1962, 120–139.

Wolff, Michael: Die Vollständigkeit der Kantischen Urteilstafel, Frankfurt/M.: Vittorio Klostermann 1995.

Christian Klotz

analytisch/synthetisch

Die Ausdrücke ‚analytisch' und ‚synthetisch' erscheinen bei Kant in verschiedenen, lose miteinander verbundenen, doch keineswegs äquivalenten Bedeutungen. Kant selbst gibt keine allgemeine Definition für sie, und wenn er die Frage nach ihrer Bedeutung anspricht, warnt er davor, die verschiedenen Weisen, in denen er sie gebraucht, zu verwechseln (vgl. 4:276 Anm.). ‚Analytisch' und ‚synthetisch' sind die Adjektivformen zu ‚Analysis' und →‚Synthesis'. Ihrer etymologischen Bedeutung nach sollen diese im ersten Fall den Akt der Zergliederung, Absonderung oder Auflösung eines Ganzen in seine Teile bezeichnen, um das Ganze zu erhellen, und im zweiten Fall den Akt der Zusammenfassung, Verbindung oder Verknüpfung von Teilen, um ein Ganzes zu bilden. Dementsprechend erklärt Kant in der *Deutlichkeit*, wenn er zwischen der Methode der →Mathematik, die ‚synthetisch' ist, und der Methode der →Philosophie, die ‚analytisch' ist, unterscheidet (vgl. 2:276), dass die Zergliederung „verwickelte Erkenntnisse [auflöst]", die Synthesis hingegen „gegebene einfache Erkenntnisse [verknüpft]" (2:282). Darüber hinaus sagt Kant in der *KrV*: „Ich verstehe aber unter *Synthesis* in der allgemeinsten Bedeutung die Handlung, verschiedene Vorstellungen zu einander hinzuzuthun [...]" (KrV A 77 / B 103); dass „alle Verbindung [...] eine Verstandeshandlung [ist], die wir mit der allgemeinen Benennung *Synthesis* belegen würden [...] und daß die Auflösung, *Analysis* [...] ihr Gegentheil zu sein scheint" (KrV B 130). Wenn er zwischen zwei Arten von →Urteilen unterscheidet, sagt Kant außerdem, dass ein synthetisches Urteil durch das Prädikat zum Begriff des Subjekts „etwas hinzuthut" (4:267) und daher unsere Erkenntnis „vergrößert" (4:266); in einem analytischen Urteil hingegen

„habe ich meinen Begriff [des Subjects] [...] nicht im mindesten erweitert, sondern ihn nur aufgelöset“ (4:266), was heißt, dass solche Urteile „diesen nur durch Zergliederung in seine Theilbegriffe zerfällen“ (KrV A 7 / B 11). Die Bedeutung der Ausdrücke ‚analytisch‘ und ‚synthetisch‘ so allgemein zu beschreiben, mag zwar praktisch sein, doch wird die spezifische Art und Weise, in der Kant die Ausdrücke in bestimmten Kontexten gebraucht, wie etwa in seinen Ausführungen über den Unterschied zwischen analytischer und synthetischer Methode, analytischer und synthetischer Einheit oder analytischen und synthetischen Urteilen, dadurch weder ganz noch auch nur angemessen geklärt. Man muss daher die Ausdrücke ‚analytisch‘ und ‚synthetisch‘ entsprechend den spezifischen Kontexten verstehen, in denen sie vorkommen. Weitere wichtige Stellen: 2:388 Anm.; KrV A 79 / B 104f.; KrV B 133; 4:266f.; 4:274f.; 4:279; 9:111; 9:149.

Philosophische Funktion

1 Analytische und synthetische Methode

1.1 In der philosophischen Tradition nahmen die Ausdrücke ‚analytisch‘ und ‚synthetisch‘ eine zentrale Stellung in der Methodendiskussion ein. Kant unterscheidet zwischen zwei Arten von Methoden, die er im Einklang mit dem traditionellen Gebrauch ‚analytisch‘ und ‚synthetisch‘ bzw. ‚regressiv‘ und ‚progressiv‘ nennt. In der *Logik* formuliert Kant diesen Unterschied so: Die analytische Methode „fängt von dem Bedingten und Begründeten an und geht zu den Principien fort (a principiatis ad principia)“; die synthetische Methode hingegen „geht von den Principien zu den Folgen oder vom Einfachen zum Zusammengesetzten. Die erstere könnte man auch die *regressive*, so wie die letztere die *progressive* nennen“ (9:149; vgl. 4:276 Anm).

1.2 In der *Deutlichkeit*, wo Kant die Ausdrücke ‚analytisch‘ und ‚synthetisch‘ zum ersten Mal einführt, dienen sie dazu, zwischen zwei verschiedenen Methoden oder Verfahrensweisen zu unterscheiden, um zu einem Allgemeinbegriff oder einer Definition zu gelangen. Dementsprechend meint Kant, dass die Philosophie zu ihren Begriffen ‚analytisch‘, d. h. „durch *Absonderung*“ der in einem gegebenen Begriff vorfindlichen Merkmale gelange (2:276); die Mathematik hingegen gelange zu ihren Definitionen ‚synthetisch‘, d. h. „durch die *willkürliche Verbindung* der Begriffe“ (2:276), wodurch ein Begriff gemacht oder konstruiert werde (vgl. 2:291). Eine ähnliche Erörterung des Unterschieds zwischen synthetischer Methode der Mathematik und analytischer Methode der Philosophie findet sich auch in der *KrV* (vgl. KrV A 712 / B 740–A 738 / B 766).

In einem demgegenüber spezielleren und eher technischen Sinn bezeichnet „Synthesis“, als „Actus der Spontaneität der Vorstellungskraft“ (KrV B 130), „die Handlung, verschiedene Vorstellungen zu einander hinzuzuthun und ihre Mannigfaltigkeit in einer Erkenntniß zu begreifen“ (KrV A 77 / B 103); sie ist der ‚Analysis‘ oder „Auflösung“ entgegengesetzt, die jedoch die Synthesis voraussetzt, „denn wo der Verstand vorher nichts verbunden hat, da kann er auch nichts auflösen, weil es nur *durch ihn* als verbunden der Vorstellungskraft hat gegeben werden können“ (KrV B 130). In diesem engeren, die Handlungen des Verbindens bzw. Auflösens bezeichnenden Sinn, sind die Ausdrücke ‚analytisch‘ und ‚synthetisch‘ nur noch schwer mit der analytischen und synthetischen Methode identifizierbar, auch wenn sie mit ihr lose verknüpft sind.

2 Analytische und synthetische Urteile

Während in der *Deutlichkeit* die Ausdrücke ‚analytisch‘ und ‚synthetisch‘ lediglich dazu dienten, zwischen zweierlei Methoden zu unterscheiden, um zu Allgemeinbegriffen oder Definitionen zu gelangen, wird der Anwendungsbereich dieser Ausdrücke, die noch zu Zeiten Kants ein zentrales Begriffspaar der philosophischen Methodenlehre repräsentierten, in der kritischen Philosophie erweitert. In der *KrV* werden mit den Ausdrücken ‚analytisch‘ und ‚synthetisch‘ zwei Arten von Urteilen unterschieden, nämlich ‚analytische‘ Urteile, in denen das Prädikat bereits im Begriff des Subjekts „enthalten ist“, und die daher unsere Erkenntnis bloß „aus einander setzen“, sowie ‚synthetische‘ Urteile, in denen das Prädikat nicht im Begriff des Subjekts enthalten ist, sondern „ganz außer dem Begriff“ liegt, und die daher unsere Erkenntnis „erweitern“ (KrV A 7 / B 10f.). Da analytische Urteile im Gegensatz zu synthetischen Urteilen „zu dem Begriffe des Subjects“ vermittels des Prädikats nichts „hinzuthun“, werden sie als „Erläuterungs-“ bzw. „Erweiterungsurtheile“ bezeichnet (KrV A 7 / B 11).

3 Analytische und synthetische Einheit
Kant verwendet jedoch die traditionellen Ausdrücke ‚analytisch' und ‚synthetisch' in der *KrV* auch noch in ganz anderer Weise, nämlich um damit zwei verschiedene Arten von Einheit zu beschreiben, vermittels derer durch ein und dieselbe Verstandeshandlung zwei verschiedene Resultate hervorgebracht werden. Die analytische Einheit ist diejenige Einheit, welche die Verstandesfunktion oder Verstandeshandlung „den verschiedenen Vorstellungen *in einem Urtheile* [...] giebt", bzw. ist diejenige Einheit, vermittels derer der Verstand „in Begriffen [...] die logische Form eines Urtheils zu Stande [bringt]". Die synthetische Einheit oder „synthetische Einheit des Mannigfaltigen in der Anschauung überhaupt" ist diejenige Einheit, welche die Verstandesfunktion oder Verstandeshandlung „der bloßen Synthesis verschiedener Vorstellungen *in einer Anschauung*" gibt, bzw. sie ist diejenige Einheit, vermittels derer der Verstand „in seine Vorstellungen einen transcendentalen Inhalt" bringt (KrV A 79 / B 104f.). Im Hinblick auf den Begriff der Einheit des Bewusstseins oder der → Apperzeption ist die ‚analytische' Einheit der Apperzeption die Vorstellung von der „*Identität des Bewußtseins in* [den] *Vorstellungen* selbst", während die ‚synthetische' Einheit der Apperzeption diejenige ist, deren Vorstellung „ein Mannigfaltiges gegebener Vorstellungen *in einem Bewußtsein*" verbindet (KrV B 133; vgl. KrV B 130–131).

Interpretationslage
Es sind etliche Versuche unternommen worden zu erklären, wie die von Kant auf vielfältige Weise verwendeten Ausdrücke ‚analytisch' und ‚synthetisch' miteinander verbunden sind. Kant selbst erklärt zum Beispiel, dass die Analysis analytische Sätze erzeuge (vgl. KrV A 718 / B 746). Bemerkungen dieser Art haben dazu geführt, dass unterschiedliche Interpretationen der Beziehung zwischen analytischer Methode und analytischen Urteilen einerseits, sowie zwischen synthetischer Methode und synthetischen Urteilen andererseits existieren (Hintikka, *On the Logic*; vgl. Peijnenberg, *Formal Proof*; McCarthy, *Analytic Method*). Darüber hinaus hat man versucht, die Beziehung zwischen Analysis und dem Begriff der analytischen Einheit dadurch zu erklären, dass man argumentierte, die analytische Einheit sei diejenige Einheit, die aus der Analysis resultiere (Longuenesse, *Capacity to Judge*, S. 86; vgl. Reich, *Vollständigkeit*, S. 12–18).

Weiterführende Literatur

Engfer, Hans-Jürgen: Philosophie als Analysis. Studien zur Entwicklung Philosophischer Analysiskonzeptionen unter dem Einfluss mathematischer Methodenmodelle im 17. und frühen 18. Jahrhundert, Stuttgart-Bad Cannstatt: Frommann-Holzboog 1982, 26–67.

Guyer, Paul / Wood, Allen W.: „Introduction", in: Kant, Immanuel: Critique of Pure Reason, übers. und hg. von Paul Guyer und Allen W. Wood, Cambridge: Cambridge University Press 1997, insbes. 31–34.

Henrich, Dieter: „Kants Denken 1762–63: Über den Ursprung der Unterscheidung analytischer und synthetischer Urteile", in: Heimsoeth, Heinz u. a. (Hg.): Studien zu Kants philosophischer Entwicklung, Hildesheim: Georg Olms 1967, 9–38.

Seung-Kee Lee
(Übersetzung: Birger Brinkmeier)

Anschauung
Anschauung ist eine Vorstellung, die sich vom → Begriff auf charakteristische Weise unterscheidet: Während Begriffe Allgemeinvorstellungen sind, die auf eine Mehrzahl möglicher Gegenstände zutreffen und sich nur mittelbar (über deren Merkmale) auf Gegenstände beziehen, stellen Anschauungen einen *unmittelbaren Bezug* auf *einzelne* Gegenstände her (vgl. KrV A 19 / B 33). Beim Menschen sind Anschauungen *sinnliche* Vorstellungen und gehen auf die Rezeptivität des Subjekts (seine Empfänglichkeit für sinnliche Eindrücke) zurück, während Begriffe dem spontanen Verstand entspringen (vgl. KrV A 50 / B 74). Anschauungen umfassen nicht nur das Visuelle, sondern alle Sinnesmodalitäten.

Die sinnliche Anschauung ist empirisch, wenn in ihr → Empfindung enthalten ist (vgl. KrV A 50 / B 74), welche die „Wirkung eines Gegenstandes auf die Vorstellungsfähigkeit" ist (KrV A 19f. / B 34). Sinnliche Anschauung, in der hingegen „nichts, was zur Empfindung gehört, angetroffen wird" (KrV A 20 / B 34), heißt *reine* Anschauung.

Die reinen Anschauungen sind Zeit und Raum, die „im Gemüthe a priori angetroffen" werden (KrV A 19f. / B 34) – bzw.: „ursprünglich erworben[]" (8:222) sind. Sie spielen nicht nur in der empirischen, sondern (für sich betrachtet) auch in der mathematischen Erkenntnis eine wichtige Rolle (vgl. 4:280ff.; KrV B 136f.; KrV B 150f.; KrV B 159f.).

Darüber hinaus erwägt Kant eine intellektuelle Anschauung, die zwar nicht für uns Menschen in Frage komme, aber doch denkmöglich sei. Mit ihr bezöge man sich auf →Noumena in positiver Bedeutung (vgl. etwa KrV A 251 / B 307). Ein Verstand, „der selbst anschauete" (KrV B 145), könnte des Weiteren vom Allgemeinen auf das Besondere schließen, somit vom Ganzen auf die Teile und daher einen Organismus ohne teleologische Urteilskraft erkennen (vgl. 5:405ff.).

Weitere wichtige Stellen: 2:392ff.; KrV A 19 / B 33ff.; KrV B 161 Anm.; 4:280ff.; 8:222.

Philosophische Funktion

1 Die Funktion der Anschauung in empirischer Erkenntnis

1.1 Gemäß dem Einleitungssatz zur *Transzendentalen Ästhetik* – „Auf welche Art und durch welche Mittel sich auch immer eine Erkenntniß auf Gegenstände beziehen mag, so ist doch diejenige, wodurch sie sich auf dieselbe[n] unmittelbar bezieht, [...] die *Anschauung*" (KrV A 19 / B 33) – ist Anschauung dasjenige Element einer Erkenntnis, das verantwortlich dafür ist, dass sich diese Erkenntnis unmittelbar auf ihren Gegenstand bezieht. (Ob das bedeutet, dass auch die Anschauung selber sich unmittelbar auf den Gegenstand bezieht, wie es z. B. in KrV A 320 / B 377 heißt, ist umstritten; Gegenstand der Anschauung). Da der Gegenstand der Erkenntnis ein partikulares Objekt ist, ein Begriff – das andere Element einer Erkenntnis – aber allgemein, bedarf es der Anschauung, um einen direkten Bezug zum Einzelgegenstand herzustellen. Ohne sie wäre (unmittelbare) Erkenntnis von *Einzel*gegenständen nicht möglich.

1.2 Empirische Erkenntnis beruht nach Kant weder auf Eingebung noch auf der reinen Spontaneität des menschlichen Verstandes. Sie „findet [...] nur statt, sofern uns der Gegenstand gegeben wird" (KrV A 19 / B 33), was nur möglich ist durch „[d]ie Wirkung eines Gegenstandes auf die Vorstellungsfähigkeit" (KrV A 19 / B 34), die wiederum nur erfolgt, indem „das Gemüth auf gewisse Weise afficier[t]" (KrV A 19 / B 33) wird. Anschauung steht daher für die →Rezeptivität der Sinnlichkeit und somit für die Endlichkeit und Abhängigkeit des menschlichen Erkennens.

1.3 Innerhalb der empirischen Anschauung (bzw. innerhalb der „*Erscheinung*" als des „unbestimmte[n] Gegenstand[es]" derselben, KrV A 20 / B 34) unterscheidet Kant in Folge dasjenige, was in ihr „*empirisch*" ist, von demjenigen, was in ihr „*rein*" (KrV A 20f. / B 34f.) ist. Die empirisch gegebene Materie der Erscheinung ist die Empfindung, ein subjektiv-privater Gehalt (Sinnesdatum). Die reinen Formen der Anschauung sind Raum und Zeit. Im Gegensatz zur Empfindung, die auf die Affektion durch den Gegenstand zurückgeht, liegen Raum und Zeit „im Gemüthe a priori" bereit (KrV A 19f. / B 34); sie sind ihrem Ursprung nach subjektiv. Bezüglich des Gegenstandes anschaulicher Erkenntnis lässt sich daher unterscheiden, was in ihm empirisch-zufällig und was a-priori-notwendig ist. Während die empirische Realität des Gegenstandes durch den empirischen Aspekt der Anschauung (Empfindung) verbürgt ist, geht seine raum-zeitliche Form auf den reinen Aspekt der Anschauung zurück, der zugleich die Möglichkeit von Erkenntnissen a priori in der Mathematik und reinen Naturwissenschaft begründet.

2 Die Funktion der Anschauung in mathematischer Erkenntnis

2.1 Die mathematische Erkenntnis führt nach Kant absolute Notwendigkeit mit sich, kann also nicht auf Erfahrungsgründen beruhen, und ist darüber hinaus „durch und durch synthetisch" (4:280). Da aus Begriffen allein lediglich analytische Erkenntnis erlangt werden kann, bedarf es der (reinen) Anschauung, um mathematische Erkenntnis gewinnen zu können (vgl. KrV A 47 / B 64; →analytisch/synthetisch). Diese Charakterisierung der Mathematik wird heutzutage mehrheitlich abgelehnt. (Zum geometrischen Gegenstand der Anschauung vgl. aber Enskat, *Kants Theorie des geometrischen Gegenstandes*.)

2.2 Ein Argument für die Unverzichtbarkeit der Anschauung in der Mathematik liefert für Kant das Phänomen der inkongruenten Gegenstücke. Strecken- und winkelgleiche Gegenstände sind in allem, was sich durch begriffliche Merkmale ausdrücken lässt, völlig gleichartig und daher durch Begriffe allein nicht unterscheidbar. Ihre Inkongruenz könne folglich nur mithilfe von (reiner) Anschauung festgestellt werden (vgl. 2:403; 4:285f.). Dies wird im Rahmen der heutigen Mathematik bestritten (vgl. etwa Mühlhölzer, *Das Phänomen der inkongruenten Gegenstücke*). Der Grund für ihre Orientierungsverschiedenheit verweist aber auf die transzendentale Idealität des Raumes (vgl. Friebe, *Substanz/Akzidens-Ontologie inkongruenter Gegenstücke*).

2.3 Reine Anschauung ist eine solche, in der „nichts, was zur Empfindung gehört, angetroffen wird" (KrV A 20 / B 34), sodass Raum und Zeit für sich betrachtet werden, indem man von der Materie der Erscheinung absieht. Daraus allein aber folgt nicht, dass man auch von jeder Verstandesleistung abzusehen hätte. Vielmehr meint Kant, dass Raum und Zeit als Anschauungen nur „*gegeben*" werden, „indem der Verstand die Sinnlichkeit bestimmt" (KrV B 161 Anm.). In der Mathematik nun wird konstruiert, d. h. Kant betrachtet die Erzeugung der reinen Anschauungen: „Wir können uns keine Linie denken, ohne sie in Gedanken zu *ziehen*, [...] und selbst die Zeit nicht, ohne indem wir im *Ziehen* einer geraden Linie [...] bloß auf die Handlung der Synthesis des Mannigfaltigen, dadurch wir den inneren Sinn successiv bestimmen, und dadurch auf die Succession dieser Bestimmung in demselben Acht haben. Bewegung, als Handlung des Subjects (nicht als Bestimmung des Objects), folglich die Synthesis des Mannigfaltigen im Raume [...] bringt so gar den Begriff der Succession zuerst hervor" (KrV B 154f.). Diese Bewegung „gehört nicht allein zur Geometrie, sondern sogar zur Transscendentalphilosophie" (KrV B 154 Anm.). Anschauung in der Mathematik hat für Kant also die philosophische Funktion, auf diejenige „Handlung des Subjects" zu reflektieren, welche zusammen mit der Einwirkung von außen die „Erscheinung" (KrV B 154) erzeugt.

3 Die Funktion der Anschauung in apriorischer Naturerkenntnis

Natur ist „das Dasein der Dinge, sofern es nach allgemeinen Gesetzen bestimmt ist" (4:294), und →Naturwissenschaft erforscht die Natur in eben diesem gesetzmäßigen Zusammenhang, der nach Kant ein notwendiger ist. Seit Hume ist ein solcher Zusammenhang aber problematisch (vgl. Thöle, *Kant und das Problem der Gesetzmäßigkeit der Natur*): Er ist kein analytisch notwendiger, kann aber auch nicht in der Erfahrung angetroffen werden. Daraus zieht Kant den Schluss, dass es synthetisch-apriorische Naturerkenntnis gebe bzw. reine Naturwissenschaft möglich sei (vgl. *Prolegomena*, §§ 14–38; *MAN*). Daraus folgt einerseits, dass die Natur, materialiter gesehen, „der Inbegriff aller Gegenstände der Erfahrung" (4:295) ist, also nicht die Dinge umfasst, wie sie an sich selbst sind, sondern als Gegenstände der sinnlichen Anschauung. Anderseits stehen die Phaenomena, formaliter gesehen, unter Gesetzen wie Erhaltung und Trägheit (vgl. 4:541ff.), was nur möglich sei, wenn es Grundsätze von uneingeschränkter Allgemeinheit gibt bzw. reine Verstandesbegriffe wie →Substanz/Akzidens (vgl. KrV A 182 / B 224ff.; Anwendung: 4:541f.) und →Kausalität (vgl. KrV A 189 / B 232ff.; Anwendung: 4:541f.).

Während in der Mathematik der Gegenstand der Anschauung nicht-empirisch ist, empirische Begriffe aber kontingenten Inhalt haben, geht es nun also darum, reine Begriffe auf sinnliche Anschauungen zu beziehen, deren notwendige →Einheit sie stiften sollen. Dies leistet der →Schematismus, der den Kategorien apriorische Zeitbestimmungen (Sukzession und Gleichzeitigkeit) zuordnet. Die so auf Anschauung bezogenen Kategorien bilden dann die Grundlage für Kants Metaphysik der Natur (vgl. zu *MAN*: Pollok, *Kants MAN*).

Interpretationslage

Ein Hauptproblem der Interpretation ist das Verhältnis von Anschauung und Begriff. Während beide Arten von Vorstellungen in der (vorkritischen) Dissertation *De mundi* von 1770 voneinander unabhängigen Erkenntnisvermögen entspringen, ist in der Kant-Forschung seit jeher umstritten, wie sich dies seit der *KrV* verhält (vgl. bereits die Auseinandersetzung Kants mit J. S. Beck, z. B. 11:316; und hierzu Heller, *Kant und J. S. Beck*). Zum einen sagt Kant, dass Anschauungen ohne Begriffe „blind" seien (KrV A 51 / B 75), was nahe legt, dass Anschauung sich nicht ohne Begriff auf einen Gegenstand beziehen kann. Zum anderen aber vertritt er die Auffassung, dass Begriffe durch Vergleich und Abstraktion gebildet werden (vgl. 4:304; 9:93ff.), was nahe legt, dass Anschauungen grundlegende Vorstellungen sind, die sich unmittelbar auf Gegenstände beziehen können, noch ‚bevor' Begriffe gebildet werden. Dies würde Kant als einen Vertreter eines nichtbegrifflichen Gehalts der Wahrnehmung ausweisen (vgl. Hanna, *Kant and Nonconceptual Content*). Im Gegensatz dazu wird der Vorrang des Begrifflichen prominent vertreten durch Allison (vgl. *Kant's Transcendental Idealism*), Strawson (vgl. *The Bounds of Sense*) und McDowell (vgl. *Mind and World*). Die dritte Möglichkeit wäre, dass es nach Kant elementare Begriffe gibt, die nicht durch Vergleich vorgegebener Anschauungen gebildet werden und die für den Gegenstandsbezug der Anschauung erforderlich sind. Vertreter einer solchen Auffassung ist Prauss, *Die Welt und wir*; vgl. als aktuellste Variante aber auch Grüne, *Blinde Anschauung*.

Ein weiteres wichtiges Interpretationsproblem ist das Verhältnis reiner Anschauung zur Verstandestätigkeit. Schlüsseltext hierzu ist KrV B 161 Anm.: Wohl unstrittig ist, dass Zeit und Raum als „*formale Anschauung[en]*" nur vorliegen, „indem der Verstand die Sinnlichkeit bestimmt". In diesem Sinne liegen Zeit und Raum also nicht einfach im Gemüte a priori fix und fertig bereit, sondern werden erworben (wie die Empfindung), und zwar (im Gegensatz zur Empfindung) ursprünglich (durch den Verstand): „So entspringt die formale Anschauung, die man Raum nennt, als ursprünglich erworbene Vorstellung" (8:222). Dann aber gibt es auch eine „Form der Anschauung" (8:222), die „bloß Mannigfaltiges" (KrV B 161 Anm.) ist, was nahe legt, dass Zeit und Raum in diesem Sinne ein „erste[s] Datum" (5:42) sind. Demnach wäre reine Anschauung als Form der Anschauung grundlegend Gegebenes, was für nonkonzeptualistische Deutungen zu sprechen scheint (vgl. Allais, *Nonconceptual Content*). Doch als Anschauungen werden Zeit und Raum „zuerst *gegeben*", gerade „indem der Verstand die Sinnlichkeit bestimmt", sodass sie als „bloß Mannigfaltiges" (KrV B 161 Anm.) vielleicht noch gar nichts Mentales sind. Kant meint demnach mit Form der Anschauung bloß ein angeborenes Vermögen zu (Bildung von) Zeit und Raum (vgl. Prauss, *Die Welt und wir*, Bd. 2, § 10). Zu diskutieren ist dann, ob diese unverzichtbare Verstandestätigkeit automatisch eine begriffliche oder vielmehr eine vorbegriffliche → Synthesis (der → Einbildungskraft) ist.

Weiterführende Literatur

Allison, Henry E.: Kant's Transcendental Idealism. An Interpretation and Defense, New Haven: Yale University Press 1983.

Cleve, James van / Frederick, Robert (Hg.): The Philosophy of Right and Left. Incongruent Counterparts and the Nature of Space, Dordrecht: Kluwer Academic Publishers 1994.

Haag, Johannes: Erfahrung und Gegenstand. Das Verhältnis von Sinnlichkeit und Verstand, Frankfurt/M.: Klostermann 2007.

McDowell, John: Mind and World, Cambridge, MA: Harvard University Press 1994.

Prauss, Gerold: Die Welt und wir, Stuttgart: Metzler 1990ff.

Rödl, Sebastian: Kategorien des Zeitlichen. Eine Untersuchung über den endlichen Verstand, Frankfurt/M.: Suhrkamp 2005.

Schliemann, Oliver: Die Axiome der Anschauung in Kants ‚Kritik der reinen Vernunft', Berlin u. a.: de Gruyter 2010.

Strawson, Peter F.: The Bounds of Sense. An Essay on Kant's Critique of Pure Reason, London: Routledge 1966.

Cord Friebe

Anthropologie

Die Anthropologie ist nach Kant „eine Lehre von der Kenntnis des Menschen, systematisch abgefaßt" (7:119). Als einer der ersten Professoren, die Vorlesungen über Anthropologie auf Universitätsniveau anboten, war Kant selbst führend in der Entwicklung der Anthropologie als einer akademischen Disziplin. Kants Interesse an der Anthropologie lässt sich bis zum Sommer 1756 zurückverfolgen, als er damit begann, über physische Geographie zu lesen. Bereits in den Geographie-Vorlesungen behandelt Kant „Neigungen der Menschen, die aus dem Himmelsstriche, darin sie leben, herfließen, die Mannigfaltigkeit ihrer Vorurtheile und Denkungsart, in so fern dieses alles dazu dienen kann, den Menschen näher mit sich selbst bekannt zu machen, einen kurzen Begriff ihrer Künste, Handlung und Wissenschaft" (2:9).

Eine zweite Quelle für Kants Anthropologie ist das Material über empirische Psychologie, das in seinen Metaphysik-Vorlesungen enthalten ist, die auch aus den 1760er Jahren stammen. In *Nachricht* bemerkt Kant: „Ich fange demnach nach einer kleinen Einleitung von der empirischen Psychologie an, welche eigentlich die metaphysische Erfahrungswissenschaft vom Menschen ist" (2:309). Jedoch macht die empirische Psychologie nur einen Teil dieser Erfahrungswissenschaft vom Menschen aus. Andere wichtige Komponenten betreffen den Charakter der Geschlechter sowie von verschiedenen Kulturen und Nationen. Kant bearbeitet dieses Feld ansatzweise im dritten und vierten Abschnitt von *Beobachtungen* (1764) und arbeitet es später für seine Anthropologie-Vorlesungen weiter aus. Weitere wichtige Stellen: 2:443; KrV A 804–805 / B 832–833; 4:387–388; 4:412; 4:416–417; 6:217; 7:119–121; 7:251; 7:322; 9:25; 10:145; 11:414; 15:395; 25:7; 25:413; 25:469; 25:471; 25:733–734; 25:853; 25:855–858; 25:1213; 25:1436; 28:534; 29:599.

Philosophische Funktion

1 Anthropologie als Erfahrungswissenschaft

Seit ihrer Begründung wurde Kants Anthropologie als eine empirische Wissenschaft aufgefasst. So bemerkt Kant am Anfang von *Anthropologie Collins* (1772/73): „Die Wissenschaft des Menschen (Anthropologia) hat mit der Physiologie des äußern Sinne eine Aenlichkeit, in so fern in beyden die Gründe der Erkenntnis aus Beobachtung und Erfahrung genommen werden" (25:7). Ähnlich beschreibt Kant in einem Brief an Herz von 1773 die Anthropologie als „sehr angenehme[] Beobachtungslehre" (10:146).

Die Humanwissenschaften können ihre Beobachtung jedoch, anders als die Naturwissenschaften, nicht auf Laborexperimente unter kontrollierten Bedingungen stützen (vgl. Hume, *Treatise*, Einleitung). Daraus ergibt sich für die Anthropologen die Notwendigkeit, auf weitere Ressourcen in der Erhebung von Daten über die menschliche Natur zurückzugreifen: Sie müssen Hilfsmittel wie „Weltgeschichte, Biographien, ja Schauspiele und Romane" sowie Reisen und Reisebeschreibungen zu Rate ziehen (7:121; vgl. 25:471, 25:734, 25:857–858, 25:1213).

Die kantische Anthropologie hat darüber hinaus auch eine kosmopolitische Reichweite und Ausrichtung: Sie enthält die „Erkenntnis des Menschen als Weltbürger" (7:120; vgl. 9:157). Ihr Ziel ist die Erkenntnis der Menschheit („eine general Weltkenntniß die der Weltmann hat, und die nicht empirisch sondern cosmologisch ist", 25:734) und nicht die auf Beobachtungen beruhende Erkenntnis über bestimmte Menschengruppen. Und diese Erkenntnis der Menschheit wird, so Kants Auffassung, nicht induktiv durch Aufstieg von spezifischen Beobachtungen über Menschen zu universellen Verallgemeinerungen bezüglich der menschlichen Natur erworben. Stattdessen geht „die Generalkenntnis [...] hierin immer vor der Lokalkenntnis voraus, wenn jene durch Philosophie geordnet und geleitet werden soll" (7:120; vgl. 25:471).

2 Anthropologie in pragmatischer Hinsicht

Das bekannteste und spezifischste Charakteristikum der kantischen Anthropologie ist ihre pragmatische Orientierung. Während Ernst Platners physiologische *Anthropologie für Ärzte und Weltweise* (1772) „auf die Erforschung dessen [geht], was die Natur aus dem Menschen macht, [geht] die pragmatische auf das, was er als freihandelndes Wesen aus sich selber macht oder machen kann und soll" (7:119). Im Wesentlichen ist der physiologische Zugang, der von Platner und anderen „philosophische[n] Aerzten" (Platner, *Anthropologie*, S. 24) propagiert wurde, der Vorläufer der physischen Anthropologie, während Kants pragmatische Anthropologie, mit ihrer Betonung der freien menschlichen Handlung, der Vorläufer vielfältiger philosophischer und existentialistischer Anthropologien ist.

Pragmatisch gegen scholastisch. In der *Anthropologie Menschenkunde* (1781/82) kritisiert Kant Platner dafür, dass dieser bloß „eine scholastische Anthropologie" (25:856) geschrieben habe. Er fügt hinzu, die „Scholastici" hätten eine „Wissenschaft für die Schule [erstellt], man konnte aber keine Aufklärung fürs gemeine Leben daraus gewinnen" (25:853). Die pragmatische Anthropologie dagegen zielt auf die Aufklärung des gemeinen Lebens: Sie will den Studenten Weltkenntnis vermitteln – eine Kenntnis, die „nicht bloß für die Schule, sondern für das Leben brauchbar werden, und wodurch der fertig gewordene Lehrling auf den Schauplatz seiner Bestimmung, nämlich in die *Welt*, eingeführt wird" (2:443 Anm.; siehe auch 5:469, 25:733–734).

Pragmatisch als den Gebrauch von anderen beinhaltend. Pragmatische Anthropologie ist, wie aus der Entgegensetzung zu scholastisch folgt, nützliche Erkenntnis. Die Nützlichkeit der pragmatischen Anthropologie liegt zum Teil in ihrer Fähigkeit, zu erlauben, „andere Menschen zu seinen Absichten geschickt zu brauchen" (7:322; siehe auch 25:1436).

Pragmatisch als klug. Eine zweite dazu in Beziehung stehende Dimension der Nützlichkeit der pragmatischen Anthropologie betrifft ihre Ausrichtung auf die Klugheit. Manchmal verwendet Kant den Begriff ‚*Klugheit*', um auf den geschickten Gebrauch von anderen für die eigenen Zwecke Bezug zu nehmen (z. B. 25:855; 4:416 Anm.; 4:417 Anm.), aber sein primärer Gebrauch nimmt auf die Fähigkeit Bezug, die eigene Erkenntnis der menschlichen Natur zu gebrauchen, um auf wirksame Weise die Wohlfahrt und die Glückseligkeit sowohl von sich selbst als auch von anderen zu befördern. So bemerkt er in der *Anthropologie Parow* (1772/73): „Die Fähigkeit die besten Mittel zur Glückseeligkeit zu wählen ist die Klugheit" (25:413). Die *Anthropologie Friedländer* (1775/76) beginnt mit einer besonders starken Betonung der auf Klugheit ausgerichteten Natur der pragmatischen Anthropologie: „alle pragmatische Lehren sind Klugheits Lehren, wo wir zu allen unsern Geschicklichkeiten auch die Mittel haben, von allem einen gehörigen Gebrauch zu machen, denn wir studieren den Menschen um klüger zu werden" (25:471).

3 Anthropologia transcendentalis

An verschiedenen Stellen beschreibt Kant die Anthropologie auf eine philosophisch viel ambitioniertere Weise als etwas, das nicht bloß eine pragmatische Klugheitslehre darstellt, sondern vielmehr die Möglichkeitsbedingungen anthropologischen Wissens erst begründet. In *Logik* (1800) hält Kant fest, dass sich das Feld der Philosophie in der weltbürgerlichen Bedeutung auf die vier Fragen erstrecke: „*1) Was kann ich wissen? 2) Was soll ich thun? 3) Was darf ich hoffen? 4) Was ist der Mensch?* Die erste Frage beantwortet die *Metaphysik*, die zweite die *Moral*, die dritte die *Religion* und die vierte die *Anthropologie.* Im Grunde könnte man aber alles dieses zur Anthropologie rechnen, weil sich die drei ersten Fragen auf die letzte beziehen" (9:25; vgl. KrV A 804–805 / B 832–833; 28:534; 11:414; *Refl.* 903, 15:395).

Ein früher Hinweis auf das Projekt einer transzendentalen Anthropologie kann auch schon in Kants Brief aus dem Jahr 1773 an Herz liegen, wenn er schreibt: „Die Absicht, die ich habe, ist, durch dieselbe [die Anthropologie] die Quellen aller Wissenschaften [...] zu eröffnen" (10:145). Die vorherrschenden Züge der von Kant ausgearbeiteten Anthropologie sind jedoch empirisch und pragmatisch.

4 Die moralische Anthropologie

Schließlich ist eine weitere wichtige Dimension von Kants Anthropologie die moralische. In *MS* schreibt Kant: „Das Gegenstück einer Metaphysik der Sitten, als das andere Glied der Einteilung der praktischen Philosophie überhaupt, würde die moralische Anthropologie sein, welche aber nur die subjektiven, hindernden sowohl als begünstigenden, Bedingungen der Ausführung der Gesetze der ersteren in der menschlichen Natur [...] enthalten würde" (6:217; siehe auch 29:599, 4:387, 4:388, 4:412).

In den Anthropologie-Vorlesungen findet sich keine ausformulierte moralische Anthropologie. Der vorherrschende Ton ist hier wiederum empirisch und pragmatisch, aber Kant gibt auch zahlreiche Hinweise, dass und wie Menschenkenntnis zu moralischen Zwecken eingesetzt werden solle. Von besonderer Bedeutung sind nach Kant die anthropologische Analyse artspezifischer Hindernisse, die es für den Menschen schwierig machen, nach moralischen Prinzipien zu handeln (z. B. die Tendenz des Menschen, es „Affekten und Leidenschaften" zu erlauben, „die Herrschaft der Vernunft" auszuschließen, 7:251), die Formulierung von Bedingungen, die die moralische Entwicklung der Menschheit begünstigen (z. B. durch die Fürsprache für das Wachstum und die Reform von Ausbildungsinstitutionen und die Verbreitung von republikanischen Regierungsformen), und – nicht zuletzt – die Erstellung eines moralischen Leitfadens, der sowohl die Bestimmung der Menschheit als auch die Mittel beschreibt, durch die diese Bestimmung erreichbar sein soll.

Weiterführende Literatur

Brandt, Reinhard: Kritischer Kommentar zu Kants Anthropologie in pragmatischer Hinsicht (1798), Hamburg: Meiner 1999.

Foucault, Michel: Einführung in Kants Anthropologie, Frankfurt/M.: Suhrkamp 2010.

Jacobs, Brian / Kain, Patrick (Hg.): Essays on

Kant's Anthropology, Cambridge: Cambridge University Press 2003.
Kant Yearbook 3 (2011): Anthropology.
Louden, Robert B.: Kant's Impure Ethics. From Rational Beings to Human Beings, New York: Oxford University Press 2000.
Sturm, Thomas: Kant und die Wissenschaften vom Menschen, Paderborn: Mentis 2009.

Robert B. Louden
(Übersetzung: Jean Philipp Strepp)

Antinomie der praktischen Vernunft

Die Antinomie der praktischen Vernunft, die Kant in der *KpV* diskutiert (vgl. 5:113–119), ergibt sich aus der moralisch gebotenen Beförderung des höchsten Gutes, die auf anscheinend widerstreitenden Voraussetzungen beruht. In dieser praktischen Idee sind →Tugend und →Glückseligkeit verbunden. Ein analytisches Verhältnis zwischen ihnen kann nach Kants Argumentation zugunsten einer strikten Differenz der Bestimmungsgründe glücksorientierten und moralischen Handelns ausgeschlossen werden. Ein synthetisches Verhältnis aber führt zu einer doppelten Unmöglichkeit: weder ist das Streben nach Glück ursächlich für Tugendhaftigkeit, noch vermag Tugend Glückseligkeit zu erwirken. Dann jedoch wäre es einerseits unbedingt geboten, das höchste Gut zu befördern, andererseits wäre genau diese Beförderung des höchsten Gutes unmöglich und damit auch das mit ihr „unzertrennlich" zusammenhängende moralische Gesetz „an sich falsch" (5:114). Weitere wichtige Stellen: 5:341; 5:345.

Philosophische Funktion

1 Die Antinomie der praktischen Vernunft – eine Antinomie aus Systemzwang?

Als Antinomie bezeichnet Kant den „Widerstreit der Gesetze [...] der reinen Vernunft" (KrV A 407 / B 434). Er entsteht dadurch, dass reine Vernunft „das Unbedingte" fordert (KrV A 564 / B 592; 5:401). Einerseits sucht sie es im Gedanken, „daß auf der Seite der Bedingungen" einer gegebenen Erkenntnis „die Reihe der Prämissen ein Erstes habe als oberste Bedingung" (KrV A 332 / B 389). Andererseits stellt sie die Reihe der Bedingungen so vor, dass „alle Glieder ohne Ausnahme bedingt und nur das Ganze derselben schlechthin unbedingt wäre" (KrV A 417 / B 445). Jedes dieser beiden „Gesetze" geht mit gleicher Notwendigkeit aus reiner Vernunft hervor, die „schon durch die Richtung ihrer Natur dialektisch ist" (KrV A 849 / B 877).

Während der „*Widerstreit* der Vernunft mit sich selbst" (5:107) mit Blick auf ihren spekulativen Gebrauch von zentralem Interesse ist und Kant zufolge Anlass und Ausgangspunkt des Unternehmens einer *Kritik der reinen Vernunft* bildet (vgl. KrV A VII–XII; 4:339f.), betont er mit Blick auf ihr reines praktisches Vermögen, dass es einer solchen „Kritik" (5:3) gar nicht bedürfe. Denn die Begriffe oder Ideen reiner praktischer Vernunft, durch die nichts erkannt, sondern der Wille zur Hervorbringung von etwas nicht schon Gegebenem bestimmt werden soll, sind mit keinerlei Gefahr einer „bloßen Anmaßung" verbunden. Sie beweisen ihre „Realität" jederzeit durch die „That" (5:3; →Factum der (reinen praktischen) Vernunft). Die Inanspruchnahme dieser praktischen Ideen kann deshalb zu keinem „*Widerstreit*" (5:107) der Vernunft mit sich selbst führen. Dennoch kennt die *KpV* eine Dialektik der reinen praktischen Vernunft und „Widersprüche der reinen praktischen Vernunft mit ihr selbst" (5:109).

Für Schopenhauer war klar, dass sich Lehrstücke wie die Antinomie der praktischen Vernunft allein Kants „Liebe zur architektonischen Symmetrie" verdanken. Der Aufbau der *KpV* zeige aus diesem Grund „ganz den Zuschnitt" der *KrV* (Schopenhauer, *Welt als Wille und Vorstellung*, S. 625; vgl. Albrecht, *Kants Antinomie*, S. 24).

2 Darstellung der Antinomie

Die aufgezeigte sachlich-systematische Problematik spiegelt sich in der Schwierigkeit zu bestimmen, worin genau die Antinomie der praktischen Vernunft eigentlich besteht. Kants Interpreten haben die unterschiedlichsten Vorschläge unterbreitet (vgl. Milz, *Widerstreit*, S. 12–98). Wie eine sorgfältige Lektüre des kantischen Textes (vgl. 5:113f.) plausibel machen kann (vgl. Milz, *Widerstreit*, S. 99–213; Watkins, *Antinomy of Practical Reason*), lässt sich die Antinomie indes mit hinreichender Zuverlässigkeit identifizieren.

Sie ergibt sich aus der moralisch gebotenen Beförderung des höchsten Guts, einer Idee, in der „die unbedingte Totalität des *Gegenstan-*

des der reinen praktischen Vernunft" gedacht ist (5:108). Als diese „Totalität" (5:108) enthält das höchste Gut nicht nur Tugend, sondern – mit ihr verbunden – auch Glückseligkeit, derer wir als vernünftige wie sinnliche Wesen bedürfen. Dass Tugend und Glück in keinem analytischen Verhältnis zueinander stehen, zeigt die Differenz der Prinzipien von Glücksstreben und moralischem Handeln (vgl. 5:22–26; 5:33–39). Ein synthetisches Verhältnis als Verhältnis der Ursache und Wirkung zwischen ihnen aber kann entweder bedeuten, dass Lebensglück ursächlich für Tugend ist oder dass tugendhaftes Verhalten Glückseligkeit zu erwirken vermöchte. Beides scheint nicht möglich zu sein. Zum einen müssen treffliche Maximen des Glücksstrebens keine moralisch guten Maximen sein; zum anderen müssen moralisch gute Maximen nicht auch solche sein, die zur „praktische[n] Verknüpfung der Ursachen und der Wirkungen in der Welt als Erfolg der Willensbestimmung" zulangen (5:113). Denn dieser Erfolg richtet sich nach „der Kenntniß der Naturgesetze und dem physischen Vermögen, sie zu seinen Absichten zu gebrauchen" (5:113).

Die Antinomie resultiert aus der Unvereinbarkeit der beiden folgenden Sätze, die anscheinend gleichermaßen Geltung beanspruchen können: (1) Das höchste Gut ist „ein a priori nothwendiges Object unseres Willens", dessen Beförderung „mit dem moralischen Gesetze unzertrennlich zusammenhängt". (2) Die Beförderung des höchsten Gutes ist nicht möglich, und diese „Unmöglichkeit" muss die „Falschheit" des moralischen Gesetzes beweisen, das die Beförderung des höchsten Gutes „gebietet" (5:114).

3 Auflösung der Antinomie

Kant löst die Antinomie der praktischen Vernunft unter Verweis auf die dritte Antinomie der reinen spekulativen Vernunft. In ihr finde sich ein „ähnlicher Widerstreit" (5:114), nämlich der zwischen Naturnotwendigkeit und →Freiheit als bedingter oder unbedingter Ursache für „Begebenheiten in der Welt" (5:114; vgl. KrV A 444ff. / B 472ff.). Wie die dritte Antinomie in der *KrV* hebt Kant die Antinomie der praktischen Vernunft durch die Unterscheidung zwischen „Sinnenwelt" und „Verstandeswelt" (5:114) kritisch auf. In der Perspektive der Vernunft und ihrer Ideen hat sich die „handelnde Person" auch als „Intelligenz" (5:114), als →Noumenon zu sehen bzw. begrifflich vorzustellen. Was nach Maßgabe der Welt, bloß als Erscheinung betrachtet, unmöglich ist: dass es Freiheit als „unbedingte Causalität" gibt (KrV A 448 / B 476), dass moralisches Verhalten Glückseligkeit in gerechter Proportion bewirken könnte, muss nach Maßgabe einer Welt, die der Ordnung reiner Vernunft entspricht, keineswegs unmöglich sein. So habe ich „am moralischen Gesetze einen rein intellectuellen Bestimmungsgrund meiner Causalität (in der Sinnenwelt)" (5:115). Ebenso ist es unter Gesichtspunkten reiner praktischer Vernunft vorstellbar, dass Moralität „einen, wo nicht unmittelbaren, doch mittelbaren (vermittelst eines intelligibelen Urhebers der Natur) und zwar nothwendigen Zusammenhang als Ursache mit der Glückseligkeit als Wirkung in der Sinnenwelt habe" (5:115). Ein solcher Zusammenhang würde in der Welt der Erfahrung niemals anders als „zufällig" auftreten können (5:115).

Aus dieser kritischen Unterscheidung zwischen empirischer und rein vernünftiger Perspektive ergibt sich die „*Aufhebung*" (5:114) der Antinomie der praktischen Vernunft. Das höchste Gut ist „ein wahres Object" reiner praktischer Vernunft, es ist „der nothwendige höchste Zweck eines moralisch bestimmten Willens": „denn es ist praktisch möglich" (5:115). Unmöglich ist es nur in empirischer und empiristischer Betrachtungsweise (vgl. 5:115; 5:119). Was es genauer heißt, dass etwas „praktisch möglich" ist, macht freilich erst die Lehre von den Postulaten der reinen praktischen Vernunft klar, die Kant im Anschluss an die Auflösung der Antinomie vorträgt (→Postulate der reinen praktischen Vernunft).

Weiterführende Literatur

Albrecht, Michael: Kants Antinomie der praktischen Vernunft, Hildesheim u. a.: Olms 1978.

Förster, Eckart: „Die Dialektik der reinen praktischen Vernunft", in: Höffe, Otfried (Hg.): Immanuel Kant. Kritik der praktischen Vernunft, Berlin: Akademie 2002, 173–186.

Milz, Bernhard: Der gesuchte Widerstreit. Die Antinomie in Kants ‚Kritik der praktischen Vernunft', Berlin u. a.: de Gruyter 2002.

Watkins, Eric: „The Antinomy of Practical Reason: Reason, the Unconditioned and the Highest Good", in: Reath, Andrews / Timmermann, Jens (Hg.): Kant's Critique of Practical Reason: A Critical Guide. Cambridge: Cambridge University Press 2010, 145–167.

Beatrix Himmelmann

Antinomie der reinen Vernunft

Die Antinomie der reinen Vernunft ist der „Widerstreit der Gesetze [...] der reinen Vernunft" (KrV A 407 / B 434), der bei dem Versuch auftritt, die Grundfragen der rationalen Kosmologie zu beantworten. Die Vernunft befindet sich dabei im Zustand des Selbstwiderspruchs, weil sie über Beweise a priori für kontradiktorische Aussagen verfügt. Da „eine vollständige Kritik des ganzen reinen Vernunftvermögens" notwendig ist, um diesen Zustand zu überwinden, „[ist] die Antinomie der reinen Vernunft [...] die wohlthätigste Verirrung [...], in die die menschliche Vernunft je hat gerathen können" (5:107). Weitere wichtige Stellen: 2:415f.; KrV A 293–340 / B 349–398; KrV A 405–567 / B 432–595; KrV A 695 / B 723; KrV A 744 / B 772; KrV A 804 / B 832; 4:339f.; 4:347; 5:3; 5:13; 5:30; 5:107; *Refl.* 4742, 17:694; *Refl.* 4760, 17:711; *Refl.* 5552, 18:221; *Refl.* 5642, 18:281; *Refl.* 5962, 18:404; *Refl.* 5967, 18:407; *Refl.* 6317, 18:626f.; 20:286f.; 20:311; 20:326f.

Vorgeschichte und historischer Kontext

Bereits 1884 hat Benno Erdmann die entwicklungsgeschichtliche Relevanz der Antinomie im Denken Kants betont (vgl. Erdmann, *Entwicklungsperioden*, XXIVff.) und damit eine bis heute anhaltende Kontroverse in Gang gesetzt. Dabei herrscht weitgehend Uneinigkeit über den werkgenetischen Anstoß zur Antinomienproblematik wie auch über den genauen Zeitraum, in dem – und mit welchem Gewicht – sie begann, Kants Denken zu beherrschen. Folgt man Kants eigenen Kommentaren, so wird deutlich, dass die Antinomienproblematik ein zentraler Anstoß auf dem Weg zur *KrV* war. Während es dem philosophischen Einfluss nach David Hume gewesen ist, der Kant aus dem „dogmatischen Schlummer" (4:260) riss, so der Sache nach die Antinomie der reinen Vernunft: sie „[...] war es welche mich aus dem dogmatischen Schlummer zuerst aufweckte und zur Critik der Vernunft selbst hintrieb, um das Scandal des scheinbaren Widerspruchs der Vernunft mit ihr selbst zu heben" (12:257f.). An den kosmologischen Ideen zeige sich nämlich das „seltsamste Phänomen der menschlichen Vernunft", welches in ihrer Natur selbst gegründet sei (4:339). Es tue sich dort „ein nicht vermutheter Widerstreit hervor, der niemals auf dem gewöhnlichen, dogmatischen Wege beigelegt werden kann, weil sowohl Satz als Gegensatz durch gleich einleuchtende klare und unwiderstehliche Beweise dargethan werden können" (4:340).

Der Begriff der Antinomie kommt in Kants vorkritischen Schriften nicht vor. Stattdessen verwendet er bis 1770 den aus der Leibniz-Tradition stammenden Terminus ‚Labyrinth' (vgl. 1:181; 2:34; 2:414). Man darf wohl im Einklang mit Heimsoeth (*Vernunftantinomie*, S. 135), Hinske (*Kants Begriff der Antinomie*, S. 493) und Falkenburg (*Kants Kosmologie*, S. 142ff.) konstatieren, dass der eigentliche Antinomiegedanke erst in der Dekade produktiven Schweigens zwischen dem Erscheinen von *De Mundi* (1770) und der *KrV* (1781) konzipiert worden ist. *De Mundi* thematisiert zwar noch nicht die Antinomie, wohl aber erstmals die für das Problem konstitutive Differenz zwischen Anschauung und Verstand, allerdings gekoppelt an den Versuch, die traditionelle rationale Kosmologie bzw. ihren Weltbegriff noch aufrecht zu erhalten (vgl. 2:389ff.).

Zwar lässt sich der Begriff der Antinomie bereits bei Plutarch und Quintilian finden, er erhält seine philosophisch ausgereifte Bedeutung jedoch erst bei Kant, der sich zu seiner inhaltlichen Beschreibung vielfach der juristischen Terminologie seiner Zeit bedient (vgl. Hinske, *Antinomie I*, S. 393). Den philosophiehistorischen Hintergrund der für die Antinomie relevanten kosmologischen Kernthemen bildet die Auseinandersetzung zwischen Lange und Wolff um die Frage nach der Ewigkeit oder dem ersten Anfang der Welt (vgl. Wundt, *Schulphilosophie*, S. 240). Wichtige Impulse dürften auch von dem 1720 auf Deutsch erschienenen Briefwechsel zwischen Leibniz und Clarke ausgegangen sein (vgl. Al-Azm, *Origins*).

Philosophische Funktion

1 Die Problemstellung

Der systematische Ort der Antinomienlehre in der *KrV* ist die Transzendentale Dialektik, der zweite Teil der Transzendentalen Logik. Hier untersucht Kant die „*Logik* des *Scheins*“ der Vernunft (KrV A 293 / B 349). Es geht ihm dabei um die Aufdeckung, Erklärung und Überwindung fehlerhafter Schlüsse, die der Vernunft unterlaufen, sobald sie Totalitätsaussagen über die Welt macht. Der „transzendentale Schein“ (KrV A 297 / B 353), der dadurch entsteht, dass die Vernunft versucht, jedes Bedingte auf etwas Unbedingtes zurückzuführen und dabei ihre subjektiven Grundsätze irrtümlicherweise für eine objektive Bestimmung der Dinge hält, bleibt trotz der aufklärenden Funktion der Vernunftkritik bestehen. In dieser „*natürlichen* und unvermeidlichen *Illusion*“ zeigt sich die „Dialektik der reinen Vernunft“ (KrV A 298 / B 354).

Die Antinomie beruht auf folgendem Schluss: Wenn das Bedingte gegeben ist, ist auch die vollständige Reihe seiner Bedingungen, mithin das schlechthin Unbedingte, gegeben. Da uns sinnliche Gegenstände stets als bedingte gegeben sind, ist uns folglich auch die vollständige Reihe ihrer Bedingungen gegeben (vgl. KrV A 497 / B 525). Nun kann man das Unbedingte entweder als Glied der Reihe denken, dem die übrigen Glieder untergeordnet sind, oder als die vollständige Reihe selbst, deren Glieder alle bedingt sind. Im ersten Fall wäre die gegebene Reihe endlich, im zweiten Fall unendlich. Der Tafel der Kategorien nach bilden die transzendentalen Bedingungen einer in der Anschauung gegebenen Erscheinung vier verschiedene Reihen, deren Totalität jeweils einer kosmologischen Idee zugeordnet wird, wobei die ersten beiden aufgrund der Gleichartigkeit zwischen Bedingung und Bedingtem „*mathematisch*“, die letzten beiden aufgrund der Ungleichartigkeit zwischen Bedingung und Bedingtem „*dynamisch*“ genannt werden (KrV A 528ff. / B 557ff.): 1. Die „der Zusammensetzung des gegebenen Ganzen aller Erscheinungen“; 2. Die „der Theilung eines gegebenen Ganzen in der Erscheinung“; 3. Die „der Entstehung einer Erscheinung überhaupt“ und 4. Die „der Abhängigkeit des Daseins des Veränderlichen in der Erscheinung“ (KrV A 415 / B 443). Demnach enthält die Antinomie vier Fragen: „ob die Welt von Ewigkeit her sei, oder einen Anfang habe; ob der Weltraum ins Unendliche mit Wesen erfüllt, oder innerhalb gewisser Grenzen eingeschlossen sei; ob irgend in der Welt etwas einfach sei, oder ob alles ins Unendliche getheilt werden müsse; ob es eine Erzeugung und Hervorbringung aus Freiheit gebe, oder ob alles an der Kette der Naturordnung hänge; endlich ob es irgend ein gänzlich unbedingt und an sich nothwendiges Wesen gebe, oder ob alles seinem Dasein nach bedingt und mithin äußerlich abhängend und an sich zufällig sei“ (KrV A 481 / B 509).

Jedes Mal argumentiert der Vertreter der These für die Endlichkeit, der Vertreter der Antithese für die Unendlichkeit der Reihe. Die Beweisform ist aber immer dieselbe: die jeweilige Behauptung wird indirekt oder apagogisch bewiesen, das heißt, durch die Widerlegung der gegenteiligen Behauptung, wobei diese eines Selbstwiderspruchs überführt wird. Die Antinomie entzündet sich schließlich an der paradoxen Feststellung, dass die These mit gleich guten Gründen wie die Antithese bewiesen wird. Die Vernunft befindet sich hier in einem Zustand des Selbstwiderspruchs (vgl. KrV A 740 / B 768) und gerät auf der Suche nach dem Unbedingten mit Notwendigkeit in eine aporetische Situation. Kant nimmt innerhalb der Antinomienlehre eine recht klare Positionierung der philosophischen Lager vor, die jeweils durch These und Antithese repräsentiert werden. Während der Vertreter der These für die Seite des platonischen Idealismus bzw. des Rationalismus (Leibniz) argumentiert, streitet der Vertreter der Antithese zugunsten des Empirismus bzw. des antiken Naturalismus. Beide Lager machen sich Kant zufolge dabei eines dogmatischen Vernunftgebrauchs schuldig. Kants Kritik an der bisherigen (dogmatischen) Metaphysik ist radikal, denn sollte die Antinomie unlösbar sein, würde dies die Selbstzerstörung der Vernunft bedeuten und damit das zwangsläufige Scheitern einer jeden – auch der von Kant inaugurierten kritischen – Metaphysik als Wissenschaft zur Folge haben. Demgemäß verbürgt sich Kant nachdrücklich für die Schlüssigkeit und Richtigkeit der zu verhandelnden Beweise (vgl. 4:340f.). Die „transzendentale Antithetik“, die „Untersuchung über die Antinomie der reinen Vernunft, die Ursachen und das Resultat derselben“ (KrV A 421 / B 448), verfolgt die Absicht, den Scheincharakter aller bisherigen für gesichert gehaltenen Vernunfterkenntnis in den kosmologischen Fragen aufzudecken und durch eine widerspruchsfreie Alternative zu ersetzen. Im Folgenden wird der argumentative Gehalt der vier Antinomien schrittweise rekonstruiert.

2 Die erste Antinomie

Die These der ersten Antinomie lautet: „Die Welt hat einen Anfang in der Zeit und ist dem Raum nach auch in Grenzen eingeschlossen" (KrV A 426 / B 454) Sie enthält zwei Subthesen:

A_Z: Die Welt hat einen Anfang in der Zeit, d. h. sie ist der vergangenen Zeit nach endlich.

A_R: Die Welt hat Grenzen im Raum, d. h. sie ist dem Raum nach endlich.

Die Antithese besagt: „Die Welt hat keinen Anfang und keine Grenzen im Raume, sondern ist sowohl in Ansehung der Zeit als des Raums unendlich" (KrV A 427 / B 455). Sie negiert jede Teilbehauptung der These:

$\neg A_Z$: Die Welt hat keinen Anfang in der Zeit, d. h. sie ist der vergangenen Zeit nach unendlich.

$\neg A_R$: Die Welt hat keine Grenzen im Raum, d. h. sie ist dem Raum nach unendlich.

Der Beweis von A_Z lässt sich wie folgt rekonstruieren:

(1) Man nehme $\neg A_Z$ an: Die Welt hat keinen Anfang in der Zeit, d. h. sie ist der vergangenen Zeit nach unendlich.

(2) Bis zur Gegenwart ist dann eine unendliche Reihe aufeinander folgender Zustände der Dinge in der Welt abgelaufen.

(3) Die Unendlichkeit einer Reihe besteht jedoch darin, dass sie durch sukzessive Synthesis niemals vollendet werden kann.

(4) Eine unendliche Reihe aufeinander folgender Zustände der Dinge in der Welt kann deshalb bis zur Gegenwart nicht abgelaufen sein.

Aus dem Widerspruch zwischen (2) und (4) folgt:

(5) **A_Z:** Die Welt hat einen Anfang in der Zeit, d. h. sie ist der vergangenen Zeit nach endlich.

Der Beweis von A_R hat folgende Struktur:

(1) Man nehme $\neg A_R$ an: Die Welt hat keine Grenzen im Raum, d. h. sie ist dem Raum nach unendlich.

(2) Die Welt ist also ein unendliches gegebenes Ganzes von zugleich existierenden Dingen.

(3) Die Totalität eines unbegrenzten räumlichen Ganzen ist aber nur durch die vollendete Synthesis seiner Teile denkbar.

(4) Um die Welt als ein Ganzes zu denken, muss die sukzessive Synthesis ihrer Teile als vollendet, d. h. eine unendliche zeitliche Reihe in der Durchzählung aller koexistierenden Dinge als abgelaufen, angesehen werden.

(5) Die Unendlichkeit einer Reihe besteht darin, dass sie durch sukzessive Synthesis niemals vollendet sein kann.

(6) Eine unendliche zeitliche Reihe in der Durchzählung aller koexistierenden Dinge kann daher nicht als abgelaufen angesehen werden.

Aus (4) und (6) folgt:

(7) Die Welt ist kein unendliches gegebenes Ganzes von zugleich existierenden Dingen.

Aus dem Widerspruch zwischen (2) und (7) folgt:

(8) **A_R:** Die Welt hat Grenzen im Raum, d. h. sie ist dem Raum nach endlich.

Das Argument für $\neg A_Z$ lautet:

(1) Man nehme A_Z an: Die Welt hat einen Anfang in der Zeit, d. h. sie ist der vergangenen Zeit nach endlich.

(2) Der Anfang der Welt in der Zeit ist ein Dasein, dem eine Zeit vorangeht, in der die Welt nicht war.

(3) Die Zeit vor dem Anfang der Welt war also leer und die Welt muss als in einer leeren Zeit entstanden gedacht werden.

(4) Aber in einer leeren Zeit ist kein Entstehen irgendeines Dinges, also auch nicht der Welt, möglich.

Aus dem Widerspruch zwischen (3) und (4) folgt:

(5) **$\neg A_Z$:** Die Welt hat keinen Anfang in der Zeit, d. h. sie ist der vergangenen Zeit nach unendlich.

Wenden wir uns nun dem Beweis von $\neg A_R$ zu:

(1) Man nehme A_R an: Die Welt hat Grenzen im Raum, d. h. sie ist dem Raum nach endlich.

(2) Die Welt befindet sich dann in einem leeren Raum, durch den sie begrenzt wird.

Es gilt außerdem:

(3) Der Raum ist kein Gegenstand der Anschauung.

(4) Die Welt enthält alle Gegenstände der Anschauung.

Aus (3) und (4) folgt:

(5) Das Verhältnis der Welt zum leeren Raum, in dem sie sich befindet, ist ein Verhältnis zu

keinem Gegenstand: weder zum Raum noch zu etwas außerhalb der Welt.

(6) Das Verhältnis der Welt zum leeren Raum ist also unmöglich. Insbesondere kann der leere Raum die Welt nicht begrenzen.

Aus dem Widerspruch zwischen (2) und (6) folgt:

(7) $\neg A_R$: Die Welt hat keine Grenzen im Raum, d. h. sie ist dem Raum nach unendlich.

3 Die zweite Antinomie

Die These der zweiten Antinomie lautet: „Eine jede zusammengesetzte Substanz in der Welt besteht aus einfachen Theilen, und es existirt überall nichts als das Einfache, oder das, was aus diesem zusammengesetzt ist" (KrV A 434 / B 462). Sie zerfällt in zwei Subthesen, die logisch äquivalent sind:

S: Alle zusammengesetzten Substanzen in der Welt bestehen aus einfachen Teilen.

E: In der Welt gibt es nur Einfaches oder daraus Zusammengesetztes.

Die Antithese besagt: „Kein zusammengesetztes Ding in der Welt besteht aus einfachen Theilen, und es existirt überall nichts Einfaches in derselben" (KrV A 435 / B 463). Ihre beiden Teilbehauptungen lauten:

R: Keine zusammengesetzte Substanz besteht aus einfachen Teilen.

F: In der Welt gibt es nichts Einfaches.

F ist stärker als R, weil R zulässt, dass es einfache Substanzen gibt, die nicht Teile eines Zusammengesetzten sind. Diese Möglichkeit ist sogar mit der These kompatibel und durch die Leibnizsche Monadologie exemplifiziert. F ist nicht einfach die Negation von E: ¬E („Es gibt etwas in der Welt, das weder Einfaches noch Zusammengesetztes ist") ist schwächer als F. Aber aus E folgt, dass es etwas Einfaches in der Welt gibt, d. h. ¬F. Wenn also F bewiesen wäre, wäre E per *modus tollens* widerlegt.

Der Beweisgang der These kann wie folgt rekonstruiert werden:

(1) Man nehme ¬S an: Es gibt zusammengesetzte Substanzen, die nicht aus einfachen Teilen bestehen.

(2) Wenn alle Zusammensetzung in Gedanken aufgehoben würde, gäbe es keinen zusammengesetzten Teil.

(3) Wenn alle Zusammensetzung in Gedanken aufgehoben würde, würde also von den zusammengesetzten Substanzen, die nicht aus einfachen Teilen bestehen, weder das Zusammengesetzte noch das Einfache, also gar nichts übrig bleiben.

(4) Daraus folgt, dass entweder alle Zusammensetzung in Gedanken unaufhebbar ist oder nach deren Aufhebung das Einfache übrig bleibt.

(5) Aber die Zusammensetzung ist eine zufällige Relation der Substanzen, ohne welche diese als für sich beharrliche Wesen bestehen müssen.

(6) Deshalb lässt sich die Zusammensetzung der Substanzen in Gedanken aufheben.

Aus (1), (4) und (6) ergibt sich:

(7) Es gibt einfache Teile, woraus die zusammengesetzten Substanzen, die nicht aus einfachen Teilen bestehen, bestehen.

Hieraus folgt:

(8) **S:** Alle zusammengesetzten Substanzen bestehen aus einfachen Teilen.

Der Beweis der Antithese hat folgende Struktur:

(1) Man nehme ¬R an: Es gibt zusammengesetzte Substanzen, die aus einfachen Teilen bestehen.

(2) Die Zusammensetzung aus Substanzen ist ein äußeres und damit räumliches Verhältnis.

(3) Die Teile des Zusammengesetzten sind so viele wie die Teile des Raumes, den es einnimmt.

(4) Aber der Raum besteht nicht aus einfachen Teilen, sondern aus Räumen.

Aus (1), (3) und (4) folgt:

(5) Das Einfache nimmt einen Raum ein.

(6) Alles Reale, das einen Raum einnimmt, fasst jedoch ein außerhalb einander befindliches Mannigfaltiges in sich, d. h. es muss ein substantielles Zusammengesetztes sein.

Aus (5) und (6) folgt:

(7) Das Einfache ist ein substantielles Zusammengesetztes.

Da (7) einen Widerspruch enthält, folgt:

(8) **R:** Keine zusammengesetzte Substanz besteht aus einfachen Teilen.

Danach wird F wie folgt bewiesen:

Dass es in der Welt kein Einfaches gibt, bedeutet:

(9) Das Dasein des Einfachen kann aus keiner Erfahrung oder Wahrnehmung bewiesen werden.

(10) Um eine Wahrnehmung als Wahrnehmung des Einfachen zu bestimmen, muss man die Unmöglichkeit eines Mannigfaltigen in der Wahrnehmung erkennen.
(11) In der Erfahrung kann man höchstens das Nichtbewusstsein eines solchen Mannigfaltigen finden, woraus jedoch die Unmöglichkeit desselben nicht folgt.
(12) Das schlechthin Einfache kann also kein Gegenstand der Erfahrung sein.
(13) Die Welt ist aber der Inbegriff möglicher Erfahrung.

Daraus folgt:
(14) F: In der Welt gibt es nichts Einfaches.

4 Die dritte Antinomie

Die dritte Antinomie betrifft den Gegensatz von Naturkausalität und Kausalität aus Freiheit. Ihr Gegenstand ist der transzendentale Freiheitsbegriff der reinen Vernunft (vgl. KrV A 445 / B 473). Die These behauptet die Existenz von Ereignissen in der Welt, die hinsichtlich der Kausalität ihrer Hervorbringung als Spontanwirkungen aus Freiheit aufzufassen sind. Sie lautet: „Die Causalität nach Gesetzen der Natur ist nicht die einzige, aus welcher die Erscheinungen der Welt insgesammt abgeleitet werden können. Es ist noch eine Causalität durch Freiheit zu Erklärung derselben anzunehmen nothwendig" (KrV A 444 / B 472). Die Antithese behauptet das kontradiktorische Gegenteil. Sie lautet: „Es ist keine Freiheit, sondern alles in der Welt geschieht lediglich nach Gesetzen der Natur" (KrV A 445 / B 473).

Der Beweis der These lässt sich folgendermaßen rekonstruieren:
(1) Angenommen, es gäbe keine Kausalität, die nicht nach einem Naturgesetz wirkt,
(2) so setzt alles, was geschieht, etwas Vorhergehendes voraus, durch das es naturgesetzlich verursacht wurde.
(3) Aber auch das Vorhergehende muss seinerseits in der Zeit entstanden und somit kausal verursacht worden sein, denn wenn es jederzeit gewesen und nicht in der Zeit entstanden wäre, so träfe dies auch auf seine Folge zu.
(4) Daraus folgt, dass es für jedes Ereignis in der Welt einen unendlichen Regress von naturgesetzlich wirkenden Kausalursachen gibt.
(5) Die Vollständigkeit der Reihe der voneinander abhängenden, naturgesetzlich kausal verursachten Ereignisse ist damit aber nicht erreichbar, also auch keine erste Ursache (oder ein absolut erster Anfang) gegeben.
(6) Das Naturgesetz besteht aber nun darin, dass nichts ohne zureichenden Grund („hinreichend a priori bestimmte Ursache", KrV A 446 / B 474) geschieht.
(7) Das naturgesetzliche Kausalitätsprinzip widerspricht sich also in seiner universellen Gültigkeit selbst, womit (1) *ad absurdum* geführt ist und direkt folgt, dass es mindestens ein Ereignis geben muss, das durch sich selbst verursacht ist, also eine Spontanwirkung aus Freiheit und keine Fremdwirkung nach naturgesetzlicher Kausalität ist.

Der Beweis der Antithese läuft folgendermaßen:
(1) Angenommen, es gäbe Kausalität aus Freiheit als ein Vermögen, einen Zustand in der Natur und eine Reihe von Folgen desselben kausal anzufangen, ohne selbst durch eine vorhergehende Ursache determiniert zu sein,
(2) dann gäbe es Spontanwirkungen in der Welt, die nicht der naturgesetzlichen Kausalität unterliegen.
(3) Ein in der Natur handelndes oder wirkendes Ereignis steht aber notwendigerweise in einem kausalen Zusammenhang mit seinem vorhergehenden Zustand.
(4) Also widerspricht die Kausalität aus Freiheit der naturgesetzlichen Kausalität kontradiktorisch.
(5) Da aber die naturgesetzliche Kausalität von universeller Gültigkeit, also gültig für alle Ereignisse in der Welt ist, kann es keine Kausalität aus Freiheit oder Spontanwirkungen in der Welt geben.
(6) Spontanwirkungen können also auch niemals Gegenstand einer einheitlichen Erfahrung werden (denn diese beruht auf der durchgängigen Verknüpfung von Ereignissen nach naturgesetzlicher Kausalität), und die Idee einer Kausalität aus Freiheit ist ein „leeres Gedankending" (KrV A 447 / B 475) – sie hat also keine mögliche Referenz auf irgendein in der Welt existierendes Ereignis.

5 Die vierte Antinomie

Die vierte Antinomie hat die Notwendigkeit der Erscheinungen in der Welt zum Gegenstand, bezieht sich also auf den Daseinsgrund des in der Welt existierenden Seienden. Die These lautet: „Zu der Welt gehört etwas, das entweder als ihr Theil, oder ihre Ursache ein schlechthin nothwendiges Wesen ist“ (KrV A 452 / B 480). Die Antithese lautet: „Es existirt überall kein schlechthin nothwendiges Wesen weder in der Welt, noch außer der Welt als ihre Ursache“ (KrV A 453 / B 481).

Der Beweis zur Thesis lässt sich wie folgt rekonstruieren:

(1) Die Sinnenwelt als Totalität der Erscheinungen enthält eine Reihe (Folge) von Veränderungen als Bedingung der Möglichkeit empirischer Zeitvorstellung.
(2) Jede Veränderung aber steht unter einer notwendigen Bedingung, die ihr nach einem Naturgesetz (und in der Zeit) vorhergeht.
(3) Ein jedes gegebenes Bedingtes setzt aber eine vollständige Reihe von Bedingungen voraus, damit es existieren kann.
(4) Die vollständige Reihe von Bedingungen kann nur durch ein schlechthin Unbedingtes, absolut Notwendiges gegeben sein.
(5) Wenn also eine Veränderung als Folge von etwas existiert, dann auch als eine Folge von etwas absolut Notwendigem. Dieses absolut Notwendige muss also existieren.
(6) Dieses absolut Notwendige gehört zur Sinnenwelt, entweder als Teil derselben oder als Eigenschaft der ganzen Sinnenweltreihe selbst. Andernfalls hätte es keine kausal verursachende Kraft in Ansehung der in der Zeit geschehenden Veränderungen.

Der Beweis der Antithese hat folgende Struktur:

(1) Angenommen, die Welt sei im Ganzen ein notwendiges Wesen (a), oder ein solches sei in ihr (b),
(2) dann wäre (als Konsequenz von 1a) die Reihe der Veränderungen in der Welt selbst ohne jeden Anfang, obwohl in allen Teilen zufällig und bedingt, dennoch schlechthin notwendig und unbedingt im Ganzen.
(3) (2) widerspricht sich aber selbst, denn die Existenz einer Menge kann nicht notwendig sein, wenn nicht mindestens einem ihrer Elemente notwendige Existenz zukommt.
(4) Oder aber (als Konsequenz von 1b) es läge in der Reihe der Veränderungen der Welt ein absoluter, unbedingt-notwendiger Anfang, der selbst also ohne Ursache ist,
(5) dann stünde dies im Widerspruch zur universellen Gültigkeit des naturgesetzlichen Kausalprinzips, „dem dynamischen Gesetze der Bestimmungen aller Erscheinungen in der Zeit“ (KrV A 453 / B 481), wonach jedes Ereignis in der Welt durch ein anderes, es verursachendes Ereignis bedingt ist.
(6) Nimmt man nun (c) an, es gäbe eine schlechthin notwendige Ursache außerhalb der Welt, so folgt:
(7) Diese bewirkt als oberstes Ursachenglied in der Reihe der Veränderungen in der Welt deren Dasein und fängt diese Reihe von selbst (ohne vorhergehende Ursache) an.
(8) Dazu müsste ihre ursächliche Kausalität aber in die Zeit und damit in die Reihe der Weltveränderungen fallen (denn sonst könnte sie in der Welt nichts bewirken), mithin zur Welt selbst gehören, was der gemachten Voraussetzung (6) widerspricht.
(9) Also gibt es weder in der Welt noch außerhalb derselben ein schlechthin notwendiges Wesen, das mit der Welt in einem kausalen Zusammenhang steht.

6 Die Auflösung

Der erste Schritt zur Auflösung der Antinomie besteht in dem Nachweis, dass These und Antithese keine erschöpfende Alternative bilden. Beide Seiten bedienen sich der „unstatthafte[n] Bedingung“ (KrV A 503 / B 531), die Welt für ein Ding an sich zu halten, anstatt die „transscendentale Idealität der Erscheinungen“ anzunehmen (KrV A 506 / B 534). Erst mithilfe des transzendentalen Idealismus wird aus dem unauflöslichen Widerstreit der Vernunft mit sich selbst ein auflösbarer Widerstreit. Leitend ist hierbei die Einsicht Kants, dass jede Verstandeserkenntnis der Anschauung bedarf, welche aber gerade in der Totalitätsforderung des in der Antinomie formulierten Weltbegriffs nicht gegeben werden kann. Die Welt als absolute Vollständigkeit der Erscheinungen in Raum und Zeit kann niemals in der Anschauung gegeben werden, sondern allenfalls als →Noumenon (Ding an sich) gedacht werden. Die vermeintliche Erkenntnis der Welt im Ganzen verwechselt die Welt als Ding an sich mit der Welt als Inbegriff von Erscheinungen. Die Unterscheidung zwischen Ding an sich und Erscheinung ist somit konstitutiv für die Möglichkeit, die Antinomien im Weltbegriff aufzulösen.

Die Auflösung der Antinomie besteht nun in der Erkenntnis, dass der Schluss, auf dem sie beruht, ein *sophisma figurae dictionis* ist (KrV A 499 / B 528), „worin der medius terminus in verschiedener Bedeutung genommen wird" (9:135). Sein Obersatz besagt: „Wenn das Bedingte gegeben ist, so ist auch die ganze Reihe aller Bedingungen desselben gegeben" (KrV A 497 / B 525). Hier wird das Bedingte als Ding an sich vorgestellt, d. h. man achtet nicht darauf, ob und wie man zur Kenntnis desselben und seiner Bedingungen gelangt. Der Untersatz jedoch lautet: „nun sind uns Gegenstände der Sinne als bedingt gegeben" (KrV A 497 / B 525). Das Bedingte wird hier als Erscheinung gedeutet, die gar nicht gegeben ist, wenn man nicht zu ihrer Kenntnis gelangt. Deswegen „kann ich nicht in eben der Bedeutung sagen: wenn das Bedingte gegeben ist, so sind auch alle Bedingungen (als Erscheinungen) zu demselben gegeben, und kann mithin auf die absolute Totalität der Reihe derselben keineswegs schließen" (KrV A 499 / B 527).

Die Reihe der Bedingungen einer gegeben Erscheinung ist nur in der regressiven Synthesis selbst erreichbar und nicht vor und unabhängig von diesem Regress schon gegeben. Sie ist also an sich ihrer Totalität nach weder endlich noch unendlich, was für alle vier kosmologischen Ideen gilt. Wenn eine Erscheinung gegeben ist, ist uns dadurch ein Regress in der Reihe ihrer Bedingungen aufgegeben. Die Totalität der Reihe ist also niemals wirklich gegeben, sondern nur eine regulative Idee für den Verstand, um Einheit in die prinzipiell unabschließbare Erfahrungserkenntnis zu bringen (vgl. KrV A 508 / B 536). Nach der bewiesenen Unmöglichkeit einer objektiv gültigen Totalitätserkenntnis der Welt bleibt der kritisch geläuterten Vernunft nur eine Methodologie der Forschung, die in dem „Grundsatz der größtmöglichen Fortsetzung und Erweiterung der Erfahrung, nach welchem keine empirische Grenze für absolute Grenze gelten muß, also ein Principium der Vernunft, welches *als Regel* postulirt, was von uns im *Regressus* geschehen soll, und nicht *anticipirt*, was im *Objecte* vor allem Regressus an sich gegeben ist", ausgedrückt ist (KrV A 509 / B 537). Die Welt als Totalität der Erscheinungen ist damit nicht mehr als ein an sich vorhandenes Ganzes Gegenstand einer antinomischen Spekulation, sondern der sukzessiv zu erschließende Gegenstand einer unabschließbaren empirischen Forschung.

Die Auflösung der Antinomien geschieht nun wie folgt:

Die Welt ist der vergangenen Zeit und dem Raum nach weder endlich noch unendlich, denn die Erfahrung einer absoluten Grenze von Raum und Zeit ist genauso unmöglich wie die einer gegebenen Unendlichkeit in Raum und Zeit.

Die Menge der Teile in einer gegebenen Erscheinung ist weder endlich noch unendlich, denn etwas absolut Einfaches kann genauso wenig Gegenstand einer möglichen Erfahrung sein wie eine gegebene Unendlichkeit von Teilen.

Der empirische Regress ist zwar in beiden Fällen sukzessiv unendlich, aber in der Reihe der Teilung sind alle Glieder bzw. Teile in dem gegebenen Ganzen als Aggregate enthalten. Demnach geht der empirisch anzustellende Regress in der Reihe der Teilung (zweite Antinomie) ins Unendliche oder *in infinitum* (vgl. KrV A 521 / B 549), während er in der Reihe der Welterscheinungen (erste Antinomie), als eine Bestimmung der Weltgröße, ins Unbestimmte oder *in indefinitum* fortschreitet (vgl. KrV A 523ff. / B 551ff.).

Während sowohl These als auch Antithese der mathematischen Antinomien falsch sind, können These und Antithese der dynamischen Antinomien jeweils wahr sein (vgl. KrV A 528ff. / B 556ff.). Da im Fall eines dynamischen Verhältnisses Bedingung und Bedingtes ungleichartig sein können, ist es widerspruchsfrei möglich, ein Ereignis in der Welt sowohl als eine durch empirisch bedingte Ursachen bestimmte Wirkung (Naturkausalität) als auch zugleich durch eine unbedingte intelligible Ursache (Spontanwirkung aus Freiheit) bestimmt anzusehen (vgl. KrV A 537 / B 565; 4:344). Auch bezüglich der Frage nach der Notwendigkeit oder Zufälligkeit der Erscheinungen in der Welt bleibt der dritte Weg offen, neben ihrer empirisch bedingten und damit zufälligen Existenz zugleich eine nicht-empirische Bedingung ihrer gesamten Reihe, also ein absolut notwendiges Wesen zu denken. Ein *ens extramundanum* als intelligibler Daseinsgrund der Sinnenwelt steht aufgrund der transzendental notwendigen Unterscheidung zwischen Ding an sich und Erscheinung nicht im Widerspruch zur Zufälligkeit und empirischen Abhängigkeit der Erscheinungen voneinander (vgl. KrV A 561 / B 588; 4:347).

Interpretationslage

Laut Malzkorn sei Kant „der Nachweis, daß die Vernunft unvermeidlich in die von ihm angegebenen Antinomien gerät, wenn sie in natürlicher Weise den transzendentalen Realismus voraussetzt, nicht gelungen" (Malzkorn, *Kants Kosmologie-Kritik*, S. 315). Auch Bennett ist der Ansicht, dass die angebliche Antinomie der reinen Vernunft in Wahrheit „a mirage" sei (Bennett, *Dialectic*, S. 114f.). Falkenburg meint jedoch, Kant habe „nur die Beweislast zu zeigen, daß die Beweise jeweils (unter naturalistischen bzw. vorkritischen Voraussetzungen) als schlüssig erscheinen" (Falkenburg, *Kants Kosmologie*, S. 250 Anm.). Die Beweise hingen somit nicht von transzendentalphilosophischen Voraussetzungen ab (vgl. Falkenburg, *Kants Kosmologie*, S. 213ff.; dagegen: Kreimendahl, *Antinomie*, S. 424ff., Schmucker, *Weltproblem*, S. 116ff).

Die Antinomien fungieren nach Allison als Widerlegung des transzendentalen Realismus und als Beweis des transzendentalen Idealismus (vgl. Allison, *Kant's Transcendental Idealism*, S. 35ff.; vgl. dagegen Guyer, *Claims of Knowledge*, S. 385ff.).

Die Vernachlässigung des Bedeutungsunterschiedes zwischen 'endlich' und 'begrenzt' bzw. 'unendlich' und 'unbegrenzt' in der Formulierung der ersten Antinomie werde aufgrund von modernen Modellen einer physikalischen Geometrie, die einer unbegrenzten aber endlichen Raum-Zeit entsprechen, für die Beurteilung des Arguments relevant (vgl. Falkenburg, *Kants Kosmologie*, S. 218; Mittelstaedt / Strohmeyer, *Antinomien*; Wind, *Experiment*). Dem transzendentalen Realisten bliebe gar ein quantenmechanischer Ausweg aus der Situation, eine Anfangslosigkeit der Welt annehmen zu müssen (vgl. Malzkorn, *Kants Kosmologie-Kritik*, S. 263). Kreimendahl meint jedoch, es sei „eine verfehlte Hoffnung, von den empirisch verfahrenden Naturwissenschaften Auskunft über die kosmologischen Fragen zu erwarten" (Kreimendahl, *Antinomie*, S. 443).

Während in der ersten Antinomie nach den Grenzen der Welt im Raum und in der Zeit gefragt wird, wird das zeitlich Einfache in der zweiten Antinomie nicht betrachtet. Dazu meint Engelhard, es bestehe hinsichtlich des Realen in der Zeit keine echte Antinomie (vgl. Engelhard, *Das Einfache und die Materie*, S. 17). Nichtsdestoweniger habe die zweite Antinomie indirekt Auswirkungen auf das Problem des Leib-Seele-Dualismus. Kant mache jedoch in dieser Antinomie „nicht nur von transzendentalphilosophisch gültigen, sondern auch von transzendentalphilosophisch (und auch sonst) falschen Argumenten Gebrauch" (Malzkorn, *Kants Kosmologie-Kritik*, S. 286). Im Zusammenhang mit der dritten Antinomie wird Kant häufig vorgeworfen, dass er in unzulässiger Weise das kosmologische Problem der Erstursächlichkeit mit dem moralphilosophischen Problem der Freiheit vermenge (z. B. von Bröcker, *Metaphysik und Erfahrung*, S. 117). Dem leistet Kant Vorschub, da sowohl die Anmerkung als auch die Auflösung der dritten Antinomie der praktischen Freiheit beträchtlichen Raum gibt. Höffe hingegen verteidigt Kant und sieht eine saubere Trennung der verschiedenen Freiheitsbegriffe (vgl. Höffe, *Kants Kritik der reinen Vernunft*, S. 251ff.). Dass Kant der Naturkausalität vor der Kausalität aus Freiheit für die durchgängige Einheit der Erfahrung Priorität einräumt und die Erfahrbarkeit der Kausalität aus Freiheit für unmöglich hält, wirft ihm Kemp Smith als willkürlich und unbewiesen vor (vgl. Kemp Smith, *Commentary*, S. 495). Der Haupteinwand gegenüber der vierten Antinomie lautet, dass Kant diese nur aus dem Systemzwang einer der vierten Verstandeskategorie (Modalität) entsprechenden Vernunftproblematik und nicht aus sachlichen Gründen konstruiert habe, um überdies den Übergang zur transzendentalen Kritik an den traditionellen Gottesbeweisen vorzubereiten (vgl. Wilkerson, *Critique*, S. 133).

Weiterführende Literatur

Allison, Henry: Kant's Transcendental Idealism. An Interpretation and Defense, New Haven: Yale University Press [2]2004.

Bennet, Jonathan: Kant's Dialectic, New York: Cambridge University Press 1974.

Engelhard, Kristina: Das Einfache und die Materie. Untersuchungen zu Kants Antinomie der Teilung, Berlin u. a.: de Gruyter 2005.

Falkenburg, Brigitte: Kants Kosmologie, Frankfurt/M.: Klostermann 2000.

Grier, Michelle: Kant's Doctrine of Transcendental Illusion, Cambridge: Cambridge University Press 2001.

Guyer, Paul: Kant and the Claims of Knowledge, New York: Cambridge University Press 1987.

Heimsoeth, Heinz: „Metaphysische Gehalte in

Kants vierter Antinomie“, in: ders.: Studien zur Philosophie Immanuel Kants, Bd. 2. Methodenbegriffe der Erfahrungswissenschaften und Gegensätzlichkeiten spekulativer Weltkonzeption, Bonn: Bouvier 1970, 271–280.

Kawamura, Katsutoshi: Spontaneität und Willkür. Der Freiheitsbegriff in Kants Antinomienlehre und seine historischen Wurzeln, Stuttgart-Bad Cannstatt: Frommann-Holzboog 1996.

Malzkorn, Wolfgang: Kants Kosmologie-Kritik. Eine formale Analyse der Antinomienlehre, Berlin u. a.: de Gruyter 1999.

Schmucker, Josef: Das Weltproblem in Kants Kritik der reinen Vernunft, Bonn: Bouvier 1990.

Nico Naeve / Hernán Pringe

Apperzeption

Apperzeption ist ein Grundbegriff von Kants theoretischer Philosophie, der die Funktion des Bewusstseins und speziell des Selbstbewusstseins für die Ermöglichung gegenständlicher Erkenntnis artikuliert. Für den kritischen Kant ist Apperzeption keine psychische oder mentale Entität, sondern oberste Strukturbedingung des Wissens, die sich subjektiv manifestiert, aber intersubjektiv invariant vorliegt und insofern objektiv valide ist. Sie ist „dasjenige Selbstbewußtsein [...], was, in dem es die Vorstellung: *Ich denke*, hervorbringt, die alle andere [seine Vorstellungen] muß begleiten können und in allem Bewußtsein und ein dasselbe ist, von keiner weiter begleitet werden kann“ (KrV B 132). Weitere wichtige Stellen: KrV A 106–110; KrV A 115–130; KrV B 131–143; KrV B 152–154; KrV B 157–162; KrV A 342f. / B 400f.; KrV A 345 / B 403–A 348 / B 406; KrV A 366–368; KrV A 400–403; KrV B 400f.; KrV B 419; KrV B 422f. Anm.; 23:18–20; 23:27; 23:29; 23:35.

Philosophische Funktion

1 Apperzeption vor Kant

1.1 Wie andere Grundbegriffe der kritischen Philosophie entstammt auch der Begriff der Apperzeption der Leibniz-Wolffschen Schulphilosophie und deren multipler und kontroverser Rezeption und Transformation schon vor Kant und bei Kant selbst. Sachlich gehört die schulphilosophische Lehre von der Apperzeption in den Umkreis der systematischen Bemühungen der kontinentalen Philosophie der Neuzeit um die Neubegründung der Erkenntnis von Gott und Welt im Ausgang vom Selbst als Ursprungsort und Validierungsinstanz selbständigen Denkens nach Maßgabe von Vernunft und Erfahrung.

Der Terminus ‚Apperzeption‘ geht zurück auf eine französische Wortprägung durch Leibniz, der ihn als Nomen vom dem französischen Verbalwort für ‚bemerken‘ (‚s'aperçevoir‘) ableitet und mit ‚aperception‘ die reflexiv bewusste wahrheitsfähige Vorstellung, im Unterscheid zur vorreflexiv vorliegenden wahrheitsfähigen Vorstellung (‚perception‘), bezeichnet (Leibniz, *Principes*, §§ 2, 4; Leibniz, *Monadologie*, §§ 14, 16; Leibniz, *Nouveaux essais*, Preface, L. II, Ch. ix, §§ 4, 14.). Schon bei Leibniz verbindet sich mit dem gegenständlichen Sinn des apperzipierten Vorstellungsgehalts der reflexive Sinn der selbstbewussten Vorstellungsleistung und des Bewusstseins von dessen Ursprung und Zentrum, dem Selbst (‚Moy‘).

1.2 Auch nach Leibniz, insbesondere bei Wolff, changiert der Apperzeptionsbegriff systematisch zwischen dem Prinzipieninbegriff von Gegenstandsbewusstsein und dem Erkenntnis- und Seinsbegriff von Selbstbewusstsein. Zum einen führt Wolff das Vorkommen von Bewusstsein unserer selbst zurück auf das Bewusstsein von Gegenständen als von einander unterschieden und speziell auf das bewusste Unterscheiden zwischen den von einander unterschiedenen Gegenständen und uns selbst. Zum anderen differenziert er zwischen dem gegenständlich-gehaltvollen Bewusstsein, das Perzeption und Apperzeption einschließt, und dem Selbstbewusstsein, das sich reflexiv auf die eigenen Bewusstseinszustände bezieht. Hinzukommt schon bei Wolff die aktivische Auffassung der Apperzeption qua Selbstbewusstsein als Vollzugsbewusstsein mentaler oder psychischer Aktleistungen in deren generischer Differenz zum Bewusstsein von Gegenständen. (Vgl. Wunderlich, *Kant und die Bewusstseinstheorien*, S. 18–40.)

2 Apperzeption bei Kant

2.1 Vor dem Hintergrund der schulphilosophischen Debatten über die Rolle der Apperzeption für Gegenstandsbewusstsein und Selbstbewusstsein, aber auch unter dem Einfluss empiristisch-sensualistischer Positionen zur außervernünftigen Konstitution des Selbst durch Erinnerung, Einbildungskraft oder Gefühl, rekurriert

Kant auf Terminus und Konzept der Apperzeption im Kontext des Nachweises der objektiven Gültigkeit der reinen Verstandesbegriffe (Kategorien) durch deren transzendentale Deduktion in der *KrV*, und zwar in beiden Fassungen dieses zentralen Stücks der kritischen Vernunftlehre (vgl. KrV A 106–110; KrV A 115–130; KrV B 131–143; KrV B 152–154; KrV B 157–162).

In Kants Nachlass figuriert der Begriff der Apperzeption dementsprechend zuerst in Reflexionen zur Metaphysik aus den frühen siebziger Jahren zum fälligen Geltungsnachweis der Kategorien (vgl. 17:594; 17:646; 17:647; 17:651; 17:658f.; 17:656; 17:664; 17:688; 17:706; 18:70; 18:150; 18:224; 18:229; 18:249; 18:258; 18:267; 18:271f.; 18:280; 18:282; 18:312; 18:348; 18:420; 18:659f.; 18:661; 18:671; 18:676; 18:686). Weitere gelegentliche Vorkommnisse des Begriffs im Nachlass sind zu verzeichnen für die Themenbereiche Physik und Chemie, Anthropologie, Logik und Moralphilosophie, wobei im letzteren Fall der Begriff nur für Analogiezwecke herangezogen wird (vgl. 14:119; 15:85; 15:143; 15:166; 15:958; 16:35; 19:183; 19:280; 19:283; 19:289). Erwähnung verdient auch das erst in jüngerer Zeit bekanntgewordene Lose Blatt ‚Leningrad 1', in dem der Begriff der Apperzeption prominent figuriert (vgl. Kant, *Vom inneren Sinne*). Eine Reihe der Nachträge Kants im *Handexemplar KrV A* kreisen um den Begriff der Apperzeption (vgl. 23:18–20; 23:27; 23:29; 23:35). Größere Prominenz gewinnt er dann wieder im *Op. post.*, besonders im VII. und X. Convolut im systematischen Kontext der Selbstsetzungslehre.

Weitere wichtige Erörterungen zu Begriff und Funktion der Apperzeption in den Druckschriften finden sich in der Widerlegung der Paralogismen der reinen Vernunft in der Seelenlehre aus der Transzendentalen Dialektik der *KrV* (vgl. KrV A 342f. / B 400f.; KrV A 345 / B 403–A 348 / B 406; KrV A 366–368; KrV A 400–403; KrV B 400f.; KrV B 419; KrV B 422f. Anm.). Eher kursorische Verwendung findet der Apperzeptionsbegriff in *Prolegomena*, *MAN*, *Entdeckung* und *Anthropologie* (vgl. 4:318; 4:334 Anm.; 4:542; 7:134 Anm.; 7:141f.; 7:161; 8:223). In den vorkritischen Druckschriften sowie in der praktischen Philosophie Kants fehlt der Begriff ganz. In Kants Briefwechsel findet er sich erst ab 1789 und fehlt nach 1797.

2.2 In der Sache gehört der Begriff der Apperzeption in die theoretische Philosophie Kants und speziell in deren kritische Grundlegung durch die Transzendentalphilosophie. Ähnlich wie bei anderen seiner philosophischen Grundbegriffe und in Übereinstimmung mit seinen methodologischen Festlegungen zum finalen statt initialen Status von Definitionen in der Philosophie (vgl. KrV A 730ff. / B 758f.) verzichtet Kant auf eine Begriffsbestimmung von ‚Apperzeption'. Auch ist das Konzept der Apperzeption bei Kant nicht Gegenstand einer eigenen Doktrin, die von ihm selbst geschlossen entwickelt wurde oder auch nur ihm zugeschrieben werden könnte. Vielmehr erfährt der Begriff der Apperzeption bei Kant seine Bestimmung kontextuell und differentiell, in Abhängigkeit von verschiedenen argumentativen Kontexten und gebunden an eine je spezifische systematische Aufgabenstellung. Schließlich adressiert Kant nicht eigens die Abgrenzung der Apperzeption von den verwandten philosophisch geprägten Begriffen des *Bewusstseins* und des *Selbstbewusstseins*, sondern behandelt die drei Konzepte als Pole eines semantischen Feldes für die Konstitution von Selbst- und Gegenstandsbezug. Dementsprechend hat die Bestimmung des Apperzeptionsbegriffs bei Kant funktional, kontrastiv und konstellatorisch zu erfolgen.

3 Apperzeption und Objektivität

3.1 Die Fassung der transzendentalen Deduktion der Kategorien in der ersten Auflage der *KrV* führt die Apperzeption ein als eine von drei „subjective[n] Quellen" (KrV A 97) gegenständlicher Erkenntnis, die zur Möglichkeit der Erfahrung die „Gründ[e] *a priori*" (KrV A 95) liefern. Aufbauend auf der sinnlichen Vereinheitlichung des Mannigfaltigen der Anschauung durch dessen Zusammenfassung in der Wahrnehmung („*Synthesis der Apprehension*"; KrV A 98) und der retentiven Vereinheitlichung der zeitlich erstreckten Wahrnehmungen durch die Einbildungskraft („*Synthesis der Reproduction*"; KrV A 100) leistet der Verstand am zuvor sinnlich-imaginativ vereinheitlichten Material der Sinne (Erscheinungen) die intellektuelle Zusammenfassung durch den Begriff („*Synthesis der Recognition*"; KrV A 103). Dabei liegt den im Einzelfall je zu beobachtenden empirischen Verbindungsleistungen durch Apprehension, Reproduktion und Rekognition deren Bedingung und Ermöglichung in Gestalt der drei erfahrungsfreien, apriorischen Modi von apprehensiver, reproduktiver und rekognitiver reiner Synthesis zugrunde.

Unter den drei apriorischen subjektiven Grundlagen gegenständlicher Erkenntnis kommt dem Verstand die besondere Leistung zu, die sinnlich und imaginativ vereinheitlichten Vorstellungen (Erscheinungen) auf einen von ihnen unterschiedenen Gegenstand zu beziehen, der als solcher nicht sinnlich, in der Anschauung gegeben, sondern intellektuell, durch Begriffe gedacht wird und im Hinblick auf den die Erscheinungen eine objektive Ordnung von notwendig-allgemeiner Gesetzlichkeit erhalten, die sich als objektive Einheit des Bewusstseins manifestiert. Die objektive Vereinheitlichung der Vorstellungen durch den Verstand und seine Begriffe hat ihren notwendigen subjektiven Bedingungsgrund in einer umfassenden Einheit des Bewussteins, die als „synthetische Einheit" (KrV A 106) nicht einfach vorliegt, sondern herzustellen und über den wechselnden Inhalten des gegenständlichen Bewusstseins aufrechtzuerhalten ist und die Kant unter dem Funktionstitel *„transscendentale Apperception"* (KrV A 106f.) einführt. Die Kennzeichnung der Apperzeption als *„transscendental[]"* adressiert deren notwendige Begründungsleistung für alles gegenständliche Bewusstsein, das erst und nur durch seine Integration in eine allumfassende Bewusstseinsstruktur die erforderliche durchgängige Einheit besitzt.

3.2 Als Meta-Bewusstsein von allem Objekt-Bewusstsein kann Kant die transzendentale Apperzeption auch als „Selbstbewusstsein" (KrV A 113) bezeichnen, insofern darunter nicht gegenstandsabgewandte Introspektion verstanden wird, sondern das notwendige kognitive Selbstverhältnis des Bewussteins in allem Bewusstsein von Gegenständen. In ihrer notwendigen Begründungsfunktion für gegenständliches Bewusstsein ist die Apperzeption allerdings nicht eigentlich ein Fall von wirklichem Bewusstsein oder wirklichem Selbstbewusstsein, sondern die subjektive Ermöglichungsstruktur für Bewusstsein wie Selbstbewusstsein oder ein *„Vermögen"* (KrV A 117 Anm.), genauer: das „Radicalvermögen aller unsrer Erkenntniß" (KrV A 114). Die Vorgängigkeit der als transzendental ausgewiesenen Apperzeption gegenüber allem empirischen Bewusstsein und Selbstbewusstsein bringt Kant auch mit dessen Ausweisung als „ursprünglich[]" (KrV A 111) und „rein[]" (KrV A 124) zum Ausdruck. Vor allem aber stellt er an der transzendental fungierenden Apperzeption die „durchgängige und nothwendige Identität" (KrV A 112) heraus, durch die alles an ihm selbst zerstreute Bewusstsein und Selbstbewusstsein in „einem Bewußtsein" (KrV A 116), einem „ganzen möglichen Selbstbewußtsein" (KrV A 113) oder „einem einigen Selbstbewußtsein" (KrV A 117 Anm.) vereinigt ist.

Die „numerische" (KrV A 113) und „durchgängige" (KrV A 116) Identität des apperzeptiven (Selbst-)Bewusstseins ist für Kant nicht einfach a priori gegeben, sondern Resultat der apriorisch-identischen „Function" (KrV A 108) oder „Handlung" (KrV A 108) der gegenständlichen Synthesis von Erscheinungen nach Begriffen, als deren oberste die reinen Verstandesbegriffe oder Kategorien präsentiert werden (vgl. KrV A 119; KrV A 125). Das „stehende und bleibende Ich (der reinen Apperception)" (KrV A 123) involviert deshalb sowohl die „bloße Vorstellung Ich in Beziehung auf alle andere [Vorstellungen]" als auch die durchgängige Zugehörigkeit aller mit dem Zusatz der bloßen Ich-Vorstellung versehenen Vorstellungen zu der „collective[n] Einheit" (KrV A 117 Anm.) des Bewusstseins. In der weiten Bedeutung einer „allbefassenden reinen Apperception" (KrV A 123) ist die Apperzeption für Kant deshalb mit dem Verstand als dem Vermögen begrifflicher Einheitsbildung unter sinnlich und imaginativ synthetisierten Vorstellungen identisch (vgl. KrV A 119). Insbesondere fungiert die reine Apperzeption als „Principium" (KrV A 117) synthetischer Einheitsbildung.

3.3 Für das genaue Verhältnis der Apperzeption zum kategorialen Verstand bietet die Fassung der transzendentalen Deduktion der reinen Verstandesbegriffe in der zweiten Auflage der *KrV* wichtige Ergänzungen. Auffällig ist an der Neufassung zunächst die Erläuterung der Apperzeption durch Rekurs auf das pronominale und nominale Selbst (‚ich', ‚das Ich'). Die sich auf alles andere Bewusstsein beziehende bloße Vorstellung ‚Ich' wird jetzt als der Gedanke *„Ich denke"* (→ Ich denke) spezifiziert, der alle „meine Vorstellungen" muss begleiten können (KrV B 131) und dessen Zutat Vorstellungen allererst zu mir zugehörigen Vorstellungen macht, die als „meine" Vorstellungen dann in einem „allgemeinen Selbstbewußtsein" (KrV B 132) zusammen bestehen können. Die reine Apperzeption fasst Kant jetzt als „dasjenige Selbstbewußtsein [...], was, indem es die Vorstellung: *Ich denke*, hervorbringt, die alle andere muß begleiten können, und in allem Bewußtsein ein und dasselbe ist, von keiner weiter begleitet werden kann" (KrV B 132). Wie Kant ausführt, genügt zur Stiftung der „Identität des Subjects" (KrV B 133) aber nicht die bloße Begleitfunktion des „*Ich denke*" (KrV B 131) für jede einzelne Vorstellung. Vielmehr bedarf es dazu der mit Bewusstsein vollzogenen Synthesis der Vorstellungen, die ihrerseits, unter der anleitenden Begleitung des „*Ich denke*" (KrV B 131), durch die Kategorien erfolgt. Den Unterschied zwischen der bewussten Einheitsbildung unter „meinen" (KrV B 131) Vorstellungen und dem dadurch erst ermöglichten Bewusstsein meiner eigenen Identität im Vorstellen fasst Kant auch als Differenz von „*synthetische[r]*" (KrV B 133), Einheit herstellender und „analytische[r]" (KrV B 133), hergestellte Einheit widerspiegelnder Apperzeption.

Eine weitere wichtige Klärung zum Begriff der Apperzeption aus der Zweitfassung der transzendentalen Deduktion ist die Ausweisung des Prinzips der Apperzeption, dem zufolge alle ‚meine' Vorstellungen den Bedingungen der synthetischen Einheit des Bewusstseins unterliegen, als analytisch und synthetisch zugleich. Es handelt sich um einen an ihm selber analytisch wahren Satz über das (mögliche) Selbstbewusstsein als notwendige Bedingung alles gegenständlichen Bewusstsein, der seinem Gehalt nach die synthetische Einheitsbildung unter ‚meinen' Vorstellungen durch die Apperzeption nach Maßgabe der Kategorien erfordert (vgl. KrV B 138).

Des Weiteren pointiert die Zweitfassung der Kategoriendeduktion den gegenständlichen Sinn der transzendentalen Apperzeption durch die Fokussierung auf deren „*objective[r] Einheit*" (KrV B 139) und der dadurch gewährleisteten „objectiv[en Gültigkeit]" (KrV B 140) des synthetisch vereinheitlichten Bewusstseins, die von der bloß „*subjectiven Einheit* des Bewußtseins" (KrV B 139) und ihrer lediglich „subjective[n] Gültigkeit" (KrV B 140) unterschieden wird. Sodann identifiziert Kant die gegenständliche Einheitsleistung der transzendentalen Apperzeption mit der Beibringung der „logischen Form aller Urteile" (KrV B 140), mittels derer gegebenen Begriffen die für den gültigen Gegenstandsbezug notwendige Einheit vermittelt wird. Die zusätzliche Identifikation der Kategorien mit zur Gegenstandsbestimmung gebrauchten Urteilsformen (vgl. KrV B 128) etabliert dann das Beweisziel der objektiven Gültigkeit der Kategorien, die sich auf alles in die objektive Einheit der Apperzeption Gebrachte erstreckt (vgl. KrV B 143).

4 Apperzeption und Subjektivität

4.1 Mit der Lancierung der transzendentalen Apperzeption als subjektivem Grund gegenständlicher Erkenntnis betritt Kant philosophisches Neuland und macht das alles Bewusstsein verknüpfend-begleitende nicht-empirische Selbstbewusstsein zum Prinzip von Objektivität. Doch anders als seine idealistischen Nachfolger erhebt Kant die gegenstandskonstitutive Funktion der Apperzeption nicht in den Rang eines selbstständig operierenden, absoluten Prinzips, sondern vertritt durchweg die Eingebundenheit der Apperzeption in eine umfassende Bedingungsstruktur gegenständlicher Erkenntnis, zu der insbesondere die Formen und Inhalte der Sinne (Raum, Zeit, das Mannigfaltige der Anschauung) gehören, im Verhältnis zu denen die Apperzeption allererst ihre Funktion zum Einsatz bringen kann. Dem entsprechend ist die Konzeption des Selbst (‚Ich'), die Kant mit seiner funktionalistischen Einschätzung der transzendentalen Apperzeption verbindet, keine Metaphysik der Subjektivität, sondern eine kritische Sondierung des Seins- und Erkenntnischarakters der unterschiedlichen Manifestationsformen von Selbstheit.

Grundlegend für Kants differentielle Behandlung von apperzeptiver Selbstheit ist die Abgrenzung der transzendentalen Apperzeption von der empirischer Apperzeption oder dem inneren Sinn (vgl. KrV B 153). Während der innere Sinn eine inhaltliche Bestimmung des Selbst auf der Grundlage von innerer Wahrnehmung erlaubt, die aber immer nur die Erkenntnis der sinnlich bestimmten Zustände des Selbst umfasst (Selbst als Erscheinung), ist die transzendentale Apperzeption „rein intellectual" (KrV B 150), eine bloße „Form" (KrV A 354; KrV A 382) und inhaltlich „leer[]" (KrV A 346 / B 404; KrV A 355). Deshalb kann das in der transzendentalen Apperzeption involvierte Selbstbewusstsein auch keine inhaltlich bestimmte Selbsterkenntnis sein („wie ich bin"; KrV B 158), sondern nur das Bewusstsein des numerisch identischen Subjekts von der eigenen apriorischen Bestimmungsleistung durch das kategoriale Denken. Das Selbst der transzendentalen Apperzeption ist das invariante „*bestimmende*[Selbst]" (KrV B 408), das „denkende Ich" (KrV A 360; KrV A 402) oder die „*Intelligenz*" (KrV B 158 Anm.) als solche im Unterschied zum „*bestimmbaren* Selbst" (KrV B 407) und seiner variablen inhaltlichen Bestimmtheit (vgl. KrV A 402; KrV A 360; KrV B 158 Anm.).

4.2 Zusätzlich zum intellektuellen Tätigkeitsbewusstsein („Actus [. . .], mein Dasein zu bestimmen"; KrV B 157 Anm.) liegt für Kant im apperzeptiven Selbstbewusstsein aber auch ein Existenzbewusstsein vor („daß ich bin"; KrV B 157), mittels dessen das Selbst sich seines Daseins als intellektuell bestimmend wie sensuell bestimmbar oder bestimmt unmittelbar und apodiktisch gewiss ist. Die Apperzeption ist insofern nicht bloß der Metagedanke der rein-synthetisch hergestellten Ichzugehörigkeit von Vorstellungen, sondern „etwas Reales" oder „Etwas, was in der That existirt" (KrV B 423 Anm.). Das „Ich denke" impliziert so das „Ich existire" (KrV B 422 Anm.). Doch anders als bei Descartes, von dessen Rückschluss vom Denken auf die Existenz („das Cartesianische *cogito; ergo sum*") (KrV A 347 / B 405) sich Kant kritisch distanziert, ist die Existenzgewissheit des apperzipierenden Ich für Kant nicht rational sondern empirisch begründet.

Unbeschadet seines intellektuellen Status als „Gedanke" (KrV A 343 / B 401) ist das „Ich denke", insofern es den Satz „Ich existiere" analytisch enthält und besagt „*Ich existiere denkend*" (KrV B 429), für Kant ein „empirischer Satz" (KrV B 422 Anm.). Allerdings beinhaltet das als „Existentialsatz" aufgefasste „Ich denke" keine partikulare, inhaltlich bestimmte empirische Anschauung, sondern eine generische, „unbestimmte empirische Anschauung" und „unbestimmte Wahrnehmung" (KrV B 423 Anm.) oder „innere Erfahrung überhaupt" bzw. „Wahrnehmung überhaupt" (KrV A 343 / B 401) oder auch ein „Gefühl eines Daseins" (4:334 Anm.). Die Zuweisung von unbestimmter Existenz an das apperzeptive Ich begründet Kant mit dem Hinweis, dass der Denkakt des reinen Ich nur in Anwendung auf einen „Stoff zum Denken" (KrV B 423 Anm.) stattfinden kann. Das Empirische ist so die „Bedingung der Anwendung [. . .] des reinen intellectuellen Vermögens" (KrV B 423 Anm.), die Existenzgewissheit des Ich der Apperzeption empirisch gegründet.

4.3 Insgesamt betrachtet reduziert sich das „Ich der Apperception" (KrV B 407) bei Kant auf das „*Subject* der Gedanken" und den „*Grund* des Denkens" (KrV B 429), ohne dass damit die Kategorien der Substanz oder Kausalität zur Anwendung kämen, was sinnliche Selbstanschauung voraussetzen würde. Kant geht so gar so weit, das Ich der Apperzeption von der grammatischen Gestalt der ersten Person Singular zu lösen und es in alternativer Form als „Ich oder Er oder Es (das Ding), welches denkt" (KrV A 346 / B 404) zu kennzeichnen. Alle inhaltliche Festlegung des „denkenden Ich" (KrV A 402) als Gegenstand einer rein-rationalen Psychologie („Seele"; KrV A 402) erweist sich als logisch defizient in der Hypostasierung der reinen Subjektfunktion des apperzeptiven Ich („Subject der Kategorien"; KrV B 422) zu einem Ich-Objekt („Object[] der Kategorien"; KrV B 422), dessen vermeintliche Erkenntnis die Apperzeption voraussetzt und einbringt, ohne sie in ihrer konstitutiven Subjektivität adäquat zu erfassen.

5 Interpretation

Als Kernstück der Transzendentalphilosophie ist die Lehre von der Apperzeption mit ihrer terminologischen Trias ‚Apperzeption', ‚Selbstbewusstsein' und ‚Bewusstsein' seit langem der Dreh- und Angelpunkt der interpretatorischen und kritischen Auseinandersetzung mit Kants theoretischer Philosophie. Strittig sind in der Literatur immer noch der ontologische Status und die argumentative Leistungsfähigkeit der Apperzeption bei Kant (vgl. Zöller, *Developments*). Gegen eher metaphysische Lesarten des apperzeptiven Ich als Wesen sui generis jenseits der kritischen Unterscheidung von Ding an sich und Erscheinung standen und stehen stärker erkenntnistheoretische Auslegungen, die an der Apperzeption die Funktionalität statt der Substantialität des Ich herausstellen. Die Einschätzung der Apperzeption als oberstem Beweisgrund der Transzendentalphilosophie schwankt zwischen ‚schwachen' Auslegungen, die die Apperzeption als Interpretationskonstrukt für mögliche Erfahrung auffassen und ‚starken' Deutungen, die die Apperzeption als selbstständig-irreduzible Grundlage von nicht-empirischer Gegenstandserkenntnis verstehen.

Auch der rezente Aufschwung der Philosophie des Geistes (philosophy of mind) und der Kognitions- und Neurowissenschaften (cognitive science, neuroscience) mit seinen direkten und indirekten Auswirkungen auf die Kantforschung hat die etablierten und tradierten Kontroversen um Apperzeption, Selbstbewusstsein und Bewusstsein bei Kant nicht etwa einer konsensuellen Lösung zuzuführen vermocht, sondern eher deutlich werden lassen, wie akut und aktuell Kants diffizile Überlegungen zum Verhältnis von Selbstbezug und Gegenstandsbezug im Erkennen weiterhin sind. Wie in den anderen Kernbereichen seines Philosophierens – namentlich der Lehre vom unbedingten Sollen in der Moralphilosophie und der Lehre vom reinen Geschmacksurteil in der Ästhetik – bekundet sich auch die Stärke und Wirkmächtigkeit von Kants Lehre von der Apperzeption nicht in ihrer fazilen Übersetzbarkeit und Übertragbarkeit in kurrente Positionen, Methodologien und Theorien, sondern in ihrer profunden Ambiguität im Hinblick auf Voraussetzungen, Beweisgänge und Schlussfolgerungen und in ihrem philosophischen Irritationspotential gegenüber etablierten oder emergierenden Theorien.

Weiterführende Literatur

Baum, Manfred: Deduktion und Beweis in Kants Transzendentalphilosophie. Untersuchungen zur *Kritik der einen Vernunft*, Königstein/Ts.: Hain-Athenäum 1986.

Henrich, Dieter: Identität und Objektivität. Über Kants transzendentale Deduktion, Heidelberg: Winter 1976.

Klemme, Heiner: Kants Philosophie des Subjekts. Systematische und entwicklungsgeschichtliche Untersuchungen zum Verhältnis von Selbstbewußtsein und Selbsterkenntnis, Hamburg: Meiner 1996.

Rosefeldt, Tobias: Das logische Ich. Kant über den Gehalt des Begriffes von sich selbst, Berlin/Wien: Philo 2000.

Wunderlich, Falk: Kant und die Bewußtseinstheorien des 18. Jahrhunderts, Berlin u. a.: de Gruyter 2005.

Zöller, Günter: „Main Developments in Recent Scholarship on the *Critique of Pure Reason*", Philosophy and Phenomenological Research 52 (1993), 445–466.

Günter Zöller

Apprehension

Apprehension ist das Aufnehmen (und Zusammennehmen) des Mannigfaltigen der Eindrücke „in die Synthesis der Einbildungskraft" (KrV A 190 / B 235; vgl. KrV A 97; KrV A 99f.). Kant spricht deshalb häufig auch von Synthesis der Apprehension (z. B. KrV A 98; KrV A 211 / B 258; KrV B 160). Diese Apprehension des Mannigfaltigen ist „jederzeit successiv" (KrV A 189 / B 234).

Kant unterscheidet die empirische von der reinen Synthesis der Apprehension: Die „Synthesis der Apprehension muß nun auch *a priori*, d. i. in Ansehung der Vorstellungen, die nicht empirisch sind, ausgeübt werden" (KrV A 99). Ohne eine solche *reine* Synthesis „würden wir weder die Vorstellungen des Raumes, noch der Zeit *a priori* haben können: da diese nur durch die Synthesis des Mannigfaltigen, welches die [...] urspüngliche[] Receptivität darbietet, erzeugt werden können" (KrV A 99f.). Die *empirische* Synthesis der Apprehension dient dazu, aus Sinneseindrücken bewusste Empfindungen oder Wahrnehmungen zu machen. Sie ist in der ersten Auflage der *KrV* weiter spezifiziert als diejenige Handlung der Einbildungskraft, die „unmittelbar an den Wahrnehmungen" (KrV A 120) ausgeübt wird und die dazu dient, „die Eindrücke in ihre Thätigkeit [d. h. die der Einbildungskraft] auf[zu]nehmen" (KrV A 120). In der zweiten Auflage der *KrV* ist die Synthesis der Apprehension „die Zusammensetzung des Mannigfaltigen in einer empirischen Anschauung [...], dadurch Wahrnehmung, d. i. empirisches Bewußtsein derselben, (als Erscheinung) möglich wird" (KrV B 160).

In anderer Bedeutung verwendet Kant den Ausdruck ‚Apprehension' im Zusammenhang der *MS*: „*Apprehension* ist die Besitznehmung des Gegenstandes der Willkür im Raum und der Zeit; der Besitz also, in den ich mich setze, ist (*possessio phaenomenon*)" (6:258; vgl. 6:263f.; 6:268; 23:313ff.). Weitere wichtige Stellen: KrV A 162ff. / B 202ff.; KrV A 167ff. / B 209f.; KrV A 182f. / B 225f.; KrV A 189ff. / B 234ff.; KrV B 257; KrV A 211f. / B 258f.; 5:189ff.; 5:251f.; 5:411; 7:126f.; 7:134 Anm.; 7:142; 7:184 Anm.; 7:243; 11:345; 11:376; 17:567; 17:650f.; 17:657f.; 18:57; 18:116f.; 18:121; 18:123; 18:229; 18:267f.; 18:614f.; 18:659; 20:341f.; 22:70f.; 22:458; 22:463; 22:476f.; 22:487; 22:507; 23:18f.; 23:28f.; 28:236.

Philosophische Funktion

1 Synthesis der Apprehension in der ersten Auflage der KrV

Der Begriff der Apprehension ist einer der Begriffe in Kants kritischer Philosophie, die im Rahmen der Überarbeitung der *KrV* für die zweite Auflage von 1787 einen Bedeutungswandel erfahren. Zwar ist der Begriff in beiden Auflagen der *KrV* eng mit dem Begriff der Synthesis verbunden, so dass man an Stelle von Apprehension meist ohne weiteres von Synthesis der Apprehension sprechen kann. Allerdings ist diese Synthesis der Apprehension in der ersten Auflage der *KrV* Bestandteil einer „dreifachen Synthesis" (KrV A 97), die sich in der zweiten Auflage so nicht mehr findet. Sie wird in jenen Teilen der „transzendentalen Deduktion" diskutiert, die in der Umarbeitung der Argumentation wegfielen, für Kant aber nach eigenem Bekunden (vgl. KrV B XLII) dadurch nicht obsolet wurden.

In der ersten Auflage ist also die Synthesis der Apprehension der erste Aspekt eines komplexen Synthesisvorgangs, der außer der Synthesis der Apprehension auch noch die Synthesen der Reproduktion und der Rekognition umfasst.

Was ist nun die spezifische Aufgabe der Apprehension? Die Synthesis der Apprehension bewirkt, dass das Mannigfaltige *bewusst* durchlaufen wird. Zwar heißt es am Beginn der „A-Deduktion", dass die Synthesis der Apprehension das „Durchlaufen der Mannigfaltigkeit und dann die Zusammennehmung desselben" (KrV A 99) ist. Doch Kant macht im weiteren Verlauf der A-Deduktion deutlich, dass für die „Zusammennehmung" (KrV A 99) des Mannigfaltigen die Synthesis der Reproduktion, und nicht etwa die Synthesis der Apprehension zuständig ist.

Die Synthesis der Apprehension ist eine Synthesis *in der Anschauung*, aber nicht durch die (rezeptive) Sinnlichkeit, sondern als (spontane) Synthesis *durch die Einbildungskraft* (vgl. KrV A 120). Sie ist eine Synthesis in der Anschauung, weil sie „gerade zu auf die Anschauung gerichtet ist, die zwar ein Mannigfaltiges darbietet, dieses aber als ein solches und zwar *in einer Vorstellung* enthalten niemals ohne eine dabei vorkommende Synthesis bewirken kann" (KrV A 99). Und sie ist als Synthesis durch die Einbildungskraft deren „unmittelbar an den Wahrnehmungen ausgeübte Handlung" (KrV A 120).

Aufgabe der Einbildungskraft ist es nun, „das Mannigfaltige der Anschauung in ein *Bild* [zu] bringen" (KrV A 120). Zu diesem Zweck muss sie „vorher [...] die Eindrücke in ihre Thätigkeit aufnehmen, d. i. apprehendiren" (KrV A 120).

Kant präzisiert in diesem Zusammenhang seine ursprüngliche Charakterisierung von Apprehension aus KrV A 99 und grenzt das *Aufnehmen* nunmehr vom *Zusammennehmen* des Mannigfaltigen in eine bewusste Vorstellung ab. Denn das Aufnehmen in die Tätigkeit der Einbildungskraft wird kurz darauf *unterschieden* vom „Zusammenhang der Eindrücke" (KrV A 121), für den offenbar ein weiterer synthetischer Schritt nötig ist. Denn diese Apprehension des Mannigfaltigen würde „allein noch kein Bild und keinen Zusammenhang der Eindrücke hervorbringen [...], wenn nicht [...] ein reproductives Vermögen der Einbildungskraft" (KrV A 121) vorhanden wäre. Damit wird die Synthesis der Apprehension in der ersten Auflage der *KrV* also von der Synthesis der Reproduktion abgegrenzt, mit der sie allerdings „unzertrennlich verbunden" (KrV A 102) ist: Ihre Aufgabe beschränkt sich auf das Aufnehmen des Mannigfaltigen der Eindrücke in die Einbildungskraft.

Dieses Aufnehmen darf man allerdings nicht als *Bewusstmachen* des so Durchlaufenen verstehen: Denn bewusst wird dieses Mannigfaltige nur in einer →Anschauung und Anschauungen sind erst das Produkt der dreifachen Synthesis. Es handelt sich bei der Synthesis der Apprehension also um einen notwendigen Bestandteil eines Prozesses, der in bewussten Vorstellungen resultiert. Kants Vorstellung scheint zu sein, dass etwas nur dann von einem Vermögen zusammengenommen werden kann, wenn es in einem ersten Schritt *zugänglich* gemacht, von diesem Vermögen ‚aufgenommen' wird. Genau dies leistet in der ersten Auflage der *KrV* die Synthesis der Apprehension – und nichts darüber hinaus.

Das ‚Zusammennehmen', von dem in KrV A 99 mit Bezug auf die Synthesis der Apprehension die Rede ist, ist also irreführend, weil die Apprehension nichts zusammennimmt. Warum bezeichnet Kant sie dann überhaupt als →Synthesis? Vermutlich will er damit deutlich machen, dass mit der Aufnahme des Mannigfaltigen in die Tätigkeit der Einbildungskraft eine Veränderung des Gegebenen erfasst werden soll: Sofern die Sinneseindrücke in die Einbildungskraft aufgenommen werden, sind sie bereits keine bloßen Sinneseindrücke mehr. Sie werden vielmehr zu Wahrnehmungen, d. h. einzelnen, unverbundenen Vorstellungen, die nun durch das *weitere* Wirken der Einbildungskraft zu den komplexen Vorstellungen, die die Anschauungen sind, zusammengenommen werden.

2 Die Produkte der Synthesis der Apprehension
Die Synthesis der Apprehension bezeichnet also die Tätigkeit der Einbildungskraft an der *Schnittstelle* zwischen den Sinneseindrücken der Rezeptivität und der Spontaneität des Verstandes. Wir können deshalb nicht wissen, *wie* sie sich genau vollzieht, nur *dass* sie vollzogen werden muss – da die Sinneseindrücke sonst der Einbildungskraft nicht zugänglich wären. Es ist eine wichtige Konsequenz der kantischen Konzeption der Unzugänglichkeit von an sich Seiendem in jeglicher Form, dass das *Verfahren* der Einbildungskraft an dieser Schnittstelle prinzipiell nicht weiter beschrieben werden kann.

Wir kennen nur die *Produkte* dieser ersten Tätigkeit der Einbildungskraft. Diese Produkte sind in der ersten Auflage der *KrV* die Empfindungen, die nun der weiteren Tätigkeit der Einbildungskraft unterzogen werden. Denn: „Die Apprehension bloß vermittelst der Empfindung erfüllt nur einen Augenblick (wenn ich nämlich nicht die Succession vieler Empfindungen in Betracht ziehe). Als etwas in der Erscheinung, dessen Apprehension keine successive Synthesis ist [. . .], hat sie also keine extensive Größe“ (KrV A 167 / B 209; vgl. KrV A 145 / B 184; 16:662; 18:268).

Allerdings hätten wir auch „weder die Vorstellungen des Raumes, noch der Zeit“ (KrV A 99) unabhängig von der Ausübung der Synthesis der Apprehension. Ohne diese Synthesis gäbe es nämlich überhaupt keinen Bezug der Anschauungen auf ein erkennendes Subjekt, mithin auch keinen Begriff – und damit kein Bewusstsein, keine Erkenntnis etc. – von Raum und Zeit. Mit anderen Worten, ohne Synthesis der Apprehension wären Raum und Zeit zwar Formen der Anschauung, aber wir hätten keine formale Anschauung von ihnen – sie wären ‚für uns nichts‘.

Die Synthesis der Apprehension selbst muss damit aber auch eine Anwendung →a priori haben, da unsere Vorstellungen von Raum und Zeit (unsere formalen Anschauungen) a priori sind. Kant unterscheidet deshalb eine *empirische* Synthesis der Apprehension, in der die apprehendierten Sinneseindrücke hinsichtlich Form und Materie synthetisiert werden, von einer *reinen* Synthesis, in der ein Mannigfaltiges zu reinen Anschauungen von Raum und Zeit synthetisiert wird. (Dass es eine derartige reine Synthesis des Mannigfaltigen geben muss, folgt für Kant aus der Tatsache, dass Raum und Zeit nicht bloß Formen der Anschauung, sondern auch selbst, als Gegenstände reiner Erkenntnis, →Anschauungen sind – und damit, per definitionem, ein Mannigfaltiges enthalten, vgl. KrV A 99f.).

3 Die Synthesis der Apprehension in der zweiten Auflage der KrV
In der zweiten Auflage der *KrV* verschwindet die Unterscheidung zwischen Apprehension und Reproduktion, also zwischen Aufnehmen und Zusammennehmen. Die Synthesis der Apprehension ist nunmehr „die Zusammensetzung des Mannigfaltigen in einer empirischen Anschauung [. . .], dadurch Wahrnehmung, d. i. empirisches Bewußtsein derselben, (als Erscheinung) möglich wird“ (KrV B 160). Durch das Aufnehmen in die Einbildungskraft werden die Eindrücke deshalb nunmehr zu Wahrnehmungen (vgl. KrV B 162) – etwas, das die Apprehension *ohne* Reproduktion in der ersten Auflage der *KrV* nicht leisten kann. Außerdem ist von einer reinen Synthesis der Apprehension nun nicht mehr die Rede. Vielmehr wird der Synthesis der Apprehension nunmehr einfach die „Synthesis der Apperception, welche intellectuell und gänzlich *a priori* in der Kategorie enthalten ist“ (KrV B 162 Anm.) gegenübergestellt, der die Apprehension „welche empirisch ist [. . .] nothwendig gemäß sein müsse“ (KrV B 162 Anm.). In der *KrV B* und in späteren Schriften setzt Kant deshalb Apprehension bisweilen einfach mit Wahrnehmung oder auch mit empirischem Bewusstsein gleich (vgl. z. B. KrV B 162). Diese Veränderung deutet sich an in den handschriftlichen Nachträgen zur *KrV* (vgl. 23:18f.).

Weiterführende Literatur

Carl, Wolfgang: Die transzendentale Deduktion der Kategorien in der ersten Auflage der Kritik der reinen Vernunft. Ein Kommentar, Frankfurt/M.: Klostermann 1992.

Haag, Johannes: Erfahrung und Gegenstand. Zum Verhältnis von Sinnlichkeit und Verstand, Frankfurt/M.: Klostermann 2007, Kap. 6–7.
Hoppe, Hansgeorg: Synthesis bei Kant, Berlin: de Gruyter 1983.
Longuenesse, Béatrice: Kant and the Capacity to Judge. Sensibility and Discursivity in the Transcendental Analytic of the Critique of Pure Reason, Princeton/NJ: Princeton University Press [2]1998.
Young, J. Michael: „Kant's View of Imagination", in: Kant-Studien 79, 1988, 140–164.

Johannes Haag

Ästhetik

Unter Ästhetik versteht Kant die Lehre von der Sinnlichkeit, d. h. die Lehre davon, „wie das Subjekt afficirt wird" (20:221). Kant unterscheidet zwischen der „*transscendentalen Ästhetik*" (20:223) und der „*Ästhetik* der reflectirenden Urtheilskraft" (20:249). Die „*transscendentale Ästhetik*" ist die „Wissenschaft von allen Principien der Sinnlichkeit *a priori*" (KrV A 21 / B 35). Hier bedeutet „Sinnlichkeit" (KrV A 21 / B 35) das Vermögen der reinen und empirischen Anschauung. Die „Ästhetik der reflektierenden Urteilskraft" (5:199) betrifft dagegen die „Sinnlichkeit" als das Vermögen, bestimmte Gefühle zu empfinden (5:90). Die anschaulichen oder gefühlsmäßigen Erlebnisse, mit denen es die Ästhetik zu tun hat, nennt Kant auch „ästhetische Vorstellungsart[en]" (20:222). Dieser Ausdruck ist für Kant zweideutig: „Es bleibt [...] immer eine unvermeidliche Zweideutigkeit in dem Ausdrucke einer ästhetischen Vorstellungsart, wenn man darunter bald diejenige versteht, welche das Gefühl der Lust und Unlust erregt, bald diejenige, welche blos das Erkenntnißvermögen angeht, so fern darin sinnliche Anschauung angetroffen wird, die uns die Gegenstände nur als Erscheinungen erkennen läßt" (20:222). Entsprechend zweideutig verwendet Kant den Ausdruck ‚Ästhetik'. Unter dem Titel der „*Kritik der ästhetischen Urtheilskraft*" (5:199ff.) beschäftigt sich Kant mit den Urteilen über das Schöne und Erhabene. Wenn er in Bezug auf diesen Teil seiner Transzendentalphilosophie von Ästhetik spricht, verwendet er diesen Ausdruck so, wie ihn vor ihm schon Alexander Gottlieb Baumgarten verwendet hatte und wie er heute noch geläufig ist. Weitere wichtige Stellen: KrV B 35f. Anm.; 6:406; 9:15.

Vorgeschichte und historischer Kontext

Mit den Gefühlen, die das Erhabene und das Schöne uns erleben lassen, beschäftigt sich Kant schon in seiner vorkritischen Schrift *Beobachtungen* (1764). In dieser Schrift versteht er diese Gefühle als angenehme Gefühle, unterscheidet sie aber von den angenehmen Gefühlen, wie sie auch Tiere haben können (vgl. 2:208). Den Geschmack als das Vermögen, angesichts schöner Gegenstände ästhetische Gefühle zu empfinden, hält Kant in dieser Zeit noch für ein rein sinnliches Vermögen, das subjektiv und wandelbar ist. Die Untersuchung des Geschmacks sei ihrer Methode nach empirisch und gehöre zu den Aufgaben der Psychologie. Dabei beruft er sich auf Henry Home, Lord Kames (vgl. 9:15; 16:27). Kant hält eine wissenschaftliche Ästhetik, wie sie Alexander Gottlieb Baumgarten in seiner *Aesthetica* (1750 u. 1758) in Form einer Theorie der sinnlichen Erkenntnis glaubte entwickelt zu haben, für unmöglich. 1781, in der *KrV A*, schreibt Kant in einer Fußnote zu seiner Definition der „transzendentalen Ästhetik": „Die Deutschen sind die einzigen, welche sich jetzt des Worts Ästhetik bedienen, um dadurch das zu bezeichnen, was andre Kritik des Geschmacks heißen. Es liegt hier eine verfehlte Hoffnung zum Grunde, die der vortreffliche Analyst *Baumgarten* faßte, die kritische Beurtheilung des Schönen unter Vernunftprincipien zu bringen und die Regeln derselben zur Wissenschaft zu erheben. Allein diese Bemühung ist vergeblich. Denn gedachte Regeln oder Kriterien sind ihren Quellen nach blos empirisch, und können also niemals zu Gesetzen *a priori* dienen, wornach sich unser Geschmacksurtheil richten müßte, vielmehr macht das letztere den eigentlichen Probirstein der Richtigkeit des ersteren aus" (KrV A 21 Anm.) In der Zeit zwischen 1781 und 1787, dem Erscheinungsjahr der *KrV B*, hat Kant seine Auffassung von der Möglichkeit einer wissenschaftlichen Ästhetik geändert. Er modifiziert die zitierte Fußnote: Es ist nun von „vornehmsten Quellen" und „bestimmten *Gesetzen*" die Rede (KrV B 35 Anm.).

Philosophische Funktion

1 Kants Ästhetik

Kants Ästhetik, seine Theorie des Schönen und Erhabenen, bildet den ersten Teil der 1790 erschienenen *KU*. Den Ausdruck „Kritik des Geschmacks" verwendet Kant in dieser Schrift als Titel für das Teilprojekt der Theorie des Schönen und seiner ästhetischen Beurteilung (5:216; 5:227; 5:278; 5:286; 5:337; 5:346). Denn nun begreift Kant den Geschmack als eine Funktion der reflektierenden Urteilskraft. Der Geschmack bleibt für Kant ein sinnliches, wenn auch nicht mehr rein sinnliches Vermögen, den ästhetischen Gefühlen liegen nun nicht mehr allein Reizzustände, sondern auch intellektuelle Leistungen zugrunde.

2 Die Theorie des Schönen

Dem reinen Geschmacksurteil ‚Dies ist schön' liegt eine sinnliche Wahrnehmung des Gegenstandes zugrunde, auf den sich das Demonstrativpronomen ‚Dies' bezieht. Dieser Gegenstand wird aber nicht begrifflich bestimmt. Vielmehr wird er zum Gegenstand einer ästhetischen Reflexion. Diese Reflexion beschreibt Kant als ein *„freie[s] Spiel[]* der Erkenntnißvermögen" (5:217), der Einbildungskraft und des Verstandes. Die Harmonie beider Vermögen, die sich in diesem freien und sich wechselseitig belebenden Spiel einstellt, wird von Menschen als ein *„Wohlgefallen [...] ohne alles Interesse*" erlebt (5:204). Wenn wir einen Gegenstand wahrnehmen und dabei ein interesseloses Wohlgefallen erleben, beurteilen wir diesen Gegenstand als schön. Schönheit, wie Kant sie nun versteht, ist keine besondere Art von Annehmlichkeit und ihre Beurteilung ist nicht privatgültig, sondern allgemeingültig. Wichtig ist in diesem Zusammenhang vor allem, dass das Prädikat ‚schön', wie Kant es versteht, kein objektiver Begriff ist.

Die Begriffslosigkeit der Geschmacksurteile führt zu einer zweifachen Schwierigkeit. Zum einen muss der von Geschmacksurteilen erhobene Anspruch auf allgemeine Gültigkeit begründet werden, ohne die Begriffslosigkeit dieser Urteile zu unterlaufen und sie zu Erkenntnisurteilen zu machen. Zum anderen scheinen nur Naturgegenstände schön sein zu können, nicht aber Kunstwerke. Denn Kunstwerke sind Artefakte, und Artefakte werden normalerweise von Menschen nach einer begrifflichen Regel hergestellt. Die begriffliche Beschreibbarkeit eines Artefakts steht seiner Schönheit entgegen, denn Schönheit kann nur in begriffsloser Reflexion erfasst werden. Kant findet eine Lösung für beide Schwierigkeiten. Er verteidigt die These, dass reine Geschmacksurteile zu Recht mit einem Anspruch auf allgemeine Gültigkeit verbunden werden, ohne ihre Begriffslosigkeit aufzugeben. Wir dürfen unsere Geschmacksurteile anderen ‚ansinnen', können sie aber nicht beweisen (vgl. 5:216; 5:330). Um zu erklären, dass auch Kunstwerke schön sein können, entwickelt Kant seine Genietheorie. Er definiert das Genie als „die angeborene Gemüthsanlage (*ingenium*), *durch welche* die Natur der Kunst die Regel giebt" (5:307). Diese Regel der Natur, die das künstlerische Schaffen anleitet, lässt sich nicht auf einen objektiven Begriff bringen: Es ist eine Regel, „die man nicht angeben kann" (5:237).

Kant entwickelt seine Theorie des Schönen zunächst als Theorie schöner Naturgegenstände. Seine Genietheorie erlaubt ihm jedoch, diese Theorie um eine Theorie der schönen Kunst zu erweitern. Beiden Teiltheorien liegt ein einheitliches Verständnis von Schönheit zugrunde. In der ästhetischen Erfahrung wird der Gegensatz zwischen Natur und Kunst überwunden: „Die Natur war schön, wenn sie zugleich als Kunst aussah; und die Kunst kann nur schön genannt werden, wenn wir uns bewußt sind, sie sei Kunst, und sie uns doch als Natur aussieht" (5:306).

3 Die Theorie des Erhabenen

Der Theorie des Erhabenen widmet Kant im ersten Teil der *KU* weniger Raum als der Theorie des Schönen, weil „der Begriff des Erhabenen der Natur bei weitem nicht so wichtig und an Folgen reichhaltig sei, als der des Schönen in derselben" (5:246). Wie das Schöne ist auch das Erhabene Gegenstand eines ästhetischen Urteils, das auf einer Leistung der reflektierenden Urteilskraft beruht, die als Gefühl bewusst ist. Allerdings vermeidet Kant in diesem Zusammenhang den Ausdruck ‚Geschmacksurteil'. An der Beurteilung des Erhabenen sind Einbildungskraft und Vernunft beteiligt. Das Erhabene, wie Kant es versteht, ist vornehmlich ein Naturphänomen. Was die Kunst betrifft, so wird das Erhabene in ihr „immer auf die Bedingungen der Übereinstimmung mit der Natur eingeschränkt" (5:245). Es sind allerdings nicht eigentlich Naturgegenstände, die erhaben sind; erhaben sind die Gefühle, die sie uns erleben lassen und die wir dann auf sie projizieren. Kant spricht davon, dass diese Gegenstände „zur Darstellung einer Erhabenheit tauglich" sind (5:245).

Kant unterscheidet zwischen dem „*Mathematisch-Erhabenen*" (5:248) und dem „*Dynamisch-Erhabenen*" (5:260). *Mathematisch-erhaben* „nennen wir das, was *schlechthin groß* ist" (5:248), z. B. den bestirnten Himmel oder den weiten Ozean (vgl. 5:254f.). Hier bezieht die Einbildungskraft einen wahrgenommenen Naturgegenstand auf die Idee desjenigen, „*mit welchem in Vergleichung alles andere klein ist*" (5:250), also auf eine Idee der theoretischen Vernunft von einer absoluten Totalität der Größe. *Dynamisch-erhaben* dagegen nennen wir die Natur, wenn sie uns Furcht erregend erscheint und wir uns angesichts ihrer Macht schwach fühlen. Kant nennt als Beispiele „am Himmel sich aufthürmende Donnerwolken, mit Blitzen und Krachen einherziehend", den „gränzenlose[n] Ocean, in Empörung gesetzt", „Orkane mit ihrer zurückgelassenen Verwüstung", „ein[en] hohe[n] Wasserfall eines mächtigen Flusses" u. a. (5:261). Die Furcht einflößende Erfahrung einer übermächtigen Natur ist jedoch die Erfahrung eines Menschen, der sich als frei versteht. Erfahrungen der erhabenen Natur sind auch Selbsterfahrungen des Menschen: Menschen erfahren sich als klein und machtlos im Vergleich mit der unendlichen und übermächtigen Natur. Die entsprechenden Gefühle der Unterlegenheit und Ohnmacht sind an sich Gefühle der Unlust. Aber die Gefühle, die uns veranlassen, Naturgegenstände als erhaben zu beurteilen, sind nicht bloß negativ: Denn wir erfahren in diesen Gefühlen uns selbst als vernunftbegabte Wesen, und im Blick auf das sittliche Bewusstsein sind wir uns unserer Freiheit und intellektuellen Überlegenheit gegenüber der zerstörerischen Macht der Natur bewusst (vgl. § 28 *KU*, 5:260ff.).

4 Die Ästhetik als Teil der KU

Die Gründe dafür, die Ästhetik nicht allein als „Kritik des Geschmacks", sondern als Teil einer „Kritik der Urtheilskraft" zu entwickeln, erläutert Kant vor allem in den beiden Einleitungen in die *KU* (5:171–197 und 20:195–251). Kant definiert die Urteilskraft als das „Vermögen, das Besondere als enthalten unter dem Allgemeinen zu denken" (5:179). Er unterscheidet zwischen der bestimmenden und der reflektierenden Urteilskraft. Die Urteilskraft ist reflektierend, wenn sie über ein anschaulich gegebenes Mannigfaltiges reflektiert in der Absicht, einen geeigneten Begriff zu dessen Bestimmung zu finden. In ihrer ästhetischen Reflexion vergleicht die Urteilskraft nicht anschaulich gegebene Vorstellungen verschiedener Gegenstände, um das zu finden, was ihnen gemeinsam ist, dieses Gemeinsame von den Einzelvorstellungen zu abstrahieren und einen entsprechenden Begriff zu bilden. Vielmehr konzentriert sie sich in ihrer ästhetischen Reflexion allein auf die anschauliche Vorstellung eines einzelnen Gegenstandes und bezieht sie nur auf die allgemeinen Bedingungen einer Erkenntnis. Die begriffliche Bestimmung eines Einzelnen als solchen ist jedoch nicht möglich, denn für Kant sind Begriffe von Gegenständen wesentlich allgemeine Vorstellungen. Dass es in der ästhetischen Reflexion über die anschauliche Vorstellung eines Gegenstandes nicht zu einer begrifflichen Bestimmung desselben kommt, ist daher nicht verwunderlich. Bemerkenswert ist vielmehr, dass die Urteilskraft in ihrer ästhetischen Reflexion nicht bloß zum Scheitern verurteilt ist. Kant erklärt dies durch die folgende Überlegung: Die Urteilskraft verfährt in ihrer ästhetischen Reflexion nach einem Prinzip a priori, das im Unterschied zu den Verstandesgrundsätzen in Bezug auf die Natur nicht bestimmend ist. Es ist dies das Prinzip der „Zweckmäßigkeit der Natur für unsere Erkenntnißvermögen und ihren Gebrauch" (5:182). Wenn wir in unserer ästhetischen Reflexion über einen Gegenstand positive Gefühle erleben, so offenbart sich uns in diesen Gefühlen eine Angemessenheit der Natur zu unseren Vermögen der theoretischen und praktischen Erkenntnis. Im Schönen erleben wir somit die Angemessenheit der Natur für unsere Erkenntnisvermögen, im Erhabenen erleben wir unsere moralische Freiheit und die Natur als einen Ort, an dem sich diese Freiheit darstellen lässt.

5 Die Funktion der „Kritik der Urteilskraft" in Kants System der Transzendentalphilosophie

Die Erkenntnisbedingungen, deren Erfülltsein der *KU* zufolge nicht anhand einer begrifflich bestimmten Erkenntnis eines Gegenstandes bewiesen, aber angesichts schöner und erhabener Naturgegenstände erlebt werden kann, hatte Kant in der *KrV* nur teilweise und am Rande thematisiert (vgl. KrV A 100 und die *„Transscendentale Methodenlehre“*, KrV A 705–856 / B 733–884). In diesem Sinne stellt Kants Ästhetik eine Ergänzung seiner Theorie der Bedingungen empirischer und moralischer Erkenntnis dar. In den Einleitungen in die *KU* schreibt Kant dieser dritten Kritik aber auch die Funktion zu, seine Theorie der Naturerkenntnis und seine Theorie der Moralität und Freiheit zu einem Ganzen zu verbinden. In diesem Zusammenhang kommt seiner Theorie des Schönen eine Schlüsselrolle zu. Denn im Schönen offenbart sich uns an erkennbaren Naturgegenständen eine zweckmäßige Ordnung, die wir zwar nicht erkennen können, von der jedoch die Möglichkeit empirischer Naturerkenntnis und die Verwirklichung von Freiheit und Moralität in der natürlichen Welt abhängen.

Weiterführende Literatur

Allison, Henry: Kant’s Theory of Taste: A Reading of the „Critique of Aesthetic Judgment“, Cambridge: CUP 2001.

Fricke, Christel: Kants Theorie des reinen Geschmacksurteils, Berlin: de Gruyter 1990.

Ginsborg, Hannah: The Role of Taste in Kant’s Theory of Cognition, New York: Garland 1990.

Guyer, Paul: Kant and the Claims of Taste, Cambridge/Mass.: Harvard University Press 1979.

Kulenkampff, Jens: Kants Logik des ästhetischen Urteils, Frankfurt/M.: Klostermann 1978 (2. erw. Aufl. 1994).

Recki, Birgit: Ästhetik der Sitten. Die Affinität von ästhetischem Gefühl und praktischer Vernunft bei Kant, Frankfurt/M.: Klostermann 2001.

Wieland, Wolfgang: Urteil und Gefühl. Kants Theorie der Urteilskraft, Göttingen: Vandenhoeck & Ruprecht 2001.

Christel Fricke

Aufklärung

Nach der berühmtesten Definition ist Aufklärung *„der Ausgang des Menschen aus seiner selbstverschuldeten Unmündigkeit“* (8:35; vgl. 7:229). Unter *„Unmündigkeit“* versteht Kant „das Unvermögen sich seines Verstandes ohne Leitung eines anderen zu bedienen“ (8:35; vgl. 15:230). So verstandene Unmündigkeit ist keine Schwäche des →Verstandes selbst, sondern eine Schwäche der Ausübung des Verstandes (vgl. 7:208). Sie muß durch einen Akt des →Willens überwunden werden, durch den sich jemand zu einer bestimmten Denkungsart entschließt. Der Kern der Aufklärung ist also die Selbstbefreiung zum eigenständigen Verstandesgebrauch, zum Selbstdenken: *„Aufgeklärt* seyn heißt: selbst denken [...]“ (*Refl.* 6204, 18:488) und „[...] die Maxime, jederzeit selbst zu denken, ist die *Aufklärung*“ (8:146 Anm.). Selbstdenken bedeutet dabei: „den obersten Probirstein der Wahrheit in sich selbst (d. i. in seiner eigenen Vernunft) suchen“ (8:146 Anm.; vgl. 18:488). Dieser Prüfinstanz muß sich im „eigentlichen Zeitalter der Kritik“ alles unterwerfen, einschließlich Religion und Gesetzgebung (KrV A XI Anm.). Die neuzeitliche Forderung der ‚libertas philosophandi‘ wird nicht mehr bloß für Philosophen und Wissenschaftler in Bezug auf bestimmte Untersuchungsgegenstände erhoben, sondern für jeden Bürger, jedes Volk und jedes Thema. Neu ist in Kants Aufklärungsprogramm, daß auch die →Vernunft selbst einer gründlichen kritischen Prüfung unterzogen wird. Dadurch wurde die Aufklärung vertieft, aber keineswegs ‚überwunden‘. Weitere wichtige Stellen: 5:294; 7:128–130; 8:35–42; 18:287–295.

Philosophische Funktion

Für die Ziele der Aufklärung tritt Kant schon in seiner vorkritischen Phase ein. Während in dieser frühen Phase noch (wie bei Thomasius und Wolff) die Aufklärung des Verstandes durch Erhellung (dilucidatio) der Begriffe und Vorstellungen im Vordergrund stand, wird Aufklärung seit den 1770er Jahren zunehmend mit Selbstdenken und Selbstbefreiung aus der Unmündigkeit gleichgesetzt. In seinen Vorlesungen zur →Logik, →Anthropologie und →Metaphysik kommt Kant regelmäßig auf Leitideen der Aufklärung (insbesondere die Vorurteilskritik) zu sprechen. Seit den achtziger Jahren nimmt Kant an der öffentlichen Debatte über Wesen und Grenzen der Aufklärung teil; dabei versucht er, das Aufklärungsprogramm auf Prinzipien zu bringen.

Bei der Ausarbeitung seiner Konzeption von Aufklärung kann Kant auf eine lange und reiche Vorgeschichte zurückgreifen. In Großbritannien, Frankreich und den Niederlanden breiteten sich Aufklärungsideen bereits im 17. Jahrhundert aus. Die Reinigung von Vorurteilen war seit Francis Bacon und René Descartes ein Grundanliegen der neuen Wissenschaft. Ähnliches gilt für die Kritik an Aberglauben, Schwärmerei und Fanatismus. Einflußreich waren die Schriften von John Locke, insbesondere das Nachlaßwerk *Of the Conduct of the Understanding* (posthum 1706), von dem 1755 in Königsberg eine deutsche Übersetzung erschien.

In Deutschland hatte die Aufklärung in Christian Thomasius, Christian Wolff und ihren Schülern starke Vorkämpfer gefunden. (Als Vorläufer können G. W. Leibniz und Samuel Pufendorf gelten.) Von besonderer Bedeutung für Kant waren seine Beziehungen zu den führenden Köpfen der Berliner Aufklärung (Moses Mendelssohn; Friedrich Nicolai; Friedrich Gedike; Johann Erich Biester; Ernst Ferdinand Klein; u. a.).

Während früher Kants Aufklärungsprogramm erst in der „Beantwortung der Frage: Was ist Aufklärung?" (1784) und den daran anschließenden Schriften gesucht wurde, würdigt man neuerdings verstärkt auch die Beiträge der vorkritischen Philosophie Kants (vgl. Scholz, *Aufklärung*; Kreimendahl, *Kants vorkritisches Aufklärungsprogramm*), der Logik-Vorlesungen (Schneiders, *Aufklärung und Vorurteilskritik*; Hinske, *Zwischen Aufklärung und Vernunftkritik*) und der Kritiken (vgl. Allison, *Kant's Conception of Enlightenment*; Scholz, *Aufklärung*).

1 Aufklärung eines einzelnen Menschen und seiner Vermögen

Kant spricht von ‚Aufklärung' und von ‚aufgeklärt' mit Bezug auf (1) einzelne Personen, ihre Vermögen (→Verstand) sowie die Produkte dieser Vermögen (z. B. →Begriffe), (2) Öffentlichkeiten (‚ein Publikum'), (3) Völker bzw. Nationen und (4) Zeitalter. Priorität hat für ihn die Selbstaufklärung des einzelnen Menschen. Für jeden einzelnen sei es „schwer, sich aus der ihm beinahe zur Natur gewordenen Unmündigkeit herauszuarbeiten" (8:36; 5:294; vgl. aber 8:146f. Anm.).

2 Aufklärung eines Publikums

Dass ein Publikum, d. h. eine Öffentlichkeit, sich selbst aufkläre, ist „eher möglich", ja „beinahe unausbleiblich" (8:36); denn es ist wahrscheinlich, dass sich darunter einzelne Selbstdenkende finden, die den der Aufklärung förderlichen Geist um sich verbreiten. Entscheidend ist, dass eine „wahre Reform der Denkungsart" (8:36) zustande kommt.

3 Zeitalter der Aufklärung

In einem Kolleg über Anthropologie aus den 70er Jahren verwendet Kant neben der Formulierung „Ein erleuchtetes Zeitalter" auch die Rede von einem aufgeklärten Zeitalter und kennzeichnet es dadurch, dass es „deutliche Begriffe verlangt" (*Refl.* 1482, 15:673). In der „Kritik der reinen Vernunft" kennzeichnet Kant „unser Zeitalter" als „das eigentliche Zeitalter der Kritik" (KrV A XI Anm.; vgl. *Refl.* 5645, 18:287). →Dogmatismus auf der einen Seite, →Skeptizismus auf der anderen Seite sind die Gefahren des Zeitalters, aus denen allein der „*kritische* Weg" hinausführen kann (KrV A 856 / B 884; vgl. *Refl.* 5645, 18:294f.).

In der „Beantwortung der Frage: Was ist Aufklärung?" (1784) betont Kant, dass er und seine Zeitgenossen noch nicht bereits in einem „aufgeklärten Zeitalter" leben; immerhin lebten sie jedoch in „einem Zeitalter der *Aufklärung*" (8:40). Ein Zeitalter aufzuklären, „ist sehr langwierig; denn es finden sich viel äußere Hindernisse, welche jene Erziehungsart theils verbieten, theils erschweren" (8:147 Anm.). Insofern als die Hindernisse der allgemeinen Aufklärung abnehmen, kann Kant aber sogar sagen, das gegenwärtige Zeitalter sei das „Zeitalter der *Aufklärung*" (8:40). In dem 1794 erschienenen Aufsatz ‚Das Ende aller Dinge' zeigt sich Kant jedenfalls überzeugt davon, „zur Zeit der größten Aufklärung, die je unter Menschen war" (8:339), zu leben.

4 Der formale Charakter der Aufklärung

In ausdrücklicher Absetzung von einem materialen Verständnis von Aufklärung, demzufolge diese im Besitz von bestimmten inhaltlichen Lehren oder Kenntnissen bestünde, betont Kant den formalen Charakter der Aufklärung: „*Selbstdenken* heißt den obersten Probirstein der Wahrheit in sich selbst (d. i. in seiner eigenen Vernunft) suchen; und die Maxime, jederzeit selbst zu denken, ist die *Aufklärung*. Dazu gehört nun eben so viel nicht, als sich diejenigen einbilden, welche die Aufklärung in *Kenntnisse* setzen: da sie vielmehr ein negativer Grundsatz im Gebrauche seines Erkenntnißvermögens ist, und öfter der, so an Kenntnissen überaus reich ist, im Gebrauche derselben am wenigsten aufgeklärt ist. Sich seiner eigenen Vernunft bedienen, will nichts weiter sagen, als bei allem dem, was man annehmen soll, sich selbst fragen: ob man es wohl thunlich finde, den Grund, warum man etwas annimmt, oder auch die Regel, die aus dem, was man annimmt, folgt, zum allgemeinen Grundsatze seines Vernunftgebrauchs zu machen. Diese Probe kann ein jeder mit sich selbst anstellen; und er wird Aberglauben und Schwärmerei bei dieser Prüfung alsbald verschwinden sehen, wenn er gleich bei weitem die Kenntnisse nicht hat, beide aus objectiven Gründen zu widerlegen. Denn er bedient sich blos der Maxime der *Selbsterhaltung* der Vernunft" (8:146f. Anm.). Aufklärung besteht also nicht in dem materialen Besitz von irgendwelchen spezifischen Denkinhalten, Lehren oder Kenntnissen, die man etwa in einer Liste zusammenfassen und dann jedermann einpauken könnte; sie ist vielmehr „ein negativer Grundsatz im Gebrauche unseres Erkenntnisvermögens" (8:146 Anm.; vgl. 5:294 Anm.). Im Kern handelt es sich um einen Verallgemeinerungstest für →Maximen der Überzeugungsbildung und -festigung.

Weiterführende Literatur

Allison, Henry E.: Kant's Conception of Enlightenment, in: The Proceedings of the Twentieth World Congress of Philosophy, hg. v. Mark D. Gedney, Volume 7: Modern Philosophy, Bowling Green: Philosophy Documentation Center 2000, 35–44.

Cassirer, Ernst: Die Philosophie der Aufklärung, Tübingen: Mohr 1932.

Emundts, Dina (Hg.): Immanuel Kant und die Berliner Aufklärung, Wiesbaden: Reichert 2000.

Hinske, Norbert: Zwischen Aufklärung und Vernunftkritik. Studien zum Kantschen Logikcorpus, Stuttgart-Bad Cannstatt: Frommann-Holzboog 1998.

Kreimendahl, Lothar: Kants vorkritisches Aufklärungsprogramm, in: Klemme, Heiner (Hg.): Kant und die Zukunft der europäischen Aufklärung, Berlin u. a.: de Gruyter 2009, 124–142.

Schmidt, James (Hg.): What is Enlightenment? Eighteenth-Century Answers and Twentieth-Century Questions. Berkeley u. a.: University of California Press 1996.

Schneiders, Werner: Aufklärung und Vorurteilskritik. Studien zur Geschichte der Vorurteilstheorie, Stuttgart-Bad Cannstatt: Frommann-Holzboog 1983, Kapitel VI.

Scholz, Oliver R.: Aufklärung: Von der Erkenntnistheorie zur Politik – Das Beispiel Immanuel Kant, in: Philosophiegeschichte und logische Analyse, Band 9, Paderborn: Mentis 2006, 156–172.

Scholz, Oliver R.: Kants Aufklärungsprogramm: Rekonstruktion und Verteidigung, in: Klemme, Heiner (Hg.): Kant und die Zukunft der europäischen Aufklärung, Berlin u. a.: de Gruyter 2009, 28–42.

Schulz, Eberhard Günter: Kant und die Berliner Aufklärung, in: Funke, Gerhard (Hg.): Akten des 4. Internationalen Kant-Kongresses, Berlin u a.: de Gruyter 1974, Teil II.1, 60–80.

Was ist Aufklärung? Beiträge aus der Berlinischen Monatsschrift, in Zusammenarbeit mit Michael Albrecht ausgewählt, eingeleitet und mit Anmerkungen versehen von Norbert Hinske, vierte, um ein Nachwort erweiterte Auflage, Darmstadt: Wissenschaftliche Buchgesellschaft 1990.

Oliver R. Scholz

Autonomie

Für Kant bedeutet Autonomie wörtlich *Selbst-Gesetzgebung* (vgl. 4:431; 29:629) oder *„eigene Gesetzgebung"* (5:33). Als solcher ist der Terminus ‚Autonomie' zum einen ein beschreibender Begriff, der ausdrückt, dass gewisse Vermögen nicht allein durch die Erfahrung geleitet, sondern *„frei* und doch *von selbst gesetzmäßig"* seien (5:241). Zum anderen ist Autonomie auch eine Forderung der Moral. Sie drückt sowohl ganz allgemein die Bedingung aus, unter der es unbedingte moralische Verpflichtung geben kann, und ist damit *„oberstes Princip der Sittlichkeit"* (4:440). Sie richtet sich aber auch an den einzelnen Menschen in einer Formulierung des kategorischen Imperativs, indem sie gebietet, *„daß der Wille durch seine Maxime sich selbst zugleich als allgemein gesetzgebend betrachten könne"* (4:434). Die Fähigkeit, allgemein gesetzgebend zu sein, ist ein Vorzug („Prärogativ") des Menschen „vor allen bloßen Naturwesen" (4:438) und somit „der Grund der Würde der menschlichen und jeder vernünftigen Natur" (4:436). Wichtige Stellen: 4:431–433; 4:439–447; 5:33; 5:196.

Philosophische Funktion

1 Autonomie als Selbst-Gesetzgebung

Für Kant ist Autonomie eine Form von Gesetzgebung. Gesetzgebung selbst wiederum hat verschiedene Aspekte. Zum einen kann sie die Formulierung des Inhalts eines Gesetzes bezeichnen, zum anderen die Autorität des Gesetzes, seine Verbindlichkeit. Der erste Aspekt bezieht sich darauf, was das Gesetz sagt, ob es z. B. gebietet zu verallgemeinern, oder Glückseligkeit zu befördern. Der zweite Aspekt macht das Gesetz notwendig, wie auch immer der Inhalt lautet. Im Zusammenhang mit der Autonomie scheint es Kant vor allem um den zweiten Aspekt zu gehen: „der *Gesetzgeber* [...] ist Urheber [...] der Verbindlichkeit nach dem Gesetze, aber nicht immer Urheber des Gesetzes" (6:227). Das Besondere der Gesetzgebung als Autonomie ist also nicht nur, dass der Inhalt eines Gesetzes gegeben wird, sondern vor allem dass das Gesetz notwendig gemacht wird.

Bei dem zweiten Bestandteil des Begriffes der Selbst-Gesetzgebung, dem ‚Selbst', kann man ebenfalls verschiedene Aspekte unterscheiden. Zum einen könnte es ein empirisches Selbst bezeichnen, wodurch Kant ausdrücken würde, dass jeder einzelne Mensch sich selbst an ein konkretes Gesetz bindet, z. B. von nun an jeden Tag Sport zu treiben. Diese Interpretation ist unwahrscheinlich, da die moralischen Funktionen des Begriffs Autonomie mit Verbindlichkeit verknüpfen (siehe Abschnitte 2. und 3.) und ein empirisches Selbst keine solche liefern würde, denn „der Verbindende [...] könne den Verbundenen [...] jederzeit von der Verbindlichkeit [...] lossprechen" (6:417). Die Gesetze, die ein einzelner Mensch aufstellt, sind nur positive Gesetze, keine unbedingt verpflichtenden (vgl. 6:227).

Das legt eine zweite Möglichkeit nahe, wonach es sich bei dem Selbst um ein nicht-empirisches, transzendentales Selbst handeln könnte. Um z. B. Verbindlichkeit zu denken, nimmt Kant das Selbst in zweierlei Hinsicht (vgl. 6:418). Das bedeutet nicht unbedingt, dass das transzendentale oder noumenale Selbst eine eigene metaphysische Entität ist, sondern es bezeichnet die Idee von demselben Menschen, wie er im Einklang mit dem Moralgesetz handeln würde. Die „übersinnliche Natur" des Menschen ist seine „Existenz nach Gesetzen, die von aller empirischen Bedingung unabhängig sind" (5:43; vgl. 6:419). Der einzelne Mensch, wie er sich aus der Introspektion kennt, hat zusätzlich noch die Idee von sich selbst als Wesen unter dem moralischen Gesetz.

Das führt zu einer dritten Möglichkeit, wie Kant das ‚Selbst' in Autonomie verstehen könnte: Der Ausdruck ‚Selbst' bezieht sich mitunter nicht auf eine Person, ein existentielles Selbst, ob als empirisches oder nicht-empirisches, sondern es kann sich auch auf die Gesetzgebung beziehen. In dieser Bedeutung drückt es aus, dass Autonomie eine „eigene Gesetzgebung" (4:450), eine Gesetzgebung einer eigenen Art, ist, indem sie →a priori und nicht durch etwas Empirisches bedingt ist.

Dieser Gedanke, dass menschliche Vernunft (im weitesten Sinne) von selbst gesetzmäßig ist, dient vier Funktionen in Kants Werken, die im Folgenden beschrieben werden: Autonomie ist Bedingung der Möglichkeit der →Moral und ihr oberstes Prinzip (Abschnitt 2.1), eine Forderung an jeden Einzelnen (2.2), ein beschreibender Begriff der theoretischen Philosophie (3.) und drückt aus, was das Besondere am Menschen ist (4.).

2 Autonomie als oberstes Prinzip der Moral

2.1 Die Funktion der Autonomie, die Kant am ausdrücklichsten betont, ist Autonomie als „alleinige[s]" (5:33) und „*oberstes Princip*" (4:440) der Moral. Dahinter steckt die These, dass nur eine eigene Gesetzgebung der reinen Vernunft einen kategorischen Imperativ und damit unbedingte Verbindlichkeit gewährleisten könne (vgl. 4:441–445, 29:620–628). Das Argument für die These lautet folgendermaßen: Selbst der gemeinste Menschenverstand sieht moralische Forderungen als allgemein und notwendig an (vgl. 4:389). Aber keine Alternative zur Autonomie würde strikte Allgemeinheit und unbedingte Verbindlichkeit ergeben. „Wenn der Wille irgend *worin anders*, als in der Tauglichkeit seiner Maximen zu seiner eigenen allgemeinen Gesetzgebung [...] das Gesetz sucht, das ihn bestimmen soll, so kommt jederzeit *Heteronomie* heraus [...]: ich soll etwas thun darum, *weil ich etwas anderes will.*" (4:441) Heteronomie begründet aber keine Verbindlichkeit und Moral: „alle *Heteronomie* der Willkür gründet dagegen nicht allein gar keine Verbindlichkeit, sondern ist vielmehr [...] der Sittlichkeit [...] entgegen." (5:33)

Der Grund, warum Heteronomie keine Verbindlichkeit ergeben kann, ist, dass sie zur Motivation auf eine kontingente und relative Neigung angewiesen wäre und somit keine unbedingte und allgemeine Forderung ergeben könnte: „Denn wenn man sich ihn [den Willen] nur als einem Gesetz (welches es auch sei) unterworfen dachte: so mußte dieses irgend ein Interesse als Reiz oder Zwang bei sich führen, [...] man bekam niemals Pflicht, sondern Nothwendigkeit der Handlung aus einem gewissen Interesse heraus. [...] Aber alsdann mußte der Imperativ jederzeit bedingt ausfallen und konnte zum moralischen Gebote gar nicht taugen“ (4:432f.). Das gilt vor allem für empirische Theorien, die die Moral direkt auf ein Gefühl gründen wollen, aber auch für rational-theologische Gebote, an die man durch Furcht gebunden wäre (vgl. 4:442f., 5:41). Autonomie ist somit Bedingung der Möglichkeit von Moral und unbedingter moralischer Verbindlichkeit.

2.2 Autonomie ist aber nicht nur eine Bedingung für moralische Theorien insgesamt, sondern auch eine konkrete Forderung an den Einzelnen. In diesem Sinne bezeichnet Kant eine Formulierung des kategorischen Imperativs als „das Princip der *Autonomie* des Willens“ (4:433). Diese Formulierung fordert, dass man die Maxime seines Handelns als allgemein gesetzgebend betrachten könne: „Handle so, als ob deine Maxime zugleich zum allgemeinen Gesetze (aller vernünftigen Wesen) dienen sollte“ (4:438). Kant erläutert das Besondere dieser Formulierung damit, dass sie „die Lossagung von allem Interesse beim Wollen aus Pflicht, als das specifische Unterscheidungszeichen des kategorischen vom hypothetischen Imperativ, in dem Imperativ selbst durch irgend eine Bestimmung“ mit andeute (4:431f.). Wenn man die Maxime so wählt, dass sie zum allgemeinen Gesetz dienen könnte, „welches aus dem Willen des leidenden Subjects selbst entspringen könnte“ (5:87), so kann sie „unmöglich so fern von irgend einem Interesse abhängen“ (4:432).

Kants Gedankengang ähnelt dem der vorhergehenden Funktion: „durch bloße Zergliederung der Begriffe der Sittlichkeit [...] findet sich, daß ihr Princip ein kategorischer Imperativ sein müsse, dieser aber nichts mehr oder weniger als gerade diese Autonomie gebiete“ (4:440). Damit wird Autonomie zum Kriterium des Richtigen für einen einzelnen Menschen: „Die Handlung, die mit der Autonomie des Willens zusammen bestehen kann, ist *erlaubt*; die nicht damit stimmt, ist *unerlaubt*“ (4:439). In der Sprache von Kants alter Unterscheidung (vgl. 27:274), wird die Autonomie damit zum *principium diiudicationis*, d. h. zu einem Kriterium, das Richtige zu erkennen. Es wurde aus einem Gedankengang des *principium executionis*, einem Kriterium für die richtige Gesinnung, dass eine Handlung nicht aus Neigungen sondern aus Pflicht geschehen solle, hergeleitet.

3 Autonomie als Freiheit

Für Kant hat Autonomie aber nicht nur moralische Funktionen, sondern drückt zunächst ganz allgemein aus, dass ein Vermögen unabhängig von der Erfahrung, also a priori Sitz von Prinzipien ist (vgl. 5:241, 7:27). In diesem Sinne besitzen alle drei oberen Seelenvermögen Autonomie. So „ist für das *Erkenntnisvermögen* (das theoretische der Natur) der Verstand dasjenige, welches die *constitutiven* Principien a priori enthält; für das *Gefühl der Lust und Unlust* ist es die Urtheilskraft [...]; für das *Begehrungsvermögen* die Vernunft, welche ohne Vermittlung irgend einer Lust, woher sie auch komme, praktisch ist“ (5:196f.). ‚Autonomie‘ ist also zunächst ein beschreibender Begriff, der den Ursprung von Prinzipien angibt.

In Bezug auf das Handeln ist ‚Autonomie‘ auch ein beschreibender Begriff der Handlungstheorie. In diesem Bereich drückt ‚Autonomie‘ aus, dass der Mensch nicht nur Spielball seiner Neigungen ist, sondern auch die Freiheit besitzt, sich nach einem Gesetz der Vernunft selbst zu bestimmen. In dieser Funktion ist Autonomie „die Beschaffenheit“ (4:440) oder „Eigenschaft des Willens, sich selbst ein Gesetz zu sein“ (4:447). Wie die Freiheit, so hat auch die Autonomie des Willens einen negativen und einen positiven Aspekt. „Der *Wille* ist eine Art von Causalität“ (4:446), und die Autonomie des Willens besteht darin, dass er, negativ betrachtet, unabhängig von fremden Ursachen wirksam sein kann und, positiv betrachtet, seinem eigenen Gesetz folgt: „Jene *Unabhängigkeit* aber ist Freiheit im *negativen*, diese *eigene Gesetzgebung* aber der reinen und als solche praktischen Vernunft ist Freiheit im *positiven* Verstande“ (5:33).

In der beschreibenden Funktion ist Autonomie also gleichbedeutend mit Freiheit: „Freiheit und eigene Gesetzgebung des Willens sind beides Autonomie, mithin Wechselbegriffe" (4:450). Zwar ist mit der Autonomie des Willens auch die Moral eng verknüpft, der „Satz aber: der Wille ist in allen Handlungen sich selbst ein Gesetz, bezeichnet nur [...] die Formel des kategorischen Imperativs [...]: also ist ein freier Wille und ein Wille unter sittlichen Gesetzen einerlei" (4:447). Dennoch tritt Autonomie in dieser Funktion nicht unbedingt als nötigende Forderung auf, denn sie beschreibt auch das Tun eines heiligen Willens: „*Verbindlichkeit* [...] kann also auf ein heiliges Wesen nicht gezogen werden" (4:439). Es gibt also Formen der Autonomie, Autonomie der theoretischen Vermögen und von heiligen Wesen, die nicht mit Moral oder einem Sollen verbunden sind.

4 Autonomie als Grund der Würde

Schließlich kommt Autonomie noch eine weitere zentrale Funktion zu. Die Fähigkeit, allgemein gesetzgebend zu sein, ist etwas, was den Menschen von dem Rest der Natur unterscheidet, eine „Erhabenheit" (4:440) oder ein „Prärogativ" (4:438). Dadurch, dass der Mensch nicht nur ein Spielball von natürlichen Neigungen oder anderen Naturkräften ist, ist er in der Natur etwas Besonderes. Diese Sonderstellung erhebt ihn über den Rest der Natur und „*Autonomie* ist also der Grund der Würde der menschlichen und jeder vernünftigen Natur" (4:436). Die Sonderstellung als solche ist noch nicht von normativer Bedeutung, aber sie wird es durch das Moralgesetz: „die Würde der Menschheit besteht eben in dieser Fähigkeit, allgemein gesetzgebend, obgleich mit dem Beding, eben dieser Gesetzgebung zugleich selbst unterworfen zu sein" (4:440). Das Besondere ist jedoch, dass die Person nicht nur dem Moralgesetz unterworfen ist, sondern ihre Vernunft es auch sich selbst gibt: „Denn so fern ist zwar keine Erhabenheit an ihr, als sie dem moralischen Gesetze *unterworfen* ist, wohl aber so fern sie in Ansehung eben desselben zugleich *gesetzgebend* und nur darum ihm untergeordnet ist" (4:440).

5 Die Entwicklung von Kants Position

In Kants veröffentlichten Schriften verwendet er den Begriff ‚Autonomie' zum ersten Mal in der *GMS* (1785). Vor Kant war ‚Autonomie' ein Begriff der politischen Philosophie. Er bezeichnete den Sachverhalt, dass Städte oder Staaten ihre Gesetze nicht von anderen bekamen, sondern selbst Urheber ihrer Gesetze waren. Kant verwendet den Begriff manchmal in diesem Sinne (vgl. 8:346; 6:318; 7:17). Die Leistung Kants besteht darin, dass er den Begriff ‚*Autonomie*' auf den Willen eines vernünftigen Wesens und später auch auf andere Vermögen anwendet. Diese Anwendung wurde möglich durch die Entwicklung seiner Position zur moralischen Verbindlichkeit, die so zuerst in der *GMS* auftritt.

Schon vor der *GMS* vertrat Kant die Position, dass die Vernunft den Inhalt des Moralgesetzes erkennen kann, doch gibt es Stellen, in denen er zu behaupten scheint, dass es Gott bedürfe, um das Gesetz verbindlich zu machen (vgl. 27:277f.; 27:283; KrV A 811–813 / B 839–841). Das ist eine Position des Naturrechts seiner Zeit. Seit der *GMS* schreibt Kant nun auch die Verbindlichkeit der eigenen Vernunft zu: „Auch wird hierunter nicht verstanden, daß die Annehmung des Dasein Gottes, *als eines Grundes aller Verbindlichkeit überhaupt*, nothwendig sei (denn dieser beruht, wie hinreichend bewiesen worden, lediglich auf der Autonomie der Vernunft selbst)" (5:125f.; vgl. 4:443–445).

Weiterführende Literatur

Hill, Thomas E., Jr.: „The Kantian Conception of Autonomy", in: Thomas Hill: Dignity and Practical Reason in Kant's Moral Theory, Ithaca u. a.: Cornell University Press 1992, 76–96.

Reath, Andrews: Agency and Autonomy in Kant's Moral Theory, Oxford: Oxford University Press 2006.

Schneewind, Jerome B.: The Invention of Autonomy, Cambridge: Cambridge University Press 1998.

Sensen, Oliver (Hg.): Kant on Moral Autonomy, Cambridge: Cambridge University Press 2012.

Oliver Sensen

Begriff

‚Begriff' (*conceptus*) in allgemeinster Bedeutung ist Vorstellung des → Verstandes als eines nichtsinnlichen Erkenntnisvermögens (vgl. KrV A 51 / B 75). Für den diskursiven menschlichen Verstand ist der Begriff der Gattung nach *cognitio*, d. h. objektive Perzeption, bewusste Vorstellung mit Gegenstandsbezug, dessen spezifische Differenz zur Anschauung als *cognitio singularis* mit unmittelbarem Gegenstandsbezug darin besteht, dass sich der Begriff „mittelbar, vermittelst eines Merkmals, was mehreren Dingen gemein sein kann" (KrV A 320 / B 377), auf den Gegenstand bezieht (vgl. 9:91). Ontologisch gesehen ist der Begriff – qua Vorstellung – Bestimmung des Gemüts. Weitere wichtige Stellen: KrV A 68 / B 93; KrV A 77ff. / B 103f.; KrV A 103; KrV A 106; KrV B 134 Anm.; KrV A 320 / B 377; 9:91–101.

Philosophische Funktion

1 Logik

1.1 „[D]er Begriff [ist] eine *allgemeine* (*repraesentatio per notas communes*) oder *reflectirte* Vorstellung (*repraesentatio discursiva*)" (9:91). Kant unterscheidet beim Begriff wie bei allen Arten von Vorstellungen Materie und → Form: Der Materie nach besteht der Begriff aus Merkmalen, sie machen zusammen seinen Inhalt aus. In anderer Hinsicht kann auch der Gegenstand als das, wovon der Begriff handelt, als seine Materie bezeichnet werden (vgl. 9:91). Seiner Form nach ist der Begriff analytische Einheit des Bewusstseins einer Vorstellung, die viele gleichartige Vorstellungen unter sich enthält. Er besitzt als solcher distributive Allgemeinheit. „Die analytische Einheit des Bewußtseins hängt allen gemeinsamen Begriffen als solchen an; z. B. wenn ich mir *roth* überhaupt denke, so stelle ich mir dadurch eine Beschaffenheit vor, die (als Merkmal) irgend woran angetroffen, oder mit anderen Vorstellungen verbunden sein kann" (KrV B 133f. Anm.). Analytische Einheit des Bewusstseins ist „*identisches* Bewußtsein in (unbestimmt) vielem möglichen unter sich unterschiedenen [Vorstellungen]" (Reich, *Vollständigkeit*, S. 33). Der Begriff ist logisch gesehen Bewusstsein einer Teilvorstellung, die als der Möglichkeit nach mit anderen, von ihr verschiedenen Vorstellungen zu einem Ganzen verbunden gedacht wird, so dass diese identische Vorstellung als Partialvorstellung des sie enthaltenden Ganzen von Vorstellungen dessen Erkenntnisgrund ist. Dadurch unterscheidet sich der Begriff eines nichtproduktiven, diskursiven Verstandes als *conceptus communis* von der Vorstellung eines synthetisch Allgemeinen, durch die das Mannigfaltige eines Gegenstandes der Anschauung als Ganzes vorgestellt wird, wobei dieses Ganze nicht als aus seinen Teilen zusammengesetzt, sondern als diese bedingend gedacht wird (vgl. KrV A 70ff. / B 95ff.; 5:405ff.; Reich, *Vollständigkeit*, S. 35f.).

1.2 Kennzeichnend für den diskursiven menschlichen Verstand ist, dass ihm durch das Bewusstsein seiner selbst und seiner logischen Funktionen nichts Mannigfaltiges gegeben ist. Die ihm anderwärts gegebenen Inhalte müssen zu Bestimmungen seines Denkvermögens als Subjekt der Gedanken gemacht werden können, d. i. der Verstand muss beliebige Inhalte zu Gedanken und d. h. hier also zu Begriffen machen können. Nun heißt es zu den logischen Handlungen, durch die der Begriff seinem Inhalt und seiner Form nach entsteht: „Vor aller Analysis unserer Vorstellungen müssen diese zuvor gegeben sein, und es können keine Begriffe *dem Inhalte* nach analytisch entspringen" (KrV A 77 / B 103; vgl. KrV A 76 / B 102). Und: „Analytisch werden verschiedene Vorstellungen *unter* einen Begriff gebracht, (ein Geschäft, wovon die allgemeine Logik handelt)" (KrV A 78 / B 104). Durch → Synthesis wird ein Mannigfaltiges zu einem Bewusstsein, d. i. zum Inhalt eines Begriffs vereinigt; aber die Form des Begriffs entspringt analytisch: Indem eine Vorstellung als gemeinsamer Bestandteil verschiedener Vorstellungen gedacht wird, werden ihr diese als durch sie denkbar untergeordnet. Dabei wird nur im Falle empirischer Begriffe eine wirkliche Analyse des Vorstellungsmaterials vollzogen. In allen anderen Fällen bedeutet Analytizität nur, dass ein gemeinsames Merkmal als durch mögliche Analyse eines Vorstellungsganzen auffindbar gedacht wird (vgl. 9:91). (Zu den logischen Akten der *comparatio*, *abstractio* und *reflexio* als den Handlungen, durch die gegebene Vorstellungen in empirische Begriffe verwandelt werden, vgl. 9:94f.).

1.3 „Ein jeder Begriff, als *Theilbegriff*, ist in der Vorstellung der Dinge enthalten, als *Erkenntnißgrund*, d. i. als *Merkmal* [betrachtet] sind diese Dinge *unter ihm* enthalten. In der erstern Rücksicht hat jeder Begriff einen *Inhalt*, in der andern einen *Umfang*. Inhalt und Umfang eines Begriffes stehen gegen einander in umgekehrtem Verhältnisse. Je mehr nämlich ein Begriff *unter* sich enthält, desto weniger enthält er *in* sich und umgekehrt" (9:95; vgl. dazu Reich, *Vollständigkeit*, S. 40; Baum, *Deduktion und Beweis*, S. 99f.). Gegebene Begriffe sind in ihrem logischen Verhältnis als höhere oder niedere Begriffe notwendig durch ihren Inhalt bestimmt. Denn bloß durch Vergleichung ihres Inhalts ist zu erkennen, welcher Begriffsinhalt Teilvorstellung des anderen Begriffs ist. Dieser ist dann jenem untergeordnet. Der inhaltsärmere, und d. h. der umfangsgrößere Begriff ist der höhere oder weitere Begriff; der inhaltsreichere, und d. h. umfangsärmere ist der niedere oder engere Begriff. Der höhere Begriff ist im Vergleich zum niederen Begriff Gattungsbegriff, der niedere im Vergleich zum höheren Artbegriff. „[E]in Begriff [ist] nicht *weiter* als der andre, darum weil er mehr unter sich enthält – denn das kann man nicht wissen –, sondern sofern er den *andern* Begriff, *und außer demselben noch mehr*, unter sich enthält" (9:98). Zufolge der den Begriff definierenden Form der Gemeingültigkeit (Gültigkeit für vieles) sind niederste Begriffe, die – als vollständig durchbestimmte – Begriffe von Individuen wären (die Leibnizschen *notions individuelles*), ausgeschlossen (vgl. KrV A 655 / B 683; 9:97; 9:99). Begriffe von Individuen müssten einen unendlich reichen Inhalt haben; das aber ist unmöglich (vgl. KrV B 40). Nur Anschauungen können Individuen vorstellig machen (vgl. 9:99). Ebenso ausgeschlossen sind unterste Arten (*species infimae*) und nächste Arten, denn jeder Begriff lässt sich stetig fortbestimmen (vgl. 9:97; 9:99). Wohl aber kann es einen höchsten Begriff (*conceptum summum*) geben, „von dem sich, als solchem nichts weiter abstrahiren läßt, ohne daß der ganze Begriff verschwindet" (9:97 Anm.). Dies ist der Begriff des Etwas oder des Objektes überhaupt (vgl. 9:95). Begriffe, die inhaltsdifferent, aber umfangsgleich sind, sind Wechselbegriffe (vgl. 9:98).

Durch Abstraktion werden Begriffe allgemeiner, durch Determination werden sie bestimmter (vgl. 9:99). Insofern der Begriff als solcher Gemeinvorstellung ist, spricht Kant nur vom abstrakten und konkreten Gebrauch der Begriffe, nicht aber von abstrakten und konkreten Begriffen selbst (vgl. 9:99). „In Ansehung des logischen Umfanges der Begriffe gelten folgende allgemeine Regeln: 1) Was den höhern Begriffen zukommt oder widerspricht, das kommt auch zu oder widerspricht allen niedrigern Begriffen, die unter jenen höhern enthalten sind; und 2) umgekehrt: Was *allen* niedrigern Begriffen zukommt oder widerspricht, das kommt auch zu oder widerspricht ihrem höhern Begriffe" (9:98). Denn der höhere Begriff oder die Gattung ist das, was allen niedrigen Begriffen gemeinsam ist.

2 Transzendentalphilosophie

2.1 Für Kant ist der Begriff als Element der formalen Logik anders als für die traditionelle Logik keine Letztgegebenheit, sondern in der Eigenart des menschlichen Selbstbewusstseins fundiert. Diese Begründung betrifft sowohl die Frage, wie der Begriff seiner logischen Funktion nach möglich ist, als auch die, warum das Denken in diskursiven Begriffen für einen nichtproduktiven Verstand notwendig ist. Für einen solchen Denkenden ist das Bewusstsein seiner selbst als des identischen Subjekts seiner Gedanken (analytische Einheit der Apperzeption) nur unter Voraussetzung der ursprünglich synthetischen Einheit der Apperzeption zu gewinnen. Um sich als das Identische in allem Bewusstsein denken zu können, muss sich der Denkende als das Vermögen der Verbindung jeden anderwärts gegebenen Inhalts mit ihm als dem Denkenden denken können, wodurch die gegebenen Vorstellungen als in einem möglichen allgemeinen Selbstbewusstsein zusammenstehend, also als untereinander verbunden gedacht werden (vgl. KrV B 131ff.). Der Begriff ist seiner logischen Form als analytische Einheit des Bewusstseins von bestimmten Vorstellungen nach nichts anderes als das, was das selbstbewusste Ich in unbedingter Allgemeinheit – für alle möglichen Vorstellungen – ist (vgl. Reich, *Vollständigkeit*, S. 41). So notwendig es für den endlichen Verstand ist, das Ich als Identisches in allem verschiedenen Bewusstsein denken zu können, so notwendig ist es, beliebige gegebene Vorstellungen so vereinigen zu können, dass sie als dasselbe Bewusstsein (einfaches oder zusammengesetztes Merkmal) in unbestimmt vielen von ihnen ansonsten verschiedenen Vorstellungen enthalten vorgestellt, d. h. gedacht werden, wodurch dieses Viele als unter diesem identischen

Bewusstsein stehend vorgestellt wird. Wie die analytische Einheit des Selbstbewusstseins in der ursprünglich synthetischen Einheit der Apperzeption gründet, so ist auch die logische Form des Begriffs nur unter Voraussetzung eben dieser Apperzeption als des „höchsten Punktes" möglich (vgl. KrV B 134): „[A]lso nur vermöge einer vorausgedachten möglichen synthetischen Einheit kann ich mir die analytische vorstellen. Eine Vorstellung, die als *verschiedenen* gemein gedacht werden soll, wird als zu solchen gehörig angesehen, die außer ihr noch etwas *Verschiedenes* an sich haben; folglich muß sie in synthetischer Einheit mit anderen (wenngleich nur möglichen Vorstellungen) vorher gedacht werden, ehe ich die analytische Einheit des Bewußtseins, welche sie zum *conceptus communis* macht, an ihr denken kann" (KrV B 134 Anm.; vgl. dazu Baum, *Deduktion und Beweis*, S. 101). Sofern die synthetische Einheit der Apperzeption eines von außen gegebenen Inhalts bedarf, ist auch die im Begriffsinhalt gedachte Vereinigung von einem gegebenen Vorstellungsmannigfaltigen abhängig.

2.2 Die Fundierung des Begriffs in den Erfordernissen des menschlichen Selbstbewusstseins ist als Basis einer Auffassung zu betrachten, die als Kants Lösung des Universalienproblems gelten kann: Die diskursive Allgemeinheit des Begriffs ist weder realistisch noch nominalistisch begründet, sondern durch die Leistungen des Selbstbewusstseins ermöglicht. Die Allgemeinheit (Universalität) des Begriffs beruht weder auf allgemeinen Dingen, noch auf einer bloßen Bezeichnungsweise, sondern auf einem bestimmten Gebrauch einer Vorstellung. Sie erhält ihre Allgemeingültigkeit erst dadurch, dass durch das denkende Ich und sein Selbstbewusstsein im Bewusstsein dieser Vorstellung Dinge zu Fällen der Anwendung eines identischen Vorstellungsinhalts gemacht werden.

Aber auch innerhalb der Transzendentalphilosophie stellt Kant sich das Problem der ontologischen Implikationen begrifflicher Allgemeinheit. Denn diese setzt voraus, dass unabhängig vom Verstand in der Natur die Anwendungsbedingungen der Begriffe erfüllt sind, dass also eine gewisse kontingente Zweckmäßigkeit der Natur für den besonderen Gebrauch besonderer empirischer Naturbegriffe besteht (vgl. KrV A 648 / B 676ff.). „Das logische Princip der Gattungen setzt also ein transscendentales voraus, wenn es auf Natur (darunter ich hier nur Gegenstände, die uns gegeben werden, verstehe) angewandt werden soll. Nach demselben wird in dem Mannigfaltigen einer möglichen Erfahrung nothwendig Gleichartigkeit vorausgesetzt [...], weil ohne dieselbe keine empirische Begriffe, mithin keine Erfahrung möglich wäre" (KrV A 654 / B 682; zu den weiteren transzendentalen Prinzipien der Spezifikation und der Kontinuität vgl. KrV A 654 / B 682ff.). Wie eine solche Zusammenstimmung der Natur mit den Bedingungen ihrer Erkennbarkeit durch uns möglich ist, bleibt unerklärlich.

Gleichwohl handelt Kant von einem transzendentalen Prinzip (der reflektierenden Urteilskraft), nämlich dem der Zweckmäßigkeit der Natur für den logischen Gebrauch unserer Begriffe in der Klassifikation und Spezifikation der Arten und Gattungen der Naturdinge (20:211–216). Das logische Prinzip der Reflexion, „daß sich zu allen Naturdingen empirisch bestimmte *Begriffe* finden lassen" (20:211), setzt ein transzendentales Prinzip der Vorstellung der Natur „als eines Systems für unsere Urtheilskraft" (20:212 Anm.) voraus, als „Bedingung der Möglichkeit der Anwendung der Logik auf die Natur" (20:212 Anm.).

3 Erkenntnistheorie

3.1 Begriffe sind nicht nur umwillen der Identität des Selbstbewusstseins, sondern auch zur Erkenntnis der Gegenstände notwendig: „Alles Erkenntniß erfordert einen Begriff" (KrV A 106). Der durch Ausübung der Verbindungshandlung des Verstandes an gegebenem Mannigfaltigen erzeugte Begriff bezieht sich als solcher auf ein Objekt *in sensu logico* als das an sich selbst inhaltlich völlig unbestimmte, vom Ich denke verschiedene Etwas, das durch den Begriff gedacht wird (vgl. KrV A 104f.; KrV A 250). Aber die Verbindung von Vorstellungen im Begriff kann keine materiale objektive Gültigkeit beanspruchen. Erst durch die Verknüpfung von Begriffen im Urteil werden Vorstellungseinheiten als im Objekt verbundene gesetzt. Das Urteil ist nichts anderes, „als die Art, gegebene Erkenntnisse zur *objectiven* Einheit der Apperception zu bringen" (KrV B 141). Die Urteilsformen sind als diejenigen Verbindungsarten von Vorstellungen definiert, durch die diese als im Objekt vereinigt vorgestellt werden. Die Vereinigung von Begriffen im Urteil ist von ihrer Zusammenfassung in einem Begriff (z. B. „schwarz" und „Mensch" zu „schwarzer Mensch") spezifisch unterschieden dadurch, dass im Urteil die „*Zusammensetzung* der Begriffe [... und] die Einheit des Bewußtseyns [dieser Begriffe] als *objectiv* gemacht" (11:347) angesehen wird. Weil durch den Begriff als analytischer Einheit des Bewusstseins das durch ihn zu denkende Mannigfaltige nicht schon gegeben ist, kann der Begriff als solcher keine objektive Gültigkeit haben. Dazu muss er als Prädikat eines Urteils fungieren. „Ein anderer Begriff muß gedacht werden als Bedingung des Gebrauchs eines Begriffs zur Erkenntnis eines Objekts. Der, der zur Bedingung dient, hat [...] die Funktion des Subjekts, der andere die des Prädikats" (Reich, *Vollständigkeit*, S. 55). „Von diesen [seinen] Begriffen kann nun der Verstand keinen andern Gebrauch machen, als daß er dadurch urtheilt" (KrV A 68 / B 93). Aus einem wahren Urteil geht ein Begriff hervor, der objektive Realität hat (vgl. 20:266).

3.2 Aus der Diskursivität des menschlichen Verstandes folgt nicht nur die Unmöglichkeit der Objekterkenntnis durch den Begriff als solchen, sondern auch die Angewiesenheit des Verstandes auf die Sinnlichkeit, durch die das Mannigfaltige der Vorstellungen gegeben wird. „Anschauung und Begriffe machen also die Elemente aller unserer Erkenntniß aus, so daß weder Begriffe ohne ihnen auf einige Art correspondirende Anschauung, noch Anschauung ohne Begriffe ein Erkenntniß abgeben *können*" (KrV A 50 / B 74). Erst durch die Anschauung kann dem Begriff ein Gegenstand gegeben werden, so dass er Sinn erhält bzw. etwas bedeutet. „Zu jedem Begriff wird erstlich die logische Form eines Begriffs (des Denkens) überhaupt und dann zweitens auch die Möglichkeit, ihm einen Gegenstand zu geben, darauf er sich beziehe, erfordert. Ohne diesen letztern hat er keinen Sinn und ist völlig leer an Inhalt, ob er gleich noch immer die logische Function enthalten mag, aus etwanigen *datis* einen Begriff zu machen" (KrV A 239 / B 298). D. h. umgekehrt, dass „das Blendwerk, die logische Möglichkeit des *Begriffs* (da er sich selbst nicht widerspricht) der transscendentalen Möglichkeit der *Dinge* (da dem Begriff ein Gegenstand correspondirt) zu unterschieben, [...] nur Unversuchte hintergehen und zufrieden stellen" (KrV B 302) kann. Kant gibt dafür ein Beispiel, aus dem sich zugleich die Notwendigkeit der Anschaubarkeit von Dingen, die als möglich gelten sollen und durch einen Begriff gedacht werden, ergibt. Im Begriff einer in zwei geraden Linien eingeschlossenen Figur liegt kein Widerspruch. Aber dieser Begriff lässt sich nicht in der Anschauung – durch Konstruktion – darstellen (vgl. KrV A 220 / B 268); ihm entspricht also kein in der Anschauung gebbares Objekt. Begriffe haben nur dann objektive Realität, wenn ihnen eine mögliche Anschauung entspricht (vgl. 8:206).

3.3 Allerdings können bestimmte Begriffe, die nicht über objektive Realität verfügen, gleichwohl eine Funktion für die Erkenntnis haben, indem sie nämlich die Begrenzung gegebener Begriffe deutlich machen. Diese Begriffe nennt Kant problematische Begriffe oder Grenzbegriffe. Der prominente Vertreter ist der Begriff des *Noumenon* als des Gegenstandes einer widerspruchsfrei denkbaren, aber nicht als objektiv gültig ausweisbaren nichtsinnlichen Anschauung. Durch diesen Begriff wird die Grenze der sinnlichen Erkenntnis gegen die Verstandeserkenntnis bestimmt (vgl. KrV A 255 / B 310f.).

Die Bestimmung der Verschiedenheit der Begriffe ihrem Inhalt und ihrem Ursprung nach ist nicht in der von allem Inhalt abstrahierenden Logik, sondern in der Metaphysik zu behandeln (vgl. 9:94). In Hinsicht auf den Inhalt unterscheidet Kant empirische und reine Begriffe (vgl. 9:92); in Hinsicht auf den Ursprung des Inhalts von Begriffen ist zu differenzieren zwischen gegebenen und gemachten Begriffen, wobei die gegebenen wiederum in a priori und a posteriori gegebene eingeteilt werden (vgl. 9:93). Die dem Verstand entspringenden reinen Begriffe nennt Kant *Notionen* (vgl. KrV A 320 / B 377). Während es diese mit der synthetischen Einheit von Vorstellungen in Urteilen und Anschauungen zu tun haben, haben es die reinen Vernunftbegriffe oder transzendentalen Ideen „mit der unbedingten synthetischen Einheit aller Bedingungen überhaupt zu tun" (KrV A 334 / B 391; →Reflexions-, Verstandes- und Vernunftbegriff).

Weiterführende Literatur

Baum, Manfred: Deduktion und Beweis in Kants Transzendentalphilosophie. Untersuchungen

zur „Kritik der reinen Vernunft", Königstein/Ts.: Hain bei Athenäum 1986.
Heinz, Marion: „Kants Fundierung von Begriff und Urteil in der ursprünglich synthetischen Einheit der Apperzeption. Überlegungen im Anschluß an Klaus Reich", in: Doyé, Sabine / Heinz, Marion / Rameil, Udo (Hg.): Metaphysik und Kritik. Festschrift für Manfred Baum, Berlin: de Gruyter 2004, 137–152.
Prien, Bernd: Kants Logik der Begriffe: die Begriffslehre der formalen und transzendentalen Logik Kants, Berlin u. a.: de Gruyter 2006.
Reich, Klaus: „Die Vollständigkeit der kantischen Urteilstafel", in: ders.: Gesammelte Schriften, hg. von M. Baum, Hamburg: Meiner 2001, 3–112.
Wolff, Michael: Die Vollständigkeit der kantischen Urteilstafel, Frankfurt/M.: Klostermann 1995.

Marion Heinz

Besitz

Der „Begriff des Besitzes" ist „einer verschiedenen Bedeutung [...] fähig" (6:245). Der sinnliche Besitz ist ein physischer Besitz; er ist die „subjective Bedingung der Möglichkeit des Gebrauchs überhaupt" (6:245). Der intelligible Besitz ist ein „*bloß rechtlicher* Besitz"; er ist Voraussetzung dafür, dass ich durch den Gebrauch einer Sache durch einen anderen „lädirt" werden kann, obwohl ich nicht „*in deren Besitz* [...] *bin*" (6:245). Der sinnliche/physische Besitz wird auch „empirischer Besitz" genannt, der intelligible/rechtliche Besitz auch „Vernunftbesitz" (6:245). Weitere wichtige Stellen: 6:236f.; 6:247–249; 6:252; 6:255f.; 23:326.

Philosophische Funktion

1 Arten des Besitzes

Wie bereits der einleitenden Erläuterung des Begriffs ‚Besitz' zu entnehmen ist, unterscheidet Kant in § 1 der *Rechtslehre* der *MS* zwei Bedeutungen dieses Begriffs (vgl. 6:245f.). Die allgemein gebräuchliche Bedeutung des Begriffs verlangt ein der sinnlichen Anschauung zugängliches räumlich-zeitliches Verhältnis des Menschen zu einer Sache. Dieser nicht weiter begründungsbedürftige Besitz erhält von Kant verschiedene Bezeichnungen, die aber alle dasselbe meinen: sinnlicher, physischer, empirischer Besitz. Ihn hat derjenige, der eine Sache in der Hand oder sonst auf sie Zugriff hat. Die davon zu unterscheidende Bedeutung des Begriffs abstrahiert von den Bedingungen der sinnlichen Anschauung; ein solcher Besitz setzt keine physische „*Inhabung*" (6:246) voraus. Der Gegenstand dieses Besitzes muss deshalb kein „in einer *anderen Stelle* (positus) im Raum oder in der Zeit befindlicher Gegenstand" sein; es reicht aus, dass er „ein nur von mir (dem Subject) *unterschiedener*" (6:245) ist; „außer mir" meint einen Gegenstand, dessen „Veränderungen nicht meine Veränderungen sind" (23:326). Auch dieser Besitz erhält von Kant verschiedene Bezeichnungen, die ebenfalls alle dasselbe bedeuten: intelligibler, bloß rechtlicher Besitz, aber auch Vernunftbesitz.

2 Die Rechtfertigung eines rechtlichen Besitzes

Während der physische Besitz nicht erläuterungsbedürftig ist, muss ein „*bloß rechtlicher* Besitz" ohne physische Innehabung in seiner Möglichkeit und Notwendigkeit begründet werden, denn es ist nicht offensichtlich, dass mich jemand „lädiren würde", wenn er von einer „Sache" Gebrauch macht, „*in deren Besitz ich doch nicht bin*" (6:245). Die Begründung kann nicht mit dem Hinweis erfolgen, dass ich diese Sache physisch besitze, denn physisch besitzt sie derjenige, der von ihr gerade Gebrauch macht. Es muss sich also um eine andere, nicht-physische Beziehung eines Subjekts zu einer Sache handeln, die vom Gebrauchenden verletzt wird – ein ‚geistiges Band'.

Kants Rechtfertigung eines rechtlichen Besitzes erfolgt indirekt und mit Hilfe eines stark an den → kategorischen Imperativ angelehnten allgemeinen Rechtsgesetzes. An den kategorischen Imperativ angelehnt ist diese Prüfung der Verallgemeinerbarkeit, weil – wie in der Ethik – „eine Maxime" (6:246) überprüft wird. Dass es sich der Sache nach um eine Prüfung an Hand des allgemeinen Rechtsgesetzes handelt, lässt sich aus dem Ergebnis – „rechtswidrig" (6:246) – schließen. „Rechtswidrig" wäre es, wenn „ein Gegenstand der Willkür *an sich* (objectiv) *herrenlos* (res nullius) werden müßte" (6:246). Denn dann würde sich die äußere Freiheit der Möglichkeit berauben, physisch brauchbare Gegenstände rechtlich zu gebrauchen. Ein rechtlicher Gebrauch aber erst ermöglicht es, den Umgang mit Sachen so zu gestalten, dass er „mit jedermanns äußere[r] Freiheit nach einem allgemeinen Gesetze zusammenstimmte" (6:246). Die allgemeine Handlungsfreiheit bedarf des Gebrauchs von Sachen. Soll dieser sich nicht nach den jeweiligen zufälligen physischen Besitzverhältnissen richten, sondern vernünftig geregelt werden, so ist ein nicht-physischer, rechtlich konstituierter und begrenzter Besitz nicht nur möglich, sondern auch notwendig. Handlungsfreiheit im Sinne von disponierendem Umgang mit Sachen ist nur möglich, wenn ich auch über Sachen verfügen kann, die ich nicht gerade in physischem Besitz habe. Ein Verbotsgesetz hinsichtlich des möglichen rechtlichen Besitzes wäre kein Freiheitsgesetz bzw. Vernunftgesetz, weil es den Umgang mit Sachen und damit die äußere Freiheit von empirischen Bedingungen wie dem physischen Besitz von Sachen abhängig machen würde. Ich wäre der Willkür anderer ausgesetzt und müsste allzeit bereit sein, meinen physischen Besitz zu verteidigen.

Schon nach dem allgemeinen Rechtsgesetz ist die ‚nackte' äußere Freiheit von jedermann zu achten; ich darf weder das Leben noch die körperliche Unversehrtheit eines anderen verletzen: „*Thue niemanden Unrecht* (neminem laede)" (6:236) ist die „*äußere*" Rechtspflicht (6:237). Diese Achtung der äußeren Freiheit ist nun auf die äußere Freiheit im Umgang mit Sachen zu „erweiter[n]" (6:247; vgl. § 2 der *MSR*). Dafür meint Kant ein „Erlaubnißgesetz" (6:247) zu benötigen, das er als „ [r]echtliches Postulat der praktischen Vernunft" bezeichnet (Überschrift von § 2 der *MSR*, 6:246). Inhaltlich verlangt das auf Sachen erweiterte allgemeine Rechtsgesetz, dass „allen andern eine Verbindlichkeit" auferlegt wird, „die sie sonst nicht hätten, sich des Gebrauchs gewisser Gegenstände unserer Willkür zu enthalten" (6:247). Systematisch verfrüht – weil erst die Erwerbung und nicht schon den Besitz betreffend –, aber sachlich zutreffend, wird diese Verbindlichkeit auf Gegenstände beschränkt, die „wir zuerst [...] in unseren Besitz genommen haben" (6:247).

„Im Besitze eines Gegenstandes muß derjenige sein, der eine Sache als das Seine zu haben behaupten will" (6:247). Ohne diesen Besitz könnte er nicht durch jemanden „lädirt" werden, der die Sache „ohne seine Einwilligung" gebraucht (6:247). Da der die Sache Gebrauchende physischen Besitz an ihr hat, muss der hier nicht näher spezifizierte „Besitz" der intelligible sein (6:247). Für diesen Besitz wählt Kant in § 3 der *Rechtslehre* die anschauliche, aber doch nicht empirische Umschreibung, dass das „Subject" mit einem Gegenstand „außer ihm [...] rechtlich verbunden" sein muss (6:247). Wäre das Subjekt mit dem Gegenstand „nicht rechtlich verbunden", so würde der die Sache ohne seine Einwilligung Gebrauchende ihm kein „[U]nrecht thun" (6:247). Unrecht tut er dem Besitzer nur, wenn er die rechtliche Verbundenheit zwischen ihm und dem Gegenstand verletzt.

3 *Exposition, Definition und Deduktion des rechtlichen Besitzes*

In den §§ 4–6 der *MSR* behandelt Kant den rechtlichen Besitz nach den aus der *KrV* bekannten Kategorien. Er beschränkt sich dabei nicht auf den rechtlichen Besitz, sondern behandelt in den §§ 4 und 5 allgemein das „äußere[] Mein und Dein" (6:248). Hier interessieren aber nur die Ausführungen zum rechtlichen Besitz. Die „Exposition" dieses Begriffes erfolgt durch das bekannte Apfelbeispiel, das noch einmal den rechtlichen vom physischen Besitz abhebt: „So werde ich einen Apfel nicht darum mein nennen, weil ich ihn in meiner Hand habe (physisch besitze), sondern nur, wenn ich sagen kann: ich besitze ihn, ob ich ihn gleich aus meiner Hand, wohin es auch sei, gelegt habe" (6:247). Sonst würde derjenige, der mir den Apfel aus der Hand windet, zwar eine Freiheitsverletzung (= „in Ansehung des *inneren* Meinen") begehen, aber nicht das „äußere[] Meine[]" (z. B. meinen rechtlichen Besitz) „lädiren" (6:248). – Bei der „Definition" des rechtlichen Besitzes unterscheidet Kant in § 5 zwischen einer „*Namenerklärung*" und einer „*Sacherklärung*" (6:248f.). In der „*Namenerklärung*" erscheint die Sache wieder als ein Gegenstand „außer mir", dessen Gebrauch durch andere mir Unrecht tun würde (6:248f.). Die „*Sacherklärung*" betont noch einmal, dass dieses Unrecht auch dann geschieht, wenn „*ich gleich nicht im Besitz desselben* (nicht Inhaber des Gegenstandes) *bin*" (6:249). Nebenbei wird der Inhalt des rechtlichen Besitzes angesprochen: „beliebige[r] Gebrauch" (6:244f.), eine Formulierung, die sich noch heute in § 903 BGB findet. – In der „*Deduction*“ (6:249) des rechtlichen Besitzes – § 6 der *MSR* – wird die Notwendigkeit eines synthetischen Satzes behauptet, um den Besitz nicht von empirischen Bedingungen abhängig zu machen. Die „Deduction“ greift dann das „rechtliche[] Postulat der praktischen Vernunft“ aus § 2 auf: „die Deduction des Begriffs eines nicht-empirischen Besitzes gründet sich auf dem rechtlichen Postulat der praktischen Vernunft: ‚daß es Rechtspflicht sei, gegen Andere so zu handeln, daß das Äußere (Brauchbare) auch das Seine von irgend jemanden werden könne‘“ (6:252).

4 Provisorischer und peremptorischer rechtlicher Besitz

Diese →Rechtspflicht, rechtlichen Besitz zu ermöglichen, wird in § 8 der *MSR* mit der Befugnis verbunden, andere zu „*nöthigen*, mit ihm zusammen in eine bürgerliche Verfassung zu treten“ (6:256). Rechtlicher Besitz besteht zwar auch schon im „Naturzustande“ (6:256), aber nur „*provisorisch[]*“, d. h. ungesichert. Gesichert, „peremtorisch“, ist dieser Besitz erst „im bürgerlichen Zustande“ (6:255). „[B]ürgerliche Verfassung ist allein der rechtliche Zustand, durch welchen jedem das Seine nur gesichert, eigentlich aber nicht ausgemacht und bestimmt wird“ (6:256).

Weiterführende Literatur

Brandt, Reinhard: „Das Erlaubnisgesetz“, in: ders. (Hg.): Rechtsphilosophie der Aufklärung, Berlin u. a.: de Gruyter 1982, 233–285.

Fulda, Hans Friedrich: „Erkenntnis der Art, etwas Äußeres als das Seine zu haben“, in: Höffe, Otfried (Hg.): Immanuel Kant. Metaphysische Anfangsgründe der Rechtslehre, Berlin: Akademie 1999, 87–115.

Kühl, Kristian: Eigentumsordnung als Freiheitsordnung, Freiburg u. a.: Alber 1984.

Ludwig, Bernd: „Der Platz des rechtlichen Postulats der praktischen Vernunft innerhalb der §§ 1–6 der Kantischen Rechtslehre“, in: Brandt, Reinhard (Hg.): Rechtsphilosophie der Aufklärung, Berlin u. a.: de Gruyter 1982, 218–232.

Rühl, Ulli F. H.: Kants Deduktion des Rechts als intelligibler Besitz. Kants „Privatrecht“ zwischen vernunftrechtlicher Notwendigkeit und juristischer Kontingenz, Paderborn: Mentis 2010.

Kristian Kühl

Bewegung

„Bewegung eines Dinges ist die *Veränderung* der *äußeren Verhältnisse* desselben zu einem gegebenen Raum“ (4:482). Kant unterscheidet zwischen Bewegungen, die „*drehend* (ohne Veränderung des Orts) oder fortschreitend“ (4:483) sind. Fortschreitende Bewegungen sind „entweder den Raum erweiternd, oder auf einen gegebenen Raum eingeschränkte Bewegungen“ (4:483). „Von der *ersteren* Art sind die geradlinichte, oder auch krummlinichte, in sich *nicht zurückkehrende* Bewegungen. Die von der *zweiten* sind die in sich *zurückkehrende*. Die letztern sind wiederum entweder *circulirende* oder *oscillirende*, d. i. Kreis- oder schwankende Bewegungen“ (4:483). Weitere wichtige Stellen: 1:14; 1:29; 1:33–35; 1:38; 1:47; 1:60–62; 1:76; 1:125–127; 1:143–149; 1:151f.; 1:155f.; 1:157f.; 1:186–188; 1:230–232; 2:18f.; 2:23; 2:86; 2:146f.; 2:330f.; KrV A 437 / B 455; KrV A 710 / B 738; 4:480–482; 4:487f.; 4:490; 4:549f.; 4:553–564; 4:563f.; 5:95–97; 9:170; 9:175; 14:141; 14:145; 14:181; 14:187–192; 14:461–463; 14:465f.; 14:481; 18:320f.; 21:165; 21:206f.; 21:325; 21:419; 21:444f.

Vorgeschichte und historischer Kontext

Probleme der Naturphilosophie haben Kant zeit seines Lebens beschäftigt. Bereits mit seiner Erstlingsschrift *Wahre Schätzung* von 1746 (1749 im Druck erschienen) greift Kant in die zeitgenössische Diskussion um Bewegung, Materie und Kräfte ein. Kant sucht den Streit zwischen Cartesianern und Leibnizianern um die Frage zu schlichten, ob Körper eine ‚äußere‘, ‚tote‘ Kraft besitzen, die aus dem Produkt von Masse und Geschwindigkeit bestimmt werden kann, oder ob ihnen eine ‚innere‘, ‚lebendige‘ Kraft zukommt, die dem Produkt aus Masse und dem Quadrat der Geschwindigkeit gleich ist. Kant bemüht sich hier um einen Ausgleich beider Parteien. Er wendet sich gegen die These der Cartesianer, die Bewegung von Körpern könne als Wirkung einer ihnen von außen mitgeteilten Kraft begriffen werden und favorisiert Leibniz’ Annahme einer wesentlich wirkenden „inneren Naturkraft des Körpers“ (1:150), dies jedoch unter der Voraussetzung, dass ein „Körper den Grund in sich enthalten [muss], in einem nicht widerstehenden Raume seine Bewegung gleichförmig, frei und immerwährend zu erhalten“ (1:148); daraus folgt die Annahme, „daß es in der Welt freie Bewegungen gebe, die sich immerwährend und unvermindert erhalten würden, wenn kein äußerlicher Widerstand wäre" (1:149). In *Lehrbegriff* (1758) wendet sich Kant gegen Issac Newtons Begriff einer absoluten Bewegung: Die Bewegung bzw. Ruhe eines Gegenstandes lässt sich nur durch Beziehung auf andere Gegenstände bestimmen. Darum sind absolute Bewegung bzw. Ruhe leere Fiktionen.

Philosophische Funktion

1 Kants Erklärung des Begriffs der Bewegung

Der „gemeinen Erklärung" zufolge ist Bewegung „*Veränderung des Orts*" (4:482). Damit bezieht sich Kant auf die rationalistische Definition des Bewegungsbegriffs. So lautet Christian Wolffs Definition der Bewegung in § 642 seiner *Ontologia*: „Continua loci mutatio Motus dicitur" (‚Die kontinuierliche Veränderung des Orts wird Bewegung genannt'). Diese Erklärung gilt unter der Voraussetzung, dass das, was in Bewegung sein kann, ein materieller, d. h. physischer Punkt ist: „Nur von einem beweglichen, d. i. physischen, *Punkte* kann man sagen: Bewegung sei jederzeit Veränderung des Orts" (4:482).

Mit Bezug auf „bewegte[] Körper" (4:483), die nicht als bewegliche physische Punkte, sondern als dreidimensionale Gebilde anzusehen sind, ist diese Erklärung unzureichend, weil sich ein Körper, anders als ein physischer Punkt, bewegen kann, ohne seinen Ort zu verändern. Dies ist bei Rotationsbewegungen von Körpern der Fall – Kant nennt sie „*drehend* (ohne Veränderung des Orts)" (4:483). Ein Beispiel ist die tägliche Rotationsbewegung der Erde um ihre Achse. Bei einer solchen Bewegung verändert der Körper nicht seinen Ort; er verändert aber seine äußeren Verhältnisse zu einem gegebenen Raum. Dem trägt die oben zitierte Erklärung des Begriffs der Bewegung Rechung: „Bewegung eines Dinges ist die *Veränderung der äußeren Verhältnisse* desselben zu einem gegebenen Raum" (4:482).

2 Apriorische Konstruktion des Begriffs der Bewegung in der Phoronomie

Eine Anwendung der in der *KrV* begründeten kritischen →Transzendentalphilosophie und der Lehre von der erfahrungsbegründenden Funktion apriorischer Prinzipien ist das Programm einer „*rationale[n] Physik*". Sie ist eine „Metaphysik der körperlichen Natur", sofern sie „die Principien ihrer Erkenntniß a priori" (KrV A 846 / B 874) enthält. Dieses Programm wird in den *MAN* systematisch entwickelt: „Die Begriffe vom vollen und leeren Raum, von Bewegung und bewegenden Kräften, können und müssen in der rationalen Physik auf ihre Prinzipien a priori gebracht werden" (20:286).

‚Bewegung' ist der Grundbegriff des ersten Hauptstücks der *MAN*, der Phoronomie. Sie ist „die reine Größenlehre (Mathesis) der Bewegung" (4:489): Sie betrachtet Materie, als „das *Bewegliche* im Raume" (4:480), als „reines *Quantum*" (4:477). Daher sieht sie von allen qualitativen Bestimmungen eines beweglichen Körpers sowie kausalen Begriffen wie Kraft, Masse und Energie ab (vgl. 4:480). Da Kant zufolge eine mathematische Erkenntnis „aus der *Construction* der Begriffe" (KrV A 713 / B 741) erfolgt und „nur der Begriff von Größen [...] sich construiren, d. i. a priori in der Anschauung darlegen" (KrV A 714 / B 742) lässt, führt die Betrachtung von Bewegung als reines Quantum in der Phoronomie zur apriorischen Konstruktion der Bewegung eines ausdehnungslosen Punktes. Da Größe Teilbarkeit einschließt und Bewegung aus mehreren gleichartigen Bewegungen zusammengesetzt vorgestellt werden kann, zeigt Kant, wie Bewegung als Quantum möglich ist, d. h., wie sich aus mehreren geradlinigen, gleichförmigen Bewegungen eines und desselben Punktes eine einzige Bewegung konstruieren lässt: „Den Begriff einer *zusammengesetzten Bewegung construiren* heißt eine Bewegung, so fern sie aus zwei oder mehreren gegebenen in einem Beweglichen vereinigt entspringt, a priori in der Anschauung darstellen" (4:486). Kant stellt die apriorische Konstruktion der Gesamtbewegung als „*Beschreibung eines Raumes*" (4:489) dar, und zwar als Verschiebung eines Punktes in einem Bezugssystem und gleichzeitige Verschiebung dieses Bezugssystems in entgegengesetzter Richtung innerhalb eines umfassenden Bezugssystems. Das ist der Gehalt des „Lehrsatz[es] [1]" der Phoronomie: „Die Zusammensetzung zweier Bewegungen eines und desselben Punkts kann nur dadurch gedacht werden, daß die eine derselben im absoluten Raume, statt der anderen aber eine mit der gleichen Geschwindigkeit in entgegengesetzter Richtung geschehende Bewegung des relativen Raums als mit derselben einerlei vorgestellt wird" (4:490).

3 Kraft als Ursache der Bewegung in der Dynamik

Kants Theorie der Bewegung in den *MAN* folgt der Ordnung der → Kategorien der *KrV*. Während das erste Hauptstück, die Phoronomie, den Begriff der Bewegung durch die Kategorie der → Quantität bestimmt, ist für das zweite Hauptstück der *MAN*, die Dynamik, die Kategorie der → Qualität leitend. Die Dynamik entwickelt somit eine qualitative, intensive Bestimmung der Größe und legt dar, wie sich Bewegung an Körpern als Gegenständen der Erfahrung zeigt. Die Qualität der Bewegung, durch die sie erst zu einem Gegenstand der Erfahrung wird, ist Kant zufolge die „*bewegende Kraft*" als „Ursache der Bewegung" (4:497). Genauer ist es der Widerstand gegen eine Bewegung beim Eindringen in einen Raum, die sich als Kraft zeigt, und das heißt, als Ursache einer Bewegung in entgegengesetzter Richtung („*Zurückstoßungskraft*", 4:498). Dieser Widerstand verweist auf das, wodurch Materie einen Raum erfüllt. Materie erfüllt einen Raum daher nicht nur durch ihre bloße Existenz, sondern durch eine bewegende Kraft. Die Qualität der Gegenstände der Erfahrung ist somit auf Kräfte zurückzuführen. Der Repulsion bzw. „*Zurückstoßungskraft*" entspricht die Attraktion bzw. „*Anziehungskraft*" (4:498; 4:508; Anziehungskraft). Bewegende Kraft ist somit die Ursache der Bewegung von Körpern: „Das allgemeine Princip der Dynamik der materiellen Natur ist: daß alles Reale der Gegenstände äußerer Sinne, was nicht blos Bestimmung des Raums (Ort, Ausdehnung und Figur) ist, als bewegende Kraft angesehen werden müsse" (4:523).

4 Materie in Bewegung in der Mechanik

Das dritte Hauptstück der *MAN*, die Mechanik, stellt unter der Leitung der Kategorie der → Relation Gesetze der bewegten Materie auf (vgl. 4:477). Bewegte Materie, die durch das Wechselverhältnis der beiden Grundkräfte Attraktion und Repulsion bestimmt ist, ist Kant zufolge Masse. „Eine Masse von bestimmter Gestalt heißt ein *Körper* (in mechanischer Bedeutung)" (4:537). Masse ist die Materie, die durch ihre Bewegung wirkt. Die Mechanik betrachtet somit einen „bewegte[n] Körper in wirksamer Beziehung auf andere Körper im Raume seiner Bewegung" (4:488). Die Mechanik stellt drei mechanische Gesetze auf. Das erste Gesetz betrifft die Konstanz der Materiemenge bei allen Veränderungen in der Natur (vgl. 4:541). Das zweite Gesetz, demzufolge „alle Veränderung der Materie [...] eine äußere Ursache" (4:543) hat, ist der Sache nach mit Newtons erstem Bewegungsgesetz, dem sogenannten Trägheitsgesetz, identisch. Das dritte Gesetz formuliert in Analogie zu Newtons drittem Bewegungsgesetz den Satz von der Gleichheit von Wirkung und Gegenwirkung bei „aller Mittheilung der Bewegung" (4:544). Das erste Gesetz entspricht der Kategorie der → Substanz, das zweite der → Kausalität und das dritte der Wechselwirkung (vgl. 4:551).

5 Bewegung eines Körpers im Raum als Gegenstand der Erfahrung in der Phänomenologie

Unter der Leitung der Kategorien der → Modalität untersucht das vierte Hauptstück der *MAN*, die Phänomenologie, die Modi der Vorstellung von etwas Beweglichem im Raum. Entsprechend wird die Bewegung einer Materie, sofern sie ein realer Gegenstand der Erfahrung sein soll, als ein mögliches/unmögliches, wirkliches/scheinbares bzw. notwendiges Prädikat bestimmt (vgl. 4:477). Dem entsprechen drei Lehrsätze. Unter Bezug auf die Phoronomie besagt der erste Lehrsatz, dass die geradlinige, gleichförmige Bewegung in einem Raum „zum Unterschiede von der entgegengesetzten Bewegung des Raums ein blos *mögliches* Prädicat" (4:555) des Körpers ist, während eine „*absolute Bewegung* [...] *unmöglich*" sei (4:555). „*[w]irklich*[]" ist dem zweiten, auf die Dynamik bezogenen Lehrsatz zufolge die Kreisbewegung eines Körpers, da hierzu eine Kraft nötig ist, die die Richtung der Bewegung ständig ändert. „[B]loßer Schein" (4:557) ist dagegen die dem entgegengesetzte Bewegung des Raums, da er kein Gegenstand ist, den Kräfte bewegen könnten. Der dritte Lehrsatz rekurriert auf das dritte Gesetz der Mechanik, das Gesetz von der Gleichheit von Wirkung und Gegenwirkung. Da deren Verhältnis nicht auf äußeren Einflüssen beruht, sondern aus dem Begriff eines bewegten Körpers im Raum folgt, ist es „nothwendig" (4:558).

6 Absolute Bewegung

Eine Bewegung kann nur relativ auf ein Bezugssystem bestimmt werden. Eine „absolute Bewegung",

d. h. eine Bewegung „in Beziehung auf einen nicht materiellen Raum" ist Kant zufolge „gar keiner Erfahrung fähig und für uns also nichts" (4:487; vgl. 4:558ff.).

Weiterführende Literatur

Friedman, Michael: Kant and the Exact Sciences, Cambridge u. a.: Harvard University Press 1992.

Gehler, Johann Samuel Traugott: „Bewegung, Motus, Mouvement", in: Physikalisches Wörterbuch, Bd. 1, Leipzig: Schwickert 1790, 320–350 PURL: http://www-gdz.sub.uni-goettingen.de/cgi-bin/digbib.cgi?PPN34314865X.

Hoffmann, Thomas Sören: „Der Begriff der Bewegung bei Kant. Über den Grundbegriff der Empirie und die empirischen Begriffe", in: Zeitschrift für philosophische Forschung 45, 1991, 38–59.

Kaulbach, Friedrich: Der philosophische Begriff der Bewegung, Köln u. a.: Böhlau 1965.

Pollok, Konstantin: „Einleitung", in ders. (Hg.): Immanuel Kant. Metaphysische Anfangsgründe der Naturwissenschaft, Hamburg: Meiner 1997, IX–XCII.

Pollok, Konstantin: Kants ‚Metaphysische Anfangsgründe der Naturwissenschaft'. Ein kritischer Kommentar, Hamburg: Meiner 2001.

Red.

Beweis

Beweis wird in Kants philosophischen Schriften vor allem als ein Begriff aus dem Bereich der →Logik verwendet, und entspricht in etwa dem heutigen Begriff des Arguments. Im Beweis werden Gründe für die →Wahrheit eines →Urteils (dem Schlusssatz des Beweises) angegeben. Beweise zielen damit auf Gewissheit. Dem zureichenden Beweis, von Kant auch als „Demonstration" (KrV A 790 / B 818) bezeichnet, kommt Gültigkeit zu (vgl. KrV A 790 / B 818). Nicht jeder Beweis gelingt, so dass Kant auch häufig von „angebliche[n]" (KrV A 786 / B 814) oder „vermeintliche[n]" (KrV A 784 / B 812) Beweisen spricht. Deren Scheitern will Kant vor allem in Zusammenhang mit seiner kritischen Auseinandersetzung mit den traditionellen →Gottesbeweisen und anderen metaphysischen Beweisen in der *Transscendentalen Dialektik* (KrV A 293–704 / B 349–732) der *KrV* aufdecken. Kants positive Beweise für →synthetische Urteile a priori im Rahmen der →Transzendentalphilosophie bezeichnet Kant meist mit dem der Rechtssprache entlehnten Begriff der →Deduktion. Weitere wichtige Stellen: KrV A 783 / B 811ff.; 9:71; 9:129; *Refl.* 2723ff., 16:486–489.

Philosophische Funktion

Beweise haben mehrere Funktionen: „Man kan etwas *sich selber* oder *andern* beweisen. Das letztere geht nur da an, wo die Beweisgründe und deren Zusammenhang sich mittheilen lassen. Daß etwas Erfahrung sey, muß man oftmals sich erstlich selbst beweisen, nicht etwa vitium subreptionis [durch den Fehler des Erschleichens] (Schwärmer solten dies thun, so würden sie nicht schwärmen). Oder um andern zu beweisen, daß etwas [...] wirkliche Erfahrung sey, die sie doch nicht Gehabt haben, d. i. der Beweis der historischen Glaubwürdigkeit. Vernunftbeweise a priori lassen sich mittheilen" (*Refl.* 2724, 16:486).

Kant unterscheidet zwischen Beweisen, die empirisch sind, und denjenigen, die apodiktisch, d. h. aus Gründen a priori gewiss sein sollten (vgl. *Refl.* 2726, 16:487). Bei letzteren unterscheidet er zwischen der diskursiven Apodiktizität der philosophischen Erkenntnis, die sich aus Begriffen ableitet, und der intuitiven Apodiktizität der Mathematik, die aus der Konstruktion derselben abgeleitet wird (vgl. *Refl.* 2726, 16:487; KrV A 713 / B 741). In Anlehnung an G. F. Meiers *Auszug* differenziert Kant zwischen direkten oder ostensiven Beweisen, die die Wahrheit „aus ihren Kennzeichen" (*Refl.* 2729, 16:488), d. h. aus eigenen Prämissen begründen, und indirekten oder apogogischen Beweisen (lat. deductio ad absurdum), die für die Wahrheit ihres Schlusssatzes durch die Widerlegung seines Gegenteils argumentieren (vgl. *Refl.* 2730f., 16:489). Den „Beifall anderer" (5:284) schließt Kant ausdrücklich als einen gültigen Beweisgrund aus (vgl. 5:24).

In einem etwas anderen Sinne verwendet Kant das Wort Beweis oft in seinen Briefen für ein Zeugnis seiner inneren Gefühle oder Einstellung anderen gegenüber, etwa von Gesten oder Taten als Beweise seiner Freundschaft, Dankbarkeit, Vertrauen oder Hochachtung (vgl. z. B. 10:500; 12:1; 12:23; 12:112; 12:346), und er spricht auch vom Beweis im alltäglichen Sinn von Vorkommnissen, die nicht die Form eines Arguments haben, aber dennoch als Anzeichen oder Bestätigung für die Wahrheit einer Behauptung gelten können.

Weiterführende Literatur

Seebohm, Thomas: „Die Kantische Beweistheorie und die Beweise der Kritik der reinen Vernunft", in: Akten des 5. Internationalen-Kant Kongresses, Teil II, Bonn: Bouvier 1982, 127–148.

Thomas Nenon

Bildung

Der Begriff der Bildung wird von Kant in einem weiteren Sinn als Bezeichnung für den Gesamtprozess geistiger Formung verwendet. Somit überschneidet sich Bildung im kantischen Sinn mit Kultur, Erziehung und Moralisierung und ist mit diesen auch sachlich verknüpft. Hauptthematisch ist der Bildungsbegriff in Kants Pädagogikvorlesungen (vgl. das von Friedrich Theodor Rink 1803 herausgegebene Vorlesungsskript *Über Pädagogik*). Wichtige Stellen: 7:132; 9:441; 9:443; 9:452; 9:477; 9:469f.; 9:455.

Philosophische Funktion

Zu Beginn dieser Vorlesungen hebt Kant sowohl die zentrale Stellung von Erziehung im menschlichen Leben als auch ihre Verbindung zur Bildung hervor, wenn er festhält: „Der Mensch ist das einzige Geschöpf, das erzogen werden muß. Unter der Erziehung nämlich verstehen wir die Wartung (Verpflegung, Unterhaltung), Disziplin (Zucht) und Unterweisung nebst der Bildung" (9:441). Einige wenige Seiten weiter heißt es: „Der Mensch braucht Wartung und Bildung. Bildung begreift unter sich Zucht und Unterweisung. Diese braucht, soviel man weiß, kein Thier" (9:443).

Bildung unterteilt Kant an einer Stelle in *Pädagogik* in negative und positive Komponenten: Negative Bildung korrespondiert der Disziplin, positive Bildung der Kultur: „Die Erziehung schließt *Versorgung* und *Bildung* in sich. Diese ist 1) negativ, die Disciplin, die blos Fehler abhält; 2) positiv, die Unterweisung und Anführung, und gehört in so fern zur Cultur" (9:452; vgl. KrV A 710 / B 738; 27:467).

Bildung im zentralen Sinn der Formung enthält sowohl „die Bildung des Gefühls" (9:477) als auch die „Geschmacks-Bildung" (7:132). In Betreff der ersteren hält Kant fest: „sie muß negativ sein, das Gefühl selbst aber nicht verzärtelt werden" (9:477). Und die Bildung des Geistes selbst hat sowohl eine physische als auch eine moralische Anwendung, korrespondierend zu Kants wohlbekannter Unterscheidung zwischen →Natur und →Freiheit: Die „physische Bildung des Geistes unterscheidet sich aber von der moralischen darin, daß diese nur auf die Freiheit, jene nur auf die Natur abzielt. Ein Mensch kann physisch sehr cultivirt sein, er kann einen sehr ausgebildeten Geist haben, aber dabei schlecht moralisch cultivirt, doch dabei ein böses Geschöpf sein" (9:469–470).

Schließlich ist Bildung im Sinne von praktischer oder moralischer Erziehung „diejenige, durch die der Mensch soll gebildet werden, damit er wie ein freihandelndes Wesen leben könne" (9:455). In *Pädagogik* unterteilt Kant die praktische Erziehung in drei Komponenten: Sie bestehe „1) aus der *scholastisch-mechanischen* Bildung in Ansehung der Geschicklichkeit, ist also *didaktisch* (Informator), 2) aus der *pragmatischen* in Ansehung der Klugheit (Hofmeister), 3) aus der *moralischen* in Ansehung der Sittlichkeit" (9:455; vgl. 27:467).

Diese drei Ebenen der praktischen Erziehung beginnen mit der spezifischen Situation des Individuums und erstrecken sich dann nach außen zur Welt im Ganzen. Die scholastisch-mechanische Bildung „ist die früheste und erste" (9:455). „Der *scholastischen* Bildung oder der Unterweisung bedarf der Mensch, um zur Erreichung aller seiner Zwecke geschickt zu werden. Sie giebt ihm einen Werth in Ansehung seiner selbst als Individuum" (9:455). Als nächstes kommt die pragmatische Bildung: „Durch die Bildung zur Klugheit [...] wird er zum Bürger gebildet, da bekommt er einen öffentlichen Werth. Da lernt er sowohl die bürgerliche Gesellschaft zu seiner Absicht lenken, als sich auch in die bürgerliche Gesellschaft schicken" (9:455). Und drittens, „durch die moralische Bildung endlich bekommt er einen Werth in Ansehung des ganzen menschlichen Geschlechts" (9:455).

Weiterführende Literatur

Kim, Y.-R.: Der Begriff der Bildung bei Immanuel Kant, Max Scheler und Theodor Ballauf, Bern: 2002.

Roth, Klas / Surprenant, Chris W. (Hg.): Kant and Education: Interpretations and Commentary, London: Routledge 2012.

Robert B. Louden
(Übersetzung: Jean Philipp Strepp)

Böses, radikales

Gemäß Kants Position in *Religion* wohnt jedem Menschen – qua Menschsein – ein „natürlicher Hang zum Bösen" (6:37) inne, der als ein „*radicales*, angebornes, (nichts destoweniger aber uns von uns selbst zugezogenes) *Böse*[s] in der menschlichen Natur" (6:32) verstanden werden müsse. Dieses Böse sei deshalb „*radical*", weil es „den Grund aller Maximen verdirbt" (6:37). Seinen wesentlichen Ausdruck finde es darin, dass „der Mensch (auch der Beste) [...] die sittliche Ordnung der Triebfedern in der Aufnehmung derselben in seine Maximen umkehrt" und er so „das moralische Gesetz zwar neben dem der Selbstliebe in dieselbe aufnimmt, [...] er die Triebfeder der Selbstliebe und ihre Neigungen [jedoch] zur Bedingung der Befolgung des moralischen Gesetzes macht, da das letztere vielmehr als die *oberste Bedingung* der Befriedigung der ersteren in die allgemeine Maxime der Willkür als alleinige Triebfeder aufgenommen werden sollte" (6:36). In diesem Sinne könne die Selbstliebe, „als Princip aller unserer Maximen angenommen", auch als „Quelle alles Bösen" angesehen werden (6:45). Weitere wichtige Stellen: 4:454f.; 5:57f.; 5:73f.; 5:84ff.; 5:99f.; 6:19–53; 6:72–75; 6:431; 7:414; 8:270; 8:312; 8:355; 8:379; 19:639f.; 19:646; 23:101; 27:571f.

Philosophische Funktion

1 *Historisch-systematische Abgrenzungen und Kontextualisierungen*

Mit seiner Theorie eines selbstzugezogenen, radikalen Bösen in der menschlichen Natur stellt sich Kant u. a. den folgenden Denktraditionen und -positionen eines moralisch verstandenen Bösen entgegen (zur Abgrenzung des moralisch Bösen vom Übel bei Kant vgl. insbesondere 8:256f.): Zum einen könne der Grund des Bösen nicht sachgerecht in der →Sinnlichkeit selbst (6:34f.; 6:83) und in den natürlichen Neigungen verortet werden, wie es historisch vor allem die Stoiker versucht hätten (vgl. 6:59). Die sinnlichen Neigungen des Menschen seien vielmehr „*an sich selbst betrachtet*" als „*gut*, d. i. unverwerflich", anzusehen (6:58), wie Kant mit Blick auf ihr Potential, als Material für gute Willensvollzüge und Maximen fungieren zu können, zuspitzt. Zum anderen sei ebenso die insbesondere von Rousseau vertretene Position abzulehnen, nach der der Mensch von Natur aus ursprünglich gut ist und dann lediglich durch die gesellschaftlichen Umstände zum Bösen verleitet wird (vgl. 6:33 und 27:233; 28:574f.). Zwar greift auch Kant im *Dritten Stück* der *Religion* verschiedene Phänomene eines sozial bedingten Bösen auf (vgl. 6:93f.), die ihn dann zu Folgekonzeptionen wie dem moralisch notwendigen Reich Gottes auf Erden (vgl. 6:101 u. ö.) führen. Doch da diese Analysen wieder davon ausgehen, dass die etwaige „rohe[] Natur" (6:93) des Individuums vom Makel des bereits Bösen dispensiert werden muss (vgl. 6:93), erscheint es angezeigt, diese Analysen als nur sekundär gegenüber den begründungstheoretischen Reflexionen zum radikalen Bösen im *Ersten Stück* anzusehen (anders jedoch und auch im Unterschied zu der Darstellung gleich in Abschnitt 2: Wood, *Kant's Ethical Thought*, S. 286–289). Letzteres (und damit auch jedes davon abgeleitete, partikulare Böse) muss nach Kant vielmehr als eine freie, bewusst intendierte und in diesem Sinne auch *vernünftige* „That" (6:31; zum „Vernunftursprung": 6:41; 6:43) des einzelnen Menschen sowie als „positives [...] Princip" (6:59) verstanden werden, wenn es sich um einen zurechenbaren Sachverhalt handeln soll. Dementsprechend kann das Böse weder – wie in der sokratisch-platonischen Tradition – als eine defizitäre Erkenntnis noch als eine bloße *privatio boni* verstanden werden. Mit letzterer Lehre stimmt Kant lediglich insofern überein, als auch für ihn das Böse *begrifflich* eine Negation des gesetzlich Gesollten darstellt und das Böse nicht „*teuflisch*[]" um des Bösen willen (6:35), sondern immer nur zugunsten des motivationalen Vorzugs einer sinnlichen Triebfeder begehrt werde. Schon seine „Anlage für die *Persönlichkeit*" (6:27), über die der Mensch neben seinen – ebenfalls auf das „Gute[]" gerichteten – Anlagen für die „*Thierheit*" und für die ‚Vernünftigkeit' verfüge (6:26), verhindere, dass ihm jemals, solange er noch zurechenbares Vernunftwesen ist, die normative Idee eines guten Willens abhandenkommen könnte (vgl. auch 6:36). Doch ungeachtet dieser partiellen Anklänge an eine *privatio-boni*-Konzeption (vgl. auch

Stellen wie 8:379) verlieren frühere, an die Leibniz-Wolff-Tradition erinnernde Versuche Kants, das Böse als nur unvollkommenes, funktionales Teil eines vollkommenen Ganzen zu identifizieren (vgl. u. a. 28:344f.; 28:1078f.; 28:1201; 28:1288), im *Ersten Stück* der *Religion* ihren systematischen Ort. Treffend führt Michel Despland dazu aus: „In *Religion* we find ourselves in a different intellectual universe: we hear there of forces of evil which are to be defeated rather than utilized“ (*Kant on History and Religion*, S. 171). Vorbereitet wird diese Konzeption u. a. schon in der *KpV*, allerdings dort weniger durch das *Zweite Hauptstück*, das – trotz seiner bereits maßgeblichen Begriffsbestimmung des Bösen als Folge aus dem Sittengesetz (vgl. 5:57f.; 5:62f.) – noch eine Theorie der → Kausalität, die bei der Wahl des Bösen im Spiel ist, vermissen lässt, sondern stärker durch Kants Ausführungen zur Unterscheidung des (bereits bösen) „Eigendünkel[s]“ gegenüber der moralisch domestizierbaren „Eigenliebe“ (5:73f.) sowie durch seine Kritik an der „*moralischen* Schwärmerei“ (5:84), bei der die radikale Bösartigkeit des Menschen de facto geleugnet wird (vgl. 5:84ff.).

2 *Kants Behauptung der Wirklichkeit, der Universalität und der Ausprägungen des radikalen Bösen*

Soweit Kant nicht nur eine Nominaldefinition des radikalen Bösen aufbieten möchte, bedarf es noch einer Begründung dafür, dass ein „solcher verderbter Hang“ zum Bösen auch *tatsächlich* „im Menschen gewurzelt sein müsse“ (6:32). Als Beleg dafür führt er in der *Religion* zunächst (nur) die „Menge schreiender Beispiele, welche uns die Erfahrung *an den Thaten* der Menschen vor Augen stellt“ (6:32f.), an. Etwas später spricht er in diesem Zusammenhang auch von „Erfahrungsbeweise[n]“ (6:35). Das Argument lässt sich wie folgt verstehen: Die Erfahrung belegt zumindest illegale, pflichtwidrige Handlungen, und von diesen lässt sich wiederum auf die Gegebenheit von bösen Gesinnungen bzw. einer radikal-bösen Grundgesinnung im Menschen schließen (während eine denkbare Welt voll von ausschließlich gesetzeskonformen, pflichtgemäßen Handlungen trotzdem noch keinen Schluss auf moralisch-gute Gesinnungen im Menschen legitimieren würde, vgl. 6:30f. u. ö.). Zieht man jedoch noch Kants vorangegangenes Diktum: „mithin [kann] das Urtheil, daß der Thäter ein böser Mensch sei, *nicht mit Sicherheit* auf Erfahrung gründen“ (6:20, meine Hervorhebung) heran, so muss man annehmen, dass das skizzierte Argument keine apodiktische Sicherheit verbürgen kann (eine Täuschung kann hier nicht logisch ausgeschlossen werden, selbst einer äußerlich ‚illegalen Handlung‘ könnte eine gute Absicht zugrunde liegen), sondern – soweit sich in illegalen Handlungen etwas exemplarisch Menschliches zeigt – lediglich eine empirische Überzeugungskraft besitzt.

Dessen ungeachtet meint Kant, er könne sich durch das empirisch fundierte Argument bereits „den förmlichen Beweis ersparen“ (6:33). Die Rekonstruktion eines solchen Beweises (aus der Form des menschlichen Wollens überhaupt) scheint aber erforderlich zu sein, wenn nicht nur eine Generalität, sondern eine strenge „Allgemeinheit“ (6:30) und Wirklichkeit des „Hanges zum Bösen“ (6:30) in jedem Menschen belastbar behauptet werden soll. Ein solcher apriorischer Beweis findet sich – wenn überhaupt – nur implizit bei Kant. Man kann versuchen, die Eröffnung der dritten Sektion des *Ersten Stückes* als Anhaltspunkt für eine entsprechende Rekonstruktion zu nehmen: „Der Satz: der Mensch ist *böse*, kann nach dem obigen nichts anders sagen wollen als: er ist sich des moralischen Gesetzes bewußt und hat doch die (gelegentliche) Abweichung von demselben in seine Maxime aufgenommen“ (6:32, vgl. auch 6:42).

Wie schon in den ethischen Grundlegungsschriften (*GMS*, *KpV*) und insbesondere in Form der Faktums-Lehre entfaltet (vgl. 5:30ff.), tritt das Sittengesetz dem Menschen in Gestalt eines nötigenden Sollens gegenüber. Als endliches, auch von der Sinnlichkeit abhängiges Vernunftwesen befolgt der Mensch das Gesetz nicht automatisch (und nur das offenbart die auf 6:32 ins Spiel gebrachte „Erfahrung“), er verfügt über keinen heiligen Willen, für den das Sittengesetz (lediglich) ein analytischer Deskriptionssatz seiner Operationsweise wäre (vgl. 5:32). Doch während sich die ethischen Grundlegungsschriften damit zu begnügen schienen, diese Urkonstellation des Menschen als einen ontischen Sachverhalt zu konstatieren, geht die *Religion* bzw. die Theorie des radikalen Bösen einen Schritt weiter: Dieses Sollen, das ein ‚das-Sittengesetz-nicht-automatisch-Wollen‘ jedes Menschen impliziert, kann keine

Naturtatsache sein, es steht vermittelnd *zwischen* natürlich-instrumenteller und rein vernünftiger Anspruchssphäre. Muss aber jeder Mensch qua Mensch in der vernünftigen Selbstreflexion zu dem Schluss kommen, dass er in dieser Hinsicht das Sittengesetz – in seiner unbedingten Geltungspriorität – *von jeher nicht von vornherein will* (sondern sich durch die eigene Vernunft immer erst dazu nötigen muss), so kann dieses ursprüngliche *Nichtwollen* nur als etwas Aktives, als eine jeweilige, atemporale Tat (vgl. 6:39ff.) und – im Angesicht der Geltung des Sittengesetzes – als je eigene *Urverschuldung* verstanden werden (‚Ich soll, also will ich ursprünglich nicht'). Nur in diesem modifizierten Sinne kann Kant daher den „Hang zum Bösen" (6:31) auch mit den traditionellen Termini „*angeborne* Schuld" (6:38) sowie „peccatum originarium" (6:31) belegen und zu den folgenden Schlussfolgerungen gelangen: „Es kann aber der Ausdruck von einer That überhaupt sowohl von demjenigen Gebrauch der Freiheit gelten, wodurch die oberste Maxime (dem Gesetze gemäß oder zuwider) in die Willkür aufgenommen, als auch von demjenigen, da die Handlungen selbst (ihrer Materie nach, d. i. die Objecte der Willkür betreffend) jener Maxime gemäß ausgeübt werden. Der Hang zum Bösen ist nun That in der ersten Bedeutung (peccatum originarium) und zugleich der formale Grund aller gesetzwidrigen That im zweiten Sinne genommen, welche der Materie nach demselben widerstreitet und Laster (peccatum derivativum) genannt wird; und die erste Verschuldung bleibt, wenn gleich die zweite (aus Triebfedern, die nicht im Gesetz selber bestehen) vielfältig vermieden würde" (6:31). Der selbstzugezogene, ursprüngliche „Hang zum Bösen" manifestiert sich in einer „oberste[n] Maxime", die alle materialen, zeitlich lokalisierten Einzelmaximen umrahmt. Und selbst wenn letztere allesamt mit der Forderung des Sittengesetzes in Einklang gebracht sowie böse Einzelgesinnungen und Taten (vgl. auch 6:41) vermieden würden, könnte der strukturelle „Hang zum Bösen" dadurch, wie Kant sich ausdrückt, „nicht ausgerottet werden" (6:31, was auch gegenüber den klassifikatorischen Unterscheidungen von Muchnik, *An Alternative Proof*, S. 131, eingewendet werden kann). Konsequenterweise bestimmt Kant das radikale Böse bzw. den Hang dazu auch als eine „intelligibele That" (6:31; 6:39 Anm.), die als an sich „*zufällig*" (6:28) qualifiziert und für die prinzipiell kein externer, „begreiflicher" (6:43) Grund (jenseits der „obersten Maxime") angegeben werden kann (vgl. 6:21; 6:32; 6:43). Denn wäre sie notwendig oder nochmals durch etwas Anderes motiviert, so erfolgte sie nicht mehr aus Willkürfreiheit bzw. „Spontaneität" (6:24) und zurechenbarer Selbstverantwortung. Das radikale Böse ist dergestalt ein menschlich-universelles Faktum, das sich letztlich aus der Geltungs-Faktizität des Sittengesetzes erschließen lässt.

Es sei noch darauf hingewiesen, dass die Wechselbeziehung zwischen dem Sittengesetz und dem (radikalen) Bösen in teilweise ähnlicher Form auch in der Literatur herausgearbeitet wird, vgl. beispielsweise: Allison, *Kant's Theory of Freedom*, S. 152–157; Brandt, *Immanuel Kant – Was bleibt?*, S. 82f.; Grimm, *Kant's Argument for Radical Evil*, S. 171; McMullin, *Kant on Radical Evil*, S. 55f. Für Wood erweist sich dagegen ein Rekonstruktionsversuch dieses Typus als „trivial practical corollary of our finitude" (*Kant's Ethical Thought*, S. 287), was im Angesicht der entfalteten Zusammenhänge unterbestimmt erscheint. Schwerlich mit dem Text und den Intentionen der *Religion* in Einklang zu bringen dürfte auch Guyers folgende These sein: „Kant is not trying to prove the ubiquity of evil, but rather to prove that the evil that is ubiquitous is radical." (*The crooked timber of mankind*, S. 148).

Die Kontingenz des ‚Hangs zum Bösen' schließt es für Kant wiederum nicht aus, diesen dennoch als Charakter der gesamten menschlichen „Gattung" sowie als „*angeboren*" bezeichnen zu können (6:21; vgl. 6:25; 6:32). Der in der Rezeptionsgeschichte häufig erhobene Vorwurf, eine solche Konzeption sei widersprüchlich oder paradox, dürfte sich (wenn überhaupt) nur dann ausräumen lassen, wenn „*angeboren*" (6:21) hier nicht als eine natürliche oder anderweitig extern induzierte „Anlage" (siehe 6:26ff. und nochmals Abschnitt 1) verstanden wird, sondern als etwas, was sich jeder Mensch „mit der Geburt zugleich" (6:22) *selbst anerschaffen* hat (vgl. auch 6:29). Gemäß dieser Gedankenführung muss dies auch für alle endlichen Menschen gelten, die noch in Zukunft leben werden. Logisch denkbar bleibt weiterhin, wie für Kant ideengeschichtlich im „Sohn[] Gottes" (6:74) und unter Umständen auch in dem *Ideal* des gewandelten, „neuen Menschen" (6:48, siehe auch folgend Abschnitt 3) konkretisiert, die Konzeption eines affizierten und dennoch heiligen Wesens (vgl. 6:383), das seine drei Anlagen tatsächlich *nur zum Guten* gebraucht.

Der „Hang zum Bösen" schließt nach Kant demgegenüber zunächst noch zwei Grundzustände (Stufen) ein, die er offenbar aufgrund der strukturellen Mitimplikation als „unvorsätzlich" (6:38) charakterisiert: die „*Gebrechlichkeit*" (d. h. „Schwäche des menschlichen Herzens") und die „*Unlauterkeit*" (d. h. „Vermischung unmoralischer Triebfedern mit den moralischen") (6:29). Der Mensch *sei* unweigerlich – nach seiner Urverschuldung – strukturell gebrechlich und unlauter. Eine erneute „vorsätzliche" (6:38), dritte Stufe des Bösen manifestiere sich erst in der „*Verkehrtheit* (perversitas) des menschlichen Herzens" (6:30) und in dem Hang des Menschen, das Sittengesetz in konkreten Fällen dezidiert nicht zum ausschlaggebenden Bestimmungsgrund des Willens *zu machen*, obwohl er sich des entsprechenden Anspruches immer bewusst sei. Diese mutwillige Verkehrung geht nach Kant notwendigerweise mit einem prinzipiellen *Selbstbetrug* des Menschen einher (vgl. 6:38; 6:42), der sich hier selbst eine Ausnahme gestattet. So werde dem Sittengesetz dann, „wenn es hoch kommt" (6:37), häufig nur noch insofern vermeintlich Rechnung getragen, als man sich unlauter mit der bloßen Legalität seiner Maximen begnügt, anstatt die erforderliche Moralität zu verwirklichen. Dementsprechend kann Kant in der späten *Refl.* 8103 auch die Zuspitzung vornehmen, die „Unredlichkeit der Menschen als das radicale Böse" (19:646) zu bezeichnen.

3 Fragen und Probleme

Kants *Religion* hat insbesondere mit ihren Ausführungen zum radikalen Bösen nicht nur bei Zeitgenossen, sondern auch in der Rezeptionsgeschichte immer wieder Fragen hervorgerufen und Verwunderungen ausgelöst. Am prominentesten dürften letztere in einem viel zitierten Diktum Goethes (aus einem Brief an Johann Gottfried und Karoline Herder) zum Ausdruck kommen: „Dagegen hat aber auch Kant seinen philosophischen Mantel, nachdem er ein langes Menschenleben gebraucht hat, ihn von mancherlei sudelhaften Vorurteilen zu reinigen, freventlich mit dem Schandfleck des radikalen Bösen beschlabbert, damit doch auch Christen herbeigelockt werden, den Saum zu küssen" (*Brief an Herder vom 7. 6. 1793*, S. 213). Demgegenüber ließen sich im Vorangegangenen Gesichtspunkte rekonstruieren und in Verbindung bringen, nach denen Kants Theorie des radikalen Bösen die christliche Erbsünden-Lehre nur in eingeschränkter Weise inkorporiert (den Vererbungscharakter ganz bestreitet) und in Kontinuität mit seinen ethischen Grundlegungsschriften (*GMS, KpV*) gesehen werden kann. Gegenüber solchen Konsistenzdarlegungen hat (neben anderen) Christoph Horn – im Anschluss an Gordon E. Michalson – mehrere Einwände erhoben, von denen hier zwei angeführt werden sollen:

(a) Kant selbst bedient sich auf 6:28f. Anm. einer explikatorischen Analogie des „Hangs zum Bösen" zu einem Hang „zum Begehren eines Genusses, der, wenn das Subject die Erfahrung davon gemacht haben wird, *Neigung* dazu hervorbringt." Es stellt sich aber die Frage, wie sich die →Freiheit (Spontaneität), die bei der ursprünglichen Wahl des „Hangs zum Bösen" wirksam war, insbesondere zu der Freiheit verhalten soll, die nun durch alle ‚Einzelneigungen zum Bösen' zur Entscheidung aufgerufen ist. Horn wirft in diesem Zusammenhang ein: „Einen zurechenbaren bösen Hang hätte Kant also nach dem ‚Schlechte-Angewohnheiten-Modell' konzipieren müssen; aber dies hat er nicht getan. Beim ‚Suchtmodell' liegt hingegen ein entschuldbares Fehlverhalten vor, das wir gewöhnlich als pathologisch beschreiben würden [...]. Kant spricht von einer Tendenz, die sich nicht ohne weiteres wieder rückgängig machen läßt, von einer Neigung zum Schlechten, die den Akteur, der sie getroffen haben soll, lebenslang bindet. Ist die besagte Fehlentwicklung aber faktisch irreversibel und irreparabel, so müsste sie *eo ipso* auch als entschuldbar gelten" (*Die menschliche Gattungsnatur*, S. 65). Das von Kant vorgebrachte Memorandum, der Mensch solle – als frei handelndes und daher verantwortliches Wesen – das Böse (bzw. den radikalen Hang dazu) *trotzdem* immer wieder überwinden (vgl. 6:37; 6:70), bedarf einer genaueren systematischen Klärung.

(b) Zur intelligiblen Tat des Menschen, die bei Kant mit dessen Urverschuldung einhergeht, führt Horn aus: „Eine derartige Handlung, von der der Akteur nichts weiß und auch nichts wissen kann, erscheint jedoch als absurdes Konstrukt.

Zum Konzept einer zurechenbaren Entscheidung gehört, daß sie zu einem fixierbaren Zeitpunkt wissentlich und willentlich vorgenommen wurde. [...] Man muss sich ferner an eine früher getroffene Entscheidung erinnern können und zu ihr in einer psychologisch-erinnerungsbasierten Kontinuität im Sinne Lockes stehen" (*Die menschliche Gattungsnatur*, S. 66). Demgegenüber kann erwogen werden, ob das bei Kant rekonstruierbare Konzept eines *notwendigen Rückschlusses* auf die atemporale Entscheidungstat in (nicht-psychologischer) *vernünftiger Selbstreflexion*, wie in Abschnitt 2 entfaltet, einen gangbaren Weg zu derselben bahnt.

Dessen ungeachtet durchzieht das *Erste Stück* der *Religion* (dessen genaue Beweis- und Argumentationsstruktur, etwaige Redundanzen etc. eigene Forschungsfragen darstellen dürften) eine (weitere) Spannung, die sich an folgendem Sachverhalt festmachen lässt: Einerseits hebt Kant in der dritten Sektion darauf ab, dass der natürliche Hang zum Bösen „durch menschliche Kräfte nicht zu *vertilgen*" sei, dieser sei gegebenenfalls nur „zu *überwiegen*" (6:37; vgl. schon zuvor 6:31). Andererseits gibt er in der abschließenden „Anmerkung" (6:44), die schon zu den „*Parerga*" (6:52 Anm.) der philosophischen Religionslehre zu zählen sei, zu bedenken: „[U]ngeachtet jenes Abfalls erschallt doch das Gebot: wir *sollen* bessere Menschen werden, unvermindert in unserer Seele; folglich müssen wir es auch können, sollte auch das, was wir thun können, für sich allein unzureichend sein und wir uns dadurch nur eines für uns unerforschlichen höheren Beistandes empfänglich machen" (6:45). Und diese grundsätzliche Wandlung sei „nicht anders zu vereinigen", als dass eine „Revolution für die Denkungsart", eine „allmählige Reform aber für die Sinnesart (welche jener Hindernisse entgegenstellt) nothwendig und daher auch dem Menschen möglich sein muß" (6:47). Der hier gedachte, im Intelligiblen revolutionär-gewandelte „neue Mensch", der sich so die „Maxime der Heiligkeit" (6:47) zu eigen gemacht habe, übernehme nun die „Antretung einer langen Reihe von Übeln des Lebens, [...] bloß um des Guten willen" (6:74; vgl. auch 6:75 Anm.). Seine intelligible Grundentschließung zum Guten sei fortan „unveränderlich" (6:51; siehe auch 6:47f.). Jedoch könne der konkrete Mensch nie eine „Überzeugung" bzw. ein „unmittelbares Bewußtsein" (6:51) von einer solchen gewinnen, sondern lediglich „*hoffen*" (6:48; 6:51), ihrer teilhaftig zu werden.

Mit welchen Implikationen allerdings die von Kant nicht weiter vertiefte Asymmetrie zwischen dem offenkundigen *Wissen* des (endlichen) Menschen um seinen ‚Hang zum Bösen' und seiner reinen *Hoffnung* auf eine intelligible Wandlung zum Guten verbunden ist, erscheint klärungsbedürftig. In diesem Zusammenhang lässt sich u. a. der Frage nachgehen, ob sich die folgenden Schlussbeziehungen aus dem kantischen Text ergeben und ob sie ggf. sachlich haltbar sind: Zwar würden selbst gute Einzelmaximen/Handlungen aus Pflicht, wenn man solche dingfest machen könnte, gemäß 6:31 weiterhin *keinen* Schluss auf eine gewandelte ‚gute Grundgesinnung' erlauben, hingegen würden aus einer feststehenden ‚guten Grundgesinnung' tatsächlich nur noch gute Einzelmaximen/Handlungen aus Pflicht folgen. – Zu Schwierigkeiten von Kants Konzeption einer moralisch gebotenen, intelligiblen Wandlung zum Guten vgl. u. a. Wimmer, *Kants kritische Religionsphilosophie*, S. 150–160 (bes. S. 150–153), sowie Michalson, *Fallen Freedom*, S. 73–88 (bes. S. 73 und S. 85–87).

Weiterführende Literatur

Firestone, Chris L. / Jacobs, Nathan: In Defense of Kant's Religion, Bloomington u. a.: Indiana University Press 2008.

Hoping, Helmut: Freiheit im Widerspruch. Eine Untersuchung zur Erbsündenlehre im Ausgang von Immanuel Kant, Innsbruck u. a.: Tyrolia 1990.

Michalson, Gordon E.: Fallen Freedom. Kant on Radical Evil and Moral Regeneration, Cambridge: Cambridge University Press 1990.

Schulte, Christoph: Radikal böse. Die Karriere des Bösen von Kant bis Nietzsche, München: Fink 1991 (mit weiteren Literaturhinweisen).

Thomas Wyrwich

Charakter

Charakter (Zeichen) bedeutet bei Kant eine individualisierende, typische oder besondere Eigenschaft von Begriffen, Ereignissen, Dingen, Personen sowie des ganzen Menschengeschlechts. Wichtige Stellen: KrV A 47 / B 64; KrV B 418; A 539 / B 567; 5:281ff.; 6:27; 7:124ff.; 8:89ff.

Philosophische Funktion

Eine einheitliche Konzeption oder gar eine Theorie des logischen und psychologischen Charakters findet sich bei Kant nicht. Der Ausdruck wird in den verschiedensten Bereichen der Philosophie zur Bezeichnung von hervorstechenden Merkmalen verwendet. In der Regel findet ein Bezug auf den Gesetzesbegriff statt.

1 Logik

Kant definiert „Charakterismen" als „Bezeichnungen der Begriffe durch begleitende sinnliche Zeichen, die gar nichts in der Anschauung des Objects Gehöriges enthalten, sondern nur jenen nach dem Gesetze der Association der Einbildungskraft, mithin in subjectiver Absicht zum Mittel der Reproduction dienen; dergleichen sind entweder Worte oder sichtbare (algebraische, mimische) Zeichen, als bloße *Ausdrücke* für Begriffe" (5:352).

2 Anthropologie

Die Charakterisierung von konstanten psychischen Merkmalen von Personen, Denkungsart, Geschlecht, Volk, Nation, Rasse und Gattung dient der pragmatischen Orientierung des Menschen in der Welt und steht in einem engen Verhältnis zum moralischen Charakter des Menschen: Der Mensch kann sich einen guten oder schlechten Charakter erwerben (vgl. 2:231; 2:243; 2:442; 6:27; 7:124ff.; 8:89ff.). Für die moralische Bewertung einer Person ist die Differenz von intelligiblem und empirischem Charakter wichtig, der die Art und Weise bezeichnet, in der eine Person ihre freie Willkür als Vernunft- und Sinnenwesen gebraucht (vgl. KrV A 538–557 / B 566–585; 7:285; 6:27; 6:37f.; 6:47f.). Allein der „reine moralische Bewegungsgrund" gründet „einen Charakter (praktische consequente Denkungsart nach unveränderlichen Maximen)" (5:152).

3 Theoretische Philosophie

Die Beharrlichkeit gehört „nothwendig zum Charakter der Substanz" (KrV B 418); jede Wirkursache hat einen Charakter, „d. i. ein Gesetz ihrer Causalität, ohne welches sie gar nicht Ursache sein würde" (KrV A 539 / B 567 366); alle „Naturdinge" haben aufgrund ihrer gesetzlichen Bestimmung einen „empirischen Charakter" (KrV A 545 / B 574); „die in der Bewegung aufgewandte Zeit [ist] der wahre und einzige Charakter der lebendigen Kraft" (1:35); das „Charakteristische aller Sätze der Geometrie" besteht in ihrer „Nothwendigkeit und absoluten Allgemeinheit" (KrV A 47 / B 64; vgl. KrV A 160 / B 199); die Wahrnehmung ist „der einzige Charakter der Wirklichkeit" eines Begriffs (KrV A 225 / B 273).

4 Ästhetik

Wird das Charakteristische eines Gesichts übertrieben dargestellt, handelt es sich um eine Karikatur (vgl. 5:235). Der Geschmack wie das Genie haben charakteristische Eigentümlichkeiten (vgl. 5:281ff.; 5:310). Dinge haben als Naturzwecke einen „eigenthümlichen Charakter" (5:369).

Weiterführende Literatur

Brandt, Reinhard: Kritischer Kommentar zu Kants Anthropologie in pragmatischer Hinsicht (1798), Hamburg: Meiner 1999.

Heiner F. Klemme

Christentum

Der Ausdruck ‚Christentum' bezeichnet den Inbegriff der Glaubenslehren, die das Neue Testament „als Quelle" (6:157) haben. Weitere wichtige Stellen: 5:127–132; 5:471f.; 6:107–114; 6:126ff.; 6:139; 6:157; 6:163–167; 6:192–195; 7:32; 7:36–40; 7:44; 7:46; 7:48; 7:52; 7:59; 7:63; 7:66–69; 8:338.

Philosophische Funktion

1 Der zweiseitige Charakter des Christentums

Die christlichen Lehren teilen sich in zwei Klassen, von denen die erste diejenigen Lehren umfasst, die auch, und zwar zuerst, aus reiner praktischer Vernunft zu entwickeln sind, d. h. es sind reine, in der Autonomie der Vernunft gegründete Morallehren. Indem Moral allerdings dazu zwingt, „zu seinen Pflichten sich noch einen Endzweck [...] zu denken" (6:6), d. h. den Endzweck einer durch den Menschen selbst nicht zu bewirkenden Vereinigung von Glückswürdigkeit und Glückseligkeit (vgl. Kants Lehre vom →höchsten Gut, insbes. 5:110–119), zwingt sie zu einem Begriff von Gott, wonach dieser als dazu fähig gedacht wird, das menschliche Defizit zu überwinden und jene Vereinigung zustande zu bringen. „Moral also führt unumgänglich zur Religion, wodurch sie sich zur Idee eines machthabenden moralischen Gesetzgebers außer dem Menschen erweitert, in dessen Willen dasjenige Endzweck (der Weltschöpfung) ist, was zugleich der Endzweck des Menschen sein kann und soll" (6:6). Unbeschadet der Autonomie der Morallehren aus reiner praktischer Vernunft können die moralischen Gesetze nun zugleich als göttliche Gebote gedacht werden. Indem Kant diesen Gedanken dem Gedankengut des Christentums zuschreibt, kann er, die rein moralischen Lehren betreffend, dessen Übereinstimmung mit seiner allgemeinen Definition von Vernunftreligion betonen: Religion ist danach „der Inbegriff [...] aller unserer Pflichten überhaupt als göttlicher *Gebote*" (7:36).

Die zweite Klasse der Glaubenslehren des Christentums hat ihren Ursprung nicht wie die erste innerhalb der Grenzen der bloßen Vernunft. Es ist die Klasse der „Statuten [...], die einer Offenbarung bedurften, wenn sie für heilige Lehre und Lebensvorschriften gelten sollten" (7:37), z. B. als Vorschriften für rituelle Handlungen (sonntäglicher Gottesdienst u. ä.). In diesem Fall ist die „Lehre auf Facta, nicht auf bloße Vernunftbegriffe gebaut" (6:164), d. h. hier ist „die Quelle gewisser sanctionirter Lehren *historisch*" (7:32). Aufgrund des Erfordernisses der historischen Datierbarkeit einer vermeinten faktischen Selbstmitteilung Gottes nennt Kant den Glauben daran auch den „historischen Glauben" (6:164). Eine andere Benennung ist „der statutarische Kirchenglaube" (6:108). Dadurch wird akzentuiert, dass der Offenbarungsglaube anders als der Vernunftglaube, der bloß das Dasein vernünftiger Wesen voraussetzt, zur Tradierung seines faktischen Gehalts der Institutionalisierung bedarf, d. h.: an die Verbreitung einer „Offenbarungslehre" schließt sich die Forderung an, dass „eine Kirche gegründet wird, [...] die der Gelehrten als Ausleger und Aufbewahrer bedarf" (6:165). Anders als im Fall der einen Vernunftreligion, für die Kant den Ausdruck ‚Religion' reservieren möchte (vgl. 6:107f.), gibt es wegen der Pluralität der in der Geschichte als Selbstmitteilungen Gottes gedeuteten Fakten „verschiedene Glaubensarten an göttliche Offenbarung und deren statutarische Lehren" (7:36).

Die beiden Klassen von Glaubenslehren zusammengenommen, werden wir mit Kant „den christlichen Glauben einerseits als einen reinen *Vernunftglauben*, andrerseits als einen *Offenbarungsglauben* (*fides statutaria*) zu betrachten haben" (6:163). Die Verhältnisbestimmung der beiden Komponenten des Christentums trifft Kant so, dass er dem vernunftreligiösen Anteil sachliche Priorität zuspricht, die Annahme des Offenbarungsanteils ins Belieben stellt, diesem aber zugleich eine potenziell unterstützende Rolle im Prozess der Moralisierung zugesteht. Demgemäß ist „das Christenthum [...] die Idee von der Religion, die überhaupt auf Vernunft gegründet und so fern natürlich sein muß. Es enthält aber ein Mittel der Einführung derselben unter Menschen, die Bibel, deren Ursprung für übernatürlich gehalten wird, die (ihr Ursprung mag sein, welcher er wolle), so fern sie den moralischen Vorschriften der Vernunft in Ansehung ihrer öffentlichen Ausbreitung und inniglicher Belebung beförderlich ist, als Vehikel zur Religion gezählt werden kann und als ein solches auch für übernatürliche Offenbarung angenommen werden mag" (7:44).

2 *Spezifikationen zum vernunftreligiösen Teil des Christentums*

Im Kern ist die „christliche Religion" nach Kant „*aus dem Munde des ersten Lehrers* als eine nicht statutarische, sondern moralische Religion hervorgegangen" und ist „auf solche Art mit der Vernunft in die engste Verbindung" (6:167) getreten. Wer „*die christliche Moral von ihrer philosophischen Seite*" betrachte und sie „mit den Ideen der griechischen Schulen" (der Zyniker, der Epikureer, der Stoiker) vergleiche, stelle fest, dass diese das Sittengesetz nicht „in der Reinigkeit und Strenge, als es die Vorschrift des Evangelii thut" (5:127f. Anm.), vorgestellt haben, so dass das Christentum unter philosophischem Gesichtspunkt den Vorzug verdient. Ungeachtet dessen, dass die Bibel die Gesetze der Moral aus dem Munde Jesu vernehmen lässt, dessen Göttlichkeit sie zugleich behauptet, hält Kant daran fest, dass „das christliche Princip der *Moral* selbst doch nicht theologisch (mithin Heteronomie) [ist], sondern Autonomie der reinen praktischen Vernunft für sich selbst [ausdrückt], weil sie die Erkenntniß Gottes und seines Willens nicht zum Grunde dieser Gesetze [...] macht" (5:129). Die Bibel baut nach Kant in ihrem vernunftkonformen Teil in Absicht auf Moralisierung „nicht auf übernatürliche Erfahrungen und schwärmerische Gefühle", „sondern auf den Geist Christi [...], so wie er ihn in Lehre und Beispiel bewies" (7:59); dieser Geist Christi liege aber „mit der ursprünglichen moralischen Anlage schon in uns" (7:59) selbst. Dass das Christentum in der Befolgung der moralischen Gebote den Akzent auf die Gesinnung setzte, ist für Kant ein weiterer Punkt der Übereinstimmung mit den Erfordernissen reiner praktischer Vernunft (vgl. 6:126). Insgesamt ist für Kant unter den „Formen der sinnlichen Vorstellungsart des göttlichen Willens" (7:36) das Christentum aufgrund der Verknüpfung, in der hier der statutarische mit dem vernunftreligiösen Anteil auftritt, „so viel wir wissen, die schicklichste Form" (7:36). Die Berechtigung dieser Bevorzugung vor den anderen historischen Glaubensarten ist in der Rezeption der kantischen Religionsphilosophie verschiedentlich in Frage gestellt worden (vgl. McCarthy, *Quest*, insbes. S. 89–91).

Seine eigene Position unter dem Namen der Lehre vom höchsten Gut, die sich rein rationaler Reflexion verdankt, sieht Kant durch das Christentum dem Begriff nach vertreten und sogar in die Philosophiegeschichte allererst eingeführt (vgl. zu letzterem 5:471f. Anm.), denn es gehe ebenfalls davon aus, dass „das moralische Gesetz für sich [...] doch keine Glückseligkeit" (5:128) verheiße und dieses Rationalitätsdefizit durch die Darstellung eines „*Reichs Gottes*" ergänze, „in welchem Natur und Sitten in eine jeder von beiden für sich selbst fremde Harmonie durch einen heiligen Urheber kommen" (5:128). Auch die durch die christliche Lehre dem Menschen bekräftigte „Hoffnung seiner ins Unendliche gehenden Fortdauer" (5:128) hält Kant aus dem Gesichtspunkt reiner praktischer Vernunft für legitimiert (vgl. 5:122ff.). In der Deutung gewisser christlicher Lehren und Praktiken, deren Rationalität zweifelhaft ist oder die dieser dem unmittelbaren Ausdruck nach sogar widersprechen, geht Kant sehr weit, um dennoch nach Anhaltspunkten für eine vernunftimmanente modifizierende Auslegung zu suchen. Er entwickelt dazu eine explizite Theorie der Deutung heiliger Schriften (vgl. 6:109–114; 7:66–69), wonach die Bibel nicht buchstäblich, sondern aus dem Gesichtspunkt der Moral auszulegen ist. So lässt sich z. B. aus der „Dreieinigkeitslehre, nach dem Buchstaben genommen, [...] schlechterdings *nichts fürs Praktische machen*" (7:38). „Dagegen wenn man in Glaubenssätzen einen moralischen Sinn hereinträgt (wie ich es: *Religion innerhalb den Gränzen* etc. versucht habe)" (7:39), lässt sich die Dreieinigkeitslehre als einem „Bedürfnisse der praktischen Vernunft gemäß" auffassen, nämlich an Gott nach drei Hinsichten differenziert zu glauben, das ist der Glaube an ihn „als *heiligen* Gesetzgeber", „als *gütigen* Regierer und moralischen Versorger" und „als *gerechten* Richter" (6:139). Ähnliches gilt nach Kant für die Lehre von Jesus als „Gottmensch": Wenn dieser Gottmensch „als die in einem wirklichen Menschen ‚leibhaftig wohnende' und als zweite Natur in ihm wirkende Gottheit vorgestellt wird: so ist aus diesem Geheimnisse gar nichts Praktisches für uns zu machen", wohl aber wenn wir in unserer Gottesvorstellung den Gottmenschen als Repräsentanten der „in Gott von Ewigkeit her liegende[n] Idee der Menschheit in ihrer ganzen ihm wohlgefälligen moralischen Vollkommenheit" (7:39) denken. Über die Personifizierung gebietender und gebotskonformer Moralität hinaus sieht Kant in Jesus einen „liebenswürdig[en]" Zug des Christentums begründet, weil dieser dem Menschen „Liebe zu dem Geschäft der Beobachtung seiner Pflicht" nahe legte und selbst „nicht in der Qualität eines Befehlshabers" redete, „sondern in der eines Menschenfreundes [...], der seinen Mitmenschen ihren eignen wohlverstandnen Willen, d. i. wornach sie von selbst [...] handeln würden, wenn sie sich selbst gehörig prüften, ans Herz legt" (8:338).

Den christlichen Praktiken, durch die „das Unsichtbare [...] durch etwas Sichtbares (Sinnliches) repräsentirt" wird (6:192) und die Kant in der Regel als im Geist des Aberglaubens ausgeübt und als „der Gefahr der Mißdeutung gar sehr" (6:192) unterworfen ansieht, schreibt er mitunter doch die Möglichkeit rationaler Integrationsfähigkeit zu, nämlich als Mittel zur Beförderung wahrer Praxis zu dienen, die aber ihrerseits keine gottesdienstliche, sondern moralische Praxis bloß unter Menschen ist. Solcherart rational anschlussfähig sind „das Privatgebet", „das Kirchengehen", „die *Taufe*" und „die Communion" (6:193).

3 Spezifikationen zum außervernünftigen Teil des Christentums

Der Offenbarungscharakter der christlichen Lehren ist als solcher nach Kant durch Vernunft nicht zu verifizieren, allerdings auch nicht für unmöglich zu erklären (vgl. Dörflinger, *Offenbarung*). „[D]enn daß eine Offenbarung göttlich sei, kann nie durch Kennzeichen, welche die Erfahrung an die Hand giebt, eingesehen werden" (7:46), und „wenn Gott zum Menschen wirklich spräche, so kann dieser doch niemals *wissen*, daß es Gott sei, der zu ihm spricht. Es ist schlechterdings unmöglich, daß der Mensch durch seine Sinne den Unendlichen fassen, ihn von Sinnenwesen unterscheiden und ihn woran *kennen* solle" (7:63). Allerdings kann er sich „wohl in einigen Fällen überzeugen", dass es „*nicht* Gott sein könne, dessen Stimme er zu hören glaubt" (7:63); es sind die Fälle von Gott unmöglich zuschreibbaren moralischen Verfehlungen, wozu Kant z. B. die scheinbare Anweisung Gottes an Abraham zählt, ihm seinen Sohn Isaac zu opfern (vgl. 7:63 Anm.).

Für den reinen Religionsglauben aus praktischer Vernunft formuliert Kant die Bedingung, dass dazu „*Überzeugung* von der Wahrheit erforderlich ist, welche aber durch Statute (daß sie göttliche Sprüche sind) nicht beurkundigt werden kann" (7:46). Zwar hält Kant den sich auf Offenbarung stützenden christlichen Kirchenglauben deshalb für noch vernunftverträglich, weil „die, so sich zu einer Kirche bekennen, zum Fürwahrnehmen nichts mehr, als daß die Lehre nicht unmöglich sei, bedürfen" (7:46), doch wendet sich der Kirchenglaube dann ins Irrationale, wenn er nicht bloß nachgeordnetes Mittel im Dienst der moralischen Vernunftreligion sein will (vgl. 6:165). Es ist der Dienst der Kirche, „wo der Offenbarungsglaube vor der Religion vorhergehen soll, der *Afterdienst*, wodurch die moralische Ordnung ganz umgekehrt und das, was nur Mittel ist, unbedingt (gleich als Zweck) geboten wird" (6:165).

Weil er die Meinung für irrtümlich hält, „Gott sich durch etwas anders, als durch reine moralische Gesinnung günstig zu machen" (7:52) bzw. noch durch etwas anderes als bloß durch den guten Lebenswandel unter Menschen, steht Kant dem, was „gemeiniglich" für „*Gottesdienst*" (6:192) gehalten wird, kritisch gegenüber. Den als Selbstzweck verstandenen „kirchliche[n] Observanzen und fromme[n] Frohndienste[n]" spricht er die „Untauglichkeit des Ersatzmittels für die ermangelnde Rechtschaffenheit" (6:163) zu. Eine relative Berechtigung als Mittel zur Versinnlichung der per se unsichtbaren Moralität gesteht er allerdings auch dem Gottesdienst im landläufigen Verständnis zu, denn „das Unsichtbare bedarf doch beim Menschen durch etwas Sichtbares (Sinnliches) repräsentirt, ja, was noch mehr ist, durch dieses zum Behuf des Praktischen begleitet und, obzwar es intellectuell ist, gleichsam (nach einer gewissen Analogie) anschaulich gemacht zu werden; welches, obzwar ein nicht wohl entbehrliches, doch zugleich der Gefahr der Mißdeutung gar sehr unterworfenes Mittel ist, uns unsere Pflicht im Dienste Gottes nur vorstellig zu machen, durch einen uns überschleichenden *Wahn* doch leichtlich für den *Gottesdienst* selbst gehalten" (6:192f.). Auf ähnliche Art fehlgedeutet sieht Kant das Gebet, wenn es göttliche Gunst oder Gnade bewirken soll (vgl. 6:194f.). Die Repräsentanten einer solchen „*Frömmigkeit*" folgen dem „Grundsatz des leidenden Verhaltens in Ansehung der durch eine Kraft von oben zu erwartenden Gottseligkeit", „weil sie nie ein Zutrauen in sich selbst setzen, in beständiger Ängstlichkeit sich nach einem übernatürlichen Beistande umsehen und selbst in dieser Selbstverachtung (die nicht Demuth ist) ein Gunst erwerbendes Mittel zu besitzen vermeinen, wovon der äußere Ausdruck (im Pietismus oder der Frömmelei) eine *knechtische* Gemüthsart ankündigt" (6:184 Anm.).

Zu den statutarischen christlichen Glaubenslehren, die „zur Religion innerhalb der Gränzen der bloßen Vernunft nicht benutzt werden" (6:128 Anm.) können, zählt Kant insbesondere die Geschichte von der „*Auferstehung* und *Himmelfahrt*" Jesu (6:128 Anm.). Er will diese „Geschichtserzählung" „unter die Adiaphora" (7:40) gestellt sein lassen. Des Weiteren beklagt er die Vermehrung der wesentlichen Glaubensartikel, d. h. der moralischen, durch außerwesentliche auf dem Wege der „Tradition" und durch „Auslegungen, die von Concilien gesetzliche Kraft erhielten" (6:167).

4 Zur Geschichte des Christentums

Die Geschichte des Christentums bewertet Kant weitgehend negativ. Über die im Dunkeln liegende Anfangszeit könne zwar nicht geurteilt werden, „[s]eitdem aber das Christenthum selbst ein gelehrtes Publicum wurde, oder doch in das allgemeine eintrat, gereicht die Geschichte desselben, was die wohlthätige Wirkung betrifft, die man von einer moralischen Religion mit Recht erwarten kann, ihm keinesweges zur Empfehlung" (6:130). Kant beklagt die sich an das außervernünftig Statutarische anschließenden divergierenden Auslegungen innerhalb des Christentums, die sich in unzähligen „Sectenverschiedenheit[en]" (7:48) ausdrückten, aber auch die Konflikte mit den anderen statutarischen Kirchenglaubensarten, d. h. mit den anderen Offenbarungsreligionen, und kommt zu der allgemeinen Einschätzung, dass „die sogenannten Religionsstreitigkeiten, welche die Welt so oft erschüttert und mit Blut besprützt haben, nie etwas anders als Zänkereien um den Kirchenglauben gewesen" (6:108) sind.

Neben seiner prinzipiellen Kritik an kirchlicher Hierarchie und Papsttum, das einen „angemaßten Statthalter Gottes" (6:131) statuiere und das allgemein eine unangemessene Tendenz zur Ausübung politischer Macht ausdrücke (vgl. 6:130f.), verwirft Kant, historisch konkretisierend, wie „jenes geistliche Oberhaupt Könige wie Kinder durch die Zauberruthe seines angedrohten Bannes beherrschte und züchtigte, sie zu einen andern Welttheil entvölkernden, auswärtigen Kriegen (den Kreuzzügen), zur Befehdung untereinander, zur Empörung der Unterthanen [...] gegen ihre anders denkenden Mitgenossen eines und desselben allgemeinen so genannten Christenthums aufreizte" (6:131). Allen vernunftwidrigen Erscheinungen zum Trotz bescheinigt Kant dem christlichen Glauben gleichwohl, dass „aus der Stiftung desselben immer noch deutlich genug hervorleuchtete, daß seine wahre erste Absicht keine andre als die gewesen sei, einen reinen Religionsglauben, über welchen es keine streitende Meinungen geben kann, einzuführen" (6:131). Seine eigene Zeit hält er in der „bisher bekannten Kirchengeschichte" für „die beste" (6:131). Er erkennt „in allen Ländern unsers Welttheils unter wahren Religionsverehrern allgemein (wenn gleich nicht allenthalben öffentlich)" eine „in Dingen, welche ihrer Natur nach moralisch und seelenbessernd sein sollen, sich von der Last eines der Willkür der Ausleger beständig ausgesetzten Glaubens loswindende Vernunft" (6:132). Sonstige irrationale Phänomene aus der Geschichte des Christentums sind für Kant die „mystische[n] Schwärmereien im Eremiten- und Mönchsleben", die „vorgebliche[n] Wunder[, die] das Volk unter einem blinden Aberglauben mit schweren Fesseln drückten", ebenso die „Hochpreisung der Heiligkeit des ehelosen Standes", wodurch „eine große Menschenzahl für die Welt unnütz" (6:130) werde.

Weiterführende Literatur

Bohatec, Josef: Die Religionsphilosophie Kants in der „Religion innerhalb der Grenzen der bloßen Vernunft", Nachdruck Hildesheim: Olms 1966.

Crumbach, Karl-Heinz: Theologie in kritischer Öffentlichkeit. Die Frage Kants an das kirchliche Christentum, München u. a.: Kaiser/Grunewald 1977.

Dörflinger, Bernd: „Offenbarung – nicht jedermanns Sache. Kants Kritik der historischen Religionen", in: Dörflinger, Bernd / Krieger, Gerhard / Scheuer, Manfred (Hg.): Wozu Offenbarung?, Paderborn: Schöningh 2006, 141–164.

McCarthy, Vincent: Quest for a Philosophical Jesus. Christianity and Philosophy in Rousseau, Kant, Hegel, and Schelling, Macon: Mercer University Press 1986.

Wimmer, Reiner: Kants kritische Religionsphilosophie, Berlin u. a.: de Gruyter 1990.

Zac, Sylvain: „Kant, les stoïciens et le christianisme", in: Revue de Métaphysique et de Morale 77, 1972, 137–165.

Bernd Dörflinger

Deduktion

Kant unterscheidet zwischen einem (auch heute gebräuchlichen) logischen Deduktionssinn, demgemäß unter Deduktion die „Ableitung (*deductio*) eines Urtheils aus dem anderen" (9:114), und zwar als ein unmittelbarer oder ein mittelbarer →Schluss zu verstehen ist, und einem für die Transzendentalphilosophie maßgeblichen (heute jedoch in Vergessenheit geratenen) juristischen Deduktionssinn: „Die Rechtslehrer, wenn sie von Befugnissen und Anmaßungen reden, unterscheiden in einem Rechtshandel die Frage über das, was Rechtens ist (*quid iuris*), von der, die die Thatsache angeht (*quid facti*), und indem sie von beiden Beweis fordern, so nennen sie den erstern, der die Befugniß oder auch den Rechtsanspruch darthun soll, die *Deduction*" (KrV A 84 / B 116). Dieser juristische Deduktionsbegriff liegt unmittelbar Kants Schrift *Büchernachdruck* zugrunde, in der eine „*Deduction des Rechts des Verlegers gegen den Nachdrucker*" gegeben wird (8:79–87; vgl. 6:289f. sowie auch 12:421); er dient aber vor allem mittelbar als Vorbild des transzendentalphilosophischen Beweisverfahrens einer Deduktion, die daher auch als „rechtlicher Beweis" (*probatio iuris*; KrV A 794 / B 822) bezeichnet und vom mathematischen Beweisverfahren einer Demonstration unterschieden wird (vgl. KrV A 712–737 / B 740–765). Der deutsche Begriff „Deduktion" steht bei Kant ausschließlich für den juristischen bzw. transzendentalphilosophischen Deduktionssinn. Der hiervon sachlich zu unterscheidende logische Deduktionssinn wird hingegen mit dem lateinischen Begriff „deductio" bzw. dessen deutscher Übersetzung als „Schluss" bezeichnet und ist daher nicht Gegenstand dieses Artikels (→Schluss). Die sachliche Bedeutung wie auch die Schwierigkeit des transzendentalphilosophischen Beweisverfahrens einer Deduktion erklären sich daraus, dass dieses jeweils den entscheidenden Schritt bei der Beantwortung der allgemeinen Aufgabe der Transzendentalphilosophie leisten soll, nämlich der Erklärung der Möglichkeit synthetischer Sätze oder Urteile a priori (vgl. KrV A 733f. / B 761f.; KrV A 810 / B 782; 4:447; 5:46; 5:112f.; 5:288f.; 6:396; 6:249). Deduktionen finden sich dementsprechend an zentralen Stellen aller Hauptschriften Kants (vgl. transzendentale Deduktion der reinen Verstandesbegriffe, KrV A 84–130 / B 116–169; Deduktion der transzendentalen Ideen der reinen Vernunft, KrV A 669–688 / B 697–716; Deduktion des kategorischen Imperativs, 4:453–455, 5:42–50; Deduktion der Tugendpflicht, 6:395–396; transzendentale Deduktion des Begriffs des höchsten Guts, 5:113 u. 5:124–132; Deduktion der Idee der Rechtfertigung, 6:66–78; Deduktion der reinen ästhetischen Urteile, 5:279–336 u. 5:244–278; Deduktion des Begriffs der ursprünglichen Erwerbung, 6:249–252 u. 6:268–270; Deduktion der Erwerbung durch Vertrag, 6:272f.;, 22:559ff.). Weitere wichtige Stellen: KrV A XVI; KrV A 27 / B 43; KrV A 65f. / B 91f.; KrV A 80f. / B 106f.; KrV A 84 / B 116; KrV A 85ff. / B 117ff.; KrV A 94ff. / B 126ff.; KrV B 124–129; KrV A 94 / B 126; KrV A 127; KrV A 128; KrV B 165; KrV B 168; KrV A 300ff. / B 357ff.; KrV A 336 / B 393; KrV A 667 / B 695f.; KrV A 669f. / B 697f.; KrV A 669 / B 697f.; KrV A 724 / B 752; KrV A 727ff. / B 755ff.; KrV A 733ff. / B 761ff.; KrV A 787ff. / B 815ff.; KrV A 794 / B 822; KrV A 782 / B 810; KrV A 854 / B 882; 4:322; 4:447; 4:454f.; 4:458; 4:661ff.; 5:46ff.; 5:53; 5:93f.; 5:112f.; 5:125f.; 5:133; 5:141; 5:179f.; 5:182; 5:185; 5:216–219; 5:279f.; 5:286–292; 6:74ff.; 6:249ff.; 6:258; 6:260; 6:268ff.; 6:272f.; 6:302; 6:350; 6:395f.; 8:184; 8:221ff.; 8:344; 8:382; 12:421; 20:221–226; 20:230–236; 20:275; 20:320; 21:222ff.; 21:573; 22:356; 22:559.

Philosophische Funktion

Im Rahmen von Kants →Transzendentalphilosophie dienen Deduktionen der Rechtfertigung und zugleich der Begrenzung jener Ansprüche der Vernunft, die durch →synthetische Sätze bzw. Urteile a priori formuliert werden (vgl. KrV A 733f. / B 761f.; KrV A 810 / B 782; 4:447; 5:46; 5:112f.; 5:288f.; 6:396; 6:249). Kant betont insbesondere die maßgebliche Bedeutung der (transzendentalen) Deduktion der Kategorien in der *KrV* (vgl. KrV A XVI), gibt jedoch insgesamt nur wenige Hinweise, wie ihre Verfahrensweise methodologisch zu verstehen ist. Allerdings wird speziell die Deduktion der reinen Verstandesbegriffe analog zur Terminologie und zur Gliederung eines historischen rechtlichen Deduktionsverfahrens charakterisiert und gestaltet (vgl. Abschnitt 2), ferner werden philosophische Deduktionen in der *KrV* als rechtliche Beweise vom axiomatisch-demonstrativen Verfahren mathematischer Beweise unterschieden (vgl. KrV A 712–737 / B 740–765;

vgl. auch Abschnitt 1.1). Da Deduktionen der Sicherung der diskursiven synthetischen Grundsätze a priori in der Philosophie dienen, ergibt sich ferner, dass ihr Beweisverfahren auch nicht im Sinne des logischen Schließens im Ausgang von gegebenen Prämissen bzw. Grundsätzen zu verstehen ist (vgl. KrV A 300–302 / B 357–359; vgl. auch Abschnitt 1.2). Kant verwendet den Begriff der Deduktion überwiegend synonym zum Begriff der transzendentalen Deduktion; beide sind vom Begriff einer empirischen Deduktion zu unterscheiden, die lediglich den Gebrauch bzw. Besitz synthetischer Sätze a priori bzw. der sie ermöglichenden Prinzipien illustriert, ihn jedoch nicht rechtfertigt und daher auch nicht im eigentlichen Sinne als Deduktion zu verstehen ist (vgl. KrV A 85ff. / B 118ff.).

Transzendentale Deduktionen bzw. Beweise haben zu zeigen, dass synthetische Sätze a priori ihre Gegenstände als Beweisgründe selbst ermöglichen (vgl. KrV A 92f. / B 124f.; KrV A 737 / B 765). Dies betrifft im Rahmen der Erkenntnistheorie die Erfahrung, deren Möglichkeit einerseits konstitutiv bzw. objektiv – nämlich in Bezug auf die Gegenstände der Erfahrung im allgemeinen – durch die transzendentale Deduktion der reinen Verstandesbegriffe nachgewiesen wird (vgl. KrV A 84–130 / B 116–169). Die Möglichkeit der Erfahrung wird andererseits subjektiv oder regulativ – nämlich in Bezug auf die wissenschaftlich-systematische Erforschung der besonderen, empirischen Eigenschaften der Gegenstände der Erfahrung – durch die transzendentale Deduktion der Ideen der reinen Vernunft nachgewiesen (vgl. KrV A 669–688 / B 697–716). Analog hierzu zeigt die transzendentale Deduktion des Prinzips einer objektiven Zweckmäßigkeit der Natur für die Erkenntniskräfte in der *KU*, dass dieses Prinzip regulativ der Möglichkeit einer systematischen Erkenntnis der besonderen (empirischen) Formen und Gesetze der Natur zugrunde liegt (vgl. 5:179–185). Die transzendentale Deduktion des Prinzips einer subjektiven Zweckmäßigkeit der Natur für die Erkenntniskräfte weist hingegen nach, dass dieses konstitutiv für die Möglichkeit des (subjektiven) Gefühls eines interesselosen Wohlgefallens am Schönen (und am Erhabenen) ist, das jedermann mit Notwendigkeit angesonnen wird (vgl. 5:279–336; 5:244–278).

Im Rahmen der praktischen Philosophie gilt wiederum (in der *KpV*), dass der oberste Grundsatz der praktischen Philosophie als kategorischer Imperativ keiner transzendentalen Deduktion fähig ist, sondern als (einziges) Faktum der Vernunft für sich selbst feststehe (vgl. 5:42–50). Die konstitutive Funktion der Idee der Freiheit für den kategorischen Imperativ bzw. das moralische Handeln kann nämlich in keiner Weise ihrer Möglichkeit nach theoretisch begreiflich gemacht werden (in der *GMS* formuliert Kant dies noch nicht eindeutig, vgl. 4:453–455). Umgekehrt erfährt jedoch die Idee der Freiheit aus dem Bewusstsein des kategorischen Sollens eine Rechtfertigung bzw. Deduktion, wenn auch nur im erkenntnistheoretisch schwächeren Sinne einer Beglaubigung („Creditiv“, 5:48) ihrer Möglichkeit und Wirklichkeit, und zwar als eines regulativen Prinzips für moralische Handlungen (vgl. 5:404). In diesem Sinne beruht insbesondere die Möglichkeit des höchsten Guts – des praktisch-notwendigen Ziels eines durch den kategorischen Imperativ moralisch bestimmten Willens – auf dem subjektiv notwendigen Vernunftglauben an die Ideen von Gott, Freiheit und Unsterblichkeit, ohne dass diese konstitutiv bzw. ihrer objektiven Notwendigkeit nach erklärt werden können (vgl. 5:113; 5:124–132). Im gleichen sachlichen Zusammenhang beruht die Idee der Rechtfertigung des von einer bösen zur guten Gesinnung gelangten Menschen durch die Gnade Gottes auf der reinen Gesinnung bzw. dem intelligiblen Wesen des Menschen, das den Wechsel von der bösen zur guten Gesinnung als einen zusammenhängenden und fortlaufenden moralischen Akt zu verstehen erlaubt (vgl. 6:74ff.). Die Möglichkeit des Eigentums wird durch eine transzendentale Deduktion des Begriffs der ursprünglichen Erwerbung nachgewiesen (vgl. 6:268–270), die Möglichkeit des vermittelten Erwerbs von Eigentum durch eine transzendentale Deduktion der Erwerbung durch Vertrag (vgl. 6:272f.). Ferner führt Kant eine eigene naturrechtliche Deduktion des Rechts des Eigentümers gegen den Nachdrucker (vgl. 8:79–87).

1 Deduktionen in der transzendentalen Methodenlehre der KrV

1.1 In der transzendentalen Methodenlehre der *KrV* unterscheidet Kant die mathematische Methode einer „Construction der Begriffe“ (KrV A 724 / B 752) von der philosophischen Methode einer „*Vernunfterkenntniß* aus Begriffen“ (KrV A 724 /

B 752). Die Mathematik benützt demnach Definitionen, Axiome und Demonstrationen, während die Philosophie Expositionen, Grundsätze und Deduktionen gebraucht. Der Unterschied erklärt sich aus dem unterschiedlichen Verhältnis, das in Mathematik und Philosophie zwischen → Begriff und → Anschauung besteht: während die Mathematik ihre Gegenstände in der reinen Anschauung konstruieren kann – und daher vollständige Definitionen (vgl. KrV A 727ff. / B 755ff.) und intuitiv evidente Axiome, d. h. unmittelbar gewisse synthetische Grundsätze (vgl. KrV A 732ff. / B 760ff.) besitzt, die wiederum demonstrativ geführte Beweise ermöglichen (vgl. KrV A 734ff. / B 762ff.) –, ist die theoretische philosophische Erkenntnis auf anschaulich gegebene Gegenstände angewiesen, deren Merkmale begrifflich nicht vollständig definiert, sondern, im Falle empirischer Begriffe, nur näherungsweise expliziert (vgl. KrV A 727 / B 755f.) oder aber, im Falle reiner Begriffe, exponiert (vgl. KrV A 729ff. / B 757ff.) werden können. Die begriffliche Synthesis eines Grundsatzes a priori (des Verstandes) bedarf einer vermittelnden und den Gegenstandsbezug ermöglichenden Anschauung. Da diese in der philosophischen Erkenntnis nicht mathematisch konstruiert werden und auch nicht empirisch gegeben sein kann, ist die Möglichkeit eines Bezuges von Begriffen a priori auf Gegenstände der Anschauung nicht intuitiv bzw. evident, so dass die diesbezüglichen diskursiven Beweise in der Philosophie nicht demonstrativ geführt werden können, sondern abstrakt bzw. akroamatisch sind: „Die Philosophie hat also keine Axiomen und darf niemals ihre Grundsätze *a priori* so schlechthin gebieten, sondern muß sich dazu bequemen, ihre Befugniß wegen derselben durch gründliche Deduction zu rechtfertigen" (KrV A 733f. / B 761f.).

1.2 Die Beweise transzendentaler und synthetischer Sätze a priori erfordern ihrem Wesen und ihrer Möglichkeit nach, dass die Vernunft „die objective Gültigkeit der Begriffe und die Möglichkeit der Synthesis derselben *a priori* darthun muß" (KrV A 782 / B 810). Dabei gilt, „daß zu jedem transscendentalen Satze nur *ein einziger* Beweis gefunden werden könne" (KrV A 787 / B 815), weil jeder transzendentale Satz nur von einem Begriff ausgeht und die „synthetische Bedingung der Möglichkeit des Gegenstandes nach diesem Begriffe" aussagt (KrV A 787 / B 815). Ferner müssen transzendentale Beweise immer direkt (ostensiv) geführt werden, niemals aber indirekt (apagogisch), da apagogische Beweise „nicht Begreiflichkeit der Wahrheit in Ansehung des Zusammenhanges mit den Gründen ihrer Möglichkeit hervorbringen" (KrV A 789 / B 817). Daher gilt: „Ein jeder muß seine Sache vermittelst eines durch transscendentale Deduction der Beweisgründe geführten rechtlichen Beweises, d. i., direct, führen" (KrV A 794 / B 822). Die Aufgabe der Sicherung der Beweisgründe synthetischer Sätze a priori erklärt auch, dass der Beweis durch eine Deduktion nicht auf einem Vernunftschluss (d. h. auf einer Deduktion im logischen Sinne) beruht. Ein Vernunftschluss ist „eine Form der Ableitung einer Erkenntniß aus einem Princip", indem der Obersatz einen Begriff enthält, „der da macht, daß alles, was unter der Bedingung desselben subsumirt wird, aus ihm nach einem Princip erkannt wird" (KrV A 300 / B 357). Als allgemeine Sätze können zwar auch die (synthetischen) Grundsätze des reinen Verstandes als Obersätze in Vernunftschlüssen dienen und in diesem Sinne Prinzipien genannt werden. Die Grundsätze des reinen Verstandes sind jedoch „an sich selbst ihrem Ursprunge nach" keine Prinzipien bzw. Erkenntnisse aus Begriffen, sondern beruhen vielmehr auf der eigens zu beweisenden Funktion, Bedingungen einer möglichen Erfahrung (bzw. Konstruktionsprinzipien reiner Anschauungen in der Mathematik) zu sein (KrV A 300f. / B 357). Die synthetische Verstandeserkenntnis beruht daher „an sich selbst [...] nicht auf bloßem Denken" und enthält kein „Allgemeines nach Begriffen" in sich (KrV A 302 / B 359).

2 Deduktion als (historischer) rechtlicher Beweis

2.1 Das für Kants Deduktionsbegriff insgesamt wichtige juristische Begründungsverfahren (vgl. KrV A 84 / B 116) dient der Rechtfertigung erworbener Eigentumsansprüche. Zu diesem Zweck muss einerseits die Erwerbshandlung, die einen → Besitz begründet, ermittelt werden (*quid facti*) und andererseits ihre Rechtmäßigkeit, die allererst einen Anspruch auf Eigentum ermöglicht, geprüft werden (*quid iuris*). Hierbei sind zwei Modi des Erwerbs zu unterscheiden. Der vermittelte oder abgeleitete Erwerb (*acquisitio derivativa*) setzt einen rechtmäßigen Voreigentümer voraus, während der ursprüngliche Erwerb (*acquisitio originaria*) die Möglichkeit des Erwerbs von Eigentum überhaupt begründet. In der juristischen Praxis gilt nun, dass „in der Reihe der von einander ihr Recht ableitenden sich dünkenden Eigenthümer den schlechthin ersten (Stammeigenthümer) auszufinden mehrentheils unmöglich ist" (6:302). Daher wird der „Rechtsgrund[] (titulus)" (6:260) einer strittigen Erwerbung durch „die Übereinstimmung mit den formalen Bedingungen der Erwerbung [...] zu Ersetzung der materiellen Gründe (welche die Ableitung von dem Seinen eines vorhergehenden prätendirenden Eigenthümers begründen) als hinreichend postulirt" (6:302). Dies geschieht auch im Rahmen der historischen Deduktionsschriften, die Kant als Vorbild für den formalen Aufbau insbesondere der transzendentalen Deduktion der reinen Verstandesbegriffe gedient haben – und zwar unter Nachweis der formalen Regelungen des positiven Rechts (z. B. durch Verträge, Urkunden) im Rückgang auf einen von allen Parteien als unstrittig anerkannten Voreigentümer.

2.2 Historische Deduktionsschriften stellten Rechtsgutachten dar, in denen vor allem strittige Territorialansprüche der Länder behandelt wurden, die vor dem damaligen Reichskammergericht verhandelt wurden (vgl. 6:350; 8:344; 8:382; Henrich, *Kant's Notion of a Deduction*, S. 32f.; Seeberg, *Ursprung*, S. 197–204). Kant orientierte sich bei der formalen Gestaltung der transzendentalen Deduktion der Kategorien an den Ratschlägen, die Johann Stephan Pütter in einer deduktionsmethodologischen Schrift erteilt (vgl. Pütter, *Anleitung*, S. 83–96). Deduktionen sollen demnach übersichtlich in Paragraphen und Abschnitte gegliedert und nicht zu umfangreich sein, sie haben zunächst einen kurzen „Vorbericht" zu geben, an den sich eine genealogische „Stammtafel" der beteiligten Personen anschließt, die wiederum als „Leitfaden" für die weitere Darstellung dient (Pütter, *Anleitung*, S. 83–96). Nach einer „Geschichts-Erzählung" (*species facti*), in der die Umstände des Streitfalles erläutert werden, ist die „Hauptfrage" (*status controversiae*) zu erörtern und zuletzt eine summarische Zusammenfassung zu geben (Pütter, *Anleitung*, S. 83–96). Analog handelt das erste Hauptstück des ersten Buches der transzendentalen Analytik der *KrV* *„Von dem Leitfaden der Entdeckung aller reinen Verstandesbegriffe"* (KrV A 66 / B 91) und sucht, analog zur Ableitung einer genealogischen Stammtafel, die reinen Verstandesbegriffe systematisch nach einem Prinzip auf, um sie in der *„Tafel der Kategorien"* (KrV A 80 / B 106) darzustellen, die selbst *„Stammbegriffe* des reinen Verstandes" (KrV A 81 / B 107) genannt werden. Die knappe Darstellung der bisherigen Verhandlungen über das Thema, nämlich die Thesen von John Locke und David Hume über den Ursprung der gegenständlichen Erkenntnis a priori, die sich im zweiten Hauptstück unter dem Titel *„Übergang zur transscendentalen Deduction der Kategorien"* (KrV B 124–129) finden, lassen sich als Geschichtserzählung (*species facti*) lesen, der ganze Abschnitt auch als Darlegung des Hauptstreitpunktes, in dem das „Principium" (KrV A 94 / B 126) der Kategoriendeduktion benannt wird, nämlich dass die Kategorien als Bedingungen a priori der Möglichkeit der Erfahrung erkannt werden müssen. Die Kategoriendeduktion, also die Erörterung der Hauptfrage, schließt in der ersten Auflage mit einer *„Summarische[n] Vorstellung der Richtigkeit und einzigen Möglichkeit dieser Deduction der reinen Verstandesbegriffe"* (KrV A 128), die Deduktion der zweiten Auflage mit einem *„Resultat dieser Deduction der Verstandesbegriffe"* (KrV B 165) der ein Appendix mit der Überschrift „Kurzer Begriff dieser Deduktion" (KrV B 168) angeschlossen ist. Die Kategoriendeduktion selbst ist in kurze Paragraphen bzw. Abschnitte gegliedert und in verhältnismäßig kurzen, parataktischen Perioden geschrieben.

Die für die historischen Deduktionsschriften maßgebliche Deduktion des vermittelten Erwerbs setzt jedoch die Rechtmäßigkeit des ursprünglich erworbenen Eigentums überhaupt voraus. Die prinzipielle Rechtfertigung der Möglichkeit, Eigentum zu erwerben, wird daher im Rahmen des Naturrechts durch eine Deduktion der ursprünglichen Erwerbung nachgewiesen (die historisch gesehen mit der Rechtfertigung des Eigentumserwerbs durch Arbeit konkurrierte, vgl. 6:268f.). Diese Deduktion, zu der Kant eine eigene Fassung entwickelt hat (vgl. 6:249ff., 6:268ff.), kann sich nicht auf die Regelungen des positiven Rechts berufen, sondern muss vielmehr die Rechtmäßigkeit formaler Regelungen des Erwerbs im Allgemeinen begründen. Damit entspricht sie in ihrer Funktion den transzendentalen Deduktionen, welche die Möglichkeit →synthetischer Urteile a priori rechtfertigen sollen – und zwar (in Bezug auf die reinen Verstandesbegriffe) als Voraussetzung des (vermittelten) Erwerbs empirischer Erkenntnis.

Dementsprechend bezeichnet Kant die Kategorien und die Anschauungsformen von Raum und Zeit, unter explizitem Rekurs auf die „Lehrer des Naturrechts", als „ursprünglich erworben" (8:221; vgl. 8:222f.).

Interpretationslage

Kants Deduktionen sind insgesamt auf das Vorbild eines juristischen Rechtfertigungsverfahrens bezogen, das die Gültigkeit erworbener rechtlicher Ansprüche im Rückgang auf ihren Erwerbsakt zu prüfen hat. Dieter Henrich hat in diesem Zusammenhang erstmals darauf aufmerksam gemacht, dass die in Abschnitt 2.2 erwähnten historischen Deduktionsschriften, die Kants Zeitgenossen noch vertraut gewesen sein müssen, nachweislich als formale Vorlage für die Deduktion der reinen Verstandesbegriffe gedient hat (vgl. Henrich, *Kant's Notion of a Deduction*). Für das inhaltliche Verständnis einer (transzendentalen) Deduktion ist jedoch insbesondere die naturrechtliche Lehre eines ursprünglichen Erwerbs von Eigentum relevant (vgl. Oberhausen, *Das neue Apriori*). Eine Deduktion im Kontext der Transzendentalphilosophie hat daher als rechtlicher Beweis den Ursprung von (synthetischen) Erkenntnisansprüchen a priori im Verstand oder in der Vernunft aufzuweisen, und zwar als einen ursprünglichen Erwerbsakt, dessen Rechtmäßigkeit und dessen Geltungsumfang eigens zu prüfen ist. Vor diesem Hintergrund gibt Henrich eine Interpretation des Versuchs einer Deduktion des kategorischen Imperativs in der *GMS* (vgl. Henrich, *Deduktion des Sittengesetzes*).

Eine Interpretation von Kants Deduktion des ursprünglichen Erwerbs von Eigentum im Blick auf die Methodologie der transzendentalen Deduktion der reinen Verstandesbegriffe gibt Seeberg (vgl. Seeberg, *Ursprung*, S. 213–266). Demnach besteht die methodologische Besonderheit von Kants Erklärung der Möglichkeit des Eigentums durch einen ursprünglichen Erwerb (der Aneignung eines herrenlosen Guts bzw. eines allen gehörenden Bodens) darin, dass dieser Akt – seiner intentionalen Bedeutung nach – nicht äußerlich bzw. empirisch anhand vorauszusetzender positiv-rechtlicher Regelungen des vermittelten Erwerbs klassifiziert werden kann. Vielmehr erfordert der ursprüngliche Erwerbsakt in seinem Vollzug selbst das implizite Bewusstsein einer allgemeinen Regel oder Funktion, die als Titel oder Rechtsgrund der konkreten (ursprünglichen) Besitznahme einer einzelnen Sache so zugrunde liegt, dass dieser Akt vom Subjekt nicht nur als einzelne (empirische) Besitznahme, sondern zugleich als Erwerb eines allgemein geltenden, intersubjektiv verbindlichen Anspruchs auf Eigentum verstanden werden kann.

Eine Deduktion im allgemeinen expliziert demnach – und zwar im Rahmen des Projekts einer systematisch angelegten philosophischen Selbstkritik der Vernunft – synthetische Regeln oder Funktionen a priori als solche, die den Erwerb allgemein gültiger Erkenntnisansprüche ermöglichen, indem sie notwendigerweise dem bewussten und spontanen bzw. ursprünglichen Vollzug einzelner Urteilsakte zugrunde liegen und es damit erlauben, um die Bedeutung dieser Akte im allgemeinen und zugleich in Abgrenzung zu anderen allgemeinen Urteilsarten zu wissen. Eine Deduktion dient daher nicht der physiologischen Ableitung dieser Regeln – weder empirisch, durch Verweis auf vermeintlich basale psychologische Erfahrungstatsachen (John Locke) oder auch bloße Gewohnheiten bzw. Assoziationsmechanismen (David Hume), noch rational, durch Verweis auf vermeintlich angeborene logische oder metaphysische Prinzipien oder Ideen (Leibniz; vgl. hierzu KrV B 326ff.; 7:143) – sondern ermittelt und prüft (expliziert) vielmehr das bereits bestehende bzw. beanspruchte implizite bzw. reflexive Wissen des Subjekts um solche Regeln (bzw. Rechtsgründe) auf dessen ermöglichende Funktion für das Bewusstsein des Erwerbs allgemein geltender Ansprüche hin (vgl. Henrich, *Kant's Notion of a Deduction*, S. 40–46; vgl. auch KrV A 260f. / B 316f.). Dabei klärt sie zugleich im Blick auf den systematischen Zusammenhang eines Ganzen der Vernunft den Umfang und die Grenzen der durch diese Funktionen ermöglichten besonderen Erkenntnisansprüche (vgl. KrV A 238 / B 297).

Weiterführende Literatur

Henrich, Dieter: „Die Deduktion des Sittengesetzes", in: Schwan, Alexander (Hg.): Denken im Schatten des Nihilismus, Darmstadt: Wissenschaftliche Buchgesellschaft 1975, 55–112.

Henrich, Dieter: „Kant's Notion of a Deduction and the Methodological Background of the First Critique", in: Förster, Eckart (Hg.): Kant's Transcendental Deductions. The Three 'Critiques' and the 'Opus postumum', Stanford: Stanford University Press 1989, 29–46.

Oberhausen, Michael: Das neue Apriori. Kants Lehre von einer „ursprünglichen Erwerbung" apriorischer Vorstellungen, Stuttgart-Bad Cannstatt: Frommann-Holzboog 1997.

Seeberg, Ulrich: Ursprung, Umfang und Grenzen der Erkenntnis. Eine Untersuchung zu Kants transzendentaler Deduktion der Kategorien, Hamburg: Philo & Philo FineArts 2006.

Ulrich Seeberg

Deduktion, transzendentale

Eine generelle Definition von transzendentaler Deduktion hat Kant nicht gegeben. Allgemein lässt sich unter diesem Begriff aber ein Beweis der objektiven Gültigkeit von Begriffen bzw. Prinzipen aufgrund von apriorischen Erkenntnisbedingungen aus reiner Vernunft verstehen. Zentral ist der Begriff ‚transzendentale Deduktion' in der theoretischen Philosophie. Dort definiert Kant ihn spezifisch als die „Erklärung der Art, wie sich Begriffe *a priori* auf Gegenstände beziehen können" (KrV A 85 / B 117), indem gezeigt wird, wie „*subjective Bedingungen des Denkens* [...] *objective Gültigkeit* haben, d. i. Bedingungen der Möglichkeit aller Erkenntniß der Gegenstände abgeben" (KrV A 89f. / B 122). Zu unterscheiden ist die transzendentale Deduktion zum einen von der „*empirischen* Deduction, welche die Art anzeigt, wie ein Begriff durch Erfahrung und Reflexion über dieselbe erworben worden" (KrV A 85 / B 117), sowie zum anderen von der „*metaphysischen Deduction*", die den „Ursprung der Kategorien *a priori* überhaupt durch ihre völlige Zusammentreffung mit den allgemeinen logischen Functionen des Denkens" nachweist (KrV B 159). Obwohl Kant in der theoretischen Philosophie zumeist von der transzendentalen Deduktion der reinen Verstandesbegriffe bzw. Kategorien spricht, verwendet er diesen Terminus auch für den Beweis der objektiven Gültigkeit von Raum und Zeit (vgl. KrV A 87–89 / B 119–122) und führt in der *KU* eine transzendentale Deduktion des Prinzips der →Zweckmäßigkeit durch (vgl. 5:182ff.). In der praktischen Philosophie findet sich zudem die Rede von einer transzendentalen Deduktion des →höchsten Guts (vgl. 5:112f.) sowie der Rechtsverbindlichkeit von Verträgen (vgl. 6:272f.). Weitere wichtige Stellen: KrV A 84–130 / B 116–169; KrV A 336 / B 393; KrV A 669f. / B 697f.; 4:285; 5:289ff.

Philosophische Funktion

1 Das Sachproblem der transzendentalen Deduktion

Das Sachproblem der transzendentalen Deduktion läßt sich in Kants philosophischer Entwicklung bis in die 1770er Jahre zurückverfolgen. Aufschlussreich ist der berühmte Brief an Marcus Herz vom 21. Februar 1772, in dem Kant nicht nur das baldige Erscheinen einer „Critick der reinen Vernunft" (10:132) ankündigt, sondern bereits der Sache nach das Grundproblem der transzendentalen Deduktion der reinen Verstandesbegriffe formuliert: Auf „welchem Grunde beruhet die Beziehung desienigen, was man in uns Vorstellung nennt, auf den Gegenstand?" (10:130). Ähnlich wie später in der *KrV* unterscheidet er dabei zwischen der empirischen Rechtfertigung des Gegenstandsbezugs von Vorstellungen durch sinnliche Affektion und seiner Rechtfertigung a priori durch „reine Verstandesbegriffe", die „nicht von den Empfindungen der Sinne *abstrahirt* seyn [müssen], noch die Empfänglichkeit der Vorstellungen durch Sinne ausdrücken, sondern in der Natur der Seele [...] ihre Qvellen haben" (10:130). Dabei weist Kant ausdrücklich darauf hin, sich zwei Jahre zuvor in *De mundi* über das Problem des Gegenstandsbezugs a priori noch nicht im Klaren gewesen zu sein. Reflexionen der 1770er Jahre (vgl. 17:614ff.; 17:643ff.) lässt sich sodann entnehmen, wie Kant sich die Problemstellung der transzendentalen Deduktion (reiner Verstandesbegriffe) bis zum Erscheinen der *KrV* erarbeitet und welche Lösungsansätze er erprobt hat (vgl. Carl, *Der schweigende Kant*).

2 Die transzendentale Deduktion in der KrV

2.1 Eine transzendentale Deduktion wird von Kant erstmals in der *KrV* durchgeführt, und zwar zum einen von reinen Verstandesbegriffen sowie zum anderen – wenn auch in indirekter Redeweise – von →Raum und →Zeit. Im Anschluss an die Aufstellung von Urteils- und Kategorientafel muss gezeigt werden, dass reine Verstandesbegriffe oder →Kategorien als „Begriffe von einem

Gegenstande überhaupt“ (KrV B 128) objektive Gültigkeit besitzen, das heißt sich a priori auf Gegenstände beziehen und somit tatsächlich von der Welt handeln. Die Funktion dieses Beweises übernimmt die transzendentale Deduktion, ein Terminus, den Kant offenbar dem neuzeitlichen juridischen Sprachgebrauch entlehnt (→Deduktion). Die „*Principien einer transscendentalen Deduction überhaupt*“ (KrV A 84 / B 116) werden dabei wie folgt festgelegt: Zunächst muss der Beweisgrund einer transzendentalen Deduktion unabhängig von Erfahrung sein, da der apriorische Gegenstandsbezug reiner Verstandesbegriffe weder empirisch noch physiologisch gerechtfertigt werden kann (vgl. KrV A 85–87 / B 117–119). Des Weiteren ist eine transzendentale Deduktion „unumgänglich nothwendig“ (KrV A 87 / B 119), da in Kategorien die „Bedingungen“ nicht analytisch enthalten sind, „unter denen Gegenstände in der Anschauung gegeben werden“ (KrV A 89 / B 122). Denn weil die Anschauung unabhängig vom Begriff ist, könnten uns „Gegenstände erscheinen“, die sich nicht auf die Regeln unseres Denkens beziehen, so dass der „Verstand sie den Bedingungen seiner Einheit gar nicht gemäß fände, und alles so in Verwirrung läge, daß z. B. in der Reihenfolge der Erscheinungen sich nichts darböte, was eine Regel der Synthesis an die Hand gäbe“ (KrV A 89f. / B 122f.). Da sich nun aber gezeigt hat, dass alle Gegenstände einer uns möglichen Erfahrung a priori den „formalen Bedingungen der Sinnlichkeit“ (Raum und Zeit) unterstehen, für uns aber nichts „*Object der Erfahrung*“ sein kann, sofern es nicht auch durch „Begriffe *a priori*“ gedacht wird, so muss „alle empirische Erkenntniß der Gegenstände solchen Begriffen nothwendiger Weise gemäß“ sein (KrV A 93 / B 125f.). Daraus ergibt sich das „Principium“ der transzendentalen Deduktion „aller Begriffe *a priori*“: „daß sie als Bedingungen *a priori* der Möglichkeit der Erfahrung erkannt werden müssen“ (KrV A 94 / B 126).

2.2 Eine transzendentale Deduktion von Raum und Zeit als Formen der Sinnlichkeit ist nicht eigens zu führen, da ihre „*objective Gültigkeit*“ in der transzendentalen Ästhetik direkt bewiesen wurde (KrV A 87 / B 119f.). Denn die Theorie der reinen Sinnlichkeit zeigt bereits als solche, „wie diese als Erkenntnisse *a priori* sich gleichwohl auf Gegenstände nothwendig beziehen müssen“; schließlich haben sich Raum und Zeit als die „Bedingung der Möglichkeit der Gegenstände als Erscheinungen“ erwiesen, so dass uns Gegenstände nur in Raum und Zeit gegeben werden, andernfalls könnten sie nicht „Gegenstände für uns sein“ (KrV A 89f. / B 121ff.). Dass Raum und Zeit a priori objektive Gültigkeit besitzen und sich notwendig auf Gegenstände einer uns möglichen Erfahrung beziehen, ist folglich analytisch in dem Nachweis enthalten, dass sie die reinen Formen unserer Sinnlichkeit sind; darin besteht ihre transzendentale Deduktion. Allerdings bedeutet die transzendentale Deduktion von Raum und Zeit nicht zugleich einen Rechtfertigungsbeweis für →Geometrie bzw. →Mathematik, da sie Gültigkeit besitzen auch unabhängig von der Tatsache der Existenz empirischer Gegenstände (vgl. KrV A 87 / B 120; 4:285).

3 Die transzendentale Deduktion in der KpV, KU und MSR

3.1 Obwohl Kant eine transzendentale Deduktion des Sittengesetzes aus theoretischen Gründen als unmöglich erachtet (vgl. Baum, *Die transzendentale Deduktion*, S. 184ff., 197ff.), spricht er in der *KpV* doch von der transzendentalen Deduktion des höchsten Guts (vgl. 5:113). Eine solche Deduktion ist deshalb erforderlich, weil Glückseligkeit und Sittlichkeit nach Kant „verschiedene Elemente des höchsten Guts sind“ (5:112) und in ihm nicht als analytisch, sondern als synthetisch verbunden erkannt werden müssen, und zwar aus praktisch notwendigen Gründen a priori. Daraus folge: „Es ist *a priori* (moralisch) nothwendig, *das höchste Gut durch Freiheit des Willens hervorzubringen*“ (5:113). Im dritten Abschnitt der *GMS*, der der Sache nach ein gleichgelagertes Problem betrifft, spricht Kant lediglich unspezifisch von der „Deduction des Begriffs der Freiheit“ (4:447) sowie des „obersten Princips der Moralität“ (4:463).

3.2 In der *KU* bestimmt Kant die „Zweckmäßigkeit der Natur (in der Mannigfaltigkeit ihrer empirischen Gesetze)“ als ein „transscendentales Princip“ der reflektierenden, das Allgemeine aufsuchenden →Urteilskraft (5:181). Die „Zweckmäßigkeit der Natur“ ist nicht ontologisch zu verstehen, sondern als notwendiges subjektives Prinzip „für unser Erkenntnißvermögen“ und „bedarf also auch einer transscendentalen Deduction“ (5:182). Denn um die „Einheit der Erfahrung“ in ihrem systematischen Zusammenhang für unsere Erkenntnis zu gewährleisten, „muß die Urtheilskraft für ihren eigenen Gebrauch es als Princip *a priori* annehmen, daß das für die menschliche Einsicht Zufällige in den besonderen (empirischen) Naturgesetzen dennoch eine für uns zwar nicht zu ergründende, aber doch denkbare gesetzliche Einheit in der Verbindung ihres Mannigfaltigen zu einer an sich möglichen Erfahrung enthalte" (5:183f.). Diese notwendige Annahme bringt die „Zweckmäßigkeit der Natur" als subjektives Prinzip a priori für unser Erkenntnisvermögen zum Ausdruck (5:184; vgl. Düsing, *Teleologie*, S. 51ff.; Baum, *Die transzendentale Deduktion*, S. 161ff.; Horstmann, *Why must there*).

3.3 In der *MSR* assoziiert Kant den Begriff der „transscendentale[n] Deduction" mit der „Erwerbung durch Vertrag" (6:272). Da ein solcher Vertrag nach Kant den zeitgleich „*vereinigten Willen*" der beteiligten Parteien erforderlich macht, im Vertragsschluss aber „Versprechen" und „Annehmung" immer mit zeitlichem Abstand aufeinander folgen, so kann eine Partei in der „Zwischenzeit" (6:272f.) ihren Vertragsentschluss stets revidieren. Um dieses Problem zu lösen, soll eine „transscendentale Deduction des Begriffs der Erwerbung durch Vertrag" geführt werden aufgrund der Vorstellung, dass das Rechtsverhältnis in Wirklichkeit „rein intellectuell" ist und damit von allen empirischen Bedingungen absieht (6:272f.).

Weiterführende Literatur

Baum, Manfred: Die transzendentale Deduktion in Kants Kritiken, Diss., Köln 1975.

Carl, Wolfgang: Der schweigende Kant. Die Entwürfe zu einer Deduktion der Kategorien vor 1781, Göttingen: Vandenhoeck u. Ruprecht, 1989.

Düsing, Klaus: Die Teleologie in Kants Weltbegriff, Bonn: Bouvier [2]1986.

Horstmann, Rolf-Peter: „Why must there be a Transcendental Deduction in Kant's Critique of Judgment?", in: Förster, Eckart (Hg.): Kant's Transcendental Deductions. The Three 'Critiques' and the 'Opus postumum', Stanford: Stanford University Press 1989, 157–176.

Kants transzendentale Deduktion und die Möglichkeit von Transzendentalphilosophie, hg. vom Forum für Philosophie Bad Homburg, Frankfurt/M.: Suhrkamp 1988.

Dietmar H. Heidemann

Denken

Denken ist „das Erkenntnis durch Begriffe" (KrV A 69 / B 94). Es steht dem Anschauen gegenüber. Da zur Erkenntnis im vollständigen Sinne jedoch Anschauungen nötig sind, bildet das Denken nur die begrifflich bestimmende Seite der Erkenntnis. Von der vollständigen Erkenntnis ist es deshalb unterschieden: „Sich einen Gegenstand *denken*, und einen Gegenstand *erkennen*, ist [...] nicht einerlei" (KrV B 146). Beide Aussagen zusammen ergeben: Denken ist die begriffliche Bestimmung eines Gegenstandes, die auch ohne Anschauung stattfinden kann und also nicht notwendigerweise ein Erkennen darstellen muss. Weitere wichtige Stellen: KrV A 50 / B 74ff.; KrV A 67 / B 92ff.; KrV B 129ff.; KrV A 235 / B 294ff.; 8:133ff.

Philosophische Funktion

1 Denken und Urteilen

Kant zufolge beruht unsere →Erkenntnis darauf, dass ein durch →Anschauungen gegebener Gegenstand durch →Begriffe gedacht wird (vgl. KrV A 50 / B 74). Der Begriff des Denkens ist im Rahmen dieser Konzeption zu verstehen. Er kennzeichnet die nicht-empfangende, spontane Seite unserer Bestimmung von Gegenständen, die begrifflich das Gegebene zum Gedachten verarbeitet. Auf der Ebene der Gemütsvermögen heißt das Vermögen zu denken Verstand.

Den Verstand nennt Kant auch genauer das „*Vermögen zu urtheilen*" (KrV A 69 / B 94). Denken heißt folglich Urteilen. Diese Gleichsetzung ist bereits darin enthalten, dass Denken sich in Begriffen vollzieht, durch die ein Gegenstand gedacht wird. Denn es gilt: „Von diesen Begriffen kann nun der Verstand keinen andern Gebrauch machen, als daß er dadurch urteilt" (KrV A 68 / B 93). Gegenstände durch Begriffe zu denken läuft somit darauf hinaus, Urteile über diese Gegenstände zu fällen. Urteile aber stellen nicht einfach die Verbindung zweier Begriffe (Urteilssubjekt und Urteilsprädikat) dar, sondern eine solche Begriffsverbindung, die etwas über Gegenstände aussagt. In Kants Worten: Urteile haben „objektive Gültigkeit" (vgl. KrV B 142) – will sagen: Sie gelten für ein Objekt. Gegenstände durch Begriffe zu denken bedeutet hiernach, die gegebenen Anschauungen zu einem von einem Objekt handelnden Urteil zu verarbeiten. Daher bestimmt

Kant das Denken auch so: „Das Denken ist die Handlung, gegebene Anschauungen auf einen Gegenstand zu beziehen“ (KrV A 247 / B 304). Diese objektive Gültigkeit von Urteilen, ihre Beziehung auf den Gegenstand, darf nicht mit ihrer Wahrheit verwechselt werden. Sie besteht vielmehr darin, dass Urteile von Gegenständen handeln und daher den Gegenstand zutreffend oder unzutreffend bestimmen. Kurz: die objektive Gültigkeit der Urteile ist ihre Eigenschaft, wahr oder falsch zu sein – sie ist ihre Geltungsdifferenz (vgl. Flach, *Idee der Transzendentalphilosophie*). Wenn nun Denken nichts anderes ist als Urteilen, dann erweist es sich folglich als eine solche spontane begriffliche Bestimmung, deren Ergebnis wahr oder falsch ist. Denken steht im Horizont dieser Geltungsdifferenz.

Urteile handeln von Gegenständen freilich nur deshalb, weil sie verschiedene Vorstellungen zu einer einheitlichen Bestimmung des Gegenstandes verarbeiten. Bereits die einzelnen Urteilsmomente, die Begriffe, unter die jeweils viele andere Vorstellungen gebracht werden (vgl. KrV A 68 / B 93), sind solche einheitlichen Vorstellungen. Das Urteil als ganzes verbindet die Begriffe nochmals zu einer höheren Einheit. Die Vereinheitlichung der Vielheit von Vorstellungen benötigt aber eine Einheit, die die verschiedenen Vorstellungen zu begleiten vermag, um sie in die erstrebte Einheit zu bringen, ohne dass sie dadurch selber in eine Vielheit aufgelöst würde. Diese Einheit ist die Einheit der transzendentalen Apperzeption, das „Ich denke, [das] alle meine Vorstellungen [muß] begleiten *können*“ (KrV B 131). Wenn ich angesichts der Vorstellungen A und B ‚Ich denke A‘ und ‚Ich denke B‘ denken kann, dann erweisen sie sich als Elemente der Menge des von mir Denkbaren. Das Denkbare ist aber seinem Begriff nach das, was in Urteilen verwendet werden kann. Die Begleitbarkeit all meiner Vorstellungen durch das ‚Ich denke‘ gewährleistet deshalb die Verbindung des Mannigfaltigen zu der einheitlichen Bestimmung des Gegenstandes im Urteil. Das Urteil gründet daher zuletzt in der Einheit des →Selbstbewusstseins (vgl. Reich, *Vollständigkeit*). Dieses Selbstbewusstsein ist freilich inhaltlich nicht weiter bestimmt als durch den Ausdruck ‚denken‘ in der Formulierung ‚Ich denke‘. Die transzendentale Apperzeption ist demnach das Denken selbst, das sich seiner eigenen Tätigkeit (und nur dieser) bewusst wird. Ohne solches Selbstbewusstsein würde das Denken keine einheitlichen Urteile denken können, somit nicht von Gegenständen handeln und also nicht wahr oder falsch sein.

Für die Bestimmung des Denkens folgt aus alledem: Als im Horizont der Geltungsdifferenz ‚wahr/falsch‘ stehende spontane Gegenstandsbestimmung hängt unser Denken daran, dass es in dem ‚Ich denke‘ seiner selbst bewusst wird.

2 Denken und Erkennen

Obgleich das Denken sich in Urteilen über Gegenstände vollzieht, ist es doch nicht mit dem Erkennen von Gegenständen gleichbedeutend. Da die objektive Gültigkeit eines Urteils davon abhängt, dass das Denken gegebene Anschauungen auf einen Gegenstand bezieht, ist im Falle des Fehlens einer geeigneten Anschauung kein Gegenstandsbezug vorhanden. Eine Erkenntnis, die ja immer Erkenntnis von etwas sein muss, findet dann nicht statt. Doch das Denken kann auch ohne Anschauungen die Verbindung von Begriffen zu Urteilen vollziehen. Es denkt dann ‚leere Gedanken‘ (vgl. KrV A 51 / B 75). Die ‚Leere‘ eines Gedankens meint hier nicht seine Sinnlosigkeit, sondern die Unmöglichkeit, seinen Gehalt anschaulich darzustellen. Es gibt mehrere Fälle solcher sinnvollen, aber nicht darstellbaren Gedanken.

Ein erster Fall leerer Gedanken besteht darin, dass der Gegenstand, von dem sie handeln, nur ein Gedankending (ens rationis) ist. Ein Gedankending ist, strenggenommen, „nichts“ (KrV A 291 / B 348), nämlich nichts Erfahrbares. Der Gedanke über ein Gedankending besitzt daher keinen Inhalt außerhalb seiner selbst, über den er handelte. Solche Gedanken bildet das Denken dann, wenn es mit seinen Begriffen das notwendigerweise unbestimmte Etwas außerhalb unserer Sinnlichkeit zu bestimmen sucht (vgl. KrV B 307). Sie lassen sich zwar verstehen, aber nicht entscheiden. Ihre Unentscheidbarkeit kann man auf zwei Weisen interpretieren. Entweder man versteht sie als Problem unseres Zugangs zu solchen Gedanken, oder man versteht sie als eine Eigenschaft der Gedanken selbst. Im ersten Fall haben die Gedanken einen Wahrheitswert, den wir nicht herausfinden können. Im zweiten Fall haben sie keinen Wahrheitswert, weil sie weder wahr noch falsch sind.

Der zweite Fall leerer Gedanken liegt dann vor, wenn das Urteilssubjekt eine →Idee darstellt. Auch in diesem Falle lassen die Gedanken sich nicht entscheiden, weil ihr angeblicher Gegenstand nichts Erfahrbares darstellt. Allerdings sind die Gegenstände der Ideen von anderen Gedankendingen insofern unterschieden, als sie die Ergebnisse eines Schlussverfahrens der →Vernunft sind, während andere Gedankendinge nicht erschlossen werden, sondern „Gegenstände, bloß durch den Verstand gedacht" (→Noumena) (KrV B 306) darstellen. Die Ideen – es gibt nach Kant nur drei transzendentale: →Seele, →Welt und →Gott (vgl. KrV A 333 / B 390ff.) – sind Maximalbegriffe, auf die man durch die drei möglichen Schlussverfahren gelangt. Unter Schliessen aber „ist diejenige Function des Denkens zu verstehen, wodurch ein Urtheil aus einem andern hergeleitet wird" (9:114). Das Denken geht also durch seine eigene Funktion über den Bereich der objektiven Gültigkeit hinaus.

In beiden Fällen ist eine Erkenntnis nicht möglich, weil das Denken sich nicht auf erfahrbare Gegenstände bezieht. Das Denken, das in der Verbindung und Ordnung des anschaulichen Stoffes zum Urteil besteht (vgl. KrV B 145), kann auch Ordnungen errichten, die ohne einen über das Denken hinausgehenden Gehalt sind, und Schlüsse vollziehen, die über alles Erfahrbare hinaus gehen. Sofern die so gebildeten Urteile für objektiv gültig erachtet werden, liegt eine Selbsttäuschung des Denkens vor (→Dialektik). In beiden Fällen kann der Überstieg des Denkens über das Erkennen aber auch vonnöten sein. Im ersten Falle deshalb, weil die Reichweite der Sinnlichkeit durch das Denken von Gedankendingen begrenzt zu werden vermag: Es erweist sich, dass sinnliche Anschauungen nicht den gesamten Raum des Denkbaren erfüllen (vgl. KrV A 256 / B 312). Im zweiten Falle deshalb, weil die systematische Einheit der Erkenntnisse deren Ausrichtung auf Maximalbegriffe benötigt (vgl. KrV A 642–704 / B 670–732). Beides geschieht aber nur dann mit Recht, wenn das Denken seinen Unterschied zum Erkennen nicht vergisst und seine leeren Gedanken nicht für gegenstandshaltige ausgibt.

3 Denken und Orientieren

Aus dem möglichen, bisweilen nötigen Überstieg des Denkens über den Bereich der Erkenntnis ergibt sich die Schwierigkeit, wie das anschauungslose Denken sich davor bewahrt, in die Irre zu gehen. Kant widmet sich dieser Schwierigkeit in seinem Aufsatz *Orientieren*. Dort wendet er sich gegen die Meinung, dass die logische Orientierung im Raum des anschauungslosen Denkens von einer anderen Instanz als der Vernunft gewährleistet werden könne. Was für eine solche Orientierung benötigt wird, ist klar: Im Bereich des Anschauungslosen kann es keine objektiven Gründe für bestimmte Urteile geben, da deren objektive Gültigkeit auf Anschauungen angewiesen wäre. Es muss also ein subjektiver Grund dafür bestehen, bestimmte Urteile eher als andere zu fällen. Dieser subjektive Grund liegt in dem Gefühl eines Vernunftbedürfnisses, das zu bestimmten Urteilen anstößt. Tritt dieses Gefühl auf, so ist erstens die Konsistenz des entsprechenden Urteils und seiner Begriffe und zweitens das Verhältnis des Urteilssubjektes zu den Gegenständen der Erfahrung zu prüfen. Ansonsten droht die Gefahr der Schwärmerei (vgl. 8:136f.). In anderen Worten: Es müssen Gründe dafür angebbar sein, dass das Bedürfnis der Vernunft tatsächlich besteht und nicht einem unvernünftigen Drang gleicht. Das Ergebnis des so überprüften Vernunftbedürfnisses ist der Vernunftglaube an bestimmte Urteile: deren subjektiv zureichendes, objektiv aber mit Bewusstsein unzureichendes Fürwahrhalten. Dieser Vernunftglaube ist der „Compaß" (8:142) zur Orientierung in dem Raum des bloßen Denkens.

Hier zeigt sich die Reflexion des Denkens auf sich selbst in größter Deutlichkeit. Das Denken besteht im Urteilen, also in der Bildung entscheidbarer Gedanken. Es besteht darüber hinaus aber auch in der Bildung solcher Gedanken, die den Bereich des Entscheidbaren übersteigen. Diese leeren Gedanken sind legitim – und keine bloßen Hirngespinste – nur im Horizont der Geltungsdifferenz: Sie machen dann einerseits die Reichweite und Grenzen der Erkenntnisvermögen deutlich und gewährleisten andererseits die Systematik der Erkenntnis. Sie bleiben also stets auf entscheidbare Gedanken bezogen, ja sie begründen deren Entscheidbarkeit genauer, indem sie die Grenzen des Entscheidbaren ziehen bzw. dessen Zusammenhang herstellen. In dieser Begründungsleistung besteht ein theoretisches Vernunftbedürfnis. Zudem gibt es auch ein praktisches Vernunftbedürfnis. Denn die Gedanken, die den Bereich des Entscheidbaren übersteigen, können zu Postulaten der praktischen Vernunft werden.

Als Nachdenken über die Geltungsdifferenz seiner Gedanken stellt die Selbstreflexion des Denkens den Abschluss des Denkens dar. In ihm gewinnt es seine Orientierung. Zur Selbstreflexion bedarf das Denken aber des Selbstbewusstseins – es muss ‚Ich denke' denken können. Und das bedeutet: Das ‚Ich denke' erweist sich auch abschließend als der „höchste Punkt, an dem man allen Verstandesgebrauch, selbst die ganze Logik und nach ihr die Transscendental-Philosophie heften muß" (KrV B 134 Anm.).

4 Das Problem der Zeit

Kants Begriff des Denkens birgt ein Problem hinsichtlich des Begriffes der →Zeit. Die Zeit ist transzendental ideal (vgl. KrV A 36 / B 52). Das heißt, sie ist eine subjektive Bedingung, unter der dasjenige steht, was vom erkennenden Subjekt erkannt werden kann, nicht aber eine Bedingung, unter der das erkennende Subjekt selbst stünde. Das Denken als Tätigkeit des erkennenden Subjekts erfolgt somit nicht in der Zeit. Es ist zeitlos. Doch diese Bestimmung scheint aus dem folgenden Grund problematisch. Das ‚Ich denke' muß alle meine Vorstellungen begleiten können. Diese Vorstellung folgen aufeinander. Das ‚Ich denke' muss daher in dieser Folge von einer Vorstellung zur anderen übergehen. Die Folge aufeinander folgender Vorstellungen aber steht unter der Bedingung der Zeit. So ist auch der Übergang des ‚Ich denke' von Vorstellung zu Vorstellung ein zeitlicher Übergang. Das Denken scheint mithin sehr wohl zeitlich bestimmt, und die Zeit müsste transzendentale Realität besitzen (vgl. Hindrichs, *Selbstbewußtsein*, S. 216ff.). Das aber würde den Rahmen des →transzendentalen Idealismus sprengen. Eine Lösung des Problems bestünde darin, die Folge der Vorstellungen modal zu interpretieren: Sie wäre dann keine zeitliche Folge, sondern der bloße Wechsel von der Nichtwirklichkeit zur Wirklichkeit einer Vorstellung (vgl. Henrich, *Identität und Objektivität*, S. 73ff.) Das Denken wäre dann nicht zeitlich, sondern modal bestimmt. Ob ein solcher modaler Wechsel nicht wieder einen Wechsel der Modalität in der Zeit darstellen müsste, bleibt allerdings fraglich.

Weiterführende Literatur

Flach, Werner: Immanuel Kant. Die Idee der Transzendentalphilosophie, Würzburg: Königshausen und Neumann 2002.

Melnick, Arthur: Space, Time, and Thought in Kant, Dordrecht: Reidel 1989.

Gunnar Hindrichs

Dialektik

In der *KrV* und der *Logik* bezeichnet Kant mit dem Terminus ‚Dialektik' eine „*Logik des Scheins*" (KrV A 61 / B 86; vgl. KrV A 293 / B 349, 9:16; vgl. auch 5:339). Von einer Logik des Scheins spricht Kant in Bezug auf Trugschlüsse, in denen Illusionen als Erkenntnisse ausgegeben werden (vgl. KrV A 61 / B 86; KrV A 297 / B 354). Mit einer ‚Dialektik' haben wir es aber auch da zu tun, wo die Funktion der Logik missverstanden wird: „jene allgemeine Logik, die bloß ein *Kanon* zur Beurtheilung ist, [wird] gleichsam wie ein *Organon* zur wirklichen Hervorbringung, wenigstens zum Blendwerk von objectiven Behauptungen gebraucht und mithin in der That dadurch gemißbraucht [...]. Die allgemeine Logik nun, als vermeintes Organon, heißt *Dialektik*" (KrV A 61 / B 85; vgl. auch 9:17). Auch das Verfahren, ein bloß regulatives Prinzip der systematischen Einheit des Verstandesgebrauchs als ein konstitutives Prinzip der Erkenntnis zu betrachten, ist dialektisch (vgl. KrV A 644 / B 672; KrV A 786 / B 814; 4:350; 5:387). Weitere wichtige Stellen: KrV A 60f. / B 85; 4:329ff.; 4:405; 5:107ff.; 5:337f.; 5:385; 9:17; 10:311.

Philosophische Funktion

1 Die verschiedenen Gebiete der Dialektik

Der Schein, auf dem die Trugschlüsse der Dialektik beruhen, entsteht, weil die Vernunft ein natürliches und insofern unumgängliches Verlangen nach der absoluten Totalität der Bedingungen zu einem gegebenen Bedingten hat, d. h. ein Verlangen nach dem Unbedingten (vgl. KrV B XX; KrV A 307 / B 364; 5:107f.; 5:345). Weil Erscheinungen immer bedingt sind, ist Dialektik daher auch mit der Verwechslung von Erscheinung und Ding an sich verbunden (vgl. KrV A 740 / B 768; 5:345; 20:311). Um den Schein aufzudecken und die entsprechenden Irrtümer zu vermeiden, ist eine →Kritik erforderlich.

Die →reine Vernunft, die →praktische Vernunft und die →Urteilskraft haben ihre jeweilige Dialektik. Bei der Dialektik der reinen Vernunft geht es um vermeintliche Beweise, die die →Seele, die →Welt und →Gott (vgl. KrV A 334f. / B 391f.) zum Gegenstand haben. Diese Beweise werden Paralogismen, Antinomien und das Ideal der reinen Vernunft genannt (vgl. KrV A 340 / B 398). Die transzendentale Dialektik zeigt durch ihre kritische Untersuchung, dass alle drei Formen der dialektischen Beweise Trugschlüsse vom Typ *sophisma figurae dictionis* sind, in welchen der mittlere Term in verschiedenen und nicht zu vereinbarenden Bedeutungen verwendet wird (vgl. KrV A 402, KrV B 411f., KrV A 499 / B 527f., KrV A 582 / B 610; vgl. auch 9:134f.).

Die →Paralogismen der reinen Vernunft geben vor, die Substantialität, die Einfachheit, die Einheit und die Unabhängigkeit der Seele vom Körper zu beweisen (vgl. KrV A 344 / B 402). Die Antinomien sind Trugschlüsse, die zu einander scheinbar widerstreitenden Konklusionen führen. Sie handeln von den Grenzen der Welt in →Raum und →Zeit (vgl. KrV A 426–429 / B 454–457), der Teilbarkeit der Welt (vgl. KrV A 434–437 / B 462–464), der Kausalität in der Welt (vgl. KrV A 444–447 / B 472–474) und von dem Dasein eines notwendigen Wesens (vgl. KrV A 452–455 / B 480–483). Das Ideal der reinen Vernunft enthält drei vorgebliche Beweise vom Dasein Gottes: den ontologischen Beweis, den kosmologischen Beweis und den physikotheologischen Beweis (vgl. KrV A 583–642 / B 611–670).

Auf dem Gebiet der Moral artikuliert sich die Dialektik der praktischen Vernunft als eine Antinomie in der Bestimmung des →höchsten Guts (vgl. 5:108f.): „[E]ntweder [muß] die Begierde nach Glückseligkeit die Bewegursache zu Maximen der Tugend, oder die Maxime der Tugend muß die wirkende Ursache der Glückseligkeit sein" (5:113). Die Kritik der →praktischen Vernunft löst aber diesen Widerstreit auf (vgl. 5:114–119). Sie zeigt, dass es sich auch hier, genau wie bei den Antinomien der reinen Vernunft, um einen bloß scheinbaren Widerstreit handelt, der sich durch die sorgfältige Unterscheidung zwischen Sinnenwelt und Verstandeswelt überwinden lässt (vgl. 5:114). Der erste Teil der Antinomie, dem zufolge die Begierde nach Glückseligkeit die Bewegursache zur Tugend sei, ist falsch. Wenn ich aber mein Dasein als Noumenon in einer Verstandeswelt denke und „sogar am moralischen Gesetze einen rein intellectuellen Bestimmungsgrund meiner Causalität (in der Sinnenwelt) habe, so ist es nicht unmöglich, daß die Sittlichkeit der Gesinnung einen [...] nothwendigen Zusammenhang [...] mit der Glückseligkeit [...] in der Sinnenwelt habe" (5:114f.).

Auch die rechtlich-praktische Vernunft hat ihre Dialektik, die sich in einer Antinomie über die Möglichkeit des äußeren →Besitzes manifestiert (vgl. 6:254f.).

In der Systematik der Antinomien erwähnt Kant „eine Antinomie der Vernunft in Ansehung des ästhetischen Gebrauchs der Urtheilskraft *für das Gefühl der Lust und Unlust*" (5:345). Die Dialektik der ästhetischen Urteilskraft zeigt sich daher in der Antinomie des →Geschmacks. Diese Antinomie ist weder „die Unvereinbarkeit ästhetischer Sinnesurteile (über das Angenehme und Unangenehme)" (5:337), noch ist sie der „Widerstreit der Geschmacksurtheile, sofern sich ein jeder bloß auf seinen eignen Geschmack beruft" (5:337). Es ist vielmehr die Dialektik des Prinzips des Geschmacks, die zu einem scheinbaren Widerstreit „über den Grund der Möglichkeit der Geschmacksurtheile überhaupt" führt (5:337). Die Thesis dieser Antinomie lautet: „Das Geschmacksurtheil gründet sich nicht auf Begriffen; denn sonst ließe sich darüber disputiren (durch Beweise entscheiden)" (5:338). Die Antithesis lautet: „Das Geschmacksurtheil gründet sich auf Begriffen; denn sonst ließe sich ungeachtet der Verschiedenheit desselben darüber auch nicht einmal streiten (auf die nothwendige Einstimmung anderer mit diesem Urtheile Anspruch machen)" (5:338f.). Die kritische Auflösung der dialektischen Behauptungen der ästhetischen Urteilskraft erfolgt durch den Nachweis, dass der vermeintliche Widerstreit auf einem natürlichen und unvermeidlichen Schein beruht. Dieser Schein verdeckt, dass „der Begriff, worauf man das Object in dieser Art Urtheile bezieht, [...] in beiden Maximen der ästhetischen Urtheilskraft nicht in einerlei Sinn genommen [wird]" (5:339). In der Thesis ist von bestimmten Begriffen die Rede, in der Antithesis geht es aber um einen unbestimmten Begriff, nämlich den Begriff vom übersinnlichen Substrat der Erscheinungen (vgl. 5:340f.).

Die Dialektik der teleologischen Urteilskraft betrifft zwei Maximen der reflektierenden Urteilskraft: „Alle Erzeugung materieller Dinge und ihrer Formen muß als nach bloß mechanischen Gesetzen möglich beurtheilt werden", und „Einige Producte der materiellen Natur können nicht als nach bloß mechanischen Gesetzen möglich beurtheilt werden (ihre Beurtheilung erfordert ein ganz anderes Gesetz der Causalität, nämlich das der Endursachen)" (5:387). Der Widerspruch dieser Sätze und mithin die Antinomie der teleologischen Urteilskraft ist Kant zufolge aber nur scheinbar. Die Kritik zeigt, dass „[a]ller Anschein einer Antinomie zwischen den Maximen der eigentlich physischen (mechanischen) und der teleologischen (technischen) Erklärungsart [darauf] beruht [...]: daß man einen Grundsatz der reflectirenden Urtheilskraft mit dem der bestimmenden und die *Autonomie* der ersteren [...] mit der *Heteronomie* der anderen [...] verwechselt" (5:389).

2 Die positive Funktion der Dialektik

Die Dialektik ist eine natürliche und unvermeidliche Disposition unserer oberen Erkenntnisvermögen (vgl. 4:362; KrV A 297 / B 353f.; KrV A 642 / B 670). Weil sie mit verschiedenen Arten des Scheins, mit Trugschlüssen und Irrtümern behaftet ist, sollte man meinen, dass die Dialektik keine positive Funktion haben kann. Als Naturanlage hat sie jedoch einen Zweck. Nach der *Logik* enthält die Dialektik „die Merkmale und Regeln [...], wonach wir erkennen könnten, daß etwas mit den formalen Kriterien der Wahrheit nicht übereinstimmt, ob es gleich mit denselben übereinzustimmen scheint. Die Dialektik in dieser Bedeutung würde also ihren guten Nutzen haben als *Katharktikon* des Verstandes" (9:17). In der *KpV* geht Kant noch weiter: „[D]ie Antinomie der reinen Vernunft, die in ihrer Dialektik offenbar wird, [ist] in der That die wohlthätigste Verirrung [...], in die die menschliche Vernunft je hat gerathen können, indem sie uns zuletzt antreibt, den Schlüssel zu suchen, aus diesem Labyrinthe herauszukommen, der, wenn er gefunden worden, noch das entdeckt, was man nicht suchte und doch bedarf, nämlich eine Aussicht in eine höhere, unveränderliche Ordnung der Dinge, in der wir schon jetzt sind, und in der unser Dasein der höchsten Vernunftbestimmung gemäß fortzusetzen, wir durch bestimmte Vorschriften nunmehr angewiesen werden können" (5:107f.). Der Schlüssel liegt in der Unterscheidung zwischen →Erscheinung und →Ding an sich. Dementsprechend wird die Auflösung der Antinomien als das →Experiment des transzendentalen Idealismus beschrieben (vgl. KrV B XXI Anm.; 20:291). Diese Auflösung ist auch ein indirekter Beweis der transzendentalen Idealität der Erscheinungen (vgl. KrV A 506 / B 534).

Dadurch, dass die Dialektik die Erkenntnisvermögen in einen scheinbaren Widerstreit mit sich selbst treibt, d. h. in Antinomien verwickelt, macht sie die Kritik dieser Vermögen unvermeidlich. Diese Kritik führt in den →transzendentalen Idealismus. Eine entsprechende Begründungsfunktion für den transzendentalen Idealismus kommt weder den Paralogismen noch dem transzendentalen Ideal zu. Ohne die Antinomien wäre also der „Schlummer einer eingebildeten Überzeugung" (KrV A 407 / B 434), zu dem die angeblichen Beweise über die Seele und Gott führen, unvermeidlich.

Weiterführende Literatur

Bennett, Jonathan: Kant's Dialectic, Cambridge: Cambridge University Press 1974.

Grier, Michelle: Kant's Doctrine of Transcendental Illusion, Cambridge: Cambridge University Press 2001.

Heimsoeth, Heinz: Transzendentale Dialektik. Ein Kommentar zu Kants Kritik der reinen Vernunft, 4 Teile, Berlin u. a.: de Gruyter 1966–1971.

Wolff, Michael: Der Begriff des Widerspruchs. Eine Studie zur Dialektik Kants und Hegels, Königstein/Ts.: Anton Hain 1981.

Camilla Serck-Hanssen

Ding an sich

Der Ausdruck ‚Ding an sich' besitzt bei Kant zwei Bedeutungen: eine empirische und eine transzendentalphilosophische. Beide Verwendungen gewinnen ihren Sinn im Gegensatz zu den beiden Bedeutungen von →Erscheinung.

Eine Rose gilt „im empirischen Verstande für ein Ding an sich selbst" (KrV A 29 / B 45). Mit dieser Feststellung gibt Kant die Einsicht wieder, dass ein Gegenstand, wie z. B. eine Rose, von den jeweiligen Gegebenheitsweisen, den empirischen Erscheinungen, die z. B. abhängig sind von den „verschiedenen Lagen zu den Sinnen" (KrV A 45 / B 63) der wahrnehmenden Subjekte, zu unterscheiden ist. Für die empirische, alltägliche Einstellung zur Welt sind wahrgenommene Dinge der Außenwelt ganz selbstverständlich etwas Eigenständiges und damit Objektives, etwas, das auch von anderen Subjekten als solches, beispielsweise als Rose, erkannt werden kann, auch wenn diese Rose „jedem Auge […] anders erscheinen" (KrV A 30 / B 45) mag.

Im Unterschied zu dieser empirischen Verwendung von ‚Ding an sich' gewinnt der transzendentalphilosophische Sinn von ‚Ding an sich' nur in Abgrenzung zum transzendentalphilosophischen Begriff von ‚Erscheinung' seine Bedeutung. Ein empirischer Gegenstand, eine Rose, ist entsprechend Kants transzendentalphilosophischer Theorie zum einen als Erscheinung und zum anderen als Ding an sich zu begreifen. Gegenstände der Außenwelt philosophisch als Erscheinungen zu thematisieren, bedeutet nach Kant, ihre Subjektabhängigkeit hervorzuheben. Sie im Gegensatz dazu als Dinge an sich selbst zu betrachten, heißt, ihre Subjektunabhängigkeit festzustellen. Bei dieser formalen philosophischen Feststellung muss es allerdings bleiben, denn inhaltlich kann nichts Weiteres zu diesem rein negativen Sinn von ‚Ding an sich' hinzugefügt werden. Weitere wichtige Stellen: KrV B XXVII; KrV A 38f. / B 55f.; KrV A 45 / B 62f.; KrV A 235ff. / B 294ff.; KrV A 258 / B 313f.; 4:284; 10:50f.

Vorgeschichte und historischer Kontext

Der Begriff ‚Ding an sich' findet sich in Kants Schriften nur selten. Sein Standardausdruck ist „Ding an sich selbst" als Verkürzung der Form „Ding an sich selbst betrachtet" (KrV B A 256 / B 312; vgl. 4:507; Prauss, *Dinge an sich*, § 1). Diese wiederum ist gebildet als deutsche Entsprechung zu lateinischen Ausdrücken wie „*res per se considerata*" oder „*res per se spectata*", die Kant aus der scholastischen Überlieferung kennt (vgl. Prauss, *Dinge an sich*, S. 20). § 15 der *Metaphysica* von Baumgarten, nach welcher Kant seine Metaphysik-Vorlesungen hielt, legt ihm als deutsche Übersetzung die Form „Ding an und für sich betrachtet" nahe. Die Leibniz-Wolffsche-Schulmetaphysik knüpft hier in ihrer Ontologie an den scholastischen Begriff der *consideratio absoluta* an (vgl. Thomas von Aquin, *De ente et essentia*, Kap. III, S. 25ff.). Die Natur und die empirischen Gegenstände werden in dieser Hinsicht ihrer internen, absoluten Möglichkeit nach betrachtet. „Und auf diese Weise ist von der Natur nur das wahr, was ihr als solcher zukommt" (Thomas von Aquin, *De ente et essentia*, Kap. III, S. 25ff.). In seiner Dissertation *De mundi* von 1770 macht Kant Wolff den Vorwurf, durch die bloß logische Abgrenzung der sinnlichen von der Verstandeserkenntnis den dieser Unterscheidung entsprechenden ontologisch wichtigen Unterschied von Phänomena und → Noumena zu vernachlässigen (vgl. 2:395). Kant hebt hervor: „Die sinnlichen Erkenntnisse sind nur Vorstellungen der Dinge, *wie sie erscheinen*, die Verstandeserkenntnisse aber Vorstellungen der Dinge, *wie sie sind*" (2:392). Damit vertritt er in seiner Dissertation noch die anspruchsvolle rationalistische Auffassung, dass der Mensch die Noumena und damit die Dinge an sich durch die *consideratio absoluta* erkennen kann, auch wenn er diesen Begriff hier nicht benutzt (vgl. aber z. B. „absolute Betrachtung", *Refl.* 4230, 17:467). Die Möglichkeit dieser absoluten Betrachtung gibt Kant mit der Einsicht in den kritischen Idealismus seiner *KrV* auf. Der Unterschied von Erscheinung und Ding an sich, von Phänomenon und Noumenon erhält damit seine spezifisch transzendentalphilosophische Bedeutung (vgl. Willaschek, *Phaenomena/Noumena*, S. 330).

Philosophische Funktion

1 Der philosophisch negative Sinn von „Ding an sich"

‚Ding an sich' ist ein Ausdruck, den die Kant-Literatur als Standardform benutzt. Kant selbst verwendet vielmehr ‚Ding an sich selbst [betrachtet]' als häufigste Formulierung. ‚An sich' ist in dieser transzendentalphilosophischen Hinsicht die adverbiale Bestimmung zu ‚betrachtet'. Dinge an sich zu betrachten, hat daher den philosophisch negativen Sinn, sie nicht als Erscheinungen zu betrachten. Diesen negativen philosophischen Sinn hebt Kant ausdrücklich hervor: „Der Begriff von einem Dinge *an sich* (ens per se) entspringt nur von einem vorher gegebenen, nämlich dem Objecte in der Erscheinung mithin einer Relation darin das Object im Verhältnisse und zwar einem negativen Verhältnisse betrachtet wird" (22:412). Der Begriff ‚Ding an sich' muss daher als Komplement zum transzendentalphilosophischen Begriff der Erscheinung verstanden werden. Jedes empirische Objekt kann demzufolge nach Kant in philosophischer Hinsicht aus einem „doppelten Gesichtspunkte betrachtet" werden (KrV B XVIII Anm.).

2 Die Ding-an-sich-Betrachtung als Ergebnis philosophischer Reflexion

Der negative Sinn von ‚Ding an sich' ergibt sich gleichsam aus der Rückschau auf das Ergebnis seiner philosophischen Reflexion, auf das Ergebnis seiner erkenntnistheoretischen Untersuchungen. Mit seiner sogenannten Kopernikanischen Wende in der Philosophie (vgl. KrV B XVI) vollzieht Kant eine „Umänderung der Denkart" (KrV B XVI), die schließlich in Kants oberstem Grundsatz aller synthetischen Urteile a priori mündet: „die Bedingungen der *Möglichkeit der Erfahrung* überhaupt sind zugleich Bedingungen der *Möglichkeit der Gegenstände der Erfahrung*" (KrV A 158 / B 197). Die Bedingungen der Möglichkeit der Erfahrung überhaupt sind für Kant die erkenntniskonstituierenden Prinzipien des Subjekts: die Formen der Anschauung – Raum und Zeit – und die Verstandeskategorien. Nach diesen Bedingungen „richten" (KrV B XVI) sich die erkannten Dinge der Außenwelt. Aufgrund dieser Abhängigkeit nennt Kant sie Erscheinungen. Die Bedingungen der Möglichkeit der Erfahrung sind aber nach Kant nicht in jeder Hinsicht die Bedingungen der Möglichkeit der Gegenstände der Erfahrung. Kants transzendentale Erkenntnistheorie ist kein absoluter Idealismus, sondern, wie er ihn selbst nennt, ein „*kritische*[r] Idealism[us]" (4:294). Kant betont: „[...] es ist unserer Vernunft nur möglich, die Bedingungen möglicher Erfahrung als Bedingungen der Sachen zu brauchen; keineswegs aber, ganz unabhängig von diesen sich selbst welche gleichsam zu schaffen" (KrV A 771 / B 799). Insofern nötigt die philosophische Rückschau auf die Subjektabhängigkeit der empirischen Objekte, sie auch noch in ihrer transzendentalphilosophischen Subjektunabhängigkeit zu thematisieren. Das bedeutet für Kant, sie auch noch „an sich selbst [zu] betrachte[n]" (KrV A 38 / B 55). Damit wird aber kein ontologisch zweiter Bereich (vgl. Collins, *Possible Experience*, S. 173f.) und damit eine metaphysische Hinterwelt angesprochen: „Das Ding an sich (ens per se) ist nicht ein Anderes Object sondern eine andere Beziehung (respectus) der Vorstellung auf dasselbe Object" (22:26). Diese philosophische Thematisierung kann gewissermaßen als Grenzziehung begriffen werden (vgl. „Grenzbegriff", KrV A 255 / B 310). Bis zu diesem Punkt lässt sich die transzendentalphilosophische Reflexion vorantreiben. Darüber hinaus lässt sich nur noch formal feststellen, dass das empirische Ding, auf das reflektiert wird, in seiner Wirklichkeit nicht ausschließlich von den erkenntniskonstituierenden Leistungen des Subjekts abhängt. Inhaltlich lässt sich über die Dinge an sich nichts sagen; wir können von ihnen „nicht die mindeste Kenntniß bekommen" (8:201). Die Dinge an sich erkennen zu wollen würde erfordern, von sich selbst als erkennendem und denkendem Subjekt absehen zu müssen, was in philosophischer Sicht nicht möglich ist. Denn nach den empirischen Dingen unabhängig von ihrer Vermitteltheit durch das Empirie ermöglichende Erkenntnisvermögen zu fragen heißt, nach etwas Erkennbarem ohne Erkennen fragen zu wollen.

Interpretationslage

In der Kant-Literatur stehen sich zwei grundsätzliche Lesarten der transzendentalphilosophischen Bedeutung des Ausdrucks ‚Dinge an sich' bei Kant gegenüber, die einander häufig als ‚Zwei-Welten'- und als ‚Zwei-Aspekte'-Interpretation gegenübergestellt werden. Ersterer zufolge (vgl. Strawson, *The Bounds of Sense*; Guyer, *Claims of Knowledge*) handelt es sich bei Dingen an sich und Erscheinungen um zwei unterschiedliche Klassen von Gegenständen: Subjektunabhängige Dinge an sich, die das Subjekt affizieren, aber von diesem aufgrund seiner subjektiven Erkenntnisbedingungen nicht erkannt werden können, und die durch das Subjekt und seine Erkenntnisbebedingungen mitkonstituierten Erscheinungen (empirische Gegenstände). Letzterer zufolge (vgl. Prauss, *Dinge an sich*; Allison, *Kant's Transcendental Idealism*; Collins, *Possible Experience*) handelt es sich bei Dingen an sich und Erscheinungen dagegen um dieselben Gegenstände, die jedoch in unterschiedlicher Weise ‚betrachtet' werden, nämlich einerseits als empirische Gegenstände (Erscheinungen) und andererseits unter Absehung von subjektiven Erkenntnisbedingungen, als Dinge an sich selbst (vgl. neuerdings z. B. Langton, *Humility*, die zwar wie Prauss und Allison nur eine Welt mit nur einer Klasse von Dingen annimmt, allerdings zusätzlich zu relationalen extrinsischen Eigenschaften, den Erscheinungen, noch absolute intrinsische Eigenschaften derselben Objekte als Bereich der Dinge an sich postuliert). Beide Lesarten lassen sich bis in Kants eigene Zeit zurückverfolgen. So beruht zum Beispiel die *Rez. KrV* (1782) von Garve/Feder auf einer Zwei-Welten-Interpretation während Johann Schultz eine Zwei-Aspekte-Lesart vertritt (vgl. Schultz, *Erläuterungen*).

Friebe hat zuletzt darauf hingewiesen (vgl. Friebe, *Kant und die Spezielle Relativitätstheorie*), dass im vierdimensionalen Raum-Zeit-Kontinuum der Speziellen Relativitätstheorie je nach Betrachtungsweise dasselbe Objekt „raumartig" oder „räumlich" ist. Mit Räumlichkeit ist dabei die beobachterabhängige Gleichzeitigkeitsebene angesprochen im Unterschied zur raumartigen Hyperebene, die ein absolutes Objekt bezeichnet. Dies entspricht in auffälliger Weise der kantischen Unterscheidung von Erscheinung und Ding an sich (vgl. Prauss, *Die Welt und wir*, Bd. II.2, § 22 Anm. 24).

Weiterführende Literatur

Allison, Henry: Kant's Transcendental Idealism, New Haven: Yale University Press 1983.

Ameriks, Karl: „Kantian Idealism Today", in: History of Philosophy Quarterly 9, 1992, 329–340.

Baumgarten, Hans-Ulrich: „Kants kritischer Begriff der Gesinnung", in: Baumgarten, Hans-Ulrich / Held, Carsten (Hg.): Systematische Ethik mit Kant, Freiburg/München: Alber 2001, 55–81.

Bencivenga, Ermanno: Kant's Copernican Revolution, New York: Oxford University Press 1987.

Collins, Arthur: Possible Experience. Understanding Kant's Critique of Pure Reason, Berkeley: University of California Press 1999.

Langton, Rae: Kantian Humility. Our Ignorance of Things in Themselves, Oxford: Clarendon Press 1998.

Pippin, Robert: Kant's Theory of Form: An Essay on the Critique of Pure Reason, New Haven: Yale University Press 1982.

Prauss, Gerold: Kant und das Problem der Dinge an sich, Bonn: Bouvier 1974.

Robinson, Hoke: „Two Perspectives on Kant's Appearances and Things in Themselves", in: Journal of the History of Philosophy 32, 1994, 411–441.

Willaschek, Marcus: „Phaenomena/Noumena und die Amphibolie der Reflexionsbegriffe", in: Mohr, Georg / Willaschek, Marcus (Hg.): Immanuel Kant. Kritik der reinen Vernunft, Berlin: Akademie 1998, 325–351.

Hans-Ulrich Baumgarten / Red.

Dogmatismus

Dogmatismus ist nach Kant diejenige zu Irrtum und Scheinwissen führende Art der → Metaphysik, die Erkenntnisse aus reiner → Vernunft abzuleiten versucht, ohne zuvor unser Erkenntnisvermögen einer eingehenden → Kritik zu unterziehen. „Unter dem *Dogmatism* der Metaphysik versteht diese nämlich: das allgemeine Zutrauen zu ihren Principien ohne vorhergehende *Kritik* des Vernunftvermögens selbst blos um ihres Gelingens willen" (8:226). Weitere wichtige Stellen: KrV B XXXf.; KrV B XXXVI; KrV A 466 / B 494; KrV A 691 / B 719; 4:274; 4:360; 8:143; 8:151; 8:187f.; 8:226ff.; 8:415; 9:83f.; 20:342.

Philosophische Funktion

1 Überwindung des dogmatischen Scheinwissens

1.1 Wenn der Dogmatismus so etwas wie eine philosophische Funktion im kantischen Werk übernimmt, dann die einer Abgrenzung: Kant sagt über sich selbst, er habe das Schicksal, in die Metaphysik „verliebt zu sein" (2:367). Deren dogmatischer Missbrauch allerdings, wie er insbesondere von Leibniz und Wolff betrieben werde, beschädige das Ansehen seiner Geliebten, ja er bedrohe sie gar in ihrer Existenz, führe doch aller Dogmatismus unvermeidlich zu spekulativer „*Schwärmerei*" (KrV B XXXIVf.), zu „Scheinwissen" (KrV A XIf.) und zu „Aberglaube" (8:145). In der Vorrede zur zweiten Auflage der *KrV* heißt es in diesem Sinne, der Dogmatismus sei nicht länger zu tolerieren, da sich seine Vertreter „für die alleinigen Kenner und Aufbewahrer solcher Wahrheiten möchten halten lassen, von denen sie dem Publicum nur den Gebrauch mittheilen, den Schlüssel derselben aber für sich behalten" (KrV B XXXIIIf.). Kant attackiert den Dogmatismus also an dessen, seiner Meinung nach, wundem Punkt, an der Unfähigkeit, objektiv gültige Beweise für seine metaphysischen Behauptungen zu liefern. Bereits in der vorkritischen Phase fordert Kant in

Träume vom „*Luftbaumeister*" Wolff und dessen Anhängern, sie sollten nicht länger verbreiten, „was nicht jedem andern gleichfalls bei dem Lichte ihrer Beweisthümer augenscheinlich und gewiß erscheinen sollte" (2:342).

1.2 Da Kant auch den Skeptizismus in dessen fundamentalem Zweifel ablehnt, schlägt er einen dritten Weg ein: Mit der Begründung des Kritizismus soll der transzendentale Schein des Dogmatismus ein für allemal beendigt und so die Basis für eine künftige Metaphysik als Wissenschaft gelegt werden. Kant geht es also explizit um eine Zurückweisung der dogmatisch verfahrenden Metaphysik – nicht um eine Zurückweisung der Metaphysik als solcher. Denn der Hang zur Suche nach letzten Antworten, der Hang, über unsere Erfahrungswelt hinaus in einem unendlichen Progressus nach letzten Gründen zu fragen, ist ein immanent in unserer Vernunft liegender Trieb: „Die Vernunft wird durch einen Hang ihrer Natur getrieben, über den Erfahrungsgebrauch hinaus zu gehen, sich in einem reinen Gebrauche und vermittelst bloßer Ideen zu den äußersten Grenzen aller Erkenntniß hinaus zu wagen [...]" (KrV A 797 / B 825), weshalb auch „jederzeit darüber viele, obgleich fehlerhafte Versuche unvermeidlich sind" (4:327 Anm.). Wir können also gar nicht anders, als uns mit den klassischen metaphysischen Fragen nach der Unsterblichkeit der Seele, →Freiheit und der Existenz →Gottes zu beschäftigen. Von umso größerer Wichtigkeit aber ist es, dass wir es kritisch tun. Und das bedeutet: Wir müssen uns klarmachen, dass wir ein objektives Wissen nur und ausschließlich von Gegenständen der Erfahrungswelt als Erscheinungen haben. Die *noumenale* Sphäre hingegen ist für uns, bei aller metaphysischen Neugierde, im theoretischen Sinne nicht weiter erfassbar. In praktischer Perspektive allerdings dürfen, ja, müssen wir Unsterblichkeit, Freiheit und Gott sehr wohl annehmen, aber eben ausschließlich als Postulate der praktischen Vernunft. Kant bringt diese Differenzierung in der *KrV* in seiner berühmten Formel auf den Punkt: „Ich mußte also das *Wissen* aufheben, um zum *Glauben* Platz zu bekommen, und der Dogmatism der Metaphysik, d. i. das Vorurtheil, in ihr ohne Kritik der reinen Vernunft fortzukommen, ist die wahre Quelle alles der Moralität widerstreitenden Unglaubens, der jederzeit gar sehr dogmatisch ist" (KrV B XXXf.).

2 Zwei Bedeutungen von dogmatisch

Was das Adjektiv ‚dogmatisch' anbelangt, so sind bei Kant zwei grundsätzlich verschiedene Bedeutungen anzutreffen: ‚Dogmatisch' bezeichnet zum einen das wissenschaftliche Verfahren, aus einem Lehrsatz ein Prinzip a priori folgerichtig abzuleiten. In diesem Sinne versteht Kant ‚dogmatisch' ausdrücklich nicht abwertend: „Die Kritik ist nicht dem *dogmatischen Verfahren* der Vernunft in ihrem reinen Erkenntniß, als Wissenschaft, entgegengesetzt (denn diese muß jederzeit dogmatisch, d. i. aus sicheren Principien a priori strenge beweisend sein), sondern dem *Dogmatism* [...]" (KrV B XXXV). Gleichzeitig verwendet Kant ‚dogmatisch' als Adjektiv zum eindeutig negativ konnotierten Schlagwort Dogmatismus, wenn er beispielsweise von der Metaphysik spricht, „deren Verfahren im Anfange *dogmatisch* ist, d. i. ohne vorhergehende Prüfung des Vermögens oder Unvermögens der Vernunft zu einer so großen Unternehmung" (KrV A 3 / B 7).

3 Dogmatismuskritik und Politik

Kants Angriff auf die dogmatische Metaphysik erschüttert die Grundannahmen der orthodoxen →Theologie. So richtet sich Kant in der *Religion* im Rahmen seiner kritischen Grenzziehung explizit gegen jegliche Form des auf die Heilige Schrift gestützten, historischen Offenbarungsglaubens und fordert eindringlich einen Übergang „zur allgemeinen Vernunftreligion" (6:122). Seine Kritik der Religion brachte ihm jenes Edikt der preußischen Zensurbehörde ein, das er später in der Vorrede zum *Streit* abdruckt (vgl. 7:5ff.). Metaphysikkritik war im 18. Jahrhundert ein höchst politischer Vorgang.

Kant allerdings war bemüht, drohende politische Zugriffe auf seine Philosophie ins Gegenteil zu wenden. So bezeichnet er in *Orientieren* nicht etwa den Kritizismus, sondern gerade die drohende Entfesselung der Vernunft nach einer zu langen Phase des Dogmatismus als eine Gefahr für das Recht auf freie Meinungsäußerung: Durch eine solche „Freigeisterei" würde nicht nur Aberglauben Tür und Tor geöffnet, letztendlich rufe selbige gar die „Obrigkeit ins Spiel", die „die Freiheit zu denken" aufheben und „den Landesverordnungen" (8:146) unterwerfen werde. „Und so zerstört die Freiheit im Denken, wenn sie sogar unabhängig von den Gesetzen der Vernunft verfahren will, endlich sich selbst" (8:146).

4 Dogmatismuskritik und dogmatische Relikte
Auch wenn es gerade die Aufdeckung des dogmatischen Scheins ist, die Kant überhaupt erst zu seiner Vernunftkritik motiviert, wird ihm schon kurz nach Erscheinen der ersten Kritik der Vorwurf gemacht, sich seinerseits von bestimmten dogmatischen Denkmustern nicht mit letzter Konsequenz gelöst zu haben.

4.1 Kant nimmt, wie gezeigt, eine Trennung vor zwischen sinnlicher und intelligibler Welt. Den empirischen Gegenständen, die unserer →Erfahrung im Rahmen der Anschauungsformen Raum und Zeit als →Erscheinungen zugänglich sind, steht ein →Ding an sich gegenüber, das wir mit unserer theoretischen Vernunft nicht weiter erfassen können. Schon Friedrich Heinrich Jacobi schreibt zu dieser Unterscheidung, dass er beim Lesen der *KrV* „unaufhörlich darüber irre wurde“, da er „ohne jene Voraussetzung in das System nicht hineinkommen, und mit jener Voraussetzung darin nicht bleiben konnte“ (Jacobi, *David Hume*, S. 109). Volker Gerhardt wiederum spricht die Dinge an sich vom Dogmatismusvorwurf ausdrücklich frei: Um nicht zu behaupten, „es gebe gar nichts anderes als nur das, was in unserer raum-zeitlichen Anschauung erscheint, ist es eine Frage der intellektuellen Redlichkeit, wenigstens deren Möglichkeit einzugestehen“ (*Vernunft und Leben*, S. 158).

4.2 Aber nicht nur das Ding an sich bringt Kant den Vorwurf ein, zentrale dogmatische Strukturen nicht vollständig überwunden zu haben. In der *Religion* erklärt Kant Gott zum – wenngleich nur der Idee nach – obersten praktischen Bezugspunkt. Gott ist es nicht nur, von dem die moralischen Gesetze ausgehen, er ist es auch, der als moralischer Weltherrscher das „Innerste der Gesinnungen eines jeden“ durchschaut (6:99).

Weiterführende Literatur

Lee, Yeop: Dogmatisch – Skeptisch. Eine Voruntersuchung zu Kants Dreiergruppe Dogmatisch, Skeptisch, Kritisch, dargestellt am Leitfaden der begriffs- und entwicklungsgeschichtlichen Methode, Trier: WVT Wissenschaftlicher Verlag 1989.

Thiel, Karsten M.: Kant und die „Eigentliche Methode der Metaphysik“, Hildesheim u. a .: Olms 2008.

Vasilyev, Vadim: „Kants dogmatische Wende in der ‚kritischen‘ Periode“, in: Rohden, Valerio (Hg.): Recht und Frieden in der Philosophie Kants. Akten des X. internationalen Kant-Kongresses, Bd. 2, Berlin u. a.: de Gruyter 2008, 797–804.

Johannes Keienburg

Einbildungskraft

„*Einbildungskraft* ist das Vermögen, einen Gegenstand auch *ohne dessen Gegenwart* in der Anschauung vorzustellen" (KrV B 151; vgl. 7:167, „[...] ein Vermögen der Anschauungen auch ohne Gegenwart des Gegenstandes [...]"). Über sein ganzes Werk verstreut finden sich Bemerkungen, in denen Kant betont, dass die Wirkungsweise der Einbildungskraft etwas Dunkles und Rätselhaftes an sich habe: „Die Synthesis überhaupt ist [...] die bloße Wirkung der Einbildungskraft, einer blinden, obgleich unentbehrlichen Function der Seele, ohne die wir überall gar keine Erkenntniß haben würden, der wir uns aber selten nur einmal bewußt sind" (KrV A 78 / B 103; vgl. KrV A 141 / B 180f., 2:190f.). Für Kant war klar: „die Imagination selbst [...] können wir nicht weiter herleiten. Demnach ist das bildende Vermögen schon eine Grundkraft" (28:262; vgl. 8:180f. Anm.). Von Gewicht ist das vor allem für die höchst umstrittene Frage, ob die Einbildungskraft im *diskursiven* Bezugsrahmen Kants zum Vermögen der Sinnlichkeit oder zum Verstandesvermögen gehört, oder, wie er zumindest einmal im Schematismus-Kapitel buchstäblich zu verstehen gibt (vgl. KrV A 138 / B 177), „ein Drittes" bildet, das vermittelt, oder schließlich, wie Heidegger behauptete, die „gemeinsame Wurzel", den metaphysischen Grund des ganzen kantischen Seelenvermögens darstellt.

Die wichtigsten philosophischen Ausführungen zur Einbildungskraft finden sich in der A- und der B-Fassung der *Transzendentalen Deduktion*, im Schematismus-Kapitel der *KrV* und schließlich in der *KU*. Aus den *Prolegomena* ist der Begriff so gut wie verschwunden, da dieses Werk „*analytisch*" fortschreitet (4:275) und nicht synthetisch wie *KrV*. In den ethischen Texten der kritischen Periode spielt die Einbildungskraft keine bedeutende Rolle. Die Erörterung in der *Anthropologie* ist eine Mischung aus der Art, wie er sie in seinen Vorlesungen behandelt hat, und der technischen Ausarbeitung, die seine veröffentlichte kritische Philosophie kennzeichnet.

Es ist umstritten, ob die Ausführungen zur Einbildungskraft in der A- und in der B-Deduktion, im Schematismus-Kapitel und der dritten Kritik sich zu einer in sich stimmigen Theorie der Einbildungskraft zusammenfügen oder ob Kants Auffassung entwicklungsbedingten Veränderungen unterworfen ist. Weitere wichtige Stellen: 5:352; 7:167–174; 20:279f.

Vorgeschichte und historischer Kontext

Bis zum Beginn der kritischen Periode findet sich bei Kant keine systematische Ausdeutung der Einbildungskraft. Erst dann avanciert sie zu einem der zentralen Begriffe seiner Transzendentalphilosophie. Seine Verwendung geht auf die schulphilosophische Behandlung der „untern Erkenntnißvermögen" zurück, so wie sie sich in Baumgartens *Metaphysica* (§§ 557–623) findet, nach der Kant sein Vorlesungen zur Metaphysik und – hin und wieder – zur Anthropologie hielt. Kants Behandlung der Einbildungskraft war aber auch stark von den Ideen britischer Philosophen geprägt, insbesondere von David Hume und Alexander Gerard. Kants erkenntnistheoretische Deutung der Einbildungskraft ist besonders von Hume beeinflusst, während Gerard wichtige Vorarbeiten für die ästhetische Verwendung des Ausdrucks lieferte.

Im Gefolge von Baumgarten und der Schultradition unterscheidet Kant das ‚Vergegenwärtigen' der Einbildungskraft im Hinblick auf den jetzigen Augenblick, das Zurückrufen aus der Vergangenheit und das Vorhersehen der Zukunft. Er begreift die Einbildungskraft als ein „Bildungsvermögen" (28:235) („facultas fingendi") (28:231), eine Gattung, die drei (zeitlich definierte) Arten umfasst: die „Abbildungskraft" („facultas formandi") (28:231), welche die „Vorstellungen der *gegenwärtigen* Zeit" (28:235), die „Nachbildungskraft" („facultas imaginandi") (28:231), welche die „Vorstellungen der *vergangenen* Zeit" (28:235), und die „Vorbildungskraft" („facultas praevidendi") (28:231), welche die „Vorstellungen der *zukünftigen* Zeit" beinhaltet (28:235). Kant ist sehr darauf bedacht, das (gute) Gedächtnis zumindest *per definitionem* vor den Entstellungen der ‚spielerischen' (willkürlichen) Einbildungskraft zu bewahren sowie die vernünftige Erwartung von der Prophezeiung oder der Wahrsagerei zu unterscheiden.

Kant scheint damit an die von Baumgarten getroffene Unterscheidung zwischen *facultas fingendi* (§§ 589–594) und *phantasia* (§§ 557–571) anzuknüpfen. Kant identifiziert demzufolge die Einbildung mit dem Zurückrufen von „Vorstellungen der vergangenen Zeit durch die Association" und stellt sie ausdrücklich dem eigentlichen „Einbildungsvermögen" als der Fähigkeit „*neue* Bilder [zu] mache[n]" gegenüber (28:236). In der Anthropologie ist das besonders klar ausgedrückt: „Die Einbildungskraft ist (mit andern Worten) entweder *dichtend* (productiv) oder blos *zurückrufend* (reproductiv)" (7:167).

Die schöpferische Einbildungskraft wird von Kant als „Dichtungsvermögen" charakterisiert: „Ehe der Künstler eine körperliche Gestalt (gleichsam handgreiflich) darstellen kann, muß er sie in der Einbildungskraft verfertigt haben, und diese Gestalt ist alsdann eine Dichtung, welche, wenn sie unwillkürlich ist (wie etwa im Traume), *Phantasie* heißt und nicht dem Künstler angehört; wenn sie aber durch Willkür regiert wird, *Composition, Erfindung* genannt wird" (7:174f.). Die Fähigkeit, etwas Neues zu machen, ist vielleicht der eigentliche Sinn, den Kant mit dem Begriff produktive Einbildungskraft verbinden wollte, und ist das, woran er dachte, wenn er ‚produktiv' mit ‚dichtend' gleichsetzt. Doch im Wissen um eine heftige Kontroverse über den Charakter und den Umfang der schöpferischen Einbildungskraft (besonders bei Gerard), bemerkt Kant zugleich: „Die Einbildungskraft ist indessen nicht so schöpferisch, als man wohl vorgiebt" (7:178). Kant geht sogar noch weiter: „Die productive [Einbildungskraft] ist dennoch [...] eben nicht *schöpferisch*, nämlich nicht vermögend, eine Sinnenvorstellung, die vorher unserem Sinnesvermögen *nie* gegeben war, hervorzubringen, sondern man kann den Stoff zu derselben immer nachweisen" (7:167f.). In *Metaphysik L1* charakterisiert Kant das „Bildungsvermögen" als „ein Vermögen [...] Erkenntnisse aus uns selbst zu machen, die aber dennoch die Form an sich haben, nach der die Gegenstände unsere Sinne afficiren würden" (28:235). Kant stellt sich also gegen die Schule einer künstlerischen *creatio ex nihilo* und auf die Seite von Gerard und den Befürwortern einer streng ‚reproduktiven' Kreativität der künstlerischen Einbildungskraft. Die Lehre vom ‚Originalgenie' (Wharton, Young und – in Deutschland – der Sturm und Drang) lehnte er ab. „Wenn also gleich die Einbildungskraft eine noch so große Künstlerin, ja Zauberin ist, so ist sie doch nicht schöpferisch, sondern muß den *Stoff* zu ihren Bildungen von den Sinnen hernehmen" (7:168).

Der Begriff der ‚produktiven Einbildungskraft' hat jedoch noch einen sehr viel technischeren, transzendentalen Sinn, der von dem damals üblichen, weitgehend ästhetischen Begriff der ‚dichtenden Einbildungskraft' unterschieden werden muss. Tatsächlich geht es Kant bei seiner Beschäftigung mit dem Begriff der Einbildungskraft philosophisch vor allem um jene transzendentalphilosophische Unterscheidung zwischen produktiver und reproduktiver Einbildungskraft.

Im Einklang mit den Gepflogenheiten des 18. Jahrhunderts unterscheidet Kant zwischen dem willkürlichen und dem unwillkürlichen Spiel der Einbildung und verbindet letzteres mit dem Ausdruck Phantasie. Bei der Unterscheidung zwischen willkürlichem und unwillkürlichem Spiel der ‚Einbildungen' dachte Kant zum Beispiel an den Gegensatz von Wach- und Traumzuständen, obwohl er sich auch weitläufig über die Störungen des Gemüts auslässt, wenn sich im Wachzustand Vorstellungsbilder unkontrolliert aufdrängen. Die vielleicht geistreichste Bemerkung dazu findet sich in der Anthropologie: „Wir spielen oft und gern mit der Einbildungskraft; aber die Einbildungskraft (als Phantasie) spielt eben so oft und bisweilen sehr ungelegen auch mit uns" (7:175). Zu letzterem führt er aus: „Die Vergehungen (vitia) der Einbildungskraft sind: daß ihre Dichtungen entweder blos *zügellos* oder gar *regellos* sind (effrenis aut perversa) [...] Die zügellose Phantasie [...] ist Üppigkeit aus ihrem Reichtum; aber die regellose nähert sich dem Wahnsinn, wo die Phantasie gänzlich mit dem Menschen spielt [...]" (7:181).

Philosophische Funktion

1 Einbildungskraft und Synthesis

Die Einbildungskraft ist eines der Grundvermögen des menschlichen Gemüts. Sie spielt eine zentrale Rolle in Kants Theorie der apriorischen Bedingungen menschlicher Erkenntnis in der *KrV*: „Das erste, was uns zum Behuf der Erkenntniß aller Gegenstände a priori gegeben sein muß, ist das *Mannigfaltige* der reinen Anschauung; die *Synthesis* dieses Mannigfaltigen durch die Einbildungskraft ist das zweite, giebt aber noch keine Erkenntniß. Die Begriffe, welche dieser reinen Synthesis *Einheit* geben und lediglich in der Vorstellung dieser nothwendigen synthetischen Einheit bestehen, thun das dritte zum Erkenntnisse eines vorkommenden Gegenstandes und beruhen auf dem Verstande" (KrV A 78f. / B 104). Unter einer →Synthesis versteht Kant hier „die Handlung, verschiedene Vorstellungen zueinander hinzuzutun und ihre Mannigfaltigkeit in einer Erkenntniß zu begreifen" (KrV A 77 / B 103). Die zentrale Rolle der Einbildungskraft ergibt sich nun daraus, dass die „Synthesis überhaupt [...] die bloße Wirkung der Einbildungskraft" ist, welche Kant hier als „blinde[], obgleich unentbehrliche[] Function der Seele" bezeichnet, „ohne die wir überall gar keine Erkenntniß haben würden, der wir uns aber selten nur einmal bewußt sind" (KrV A 78 / B 103).

Die Lehre von der „dreifachen Synthesis" (KrV A 97) in der A-Deduktion weist der Einbildungskraft also eine doppelte Funktion zu: Zum einen trägt sie als Vermögen der „Synthesis überhaupt" (KrV A 78 / B 103) zu allen drei Synthesen bei (1. „*Synthesis der Apprehension in der Anschauung*", 2. „*Synthesis der Reproduction in der Einbildung*", 3. „*Synthesis der Recognition im Begriffe*"), zum anderen spielt sie eine zusätzliche Rolle in der zweiten der drei von Kant genannten Synthesen (KrV A 98–104), die es uns erlaubt, aufeinander folgende Vorstellungen von Raum- und Zeitabschnitten (Teile einer Linie, den Zeitraum einer Stunde) als Teile eines zusammenhängenden Ganzen vorzustellen (einer Linie, eines Tages; vgl. KrV A 102). Allerdings ist zu beachten, dass es sich genau genommen nicht um drei Synthesen, sondern um eine „dreifache Synthesis" (KrV A 97) handelt, also um drei Aspekte derselben Synthesis. Der zweite Aspekt, die „*Synthesis der Reproduction in der Einbildung*" (KrV A 100), macht die Funktion der Einbildungskraft in dieser „dreifachen Synthesis" explizit.

In der B-Deduktion schreibt Kant der Einbildungskraft die „*Synthesis* des Mannigfaltigen der sinnlichen Anschauung" zu, sofern diese „a priori möglich und nothwenig ist" (KrV B 151). Auch die damit eng zusammenhängende Schematisierung der Kategorien und mathematischen Begriffe ist eine Funktion der produktiven Einbildungskraft (zur Funktion der Einbildungskraft in der Transzendentalen Deduktion und im Schematismus).

2 Einbildungskraft und Hypotyposis

Kant identifiziert die Einbildungskraft mit dem Vermögen der Darstellung (*exhibitio* oder *hypotyposis*), das heißt der „Versinnlichung" oder Darstellung in der Anschauung (5:351): „das Vermögen der Darstellung [...] ist die Einbildungskraft" (5:232). Davon unterscheidet er die „*Charakterismen*", bei denen „sinnliche Zeichen, die gar nichts zu der Anschauung des Objects Gehöriges enthalten", als auf mechanischen „Gesetze[n] der Association" beruhende Gedächtnisstützen für das Gemüt dienen (5:352; vgl. 7:191f.). Die Darstellung (*hypotyposis*) besteht darin, einem gegebenen „Begriffe eine correspondirende Anschauung zur Seite zu stellen" (5:192; vgl. 5:342f.). Der mathematischen Beweisführung liegt eine solche „reine" (d. h. produktive) Konstruktion der Einbildung in der Anschauung zugrunde: „Auf diese successive Synthesis der productiven Einbildungskraft in der Erzeugung der Gestalten gründet sich die Mathematik der Ausdehnung (Geometrie) [...]" (KrV A 163 / B 204). Bei der Geometrie kann es sich für Kant nur deshalb um Wissen handeln, weil sie sich in der Erfahrung anwenden lässt, wie formal und a priori ihre Konstruktionen in der Anschauung auch sein mögen (vgl. KrV B 147): „Selbst der Raum und die Zeit [...] würden doch ohne objective Gültigkeit und ohne Sinn und Bedeutung sein, wenn ihr nothwendiger Gebrauch an den Gegenständen der Erfahrung nicht gezeigt würde; ja ihre Vorstellung ist ein bloßes Schema, das sich immer auf die reproductive Einbildungskraft bezieht, welche die Gegenstände der Erfahrung herbei ruft, ohne die sie keine Bedeutung haben würden [...]" (KrV A 156 / B 195).

Kant unterscheidet zwei grundlegende Arten der Hypotypose: den Schematismus und den Symbolismus (vgl. 5:351). In einer Anmerkung in der Religion bezeichnet sie Kant entsprechend als „*Schematism der Objectsbestimmung* (zur Erweiterung unseres Erkenntnisses)" und „*Schematism der Analogie* (zur Erläuterung)" (6:65 Anm.) und gibt damit zu verstehen, dass für ihn der grundlegende Begriff der des „Schemas" ist. In seinem späten Aufsatz *Fortschritte* erklärt Kant: „Diese Handlung, wenn die objective Realität dem Begriff geradezu (directe) durch die demselben correspondirende Anschauung zugetheilt, d. i. dieser unmittelbar dargestellt wird, heißt der Schematism; kann er aber nicht unmittelbar, sondern nur in seinen Folgen (indirecte) dargestellt werden, so kann sie die Symbolisirung des Begriffs genannt werden. Das erste findet bey Begriffen des

Sinnlichen statt, das zweyte ist eine Nothülfe für Begriffe des Übersinnlichen, die also eigentlich nicht dargestellt, und in keiner möglichen Erfahrung gegeben werden können [...]“ (20:279f.; vgl. 5:352).

3 Das freie Spiel der Einbildungskraft und die Kritik der Urteilskraft

Kants *Kritik der ästhetischen Urteilskraft* ist ebenso sehr eine Abhandlung über die Einbildungskraft wie über die Urteilskraft, mit der sie eng verwandt ist. Die Behandlung der Einbildungskraft in der *KU* zeichnet sich besonders dadurch aus, dass Kant mit Nachdruck ihre Freiheit in der ästhetischen Erfahrung betont: „Nur, da im Gebrauch der Einbildungskraft zum Erkenntnisse die Einbildungskraft unter dem Zwange des Verstandes und der Beschränkung unterworfen ist, dem Begriffe desselben angemessen zu sein; in ästhetischer Absicht aber die Einbildungskraft frei ist, um noch über jene Einstimmung zum Begriffe, doch ungesucht reichhaltigen unentwickelten Stoff für den Verstand, worauf dieser in seinem Begriffe nicht Rücksicht nahm, zu liefern, welchen dieser aber nicht sowohl objectiv zum Erkenntnisse, als subjectiv zur Belebung der Erkenntnißkräfte, indirect also doch auch zu Erkenntnissen anwendet [...]“ (5:316f.). Diese Freiheit oder dieses „freie Spiel“ der Einbildungskraft fasst Kant also als freie Anpassung an die Gesetzmäßigkeit des Verstandes auf, die auf diese Weise eine „Harmonie der Vermögen“ herbeiführt. Und gerade weil sie unbeschränkt ist, ist diese Harmonie auf besondere Weise „belebend“ und daher angenehm. Das ist der Inhalt des reflexiven ästhetischen Urteils, die Erfahrung von Schönheit.

Kants Auffassung nach ist es durchaus möglich, dass die Einbildungskraft in Widerspruch zu den Gesetzmäßigkeiten des Verstandes gerät. „Die Originalität (nicht nachgeahmte Production) der Einbildungskraft, wenn sie zu Begriffen zusammenstimmt, heißt *Genie*; stimmt sie dazu nicht zusammen, *Schwärmerei*“ (7:172). Derlei „gesetzlose[] Freiheit“ (5:319) der Einbildungskraft könne nur „Unsinn“ hervorbringen. „Die regellos herumschweifende Einbildungskraft verwirrt durch den Wechsel der Vorstellungen, die an nichts objectiv angeknüpft sind, den Kopf [...]“, und heraus kommt „eine Art Unsinn der Form nach“ (7:177). Die verschiedenen Exzesse der Einbildungskraft werden mit Hilfe von Begriffen, die Kant auch in der *Anthropologie* benutzt, in der *KU* besprochen: „Im Enthusiasm als Affect ist die Einbildungskraft zügellos; in der Schwärmerei als eingewurzelter brütender Leidenschaft regellos. Der erstere ist vorübergehender Zufall [...]; der zweite eine Krankheit [...]“ (5:275). Die schöpferische Leistung der Einbildungskraft verlangt also stets die Anpassung ihres ‚freien Spiels‘ an die Regeln von Verstand und Vernunft. Darüber hinaus lässt Kant im schöpferischen Akt oder Spiel der Einbildungskraft niemals Neuerungen im Hinblick auf die Materie der Empfindung, sondern nur im Hinblick auf die Form zu.

Was heißt nun ‚freies Spiel‘ der Einbildungskraft? Es findet sich zu einen beim Subjekt ästhetischer Erfahrungen und zum anderen beim Schöpfers eines Kunstwerks. Beide teilen die Freiheit der Einbildungskraft zur Umgestaltung, zum Spiel mit Vorstellungen, und zwar so, dass neue Ordnungsmöglichkeiten in Erscheinung treten können: „Die Einbildungskraft (als productives Erkenntnißvermögen) ist nämlich sehr mächtig in Schaffung gleichsam einer andern Natur aus dem Stoffe, den ihr die wirkliche giebt. Wir unterhalten uns mit ihr, wo uns die Erfahrung zu alltäglich vorkommt; bilden diese auch wohl um: zwar noch immer nach analogischen Gesetzen [...] wobei wir unsere Freiheit vom Gesetze der Association (welches dem empirische Gebrauche jenes Vermögens anhängt) fühlen, nach welchem uns von der Natur zwar Stoff geliehen, dieser aber von uns zu etwas ganz anderem, nämlich dem, was die Natur übertrifft, verarbeitet werden kann“ (5:314). Dies tritt zwar besonders lebendig im Werk des Künstlers in Erscheinung, doch handelt es sich um eine Fähigkeit der Einbildungskraft, die allen gemeinsam ist, die für ästhetische Erfahrungen empfänglich sind. Dieser Prozess des Umbildens ist für das ‚freie Spiel‘ der Einbildungskraft wesentlich. Während die Einbildungskraft bei demjenigen, der als Betrachter ästhetische Erfahrungen macht, zu dieser Aktivität anlässlich eines bestimmten Stimulus angeregt wird, macht sich der Künstler daran, solche Anlässe bei anderen bewusst herbeizuführen. Dazu braucht er ein natürliches Talent zur imaginativen Umgestaltung (das Genie) ebenso wie Disziplin, die er sich durch die praktische Ausbildung in einer beispielhaften künstlerischen Tradition erworben hat (den Geschmack).

4 Einbildungskraft und ästhetische Ideen

In diesem Zusammenhang stellt Kant eine Reihe von entscheidenden Überlegungen über die Macht der Einbildungskraft im Hinblick auf ästhetische Ideen an. Zunächst, in § 17 der *KU*, führt Kant den Begriff einer „ästhetische[n] *Normalidee*" als Bestandteil des von ihm so genannten „Ideals der *Schönheit*" ein (5:233). Die „ästhetische Normalidee" erweitert Kants Darstellung des Schematismus aus der *KrV* und gibt ihr eine neue Richtung. Während die Einbildungskraft im eigentlichen Schematismus noch durch die Begriffe a priori beschränkt wird, behauptet Kant in der *KU*, dass „eben darin, daß die Einbildungskraft ohne Begriff schematisirt, die Freiheit derselben besteht [...]" (5:287). Bei der „ästhetische[n] *Normalidee*" handelt es sich um die Idee einer Gattung, um einen „Typus", der zwar in keinem seiner Einzelexemplare vollständig zum Ausdruck kommt, der aber unentbehrlich ist, um ihre Zugehörigkeit zur betreffenden Gattung zu erkennen. Diese „ästhetische *Normalidee*" kann in „eine[r] einzelne[n] Anschauung", in „einem Musterbilde völlig in concreto dargestellt werden" (5:233). Sie ist „das zwischen allen einzelnen, auf mancherlei Weise verschiedenen Anschauungen der Individuen schwebende Bild für die ganze Gattung, welches die Natur zum Urbilde ihren Erzeugungen in derselben Species unterlegte, aber in keinem Einzelnen völlig erreicht zu haben scheint" (5:234f.). Kant gibt somit zu verstehen, dass zumindest eine Analogie besteht zwischen der Wirkungsweise der Einbildungskraft im Gemüt und den konkreten Ergebnissen der Naturvorgänge („Technik der Natur") in der Wirklichkeit. Die „ästhetische *Normalidee*" (5:233) ist ein Übergangsbegriff zwischen dem eigentlichen Schematismus der Einbildungskraft der *KrV* und der gänzlich symbolischen Wirkungsweise der ästhetischen Ideen, die in der dritten Kritik im Zusammenhang mit den schönen Künsten erörtert wird.

In diesem Zusammenhang findet sich auch einer der ausführlichsten Versuche Kants, die rätselhafte Wirkungsweise der Einbildungskraft psychologisch zu charakterisieren. Er schreibt: „Es ist anzumerken: daß auf eine uns gänzlich unbegreifliche Art die Einbildungskraft nicht allein die Zeichen für Begriffe gelegentlich, selbst von langer Zeit her, zurückzurufen; sondern auch das Bild und die Gestalt des Gegenstandes aus einer unaussprechlichen Zahl von Gegenständen verschiedener Arten oder auch einer und derselben Art zu reproduciren; ja auch, wenn das Gemüth es auf Vergleichungen anlegt, allem Vermuthen nach wirklich, wenn gleich nicht hinreichend zum Bewußtsein, ein Bild gleichsam auf das andere fallen zu lassen und durch die Congruenz der mehrern von derselben Art ein Mittleres herauszubekommen wisse, welches allen zum gemeinschaftlichen Maße dient" (5:233f.).

Kants Interesse am Begriff ästhetischer Ideen betraf aber nicht in erster Linie die Frage, wie die Einbildungskraft natürliche Arten zum Zwecke der Erkenntnis schematisiert; vielmehr war er daran interessiert, wie es für die Einbildungskraft möglich ist, etwas darzustellen, das gänzlich jenseits der Natur liegt – zumindest jenseits der durchgängigen Bestimmung der Gegenstände gemäß den Gesetzen des Verstandes. Die erfolgreiche Ausübung dieser Fähigkeit führt zur symbolischen *hypotyposis*, zu den Hervorbringungen der schönen Künste, in denen ein Ideal zum Ausdruck kommt. Ein Scheitern in der Ausübung dieser Fähigkeit kann jedoch eine andere ästhetische Erfahrung hervorbringen, die des Erhabenen nämlich, das seinerseits wiederum ein Reich jenseits der von den Verstandeskategorien genau vorgeschriebenen Ordnung der Natur bezeichnet.

Im § 47 der *KU* behauptet Kant, die Fähigkeit, ästhetische Ideen hervorzubringen, „für sich allein betrachtet, ist eigentlich nur ein Talent (der Einbildungskraft)" (5:314). Kant definiert „ästhetische[] Idee" als „diejenige Vorstellung der Einbildungskraft, die viel zu denken veranlaßt, ohne daß ihr doch irgend ein bestimmter Gedanke, d. i. *Begriff*, adäquat sein kann, die folglich keine Sprache völlig erreicht und verständlich machen kann" (5:314). Und er erklärt, dass man sie als Gegenstück zu einer „*Vernunftidee*" verstehen könne, für die „keine *Anschauung* (Vorstellung der Einbildungskraft) adäquat sein kann" (5:314). Während eine ästhetische Idee eine „*inexponible* Vorstellung" ist, ist eine Vernunftidee „*indemonstrabel*[]" (5:342). Und während eine ästhetische Idee sich in einem eindeutig bestimmten Begriff buchstäblich nicht ausdrücken lässt, so dient sie doch „eigentlich [...] um das Gemüth zu beleben, indem sie ihm die Aussicht in ein unabsehliches Feld verwandter Vorstellungen eröffnet" (5:315). Kant behauptet sogar: „Man kann überhaupt Schönheit (sie mag Natur- oder Kunstschönheit sein) den *Ausdruck* ästhetischer Ideen nennen [...]" (5:320). Das heißt, ästhetische Ideen „beleben" und bewirken eine Harmonie der Vermögen – das ist für Kant die wesentliche Eigenschaft der Schönheit.

Kant hat schon früh die Idee vom Ideal unterschieden. „*Idee* bedeutet eigentlich einen Vernunftbegriff und *Ideal* die Vorstellung eines einzelnen als einer Idee adäquaten Wesens" (5:232; vgl. KrV A 568 / B 596). Darüber hinaus ist er in der *KrV* bemüht, das ‚Ideal der Vernunft' von dem ‚Ideal der Einbildungskraft' zu unterscheiden. Vom „Ideale der Vernunft", einer begrifflichen Ganzheit, die als regulatives Ziel der Vernunft bei ihrer Suche nach dem Unbedingten dient, heißt es, dass es „jederzeit auf bestimmten Begriffen beruhen und zur Regel und Urbilde, es sei der Befolgung oder Beurtheilung, dienen muß". „Ganz anders", schreibt Kant dann, „verhält es sich mit den Geschöpfen der Einbildungskraft, darüber sich niemand erklären und einen verständlichen Begriff geben kann, gleichsam *Monogrammen*, die nur einzelne, obzwar nach keiner angeblichen Regel bestimmte Züge sind, welche mehr eine im Mittel verschiedener Erfahrungen gleichsam schwebende Zeichnung, als ein bestimmtes Bild ausmachen, dergleichen Maler und Physiognomen in ihrem Kopfe zu haben vorgeben, und die ein nicht mitzutheilendes Schattenbild ihrer Producte oder auch Beurtheilungen sein sollen. [Sie sollen] das nicht erreichbare Muster möglicher empirischer Anschauungen sein [...] und gleichwohl keine der Erklärung und Prüfung fähige Regel abgeben" (KrV A 570f. / B 598f.). Das stillschweigend durch eine Synthesis beispielhafter Einzelfälle erzeugte „Urbild des Geschmacks" sei, so erklärt Kant, „bloß ein Ideal der Einbildungskraft" (5:232).

5 Die Einbildungskraft und das Erhabene

Im Zentrum von Kants Theorie des Erhabenen steht eine „*Subreption*" oder Erschleichung: Ein Gegenstand der Natur wird so aufgefasst, als wäre er der Grund für ein Gefühl, dessen Ursprung in Wirklichkeit in einem selbst liegt. „Also ist das Gefühl des Erhabenen in der Natur Achtung für unsere eigene Bestimmung, die wir einem Objecte der Natur durch eine gewisse Subreption (Verwechselung einer Achtung für das Object statt der für die Idee der Menschheit in unserm Subjecte) beweisen [...]" (5:257). Bei seiner Erörterung des Erhabenen weist Kant der Einbildungskraft zwei Aufgaben zu: „*Auffassung* (apprehensio) und *Zusammenfassung* (comprehensio aesthetica)" (5:251). Was erstere betrifft, so ist die Einbildungskraft in der Lage, *ad infinitum* aufzufassen, das heißt: Sie stößt auf keine Grenzen oder Schranken, da Raum und Zeit, die Anschauungsformen, mathematisch indefinit oder „der Ausdehnung nach unendlich" sind, wie Kant in der ersten Antinomie der *KrV* gezeigt hat (KrV A 510–523 / B 538–551). Sie ist aber nicht in der Lage, dasselbe in der „Zusammenfassung" zu erreichen. Denn „in der Zusammenfassung ist ein Größtes, über welches sie nicht hinauskommen kann". Einige der „Theilvorstellungen der Sinnenanschauung", die sie zusammenfassen will, gehen verloren, sobald neue hinzukommen (5:252). Besonders leicht lässt sich das an mathematischen Größen veranschaulichen: Zwar kann man sich ein Bild von drei und vielleicht auch vier Dimensionen machen, doch in der Anschauung weitere Dimensionen hinzuzufügen kann man nicht, obwohl man das mit Hilfe algebraischer Formeln ohne weiteres möglich ist. „[...] die logische Größenschätzung [geht] ungehindert ins Unendliche" (5:254). Dass die Vernunft das Unendliche „als *ganz* (seiner Totalität nach) *gegeben*" denken kann, zeigt an, dass dieses Vermögen „allen Maßstab der Sinne übertrifft". „Das gegebene Unendliche aber dennoch ohne Widerspruch *auch nur denken zu können*, dazu wird ein Vermögen, das selbst übersinnich ist, im menschlichen Gemüthe erfordert" (5:254).

Diese Verbindung mit der Vernunft gibt der Kunst, vermittelt durch das Genie, die Macht, „[von der Natur geliehenen] Stoff [...] zu etwas ganz anderem [zu verarbeiten], nämlich dem, was die Natur übertrifft" (5:314). Oder wie Kant es auch formuliert: „Der Dichter wagt es, [...] über die Schranken der Erfahrung hinaus vermittelst einer Einbildungskraft, die dem Vernunft-Vorspiele in Erreichung eines Größten nacheifert, in einer Vollständigkeit sinnlich zu machen, für die sich in der Natur kein Beispiel findet [...]" (5:314). Die Einbildungskraft funktioniert „nach Principien, die höher hinauf in der Vernunft liegen (und die uns eben sowohl natürlich sind als die, nach welchen der Verstand die empirische Natur auffaßt)" (5:314). In diesem Sinn ist die Einbildungskraft für Kant nicht nur ein Rätsel hinsichtlich ihrer Wirkungsweise, sondern auch eine menschliche

Gabe, die uns wertvolle Hinweise auf unsere übersinnlichen Fähigkeiten liefert.

Weiterführende Literatur

Crawford, Donald: „Kant's Theory of Creative Imagination", in: Cohen, Ted / Guyer, Paul (Hg.): Essays in Kant's Aesthetics, Chicago: University of Chicago Press 1982, 151–178.

Guyer, Paul: Kant and the Claims of Taste, Cambridge: Harvard University Press 1979.

Makkreel, Rudolf: Imagination and Interpretation in Kant, Chicago u. a.: University of Chicago Press 1990.

Schaper, Eva: „Kant und das Problem der Einbildungskraft", in: Bucher, Alexius / Drüe, Hermann / Seebohm, Thomas (Hg.): Bewußt Sein: Gerhard Funke zu eigen, Bonn: Bouvier 1975, 373–392.

Young, J. Michael: „Kant's View of Imagination", in: Kant-Studien 79, 1988, 140–164.

John H. Zammito / Red.
(Übersetzung: Birger Brinkmeier)

Einheit

‚Einheit' bezeichnet in der allgemeinsten Bedeutung das, was den Begriff der Verbindung einer Vielfalt in Vorstellungen ermöglicht, unabhängig davon, ob das so Verbundene selbst schon komplexe Vorstellungen sind (wie im Urteil oder im Schluss) oder nicht (wie in der Anschauung eines Mannigfaltigen). Als Grenzbegriff steht dem die „absolute Einheit" (KrV A 99) einer einfachen Vorstellung gegenüber, die *„in einem Augenblick enthalten"* (KrV A 99) ist.

Hinsichtlich der Verbindung eines Mannigfaltigen in einer Anschauung wird die Einheit deshalb definiert als Vorstellung, die „dadurch, daß sie zur Vorstellung des Mannigfaltigen hinzukommt, den Begriff der Verbindung allererst möglich macht" (KrV B 131). Der Begriff der Einheit ist deshalb in seiner Anwendung auf Mannigfaltiges eng verknüpft mit dem Begriff der Synthesis: Die Vorstellung der Einheit macht aus dem Mannigfaltigen der Erscheinung, das in die Synthesis der Einbildungskraft aufgenommen und reproduziert wurde, eine Einheit des Mannigfaltigen in der Anschauung.

Kant macht deutlich, dass diese Einheit des Mannigfaltigen in einer Anschauung und die Einheit von Vorstellungen in Urteilen denselben „Grund" (KrV B 131) haben. Verantwortlich dafür ist die qualitative Einheit, die „selbst den Grund der Einheit verschiedener Begriffe in Urtheilen, mithin der Möglichkeit des Verstandes sogar in seinem logischen Gebrauche enthält" (KrV B 131). Diese qualitative Einheit, die den synthetischen und analytischen Gebrauch des Verstandes ermöglicht, ist die *„transscendentale Einheit* der Apperception" (KrV B 139). Diese liegt dem → Verstand als „Vermögen der Einheit [...] vermittelst der Regeln" (KrV A 302 / B 359) ebenso zugrunde, wie der → Vernunft als „Vermögen der Einheit der Verstandesregeln unter Principien" (KrV A 302 / B 359).

Kant unterscheidet die Einheit in diesem grundlegenden Sinn ausdrücklich von der Kategorie der (quantitativen) Einheit; vgl. KrV B 131). Weitere wichtige Stellen: 2:93ff.; 2:328; KrV A 77ff. / B 102ff.; KrV A 94; KrV A 103–130; KrV B 129–169; KrV A 142–146 / B 181–185; KrV A 176–181 / B 218–224; KrV A 216 / B 263; KrV A 306f. / B 363f.; KrV A 334 / B 391; KrV A 401ff.; KrV A 680ff. / B 708ff.; 4:305; 5:181ff.; 9:39; 9:101; 9:121f.; 11:52; 11:314; 11:346f.; 11:515; 12:222; 17:660; 17:704; 17:707; 17:734; 18:97f.; 18:222; 18:339ff.; 18:369f.; 18:388ff.; 20:271f.; 21:241; 21:578f.; 21:592f.; 22:15–22; 22:349; 22:360f.; 22:463; 23:19; 23:26f.

Philosophische Funktion

1 Synthesis und Einheit

Der Begriff der Einheit entfaltet in Kants kritischer Philosophie seine spezifische Wirkung im Zusammenwirken der Vermögen Verstand und → Einbildungskraft im Prozess der „intellectuell" (KrV A 124) gemachten Synthesis des sinnlich gegebenen Mannigfaltigen. Wenn „die Spontaneität unseres Denkens erfordert [...], daß dieses Mannigfaltige zuerst auf gewisse Weise durchgegangen, aufgenommen und verbunden werde, um daraus eine Erkenntniß zu machen" (KrV A 77 / B 102) und diese „Handlung [...] Synthesis" (KrV A 77 / B 102) heißt, dann ist dafür die Leistung der Einbildungskraft in dieser Handlung, soweit sie eine „blind[e], obgleich unentbehrliche[] Function der Seele" (KrV A 78 / B 103) ist, allein nicht ausreichend. Denn als solche wäre sie beschränkt darauf, „verschiedene Vorstellungen zu einander hinzuzuthun" (KrV A 77 / B 103) und würde diese

Mannigfaltigkeit nicht „in einer Erkenntnis [...] begreifen" (KrV A 77 / B 103). „Allein diese Synthesis *auf Begriffe* zu bringen, das ist eine Function, die dem Verstande zukommt, und wodurch er uns allererst die Erkenntniß in eigentlicher Bedeutung verschafft" (KrV A 78 / B 103).

In der *transzendentalen Deduktion* der zweiten Auflage der *KrV* bezeichnet Kant das Resultat einer Synthesishandlung, in der die Synthesis durch den Verstand auf Begriffe gebracht wird, als „*Verbindung* (*conjunctio*) eines Mannigfaltigen" (KrV B 129). Was diese Verbindung auszeichnet erklärt er dort folgendermaßen: „Aber der Begriff der Verbindung führt außer dem Begriffe des Mannigfaltigen und der Synthesis desselben noch den der Einheit desselben bei sich. Verbindung ist Vorstellung der *synthetischen* Einheit des Mannigfaltigen. Die Vorstellung dieser Einheit kann also nicht aus der Verbindung entstehen, sie macht vielmehr dadurch, daß sie zur Vorstellung des Mannigfaltigen hinzukommt, den Begriff der Verbindung allererst möglich" (KrV B 130f.).

Die Vorstellung der Einheit muss also zur Synthesishandlung hinzukommen, damit uns der Prozess des Verbindens (die eigentliche Synthesis) eines gegebenen Mannigfaltigen von Vorstellungen tatsächlich eine Verbindung, also eine synthetische Einheit von Mannigfaltigem, als sein Produkt liefert. (Der Begriff der Einheit oszilliert bei Kant häufig so wie hier zwischen einer attributiven Verwendung von Einheit als Eigenschaft einer Handlung und einer resultativen Verwendung von Einheit als Produkt einer Handlung).

Diese Einheit wird nun also dadurch bewirkt, dass „die Synthesis *auf Begriffe*" (KrV A 78 / B 103) gebracht wird. Begriffe können deshalb als Funktionen der Einheit der Synthesis wie auch des Urteilens aufgefasst werden (vgl. KrV A 67ff. / B 92ff.; KrV A 79 / B 104f.; →Funktion). In der ersten Auflage der *KrV*, in der Kant die Synthesishandlung, sofern sie tatsächlich zur Einheit des Mannigfaltigen führt, in eine „dreifache[] Synthesis" (KrV A 97) differenziert, ist für diesen einheitsgebenden Aspekt die „*Synthesis der Recognition im Begriffe*" (KrV A 103) verantwortlich.

Diese Synthesis der Rekognition kann sich empirisch oder rein vollziehen. Dabei ist die reine Rekognition, die „Grundlage[] *a priori*" (KrV A 115) der empirischen. Die „Gründe" der „formale[n] Einheit in der Synthesis der Einbildungskraft und vermittelst dieser auch alles empirischen Gebrauchs derselben" (KrV A 125) sind die →Kategorien.

2 Einheit und transzendentale Apperzeption

Auch wenn Kategorien Gründe der Einheit im erläuterten Sinne sind, können sie selbst nicht die Vorstellung der Einheit enthalten, die zur Synthesis hinzukommen muss, damit diese in einer Verbindung, also einer synthetischen Einheit des Mannigfaltigen resultiert. Denn diese Vorstellung der Einheit kann selbst kein Verstandesbegriff sein. Begriffe sind zwar auch Vorstellungen, doch Verstandesbegriffe werden – wie Begriffe allgemein – aus Urteilen gewonnen, und Urteile sind Vorstellungen, in denen „schon [...] Einheit [...] gedacht" (KrV B 131) ist.

Deshalb schreibt Kant: „Diese Einheit, die *a priori* vor allen Begriffen der Verbindung vorhergeht, ist nicht etwa jene Kategorie der Einheit [...]; denn alle Kategorien gründen sich auf logische Functionen in Urtheilen, in diesen aber ist schon Verbindung, mithin Einheit gegebener Begriffe gedacht. Die Kategorie setzt also schon Verbindung voraus" (KrV B 131). Die fragliche Vorstellung der Einheit ist deshalb nicht mit der analytischen Einheit der Vorstellungen im Urteil gleichzusetzen. Denn diese setzen die Kategorie der Einheit voraus.

Ebenso wenig darf man sie mit der „synthetischen Einheit des Mannigfaltigen in der Anschauung" (KrV A 79 / B 105) identifizieren. Denn diese ist ja das Resultat der Handlung, die die Vorstellung der Einheit voraussetzt.

Vielmehr müssen wir „diese Einheit (als qualitative, [...]) noch höher suchen, nämlich in demjenigen, was selbst den Grund der Einheit verschiedener Begriffe in Urtheilen, mithin der Möglichkeit des Verstandes sogar in seinem logischen Gebrauche enthält" (KrV B 131). Diese qualitative Einheit, die den synthetischen und analytischen Gebrauch des Verstandes ermöglicht, ist die „*transscendentale Einheit* der Apperception" (KrV B 139).

Diese transzendentale Einheit der Apperzeption oder auch die „*transscendentale* Einheit des Selbstbewußtseins" (KrV B 132) „ist diejenige, durch welche alles in einer Anschauung gegebene Mannigfaltige in einen Begriff vom Object vereinigt wird" (KrV B 139). Als „*objective Einheit*" (KrV

B 139) muss sie von der „*subjectiven Einheit* des Bewußtseins unterschieden werden, die eine *Bestimmung des inneren Sinnes* ist, dadurch jenes Mannigfaltige der Anschauung zu einer solchen Verbindung empirisch gegeben wird" (KrV B 139; vgl. KrV A 107).

Die synthetische Einheit des Mannigfaltigen in einer Anschauung, die wir eben von der transzendentalen Einheit der Apperzeption unterschieden haben, beruht nun unmittelbar auf der transzendentalen Einheit der Apperzeption: „Ich bin mir [...] des identischen Selbst bewußt, in Ansehnung des Mannigfaltigen der mir in einer Anschauung gegebenen Vorstellungen, weil ich sie insgesammt *meine* Vorstellungen nenne, die *eine* ausmachen" (KrV B 135). Es ist also möglich, die mannigfaltigen Vorstellungen zu einer Vorstellung zu verbinden, weil ich sie als *meine* Vorstellungen – als Vorstellungen eines *identischen Subjekts* – auffassen kann.

3 Einheit der Apperzeption und synthetische Einheit des Mannigfaltigen

Die Vorstellung dieser Einheit des Selbstbewusstseins in der transzendentalen Apperzeption ist also die Bedingung der Möglichkeit für die synthetische Einheit des Mannigfaltigen in einer Anschauung. Die transzendentale Apperzeption wird nun von Kant geradezu als „der Verstand selbst" (KrV B 133 Anm.) bezeichnet. Klarer wird diese Behauptung durch eine ähnliche Bemerkung in der A-Deduktion: „*Die Einheit der Apperception in Beziehung auf die Synthesis der Einbildungskraft ist der Verstand*" (KrV A 119). Wir brauchen also den Verstand, um die Synthesis der Einbildungskraft zum erforderlichen Ergebnis zu bringen: der einheitlichen Vorstellung eines Mannigfaltigen.

Diese Einheit des Mannigfaltigen entsteht dadurch, dass der Verstand Mannigfaltiges einer Regel gemäß synthetisiert. Diese Regeln der Synthesis sind eben die Begriffe, die empirisch oder rein sein können. Empirische Regeln, „sofern sie objectiv sind [...] heißen Gesetze" (KrV A 126). Empirische Gesetze sind aber „nur besondere Bestimmungen noch höherer Gesetze, unter denen die höchsten [...] *a priori* aus dem Verstande selbst herkommen und [...] den Erscheinungen ihre Gesetzmäßigkeit verschaffen und dadurch Erfahrung möglich machen" (KrV A 126). Ohne den Verstand würde es deshalb keine „synthetische Einheit des Mannigfaltigen der Erscheinungen nach Regeln geben" (KrV A 126f.). Verantwortlich für die Einheit des Mannigfaltigen ist aber die Vorstellung der qualitativen Einheit, die die Einheit der transzendentalen Apperzeption ist. Diese „Einheit der Apperception [...] ist die Regel und das Vermögen dieser Regeln der Verstand" (KrV A 127).

Dass die transzendentale Apperzeption selbst als Vorstellung der Einheit die Regel ist, muss man ergänzen um die Rolle der Kategorien, die als spezifische Ausformungen dieser Einheitsregel als „höchste[]" (KrV A 126) Gesetze des Verstandes die Einheit des Selbstbewusstseins in ihrer Anwendung als immer gleiche Verstandesbegriffe in der Synthesis und im Urteil sichtbar machen.

Weiterführende Literatur

Allison, Henry E.: Kant's Transcendental Idealism, revised and enlarged Edition, New Haven u. a.: Yale University Press 2004, Kap. 7.

Haag, Johannes: Erfahrung und Gegenstand. Zum Verhältnis von Sinnlichkeit und Verstand, Frankfurt/M.: Klostermann 2007, Kap. 5–6, 8.

Henrich, Dieter: „Die Identität des Subjekts in der transzendentalen Deduktion", in: Oberer, Hariolf / Seel, Gerhard (Hg.): Kant. Analysen–Probleme–Kritik, Würzburg: Königshausen & Neumann 1988, 39–70.

Howell, Robert C.: Kant's Transcendental Deduction. An Analysis of Main Themes in His Critical Philosophy, Dordrecht: Kluwer 1992.

Strawson, Peter F.: „Imagination and Perception", in: ders.: Freedom and Resentment and Other Essays, London: Methuen & Co. 1974, 45–65.

Johannes Haag

Elementarlehre, transzendentale

‚Transzendentale Elementarlehre' nennt Kant die Untersuchung, die den Inhalt und die Bedingungen der Gültigkeit synthetischer Erkenntnisse a priori bestimmen soll (vgl. KrV A 707 / B 735; KrV A 712 / B 740). Dieser Aufgabe ist der erste und bei weitem umfangreichste, *Transzendentale Elementarlehre* genannte Hauptteil der *KrV* gewidmet, dem die → *Transzendentale Methodenlehre* als zweiter Teil folgt (vgl. KrV A 15 / B 29). Weitere wichtige Stellen: KrV A 50 / B 74; KrV A 77 / B 103; KrV A 115; KrV B 166.

Philosophische Funktion

1 Herkunft des Begriffs und Aufgabe einer transzendentalen Elementarlehre

Transzendentale Elementarlehre ist der Titel des ersten und bei weitem umfangsreichsten Teils der beiden Hauptteile der Kritik der reinen Vernunft. Der von Kant gewählte Terminus stellt eine explizite Revision der zeitgenössischen logischen Terminologie dar: Mit dem Begriff ‚Elementarlehre' und seinem Pendant ‚Methodenlehre' (vgl. →Methodenlehre, transzendentale) will Kant die Einteilung der →Logik neu bestimmen und die übliche Zweiteilung in einen theoretischen und praktischen Teil korrigieren. Beim Aufbau der *KrV* wird diese Neuerung erstmals ausgeführt. Auch ihre Anwendung in der Logik und in anderen Bereichen der Philosophie erfolgt erst ab 1781. Die Zweiteilung in Elementarlehre und Methodenlehre erlaubt Kant zufolge eine streng systematische, „aus dem allgemeinen Gesichtspunkte eines Systems überhaupt" konzipierte Darstellung der →Transzendentalphilosophie (KrV A 15 / B 29).

Auf der Ebene der *„Logik überhaupt"* (KrV A 50 / B 74) spricht Kant von einer „Elementarlogik", die „die schlechthin nothwendigen Regeln des Denkens, ohne welche gar kein Gebrauch des Verstandes stattfindet", enthält (KrV A 52 / B 76). In der *Transzendentalen Elementarlehre* der *KrV* verfolgt Kant eine ähnliche Aufgabe, nämlich die wesentlichen Bestandteile und apriorischen Grundbegriffe zu erörtern, die eine Erkenntnis von Gegenständen a priori ermöglichen und also jedem (theoretischen) Vernunftgebrauch zugrunde liegen. Demzufolge müssen auch die Grenzen der Erkenntnis von Gegenständen bestimmt werden. So spricht Kant in Bezug auf die transzendentale Elementarlehre von einer Untersuchung, die die „Elemente" (KrV A 50 / B 74; vgl. KrV A 77 / B 103; KrV B 166; KrV A 115) und die Gültigkeitsbedingungen „der Erkenntniß aus reiner Vernunft" bestimmen soll (KrV A 712 / B 740). Diese Aufgabe beschreibt Kant mit einer Metapher in der folgenden Weise: „Wenn ich den Inbegriff aller Erkenntniß der reinen und speculativen Vernunft wie ein Gebäude ansehe, dazu wir wenigstens die Idee in uns haben, so kann ich sagen: wir haben in der transscendentalen Elementarlehre den Bauzeug überschlagen und bestimmt, zu welchem Gebäude, von welcher Höhe und Festigkeit er zulange" (KrV A 707 / B 735).

2 Inhalt und Gliederung der transzendentalen Elementarlehre

2.1 Obwohl Elementarlehre und Methodenlehre die beiden Hauptteile der ‚allgemeinen Logik' darstellen (vgl. 9:18), sind die transzendentale Elementarlehre und die transzendentale Methodenlehre *nicht* die Hauptteile der →transzendentalen Logik; diese macht nur den zweiten Teil der transzendentalen Elementarlehre aus. Der so betitelte erste Hauptteil der *KrV* umfasst die transzendentale Ästhetik und die auf sie folgende transzendentale Logik. Dabei könnte Kant Baumgartens Konzept einer „philosophia organica" vor Augen gehabt haben, die sich in einer *aesthetica* und einer *logica* entfalten sollte. Die erste sollte – allerdings auf eine mit Kants Lehre unvereinbare Weise – die sinnliche, die zweite sollte die intellektuelle Erkenntnis behandeln (vgl. Baumgarten, *Philosophia generalis*, § 147, S. 52–63; vgl. Santozki, *Bedeutung antiker Theorien*, S. 88).

Der Grund für die Einbeziehung einer Lehre der →Sinnlichkeit in eine nach dem Vorbild der Logik konzipierte Untersuchung besteht darin, dass die transzendentale Elementarlehre als transzendentale Untersuchung alle apriorischen Elemente erforschen soll, die Bedingungen einer Erkenntnis von Gegenständen der →Erfahrung sind. Um dieser Aufgabe gerecht zu werden, kann die transzendentale Elementarlehre nicht auf eine Analyse der Denkoperationen beschränkt bleiben: Für die Begründung der Erkenntnis von Gegenständen der Erfahrung ist davon auszugehen, dass sie dem Subjekt zugänglich sein können, und dies muss zunächst erklärt werden. Neben einer Analyse des Denkvermögens gehört also in die transzendentale Elementarlehre eine Analyse der Grundstruktur der →Rezeptivität des erkennenden Subjekts im Blick auf ihre apriorischen Bedingungen, d. h. eine transzendentale Ästhetik. Ihre Aufgabe ist es somit zu klären, ob die Sinnlichkeit über apriorische Bedingungen verfügt, und inwiefern sie als Bedingungen empirischer bzw. nicht-empirischer Erkenntnis gelten können. Deswegen muss die transzendentale Ästhetik den ersten Teil der Elementarlehre bilden: so wird die „transscendentale Sinnenlehre [...] zum *ersten* Theile der Elementar-Wissenschaft gehören müssen, weil die Bedingungen, worunter allein die Gegenstände der menschlichen Erkenntniß gegeben werden, denjenigen vorgehen, unter welchen selbige gedacht werden" (KrV A 16 / B 30; vgl. KrV A 21 / B 36). Die Zweiteilung in eine Ästhetik und eine Logik gründet sich auf Kants Auffassung von den „zwei Stämme[n] der menschlichen Erkenntniß [...], nämlich *Sinnlichkeit* und *Verstand*" (KrV A 15 / B 29), die er auch „Grundquellen" nennt (KrV A 50 / B 74). Eine transzendentale Elementarlehre beschreibt daher die Grundstruktur beider „Stämme" (KrV A 15 / B 29) und weist deren apriorische Elemente auf.

Nachdem Kant in der transzendentalen Ästhetik gezeigt hat, dass Raum und Zeit diejenigen reinen Anschauungen a priori sind, die die Möglichkeit synthetischer Urteile a priori über Gegenstände der Sinne erklären, soll die transzendentale Elementarlehre die Möglichkeit synthetischer Erkenntnisse a priori im Blick auf die Leistung des Verstandes untersuchen. Zunächst wird das Vermögen, anhand des von der Sinnlichkeit und den für sie gültigen reinen Formen der Anschauung, Raum und Zeit, vermittelten kognitiven „Stoffes" eine objektiv gültige Erkenntnis zu erreichen, analysiert; dann werden die Grenzen bestimmt, innerhalb derer eine synthetische Erkenntnis a priori möglich ist. Dies ist die doppelte Aufgabe der transzendentalen Logik. Sie ist ihrerseits zweigeteilt. Die transzendentale Analytik untersucht die Strukturen, durch die der →Verstand in Beziehung auf die Sinnlichkeit synthetische Urteile a priori bilden kann. Die Grenzen der objektiv gültigen Erkenntnis a priori werden in der transzendentalen Dialektik bestimmt. Hier wird die →Vernunft als das Vermögen zu schließen untersucht, und es wird gezeigt, dass der Gebrauch von Vernunftschlüssen, der über die Grenzen der Erfahrung hinausgeht, keine objektiv gültige Erkenntnis liefert und daher unzulässig ist.

2.2 Die transzendentale Elementarlehre umfasst eine strukturelle Untersuchung der drei Erkenntnisvermögen – Sinnlichkeit, Verstand (und Urteilskraft) und Vernunft –, und ihrer Operationen – Anschauung, Begriffe, Urteile und endlich Schlüsse im Blick auf die Möglichkeit synthetischer Erkenntnisse a priori. So verfährt die transzendentale Elementarlehre konstruktiv (bzw. „progressiv", vgl. 9:149), indem sie von dem durch die Sinne gelieferten kognitiven Stoff ausgeht, um nach und nach komplexere und höherstufige Erkenntnishandlungen zu betrachten. Die transzendentale Elementarlehre folgt damit dem Gang der Erkenntnis von ihrem Ursprung bis über die Grenzen objektiv gültiger Erkenntnis hinaus. Dabei bilden die transzendentale Ästhetik und die transzendentale Analytik die konstruktiven Teile der Untersuchung, indem sie die Bedingungen objektiv gültiger Erkenntnis aufzeigen und erklären, während die Dialektik deren Grenze mit Bezug auf den Bereich der Erfahrung von Gegenständen in Raum und Zeit aufzeigt.

Weiterführende Literatur

Capozzi, Mirella: Kant e la logica, Bd. 1, Napoli: Bibliopolis 2002, insbes. 260ff.

Conrad, Elfriede: Kants Logikvorlesungen als neuer Schlüssel zur Architektonik der Kritik der reinen Vernunft. Die Ausarbeitung der Gliederungsentwürfe in den Logikvorlesungen als Auseinandersetzung mit der Tradition, Stuttgart: Frommann-Holzboog 1994, insbes. 75–100.

Stefano Bacin

Empfindung

Empfindung ist die „Wirkung eines Gegenstandes auf die Vorstellungsfähigkeit, sofern wir von demselben afficirt werden" (KrV A 19 / B 34). Bei der fraglichen Fähigkeit handelt es sich um das rezeptive Vermögen der Sinnlichkeit – d. h. „die Fähigkeit (Receptivität), Vorstellungen durch die Art, wie wir von Gegenständen afficirt werden, zu bekommen" (KrV A 19 / B 33). Empfindungen als solche sind für Kant bloß subjektive, von inneren oder äußeren Gegenständen verursachte Zustände, die aber durch den Geist in einer Weise strukturiert werden, die sie zu voll ausgebildeten sinnlichen Anschauungen werden lässt – d. h. zu zeitlichen Vorstellungen von den eigenen geistigen Zuständen oder zu raumzeitlichen Vorstellungen von den Zuständen äußerer Gegenstände. In den moralphilosophischen Schriften versteht Kant Empfindungen als eine Reaktion auf Gegenstände, welche angesichts ebendieser Gegenstände ein rational motiviertes Begehren oder eine rational motivierte Abneigung begründen kann. Daher kann die auf Erfahrung beruhende Antizipation einer angenehmen Empfindung der praktischen Überlegung eine bestimmte Richtung geben (oder sie von ihrem Ziel ablenken, vgl. 5:58). Im Vergleich dazu bezeichnet ‚Gefühl' jede Art von Gefühlszustand, einerlei ob er die Sinne betrifft oder ob sich mit ihm rationale Überlegungen begründen lassen. Weitere wichtige Stellen: KrV A 19–22 / B 33–36; KrV A 143 / B 182; KrV A 166ff. / B 207ff.; KrV A 320 / B 376; 5:28; 5:58f.; 5:75; 5:206f.; 5:291; 5:330; 12:213; 23:21.

Philosophische Funktion

Empfindung wird dort, wo Kant in der *KrV* zum ersten Mal von der „Stufenleiter" aller Vorstellungen spricht, definiert als ein Zustand, der „sich lediglich auf das Subject als die Modification seines Zustandes bezieht" (KrV A 320 / B 376). Die sinnliche Anschauung dagegen ist ein Zustand, der sich „unmittelbar auf den Gegenstand" bezieht (KrV A 320 / B 376f.; vgl. 23:21). Der Abschnitt über die Stufenleiter ist, wie man weiß, nicht verlässlich, scheint aber doch Kants abschließende Ansicht über die Empfindung widerzuspiegeln: Sie ist die „*Materie*" (KrV A 20 / B 34) der Wahrnehmung, betrachtet als Modifikation des Subjekts, und sie kann erst dann etwas vorstellen (einen äußeren oder inneren Gegenstand), wenn sie durch die Anschauungsformen strukturiert und vielleicht sogar erst dann (das ist in der Kant-Literatur umstritten), wenn sie außerdem unter reine und empirische Verstandesbegriffe subsumiert worden ist (vgl. Falkenstein, *Kant's Intuitionism*, S. 103–134).

Es liegt daher die Vermutung nahe, dass die Sinneswahrnehmung wenigstens zwei Stufen der Formung und des Strukturierens umfasst: Erstens spielen die reinen Empfindungen (das Ergebnis der Verarbeitung „sinnlicher Eindrücke", z. B. in KrV B 1) die Rolle der „*Materie*" für die „Form[en]" (KrV A 20 / B 34) der Anschauung: Raum und Zeit. In sein Handexemplar der *KrV* notiert Kant bei KrV A 143 / B 182: „Empfindung ist das eigentliche empirische unserer Erkenntnis, und das Reale der Vorstellungen des inneren Sinns im Gegensatz gegen die Form desselben, die Zeit" (23:27).

Zweitens werden die Anschauungen als solche (d. h. die Empfindungen, die im Einklang mit den Axiomen von Raum und Zeit ‚ausgedehnt' sind) unter Verstandesbegriffe subsumiert, und zwar in einem →Urteil. Auf dieser Stufe spielt die Anschauung als Ganze die Rolle der „*Materie*" (KrV A 20 / B 34) für die durch die →Begriffe bereitgestellte Form. Es findet sich also in Kants Auffassung von der Wahrnehmung eine Art doppelter *Hylemorphismus*, und obwohl die Empfindung auf dieser zweiten Stufe wichtig ist, ist sie es doch nur, weil sie schon eine formale Struktur (Raum und Zeit) und eine Art gegenstandsbezogener *intentio* besitzt. Daraus erklärt sich auch, warum Kant in der *KU* zwischen der bloß „*subjectiven* Empfindung" (5:206f.), betrachtet als ein nicht-intentionales Gefühl des Subjekts, und der „*objectiven* Empfindung" (5:206f.), die (als Teil einer Anschauung) ausdrücklich auf einen Gegenstand bezogen ist, unterscheiden kann (vgl. 12:213ff.).

Nach dieser Lesart ist klar, dass Empfindungen normalerweise keine für sich stehenden Zustände sind, sondern die „ersten Grundstücke" (15:268) der Wahrnehmung und der auf Sinneswahrnehmung beruhenden Erkenntnis. Tatsächlich scheint Kant gelegentlich zu meinen, dass die Empfindung kein Zustand sei, der je für sich stehen *könnte* – sie wird vom Geist *immer* als „*Materie*" eines *hylemorphischen* Kompositums aufgenommen, wobei die „Form" (KrV A 20 / B 34) von Raum und Zeit herrührt. Andererseits scheint Kant gelegentlich zu meinen, dass im Prinzip eine innere Empfindung möglich sei, die „nur einen Augenblick [erfüllt]" (KrV A 167 / B 209): Ein solcher Zustand hätte keine extensive Größe und wäre somit nicht Teil einer Anschauung. Doch Kant fügt hinzu: „Nun hat jede Empfindung einen Grad oder Größe, wodurch sie dieselbe Zeit, d. i. den innren Sinn, in Ansehung derselben Vorstellung eines Gegenstandes mehr oder weniger erfüllen kann, bis sie in Nichts (= 0 = *negatio*) aufhört" (KrV A 143 / B 182). Mit anderen Worten, eine Empfindung hat notwendigerweise eine intensive Größe, die völlig unabhängig von irgendeiner extensiven Größe ist, die sie in Raum und Zeit hat. Kant war einer der ersten Philosophen, die ihr Augenmerk auf die quantitativen Beziehungen zwischen Empfindungen und Stimuli gerichtet haben, Beziehungen, die in der gegenwärtigen Neurowissenschaft von großem Interesse sind (vgl. Baumann, *Kant and the Magnitude*, S. 1).

Nach dieser Lesart ist ebenfalls klar, dass eine Empfindung gänzlich *a posteriori* ist. Die reine Anschauung *a priori* ist die Vorstellung der allgemeinen Struktur oder Form unserer Anschauung. (Wir können daher, wenn wir Geometrie betreiben, eine Anschauung vom Raum haben). Es kann aber keine reine Empfindung *a priori* geben. Für Kant ist die Empfindung *immer* empirisch und wird *a posteriori* vom Geist über das rezeptive Vermögen der Sinnlichkeit aufgenommen. Jede Vorstellung sinnlichen Inhalts hat also notwendigerweise einen empirischen Ursprung: „Empfindung liegt also außer aller Erkenntnis *a priori*" (23:27).

Bezeichnenderweise folgt aus diesem letzten Punkt nicht, dass es keine Gesetze der Empfindung gibt, d. h. Grundsätze *a priori* im Hinblick darauf, wie Empfindungen sich für uns darstellen müssen. In den Antizipationen der Wahrnehmung erklärt Kant, wir könnten *a priori* wissen, dass Empfindungen irgendeinen Grad einer intensiven Größe haben und dass der Grad dieser Größe sich stets verringern oder vergrößern lasse. Das hat zur Folge, dass wir keinen leeren Raum oder kein Vakuum empfinden und auch keine Empfindung mit einer unendlichen (intensiven) Größe haben können (vgl. KrV A 172 / B 214). Aber *woher* genau wir das Kant zufolge wissen sollen, ist nicht klar – schließlich scheint es nach allem, was wir *a priori* wissen können, möglich zu sein, dass eine bestimmte Empfindung so beschaffen ist, dass ihr ein spezifischer Grad wesentlich ist. (Nach allem, was wir *a priori* wissen, könnte es zum Beispiel sein, dass wir lediglich eine Lufttemperatur von genau 29° Celsius empfinden können, vgl. Bennett, *Kant's Analytic*, S. 172). Kant ist dagegen der Auffassung, dass wir *a priori* über den *inneren* Charakter von Empfindungen nicht mehr, aber auch nicht weniger wissen können als dies: „daß sie einen Grad haben [...] alles übrige bleibt der Erfahrung überlassen" (KrV A 176 / B 218).

Was wir außerdem noch *a priori* über Empfindungen aussagen können, hat nichts mit ihrem inneren Charakter, sondern vielmehr mit ihrer Ursache oder ihrem Grund zu tun. Die zentrale Lehre der Antizipationen der Wahrnehmung lautet: „In allen Erscheinungen hat die Empfindung und *das Reale*, welches ihr an dem Gegenstande entspricht, (*realitas phaenomenon*) eine *intensive Größe*, d. i. einen Grad" (KrV A 166). Bei der ‚Entsprechung' handelt es sich hier um eine kausale Beziehung: Die Empfindung ist der subjektive Zustand, den die realen Dinge (äußere Gegenstände oder unser eigener Geist) in uns hervorrufen, welche als Dinge in der Welt (bzw. als Zustände unseres eigenen empirischen Ichs) einen objektiven Status innehaben. Wiederum gilt, dass eine Empfindung, wenn sie nicht Bestandteil einer Anschauung oder letztlich einer echten Erkenntnis ist, zwar nichts vorstellt oder repräsentiert, gleichwohl aber jenen Gegenständen insofern „entspricht" (KrV A 166), als sie eine der Wirkungen ist, die diese auf den wahrnehmenden Geist ausüben.

Im Kapitel über den → Schematismus scheint Kant davon etwas abzuweichen: Einer Empfindung entspricht nun „die transcendentale Materie aller Gegenstände als Dinge an sich (die Sachheit, Realität)" (KrV A 143 / B 182). Wieder begegnen wir hier der These, dass die Empfindung ein subjektiver Zustand mit einer intensiven Größe sei, der von einem Gegenstand hervorgerufen wird und somit dessen Realität „entspricht" (KrV A 143 / B 182). Im Unterschied zu der Stelle in den Antizipationen der Wahrnehmung scheint Kant hier aber zu meinen, dass dasjenige, das der Empfindung entspricht, die → Dinge an sich seien. Jedoch lässt sich das wohlwollend auch so deuten: Die Dinge and sich sind einfach der *Grund* für die Empfindungen und liefern in diesem Sinn die ‚Materie' für die Sinnlichkeit. Das könnte der Fall sein, ohne den Grundsatz zu verletzen, dass wir keine perzeptive Erkenntnis vom *noumenalen* Grund unserer Erfahrung haben.

Jedenfalls wissen wir *a priori*, dass die Empfindung irgendwie ihrer Ursache oder ihrem Grund entspricht, und dass der Grad oder die intensive Größe der Empfindung ebenfalls einem Grad der Realität dieses Grundes entspricht. Doch der genaue Inhalt und Charakter der Empfindung, betrachtet man sie als Materie der Wahrnehmung, lässt sich wiederum gar nicht antizipieren (vgl. KrV A 167 / B 208). Zusammenfassend sagt Kant in den Antizipationen der Wahrnehmung: „Alle Empfindungen werden daher, als solche, zwar nur *a posteriori* gegeben, aber die Eigenschaft derselben, daß sie einen Grad haben, kann *a priori* erkannt werden" (KrV A 176 / B 218).

In den moralphilosophischen Schriften richtet Kant sein Augenmerk entsprechend auf die evaluativen Aspekte der Empfindung. Wenn man z. B.

bei einem köstlichen Essen eine gewisse Befriedigung empfindet, dann ist dieses Essen gut, wenn auch natürlich nicht intrinsisch gut (vgl. 5:59). Bemerkenswert ist, dass es von dem wichtigen Gefühl der →Achtung in der *KpV* heißt, es sei eine Art Empfindung, die ihren eigentlichen Ursprung in der praktischen Vernunft habe (vgl. 5:75; 5:92).

In der *KU* knüpft Kant an solche Überlegungen an und definiert etwa das Angenehme als *„das, was den Sinnen in der Empfindung gefällt“* (5:205). Die wichtigste Rolle der Empfindung in dieser Schrift besteht aber darin anzuzeigen, dass eine harmonische „Belebung“ (5:219) der beiden Vermögen Einbildungskraft und Verstand vorhanden ist. Vorausgesetzt, dass einzelne Empfindungen dieser Art die Grundlage für echte Geschmacksurteile sind, zumindest im Hinblick auf das Schöne, dann müssen sie zur „allgemeine[n] Mittheilbarkeit“ fähig sein (5:219; vgl. 5:231, 5:291). Ich kann daher vernünftigerweise erwarten oder sogar verlangen, wenn andere einen vorhandenen Gegenstand in der richtigen Weise betrachten, dass sie dieselbe Empfindung haben wie ich.

Weiterführende Literatur

Dörflinger, Bernd: „Zum Status der Empfindung als der materialen Bedingung der Erfahrung“, in: Funke, Gerhard (Hg.): Akten des Siebenten Internationalen Kant-Kongresses Bd. II. 1, Bonn u. a.: Bouvier 1991, 101–117.

Falkenstein, Lorne: „Kant's Account of Sensation“, in: Canadian Journal of Philosophy 20, 1990, 63–88.

Hanna, Robert: „Kant and Nonconceptual Content“, in: European Journal of Philosophy 13, 2005, 247–290.

Klemme, Heiner F.: „Die Axiome der Anschauung und die Antizipation der Wahrnehmung“, in: Mohr, Georg / Willaschek, Marcus (Hg.): Immanuel Kant. Kritik der reinen Vernunft, Berlin: Akademie 1998, 247–266.

McLear, Colin: „Kant on Perceptual Content“, Mind, 125, 2016, 95–144.

Zinkin, Melissa: „Intensive Magnitudes and the Normatively of Feeling“, in: Kukla, Rebecca (Hg.): Aesthetics and Cognition in Kant's Critical Philosophy, New York: Cambridge University Press 2006.

Andrew Chignell
(Übersetzung: Birger Brinkmeier)

Erfahrung

Kant verwendet das Wort ‚Erfahrung‘ in einem weiteren und in einem engeren Sinne. Es kann erstens die →Wahrnehmung bzw. das durch sie gegebene gemeint sein. So sagt Kant zu Beginn der *KrV*: „Daß alle unsere Erkenntniß mit der Erfahrung anfange, daran ist gar kein Zweifel; [...] Wenn aber gleich alle unsere Erkenntniß *mit* der Erfahrung anhebt, so entspringt sie darum doch nicht eben alle *aus* der Erfahrung“ (KrV B 1). Im direkten Anschluss verwendet Kant „Erfahrung“ in einem zweiten, engeren Sinne, nach dem Erfahrung eine Art von →Erkenntnis ist: „Denn es könnte wohl sein, daß selbst unsere Erfahrungserkenntniß ein Zusammengesetztes aus dem sei, was wir durch Eindrücke empfangen, und dem, was unser eigenes Erkenntnißvermögen (durch sinnliche Eindrücke bloß veranlaßt) aus sich selbst hergiebt“ (KrV B 1). Hier ist explizit von Erfahrungserkenntnis die Rede. Und zwar ist Erfahrung im engeren Sinne solche Erkenntnis, deren →Wahrheit auf der Erfahrung im weiteren Sinne, also den Wahrnehmungen, beruht.

Wie alle Erkenntnis erfordert Erfahrung im engeren Sinne einen Beitrag beider →Erkenntnisvermögen, also der →Sinnlichkeit und des →Verstandes (vgl. KrV A 50f. / B 74f.). Für Erfahrung sind also einerseits empirische →Anschauungen von Seiten der Sinnlichkeit, andererseits empirische Begriffe von Seiten des Verstandes erforderlich. Wie das obige Zitat verdeutlicht, vertritt Kant darüber hinaus die These, dass auch empirische Erkenntnis (also Erfahrung) einen reinen Anteil besitzt, d. h. einen Anteil, der von unserem Erkenntnisvermögen selbst hinzugefügt wird und in diesem Sinne →a priori ist. Dieser reine Anteil besteht aus den Formen der beiden beteiligten Erkenntnisvermögen, also Raum und Zeit als Formen der Sinnlichkeit und den Kategorien als den Formen des objektiven Denkens. Aller Erfahrungserkenntnis liegen „Begriffe von Gegenständen überhaupt als Bedingungen der Erfahrungserkenntniß *a priori*“ zugrunde (KrV A 93 / B 126). Obwohl es einen Anteil gibt, der a priori und daher notwendig ist, ist Erfahrung insgesamt doch Erkenntnis →a posteriori. Erfahrung „sagt uns zwar, was da sei, aber nicht, daß es nothwendiger Weise so und nicht anders sein müsse“ (KrV A 1).

Dass das Erkenntnisvermögen „aus sich selbst [etwas] hergiebt“ (KrV B 1) und dadurch etwas zum Inhalt der Erfahrung beisteuern kann, was nicht eine bloße Einbildung ist, sondern objektive Gültigkeit hat, begründet Kant dadurch, dass diese Zugaben Bedingungen der Möglichkeit der Erfahrung sind. Weil sie Bedingung der empirischen Erkenntnis von Gegenständen sind, gelten sie für alle Gegenstände der Erfahrung. Die Gegenstände müssen sich in gewissen ihrer Eigenschaften nach uns richten, damit Erfahrung von ihnen möglich ist, was die Möglichkeit der Erkenntnis a priori eröffnet (vgl. KrV B XVI).

Dabei ist allerdings zu beachten, dass nur die →Erscheinungen, aber nicht die →Dinge an sich selbst sich nach unserem Erkenntnisvermögen richten müssen. Denn unsere Erkenntnisvermögen haben nur Einfluss darauf, wie uns die Dinge erscheinen, nicht aber darauf, wie sie an sich selbst sind. Weitere wichtige Stellen: KrV B XIX; KrV A 1; KrV B 1; KrV A 93 / B 126; KrV A 97f.; KrV A 100; KrV B 166; KrV A 158 / B 197; 4:258ff.

Vorgeschichte und historischer Kontext

Der historische Kontext für Kants Theorie der Erfahrung wird in erster Linie durch den englischen Empirismus, insbes. durch Locke und Hume, gegeben. Von ihnen übernimmt Kant das Problem, wie die Verbindung verschiedener Vorstellungen durch das Subjekt objektiv gültig sein kann. Locke begründet die objektive Gültigkeit einfacher Vorstellungen dadurch, dass sie über die Sinne durch einen Kausalprozess gebildet wurden (vgl. Locke, *Essay*, Bk. 2, Ch. 1, § 3; Bk. 2, Ch. 30, § 1). Komplexe Vorstellungen sind nach Locke dagegen durch die Tätigkeit des Verstandes gebildet, der einfache Vorstellungen miteinander verbindet (vgl. Locke, *Essay*, Bk. 2, Ch. 12, § 1). Und da diese Verbindungen nicht durch die Gegenstände selbst bewirkt sind und die einfachen Vorstellungen auch nicht bestimmen, mit welchen anderen sie zu verbinden sind, stellt sich die Frage, wie die objektive Gültigkeit komplexer Vorstellungen zu begründen ist (vgl. Locke, *Essay*, Bk. 4, Ch. 3, § 28).

Diese Frage nach der objektiven Gültigkeit von Verbindungen von Vorstellungen ist auch für Kants Theorie der Erfahrung zentral. Kant unterscheidet Verbindungen von zwei Arten von Vorstellungen, nämlich „des Mannigfaltigen der Anschauung oder mancherlei Begriffe“ (KrV B 130). Die Tätigkeit des Verbindens nennt Kant →Synthesis, und „sie ist ein Actus der Spontaneität der Vorstellungskraft“, die man „Verstand nennen muß“ (KrV B 130). Kants von Locke übernommene Frage besteht nun darin, wie eine Verbindung, die vom Subjekt hergestellt wurde, dennoch objektive Gültigkeit haben kann. Dieses Problem stellt sich erstens für die Verbindung mannigfaltiger Sinneseindrücke zur Anschauung eines Gegenstands, zweitens für die Verbindung von Begriffen zu einem Urteil, also der Vorstellung eines Sachverhalts. Entsprechend unterscheidet Kant in § 18 der *KrV* bloß subjektiv und objektiv gültige Verbindungen des Mannigfaltigen der Anschauung und in § 19 bloß subjektiv und objektiv gültige Verbindungen von Begriffen.

Zwar kann man sagen, dass Kant eine der zentralen Fragestellungen seiner Theorie der Erfahrung von Locke und Hume übernimmt, jedoch unterscheiden Kant und die englischen Empiristen sich in ihren Antworten auf diese Frage sehr. So sind Locke und Hume sowohl in Bezug auf den Gehalt von Begriffen als auch in Bezug auf Urteile Empiristen. Ersteres bedeutet, dass *alle* Begriffe empirisch gebildet werden, also dadurch, dass wir auf etwas in der Erfahrung Wiederkehrendes aufmerksam werden und von den Unterschieden abstrahieren. Kant widerspricht dieser These, denn er behauptet, dass es auch gewisse reine Begriffe (die Kategorien und die transzendentalen Ideen) gibt, deren Inhalt wir nicht der Erfahrung entnommen haben, sondern der durch unsere Erkenntnisvermögen festgelegt wird. Empirismus mit Bezug auf Urteile bedeutet, dass Urteile letztlich immer nur durch Erfahrung begründet sein können. Kant widerspricht auch dieser These, denn er behauptet, dass man gewisse synthetische Urteile a priori beweisen kann, insbesondere das Kausalgesetz, nach dem jede Veränderung eine Ursache hat.

In den *Prolegomena* räumt Kant ein, dass Humes Untersuchung zur Kausalität ihm „vor vielen Jahren zuerst den dogmatischen Schlummer unterbrach“ (4:260). Auch wenn Kant nicht sagt, worauf genau er sich bei Hume bezieht, kann man vermuten, dass folgende Überlegung gemeint ist: Kant und Hume stimmen darin überein, dass der Begriff der Kausalität eine gesetzmäßige Verbindung zwischen zwei Ereignistypen zum Inhalt hat, nämlich „daß etwas [die Ursache] so beschaffen

[ist], daß, wenn es gesetzt ist, dadurch auch etwas anderes [die Wirkung] nothwendig gesetzt werden müsse" (4:257). Hume hat nun argumentiert, dass man niemals aufgrund der Begriffe A und B einsehen kann, dass ein Ereignis vom Typ A das davon verschiedene Ereignis vom Typ B verursacht. Wenn überhaupt, könne man dies also nur aufgrund von Erfahrung wissen (vgl. Hume, *Enquiry*, S. 27, 32ff.). Aufgrund von Erfahrung können wir aber nur wissen, dass Ereignissen von Typ A bisher immer Ereignisse vom Typ B gefolgt sind, aber nicht, dass dies immer so sein wird. Wir können also weder aufgrund der Begriffe A und B, noch aufgrund der Erfahrung erkennen, dass ein Kausalverhältnis, also eine notwendige Verbindung zwischen A und B besteht.

Da uns in der Erfahrung keine Kausalverhältnisse gegeben sind, kann der Begriff der Kausalität auch kein empirischer, d. h. aus der Erfahrung gewonnener Begriff sein. Kant stimmt Hume zu, dass wir den Begriff ‚Kausalität' nicht aus der Erfahrung erworben haben können, bestreitet aber, dass es sich deshalb dabei um eine bloße Erdichtung (vgl. 4:258) handelt. Denn wie Kant zu zeigen beabsichtigt, ist der Begriff der Kausalität erstens a priori durch die Natur des Verstandes gegeben und zweitens lässt sich seine Anwendbarkeit auf die Erfahrung (seine objektive Realität) a priori beweisen.

Ein analoges Problem stellt sich auf einer höheren Ebene, wenn wir nicht mehr den Besitz des Begriffs ‚Kausalität' betrachten, sondern das Kausalgesetz, welches besagt, dass es zu jedem Ereignis eine Ursache gibt. Selbst wenn man zugesteht, dass man einzelne Kausalverhältnisse zwischen Ereignistypen erkennen kann, kann man mit Hume argumentieren, dass man niemals aufgrund von Erfahrung wissen kann, ob das Kausalgesetz gilt. Denn aus Erfahrung wissen wir höchstens, dass es für jeden bisher untersuchten Ereignistyp eine Ursache gibt, nicht aber, dass dies für alle Ereignistypen in der physikalischen Welt gilt. Anders gesagt kann man aufgrund von Erfahrung nicht ausschließen, dass in der physischen Welt manche Ereignistypen spontan auftreten, ohne dass man eine Kausalerklärung für sie geben könnte. Da sich das Kausalgesetz ebenso wenig als analytischer Satz aus dem Begriff des Ereignisses ergibt, kann man mit Hume argumentieren, dass wir überhaupt nicht wissen, ob es gilt. Auch diesen Schluss würde Kant für voreilig halten. Er zeigt in der *KrV*, dass es sich beim Kausalgesetz um ein synthetisches Urteil a priori handelt (vgl. 2. Analogie der Erfahrung, KrV A 189ff. / B 232ff.).

Kant schreibt Hume also das Verdienst zu, auf die Schwierigkeiten hingewiesen zu haben, die der Begriff der Kausalität birgt. Allerdings wirft er ihm vor, seine Frage nicht in hinreichender Allgemeinheit gestellt zu haben (vgl. 4:260). Der Begriff ‚Kausalität' ist nämlich nicht der einzige, der nicht auf Wahrnehmungsinhalte zurückgeführt werden kann, sondern es gibt eine ganze Reihe solcher Begriffe, die Kant als die reinen Verstandesbegriffe (Kategorien) identifiziert.

Philosophische Funktion

1 Erfahrung beim vorkritischen Kant

In der vorkritischen Phase spielt der Begriff ‚Erfahrung' keine große Rolle. In *De mundi* setzt Kant sich aber kurz mit diesem Thema auseinander: „In sensualibus autem et phaenomenis id, quod antecedit usum intellectus logicum, dicitur *apparentia*, quae autem apparentiis pluribus per intellectum comparatis oritur cognitio reflexa, vocatur *experientia*. Ab apparentia itaque ad experientiam via non est, nisi per reflexionem secundum usum intellectus logicum. [Was bei den sinnlichen (sensuellen) Erkenntnissen und den Phänomenen dem logischen Verstandesgebrauch vorhergeht, heißt *Erscheinung*, die diskursive Erkenntnis, die aus der Vergleichung mehrerer Erscheinungen durch den Verstand entsteht, heißt *Erfahrung*. Von der Erscheinung also zur Erfahrung gibt es keinen Weg als die Überlegung gemäß dem logischen Verstandesgebrauch]" (2:394). Auch hier vertritt Kant also schon die These, dass Erfahrung einen Beitrag sowohl der Sinnlichkeit als auch des Verstandes erfordert.

Allerdings ist seine in der *KrV* vertretene Ansicht, dass auch Erfahrung einen reinen Anteil hat, in *De mundi* nur zum Teil anzutreffen. Kant führt dort zwar schon die Theorie von Raum und Zeit als reinen Formen der Anschauung ein, er ist allerdings nicht der Ansicht, dass es auch von Seiten des Verstandes einen reinen Anteil der Erfahrung gibt. Kant kennt in *De mundi* zwar den sogenannten realen Verstandesgebrauch, der im Gebrauch reiner Verstandesbegriffe wie „possibilitas, exsistentia, necessitas, substantia, causa etc. [Möglichkeit, Wirklichkeit, Notwendigkeit,

Substanz, Ursache usw.]“ (2:395) besteht, dieser spielt allerdings für die Erfahrung keine Rolle.

2 Erfahrung als Art von Erkenntnis

Erfahrung im engeren Sinn ist eine bestimmte Art von Erkenntnis, nämlich empirische Erkenntnis, die neben der mathematischen und der metaphysischen Erkenntnis steht. Die mathematische und metaphysische Erkenntnis besteht aus →synthetischen Urteilen a priori, die empirische Erkenntnis dagegen aus synthetischen Urteilen a posteriori. Empirische Erkenntnis zeichnet sich gegenüber den beiden anderen Arten also dadurch aus, dass ihre Wahrheit von dem empirischen Mannigfaltigen der Sinne abhängt. Man kann daher auch sagen, dass die Beziehung zwischen beiden Bedeutungen von Erfahrung, die oben unterschieden wurden, darin besteht, dass Erfahrung im engeren Sinn aufgrund der Erfahrung im weiten Sinne wahr bzw. falsch ist.

Oben wurde die Notwendigkeit eines Beitrags von zwei Erkenntnisquellen, Sinnlichkeit und Verstand, zur Erfahrung betont. An anderen Stellen spricht Kant aber von drei Erkenntnisquellen (vgl. KrV A 94; KrV A 97f.; KrV A 115; KrV A 155 / B 194), nämlich Sinnlichkeit, →Einbildungskraft und →Apperzeption. Während letztere hier mit dem Verstand gleichgesetzt werden darf, ist die Einbildungskraft „ein thätiges Vermögen der Synthesis dieses Mannigfaltigen“ (KrV A 120), also das Vermögen, die Synthesis des Verstandes auf Vorstellungen anzuwenden, die uns durch die Sinne gegeben sind. Der Verstand kann also nicht nur zwischen Begriffen eine Synthesis vollziehen und sie so zu einem →Urteil verbinden, sondern er kann auch eine Synthesis des Mannigfaltigen der Sinne vollziehen, und in dieser Rolle ist der Verstand die Einbildungskraft. Wenn Kant manchmal von zwei, und manchmal von drei Erkenntnisvermögen spricht, liegt also kein Widerspruch vor.

3 Erfahrung und die Synthesis des Mannigfaltigen der Anschauung

In der ersten Auflage der *KrV* stellt Kant drei Synthesen vor, durch die das Mannigfaltige der Sinne in einem Begriff vereinigt wird: die Synthesis der →Apprehension, der Reproduktion und der →Rekognition. Diese drei Synthesen sind aber eigentlich als verschiedene Aspekte einer einzigen Synthesis-Handlung anzusehen. Durch diese drei Synthesen sollen die vielen Sinneseindrücke, die ich habe, zur →Anschauung z. B. eines Hauses verbunden werden. Die Betrachtung dieser drei Aspekte der Synthesis stellt den notwendigen Rahmen für das Verständnis der These bereit, dass der Verstand den Erscheinungen das Gesetz vorschreiben kann.

Die Synthesis der Apprehension ist das „Durchlaufen der Mannigfaltigkeit und dann die Zusammennehmung desselben“ (KrV A 99), wodurch die Sinneseindrücke in die Tätigkeit der Einbildungskraft aufgenommen werden (vgl. KrV A 120). Kant betont, dass diese Synthesis nicht nur in Hinblick auf das empirische Mannigfaltige der Sinne ausgeführt werden muss, sondern auch in Hinblick auf das reine Mannigfaltige, d. h. in Hinblick auf die die Raum- bzw. Zeitstücke, an denen wir die empirischen Eindrücke als stehend vorstellen (vgl. KrV A 99f.).

Die Synthesis der Reproduktion besteht darin, die Vorstellungen, die in die Tätigkeit des Verstandes aufgenommen wurden, in Gedanken zu behalten, während man zu neuen Vorstellungen übergeht. Denn ich könnte die durch die Apprehension in die Tätigkeit der Einbildungskraft aufgenommenen Vorstellungen nicht zu einer ganzen Vorstellung, d. h. einer Anschauung eines Gegenstandes, vereinigen, wenn ich sie immer wieder aus den Gedanken verlöre, sobald ich zu der nächsten Vorstellung übergehe (vgl. KrV A 102). Zu der Synthesis der Reproduktion gehört es auch, Wahrnehmungen, die gerade nicht aktuell durch die Sinne gegeben sind, aus dem Gedächtnis zurückzurufen. Wenn ich z. B. einen Stein gerade nur sehe, aber nicht fühle, so wird durch die Reproduktion die Wahrnehmung der Härte, die ich früher einmal bei Steinen gehabt habe, aus meinem Gedächtnis aktualisiert. Die Reproduktion empirischer Vorstellungen heißt auch Assoziation. Denn die Regeln, welche Vorstellungen ich bei welcher Gelegenheit aus dem Gedächtnis reproduziere, werden nach dem Gesetz der Assoziation gebildet: Ich reproduziere solche Vorstellungen, die sich früher des Öfteren in der Erfahrung begleitet haben (vgl. KrV A 100; 7:176).

Wie im Fall der Apprehension betont Kant auch im Fall der Synthesis der Reproduktion, dass sie auch für das reine Mannigfaltige der Sinne vollzogen werden muss. Auch die Teile der Zeit und des Raumes müssen, nachdem sie apprehendiert wurden, reproduziert, d. h. in Gedanken behalten werden, damit sie zur ganzen Vorstellung vom Raum oder der Zeit vereinigt werden können (vgl. KrV A 101f.).

Die beiden genannten Arten der Synthesis reichen nach Kant aber noch nicht aus, um ein gegebenes Mannigfaltiges zu der Anschauung eines Gegenstands zu vereinigen. Nach Kant ist dazu außerdem ein Bewusstsein erforderlich, „daß das, was wir denken, eben dasselbe sei, was wir einen Augenblick zuvor dachten", da sonst das Mannigfaltige „immer kein Ganzes ausmachen [würde], weil es der Einheit ermangelte, die ihm nur das Bewußtsein verschaffen kann" (KrV A 103). In der Literatur wird diese Äußerung in zweierlei Sinn verstanden: „I must become conscious of two things: first, that the present representations exactly resemble those which they reproduce, and second, that the representations before my mind belong to one set or group, and hence are unified" (Wolff, *Kant's Theory of Mental Activity*, S. 129).

Dieses Bewusstsein, dass die verschiedenen Vorstellungen zu einer Menge oder Gruppe gehören, besteht nun genauer gesagt im Bewusstsein einer Regel, nach der ich die Synthesis der Apprehension und der Reproduktion vollziehe. Denn das Bewusstsein einer Regel, nach der ich die Handlungen des Aufnehmens und in Gedanken Behaltens des Mannigfaltigen vollziehe, ist gleichzeitig das Bewusstsein, dass alle diese Einzelhandlungen eine komplexe Gesamthandlung ausmachen. Dadurch wiederum ist es das Bewusstsein, dass die apprehendierten und reproduzierten Vorstellungen ein Ganzes, d. h. eine Anschauung eines Gegenstandes ausmachen.

Das Bewusstsein einer solchen Einheit verleihenden Regel ist das, was wir einen Begriff nennen. „*Die reine Synthesis, allgemein vorgestellt*, giebt nun den reinen Verstandesbegriff" (KrV A 78 / B 104). Die Synthesis allgemein vorstellen heißt eine Regel vorstellen, nach der die Synthesis vollzogen wird. Die zitierte Bemerkung bezieht sich zwar auf reine Verstandesbegriffe, gilt aber auch für empirische Begriffe: Ein empirischer Begriff ist eine empirisch erworbene allgemeine Vorstellung, also die Vorstellung einer Regel, nach der die Synthesis des Mannigfaltigen der Sinne vollzogen wird.

Durch das beschriebene Verfahren formt der Verstand aus den mannigfaltigen durch die Sinne gegebenen Vorstellungen die Anschauung eines Gegenstands. Anders als seine Zeitgenossen, die glaubten, „die Sinne lieferten uns nicht allein Eindrücke, sondern setzten solche auch so gar zusammen und brächten Bilder [d. h. Anschauungen] der Gegenstände zuwege", ist Kant der Ansicht, dass hierzu „eine Function der Synthesis [der Eindrücke] erfordert wird" (KrV A 120 Anm.).

4 Die transzendentale Deduktion der Kategorien

Bisher wurde nur erläutert, dass der Prozess, durch den der Verstand in seiner Rolle als Einbildungskraft das Mannigfaltige der Sinne zur Anschauung eines Gegenstands verbindet, den Besitz von Begriffen erfordert. Bisher ist aber weder klar geworden, warum hierzu der Gebrauch gewisser reiner Verstandesbegriffe (Kategorien) erforderlich ist, noch, warum sich die Erscheinung nach diesen Kategorien richten muss, so dass das Erkenntnisvermögen den Gegenständen der Erfahrung das Gesetz vorschreiben kann.

Im ersten Teil der transzendentalen Deduktion (vgl. KrV B 129–146) beweist Kant, dass „das Mannigfaltige in einer gegebenen Anschauung nothwendig unter Kategorien" steht (KrV B 143). Dies hat seinen Grund darin, dass der Verstand dieses Mannigfaltige gemäß den Kategorien verbinden muss, um sich seiner selbst bewusst werden zu können. Es ist also nicht nur so, dass man irgendwelche Begriffe verwenden muss, um das Mannigfaltige der Anschauung vereinigen zu können, sondern man muss, um sich dabei seiner selbst bewusst werden zu können, ganz bestimmte reine Verstandesbegriffe verwenden, bzw. Fortbestimmungen davon. Da man die Kategorien verwenden muss, um die Anschauung eines Gegenstandes hervorzubringen, kann man sagen, dass sie „Begriffe von einem Gegenstande überhaupt" sind (KrV B 128).

Im zweiten Teil der transzendentalen Deduktion (vgl. KrV B 146–169) „soll die Möglichkeit, durch *Kategorien* die Gegenstände, die nur immer *unseren Sinnen vorkommen mögen* [...] *a priori* zu erkennen" bewiesen werden (KrV B 159). Nachdem schon gezeigt wurde, dass der Verstand das Mannigfaltige der Anschauung *überhaupt* den Kategorien gemäß verbinden muss, soll nun gezeigt werden, dass er dies im Fall der *sinnlichen* Anschauung mit ihren Formen Raum und Zeit auch kann. Denn es könnte ja sein, dass diese Formen der Sinnlichkeit sich der Synthesis gemäß den Kategorien sperren. Nach Kant zeigt sich allerdings, dass dies nicht der Fall ist, weil die Vorstellungen von Raum und Zeit selbst schon eine synthetische Einheit aufweisen, die „in einem ursprünglichen Bewußtsein, den Kategorien gemäß" sein muss (KrV B 161; vgl. KrV B 144f.). Damit ist die Möglichkeit, dass das Mannigfaltige der sinnlichen Anschauung sich vielleicht einer Synthesis gemäß den Kategorien sperrt, ausgeräumt. (Der Grund der Zweiteilung der Deduktion der Kategorien ist in der Literatur allerdings umstritten, vgl. Allison, *Kant's Transcendental Idealism*, S. 133f.) „[S]o sind die Kategorien Bedingungen der Möglichkeit der Erfahrung und gelten also *a priori* auch von allen Gegenständen der Erfahrung" (KrV B 161). Damit ist das Beweisziel der transzendentalen Deduktion der Kategorien erreicht.

5 Bedingungen der Möglichkeit der Gegenstände der Erfahrung

Es hat sich gezeigt, dass es bestimmte in unserem Erkenntnisvermögen begründete Bedingungen für Erscheinungen gibt. In der transzendentalen Ästhetik haben wir uns „mit leichter Mühe" davon überzeugt, dass Raum und Zeit nicht nur subjektive Bedingungen eines unserer Erkenntnisvermögen sind, sondern „sich gleichwohl auf Gegenstände nothwendig beziehen müssen", weil „nur vermittelst solcher reinen Formen der Sinnlichkeit uns ein Gegenstand erscheinen [...] kann" (KrV A 89 / B 121). Schwieriger zu beantworten war die Frage, warum die Erscheinungen sich auch nach den Kategorien richten müssen, da diese zunächst nur Bedingungen für das Denken sind und nicht Bedingungen, „unter denen Gegenstände in der Anschauung gegeben werden" (KrV A 89 / B 122). Der zweite Teil der transzendentalen Deduktion zielte deshalb darauf ab zu zeigen, dass die „Erscheinungen etwas dergleichen [was z. B. der Kategorie der Ursache entspricht] enthalten" müssen (KrV A 90 / B 122).

Auch wenn wir zugestehen, dass Raum und Zeit sowie die Kategorien Bedingungen für die Erscheinungen sind, wird daraus noch nicht die Möglichkeit der Erkenntnis a priori klar. Denn es wurde bisher nur gezeigt, dass wir in unserem Vorstellen gewissen Bedingungen unterliegen, aber nicht, dass die Gegenstände gewissen Bedingungen unterliegen. Es muss also noch gezeigt werden, dass „die Bedingungen der *Möglichkeit der Erfahrung* überhaupt [...] zugleich Bedingungen der *Möglichkeit der Gegenstände der Erfahrung*" sind (KrV A 158 / B 197, vgl. KrV A 93f. / B 126f.).

Kant zufolge handelt es sich bei den Kategorien und Raum und Zeit nicht um Bedingungen der Möglichkeit des Erfahrens der einen oder anderen Person, sondern um Bedingungen, die für Erfahrung „überhaupt" (KrV A 158 / B 197) gelten, und die deshalb notwendig allgemeingültig, d. h. notwendig intersubjektiv, für alle Erkenntnissubjekte gelten. Aufgrund dieser notwendigen Intersubjektivität kann man sagen, dass die zunächst subjektiven Bedingungen des Denkens auch objektive Bedeutung haben. (Zur Erklärung der objektiven Gültigkeit von Vorstellungen durch ihre notwendige Intersubjektivität bzw. Allgemeingültigkeit vgl. *Prolegomena* §§ 18f., 4:298)

Die Gesetze, die der Verstand den Gegenständen der Erfahrung vorschreiben kann, sind sehr allgemeiner Art. Kant nennt diese Gesetze die synthetischen Grundsätze des reinen Verstandes und teilt sie ein in „*Axiomen der Anschauung*" (KrV A 162 / B 202), „*Anticipationen der Wahrnehmung*" (KrV A 166 / B 207), „*Analogien der Erfahrung*" (KrV A 176 / B 218) und „*Postulate des empirischen Denkens überhaupt*" (KrV A 218 / B 265). Die wichtigsten von ihnen sind der Satz „Bei allem Wechsel der Erscheinungen beharrt die Substanz" (KrV A 182 / B 224) und das Kausalgesetz: „Alle Veränderungen geschehen nach dem Gesetze der Verknüpfung der Ursache und Wirkung" (KrV B 232; vgl. KrV A 188). Der Satz von der Erhaltung der Substanz besagt, dass es etwas gibt, das bei allem Wechsel unverändert bleibt, was dieses Unveränderliche aber ist, muss durch empirische Forschung bestimmt werden. Das Kausalgesetz besagt, dass es zu jedem Ereignis eine Ursache gibt, welche Ereignisse aber in einem Kausalitätsverhältnis zueinander stehen, muss wieder durch empirische Forschung ermittelt werden. „Besondere Gesetze, weil sie empirisch bestimmte Erscheinungen betreffen, können [von den Gesetzen a priori] *nicht vollständig abgeleitet* werden" (KrV B 165).

Aus der eben angedeuteten Argumentation für die objektive Gültigkeit der reinen Verstandesbegriffe ergibt sich, dass die Erfahrung eine zentrale Rolle in Kants Theorie jeder Erkenntnis spielt. Erfahrung ist zwar neben der mathematischen und der metaphysischen nur eine Art von Erkenntnis, die dazu wegen ihrer Alltäglichkeit philosophisch wenig interessant zu sein scheint. Deshalb wollte die traditionelle Metaphysik auch „über die Grenze möglicher Erfahrung hinauskommen“ (KrV B XIX) und strebte Erkenntnis über Gott und die Seele an. Für Kant spielt die Erfahrung aber insofern eine grundlegende Rolle, als auch mathematische und metaphysische Erkenntnisse a priori immer Erkenntnisse von Gegenständen der Erfahrung sind. „Folglich *ist uns keine Erkenntniß a priori möglich, als lediglich von Gegenständen möglicher Erfahrung*“ (KrV B 166; vgl. KrV A 146 / B 185, KrV A 157 / B 196). Man kann daher sagen, dass nach Kant Metaphysik im traditionellen Sinne unmöglich ist, weil es außerhalb des Bereichs möglicher Erfahrung keine theoretische Erkenntnis gibt. Nach Kant gibt es zwar theoretische synthetische Erkenntnis a priori, aber diese Erkenntnis betrifft nur die Gegenstände der Erfahrung. Dies gilt sowohl für mathematische Erkenntnis als auch für metaphysische Erkenntnis, die z. B. a priori von Gegenständen der Erfahrung sagt, dass für sie das Kausalgesetz gilt.

Interpretationslage

Günther Patzig versteht Kants Theorie der Erfahrung so, dass aus gegebenen „Empfindungen [...] von uns mit den reinen Anschauungsformen und Verstandesbegriffen eine Welt gesetzlich verknüpfter Gegenstände und Ereignisse aufgebaut (konstituiert)“ wird (Patzig, *Synthetische Urteile*, S. 57). Dies sei unsere „Methode, den Empfindungen raumzeitliche Einheit und durchgängige Bestimmung aufzuprägen“ (Patzig, *Synthetische Urteile*, S. 57). Patzig versteht Kant also so, dass unser Erkenntnisvermögen zu beliebigen gegebenen Empfindungen einen reinen Anteil „aus sich selbst hergiebt“ (KrV B 1; vgl. KrV A 2) und so die Gegenstände, oder doch Vorstellungen von ihnen, konstituiert.

Nach Manfred Baum verfehlt diese Interpretation Kants Intentionen. Kant wolle behaupten, „daß von den Empfindungen, die wir haben, nur diejenigen Vorstellungen von Gegenständen sind, die über formale Eigenschaften verfügen, aufgrund deren sie zum Begriff eines Objekts überhaupt zusammenstimmen [d. h. den Kategorien entsprechen]“ (Baum, *Deduktion und Beweis*, S. 22). Die Kategorien spielen nach Baum also nicht die Rolle, dass unser Verstand sie zu gegebenen Empfindungen hinzufügt und so Gegenstände konstituiert. Sie spielen vielmehr die Rolle eines Auswahlkriteriums: Empfindungen, die ihnen genügen, sind Vorstellungen eines Gegenstands; Empfindungen, die dies nicht tun, sind bloße Einbildungen. Das eben Gesagte scheint nun die Möglichkeit offen zu lassen, dass es überhaupt keine Empfindungen gibt, die den Kategorien entsprechen. Dass dies nicht sein kann, beruhe nach Kant „auf den im Subjekt begründeten Gesetzen der Synthesis (Urteilsformen) der Erscheinungen“ (Baum, *Deduktion und Beweis*, S. 22). Ein zentrales Beweisziel der *KrV* besteht also darin zu zeigen, dass es Empfindungen geben muss, die den Kategorien genügen. „Ob bestimmte Empfindungen über derartige Eigenschaften verfügen, dies ist allerdings etwas, worauf wir, die erkennenden Subjekte, keinen Einfluß haben, sondern was allein dem Objekt dieser Empfindungen zuzuschreiben ist, also dem Gegenstand selbst“ (Baum, *Deduktion und Beweis*, S. 22).

Lewis White Beck bespricht die von C. I. Lewis und anderen aufgeworfene Frage, ob es nach Kant möglich ist, dass wir uns eines Mannigfaltigen der Sinne bewusst werden, das nicht den Kategorien genügt. Diese Frage lässt sich mit Bezug auf folgende von Kant erwogene Möglichkeit explizieren: „Denn es könnten wohl allenfalls Erscheinungen so beschaffen sein, daß der Verstand sie den Bedingungen seiner Einheit [also den Kategorien] gar nicht gemäß fände“ (KrV A 90 / B 123). Die Verwendung des Konjunktivs an dieser Stelle deutet an, dass Kant diese Möglichkeit nur aus didaktischen Gründen erwägt, und dass er zeigen will, dass sie nicht besteht. Wenn wir aber zugestehen, dass Kant mit Erfolg ein solches Argument präsentiert, wirft dies das Problem auf, dass es keine Erscheinungen gibt, die nicht den Kategorien gemäß sind. Dies hätte dann zur Folge, dass es nach Kant keine Träume und Phantasien geben könnte, denn Erscheinungen, die den Kategorien gemäß sind, haben nach Kant objektive Gültigkeit.

Beck erwägt zunächst folgende Lösung dieser Schwierigkeit: Man unterscheidet zwei Bedeutungen von Erfahrung, wie es hier zu Beginn dieses Artikels geschehen ist. Kants Frage sei dann, wie man von Erfahrung im weiteren Sinn, also dem empirischen Mannigfaltigen der Sinne, zu Erfahrung im engeren Sinn gelangt. Kant kann nun die Möglichkeit von Träumen und Phantasien offen halten, indem er annimmt, dass uns dieser Übergang nur teilweise gelingt (vgl. Beck, *Sage*, S. 41): Nicht jede Erfahrung im weiten Sinne ist den Kategorien gemäß, und in diesen Fällen sprechen wir von bloßen Phantasien. Andererseits muss es aber auch Wahrnehmungen geben, die den Kategorien gemäß sind.

Beck argumentiert nun weiter, dass das angesprochene Problem sich so einfach nicht lösen lässt. Denn es scheint, dass man nach Kant allen Vorstellungen eine Relation auf ein Objekt zuschreiben muss, deren man sich bewusst wird. Das Argument lautet, dass man Eindrücke schon dadurch unter die Kategorien subsumiert, dass man sich ihrer bewusst wird, sie also mit der Vorstellung „Ich denke" begleitet. Denn „[t]o think is to judge" und „[t]o judge is to relate representations to one another according to a rule given by a category" (Beck, *Sage*, S. 44). Man kann sich also seiner Eindrücke nicht bewusst werden, ohne sie als objektiv gültig anzusehen. Dies ist auch nach Kemp Smith Kants „truly Critical position" (Kemp Smith, *Commentary*, S. 222), die nach Beck allerdings die absurde Konsequenz hätte, dass es keine bewussten Träume und Phantasien gibt. Beck argumentiert nun, dass sich diese Folge nicht ergibt. Zwar müssen wir unsere Eindrücke als objektiv gültig ansehen, um uns ihrer bewusst werden zu können, sie müssen aber nicht unbedingt auf ein äußeres Objekt bezogen werden, sondern können auch auf ein inneres Objekt bezogen werden. „[T]he „I think" must be able to accompany *all* my representations, whether they be of outer objects or of objects of inner sense" (Beck, *Sage*, S. 48). Ein Traum ist demnach „a subjective object" (Beck, *Sage*, S. 54).

Weiterführende Literatur

Allison, Henry E.: Kant's Transcendental Idealism, New Haven u. a.: Yale University Press 1983.

Baum, Manfred: Deduktion und Beweis in Kants Transzendentalphilosophie, Königstein/Ts.: Athenäum 1986.

Beck, Lewis White: „Did the Sage of Königsberg Have No Dreams?", in: Beck, Lewis White (Hg.): Essays on Kant and Hume, New Haven u. a.: Yale University Press 1978.

Hoppe, Hansgeorg: Synthesis bei Kant, Berlin u. a.: de Gruyter 1983.

Kemp Smith, Norman: A Commentary to Kant's Critique of Pure Reason, London: Macmillan 1979.

Longuenesse, Beatrice: Kant and the Capacity to Judge, Princeton: Princeton University Press 1998.

Paton, Herbert J.: Kant's Metaphysic of Experience, London u. a.: Allen & Unwin 1936.

Patzig, Georg: Kant: „Wie sind synthetische Urteile a priori möglich?", in: Speck, J. (Hg.): Grundprobleme der großen Philosophen. Philosophie der Neuzeit II, Göttingen: Vandenhoeck & Ruprecht 1976.

Strawson, Peter F.: The Bounds of Sense, London: Methuen 1966.

Thöle, Bernhard: Kant und das Problem der Gesetzmäßigkeit der Natur, Berlin u. a.: de Gruyter 1991.

Wolff, Robert P.: Kant's Theory of Mental Activity, Cambridge, Mass.: Harvard University Press 1963.

Bernd Prien

Erfahrungsurteil/ Wahrnehmungsurteil

Erfahrungs- und Wahrnehmungsurteile unterscheiden sich dadurch, dass die einen objektive, die anderen aber nur subjektive Gültigkeit besitzen: „*Empirische Urtheile, so fern sie objective Gültigkeit haben*, sind *Erfahrungsurtheile*; die aber, *so nur subjectiv gültig* sind, nenne ich bloße *Wahrnehmungsurtheile*" (4:298). Subjektive Gültigkeit bedeutet dabei, dass das Urteil nur für eine bestimmte Person zu einem bestimmten Zeitpunkt gültig ist, wie z. B. „Das Zimmer ist warm". Hier erwarte ich nicht, dass Andere oder ich selbst zu anderen Zeiten dasselbe Urteil fällen müssen, selbst wenn sich am Zimmer selbst nichts ändert. → Objektive Gültigkeit bedeutet dagegen, dass das Urteil für jeden zu jeder Zeit gültig ist. Als Beispiel objektiver Gültigkeit verwendet Kant das Urteil „die Sonne *erwärmt* den Stein" (4:301 Anm.). Wenn ich dies Urteil fälle, erwarte ich, dass jeder andere dasselbe Urteil fällt.

Nach Kant sind alle unsere Erfahrungsurteile zunächst Wahrnehmungsurteile. Der Übergang vom Einen zum Anderen wird dadurch vollzogen, dass die →Kategorien hinzutreten und einer Begriffsverbindung, die zunächst nur subjektive Gültigkeit hat, objektive Gültigkeit verleihen. Weitere wichtige Stelle: 4:297–302.

Philosophische Funktion

1 Empirische Urteile

Erfahrungs- und Wahrnehmungsurteile sind zwei Arten empirischer Urteile. Ihnen gegenüber stehen analytische Urteile und synthetische Urteile a priori, die ihren Grund in den verwendeten Begriffen und dem Satz vom Widerspruch (vgl. KrV A 150ff. / B 189ff.) bzw. in der Möglichkeit der Erfahrung haben (vgl. KrV A 154ff. / B 193ff.). Empirische Urteile haben ihren Grund in der empirischen Anschauung, wobei Wahrnehmungsurteile speziell „in der unmittelbaren Wahrnehmung der Sinne“ (4:297) gegründet sind. Erfahrungs- und Wahrnehmungsurteile unterscheiden sich darin, dass die einen objektiv und die anderen nur subjektiv gültig sind.

2 Übergang von Wahrnehmungsurteilen zu Erfahrungsurteilen

Kant behauptet, dass alle unsere Erfahrungsurteile „zuerst bloße Wahrnehmungsurtheile“ sind, denen wir „nur hinten nach“ eine Beziehung auf ein Objekt geben „und wollen, daß es auch für uns jederzeit und eben so für jedermann gültig sein solle“ (4:298). Hier ist wohl weniger an eine zeitliche als an eine logische Reihenfolge zu denken. Und zwar wird nach Kant dieser Übergang vollzogen, indem man die Wahrnehmungen, die man im Wahrnehmungsurteil bloß subjektiv verbunden hat, unter die Kategorien subsumiert, insbesondere unter den Begriff →‚Kausalität‘. Dadurch kann man den einen Gegenstand, bzw. das eine Ereignis, das im Urteil thematisiert wird, als eine Ursache und das andere als Wirkung ansehen.

Dieser Übergang wird am besten durch Kants Beispiel der den Stein erwärmenden Sonne illustriert. Das entsprechende bloß subjektiv gültige Wahrnehmungsurteil lautet „wenn die Sonne den Stein bescheint, so wird er warm“ (4:301 Anm.). Dies Urteil ist zwar nicht in dem Sinne subjektiv, wie die oben genannten über Gefühle (z. B. ‚Das Zimmer ist warm‘), aber doch insofern, als hier nur die bisher gemachten Wahrnehmungen ausgesprochen werden. Es wird nur eine Korrelation zwischen zwei Ereignissen behauptet, aber kein Anspruch erhoben, dass diese Korrelation zu jeder Zeit vorliegen müsse. Eine solche →Notwendigkeit des Zusammenhangs behaupte ich erst, wenn ich sage „die Sonne *erwärmt* den Stein“ (4:301 Anm.). Denn mit diesem Satz behaupte ich, dass das Scheinen der Sonne die Ursache dafür ist, dass der Stein sich erwärmt. Da Kant das Kausalverhältnis so versteht, dass auf die Ursache notwendig die Wirkung folgt, impliziere ich mit diesem Satz, dass für alle vergleichbaren Steine in einer vergleichbaren Situation gilt, dass sie durch die Sonne erwärmt werden.

Ähnlich ist Kants Beispiel „Die Luft ist elastisch“ (4:301) zu verstehen. Indem ich die Luft als elastisch bezeichne, behaupte ich, dass ihre Ausdehnung bestimmten kausalen Regelmäßigkeiten unterliegt, d. h. ich bringe auch hier die Kategorie der Kausalität zur Anwendung. Insofern als die Wahrnehmungen unter die Begriffe „Ursache“ und „Wirkung“ zu subsumieren sind, kann man sagen, dass „noch ein ganz anderes Urtheil“ vorausgehen muss, „ehe aus Wahrnehmung Erfahrung werden kann“ (4:300).

3 Objektivität und notwendige Allgemeingültigkeit

Bisher wurde nur darüber gesprochen, wie man nach Kant einem Urteil notwendige Allgemeingültigkeit verleiht, genauer: was man tun muss, um einen Anspruch auf Gültigkeit für jedermann und jederzeit zu erheben. Da Erfahrungsurteile aber durch ihre objektive Gültigkeit definiert sind, muss noch eine Beziehung zwischen Allgemeingültigkeit und Objektivität hergestellt werden.

Kant geht dabei so vor, dass er zunächst den umgekehrten Zusammenhang herstellt: Wenn ein Urteil objektiv ist in dem Sinne, dass es von einem unabhängig von uns bestehenden Sachverhalt handelt, so müssen alle Urteilenden dasselbe Urteil fällen, andernfalls muss mindestens eines ihrer Urteile falsch sein. Diesen Zusammenhang kehrt Kant nun um: „Aber auch umgekehrt, wenn wir Ursache finden, ein Urtheil für nothwendig allgemeingültig zu halten […], so müssen wir es auch für objectiv halten, d. i. daß es nicht blos eine Beziehung der Wahrnehmung auf ein Subject, sondern eine Beschaffenheit des Gegenstandes ausdrücke" (4:298). Kant begründet diese Umkehrung folgendermaßen: „[D]enn es wäre kein Grund, warum anderer Urtheile nothwendig mit dem meinigen übereinstimmen müßten, wenn es nicht die Einheit des Gegenstandes wäre, auf den sie sich alle beziehen" (4:298). Zusammenfassend schreibt Kant daher: „Es sind daher objective Gültigkeit und nothwendige Allgemeingültigkeit (für jedermann) Wechselbegriffe" (4:298).

Indem wir mit dem Urteil „[D]ie Sonne *erwärmt* den Stein" (4:301 Anm.) den Anspruch erheben, dass alle anderen dasselbe Urteil fällen müssen, erheben wir den Anspruch, über einen objektiv bestehenden Sachverhalt zu urteilen. Einen solchen Anspruch erheben wir mit dem Urteil ‚Wenn die Sonne scheint, wird der Stein warm' dagegen nicht.

4 Schwierigkeiten der Interpretation

Eine detaillierte Interpretation der Unterscheidung zwischen Wahrnehmungs- und Erfahrungsurteilen trifft auf erhebliche Schwierigkeiten. Unklar ist z. B., in welchem Sinne hier von objektiver und subjektiver Gültigkeit die Rede ist. Prauss unterscheidet zwischen subjektiven Gegenständen (den Erscheinungen) und objektiven Gegenständen der Erfahrung. Seiner Ansicht nach sind Wahrnehmungsurteile „Urteile über Erscheinungen oder Empfindungen als solche" (Prauss, *Erscheinung*, S. 145). Andere Autoren vertreten dagegen die Ansicht, dass beide Arten von Urteilen von objektiven Gegenständen der Erfahrung handeln und sich z. B. nur in der Art ihrer Rechtfertigung unterscheiden.

Weiterhin ist unklar, in genau welchem Sinne die Kategorien in Erfahrungsurteile, aber nicht in Wahrnehmungsurteile eingehen. Denn erstens scheint es, dass, entgegen Kants Aussage, nur die Relationskategorien (Substanz / Akzidenz, Ursache / Wirkung, Wechselwirkung) nicht in Wahrnehmungsurteile eingehen, die Kategorien der Quantität (z. B. Einheit) und der Qualität (z. B. Realität) aber schon. Zweitens wirft diese Schwierigkeit auch die Frage auf, was nach Kant ein Urteil überhaupt ist, wie also seine Urteilsdefinition in der zweiten Auflage der *KrV* zu verstehen ist. Viele Autoren bezweifeln, dass die Unterscheidung zwischen Erfahrungs- und Wahrnehmungsurteilen mit dieser Definition in Einklang zu bringen ist. Denn Kant schreibt, „daß ein Urtheil nichts andres sei, als die Art, gegebene Erkenntnisse zur *objectiven* Einheit der Apperception zu bringen" (KrV B 141). Wenn ein Urteil aber per definitionem eine objektiv gültige Verbindung ist, scheint es, dass bloß subjektiv gültige Wahrnehmungsurteile gar keine Urteile sind. Weiterhin wird argumentiert, dass Urteile nach der eben genannten Definition immer den Gebrauch der Kategorien beinhalten, was auch zeigt, dass Wahrnehmungsurteile, die dies ja nicht tun, gar keine Urteile sind. Aus diesen Problemen sowie dem Umstand, dass die Unterscheidung zwischen Erfahrungs- und Wahrnehmungsurteilen nur in den *Prolegomena* eine Rolle spielt, wird geschlossen, dass Kant diese Unterscheidung bei der Abfassung der zweiten Auflage der *KrV* wieder aufgegeben hat.

Weiterhin ist bezüglich des Verhältnisses zwischen *Prolegomena* und der zweiten Auflage der *KrV* folgende Frage umstritten: Entspricht die Unterscheidung zwischen Erfahrungs- und Wahrnehmungsurteilen derjenigen zwischen objektiv gültigen und bloß subjektiv gültigen Verbindungen von Begriffen, die Kant auf KrV B 142 zieht oder sind dies verschiedene Unterscheidungen?

Weiterführende Literatur

Allison, Henry E: Kant's Transcendental Idealism, New Haven u. a.: Yale University Press 1983.

Freudiger, Jürg: „Zum Problem der Wahrnehmungsurteile in Kants theoretischer Philosophie", in: Kant-Studien 82, 1991, 414–435.

Hoppe, Hansgeorg: Synthesis bei Kant, Berlin u. a.: de Gruyter 1983, Kap. 4.

Longuenesse, Beatrice: Kant and the Capacity to Judge, Princeton: Princeton University Press 1998, Kap. 7.

Mohr, Georg: „Wahrnehmungsurteile und Schematismus", in: Robinson, Hoke (Hg.): Proceedings of the Eighth International Kant Congress, Bd. 2, Milwaukee: Marquette University Press 1995, 331–340.

Prauss, Gerold: Erscheinung bei Kant, Berlin u. a.: de Gruyter 1971.

Bernd Prien

Erhabene, das

Mit dem Begriff des Erhabenen bezeichnet Kant ein ästhetisches Gefühl, das zwischen Lust und

Unlust oszilliert. Kants „Namenerklärung des Erhabenen" lautet: „*Erhaben* nennen wir das, was *schlechthin groß* ist" (5:248). Was „*schlechthin groß*" ist, ist das, „*was über alle Vergleichung groß ist*" (5:248). Hierbei wird ein Maßstab zugrunde gelegt, der „zu keiner logischen (mathematischbestimmten), sondern nur ästhetischen Beurtheilung der Größe brauchbar ist, weil er ein bloß subjectiv dem über Größe reflectirenden Urtheile zum Grunde liegender Maßstab ist" (5:249): „Es ist eine Größe, die bloß sich selber gleich ist" (5:250). Daher kann die Erklärung des Erhabenen auch so ausgedrückt werden: „*Erhaben ist das, mit welchem in Vergleichung alles andere klein ist*" (5:250). Aufgrund der bloß subjektiven Beurteilung der Größe bzw. des bei der Beurteilung zugrunde gelegten Maßstabs folgt, dass das Erhabene nicht eine Eigenschaft der Gegenstände ist, sondern „allein in unsern Ideen zu suchen sei" (5:250).

Kant unterscheidet das „*Mathematisch-Erhabene*[]" (5:248; vgl. 5:248–260) als das, „was *schlechthin groß* ist" (5:248), sodass seine Anschauung auf die Idee der Unendlichkeit der Natur führt (vgl. 5:255), vom „*Dynamisch-Erhabenen*" (5:260) als dem schlechthin Mächtigen, das den Menschen in seiner physischen Existenz jederzeit vernichten könnte (vgl. 5:260–266). Weitere wichtige Stellen: 2:208ff.; 4:434; 5:27; 5:75; 5:78f.; 5:85ff.; 5:161f.; 5:248; 5:267; KrV B 110; KrV A 160 / B 199.

Philosophische Funktion

1 Das Erhabene als ästhetisch-moralisches Gefühl

Auf der Höhe der zeitgenössischen Ästhetik unterscheidet Kant in den *Beobachtungen*, mit denen er sich 1764 auf den Weg zu einer eigenen Begründung der Moral begibt, das Erhabene und das Schöne (Schönheit) als spezifische Weisen jenes Gefühls „von feinerer Art", das ihn als Indiz einer „Reizbarkeit der Seele" interessiert, „die diese zugleich zu tugendhaften Regungen geschickt macht" (2:208): „Das Erhabene *rührt*, das Schöne *reizt*" (2:209). Das Gefühl des Erhabenen regt sich nach Kant vorwiegend im direkten oder auch literarisch vermittelten Blick auf die Natur, etwa beim „Anblick eines Gebirges, dessen beschneite Gipfel sich über Wolken erheben", im Blick auf „[h]ohe Eichen und einsame Schatten im heiligen Haine" (2:208), im Erleben der „ruhige[n] Stille eines Sommerabendes, wenn das zitternde Licht der Sterne durch die braune Schatten der Nacht hindurch bricht" (2:209), und angesichts großer weitgestreckter „Einöden, wie die ungeheure Wüste Schamo in der Tartarei" (2:210). Kant bezieht sich hier nicht auf direkte eigene Eindrücke, sondern auf Reiseberichte, deren Lektüre dokumentiert ist.

Bemerkenswert ist aus der Perspektive seiner reifen vernunftkritischen Lehre vom Erhabenen die methodische Konzession, dass auch Artefakte, d. h. literarische Texte und Werke der Architektur erhabene Gefühle auslösen können. Sie wird explizit, wo Kant als Beispiele aus der Dichtung die „Beschreibung eines rasenden Sturms" und die „Schilderung des höllischen Reichs von *Milton*" nennt (2:208), aus der Architektur die „ägyptischen Pyramiden", die „Peterskirche in Rom" und – in Abgrenzung gegen schöne Gebäude wie etwa einen Lustpalast – „[e]in Arsenal" und ein prächtiges „Residenzschloß" (2:210). Schon im Kontext dieser Phänomene differenziert Kant zwischen verschiedenen Modi, indem er das „*Schreckhaft-Erhabene*" als Gefühl, das „mit einigem Grausen oder auch Schwermuth" einhergeht, auf der einen Seite vom „*Edle[n]*" abgrenzt, welches mit „ruhiger Bewunderung", auf der anderen Seite vom „*Prächtige[n]*", das von „einer über einen erhabenen Plan verbreiteten Schönheit begleitet" ist (2:209). In Abstraktion von den anschaulichen Beispielen ästhetischen Erlebens bezieht sich Kant zudem generell auf die Phänomene, in denen die Natur als schlechthin groß erscheint: „Das Erhabene muß jederzeit groß", es muss „einfältig" sein (2:210). „Eine große Höhe ist eben so wohl erhaben als eine große Tiefe" (2:210): Während die Schauder auslösende große Tiefe dem Schreckhaft-Erhabenen zuzuordnen sei, handle es sich bei der mit Bewunderung wahrgenommenen großen Höhe um einen Fall des Edlen.

Darüber hinaus wird deutlich, dass im ästhetischen Gefühl des Erhabenen mit den Momenten der Negativität zugleich moralische Intuitionen zum Tragen kommen: Wer „ein Gefühl für das Erhabene besitz[t]", hat darin auch die Affinität zu „hohe[n] Empfindungen" von „Freundschaft, von Verachtung der Welt, von Ewigkeit" (2:209). Von hier aus betreibt Kant in den *Beobachtungen* im Interesse an der Grundlegung der Moral die eingehendere Auseinandersetzung mit den verfeinerten moralischen Gefühlen und kontextualisiert diese anhand des binären Schemas ‚schön/erhaben' in den thematischen Feldern einer anthropologischen Betrachtung, die schon hier die pragmatische Hinsicht auf das zur Geltung bringt, was der Mensch „als freihandelndes Wesen aus sich selber macht, oder machen kann und soll" (7:119): In einer an Theophrast angelehnten Temperamentenlehre (Zweiter Abschnitt), in der Geschlechterpsychologie (Dritter Abschnitt), und im Schlussabschnitt in der vergleichenden Völkerpsychologie.

2 ‚Pflicht! du erhabener, großer Name' – Achtung vor dem Gesetz als moralisches Gefühl des Erhabenen

In den kritischen Schriften zur Ethik wird das Erhabene zum Schlüsselbegriff des praktischen Selbstverständnisses vernünftiger Wesen. „Im Reiche der Zwecke hat alles entweder einen *Preis*, oder eine *Würde*. Was einen Preis hat, an dessen Stelle kann auch etwas anderes als *Äquivalent* gesetzt werden; was dagegen über allen Preis erhaben ist, mithin kein Äquivalent verstattet, das hat eine Würde" (4:434), heißt es in der *GMS* mit Bezug auf die →Menschheit in der Person eines jeden Menschen. Die *KpV* macht das Erhabene in der Bestimmung der Triebfeder moralischen Handelns geltend, die Kant gemäß dem Anspruch der Moralbegründung aus reiner Vernunft in dem von der Vernunft selbstgewirkten Gefühl der →Achtung vor dem moralischen Gesetz erkennt. Nicht nur wird hier „das moralische Gesetz selbst in seiner *feierlichen Majestät*" und „Herrlichkeit" ausdrücklich als „erhaben" (5:77) und die →Pflicht als „erhabener, großer Name" (5:86) für das Gesetzesbewusstsein bezeichnet. Da Kant die Achtung vor →Personen als Achtung vor der Darstellung des Gesetzes in einem exemplarischen Fall auffasst, kann er auch von Beispielen „*erhabener* Thaten" (5:85) und mit Bezug auf das Bewusstsein der Übereinstimmung mit dem erhabenen Gesetz durch die Unterwerfung unseres „pathologisch bestimmbare[n] Selbst" (5:74) schließlich von der „Erhabenheit unserer Natur (ihrer Bestimmung nach)" (5:87) – und sogar von der „Erhabenheit unserer eigenen übersinnlichen Existenz" (5:88) sprechen. Dass es sich in solchen Formulierungen um konsequente Terminologie handelt, wird in der Analyse des Gefühls der Achtung als der „*Triebfeder[] der reinen praktischen Vernunft*" (5:71) schon dann deutlich, wenn man nur die frühe Bestimmung eines „Wohlgefallen[s], aber mit Grausen" (2:208) aus den *Beobachtungen* zu Grunde legt.

Im moralischen Gefühl der Achtung übt die Vorstellung des Gesetzes eine „positive, aber indirecte Wirkung [...] aufs Gefühl" (5:79) aus. Das Subjekt empfindet sich in seiner von den Neigungen repräsentierten sinnlichen Existenz als eingeschränkt. Diese „Empfindung der Unlust" (5:78) verknüpft sich jedoch mit dem konträren Moment eines „positive[n] Gefühl[s]" (5:79). Dass die Wirkung des Gesetzes auf das Gefühl „einerseits blos *negativ* ist, andererseits und zwar in Ansehung des einschränkenden Grundes der reinen praktischen Vernunft *positiv* ist" (5:75), analysiert Kant als Momente der Achtung. Präziser: Als „*Unterwerfung* unter ein Gesetz" enthält das Gefühl „keine Lust, sondern so fern vielmehr Unlust" – als „*Erhebung*" dagegen enthält es eine Lust: die zur „*Selbstbilligung*" modifizierte Selbstliebe (5:80f.). Ebenso wie das ästhetische Erlebnis des Erhabenen zeichnet sich das moralische Gefühl der Achtung durch die Simultaneität von Unlust und Lust aufgrund der Dialektik von Erniedrigung und Erhöhung aus: Das „pathologisch bestimmbare[] Selbst" (5:74), damit die Sinnlichkeit des Subjekts, erfährt im Bewusstsein seiner Nichtigkeit eine Demütigung, der das „begeisternde Wohlgefallen" (5:262) im Bewusstsein des eigentlichen, übersinnlichen moralischen Selbst entgegensteht.

Das Erhabene wird auf diese Weise als Begriff des Übergangs zwischen ästhetischen und moralischen Gefühlen in Anspruch genommen. „[D]as moralische Gefühl [...] ist doch mit der ästhetischen Urtheilskraft und deren *formalen Bedingungen* sofern verwandt, daß es dazu dienen kann, die Gesetzmäßigkeit der Handlung aus Pflicht zugleich als ästhetisch, d. i. als erhaben, oder auch als schön vorstellig zu machen, ohne an seiner Reinigkeit einzubüßen" (5:267).

Eine anschauliche Vorstellung von diesem Gefühl und seiner ästhetischen Dimension vermitteln vor allem die Formulierungen, die Kant im Beschluss der *KpV* findet, wo er beschreibt, was man das Gefühl des Moralisch-Erhabenen nennen kann: „Zwei Dinge erfüllen das Gemüth mit immer neuer und zunehmender Bewunderung und Ehrfurcht, je öfter und anhaltender sich das Nachdenken damit beschäftigt: *der bestirnte Himmel über mir und das moralische Gesetz in mir*" (5:161). Der „*bestirnte Himmel*" als ästhetisches Phänomen ist der exemplarische Fall von etwas, das „*schlechthin groß*“ (5:248) ist: Sein Anblick „erweitert die Verknüpfung, darin ich stehe, ins unabsehlich Große mit Welten über Welten und Systemen von Systemen“ (5:162); er vermittelt eine Vorstellung von der Unendlichkeit des Kosmos und lässt dabei den Betrachter seine eigene Unerheblichkeit spüren: „Der [...] Anblick einer zahllosen Weltenmenge vernichtet gleichsam meine Wichtigkeit, als eines *thierischen Geschöpfs*, das die Materie, daraus es ward, dem Planeten (einem bloßen Punkt im Weltall) wieder zurückgeben muß“ (5:162). Mit dem Bewusstsein des moralischen Gesetzes hingegen ist die Idee der → Freiheit als → Autonomie und die Zugehörigkeit zu einer moralischen Welt verbunden, „die wahre Unendlichkeit hat“ (5:162): „Der zweite [Anblick] erhebt dagegen meinen Werth, als einer *Intelligenz*, unendlich durch meine Persönlichkeit, in welcher das moralische Gesetz mir ein von der Thierheit und selbst von der ganzen Sinnenwelt unabhängiges Leben offenbart“ (5:162).

3 *Das ästhetische Gefühl des Erhabenen und seine moralische Dimension*

In der Analytik des Erhabenen der dritten Kritik untersucht Kant das ästhetische Gefühl des Erhabenen unter den methodischen und theoretischen Standards seiner vernunftkritischen Vermögenslehre. Während das Subjekt sich im freien Reflexionsspiel zwischen Einbildungskraft und → Verstand dem „Lebensgefühl“ (5:204) des Wohlgefallens am Schönen hingibt, findet es sich beim Erhabenen überwältigt von der schieren Größe oder der chaotischen Formlosigkeit des Eindrucks. Die Einbildungskraft gerät an die Grenze ihrer Fassungskraft, und es kommt zu einer agonalen Reflexion zwischen Einbildungskraft und Vernunft. Das Erlebnis des Erhabenen löst so das zwiespältige Gefühl einer indirekten und widersprüchlichen Lust aus – einer Lust an der Unlust. Während Kant in der frühen ästhetisch-ethischen Schrift drei Arten des Erhabenen unterscheidet, sind es im transzendentalphilosophischen Ansatz der Analytik des Erhabenen zwei, die er anhand der Merkmale ‚Größe‘ und ‚Macht‘ bestimmt. Hier unterscheidet Kant das „*Mathematisch-Erhabene[]*“ (5:248) vom „*Dynamisch-Erhabenen*“ (5:260): Während das Mathematisch-Erhabene sich auf das bezieht, „was *schlechthin groß* ist“ (5:248), sodass seine Anschauung auf die Idee der Unendlichkeit der Natur führt (vgl. 5:255), bezeichnet das Dynamisch-Erhabene das Phänomen eines schlechthin Mächtigen, das den Menschen in seiner physischen Existenz jederzeit vernichten könnte (vgl. 5:260–266): „Kühne, überhangende, gleichsam drohende Felsen, am Himmel sich aufthürmende Donnerwolken, mit Blitzen und Krachen einherziehend, Vulcane in ihrer ganzen zerstörenden Gewalt, Orkane mit ihrer zurückgelassenen Verwüstung, der gränzenlose Ocean, in Empörung gesetzt, ein hoher Wasserfall eines mächtigen Flusses u. d. gl.“ (5:261) sind ebenso wie der Anblick „himmelansteigender Gebirgsmassen, tiefer Schlünde und darin tobender Gewässer, tiefbeschatteter, zum schwermüthigen Nachdenken einladender Einöden“ (5:269) Beispiele für das Dynamisch-Erhabene. Als Fall des Mathematisch-Erhabenen nennt Kant auch hier den „Anblick des bestirnten Himmels“ (5:270).

Die Benennung der beiden Modi des Erhabenen ist kein Fall einer genuin ästhetischen Terminologie; sie erschließt sich durch die Einteilung, die Kant zuerst in der *KrV* für die Tafel der Grundsätze getroffen hat. Schon hier mit Bezug auf die Vergegenständlichung und die Verwirklichung von Erscheinungen zu Gegenständen überhaupt hieß es: „In der Anwendung der reinen Verstandesbegriffe auf mögliche Erfahrung ist der Gebrauch ihrer Synthesis entweder *mathematisch*, oder *dynamisch*: denn sie geht theils blos auf die *Anschauung*, theils auf das *Dasein* einer Erscheinung überhaupt“ (KrV A 160 / B 199; vgl. KrV A 178f. / B 220f., KrV A 162f. / B 202f.). In der zweiten Auflage der *KrV* fügt Kant denn auch der Kategorientafel die gleichsinnige Erläuterung bei: „daß sich diese Tafel, welche vier Classen von Verstandesbegriffen enthält, zuerst in zwei Abtheilungen zerfällen lasse, deren erstere auf Gegenstände der Anschauung (der reinen sowohl als empirischen), die zweite aber auf die Existenz dieser Gegenstände (entweder in Beziehung aufeinander oder auf den Verstand) gerichtet sind. Die erste Classe würde ich die der *mathematischen*, die zweite der *dynamischen* Kategorien nennen“ (KrV B 110). Die Urteile über das Mathematisch-Erhabene beziehen sich insofern auf die bloße → Anschauung von Gegenständen, als sie sich mit deren Größe als einem Problem für die Einbildungskraft konfrontiert finden, während die

Urteile über das Dynamisch-Erhabene es insofern mit der Existenz der Gegenstände zu tun haben, als sie sich auf die (wirkliche) Macht dessen beziehen, was vor Sinnen steht. Es findet sich in den vernunftkritischen Schriften Kants nirgends ein ähnlich anschauliches Beispiel wie im Fall der ästhetisch reflektierenden Urteile über das Erhabene dafür, was es mit der Bestimmung der mathematischen als den Kategorien der Vergegenständlichung und den dynamischen als der Verwirklichung auf sich hat.

Dabei ist es erkennbar die frühe Bestimmung des Schreckhaft-Erhabenen als „Wohlgefallen, aber mit Grausen" (2:208), die sich hier im Dynamisch-Erhabenen als der ästhetischen Qualität aufgehoben findet, mit der die Natur als eine gewaltige zerstörerische Macht erscheint. Die Bestimmungen des Edlen und des Prächtigen scheinen dagegen in der Kategorie des Mathematisch-Erhabenen zusammengeflossen zu sein.

In der kritischen Analyse der Vermögen kommt Kant anders als in der frühen Untersuchung zu der Konsequenz, die ästhetische Kategorie des Erhabenen ausschließlich den Erscheinungen der Natur vorzubehalten: Die Werke der Kunst verdanken sich als Werke des Menschen bereits der Leistung der Einbildungskraft, die – wie es Kant in der Theorie des künstlerischen Genies darstellt – „sehr mächtig" ist „in Schaffung gleichsam einer andern Natur aus dem Stoffe, den ihr die wirkliche giebt" (5:314). Gegenüber Gebilden, die der ‚mächtigen' Einbildungskraft eines schaffenden Subjekts entsprungen sind, kann es nicht zu jener Überwältigung der Einbildungskraft kommen, von welcher der Impuls zur Dialektik jenes gemischten Gefühls des Erhabenen ausgeht. Im Blick auf die Natur dagegen ist das Gefühl des Erhabenen jederzeit möglich, „wenn sich nur Größe und Macht blicken läßt" (5:246). Was dem Subjekt im Erleben solcher Größe und Macht auf dem Wege einer „Subreption (Verwechselung einer Achtung für das Object statt der für die Idee der Menschheit in unserm Subjecte)" (5:257) fühlbar wird, ist aber in letzter Instanz die Erhabenheit der eigenen Person über die Natur.

Auch das religiöse Gefühl der Ehrfurcht, das Kant weniger ausführlich behandelt als die moralischen und ästhetischen Gefühle, gehört in die Phänomenologie des Erhabenen. Hatte Kant in den *Beobachtungen* noch befunden: „Erhabene Eigenschaften flößen Hochachtung [...] ein" (2:211), so spitzt er diese Bestimmung in der dritten Kritik zu, indem er das ästhetische Gefühl des Erhabenen nicht nur durch den Begriff der Achtung erläutert (vgl. 5:257), sondern es durch vergleichende Explikationen zu Gottesfurcht (vgl. 5:260) und religiöser Demut auch als „Ehrfurcht für das Erhabene" (5:264) bezeichnet. Eine ausdrückliche Verbindung zwischen dem Begriff des Erhabenen und dem religiösen Gefühl zieht Kant in der Analytik des Erhabenen: „Vielleicht giebt es keine erhabenere Stelle im Gesetzbuche der Juden, als das Gebot: Du sollst dir kein Bildniß machen, noch irgend ein Gleichniß [...]. Dieses Gebot allein kann den Enthusiasm erklären, den das jüdische Volk in seiner gesitteten Epoche für seine Religion fühlte, wenn es sich mit andern Völkern verglich" (5:274).

Weiterführende Literatur

Crowther, Paul: The Kantian Sublime. From Morality to Art, Oxford u. a.: Clarendon Press 1989.

Guyer, Paul: „The symbols of freedom in Kant's Aesthetics", in: Parret, Herman (Hg.): Kants Ästhetik. Kant's Aesthetics. L'esthetique de Kant, Berlin u. a.: de Gruyter 1998, 338–355.

Loose, Donald: The Sublime and Its Teleology: Kant – German Idealism – Phenomenology, Leiden: Brill 2011.

Makkreel, Rudolf A.: „On Sublimity, Genius and the Explication of Aesthetic Ideas", in: Parret, Herman (Hg.): Kants Ästhetik. Kant's Aesthetics. L'esthetique de Kant, Berlin u. a.: de Gruyter 1998, 615–629.

Park, Kap Hyun: Kant über das Erhabene: Rekonstruktion und Weiterführung der kritischen Theorie des Erhabenen Kants, Würzburg: Königshausen und Neumann 2009.

Recki, Birgit: Ästhetik der Sitten. Die Affinität von ästhetischem Gefühl und praktischer Vernunft bei Kant, Frankfurt/M.: Klostermann 2001, insbes. 187–220.

Birgit Recki

Erkenntnis

Den Ausdruck ‚Erkenntnis' verwendet Kant zumeist für objektiv gültige Urteile (vgl. z. B. KrV B 3f.; 20:266), aber auch für „Vorstellungen mit Bewußtsein" (KrV A 320 / B 377), die keine Urteile sind, sofern sie sich auf einen Gegenstand beziehen („objektive Perzeption", d. h. Anschauung oder Begriff, KrV A 320 / B 377). Unter Erkenntnis im ersteren Sinn versteht Kant im Wesentlichen „empirische Erkenntnis" oder „Erfahrung" (KrV B 147). Sie bezeichnet das unter apriorische Formen gebrachte Anschauungsmaterial durch den → Verstand nach erfahrungsunabhängigen Grundsätzen und ist das Resultat der aktiven Herstellung eines einheitlichen systematischen Zusammenhangs (vgl. 4:322f.) und damit im Ergebnis „ein Ganzes verglichener und verknüpfter Vorstellungen" (KrV A 97). Erkenntnis qua objektives Urteil ist nach Kant stets diskursiv strukturiert, d. h. sie ist begrifflich verfasst und entspricht weitgehend dem, was in der heutigen Philosophie als *Wissen* bezeichnet wird. Von der gegenständlichen Erkenntnis unterscheidet Kant (insbesondere in den kritischen Schriften) die eng mit dem Begriff der Metaphysik verbundene reine oder transzendentale Erkenntnis, auch Vernunfterkenntnis oder *philosophische* Erkenntnis genannt, die sich auf den Nachweis der Gültigkeit und die Anwendbarkeit nicht-sinnlicher Grundsätze des Erkennens von Gegenständen bezieht (vgl. KrV A 840 / B 868); von der philosophischen Erkenntnis unterscheidet Kant sowohl die mathematische Erkenntnis, die eine apriorische Erkenntnis „aus der Construction der Begriffe" darstellt (KrV A 713 / B 741), als auch die auf empirischen Daten basierende historische Erkenntnis (vgl. KrV A 836 / B 864; 9:22ff.). Im Gegensatz zu den theoretischen Erkenntnissen, wodurch erkannt wird, „was da ist", wird durch praktische Erkenntnisse vorgestellt, „was da sein soll" (KrV A 634 / B 662; vgl. 9:86). Weitere wichtige Stellen: 1:31; 2:295; 2:411ff.; 2:393f.; KrV A VIIIff.; KrV B X; KrV B XVIIff.; KrV A 50ff. / B 74ff.; KrV A 76ff. / B 102ff.; KrV B 137; KrV B 147f.; KrV B 165f.; KrV A 176f. / B 218f.; KrV A 712ff. / B 740ff.; 4:256ff.; 4:297ff.; 5:167ff.; 5:174ff.; 5:189ff.; 5:238ff.; 5:467ff.; 9:21ff.; 9:40ff.; 9:50ff.; 9:58f.; 9:64ff.; 11:51; 22:363; 22:440; 22:493; 22:502; 22:549.

Philosophische Funktion

1 Das Erkenntnisproblem und Kants Projekt

1.1 In seiner theoretischen Philosophie stellt sich Kant die Frage, welche Bedingungen erfüllt sein müssen, damit eine objektive Beziehung auf Gegenstände und wahre Aussagen über diese möglich sind. Die sinnliche → Wahrnehmung allein als primärer Zugang zur Welt kann dem Anspruch auf objektive Gültigkeit nicht gerecht werden, weil in den wechselhaften, kontingenten sinnlichen → Vorstellungen eine für Erkenntnis notwendige Regel, die dadurch erst Objektivität verbürgen könnte, nicht aufgezeigt werden kann (vgl. 4:468). Nach Kant gilt es daher, nicht-sinnliche (apriorische) Bedingungen innerhalb eines mentalen Objektbezuges nachzuweisen, von denen gezeigt wird, dass sie zu Recht auf einen Gegenstand der Erfahrung angewandt werden können. Insofern befasst sich die transzendentale Fragestellung Kants im engeren Sinn „mit unserer Erkenntnißart von Gegenständen, so fern diese *a priori* möglich sein soll" (KrV B 25). In den vorkritischen Schriften geht Kant noch davon aus, dass eine Erkenntnis (hier überwiegend als Übersetzung von *cognitio* verwendet, vgl. 1:390) unabhängig von den Bedingungen der Erfahrung, mithin eine rein intellektuelle Erkenntnis, möglich ist (vgl. 2:392ff.). Eine solche Position weist Kant in den kritischen Schriften als ‚dogmatisch' zurück: Wie die → Dinge an sich beschaffen sind, entzieht sich der Erkenntnis und einem wahrheitsfähigen Urteil; der Begriff des Dinges an sich fungiert lediglich als Annahme, die das Gegebensein von Erfahrungsdaten begreifbar machen soll (→ Idealismus, transzendentaler). Allein wie uns die Dinge unter den Bedingungen der → Sinnlichkeit erscheinen (→ Erscheinung), ist möglicher Bezugspunkt für die Erkenntnis. Daher kann der Rechtfertigungsgrund für Erkenntnis nur auf dem Wege einer kritischen Analyse der beteiligten Vermögen hinsichtlich ihrer „Quellen, als des Umfanges und der Gränzen" (KrV A XII) aufgezeigt werden.

1.2 In einem weiter gefassten Sinn hat der Erkenntnisbegriff eine kritische Funktion für die Klärung von Kants programmatischer Frage, ob → Metaphysik als Wissenschaft möglich sei (vgl. KrV B 22ff.). Ausgangspunkt ist die kritische Hinterfragung der im 18. Jahrhundert weit verbreiteten Theoreme der rationalistischen Metaphysik der Schule Leibniz' und Wolffs. In ihnen werden, so Kant, → synthetische Urteile a priori über die Existenz → Gottes, die Unsterblichkeit der → Seele und den Ursprung der → Welt gefällt, ohne jedoch den Bezug zur Erfahrung zuvor zu rechtfertigen.

Demgegenüber ist nach Kant das Programm einer apriorischen Gegenstandserkenntnis, d. h. einer Metaphysik als theoretischer Wissenschaft, nur als Metaphysik der Erfahrung möglich, als nicht-empirische Theorie der nicht-empirischen Bedingungen der Möglichkeit der Erfahrungserkenntnis.

2 Die Unterscheidung zwischen synthetischen und analytischen Urteilen

Hinsichtlich der Tatsache, dass Erkenntnisse in Urteilen bzw. Sätzen formuliert werden (in der Form ‚S ist P'), führt Kant eine epistemologisch bedeutsame urteilstheoretische Unterscheidung ein: die Unterscheidung zwischen synthetischen Urteilen und analytischen Urteilen (Urteil, analytisches/synthetisches; vgl. KrV B 10ff., 4:265–271). Grundsätzlich sind Urteile wahr, wenn sie durch objektiv ausgewiesene Gründe bestimmt sind; werden dagegen subjektive Gründe, die etwa allein auf sinnlicher Wahrnehmung basieren, für objektiv gehalten, liegt falsche Erkenntnis vor (vgl. 9:54; KrV A 709 / B 737).

2.1 Analytische Urteile sind Sätze, in denen das Prädikat im Satzsubjekt enthalten ist, so dass sie zum einen keine inhaltliche Erweiterung darstellen und zum anderen aufgrund des *Satzes vom (auszuschließenden) Widerspruch* logisch wahr sind. Allerdings gilt mit Blick auf die von Kant in der Einleitung der *KrV* genannten Beispiele (etwa „[A]lle Körper sind ausgedehnt", KrV A 7 / B 11) die Forderung, dass der → Satz vom Widerspruch nur auf sinnvolle Sätze anzuwenden ist. Es müssen daher zunächst die im Urteil verwendeten Begriffe semantisch analysiert und definiert sein, wofür jedoch weitere Bedingungen, etwa sprachliche Bedeutungsregeln, angegeben werden müssten (vgl. Quine, *Two Dogmas of Empiricism*; Cramer, *Die Einleitung*).

2.2 Im Unterschied zu analytischen Urteilen, in denen der Begriff des Prädikats im Begriff des Satzsubjekts enthalten ist, sind synthetische Urteile Erweiterungsurteile. Da hier der Begriff des Prädikats nicht bereits analytisch im Subjektterm vorhanden ist, wird der begriffliche Gehalt des Satzsubjektes durch ein solches Urteil erweitert. Bei synthetischen Urteile a priori handelt es sich näher um Urteile, die nicht auf Erfahrung basieren und die darum apriorisch gewiss sind, etwa der Satz „Alles, was geschieht, hat seine Ursache" (KrV B 13): Aus dem Begriff des Geschehens lässt sich der Ursache-Wirkungs-Zusammenhang nicht ableiten.

2.3 Beispiele für synthetische Urteile a priori sind in Sätzen formulierte mathematische Erkenntnisse. „*Mathematische Urtheile* sind insgesamt synthetisch" (4:268). Bei der mathematischen Erkenntnis handelt es sich um eine Form der (erweiternden) Vernunfterkenntnis, die Kant näher als eine Erkenntnis aus der „*Construction* der Begriffe" bezeichnet (KrV A 713 / B 741; vgl. 4:272): Indem der Mathematiker z. B. eine bestimmte geometrische Figur zeichnet (im Raum, als apriorischer Anschauungsform), konstruiert er zugleich den allgemeinen Begriff der Figur, „ohne das Muster dazu aus irgend einer Erfahrung geborgt zu haben" (KrV A 713 / B 741; → Mathematik).

3 Erkenntnisvermögen und Strukturmerkmale der Erkenntnis

Kants Begriff der gegenständlichen Erkenntnis (→ Erfahrung) basiert auf einer dualistischen Konzeption. Der mit Erkenntnis einhergehende Anspruch auf objektive Gültigkeit kann berechtigterweise erhoben werden, sofern zum einen erfahrungsunabhängige Bedingungen (reine Anschauungsformen, reine Begriffe und Grundsätze) innerhalb der objektbezogenen Erfahrung ausgewiesen sind, und zum anderen sinnlich gegebene Daten vorliegen, auf die sich die Verstandesleistungen beziehen. Diesen Voraussetzungen entspricht es, dass am Prozess der Gegenstandskonstitution zwei voneinander unabhängige und nicht aufeinander reduzierbare Erkenntnisstämme maßgeblich beteiligt sind: Sinnlichkeit und Verstand (vgl. KrV A 15 / B 29; 7:140ff.; 10:98). Die → Urteilskraft als das Vermögen, unter Regeln zu subsumieren, vermittelt durch zeitlich strukturierte → Schemata zwischen Sinnlichkeit und Verstand (Analytik der Grundsätze).

3.1 Erkenntnis hebt nach Kant mit der sinnlichen Wahrnehmung an (vgl. KrV B 1; KrV A 298 / B 355; 22:450), die – rezeptiv – sinnliche Daten unmittelbar erfasst. Dabei muss nach Kant zunächst als problematisch angesehen werden, dass wir uns im gegenständlichen Erkennen auf sinnlich gegebenes Material überhaupt beziehen können. Entsprechend besteht ein Argumentationsziel von Kants Theorie der Sinnlichkeit darin, die Bedingungen der Möglichkeit einer epistemischen Bezugnahme auf genau diejenigen Objekte, die Gegenstände der Erfahrung sind, aufzuzeigen. Dies geschieht auf dem Wege des Nachweises von apriorischen Bestimmungen der Sinnlichkeit: den reinen Anschauungsformen Raum und Zeit, unter denen uns Sinnesdaten, als → Anschauungen, die erkenntnisrelevant sind, allein gegeben werden können.

3.2 Die Ordnung sinnlicher Daten wird durch Leistungen des Verstandes, eine → Synthesis (d. h. eine Verknüpfung) von sinnlichen Daten nach allgemeinen Regeln, hergestellt (vgl. KrV A 77 / B 103). Den Kern dieser Regeln bildet das System reiner Verstandesbegriffe (→ Kategorie), ein fester Satz apriorischer Grundoperationen, die für die Gegenstandserkenntnis leitend und bestimmend sind und die im Verstand ihren Ursprung haben. Weil sie in den unterschiedlichen konkreten Erkenntnisurteilen wirken, leitet Kant die Kategorien aus dem System der logischen Urteilsformen ab (→ Logik; → Deduktion; → Urteil). Kritisiert wurde dieses Vorgehen allerdings z. B. hinsichtlich der methodischen Grundannahmen (vgl. Strawson, *The Bounds of Sense*) sowie im Hinblick auf Kants Anspruch, die Kategorientafel würde sämtliche kognitiven Grundoperationen erschöpfend wiedergeben (vgl. etwa Wolff, *Die Vollständigkeit*). Durch die strikte Bindung der objektiven Erkenntnis an die Gegebenheit sinnlicher Daten folgt Kant einerseits den Empiristen; anderseits bleibt er mit seiner Theorie von apriorischen/reinen Elementen (des Verstandes und der Sinnlichkeit) den Rationalisten verpflichtet.

3.3 Nach Kant liegt die Quelle aller Synthesis in einer Verstandeshandlung, die sämtlichen Formen der Synthesis gemeinsam zugrunde liegt, ohne selbst von einer noch höheren Verbindung abzuhängen (→ Deduktion, transzendentale; vgl. KrV B 129ff.). Diese höchste Einheit, als oberste Bedingung alles Denkens und aller Kategorien, bezeichnet Kant als die transzendentale Apperzeption des Selbstbewusstseins (Apperzeption, Einheit der). „Und so ist die synthetische Einheit der Apperception der höchste Punkt, an dem man allen Verstandesgebrauch, selbst die ganze Logik, und nach ihr, Transscendental-Philosophie heften muß" (KrV B 134 Anm.).

4 Weitere Erkenntnistypen: Historische und praktische Erkenntnis

4.1 Die historische Erkenntnis grenzt Kant von der rationalen Erkenntnis ab, die allein als philosophische Erkenntnis Bestand hat. Historische Erkenntnisse basieren auf erlernten Daten („*cognitio ex datis*", KrV A 836 / B 864), die sich reproduzieren lassen. Im Ergebnis entsprechen historische Erkenntnisse im Wesentlichen dem, was man heute als Faktenwissen bezeichnen würde, das im semantischen Gedächtnis gespeichert wird. Wer allein über historische Erkenntnisse verfügt, „bildete sich nach fremder Vernunft" (KrV A 836 / B 864); dagegen liegen Vernunfterkenntnisse vor, wenn jemand etwas genuin im Rekurs auf Gründe und Prinzipien („*cognitio ex principiis*", KrV A 836 / B 864) begreift.

4.2 Die praktische Erkenntnis unterscheidet sich von der theoretischen Erkenntnis durch die Art und Weise, wie sie auf einen Gegenstand Bezug nimmt (vgl. KrV B X). Während die theoretische Erkenntnis mit der korrekten Beschreibung von Gegenständen der Außenwelt befasst ist und entsprechend aus deskriptiven Sätzen besteht, bezieht sich die praktische Erkenntnis auf richtiges Handeln; entsprechend werden praktische Erkenntnisse in präskriptiven Sätzen formuliert. Die praktische Erkenntnis gründet auf Prinzipien, die „das *Thun und Lassen a priori* bestimmen und nothwendig machen" (KrV A 841 / B 869), im engeren Sinn auf dem Sittengesetz als Bestimmungsgrund des reinen Willens (vgl. 5:20; 5:134).

Weiterführende Literatur

Cramer, Konrad: Nicht-reine synthetische Urteile a priori. Ein Problem der Transzendentalphilosophie Immanuel Kants, Heidelberg: Universitätsverlag Winter 1985.

Guyer, Paul: Kant and the Claims of Knowledge, Cambridge, Mass.: Cambridge University Press 1987.

Paton, Herbert J.: Kant's Metaphysic of Experience. A Commentary on the First Half of the Kritik der reinen Vernunft, 2 Bde., London: Allen & Unwin 1936.

Strawson, Peter F.: The Bounds of Sense, London: Methuen 1966, Part II, Ch. 2–3.

Katja Crone

Erkenntnisvermögen

Unter einem Erkenntnisvermögen versteht Kant die Fähigkeit, → Erkenntnis, d. h. objektiv gültige Vorstellungen, zu haben. Da Erkenntnis unter bestimmten Bedingungen Wissen ist, d. h. wahre, auf zureichenden Gründen beruhende Vorstellung von Gegenständen, lässt sich das Erkenntnisvermögen auch als die Fähigkeit, Wissen zu erlangen, auffassen; dabei ist allerdings zu beachten, dass es defizitäre Aktualisierungen dieser Fähigkeit geben kann, d. h. solche, denen der Status von Wissen nicht zukommt. Kant verwendet den Ausdruck in einem weiten und einem engen Sinn. Im weiten Sinn spricht er vom Erkenntnisvermögen im Singular und bezeichnet es als eines der drei Grundvermögen der menschlichen Seele (neben dem Begehrungsvermögen und dem Gefühl der Lust und Unlust; vgl. z. B. 5:177). Im engen Sinn des Wortes macht Kant mehrere Erkenntnisvermögen namhaft, die gemeinsam das Erkenntnisvermögen im weiten Sinn ausmachen. Zunächst unterscheidet er zwischen dem → Verstand (im weiten Sinn) als dem oberen Erkenntnisvermögen und der → Sinnlichkeit als dem unteren Erkenntnisvermögen (vgl. z. B. KrV A 260 / B 316; KrV A 835 / B 863; 7:140; 7:196; vgl. auch KrV A 19 / B 33 und KrV A 50f. / B 74f.). Die drei Vermögen, die den Verstand im weiten Sinn ausmachen – Verstand im engen Sinn, → Urteilskraft und → Vernunft – werden aber auch ihrerseits als die drei ‚oberen Erkenntnisvermögen' bezeichnet (vgl. z. B. KrV A 67 / B 92; KrV A 130 / B 169; 5:177; 7:196f.). Die Unterscheidung verschiedener Erkenntnisvermögen im engen Sinn stellt eine Spezifizierung derjenigen Arten von mentalen Akten dar, die für menschliche Erkenntnis notwendig sind bzw. in denen diese sich vollzieht, nämlich → Begriff, → Urteil und → Schluss.

In seiner engen Verwendung ist der Ausdruck ‚Erkenntnisvermögen' oft gleichbedeutend mit ‚Erkenntniskraft' (vgl. z. B. KrV A 260 / B 316ff.), ungeachtet der Tatsache, dass in einer Reihe von Reflexionen sowie den Nachschriften zu Kants Vorlesungen über Metaphysik die Begriffe Vermögen und → Kraft explizit unterschieden werden (vgl. z. B. *Refl.* 3585, 17:73; *Refl.* 3588, 17:75; 28:27; 28:434; 29:823).

Das Erkenntnisvermögen im weiten Sinn ist das Vermögen sowohl theoretischer als auch praktischer Erkenntnis. Im Gegensatz zu theoretischer Erkenntnis erfordert praktische Erkenntnis das Zusammenwirken des Erkenntnisvermögens mit dem Begehrungsvermögen (vgl. 5:178). Allerdings stehen in diesen zwei Arten der Erkenntnis unterschiedliche Erkenntnisvermögen im engen Sinn im Vordergrund. In Bezug auf theoretische Erkenntnis ist allein der Verstand (im engen Sinn), in Bezug auf praktische Erkenntnis allein die Vernunft „a priori gesetzgebend" (5:174). Weitere wichtige Stellen: KrV B 1; 5:174–176; 5:385; 5:401–410; 7:140f.; 7:196–201; 8:221f.; 20:245f.

Philosophische Funktion

1 Explanatorische Funktion

Der Begriff des Vermögens ist für Kant von grundlegender Bedeutung, da er sich folgende zwei Annahmen der scholastisch-aristotelischen Tradition (vermittelt über die deutsche Schulphilosophie des 18. Jhs.) zu eigen macht: (i) Wenn eine Substanz *a* eine Eigenschaft *F* besitzt, besitzt *a* auch das Vermögen, Eigenschaften von der Art zu haben, die durch *F* exemplifiziert wird, und übt dieses Vermögen aus. (ii) Dass eine Substanz *a* das Vermögen besitzt, Eigenschaften wie *F* zu haben, trägt zur *Erklärung* der Tatsache *Fa* bei (und ist in bestimmten Fällen sogar eine hinreichende Erklärung dieser Tatsache). Zwar macht Kant diese Annahmen nirgends explizit, es gibt aber zahlreiche Stellen, die nahelegen, dass er dem Vermögensbegriff die mit diesen Annahmen umrissene explanatorische Funktion zuschreibt (eine Übersicht gibt Heßbrüggen-Walter, *Die Seele und ihre Vermögen*, S. 126–158). In Bezug auf das Erkenntnisvermögen bedeutet dies, dass die Annahme eines solchen Vermögens zusammen mit der Analyse seiner Beschaffenheit eine Erklärung der Tatsache liefert, dass die menschliche Erkenntnis von bestimmter Art und bestimmtem Umfang (z. B. im theoretischen Bereich auf sinnlich wahrnehmbare Gegenstände beschränkt) ist. Für das Projekt der kritischen Philosophie, die Grenzen der Vernunfterkenntnis zu bestimmen, ergibt sich hieraus ein methodisches Prinzip: Ziel der kritischen Untersuchung muss sein, eine „Zergliederung" des Erkenntnisvermögens (KrV A 65 / B 90) vorzunehmen. Dieses Ziel verfolgt Kant in der *KrV*, indem er das untere Erkenntnisvermögen einerseits sowie die drei oberen Erkenntnisvermögen andererseits voneinander „isolier[t]" (KrV A 22 / B 36) und zu identifizieren sucht, was jedes dieser Vermögen „a priori in sich enthält" (KrV A 80 / B 106).

2 Die zwei Stämme des Erkenntnisvermögens

Das Erkenntnisvermögen (im weiten Sinn) gliedert sich in die zwei Erkenntnisvermögen (im engen Sinn) Verstand und Sinnlichkeit, welche Kant auch als „Stämme“ des Erkenntnisvermögens bezeichnet (KrV A 15 / B 29). Die Aktualisierungen dieser Vermögen – Anschauungen einerseits und begriffliche Vorstellungen andererseits – sind der Art nach verschieden. Erkenntnis erfordert das Zusammenwirken beider Vermögen, setzt sich also aus zwei heterogenen Elementen zusammen: „Gedanken ohne Inhalt sind leer, Anschauungen ohne Begriffe sind blind“ (KrV A 51 / B 75). Diese sog. ‚Zwei-Stämme-Lehre‘ ist zentral für Kants Analyse des Erkenntnisvermögens und die damit angestrebte Grenzbestimmung der menschlichen Erkenntnis. Auf sie stützt sich die These, dass theoretische nicht-empirische Erkenntnis nur dann möglich ist, wenn sie Erkenntnis von Dingen ist, die mögliche Gegenstände der Sinnlichkeit (also im weitesten Sinne wahrnehmbar) sind. Allerdings wird die Zwei-Stämme-Lehre von Kant nicht explizit begründet.

Im Zusammenhang mit der Unterscheidung von Sinnlichkeit und Verstand verwendet Kant den Begriff des Vermögens gelegentlich in einem strikten Sinn, demzufolge allein der Verstand ein Vermögen (lat. *facultas*), die Sinnlichkeit hingegen eine → Rezeptivität ist (vgl. z. B. KrV A 51 / B 75; vgl. auch 7:140). ‚Vermögen‘ und ‚Rezeptivität‘ bezeichnen hier zwei Arten von Fähigkeiten, die sich hinsichtlich der Art und Weise ihrer Aktualisierung unterscheiden. Die Aktualisierung eines Vermögens besteht im Handeln, d. h. derjenigen Aktualisierung einer Fähigkeit, deren zureichender Grund diese Fähigkeit (bzw. deren Träger) selbst ist. Damit ist folgendes gemeint: Wenn ein Gegenstand a das Vermögen besitzt, F zu sein, gilt, dass genau dann, wenn a nicht F ist, etwas die Aktualisierung dieses Vermögens verhindert (so dass die Tatsache, dass a nicht F ist, einer besonderen Erklärung bedarf); und es gilt ferner, dass genau dann, wenn a F ist, der Grund dafür, dass es sich so verhält, darin besteht, dass a das genannte Vermögen besitzt. Im Unterschied hierzu besteht die Aktualisierung einer Rezeptivität im Leiden, d. h. derjenigen Aktualisierung einer Fähigkeit, deren zureichender Grund nicht in dieser Fähigkeit selbst, sondern in einer anderen Fähigkeit liegt (vgl. die auf Aristoteles zurück gehende Unterscheidung von *potentia activa* und *potentia passiva*, wie sie sich z. B. in Baumgartens Metaphysik findet (vgl. Baumgarten, *Metaphysica*, §§ 140, 144)).

Der Verstand ist Kant zufolge das *obere* Erkenntnisvermögen (im engen Sinn), die Sinnlichkeit das *untere*. In der *Anthropologie* macht Kant deutlich, dass auch das Erkenntnisvermögen im weiten Sinn ein Vermögen im strikten Sinn ist, und zwar deswegen, weil sein oberer Stamm ein solches Vermögen ist (vgl. 7:140). Dies legt die Auffassung nahe, dass die zwei Stämme des Erkenntnisvermögens nicht gleichberechtigt nebeneinander stehen und Erkenntnis nicht das Produkt einer Zusammensetzung gleichwertiger Bestandteile ist. Vielmehr scheint Kant der Ansicht zu sein, dass Erkenntnis strenggenommen der Akt des Verstandes ist und die Sinnlichkeit lediglich die Materie – den „Stoff zum Erkenntniß“ (KrV B 145) – bereitstellt, in der dieser Akt sich realisiert. Eine derartige Lesart wird z. B. von Engstrom, in *Understanding and Sensibility*, vertreten, ist allerdings in der Literatur umstritten.

3 Bedenken gegen Kants vermögenstheoretischen Ansatz

Dass Kant in der *KrV* die Analyse eines mentalen Vermögens und seiner Leistungen (nämlich des menschlichen Erkenntnisvermögens) anstrebt, ist allgemein anerkannt. Umstritten ist allerdings, ob eine derartige Methode überhaupt philosophisch überzeugende Resultate liefern kann. Es wird eingewendet, dass eine Analyse mentaler Vermögen und ihrer Akte in den Bereich der Psychologie gehört und deshalb nicht in der Lage ist, logische, epistemologische oder metaphysische Thesen zu begründen. Pointiert wurde dieser Einwand von Strawson formuliert, der im Zusammenhang mit Kants Vermögenstheorie von einem „essay in the imaginary subject of transcendental psychology“ sprach (Strawson, *The Bounds of Sense*, S. 32). Obwohl Strawson selbst diesen Vorwurf später abgeschwächt hat, sind viele Kommentatoren nach wie vor bestrebt, den vermögenstheoretischen Rahmen der *KrV* zu neutralisieren, indem sie die entsprechende Terminologie in heute gängigere Terminologie (z. B. ‚mentale Prozesse‘ und ‚Zustände‘) übersetzen. Andere Kommentatoren hingegen messen den vermögenstheoretischen Elementen eine zentrale Bedeutung zu. Dabei lassen sich zwei Richtungen unterscheiden. Autoren wie Kitcher (*Transcendental Psychology*) und Brook

(*Kant and the Mind*) sehen in dieser Theorie einen Vorläufer der modernen Kognitionswissenschaft. Autoren wie Engstrom (*Understanding and Sensibility*) und Longuenesse (*Capacity to Judge*) betonen dagegen die aristotelische Provenienz dieser Theorie.

Weiterführende Literatur

Engstrom, Stephen: „Understanding and Sensibility", in: Inquiry 49, 2006, 2–25.

Heßbrüggen-Walter: Die Seele und ihre Vermögen: Kants Metaphysik des Mentalen in der ‚Kritik der reinen Vernunft', Paderborn: Mentis 2004.

Thomas Land

Erscheinung

Kant unterscheidet „im empirischen Verstande" (KrV A 29f. / B 45) Erscheinung vom → Ding an sich selbst. ‚Erscheinung' meint im Sinne dieses empirischen Unterschieds (vgl. KrV A 45 / B 62) die Art und Weise, wie ein empirischer Gegenstand dem erkennenden Subjekt gegeben ist. Beispielsweise kann „eine Rose [...] jedem Auge in Ansehung der Farbe anders erscheinen" (KrV A 29f. / B 45). Erscheinungen sind in dieser Hinsicht „bloß als Veränderungen unseres Subjekts, die sogar bei verschiedenen Menschen verschieden sein können" (KrV A 29f. / B 45), zu begreifen. ‚Erscheinung' umfasst dabei das, was Kant in anderen Zusammenhängen auch empirische → Anschauung oder Empfindung nennt (vgl. KrV A 20 / B 34; KrV A 119; 4:290). Erscheinungen und Dinge an sich selbst sind in diesem Sinne als zwei unterschiedliche Arten von Phänomenen zu begreifen. Sie sind numerisch-existentiell verschieden, nämlich zum einen Gegebenheiten der Innenwelt des Subjekts und zum anderen Objekte der Außenwelt. Dieser Erscheinungsbegriff ist vom transzendentalphilosophischen Begriff der Erscheinung zu unterscheiden. Jedes empirische Objekt kann Kant zufolge in philosophischer Hinsicht aus einem „doppelten Gesichtspunkte betrachtet" (KrV B XVIII Anm.) bzw. „in *zweierlei Bedeutung*" genommen werden, „nämlich als Erscheinung oder als Ding an sich selbst" (KrV B XXVII). Dieser „transscendentale Begriff der Erscheinungen" (KrV A 30 / B 45) spricht die → Objekte, die Dinge an sich selbst im empirischen Sinne, in ihrer Subjektabhängigkeit an, im Unterschied zum transzendentalphilosophischen Begriff der Dinge an sich, der die Subjektunabhängigkeit derselben Objekte hervorhebt. Erscheinung und Ding an sich sind in dieser Bedeutung auf ein und dasselbe Objekt bezogen, das entsprechend Kants Kopernikanischer Wende diesem Erscheinungsbegriff zufolge seinen Formen nach auf → apriorische Leistungen des Subjekts zurückzuführen ist. Es gibt daher, folgt man Kants kritischem Idealismus (vgl. 4:294), keine zwei Welten (vgl. zu dieser Problematik Willaschek, *Mehrdeutigkeit*), auf den diese beiden Begriffe ‚Erscheinung' und ‚Ding an sich' Bezug nähmen. Das, worauf beide Begriffe angewandt werden, ist „transzendentalphilosophisch verstanden, numerisch-existentiell identisch" (Prauss, *Erscheinung*, S. 22). Weitere wichtige Stellen: KrV B XXVff.; KrV B 69f.; KrV B 207f.; KrV B 303; KrV B 306ff.; 4:341; 11:168f.

Vorgeschichte und historischer Kontext

In seiner Dissertation *De mundi* von 1770 nennt Kant die Objekte der Erfahrung „*phaenomena*" (2:394; vgl. 2:405). Er unterscheidet sie, wie in der Leibniz-Wolffschen-Schulphilosophie üblich (vgl. Baumgarten, *Metaphysica*, § 12, § 425), von der bloßen „*apparentia*", dem Sinnenschein (2:394; vgl. 8:146, 8:154). „Erscheinung" liegt daher zunächst als Übersetzung für „apparentia" im Sinne der empirischen Bedeutung nahe, zumal das Lateinische selbst „phaenomenon" als Lehnwort aus dem Griechischen benutzt, um die Abhängigkeit der erkannten Gegenstände der Außenwelt von den Sinnen zu kennzeichnen, ohne sie damit sogleich zu bloßen Modifikationen der Innenwelt des Subjekts zu machen (vgl. Prauss, *Erscheinung*, S. 18f.). Kant verweist hier in der Dissertation auf die von den „Schulen der Alten" gemachte Differenzierung von Erscheinung) und Ding an sich (→ Noumenon) (2:392). Spätestens seit Platon (vgl. Platon, *Phaidon*, 74aff.) werden die Gegenstände, wie sie mittels der Sinne wahrgenommen werden, von demjenigen Bereich der Wirklichkeit, der an und für sich selbst existiert, unterschieden. Dieser Unterschied erhält durch Kants → Transzendentalphilosophie eine neue Bedeutung. Das Wort „Erscheinung" in transzendentaler Bedeutung muss aufgrund dieses Zusammenhangs gewissermaßen als Notbehelf betrachtet werden, um die Subjektabhängigkeit der empirischen Dinge an sich zu kennzeichnen. Kant erläutert daher seine Verwendung ausdrücklich: „Ferner ist noch anzumerken, daß Erscheinung, im transscendentalen Sinn genommen, da man von Dingen sagt, sie *sind* Erscheinungen (Phaenomena), ein Begriff von ganz anderer Bedeutung ist, als wenn ich sage, dieses Ding erscheint mir so oder so, welches die physische Erscheinung anzeigen soll, und *Apparenz*, oder Schein, genannt werden kann. Denn in der Sprache der Erfahrung sind diese Gegenstände der Sinne, weil ich sie nur mit andern Gegenständen der Sinne vergleichen kann, z. B. der Himmel mit allen seinen Sternen, ob er zwar blos Erscheinung ist, wie Dinge an sich selbst gedacht, und wenn von diesem gesagt wird, er hat den Anschein von einem Gewölbe, so bedeutet hier der Schein das Subjective in der Vorstellung eines Dinges, was eine Ursache seyn kann, es in einem Urtheil fälschlich für objectiv zu halten" (20:269). Der enge Zusammenhang beider Erscheinungsbegriffe wird deutlich, wenn Kant durch den Zusammenhang gleichsam gezwungen wird, das griechische Wort zu verwenden, um eine Doppelung zu vermeiden: „Erscheinungen, sofern sie als Gegenstände nach der Einheit der Kategorien gedacht werden, heißen Phaenomena" (KrV A 248f.; vgl. dazu bereits 2:394). ‚Erscheinungen' wird hier von Kant im Sinne von *„apparentia"* (2:394) verwendet und meint daher die empirischen Anschauungen im Unterschied zu den empirischen Dingen, die er an dieser Stelle ‚Phaenomena' nennt.

Philosophische Funktion

1 Die notwendige Unterscheidung von empirischer Einstellung und philosophischer Reflexion

Kants transzendentalphilosophische Unterscheidung von Erscheinung und Ding an sich beruht auf der strikten Trennung von empirischer und philosophischer Betrachtungsweise. Kennzeichnend für seine Transzendentalphilosophie ist eine nichtempirische Einstellung des Menschen, die von der alltäglichen sinnlichen Wahrnehmung zu unterscheiden ist. Wer im Sinne Kants philosophisch reflektiert, richtet sich nicht mehr auf die konkreten Dinge, die ihm mittels der empirischen Einstellung zugänglich sind, sondern bezieht sich zurück auf sein eigenes Erkenntnisvermögen. Er fragt danach, was Wahrnehmung als Erkenntnis charakterisiert und wie sie zu erklären ist.

Das Erkennen als Sinneswahrnehmung bildet das ursprüngliche Verhältnis des Menschen zur Welt. Mittels der Wahrnehmung macht der Mensch ursprüngliche Erfahrung. Bei jeder sinnlichen Wahrnehmung spielt, wenn auch zumeist unthematisch, der Unterschied zwischen Innen- und Außenwelt, zwischen Subjekt und Objekt eine Rolle. Beim Erkennen richtet sich das Subjekt grundsätzlich von sich weg auf etwas Anderes seiner selbst, auf ein Objekt. Diese alltägliche Bewusstseinseinstellung kann als unreflektierter, vom philosophischen Standpunkt aus als naiver Realismus aufgefasst werden, der davon ausgeht, dass die Gegenstände der Wahrnehmung unabhängig vom Betrachter wirklich sind. Diese Unabhängigkeit wird vom naiven Realismus der alltäglichen Perspektive unhinterfragt unterstellt: Die Gegenstände der Außenwelt existieren nicht relativ auf einen beliebigen Betrachter, d. h. die Gegenstände und Ereignisse der Außenwelt sind nicht abhängig von meiner Wahrnehmung, sie sind objektiv, nicht subjektiv. Kant spricht daher vom „Faktum der Erfahrung": „Wir haben oben angemerkt, daß Erfahrung aus synthetischen Sätzen bestehe, und, wie synthetische Sätze a posteriori möglich seyn, nicht als eine der Auflösung bedürfende Frage angesehen, weil sie Faktum ist. Jetzt läßt sich fragen, wie dieses Faktum möglich sey. [...] Die Aufgabe ist: wie ist Erfahrung möglich?" (*Refl.* XXXIII, 23:24f.) Dieses Faktum selbst lässt sich nicht mehr hinterfragen. Der Mensch ist ein Wesen, das Erfahrung macht, nämlich Gegenstände und Ereignisse der Außenwelt wahrnimmt. So beginnt die Einleitung zur *KrV* auch mit der Feststellung: „Daß alle unsere Erkenntnis mit der Erfahrung anfange, daran ist gar kein Zweifel" (KrV B 1).

Die philosophische Reflexion dagegen untersucht die Bedingungen, die erfüllt sein müssen, um diese äußere Realität als empirische, d. h. als durch menschliche Wahrnehmung erkannte, erklären zu können. Aus dieser Perspektive erweist sich die empirisch erkennbare Außenwelt als in bestimmter Weise vom Subjekt abhängig. Diese spezifische Abhängigkeit drückt Kant mit seinem transzendentalphilosophischen Erscheinungsbegriff aus. Die äußeren Gegenstände sind Kant zufolge ihrer Form nach abhängig von den erkenntniskonstituierenden Leistungen des Subjekts, den reinen Anschauungsformen →Raum und →Zeit sowie den Verstandeskategorien. Die empirisch erkannte Welt selbst bleibt aber von dieser philosophischen Einsicht in ihrer Faktizität unberührt.

In alltäglicher Einstellung spielt die Einsicht in die erkenntnistheoretische Abhängigkeit keine Rolle, da es die alltägliche Einstellung mit der empirischen Realität zu tun hat. Doch selbst philosophisch betrachtet beruht die empirische Realität nicht ausschließlich auf subjektiven Leistungen. Die erkannten Objekte der Außenwelt sind subjektabhängig, aber nicht subjektiv. Dies ist der Sinn von Kants transzendentalphilosophischem Begriff vom ‚Ding an sich' im Unterschied zum transzendentalphilosophischen Erscheinungsbegriff.

2 Der Unterschied von Erscheinung und Ding an sich als Grenzbestimmung

Kant will bekanntlich mit seiner *KrV* die Frage beantworten: „*Wie sind synthetische Urteile a priori möglich?*" (KrV B 19) Seine Antwort kann als negative Grenzbestimmung begriffen werden (vgl. Mohr, *Werkkommentar*, S. 251), die sich in der Unterscheidung von Erscheinung und Ding an sich ausdrückt. Seine philosophischen Überlegungen kommen zu der Einsicht, „daß wir a priori über nichts als über die formale Bedingung einer möglichen (äußeren oder inneren) Erfahrung überhaupt synthetisch urtheilen können, so wohl was die sinnliche Anschauung derselben, als was die Verstandesbegriffe betrift, die beyderseits noch vor der Erfahrung vorher gehen und sie allererst möglich machen" (10:346). Philosophisch a priori können demnach nur die formalen Bedingungen der Erfahrung ermittelt werden, die zugleich formale Bedingungen der Gegenstände der Erfahrung sind. Insofern ist dann auch Ontologie im Sinne Kants „Analytik des reinen Verstandes" (KrV A 247 / B 303). Eine Ontologie, die a priori etwas Inhaltliches über die Dinge aussagen will, überschreitet damit unzulässigerweise eine Grenze, die ihr durch die „Schranken der Sinnlichkeit" (KrV A 246 / B 303) gesetzt ist. Insofern stellt Kant fest: „Wenn die Klagen: *Wir sehen das Innere der Dinge gar nicht ein*, so viel bedeuten sollen als: wir begreifen nicht durch den reinen Verstand, was die Dinge, die uns erscheinen, an sich sein mögen: so sind sie ganz unbillig und unvernünftig; denn sie wollen, daß man ohne Sinne doch Dinge erkennen, mithin anschauen könne, folglich daß wir ein von dem menschlichen nicht bloß dem Grade, sondern sogar der Anschauung und Art nach gänzlich unterschiedenes Erkenntnißvermögen haben, also nicht Menschen, sondern Wesen sein sollen, von denen wir selbst nicht angeben können, ob sie einmal möglich, viel weniger wie sie beschaffen seien. Ins Innre der Natur dringt Beobachtung und Zergliederung der Erscheinungen, und man kann nicht wissen, wie weit dieses mit der Zeit gehen werde" (KrV A 277f. / B 333f.). Philosophische Erkenntnis über das Wesen der Dinge bezieht sich allein auf das rein Formale dieser Gegenstände. Aufgrund dieses Formalen sind die empirischen Gegenstände Erscheinungen in transzendentalphilosophischer Bedeutung. Insofern sind dann die erkannten Dinge der Welt abhängig vom Subjekt, weil ihre Form sich den Formen des menschlichen Verstandes und der menschlichen Sinnlichkeit verdankt.

Diese philosophische Grenzziehung bezieht sich allerdings nicht auf die Empirie selbst. „Es sind demnach die Gegenstände der Erfahrung *niemals an sich selbst*, sondern nur in der Erfahrung gegeben und existiren außer derselben gar nicht. Daß es Einwohner im Monde geben könne, ob sie gleich kein Mensch jemals wahrgenommen hat, muß allerdings eingeräumt werden, aber es bedeutet nur so viel: daß wir in dem möglichen Fortschritt der Erfahrung auf sie treffen könnten" (KrV A 492f. / B 521). Kants Unterscheidung bedeutet also nicht, dass wirkliche Dinge in Raum und Zeit unserem Erkennen grundsätzlich nicht zugänglich sein könnten, sondern nur, dass sie es faktisch nicht immer sind.

Weiterführende Literatur

Allison, Henry: Kant's Transcendental Idealism. An Interpretation and Defense. Revised and Enlarged Edition, New Haven: Yale University Press 2004.

Martin, Gottfried: „Kants Auseinandersetzung mit der Bestimmung der Phänomene durch Leibnitz und Wolff als verworrene Vorstellungen", in: Kaulbach, Friedrich / Ritter, Joachim (Hg.): Kritik und Metaphysik. Festschrift für Heinz Heimsoeth, Berlin u. a.: de Gruyter 1966.

Mohr, Georg: Kants Grundlegung der kritischen Philosophie. Werkkommentar und Stellenkommentar zur Kritik der reinen Vernunft, zu den

Prolegomena und zu den Fortschritten der Metaphysik, Frankfurt/M.: Suhrkamp 2004.
Prauss, Gerold: Erscheinung bei Kant. Ein Problem der ‚Kritik der reinen Vernunft', Berlin u. a.: de Gruyter 1971.

Hans-Ulrich Baumgarten

Ethik

Als ‚Ethik' bezeichnet Kant in der *Metaphysik der Sitten* nicht, wie „in den alten Zeiten" (und noch Kant selbst in der *GMS*), die Sittenlehre überhaupt – oder Moralphilosophie –, sondern nur einen Teil derselben, nämlich „die Lehre von den Pflichten, die nicht unter äußeren Gesetzen stehen, [...] so daß jetzt das System der allgemeinen Pflichtenlehre in das der *Rechtslehre* (ius), welche äußerer Gesetze fähig ist, und der *Tugendlehre* (Ethica) eingetheilt wird, die deren nicht fähig ist" (6:379). Da die Ethik oder Tugendlehre sich mit den Zwecken beschäftigt, die zugleich Pflichten sind, kann sie auch „als das System der *Zwecke* der reinen praktischen Vernunft definirt werden" (6:381). Weitere wichtige Stellen: 4:387; 6:379ff.

Philosophische Funktion

1 Entwicklung und systematische Stellung

1.1 Der Begriff ‚Ethik' wird von Kant zunächst (und noch in der *GMS*) im weiteren Sinne, später, im ausgeführten moralphilosophischen System der Metaphysik der Sitten im engeren Sinne verstanden. Im weiteren Sinne bezeichnet der Terminus ‚Ethik' die Moralphilosophie als allgemeine Sittenlehre, d. i. die Wissenschaft, die die Gesetze der Freiheit als ihr eigenes Objekt hat. Diese Bedeutung des Begriffs stammt aus der griechischen Philosophie, auf die sich Kant in der Vorrede zur *GMS* bezieht, wo Kant selbst diese weitere Bedeutung des Wortes verwendet (vgl. 4:387). Systematisch bedeutsamer ist aber der engere Ethik-Begriff, der erst in der *MS* geklärt und analysiert wird. In Kenntnis der traditionellen, weiteren Bedeutung und in bewusster Abgrenzung gegen sie führt Kant in den Vorarbeiten zur *MS* die engere Bedeutung ein. Diese stützt sich auf die Unterscheidung zwischen Moral (d. i. allgemeine Sittenlehre oder Moralphilosophie) und Ethik. Ethik ist ‚Tugendlehre', als Moral hingegen bezeichnet Kant in den Vorarbeiten zur *MST* die ganze Sittenlehre, oder Moralphilosophie, die aus Recht und Ethik besteht. Ethik „in besondrer Bedeutung" macht nur einen Teil derselben aus: „Die Moral besteht aus der Rechtslehre (doctrina iusti) und der Tugendlehre (doctrina honesti) jene heißt auch ius im allgemeinen Sinne, diese Ethica in besondrer Bedeutung (denn sonst bedeutet auch Ethic die ganze Moral)" (23:386).

1.2 Die Ethik als Tugendlehre hat als Teil des Systems der praktischen Philosophie, der auf die Kritik der praktischen Vernunft folgen muss, eine bestimmte systematische Stellung und ein bestimmtes Verhältnis zur Rechtslehre als anderem Teil a priori des Systems der praktischen Philosophie. Die Philosophie im *materialen* Sinne (nicht im *formalen* Sinne, d. h. als →Logik, die nur Prinzipien der Form des Denkens überhaupt und ohne Unterschiede der Objekte enthalten kann; vgl. 6:171, 4:387–388) soll nämlich in theoretische und praktische Philosophie eingeteilt werden und dabei wird eine praktische Philosophie, welche nicht die Natur, sondern die Freiheit der Willkür zum Objekt hat, „eine Metaphysik der Sitten voraussetzen und bedürfen" (6:216). Unter ‚Metaphysik' ist ein System der Erkenntnis a priori aus bloßen Begriffen zu verstehen (vgl. 6:216), dementsprechend ist die Metaphysik der Sitten der apriorische Teil des Systems der praktischen Philosophie als Moralphilosophie. Es geht dabei um ein System von Pflichten, das vom Philosophen erkannt und expliziert werden muss, das aber auch jeder Mensch in sich hat, „obzwar gemeiniglich nur auf dunkle Art" (6:216). Neben der Metaphysik der Sitten wird die praktische Philosophie auch ein „andere[s] Glied" haben, das aber nur die subjektiven, sowohl hindernde als begünstigende Bedingungen der Ausführung der Gesetze der Metaphysik der Sitten enthält: die moralische Anthropologie (6:217). Die praktische Philosophie ist Moralphilosophie (wie aus der Einleitung zur *KU*, vgl. 5:171–173, hervorgeht und wie in der Einleitung zur *MSR*, vgl. 6:217–218, bestätigt wird), d. h. sie ist vor allem eine praktische Gesetzgebung der Vernunft nach dem Freiheitsbegriff (vgl. 5:171). Innerhalb der praktischen Gesetzgebung spielt die Unterscheidung zwischen ethischer und juridischer Gesetzgebung die Hauptrolle in der Bestimmung des Begriffs der Ethik.

1.3 Neben der Abgrenzung vom Recht will Kant die Ethik und die Moralphilosophie überhaupt von der Religionslehre trennen. In der *GMS* behauptet er, dass „selbst der Heilige des Evangelii [...] zuvor mit unserm Ideal der sittlichen Volkommenheit verglichen werden [muss], ehe man ihn dafür erkennt" (4:408). In der *KU* wird dann die These klar vorgestellt, dass eine Ethikotheologie (d. h. eine ethisch begründete Theologie) möglich ist, eine theologische Ethik hingegen nicht, „weil Gesetze, die nicht die Vernunft ursprünglich selbst giebt, und deren Befolgung sie als reines praktisches Vermögen auch bewirkt, nicht moralisch sein können" (5:485). Noch wichtiger ist aber die Struktur selbst der *MST* und der darin enthaltene ‚Beschluß der ganzen Ethik' (vgl. 6:486–491), der dieser Struktur eine eigene Rechtfertigung gibt. Während die ganze Tradition der Pflichtenlehre des 18. Jahrhunderts drei Klassen von Pflichten betrachtete – gegen sich selbst, gegen die anderen und gegen Gott – handelt die Pflichtenlehre der Metaphysik der Sitten nur von den Pflichten gegen sich selbst / gegen andere. Es gibt zwar für Kant auch Pflichten gegen Gott, sie haben aber nichts mit der „reinen philosophischen Moral" zu tun: „*Religion* also, als Lehre der Pflichten *gegen* Gott, liegt jenseit aller Grenzen der rein-philosophischen Ethik hinaus" (6:487f.). Und das bedeutet, „daß in der Ethik, als reiner praktischer Philosophie der inneren Gesetzgebung, nur die moralischen Verhältnisse des *Menschen* gegen den *Menschen* für uns begreiflich sind" (6:491). Die Metaphysik der Sitten spricht auch in ihrem ethischen Teil nur von Menschen und von den Beziehungen, die sie mit sich selbst und mit den anderen Menschen haben.

2 Ethik und Recht

2.1 Die Unterscheidung zwischen Ethik und →Recht, Tugendlehre und Rechtslehre, gründet sich: a) auf den verschiedenen ‚Stücken' der moralischen Gesetzgebung; b) auf den Objekten der moralischen Gesetzgebung. Da in aller Gesetzgebung „zwei Stücke" (6:218) enthalten sind: das Gesetz (besser: das Gebot) und die Motivation zur Handlung (was Kant die Triebfeder nennt), so besteht der große Unterschied zwischen Recht einerseits und Ethik andererseits darin, dass es für das Recht – d. i. für die juridische Gesetzgebung – gleichgültig ist, aus welcher Motivation die Pflicht erfüllt wird, während sich die Forderungen der Ethik auch auf die Motivation der Handlung erstrecken: Sie gebietet, →aus Pflicht zu handeln. In Bezug auf das unterschiedliche Verhältnis zwischen Gesetz und Motivation wird in der *MSR* die Unterscheidung von Ethik und Recht eingeführt (vgl. 6:218–219). Hinzu tritt die Unterscheidung zwischen *Objekten* der Gesetzgebungen: Inneres/Äußeres. Gleichwohl lassen sich die beiden Unterscheidungen Ethik/Recht und Inneres/Äußeres nicht aufeinander abbilden. Das Recht betrifft sicherlich nur die äußere Welt, aber die Ethik betrifft nicht nur die innere.

Erstens, schon die Definition des Ethikbegriffs in der Einleitung zur *MST* gründet sich auf das Paar Inneres/Äußeres: die Pflichten, die nur zur Ethik (und nicht auch zum Recht) gehören, d. h. die Tugendpflichten als eigentümliche ethische Pflichten, sind diejenigen, die keiner *äußeren* Gesetzgebung unterworfen sein können, was im Gegenteil bei den →Rechtspflichten der Fall ist. Zweitens, da die Tugendpflichten keiner äußeren Gesetzgebung unterworfen sein können, können sie auch nicht *erzwungen* werden, oder besser: nicht von einer äußeren Gewalt erzwungen werden: „die Tugendpflicht ist von der Rechtspflicht wesentlich darin unterschieden: daß zu dieser ein äußerer Zwang moralisch-möglich ist, jene aber auf dem freien Selbstzwange allein beruht" (6:383; vgl. 6:381). Drittens ist die Freiheit, von der in der Tugendlehre die Rede ist, die innere Freiheit, während es in der Rechtslehre um die „*formale*[] Bedingung der äußeren Freiheit" geht (6:380). Viertens gibt die Ethik oder Tugendlehre „nicht Gesetze für die *Handlungen* (denn das thut das Ius), sondern nur für die *Maximen* der Handlungen" (6:388), d. h. für das subjektive Prinzip, nach welchem man handelt.

2.2 Worum geht es aber bei diesen →Maximen, die das eigentliche Objekt der ethischen Gesetzgebung sind? Die bloße Verallgemeinerungsfähigkeit, die in der ersten Formulierung des →kategorischen Imperativs enthalten ist, kann für die Ethik nur ein negatives Prinzip sein (vgl. 6:381). In der Ethik geht es in der Tat um →Zwecke, die zugleich Pflichten sind: „Der Begriff eines Zwecks, der zugleich Pflicht ist, welcher der Ethik eigenthümlich zugehört, ist es allein, der ein Gesetz für die Maximen der Handlungen begründet, indem der subjective Zweck (den jedermann hat) dem objectiven (den sich jedermann dazu machen soll) untergeordnet wird" (6:389). Die Ethik kann also auch „als das System der Zwecke der reinen praktischen Vernunft definirt werden" (6:381). Das Recht hat nur mit der Form der Handlungen zu tun, die Ethik dagegen mit einer Materie, einem Gegenstand der freien Willkür, der vom objektiven Zweck, der zugleich eine Pflicht ist, bestimmt wird. Diese Eigentümlichkeit der Ethik – dass sie als ein System der Zwecke verstanden werden kann – erklärt auch, warum die Ethik nicht erzwungen werden kann: „Nun kann ich zwar zu Handlungen, die als Mittel auf einen Zweck gerichtet sind, nie aber *einen Zweck zu haben* von anderen gezwungen werden, sondern ich kann nur selbst *mir* etwas zum Zweck machen" (6:381).

3 Ethik und Pflicht

3.1 Was die Beziehung von Ethik zur Pflicht und zur Pflichtenlehre betrifft, so umfasst die Ethik „alle Pflichten, Recht aber nicht alle" (27:1338): alle Pflichten gehören zur Ethik bloß darum, „weil sie Pflichten sind" (6:219). Man muss bei Kant wenigstens drei Klassen von Pflichten unterscheiden: die Rechtspflichten, die direkt-ethischen Pflichten (d. h. die Tugendpflichten) und die indirekt-ethischen Pflichten (d. h. die Rechtspflichten; siehe Rechtspflicht/). Die Rechtspflichten sind äußere Pflichten, die Gegenstand einer äußeren Gesetzgebung und äußerlich erzwingbar sind. Als Pflichten haben sie, auch wenn sie Rechtspflichten sind und typischerweise in rechtlichen Normsetzungsverfahren generiert werden, gleichwohl ethische Bedeutung, insofern nämlich als die Ethik gebietet, sie auch dann zu erfüllen, wenn sie nicht äußerlich erzwungen werden können. Alle die Pflichten, die nicht direkt-ethische Pflichten sind, einschließlich aller Rechtspflichten, sind also *indirekt-ethische Pflichten*.

Diese Pflichten haben eine ethische Bedeutung, obwohl sie im Rahmen des Rechts entstehen: *pacta sunt servanda* ist z. B. eine Pflicht, deren Gesetzgebung nicht in der Ethik enthalten ist, aber die Ethik gebietet, diese Pflicht zu erfüllen, nur weil diese eine Pflicht ist, auch wenn kein äußerer Zwang das Individuum zum Einhalten der Verträge zwingt. Die innere Gesetzgebung der Ethik gebietet nämlich, dass *alle* Pflichten (also auch Rechtspflichten) *qua* Pflichten um ihres Pflichtseins willen zu erfüllen sind. Die Rechtspflichten – und insgesamt alle die Pflichten, die nicht direkt-ethische Pflichten sind – sind also *indirekt-ethische Pflichten*. Die direkt-ethischen Pflichten sind dagegen spezifisch ethische Pflichten, d. h. die Tugendpflichten der Selbstvervollkommnung und der fremden Glückseligkeit: „So *gibt* es also zwar viele *direct-ethische* Pflichten, aber die innere Gesetzgebung macht auch die übrigen alle und insgesammt zu *indirect-ethischen*" (6:221).

3.2 Eine Eigentümlichkeit der direkt-ethischen Pflichten, d. h. der Tugendpflichten, besteht darin, dass sie von *weiter*, nicht wie die Rechtspflichten von *enger* Verbindlichkeit sind, „denn wenn das Gesetz nur die Maxime der Handlungen, nicht die Handlungen selbst gebieten kann, so ists ein Zeichen, daß es der Befolgung (Observanz) einen Spielraum (latitudo) für die freie Willkür überlasse, d. i. nicht bestimmt angeben könne, wie und wieviel durch die Handlung zu dem Zweck, der zugleich Pflicht ist, gewirkt werden solle" (6:390). Kant behauptet, dass dieser Unterschied für die Struktur der Tugendlehre eine Rolle spielt: die Ethik als Tugendlehre muss – anders als die Rechtslehre – in Elementar- und Methodenlehre eingeteilt werden. Kant begründet dies damit, dass nur in der Ethik, und nicht in der Rechtslehre, die → Urteilskraft eigens „auszumachen" habe, „wie eine Maxime in besonderen Fällen anzuwenden sei" (6:411). Die Methodenlehre der *MST* wird dann dem Thema der moralischen Bildung als ethischer Didaktik (vgl. 6:477–485) und nicht dem Thema der praktischen Urteilskraft gewidmet. Das Problem einer „Anwendung" (6:411) wird vielmehr in den Anmerkungen zu den Paragraphen der Tugendlehre, die die *„[c]asuistische[n] Fragen"* behandeln (6:426; 6:428; 6:431; 6:433; 6:437; 6:454), untersucht.

Mit Bezug auf das Problem der Zwecke, die zugleich Pflichten sind, stellt sich als zentrales Problem der Ethik die Frage einer „Endform" der praktischen Philosophie Kants (vgl. Wood, *The Final Form*). Es geht um die Frage, ob die in *MST* enthaltene Ethik mit der Theorie der *Grundlegungsschriften* – *GMS* und *KpV* – kompatibel ist. Dies hatte schon Georg Anderson 1921 in Frage gestellt (*Die ‚Materie' in Kants Tugendlehre*). Man kann z. B. die Ethik der *MST* in eine „erweiterte Postulatenlehre" eingliedern (vgl. Langthaler, *Kants Ethik*, S. 279ff.) oder sie als das Zeichen des Scheiterns der formalen Ethik Kants ansehen (vgl. Tafani, *Virtù e felicità*).

Weiterführende Literatur

Bacin, Stefano: Il senso dell'etica. Kant e la costruzione di una teoria morale, Bologna: Il Mulino 2006.

Esser, Andrea: Eine Ethik für Endliche. Kants Tugendlehre in der Gegenwart, Stuttgart u. a.: Frommann-Holzboog 2004.

Gregor, Mary: Laws of Freedom. A Study of Applying the Categorical Imperative in the „Metaphysik der Sitten", Oxford: Blackwell 1963.

Langthaler, Rudolph: Kants Ethik als ‚System der Zwecke'. Perspektiven einer modifizierten Idee der ‚moralischen Teleologie' und Ethikotheologie, Berlin u. a.: de Gruyter 1991.

Schadow, Steffi: „Recht und Ethik in Kants ‚Metaphysik der Sitten' (MS 6:218–221 und TL 6:390f.)", in: Sensen, Oliver / Timmermann, Jens / Trampota, Andreas (Hg.): Kant's ‚Tugendlehre'. A Comprehensive Commentary, Berlin u. a.: de Gruyter 2013, 85–111.

Timmons, Mark: Kant's Metaphysics of Morals, Oxford u. a.: Oxford University Press 2002.

Luca Fonnesu

Experiment

Das Wort ‚Experiment' wird vom Kant meistens im neuzeitlichen naturwissenschaftlichen Sinne verwendet (vgl. KrV B XIIf.). Ein Experiment ist eine planvoll eingerichtete Herbeiführung von Phänomenen zum Zwecke wissenschaftlicher Beobachtung. Die Einrichtung des Experiments kann durch eine relevante Theorie bzw. Hypothese geleitet sein, um die Theorie bzw. Hypothese zu bestätigen oder zu verwerfen bzw. zu verändern. In „Analogie" (KrV B XVI) zum naturwissenschaftlichen Experiment spricht Kant von einem „Experiment der reinen Vernunft" (KrV B XXI Anm.) und beschreibt damit das Verfahren seiner kritischen Philosophie. Weitere wichtige Stellen: 1:117f.; 1:172; 1:176f.; KrV B XII–XXII; KrV B XXXVII–XLI; KrV B XLIV; KrV B XLVIII–XLIX; KrV B XLIV; KrV B 128; KrV A 636 / B 664; 4:447f.; 4:533f.; 5:92f.; 7:84f.; 8:381f.

Philosophische Funktion

Als eine „Revolution der Denkart" (KrV B XII) sieht Kant die Einführung von Experimenten in die neuzeitliche Naturwissenschaft an. Mit Blick auf die von Galilei, Torricelli und Stahl durchgeführten Experimente schreibt Kant: „so ging allen Naturforschern ein Licht auf. Sie begriffen, daß die Vernunft nur das einsieht, was sie selbst nach ihrem Entwurfe hervorbringt, daß sie mit Prinzipien ihrer Urtheile nach beständigen Gesetzen vorangehen und die Natur nöthigen müsse auf ihre Fragen zu antworten" (KrV B XIII).

1 Die experimentelle Methode der Kritik der reinen Vernunft

Diese „Umänderung der Denkart" (KrV B XVI) macht Kant zur methodologischen Grundlage seiner kritischen Philosophie und des Lehrbegriffs des →transzendentalen Idealismus, demzufolge „die oberste Gesetzgebung der Natur in uns selbst, d. i. in unserm Verstande, liegen müsse, und daß wir die allgemeinen Gesetze derselben nicht von der Natur vermittelst der Erfahrung, sondern umgekehrt die Natur ihrer allgemeinen Gesetzmäßigkeit nach blos aus den in unserer Sinnlichkeit und dem Verstande liegenden Bedingungen der Möglichkeit der Erfahrung suchen müssen" (4:319; vgl. KrV A 125 / B 163–165).

Mit Bezug auf die Kritik und Neubegründung der →Metaphysik und deren von →Erfahrung unabhängigen Prinzipien schlägt Kant vor, dem Modell des neuzeitlichen naturwissenschaftlichen Experiments zu folgen. In „Analogie" (KrV B XVI) zur experimentellen naturwissenschaftlichen Erkenntnis plädiert Kant für den Versuch, „ob wir nicht in den Aufgaben der Metaphysik damit besser fortkommen, daß wir annehmen, die Gegenstände müssen sich nach unserem Erkenntniß richten, welches so schon besser mit der verlangten Möglichkeit einer Erkenntniß derselben a priori zusammenstimmt, die über Gegenstände, ehe sie uns gegeben werden, etwas festsetzen soll" (KrV B XVI). Die „veränderte Methode der Denkungsart" (KrV B XVIII) besteht somit in einem Verfahren, das zu dem Nachweis führt, „dass wir [...] von den Dingen nur das a priori erkennen, was wir selbst in sie legen" (KrV B XVIII). Kants *KrV* stellt dieses „Experiment der reinen Vernunft" (KrV B XXI Anm.) dar.

Es „gelingt nach Wunsch" (KrV B XVIII): „Denn man kann nach dieser Veränderung der Denkart die Möglichkeit einer Erkenntniß a priori ganz wohl erklären und, was noch mehr ist, die Gesetze, welche a priori der Natur, als dem Inbegriffe der Gegenstände der Erfahrung, zum

Grunde liegen, mit ihren genugthuenden Beweisen versehen, welches beides nach der bisherigen Verfahrungsart unmöglich war" (KrV B XVIIIf.). Diese Beweise liefert die *KrV* in der *Transzendentalen Ästhetik* und der *Transzendentalen Analytik*.

Damit ist das Ergebnis jenes „Experiment[s] der reinen Vernunft" (KrV B XXI Anm.) noch nicht erschöpft. Mit Blick auf den Anwendungsbereich jener Erkenntnisse a priori führt es nicht nur zu einem positiven, sondern auch zu einem negativen Resultat: Die Erkenntnisse a priori gelten für Gegenstände der Erfahrung in → Raum und → Zeit, als deren Prinzipien sie bewiesen werden können. Kants Philosophie ist insofern die Begründung einer neuen Metaphysik der Erfahrung. Die Erkenntnisse a priori gelten aber nicht für Gegenstände, die den Bereich der Erfahrung übersteigen. Das ist Kants Kritik der traditionellen Metaphysik.

Mit Blick auf das Verfahren und das Ergebnis dieses ‚Experiments der reinen Vernunft' führt Kant, auf die These „dass wir [...] von den Dingen nur das a priori erkennen, was wir selbst in sie legen" (KrV B XVIII) und die Analogie zum naturwissenschaftlichen Experiment Bezug nehmend, das Folgende aus: „Diese dem Naturforscher nachgeahmte Methode besteht also darin: die Elemente der reinen Vernunft in dem zu suchen, *was sich durch ein Experiment bestätigen oder widerlegen läßt*. Nun läßt sich zur Prüfung der Sätze der reinen Vernunft, vornehmlich wenn sie über alle Grenze möglicher Erfahrung hinaus gewagt werden, kein Experiment mit ihren *Objecten* machen (wie in der Naturwissenschaft): also wird es nur mit *Begriffen* und *Grundsätzen*, die wir a priori annehmen, thunlich sein, indem man sie nämlich so einrichtet, daß dieselben Gegenstände *einerseits* als Gegenstände der Sinne und des Verstandes für die Erfahrung, *andererseits* aber doch als Gegenstände, die man bloß denkt, allenfalls für die isolirte und über Erfahrungsgrenze hinausstrebende Vernunft, mithin von zwei verschiedenen Seiten betrachtet werden können. Findet es sich nun, daß, wenn man die Dinge aus jenem doppelten Gesichtspunkte betrachtet, Einstimmung mit dem Princip der reinen Vernunft stattfinde, bei einerlei Gesichtspunkte aber ein unvermeidlicher Widerstreit der Vernunft mit sich selbst entspringe, so entscheidet das Experiment für die Richtigkeit jener Unterscheidung" (KrV B XVIII Anm.). Das Experiment besteht somit in der von der kritischen Philosophie getroffenen Unterscheidung zwischen Gegenständen als → Erscheinungen, als „Gegenstände[n] der Sinne", und „Gegenstände[n], die man bloß denkt" (KrV B XVIII Anm.), den „Dinge[n] an sich selbst" (KrV B XXI Anm.), und der in der *KrV* unternommenen Prüfung, auf welche Weise apriorische Prinzipien auf eine objektiv gültige Weise begründet werden können, ob mit Bezug auf Erscheinungen oder auch mit Bezug auf → Dinge an sich selbst. Diese Unterscheidung und den daraus zu gewinnenden Ertrag für die kritische Philosophie und die Möglichkeit von → Metaphysik erläutert Kant noch einmal mit Blick auf die *Transzendentale Analytik* und das mit der systematischen Funktion der Idee des Unbedingten verbundene Resultat der *Transzendentalen Dialektik* unter Verweis auf eine Analogie mit dem experimentellen Verfahren des Chemikers: „Dieses Experiment der reinen Vernunft hat mit dem der *Chemiker*, welches sie mannigmal den Versuch der *Reduction*, im Allgemeinen aber das *synthetische Verfahren* nennen, viel Ähnliches. Die *Analysis* des *Metaphysikers* schied die reine Erkenntniß a priori in zwei sehr ungleichartige Elemente, nämlich die der Dinge als Erscheinungen und dann der Dinge an sich selbst. Die *Dialektik* verbindet beide wiederum zur *Einhelligkeit* mit der nothwendigen Vernunftidee des *Unbedingten* und findet, daß diese Einhelligkeit niemals anders, als durch jene Unterscheidung herauskomme, welche also die wahre ist" (KrV B XXI Anm.)

2 Die Experimentalmethode in der Kritik der praktischen Vernunft

Im Kontext der Begründung seiner ethischen Theorie greift Kant mit Bezug auf die Unterscheidung zwischen dem „empirisch afficirten Willen" und dem „moralische[n] Gesetz" (5:92) und deren moralische Relevanz ebenfalls auf das Verfahren des Chemikers zurück: „Es ist, als ob der Scheidekünstler der Solution der Kalkerde in Salzgeist Alkali zusetzt; der Salzgeist verläßt sofort den Kalk, vereinigt sich mit dem Alkali, und jener wird zu Boden gestürzt. Eben so haltet dem, der sonst ein ehrlicher Mann ist [...] das moralische Gesetz vor, an dem er die Nichtswürdigkeit eines Lügners erkennt, sofort verläßt seine praktische Vernunft [...] den Vortheil, vereinigt sich mit dem, was ihm die Achtung für seine eigene Person erhält (der Wahrhaftigkeit), und der Vortheil wird nun von jedermann, nachdem er von allem Anhängsel der Vernunft (welche nur gänzlich auf der Seite der Pflicht ist) abgesondert und gewaschen worden, gewogen, um mit der Vernunft noch wohl in anderen Fällen in Verbindung zu treten, nur nicht wo er dem moralischen Gesetze, welches die Vernunft niemals verläßt, sondern sich innigst damit vereinigt, zuwider sein könnte" (5:92f.). Neben der Erinnerung an die Fortschritte der neuzeitlichen experimentellen Naturwissenschaften (vgl. 5:163) beschließt Kant die *KpV* mit einer Zusammenfassung ihres methodischen Verfahrens. Das geschieht unter Bezug auf „Beispiele der moralisch urtheilenden Vernunft" und die Analyse ihrer „Elementarbegriffe" mit dem Hinweis auf die Analogie zu dem „der *Chemie* ähnliche[n] Verfahren", welches darin besteht, die „*Scheidung* des Empirischen vom Rationalen, das sich in ihnen vorfinden möchte, in wiederholten Versuchen am gemeinen Menschenverstande vorzunehmen", um auf diese Weise erkennen zu können, „was Jedes für sich allein leisten könne" (5:163).

Gelegentlich verwendet Kant das Wort Experiment in einem ebenfalls analogischen Sinn mit Blick auf Revolutionen und deren mögliches Gelingen oder Scheitern (vgl. 7:85). Mit Blick auf die Erziehung und den Umstand, dass „der Mensch [...] nur Mensch werden [...] [kann] durch Erziehung" (9:443), plädiert Kant für „ein Experiment durch Unterstützung der Großen und durch die vereinigten Kräfte Vieler", um zu erreichen, „daß die Natur einen Schritt näher zur Vollkommenheit thue" (9:444).

Weiterführende Literatur

Butts, Robert (Hg.): Kant's Philosophy of Physical Science, Dordrecht: Reidel 1986.

Falkenburg, Brigitte: Kants Kosmologie, Frankfurt/M.: Klostermann 2000, insbes. 263–305; 355–385.

Gehler, Johann Samuel Traugott: „Experimentalphysik, Physica Experimentalis, Physique experimentale", in: Physikalisches Wörterbuch, Bd. 2, Leipzig: Schwickert 1790, 109–112; PURL: http://www-gdz.sub.uni-goettingen.de/cgi-bin/digbib.cgi?PPN343148692.

Hüllinghorst, Andreas: Kants spekulatives Experiment, Köln: Dinter 1992.

Watkins, Eric (Hg.): Kant and the Sciences, Oxford: Oxford University Press 2001.

Wind, Edgar: Das Experiment und die Metaphysik. Zur Auflösung der kosmologischen Antinomien, Frankfurt/M.: Suhrkamp 2001.

Kenneth R. Westphal / Red.

Factum der (reinen praktischen) Vernunft

Kant bezeichnet das Bewusstsein des → moralischen Gesetzes, des „Grundgesetzes der reinen praktischen Vernunft" (5:30), als „Factum der Vernunft" (5:31). Es ist ein „Factum", weil man das Bewusstsein dieses Grundgesetzes „nicht aus vorhergehenden Datis der Vernunft, z. B. dem Bewußtsein der Freiheit (denn dieses ist uns nicht vorher gegeben), herausvernünfteln" kann, sondern weil es „sich für sich selbst uns aufdringt als synthetischer Satz a priori" (5:31). In diesem Sinn haben wir das moralische Gesetz (genauer: das Bewusstsein des Grundgesetzes der reinen praktischen Vernunft) als „*gegeben*" anzusehen, wobei es sich freilich um „kein empirisches, sondern das einzige Factum der reinen Vernunft" handelt (5:31; vgl. 5:43, 5:47). Weitere wichtige Stellen: 5:6; 5:31f.; 5:42f.; 5:55; 5:91; 5:104; 6:252.

Philosophische Funktion

1 Deduktion des Moralgesetzes und Factum der Vernunft

Kant formuliert seine Lehre vom Bewusstsein des moralischen Gesetzes als „Factum der Vernunft" erst in der *KpV*. In der *GMS* hatte er versucht, das Moralgesetz aus der Willensfreiheit zu deduzieren, d. h. seine für alle vernünftigen Wesen notwendige Geltung dergestalt zu begründen. Kant hält eine solche *Ableitung* (vgl. 4:425; 4:431; 4:440; 4:444f.; 4:447f.) des Moralgesetzes in der *GMS* für erforderlich, um dem skeptischen Einwand, Moralität und ihr Prinzip seien nur ein „Hirngespinst" (4:445), entgegentreten zu können.

In der *KpV* verfolgt Kant eine andere Strategie. Dort gilt ihm das Bewusstsein des Moralgesetzes als „Factum der Vernunft" (5:31). Dies sei deshalb der Fall, „weil man es nicht aus vorhergehenden Datis der Vernunft, z. B. dem Bewußtsein der Freiheit (denn dieses ist uns nicht vorher gegeben), herausvernünfteln kann, sondern weil es sich für sich selbst uns aufdringt als synthetischer Satz a priori, der auf keiner, weder reinen noch empirischen, Anschauung gegründet ist, ob er gleich analytisch sein würde, wenn man die Freiheit des Willens voraussetzte, wozu aber, als positivem Begriffe, eine intellectuelle Anschauung erfordert werden würde, die man hier gar nicht annehmen darf" (5:31). Das Moralgesetz ist in Gestalt eines ‚Factums' „*gegeben*" (5:31) und lässt als solches auf → Freiheit zurückschließen. Denn es kann nicht sein, ohne dass Freiheit als seine „ratio essendi", also sein Seinsgrund, wirklich ist. Es selbst figuriert dabei als „ratio cognoscendi" oder Erkenntnisgrund der Freiheit (5:4 Anm.). Ohne als etwas Gegebenes selbst einer Deduktion zu bedürfen, wird das Moralgesetz jetzt zum „Princip der Deduktion" der Freiheit (5:47).

2 Was ist ein ‚Factum der Vernunft'?

Die Frage, was genau Kant mit der Rede von einem ‚Factum' der (reinen praktischen) Vernunft zum Ausdruck bringen will, gilt seit je als schwer zu beantworten. Entsprechend divergierend sind die Lesarten der Interpreten, deren wichtigste die folgenden sind (vgl. auch Klein, *Gibt es ein Moralgesetz*, S. 90–100): Mit Blick auf die Argumentation Kants in der *GMS* wird das Lehrstück vom ‚Factum' als Wendung hin zu einer dogmatischen Position gewertet (1); das ‚Factum' der Vernunft wird als eine besondere Art von Erkenntnis oder Einsicht begriffen (2), seine Rolle als Motiv moralischen Handelns wird betont (3), oder seine Funktion für das Selbstverständnis eines jeden Handelnden wird hervorgehoben (4). Jede der verschiedenen Lesarten kann sich auf bestimmte Aspekte der kantischen Lehre berufen. Lesart (1) verweist auf Kants erklärte Absichten im Rahmen des Deduktionsunternehmens der *GMS*. Dort versucht er ohne die Voraussetzung entweder von Freiheit oder Moralgesetz, die als „Wechselbegriffe" (4:450) aufeinander verweisen, auszukommen. Wenn Kant später in der *KpV* vom Moralgesetz als ‚Factum' spricht, das „unleugbar" (5:32) sei, das uns „gegeben" ist und sich uns gar „aufdringt" (5:31), wird dies als Indiz für dessen dogmatische Behauptung als Tatsache unter Verzicht auf philosophische Begründung genommen (vgl. Prauss, *Freiheit als Autonomie*, S. 67ff.). Lesart (2) dagegen erklärt genau diese Qualität des ‚Factum' als eines Gegebenen zur Voraussetzung für eine spezifische Art des Wissens, in Gestalt dessen es der Vernunft immer schon bekannt ist. Was als „Faktizität" der aus praktischer Vernunft erwachsenden sittlichen Forderung wirklich ist, ist derselben Vernunft in Form einer unabweisbaren „sittlichen Einsicht" transparent (Henrich, *Sittliche Einsicht*, S. 110–115, hier: 114). Lesart (3) betont im Kontrast dazu den nicht theoretischen, sondern eminent praktischen

Charakter der kantischen These vom ‚Factum der Vernunft'. Sie verweist auf die zahlreichen Textstellen, in denen Kant ‚factum' bzw. ‚Factum' nicht als Synonym für „Thatsache" (5:468) verwendet, sondern im Sinne des von *facere* (machen, tun) abgeleiteten lateinischen Substantivs versteht und somit als „That" der Vernunft (5:3; vgl. 5:6; 5:42; 5:55; 6:252). Diese wird im ersten Schritt als Grund für das *Bewusstsein* des Sittengesetzes gesehen und im zweiten Schritt als Grund einer mit solchem Bewusstsein einhergehenden „Wirkung aufs Gefühl" (5:78f.; vgl. Willaschek, *Praktische Vernunft*, S. 174–214). Einem derart aus Vernunft gewirkten moralischen Gefühl der →Achtung vor dem Gesetz (vgl. 5:71–89) aber eignet handlungsmotivierende Kraft. Lesart (4) führt Kants Rede vom ‚Factum der Vernunft' auf das Selbstverständnis eines jeden, der zu handeln beansprucht, zurück. Als *Handelnder* und nicht etwa bloß Getriebener muss er unterstellen, unabhängig von seinen Neigungen und auch unabhängig von *allen* Neigungen auf der Basis nur seiner eigenen Gründe agieren zu *können*. Ob er es tatsächlich tut, ist eine ganz andere Frage. Solche im strikten Sinn nicht-empirischen Gründe aber haben die Struktur, Bestimmungsgründe durch „die bloße Form des Gesetzes" zu sein (5:31). Die Idee und der Anspruch eines derart ‚reinen Willens', der sich allein durch genau dieses praktische oder moralische Gesetz leiten lässt, ist mit der Vorstellung, handeln zu können, immer schon verknüpft und ‚gegeben': als ‚Factum der Vernunft' (Kleingeld, *Moral Consciousness*; vgl. auch Wolff, *Faktum der Vernunft*, der aufgrund genauer Interpretationen der einschlägigen Texte zu einem ähnlichen Ergebnis kommt).

3 Das ‚Factum' als Ausweis der Wirklichkeit reiner praktischer Vernunft

Wie immer die These vom ‚Factum' im Einzelnen ausgelegt wird, es ist unbestreitbar, dass Kant sie als Beweis für die Wirklichkeit reiner praktischer Vernunft in Anspruch nimmt. Diese Wirklichkeit kann ihm zufolge nicht durch einen theoretischen Nachweis gezeigt, sondern nur praktisch bezeugt werden: durch das je individuell lebendige Bewusstsein eines unbedingten moralischen Gesetzes, welches bei allem (theoretischen) skeptischen Vorbehalt dennoch solches Bewusstsein bleibt.

Die Frage, wie reine Vernunft „für sich selbst praktisch" sein könne (4:461), das heißt: ohne von irgendetwas anderem wie sinnlich fundierten Bedürfnissen und Neigungen angetrieben zu sein, stellt sich Kant bereits in der *GMS*. Er erklärt sie dort für nicht beantwortbar. In der *KpV* argumentiert Kant schon auf der ersten Seite: „[W]enn [...] reine Vernunft wirklich praktisch ist, so beweiset sie ihre und ihrer Begriffe Realität durch die That, und alles Vernünfteln wider die Möglichkeit, es zu sein, ist vergeblich" (5:3). Damit stehe aber auch die „Realität" (5:3) des Begriffes der Freiheit nunmehr fest (vgl. 5:42).

Es ist klar, dass es sich bei der genannten „That" (5:3) um kein empirisches Faktum handeln kann (vgl. 5:468). In welchem Sinne kann es dann dennoch die Wirklichkeit (reiner) praktischer Vernunft und die „Realität" (5:3) ihrer Begriffe verbürgen? Anhand eines Beispiels verdeutlicht Kant, wie er verstanden sein will. Er stellt einen Menschen vor Augen, der meint, sich den Zumutungen eines ihm angesonnenen und einen Anderen vernichtenden falschen Zeugnisses nicht beugen zu sollen – und zwar unabhängig von den unter Umständen desaströsen Konsequenzen für die legitime Erfüllung seiner Neigungen (vgl. 5:30). Die „Realität" (5:3) solcher Gesinnungen, wenn auch nicht schon des entsprechenden Tuns ist nach Kant unbestreitbar: Ob jener Mensch das Gebotene „thun würde, oder nicht, wird er vielleicht sich nicht getrauen zu versichern; daß es ihm aber möglich sei, muß er ohne Bedenken einräumen. Er urtheilt also, daß er etwas kann, darum weil er sich bewußt ist, daß er es soll, und erkennt in sich die Freiheit, die ihm sonst ohne das moralische Gesetz unbekannt geblieben wäre" (5:30).

Das ‚Factum der (reinen praktischen) Vernunft' ist somit als unbedingter moralischer Anspruch gegeben, als „synthetischer Satz a priori" (5:31), in dem reine Vernunft und Willensbestimmung auf nichtempirische Weise verbunden sind.

Weiterführende Literatur

Ameriks, Karl: Kant and the Fate of Autonomy, Cambridge: Cambridge University Press 2000.

Henrich, Dieter: „Der Begriff der sittlichen Einsicht und Kants Lehre vom Faktum der Vernunft", in: Henrich, Dieter / Schulz, Walter / Volkmann-Schluck, Karl-Heinz (Hg.): Die Gegenwart der Griechen im neueren Denken. Fest-

schrift für Hans-Georg Gadamer, Tübingen: Mohr 1960, 77–115.
Kleingeld, Pauline: „Moral Consciousness and the 'Fact of Reason'", in: Reath, Andrews/Timmermann, Jens (Hg.): Kant's Critique of Practical Reason: A Critical Guide, Cambridge: Cambridge University Press 2010, 55–72.
O'Neill, Onora: „Autonomy and the Fact of Reason", in: Höffe, Otfried (Hg.): Immanuel Kant, Kritik der praktischen Vernunft, Berlin: Akademie 2002, 81–97.
Wolff, Michael: „Warum das Faktum der Vernunft ein Faktum ist. Auflösung einiger Verständnisschwierigkeiten in Kants Grundlegung der Moral", in: Deutsche Zeitschrift für Philosophie 57, 2009, 511–549.

Beatrix Himmelmann

Form/Materie

Unter einer Form im Gegensatz zur Materie ist laut Kant allgemein die „Bestimmung" im Gegensatz zum „Bestimmbare[n]" zu verstehen, d. h. die Beschaffenheit von etwas im Gegensatz zu dem, das diese Beschaffenheit besitzt (KrV A 266 / B 322). Kant unterscheidet zwischen der Materie und der Form einer Sache in mehreren unterschiedlichen Zusammenhängen, unter anderem mit Blick auf die Erscheinung bzw. die Anschauung (vgl. KrV A 20ff. / B 34ff.), das Denken und die Bestimmung der Logik als „formale[r] Philosophie" (4:387; vgl. 5:171 u. ö.), die Handlung (vgl. 4:416), den Willen (vgl. 4:444), das praktische Gesetz (vgl. 5:29) und die Zweckmäßigkeit (vgl. 5:220).

Diesen Oberbegriff der Form gebraucht Kant in zwei verschiedenen Bedeutungen. Zum einen ist die Form als Beschaffenheit von Dingen auch der „specifische[] Unterschied" dieser Dinge (KrV A 266 / B 322). Sie ist dasjenige, was eine bestimmte Entität kennzeichnet und von anderen Entitäten unterscheidet. Zum anderen kann die Form einer Materie auch die *strukturelle* Beschaffenheit von etwas sein. Dann ist eine Form eine Struktur, die dadurch entsteht oder dadurch repräsentiert wird, dass Entitäten miteinander relational verknüpft werden, sei es in der Realität oder im Geist. In diesem Sinne ist die Form einer Materie die Struktur dieser Materie, und eine Materie ist etwas, das eine Struktur hat.

Das Begriffspaar ‚Form' und ‚Materie' gehört zu den Kernbegriffen der kantischen kritischen Philosophie. In diesem Artikel geht es vor allem um Kants Verwendung dieser Begriffe im Rahmen seiner Lehre vom Transzendentalen Idealismus; zu Form und Materie als Reflexionsbegriffen Form/Materie (Reflexionsbegriffe). Weitere wichtige Stellen: 20:266.

Philosophische Funktion

1 Form und Materie in Logik und Transzendentalphilosophie

‚Form' und ‚Materie' sind im kantischen Gebrauch zum einen ein logisches und zum anderen ein transzendentalphilosophisches Begriffspaar.

So ist die allgemeine → Logik nach Kant die Wissenschaft von der „bloßen Form des Denkens", in der man davon, was über welche Gegenstände gedacht wird, abstrahiert (KrV A 54 / B 78). In der Logik geht es nur um die logische Struktur von Gedanken oder Aussagen, die ihrerseits die ‚Materie' der logischen Form sind.

Verwendet Kant das Begriffspaar ‚Form' und ‚Materie' in transzendentalphilosophischer Bedeutung (→ Transzendentalphilosophie), so bezieht sich ‚Form' auf die Ordnungsprinzipien unserer Erfahrung, nämlich auf Raum und Zeit und die Kategorien, und ‚Materie' bezieht sich auf die Gesamtheit aller Erscheinungen, d. h. auf die Gesamtheit aller Realien, die menschlicher → Erfahrung zugänglich sind. In der *Transzendentalen Ästhetik* schreibt Kant: „In der Erscheinung nenne ich das, was der Empfindung correspondirt, die *Materie* derselben, dasjenige aber, welches macht, daß das Mannigfaltige der Erscheinung in gewissen Verhältnissen geordnet werden kann, nenne ich die *Form* der Erscheinung" (KrV A 20 / B 34). Hier bezieht sich Kant mit dem Formbegriff auf die strukturelle Beschaffenheit der Erscheinungen, d. h. der Gegenstände menschlicher Erfahrung, dank derer wir diese Gegenstände (die Materie im transzendentalphilosophischen Sinne) als *geordnete* Vielfalt wahrnehmen können.

Wenig später stellt Kant fest, „daß es zwei reine Formen sinnlicher Anschauung als Prinzipien der Erkenntnis a priori gebe, nämlich Raum und Zeit" (KrV A 22 / B 36). Kant behauptet hier zweierlei. Zum einen meint er, dass Raum und Zeit (bzw. bei innerer Erfahrung allein die Zeit) die (einzigen) relationalen Strukturen sind, die wirklich *allen* Gegenständen möglicher sinnlicher →Anschauung zu eigen sein müssen. Sie sind die Ordnungsprinzipien unserer Erfahrung, insofern diese Erfahrung sinnlich ist. In diesem Zusammenhang wird der Formbegriff auch in seiner zweiten Bedeutung verwendet: Raum und Zeit sind der „specifische[] Unterschied" (KrV A 266 / B 322), der alle Gegenstände unserer sinnlichen Anschauung kennzeichnet, von dem wir jedoch nicht behaupten dürften, dass er auch die Gegenstände einer nicht-menschlichen Sinneserfahrung kennzeichnen müsse. Zum anderen behauptet Kant im oben angeführten Zitat, dass diese Formen unserer Anschauung „*rein*" seien. Das erläutert Kant wie folgt: „Ich nenne alle Vorstellungen *rein* (im transscendentalen Verstande), in denen nichts, was zur Empfindung gehört, angetroffen wird" (KrV A 20 / B 34). Die räumlichen und zeitlichen Strukturen der Erfahrungswelt werden also Kant zufolge nicht durch Empfindungen oder Empfindungsbegriffe als solche repräsentiert.

Während Raum und Zeit die reinen Formen aller Gegenstände sinnlicher Erfahrung sind, sind nach Kant die →Kategorien (d. h. die reinen Verstandesbegriffe) die reine Form aller Gegenstände des Denkens, zu denen außer Erfahrungsgegenständen auch bloße Gedankendinge gehören. Dementsprechend schreibt Kant von den Kategorien, sie seien „bloß die reine Form des Verstandesgebrauchs in Ansehung der Gegenstände überhaupt und des Denkens, ohne doch durch sie allein irgendein [wirkliches] Object denken oder bestimmen zu können" (KrV A 248 / B 305). Dennoch schreibt Kant an anderer Stelle von den reinen Verstandesbegriffen, „dass, weil sie die intellectuelle Form aller Erfahrung ausmachen, ihre Anwendung jederzeit in der Erfahrung muß gezeigt werden können" (KrV A 310 / B 367). Kant meint damit, dass wir nur dann davon ausgehen können, dass sich die Verstandesbegriffe auf wirkliche Gegenstände beziehen, wenn wir sie auf Gegenstände unserer Erfahrung anwenden.

Eine Form der Erfahrungswelt sind die Kategorien laut Kant deshalb, weil wir nur von solchen Gegenständen Erfahrung haben können, die wir als Bestandteile einer nomologischen Natureinheit konzipieren können – und die Kategorien sind die Begriffe, mit denen wir jene Gesetze formulieren, die zu den unverrückbaren Grundstrukturen unseres Denkens gehören und die daher die nomologische Einheit unserer Erfahrungswelt ausmachen. Wiederum wird der Formbegriff hier auch in seiner zweiten Bedeutung als Begriff für einen „specifischen Unterschied" gebraucht (KrV A 266 / B 322). Denn die Gegenstände möglicher menschlicher Erfahrung zeichnen sich sämtlich dadurch aus, dass sie unter jene Gesetze fallen, die wir Menschen mithilfe der Kategorien gedanklich erfassen können, während jedoch Gegenstände einer möglichen nicht-menschlichen Erfahrung – Gegenstände also, von denen wir Menschen gar keine Erfahrung haben könnten – nicht unbedingt unter diese Gesetze fallen müssten.

2 Form und Materie in der Transzendentalen Deduktion der Kategorien

2.1 Laut Kant beschreiben wir mithilfe der Kategorien, d. h. der reinen Verstandesbegriffe, die „intellectuelle Form" (KrV A 310 / B 367) aller Gegenstände möglicher Urteile. Diese „intellectuelle Form" (KrV A 310 / B 367) ist „die Ordnung und Regelmäßigkeit [...] an den Erscheinungen, die wir *Natur* nennen" (KrV A 125). Die Kategorien sind also die Begriffe, mit deren Hilfe wir die nomologische Struktur der Natur gedanklich erfassen.

Kant argumentiert in der *Transzendentalen Deduktion* dafür, dass die „intellectuelle Form" (KrV A 310 / B 367) der Natur die Bedingung der Möglichkeit der Erfahrung ist, beziehungsweise dass sie auch die intellektuelle Form der Erfahrung selbst ist. Laut Kant „wird die objective Gültigkeit der Kategorien als Begriffe a priori darauf beruhen, daß durch sie allein Erfahrung (der Form des Denkens nach) möglich sei. Denn alsdann beziehen sie sich nothwendiger Weise und a priori auf Gegenstände der Erfahrung, weil nur vermittelst ihrer überhaupt irgend ein Gegenstand der Erfahrung gedacht werden kann" (KrV A 93 / B 126). Kant argumentiert also dafür, dass alle Gegenstände, die menschlicher Erfahrung zugänglich sind, notwendigerweise unter die Kategorien fallen, weil wir von solchen Gegenständen, die nicht unter die Kategorien fallen würden, gar keine Erfahrung haben könnten. Diese These besagt nichts anderes, als dass der „intellectuelle[n] Form" (KrV A 310 / B 367) der Erfahrungsgegenstände – also ihrer Ordnung und Gesetzmäßigkeit – gegenüber den Erfahrungsgegenständen selbst (der Materie) ein *erkenntnistheoretisches Primat* zukommt. Wir können laut Kant allein aufgrund philosophischer

Überlegungen wissen, dass alle Gegenstände, die menschlicher Erfahrung prinzipiell zugänglich sind, eine (bestimmte) intellektuelle Form gemeinsam haben – und wir können dies wissen, ohne bereits von allen Gegenständen möglicher menschlicher Erfahrung *tatsächlich* Erfahrung zu haben. Wir können von Gegenständen, von denen wir zur Zeit noch keine Erfahrung haben, die aber im Zuge des Fortschritts der Erfahrungswissenschaften einmal entdeckt werden könnten, bereits jetzt wissen, dass sie dieselbe „intellectuelle Form" (KrV A 310 / B 367) haben würden wie uns bereits bekannte Gegenstände.

Daraus ergibt sich zum einen, dass es sich bei dieser „intellectuelle[n] Form" nicht um empirische, aus der Erfahrung abgeleitete Regelmäßigkeiten handeln kann. Denn empirische Gesetze sind stets der Möglichkeit zukünftiger Falsifizierung ausgesetzt; unser empirisches Weltbild wird durch die Erfahrung selbst verändert. Vielmehr ist die „intellectuelle Form" der Erfahrungswelt für diese konstitutiv; die Kategorien sind ontologische Grundbegriffe.

Zum anderen folgt aus dem erkenntnistheoretischen Primat der „intellectuelle[n] Form" gegenüber ihrer Materie, den →Gegenständen der Erfahrung, dass wir Kenntnis von einer kognitiven Grenze unserer Erfahrungserkenntnis haben können. Wir können wissen: *Falls* es Gegenstände geben sollte, die nicht diese „intellectuelle Form" (KrV A 310 / B 367) besitzen, werden wir niemals Erfahrungserkenntnis dieser Gegenstände gewinnen können – denn wir werden noch nicht einmal fähig sein, sie gedanklich zu erfassen.

2.2 In der *Transzendentalen Deduktion der Kategorien* finden sich häufig Formulierungen, die nahe legen, dass Kant kein Realist in Bezug auf die „intellectuelle Form" (KrV A 310 / B 367) unserer Erfahrungswelt ist. So schreibt Kant beispielsweise: „Die Ordnung und Regelmäßigkeit also an den Erscheinungen, die wir *Natur* nennen, bringen wir selbst hinein und würden sie auch nicht darin finden können, hätten wir sie nicht oder die Natur unseres Gemüths ursprünglich hineingelegt. Denn diese Natureinheit soll eine nothwendige, d. i. a priori gewisse Einheit der Verknüpfung der Erscheinungen sein" (KrV A 125). Diese und ähnliche Formulierungen suggerieren eine idealistische oder konstruktivistische Lesart. In der Forschungsliteratur ist denn auch häufig die Auffassung vertreten worden, dass wir Kant zufolge die ontologische Gesetzmäßigkeit in die Welt hineinprojizieren beziehungsweise dass die Welt, würden wir nicht mithilfe der Kategorien über sie nachdenken, diese ontologische Gesetzmäßigkeit gar nicht besäße.

Doch zu dieser gängigen antirealistischen Konzeption der „intellectuelle[n] Form" (KrV A 310 / B 367) unserer Erfahrungswelt gibt es eine Alternative (vgl. Mechtenberg, *Kants Neutralismus*, S. 199ff.). Dieser alternativen Lesart zufolge behauptet Kant, dass wir es sind, die festlegen, welche der unabhängig von uns gültigen Gesetze wir „nomologische Ordnung der Natur" beziehungsweise „intellectuelle Form aller Erfahrung" (KrV A 310 / B 367) nennen. Da diese ontologischen Gesetze Kant zufolge zugleich die Gesetze unseres Denkens und Urteilens sind, gilt zugleich, dass die Extension des entsprechenden Naturbegriffs mit dem maximalen Redebereich unserer Urteile zusammenfällt. Wir prägen auf diese Weise den reinen Begriff unserer einen und einzigen Welt, zu der alles, über das wir aufgrund möglicher Erfahrung reden können, gehören muss. Nicht die nomologische Ordnung der Natur selbst also, sondern die Grenzen dessen, was zur Natur gehört, werden von uns kognitiv festgelegt.

3 *Form und Materie in der Transzendentalen Ästhetik*

In der *Transzendentalen Ästhetik* (KrV A 26 / B 42) argumentiert Kant dafür, dass der →Raum ‚nur' eine Form der Erscheinungen ist, die wir durch den äußeren Sinn repräsentieren (im Folgenden: ‚Kants Raumthese'). Zudem ist laut Kant der Raum die Form unseres äußeren Sinnes selbst und somit eine Form unserer Anschauungen und unserer (nicht-introspektiven) Empfindungen, die im Raum geordnet sind. Analog ist die Zeit eine Form des inneren (introspektiven) Sinnes.

Legt man jenen Oberbegriff der Form zugrunde, dem zufolge eine Form eine relationale Struktur ist, so besagt Kants Raumthese, dass der Raum ‚nur' ein System räumlicher Relationen und nicht etwa eine Substanz ist. Insbesondere besagt seine Raumthese dann, der Raum sei ‚nur' die relationale Struktur sowohl der materiellen Gegenstände als auch der Empfindungen des äußeren Sinnes, die wir auf den Raum projizieren, um die materiellen Gegenstände im Raum als materiell repräsentieren zu können.

Legt man hingegen den ersten Oberbegriff der Form zugrunde, nämlich den Begriff des „specifischen Unterschied[s]" (KrV A 266 / B 322), so ist Kants Raumthese die Behauptung, dass der Raum dasjenige ist, was unsere äußere Anschauung von den Gegenständen anderer Anschauungsarten unterscheidet.

Beide Interpretationen der Raumthese sind sinnvoll (zur philosophischen Funktion der Raumthese in ihrer letztgenannten Interpretation Anschauung, Form der; Raum und Zeit (Anschauungsformen)).

Weiterführende Literatur

Mechtenberg, Lydia: Kants Neutralismus, Paderborn: Mentis 2006.

Pippin, Robert: Kant's Theory of Form: An Essay on the „Critique of Pure Reason", New Haven: Yale University Press 1982.

Uehling, Theodore E.: The Notion of Form in Kant's Critique of Aesthetic Judgment, The Hague: Mouton 1971.

Lydia Mechtenberg / Red.

Fortschritt

Fortschritt wird von Kant verstanden als kontinuierliche Verbesserung der kulturellen, sozialen und rechtlichen Rahmenbedingungen menschlichen Handelns im Laufe der →Geschichte (vgl. 8:65). Ziel und Maßstab der Verbesserung ist die Ausbildung der menschlichen Gattungsanlagen, insbesondere der Moralität. Weitere wichtige Stellen: 5:429–434; 7:79–94; 7:321–333; 8:15–31; 8:107–123; 8:343–369.

Philosophische Funktion

1 Werkgeschichtlicher Hintergrund

Bis weit in die siebziger Jahre hinein verwendet Kant den Begriff Fortschritt in einem unspezifischen Sinne, z. B. als Fortschritt der Geister zu höherer Vollkommenheit (vgl. 1:408), als natürlicher Fortschritt der menschlichen Erkenntnis (vgl. 2:305) oder als „Fortschritt in dem grenzenlosen Felde der reinen Verstandeserkenntniß" (KrV A 10). Der Sache nach tritt die Vorstellung eines *historischen* Fortschritts zusammen mit den geschichtsphilosophischen Überlegungen der achtziger Jahre in *Geschichte* und *Rez. Herder* in den Vordergrund: „[D]ie Bestimmung des menschlichen Geschlechts im Ganzen ist *unaufhörliches Fortschreiten*, und die Vollendung derselben ist eine bloße, aber in aller Absicht sehr nützliche Idee von dem Ziele, worauf wir der Absicht der Vorsehung gemäß unsere Bestrebungen zu richten haben" (8:65).

2 Entwicklung der Gattungsanlagen

Fortschritt ist für Kant eine normative Kategorie, die den Grad der Annäherung an das ideale Ziel des historischen Prozesses bezeichnet. Definiert ist dieses Ziel durch die Entwicklung der menschlichen Gattungsanlagen, insbesondere der Moralität. Kant geht aus von der Voraussetzung, es seien *„alle Naturanlagen eines Geschöpfes [...] bestimmt, sich einmal vollständig und zweckmäßig auszuwickeln*" (8:18). Diese Entwicklung setzt eine über viele Generationen sich erstreckende Gattungsentwicklung voraus. Fortschritt ist also Gattungsfortschritt: „Am Menschen (als dem einzigen vernünftigen Geschöpf auf Erden) *sollten sich diejenigen Naturanlagen, die auf den Gebrauch seiner Vernunft abgezielt sind, nur in der Gattung, nicht aber im Individuum vollständig entwickeln*" (8:18). Kant unterstellt nun, dass diese Entwicklung eine Veränderung der kulturellen, sozialen und rechtlichen Rahmenbedingungen erfordert. Diese Veränderungen zusammen mit der Gattungsentwicklung selbst bezeichnet Kant als Fortschritt (vgl. 8:65).

Das individuelle Wohlergehen spielt dabei eine völlig untergeordnete Rolle. Kant geht sogar davon aus, dass die Lage des Einzelnen sich durch den historischen Fortschritt verschlechtern kann: „Das Übergewicht der Übel, welche die Verfeinerung des Geschmacks bis zur Idealisirung desselben und selbst der Luxus in Wissenschaften, als einer Nahrung für die Eitelkeit, durch die unzubefriedigende Menge der dadurch erzeugten Neigungen über uns ausschüttet, ist nicht zu bestreiten" (5:433; vgl. 7:326, 8:21f.).

3 Struktur des Fortschrittsprozesses

Lässt man gewisse Divergenzen in den maßgeblichen Schriften (insbes. *Geschichte*; *Rez. Herder*; *Mutmaßlicher Anfang*; *KU*; *Frieden*; *Fakultäten*; *Anthropologie*) beiseite, dann sind es vor allem

Entwicklungen in den Bereichen der Kultur, des innerstaatlichen und zwischenstaatlichen → Rechts, die die Voraussetzung zur Ausbildung der moralischen Anlagen der Menschheit bilden (vgl. 7:322).

Im Bereich der Kultur unterscheidet Kant zwischen einer „Cultur" „der *Geschicklichkeit*" und einer „Cultur der Zucht" (5:431f.). Die ‚Cultur der Geschicklichkeit' dient der Entwicklung der *„technische[n] Anlagen"* (7:322) des Menschen im Umgang mit Dingen der Natur. Sie wird vorangetrieben durch Wissenschaften und Kunst, deren Entwicklung ihrerseits eine gesellschaftliche Hierarchie erfordert. Dabei müssen die unteren Schichten für die oberen arbeiten, die in der damit möglichen Muße die kulturelle Entwicklung vorantreiben können. Damit wird zwar die erstrebte Gattungsentwicklung möglich; die Beteiligten selbst profitieren jedoch kaum von dieser Entwicklung: „[A]ber das glänzende Elend ist doch mit der Entwickelung der Naturanlagen in der Menschengattung verbunden, und der Zweck der Natur selbst, wenn es gleich nicht unser Zweck ist, wird doch hiebei erreicht" (5:432).

Der Mensch gewinnt damit die Kontrolle über jene Triebe und Neigungen, die zwar ursprünglich das menschliche Überleben unter natürlichen Bedingungen sichern, nun aber der Ausbildung seiner übernatürlichen, vernünftigen Anlagen im Wege stehen. Durch die „Cultur der Zucht" (5:432) vermag sich der Mensch von der „Tyrannei des Sinnenhanges" zu emanzipieren, und bereitet sich damit „zu einer Herrschaft vor, in welcher die Vernunft allein Gewalt haben soll" (5:433).

Ein weiterer Aspekt der kulturellen Entwicklung betrifft die Ausbildung der *„pragmatische[n] Anlagen"* (7:323) des Menschen, die ihn zum Umgang mit anderen befähigen (vgl. 5:431f.). Kant spricht in diesem Zusammenhang auch von der Zivilisierung der Menschheit, auf die als letzter Schritt die Moralisierung folgen müsse.

Der zweite Bereich des Fortschrittsprozesses, der des Rechts, betrifft die innerstaatlichen Verhältnisse der Bürger untereinander sowie die Verhältnisse zwischen den Staaten. Die Entwicklung innerstaatlicher Rechtsverhältnisse stellt ihrerseits eine zwingende Voraussetzung der Entwicklung der menschlichen Gattungsanlagen dar: „[N]ur in der Gesellschaft, [...] die die größte Freiheit, mithin einen durchgängigen Antagonism ihrer Glieder und doch die genauste Bestimmung und Sicherung der Grenzen dieser Freiheit hat", kann „die höchste Absicht der Natur, nämlich die Entwickelung aller ihrer Anlagen, in der Menschheit erreicht werden" (8:22). Gegen Ende der neunziger Jahre kommt Kant zu der Auffassung, dass dieses Ziel nur in einer → Republik zu erreichen sei (vgl. 8:349ff.). Die Republik unterwirft alle Staatsbürger einer gemeinsamen Gesetzgebung, die ihnen „gesetzliche *Freiheit*" und „bürgerliche *Gleichheit*" garantiert, den männlichen, rechtlich und ökonomisch selbständigen *„activen* [...] Staatsbürger[n]" gewährt sie zudem die Teilhabe an der Gesetzgebung (6:314f.).

Eine solche innerstaatliche Ordnung bleibt solange bedroht, wie die Staaten untereinander im Naturzustand verharren und einander ständig mit Kriegen bedrohen. Notwendig ist daher die Einrichtung von Rechtsverhältnissen auch *zwischen* den Staaten. Kant glaubt, dass der historische Fortschritt unter diesen Bedingungen auf einen universellen Friedenszustand zusteuern werde. Gestützt wird diese Entwicklung durch die Etablierung von innerstaatlichen, insbesondere von republikanischen Rechtsverhältnissen. Das Verhalten der Republiken hängt nämlich von den Interessen ihrer Bürger ab. Diese lassen einen Krieg nicht zu, weil er zu hohe Kosten verursacht und den Handel stört: „Weil nämlich unter allen der Staatsmacht untergeordneten Mächten (Mitteln) die *Geldmacht* wohl die zuverlässigste sein möchte, so sehen sich Staaten (freilich wohl nicht eben durch Triebfedern der Moralität) gedrungen, den edlen Frieden zu befördern und, wo auch immer in der Welt Krieg auszubrechen droht, ihn durch Vermittelungen abzuwehren" (8:368). Damit wären die wesentlichen Voraussetzungen für die Ausbildung der menschlichen Gattungsanlagen erfüllt.

Hinsichtlich des Fortschrittsverlaufs schwankt Kant zwischen einem kontinuierlichen und einem phasenspezifisch gegliederten Modell. Letzteres findet sich in *Mutmaßlicher Anfang* und *Pädagogik*. Hier folgt auf die erste Phase eines genügsamen Naturzustands die zweite, konfliktbeladene Phase der gesellschaftlichen Entwicklung und schließlich die Versöhnung der Gegensätze auf einer höheren Ebene in der dritten Phase, in der „vollkommene Kunst wieder Natur wird" (8:117f.; vgl. 9:492). In anderen Schriften, insbesondere in *Anthropologie*, *Geschichte* und

Frieden dominiert jedoch ein lineares Modell der kontinuierlichen und auf Dauer von Konflikten vorangetriebenen Annäherung an das Ziel der Geschichte (vgl. 7:327; 8:26; 8:367).

4 Antriebskräfte des Fortschritts

Kant ist sich des problematischen Charakters seiner Fortschrittsprognosen vollkommen bewusst (vgl. 7:79–84; 8:17f.; 8:109f.). Sie stellen keine Tatsachenbehauptungen über den künftigen Geschichtsverlauf dar, sondern sind gemeint als Leitfäden, an denen sich Darstellung, Auswahl und Interpretation historischer Fakten orientieren sollen (vgl. 7:30f.; jedoch 7:88f.). Dessen ungeachtet stellt sich die Frage nach der Begründung seiner Prognosen bzw. nach den Antriebskräften des von ihm unterstellten Fortschrittsprozesses.

Zum einen führt Kant insbesondere den Beginn des Fortschrittsprozesses auf die menschliche Vernunft zurück, durch die sich der Mensch von seinen Instinkten und Trieben emanzipiert (vgl. 8:111; 9:441). Zweitens beruft er sich vor allem in *Fakultäten* auf den Enthusiasmus für die Idee des Rechts, wie er an der Anteilnahme der europäischen Bevölkerung an der Französischen Revolution deutlich geworden sei. Diese positiven Reaktionen hätten „eine Anlage und ein Vermögen in der menschlichen Natur zum Besseren aufgedeckt“ (7:88), die ihrerseits die Gewähr für den weiteren Fortschritt böten.

Eine entscheidende Rolle spielt drittens die Natur, die in der kantischen Fortschrittstheorie die Rolle der Vorsehung übernimmt (vgl. 7:362; Dupré, *Kant's Theory of History*, S. 816) und damit das Subjekt der Geschichte bildet. Die von ihr „gewollte“ Entwicklung der Gattungsanlagen gewährleistet sie insbesondere durch die *„ungesellige Geselligkeit“* (8:20) des Menschen. Gemeint ist damit die Neigung, das unverzichtbare Zusammenleben mit anderen durch Konflikte und Antagonismen zu erschweren. Die Kanalisierung dieser Konflikte bildet ein zentrales Motiv des Fortschritts, insbesondere bei der Einrichtung von Rechtsverhältnissen. Kant sieht die Opfer dieser Konflikte, betrachtet sie aber als unverzichtbare Antriebskräfte des Fortschritts (vgl. 8:21). Aus der Einsicht in diesen Zusammenhang soll sich eine Rechtfertigung der Geschichte auch in ihren für den Menschen widrigen Erscheinungsformen ergeben (vgl. 8:30).

Weiterführende Literatur

Druet, Pierre-Etienne: La philosophie de l'histoire chez Kant, Paris: L'Harmattan 2002.

Dupré, Louis: „Kant's Theory of History and Progress“, in: The Review of Metaphysics 51, 1998, 813–828.

Kleingeld, Pauline: Fortschritt und Vernunft. Zur Geschichtsphilosophie Kants, Würzburg: Königshausen & Neumann 2001.

Pauen, Michael: „Teleologie und Geschichte in der ‚Kritik der Urteilskraft'“, in: Klemme, Heiner / Ludwig, Bernd / Pauen, Michael / Stark, Werner (Hg.): Aufklärung und Interpretation. Studien zur Philosophie Kants und ihrem Umkreis, Würzburg: Königshausen & Neumann 1999, 197–217.

Rohbeck, Johannes: Die Fortschrittstheorie der Aufklärung. Französische und englische Geschichtsphilosophie in der zweiten Hälfte des 18. Jhs., Frankfurt/M. u. a.: Campus 1987.

Michael Pauen

Freiheit

Freiheit darf für Kant nicht als Indetermination (oder als ‚Wahl') missverstanden werden, sondern ist das Vermögen eines Subjekts, sich aufgrund der Gesetzgebung der reinen praktischen Vernunft zum Handeln zu bestimmen (vgl. 6:227). Freiheit „im strengsten, d. i. transscendentalen, Verstande“ (5:29) transzendiert deshalb notwendig die Erfahrungswelt, weil sie „in keiner möglichen Wahrnehmung gegeben werden kann“ (KrV A 451 / B 479). Im Zentrum der kantischen Freiheitsphilosophie steht daher der auf eine nichtempirische Weise geführte Beweis der ‚objektiven Realität' der Freiheit: als „ratio essendi“ des reinen praktischen Vernunftgesetzes (5:4 Anm.). Hierdurch avanciert die Freiheit bei Kant zum *„Schlußstein“* (5:3) seiner gesamten Philosophie „und alle andere Begriffe (die von Gott und Unsterblichkeit) [...] schließen sich nun an ihn an und bekommen mit ihm und durch ihn Bestand und objective Realität“ (5:4). Weitere wichtige Stellen: 1:400f.; KrV B XXVIIIf.; KrV A 444ff. / B 472ff.; KrV A 449ff. / B 477ff.; KrV A 532ff. / B 560ff.; KrV A 542ff. / B 570ff.; KrV A 801ff. / B 829ff.; KrV A 840 / B 868; 4:346; 4:446ff.; 5:29ff.; 5:65ff.; 5:96f.; 5:132; 5:175f.; 5:229ff.; 5:240f.; 5:353f.; 5:474; 6:20f.; 6:23ff.; 6:31f.;

6:213f.; 6:226f.; 6:237ff.; 6:252; 6:315f.; 8:13f.; 8:145; 17:463f.; 18:182f.; 19:642f.

Vorgeschichte und historischer Kontext

Bei Spinoza heißt nur die absolute Substanz als dasjenige „frei, das allein aus der Notwendigkeit seiner Natur heraus existiert und allein von sich her zum Handeln bestimmt wird"; alles Endliche wird hingegen „gezwungen", da es „von einem anderen bestimmt wird, auf bestimmte und geregelte Weise zu existieren oder etwas zu bewirken" (*Ethica*, I. Teil, Def. 7, S. 7). Die „bestimmte und geregelte Weise" der Wirklichkeit wird von Leibniz im universalen „Prinzip des bestimmenden Grundes" auf den Begriff gebracht, „wonach nichts geschieht, ohne daß es eine Ursache oder wenigstens einen bestimmenden Grund gibt" (*Theodicée*, § 44, Übers., S. 273). Innerhalb der Grenzen des Satzes vom Grunde lässt sich dem Menschen zwar eine bedingte Spontaneität zuerkennen, doch bleibt diese auf eine ‚automatische' Weise determiniert: „Alles ist also im Menschen, wie überall, im voraus bestimmt, und die menschliche Seele ist somit eine Art *geistiger Automat*" (*Theodicée*, § 52, Übers., S. 283). Leibniz' Ansatz wird von Wolff weitergeführt (vgl. Wolff, *Deutsche Metaphysik*, §§ 142 u. 145).

Vor diesem Hintergrund macht Christian August Crusius kritisch geltend, dass in einer Welt, in welcher der Satz vom zureichenden Grunde ausnahmslos gültig ist, nur eine sekundäre oder subalterne Spontaneität, nicht aber eine wahre Freiheit gedacht werden kann. Der „unvollkommenen Freiheit" des Determinismus stellt er deshalb eine „vollkommene Freiheit" als „libertas indifferentiae" gegenüber (vgl. Crusius, *Anweisung vernünftig zu leben*, §§ 49f.). Die philosophische Freiheitsdebatte im 18. Jahrhundert wird dergestalt weitgehend von der Alternative zwischen einem Verständnis der Freiheit als Determination oder als Indetermination beherrscht.

Philosophische Funktion

1 Exposition des Sachproblems

1.1 *Freiheit in doppelter Abgrenzung von Naturdetermination und Indetermination.* Der Begriff der Freiheit wird bei Kant in systematisch grundlegender Weise in eine Abgrenzungsbeziehung zum Naturbegriff gesetzt (vgl. KrV A 840 / B 868; 5:171ff.); beiden Begriffen ist dabei gemeinsam, einen geregelten oder gesetzmäßigen Gesamtzusammenhang zu charakterisieren, so dass Kant grundsätzlich „*Gesetze der Freiheit*" und „*Naturgesetze[]*" voneinander unterscheidet (KrV A 802 / B 830; vgl. 5:69, 6:214). Von der spezifischen Regelhaftigkeit, die im transzendentalen Naturbegriff a priori gesetzt ist, unterscheidet sich die Freiheit somit keineswegs durch irgendeine ‚Regellosigkeit', denn „Regellosigkeit ist zugleich Unvernunft" (9:139). Freiheit ist bei Kant daher niemals als *Indetermination*, als „blindes Ungefähr" (KrV A 228 / B 280) oder als ‚Lücke' im Satz vom Grund zu verstehen – eine derart vage und zweideutige Seinsweise würde auch kaum zu den Vorzügen eines Vernunftwesens zu rechnen sein (vgl. 1:400). Mit anderen Worten: Freiheit „kann nicht durch das Vermögen der Wahl, für oder wider das Gesetz zu handeln, (libertas indifferentiae) definirt werden – wie es wohl einige versucht haben" (6:226).

Der fundamentale Unterschied zwischen Freiheits- und Naturgesetzen kann also allein in der noch näher zu bestimmenden *Art und Weise* der jeweiligen Gesetzmäßigkeit begründet sein. Kant unterscheidet daher verschiedene *Arten* von →Vernunft bzw. Regelhaftigkeit; anders ausgedrückt: Freiheit ist *eine* Art von Regelhaftigkeit, so dass sie von einer *anderen* Art scharf zu unterscheiden ist. Wird diese immanente Differenzierung übersehen, verwandelt sich die berechtigte Meinung, Freiheit sei nicht mit jeder Form von Regelhaftigkeit gleichzusetzen, in die völlig unberechtigte Schlussfolgerung, Freiheit sei deshalb der Regelhaftigkeit als solcher entgegengesetzt, also Regellosigkeit. Diese These geht für Kant in die Irre, „weil die Freiheit nicht in der Zufälligkeit der Handlung (daß sie gar nicht durch Gründe determinirt sei), d. i. nicht im Indeterminism [...], sondern in der absoluten Spontaneität besteht" (6:50 Anm.).

1.2 *Absolute Spontaneität.* Eine erste Annäherung an die spezifische Regelhaftigkeit der Freiheit gewinnt Kant am Leitfaden der menschlichen Selbsterfahrung der Spontaneität: „Nun findet der Mensch in sich wirklich ein Vermögen, dadurch er sich von allen andern Dingen, ja von sich selbst, so fern er durch Gegenstände afficirt wird, unterscheidet, und das ist die *Vernunft*". Diese, „als reine Selbstthätigkeit", zeigt „unter dem Namen der Ideen eine so reine Spontaneität", dass sie „dadurch weit über alles, was ihr Sinnlichkeit nur liefern kann, hinausgeht" (4:452; vgl. KrV A 547f. / B 575f.). Auch wenn Kant den Freiheitsbegriff zuweilen mit dieser ‚Selbsttätigkeit' ganz unmittelbar verknüpft (vgl. 6:23f.; 17:463f.), bestimmt er ‚Freiheit' in der Regel des näheren als → praktische Spontaneität: Die Vernunft „muß sich selbst als Urheberin ihrer Principien ansehen unabhängig von fremden Einflüssen, folglich muß sie als praktische Vernunft, oder als Wille eines vernünftigen Wesens von ihr selbst als frei angesehen werden; d. i. der Wille desselben kann nur unter der Idee der Freiheit ein eigener Wille sein" (4:448).

Auf dieser Ebene ist die Vermittlung der Freiheit als (theoretischer wie praktischer) Spontaneität mit dem *eigenen* Denken bzw. Wollen entscheidend. Denn nur unter der Voraussetzung, dass ich das spontan *aus mir selbst heraus* agierende Subjekt der Tätigkeit bin, kann ich mir sie sinnvoll als ‚meine eigene' Tätigkeit zuschreiben. „Sofern ich mir einer thätigen Handlung bewußt bin; so fern handele ich aus dem innern Princip der Thätigkeit nach freier Willkühr, ohne eine äußere Determination; nur dann habe ich *spontaneitatem absolutam*. Wenn ich sage: ich denke, ich handele usw.; dann ist entweder das Wort Ich falsch angebracht, oder ich bin frei" (28:269; vgl. 28:268). Ein ‚Ich' ist deshalb für Kant nur als absolut spontaner Ursprung seiner selbst und seiner Tätigkeit zu denken – und in diesem noch ganz unspezifischen Sinne ‚frei'.

1.3 *Praktische (psychologische) Freiheit.* Einen spezifischen, d. h. genuin praktischen Freiheitsbegriff versucht Kant in einem ersten Anlauf vermittels der vermeintlich unproblematischen Erfahrungsgrundlage der menschlichen Freiheit zu erläutern, die Kant „praktisch[e]" Freiheit (oder „psychologische" bzw. „comparative" Freiheit, siehe 5:97; 28:267) nennt: „Die *Freiheit im praktischen Verstande* ist die Unabhängigkeit der Willkür von der *Nöthigung* durch Antriebe der Sinnlichkeit" (KrV A 533f. / B 562). Von ihr heißt es weiter: Die Willkür, „welche unabhängig von sinnlichen Antrieben, mithin durch Bewegursachen, welche nur von der Vernunft vorgestellt werden, bestimmt werden kann, heißt die *freie Willkür* (*arbitrium liberum*), und alles, was mit dieser, es sei als Grund oder Folge, zusammenhängt, wird *praktisch* genannt. Die praktische Freiheit kann durch Erfahrung bewiesen werden" (KrV A 802 / B 830). Vor dem Hintergrund des systematischen Gesamtzusammenhangs der *KrV* wird es allerdings fraglich, ob Kant hier mit dem ‚Beweis' der praktischen Freiheit durch Erfahrung wirklich eine philosophisch angemessene Begründung meinen kann oder vielmehr (etwas irreführend formuliert) die phänomenale Exposition eines allererst noch zu lösenden Problems im Auge hat.

Die praktische Bedeutung des Begriffs Freiheit muss nach der *KrV* von der transzendentalen unterschieden werden: „Ob [...] das, was in Absicht auf sinnliche Antriebe Freiheit heißt, in Ansehung höherer und entfernterer wirkenden Ursachen nicht wiederum Natur sein möge, das geht uns im Praktischen [...] nichts an, sondern ist eine bloß speculative Frage, die wir, so lange als unsere Absicht aufs Thun oder Lassen gerichtet ist, bei Seite setzen können. Wir erkennen also die praktische Freiheit durch Erfahrung als eine von den Naturursachen [...], indessen daß die transscendentale Freiheit eine Unabhängigkeit dieser Vernunft selbst [...] von allen bestimmenden Ursachen der Sinnenwelt fordert und so fern dem Naturgesetze, mithin aller möglichen Erfahrung zuwider zu sein scheint und also ein Problem bleibt" (KrV A 803 / B 831f.; vgl. 8:13f.).

2 *Die Dialektik der Freiheit*

2.1 *Transzendentale Freiheit.* Das Vorgehen, die Frage nach einer die Natur überschreitenden, ‚transzendentalen' Freiheit zugunsten einer naturimmanenten, bloß ‚komparativen' Freiheit einzuklammern, wird vom späteren Kant in der *KpV* sehr scharf als ‚Ausflucht' kritisiert: Ein dergestalt ermäßigter Freiheitsbegriff „ist ein elender Behelf, womit sich noch immer einige hinhalten lassen und so jenes schwere Problem mit einer kleinen Wortklauberei aufgelöset zu haben meinen, an dessen Auflösung Jahrtausende vergeblich gearbeitet haben, die daher wohl schwerlich so ganz auf der Oberfläche gefunden werden dürfte" (5:96). Denn „wenn die Freiheit unseres Willens keine andere als die letztere (etwa die psychologische und comparative, nicht transscendentale, d. i. absolute, zugleich) wäre, so würde sie im Grunde nichts besser, als die Freiheit eines Bratenwenders sein, der auch, wenn er einmal aufgezogen worden, von selbst seine Bewegungen verrichtet" (5:97). Es heißt schon in der *KrV* sehr prägnant, die „transscendentale Idee der Freiheit“ sei „der eigentliche Stein des Anstoßes für die Philosophie, welche unüberwindliche Schwierigkeiten findet, dergleichen Art von unbedingter Causalität einzuräumen“ (KrV A 448 / B 476). Aus dem elementaren Gedanken, dass das →Unbedingte sich selbst *und* das Bedingte begründet, ergibt sich dann aber unmittelbar Kants Feststellung, „daß auf diese *transscendentale Idee der Freiheit* sich der praktische Begriff derselben gründe, und jene in dieser das eigentliche Moment der Schwierigkeiten ausmache, welche die Frage über ihre Möglichkeit von jeher umgeben haben“ (KrV A 533 / B 561). Das Freiheitsproblem ist also transzendentalphilosophisch nicht durch den einfachen Hinweis auf eine praktische Freiheit zu lösen; vielmehr muss ein freier Wille am Ende „als gänzlich unabhängig von dem Naturgesetz der Erscheinungen, nämlich dem Gesetze der Causalität, [...] gedacht werden. Eine solche Unabhängigkeit aber heißt *Freiheit* im strengsten, d. i. transscendentalen, Verstande“ (5:29).

2.2 *Freiheitsantinomie.* Die eine Seite der Freiheitsantinomie wird bei Kant von der These gebildet: „Die Causalität nach Gesetzen der Natur ist nicht die einzige, aus welcher die Erscheinungen der Welt insgesammt abgeleitet werden können. Es ist noch eine Causalität durch Freiheit zu Erklärung derselben anzunehmen nothwendig“ (KrV A 444 / B 472). Der hierbei entscheidende Gedanke ist die *Notwendigkeit* (nicht nur: Möglichkeit) einer von der Naturgesetzlichkeit qualitativ verschiedenen Kausalitätsform. Die Gesetzmäßigkeit der Natur fordert nämlich, dass jedes Ereignis hinreichend, d. h. *vollständig* durch Ursachen bestimmt ist; dies ist aber durch eine unbestimmte, in die Vergangenheit ‚offene‘ Kausalkette gerade nicht zu leisten. Deshalb verweist die Naturkausalität um ihrer eigenen Möglichkeit willen auf eine zweite Kausalitätsform, die eine absolute Ursache denken lässt. „Diesemnach muß eine Causalität angenommen werden, durch welche etwas geschieht, ohne daß die Ursache davon noch weiter durch eine andere vorhergehende Ursache nach nothwendigen Gesetzen bestimmt sei, d. i. eine *absolute Spontaneität* der Ursachen, eine Reihe von Erscheinungen, die nach Naturgesetzen läuft, *von selbst* anzufangen, mithin transscendentale Freiheit, ohne welche selbst im Laufe der Natur die Reihenfolge der Erscheinungen auf der Seite der Ursachen niemals vollständig ist“ (KrV A 446 / B 474).

Diesem Gedanken steht die Antithese entgegen: „Es ist keine Freiheit, sondern alles in der Welt geschieht lediglich nach Gesetzen der Natur“ (KrV A 445 / B 473). Machte die Begründung der These geltend, dass der Begriff der Naturkausalität – wird er konsequent begriffen – über sich hinausweist, so macht die Begründung der Antithese nun umgekehrt geltend, dass der Begriff einer Kausalität aus Freiheit – wird er konsequent begriffen – sich selbst aufhebt. „Denn man kann nicht sagen, daß anstatt der Gesetze der Natur Gesetze der Freiheit in die Causalität des Weltlaufs eintreten, weil, wenn diese nach Gesetzen bestimmt wäre, sie nicht Freiheit, sondern selbst nichts anders als Natur wäre. Natur also und transscendentale Freiheit unterscheiden sich wie Gesetzmäßigkeit und Gesetzlosigkeit“ (KrV A 447 / B 475). Der Rekurs auf eine vom Naturzusammenhang und damit – so die Antithese – von *jedem* Zusammenhang unterschiedene Freiheit kann deshalb die vom Naturzusammenhang geforderte Vollständigkeit der Ursachen kaum gewährleisten, „da sie [...] den Leitfaden der Regeln abreißt, an welchem allein eine durchgängig zusammenhängende Erfahrung möglich ist“. Diese Überlegung lässt aber nur eine Schlussfolgerung zu: „Wir haben also nichts als *Natur*, in welcher wir den Zusammenhang und Ordnung der Weltbegebenheiten suchen müssen“ (KrV A 447 / B 475).

Kant löst die Freiheitsantinomie auf, indem er sich nicht – wie die bisherige Philosophie vor ihm – für *eine* der beiden entgegengesetzten Positionen entscheidet, sondern beide für berechtigt und zugleich für vereinbar erklärt. „Wenn aber die Kritik nicht geirrt hat, da sie das Object in *zweierlei Bedeutung* nehmen lehrt, nämlich als Erscheinung oder als Ding an sich selbst [...]: so wird eben derselbe Wille in der Erscheinung (den sichtbaren Handlungen) als dem Naturgesetze nothwendig gemäß und so fern *nicht frei* und doch andererseits als einem Dinge an sich selbst angehörig jenem nicht unterworfen, mithin als *frei* gedacht, ohne daß hiebei ein Widerspruch vorgeht“ (KrV B XXVIIf.). Für Kant ist die Freiheitsantinomie demnach nur vermittels der Unterscheidung zwischen der Wirklichkeit als →‚Erscheinung‘ und als →‚Ding an sich selbst‘ zu lösen; freilich ist sich Kant dabei sehr wohl bewusst, dass es „immer eine kühne Anmaßung" bleibt, „außerhalb dem Inbegriffe aller möglichen Anschauungen noch einen Gegenstand anzunehmen, der in keiner möglichen Wahrnehmung gegeben werden kann" (KrV A 451 / B 479).

2.3 *Autonomie.* Die eigentümliche Wirklichkeit der Freiheit, die nicht wahrgenommen werden kann, ohne deshalb ein ‚Hirngespinst' zu sein, gründet bei Kant in dem einzigartigen Phänomen der menschlichen Selbstbestimmung aus reiner Vernunft. Freiheit, als (praktische) Spontaneität verstanden, ist zwar zunächst nur negativ (als Unabhängigkeit von fremden Bestimmungen) bestimmt; doch ist der Spontaneität bei näherem Hinsehen ein positives Moment einbeschrieben: die Selbstbestimmung oder Autonomie. „Jene *Unabhängigkeit* aber ist Freiheit im *negativen*, diese *eigene Gesetzgebung* aber der reinen und als solche praktischen Vernunft ist Freiheit im *positiven* Verstande" (5:33). Das ‚Wie' der Gesetzmäßigkeit, das bei Kant mit dem Begriff der Freiheit bezeichnet wird, wird hier also näher als eine Regelhaftigkeit verstanden, die aus *selbstgegebenen* Gesetzen entspringt: „was kann denn wohl die Freiheit des Willens sonst sein als Autonomie, d. i. die Eigenschaft des Willens, sich selbst ein Gesetz zu sein?" (4:446f.); eine Autonomie, die Kant zuweilen auch dem Denken zuspricht: „Freiheit im Denken" bedeutet für ihn „die Unterwerfung der Vernunft unter keine andere Gesetze als: *die sie sich selbst giebt*" (8:145).

Von hier aus lässt sich die leitende Grundunterscheidung von Freiheits- und Naturgesetzen konkreter bestimmen: „Alle durch Erfahrung erkannte Gesetze gehören zur Heteronomie, die aber, durch welche Erfahrung überhaupt möglich ist, zur Autonomie" (18:250). Die autonomen Freiheitsgesetze und die heteronomen Naturgesetze kommen also Kant zufolge *nicht nebeneinander* in der Erfahrung vor. In einem „transscendentalen Realismus", der absolute Freiheit strikt ausschließt, bleibt nämlich am Ende „weder Natur, noch Freiheit übrig" (KrV A 543 / B 571); daher vermag allein ein transzendentaler Idealismus der Freiheit *beide* Gesetzmäßigkeiten in einem gestuften Konstitutionsverhältnis, d. h. Naturgesetzlichkeit *durch* Freiheitsgesetzlichkeit zu begründen.

Das zentrale Sachproblem im philosophischen Verständnis der Freiheit als Autonomie betrifft demnach genau die spezifische ‚Art' der hier in Anspruch genommenen, ‚höheren' Gesetzmäßigkeit der Freiheit. Denn ein spontan *sich selbst gegebenes* Gesetz scheint sich nur auf das je einzelne, ‚autonome' Ich zu beziehen, was jedoch unmittelbar seinem allgemeinen Charakter als *Gesetz* widerstreiten würde. Diese immanente Spannung des Sachproblems kommt konkret im Phänomen des ‚Sollens' zum Ausdruck: Freiheitsgesetze *sollen* gelten, während Naturgesetze einfachhin gelten. „Das *Sollen*" drückt daher für Kant „eine Art von Nothwendigkeit und Verknüpfung mit Gründen aus, die in der ganzen Natur sonst nicht vorkommt. Der Verstand kann von dieser nur erkennen, *was da ist* oder gewesen ist oder sein wird. Es ist unmöglich, daß etwas darin anders *sein soll*, als es in allen diesen Zeitverhältnissen in der That ist; ja das Sollen, wenn man bloß den Lauf der Natur vor Augen hat, hat ganz und gar keine Bedeutung" (KrV A 547 / B 575). Das Sollen gehört somit nicht in die heteronome Naturordnung des Verstandes, sondern in die autonome Freiheitsordnung der Vernunft: „das Sollen, das die Vernunft ausspricht", wird allein möglich, weil die Vernunft „sich mit völliger Spontaneität eine eigene Ordnung nach Ideen" macht, „nach denen sie sogar Handlungen für nothwendig erklärt, die doch *nicht geschehen sind* und vielleicht nicht geschehen werden" (KrV A 548 / B 576). Aus der Autonomie der Vernunft entspringen demnach „Gesetze, welche Imperativen, d. i. objective *Gesetze der Freiheit*, sind, und welche sagen, *was geschehen soll*, ob es gleich vielleicht nie geschieht, und sich darin von *Naturgesetzen*, die nur von dem handeln, *was geschieht*, unterscheiden" (KrV A 802 / B 830).

Die gerechtfertigte Annahme der Freiheit ist daher Voraussetzung für den gesamten praktischen Bereich, d. h. nicht nur für die Ethik, sondern auch für das →Recht. Die „Freiheit eines vernünftigen Wesens unter moralischen Gesetzen" ist die moralische →Persönlichkeit (6:223). Der Mangel solcher Freiheit macht ein Wesen zu *etwas* (d. h. zu einer Sache) anstatt zu *jemandem* (d. h. zu einer →Person).

3 Schlussfolgerungen

3.1 *Freiheit als ratio essendi des moralischen Gesetzes.* Dem *Vernunftbegriff* der transzendentalen Freiheit muss *Realität* verbürgt werden, ohne dass dabei der (bei Verstandesbegriffen) übliche

Weg über die Naturerfahrung zu beschreiten wäre; denn „Erfahrung giebt uns nur das Gesetz der Erscheinungen, mithin den Mechanism der Natur, das gerade Widerspiel der Freiheit, zu erkennen" (5:29). Es bedarf also einer unbedingten Gewissheit der Vernunft, von der mit guten Gründen auf die objektive Realität der transzendentalen Freiheit geschlossen werden kann. Eine solche Gewissheit findet Kant im sittlichen Bewusstsein des moralischen Gesetzes, dessen apodiktische Geltung niemals auf Naturgesetze zurückgeführt werden kann und dergestalt „gerade auf den Begriff der Freiheit führt" (5:30). Dieser für Kants Freiheitslehre zentrale Gedanke lässt sich auch so ausdrücken, dass die Freiheit „die ratio essendi des moralischen Gesetzes, das moralische Gesetz aber die ratio cognoscendi der Freiheit sei. Denn wäre nicht das moralische Gesetz in unserer Vernunft *eher* deutlich gedacht, so würden wir uns niemals berechtigt halten, so etwas, als Freiheit ist (ob diese gleich sich nicht widerspricht), *anzunehmen*. Wäre aber keine Freiheit, so würde das moralische Gesetz in uns gar *nicht anzutreffen* sein" (5:4 Anm.).

Das singuläre Phänomen der unbedingten Verpflichtung durch das praktische Vernunftgesetz, das den entscheidenden Schluss auf die Realität der menschlichen Freiheit erlaubt, nennt Kant das → Faktum *der Vernunft*. „Doch muß man, um dieses Gesetz ohne Mißdeutung als *gegeben* anzusehen, wohl bemerken: daß es kein empirisches, sondern das einzige Factum der reinen Vernunft sei, die sich dadurch als ursprünglich gesetzgebend [...] ankündigt" (5:31). Die theoretische oder spekulative Vernunft konnte nämlich nur kritisch ‚einschärfen', „die Gegenstände der Erfahrung als solche und darunter selbst unser eigenes Subject nur für *Erscheinungen* gelten zu lassen, ihnen aber gleichwohl Dinge an sich selbst zum Grunde zu legen, also nicht alles Übersinnliche für Erdichtung und dessen Begriff für leer an Inhalt zu halten"; nun hat die praktische Vernunft „für sich selbst, und ohne mit der speculativen Verabredung getroffen zu haben, einem übersinnlichen Gegenstande [...], nämlich der *Freiheit*, Realität verschafft [...], also dasjenige, was dort bloß *gedacht* werden konnte, durch ein Factum bestätigt" (5:6).

3.2 *Metaphysik aus Freiheit.* Kant fasst seine Freiheitslehre in folgender Passage zusammen: „Der Begriff der Freiheit, so fern dessen Realität durch ein apodiktisches Gesetz der praktischen Vernunft bewiesen ist, macht nun den *Schlußstein* von dem ganzen Gebäude eines Systems der reinen, selbst der speculativen Vernunft aus, und alle andere Begriffe (die von Gott und Unsterblichkeit), welche als bloße Ideen in dieser ohne Haltung bleiben, schließen sich nun an ihn an und bekommen mit ihm und durch ihn Bestand und objective Realität, d. i. die *Möglichkeit* derselben wird dadurch *bewiesen*, daß Freiheit wirklich ist; denn diese Idee offenbart sich durchs moralische Gesetz" (5:3f.). Die ‚Kopernikanische Wende' der *KrV* vollendet sich hier in der transzendentalen Wende zu einem *„Primat der reinen praktischen Vernunft"* (5:119). Die Vernunftideen, in denen Kant den Gehalt der traditionellen Metaphysik zusammenfasst, gewinnen nämlich erst durch die Freiheit der reinen praktischen Vernunft „objective Realität", während sie für eine rein theoretisch-spekulative Einstellung „ohne Haltung bleiben" müssen (5:4).

Von der Freiheit aus muss am Ende aber die *gesamte* Wirklichkeit (also auch die Natur) neu und angemessener gedacht werden. Denn „der Freiheitsbegriff soll den durch seine Gesetze aufgegebenen Zweck in der Sinnenwelt wirklich machen; und die Natur muß folglich auch so gedacht werden können, daß die Gesetzmäßigkeit ihrer Form wenigstens zur Möglichkeit der in ihr zu bewirkenden Zwecke nach Freiheitsgesetzen zusammenstimme" (5:176; → Zweckmäßigkeit). Der Begriff der Freiheit rückt nunmehr vollends in das systematische Zentrum von Kants Philosophie.

3.3 *Transzendentalphilosophie als Philosophie der Freiheit.* Die Philosophie als „Gesetzgebung der menschlichen Vernunft [...] hat nun zwei Gegenstände, Natur und Freiheit, und enthält also sowohl das Naturgesetz, als auch das Sittengesetz, anfangs in zwei besonderen, zuletzt aber in einem einzigen philosophischen System" (KrV A 840 / B 868). Kants Transzendentalphilosophie lässt sich als Philosophie der Freiheit verstehen, und zwar im Sinne des *genitivus subjectivus*: „Vermittelst der Vernunft ist der Seele des Menschen ein *Geist* (mens, nous) beigegeben, damit er nicht ein bloß dem Mechanism der *Natur* und ihren technisch-praktischen, sondern auch ein der Spontaneität der *Freiheit* und ihren moralisch-praktischen Gesetzen angemessenes Leben führe. Dieses Lebensprincip gründet sich nicht auf Begriffen des *Sinnlichen*, welche insgesammt zuvörderst (vor allem praktischen Vernunftgebrauch) *Wissenschaft*, d. i. theoretisches Erkenntniß, voraussetzen, sondern es geht zunächst und unmittelbar von einer Idee des *Übersinnlichen* aus, nämlich der *Freiheit*, und vom moralischen kategorischen Imperativ, welcher diese uns allererst kund macht; und begründet so eine Philosophie, deren Lehre nicht etwa (wie Mathematik) ein gutes Instrument (Werkzeug zu beliebigen Zwecken), mithin bloßes Mittel, sondern die sich zum Grundsatze zu machen *an sich selbst Pflicht ist*" (8:417).

Bereits die unmittelbare Nachgeschichte von Kants Freiheitslehre ist durch ein Wiederaufbrechen der Antinomie zwischen Determinismus und Indeterminismus geprägt, die Kant überwinden wollte. Auf der einen Seite wird das moralische Vernunftgesetz von Leonhard Creuzer im Sinne eines intelligiblen Fatalismus gedeutet: Es ist „nichts anderes als ein Naturgesetz, das alle unsere moralischen Handlungen notwendig bestimmt, wofern es nicht durch eine fremde stärkere Kraft an dieser Bestimmung gehindert wird" (*Skeptische Betrachtungen*, S. 289). Demgegenüber betont Carl Leonhard Reinhold die Indifferenz der Willkür gegenüber dem Sittengesetz bei der ‚Wahl' zwischen dem Guten und Bösen: Freiheit ermöglicht es dem Menschen, „sich selbst zur Befriedigung oder Nichtbefriedigung eines Begehrens entweder nach dem praktischen Gesetze oder gegen dasselbe zu bestimmen" (*Freiheit des Willens*, S. 255).

Die Grundpositionen, die Kant in seiner Freiheitsantinomie einander entgegengesetzt hatte, beginnen auf diese Weise wieder das Nachdenken über die Freiheit zu irritieren – woraus sich bis heute ein erneuter Streit zwischen einem ‚kompatibilistischen' Monismus und einem ‚inkompatibilistischen' Dualismus der Freiheit speist, dem Kants Freiheitslehre als ‚unentschiedene' Kompromissbildung erscheinen muss, die es nach der einen oder anderen Seite zu ‚klären' gilt.

Weiterführende Literatur

Allison, Henry E.: Kant's Theory of Freedom. Cambridge: Cambridge University Press 1990.

Beck, Lewis White: Kants „Kritik der praktischen Vernunft", München: Wilhelm Fink 1995.

Bojanowski, Jochen: Kants Theorie der Freiheit. Rekonstruktion und Rehabilitierung, Berlin u. a.: de Gruyter 2006.

Henrich, Dieter: „Der Begriff der sittlichen Einsicht und Kants Lehre vom Faktum der Vernunft", in: ders. u. a. (Hg.): Die Gegenwart der Griechen im neueren Denken, Tübingen: Mohr 1960, 77–115.

Kawamura, Katsutoshi: Spontaneität und Willkür. Der Freiheitsbegriff in Kants Antinomienlehre und seine historischen Wurzeln, Stuttgart-Bad Cannstatt: Frommann-Holzboog 1996.

König, Peter: Autokratie und Autonomie. Über Kants Metaphysik der Sitten, Berlin: de Gruyter 1994.

Meyer, Herbert: Kants transzendentale Freiheitslehre, Freiburg/Br.: Alber 2001.

Prauss, Gerold: Kant über Freiheit als Autonomie, Frankfurt/M.: Klostermann 1983.

Schönecker, Dieter: Kants Begriff transzendentaler und praktischer Freiheit. Eine entwicklungsgeschichtliche Studie, Berlin u. a.: de Gruyter 2005.

Timmermann, Jens: Sittengesetz und Freiheit, Berlin u. a.: de Gruyter 2003.

Axel Hutter

Friede, ewiger

Unter dem ewigen Frieden versteht Kant einen historisch anzustrebenden Zustand, in dem ein Naturzustand durch geeignete Institutionen dauerhaft überwunden wird. In den drei verschiedenen Kontexten, in denen Kant vom ewigen Frieden spricht, zeigt sich dies je unterschiedlich: Der ewige Friede in der Philosophie wird durch die Einführung des Gerichtshofs der kritischen →Vernunft ermöglicht; der ewige Friede als politisches Ideal bestünde in der Schaffung eines Rechtszustands auf den Ebenen des Staats-, Völker- und Weltbürgerrechts; und der ewige Friede als religionsphilosophisches Ideal in der Überwindung des ‚ethischen Naturzustands' durch eine allgemeine, auf Vernunftreligion ausgerichtete Kirche. Wichtige Stellen: KrV A 752f. / B 780f.; 6:34; 6:124; 6:350; 6:354f.; 8:341; 8:411.

Philosophische Funktion

1 Herkunft des Begriffs

Der Begriff des ewigen Friedens ist heute v. a. in seiner kantischen Prägung geläufig. Doch schon vor Kant ist er in der philosophischen und politischen Debatte präsent. Folgt man Kants Erläuterung in *Frieden*, so bezieht sich Kant mit dem Ausdruck ‚ewiger Frieden' auf die Inschrift eines Wirtshausschildes, auf dem ein Friedhof abgebildet war (vgl. 8:343). Die zugrundeliegende Idee übernimmt Kant offenbar von Leibniz, der in einem bekannten Diktum feststellt, der ewige Friede passe als Aufschrift über Kirchhofspforten, denn nur die Toten schlügen sich nicht mehr (vgl. Leibniz, *Brief an Grimarest*, S. 218). Leibniz wiederum bezieht sich an dieser Stelle auf das *Projet pour rendre la paix perpétuelle en Europe* des Abbé de Saint-Pierre; mit dieser Schrift, die auch Kant rezipiert (vgl. 8:24; 8:313), wurde der Begriff des ewigen Friedens zum Schlagwort in der neuzeitlichen Friedensdebatte (vgl. Cavallar, *Pax Kantiana*, S. 21f. u. 26).

Kant rezipiert aber erkennbar auch den spätantiken Begriff der *pax aeterna*: Indem er den ewigen Frieden in doppelter Hinsicht als →‚höchstes Gut' bezeichnet – den Rechtsfrieden als höchstes politisches Gut (vgl. 6:355) und die vollkommene Kirche als höchstes gemeinschaftliches Gut (vgl. 6:97) – variiert er Augustinus, der in der *pax terrena* das höchste Gut des irdischen und in der *pax aeterna* das höchste Gut des göttlichen Staates erblickt (vgl. Augustinus, *De civitate Dei*, Buch XIX).

2 Der ewige Friede in der Philosophie

Erstmals verwendet Kant den Begriff des ewigen Friedens in der *KrV*. Der Streit unter Philosophen wird dort mit juristischen Metaphern beschrieben: Ohne eine vorangegangene Kritik der reinen Vernunft seien metaphysische Dispute „gleichsam im Stande der Natur" und könnten nur „durch *Krieg*" (KrV A 751 / B 779) ausgetragen werden. Am Ende bezeichne sich in der Regel jeder als Sieger, doch folge darauf nur ein unsicherer Friede bis zum Ausbruch der nächsten Streitigkeit. Die Kritik der reinen Vernunft könne man dagegen als den „wahren Gerichtshof für alle Streitigkeiten derselben" (KrV A 751 / B 779) ansehen. Sie ermögliche, Dispute nicht mehr durch Krieg, sondern durch einen „*Proceß*" (KrV A 751 / B 779) auszutragen, deren „*Sentenz*", also allgemeingültiges Urteil, einen „ewigen Frieden gewähren" kann (KrV A 752 / B 780).

Diese Metapher greift Kant 1796 erneut auf: In Anspielung auf die schnell bekannt gewordene Schrift *Frieden* schreibt er die *Verkündigung des nahen Abschlusses eines Tractats zum ewigen Frieden in der Philosophie*. Der Mensch habe als „vernünftiges Thier" eine Neigung dazu, sich der Vernunft zu bedienen, um über philosophische Fragen „zu *disputiren*, und weil das nicht leicht ohne Affect geschieht, zu Gunsten seiner Philosophie zu *zanken*, zuletzt in Masse gegeneinander (Schule gegen Schule als Heer gegen Heer) vereinigt offenen *Krieg zu führen*" (8:414). Anders als in der *KrV* erwägt Kant hier, ob ein Zustand des Friedens überhaupt mit der →Philosophie vereinbar sei, lebe diese doch vom Streit. Der Dogmatismus, der Skeptizismus und der Moderatismus, welcher auf Plausibilität statt auf Beweis gründet, könnten Frieden jeweils nur unter Aufgabe der Philosophie erreichen: Der Dogmatismus sei ein „Polster zum Einschlafen", der Skeptizismus könne die Vernunft nicht beleben, weil er „Alles ungebraucht zur Seite legt" (8:415), und der Moderatismus sei gar keine Philosophie im eigentlichen Sinne. Eine Lösung biete die kritische Philosophie: Indem sie der Neigung, Erscheinungen für Dinge an sich selbst zu halten, beständig die Ohnmacht der theoretischen und die Stärke der praktischen Gründe entgegensetze, halte sie die Vernunft stets in reger Aufmerksamkeit (vgl. 8:416). Einwände gegen die kritische Philosophie selbst seien bloße Missverständnisse (vgl. 8:419) oder entstünden durch Unkunde (vgl. 8:421). Die Philosophie sei daher in einem Zustand, in dem ein Friedensbund als geschlossen gelten kann, sobald nur die Missverständnisse ausgeräumt sind; insofern dürfe man den nahen Abschluss des Friedensvertrags ankündigen (vgl. 8:421). – Ohne den Begriff des ‚ewigen' Friedens wiederaufzugreifen, überträgt Kant die Idee eines friedlichen akademischen Streits 1798 in *Fakultäten* auch auf das Verhältnis zwischen den Disziplinen Theologie, Rechtswissenschaft und Medizin einerseits sowie der Philosophie andererseits.

3 Der ewige Friede als politisches Ideal

1786 verwendet Kant in *Mutmaßlicher Anfang* den Begriff des ‚beständigen' bzw. ‚immerwährenden' Friedens v. a. im Kontext der paradiesischen Vorstellung eines sorgenfreien Lebens in Untätigkeit, dem alle Annehmlichkeiten ohne eigenes

Zutun geschenkt werden (vgl. 8:114f.; 8:122). In dieser Schrift wird der immerwährende Friede aber erstmals auch ausdrücklich als politisches Ideal, nämlich als endgültige Überwindung von Kriegen zwischen Staaten, angesehen. Der Friede sei allerdings erst „nach einer (Gott weiß wann) vollendeten Cultur [...] für uns heilsam" (8:121), weil die ständig drohende Kriegsgefahr die kulturelle Entwicklung der Staaten begünstige. In *Religion* wird der Begriff des ewigen Friedens dann ohne weitere Erläuterung mit einem „Völkerbund als Weltrepublik" (6:34) in Zusammenhang gebracht.

Dieses Motiv entfaltet Kant in *Frieden* und in *MSR* ausführlich. Als politisches Ideal ist der ewige Friede ein Rechtsfriede, der einerseits nicht durch kurzfristige Arrangements in Friedensverträgen, sondern erst mit der Überwindung des Naturzustands durch Rechtsverhältnisse entsteht; der aber andererseits nicht mehr als eine angemessene rechtliche Verfassung fordert, also kein moralisches Verhalten im engeren Sinn verlangt. Der ewige Friede wird mehrfach ausdrücklich auf das Verhältnis zwischen Staaten bezogen; er umfasst aber in weiter Bedeutung alle Ebenen des öffentlichen Rechts. Das Staatsrecht müsse republikanisch organisiert werden, das Völkerrecht müsse auf einem Völkerbund gründen, und das Weltbürgerrecht ein Besuchsrecht umfassen. In dieser weiten Bedeutung mache der Friedensgedanke „nicht bloß einen Theil, sondern den ganzen Endzweck der Rechtslehre" aus; der ewige Friede sei das „höchste[] politische[] Gut" (6:355).

Der ewige Friede zwischen Staaten könne nicht durch eine zwangsbefugte „*Weltrepublik*" (8:357) erreicht werden, wie Kant mit verschiedenen Argumenten stützt, deren Interpretation umstritten ist. Kant bezeichnet den ewigen Frieden in *MSR* deshalb als „eine unausführbare Idee" (6:350). Stattdessen soll er in einem Friedensbund bzw. einem „*permanenten Staatencongreß*" (6:350) annäherungsweise umgesetzt werden. Staaten bleiben damit untereinander „im lebhaftesten Wetteifer" (8:367), womit die teleologisch gedeutete, den Frieden auf Dauer befördernde Natur die Weiterentwicklung der Kultur bezwecke.

4 Der ewige Friede als religionsphilosophisches Ideal

Im Dritten Stück der *Religion* entfaltet Kant die Idee eines Zustands, in dem der Mensch sich nicht mehr durch einen inneren Kampf zum moralischen Handeln durchringen muss, sondern dem Sittengesetz frei folgt. Menschen leben demnach zunächst in einem ‚ethischen Naturzustand', in dem sie sich durch ihr bloßes Dasein wechselseitig ihre moralische Anlage verderben und so der menschliche Hang zum Bösen immer wieder aktualisiert wird. Der Naturzustand sei durch Gründung eines ‚ethischen Gemeinwesens' (vgl. 6:95ff.) zu überwinden, in dem sich jeder zum moralischen Handeln verpflichtet. Auf seine Gründung hinzuarbeiten, wäre zugleich die Beförderung des „höchsten als eines gemeinschaftlichen Guts" (6:97), zu dessen Verwirklichung die Menschengattung als ganze bestimmt ist. Das ethische Gemeinwesen könne aber nur als Volk Gottes, also als Kirche gedacht werden. Diese wiederum müsse von einem Offenbarungsglauben ausgehen; sei aber darauf ausgerichtet, sich der reinen Vernunftreligion anzunähern. Der Übergang vom Offenbarungsglauben zur Vernunftreligion folgt dem Prinzip, ein Reich Gottes auf Erden zu errichten, „welches den Sieg über das Böse behauptet und unter seiner Herrschaft der Welt einen ewigen Frieden zusichert" (6:124).

Kant legt aber nahe, dass in unserer Welt nur eine Annäherung an den ewigen Frieden denkbar ist. Kirchengeschichte bleibe die „Erzählung von dem beständigen Kampf zwischen dem gottesdienstlichen und dem moralischen Religionsglauben" (6:124); die Vorstellung eines sichtbaren Reichs Gottes auf Erden sei bloß eine „symbolische Vorstellung" (6:134); und erst mit dem jenseitigen Reich Gottes wird die Idee des ethischen Gemeinwesens vollendet (vgl. 6:135). Der ewige Friede ist daher innerhalb der Religionsphilosophie zwar ein in der Geschichte anzustrebendes Ideal, kann für Kant womöglich aber – Augustinus folgend – erst im Jenseits vollumfänglich verwirklicht werden.

5 Übergreifende Merkmale

In allen drei Kontexten steht der ewige Friede für die Überwindung eines Naturzustands. Insofern liegt die rechtsphilosophische Bedeutung des ewigen Friedens, auch wenn sie erst spät von Kant eigens thematisiert wird, dem Begriff in allen Kontexten zugrunde. Ebenfalls für alle drei Aspekte gilt die historische Dimension: Der ewige Friede soll im Laufe der Geschichte angestrebt werden. Allerdings scheint nur der Friede in der Philosophie tatsächlich erreichbar zu sein. Nur am Rande klingt eine negative Assoziation mit dem ewigen Frieden an, nämlich Frieden als Zustand einer untätigen Selbstgenügsamkeit. Dagegen wird der Friedenszustand überwiegend so konzipiert, dass er mit einer gewissen Konkurrenz und einem ‚friedlichen Streit' einhergeht.

Weiterführende Literatur

Baumgartner, Hans Michael: „Dreimal ‚Ewiger Friede'. Über Struktur und Kontexte der Kantischen Rede vom ‚ewigen Frieden'", in: Lutz-Bachmann, Matthias / Bohmann, James (Hg.): Frieden durch Recht. Kants Friedensidee und das Problem einer neuen Weltordnung, Frankfurt/M.: Suhrkamp 1996, 76–86.

Cavallar, Georg: Pax Kantiana. Systematisch-historische Untersuchung des Entwurfs „Zum ewigen Frieden" (1795) von Immanuel Kant, Wien u. a.: Böhlau Verlag 1992.

Hoesch, Matthias: Vernunft und Vorsehung. Säkularisierte Eschatologie in Kants Religions- und Geschichtsphilosophie, Berlin u. a.: de Gruyter 2014.

Matthias Hoesch

Funktion

Funktion ist „die Einheit der Handlung, verschiedene Vorstellungen unter einer gemeinschaftlichen zu ordnen" (KrV A 68 / B 93). Der Begriff der Funktion ist das konzeptuelle Gegenstück zum Begriff der →Affektion. Affektion impliziert Rezeptivität im affizierten Subjekt, während Funktion Spontaneität des ordnenden Subjekts voraussetzt (→Rezeptivität/Spontaneität). „Alle Anschauungen als sinnlich beruhen auf Affectionen, die Begriffe also auf Functionen" (KrV A 68 / B 93). Weitere wichtige Stellen: 1:409ff.; KrV A 67–80 / B 92–105; KrV A 89 / B 122ff.; KrV A 105; KrV A 108; KrV A 111f.; KrV A 120 Anm.; KrV B 128f.; KrV A 145f. / B 185; KrV A 294 / B 351 Anm.; KrV A 329 / B 386f.; KrV A 335 / B 392; KrV A 356; 4:304; 4:474ff. Anm.; 9:132; 11:50ff.; 11:376; 15:165; 17:614; 18:18; 18:47; 18:685f.; 19:277; 22:406; 23:19; 23:45.

Philosophische Funktion

1 Funktion, Begriff und Urteil

Kant verwendet den Begriff der Funktion in einem mehr oder weniger alltäglichen Sinne an zahlreichen Stellen seines Werkes. Im Kontext der kritischen Philosophie geht es dabei meist um die Frage, welche Aufgabe bestimmte Vermögen haben (vgl. z. B. KrV A 78 / B 103; KrV A 109; KrV A 123f.; KrV A 321 / B 378; 9:114).

Eine philosophisch interessantere Verwendungsweise des Begriffs der Funktion führt Kant in der *KrV* im Zusammenhang seiner Ausführungen über Urteile und Begriffe ein (vgl. KrV A 67 / B 92ff.): Dort ist eine Funktion die „Einheit der Handlung, verschiedene Vorstellungen unter einer gemeinschaftlichen zu ordnen" (KrV A 68 / B 93). Sofern Funktionen die Einheit einer Handlung sind, sind sie *prima facie* nicht mit der →Handlung identisch.

Kants Begriff der Funktion muss demnach entweder der Begriff eines Resultats der Handlung sein (vgl. Henrich, *Identität und Objektivität*, S. 62f.; Brandt, *Urteilstafel*, S. 47ff.) oder der Begriff der Eigenschaft von Handlungen, die diese Handlungen zu einheitlichen machen (vgl. Reich, *Vollständigkeit 2001*, S. 35; Wolff, *Die Vollständigkeit*, S. 22; Longuenesse, *Kant on a priori concepts*, S. 164). Die erste Deutung kann man als resultative Deutung bezeichnen, die zweite als attributive. Die resultative Deutung hat das Problem, dass Kant häufig das Resultat einer funktionalen Ordnungshandlung als Einheit bezeichnet, die er deren Erzeugung vermittels einer funktionalen Ordnungshandlung gegenüberstellt. Die attributive Deutung vermeidet dieses Problem: Eine Funktion wäre demnach für Kant die Eigenschaft einer Handlung, die dafür sorgt, dass diese Handlung als einheitliche Handlung selbst Einheiten erzeugen kann. (Für eine alternative attributive Deutung von Funktion als eine komplexe Handlungseinheit von Teilhandlungen sowie zur Unterscheidung von attributiver und resultativer Lesart vgl. Hoeppner, *Kants Begriff der Funktion*).

Allerdings ist Kant in seiner Begriffsverwendung nicht ganz konsequent. An einigen Stellen weicht er von seiner eigenen Sprachregelung ab und scheint unter Funktionen selbst Handlungen zu verstehen, etwa wenn er Urteile als Funktionen bezeichnet (vgl. KrV A 69 / B 94) oder wenn er sich auf Funktionen als Handlungen bezieht (vgl. KrV A 79 / B 105).

Diese Ambiguität ist allerdings nicht sonderlich problematisch, da Funktionen, indem sie Handlungen einheitlich machen, diese Handlungen erst zu den Handlungen werden lassen, die als Ordnungshandlungen Einheitlichkeit in Vorstellungen schaffen. Diese Ordnungshandlungen werden mithin wesentlich durch diese Funktion charakterisiert, deshalb kann Kant die Ordnungshandlungen selbst geradezu als „Functionen der Einheit unter unsern Vorstellungen" (KrV A 69 / B 94) bezeichnen.

Die Handlungen, um die es Kant in all diesen Fällen geht, sind spontane Handlungen des Verstandes: Während Affektionen Einwirkungen auf die rezeptive Sinnlichkeit sind, sind Funktionen deshalb charakteristisch für die „Spontaneität des Denkens" (KrV A 68 / B 93): Sie charakterisieren die Art und Weise, in der wir durch Ordnungshandlungen Vorstellungen zueinander in Beziehung setzen und, anders als in der Affektion, nicht bloß passiv entgegennehmen.

In diesen spontanen Handlungen ordnen wir verschiedene → Vorstellungen unter eine gemeinschaftliche. Sie sind deshalb Handlungen von der Art, wie wir sie immer dann vollziehen, wenn wir urteilen: Vorstellungen, die an der Subjektstelle des → Urteils stehen, werden unter einer „gemeinschaftlichen", nämlich einer Vorstellung, die für viele gilt, geordnet. Deshalb gilt: „Alle Urtheile sind [...] Functionen der Einheit unter unsern Vorstellungen, da nämlich statt einer unmittelbaren Vorstellung eine höhere, die diese und mehrere unter sich begreift, zur Erkenntniß des Gegenstandes gebraucht, und viel mögliche Erkenntnisse dadurch in einer zusammengezogen werden" (KrV A 69 / B 94). Urteile sind als „Handlungen des Verstandes" (KrV A 69 / B 94) spontane Handlungen und nicht Produkte der Rezeptivität. Funktion wäre demnach die Einheit der Urteile, oder besser: die Einheit des Urteilens oder die Einheit der Handlung, die Urteile hervorbringt.

In Urteilen ordnen wir Vorstellungen, die entweder Anschauungen oder Begriffe sind, unter andere Vorstellungen, die immer Begriffe sind. Die Wahl des Begriffs, der als Prädikat eines Urteils verwendet wird, bestimmt dabei, welche Vorstellungen unter ihn geordnet werden können. Begriffe fungieren so als Einheitsprinzipien der Urteilshandlung. Jede Urteilshandlung hat ein spezifisches Einheitsprinzip, das gerade der Begriff ist, unter dem sie Vorstellungen ordnet. Die spezifische Funktion der Einheit – die Funktion, die das resultierende Urteil zu dem Urteil macht, das es ist – ist also der → Begriff, der vorgibt, welche Vorstellungen unter ihn fallen und welche nicht.

In der hier vorgeschlagenen Interpretation sind Begriffe Funktionen der Einheit des Urteils: Sie konstituieren in ihrer jeweiligen Rolle als Prädikate des Urteils die Einheitlichkeit der Urteilshandlung und bewirken so die spezifische Einheit des resultierenden Urteils. Dass Begriffe auf Funktionen *beruhen* (vgl. KrV A 68 / B 93), sollte man deshalb nicht so verstehen, dass Begriffe das Resultat von Funktionen sind – obwohl sie auch das sein können, sofern Urteilshandlungen zur Begriffsbildung verwendet werden. Begriffe sind vielmehr selbst Funktionen: es ist ihnen wesentlich als „Prädicate möglicher Urtheile" (KrV A 69 / B 94) als Prinzipien der Einheit unter Vorstellungen fungieren zu können.

Funktionen sind also Bedingungen der Möglichkeit von Verstandeshandlungen, nämlich der Urteile, die sonst gar nicht als einheitliche individuierbar wären. Ohne ein funktionales Einheitsprinzip wären Urteile nicht möglich, weil man dann nicht wüsste, welche Vorstellung unter welche andere zu ordnen wäre. Sofern Begriffe als Prädikate möglicher Urteile diese Rolle übernehmen, sind Begriffe selbst „Functionen der Einheit in den Urtheilen" (KrV A 69 / B 94).

2 *Funktion und die Einheit des Mannigfaltigen in der Anschauung*

Da zwar Begriffe auf Funktionen beruhen sollen, → Anschauungen aber „als sinnlich" (KrV A 68 / B 93) auf Affektionen, scheint es zunächst so, als hätten Anschauungen keine funktionale Dimension. Diesen Eindruck zerstreut Kant in den Ausführungen, die den Übergang von der Urteilstafel zur Tafel der Kategorien bilden (KrV A 76 / B 102ff.).

Kant stellt schon vorher klar, dass wir es auch bei Anschauungen mit möglichen Bestandteilen von Urteilen zu tun zu haben. „Da keine Vorstellung unmittelbar auf den Gegenstand geht, als bloß die Anschauung, so wird ein Begriff niemals auf einen Gegenstand unmittelbar, sondern auf irgend eine andere Vorstellung von demselben (sie sei nun Anschauung oder selbst schon Begriff) bezogen. Das Urtheil ist also die mittelbare Erkenntniß eines Gegenstandes, mithin die Vorstellung einer Vorstellung desselben" (KrV A 68 / B 93). Anschauungen können demnach als Vorstellungen, die sich unmittelbar auf ihren Gegenstand beziehen, Bestandteile von Urteilen werden. Sie können dabei grundsätzlich nur an Subjektstelle stehen, niemals an Prädikatstelle. Denn Anschauungen beziehen sich auf einen bestimmten Gegenstand, während ein Begriff „für viele gilt und unter diesem Vielen auch eine gegebene Vorstellung begreift, welche letztere denn auf den Gegenstand unmittelbar bezogen wird" (KrV A 68 / B 93). Anschauungen sind also selbst keine Urteile, können aber Bestandteile von Urteilen werden, indem sie sich unmittelbar auf Gegenstände beziehen, die der mittelbare Gegenstand einer expliziten begrifflichen Bestimmung sein sollen.

Kant behauptet nun, dass die Anschauungen als unmittelbare Vorstellungen von Gegenständen, sofern sie als Vorstellungen von Gegenständen die Subjektstelle in Urteilen einnehmen können sollen, bereits selbst unter den formalen Bedingungen der Einheit stehen müssen, die auch die Einheit der Urteile in den Urteilsformen garantieren. (Dass sie unter diesen Bedingungen stehen, ist die Wirkung der Synthesisleistung der produktiven Einbildungskraft, die *qua* Verstandesvermögen selbst unter diesen Gesetzen steht, vgl. KrV A 123ff.; KrV B 159ff.).

Kant formuliert diese zentrale These in der *KrV* zunächst im dritten Abschnitt des „*Leitfadens der Entdeckung aller reinen Verstandesbegriffe*" (KrV A 76 / B 102): „Dieselbe Function, welche den verschiedenen Vorstellungen *in einem Urtheile* Einheit giebt, die giebt auch der bloßen Synthesis verschiedener Vorstellungen *in einer Anschauung* Einheit, welche, allgemein ausgedrückt, der reine Verstandesbegriff heißt" (KrV A 79 / B 104f.).

Wie wir gesehen haben, sind Funktionen definiert als Einheit derjenigen Ordnungshandlungen, die sich auf Urteile zurückführen lassen. Diese Funktionen sind Begriffe, die als (Subsumtions-)Regeln in Urteilen als Einheitsprinzipien fungieren. Da auch reine Verstandesbegriffe natürlich Begriffe sind, wäre dann in KrV A 79 / B 104f. eben diese Funktion gemeint, die dort als eine Funktion charakterisiert wird, die „verschiedenen Vorstellungen *in einem Urtheile* Einheit giebt" (KrV A 79 / B 105). (Urteile sind als Resultat von Handlungen, die unter der Funktion einer Einheit stehen, zwar auch selbst Funktionen einer Einheit. Sie können aber, wie wir gesehen haben, nur Funktionen der Einheit sein, sofern ihr Zustandekommen auf Prinzipien beruht, die ihre Einheit garantieren, vgl. Reich, *Vollständigkeit 2001*, S. 14).

Die reinen Verstandesbegriffe sollen also, so behauptet Kant, nicht nur Funktionen der Einheit im Urteil sein, sondern auch Funktionen der Einheit in Anschauungen, also denjenigen Vorstellungen, die als Bestandteile von Urteilen einen unmittelbaren Bezug auf einen Gegenstand herstellen. Während sie in Urteilen allerdings als Prädikate Einheit stiften, leisten sie dies in Anschauungen als Teilbegriffe (vgl. Haag, *Erfahrung und Gegenstand*, S. 163–167).

Die Handlung, deren Einheit auf diese Weise gewährleistet werden soll, kann nun aber nicht mehr das Urteilen sein. Es ist vielmehr die „Handlung, verschiedene Vorstellungen zueinander hinzuzuthun und ihre Mannigfaltigkeit in einer Erkenntniß zu begreifen" (KrV A 77 / B 103), die Kant als „*Synthesis*" bezeichnet (KrV A 77 / B 103; → Synthesis).

In einer Erkenntnis, also einer bewussten und objektiven Vorstellung („*cognitio*", KrV A 320 / B 377), begreifen wir das Mannigfaltige nur, sofern die „blinde[], obgleich unentbehrliche[]" (KrV A 78 / B 103) Einbildungskraft als Vermögen dieser Synthesis durch das Wirken des Verstandes ergänzt wird: „Allein, diese Synthesis *auf Begriffe* zu bringen, das ist eine Function, die dem Verstande zukommt, und wodurch er uns allererst die Erkenntniß in eigentlicher Bedeutung verschafft" (KrV A 78 / B 103). Sofern Funktionen Handlungen einheitlich machen und sofern Funktionen Begriffe sind, muss es deshalb neben der prädikativen Rolle der Begriffe in Urteilen also auch noch eine Rolle der Begriffe in der Synthesis geben: Begriffe fungieren im Synthesisprozess als Einheitsprinzipien, die die Synthesis des Mannigfaltigen der Anschauung in einer Weise leiten („*auf Begriffe* [...] bringen", KrV A 78 / B 103), die daraus die Anschauung eines Mannigfaltigen als Einheit, d. h. eine Erkenntnis (vgl. KrV A 320 / B 377), macht.

Begriffe im Allgemeinen *können* also, sofern die Synthesis auf Begriffe gebracht wird, als spezifische Funktionen der Einheit auch der Synthesis von Anschauungen dienen. Reine Verstandesbegriffe aber *müssen* sogar als Funktionen der Einheit der Synthesis in Anschauungen zugrunde liegen, da andernfalls diese Einheit nicht gewährleistet wäre. Denn die Synthesis des gegebenen Mannigfaltigen muss erst zu einer echten „*Verbindung* (*conjunctio*) eines Mannigfaltigen" (KrV B 129) gemacht werden. Während die Synthesis eine Funktion der Einbildungskraft ist, ist die Verbindung eine Leistung des Verstandes. Was diese Verbindung auszeichnet erklärt Kant folgendermaßen: „Aber der Begriff der Verbindung führt außer dem Begriffe des Mannigfaltigen und der Synthesis desselben noch den der Einheit desselben bei sich. Verbindung ist Vorstellung der *synthetischen* Einheit des Mannigfaltigen" (KrV B 130f.).

Um diese Einheit in dem Mannigfaltigen unserer Vorstellungen zu bewirken, müssen diese einer Synthesis unterzogen werden, der eine Funktion zugrunde liegt. Die reinen Verstandesbegriffe gewährleisten dies, indem sie vor der empirischen Synthesis die „*reine Synthesis* der Vorstellungen *auf* Begriffe [...] bringen" (KrV A 78 / B 104). „Die Begriffe, welche dieser reinen Synthesis *Einheit* geben, [bestehen] lediglich in der Vorstellung dieser nothwendigen [...] Einheit" (KrV A 79 / B 104; vgl. KrV A 121ff.).

Die Vorstellung der notwendigen Einheit, von der Kant hier spricht, ist nichts anderes als der reine Begriff von einem „transscendentalen Gegenstande (der wirklich bei allen unsern Erkenntnissen immer einerlei = X ist)" (KrV A 109). Dieser Begriff „ist das, was allen unsern empirischen Begriffen überhaupt Beziehung auf einen Gegenstand, d. i. objective Realität, verschaffen kann" (KrV A 109).

Die Funktionen der Einheit, die *jeder* Anschauung als Vorstellung eines Gegenstandes zugrunde liegen müssen, damit ihre spezifische Synthesis des Mannigfaltigen überhaupt auf spezifische empirische oder nicht-kategoriale reine Begriffe gebracht werden kann, sind also die reinen Verstandesbegriffe, die die reine Synthesis auf Begriffe bringen und so als Funktionen der Einheit dieser grundlegenden Synthesishandlung fungieren.

Beide Verstandeshandlungen – das Urteilen und die begriffsgeleitete Synthesis – lassen sich also auffassen als Beziehung von etwas wesentlich Allgemeinem (einem Begriff) auf etwas wesentlich Einzelnes (eine Anschauung). Einmal vollzieht sich diese Handlung als Subsumtion der Anschauung unter einen Begriff im Urteil, das andere mal in der synthetischen Darstellung eines Begriffs in der Anschauung. Dafür, dass dieselbe Funktion diese Handlungen charakterisiert, ist es wesentlich, dass die Urteilshandlung so aufgefasst werden kann, dass in ihr explizit wird, was in der Synthesis in einer Anschauung bereits implizit war.

3 Funktionen der Einheit und Identität der Funktion

Dass die reinen Verstandesbegriffe als Funktionen der Einheit jeder Synthesisleistung zugrunde liegen, die in bewussten Vorstellungen resultiert, hat eine weitere wichtige Konsequenz in Kants kritischer Philosophie. Denn die Identität des Bewusstseins ist konstituiert durch die Identität einer Funktion: „Denn diese Einheit des Bewußtseins wäre unmöglich, wenn nicht das Gemüth in der Erkenntniß des Mannigfaltigen sich der Identität der Function bewußt werden könnte, wodurch sie dasselbe synthetisch in einer Erkenntniß verbindet" (KrV A 108).

Die Funktion, um die es hier geht, wird hier beschrieben als das, was das Mannigfaltige in einer Erkenntnis verbindet. Gemeint ist die Identität einer funktional charakterisierten Handlung der synthetischen Verbindung eines Mannigfaltigen von Vorstellungen in einer Vorstellung. „[D]as Gemüth könnte sich unmöglich die Identität seiner selbst in der Mannigfaltigkeit seiner Vorstellungen und zwar *a priori* denken, wenn es nicht die Identität seiner Handlung vor Augen hätte, welche alle Synthesis der Apprehension (die empirisch ist) einer transscendentalen Einheit unterwirft und ihren Zusammenhang nach Regeln *a priori* zuerst möglich macht" (KrV A 108). Diese Handlung müssen wir, wie wir bereits wissen, als unter einer Funktion stehend begreifen, die ihre Einheit konstituiert. Die Einheitshandlung, die „alle Synthesis der Apprehension [...] einer transscendentalen Einheit unterwirft" (KrV A 108), ist genau die reine Synthesis, sofern sie durch die Kategorien auf den Begriff gebracht wurde.

Mit der Identität der Funktion ist also gefragt nach der Identität der Verbindung von Vorstellungen im vorstellenden Bezug auf Gegenstände der Anschauung. Worin besteht diese Identität?

Hier eröffnen sich prinzipiell zwei Möglichkeiten: Die Identität kann einerseits in einer Identität des (gedachten) Bezugsobjekts bestehen, andererseits in der Identität einer bestimmten Art und Weise des Bezugs.

Die Identität des Bezugs muss dabei, in Abstraktion von jeder inhaltlichen Bestimmung, als rein formale Charakterisierung des möglichen Bezugsobjekts aufgefasst werden (vgl. Carl, *Deduktion*, S. 182; anders Henrich, *Identität und Objektivität*, S. 102ff.). Ein solches Bezugsobjekt ist der „reine Begriff von [einem] transscendentalen Gegenstande (der wirklich bei allen unseren Erkenntnissen immer einerlei = X ist)“ (KrV A 109). An dieser Stelle wird deutlich, dass die Identität des Bezugsobjekts, sofern sie aufgefasst werden muss als Identität der Beziehung auf ein transzendentales Objekt, zusammenfällt mit der Identität einer bestimmten Art und Weise des Bezugs. Denn Kant macht deutlich, dass es darum geht, dass sich dieser Objektbezug immer in bestimmter Art und Weise vollziehen muss: „Diese Beziehung aber ist nichts anders, als die nothwendige Einheit des Bewußtseins, mithin auch der Synthesis des Mannigfaltigen durch gemeinschaftliche Function des Gemüths, es in einer Vorstellung zu verbinden“ (KrV A 109).

Die Identität der Funktion, die die Identität des Bewusstseins konstituiert, ist also eine Identität der funktional charakterisierten Handlung, die die Synthesis einer ganz spezifischen Einheit unterwirft, und besteht damit hinsichtlich der Art und Weise der Bezugnahme auf Gegenstände überhaupt. Diese Art und Weise lässt sich allgemein dadurch charakterisieren, dass es immer dieselben allgemeinsten Regeln sind, die die Synthesis des Mannigfaltigen in jeweils einer Anschauung und, allgemein, in einer (komplexen) Vorstellung herstellen: nämlich die reinen Verstandesbegriffe oder Kategorien, die die Funktionen der Einheit jeder Verstandeshandlung charakterisieren. Die Kategorien als notwendige Funktionen der Einheit von bewussten Vorstellungen gewährleisten also die für das Selbstbewusstsein notwendige Identität der Funktion.

Weiterführende Literatur

Allison, Henry E.: Kant's Transcendental Idealism, New Haven u. a.: Yale University Press ^{2}2004, Kap. 6.

Haag, Johannes: Erfahrung und Gegenstand. Zum Verhältnis von Sinnlichkeit und Verstand, Frankfurt/M.: Klostermann 2007, Kap. 5.

Hoeppner, Till: „Kants Begriff der Funktion und die Vollständigkeit der Urteils- und Kategorientafel“, in: Zeitschrift für philosophische Forschung 65/2, 2011, 193–217.

Longuenesse, Béatrice: Kant and the Capacity to Judge. Sensibility and Discursivity in the Transcendental Analytic of the Critique of Pure Reason, Princeton/NJ: Princeton University Press ^{2}1998.

Schulthess, Peter: Relation und Funktion. Eine systematische und entwicklungsgeschichtliche Untersuchung zur theoretischen Philosophie Kants, Berlin: de Gruyter 1981.

Johannes Haag

Fürwahrhalten

Unter Fürwahrhalten versteht Kant die Relation zwischen einem erkennenden Subjekt und einem → Urteil, durch das etwas als wahr vorgestellt wird. Das Subjekt geht im Fürwahrhalten also von der → Wahrheit eines gewissen Urteils aus, was jedoch wegen der Möglichkeit des Irrtums nicht schon die tatsächliche Wahrheit des Urteils impliziert. Wichtige Stellen: KrV A 820–831 / B 848–859; 4:461–471; 8:394–401; 9:65–73; 9:82; 24:143f.

Philosophische Funktion

1 Die Aufgabe der Eingrenzung von Erkenntnisansprüchen

Kants Konzept des Fürwahrhaltens steht in Verbindung zu neuzeitlichen Versuchen verschiedener Autoren wie René Descartes oder John Locke, Erkenntnisansprüche nach den Graden und der Qualität ihrer Rechtfertigungsgründe zu unterscheiden. In der *KrV* führt Kant hierfür den Begriff des Fürwahrhaltens innerhalb der „*Transzendentalen Methodenlehre*“ (KrV A 705–856 / B 733–884) im 3. Abschnitt des *Kanons der reinen Vernunft* ein (KrV A 820–831 / B 848–859). Daneben gebraucht Kant ihn auch in verschiedenen Logikvorlesungen (vgl. 9:53f.; 9:65–73; 9:82; 24:143f.).

Kant will allgemein verdeutlichen, dass nicht jedes Fürwahrhalten einen genuinen Erkenntnisanspruch darstellen muss oder kann. Ein angemessenes Verständnis der Arten des Fürwahrhaltens ist wichtig, um einen zentralen Punkt der

KrV korrekt zu verstehen, den Kant mit einem berühmten Diktum formuliert: Er will in Bezug auf bestimmte metaphysische Ansprüche der Vernunft „das Wissen aufheben, um zum *Glauben* Platz zu bekommen“ (KrV B XXX). Gemeint sind hier unter anderem Annahmen der Religion sowie gewisse Annahmen der →Moral. Daneben dient die Klassifikation von Arten des Fürwahrhaltens auch der Klärung des Status empirischer Hypothesen und anderer Teile der →Wissenschaften.

Zwei Unterscheidungen sind wesentlich, um Kants Einteilungen des Fürwahrhaltens zu verstehen: Erstens die Unterscheidung von subjektiven und objektiven Gründen des Fürwahrhaltens, und zweitens die Unterscheidung von – sowohl subjektiven wie auch objektiven – Gründen dahingehend, ob sie hinreichend oder nicht hinreichend sind. Die erste Unterscheidung bestimmt, für welche Subjekte ein jeweiliges Fürwahrhalten Gültigkeit besitzen kann oder soll, und Kant trennt hier zwischen „*Überredung*“ (KrV A 820 / B 848) und „*Überzeugung*“ (KrV A 820 / B 848; vgl. 9:73). Die zweite Unterscheidung legt fest, welchen epistemischen Status das jeweilige Fürwahrhalten besitzt. Hier identifiziert Kant drei Arten von Ansprüchen oder Einstellungen, die wir zu Urteilen einnehmen können: „*Meinen, Wissen und Glauben*“ (KrV A 820 / B 848; vgl. 9:66).

2 *Determinanten des Fürwahrhaltens: Gründe und Ursachen*

Kant betrachtet zunächst die Frage, ob ein Fürwahrhalten von „objektiven Gründen“ (KrV A 820 / B 848) oder aber von den „subjektive[n] Ursachen im Gemüthe dessen, der da urtheilt“ (KrV A 820 / B 848) abhängt. Ein objektiver Grund dient zur Entscheidung über die Wahrheit oder Falschheit, oder zumindest die Wahrscheinlichkeit eines Urteils. Die „subjektive[n] Ursachen“ (KrV A 820 / B 848) hingegen sind zunächst einfach die faktischen Determinanten der Akzeptanz von Urteilen. Das schließt nicht aus, dass zumindest gelegentlich auch objektive Gründe Ursachen des Fürwahrhaltens sind (vgl. KrV A 821 / B 849). Die Pointe der Unterscheidung ist nur, dass dies nicht immer der Fall ist.

Das Fürwahrhalten, das allein auf subjektiven Gründen beruht, welche keinerlei Relevanz für die Wahrheit oder Wahrscheinlichkeit eines Urteils besitzen, nennt Kant „*Überredung*“ (KrV A 820 / B 848). Diese hat nur „Privatgültigkeit“ (KrV A 820 / B 848; vgl. 9:73); kein anderes Subjekt muss sie teilen. Der typische subjektive Grund für eine Überredung ist der, dass das Subjekt explizit oder implizit annimmt, dass es gute objektive Gründe für sein Fürwahrhalten hat, darin jedoch einem Irrtum unterliegt. So kann sich das Subjekt über die Stärke seiner objektiven Gründe irren, indem es durch Vorurteile oder Selbsttäuschung verführt wird, etwas für wahr zu halten. Da Überredung in jedem Fall einen Fehler einschließt, sollte sie aus Kants Sicht soweit wie möglich vermieden werden. Dieser Punkt ist, streng genommen, inkonsistent mit seiner zusätzlichen Charakterisierung der Überredung als einem „bloße[n] Schein“ (KrV A 820 / B 848). Denn sonst ist Kant der Auffassung, dass ein Schein – etwa eine Illusion der Wahrnehmung oder der Vernunft – sich zwar durchschauen, aber nicht vermeiden lässt (vgl. KrV A 297 / B 353f.).

Fließen objektive Gründe in das Fürwahrhalten des Urteils ein, so spricht Kant von „*Überzeugung*“ (KrV A 820 / B 848; vgl. KrV A 822 / B 850). Wegen ihrer objektiven Berechtigung müssen Überzeugungen nicht vermieden werden. Wie immer es genau um die Qualität der objektiven Gründe näher stehen mag, verlangt ist zumindest, dass der Überzeugte von einer „Möglichkeit, dasselbe mitzutheilen“ (KrV A 820 / B 848) ausgeht und, zumindest aus seiner Sicht, „das Fürwahrhalten für jedes Menschen Vernunft gültig zu befinden“ (KrV A 820 / B 848) ist. Hieran anschließend erklärt Kant, dass die Frage, ob jemand eine Überzeugung hat oder nur eine Überredung, sich meist daran erkennen lässt, ob die Person bereit ist, eine Wette abzuschließen oder einen Schwur zu leisten (vgl. KrV A 824 / B 852; 9:73). Wer nur überredet und nicht überzeugt ist, wird normalerweise durch diesen Test erkennen, dass das fragliche Urteil keine Grundlage hat, und darum nicht einmal ein Kandidat dafür ist, um für „jedes Menschen Vernunft für gültig befunden zu werden“ (KrV A 820 / B 848). Das bedeutet wiederum nicht, dass der Überzeugte denken muss, er habe auch schon zwingende Gründe für die intersubjektive Gültigkeit und Wahrheit – im Sinne einer „Übereinstimmung mit dem Objecte“ (KrV A 820 / B 848) – seines Urteils. Wenn es freilich so gültig oder wahr ist, dann ist es ein Kandidat für Wissen.

3 Der Status des Fürwahrhaltens: Wissen, Meinen oder Glauben?

Subjektive Ursachen können aus Kants Sicht entweder „zureichend" oder „unzureichend" (KrV A 822 / B 850) sein; eine parallele Unterscheidung lässt sich auch für objektive Gründe treffen. Hieraus ergibt sich seine nähere Klassifikation von Arten des Fürwahrhaltens:

Wissen/Gewissheit: subjektive Ursachen und objektive Gründe sind beide hinreichend.

Meinen: subjektive Ursachen und objektive Gründe sind nicht hinreichend.

Glauben: subjektive Ursachen sind hinreichend, objektive Gründe nicht hinreichend.

Kant lässt an dieser Stelle eine mögliche Kombination außer Acht: die, dass es für ein Urteil objektiv hinreichende Gründe gibt, diese aber subjektiv nicht hinreichende Ursachen sind. Dieser Fall kann als „*bloße* Überzeugung" (Chignell, *Belief*, S. 330–331) bezeichnet werden. Das Subjekt nimmt weder explizit noch implizit an, es habe objektive Gründe, obwohl es solche durchaus gibt. Man kann diese Art der Überzeugung daher auch nicht, wie sonst gefordert, mitteilen und für allgemein zustimmungsfähig halten (man mag hier beispielsweise an viele Überzeugungen von Kindern denken).

Was soll es genau heißen, dass Gründe hinreichend oder auch nicht hinreichend sind? Was zunächst die objektiven Gründe angeht, so sind hier Kants Auffassungen über die verschiedenen Rechtfertigungsarten von Erkenntnisansprüchen einzusetzen, vor allem seine Unterscheidung zwischen →apriorischen und empirischen Gründen (vgl. KrV A 835–837 / B 863–865). Aus seiner Sicht sind objektive Gründe apriori stets hinreichend, empirische nicht immer. Während es in „Urtheilen aus reiner Vernunft [...] gar nicht erlaubt [ist] zu *meinen*" (KrV A 822 / B 850), ist letzteres bei empirischen Urteilen, etwa bei wissenschaftlichen Hypothesen sogar der typische Fall.

Trotz der begrifflichen Verschiedenheit von Meinung und Wissen betont Kant jedoch auch: „Ich darf mich niemals unterwinden, zu *meinen*, ohne wenigstens etwas zu *wissen*" (KrV A 822 / B 850). Eine wissenschaftliche Erklärungshypothese setzt etwa voraus, dass man über die zu erklärenden Phänomene Wissen hat, und dass die Erklärungsannahmen zumindest eine →reale Möglichkeit besitzen. Zudem nennt Kant verschiedene Fälle von Übergängen und Verbindungen zwischen Meinung und empirischem Wissen. Erstens gelte, dass manche Meinungen zu Wissen werden können, wie es etwa im Fall von Kopernikus' Gesetzen der Planetenbewegungen nach ihrer Unterstützung durch Newtons Gravitationsgesetze geschehen sei (vgl. KrV B XXII Anm.). Dafür müssen verschiedene Bedingungen erfüllt sein (vgl. 9:82; 24:143f.; vgl. Chignell, *Kant's Concepts of Justification*, S. 41–43). Zweitens spielt hier Kants Verständnis von Wahrscheinlichkeit eine wesentliche Rolle: „[W]ahrscheinlich heißt dasjenige, was, für wahr gehalten, mehr als die Hälfte der Gewißheit (des zureichenden Grundes) auf seiner Seite hat" (8:396 Anm.; vgl. 9:81). Die Gradierung von Urteilen nach ihrer Wahrscheinlichkeit ermöglicht zumindest bisweilen einen fließenden Übergang zwischen Meinung und (empirischem) Wissen, und sichert in den Fällen von Meinungen, die nicht zu Wissen werden können, Verbindungen zwischen diesen beiden Arten des Fürwahrhaltens. Selbst wenn ein Fürwahrhalten also auf dem Status einer Meinung bleibt, kann diese eher überwiegend wahrscheinlich sein ($p>0.5$) und hat insofern gute objektive Gründe, ohne deshalb Wissen darzustellen. Und selbst wenn die objektiven Gründe sehr schwach sind (wenn $p<0.5$), sind es doch objektive Gründe. In allen diesen Fällen darf man Meinungen also nicht mit Überredungen verwechseln: Der Meinende kann über den Grad oder die Stärke seiner objektiven Gründe zutreffender Ansicht sein, hat also insofern eine irrtumsfreie Überzeugung.

Zusätzlich können subjektive Gründe oder Ursachen hinreichend oder nicht hinreichend sein. Wie erwähnt, ist ein häufiger subjektiver Grund eines Fürwahrhaltens die Vermutung auf Seiten des Subjekts, es habe hinreichende objektive Gründe. Wenn dies das Subjekt zum Fürwahrhalten führt, dann ist der subjektive Grund hinreichend. Wenn jedoch solchen hinreichenden subjektiven Gründen keine hinreichenden objektiven Gründe entsprechen, dann irrt sich das Subjekt: Es hält etwas für Wissen, das diesen Status nicht besitzt. Umgekehrt gilt: Wenn das Subjekt hinreichende subjektive Gründe dieser Art und auch hinreichende objektive Gründe hat (und, wie man ergänzen wird: wenn das Urteil wahr ist), dann handelt es sich um Wissen. Und schließlich: Wenn ein Subjekt nicht annimmt, es habe hinreichende objektive Gründe, und deshalb auch keine hinreichenden subjektiven Gründe, dann ist das Fürwahrhalten von der Art der Meinung.

Um schließlich den Status des Glaubens zu bestimmen, bedient sich Kant der Idee, dass unser Fürwahrhalten oft von nicht-epistemischen subjektiven Gründen verursacht ist, etwa von Bedürfnissen oder Wünschen. Hier ist näher dahingehend zu unterscheiden, ob es sich bei ihnen um Ursachen handelt, welche bloß kontingente Bedürfnisse ansprechen oder aber Bedürfnisse, die nach Kants Auffassung für uns Menschen zumindest unvermeidlich sind. Wenn ein Fürwahrhalten eines der letztgemeinten Bedürfnisse erfüllt, besitzt dies einen gewissen nicht-epistemischen Wert (vgl. Chignell, *Kant's Concepts of Justification*, S. 51–53). So ist das – Kant zufolge – für uns Menschen unvermeidliche Bedürfnis, an →Gottes Existenz zu glauben, eine subjektiv hinreichende Ursache des entsprechenden Fürwahrhaltens. Wichtig ist dabei, dass solch ein Glaube – anders als die subjektiv hinreichende Ursache (häufig ein kontingentes Bedürfnis, gewisse Dinge zu glauben), die zur unerwünschten Überredung führt – keinen Irrtum einschließt, sondern aus Kants Sicht akzeptabel und in gewissen Bedeutungen sogar rational ist.

Kant unterscheidet drei Hauptarten des rationalen Glaubens. Erstens kann das Fürwahrhalten von Gottes Existenz und der menschlichen Willensfreiheit durch moralische Überlegungen gerechtfertigt werden – Kant nennt diesen Fall gelegentlich auch „moralischer Vernunftglaube" (9:72; vgl. KrV A 830 / B 858, 5:146). Hinreichende subjektive Ursachen dieser Art haben Allgemeingültigkeit, obwohl sie die Urteile nicht wahr oder wahrscheinlich machen. Zweitens gibt es ein hinreichend subjektiv begründetes Fürwahrhalten aufgrund von →pragmatischen Überlegungen. Kant gibt hier das Beispiel eines Arztes, der in einer Entscheidung über Leben und Tod eine Entscheidung treffen muss, „und urtheilt, weil er nicht Besseres weiß, es sei die Schwindsucht" (KrV A 824 / B 852), obwohl die ihm verfügbaren objektiven Gründe unzureichend für Wissen oder für eine wahrscheinlich wahre Meinung sind. So ein handlungsermöglichendes Fürwahrhalten nennt Kant einen „*pragmatischen Glauben*" (KrV A 824 / B 852; vgl. 9:67f.). Drittens schließlich kann ein subjektiv hinreichend begründetes Fürwahrhalten auf theoretischen oder spekulativen Bedürfnissen der Vernunft beruhen, die kontext- und akteursrelativ sein können. Ein Beispiel hierfür ist das Fürwahrhalten eines Naturforschers, dass eine gewisse Einheit in der Natur eine →Zweckmäßigkeit besitzt. Dies anzunehmen, macht es vernünftig, bestimmte weitere →Experimente oder weitere Überlegungen über die Zwecke des Organismus anzustellen. Diese oft übersehene Form des Fürwahrhaltens nennt Kant in der *KrV* einen „*doctrinalen Glauben*" (KrV A 825 / B 853), während er es andernorts als theoretische „Annehmung" (5:463; vgl. KrV B 592, 20:297, 20:305, 20:309, 24:735) oder als „[p]raktisch-dogmatische[s]" (20:293) Fürwahrhalten kennzeichnet. Zumindest ein Kommentator hält dies für eine instabile Konzeption Kants (vgl. Stevenson, *Opinion*, S. 98). Doch wenn Kant sagt, er wolle „das Wissen aufheben, um zum *Glauben* Platz zu bekommen" (KrV B XXX), ist es keineswegs zwingend, dass er sich nur auf die bekannten Beispiele des moralischen Glaubens bezieht. Er mag auch die Fälle von pragmatischen und doktrinalen Glaubenseinstellungen einschließen.

Weiterführende Literatur

Pasternack, Laurence: „Kant on Opinion: Assent, Hypothesis, and the Norms of a General Applied Logic", in: Kant-Studien 105, 2014, 41–82.

Scheiber, Joseph: „Between Autonomy and Authority: Kant on the Epistemic Status of Testimony", in: Philosophy and Phenomenological Research 80, 2010, 327–348.

Ullman-Margalit, Edna / Margalit, Avishai: „Holding True and Holding as True", in: Synthese 92, 1992, 167–187.

Wood, Allen: Kant's Moral Religion, Ithaca: Cornell University Press 1970.

Thomas Sturm / Andrew Chignell

Gefühl

Unter ‚Gefühl' versteht Kant zweierlei. Das Gefühl im ersten Sinne ist durch drei Merkmale charakterisiert: 1. Das Gefühl wird durch die →Sinnlichkeit empfunden. 2. Es bezieht sich nicht auf ein Objekt, sondern auf das Subjekt. 3. Das Gefühl ist immer Gefühl der Lust bzw. der Unlust – Kant spricht auch von Wohlgefallen und Missfallen –, d. h. das Gefühl bewegt immer dazu, den Gegenstand, der es hervorruft, zu suchen bzw. zu vermeiden. Im ersten Fall ist das Gefühl angenehm (vgl. 7:254); im zweiten Fall ist das Gefühl unangenehm. Das Gefühl der Lust und Unlust im zweiten Sinne ist neben dem →Erkenntnisvermögen und dem Begehrungsvermögen eines der drei „Vermögen des menschlichen Gemüths" (20:205): Es ist das Vermögen, Gefühle im ersten Sinne zu erleben. Weitere wichtige Stellen: 2:207–226; 4:405; 4:460; 5:73–77; 5:198–239; 5:292–306; 6:211f.; 6:407f.; 6:448f.; 7:254–274; KrV A 15; 20:205–208.

Philosophische Funktion

1 Unspezifischer Wortgebrauch

In seiner vorkritischen Zeit schließt sich Kant zunächst dem unter seinen Zeitgenossen vorherrschenden Wortgebrauch an: ‚Gefühl' heißt sinnliches Gefühl, etwa „der rechten und linken Seite" (2:380). Dieser Wortgebrauch bleibt in den kritischen Werken vorherrschend. Zu den „sinnliche[n] Gefühle[n]" (7:101) bzw. zu den „innere[n] Gefühle[n]" (7:155) gehören das „Gefühl des Schmerzes" (7:254), das Gefühl „eines spastischen Zustandes des Organs des Denkens (des Gehirns)" (7:113) und das Gefühl der selbst zugefügten „Übel" (7:83). Diese Gefühle sollen richtig gebildet werden, damit das Gefühl – im zweiten Sinne, d. h. im Sinne des Vermögens – nicht verzärtelt wird und das Kind „wirklich Vergnügungen, die mit Strapazen verknüpft, Beschäftigungen, zu denen Kräfte erforderlich sind" (9:477), liebt.

In den kritischen Werken bleiben sowohl dieser Wortgebrauch als auch ein weiterer unspezifischer Wortgebrauch erhalten, der sich auf Gefühle im engeren Sinne bezieht: Es lassen sich etwa ein „Gefühl der Ehre" (2:249), ein „Gefühl[] für Pflicht" (6:49), ein „süße[s] Gefühl des Wohlthuns" (8:385) und ein „süße[s] Gefühl der Rache" (6:160) finden. Das Gefühl kann sowohl mit einem einfachen Affekt verbunden (vgl. 7:263) als auch Teil komplexer Emotionen sein. Kant bezeichnet als ‚Gefühl' auch kognitive Inhalte, die keine objektive Gültigkeit beanspruchen dürften. Ein „Gefühl der Unbehaglichkeit" kann „von einer dunklen Idee [...] von Freiheit [...] herrühre[n]" (7:269 Anm.), dem „Gefühl [des] Unvermögens" (7:200) ähnlich. Es gibt auch ein „Gefühl der Überzeugung" (2:295) bzw. den „Einfluß eines höheren *Gefühls*" (8:395).

2 Gefühl in der Moral und Ästhetik

Alle genannten Gebrauchsarten des Terminus' ‚Gefühl' schreiben dem Gefühl eine Rolle in der Motivation zum Handeln zu, welche die Kritik der reinen Vernunft sogar als unentbehrlich in allen Bewegungsgründen ansieht, „[d]enn alles Praktische, so fern es Triebfedern enthält, bezieht sich auf Gefühle, welche zu empirischen Erkenntnißquellen gehören" (KrV B 29; →praktisch). In seiner kritischen Periode streitet Kant also dem Gefühl seine – allerdings indirekte – motivationale Dimension nicht ab. Kant betont in diesem Zusammenhang die nicht empirische Herkunft des Gefühls der Achtung, das er auf das Bewusstsein des Sittengesetzes zurückführt.

Auf die Harmonie der einzelnen →Erkenntnisvermögen miteinander führt Kant die ästhetische Dimension des Gefühls zurück. Die Eigentümlichkeit vom Gefühl des Schönen wird von Kant auch wegen seiner architektonischen Rolle im System seiner kritischen Philosophie thematisiert. Diese Rolle ergibt sich aus einer doppelten Vermittlungsfunktion. Erstens lassen sich „alle Vermögen des menschlichen Gemüths ohne Ausnahme auf die drei zurückführen: das *Erkenntnißvermögen*, das *Gefühl der Lust und Unlust* und das *Begehrungsvermögen*" (20:205f.). Das Erkenntnisvermögen als Verstand bezieht seine Begriffe auf Gegenstände der →Natur, das Begehrungsvermögen als →Vernunft bezieht seine Begriffe auf Gegenstände der →Freiheit. Das „*Gefühl der Lust und Unlust*" stellt „ein mittleres Vermögen oder Empfänglichkeit" (20:207) dar. Im Gefühl der Lust stehen Natur und Freiheit in Harmonie: Weder die eine noch die andere bestimmt, sondern sie stehen im freien – d. h. regellosen – Spiel zueinander. Zweitens nimmt die →Urteilskraft zwischen dem Verstand und der →Sinnlichkeit die Stelle eines mittleren Erkenntnisvermögens ein (vgl. 20:207f.). Die Urteilskraft liefert sowohl in den theoretischen als auch in den praktischen

Urteilen das →Schema, welches die Subsumtion der Empfindung unter den Begriff und daher den Bezug des Begriffs auf ein Objekt ermöglicht. Anders als Vernunft und Verstand bezieht sich die Urteilskraft an sich nicht auf einen Gegenstand. Kant betont, dass „die Urtheilskraft sich lediglich aufs Subject bezieht und für sich allein keine Begriffe von Gegenständen hervorbringt" (20:208). Kant verbindet diese beiden Vermittlungsrollen miteinander, d. h. er verbindet Gefühl und Urteilskraft. Aus der Harmonie zwischen Verstand und Vernunft resultiert ein Gefühl des Wohlgefallens, das wiederum den „Bestimmungsgrund" des ästhetischen Urteils über die Schönheit darstellt. Die „Einhelligkeit im Spiele der Gemüthskräfte" beruht auf dem „Gefühl (des innern Sinnes)" (5:228; erste Vermittlungsrolle, vgl. 5:228; 5:306), welches daher der Bestimmungsgrund des Urteils über das Schöne ist (zweite Vermittlungsrolle, vgl. 5:228).

Weil Gefühl und Urteilskraft an sich keinen Bezug auf ein Objekt haben, fehlt dem ästhetischen Urteil die objektive *Allgemeingültigkeit* der Erkenntnisurteile: Das Gefühl bestimmt ein subjektives Urteil, welches bloß ein „Privaturtheil" (5:339) wäre, wenn man keinen Gemeinsinn voraussetzen würde, welcher allein die notwendige Mitteilbarkeit bzw. die Allgemeingültigkeit des ästhetischen Urteils gewährleistet (vgl. 5:239). Hier müssen wir also die einzelnen Gefühle von dem Gefühl als „Vermögen des menschlichen Gemüths" (20:205) unterscheiden. Letzteres nennt Kant auch ‚Geschmack', d. h. „das Vermögen, die Mittheilbarkeit der Gefühle, welche mit gegebner Vorstellung (ohne Vermittlung eines Begriffs) verbunden sind, a priori zu beurtheilen" (5:296). Kant ist sich auch bewusst, dass die Mitteilung eines ästhetischen Gefühls auch als Beförderungsmittel benutzt werden kann, um in der →Gesellschaft Ansehen für sich zu gewinnen (vgl. 5:297).

Weiterführende Literatur

Recki, Birgit: „Wie fühlt man sich als vernünftiges Wesen? Immanuel Kant über ästhetische und moralische Gefühle", in: Herding, Klaus / Stumpfhaus, Bernhard (Hg.): Pathos, Affekt, Gefühl, Berlin u. a.: de Gruyter 2004, 274–294.

Wieland, Wolfgang: Urteil und Gefühl. Kants Theorie der Urteilskraft, Göttingen: Vandenhoeck & Ruprecht 2001.

Wieland, Wolfgang: „Die Lust im Erkennen. Kants emotionales Apriori und die Rehabilitierung des Gefühls", in: Stolzenberg, Jürgen (Hg.): Kant in der Gegenwart, Berlin u. a.: de Gruyter 2007, 291–316.

Jean-Christophe Merle

Gegenstand der Erfahrung

Ein Gegenstand der Erfahrung ist dasjenige, in dessen Vorstellung das mannigfaltige Empfindungsmaterial zu einer sinnlichen Anschauung vereinigt ist dergestalt, dass Erkenntnisansprüche auf ihn gerichtet werden können (vgl. KrV A 105). Er ist a priori durch formale Bedingungen gekennzeichnet, aber erst wirklich, wenn er a posteriori in der Anschauung gegeben ist. Auf Gegenstände der Erfahrung müssen sich Erkenntnisansprüche richten, um gerechtfertigt zu sein (vgl. KrV B 147). Weitere wichtige Stellen: KrV A 95; KrV A 105ff.; KrV A 250f.; KrV A 542 / B 570; KrV B 147; KrV B 274ff.; *Refl.* 5932, 18:391f.; *Refl.* 6350, 18:676.

Philosophische Funktion

1 Die Begrenzung der Erkenntnis auf Gegenstände der Erfahrung

1.1 Kants Transzendentalphilosophie widmet sich der Frage der Möglichkeit von →Erkenntnissen a priori. Gegenstände der Erfahrung kommen in ihr erst in den Blick, weil sich erweist, dass solche Erkenntnisse a priori nur von formalen Bedingungen der Gegenstände der Erfahrung möglich sind, und umgekehrt Gegenstände der Erfahrung von diesen Bedingungen abhängen.

1.2 Erkenntnis aus Begriffen a priori erfordert, dass von diesen Begriffen Gebrauch im Denken gemacht werden kann. Zu diesem Gebrauch gehört eine „formale Bedingung, unter der etwas in der Anschauung gegeben werden kann" (KrV A 247 / B 304). Erforderlich wäre zumindest ein →Schema, das die Subsumtion einer Anschauung unter einen Begriff erlauben würde (vgl. KrV B 304f.). Daher kann kein entsprechender Gebrauch der →Kategorien über die Anwendung auf mögliche sinnliche Anschauung hinaus gemacht werden: „die reinen Kategorien ohne formale Bedingungen der Sinnlichkeit haben bloß transscendentale Bedeutung, sind aber von keinem transscendentalen Gebrauch, weil dieser an sich selbst unmöglich ist [...]" (KrV A 248 / B 305). Freilich muss man durch die reinen Kategorien einen Gegenstand unabhängig von der Einschränkung auf sinnliche Anschauung zumindest denken können (vgl. KrV B XXVIII; Rosefeldt, *Das logische Ich*, S. 69).

→Erfahrung ist eine Erkenntnisart von Gegenständen (vgl. KrV B XVII). Kant will zeigen, dass legitime Erkenntnisansprüche sich auf Gegenstände der Erfahrung beschränken: Menschliche Erkenntnis erfordert, dass Begriffe auf Gegenstände bezogen werden, die in der sinnlichen Anschauung gegeben werden. Eine solche Gegebenheit erfordert eine sinnliche Affizierung bzw. Empfindung, da sinnliche Anschauung nur „[...] die Art enthält, wie wir von Gegenständen afficirt werden" (KrV A 51 / B 75). Damit überhaupt Erkenntnis von wirklichen, nicht nur von möglichen Gegenständen zustande kommt, muss Empfindung hinzutreten, die das mannigfaltige Material liefert, das dazu gehört, konkrete einzelne Gegenstände der Erfahrung zu erkennen.

Der Gegenstand der Erfahrung ist daher das, auf das sich sowohl Erkenntnisse aus Begriffen a priori als auch Erkenntnisse beziehen müssen, die nur a posteriori möglich sind. Eine Erkenntnis a priori von möglichen Gegenständen überhaupt, wie sie das Ziel der →Metaphysik ist, kann daher nur eine Erkenntnis der allgemeinen formalen Bedingungen sein, denen Gegenstände der Erfahrung unterliegen. Jede Erkenntnis, auch Erkenntnis a priori über die Erkenntnisart, wie sie die →Transzendentalphilosophie verschafft, kann nur auf formale Bedingungen möglicher Gegenstände der Erfahrung bezogen werden. Auch mathematische Vorstellungen a priori führen nur dadurch zu Erkenntnissen, dass sie Aussagen über mögliche Gegenstände der Erfahrung erlauben (vgl. KrV B 147).

1.3 Die Einschränkung des Erkennbaren auf Gegenstände der Erfahrung erfordert einen kritischen Gebrauch des Begriffs eines Gegenstands der Erfahrung, um Ansprüche abzuwehren, die daraus entstehen, dass Begriffe a priori nicht auf ihre Anwendung auf mögliche Gegenstände der Erfahrung beschränkt werden. Eine Bedingung a priori für die Erkenntnis bestimmter, in der Anschauung gegebener Gegenstände liegt darin, einen Gegenstand überhaupt zu denken. Es ist nun ein natürlicher Irrtum, dass durch dieses Denken eines Gegenstands überhaupt vor jeder bestimmten Anschauung ein Gegenstand erkannt werden kann, wie er unabhängig von der sinnlichen Anschauung ist, welche die Erkenntnis auf Gegenstände der Erfahrung einschränkt (vgl. KrV A 288f. / B 344f.).

2 Die Abhängigkeit des Gegenstands der Erfahrung von Bedingungen a priori

2.1 Kant will jedoch nicht nur zeigen, dass Erkenntnis eine von Gegenständen der Erfahrung sein muss, sondern dass umgekehrt Gegenstände der Erfahrung auch von formalen Bedingungen a priori abhängen, die Gegenstand einer transzendentalen Erkenntnis a priori sein können.

2.2 Begriffe und Anschauungen a priori sind zunächst unabhängig von der Erfahrung, welche ein Empfindungsmannigfaltiges voraussetzt. Da unverständlich wäre, wie jene Vorstellungen a priori eine Erkenntnis von Gegenständen verschaffen könnten, ohne dass sie aus einer Erfahrung dieser Gegenstände abgeleitet würden, wenn sie erst in Übereinstimmung mit den Gegenständen gebracht werden müssten, so ist eine Erkenntnis a priori nur möglich, wenn umgekehrt mögliche Gegenstände der Erfahrung sich an jenen Vorstellungen ausrichten. Dies ist aber nur möglich, wenn diese Gegenstände keine →Dinge an sich sind, die unabhängig von jenen Vorstellungen a priori sind, sondern bloße →Erscheinungen, Vorstellungen, die von Vorstellungen a priori bestimmt werden können. Auch die philosophischen Aporien, in die der Gedanke von Gegenständen in Raum und Zeit führt, lassen sich nur vermeiden, wenn Gegenstände der Erfahrung nur Erscheinungen sind (vgl. KrV B XVIIf.). Gemäß dem →transzendentalen Idealismus sind mithin mögliche Gegenstände der Erfahrung nur Erscheinungen, nicht Dinge an sich selbst (vgl. *Refl.* 5642, 18:279). Solche Gegenstände existieren nicht jenseits dessen, was jeweils in der Anschauung erfasst wird. In der Erfahrung aber sind sie real, weil sie durch geeignete intersubjektive Kriterien von Fiktionen und Einbildungen unterschieden werden können (vgl. KrV A 492 / B 520f.). Daher ist ein →empirischer Realismus mit einem transzendentalen Idealismus vereinbar. Durch die Bedingungen a priori, denen die Erscheinung unterliegt, werden aber nur allgemeine formale Charakteristika eines möglichen Gegenstands der Erfahrung geliefert.

2.3 Als exklusive Bezugspunkte von Ansprüchen auf Erfahrungserkenntnis müssen Gegenstände der Erfahrung bestimmte Bedingungen erfüllen: Sie müssen reidentifizierbar und komplex sein dergestalt, dass verschiedene →Wahrnehmungen verschiedene Aspekte korrekt wiedergeben können (vgl. *Refl.* 6350, 18:676; Henrich, *Identität und Objektivität*, S. 31ff.; Guyer, *Claims of Knowledge*, S. 108; Hinsch, *Erfahrung und Selbstbewußtsein*, S. 57; zur Kritik an Henrichs Versuch, die Komplexität von Gegenständen aus der von Urteilen abzuleiten: Hinsch, *Erfahrung und Selbstbewußtsein*, S. 59). Sie müssen in einer Anschauung gegeben werden können. Sie müssen im Hinblick auf alle möglichen Erfahrungsprädikate bestimmt gedacht werden (vgl. KrV A 573 / B 601). Sie müssen Gegenstände von intersubjektiv gültigen Urteilen sein können. Sie müssen von Fiktionen und Einbildungen unterscheidbar sein. Kant will dartun, dass dafür bestimmte Bedingungen a priori erfüllt sein müssen, die sich in einer transzendentalen Erkenntnis erfassen lassen.

2.4 Gegenstände der Erfahrung müssen in der sinnlichen Anschauung gegeben werden können. In der transzendentalen Ästhetik wird dargetan, wie sie den Formen der Anschauung a priori als formalen Bedingungen unterliegen (vgl. KrV A 42f. / B 59f.). Innerhalb der Gegenstände der Erfahrung ist zwischen inneren und äußeren Gegenständen zu unterscheiden.

Erkenntnis vollzieht sich in Urteilen. In der transzendentalen Analytik wird dargetan, wie diese von einer Synthesis gemäß reinen Verstandesbegriffen, den Kategorien, als Regeln abhängen. Damit über ihn geurteilt werden kann, muss der Gegenstand der Erfahrung im Hinblick auf die Funktionen zu urteilen bestimmt sein. Daher kann nur über einen Gegenstand der Erfahrung geurteilt werden, wenn er durch die Kategorien bestimmt wird (vgl. 4:475; *Refl.* 5962, 18:391f.). Unter den Kategorien scheint die der →Substanz eine besondere Stellung in der Bezeichnung des Gegenstands ohne weitere spezifizierende Merkmale zu haben (vgl. *Refl.* 5295, 18:146; Rosefeldt, *Das logische Ich*, S. 47). Eine spontane →Synthesisleistung muss dafür sorgen, dass das Mannigfaltige der Anschauung durch diese Begriffe a priori bestimmt wird: „Alsdann sagen wir: wir erkennen den Gegenstand, wenn wir in dem Mannigfaltigen der Anschauung synthetische Einheit bewirkt haben" (KrV A 105; vgl. Hossenfelder, *Konstitutionstheorie*).

Obgleich die Empfindung eine Affizierung des rezeptiven unteren Erkenntnisvermögens erfordert, kann der Gegenstand der Erfahrung nicht mit einem gedachten affizierenden Gegenstand gleichgesetzt werden. Gegen den Gegenstand der Erfahrung wird abgegrenzt der „nichtempirische, d. i. transscendentale Gegenstand [...]" (KrV A 109; vgl. KrV A 372; Carl, *Deduktion in der ersten Auflage*, S. 184). Die Erscheinung bezieht sich auf ihn, er wird als das Affizierende gedacht, kann aber im Gegensatz zur Erscheinung nicht in einer Erfahrung erfasst werden. Zugleich hat aber der reine Begriff des transzendentalen Gegenstands eine konstitutive Funktion für die Bestimmung des Gegenstands der Erfahrung. Im Hinblick auf diesen Begriff von einem Gegenstand wird das Mannigfaltige einer Anschauung zum Gegenstand der Erfahrung vereinigt: „Der reine Begriff von diesem transscendentalen Gegenstande (der wirklich bei all unsern Erkenntnissen immer einerlei = X ist) ist das, was in allen unseren empirischen Begriffen überhaupt Beziehung auf einen Gegenstand, d. i. objective Realität verschaffen kann" (KrV A 110; vgl. KrV A 250f.).

2.5 Gegenstände der Erfahrung müssen eine kohärente Welt der Erfahrung bilden, die alles umfasst, worauf sich empirische Wahrnehmungen beziehen. Nur dadurch, dass sie Teil einer durchgängig nach dem Kausalgesetz bestimmten Natur sind, können Gegenstände Gegenstände der Erfahrung werden, weil sie ohne die Kohärenz der Natur nicht von Fiktionen und Einbildungen unterscheidbar wären: „dieses Gesetz, durch welches Erscheinungen allererst eine *Natur* ausmachen und Gegenstände einer Erfahrung abgeben können, ist ein Verstandesgesetz, von welchem es unter keinem Vorwande erlaubt ist abzugehen oder irgend eine Erscheinung davon auszunehmen; weil man sie sonst außerhalb aller möglichen Erfahrung setzen, dadurch aber von allen Gegenständen möglicher Erfahrung unterscheiden, und sie zum bloßen Gedankendinge und einem Hirngespinst machen würde" (KrV A 542 / B 570; vgl. zur Wechselabhängigkeit der Begriffe von beharrlichen Dingen und einer raumzeitlich geordneten Welt: Strawson, *Grenzen*, S. 118ff.).

3 Die Identität des Gegenstands der Erfahrung
Obgleich Kant den Begriff des Gegenstands der Erfahrung starken Bedingungen a priori unterstellt, besteht in vielen Hinsichten Klärungsbedarf, wie der Gegenstand der Erfahrung genau abzugrenzen ist.

3.1 So fragt sich, wie die Identität von Gegenständen der Erfahrung innerhalb der Erfahrungswelt festgelegt ist, wie sich die Erfahrungswelt in Gegenstände der Erfahrung unterteilt. Meist scheint es, als gebe es eine Pluralität von Gegenständen der Erfahrung. Kant spricht indes manchmal so, als gebe es nur einen einzigen Gegenstand der Erfahrung: Der Gegenstand möglicher Erfahrung als Singulare tantum wird mit einer Gesamtheit von Anschauungen gleichgesetzt, die Gegenstände präsentieren können: „indem Anschauungen überhaupt, wodurch uns Gegenstände gegeben werden können, das Feld, oder den gesamten Gegenstand möglicher Erfahrung ausmachen" (KrV A 95). Hierin zeigt sich schon, dass kein fester Bestand an gegeneinander abgrenzbaren Gegenständen der Erfahrung ausgemacht werden kann, weil offenbar die vielen Gegenstände der Erfahrung Teil des einen gesamten Gegenstands der Erfahrung sind. Allerdings scheint ja etwa die Gleichsetzung von äußeren Gegenständen mit körperlichen Substanzen zumindest eine gewisse Einschränkung zu beinhalten, wie die Erfahrungswelt in Gegenstände der Erfahrung aufgeteilt werden kann. Doch wie stehen Gegenstände der Erfahrung zu reidentifizierbaren Einzeldingen des Alltags? Wie stehen sie zu den Bezugsgegenständen wissenschaftlicher Aussagen wie Atomen, Elektronen etc.?

3.2 Eine wichtige Interpretationsfrage ist, wie eine Synthesisleistung gemäß allgemeinen Regeln so auf ein Empfindungsmaterial zugreifen kann, dass individuelle Gegenstände herauskommen; was die Möglichkeit der Individuierung gewährleistet, ohne dass dazu einzelne Gegenstände schon gegeben sein könnten. Diese Gegenstände müssen weiter so verknüpft werden, dass sie Teil einer einzigen gesetzmäßig organisierten Welt sind. Auch hier fragt sich wieder, wie der Kontext dieser Welt und der anderen Gegenstände in ihr in die Bestimmung des einzelnen Gegenstands eingehen.

3.3 In der Forschung wird auf eine weitere Ambiguität des Objektbegriffs hingewiesen. Da auch die Erscheinung eine Vorstellung ist, ist der Gegenstand der Erkenntnis nicht mehr von der Vorstellung verschieden: „Es ist für den erkenntniskritischen Objektbegriff Kants wesentlich, daß Objekte nicht ontologisch von ihren Präsentationen im Bewußtsein unterschieden werden" (Hinsch, *Erfahrung und Selbstbewußtsein*, S. 53). Aber es gilt auch: „Wir müssen uns aber davor hüten, [...] zu unterstellen, Kant identifiziere den empirischen Gegenstand unmittelbar mit seinen Präsentationen im Bewußtsein" (Hinsch, *Erfahrung und Selbstbewußtsein*, S. 54). Kant scheint dem nicht immer konsequent Rechnung zu tragen; der Gegenstand wird manchmal von der Anschauung des Gegenstands getrennt (vgl. KrV B 274ff.), manchmal darauf reduziert (vgl. KrV A 128).

Weiterführende Literatur

Bachmair, Anton: Die Konstitution des Gegenstandes der Erfahrung, Die Bestandteile der Erkenntnis eines äußeren Gegenstandes nach der Kritik der reinen Vernunft von Immanuel Kant, München: Eigenverlag 1988.

Hinsch, Wilfried: Erfahrung und Selbstbewußtsein, Hamburg: Meiner 1986.

Hossenfelder, Malte: Kants Konstitutionstheorie und die transzendentale Deduktion, Berlin u. a.: de Gruyter 1978.

Sellars, Wilfrid: Science and Metaphysics. Variations on Kantian Themes, London: Routledge and Kegan Paul 1967.

Daniel Dohrn

Gemüt

Als Grundbegriff der →Transzendentalphilosophie dient Kant der Terminus ‚Gemüt' dazu, den Bereich des Subjektiven und Mentalen zu bezeichnen, ohne sich auf spezifische psychologische oder metaphysische Annahmen festlegen zu müssen – wie sie z. B. die Begriffe →Seele und Geist implizieren –, und ohne sich auf bestimmte Aspekte oder Teilbereiche des Mentalen beschränken zu müssen, für die spezifischere Begriffe (z. B. →innerer Sinn, →Ich, →Denken) stehen. – Vom transzendentalphilosophischen ist ein anthropologischer Begriff des Gemüts zu unterscheiden, den Kant als „das die gegebenen Vorstellungen zusammensetzende und die Einheit der empirischen Apperception bewirkende *Vermögen* (*animus*)" (12:32 Anm.) definiert. Weitere wichtige Stellen: KrV A 278 / B 334; 20:242ff.; 7:399.

Philosophische Funktion

1 ‚Gemüt' in der Transzendentalphilosophie

Der transzendentalphilosophische Begriff des Gemüts, für den Kant keine ausdrückliche Begriffsklärung bietet, dient ihm in den kritischen Schriften zunächst als transzendentale *Ortsbestimmung*, mittels derer er Begriffe, Vorstellungen, Handlungen u. ä. „im Gemüt" lokalisieren oder dem Gemüt als Träger zuschreiben kann. So beschreibt Kant die Anschauungsformen von Raum und Zeit als „im Gemüth *a priori* liegende[] formale[] Bedingungen der Sinnlichkeit" (KrV A 90 / B 122f.; vgl. KrV A 26 / B 42; KrV A 92 / B 125) und grenzt sie dadurch von einer Verortung „außer unserem Gemüth" (KrV A 492 / B 520), mithin von einer Deutung als subjektunabhängig existierender Wirklichkeit ab. Hier ist also die Rede von einer apriorischen Zuordnung von Erkenntnisbedingungen zum Subjekt. Ebenso fungiert das Gemüt aber auch als Ort oder Träger von *a posteriori* gegebenen Vorstellungen, die Kant als „Modificationen des Gemüths" (KrV A 99) bzw. „innre Bestimmungen unseres Gemüths in diesem oder jenem Zeitverhältnisse" (KrV A 197 / B 242) kennzeichnet. Dabei fällt das Gemüt nicht mit dem Bewusstsein zusammen, weil wir Vorstellungen haben können, ohne uns ihrer bewusst zu sein (vgl. KrV A 319 / B 376; 7:135f.). Mitunter gebraucht Kant ‚Gemüt' aber dennoch im engeren Sinne von ‚Bewusstsein', etwa in Wendungen wie „etwas ins Gemüt rufen" (vgl. 5:245; 5:316).

Wie das Gemüt als logisches Subjekt von transzendentalen Bestimmungen ebenso wie von empirisch erfahrbaren Zuständen oder „Modificationen" (KrV A 99) auftritt, so wendet Kant den Terminus ‚Gemüt' auch sowohl auf das Selbst *qua* →Erscheinung als auch auf das Selbst *qua* →Ding an sich an. Einerseits stellt Kant fest, dass unsere Vorstellungen gerade „als Modificationen des Gemüths zum innern Sinn" gehören und deshalb der Anschauungsform der Zeit unterliegen (KrV A 99). Andererseits merkt er an, dass es uns „nicht einmal gegeben ist, unser eigenes Gemüth mit einer andern Anschauung, als der unseres inneren Sinnes zu beobachten" (KrV A 278 / B 334), unterscheidet also das Gemüt, wie es an sich ist, von seiner Erscheinung, die uns im inneren Sinn zugänglich ist (vgl. KrV A 491 / B 520; KrV B 67f.). (In Bezug auf die spontanen Fähigkeiten des Gemüts beschreibt Kant dabei an manchen Stellen auch einen nicht-anschaulichen Zugang zum eigenen Gemüt durch reine →Apperzeption: vgl. KrV A 546 / B 574; 4:451f.; 7:141f.) Für den transzendentalphilosophischen Begriff des Gemüts ist es kennzeichnend, dass er auf Grund seiner Unbestimmtheit in *beiden* Rollen, also in Bezug auf die empirische *und* die intelligible Ebene, auftreten kann, ohne dass dadurch psychologische oder metaphysische Merkmale des empirischen Selbst auf das transzendentale Subjekt übertragen würden.

Durch diesen umfassenden Charakter unterscheidet sich der transzendentalphilosophische Begriff des Gemüts von zwei verwandten Begriffen, nämlich dem Begriff der Seele einerseits und dem *anthropologischen* Begriff des Gemüts andererseits. Im Gegensatz zum Begriff der Seele, der im Mittelpunkt von Kants Kritik der rationalen Psychologie im Paralogismen-Kapitel steht und als Vernunftidee keiner konstitutiven theoretischen Funktion fähig ist, ist der Begriff des Gemüts in Kants Verwendung metaphysisch neutral und wird von der Kritik an der rationalen Psychologie nicht getroffen. Der *anthropologische* Begriff des Gemüts ist dagegen auf den „*Inbegriff* aller Vorstellungen" (7:399) bzw. das diese Vorstellungen empirisch verbindende Vermögen (vgl. 12:32 Anm.) eingeschränkt. In *Sömmering* erläutert Kant in diesem Sinne: „Unter *Gemüth* versteht man nur das die gegebenen Vorstellungen zusammensetzende und die Einheit der empirischen Apperception bewirkende *Vermögen* (*animus*), noch nicht die Substanz (*anima*), nach ihrer von der Materie ganz unterschiedenen Natur, von der man alsdann abstrahirt" (12:32 Anm.). Während die metaphysische Neutralität des Begriffs ‚Gemüt' im transzendentalphilosophischen Kontext erlaubt, ohne transzendente Implikationen vom Mentalen zu reden, entspricht sie in dem anthropologischen Kontext, dem *Sömmering* angehört, einer für die Anthropologie charakteristischen Abstraktion von der Frage nach dem Gegenstandsbezug unserer Begriffe und Vorstellungen (vgl. 7:142f.). Durch die Verwendung des anthropologischen Begriffs ‚Gemüt' wird daher „das gewonnen [...], daß wir in Ansehung des denkenden Subjekts nicht in die Metaphysik überschreiten dürfen, als die es mit dem reinen Bewußtseyn und der Einheit desselben *a priori* in der Zusammensetzung gegebener Vorstellungen (mit dem Verstande) zu thun hat, sondern mit der Einbildungskraft, deren Anschauungen (auch ohne Gegenwart ihres Gegenstandes), als empirischer Vorstellungen, Eindrücke im Gehirn (eigentlich *habitus* der Reproduction) correspondirend und zu einem Ganzen der inneren Selbstanschauung gehörend, angenommen werden können" (12:32 Anm.). (Dass Zuständen des Gemüts stets physiologische Zustände korrespondieren, nimmt Kant auch an anderen Stellen an; vgl. z. B. 28:259; 15:452f. Dabei ist die Rede vom Gemüt jeweils im anthropologischen Sinne zu verstehen, so dass die Frage nach der → transzendentalen Realität oder Idealität von Gemüt, Körper und ihrer gegenseitigen Verbindung hier stets ausgeklammert ist.)

Neben seiner Funktion als transzendentale Ortsbestimmung, die durch die Unterscheidung von Ding an sich und Erscheinung intern differenziert ist, bezeichnet der transzendentalphilosophische Begriff des Gemüts auch den Träger mentaler *Aktivität* sowie den Inbegriff mentaler *Fähigkeiten* (Gemütskräfte). Bisweilen tritt das Gemüt in diesem Sinne als Akteur transzendentaler Konstitutionsleistungen auf – etwa im Kontext der Lehre von der Selbstaffektion, derzufolge „das Gemüth durch eigene Thätigkeit, nämlich dieses Setzen seiner Vorstellung, mithin durch sich selbst afficirt wird" (KrV B 67f.; zum Gemüt als Subjekt transzendentaler Akte vgl. auch 17:663; 17:668; 18:114). Insbesondere ist aber das Gemüt dadurch gekennzeichnet, dass alle mentalen Fähigkeiten – als Gemütskräfte – *seine* Fähigkeiten sind. Auch hier kommt die charakteristische Unbestimmtheit des transzendentalphilosophischen Begriffs des Gemüts zum Tragen und erlaubt es, ihn von verwandten Begriffen wie dem des Ich abzugrenzen. Das Ich umfasst zwar gleichfalls die empirische *und* die intelligible Ebene und kann deshalb auch die Einheit des Subjekts in beiden Betrachtungsweisen ausdrücken (vgl. 7:142). Dennoch ist das Ich insofern spezifischer als das Gemüt, weil es die Einheit des Denkens ausmacht, einer Tätigkeit also, die speziell in einer Ausübung des Verstandes besteht. Das Gemüt dagegen ist umfassender, weil es in der Ausübung *aller* mentaler Fähigkeiten wirksam ist. Insbesondere gehört ihm neben dem spontanen Vermögen des Verstandes (im allgemeinen Sinne) auch das rezeptive Vermögen der Anschauung als weitere „Grundquelle[] des Gemüths" an (KrV A 50 / B 74). (Häufig spricht Kant daher auch davon, dass das Gemüt „affiziert" wird: vgl. KrV A 19 / B 33; KrV B 157 Anm.; KrV B 67f.; 20:230.)

Auf Grund seines generischen, umfassenden Charakters riskiert der transzendentalphilosophische Begriff des Gemüts allerdings, zur bloßen Äquivokation von heterogenen Bestimmungen und Fähigkeiten zu werden. Kant begegnet dieser Gefahr, indem er dem Begriff des Gemüts neben seinem generischen Charakter auch eine systematische Einheit zuweist. Diese Einheit verdankt der Begriff nicht einer übergeordneten Definition, sondern der Tatsache, dass er in nicht beliebiger, sondern systematischer Weise intern differenziert ist. Zu einer solchen systematischen Differenzierung trägt neben der kritischen Unterscheidung in das Gemüt als Ding an sich und als Erscheinung besonders der wechselseitige Zusammenhang der Gemütskräfte bei, die „unter sich ein System im Gemüthe ausmachen" (20:242).

2 Das System der Gemütskräfte

„Gemütskräfte" oder „Vermögen des Gemüts" sind bei Kant Fähigkeiten des Gemüts zu mentalen Handlungen; individuiert sind sie durch den jeweiligen Handlungstyp, wie sich an Kants Bestimmungen konkreter Gemütskräfte zeigt (z. B. Verstand als „*Vermögen zu urtheilen*", KrV A 69 / B 94). – In *Refl.* greift Kant gelegentlich die wolffsche Unterscheidung von Kraft, lat. *vis*, und Vermögen, lat. *facultas*, des Gemüts auf; dabei steht ‚Vermögen' nach Kant für die Fähigkeit im allgemeinen, während in der „Kraft" eine „Bestrebung zu handeln" (17:73) oder ein sonstiger „Bestimmungsgrund" (17:73) zum Vermögen hinzutritt (vgl. auch 18:371f.). In den veröffentlichten Schriften behandelt Kant dagegen ‚Gemütskraft' und ‚Vermögen des Gemüts' weitgehend gleichbedeutend.

Die Gemütskräfte sind für Kant zum einen Gegenstand der empirischen Psychologie als einer „Naturlehre des inneren Sinnes" (4:471), in der sie anhand der Erscheinungen ihrer Wirkungen im inneren Sinn beschrieben und systematisiert werden; durch den regulativen Gebrauch der Vernunftidee der Seele können wir hier „eine vollständige und nothwendige Einheit aller Gemüthskräfte, ob man sie gleich nicht *in concreto* einsehen kann, zum Princip unserer Beurtheilung ihrer inneren Erscheinungen" machen (KrV A 771 / B 799; vgl. KrV A 672 / B 700). Zum anderen sind Gemütskräfte aber theoretische Instanzen, die in der Transzendentalphilosophie methodisch geregelt eingeführt oder „vorausgesetzt" (vgl. 18:371f.) werden. In der kritischen „Zergliederung der Gemüthsvermögen" (20:207; vgl. 10:514) ergeben sich drei nicht aufeinander reduzierbare Gemütskräfte, auf die sich alle anderen Vermögen zurückführen lassen: das →Erkenntnisvermögen, das Gefühl der Lust und Unlust und das Begehrungsvermögen (vgl. 20:205f.; 20:245; 5:177).

Diese Vermögen bilden nach Kant dadurch ein „System der Gemüthskräfte" (20:246; vgl. 20:242; 20:244; 20:201; 10:514), dass die reinen Erkenntnisvermögen →Verstand, →Urteilskraft und →Vernunft apriorische Prinzipien für den Gebrauch aller drei Vermögen enthalten (vgl. 20:207; 20:245; 5:178f.). Die Gesetzgebung des Verstandes in Bezug auf das Erkenntnisvermögen durch die reinen Verstandesbegriffe wird in der *KrV*, die Gesetzgebung der Vernunft in Bezug auf das Begehrungsvermögen durch den Freiheitsbegriff in der *KpV* nachgewiesen (vgl. 5:178); dass aber die Gemütskräfte tatsächlich ein →System nach Prinzipien a priori und nicht nur ein „*Aggregat*" bilden (20:206), wird erst dadurch gezeigt, dass in der *KU* eine Gesetzgebung der Urteilskraft in Bezug auf das Gefühl der Lust und Unlust demonstriert wird. Hierdurch wird nach Kant auch allererst der „Idee der Philosophie, als eines Systems" Genüge getan (20:207); für Kant besteht nämlich eine direkte Verbindung zwischen dem systematischen Zusammenhang der Gemütskräfte und der Architektonik des philosophischen Systems, so dass Kant sich in der Entwicklung der Transzendentalphilosophie von der „allgemeinen Vorzeich[n]ung der Elemente der Erkentnis und der dazu gehorigen Gemüthskräfte" (10:514) anleiten lassen kann.

3 Individualität und Leben des Gemüts

‚Gemüt' ist für Kant nicht nur der Inbegriff des Mentalen; er verbindet mit dem Begriff – entsprechend der lateinischen Übersetzung als „*animus*" (vgl. 28:680; 7:131; 22:112; 12:32 Anm.; 7:399) – auch eine wichtige *dynamische* und *affektive* Bedeutungskomponente.

Zum einen gebraucht Kant den Begriff des Gemüts im Rahmen der „Charakteristik" als anthropologischer Disziplin (vgl. 7:283ff.), um die affektive Eigenart eines Individuums oder einer Gruppe zu kennzeichnen (auch: „Gemütsart"). Als Disposition, „etwas gut oder übel aufzunehmen" (15:763), zählt das („gute" oder „böse": vgl. z. B. 7:285; 19:152; 27:1551) Gemüt zum Temperament (vgl. 15:763) bzw. zum Naturell (vgl. 7:285f.). Das Gemüt in diesem Sinne ist durch das „Leben" und die „proportion der Kräfte" (15:341) im Individuum bestimmt: Es gehört, ebenso wie die Gemütskrankheiten (vgl. 7:202ff.), zu der „eigenthümliche[n]" Dimension, die „Empfindung so wohl als Begrif" neben ihrer „gemeingültige[n]" Seite im Individuum haben (15:341).

Zum anderen ist hier die Kennzeichnung des Gemüts durch Begriffe wie ‚Leben' und ‚Bewegung' einschlägig. Kant setzt an einer Stelle die „gesammte[...] Kraft des Gemüths" mit dem „Princip des Lebens" gleich (28:247). Das Gemüt „will bewegt seyn" (15:349); es kann aber auch übermäßig bewegt werden, nämlich durch den Affekt, d. h. „diejenige Bewegung des Gemüths, welche es unvermögend macht, freie Überlegung der Grundsätze anzustellen, um sich darnach zu bestimmen" (5:272). Entsprechend ist dem Gemüt eine Selbstkontrolle aufgegeben (vgl. 27:202f.); es soll selbst „in Ruhe seyn, weil es alle andere Kräfte zwekmäßig bewegen soll" (15:854; vgl. 15:740).

Über den Bereich der Anthropologie hinaus sind derartige Bestimmungen des Gemüts besonders für Kants Theorie des Geschmacksurteils und seines Zusammenhangs zum moralischen Selbstverständnis des Menschen in der *KU* von Bedeutung. Die Erfahrung des Schönen belebt nach Kant das Gemüt (vgl. 5:219) und besteht in einem mitteilbaren „Gemüthszustand" (5:217); in der Erfahrung des Erhabenen bringt die ästhetische Urteilskraft eine „Gemüthsstimmung" hervor, „welche derjenigen gemäß und mit ihr verträglich ist, die der Einfluß bestimmter Ideen (praktischer) auf das Gefühl bewirken würde" (5:256; vgl. 5:445f.).

Weiterführende Literatur

Hegler, Alfred: Die Psychologie in Kants Ethik, Freiburg: Mohr/Siebeck 1891.

Pippin, Robert: „Kant on the Spontaneity of Mind", in: Canadian Journal of Philosophy 17, 1987, 449–475.

Franz Knappik

Genie

Kant definiert ‚Genie' als „das Talent (Naturgabe), welches der Kunst die Regel giebt. Da das Talent, als angebornes productives Vermögen des Künstlers selbst zur Natur gehört, so könnte man sich auch so ausdrücken: *Genie* ist die angeborene Gemüthsanlage (ingenium), *durch welche* die Natur der Kunst die Regel giebt" (5:307) oder kurz als „Talent zur schönen Kunst" (5:311). Der Genietheorie kommt innerhalb der kantischen Ästhetik eine Schlüsselrolle zu, denn sie erlaubt es zu erklären, warum nicht nur Naturgegenstände, sondern auch von Menschen geschaffene Artefakte schön sein können. Weitere wichtige Stellen: 5:317; 7:224.

Philosophische Funktion

1 Experte versus Genie

Kant zufolge gilt, dass „Genie 1. ein *Talent* sei, dasjenige, wozu sich keine bestimmte Regel geben läßt, hervorzubringen: nicht Geschicklichkeitsanlage zu dem, was nach irgend einer Regel gelernt werden kann; folglich, daß *Originalität* seine erste Eigenschaft sein müsse. 2. Daß, da es auch originalen Unsinn geben kann, seine Producte zugleich Muster, d. i. *exemplarisch*, sein müssen; mithin, selbst nicht durch Nachahmung entsprungen, anderen doch dazu, d. i. zum Richtmaße oder Regel der Beurtheilung, dienen müssen. 3. Daß es, wie es sein Product zustande bringe, selbst nicht beschreiben, oder wissenschaftlich anzeigen könne, sondern daß es als *Natur* die Regel gebe; und daher der Urheber eines Products, welches er seinem Genie verdankt, selbst nicht weiß, wie sich in ihm die Ideen dazu herbeifinden, auch es nicht in seiner Gewalt hat, dergleichen nach Belieben oder planmäßig auszudenken und anderen in solchen Vorschriften mitzuteilen, die sie instand setzen, gleichmäßige Producte hervorzubringen. [...] 4. Daß die Natur durch das Genie nicht der Wissenschaft, sondern der Kunst die Regel vorschreibe; und auch dieses nur, in sofern diese letztere schöne Kunst sein soll" (5:307f.; vgl. auch 5:317). Im Unterschied zu David Hume, der ein kompetentes Urteil über →Schönheit nur Experten zutraute, sah Kant alle Menschen als tatsächliche oder potentielle ästhetische Experten an. Aber während jeder hinreichend geübte und sensible Mensch Schönheit erleben und beurteilen und insofern →Geschmack besitzen kann, ist nicht jeder Mensch Kant zufolge auch ein potentielles Genie, und d. h. begabt für das Erschaffen von Werken der schönen Kunst. Das Genie, wie Kant es versteht, ist kein Experte für Fragen der Schönheit im humeschen Sinn, d. h. jemand, der erhebliche Kenntnisse erworben, sich gebildet und seine natürlichen Fähigkeiten der unvoreingenommenen und vorurteilslosen Betrachtung und der Wahrnehmung feiner Unterschiede durch Übung weiter entwickelt hat als die meisten anderen Menschen. Genialität im kantischen Sinn ist eine natürliche Begabung. Kant betont aber auch, dass ein Mensch mit der Begabung zur Genialität nur dann zu einem Künstler wird, wenn er sein natürliches Talent ausbildet, Muster studiert und handwerkliche Fähigkeiten und Techniken erwirbt, ohne die er seine genialen Ideen nicht verwirklichen könnte. „Nun heißt das Talent zum Erfinden das *Genie*. Man legt aber diesen Namen immer nur einem *Künstler* bei, also dem, der etwas zu *machen* versteht, nicht dem, der bloß vieles kennt und weiß; aber auch nicht einem bloß nachahmenden, sondern einem seine Werke *ursprünglich* hervorzubringen aufgelegten Künstler; endlich auch diesem nur, wenn sein Product *musterhaft* ist, d. i. wenn es verdient als Beispiel (exemplar) nachgeahmt zu werden. – Also ist das Genie eines Menschen ‚die musterhafte Originalität seines Talents' (in Ansehung dieser oder jener Art von Kunstproducten)" (7:224).

2 Die Möglichkeit schöner Kunst

Kant zufolge kann es kein Prinzip der Schönheit geben, das sich in Form eines objektiven Begriffs angeben ließe. Denn das Erleben von Schönem ist kein Erkennen und das Geschmacksurteil über das Schöne kein Erkenntnisurteil. Vielmehr liegt einem solchen Geschmacksurteil ein spezifisches →Gefühl der Lust zugrunde, das Kant als ein interesse- und begriffsloses Wohlgefallen beschreibt. Von dieser zentralen Einsicht geht er in seiner Theorie des Geschmacksurteils aus. Daraus ergibt sich die Schwierigkeit zu erklären, dass und wie Artefakte schön sein können, d. h., wie so etwas wie schöne Kunst möglich sei, denn Artefakte werden nach Regeln und nach der Vorstellung eines bestimmten (Gebrauchs-)Zwecks hergestellt. Um dieser Schwierigkeit zu begegnen, entwickelt er seine Theorie des Genies: „[S]chöne Künste [müssen] nothwendig als Künste des *Genies* betrachtet werden [...]. Denn eine jede Kunst setzt Regeln voraus, durch deren Grundlegung allererst ein Product, wenn es künstlich heißen soll, als möglich vorgestellt wird. Der Begriff der schönen Kunst aber verstattet nicht, daß das Urtheil über die Schönheit ihres Products von irgend einer Regel abgeleitet werde, die einen *Begriff* zum Bestimmungsgrunde habe, mithin einen Begriff von der Art, wie es möglich sei, zum Grunde lege. Also kann die schöne Kunst sich nicht selbst die Regel ausdenken, nach der sie ihr Product zu Stande bringen soll. Da nun gleichwohl ohne vorhergehende Regel ein Product niemals Kunst heißen kann, so muß die Natur im Subjecte (und durch die Stimmung der Vermögen desselben) der Kunst die Regel geben, d. i. schöne Kunst ist nur als Product des Genies möglich" (5:307; vgl. 5:309f.). Auch der geniale Künstler muss, um ein schönes Kunstwerk zu erschaffen, nach einer Regel verfahren. Aber diese Regel ist insofern eine Regel der Natur, als sie sich keiner begrifflichen Reflexion oder wissenschaftlichen Erkenntnis verdankt.

3 Genie, Geschmack, Geist

„Zur *Beurtheilung* schöner Gegenstände als solcher wird *Geschmack*, zur schönen Kunst selbst aber, d. i. zur *Hervorbringung* solcher Gegenstände, wird *Genie* erfordert" (5:311). Während das Vermögen des Geschmacks im Erkenntnisvermögen eines jeden geistig gesunden Menschen angelegt ist, ist nicht jeder Mensch mit dem besonderen Talent begabt, das es zu einem Genie werden lässt; Geschmack ohne Genie ist möglich, aber das Umgekehrte gilt nicht. Außerdem schreibt Kant einem Genie „*Geist*" zu (5:320), wobei er unter ‚Geist' das „Vermögen der Darstellung *ästhetischer Ideen*" versteht (5:313f.). Im Allgemeinen versteht Kant unter ‚Ideen' Vernunftbegriffe, die sich, im Unterschied zu den Verstandesbegriffen, nicht anschaulich darstellen lassen (KrV A 338 / B 396f.). Eine Ausnahme stellen jedoch die „*ästhetische*[*n*] *Ideen*" (5:314) dar. Eine „ästhetische[] Idee" definiert Kant als „diejenige Vorstellung der Einbildungskraft, die viel zu denken veranlaßt, ohne daß ihr doch irgendein bestimmter Gedanke, d. i. *Begriff*, adäquat sein kann, die folglich keine Sprache völlig erreicht und verständlich machen kann" (5:314). Dieses Denken in ästhetischen Ideen ist eine Leistung des Geistes. Es ist, im Unterschied zu der produktiven Leistung des Genies, eine verstehende und interpretierende Leistung.

4 Die Vorbildfunktion des Genies

Ein Genie ist keiner Nachahmung fähig, und niemand kann lernen, ein Genie zu sein. Genialität ist ein natürliches Talent, das nicht jedem Menschen eigen ist. Von Genies spricht Kant auch als von den „Günstlinge[n] der Natur" (5:309; vgl. 5:318). Die von Joseph Beuys vertretene These, dass jeder Mensch ein Künstler sei, liegt Kant ganz und gar fern. Mit seinen Werken der schönen Kunst schafft ein Genie Muster, die das natürliche Prinzip der Schönheit verkörpern und junge Menschen, die sich zur Kunst berufen fühlen, zur Nachahmung ermuntern – wobei Kant zwischen „*Nachmachung*" und „*Nachahmung*" unterscheidet, nur letztere ist ein möglicher Weg zum künstlerischen Schaffen. Seine Terminologie ist hier jedoch nicht eindeutig (5:309; vgl. 5:318 und 7:318). Daraus, dass Genialität eine natürliche Begabung ist und nicht erlernt werden kann, sollte aber niemand schließen, ein Künstler könne sich ganz auf seine Genialität verlassen und brauche nichts zu lernen: „Da nun die Originalität des Talents ein (aber nicht das einzige) wesentliches Stück vom Charakter des Genies ausmacht, so glauben seichte Köpfe, daß sie nicht besser zeigen können, sie wären aufblühende Genies, als wenn sie sich vom Schulzwange aller Regeln lossagen und glauben, man paradire besser auf einem kollerichten Pferde als auf einem Schulpferde" (5:310).

Weiterführende Literatur

Fricke, Christel: „Kants Theorie der schönen Kunst", in: Parret, Herman (Hg.): Kants Ästhetik, Berlin u. a.: de Gruyter 1998, 674–689.

Giordanetti, Piero: „Das Verhältnis von Genie, Künstler und Wissenschaftler in der Kantischen Philosophie", in: Kant-Studien 86, 1995, 406–430.

Kablitz, Andreas: „Die Kunst und ihre prekäre Opposition zur Natur", in: Höffe, Otfried (Hg.): Immanuel Kant. Kritik der Urteilskraft, Berlin: Akademie 2008.

Saint Girons, Baldine: „Génie“, in: Delon, Michel: Dictionnaire Européen des Lumières, Paris: Presses Universitaires de France 1997, 496–499.
Schmidt, Jochen: Die Geschichte des Genie-Gedankens in der deutschen Literatur, Philosophie und Politik 1750–1945, 2 Bde, Darmstadt: Wissenschaftliche Buchgesellschaft 1985.

Christel Fricke

Geometrie

Die Geometrie ist nach Kant „eine Wissenschaft, welche die Eigenschaften des Raumes synthetisch und doch *a priori* bestimmt“ (KrV B 40). Die Sätze der Geometrie gründen sich auf die „successive Synthesis der productiven Einbildungskraft in der Erzeugung der Gestalten“ (KrV A 163 / B 204). Sie betreffen nur Größen (*quanta*) als solche, d. h. räumliche Figuren im Unterschied zur Arithmetik, die sich mit der Größe (*quantitas*), d. h. der Frage, „wie groß etwas sei“ (KrV A 164 / B 204; vgl. KrV A 717 / B 745), beschäftigt. Geprägt ist Kants Geometrieverständnis durch die Euklidische Geometrie des dreidimensionalen Anschauungsraumes. Viele der geometrischen Beispiele Kants sind den *Elementen* Euklids entnommen.

Nach Kant enthält die Geometrie zwar einige wenige analytische, auf dem Satz des Widerspruchs basierende Sätze wie „z. B. a=a“ (KrV B 17), bei den eigentlich geometrischen Sätzen handelt es sich aber um →synthetische Urteile a priori. Die geometrischen Grundsätze können daher auch Axiome genannt werden. Nach Kant ist die Geometrie „der Axiomen fähig, weil sie vermittelst der Construction der Begriffe in der Anschauung des Gegenstandes die Prädicate desselben *a priori* und unmittelbar verknüpfen kann“ (KrV A 732 / B 760). Möglich ist dieser Vernunftgebrauch in der Geometrie nach Kant nur deshalb, weil es sich beim →Raum um eine subjektive Bedingung der Sinnlichkeit, d. h. eine Form der Anschauung handelt. So kann der Satz, „daß sich in einem Punkte nicht mehr als drei Linien rechtwinklicht schneiden können“, „gar nicht aus Begriffen dargethan werden, sondern beruht unmittelbar auf Anschauung und zwar reiner *a priori*, weil er apodiktisch gewiß ist“ (4:284f). Kants Lehre vom Raum als Anschauungsform begründet zugleich die objektive Realität der Geometrie: Nur „weil der Raum nichts anders ist, als die Form aller äußeren Erscheinungen“, kann die Geometrie mit „Zuverlässigkeit auf wirkliche Gegenstände“ (4:287) angewendet werden. Weitere wichtige Stellen: 2:168; 2:277–281; 2:397; 2:403ff.; KrV B 16f.; KrV A 24ff. / B 39ff.; KrV A 46ff. / B 64f.; KrV A 87f. / B 120; KrV B 161; KrV A 140f. / B 180; KrV A 163f. / B 204; KrV A 165f. / B 206; KrV A 712–738 / B 740–766; 4:269; 4:283–288; 4:291f.; 4:478f.; 22:25; 22:39.

Philosophische Funktion

1 Axiomatik der Geometrie

Mathematische Sätze sind nicht analytisch. Sie basieren nicht auf der Zergliederung der in ihnen enthaltenen Begriffe, sondern sie sind wegen ihres apriorischen Anschauungsbezuges insgesamt synthetisch. In dieser Bestimmung fasst Kant sein synthetisches Verständnis der Mathematik, insbesondere der Geometrie zusammen. Zwar legt die Geometrie einige analytische Grundsätze zugrunde, die eigentlich geometrischen Sätze sind ebenso wie die Sätze der Arithmetik jederzeit synthetischer Natur (vgl. 4:269). Da aber nur die Geometrie über hinreichend allgemeine Sätze verfügt, ist nach Kant die Geometrie, nicht aber die Arithmetik der Axiome fähig. Nach Kant sind die Axiome der Geometrie nicht nur synthetisch und unmittelbar gewiss, sondern sie bilden auch die Grundlage für weitere Schlüsse, die „alle nach dem Satze des Widerspruches fortgehen“ (4:268). So ergibt sich ein notwendiger Zusammenhang von unmittelbar gewissen, in reiner Anschauung konstruierbaren Axiomen und analytisch gefolgerten Sätzen. Dieser axiomatische Charakter der Geometrie steht nach Kant im Einklang mit dem synthetischen Charakter der geometrischen Sätze: Die Sätze der Geometrie sind auch dann synthetisch, wenn sie sich aus vorausgesetzten Sätzen herleiten lassen. Das Synthetische ihrer Sätze wird hier sozusagen mitgefolgert. Axiome und Folgesätze unterscheiden sich allein dadurch, dass bei jenen jederzeit Anschauung „zu Hülfe“ (KrV B 15) genommen werden muss, „vermittelst deren allein die Synthesis möglich ist“ (KrV B 16), während bei allen übrigen geometrischen Sätzen der synthetische Charakter auch durch Ableitung aus synthetischen Grundsätzen verbürgt werden kann. Prinzipiell müssen sich aber nach Kant auch diese Sätze in einer reinen (nichtempirischen) Anschauung darstellen lassen.

2 Geometrische Konstruktion

„Das Wesentliche und Unterscheidende der reinen *mathematischen* Erkenntniß von aller andern Erkenntniß *a priori* ist, daß sie durchaus *nicht aus Begriffen*, sondern jederzeit nur durch die Construction der Begriffe [...] vor sich gehen muß" (4:272). Auch die geometrische Erkenntnis beruht nach Kant daher auf der Konstruktion von Begriffen. Darunter ist nicht die „an irgend einer Materie ausgeübt[e]" und durch wirkliche „Instrumente verrichtet[e]" (8:192) *empirische* Konstruktion zu verstehen. Die empirische Konstruktion ist ein für die Geometrie bloß äußerliches Tun. Das gilt nach Kant sowohl für die *höhere* Geometrie der Ellipsen, Parabeln und Kurven als auch für die Elementargeometrie der Geraden und Kreise (vgl. 20:198). Gleichwohl kann aber die „einzelne hingezeichnete Figur", die jederzeit empirisch ist, dazu dienen, den „Begriff unbeschadet seiner Allgemeinheit auszudrücken" (KrV A 713f. / B 741f.); denn bei der geometrischen Konstruktion z. B. eines Dreiecks wird „immer nur auf die Handlung der Construktion des Begriffs, welchem viele Bestimmungen, z. E. der Größe, der Seiten und der Winkel, ganz gleichgültig sind, gesehen" (KrV A 714 / B 742; vgl. KrV A 141f. / B 181). Das zugrunde liegende allgemeine Verfahren, den reinen sinnlichen Begriffen ein Bild zu verschaffen, nennt Kant →Schema. So kann das Schema „des Triangels [...] niemals anderswo als in Gedanken existiren und bedeutet eine Regel der Synthesis der Einbildungskraft in Ansehung reiner Gestalten im Raume" (KrV A 141 / B 180). Da den „reinen sinnlichen Begriffen nicht Bilder der Gegenstände, sondern Schemate zum Grunde [liegen]" (KrV A 140f. / B 180), muss nach Kant mit der Konstruktion geometrischer Figuren auch nicht notwendigerweise Überschaubarkeit in einem Bild verbunden sein (vgl. 8:210ff.; 5:251–254).

3 Der Anschauungscharakter der Geometrie

Eine zentrale These der kantischen Theorie der Geometrie lautet, dass die geometrische Erkenntnis auf synthetischen Urteilen a priori basiert. Aufgrund ihres Erkenntnis erweiternden und zugleich apodiktischen Charakters kann die Geometrie nach Kant weder auf analytische noch auf empirische Urteile zurückgeführt werden (vgl. KrV A 24f. / B 41). Möglich ist die Geometrie als *synthetische Erkenntnis a priori* nur dadurch, dass sie „die reine Anschauung des Raums zum Grunde" legt (4:283). Es ist die Eigenart des Raumes, eine subjektive Bedingung der Sinnlichkeit oder reine Form der Anschauung zu sein, die nach Kant dafür aufkommt, dass die Geometrie, ohne auf eine empirische Anschauung zu rekurrieren, von ihren Gegenständen – den Figuren und Gestalten im Raum – synthetisch urteilen kann. Der begrifflich nicht aufzuhebende Anschauungscharakter der Geometrie zeigt sich vor allem an den begrifflich nicht bestimmbaren Qualitäten des geometrischen Gegenstandes. Als solche gelten Kant insbesondere die *Kontinuität* und die *Inkongruenz* von gleichen und ähnlichen Gestalten im Raume (vgl. KrV A 169ff. / B 211f.; 2:375–383; 2:403; 4:285f.; 4:484). Das *Paradoxe* inkongruenter Gegenstücke besteht darin, dass diese trotz Übereinstimmung „in allen zur Größe und Qualität gehörigen Bestimmungen" (4:285) nicht deckungsgleich sind. Es handelt sich hier nach Kant um einen Unterschied, der sich nicht auf „deutliche Begriffe" bringen lässt, sondern nur „in der Anschauung" (4:484) gegeben werden kann und darum als ein „wahrhafter mathematischer und zwar innerer Unterschied" (4:484) gelten muss. Zu der Frage, ob und inwiefern sich mit Kants anschauungsbezogenem Geometriebegriff die Möglichkeit einer nicht-euklidischen Geometrie verbinden lässt, vgl. z. B. Friedman, *Kant's Theory of Geometry*, insbes. 455–506.

4 Objektive Realität und Anwendbarkeit der Geometrie

Die „reine Geometrie kann nur unter der Bedingung allein objective Realität haben, daß sie blos auf Gegenstände der Sinne geht, in Ansehung deren aber der Grundsatz feststeht: daß unsre sinnliche Vorstellung keineswegs eine Vorstellung der Dinge an sich selbst, sondern nur der Art sei, wie sie uns erscheinen" (4:287). Es ist die in der „*Transzendentalen Ästhetik*" (KrV A 19 / B 33; KrV A 19–49 / B 33–73) entwickelte Lehre von →*Raum* und →*Zeit* als *Formen der Anschauung*, durch die nach Kant allein gesichert werden kann, dass „Sätze der Geometrie nicht etwa Bestimmungen eines bloßen Geschöpfs unserer dichtenden Phantasie" (4:287), sondern von objektiver Realität sind. Ist nämlich der Raum Form der äußeren Anschauung, die den „physischen, d. i. die Ausdehnung der Materie selbst" (4:288) allererst möglich macht, dann kann es sich bei den Sätzen der Geometrie als den Synthesen eines räumlichen Auseinanders nur um apriorische Präfigurationen von Gegenständen handeln. Ganz anders würde es sich nach Kant verhalten, „wenn die Sinne die Objecte vorstellen müßten, wie sie an sich selbst sind. Denn da würde aus der Vorstellung vom Raume, die der Geometer *a priori* mit allerlei Eigenschaften desselben zum Grunde legt, noch gar nicht folgen, daß alles dieses sammt dem, was daraus gefolgert wird, sich gerade so in der Natur verhalten müsse [...], weil man gar nicht einsieht, wie Dinge nothwendig mit dem Bilde, das wir uns von selbst und zum voraus von ihnen machen, übereinstimmen müßten" (4:287). Dieser Befund wird im Fortgang der *KrV* von der „*Transzendentalen Ästhetik*" (KrV A 19 / B 33; KrV A 19–49 / B 33–73) über die Schematismuslehre bis hin zur „*Transzendentalen Methodenlehre*" (KrV A 705 / B 733; KrV A 705–856 / B 733–884) unter verschiedenen Aspekten aufgegriffen und präzisiert. Vor allem ist es aber das Lehrstück von den „*Axiomen der Anschauung*" (KrV A 162 / B 202; KrV A 162–166 / B 202–207), durch das der Realitätsbezug der Geometrie begründet wird. Da die empirischen „Anschauungen im Raume oder der Zeit durch dieselbe Synthesis vorgestellt werden müssen, als wodurch Raum und Zeit überhaupt bestimmt werden", sind die Erscheinungen „insgesammt Größen und zwar *extensive Größen*" (KrV A 162 / B 203), d. h. die „empirische Anschauung ist nur durch die reine (des Raumes und der Zeit) möglich; was also die Geometrie von dieser sagt, gilt auch ohne Widerrede von jener" (KrV A 165 / B 206). Zum Problem der objektiven Geltung der Geometrie bei Kant vgl. Wolff, *Geometrie und Erfahrung*.

Weiterführende Literatur

Büchel, Gregor: Geometrie und Philosophie. Zum Verhältnis beider Vernunftwissenschaften im Fortgang von der Kritik der reinen Vernunft zum Opus postumum, Berlin u. a.: de Gruyter 1987.

Friedman, Michael: „Kant's Theory of Geometry", in: The Philosophical Review 94, 1985, 455–506.

Hintikka, Jaakko: „Kant on the Mathematical Method", in: The Monist 51, 1967, 352–375.

Wolff, M.: Geometrie und Erfahrung. Kant und das Problem objektiver Geltung der Euklidischen Geometrie, in: Gerhardt, Volker / Horstmann, Rolf-Peter / Schumacher, Ralph (Hg.): Kant und die Berliner Aufklärung. Akten des IX. Internationalen Kant-Kongresses, Bd. I, Berlin u. a.: 2001, 209–232.

Brigitta-Sophie von Wolff-Metternich

Gerechtigkeit

Kant benutzt den Ausdruck ‚Gerechtigkeit' gelegentlich im traditionellen Sinne sowohl für Gerechtigkeit als →Tugend (vgl. 23:354) wie auch für Gerechtigkeit als Maßstab für richtiges Handeln („[R]egeln der Gerechtigkeit", *Refl.* 7105, 19:249). Im Vordergrund steht jedoch, schon seit den 1780er Jahren, die „äußere[]" oder „öffentliche[] Gerechtigkeit" (8:23, 8:119), sei es als eine öffentliche Institution oder mehrere öffentliche Institutionen („Völkerbund" als „äußere[] Gerechtigkeit", *Refl.* 8068, 19:600), sei es als die Idee einer solchen Institution („Gerechtigkeit als Idee der richterlichen Gewalt"). Dabei steht „öffentlich[]" im Gegensatz einerseits zu „[p]rivat[]" (6:307), andererseits zu „geheim[]" (8:368). Unter der Herrschaft einer öffentlichen Gerechtigkeit sind nicht mehr (wie im Naturzustand) private Meinungen über das, was recht ist, maßgeblich, und die Leistungen der öffentlichen Gerechtigkeit sind nicht geheim, sondern liegen offen zutage. Die öffentliche Gerechtigkeit steht so der privaten Gerechtigkeit, „iustitia privata" (27:1381), gegenüber. Wichtige Stellen: 6:306; 6:296ff.

Philosophische Funktion

1 Die Institutionen der öffentlichen Gerechtigkeit

1.1 In *MSR* ist die „öffentliche Gerechtigkeit" „das formale Princip der Möglichkeit" eines „rechtliche[n] Zustandes", „nach der Idee eines allgemeinen gesetzgebenden Willens betrachtet" (6:305f.). Als „rechtliche[n] Zustand" charakterisiert Kant „dasjenige Verhältniß der Menschen unter einander, welches die Bedingungen enthält, unter denen allein jeder seines Rechts *theilhaftig* werden kann" (6:305f.). Das soll heißen: Der rechtliche Zustand ist der Rechtsstaat, in dem jedermann die (subjektiven) Rechte, die ihm zukommen, auch tatsächlich ausüben kann. „[Ö]ffentliche Gerechtigkeit" (6:306) ist eine notwendige Bedingung für einen derartigen rechtlichen Zustand. Kant teilt sie ein in die „*beschützen-*

de [Gerechtigkeit] (*iustitia tutatrix*)“, die „*wechselseitig erwerbende* [Gerechtigkeit] (*iustitia commutativa*)“ und die „*austheilende Gerechtigkeit* (*iustitia distributiva*)“ (6:306). Die Ausdrücke „*iustitia commutativa*“ und „*iustitia distributiva*“ (6:306) entstammen der aristotelisch-scholastischen Tradition, aber Kant gibt ihnen, im Anschluss an Hobbes, eine neue Bedeutung. Die drei Formen der Gerechtigkeit sind Institutionen, die es geben muss, um von einem rechtlichen Zustand sprechen zu können.

1.2 Bei jeder der drei Institutionen geht es um den intelligibelen „Besitz[] der Gegenstände [...] der Willkür“ (6:306), d. i. um das Eigentum an Sachen, um die Ansprüche auf Leistungen, die eine Person gegen andere Personen aus einem Vertrag haben kann, um den Anspruch einer Person gegen andere Personen aus familienrechtlichen und ähnlichen Beziehungen (vgl. 6:247–248). Die *iustitia tutatrix* schafft die „Möglichkeit“ des intelligibelen „Besitzes der Gegenstände [...] der Willkür“, die *iustitia commutativa* ist die „Wirklichkeit“ und die *iustitia distributiva* führt zu der „Nothwendigkeit“ eines solchen intelligibelen Besitzes (6:306). Danach ist die „*beschützende* [Gerechtigkeit] (*iustitia tutatrix*)“ die (rechtsstaatliche) Gesetzgebung, die das positive (statutarische) öffentliche Recht schafft; die „*wechselseitig erwerbende* [Gerechtigkeit] (*iustitia commutativa*)“ ist, soweit es um den (intelligibelen) Besitz von Sachen und um Ansprüche einer Person auf Leistungen durch eine andere Person aus Vertrag geht, der freie öffentliche Markt; und die „*austheilende Gerechtigkeit* (*iustitia distributiva*)“ ist die (rechtsstaatliche) öffentliche Gerichtsbarkeit (6:306).

1.3 Den Hintergrund für Kants Begriff der öffentlichen Gerechtigkeit liefert Hobbes' Deutung der kommutativen und der distributiven Gerechtigkeit. Bei Hobbes ist kommutative Gerechtigkeit die Gerechtigkeit von Vertragspartnern, die die von ihnen abgeschlossenen Verträge erfüllen, und derjenige Preis ist gerecht, in dem Käufer und Verkäufer übereinkommen. Distributive Gerechtigkeit ist demgegenüber die Entscheidung eines Schiedsrichters, die dem Vertrauen entspricht, das die Parteien in den Schiedsrichter gesetzt haben. Dazu heißt es im sechzehnten Naturrechtssatz, dass im Fall eines Streits über ein Recht sich die Parteien dem Spruch eines Schiedsrichters fügen sollen (vgl. Hobbes, *Leviathan*, I, Kap. XV). Kant greift diesen letzteren Gedanken auf und formuliert in der 1784 gehaltenen Vorlesung über Naturrecht den sechzehnten Naturrechtssatz des Hobbes neu, den er dabei gleichzeitig erweitert: „Tritt in den Zustand der iustitiae distributivae!“, „Unterwerfe dich einer iustitiae distributivae!“ (27:1337; 27:1390). Die beiden Sätze sind das frühkantische Äquivalent zum „Postulat des öffentlichen Rechts“ der *MSR* (6:307), das uns aufgibt, zusammen mit anderen, mit denen wir in Berührung kommen können, in einen rechtlichen Zustand einzutreten. Die Neuformulierung von Hobbes' sechzehntem Naturrechtssatz besagt, dass wir uns einer Institution zu unterwerfen haben (die den Namen „distributive Gerechtigkeit“ hat), die im Fall eines Streits über unsere Rechte über diese Rechte entscheidet. Dementsprechend heißt es in der Vorlesung weiter: Die „Iustitia distributiva bestimmt das Recht durch legem publicam, applicirt es auf jeden Fall, und zwingt zur Befolgung. Gieb auf, daß du nach deinem Urtheil das Recht verfolgen willst, sondern überlasse es dem Gesetzgeber zu bestimmen, und dem Richter zu urtheilen, und gieb deine Gewalt auf, womit du den andern zwingen könntest“ (27:1390). Danach sind es drei Leistungen, die die *iustitia distributiva* erbringt: Die *iustitia distributiva* gibt das öffentliche Gesetz, sie wendet dieses Gesetz auf die Streitfälle an, und sie setzt die solchermaßen getroffenen Entscheidungen durch. In den frühen Phasen von Kants rechtsphilosophischer Arbeit ist die distributive Gerechtigkeit der Rechtsstaat mit seinen wesentlichen Funktionen.

1.4 Der solchermaßen zur öffentlichen Gerechtigkeit gewordenen distributiven Gerechtigkeit steht die kommutative Gerechtigkeit gegenüber. Sie ist die Gerechtigkeit der einzelnen Teilnehmer am Markt, die ihre eigenen Handlungen, mit denen sie am Markt teilnehmen, rechtlich beurteilen. Deshalb ist sie notwendig eine Privatgerechtigkeit. Sie ist die Gerechtigkeit, die im Naturzustand herrscht, weil der Naturzustand gerade dadurch definiert wird, dass es an einer distributiven (und damit öffentlichen) Gerechtigkeit fehlt (vgl. 6:306). Die Ordnung der kommutativen Gerechtigkeit durch die Einrichtung eines Rechtsstaats (einer distributiven Gerechtigkeit) macht jedoch auch den (freien) Markt zu einer öffentlichen Gerechtigkeit und damit zu dem öffentlichen

Markt, von dem später in *MSR*, etwa in 6:303, die Rede ist.

1.5 In *MSR* (vgl. 6:306) bleibt die kommutative Gerechtigkeit der (freie) Markt, auf dem unsere Rechte Wirklichkeit werden. Doch löst die nähere Bestimmung der öffentlichen Gerechtigkeit mit Hilfe der Kategorien der Modalität den weiten Begriff der distributiven Gerechtigkeit der 1780er Jahre auf. Kant muss jetzt zwischen der öffentlichen Gesetzgebung, die die Möglichkeit unserer Rechte schafft, und der öffentlichen Gerichtsbarkeit unterscheiden, die unseren Rechten die (materiale) Notwendigkeit verleiht, durch die sie zu „peremtorisch[en]", „gesichert[en]" (6:292) Rechten werden. Der Name *„austheilende Gerechtigkeit* (*iustitia distributiva*)" bleibt in 6:306 der (rechtsstaatlichen) öffentlichen Gerichtsbarkeit vorbehalten. Für die (rechtsstaatliche) öffentliche Gesetzgebung benutzt Kant jetzt den Ausdruck *„beschützende* [Gerechtigkeit] (*iustitia tutatrix*)".

2 Zur beschützenden Gerechtigkeit

Die *„Lex iusti"* (6:236, wörtlich: das „Gesetz des Rechten"), d. i. vor allem das *„Naturrecht*, das auf lauter Principien a priori beruht" (6:237)), bedarf der Positivierung. Das bedeutet 1), dass die *lex iusti* tatsächlich gedacht und formuliert werden muss, genauso wie die euklidische Geometrie, auf die Kant sich immer wieder bezieht, tatsächlich gedacht und formuliert werden muss, andernfalls sie (zur Vermessung der Nilufer) nicht brauchbar wäre. Darüber hinaus muss das Gesetz 2) verbindlich festgelegt werden, weil das Naturrecht, im Unterschied zur euklidischen Geometrie, verschiedene Wege der Erfüllung seiner Normen offen lässt (z. B. lässt das Naturrecht offen, ob zum Übergang des Eigentums an einem Grundstück die Eintragung in ein Grundbuch erforderlich ist oder nicht). Das positive Recht darf dem Naturrecht freilich nicht widersprechen (vgl. 6:256), andernfalls es seinen rechtsstaatlichen Charakter verlöre. Die (menschliche) Gesetzgebung und das von ihr positivierte und promulgierte *„öffentliche Recht"* (6:311) sind eine Institution, die *iustitia tutatrix*, die unsere (subjektiven) Rechte möglich macht, weil diese Rechte nur vor dem Hintergrund eines „öffentlich" gemachten (und damit auch offen zutage liegenden) Rechts behauptet und (anders als durch bloße Privatgewalt) durchgesetzt werden können. Unsere (subjektiven) Rechte, die es auch im Naturzustand gibt, werden durch diese Institution „beschützt".

3 Zu den Kollisionen von kommutativer und distributiver Gerechtigkeit

Obwohl die „Materie des Privatrechts" im „Zustand [...] des *öffentlichen Rechts*" (d. i. in einem rechtlichen Zustand oder Rechtsstaat) „eben dieselbe" ist wie im „Zustand [...] des *Privatrechts*" oder Naturzustand, obwohl also, mit anderen Worten, das öffentliche Recht „nicht mehr oder andere [Rechts-]Pflichten der Menschen unter sich" enthält, als im Naturzustand gedacht werden können (6:306), kommen mit der Einrichtung eines Rechtsstaats, der eine öffentliche Gerichtsbarkeit (distributive Gerechtigkeit) mit sich bringt, doch zusätzliche Regeln des Naturrechts ins Spiel, die im Naturzustand, in dem lediglich eine kommutative Gerechtigkeit gedacht werden kann, keinen Anwendungsbereich haben (vgl. 6:296–297). In 6:296–305 behandelt Kant „vier Fälle", in denen vor einem öffentlichen Gericht die „Gesichtspunkte[]" der distributiven Gerechtigkeit gegenüber den „Gesichtspunkten" der kommutativen Gerechtigkeit den Ausschlag geben (6:297). Bei den vier Fällen geht es, auf verschiedenen Ebenen, um die„Idee", genauer: um die Funktionstüchtigkeit, „des öffentlichen Rechts" (6:297). Beim Schenkungsfall (vgl. 6:297–298) gibt der tatsächlich abgeschlossene Vertrag, der für die Parteien objektives öffentliches Recht schafft, gegenüber richterlichen Vermutungen den Ausschlag, die (notwendigerweise) nicht öffentlich sind. Beim Leihvertragsfall (vgl. 6:298–300) kommt es auf den Vorbehalt des Eigentums an der verliehenen Sache an, der ein öffentlicher Besitzakt ist (Kant: ein *„Besitzact* (*actus possessorius*) einer äußeren Sache, als der seinen", 6:292; ein „öffentlich gültiges Zeichen", 6:364) und dadurch das subjektive Recht des Eigentümers bestätigt. Beim Schenkungsfall geht es um das (öffentliche) objektive Recht, beim Leihvertragsfall um ein (öffentliches) subjektives Recht in einem (Rechts)-Staat und damit in beiden Fällen um die Funktionstüchtigkeit der beschützenden Gerechtigkeit. Beim Fall der abhanden gekommenen und von einem Dritten gutgläubig erworbenen Sache (vgl. 6:300–303) geht es um die Funktionstüchtigkeit des „öffentliche[n], durchs Polizeigesetz geordnete[n] Markt[es]" (6:303), d. i. der kommutativen Gerechtigkeit, die im Staat eine öffentliche Gerechtigkeit ist. Beim Fall des Zeugeneides (vgl. 6:304–305) geht es um die Funktionstüchtigkeit der öffentlichen Gerichtsbarkeit, d. i. der distributiven Gerechtigkeit. Durch die Anwendung der Regeln, die auf der „Idee des öffentlichen Rechts" (6:297) beruhen, geschieht Unrecht („Das strengste Recht ist das größte Unrecht", 6:235). Trotzdem tritt die kommutative Gerechtigkeit als Privatgerechtigkeit hinter die öffentliche oder distributive Gerechtigkeit zurück.

Weiterführende Literatur

Byrd, B. Sharon / Hruschka, Joachim: Kant's Doctrine of Right – A Commentary, Cambridge: Cambridge University Press 2010, insbes. 23–43; 71–76; 215–226.

Byrd, B. Sharon / Hruschka, Joachim: „Lex iusti, lex iuridica und lex iustitiae in Kants Rechtslehre", in: Archiv für Rechts- und Sozialphilosophie 91, 2005, 484–500.

Byrd, B. Sharon / Hruschka, Joachim: „Introduction", in: dies. (Hg.): Kant and Law, Hants: Ashgate 2006, XIII–XXIX.

Hruschka, Joachim: „Kriterien eines bürgerlichen Zustandes in Kants Rechtslehre", in: Hettinger, M. u. a. (Hg.): Festschrift für Wilfried Küper, Heidelberg: C. F. Müller 2007, 183–196.

Hruschka, Joachim: „Von Rechten, die keinen Richter haben", in: Pawlik, M. u. a. (Hg.): Festschrift für Günther Jakobs, Köln: Carl Heymanns 2007, 189–204.

Joachim Hruschka

Geschichte

Kants Verwendung des Ausdrucks ‚Geschichte' umfasst neben der politisch-kulturellen Geschichte im heutigen Sinne auch die Naturgeschichte. Zu diesem Thema sucht Kant in seinen eigenen Schriften einen philosophischen Leitfaden zu geben, der es erlaubt, Geschichte als Entfaltung der menschlichen Gattungsanlagen sowie als Entwicklung von →Recht und Kultur zu verstehen. Wichtige Stellen: 5:429–436; 7:79–94; 7:321–333; 8:15–31; 8:107–123; 8:343–369.

Philosophische Funktion

1 Werkgeschichtlicher Hintergrund

Während die Naturgeschichte schon in Kants Frühwerk eine Rolle spielt, gewinnt die politische und kulturelle Geschichte erst seit der Mitte der achtziger Jahre an Bedeutung (*Geschichte*; *Aufklärung*; *Rez. Herder*; *Mutmaßlicher Anfang*; *KU*). Das Thema beschäftigt Kant, z. T. in Auseinandersetzung mit zeitgenössischen Ansätzen bis in die späten neunziger Jahre (*Frieden*; *Fakultäten*; *Anthropologie*).

Kants Interesse gilt weder der geschichtswissenschaftlichen Methodik noch der Darstellung historischer Fakten, vielmehr will er einen „Leitfaden *a priori*" (8:30) entwickeln (vgl. Druet, *La philosophie de l'histoire chez Kant*, S. 19–29). Dieser Leitfaden hat zum einen die Aufgabe, Auswahlkriterien zu liefern, „um diese Menge des historischen Wissens, die Fracht von hundert Kameelen, durch die Vernunft zweckmäßig zu benutzen" (7:227); andernfalls drohe die Historiographie unter der „Last von Geschichte" (8:30) zu ersticken. Zum zweiten soll er dazu dienen, einen „regelmäßigen Gang" zu entdecken, an dem die „stetig fortgehende, obgleich langsame Entwickelung der ursprünglichen Anlagen" der menschlichen Gattung sichtbar wird (8:17). Die Erwartung einer solchen Regelmäßigkeit basiert auf allgemeinen philosophischen Annahmen, denen zufolge „was an einzelnen Subjecten verwickelt und regellos in die Augen fällt, an der ganzen Gattung doch als eine stetig fortgehende, obgleich langsame Entwickelung der ursprünglichen Anlagen derselben werde erkannt werden können" (8:17). Andernfalls trete „das trostlose Ungefähr [...] an die Stelle des Leitfadens der Vernunft" (8:18).

2 Geschichte als Gattungsgeschichte

Kant behauptet daher, dass man den historischen Verlauf als einen kontinuierlichen Entwicklungsprozess auffassen kann. Wirksam wird diese Entwicklung nicht auf der individuellen Ebene, sondern allein auf der Ebene der Gattung: Sie führt zur Ausbildung der menschlichen Anlagen insgesamt, nicht aber zur Befriedigung individueller Bedürfnisse. Kant erwartet sogar, dass die historische Entwicklung das individuelle Glücksverlangen enttäuschen wird: „Die Plagen aber wachsen im Fortschritte derselben [der Kultur], [...] aber das glänzende Elend ist doch mit der Entwickelung der Naturanlagen in der Menschengattung verbunden" (5:432).

Kant unterstellt, es seien „*alle Naturanlagen eines Geschöpfes [...] bestimmt, sich einmal vollständig und zweckmäßig auszuwickeln*" (8:18). Während bei Tieren – so Kant in Anlehnung an Ferguson (vgl. Brandt, *Kommentar zu Kants Anthropologie*) – die Ausbildung aller Anlagen bei jedem einzelnen Individuum möglich sei, erfordere die Ausbildung der menschlichen Vernunft eine Entwicklung über viele Generationen. Die Natur, die dem Menschen diese Anlagen vermacht hat, bedarf daher „einer vielleicht unabsehlichen Reihe von Zeugungen, deren eine der andern ihre Aufklärung überliefert, um endlich ihre Keime in unserer Gattung zu derjenigen Stufe der Entwickelung zu treiben, welche ihrer Absicht vollständig angemessen ist" (8:19; vgl. 8:65). Das Ziel der menschlichen Entwicklung sei als Ideal der Gattung zu verstehen. Geschichte wird damit zur Gattungsgeschichte.

3 Moralität und Geschichte

Mit →‚Vernunft' meint Kant vor allem die moralischen Anlagen des Menschen. Sie bilden den eigentlichen Endzweck der Schöpfung, schließlich kann bei ihnen – anders als bei gewöhnlichen Naturgegenständen – nicht mehr gefragt werden, welchem Zweck sie denn dienten. „[U]nd nur im Menschen, aber auch in diesem nur als Subjecte der Moralität ist die unbedingte Gesetzgebung in Ansehung der Zwecke anzutreffen, welche ihn also allein fähig macht ein Endzweck zu sein, dem die ganze Natur teleologisch untergeordnet ist" (5:435f.).

Die Ausbildung der moralischen Anlagen des Menschen ist an eine Reihe von Bedingungen geknüpft. Zu finden sind sie auf der individuellen, der innerstaatlichen und der zwischenstaatlichen Ebene. Auf der individuellen Ebene bedarf es eines Prozesses der Kultivierung. Er umfasst zum einen die „Cultur [...] der Geschicklichkeit" (5:431) bzw. die Ausbildung der „*technische[n]*" Anlagen des Menschen (7:322) im Umgang mit anderen Dingen. Zweitens ist hier die Disziplinierung bzw. die „Cultur der Zucht" (5:432; vgl. 7:322ff.; vgl. Kleingeld, *Fortschritt und Vernunft*, S. 172–174) von Bedeutung. Sie führt zur „Befreiung des Willens von dem Despotism der Begierden" (5:432) und befähigt den Einzelnen, nach Maßgabe seiner Vernunft selbst zu wählen, statt sich von seinen Trieben dominieren zu lassen.

Die Zivilisierung steht für den Übergang von der individuellen zur interindividuellen Ebene. Sie führt ihn aus der „Rohigkeit der bloßen Selbstgewalt" heraus und bildet die „*pragmatische[n] Anlage[n]* der Civilisierung durch Cultur, vornehmlich der Umgangseigenschaften" (7:323) des Menschen aus, d. h. seine Klugheit im Umgang mit anderen Menschen.

Auf der innerstaatlichen Ebene führt die Entwicklung zur Einrichtung von staatlichen Rechtsverhältnissen. Ziel ist nichts weniger als eine „vollkommen *gerechte bürgerliche Verfassung*", in der die „größte Freiheit" der Individuen verbunden ist mit der „genauste[n] Bestimmung und Sicherung der Grenzen dieser Freiheit, [...] damit sie mit der Freiheit anderer bestehen könne" (8:22). Nur in einem solchen Zustand des Rechts, der Raum lässt für Konflikte, Gegensätze und Konkurrenz, können sich die Anlagen der menschlichen Gattung entwickeln.

Kant kommt später zu der Auffassung, dass dies nur in einer →Republik möglich sei (vgl. Kleingeld, *Fortschritt und Vernunft*, S. 185f.). Diese basiert auf der Gewaltenteilung und unterwirft alle Staatsbürger einer gemeinsamen Gesetzgebung, die ihnen „gesetzliche *Freiheit*" und „bürgerliche *Gleichheit*" garantiert, die aktive Teilhabe an der Gesetzgebung allerdings nur den männlichen, rechtlich und ökonomisch selbständigen „*activen* [...] Staatsbürger[n]" gewährt, nicht aber Frauen und abhängig Beschäftigten als „*passiven* Staatsbürgern" (6:314f.).

Innerstaatliche Rechtsverhältnisse bleiben solange bedroht, wie im Verhältnis der Staaten untereinander der Naturzustand herrscht, so dass diese einander jederzeit angreifen können: „*Das Problem der Errichtung einer vollkommnen bürgerlichen Verfassung ist von dem Problem eines gesetzmäßigen äußeren Staatenverhältnisses abhängig und kann ohne das letztere nicht aufgelöset werden*" (8:24). Notwendig ist daher die Etablierung von Rechtsverhältnissen auch zwischen den Staaten. Ähnlich wie innerhalb der einzelnen Staaten soll das zwischenstaatliche Recht nur einen Rahmen für die Austragung von Konflikten und Antagonismen liefern, diese jedoch nicht verhindern, da Kant sie als Antriebsmittel der weiteren Entwicklung für unverzichtbar hält. Der Idealzustand kann daher kein Weltstaat sein: Dieser sei auf die Dauer nicht imstande, das Recht auf seinem Territorium durchzusetzen. Die Folgen seien zunächst Despotismus und schließlich Anarchie (vgl. 8:367). Infrage kommt in Kants Augen nur ein Völkerbund (vgl. 8:24), d. h. eine Vereinigung souveräner Staaten, die sich verpflichten, rechtliche Prinzipien, das Völkerrecht, einzuhalten (vgl. 5:432f.; 8:24; 8:367f.). So heißt es in *Frieden* „daß ein föderativer Zustand der Staaten, welcher bloß die Entfernung des Krieges zur Absicht hat, der einzige mit der *Freiheit* derselben vereinbare *rechtliche* Zustand sei" (8:385).

Der Endpunkt dieser Entwicklung ist der *„ewige Friede"*, ein Idealzustand, dem sich die reale Entwicklung immer weiter annähert, ohne ihn allerdings jemals ganz zu erreichen: „[S]o ist der *ewige Friede*, der auf die bisher fälschlich so genannte Friedensschlüsse [...] folgt, keine leere Idee, sondern eine Aufgabe, die, nach und nach aufgelöst, ihrem Ziele [...] beständig näher kommt" (8:386).

4 Epistemischer Status der Prognosen

Kant ist sich der Problematik solcher Zukunftsprognosen bewusst. Mehrfach reflektiert er die epistemische Basis sowie den Status seiner geschichtsphilosophischen Behauptungen. Diese treten ausdrücklich nicht als wissenschaftliche Feststellungen auf, die mit den Einsichten der Geschichtswissenschaft konkurrieren würden (8:30; vgl. Düsing, *Teleologie*). Vielmehr handle es sich um regulative Ideen, die „uns doch zum Leitfaden dienen, ein sonst planloses *Aggregat* menschlicher Handlungen wenigstens im Großen als ein *System* darzustellen" (8:29). Es soll also nur angegeben werden, wie man die Geschichte sinnvollerweise betrachten *kann*, um die von Kant unterstellten Ordnungsstrukturen zu finden: „[D]ie Bestimmung des menschlichen Geschlechts im Ganzen ist *unaufhörliches Fortschreiten*, und die Vollendung derselben ist eine bloße, aber in aller Absicht sehr nützliche Idee von dem Ziele, worauf wir der Absicht der Vorsehung gemäß unsere Bestrebungen zu richten haben" (8:65; vgl. 5:598).

Es ist umstritten (vgl. Brandt, *Streit der Fakultäten*; Kleingeld, *Fortschritt und Vernunft*), ob Kant die damit gezogenen Grenzen gegenüber echten Tatsachenbehauptungen immer einhält. In *Geschichte* verwahrt sich Kant zwar vor der „Mißdeutung [s]einer Absicht", „mit dieser Idee einer Weltgeschichte, die gewissermaßen einen Leitfaden *a priori* hat, die Bearbeitung der eigentlichen bloß *empirisch* abgefaßten Historie verdrängen" zu wollen (8:30). Vor allem in *Fakultäten* scheint er die historische Entwicklung aber als eine wissenschaftlich erweisbare Tatsache zu betrachten: „Es ist also ein nicht bloß gutgemeinter und in praktischer Absicht empfehlungswürdiger, sondern allen Ungläubigen zum Trotz auch für die strengste Theorie haltbarer Satz: daß das menschliche Geschlecht im Fortschreiten zum Besseren immer gewesen sei und so fernerhin fortgehen werde" (7:88).

5 Menschliche Verantwortung und die Rolle der Natur

Kant unterstellt, dass der Mensch selbst die Verantwortung für die Geschichte trage: Die Menschheit „soll und *kann* [...] selbst Schöpferin ihres Glücks sein" (7:328; vgl. 8:19; 8:121). Gleichzeitig sucht er zu zeigen, dass der Mensch das, was er tun *soll*, auch tun *wird*, so dass die Geschichte tatsächlich den unterstellten Verlauf nehmen wird.

Gewährleistet wird dies erstens durch die „rastlose und zur Entwickelung der in ihn gelegten Fähigkeiten unwiderstehlich treibende Vernunft" (8:115). Sie veranlasst den Menschen, seine ursprünglich allein durch Instinkte geleitete Existenz zu verlassen und führt ihn damit „aus der Rohigkeit eines bloß thierischen Geschöpfes in die Menschheit, [...] aus der Vormundschaft der Natur in den Stand der Freiheit" (8:115) – auch wenn damit eine Vielzahl von Unannehmlichkeiten verbunden ist.

Ein zweites Antriebsmoment ergibt sich aus dem Anteil, den der Mensch an Recht und →Moral nimmt. Schon in *Geschichte* spricht Kant von dem „gewisse[n] Herzensantheil, den der aufgeklärte Mensch am Guten, das er vollkommen begreift, zu nehmen nicht vermeiden kann" (8:28), in *Fakultäten* ist gar die Rede von einem „Enthusiasmus" für die Idee des Rechts. Kant glaubt diesen Enthusiasmus an den Reaktionen seiner Zeitgenossen auf die Französische Revolution zu erkennen. Da es sich hier um uneigennützige Reaktionen handele, die zudem für den Reagierenden mit einer gewissen Gefahr verbunden seien, werde hier eine „moralische Anlage im Menschengeschlecht" (7:85) sichtbar, die eine „*Ursache* von dem Fortrücken desselben zum Besseren" (7:84) bilde.

Entscheidende Bedeutung hat drittens die Natur selbst. Sie bietet ebenfalls eine Gewähr dafür, dass „dasjenige, was der Mensch nach Freiheitsgesetzen thun *sollte*, aber nicht thut, dieser Freiheit unbeschadet auch durch einen Zwang der Natur, daß er es thun *werde*, gesichert sei" (8:365). Vor allem in den Schriften der achtziger Jahre beruft sich Kant auf die „*ungesellige Geselligkeit*" (8:20): Der Mensch besitzt einerseits ein grundlegendes Bedürfnis nach Geselligkeit, auf der anderen Seite verfügt er über eine Reihe negativer Eigenschaften, die für Konflikte sorgen und damit das Zusammenleben erschweren. Indirekt bilden diese Konflikte, zu denen im zwischenstaatlichen Verhältnis auch der Krieg zählt (vgl. 5:433; 7:330; 8:24; 8:121f.), die wichtigste Antriebskraft für die Entwicklung von Kultur und Recht: „Dank sei also der Natur für die Unvertragsamkeit, für die mißgünstig wetteifernde Eitelkeit, für die nicht zu befriedigende Begierde zum Haben oder auch zum Herrschen! Ohne sie würden alle vortreffliche Naturanlagen in der Menschheit ewig unentwickelt schlummern" (8:21; vgl. 7:322; 8:368).

Kant unterstellt in *Mutmaßlicher Anfang* und in *Pädagogik* ein triadisches Modell der Entwicklung: Auf den friedlichen und genügsamen Naturzustand folgt eine zweite Phase der kulturellen Entwicklung, die von den skizzierten Konflikten vorangetrieben wird. In der dritten Phase werden diese Konflikte aufgehoben und der ursprüngliche Zustand auf einer höheren Ebene wieder hergestellt, so dass „vollkommene Kunst wieder Natur wird" (8:117f.; vgl. 9:492). An anderen Stellen werden diese Konflikte und die mit ihnen verbundenen Opfer aber als unüberwindbar (vgl. 7:327) und dauerhaft notwendig (vgl. 8:26; 8:367) betrachtet.

In *Geschichte* wirft Kant zudem die Frage auf, ob die unter den Konflikten leidenden Generationen am Beginn des historischen Prozesses nicht zugunsten ihrer Nachfahren instrumentalisiert werden, schließlich profitieren nur letztere von den Opfern der Ersteren. Kant rechtfertigt diesen „räthselhaft[en]" Zusammenhang jedoch damit, dass anders eine Entfaltung der menschlichen Anlagen nicht möglich sei (8:20).

Kant gesteht also zu, dass die historische Entwicklung aus Sicht des Einzelnen durchaus negative Konsequenzen haben kann. Er glaubt, damit die rousseausche Kulturkritik in seine optimistische Konzeption der kulturellen Entwicklung zu integrieren: „Auf diese Weise kann man auch die so oft gemißdeuteten, dem Scheine nach einander widerstreitenden Behauptungen des berühmten *J.J. Rousseau* unter sich und mit der Vernunft in Einstimmung bringen" (8:116). Indem Kant Kriege, Konflikte und andere widrige Umstände als Antriebskräfte einer letztlich vernünftigen historischen Entwicklung deutet, rechtfertigt er Natur und Vorsehung: „Eine solche *Rechtfertigung* der Natur – oder besser der *Vorsehung* – ist kein unwichtiger Bewegungsgrund, einen besonderen Gesichtspunkt der Weltbetrachtung zu wählen" (8:30).

In Kants Augen geht es dabei nicht um ein theologisches Problem. Vielmehr verweist die Rechtfertigung der Vorsehung den Menschen auch auf seine eigene Verantwortung und damit auf die Möglichkeit, seine Situation durch die Korrektur seines Verhaltens zu verbessern (vgl. 8:121; 8:123). Die Geschichtsphilosophie fördert damit selbst den Prozess, den sie beschreibt (vgl. 8:29).

Kant zeigt damit auch, dass der historische Prozess und damit die Natur selbst die individuellen, innerstaatlichen und zwischenstaatlichen Bedingungen für die Entwicklung der menschlichen Gattungsanlagen und damit für die Realisierung der Moralität begünstigen. Die hier sichtbar werdende Vermittlung von Natur und Vernunft weist der Geschichtsphilosophie eine wichtige Rolle in der kantischen Systemarchitektur zu und erklärt damit die Bedeutung des Themas im kantischen Spätwerk.

Weiterführende Literatur

Brandt, Reinhardt: „Zum ‚Streit der Fakultäten'", in: Brandt, Reinhardt / Stark, Werner (Hg.): Neue Autographen und Dokumente zu Kants Leben, Schriften und Vorlesungen, Hamburg: Meiner 1987, 31–78.

Brandt, Reinhardt: Kritischer Kommentar zu Kants „Anthropologie in pragmatischer Hinsicht" (1798), Hamburg: Meiner 1999.

Druet, Pierre-Etienne: La philosophie de l'histoire chez Kant, Paris: L'Harmattan 2002.

Düsing, Klaus: Die Teleologie in Kants Weltbegriff, Bonn: Bouvier 1968.
Kleingeld, Pauline: Fortschritt und Vernunft. Zur Geschichtsphilosophie Kants, Würzburg: Königshausen & Neumann 2001.

Michael Pauen

Geschmack

Kant verwendet den Ausdruck ‚Geschmack' in verschiedenen Bedeutungen. Zum einen ist der Geschmack ein „Organsinn", d. h. derjenige unserer fünf Sinne, der es uns ermöglicht, etwas zu schmecken (5:213; 7:155; 7:158). Zweitens ist der Geschmack das „Beurtheilungsvermögen in Ansehung des Angenehmen" (5:213). Dieses Beurteilungsvermögen betrifft das, was wir schmecken, aber auch alle sinnlichen Qualitäten von Gegenständen, die wir über die anderen Sinne wahrnehmen. Es ist der Geschmack in der zweiten Bedeutung, von dem wir sprechen, wenn wir sagen, etwas sei (oder sei nicht) nach unserem Geschmack. Kant nennt diesen Geschmack auch den „Sinnen-Geschmack" (5:214). Wo der Sinnengeschmack sich an Regeln des guten Geschmacks orientiert, sind diese empirisch (vgl. 7:240). Vom Sinnengeschmack unterscheidet Kant den „Reflexions-Geschmack" als das „Vermögen der Beurtheilung des Schönen" (5:203 Anm.). Außerdem spricht Kant vom „*Modegeschmack*" (7:245f.) und vom „*Kunstgeschmack*" (7:246–249). Weitere wichtige Stellen: 5:203f.; 5:212f.; 7:240.

Philosophische Funktion

1 Geschmack als Vermögen der Beurteilung des Schönen

In seiner vorkritischen Phase versteht Kant den Geschmack, ähnlich wie die angelsächsischen Geschmackstheoretiker (Kant beruft sich u. a. auf Henry Home; vgl. 9:15; 16:27), als ein Vermögen der Beurteilung des Schönen, das sich teils an sinnlichen Eindrücken, teils an empirischen Regeln oder „Geschmack[s] Muster[n]" orientiert (16:45; vgl. 16:114; 16:135). Diese Regeln bestimmen, was in einer Gesellschaft oder Kulturgemeinschaft als guter Geschmack gilt. Guten Geschmack in diesem Sinne beweist z. B. ein Gastgeber, „der seine Gäste mit Annehmlichkeiten (des Genusses durch alle Sinne) so zu unterhalten weiß, daß es ihnen insgesammt gefällt" (5:213). Nach 1781 unterscheidet Kant den Geschmack als Vermögen der Beurteilung des Schönen strikt vom Vermögen der Beurteilung des Angenehmen: „*Geschmack* ist das Beurtheilungsvermögen eines Gegenstandes oder einer Vorstellungsart durch ein Wohlgefallen oder Mißfallen *ohne alles Interesse*. Der Gegenstand eines solchen Wohlgefallens heißt *schön*" (5:211). Das interesselose Wohlgefallen am Schönen ist kein Gefühl des Angenehmen, es ist unabhängig von „*Reiz und Rührung*" (5:223; 5:278; 5:294). Allerdings gesteht Kant zu, dass es nicht immer einfach ist, das ästhetische Urteil über das Schöne von dem Einfluss durch angenehme Empfindungen freizuhalten. In der Reflexion über das Schöne orientieren wir uns an einem Prinzip a priori der →reflektierenden Urteilskraft, das Kant als Prinzip der „Zweckmäßigkeit der Natur für unsere Erkenntnißvermögen und ihren Gebrauch" (5:182) namhaft macht, das sich aber nicht als eine begrifflich bestimmte Regel angeben lässt (vgl. 5:215f.; 5:237). Im Rekurs auf dieses Prinzip lässt sich der Anspruch des reinen Geschmacksurteils auf allgemeine Gültigkeit Kant zufolge rechtfertigen. Gleichwohl gilt: „*[Ü]ber den Geschmack läßt sich streiten* (obgleich nicht disputiren)" (5:338). Das bedeutet einerseits, dass nicht jeder nur seinen eigenen Geschmack hat und haben kann, sondern dass es einen allgemein verbindlichen Geschmack als Vermögen der Beurteilung des Schönen gibt. Es bedeutet aber andererseits, dass sich ein Geschmacksurteil über das Schöne nicht durch Verweis auf Regeln beweisen lässt (vgl. 5:339).

2 Geschmack als Spielart der reflektierenden Urteilskraft

Nach 1781 versteht Kant den Geschmack (das Vermögen der Beurteilung des Schönen) als eine Leistung der reflektierenden Urteilskraft. „*Das Princip des Geschmacks ist das subjective Princip der Urtheilskraft überhaupt*" (5:286). In der Reflexion über einen schönen Gegenstand, den wir sinnlich wahrgenommen haben, befinden sich Einbildungskraft und Verstand in einem „freien Spiel[]". Dabei beziehen sie die Vorstellung von einem einzelnen Gegenstand auf „Erkenntniß überhaupt", d. h. auf die allgemeine Bedingung der Möglichkeit einer begrifflichen Bestimmung des anschaulich gegebenen Mannigfaltigen, ohne die keine Erkenntnis möglich wäre (5:217). Diese

Möglichkeit von Erkenntnis, bei der jedoch keine begriffliche Bestimmung vorliegt, ist Gegenstand des Prinzips a priori der reflektierenden Urteilskraft als des Prinzips der „Zweckmäßigkeit der Natur für unsere Erkenntnißvermögen und ihren Gebrauch" (5:182). Schöne Gegenstände sind Darstellungen dieser Zweckmäßigkeit der Natur, die Kant daher eine „bloße Form der Zweckmäßigkeit in der Vorstellung, wodurch uns ein Gegenstand *gegeben* wird" (5:221) nennt.

3 Geschmack und Gemeinsinn

Kant beschreibt den Geschmack, der uns erlaubt, Gegenstände auf der Grundlage von Gefühlen, aber dennoch allgemeingültig zu beurteilen, auch als einen „*sensus communis*" oder „Gemeinsinn" (5:237–239; 5:293f.). Als Gemeinsinn betrachtet ist der Geschmack ein Vermögen, „das, was sinnlich gefält, einstimig mit anderen zu wählen" (15:284; vgl. auch 15:726; 16:137; 16:139; 16:145; 16:151; 16:160). Im Zusammenhang mit seinem Verständnis des Geschmacks als Gemeinsinn stellt Kant die Frage, „ob [...] Geschmack ein ursprüngliches und natürliches, oder nur die Idee von einem noch zu erwerbenden und künstlichen Vermögen sei" (5:240).

4 Geschmack und Genie

Vom Geschmack als dem Vermögen der Beurteilung des Schönen unterscheidet Kant das →Genie. „*Genie* ist das Talent (Naturgabe), welches der Kunst die Regel giebt" (5:307). Um schöne Gegenstände richtig beurteilen zu können, ist nur Geschmack, nicht aber Genie erforderlich (vgl. 5:311). Der Künstler dagegen bedarf, wenn er ein Kunstwerk schaffen will, sowohl des Genies als auch des Geschmacks. „Zur schönen Kunst würden also *Einbildungskraft*, *Verstand*, *Geist* und *Geschmack* erforderlich sein" (5:320).

5 Geschmack und Moralität

Das interesselose Wohlgefallen am Schönen ist, als ein intellektuell gegründetes Gefühl, das zu teilen von jedem vernünftigen Menschen erwartet werden kann und daher berechtigt, das Geschmacksurteil über das Schöne mit einem Anspruch auf allgemeine Gültigkeit zu verbinden, verwandt mit dem ebenfalls intellektuell gegründeten Gefühl der moralischen Achtung vor dem Sittengesetz: „Cultur des Geschmacks ist Vorübung zur Moral" (15:438). Entsprechend behauptet Kant, „daß ein *unmittelbares Interesse* an der Schönheit der *Natur* zu nehmen (nicht bloß Geschmack haben, um sie zu beurtheilen), jederzeit ein Kennzeichen einer guten Seele sei" (5:298).

Weiterführende Literatur

Fricke, Christel: Kants Theorie des reinen Geschmacksurteils, Berlin: de Gruyter 1990, Kap. 6.2.

Guyer, Paul: Kant and the Claims of Taste, Cambridge/Mass. u. a.: Harvard University Press 1979.

Kulenkampff, Jens: Kants Logik des ästhetischen Urteils, Frankfurt/M.: Klostermann [2]1994.

Recki, Birgit: Die Affinität von ästhetischem Gefühl und praktischer Vernunft bei Kant, Frankfurt/M.: Klostermann 2001.

Schaper, Eva: Studies in Kant's Aesthetics, Edinburgh: Edinburgh University Press 1979.

Wieland, Wolfgang: Urteil und Gefühl. Kants Theorie der Urteilskraft, Göttingen: Vandenhoeck & Ruprecht 2001.

Christel Fricke

Gesellschaft

Unter Gesellschaft versteht Kant gewöhnlich eine Mehrzahl von einzelnen, gleich freien Personen, die unter öffentlichen Gesetzen vereinigt sind, deren Befolgung die erfolgreiche Verfolgung eigener und gemeinsamer Zwecke ermöglicht. Letztere beruhen in der Regel nicht auf den expliziten Intentionen Einzelner, sondern sind zunächst durch natürliche Umstände und Bedingungen des „unvermeidlichen Nebeneinanderseins" (6:307) gegeben. Der einzelne Mensch zeichnet sich durch seine „ungesellige Geselligkeit" aus: er hat einen „Hang [...] in Gesellschaft zu treten, der doch mit einem durchgängigen Widerstande, welcher diese Gesellschaft beständig zu trennen droht, verbunden ist" (8:20). Diese natürlich gegebenen inneren und äußeren Umstände des menschlichen Zusammenlebens sollen und können in der Entwicklungsgeschichte der menschlichen Vernunft als Mittel zum Zweck einer willentlich bewirkten rechtlichen Gesellschaft dienen, in der die zunächst willkürlich aufgestellten öffentlichen Gesetze einer auf Freiheitsgesetzen aufbauenden Rechtsordnung weichen, die die gesamte

Menschheit umfasst: „[d]er Charakter der Gattung [...] ist dieser: daß sie, collectiv (als ein Ganzes des Menschengeschlechts) genommen, eine nach und neben einander existirende Menge von Personen ist, die das friedliche Beisammensein nicht *entbehren* und dabei dennoch beständig widerwärtig zu sein nicht *vermeiden* können; folglich durch wechselseitigen Zwang unter von ihnen selbst ausgehenden Gesetzen zu einer beständig mit Entzweiung bedrohten aber allgemein fortschreitenden Coalition in eine *weltbürgerliche Gesellschaft* (*cosmopolitismus*) sich von der Natur bestimmt fühlen" (7:331). Die „ungesellige Geselligkeit" (8:20) des Menschen bildet somit die natürlich gegebene Grundlage zur praktischen Realisierung, nach äußeren Freiheitsgesetzen, einer „*respublica noumenon*" (7:91), die selbst eine reine Vernunftidee ist. Weitere wichtige Stellen: 5:297; 5:330–334; 5:432; 6:91; 6:101; 6:306–307; 6:326; 6:471; 7:240–241; 7:244; 7:279; 7:282; 7:331; 8:20–22; 8:36–38; 8:114; 8:289.

Philosophische Funktion

1 Kants allgemeiner Gesellschaftsbegriff

Eine Gesellschaft ist für Kant immer etwas „künstliches". Zwar ist der Mensch zur Gesellschaft bestimmt, ist aber deswegen trotzdem kein *zoon politikon*. Andererseits entstehen Gesellschaften auch nicht durch einen (hypothetischen) Willensakt, wie die Vertragstheorie suggeriert. Vielmehr sind sie Produkte einer menschengeschichtlichen Entwicklung, die sich über viele Generationen zieht. Eine Gesellschaft organisiert und reguliert das Verhältnis der einzelnen Menschen, die sie ausmachen, nach Gesetzen oder Regeln. Diese können formal und Gegenstand einer strikten äußeren Anwendung sein, wie die Gesetze des äußeren Zwangs in der bürgerlichen Gesellschaft, oder sie können aus der freien Willkür ihres Oberhauptes entspringen, wie beim Hausherrenrecht in der häuslichen Gesellschaft, oder aus impliziten Konventionen bestehen, wie bei „*Tischgesellschaft[en]*" (7:279). In jedem Fall ist das gesellschaftliche Verhältnis zwischen den einzelnen Mitgliedern insofern ein künstliches, als es auf jeweils gegebenen Regeln basiert, denen sich alle als einander gleich „unterordnen" (6:101). Mehr als Achenwall, der für sein Verständnis des spezifisch rechtlichen Gesellschaftsbegriffes von Bedeutung ist, verdankt Kants allgemeiner Begriff von Gesellschaft dem Einfluss von Rousseau. Kants Gesellschaftsbeschreibungen fallen allerdings wesentlich positiver aus als die Rousseaus. Neben Rousseau sind auch Einflüsse von Adam Smith und anderen schottischen Theoretikern des ‚moral sentiment' sowie von Hobbes bemerkbar. Trotz Kants eher unterentwickelter Konzeption gesellschaftspolitischer Institutionen, die sich, wie Brandt zeigt (vgl. *Politische Institution*), noch sehr am altertümlichen Schema der „*trias politica*" orientiert, ist sein genereller Gesellschaftsbegriff in anderer Hinsicht ein liberaler. Dies liegt nicht allein am Grundansatz der Gleichheit und der Freiheit der Einzelnen: der Gedanke der Gleichheit aller Menschen ist eine zur „Errichtung der Gesellschaft nothwendig[e]" Vorbereitung (8:114), und „die Socialität mit andern [...] setzt Freiheit voraus" (7:241; vgl. 8:290; 8:349/350). Während bei Rousseau die Freiheit vor allem in der gesetzgebenden Gleichheit aller verankert ist – alle sind frei, die gleichberechtigt gesetzgebend sind – stehen bei Kant Anerkennung der Gleichheit Anderer und Anspruch auf die eigene äußere Freiheit in einer gewissen Spannung zueinander. Die äußere Freiheit ist nicht, wie die innere, die Autonomie des vernünftigen Willens, sondern sie ist Wahlfreiheit. Als Freiheit untersteht sie dem allgemeinen Rechtsgesetz (vgl. 6:230), dessen gegenseitige äußere Anerkennung des äußeren Zwangs bedarf (vgl. 6:232). Besonders hervorzuheben sind zwei explizit liberale Aspekte der kantischen Gesellschaftskonzeption: 1. der der Kultivierung der Neigungen Einzelner in der Gesellschaft anstelle ihrer Unterdrückung und 2. die Akzentuierung der „wechselseitigen Mittheilung" (6:471) oder Redefreiheit im Gegensatz zu einer Theorie der direkten politischen Partizipation.

Die Spannung zwischen menschlicher Natur und Vernunft drückt sich in der Dynamik der ungeselligen Geselligkeit aus: auf der einen Seite das Bedürfnis, sich Anderen mitzuteilen, auf der anderen Seite der Hang zum Wetteifer und die daraus resultierende „Ehrsucht, Herrschsucht oder Habsucht" (8:21). Diese Spannung ist nicht endgültig zu eliminieren, sondern soll durch allmähliche gesellschaftliche Entwicklung unter äußere Freiheitsgesetze gebracht werden. Dies lässt sich nur durch den Prozess „viele[r] misslungene[r] Versuche[]" (8:313) bewerkstelligen. Im Gegensatz zu Rousseau gibt es bei Kant keinen ersten gesellschaftlichen Fehlstart, der durch einen gezielten Neubeginn ein für allemal überwunden wird. Oft erinnern Kants Gesellschaftsbeschreibungen, wie Fleischacker (*Values behind the Market*) herausstellt, eher an Adam Smiths ‚invisible hand'. Während es bei Smith jedoch mehr um die Diagnose des Gemeininteresses als unbeabsichtigtes Nebenprodukt der Verfolgung verschiedener Eigeninteressen geht, ist es bei Kant der wechselseitige Einfluss aufeinander von natürlich gegebenen Neigungen einerseits und vernünftigen Überlegungen andererseits, wodurch der Fortschritt zur Kultur bewirkt wird. Kultur – die Herausbildung und Verfeinerung natürlich gegebener Talente – ist nur durch den Antrieb der Ungeselligkeit innerhalb der Gesellschaft möglich. Ohne Erstere würden „in einem arkadischen Schäferleben bei vollkommener Eintracht, Genügsamkeit und Wechselliebe alle Talente auf ewig in ihren Keimen verborgen bleiben: die Menschen, gutartig wie die Schafe, die sie weiden, würden ihrem Dasein kaum einen größeren Werth verschaffen, als dieses ihr Hausvieh hat; sie würden das Leere der Schöpfung in Ansehung ihres Zwecks, als vernünftige Natur, nicht ausfüllen" (8:21). Nur „die Unvertragsamkeit, [...] die mißgünstig wetteifernde Eitelkeit, [...] die nicht zu befriedigende Begierde zum Haben" (8:21) macht Kultur möglich, indem das Streben, Anderen voraus zu sein, gerade die Verfeinerung der Talente bewirkt. Ähnlich verhält es sich auf globaler Ebene mit dem Erwachen des „Handelsgeists" aus anfänglich kriegstreibenden Begegnungen mit anderen Gesellschaften: „Es ist der Handelsgeist, der mit dem Kriege nicht zusammen bestehen kann, und der früher oder später sich jedes Volks bemächtigt" (8:368). Zwar ist auch hier zunächst das rationale Eigeninteresse ausschlaggebend – der Handelsgeist verbreitet sich, „weil [...] die Geldmacht wohl die zuverlässigste sein möchte" (8:368) –, aber die dadurch ermöglichte Zivilisierung zwischengesellschaftlicher Beziehungen bildet wie bei der Kultivierung individueller Beziehungen die Basis zu möglichen rechtsmoralischen gesellschaftlichen Verhältnissen. Während es bei Rousseau mehr um ein Überwinden der mit dem gesellschaftlichen Zusammenleben verbundenen Wetteifereien und Eitelkeiten geht, und während Philosophen des moralischen Gefühls auf eine spontane Selbstregulierung der Leidenschaften vertrauen, drückt sich bei Kant der Gedanke des gesellschaftlichen Fortschritts vor allem in der allmählichen Vernunftregulierung der Neigungen aus, denen dadurch gleichzeitig eine gewisse Moral befördernde Funktion zukommt.

Ein zweiter liberaler Zug in Kants Gesellschaftskonzeption kommt in seinem Begriff der Mitteilbarkeit zum Ausdruck: „Alle *Darstellung* seiner eigenen Person oder seiner Kunst *mit Geschmack* setzt einen *gesellschaftlichen Zustand* (sich mitzutheilen) voraus, der nicht immer gesellig (theilnehmend an der Lust Anderer), sondern im Anfange gemeiniglich *barbarisch*, ungesellig und bloß wetteifernd ist" (7:240). Wohl am bekanntesten sind Kants Bemerkungen über den öffentlichen Gebrauch der Vernunft in *Aufklärung*, durch welchen, wie es heißt, „ein Publicum sich selbst aufkläre" (8:36). Der Begriff der öffentlichen Vernunft ist eine Spezifizierung des mehr generellen menschlichen Bedürfnisses der „wechselseitige[n] Mittheilung" (6:428). Dieses Bedürfnis wird besonders durch allgemeine Geselligkeit in Tischgesellschaften befriedigt, gleichzeitig aber auch wieder kultiviert. Die „Tischgesellschaft [...] [ist] der moralischen Cultur [...] zuträglich[]" (7:279), indem sie den Umgang mit Anderen nach gewissen impliziten Regeln der Höflichkeit fördert: „Nur in Gesellschaft kommt es ihm ein, nicht bloß Mensch, sondern auch nach seiner Art ein feiner Mensch zu sein" (5:297). Die Tischgesellschaft ist daher der Anfang der Zivilisierung: Man erlernt in ihr unter anderem auch den Umgang mit dem anderen Geschlecht sowie das Wechselspiel von Witz und ernsthafter Rede, das die gesellschaftliche Unterhaltung ausmacht: „So unbedeutend diese Gesetze der verfeinerten Gesellschaft auch scheinen mögen, vornehmlich wenn man sie mit den reinmoralischen vergleicht, so ist doch Alles, was Geselligkeit befördert, wenn es auch nur in gefallenden Manieren oder Maximen bestände, ein die Tugend vortheilhaft kleidendes Gewand, welches der letzteren auch in ernsthafter Rücksicht zu empfehlen ist" (7:282). Die wechselseitige Mitteilung nach impliziten Konventionen der Tischgesellschaft kann insofern dem spezifischen öffentlichen Vernunftgebrauch und der „Freiheit der Feder" (8:304) förderlich sein.

2 Kants teleologische Gesellschaftstheorie
Kants allgemeiner Gesellschaftsbegriff muss hauptsächlich aus seinen kleineren geschichtsphilosophischen Schriften unter Einbezug von *MSR* einerseits und *Anthropologie* und *KU* andererseits herausgearbeitet werden. Eine eigenständige Gesellschaftstheorie trägt Kant nicht vor. Seine Geschichtsphilosophie wird allgemein als eine →teleologische verstanden. Es bleibt umstritten, ob diese ihre Absicht in theoretischer oder in praktischer Hinsicht verfolgt. Kants Konzeption des gesellschaftlichen Fortschritts, die Teil dieser Geschichtsphilosophie bildet, unterliegt derselben Ambivalenz. Der Grund ist zum Teil in den unterschiedlichen Ausgangspositionen der betreffenden Schriften zu suchen. Geschichte scheint zum Beispiel eine überwiegend theoretische Perspektive zu vertreten – es geht um die gesellschaftliche Entwicklung der Menschheit im Ganzen ganz abgesehen von der Willensbildung des Einzelnen: „Einzelne Menschen und selbst ganze Völker denken wenig daran, daß, indem sie, ein jedes nach seinem Sinne und eine oft wider den andern, ihre eigene Absicht verfolgen, sie unbemerkt an der Naturabsicht, die ihnen selbst unbekannt ist, als an einem Leitfaden fortgehen und an derselben Beförderung arbeiten, an welcher, selbst wenn sie ihnen bekannt würde, ihnen doch wenig gelegen sein würde" (8:17). Es ist nicht direkt ersichtlich, was unter „Naturabsicht" (8:17) zu verstehen ist. Den Erläuterungen des teleologischen Urteils in *KrV* nach muss es sich hier um eine von der menschlichen Vernunft in sie hineingelegte Absicht handeln. Trotzdem bleibt der Ansatzpunkt theoretisch: Der Natur wird eine gesellschaftsentwickelnde Absicht zugesprochen, die als vom Wollen und Tun einzelner Individuen unabhängig zu verstehen ist (vgl. 8:310f.). Andernorts heißt es dagegen, man müsse sich fragen, welche Mittel die Natur bereit stellt, um dem Menschen in seinem Bemühen insbesondere um rechtsmoralischen Fortschritt zu helfen: „Aber nun kommt die Vernunft dem verehrten, aber zur Praxis ohnmächtigen allgemeinen, in der Vernunft gegründeten Willen und zwar gerade durch jene selbstsüchtige Neigungen zu Hülfe, so daß es nur auf eine gute Organisation des Staates ankommt (die allerdings im Vermögen der Menschen ist)" (8:366). Während der gesellschaftliche Fortschritt einerseits als eine Funktion der der Natur zugeschriebenen eigenen Absicht angesehen wird, stellt Kant andererseits die Natur als Mittel für den menschlich gewollten Fortschritt dar. Die Frage – Natur oder Vernunft? – ist mit Hinblick auf Kants teleologische Gesellschaftstheorie nicht allein deswegen von Wichtigkeit, weil ihre Beantwortung eine korrespondierende Antwort auf die rechtsmoralische Frage – Moral oder Klugheit? – impliziert: Wer den gesellschaftlichen Fortschritt als Produkt der willenlosen Natur versteht, wird zu einer Interpretation der kantischen Rechtsphilosophie als unabhängig von seiner Moraltheorie neigen, während eine Interpretation der Gesellschaftsteleologie in praktischer Absicht die philosophische Subordination des Rechtsprinzips unter das →moralische Gesetz favorisieren wird. Aus Kants Schriften in ihrem Zusammenhang ergibt sich jedoch, dass er einen wechselseitigen Einfluss von Natur und Vernunft annimmt und die Möglichkeit des gesellschaftlichen Fortschritts sowohl aus der theoretischen als auch aus der praktischen Perspektive beleuchtet.

Weiterführende Literatur
Brandt, Reinhard: Zu Kants Politischer Philosophie, Stuttgart: Steiner 1997.
Kaulbach, Friedrich: „Welchen Nutzen gibt Kant der Geschichtsphilosophie?", in: Kant-Studien 66, 1975, 65–84.
Kleingeld, Pauline: Fortschritt und Vernunft: zur Geschichtsphilosophie Kants, Würzburg: Königshausen und Neumann 1995.
Louden, Robert B.: Kant's Impure Ethics, Oxford: Oxford University Press 2000, Part II.
Wood, Allen: „Unsocial Sociability: The Anthropological Basis of Kantian Ethics", in: Philosophical Topics 19, 1991, 325–351.

Katrin Flikschuh

Gesetz, Gesetze

Gesetze sind Regeln, die mit Bezug auf eine Reihe von gleichartigen Vorgängen objektiv bestimmen, auf welche Weise etwas geschieht: „Nun heißt aber die Vorstellung einer allgemeinen Bedingung, nach welcher ein gewisses Mannigfaltige (mithin auf einerlei Art) gesetzt werden kann, eine Regel und, wenn es so gesetzt werden muß, ein Gesetz" (KrV A 113). Allgemein definiert Kant daher Gesetze als „Principien der Nothwendigkeit dessen, was zum Dasein eines Dinges gehört" (4:469). In diesem Sinne gibt es logische, physische und psychische Gesetze einerseits, ethische und juridische Gesetze andererseits. Diese systematische Gliederung ergibt sich nach Kant, wenn man Gesetze als Prinzipien a priori versteht, die Funktionen der Vermögen → Verstand, → Vernunft und → Urteilskraft sind. Kant unterscheidet weiterhin zwischen reinen Gesetzen bzw. Gesetzen a priori des Verstandes und den empirischen Gesetzen der Naturwissenschaft (vgl. KrV B IXff.; 4:306), wobei empirische Gesetze nur unter der Bedingung von Gesetzen a priori möglich sind: „Erfahrungsbegriffe haben also zwar ihren Boden in der Natur, als dem Inbegriffe aller Gegenstände der Sinne [...]: weil sie zwar gesetzlich erzeugt werden, aber nicht gesetzgebend sind, sondern die auf sie gegründeten Regeln empirisch, mithin zufällig sind" (5:174). Ihnen entspricht die im Zusammenhang mit der praktischen Philosophie häufig gebrauchte Unterscheidung zwischen bedingten und unbedingten Gesetzen (vgl. 5:29; 6:221). Weitere wichtige Stellen: KrV A 113; KrV A 126; KrV B 165; KrV A 159 / B 198; KrV A 177f. / B 220; KrV A 216 / B 263; KrV A 225f. / B 273; KrV A 321 / B 378; KrV A 645 / B 673; KrV B 830; 4:295f.; 4:387; 4:427; 4:434; 4:437; 4:469; 5:19; 5:25; 5:27–32; 5:92f.; 5:105; 5:167; 5:181; 5:229f.; 6:214; 6:218f.; 6:232; 20:202.

Philosophische Funktion

1 Der Ursprung der Gesetze a priori in den oberen Erkenntnisvermögen

1.1 Kant zufolge haben alle empirischen Gesetze ihren Grund in Gesetzen a priori; diese sind als transzendentale Prinzipien Ausdruck der gesetzgebenden oberen Vermögen Verstand, Urteilskraft und Vernunft (vgl. 5:198). So ist der Verstand das Vermögen, Einheit der Erfahrung mittels allgemeiner Gesetze a priori herzustellen (vgl. KrV B 359; 20:202), die Vernunft aber bestimmt in einem praktischen Gesetz den Willen, „und nur, daß sie als reine Vernunft praktisch sein kann, macht es ihr möglich, gesetzgebend zu sein" (5:25). Auf diese Weise ergeben sich → Gesetze der Natur und Gesetze der → Freiheit (vgl. 4:387). Neben der gesetzgebenden Funktion der Vernunft in praktischer Hinsicht wird in der *KrV* die Vernunft in theoretischer Absicht als „das *Vermögen der Principien*" (KrV A 299 / B 356) bezeichnet, das die systematische und begriffliche Einheit der empirischen Vielzahl der Verstandeserkenntnisse durch Vernunftbegriffe a priori bedingt: „Der Verstand mag ein Vermögen der Einheit der Erscheinungen vermittelst der Regeln sein, so ist die Vernunft das Vermögen der Einheit der Verstandesregeln unter Principien" (KrV A 302 / B 359). Die reine Vernunft gelangt so zu transzendentalen Ideen, durch die die Einheit der Verstandeserkenntnisse zu denken möglich wird (vgl. KrV A 321 / B 378): „sie betrachten alles Erfahrungserkenntniß als bestimmt durch eine absolute Totalität der Bedingungen. Sie sind nicht willkürlich erdichtet, sondern durch die Natur der Vernunft selbst aufgegeben und beziehen sich daher nothwendiger Weise auf den ganzen Verstandesgebrauch" (KrV A 327 / B 384). Sie ermöglichen es als regulative Prinzipien, die Einheit aller Regeln des Verstandes so zu denken, als ob sie einen gemeinsamen Grund hätten: „Dergleichen Vernunftbegriffe werden nicht aus der Natur geschöpft, vielmehr befragen wir die Natur nach diesen Ideen und halten unsere Erkenntniß für mangelhaft, so lange sie denselben nicht adäquat ist" (KrV A 645f. / B 673f.).

In der *KU* ergänzt Kant die beiden gesetzgebenden Vermögen Vernunft und Verstand durch das Prinzip der formalen Zweckmäßigkeit der reflektierenden Urteilskraft (vgl. 5:173ff.), durch das die Natur so verstanden wird, „als ob ein Verstand den Grund der Einheit des Mannigfaltigen ihrer empirischen Gesetze enthalte" (5:181). Die Gesetze des Verstandes entstehen nicht nur durch Vergleich und Analyse der Erscheinungen, sondern dieser ist Grund der synthetischen Einheit der Erscheinungen in einer durchgängig bestimmten Erfahrung: „[er] ist selbst die Gesetzgebung für die Natur" (KrV A 126), deren Grund in der Einheit der transzendentalen Apperzeption zu finden ist. Da die Natur selbst als Inbegriff aller Gegenstände der Erfahrung durch diese Gesetze in ihrer Möglichkeit bedingt ist, unterliegt sie der Gesetzgebung des Verstandes. Während die empirischen Gesetze unsicher und unbeständig sein können, gelten die Gesetze des Verstandes a priori, notwendig und sind gewiss. Praktische Gesetze sind Ausdruck des Sittengesetzes (→ Gesetz, moralisches). Die Gesetze a priori der reinen praktischen Vernunft sind rechtliche und moralische Freiheitsgesetze. In der *KU* wird diese Gliederung durch das Prinzip der formalen Zweckmäßigkeit der reflektierenden

Urteilskraft ergänzt, das als Prinzip a priori zwar kein eigenes Gebiet begründet, aber es doch erwarten lässt, „daß die Urtheilskraft, welche beider Vermögen ihren Zusammenhang vermittelt, auch ebensowohl wie jene ihre eigenthümliche Principien *a priori* dazu hergeben und vielleicht zu einem besonderen Theile der Philosophie den Grund legen werde" (20:202), womit die ästhetische Urteilskraft die Ästhetik als Theorie reiner (apriorischer) Geschmacksurteile begründet (vgl. 5:229f.). Kant bezieht dabei das apriorische Prinzip der formalen Zweckmäßigkeit der reflektierenden Urteilskraft auf das Gefühl der Lust und Unlust (vgl. 5:178f.); hierbei wird Schönheit als die „Form der *Zweckmäßigkeit* eines Gegenstandes, sofern sie *ohne Vorstellung eines Zwecks* an ihm wahrgenommen wird" (5:236), bestimmt. Der Geschmack ist daher „ein Beurtheilungsvermögen eines Gegenstandes in Beziehung auf die freie Gesetzmäßigkeit der Einbildungskraft" (5:240). Im ästhetischen Geschmacksurteil wird so die Einbildungskraft „productiv und selbstthätig (als Urheberin willkürlicher Formen möglicher Anschauungen) angenommen" (5:240).

1.2 Wenn Verstand, Vernunft und Urteilskraft gesetzgebend sind, gelten die daraus entspringenden Gesetze unbedingt, liegen ihnen Sinnlichkeit oder Neigung zugrunde, gelten die daraus entspringenden Gesetze nur bedingt. Allgemein ergeben sich Gesetze von bedingter Geltung aus dem Zusammenwirken von oberen und unteren Erkenntnisvermögen (vgl. 5:345; 5:178). So wirken in der Erfahrungserkenntnis der durch die Kategorien gesetzgebende Verstand und das untere Erkenntnisvermögen der Sinnlichkeit zusammen (vgl. 7:140), wodurch sich unter anderem zwei verschiedene Erkenntnistypen ergeben, die *cognitio ex principiis* und die *cognitio ex datis* (vgl. KrV B 864; 9:22). So beruht z. B. Physik auf den Gesetzen der ersten, Naturgeschichte auf Gesetzen der zweiten Erkenntnisart (vgl. 4:468). Ebenso kann der Wille durch das unbedingte Gesetz der reinen praktischen Vernunft bestimmt werden, oder das Begehrungsvermögen wird (auch) durch Neigung oder einen materialen Endzweck, der der Idee der Glückseligkeit zuzuordnen ist, bestimmt (vgl. 5:22ff.; 4:400; 6:211ff.). Bezüglich der Urteilskraft wird zwischen reinen Geschmacksurteilen, denen ein reines und uninteressiertes Wohlgefallen an einem Gegenstand zugrunde liegt, und solchen, in denen ein sinnlich bedingtes Interesse mitwirkt, unterschieden, wodurch das Schöne vom Angenehmen geschieden wird (vgl. 5:204; 5:209f.).

1.3 Kant begrenzt die systematische Reichweite der theoretischen und praktischen Gesetze, indem er ihre „überschwenglichen" metaphysischen Anwendungen zurückweist (KrV B 421; vgl. KrV B 730; 5:105; 5:167). Zu einem unzulässigen Gebrauch des Gesetzesbegriffs kommt es immer dann, wenn sie nicht als Bedingungen möglicher Erfahrungserkenntnis, sondern zur Erkenntnis von Dingen an sich verwendet werden (vgl. 4:296).

2 Naturgesetze a priori als Prinzipien der Erfahrung

Innerhalb der theoretischen Philosophie verwendet Kant den Begriff des Gesetzes a priori für die Prinzipien der Erfahrung, den Begriff des empirischen Gesetzes für die besonderen Gesetze der Naturwissenschaften. Kennzeichnend für die kritische Philosophie Kants ist die Begründung der Abhängigkeit der empirischen Gesetze von den Naturgesetzen a priori. Weiterhin gelten Gesetze nur von Erscheinungen, nicht von Dingen an sich. Die ontologische Auffassung in der Tradition der wolffschen Schulphilosophie wird durch Kants transzendental-erkenntniskritische Bestimmung der Funktion von Gesetzen ersetzt. Heißt es im *Beweisgrund* noch, dass „in den Wesen der Dinge durchgängige Beziehungen zur Einheit und zum Zusammenhange" (2:96) zugrundeliegen, so sind in der *KrV A* Gesetze „Regeln, so fern sie objectiv sind (mithin der Erkenntniß des Gegenstandes nothwendig anhängen)" (KrV A 126). In der theoretischen Philosophie ist die Gesetzgebung eine apriorische Funktion des Verstandes, durch welche die Mannigfaltigkeit der Erfahrungsinhalte geordnet wird. Dagegen sind die empirischen Gesetze bereits Anwendungen der gesetzgebenden Funktion des Denkens auf den durch Wahrnehmung gegebenen Erfahrungsinhalt.

2.1 Kant bezeichnet als Naturgesetze a priori die reinen Anschauungsformen a priori, Raum und Zeit, und die →Kategorien. „Auf mehrere Gesetze aber als die, auf denen eine *Natur überhaupt* als Gesetzmäßigkeit der Erscheinungen im Raum und Zeit beruht, reicht auch das reine Verstandesvermögen nicht zu, durch bloße Kategorien den Erscheinungen *a priori* Gesetze vorzuschreiben.

Besondere Gesetze, weil sie empirisch bestimmte Erscheinungen betreffen, können davon *nicht vollständig abgeleitet* werden, ob sie gleich alle insgesammt unter jenen stehen" (KrV B 165). Weiterhin bezieht Kant den Begriff des Gesetzes auf die Grundsätze des reinen Verstandes und näher auf die Analogien der Erfahrung, die bereits Anwendungen der Relationskategorien Substanz und Akzidens, Kausalität und Dependenz und Wechselwirkung (vgl. KrV B 106) unter dem Prinzip der Zeitfolge darstellen. „*Diese synthetische Einheit* in dem Zeitverhältnisse aller Wahrnehmungen, welche a priori *bestimmt ist*, ist also das Gesetz: daß alle empirische Zeitbestimmungen unter Regeln der allgemeinen Zeitbestimmung stehen müssen; und die Analogien der Erfahrung, von denen wir jetzt handeln wollen, müssen dergleichen Regeln sein" (KrV B 220). Diese Gesetze sind Bestimmungen höchster Verstandesgesetze, die nicht aus der Erfahrung stammen, sondern Erfahrung ermöglichen und „den Erscheinungen ihre Gesetzmäßigkeit verschaffen" (KrV A 126; vgl. KrV B 198). Deshalb sind die Gesetze der Erfahrung zugleich auch Gesetze der Natur, zu denen Sätze wie „daß die Substanz bleibt und beharrt, daß alles, was geschieht, jederzeit durch eine Ursache nach beständigen Gesetzen vorher bestimmt sei, u. s. w." gehören (4:295).

2.2 Empirische Gesetze werden von den Naturgesetzen a priori unterschieden, da sie nicht a priori, sondern nur „vermittelst der Erfahrung und zwar zufolge jener ursprünglichen Gesetze, nach welchen selbst Erfahrung allererst möglich wird, stattfinden und gefunden werden" (KrV B 263). Häufig fällt deshalb für Kant der Begriff des empirischen Gesetzes mit den Naturgesetzen der Physik Newtons zusammen. An dieser Verwendung hält Kant unabhängig von seiner philosophischen Entwicklung seit seiner *Theorie des Himmels* fest, und hofft, „auf unwidersprechliche Gründe eine sichere Überzeugung zu gründen: daß die Welt eine mechanische Entwicklung aus den allgemeinen Naturgesetzen zum Ursprunge ihrer Verfassung erkenne; und daß zweitens die Art der mechanischen Erzeugung, die wir vorgestellt haben, die wahre sei" (1:334). Die vielen besonderen empirischen Gesetze stehen nicht unverbunden nebeneinander, da sie ihre gemeinsamen Grundlagen in den Gesetzen a priori des Verstandes besitzen: „Aber ohne Unterschied stehen alle Gesetze der Natur unter höheren Grundsätzen des Verstandes, indem sie diese nur auf besondere Fälle der Erscheinung anwenden. Diese allein geben also den Begriff, der die Bedingung und gleichsam den Exponenten zu einer Regel überhaupt enthält, Erfahrung aber giebt den Fall, der unter der Regel steht" (KrV B 198; vgl. KrV A 126).

2.3 Viele Interpreten vertreten die Auffassung, Kant habe den besonderen kausalmechanischen Charakter der Physik Newtons mit dem Begriff des Naturgesetzes überhaupt gleichgesetzt und einen deterministischen Gesetzesbegriff vertreten (z. B. Böhme, *Philosophieren mit Kant*, S. 115f.; Weizsäcker, *Einheit*, S. 189ff.; Popper, *Vermutungen*, S. 277f.; Stegmüller, *Erklärung*, S. 444f.; Poser, *Wissenschaftstheorie*, S. 63ff.). Insbesondere die moderne Physik, vor allem die Quantenmechanik, habe aber gezeigt, dass die Gesetze der Natur als Gegenstand der Naturwissenschaft nicht eine allgemeine deterministische Strenge besäßen und nicht als Ausdruck einer unwandelbaren apriorischen Gesetzgebung des Verstandes verstanden werden könnten. So spricht Popper von einer hypothetischen Geltung der Gesetze der Natur (vgl. Popper, *Vermutungen*, S. 275). Andere Autoren, so Vertreter der evolutionären Erkenntnistheorie (z. B. Lorenz, *Lehre*, S. 94ff.; Vollmer, *Erkenntnistheorie*, S. 113f.; Vollmer, *Kant*, S. 195ff.) stellen die Frage, ob es überhaupt apriorische Gesetze geben könne. Solchen Auffassungen widersprechen allgemein jedoch z. B. Flach und Baum (vgl. Flach, *Idee der Transzendentalphilosophie*, S. 167f.; Baum, *Deduktion und Beweis*, S. 176ff.) und, auf die Auffassung bezogen, es gebe keine apriori geltenden praktischen Gesetze, insbesondere Oberer (vgl. Oberer, *Sittengesetze*, S. 182f.).

3 Praktische Gesetze

3.1 Praktische Gesetze sind Grundsätze, die für den Willen jedes vernünftigen Wesens als gültig erkannt werden (vgl. 5:19). Die Anwendung des Vernunftgesetzes auf den Willen begründet die Sittlichkeit (vgl. 5:92f.), denn reine Vernunft „ist für sich allein praktisch und giebt (dem Menschen) ein allgemeines Gesetz, welches wir das Sittengesetz nennen" (5:31), so dass der Wille als ein Vermögen bezeichnet wird, „der Vorstellung gewisser Gesetze gemäß sich selbst zum Handeln zu bestimmen" (4:427). Der Grund der Möglichkeit praktischer Gesetze ist die Freiheit des Willens, sich selbst das Gesetz des Handelns zu geben (→Gesetz, moralisches). Der Wille wird so autonom (→Autonomie) und selbstgesetzgebend (vgl. 4:434). In der *GMS* beantwortet Kant die Möglichkeit eines guten Willens mit dem Schluss, dass ein vollkommen guter Wille nur ein solcher sein könne, der ausschließlich unter dem allgemeinen Gesetz der praktischen Vernunft steht: „Dieses Princip ist also auch sein oberstes Gesetz: handle jederzeit nach derjenigen Maxime, deren Allgemeinheit als Gesetzes du zugleich wollen kannst; dieses ist die einzige Bedingung, unter der ein Wille niemals mit sich selbst im Widerstreite sein kann, und ein solcher Imperativ ist kategorisch" (4:437).

3.2 Praktische Gesetze nennt Kant auch moralische Gesetze, sie unterscheiden sich von Naturgesetzen a priori formallogisch insofern, dass Naturgesetze bestimmen, was ist, Freiheitsgesetze aber bestimmen, was sein soll. Beide Gesetzestypen unterscheiden sich letztlich also durch ihren normativen bzw. deskriptiven Charakter. Objektiv-praktische Gesetze der Freiheit „sagen, *was geschehen soll*, ob es gleich vielleicht nie geschieht", während Naturgesetze nur „von dem handeln, *was geschieht*" (KrV B 830). Zugleich warnt Kant vor dem naturalistischen Fehlschluss, also davor, mithilfe von Erfahrungssätzen praktische Gesetze zu begründen (vgl. KrV B 575f.).

3.3 Da der →Wille außer durch Vernunft auch durch Neigung bestimmt werden kann, nimmt das praktische Gesetz für die Menschen, die nicht von Natur aus immer schon sittlich handeln, die Form eines Imperativs an, „der kategorisch gebietet, weil das Gesetz unbedingt ist" (5:32). Moralische Gesetze (→Imperativ, kategorischer) sind, wie Kant in *MST* und *MSR* ausführt, im Unterschied zu Naturgesetzen entweder ethische Gesetze als besondere konkrete ethische Handlungsvorschriften, von denen die Tugendlehre handelt, oder Rechtsgrundsätze als Gegenstand der Rechtsphilosophie oder Rechtsvorschriften der Rechtswissenschaft. „Diese Gesetze der Freiheit heißen zum Unterschiede von Naturgesetzen moralisch. So fern sie nur auf bloße äußere Handlungen und deren Gesetzmäßigkeit gehen, heißen sie juridisch; fordern sie aber auch, daß sie (die Gesetze) selbst die Bestimmungsgründe der Handlungen sein sollen, so sind sie ethisch" (6:214). Zur moralischen Gesetzgebung gehören zwei Bestimmungselemente, die im Begriff der →Pflicht zusammengefasst werden, nämlich „erstlich ein Gesetz, welches die Handlung, die geschehen soll, objectiv als nothwendig vorstellt, d. i. welches die Handlung zur Pflicht macht, zweitens eine Triebfeder, welche den Bestimmungsgrund der Willkür zu dieser Handlung subjectiv mit der Vorstellung des Gesetzes verknüpft; mithin ist das zweite Stück dieses: daß das Gesetz die Pflicht zur Triebfeder macht" (6:218). Letzteres führt Kant in seiner Lehre von der →Achtung vor dem Gesetz aus (vgl. 4:400f.; 5:73–93).

3.4 Reine Rechtsgesetze ohne ethische Bestimmungsgründe und Tugendvorschriften heißen auch äußere Gesetze, „denn alsdann ist es rein und mit keinen Tugendvorschriften vermengt. Ein strictes (enges) Recht kann man also nur das völlig äußere nennen" (6:232). Die Aktualität der Moral- und Rechtsphilosophie Kants im Diskurs mit modernen, auch sprachanalytischen Positionen vertreten z. B. Kersting (vgl. Kersting, *Wohlgeordnete Freiheit*, S. 11ff.) und Höffe (vgl. Höffe, *Kategorische Rechtsprinzipien*, S. 15ff.).

Weiterführende Literatur

Baum, Manfred: Deduktion und Beweis in Kants Transzendentalphilosophie, Berlin: Hain 1986.

Breil, Reinhold: Hönigswald und Kant, Bonn: Bouvier 1991.

Butts, Robert E.: Kant's Philosophy of Physical Science, Dordrecht: Reidel 1986.

Flach, Werner: Die Idee der Transzendentalphilosophie, Würzburg: Königshausen und Neumann 2002.

Friedman, Michael: Kant and the exact sciences, Cambridge u. a.: Harvard Univ. Press 1992.

Kersting, Wolfgang: Wohlgeordnete Freiheit, Frankfurt/M.: Suhrkamp 1993.

McLaughlin, Peter: Kant's critique of teleology in biological explanation, Lampeter: Edwin Mellen Press 1990.

Mudroch, Vilem: Kants Theorie der physikalischen Gesetze, Berlin u. a.: de Gruyter 1987.

Oberer, Hariolf: „Sittengesetze und Rechtsgesetze a priori", in: Oberer, Hariolf (Hg.): Kant. Analysen, Probleme, Kritik, Bd. 3, Würzburg: Königshausen und Neumann 1997, 157–200.

Popper, Karl: Conjectures and Refutations, London: Routledge and Kegan Paul 1989; dt.: ders.:

Vermutungen und Widerlegungen, Teilband I, Tübingen: Mohr 1994.
Strawson, Peter F.: The Bounds of Sense, London: Methuen 1966.
Thöle, Bernhard: Kant und das Problem der Gesetzmäßigkeit der Natur, Berlin u. a.: de Gruyter 1991.
Vollmer, Gerhard: „Kant und die Evolutionäre Erkenntnistheorie", in: ders.: Was können wir wissen?, Bd. 1, Stuttgart: Hirzel 1985, 166–216.

Reinhold Breil

Gesetz, moralisches

Den Ausdruck ‚moralisches Gesetz' verwendet Kant synonym mit ‚Sittengesetz' und bezeichnet damit im Singular das „Grundgesetz der reinen praktischen Vernunft" (5:30), das gebietet, nach universalisierbaren Maximen zu handeln, und im Plural die einzelnen moralischen Normen, die mit diesem Grundgesetz übereinstimmen. Weitere wichtige Stellen: KrV A 807–809 / B 835–847; 4:400ff.; 4:460–463; 5:4; 5:43–50; 5:71–89; 6:222–228.

Philosophische Funktion

1 Inhalt und Status des moralischen Gesetzes

1.1 Ausgehend von der Analyse der moralischen Grundbegriffe ‚uneingeschränkt guter Wille' und →‚Pflicht' und der mit ihnen verbundenen Geltungsansprüche gelangt Kant in der *GMS* zu dem Ergebnis, dass das moralische Gesetz „nichts als die allgemeine Gesetzmäßigkeit der Handlungen überhaupt" (4:402) beinhalten kann. Der Begriff der Pflicht impliziere, dass das entsprechende Gebot notwendigerweise, d. h. für alle vernünftigen Subjekte und unter allen möglichen Umständen gilt. Da alle materialen Zwecke kontingent sind, kann der Grundsatz der Moral selbst nicht inhaltlich bestimmt sein. Daher besteht das moralische Gesetz in der auf die Form von Maximen bezogenen Forderung, niemals anders zu handeln, „als so, *daß ich auch wollen könne, meine Maxime solle ein allgemeines Gesetz werden*" (4:402). Deshalb ist in der Moral „die bloße Gesetzmäßigkeit überhaupt (ohne irgend ein auf gewisse Handlungen bestimmtes Gesetz zum Grunde zu legen) das, was dem Willen zum Princip dient" (4:402). Als formales Prinzip bestimmt das moralische Gesetz den Willen →a priori. Das Sittengesetz ist zugleich das Grundgesetz der reinen praktischen Vernunft (allgemeiner Grundsatz praktischer Geltung) und das Kriterium, an dem sich die Moralität einer →Maxime oder →Handlung bemisst (vgl. 6:222f.). Gelegentlich spricht Kant auch im Plural von moralischen Gesetzen, um die Menge aller moralischen Normen zu bezeichnen, die aus dem Sittengesetz ableitbar sind (vgl. 5:33; 6:98).

Der Begriff des moralischen Gesetzes hängt inhaltlich eng mit dem Begriff der Autonomie und dem Begriff des →kategorischen Imperativs zusammen. Da das moralische Gesetz seinen Ursprung in der reinen praktischen Vernunft hat, handelt es sich bei der moralischen Selbstbestimmung um eine Selbstgesetzgebung (Autonomie) des Willens (vgl. 4:447). Schwierig ist die Abgrenzung gegenüber dem Begriff des kategorischen Imperativs (der von Kant ebenfalls sowohl im Singular als auch im Plural gebraucht wird). Das moralische Gesetz bezeichnet das praktische Prinzip, das für alle vernünftigen Wesen als solche gilt. Das Wollen *reiner* Vernunftwesen stimmt immer und notwendigerweise mit dem Sittengesetz überein, deshalb „gelten für den *göttlichen* und überhaupt für einen *heiligen* Willen keine Imperativen" (4:414). Für Wesen hingegen, die vernünftig und *sinnlich* sind und deren Neigungen mögliche Bestimmungsgründe ihres Willens sind, drückt der kategorische Imperativ die Forderung aus, dass alle ihre Maximen dem moralischen Gesetz gemäß sein sollen. Kant hält jedoch nicht streng an dieser terminologischen Unterscheidung fest. Da er sowohl das Sittengesetz als auch den kategorischen Imperativ als „oberste[s] Princip[] der Moralität" bezeichnet, wird nicht immer deutlich, was mit diesem Begriff gemeint ist. Außerdem bezeichnet Kant den kategorischen Imperativ selbst als ein „unbedingtes praktisches Gesetz" (4:463).

1.2 In der *KpV* bezeichnet Kant das Bewusstsein des Sittengesetzes wiederholt als „Factum der Vernunft" bzw. „der reinen Vernunft", „weil man es nicht aus vorhergehenden Datis der Vernunft, z. B. dem Bewußtsein der Freiheit (denn dieses ist uns nicht vorher gegeben), herausvernünfteln kann, sondern weil es sich für sich selbst uns aufdringt als synthetischer Satz a priori" (5:31). Dabei löst Kant offenbar die Zweideutigkeit des Ausdrucks ‚Faktum' absichtlich nicht auf. ‚Faktum' kann bedeuten ‚von der Vernunft gemacht' oder (als von ihr selbst Gemachtes) ‚der Vernunft gegeben (Datum)', also Tat der Selbstgesetzgebung oder deren Resultat (vgl. Willaschek, *Praktische Vernunft*, S. 174–183).

2 Das Problem der Deduktion des Sittengesetzes
2.1 In der *GMS* stellt sich Kant u. a. die Aufgabe der Deduktion des Sittengesetzes bzw. des obersten Prinzips der Moralität. Unter ‚Deduktion' versteht Kant keine formallogische Ableitung eines Satzes aus wahren Prämissen. Henrich hat vorgeschlagen, den Begriff hier in Anlehnung an die Rechtssprache als Rechtfertigung von Ansprüchen, insbesondere ihre Verteidigung gegen Zweifel zu verstehen (Henrich, *Deduktion des Sittengesetzes*, S. 80f.). Dem entspricht, dass Kant selbst von der „*Vertheidigung*, d. i. Abtreibung der Einwürfe" (4:459) gegen die Möglichkeit reiner praktischer Vernunft spricht. Im Ergebnis stimmen Beweis und Deduktion allerdings überein: „Durch beide wird von Sätzen dargetan, dass ihre Annahme unabweisbar ist" (Henrich, *Deduktion des Sittengesetzes*, S. 79). Nach Schönecker umfasst die Aufgabe der Deduktion in der *GMS* die Beantwortung dreier Teilfragen: „1. Warum gilt der kategorische Imperativ? 2. Was ist die Voraussetzung dieser Gültigkeit? 3. Wie kann reine Vernunft ein Interesse am moralischen Gesetz bewirken?" (Schönecker, *Grundlegung*, S. 402). Die dritte Frage wird erst in der *KpV* durch die Lehre von den Triebfedern der reinen praktischen Vernunft beantwortet.

Der Nachweis der Gültigkeit des Sittengesetzes beruht in der *GMS* auf drei Gedanken: der Verknüpfung der Freiheit mit einem ihr eigenen Gesetz, der Unterscheidung von Sinnes- und Verstandeswelt sowie der Annahme, dass Letztere ontisch grundlegend ist. – Der Begriff praktischer Vernunft lässt sich nach Kant nur dann sinnvoll explizieren, wenn dem Willen des Subjekts eine Kausalität *sui generis* zugesprochen wird, die ihn nicht nur unabhängig von der natürlichen Determination macht, sondern ihn auf positive Weise bestimmt. Diese Eigenschaft des Willens nennt Kant „*Freiheit*" (4:446). Aufgrund des von Kant unterstellten nomologischen Charakters der Kausalität kann die Selbstbestimmung des Willens nur durch ein Gesetz erfolgen, und da Naturgesetze als Kandidaten ausscheiden, muss es sich um ein reines praktisches Gesetz der Vernunft handeln (vgl. 4:446f.). Dieses ist das moralische Gesetz. Somit wird die Gültigkeit des Sittengesetzes „auf die Idee der Freiheit zuletzt zurückgeführt" (4:448); d. h.: Unter Voraussetzung der Idee der Freiheit ist die Annahme der Gültigkeit des Sittengesetzes gerechtfertigt. Die Idee der Freiheit steht dabei nicht im Widerspruch zur Annahme der durchgängigen kausalen Bestimmtheit der Natur, weil Letztere sich auf die Sinnenwelt beschränkt, Erstere hingegen zur intelligiblen Welt gehört. Dies sichert die Möglichkeit der Freiheit. Ihre Wirklichkeit folgt aus dem ontischen Primat der Verstandeswelt vor der Sinnenwelt: „Weil aber *die Verstandeswelt den Grund der Sinnenwelt, mithin auch der Gesetze derselben enthält*, also in Ansehung meines Willens (der ganz zur Verstandeswelt gehört) unmittelbar gesetzgebend ist und also auch als solche gedacht werden muß, so werde ich mich als Intelligenz, obgleich andererseits wie ein zur Sinnenwelt gehöriges Wesen, dennoch dem Gesetze der ersteren, d. i. der Vernunft, die in der Idee der Freiheit das Gesetz derselben enthält, und also der Autonomie des Willens unterworfen erkennen" (4:453f.). Allerdings kann nach Kant nicht erklärt werden, wie Freiheit möglich ist, da eine Erklärung in der Rückführung eines Gegebenen auf ein empirisches Gesetz besteht, der Begriff der Freiheit aber prinzipiell nicht empirisch erklärt werden kann (vgl. 4:459).
2.2 Mit der These vom „Factum der reinen Vernunft" (5:31) hat Kant in der *KpV* das Projekt der Deduktion des Sittengesetzes aufgegeben (vgl. etwa Schönecker, *Grundlegung*, S. 398). Eine Deduktion des moralischen Gesetzes ist nun unnötig, denn als Tatsache des Bewusstseins bedarf es „keiner rechtfertigenden Gründe" (5:47). Stattdessen dient es nun seinerseits als „Princip der Deduction eines unerforschlichen Vermögens", nämlich „der Freiheit, von der das moralische Gesetz, [...] nicht blos die Möglichkeit, sondern die Wirklichkeit an Wesen beweiset, die dies Gesetz als für sie verbindend erkennen" (5:47). Zwar gibt es keine Erfahrung der Freiheit, da sie aber „die Bedingung des moralischen Gesetzes ist, welches wir wissen" (5:4), berechtigt uns das Wissen um das Sittengesetz dazu, uns Freiheit zuzuschreiben. Wären wir nicht frei, könnten wir dem Sittengesetz als einer praktischen Norm nicht unterworfen sein. Die bekannte These Kants, dass das Können aus dem Sollen folgt (vgl. z. B. 5:30), bezieht sich daher nur auf das *Urteil*, dass wir frei sind.

Sachlich gesehen, liegt hingegen die Freiheit (das Können) dem Sittengesetz (dem Sollen) zugrunde. Das moralische Gesetz ist Erkenntnisgrund („ratio cognoscendi") der Freiheit, und diese ist Seinsgrund („ratio essendi") des Sittengesetzes (5:4 Anm.).

3 Das Verhältnis des Sittengesetzes zur Natur

3.1 Eine grundlegende These Kants lautet, dass die Möglichkeit der Willensbestimmung durch das moralische Gesetz mit der Annahme einer durchgängigen, gesetzmäßigen Kausalität der Natur widerspruchsfrei vereinbar ist (vgl. auch KrV A 538–558 / B 566–586). Diese Vereinbarkeit beruht darauf, dass der Mensch sich auf zweierlei Weise zu sich verhält. Er ist sich selbst einerseits Erscheinung und als solche den Naturgesetzen unterworfen; andererseits begreift er sich als ein intelligibles Wesen, das einem Gesetz *sui generis*, dem Sittengesetz, unterworfen ist (vgl. 5:6). Dabei kommt der Verstandeswelt der ontische Primat zu, weil sie den Grund der Gesetze der empirischen Welt enthält (vgl. 2.1).

Kant gebraucht den Begriff nicht nur, um die Gesamtheit aller möglichen Erfahrungen zu bezeichnen, sondern manchmal auch in einem weiteren, formalen Sinne. „*Natur*" bezeichnet dann das „Dasein der Dinge, [...] so fern es nach allgemeinen Gesetzen bestimmt ist" (4:421). Legt man diese Bedeutung zugrunde, wird verständlich, warum Kant das Sittengesetz als „Grundgesetz einer übersinnlichen Natur und einer reinen Verstandeswelt" (5:43) bezeichnen kann: Im formalen Sinne ist auch die intelligible Welt Natur. Weil nun erstens das moralische Gesetz den Willen bestimmen soll und zweitens Handlungen empirische Ereignisse sind, kann man folgern, dass das Sittengesetz Einfluss auf die natürliche Welt haben soll: „Dieses Gesetz soll der Sinnenwelt, als einer *sinnlichen Natur*, (was die vernünftigen Wesen betrifft) die Form einer Verstandeswelt, d. i. einer *übersinnlichen Natur*, verschaffen, ohne doch jener ihrem Mechanism Abbruch zu thun" (5:43).

3.2 Die Übereinstimmung zwischen Verstandes- und Sinnenwelt in Bezug auf ihre gesetzmäßige Ordnung ermöglicht es Kant, das Problem der moralischen →Urteilskraft zu lösen. Als übersinnlicher Gegenstand kann das moralische Gesetz niemals Objekt einer sinnlichen Anschauung sein, sodass die Einbildungskraft nicht geeignet ist, das moralische Gesetz auf die empirische Welt zu beziehen. Da sich aber Naturgesetze und das moralische Gesetz hinsichtlich der „*Form der Gesetzmäßigkeit* überhaupt" (5:70) gleichen, kann der Verstand die Gesetze der Natur als „*Typus* des Sittengesetzes" (5:69) auffassen. Der Typus dient der moralischen Urteilskraft als Regel, um die Moralität einer Maxime zu prüfen: „Frage dich selbst, ob die Handlung, die du vorhast, wenn sie nach einem Gesetze der Natur, von der du selbst ein Theil wärest, geschehen sollte, sie du wohl als durch deinen Willen möglich ansehen könntest" (5:69). Als Regel der Urteilkraft wird der Typus benötigt, weil der Mensch, „ohne etwas, was er zum Beispiele im Erfahrungsfalle machen könnte, bei Hand zu haben, dem Gesetze der reinen Vernunft nicht den Gebrauch in der Anwendung verschaffen könnte" (5:70). Die grundsätzliche Differenz zwischen empirischen Naturgesetzen und dem moralischen Gesetz wird dadurch nicht aufgehoben: Als Grundsatz der reinen praktischen Vernunft ist das Sittengesetz prinzipiell nicht anschaulich erfahrbar.

4 Sittengesetz und Vernunftglaube

4.1 Kant konzipiert die Moral in Analogie zum Rechtswesen. Daher gehören zu einem Gesetz eine gesetzgebende, eine ausführende und eine rechtsprechende Instanz. In Bezug auf das Sittengesetz sind alle vernünftigen Wesen Gesetzgeber; sofern sie handeln können und müssen, sind sie für die Ausführung des moralischen Gesetzes zuständig. Die Menschen haben also sowohl an der Legislative als auch an der Exekutive teil. Aufgabe der richtenden Instanz ist es hinsichtlich des Sittengesetzes, ein angemessenes Verhältnis zwischen →Glückseligkeit und Glückswürdigkeit herzustellen, deren proportionale Verbindung →höchstes Gut heißt. Dabei bildet die Würdigkeit, glücklich zu sein, „die Bedingung des übrigen (was zum Zustande gehört), nämlich des Antheils an Glückseligkeit" (5:130). Als adäquate Ursache dieser bezweckten Wirkung (vgl. 5:124) kommt kein endliches Wesen in Frage, „weil wir nur von einem moralisch vollkommenen (heiligen und gütigen), zugleich auch allgewaltigen Willen das höchste Gut [...] hoffen können" (5:129; vgl. 6:5). Auf diese Weise führt „das moralische Gesetz durch den Begriff des höchsten Guts, als das Object und den Endzweck der reinen praktischen Vernunft, zur *Religion*, d. i. zur *Erkenntniß aller Pflichten als göttlicher Gebote*" (5:129; vgl. 6:5). Wir sind daher in praktischer Absicht berechtigt und genötigt, das Dasein Gottes zu postulieren. In Verbindung mit dem Postulat der Unsterblichkeit der Seele sichert das Postulat der Existenz Gottes die Möglichkeit des höchsten Guts.

Kant zufolge begründet also die Moral den Vernunftglauben. Darüber hinaus ist „die reine *moralische* Gesetzgebung [...] nicht allein die unumgängliche Bedingung aller wahren Religion überhaupt, sondern sie ist auch das, was diese selbst eigentlich ausmacht" (6:104). Das Formale der Religion besteht nämlich im „Inbegriff aller Pflichten *als* (instar) göttlicher Gebote" (6:487).

4.2 Durch den Austritt aus dem juridischen Naturzustand wird der ethische Naturzustand noch nicht überwunden. Es ist eine Pflicht der Menschheit gegen sich selbst, aus ihm herauszutreten und ein ethisches Gemeinwesen zu begründen, als dessen „oberster Gesetzgeber" (6:99) Gott gedacht werden muss: „Ein ethisches gemeines Wesen unter der göttlichen moralischen Gesetzgebung ist eine *Kirche*, welche, so fern sie kein Gegenstand möglicher Erfahrung ist, die *unsichtbare Kirche* heißt (eine bloße Idee von der Vereinigung aller Rechtschaffenen unter der göttlichen unmittelbaren aber moralischen Weltregierung, wie sie jeder von Menschen zu stiftenden zum Urbilde dient)" (6:101).

Weiterführende Literatur

Grünewald, Bernward: „Praktische Vernunft, Modalität und transzendentale Einheit. Das Problem einer transzendentalen Deduktion des Sittengesetzes", in: Oberer, Hariolf / Seel, Gerhard (Hg.): Kant. Analysen – Probleme – Kritik, Würzburg: Königshausen & Neumann 1988, Bd. 1, 127–167.

Guyer, Paul: „Kant's Morality of Law and Morality of Freedom", in: ders.: Freedom, Law, and Happiness, Cambridge: Cambridge UP 2000, 129–171.

Paton, Herbert J.: The Categorical Imperative. A Study in Kant's Moral Philosophy, London: Hutchinson 1947.

Reath, Andrews: „Legislating the Moral Law", in: Nous 28, 1994, 435–464.

Timmermann, Jens: Sittengesetz und Freiheit. Untersuchungen zu Immanuel Kants Theorie des freien Willens, Berlin u. a.: de Gruyter 2003.

Héctor Wittwer

Gesetze der Natur

Von den empirischen Naturgesetzen müssen allgemeine Gesetze der Natur unterschieden werden, die a priori gelten und Bedingungen jeder Erfahrungserkenntnis sind: „Die Möglichkeit der Erfahrung überhaupt ist also zugleich das allgemeine Gesetz der Natur, und die Grundsätze der erstern sind selbst die Gesetze der letztern" (4:319). Werden in der kritischen Phase zunächst aus systematischen Gründen die Gesetze der Natur von den Gesetzen der → Freiheit unterschieden, so tritt in der *KU* als dritte Gesetzlichkeit das Prinzip der → reflektierenden Urteilskraft hinzu: „Wenn nun aber der Verstand *a priori* Gesetze der Natur, dagegen Vernunft Gesetze der Freyheit an die Hand giebt, so ist doch nach der Analogie zu erwarten: daß die Urtheilskraft, welche beider Vermögen ihren Zusammenhang vermittelt, auch ebensowohl wie jene ihre eigenthümliche Principien *a priori* dazu hergeben und vielleicht zu einem besonderen Theile der Philosophie den Grund legen werde" (20:202). Weitere wichtige Stellen: KrV A 127; KrV A 159f. / B 198f.; KrV A 216 / B 263; KrV A 546 / B 574; 4:296; 4:319f.; 4:387; 4:421f.; 4:470f.; 5:44; 5:69; 5:183f.; 5:376f.; 5:410ff.; 20:202.

Philosophische Funktion

1 Naturgesetze a priori als Grundbedingungen der Erkenntnis

Kant hält im Gegensatz zu Hume an der Auffassung allgemeingültiger Gesetze der Natur fest. Unter Anerkennung der Argumentation Humes, dass Erfahrung allein nicht die Allgemeingültigkeit synthetischer Urteile sichern könne, gelangt Kant zu dem Ergebnis, dass die Gesetze der Natur dann allgemeingültig sind, wenn sie nicht von Dingen an sich, sondern von Erscheinungen gelten. In diesem Fall wird Natur als Inbegriff aller Gegenstände der Erfahrung verstanden, und die allgemeinen Gesetze der Natur sind zugleich die allgemeinen Prinzipien der Erfahrungserkenntnis (vgl. 4:296). In diesem Sinne ist der Verstand selbst der „Quell der Gesetze der Natur und mithin der formalen Einheit der Natur [...]. Der reine

Verstand ist also in den Kategorien das Gesetz der synthetischen Einheit aller Erscheinungen und macht dadurch Erfahrung ihrer Form nach allererst und ursprünglich möglich" (KrV A 127). Dies bedeutet zugleich, dass alle empirischen Gesetze ihren Grund in den reinen Begriffen des Verstandes, den → Kategorien besitzen, „indem sie diese nur auf besondere Fälle der Erscheinung anwenden" (KrV A 159 / B 198). War Kant zunächst der Meinung, alle Naturgesetze ließen sich auf diese Naturgesetze a priori des Verstandes zurückführen, zu denen vor allem auch das Prinzip der kausalen Verknüpfung der Wahrnehmungen gehört (vgl. 4:307), so finden sich bereits in der *KrV B* in Auseinandersetzung mit Platon erste Hinweise auf eine Einschränkung ihres Geltungsbereichs: „Ein Gewächs, ein Thier, die regelmäßige Anordnung des Weltbaues (vermuthlich also auch die ganze Naturordnung) zeigen deutlich, daß sie nur nach Ideen möglich sind" (KrV A 317f. / B 374).

In der *KU* werden die Struktur der Organismen und der systematische Zusammenhang der Natur nach scheinbar zweckmäßigen Naturgesetzen deshalb nicht auf eine regulative Vernunftidee, sondern auf das Prinzip der formalen Zweckmäßigkeit der Natur (vgl. 5:181–186) gegründet, das ein transzendentales Prinzip der reflektierenden Urteilskraft ist (vgl. 5:181). Auf die Naturerkenntnis bezogen, nennt Kant dieses Prinzip auch objektiv (vgl. 5:359f.). Diesem Prinzip der objektiven Zweckmäßigkeit der Natur unterliegen die physisch-geographischen Gesetzmäßigkeiten der Natur ebenso wie die Erkenntnis der Funktionsprozesse der Organismen (vgl. 5:376f.). Auf diesen Begriff einer „objectiven und materialen Zweckmäßigkeit, d. i. auf den Begriff eines Zwecks der Natur" (5:366) führt nach Kant die Erfahrung von Naturphänomenen, bei denen das Verhältnis zwischen Ursache und Wirkung nur dann zu einer Gesetzlichkeit führt, wenn wir „die Idee der Wirkung der Causalität ihrer Ursache, als die dieser selbst zum Grunde liegende Bedingung der Möglichkeit der ersterern, unterlegen" (5:367). Dieses Verhältnis kann entweder auf die äußere Beziehung von Naturdingen zueinander, oder auf die „innere Zweckmäßigkeit eines Naturwesens" (5:367) bezogen werden. Auch der Begriff der → Natur insgesamt, sofern sie als ein zusammenhängendes System von Naturgesetzen betrachtet und so auf die Einheit der Erfahrung bezogen wird, gründet sich auf das Prinzip der Zweckmäßigkeit der reflektierenden Urteilskraft (vgl. 5:183f.). Die entstehende Antinomie zwischen kausalen, konstitutiven Gesetzen der Natur und teleologischen Gesetzen der reflektierenden Urteilskraft löst Kant bezüglich eines Vorrangs der konstitutiven Gesetze der Natur auf (vgl. 5:410ff.; vgl. Stegmüller, *Erklärung*, S. 584ff.; vgl. Breil, *Grundzüge*, S. 164ff.).

2 Zur Funktion der Gesetze der Natur als Grenzbestimmung der Erkenntnis

Die a priori geltenden Gesetze der Natur werden einerseits von den empirischen Naturgesetzen, andererseits von den Gesetzen der Freiheit und den Gesetzen der reflektierenden Urteilskraft unterschieden. Dies hat vor allem systematische Konsequenzen für den Aufbau der kantischen Philosophie. Empirische Gesetze setzen allgemeine Gesetze der Natur voraus. „Wir müssen aber empirische Gesetze der Natur, die jederzeit besondere Wahrnehmungen voraussetzen, von den reinen oder allgemeinen Naturgesetzen [...] unterscheiden; und in Ansehung der letztern ist Natur und *mögliche* Erfahrung ganz und gar einerlei; und da in dieser die Gesetzmäßigkeit auf der nothwendigen Verknüpfung der Erscheinungen in einer Erfahrung [...] beruht, so klingt es zwar anfangs befremdlich, ist aber nichts desto weniger gewiß, wenn ich in Ansehung der letztern sage: *der Verstand schöpft seine Gesetze (a priori) nicht aus der Natur, sondern schreibt sie dieser vor*" (4:320). Dennoch ist konkrete Natur- und Erfahrungserkenntnis nicht ohne sinnliche Wahrnehmung möglich, da wir die Kenntnis besonderer Data und Gesetze nur aus der Erfahrung nehmen können, und so bedarf der Verstand „auch überdem noch einer gewissen Ordnung der Natur in den besonderen Regeln derselben, die ihm nur empirisch bekannt werden können, und die in Ansehung seiner zufällig sind" (5:184). Die allgemeinen Gesetze der Natur können auf Gegenstände des äußeren und inneren Sinnes angewendet werden und begründen so verschiedene Erkenntnisgebiete, „aber es ist alsdann keine allgemeine, sondern besondere metaphysische Naturwissenschaft (Physik und Psychologie), in der jene transscendentale Principien auf die zwei Gattungen der Gegenstände unserer Sinne angewandt werden" (4:470). Fehlen allgemeine Gesetze der Natur als Prinzipien a priori oder lassen sie sich nicht auf bloß Empirisches anwenden (mittels Mathematik), so ist eine Wissenschaft nach Gesetzen nicht möglich. Für Kant trifft das vor allem für die Chemie und die Psychologie seiner Zeit zu (vgl. 4:471). Er unterscheidet auf der Grundlage seiner kritischen Philosophie weiterhin zwischen theoretischer und praktischer Philosophie, so dass einerseits eine →Metaphysik der Natur und eine →Metaphysik der Sitten möglich sind, „welche es mit bestimmten Gegenständen und den Gesetzen zu thun hat, denen sie unterworfen sind [...] Denn diese Gesetze sind entweder Gesetze der Natur, oder der Freiheit" (4:387). Kant spricht objektive Allgemeingültigkeit und Notwendigkeit den praktischen Gesetzen ebenso zu wie den Naturgesetzen: „Frage dich selbst, ob die Handlung, die du vorhast, wenn sie nach einem Gesetze der Natur, von der du selbst ein Theil wärest, geschehen sollte, sie du wohl als durch deinen Willen möglich ansehen könntest" (5:69; vgl. 4:421f.; 5:44). In der *KU* tritt neben diese beiden Gesetzgebungen a priori die →reflektierende Urteilskraft, so dass sich eine Dreiteilung der kritischen Systematik ergibt (vgl. 20:202). Gesetze der Natur können nicht auf transzendente, metaphysische Gegenstände angewendet werden.

3 Aktualität und Forschungslage

In der aktuellen Forschung stellt sich die Frage, inwiefern Kants Begriff des Naturgesetzes allgemein zutreffend ist. So hat etwa Karl Popper die These vertreten, Kant habe wegen seiner subjektiven Überzeugung von der objektiven Geltung der newtonschen Naturgesetze diese als Grundbedingungen der Erfahrung überhaupt angesetzt. Insbesondere gelte dies für die Kausalität (vgl. Popper, *Vermutungen*, S. 279). Andere haben auf der Grundlage der evolutionären Erkenntnistheorie z. B. auf die Variabilität apriorischer Gesetze hingewiesen (vgl. Lorenz, *Lehre*, S. 94ff.; vgl. Vollmer, *Selbstorganisation*, S. 53ff.). Daneben gibt es immer wieder Versuche, Kants allgemeine Grundlegung der Erfahrungserkenntnis auch als transzendentale Grundlage moderner naturwissenschaftlicher Gesetze auszuweisen (vgl. Breil, *Grundzüge*). Ansätze für eine weiterführende Diskussion finden sich bereits bei Kant selbst. So unterscheidet Kant zwischen Gesetzen, die Erfahrungserkenntnis überhaupt ermöglichen, und empirischen Naturgesetzen. Dazu gehören nicht nur die kausalmechanischen Gesetze der newtonschen Physik, sondern auch statistische Abhängigkeiten. Ernst Cassirer hat deshalb versucht, die empirischen Grundgesetze der Physik unter Einschluss der Relativitätstheorie und Quantenmechanik als besondere Anwendungen allgemeiner transzendentaler Prinzipien zu verstehen (vgl. Cassirer, *Relativitätstheorie*, S. 1–19; Cassirer, *Determinismus*, S. 25–35). – Zur neueren englischsprachigen Literatur vgl. Watkins, *Kant and the Sciences* sowie Friedman, *Kant's Construction*.

Weiterführende Literatur

Breil, Reinhold: Grundzüge einer Philosophie der Natur, Würzburg: Königshausen und Neumann 1993.

Cassirer, Ernst: Zur Einsteinschen Relativitätstheorie, Hamburg: Meiner 2001.

Cassirer, Ernst: Determinismus und Indeterminismus in der modernen Physik, Hamburg: Meiner 2004.

Friedman, Michael: Kant's Construction of Nature. A Reading of the *Metaphysical Foundations of Natural Science*, Cambridge: Cambridge University Press 2013.

Lorenz, Konrad: „Kants Lehre vom Apriorischen im Lichte gegenwärtiger Biologie", in: Blätter für Deutsche Philosophie 15, 1941, 94–125.

Popper, Karl: Conjectures and Refutations, London: Routledge and Kegan 1989, 184–193; dt.: ders.: Vermutungen und Widerlegungen, Teilband I, Tübingen: Mohr 1994, 269–281.

Stegmüller, Wolfgang: Wissenschaftliche Erklärung und Begründung. Probleme und Resultate der Wissenschaftstheorie und Analytischen Philosophie II, Berlin u. a.: Springer 1969.

Thöle, Bernhard: Kant und das Problem der Gesetzmäßigkeit der Natur, Berlin u. a.: de Gruyter 1991.

Vollmer, Gerhard: Evolutionäre Erkenntnistheorie, Stuttgart: Hirzel 2002.

Vollmer, Gerhard: „Ist evolutive Selbstorganisation zu Leben und Bewußtsein doch denkbar?", in: Hammacher, Klaus / Schottky, Richard / Schrader, Wolfgang (Hg.): Transzendentalphilosophie und Evolutionstheorie, Amsterdam: Rodopi 1992, 53–67.

Wagner, Hans: „Poppers Deutung von Kants Kritik der reinen Vernunft", in Kant-Studien 67, 1976, 425–441.

Watkins, Eric (Hg.): Kant and the Sciences, New York: Oxford University Press.

Reinhold Breil

Gesinnung

Kant nennt Gesinnungen die „Maximen des Willens, die sich [...] in Handlungen zu offenbaren bereit sind" (4:435; vgl. 5:86, 5:147, 6:70). Der Begriff gewinnt aber in *Religion* eine speziellere Bedeutung, indem Kant hier unter Gesinnung „de[n] erste[n] subjective[n] Grund der Annehmung der Maximen" versteht (6:25; vgl. 6:21 Anm.). In dieser Bedeutung hat der Begriff keinen Plural mehr: Die Gesinnung kann „nur eine einzige sein und geht allgemein auf den ganzen Gebrauch der Freiheit" (6:25). Weitere wichtige Stellen: 2:200; 4:416; 5:71f.; 5:125; 5:143; 5:159–161; 5:263; 6:20–25; 6:30f.; 6:37f.; 6:57; 6:63; 6:66; 6:70.

Philosophische Funktion

Die besondere Bedeutung des Begriffs der Gesinnung in Kants praktischer Philosophie beruht darauf, dass er die These vertritt, der moralische Wert liege „in Gesinnungen, nicht blos in Handlungen" (5:71; vgl. 4:416) und hänge nicht vom Erfolg der →Handlung in Bezug auf ein Ziel. Der Wert der Handlungen besteht nämlich „nicht in den Wirkungen, die daraus entspringen, im Vortheil und Nutzen, den sie schaffen, sondern in den Gesinnungen, [...] obgleich auch der Erfolg sie nicht begünstigte" (4:435). Diese These stärkt Kant auch mit Bezug auf die Unterscheidung →Legalität/Moralität: während die Legalität (oder „der Buchstabe des Gesetzes") „in unseren Handlungen anzutreffen sein" würde, liegt „der Geist de[r]selben aber in unseren Gesinnungen (Moralität)" (5:152; vgl. 5:72, 5:85, 5:159). Kant hebt hervor, dass von Gesinnungen, ebenso wie von →Maximen, keine unvermittelte Kenntnis möglich ist: Man kann auf die Gesinnung einer Person nur auf Grundlage ihrer Handlungen schließen (vgl. 6:63, 6:70; vgl. auch 6:21 Anm.). Eine moralische Gesinnung kann daher in der moralischen →Bildung auch nur „an Beispielen" (5:160) dargestellt werden.

Da der moralische Wert zuerst die Gesinnung betrifft, wird auch die →Tugend mit Bezug auf sie definiert, und zwar als „sittlich gute Gesinnung" (4:435; vgl. 6:37), als „moralische Gesinnung im Kampfe" (5:84; vgl. 5:147) oder als „die fest gegründete Gesinnung seine Pflicht genau zu erfüllen" (6:23 Anm.). „[D]ie Gewißheit einer Gesinnung, die mit diesem Gesetze übereinstimmt" ist „die erste Bedingung alles Werths der Person" (5:73). Die Gesinnung wird damit immer deutlicher als die moralisch relevante Disposition des Subjekts angesehen, die sich insgesamt in seinen Handlungen ausdrückt. An seiner Gesinnung erweist sich das Subjekt daher in Übereinstimmung mit dem Sittengesetz (vgl. 5:125). Die „Gesinnung, die das moralische Gesetz angeht" (5:99), wird also dem →Charakter des Subjekts gleichgesetzt.

Der Begriff der Gesinnung wird in *Religion* auf diese Richtung hin weiter bearbeitet und zugespitzt. Hier spricht Kant vom „moralisch subjective[n] Princip der Gesinnung, wornach sein Leben [d. h. jedes Menschen] beurtheilt werden muß" (6:70). Obwohl „wir auf die Gesinnung nur aus den Handlungen (als Erscheinungen derselben) schließen können", ist sie „etwas Übersinnliches" und kann daher „nur als absolute Einheit gedacht werden" (6:70). In diesem Kontext wird die Gesinnung als das „innere[] Princip der Maximen" aufgefasst (6:23 Anm.; vgl. 6:21 Anm., 6:25). Sie „muß auch durch freie Willkür angenommen worden sein" und kann daher auch „zugerechnet werden" (6:25). Dieses Verständnis von Gesinnung spielt im Kontext der Theorie vom →radikalen Bösen eine besonders prominente Rolle.

Weiterführende Literatur

Allison, Henry E.: Kant's Theory of Freedom, Cambridge: Cambridge University Press 1990, 136–145.

Gressis, Robert A.: „The Relationship between the Gesinnung and the Denkungsart", in: Bacin, S. / Ferrarin, A. / La Rocca, C. / Ruffing, M. (Hg.): Kant und die Philosophie in weltbürgerlicher Absicht. Akten des XI. Internationalen Kant-Kongresses, Berlin u. a.: de Gruyter 2013, Bd. 3, 403–412.

Hills, Alison: „Gesinnung: Responsibility, Moral Worth and Character", in: Michalson, Gordon E. (Hg.): Kant's Religion within the Boundaries of Mere Reason. A Critical Guide. Cambridge: Cambridge University Press 2014, 79–97.

Red.

Gewissen

Kant versteht unter Gewissen das moralische →Selbstbewusstsein, welches er auch als „[d]as Bewußtsein eines *inneren Gerichtshofes* im Menschen" (6:438) schildert. Es vollzieht die „innere *Zurechnung* [...] einer That, als eines unter dem Gesetz stehenden Falles" (6:438) und beurteilt die Vorwerfbarkeit einer pflichtwidrigen Handlung. Weitere wichtige Stellen: 5:98; 6:185–190; 6:400f.; 6:437–440; 8:267–271.

Philosophische Funktion

Der Schlüssel zum Verständnis der Metapher des *forum internum* (innerer Gerichtshof), wie sie von Kant zur Erhellung des Gewissensbegriffs gebraucht wird, ist der Vergleich zwischen dem Spruch des Gewissens und dem richterlichem Spruch. Obwohl Kant auch von warnendem Gewissen spricht, spielt bei ihm *richtendes* Gewissen die bei weitem wichtigste Rolle. Der Urteilsspruch des richtenden Gewissens bezieht sich auf eine bereits vollzogene Handlung und entscheidet, ob sie sich dem Subjekt „als pflichtmäßig zurechnen, oder als pflichtwidrig vorwerfen" (6:400f.) lässt. Dies bedeutet aber nicht, dass das Gewissen ausmachen solle, ob die fragliche Handlung als →pflichtmäßig oder pflichtwidrig, als recht oder unrecht anzusehen ist. Es handelt sich auch nicht darum, ob eine Verhaltensweise, die in gewisser Hinsicht als unrecht erscheint, weil sie gegen ein →moralisches Gesetz zu verstoßen scheint, sich unter Berücksichtigung anderer Gründe dennoch *rechtfertigen* lässt. Erstere Entscheidung gehört nach Kant „dem praktischen Verstande zu, der die Regel giebt"; dagegen gehört „die innere *Zurechnung* [...] einer That, als eines unter dem Gesetz stehenden Falles, (in meritum aut demeritum)" nach Kants Arbeitsteilung von Erkenntnisvermögen vielmehr „zur *Urtheilskraft* (iudicium), welche als das subjective Princip der Zurechnung der Handlung, ob sie als That (unter einem Gesetz stehende Handlung) geschehen sei oder nicht, rechtskräftig urtheilt" (6:438). Da es aber auch die „durch Erfahrung geschärfte Urtheilskraft" ist, die zu unterscheiden hat, in welchen Fällen moralische Gesetze „ihre Anwendung haben" (4:389), so kann Kant das Gewissen auch als *„die sich selbst richtende moralische Urtheilskraft"* (6:186) definieren.

Typischerweise greift also das Gewissen in den inneren ‚Rechtsstreit' erst dann ein, nachdem schon festgestellt worden ist, dass ich in objektiver Hinsicht ein Unrecht begangen habe. Es kommt darauf an, ob das begangene Unrecht oder das moralische Vergehen mir auch subjektiv zugerechnet werden kann. Die Möglichkeit der Zurechnung hängt davon ab, unter welchen psychologischen Umständen das Vergehen begangen wurde – ob ich es aus eigenem freiem Willen und mit vollem Bewusstsein oder vielleicht unter gewissem Zwang bzw. durch einen (von mir selbst nicht verschuldeten) Irrtum verübt habe. Um dies festzustellen, muss sich der innere Richter auf Aussagen eines Zeugen stützen. So stellt die Vernunft, die sich hier selbst richtet, „den Menschen *wider* oder *für sich* selbst zum Zeugen auf, daß dieses geschehen oder nicht geschehen sei" (6:186). Dieser innere Zeuge, der den psychologischen Tatbestand der Zurechnungsfähigkeit bestätigt oder verneint, ist aber nichts anderes als ein anderer Aspekt des Gewissens, das damit auch als *zeugendes* Gewissen (conscientia oder moralisches Mitwissen) auftritt.

Der innere Beobachter, der bei einer unrechten Handlung zugegen war, soll also zuerst die Freiheit des handelnden Subjekts bezeugen. In der *KpV* berührt Kant speziell diese Funktion „desjenigen wundersamen Vermögens in uns, welches wir Gewissen nennen": „Ein Mensch mag künsteln, so viel als er will, um ein gesetzwidriges Betragen, dessen er sich erinnert, sich als [...] etwas, worin er vom Strom der Naturnothwendigkeit fortgerissen wäre, vorzumalen und sich darüber für schuldfrei zu erklären, so findet er doch, daß der Advocat, der zu seinem Vortheil spricht, den Ankläger in ihm keineswegs zum Verstummen bringen könne, wenn er sich bewußt ist, daß er zu der Zeit, als er das Unrecht verübte, nur bei Sinnen, d. i. im Gebrauche seiner Freiheit, war" (5:98).

In Kants Werken aus den 1790er Jahren beziehen sich jedoch die Aussagen des zeugenden Gewissens vornehmlich auf die zweite Bedingung der Verantwortung für begangenes Unrecht, nämlich dessen Bewusstsein. Selbst wenn ich meine unrechte Handlung damit entschuldigen könnte, dass ich mich bei deren Vollzug im Recht glaubte, so muss mein Gewissen zuerst darüber Zeugnis ablegen, ob ich von der Richtigkeit meiner Handlung ehrlich überzeugt war. Dass eine solche Überzeugung nur selten ehrlich und aufrichtig ist, ergibt sich aus dem „Hange zur Falschheit und Unlauterkeit, als dem Hauptgebrechen in der menschlichen Natur" (8:267). So pflegt der Mensch sein Fürwahrhalten des Öfteren nicht nur vor einem Anderen, sondern auch vor sich selbst zu bekennen, ohne sich dessen bewusst zu sein (vgl. 8:267). Da ich jedoch andererseits meines Glaubens oder Unglaubens immer unmittelbar bewusst werden kann, kann mein Gewissen durch solche innere Lüge nie betrogen werden: „Ich kann zwar in dem Urtheile irren, *in welchem ich glaube* Recht zu haben: denn das gehört dem Verstande zu, der allein (wahr oder falsch) objectiv urtheilt; aber in dem Bewußtsein: *ob ich in der That glaube* Recht zu haben (oder es bloß vorgebe), kann ich schlechterdings nicht irren, weil dieses Urtheil oder vielmehr dieser Satz bloß sagt: daß ich den Gegenstand so beurtheile" (8:268). Deswegen glaubt Kant „ein *irrendes* Gewissen", von dem z. B. Baumgarten sprach, als „ein Unding" zurückweisen zu können (6:401; vgl. 8:268).

Ob ich von der Richtigkeit einer Verhaltensweise wirklich überzeugt war, ist aber nur *eine* Frage, die mein Gewissen zu entscheiden hat, eine andere, ob ich auf legitimem Wege zu dieser Überzeugung gekommen bin: „hier richtet die Vernunft sich selbst, ob sie auch wirklich jene Beurtheilung der Handlungen mit aller Behutsamkeit (ob sie recht oder unrecht sind) übernommen habe" (6:186).

Sowohl derjenige, der etwas für wahr hält, ohne dass er alle bedeutsamen Gegebenheiten berücksichtigt hat, als auch derjenige, der sein Fürwahrhalten nur vorgibt, verstößt damit gegen ein moralisches Gebot, das Kant auch als „Postulat des Gewissens" (6:186) betrachtet. Daraus folgt, dass das Gewissen in seiner Sicht nicht nur eine richterliche, sondern auch eine gesetzgebende Gewalt im Menschen ausübt. Es kann nämlich mit der moralisch-gesetzgebenden Vernunft gleichgesetzt werden, sofern die Gesetze der letzteren ebenfalls unser Verfahren bei der Urteilsbildung beeinflussen. Auch Kant ist also der Meinung, dass sich der Mensch an sein Gewissen wenden oder nicht wenden und dementsprechend gewissenhaft oder gewissenlos heißen kann. Im Zusammenhang damit unterscheidet Kant in seiner *Theodizee* zwei Arten von Gewissenhaftigkeit: die materiale und die formale. Erstere „besteht in der Behutsamkeit, nichts auf die Gefahr, daß es unrecht sei, zu wagen", letztere hingegen „in dem Bewußtsein [...], diese Behutsamkeit im gegebnen Falle angewandt zu haben", bzw. „in der Sorgfalt [...] kein Fürwahrhalten vorzugeben, dessen man sich nicht bewußt ist" (8:268).

Weiterführende Literatur

Esser, Andrea M.: „The Inner Court of Conscience, Moral Self-Knowledge, and the Proper Object of Duty (TL 6:437–444)", in: Sensen, Oliver / Timmermann, Jens / Trampota, Andreas (Hg.): Kant's ‚Tugendlehre'. A Comprehensive Commentary, Berlin u. a.: de Gruyter 2013, 269–292.

Hill, Thomas E. Jr.: „Punishment, Conscience, and Moral Worth", in: Timmons, Mark (Hg.): Kant's Metaphysics of Morals. Interpretative Essays, Oxford: Oxford University Press 2002, 233–253.

Hoffmann, Thomas S.: „Gewissen als praktische Apperzeption", in: Kant-Studien 93, 2002, 424–443.

Paton, H. J.: „Conscience and Kant", in: Kant-Studien 70, 1979, 329–351.

Włodzimierz Galewicz

Glaube

Glaube ist für Kant eine Form des Überzeugtseins von etwas, das sich vom Wissen, aber auch vom bloßen Meinen unterscheidet: „*Meinen* ist ein mit Bewußtsein *sowohl* subjectiv, als objectiv unzureichendes Fürwahrhalten. Ist das letztere nur subjectiv zureichend und wird zugleich für objectiv unzureichend gehalten, so heißt es *Glauben*" (KrV A 822 / B 850). Von Wissen ist dagegen die Rede, wenn das Fürwahrhalten subjektiv und objektiv zureichend ist. Die zitierte terminologische Bestimmung dessen, was Kant unter Glauben versteht, findet sich im 3. Abschnitt des *Kanons der reinen Vernunft* im Rahmen der Methodenlehre der *KrV* (KrV A 820–831 / B 848–859). Dieser Abschnitt handelt *Vom Meinen, Wissen und Glauben*. Glauben ist danach neben Meinen und Wissen eine Form des Fürwahrhaltens (von Sätzen), eine kognitiv-propositionale Einstellung, die episodischen oder habituellen Charakter haben kann und von Kant diesbezüglich neutral als „eine Begebenheit in unserem Verstande" (KrV A 820 / B 848) beschrieben wird. Weitere wichtige Stellen: 5:144; 6:5; 6:153–156; 6:163; 6:165; 7:36; 8:140f.; 9:68; 9:72 Anm.

Vorgeschichte und historischer Kontext

Kant bewegt sich mit den Unterscheidungen von Glauben, Wissen und Meinen in einer schulphilosophischen Tradition, die bis ins Mittelalter zurückreicht. Diese Tradition gliederte nicht nur die Formen des Fürwahrhaltens, sondern die möglichen kognitiv-propositionalen Einstellungen des Menschen überhaupt. Sie brachte dementsprechend mehr Stufen als Kant in Ansatz. Sie beginnt mit der untersten Stufe des Zweifelns (*dubitare*), setzt zwischen dem Zweifeln und dem Meinen (*opinari*) noch das Vermuten (*suspicare*) an, und differenziert schließlich das Wissen in intuitives (*intelligere*) und diskursiv gewonnenes (*scire*) Wissen (vgl. Thomas von Aquin, *Summa theologica*, II–II, qu. 2 a. 1 co.). Die mittelalterlichen und spätscholastischen Traktate über den Begriff des Glaubens und die Verhältnisbestimmung von Zweifeln, Meinen, Glauben und Wissen waren angesichts des säkularen und religiösen Gewichts der Unterscheidungen hochdifferenziert (vgl. Thomas von Aquin, *Quaestiones*, qu. 14; Thomas von Aquin, *Summa theologica*, II–II, qu. 1–16; Suárez, *Tractatus de fide*). Die Tradition bestimmte die propositionale Einstellung des Zweifelns näher als Fluktuieren des Verstandes zwischen den Teilen einer Kontradiktion, wenn ihm die Gründe für eine Entscheidung fehlen oder gleichgewichtig für oder gegen die Teile zu sprechen scheinen. Sie sprach von der Einstellung des Vermutens, wenn er aufgrund leichter Hinweise einer Seite zuneigt, und sie sprach von der Einstellung des Meinens, wenn der Verstand zwar der einen Seite einer Alternative anhängt, aber zugleich noch (mehr oder weniger explizit) befürchtet, das Gegenteil könne wahr sein (vgl. Thomas von Aquin, *Summa theologica*, II–II, qu. 2 a. 1 co.).

Kant ist einig mit dieser Tradition, wenn er das Meinen als „ein mit Bewußtsein *sowohl* subjectiv, *als* objectiv unzureichendes Fürwahrhalten" bestimmt (KrV A 822 / B 850); er geht konform mit dieser Tradition aber auch mit dem Gedanken: „Es kann aber überall bloß in *praktischer Beziehung* das theoretisch unzureichende Fürwahrhalten Glauben genannt werden" (KrV A 823 / B 851); denn, so die Tradition, es gebe Dinge, die halten wir für wahr nicht aufgrund eigener zwingender Einsicht, sondern weil wir es in der einen oder anderen Hinsicht gut, angemessen oder nützlich finden, sie für wahr zu halten; dann sei es nicht das dem Verstand eigene Objekt, der einleuchtende Sachverhalt, sondern eine dem Verstand äußere Instanz, der Wille, der den Verstand zu einer Überzeugung bringt (vgl. Thomas von Aquin, *Quaestiones*, qu. 14). Kant ist auch darin mit der Tradition einig, den Begriff der Gewissheit nach der für sie hauptverantwortlichen Instanz des Verstandes oder des Willens zu differenzieren und zwischen „logische[r]" und „*moralische[r]* Gewißheit" zu unterscheiden (KrV A 829 / B 857). Er ist schließlich auch darin mit der Tradition einig, zwischen Glauben und Meinen bzw. Vermuten einen Artunterschied zu sehen. Im eigentlichen Sinn, so Kant, kann nur der moralische Vernunftglaube als Glauben bezeichnet werden. Worin Kant von der Tradition abweicht, ist, dass er die moralische Gewissheit lediglich als „auf subjectiven Gründen (der moralischen Gesinnung)" beruhend beschreibt (KrV A 829 / B 857). Für die Tradition ist Meinen eine zweistellige (x meint dies oder jenes) und Glauben eine dreistellige Relation (x glaubt jemandem etwas). Im Unterschied zum Meinen ist Glauben an die überzeugende Autorität eines anderen bzw. anderer Personen gebunden und, im Falle der im religiösen Glauben wirksamen Autorität Gottes, als völliges Überzeugtsein von etwas bestimmt (vgl. Thomas von Aquin, *Quaestiones*, qu. 14 a. 1 co.).

Philosophische Funktion

1 Kants Aufklärungskonzept von Glaube

Ein Fürwahrhalten ist für Kant „objektiv zureichend", wenn es so begründet ist, dass „es für jedermann gültig ist, sofern er nur Vernunft hat" (KrV A 820 / B 848). Das Subjekt kann (und muss) versuchen, „die bloße Privatgültigkeit des Urteils, d. i. etwas in ihm, was bloße Überredung ist, zu entdecken", indem es das Urteil und die Gründe, die für es gültig sind, im Vergleich mit den Urteilen anderer erprobt und dadurch in Erfahrung bringt, „ob sie auf fremde Vernunft eben dieselbe Wirkung thun, als auf die unsrige" (KrV A 821 / B 849). Das „objectiv hinreichend[e]" (KrV A 820 / B 848) Fürwahrhalten, das im Wissen gegeben ist und im Glauben fehlt, ist „theoretisch zureichend". Es beruht auf Unwiderlegbarkeit und zwingender intuitiver oder diskursiver Einsicht in den für wahr gehaltenen Sachverhalt. Ein objektiv zureichendes Fürwahrhalten ist, insofern seine Gründe von jemandem eingesehen bzw. nachvollzogen werden, für diesen eo ipso auch subjektiv zureichend und deshalb im strengen Sinn des Wortes „mitzutheilen" für jedermann, „sofern er nur Vernunft hat" (KrV A 820 / B 848). Die Feststellung eines generellen Dissenses zu unserem Urteil deckt dessen bloße „Privatgültigkeit" auf; die Feststellung eines generellen Konsenses sichert indessen nicht seine objektive Gültigkeit; dazu ist seine Übereinstimmung mit der „Beschaffenheit des Objects" (KrV A 821 / B 849) erforderlich.

Ein trügerisches Fürwahrhalten lässt sich am besten dadurch erhärten (und beseitigen), dass man erklären kann, wie jemand dazu kommt, etwas für wahr zu halten, „ohne dazu die Beschaffenheit des Objects nöthig zu haben" (KrV A 821 / B 849). Ein trügerisches Fürwahrhalten bleibt allerdings nach einem erklärenden „[E]ntblößen" gleichwohl eine stete Versuchung, wenn die Ursache des aufgedeckten Scheins in seiner Geltung nicht auf ein Individuum oder eine Gruppe beschränkt ist, sondern „wenn die subjective Ursache des Scheins unserer Natur anhängt" (KrV A 821 / B 849). Über diese Form des Scheins spricht Kant in der *Transzendentalen Dialektik* der *KrV*.

Kants aufklärungsorientiertes Verständnis von Glauben erfolgt ausschließlich im Horizont der ‚Autorität' der (überpersönlichen) Vernunft und der mit ihr gegebenen oder durch sie legitimierten theoretischen und praktischen Interessen. Signifikant ist in diesem Zusammenhang, dass er den historischen, das heißt, nicht durch zureichende Gründe gesicherten Glauben dem empirischen Meinen und Wissen gleichsetzt (vgl. 9:68f; 9:72 Anm.; vgl. 8:140f.).

2 Glaube und Interesse

Kant unterscheidet zwischen einem pragmatischen, doktrinalen und moralischen Glauben, wobei nur letzterer (moralische) Gewissheit beanspruchen kann. Diese Unterscheidungen ergeben sich im Blick auf das jeweils im Spiele befindliche Vernunftinteresse.

Ein pragmatischer Glaube ist, als Annahme über Bedingungen der Realisierung, auf einen faktischen oder beliebigen gegebenen Zweck bezogen. Der pragmatische Glaube ist zufällig, vom kontingenten Wissensstand des Menschen abhängig, der den gegebenen Zweck verfolgt und im Blick auf dessen implizites oder explizites Bewusstsein der Kontingenz mit impliziter oder expliziter „Besorgnis des Irrthums" verbunden, wenn er „gar keine andere[n] Bedingungen weiß, unter denen der Zweck zu erreichen wäre" (KrV A 824 / B 852). So liegt etwa dem Handeln eines Arztes bezüglich der Diagnose einer Krankheit und der zu ergreifenden therapeutischen Schritte häufig neben Faktoren des Wissens auch ein erheblicher Bestand an pragmatischem Glauben zugrunde. Doch dies gilt mehr oder weniger ausgeprägt für unser Alltagshandeln insgesamt. Der Grad der Ernsthaftigkeit und subjektiven Festigkeit dieses Glaubens lässt sich nach Kant daran erproben, was und wie viel wir auf seine Richtigkeit zu verwetten bereit wären (vgl. KrV A 824f. / B 852f.).

Vom pragmatischen ist der doktrinale Glaube dahingehend unterschieden, dass es in letzterem nicht um Praxis, sondern um Theorie geht, und zwar nicht um Theorie im Dienst der verstandesmäßigen Erklärung der Erscheinungen, sondern um Theorie, die die Wirklichkeit insgesamt als vernünftiges Ganzes und als zweckmäßige Einheit zu verstehen trachtet. Die Gegenstände eines doktrinalen Glaubens sind so beschaffen, dass wir auf ihr Bestehen oder Nichtbestehen keinen Einfluss haben; wir können sie nicht mit Mitteln der Erfahrung zureichend erfassen, und sie stellen auch keine notwendigen Voraussetzungen der Erklärung der Erscheinungen dar. Sie bieten indessen als Ideen einen Leitfaden „in der Nachforschung der Natur" (KrV A 826 / B 854), um in ihr zweckmäßige Verhältnisse, die durch Vernunft beurteilt werden, zu entdecken. Kants Beispiele für einen doktrinalen Glauben sind die Annahme von Einwohnern anderer Planeten (vgl. KrV A 826 / B 854), die Annahme eines weisen Welturhebers, der „alles nach den weisesten Zwecken so geordnet habe" (KrV A 826 / B 854) und die Annahme eines künftigen Lebens der menschlichen Seele (vgl. KrV A 827 / B 855). Der Versuch, die Wirklichkeit als vernünftig geordnet zu verstehen, kann auf zweckmäßig Erscheinendes verweisen, er wird allerdings stets auch durch Phänomene in Schwierigkeiten gebracht, die dem Gedanken einer zweckmäßigen Einheit widersprechen bzw. zu widersprechen scheinen. So kennzeichnet Kant den doktrinalen Glauben als einen Glauben, „den die *Theologie* der Natur (Physikotheologie) nothwendig allerwärts bewirken muß“ (KrV A 827 / B 855), der aber „etwas Wankendes in sich [hat]“, da man „oft durch Schwierigkeiten, die sich in der Speculation vorfinden, aus demselben gesetzt [wird], ob man zwar unausbleiblich dazu immer wiederum zurück kehrt“ (KrV A 827f. / B 855f.).

Ein Glaube hingegen, den unter einer bestimmten Voraussetzung nichts wankend machen kann, ist der moralische Glaube bzw. der reine Vernunftglaube. Dieser Glaube ist ein festes Fürwahrhalten metaphysischer, theoretisch für uns nicht erkennbarer Sachverhalte, die die einzigen für uns erkennbaren zureichenden Bedingungen für die Realisierbarkeit des höchsten (abgeleiteten) Guts darstellen, „nämlich daß ein Gott und eine künftige Welt sei“ (KrV A 828 / B 856).

Dieser Glaube ist reiner Vernunftglaube, „weil blos reine Vernunft (sowohl ihrem theoretischen als praktischen Gebrauche nach) die Quelle ist, daraus er entspringt“ (5:126). Er ist ein Akt der theoretischen Vernunft, die mit ihm im Unterschied zum doktrinalen Glauben einem Bedürfnis der Vernunft in praktischer Absicht entspricht, nämlich dem Bedürfnis, uns die Realisierbarkeit eines durchs moralische Gesetz vorgegebenen Ziels verständlich zu machen (vgl. 5:126). Er stellt kein Gebot dar („Ein Glaube [...], der geboten wird, ist ein Unding“, 5:144). Vielmehr wird theoretische Vernunft durch ein freies (moralisches) Interesse zum Fürwahrhalten, zur Wahl einer spekulativen Möglichkeit bewogen, die allein den allgemeinen subjektiven Bedingungen unserer Vernunft entspricht. Sie entspricht den subjektiven Bedingungen unserer Vernunft, weil sie und nur sie unserer moralischen Praxis dienlich ist.

Der moralische Glaube kann uns nicht zur Annahme einer moralischen Gesinnung motivieren. Dieser Glaube ist vielmehr „auf die Voraussetzung moralischer Gesinnungen [ge]gründet“ (KrV A 829 / B 857). Er ist bei Gegebenheit dieser Voraussetzung subjektiv „schlechthin und für jedermann zureichend“ und „ein nothwendiger Glaube“ (KrV A 824 / B 852), da ich einerseits „ganz gewiß [weiß], daß niemand andere Bedingungen kenne, die auf dieselbe Einheit der Zwecke unter dem moralischen Gesetze führen“ (KrV A 828 / B 856), und da andererseits im Falle des Wankens und Einstürzens des Glaubens an ein Dasein Gottes und ein künftiges Leben „die herrlichen Ideen der Sittlichkeit zwar Gegenstände des Beifalls und der Bewunderung, aber nicht Triebfedern des Vorsatzes und der Ausübung“ wären (KrV A 813 / B 841). Die auf dem moralischen Glauben basierende natürliche Religion d. h. die Erkenntnis meiner Pflichten als göttlicher Gebote hat die unverzichtbare subjektive Funktion, „der Moral durch die aus dieser selbst erzeugte[n] Idee von Gott auf den menschlichen Willen zur Erfüllung aller seiner Pflichten Einfluß zu geben“ (7:36). Die Perspektive des Vernunftglaubens wirkt nicht „positiv“ motivierend beim Entschluss zum Vollzug tugendhafter Handlungen; sie wirkt „negativ“ motivierend in dem Sinne, dass sie ein Motivationshindernis beseitigt, nämlich die Furcht des endlichen vernünftigen Weltwesens, des vernünftigen und bedürftigen Menschen, vor definitivem Glücksverlust. Das Fehlen der Perspektive eines vernünftigen Endziels für all unser Tun und Lassen wäre „ein Hinderniß der moralischen Entschließung“ (6:5).

3 Vernunftglaube und Offenbarungsglaube

Kant sieht den reinen praktischen Vernunftglauben in einer analytischen Beziehung zur natürlichen Religion. Diese ist „(subjectiv betrachtet) das Erkenntniß aller unserer Pflichten als göttliche Gebote“ (6:153). „Erkenntniß“ meint hier Verständnis und Anerkennung. Unsere Pflichten als Gebote Gottes aufzufassen, drückt ein „freies *assertorisches* Glauben“ aus (6:154 Anm.), eine Zuversicht nämlich, dass unser praktisches Bemühen um das höchste Gut letztendlich nicht vergeblich sein wird, sondern in der Macht eines weisen, guten und gerechten Gottes seine definitive Erfolgsgewähr besitzt. Kants Verständnis von natürlicher Religion, die nichts weiter ist als „die religiöse Gesinnung bei allen unsern pflichtmäßigen Handlungen“ (6:154 Anm.), verwahrt sich gegen die irrige Vorstellung, „als sei Religion der Inbegriff besonderer, auf Gott unmittelbar bezogener Pflichten“ (6:154 Anm.). Was der „freie[] *assertorische[]* Glauben“ von uns zu tun verlangt, ist nur die Erfüllung der „ethisch-bürgerlichen Menschenpflichten [von Menschen gegen Menschen]“ (6:154 Anm.).

Dem reinen praktischen Vernunftglauben kontrastiert der Offenbarungsglaube, der sich auf eine besondere historische Selbstmitteilung Gottes an die Menschen beruft, die über bestimmte, durch Wunder beglaubigte „heilige" Personen und Schriften erfolgt, die Gründung einer sichtbaren Kirche nach sich zieht, der autorisierten Bewahrer und Ausleger der Offenbarungslehre bedarf, und, im Sinne eines statutarischen Kirchenglaubens das Annehmen und Bekennen bestimmter Dogmen und die praktische Befolgung bestimmter Kult- und Ritualgesetze verlangt (vgl. 6:156; 6:163 u. ö.). Es ist aufgrund der menschlichen Natur kaum zu vermeiden, dass der reine Vernunftglaube von einem Offenbarungsglauben seinen historischen Ausgang nimmt. Damit ein Offenbarungsglaube kein knechtischer und des Menschen unwürdiger Glaube ist, „muß die allgemeine Menschenvernunft in einer natürlichen Religion [...] für das oberste gebietende Princip anerkannt und geehrt, die Offenbarungslehre aber, worauf eine Kirche gegründet wird, und die der Gelehrten als Ausleger und Aufbewahrer bedarf, als bloßes, aber höchst schätzbares Mittel, um der ersteren Faßlichkeit, selbst für die Unwissenden, Ausbreitung und Beharrlichkeit zu geben, geliebt und cultivirt werden" (6:165). Offenbarungsglaube und Offenbarungslehre haben für Kant nur eine „Vehikel"- (6:106), eine Einführungs- und Vermittlungsfunktion für den reinen Vernunftglauben und für die rein natürliche Religion, die für viele Menschen, jedenfalls für viele zu bestimmten Zeiten, zu abstrakt und zu gedankenlastig wäre, um fassbar und lebenspraktisch wirksam zu sein.

Interpretationslage

Die Interpretationslage ist kontrovers. Manche Interpreten verstehen Kant heute so, als vertrete er die Auffassung, der Offenbarungs- und Kirchenglaube sei durch zunehmende Aufklärung völlig abzustreifen, manche so, als halte er den Offenbarungs- und partikularen Kirchenglauben (in aufgeklärt-relativierter Form) in seiner Vehikelfunktion aufgrund der sinnlichen Natur des Menschen für unverzichtbar, manche so, als betrachte er die übernatürliche Offenbarung, nach dem „Schema der Analogie" interpretiert, als notwendige und sinnvolle Ergänzung der Einsichten des reinen Vernunftglaubens.

Weiterführende Literatur

Firestone, Chris L. / Jacobs, Nathan (Hg.): In defense of Kant's Religion, Bloomington: Indiana University Press 2008.

Fischer, Norbert (Hg.): Kants Metaphysik und Religionsphilosophie, Hamburg: Meiner 2004.

Palmquist, Stephen R.: Kant's critical religion, Aldershot u. a.: Ashgate 2000.

Winter, Aloysius: Der andere Kant. Zur philosophischen Theologie Immanuel Kants, Hildesheim u. a.: Olms 2000.

Wood, Allen W.: Kant's moral religion, Ithaca u. a.: Cornell University Press 1970.

Maximilian Forschner

Glück, Glückseligkeit

Der Glücksbegriff der eudämonistischen Tradition heißt in Kants Terminologie ‚Glückseligkeit'. Den Ausdruck ‚Glück' verwendet Kant dagegen lediglich im Sinn von günstigen äußeren Umständen und zufälligem Gelingen (vgl. z. B. 7:223). In allen Reflexionsphasen der kantischen Moralphilosophie spielt der Begriff der Glückseligkeit eine herausgehobene Rolle. Mindestens drei verschiedene Konzeptionen lassen sich dabei unterscheiden: (1) In seiner durch Leibniz, Crusius und Wolff geprägten Frühphase vertritt Kant einen perfektionistischen und theologisch eingefärbten Glücksbegriff, bei dem der Mensch „in der Gemeinschaft mit dem unendlichen Wesen den Genuß der wahren Glückseligkeit finden" soll. Glückseligkeit ist dabei als eine „immerwährende Zufriedenheit" konzipiert, die sich aus der Verbindung des Individuums mit → Gott als der „Urquelle aller Vollkommenheit" ergibt (1:322). (2) Im *Kanon der reinen Vernunft* der *KrV* entwickelt Kant die Auffassung, dass man Gott als motivierendes Fundament der Sittlichkeit ins Spiel bringen müsse, indem nämlich Glückseligkeit und Moralität durch Gott in einer „gehofften Welt" miteinander verbunden würden (KrV A 813 / B 841). Die Gottesidee soll mithin dem Problem abhelfen, dass „die herrlichen Ideen der Sittlichkeit zwar Gegenstände des Beifalls und der Bewunderung, aber nicht Triebfedern des Vorsatzes und der Ausübung" zu sein drohen; Kant betont, nur so lasse sich der „ganze[] Zweck, der einem jeden vernünftigen Wesen natürlich und durch eben dieselbe reine Vernunft a priori bestimmt und notwendig ist, erfüllen" (KrV A 813 / B 841). (3) In der *KpV* findet sich dagegen ein Modell, dem zufolge das Sittengesetz als alleiniger Bestimmungsgrund des → Willens aufgefasst und die Glückseligkeit mit ihm auf dem Weg über sogenannte „Postulate" korreliert wird (5:108–114). Die Postulate der Unsterblichkeit der Seele, der Freiheit sowie des Daseins Gottes sollen sicherstellen, dass sich die Forderungen der Moral mit dem menschlichen Glücksstreben zur Übereinstimmung bringen lassen. Weitere wichtige Stellen: KrV A 806 / B 834; 4:399; 4:405; 4:415f.; 4:417f.; 5:25; 5:36; 5:86ff.; 5:110; 5:113f.; 5:124; 5:126ff.; 5:430; 6:377; 6:378; 6:393; 7:130; 8:279; 19:277; 27:101.

Philosophische Funktion

Kant versteht unter Glückseligkeit durchgehend eine umfassende Wunscherfüllung, nämlich die „Befriedigung aller Vergnügen überhaupt" (27:101) oder die „Befriedigung aller unserer Neigungen (sowohl extensive, der Mannigfaltigkeit derselben, als intensive, dem Grade, und auch protensive, der Dauer nach)" (KrV A 806 / B 834; ähnlich 4:399; 5:124). Bei dieser Befriedigung denkt Kant keineswegs nur an die Erfüllung sinnlich-naturaler Neigungen, sondern auch an rational geprägte Wünsche (vgl. 19:277). In § 83 der *KU* wendet sich Kant dagegen, den Glücksbegriff für ausschließlich sinnlich bestimmt zu erklären: „Der Begriff der Glückseligkeit ist nicht ein solcher, den der Mensch etwa von seinen Instincten abstrahirt und so aus der Thierheit in ihm selbst hernimmt; sondern ist eine bloße *Idee* eines Zustandes, welcher er den letzteren unter bloß empirischen Bedingungen (welches unmöglich ist) adäquat machen will" (5:430). Dennoch versieht er den Begriff des → Glücks insgesamt mit einem hedonistischen Akzent. Denn das Glücksstreben wurzelt nach Kant in der Bedürfnisnatur des Menschen; es handelt sich bei der Glücksfrage um „ein durch seine endliche Natur selbst ihm aufgedrungenes Problem" (5:25). Der Mensch ist grundlegend durch Bedürfnisse charakterisiert, „und dieses Bedürfniß betrifft die Materie seines Begehrungsvermögens, d. i. etwas, was sich auf ein subjectiv zum Grunde liegendes Gefühl der Lust oder Unlust bezieht, dadurch das, was es zur Zufriedenheit mit seinem Zustande bedarf, bestimmt wird" (5:25). Der Glücksbegriff ist für Kant deswegen grundlegend mit den subjektiven Wertungen unserer Lust- und Unlustempfindungen verbunden.

1 Glückseligkeit und hypothetische Imperative

Kant stellt wiederholt fest, dass Glück kein beliebiges Handlungsziel neben anderen sei, ein → Zweck, den ein Akteur verfolgen könne oder nicht: „Es ist [...] ein Zweck, den man bei allen vernünftigen Wesen [...] als wirklich voraussetzen kann, und also eine Absicht, die sie nicht etwa bloß haben *können*, sondern von der man sicher voraussetzen kann, daß sie solche insgesammt nach einer Naturnothwendigkeit *haben*, und das ist die Absicht auf *Glückseligkeit*" (4:415). „Glücklich zu sein, ist nothwendig das Verlangen jedes vernünftigen, aber endlichen Wesens und also ein unvermeidlicher Bestimmungsgrund seines Begehrungsvermögens" (5:25). Der → hypothetische Imperativ der Klugheit wird von Kant folgerichtig nicht als nur „problematisch" aufgefasst, d. h. als Sollenssatz relativ zu einer möglichen, also beliebigen Absicht, sondern als „assertorisch", d. h. als Gebot relativ zu einer tatsächlich bestehenden Absicht. Man dürfe hypothetische Imperative der Klugheit nicht so verstehen wie solche der Geschicklichkeit, nämlich als richteten sie sich auf arbiträre Intentionen; vielmehr beruhten sie auf einer „Absicht, die man sicher und a priori bei jedem Menschen voraussetzen kann, weil sie zu seinem Wesen gehört" (4:415f.).

2 Die Anforderungen der Moralität und das eigene Glück

Kant erkennt das Glücksstreben als eine fundamentale menschliche Tendenz an. Das Verhältnis der in der → Tugendlehre formulierten „verpflichtenden Zwecke" der eigenen → Vollkommenheit und der fremden Glückseligkeit bestimmt er so, dass niemand um des fremden Glücks willen seine zentralen Interessen preisgeben darf: „Denn mit Aufopferung seiner eigenen Glückseligkeit (seiner wahren Bedürfnisse) Anderer ihre zu befördern, würde eine an sich selbst widerstreitende Maxime sein, wenn man sie zum allgemeinen Gesetz machte" (6:393). Allerdings fasst er die Pflichten gegen sich selbst nicht als eine Pflicht zur Glückseligkeit auf. Auf Glückseligkeit kann sich keine Pflicht richten, da sie ohnehin der fundamentalen Orientierung des Menschen entspricht.

3 Kants Kritik am Glücksbegriff

In Kants Moralphilosophie spielt der Glücksbegriff eine recht ambivalente Rolle: So notwendig die menschliche Glücksorientierung auch ist, so bedeutet sie doch, wenn man ihr einen zu großen Raum gewährt, eine prinzipiell verfehlte praktische Einstellung. Näherhin umfasst die Kritik zwei voneinander zu differenzierende Punkte:

[1] In der *KpV* unterscheidet Kant pointiert zwischen subjektiven praktischen Grundsätzen, die er als →Maximen der Glückseligkeit oder der Selbstliebe kennzeichnet; diese führten aufgrund ihres empirisch-pathologischen Charakters zu einer Heteronomie des Willens. Dagegen gelange man im Fall einer Willensbestimmung, die sich auf die bloße Form eines praktischen Grundsatzes stütze, zu gesetzesförmig universalisierbaren Maximen und in bestimmten Fällen zu →kategorischen Imperativen (vgl. 5:20; 5:22f.; 5:24f.; 5:27ff. u. ö.). Glücksorientierte Maximen sind für Kant somit ausnahmslos moralisch inadäquat. Man kann dieses Bedenken als *Einwand aus der Immoralität des Glücksstrebens* bezeichnen. Kant setzt hierbei die Prinzipien Glück und →Moral zueinander in ein striktes Ausschlussverhältnis: ein Akteur kann sein Handeln nur entweder am Ziel des Glücks oder aber an den Forderungen der Moral ausrichten. Kants Kritik am traditionellen Eudämonismus erfolgt aus der Perspektive der Moralitätskonzeption; ihr zentraler Vorwurf lautet, jede Glücksphilosophie beruhe auf der Eigennutzperspektive und damit letztlich auf einem Hedonismus: „wenn *Eudämonie* (das Glückseligkeitsprincip) statt der *Eleutheronomie* (des Freiheitsprincips der inneren Gesetzgebung) zum Grundsatze aufgestellt wird, so ist die Folge davon *Euthanasie* (der sanfte Tod) aller Moral" (6:378).

[2] Nach Kant sind alle Einschätzungen das Glück betreffend erfahrungsabhängig; doch als empirisch-veränderliche Urteile ermöglichen sie nur ‚generelle', nie ‚universelle' Allgemeinheit und können mithin nicht die Grundlage einer universalistischen Moralphilosophie abgeben (vgl. 5:36; 4:417f.): „Allein es ist ein Unglück, dass der Begriff der Glückseligkeit ein so unbestimmter Begriff ist, dass, obgleich jeder Mensch zu dieser zu gelangen wünscht, er doch niemals bestimmt und mit sich selbst einstimmig sagen kann, was er eigentlich wünsche und wolle" (4:418). Man kann diesen Punkt als *Einwand von der Subjektrelativität und Instabilität der Glücksvorstellungen* bezeichnen. Der Einwand kulminiert darin, dass eudämonistische Ethiken keinen objektiven und damit keinen gesetzesförmigen Charakter besitzen können: „Aber eben darum, weil dieser materiale Bestimmungsgrund von dem Subjecte blos empirisch erkannt werden kann, ist es unmöglich diese Aufgabe als ein Gesetz zu betrachten, weil dieses als objectiv in allen Fällen und für alle vernünftige Wesen *eben denselben Bestimmungsgrund* des Willens enthalten müsste" (5:25). Auf Glücksvorstellungen beruhende Maximen sind nicht verallgemeinerungsfähig und führen niemals zu kategorischen Imperativen.

4 Kritik des antiken Eudämonismus

Kant unterstellt dem philosophischen Eudämonismus der Antike, obwohl er ihm durchaus die Einbeziehung rationaler Neigungen konzediert, eine hedonistisch geprägte Strebenskonzeption (vgl. 5:22). Als informativ für Kants Rezeption der antiken Glücksmodelle erweisen sich insbesondere die *Reflexionen* aus den 1760er und 1770er Jahren (vgl. Düsing, *Das Problem des höchsten Gutes*) sowie die Vorlesungsmitschriften der achtziger Jahre (vgl. Forschner, *Guter Wille und Haß*). Mit Blick auf diese Dokumente kann man festhalten: Kant befasst sich wiederholt mit der Frage nach dem *summum bonum*, indem er einen systematischen Überblick über die antiken Auffassungen vom →höchsten Gut gibt. Dazu stellt er die kynische, die epikureische, die stoische, die platonische und die christliche Position nebeneinander. Gegen den Epikureismus wie gegen die Stoiker wendet sich Kant mit dem Argument, dass Tugend und Glückseligkeit strikt voneinander zu trennen seien, während die Epikureer die Tugend unrichtigerweise auf das Glück und die Stoiker das Glück unrichtigerweise auf die Tugend reduziert hätten (dazu 5:86ff. und 5:126ff.). Kant weist hier einerseits die – wie er meint – illegitime Instrumentalisierung der Moralität durch Epikur zurück und lehnt andererseits die stoische Gleichsetzung des →höchsten Guts mit einem moralisch orientierten Willen, nämlich der *aretê* (Tugend), als unrealistisch ab (vgl. 4:393f.).

Kants Kritik des Eudämonismus kulminiert in einem Diktum aus der *Anthropologie*: „Alle Eudämonisten sind daher praktische Egoisten" (7:130). Der Sache nach ist dieses Urteil unberechtigt. Die älteren Glückskonzeptionen denken mehrheitlich in Begriffen rational vorteilhafter oder handlungstheoretisch verbindlicher Ziele, nicht in Begriffen der subjektiven Neigungs- oder Wunscherfüllung; überdies ist der vormoderne Glücksbegriff nicht der des positiven mentalen, psychischen oder physischen Zustands, sondern der der Erfüllung aller wesensgemäßen Anlagen eines Menschen. Folglich unterhalten Moral und Glück in der Mehrzahl der älteren Modelle eine konstitutive, keine instrumentelle Beziehung zueinander (vgl. Irwin, *Kant's Criticism*; Weidemann, *Kants Kritik am Eudämonismus*).

5 Glückseligkeit und höchstes Gut

Am Ende des ersten Abschnitts der *GMS* spricht Kant von einer „*natürlichen Dialektik*" (4:405) von Pflichtprinzip und Glückseligkeit: Demnach sieht sich die „gemeine Menschenvernunft" durch den Konflikt zwischen moralischen Geboten und dem Bedürfnis nach umfassender Wunscherfüllung von selbst zum Übergang in die praktische Philosophie genötigt. Diese hat mithin die Aufgabe, für eine Harmonie zwischen beiden Perspektiven zu sorgen. Kant beschreibt das Verhältnis von Moral und Glück mithin nach einem Konfliktmodell. Um den Konflikt aufzulösen, entwickelt er in der *Dialektik der reinen praktischen Vernunft* seine Lehre von einem zu postulierenden Zusammenhang von Tugend und Glückseligkeit anhand des Begriffs des „höchsten Guts" (5:108–114). Alle endlichen Vernunftwesen sind auf das Streben nach Glückseligkeit festgelegt, das sie freilich, so Kant, nie unabhängig vom „obersten Gut", der Moralität, erstreben dürften. Dies führt ihn zu einem Modell, bei dem Moralität nicht mehr nur Gebotscharakter besitzt, sondern selbst zu einem Telos wird: Er spricht davon, Tugend sei das „oberste Gut" (*supremum bonum* im Unterschied zu *consummatum bonum*; vgl. 5:110), worunter die „*oberste Bedingung* alles dessen, was uns nur wünschenswert scheinen mag", zu verstehen sein soll. Moralität ist somit selbst ein notwendiges Strebensziel; Kant kennzeichnet das oberste Gut als „unbedingt" und als ursprünglich (*originarium*). Glückseligkeit kann aufgrund dieser Verbindung „ganz genau in Proportion der Sittlichkeit (als Werth der Person und deren Würdigkeit glücklich zu sein) ausgetheilt" werden (5:110). Was die Art der Verbindung von Glück und Moral im *summum bonum* betrifft, so lehnt Kant die These ab, Glück und Tugend stünden in einem „analytischen" Verhältnis zueinander (vgl. 5:113f.), d. h. sie erwiesen sich als begrifflich unmittelbar zusammengehörig; ihr Verhältnis ist vielmehr ein „synthetisches". Damit erscheint Kant zugleich als deskriptiver Konflikttheoretiker und als postulatorischer Harmonietheoretiker. Der Konfliktthese zufolge besteht zwischen Glück und Moral eine grundlegende Spannung; einer Harmoniekonzeption zufolge lässt sich diese Spannung ausgleichen, und die widerstrebenden Aspekte können zusammengeführt werden.

Im Sinn einer Harmonisierung der Moral- und der Glücksperspektive wendet sich Kant in der Schrift *Gemeinspruch* gegen die Kritik Christian Garves, wonach für Kant „die Beobachtung des moralischen Gesetzes ganz ohne Rücksicht auf Glückseligkeit der *einzige Endzweck* für den Menschen sei" (8:279). Korrekt sei vielmehr, dass „weder die Moralität des Menschen für sich, noch die Glückseligkeit für sich allein, sondern das höchste in der Welt mögliche Gut, welches in der Vereinigung und Zusammenstimmung beider besteht, der einzige Zweck des Schöpfers" sei (8:279). Auch in der Vorrede zur Tugendlehre drückt Kant sein Befremden darüber aus, „wie es nach allen bisherigen Läuterungen des Pflichtprincips, so fern es aus reiner Vernunft abgeleitet wird, noch möglich war, es wiederum auf *Glückseligkeitslehre* zurück zu führen" (6:377). Kant betont, dass, obwohl man „sich diesen Tugendlohn nur von dem Bewußtsein seine Pflicht gethan zu haben versprechen kann, das letztgenannte doch vorangehen müsse" (6:377). Ein Akteur „muß sich verbunden finden seine Pflicht zu thun, ehe er noch und ohne daß er daran denkt, daß Glückseligkeit die Folge der Pflichtbeobachtung sein werde" (6:377).

Weiterführende Literatur

Düsing, Klaus: „Das Problem des höchsten Gutes in Kants praktischer Philosophie", in: Kant-Studien 62, 1971, 5–42.

Forschner, Maximilian: „Moralität und Glückseligkeit in Kants Reflexionen", in: Zeitschrift für philosophische Forschung 42, 1988, 351–370.

Forschner, Maximilian: „Guter Wille und Haß der Vernunft", in: Höffe, Otfried (Hg.): Grundlegung zur Metaphysik der Sitten. Ein koopera-

tiver Kommentar, Frankfurt/M.: Klostermann 1989, 45–65.
Guyer, Paul: Kant on Freedom, Law, and Happiness, Cambridge u. a.: Cambridge University Press 2000.
Himmelmann, Beatrix: Kants Begriff des Glücks, Berlin u. a.: de Gruyter 2003.
Irwin, Terence H.: „Kant's Criticism of Eudaemonism", in: Engstrom, Stephen / Whiting, Jennifer (Hg.): Aristotle, Kant, and the Stoics. Rethinking Happiness and Duty, Cambridge: Cambridge Univsersity Press 1996, 63–101.
Weidemann, Hermann: „Kants Kritik am Eudämonismus und die Platonische Ethik", in: Kant-Studien 92, 2001, 19–37.

Christoph Horn

Gott

Der Terminus ‚Gott' bezeichnet für Kant sowohl einen Begriff als auch den Gegenstand dieses Begriffs. Als reiner Vernunftbegriff ist Gott eine der Ideen der reinen Vernunft, die neben Freiheit und Unsterblichkeit den „eigentlichen Zweck[]" metaphysischer „Nachforschung" (KrV B 395 Anm.) ausmachen. Als Gegenstand dieser →Idee ist Gott ein von der Welt verschiedenes allerrealstes (vgl. KrV A 575f. / B 603f.; ens realissimum) und höchstes (*ens summum*) Wesen aller Wesen (*ens entium*), ein Urwesen (*ens originarium*) (vgl. KrV A 578f. / B 606f.; KrV A 631 / B 659), dem absolute Notwendigkeit zukommt (vgl. KrV A 587 / B 615) und das als Grund aller realen Möglichkeit (vgl. KrV A 578 / B 606) auch den Urgrund „aller anderen Dinge in sich enth[ä]lt[]" (KrV A 631 / B 659). Durch seinen (intuitiven) Verstand und Willen und somit als oberste Intelligenz (vgl. KrV A 640 / B 668) ist er Ursache der Form und Materie der Welt, d. h. „*Welturheber*" (KrV A 632 / B 660) im Sinne von Weltschöpfer und darüber hinaus „weise[r] Weltregierer[]" (KrV A 818 / B 846). Gott selbst ist das höchste ursprüngliche Gut (vgl. 5:125) und ermöglicht durch seine Ewigkeit, Allmacht, Allgegenwart und Allwissenheit (vgl. KrV A 815 / B 843) das höchste abgeleitete Gut menschlicher Glückseligkeit in Proportion zur Würdigkeit (vgl. 5:125; →Gut, höchstes). Als „Herzenskündiger" (6:99; vgl. 6:439), der im Unterschied zu allen menschlichen Individuen die Gesinnung des Einzelnen zweifelsfrei erfassen kann, ist Gott „Oberhaupt" (4:434) des →Reichs der Zwecke und „oberster Gesetzgeber" der Kirche oder des „ethischen gemeinen Wesens" (6:99). Kraft seines heiligen Willens folgt Gott zudem unfehlbar dem Moralgesetz, das für ihn deshalb nicht als Imperativ gilt (vgl. 5:32).

Die Existenz der Entität Gott kann mit den Mitteln der Theorie weder gezeigt noch widerlegt werden (vgl. KrV A 639ff. / B 667ff.; vielmehr ist die Annahme seines Daseins eines der →Postulate der reinen praktischen Vernunft (vgl. 5:124–132), Grundlage des reinen Verunftglaubens (vgl. 5:126) und darüber hinaus Bestandteil des regulativen Vernunftgebrauchs (vgl. KrV A 619f. / B 647f.).

Weitere wichtige Stellen: 1:227ff.; 1:309–322; 1:329–346; 1:394ff.; 1:399–415; 1:459ff.; 1:481; 1:483; 2:29–34; 2:65–163; 2:201ff.; 2:296–300; 2:396; 2:410; 2:414; KrV B 7; KrV B 71; KrV B 145; KrV A 568f. / B 596f.; KrV A 590–633 / B 618–661; KrV A 675 / B 703; KrV A 685f. / B 713f.; KrV A 699ff. / B 727ff.; KrV A 811–819 / B 839–847; KrV A 826–830 / B 854–858; 4:344 Anm.; 4:357–360; 4:408; 4:442f.; 5:101ff.; 5:123–146; 5:438–485; 6:60–68; 8:137–144; 8:154; 8:255–271; 8:279f. Anm.; 8:391; 8:396 Anm.; 8:399f. Anm.; 8:418f.; 9:67ff. Anm.; 28:301–350; 28:989–1126.

Vorgeschichte und historischer Kontext

Die drei wichtigsten aus der griechischen Antike überlieferten Gotteskonzeptionen neben dem stoischen Pantheismus, nämlich Aristoteles' sich selbst denkendes Denken in Buch XII der *Metaphysik* (vgl. Aristoteles, *Metaphysik*, XII, 1074b34), Platons Demiurg im *Timaios* (vgl. Platon, *Timaios*, 28a6) sowie das neuplatonische Eine in Plotins *Enneaden* (vgl. Plotin, *Enneaden*, 9.5, 36) provozierten in der Auseinandersetzung mit den monotheistischen, abrahamitischen Religionen einen Katalog von Fragen, der über das Mittelalter bis weit in die Neuzeit hinein das philosophische Denken beschäftigte. Zur Debatte standen u. a. der eigentliche Gegenstandsbereich der Metaphysik oder ersten Philosophie, zumal Aristoteles selbst in der *Metaphysik* zum einen Seiendes als solches (vgl. Aristoteles, *Metaphysik*, IV, 1003a21ff.) und zum anderen, vorbehaltlich seiner bzw. ihrer Existenz, das Göttliche (vgl. Aristoteles, *Metaphysik*, VI, 1026a19) oder eine unbewegte Wesenheit genannt hatte (vgl. Aristoteles, *Metaphysik*, VI, 1026a29), ferner das Verhältnis von Philosophie und Theologie überhaupt und schließlich die Frage, ob und in welcher Hinsicht Gott mit den Mitteln der natürlichen Vernunft erkannt werden kann. In der für Kant maßgeblichen Tradition der deutschen Schulphilosophie wird spätestens seit Wolffs *Discursus praeliminaris* der natürlichen Theologie als dritter Form der *metaphysica specialis* ein fester Platz in der Philosophie eingeräumt, so etwa in den §§ 800–1000 von Baumgartens *Metaphysica* in der vierten Auflage von 1757, die Kant neben kleineren Kompendien seinen entsprechenden Vorlesungen zugrunde legte. Dieser natürlichen Theologie Baumgartens zufolge lässt sich mittels der theoretischen Vernunft die Existenz eines persönlichen Schöpfergottes etablieren, wie ihn der klassische Theismus versteht.

In der praktischen Philosophie liefern das sog. Euthyphron-Dilemma (vgl. Platon, *Euthyphron*, 10a) aus dem gleichnamigen platonischen Dialog in seiner voluntaristischen und intellektualistischen Auflösung sowie die antike, in der mittelalterlichen und frühneuzeitlichen Philosophie entscheidend veränderte Konzeption einer eudaimonistischen Ethik den Rahmen für die Diskussion der Gottesthematik, die sich – auf der Grundlage vor allem der Referenztexte Thomas' von Aquin zur Glücks- und Gesetzesproblematik (vgl. Thomas von Aquin, *Summa theologica*, Ia–IIae, q. 1–5 und q. 90–108) – hier u. a. um folgende Fragen dreht: Sind moralische Normen dem göttlichen Willen vor- oder nachgeordnet, besteht ein gelingendes Leben primär in der Erkenntnis Gottes, und ist dies kraft der natürlichen Vernunft oder lediglich als sogenanntes Gnadengeschenk der *visio beatifica* möglich?

Kant nimmt in den vorkritischen Schriften zumindest implizit diese Traditionslinien auf und diskutiert eben jene Themenkomplexe, die dann in den kritischen Schriften eine charakteristische Wendung erfahren. Im Rahmen seiner früh beginnenden Planungen für die spätere *GMS* (vgl. 10:54–57) lotet er das Spannungsfeld zwischen göttlichem Voluntarismus und Intellektualismus in seinem Experiment mit der moral sense-Theorie aus (vgl. 2:298ff.). In den Bemerkungen zu den *Beobachtungen* (vgl. 20:31) wird das Fundament der Moral in der Freiheit gelegt, die in ihrer transzendentalen Variante auf eine Abkehr von einer Konzeption der praktischen Vernunft hinausläuft, die – wie traditionell in Gestalt der Gotteserkenntnis – von einem objektiven, zu realisierenden Ziel ausgeht und von der These einer materialen Fixierung des Begriffs der → Glückseligkeit geprägt ist. Damit ist die Entwicklung hin zu einer wertebasierten Konzeption von Moralphilosophie eingeleitet, die die Entfaltung der menschlichen Anlagen dem unbedingten Wert der Person nachordnet und ihn nicht mit dieser Entfaltung identifiziert. Das höchste abgeleitete Gut lässt sich dann nur noch formal beschreiben, sodass die inhaltliche Bestimmung dessen, worin Glückseligkeit im Einzelnen besteht, weitgehend dem Ermessen der Subjekte überantwortet werden kann. Die Frage nach der Verknüpfung von Moral und Glückseligkeit aus den *Träumen* (vgl. 2:334–337) legt zudem das Fundament für die Postulatenlehre, in der Gott als Garant der Glückseligkeit verstanden wird, die als Ziel von Kant weder diskreditiert noch negiert wird, sondern lediglich in Proportion zur Würdigkeit stehen muss.

Was den Bereich der theoretischen Philosophie betrifft, sehen wir in den vorkritischen Schriften außer dem Methodenproblem für die Metaphysik insgesamt folgende Themenkomplexe aufgeworfen. Neben dem noch für schlüssig gehaltenen Existenzbeweis Gottes aus der Möglichkeit (vgl. v. a. 2:78f.; 2:89; 2:296f.; → Gottesbeweise) und seinen Implikationen für den Gottesbegriff, der sich aus der gegen Leibniz gerichteten Unterscheidung realer und logischer Möglichkeit speist, ist dies vor allem der Versuch, das Verhältnis von Kosmotheologie, Physikotheologie und naturwissenschaftlicher Theorie zu klären (vgl. 1:261–264). Zudem werden das Problem der Interaktion der Weltsubstanzen (vgl. 2:406–410) und deren Verhältnis zu ihrer kausalen Dependenz von Gott sowie das Problem der zeitlichen Weltschöpfung (vgl. 2:417) und letzteres auch im Kontext der Theodizee- (vgl. 2:29–35) und der Freiheitsproblematik (vgl. 1:401–406) diskutiert.

Philosophische Funktion

1 Gott als Idee und Ideal der reinen Vernunft

1.1 Den Ausgangspunkt der Überlegungen des kritischen Kant zum Thema Gott bildet die dem disjunktiven Syllogismus zugeordnete Idee der reinen Vernunft (vgl. KrV A 323f. / B 379f.). Ideen beziehen sich auf die Totalität der Bedingungen zu einem Bedingten und eine Form dieser Totalität ergibt sich aus den Grundsätzen der Bestimmbarkeit eines Begriffes und der durchgängigen

Bestimmung eines existierenden Dinges (vgl. KrV A 571ff. / B 599ff.). Von der Gesamtheit der Paare einander kontradiktorisch entgegengesetzter primitiver Prädikate kommt jedem individuellen Gegenstand jeweils eines zu. Ausgehend davon lässt sich mittels einer Kette disjunktiver Syllogismen die Idee eines vollständig bestimmten (singulären) Begriffs gewinnen, insofern er in seiner Intension alle (kompatiblen) positiven, ein Sein ausdrückenden ursprünglichen Prädikate, d. h. Realitäten, umfasst (vgl. KrV A 576–579 / B 604–607). Der vollständig bestimmte Gegenstand dieses Begriffs ist das Ideal der reinen Vernunft (vgl. KrV A 580 / B 608), das unzulässiger Weise, nämlich auf der Basis einer natürlichen Illusion, Erfahrungsbedingungen mit Bedingungen der Dinge überhaupt zu identifizieren, hypostasiert, d. h. als existierend angenommen wird (vgl. KrV A 582 / B 610).

1.2 Die nähere Bestimmung des Ideals erfolgt im Zuge seiner Hypostasierung durch Zuschreibung der ontologischen oder transzendentalen Prädikate wie Einigkeit, Einfachheit, Allgenugsamkeit und Ewigkeit (vgl. KrV A 580 / B 608). Kant betont, dass sich die Existenz Gottes mit theoretischen Mitteln nicht beweisen lasse, die drei klassischen Argumente der theoretischen Vernunft also fehlerhaft seien (vgl. KrV A 591 / B 619). Zentrale Bedeutung kommt in diesem Zusammenhang dem ontologischen Argument zu, dessen Schlüssigkeit notwendige Bedingung für den Erfolg des kosmologischen und des teleologischen Argumentes ist (vgl. KrV A 630 / B 658). Kant hält das ontologische Argument aber gerade nicht für beweiskräftig, denn Existenz ist für ihn keine Realität (vgl. KrV A 601f. / B 629f.). Selbst das im Sinne der entsprechenden reinen Kategorie realiter mögliche Objekt Gott kann von Menschen allerdings nur auf dem Weg der symbolischen Erkenntnis, d. h. per → Analogie erkannt werden (vgl. 5:352f.).

1.3 Dem Scheitern der sogenannten Gottesbeweise zum Trotz verfügt eine Annahme, die die Existenz Gottes impliziert, dennoch über eine zentrale Funktion innerhalb der theoretischen Philosophie, näherhin im sogenannten regulativen Vernunftgebrauch, hier allerdings lediglich im Modus des Als ob. Kant zufolge muss die Welt so betrachtet werden, als habe sie ihren Ursprung in der kreativen Vernunft Gottes (vgl. KrV A 672 / B 700), und zwar um die Vernunfteinheit (vgl. KrV A 680 / B 708) der Erscheinungswelt zu gewährleisten, d. h. den Systemcharakter der Gesamtheit der sie beschreibenden speziellen Naturgesetze.

2 Gott im reinen Vernunftglauben

2.1 Allein das moralische Argument kann Gültigkeit für sich beanspruchen, wonach die Annahme der Existenz Gottes für die Annahme der Realisierbarkeit des höchsten abgeleiteten Guts und damit für die rational berechtigte Hoffnung auf dieses Objekt des menschlichen wie göttlichen guten Willens erforderlich ist (vgl. 5:124–132). Die Bedeutung der göttlichen Vorsehung, d. h. des planenden Arrangements des Weltlaufes wird – ebenfalls im Rahmen der praktischen Philosophie – für die Verwirklichung des höchsten politischen Guts, nämlich des ewigen Friedens (→ Friede, ewiger) besonders hervorgehoben (vgl. 8:361f. Anm.).

2.2 Kant betont zudem, dass die Unfähigkeit, die Existenz Gottes im Rahmen der theoretischen Philosophie zu erkennen, für die praktische Bestimmung des Menschen zweckmäßig oder förderlich ist, da das Wissen um die Existenz Gottes (infolge des in diesem Fall dominanten Bewegungsgrundes der Furcht vor Strafe oder der Aussicht auf Belohnung) die Reinheit der moralischen Gesinnung unterminierte (vgl. 5:146ff.). Im reinen praktischen Vernunftglauben mit dem zweiten Postulat der reinen praktischen Vernunft als Kernstück und der ihm zugeordneten moralischen Theologie ist dies gerade nicht der Fall (vgl. 5:129). Hier finden sich zudem die unbeweisbaren theoretischen Lehrsätze bzgl. der fundamentalen Eigenschaften Gottes wieder. Denn die Garantie der Realisierbarkeit des höchsten abgeleiteten Guts der Glückseligkeit in Proportion zu Würdigkeit erfordert genau die transzendentalen oder ontologischen Eigenschaften, deren Instanziation sich auf theoretische Weise nicht etablieren lässt. Allwissenheit ist bspw. für die Funktion Gottes als Herzenskündiger erforderlich; Allmacht für die Kontrolle der Natur in ihrem Verhältnis zur Sittlichkeit, Allgegenwart für die unmittelbare Nähe zu allem Bedürfnis und schließlich Ewigkeit für die Justierung von Natur und Freiheit (vgl. 5:140; KrV 815 / B 843). Dabei scheitern allerdings aufgrund der Schranken der menschlichen Vernunft (vgl. 8:255) alle philosophischen Versuche einer Theodizee, d. h. einer Verteidigung Gottes angesichts der Übel in der Welt.

2.3 Wiewohl die Erlangung einer tugendhaften Gesinnung primär Sache des je einzelnen Handelnden und zudem die adäquate Form des Gottesdienstes ist (vgl. 6:176), spielt die Gnade Gottes eine wichtige Rolle zumindest bei der Beurteilung der entsprechenden menschlichen Bemühungen (vgl. 6:72–76), insbesondere insofern als die moralische Entwicklung für Kant unweigerlich vom moralisch Bösen, d. h. von einer verderbten Gesinnung aus erfolgt. Das u. a. für die moralische Entwicklung zentrale → Gewissen wird von Kant als „subjectives Princip einer vor Gott seiner Thaten wegen zu leistenden Verantwortung" (6:439) bezeichnet.

2.4 Was die beiden Ankerpunkte der Moralphilosophie Kants anbelangt, so unterminieren Kant zufolge Gottes Existenz, Wissen und Wirken in keiner Weise die menschliche → Freiheit (vgl. 5:102f.), sodass schon aufgrund der Reziprozitätsthese, wonach Freiheit und moralisches Gesetz aufeinander verweisen (vgl. 4:447), dessen Geltung von Gott unabhängig ist. Im Gegensatz zum transzendentalen Realismus ist im Rahmen des transzendental-idealistischen Ansatzes nämlich die Schöpfung kein Ereignis in der Zeit, sodass Gott nicht als Ursache der menschlichen Handlungen angesehen werden muss. Umgekehrt ermöglicht vielmehr die intellektuelle Anschauung des handelnden Subjekts die sichere Vorhersage seines freien Handelns (vgl. 5:99). Allerdings hindert die unabhängige Gültigkeit des moralischen Gesetzes nicht, innerhalb der Religion Pflichten als Gebote Gottes zu verstehen (vgl. 5:129). Gott gebietet das moralische Gesetz also aus Einsicht in seine Korrektheit, und für ihn selbst gilt es nicht als Imperativ, denn als heiliges Wesen stehen alle seine Handlungen naturgemäß im Einklang mit dem Gesetz.

3 Der Gottesbegriff in den Vorlesungen über Rationaltheologie

3.1 Die weitaus umfangreichste Behandlung der Gottesthematik bieten die 1817 erstmals edierten Vorlesungen *Philosophische Religionslehre nach Pölitz* (vgl. 28:989–1126) aus dem Wintersemester 1783/84 und die drei in der Akademie-Ausgabe abgedruckten anderen Nachschriften: die sogenannte *Natürliche Theologie Volckmann nach Baumbach* (vgl. 28:1127–1225), die *Danziger Rationaltheologie nach Baumbach* (vgl. 28:1227–1319) sowie die nur über den Lesartenapparat (vgl. 29:1053–1077) zugängliche *Vernunft-Theologie Magath*, in denen diese Vorlesungen überliefert sind.

3.2 In Bezug auf das ens realissimum und seine transzendentalen oder ontologischen Prädikate (vgl. 28:1013–1046) belässt es Kant hier und im folgenden wie in den kritischen Schriften bei einer begrifflichen Analyse, ohne die Erkennbarkeit einer extramentalen Entität zu behaupten. Gott kommen alle Realitäten und jede einzelne ohne Schranken zu, wobei ein besonderes Augenmerk dabei dem erkenntnistheoretischen Problem der Gewinnung der Realitäten gilt, die dann von Gott ausgesagt werden können. Durch reine Vernunft gegebene Realitäten können direkt, sinnlich gegebene lediglich durch Analogie auf Gott bezogen werden, wobei unter Analogie die Identität zweier Verhältnisse zu verstehen ist. Gott ist gewissermaßen identisch mit seinen Eigenschaften, weil er jede einzelne in höchstem Maß besitzt. Unterschieden werden zwei Arten solcher Eigenschaften (*perfectiones*), nämlich *perfectiones quiescentes* und *perfectiones operativae*. Zu den *perfectiones quiescentes* zählen Substantialität, Einheit (hier im Sinne von Singularität), Einfachheit sowie Immutabilität, die einerseits voraussetzt, dass Gott nicht in der Zeit ist, und sich andererseits aus seiner absoluten Notwendigkeit ableiten lässt. Er ist außerhalb der Welt, und dies im doppelten Sinn einer von der Welt verschiedenen Entität (*ens a mundo diversum*) und einer nicht zur Welt gehörenden Entität (*ens extramundanum*); Gott ist zwar tätig in Bezug auf die Welt, aber nicht leidend, was z. B. heißt, dass er die Dinge der Welt nicht sinnlich wahrnimmt. Von daher gibt es auch keine kausale Interaktion zwischen Gott und den Dingen der Welt. Weiterhin verfügt er über die Eigenschaften Allgenugsamkeit im Sinne von metaphysischer Unendlichkeit, Ewigkeit, Allgegenwart, und Allmacht oder das Vermögen, alle möglichen Dinge wirklich zu machen. Ewigkeit ist aufgrund der zeitlichen Imprägnierung all unserer Vorstellungen für uns nichts anderes als absolute Notwendigkeit. Selbst die Vorstellung ‚Gleichzeitigkeit', die in der klassischen Boethianischen Definition der ‚Ewigkeit' gebraucht wird, ist Kant zufolge zeitlich kontaminiert. Wie in 3.3 allerdings deutlich wird, versteht er das Wissen Gottes um die Welt auf der Linie der von Boethius und Thomas von Aquin vertretenen sogenannten

‚Ewigkeitslösung'. Ähnliches gilt für die virtuale, innige Allgegenwart (im Gegensatz zur dynamischen nicht-innigen Allgegenwart der Gravitation), die mit der Schöpfung und Erhaltung des Substantialen der Substanzen gleichgesetzt wird (vgl. 28:1108f.).

3.3 Das göttliche Erkenntnisvermögen (vgl. 28:1047–1059) ist nicht sinnlich, sondern reiner Verstand (nicht Vernunft im engeren Sinn); es ist intuitiv und erkennt alles a priori. Gott weiß um die freien Akte des Menschen, ohne sie dadurch zu determinieren. Er überblickt das, was sich für Menschen zeitlich auffächert, in sich selbst auf einmal, so dass ihm die Idee dessen, was für uns zukünftig ist, ebenfalls gegenwärtig ist. Die theoretische Vollkommenheit seiner Erkenntnis ist die Allwissenheit. Von den praktischen Vollkommenheiten Geschicklichkeit, Klugheit und Weisheit kommt ihm nur Weisheit zu, die bestimmt wird als Einstimmung der göttlichen Wahl mit sich selbst. Der Verstand Gottes ist, und insofern bleibt Kant der aristotelischen Tradition verpflichtet, auf nichts außerhalb Gottes gerichtet, sondern auf Gott als Grund aller Möglichkeit und auf den göttlichen Willen als Grund der Wirklichkeit von etwas außerhalb Gottes.

3.4 Der → Wille Gottes (vgl. 28:1059–1070) bereitet insofern zunächst einmal Schwierigkeiten, als unklar ist, wie ein allgenugsames Wesen überhaupt über ein Begehrungsvermögen verfügen kann. Gott kann jedenfalls keine Begierden haben. Ein allgenugsames Wesen kann nur durch den Verstand Ursache der Wirklichkeit von anderen Dingen außer ihm sein, insofern er unfehlbar tut, was er als das Beste erkennt, und dieses Vermögen ist der Wille. Der göttliche Wille ist kein sinnliches Begehrungsvermögen. Von daher hat Gott als unabhängiges Urwesen weder Lust noch Interesse. Lediglich ein Analogon des Interesses kann veranschlagt werden, und dies nach dem Muster des stoischen Weisen, der wohltätig ist ohne Mitleid, quasi aus Vergnügen. Der göttliche Wille als Güte bedarf keiner Triebfedern. Mit der Erkenntnis, über die Fähigkeit zu verfügen, die Gegenstände wirklich zu machen, wird er eo ipso zur Tätigkeit bestimmt, das Gute außer ihm zu realisieren. Die höchste Selbstzufriedenheit, die *beatitudo*, die Kant zufolge nur Gott zukommt, ist damit Grund seines Willens, das *summum bonum finitum* zu schaffen.

Der göttliche Wille ist frei, denn Freiheit ist das Vermögen, sich unabhängig von sinnlichen Antrieben zu Handlungen zu bestimmen. Es besteht keine Verknüpfung Gottes mit Raum und Zeit. Die göttliche Freiheit als völlige Unabhängigkeit von äußeren Dingen und inneren Bedingungen ist von daher nicht *in concreto* vorstellbar. Gott kommt die transzendentale und die praktische Freiheit zu. Die Möglichkeit, nicht immer nach seiner Vernunft zu handeln, verdankt sich einem Mangel der Freiheit in Bezug auf den Menschen. Dass Gott das seinem höchsten Verstand Gemäße tut, ist wahre Freiheit. Dies läuft deshalb nicht auf Fatalismus hinaus, weil zwischen praktischer und physischer Notwendigkeit unterschieden werden muss. Bei der Einteilung des Willens in *‚voluntas antecedens'* (z. B. ein Monarch will, dass es seinen Untertanen gut ergehe, weil sie seine Untertanen sind) und *‚voluntas consequens'* (z. B. ein Monarch will, dass es seinen Untertanen gut ergehe, insofern sie würdig sind) ist zu beachten, dass es bei Gott keine zeitliche Aufeinanderfolge gibt. Vielmehr ist die *voluntas antecedens* im Dekret eingebettet. Alles, was in der Welt geschieht, ist dem göttlichen Ratschluss gemäß, doch die Zwecke seines Willens sind (weitestgehend) unerforschlich. Klar ist nur, dass Menschen als Vernunftwesen selbst Zwecke und nicht lediglich Mittel sind.

3.5 Die Prädikate des göttlichen Willens (vgl. 28:1070–1091) lassen sich in psychologische, ontologische und moralische einteilen. Dass er überhaupt auf Zwecke ausgerichtet ist, ist ein psychologisches Prädikat. Freiheit sowie die Bestimmung des Willens durch die *beatitudo* und dergleichen sind ontologische Prädikate des Willens. Die drei moralischen Eigenschaften sind Heiligkeit, Güte und → Gerechtigkeit: Heiligkeit ist unbeschränkte moralische Vollkommenheit: sie verhindert die Erlaubnis von Sünde oder Laster, ihr Objekt ist die höchste Tugend. Die Güte ist auf Glückseligkeit gerichtet, während die Gerechtigkeit in der Einschränkung der Güte durch die Heiligkeit besteht und insofern lediglich als negative Vollkommenheit gelten kann. Gerechtigkeit wird weiter eingeteilt in Gerechtigkeit nach der Natur und Gerechtigkeit nach einem besonderen Ratschluss. Wir müssen uns auf die Gerechtigkeit nach der Natur beschränken, so lange wir die Begebenheiten mit Heiligkeit und Güte „reimen" können und so lange wir nicht von der letzteren Art „belehret"

(28:1084) werden. Gemäß einer anderen Tradition wird die Gerechtigkeit Gottes in „iustitia[] remunerativa[]“ und „punitiva[]“ eingeteilt. Die Belohnungen sind allerdings allein Sache der Güte. Sie sind „praemia gratuita“ (28:1085) und wenn wir moralisch handeln, tun wir nichts anderes als was wir schuldig sind. Gerechtigkeit hat nur mit Strafen zu tun, und Strafen sind einzuteilen in *poenae correctivae*, *exemplares* und *vindicativae*. Die *poena vindicativa* liegt allen anderen zugrunde, wiewohl der Ausdruck für Gott nicht ganz angemessen ist. Besser wäre es, von *actus* der *iustitia distributiva* zu sprechen. Gerechtigkeit ist, wie gesehen, Einschränkung der Güte durch die Heiligkeit, und ohne *poena vindicativa* gibt es keine Gerechtigkeit als solche, denn *poenae correctivae* und *poenae exemplares* sind Handlungen der Güte.

Das Böse in der Welt ist lediglich Nebenfolge göttlicher Aktivität, und Gott ist nicht der Autor der bösen Handlungen, die zugelassen, aber nicht als solche erlaubt (vgl. 28:1113) werden. Erst nachdem sich die menschliche Vernunft, die zunächst als bloßes Vermögen präsent ist, so weit entwickelt hat, dass die Verbindlichkeit erkannt wird, findet sich das Böse, insofern damit zugleich erkannt wird, dass sich die Vernunft bis dahin in den Dienst der Sinnlichkeit gestellt hat.

‚Aufrichtigkeit‘ ist dagegen ebenso wie ‚Billigkeit‘ ein unangemessener Ausdruck in Bezug auf Gott. Vor dem Richterstuhl des Gewissens gilt Billigkeit als striktes Recht und das Gewissen ist Gottes Stellvertreter. So bleibt es bei den drei genannten moralischen Eigenschaften. Allenfalls kann von der Langmut Gottes gesprochen werden; sie zeigt sich darin, dass Strafe nur nach vorangeschickter Gelegenheit zur Besserung vollzogen wird. Unparteilichkeit darf nicht gesondert aufgeführt werden, denn Gott hat keine Vorlieben. Sollte aber ein Volk zuerst der Bestimmung des Menschengeschlechts nähergebracht werden, so ist das keine Frage von Vorlieben, sondern Teil eines weisen Planes der Vorsehung.

3.6 Die Kausalität Gottes (vgl. 28:1091–1117) kann in dreierlei Hinsicht betrachtet werden: 1) *in nexu effectivo*, 2) *in nexu finali* und 3) *in nexu morali*.

ad 1) Hier wurden in der Geschichte der Metaphysik folgende Modelle entwickelt: a) Der Pantheismus der alten und der Spinozismus der neuen Zeit sowie b) die Ansicht, das *ens extramundanum* sei entweder i) nach der Notwendigkeit seiner Natur (*systema emanationis*) oder ii) nach der Freiheit Ursache der Welt. i) kann *crassior*, im Sinne einer Teilung der Ursubstanz oder *subtilior* verstanden werden. Die Variante *crassior* scheidet von vornherein aus, doch auch die Variante *subtilior* verträgt sich nicht mit der Kontingenz der Welt. Handlungen Gottes nach der Notwendigkeit seiner Natur können nur immanent sein, wären sie transeunt, so wäre der Effekt selbst absolut notwendig und gerade nicht kontingent. Da Gott ein *ens extramundanum* ist, bleibt lediglich (ii) das System der Freiheit übrig. Gottes Wirken in Bezug auf die Welt ist eine *creatio ex nihilo*, wonach sich auch die Materie der göttlichen Schöpfung verdankt. Dennoch blieb die Idee einer unabhängigen Materie in den „Köpfen der Weltweisen, und auch selbst der Orthodoxen“, sodass sie die irrige Ansicht vertraten, dass durch ihre Erklärung aus den Gesetzen der Natur die Welt der göttlichen „Oberherrschaft entrissen würde“ (28:1094). Doch mit der Abhängigkeit der Materie von Gott haben auch alle ihre Gesetze in ihm ihren Ursprung.

ad 2) Der *nexus finalis* bezieht sich auf den Zweck der Schöpfung und hier ist zunächst einmal ein objektiver und subjektiver Zweck zu unterscheiden. Der objektive Zweck ist die wahre Vollkommenheit im Gebrauch, den die vernünftigen Geschöpfe von ihrer Natur und Freiheit machen sollen. Physische und moralische Vollkommenheit oder Glückseligkeit unter der Bedingung der Moralität in Verbindung miteinander machen die beste Welt aus. Deren Schöpfung erfolgte nicht in der Zeit, sondern von Ewigkeit, was allerdings nicht mit zeitlicher Unendlichkeit gleichzusetzen ist. Die Aktuation der Substanzen ist kein Ereignis; es als solches vorzustellen, liefe auf eine *metabasis eis allo genos* hinaus.

ad 3) Gott als Weltbeherrscher: Gott regiert als Monarch, aber nicht als Despot. Da Gott alles regiert, sind wir befugt, in der Natur einen teleologischen Zusammenhang anzunehmen. Allerdings bleiben uns die wahren Zwecke in der Regel verborgen, und der Natur unserer diskursiven Vernunft entsprechend müssen wir von den allgemeinen Naturgesetzen ausgehen, um die Ordnung der Begebenheiten zu erkennen. Ebenso gilt für die Weltgeschichte, dass wir uns an das Allgemeine zu halten haben und nicht zu bestimmen versuchen sollen, wie sich die göttliche Vorsehung im

Einzelfall als wirksam erwiesen hat. Kraft seines intuitiven Charakters kann der göttliche Verstand, im Unterschied zum menschlichen, das Ganze in allen seinen Einzelheiten auf einmal erfassen. In Bezug auf die göttlichen Ratschlüsse ist eine Prädestination, die absolute Bestimmung einzelner zum Heil oder zur Verdammnis, als unsittlich zu verwerfen. Nur relativ zu den Verdiensten wird Glückseligkeit verteilt. Ist die Seele frei, dann hängt es auch von ihr ab, sich der Glückseligkeit als würdig zu erweisen. Die Prädestinationslehre untergräbt gerade die Verbindung des Reichs der Natur mit dem Reich der Zwecke.

3.7 Die Vorsehung Gottes (vgl. 28:1104–1113) erstreckt sich auf jedes einzelne Detail der Schöpfung. Zur Klärung des Verhältnisses, in dem göttliches Wissen und göttliche Kausalität zueinander stehen, erörtert Kant den Begriff „concursus" (28:1105). „Concursus" bezeichnet die Kausalität mehrerer koordinierter Ursachen, von denen eine allein nicht hinreichend ist. Wo eine einzelne Ursache vorliegt, kann von daher nicht von „concursus" gesprochen werden. Es gibt somit keinen „concursus" Gottes zum Erhalt der Substanzen, denn weder diese selbst und noch irgend etwas sonst tragen dazu bei; Gott ist vielmehr dessen alleinige Ursache. Es gibt zudem keinen „concursus" Gottes in Bezug auf die Naturbegebenheiten, denn diese betreffen die Akzidenzien von Substanzen; Gott hat hier keine kausale Funktion (28:1105). Ein solcher *concursus physicus* ließe sogar auf die Unvollkommenheit Gottes schließen. Allerdings ist ein solcher *concursus* nicht unmöglich; läge ein solcher vor, handelte es sich um ein Wunder. Gibt es aber einen *concursus* Gottes in Bezug auf die freien Handlungen des Menschen? Hier ist das Problem der Gnade angesprochen. Einsicht in die Freiheit des Menschen ist nicht möglich. Ein solcher *concursus* hätte zur Folge, dass wir nicht selbst vollständige Ursache unserer Handlungen wären. Wie ein *concursus physicus* ist der *concursus moralis* zwar nicht unmöglich, aber unmöglich zu begreifen. Er liefe auf ein Wunder in der moralischen Welt hinaus.

Die Vorsehung ist zwar ein einziger Akt, aber es lassen sich verschiedene Funktionen unterscheiden, nämlich (i) Providenz als Stiftung der Gesetze, nach denen der Weltlauf fortgehen soll, ii) Regierung als Erhaltung der Welt nach diesen Gesetzen sowie (iii) Direktion als Bestimmung der einzelnen Begebenheiten in der Welt Gottes Ratschluss gemäß. Insofern sie gütig ist, heißt die Vorsehung ‚Vorsorge'. Die Einteilung der Providenz in ‚providentia, ‚generalis' und ‚speciali[s]' ist unzulässig, weil anthropomorphistisch. Die Vorsehung ist vielmehr ‚universalis': „Die Gesetze, nach welchen der Weltlauf fortgehen sollte, hat er demnach mit einer durchgängigen Kenntniß aller einzelnen Begebenheiten abgefaßt, und gewiß auch ihre größtmöglichste Vollkommenheit bei ihrer Stiftung zum Augenmerk gehabt [...]. Er sahe nach seiner Allwissenheit gewiß, ehe noch etwas war, sowohl jedes mögliche Individuum, als jedes genus voraus" (28:1111). Wenn der Mensch selbst seine Anlagen und Fähigkeiten entfalten können soll, dann muss es ihm möglich sein, gegen den göttlichen Plan zu handeln. Gott hätte dem Menschen lediglich stärkere Motive für das Gute geben können.

4 Entwicklungen im Opus postumum

Im *Opus postumum* nimmt die Erörterung des Gottesbegriffs erneut eine zentrale Stellung ein, und dies vor allem in den nach Adickes sehr spät (nämlich im wesentlichen in die Zeit von April 1800 bis Februar 1803) einzuordnenden Konvoluten I und VII. Teile aus diesen Konvoluten sind in der von Eckart Förster und Michael Rosen (im Rahmen der ‚Cambridge Edition') besorgten englischen Übersetzung zugänglich (hier v. a. S. 200–256), die sich an Adickes' Vorgaben hält (vgl. darüber hinaus allerdings auch im IV. Konvolut 21:344; 21:346; 21:420; 21:455; 21:484; sowie im X. Konvolut 22:301; 22:310; 22:312; 22:412). Die Überlegungen Kants zur Gottesproblematik in I und VII sind eingebettet in die Reflexionen zur (praktischen) Selbstsetzung sowie zum Status der →Transzendentalphilosophie insgesamt, und hier vor allem auch in Verbindung mit dem Problem des Übergangs (in erster Linie, aber keineswegs ausschließlich von den metaphysischen Anfangsgründen der Naturwissenschaft zur Physik, vgl. 21:14f.; ein Übergang quasi in die entgegengesetzte Richtung von den metaphysischen Anfangsgründen zur Transzendentalphilosophie wird z. B. thematisiert in 21:26f.). Im Hinblick auf den zugrundeliegenden Gottesbegriff legt Kant besonderen Wert auf die Vorstellung eines Wesens, das lauter Rechte, aber keine Pflichten hat (z. B. 21:9f.; 22:49f.).

Interpretationslage

Kants Kombination eines destruktiven und eines konstruktiven Ansatzes bei der Behandlung des Gottesproblems hat zwei diametral entgegengesetzte Interpretationsansätze hervorgebracht, die von mitunter ausgesprochen einseitigen Funktionalisierungen geprägt sind. Mendelssohns Verdikt vom ‚alles zermalmenden Kant' gerade in der Kombination mit einer etwa von Heine (vgl. Heine, *Zur Geschichte*, S. 486) popularisierten These, wonach sich der konstruktive Aspekt lediglich einer Konzession an zeitgenössische Konventionen verdanke, lässt das negative Moment der Kritik an den Erkenntnisansprüchen der rationalen Theologie einseitig in den Vordergrund treten, wie etwa auch in weiten Teilen des Neukantianismus aber auch in Kantdeutungen aus dem Umfeld der analytischen Philosophie zu beobachten ist, deren rekonstruktiver Ansatz theistische Fragestellungen lange weitgehend ausblendet hat. Dem entgegen stehen die Aussagen Allen W. Woods (vgl. Wood, *Kant's Rational Theology*, S. 17), für den das Thema Gott auch in seiner konstruktiven Dimension in der theoretischen wie praktischen Philosophie integraler Bestandteil des kantischen kritischen Programms ist.

Doch selbst wenn eine positive Rolle der Gottesthematik zugestanden wird, stellt sich die Frage, wie Kants Aussagen zu deuten seien. Als Ausgangspunkt dient dabei häufig das Verhältnis zwischen Begriff und Gegenstand. So wurde unlängst behauptet, dass Kant zufolge Gott schlicht mit praktischer Vernunft identisch sei (vgl. Schwarz, *Deus in nobis*). Die Plausibilität solcher Behauptungen steht dabei immer unter dem Vorbehalt entwicklungsgeschichtlicher Verschiebungen. Försters weit gehende These allerdings, wonach Kant im *Op. post.* die Postulatenlehre zurücknehme (vgl. Förster, *Kant's Final Synthesis*, S. 147), ist nicht unwidersprochen geblieben (vgl. Guyer, *Beauty and the Highest Good*, S. 204f., 211f.). Neben den → Gottesbeweisen wurden in den letzten Jahren unter anderem die Funktion des regulativen Vernunftgebrauchs und damit zumindest indirekt der Idee Gottes für die Garantie der Existenz spezieller Kausalgesetze und damit der Betreibbarkeit von Naturwissenschaft überhaupt (vgl. Buchdahl, *Dynamics of Reason*, S. 195–221, 317–337) sowie für die Etablierung eines Kompatibilismus höherer Ordnung (vgl. Ertl, *Schöpfung und Freiheit*) diskutiert.

Ein umfassender, die einschlägigen Arbeiten Schmuckers und vieler anderer detailliert aufarbeitender Forschungsbericht zur Entwicklung des theologischen Diskurses in den vorkritischen Schriften, auch im Hinblick auf deren Verhältnis zur Position Kants in den kritischen Werken, findet sich bei Theis (vgl. Theis, *Gott*, S. 19–31).

Weiterführende Literatur

Byrne, Peter: Kant on God, Aldershot: Ashgate 2007.

Chignell, Andrew: „Kant, Real Possibility, and the Threat of Spinoza", in: Mind 121, 2012, 635–675.

Fischer, Norbert / Forschner, Maximilian (Hg.): Die Gottesfrage in der Philosophie Immanuel Kants, Freiburg: Herder 2010.

Förster, Eckart: „Die Wandlungen in Kants Gotteslehre", in: Zeitschrift für philosophische Forschung, 52, 1998, 341–362.

Höffe, Otfried: „La révolution kantienne de la théologie philosophique", in: Imbach, Ruedi / Höffe, Otfried (Hg.): Paradigmes de théologie philosophique, Fribourg: Editions universitaires 1983, 133–164.

Michalson, Gordon E.: Kant and the Problem of God, Oxford, Malden (Mass.): Blackwell 1999.

Schmucker, Josef: Die Ontotheologie des vorkritischen Kant, Berlin u. a.: de Gruyter 1980.

Schwarz, Gerhard: Est Deus in nobis. Die Identität von Gott und reiner praktischer Vernunft in Immanuel Kants ‚Kritik der praktischen Vernunft', Berlin: Verlag TU Berlin 2004.

Theis, Robert: Gott. Untersuchung zur Entwicklung des theologischen Diskurses in Kants Schriften zur theoretischen Philosophie bis hin zum Erscheinen der Kritik der reinen Vernunft, Stuttgart-Bad Cannstatt: Frommann-Holzboog 1994.

Wood, Allen W.: Kant's Rational Theology, Ithaca u. a.: Cornell University Press 1978.

Wolfgang Ertl

Gottesbeweise

„Es sind nur drei Beweisarten vom Dasein Gottes aus speculativer Vernunft möglich" (KrV A 590 / B 618). Kant unterscheidet zwischen dem von ihm erstmals so genannten ontologischen Beweis, der

„gänzlich a priori aus bloßen Begriffen auf das Dasein einer höchsten Ursache“ schließt (KrV A 590 / B 618) bzw. „auf das absolut-nothwendige Dasein“ (5:475), dem kosmologischen Beweis, der seinen Ausgang in einer unbestimmten Erfahrung, d. h. von irgendeinem Dasein nimmt (vgl. KrV A 590 / B 618; KrV A 456 / B 484; KrV B 631) und dem physikotheologischen Beweis, der von einer bestimmten Erfahrung, hier der „besonderen Beschaffenheit unserer Sinnenwelt“ (KrV A 590 / B 618), ausgeht. Weitere wichtige Stellen: 5:418ff.; 28:317; 28:1012ff.

Philosophische Funktion

1 Die Funktion der Gottesbeweise in Kants theoretischer Philosophie

Die Einteilung der Gottesbeweise geht der Sache nach bis auf den *Beweisgrund* zurück, wo Kant vom cartesianischen Beweis spricht (2:156; vgl. 1:395), in dem man sich „zuvörderst einen Begriff von einem möglichen Dinge [erdenkt], in welchem man alle wahre Vollkommenheit sich vereinbart vorstellt, [zu der auch das Dasein gehört]“ (2:156). In der *Metaphysik Pölitz* wird dieser Beweis auch als transzendentaler (vgl. 28:314; 28:317) bezeichnet. Zu den aposteriorischen Beweisen zählt im *Beweisgrund* einerseits der in der Wolffschule in Ansehen gebrachte kosmologische Beweis, in dem man „aus den Erfahrungsbegriffen von dem, was da ist, auf die Existenz einer ersten und unabhängigen Ursache nach den Regeln der Causalschlüsse, aus dieser aber durch logische Zergliederung des Begriffes auf die Eigenschaften derselben, welche eine Gottheit bezeichnen, kommen will“ (2:157); andererseits der physikotheologische Beweis, „da aus Erfahrungsbegriffen von existirenden Dingen auf das Dasein Gottes und zugleich seine Eigenschaften geschlossen wird“ (2:159), und von dem es heißt, er sei nicht nur möglich, sondern auch „auf alle Weise würdig durch vereinigte Bemühungen zur gehörigen Vollkommenheit gebracht zu werden“ (2:159). Dieselbe Hochschätzung des physikotheologischen Beweises findet sich in der *KrV* (vgl. KrV A 623 / B 651).

Diesen Beweisen der „theoretischen Principien der Vernunft“ fügt Kant „noch eine Art von Beweis“ hinzu, „wo das Daseyn Gottes als eine nothwendige Voraussetzung“ (28:317) des praktischen Vernunftgebrauchs angesehen wird, nämlich den moralischen, in dem das Dasein Gottes als „zur Möglichkeit des höchsten Guts [...] nothwendig gehörig“ postuliert werden muss (5:124). Fragt man nach der Funktion der Gottesbeweise bzw. des auf ihrer Grundlage deduzierten Gottesbegriffs zunächst im gesamten Kontext der Entwicklung von Kants theoretischer Philosophie, so lässt sich diese Funktion in einem allgemeinen Sinn als Abschlussfunktion kennzeichnen. Dies besagt, dass die rationaltheologische Aussage eine Begründungsinstanz bezeichnet, in der die Vernunft in ihrem fundamentalen Bedürfnis nach dem Unbedingten zur Ruhe gelangt (vgl. KrV A VII), sei dies in der Form einer ‚dogmatischen‘ Aussage, es existiere ein schlechterdings notwendiges Wesen, dem bestimmte Prädikate wie Einigkeit, Einfachheit, Unveränderlichkeit, Personalität zukommen, die es als Gott ausweisen (vgl. 2:83ff.), oder in der kritizistischen Deutung, gemäß der das transzendentale Ideal die menschliche Erkenntnis krönt und schließt (vgl. KrV A 641 / B 669). Die Funktion der rationalen Theologie ist demzufolge im Rahmen eines systematisch konzipierten Ganzen des philosophischen Diskurses zu verorten, an dessen Zustandekommen Kant stets – wenigstens was die Philosophie im „Schulbegriff“ betrifft – interessiert war (vgl. KrV A 838 / B 866). Nicht minder gilt es für den „Weltbegriff“ der Philosophie, verstanden als Wissenschaft von der Beziehung aller Erkenntnis auf die wesentlichen Zwecke der menschlichen Vernunft (teleologia rationis humanae) (vgl. KrV A 839 / B 867).

2 Die Entwicklung der Problematik der Gottesbeweise

In Kants frühen Schriften aus den 50er und 60er Jahren (*Nova dilucidatio*, *Theorie des Himmels*, *Beweisgrund*) taucht die Gottesfrage bzw. die Gottesbeweisproblematik in zwei systematisch bedeutsamen Kontexten auf: einmal im Rahmen einer ontologischen Fragestellung (*Nova dilucidatio*), zum anderen in einer naturphilosophischen bzw. rationalkosmologischen (*Theorie des Himmels, Nova dilucidatio*). Im *Beweisgrund* werden diese beiden Kontexte in ihrer inneren Zusammengehörigkeit artikuliert, um im Begriff von Gott als allgenugsamem Wesen zu gipfeln (vgl. 2:151ff.). Im ersten Fall geht es darum, im Rahmen eines Reformprogramms der (wolffschen) Metaphysik, aufgrund der Neubestimmung der

Grundsätze der metaphysischen Erkenntnis und insbesondere des Satzes vom Grunde, dessen universale Geltung Kant anzweifelt, die sich daraus ergebenden Konsequenzen hinsichtlich der Möglichkeit eines apriorischen Beweises des Daseins eines unbedingt notwendigen Wesens zu bedenken. Der traditionelle ontologische Beweis, so wie ihn Kant aus den Handbüchern der Wolffianer kennt, argumentiert auf der Grundlage der uneingeschränkten Geltung des Satzes vom Grunde, nämlich dass das unbedingt notwendige Wesen den Grund seines Daseins in sich trägt. Kants Neudeutung dieses metaphysischen Prinzips beinhaltet, aus Gründen der Konsistenz des philosophischen Diskurses, das Dasein des unbedingt notwendigen Wesens auf eine andere Art zu beweisen. In Kants sog. ontotheologischem Beweis, der zuerst in der *Nova dilucidatio* dargelegt wird und im *Beweisgrund* von 1762 seine ausführlichste Darstellung findet, wird die absolute Realnotwendigkeit in einer gegenüber der Schulphilosophie neuen Weise bestimmt, nämlich im Sinne einer aller Möglichkeit vorauszusetzenden Wirklichkeit, deren Korrelat die These ist, Dasein sei kein Prädikat eines möglichen Dinges.

Im zweiten Falle geht es darum, im Ausgang von newtonschen Grundsätzen die Entstehung (Kosmogonie) und den Bau des Universums zu erklären. Kants Radikalisierung der newtonschen Grundsätze, derzufolge der Materie selber eine essential und demzufolge notwendig innewohnende Gesetzmäßigkeit zuzuschreiben ist, aus der heraus, ohne äußeren Eingriff, der real existierende Weltbau zustande gekommen ist („*Gebet mir Materie, ich will eine Welt daraus bauen!*“, 1:230), führt in ihrer theologischen Pointe zu einer Aporie gegenüber den bestehenden (physikotheologischen) Entwürfen, die von einer zufälligen Anordnung des Weltstoffes ausgehen, um von da aus auf einen Weltbaumeister zu schließen. Kants Entwurf in *Theorie des Himmels* verlangt auch hier nach einer modifizierten Physikotheologie, die mit dem von ihm vorgenommenen naturwissenschaftlichen Entwurf kompatibel ist und die schließlich zur Behauptung eines Schöpfergottes führt (vgl. Redman, *Gott und die Welt*). Deren rationalkosmologisches Pendant (das sog. „commercium substantiarum“, 1:415) hat er in der *Nova dilucidatio* entwickelt.

Die verstärkte Hinwendung zu Methodenproblemen der Metaphysik und die sich in der Folge abzeichnende ‚empiristische‘ Wende in Kants Entwicklung mündet um die Mitte der 60er Jahre in eine metaphysikkritische Haltung, von der etwa die *Träume* zeugen: Alle unsere Urteile müssen sich auf Erfahrungsbegriffe stützen (vgl. 2:368f.). Die Metaphysik wird demzufolge als „Wissenschaft von den *Grenzen der menschlichen Vernunft*“ (2:368) verstanden. Die damit einhergehende Infragestellung jeglicher erfahrungstranszendenter Erkenntnis beinhaltet auch eine Infragestellung der Möglichkeit rationaltheologischer Einsichten.

In der *Refl.* 3716 (1760–1764?, 1764–1768) hatte Kant behauptet: „Die Grentzen der Vernunft zu determiniren gehört etwas positives: erstlich den Umfang der Vernunfterkenntnisse zu Zeigen, und etwas negatives: nemlich die Schranken“ (17:259). Die Wiedergewinnung dieser positiven Linie in der zweiten Hälfte der 1760er Jahre kennzeichnet Kants Untersuchungen. Sie führen um 1769 zu der bahnbrechenden Unterscheidung zwischen Sinnlichkeit und Verstand/Vernunft, von der Kant im Brief an J. H. Lambert vom 2. September 1770 berichtet: Es gibt zwei Hauptgattungen der Erkenntnisse, solche, die aus den Sinnen stammen und solche, die gar nicht durch die Sinne erworben werden, sondern ihre Ursprung in der menschlichen Vernunft haben (vgl. *Refl.* 3957; 17:364f.). Gerade diese letzteren ermöglichen eine reale Erkenntnis dessen, was ist. In diesem Kontext findet dann auch das frühere, von Kant entwickelte ontotheologische Argument im Sinne einer absoluten Begründungsinstanz seinen Ort: „Denen Dingen kommt die Möglichkeit nothwendig zu, also die Moglichkeiten *der Dinge* haben weiter keinen Grund; aber es ist doch ein Wesen nothwendig, wodurch Möglichkeiten gegeben sind. [...]. Das Urwesen selber kan nicht als möglich angesehen werden, sondern es ist das principium der Moglichkeit. [...] Die Nothwendigkeit im Daseyn dieses Wesens bedarf keinen besondern Beweis. Denn daß es der Grund aller Moglichkeit ist und daß diese nur eine ableitung davon ist, bedeutet schon so viel als: es ist nichts moglich ohne ein realissimum; folglich gehoret dieses selbst nicht unter die blos mögliche Wesen. Denn sonst, wenn man die Möglichkeiten durch den Weg der Zusammensetzung machen will, so ist ein Wesen, in welchem viel realitaeten sind, nicht Möglicher als das, in welchem wenig seyn, und in dem allerrealesten als dem Zusammengesetztesten ist die größte Zufälligkeit" (*Refl.* 4246, 17:479f.).

De mundi hält in der Lehre vom usus realis des Verstandes grundsätzlich an dieser starken (dogmatischen) These fest (vgl. *De mundi* § 5; 2:393): Mit Blick auf die rationale Theologie gibt Kant zu bedenken, dass Gott, als Ideal der Vollkommenheit, der Grund des Erkennens ist, und als real existierend der Grund des Entstehens von schlechthin aller Vollkommenheit (vgl. *De mundi* § 9; 2:396). Es ist vor diesem Hintergrund dann auch nicht erstaunlich, wenn Kant in der vierten Sektion von *De mundi* noch die nämliche Argumentation das „commercium substantiarum" (1:415) betreffend aufrecht erhält, wie dies in den Schriften aus den 50er Jahren der Fall gewesen ist.

Im Zuge der Entdeckungen im Jahre 1772 (vgl. Brief an M. Herz vom 21. Februar 1772) und insbesondere der These vom bloß immanenten Gebrauch der reinen Verstandesbegriffe (vgl. *Refl.* 4633–4634, 17:615ff.) und der ab Mitte der 1770er Jahre verstärkt einsetzenden Reflexion über das Vernunftprojekt als Ganzes bzw. der Vernunft als spezifischer Instanz neben dem Verstand bahnt sich auch die entscheidende Transformation des theologischen Diskurses an. Bemerkenswert in diesem Zusammenhang ist, dass nicht die Kritik an den Gottesbeweisen im Vordergrund des Interesses steht, sondern deren Umdeutung im Sinne von notwendigen Vernunfthypothesen.

3 Die Gotteslehre in Kants kritischer Philosophie

Die (positive) Gotteslehre der *KrV* baut auf diesen Prämissen auf. In der Lehre von den transzendentalen Ideen (vgl. *Transzendentale Dialektik*, 1. Buch) wird zunächst die Notwendigkeit von unbedingten Bedingungen aufgezeigt, in denen sich die höchste Einheit des Denkens darstellt (vgl. KrV A 298f. / B 355f.). In der dritten dieser Ideen, der Idee von der absoluten „*Einheit der Bedingung aller Gegenstände des Denkens überhaupt*" (KrV A 334 / B 391), der das Wesen aller Wesen (ens entium) als Gegenstand der Theologie entspricht (vgl. KrV A 334 / B 391), hat es die Vernunft mit dem höchsten Abschlussgedanken zu tun, den sie zu entwerfen vermag. In der Lehre vom transzendentalen Ideal (vgl. KrV A 571ff. / B 599ff.) entwickelt Kant eine gottesbeweisanaloge Argumentation, die sich in ihrer Grundstruktur stark an den im *Beweisgrund* entwickelten ontotheologischen Beweis anlehnt. Unter kritizistischen Voraussetzungen vermag die Vernunft freilich nicht mehr zu behaupten als die Notwendigkeit einer Idee, die sie selber hervorgebracht hat (vgl. KrV A 584 / B 612); dennoch ist Kant der Überzeugung, dass es sich hierbei nicht um ein „leere[s] Gedankending[]" (KrV A 670 / B 697) handelt und es demzufolge auch davon eine Deduktion geben muss. In einer solchen erblickt er die „Vollendung des kritischen Geschäftes der reinen Vernunft" (KrV A 670 / B 698). In ihr wird über den Weg der Unterscheidung zwischen *suppositio relativa* und *suppositio absoluta* der Gedanke begründet, dass die Welt so vorzustellen sei, als ob sie als Ganze in ihrem Wesenskern (an sich) aus der Idee (vgl. KrV A 665 / B 693) oder Absicht (vgl. KrV A 686 / B 714) einer allerhöchsten Vernunft entsprungen sei: „Alle Verknüpfung der Dinge der Sinnenwelt [ist] so anzusehen, *als ob* sie in diesem Vernunftwesen ihren Grund hätten" (KrV A 681 / B 709). Dies bedeutet die Einführung eines teleologischen Gesichtspunktes, der allerdings keine Einschränkung der Naturbetrachtung zur Folge haben darf, sondern diese lediglich ergänzt (vgl. KrV A 692 / B 720). In ihrer „höchsten Ausbreitung" wird allerdings die Naturforschung auf diese Weise zur Physikotheologie (KrV A 816 / B 844), die in *KU* von anderen Voraussetzungen her im Sinne einer ‚reflektierenden' Physikotheologie verstanden wird. In diesem Zusammenhang lässt sich über den Weg der Analogie der transzendentale Begriff des Urwesens theistisch ausdifferenzieren, und zwar im Sinne eines „symbolischen Anthropomorphismus", der nicht das Objekt selber, also Gott, betrifft, sondern die Sprache (vgl. 4:357), d. h. die Deutung des Verhältnisses zwischen Gott und der Welt.

Bis in die Notizen des *Op. post.* hinein ringt Kant um die Fragen: Was ist Gott? Ist ein Gott? (vgl. 21:9). Der höchste Standpunkt der Transzendentalphilosophie ist die transzendentale Theologie (vgl. 22:63). Allerdings tritt hier die theologische Konstruktion des transzendentalen Ideals als *omnitudo realitatis* bzw. die sich daran anschließende theistische Ausdifferenzierung in den Hintergrund; es bleibt die These vom Gottesgedanken als Selbstgeschöpf der Vernunft (vgl. 21:27; 21:34 u. ö.) zugunsten einer sich am kategorischen Imperativ und dem Gedanken eines unbedingt gebietenden Gesetzes orientierenden theologischen Aussage (vgl. 21:25). Allerdings gibt Kant in diesen Notizen auch zu bedenken, dass die Aufgabe der Transzendentalphilosophie, nämlich die Beantwortung der Frage „Ist ein Gott?“ noch immer unaufgelöst bleibt (21:17).

4 Die Problematik des Gottesbeweises in Kants praktischer Philosophie

Im Rahmen von Kants praktischer Philosophie ist die Gottesbeweisproblematik in einer zum Bereich der theoretischen Philosophie analogen Weise zu erörtern. Drei wesentliche Momente sind hier zu unterscheiden: Ein erstes Moment stellen der Gottesbeweis bzw. die auf ihm aufbauende Moraltheologie dar, in der die ‚moralischen‘ Eigenschaften des höchsten Wesens (heiliger Gesetzgeber; gerechter Richter, gütiger Regierer) in enger Verbindung mit der Triebfeder als dem ‚subjektiv-praktischen‘ Aspekt der sittlichen Handlung gesehen werden. Diese Auffassung lässt sich exemplarisch an Aussagen aus Kants Vorlesungen (der *Metaphysik Pölitz* sowie der *Moralphilosophie Collins*) verdeutlichen: Die Regeln der Sittlichkeit sind zwar selbständig, sie sind weder aus der Erfahrung noch aus einem göttlichen Willen herleitbar, aber es fehlt ihnen „eine Zusammenstimmung mit der Glückseligkeit; es fehlt die *Triebfeder*, warum ich das moralische Gesetz ausüben soll [...]. Ohne solche Triebfeder aber sind sie nur Gründe der Dijudication, aber nicht der Execution“ (28:317f.; vgl. *Refl.* 7097, 19:248). Genau hier siedelt sich das „Bedürfniß, nach practischem Gebrauche der Vernunft“ (28:317) an, das Dasein Gottes notwendig vorauszusetzen: „Also die Erkenntniß Gottes ist in Ausübung der moralischen Gesetze nöthig“, „[a]ber in der Ausübung wären sie leer, wenn kein drittes Wesen uns dazu nöthigen möchte“ (27:278).

Der Gottesbeweis, der in diesem Kontext geführt wird, unterliegt hinsichtlich seines epistemischen Status’ denselben Anforderungen wie die anderen Beweise: Man kann das Dasein Gottes auch in praktischer Hinsicht nicht demonstrieren, sondern nur indirekt aufzeigen. Demzufolge ist die Aussage, es gebe einen Gott, als Ausdruck eines Vernunftglaubens zu verstehen (vgl. 28:320).

Das zweite Moment der Gottesbeweisproblematik findet sich in der *KpV* und in der *Religion*: Hier wird der Zusammenhang zwischen Tugend und Glückseligkeit in einer neuen Weise zum Thema aufgrund der These von der völligen Autarkie des Sittengesetzes, gemäß der das Sittengesetz nicht nur *principium dijudicationis* der Moralität ist, sondern auch *principium executionis* (vgl. 5:109; 5:75). Diese neue Interpretation des unbedingten Charakters des Sittengesetzes erfordert eine Anpassung der theologischen Aussage im Sinne des Kohärenzpostulats. Die Moral führt unausbleiblich zur Religion (vgl. 5:129; 6:8 Anm.), was nicht in erster Linie bedeutet, zur Erkenntnis unserer Pflichten als göttlicher Gebote, sondern zur Annahme eines „allvermögenden moralische[n] Wesen[s] als Weltherrscher“ (6:8 Anm.). In der Lehre vom „*höchsten Gut[]*“ als der „unbedingte[n] Totalität des *Gegenstandes* der reinen praktischen Vernunft“ (5:108), vereinigen sich Sittlichkeit und Glückseligkeit in ihrer Proportionalität. Hier findet das moraltheologische Korrelat in Form eines Postulats der praktischen Vernunft seinen Ort.

Ein drittes, nur fragmentarisch angedeutetes Moment den moralischen Gottesbeweis betreffend findet sich im *Op. post.* Hier wird das Dasein Gottes nicht mehr im Ausgang vom höchsten Gut postuliert, sondern radikaler aus dem Faktum des kategorischen Imperativs begründet: „Es ist ein Gott. Denn es ist ein categorischer Pflichtimperativ“ (21:64; vgl. 22:104; 22:106). Kant geht sogar so weit, zu behaupten, das Subjekt des kategorischen Imperativs sei Gott (vgl. 22:55; vgl. Förster, *Die Wandlungen*, S. 355ff.). Allerdings fehlt in diesen späten Notizen eine ausführliche Darstellung dieses Gedankens, der dennoch in die Richtung eines Systems der Transzendentalphilosophie zu zeigen scheint, in dem Gott, Welt, und der Mensch in der Welt, als höchster Standpunkt gelten (vgl. z. B. 21:34). Ein solches System, in dem das moralische Subjekt beide Objekte verknüpft, wäre letztlich nichts anderes als ein einziger Gottesbeweis.

5 Zur Situation der Forschung

Die zentrale Frage von Kants Behandlung der rationaltheologischen Probleme betrifft in entwicklungsgeschichtlicher wie in systematischer Hinsicht deren Funktion im Rahmen der kantischen Auffassung der Philosophie.

In der Rezeption der *KrV* stand lange Zeit die pars destruens der transzendentalen Dialektik und hier speziell die Kritik der traditionellen Gottesbeweise (ontologischer, kosmologischer, physiko-theologischer) im Vordergrund. Die konstruktive Verortung der kantischen Beschäftigung mit der Theologie nimmt ihren Ausgang im letzten Drittel des 19. und zu Beginn des 20. Jahrhunderts, und zwar mit F. Paulsen und E. Adickes, die den Zusammenhang zwischen Theologie und Erkenntnistheorie in entwicklungsgeschichtlicher Hinsicht hervorheben. In der ersten Dekade des 20. Jahrhunderts erscheint eine Reihe von Untersuchungen, die sich mit den Gottesbeweisen (Jeppel, Franke) bzw. mit dem Gottesbegriff (Sassao, Guttmann) beschäftigen.

M. Wundts These, der Gottesgedanke und seine Auswirkung in der Welterkenntnis sei „das letzte Ziel wie der Metaphysik überhaupt, so der kantischen Philosophie" (*Kant als Metaphysiker*, S. 389), lenkt den Blick auf die systematische Zentralität der Theologie bei Kant; 1927 veröffentlicht P. Carabellese ein Werk mit dem Titel *La filosofia di Kant I. L'idea teologica*. F. E. England macht 1929 darauf aufmerksam, dass der Gottesbegriff in besonderer Weise geeignet ist, die Bedeutung der Veränderungen von Kants philosophischen Auffassungen erkennen zu lassen (vgl. *Kant's Conception of God*). J. Kopper interpretiert die systematische Stellung der kantischen Gotteslehre dahingehend, dass Kants Gottesverständnis in seiner gesamten Entwicklung aus ein und demselben ursprünglichen Wissen um Gott entsprungen ist, dass aber der Weg seiner Gotteslehre darin besteht, diesem Wissen alle Verstellung zu nehmen, durch die es sich selbst verdunkelt (vgl. *Kants Gotteslehre*). E. Förster sucht allerdings den Nachweis zu erbringen, dass die praktische Vernunft bei demselben Agnostizismus ankommt, „zu dem sich die theoretische Vernunft schon 1781 verpflichtet fand" (*Die Wandlungen*, S. 362).

1962 hatte M. Heidegger behauptet, für Kant werde und bleibe die Frage, „ob und wie und in welchen Grenzen der Satz ‚Gott ist' als absolute Position möglich sei, der geheime Stachel, der alles Denken der Kritik der reinen Vernunft angtreibt und die nachfolgenden Hauptwerke bewegt" (*Wegmarken*). Dieses Motiv hat G. Picht aufgegriffen und den Versuch unternommen, Kants drei Kritiken in ihrem Zusammenhang als Religionsphilosophie zu deuten (vgl. *Kants Religionsphilosophie*). Neuerdings vertritt E. Horneffer eine ähnliche These (vgl. *Kant und der Gottesgedanke*).

Die Beschäftigung mit der Gottesbeweisproblematik wird in den 30er Jahren durch Kotsukas Dissertation über die *Gottesbeweise in der Philosophie Kants* (1931) wieder aufgenommen, gefolgt von K. Reichs systematischer Untersuchung über das Verhältnis des ontotheologischen Argumentes in Kants *Beweisgrund* zum Idealkapitel der *KrV*. Reich kommt zu dem Ergebnis, dass der ontotheologische Beweis des frühen Kant im Idealkapitel als Schein entlarvt wird. D. Henrich hat diesbezüglich eine divergierende Interpretation vorgelegt, derzufolge das Idealkapitel die kritizistische Version des *Beweisgrundes* darstellt (vgl. *Der ontologische Gottesbeweis*). Diese These wird späterhin auch von R. Theis vertreten (vgl. *La raison et son Dieu*). Mit dem ontologischen Argument von seinem Auftreten im *Beweisgrund* bis hin zum *Op. post.* beschäftigt sich H. Knudsen auf der Grundlage modaltheoretischer Überlegungen (vgl. *Gottesbeweise im Deutschen Idealismus*, S. 18).

Entwicklungsgeschichtlich bedeutsam sind die Arbeiten J. Schmucker zu Kants theologischem Denken, insbesondere zur Theologie des vorkritischen Kant (vgl. *Kants vorkritische Kritik der Gottesbeweise*; *Die Ontotheologie des vorkritischen Kant*). Schmucker sucht vor allem zwei Thesen zu beweisen: Die erste betrifft den vorkritischen Ursprung von Kants Kritik der Gottesbeweise in der *KrV*. Nach Schmucker gibt es keine signifikante Entwicklung mehr hinsichtlich ihrer fundamentalen Prinzipien. Das aber bedeutet, dass diese Kritik letztlich unabhängig ist von den Prinzipien des Kritizismus, eine These, die von Jüsten (vgl. *Ontotheologie und Gottesbeweiskritik bei Kant*) kritisiert wird. Die zweite These betrifft die Lehre vom transzendentalen Ideal. Schmucker behauptet, der entscheidende Schritt weg vom ontotheologischen Argument hin zum Ideal sei bereits um die Mitte der 60er Jahre erfolgt. Diese These wird allerdings von Theis in Frage gestellt (vgl. *Gott*). Theis untersucht die Entwicklung von Kants theologischem Denken bis hin zur *KrV* aus einem systematischen Gesichtspunkt und vertritt die These, dass der theologische Diskurs im Gesamt des Aufbaus des philosophischen Diskurses eine Begründungsfunktion innehat, die vom Übergang der vorkritischen Schriften zum Kritizismus nicht eliminiert, sondern in ihrer Bedeutung transformiert wird.

1978 erscheint A. Woods *Kant's Rational Theology*, in der die grundsätzliche These vertreten wird, dass Kants wirkliches Ziel nicht in einer Zerstörung der Theologie besteht, sondern darin, eine dogmatische Theologie durch eine kritische zu ersetzen (vgl. *Kant's Rational Theology*, S. 7). Eine analoge These liegt dem von N. Fischer und M. Forschner herausgegebenen Sammelband *Die Gottesfrage in der Philosophie Immanuel Kants* zugrunde. G. Ferretti (vgl. *Ontologia e teologia in Kant*) untersucht, inwiefern die Ontologie bei Kant eine Art Vorverständnis für die Ausarbeitung der Theologie bedeutet. G. Sala legt in seiner Untersuchung über *Kant und die Frage nach Gott* eine übergreifende Darstellung von Kants Theologie vor, die methodisch aus entwicklungsgeschichtlicher Perspektive durchgeführt wird. Was Kants frühe Theologie betrifft, so orientiert Sala sich weitgehend an den Arbeiten von J. Schmucker. R. Theis geht in seiner Untersuchung *La raison et son Dieu* (2012) in entwicklungsgeschichtlicher Perspektive dem systematischen Grundgedanken der Begründungsfunktion des Gottesgedankens in Kants theoretischer Philosophie von der *Nova dilucidatio* bis hin zum *Op. post.* nach.

Die Theologie des *Op. post.* wird in der Forschung sehr unterschiedlich gedeutet. Auf Koppers Untersuchung wurde oben hingewiesen. R. Wimmer spricht bezüglich der Gottesproblematik im *Op. post.* von einer transzendental-anthropologischen Theologie (vgl. *Die Religionsphilosophie des Opus postumum*, S. 225), während H. Marzolf diesbezüglich von einem philosophischen Atheismus spricht (vgl. *L'athéisme philosophique de la théologie de l'Opus postumum*, S. 59ff.). H. d'Aviau de Ternay hingegen vertritt die These, im *Op. post.* rehabilitiere Kant den ontologischen Gottesbeweis (vgl. *Réflexions sur la question de Dieu dans l'Opus postumum*, S. 225ff.).

Kants moralischer Gottesbeweis bzw. moralphilosophische Gotteslehre ist vielfach erforscht worden. Hervorhebenswert sind die Arbeiten von A. Lamacchia (vgl. *La filosofia della religione*), A. Winter (*Der Gotteserweis aus praktischer Vernunft*), K. Düsing, *Kritik der Theologie und Gottespostulat bei Kant*, S. 57ff.).

Die Problematik der Beziehungen von Ethik und Theologie in der *KU* wurde u. a. von I. Schüßler (*Ethique et théologie dans la Critique de la faculté de juger*, S. 337–372) behandelt. B. Dörflinger geht den Beziehungen zwischen der Physikotheologie und der Ethikotheologie in der *KU* nach (vgl. *Physikotheologie und Ethikotheologie*, S. 72ff.).

Zu einzelnen Themenfeldern, etwa zum komplexen Problem des höchsten Guts lässt sich die Forschung ebenfalls bis ins 19. Jahrhundert zurückverfolgen (Schleiermacher, Dilthey, Cohen). Seit den sechziger Jahren des 20. Jahrhunderts findet sich eine verstärkte Auseinandersetzung mit dieser Thematik (Silber, *Immanenz*; Wood, *Moral Religion*; Düsing, *Das Problem des höchsten Gutes*; Yovel, *Highest Good*; Albrecht, *Kants Antinomie*; Heidemann, *Das Ideal*; Gallois, *Souverain bien*).

Weiterführende Literatur

Albrecht, Michael: Kants Antinomie der praktischen Vernunft, Hildesheim: Olms 1978.

Dörflinger, Bernd: „Kant über das Defizit der Physikotheologie und die Notwendigkeit der Idee einer Ethikotheologie“, in: Fischer, Norbert / Forschner, Maximilian (Hg.): Die Gottesfrage in der Philosophie Immanuel Kants, Freiburg: Herder 2010, 72ff.

Düsing Klaus: „Das Problem des höchsten Gutes in Kants praktischer Philosophie“, in: Kant-Studien 62, 1971, 5–42.

England, Frederick-Ernest: Kant's Conception of God, New York: Humanities P. 1968 (1929).

Fischer, Norbert / Forschner, Maximilian (Hg.): Die Gottesfrage in der Philosophie Immanuel Kants, Freiburg: Herder 2010.

Förster, Eckart: „Die Wandlungen in Kants Gotteslehre“, in: Z. phil. Forschung 52, 1998, 341–362.

Gallois, Laurent: Le souverain bien chez Kant, Paris: Vrin 2008.

Kopper, Joachim: „Kants Gotteslehre“, in: Kant-Studien 47, 1955f., 31–61.

Redmann, Horst-Günter: Gott und die Welt. Die Schöpfungstheologie der vorkritischen Periode Kants, Göttingen: Vandenhoeck & Ruprecht 1962.

Sala, Giovanni B.: Kant und die Frage nach Gott. Gottesbeweise und Gottesbeweiskritik in den Schriften Kants, Berlin u. a.: de Gruyter 1990.

Schmucker, Josef: Die Ontotheologie des vorkritischen Kant, Berlin u. a.: de Gruyter 1980.

Theis, Robert: Gott. Untersuchung zur Entwicklung des theologischen Diskurses in Kants

Schriften zur theoretischen Philosophie bis hin zum Erscheinen der Kritik der reinen Vernunft, Stuttgart-Bad Cannstatt: Frommann-Holzboog 1994.
Theis, Robert: La raison et son Dieu. Etude sur la théologie kantienne, Paris: Vrin 2012.
Winter, Aloysius: „Der Gotteserweis aus praktischer Vernunft. Das Argument Kants und seine Tragfähigkeit vor dem Hintergrund der Vernunftkritik (1985)“, in: ders.: Der andere Kant. Zur philosophischen Theologie Immanuel Kants, Hildesheim: Olms 2000.
Wood, Allen: Kant’s Rational Theology, Ithaca: Cornell Univ. Press 1978.
Wundt, Max: Kant als Metaphysiker, Hildesheim: Olms 1984 (1924).

Robert Theis

Größe, negative

Der Begriff der negativen Größe bezeichnet eine der beiden Seiten eines realen „Entgegensetzungs“-Verhältnisses. Er ist nach den *Negativen Größen* (1763) zunächst ein mathematischer und bezeichnet eine „Größe“, die „in Ansehung einer anderen negativ“ ist und zwar „in so fern sie mit ihr nicht anders als durch die Entgegensetzung kann zusammen genommen werden, nämlich so, daß eine in der andern, so viel ihr gleich ist, aufhebt“ (2:174; vgl. 2:171f.). Der Begriff der negativen Größe ist ein abgeleiteter Begriff, dessen Bedeutung durch eine Relation, nämlich die des „Gegenverhältnis[ses]“ zweier Größen „+a und −a“, festgelegt wird (2:174; vgl. 2:172; 2:175). Dabei ist es willkürlich beziehungsweise konventionell, die eine *negativ*, die andere *positiv* zu nennen, da beide Größen den (positiven) Betrag haben, den ihr Zahlenwert angibt (vgl. 2:169; 2:174f.). Die Mathematik garantiert, dass sich das reale „Gegenverhältniß“ in einer Rechenoperation (Subtraktion) zu einem Resultat auflöst (2:173). Der mathematische Begriff der negativen Größe hat seine Grundlage außerhalb der Mathematik in Verhältnissen der Realität, genauer in der „Realentgegensetzung“ (vgl. 2:172; 2:201 u. 2:174: „Hieraus entspringt der mathematische Begriff der negativen Größen“). In diesem Zusammenhang bezeichnet der Begriff der negativen Größe die Größe einer realen (beispielsweise physikalischen) „Bewegkraft“ (vgl. 2:171; 2:175; 2:178), die gegen eine an demselben Körper ansetzende entgegengesetzte „Bewegkraft“ (die per Konvention „positiv“ genannt wird) gerichtet ist. Eine solche Kraft vermindert die ihr entgegengesetzte „Bewegkraft“; im Fall der Gleichheit der Kräfte hebt sie die letztere auf. Unter dem Namen „positiver Grund“ oder „Realgrund“ (vgl. 2:174; 2:175; 2:177; u. ö.) macht Kant aber auch in anderen Bereichen der Realität ein Analogon des physikalischen Begriffs der „Bewegkraft“ und damit (unter den genannten besonderen Bedingungen) auch des Begriffs der negativen Größe geltend: im gemeinen Leben (Aktivschuld und Passivschuld), in der Seelenlehre, in der Tugendlehre usw.. In Gestalt des „positiven Grundes“ in Realoppositionen ist der Begriff der negativen Größe unverändert noch in der *KrV* gegenwärtig (vgl. KrV B 320f.; KrV B 329). Weitere wichtige Stelle: 2:171ff.

Philosophische Funktion

1 Der Begriff der negativen Größe in der Theoretischen Philosophie

Die große philosophische Bedeutung des Begriffs der negativen Größe (und der „Realentgegensetzung“ insgesamt) ergibt sich aus der mit ihm einhergehenden Kritik an der Ontologie der Schulphilosophie, die nur eine Form der Entgegensetzung und eine der Verneinung kennt: Die logische Entgegensetzung, der Widerspruch, zwingt dazu, den Begriff und Gedanken von einem realen Etwas, an dem er auftritt, als unmöglich fallen zu lassen, und die logische Verneinung gibt bei einem möglichen realen Etwas nur das Fehlen einer positiven Kraft zu verstehen. Gemäß Kants fundamentaler Entdeckung in den *Negativen Größen* existieren jedoch auch reale Gegenstände, die durch Verhältnisse der Entgegensetzung, nämlich der von Kräften, bestimmt sind, und diese geben entsprechend dazu Anlass, einen anderen Begriff von „Verneinung“ einzuführen („wahrhafte Verneinung“ im Sinne von „mit der Wirklichkeit übereinstimmende Verneinung“, 2:172; 2:176), nämlich einen, durch den die (Gegen-) Kraft der ganzen oder teilweisen *Aufhebung* oder *Vernichtung* einer anderen Kraft gedacht werden kann. Der Begriff der negativen Größe dient zur Bezeichnung dieser positiv wirkenden, aufhebenden Kraft („etwas an sich selbst wahrhaftig Positives, nur was dem andern entgegengesetzt ist“, 2:169), der Begriff der „Beraubung“ zur Bezeichnung des „negativen“ Ergebnisses („Nichts“ oder „Zero = 0“, vgl.

2:172) bei Gleichheit der entgegengesetzten Kräfte. Danach lässt sich sagen, dass Kant mit dem Begriff der negativen Größe und dem der „realen Entgegensetzung" den Weg zur kritischen Transzendentalphilosophie einschlägt. Der affirmative Bezug auf die Ergebnisse der mathematischen Forschung ist dabei schon in den *Negativen Größen* Programm (vgl. 2:167ff.) und bleibt es durchweg (vgl. etwa 4:470).

Die Fruchtbarkeit des Begriffs der negativen Größe für das Verständnis konkreter Phänomene in den mathematischen Naturwissenschaften (in der Mechanik der Kräfte, Wärmelehre) wird von Kant schon in den *Negativen Größen* nachgewiesen. Was die Metaphysik der Natur beziehungsweise die Grundlegung der Naturwissenschaften anbelangt, so ist (im Unterschied zu Kants Ausführungen im dritten Abschnitt der *Negativen Größen*, Versuch den Begriff der negativen Größen in die Weltweisheit einzuführen) hervorzuheben, dass mit dem realphilosophisch gewendeten Begriff der negativen Größe der Gedanke der Kontinuität der natürlichen Vorgänge und Erscheinungen verbunden ist. Danach stehen ein da seiendes Etwas und das Nichts des Daseins zueinander (nicht im formallogischen Verhältnis der Kontradiktion, das keine Vermittlung kennt, sondern) in einem Verhältnis des möglichen Übergangs ineinander, und zwar in Abhängigkeit von der kontinuierlichen Veränderung der bestimmenden Kräfte zunächst (in den *Negativen Größen*) nur in dem Sinne, dass die zunehmende „Beraubung" durch negative Größe zum „Nichts" oder „Zero" des Ruhe- oder Ausgangszustands führt, später (in *KrV*) auch in dem Sinne, dass Realität kontinuierlich aus Nichtdasein schlechthin („Mangel") „erzeugt" werden kann. Die metaphysisch-theologische Vorstellung der *Negativen Größen* wiederum, dass „das Ganze der Welt [...] an sich selbst Nichts [ist], außer in so fern es durch den Willen eines andern Etwas ist" (2:197), nimmt den Begriff der negativen Größe für die Behauptung in Anspruch, dass sich das Gegeneinanderwirken der „Realgründe" der Welt zum Resultat Null, „Zero", aufsummiert, um dadurch den „Grund, der außer ihr ist" (2:197), und ihre Abhängigkeit von demselben, sofern sie mehr als „Nichts" sein will, hervortreten zu lassen. Die Vorstellung weist voraus auf die „Auflösung der kosmologischen Idee von der *Totalität der Abhängigkeit* der Erscheinungen, ihrem Dasein nach überhaupt" (KrV A 559 / B 587) und auf das „Ideal der reinen Vernunft" (KrV A 567 / B 595) der *KrV*.

2 *Der Begriff der negativen Größe in der Tugend- und Seelenlehre*

Die Anwendung des Begriffs der negativen Größe in Tugend- und Seelenlehre steht unter der Voraussetzung, dass moralische und seelische Prozesse als von „Realgründen" und realen „Bewegkräften" bestimmt gedacht werden können. In diesem Sinne ist „das innere Gesetz" (= das →moralische Gesetz) „ein positiver Grund einer guten Handlung" (2:182), und dementsprechend sind „Unterlassungssünden", weil es eines Gegengrundes bedarf, um den „positiven Grund" des „inneren Gesetzes" aufzuheben, „moralisch nicht der Art, sondern der Größe nach nur (von den Begehungssünden) unterschieden" (2:183). Die Vorstellung von der Dynamik der „positiven Gründe" macht es der tatenlosen Indifferenz unmöglich, ihre Hände in Unschuld zu waschen. Es gibt auch hier ein Kontinuum der Resultate bei der Aufrechnung von Kräften und Gegenkräften.

Zu bedenken ist jedoch, dass die Anwendbarkeit des Begriffs der negativen Größe außerhalb der mathematischen Naturwissenschaft die Quantifizierbarkeit der jeweiligen „Gründe" und „Kräfte" voraussetzt (vgl. folgendes Beispiel Kants, in dem eine Quantifizierung mit Bezug auf die Seelenlehre durchgeführt ist: Die Nachricht vom heldenhaften Kampf ihres Sohnes in der Schlacht bewirkt bei einer Spartanerin eine Lust von „4a", während ihr Zustand nach der Nachricht von seinem Tod in derselben Schlacht mit „3a" angegeben wird, so dass sich ihre „Unlust" über den Tod zu „-a" berechnet, vgl. 2:180f.). Allerdings hat Kant selbst die Mathematisierbarkeit der Psychologie später bestritten (vgl. 4:471). Die hier zutage tretende Problematik kann man zu der Frage verallgemeinern: „Ist Psychisches zählbar?" (Hönigswald, *Ist Psychisches zählbar?*).

Weiterführende Literatur

Eidam, Heinz: Dasein und Bestimmung. Kants Grund-Problem, Berlin u. a.: de Gruyter 2000.
Schulthess, Peter: Relation und Funktion. Eine systematische und entwicklungsgeschichtliche Untersuchung zur theoretischen Philosophie Kants, Berlin u. a.: de Gruyter 1981.

Andreas Eckl

Grundsätze des reinen Verstandes

Die Grundsätze des reinen Verstandes sind die obersten Prinzipien der Erkenntnis möglicher Erfahrungsgegenstände. Sie umfassen die Axiome der Anschauung (nach dem Prinzip „Alle Anschauungen *sind extensive Größen*", KrV B 202), die Antizipationen der Wahrnehmung (nach dem Prinzip „In allen Erscheinungen hat das Reale [...] einen Grad", KrV B 207), die Analogien der Erfahrung (Grundsätze der Substanzerhaltung, Kausalität und Wechselwirkung) und die →Postulate des empirischen Denkens (Grundsätze der Möglichkeit, Wirklichkeit und Notwendigkeit). Die Grundsätze des reinen Verstandes sind reine Urteile und gehören somit zur transzendentalen Urteilskraft, die durch die Besonderheit gekennzeichnet ist, dass sie nicht nur Regeln des allgemeinen Verstandesgebrauchs umfasst, sondern auch die Fälle, auf die ihre Regeln anzuwenden sind, a priori angegeben werden können (vgl. KrV A 135 / B 174f.; zur Architektonik der transzendentalen Analytik und zur Stellung des Grundsätze-Kapitels vgl. Seel, *Schematismus und oberste Grundsätze*, S. 218ff.). Die Grundsätze des reinen Verstandes sind nach Kant synthetische Urteile a priori, die sich aus der durch die Schemata als „*Zeitbestimmungen* a priori nach Regeln" (KrV A 145 / B 184; →Schematismus des reinen Verstandes) geleiteten Anwendung von reinen Verstandesbegriffen auf Erscheinungen ergeben. Die Darlegung ihres Systems und der Beweis ihrer Gültigkeit stellen die Antwort auf die Frage dar, wie reine Naturwissenschaft möglich ist (vgl. 4:306), und sind somit ein zentraler Bestandteil der Beantwortung der Frage, wie synthetische Urteile a priori möglich sind (vgl. KrV B 19). Weitere wichtige Stellen: KrV A 130ff. / B 170ff.; KrV A 148ff. / B 187ff.; KrV A 158ff. / B 197ff.

Philosophische Funktion

1 *Der oberste Grundsatz aller synthetischen Urteile*

Die Grundsätze des reinen Verstandes stehen in einem engen argumentativen Zusammenhang mit dem transzendentalphilosophischen Anliegen Kants, die Bedingungen der Möglichkeit von Erfahrung aufzuzeigen. Als synthetische Urteile a priori stellen sie die obersten, nicht aus anderen Sätzen ableitbaren Prinzipien objektiv gültiger Erfahrungserkenntnis dar, denen ein jeder möglicher Gegenstand der Erfahrung genügen muss (vgl. Tetens, *Kritik der reinen Vernunft*, S. 129f.). Der oberste Grundsatz aller synthetischen Urteile verbindet die transzendentale Argumentation Kants für die Gültigkeit apriorischer Erfahrungsprinzipien mit seiner Auffassung von der Synthesis von Erfahrungsgegenständen. Er lautet: „[E]in jeder Gegenstand steht unter den nothwendigen Bedingungen der synthetischen Einheit des Mannigfaltigen der Anschauung in einer möglichen Erfahrung" (KrV A 158 / B 197). Die notwendigen Bedingungen der synthetischen Einheit des Mannigfaltigen umfassen (1) die zeitliche Konstitution eines Gegenstands im inneren Sinn, also in der Zeit, (2) die Synthesis der Apprehension, also die Verknüpfung einzelner Wahrnehmungen (des Mannigfaltigen in der Anschauung) zu Wahrnehmungskomplexen bzw. Gestalten, und schließlich (3) die Einheit der Apperzeption (transzendentale Apperzeption), die durch die Subsumption des Wahrgenommenen unter Verstandesbegriffe zu Erfahrungsurteilen führt (vgl. KrV A 155 / B 194). Nur unter der Voraussetzung dieser Synthetisierungsschritte sind synthetische Urteile a priori möglich; und nur Gegenstände, die die aus den Synthetisierungsschritten notwendigerweise resultierenden Eigenschaften besitzen (nämlich in der Zeit zu sein, eine Wahrnehmungsgestalt zu besitzen und durch die reinen Verstandesbegriffe kategorisiert zu sein), können Gegenstände einer objektiven Erfahrung sein. Die dem obersten Grundsatz aller synthetischen Urteile genügenden Grundsätze des reinen Verstandes betreffen also gerade Gegenstände, die im Sinne der kantischen Synthesis-Lehre als Gegenstände möglicher Erfahrung qualifiziert sind (vgl. hierzu Seel, *Schematismus und oberste Grundsätze*, S. 242ff.). Kant kann seine transzendentalphilosophischen Überlegungen zum epistemologischen Status der Grundsätze des reinen Verstandes folglich mit dem berühmten Resümee beschließen, dass „die Bedingungen der *Möglichkeit der Erfahrung* überhaupt [...] zugleich Bedingungen der *Möglichkeit der Gegenstände der Erfahrung* [sind], und [...] darum objective Gültigkeit in einem synthetischen Urtheile a priori [haben]" (KrV A 158 / B 197).

2 Das System der Grundsätze des reinen Verstandes

Das System der Grundsätze des reinen Verstandes ergibt sich in strenger Analogie zur Einteilung der Kategorientafel der Analytik der Begriffe in der *KrV*. Die Axiome der Anschauung, Antizipationen der Wahrnehmung, Analogien der Erfahrung und Postulate des empirischen Denkens entsprechen den Kategoriengruppen der Quantität, der Qualität, der Relation und der Modalität. Während die Axiome der Anschauung und die Antizipationen der Wahrnehmung als *„mathematisch[e]"* Grundsätze bezeichnet werden (KrV A 178 / B 221), da sie die Anwendung mathematischer Sätze auf Erfahrungsgegenstände und damit die objektive Gültigkeit der Mathematik in den Erfahrungswissenschaften begründen, heißen die Analogien der Erfahrung und die Postulate des empirischen Denkens *„dynamisch"* (KrV A 160 / B 199), da sie das Dasein von Erscheinungen voraussetzen und die apriorischen Grundlagen der physikalischen Dynamik betreffen (vgl. KrV A 159ff. / B 198ff.).

Die mathematischen Grundsätze sind nach Kant ferner „constitutiv[]" (KrV A 179 / B 221), da sie Größen betreffen, die „nach Regeln einer mathematischen Synthesis erzeugt werden [können]" (KrV A 178 / B 221). Die Analogien der Erfahrung heißen im Unterschied zu ihnen *„regulativ[]"* (KrV A 179 / B 222), da sie lediglich Regeln an die Hand geben, vermittels deren Erscheinungen gesucht werden können, die zu bereits gegebenen Erscheinungen in einem bestimmten Verhältnis stehen, z. B. der Ursache-Wirkungs-Beziehung im Fall der zweiten Analogie der Erfahrung, des Kausalprinzips. Die Analogien der Erfahrung sind dergestalt Regeln, „nach welche[n] aus Wahrnehmungen Einheit der Erfahrung [...] entspringen soll" (KrV A 180 / B 222; eine Übersicht über die Einteilung und Zuordnung der Grundsätze des reinen Verstandes bietet Höffe, *Kants Kritik der reinen Vernunft*, S. 174).

Die vier Gruppen der Grundsätze des reinen Verstandes bilden ein System, da sie eine vollständige apriorische Grundlage der Erfahrungserkenntnis darstellen. Sie sind als transzendentalphilosophisch begründete Prinzipien der naturwissenschaftlichen Beschreibung der physischen Wirklichkeit zu verstehen, die die Anwendbarkeit der Mathematik auf Naturerscheinungen sicherstellen und die Ableitbarkeit fundamentaler physikalischer Gesetze (beispielsweise des Newtonschen Trägheitsgesetzes) ermöglichen. Die Grundsätze des reinen Verstandes können somit als eine „Fundamentalphilosophie der Physik" (Höffe, *Kants Kritik der reinen Vernunft*, S. 173) oder „Wissenschaftstheorie zweiter Stufe" (Höffe, *Kants Kritik der reinen Vernunft*, S. 175) aufgefasst werden, in denen die apriorischen, d. h. allgemeinen und notwendigen, Voraussetzungen einer erfahrungswissenschaftlichen Beschreibung der Natur festgeschrieben sind (zur Begründungsleistung des Systems der Grundsätze des reinen Verstandes für die Naturwissenschaft vgl. Tetens, *Kritik der reinen Vernunft*, S. 164ff.).

Christian Suhm

Gültigkeit, objektive

Ein → Urteil hat objektive Gültigkeit, sofern die Gründe für dieses Urteil nicht bloß subjektiv sind, sondern im Objekt selbst liegen; es besitzt dann Kant zufolge strenge → Notwendigkeit und ist allgemeingültig (vgl. KrV B 141f.; 4:298). → Anschauungen und → Begriffe sind objektiv gültig, wenn sie sich auf Gegenstände beziehen, die ‚real möglich' sind (vgl. KrV B XXVI Anm.). Manchmal spricht Kant statt von der „objectiven Gültigkeit" gleichbedeutend auch von der „objectiven Realität" von Vorstellungen (KrV A 155f. / B 194f.). Weitere wichtige Stellen: KrV A 89 / B 122; KrV A 156 / B 195; KrV A 820 / B 848f.; 5:25; 5:401.

Philosophische Funktion

Kants sogenannte kopernikanische Wende besteht in der Einsicht, dass nicht nur diejenigen Begriffe und Urteile objektive Gültigkeit haben, die aus der sinnlichen Erfahrung stammen und damit ihren Ursprung im Objekt des Urteils haben. Objektive Gültigkeit kann Begriffen und Sätzen zukommen, die ihren Ursprung im → Subjekt haben. Beispielsweise besitzen die Formen der → Anschauung und die → Kategorien objektive Gültigkeit, obwohl sie nicht aus der sinnlichen Erfahrung stammen oder, wie Kant sagt, „nicht empirischen Ursprungs" (KrV B 81) sind und daher ihren Ursprung im Subjekt selbst haben müssen. Da Kant zufolge ohne Anschauungsformen und ohne Kategorien keine Erfahrung möglich wäre, müssen diese Bedingungen für ein jedes Objekt gelten, sofern es Gegenstand der Erfahrung wird: „Selbst der Raum und die Zeit, so rein diese Begriffe auch von allem Empirischen sind, und so gewiss es auch ist, dass sie völlig a priori im Gemüthe vorgestellt werden, würden doch ohne objective Gültigkeit und ohne Sinn und Bedeutung sein, wenn ihr nothwendiger Gebrauch an den Gegenständen der Erfahrung nicht gezeigt würde" (KrV B 195). Deswegen ist ihr Anwendungsbereich auf Gegenstände der →Erfahrung beschränkt, und sie können nicht dazu verwendet werden, um uns Erkenntnisse von übersinnlichen Gegenständen zu verschaffen. Den Nachweis der objektiven Gültigkeit von Vorstellungen →a priori – dass diese sich also auf Gegenstände beziehen – bezeichnet Kant als deren „transscendentale Deduktion" (KrV A 87 / B 119f.). Die transzendentale Deduktion der reinen Verstandesbegriffe soll dementsprechend zeigen, wie „*subjektive Bedingungen des Denkens* [d. h. die reinen Verstandesbegriffe] [...] *objektive Gültigkeit*" haben können (KrV A 89 / B 122).

In *Prolegomena* verwendet Kant die Unterscheidung von objektiver und subjektiver Gültigkeit, um den Unterschied zwischen Erfahrungs- und Wahrnehmungsurteilen zu erläutern (vgl. 4:297f.). Dort weist Kant darauf hin, dass „die objective Gültigkeit des Erfahrungsurtheils nichts anders [bedeutet], als die nothwendige Allgemeingültigkeit desselben" (4:298), da die Urteile verschiedener Subjekte, die mit ihrem Gegenstand übereinstimmen und insofern objektiv gültig sind, notwendigerweise auch untereinander übereinstimmen müssen.

In seiner praktischen Philosophie will Kant zeigen, dass es zum Wesen eines Willens als praktischer Vernunft gehört, sich durch objektiv gültige Gesetzen leiten zu lassen (vgl. 4:412f.). Als objektiv notwendig gelten diese Gesetze streng allgemein für ein jedes vernünftige Wesen. Dem Menschen schreiben sie bestimmte Handlungen als Pflichten verbindlich vor (vgl. 4:439).

Obwohl Geschmacksurteile die Zustimmung anderer fordern und Kant meint, sie auf apriorische Grundlagen im Subjekt zurückführen zu können, hat ein Geschmacksurteil für Kant dennoch keine objektive Gültigkeit, da es „kein objectives und Erkenntnißurtheil ist" (5:237), sondern nur ein Gefühl betrifft, das das Subjekt bei der Betrachtung bestimmter Gegenstände oder bei gewissen Vorstellungen empfindet.

Weiterführende Literatur

Meerbote, Ralf: „Kant's Use of the Notions ‚Objective Reality' and ‚Objective Validity'", in: Kant-Studien 63, 1972, 41–58.

Nenon, Thomas: Objektivität und endliche Erkenntnis, Freiburg/Br. u. a.: Alber 1986.

Zöller, Günter: Theoretische Gegenstandsbeziehung bei Kant. Zur systematischen Bedeutung der Termini „objektive Realität" und „objektive Gültigkeit" in der „Kritik der reinen Vernunft", Berlin: de Gruyter 1987.

Thomas Nenon / Red.

gut/böse

Die Opposition gut/böse hat bei Kant zwei verschiedene Bedeutungen. In einem weiteren Sinne gebraucht Kant das Wort ‚böse' synonym für ‚schlecht', sodass er z. B. auch vom „bösen Wetter" sprechen kann (7:176). Das so verstandene Böse wird manchmal als das Zweckwidrige gedeutet und dem Guten als dem Zweckmäßigen entgegengesetzt (vgl. z. B. 5:439). Innerhalb des Zweckwidrigen unterscheidet Kant aber „das moralische Zweckwidrige", das er als „das eigentliche Böse" qualifiziert, und „das physische Zweckwidrige", das vielmehr als Übel zu bezeichnen sei (8:256). Weitere wichtige Stellen: 4:402; 4:405; 4:412; 4:414; 5:59–60; 6:29–30; 6:35–36; 7:293–294.

Philosophische Funktion

1 Zwei Bedeutungen von bonum/malum

In der *KpV* stellt Kant das Begriffspaar ‚gut – böse' als eine der beiden verschiedenen Oppositionen dar, die sich hinter den lateinischen Worten ‚bonum' und ‚malum' verbergen. Die deutsche Sprache hat nach ihm das Glück, „die Ausdrücke zu besitzen, welche diese Verschiedenheit nicht übersehen lassen. Für das, was die Lateiner mit einem einzigen Worte bonum benennen, hat sie zwei sehr verschiedene Begriffe und auch eben so verschiedene Ausdrücke: für bonum das *Gute* und das *Wohl*, für malum das *Böse* und das *Übel* (oder Weh)" (5:59). Daraus ergibt sich auch, dass es „zwei ganz verschiedene Beurtheilungen sind, ob wir bei einer Handlung das *Gute* und *Böse* derselben, oder unser *Wohl* und *Weh* (Übel) in Betrachtung ziehen" (5:59f.). Während das Wohl oder Übel „immer nur eine Beziehung auf unseren Zustand der *Annehmlichkeit* oder *Unannehmlich-*

keit" bedeutet, hat das Gute oder das Böse „jederzeit eine Beziehung auf den *Willen*". Beides „wird also eigentlich auf Handlungen, nicht auf den Empfindungszustand der Person bezogen" (5:60). Bei der moralischen Beurteilung wird eine Handlung nicht nur hinsichtlich ihrer äußeren Erscheinung und Wirkung betrachtet (wie primär bei ihrer rechtlichen Beurteilung), sondern vor allem hinsichtlich ihrer ‚inneren' Seite, d. h. der →Maxime, deren Ausführung die Handlung ist und die auch die sittliche Qualität der handelnden Person bestimmt. Folglich sagt Kant, dass als gut oder böse „nur die Handlungsart, die Maxime des Willens und mithin die handelnde Person selbst" (5:60) zu bezeichnen sind.

Eine ähnliche, wenngleich nicht identische Abgrenzung von zwei Bedeutungen des Guten findet sich auch in der *GMS* in engem Zusammenhang mit Kants Einteilung der Imperative. Weil „jedes praktische Gesetz" – und somit auch jeder Imperativ – „eine mögliche Handlung" als gut beurteilt, können je nach dem Sinn dieser Beurteilung zwei Arten von Imperativen unterschieden werden: „Wenn nun die Handlung *bloß wozu* anders als Mittel gut sein würde, so ist der Imperativ *hypothetisch*; wird sie als *an sich* gut vorgestellt [...], so ist er *kategorisch*" (4:414). Eine Subklasse von hypothetischen Imperativen bilden die pragmatischen Imperative oder ‚Ratschläge der Klugheit', in denen eine Verhaltensweise für gut als Mittel zu eigener →Glückseligkeit gehalten wird. Auch wenn man geneigt sein könnte, die letztere als ‚pragmatisch gut' (oder auch ‚eudaimonisch gut') zu bezeichnen, so ist doch zu betonen, dass das moralisch Gute und das pragmatisch Gute für Kant nicht nur zwei besondere Arten, sondern auch zwei verschiedene Bedeutungen des Guten darstellen. So würde ich z. B. bei der Frage „darf ich, wenn ich im Gedränge bin, nicht ein Versprechen thun, in der Absicht, es nicht zu halten?" (die ohne weiteres in die Frage umformuliert werden kann, ob es gut ist, sich derart zu verhalten) leicht den Unterschied machen, „den die Bedeutung der Frage haben kann, ob es klüglich, oder ob es pflichtmäßig sei, ein falsches Versprechen zu thun" (4:402). Dieses Bedeutungsunterschieds ungeachtet weigert sich Kant nicht, das moralisch Gute und das eudaimonisch Gute – z. B. den guten Willen und „alles, was durch ihn zu Gunsten [...] aller Neigungen nur immer zu Stande gebracht werden könnte" – ihrem Wert nach zu vergleichen, auch wenn er dabei zum Ergebnis kommt, dass der Wert des ersteren „ohne Vergleich weit höher zu schätzen" (4:394) sei als der des letzteren.

2 Die Stufen des Bösen

Die prinzipielle Vergleichbarkeit dieser zwei so heterogenen Werte spielt auch in Kants Auffassung vom Bösen, wie sie vor allem in seiner *Religion* umrissen ist, eine wichtige Rolle. Im ersten Kapitel dieses Werkes verteidigt Kant eine paradox anmutende Ansicht, die er selbst als Rigorismus bezeichnet. Er versteht darunter die These, der zufolge die Opposition ‚gut – böse' eine logische Disjunktion bildet, sodass es zwischen dem Guten und dem Bösen nichts Mittleres gibt. Die rigoristische Auffassung erscheint weniger provokativ, wenn man berücksichtigt, dass Kants Begriff des Bösen weit genug ist, um alle Fälle zu umfassen, die man ansonsten als mittlere situieren könnte. Dies hängt auch damit zusammen, dass Kant drei verschiedene Formen des Bösen annimmt:

„*Erstlich* ist es die Schwäche des menschlichen Herzens in Befolgung genommener Maximen überhaupt, oder die *Gebrechlichkeit* der menschlichen Natur; *zweitens* der Hang zur Vermischung unmoralischer Triebfedern mit den moralischen (selbst wenn es in guter Absicht und unter Maximen des Guten geschähe), d. i. die *Unlauterkeit*; *drittens* der Hang zur Annehmung böser Maximen, d. i. die *Bösartigkeit* der menschlichen Natur" (6:29).

Die dritte Stufe des Bösen, die in der *Religion* auch die Verderbtheit (*corruptio*) oder Verkehrtheit (*perversitas*) des menschlichen Herzens und in der *MST* „ein *qualificirtes* Böse, d. i. ein wahres *Laster*" (6:408) heißt, lässt sich dabei charakterisieren als „der Hang der Willkür zu Maximen, die Triebfeder aus dem moralischen Gesetz andern (nicht moralischen) nachzusetzen" (6:30).

Letztere Kennzeichnung wird danach von Kant zu einer allgemeinen Formel des Bösen erhoben. Um das Böse überhaupt zu charakterisieren, geht er davon aus, dass die Willkür des Menschen immer durch zweierlei Triebfedern bestimmt wird: einerseits drängt sich ihm unwiderstehlich das →moralische Gesetz auf, andererseits hängt er aber an den Triebfedern der →Sinnlichkeit. Da aber die Willkür „durch keine Triebfeder zu einer Handlung bestimmt werden kann, *als nur sofern der Mensch sie in seine Maxime aufgenommen hat*" (6:24), so ersieht man daraus, dass jeder Mensch – ob gut oder böse – in seine →Maximen beiderlei Triebfedern aufnimmt. Infolgedessen liegt die moralische Qualität des Menschen nicht an den Triebfedern selbst, die er in seine Maxime aufnimmt (d. h. an der Materie der Maxime), sondern vielmehr daran, in welche Ordnung diese Triebfedern von ihm gebracht werden (an der Form der Maxime). Während der gute Mensch das moralische Gesetz als die oberste Bedingung der Befriedigung seiner Neigungen anerkennt, kehrt der böse Mensch die sittliche Ordnung der Triebfedern um, indem er „die Triebfeder der Selbstliebe und ihre Neigungen zur Bedingung der Befolgung des moralischen Gesetzes macht" (6:36).

3 *Drei Modi der moralischen Verkehrtheit (perversitas)*

Worin diese Umkehrung der sittlichen Ordnung des näheren besteht, kann man zunächst einem Abschnitt der *KpV* entnehmen (vgl. Garcia, *A Kantian Theory*, S. 200). Kant erörtert dort als eine der Formen der Selbstsucht, die alle Neigungen umfasst, „deren Befriedigung alsdann eigene Glückseligkeit heißt", diejenige „der *Selbstliebe*, eines über alles gehenden *Wohlwollens* gegen sich selbst" (5:73). Er beschreibt sie als einen Hang, „sich selbst nach den subjectiven Bestimmungsgründen seiner Willkür zum objectiven Bestimmungsgrunde des Willens überhaupt zu machen" (5:74). Der so gekennzeichnete Hang braucht nicht unvernünftig zu sein. Die Selbstliebe ist nur dann unvernünftig – und heißt also Eigendünkel – „wenn sie sich gesetzgebend und zum unbedingten praktischen Princip macht" (5:74). Die praktische Vernunft macht die Ansprüche des Eigendünkels zunichte. Der Selbstliebe selbst tut sie indes „blos *Abbruch*, indem sie solche, als natürlich und noch vor dem moralischen Gesetze in uns rege, nur auf die Bedingung der Einstimmung mit diesem Gesetze einschränkt" (5:73).

In welchem Sinne macht aber der Mensch als ein sinnliches Wesen „sich selbst nach den subjectiven Bestimmungsgründen seiner Willkür zum objectiven Bestimmungsgrunde des Willens überhaupt" (5:74)? Er tut es, indem er alles, was seiner Glückseligkeit förderlich und somit gut *für ihn* ist, zugleich auch als *objektiv* gut beurteilt. Dass die praktische Vernunft dieses natürliche Werturteil der Selbstliebe nicht schlechterdings verneint, sondern „nur auf die Bedingung der Einstimmung mit diesem Gesetze einschränkt" (5:73), bedeutet, dass es ansonsten als berechtigt angesehen werden kann. Insbesondere kann ich also jeder Handlung, die meine Glückseligkeit fördert und somit einen pragmatischen Wert für mich trägt, auch einen objektiven Wert zugestehen, es sei denn, dass sie mit dem moralischen Gesetz *nicht* einstimmig ist (vgl. Korsgaard, *Two Distinctions*, S. 177–184). Auf eine irrationale und zugleich unmoralische Weise verhält sich ein handelndes Subjekt nur dann, wenn es die letztere Bedingung außer Acht lässt, mit anderen Worten: wenn es seine Handlung für *moralisch* böse *und trotzdem objektiv* gut hält. Um ein solches Werturteil fällen zu können, muss sich das Subjekt jedoch auf den Boden einer *falschen Axiologie* stellen, worin der Wert des moralisch Guten dem des eudaimonisch Guten nachgesetzt wird.

Allerdings kann ein Mensch, dessen böses Verhalten von einem Irrtum begleitet ist, nicht nur dadurch irren, dass er eine moralisch böse Handlung, die von ihm als solche identifiziert wird, dennoch für objektiv gut hält; es ist auch möglich, dass er die böse Handlung als solche nicht identifiziert, sondern als moralisch gut oder mindestens zulässig ansieht. Eine weitere intellektuelle Erscheinungsform des Bösen, die sich freilich von der falschen Axiologie nicht immer sauber abgrenzen lässt, bildet somit die *falsche Moral*. Legt Kant auch noch so großes Gewicht auf die allgemeine Zugänglichkeit des moralischen Gesetzes, so übersieht er doch nicht, dass die Vorschriften desselben verfälscht werden können. In seiner *GMS* führt er diese immer drohende Verfälschung auf eine unlösbare Spannung in der Kondition des Menschen zurück. Einerseits fühlt nämlich der Mensch „in sich selbst ein mächtiges Gegengewicht gegen alle Gebote der Pflicht, die ihm die Vernunft so hochachtungswürdig vorstellt, an seinen Bedürfnissen und Neigungen". Andererseits „gebietet die Vernunft, ohne doch dabei den Neigungen etwas zu verheißen, unnachlaßlich [...] ihre Vorschriften". Aus dem Antagonismus dieser Kräfte „entspringt aber eine *natürliche Dialektik*, d. i. ein Hang, wider jene strenge Gesetze der Pflicht zu vernünfteln [...] und sie wo möglich unsern Wünschen und Neigungen angemessener zu machen“ (4:405).

Das ‚Vernünfteln‘ ist ein Missbrauchen der Vernunft. Nach Kants Ansicht kann allerdings der Grund des Bösen im Menschen „nicht in einer *Verderbniß* der moralisch-gesetzgebenden Vernunft gesetzt werden“ (6:35). Verderbnis liege jedoch vor, wenn diese Vernunft „das Ansehen des Gesetzes selbst in sich vertilgen und die Verbindlichkeit aus demselben ableugnen könne“ (6:35). Eine solche moralische Indifferenz sei bei einem frei handelnden Wesen „schlechterdings unmöglich“ (6:35), weil sie mit seiner → Freiheit im Widerspruch stehe. Ist aber auch die praktische Vernunft in diesem Sinne nie total verdorben, so kann sie doch auf andere Weise korrupt sein. Auch wenn sie die Verbindlichkeit der moralischen Gesetzte nicht ableugnet, kann sie deren Inhalt verfälschen, sowie deren Rang gegenüber den Vorschriften der Glückseligkeit herabsetzen.

So können falsche Axiologie und falsche Moral als zwei alternative Formen eines korrupten Logos angesehen werden. Neben diesen *logischen* Abarten des Bösen finden wir jedoch bei Kant auch eine *alogische* (rein pathologische) Abwandlung desselben. Kant beschreibt zwar ein denkbares Wesen, bei dem die Vernunft (mag sie korrupt oder intakt sein) „den Willen unausbleiblich bestimmt“ (4:412). Der Wille eines solchen Subjekts wäre „ein Vermögen, *nur dasjenige* zu wählen, was die Vernunft unabhängig von der Neigung als praktisch nothwendig, d. i. als gut, erkennt“ (4:412). Mit dem menschlichen Willen, der nicht nur den Geboten der Vernunft unterworfen, sondern auch von sinnlichen Triebfedern affiziert ist, verhält es sich jedoch anders. Folglich braucht der Mensch nicht immer nur dasjenige zu wählen, was seine Vernunft „unabhängig von der Neigung als [...] gut [...] erkennt“ (4:412). Dies könnte freilich zuerst nur bedeuten, dass er manchmal auch dasjenige wählt, was durch seine Vernunft *abhängig von der Neigung*, d. h. als eudaimonisch gut, erkannt wird. Handelte es sich nur darum, wäre damit aber noch nicht gesagt, dass die Entscheidung eines Menschen materiell auch durch etwas bestimmt sein kann, was seine Vernunft nicht als insgesamt wählenswert, sondern vielmehr als objektiv schlechter beurteilt. Indes muss Kant auch die letztere Möglichkeit einräumen, was sich schon daraus ergibt, dass er das falsche Bewusstsein, das die „logischen“ Formen des Bösen begleitet, grundsätzlich als Ergebnis des Sich-selbst-Belügens betrachtet (vgl. 6:431; 8:421). Wenn ich mich aber selbst belüge, so befinde ich mich zwar als der Belogene im Irrtum, doch als der Lügende bin ich im Besitz der Wahrheit.

4 Drei Modi der moralischen Schwäche

Die drei unterschiedenen Modi des Bösen als Umkehrung der sittlichen Ordnung gelten dabei nicht nur für das qualifiziert Böse; sie können auch auf das Böse im Sinne moralischer Schwäche angewendet werden. Auf den ersten Blick bringt uns allerdings Kants Charakteristik der moralischen Gebrechlichkeit als „Schwäche des menschlichen Herzens in Befolgung genommener Maximen überhaupt“ (6:29) in Verlegenheit. Einerseits scheint Kant den Unterschied zwischen dem moralisch schwachen und dem bösartigen Menschen in der moralischen Qualität ihrer Maximen auszumachen: während für den letzteren Annehmung böser Maximen kennzeichnend wäre, nähme der erstere gute Maximen an, nur würde er sie nicht (oder nicht immer) befolgen. Andererseits vertritt aber Kant in seiner Motivationstheorie die schon berührte These von der Aufnahme in die Maxime, der zufolge die freie Willkür „durch keine Triebfeder zu einer Handlung bestimmt werden kann, *als nur sofern der Mensch sie in seine Maxime aufgenommen hat* (es sich zur allgemeinen Regel gemacht hat, nach der er sich verhalten will)“ (6:24). Da von der absoluten Freiheit oder Spontaneität der Willkür bestimmt auch bei einer Wahl aus Mangel an moralischer Stärke gesprochen werden kann, scheinen die beiden Positionen unverträglich zu sein (vgl. Timmons, *Evil and Imputation*, S. 125).

Um den scheinbaren Widerspruch zu beseitigen, würde es genügen einzuräumen, dass der von Kant geliebte Terminus ‚Maxime‘ zum mindesten zwei Bedeutungen hat. Als Maximen im engeren Sinn werden bei ihm ausschließlich relativ dauerhafte subjektive Prinzipien oder Grundsätze bezeichnet. In einem weiteren Sinn kann aber diese Bezeichnung auch diejenigen Regeln umfassen, die nur bei einer besonderen Gelegenheit oder gar nur für einen Augenblick angenommen und danach wieder verworfen werden. Von einem moralisch schwachen Menschen, der unter bestimmten Umständen ein Böses verübt, kann man dann beiderlei sagen – sowohl, dass seine Maxime gut sei und nur in dieser Situation nicht befolgt werde, als auch, dass er das Böse dennoch in seine Maxime aufnehme. Ersteres gilt für seine feste oder Normalmaxime, während Letzteres auf seine vorübergehende oder Gelegenheitsmaxime zutrifft. Wenn wir jedoch einräumen, dass eine böse Handlung, die einem Mangel an moralischer Stärke entspringt, dennoch nach einer (wenn auch augenblicklichen) Maxime ausgeführt wird, so müssen wir auch zugeben, dass sie von einem (ebenso augenblicklichen) falschen Werturteil begleitet sein kann, sodass das Böse moralischer Schwäche nicht nur in der pathologischen Form, sondern auch in beiden logischen Formen des Bösen auftritt.

Weiterführende Literatur

Allison, Henry E.: „On the Very Idea of a Propensity to Evil", in: The Journal of the Value Inquiry 36, 2002, 337–348.

Quinn, Philip L.: „Original Sin, Radical Evil, and Moral Identity", in: Faith and Philosophy 1, 1984, 188–202.

Włodzimierz Galewicz

Gut, höchstes

Der Begriff des höchsten Gutes enthält bei Kant die Vereinigung von Sittlichkeit und (ihr genau angemessener) → Glückseligkeit; dabei unterscheidet Kant noch (wie die Tradition) den Begriff des höchsten *ursprünglichen* Gutes (→ Gott) und des höchsten *abgeleiteten* Gutes (in der Welt) (vgl. z. B. KrV A 810f. / B 838f.) und bei letzterem „den Besitz des höchsten Guts in einer Person" und „das höchste Gut einer möglichen Welt", in welcher „Glückseligkeit, ganz genau in Proportion der Sittlichkeit (als Werth der Person und deren Würdigkeit glücklich zu sein) ausgetheilt" wäre (5:110). – Die *GMS* bezieht den Ausdruck „höchstes Gut" einmal auf den *guten Willen* (vgl. 4:396) und also auf dasjenige, wofür sonst in diesem Zusammenhang „Sittlichkeit" oder → „Tugend" steht und das in der *KpV* dann genauer als das *„oberste* Gut" (*„supremum"*) bezeichnet wird, während das höchste Gut präziser auch „das ganze und vollendete Gut" (*„consummatum"* und *„perfectissimum"*) genannt wird (5:110). Weitere wichtige Stellen: 5:450; 6:5; 6:136; 6:355; 8:139; 8:279f.

Philosophische Funktion

1 Das „Ideal des höchsten Guts" als Gegenstand der Hoffnung und „Bestimmungsgrund des letzten Zwecks der reinen Vernunft" (KrV A 804–819 / B 832–847)

1.1 Nach dem 2. Abschnitt des Kanonkapitels ist es die Frage *„Was darf ich hoffen?"*, die auf den Begriff des höchsten Guts zielt. Sie ist als solche „praktisch und theoretisch zugleich, so daß das Praktische nur als ein Leitfaden zu Beantwortung der theoretischen, und, wenn diese hoch geht, speculativen Frage führt" (KrV A 805 / B 833). Denn sie lautet vollständig: „wenn ich nun thue, was ich soll, was darf ich alsdann hoffen?" (KrV A 805 / B 833), macht also die Befolgung des Sittengesetzes zu Bedingung einer theoretischen Frage. Moralität, das erste Element des höchsten Gutes, wird dabei sogleich als *„Würdigkeit, glücklich zu sein"* (KrV A 806 / B 834) begriffen, so dass sich für den theoretischen Vernunftgebrauch die Annahme ergibt, „daß jedermann die Glückseligkeit in demselben Maße zu hoffen Ursache habe, als er sich derselben in seinem Verhalten würdig gemacht hat, und daß also das System der Sittlichkeit mit dem der Glückseligkeit unzertrennlich, aber nur in der Idee der reinen Vernunft verbunden sei" (KrV A 809 / B 837).

1.2 Die Proportion gilt nur in der → Idee, d. h. in einer intelligiblen „moralischen Welt", in einer „Welt, sofern sie allen sittlichen Gesetzen gemäß wäre" (KrV A 808 / B 836); denn nur in ihr ließe sich diese Proportion „auch als nothwendig denken, weil die durch sittliche Gesetze theils bewegte, theils restringirte Freiheit selbst die Ursache der allgemeinen Glückseligkeit" wäre (KrV A 809 / B 837). Da aber in der Erfahrungswelt weder die moralische Verbindlichkeit schon den Gesetzesgehorsam noch der Gesetzesgehorsam schon Glückseligkeit impliziert, so darf auf die betreffende Verknüpfung der beiden Elemente „nur gehofft werden, wenn eine *höchste Vernunft*, die nach moralischen Gesetzen gebietet, zugleich als Ursache der Natur zum Grunde gelegt wird". Die „Idee einer solchen Intelligenz" nennt Kant das *„Ideal* des höchsten *ursprünglichen* höchsten Guts", worin die Vernunft allein „den Grund der praktisch nothwendigen Verknüpfung beider Elemente des höchsten abgeleiteten Guts, nämlich einer intelligibelen, d. i. *moralischen*, Welt antreffen“ könne (KrV A 810f. / B 838f.).

1.3 Die folgenden Gedanken des Kanon-Abschnitts stehen zu den zentralen moralphilosophischen Thesen späterer Werke, insbesondere zur Theorie der →Achtung für das Sittengesetz als der einzig denkbaren moralischen Motivation (vgl. 5:71–89) zumindest in gewisser Spannung: Ohne die Annahme eines die der Moralität genau angemessen Glückseligkeit austeilenden →Gottes und ohne das Leben in einer künftigen Welt, so heißt es nun, wäre die →Vernunft genötigt, „die moralischen Gesetze als leere Hirngespinste anzusehen“, weil sonst „der nothwendige Erfolg derselben [...] wegfallen müßte“ (KrV A 811 / B 839). Die moralischen Gesetze könnten gar nicht Gebote sein, wenn sie nicht „*Verheißungen* und *Drohungen* bei sich führten“ (KrV A 811f. / B 839f.). Die notwendige Unterordnung unseres ganzen Lebenswandels unter sittliche →Maximen wäre unmöglich, wenn die Vernunft nicht mit dem moralischen Gesetze, welches eine bloße Idee ist, eine wirkende Ursache verknüpft, welche dem Verhalten nach demselben einen unseren höchsten Zwecken genau entsprechenden Ausgang, es sei in diesem, oder einem anderen Leben, bestimmt“ (KrV A 812f. / B 840f.). Schließlich: „Ohne also einen Gott und eine für uns jetzt nicht sichtbare, aber gehoffte Welt sind die herrlichen Ideen der Sittlichkeit zwar Gegenstände des Beifalls und der Bewunderung, aber nicht Triebfedern des Vorsatzes und der Ausübung“ (KrV A 813 / B 841). Das Sittengesetz also scheint hier zwar ein Prinzip der Beurteilung (*diiudicationis*), aber nicht der Ausübung (*executionis*) zu sein.

1.4 Freilich beeilt sich Kant im folgenden Absatz, einen Gedanken hinzuzusetzen, der *eher* zu seinen moralphilosophischen Schriften passt, aber wiederum nicht so leicht mit dem unmittelbar Vorangehenden vereinbar scheint: nämlich, „daß die moralische Gesinnung als Bedingung den Antheil an Glückseligkeit und nicht umgekehrt die Aussicht auf Glückseligkeit die moralische Gesinnung zuerst möglich mache. Denn im letzteren Falle wäre sie nicht moralisch und also auch nicht der ganzen Glückseligkeit würdig“ (KrV A 813f. / B 841f.).

2 Das höchste Gut als Gegenstand des reinen Willens (KpV)

2.1 Nach der Entwicklung der Theorie der Achtung (vgl. 5:71–89) kann von dem höchsten Gut *als* Triebfeder in der *KpV* keine Rede mehr sein (siehe auch schon 8:139). Die Analytik der *KpV* führt den Begriff des höchsten Gutes zunächst als den einer „*natura archetypa*“ ein, die der Sinnenwelt als der „*natura ectypa*“ zum Urbild dienen soll (5:43). Sie ist der vollständige *Gegenstand* der reinen praktischen Vernunft (vgl. 5:57–67). – Das Gegenstands-Kapitel in der Analytik weist mit einer Erinnerung an den Fehler der „Alten“, den Begriff des höchsten Gutes „zum Bestimmungsgrunde des Willens im moralischen Gesetze zu machen“, auf die Dialektik voraus, in welcher dieses höchste Gut erst „dem nunmehr seiner Form nach a priori bestimmten Willen als Gegenstand vorgestellt werden kann“ (5:64). – Die Dialektik präzisiert dann das Verhältnis zwischen moralischem Gesetz, dem Willen und dem höchsten Gut: das letztere als der „ganze *Gegenstand* der reinen Willens“ darf zwar „nicht für *Bestimmungsgrund desselben*“ gehalten werden – nämlich, wenn es (wie bei den „Alten“) unabhängig vom Gesetz gedacht wird; aber „wenn im Begriffe des höchsten Guts das moralische Gesetz als oberste Bedingung schon mit eingeschlossen ist“, dann ist es „nicht blos *Objekt*“ und sein Begriff „zugleich der *Bestimmungsgrund* des reinen Willens“ (5:109f.).

2.2 Als Gegenstand jedenfalls des →Willens, nicht, wie im Kanon-Abschnitt, bloß der Hoffnung, wird das höchste Gut in der *KpV* eingeführt. Und ganz entsprechend kommt auch das höchste *ursprüngliche* Gut nicht zuerst als Erfüllungs-Bedingung dieser Hoffnung, sondern als Idee eines vollkommenen Wollens und des ihm zugrundeliegenden unparteiischen, also gerechten, →Urteils ins Spiel: „Denn der Glückseligkeit bedürftig, ihrer auch würdig, dennoch aber derselben nicht theilhaftig zu sein, kann mit dem vollkommenen Wollen eines vernünftigen Wesens, welches zugleich alle Gewalt hätte, wenn wir uns auch nur ein solches zum Versuche denken, gar nicht zusammen bestehen“ (5:110).

2.3 Die Antwort auf die Frage „*wie ist das höchste Gut praktisch möglich?*“ (5:112) verlangt nach der *KpV* eine →transzendentale Deduktion, die über die Auflösung einer Antinomie der praktischen Vernunft erreicht wird (vgl. 5:113ff.). Die

Auflösung der Antinomie wird auf die Möglichkeit der Synthesis von Sittlichkeit und Glückseligkeit „vermittelst eines intelligibelen Urhebers der Natur“ führen (5:115). – Die Begründung für die Notwendigkeit der transzendentalen Deduktion aber scheint *zunächst* zu implizieren, dass das höchste Gut *uns* eine →Pflicht auferlegt (ohne dass dies hier schon näher ausgeführt wird): „Es ist a priori (moralisch) nothwendig, *das höchste Gut durch Freiheit des Willens hervorzubringen*; es muß also auch die Bedingung der Möglichkeit desselben lediglich auf Erkenntnißgründen a priori beruhen.“ (5:113). Wenig später heißt es auch ausdrücklich, dass „die Beförderung des höchsten Guts, welches diese Verknüpfung in seinem Begriffe enthält, ein a priori nothwendiges Object unseres Willens“ sei (5:114). Die *KU* wird in der Betonung des Bezugs auf *unseren* Willen noch einen Schritt weiter gehen.

3 Das Höchste Gut als Aufgabe – gemäß einer teleologischen Reflexion auf den letzten Zweck der Natur und der Welt

3.1 Die Methodenlehre der teleologischen Urteilskraft handelt im § 87 wieder „Von dem moralischen Beweise des Daseins Gottes“ (5:447), aber nun im Zusammenhang einer teleologischen Reflexion auf das Verhältnis des Menschen zur Welt. Der Gedanke von einer durch das Sittengesetz gebotenen teleologischen Beurteilung, wonach „der Mensch (ein jedes vernünftige Weltwesen) *unter moralischen Gesetzen*“ den Endzweck der Welt ausmacht (5:448), mündet unversehens in den Gedanken einer *praktischen* Teleologie und damit in den Gedanken vom höchsten Gut als einer *Aufgabe*. Wieder betont Kant zunächst, dass das moralische Gesetz uns „für sich allein“ verpflichtet, „ohne von irgend einem Zwecke als materialer Bedingung abzuhängen; aber es bestimmt uns doch auch und zwar a priori einen Endzweck, welchem nachzustreben es uns verbindlich macht: und dieser ist das *höchste* durch Freiheit mögliche *Gut in der Welt*“ (5:450). Der folgende Absatz setzt das Verhältnis unserer Pflicht zu den beiden Elementen des höchsten Gutes in ein neues oder jedenfalls deutlicheres Licht: das *ganze* höchste Gut mit seinen *beiden* Elementen ist unsere Aufgabe: „Die subjective Bedingung, unter welcher der Mensch (und nach allen unsern Begriffen auch jedes vernünftige endliche Wesen) sich unter dem obigen Gesetze einen Endzweck setzen kann, ist die Glückseligkeit. Folglich, das höchste in der Welt mögliche und, so viel an uns ist, als Endzweck zu befördernde physische Gut ist *Glückseligkeit*: unter der objectiven Bedingung der Einstimmung des Menschen mit dem Gesetze der *Sittlichkeit*, als der Würdigkeit glücklich zu sein“ (5:450).

3.2 Aus der Unmöglichkeit, die beiden „Erfordernisse des uns durch das moralische Gesetz aufgegebenen Endzwecks [...] als durch bloße Naturursachen *verknüpft*“ sich vorzustellen, ergibt sich für Kant der moralische Beweis des Daseins Gottes: „Folglich müssen wir eine moralische Weltursache (einen Welturheber) annehmen, um uns gemäß dem moralischen Gesetze einen Endzweck vorzusetzen; und so weit als das letztere nothwendig ist, so weit (d. i. in demselben Grade und aus demselben Grunde) ist auch das erstere nothwendig anzunehmen: nämlich es sei ein Gott.“ (5:450). Das bedeutet: Ohne die Annahme der Existenz Gottes könnten die Menschen sich den Endzweck in seinen *beiden* Erfodernissen nicht zum „Vorsatz“ machen. Denn das Glückseligkeits-Erfordernis im höchsten Gut „ist ein in sie durch ihre Natur (als endlicher Wesen) gelegter unwiderstehlicher Zweck, den die Vernunft nur dem moralischen Gesetze *als* unverletzlicher *Bedingung* unterworfen, oder auch nach demselben allgemein gemacht wissen will und so die Beförderung der Glückseligkeit in Einstimmung mit der Sittlichkeit zum Endzwecke macht“ (5:451). Zwar sind wir in jedem Falle zur Anerkennung des moralischen Gesetzes verpflichtet, könnten also das erste Element des höchsten Gutes (wie der „rechtschaffene“ Spinoza, vgl. 5:452) auch ohne den Glauben an einen Gott verfolgen. Aber insofern es im höchsten Gut nicht um zufällige Erfolge, sondern um eine *notwendige* Proportion zwischen den beiden Elementen geht, sagt Kant: „Den Zweck [...], den dieser Wohlgesinnte in Befolgung der moralischen Gesetze vor Augen hatte und haben sollte, müßte er allerdings als unmöglich aufgeben“ und würde damit seine Achtung vor dem Sittengesetz „durch die Nichtigkeit des einzigen ihrer hohen Forderung angemessenen idealischen Endzwecks schwächen“ (5:452).

4 *Das Höchste Gut als Beziehungspunkt der Vereinigung aller Zwecke (Religion, Vorrede)*

4.1 Die Vorrede zur Religionsschrift begründet den schon vertrauten Gedanken, dass „ohne alle Zweckbeziehung [...] gar keine Willensbestimmung im Menschen statt finden" kann, näherhin durch die Wendung, dass die Willkür bloß aufgrund der Bestimmung durchs Gesetz, ohne einen bestimmten Gegenstandsbezug, „zwar wie sie, aber nicht *wohin* sie zu wirken habe, angewiesen" werde und „sich selbst nicht Gnüge thun" könne (6:4). Zum Rechthandeln bedürfe die Moral zwar keines →Zwecks. „Aber aus der Moral geht doch ein Zweck hervor; denn es kann der Vernunft doch unmöglich gleichgültig sein, wie die Beantwortung der Frage ausfallen möge: *was dann aus diesem unserm Rechthandeln herauskomme*" (6:5). Auch hier ist „die Idee eines höchsten Guts in der Welt" dasjenige, „zu dessen Möglichkeit wir ein höheres, moralisches, heiligstes und allvermögendes Wesen annehmen müssen", aber offenbar können wir beim Rechthandeln nicht einfach abwarten, was dabei (durch göttliche Fügung) herauskommt, sondern, wir müssen den Zweck kennen, um zu wissen, „worauf wir, gesetzt auch, wir hätten dieses nicht völlig in unserer Gewalt, doch als auf einen Zweck unser Thun und Lassen richten könnten, um damit wenigstens zusammen zu stimmen" (6:5). Die Idee des höchsten Gutes hat also eine *Orientierungsfunktion*, die von der durch die Gottesidee hinzukommende Funktion, die Vereinigung der beiden Elemente zu sichern, zu unterscheiden ist. Sie vermehrt nicht die Zahl der moralischen Pflichten, aber sie verschafft „doch ihnen einen besondern Beziehungspunkt der Vereinigung aller Zwecke" und hilft so einem Bedürfnis ab, „welches sonst ein Hinderniß der moralischen Entschließung sein würde" (6:5).

4.2 Die Unabhängigkeit dieser Funktion von der Existenz eines Gottes unterstreicht Kant noch dadurch, dass er nun das höchste Gut noch einmal aus dem „Gedanken" eines Rechtschaffenen entwickelt, der sich fragte, „welche Welt er wohl, durch die praktische Vernunft geleitet *erschaffen* würde, wenn es in seinem Vermögen wäre" und dabei das Urteil über sein eigenes Schicksal gänzlich parteilos fällen würde (6:5) – eine Idee, die später, unter Betonung der Uneigennützigkeit einer solchen Willensbestimmung, in Kants letzter publizierten Äußerung über das höchste Gut, der langen Fußnote zum ersten Teil des *Gemeinspruchs*, wieder aufgenommen wird („Hiebei denkt sich der Mensch nach der Analogie mit der Gottheit", 8:279f.). – Gleichwohl betont die Vorrede anschließend: „Moral also führt unumgänglich zur Religion, wodurch sie sich zur Idee eines machthabenden moralischen Gesetzgebers außer dem Menschen erweitert, in dessen Willen dasjenige Endzweck (der Weltschöpfung) ist, was zugleich der Endzweck des Menschen sein kann und soll" (6:6).

5 *Das Höchste Gut als gemeinschaftlicher Endzweck und inwendiges Reich Gottes auf Erden (Religion, 3. Stück)*

5.1 Einen neuen Gedankengang zur Notwendigkeit des höchsten Gutes führt Kant im dritten Stück der Religionsschrift ein: Das menschliche Geschlecht befindet sich, selbst innerhalb des äußeren bürgerlichen Zustandes, ohne ein es *ethisch* vereinigendes Prinzip im „ethischen Naturzustand" (6:95ff.), welcher nicht so sehr durch die rohe Natur des Einzelnen, als vielmehr durch die gerade in der Verbindung mit anderen Menschen aufkommenden Leidenschaften, Neid, Herrschsucht und Habsucht, die Gefahr in sich birgt, dass sie „einander wechselseitig ihre moralische Anlage verderben" und zwar „selbst bei dem guten Willen jedes einzelnen" (6:97). Daher ist es „eine Pflicht von ihrer eignen Art nicht der Menschen gegen Menschen, sondern des menschlichen Geschlechts gegen sich selbst", zur „Beförderung des höchsten als eines gemeinschaftlichen Guts", auf ein Ganzes in der Art „einer allgemeinen Republik nach Tugendgesetzen" hinzuwirken (6:97f.). – Wiederum schließt sich der Gedanke von der Idee „eines höhern moralischen Wesens" als der Voraussetzung dieser Pflicht an, nun aber, insofern nur „durch dessen allgemeine Veranstaltung die für sich unzulänglichen Kräfte der Einzelnen zu einer gemeinsamen Wirkung vereinigt werden", so dass Kant den „Begriff eines ethischen gemeinen Wesens" mit dem „Begriff von einem *Volke Gottes* unter ethischen Gesetzen" identifizieren kann (6:98; Hervorhebung B. G.).

5.2 Mit dieser gegenüber früheren Gedankengängen deutlicheren Akzentuierung des Begriffs vom höchsten Gut als dem eines *gemeinschaftli-*

chen Endzwecks geht eine Art Verinnerlichung, zugleich aber auch eine Art von Auflösung des sozusagen realistischen Glaubensgehalts der damit verknüpften religiösen Ideen einher: das schöne Ideal, das wir im →Glauben *voraussehen*, ist eine „Vollendung, die wir nicht als empirische Vollendung *absehen*, sondern auf die wir nur im continuirlichen Fortschreiten und Annäherung zum höchsten auf Erden möglichen Guten (worin nichts Mystisches ist, sondern alles auf moralische Weise natürlich zugeht) *hinaussehen*, d. i. dazu Anstalt machen können" (6:136). Dazu kann Kant nun das Evangelium zitieren: „‚Wenn kommt nun also das Reich Gottes?' – ‚Das Reich Gottes kommt nicht in sichtbarer Gestalt. Man wird auch nicht sagen: siehe, hier oder da ist es. *Denn sehet, das Reich Gottes ist inwendig in euch!*' (Luc. 17, 21 bis 22)" (6:136). – Schließlich „stößt das Nachforschen hinter ihre [der Religion] innere Beschaffenheit unvermeidlich auf ein Geheimniß, d. i. auf etwas Heiliges, was zwar von jedem Einzelnen gekannt, aber doch nicht öffentlich bekannt, d. i. allgemein mitgetheilt, werden kann" (6:137). Das Geheimnis betrifft insbesondere die Funktion des Gottesbegriffs für die Realisierung des höchsten Guts: Der Mensch „findet [...] sich zum Glauben an die Mitwirkung oder Veranstaltung eines moralischen Weltherrschers hingezogen, wodurch dieser Zweck allein möglich ist, und nun eröffnet sich vor ihm der Abgrund eines Geheimnisses von dem, was Gott hiebei thue, ob ihm überhaupt *etwas* und was ihm (Gott) besonders zuzuschreiben sei". Das bedeutet offenbar, wie Kant kurz darauf feststellt: „Diese Idee eines moralischen Weltherrschers ist eine Aufgabe für unsere praktische Vernunft." Die Aufgabe besteht darin, Gott so zu denken, wie es für sein Verhältnis zu uns als moralische Wesen „in der ganzen zur Ausführung seines Willens erforderlichen Vollkommenheit nöthig ist" (6:139).

6 Das höchste politisches Gut

Nur an einer einzigen Stelle seiner Schriften, im letzten Satz des „Beschlusses" der Rechtslehre, spricht Kant vom →ewigen Frieden als dem „höchsten politischen Gut" (6:355). – In der *Refl.* 8077 ist vom „höchsten Weltbürgerlichen Gut" die Rede (*Refl.* 8077, 19:612). Es ist klar, dass der ewige Friede, so wie er in den rechtsphilosophischen Schriften bestimmt ist, nur ein in der *empirischen Welt* zu realisierendes Ziel sein kann, mag die „durch allmähliche Reform nach festen Grundsätzen" (6:355) unternommene Verwirklichung auch nur bis zu einer „continuierliche[n] Annäherung zum höchsten politischen Gut" (6:355) gedeihen. – Auch scheint jene sonst für das höchste Gut ins Auge gefasste Proportion zwischen Moralität und Glückseligkeit hier eine Entsprechung zu finden. Kant wandelt die Reich-Gottes-Formel des Evangeliums (Matthäus 6,33) ab, wenn er (mit Anführungszeichen) schreibt „‚Trachtet allererst nach dem Reiche der reinen praktischen Vernunft und nach seiner *Gerechtigkeit*, so wird euch euer Zweck (die Wohlthat des ewigen Friedens) von selbst zufallen.'" (8:378). Der →ewige Friede ist eben auf moralischen Rechtsverhältnissen gegründet, als Effekt ist er aber zugleich eine „Wohltat", mithin, wie es zuvor heißt, ein „physisches Gut" und damit zumindest ein *Beitrag* zum Glück der Bürger (vgl. 8:377).

Weiterführende Literatur

Caswell, Matthew: „Kant's Conception of the Highest Good, the Gesinnung, and the Theory of Radical Evil", in: Kant-Studien 97, 2006, 184–209.

Düsing, Klaus: „Das Problem des höchsten Gutes in Kants praktischer Philosophie", in: Kant-Studien 62, 1971, 5–42.

Kleingeld, Pauline: „What do the virtuous hope for? Re-reading Kant's doctrine of the highest good", in: Robinson, Hoke (Hg.): Proceedings of the eighth international Kant Congress, Memphis, Bd. 1.1. Milwaukee: Marquette University Press 1995, 91–112.

Nenon, Thomas: „The Highest Good and the Happiness of Others", in: Jahrbuch für Recht und Ethik 5, 1998, 419–435.

Yovel, Yirmiahu: „The Highest Good and History in Kant's Thought", in: Archiv für Geschichte der Philosophie 54, 1972, 238–283.

Bernward Grünewald

Handlung

Kant liefert keine explizite Definition des Handlungsbegriffs in seinen veröffentlichten Schriften. So gibt die *KrV* nur einen Hinweis darauf, was Handlung *auch* (im Sinne von: ohnehin schon) ist: „Handlung bedeutet schon das Verhältniß des Subjects der Causalität zur Wirkung" (KrV A 205 / B 250). Diesem traditionell weiten Handlungsbegriff zufolge umfasst der Begriff der Handlung (lat. *actio*) alles, was ein *Bewirken* ist (vgl. KrV B 431f.; KrV A 618 / B 646) und damit das, „wodurch etwas geschieht" (KrV A 544 / B 572). Dabei versteht Kant Handlungen als das Wirken von → Kräften (vgl. KrV A 204 / B 249; 28:564f.) und Vermögen (vgl. 28:514). Mit Blick auf menschliches Handeln unterscheidet Kant den verschiedenen Vermögen gemäß zwischen → Verstandes- und Vernunfthandlungen sowie den Handlungen der freien Willkür, die auf das Begehrungsvermögen zurückgehen. Die freie, selbstbestimmte Handlung ist eine Selbstverursachung durch Vernunft, die am moralischen Gesetz als dem Gesetz der Freiheit orientiert ist (vgl. 6:223). Die Handlung als Willensäußerung eines endlichen Vernunftwesens kann Gegenstand sowohl einer juridischen als auch einer ethischen Gesetzgebung (vgl. 6:219) und als solche gut oder böse sein. Weitere wichtige Stellen: KrV A 68 / B 93; KrV A 77 / B 103.

Philosophische Funktion

1 Handlung als ontologischer Begriff

Kants Verständnis von ‚Handlung' ist nicht auf menschliches Tun beschränkt. Wie die Begriffe der Ursache, der Wirkung und der → Substanz hat der Handlungsbegriff bei Kant zunächst eine ontologische Funktion und dient zur „kategorialen Bestimmung des Seienden" (Gerhardt, *Handlung als Verhältnis*, S. 104). Dass Handlungen stattfinden, heißt, dass es Veränderungen im Sinne eines *aktiven Bewirkens* (im Gegensatz zum Leiden als dem *Empfangen* von Veränderungen (vgl. 7:140; 29:772f.; Tun und Leiden) gibt (vgl. 4:544)). Da alles Geschehen eine Wirkung und jede Wirkung die Folge der Aktivität einer Ursache ist (vgl. KrV A 205 / B 250), beruht alles, was geschieht, auf Handlung. In dieser weiten Bedeutung von Handlung gebraucht Kant in vorkritischer Zeit für Handlung auch den Ausdruck ‚*actio*', der, im Anschluss an A. G. Baumgarten, für ‚Handeln' im Sinne von Tätigkeit und Wirksamkeit steht (z. B. 1:402; 17:70). ‚Handeln' ist damit ein ‚Erzeugen' und Handlungen sind „immer der erste Grund von allem Wechsel der Erscheinungen" (KrV A 205 / B 250). Dabei ist ‚Handeln' genauer zu verstehen als Bestimmung einer Kraft zur Tätigkeit und entspricht damit einem newtonschen Verständnis von ‚*actio*': „Die Handlung ist diejenige Bestimmung der Kraft einer Substanz als einer Ursache eines gewissen accidentis. Causalitas ist die Eigenschaft einer Substanz, in so fern sie als Ursache eines accidentis betrachtet wird" (28:564f.). Schon in der *Wahren Schätzung* argumentiert Kant für einen Begriff der Kraft, der diese, im Gegensatz zu Leibniz, nicht allein als ein inneres Prinzip versteht, sondern als eines, das auch „außer sich" wirkt (1:23).

In der *Zweiten Analogie der Erfahrung* führt Kant Handlungen als Beweis für die Substantialität an: „Wo Handlung, mithin Thätigkeit und Kraft ist, da ist auch Substanz" (KrV A 204 / B 249). Dieser „analytische[n] Schlusskette" (Gerhardt, *Handlung als Verhältnis*, S. 111) gemäß, die Kant aus „bekannten Lehrbüchern" (KrV A 204 / B 249) übernimmt, geschieht eine Handlung dann und nur dann, wenn eine Substanz einen Zustand verursacht durch ihre Kraft. Dabei werden Handlungen *möglich* durch ein Vermögen, sie werden *wirklich* durch Kräfte (vgl. z. B. 28:515).

Ursache einer Handlung kann nicht allein belebte, sondern auch unbelebte → Materie sein. So findet z. B. schon dann eine Handlung statt, wenn der Ofen die Stube wärmt (vgl. KrV A 203 / B 248). Spontaneität hingegen kann nur von der *belebten* Materie ausgehen. Lebendigkeit besteht nach Kant in dem „Vermögen einer *Substanz*, sich aus einem *inneren Princip* zum Handeln [...] zu bestimmen" (4:544). Das „innre Princip", im Allgemeinen das „Vermögen" (z. B. 28:515), bezeichnet Kant hier als „*Begehren*" und die „innere Thätigkeit" von endlichen Substanzen als „*Denken*" (4:544).

Im Kontext seiner kritischen Philosophie führt Kant den Begriff der Handlung neben dem der Kraft und des Leidens als einen reinen Verstandesbegriff ein, der aus der Kategorie der Kausalität abgeleitet ist. Als solcher gehört er zu den „reine[n], aber abgeleitete[n] Verstandesbegriffe[n]", die Kant auch als „*Prädicabilien*" bezeichnet (KrV A 82 / B 108).

2 *Der transzendentalphilosophische Begriff der Handlung: Handlungen als mentale Leistungen*

Kant versteht Handlungen als Realisierungen von Vermögen. Die Realisierung des Vermögens des Verstandes als eines theoretischen Vermögens zu urteilen bezeichnet er als Verstandeshandlung. Vernunfthandlungen hingegen sind Realisierungen des Vermögens der Vernunft als eines theoretischen und praktischen Vermögens.

Unter den Erkenntnisvermögen unterscheidet Kant die Rezeptivität der Sinnlichkeit von der Aktivität (Spontaneität) des Verstandes (→Rezeptivität/Spontaneität). Die Leistung des Verstandes besteht darin, in der Anschauung gegebene Gegenstände als Gegenstände zu denken: „Das Denken ist die Handlung, gegebene Anschauung auf einen Gegenstand zu beziehen" (KrV A 247 / B 304). Die Spontaneität des Denkens ist Voraussetzung für Begriffe (vgl. KrV A 68 / B 93). Die Funktion des Verstandes, durch die Begriffe und Urteile entstehen, bezeichnet Kant genauer als „die Einheit der Handlung, verschiedene Vorstellungen unter einer gemeinschaftlichen zu ordnen" (vgl. KrV A 68 / B 93). Auch →Urteile sind somit Handlungen (vgl. 4:475).

Als Synthesis (vgl. KrV B 130; →Synthesis) bezeichnet Kant „die Handlung, verschiedene Vorstellungen zu einander hinzuzuthun und ihre Mannigfaltigkeit in einer Erkenntniß zu begreifen" (KrV A 77 / B 103). Die in der Synthesis vollzogene „*Verbindung*" (KrV B 129, vgl. KrV B 129–131) von Vorstellungen zu einer Einheit ist eine durch das denkende Subjekt ‚gemachte'. Sie ist „ein Actus der Spontaneität der Vorstellungskraft" und damit „ein Actus seiner Selbsttätigkeit" (KrV B 130). In der Verbindung des in der Anschauung Gegebenen durch die produktive Einbildungskraft gemäß den Kategorien wird der Gegenstand ‚konstituiert'. So wird z. B. eine Linie erst dadurch erkannt, dass sie in Gedanken gezogen wird (vgl. KrV B 137f.).

Da der reine Verstand ebenso wie die „reine Vernunft [...] der Zeitform [...] nicht unterworfen" ist (KrV A 551 / B 579), ist die transzendentale Handlung möglicherweise nur im metaphorischen Sinn als eine Handlung zu verstehen (vgl. Lenk, *Kants Begriff transzendentalen Handelns*, S. 190f.). Schon deshalb sind zumindest Zweifel an der Auffassung angebracht, Kant verfüge über einen homogenen Begriff der Handlung, dem eine einheitsstiftende Funktion in Bezug auf seine theoretische und praktische Philosophie zukommt (so Kaulbach, *Prinzip Handlung*, insbes. S. 643).

3 *Handlung als Grundbegriff der praktischen Philosophie*

3.1 *Menschliches Handeln als Handeln aus Freiheit*

Kant geht schon in der *Nova dilucidatio* davon aus, dass menschliches Handeln sich von anderen Arten der Handlung dadurch unterscheidet, dass es durch *innere Bestimmungsgründe* verursacht und daher frei ist (vgl. 1:400; 1:402). Die kausalen Kräfte menschlicher Wesen bezeichnet Kant als „Vermögen" (28:27). Das Begehrungsvermögen ist dabei das entscheidende Vermögen intentionalen Handelns, indem es die Verwirklichung vorgestellter Gegenstände durch das Handeln ermöglicht (vgl. z. B. 5:9). Als mit Vernunft, Instinkten und Prädispositionen ausgestattetes Handlungssubjekt bestimmt der Mensch seinen →Willen, indem er ein Objekt hervorbringt, das er selbst als gut vorstellt und in diesem Sinne begehrt. Das →Subjekt macht sich somit zur Ursache der Wirkung, indem es die Handlung will und seinen Willen dieser Vorgabe entsprechend bestimmt (vgl. Gerhardt, *Handlung als Verhältnis*, S. 128; sowie Watkins, *Kant*, S. 524).

Kants Auffassung von der besonderen Natur der menschlichen Handlung zeigt sich auch in seiner begrifflichen Differenzierung zwischen ‚Handlung' und ‚Tat': „Der Korper (das Leblose) wirkt; das Lebende [...] handelt (operatur); das freye thut (facit)" (*Refl.* 3579, 17:70). Während ‚*handeln*' im Sinne von Tätigsein (‚*operare*', ‚*agere*') Ausdruck für das Verhältnis von Ursache und Wirkung im Allgemeinen ist, setzt ‚*tun*' (‚*facere*') die →Freiheit einer denkenden, nicht fremdursächlich bestimmten Substanz voraus. Die besondere Art der Verursachung, die menschliches Handeln in spezifischer Weise auszeichnet, bezeichnet Kant in der Freiheitsantinomie der *KrV* als „*Causalität durch Freiheit*" (KrV A 538 / B 566). Die menschliche Handlung ist demnach nur unter einer bestimmten Beschreibung, nämlich als „Wirkung[] in der Sinnenwelt" (KrV A 541 / B 569), ein vorhersagbares Ereignis in der natürlichen Welt und damit ein empirisches Phänomen (vgl. z. B. KrV B 573 / A 545). Nach einer anderen Beschreibung, nach der „wir [...] eben dieselben Handlungen in Beziehung auf die Vernunft erwägen" (KrV A 550 / B 578), verfügen Menschen mit dem Willen als reiner praktischer Vernunft über ein „Vermögen [...], aus Freiheit zu handeln" (KrV A 450 / B 478). Die besondere Beschaffenheit dieser freien, intelligiblen Verursachung umschreibt Kant mit dem Begriff des →Charakters. Endliche Vernunftwesen haben neben ihrem empirischen auch einen intelligiblen Charakter, der für ihre Fähigkeit steht, sich selbst →Zwecke zu setzen, durch Wünsche und Neigungen also nicht hinreichend determiniert zu sein. Entsprechend vertritt Kant kein rein ereignisbasiertes Modell der Kausalität. Die menschliche Handlung ist im Gegenteil speziell durch Gründe verursacht (vgl. dazu: Watkins, *Metaphysics of Causality*, S. 243–252). Diese sind die intelligiblen Ursachen einer Handlung aus Freiheit.

3.2 *Der Begriff der moralischen Handlung* Während menschliches Handeln als natürliches Phänomen „mit der Natur in unzertrennter Abhängigkeit aller ihrer Handlungen verkettet" ist (KrV A 545 / B 573), unterliegt es unter dem Aspekt der Freiheit ebenso Regeln, die die Handlungen praktisch notwendig machen. Entsprechend seiner Auffassung, dass die Kausalrelation immer an Gesetze gebunden ist (vgl. z. B. 4:446), liegt auch dem Wirken einer freien Willkür ein „Gesetz ihrer Causalität" zugrunde (KrV A 538f. / B 566f.). Dieses Kausalitätsgesetz, das die Ursächlichkeit freien, selbst bestimmten Handelns von anderen Arten der Ursächlichkeit unterscheidet, ist ein reines praktisches Vernunftgesetz (vgl. 4:446f.). Als ein Gesetz der Freiheit wird es, „zum Unterschiede von Naturgesetzen", als →moralisches Gesetz bezeichnet (6:214). Eine Handlung ist demnach ‚moralisch', wenn sie auf das moralische Gesetz als Gesetz der Freiheit bezogen ist (Handlung, moralische).

Handlungen in diesem Sinne sind Taten. Diese sind diejenigen Handlungen, die „unter Gesetzen der Verbindlichkeit" stehen (6:223; vgl. 27:288; *Refl.* 6784, 14:159), die also frei und, ebenso wie ihre Wirkungen, ihrem Urheber deshalb zurechenbar sind.

Da das Moralgesetz als „*Grundgesetz der reinen praktischen Vernunft*" (5:30) Rechts- und Tugendgesetze gleichermaßen umfasst, geht der Begriff der moralischen Handlung sowohl auf juridische als auch ethische Handlungen. Während die juridischen Gesetze nur äußere Handlungen gebieten und eine →Rechtspflicht schon dann erfüllt ist, wenn die Handlungen ‚äußerlich' mit dem Gesetz übereinstimmen (vgl. 6:219), haben die ethischen Gesetze auch einen ‚inneren' Aspekt. Sie sind nicht allein auf äußere Handlungen bezogen, sondern schließen auch die „Bestimmungsgründe der Handlungen" in ihre Forderung mit ein (6:214) und machen „auch innere Handlungen zu Pflichten" (6:219).

Nach Kant sind alle freien Handlungen moralisch und als solche entweder gut oder böse. Dabei weicht die terminologische Verwendung des Begriffs der guten und bösen Handlung aus den *Vorlesungen* und *Refl.* in den veröffentlichten Schriften fast vollständig der Rede von Handlungen für oder gegen das →moralische Gesetz.

Weiterführende Literatur

Gerhardt, Volker: „Handlung als Verhältnis von Ursache und Wirkung. Zur Entwicklung des Handlungsbegriffs bei Kant", in: Prauss, Gerold (Hg.): Handlungstheorie und Transzendentalphilosophie, Frankfurt/M.: Klostermann 1986, 98–131.

Kaulbach, Friedrich: Das Prinzip Handlung in der Philosophie Kants, Berlin u. a.: de Gruyter 1978.

McCarty, Richard: Kant's Theory of Action, Oxford: Oxford University Press 2009.

Watkins, Eric: „Kant", in: O'Connor, Timothy / Sandis, Constantine (Hg.): Blackwell's Companion to the Philosophy of Action, Oxford: Wiley-Blackwell 2010, 521–527.

Willaschek, Marcus: Praktische Vernunft. Handlungstheorie und Moralbegründung bei Kant, Stuttgart: Metzler 1992.

Steffi Schadow

Heteronomie

Kant verwendet den Terminus ‚Heteronomie' als direkten Gegenbegriff zur →‚Autonomie' (vgl. 4:433). Während ‚Autonomie' ausdrückt, dass sich ein menschliches Vermögen a priori ein eigenes Gesetz gibt, so bezeichnet ‚Heteronomie' die Abhängigkeit eines Vermögens von einem fremden Gesetz (vgl. 4:444, 5:282). In der Moral kommt Heteronomie in Kants Kritik aller alternativen Moraltheorien eine zentrale Stellung zu. Dort versucht Kant zu zeigen, dass alle anderen Theorien auf Heteronomie beruhen (vgl. 4:432f., 4:441ff.). Die Kritik besteht dabei darin, dass Heteronomie keine unbedingte Verbindlichkeit gewährleisten kann, die doch von der Moral gefordert werde: „alle *Heteronomie* der Willkür gründet dagegen nicht allein gar keine Verbindlichkeit, sondern ist vielmehr dem Princip derselben und der Sittlichkeit des Willens entgegen" (5:33). Weitere wichtige Stellen: 4:432f., 4:441–444, 5:39–41.

Philosophische Funktion

1 Heteronomie als fremde Gesetzgebung

Vor Kant war ‚Heteronomie' ein Ausdruck der politischen Philosophie, der den Ursprung der Gesetze von Kolonien bezeichnete, die im Gegensatz zu autonomen Stadtstaaten ihre Gesetze von außen auferlegt bekamen. Als direktes Gegenstück zur Autonomie bezeichnet Heteronomie auch bei Kant zunächst einen bestimmten Ursprung von Prinzipien. Bei Autonomie ist ein bestimmtes Seelenvermögen Ursprung seiner eigenen Gesetze, d. h. das Vermögen bringt a priori Prinzipien hervor. Autonomie gibt es in verschiedenen Bereichen, bei der Erkenntnis, beim Urteil und beim Handeln: „In Ansehung der Seelenvermögen überhaupt, [...] die eine Autonomie enthalten, [...] ist für das *Erkenntnisvermögen* [...] der Verstand dasjenige, welches die *constitutiven* Principien a priori enthält; für das *Gefühl der Lust und Unlust* ist es die Urtheilskraft [...]; für das *Begehrungsvermögen* die Vernunft" (5:196f.). Im Gegensatz dazu handelt es sich um Heteronomie, wenn ein Vermögen nicht von einem eigenen, sondern einem fremden Gesetz geleitet ist. Im praktischen Bereich, in welchem Kant hauptsächlich von ‚Heteronomie' spricht, bedeutet das, dass der Wille nicht von dem a priorischen Moralgesetz der reinen Vernunft bestimmt ist, sondern von Neigungen und dadurch von Naturgesetzen abhängig ist: „so wird daraus Heteronomie der Willkür, nämlich Abhängigkeit vom Naturgesetze, irgend einem Antriebe oder Neigung zu folgen, und der Wille giebt sich nicht selbst das Gesetz" (5:33).

Beim Handeln gibt es für Kant zwei Möglichkeiten: Entweder ist man unmittelbar von dem formalen Moralgesetz der eigenen Vernunft bestimmt, indem man dem Gesetz um seiner selbst willen folgt, oder man wird durch empirische Antriebe und deren Naturgesetze bestimmt (vgl. 4:400). Die zweite Art ist Heteronomie: „Wenn der Wille irgend *worin anders*, als in der Tauglichkeit seiner Maximen zu seiner eigenen allgemeinen Gesetzgebung, mithin, wenn er, indem er über sich selbst hinausgeht, in der Beschaffenheit irgend eines seiner Objecte das Gesetz sucht, das ihn bestimmen soll, so kommt jederzeit *Heteronomie* heraus" (4:441). Wenn man ein Objekt anstrebt, so ist man durch eine Neigung für dieses Objekt bestimmt: In diesem Fall „bestimmt sich der Wille niemals *unmittelbar* selbst durch die Vorstellung der Handlung, sondern nur durch die Triebfeder, welche die vorausgesehene Wirkung der Handlung auf den Willen hat" (4:444). Neigungen werden aber durch Naturgesetze verursacht. Dadurch ist es *„immer nur Heteronomie* des Willens, der Wille giebt sich nicht selbst, sondern ein fremder Antrieb giebt ihm vermittelst einer auf die Empfänglichkeit desselben gestimmten Natur des Subjects das Gesetz" (4:444).

2 Heteronomie als unzureichende Moralkonzeption

Die Hauptfunktion der Heteronomie besteht in der Kritik von „allen bisherigen" (5:39, vgl. 4:432) und „alle[n] mögliche[n]" (5:39, vgl. 4:441) Moralkonzeptionen, die sich von Kants eigener unterscheiden. Kants Einwand lautet, dass alle anderen Konzeptionen auf Heteronomie beruhen und deswegen keine genuin moralische Verbindlichkeit gewährleisten können. Schon 1764 in *Deutlichkeit* beklagt Kant, „wie wenig selbst der erste Begriff der *Verbindlichkeit* noch bekannt ist" (2:298). Seine Kritik an alternativen Theorien ähnelt sich über die Jahre hinweg sehr (vgl. 27:9; 27:252–255; 29:620–629; 4:441–444; 5:39–41). Aber erst in der *GMS* verwendet Kant den Terminus ‚Heteronomie', um diese Kritik auszudrücken: Er versteht moralische Verbindlichkeit als absolut notwendig und strikt allgemein: „Jedermann muß eingestehen, daß ein Gesetz, wenn es moralisch, d. i. als Grund einer Verbindlichkeit, gelten soll, absolute Nothwendigkeit bei sich führen müsse; daß das Gebot[] [...] nicht etwa bloß für Menschen gelte, andere vernünftige Wesen sich aber daran nicht zu kehren hätten" (4:389). Heteronomie kann deswegen keine moralische Verbindlichkeit gewährleisten, die Abhängigkeit von einem hervorzubringenden Objekt „läßt nur hypothetische Imperativen möglich werden: ich soll etwas thun darum, *weil ich etwas anderes will*" (4:441). Moralische Verbindlichkeit kann jedoch nur in kategorischen Imperativen ausgedrückt werden:

„Dagegen sagt der moralische, mithin kategorische Imperativ: ich soll so oder so handeln, ob ich gleich nichts anderes wollte" (4:441).

Heteronomie kann weder notwendige noch allgemeine Gesetze begründen. Das ist deswegen der Fall, weil Heteronomie zuletzt auf Neigungen beruht: „wenn man sich ihn [den Menschen] nur als einem Gesetz (welches es auch sei) unterworfen dachte: so mußte dieses irgend ein Interesse als Reiz oder Zwang bei sich führen, weil es nicht als Gesetz aus *seinem* Willen entsprang, sondern dieser gesetzmäßig von *etwas anderm* genöthigt wurde" (4:432f.). Dadurch bekommt man aber keine notwendige Verbindlichkeit: „Denn man bekam [...] Nothwendigkeit der Handlung aus einem gewissen Interesse heraus" (4:433). Zudem ist das, was Menschen als Reiz erscheint, relativ und begründet keine Allgemeinheit: „Aus einem Gefühl einer Empfindung, die bey jedem Geschöpf verschieden sein kann, kann kein allgemein gültiges Gesetz für alle denkende Creaturen hergeleitet werden und so muß auch das moralische Princip beschaffen sein" (29:625; vgl. 5:26, 4:442).

In seiner Kritik von konkreten Alternativen reduziert Kant alle anderen Moralkonzeptionen auf Heteronomie. Um alle Möglichkeiten abzudecken, unterscheidet er zwischen subjektiven und objektiven Theorien der Moral und darunter jeweils zwischen äußeren und inneren Gründen (vgl. 5:40). Unter äußeren objektiven Gründen fasst Kant die Erziehung und die bürgerliche Verfassung. Die Befürworter dieser Konzeptionen verweisen auf die faktische Relativität der Erziehungen und Verfassungen. Aber gerade dadurch können sie nach Kant auch keine Moral ergeben, denn sie „werden [...] nicht einmal empirische Allgemeingültigkeit haben" (29:622), viel weniger moralische Universalität. Zu inneren subjektiven Bestimmungsgründen zählt Kant das physische und das moralische → Gefühl. In seiner Kritik behandelt Kant beide gleich, da auch ein moralisches Gefühl einen Beitrag zum Wohlbefinden liefern würde (vgl. 4:442 Anm.). Gefühle könnten aber keine Basis der Moral sein, da sie kontingent und relativ seien: „Alle Regeln aus Gefühl sind zufällig und nur für Wesen die ein solches Gefühl haben" (29:625).

Die Kritik an objektiven Gründen für Moralprinzipien besteht ebenfalls darin, dass sie ultimativ auf bestimmten Objekten und damit auf Neigungen beruhten. Bei inneren objektiven Gründen, unter denen Kant das Ziel der Vollkommenheit versteht, könne es sich nur um die Forderung handeln, seine Talente zu entwickeln. Das jedoch setze ein bestimmtes Objekt voraus: „wie denn Talente [...] nur durch die *Glückseligkeit*, die wir davon erwarten, Bewegursache [...] werden können" (5:41). Unter äußeren objektiven Gründen versteht Kant voluntaristische Gebote Gottes. Diese begründeten keine echte moralische Verbindlichkeit, da man einen Antrieb haben müsse, diesem Gesetzgeber zu gefallen: „Die Handlungen werden alsdenn auf Furcht und Hoffnung gegründet" (29:627f., vgl. 4:443).

Zudem argumentiert Kant, dass alle Moralkonzeptionen, die sich auf einen vorhergehenden Wert berufen, nur Heteronomie ergeben: „Wenn der Begriff des Guten nicht von einem vorhergehenden praktischen Gesetze abgeleitet werden, sondern diesem vielmehr zum Grunde dienen soll, so kann er nur der Begriff von etwas sein, dessen Existenz Lust verheißt und so die Causalität des Subjects zur Hervorbringung desselben, d. i. das Begehrungsvermögen, bestimmt" (5:58). Auch die Erkenntnis des Werts sowie die Motivation zum Guten hinge von einer Lust ab und wäre damit Heteronomie, die keine moralische Verbindlichkeit gewährleisten könne (vgl. 5:64).

Weiterführende Literatur

Schneewind, Jerome B.: „Kant against the ‚spurious principles of morality'", in: Timmermann, Jens (Hg.): Kant's Groundwork of the Metaphysics of Morals. A Critical Guide, Cambridge: Cambridge University Press 2009, 140–158.

Sensen, Oliver (Hg.): Kant on Moral Autonomy, Cambridge: Cambridge University Press 2012.

Oliver Sensen

Ich

„Ich" ist ein Grundbegriff der kritischen Philosophie Kants. Erstens ist das Ich eine „einfache" (KrV B 135; 7:134 Anm.), „ganz nackte" (KrV A 443 / B 471) oder „bloße Vorstellung", ein „transscendentale[s] Bewußtsein" (KrV A 117 Anm.), ein „reine[s], ursprüngliche[s], unwandelbare[s] Bewußtsein" (KrV A 107), eine „ursprüngliche" (KrV A 117 Anm.) oder „bloße Apperception" (KrV A 400), ein „intellectuelles Bewußtsein" und „das Bewußtsein seiner selbst" (7:134). Zweitens bezeichnet es das „Subject der Inhärenz" nur „transscendental" (KrV A 355), d. h. als ein bloßes Etwas. Durch das denkende „Ich, oder Er, oder Es (das Ding)" stellen wir uns nichts weiter als ein „transscendentales Subject der Gedanken" vor (KrV A 346 / B 404; vgl. KrV A 358). Drittens ist das Ich Gegenstand des inneren Sinnes (und damit der empirischen Psychologie) und das „Ich der Apprehension" (7:142). Als Objekt der „inneren empirischen Anschauung" bin ich zwar „ein und dasselbe Subject", erkenne mich unter den Bedingungen der Zeit aber nur so, „wie ich mir selbst erscheine, nicht als Ding an sich selbst." (7:142) Als (empirisches) Bewusstsein (Apperzeption) des in der Zeit bestimmten eigenen Daseins ist es die Grundlage der →Widerlegung des Idealismus (KrV B 274–279). Viertens ist das Ich das Subjekt des Satzes ‚Ich denke'. Der Satz ‚Ich denke' begleitet „alle Kategorien als ihr Vehikel" (KrV A 348 / B 406), macht „alle transscendentalen Begriffe" (KrV A 343 / B 401; vgl. KrV B 133–134) und damit die kollektive Einheit aller meiner Vorstellungen möglich. Er drückt zwar „die Wahrnehmung seiner selbst" sowie eine „innere Erfahrung überhaupt", eine „Wahrnehmung überhaupt" und eine „Erkenntnis des Empirischen überhaupt" aus, ist aber keine „empirische Erkenntnis" (A 343 / B 401). Weil er nichts Empirisches enthält, qualifiziert sich dieser Satz zum „alleinigen Text der rationalen Psychologie" (KrV A 343 / B 401), die als eine auf die apriorische Erkenntnis unserer selbst als Seelensubstanz abzielende Wissenschaft jedoch zum Scheitern verurteilt ist. Fünftens ist im Bereich der Moralphilosophie zwischen dem „*verpflichtende[n]* Ich" (*homo noumenon*) und dem „*verpflichteten* Ich" (*homo phaenomenon*) zu unterscheiden (6:417). Weitere wichtige Stellen: KrV A 123; KrV A 382; KrV A 345–346 / B 404; KrV A 401; KrV B 131–133; KrV B 413; KrV B 428–429; 4:441; 4:444; 4:542 Anm.; 6:255.

Philosophische Funktion

1 Zur Vorgeschichte der kritischen Ich-Theorie

Anfang der siebziger Jahre, nach der Publikation seiner eine neue Theorie von Raum und Zeit enthaltenen Inauguraldissertation (1770), erklärt Kant in den studentischen Nachschriften seines ersten Kollegs über Anthropologie (1772/73) das Ich zum „Fundament des Verstandes und der Vernunftfähigkeit, und der ganzen obern Erkenntniskrafft" (25:10; vgl. 28:224–246 und 28:473–475). Seiner Ansicht nach ist das Ich der „erste Gedancke der uns aufstößt, wenn wir uns selbst betrachten" (25:10). Das Ich drückt eine unmittelbare, nicht erschlossene „Anschauung seiner selbst" aus. Analysieren wir das Ich, erkennen wir uns als eine „vernünftige Substanz" und als eine „Personalitaet". „In dem Wörtchen Ich findet man so gar den Begriff der Freyheit, das Bewußtseyn der Selbstthätigkeit; denn das Ich ist nicht eine äußere Sache" (25:10; vgl. 28:225–226) Dieses (wie man es nennen könnte) analytische oder intuitive Modell der Selbsterkenntnis, das Kant unter anderem in der „Profession de foi du vicaire Sovayard" des *Emile* (1762) von Jean-Jacques Rousseau gefunden hat (vgl. Brandt, *Rousseau und Kants ‚Ich denke'*) ergänzt Kant in seinen Vorlesungen über Metaphysik (dem Lehrbuch von A. G. Baumgarten folgend) durch die Methode der reinen Vernunfterkenntnis des Ich. Im Rahmen dieser Methode der *Psychologia rationalis* werden die apriorischen Begriffe oder „transscendentalen Begriffe der Ontologie" (28:265) auf die Vorstellung bzw. den Begriff des Ich angewendet. Auf diese Weise erkennen wir, „1) daß die Seele eine Substanz sey; 2) daß sie einfach [sei]; 3) daß sie eine einzelne Substanz, und 4) daß sie simpliciter spontanea agens sey." (28:265) Dieses Vorgehen führt nach Kants Verständnis jedoch nicht zu einer gegenüber der analytischen Methode erweiterten Selbsterkenntnis (vgl. 28:266). Jedoch scheint er die Ansicht zu vertreten, dass der analytischen Methode der Primat zukommt: Diejenigen Charakteristika, die das Ich nach Maßgabe der empirischen Psychologie über sich selbst ‚ausdrückt', können in einem zweiten Schritt im Bereich der rationalen Psychologie auf das Ich appliziert werden (vgl. Klemme, *Kants Philosophie des Subjekts*, S. 76ff.).

Kant gibt seine substantialistische und semikritische Konzeption des Ich vor der Publikation der *KrV* im Gefolge seiner Überlegungen zur Struktur und Funktion der Urteile und Kategorien auf der einen Seite und der Ende der siebziger Jahre erfolgten Differenzierung zwischen dem Verstand (als dem Vermögen der Urteile, logischen Funktionen und Kategorien) und der Vernunft (als dem Vermögen der Schlüsse und Ideen) auf der anderen Seite auf. Inwieweit er sich bereits in den aus der Mitte der siebziger Jahre stammenden Entwürfen des sogenannten Duisburg-Nachlasses (vgl. 27:643–673) von diesem Ich-Verständnis distanziert hat, ist in der Literatur umstritten (vgl. Carl, *Deduktion in der ersten Auflage*, S. 174; Klemme, *Kants Philosophie des Subjekts*, S. 126ff.; Horstmann, *Kant und Carl über Apperzeption*). In der transzendentalen Analytik der *KrV* negiert er die Existenz einer Ich-Anschauung und die Möglichkeit einer substantialistischen Seelenlehre (vgl. KrV A 382), scheint aber vor allem in der *KrV A* das Ich weiterhin als eine Vorstellung zu verstehen, die auf ein transzendentales Subjekt referiert (vgl. KrV A 355; KrV A 346 / B 404; KrV A 358). Die philosophische Bedeutung des denkenden Ich liegt jedoch nicht länger in ihrer Erkenntnis als einer immateriellen Seelensubstanz, sondern vielmehr in ihrer Erkenntnis überhaupt ermöglichenden logischen Funktion als →transzendentaler Apperzeption. In der transzendentalen Dialektik wird in der Anwendung von Syllogismen das *medium veritatis* der rationalen Psychologie gesehen, die als Paralogismus entlarvt werden (vgl. KrV A 345 / B 403). In der *KrV* unterscheidet Kant in Abgrenzung zu früheren Positionen klar zwischen der „Spontaneität unseres Denkens" (KrV A 77 / B 102; vgl. KrV A 68 / B 93) und der „absoluten Spontaneität der Ursachen" (KrV A 447 / B 475) im Sinne der Idee der transzendentalen Freiheit. Wie stark Kants Distanz zur rationalen Psychologie (und damit zum metaphysischen Rationalismus) in der *KrV* tatsächlich geht, ist jedoch umstritten (vgl. Ameriks, *Kant's Theory*; Klemme, *Interpretation*). In jedem Fall hält Kant auch nach 1781 an seiner bereits in den frühen Vorlesungen über Anthropologie vertretenen Auffassung fest, wonach ein jedes „Wesen was Ich sagen kann, und sich also selbst zum Gegenstand seiner Betrachtung machen kann, [...] einen unmittelbahren Werth" (25:10) hat. Das im Ich zum Ausdruck kommende Selbstbewusstsein begründet den Status einer Person (vgl. 25:859). Wenn demnach „ein Pferd den Gedanken Ich fassen könnte, so würde ich herunter steigen, und es als meine Gesellschaft betrachten müssen" (25:859).

2 Die erkenntnislogische Funktion des Ich

Kant nimmt zur erkenntnislogischen Funktion des Ich bzw. des ‚Ich denke' ausführlich in der transzendentalen Analytik der *KrV* Stellung. Besondere Relevanz kommt dem Abschnitt über die *Transscendentale Deduction der reinen Verstandesbegriffe* in den beiden Fassungen von 1781 und 1787 zu. Wenn (wie Kant dem eigenen Anspruch nach in der *KrV* gezeigt hat, vgl. KrV B 136) die Sinnlichkeit das Vermögen der →Rezeptivität und der Verstand das Vermögen der →Spontaneität des Denkens ist, sodass auf der einen Seite alle unsere Vorstellungen in den reinen Anschauungsformen des Raumes (äußerer Sinn) und der Zeit (innerer Sinn) gegeben werden, während auf der anderen Seite →Kategorien (reine Verstandesbegriffe) aus den reinen Synthesishandlungen des Verstandes entspringen (Spontaneität), muss in der Deduktion gezeigt werden, dass die reinen Verstandesbegriffe apriorische „Principien der Möglichkeit der Erfahrung" (KrV B 168) sind. Die Form des Verstandes, auf die Kant hierbei Bezug nimmt, ist die „*ursprüngliche*[] synthetische[] Einheit der Apperception" (KrV B 169), die er auch transzendentale oder „ursprüngliche[] Apperception" (KrV A 122) nennt und mit dem Ich identifiziert.

Als „ursprüngliche[] Apperception" (KrV A 122) bezeichnet das Ich eine „reine" Vorstellung, in der „nichts, was zur Empfindung gehört, angetroffen wird" (KrV A 20 / B 34). In der *KrV B* macht Kant deutlich, dass die Vorstellung, die wir vom Ich haben, durch einen „Actus der Spontaneität" hervorgebracht wird, die er mit der „ursprünglichen Apperzeption" (KrV B 132; vgl. KrV A 401) identifiziert. Weil sich diese Spontaneität in Akten des →Urteilens dokumentiert (und zu Bewusstsein kommt), ersetzt Kant die Rede vom „stehenden und bleibenden Ich" (die jedoch nicht zu verwechseln ist mit einem „beharrlichen Subjekt", vgl. dagegen Choi, *Paralogismen*, S. 85) der

KrV A unter Rückgriff auf eine Formulierung im Paralogismuskapitel (vgl. KrV A 343 / B 401) durch die Rede von der „Vorstellung Ich denke“ (KrV B 132). Das „Ich denke“ ist nicht deshalb ein „empirischer“, das eigene Dasein enthaltender „Satz“ (KrV B 422), weil wir eine „empirische Vorstellung“ (KrV B 423 Anm., vgl. KrV B 428–430) vom *Ich* hätten, sondern weil uns etwas Empirisches in unserer Sinnlichkeit zum Denken gegeben sein muss, damit der Aktus des ‚Ich denke‘ vollzogen werden kann. Weil mir etwas Empirisches zum Denken (d. h. zum Vollzug von Urteilsakten) in meiner Rezeptivität gegeben sein muss, beweist das Bewusstsein meines empirisch bestimmten Daseins, das etwas „im Raume außer mir“ (KrV B 275) (*extra me*) existiert. Und weil das empirische Bewusstsein „an sich zerstreut und ohne Beziehung auf die Identität des Subjects“ (KrV B 133) ist, ich mir meiner Selbst als eines identischen Erfahrungssubjekts aber bewusst bin, bedeutet dies nach Kant, dass alle meine Vorstellungen einen Bezug auf die ursprüngliche synthetische Einheit der Apperzeption, d. h. auf das ‚Ich denke‘, haben. In Kants Terminologie ausgedrückt: Nur unter der Voraussetzung der „synthetische[n] Einheit der Apperception“ (KrV B 134 Anm.) ist die „*analytische* Einheit der Apperception“ (KrV B 133) möglich. Ein diskursiv verfasstes Subjekt kann sich nur solcher Vorstellungen bewusst werden (und damit ‚haben‘), wenn es diese in einer Verstandeshandlung unter die Einheit der transzendentalen Apperzeption (vgl. KrV B 141) bringt. Ganz in diesem Sinne schreibt Kant, dass das „Ich denke [...] alle meine Vorstellungen begleiten *können* [muss]; denn sonst würde etwas in mir vorgestellt werden, was gar nicht gedacht werden könnte, welches eben so viel heißt, als: die Vorstellung würde entweder unmöglich, oder wenigstens für mich nichts sein“ (KrV B 131–132). Was das denkende Ich nicht durch die logischen Funktionen (Kategorien) des Denkens als seine Vorstellungen auf sich selbst beziehen kann, das existiert für dieses Ich auch nicht. Ohne das transzendentale Selbstbewusstsein (ursprüngliche Apperzeption) gäbe es kein „empirisches Bewußtsein“ (KrV A 117 Anm.). Es ist „schlechthin notwendig, das in meinem Erkenntnisse alles Bewußtsein zu einem Bewußtsein (meiner Selbst) gehöre“ (KrV A 117 Anm.).

3 Logische Selbstbeziehung

Nach der *KrV A* bezeichnet das Ich als ein „transscendentales Subject“ (KrV A 355; vgl. KrV A 346 / B 404 u. KrV A 358) ein noumenales Etwas, das wir jedoch nicht erkennen können. In den neuen Passagen der *KrV B* scheint Kant diese Idee der Referenz des denkenden Subjekts auf sich selbst als ein transzendentales X jedoch aufgegeben zu haben (vgl. kontrovers Horstmann, *Kants Paralogismen*; Klemme, *Kants Philosophie des Subjekts*, S. 271ff.; Rosefeldt, *Das logische Ich*). Zwar bezeichnet das Ich (bzw. das ‚Ich denke‘) in seinem rein logischen Gebrauch „sich als Object an sich selbst“ (KrV B 430). Im „Bewußtsein meiner Selbst beim bloßen Denken“ bin ich zwar „das Wesen selbst“ (KrV B 429). Doch dieses Wesen ist rein logisch zu verstehen, weil ich mich nicht als kategorial bestimmt denke. Stelle ich mich als ein „Subject der Gedanken, oder auch als Grund des Denkens“ vor, so „bedeuten diese Vorstellungsarten nicht die Kategorien der Substanz, oder der Ursache, denn diese sind jene Funktionen des Denkens (Urteilens) schon auf unsere sinnliche Anschauung angewandt“ (KrV B 429). Ganz in diesem Sinne ist nach dem Paralogismus A „die bloße Apperception (Ich) Substanz im Begriffe, einfach im Begriffe etc.“ (KrV A 400). Doch was z. B. einfach im Begriffe ist, muss seiner (noumenalen) Existenz nach nicht einfach sein. Das „subjective Ich“ (KrV A 354) kann nicht geteilt werden, aber es ist begrifflich nicht ausgeschlossen, dass (ontologisch betrachtet) sich die Einheit des Gedankens durch „die kollektive Einheit der daran mitwirkenden Substanzen“ (KrV A 353) erklärt. Wir erkennen uns nicht als ein noumenales Subjekt (vgl. KrV B 423 Anm. u. Klemme, *Kants Philosophie des Subjekts*, S. 383; vgl. dagegen Ameriks, *Kant's Theory*, S. 72). Wenden wir die Kategorien auf das „Ich denke“ an, bedürfen wir immer der empirischen Anschauung. Eine intellektuelle Anschauung vom Ich haben wir nicht (vgl. jedoch Frank, *Fragmente einer Geschichte*, S. 425–426). Wenden wir die Kategorien auf das Ich an, dann erkennen wir es als Erscheinung entweder im inneren oder im äußeren Sinn (vgl. KrV B 430). Obwohl wir das Ich immer nur als Erscheinung erkennen, bedeutet dies nicht, dass es kein „eigentliches Selbst, so wie es an sich existiert, oder das transscendentale Subject“ (KrV A 492 / B 520) geben würde. Es bedeutet nur, dass wir über dieses ‚eigentliche‘ Ich aus der Perspektive der spekulativen Philosophie keine Erfahrungsurteile treffen können.

In den unfertigen Entwürfen zu der Preisschrift über die *Fortschritte* erklärt Kant in den neunziger Jahre das Problem des Selbstbezugs des Ich auf sich selbst als unlösbar: „Ich bin mir meiner selbst bewußt, ist ein Gedanke, der schon ein zweifaches Ich enthält, das Ich als Subject, und das Ich als Object. Wie es möglich sey, daß Ich, der ich denke, mir selbst ein Gegenstand (der Anschauung) seyn, und so mich von mir selbst unterscheiden könne, ist schlechterdings unmöglich zu erklären, obwohl es ein unbezweifeltes Factum ist" (20:270; vgl. KrV B 155; 7:127).

4 Praktische Selbsterkenntnis

An einer vieldiskutierten Stelle des Paralogismuskapitels macht Kant auf die Differenz zwischen dem Ich als „bloßem Bewußtsein" und dem denkenden Etwas, das (wie man sagen könnte) der uns unbekannte Träger dieses Bewusstseins ist, aufmerksam, nicht ohne zugleich die für jede avancierte Bewusstseinstheorie ernüchternde Feststellung zu treffen, dass der Zirkel unseres Selbstbezugs niemals aufgehoben werden kann: „Durch dieses Ich, oder Er, oder Es (das Ding), welches denket, wird nun nichts weiter, als ein transscendentales Subject der Gedanken vorgestellt = x, welches nur durch die Gedanken, die seine Prädicate sind, erkannt wird, und wovon wir, abgesondert, niemals den mindesten Begriff haben können; um welches wir uns daher in einem beständigen Cirkel herumdrehen, indem wir uns seiner Vorstellung jederzeit schon bedienen müssen, um irgend etwas von ihm zu urtheilen" (KrV A 346 / B 404; vgl. KrV A 358). Obwohl wir uns durch die Spontaneität unseres Verstandes niemals als ein noumenales Subjekt erkennen können, gelingt uns dies Kants Ansicht nach durch eine andere, auf die „Gesetze des reinen Vernunftgebrauchs" verweisende Spontaneität, die der „Bedingungen der empirischen Anschauungen" (KrV B 430; vgl. KrV A 546f. / B 574f.) nicht bedarf. Gemeint ist das Bewusstsein des →Moralgesetzes und der →Freiheit. Als moralische Wesen erkennen wir uns in praktischer Hinsicht so, wie wir an uns selbst als Bürger der intelligiblen Welt beschaffen sind. Denn dass unsere „Vernunft nun Causalität habe, wenigstens wir uns eine dergleichen an ihr vorstellen, ist aus den *Imperativen* klar, welche wir in allem Praktischen den ausübenden Kräften als Regeln aufgeben" (KrV A 547 / B 575). Im Bewusstsein des moralischen →Sollens bin ich mir meiner intelligiblen Existenz bewusst, die durch die empirische Bestimmung meines Daseins nicht negiert werden kann, weil sie nicht den Bedingungen von Raum und Zeit unterliegt.

5 Das Ich als Objekt des inneren Sinnes

Das „Ich denke" ist nach Kant ein empirischer Satz, weil dieser Aktus ohne die synthetische Einheit eines in unserer Anschauung gegebenen Mannigfaltigen nach KrV B 423 Anm. nicht vollzogen werden kann. Obwohl das Ich als Apperzeption eine rein logische Funktion hat, findet doch aufgrund des synthetischen Charakters dieses Aktus zugleich eine Bestimmung seiner Daseinsweise als eines Gegenstandes des inneren Sinnes statt. Im Aktus des „Ich denke" wird die Spontaneität der ursprünglichen Apperzeption auf die Rezeptivität unserer Sinnlichkeit bezogen und damit zum Objekt der empirischen Selbsterkenntnis als Erscheinung, nicht jedoch als Schein (vgl. KrV B 429–430). Kant äußert sich sehr zurückhaltend zum wissenschaftlichen Status der empirischen Erkenntnis des Ich als eines Gegenstandes des inneren Sinnes. Um Erkenntnis im strikten Sinne des Wortes handelt es sich deshalb nicht, weil wir vom Ich als Gegenstand des inneren Sinnes, dessen Form die Zeit ist, keine beharrliche Anschauung haben (vgl. KrV A 383; KrV B 412–413). Weil jede Zeitbestimmung (und damit Erfahrung) etwas Beharrliches voraussetzt, das Beharrliche aber nur im äußeren Sinn, dessen Form der Raum ist, zu finden ist (vgl. KrV B 275), kann die Bestimmung des Ich als Gegenstand des inneren Sinnes nur indirekt, d. h. unter Bezugnahme auf das im äußeren Sinn gegebene Beharrliche, erfolgen. Das Ich als Gegenstand des inneren Sinnes verflüchtigt sich, sobald wir unsere Aufmerksamkeit auf es und seine Vorstellungen richten. Das Ich als Gegenstand des inneren Sinnes nennt Kant auch „das Ich der *Apprehension*", das eine „empirische Apperception enthält" (7:141–142). Letztere hat nur eine „subjective Gültigkeit" (KrV B 140; vgl. KrV A 116). Das Ich als „*Object* der Wahrnehmung", d. h. des inneren Sinnes, ist jedoch vom „Ich als *Subject* des Denkens (in der Logik)" (7:134 Anm.) nicht zu trennen. Schließlich kann sich der Mensch seiner selbst als Objekt des inneren Sinnes „nur dadurch bewußt sein, daß er sich in den verschiedenen Zuständen als ein und dasselbe *Subject* vorstellt, und das Ich des Menschen ist zwar der Form (der Vorstellungsart) nach, aber nicht der Materie (dem Inhalte) nach zwiefach" (7:134 Anm.; vgl. 20:270).

6 Das Ich als Gegenstand der rationalen Psychologie

Der Versuch der rationalen Psychologie, ausgehend vom ‚Ich denke' rein begrifflich und a priori zu beweisen, dass das Ich eine einfache und numerisch identische Seelensubstanz ist, der wir die Eigenschaften der Immaterialität, der Inkorruptibilität, der Persönlichkeit und der Immortalität zuschreiben können (vgl. KrV A 344f.-B403), scheitert. Dies liegt vor allem an drei Gründen: Zum Ersten haben wir keine (intellektuelle) Anschauung vom Ich. Das „Ich ist zwar in allen Gedanken; es ist aber mit dieser Vorstellung nicht die mindeste Anschauung verbunden, die es von anderen Gegenständen der Anschauung unterschiede" (KrV A 350). Zum Zweiten missverstehen die rationalen Psychologen die logischen Funktionen des Denkens als reale Eigenschaften des Ich. Es ist nach Kant „nichts natürlicher und verführerischer, als der Schein, die Einheit in der Synthesis der Gedanken für eine wahrgenommene Einheit im Subjecte dieser Gedanken zu halten. Man könnte ihn die Subreption des hypostasierten Bewußtseins (*apperceptiones substantiate*) nennen" (KrV A 402). Und zum Dritten versucht die rationale Psychologie, unsere Erkenntnisse über das Ich als Seelensubstanz durch vier syllogistische Schlüsse zu erweitern. So lautet beispielsweise der zweite Paralogismus der Simplizität: „Dasjenige Ding, dessen Handlung niemals als die Konkurrenz vieler handelnder Dinge angesehen werden kann, ist einfach. Nun ist die Seele, oder das denkende Ich, ein solches: also etc." (KrV A 351). Dieser Syllogismus erweist sich bei näherer Betrachtung als ein Paralogismus, weil er unterstellt, dass die „absolute Einheit des denkenden Wesens", ohne die es keine „Einheit des Gedankens" (KrV A 353) geben kann, nur einer Substanz zugesprochen werden kann. „Der Satz: Ich bin einfach" ist ein „unmittelbarer Ausdruck der Apperzeption", aber er stellt keine „Erkenntnis von der Einfachheit des Subjects selbst" (KrV A 355) dar. Die „logische Einheit des Subjects (Einfachheit)" darf nicht mit der „wirklichen Einfachheit meines Subjects" (KrV A 356) verwechselt werden. Genau dies geschieht aber in dem zweiten Paralogismus: Die Einfachheit des „Ich denke" wird mit der Einfachheit eines uns unbekannten „Etwas überhaupt (transscendentales Subject)" (KrV A 355) verwechselt. Die logische Einfachheit des Ich wird aber nach Kant nicht erschlossen, sondern „muß als ein unmittelbarer Ausdruck der Apperception angesehen werden" (KrV A 354–355; vgl. KrV A 362).

Nach der ersten Auflage der *KrV* ist es erlaubt, das Ich in rein logischer Hinsicht mit den rein intellektuell zu verstehenden Kategorien der Substanz, der Einfachheit und numerischen Identität zu beschreiben: „Nun ist die bloße Apperception (Ich) Substanz im Begriffe, einfach im Begriffe etc. und so haben alle jene psychologische Lehrsätze ihre unstreitige Richtigkeit. Gleichwohl wird dadurch doch dasjenige keineswegs von der Seele erkannt, was man eigentlich wissen will" (KrV A 400; vgl. KrV A 350; KrV A 356; KrV A 365–366) In der Fassung des Paralogismuskapitels in der zweiten Auflage der *KrV* von 1787 betont Kant dagegen, dass die Einfachheit der Substanz „mit der objectiven Realität" des Substanzbegriffs wegfällt und „in eine bloße logische, qualitative Einheit des Selbstbewußtseins im Denken überhaupt" (KrV B 413) verwandelt wird. Die Modi des Selbstbewusstseins sind an sich betrachtet „noch keine Verstandesbegriffe von Objecten, (Kategorien) sondern bloße logische Functionen, die dem Denken gar keinen Gegenstand, mithin mich selbst auch nicht als Gegenstand, zu erkennen geben" (KrV B 407). Damit logische Funktionen, die „bloße Gedankenformen" (KrV B 150) sind, Kategorien mit einem Gegenstandsbezug werden, muss noch etwas zu ihnen hinzutreten, und das ist die im Erkenntnisurteil vollzogene Anwendung der logischen Urteilsfunktionen auf Anschauung. Ganz in diesem Sinne verzichtet Kant im Paralogismus B auf die an der Kategorientafel orientierte Exposition und Kritik der vier Paralogismen und hebt die Bedeutung und die Relevanz der transzendentalen Einheit des Bewusstseins und die analytischen Urteilsfunktionen hervor. Der Hauptfehler der rationalen Psychologen wird jetzt darin gesehen, die analytischen Funktionen des Denkens für reine Verstandesbegriffe von Objekten genommen zu haben (vgl. KrV B 410–411). Demnach revidiert Kant im Paralogismus B seine noch 1781 vorgetragene These, dass es sehr wohl erlaubt sei, die Seele eine Substanz zu nennen, „wenn man sich nur bescheidet: dass uns dieser Begriff nicht im mindesten weiter führe" (KrV B 350).

7 Kants Begriff des Ich in der Forschungsliteratur

Die Literatur zu Kants Begriff des Ich ist nahezu unüberschaubar und entsprechend der vielfältigen Kontexte, in denen es von ihm thematisiert wird, höchst differenziert und spezialisiert. Neben Fragen zum historischen Kontext, zur Genese und Entwicklung der kritischen Ich-Theorie (vgl. Brandt, *Rousseau und Kants ‚Ich denke'*; Klemme, *Kants Philosophie des Subjekts*; Klemme, *Kants Wende zum Ich*; Wunderlich, *Kant und die Bewusstseinstheorien*; Kitcher, *Kant's Thinker*; Thiel, *Between Wolff and Kant*), des systematischen Gehalts seiner Apperzeptionslehre und der Funktion des ‚Ich denke' für den Begriff der Meinigkeit von Vorstellungen (vgl. Henrich, *Fichtes ursprüngliche Einsicht*; Henrich, *Identität und Objektivität*; Cramer, *Über Kants Satz*; Cramer, *Kants ‚Ich denke'*; Rosefeldt, *Das logische Ich*) wird das Verhältnis der ersten und zweiten Auflage der *KrV* (vgl. Horstmann, *Kants Paralogismen*) zueinander kontrovers diskutiert. Kontovers wird auch Kants Verhältnis zur rationalen Psychologie und damit seine Nähe zu einem metaphysisch-ontologischen Ich-Verständnis beurteilt (vgl. Ameriks, *Kant's Theory*; Klemme, *Interpretation*).

Weiterführende Literatur

Ameriks, Karl: „Apperzeption und Subjekt. Kants Lehre vom Ich heute", in: Heidemann, Dietmar H. / Engelhard, Kristina (Hg.): Warum Kant heute? Systematische Bedeutung und Rezeption seiner Philosophie in der Gegenwart, Berlin u. a.: de Gruyter 2004, 76–99.

Ameriks, Karl: Kant's Theory of Mind. An Analysis of the Paralogisms of Pure Reason, Oxford: Clarendon Press [2]2000.

Brandt, Reinhard: „Rousseau und Kants ‚Ich denke', in: Brandt, Reinhard / Stark, Werner (Hg.): Autographen, Dokumente und Berichte. Zu Edition, Amtsgeschäften und Werk Immanuel Kants, Hamburg: Meiner 1994, 1–18.

Carl, Wolfgang: Die Transzendentale Deduktion der Kategorien in der ersten Auflage der Kritik der reinen Vernunft, Frankfurt/M.: Klostermann 1992.

Choi, In-Sook: Die Paralogismen der Seelenlehre in der ersten und der zweiten Auflage der „Kritik der reinen Vernunft", Frankfurt/M. u. a.: Peter Lang, 1991.

Cramer, Konrad: „Über Kants Satz: Das Ich denke, muß alle meine Vorstellungen begleiten können, in: Cramer, Konrad u. a. (Hg.): Theorie der Subjektivität, Frankfurt/M., 1987, 167–202.

Cramer, Konrad: „Kants ‚Ich denke' und Fichtes ‚Ich bin'", in: Internationales Jahrbuch des Deutschen Idealismus / International Yearbook of German Idealism, hg. von Karl Ameriks, Jürgen Stolzenberg und Fred Rush, Band 1, Berlin u. a.: de Gruyter 2003, 57–92.

Frank, Manfred: „Fragmente einer Geschichte der Selbstbewußtseins-Theorie von Kant bis Sartre", in: Frank, Manfred (Hg.): Selbstbewußtseinstheorien von Fichte bis Sartre, Frankfurt/M.: Suhrkamp 1991, 413–499.

Henrich, Dieter: „Fichtes ursprüngliche Einsicht", in: Henrich, Dieter (Hg.): Subjektivität und Metaphysik. Festschrift für W. Cramer, Frankfurt/M.: Suhrkamp 1966, 188–232.

Henrich, Dieter: Identität und Objektivität. Eine Untersuchung über Kants transzendentale Deduktion, Heidelberg: Winter 1976.

Horstmann, Rolf-Peter: „Kants Paralogismen", in: Kant-Studien 84, 1993, 408–425.

Kitcher, Patricia: Kant's Thinker, Oxford: Oxford University Press 2011.

Klemme, Heiner F.: Kants Philosophie des Subjekts. Systematische und entwicklungsgeschichtliche Untersuchungen zum Verhältnis von Selbstbewußtsein und Selbsterkenntnis, Hamburg: Meiner 1996.

Klemme, Heiner F.: „Kants Wende zum Ich. Zum Einfluß von Herz und Mendelssohn auf die Entwicklung der kritischen Subjekttheorie", in: Zeitschrift für philosophische Forschung 53, 1999, 507–529.

Klemme, Heiner F.: „Die rationalistische Interpretation von Kants ‚Paralogismen der reinen Vernunft'. Eine Kritik" in: Stolzenberg, Jürgen u. a. (Hg.): Metaphysik und Kritik. Interpretationen zur ‚Transzendentalen Dialektik' der ‚Kritik der reinen Vernunft', Würzburg: Königshausen & Neumann 2010, 141–161.

Mohr, Georg: Das sinnliche Ich. Innerer Sinn und Bewusstsein bei Kant, Würzburg: Königshausen & Neumann 1991.
Rosefeldt, Tobias: Das logische Ich. Kant über den Gehalt des Begriffes von sich selbst, Berlin u. a.: philo 2000.
Sturm, Thomas: Kant und die Wissenschaften vom Menschen, Paderborn: Mentis 2009.
Wunderlich, Falk: Kant und die Bewußtseinstheorien des 18. Jahrhunderts, Berlin u. a.: de Gruyter 2005.

Heiner F. Klemme

Ich denke

Das ‚Ich denke' verweist bei Kant auf den Akt eines Erkenntnissubjekts, durch den verschiedene Vorstellungen zu Urteilen verbunden werden (vgl. 4:304). Zu den Voraussetzungen dieses Aktes gehört es, dass das Subjekt imstande ist, die verschiedenen Vorstellungen (vgl. KrV B 132) ebenso wie den Akt selbst (vgl. KrV A 103; KrV B 153) als etwas zu erkennen, das einem einzigen Subjekt, nämlich ihm selbst, angehört. Kant charakterisiert das ‚Ich denke' als eine reine und ursprüngliche Vorstellung a priori und verknüpft sie unmittelbar mit der transzendentalen Einheit des Selbstbewusstseins oder der Apperzeption (vgl. KrV B 132–133). Weitere wichtige Stellen: KrV A 341 / B 399; KrV A 343 / B 401; KrV A 347 / B 405; KrV A 354; KrV B 137; KrV B 153; KrV B 157 Anm.; KrV B 422 Anm.; KrV B 428–429; 4:304; 22:93; 22:95.

Philosophische Funktion

1 *„Ich denke, ist also der alleinige Text der rationalen Psychologie, aus welchem sie ihre ganze Weisheit auswickeln soll" (KrV A 343 / B 401)*

‚Ich denke' kommt in der ersten Auflage der *KrV* lediglich als Teil der Kritik Kants an jenen Irrtümern vor, die sich aus Descartes' Erhöhung des *cogito* zum ersten und absolut gewissen Satz des Wissens ergaben. Kant unterscheidet sein ‚Ich denke' (oder *cogito*) von dem Descartes'. Kant zufolge enthält Descartes' *cogito* bereits die Wahrnehmung eines Daseins (vgl. KrV A 347 / B 405). Und nur weil das cartesische *cogito* eine solche Wahrnehmung enthält, schließt es den Satz ‚Ich bin' ein. Kants Auffassung nach irrt Descartes, wenn er seine entscheidende These als Schluss darstellt: *cogito ergo sum*. Da ‚Ich bin' im cartesischen *cogito* analytisch enthalten ist, braucht es auch keinen Schluss, um diesen Satz zu behaupten (vgl. KrV A 355).

Wenn Descartes und seine Nachfolger einen geschärfteren Blick gehabt hätten, dann hätten sie gesehen, dass das ‚Ich denke' selbst nicht schon ein Dasein enthält. Betrachtet man den Satz ‚Ich denke' rein für sich, dann wird er „nur problematisch genommen", also als ein Satz, der auf ein wirkliches Subjekt zutreffen könnte (KrV A 347 / B 405). Wie Kant jedoch die Existenzimplikationen des ‚Ich denke' bei fehlender Anschauung in der zweiten Auflage der *KrV* versteht, ist, wie die zweite Kontroverse im 4. Abschnitt noch zeigen wird, ziemlich komplex, wenn nicht gar inkonsistent.

Was wird mit dem Satz ‚Ich denke' von einem Subjekt inhaltlich behauptet? Aus der Perspektive der kantischen Erkenntnistheorie kann es auf diese Frage keine Antwort geben. ‚Ich denke' kann keinen besonderen Inhalt haben. Der Satz hat keinen bestimmten empirischen Inhalt, da es keine Anschauung eines denkenden Ich gibt. Auch ist das ‚Ich denke' kein mit den Urteilsformen verknüpfter Begriff a priori, das heißt eine → ‚Kategorie'. Außerdem beinhaltet es keine Kategorien, insbesondere nicht die Kategorie der Substanz. Jedoch ist es ein transzendentaler Begriff a priori (vgl. KrV B 132), weil es das „Vehikel" der Kategorien darstellt (KrV A 341 / B 399). Da das ‚Ich denke' in der Deduktion der ersten Auflage nicht erörtert wird, kann die eben gemachte Behauptung über seine Beziehung zu den Kategorien etwas undurchsichtig erscheinen. Nimmt man die Deduktion der zweiten Auflage zu Hilfe, lichtet sich vielleicht das Dunkel und wird auch die Metapher klarer. Das ‚Ich denke' bezieht sich auf den selbstbewussten Akt, gegebene Vorstellungen in einem Urteil und in einem einheitlichen Bewusstsein zu verbinden (vgl. KrV B 130; KrV B 133). Das Vehikel der Kategorien ist es deshalb, weil es auf den Akt des Verbindens verweist, der für alle Urteile notwendig und allen gemeinsam ist (vgl. KrV B 130). Da das ‚Ich denke' sich auf den Akt des Verbindens beliebiger Inhalte vermittels beliebiger Urteilsformen bezieht, hat es keinen eigenen Inhalt – es ist eine „einfache und für sich selbst an Inhalt gänzlich leere Vorstellung" (vgl. KrV A 345–346 / B 404–405; KrV B 135).

Da das ‚Ich denke' Vorstellungen in Urteilen und damit einhergehend in einem einheitlichen Bewusstsein verbindet, dient es nur dazu, „alles Denken als zum Bewußtsein gehörig aufzuführen" (KrV A 341 / B 400). Die Schwierigkeit für die rationale Psychologie besteht nun darin, dass die zum Teil durch das ‚Ich denke' ausgedrückte erkenntnistheoretische Forderung, alles Bewusstsein gehöre zu einem allgemeinen Bewusstsein (vgl. KrV A 117 Anm.), keinen ernstzunehmenden Maßstab zur Beantwortung folgender Frage liefert: „Wenn mir jemand überhaupt die Frage aufwürfe: von welcher Beschaffenheit ist ein Ding, welches denkt?, so weiß ich darauf *a priori* nicht das mindeste zu antworten, weil die Antwort synthetisch sein soll [...]. Zu jeder synthetischen Auflösung aber wird Anschauung erfordert, die in der so allgemeinen Aufgabe gänzlich weggelassen worden" ist (KrV A 398). Da die rationale Psychologie es unternimmt herauszufinden, was alles einem Subjekt zugeschrieben werden könne allein aufgrund der Tatsache, dass es ein denkendes Wesen ist, kann sie nicht Eigenschaften wirklicher denkender Wesen in Betracht ziehen. Die Anschauung bleibt also nicht nur deshalb außer Betracht, weil es keine Anschauung eines denkenden Ich gibt, sondern auch, weil der Gebrauch der Anschauung dem Unternehmen der rationalen Psychologie diametral entgegengesetzt ist. Was dieser vermeintlichen Disziplin lediglich zur Verfügung steht, sind Kategorien a priori. Insbesondere greift sie auf die Kategorie der Substanz zurück, um daraus auf die Einfachheit, Substantialität, fortdauernde Identität und Immaterialität der Seele zu schließen (vgl. KrV A 344 / B 402). Fehlt die Anschauung jedoch, kann man den Begriff der Substanz nicht anwenden. Irrtümlicherweise glaubt nun die rationale Psychologie, sie könne dieses Problem dadurch umgehen, dass sie die gegenständliche Anschauung durch die formale, logische (in zeitgenössischer Terminologie: erkenntnistheoretische) Bedingung eines Subjekts allen Denkens – ein ‚Ich denke' – ersetzt. Das Ergebnis ist ein Argument, das *per sophisma figurae dictionis* ungültig ist: Im Obersatz wird behauptet, dass jeder Gegenstand, der nur als Subjekt gedacht werden kann, eine Substanz sei. Der Untersatz dagegen bezieht sich nicht auf ein gedachtes Subjekt, sondern auf das Subjekt des Denkens (vgl. KrV B 411–412 Anm.).

2 *„Diese Vorstellung aber ist ein Actus der Spontaneität, d. i. sie kann nicht als zur Sinnlichkeit gehörig angesehen werden" (KrV B 132)*

Eine der zentralen positiven Behauptungen Kants über das ‚Ich denke' lautet, dass diese Vorstellung nicht vermittels der Sinne entsteht, sondern a priori ist. Ohne sie beim Namen zu nennen, kritisiert er seine empiristischen Vorläufer Locke (vgl. KrV B 133) und Hume (vgl. KrV A 107) für ihre verworrene Ansicht, die Vorstellung ‚Ich' stamme aus der Erfahrung. Da das ‚Ich denke' jede nur denkbare Vorstellung begleiten können muss, irrte Hume (vgl. *Treatise*, S. 252), wenn er [wenn auch etwas spöttisch] annahm, die Erfahrung könne die Quelle dieser notwendigen Vorstellung sein. Lockes Idee (vgl. *Essay*, S. 335), eine Person werde durch das die Wahrnehmung oder das Denken begleitende Bewusstsein darüber in Kenntnis gesetzt, dass es ein Ich sei, verfehlt ebenfalls das Ziel. Das ‚Ich denke' bezieht sich nicht nur auf das jede Vorstellung begleitende Bewusstsein, sondern auch auf den Akt, verschiedene Vorstellungen in einer einzigen Vorstellung und in einem einzigen und einheitlichen Bewusstsein zu verbinden.

3 *„Das: Ich denke, muß alle meine Vorstellungen begleiten können" (KrV B 131f.)*

Es überrascht ein wenig, dass diese für die Deduktion der zweiten Auflage absolut zentrale Behauptung in dieser spezifischen Form in der Deduktion der ersten Auflage überhaupt nicht vorkommt. Auch in dieser A-Deduktion wird die besondere Bedeutung des Satzes, dass „in meinem Erkenntnisse alles Bewußtsein zu einem Bewußtsein (meiner selbst) gehöre" hervorgehoben. Dieser Satz „ist der schlechthin erste und synthetische Grundsatz unseres Denkens überhaupt" (KrV A 117 Anm.). Die Lehren der ersten und der zweiten Auflage ähneln sich also weitgehend, doch hat sich die Art und Weise, wie jene Behauptung besser ausgedrückt werden sollte, verändert. Warum wird aus der Notwendigkeit, dass alle Vorstellungen zu einem einheitlichen Bewusstsein gehören, als höchstem Grundsatz der kantischen Erkenntnistheorie, nun die Notwendigkeit, dass diese Vorstellungen alle von einem ‚Ich denke' begleitet werden können? Zwei möglicherweise komplementäre Hypothesen scheinen plausibel. Im Hinblick auf die Argumente im Kapitel über die Paralogismen (vgl. KrV B 399–428) wollte Kant vielleicht seine Theorie in einer Weise formulieren, die ihre Beziehung zum cartesischen *cogito* stärker ins Licht rückt. Er könnte auch geglaubt haben, dass die Charakterisierung des gemeinsamen Subjekts der verschiedenen Vorstellungen als eines aktiven denkenden Wesens den Weg für das Argument der Deduktion ebne, dass die für die Erkenntnis notwendige ursprüngliche Einheit der Apperzeption nur vermittels einer Synthesis oder Verbindung von Vorstellungen möglich ist (vgl. KrV B 133–134) (die selbst wiederum nur möglich ist vermittels Regeln zur Ausführung der Synthesen).

4 Kontroverse Interpretationen

Viele interpretatorische und philosophische Kontroversen drehen sich um die Rolle und die Implikationen des kantischen ‚Ich denke'. Im Folgenden soll ein Blick auf drei solcher Kontroversen geworfen werden, die sich alle drei im Hinblick auf ihre Beziehung zu Descartes' *cogito* verstehen lassen. Ist das ‚Ich denke' nicht nur in dem Sinne der erste Grundsatz von Kants Philosophie, dass es der höchste Grundsatz seiner Erkenntnistheorie ist (was es offenkundig ist: vgl. KrV A 117 Anm.; KrV B 136–137), sondern auch in dem Sinne, dass es die Ausgangsprämisse darstellt, von der die transzendentale Deduktion der Kategorien fortschreitet? Ist im ‚Ich denke' die Existenz eines denkenden Wesens impliziert? Wird die Existenz des durch das ‚Ich denke' gewussten denkenden Wesens (sofern es gewusst wird) mit cartesianischer Gewissheit gewusst?

Dieter Henrich hat die Ansicht vertreten, dass Kants Deduktion der Kategorien nur dann zwingend sein könne, wenn sie mit einer cartesianischen Gewissheit im Hinblick auf die Identität des Subjekts einsetzt. Die gemäßigte (d. h. Zustandsveränderungen in der Zeit zulassende) Identität des kantischen Subjekts „muß als Identität im gemäßigten Sinne genommen und zugleich auf das Selbstbewußtsein als ein Prinzip cartesianischer Gewißheit bezogen werden" (Henrich, *Identität und Objektivität*, S. 86). Weil die gemäßigte Identität gewiss ist, muss gewährleistet sein, dass in den Übergängen von einem Zustand zum anderen die Identität bewahrt wird. Da dies nur möglich wäre, wenn die Übergänge aufgrund konstanter Regeln vollzogen würden, scheinen wir damit den Anfang eines Arguments für die notwendige Allgegenwart kategorialer Grundsätze zu haben (vgl. Henrich, *Identität und Objektivität*, S. 94–96). Im Gegensatz hierzu meint Henry Allison, dass Kants Überlegungen zur Identität des Bewusstseins, dem verschiedene Vorstellungen angehören, kein cartesianisches Bewusstsein der Identität beinhalten müssten. Erkenntnissubjekte sind sich ihrer numerischen Identität nicht bewusst; sie sind sich „aber der ‚Tatsache' bewusst, dass diese Identität als eine notwendige Bedingung des Wissens vorausgesetzt werden muss" (Allison, *Kant's Transcendental Idealism*, S. 140). Gestützt wird Allisons Ansicht, dass spätestens mit der zweiten Auflage Kant nicht vom cartesischen *cogito* zu bestimmten Wisseneinschränkungen, sondern von den Erkenntnisbedingungen zum ‚Ich denke' argumentiert, durch eine Stelle im Paralogismen-Kapitel dieser Auflage: „die Einheit des Bewußtseins, die wir selbst nur dadurch kennen, daß wir sie zur Möglichkeit der Erfahrung unentbehrlich brauchen" (KrV B 420).

Prima facie sind Kants Texte im Hinblick auf die Frage, ob das ‚Ich existiere' allein aus dem ‚Ich denke' herausgelesen werden könne, nicht konsistent. Zwei wichtige Textstellen legen eine negative Antwort nahe: „Das: Ich denke, ist, wie schon gesagt, ein empirischer Satz und hält den Satz: Ich existire, in sich. [...] Allein ohne irgend eine empirische Vorstellung, die den Stoff zum Denken abgiebt, würde der Actus: Ich denke, doch nicht stattfinden" (KrV B 423 Anm.). „Der Satz: Ich denke, oder: Ich existire denkend, ist ein empirischer Satz. Einem solchen aber liegt empirische Anschauung [...] zum Grunde" (KrV B 428). Der springende Punkt scheint für Kant eindeutig zu sein: Um eine empirische (Existenz-)Behauptung aus dem Satz „Ich denke" zu gewinnen, muss die Grundlage des Satzes einen empirischen Inhalt haben. Zwei andere Stellen hingegen unterstützen eine positive Antwort: „Das: Ich denke, drückt den Actus aus, mein Dasein zu bestimmen. Das Dasein ist dadurch also schon gegeben, aber die Art, wie ich es bestimmen [...] solle, ist dadurch noch nicht gegeben" (KrV B 157 Anm.). „Wenn ich mit dem *intellectuellen Bewußtsein* meines Daseins in der Vorstellung *Ich bin*, welche alle meine Urtheile und Verstandeshandlungen begleitet [...]" (KrV B XL Anm.). Die erste legt die Ansicht nahe, dass die Existenz durch einen Denkakt erwiesen werde; die zweite, dass

Erkenntnissubjekte eine Art intellektuelles Bewusstsein von ihrer Existenz haben (ein Bewusstsein, das Kant ebenso leugnet, vgl. z. B. KrV B 158 Anm.).

Eine weitere Stelle liefert eine mögliche Lösung: „Dagegen bin ich mir meiner selbst [...] in der synthetischen ursprünglichen Einheit der Apperception bewußt, nicht wie ich mir erscheine, noch wie ich an mir selbst bin, sondern nur *daß* ich bin. Diese *Vorstellung* ist ein *Denken*, nicht ein *Anschauen*" (KrV B 157). Diese Stelle scheint zunächst sehr verwirrend zu sein. Kant scheint hier seine zentrale Auffassung, dass es genau zwei Arten von Dingen gebe, Erscheinungen und Dinge an sich, zu verneinen: das Ich, dessen ich mir im Denken bewusst bin, soll keines von beiden sein. Die durch den folgenden Satz nahe gelegte Lösung lautet, dass die Vorstellung meines Denkens genau das sei, nämlich eine Vorstellung des Denkens, die vom Denken irgendeiner bestimmten Vorstellung als meiner abstrahiert ist. Der „Abstraktions-Lesart" zufolge ist die Vorstellung des Ich im Denken aus demselben Grunde weder Erscheinung noch Ding an sich, aus dem irgendein anderer Begriff, den ein Erkenntnissubjekt sich vorstellen könnte, z. B. „Hund", weder eine Erscheinung noch Ding an sich ist. Sie ist lediglich eine intellektuelle Vorstellung, die darauf wartet, auf Empirisches angewendet zu werden.

Auch wenn durch die „Abstraktions-Lesart" viele Aspekte der wichtigsten Erörterungen des ‚Ich denke' erfasst werden, einschließlich solcher, die sich in der Kritik der rationalen Psychologie finden (vgl. 1.), wird doch eines nicht erklärt: die Betonung des Handelns. Die Erörterung des ‚Ich denke' im § 25 der B-Deduktion gipfelt in einem dramatischen Ausspruch: „und ich existire als Intelligenz, die sich lediglich ihres Verbindungsvermögens bewußt ist" (KrV B 158–159). Dieser Punkt wird am Ende des Paralogismen-Kapitels der zweiten Auflage wieder aufgenommen: „Nun will ich mich meiner aber nur als denkend bewußt werden; wie mein eigenes Selbst in der Anschauung gegeben sei, das setze ich bei Seite, und da könnte es mir, der ich denke, aber nicht so fern ich denke, bloß Erscheinung sein; im Bewußtsein meiner selbst beim bloßen Denken bin ich das *Wesen selbst*, von dem mir aber freilich dadurch noch nichts zum Denken gegeben ist" (KrV B 429). Die Idee ist hier offenbar die, dass die denkenden Subjekte, indem sie die Denkakte vom Denken eines bestimmten Inhalts abstrahieren (und vermutlich auch in den Akten des Denkens bestimmter Inhalte), sich ihrer Denkhandlungen als solcher bewusst werden. Da in ihnen von allem Inhalt abstrahiert ist, können solche „entkoppelten" Denkakte nicht begründen, dass ein Subjekt zu einem ganz bestimmten Zeitpunkt auf ganz bestimmte Weise (d. h. mit einem bestimmten Gedanken) existiert. Gleichwohl impliziert der Gedanke von Denkakten, selbst wenn in ihnen von allem Inhalt abstrahiert ist, dass etwas existiert, das denkt. Außerdem ist ein Bewusstsein von Denkakten als solchen Akten nicht gänzlich frei von Inhalten. Kant verneint ausdrücklich, dass die Kategorien von Ursache oder Substanz in irgendeiner Weise auf die Vorstellung meiner selbst als nur Denkendem angewendet werden können. Unklar ist, wie wir uns seiner Meinung nach als Intelligenzen vorstellen, ohne uns als in zumindest teilweise bestimmter Weise existierend vorzustellen.

Sofern wir uns nun unserer Denkakte bewusst sind, begründet dieses Bewusstsein dann eine cartesianische Gewissheit im Hinblick auf Denken oder Existieren? Kants wichtige Erörterung des Unterschiedes zwischen innerem Sinn und Apperzeption deutet darauf hin, dass die Apperzeption eine besondere Art des Bewusstseins beinhaltet: „so ist seine [des Verstandes] Synthesis, wenn er für sich allein betrachtet wird, nichts anders als die Einheit der Handlung, deren er sich als einer solchen, auch ohne Sinnlichkeit bewußt ist" (KrV B 153). Wenn man annimmt, dass die Handlung des Verstandes dieselbe ist wie diejenige, die sich im ‚Ich denke' ausdrückt, dann scheint Kant zu behaupten, dass denkende Subjekte sich ihrer Gedanken in ganz besonderer Weise bewusst sind. Er widersteht jeglicher Versuchung, diesen Umstand im Sinne eines intellektuellen Bewusstseins zu deuten: „Habe ich nun nicht noch eine andere Selbstanschauung, die das *Bestimmende* in mir, dessen Spontaneität ich mir nur bewußt bin, [...] giebt" (KrV B 158 Anm.). Locke hatte angenommen (vgl. *Essay*, S. 105), Menschen seien sich ihrer geistigen Aktivitäten vermittels eines inneren Sinnes bewusst, doch diese Hypothese wird von Kant an der angegebenen Stelle ausdrücklich verworfen. Auch wenn Kant nicht vollständig erklärt, woher denkende Subjekte wissen, dass sie urteilen (und nicht etwa schließen), scheint dieses Phänomen, auf das Locke und er hingewiesen haben, doch hinlänglich ausgeprägt. Jeder weiß um den Unterschied zwischen der Erinnerung an etwas, das er glaubt, und einem gerade gefällten Urteil, oder zwischen einem selbstgezogenen Schluss und der Mitteilung über eine Schlussfolgerung. Ohne jedoch genauer erfasst zu haben, an welche Art von Bewusstsein Kant denkt, lässt sich nur schwer der mit ihm einhergehende Grad an Gewissheit bestimmen.

Weiterführende Literatur

Ameriks, Karl: Kant's Theory of Mind, New York: Oxford University Press ^{2}2000.

Carl, Wolfgang: Die Transzendentale Deduktion der Kategorien in der ersten Auflage der Kritik der reinen Vernunft: Ein Kommentar, Frankfurt/M.: Klostermann 1992, bes. 60–71, 103–186.

Carl, Wolfgang: „Die Transzendentale Deduktion in der zweiten Auflage", in: Mohr, Georg / Willaschek, Marcus (Hg.): Immanuel Kant. Kritik der reinen Vernunft, Berlin: Akademie 1998, 189–216.

Cramer, Konrad: „Über Kants Satz: Das: Ich denke, muß alle meine Vorstellungen begleiten können", in: Cramer, Konrad / Fulda, Hans Friedrich / Horstmann, Rolf-Peter / Pothast, Ulrich (Hg.): Theorie der Subjektivität, Frankfurt/M.: Suhrkamp 1987, 167–202.

Cramer, Konrad: „Kants ‚Ich denke' and Fichtes ‚Ich bin'", in: Internationales Jahrbuch des Deutschen Idealimus 1, 2003, 57–92.

Henrich, Dieter: Identität und Objektivität: Eine Untersuchung über Kants transzendentale Deduktion, Heidelberg: Carl Winter Universitätsverlag 1976.

Horstmann, Rolf-Peter: „Kants Paralogismen", in: Kant-Studien 84, 1993, 408–425.

Horstmann, Rolf-Peter: „Kant und Carl über Apperzeption", in: Stolzenberg, Jürgen (Hg.): Kant in der Gegenwart, Berlin u. a.: de Gruyter 2007, 131–147.

Klemme, Heiner: Kants Philosophie des Subjekts, Hamburg: Meiner 1995.

Rosefeldt, Tobias: Das logische Ich: Kant über den Gehalt des Begriffes von sich selbst, Berlin: Philo 2000.

Sellars, Wilfrid: „‚... this I or he or it (the thing) which thinks...'. Immanuel Kant, Critique of Pure Reason (A 346 / B 404)", in: Proceedings and Addresses of the American Philosophical Association 44, 1970–1971, 5–31.

Patricia Kitcher
(Übersetzung: Birger Brinkmeier)

Ideal der reinen Vernunft

Unter einem Ideal der reinen Vernunft versteht Kant den a priori durchgängig bestimmten Begriff von einem einzelnen, alle mögliche Realität enthaltenden Gegenstand. Als Idee eines ursprünglichen Wesens (*ens originarium*), eines höchsten Wesens (*ens summum*) und eines Wesens aller Wesen (*ens entium*) steht das Ideal der reinen Vernunft im Mittelpunkt der rationalen →Theologie. Die Kritik zeigt jedoch, dass die Vernunft, ungeachtet der Notwendigkeit der Annahme eines Inbegriffs der Realität, nicht die Befugnis besitzt, die objektive Realität eines einzelnen, alle Bestimmungen vollständig in sich vereinigenden Dinges anzunehmen. Die Beweise, die für das Dasein eines solchen Wesens vorgebracht werden können, lassen sich auf zwei Grundtypen zurückführen, die sich nach Kant beide als ungültig erweisen. Das Ideal der reinen Vernunft bezeichnet Kant auch als ‚transzendentales Ideal'. Wichtige Stellen: KrV A 334ff. / B 391ff.; KrV A 571ff. / B 599; KrV A 583f. / B 611f.; KrV A 611ff. / B 639ff.; 8:137; 9:99; 18:140; 18:223; 20:303.

Philosophische Funktion

Im dreiteiligen System der transzendentalen Ideen bezieht sich die dritte Klasse auf die „*absolute Einheit der Bedingung aller Gegenstände des Denkens überhaupt*" (KrV A 334 / B 391). Diese absolute Einheit in einem einzelnen Ding vorgestellt – als „oberste Bedingung der Möglichkeit von allem, was gedacht werden kann" (KrV A 334 / B 391) – ist Gegenstand der transzendentalen Gotteslehre (vgl. KrV A 579f. / B 607f.). Kant gebraucht den Begriff des „Ideals der reinen Vernunft" in einem doppelten Sinn: einerseits als Bezeichnung für →Gott, sofern dieser als „Wesen aller Wesen" gedacht wird, andererseits als Name für den „dialektischen Vernunftschluß", in dem ich „von der Totalität der Bedingungen, Gegenstände überhaupt, so fern sie mir gegeben werden können, zu denken, auf die absolute synthetische Einheit aller Bedingungen der Möglichkeit der Dinge überhaupt, d. i. von Dingen, die ich nach ihrem bloßen transscendentalen Begriff nicht kenne, auf ein Wesen aller Wesen, welches ich durch einen transscendenten Begriff noch weniger kenne, und von dessen unbedingter Nothwendigkeit ich mir keinen Begriff machen kann", schließe (KrV A 340 / B 398). Im Hinblick auf diesen „vernünftelnde[n]" (KrV A 340 / B 398) Schluss steht die Kritik der Vernunft vor einer zweifachen Aufgabe: sie muss erstens zeigen, dass dieser Schluss nur scheinbar gültig ist, und zweitens eine Erklärung dafür bieten, wie die Vernunft dazu kommt, „alle Möglichkeit der Dinge als abgeleitet von einer einzigen, die zum Grunde liegt, nämlich der der höchsten Realität, anzusehen und diese sodann als in einem besonderen Urwesen enthalten" vorauszusetzen (KrV A 581 / B 609).

1 *Der Vernunftbegriff von einem durch die Idee a priori bestimmten Gegenstand*

Das Ideal der reinen Vernunft wird durch ein Verfahren der logischen Determination von → Begriffen gewonnen, das dem Gebrauch der Vernunft „analogisch" ist, „nach welchem sie in disjunctiven Vernunftschlüssen verfährt" (KrV A 577 / B 605). Ausgangspunkt ist die Vorstellung von einem „*Inbegriff aller Möglichkeit*" bzw. möglicher Prädikate von Dingen, als der „Bedingung der durchgängigen Bestimmung eines jeden Dinges" (KrV A 573 / B 601). Aus diesem „Inbegriff aller möglichen Prädicate überhaupt" müssen alle diejenigen Prädikate ausgesondert werden, die entweder „als abgeleitet durch andere schon gegeben sind, oder neben einander nicht stehen können" (KrV A 573f. / B 601f.). Dabei muss nicht nur das formale Verhältnis der logischen Opposition zwischen Prädikaten berücksichtigt werden, sondern auch, dass durch bestimmte Prädikate bereits inhaltlich eine „transzendentale Verneinung" ausgedrückt wird (KrV A 574 / B 602). Durch den Ausschluss dieser transzendental verneinenden und darin bedingten Bestimmungen wird der Inbegriff aller möglichen Prädikate in einen Inbegriff aller möglichen, auf ursprüngliche Realitäten bezogener Prädikate verwandelt, der, in der Einheit eines Begriffs zusammengefasst, ein „durchgängig" a priori bestimmter Begriff (*conceptus omnimode determinatus*) zu sein scheint (KrV A 574 / B 602). Als Begriff, dem scheinbar nichts zu seiner vollständigen logischen Determination fehlt, kann er als Begriff von einem einzelnen „durch die bloße Idee" durchgängig bestimmten Gegenstand aufgefasst werden (KrV A 574 / B 602). Nach Kant erfolgt diese Deutung über mehrere Stufen, denn das „Ideal des allerrealsten Wesens" wird „zuerst *realisirt*, d. i. zum Object gemacht, darauf *hypostasirt*, endlich durch einen natürlichen Fortschritt der Vernunft zur Vollendung der Einheit sogar *personificirt*" (KrV A 583 / B 611 Anm.).

Das der Gewinnung des transzendentalen Ideals zugrunde liegende Verfahren der Begriffsdetermination beruht zum einen auf dem logischen Grundsatz der Bestimmbarkeit der Begriffe, zum anderen auf dem transzendentalen Grundsatz der durchgängigen Bestimmung der Dinge. Der logische Grundsatz stellt die Forderung auf, dass jeder Begriff im Hinblick auf das, was nicht in ihm enthalten ist, durch eines von zwei kontradiktorisch-entgegengesetzten Prädikaten bestimmbar sein muss, dem Satz vom ausgeschlossenen Dritten untergeordnet ist und in disjunktiven Vernunftschlüssen Anwendung findet. Dagegen behauptet der transzendentale Grundsatz, dass jedes Ding, um möglich zu sein, durchgängig bestimmt sein muss, d. h. im Hinblick auf alle „*möglichen* Prädicate[] der *Dinge*, so fern sie mit ihre[m] Gegentheil[] verglichen werden", ihm eines notwendig zukommt (*omnimode determinatum*) (KrV A 571f. / B 599f.; vgl. 18:138; 18:140). Der für Kants Kritik des Ideals der reinen Vernunft entscheidende Punkt betrifft die Frage, worin die Idee des Alls der Realität (*omnitudo realitatis*) besteht, die einerseits der Annahme der durchgängigen Bestimmtheit der Gegenstände und damit ihrer (objektiven) → Möglichkeit zugrunde liegt, andererseits die Vorstellung von einem durch die Idee vollständig determinierbaren Begriff von einem Gegenstand überhaupt erst zulässt. Der Fehler liegt nach Kant darin, dass zur Möglichkeit von Sinnesgegenständen ein Inbegriff der empirischen Realität im Sinne des Ganzen der möglichen → Erfahrung vorausgesetzt werden muss, dies aber nicht bedeutet, dass wir über einen Inbegriff transzendentaler Realität verfügen, der die Bedingung des Denkens von Gegenständen überhaupt wäre.

Innerhalb des Systems der Ideen besitzt das Ideal der reinen Vernunft eine gegenüber den anderen Ideen in mehrfacher Hinsicht ausgezeichnete Stellung. Zunächst ist es „das einzige eigentliche Ideal, dessen die menschliche Vernunft fähig ist, weil nur in diesem einzigen Falle ein an sich allgemeiner Begriff von einem Dinge durch sich selbst durchgängig bestimmt, und als die Vorstellung von einem Individuum erkannt wird" (KrV A 576 / B 604). Es wird außerdem von der Vernunft als „Prototypon transscendentale" (KrV A 571 / B 599), als „das Urbild (*Prototypon*) aller Dinge" betrachtet, „welche insgesammt als mangelhafte Copeien (*ectypa*), den Stoff zu ihrer Möglichkeit daher nehmen und, indem sie demselben mehr oder weniger nahe kommen, dennoch jederzeit unendlich weit daran fehlen, es zu erreichen" (KrV A 578 / B 606). Daher ist es gleichbedeutend mit dem *ens originarium* (als ursprünglichem Modell aller Dinge), dem *ens summum* (als vollkommenstem Ding), dem *ens realissimum* (als alle Realität in sich vereinigendem Ding) und dem *ens entium*, dem „Wesen aller Wesen" (KrV A 340 / B 398). Als ein solches „Wesen aller Wesen" (KrV A 340 / B 398) bildet es den Gegenstand einer „transscendentalen *Theologie*" (KrV A 580 / B 608; vgl. KrV A 334f. / B 391f.).

2 Die Beweise und ihre Kritik

Nach Kant lassen sich alle Argumente, die die rationale Theologie aufbietet, um das Dasein eines höchsten Wesens zu beweisen, auf zwei reduzieren. „Entweder man schließt aus dem Begriff des allerrealesten Wesens auf das Daseyn desselben, oder aus dem nothwendigen Daseyn irgend eines Dinges auf einen bestimmten Begriff, den wir uns von ihm zu machen haben" (20:303; vgl. KrV A 612f. / B 640f.). Im Hinblick auf beide Wege glaubt Kant zeigen zu können, dass die Vernunft auf ihnen nicht zum Ziel kommt. Die Vernunft sieht sich mit dem Dilemma konfrontiert, dass sie auf der einen Seite zwar in ihrem Ideal einen durch die Idee a priori bestimmten Begriff besitzt, aber dessen objektive Realität nicht beweisen kann, und dass sie auf der anderen Seite zwar annehmen muss, dass etwas notwendig existiert, aber nicht bestimmen kann, was es ist. Dieses Dilemma zwingt zu einer Neubestimmung der Funktion des transzendentalen Ideals, durch die zugleich sichergestellt werden kann, dass die Vernunft in der Tat berechtigt ist, ihre Idee in gewisser Weise zu realisieren (nämlich als Gegenstand in der Idee), einen solchen Gegenstand zu hypostasieren (ihn als Grund aller anderen Gegenstände anzunehmen) und schließlich zu personalisieren (ihn als höchste Intelligenz zu bestimmen).

3 Erforschlichkeit/Unerforschlichkeit des Ideals der reinen Vernunft

Kant hebt hervor, dass das Ideal der reinen Vernunft „auf einer natürlichen und nicht bloß willkürlichen Idee gegründet" ist (KrV A 581 / B 609). Es muss sich eine Erklärung dafür finden lassen, warum die Vernunft den Begriff von einem durch die Idee selbst vollständig bestimmten Gegenstand bildet. „Ein Ideal der reinen Vernunft [...] [muss] als bloße Idee in der Natur der Vernunft seinen Sitz und seine Auflösung finden und also erforscht werden können" (KrV A 614 / B 642). Wie bei allen dialektischen Schlüssen der Vernunft beruht der Fehler im Schluss auf das Ideal auf einer „natürlichen Illusion" (KrV A 582 / B 610). Die Vernunft muss annehmen, dass die Erkenntnis der Gegenstände der Erfahrung im Verhältnis zu unserem Denken in zweifacher Weise bestimmt ist: in Ansehung ihrer Form durch den Verstand und seine Funktionen, in Ansehung ihrer Materie dagegen dadurch, dass die „Realität in der Erscheinung" gegeben sein muss, „ohne welches es auch gar nicht gedacht und mithin seine Möglichkeit nicht vorgestellt werden könnte" (KrV A 581 / B 609). Eine durchgängige Bestimmung eines Gegenstandes der Sinne wäre nur möglich, „wenn er mit allen Prädicaten der Erscheinung verglichen und durch dieselbe bejahend oder verneinend vorgestellet" werden könnte (KrV A 581 / B 609). „Weil aber darin dasjenige, was das Ding selbst (in der Erscheinung) ausmacht, nämlich das Reale, gegeben sein muß, ohne welches es auch gar nicht gedacht werden könnte; dasjenige aber, worin das Reale aller Erscheinungen gegeben ist, die einige allbefassende Erfahrung ist: so muß die Materie zur Möglichkeit aller Gegenstände der Sinne, als in einem Inbegriffe gegeben, vorausgesetzt werden, auf dessen Einschränkung allein alle Möglichkeit empirischer Gegenstände, ihr Unterschied von einander und ihre durchgängige Bestimmung beruhen kann" (KrV A 581f. / B 609f.). Es kann daher „nichts für *uns* ein Gegenstand" sein, „wenn es nicht den Inbegriff aller empirischen Realität als Bedingung seiner Möglichkeit voraussetzt" (KrV A 582 / B 610). Die „natürliche Illusion", die zum Schluss auf das transzendentale Ideal verleitet, besteht darin, diese Bedingung der Möglichkeit aller Gegenstände der Erfahrung für eine Bedingung zu halten, unter der alle Gegenstände überhaupt stehen: „Folglich werden wir das empirische Princip unserer Begriffe der [...] Dinge als Erscheinungen durch Weglassung dieser Einschränkung für ein transscendentales Princip der Möglichkeit der Dinge überhaupt halten" (KrV A 582 / B 610). Insofern ist mit dem Ideal der reinen Vernunft zugleich die Aufgabe gestellt, das Verhältnis von Gegebenheit und Begriff eines Gegenstandes (Anschauung und Denken) kritisch zu bestimmen. Grundthese der Kritik ist, dass die Differenz von Anschauung und Denken eines Gegenstandes stets erhalten bleibt. In seiner *Logik* weist Kant darauf hin, dass der durchgängig bestimmte Begriff (*conceptus omnimode determinatus*) ein solcher wäre, „zu dem sich keine weitere Bestimmung mehr hinzu denken ließe" (9:99), und fügt hinzu: „Da nur einzelne Dinge oder Individuen durchgängig bestimmt sind: so kann es auch nur durchgängig bestimmte Erkenntnisse als *Anschauungen*, nicht aber *als Begriffe*, geben; in Ansehung der letztern kann die logische Bestimmung nie als vollendet angesehen werden" (9:99 Anm.).

4 Der regulative Gebrauch des Ideals

Auch wenn das Ideal keine konstitutive Bedeutung in Ansehung der Gegenstände überhaupt besitzt, liegt der Notwendigkeit, „aller Möglichkeit das Dasein eines allerrealsten (höchsten) Wesens zum Grunde zu legen" (8:137 Anm.), ein Bedürfnis unserer Vernunft zugrunde. Die Annahme eines solchen Wesens hat eine bloß regulative Bedeutung, denn sie erlaubt uns, „alle Verbindung in der Welt so anzusehen, *als ob* sie aus einer allgenugsamen nothwendigen Ursache entspränge, um darauf die Regel einer systematischen und nach allgemeinen Gesetzen nothwendigen Einheit in der Erklärung derselben zu gründen" (KrV A 619 / B 647). Darüber hinaus besitzt das Ideal auch als regulatives Prinzip eine herausgehobene Stellung, da es sich um die eigentlich systematisierende Idee im System der Ideen und Begriffe handelt, die den Verstand auf die vollständige systematische Einheit aller empirischen Erkenntnis ausrichtet. So heißt es in einer Reflexion: „Im Ideal der reinen Vernunft, weil da alle Categorien in einer Idee beysammen sind, haben wir nicht nothig, sie zu unterscheiden; denn es ist das Principium aller Moglichkeit, dadurch denn die categorien selbst bestimmt werden" (18:223). Noch wichtiger als die Bedeutung des Ideals als eines regulativen Prinzips im theoretischen Gebrauch der Vernunft, ist seine Bedeutung im praktischen Gebrauch der Vernunft und in der Erkenntnis der letzten Bestimmung des Menschen. Diese letzte Bestimmung des Menschen ergibt sich aus dem Endzweck des menschlichen Daseins, dem →höchsten Gut, für das Gott, gedacht im Ideal, subjektiv notwendig als der letzte personhafte Grund angenommen werden muss.

Weiterführende Literatur

Longueness, Béatrice: „The Transcendental Ideal and the Unity of the Critical System", in: Robinson, Hoke (Hg.): Proceedings of the Eighth International Kant Congress, Memphis 1995, vol. 1, Milwaukee: Marquette Univ. Press 1995, 521–537.

Piché, Claude: Das Ideal. Ein Problem der Kantischen Ideenlehre, Bonn: Bouvier 1984.

Rohs, Peter: „Kants Prinzip der durchgängigen Bestimmung alles Seienden", in: Kant-Studien 69, 1978, 170–180.

Sala, Giovanni B.: Kant und die Frage nach Gott. Gottesbeweise und Gottesbeweiskritik in den Schriften Kants, Berlin u. a.: de Gruyter 1990.

Peter König

Idealismus, transzendentaler

Als transzendentalen Idealismus bezeichnet Kant den „Lehrbegriff" (KrV A 491 / B 519) seiner philosophischen Position. Er besagt, „daß alles, was im Raume oder der Zeit angeschauet wird, mithin alle Gegenstände einer uns möglichen Erfahrung nichts als Erscheinungen, d. i. bloße Vorstellungen, sind, die so, wie sie vorgestellt werden, als ausgedehnte Wesen, oder Reihen von Veränderungen, außer unseren Gedanken keine an sich gegründete Existenz haben" (KrV A 490f. / B 518f.). Weitere wichtige Stellen: KrV B XXVI; KrV A 27ff. / B 43ff.; KrV A 36ff.; KrV B 274ff.; KrV A 235ff. / B 294ff.; KrV A 491ff. / B 519ff.; 4:293ff.

Philosophische Funktion

Der transzendentale Idealismus gründet in Kants Auffassung von →Raum und →Zeit als apriorischen Formen der Anschauung, unter denen das gegebene Mannigfaltige der Anschauung stehen muss, soll es als Gegenstand äußerer oder innerer Erfahrung aufgefasst werden können. Neben Raum und Zeit als apriorischen Formen der Anschauung gibt es nach Kant apriorische Begriffe des Verstandes, die → Kategorien. Sowohl Raum und Zeit als auch die Kategorien sind unabhängig von aller → Erfahrung, doch haben sie „*Realität* (d. i. [...] objective Gültigkeit)" (KrV A 28 / B 44) nur durch die und innerhalb der Erfahrung. Raum und Zeit besitzen insofern „*empirische Realität*" (KrV A 28 / B 44). Eine „*transscendentale Idealität*" kommt ihnen dann zu, wenn von der „Bedingung der Möglichkeit aller Erfahrung" (KrV A 28 / B 44) abgesehen wird. Die Kategorien sind ohne Anwendung auf sinnliche Anschauungen nur logische Funktionen des Verstandes zu Begriffen und können ohne diese Anwendung keine objektiv gültige Erkenntnis von Gegenständen begründen (vgl. KrV A 245).

Der transzendentale Idealismus basiert auf Kants *Transzendentaler Ästhetik* (KrV A 19–49 / B 33–73) und der *Transzendentalen Logik* (KrV A 50–704 / B 74–732), insbesondere der *Transzendentalen Deduction der reinen Verstandesbegriffe* (KrV B 129–169). Wichtige andere Theorieteile, in denen Kant vor allem die Bedeutung des transzendentalen Idealismus darlegt, sind *Der vierte Paralogismus der Idealität (des äußeren Verhältnisses)* (KrV A 366–A 380) der *KrV A* und die *Widerlegung des Idealismus* der *KrV B* (KrV B 274–287) sowie das Kapitel *Von dem Grunde der Unterscheidung aller Gegenstände überhaupt in Phaenomena und Noumena* (KrV A 235–260 / B 294–315) und *Die Antinomie der reinen Vernunft* (KrV A 405–559 / B 432–587, vgl. KrV A 491ff. / B 519). In den *Prolegomena* grenzt Kant seinen transzendentalen Idealismus, den er auch den *kritischen* nennt, entschieden von anderen idealistischen Positionen ab (vgl. 4:293ff.). Im Zusammenhang dieses Abgrenzungsversuchs formuliert Kant als Grundsatz seines Idealismus: „„Alles Erkenntniß von Dingen aus bloßem reinen Verstande oder reiner Vernunft ist nichts als lauter Schein, und nur in der Erfahrung ist Wahrheit" (4:374). Mit diesem Grundsatz wird die Begrenzung möglicher Erkenntnis auf erfahrbare Gegenstände, die schon in der *KrV* mit Kants transzendentalem Idealismus einherging (vgl. KrV A 245), zu dessen hauptsächlicher Bestimmung erklärt. Gegenüber der *KrV*, in der die Abhängigkeit des transzendentalen Idealismus von der kantischen Raum–Zeit-Lehre im Vordergrund steht, ist dies eine neue Gewichtung. Sie kann sowohl darstellerische als auch sachliche Gründe haben. Weitere Ausführungen zur Verteidigung des transzendentalen Idealismus finden sich insbesondere in *Entdeckung* (vgl. 8:206; 8:224f.). Im *Op. post.* finden sich weitere Stellen (vgl. 21:15; 21:63; 21:87), deren Zusammenhang mit der kritischen Philosophie in der Kant-Forschung allerdings kontrovers diskutiert wird.

Vorgeschichte und historischer Kontext

Zur Charakterisierung einer philosophischen Position tritt der Terminus ‚Idealismus' nicht vor dem 18. Jh. auf (zur begrifflichen Situation im 18. Jh. vgl. Heidemann, *Kant und der metaphysische Idealismus*, S. 15–45). Hierbei wird die Position des Idealismus von Anfang an mit der Philosophie Platons in Verbindung gebracht. Auch in Kants Verwendung des Begriffs Idealismus kann man diesen Einfluss erkennen. So geht u. a. die im Rahmen des transzendentalen Idealismus geltend gemachte Unterscheidung von → Phaenomena/ Noumena bis auf Platon zurück. Der Begriff ‚Idealismus' wurde bis zu Kant polemisch gebraucht. Darüber hinaus kann man nicht von einem einheitlichen Begriff des Idealismus im 18. Jh. sprechen. Leibniz spricht von *Idealisten* im Gegensatz zu Materialisten und nennt als Idealisten Platon, aber auch Descartes (Leibniz, *Réponse*, S. 560). Auch Christian Wolff verwendet den Begriff ‚Idealismus' als Gegenbegriff zu Materialismus (Wolff, *Deutsche Metaphysik*, § 777), ferner aber auch als Gegenbegriff zu „Realismus" (§ 349) und hier im Zusammenhang mit dem sogenannten Egoismus, der nur ein denkendes Wesen annimmt. Insbesondere die Auffassung von Idealismus, wie sie bei Wolff und seinen Schülern üblich war, als einer Lehre, die die reale Existenz der Körper leugnet und die Welt nur in Gedanken und der Seele der Geister ansiedelt, findet Eingang in Kants Auffassung von dem Idealismus, von dem er sich abgrenzen will. Descartes und Berkeley, die für Kant idealistische Positionen vertreten – Descartes einen empirischen Idealismus, Berkeley einen „mystischen und schwärmerischen" (4:293) –, verwenden den Begriff ‚Idealismus' selbst nicht zur Charakterisierung ihrer Position. Allerdings hatte schon Thomas Reid in *An Inquiry into the Human Mind* die Auffassung vertreten, dass sowohl Descartes' als auch Lockes und Berkeleys Philosophie ein *ideal system* (Vorstellungssystem) darstellt, welches zum Skeptizismus führt.

Der Terminus ‚transzendentaler Idealismus' wird von Kant in der *KrV* eingeführt (vgl. KrV A 369; KrV A 490f. / B 518f.). Kant ist der erste, der seine eigene Position als Idealismus bezeichnet und den Begriff positiv verwendet.

1 *Bedeutung und Begründung des transzendentalen Idealismus in der KrV*

1.1 *Die Transzendentale Ästhetik* Die für den transzendentalen Idealismus grundlegende These von der Idealität von Raum und Zeit gewinnt Kant in der *Transzendentalen Ästhetik* (KrV A 19–49 / B 33–73) in Auseinandersetzung mit der Raumauffassung von Newton und Clarke auf der einen, Leibniz auf der anderen Seite. In den Augen Kants sieht Newton den Raum als einen Behälter an, der eine eigene, von den in ihm befindlichen Dingen unabhängige Existenz habe. Leibniz vertritt Kants Meinung zufolge die Auffassung, der Raum sei der Inbegriff aller möglichen Stellen und Verknüpfungen von Dingen, das heißt, der Begriff des Raumes sei Resultat eines Abstraktionsprozesses von den Dingen, die in räumlichen Relationen zu einander stehen. In der *Transzendentalen Ästhetik* versucht Kant zu zeigen, dass Raum und Zeit lediglich apriorische Formen der →Sinnlichkeit sind, unter denen das Mannigfaltige einer →Anschauung in gewissen Verhältnissen geordnet ist. Der Raum ist die Form des Außer- und Nebeneinander, die Zeit die Form des Nacheinander. Die Argumente dafür, dass Raum und Zeit apriorische Anschauungen sind, werden in den Abschnitten entwickelt, die Kant in der *KrV B* als „Metaphysische Erörterung" bezeichnet (vgl. KrV A 22–25 / B 37–40 für den Raum, bzw. für die Zeit: KrV A 30ff. / B 46ff.). Es handelt sich um jeweils vier Argumente, von denen die ersten beiden Argumente die Apriorität, die beiden anderen den Anschauungscharakter der Raum- und Zeitvorstellung beweisen sollen (vgl. Horstmann, *Raumanschauung*). Das erste Argument zeigt die Apriorität dadurch, dass es nachweist, dass die Vorstellung des Raumes der Vorstellung von Dingen außer mir vorhergeht. Das zweite Argument weist nach, dass die Vorstellung des Raumes „notwendiger Weise äußeren Erscheinungen zum Grunde liegt" (KrV A 24 / B 39.), da „[m]an […] sich niemals eine Vorstellung davon machen [kann], daß kein Raum sei, ob man sich gleich ganz wohl denken kann, daß keine Gegenstände darin angetroffen werden" (KrV A 24 / B 38f.). Das dritte Argument begründet den Anschauungscharakter des Raumes durch seine Alleinheit, mit Bezug auf welche mehrere Räume nur als Teile in ihm gedacht werden können, woraus der nichtbegriffliche Status des Raums folgt. Das vierte Argument behauptet, dass der Raum, als „unendliche *gegebene* Größe vorgestellt" (KrV B 39), kein Begriff, sondern nur eine Anschauung sein kann.

Ein entscheidendes Ergebnis der kantischen Raum–Zeit-Lehre ist es, dass mit ihr die für Kants transzendentalen Idealismus leitende Frage „*Wie sind synthetische Urtheile a priori möglich?*" (KrV B 19) eine erste Antwort findet. Sie sind möglich durch den Bezug auf Raum und Zeit als „reine Anschauungen a priori" (KrV B 73), die mit einem gegebenen Begriff in einem Urteil synthetisch und a priori verbunden werden können. Dies findet sich für Raum und Zeit jeweils in einem in der *KrV B* mit „*Transscendentale Erörterung*" (KrV B 40f. für den Raum, und KrV B 48f. für die Zeit) überschriebenen Abschnitt ausgeführt.

Ein weiteres Ergebnis besteht darin, dass Gegenstände der Erkenntnis als →Erscheinungen von unerkennbaren →Dingen an sich selbst unterschieden werden müssen. Denn da Raum und Zeit bloß apriorische Formen der Anschauung sind und alles uns Gegebene unter diesen Formen steht, sind die Gegenstände, auf die wir uns erkennend beziehen können, bloß Erscheinungen, nicht Dinge an sich. Weil Raum und Zeit bloß subjektive Formen der Anschauung sind, kann Kant außerdem behaupten, dass Dinge an sich nicht in Raum und Zeit sind (vgl. KrV A 26 / B 42). Und da die Zeit die Form ist, unter der sich das Subjekt seiner eigenen mentalen Tätigkeit bewusst werden kann, können wir uns auch unseres Selbst nur als Erscheinung bewusst werden (KrV B 68f.).

Die Charakterisierung des transzendentalen Idealismus hängt insgesamt davon ab, wie man Kants Aussagen zum Begriff eines Dings an sich interpretiert. In der *Transzendentalen Ästhetik* scheint die Rolle des Dinges an sich darin zu bestehen, den Stoff – im Unterschied zur Form –

der Erfahrung zu liefern. Dies scheint deshalb der Fall zu sein, weil Kant die Empfindungen als Wirkungen einer Affektion bezeichnet (vgl. KrV A 19 / B 34) und zugleich sagt, dass uns unbekannt sei, was das wahre Korrelat unseres raum-zeitlich angeschauten Gegenstands sei (vgl. KrV A 30 / B 45). Daher ist mit Bezug auf die *Transzendentale Ästhetik* insbesondere die Frage diskutiert worden, ob das Ding an sich als eine gegenüber der Erscheinung selbstständige Affektionsquelle angesehen werden muss (eine Variante der sogenannten Zwei-Welten-These, vgl. Adickes, *Kants Lehre*), oder ob Kant diesen Begriff dann verwendet, wenn er von den subjektiven Bedingungen der uns affizierenden Gegenstände der Erfahrung abstrahiert (die sogenannte Zwei-Aspekte-These, vgl. etwa Prauss, *Dinge an sich*, S. 13ff.; Allison, *Kant's Transcendental Idealism* ²2004, S. 35ff.). Für beide Positionen lassen sich im Text Stellen finden, so etwa KrV A 30 / B 45 für die Zwei-Welten-These, weil hier von dem Ding an sich selbst als „wahre[m] Correlatum" der Erscheinung gesprochen wird (KrV A 30 / B 45), und KrV A 28 / B 44 für die Zwei-Aspekte-These, wenn es heißt, dass wir Dinge, wenn sie „durch die Vernunft an sich selbst erwogen werden" (vgl. KrV A 28 / B 44), „ohne Rücksicht auf die Beschaffenheit unserer Sinnlichkeit" nehmen (vgl. KrV A 28 / B 44).

1.2 *Forschungslage zur Transzendentalen Ästhetik* Gegenstand kritischer Diskussionen ist neben den Fragen zu Aufbau und Inhalt der Argumente für die Apriorität und den Anschauungscharakter von Raum und Zeit sowie zur Rolle der Mathematik in den Raumargumenten (vgl. u. a. Allison, *Kant's Transcendental Idealism* ²2004, S. 97–132; Falkenstein, *Kant's Intuitionism*, S. 253ff.; Friedman, *Kant on Concepts and Intuitions*; Horstmann, *Raumanschauung*; Warren, *Apriority of Space*) vor allem die Frage gewesen, ob Kant die These, dass Raum und Zeit bloße subjektive apriorische Formen sinnlicher Anschauung sind, tatsächlich bewiesen habe, oder ob seine Argumentation nicht offen lasse, Raum und Zeit könnten zwar Formen der Anschauung, zugleich aber Eigenschaften der Dinge an sich sein (die sogenannte ‚Trendelenburgsche Lücke', vgl. Trendelenburg, *Lücke*; Willaschek, *Der transzendentale Idealismus*; Gardner, *Kant and the Critique of Pure Reason*, S. 107ff.). Weiterhin ist schon zu Kants Lebzeiten insbesondere mit Bezug auf die Zeit Kants These, sie sei eine bloß subjektive Form, zurückgewiesen worden. Aus Briefen geht hervor, dass Kant die diesbezüglichen Einwände ernst nahm (vgl. Brief vom 21. 02. 1772 an Marcus Herz, 10:134; vgl. KrV B 152; vgl. Vaihinger, *Commentar*, Bd. 2, S. 399ff.). Kants These über die euklidschen Eigenschaften des Raumes ist insbesondere deshalb kritisch diskutiert worden, weil sie durch die Entwicklung nicht-euklidischer Geometrien, auf denen auch die Relativitätstheorie aufbaut, widerlegt zu sein scheint. Diese Diskussion hat u. a. die Rezeption von Kants Philosophie im Neukantianismus mitbestimmt (vgl. Natorp, *Die logischen Grundlagen*), sie muss aber im Zusammenhang mit der oben bereits erwähnten Frage beurteilt werden, welche Rolle Mathematik und Geometrie in den Raumargumenten genauer spielen. Klar ist, dass Kant die euklidische Struktur des Raumes angenommen hat. Die Raumargumente werden jedoch nur dann durch die Relativitätstheorie widerlegt, wenn die euklidische Verfasstheit des Raumes ein notwendiges Implikat der Argumente ist. Hierzu ist zum Beispiel das vierte Raumargument genauer zu betrachten. Man muss dieses Argument nicht so verstehen, dass Kant mit diesem Argument den Anschauungscharakter dadurch beweisen wollte, dass der Raum im euklidischen Sinn unendlich ist. Es gibt gute Gründe, das Argument folgendermaßen zu lesen: „Die Unendlichkeit der Raumvorstellung ist also keineswegs eine notwendige Bedingung dafür, daß die Raumvorstellung als eine apriorische Anschauung bestimmt werden kann; es ist vielmehr so, wenn man der kantischen Argumentation folgt, daß der Anschauungscharakter des Raumes auch dann behauptet werden muß, *wenn* seine Unendlichkeit angenommen wird" (vgl. Horstmann, *Raumanschauung*, S. 26). In diesem Fall widerspricht die Relativitätstheorie nicht den Raumargumenten.

1.3 *Die Transzendentale Logik* Neben der Raum–Zeit-Lehre ist Kants Auffassung von der Funktion der Kategorien des Verstandes von grundlegender Bedeutung für den transzendentalen Idealismus.

Versteht man den transzendentalen Idealismus als die Behauptung, dass wir uns im Blick auf objektiv gültige Erkenntnis nur auf Erscheinungen beziehen können, weil alles uns Gegebene unter den Formen von Raum und Zeit als den subjektiven Formen der Anschauung steht, so muss man mit Blick auf Kants Lehre von den beiden Stämmen der menschlichen Erkenntnis, → Sinnlichkeit und → Verstand (vgl. KrV A 50ff. / B 74ff.), hinzufügen, dass zur Erkenntnis von Gegenständen auch eine Untersuchung der apriorischen Elemente des Verstandes gehören muss. Dies leistet die *Transzendentale Logik* (KrV A 50–704 / B 74–732). Sie versucht zu zeigen, dass der Verstand über bestimmte apriorische Begriffe verfügt und dass diese nur dann Bedingungen von objektiv gültigen Urteilen über Gegenstände der Erkenntnis sind, wenn sie auf Gegenstände der Erfahrung und das heißt, auf Erscheinungen, angewendet werden. Diese apriorischen Begriffe sind die → Kategorien des reinen Verstandes.

Der ‚Lehrbegriff' des transzendentalen Idealismus besteht also nicht nur in der Behauptung, dass Raum und Zeit bloße Formen der Anschauung sind und Gegenstände der Erfahrung Erscheinungen, sondern auch in der These, dass ohne Bezug auf diese Formen keine objektiv gültige Erkenntnis möglich ist. Das bedeutet, dass Dinge an sich, verstanden als Gegenstände einer nichtsinnlichen Anschauung, von uns nicht erkannt werden können.

Die in der *Transzendentalen Ästhetik* eingeführte Unterscheidung von Dingen an sich und Erscheinungen wird auf der Grundlage der *Transzendentalen Logik* in der *KrV* weiter ausgeführt. Im Kapitel *Phaenomena und Noumena* (KrV A 235–260 / B 294–315) diskutiert Kant die Möglichkeit, sich allein mit den Kategorien auf Gegenstände zu beziehen (vgl. → Noumena/Phaenomena). Die hier von Kant vertretene Auffassung zu Dingen an sich ist jedoch nicht eindeutig. Folgt man den Stellen, in denen Kant den Kategorien jede erkenntnisrelevante Bedeutung unabhängig von Anschauungsbedingungen abspricht, dann liegt die Auffassung nahe, dass der Begriff eines Dings an sich nur die Funktion hat, die Grenzen der Erkenntnis zu bezeichnen. Dem scheinen Stellen entgegenzustehen, an denen Kant einen Unterschied zwischen Denken und Erkennen einfordert, demzufolge Dinge an sich denkbar, aber nicht erkennbar wären (vgl. KrV B XXVI; KrV A 259f. / B 315). Besonders die überarbeitete Fassung des Kapitels *Phaenomena und Noumena* in der *KrV B* dient den Interpreten als Grundlage, die dafür argumentieren, dass es verschiedene Bedeutungen des Begriffs „Ding an sich" gebe (u. a. Patt, *Idealismus*; Willaschek, *Phaenomena/Noumena*, S. 350), weil Kant hier zwischen → Noumena in negativer und Noumena in positiver Bedeutung unterscheidet und beide als Dinge an sich bezeichnet. In jedem Fall ist aber die Frage, was man über die Affektionsquelle der Empfindungen wissen kann, von der Frage zu unterscheiden, ob wir allein durch unsere Begriffe Gegenstände denken oder erkennen können.

Im Kapitel *Von der Amphibolie der Reflexionsbegriffe* (KrV A 260–291 / B 316–348) diskutiert Kant die Philosophie von Leibniz, der seines Erachtens aufgrund der Annahme, dass Anschauung und Denken nur dem Grad und nicht der Art nach verschieden sind, zu der irrigen Vorstellung kam, Gegenstände der Sinne als Dinge überhaupt bloß im Verstande unter einander vergleichen zu können (vgl. KrV A 271 / B 328). Auf diese Weise, so Kant, „*intellectuirte* [Leibniz] die Erscheinungen" (KrV A 271 / B 327). Der transzendentale Idealismus hingegen behauptet, „daß, obgleich Erscheinungen nicht als Dinge an sich selbst unter den Objecten des reinen Verstandes mit begriffen sein, sie doch die einzigen sind, an denen unsere Erkenntnis objective Realität haben kann, nämlich, wo den Begriffen Anschauung entspricht" (KrV A 279 / B 335).

Eine Beurteilung der Lehre des transzendentalen Idealismus muss neben der *Transzendentalen Ästhetik* und der *Transzendentalen Deduction der reinen Verstandesbegriffe* (KrV A 84–129 / B 116–168) vor allem die Textstücke hinzuziehen, in denen Kant die Realität der Außenwelt zu beweisen versucht, also den *Vierten Paralogismus* der *KrV A* (KrV A 366–380) und die *Widerlegung des Idealismus* (KrV B 274–287) der *KrV B*. Mit den dort entwickelten Argumenten soll Descartes' Idealismus dadurch widerlegt werden, dass nachgewiesen wird, dass die von Descartes nicht bestrittene innere Erfahrung nur unter der Voraussetzung der von Descartes bezweifelten äußeren Erfahrung möglich ist (vgl. Idealismus, problematischer). Besonders die Fassung in der *KrV A* hat mit dazu beigetragen, dass Kant in die Nähe zu Berkeley gerückt werden konnte, weil Kants Formulierungen zum Teil nahe legen, dass Körper nur dadurch existieren, dass wir sie vorstellen. So behauptet Kant hier etwa, sein transzendentaler Idealismus könne einen empirischen Realismus vertreten, der behaupte: „Nun sind aber äußere Gegenstände (die Körper) blos Erscheinungen, mithin auch nichts anders, als eine Art meiner Vorstellungen, deren Gegenstände nur durch diese Vorstellungen etwas sind, von ihnen abgesondert aber nichts sind" (KrV A 370). Über die Berechtigung, Kant in die Nähe von Berkeley zu rücken, wird bis heute viel diskutiert. Es ist auf jeden Fall zu bedenken, dass Kant sich auch dadurch von Berkeley abgrenzen kann, dass er (in beiden Auflagen der *KrV*) eine Position bezieht, der zufolge die objektive Gültigkeit von apriorischen Urteilen verteidigt werden kann (dagegen, dass dies ausreicht, argumentiert Förster, *Kant's Refutation*; dafür Emundts, *Berkeley's Concept of Objectivity*). Inwiefern Kants Positionierung in den *Prolegomena* und in der *KrV B* eine Veränderung darstellt und ob er im Zusammenhang dieser Veränderungen die Annahme der Existenz von uns unabhängiger Dinge geltend machen wollte, ist ebenfalls viel diskutiert worden (Guyer, *Claims of Knowledge*, S. 279ff..

Eine besondere Rolle für Kants Lehre des transzendentalen Idealismus spielt die *Antinomie der reinen Vernunft* (KrV A 405–558 / B 432–586). Die vier Formen des ‚Widerstreits der transzendentalen Ideen' bestehen aus vier Thesen und Antithesen, die jeweils beide gleich gut bewiesen werden können. Die *mathematische* Antinomie besteht in den folgenden Thesen und Antithesen: Erstens, dass die Welt dem Raum und der Zeit nach einen Anfang habe und endlich sei, und dass sie keinen Anfang habe und unendlich sei (vgl. KrV A 426 / B 454); zweitens, dass die Welt aus einfachen Teilen bzw. aus einfachen zusammengesetzten Teilen bestehe; und dass sie nicht aus einfachen Teilen bzw. aus einfachen zusammengesetzten Teilen bestehe (vgl. KrV A 434 / B 462). Die *dynamische* Antinomie besagt erstens, dass in der Welt außer der Kausalität nach den Gesetzen der Natur auch → Kausalität aus Freiheit zur Erklärung der Erscheinungen angenommen werden müsse, und dass es keine Freiheit gebe und alles in der Welt nach Gesetzen der Natur geschehe; zweitens, dass zur Welt, entweder als ihr Teil oder ihre Ursache, ein schlechthin notwendiges Wesen gehöre, und dass es ein solches Wesen nicht gebe. Kant erklärt, dass der einzige Schlüssel zur Auflösung dieser einander widerstreitenden Thesen der transzendentale Idealismus sei (vgl. KrV A 490ff. / B 518ff.). Bezogen auf den ersten Widerstreit scheint dies folgendermaßen erklärt werden zu können: Kant zeigt, dass seine Raum–Zeit-Lehre die Auflösung des Widerstreits erlaubt, in den sich die Vernunft verstrickt: Gilt die kantische Raum–Zeit-Lehre, so ist sowohl die These als auch die Antithese falsch, denn in ihnen wird vorausgesetzt, dass Zeit und Raum eine subjektunabhängige Existenz haben. Bezogen auf die letzten beiden Formen des Widerstreits scheint es sich anders zu verhalten. Die Annahme eines durchgängigen Naturdeterminismus und der Handlung aus Freiheit sollen Kant zufolge beide möglich sein, das heißt, These und Antithese sind wahr, wenn man die Unterscheidung von Dingen an sich und Erscheinungen, die der transzendentale Idealismus eingeführt hat, berücksichtigt. Da sich eine der Thesen auf Erscheinungen, die andere auf Dinge an sich selbst beziehen kann, können sie beide wahr sein: Sie widersprechen sich nur, solange man annimmt, dass sie sich auf dasselbe Objekt beziehen. Folgt man dieser Überlegung, könnte man sagen, dass es für die Auflösung der ersten beiden Antinomien, also der ersten beiden Formen des Widerstreits der transzendentalen Ideen, ausreicht, den Unterschied von Dingen an sich und Erscheinungen als einen solchen zu behaupten, bei dem wir mit dem Begriff der Erscheinung auf die subjektiven Bedingungen unserer Erkenntnis verweisen. Mit anderen Worten: Wir müssen für diese Auflösung nicht annehmen, dass es Dinge an sich im Unterschied zu Erscheinungen gibt. Dagegen muss für die Auflösung der letztgenannten beiden Antinomien, also der diesbezüglichen Formen des Widerstreits der transzendentalen Ideen, die Möglichkeit eingeräumt werden, dass wir auf Dinge an sich als auf etwas, das von den Erscheinungen unterschieden werden kann, Bezug nehmen können. Denn nur dann beziehen wir uns mit den beiden Thesen auf zwei verschiedene Gegenstände, für die einander entgegengesetzte Behauptungen wahr sein können. In diesem Sinne könnte man die Auffassung verteidigen, Kant habe mit der Unterscheidung von Dingen an sich und Erscheinungen eine Zwei-Welten-Theorie vertreten. Dass man in dem hier angedeuteten Sinne dafür argumentieren kann, dass durch die dritte und vierte Antinomie die These der Existenz von Dingen an sich begründet werde, ist allerdings mit dem Argument bestritten worden, dass die Antinomien keine ontologischen Aussagen machen (Guyer, *Claims of Knowledge*, S. 411ff.).

2 Funktion
Es können verschiedene theoretische Aufgaben herausgestellt werden, die Kant zufolge nur durch den transzendentalen Idealismus gelöst werden können (vgl. Strawson, *Bounds of Sense*, S. 240ff.).
2.1 *Synthetische Urteile a priori* Synthetische Erkenntnisse a priori sind Kant zufolge dann und nur dann möglich, wenn die Gegenstände sich nach unseren Erkenntnisvermögen und den ihnen zukommenden a priorischen Formen der Anschauungen und den reinen Begriffen des Verstandes richten (vgl. KrV B XVIff.). Raum und Zeit und die Kategorien liefern die apriorischen Prinzipien, welche die Möglichkeit der Erkenntnis von Gegenständen der Erfahrung begründen. Diese Prinzipien werden in dem *System aller Grundsätze des reinen Verstandes* (KrV A 148–236 / B 187–295) dargestellt.
2.2 *Empirische Realität von Raum und Zeit* Eine in Kants Augen unvermeidliche Folge davon, dass man Raum und Zeit als subjektunabhängige Dinge ansieht, ist, dass man das Dasein der Dinge im Raum leugnet oder für zweifelhaft hält, weil man von diesen Dingen keine unmittelbare Erfahrung haben kann. Dagegen ist der transzendentale Idealismus zu der Behauptung oder dem Beweis in der Lage „daß die Gegenstände äußerer Anschauung, eben so wie sie im Raume angeschauet werden, auch wirklich sind [...]. Denn da der Raum schon eine Form derjenigen Anschauung ist, die wir die äußere nennen, und ohne Gegenstände in demselben es gar keine empirische Vorstellung geben würde: so können und müssen wir darin ausgedehnte Wesen als wirklich annehmen; und ebenso ist es auch mit der Zeit“ (KrV A 491f. / B 520).
2.3 *Schlüssel zur Auflösung der Antinomien* Der transzendentale Idealismus enthält den Schlüssel zur Auflösung der Antinomie, in die sich die reine Vernunft notwendig verstrickt. Dass dies die einzige Möglichkeit der Auflösung ist, bedeutet, so Kant, umgekehrt, dass die Auflösung der Antinomie auch einen indirekten Beweis für den transzendentalen Idealismus liefert (vgl. KrV A 506 / B 534). In der Vorrede zur *KrV B* (vgl. KrV B XVII–XXII) erläutert Kant diesen Gedanken folgendermaßen: Wir nehmen in einem „Experiment der reinen Vernunft“ (KrV B XXI Anm.) an, dass unsere Erkenntnis nur auf Erscheinungen beschränkt ist und Dinge an sich unerkennbar sind. Wenn es sich dann erweist, dass Widersprüche, die ohne diese Annahme auftreten, mit dieser Annahme wegfallen, so kann das in dem Experiment Angenommene als bestätigt gelten.
2.4 *Praktische Philosophie* Im Rahmen seiner praktischen Philosophie greift Kant positiv auf die Unterscheidung von Erscheinungen und Dingen an sich zurück. Die Unterscheidung ist zunächst deswegen wichtig, weil man nur durch sie berechtigt ist, dem →übersinnlichen Gebrauch der →Kategorien Realität zuzugestehen (vgl. 5:5). Die praktische Philosophie beansprucht, dass Freiheit „nicht blos unbestimmt und problematisch *gedacht* [...], sondern sogar *in Ansehung des Gesetzes* ihrer Causalität [der Freiheit] *bestimmt* und *assertorisch* erkannt“ (5:105) werden kann. Wir können also auch ohne Anschauungsbezug etwas erkennen. Ein Widerspruch zur theoretischen Philosophie besteht hier unter zwei Bedingungen nicht. Erstens muss ein Unterschied zwischen praktischer und theoretischer Vernunft gemacht werden, damit die in der *KrV* bestimmten Grenzen unserer Erkenntnis weiterhin gelten. Sie gelten nach wie vor für die theoretische Vernunft. Zweitens müssen wir zwischen Dingen an sich und Erscheinungen unterscheiden können, damit die Gesetze der →praktischen Vernunft und die Gesetze der theoretischen Vernunft nicht miteinander konkurrieren. Das bedeutet, dass man auf Dinge an sich als unterschieden von Erscheinungen zurückgreifen können muss, um dem Anspruch der praktischen Philosophie Genüge tun zu können.

Dass der transzendentale Idealismus die Funktionen, die Kant ihm zuspricht, tatsächlich erfüllt, und dass er die einzige oder doch zumindest die einzig überzeugende Position ist, die es erlaubt, die hier angeführten Behauptungen zu machen, gilt in Kants Augen als Bestätigung seiner Wahrheit. Philosophen, die den transzendentalen Idealismus verabschieden wollen, haben daher dafür argumentiert, dass diese Funktionen entweder nicht wahrgenommen werden müssen oder auch dann wahrgenommen werden können, wenn man den transzendentalen Idealismus aufgibt (vgl. Strawson, *Bounds of Sense*, S. 240ff.; Guyer, *Claims of Knowledge*, S. 371ff.).

3 Entwicklung
3.1 *De mundi* Kants Raum–Zeit-Lehre geht auf seine Dissertationsschrift *De mundi* zurück. Hier

macht Kant einen Unterschied zwischen sinnlicher Erkenntnis und intellektueller Erkenntnis, wobei sich letztere auf ein Objekt beziehen soll, ohne dabei den Grenzen der Sinnlichkeit zu unterliegen (vgl. 2:413). Während Kant in *De mundi* der reinen Vernunft eine von der Sinnlichkeit unabhängige Erkenntnis zuspricht, revidiert er diese These in der *KrV* und behauptet, dass anhand der Kategorien nur Gegenstände erkannt werden können, wenn diese unter den apriorischen Formen der Anschauung stehen.

3.2 *Kritische Philosophie* Ob und in welchem Sinne der transzendentale Idealismus in der *KrV B* eine Veränderung erfahren hat, ist eine vieldiskutierte Frage. Auf jeden Fall hat Kant die für die Lehre vom transzendentalen Idealismus grundlegenden Passagen der *KrV* vollständig umgeschrieben: Die *Transzendentale Ästhetik* (KrV A 19–49 / B 33–73), die *Transzendentale Deduction* (KrV A 84–129 / B 116–168), die *Widerlegung des Idealismus* (KrV B 274–287) von Descartes' Idealismus und das Kapitel *Phaenomena und Noumena* (KrV A 236–260 / B 295–315). Die Veränderungen, die Kant hier vorgenommen hat, werden oft so verstanden, dass er in der *KrV B* entschiedener für die Realität äußerer Dinge oder für die Unabhängigkeit der Dinge von uns argumentiert. So wird insbesondere die Zurückweisung von Descartes' Idealismus, die in der *KrV B* unter dem Titel *Widerlegung des Idealismus* (KrV B 274–287) erscheint, als eine sachliche Revision gegenüber der *KrV A* eingeschätzt (Förster, *Kant's Refutation*, S. 293; Guyer, *Claims of Knowledge*, S. 279ff.; Longuenesse, *Kant's ‚I Think'*). Ein Indiz für eine solche Änderung der *KrV B* kann man darin sehen, dass Kant in der *KrV A* in seiner Argumentation gegen Descartes Erscheinungen als *bloße Vorstellungen* bezeichnet (vgl. KrV A 371), während er in der *KrV B* sagt, es seien zur Erklärung der Möglichkeit von Erfahrung äußere Gegenstände erforderlich, durch die „das Subjekt bestimmt werden muß" (KrV B 277). Offenbar will Kant den Eindruck vermeiden, dass er selbst auf eine Position festgelegt sei, die äußere Gegenstände als bloße Vorstellungen bezeichnet. Dafür, dass Kant diesen Eindruck vermeiden oder ihm sogar entgegenwirken wollte, scheint auch eine Passage in den *Prolegomena* zu sprechen, in der Kant sagt, dass er, anders als Descartes und Berkeley, die „Existenz der Sachen" niemals habe bezweifeln wollen (4:293). Ein Grund für Kants Versuche, sich klarer von anderen idealistischen Positionen abzugrenzen, liegt sicherlich darin, dass in der Rezension der *KrV* in den *Göttingischen Anzeigen von gelehrten Sachen* vom 19. 1. 1782 Kants Position in die Nähe zu derjenigen Berkeleys gerückt worden war (Garve/Feder, *Rez. KrV*, S. 13; vgl. Förster, *Kant's Refutation*, S. 291). Allerdings spricht gegen die Annahme, dass Kant in der *KrV B* seine Position mit Blick auf äußere Gegenstände tatsächlich grundlegend verändert hat, dass dies nicht möglich gewesen wäre, ohne die Lehre des transzendentalen Idealismus ganz aufzugeben. Denn wenn der Raum eine bloß subjektive Anschauungsform ist, wie der transzendentale Idealismus behauptet, dann muss der äußere Gegenstand, auf den wir uns erkennend beziehen, eine von uns abhängige Vorstellung sein. Es ist aber sehr unwahrscheinlich, dass Kant den transzendentalen Idealismus in der *KrV B* aufgegeben hat, ohne all die Stellen zu streichen, in denen er seine Position so bezeichnet und charakterisiert hat.

3.3 *Spätphilosophie* In den späten Entwürfen des *Op. post.*, vor allem im ersten Konvolut (vgl. 21:3ff.) hat Kant abermals eine Bestimmung des transzendentalen Idealismus versucht. Diesem wird nach wie vor die Funktion zugeschrieben, synthetische Erkenntnis a priori als ein →System vorzustellen (vgl. 21:15). Von der Transzendentalphilosophie wird sodann gesagt, sie sei ein Idealismus (vgl. 21:63; 21:85), welcher „Realism in absoluter Bedeutung" sei, da der Geist des Menschen „Spinozens Gott (was das Formale aller Sinnengegenstände betrifft)" (21:99) sei. An anderen Stellen wird von dem „System des transsc. Idealismus durch Schelling, Spinoza, Lichtenberg" gesprochen (21:87; vgl. u. a. 21:13; 21:97). Der Hintergrund für diese Bemerkung ist, dass Kant eine Idee der Totalität aller möglichen Erkenntnisse der praktischen und theoretischen Philosophie annehmen will. Die Idee der praktischen Philosophie ist →Gott. Eine solche Gottesvorstellung unterstellt Kant auch den genannten Philosophen. Die auffälligste Änderung gegenüber früheren Schriften ist damit benannt: Kant versteht die Transzendentalphilosophie als Inbegriff der →Ideen (vgl. 22:89). Theoretische und praktische Philosophie werden je durch die Idee der *Einen Welt* und des *Einen Gottes* als Einheit vergegenwärtigt (vgl. 21:39; vgl. Förster, *Kant's*

Final Synthesis, S. 137ff.). Zu beachten ist auch, dass Kant sagt, dass das Ding an sich nichts ist, was dem Sinnengegenstand gegenüberstünde, sondern dass es ein reines Gedankending sei (vgl. 22:24). Ob man dies als Änderung in der Position versteht, ist davon abhängig, wie man Kants These zum Ding an sich in den kritischen Schriften versteht. Insgesamt gibt es im *Op. post.* zahlreiche Stellen, die eine Fortsetzung der früheren Lehre des transzendentalen Idealismus nahe legen: „*Erfahrung* setzt *Erscheinungen* (phaenomena) die gegeben sind voraus d. i. eine Art wie das Subject von dem Sinnenobject affizcirt wird" (22:458); und: „Raum und Zeit sind nicht Gegenstände der Sinne sondern specifisch verschiedene Formen der Sinnenanschauung selbst in welcher uns Gegenstände der Sinne (des äußeren so wohl als des inneren) zuerst in der Anschauung *gegeben* werden" (22:8). Die These, dass mit den Ausführungen des Spätwerkes dennoch ein neues Verständnis der Transzendentalphilosophie erreicht ist, ist in verschiedener Weise vertreten worden. So wurde die These vertreten, dass Kant das Verhältnis von Verstand und Vernunft gegenüber der *KrV* umkehren würde (Förster, *Kant's Final Synthesis*, S. 150). Außerdem wurde etwa behauptet, dass Kant seine Position derjenigen von Fichte und Schelling angenähert habe (vgl. Tuschling, *Idee des transzendentalen Idealismus*).

3.4 *Auseinandersetzung mit anderen idealistischen Positionen* Als seinem eigenen Idealismus entgegenstehende Theorien betrachtet Kant Formen des empirischen Idealismus, also eines Idealismus, der die Existenz der Materie leugnet und bezweifelt. Gemeint sind hier unter anderen Berkeley und Descartes. Für die Einschätzung des transzendentalen Idealismus ist entscheidend, ob man der Auffassung zuneigt, Kant habe gegenüber Descartes und Berkeley für die unabhängige Existenz der äußeren Gegenstände argumentieren wollen, oder ob man der Meinung ist, er habe ihnen gegenüber die These vertreten wollen, dass wir objektive Erkenntnis von Gegenständen der Erfahrung haben können, ohne die Existenz subjektunabhängiger Dinge an sich annehmen zu müssen.

Interpretationslage

Kants transzendentaler Idealismus ist sowohl als Idealismus oder Phänomenalismus als auch als ein Realismus, der nur auf subjektive Bedingungen unserer Erkenntnisse aufmerksam machen will, gelesen worden. Für diese Einschätzungen grundlegend ist die Frage: Welcher Art ist die Unterscheidung von → Dingen an sich und → Erscheinungen? Üblicherweise unterscheidet man hier zwischen der Zwei-Welten- und der Zwei-Aspekten-These. Dies ist insofern misslich, als die damit zu erfassenden Positionen wiederum sehr unterschiedlich sind. Im Folgenden werden einige der verschiedenen Thesen vorgestellt, auf die Kant sich nach Meinung seiner Interpreten mit seinem transzendentalen Idealismus verpflichtet hat. Unstrittig ist dabei, dass der transzendentale Idealismus Raum und Zeit als subjektive Formen der Anschauung behauptet und dass dies die Basis für die Rede von Erscheinungen und von Dingen an sich begründen soll.

(1) Kants transzendentaler Idealismus bedeutet, dass es Dinge an sich gibt, die der Grund unserer Erscheinungen sind und die den Erscheinungen gegenüber selbständige Entitäten sind. Die Dinge an sich sind unerkennbar, sie müssen aber als Grund unserer → Affektionen angesehen werden (vgl. Vaihinger, *Commentar*). Eine Variante dieser Lesart ist die doppelte Affektionsthese, derzufolge ein transzendentales Ich von einem Ding an sich affiziert wird, welches es unter subjektiven Bedingungen als Objekt in Raum und Zeit konzipiert, das in einer kausalen (Affektions-)Beziehung zum empirischen Ich steht (vgl. Adickes, *Kants Lehre*). Problematisch an dieser Lesart scheint nicht nur die Frage, welche Art von Wissen wir über die transzendentale Affektionsquelle haben können sollen. Darüber hinaus wird diese Zwei-Welten-These heute als so abwegig angesehen, dass man sie Kant ungern unterstellen will (vgl. Strawson, *Bounds of Sense*, S. 277ff., der sie Kant unterstellt, aber sie verabschieden will).

(2) Der transzendentale Idealismus ist ein Phänomenalismus, das heißt, innere und äußere Erscheinungen sind bloße Vorstellungen oder mentale Entitäten. Auch diese Auffassung ist oft als Zwei-Welten-These bezeichnet worden, es muss Kant hier aber keine positive Theorie über unabhängige Entitäten unterstellt werden (vgl. Guyer, *Claims of Knowledge*, S. 334f.; vgl. Van Cleve, *Problems*, S. 150). Dass Dinge an sich existieren, ist hier zuweilen auch so verstanden worden, dass Objekte existieren, die nicht bloß logische

Konstruktionen sind (vgl. Van Cleve, *Problems*, S. 51). An dieser Interpretation ist unter anderem kritisiert worden, dass Kant sich dann nicht von Berkeley und Descartes unterscheiden würde und dass für Kant Objekte intersubjektiv sind, was diese Lesart nicht zu erklären in der Lage sei (vgl. Collins, *Possible Experience*, S. 4).

(3) Dinge an sich und Erscheinungen sind zwei Betrachtungsweisen derselben Dinge (vgl. Prauss, *Dinge an sich*, S. 13ff.; Allison, *Kant's Transcendental Idealism* ²2004, S. 35ff.) Diese sogenannte Zwei- oder Doppelte-Aspekte-These ist u. a. von Allison mit der Behauptung verbunden worden, der transzendentale Idealismus sei eine epistemologische oder auch methodologische Lehre, d. h. es gehe primär darum, die kognitive Struktur des Geistes zu untersuchen, nicht die Natur des Objektes, wie es an sich ist, zu analysieren. Gegen die Zwei-Aspekte-These wurde u. a. das Argument vorgebracht, eine Abstraktion von Eigenschaften würde nicht heißen, dem Ding diese Eigenschaft abzusprechen (vgl. Guyer, *Claims of Knowledge*, S. 338). Dies bedeutet u. a., dass die Abstraktion von sinnlichen Bedingungen nicht die für Kants transzendentalen Idealismus grundlegende Behauptung rechtfertigen würde, Dinge an sich seien nicht in Raum und Zeit (vgl. Vaihinger, *Commentar*, Bd. 2, S. 35ff.). Es gibt allerdings auch zahlreiche andere Interpreten, die sich gegen die These stellen, Erscheinungen seien bloß mentale Entitäten und/oder Dinge an sich seien selbständige Entitäten, die diesem Einwand zum Teil entgehen können. So hat z. B. Collins Kant die These zugeschrieben, dass die Dinge geistabhängig sind, ohne im Geist zu existieren (vgl. Collins, *Possible Experience*).

Gegen viele der hier erwähnten Interpreten wurde der Einwand erhoben, sie gingen fälschlicher Weise von der einheitlichen Rede von Dingen an sich und Erscheinungen aus, tatsächlich seien aber weitere Differenzierungen erforderlich (vgl. u. a. Patt, *Idealismus*). Es gibt zudem eine Reihe weiterer Varianten dieser Interpretationsvorschläge sowie Interpretationen, die sich den bisher genannten Interpretationsansätzen nicht ohne Weiteres unterordnen lassen. Drei solcher Interpretationen sollen hier als Beispiele genannt werden: (a) Man kann Kants Bezeichnung des Begriffs eines Dinges an sich selbst als Grenzbegriff (vgl. KrV A 255 / B 310) so verstehen, dass Kant sich auf eine Erkenntnistheorie verpflichtet sieht, die nicht die Existenz von Dingen an sich als etwas, worüber wir Wissen haben können, annehmen darf, ohne dass Kant damit bestreiten muss, dass der Gedanke einer von uns unabhängigen Affektionsquelle sinnvoll ist (vgl. Emundts, *Berkeley's Concept of Objectivity*). (b) Weiterhin ist vorgeschlagen worden, dass Kants transzendentaler Idealismus sich in Analogie zu einer direkt realistischen Auffassung von sekundären Eigenschaften so verstehen lasse, dass Kant behauptet, dass es etwas Geist-Unabhängiges gibt, das auch die Quelle unserer Erfahrung ist, wobei aber alles, was darüber gewusst werden kann, geist-abhängig sei (vgl. Allais, *One World*, S. 677). (c) Mit Blick auf die *KrV B* wurde die These vertreten, dass Kant seine Position in einer Weise verändert hat, die die Unterscheidung von Dingen an sich und Erscheinungen infrage stellt: „Transzendentaler und empirischer Begriff von etwas ‚außer uns' sind in ihr [in der Darstellung nach 1781] in einer Weise verflochten, die es ausschließt, die Frage nach Status und Wahrheit der Annahme eines transzendental äußeren Grundes des Gegebenseins von Anschauungen aus dem Kontext der Frage nach der Berechtigung unserer Überzeugung von der Existenz äußerer Gegenstände zu eliminieren" (Klotz, *Kants Widerlegung*, S. 67).

Weiterführende Literatur

Adickes, Erich: Kants Lehre von der doppelten Affektion unseres Ich als Schlüssel zu seiner Erkenntnistheorie, Tübingen: J. C. Mohr 1929.

Allison, Henry E.: Kant's Transcendental Idealism. An Interpretation and Defense, New Haven: Yale University Press ²2004.

Collins, Arthur: Possible Experience. Understanding Kant's Critique of Pure Reason, Berkeley u. a.: University of California Press 1999.

Guyer, Paul: Kant and the Claims of Knowledge, Cambridge: Cambridge University Press 1987.

Heidemann, Dietmar Hermann: Kant und das Problem des metaphysischen Idealismus, Berlin u. a.: de Gruyter 1998.

Horstmann, Rolf-Peter: „Raumanschaung und Geometrie. Bemerkungen zu Kants transzendentaler Ästhetik", in: ders.: Bausteine kritischer Philosophie, Bodenheim: Philo-Verlagsgesellschaft 1997, 15–34.

Patt, Walter: Transzendentaler Idealismus. Kants Lehre von der Subjektivität der Anschauung in der Dissertation von 1770 und in der ‚Kritik der reinen Vernunft', Berlin u. a.: de Gruyter 1987.
Prauss, Gerold: Kant und das Problem der Dinge an sich, Bonn: Bouvier 1974.
Strawson, Peter F.: The Bounds of Sense. An Essay on Kant's 'Critique of Pure Reason', London: Methuen 1966; wiederabdruckt: London u. a.: Routledge 1991.
Vaihinger, Hans: Commentar zu Kants Kritik der reinen Vernunft, 2 Bde., Bd. 1, Stuttgart: Verlag von W. Speman 1881; Bd. 2, Stuttgart u. a.: Union deutsche Verlagsgesellschaft 1892.

Dina Emundts

Idealismus, Widerlegung des

Mit „Widerlegung des Idealismus" bezeichnet Kant das in der zweiten Auflage der *KrV* zwischen das zweite und dritte →*Postulat des empirischen Denkens überhaupt* neu eingefügte Textstück (KrV B 274–279), in dem ein Beweis für *„das Dasein der Gegenstände im Raum außer mir"* (KrV B 275) geführt wird. Unter Idealismus versteht Kant hier den materialen Idealismus, das heißt „die Theorie, welche das Dasein der Gegenstände im Raum außer uns entweder bloß für zweifelhaft und *unerweislich*, oder für *falsch* und *unmöglich* erklärt" (KrV B 274). Die *Widerlegung des Idealismus* setzt sich zusammen aus einer Vorbemerkung (vgl. KrV B 274), die den Begriff des zu widerlegenden Idealismus definiert, einem *„Lehrsatz"* (KrV B 275), der die zu beweisende These formuliert, einem *„Beweis"* (KrV B 275), der die eigentliche *„Widerlegung"* (KrV B 274) beinhaltet, sowie drei Anmerkungen (KrV B 275–279), die die Beweisargumente erläutern. In der Formulierung abgeändert und in einigen Punkten entscheidend ergänzt wird der „Beweis" in der Vorrede der *KrV* (KrV B XXXIX–XLI Anm.). Gegen den materialen Idealismus beansprucht Kant in der *Widerlegung* zeigen zu können, dass das *„empirisch bestimmte Bewußtsein meines eigenen Daseins"* (KrV B 275) die Existenz der Außenwelt beweist, weil „unsere *innere* dem *Cartesius* unbezweifelte Erfahrung nur unter Voraussetzung *äußerer* Erfahrung möglich sei" (KrV B 275). Denn im empirischen Bewusstsein meiner Existenz bin ich „mir meines Daseins als in der Zeit bestimmt bewußt" (KrV B 275). „Zeitbestimmung" aber „setzt etwas *Beharrliches* in der Wahrnehmung voraus" (KrV B 275). Da dieses *„Beharrliche[]"* (KrV B 275) nicht in meinem Bewusstsein in der Zeit verfließender Vorstellungen angetroffen werden kann, muss es außer mir im Raum existieren und kann nicht „bloße *Vorstellung* eines Dinges im Raum außer mir" sein (KrV B 275). Also beweist das nicht zu bestreitende empirische Bewusstsein meiner eigenen Existenz die „Wirklichkeit äußerer Gegenstände" (KrV B 278) oder, wie Kant auch sagt, der *„Materie"* (KrV B 278). Weitere wichtige Stellen: KrV A 366–380; KrV A 381–396; KrV A 26–30 / B 42–45; KrV A 36–40 / B 54–57; KrV B 66–71; KrV B 150–161; KrV A 182–189 / B 224–232; KrV B 422f. Anm.; 4:288–294; 4:372–383; 18:306–313; 18:610–623; KF 1:1–30.

Philosophische Funktion

1 Die Kontroverse um den Begriff des Idealismus

Mit der *Widerlegung des Idealismus* knüpft Kant im weiteren Sinne an die Kontroverse um den Idealismus in der Schulphilosophie an und reagiert vor allem auf die von Kritikern der *KrV A* behauptete Identität des →transzendentalen Idealismus mit dem Außenweltskeptizismus. Vor diesem Hintergrund kommt der *Widerlegung* in erster Linie eine begriffsklärende Funktion zu.

1.1 Initial der Kontroverse um den Begriff des Idealismus ist der cartesische Substanzendualismus. Die mit der Unterscheidung von *‚res cogitans'* und *‚res extensa'* einhergehenden systematischen Probleme führen im Anschluß an Leibniz in der Schulphilosophie zu der Auffassung, dass die cartesische Annahme einer ontologisch selbständigen, denkenden Substanz die Außenwelt in bloße Vorstellung verwandelt. Diese idealistische Konsequenz wird dabei auch Berkeley zugeschrieben. Unterschieden werden Idealisten und Egoisten als Anhänger einer solchen Lehre. Während der Idealist die Außenwelt für bloße Vorstellung hält, vertritt der Egoist zusätzlich die solipsistische These, er sei das einzig existierende Vorstellungssubjekt (vgl. z. B. Wolff, *Deutsche Metaphysik*, §§ 2, S. 767ff.; S. 942; S. 944). Aus sowohl theoretischen als auch praktischen, nämlich Freiheit und Religion bedrohenden Gründen werden in der Schulphilosophie daraufhin Widerlegungen des Idealismus und Egoismus durchgeführt (vgl. z. B. Wolff, *Deutsche Metaphysik*, S. 349f.; S. 944; vgl. auch Crusius, *Weg zur Gewißheit*, § 437), die Kant möglicherweise als eine Art Vorbild seiner eigenen *Widerlegung des Idealismus* ansah (vgl. Heidemann, *Kant und der metaphysische Idealismus*, Kap. 1).

1.2 Dass Kant sich überhaupt zu einer Widerlegung des Idealismus veranlasst sah, geht ursprünglich zurück auf seine Auseinandersetzung mit den Rezensenten der ersten Auflage der *KrV*. In ihrer Rezension der *KrV A* in den *„Göttingischen Anzeigen von gelehrten Sachen"* (19. 1. 1782) bezeichnen J. G. H. Feder und Chr. Garve den transzendentalen Idealismus als einen „Idealismus, der Geist und Materie auf gleiche Weise umfaßt, die Welt und uns selbst in Vorstellungen verwandelt" (*Rez. KrV*, S. 10). Dieses scharfe Urteil ist vor allem auf der Seite Feders durch dessen schulphilosophisch geprägten Antiidealismus zu erklären. Kant sah seinen Idealismus darin völlig missverstanden und protestiert dagegen zunächst in den *Prolegomena* (vgl. 4:288–294; 4:372–383), was 1783 einen für die Entstehungsumstände der Göttinger Rezension aufschlussreichen Briefwechsel mit Garve zur Folge hat. Feder hingegen polemisiert im Hintergrund weiter gegen Kant und verschärft seinen Vorwurf, der kantische Idealismus sei nichts anderes als Außenweltskeptizismus, noch 1787 in seiner Schrift *Ueber Raum und Causalitaet. Zur Pruefung der Kantischen Philosophie*. Diese Auseinandersetzung bildet den Hintergrund der Durchführung der *Widerlegung des Idealismus* in der zweiten Auflage der *KrV* (vgl. Heidemann, *Kant und der metaphysische Idealismus*, S. 87–94).

2 Der Argumentationsgang der „Widerlegung des Idealismus"

Kant präsentiert die Widerlegung des Idealismus in einem, der Kürze des Textstückes geschuldeten, dichten Argumentationsgang, dessen Aufbau sich nach Beweisziel und Beweisargumenten strukturieren lässt.

2.1 An einer vielzitierten Stelle der Vorrede zur *KrV B* bezeichnet es Kant als einen „Skandal der Philosophie und allgemeinen Menschenvernunft, das Dasein der Dinge außer uns [...] bloß auf *Glauben*, annehmen zu müssen und, wenn es jemand einfällt es zu bezweifeln, ihm keinen genugthuenden Beweis entgegenstellen zu können" (KrV B XXXIX Anm.). Dementsprechend bestimmt er das Ziel der *Widerlegung* als den „Beweis von der objectiven Realität der äußeren Anschauung" (KrV B XXXIX Anm.). Die *Widerlegung des Idealismus* zielt damit in erster Linie auf einen direkten Beweis für das *„Dasein der Gegenstände im Raum außer mir"* (KrV B 275), wie es im ‚Lehrsatz' heißt. Um eine Widerlegung des Idealismus im engeren Sinne handelt es sich erst aufgrund der Argumentationsstrategie, äußere Erfahrung als Voraussetzung innerer Erfahrung zu beweisen. Diese argumentative Verfahrensweise ist direkt auf den *„problematische[n]"* (KrV B 274) Idealismus Descartes' als den eigentlichen Adressaten der „Widerlegung" gemünzt. Denn den *„dogmatische[n]"* (KrV B 275) Idealismus Berkeleys erachtet Kant bereits aufgrund der Raumargumente der *Transzendentalen Ästhetik* als unhaltbar (vgl. KrV B 274). So richtet er den Beweis der *Widerlegung* ausschließlich gegen den cartesischen Idealismus, der die Selbstgewissheit des „Ich bin" (KrV B 274) oder innere Erfahrung für unbezweifelbar, die Existenz äußerer Gegenstände aber für unbeweisbar hält. Daher baut Kant die *Widerlegung* als Beweis für die epistemische Abhängigkeit innerer von äußerer Erfahrung auf, dergestalt dass der problematische Idealismus mit dem Zugeständnis innerer Erfahrung nicht zugleich äußere Erfahrung und folglich die Existenz wirklicher Gegenstände im →Raum bezweifeln kann (vgl. Klotz, *Kants Widerlegung*, Kap. 1).

2.2 Der ‚Beweis' des ‚Lehrsatzes' der *Widerlegung* lässt sich als eine Schlussfolgerung bestehend aus drei Hauptargumenten rekonstruieren: Das erste Argument bildet die von Kant mit dem problematischen Idealismus geteilte Prämisse des Beweises: „Ich bin mir meines Daseins als in der Zeit bestimmt bewußt" (KrV B 275). Dieses Faktum der Zeitbestimmtheit des Daseinsbewusstseins wird zurückgeführt auf den „Wechsel" der „Vorstellungen" (KrV B XL Anm.), den ein Subjekt im →inneren Sinn unbezweifelbar erfährt. Das zweite Beweisargument, demzufolge „Zeitbestimmung [...] etwas *Beharrliches* in der Wahrnehmung" voraussetzt (KrV B 275), rekurriert zum einen auf Kants Theorie der Zeitmodi, wonach der Modus der Zeitfolge, das heißt das zeitliche Nacheinander, nur bestimmbar ist auf der Grundlage des Zeitmodus der Beharrlichkeit; zum anderen stützt sich dieses Argument auf die *Erste Analogie*

(KrV A 182 / B 224), dergemäß der „*Wechsel der Erscheinungen*" (KrV A 182 / B 224) nur wahrgenommen werden kann relativ zu einer in der Zeit beharrenden phänomenalen Substanz. Das entscheidende dritte Argument besagt schließlich, dass das „*Beharrliche[]*" der „Zeitbestimmung" nicht „in mir" sein kann, weil ich im inneren Sinn nur auf in der →Zeit wechselnde, nicht-beharrliche Vorstellungen treffe (KrV B 275). Daher sei die „Wahrnehmung dieses Beharrlichen nur durch ein *Ding* außer mir [...] möglich" (KrV B 275). In dieser Schlussfolgerung erblickt Kant den Beweis für die „Existenz wirklicher Dinge, die ich außer mir wahrnehme", und darüber hinaus dafür, dass das „Bewußtsein meines eigenen Daseins [...] zugleich ein unmittelbares Bewußtsein des Daseins anderer Dinge außer mir" ist (KrV B 276).

Interpretationslage

Vor allem zwei Aspekte sind es, die in der Forschung immer wieder als die zentralen Probleme der *Widerlegung* debattiert wurden (zum Forschungsstand bis 1997 vgl. Heidemann, *Kant und der metaphysische Idealismus*, S. 6ff.): Als klärungsbedürftig erweist sich zum einen die Bedeutung des von Kant in der *Widerlegung* angesetzten Daseinsbewusstseins, das sowohl als ‚empirische' wie auch als ‚nicht empirische' „Vorstellung: ich bin" (KrV B 277) auftritt (vgl. Allison, *Kant's Transcendental Idealism*, S. 289ff.; Heidemann, *Kant und der metaphysische Idealismus*, S. 116ff., 132ff.). Der zweite Problemkomplex betrifft die Frage, ob die *Widerlegung* den transzendentalen Idealismus voraussetzt, wodurch insbesondere geklärt werden soll, inwiefern das „*Beharrliche[]*" nicht „in mir", sondern nur „außer mir" und also keine Einbildung sein kann (KrV B 275). Zwei Interpretationsvarianten werden diesbezüglich unterschieden: a) Die Argumente der „Widerlegung" setzen den transzendentalen Idealismus notwendig voraus und sind mit ihm kompatibel (vgl. Allison, *Kant's Transcendental Idealism*, S. 298ff.); b) die Argumente der „Widerlegung" sind nur unabhängig vom transzendentalen Idealismus erfolgreich, u. a. auch um der realistisch-unabhängigen Existenz äußerer Gegenstände gerecht werden zu können (vgl. Guyer, *Claims of Knowledge*, S. 282ff.). Wichtige Erweiterungen der Argumente der *Widerlegung* beinhalten dabei die späteren *Reflexionen* zum Idealismus (18:306–313, 18:610–623; vgl. Guyer, *Claims of Knowledge*, S. 288ff.; Heidemann, *Kant und der metaphysische Idealismus*, Kap. IV).

Weiterführende Literatur

Allison, Henry E.: Kant's Transcendental Idealism. An Interpretation and Defense, New Haven u. a.: Yale University Press ²2004.

Guyer, Paul: Kant and the Claims of Knowledge, Cambridge: Cambridge University Press 1987.

Heidemann, Dietmar H.: Kant und das Problem des metaphysischen Idealismus, Kantstudien Ergänzungsheft 131, Berlin u. a.: de Gruyter 1998.

Klotz, Christian: Kants Widerlegung des Problematischen Idealismus, Göttingen: Vandenhoeck und Ruprecht 1993.

Müller-Lauter, Wolfgang: „Kants Widerlegung des Materialen Idealismus", in: Archiv für Geschichte der Philosophie 46, 1964, 60–82.

Dietmar H. Heidemann

Idee

Kant bestimmt den Terminus ‚Idee' in der *KrV* in zwei zusammenhängenden Definitionen. Zur ersten Definition der Idee gelangt Kant durch eine dichotomische Teilung der Gattung →‚Vorstellung'. Dieser Terminus hat für Kant also dieselbe Funktion, die bei Descartes der lat. Terminus *cogitatio* bzw. *idea* erfüllt, nämlich die Gesamtheit mentaler Vorkommnisse oder Bewusstseinsinhalte zu bezeichnen. Die erste Definition besagt: „Ein Begriff aus Notionen, der die Möglichkeit der Erfahrung übersteigt, ist die *Idee*, oder der Vernunftbegriff" (KrV A 320 / B 377). Da Kant mit dem lat. Terminus *notio* hier die Kategorien bezeichnet, verweist die Aussage, ein Vernunftbegriff sei „ein Begriff aus Notionen" (KrV A 320 / B 377), auf die Ableitung der Ideen aus den Kategorien.

Die zweite Definition des Terminus ‚Idee', zu der Kant in der *KrV* gelangt, geht gewissermaßen von der ersten aus und präzisiert sie. Bereits die erste Definition besagte, dass die Idee ein solcher Begriff ist, der die Möglichkeit der Erfahrung übersteigt. Es muss geklärt werden, was dies bedeutet. Kant trägt dieser Forderung in der zweiten Definition Rechnung. Sie besagt: „Ich verstehe unter der Idee einen nothwendigen Vernunftbegriff, dem kein congruirender Gegenstand in den Sinnen gegeben werden kann" (KrV A 327 / B 383).

Aus diesen beiden Definitionen folgt, dass genau derjenige Begriff die Möglichkeit der Erfahrung übersteigt, dem kein in der →Sinnlichkeit gebbares Objekt entsprechen kann, auf das er dann angewendet werden könnte. Und dieser Begriff ist der als Idee bezeichnete reine Vernunftbegriff. Weitere wichtige Stellen: KrV A 313ff. / B 370ff.; KrV A 319f. / B 376f.; KrV A 327f. / B 383f.; 4:328ff.; 5:115f.; 5:314; 5:342.

Philosophische Funktion

Die erste Definition der Idee besagt zweierlei: Erstens ist die Idee ein Vernunftbegriff. Das ist angesichts des Gebrauchs dieses Terminus in der neuzeitlichen Philosophie vor Kant keineswegs selbstverständlich. Denn etwa Descartes oder Locke haben ihn auch zur Bezeichnung von sinnlichen Vorstellungen und Verstandesbegriffen verwendet. Descartes unterscheidet eingeborene, erworbene und von uns gemachte Ideen und Locke verwendet den Terminus „*idea*" so, dass man annehmen kann, dass er für Locke alle Arten von Vorstellungen umfasst. Daher sind für Descartes, aber auch für Locke der Begriff der Substanz und z. B. die Vorstellung der roten Farbe gleichermaßen Ideen.

Genauso wie Kant sich zur Benennung der reinen Verstandesbegriffe auf die antike Philosophie explizit beruft und sie mit Aristoteles als →Kategorien bezeichnet (vgl. KrV A 79f. / B 105; →Kategorie), beruft er sich auch bei der Benennung der reinen Vernunftbegriffe auf die antike Philosophie und bezeichnet sie mit Platon als Ideen. Der Grund dazu besteht in diesem Fall in Kants Überzeugung, dass der Terminus ‚Idee' in seiner ursprünglichen platonischen Bedeutung am besten geeignet ist, den wahren epistemischen Status eines reinen Vernunftbegriffs zum Ausdruck zu bringen. Denn „*Plato* bediente sich des Ausdrucks *Idee* so, daß man wohl sieht, er habe darunter etwas verstanden, was nicht allein niemals von den Sinnen entlehnt wird, sondern welches so gar die Begriffe des Verstandes, mit denen sich *Aristoteles* beschäftigte, weit übersteigt, indem in der Erfahrung niemals etwas damit Congruirendes angetroffen wird" (KrV A 313 / B 370). Nun besagt die oben zitierte Definition einer Idee zweitens auch, dass eine Idee ein solcher Begriff sei, der die Möglichkeit der →Erfahrung übersteige. Kant meint also, in dieser Bestimmung der Idee, nämlich die Möglichkeit der Erfahrung zu übersteigen, sich im Einklang mit Platon zu befinden. Kants Absicht bei diesem Bezug auf Platon besteht aber auch darin, „den Ausdruck *Idee* seiner ursprünglichen Bedeutung nach in Schutz zu nehmen, damit er nicht fernerhin unter die übrigen Ausdrücke, womit gewöhnlich allerlei Vorstellungsarten in sorgloser Unordnung bezeichnet werden, gerathe" (KrV A 319 / B 376). Wie oben bereits erwähnt, ist diese Aussage als eine explizite Kritik der neuzeitlichen Philosophie zu verstehen. Wenn man als einen Grund für diese unangemessene Verwendung des Terminus ‚Idee' die „sorglose Unordnung" ansieht, mit der er gebraucht wurde, dann wird man sagen können: Um den Terminus ‚Idee' angemessen verwenden zu können, muss man zunächst einmal klären, über welche Arten von Vorstellungen wir verfügen und welcher epistemischer Status ihnen jeweils eignet. Das heißt nun für Kant nichts anderes als eine →Kritik „des Vernunftvermögens überhaupt" durchzuführen (KrV A XII). Hat man dies einmal getan und dadurch eingesehen, welcher epistemischer Status den Begriffen der reinen Vernunft tatsächlich eigentümlich ist, dann werde man es unerträglich finden, „die Vorstellung der rothen Farbe Idee nennen zu hören" (KrV A 320 / B 377), wie es Descartes oder Locke gemacht haben. Es ist ausdrücklich darauf aufmerksam zu machen, dass Kant sich derselben Terminologie, die er in der zweiten Definition der Idee verwendet, auch innerhalb seines Bezugs auf Platon bedient (vgl. KrV A 314 / B 371). Auch dort heißt es, dass die platonische Idee ein Begriff ist, dem in der Sinnlichkeit nichts „Congruirendes angetroffen wird" (KrV A 313 / B 370), d. h. kein Gegenstand entspricht, und zwar nicht allein im Unterschied zu sinnlichen Vorstellungen, sondern auch im Unterschied zu den Kategorien, denen in der Sinnlichkeit ein Gegenstand entspricht, wie Kant in der transzendentalen Deduktion der Kategorien und in der Lehre vom →Schematismus der *KrV* zeigt. Dieser Mangel an Referentialität folgt wiederum aus dem in der Idee gedachten Sachverhalt. Die Idee ist nämlich „der Begriff eines Maximum" (KrV A 327 / B 384). Das Maximum kann aber nie in der Sinnlichkeit gegeben sein, denn die Sinnlichkeit ist durch ihre Formen auf die →Anschauung in Raum und Zeit begrenzt, im Begriff eines Maximums wird aber implizit auf diejenige Totalität verwiesen, die außerhalb des

Raums und der Zeit liegt. Somit wird in dem Begriff eines Maximums etwas gedacht, das in der Sinnlichkeit nie gegeben werden kann. Den Begriff eines Maximums präzisiert Kant daher als „das absolute Ganze aller Erscheinungen" und verbindet ihn unmittelbar mit dem Ideenbegriff (KrV A 328 / B 384). In dem reinen Vernunftbegriff, in der Idee qua Maximum, wird demnach das Ganze der →Erfahrung gedacht. Weil dieses Ganze aber nie in der Sinnlichkeit gegeben werden kann, ist es kein mögliches Objekt, sondern eine notwendige Aufgabe, ein Problem der reinen Vernunft (vgl. KrV A 328 / B 384). In diesem Zusammenhang ist die kantische Unterscheidung zu verstehen, dass, während die reinen Verstandesbegriffe dem Verstehen, die reinen Vernunftbegriffe dem Begreifen dienen (vgl. KrV A 311 / B 367). Die Kategorien dienen dazu, das gegebene Mannigfaltige zu bestimmen und damit objektiv zu verstehen, während die Ideen die Aufgabe haben, dieses bereits bestimmte Mannigfaltige in einen einheitlichen und allumfassenden Zusammenhang zu bringen. ‚Begreifen' heißt also in diesem Kontext ‚in eine allumfassende Einheit zusammenzufassen'.

Kant unterscheidet nun grundsätzlich drei Arten von Ideen. Neben der Idee der reinen theoretischen Vernunft, die Kant mit Bezug auf ihre epistemische Funktion eine transzendentale Idee nennt, kennt Kant noch die Idee der reinen praktischen Vernunft und die ästhetische Idee. Was nun zunächst die ästhetische Idee angeht, so definiert sie Kant in der *KU* in Abgrenzung von der reinen theoretischen Idee als eine Anschauung, der kein Begriff adäquat sein kann (vgl. 5:314). Die ästhetische Idee qua Anschauung ist ein Produkt der →Einbildungskraft und nicht der reinen Vernunft. Kant bezeichnet diese Anschauungen als Ideen, „weil sie zu etwas über die Erfahrungsgränze hinaus Liegendem wenigstens streben und so einer Darstellung der Vernunftbegriffe (der intellectuellen Ideen) nahe zu kommen suchen" (5:314). In dieser Hinsicht weist also die Anschauung der Einbildungskraft dasselbe Strukturmerkmal auf, das den Ideen der reinen Vernunft eigentümlich ist, nämlich auf etwas über die Grenze der Erfahrung hinaus Liegendes zu verweisen. Kant nennt sie jedoch Idee „hauptsächlich, weil ihnen als inneren Anschauungen kein Begriff völlig adäquat sein kann" (KrV A 314). Somit weist die ästhetische Idee auch das zweite Strukturmerkmal einer Idee auf, nämlich, dass ihnen Vorstellungen einer bestimmten anderen Art entgegen ihrem Anspruch nicht vollständig entsprechen können. Im Fall der theoretischen (intellektuellen) Ideen, die Begriffe sind, sind es Anschauungen; im Falle der ästhetischen Ideen qua Anschauungen sind es Begriffe.

Was nun die praktische Idee angeht, so ist sie zwar genauso wie die theoretische Idee ein Begriff. Sie ist jedoch in einer wichtigen Hinsicht von der theoretischen Idee zu unterscheiden. Es ist dies die Hinsicht, dass die praktische Idee eine strengere Art der →objektiven Gültigkeit für sich in Anspruch nehmen kann als die theoretische Idee. Auf diesen Unterschied macht Kant bereits in der *KrV* wie folgt aufmerksam: „das absolute Ganze aller Erscheinungen ist *nur eine Idee*, denn, da wir dergleichen niemals im Bilde entwerfen können, so bleibt es ein *Problem* ohne alle Auflösung. Dagegen, weil es im praktischen Gebrauch des Verstandes ganz allein um die Ausübung nach Regeln zu thun ist, so kann die Idee der praktischen Vernunft jederzeit wirklich, ob zwar nur zum Theil, *in concreto* gegeben werden [...]. In ihr hat die reine Vernunft sogar Causalität, das wirklich hervorzubringen, was ihr Begriff enthält" (KrV A 328 / B 384f.). Die theoretische Idee kann nicht schematisiert werden und daher trägt sie zur Erkenntnis der →Erscheinungen nicht konstitutiv bei: Das in ihr gedachte Ganze aller Erscheinungen bleibt daher aus prinzipiellen Gründen eine bloße Aufgabe, ein ‚Problem'. Im praktischen Gebrauch des Verstandes geht es dagegen allein um die Handlung nach Regeln und daher kann eine praktische Idee durch die Realisierung der entsprechenden Handlung, zu der sie eine Anleitung zur Verfügung stellt, selbst gleichsam mitrealisiert werden. Die praktische Idee ist „Idee von der nothwendigen Einheit aller möglichen Zwecke" und daher „muß sie allem Praktischen als ursprüngliche [...] Bedingung zur Regel dienen" (KrV A 328 / B 385). Weil die praktische Idee eine Bedingung der Möglichkeit einer einheitlichen Handlung angibt, indem sie alle möglichen Absichten (→Zwecke) des Handelnden verbindet, so erwirbt sie genau dann eine, allerdings begrenzte objektive Gültigkeit, wenn es Subjekte gibt, die einheitlich handeln, d. h. so handeln, dass alle durch ihre Handlungen zu erreichenden Absichten untereinander eine Einheit ausmachen. Eine solche Idee ist für Kant z. B. Idee der → Freiheit. Man kann dieses Argument auch folgendermaßen formulieren: Weil es im praktischen Handeln allein darum geht, das ursprünglich Entworfene zu realisieren, und nicht darum, das Gegebene zu erkennen, gewinnt derjenige Begriff, in dem jenes Entworfene entworfen wurde, mit der Realisierung der entsprechenden Handlung eine begrenzte objektive Gültigkeit. Der Begriff, der die Bedingung der Möglichkeit alles Entwerfens angibt, ist nun der Begriff der Freiheit. Somit wird der Begriff der Freiheit in einer jeden Handlung, die nach einem Entwurf realisiert wird, mit realisiert. Die Idee der Freiheit, die im Bereich der theoretischen Intentionalität eine bloße Aufgabe bleiben musste, gewinnt auf diese Weise im Bereich der praktischen Intentionalität eine Art der objektiven Gültigkeit (vgl. 5:115f.). Begrenzt ist nun diese Art der objektiven Gültigkeit deshalb, weil die praktische Idee „nur zum Theil, *in concreto* gegeben werden" (KrV A 327 / B 385) kann, d. h. es gilt auch von ihr nach wie vor, dass sie im Unterschied zu Kategorien nicht schematisiert werden kann.

Weiterführende Literatur

Bickmann, Claudia: „Zur systematischen Funktion der Kantischen Ideenlehre", in: Hiltscher, R. / Georgi, A. (Hg.): Perspektiven der Transzendentalphilosophie im Anschluß an die Philosophie Kants, Freiburg/Br.: Alber 2002, 43–79.

Cramer, Wolfgang: Die absolute Reflexion, Bd. 2, Gottesbeweise und ihre Kritik. Prüfung ihrer Beweiskraft, Frankfurt/M.: Klostermann 1967.

Effertz, Dirk: Kants Metaphysik: Welt und Freiheit. Zur Transformation des Systems der Ideen in der Kritik der Urteilskraft, Freiburg/Br.: Alber 1994.

Malter, Rudolf: „Der Ursprung der Metaphysik in der reinen Vernunft. Systematische Überlegungen zu Kants Ideenlehre", in: Kopper, J. / Marx, W. (Hg.): Zweihundert Jahre Kritik der reinen Vernunft, Hildesheim: Gerstenberg 1981,169–211.

Piché, Claude: Das Ideal. Ein Problem der Kantischen Ideenlehre, Bonn: Bouvier 1984.

Jindřich Karásek

Imperativ, hypothetischer

Kant unterscheidet in der *GMS* zwei Arten von Imperativen: Imperative gebieten entweder hypothetisch oder kategorisch (vgl. 4:414). Während der hypothetische Imperativ die praktische Notwendigkeit einer möglichen → Handlung als Mittel fordert, ist die vom kategorischen Imperativ gebotene Handlung für sich selbst „ohne Beziehung auf einen andern Zweck, [...] objectiv-nothwendig" (4:414). Nach der *KpV* besitzt im eigentlichen Sinne nur der kategorische Imperativ Gesetzescharakter, der den ‚Willen schlechthin als Willen' bestimmt. Der hypothetische Imperativ ist dagegen eine bloß praktische Vorschrift (vgl. 5:36), die auf eine Wirkung des Willens zielt und somit sinnlich bedingt ist. Weitere wichtige Stellen: 4:416f.; 4:420f.; 4:425; 4:428; 4:431f.; 4:441; 4:444; 5:11f.; 5:20f.; 5:26; 6:222; 9:86; 27:112; 27:114; 27:134; 27:246.

Philosophische Funktion

1 Hypothetische Imperative und Imperative überhaupt

Kant entwickelt den Begriff des hypothetischen Imperativs und den Unterschied vom Begriff eines kategorischen Imperativs im 2. Abschnitt der *GMS* im Ausgang vom allgemeinen Begriff eines Imperativs aus dem Begriff des → Willens, den er als Vermögen der „Ableitung der Handlung von Gesetzen" der Vernunft bestimmt, das damit „nichts anders als praktische Vernunft" (4:412) ist. Eine aus Vernunftgesetzen abgeleitete Handlung nennt Kant eine „als objectiv nothwendig erkannte" oder auch „gut[e]" Handlung: „Praktisch *gut* ist [...], was vermittelst der Vorstellungen der Vernunft [...] d. i. aus Gründen, die für jedes vernünftige Wesen [...] gültig sind, den Willen bestimmt" (4:412f.). Da diese Bestimmung noch *vor* der Unterteilung in hypothetische und kategorische Imperative formuliert wird, können die „Gründe, die für jedes vernünftige Wesen [...] gültig sind", keine bzw. nicht nur moralische Gründe sein, sondern müssen auch Geltungsgründe hypothetischer Imperative abgeben können. Das „Verhältniß eines objectiven Gesetzes", mithin auch der „als objectiv nothwendig" erkannten Handlungen zu einem sinnlich affizierten oder affizierbaren Willen, heißt „*Nöthigung*" (4:412f.).

Ein nötigendes „objektive[s] Princip" heißt „Gebot (der Vernunft)" (4:413). Imperative überhaupt drücken ein „*Sollen*" aus „und zeigen dadurch das Verhältniß eines objectiven Gesetzes der Vernunft" (4:413) zu einem solchen sinnlich bestimmten Willen an. Für einen hypothetischen Imperativ muss gelten: (1) Gründe, die „für jedes vernünftige Wesen [...] gültig sind" (4:413) stellen auch Geltungsgründe hypothetischer Imperative dar. (2) Sie drücken das Verhältnis eines Vernunftgesetzes und einer vernünftigerweise gebotenen Handlung zu einem auch sinnlich bestimmten Willen aus. Weder können die hier gemeinten Geltungsgründe ausschließlich moralische sein, noch sind die hier gemeinten Gesetze ausschließlich praktische Sätze. (3) Da dieses Verhältnis ‚*Nötigung*' oder ‚*Sollen*' heißt, besteht das →Sollen selbst in diesem Verhältnis der →Vernunft und ihrer Gesetze zu einem solchen Willen. (4) Weil der Wille definiert ist als das Vermögen der Handlungsableitung aus Vernunftgesetzen, liegt es nahe, Sollen als konstitutiven Bestandteil des sinnlich affizierbaren Willens überhaupt zu betrachten. Seel bemerkt mit Bezug auf *KpV* § 1 Anmerkung, dass nicht klar sei, „ob der Ausdruck ‚für jedes vernünftige Wesen gültig' meint, dass die Klasse der Adressaten des Imperativs alle vernünftigen Wesen umfasst, oder ob der Ausdruck lediglich besagt, dass von allen vernünftigen Wesen die Geltung des Imperativs erkannt wird" (*Analytisch praktische Sätze*, S. 151 Anm.). Da hypothetische Imperative Kant zufolge eine „Nothwendigkeit" ausdrücken, die „nur subjectiv bedingt ist [...] und nicht in allen Subjecten in gleichem Grade" (5:20f.) vorausgesetzt werden kann, ist anzunehmen, dass Kants Behauptung der objektiven Geltung von Imperativen auf KpV 5:20f. im Sinne des zweiten Gliedes von Seels Alternative zu verstehen ist.

2 Hypothetischer vs. kategorischer Imperativ

Kant führt den Begriff eines hypothetischen Imperativs in *GMS* wie folgt ein: „Alle *Imperative*[] [...] gebieten entweder *hypothetisch* oder *kategorisch*. Jene stellen die praktische Nothwendigkeit einer möglichen Handlung als Mittel zu etwas anderem, was man will (oder doch möglich ist, daß man es wolle), zu gelangen vor" (4:414). Als „Mittel zu etwas anderem, was man will" steht die Notwendigkeit der Handlung unter eben dieser Bedingung, dass man durch eine Handlung etwas anderes als die Handlung selbst will. Der kategorische Imperativ wird hingegen als ein solcher eingeführt, „welcher eine Handlung für sich selbst, ohne Beziehung auf einen andern Zweck, als objectiv-nothwendig vorstellte" (4:414). Damit stellen hypothetische Imperative eine objektiv notwendige, also durch rationale Einsicht gewonnene Handlung vor, die eine Beziehung auf einen →Zweck voraussetzt und damit Mittel ist. Kategorische Imperative gebieten eine Handlung unbedingt, d. h. nicht als Mittel zu einem gewollten Zweck.

3 Der hypothetische Imperativ als problematisch- und assertorisch-praktischer Satz

Kant unterteilt hypothetische Imperative in *GMS* in problematische und assertorisch-praktische Prinzipien. Ein problematischer Imperativ stellt eine notwendige Handlung zu „einer *möglichen*", ein assertorischer zu „einer [...] *wirklichen* Absicht" vor (4:414; vgl. 27:246). Hypothetische Imperative als problematisch-praktische Prinzipien identifiziert Kant mit „Imperative[n]" bzw. „*Regeln* der Geschicklichkeit" (4:416). Assertorische Imperative bezeichnet er auch als „Vorschriften" (vgl. 4:415; 5:20) bzw. „Rathschläge der Klugheit" (4:416). Er nennt Imperative der Geschicklichkeit auch „*technisch[e]*" (4:416) Imperative, Imperative der Klugheit „*pragmatisch[e]*" (4:417) Imperative (vgl. 5:11 Anm.; 5:25f.). Die Rede von hypothetischen Imperativen als problematischen Prinzipien kollidiert mit einer Sichtweise, der gemäß ein Imperativ nur dann als solcher zu bezeichnen ist, wenn er eine tatsächliche Nötigung auf einen Willen ausübt. In der Tat lassen sich in *GMS* folgende allgemeine Verwendungsweisen des Begriffs eines hypothetischen Imperativs unterscheiden: (1) Er ist ein praktischer Satz, der tatsächlich gebietet, also eine reale Nötigung auf den auch sinnlich affizierten Willen ausübt, dessen *Geltungsbedingungen* aber von kontingenten Merkmalen desjenigen Willens abhängen, den der Imperativ nötigt – nämlich von dessen je individuellem Lust- und Unlusthaushalt (vgl. 4:420; 5:20f.). (2) Ein hypothetischer Imperativ scheint in Kants Sicht aber auch insofern hypothetisch zu sein, als er *mögliche* „objectiv-nothwendige" Handlungen vorstellt (4:414). Kant versteht problematisch-hypothetische Imperative offenbar im Sinne der zweiten Definition.

Der *assertorisch-praktische* Imperativ gebietet eine Handlung für sinnlich-vernünftige Wesen als notwendig, unter der Voraussetzung einer Absicht, „von der man sicher voraussetzen kann, daß sie solche insgesammt nach einer Naturnothwendigkeit *haben*, und das ist die Absicht auf *Glückseligkeit*" (4:415). Die →Glückseligkeit ist eine Absicht, die man a priori bei jedem Menschen voraussetzen kann, weil sie zu seinem Wesen gehört. Der Begriff der Glückseligkeit ist jedoch ein „unbestimmter Begriff", da alle „Elemente, die zum Begriff der Glückseligkeit gehören, insgesammt empirisch sind, d. i. aus der Erfahrung müssen entlehnt werden, daß gleichwohl zur Idee der Glückseligkeit ein absolutes Ganze, ein Maximum des Wohlbefindens, in meinem gegenwärtigen und jedem zukünftigen Zustande erforderlich ist" (4:418). Um glücklich zu werden, könne somit nicht nach bestimmten Prinzipien, sondern müsse nach empirischen Ratschlägen der Klugheit gehandelt werden. Für Kant folgt daraus, „daß die Imperativen der Klugheit, genau zu reden, gar nicht gebieten, d. i. Handlungen objectiv als praktisch-*nothwendig* darstellen, können, daß sie eher für Anrathungen (consilia) als Gebote (praecepta) der Vernunft zu halten sind" (4:418). Die Aufgabe, sicher und allgemein zu bestimmen, welche Handlung die Glückseligkeit eines vernünftigen Wesens befördert, ist nicht zu lösen und kann durch keinen Imperativ ausgedrückt werden, der im strengen Verstande geböte, das zu tun, was glücklich macht. Kant nennt die Geschicklichkeit in der Wahl der Mittel zum größten individuellen Wohlsein „*Klugheit* im engsten Verstande" (4:416). Wenn der Begriff der Glückseligkeit bestimmt werden könnte, würden die Imperative der Klugheit mit denen der Geschicklichkeit übereinkommen und →analytisch sein (vgl. 4:417.

4 *Die Analytizität hypothetischer Imperative*

Kant behauptet, wie ein „Imperativ der Geschicklichkeit" möglich sei, bedürfe „keiner besonderen Erörterung" (4:417). Dass die Frage nach dem Ursprung der Nötigung bei Imperativen der Geschicklichkeit keiner besonderen Erörterung bedürfe, begründet er mit der folgenden Behauptung: „Wer den Zweck will, will (so fern die Vernunft auf seine Handlungen entscheidenden Einfluß hat) auch das dazu unentbehrlich nothwendige Mittel, das in seiner Gewalt ist" (4:417). Dieser Satz sei, „was das Wollen betrifft, analytisch", da „in dem Wollen eines Objects als meiner Wirkung [...] schon meine Causalität als handelnde Ursache, d. i. der Gebrauch der Mittel, gedacht" wird (4:417). Imperative der Geschicklichkeit ziehen zwar insofern „den Begriff nothwendiger Handlungen" zu einem Zweck „schon aus dem Begriff eines Wollens dieses Zwecks heraus" (4:417), als die notwendige Handlung zu einem Zweck Definiens des Wollens eines Zwecks ist. Der imperativische Charakter, die nötigende Eigenschaft eines solchen praktischen Satzes, der eine notwendige Zweck-Mittel-Relation vorstellt, wird von Kant aber nicht hergeleitet. Zunächst wird nicht der Imperativ der Geschicklichkeit selbst, sondern nur die ihm zugrundeliegende Implikation der im Begriff des Wollens liegenden notwendigen zweckmäßigen Handlung als analytisch bezeichnet. Wenig später werden aber Imperative der Geschicklichkeit selbst indirekt als analytische Sätze bezeichnet (vgl. 4:417f.).

5 *Interpretationsprobleme*

Kants Theorie hypothetischer Imperative wirft zahlreiche Interpretationsprobleme auf. Einige seien im Folgenden genannt. Es wird u. a. diskutiert, inwiefern hypothetische Imperative hypothetisch sind und wie ihr hypothetischer Charakter zu verstehen ist. Kant schreibt in der *KpV*, Regeln der Geschicklichkeit seien „blos theoretische Principien (z. B. wie derjenige, der gerne Brot essen möchte, sich eine Mühle auszudenken habe)" (5:26). Dies hat einige Interpreten zu der Annahme bewogen, hypothetische Imperative seien insgesamt theoretische Sätze. Seel weist jedoch darauf hin, dass „Imperative [...] – aufgrund eines Sollensoperators – die ‚illokutionäre' Funktion, einen Willen zu nötigen" haben und folglich „von vornherein alle Deutungen des hypothetischen Imperativs, [...] die diesen als theoretischen (deskriptiven) Satz deuten, [...] unbrauchbar" seien (*Analytisch praktische Sätze*, S. 149). Zur Frage der Notwendigkeit von Handlungen bei hypothetischen Imperativen (siehe oben Abschnitt 2) schreibt Seel, hypothetische Imperative „stellen eine Handlung [auch] als nicht objektiv notwendig vor" (*Analytisch-praktische Sätze*, S. 150) und bezieht sich dabei auf 4:414f.

Cramer betont, dass hypothetische Imperative weder der Verwendung des „Junktors ‚wenndann“ (vgl. *Hypothetische Imperative*, S. 159) bedürfen, noch dass kategorische Imperative einen solchen nicht aufweisen dürfen. Vielmehr beziehe sich das Hypothetische hypothetischer Imperative auf die Geltungsbedingungen, unter denen sie eine tatsächliche Nötigung auf den Willen ausüben (vgl. hierzu auch Allison, *Kant's Groundwork*, S. 156f.). In diesem Sinne hält Ludwig praktische Sätze, die eine *mögliche* nötigende Handlung vorstellen, nicht für Imperative (*Hypothetical Imperative*, S. 144). Dem ist entgegenzuhalten, dass Kant von Imperativen der Klugheit expressis verbis als „*Rathschläge[n]*“ (4:416) spricht. Ferner ist darauf zu verweisen, dass Kant in der *KpV* Imperative der Geschicklichkeit als „theoretische Principien“ (5:26) bezeichnet.

In Kants Analytizitätsbehauptung „Wer den Zweck will, will (so fern die Vernunft auf seine Handlungen entscheidenden Einfluß hat) auch das dazu unentbehrlich nothwendige Mittel, das in seiner Gewalt ist“ (4:417) bereitet die Klammerbemerkung Interpretationsschwierigkeiten. Geht man von der Definition des Willens als Vermögen der Handlungsableitung aus Vernunftgesetzen aus, dann ist er „nichts anders als praktische Vernunft“ (4:412). Dann ist jedoch zu fragen, wie Vernunft *keinen* „entscheidenden Einfluß“ (4:417) auf den Willen haben kann. Durch eine Explikation des Begriffs des Willens als praktische Vernunft weist Cramer nach, dass nicht „der Satz mit der Sofern-Klausel, sondern gerade der Satz: ‚Wer den Zweck will, will auch das dafür unentbehrlich notwendige Mittel‘ [...] allein als ein, was das Wollen betrifft, analytischer Satz bezeichnet“ werden kann. Hieraus folgert er, „dass Kants Deduktion des nötigenden Charakters hypothetischer Imperative [...] misslingt“ (Cramer, *Hypothetische Imperative*, S. 200). Schönecker interpretiert die Klammerbemerkung so, dass Vernunft dann entscheidenden Einfluss auf das Wollen hat, wenn die Person „um die entsprechende Mittelbestimmung weiß, also um den Sachverhalt, dass die Realisierung des Zwecks ohne die Ergreifung des Mittels unmöglich ist“ (Schönecker, *Grundlegung III*, S. 89). Auch mit Blick auf diese Interpretation stellt sich die Frage, wie ein Wille, der als Vermögen der vernünftigen Handlungsableitung *definiert* ist, nicht um die Mittelbestimmung wissen kann, oder ob ein Wille, der die falschen Mittel wählt, deswegen bereits kein Wille mehr ist. Hill vertritt dagegen die Position, hypothetische Imperative seien keine analytischen Implikationen dessen, was bereits gewollt wird. Vielmehr sei der hypothetische Imperativ ein „principle of conduct and not simply an explication of what it is to will an end. It states how men ought to act, even though sometimes, irrationally, they fail to comply“ (Hill, *The Hypothetical Imperative*, S. 430).

Weiterführende Literatur

Hare, Richard Mervyn: The language of morals, Oxford: Oxford University Press 1952.

Ludwig, Bernd: „Warum es keine ‚hypothetischen Imperative‘ gibt, und warum Kants hypothetisch-gebietende Imperative keine analytischen Sätze sind“, in: Klemme, Heiner / Ludwig, Bernd / Pauen, Michael / Stark, Werner (Hg.): Aufklärung und Interpretation. Studien zu Kants Philosophie und ihrem Umkreis, Würzburg: Königshausen & Neumann 1999, 105–124.

Schönecker, Dieter / Wood, Allen: Kants ‚Grundlegung zur Metaphysik der Sitten‘. Ein einführender Kommentar, Berlin: Schöningh, 2002[1].

Schroeder, Mark: „The Hypothetical Imperative?“, in: Australasian Journal of Philosophy 83, 2005, 357–372.

Helke Panknin-Schappert / Rocco Porcheddu

Imperativ, kategorischer

Unter einem kategorischen Imperativ versteht Kant ein Handlungsgesetz, das sich an vernünftige Wesen richtet, die nicht notwendig vernünftig handeln und das in seiner Geltung nicht von einer kontingenten Zwecksetzung abhängig ist, sondern das unbedingt, ausnahmslos und allgemein gilt, d. h. als moralisches Gesetz. Statt vom kategorischen Imperativ spricht Kant auch (u. a.) vom moralischen Imperativ, apodiktischen Imperativ, Imperativ der Sittlichkeit, moralischen Gesetz, sittlichen Gesetz, Sittengesetz, Gebot und Gesetz der Sittlichkeit, obersten praktischen Prinzip, Prinzip a priori, Imperativ der Pflicht, Pflichtimperativ, wobei diese und weitere Ausdrücke oft, aber nicht immer synonym sind. Außerdem spricht Kant sowohl von dem (einen) kategorischen Imperativ, von verschiedenen, auch inhaltlich unterschiedlichen Formeln des kategorischen Imperativs wie auch im Plural von kategorischen Imperativen (inhaltlich gefüllten Handlungsanweisungen), die sich aus dem einen kategorischen Imperativ bzw. aus den verschiedenen Formeln ableiten lassen. In der allgemeinsten (und wirkungsmächtigsten) Formulierung lautet der kategorische Imperativ in der *GMS* so: *„[H]andle nur nach derjenigen Maxime, durch die du zugleich wollen kannst, daß sie ein allgemeines Gesetz werde*" (4:421); in der *KpV* z. B. so: „Handle so, daß die Maxime Deines Willens jederzeit zugleich als Princip einer allgemeinen Gesetzgebung gelten könne" (5:30); und in der Einleitung zur *MS* formuliert Kant den kategorischen Imperativ z. B. so: „Handle nach einer Maxime, welche zugleich als ein allgemeines Gesetz gelten kann!" (6:225). Weitere wichtige Stellen: 4:412–440; 5:19–41; 6:211–228; 6:379–413.

Vorgeschichte und historischer Kontext

Den Kerngedanken des Unterschieds zwischen hypothetischen und kategorischen (moralischen) Imperativen findet man schon in der 1762 abgeschlossenen und 1764 veröffentlichten *Deutlichkeit*, und in den 1764 erschienenen *Bemerkungen* ist er bereits zu einer Theorie genuin kategorisch-moralischer Verpflichtung weit fortentwickelt. Dennoch und obwohl Kant seit Mitte der sechziger Jahre in seinen Briefen wiederholt von einer ‚Metaphysik der Sitten' spricht (vgl. z. B. Brief an Herder vom 09. 05. 1768, 10:74), deren Kernstück der kategorische Imperativ ist – eine systematisch entwickelte Theorie des kategorischen Imperativs findet man erst in der *GMS* (1785). Der Sache nach kennt Kant den Begriff eines kategorischen Imperativs schon in der *KrV*, aber er nennt ihn dort (wie auch später immer wieder) ein reines praktisches (vgl. z. B. KrV A 800 / B 828) oder auch reines moralisches Gesetz (vgl. z. B. KrV A 807 / B 835). Zwar fällt bereits in der *KrV* der Ausdruck „Imperativ" (KrV A 547 / B 575; KrV A 802 / B 830), aber den Terminus technicus ‚kategorischer Imperativ' – der im Unterschied zu ‚Metaphysik der Sitten' ein (aus dem logisch-grammatischen Gebrauch gewonnener) Neologismus Kants ist – findet man in den Druckschriften zum ersten Mal in der *GMS* (vgl. 4:414). Die historischen Vorläufer, Wurzeln und Kontexte, die von der Antike (insbes. der stoischen Philosophie) bis zu Kants unmittelbaren Vorgängern und Zeitgenossen reichen, sind so vielfältig und umstritten wie der genaue Entwicklungsgang von Kants Ethik.

Philosophische Funktion

Der kategorische Imperativ hat als das grundlegende moralische Gesetz verschiedene Momente: Er ist erstens ein Gebot, das sich nötigend an alle sinnlich-vernünftigen (nicht rein-vernünftigen) Wesen richtet; er ist also ein „Imperativ" (4:414). Der kategorische Imperativ ist außerdem als „unbedingtes praktisches Gesetz" (4:463) *„kategorisch*" (4:414), d. h. als moralisches Gesetz nicht an (kontingente) Zwecksetzungen gebunden. Schließlich ist der kategorische Imperativ auch ein „Gesetz der Freiheit" (5:124) und damit das Gesetz der Autonomie. Spezifischer formuliert beinhaltet der kategorische Imperativ folgende Merkmale: Allgemeinheit (Universalität), Notwendigkeit, Apriorität, Nötigung, Pflicht, Synthetizität, Formalität, unbedingte Zweckhaftigkeit, Freiheit, Autonomie und, allgemein gesprochen, Moralität.

1 Der kategorische Imperativ als Imperativ

Der kategorische Imperativ ist ein *Imperativ*, weil er erstens ein objektives, vernünftiges Prinzip der Willensbestimmung ist (eine Vorschrift oder ein Gebot, eine Handlungsnorm), und weil er zweitens nötigenden Charakter hat: „Die Vorstellung eines objectiven Princips, sofern es für einen Willen nöthigend ist, heißt ein Gebot (der Vernunft) und die Formel des Gebots heißt *Imperativ*" (4:413).

Allgemein gesprochen sind Imperative objektive, vernünftige Prinzipien der Willensbestimmung und damit Handlungsanweisungen: „Sie sagen, daß etwas zu thun oder zu unterlassen gut sein würde" (4:413). Auch →hypothetische Imperative, welche die „praktische Nothwendigkeit einer möglichen Handlung als Mittel zu etwas anderem, was man will (oder doch möglich ist, daß man es wolle)" (4:414) vorstellen, sind in dem Sinne „objectiv nothwendig" (4:412) und damit vernünftig, dass ihre Geltung in keiner Weise von subjektiven, kontingenten Anerkennungsbedingungen abhängig ist: Die Vorschrift, „ich soll etwas tun darum, *weil ich etwas anderes will*" (4:441), ist, eine mögliche oder wirkliche Zwecksetzung vorausgesetzt, genauso zwingend (notwendig) und für alle (zumindest menschlichen) Handlungssubjekte gültig wie der kategorische Imperativ: Sie ist dies zum einen durch die auch in synthetischen Sätzen erkennbare →Notwendigkeit bestimmter

Mittel zur Realisierung bestimmter Zwecke, zum anderen durch die Notwendigkeit der Geltung solcher hypothetischen Imperative auf der Grundlage des, laut Kant, analytischen Satzes, dass, wer, Vernünftigkeit vorausgesetzt, „den Zweck will, [...] auch das dazu unentbehrlich nothwendige Mittel, das in seiner Gewalt ist“, wolle (4:417). Vor allem im Zusammenhang mit dem kategorischen Imperativ spricht Kant sehr häufig davon, dass der kategorische Imperativ als Prinzip der praktischen Vernunft ‚notwendig‘, ‚allgemein‘ und ‚objektiv‘ ist. Sachlich sind damit vor allem zwei Eigenschaften des kategorischen Imperativs gemeint, ohne dass Kant diese Termini univok verwendete: Imperative gelten allgemein, d. h. für alle sinnlich-vernünftigen Wesen; und sie gelten notwendig, d. h. unabhängig von subjektiven Interessen (s. dazu Punkt 2). Der in der Interpretationsgeschichte Kants maßgebliche gewordene Begriff der Universalität (nicht zu verwechseln mit dem Begriff der Universalisierung) oder des Universalismus kann sich auch terminologisch insofern auf Kant berufen, als Kant, wiederum terminologisch nicht klar zwischen Allgemeinheit und → Notwendigkeit unterscheidend, von der „Allgemeinheit des [moralischen] Prinzips (universalitas)“ im Sinne einer „Allgemeinheit, mit der [moralische Prinzipien] für alle vernünftigen Wesen ohne Unterschied gelten sollen“ (4:442) spricht wie auch davon, dass kategorische Imperative „*universelle* Regeln [sind], d. i. [...] solche, die jederzeit und nothwendig gültig sein müssen“ (5:36): „Die Lehren der Sittlichkeit [...] gebieten für jedermann, ohne Rücksicht auf seine Neigungen zu nehmen“ (6:216). Eine gewisse Verknüpfung finden diese beiden Momente dieser (so verstandenen) Allgemeinheit (für alle) und Notwendigkeit (unbedingt) im Begriff der „Allgemeingültigkeit“ (4:438; vgl. 5:45).

Als ein vernünftiges Prinzip der Willensbestimmung und Handlungsanweisung nennt Kant den kategorischen Imperativ – in Absetzung zur durch die vorausgesetzte Zwecksetzung nur bedingten Allgemeinheit und Notwendigkeit hypothetischer Imperative – auch ein „*apodictisch*-praktisches Prinzip“ (4:415), einen „Imperativ [...] *der Sittlichkeit*“ (4:416), ein „*Gebot[]* (*Gesetz[]*) der Sittlichkeit“ (4:416), kurz „*moralisch*“ (4:417), oder eben „*kategorisch*“ (4:416).

Der nötigende Charakter des kategorischen Imperativs ergibt sich aus der Natur seiner Adressaten: Der kategorische Imperativ richtet sich als objektiv geltende Handlungsnorm wie alle Imperative an sinnlich-vernünftige Wesen, die wegen der diversen „Hindernisse“ (4:449; vgl. 5:79) – also letztlich wegen der „lastergebärende[n] Neigungen“ (6:376) der Eigenliebe – nicht immer tun, was vernünftig ist, und die daher auch nicht immer tun, was moralisch geboten ist. Kategorische Imperative sind daher wie alle Imperative „objectiv, d. i. aus Gründen, die für jedes vernünftige Wesen, als ein solches, gültig“ (4:413), zugleich aber nötigend: „Alle Imperative werden durch ein *Sollen* ausgedrückt und zeigen dadurch das Verhältnis eines objectiven Gesetzes der Vernunft zu einem Willen an, der seiner subjectiven Beschaffenheit nach dadurch nicht nothwendig bestimmt wird (eine Nöthigung)“ (4:413). Der kategorische Imperativ ist also ein moralisches Gesetz; aber er ist ein solches für Wesen, die keinen „heiligen Willen“ (4:414; vgl. 5:32) haben oder jedenfalls nicht vollkommen vernünftig sind, und daher ist der kategorische Imperativ für diese Wesen ein „Imperativ der Pflicht“ (4:421). Dagegen würde ein heiliger oder vollkommen guter Wille „eben sowohl unter objectiven Gesetzen (des Guten) stehen, aber nicht dadurch als zu gesetzmäßigen Handlungen *genöthigt* vorgestellt werden können, weil er von selbst nach seiner subjectiven Beschaffenheit nur durch die Vorstellung des Guten bestimmt werden kann. Daher gelten für den *göttlichen* und überhaupt für einen *heiligen Willen* keine Imperativen; das *Sollen* ist hier am unrechten Orte, weil das Wollen schon von selbst mit dem Gesetz nothwendig einstimmig ist“ (4:414). Aus diesem Grund begreift Kant den kategorischen Imperativ auch als einen „*synthetisch*-praktische[n] Satz a priori“ (4:420). Synthetisch sei er deshalb, so Kants These, weil er „das Wollen nicht aus einem anderen, schon vorausgesetzten analytisch ableitet (denn wir haben keinen so vollkommenen Willen), sondern mit dem Begriffe des Willens als eines vernünftigen Wesens unmittelbar, als etwas, das in ihm nicht enthalten ist, verknüpft“ (4:420 Anm.); synthetisch ist der kategorische Imperativ also insofern, als das Wollen des Guten mit dem Willen sinnlich-vernünftiger Wesen nicht notwendig verknüpft ist, sondern immer verknüpft werden muss. Für heilige oder vollkommen vernünftige Wesen, für die es keine „*Hindernisse* der Pflichtvollziehung" (6:380) gibt, ist das moralische Gesetz kein Imperativ, also auch nicht synthetisch, sondern „analytisch" (5:31).

Aus der sinnlich-vernünftigen Natur der Adressaten des kategorischen Imperativs ergibt sich schließlich auch, dass der „moralische Wert" (4:401; vgl. 5:81) von ‚Handlungen aus Pflicht' (die nicht nur →*pflichtmäßig* sind, vgl. 4:397; 5:81; 6:223), eine „subjektive" (4:460), affektiv begleitete Komponente hat: die genuin moralische „Triebfeder" (4:440; vgl. 5:72; 6:218). Kant nennt diese wiederholt auch „Gesinnung" (4:416; vgl. 5:33). In der Herleitung des kategorischen Imperativs (vgl. 4:402; 4:420f.; 5:29) beansprucht er, den Inhalt dieses moralischen Gesetzes oder eben dieses moralische Gesetz selbst aus der Analyse genuiner moralischer Motivation zu gewinnen (s. dazu Punkt 2). Einen genuin moralischen Wert haben pflichtmäßige Handlungen dann und nur dann, wenn sie um des moralischen Gesetzes selbst willen erfolgen. Das Gefühl der „Lust" (4:460), das als subjektiver Bestimmungsgrund, also als Triebfeder des Willens den moralischen Wert generiert, beschreibt Kant in der *GMS* als *„Achtung fürs Gesetz"* (4:400) und damit als „selbstgewirktes" (4:401) Gefühl, das zugleich als →Achtung für die „Würde der Menschheit" (4:440) einen objektiven Wert reflektiert. In der *KpV* (vgl. 5:71–89) wird dieser Gedanke wiederholt, allerdings erheblich verfeinert und ausgebaut geradezu in einer Art Mechanik des (sogenannten) „moralische[n] Gefühl[s]" (5:75) mit negativen und positiven Momenten. In der *MST* taucht die „Achtung fürs Gesetz" (6:394) direkt nur selten auf, wenn auch der Grundgedanke bleibt, dass nämlich „das Gesetz nicht bloß die Regel, sondern auch die Triebfeder der Handlungen sei" (6:392); doch ist dieser Grundgedanke nicht ohne weiteres zu identifizieren mit der Tugend als „Stärke der Maxime des Menschen in Befolgung seiner Pflicht" (6:394) und auch nicht mit der „Lauterkeit" (6:446). Vergleichsweise wenig beachtet wurde bisher, dass Kant in den *MST* auch eine (nicht ausgeführte) Theorie moralischer Motivation auf der Basis einer Theorie moralischer Gemütsanlagen („moralische Beschaffenheiten", 6:399) kennt, die er als *„subjective* Bedingungen der Empfänglichkeit für den Pflichtbegriff" (6:399) beschreibt (sie sind „das *moralische Gefühl, das Gewissen, die Liebe des Nächsten und die Achtung für sich selbst*", 6:399).

In der *GMS* und in der *KpV* wird der kategorische Imperativ (augenscheinlich) nur im Kontext der Moral bzw. Ethik im engeren Sinne behandelt; erst in der *MS* wird die Abgrenzung zum Recht (offiziell) thematisch. Der Grundgedanke scheint klar: Die *„Legalität"* (5:81; vgl. 6:214) einer Handlung besteht schon in der bloßen „Übereinstimmung oder Nichtübereinstimmung einer Handlung mit dem Gesetze" (6:219); eine nicht erlaubte Handlung nennt Kant auch *„unrecht"* (6:223; vgl. 8:286). Dagegen besteht die „Moralität" (5:81; vgl. 6:214) darin, dass „die Idee der Pflicht aus dem Gesetze zugleich die Triebfeder der Handlung ist" (6:219). Was Kant Legalität (und Recht) nennt, ist demnach viel näher an dem, was wir heute unter Moral verstehen; allerdings ist sehr umstritten, wie sich das „Rechtsgesetz: Handle äußerlich so, daß der freie Gebrauch deiner Willkür mit der Freiheit von jedermann nach einem allgemeinen Gesetze zusammen bestehen könne" (6:231) zum kategorischen Imperativ verhält bzw. inwiefern es von ihm der Geltung und dem Inhalt nach abhängig ist (Kant spricht auch in der konkreten Ausführung der Rechtslehre z. B. vom „kategorische[n] Imperativ der Strafgerechtigkeit", 6:336).

2 Der kategorische Imperativ als unbedingtes moralisches Gesetz

Kant schreibt, dass die „Lossagung von allem Interesse beim Wollen aus Pflicht [...] das spezifische Unterscheidungszeichen des kategorischen vom hypothetischen Imperativ" sei (4:431). Hypothetische Imperative sind „bedingt, nämlich: wenn oder weil man dieses Objekt will, soll man so oder so handeln" (4:444); der kategorische Imperativ dagegen wird „durch keine Bedingung eingeschränkt" (4:416) und ist daher ein „unbedingter (moralischer) Imperativ" (6:391), er besitzt „Nothwendigkeit" (4:463; vgl. 5:81). Ein moralisches Prinzip muss also ein solches sein, das „sich auf kein Interesse gründet und also unter allen möglichen Imperativen allein unbedingt sein kann" (4:432). Daraus folgt auch, dass moralische Gesetze ohne „Ausnahme" (4:424) gelten müssen, da Ausnahmen „zum Vortheil unserer Neigungen" (4:424) gemacht werden. Diese Interesselosigkeit zeichnet aber nicht nur das moralische Wollen als Wollen aus Pflicht (Achtung) aus, sondern auch den „Inhalt des kategorischen Imperativs" (4:425): Die Bestimmung dessen, was man wollen soll, darf nicht durch die (eigenen) Interessen geprägt sein. Daher wird in der *GMS* der kategorische Imperativ auch erst nach der Analyse des Pflichtbegriffs hergeleitet (auf sehr umstrittene Weise); erst nach dieser Analyse fragt Kant: „Was kann das aber wohl für ein Gesetz sein [...]?" (4:402), das den moralisch guten Willen objektiv bestimmen muss? Kants Antwort lautet: Der kategorische Imperativ, den er an dieser Stelle erstmalig formuliert: „ich soll niemals anders verfahren als so, *daß ich auch wollen könne, meine Maxime solle ein allgemeines Gesetz werden*" (4:402). Ähnlich schreibt er im 2. Abschnitt der *GMS*: „Denn da der Imperativ außer dem Gesetze nur die Nothwendigkeit der Maxime enthält, diesem Gesetz gemäß zu sein, das Gesetz aber keine Bedingung enthält, auf die es eingeschränkt war, so bleibt nichts als die Allgemeinheit eines Gesetzes überhaupt übrig" (4:420f.).

Kant führt (vor allem in der *GMS*) nicht nur den „einigen" (4:421; vgl. 5:93) kategorischen Imperativ, sondern verschiedene „Formeln eben desselben" (4:436) ein, deren jeweiliger Inhalt und deren Verhältnis zueinander wie auch zu dem ‚einigen' kategorischen Imperativ schwer zu bestimmen sind. In der *GMS* präsentiert Kant mindestens fünf verschiedene Formeln des kategorischen Imperativs: Auf der einen Seite findet man die sog. Grund- oder Universalisierungsformel sowie die sog. Naturgesetzformel, die beide deutlich auf die Idee der „Allgemeinheit des [bzw. „als"] Gesetzes" (4:421; vgl. 4:437) auch im Sinne der Verallgemeinerbarkeit der Maximen abzielen: „*handle nur nach derjenigen Maxime, durch die du zugleich wollen kannst, daß sie ein allgemeines Gesetz werde*" (4:421) oder auch: „*handle nach der Maxime, die sich selbst zugleich zum allgemeinen Gesetze machen kann*" (4:436) sowie: „*handle so, als ob die Maxime deiner Handlung durch deinen Willen zum allgemeinen Naturgesetze werden sollte*" (4:421); Kant spricht wegen der Analogie von Sittengesetz und Naturgesetz auch vom „Typus des Sittengesetzes" (5:69). Auf der anderen Seite kennt Kant aber einen kategorischen Imperativ, der im Unterschied zur „Form" (4:436; vgl. 5:27; 6:214) des „allgemeine[n] Imperativ[s]" (4:421) deutlich auf die „Materie, nämlich einen Zweck" (4:436) abzielt, also von vorneherein viel stärker inhaltlich geprägt ist, und das ist die sogenannte Zweck-an-sich-Formel: „Handle so, daß du die Menschheit, sowohl in deiner Person als in der Person eines jeden anderen, jederzeit zugleich als Zweck, niemals bloß als Mittel brauchest" (4:429). Außerdem führt Kant in einer Zählung (vgl. 4:431) noch die sogenannte Autonomie-Formel ein als die „Idee des Willens jedes vernünftigen Wesens als eines allgemein gesetzgebenden Willens" (4:431), in einer anderen Zählung aber (vgl. 4:436), davon wohl abweichend, die sog. Reich-der-Zwecke-Formel, „daß alle Maximen aus eigener Gesetzgebung zu einem möglichen Reiche der Zwecke, als einem Reiche der Natur, zusammenstimmen sollen" (4:436). Kant selbst hat in der *GMS* die (dort nur vorläufige) „Eintheilung der Pflichten" (4:421) in vollkommene und unvollkommene Pflichten gegen sich selbst und gegen Andere sowie deren „Ableitung" (4:412; vgl. 6:225: „Folgerungen") aus dem moralischen Gesetz nur in Bezug auf die Naturgesetzformel (vgl. 4:421ff.) und die Zweck-an-sich-Formel (vgl. 4:429f.) durchgeführt, und diese beiden Formeln (vor allem aber die erste) standen auch stets im Mittelpunkt der Interpretation. Dabei ist zu beachten, dass die in der *GMS* für die „künftige Metaphysik der Sitten" (4:421 Anm.) angekündigte Einteilung (und Ableitung) der Pflichten in der veröffentlichten Metaphysik der Sitten tatsächlich anders ausfällt; zumindest der Gedanke der Verallgemeinerung spielt in ihr bei der tatsächlichen Durchführung des Pflichtensystems nur noch eine sehr untergeordnete Rolle.

Der kategorische Imperativ als Universalisierungs- bzw. als Naturgesetzformel gibt als solcher keine konkreten Handlungsanweisungen. Vielmehr gebietet er, das ich mich als Handlungssubjekt „frage" (4:403; vgl. 5:27), ob meine →Maxime als objektives Prinzip meines Handelns auch ein allgemeines Prinzip sein könne; Kant spricht in diesem Zusammenhang auch von einem „Kanon der moralischen Beurtheilung" (4:424), einem „Kompaß" (4:404), der mir als eine Art „Probirstein" (5:63; vgl. 6:376) die „Probe" (5:70; vgl. 6:225) meiner Maximen ermögliche. Wie genau nun diese Probe ausfällt, ist, wie gesagt, umstritten. Der Grundgedanke ist gewiss die „Idee der Qualifikation einer Maxime zur Allgemeinheit eines praktischen Gesetzes" (6:225), wobei Kant diesen „Probirstein" (5:63) nur sporadisch verwendet. Die berühmten Beispiele aus der *GMS* (vgl. 4:421ff.; 4:429f.) machen von der Universalisierungsformel auffälligerweise keinen Gebrauch. Der kategorische Imperativ formuliert Bedingungen, unter denen eine Handlung erlaubt ist (von der es also nicht geboten ist, sie zu unterlassen) bzw. nicht erlaubt ist (also verboten, d. h. geboten, sie zu unterlassen). Dabei beruhen nach Kant die engeren (negativen, keinen Spielraum erlaubenden) Pflichten auf Maximen, die „ohne Widerspruch" (4:424) als allgemeines Gesetz „gedacht" (4:424) werden können und die weiteren (positiven, Spielraum erlaubenden Pflichten) auf Maximen, die man ohne Widerspruch „wollen" (4:424) kann. Worin genau dieser „Widerstreit" (5:28) – dass etwas (ein Wille, eine Maxime, ein Gesetz, eine Handlung) „sich selbst widerspricht" (8:421) oder „sich nothwendig widerspricht" (4:422) – besteht und wie „formal" (5:109) dieser Widerspruch und damit der kategorische Imperativ sind, ist der Kern der Theorie und der Debatte über sie. Der kategorische Imperativ hat unbestreitbar eine gewisse Ähnlichkeit mit der sog. Goldenen Regel und auch mit regelkonsequentialistischen Verallgemeinerungsregeln, soll aber (vgl. 4:430) von diesen Prinzipien deutlich darin unterschieden sein (was schon früh bestritten wurde), dass die Allgemeinheit nicht aus der unparteiisch und integer regulierten Interessenbefriedigung, also nicht einfach aus der Koordination faktischen Wollens gewonnen wird, sondern eben rein formal (obwohl Kant selbst, auch durch die Naturgesetzformel, wiederholt Anlass dazu gibt, den Widerspruch material zu deuten; vgl. 4:403; 4:423; 6:403). So wurde z. B. immer wieder mit Kant versucht, das Verbot des falschen Versprechens (vgl. das Depositum-Beispiel in 5:27; 8:286) dadurch zu begründen, dass es überhaupt nicht möglich ist, sich ein allgemeines Gebot des falschen Versprechens widerspruchsfrei auch nur zu denken, weil dadurch die Institution des Versprechens selbst (und a fortiori die Handlungsweise des falschen Versprechens) unmöglich würde. Doch scheint der Versuch einer rein formalen ‚Probe' von Maximen aus mehreren Gründen problematisch, wenn damit gemeint ist, dass die Möglichkeit einer allgemeinen Praktizierbarkeit einer Handlungsweise (in einer Lesart: sie kann von allen gewollt werden) eine notwendige Bedingung für das Erlaubtsein dieser Handlungsweise ist, und der Versuch scheint sogar offenkundig falsch zu sein, wenn damit die allgemeine Praktizierbarkeit einer Handlungsweise als hinreichende Bedingung für ihr Erlaubtsein impliziert würde.

Bei aller Hervorhebung der → Form des kategorischen Imperativs betont Kant immer auch die von ihm keineswegs bestrittene Tatsache, dass „jede Handlung [...] ihren Zweck [hat]" (6:384f.; vgl. 4:427; 5:57f.). Die sogenannte Zweck-an-sich-Formel im Kontext der *GMS* beruht dann im Sinne eines (modern gesprochen) moralischen Realismus auf der Idee, dass „die vernünftige Natur als Zweck an sich selbst [existiert]" (4:429), also „Person" (4:429) ist und „absoluten Werth" (4:428) oder „Würde" (4:434; vgl. 27:1319) hat, wobei diese absolute Werthaftigkeit der „Menschheit" (4:429) auf der transzendentalen Fähigkeit zur Moralität (Freiheit als Autonomie) beruht (s. Punkt 3). Demzufolge sind Handlungen bzw. Maximen dann geboten bzw. verboten, wenn sie auf die eine oder andere Weise diesen Status von Vernunftwesen fördern bzw. verletzen; doch selbst für die enge (negative) Pflicht von Handlungsunterlassungen bietet Kant kein Verfahren an, das zu bestimmen erlaubte, welche Handlungen diesen Würdestatus verletzen. In der *MST* wird dieser Gedanke weiterentwickelt und der kategorische Imperativ als derjenige Imperativ verstanden, „der einen Pflichtbegriff mit dem eines Zweckes überhaupt verbindet" (6:384); vermittelt über die Idee eines Zwecks, „der an sich selbst Pflicht ist" (6:381) wird so die Ethik „als das System der Zwecke der reinen praktischen Vernunft definiert" (6:381). Auch in der *MST* wird (wie in der *GMS* und der *KpV*) geboten, „den Menschen überhaupt sich zum Zwecke zu machen" (6:395; vgl. 6:410). Zugleich wird aber auch die Moralität (Tugend) als „höchster, unbedingter Zweck" (6:396) oder „Endzweck" (6:405; vgl. 6:441) verstanden, dass nämlich „die Tugend ihr eigener Zweck" (6:396) sei; sich ihr „beständig zu nähern" (6:409) ist Pflicht. Und schließlich ist auch, davon unterschieden, die „innere moralisch-praktische Vollkommenheit" (6:387) Pflicht. (Die Einteilung der Pflichten und Zwecke in der *MST* wirft große interpretatorische Schwierigkeiten auf.)

3 Der kategorische Imperativ als Gesetz der Freiheit

Kant konzipiert moralische Gesetze und damit auch den kategorischen Imperativ ausdrücklich als „Gesetze der [...] Freiheit" (4:386; vgl. 5:69; 6:214), die in einer „*Metaphysik der Sitten*" (KrV

A 841 / B 869; vgl. 4:388; 5:8; 6:205) behandelt werden müssen (schon in der *KrV* hat Kant die moralischen Gesetze und die transzendentale Freiheit enggeführt, allerdings noch nicht in völliger Klarheit). Freiheit als genuin praktische (nicht bloß psychologisch-empirische) Freiheit ist eine Form transzendentaler Freiheit; ohne transzendentale Freiheit als Freiheit absoluter, wenn auch gesetzlicher Spontaneität gibt es keinen kategorischen Imperativ, welcher als moralisches Gesetz das Kausalgesetz dieser Freiheit ist, eine „Causalität nach unwandelbaren Gesetzen, aber von besonderer Art" (4:446; vgl. auch die Kategorien der Freiheit in der *KpV*, 5:65).

Schon die dem kategorischen Imperativ zugrundeliegende theoretische Freiheitskonzeption birgt große interpretatorische und sachliche Schwierigkeiten in sich. Für das Verhältnis von Freiheit und Sittengesetz sind aber vor allem zwei Punkte entscheidend: zum einen das Begründungsverhältnis zwischen dem Begriff des kategorischen Imperativs und dem Begriff der Freiheit, zum anderen das Verhältnis zwischen dem kategorischen Imperativ als Gesetz der Freiheit und dem Bösen. Ohne Zweifel ist die transzendental-praktische Freiheit „die ratio essendi des moralischen Gesetzes" (5:4 Anm.); ohne diese Freiheit „würde das moralische Gesetz in uns gar nicht anzutreffen sein" (5:4 Anm.). In der *KpV* schreibt Kant jedoch auch, es sei umgekehrt „das moralische Gesetz aber die ratio cognoscendi der Freiheit [...]. Denn wäre nicht das moralische Gesetz in unserer Vernunft eher deutlich gedacht, so würden wir uns niemals berechtigt halten, so etwas, als Freiheit ist (ob diese gleich sich nicht widerspricht), anzunehmen" (5:4 Anm.). Höchst umstritten ist jedoch, ob dies auch Kants Position in der *GMS* ist; es gibt jedenfalls deutliche Hinweise darauf, dass Kant in der *GMS* vom Bewusstsein der Freiheit zu denken als einer Form der transzendentalen Freiheit auf die moralisch-praktische Freiheit zu handeln schließt und von dieser, auf der Grundlage ontologischer Überlegungen, auf die Geltung des moralischen Gesetzes als eines kategorischen Imperativs. Während Kant also in der *GMS* eine „Deduction" (4:454) im Sinne einer Begründung der Inanspruchnahme der Freiheit als *ratio essendi* versucht, in der die Geltung des kategorischen Imperativs nicht schon vorausgesetzt, sondern vielmehr selbst unabhängig bewiesen wird (diese →Deduktion ist zu unterscheiden sowohl von der Herleitung des kategorischen Imperativs wie auch von der Ableitung diverser Pflichten aus diesem), scheint er in der *KpV* nur noch skeptisch von dieser „vergeblich gesuchten Deduction" (5:47) zu sprechen und an ihre Stelle die Idee eines nicht weiter begründbaren „Faktum[s] der reinen Vernunft" (5:31; vgl. 6:252; →Faktum der reinen praktischen Vernunft) zu setzen. In der *MS* nennt Kant die moralischen Gesetze „unerweislich" (6:225); die Geltung des kategorischen Imperativs „begreift ein jeder von selbst" (6:273).

Kants Ethik ist eine Ethik der →„Autonomie" (vgl. 4:446; 5:33; 6:383), deren „Prinzip" (4:440) der kategorische Imperativ ist. Kant versteht daher auch die „*Autonomie des Willens als oberstes Prinzip der Sittlichkeit*" (4:440), womit er zum Ausdruck bringen will, dass sowohl Inhalt wie Geltung des moralischen Gesetzes dem „eigentlichen Selbst" (4:458) des Menschen entspringen. Moralische Handlungsbestimmung durch den kategorischen Imperativ ist insofern „Selbstbestimmung" (4:427) als „Selbsttätigkeit" (4:452), als das vernünftige Subjekt sich durch das Freiheitsgesetz seiner eigenen (reinen praktischen) Vernunft selbst bestimmt. Hinsichtlich des nötigenden Charakters des kategorischen Imperativs nennt Kant dies auch „Selbstzwang" (5:83; vgl. 6:380) als „innere Nötigung" (5:83). Die diesbezügliche Rede von der „inneren Freiheit" (6:406) im Unterschied zur äußeren wird aber erst in der *MS* wirklich relevant. Die völlige „Zufälligkeit der Handlung (daß sie gar nicht durch Gründe determiniert sei)" (6:50) lehnt Kant als unzureichenden Begriff von Freiheit ab; und Bestimmung durch andere Gesetze oder Begebenheiten ist keine Autonomie, sondern →Heteronomie, weshalb der kategorische Imperativ und mit ihm die gebotene Interesselosigkeit die Möglichkeit einer „reinen praktischen Vernunft" (4:411; vgl. 5:8; 6:381) und damit Freiheit impliziert. Doch wenn frei zu handeln bedeutet, selbstbestimmt zu handeln, und wenn Selbststimmung nur die Bestimmung durch das moralische Gesetz sein kann, dann resultiert daraus das Problem, dass unmoralische (böse) Handlungen keine Handlungen zu sein scheinen, zu denen man sich selbst bestimmen könnte; sie wären also unfreie Handlungen und damit nicht zurechenbar.

Interpretationslage

Der Ausdruck ‚kategorischer Imperativ' findet in der *GMS* eine sehr viel häufigere Anwendung als in den späteren ethischen Schriften. Dies mag, neben der darstellerischen Brillanz der *GMS*, mit dazu geführt haben, dass die Interpretation des kategorischen Imperativs häufig vermittelst der *GMS* geschah und vor allem die spätere *MS* (und damit auch der Zusammenhang des kategorischen Imperativs mit Kants Rechtslehre und der Systematik der Pflichten) lange Zeit vernachlässigt wurde. Nach wie vor umstritten ist, ob und wie das (angebliche) Verfahren der Verallgemeinerung von Maximen bei Kant funktionieren soll (und ob es funktioniert). Ebenso umstritten ist, wie der kategorische Imperativ auf die beiden doch verschiedenen Sphären des Rechts und der Ethik bezogen ist. Prominent sind bis heute der schon von Hegel und Scheler vorgetragene Vorwurf des (angeblichen) Formalismus der Ethik Kants sowie der von Schiller und später etwa auch von Schopenhauer vorgetragene Vorwurf, Kant habe kein angemessenes Verständnis moralisch relevanter Gefühle wie Menschenliebe, Freundschaft oder Mitleid und kenne nur das rigide Handeln aus Pflicht. Stärker systematisch orientiert (und interpretatorisch wohl weitgehend zutreffend) ist die Kritik an Kants (modern gesprochen: anti-konsequentialistischem) Rigorismus bezüglich der absoluten Ausnahmslosigkeit ethischer Handlungstypengebote.

Weiterführende Literatur

Allison, Henry: Kant's Theory of Freedom, Cambridge: Cambridge University Press 1990.

Kerstein, Samuel J.: Kant's Search for the Supreme Principle of Morality, Cambridge: Cambridge University Press 2002.

Malibabo, Balimbanga: Kants Konzept einer kritischen Metaphysik der Sitten, Würzburg: Königshausen & Neumann 2000.

Paton, Henry J.: The Categorical Imperative. A Study in Kant's Moral Philosophy, London: University of Pennsylvania Press 1947.

Schönecker, Dieter: Kant: Grundlegung III. Die Deduktion des kategorischen Imperativs, Freiburg u. a.: Karl Alber-Verlag 1999.

Schönecker, Dieter: Kants Begriff transzendentaler und praktischer Freiheit. Eine entwicklungsgeschichtliche Studie (unter Mitarbeit von Stefanie Buchenau und Desmond Hogan), Berlin u. a.: de Gruyter 2005.

Schwaiger, Clemens: Kategorische und andere Imperative. Zur Entwicklung von Kants praktischer Philosophie bis 1785, Stuttgart-Bad Cannstatt: Frommann-Holzboog 1999.

Steigleder, Klaus: Kants Moralphilosophie. Die Selbstbezüglichkeit reiner praktischer Vernunft, Stuttgart u. a.: Metzler 2002.

Willaschek, Marcus: Praktische Vernunft. Handlungstheorie und Moralbegründung bei Kant, Stuttgart u. a.: Metzler 1992.

Wood, Allen W.: Kant's Ethical Thought, Cambridge: Cambridge University Press 1999.

Dieter Schönecker

intellectus archetypus/ectypus

Kant unterscheidet zwei Arten des Verstandes: den menschlichen, diskursiv denkenden →Verstand, den er „*intellectus ectypus*" nennt, und den göttlichen, intellektuell anschauenden Verstand, den er „*intellectus archetypus*" nennt (5:408). Beide Arten des Verstandes kommen darin überein, dass sie Erkenntnisvermögen sind. Während ein *intellectus ectypus* die Gegenstände dadurch erkennt, dass er ein Vermögen der →Begriffe und →Urteile ist, durch die er ihm gegebene Anschauungen bestimmt, erkennt ein *intellectus archetypus* die Gegenstände dadurch, dass er die Gegenstände unmittelbar anschaut, und zwar so, dass er die Gegenstände dabei selbst hervorbringt. Weitere wichtige Stellen: 2:397; KrV B 135; KrV B 138f.; KrV B 145; KrV B 149; KrV B 153; KrV B 159; KrV A 252ff.; KrV B 307ff.; KrV A 255f. / B 311f.; KrV A 695 / B 723; 5:405ff.; 10:130; 17:514f.; 20:267.

Philosophische Funktion

1 Die beiden Verstandesarten in der Erkenntnistheorie der KrV

Die Ausdrücke *archetypus* und *ectypus* bezeichnen im allgemeinen philosophischen Sprachgebrauch den Kontrast von Urbild und Nachbild, ohne dabei auf einen bestimmten Seinsbereich eingeschränkt zu sein. In der Antike wie im Mittelalter wird der Kontrast häufig verwendet, um damit das Verhältnis zwischen Gott und dem Menschen zu beschreiben. Kant knüpft an diese Tradition an. In der *KrV* thematisiert er den Kontrast zwischen einem *intellectus archetypus* und einem intellectus ectypus als den Kontrast zwischen einem anschauenden (intuitiven) Verstand und einem diskursiven Verstand. Die Funktion dieses Kontrasts besteht darin, dadurch die Eigentümlichkeit des menschlichen Verstandes als eines diskursiven Verstandes deutlich zu machen (vgl. KrV A 252; KrV B 307). Ein anschauender Verstand ist nach Kant ein produktiver Verstand, d. h. er ist ein Verstand, der die Gegenstände durch seine Anschauung selbst hervorbringt (vgl. KrV B 139). Seine Anschauungen sind nicht-sinnliche Anschauungen. Ein diskursiver Verstand ist hingegen ein von den Gegenständen abhängiger Verstand, d. h. er kann die Gegenstände nur dadurch erkennen, dass sie ihm – von einem anderen Vermögen, nämlich dem Vermögen der Sinnlichkeit – gegeben werden (vgl. KrV A 51f. / B 75f.; KrV A 258 / B 314). Ein diskursiver Verstand ist wesentlich ein Vermögen der Verbindung, nämlich der Verbindung des Mannigfaltigen einer sinnlich gegebenen → Anschauung zur „Einheit des Bewußtseins" (KrV B 137). Kants Deduktion der → Kategorien als den notwendigen Formen dieser Verbindung gilt folglich nur für den diskursiven Verstand (vgl. KrV B 139; KrV A 252ff.; KrV B 308f.). Die Gegenstände, die ein *intellectus archetypus* erkennt, sind daher weder durch die Formen der Sinnlichkeit, d. h. Raum und Zeit, noch durch die Kategorien als den Formen des diskursiven Verstandes charakterisiert.

2 Die beiden Verstandesarten in der Naturphilosophie

Im Rahmen seiner Naturphilosophie, wie Kant sie in der *KU* entfaltet, thematisiert Kant den Kontrast zwischen den beiden Verstandesarten so: 1.) Ein anschauender Verstand ist dadurch charakterisiert, dass er im Unterschied zum diskursiven Verstand „nicht vom Allgemeinen zum Besonderen und so zum Einzelnen (durch Begriffe) geht" (5:406), sondern vom „*Synthetisch-Allgemeinen* [...] zum Besondern [...], d. i. vom Ganzen zu den Theilen" (5:407). Ein solcher Verstand kann bei einzelnen Naturprodukten die „Möglichkeit der Theile (ihrer Beschaffenheit und Verbindung nach) als vom Ganzen abhängend vorstellen" (5:407). Ein diskursiver Verstand kann dagegen ein Ganzes nur entweder so vorstellen, dass er es als von den Teilen abhängig versteht, oder so, dass er die „*Vorstellung* eines Ganzen" (5:408) als den Grund der Möglichkeit seiner Form und der Verknüpfung seiner Teile versteht (vgl. 5:407f.). 2.) Während ein anschauender Verstand die Natur unmittelbar als Ganzes betrachten kann, kann ein diskursiver Verstand dies nur dadurch, dass er einen „ursprünglichen Verstande als Weltursache" annimmt (5:410). Im Unterschied zu ihrer rein kritischen, abgrenzenden Funktion in der *KrV* spielt die Idee eines *intellectus archetypus* in der *KU* folglich eine wesentlich positive Rolle, insofern nach Kant ein intellectus ectypus die Natur nur dadurch als ein Ganzes begreifen kann, dass er die Idee eines *intellectus archetypus* annimmt.

Weiterführende Literatur

Allison, Henry E.: „Kant's Concept of the Transcendental Object", in: Kant-Studien 59, 1968, 165–186.

Aquila, Richard E.: „Things in Themselves and Appearances. Intentionality and Reality in Kant", in: Archiv für Geschichte der Philosophie 61, 1979, 293–307.

Förster, Eckart: „Die Bedeutung von §§ 76,77 der Kritik der Urteilskraft für die Entwicklung der nachkantischen Philosophie", in: Zeitschrift für philosophische Forschung 56, 2002, 169–190.

Prauss, Gerold: Kant und das Problem der Dinge an sich, Bonn: Bouvier 1974.

Andrea Kern

Intelligible, das

Gegenstände und Eigenschaften von Gegenständen heißen intelligibel, wenn sie allein durch den Verstand, nicht aber durch die menschlichen Sinne repräsentiert werden können. Das Intelligible ist also die Gesamtheit all dessen, was „dem Verstande allein und gar nicht den Sinnen gegeben" ist (KrV A 257 / B 313; vgl. KrV A 286 / B 342; 2:392; 4:316 Anm.). Weitere wichtige Stellen: KrV A 248f.; KrV A 537f. / B 565f.; KrV A 544ff. / B 572ff.; KrV A 562ff. / B 590ff.; KrV A 772 / B 800; KrV A 808 / B 836; 4:452ff.; 5:97ff.; 5:132f.; 6:226; 6:439 Anm.; 17:418; 17:515f.; 18:91f.; 22:23.

Philosophische Funktion

Das Adjektiv ‚intelligibel' übersetzt das griechische Partizip *noumenon* in seiner adjektivischen

Verwendung. So spricht Kant von „intelligibele[n] Substanzen (*substantiae noumena*)" (KrV A 276 / B 332), „intelligible[m] Charakter (*virtus Noumenon*)" (6:47) und „intelligibele[m] Besitz (*possessio noumenon*)" (6:255; vgl. 6:268; 6:273). → *Noumena* sind deswegen nichts anderes als intelligible Gegenstände (vgl. 2:392). Da etwas Intelligibles allein durch den → Verstand repräsentiert werden kann, die Erkenntnis aber immer auch Anschauung erfordert und der menschliche Verstand nicht anschauen kann, können wir zwar Gedanken über Intelligibles haben, aber kein theoretisches Wissen darüber (vgl. KrV A 257ff. / B 313ff.; 4:316 Anm.; 23:249). Über die philosophische Bedeutung des Begriffes eines *Noumenons* oder intelligiblen Gegenstandes hinaus ist die Verwendung des Adjektivs *intelligibel* deswegen interessant, weil Kant damit nicht nur Gegenstände, sondern auch Eigenschaften von Gegenständen charakterisiert, und zwar dergestalt, dass es zumindest nicht widersprüchlich ist, sinnlich wahrgenommenen Gegenständen intelligible Eigenschaften zuzuschreiben. So schreibt er: „Bloß intelligibele Wesen oder *bloß intelligibele Eigenschaften der Dinge der Sinnenwelt* lassen sich mit keiner gegründeten Befugniß der Vernunft als Meinung annehmen, obzwar (weil man von ihrer Möglichkeit oder Unmöglichkeit keine Begriffe hat) auch durch keine vermeinte bessere Einsicht dogmatisch ableugnen" (KrV A 772 / B 800; Hervorhebung T. R.). Das prominenteste Beispiel für sinnlich wahrgenommene Gegenstände, denen Kant intelligible Eigenschaften zuschreibt, sind Menschen. Sie existieren in Raum und Zeit und ihre Handlungen sind als solche Teil eines kausal determinierten Naturgeschehens. Als moralischen Wesen muss man ihnen aber die Fähigkeit zuschreiben können, ihr Wollen und Handeln frei bestimmen zu können. Die Eigenschaft der Freiheit ist insofern intelligibel, als wir sie nicht wahrnehmen, sondern nur denken können. Der Mensch ist sich selbst deswegen „freilich eines Theils Phänomen, anderen Theils aber, *nämlich in Ansehung gewisser Vermögen*, ein bloß intelligibeler Gegenstand" (KrV A 546f. / B 574f.; Hervorhebung T. R.). Um die Vereinbarkeit von Naturkausalität und Freiheit zu garantieren, unterscheidet Kant also nicht nur begrifflich zwischen dem Menschen, so wie er uns erscheint, und dem Menschen, so wie er an sich selbst ist (→ Ding an sich), sondern will auch „die *Causalität* dieses Wesens auf zwei Seiten betrachten, als *intelligibel* nach ihrer Handlung als eines Dinges an sich selbst, und als *sensibel* nach den Wirkungen derselben als einer Erscheinung in der Sinnenwelt" (KrV A 538 / B 566). Auf diese Weise können, „Freiheit und Natur, jedes in seiner vollständigen Bedeutung, bei eben denselben Handlungen, nachdem man sie mit ihrer intelligibelen oder sensibelen Ursache vergleicht, zugleich und ohne allen Widerstreit angetroffen werden" (KrV A 541 / B 569).

Weiterführende Literatur

Allison, Henry: Kant's Theory of Freedom, Cambridge: Cambridge University Press 1990, insbes. Kap. 1–4.

Willaschek, Marcus: Praktische Vernunft. Handlungstheorie und Moralbegründung bei Kant, Stuttgart: Metzler 1992, insbes. Kap. 3.

Tobias Rosefeldt

Kanon

Das Wort ‚Kanon' (manchmal ‚Canon') bezeichnet: 1. „den Inbegriff der Grundsätze a priori des richtigen Gebrauchs gewisser Erkenntnisvermögen überhaupt" (KrV A 796 / B 824; vgl. 24:505); 2. „eine auf der reinen Vernunft beruhende Vorschrift ohne welche kein richtiger Verstandes Gebrauch möglich ist" (24:505); 3. „allgemeine Lehrsprüche, die den Wissenschaften zur Grundlage dienen und etwas Erhabenes und Durchdachtes andeuten" (9:77). Weitere wichtige Stelle: 24:549.

Philosophische Funktion

In Kants Philosophie besetzt ein Kanon eine mittlere Stelle zwischen einem Organon und einer Disziplin. Während eine Disziplin eine bloß negative Rolle spielt, indem sie dazu anleitet, Fehler zu vermeiden, ist ein Kanon positiv bewertet, indem er die Bedingungen festzulegen erlaubt, unter denen gewisse Erkenntnisse richtig sind. Im Unterschied zu einem Organon kann ein Kanon nicht dazu dienen, neue Erkenntnisse zu erwerben.

Kant benutzt das Wort ‚Kanon', zusammen mit ‚Organon' und ‚Disziplin', um den epistemologischen Status verschiedener Elemente seiner kritischen Philosophie zu beschreiben:

Erstens ist die „allgemeine [reine] Logik in ihrem analytischen Theile ein Kanon für Verstand und Vernunft überhaupt, aber nur der Form nach, denn sie abstrahiert von allem Inhalte" (KrV A 796 / B 824, vgl. KrV A 52f. / B 77; KrV A 131 / B 170; 4:387; 9:13; 9:16; 9:17; *Refl.* 1602, 16:32; *Refl.* 1603, 16:33; *Refl.* 1629, 16:47; 29:13f.). Sie kann nicht „wie ein *Organon* zur wirklichen Hervorbringung [...] von objectiven Behauptungen" gebraucht werden (KrV A 61 / B 85; vgl. 24:505; 24:506; 24:696). Zweitens ist die transzendentale →Logik „der Kanon des reinen Verstandes" in Bezug auf „synthetische[r] Erkenntnisse a priori" (KrV A 796 / B 824) und „ein Kanon der Beurtheilung des empirischen Gebrauchs" des Verstandes (KrV A 63 / B 88). Er wird „gemißbraucht, wenn man sie als das Organon eines allgemeinen und unbeschränkten Gebrauchs [des Verstandes] gelten läßt" (KrV A 63 / B 88). Drittens wird die „*Analytik der Grundsätze* [...] ein Kanon für die *Urtheilskraft* sein, der sie lehrt, die Verstandesbegriffe [...] auf Erscheinungen anzuwenden" (KrV A 132 / B 171). Viertens sind die →Ideen der Vernunft ein Kanon des „ausgebreiteten und einhelligen Gebrauchs" des Verstandes (KrV A 329 / B 385), weil sie Regeln sind, unsere Erfahrung zu erweitern und zu ordnen, und weil die Ideen „vielleicht von den Naturbegriffen zu den praktischen einen Übergang möglich machen und den moralischen Ideen selbst auf solche Art Haltung und Zusammenhang mit den speculativen Erkenntnissen der Vernunft verschaffen können" (KrV A 329 / B 386; dagegen vgl. KrV A 131 / B 170; KrV A 726 / B 824).

Es gibt einen Kanon für die reine praktische Vernunft, der die Grundsätze ihres richtigen Gebrauchs bestimmt (vgl. KrV A 797–831 / B 825–859). Außerdem nennt Kant eine Formulierung des moralischen Gesetzes („handle so, als ob die Maxime deiner Handlung durch deinen Willen zum *allgemeinen Naturgesetze* werden sollte", 4:421) den „Kanon der moralischen Beurtheilung" unserer Handlung (4:424).

Weiterführende Literatur

Carboncini, Sonia / Finster, Reinhard: „Das Begriffspaar Kanon-Organon. Seine Bedeutung für die Entstehung der kritischen Philosophie Kants", in: Archiv für Begriffsgeschichte 26, 1982, 25–59.

Tonelli, Giorgio: Kant's *Critique of Pure Reason* within the Tradition of Modern Logic, Hildesheim: Olms 1994, insbes. 37–132, 193–202.

Alberto Vanzo

Kategorie

Kategorien oder „*Stammbegriffe* des reinen Verstandes" (KrV A 81 / B 107) sind „ursprünglich reine[] Begriffe der Synthesis, die der Verstand *a priori* in sich enthält, und um deren willen er auch nur ein reiner Verstand ist; indem er durch sie allein etwas bei dem Mannigfaltigen der Anschauung verstehen, d. i. ein Object derselben denken kann" (KrV A 80 / B 106). Diese Definition enthält folgende erläuterungsbedürftigen Definitionsstücke: (1) Kategorien sind Vorstellungen a priori. (2) Sie sind begriffliche Vorstellungen. (3) Sie sind reine Begriffe. (4) Sie sind ursprüngliche Begriffe. (5) Sie leisten eine Synthesis des Mannigfaltigen der Anschauung. (6) Sie erlauben →Objekte oder Gegenstände der Anschauung zu denken.

(1) Das erste Definitionsstück enthält den Gattungsbegriff, unter den die Kategorien zu subsumieren sind. Gemäß diesem gehören sie – zusammen mit den reinen formalen Anschauungen, →Raum und →Zeit, den transzendentalen →Schemata und den reinen Vernunftbegriffen oder transzendentalen Ideen – zu den Vorstellungen a priori. Dies sind Vorstellungen, die nicht aus irgendeiner →Erfahrung gewonnen werden, sondern vor aller Erfahrung als deren Bedingung im Bewußtsein (‚Gemüt') bereitstehen. – (2) Im Unterschied zu Raum und Zeit, welche individuelle Vorstellungen (*repraesentationes singulares*) sind, gehören die Kategorien zu den allgemeinen Vorstellungen (*repraesentationes universales*) oder Begriffen. – (3) Im Unterschied zu den empirischen Begriffen (und zu den transzendentalen Schemata) sind die Kategorien Vorstellungen, denen nichts Anschauliches beigemischt ist, d. h. die keine Elemente enthalten, die aus der reinen oder der empirischen Anschauung stammen (vgl. Cramer, *Gegeben*). Dies gilt allerdings nur für die sogenannten ‚unschematisierten Kategorien'. – (4) Im Unterschied zu den empirischen Begriffen sind die Kategorien Begriffe, die keine anderen Begriffe zur Grundlage haben. Sie bilden vielmehr die Grundlage für jegliche Begriffsbildung. Kant nennt sie daher auch *„Stammbegriffe"* (KrV A 81 / B 107). – (5) Die Kategorien haben mit den reinen Anschauungsformen, Raum und Zeit, und den transzendentalen Schemata auch gemein, dass sie es auf eine gewisse Weise erlauben, eine Pluralität von sinnlichen Vorstellungen („dem Mannigfaltigen der Anschauung", KrV A 80 / B 106) zu vereinigen. Aber die Art und Weise dieser ‚Vereinigung' ist bei den drei genannten transzendentalen Prinzipien völlig verschieden. Die Kategorien vereinigen die in der Anschauung gegebenen Sinnesdaten durch begriffliche →Synthesis *„(synthesis intellectualis)"* (KrV B 151), das heißt dadurch, dass sie mehrere sinnliche Vorstellungen unter eine Vorstellung subsumieren. Kant sagt daher: *„[R]eine Synthesis, allgemein vorgestellt*, giebt nun den reinen Verstandesbegriff" (KrV A 78 / B 104). (6) Kategorien sind →Begriffe, denen wir die Möglichkeit verdanken, Objekte zu denken, d. h. einen Unterschied zwischen bloß subjektiven Vorstellungen („Modificationen des Gemüths", KrV A 99) und Vorstellungen von etwas Objektivem zu machen. Die Kategorien sind also apriorische, ursprüngliche und reine Objektvorstellungen. Ohne sie wären wir daher auch nicht in der Lage, den Unterschied zwischen ‚wahr' und ‚falsch' zu machen. Allerdings sind Kants Formulierungen nicht eindeutig mit Bezug auf die Frage, ob dies bereits auf die unschematisierten Kategorien oder erst auf die schematisierten Kategorien zutrifft. Weitere wichtige Stellen: KrV A 80–83 / B 105–109; KrV B 109–116; KrV A 89–92 / B 122–124; KrV A 92–130; KrV B 124–169; KrV A 137–147 / B 176–187; KrV A 235–260 / B 294–315; 4:322–326; 4:474 Anm.; 4:475f. Anm.; 5:65–67; 5:104; 8:215–217.

Philosophische Funktion

Von entscheidender Bedeutung für das Programm der kantischen →Transzendentalphilosophie sind die Definitionsstücke (5) und (6). Allerdings ist das Verhältnis der beiden nicht völlig klar und in mehreren Hinsichten problematisch. Aufgrund ihrer Synthesisfunktion haben die Kategorien mit den Urteilsformen die Funktion und die allgemeinen Formen gemeinsam (vgl. KrV A 67–69 / B 92–94). „Derselbe Verstand also, und zwar durch eben dieselben Handlungen, wodurch er in Begriffen, vermittelst der analytischen Einheit, die logische Form eines Urteils zustande brachte, bringt auch, vermittelst der synthetischen Einheit des Mannigfaltigen in der Anschauung überhaupt, in seine Vorstellungen einen transscendentalen Inhalt, weswegen sie [die Kategorien] reine Verstandesbegriffe heißen, die *a priori* auf Objecte gehen, welches die allgemeine Logik nicht leisten kann" (KrV A 79 / B 105). Die Kategorien bringen also →Einheit in das Mannigfaltige der Anschauung, indem sie es möglich machen, etwas in der Anschauung Gegebenes als Gegenstand anzuschauen und zu beurteilen (vgl. KrV B 144). Dies ermöglicht es Kant, die Gesamtheit der Kategorien mittels der vollständigen Darstellung „der Functionen der Einheit in den Urtheilen" (KrV A 69 / B 94), d. h. durch die „Tafel [der Urteilsformen]" (KrV A 70 / B 95), aufzufinden und in der dieser entsprechenden *„Tafel der Kategorien"* (KrV A 80 / B 106) darzustellen. Die Urteilstafel dient Kant somit als *„Leitfaden der Entdeckung aller reinen Verstandesbegriffe"* (KrV A 66 / B 91). Die Kategorien, so Kant, machen „das Denken eines *Objects überhaupt* durch Verbindung des Mannigfaltigen in einer Apperception aus[]" (KrV B 158): „Sie sind Begriffe von einem Gegenstande überhaupt, dadurch dessen Anschauung in Ansehung einer der *logischen Functionen* zu Urtheilen als *bestimmt* angesehen wird" (KrV B 128). Das darf man so lesen, dass die – beim Urteilen und beim Anschauen eines Gegenstands identische – Synthesisfunktion das Denken eines Objekts (oder von etwas Objektivem) ermöglicht oder zur Folge hat.

Dies macht Kant in den *Prolegomena* dadurch deutlich, dass er zwischen Wahrnehmungsurteilen einerseits und Erfahrungsurteilen andererseits unterscheidet. Ein Urteil der ersten Art ist „blos Verknüpfung der Wahrnehmungen in meinem Gemüthszustande ohne Beziehung auf den Gegenstand" (4:300), das heißt, es konstatiert durch Vergleichen der Wahrnehmungen bestimmte Verhältnisse der Ähnlichkeit, der Kontinuität und der Assoziation (so wie sie Hume beschrieben hat). Ein Urteil der zweiten Art subsumiert die so bestimmten Wahrnehmungen unter einen Gegenstandsbegriff und verleiht dadurch dem Urteil Allgemeingültigkeit und Notwendigkeit, was nur durch die Subsumtion unter einen reinen Verstandesbegriff möglich ist. Es ist also die Lehre von den Kategorien, die es Kant erlaubt, die Möglichkeit objektiv gültiger Erfahrungsurteile – gegen den Skeptizismus Humes – zu verteidigen.

Streng genommen sind allerdings nur die Kategorien der dritten Klasse (der Relation) wirklich reine Gegenstandsbegriffe, während die Kategorien der ersten beiden Klassen, also die der Quantität und der Qualität, die sogenannten „*mathematischen* [...] Kategorien" (KrV B 110), apriorische Bestimmungen der Sinnesdaten als solcher enthalten, die daher bereits bei den Wahrnehmungsurteilen eine unverzichtbare Rolle spielen. Erst im Zusammenspiel mit den Kategorien der dritten Klasse tragen sie dann auch zur objektiven Bestimmung der Gegenstände bei. Die Kategorien der vierten Klasse (der Modalität) haben nach Kants eigener Auskunft „das Besondere an sich: daß sie den Begriff, dem sie als Prädicate beigefügt werden, als Bestimmung des Objects nicht im mindesten vermehren, sondern nur das Verhältniß zum Erkenntnißvermögen ausdrücken" (KrV A 219 / B 266). Die Kategorien der Modalität sind also gleichfalls keine Gegenstandsbegriffe im strengen Sinne.

Kants These, dass alle Kategorien Gegenstandsbegriffe sind, hängt sicher mit der in der *KrV* – im Unterschied zu den *Prolegomena* – vertretenen Auffassung zusammen, „dass ein Urtheil nichts anderes sei, als die Art, gegebene Erkenntnisse zur *objectiven* Einheit der Apperception zu bringen" (KrV B 141), was wiederum „nur vermittelst der Kategorien" (KrV B 145f.) zustande gebracht wird.

Das wichtigste mit der kantischen Kategorienlehre verbundene Problem ist die Frage, ob die „reinen Kategorie[n]" (KrV A 247 / B 304) bereits Begriffe von Gegenständen sind oder ob dies erst von den Kategorien in Verbindung mit den zugehörigen Schemata, den sogenannten ‚schematisierten Kategorien' gilt (→Schematismus des reinen Verstandes). Auf diese Frage geben die einschlägigen Texte eine schwankende und uneinheitliche Antwort. Im Abschnitt ‚*Phaenomena* und *Noumena*' der *KrV* (vgl. KrV A 235ff. / B 294ff.) spricht sich Kant für die erste Alternative aus: „Lasse ich aber hingegen alle Anschauung weg, so bleibt doch noch die Form des Denkens, d. i. die Art, dem Mannigfaltigen einer möglichen Anschauung einen Gegenstand zu bestimmen. Daher erstrecken sich die Kategorien sofern weiter als die sinnliche Anschauung, weil sie Objecte überhaupt denken, ohne noch auf die besondere Art (der Sinnlichkeit) zu sehen, in der sie gegeben werden mögen" (KrV A 254 / B 309). Diese Auffassung zieht die so genannte Restriktionsthese nach sich, gemäß welcher der Gebrauch der Kategorien auf den Bereich möglicher Erfahrung eingeschränkt werden muss (vgl. KrV B 147–150 sowie KrV A 146–148 / B 185–188), anderenfalls, d. i. bei deren „überschwänglichem" Gebrauch, sich eine in sich widersprüchliche Metaphysik ergäbe. Im § 27 der transzendentalen Deduktion fasst Kant diese Position lapidar zusammen: „Wir können uns keinen Gegenstand *denken*, ohne durch Kategorien; wir können keinen gedachten Gegenstand *erkennen*, ohne durch Anschauungen, die jenen Begriffen entsprechen" (KrV B 165). An anderer Stelle aber sagt Kant, dass die nicht schematisierten Begriffe gar keine Begriffe von Gegenständen, sondern lediglich „Functionen des Verstandes zu Begriffen" (KrV A 147 / B 187) sind. Ähnlich drückt sich Kant zu Beginn der A-Deduktion aus: „Ein Begriff *a priori*, der sich nicht auf diese [Anschauung] bezöge, würde nur die logische Form zu einem Begriff, aber nicht der Begriff selbst sein, wodurch etwas gedacht würde" (KrV A 95). Die letztere Konzeption macht die Restriktionsanweisung überflüssig, da gemäß ihr ein ‚überschwänglicher' Gebrauch der Kategorien gar nicht möglich wäre.

In Analogie zur Tafel der reinen Verstandesbegriffe entwickelt Kant in der *KpV* eine „Tafel der Kategorien der Freiheit in Ansehung der Begriffe des Guten und Bösen" (5:66). Auch in weiteren Schriften benutzt er die Einteilung der Kategorien in vier Klassen. So bestimmt er in den *MAN* den „allgemeinen Begriff der Materie" (4:473–476) gemäß diesen vier Klassen und in der *KU* charakterisiert er das Geschmacksurteil unter diesen vier Gesichtspunkten (5:203–240).

Weiterführende Literatur

Hinsch, Wilfried / Mohr, Georg: „Leitfäden durch die Analytik der Begriffe. Neuere Arbeiten zu Kants Urteils- und Kategorienlehre", in: Allgemeine Zeitschrift für Philosophie 19, 1994, 59–80.

Rohs, Peter: „Wahrnehmungsurteile und Erfahrungsurteile", in: Schönrich, Gerhard / Kato, Yasushi (Hg.): Kant in der Diskussion der Moderne, Frankfurt/M.: Suhrkamp 1996, 166–189.

Seel, Gerhard: „Was sind und wozu braucht man Kategorien?", in: Koch, Dietmar / Bort, Klaus (Hg.): Kategorie und Kategorialität, Historisch-systematische Untersuchungen zum Begriff der Kategorie im philosophischen Denken, Festschrift für Klaus Hartmann, Würzburg: Königshausen & Neumann 1990, 421–437.

Seel, Gerhard: „Die Einleitung in die Analytik der Grundsätze, der Schematismus und die obersten Grundsätze", in: Mohr, Georg / Willaschek, Marcus (Hg.): Immanuel Kant. Kritik der reinen Vernunft, Berlin: Akademie 1998, 218–246.

Stuhlmann-Laeisz, Rainer: „Kants Thesen über sein Kategoriensystem und ihre Beweise", in: Kant-Studien 78, 1987, 5–24.

Gerhard Seel

Kausalität

Kausalität (lat. *causalitas*) bedeutet im Deutschen ‚Ursächlichkeit' oder ‚Wirksamkeit', d. h. die Eigenschaft einer Entität, Ursache von etwas zu sein. Diese Wurzel des Kausalitätsbegriffs zeigt sich bei Kant in der Kategorientafel darin, dass er „*Causalität* und Dependenz" als Begriffspaar verwendet und dies in Klammern mit Ursache und Wirkung erläutert (KrV A 80 / B 106). Insofern eine Entität die Eigenschaft der Wirksamkeit, d. h. der Kausalität, hat, ist sie Ursache und bewirkt die Wirkung, so dass eine Relation von Ursache und Wirkung aufgrund von Kausalität besteht. Der Wirkung kommt dabei Dependenz zu, insofern sie in Abhängigkeit von der Ursache existiert. Weil die Wirkung als notwendige Folge der Ursache gedacht wird, ist Kausalität insbesondere beim kritischen Kant dann die Vorstellung einer gesetzmäßigen Folgebeziehung. Ihrem Status nach ist Kausalität beim kritischen Kant eine →Kategorie oder reiner Verstandesbegriff (vgl. KrV A 80 / B 106), den er in der „metaphysischen Deduction der reinen Verstandesbegriffe" aus der hypothetischen Urteilsform ableitet. Die Kategorie der Kausalität ist der Kategoriengruppe der →Relation zugeordnet. Ihr Gebrauch in der Erfahrung wird durch den transzendentalen Grundsatz der Kausalität, in dem das Kausalprinzip („Principium causalitatis", KrV B 19) enthalten ist und das von Kant als zweite Analogie der Erfahrung formuliert wird, geregelt (vgl. KrV A 189–211 / B 232–256). Die Kausalrelation von Ursache und Wirkung, im heutigen Sprachgebrauch auch als Kausalität bezeichnet, ist die materiale Version der formal-logischen Relation von Grund und Folge. Das Kausalprinzip ist somit die materiale Fassung des Satzes vom zureichenden Grund und deshalb von diesem selbst zu unterscheiden (vgl. Kants Kritik an Eberhards Vermengung beider Prinzipien in 8:193ff.); sie werden von Kant selbst nicht immer klar voneinander abgehoben (vgl. KrV A 200f. / B 246). Weitere wichtige Stellen: 1:390; 1:394; 1:410ff.; KrV A 144 / B 183; KrV A 189–218 / B 232–265; KrV A 227f. / B 279f.; KrV A 444–451 / B 472–479; KrV A 532–558 / B 560–586; 4:310–313; 4:443–558; 4:460; 5:15ff.; 5:42–50; 5:89ff.; 5:93ff.; 5:183; 5:195 Anm.; 5:219; 5:359; 5:372; 5:398; 5:410; 5:475ff.; 5:483ff.

Vorgeschichte und historischer Kontext

In Kants Verständnis von Kausalität fließen drei Diskussionszusammenhänge ein: der metaphysische Kausalitätsbegriff der Schulphilosophie, die naturwissenschaftliche bzw. naturphilosophische Diskussion zur Naturgesetzlichkeit im Umfeld der Newtonschen Mechanik sowie die Diskussion des Kausalitätsproblems bei Hume.

In der schulphilosophischen Tradition spielt der Begriff *causalitas* eine eher untergeordnete Rolle innerhalb der Diskussion um die Prinzipien der Ontologie. Er ist ein vom *Satz des zureichenden Grundes* abgeleitetes spezielleres Prinzip und bezeichnet die Eigenschaft der Ursächlichkeit eines Grundes zur Existenz (lat. *causa efficiens*). So besagt die Definition von *causalitas* bei Wolff im Abschnitt der *Ontologia* zur wechselseitigen Relation des Seienden: „Jener in der Ursache enthaltene Grund (ratio), dessentwegen das Verursachte entweder schlechthin oder auch auf bestimmte Weise existiert, ist eben dasjenige, was die Scholastiker Kausalität nannten" (Wolff, *Ontologia*, § 884). Bei Crusius zeigen sich bereits empiristische Einflüsse, insofern bei ihm die relational-temporale Bedeutung von Kausalität zentral ist. Kausalität ist ein nicht weiter analysierbarer *einfacher Begriff*, er bezeichnet „dasjenige Verhältniß zwischen A und B, da die Wirklichkeit B von der Wirklichkeit A abhanget, ohne daß B nur mit A zugleich ist, oder darauf folget, und auch so, daß B kein Theil, Determination oder inhärirende Eigenschaft von A seyn darf" (Crusius, *Entwurf*, § 32).

Eine ontologische Auffassung von Kausalität findet sich auch in der naturwissenschaftlichen Inanspruchnahme der Kausalrelation, wobei als spezifisch physikalische Ursache von Zustandsänderungen eines Körpers Richtungs- oder Geschwindigkeitsänderungen einer Bewegung Kräfte angenommen werden. Obwohl Newton das Kausalprinzip selbst nicht thematisiert, ist es eine Grundlage seiner Formulierung der drei Axiome der Mechanik in den *Principia mathematica* (vgl. S. 13f.). In den *Opticks* findet sich ein für die neuzeitliche Ablösung vom metaphysischen Kausalbegriff prägnante Überlegung Newtons (vgl. *Opticks ND*, S. 261). Statt wie die Scholastiker die Ursächlichkeit der Ursache auf verborgene Qualitäten zurückführen, solle man vielmehr allein die beobachtbaren Phänomene der Ursächlichkeit untersuchen. Aufgrund solcher Kritik etabliert sich der nomologisch temporale Sinn von Kausalität als gesetzmäßige Folge von Phänomenen in der Zeit.

Gegenüber dem ontologischen Begriff der Kausalität wird Kausalität bei Locke und Hume als ursprünglich epistemologischer und subjektiver Begriff verstanden und kritisiert. Für Hume sind ‚cause and effect' – Kausalität wird von ihm als Begriff selbst kaum einmal verwendet – die Relata einer gewohnheitsmäßigen Verknüpfung von subjektiven Vorstellungen. Die Kausalrelation enthält die Vorstellung einer notwendigen Folge. Sie wird jedoch nicht durch Tatsachen (‚matters of fact') selbst hervorgerufen, da diese nur eine zeitliche Folge aufweisen und zudem keine Notwendigkeit mit sich führen, sondern durch wiederholtes Eintreten einander gleichender Vorstellungsfolgen gebildet. Aufgrund von Gewohnheit schließen wir bei sich wiederholenden Ereignisfolgen auf das Vorliegen einer gesetzmäßigen und daher notwendigen und unumkehrbaren Folge zwischen Ereignissen oder Zuständen von Dingen unabhängig von unseren Vorstellungen. Kausalgesetze werden also nach Hume durch Induktion aus der Erfahrung gewonnen. Wissensansprüche über Kausalgesetze lassen sich jedoch nicht rechtfertigen, da sie ihrer Genese nach – in Kants Worten – lediglich ‚komparative Allgemeinheit' haben. Kant selbst hat auf die zentrale Bedeutung seiner Auseinandersetzung mit Humes Kritik am Kausalitätsbegriff für seine kritische Wende hingewiesen (vgl. 4:260f.). Dies zeigen zahlreiche Auseinandersetzungen mit Humes Analyse der Kausalität (vgl. Kreimendahl, *Der Durchbruch*; Beck, *Kant and Hume*; Farr, *Hume und Kant*; vgl. vor allem 5:50–57). Kant teilt Humes Analyse vor allem hinsichtlich des subjektiven Ursprungs der Kausalität, im Wesentlichen aber soll seine Theorie Humes Skepsis bezüglich der Rechtfertigung von Kausalaussagen zurückweisen.

Philosophische Funktion

1 Kausalität in vorkritischer Zeit

In seinen Schriften zur Naturphilosophie, insbesondere der *Wahren Schätzung*, *Theorie des Himmels*, *Nova dilucidatio*, *Monadologia physica*, im *Lehrbegriff* und den *Negativen Größen* ist Kausalität als Wirksamkeit eine elementare Eigenschaft von Substanzen, die sich als Kraft äußert (→ Kraft). Kants Fragestellungen bezüglich Kausalität zielen auf ihr Verhältnis zur → Substanz. Ist die Wirksamkeit der Substanz, d. h. die Kraft auf andere Substanzen einwirken zu können, eine der Substanz inhärierende Eigenschaft, so dass sie ihr auch unabhängig von anderen Substanzen zukommt, oder aber ist sie eine relationale Eigenschaft, die Substanzen nur zukommt, sofern sie in Gemeinschaft mit anderen Substanzen stehen (vgl. 1:410ff.)? Kant beantwortet diese Frage im Sinne eines Relationalismus. Dieser sei deshalb anzunehmen, weil den Substanzen andernfalls keine Folge unterschiedlicher Bestimmungen zukommen könne. Zu diesem Zweck leitet Kant aus dem Satz vom Grund zwei Prinzipien ab, das Prinzip der Folge (lat. *principium successionis*) und das Prinzip des gleichzeitigen Daseins (lat. *principium coexistentiae*) (vgl. 1:410ff.). Ein zweiter wichtiger Fragekomplex betrifft die Interaktion von Seele und Körper, d. h. die Frage, ob ein wechselseitiges Kausalverhältnis zwischen beiden (lat. *commercium*) angenommen werden könne (vgl. Watkins, *Metaphysics of Causality*, S. 101–184).

2 Kausalität als Kategorie und Schema des reinen Verstandes

Für den kritischen Kant ist Kausalität weiterhin die Wirksamkeit einer Ursache in Bezug auf ihre Wirkung, doch nimmt er nun auch das naturwissenschaftliche Kausalitätsverständnis Bacons und Newtons sowie das empiristische Humes auf. Kausalität ist demnach vor allem die Abfolge von Zustandsbestimmungen einer Substanz in der Zeit oder von Ereignissen nach Gesetzen; dies drückt sich aus im „Schema" der Kausalität" (→Schema).

Kausalität ist beim kritischen Kant in seiner fundamentalen Bedeutung ein reiner Stammbegriff des Verstandes. Als Kategorie ist sie damit ein subjektiv-epistemisches Einheitspinzip der Verbindung von Anschauungsmannigfaltigem, das zugleich objektiv gültig ist, weil es Bedingung der Möglichkeit von Gegenständen der Erfahrung ist. Kant ordnet Kausalität in der „metaphysischen Deduction der reinen Verstandesbegriffe" in der Gruppe der Relationskategorien dem hypothetischen Urteil (vgl. KrV A 80 / B 156), die Kategorie der Gemeinschaft bzw. Wechselwirkung dem disjunktiven Urteil zu. Gemeinschaft oder Wechselwirkung ist die Verbindung der Substanz- mit der Kausalitätskategorie, d. h. sie ist das wechselseitige Kausalverhältnis von Substanzen untereinander. Die Bedeutung der unschematisierten Kategorie der Kausalität wird von Kant nicht angegeben, ist aber wohl als metaphysische Kausalität zu verstehen, wie sie in der vorkritischen Metaphysik geläufig ist, etwa als Existenzgrund. Das Schema der Kausalität, d. h. die auf die Bedingungen der →Sinnlichkeit restringierte Bedeutung der Kategorie oder Kausalität als „transzendentale Zeitbestimmung", fasst Kant als „das Reale, worauf, wenn es nach Belieben gesetzt wird, jederzeit etwas anderes folgt. Es [das Schema] besteht also in der Succession des Mannigfaltigen, in so fern sie einer Regel unterworfen ist" (KrV A 144 / B 183). Gemäß Kants Begriff des Schemas ist das Schema der Kausalität die Vorstellung der Regel, die die Folge eines mannigfaltigen Realen in der Zeit notwendig macht, so dass immer dann, wenn A als existierend gesetzt wird, notwendig ein anderes B auf es zeitlich folgend existieren muss. Weil die Kategorien der Transzendentalen Deduktion zufolge nicht nur Bedingungen der Möglichkeit von Erkenntnis, sondern zugleich Bedingungen der Möglichkeit der Gegenstände der Erkenntnis sind, wird die Notwendigkeit, die im logischen Grund-Folge-Verhältnis des hypothetischen Urteils gedacht wird, nach dem Gesetz der Kausalität auch in der objektiven Folge von →Erscheinungen gedacht: Wenn von zwei aufeinander folgenden Zuständen geurteilt wird, dass sie in der Beziehung von Ursache und Wirkung stehen, dann wird dabei gedacht, dass das Eintreten der Wirkung, wenn die Ursache gegeben ist, notwendig erfolgt, d. h. dass die Folge notwendig ist. Die Bedingungen dafür, wie diese Regel auf Erscheinungen anzuwenden ist (vgl. KrV A 132 / B 171), gibt der transzendentale „*Grundsatz der Zeitfolge nach dem Gesetze der Causalität*" (KrV A 189 / B 232) an, die zweite Analogie der Erfahrung. Dieser Grundsatz stellt zugleich ein →synthetisches Urteil a priori dar, indem das Schema der Kausalität auf das reine Zeitmannigfaltige bezogen und dadurch etwas Reales als Inhalt der Zeit gedacht wird. Daher enthält der Grundsatz einerseits der sinnlichen Form nach den reinen Zeitmodus der Folge (vgl. KrV A 176 / B 219) und bezieht sich andererseits seinem Gehalt nach auf die Verbindung der Erscheinungen ihrem Dasein nach, woraus für Kant folgt, dass er zu den „dynamischen Grundsätzen" gehört, die regulativ gelten (KrV A 178 / B 221f.). Für die zweite und dritte Analogie ist Kants Theorie der →Zeit von grundlegender Bedeutung. In den Analogien insgesamt entwickelt Kant zugleich seine Theorie der objektiven Zeit.

3 *Die zweite Analogie der Erfahrung: Der Grundsatz der Kausalität*

Die zweite Analogie der Erfahrung betitelt Kant in der ersten Auflage der *KrV* mit „*Grundsatz der Erzeugung*" (KrV A 189), in der zweiten mit „*Grundsatz der Zeitfolge nach dem Gesetze der Causalität*" (KrV B 232). Die zweite Analogie besagt nach der zweiten Auflage: „*Alle Veränderungen geschehen nach dem Gesetze der Verknüpfung der Ursache und Wirkung*" (KrV B 232). In einer Bemerkung der Einleitung zur zweiten Auflage bringt Kant eine äquivalente Formulierung des Satzes und nennt ihn zwar a priori, aber nicht rein, da er mit dem Begriff der Veränderung einen Begriff enthalte, der aus der Erfahrung gezogen sei (vgl. KrV B 3). In der zweiten Analogie stellt Kant dann klar, dass die Möglichkeit von Veränderungen zwar nur empirisch erkannt werden kann – ihre Erklärung kann nur durch empirische Kräfte geschehen –, aber die Form, in der Veränderung, d. h. die Sukzession von Zuständen einer Substanz, allein möglich ist, sei a priori erkennbar (vgl. KrV A 206 / B 252). Unter Veränderung versteht Kant den Wechsel von Bestimmungen oder Zuständen einer Substanz. Der Begriff der Veränderung setzt also gemäß der ersten Analogie die beharrliche Substanz voraus, da sonst keine Veränderung stattfände, sondern eine bloße Folge voneinander verschiedener Ereignisse. Wenn etwas als Veränderung beurteilt wird, so muss notwendig vorausgesetzt werden, dass es sich um den Wechsel von Zuständen einer Substanz handelt (vgl. KrV A 182f. / B 226; KrV A 187 / B 230f.).

Der transzendentale Grundsatz der Kausalität muss nun in spezifischer Weise bewiesen werden: Da er kein analytischer Satz, sondern ein synthetisches Urteil a priori ist und darüber hinaus ein Prinzip, d. h. nicht aus vorausgehenden Sätzen abgeleitet werden kann, muss er als notwendige Bedingung von Erfahrung erwiesen werden und damit zugleich gemäß der Kategoriendeduktion als Bedingung der Möglichkeit der Gegenstände der Erfahrung. Der Beweis selbst enthält einen negativen Teil, der zeigt, dass die Notwendigkeit der objektiven Folge von Ereignissen in der Erscheinung nicht empirisch gewonnen werden kann (vgl. KrV A 189f. / B 233f.) – insofern schließt sich Kant der Humeschen Kritik am Kausalprinzip an – und einen positiven Teil, der zeigen soll, dass die Bestimmbarkeit der objektiven Folge von Ereignissen in der Erscheinung nur durch das Kausalitätsprinzip möglich und daher eine Voraussetzung von Erfahrung ist (KrV A 189f. / B 234). Gemäß dem allgemeinen Prinzip der →Analogien ist Erfahrung „*nur durch die Vorstellung einer nothwendigen Verknüpfung der Wahrnehmungen möglich*" (KrV A 176 / B 218). Andernfalls würden sie gemäß § 16 der Kategoriendeduktion (KrV B 132) gar nicht in die Einheit des Bewusstseins aufgenommen werden können. A priori kann solche objektive, weil gesetzmäßige Einheit des Anschauungsmannigfaltigen nur in der Zeit gedacht werden. Die Einheit mehrerer →Wahrnehmungen besteht also a priori in der objektiven gesetzmäßigen Zeitordnung und kommt durch Verstandessynthesis zustande. Eine Folge von Wahrnehmungen, die im →inneren Sinn gegeben ist, kann deshalb nur dann ihrer Relation nach gedacht und Erfahrung, d. h. empirische Erkenntnis werden, wenn nicht allein die Wahrnehmungen je für sich, sondern ihre Folge objektiv bestimmt wird.

Beweisgrund des ersten Beweisteiles der zweiten Analogie ist die durch die Zeitargumente belegte These (vgl. KrV A 31f. / B 47f.), dass die absolute Zeit kein Gegenstand einer möglichen Wahrnehmung ist. Daher kann die rein subjektive Apprehensionsfolge der Wahrnehmungen, die zwar in der Zeit sukzessiv erscheint, deren zeitliche Ordnung aber unbestimmt ist, nicht mit der absoluten Zeitfolge verglichen und dadurch als objektive Folge der Zustände einer Substanz bestimmt werden. Kant zeigt im zweiten Beweisteil, dass erst durch die regelhafte Verbindung des Anschauungsmannigfaltigen im inneren Sinn gemäß der Kategorie der Kausalität die objektive Zeitfolge bestimmt wird und damit zugleich überhaupt ein Objekt – d. h. ein Gegenstand der Erfahrung – gedacht werden kann. Insofern Kausalität eine notwendige und allgemeingültige Bedingung der objektiven Zeitbestimmung ist, fungiert sie als ein Gesetz der objektiven Zeitbestimmung. →Objekt meint hier einen objektiven, gesetzmäßigen Prozess im Unterschied zu einem empirischen Einzelding.

Weil die Zeitstellen unterschiedlicher Wahrnehmungen A und B nicht durch Vergleich mit einer absoluten Zeit bestimmt werden können, müssen „die Erscheinungen [...] einander ihre Stellen in der Zeit selbst bestimmen, und dieselbe in der Zeitordnung nothwendig machen" (KrV

A 200 / B 245). D. h.: Die objektive Zeitfolge richtet sich nach der Kausalkette sinnlich gegebener Erscheinungen in der Zeit.

Werden A und B gemäß der ersten Analogie als Bestimmungen einer Substanz gedacht und sind sie logisch inkompatible Zustände einer Substanz, dann werden A und B als Folge von Zuständen, d. h. als Veränderung gedacht. Eine solche Veränderung wird notwendig als Resultat einer wirkenden Ursache begriffen. Die Ursache ist dabei das, was eine Wirkung bestimmt. Somit kann eine Wahrnehmungsfolge nur dann als Veränderung der Bestimmungen eines empirischen Gegenstandes erkannt werden, wenn sie in der Relation von Ursache und Wirkung gedacht wird. Dies geschieht durch die Synthesisfunktion der Kausalitätskategorie. Nur durch sie ist es möglich, die Wahrnehmungsfolge von A und B als Zustandsveränderung einer Substanz zu denken, d. h. als die Veränderung von Zustand Z_1 zur Zeit t_x in Zustand Z_2 zur Zeit t_y. Die Zustandsänderung wird durch eine Ursache bewirkt oder notwendig gemacht. Für die Zeitordnung gilt nach Kant dann, dass die Ursache von Z_2 vor oder zugleich mit Z_2 existieren muss. Daher gilt für die Zeitordnung von Ursache und Wirkung: Die Ursache existiert zu t_1, die Wirkung zur Zeit t_2, so dass gilt $t_1 \leq t_2$. Es ist unmöglich, dass die Ursache zeitlich auf ihre Wirkung folgt, da nur etwas Existierendes verursachen kann, etwas das nicht bzw. noch nicht existiert jedoch nicht. Aufgrund der Anisotropie (Unumkehrbarkeit) der Zeit und aufgrund der Gesetzmäßigkeit von Kausalereignissen ist die Folge von Ursache und Wirkung irreversibel. Dabei ist der Zustand Z_2 die Wirkung der Ursache.

In der zweiten Analogie bestimmt Kant die Ontologie der Kausalrelation nicht, d. h., er lässt es insbesondere weitgehend offen, welche Art von Entität in den Erscheinungen als Ursache zu bestimmen ist, etwa Substanzen selbst, Zustände von Substanzen oder aber Ereignisse. Bedeutungsähnlich mit ‚Ereignis' ist Kants Begriff ‚Begebenheit', den er aber nicht terminologisch verwendet (vgl. KrV A 193ff. / B 238ff.). Die Ursache sei das, was im Zustand Z_1 vorausgesetzt werde oder in ihm liege, so Kants Formulierung (vgl. KrV A 198 / B 243; KrV A 193 / B 239).

Dem Beweis der zweiten Analogie angehängt sind nähere Bestimmungen des zeitlichen Verhältnisses von Ursache und Wirkung (vgl. KrV A 202ff. / B 247ff.). Die Kontinuität der Zeit hat nach Kant für den Zeitpunkt oder die Zeitspanne der Kausalität folgende Bedeutung: Zustand Z_2 kann nur unmittelbare Wirkung von Z_1 sein, wenn zwischen ihnen nicht eine Zeit ist, in der weder Z_1 noch Z_2 existieren (vgl. KrV A 202f. / B 247f.); auch kann Z_2 aufgrund der Wirksamkeit von Z_1 nicht mit einem Schlage zu existieren beginnen und Z_1 ebenso zu existieren aufhören. Vielmehr sei „[d]er größte Theil der wirkenden Ursachen in der Natur [...] mit ihren Wirkungen zugleich" (KrV A 202f. / B 248).

4 Die dritte Analogie der Erfahrung: Die wechselseitige Kausalität von Substanzen

Das allgemeine Prinzip der Erfahrung durch die Kategorie der „Gemeinschaft (Wechselwirkung zwischen dem Handelnden und dem Leidenden)" ist die dritte Analogie der Erfahrung (vgl. KrV A 211–218 / B 256–265). Der Grundsatz der Gemeinschaft beruht auf den Darlegungen zur Kausalität in der zweiten Analogie sowie auch auf dem Grundsatz der Substanz. Er ist das Prinzip der objektiven Bestimmung für Wahrnehmungsfolgen, die nicht wie bei Kausalität irreversibel sind, sondern bei denen die Folge der Wahrnehmungen beliebig ist. Sie können nur als objektiv bestimmt gedacht werden, wenn sie auf Zustände mehrerer Substanzen bezogen werden, die als zugleich existierend gedacht werden. Die objektive Bestimmung der Gleichzeitigkeit geschieht dadurch, dass zwischen den Substanzen wechselseitige Kausalität vorausgesetzt wird. Kant spricht hier die Substanzen selbst als Ursachen an, während die ontologische Bestimmung der Ursache in der zweiten Analogie nicht näher angegeben wird. Die dritte Analogie besagt: „*Alle Substanzen, so fern sie im Raume als zugleich wahrgenommen werden können, sind in durchgängiger Wechselwirkung*" (KrV A 211 / B 256). Wie in der zweiten Analogie besteht der Kern des Beweises darin, die notwendige Bedingung für die objektive Zeitordnung, hier des Zugleichseins, anzugeben: Nur dann, wenn eine wechselseitige Kausalität der Substanzen vorausgesetzt wird, ist die gleichzeitige Existenz von Erscheinungen objektiv bestimmbar (vgl. KrV B 258).

5 Intelligible Kausalität

In der zweiten Analogie nach der Formulierung der zweiten Auflage der *KrV* lässt Kant streng genommen unbestimmt, ob jede Ursache ihrerseits Wirkung einer sie bedingenden Ursache ist, und ob jede Wirkung Ursache einer weiteren Wirkung ist, d. h., ob alle Ursachen ihrerseits bedingt sein müssen – woraus sich die Vorstellung einer lückenlosen Kausalkette in der Natur ergibt –, oder aber ob es auch unverursachte Ursachen geben könnte. Kant meint in der Transzendentalen Dialektik, dass bereits aus der Transzendentalen Analytik eine durchgängige Naturgesetzlichkeit aller Erscheinungen folge (vgl. KrV A 532 / B 560; KrV A 536 / B 564). Nach Kant stehen alle Erscheinungen unter den Regeln des Verstandes, die er auch als transzendentale Naturgesetze bezeichnet; d. h. aus der ‚Transzendentalen Analytik' folgt eine allgemeine Naturgesetzlichkeit aller Erscheinungen einschließlich der Kausalordnung der Natur (→ Gesetze der Natur). In der Transzendentalen Dialektik der *KrV*, die zeigt, wie → reine Vernunft nach ihren eigenen Regeln die → Natur unter der Idee des → Unbedingten u. a. in der Idee der → Welt denkt, ergeben sich bezüglich Kausalität nun zwei einander widersprechende Vorstellungen: einerseits die Vorstellung „absolute[r] Naturnotwendigkeit", d. h. der Determinismus, sowie andererseits die Vorstellung einer unbedingten ersten Ursache. Unbedingte Kausalität wird von Kant auch als Spontaneität bestimmt, d. h. als „absolute Selbsttätigkeit". Solche unbedingte Kausalität oder Spontaneität ist „kosmologische Freiheit", d. h. → Freiheit eines Wesens, in der Natur „einen Zustand *von selbst* anzufangen" (KrV A 533 / B 561). Sie ist die Voraussetzung für praktische Freiheit. Aus den beiden einander widersprechenden Vorstellungen leitet sich die so genannte Freiheits-Antinomie her. Kants Auflösung der Antinomie geschieht auf Grundlage seiner kritischen Unterscheidung von → Erscheinung und → Ding an sich: Als Erscheinung betrachtet kann einem solchen Wesen Naturkausalität zugesprochen werden, als Ding an sich betrachtet kann ihm unbedingte oder „intelligible Kausalität" zugesprochen werden, d. h. die Wirksamkeit einer Ursache, die nicht durch Erfahrung erkannt, sondern lediglich intellektuell begriffen werden kann (vgl. KrV A 538 / B 566). Kant spricht auch von zwei „Arten von Causalität" (KrV A 543 / B 571). Eine → Handlung als empirisches Ereignis kann demnach in einer Hinsicht durch eine intelligible Ursache bestimmbar sein sowie in einer anderen Hinsicht durch eine empirische Ursache. Ob und wie durch die Unterscheidung von Erscheinung und Ding an sich das Problem der Freiheit allgemein, oder das spezifische Problem der Überdetermination eines Kausalereignisses durch zwei Arten von Kausalität gelöst ist, ist eine kontrovers diskutierte Frage. Die intelligible Ursache muss, obwohl sie rein intelligibel ist, auf Erscheinungen in der Natur einwirken können, um bei endlichen Wesen zu Handlungen in der Natur zu führen. Kant hält dies für möglich, aufgrund eines Spezifikums der Kausalrelation (vgl. KrV A 162 / B 201 Anm.): Weil die Kausalrelation keine quantitative Bestimmung ist, die notwendig auf Gleichartigkeit des Verbundenen beruht, kann das Verbundene der dynamischen Grundsätze ungleichartig sein: Kausalität bestimmt nur, dass die Existenz des einen zur Existenz des anderen in einem Abhängigkeitsverhältnis steht, unabhängig davon, wie ihre Existenz je für sich bestimmt ist (vgl. 5:104). Es ist daher denkbar, dass es eine Kausalität gibt, die nicht wie ‚empirische Kausalität' zwischen zwei Relata besteht, die in der Zeit bestimmbar sind, sondern eine, bei der die Ursache nicht Gegenstand der sinnlichen Anschauung, die Wirkung aber eine Erscheinung in der Sinnenwelt ist, d. h.: eine ‚intelligible Kausalität'. Zufolge der Restriktion des Kategoriengebrauchs auf Erscheinungen können wir von solcher intelligibler Kausalität keine Erkenntnis haben, denn dazu müssen Ursache und Wirkung in der Zeit bestimmbar sein. Kausalität wird auch Handlungen selbst zugesprochen, sowie (im Sinne von ‚Wirksamkeit') Handlungssubjekten. Kant unterscheidet zwischen dem „empirischen Charakter" von Handlungssubjekten und ihrem „intelligiblen Charakter" (KrV A 540 / B 568), wobei „*Charakter*" das „Gesetz ihrer Causalität, ohne welches sie gar nicht Ursache sein würde[n]", bezeichnet (KrV A 539 / B 567). Danach verfügen Handlungssubjekte als Erscheinungen über einen empirischen Charakter, aber, insofern sie Vernunftwesen sind, sind wir veranlasst, bei ihnen darüber hinaus einen intelligiblen Charakter anzunehmen. Die Gesetze eines endlichen, intelligiblen Charakters sind die Imperative der Sittlichkeit: „Daß diese Vernunft nun Causalität habe, wenigstens wir uns eine dergleichen an ihr vorstellen, ist aus den *Imperativen* klar, welche wir in allem Praktischen den ausübenden Kräften als Regeln aufgeben. Das *Sollen* drückt eine Art von Nothwendigkeit und Verknüpfung mit Gründen aus, die in der ganzen Natur sonst nicht vorkommt“ (KrV A 547 / B 575). Intelligible Kausalität wird von Kant daher dem originären Bereich der →praktischen Vernunft zugeschrieben. Kausalität aus Freiheit besteht in der Fähigkeit des →Willens, eine Handlung zu beginnen oder aber darüber hinaus in der Fähigkeit der Vernunft, den Willen nach einem Gesetz der Vernunft, einem Imperativ, zu bestimmen, d. h. ihn zu nötigen (vgl. KrV A 803 / B 831).

6 Kausalität aus Freiheit in Kants praktischer Philosophie

Die Bedeutung des Begriffs der Kausalität in Kants praktischer Philosophie besteht in einer spezifischen Doppelrolle: Auf der einen Seite kommt dem Willen nach Kant selbst unabhängig von Moralität Kausalität im Sinne kausaler Wirksamkeit zu, insofern er die Ursache von Handlungen ist. Auf der anderen Seite ist das Sittengesetz das „Gesetz der Causalität in einer intelligibelen Welt“ (5:49), demgemäß sich ein freier, aber endlicher Wille selbst zu moralischen Handlungen aus →Achtung vor jenem Gesetz bestimmt.

In der *GMS* führt Kant über die Kausalität aus Freiheit hinaus die Finalkausalität der Relation von →Zweck und Mittel ein, die Handlungen auszeichnet (vgl. 4:417). Demnach sind Handlungen Mittel zu einem Zweck. Der Zweck ist dabei die Vorstellung eines zu erreichenden Gutes, d. h. die intendierte Wirkung der Handlung. Dem Handlungssubjekt, das letztlich Intelligenz sein muss (vgl. 4:457), schreibt Kant selbst kausale Kraft zu, es hat Kausalität als „handelnde Ursache“ (4:417). Im engeren Sinne aber ist Kausalität eine Eigenschaft des Willens. Der Zweck kann Handlungsgrund oder auch Ursache einer Handlung sein. Doch der moralische Wert einer Handlung steht nicht in Relation zum Zweck, denn Zwecke sind immer nur in Relation zu etwas anderem und daher niemals an sich gut. Nur das Handlungssubjekt selbst kann ein unbedingter Zweck, ein Zweck an sich, sein, weil es letzter Grund von Zwecksetzungen ist (vgl. 4:428). Vielmehr kommt einer Handlung moralischer Wert nur durch das Prinzip des Willens zu, der dann ein guter Wille ist, wenn er sich selbst durch das Sittengesetz bestimmt. Wie in der *KrV* fasst Kant auch in der *GMS* die Idee der Freiheit als Grundlage für die Kausalität der praktischen Vernunft auf – sowie die Imperative als dasjenige, was die Notwendigkeit und Gesetzmäßigkeit dieser Art von Kausalität garantiert. Solche Kausalität des Willens, d. h. seine Wirksamkeit, wird wirklich dadurch, dass ein Vernunftwesen sich selbst seiner eigenen intelligiblen Kausalität bewusst wird und das moralische Gesetz zu seinem Handlungsgrund macht: „Der Mensch, der sich auf solche Weise als Intelligenz betrachtet, setzt sich dadurch in eine andere Ordnung der Dinge und in ein Verhältniß zu bestimmenden Gründen von ganz anderer Art, wenn er sich als Intelligenz mit einem Willen, folglich mit Causalität, begabt denkt [...]“ (4:457). In der *KpV* geht Kant in der Bestimmung der Kausalität aus Freiheit und der Kausalität des Willens als eine Form teleologischer Kausalität nicht über die *GMS* hinaus.

7 Teleologische Kausalität in der Natur

Die Aufgabenstellung der *KU* besteht darin, die sich scheinbar auftuende „Kluft“ zwischen Natur und Freiheit – speziell ihren beiden Prinzipien und damit ihren Formen von Kausalität – zu überbrücken, indem nachgewiesen wird, dass in der Natur selbst ein Prinzip gedacht werden muss, das einerseits den Charakter eines Naturgesetzes, andererseits den eines Freiheitsgesetzes hat. Dies leistet der Begriff der →Zweckmäßigkeit als Prinzip der Urteilskraft (vgl. 5:180f.). In § 10 der *KU* bestimmt Kant Zweckmäßigkeit als eine Form der Kausalität (vgl. 5:220). Zweckmäßigkeit ist dabei aber ein lediglich subjektives Prinzip der Urteilskraft, d. h. dass es keine objektive Gültigkeit beanspruchen kann, sondern nur ein Prinzip ist, nach dem wir uns den systematischen Zusammenhang des mannigfaltig verschiedenen Empirischen in einer Erfahrung überhaupt als möglich denken können. Seine Funktion ist architektonisch und heuristisch, insofern es allgemeinere Gesetze aufzufinden hilft: Ihm zufolge bilden die Naturgesetze eine Ordnung nach Gattung und Art, so dass spezifischere Gesetze in allgemeineren begründet werden können. Solche Zweckmäßigkeit stellt also nicht nur eine spezifische Form von Kausalität dar, sondern soll auch den Zusammenhang zwischen den allgemeinen, rein formalen

Naturgesetzen des reinen Verstandes – vor allem dem Kausalprinzip – und den speziellen empirischen, durch Induktion gewonnenen materialen kausalen Naturgesetzen organisieren. In der *Kritik der teleologischen Urteilskraft* unterscheidet Kant zwei Arten von Gesetzen der Kausalität: mechanische und teleologische Kausalgesetze (vgl. 5:360f.). Unter Mechanismus versteht er das Bewegungsvermögen (vgl. 5:374); mechanische Kausalgesetze sind also im engeren Sinne Kausalgesetze, die Veränderung als durch Bewegung verursacht fassen; meist versteht Kant sie aber allgemein als Naturkausalität. In der Antinomie der teleologischen Urteilskraft opponiert er die Annahme, dass alle Erscheinungen in der Natur vollständig im Sinne mechanischer Kausalität beurteilt werden müssen, mit der Annahme, dass einige Dinge in der Natur nach teleologischer Kausalität beurteilt werden müssen (vgl. 5:386). Gemäß Kants Auflösung der Antinomie sind beide Seiten vereinbar, insofern teleologische Kausalität nur der reflektierenden → Urteilskraft zur Naturerklärung dienen kann, die bestimmende Urteilskraft dagegen muss Natur durch Naturkausalität erklären.

Interpretationslage

Die Forschungsliteratur zur Kausalität bei Kant ist schwerpunktmäßig auf die zweite Analogie der *KrV* konzentriert. Folgende Probleme der Interpretation sowie der systematischen Bewertung der kantischen Kausalitätstheorie, die untereinander auch zusammenhängen, werden kontrovers erörtert: (i) Das Verhältnis von Zeitfolge und Kausalordnung, (ii) Funktion und Bedeutung des Gesetzesbegriffs und der Notwendigkeit in der Kausalrelation, (iii) die Frage, ob Kants zweite Analogie das Humesche Problem löst sowie (iv) das Verhältnis der kantischen Kausalitätstheorie zu den Theorien der Schulphilosophie und Naturphilosophie. Es lassen sich hierbei grob gesehen subjektivistische von objektivistischen Lesarten unterscheiden (vgl. Harper/Meerboote, *Kant on Causality*, S. 5–15).

(i) Beim Problem der Zeitfolge stellt sich die Frage, ob die Irreversibilität der Ereignisfolge durch die Irreversibilität der Zeit selbst induziert wird und damit das Kriterium für die Kausalordnung ist. Wäre dies bei Kant der Fall, würde von einer irreversiblen Ereignisfolge auf das Vorliegen einer Kausalrelation geschlossen (vgl. Van Cleve, *Problems*, S. 122–132). Dazu müsste aber die Irreversibilität der Ereignisse unabhängig von der Kausalordnung erkannt werden können, was nach Kant nicht möglich ist. Andere Interpreten sind der Auffassung, dass das Argument der zweiten Analogie bei der Wahrnehmung von Veränderung ansetze und deren Bedingungen aufzeige. Die Irreversibilität der Ereignisfolge beziehe sich auf das begriffliche Ordnen des Verstandes, wodurch das Denken eines Objekts bestimmt werde (vgl. Allison, *Kant's Transcendental Idealism*, S. 251f.).

(ii) Bezüglich des Gesetzes, das die Ereignisfolge zu einer notwendigen und objektiven Folge macht, wird folgende Frage kontrovers diskutiert: Wenn wir bei einer Veränderung voraussetzen müssen, dass zwischen den Zuständen der Substanz eine Kausalrelation besteht, so dass es eine Ursache der Veränderung geben muss, so stellt sich die Frage, inwiefern entweder die Kenntnis eines kausalen Naturgesetzes notwendig ist, um die Irreversibilität der Ereignisfolge zu erkennen oder aber ob nur vorausgesetzt werden muss, dass es irgendein Kausalgesetz gibt, welches die Folge notwendig macht, ohne dass es bekannt sein muss. Aus der ersten Alternative ergibt sich die Folgeannahme, dass das Kausalprinzip dann nur Bedingung der Möglichkeit von Erfahrung in einem wissenschaftlichen Sinne sein kann, was sich nur schwer in Übereinstimmung mit dem generellen Ansatz des transzendentalen Idealismus bringen lässt (vgl. Van Cleve, *Problems*, S. 122–133). Bei der anderen Alternative stellt sich das Problem, ob vorausgesetzt werden muss, dass die Folge von einem spezifischen, empirischen Kausalgesetz notwendig gemacht wird und wie sich dies zum Kausalprinzip a priori selbst verhält (vgl. Guyer, *Claims of Knowledge 1987*, S. 237–267; Friedman, *Causal Laws*). Darüber hinaus stellt sich das Problem, ob Kants Theorie durch die moderne Physik der Zeit obsolet oder widerlegt ist.

(iii) Einige Untersuchungen befassen sich mit dem Verhältnis der kantischen zur Humeschen Kausalitätstheorie. Kontrovers ist dabei die Frage, ob Kant diejenigen Probleme löst, die Humes Theorie aufwirft. Dabei werden die Beweise beider Grundsätze jedoch vielfach weniger als Beweise für die notwendige Gültigkeit synthetischer Grundsätze a priori als Bedingungen der Möglichkeit von Erfahrung gelesen, sondern vielmehr als Theorie der Wahrheitskriterien oder Rechtfertigungsbedingungen empirischer Kausalurteile. Dass die Beweise beider Grundsätze auf die Probleme empirischer Kausalurteile keine umfassende Antwort liefern, ist jedoch auf die gegenüber dem Humeschen Problem andere Aufgabenstellung der Analogien zurückzuführen.

(iv) Daneben wird Kausalität bei Kant auch von metaphysisch-naturphilosophischen Fragestellungen aus interpretiert. Dabei geht es v. a. um folgende Fragen: Wie hängen die zweite und dritte Analogie zusammen, sind sie als Kants Versuch einer apriorischen Grundlegung der Newtonschen Physik zu verstehen und stehen oder fallen sie mit dieser (vgl. Friedman, *Causal Laws*; dagegen Allison, *Causality*; Thöle, *Kant und das Problem der Gesetzmäßigkeit der Natur*) oder aber inwiefern müssen sie als Fortentwicklungen der traditionell metaphysischen Frage nach dem Commercium der Substanzen verstanden werden, so wie Kant sie selbst in vorkritischer Zeit erarbeitet hat (vgl. Watkins, *Metaphysics of Causality*)?

Weiterführende Literatur

Allison, Henry E.: Kant's Transcendental Idealism. An Interpretation and Defence, New Haven u. a.: Yale University Press ²2004.

Allison, Henry E.: „Causality and Causal Laws in Kant: A Critique of Michael Friedman“, in: Parrini, Paolo (Hg.): Kant and Contemporary Epistemology, Dordrecht u. a.: Kluwer 1994, 291–307.

Beck, Lewis White: Essays on Kant and Hume, New Haven u. a.: Yale University Press 1978.

Friedman, Michael: „Causal Laws and the Foundations of Natural Science“, in: Guyer, Paul (Hg.): The Cambridge Companion to Kant, Cambridge u. a.: Cambridge University Press 1992, 161–199.

Guyer, Paul: Kant and the Claims of Knowledge, Cambridge u. a.: Cambridge University Press 1987.

Harper, William A. / Meerboote, Ralf: Kant on Causality, Freedom and Objectivity, Minnesota: University of Minnesota Press 1984.

Melnick, Arthur: Kant's Analogies of Experience, Chicago u. a.: University of Chicago Press 1973.

Thöle, Bernhard: „Die Analogien der Erfahrung“, in: Mohr, Georg / Willaschek, Marcus (Hg.): Immanuel Kant. Kritik der reinen Vernunft, Berlin: Akademie 1998, 267–296.

Thöle, Bernhard: Kant und das Problem der Gesetzmäßigkeit der Natur, Berlin u. a.: de Gruyter 1991.

Van Cleve, James: Problems from Kant, New York u. a.: Oxford University Press 1999.

Watkins, Eric: Kant and the Metaphysics of Causality, Cambridge: Cambridge University Press 2006.

Kristina Engelhard

konstitutiv/regulativ

Konstitutiv oder regulativ sind bei Kant entweder Prinzipien bzw. Grundsätze des Verstandes, der Grundsatz der Vernunft oder aber der Gebrauch der Vernunft. Nur in wenigen Zusammenhängen werden Begriffe bzw. Ideen (vgl. KrV A 684 / B 712, 5:375, 5:396) oder die Einheit der Erfahrung (vgl. KrV A 583 / B 611) als konstitutiv oder regulativ bezeichnet. Konstitutive Grundsätze des →Verstandes haben einen Aspekt von Erscheinungen zum Gegenstand, den wir „a priori bestimmt geben, d. i. construiren können“ (KrV A 179 / B 221), regulative dagegen berechtigen nur dazu, Erscheinungen „nach einer Analogie mit der logischen und allgemeinen Einheit der Begriffe zusammenzusetzen“ (KrV A 181 / B 224). Der regulative Gebrauch der →Ideen der Vernunft besteht darin, den Verstand auf einen *focus imaginarius* auszurichten, in dem „die Richtungslinien aller seiner Regeln [...] zusammenlaufen“ (KrV A 644 / B 672). Weitere wichtige Stellen: KrV A 508f. / B 536f., KrV A 515–517 / B 543–545, KrV A 554 / B 582, KrV A 561 / B 589, KrV A 616–620 / B 644–648, KrV A 642–647 / B 670–675, KrV A 664 / B 692, KrV A 671 / B 699, KrV A 674–676 / B 702–704, KrV A 682–685 / B 710–713, KrV A 687–689 / B 715–717, KrV A 691–694 / B 719–722, KrV A 697 / B 725, KrV A 771 / B 799, 4:350, 5:167, 5:379, 5:401, 5:403f., 6:221, 20:219f., 22:241, 22:263.

Philosophische Funktion

1 Keine Vernunft ohne regulative Prinzipien

Die Unterscheidung zwischen konstitutiven und regulativen Prinzipien oder Arten des Gebrauchs von Ideen war in der Philosophie vor Kant noch nicht etabliert. Für sich genommen war „konstitutiv“ ein eingeführter Ausdruck und wird von Kant schon vor der *KrV* verwendet („constitutiva“

als Bestandteile oder wesentliche Eigenschaften, vgl. 16:312, 17:500, 19:148, 19:447, 24:115, 28:209, 28:663).

Der Ausdruck „regulativ" dagegen ist erst mit der *KrV* und dort im Verbund mit „konstitutiv" nachweisbar. Die Vorstellung allerdings, es gebe Grundsätze, die nur „*regulativ* gelten" (KrV A 180 / B 222f.), ist älter, und findet sich bereits 1770 in *De mundi*. Die dort von den durch Subreption zustande gekommenen Axiomen unterschiedenen *principia convenientiae* sind Regeln des Urteilens („regulas [...] iudicandi", 2:418), und zwar unabdingbare, weil unserem Verstand, wenn wir von ihnen abwichen, nahezu kein Urteil über ein gegebenes Objekt erlaubt wäre (vgl. 2:418).

Diese Warnung vor dem Zusammenbruch der Vernunft wiederholt Kant in der *KrV* mit Blick auf zwei spezifische regulative Prinzipien: „das Gesetz der Vernunft, [die systematische Einheit der Kräfte] zu suchen, ist nothwendig, weil wir ohne dasselbe gar keine Vernunft, ohne diese aber keinen zusammenhängenden Verstandesgebrauch [...] haben würden" (KrV A 651 / B 679). Und gäbe es nicht eine gewisse Ähnlichkeit der Naturdinge untereinander, „so würde das logische Gesetz der Gattungen ganz und gar nicht stattfinden; und es würde selbst kein Begriff von Gattung oder irgend ein allgemeiner Begriff, ja sogar kein Verstand stattfinden, als der es lediglich mit solchen zu thun hat" (KrV A 653f. / B 681f., vgl. Abela, *The Demands of Systematicity*, 421).

2 Konstitutive und regulative Grundsätze des Verstandes

Die These, der Erfahrung lägen „allgemeine Regeln der Einheit in der Synthesis der Erscheinungen" (KrV A 156f. / B 196) zugrunde, konkretisiert Kant in vier Klassen synthetischer Grundsätze a priori. Die ersten zwei, die Axiome der Anschauung und die Antizipationen der Wahrnehmung, bezeichnet er als mathematische Grundsätze. „Die vorigen zwei Grundsätze, welche ich die mathematische nannte [...] gingen auf Erscheinungen ihrer bloßen Möglichkeit nach und lehrten, wie sie [...] nach Regeln einer mathematischen Synthesis erzeugt werden könnten" (KrV A 178 / B 221). In dieser mathematischen Synthesis „denke ich [...] die theile vor dem Gantzen" (17:261). Aus den (konstitutiven) Teilen kann ein Ganzes a priori konstruiert werden: „So werde ich z. B. den Grad der Empfindungen des Sonnenlichts aus etwa 200 000 Erleuchtungen durch den Mond zusammensetzen und a priori bestimmt geben, d. i. construiren können. Daher können wir die ersteren Grundsätze constitutive nennen" (KrV A 179 / B 221).

Die übrigen zwei Klassen synthetischer Grundsätze, die Analogien der Erfahrung und die →Postulate des empirischen Denkens, hatte Kant als dynamische Grundsätze vorgestellt, die „den Charakter einer Nothwendigkeit a priori [...] nur mittelbar und indirect bei sich führen", nämlich „unter der Bedingung des empirischen Denkens in einer Erfahrung" (KrV A 160 / B 199f.). Beide zusammen sind diejenigen Grundsätze, „die das Dasein der Erscheinungen a priori unter Regeln bringen sollen" (KrV A 179 / B 221). Da sich aber „das Dasein der Erscheinungen [...] nicht construiren läßt" (KrV A 179 / B 221), können diese Grundsätze nur „das Verhältniß des Daseins" zum Gegenstand haben (KrV A 179 / B 222). Es scheint also die Konstruierbarkeit a priori ihres Gegenstandes und damit dessen Anschaulichkeit zu sein, die Prinzipien zu konstitutiven macht: „to be constitutive always implies for Kant the possibility of construction" (Paton, *Kant's Metaphysic of Experience*, S. 179), zumindest innerhalb der Transzendentalen Analytik (vgl. Hogrebe, *Kant*, S. 150). Fehlt diese Konstruierbarkeit, handelt es sich um „keine andre als bloß regulative Principien" (KrV A 179 / B 222).

3 Der Grundsatz der Vernunft

Der Grundsatz der Vernunft: „Wenn das Bedingte gegeben ist, so ist auch die die ganze Reihe aller Bedingungen desselben gegeben" (KrV A 497 / B 525; vgl. KrV A 308 / B 364f.), ist „eigentlich nur eine *Regel*, welche in der Reihe der Bedingungen gegebener Erscheinungen einen Regressus gebietet, dem es niemals erlaubt ist, bei einem Schlechthin-Unbedingten stehen zu bleiben" (KrV A 508f. / B 536f.). Dieses Prinzip postuliert also „*als Regel* [...], was von uns im Regressus geschehen soll [...]. Daher nenne ich es ein *regulatives* Princip der Vernunft" (KrV A 509 / B 537). Ein „Grundsatz der absoluten Totalität der Reihe der Bedingungen, als [...] an sich selbst gegeben", wäre hingegen „ein constitutives kosmologisches Princip sein würde, dessen Nichtigkeit ich eben durch diese Unterscheidung habe anzeigen [...] wollen" (KrV A 509 / B 537).

4 Der Gebrauch der Ideen der reinen Vernunft

Kants prominenteste Ausführungen zu regulativ/konstitutiv finden sich im „Anhang zur transscendentalen Dialektik“ (KrV A 642 / B 670) mit seinen zwei Teilen, „welche sich durch ihre Trockenheit Liebhabern wohl schwerlich empfehlen dürften und daher nur für Kenner hingestellt worden“ (4:364 Anm.).

Dem Abstand zwischen Haupttext und Anhang könnte ein Unterschied in der Bedeutung von ‚regulativ‘ entsprechen. Das Wort war bisher intransitiv gebraucht worden und bedeutete soviel wie „eine Regel für das eigene Tun und kein Gesetz für den Gegenstand seiend“. Wenn überhaupt, dann bekommt ‚regulativ‘ im Anhang jenen transitiven Charakter, den es auch vor Kant haben konnte und der heute vorherrscht. Denn hier scheint die Vernunft den Verstand zu regulieren: „Die Vernunft bezieht sich [...] lediglich auf den Verstand und vermittelst desselben auf ihren eigenen empirischen Gebrauch [...] die transscendentalen Ideen sind niemals von constitutivem Gebrauche [...] Dagegen aber haben sie einen vortrefflichen und unentbehrlich nothwendigen regulativen Gebrauch, nämlich den Verstand zu einem gewissen Ziele zu richten“ (KrV A 643f. / B 671f.). Der regulative Gebrauch der Ideen besteht demzufolge darin, den Verstand auf einen focus imaginarius auszurichten, in dem „die Richtungslinien aller seiner Regeln [...] zusammenlaufen“ (KrV A 644 / B 672). Da dieser Punkt „ganz außerhalb den Grenzen möglicher Erfahrung liegt“, es aber so aussieht, „als wenn diese Richtungslinien von einem Gegenstande selbst“ ausgehen würden, stellt sich eine Illusion ein, die „gleichwohl unentbehrlich nothwendig“ sein soll, wenn wir den Verstand „zur größtmöglichen und äußersten Erweiterung“ bewegen wollen (KrV A 644f. / B 672f.).

Auch wenn ‚regulativ‘ in diesem Abschnitt durch diverse Formulierungen („die Regel [...] der Allgemeinheit zu nähern“, KrV A 647 / B 675, „Ideen [...] gleichsam asymptotisch, d. i. bloß annähernd, folgen“, KrV A 663 / B 691) auf die transitive Denkfigur der Regulation des einen durch das andere festgelegt zu werden scheint, nimmt in Kants Argumentation die Projektion einer hypothetisch gesetzten Einheit die Schlüsselrolle ein: „die systematische Einheit [ist] nur Einheit, die man an sich nicht als gegeben, sondern nur als Problem ansehen muß“ (KrV A 647 / B 675). Die Einheit ist also problematisch: „das Gesetz der Vernunft, sie zu suchen, ist nothwendig, weil wir ohne dasselbe gar keine Vernunft [...] haben würden“ (KrV A 651 / B 679). Das ist die aus *De mundi* (oben Abschnitt 1) bekannte Formel vom drohenden Zusammenbruch der Vernunft, wenn wir nicht „die systematische Einheit der Natur [...] als objectiv gültig und nothwendig voraussetzen“ wollen (KrV A 651 / B 679).

Diese, wie Kant sagt, „transscendentale Voraussetzung“ (KrV A 651 / B 679) findet ihre Konkretion in drei → transzendentalen Prinzipien, die insofern mehr als logische Prinzipien sind, als sie die Erwartung von Spezifikation, Homogenität und Kontinuität bzw. Affinität an die Natur richten. An ihnen fällt auf, „daß sie transscendental zu sein scheinen, und [...] als synthetische Sätze a priori objective, aber unbestimmte Gültigkeit haben und zur Regel möglicher Erfahrung dienen“ (KrV A 663 / B 691).

5 Zweckmäßigkeit als regulatives Prinzip

Mit der *KU* und zuvor der *1. Einleitung KU* kommen → Geschmack und → Zweckmäßigkeit in den Blick und wird der Begriff der reflexiven Urteilskraft eingeführt: „Der Begrif der Zweckmäßigkeit ist gar kein constitutiver Begrif der Erfahrung [...] In unserer Urtheilskraft nehmen wir die Zweckmäßigkeit wahr, so fern sie über ein gegebenes Object blos reflectirt“ (20:219f.). → Reflektieren bedeutet hier vor allem „nicht Bestimmen“. Das einschränkende ‚blos‘ verweist auf den auch beim regulativen Gebrauch ausschlaggebenden Unterschied: Reflektion und regulativer Gebrauch erreichen den in der Anschauung gegebenen Einzelgegenstand nicht, sondern gestalten nur das eigene Prozessieren aus. Deshalb kann man sagen, alles Tun der reflektierenden Urteilskraft sei per se regulativ.

Der Begriff der Zweckmäßigkeit ist in der Darstellung der *KU* ein „regulatives Princip des Erkenntnißvermögens“ (5:197), näherhin „ein regulativer Begriff für die reflectirende Urtheilskraft“ (5:375, vgl. 5:396, 5:360f.). Obwohl Kant auch von einem „Begriff der Urtheilskraft“ spricht (5:197), bleibt der Satz „Alles in der Welt ist irgend wozu gut“ grundsätzlich ein „Princip der Vernunft“, das als „ein Princip [...] für die reflectirende Urtheilskraft“ eingesetzt wird (5:379).

Regulative Prinzipien haben „kein eigenes Gebiet" (5:168). Der Verstand dagegen hat „sein eigenes Gebiet [...], sofern er constitutive Erkenntnißprincipien a priori enthält" (5:168). Aber auch wenn die reflektierende Urteilskraft mangels konstitutiver Prinzipien über kein eigenes Gebiet verfügt, gilt der Begriff der Zweckmäßigkeit der Natur „für unsere *menschliche Urtheilskraft* eben so nothwendig [...], als ob es ein objectives Princip wäre" (5:404).

Weiterführende Literatur

Abela, Paul: „The Demands of Systematicity. Rational Judgement and the Structure of Nature", in: Bird, Graham (Hg.): A Companion to Kant, Malden, MA: Blackwell 2006, 408–422.

Guyer, Paul: Kant, London: Routledge 2006, insbes. 165–174.

Horstmann, Rolf-Peter: „Der Anhang zur transzendentalen Dialektik (A 642 / B 670–A 704 / B 732)", in: Mohr, Georg / Willaschek, Marcus (Hg.): Immanuel Kant. Kritik der reinen Vernunft, Berlin: Akademie 1998, 525–545.

Wartenberg, Thomas E.: „Reason and the Practice of Science", in: Guyer, Paul (Hg.): The Cambridge Companion to Kant, Cambridge: Cambridge 1992, 228–248.

Hanno Birken-Bertsch

Kosmologie

Gegenstand der Kosmologie ist die Welt als Ganze. Kant unterscheidet mit der Tradition eine rationale („cosmologia rationalis", KrV A 335 / B 392) und eine angewandte Weltwissenschaft („[c]osmologia naturalis", 18:10). Die letzte hat „zum obiect Gegenstände der Sinnen, äußerer oder innerer" (18:10). Sie beschäftigt sich mit den physischen Ursachen der Bildung aller Himmelskörper und ihrer Bewegungen und dem Ursprung der gegenwärtigen Verfassung des Weltbaues (vgl. 1:230; vgl. 1:243). In der *KrV* stellt Kant die rationale Kosmologie als den Teil der Metaphysik dar, der den „Inbegriff aller Erscheinungen (die Welt)" zum Gegenstand hat (KrV A 334 / B 391). Weitere wichtige Stellen: 1:230; 1:243; KrV A 334f. / B 391f.; KrV A 405ff. / B 432ff.; KrV A 407f. / B 434f.; KrV A 415 / B 442f.; KrV A 497 / B 525; KrV A 671 / B 699; KrV A 672 / B 700; KrV B 874; 4:330; 4:338–348; 4:368; 5:416; 17:331; 17:434; 17:442; 17:604; 17:726; 18:9–11; 18:160; 20:281; 20:287; 20:294.

Vorgeschichte und historischer Kontext

Christian Wolff definierte die ‚Cosmologia generalis' als die allgemeine Weltwissenschaft oder Weltallwissenschaft („scientia mundi seu universi in genere"), die in die „cosmologia scientifica" und „cosmologia experimentalis" (vgl. Wolff, *Cosmologia*, S. 1) unterteilt wird. Wolffs Schüler Alexander Gottlieb Baumgarten zufolge ist die Kosmologie eine Wissenschaft der allgemeinen Prädikate der Welt („scientia praedicatorum mundi generalium"), die empirisch oder rational sein kann („eaque vel ex experientia proprius, empirica, vel ex notione mundi rationalis"; vgl. Baumgarten, *Metaphysica*, 17:103).

Das Werk von Baumgarten, das Kant als Handbuch für seine Vorlesungen diente, ist eine Quelle für Kants rationale Kosmologie (vgl. Watkins, *Kant on rational Cosmology*, S. 71f.). Falkenburg legt dar, dass die Kosmologie von Wolff und Baumgarten einen Grundstein für Kants *Theorie des Himmels* bildet (vgl. *Kants Kosmologie*, S. 48f.). Dagegen meint Malzkorn, dass Kant die Kosmologie im Sinne Lamberts als die „Lehre der Zusammensetzung und der räumlichen und zeitlichen Verknüpfung der Dinge", (Lambert, *Über die Methode*, S. 28; vgl. Malzkorn, *Kosmologie-Kritik*, S. 88) auffasste. Eine ausführliche Analyse der Begriffe ‚cosmologia generalis' und ‚cosmologia transcendentalis' in der Geschichte der Philosophie des 18. Jahrhunderts findet sich bei Bermes (*Welt*, S. 45ff.).

Während Wolff und Baumgarten Kants Verständnis der Kosmologie stark beeinflussten, spielte auch die Newtonsche Physik (vgl. 1:243) eine wichtige Rolle in Kants Kosmologie von 1755/56 und darüber hinaus (vgl. Falkenburg, *Kants Kosmologie*). Nach Falkenburg hatte Kant 1781 seine eigene Kosmologie von 1755 zugunsten der Erkenntniskritik verworfen (vgl. *Kants Kosmologie*, S. 263ff.). Watkins entdeckt dagegen in Kants Metaphysik die gleichen vier Prinzipien der empirischen Kosmologie, die auch in der Metaphysik Baumgartens diskutiert wurden (vgl. Watkins, *Kant on rational Cosmology*).

Erst nach Erscheinen der *KrV* spielte auch die Kosmologie von Herschel eine wichtige Rolle in Kants Denken. 1791 wurde Kants *Theorie des*

Himmels im Anhang einer deutschen Übersetzung von Herschels *On the Construction of the Heavens* (1785) veröffentlicht (vgl. Herschel, *Bau des Himmels*). Der Anhang, der von J. F. Gensichen herausgegeben wurde, stellt noch einmal die wichtigsten Teile von Kants angewandter Kosmologie vor und enthält auch Kants Anmerkungen, in denen er den Unterschied zwischen seiner Theorie der Nebelsterne und der Theorie Lamberts aufzeigt (vgl. Gensichen, *Auszug*, S. 201ff.).

Philosophische Funktion

1 Kosmologie als Teil der Metaphysik

Kant hat das gesamte System der Metaphysik in vier Hauptteile eingeteilt: 1. →Ontologie 2. rationale Physiologie 3. rationale Kosmologie und 4. rationale →Theologie (vgl. KrV B 874). Die Idee der Welt, die einer transzendentalen oder rationalen Weltwissenschaft („cosmologia rationalis") zugrunde liegt, ist ein Produkt der reinen Vernunft, zu dem sie durch eine Reihe von Vernunftschlüssen gelangt (KrV A 334f. / B 391f.).

Auch die angewandte Kosmologie („cosmologia naturalis") ist eine metaphysische Disziplin und betrachtet die Welt als ein System, nämlich das Weltall als eine Welt von Welten. Sie erklärt die Struktur und den Ursprung des Kosmos nach den Gesetzen der Newtonschen Mechanik. Als Kosmogonie (vgl. 1:230) versucht sie, „*den Ursprung des Weltgebäudes, die Bildung der Himmelskörper und die Ursachen ihrer Bewegung aus den allgemeinen Bewegungsgesetzen der Materie der Theorie des Newtons gemäß herzuleiten*" (1:191).

In der *KU* erinnert Kant daran, dass die allgemeine Weltwissenschaft ein Teil der Enzyklopädie aller Wissenschaften ist und, sofern sie die Welt als Gegenstand der Erfahrung erwägt, zur Naturlehre gehört (vgl. 5:416).

2 Kosmologie und die Naturwissenschaften

Es kann scheinen, als werde in der *KrV* ein Streit zwischen der angewandten und der rationalen Kosmologie ausgetragen. Im Antinomie-Kapitel führt Kant „die transzendentalen Grundsätze einer vermeinten reinen (rationalen) Kosmologie vor Augen [...], um sie als eine Idee, die sich mit Erscheinungen nicht vereinbaren läßt, in ihrem blendenden, aber falschen Scheine darzustellen" (KrV A 408 / B 435; vgl. 4:338–348). Dieser ‚falsche Schein' führt in vier kosmologische Antinomien, die Kant im Rahmen seines →transzendentalen Idealismus aufheben kann (vgl. KrV A 490–497 / B 519–525). Recht verstanden besteht daher kein Widerspruch zwischen rationaler und angewandter Kosmologie, denn letztere enthält nur ein regulatives Prinzip (vgl. KrV A 671 / B 699), das der angewandten Kosmologie als Leitfaden dient (vgl. KrV A 672 / B 700).

3 Die Weltwissenschaft und die Fortschritte der Metaphysik

In *Fortschritte* teilt Kant die Entwicklung der Metaphysik seit Leibniz und Wolff in drei Stadien ein: „*erstlich* in das des theoretisch-dogmatischen *Fortganges*, *zweytens* in das des sceptischen *Stillstandes*, *drittens* in das der praktisch-dogmatischen *Vollendung* ihres Weges, und der Gelangung der Metaphysik zu ihrem Endzwecke" (20:281). Die zweite Stufe vollzieht sich vollständig innerhalb der transzendentalen oder reinen Kosmologie, „welche auch als Naturlehre, d. i. angewandte Kosmologie, die Metaphysik der körperlichen und die der denkenden Natur, jener als Gegenstandes der äußern Sinne, dieser als Gegenstandes des innern Sinnes (physica et psychologia rationalis), nach dem, was an ihnen a priori erkennbar ist, betrachtet" (20:281). Das Stadium der transzendentalen Kosmologie ist gekennzeichnet durch ein Fortschreiten vom Bedingten zum Unbedingten, „weil Raum und Zeit in ihrer ganzen Größe, als Inbegriff aller Bedingungen betrachtet und als die Behälter aller verknüpften wirklichen Dinge vorgestellt, und so das Ganze von diesen, sofern sie jene ausfüllen, unter dem Begriffe einer Welt vorstellig gemacht werden sollen" (20:287). Die Antinomie der reinen Vernunft kann daher als eine Kritik der Kosmologie interpretiert werden, in deren Rahmen Kant auch den Begriff der transzendentalen Freiheit thematisiert (vgl. KrV A 533 / B 561). Kant betrachtet das Stadium der Kosmologie als „das des sceptischen *Stillstandes*" (20:281), weil „der Begriff der Freyheit, so wie er, als sinnlich-unbedingte Kausalität, selbst in der Kosmologie vorkommt, zwar sceptisch angefochten, aber doch unwiderlegt" (20:294) bleibt.

4 Die Geographie und der Mensch kosmologisch betrachtet (Welterkenntnis)

Auch die →Anthropologie und die Geographie sind Kant zufolge Teil der Kosmologie oder „Welterkenntniß“ (2:443). Die Anthropologie behandelt, was es am Menschen pragmatisch zu erkennen gibt: Der Mensch wird hier „*kosmologisch* betrachtet“ (9:157), d. h. insofern, als die Kenntnis der Welt mit einem „nützlichen Gebrauch“ (9:158) verbunden ist. Die Welt ist „das Substrat und der Schauplatz“ ist, „auf dem das Spiel unserer Geschicklichkeit vor sich geht“, sie ist der Boden, auf dem unsere Erkenntnisse erworben und angewendet werden (9:158). Die physische Geographie als kosmologisch erwogene Weltkenntnis beschäftigt sich dagegen mit der Natur und dem Menschen, aber „nicht nach demjenigen, was ihre Gegenstände im Einzelnen Merkwürdiges enthalten (Physik und empirische Seelenlehre), sondern was ihr Verhältniß im Ganzen, worin sie stehen und darin ein jeder selbst seine Stelle einnimmt, uns anzumerken giebt“ (2:443).

Weiterführende Literatur

Falkenburg, Brigitte: Kants Kosmologie: die wissenschaftliche Revolution der Naturphilosophie im 18. Jahrhundert, Frankfurt/M.: Klostermann 2000.

Malzkorn Wolfgang: Kants Kosmologie-Kritik. Eine formale Analyse der Antinomienlehre, Berlin u. a.: de Gruyter 1999.

Watkins, Eric: „Kant on Rational Cosmology“, in: ders. (Hg.): Kant and the Sciences, Oxford: Oxford University Press 2001, 70–89.

Silvia De Bianchi

Kraft

Kant versteht Verursachung als ein Verhältnis einer Substanz zu Akzidenzen. So ist die Sonne (Substanz) Ursache für die Wärme (Akzidenz) eines von ihr beschienenen Körpers. Kraft ist Kant zufolge nun die Beziehung einer Substanz (als Ursache) zu bestimmten Akzidenzen (als Wirkung), *sofern sie Ursache dieser Akzidenzen ist*: „Die Kraft ist nicht das, was den Grund der Existenz der Accidenzen enthält (denn den enthält die Substanz): sondern ist der Begriff von dem bloßen Verhältnisse der Substanz zu den letzteren, so fern sie den Grund derselben enthält“ (8:224 Anm.). „Kraft drukt ein Verheltnis des Grunds zur Folge aus. [...] Kraft ist blos das Verheltnis [...] der Sustanz zu den Accidenzen“ (28:511). Die „erwärmende Kraft“ (28:431) z. B. der Sonne ist also ihr Verhältnis zu einem von ihr beschienenen Körper, sofern sie Ursache seiner Erwärmung ist, d. h. dasjenige an ihr, kraft dessen sie den Körper erwärmt. Weitere wichtige Stellen: 1:17–24; 1:221–236; 1:415f.; 1:481; KrV A 80–82 / B 106–108; KrV A 94; KrV A 214 / B 261; KrV A 613f. / B 641f.; KrV A 648 / B 676; 4:496–535; 5:179; 8:180; 14:289; 21:553; 21:578.

Philosophische Funktion

1 Der Begriff der Kraft im Werk Kants

Kant hat sich während der gesamten fast sechzig Jahre seines philosophischen Schaffens immer wieder intensiv mit dem Begriff der Kraft und spezifischen Kräften auseinandergesetzt. So geht es bereits in seiner ersten Schrift (*Wahre Schätzung*, 1747) um die im 18. Jahrhundert in der sogenannten ‚vis viva-Debatte‘ intensiv diskutierte Frage nach dem Maß der ‚lebendigen Kraft‘ (der in etwa dem heutigen Begriff der kinetischen Energie entspricht). Bereits in dieser Schrift bemüht sich Kant um einen „metaphysische[n]“ (1:17) Kraftbegriff (vgl. 1:17), der Kräfte als Wirkungsweisen von Substanzen versteht (vgl. 1:18ff.. In seinem naturphilosophischen Hauptwerk der vorkritischen Zeit, der *Theorie des Himmels* (1755), entwickelt Kant eine mechanistische Theorie der Entstehung von Fixsternen und Planeten (die später sogenannte Kant-Laplace-Theorie oder Nebularhypothese), die im Wesentlichen eine Anwendung der newtonschen Theorie der Schwerkraft auf die Entstehung von Himmelskörpern darstellt. Im naturphilosophischen Hauptwerk der kritischen Zeit, den *MAN* (1786), führt Kant die Materie auf zwei fundamentale Kräfte zurück, nämlich „*Anziehungskraft*“ und „*Zurückstoßungskraft*“ (4:498; vgl. 4:498ff.). Und noch in den unvollendet gebliebenen Entwürfen des *Op. post.* (bis 1803) steht neben der Äthertheorie das ‚Elementarsystem der bewegenden Kräfte der Materie‘ (21:181ff.) im Mittelpunkt seiner Bemühungen um einen „Übergang“ von den metaphysischen Anfangsgründen der Naturwissenschaft zur Physik (21:17).

2 Kraft, Ursache, Substanz und Handlung

Der Begriff der Kraft in der *KrV* gehört zu den reinen, aber abgeleiteten Verstandesbegriffen a priori, den Prädikabilien des reinen Verstandes (vgl. KrV A 82 / B 108). Wie die Begriffe der → Handlung und des Leidens ist er der Kausalitätskategorie (vgl. KrV A 82 / B 108) untergeordnet, steht aber auch in einem engen begrifflichen Zusammenhang mit der Kategorie der Substanz: „Diese Causalität führt auf den Begriff der Handlung, diese auf den Begriff der Kraft und dadurch auf den Begriff der Substanz“ (KrV A 204 / B 249). Dabei verwendet Kant den Ausdruck ‚Handlung‘ (als Übersetzung des lateinischen ‚*actio*‘) für das „Verhältniß des Subjects der Causalität [d. h. der Substanz] zur Wirkung“ (KrV A 205 / B 250), sodass gilt: „Wo Handlung, mithin Thätigkeit und Kraft ist, da ist auch Substanz“ (KrV A 204 / B 250).

3 Kraft und Vermögen

Zu diesem apriorischen Begriffscluster um Kausalität und Substanz gehört auch der Begriff des Vermögens: „Das innere Princip der Moglichkeit des Handelns [d. h. des Bewirkens einer Ursache] ist das Vermögen“ (*Refl.* 3585, 17:73). Auch wenn Kant die Ausdrücke ‚Vermögen‘ und ‚Kraft‘ manchmal austauschbar zu verwenden scheint, etwa wenn er Urteils*kraft* oder Einbildungs*kraft* als ‚Vermögen‘ bezeichnet (z. B. 5:179; 7:264), stehen sie doch für zwei von Kant klar unterschiedene Aspekte kausaler Zusammenhänge. Während das Vermögen in der bloßen *Möglichkeit* einer ‚Handlung‘ besteht, ist die Kraft dessen Aktualisierung durch einen Bestimmungsgrund: „Das Vermögen mit einem Bestimmungsgrunde desselben zusammen (z. B. ein angesetzter Hebebaum) ist Kraft. Die Kraft (also Vermögen und Bestimmungsgrund desselben zusammen) [...] ist für sich zur Wirklichkeit der Handlung zureichend“ (*Refl.* 3585, 17:73) (vgl. dazu Heßbrüggen-Walter, *Die Seele und ihre Vermögen*, Kap. 4).

4 Die Erkennbarkeit von Kräften

Obwohl der Begriff der Kraft ein reiner Verstandesbegriff ist, können einzelne Kräfte nicht a priori erkannt, sondern müssen uns in der Erfahrung gegeben werden: „Wie nun überhaupt etwas verändert werden könne; [...] davon haben wir a priori nicht den mindesten Begriff. Hierzu wird die Kenntniß wirklicher Kräfte erfordert, welche nur empirisch gegeben werden kann, z. B. der bewegenden Kräfte oder, welches einerlei ist, gewisser successiven Erscheinungen (als Bewegungen), welche solche Kräfte anzeigen“ (KrV A 206f. / B 252). Dennoch bleiben viele „Kräfte der Natur, die ihr Dasein durch gewisse Wirkungen äußern, [...] für uns unerforschlich; denn wir können ihnen durch Beobachtung nicht weit genug nachspüren“ (KrV A 613f. / B 641f.).

5 ‚Primitive‘ und ‚derivative‘ Kräfte

„Alle Kräfte sind eingetheilt in *primitive*, Grundkräfte welche auch vis originaria heißen kann, und derivative, abgeleitete Kräfte“ (28:431). Eine abgeleitete Kraft ist „die, welche wirklich mit einer andern einerley ist, aber eine besonders bestehende Kraft zu seyn scheint“ (28:512): „z. E. die Saite auf dem Klavier hat eine tönende und elastische Kraft, man kan aber die tönende aus der elastischen ableiten“ (28:432). Das Ziel der Naturwissenschaft ist es „alle Kräfte so viel möglich auf die ersten Grund Kräfte zurük zu führen“ (28:512). In der *KrV* führt Kant diese Suche nach Grundkräften auf den (allerdings nur regulativ gültigen) „*transscendentale[n]* Grundsatz der Vernunft“ zurück, „systematische oder Vernunfteinheit“ in unsere vielfältigen Naturerkenntnisse zu bringen (KrV A 648 / B 676). So sind Kant zufolge etwa „Zurückstoßungs- und Anziehungskraft *Grundkräfte*“ (8:181 Anm.). Auch Grundkräfte können wir nicht a priori, sondern nur anhand ihrer empirischen Wirkungen erkennen.

Kant erläutert die Suche nach einer Grundkraft in der *KrV* anhand des „menschlichen Gemüthe[s]“, an dem wir zunächst eine Vielzahl von scheinbar unabhängigen Kräften und Vermögen wahrnehmen: „Empfindung, Bewußtsein, Einbildung, Erinnerung, Witz, Unterscheidungskraft, Lust, Begierde u. s. w.“ (KrV A 649 / B 677). Indem wir fragen, „ob nicht Einbildung, mit Bewußtsein verbunden, Erinnerung, Witz, Unterscheidungskraft, vielleicht gar Verstand und Vernunft sei“ (KrV A 649 / B 677), gelangen wir zu „komparativen Grundkräften“, in Kants hypothetischem Beispiel also zur →Einbildungskraft, die Kant an anderer Stelle tatsächlich als „Grundkraft“ bezeichnet (8:180 Anm.). Indem die komparativen Grundkräfte „wiederum unter einander verglichen werden, um sie dadurch, daß man ihre Einhelligkeit entdeckt, einer einzigen radicalen, d. i. absoluten, Grundkraft nahe zu bringen“ (KrV A 649 / B 677).

Weiterführende Literatur

Carrier, Marin: „Kraft und Wirklichkeit. Kants späte Theorie der Materie“, in: Blasche, Siegfried /

Köhler, Wolfgang R. / Kuhlmann, Wolfgang / Rohs, Peter (Hg.): Übergang. Untersuchungen zum Spätwerk Immanuel Kants, Frankfurt/M.: Klostermann 1991, 208–230.
Edwards, Jeffrey: Substance, Force, and the Possibility of Knowledge, Los Angeles: University of California Press 2000, insbes. 11–60, 112–144.
Heßbrüggen-Walter, Stefan: Die Seele und ihre Vermögen: Kants Metaphysik des Mentalen in der Kritik der reinen Vernunft, Paderborn: Mentis 2004, insbes. Kap. 4.
Langton, Rae: Kantian Humility. Our Ignorance of Things in Themselves, Oxford: Clarendon Press 1998.
Watkins, Eric: „Kant on Extension and Force: Critical Appropriations of Leibniz and Newton", in: Lefèvre, Wolfgang (Hg.): Between Leibniz, Newton, and Kant, Dordrecht u. a.: Kluwer 2001, 111–127.
Watkins, Eric: Kant and the Metaphysics of Causality, Cambridge: Cambridge University Press 2005.

Red.

Kritik

Der Terminus ‚Kritik' hat für Kant eine sowohl *negative* als auch *positive* Konnotation. In Kants berühmter Erklärung mit Bezug auf eine „*Kritik der reinen Vernunft*" sind beide Konnotationen enthalten: „Ich verstehe aber hierunter nicht eine Kritik der Bücher und Systeme, sondern die des Vernunftvermögens überhaupt in Ansehung aller Erkenntnisse, zu denen sie *unabhängig von aller Erfahrung* streben mag, mithin die Entscheidung der Möglichkeit oder Unmöglichkeit einer Metaphysik überhaupt und die Bestimmung sowohl der Quellen, als des Umfanges und der Gränzen derselben, alles aber aus Principien" (KrV A XII).

Kritik hat eine positive Funktion, insofern sie die Möglichkeit einer →Metaphysik und die Bestimmung ihrer Quellen aus Prinzipien begründen will. Kritik hat demgegenüber insofern eine negative Funktion, als sie die Unmöglichkeit von Metaphysik oder besser ihre Reichweite und Grenzen aufweist. In ihrer negativen Bedeutung deckt Kritik Mängel im menschlichen Denken auf. Das betrifft vor allem die Anmaßung der menschlichen Vernunft, ungeprüfte dogmatische Ansprüche auf theoretische →Erkenntnis jenseits der Grenzen menschlicher →Sinnlichkeit zu erheben sowie andererseits skeptische Behauptungen, dass überhaupt keine philosophische Erkenntnis möglich sei. Sie legt aber auch die menschliche Veranlagung offen, den Gebrauch der →praktischen Vernunft auf ihre instrumentelle Rolle in der Verfolgung empirischer Glückserwartungen einzuschränken, anstatt zu erkennen, dass die Vernunft einen reinen praktischen Gebrauch hat, in dem sie unabhängig von Glückserwartungen ihre eigenen Ziele setzt. In ihrer positiven Bedeutung besteht Kritik also erstens in der Bestimmung der grundlegenden Prinzipien menschlichen Denkens und Handelns, auf denen die kritische Einschätzung der Ansprüche des metaphysischen →Dogmatismus und →Skeptizismus gründen. Kritik spielt aber noch eine weitere positive Rolle, indem sie begründet, dass praktische Vernunft sowohl einen reinen, als auch einen bloß empirischen Gebrauch hat.

Auch in der *KU* sind sowohl der positive wie der negative Sinn von Kritik wirksam: Der positive Sinn in den Argumentationen, dass universell gültige Geschmacksurteile möglich und dass →teleologisch über die →Natur zu urteilen, sowohl möglich als auch notwendig ist, der negative Sinn in den Argumentationen, dass, den Ansichten vieler Vorgänger Kants entgegen, die universelle Gültigkeit des Geschmacksurteils weder von apriorischen Regeln der Einschätzung der Vorzüge ihrer Objekte abhängt noch zu solchen Regeln führt, und dass, wiederum entgegen den Ansichten vieler seiner Vorgänger, die natürliche und notwendige menschliche Veranlagung, teleologisch über die Natur zu urteilen, nur Anlass zu regulativen, nicht zu konstitutiven Prinzipien wissenschaftlicher Forschung gibt und im Speziellen keine Veranlassung für einen spekulativen Beweis der Existenz Gottes (einen physikotheologischen Gottesbeweis oder einen Beweis aus der zweckmäßigen Gestaltung der Welt) darstellt. Wie die beiden früheren *Kritiken*, argumentiert auch *KU* dafür, dass die Existenz Gottes nur aus moralischen, nicht aus theoretischen Gründen bewiesen werden kann. Weitere wichtige Stellen: KrV A XII; KrV A 11–14 / B 25–28; KrV A 739 / B 767; KrV A 750–752 / B 778–780; KrV A 760–761 / B 788–789; 4:391; 5:3; 5:5–7; 5:15–16; 5:168–169; Brief an Marcus Herz, 21. 2. 1772, 10:129–135; Brief an Marcus Herz, 24. 11. 1776, 10:198–199; Brief an Marcus Herz,

20. 8. 1777, 10:211–214; *Refl.* 3716, 17:255–259; *Refl.* 3964, 17:368; *Refl.* 4148, 17:434; *Refl.* 4892, 18:21; *Refl.* 5063, 18:77; *Refl.* 5070, 18:78–79; *Refl.* 5073, 18:79–80; *Refl.* 5089, 18:84; *Refl.* 5645, 18:287–294; *Refl.* 6050, 18:434–437; *Refl.* 6317, 18:623–624; 20:195.

Vorgeschichte und historischer Kontext

Das moderne Wort Kritik und seine Verwandten in anderen europäischen Sprachen (speziell das französische *critique* und das englische *criticism*) hat aus seiner langen Geschichte, die auf das griechische Verb *κρίνω* zurückgeht und dessen Bedeutungen *unterscheiden, auswählen, Streit schlichten, urteilen* und *erläutern* oder *interpretieren* umfassen, verschiedene Bedeutungen angenommen, die für seinen kantischen Gebrauch relevant sind (von Borman/Holzhey, *Kritik*). Eine Bedeutung, den das Wort in der Antike angenommen und bis zur Gegenwart bewahrt hat, ist der, den es im Ausdruck ‚literarische Kritik' hat, was an die Beschreibung, Interpretation und Bewertung literarischer und anderer Texte und anderer Formen der Kunst denken lässt. Diese Bedeutung war zu Kants Zeiten geläufig, wie aus dem Werk *Elements of Criticism* von Henry Home, Lord Kames aus dem Jahr 1762 klar hervorgeht (die Übersetzung ins Deutsche begann 1763 und war Kant sicher bekannt; vgl. den Brief von Marcus Herz vom 9. Juli 1771, 10:126). Eine zweite Bedeutung, die dem Wort seit langem zukommt, ist der des Aufdeckens von Fehlschlüssen und Falschheiten. Dies ist der Sinn des Wortes im Titel von Pierre Bayles *Dictionnaire historique et critique*, das zuerst 1697 publiziert wurde – ein grundlegendes Werk für die gesamte europäische → Aufklärung. Aber das Wort hat noch eine dritte Bedeutung angenommen, die die Untersuchung und Aufstellung der grundlegenden Erkenntnisprinzipien benennt, auf deren Grundlage die Unterscheidung zwischen wahren und falschen Erkenntnisansprüchen und zwischen gültigen und fehlgeleiteten Argumentationen gemacht werden kann. Dieser Sinn wurde im sechzehnten Jahrhundert von Petrus Ramus hervorgehoben, der die stoische Unterscheidung zwischen *τοπική* und *κριτική* oder *inventio* und *diiudicum* wiederbelebte. Jenes umfasst die Findung von Argumenten und dieses ihre Unterscheidung in gültige und ungültige Argumente auf der Basis fundamentaler Prinzipien (von Borman/Holzhey, *Kritik*, S. 1256). Bayles Gebrauch des Terminus nimmt den kantischen Gebrauch zur Benennung der Enthüllung der ungerechtfertigten Ansprüche – sowohl des Dogmatismus als auch des Skeptizismus – vorweg. Demgegenüber benennt der ramistische Gebrauch des Begriffs auch die Bestimmung der ersten Prinzipien, auf denen Kritik im Sinne von *inventio* gegründet sein muss. Kant verwendete somit klarerweise den Begriff in der hier bestimmten zweiten und dritten Bedeutung. Es könnte scheinen, dass die erste Bedeutung in Kants Gebrauch keine Rolle spiele. Jedoch gebrauchte er den Begriff auch in diesem Sinn; und zwar nicht nur, wenn er die Praktiken der Literatur- und Kunstkritiker unmittelbar diskutiert (vgl. z. B. 5:285f.), sondern auch während der langen Periode, in der er die Idee der → Ästhetik als einer → Wissenschaft zurückwies und den Standpunkt vertrat, dass es nur eine empirisch begründete „Kritik des Geschmacks" geben könne (KrV A 21 Anm. / B 35 Anm.). Diesen Standpunkt vertrat er selbst bis zur *KU*, in der er dafür argumentierte, dass Geschmacksurteile zwar auf einer apriorischen Begründung beruhen müssen, aber nicht auf bestimmten apriorischen Regeln.

In seinen frühen Arbeiten gebrauchte Kant den Ausdruck ‚Kritik' selten, jedoch zeigt ein bedeutsames Vorkommen des Terminus in *Nachricht*, dass er den Begriff von einem frühen Stadium an in einer zweifachen Bedeutung verstanden hat. Er benennt sowohl die negative Bewertung von Fehlschlüssen und Falschheiten, aber auch positiv die Aufstellung fundamentaler Prinzipien, auf denen eine solche negative Bewertung beruhen muss. Er schreibt in einer Darstellung der Intentionen seiner Logik-Vorlesungen: „Von dieser Wissenschaft sind eigentlich zwei Gattungen. Die von der ersten ist eine Kritik und Vorschrift des *gesunden Verstandes* [...]. [G]leichsam die Quarantaine (wofern es mir erlaubt ist mich also auszudrücken), welche der Lehrling halten muß, der aus dem Lande des Vorurtheils und des Irrthums in das Gebiet der aufgeklärteren Vernunft und der Wissenschaften übergehen will. Die zweite Gattung von Logik ist die Kritik und Vorschrift der *eigentlichen Gelehrsamkeit* und kann niemals anders als nach den Wissenschaften, deren Organon sie sein soll, abgehandelt werden" (2:310). Kants Gebrauch des Terminus ‚Kritik' benennt hier deutlich sowohl im Negativen das Vorhaben,

Vorurteile aufzudecken, als auch im Positiven die Aufgabe, ein Organon bzw. eine Sammlung erster Prinzipien der Wissenschaften zu erstellen. Jedoch deutet er darauf hin, dass ein solches Organon eher aus den Wissenschaften abgeleitet werden wird, als dass es ihnen ihre Grundlage gäbe, denn Kant hatte seine eigene Theorie der synthetischen Erkenntnisprinzipien →a priori noch nicht entwickelt. Da er das Logik-Textbuch *Auszug* von Georg Friedrich Meier, dem Schüler Baumgartens, verwendete, bemerkt Kant auch, dass „[…] die sehr nahe Verwandtschaft der Materien Anlaß giebt, bei der *Kritik der Vernunft* einige Blicke auf die *Kritik des Geschmacks*, d. i. die *Ästhetik*, zu werfen, davon die Regeln der einen jederzeit dazu dienen, die der anderen zu erläutern, und ihre Abstechung ein Mittel ist, beide besser zu begreifen" (2:311). Kant gebraucht in dem Ausdruck ‚Kritik *des Geschmacks*' den Begriff im traditionellen Sinn der Interpretation und Bewertung der Literatur und der schönen Künste. Jedoch lässt seine Behauptung, dass wir aus dem Kontrast zwischen den Regeln der ‚Kritik *der reinen Vernunft*' und der ‚Kritik *des Geschmacks*' lernen können, auf seinen Standpunkt schließen, dass letztere nicht im gleichen Sinne wie erstere wissenschaftlich genannt werden kann.

Manchmal behält sich Kant den Terminus ‚Critick' für den negativen Sinn „eine Wissenschaft nicht der Hervorbringung, sondern der Beurtheilung Gewisser Dinge" (*Refl.* 4148, 17:434) vor, in *KrV* jedoch gebraucht Kant den Begriff Kritik zur Befassung sowohl der positiven Aufgabe, die Grundlagen eines Organons synthetischer Erkenntnisprinzipien *a priori* zu legen, als auch der negativen Aufgabe, die Ansprüche sowohl des Dogmatismus als auch des Skeptizismus auf der Basis dieser Grundlegung zu unterminieren. In der langen Reifungszeit des Werkes gebrauchte Kant den Begriff zu Anfang nicht in diesem zweifachen Sinn. Zwar kommt die Wendung „Critik der reinen Vernunft" in Kants eigenen Notizen schon 1769 vor (*Refl.* 3964, 17:368), doch nannte Kant in seinen frühesten Briefen an seinen ehemaligen Studenten Marcus Herz über sein Vorankommen am Werk das geplante Buch „*Die Grentzen der Sinnlichkeit und der Vernunft*" (Brief vom 21. Februar 1772, 10:129; vgl. auch den Brief vom 7. Juni 1771, 10:123). Obwohl das Wort ‚Grentzen' auf die negative Aufgabe schließen lässt, Erkenntnisansprüche zu kritisieren, die das, was jenseits dieser Grenzen liegt, betreffen, betont Kant diesen Aspekt seines vollendeten Werkes in diesen Briefen nicht. Stattdessen beschreibt er in seinem Brief an Herz aus dem Jahr 1771 sein Vorhaben in ausschließlich positiver Begrifflichkeit: „das Verhältnis der vor die Sinnenwelt bestimten Grundbegriffe und Gesetze zusammt dem Entwurfe dessen was die Natur der Geschmackslehre, Metaphysick u. Moral ausmacht enthalten soll etwas ausführlich auszuarbeiten" (Brief vom 7. Juni 1771, 10:123). Und er betont in seinem Brief im Jahre 1772 an Herz wiederum die konstruktive Seite seines Vorhabens: sein geplantes Buch sollte „zwey Theyle" umfassen, „einen theoretischen und pracktischen. Der erste enthielt in zwey Abschnitten 1. Die *phaenomologie* überhaupt. 2. Die Metaphysik, und zwar nur nach ihrer Natur u. Methode. Der zweyte ebenfalls in zwey Abschnitten 1. Allgemeine Principien des Gefühls des Geschmacks und der sinnlichen Begierde. 2. Die erste Gründe der Sittlichkeit" (Brief vom 21. Februar 1772, 10:129). Kant berichtet Herz in diesem Brief, dass sein Vorankommen von der positiven grundlegenden Aufgabe aufgehalten würde, welche den Schlüssel zum Geheimnis aller Metaphysik enthalte, d. h. die Frage zu beantworten: „auf welchem Grunde beruhet die Beziehung desienigen, was man in uns Vorstellung nennt, auf den Gegenstand?" (Brief vom 21. Februar 1772, 10:130). Die Beantwortung dieser Frage würde erfordern, dass Kant seiner schon entwickelten Theorie unserer apriorischen Kenntnis der Formen der reinen und empirischen →Anschauung eine Theorie unserer apriorischen Erkenntnis der →Kategorien hinzuzufügen habe, um dann diese beiden Quellen einer apriorischen Erkenntnis zu verbinden, um sowohl die synthetisch-apriorischen Prinzipien der apriorischen Erkenntnis und Wissenschaft, wie auch die Begrenzung jener Prinzipien und aller besonderen Erkenntnis, die auf ihrer Grundlage erworben wird, auf →Erscheinungen statt auf →Dinge an sich hervorzubringen (Kants →transzendentaler Idealismus). In diesem Projekt würde Kants positiver Ansatz der Möglichkeit einer synthetischen Erkenntnis a priori nicht nur den Skeptizismus, der die Möglichkeit unserer Erkenntnis aus ersten Prinzipien betrifft, widerlegen, sondern auch den dogmatischen Anspruch einer metaphysischen Erkenntnis und ihrer begrifflichen Fassung jenseits der Grenzen der Sinnlichkeit unterminieren. D. h., seine positive Aufgabe, die Grundlage der Erkenntnis zu ermitteln, würde den Weg für sein negatives Vorhaben aufzeigen, die Ansprüche des Skeptizismus sowie des Dogmatismus zu untergraben. Aber erst nachdem Kant 1776 Herz erläutert hatte: „Sie wissen: daß das Feld der, von allen empirischen *Principien* unabhängig urtheilendenden, d. i. reinen Vernunft müsse übersehen werden können, weil es in uns selbst *a priori* liegt und keine Eröfnungen von der Erfahrung erwarten darf. Um nun den ganzen Umfang desselben, die Abtheilungen, die Grenzen, den ganzen Inhalt desselben nach sicheren *principien* zu verzeichnen und die Marksteine so zu legen, daß man künftig mit Sicherheit wissen könne, ob man auf dem Boden der Vernunft, oder der Vernünfteley sich befinde, dazu gehören: eine Critik, eine Disciplin, ein Canon und eine Architektonik der *reinen Vernunft*" (Brief vom 24. November 1776, 10:199), eröffnete er ihm, dass er nunmehr beabsichtige, sein geplantes Werk „Critik der reinen Vernunft" zu nennen (Brief an Herz vom 20. August 1777, 10:213). In diesen Passagen unterscheidet Kant zunächst zwischen der positiven, konstruktiven Aufgabe seines Werkes (*Canon*) und seiner negativen, destruktiven Aufgabe (Critik). Indem er aber diesen letzten Terminus für den spezifischen Titel seines Buchs verwendet, macht er deutlich, dass in der Bedeutung von Kritik sowohl das Negative als auch das Positive, und ersteres auf der Grundlage von letzterem, befasst ist.

Philosophische Funktion

1 Kritik der reinen Vernunft

1.1 *Die Idee einer Kritik der reinen Vernunft* Bekanntlich sagt Kant in der Vorrede zur ersten Auflage der *KrV*, dass er seinen Titel „*Kritik der reinen Vernunft*" nicht als „eine Kritik der Bücher und Systeme, sondern die des Vernunftvermögens überhaupt in Ansehung aller Erkenntnisse, zu denen sie *unabhängig von aller Erfahrung* streben mag, mithin die Entscheidung der Möglichkeit oder Unmöglichkeit einer Metaphysik überhaupt und die Bestimmung sowohl der Quellen, als des Umfanges und der Gränzen derselben, alles aber aus Principien" (KrV A XII) verstehe. Das mag unaufrichtig erscheinen. Kants Behauptung, dass er die Quellen, den Umfang und die Grenzen der Metaphysik bestimmen werde, beruft sich unmissverständlich auf John Lockes Aussage, dass es der Zweck seines *Essay concerning Human Understanding* sei „to enquire into the Original, Certainty, and Extent of humane knowledge" (Locke, *Essay*, I.I. § 2, S. 43). Des Weiteren ist das ganze Buch in Form einer Antwort auf Christian Wolffs System der Metaphysik strukturiert. Kants Werk unterteilt sich in eine *Transzendentale Ästhetik* (KrV A 19–49 / B 33–73) und eine *Transzendentale Analytik* (KrV A 64–292 / B 89–349), die Wolffs „Allgemeine Ontologie" ersetzen (Kants Anspielung an Wolff ist unmissverständlich, wenn er sagt: „der stolze Name einer Ontologie [...] muß dem bescheidenen einer bloßen Analytik des reinen Verstandes Platz machen", KrV A 247 / B 304) und eine „*Transzendentale Dialektik* (KrV A 293–704 / B 349–732), die wiederum die drei Disziplinen der speziellen Metaphysik der rationalen → Psychologie, der rationalen Kosmologie und der rationalen → Theologie destruiert, jene drei Disziplinen auf die, obgleich in umgekehrter Ordnung, der Titel von Wolffs Werk aus dem Jahr 1720 *Vernünftige Gedancken von Gott, der Welt und der Seele des Menschen* (die sogenannte *Deutsche Metaphysik*) verweist (vgl. auch KrV A 846 / B 874). Auch wenn Wolff klarerweise Kants Focus in seiner Kritik der dogmatischen Metaphysik darstellt, erweist sich schließlich David Hume sogar noch deutlicher als das Ziel von Kants Angriff auf den Skeptizismus. Sowohl Wolff als auch Hume werden von Kant in der finalen Zusammenfassung der gesamten *KrV* erwähnt: „Was nun die Beobachter einer *scientifischen* Methode betrifft, so haben sie hier die Wahl, entweder *dogmatisch* oder *sceptisch*, in allen Fällen doch die Verbindlichkeit, *systematisch* zu verfahren. Wenn ich hier in Ansehung der ersteren den berühmten *Wolff*, bei der zweiten *David Hume* nenne, so kann ich die übrigen meiner jetzigen Absicht nach ungenannt lassen. Der *kritische* Weg ist allein noch offen" (KrV A 856 / B 884; vgl. Hatfield, *Prolegomena and Critiques of Pure Reason* und Watkins, *Metaphysics of Causality* für gegenteilige Ansichten zur Bedeutsamkeit der Rolle Humes in Kants Konzeption der *KrV*). Gleichwohl ist Kants Aussage, trotz dieser stillschweigenden oder ausdrücklichen Bezugnahme auf die Werke seiner Vorgänger, nicht unaufrichtig. Denn in seiner Sicht sind Wolffs Dogmatismus und Humes Skeptizismus nicht einfach schlechte Philosophie; vielmehr sind die dogmatischen Anmaßungen der reinen Vernunft auf theoretische Erkenntnis jenseits der Grenzen der Sinnlichkeit zwar fehlerhafte, aber doch ganz natürliche Illusionen des menschlichen Geistes, wie Kant in der Vorrede der *KrV A* ausführt (vgl. KrV A VIIf.), und der Skeptizismus stellt eine ebenso natürliche Antwort auf einen solchen natürlichen Dogmatismus dar, obwohl es genauso natürlich für solche Anlagen des menschlichen Geistes ist, dass sie ihren Ausdruck in philosophischen Büchern und Systemen finden. So kritisiert Kant, wenn er Wolff und Hume kritisiert, nicht einfach Bücher und Systeme, sondern er kritisiert die natürlichen Illusionen der menschlichen Vernunft auf der Grundlage einer sicheren Bestimmung der ihr eigenen Fundamente. In der Tat setzt Kant voraus, dass selbst dann, wenn einmal seine positive wie auch seine negative Kritik der menschlichen Vernunft vollendet sein sollte, die Illusionen der Metaphysik in einem gewissen Sinne bestehen bleiben werden – gerade so wie der Mond zunächst beim Aufgang über dem Horizont größer erscheint, als wenn er seine volle Höhe erreicht hat, und dies selbst dann noch, nachdem wir aus den Wissenschaften der Astronomie und der Optik gelernt haben, dass es sich nicht so verhält, und auch nachdem wir eingesehen haben, warum es uns so erscheint (vgl. KrV A 297 / B 353f.).

Tatsächlich sind in Kants Sicht die Gegenstände des natürlichen Dogmatismus, die den philosophischen Dogmatismus veranlassen, nämlich besonders die Ideen →Gottes und der freien und unsterblichen →Seele, die keine Erkenntnis ergeben können, da sie jenseits der Grenzen der menschlichen Sinnlichkeit liegen, mehr als nur verbleibende Illusionen. Dies leitet die letzte Stufe der Kritik in Kants System ein, auf der er von einer negativen Einschätzung der dogmatischen Metaphysik zu einem positiven, aber praktischen Gebrauch der Vernunftideen übergeht. Die Zurückweisung des dogmatischen Gebrauchs dieser →Ideen, zu welcher die kantische Untersuchung der Fundamente der menschlichen Erkenntnis führt, ist eine Zurückweisung der Anmaßung, *theoretische* oder spekulative Erkenntnis mit Hilfe dieser Ideen, ohne Begrenzung auf die menschliche Sinnlichkeit, zu erlangen. Aber gerade diese Grenzen der menschlichen Sinnlichkeit bedeuten, dass theoretische Aussagen über das, was jenseits dieser Grenzen liegt, *weder* bestätigt *noch* widerlegt werden können, und somit, dass diese Ideen für *praktische* →Zwecke gebraucht werden können, sofern dies durch die Bedingungen der Möglichkeit der →Moral gewährleistet und erfordert ist. Kant betont diesen Punkt in der Vorrede der *KrV B* vermittels eines expliziten Kontrasts zwischen den negativen und den positiven Rollen von Kritik: „Man wird bei einer flüchtigen Übersicht dieses Werks wahrzunehmen glauben, daß der Nutzen davon doch nur *negativ* sei, uns nämlich mit der speculativen Vernunft niemals über die Erfahrungsgrenze hinaus zu wagen, und das ist auch in der That ihr erster Nutzen. Dieser aber wird alsbald *positiv*, wenn man sich inne wird, daß die Grundsätze, mit denen sich speculative Vernunft über ihre Grenze hinauswagt, in der That nicht *Erweiterung*, sondern, wenn man sie näher betrachtet, *Verengung* unseres Vernunftgebrauchs zum unausbleiblichen Erfolg haben, indem sie wirklich die Grenzen der Sinnlichkeit, zu der sie eigentlich gehören, über alles zu erweitern und so den reinen (praktischen) Vernunftgebrauch gar zu verdrängen drohen. Daher ist eine Kritik, welche die erstere einschränkt, so fern zwar *negativ*, aber, indem sie dadurch zugleich ein Hinderniß, welches den letzteren Gebrauch einschränkt, oder gar zu vernichten droht, aufhebt, in der That von *positivem* und sehr wichtigem Nutzen" (KrV B XXIV–XXV).

Die konstruktive oder positive Darstellung der menschlichen Erkenntnis, die den Kern der *KrV* ausmacht, führt zu der negativen Darstellung der theoretischen Metaphysik, die ihre zweite Hälfte umfasst. Aber dies befreit wiederum den praktischen Gebrauch der reinen Vernunft von der Begrenzung auf die bloße Sinnlichkeit und führt zu dem positiven Ergebnis, dass die praktische Vernunft das reine Moralprinzip in sich aufnehmen kann und nicht auf empirische Glücksprinzipien limitiert ist. Während in der theoretischen Philosophie die positive Kritik der Erkenntnis zu einer negativen Kritik der Metaphysik führt, führt in der praktischen Philosophie die negative Kritik der empirischen Vernunft zu einer positiven Kritik der reinen praktischen Vernunft.

Am Ende der Einleitung der *KrV A* erklärt Kant, dass das, was er zuvor umrissen hat – nämlich seine Beschreibung und sodann die Lösung des Problems einer synthetischen Erkenntnis *a priori* – zu der „Idee einer besondern Wissenschaft, die zur Kritik der reinen Vernunft dienen könne" (KrV A 11), führt. In der zweiten Auflage ändert er die Wörter „dienen könne" in „heißen kann" (KrV B 24). Die erste Formulierung legt nahe, dass Kants positive Erkenntnistheorie eher das Fundament der Kritik der reinen Vernunft darstellt, als dass sie ihr Teil wäre, demgegenüber legt die zweite Formulierung nahe, dass sowohl die positive Theorie als auch der negative Angriff auf die spekulative Metaphysik Teile der Kritik sind. Spätere Formulierungen in der *KrV* bestätigen, dass sowohl die konstruktiven wie auch die destruktiven Anteile der kantischen Argumentation Teile der Kritik ausmachen. Somit sagt Kant, dass die negative Aufgabe, nämlich „den Grenzen meiner möglichen Erkenntniß *kritisch* nachzuforschen", nicht „empirisch, aus *Beobachtung*, sondern allein kritisch, durch *Ergründung* der ersten Quellen unserer Erkenntniß" (KrV A 758 / B 786) ausgeführt werden kann. Aber auf beiden Wegen erfordert das Projekt der Kritik eine Bestimmung der ersten Prinzipien der menschlichen Erkenntnis; diese enthält dann die Grenzen einer solchen Erkenntnis, die ihrerseits den Raum für den Glauben freigibt, der indessen eine vielmehr praktische denn eine theoretische Begründung erfahren muss.

1.2 *Die positive Kritik* Die zentralen Schritte der kantischen Argumentation sind die folgenden: Zunächst versucht Kant in der *Transzendentalen Ästhetik* (KrV A 19–49 / B 33–73) zu begründen, dass wir eine synthetisch-apriorische Kenntnis von Raum, Zeit und ihren formalen Darstellungen in der →Mathematik besitzen, was er nur dann für möglich hält, wenn Letzteres bloß unsere eigenen Formen der Sinnlichkeit und unserer Erscheinungen der Gegenstände in der Sinnlichkeit beschreibt und nicht die Dinge an sich, die unseren Formen der Repräsentation nur kontingenterweise, aber nicht notwendiger Weise entsprechen könnten (vgl. KrV A 26 / B 42; KrV A 46–49 / B 64–66; 4:287). Diese Position, Kants *transzendentaler Idealismus*, ist die Grundlage für Kants Zurückweisung des Skeptizismus wie auch des Dogmatismus: die Gültigkeit von synthetisch-apriorischer Erkenntnis wird für Gegenstände, wie sie uns erscheinen, gesichert, aber eine dogmatische Erkenntnis jener Dinge, wie sie an sich sind, wird uns verwehrt.

Dann argumentiert Kant in der *Transzendentalen Deduktion der reinen Verstandesbegriffe* (KrV B 129–169) (in einer Weise, deren Details kontrovers bleiben) dafür, dass die transzendentale Einheit der Apperzeption, d. h. unser Bewusstsein der notwendigen numerischen Einheit des Selbst, ohne eine apriorische Synthesis von Vorstellungen nicht möglich ist (vgl. KrV A 105ff.; KrV A 111f.; KrV A 117 Anm.; KrV B 133; KrV B 134–143). Dieser Synthesis entsprechen die reinen Kategorien des Verstandes; sie begründen somit eine synthetisch-apriorische Erkenntnis von Gegenständen, die von der apriorischen Gültigkeit der reinen Kategorien abhängig ist. Diese können allerdings nur dann Erkenntnis ergeben, wenn sie auf sinnliche Anschauungen, d. h. auf Erscheinungen, angewendet werden. In der Deduktion der *KrV B* macht Kant seine doppelte kritische Antwort auf den Skeptizismus wie auf den Dogmatismus explizit: § 21 (vgl. KrV B 144–146) legt dar, dass die Kategorien notwendiger Weise auf *alle* Erscheinungen angewendet werden können, somit wird der Skeptizismus in Hinsicht auf die Kategorien abgewiesen; die §§ 22–25 (vgl. KrV B 146–159) machen indessen deutlich, dass sie auch *nur* auf Erscheinungen angewendet werden können, und dies sogar in den Fällen des →inneren Sinns oder der Vorstellung des Selbst. Die Kategorien sind somit in Hinsicht auf Dinge an sich nicht von dogmatischem Nutzen, und sogar im Falle der Erkenntnis unserer selbst sind sie dies nicht.

Kant führt in der *Analytik der Grundsätze* (KrV A 130–292 / B 169–349) weiter aus, dass die Anwendung der reinen Verstandesbegriffe auf die apriorischen Formen unserer apriorischen Anschauungen zu synthetischen Grundsätzen des reinen Verstandes führt, vor allem zu dem Gesetz der allgemeinen Kausalität, aber wiederum gilt, dass diese Gesetze nur für Erscheinungen gültig sind. So wird im Besonderen der Satz vom zureichenden Grund als eine Grundlage möglicher Erfahrung bewiesen, aber nur für mögliche Erfahrung, nicht für Dinge an sich (vgl. KrV A 201 / B 246).

1.3 *Die negative Kritik* Kants destruktive Kritik der allgemeinen Ontologie beginnt in den letzten Abschnitten der *Transzendentalen Analytik* (KrV A 64–292 / B 89–349), nämlich der Diskussion der *Postulate des empirischen Denkens überhaupt* (KrV A 218–226 / B 265–274) und dem Kapitel über die

Unterscheidung aller Gegenstände in Phaenomena und Noumena (KrV A 235–261 / B 294–316). Erstere entwickelt eine Argumentation, der zufolge die Modalkategorien, wie alle anderen Kategorien auch, nur in einer Anwendung auf sinnliche Anschauungen Verwendung finden können. Somit untergräbt dieses Kapitel eine Grundlegung der dogmatischen Metaphysik im uneingeschränkten Gebrauch von Modalkategorien, die im ontologischen Argument gipfelte, das aus der notwendigen Vollkommenheit auf die notwendige Existenz Gottes schloss. Das Kapitel über die Phaenomena und →Noumena vertritt die Ansicht, dass wir den Begriff eines Noumenon – eines Gegenstandes allein der reinen Vernunft – in einem negativen Sinn, um die Limitierung unserer Erkenntnis auf sinnliche Anschauung auszudrücken, gebrauchen können, aber nicht in einem positiven Sinn, indem die reine Vernunft allein Erkenntnis der Gegenstände oder deren Eigenschaften jenseits der Grenzen der menschlichen Sinnlichkeit ergeben würde.

Die *Transzendentale Dialektik* (KrV A 293–704 / B 349–732) wird dann von Kants Kritik der drei Disziplinen der speziellen Metaphysik beherrscht. In den *Paralogismen der reinen Vernunft* (KrV A 341–405 / B 399–432) legt Kant dar, dass die formale Einheit der Vorstellung des Selbst nicht mit einer substantiellen Kenntnis des Selbst, als einer einfachen und unsterblichen Substanz verwechselt werden darf; eine Erkenntnis des Letzteren würde zudem Anschauung erfordern, aber eine solche Art von Anschauung können wir niemals haben. In den *Antinomien der reinen Vernunft* (KrV A 405–642 / B 432–670) argumentiert Kant, dass die dogmatische Metaphysik sich durch innere Widersprüche zerrissen darstellt, die nur durch den von ihm begründeten transzendentalen Idealismus aufgelöst werden können. Unauflösbare Streitigkeiten über die Endlichkeit oder Unendlichkeit des Ausmaßes und der Teilbarkeit des Kosmos können durch die transzendental-idealistische Position zur Ruhe gebracht werden, insofern Raum und Zeit bloße Formen der Sinnlichkeit und nicht Eigenschaften der Dinge an sich und somit in ihrem Ausmaß unbestimmt sind. Da sie stets unbegrenzt erweiterbar sind, sind sie nicht endlich, aber sie sind auch nicht aktual unendlich. Weiterhin können Streitigkeiten darüber, ob →Freiheit mit der kausalen Gesetzmäßigkeit der Reihe der Erscheinungen vereinbar oder unvereinbar ist und ob die Reihe der Erscheinungen als eine Reihe von Zufälligem eine notwendige Ursache haben kann, durch den transzendental-idealistischen Gedanken aufgelöst werden: Obwohl weder Freiheit jenseits der Gesetzmäßigkeit des Naturgeschehens noch absolute →Notwendigkeit innerhalb des Bereichs der Erscheinungen dargestellt werden können, so können sie doch im noumenalen Grund der Erscheinungen *gedacht*, wenn auch nicht *erkannt* werden. Durch die Auflösung dieser Streitfälle vermeidet Kants Kritik den Skeptizismus, sie untergräbt zudem den Dogmatismus, aber sie hält die Möglichkeit eines Glaubens an die Existenz menschlicher Freiheit und an Gott offen, und zwar aus praktischen, anstatt aus theoretischen Gründen, sofern die Existenz Gottes als Bedingung der Vernünftigkeit unserer Bemühungen, unseren Verpflichtungen unter dem →moralischen Gesetz in Übereinstimmung mit unserem Streben nach Glück nachzukommen, als notwendige Annahme postuliert wird. Auch die traditionellen Beweise für die Existenz Gottes werden im letzten Abschnitt der *Dialektik*, dem *Ideal der reinen Vernunft* (KrV A 567–642 / B 595–670), kritisiert; dies geschieht auf der Grundlage dessen, dass das ontologische Argument, auf dem sie alle beruhen, im Versuch, die Existenz Gottes aus dem bloßen Begriff eines notwendigen Wesens abzuleiten, die zentrale These der kritischen Philosophie übersieht, dass Begriffe nur dann zu Erkenntnis führen, wenn sie auf Anschauungen angewendet werden.

In dieser Weise strukturiert sich Kants Kritik des Dogmatismus und des Skeptizismus in *KrV*. Ein letzter Punkt, der bemerkt werden sollte, ist Kants kontrastierende Unterscheidung zwischen einer Kritik der reinen Vernunft und einem System der reinen Vernunft. Kant betont, dass die Kritik als die „*Propädeutik* zum System der reinen Vernunft" (KrV A 11 / B 25), oder als der „*architektonische*" Platz der Idee einer Wissenschaft der reinen Vernunft „aus Principien" (KrV A 13 / B 27) angesehen werden kann, aber nicht als das vollständige „*Inventarium* aller unserer Besitze durch *reine Vernunft*" (KrV A XX). Kant stellt fest, dass „so vollständig auch alle *Principien* zu dem System in der Kritik vorgetragen sind, so gehört zur Ausführlichkeit des Systems selbst doch noch, daß es auch an keinen *abgeleiteten* Begriffen mangele, die man *a priori* nicht in Überschlag bringen kann, sondern die nach und nach aufgesucht werden müssen" (KrV A XXI). Kants Anerkenntnis des Umstandes, dass die vervollständigte Metaphysik der Naturwissenschaften und der Moral, die in *MAN* (1786) und *MS* (1797) ausgeführt ist, von der Anwendung reiner Prinzipien auf bestimmte grundlegende empirische Anschauungen abhängt, widerspricht dieser Feststellung nicht.

2 Kritik der praktischen Vernunft

In seinen beiden grundlegenden Werken zur Moralphilosophie, *GMS* (1785) und *KpV* (1788), betont Kant den positiven gegenüber dem negativen Aspekt von Kritik. Dies ist konsistent mit der komplexen Strategie einer Kritik, die er durch die beiden kontrastierenden Gebrauchsweisen einer positiven und negativen Kritik in *KrV* unterstellt hatte, d. h. der Idee, dass seine konstruktive Erkenntnistheorie zu einer Kritik der traditionellen Metaphysik führe, die dann im Felde des Praktischen anstatt des Theoretischen wiederum den Weg für eine positive Rolle der reinen praktischen Vernunft eröffnet.

2.1 *Kritik in der GMS* Kant entwickelt die Idee einer besonderen und eigenständigen Kritik der praktischen Vernunft zuerst in *GMS*. Obwohl die *GMS* jeglichen Versuch zurückweist, das fundierende Moralprinzip empirisch zu begründen – sei es mit Bezug auf empirisch vorgegebene Wünsche, einen moralischen Sinn auf empirischer Basis oder im Blick auf empirische Beispiele wirklichen menschlichen Verhaltens, so sieht sie doch ihre Kritik eines empirisch begründeten Gebrauchs der praktischen Vernunft nicht als Teil einer Kritik der praktischen Vernunft an. In der Schrift heißt es: „Zwar giebt es eigentlich keine andere Grundlage derselben [einer Metaphysik der Sitten], als die Kritik einer *reinen praktischen Vernunft*, so wie zur Metaphysik die schon gelieferte Kritik der reinen speculativen Vernunft" (4:391), aber die *GMS* spielt sogleich den negativen Aspekt einer solchen Kritik der praktischen Vernunft herunter, indem sie sagt, dass nur die reine theoretische Vernunft „ganz und gar dialektisch" (4:391) sei. Damit ist impliziert, dass der Gebrauch der reinen praktischen Vernunft sich nicht in gleicher Weise oder zumindest nicht im gleichen Grade für den Dogmatismus oder den konsequenten Skeptizismus öffnet wie der Gebrauch der reinen theoretischen Vernunft und insofern nicht der gleichen Art einer negativen Kritik bedarf. Stattdessen gebraucht Kant in diesem Werk das Konzept einer Kritik der reinen praktischen Vernunft, um der positiven Aufgabe gerecht zu werden, das fundamentale Moralprinzip im Ausgang von der Prämisse zu begründen, dass das eigentliche menschliche Selbst auf der tiefsten Ebene vollständig vernünftig ist. Dieser strikt positive Gebrauch des Begriffs der Kritik in *GMS* spiegelt sich in der Unterteilung des Werkes in drei Abschnitte.

Der erste Abschnitt, der *Übergang von der gemeinen sittlichen Vernunfterkenntniß zur philosophischen* (4:393–405), argumentiert dafür, dass die gemeinen Begriffe eines guten Willens und der →Pflicht jede normale Person zur Anerkennung des moralischen Gesetzes als des Prinzips führen, dass nur verallgemeinerbare →Maximen zulässig sind (vgl. 4:402). Der zweite Abschnitt, der den Titel: *Übergang von der populären sittlichen Weltweisheit zur Metaphysik der Sitten* trägt (4:406–445), kritisiert zunächst empirische Grundsätze der Moral und leitet dann das Sittengesetz, das zuvor aus einer allgemeinen Übereinkunft über das, was als schlechthin gut angesehen wird, abgeleitet worden war, aus einer Analyse des Begriffs eines vernünftig Handelnden ab. Aber dieser Abschnitt wird nicht als eine Kritik der praktischen Vernunft, sei sie nun empirisch oder rein, bezeichnet. Stattdessen führt Kant diese Wendung erst im Titel des dritten Abschnitts ein, dem *Übergang von der Metaphysik der Sitten zur Kritik der reinen praktischen Vernunft* (4:446–463). In diesem Abschnitt versucht er im Rekurs auf seine Lehre des transzendentalen Idealismus die synthetisch-apriorische Aussage zu beweisen, dass das Sittengesetz, das analytisch mit dem Begriff eines vernünftig Handelnden verbunden ist, wirklich auf uns Anwendung findet, denn auf der tiefsten Ebene *sind* wir vernünftig Handelnde, obwohl es dem Anschein nach nicht immer so ist. Hier bedeutet Kritik der praktischen Vernunft nur die metaphysische Untersuchung unseres eigentlichen Selbst (vgl. 4:457f.; 4:461), die offen legt, dass es vollständig vernünftig ist.

Das Argument des dritten Abschnitts der *GMS* ist zutiefst problematisch, sowohl wegen seines Gebrauchs der Lehre des transzendentalen Idealismus, um Ansprüche auf Erkenntnis des Selbst, wie es an sich ist, vielmehr zu begründen, als diese zu begrenzen, und zudem auch, weil es das Sittengesetz zum Kausalgesetz des noumenalen Selbst macht (vgl. 4:446), und auf diese Weise die Möglichkeit von unmoralischen → Handlungen eines transzendental freien Handelnden auszuschließen scheint, – das bekannte Problem, das von Karl Leonhard Reinhold in der zweiten Folge seiner *Briefe über die kantische Philosophie* von 1792 und noch einmal von Henry Sidgwick in einem berühmten Artikel über „*The Kantian Conception of Free Will*", der 1888 publiziert und in der 7. Auflage seines Buches *The Methods of Ethics* (1907, S. 511–516) wiederabgedruckt wurde, identifiziert wird.

2.2 *Kritik in der KpV* Es scheint, als habe Kant dieses Problem bald bemerkt und das Argument des 3. Abschnitts der *GMS* in dem Werk, das ausdrücklich als ‚Kritik der praktischen Vernunft' (*KpV*) betitelt und 1788 publiziert wurde, vermieden. Auch in diesem Werk betont Kant eher die positive als die negative Funktion einer Kritik der praktischen Vernunft: „Warum diese Kritik nicht eine Kritik der *reinen* praktischen, sondern schlechthin der praktischen Vernunft überhaupt betitelt wird, obgleich der Parallelism derselben mit der speculativen das erstere zu erfodern scheint, darüber giebt diese Abhandlung hinreichenden Aufschluß. Sie soll bloß dartun, *daß es reine praktische Vernunft gebe*, und kritisirt in dieser Absicht ihr ganzes *praktisches Vermögen*. Wenn es hiemit gelingt, so bedarf sie das *reine Vermögen selbst* nicht zu kritisiren, um zu sehen, ob sich die Vernunft mit einem solchen als einer bloßen Anmaßung nicht *übersteige* (wie es wohl mit der speculativen geschieht). Denn wenn sie als reine Vernunft wirklich praktisch ist, so beweiset sie ihre und ihrer Begriffe Realität durch die That, und alles Vernünfteln wider die Möglichkeit, es zu sein, ist vergeblich" (5:3). Diese einleitende Passage weist schon auf den grundlegenden strategischen Unterschied zwischen *GMS* und *KpV* hin. Obwohl beide Werke das positive Ziel haben zu beweisen, dass die praktische Vernunft einen reinen Gebrauch hat und dass dies die Grundlage der Moral darstellt, versucht das spätere Werk nicht, die Verbindlichkeit eben des Sittengesetzes aus einem konstitutiven Gebrauch der Metaphysik des Selbst, wie es an sich ist, abzuleiten. Stattdessen fasst es die bedingungslos verpflichtende Kraft des Sittengesetzes als für uns selbstevident auf, oder beweist dessen Realität für uns in jedem Versuch zu handeln, „so bald wir uns Maximen des Willens entwerfen" (5:29) – dies ist die Voraussetzung, die Kant im Folgenden als das → Faktum der reinen praktischen Vernunft tituliert (vgl. 5:31). Unter der Voraussetzung, dass jeder vernünftig Handelnde urteilen muss „daß er etwas kann, darum weil er sich bewußt ist, daß er es soll" (5:30), widmet das Werk dann den größten Teil seiner Anstrengungen der Argumentation, dass dieses Bewusstsein unserer Verpflichtung unter dem moralischen Gesetz beweist, dass die noumenale oder transzendentale Freiheit, die die Kritik der dogmatischen spekulativen Metaphysik, im Speziellen die dritte Antinomie der reinen Vernunft, bloß als *möglich* aufgezeigt hatte, in der Tat *wirklich* ist.

Dass dieses positive Resultat das letzte Ziel der *KpV* ist, wird zu Beginn des zweiten Paragraphen ihrer Vorrede, in direktem Anschluss an den zitierten Eingangsparagraphen, deutlich gemacht: „Mit diesem Vermögen steht auch die transscendentale *Freiheit* nunmehr fest" (5:3). Worin immer die intrinsischen Vorzüge von Kants neuem Argument bestehen mögen, es ist jedenfalls bemerkenswert, dass es das Reinhold-Sidgwick-Problem vermeidet, welches die *GMS* plagt, und zwar aus dem einfachen Grund, dass das *Sollen* das *Können* impliziert, aber nicht das *Tun*. Also gibt es in der zweiten Kritik kein Argument, dass das Sittengesetz das *Kausal*gesetz des noumenalen Selbst darstellt.

Dem Modell der ersten Kritik folgend, enthält auch die zweite Kritik eine *Dialektik der reinen praktischen Vernunft* (5:107–148). Aber auch hier ist, wie im Abschnitt Dialektik der *KrV*, Kants Ziel in erster Linie eher konstruktiv als destruktiv. Präziser gesagt: die Dialektik der reinen praktischen Vernunft vervollständigt die positive Aufgabe der Moralphilosophie, zu der der Weg durch die negative Aufgabe der Dialektik der reinen theoretischen Vernunft eröffnet worden war. Kants Argument in der Dialektik der *KpV* ist es, dass der Gegenstand der praktischen Vernunft unvollständig bleibt, solange nicht Sittlichkeit von → Glückseligkeit begleitet wird (Kant nennt die Kombination dieser beiden Elemente das → höchste Gut). Aber wir können nur dann von der Möglichkeit dieser Verbindung überzeugt sein, wenn wir an die Möglichkeit der Unsterblichkeit, die es uns ermöglicht, unsere Sittlichkeit zu vervollständigen, und an die Wirklichkeit Gottes, als den Urheber der Natur, der die Naturgesetze mit der Verwirklichung des moralischen Gesetzes in Übereinstimmung gebracht hat, glauben, obwohl es nicht immer so zu sein scheint (vgl. 5:126). In den folgenden Werken einschließlich *KU*, dem *Gemeinspruch*-Aufsatz und *Frieden* sucht Kant diese Lehre zu verfeinern, um zu verdeutlichen, dass erstens die Glückseligkeit keinen Anteil an der Motivation, sittlich zu sein, hat, selbst dann nicht, wenn sie in dessen Konsequenz liegt; zweitens, dass der Gegenstand der Moral nicht in der Konjunktion von individueller Glückseligkeit mit individueller Sittlichkeit besteht, sondern in der Konjunktion von universeller Glückseligkeit und universeller Sittlichkeit, und um die Spannung aufzulösen, die zwischen der Überlegung der zweiten Kritik besteht, dass die →Tugend nur in einem Leben nach dem Tod vervollkommnet werden könne, während die Glückseligkeit in der Natur verwirklicht werden können muss; so müssen wir drittens eher an die Möglichkeit der Vervollkommnung der Sittlichkeit der menschlichen Gattung in der Geschichte als der Sittlichkeit des Individuums in einem Leben nach dem Tod glauben. Die Zielsetzung der Kritik der reinen praktischen Vernunft bleibt aber durch all diese Verfeinerungen hindurch eher konstruktiv als destruktiv.

3 Kritik der Urteilskraft

3.1 *Die Idee einer Kritik der Urteilskraft* Als die Disziplin entstand, die erst seit kurzer Zeit ‚Ästhetik' genannt wurde (vgl. Baumgarten, *Meditationes*), hielt Kant über viele Jahre an der Auffassung fest, dass es nur eine „Kritik", nicht eine „Wissenschaft des Geschmacks" geben könne, da er der Überzeugung war, die Prinzipien des Geschmacks wären vollständig empirisch. So schrieb er im Jahr 1769: „Die Vernunfterkenntnis des Schönen ist nur Critik und nicht Wissenschaft, erklärt das *phaenomenon*, aber sein Beweis ist *a posteriori*" (*Refl.* 622, 15:269) und dass „das erste Principium der Erkentnis des Schönen die Erfahrung und deren Critik [ist]" (*Refl.* 626, 15:272). Selbst noch 1787, nur drei Jahre bevor die *KU* erscheinen sollte, konnte Kant noch immer schreiben: „Der Geschmak verstattet keine Regeln *a priori*, weil es ein sinnlich Urtheil seyn soll, welches nicht nach solchen Regeln gefällt werden kan, sondern nur in der sinnlichen Anschauung" (*Refl.* 1787, 16:114). Als Kant jedoch die dritte Kritik publizierte, behauptete er, dass sowohl Geschmacksurteile (also reflektierte Schönheitsurteile im Gegensatz zu sinnlichen Urteilen über das bloß Angenehme) als auch teleologische Urteile über die Natur ein apriorisches Prinzip haben, dass zur Vervollständigung der Kritik der reinen Vernunft aufgestellt werden solle: „Eine Kritik der reinen Vernunft, d. i. unseres Vermögens, nach Principien *a priori* zu urtheilen, würde unvollständig sein, wenn die der Urtheilskraft, welche für sich als Erkenntnißvermögen darauf auch Anspruch macht, nicht als ein besonderer Theil derselben abgehandelt würde; obgleich ihre Principien in einem System der reinen Philosophie keinen besonderen Theil zwischen der theoretischen und der praktischen ausmachen dürfen, sondern im Nothfalle jedem von beiden gelegentlich angeschlossen werden können" (5:168).

Was führte Kant dazu, seine lange gehegte Ansicht zu ändern, dass Geschmacksurteile nur eine empirisch begründete Praxis der Bewertung zulassen, und sie zudem in einer dritten Kritik mit teleologischen Urteilen in Verbindung zu setzen, was er zuvor nicht getan hatte? Was dies mindestens zum Teil ermöglicht hat, war Kants Erkenntnis, dass sowohl Geschmacksurteile als auch teleologische Urteile auf apriorischen Fundamenten begründet werden können, während sie gleichzeitig nur zu regulativen (im Gegensatz zu konstitutiven) Prinzipien zur Beurteilung ihrer Gegenstände führen; daraus folgt, dass sie einer Kritik in dem zweifachen Sinne bedürfen, den wir von der *KrV* her kennen: Sie benötigen eine konstruktive Untersuchung unserer kognitiven Fähigkeiten, um ihre apriorischen Prinzipien aufzustellen, jedoch wird dies zu einer negativen Beurteilung eines jeglichen Versuchs führen, sie eher dogmatisch und konstitutiv als bloß regulativ zu gebrauchen, während im gleichen Zuge die Zurückweisung eines Skeptizismus ermöglicht wird, der behauptet, dass Geschmacks- und teleologische Urteile überhaupt keinen Anspruch auf Gültigkeit haben. Oder noch präziser: Gerade so, wie Kant dargelegt hatte, dass auf die negative Beurteilung einer dogmatischen Metaphysik in der *KrV* eine positive Theorie einer normativ fundierten Metaphysik in einer Kritik *der praktischen Vernunft* folgen kann und auch muss, so argumentiert er nun dafür, dass eine negative Kritik der dogmatischen Metaphysik eine positive Theorie der regulativen Prinzipien, sowohl in der Ästhetik wie in der Teleologie ermöglicht: „Die Kritik also [...] läßt nichts übrig, als was der *Verstand a priori* als Gesetz für die Natur [...] vorschreibt [und] verweiset aber alle andere reine Begriffe unter die Ideen, die für unser theoretisches Erkenntnißvermögen überschwenglich, dabei aber doch nicht etwa unnütz oder entbehrlich sind, sondern als regulative Principien dienen [...], theils um ihn [den Verstand] selbst in der Betrachtung der Natur nach einem Princip der Vollständigkeit, wiewohl er sie nie erreichen kann, zu leiten und dadurch die Endabsicht alles Erkenntnisses zu befördern" (5:167f.). Jedoch hält Kant fest, dass es nur eine Kritik, nicht eine Doktrin der Urteilskraft, geben kann, denn sowohl in der Ästhetik wie in der Teleologie ist nur Raum für regulative, nicht für konstitutive Prinzipien (vgl. 5:176–179).

3.2 *Die Kritik der ästhetischen Urteilskraft* Somit legt Kants Kritik sowohl im Falle des ästhetischen wie im Falle des teleologischen Urteils dar, dass sowohl der Skeptizismus wie der Dogmatismus der Rechtfertigung ermangeln, und dass jede dieser Urteilsformen einen angemessenen Gebrauch hat, wiewohl dieser regulativ und nicht konstitutiv ist. Im Falle der ästhetischen oder Geschmacksurteile – für Kant sind dies Urteile über das Schöne und das Erhabene – besteht seine Kritik darin, dass, obwohl es falsch ist, dass solche Urteile auf *festgelegten Prinzipien a priori*, die ihre Gegenstände betreffen, beruhen, und die es ihnen ermöglichen würden, mit vollständiger Gewissheit behauptet oder verneint zu werden, es doch so ist, dass solche Urteile, wenn sie auf die richtige Weise gefällt werden, einen gültigen Anspruch auf das Einverständnis aller unter idealen Umständen besitzen und auf diese Weise so angesehen werden können, als ob sie regulative und nicht konstitutive Prinzipien seien. Darüber hinaus können sie aufgrund dessen, was sie uns über unsere eigenen Fähigkeiten und deren Anpassung an die Welt, die uns umgibt, eröffnen, unserer moralisch notwendigen Überzeugung Vorschub leisten, dass die Welt für unsere Absichten ein wohleingerichteter Ort ist, ohne auf moralische Urteile reduziert zu werden. Diese Einschätzung des ästhetischen Urteils wird ausführlich in der *Analytik des Schönen* (5:203–244) und der *Analytik des Erhabenen* (5:244–266) entwickelt und dann in konzentrierter Form in der *Dialektik der ästhetischen Urtheilskraft* (5:337–356) als die *Auflösung der Antinomie des Geschmacks* (5:339–346) erneut vorgetragen. Das Wesentliche an Kants Darlegung ist, dass Schönheitsurteile nicht aus der Anwendung bestimmter Begriffe auf ihre Gegenstände folgen, sondern vom freien Spiel der Einbildungs- und Verstandeskräfte, die vom schönen Gegenstand veranlasst werden, abhängen, und dass die authentische Erfahrung der Harmonie der Fähigkeiten in Reaktion auf einen Gegenstand, aufgrund des apriorischen Prinzips, dass die kognitiven Kräfte im wesentlichen bei uns allen auf die gleiche Weise arbeiten, zu einem Geschmacksurteil führen kann, das im Geist eines regulativen Prinzips behauptet, dass andere unter, wenn nicht wirklichen, so idealen Umständen dieselbe wohlgefällige Erfahrung des Gegenstandes haben sollten. Im Falle des Erhabenen ist es Kants Theorie, dass die aktuale Erfahrung der Vergeblichkeit der Einbildungskraft, die natürliche Gegenstände oder Aussichten von riesigem Ausmaß oder größter Macht zu fassen versucht, die Existenz unserer Vermögen der theoretischen und praktischen Vernunft in einer handgreiflichen und wohlgefälligen Weise anzeigt; und wiederum, dass eine Person, die →das Erhabene erfährt, die Gültigkeit seiner Erfahrung für andere als eine Art regulatives Prinzip behaupten kann, weil wir *a priori* voraussetzen können, dass wir alle über dieselben geistigen Vermögen verfügen. Die Erfahrungen des Schönen und des Erhabenen unterstützen sodann unsere sittliche Verpflichtung in vielfältiger Weise (vgl. Recki, *Ästhetik der Sitten*; Guyer, *Ethical Value of the Aesthetic*).

3.3 *Die Kritik der teleologischen Urteilskraft* Die zweite Hälfte der *KU*, die *Kritik der teleologischen Urtheilskraft* (5:357–485), ist vor dem Hintergrund der vielen Dogmatiker des 17. und 18. Jh., wie John Ray (*Wisdom of God*) und William Derham (*Physico-Theology*) bis hin zu William Paley (*Natural Theology*) geschrieben, die die Erfahrung der →Zweckmäßigkeit nach allgemeinem Dafürhalten, sowohl in speziellen Organen und Organismen in der Natur als auch in der Natur als einer Ganzheit für einen schlüssigen Beweis der Existenz eines intelligenten Schöpfers der Natur gebrauchten, als auch des Skeptizismus, dem Hume, ein solches Argument betreffend in seiner *Enquiry concerning Human Understanding* (1748) und seinen *Dialogues concerning Natural Religion* (1779) Ausdruck gegeben hatte. Im Allgemeinen legt Kant dar, dass wir das Prinzip, dass die Natur in einer Weise gestaltet worden ist, die für unsere allgemeinsten Zielvorgaben handhabbar ist, als ein transzendentales, aber nur regulatives Prinzip voraussetzen müssen, und er legt im Speziellen dar, dass unsere unhintergehbare Erfahrung der Zweckmäßigkeit in Organismen in einen gültigen regulativen, jedoch nicht konstitutiven Gebrauch genommen werden kann. Während unsere Erwartung von Zweckmäßigkeit in Organismen unsere weitergehende Suche nach mechanischen Erklärungen ihrer Vorgänge anzuleiten und anzuregen vermag (vgl. 5:381f.), erfordert die Tendenz, die Natur als Ganze als ein System zu denken, zu welchem unsere Erfahrungen sowohl der natürlichen Schönheit als auch der Zweckmäßigkeit der Organismen unausweichlich führen (vgl. 5:379f.), von uns, einen Zweck für die Natur als Ganze anzunehmen. Aber da jegliches, das wir als einem solchen Zweck dienlich auffassen können, etwas von unbedingtem Wert sein muss, und das Einzige, das wir als von →unbedingtem Wert auffassen können, die Entwicklung unserer eigenen Freiheit ist, ist das Einzige, das wir als den Zweck der Natur annehmen können, die sittliche Entwicklung der →Menschheit (vgl. 5:434f.). Wir können das Prinzip, dass die Natur zur Beförderung der menschlichen Moralität gestaltet ist, nicht als ein konstitutives Prinzip einer dogmatischen Metaphysik behaupten, aber wir können es als ein regulatives Prinzip der Urteilskraft akzeptieren, das mit dem Postulat der reinen praktischen Vernunft, dass der Urheber der Welt auch ein moralisches Wesen ist, welches die Naturgesetze konsistent zu unseren moralischen Zielen eingerichtet hat (vgl. 5:455), übereinstimmt und dieses Postulat unterstützt.

Somit zeigt sich in den beiden Teilen der *KU* dasselbe dreigeteilte Muster der Kritik, das wir in der Verknüpfung der *KrV* und der *KpV* ausgemacht hatten: Kritik erfordert erstens eine Untersuchung der grundlegenden Fähigkeiten des menschlichen Geistes, die seine apriorischen Prinzipien offen legen, was genügt, um die These des Skeptizismus zurückzuweisen, der menschliche Geist habe überhaupt keine apriorischen Prinzipien. Zweitens legt eine solche Kritik auch die Grenzen der menschlichen kognitiven Vermögen offen und demaskiert somit die Anmaßung aller dogmatischen Metaphysik, die sich anschickt, solche Grenzen zu überschreiten. Aber zuletzt stellt Kritik Postulate der reinen praktischen Vernunft und regulative Prinzipien der Urteilskraft auf, die den →Glauben an und das Handeln nach Prinzipien, die dogmatisch nicht akzeptiert werden können, für uns vernünftig machen.

Interpretationslage

Da Kants Konzeption der Kritik, wenn sie voll verstanden wird, drei Komponenten umfasst, gibt es naheliegender Weise drei zentrale Themen für deren Interpretation und Bewertung. Das erste, positive Moment von Kritik ist die Aufstellung der synthetischen Prinzipien *a priori* der menschlichen theoretischen Vernunft, der praktischen Vernunft und der Urteilskraft, und hier ist die philosophische Frage natürlich, ob die kantischen Argumente für diese Prinzipien erfolgreich sind. Das zweite, negative Moment von Kritik ist die Dekonstruktion der dogmatischen Metaphysik. Hier ist es eine wichtige Frage, ob Kants umstrittene Lehre des transzendentalen Idealismus in einer Weise interpretiert werden kann, die sowohl philosophisch als auch textimmanent überzeugend ist und doch dessen kritische Funktion berücksichtigt, oder ob Kants Kritik der dogmatischen Metaphysik erfolgreich ohne den transzendentalen Idealismus rekonstruiert werden kann. Diejenigen, welche die bloß methodische, sogenannte ‚Zwei-Aspekte'– Interpretation des transzendentalen Idealismus verteidigen (z. B. Prauss, *Dinge an sich*; Allison, *Kant's Transcendental Idealism*), wählen den ersten Ansatz, während diejenigen, die dafürhalten, dass Kant selbst eine substantielle Unterscheidung zwischen Erscheinungen und Dingen an sich intendierte, dass seine Argumente dafür jedoch nicht stichhaltig sind (vgl. z. B. Guyer, *Claims of Knowledge*), in der Lage sein sollten, den zweiten Ansatz zu verteidigen. Allerdings scheint es nicht allzu schwierig zu sein darzulegen, dass Kants ‚Diskursivitätsthese', also seine These, dass alle Erkenntnis sowohl einzelne Anschauungen als auch allgemeine Begriffe erfordert, dazu ausreicht, seine gesamte Kritik der traditionellen dogmatischen Metaphysik zu tragen, ohne irgendeine Berufung auf die weitergehende Lehre des transzendentalen Idealismus, wie auch immer diese interpretiert werden mag. Das letzte, wiederum positive Moment kantischer Kritik ist das Argument, dass Überzeugungen, die nicht als konstitutive, theoretische Aussagen gerechtfertigt werden können, nichtsdestoweniger als Postulate der reinen praktischen Vernunft oder als regulative Prinzipien der Urteilskraft akzeptiert werden können und sollten. Die Bewertung dieses Moments von Kants Konzeption der Kritik erfordert eine sorgsame Untersuchung der Vernunft selbst: Zum Beispiel scheint Kant anzunehmen, dass wir den Postulaten der reinen praktischen Vernunft Glauben schenken müssen, weil er annimmt, dass es für uns irrational wäre, die Verwirklichung gewisser Ziele zu versuchen, wenn wir nicht eine wohlbegründete Überzeugung hätten, dass es für diese Ziele zumindest im Bereich des *Möglichen* liegt, realisiert zu werden. Diesem Ansatz entgegen kann argumentiert werden, dass es so lange vernünftig ist, die Verwirklichung wichtiger Zielvorgaben zu versuchen, wie man keinen zwingenden Grund hat anzunehmen, dass es *unmöglich* ist, diese Ziele zu erreichen.

Weiterführende Literatur

Allison, Henry E.: Kant's Transcendental Idealism. An Interpretation and Defence, Revised edition, New Haven: Yale University Press 2004.

Ameriks, Karl: Interpreting Kant's Critiques, Oxford: Oxford University Press 2003.

Beck, Lewis White: A Commentary on Kant's Critique of Practical Reason, Chicago: University of Chicago Press 1960.

Bennet, Jonathan: Kant's Dialectic, Cambridge: Cambridge University Press 1974.

Bird, Graham: The Revolutionary Kant. A Commentary on the Critique of Pure Reason, Chicago u. a.: Open Court Publishing Co. 2006.

von Bormann, C. / Holzhey H.: Art. „Kritik", in: Historisches Wörterbuch der Philosophie, hg. von Joachim Ritter und Karlfried Gründer, Bd. IV, Basel u. a.: Schwabe 1976, 1249–1282.

Brandt, Reinhard: Die Bestimmung des Menschen bei Kant, Hamburg: Meiner 2007.

Caird, Edward: The Critical Philosophy of Immanuel Kant, 2 Bde., New York: Macmillan and Co. 1891.

De Vleeschauwer, Herman-J.: The Development of Kantian Thought. The History of a Doctrine, Edinburgh: Thos. Nelson and Sons 1962.

Grier, Michelle: Kant's Doctrine of Transcendental Illusion, Cambridge: Cambridge University Press 2001.

Guyer, Paul: Kant and the Claims of Taste, Cambridge: Cambridge University Press [2]1997 (1979).

Guyer, Paul: Kant and the Claims of Knowledge, Cambridge: Cambridge University Press 1987.

Guyer, Paul: „The Ethical Value of the Aesthetic. Kant, Alison, and Santayana", in: ders.: Values of Beauty. Historical Essays in Aesthetics, Cambridge: Cambridge University Press 2005, 190–221.

Guyer, Paul: Kant, London: Routledge 2006.

Hatfield, Gary: „The Prolegomena and the Critiques of Pure Reason", in: Gerhardt, Volker / Horstmann, Rolf-Peter / Schumacher, Ralph (Hg.): Kant und die Berliner Aufklärung: Akten des IX. Internationalen Kant-Kongresses, Bd. I, Berlin u. a.: de Gruyter 2001, 185–208.

Moore, Adrian W.: The Evolution of Modern Metaphysics: Making Sense of Things, Cambridge: Cambridge University Press 2012, Ch. 5.

Prauss, Gerold: Kant und das Problem der Dinge an sich, Bonn: Bouvier Verlag 1974.

Recki, Birgit: Ästhetik der Sitten. Die Affinität von ästhetischem Gefühl und praktischer Vernunft bei Kant, Frankfurt/M.: Vittorio Klostermann 2001.

Walsh, W. H.: Kant's Criticism of Metaphysics, Edinburgh: Edinburgh University Press 1975.

Watkins, Eric: Kant and the Metaphysics of Causality, Cambridge: Cambridge University Press 2005.

Paul Guyer
(Übersetzung: Jean Philipp Strepp)

Kritizismus

Unter Kritizismus versteht Kant die grundlegende Methode seiner Philosophie, wonach die Frage nach den Grenzen des Wissens als das zentrale philosophische Problem zu gelten hat. In expliziter Abgrenzung von → Dogmatismus und → Skeptizismus geht es dem Kritizismus um eine Möglichkeitsbestimmung von Erkenntnissen aus reiner Vernunft: „Der Kriticism", so Kant, sei „die

Maxime eines allgemeinen Mißtrauens gegen alle synthetische Sätze" der →Metaphysik, solange nicht „ein allgemeiner Grund ihrer Möglichkeit in den wesentlichen Bedingungen unserer Erkenntnißvermögen eingesehen worden" (8:226f.). Weitere wichtige Stellen: KrV A VII; KrV A VIII; KrV IXff.; KrV B XXX; KrV B XXXIff; 7:59; 8:226; 12:324; 16:459; 20:264; 20:342.

Philosophische Funktion

1 Ein neues Stadium der Philosophie

1.1 Auch wenn der Ursprung des Kritizismus mitunter schon bei Locke gesehen wird (vgl. Riehl, *Der philosophische Kriticismus*, S. 19ff.), ist es Kant, der, obgleich er den Begriff nur selten verwendet, mit der Bezeichnung Kritizismus seinem philosophischen Programm ein wirkungsmächtiges Schlagwort verleiht. Mit der Rede vom Kritizismus will er das Selbstverständnis zum Ausdruck bringen, einen revolutionären, dritten Weg eröffnet und so die philosophische Reflexion in ein neues Zeitalter geführt zu haben: „Es sind also drey Stadien, welche die Philosophie zum Behuf der Metaphysik durchzugehen hatte. Das erste war das Staduim des Dogmatism: das zweyte das des Sceptizism; das dritte das des Kriticism der reinen Vernunft" (20:264). Oder, in nicht minder deutlicher Form: „Der dritte und neueste Schritt, den die Metaphysik gethan hat, und der über ihr Schicksal entscheiden muß, ist die Kritik der reinen Vernunft" (20:263).

Dabei sollten die Begriffe Kritizismus, kritische Philosophie und Kritik nicht miteinander identifiziert werden: Der Kritizismus ist die grundsätzliche philosophische Methode; die kritische Philosophie ist diejenige konkrete Transzendentalphilosophie, die auf der Basis dieser Methode entwickelt wurde; die Kritik bzw. Selbstkritik der Vernunft wiederum ist das konkrete Mittel, dessen sich der Kritizismus bedient, um die Grenzen der →Vernunft im Sinne einer Propädeutik für eine künftige Metaphysik zu bestimmen. Auf diese Differenzierung ist in der Kant-Rezeption bereits kurz nach dem Erscheinen der Kritiken hingewiesen worden (vgl. Krug, *Allgemeines Handwörterbuch*, S. 651ff.).

1.2 Warum aber überhaupt ein dritter Weg, warum eine neue Metaphysik? Der Dogmatismus Leibniz-Wolffscher Prägung ist nach Kant in seinem dialektischen Schein zum Scheitern verurteilt – er betreibe die Metaphysik „*ohne* vorhergehende *Kritik* des Vernunftvermögens selbst blos um ihres Gelingens willen" (8:226). Der Skeptizismus wiederum, der Kant namentlich durch Hume aus dem „dogmatischen Schlummer" (4:260) befreite, bezweifele die Behauptungen der reinen Vernunft und ihren Gebrauch von Prinzipien a priori „blos um des Mißlingens ihrer Behauptungen willen" (8:226). Der Kritizismus – als das auf „die Bedingung der Selbsterkentnis der Vernunft eingeschränkte Zutrauen zu sich selbst" (*Refl.*, 16:459) – will daher eine angemessene Bestimmung der Möglichkeit von Einsichten aus reiner Vernunft liefern. Seine Kernfrage lautet: Welche →synthetischen Urteile a priori kann die →reine Vernunft legitimermaßen behaupten und begründen – und welche nicht?

Kant geht es im Kritizismus also nicht um eine Destruktion aller Metaphysik, es geht ihm vielmehr um den Versuch ihrer Neuordnung als Wissenschaft, um sie so vor ihrem dogmatischen Missbrauch zu schützen. Als systematischer Höhepunkt dieser Neuordnung gelten die Antinomien der ersten Kritik. Kant zeigt hier an Hand von vier Fragen über Anfang bzw. Zusammensetzung der Welt, Freiheit sowie der Existenz eines schlechthin notwendigen Wesens, wie dogmatische Metaphysik auf der einen und Skeptizismus auf der anderen Seite notwendigerweise in Widersprüche führen: Beide sind in der Lage, eine gleichermaßen gut begründete Antwort auf jede der vier Fragen zu geben – kommen als Lösung dabei aber jeweils zum genauen Gegenteil. Kant wählt einen praktischen Ausweg aus dieser vermeintlichen Sackgasse. Über die →Freiheit des Menschen und das Dasein →Gottes könne es keine theoretischen Antworten geben; wir können ihre Existenz weder beweisen noch, und das ist von größter Wichtigkeit, widerlegen. Denn während wir die Gegenstände der Welt als →Erscheinungen erfahren können, ist eine objektive Erkenntnis des Absoluten im Sinne eines →Dings an sich für uns nicht möglich. In praktischer Perspektive allerdings sind die Ideen der Vernunft für uns von höchster Relevanz: Die Existenz Gottes müssen wir als ein Postulat der praktischen Vernunft annehmen (so wie auch die Unsterblichkeit der Seele, die Kant bereits vor den Antinomien in den Paralogismen verhandelt), die Freiheit als unzertrennlich mit dem moralischen Gesetz, dessen wir uns bewusst sind, verbunden sogar wissen.

Auch die kantische Religionskritik ist ausdrücklicher Teil des Kritizismus. So erwähnt Kant in Abgrenzung von jeglichem Offenbarungsglauben die „auf dem *Kriticism* der praktischen Vernunft gegründete wahre Religionslehre" (7:59).

2 Kritizismus und Öffentlichkeit

Die kantische Wende hin zur Ablehnung des Dogmatismus als metaphysischer Täuschung zeichnet sich bereits ab in *Träume*, also noch vor Beginn der im eigentlichen Sinne kritischen Phase. Kant schreibt dort über den „*Luftbaumeister*" Wolff und dessen Anhänger, es sei sehr zu hoffen, dass „diese Herren" bald „ausgeträumt haben" (2:342). Dann nämlich würde „niemand von ihnen etwas sehen, was nicht jedem andern gleichfalls bei dem Lichte ihrer Beweisthümer augenscheinlich und gewiß erscheinen sollte" (2:342). Die Rede vom „Lichte [der] Beweisthümer" (2:342) steht für ein wesentliches Kennzeichnen des Kritizismus: die Forderung nach epistemischer Offenlegung aller Gründe und damit nach freier, theoretischer Öffentlichkeit. In diesem Sinne schreibt Kant in der Vorrede zur ersten Auflage der *KrV*, im Zeitalter der Kritik könne auf „unverstellte Achtung" nur Anspruch machen, was die „freie und öffentliche Prüfung hat aushalten können" (KrV A XIf. Anm.).

3 Dogmatische Relikte

Bei aller Dogmatismuskritik zieht Kant den Vorwurf auf sich, seinerseits bestimmte dogmatische Denkmuster nicht vollständig überwunden zu haben (vgl. Vasilyev, *Kants dogmatische Wende*). Dies gilt insbesondere für seine Rede von Gott als moralischem Gesetzgeber, welcher „ein Herzenskündiger sein muß, um auch das Innerste der Gesinnungen eines jeden zu durchschauen und, wie es in jedem gemeinen Wesen sein muß, jedem, was seine Thaten werth sind, zukommen zu lassen" (6:99). Kant begreift diesen Gott, auf den uns unsere praktische Vernunft notwendigerweise führe, zwar wie gesagt grundsätzlich nur als Idee, als Postulat der praktischen Vernunft. Als moralischer Weltherrscher (vgl. 6:99) kann er aber, bei einer wenig wohlwollenden Betrachtung, als ein dogmatisches Relikt im kantischen Kritizismus angesehen werden.

4 Immunisierung gegen mögliche Einwände

Über die Frage, inwieweit Kant jene kritische Grundhaltung, die er für alle Philosophie fordert, für die Ergebnisse seines eigenen Denkens gelten lässt, gibt es in der Forschung unterschiedliche Auffassungen. Auf der einen Seite betont Kant immer wieder seine Angewiesenheit auf Austausch mit fremder Vernunft (vgl. KrV A 820 / B 848ff.). So schreibt er im Juni 1771 in einem Brief an Herz: „Ich hoffe immer dadurch daß ich meine Urtheile aus dem Standpunkte anderer unpartheyisch ansehe etwas drittes herauszubekommen was besser ist als mein vorigtes" (10:122). Josef Simon weist daher auf die Aufgeschlossenheit des kantischen Kritizismus gegenüber anderen Positionen hin: „Die Vernunft erweist sich an ihr selbst als eine Vernunft, die in ihrer Selbstgewißheit auf fremde Vernunft bezogen ist" (*Fremde Vernunft*, S. 535). Insofern sei „die kritische Philosophie eine Philosophie des Friedens unter verschiedenen Positionen" (Simon, *Fremde Vernunft*, S. 535).

Auf der anderen Seite jedoch setzt Kant die Ergebnisse seiner Kritik der zum Eigendünkel neigenden Vernunft gleichsam als festen Bezugspunkt für die weitere philosophische Auseinandersetzung entgegen. So erklärt er, wie bereits zitiert, die kritische Philosophie zu jener Philosophie, die über das Schicksal der Metaphysik zu entscheiden habe (vgl. 20:263f.). Gleichzeitig ist es in der *Verkündigung* nur und ausschließlich die kritische Philosophie, die einen Frieden zwischen den verschiedenen philosophischen Strömungen garantieren kann (vgl. 8:416f.). In einem Brief an Reinhold vom 28. und 31. 12. 1787 schreibt Kant gar: „Ich darf ohne mich des Eigendünkels schuldig zu machen, wohl versichern daß je länger ich auf meiner Bahn fortgehe desto unbesorgter ich werde, es könne jemals ein Widerspruch oder so gar Alliance (dergleichen jetzt nicht ungewöhnlich ist) meinem System erheblichen Abbruch thun" (10:514). Reinhard Brandt sagt daher, „die kritische Philosophie immunisiert sich gegen mögliche Einwände, indem sie sich als einzig mögliche Synthesis von dogmatischer Thesis und negierender Antithesis darstellt" (*Bestimmung des Menschen*, S. 41).

Johannes Keienburg

Kunst

Kant verwendet den Ausdruck ‚Kunst' in verschiedenen Bedeutungen. Im weitesten Sinn gehören alle Artefakte zur Kunst: „*Kunst* wird von der *Natur*, wie Thun (facere) vom Handeln oder Wirken überhaupt (agere) und das Product, oder die Folge der erstern als *Werk* (opus) von der letzteren als Wirkung (effectus) unterschieden" (5:303). Ferner unterscheidet Kant zwischen Kunst und „*Wissenschaft*" sowie zwischen Kunst und „*Handwerk*[]": „*Kunst* als Geschicklichkeit des Menschen wird auch von der *Wissenschaft* unterschieden (*Können* vom *Wissen*), als praktisches vom theoretischen Vermögen, als Technik von der Theorie (wie die Feldmeßkunst von der Geometrie). [...] Nur das, was man, wenn man es auch auf das vollständigste kennt, dennoch darum zu machen noch nicht sofort die Geschicklichkeit hat, gehört insoweit zur Kunst" (5:303f.). „*Kunst* [wird auch] vom *Handwerke* unterschieden; die erste heißt *freie*, die andere kann auch *Lohnkunst* heißen" (5:304). Im Bereich der Kunstwerke, verstanden als Artefakte, nimmt Kant weitere Unterscheidungen vor: „Wenn die Kunst, dem *Erkenntnisse* eines möglichen Gegenstandes angemessen, bloß ihn wirklich zu machen die dazu erforderlichen Handlungen verrichtet, so ist sie *mechanische*; hat sie aber das Gefühl der Lust zur unmittelbaren Absicht, so heißt sie *ästhetische* Kunst. Diese ist entweder *angenehme* oder *schöne* Kunst" (5:305). Von der letzteren sagt Kant: „*Schöne Kunst ist Kunst des Genies*" (5:307). Weitere wichtige Stellen: 5:298f.; 5:312; 5:320ff.; 6:218.

Vorgeschichte und historischer Kontext

Seit der Renaissance galt Schönheit vornehmlich als etwas, das Kunstwerke vor anderen Gegenständen auszeichnet. Theorien des Schönen hatten vornehmlich die Kunst und ihre verschiedenen Gattungen zum Gegenstand. Alexander Gottlieb Baumgarten, der mit seiner *Aesthetica* (1750/1758) die Ästhetik als genuin philosophische Disziplin begründet, entwickelt eine Theorie der schönen Kunst in Form einer Theorie der sinnlichen Erkenntnis. Kant übernimmt von Baumgarten die Einsicht, dass das ästhetische Erleben des Schönen auf einer nicht nur sinnlichen, sondern auch intellektuellen Leistung beruht und damit zu unserem Verstehen der Welt beiträgt, weist die Rede von einer sinnlichen Erkenntnis jedoch aufgrund seiner gegen die rationalistische Erkenntnistheorie gerichteten prinzipiellen Unterscheidung zwischen Sinnlichkeit und Verstand entschieden zurück. Für Kant stehen die Fragen nach den intellektuellen Grundlagen ästhetischen Wohlgefallens, nach den Gründen für die Unmöglichkeit, das ästhetische Erleben auf die Empfindung des Angenehmen oder die empirische Erkenntnis zu reduzieren, und nach der Beschaffenheit der Natur, die sich uns im ästhetischen Wohlgefallen offenbart, im Vordergrund. Daher steht die Kunst als der traditionelle Hauptgegenstand einer Theorie des Schönen nicht im Zentrum seines Interesses. Im Gegenteil, weil Kunstwerke zunächst einmal Artefakte sind, von Menschen hergestellte Gegenstände, deren Entstehung sich kausal erklären lässt und die nach Regeln reproduziert werden können, ist es im Kontext der kantischen Theorie der Schönheit unklar, warum auch ein Artefakt als schön erfahren werden kann. Schließlich beruht die Schönheit auf einer Form der Zweckmäßigkeit „ohne Zweck" (5:236), also ohne Regel, auf einer Form, die sich einer kausalen Erklärung entzieht. Um erklären zu können, warum nicht nur natürliche Gegenstände, sondern auch Kunstwerke, also Artefakte, schön sein können, entwickelt Kant seine Genietheorie (→Genie).

Philosophische Funktion

1 Kunst und Natur

Historisch und systematisch bemerkenswert ist, dass die in der *KU* entwickelte Theorie des Schönen nicht in erster Linie eine Theorie der Kunst ist. Für Kant sind schöne Gegenstände vornehmlich Gegenstände der Natur, keine von Menschen gefertigten Artefakte.

In den *Beobachtungen* (1764) hatte Kant sowohl natürliche als auch Kunstgegenstände als mögliche Gegenstände schöner und erhabener Empfindungen angeführt, ohne diesem Unterschied eine größere Bedeutung beizumessen. Was er zu Beginn dieser vorkritischen Schrift ganz allgemein über die „verschiedene[n] Empfindungen des Vergnügens oder des Verdrusses" sagt, dass sie nämlich „nicht so sehr auf der Beschaffenheit der äußeren Dinge die sie erregen [beruhen], als auf das jedem Menschen eigenen Gefühle dadurch mit Lust oder Unlust gerührt zu werden", gilt auch für „das Gefühl des *Erhabenen* und *Schönen*“ (2:207f.). Die Unterscheidung zwischen Naturgegenständen und Kunstwerken spielt erst in der *KU* eine zentrale Rolle.

Da sich in schönen Naturgegenständen und in schönen Kunstgegenständen letztlich dasselbe Prinzip der Schönheit offenbart, das Prinzip „der zweckmäßigen Übereinstimmung eines Gegenstandes (er sei Product der Natur oder der Kunst) mit dem Verhältniß der Erkenntnißvermögen unter sich“ (5:191) kommt es im Bereich schöner Gegenstände zu einer Abschwächung des ansonsten sehr deutlichen Unterschiedes zwischen Natur und Kunst: „Die Natur war schön, wenn sie zugleich als Kunst aussah; und die Kunst kann nur schön genannt werden, wenn wir uns bewußt sind, sie sei Kunst, und sie uns doch als Natur aussieht“ (5:306). Dies hängt damit zusammen, dass schöne Kunst nur als Kunst des →Genies möglich ist (vgl. 5:307). An anderer Stelle spricht Kant auch von der „Chiffreschrift [...], wodurch die Natur in ihren schönen Formen figürlich zu uns spricht“ (5:301). In einem schönen Naturgegenstand, in dem wir die Natur erleben, als sei sie Kunst, offenbart sich uns letztlich eine „göttliche Kunst“, das Werk Gottes als des Weltschöpfers, und diese Kunst macht „ein System der Freiheit gleich einem System der Natur möglich“ (6:218). Kant spricht von der Natur als einer „göttlichen Kunst“ (6:218) allerdings nur im Modus des als ob; wenn wir der Natur zweckmäßige Formen zuschreiben, betrachten wir sie, als ob sie das Produkt einer absichtlichen Tätigkeit wäre, als Artefakt, denn die Form der Zweckmäßigkeit ist eigentlich eine für Artefakte charakteristische Form.

Mit seinen Thesen über die Natur als Kunst und die Kunst als Natur redet Kant aber nicht einer Kunst das Wort, die sich auf die bloße Abbildung oder Nachahmung der Natur beschränkt. Natürliche Gegenstände und ihre künstlerische Beschreibung können ganz verschieden ästhetisch erlebt werden: „Die schöne Kunst zeigt darin eben ihre Vorzüglichkeit, daß sie Dinge, die in der Natur häßlich oder mißfällig sein würden, schön beschreibt. Die Furien, Krankheiten, Verwüstungen des Krieges u. d. gl. können, als Schädlichkeiten sehr schön beschrieben, ja sogar im Gemälde vorgestellt werden; nur eine Art Häßlichkeit kann nicht der Natur gemäß vorgestellt werden, ohne alles ästhetische Wohlgefallen, mithin die Kunstschönheit zugrunde zu richten: nämlich diejenige, welche *Ekel* erweckt“ (5:312).

2 Kunstwerke als Produkte eines Genies

Kant zufolge kann es kein Prinzip der Schönheit geben, das sich in Form eines objektiven Begriffs, als eine Regel der Beurteilung und Herstellung schöner Gegenstände, angeben ließe. Denn dem Erleben und Beurteilen von Schönheit liegt ein spezifisches uninteressiertes Gefühl der Lust und nicht ein Begriff von der Verfassung eines schönen Gegenstandes zugrunde. Das Erleben des Schönen ist daher kein Erkennen und das Geschmacksurteil kein Erkenntnisurteil (vgl. 5:309). Daraus ergibt sich für Kant die Schwierigkeit, die Möglichkeit schöner Artefakte zu erklären, denn Artefakte werden nach Regeln hergestellt. Diese Schwierigkeit soll Kants Theorie des Genies lösen. „*Genie* ist das Talent (Naturgabe), welches der Kunst die Regel giebt“ (5:307). Und „schöne Künste [müssen] nothwendig als Künste des *Genies* betrachtet werden“ (5:307). Die Möglichkeit schöner Kunstwerke beruht somit darauf, dass nicht eine von Begriffen geleitete Reflexion, sondern „die Natur im Subjecte (und durch die Stimmung der Vermögen desselben) der Kunst die Regel [gibt]“ (5:307). Auch der geniale Künstler muss, um ein schönes Kunstwerk zu erschaffen, nach einer Regel verfahren. Aber diese Regel ist ursprünglich eine Regel der Natur, wie wir sie an schönen Naturgegenständen erleben. Sie kann nicht in einem objektiven Begriff gedacht werden. Einem Genie erschließt sich diese Regel jedoch nicht allein, wie anderen Menschen, im Erleben eines gegebenen schönen Gegenstandes, sondern auch in Form einer produktiven Inspiration. Aus dieser ursprünglich natürlichen und genialen Inspiration entstehen Werke der schönen Kunst – nicht aber durch Lernen oder bloße Nachahmung: „[M]an kann nicht geistreich dichten lernen, so ausführlich auch alle Vorschriften für die Dichtkunst und so vortrefflich auch die Muster derselben sein mögen“ (5:308f.; vgl. auch 7:248). Werke der schönen Kunst haben daher die Funktion von „Mustern“; deren Schönheit kann von einem seinerseits genialen „Lehrling“ nur wahr- und aufgenommen, aber nicht nach objektiven Regeln erlernt werden: „Die Muster der schönen Kunst sind [...] die einzigen Leitungsmittel, diese auf die Nachkommenschaft zu bringen" (5:309f.). Dennoch muss auch der geniale Künstler über handwerkliche Fähigkeiten verfügen: „Obzwar mechanische und schöne Kunst, die erste als bloße Kunst des Fleißes und der Erlernung, die zweite als die des Genies, sehr voneinander unterschieden sind: so giebt es doch keine schöne Kunst, in welcher nicht etwas Mechanisches, welches nach Regeln gefaßt und befolgt werden kann, und also etwas *Schulgerechtes* die wesentliche Bedingung der Kunst ausmachte" (5:310; vgl. auch 7:225).

3 Kunst und Moral

Kant gibt – ganz im Geiste Jean Jacques Rousseaus (vgl. Rousseau, *Discours*) – dem Interesse an Naturschönheiten den moralischen Vorzug vor dem an Werken der schönen Kunst: „Ich räume nun zwar gerne ein, daß das Interesse am *Schönen der Kunst* (wozu ich auch den künstlichen Gebrauch der Naturschönheiten zum Putze, mithin zur Eitelkeit rechne) gar keinen Beweis einer dem Moralisch-Guten anhänglichen oder auch nur dazu geneigten Denkungsart abgebe. Dagegen aber behaupte ich, daß ein *unmittelbares Interesse* an der Schönheit der *Natur* zu nehmen (nicht bloß Geschmack zu haben, um sie zu beurtheilen) jederzeit ein Kennzeichen einer guten Seele sei; und daß, wenn dieses Interesse habituell ist, es wenigstens eine dem moralischen Gefühl günstige Gemüthsstimmung anzeige, wenn es sich mit der *Beschauung der Natur* gerne verbindet" (5:298f.; vgl. auch 5:326).

4 Kunstwerke verschiedener Gattungen

Auf das für Kunsttheorien der Renaissance charakteristische Thema der Einteilung der Kunstwerke in verschiedene Gattungen kommt Kant nur kurz zu sprechen, und diese Ausführungen sind mit seiner Theorie des Schönen und dessen Beurteilung nicht systematisch verbunden. „Wenn wir [...] die schönen Künste eintheilen wollen, so können wir, wenigstens zum Versuche, kein bequemeres Princip dazu wählen, als die Analogie der Kunst mit der Art des Ausdrucks, dessen sich Menschen im Sprechen bedienen, um sich, so vollkommen, als möglich ist, einander, d. i. nicht bloß ihren Begriffen, sondern auch Empfindungen nach mitzutheilen. – Dieser besteht in dem *Worte*, der *Geberdung*, und dem *Tone* (Articulation, Gesticulation und Modulation)" (5:320). Entsprechend diesem Prinzip der Einteilung unterscheidet Kant „dreierlei Arten schöner Künste: die *redende*, die *bildende* und die Kunst *des Spiels der Empfindungen* (als äußerer Sinneneindrücke)" (5:320f.). Zu den redenden Künsten zählt er die Rhetorik („die *Beredsamkeit*") und die Dichtkunst (5:321), zu den bildenden Künsten die Plastik, die Malerei (vgl. 5:321f.) und die Lustgärtnerei (vgl. 5:323) oder Gartenkunst (vgl. 5:225), außerdem die Bildhauerkunst und die Baukunst (vgl. 5:225), und zu der „Kunst des *schönen Spiels der Empfindungen*" die Musik und die Farbenkunst (5:324). Ein und dasselbe Kunstwerk kann zu verschiedenen Gattungen gehören und verschiedene Kunstarten können miteinander verbunden sein (vgl. 5:325f.). So verbindet sich die Beredsamkeit mit einer „malerische[n] Darstellung" im Schauspiel, Poesie und Musik im Gesang, Gesang mit einer malerischen, theatralischen Darstellung in einer Oper, und Musik mit dem „Spiele der Gestalten" im Raum im Tanz (5:325).

Der Dichtkunst räumt Kant den höchsten Platz in der Rangordnung der verschiedenen Künste ein, denn „sie erweitert das Gemüth dadurch, daß sie die Einbildungskraft in Freiheit setzt und innerhalb der Schranken eines gegebenen Begriffs unter der unbegränzten Mannigfaltigkeit möglicher damit zusammenstimmender Formen diejenige darbietet, welche die Darstellung desselben mit einer Gedankenfülle verknüpft, der kein Sprachgebrauch völlig adäquat ist, und sich also ästhetisch zu Ideen erhebt" (5:326; vgl. auch 7:246ff.). An zweiter Stelle steht die Tonkunst (vgl. 5:328), vor den bildenden Künsten. Kant erwägt jedoch auch eine umgekehrte Reihung von Tonkunst und bildenden Künsten (vgl. 5:329f.). Das Prinzip einer solchen Reihung wäre nicht der jeweilige Grad der „Reize und der Gemüthsbewegung" (5:329), die Kunstwerke ihrem Betrachter vermitteln, sondern die „Cultur [...], die sie dem Gemüth verschaffen" (5:329).

Interpretationslage

Obwohl Kants Ästhetik, wie sie in der *KU* entwickelt ist, in erster Linie eine Theorie des Naturschönen und nur in zweiter Linie auch eine Kunsttheorie ist, ist sie von verschiedenen Interpreten als Grundlage für eine Theorie der modernen und zeitgenössischen Kunst gelesen worden (vgl. De Duve, *Kant After Duchamp* und Fricke, *Ende der*

Kunst). Dies ist umso bemerkenswerter, als Kant in seiner Kunsttheorie – ganz im Einklang mit der Tradition – die Schönheit für dasjenige Merkmal hält, das Kunstwerke von anderen Artefakten unterscheidet, die moderne und zeitgenössische Kunst sich jedoch an anderen Werten als dem der Schönheit orientiert.

Weiterführende Literatur

De Duve, Thierry: „Kant after Duchamp", in: ders.: Kant After Duchamp, Cambridge/Mass. u. a.: MIT Press 1996, 283–325.

Fricke, Christel: „Kants Theorie der schönen Kunst", in: Parret, Herman (Hg.): Kants Ästhetik, Berlin u. a.: de Gruyter 1998, 674–689.

Fricke, Christel: „Kunstwerke und ihre nichtkünstlerischen Gegenstücke – Ein Kantisch inspirierter Beitrag zur Debatte über das Ende der Kunst", in: Moulines, Carlos Ulises / Niebergall, Karl-Georg (Hg.): Argument und Analyse, Paderborn: Mentis 2002, 371–388.

Mathisen, Steinar: „Kants Einteilung der Künste", in: Höffe, Otfried (Hg.): Immanuel Kant. Kritik der Urteilskraft, Berlin: Akademie 2008, 173–188.

Scheer, Brigitte: Einführung in die Ästhetik, Darmstadt: Wissenschaftliche Buchgesellschaft 1997.

Christel Fricke

Legalität/Moralität

Kant führt die Unterscheidung zwischen Legalität und Moralität in der *KpV* ein, wo er sie auf die Unterscheidung zwischen pflichtmäßigem Handeln und Handeln aus Pflicht abbildet: „Und darauf beruht der Unterschied zwischen dem Bewußtsein, *pflichtmäßig* und *aus Pflicht*, d. i. aus Achtung fürs Gesetz, gehandelt zu haben, davon das erstere (die Legalität) auch möglich ist, wenn Neigungen blos die Bestimmungsgründe des Willens gewesen wären, das zweite aber (die *Moralität*), der moralische Werth, lediglich darin gesetzt werden muß, daß die Handlung aus Pflicht, d. i. blos um des Gesetzes willen, geschehe" (5:81).

Unter ‚Moralität' versteht Kant nicht nur eine Eigenschaft von Handlungen, sondern insbesondere der →Gesinnung: Es ist Tugendpflicht, die eigene Moralität zu kultivieren, d. h. in seiner obersten Maxime die Pflicht als hinreichenden Handlungsgrund auszuzeichnen (vgl. 6:392). In der *MS* modifiziert Kant die Unterscheidung: Dort bezeichnet er die Übereinstimmung einer Handlung mit Rechtsgesetzen als Legalität, und die Übereinstimmung mit ethischen Gesetzen als Moralität einer Handlung (vgl. 6:214). Weitere wichtige Stellen: 5:71; 5:118; 5:151; 5:152; 6:14; 6:47; 6:98f.; 6:219; 6:225; 6:392.

Philosophische Funktion

1 Legalität und Moralität als Handlungseigenschaften

So wie Kant die Unterscheidung von ‚Legalität' und ‚Moralität' in der *KpV* (5:81) einführt, fällt sie mit der Unterscheidung von ‚→pflichtmäßig' und ‚→aus Pflicht' zusammen, die bereits in der *GMS* getroffen wird (vgl. 4:397ff.). Diese Unterscheidung bezieht sich auf Eigenschaften von Handlungen, die bei einer unterschiedlichen Betrachtungsweise in den Blick geraten. Betrachtet man die Handlung nur unter dem Aspekt, ob sie mit einer Pflicht übereinstimmt oder nicht, beurteilt man ihre Legalität: Wenn die Handlung keine Pflicht verletzt, kommt ihr die Eigenschaft der Legalität zu. Die Klasse der pflichtmäßigen und der legalen Handlungen fällt demnach zusammen.

Ob einer Handlung auch Moralität zukommt, kann erst gesagt werden, wenn man einen anderen Aspekt der Handlung betrachtet, nämlich die zugrundeliegende Triebfeder bzw. den hinreichenden Handlungsgrund. Auch wenn es scheint, dass der Handlungsgrund weniger der Handlung, als vielmehr dem Subjekt selbst zuzuordnen ist, bezeichnet Kant selbst Moralität durchaus als eine Eigenschaft, die der Handlung zukommt: Nur, wenn sie „auf der Vorstellung des Gesetzes als Bestimmungsgrunde" beruht, wird „die Handlung nicht blos *Legalität*, sondern auch *Moralität* enthalten" (5:118). Dass eine Handlung Moralität „enthält" ist folglich gleichbedeutend damit, dass sie moralischen Wert besitzt (vgl. 5:71).

Obwohl Kant den Begriff der Legalität meist benutzt, um auf dieser Kontrastfolie den Begriff der Moralität zu erläutern, ist es wichtig zu sehen, dass Legalität für Kant keine Alternative zur Moralität ist, sondern deren notwendige Bedingung (vgl. Höffe, *Recht und Moral*, S. 20).

2 Moralität als Gesinnungseigenschaft

Kant bezeichnet ‚Moralität' nicht nur als eine Eigenschaft von Handlungen, sondern insbesondere der Gesinnung, und setzt Moralität auch mit der Gesinnung gleich (vgl. 6:392). Nur vor dem Hintergrund dieser Gleichsetzung ist es verständlich, dass Kant die „*Cultur der Moralität* in uns" (6:392) als Tugendpflicht bezeichnet. Diese Pflicht schreibt vor, dass die Gesinnung gewählt werden soll, die Pflicht als hinreichendes Handlungsmotiv anzuerkennen. Die Moralität als Gesinnung wird demnach auch anhand von Handlungen aus Pflicht erläutert. Allerdings wird dabei deutlich, dass sich die Moralität einer Handlung der Moralität als Gesinnung verdankt. Moralität ist demnach nichts, was bei einer isolierten Handlung vorliegt, sondern geht letztlich auf die Maxime der Person zurück, immer nach dem Moralgesetz zu handeln (vgl. Willaschek, *Why the Doctrine of Right*, S. 215f.).

Diese Ausführungen legen nahe, Legalität primär als eine Eigenschaft von Handlungen, Moralität als eine Eigenschaft der Gesinnung zu verstehen. In diesem Sinn sagt Kant, dass bei der Befolgung des Moralgesetzes um des eigenen Vorteils willen „[d]er Buchstabe des Gesetzes (Legalität) [...] in unseren Handlungen anzutreffen sein [würde], der Geist desselben aber in unseren Gesinnungen (Moralität) gar nicht" (5:152).

Einige Interpreten sehen allerdings sowohl Moralität als auch Legalität nicht als Eigenschaften von Handlungen, sondern des Willens (vgl.

Kersting, *Wohlgeordnete Freiheit*, 73, und Höffe, *Recht und Moral*, 21), vertreten also explizit eine „gesinnungsethische Konzeption der Legalität“ (Kersting, *Wohlgeordnete Freiheit*, S. 74). Höffe und Kaulbach nehmen eine Unterscheidung ernst, die Kant nicht in seinen veröffentlichten Schriften, sondern in einer Reflexion macht, wo er sagt: „Die Legalität ist entweder juridisch oder ethisch“ (*Refl.* 6764, 19:154). Diese Unterscheidung weist laut Höffe auf die beiden „Gruppen von Verbindlichkeiten“ (Höffe, *Recht und Moral*, S. 23), auf →Rechtspflichten einerseits und Tugendpflichten andererseits. Kaulbach vertritt die Ansicht, dass ein Verhalten nur dann als legal im juridischen Sinn zu bezeichnen ist, wenn es dem Handelnden „nur darauf ankommt, sich so zu verhalten, daß man ihm nichts „anhaben“ kann“ (Kaulbach, *Studien zur späten Rechtsphilosophie Kants*, S. 139).

3 Legalität und Moralität als Übereinstimmung der Handlung mit juridischen bzw. ethischen Gesetzen

Kant führt die Unterscheidung zwischen Legalität und Moralität in der Einleitung zur *MS* auch auf eine Weise ein, die mit der bisher beschriebenen möglicher Weise nicht deckungsgleich ist (anders Höffe, *Recht und Moral*, S. 21), und zwar als Übereinstimmung mit juridischen bzw. ethischen Gesetzen. Er fasst den Unterschied zwischen juridischen und ethischen Gesetzen so, dass die ersten nur äußere Handlungen vorschreiben, ohne eine bestimmte Triebfeder zur Pflicht zu machen, während ethische Gesetze auch fordern, „daß sie (die Gesetze) selbst die Bestimmungsgründe der Handlungen sein sollen“ (6:214), d. h. dass die Handlungen aus Pflicht erfolgen sollen. Auf dieser Grundlage sagt Kant: „die Uebereinstimmung mit den ersteren ist die *Legalität*, die mit den zweiten die *Moralität* der Handlung“ (6:214).

Diese Unterscheidung wird in der Forschungsliteratur auch als „distinction of laws“ bezeichnet, während die Unterscheidung, die der Unterscheidung von pflichtmäßig / aus Pflicht analog ist, „distinction of aspects“ genannt wird (vgl. Willaschek, *Why the Doctrine of Right*, S. 210). Während es nach der „distinction of aspects“ auch möglich ist, eine ethische Pflicht auf bloß legale, d. h. pflichtmäßige Weise zu befolgen, ist das nach der „distinction of laws“ nicht möglich, da ihr zufolge ein ethisches Gesetz auch die Pflicht als Triebfeder vorschreibt und eine Befolgung des Gesetzes somit das Handeln aus Pflicht impliziert.

Wenig später in der *MS* bezieht sich Kant jedoch wieder so auf die Unterscheidung von Legalität und Moralität, dass sie mit der Unterscheidung aus der *KpV* vereinbar ist: „Man nennt die bloße Übereinstimmung oder Nichtübereinstimmung einer Handlung mit dem Gesetze ohne Rücksicht auf die Triebfeder derselben die *Legalität* (Gesetzmäßigkeit), diejenige aber, in welcher die Idee der Pflicht aus dem Gesetze zugleich die Triebfeder der Handlung ist, die *Moralität* (Sittlichkeit) derselben“ (6:219). Legal ist demnach *jede* Befolgung der moralischen Gesetze, moralisch nur die Befolgung *aus Pflicht* (so auch Ludwig, *Kants Rechtslehre*, S. 90).

Weiterführende Literatur

Höffe, Otfried: Kategorische Rechtsprinzipien, Frankfurt / M: Suhrkamp 1990.

Kersting, Wolfgang: Wohlgeordnete Freiheit, Frankfurt / M: Suhrkamp 1993.

Ludwig, Bernd: Kants Rechtslehre, Hamburg: Meiner 1988.

Willaschek, Marcus: „Why the Doctrine of Right does not belong in the Metaphysics of Morals. On some Basic Distinctions in Kant's Moral Philosophy“, in: Jahrbuch für Recht und Ethik 5, 1997, 205–227.

Claudia Blöser

Leitfaden (der Entdeckung aller reinen Verstandesbegriffe)

Zu Beginn des ersten Buchs der transzendentalen Analytik stellt Kant unter dem Titel *Von dem Leitfaden der Entdeckung aller reinen Verstandesbegriffe* (KrV A 66 / B 91) ein heuristisches Verfahren zur Auffindung der Kategorien vor (vgl. Wolff, *Vollständigkeit*, S. 178). In der zweiten Auflage der *KrV* führt er zur Bezeichnung dieses Verfahrens den Terminus „*metaphysische Deduction*“ ein (KrV B 159). In Abgrenzung zu Aristoteles, welcher die Kategorien bloß „rhapsodistisch“ und „auf gut Glück“ zusammen getragen habe (KrV A 81 / B 106; vgl. 4:323), betont Kant den systematischen Charakter seiner Herleitung der Kategorientafel. Die reinen Verstandesbegriffe müssen Kant zufolge

„nach einem Princip" (KrV A 67 / B 92) aufgesucht werden, „nach welchem der Verstand völlig ausgemessen und alle Functionen desselben (...) vollzählig und mit Präcision bestimmt werden" können (4:323). Bei diesem Prinzip handelt es sich um die Idee des ‚Verstandes überhaupt', welcher „als ein *Vermögen zu urtheilen* vorgestellt werden kann" (KrV A 69 / B 94). Da das Urteilsvermögen in transzendentaler Hinsicht mit dem „Vermögen zu denken" (KrV A 81 / B 106) gleichzusetzen ist und – dies ist die Kernthese des Leitfadenkapitels – die Einheitshandlungen beim Urteilen mit den kategorialen Synthesisleistungen funktional identisch sind, kann die Urteilstafel (vgl. KrV A 70 / B 95), metaphorisch gesprochen, als Anknüpfungspunkt für den Leitfaden zur Entdeckung und systematischen Einteilung aller reinen Verstandesbegriffe dienen. Weitere wichtige Stellen: KrV A 66–83 / B 91–116; 4:322–325.

Philosophische Funktion

1 Die Parallelisierung von Urteils- und Kategorienlehre

In § 39 der *Prolegomena* stellt Kant die formale Logik bzw. – im engeren Sinne – die zeitgenössische Urteilslehre in Kontrast zur Kategorienlehre. Während im Fall der ersten „schon fertige, obgleich noch nicht ganz von Mängeln freie Arbeit der Logiker" (4:323) vorliege, sei die zweite kaum über Aristoteles' „alte[] Rhapsodie, die ohne alles Princip fortging" (4:324) hinausgekommen. Im Leitfadenkapitel der *KrV* versucht Kant, diese Diskrepanz aufzulösen und die Kategorienlehre als tragfähige Basis einer →transzendentalen Logik systematisch auszuarbeiten. Entscheidender Schritt ist dabei die Entwicklung der These von der funktionalen Identität von logischen Urteilsfunktionen und reinen Verstandesbegriffen: „Dieselbe Function, welche den verschiedenen Vorstellungen *in einem Urtheile* Einheit giebt, die giebt auch der bloßen Synthesis verschiedener Vorstellungen *in einer Anschauung* Einheit, welche, allgemein ausgedrückt, der reine Verstandesbegriff heißt" (KrV A 79 / B 105). Diese These bildet die Grundlage für die Parallelisierung von Urteils- und Kategorienlehre und ermöglicht es Kant, die Tafel der Urteilsfunktionen als Leitfaden zur Auffindung und Einteilung der Kategorien zu verwenden.

2 Die Systematizität und Vollständigkeit der Urteilstafel

Die Systematizität und Vollständigkeit der Kategorientafel ist Kant zufolge von der systematischen Einteilung und Vollständigkeit der logischen Tafel der Urteile abhängig, so dass sich die Frage stellt, wie Kant diese begründet.

2.1 Kant hat die Vollständigkeit der Urteilstafel zweifelsohne behauptet (vgl. z. B. KrV A XIV; KrV A 69 / B 94; KrV A 79 / B 105). Fraglich ist indes, ob er diese auch glaubte begründen zu müssen, ob er in der Tat ein entsprechendes Argument vorgelegt hat und wo im Textcorpus sich ein solches Argument gegebenenfalls befindet. Diese Fragen haben bereits die zeitgenössischen Kant-Interpreten beschäftigt (vgl. z. B. Mellin an Kant vom 12. 4. 1794, vgl. 11:479), und sie wurden in der Folge von so einflussreichen Denkern wie Hegel (vgl. *Enzyklopädie*, S. 59 sowie *Wissenschaft der Logik, Bd. 2*, S. 44) und Heidegger (vgl. *Kant und das Problem der Metaphysik*, S. 55f.) diskutiert. Während im 19. und zu Beginn des 20. Jahrhunderts die Meinung vorherrschte, Kant habe letztlich einfach ein traditionelles, in Logikbüchern seiner Zeit vermitteltes Inventar logischer Urteilsformen übernommen und systematisch geordnet, ohne dabei die Vollständigkeit des Systems auch zu begründen, hat sich in jüngerer Zeit die Auffassung weitgehend durchgesetzt, die Annahme von der Vollständigkeit der Urteilstafel werde von Kant durchaus argumentativ abgestützt. Für Uneinigkeit sorgt indessen bis heute die Frage, ob Kant dabei streng deduktiv vorgehe. Klaus Reich vertritt in seiner viel beachteten Studie von 1932 die These, die systematische Einheit und Vollständigkeit der Urteilsfunktionen gründe Kant zufolge in der Struktur der reinen Apperzeption (vgl. u. a. KrV B 134). Kant sei dabei – so Reich – von der Möglichkeit und Notwendigkeit einer strengen Deduktion der Urteils- und Kategorientafel aus dem obersten Verstandesprinzip, der transzendentalen Einheit der Apperzeption, überzeugt gewesen (vgl. Reich, *Vollständigkeit*, S. 10–12, S. 43–45, S. 87ff.). Er habe diesen Beweis jedoch nicht niedergeschrieben, sondern sich darauf beschränkt, an verschiedenen Stellen der *KrV* (insbes. der transzendentalen Deduktion der B-Auflage) sowie in bestimmten *Refl.* und den *Logik*-Vorlesungen konkrete Anhaltspunkte zu seiner Durchführung zu geben (vgl. Reich, *Vollständigkeit*, S. 54ff., S. 92f.). Zu einer partiell übereinstimmenden, in wichtigen Punkten jedoch davon abweichenden Einschätzung gelangt gut sechzig Jahre später Wolff. Auch in der Sicht dieses Interpreten war Kant davon überzeugt, dass sich die Urteilstafel mittels eines strikten Deduktionsverfahrens aus der Verstandeseinheit ableiten lasse. Anders als Reich ist Wolff jedoch der Auffassung, Kant habe den entsprechenden Beweis durchaus vorgelegt, und zwar im unmittelbaren Umfeld der Urteilstafel, konkret in den Absätzen KrV A 67–70 / B 92–95 des Leitfadenkapitels. Dabei macht Wolff darauf aufmerksam, dass sich der Beweis entgegen Kants eigener Auskunft bei genauerem Hinsehen als nicht vollständig deduktiv erweise (vgl. Wolff, *Die Vollständigkeit*, S. 177f.). Neben Interpreten, welche Kants positive Beurteilung der Frage nach der Möglichkeit eines Vollständigkeitsbeweises als erwiesen erachten, finden sich auch Autoren, die gegenteiliger Auffassung sind. So vertritt Krüger die These, Kant habe einen streng deduktiven Beweis für die Systematizität und Vollständigkeit der Urteilstafel für unmöglich gehalten und entsprechend auch nie die Absicht gehegt, einen solchen zu führen (vgl. z. B. Krüger, *Vollständigkeit beweisen?*, S. 337/340; vgl. auch KrV B 145f.). Brandt schließt sich Krüger an und betont, der Versuch, die kantische Herleitung der Urteilstafel als Deduktionsverfahren zu rekonstruieren, sei ein „schon im Ansatz verfehltes Unternehmen" (Brandt, *Urteilstafel*, S. 43). Der entscheidende Gedanke, den Kant im ersten Leitfadenabschnitt zur Stützung seines Vollständigkeitsanspruchs in Bezug auf die Urteilsklassen anführt, besteht Brandt zufolge darin, dass sich in jedem beliebigen, konkreten Urteil die drei Titel der Quantität, Qualität und Relation „einmal im quantifizierten Subjekt, sodann in der bejahenden oder verneinenden Kopula und endlich im Prädikat (und dessen Verhältnis zum Subjekt) lokalisieren" lassen (Brandt, *Urteilstafel*, S. 5). Im Erläuterungstext zur Urteilstafel (vgl. KrV A 71–76 / B 96–101) liefert Kant – so Brandt – zudem die Gründe für die triadische Anlage der Momente.

2.2 Am Ende des ersten Abschnitts des Leitfadenkapitels kündigt Kant an: „Die Functionen des Verstandes können also insgesammt gefunden werden, wenn man die Functionen der Einheit in den Urtheilen vollständig darstellen kann. Dass dies aber sich ganz wohl bewerkstelligen lasse, wird der folgende Abschnitt vor Augen stellen" (KrV A 69 / B 94). Werden bei der Lektüre dieser Sätze die ‚Funktionen des Verstandes' mit den ‚Funktionen der Einheit in den Urteilen' identifiziert, so entsteht der Eindruck, Kant verwickle sich hier in einen heuristischen Zirkel. In der jüngeren Forschungsliteratur vertritt jedoch eine Mehrheit der Autoren die Auffassung, diese Lesart sei verfehlt. Wolff stellt den „scheinbare[n] Zirkel" (Wolff, *Die Vollständigkeit*, S. 178) und die damit verbundenen Problemkomplexe ins Zentrum seiner umfassenden Studie zur Vollständigkeit der kantischen Urteilstafel.

Unabdingbare Voraussetzung für eine adäquate Rekonstruktion des kantischen Verfahrens zur Auffindung von Urteils- und Kategorientafel ist nach Ansicht dieses Autors eine strikte Unterscheidung zwischen Urteilsformen und Urteilsfunktionen (vgl. Wolff, *Die Vollständigkeit*, S. 9ff.). Durch eine Detailanalyse der ersten Absätze des Leitfadenkapitels lässt sich vor diesem Hintergrund aufzeigen, dass die Urteilstafel qua Formentafel als heuristisches Mittel zur vollständigen Auffindung der zwölf logischen Funktionen dient, nicht aber auch dazu, die Klassen zu entdecken, welche der Einteilung der zwölf Funktionen in vier Dreiergruppen zugrunde liegen. Wolff zufolge werden diese Klassen bzw. die „(quantitativen, qualitativen, relationalen und modalen) Grundfunktionen" (Wolff, *Die Vollständigkeit*, S. 41) – im oben angeführten Zitat als „Functionen der Einheit in den Urtheilen" (KrV A 69 / B 94) bezeichnet – bereits im ersten Leitfadenabschnitt direkt aus der Verstandeseinheit hergeleitet. Da das Argument zur Begründung der Systematizität und Vollständigkeit der Urteilstafel – der eigentliche Vollständigkeitsbeweis also – nach Wolff auf das Engste mit dem heuristischen Verfahren verknüpft ist, wird durch diesen Befund zugleich auch der Zirkularitätsvorwurf mit Bezug auf die Argumentationsstruktur unterminiert.

2.3 Unabhängig von stark divergierenden Ansichten über die Art der von Kant vorgebrachten Argumente gelangt heute eine Mehrheit der Interpreten zum Schluss, dass es Kant gelinge, a) die vollständige Urteilstafel mittels eines schlüssigen Beweises aus der Idee des ‚Verstandes überhaupt' abzuleiten (Wolff) oder b) die Vollständigkeitsthese durch schlüssige Argumente abzustützen (Brandt). Damit ist freilich noch wenig gesagt über die von Kant behauptete systematische Relevanz der Urteilstafel für die (formale) Logik und die eng damit zusammenhängende Frage, wie die Vollständigkeitsthese vom Standpunkt der modernen mathematischen Logik aus zu beurteilen sei. Die Liste der externen Kritikpunkte ist lang und reicht vom oft geäußerten Einwand, die kantische Urteilstafel sei unvollständig, was allein schon daraus ersichtlich sei, dass in ihr lediglich die Formen der traditionellen Syllogistik und damit eines kleinen Teilbereichs der gesamten Logik berücksichtigt würden, bis hin zur weit verbreiteten Auffassung, Kant habe sein System der logischen Urteilsformen primär mit Blick auf die Erfordernisse der Transzendentalphilosophie konzipiert. – Anders als heute üblich setzt Kant die formale Logik nicht mit der mathematischen gleich, sondern beschränkt sie auf die Formen der aristotelischen Logik, wie sie in der Urteilstafel aufgeführt und in den ersten beiden Abschnitten des Leitfadens als vollständig ausgewiesen werden. Die übrigen Teilgebiete der Logik, darunter das, was ihm als mathematische Logik in rudimentärer Form bereits vor Augen stand, verweist er in den Bereich des nicht-formalen Schließens (vgl. dazu Wolff, *Die Vollständigkeit*, S. 3ff., S. 201ff.).

Weiterführende Literatur

Brandt, Reinhard: Die Urteilstafel. Kritik der reinen Vernunft A 67–76; B 92–101, Hamburg: Meiner 1991.

Krüger, Lorenz: „Wollte Kant die Vollständigkeit seiner Urteilstafel beweisen?", in: Kant-Studien 59, 1968, 333–356.

Reich, Klaus: Die Vollständigkeit der kantischen Urteilstafel, Hamburg: Meiner 1986, [1]1932; [2]1948.

Wolff, Michael: Die Vollständigkeit der kantischen Urteilstafel. Mit einem Essay über Freges Begriffsschrift, Frankfurt/M.: Vittorio Klostermann 1995.

Rebecca Iseli Buchi

Logik

In der allgemeinsten Bedeutung des Terminus ‚Logik', sofern Kant ihn ohne qualifizierende Zusätze benutzt, ist die Logik die „Wissenschaft der Verstandesregeln überhaupt" (KrV A 52 / B 76). Hiernach erforscht sie die Regeln, nach denen der menschliche → Verstand sich betätigt und stellt diese Regeln zusammen. Diese sehr weite Erklärung grenzt die Wissenschaft der Logik ab gegen „die Wissenschaft der Regeln der Sinnlichkeit überhaupt, d. i. Ästhetik" (KrV A 52 / B 76). Die Abgrenzung gründet sich auf Kants Unterscheidung von den „zwei Grundquellen des Gemüths" (KrV A 50 / B 74), nämlich der → Sinnlichkeit, welche Vorstellungen empfängt, und dem Verstand als dem „Vermögen, durch diese Vorstellungen einen Gegenstand zu erkennen" (KrV A 50 / B 74). In dieser allgemeinen Bedeutung des Wortes gehören in die Logik der apriorische *Satz des Widerspruchs* („Keinem Dinge kommt ein Prädicat zu, welches ihm widerspricht", KrV A 151 / B 190) ebenso wie empirische Beschreibungen des menschlichen Denkens „unter den zufälligen Bedingungen des Subjects" (KrV A 54 / B 78) und auch „Regeln, über eine gewisse Art von Gegenständen [z. B. physikalische Gegenstände] richtig zu denken" (KrV A 52 / B 76). In Konkurrenz zu dieser allgemeinsten Bedeutung steht die Erklärung der Logik als einer „Wissenschaft [...], welche nichts als die formalen Regeln alles Denkens (es mag a priori oder empirisch sein, einen Ursprung oder Object haben, welches es wolle, in unserem Gemüthe zufällige oder natürliche Hindernisse antreffen) ausführlich darlegt und strenge beweiset" (KrV B IX). Insbesondere durch die Spezifizierung auf „die formalen Regeln alles Denkens" (KrV B IX) schränkt Kant hier die Logik gegenüber der obigen und allgemeinsten Erklärung ein, indem er die „Logik [...] des besondern Verstandesgebrauchs" (KrV A 52 / B 76) mit ihren gegenstandsbezogenen Regeln ausschließt. Diese Einschränkung entspricht der Einteilung der → Philosophie zu Beginn der Vorrede zur *GMS*: „Alle Vernunfterkenntniß ist entweder *material* [...]; oder *formal* und beschäftigt sich bloß mit [...] den allgemeinen Regeln des Denkens überhaupt ohne Unterschied der Objecte. Die formale Philosophie heißt *Logik*" (4:387). Die materiale Philosophie aber hat „es mit bestimmten Gegenständen und den Gesetzen zu thun [...], denen sie unterworfen sind" (4:387). Hiernach ist die bereits erwähnte Logik *des besonderen Verstandesgebrauchs* materiale Philosophie. – Die Logik aus der Vorrede zur *GMS* ist die „allgemeine [...] reine Logik" aus der *KrV*: „1) Als allgemeine Logik abstrahirt sie von allem Inhalt der Verstandeserkenntniß und der Verschiedenheit ihrer Gegenstände und hat mit nichts als der bloßen Form des Denkens zu thun. 2) Als reine Logik hat sie keine empirische Principien, mithin schöpft sie nichts [...] aus der Psychologie" (KrV A 54 / B 78; → Psychologie). – Für diese Disziplin benutzt Kant dann auch den Terminus „formale Logik" (KrV A 131 / B 170), der sich bis heute durchgesetzt hat. Weitere wichtige Stellen: 2:56; 2:310; KrV B X; KrV B XIII; 5:171; 7:113; 9:4; 9:13f.; 9:16; 9:139; *Refl.* 1603, 16:33; *Refl.* 1629, 16:47; *Refl.* 1713, 16:90; *Refl.* 3332, 16:783; 21:207; 24:24; 24:38; 24:91; 24:313f.; 24:339f.; 24:503ff.; 24:609f.; 24:699; 24:791f.

Vorgeschichte und historischer Kontext

Kant selbst beschreibt die Geschichte der Logik damit, „daß sie seit dem *Aristoteles* [...] bis jetzt [d. h. bis 1787] keinen Schritt vorwärts hat thun können, und also allem Ansehen nach geschlossen und vollendet zu sein scheint" (KrV B VIII). Im Hinblick auf die Zeit vor Kant ist dieses Urteil falsch, und ob die in ihm implizierte Prognose zutrifft, ist kontrovers (vgl. Abs. *Interpretationslage*). Die Kant bekannte Logik, auf welche sich sein historisches Urteil stützt, „war tatsächlich eine eigenartig konfuse Version der traditionellen Mischung aus aristotelischen und stoischen Elementen" (Kneale, *Development*, S. 355, Übers. Vf.). Die eigentlich stoische Junktorenlogik war Kant jedoch allem Anschein nach nicht bekannt. – Die Disziplin ‚Logik' ist in der Philosophiegeschichte unterschiedlich benannt worden. Umgekehrt stehen der Ausdruck ‚Logik' und seine anderssprachlichen Pendants für verschiedene Auffassungen der Logik (vgl. Risse, *Logik*, S. 357f.). Platon nennt die von ihm ausgebildete Logik ‚Dialektik' (*dialektikē epistēmē*). ‚*Logikōs*' charakterisiert bei Aristoteles das syllogistische Schließen aus als wahrscheinlich angenommenen Prämissen. *Hē logikē [technē]*, also Logik, steht in der Antike, jedenfalls ab dem 1. Jh. v. Chr., für eine Argumentations- bzw. Schlusslehre. Damit haben wir schon früh eine Bezeichnung für ein Gebiet, das sich mit der formalen Logik Kants überschneidet. Die lateinische Terminologie benutzt den Ausdruck ‚*philosophia rationalis*', um die Logik als *Vernunftlehre* von anderen philosophischen Disziplinen wie der → Ethik (*philosophia moralis*) oder der Naturlehre (*philosophia naturalis*) abzugrenzen. In der deutschen Terminologie der Aufklärungszeit wird die Logik auch als ‚Vernunftlehre' oder ‚Verstandeslehre' bezeichnet. (Kant las seine Logik auf der Grundlage von G. F. Meiers *Auszug*.) – Als Antwort auf die Frage, welcher der von Aristoteles unterschiedenen Grundhaltungen (*hexeis*) des Verstandes die Logik der Gattung nach zuzurechnen ist, bestimmt die lateinische Schultradition sie als ein praktisches Können und bezeichnet sie dementsprechend als eine *ars*. Logik ist damit ein Instrument des menschlichen Verstandes und keine Wissenschaftslehre. Eine solche zu sein, also eine *scientia scientiarum*, gehört im Mittelalter zu den definitorischen Merkmalen der Logik. – Die Bestimmung der Logik als einer Kunst (‚Denkkunst') kehrt wieder in dem Titel des Buches von Arnauld (*La Logique ou l'Art de penser*), auch Leibniz spricht von einer „*ars rationis*" (*De Logica Nova*, S. 10). Hier ist aber anderes und mehr gemeint als der instrumentale Charakter. Zwar lehrt die Logik Richtlinien für das → Denken, diese sind jedoch auch Gegenstände des Wissens und nicht nur Regeln des Verstandes. In diesem Sinne ist auch Kants Logik als → Kanon eine Kunst.

Philosophische Funktion

1 Einteilungen der Disziplin Logik

1.1 Mit den verschiedenen Bedeutungsbestimmungen für den Terminus ‚Logik' weist Kant dieser Disziplin ganz verschiedene Aufgaben im Rahmen der Philosophie zu. Verbunden damit sind auch ganz unterschiedliche Einteilungen der Logik in Teilgebiete. Insgesamt und als Ganze ist die Logik die Lehre vom Denken im Unterschied zur → Ästhetik als der Lehre von der Wahrnehmung. Weil Denken und Wahrnehmen zusammen die Ursprünge der Erkenntnis sind, ist die Logik damit auch ein Teil der Erkenntnistheorie. – In dieser allgemeinsten Bestimmung umfasst die Logik die folgenden Aufgaben: Sie formuliert die Regeln, welche das Denken einhalten muss, um sich überhaupt auf Gegenstände – und sei es auch nur auf ein „Gedankending" (KrV A 292 / B 348) oder „*ens rationis*" (KrV A 290 / B 347) – beziehen zu können. An erster Stelle unter diesen Regeln steht die Forderung nach Widerspruchsfreiheit: „[...] *denken* kann ich, was ich will, wenn ich mir nur nicht selbst widerspreche, d. i. wenn mein Begriff nur ein möglicher Gedanke ist" (KrV B XXVI Anm.). Die von Kant hier thematisierte Möglichkeit ist die ‚logische'. Der Terminus ‚*logische Möglichkeit*' hat sich bis in die Lehrbücher der heutigen Logik erhalten: Widerspruchsfreie Theorien heißen auch ‚logisch möglich', widersprüchliche Theorien sind entsprechend unmöglich. Alle Regeln, die die Logik in Erfüllung dieser ersten Aufgabe aufstellt, sind Regeln →a priori, also solche, deren Gültigkeit der Verstand schon dann einsehen kann, wenn er „es mit nichts weiter, als sich selbst und seiner Form zu thun hat" (KrV B IX); Kenntnisse aus einer empririsch-psychologischen Lehre vom Denken bedarf er dazu nicht. – Zu den Aufgaben der Logik im Ganzen gehört aber auch die Erforschung des tatsächlichen menschlichen Denkverhaltens: „Sie handelt von der Aufmerksamkeit, [...] dem Ursprunge des Irrthums, [...] usw." (KrV A 54 / B 79). Bei der Erfüllung dieser Aufgabe überschneidet sich die Logik mit empirischer Psychologie, weil „sie auf die Regeln des Gebrauchs des Verstandes unter den subjectiven empirischen Bedingungen, die uns die Psychologie lehrt, gerichtet ist" (KrV A 53 / B 77). Diese Aufgabe der Logik ist ähnlich derjenigen der „Tugendlehre [im Bereich der Ethik], welche diese Gesetze [der reinen Moral] unter den Hindernissen der Gefühle, Neigungen und Leidenschaften [...] erwägt, und [...] eben sowohl als jene angewandte Logik empirische und psychologische Principien bedarf" (KrV A 55 / B 79). Diese beiden ersten Aufgaben sind solche der „allgemeinen Logik" (KrV A 53 / B 78): „In der allgemeinen Logik muß also der Theil, der die reine Vernunftlehre ausmachen soll, von demjenigen gänzlich abgesondert werden, welcher die angewandte (obzwar noch immer allgemeine) Logik ausmacht. Der erstere ist eigentlich nur allein Wissenschaft" (KrV A 53f. / B 78). Wenn Kant hier die angewandte Logik als empirisch-psychologische Denklehre „eigentlich" aus der Wissenschaft ausschließt, so schlägt damit sein Wissenschaftsverständnis durch. Seine Benutzung des Wortes ‚eigentlich' ist an dieser Stelle spezifisch terminologisch: „*Eigentliche* Wissenschaft kann nur diejenige genannt werden, deren Gewißheit apodiktisch ist; Erkenntniß, die blos empirische Gewißheit enthalten kann, ist ein nur uneigentlich so genanntes *Wissen*" (4:468). Eine psychologische Denklehre enthält aber „blos empirische Gewißheit" und ist deshalb keine wissenschaftliche Logik. Der Auffassung, dass Logik keine empirische, sondern eine *apriorische* Wissenschaft sei, hat in der Moderne insbesondere Gottlob Frege zum Durchbruch verholfen.

1.2 Zur Logik als Ganzer gehört auch die Aufgabe, Fachlogiken der einzelnen Wissenschaften zu entwickeln. Diese enthalten „Regeln, über eine gewisse Art von Gegenständen richtig zu denken" (KrV A 52 / B 76). Jede solche Fachlogik ist „das Organon dieser oder jener Wissenschaft" (KrV A 52 / B 76). Von der Sache her können solche Fachlogiken begründet sein durch Axiome axiomatisierter wissenschaftlicher Theorien. Paradigmatisch hierfür stehen die Grundgesetze der klassischen Mechanik nach Newton (Trägheitsprinzip, Aktionsprinzip und Reaktionsprinzip) oder auch das arithmetische Prinzip der vollständigen Induktion. Jedes dieser Gesetze ist auf einen besonderen Gegenstandsbereich zugeschnitten, die newtonschen Axiome auf materielle Körper, das Induktionsaxiom auf die natürlichen Zahlen. Keines der Gesetze gilt in allen Gegenstandsbereichen, keines ist eine logische Wahrheit oder ein logisches Gesetz – was in keinem der Fälle ausschließt, dass es sich um eine apriorische Erkenntnis handelt, also – ganz im Sinne Kants – um ein →synthetisches Urteil a priori. – Kant selbst subsumiert solche Fachlogiken unter „die Logik des besondern Verstandesgebrauchs", welche „mehrentheils in den Schulen als Propädeutik der Wissenschaften vorangeschickt [wird]" (KrV A 52 / B 76). Diese Aufgabenbestimmung hat einen historischen Vorläufer in der mittelalterlichen Erklärung der Logik als einer Wissenschaftslehre, z. B. der *scientia scientiarum* des *Petrus Hispanus*. Im 19. Jahrhundert hat B. Bolzano sein logisches Hauptwerk unter den Titel ‚Wissenschaftslehre' gestellt. – Aus moderner Sicht sind jedoch weder diese historisch vorfindlichen wissenschaftsbezogenen Logiken noch auch axiomatisierte Theorien wie Mechanik oder Arithmetik mit ihren Axiomen zur Logik zu rechnen. – Kants Benutzung des Wortes ‚Organon' deckt sich nicht mit der entsprechenden Betitelung eines Teils der Schriften des Aristoteles, weil in diesen auch die aristotelische allgemeine formale Logik – also die Syllogistik – enthalten ist. Eher schon entspricht sie der Verwendung des Terminus im Titel *Novum organum scientiarum* des Werkes von F. Bacon, das eine induktive Methodologie empirischer Erkenntnis enthält. – Die bisher beschriebenen Aufgabenstellungen der Logik im Ganzen sind mit der folgenden Gliederung der Disziplin verbunden (siehe Grafik).

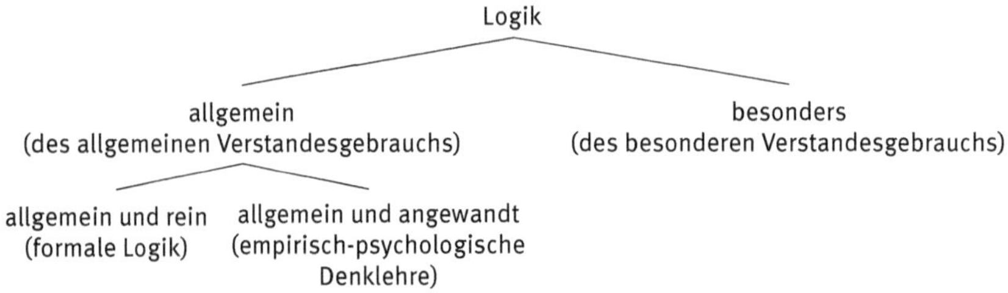

Gliederung der Logik

Diese hier in der Terminologie der *KrV* beschriebene Gliederung der Logik bzw. die genannten Teile derselben bezeichnet Kant auch mit anderen Ausdrücken. Außerdem trifft er noch weitere Einteilungen. – So findet man in den Logikvorlesungen eine Unterscheidung der Logik des „gesunden" (= „gemeinen und richtigen") von der des „spekulativen" Verstandes (24:503–505), sowie eine Gliederung in „natürliche" und „künstliche Logik" (24:696f.). Diese Einteilungen sind sowohl untereinander als auch jede für sich mit der beschriebenen Einteilung der allgemeinen Logik deckungsgleich. Der „gemeine" Verstand ist „das Vermögen der Regeln in concreto", und das sind die Regeln, „wie der Verstand denkt" (24:503f.). Es sind empirisch-psychologische Regeln, die in deskriptiven Sätzen formuliert sind. Sie machen „die natürliche Logik" aus (24:608). „Der spekulative Verstand ist das Vermögen der Regeln in abstracto", und das sind die Regeln, „wie er denken solte" (24:503f.). Es sind also Vorschriften für „den richtigen Verstandesgebrauch" (24:503f.), die in normativen Sätzen ausgedrückt werden. Sie machen „die Logica artificialis (künstliche)" aus (24:696). „Hinieden findet sich bei uns das Vermögen zu handeln, und daher entstehet die natürliche Logik. Denn die Logik ist die Wißenschaft der Regeln. Der Mensch handelt im Anfange nach Regeln, denen er sich nicht bewußt ist; also hat er so lange eine natürliche Logik; komt er zu reiferem Alter so berichtigt er diese durch Regeln, und so entsteht die künstliche Logik" (24:608f.). – Kants Einteilungen der allgemeinen Logik in einen reinen (formalen) und angewandten (empirischen) Teil zeugen von seinem Bewusstsein für den – wie G. Frege es ausgedrückt hat – „Doppelsinn des Wortes ‚Gesetz' [...]. In dem einen Sinne besagt es, was ist, in dem andern schreibt es vor, was sein soll" (Frege, *Grundgesetze*, S. XV). – Trotz ähnlicher Formulierungen unterscheidet sich die Dichotomie der Logik „des gesunden" und „des spekulativen Verstandes" von der Gliederung in „zwei Gattungen", die Kant in der *Nachricht* vornimmt: „Die von der ersten ist eine Kritik und Vorschrift des *gesunden Verstandes* [...]. Die zweite Gattung von Logik ist die Kritik und Vorschrift der *eigentlichen Gelehrsamkeit* und kann niemals anders als nach den Wissenschaften, deren Organon sie sein soll, abgehandelt werden" (2:310). Hier stehen sich allgemeine und besondere (Fach-) Logik gegenüber; beide werden als „Vorschrift", also als normativ und damit als nicht-empirisch charakterisiert. Daraus folgt, dass beide Logiken *rein* sind. Kant hatte also auch in Bezug auf die Fachlogiken eine Unterscheidung zwischen einem reinen und einem angewandten Teil vor Augen. Damit ist die Einteilung aus der *Nachricht* eine solche der reinen Logik in formale und – wie man im Anschluss an die Terminologie der *GMS* (vgl. die Ausführungen über Wortbedeutungen) sagen kann – (reine und) *materiale* Logik.

2 Logik als Kanon – Logik als Organon. Analytik und Dialektik

2.1 „Ich verstehe unter einem Kanon den Inbegriff der Grundsätze a priori des richtigen Gebrauchs gewisser Erkenntnißvermögen überhaupt. So ist die allgemeine Logik in ihrem analytischen Theile ein Kanon für Verstand und Vernunft überhaupt, aber nur der Form nach, denn sie abstrahirt von allem Inhalte" (KrV A 796 / B 824). „Unter einem *Organon* verstehen wir [...] eine Anweisung, wie ein gewisses Erkenntniß zu Stande gebracht werden solle" (9:13). In systematischer Hinsicht ist die Unterscheidung zwischen Kanon und Organon eine solche zwischen Regeln für das Denken, deren Einhaltung oder Befolgung notwendig (Kanon), und Regeln, die hinreichend sind (Organon), um die →Wahrheit der gedachten Gedanken sicherzustellen. Die formale (also die reine und allgemeine) Logik ist nun deshalb ein Kanon, weil „das bloß logische Kriterium der Wahrheit, nämlich die Übereinstimmung einer Erkenntniß mit den allgemeinen und formalen Gesetzen des Verstandes und der Vernunft, zwar die conditio sine qua non, mithin die negative Bedingung aller Wahrheit [ist]: weiter aber kann die Logik nicht gehen, und den Irrthum, der nicht die Form, sondern den Inhalt trifft, kann die Logik durch keinen Probirstein entdecken" (KrV A 59f. / B 84). Aus eben diesem Grunde ist die formale Logik kein Organon. „Sie kann aber auch eben darum, weil sie von allen Objecten gänzlich abstrahirt, [...] kein *Organon* der Wissenschaften sein" (9:13). Paradigmatisch für das Verletzen von „formalen Gesetzen des Verstandes und der Vernunft" (KrV A 59 / B 84) stehen widersprüchliche Urteile wie „Ein (ruhiger) Körper ist bewegt", das „analytisch und falsch ist" (*Refl.* 6327, 18:648). Gegen „die erste und allgemeine Regel aller bejahenden Vernunftschlüsse [...]: Ein Merkmal vom Merkmal ist ein Merkmal der Sache selbst" (2:49) verstößt man hingegen mit den Urteilen: „Alles Vernünftige ist ein Geist, die Seele des Menschen ist vernünftig, [...] aber [...] die Seele des Menschen ist [k]ein Geist" (2:48). Während Beispiele wie diese den Kanoncharakter der formalen Logik völlig einleuchtend machen, ist Kants Zurückweisung des Organoncharakters nur teilweise überzeugend. Sie konfligiert auch mit seiner Theorie des analytischen Urteils. Richtig ist, dass widerspruchsfreie Urteile falsch sein können. Auch kann man in Übereinstimmung mit den Regeln des Schließens völlig korrekt aus falschen Prämissen eine falsche Konklusion herleiten. In solchen Fällen ist also „die Übereinstimmung einer Erkenntniß mit den allgemeinen und formalen Gesetzen des Verstandes und der Vernunft" kein Garant für Wahrheit (KrV A 59 / B 84). Ebenso richtig ist jedoch auch, dass man den →Satz des Widerspruchs zum Beweis – und damit als Garanten – wahrer Urteile benutzen kann: „Man kann aber doch von demselben auch einen positiven Gebrauch machen, [...] Wahrheit zu erkennen. Denn *wenn das* Urtheil *analytisch* ist, [...] so muß dessen Wahrheit jederzeit nach dem Satze des Widerspruchs hinreichend können erkannt werden" (KrV A 151 / B 190). Ebenso garantiert ein korrekter Schluss aus garantiert wahren Prämissen die Wahrheit der Konklusion. In diesen Fällen ist die „Übereinstimmung" des Denkens mit formallogischen Gesetzen vollkommen hinreichend für Wahrheit (KrV A 59 / B 84), und die Logik wird hier zu Recht als Organon benutzt. Zu Unrecht benutzt als Organon wird die Logik jedoch insbesondere dann, wenn die bloße Widerspruchsfreiheit eines Urteils oder die bloße Korrektheit des Schließens auf eine Konklusion als hinreichende Garanten für Wahrheit betrachtet werden. Darüber hinaus wird sie als Organon missbraucht, wenn man aus wahren Prämissen durch einen *scheinbar* korrekten Schluss eine dann *scheinbar* wahre Konklusion herleitet. Paradigmatisch hierfür stehen die Paralogismen, also die Syllogismen mit äquivoker Verwendung des mittleren Terms. Derartige Missbräuche der formalen Logik subsumiert Kant unter den Titel →Dialektik: Es „liegt so etwas Verleitendes in dem Besitze einer so scheinbaren Kunst, allen unseren Erkenntnissen die Form des Verstandes zu geben, [...] daß jene allgemeine Logik [...] gleichsam wie ein *Organon* zur wirklichen Hervorbringung, wenigstens zum Blendwerk von objectiven Behauptungen gebraucht und mithin in der That dadurch gemißbraucht worden. Die allgemeine Logik nun, als vermeintes Organon, heißt *Dialektik*" (KrV A 60f. / B 85). Von den verschiedenen Bedeutungen, „in der die Alten dieser Benennung [sc.: Dialektik] einer Wissenschaft oder Kunst sich bedienten" (KrV A 60f. / B 85), greift Kant hier ihre Bestimmung als einer „*Logik des Scheins*" heraus (KrV A 61 / B 86). Mit dieser negativen Charakterisierung der Dialektik konkurriert die Bestimmung, dass sie „die Merkmahle enthalten wird, wodurch wir erkennen, ob etwas mit den formalen Kriterien der Wahrheit nicht übereinstimmt, wenn es gleich würklich mit denselben übereinzustimmen scheint" (24:507). Diese „Benennung der Dialektik [...] als eine *Kritik des dialektischen Scheins*" (KrV A 62 / B 86) hat in etwa einen Vorläufer im 34. Kapitel der aristotelischen *Sophistischen Widerlegungen*, „und als eine solche wollen wir sie auch hier verstanden wissen" (KrV A 62 / B 86). – Kants Bemerkungen zur allgemeinen Logik geben noch einen weiteren Grund dafür her, dass diese nicht als ein Organon benutzt werden kann: Nicht nur, dass die Übereinstimmung mit ihren Gesetzen – gewissermaßen de facto – nicht hinreicht, Wahrheit zu garantieren. Es ist vielmehr prinzipiell unmöglich, mit den Mitteln der formalen Logik ein allgemeines und zugleich hinreichendes Kriterium für Wahrheit zu entwickeln: „Es ist aber klar, daß [...] ein hinreichendes und doch zugleich allgemeines Kennzeichen der Wahrheit unmöglich angegeben werden könne" (KrV A 58f. / B 83). Kants Begründung für diese These macht implizit davon Gebrauch, dass ein allgemeines Wahrheitskriterium, weil es allgemein und *notwendig* wäre, ein apriorisches Kriterium sein müsste. Die „Namenerklärung der Wahrheit, daß sie nämlich die Übereinstimmung der Erkenntniß mit ihrem Gegenstande sei" (KrV A 58 / B 82), also die aristotelische Korrespondenzdefinition, ist von diesem Argument nicht betroffen und kann deshalb „geschenkt und vorausgesetzt" (KrV A 58 / B 82) bleiben; und zwar ist sie deshalb nicht betroffen, weil mit ihr nicht behauptet wird, dass „die Übereinstimmung einer Erkenntniß mit ihrem Gegenstande" – wenn sie denn besteht und die „Erkenntniß" wahr ist – auch a priori erkennbar ist (KrV A 58 / B 82).

2.2 Den Gebrauch der formalen Logik als Kanon – und damit den rechtmäßigen Gebrauch – subsumiert Kant unter den Titel →‚Analytik': „Die allgemeine Logik löset nun das ganze formale Geschäfte des Verstandes und der Vernunft in seine Elemente auf und stellt sie als Principien aller logischen Beurtheilung unserer Erkenntniß dar. Dieser Theil der Logik kann daher Analytik heißen und ist eben darum der wenigstens negative Probirstein der Wahrheit" (KrV A 60 / B 84). Diese Verwendung der Disziplinenbezeichnung entspricht der Bedeutung in dem Titel *Erste Analytiken* (‚*Analytika priora*') für die syllogistische Abhandlung des Aristoteles, insofern diese einen Teil dessen enthält, was nach Kant zur formalen Analytik – also der Analytik im Rahmen der allgemeinen und reinen Logik – gehört, nämlich die formale Theorie des Schließens. Nur ein Teil ist die Syllogistik deshalb, weil die formale Logik „in ihrer Analytik von *Begriffen*, *Urtheilen* und *Schlüssen* [handelt]" (KrV A 130 / B 169). Sie ist nämlich „über einem Grundrisse erbauet, der ganz genau mit der Eintheilung der oberen Erkenntnißvermögen zusammentrifft. Diese sind: *Verstand*, *Urtheilskraft* und *Vernunft*" (KrV A 130 / B 169). Die kantische formale Analytik enthält damit die drei traditionellen Gebiete der formalen Logik: Begriffs-, Urteils- und Schlusslehre, welche auch schon in den logischen Schriften des Aristoteles behandelt werden, nur dort eben nicht unter diesem, sondern unter dem erst später hinzugefügten Titel *Organon*. – Trotz der eineindeutigen Entsprechung zwischen diesen Gebieten und den Teilen des →Erkenntnisvermögens (Verstand, Urteilskraft, Vernunft), enthalten die drei Teile der Analytik doch *nicht* jeweils den Kanon für den richtigen Gebrauch des entsprechenden (Teil-)Vermögens: Die formale Urteilslehre ist kein Kanon für die Urteilskraft: Diese ist nämlich „das Vermögen unter Regeln zu *subsumiren* [...]. Die allgemeine Logik enthält gar keine Vorschriften für die Urtheilskraft und kann sie auch nicht enthalten [...] *da sie von allem Inhalte der Erkenntiß* abstrahirt" (KrV A 132 / B 171). Bei der richtigen Subsumtion kommt es aber gerade auf diesen Inhalt an: „In allen Subsumtionen eines Gegenstandes unter einen Begriff muß [...] der Begriff [...] dasjenige enthalten, was in dem darunter zu subsumirenden Gegenstande vorgestellt wird" (KrV A 137 / B 176). Die Urteilslehre in der formalen Analytik ist ein Kanon für den Verstand als „ein *Vermögen zu urtheilen*" (KrV A 69 / B 94). Entsprechend ist die Begriffslehre ein Kanon für den Verstand als „das Vermögen der Begriffe" (KrV A 160 / B 199). Schließlich ist die Schlusslehre in der formalen Analytik ein Kanon für die „Vernunft, als Vermögen [...] zu schließen" (KrV A 330 / B 386). Hierin unterscheidet sich die *formale* von der →transzendentalen Logik: Die erstere kann „in ihrem analytischen Theile auch den Kanon für die Vernunft mit befassen" (KrV A 131 / B 170). Während nämlich „der *transscendentale Gebrauch der Vernunft* gar nicht objectiv gültig [ist und] mithin nicht zur [...] Analytik, gehör[t]" (KrV A 131 / B 170), ist der gegenüber verschiedenen möglichen Inhalten invariante *formale* Gebrauch der Vernunft beim Schließen *unbedenklich*; er hat lediglich den Kanon der Vorschriften aus der Theorie des korrekten Schließens einzuhalten.

3 Begriffslehre innerhalb der formalen Logik

So wie Kant die formale Logik als Ganze abgegrenzt sehen will gegen die Psychologie, hat man auch seine Begriffstheorie nicht zu verstehen als eine psychologische Beschreibung des Erwerbs

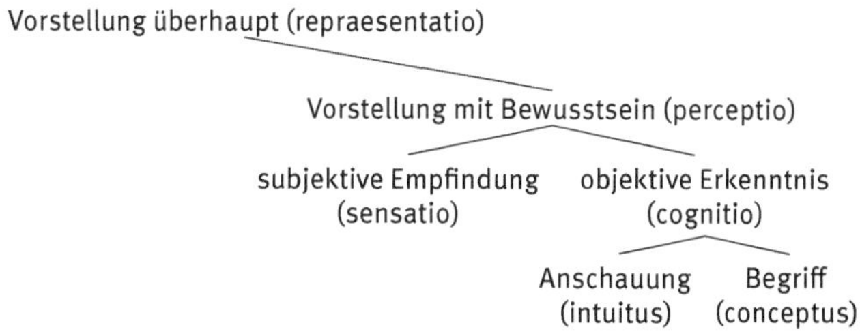

Klassifizierung der Vorstellungen

von Begriffen oder des Verfügens über sie. Allerdings trägt die von Kant benutzte Terminologie zu einem solchen Missverständnis bei. – Begriffe sind Vorstellungen und wie in folgender Grafik in die Klasse aller Vorstellungen eingeordnet (vgl. KrV A 320 / B 376f.).

In dieser Klassifizierung werden die objektiven Vorstellungen eingeteilt in → Anschauungen und Begriffe; diese wiederum unterscheiden sich durch den Bezug auf ihren jeweiligen Gegenstand, also in dem Moment, welches sie *objektiv* macht: Die Anschauung „bezieht sich unmittelbar auf den Gegenstand und ist einzeln, [der Begriff bezieht sich] mittelbar, vermittelst eines Merkmals, was mehreren Dingen gemein sein kann" (KrV A 320 / B 377). Mit dieser Unterscheidung ist eine Kritik Kants an der von ihm in der Schullogik vorgefundenen Doktrin der *conceptus singulares* verbunden. Aus ihr folgt nämlich, dass Begriffe immer allgemein sind. „Wir theilen also nicht die conceptus in universales, particulares und singulares ein, sondern die Urtheile" (24:909). „Conceptus communis kann ich nicht sagen, weil es eine tautologie seyn würde" (24:908). Kants logische These der Allgemeinheit von Begriffen folgt auch aus seiner Lehre von deren Ursprung. Die Eigenschaft, Vieles und Verschiedenes vorzustellen, verdanken Begriffe dem Verstand, und die formale Logik lehrt, welche Verstandeshandlungen diese Allgemeinheit hervorbringen: „Der Begrif wird hier nur [...] erwogen, wie er [...] auf mehrere obiecte kan bezogen werden" (*Refl.* 2839, 16:540). Drei Operationen sind hier beteiligt: „comparatio", „reflexio" und „abstraction" (*Refl.* 2854, 16:547). Dabei ist die *Komparation* der vergleichende Durchgang durch eine Vielheit gegebener Vorstellungen, z. B. einer „Fichte, Weide oder Linde" (24:566; vgl. auch *Refl.* 2876, 16:555). Die Reflexion sieht auf einen gemeinsamen Teil dieser verschiedenen Vorstellungen („ich sehe sie haben einen Stamm, Aeste und Blätter", 24:566). Die Abstraktion sieht ab von der Verschiedenheit, „so bekomm ich den Begriff vom Baum" (24:566f.). Kant findet eine solche Abstraktionstheorie des Ursprungs von Begriffen in der Schullogik vor (vgl. z. B. Meier, *Auszug*). Er versteht sie jedoch nicht als eine Beschreibung des tatsächlichen Erwerbs von Begriffen, sondern als Konstatierung der Bedingungen der Möglichkeit hiervon: Der Verstand kann nur dann über Begriffe verfügen, wenn er der aufgezeigten logischen Handlungen fähig ist.

4 Urteilslehre innerhalb der formalen Logik

Kant kritisiert die schullogische Erklärung des Urteils: „[Es] ist, wie sie sagen, die Vorstellung eines Verhältnisses zwischen zwei Begriffen" (KrV B 140). Hiermit sind nämlich erstens unter den kategorischen Urteilen die singulären (*einzelnen*) nicht und zweitens die hypothetischen oder die disjunktiven Urteile überhaupt nicht erfasst. Ersteres ergibt sich implizit aus Kants Begriffslehre – und zwar entgegen seinen Ausführungen in KrV A 71 / B 96f. In einem singulären Urteil („dieses Haus ist so oder so abgeputzt", 24:909) wird der allgemeine Prädikatsbegriff auf eine Anschauung (nämlich die eines bestimmten Hauses) bezogen. Ein singuläres Urteil ist also ein Verhältnis zwischen einer Anschauung und einem Begriff. Deutlicher als die Schullogik sieht Kant damit die Verschiedenheit der logischen Rollen, welche die Kopula in einem singulären und einem allgemeinen Urteil spielt. – Den zweiten Punkt macht Kant explizit, wenn er von der schullogischen Urteilserklärung sagt, „daß sie allenfalls nur auf *kategorische*, aber nicht hypothetische und disjunctive Urtheile paßt" (KrV B 141), weil diese nämlich

„ein Verhältniß [...] selbst von Urtheilen enthalten" (KrV B 141). Angedeutet ist damit bei Kant ein rekursives Verfahren zur Bildung von Urteilen, welches man in moderner Terminologie folgendermaßen beschreiben kann: Ist *a* ein Anschauungs- (ein singulärer) Term und sind *F* und *G* Begriffsterme, dann sind: (i) *a ist G*, (ii) *einige F sind G* und (iii) *alle F sind G* kategorische Urteile (und zwar (i) einzeln, (ii) besonders und (iii) allgemein). Diese sind nicht weiter in Urteile zerlegbar, sie sind *aussagenlogisch* (sozusagen *urteilslogisch*) atomar. Damit hat man die Rekursionsbasis, auf welche man mit der folgenden Regel aufbaut: Sind *U1* und *U2* (z. B. kategorische) Urteile, dann hat man in *wenn U1, dann U2* und in *U1 oder U2* weitere Urteile, nämlich ein hypothetisches und ein disjunktives. Nimmt man noch die bei Kant ebenfalls belegte Negation (vgl. z. B. die „Tafel" in KrV A 70 / B 95) hinzu, so kann man als weitere Regel formulieren: Ist *U* ein Urteil, dann auch die Negation von *U*: *Nicht U*. Man erhält so eine Menge von Urteilsformen, die in dem folgenden Sinne vollständig ist: Jede aus kategorischen Urteilen durch aussagenlogische Verknüpfungen erzeugbare Urteilsform ist zu einer nach diesen Regeln erzeugbaren Urteilsform semantisch äquivalent. Nicht erfasst dagegen sind Urteile mit relationalen Termen wie *3 ist größer als 2*.

5 Schlusslehre innerhalb der formalen Logik

Kant knüpft an die traditionelle Unterscheidung zwischen mittelbaren und unmittelbaren Schlüssen an und bezeichnet die letzteren als Verstandesschlüsse: „Ein unmittelbarer Schlus heist auch Verstandesschlus" (24:583; für eine Begründung dieser Terminologie aus Kants Transzendentalphilosophie vgl. Malzkorn, *Syllogistik*). „Vernunftschlüsse" sind, wie in der Tradition, mittelbare Schlüsse, paradigmatisch ist hier der aristotelische *Syllogismus Barbara*. – In *Spitzfindigkeit* kritisiert Kant die überlieferte Syllogistik unter zwei Gesichtspunkten: (1) Sie lehrt, dass „die obersten Regeln aller Vernunftschlüsse" das „Dictum de omni" für die bejahenden und das „Dictum de nullo" für die verneinenden Schlüsse seien. Tatsächlich aber lassen sich diese aus den noch über ihnen stehenden Regeln „Ein Merkmal vom Merkmal, ist ein Merkmal der Sache selbst (nota notae est etiam nota rei ipsius)" und „Was dem Merkmal eines Dinges widerspricht, widerspricht dem Dinge selbst (repugnans notae repugnat rei ipsi)" ableiten (2:49). Nur solche Vernunftschlüsse, deren Korrektheit sich allein auf diese beiden Regeln gründet, sind *rein*, „ratiocinium purum" (2:50). Anderenfalls, insbesondere dann, wenn auch ein (versteckter) unmittelbarer Verstandesschluss an der Folgerungsoperation beteiligt ist, handelt es sich um einen „vermischten" Schluss, ein „ratiocinium hybridum" (2:50). Hieraus resultiert der andere kritische Punkt: (2) Nur die korrekten Schlüsse in der ersten Figur sind rein, da nur in ihnen die drei Terme regelgemäß angeordnet sind: „Wir sind demnach belehrt, daß die oberste[n] Regeln aller Vernunftschlüsse unmittelbar auf diejenige Ordnung der Begriffe führen, die man die erste Figur nennt" (2:57f.). „Die logische Eintheilung der vier syllogistischen Figuren ist eine falsche Spitzfindigkeit" (2:55), weil sie „in so fern sie [sc.: die Figuren] reine und mit keinen Zwischenurtheilen vermischte Schlüsse enthalten sollen, falsch und unmöglich" ist (2:58). – Implizit kritisiert Kant damit die aristotelische *Reduktion* von Syllogismen auf solche der ersten Figur; seine Kritik zielt aber nicht auf eine etwaige Ungültigkeit solcher Reduktionen – im Gegenteil führt Kant selbst ja einige von ihnen durch –, sondern darauf, dass die Reduktion nicht nur möglich, sondern in dem Sinne sogar notwendig ist, dass erst durch sie ein Schluss aus einer späteren Figur gewissermaßen *gereinigt* wird; und damit ist die Einteilung als eine solche von (reinen) Vernunftschlüssen hinfällig.

Interpretationslage

Zwei Fragen sind zentral für die Interpretation der formallogischen Doktrin Kants: i) Ist die „Tafel" (KrV A 70 / B 96) der Urteilsformen vollständig? ii) Beschreibt Kant die Disziplin ‚Logik' adäquat damit, „daß sie [...] geschlossen und vollendet zu sein scheint" (KrV B VIII)? Diese voneinander nicht unabhängigen Fragen sind verschiedentlich kontrovers diskutiert worden. In jüngster Zeit hat eine Rekonstruktion des kantischen Vollständigkeitsarguments (vgl. Wolff, *Die Vollständigkeit*) die zweite Frage in den Vordergrund gerückt, und zwar in Form einer Debatte um das Verhältnis der kantischen zu der von G. Frege begründeten mathematischen Logik (vgl. Nortmann, *Vollständigkeitsfrage*; Beckermann, *Verhältnis*). Unkontrovers ist, dass die Gebiete beider Disziplinen sich nicht decken. Kontrovers ist, ob die mathematische Logik trotzdem eine allgemeine Logik ist oder aber eine Fachlogik der Mathematik. Im ersten Falle wäre sie eine Weiterentwicklung der Logik Kants und dieser hätte mit seiner Beschreibung Unrecht; im zweiten Falle lägen die Dinge anders, weil sich die Existenz einer mathematischen Fachlogik mit Kants Diktum verträgt. Entscheidend für diese Debatte ist, ob alle Gesetze der mathematischen Logik allgemein gelten in dem Sinne, dass sie wahr sind bezogen auf *alle* – also auch auf nicht-mathematische – Gegenstandsbereiche. Nun weist Frege das arithmetische Prinzip der *vollständigen Induktion* als ein mathematisch-logisches Gesetz aus. Gilt dieses Gesetz auch für Gegenstandsbereiche, die ganz anders sind als die natürlichen Zahlen? Prima facie ist das nicht der Fall, und die Debatte scheint an diesem Punkt entschieden. Tatsächlich gibt Frege dem Prinzip jedoch eine Deutung, in der es als allgemeingültiges Gesetz und damit als Teil der allgemeinen Logik bewiesen werden kann. – Es gibt aber auch nicht allgemeingültige Fassungen des Prinzips; und es bleibt kontrovers, wie man diese Sachlage im Hinblick auf Kants Beschreibung der Logik zu beurteilen hat.

Weiterführende Literatur

Beckermann, Ansgar: „Zum Verhältnis von Kantischer und Fregescher Logik“, in: Zeitschrift für philosophische Forschung 52, 1998, 422–434.

Conrad, Elfriede: Kants Logikvorlesungen als neuer Schlüssel zur Architektonik der Kritik der reinen Vernunft, Stuttgart: Frommann-Holzboog 1994.

Fries, Erich: Aristotelische Logik bei Kant, Habilitationsschrift (maschinenschriftlich), Göttingen 1976.

Malzkorn, Wolfgang: „Kants Kritik an der traditionellen Syllogistik“, in: History and Philosophy of Logic 16, 1995, 75–88.

Nortmann, Ulrich: „Kants Urteilstafel und die Vollständigkeitsfrage“, in: Zeitschrift für philosophische Forschung 52, 1998, 406–421.

Risse, W.: „Logik“, in: Ritter, Joachim / Günter, Karlfried (Hg.): Historisches Wörterbuch der Philosophie, Bd. 5, Darmstadt: Wissenschaftliche Buchgesellschaft 1980, 357–362.

Stuhlmann-Laeisz, Rainer: Kants Logik, Berlin u. a.: de Gruyter 1976.

Stuhlmann-Laeisz, Rainer: „Die Theorie der Urteilsformen in der deutschen Schullogik des 19. Jahrhunderts“, in: Lenzen, Wolfgang (Hg.): Das weite Spektrum der analytischen Philosophie. Festschrift für Franz von Kutschera, Berlin u. a.: de Gruyter 1997, 383–400.

Wolff, Michael: Die Vollständigkeit der kantischen Urteilstafel, Frankfurt/M.: Vittorio Klostermann 1995.

Wolff, Michael: „Erwiderungen auf die Einwände von Ansgar Beckermann und Ulrich Nortmann“, in: Zeitschrift für philosophische Forschung 52, 1998, 435–459.

Rainer Stuhlmann-Laeisz

Logik, transzendentale

Die transzendentale Logik ist eine →Wissenschaft, „welche die Principien des reinen Denkens enthält“ (KrV A 21 / B 36). Eine „Wissenschaft des reinen Verstandes und Vernunfterkenntnisses, dadurch wir Gegenstände völlig a priori denken [...], welche den Ursprung, den Umfang und die objective Gültigkeit solcher Erkenntnisse bestimmte, würde *transscendentale Logik* heißen müssen, weil sie es bloß mit den Gesetzen des Verstandes und der Vernunft zu thun hat, aber lediglich, sofern sie auf Gegenstände a priori bezogen wird und nicht wie die allgemeine Logik auf die empirischen sowohl als reinen Vernunfterkenntnisse ohne Unterschied“ (KrV A 57 / B 81f.). – Die transzendentale Logik ist die Logik der →apriorischen Erkenntnis. Im Hinblick auf die Logik als Ganze und deren Einteilung ist die transzendentale Logik eine reine – also nicht angewandte – „Logik [...] des besondern Verstandesgebrauchs“ (KrV A 52 / B 76), nämlich seines Gebrauchs in der Erkenntnis a priori. Sie ist deshalb keine allgemeine Logik. →Transzendental ist sie in dem Sinne, dass wir durch sie „erkennen, daß und wie gewisse Vorstellungen (Anschauungen oder Begriffe) lediglich a priori angewandt werden oder möglich sind“ (KrV A 56 / B 80). Weitere wichtige Stellen: KrV A 55f. / B 79f.; KrV A 62f. / B 87f.; KrV A 65 / B 90; KrV A 71f. / B 97f.; KrV A 76 / B 102; KrV A 78 / B 104; KrV A 131 / B 170; KrV A 135 / B 174; KrV A 154 / B 193; KrV A 796 / B 824; 4:318; 5:90; 8:215; 9:15; *Refl.* 1602, 16:32; *Refl.* 4675, 17:651; *Refl.* 4877, 18:17.

Philosophische Funktion

1 Abgrenzung der transzendentalen von der formalen Logik unter zwei Gesichtspunkten

1.1 Wie die formale so ist auch die transzendentale Logik eine *reine Logik*, und als eine solche „hat sie keine empirische Principien [sondern] ist eine demonstrirte Doctrin, und alles muß in ihr völlig a priori gewiß sein" (KrV A 54 / B 78). Entsprechend der Unterscheidung in der transzendentalen Ästhetik zwischen reiner und empirischer Anschauung sieht Kant einen „Unterschied zwischen reinem und empirischem Denken der Gegenstände" (KrV A 55 / B 79f.). Dieser Unterschied ergibt den ersten Abgrenzungsgesichtspunkt: Das reine Denken von Gegenständen orientiert sich am Begriff eines Gegenstandes möglicher Erkenntnis, ohne dabei irgendwelche empirischen Voraussetzungen über Eigenschaften oder auch nur über die Existenz solcher Gegenstände zu machen. Die transzendentale Logik enthält „die Regeln des reinen Denkens eines Gegenstandes" (KrV A 55 / B 80). Außer Betracht lässt sie also „alle diejenigen Erkenntnisse [...], welche von empirischem Inhalte" sind (KrV A 55 / B 80). Damit grenzt sie sich ab von der formalen Logik, deren Untersuchungen invariant sind gegenüber der Unterscheidung der apriorischen von der empirischen Erkenntnis. So ist z. B. Kants Kausalitätsgesetz „*Alle Veränderungen geschehen nach dem Gesetze der Verknüpfung der Ursache und Wirkung*" (KrV B 232) eine Erkenntnis a priori. Dass das Liegen einer bestimmten Kugel auf einem bestimmten Kissen ein „Grübchen" in eben diesem Kissen verursacht, ist dagegen eine empirische Erkenntnis (vgl. KrV A 203 / B 248f.). Die transzendentale Logik beweist die Apriorität des Kausalgesetzes, während sie zu der Verursachung des Grübchens nichts zu sagen hat. Die formale Logik unterscheidet nicht zwischen dem Status der beiden Erkenntnisse. Sie kann sie aber beide als formal widerspruchsfrei qualifizieren.

1.2 Die von Kant in der transzendentalen Logik geführten Beweise für die *Grundsätze des reinen Verstandes* (KrV A 158 / B 197; vgl. KrV A 158–235 / B 197–294) erklären nicht nur deren Möglichkeit als synthetischer Urteile a priori, sondern sie beweisen ihre Wahrheit und erweisen sie damit als Theoreme oder Gesetze der Wissenschaft der transzendentalen Logik. Die zweite Analogie der Erfahrung, Kants Kausalitätsgesetz, ist ein solches transzendentallogisches Theorem. Dagegen ist der Satz des Widerspruchs „Keinem Dinge kommt ein Prädicat zu, welches ihm widerspricht" (KrV A 151 / B 190) ein formallogisches Theorem. Als nicht allgemeine ist die transzendentale Logik eine Fachlogik. Deshalb haben ihre Theoreme einen gegenüber denen der formalen Logik eingeschränkten Geltungsbereich. Dies ist der zweite Gesichtspunkt der Abgrenzung. Das formallogische Widerspruchsprinzip gilt im gesamten Bereich des Denkbaren: „[...] *denken* kann ich, was ich will, wenn ich mir nur nicht selbst widerspreche" (KrV B XXVI Anm.). Das gilt insbesondere auch für „das Gedankending, [welches] bloß Erdichtung (obzwar nicht widersprechende) ist" (KrV A 292 / B 348). Transzendentallogische Theoreme wie die →Grundsätze des reinen Verstandes gelten hingegen nur im „Inbegriffe aller Möglichkeiten" (KrV B XXVI Anm.): dem Bereich der Gegenstände möglicher Erfahrung.

2 Transzendentale Logik als Fachlogik der Metaphysik der Natur

Als eine „Logik des besondern Verstandesgebrauchs enthält [die transzendentale Logik] die Regeln, über eine gewisse Art von Gegenständen richtig zu denken", sie ist deshalb, wie jede derartige Logik, „das Organon dieser oder jener Wissenschaft" (KrV A 52 / B 76), also eine *Fachlogik*. Die Gegenstände, um die es in der transzendentalen Logik geht, sind die Gegenstände möglicher Erfahrung. Regeln, welche sie enthält, sind exemplarisch die Grundsätze des reinen Verstandes als die „Regeln des objektiven Gebrauchs" der →Kategorien (KrV A 161 / B 200). Im Sinne von Kants Einteilung der Philosophie in der Vorrede zur *GMS* sind die Grundsätze „Gesetze der *Natur*", sie gehören in die reine, materiale Philosophie, und zwar in deren Abteilung *Metaphysik der Natur*: Die „materiale [Philosophie], welche es mit bestimmten [...] Gesetzen zu thun hat, [...] ist wiederum zwiefach. [Es sind] Gesetze der *Natur*, oder der *Freiheit*" (4:387). Die transzendentale Logik ist somit die Fachlogik der *Metaphysik der Natur*.

3 Transzendentale Logik als Kanon

„Der Theil der transscendentalen Logik also, der die Elemente der reinen Verstandeserkenntniß vorträgt, und die Principien, ohne welche überall kein Gegenstand gedacht werden kann, ist die transscendentale Analytik. [Diese ist] ein Kanon der Beurtheilung des empirischen Gebrauchs [des Verstandes]" (KrV A 62f. / B 87f.). Was der Verstand gebraucht, sind →Begriffe, und er gebraucht diese zum →Urteilen. Wie in der formalen, so haben wir auch in der transzendentalen Logik eine Begriffs- und eine Urteilslehre: „Verstand [als Vermögen der Begriffe] und Urtheilskraft haben demnach ihren Kanon des objectiv gültigen [...] Gebrauchs in der transscendentalen Logik" (KrV A 131 / B 170). Eine kanonische transzendentale Schlusslehre haben wir dagegen nicht, denn die Vernunft, also das Vermögen der Schlüsse, ist „in ihren Versuchen, über Gegenstände a priori etwas auszumachen [...] ganz und gar *dialektisch*" (KrV A 131f. / B 170f.). Die Begriffslehre der transzendentalen Logik handelt Kant ab unter dem Titel *Die Analytik der Begriffe* (KrV A 65–83 / B 90–116). Er entwickelt hier seine Theorie der Kategorien. In einem ersten Schritt, „der *metaphysichen* Deduction" bestimmt er den „Ursprung der Kategorien" (KrV B 159) und erklärt damit die epistemische Tatsache, dass der Verstand diese Begriffe besitzt und über sie verfügt. Der begriffliche Inhalt der Kategorien wird „durch ihre völlige Zusammentreffung mit den allgemeinen logischen Funktionen des Denkens" (KrV B 159) entdeckt. – In einem zweiten Schritt, der →transzendentalen Deduktion, beweist Kant, dass die Kategorien sich notwendigerweise auf Gegenstände beziehen. Der Beweis zeigt, dass nur Gegenstände möglicher Erfahrung unter die Kategorien fallen können und schränkt damit ihren Gebrauch kanonisch ein.

Die Urteilslehre der transzendentalen Logik handelt Kant ab unter dem Titel *Die Analytik der Grundsätze* (KrV A 130 / B 169; vgl. KrV A 130–293 / B 169–349). Die Grundsätze sind →synthetische Urteile a priori, und indem Kant sie beweist, erklärt er zugleich die Möglichkeit solcher Urteile. Damit erfüllt er „die eigentliche Aufgabe der reinen Vernunft" (KrV B 19), die „in einer transscendentalen Logik das wichtigste Geschäfte [...] und sogar das einzige" ist (KrV A 154 / B 193). Auch dieses Theoriestück gliedert sich in zwei Teile. Im ersten Hauptstück *Von dem Schematismus der reinen Verstandesbegriffe* (KrV A 137 / B 176; vgl. KrV A 137–235 / B 176–294) beantwortet Kant die Frage „Wie ist nun [...] die *Anwendung* der Kategorie auf Erscheinungen möglich?" (KrV A 137 / B 176). Diese Frage gehört zur transzendentalen Urteilslehre, weil ein Urteil mit kategorialem Prädikat (Materie ist Substanz) das Resultat einer solchen Anwendung ist. Kant löst das Anwendungsproblem, indem er die Kategorien im Hinblick auf die raumzeitliche Anschauung des Menschen qualifiziert. Die Schemata der Kategorien sind deren empirische Interpretationen, sie beschreiben die Bedingungen, die Erscheinungen erfüllen müssen, um unter die jeweilige Kategorie subsumiert werden zu können: „Wir wollen diese [...] Bedingung der Sinnlichkeit, auf welche der Verstandesbegriff in seinem Gebrauch restringirt ist, das *Schema* dieses Verstandesbegriffs [...] nennen" (KrV A 140 / B 179). So ist z. B. die Beharrlichkeit das Schema der Kategorie *Substanz*, d. h. die Beharrlichkeit einer Erscheinung X berechtigt die Urteilskraft, X in dem Urteil ‚X ist *eine Substanz*' unter diese Kategorie zu subsumieren. Mit dieser schematisierenden Interpretation der Substanzkategorie wird implizit behauptet, dass es Beharrliches gibt, denn andernfalls könnte die bereits bewiesene Anwendbarkeit der Kategorie nicht realisiert werden. Diese Behauptung macht der der Substanzkategorie entsprechende Grundsatz explizit: „Alle Erscheinungen enthalten das Beharrliche *(Substanz)*" (KrV A 182). Damit sind wir im zweiten Teil der transzendentalen Urteilslehre, dem Hauptstück „*System aller Grundsätze des reinen Verstandes* [...]. Jetzt ist unser Geschäfte: die *Urtheile*, die der Verstand unter dieser kritischen Vorsicht [nämlich: dem jeweiligen Schema einer Kategorie] wirklich a priori zu Stande bringt, in systematischer Verbindung darzustellen" (KrV A 148 / B 187; vgl. KrV A 148–235 / B 187–295). Im zweiten Teil der transzendentalen Urteilslehre werden so die in ihrem ersten Teil implizierten Behauptungen explizit gemacht und als Grundsätze des reinen Verstandes formuliert, erörtert und bewiesen.

Weiterführende Literatur

Krings, H.: „Logik, transzendentale", in: Ritter, Joachim / Günter, Karlfried / Gabriel, Gottfried (Hg.): Historisches Wörterbuch der Philosophie, Bd. 5, Darmstadt: Wissenschaftliche Buchgesellschaft 1980, 462–482.

Mohr, Georg: „Die transzendentale Logik“, in: ders.: Kant, Immanuel: Theoretische Philosophie. Texte und Kommentar, Bd. 3, Frankfurt/M.: Suhrkamp 2004, 150–323.

Patzig, Günther: „Immanuel Kant: Wie sind synthetische Urteile a priori möglich?“, in: Speck, Josef (Hg.): Grundprobleme der großen Philosophen. Philosophie der Neuzeit II, Göttingen: Vandenhoeck & Ruprecht 1976, 9–70.

Rohs, Peter: Transzendentale Logik, Meisenheim/Gl.: Anton Hain 1976.

Young, J. Michael: „Functions of thought and the synthesis of intuitions“, in: Guyer, Paul (Hg.): The Cambridge Companion to Kant, Cambridge: Cambridge University Press 1992, 101–122.

Rainer Stuhlmann-Laeisz

Lüge

Die Unwahrheit zu sagen, ist zwar eine notwendige, aber keine hinreichende Bedingung, eine Äußerung ‚Lüge‘ (*mendacium*) zu nennen. Wer die Unwahrheit aus Unwissenheit oder Irrtum sagt und sich dessen nicht bewusst ist (und also sagt, was er denkt), lügt nicht. Die Lüge ist vielmehr „das Widerspiel der Wahrhaftigkeit“, eine „vorsetzliche Unwahrheit“ (6:429), in der die Worte „das Gegentheil von dem (absichtlich) enthalten, was der Sprechende dabei denkt“ (6:429). Die Begriffe ‚Wahrhaftigkeit‘ und ‚Lüge‘ stehen in einem kontradiktorischen Verhältnis zueinander. Kant unterscheidet zwei Arten von Lüge: „1) wenn man das für *wahr* ausgiebt, dessen man sich doch als unwahr bewußt ist, 2) wenn man etwas für *gewiß* ausgiebt, wovon man sich doch bewußt ist subjectiv ungewiß zu sein“ (8:421f.). Zudem unterscheidet Kant die äußere Lüge gegenüber anderen Menschen und die innere Lüge sich selbst gegenüber (vgl. 8:421, 6:430). Weitere wichtige Stellen: KrV B 582ff.; 4:402f.; 4:419; 4:429; 4:441; 5:21; 5:87; 5:92; 6:37; 6:159; 6:238; 6:403; 6:420; 6:433; 6:481; 6:486; 7:180; 8:268ff.; 8:423ff.; 9:478; 9:484; 9:489f.; 11:332; *Refl.* 1518, 15:873; *Refl.* 6309, 18:604; *Refl.* 6734, 19:144; *Refl.* 6896, 19:199; *Refl.* 7067, 19:241; *Refl.* 7082, 19:245; *Refl.* 7202, 19:279; *Refl.* 7315, 19:312; *Refl.* 8096, 19:641; *Refl.* 8107, 19:649; 20:15; 20:24; 20:158; 22:126; 23:383; 23:403ff.

Philosophische Funktion

1 Lüge und die Pflicht gegen sich selbst zur Wahrhaftigkeit

In *MST* betrachtet Kant die Tugend der Wahrhaftigkeit im Kontext der Pflicht gegen sich selbst nur „*als moralisches Wesen*“, die „im *Formalen* der Übereinstimmung der Maximen seines Willens mit der *Würde* der Menschheit in seiner Person“ (6:420) besteht. Das dieser Tugend entgegenstehende Laster ist die Lüge, die Kant sogar als „größte Verletzung der Pflicht des Menschen gegen sich selbst“ (6:429; vgl. 8:422) bezeichnet. Sie ist „Wegwerfung und gleichsam Vernichtung [der] Menschenwürde“ (6:429). Wird sie entdeckt, so wird der Lügende zum „Gegenstande der Verachtung“ (6:429). Der Lügende degradiert sich so weit, dass er noch nicht einmal mehr als Sache angesehen werden kann, denn diese ist „etwas Wirkliches“, von dem „Gebrauch“ (6:429) gemacht werden kann. Weil der Lügende vorsätzlich etwas anderes sagt, als er denkt, verfolgt er einen Zweck, der „der natürlichen Zweckmäßigkeit seines Vermögens der Mittheilung seiner Gedanken“ (6:429) entgegengesetzt ist. Dies aber ist für Kant eine „Verzichtthuung“ des Menschen „auf seine Persönlichkeit“ (6:429) und eine „Nichtswürdigkeit, die den Menschen in seinen eigenen Augen verächtlich machen muß“ (6:430).

Für die Verurteilung der Lüge sind somit sowohl die Folgen als auch die Motive irrelevant. Ob man mit der Lüge sich selbst schadet oder anderen oder ob man gar einen guten Zweck verfolgt, spielt keine Rolle, allein entscheidend ist die Verletzung der Pflicht zur Wahrhaftigkeit. Der Schaden anderer würde zudem nicht einleuchtend machen, weshalb die Lüge eine Verletzung der Pflicht gegen sich selbst ist, sondern nur die „Verletzung der Rechte Anderer“ (6:430). Der Schaden, den man sich selbst zufügt, ist nur ein „Klugheitsfehler“ (6:429) und hat insgesamt keinen Bezug zur Moralität. Der Lügende verletzt also „durch die bloße Form“ (6:430) die Würde des Menschen in sich.

2 Wahrhaftigkeit und Sprache

Die eigentliche Lüge intendiert, in einer sprachlichen Mitteilung darüber zu täuschen, einen in subjektiver Beziehung aktualen Gedanken mitzuteilen. Sie verletzt damit eine vollkommene

Pflicht gegen sich selbst. Die Pflicht „gegen sich selbst zur *Wahrhaftigkeit*" (6:430) leitet sich nach Kant daraus her, dass der Mensch „sich selbst als physisches Wesen [...], nicht bloß als Mittel (Sprachmaschine) brauchen" (6:430) darf. Sein Sprachvermögen, das zu seinem physischen Wesen gehört und Gedanken mitteilt (im analogen Sinn von Mitteilung einer Bewegung [vgl. u. a. 5:19] auch durch Evokation seines Gedankens bei einem Zuhörer), ist an den inneren Zweck der Gedankenmitteilung seines moralischen Wesens gebunden. Wahrhaftigkeit ist, diesen inneren Zweck zu beachten, und sie ist insofern „Bedingung der Übereinstimmung" (6:430) von Erklärungen des moralischen Wesens mit dem physischen Vermögen des Sprechens. Sie ist somit Pflicht gegen sich selbst. Ohne Wahrhaftigkeit ist das Sprachvermögen nur bloßes Mittel, nur „Sprachmaschine" (6:430). Die Lüge ist Missbrauch des Sprachvermögens, da Sprache ohne korrespondierendes denkendes Subjekt nur imitiert, die Präsenz des Gedankens eines Subjekts in der Sprache nur vorgetäuscht wird. Für Kant ist der sprachlich ausgedrückte Gedanke unmittelbar an den Menschen als „homo noumenon" (6:430) gebunden. Die Sprache hat ursprünglich den inneren Zweck, Ausdruck dieses Wesens im „homo phaenomenon" (6:430) zu sein.

3 Die innere Lüge

Im Unterschied zur äußeren Lüge als unwahrhafte Mitteilung gegenüber anderen ist nach Kant auch eine Unaufrichtigkeit sich selbst gegenüber, die innere Lüge möglich. Die „Wirklichkeit" (6:430) der inneren Lüge ist leicht zu erweisen, „aber ihre Möglichkeit zu erklären, scheint doch schwerer zu sein" (6:430). Als Beispiel erwähnt Kant, wie sich jemand selbst schmeichelt, aus Achtung vor dem Sittengesetz zu handeln, obwohl er fühlt, dass seine Triebfeder nur die Furcht vor Strafe ist (vgl. 6:430). Er täuscht sich vorsätzlich, indem er es unterlässt, den Schein, der ihn täuscht, zu durchschauen und verhindert aus bloßer Eitelkeit oder aber aus dem innigen Wunsch heraus, sittlich vollkommen zu sein, Selbsteinsicht (vgl. auch 7:153). Oft betrifft die innere Lüge das Gewissen. Denn Gewissenhaftigkeit ist „Lauterkeit des Bekenntnisses vor seinem *inneren* Richter" (6:430). Indem nun der Wunsch, moralisch gut zu sein, schon „für die That genommen wird" (6:430) und insofern kein wahrhaftes Versprechen gegen sich selbst ist, täuscht sich der Bekennende über sich selbst. Er ist deshalb nicht gewissenlos, sondern nur nicht gewissenhaft, seine „Unredlichkeit" (6:430) geht auf seine „menschliche Schwachheit" (*Refl.* 7123, 19:309) zurück. Die (innere) Lüge verdient die „ernstlichste Rüge: weil von einer solchen faulen Stelle (der Falschheit, welche in der menschlich Natur gewurzelt zu sein scheint) aus das Übel der Unwahrhaftigkeit sich auch in Beziehung auf andere Menschen verbreitet, nachdem einmal der oberste Grundsatz der Wahrhaftigkeit verletzt worden [ist]" (6:430f.).

4 Die Nicht-Universalisierbarkeit des Lügens

Am Beispiel der Lüge erläutert Kant mehrfach auch, dass der kategorische Imperativ Moralkriterium von Maximen (subjektiven Handlungsgrundsätzen) ist. In *GMS* (vgl. 4:402f.; 4:419; 4:422; 4:429) erörtert er das lügenhafte Versprechen, das Depositums-Beispiel, in der *KpV* das falsche Zeugnis. In der *GMS* prüft Kant exemplarisch für eine vollkommene Pflicht gegen andere (nicht gegen sich selbst, wie in *MST*): ob man es sich zum Handlungsgrundsatz machen darf, wenn man „im Gedränge" ist, ein Versprechen abzugeben, „in der Absicht, es nicht zu halten" (4:402). Ohne Gewicht sind dabei die Folgen der Handlung, da sie empirisch kontingent sind. Kant zufolge ist eine solche Maxime pflichtwidrig, weil sie sich nicht im Sinne des kategorischen Imperativs verallgemeinern lässt. So heißt es im „Ersten Abschnitt" der *GMS*, „daß ich zwar die Lüge, aber ein allgemeines Gesetz zu lügen gar nicht wollen könne" und dass „meine Maxime, so bald sie zum allgemeinen Gesetze gemacht würde, sich selbst zerstören müsse" (4:403), und im „Zweiten Abschnitt" insistiert Kant erneut darauf, „daß sie niemals als allgemeines Naturgesetz gelten und mit sich selbst zusammenstimmen könne, sondern sich nothwendig widersprechen müsse" (4:422). Dies gilt nach Kant a priori. Da „es vergeblich wäre, meinen Willen in Ansehung meiner künftigen Handlungen andern vorzugeben, die diesem Vorgeben doch nicht glauben, oder, wenn sie es übereilter Weise thäten, mich doch mit gleicher Münze bezahlen würden" (4:403), lassen sich Lügen-Maximen nicht aufrecht halten.

5 Lüge, Freiheit und Recht

Wer lügt, „stimmt nicht mit seiner Freiheit überein, weil er durch die Lüge gebunden ist" (28:250). Bezogen auf sein zukünftiges Leben muss er sich gemäß seiner eigenen Lüge verhalten und schränkt so sein Vermögen der freien vernünftigen Zwecksetzung ein. Um dies noch aufrecht zu erhalten, ist er gegebenenfalls zu anderen Lügen gezwungen und läuft Gefahr sich ‚im Gestrüpp von Lügen zu verheddern'. Nur derjenige, der mit seiner Freiheit überstimmt, führt sein Leben auf ein widerspruchfreies Ganzes hin, er „*stimmt mit dem ganzen Leben überein*" (28:250). Dies ist nicht nur eine Erwägung unter Klugheitsaspekten, sondern auch Pflicht (vgl. auch 6:37).

Auch im Falle eines „lügenhafte[n] Versprechen[s]" (4:429), bezogen auf andere, hat die Lüge moralische Relevanz. Ein lügenhaftes Versprechen bedient „sich eines andern Menschen *bloß als Mittels*" (4:429). Mit ihm wird die Freiheit eines anderen missachtet. Der andere muss, wenn er „zugleich den Zweck in sich enthalte" (4:429), in gleicher Weise gegen sich verfahren können, was offenkundig nicht sein kann. Jemanden durch ein lügenhaftes Versprechen zu seinen Absichten zu gebrauchen, impliziert gerade, dass die Zwecke der Handlung nicht geteilt werden können. Der Andere wird als praktisches Subjekt mit seinen möglichen vernünftig-praktischen Zwecken im Falle eines lügenhaften Versprechens nicht geachtet. Die Lüge ist auch im Recht von Bedeutung. Explizit Erwähnung findet sie in *MSR* im Kontext des angeborenen Rechts auf Freiheit. Im Unterschied zu anderen Handlungen ist die Mitteilung von Gedanken, eine „bloße[] Erklärung" (6:238 Anm.), sei sie aufrichtig oder unaufrichtig, eine Handlung, die die Freiheitsrechte anderer nicht beschneidet, „weil es bloß auf ihnen beruht, ob sie ihm glauben wollen oder nicht" (6:238). Damit steht sie dem Rechtsprinzip, wonach jede Handlung recht ist, „die oder nach deren Maxime die Freiheit der Willkür eines jeden mit jedermanns Freiheit nach einem allgemeinen Gesetze zusammen bestehen kann" (6:230), noch nicht entgegen. Rechtlich relevant wird die Lüge erst, wenn sie einem anderen schadet und damit „einem anderen unmittelbar an seinem Rechte Abbruch thut" (6:238 Anm.). Dies ist z. B. dann der Fall, wenn jemand in betrügerischer Absicht einen Vertrag schließt, Kant nennt es das „falsche Vorgeben eines mit jemandem geschlossenen Vertrags, um ihn um das Seine zu bringen (falsiloquium dolosum)" (6:238 Anm.; vgl. auch 8:426). Ist aber der von A in betrügerischer Absicht geschlossene Vertrag nur eine Reaktion auf einen Betrug von B, so ist B durch die Lüge kein Unrecht geschehen. Allerdings legitimiert dies die Lüge auch rechtlich gesehen nicht, da der Lügende zwar nicht gegen einen Einzelnen, aber auf jeden Fall der Menschheit gegenüber ein Unrecht begeht, da sie der Grundlage des Rechts überhaupt widerstreitet. Die Erlaubnis zu lügen würde als allgemeine Befugnis das Vertrauen zerstören, das für die Möglichkeit von Verträgen unabdingbar sei. Damit wird nach Kant der Menschheit überhaupt Unrecht angetan (vgl. 8:426). Sie schadet „jederzeit einem Anderen, wenn gleich nicht einem andern Menschen, doch der Menschheit überhaupt, indem sie die Rechtsquelle unbrauchbar macht" (8:426). Insofern Menschen durch Verträge ihre äußere Freiheit gesetzlich in Übereinstimmung bringen, hebt der Lügende überhaupt die Idee der Vereinigung der Menschen als das Zusammenstimmen in ihrer äußeren Freiheit auf. Eine Gesellschaft nach Rechtsprinzipien wäre demnach überhaupt unmöglich. Dieses Argument hat Kant vor allem gegen Constant in *Vermeintes Recht* entwickelt.

In diesem Aufsatz argumentiert Kant gegen die Möglichkeit von Ausnahmen vom allgemeinen Lügenverbot. Kant macht deutlich, dass es auch in einer Extremsituation, in der z. B. ein potentieller Mörder an unsere Tür klopft und von uns wissen will, ob ein Freund von uns in unserem Hause Zuflucht gesucht hat, keine Ausnahme vom Lügenverbot geben kann und die Lüge aus Notwehr oder Nothilfe Unrecht ist. Kant behauptet hier nicht, dass dem potentiellen Mörder mit der Lüge ein Unrecht geschieht, sondern er argumentiert damit, dass durch die Lüge die „Rechtsquelle" (8:426) überhaupt unbrauchbar gemacht wird.

Weiterführende Literatur

Annen, Martin: Das Problem der Wahrhaftigkeit in der Philosophie der deutschen Aufklärung: Ein Beitrag zur Ethik und zum Naturrecht des 18. Jahrhunderts, Würzburg: Königshausen & Neumann 1997, 97–124.

Geismann, Georg; Oberer, Hariolf: Kant und das Recht der Lüge. Königshausen & Neumann: Würzburg 1986.

Korsgaard, Christine M.: „The Right to Lie: Kant on Dealing with Evil", in: Rachels, James: Ethical Theory, Oxford University Press: Oxford 1998, 530–553.

Mahon, James E.: „Kant and the Perfect Duty to Others not to Lie", in: British Journal for the History of Philosophy, 14, 2006, 653–685.

Sedgwick, Sally: „On Lying and the Role of Content in Kant's Ethics", in: Kant-Studien 82, 1991, 42–62.

Beate Marschall-Bradl / Red.

Materie (physikalisch)

Materie im physikalischen Sinne bestimmt Kant zumeist als „das Bewegliche im Raum" (21:491; 21:507; 21:621; 22:149; 22:173; 22:266; 22:523) oder „das *Bewegliche*, sofern es einen *Raum erfüllt*" (4:496). Unter einer materiellen Substanz versteht Kant entsprechend dasjenige, was für sich, d. h. unabhängig von allem anderen, beweglich ist (vgl. 4:502). Im *Op. post.* wird der Materiebegriff auch dahingehend spezifiziert, dass Materie das ist, „was den Raum *einnimt* entweder *durchdringend* oder *erfüllend* Licht und Wärme das erstere für *Anschauung* die andere für *Gefühl*" (21:89). Im Zuge der stärkeren Akzentuierung transzendentalphilosophischer Überlegungen zur Unmöglichkeit des Vakuums im Nachlasswerk stellt Kant fest: „Materie ist das was den Raum zum Gegenstand der Sinne macht" (22:508; vgl. 21:535).

Kant unterscheidet gelegentlich einen empirischen von einem a priori gegebenen Begriff der Materie, ohne dass diese Abgrenzung klar bestimmt würde. So soll die in den *MAN* angekündigte „Metaphysik der Natur" „den empirischen Begriff einer Materie" zugrunde legen (4:470). Im *Op. post.* heißt es dann jedoch, „die Methodenlehre gebietet von den metaphysischen Anfangsgründen der Naturwissenschaft zur Physik von Begriffen der Natur die a priori gegeben sind zu empirischen welche ein Erfahrungserkentnis liefern *überzuschreiten*" (21:387), was bedeutet, dass der in den *MAN* unterstellte Begriff a priori gewesen sein muss (vgl. Tuschling, *Metaphysische und transzendentale Dynamik*, S. 62). Im Unterschied zu den in seiner Zeit vorherrschenden atomistischen Theorien, für die sich die ersten Materieeinheiten nur durch Größe und Gestalt unterscheiden sollten, ging Kant von der Existenz ursprünglich verschiedener Grundmaterien aus (vgl. 14:212).

Charakteristisch für Kant ist sein grundsätzlich dynamistisches Materieverständnis. Allen weiteren Modifikationen zum Trotz bleibt er seit der *Monadologia physica* bei dieser Auffassung, der zufolge Materie durch Grundkräfte (meist der Attraktion und Repulsion) konstituiert wird. Weitere wichtige Stellen: 1:264ff.; 1:371ff.; 1:477ff.; 4:496ff.; *Refl.* 44, 14:282ff.; 22:136f; 21:538.

Vorgeschichte und historischer Kontext

Kants Materieauffassung ist grundsätzlich dem Dynamismus zurechnen. Im Unterschied zur atomistischen Theorie betrachtet der Dynamismus Ausdehnung und Undurchdringlichkeit nicht als die ersten Eigenschaften des Materiellen, sondern leitet diese ihrerseits aus grundlegenden Kräften ab. Dynamistische Materietheorien entwickelten sich als unorthodoxe Positionen innerhalb des Newtonianismus, die die von Newton postulierten Kräfte als materiekonstitutiv konzipierten (entgegen Newtons eigener Auffassung). Im Zentrum steht dabei ein Zusammenwirken attraktiver und repulsiver Kräfte, deren Verhältnis im Einzelnen aber unterschiedlich bestimmt wird (vgl. hierzu insbes. Carrier, *Kants Theorie der Materie*, S. 175–180). Ebenso steht Leibniz' Monadenlehre im Hintergrund von Kants Auffassung (vgl. Watkins, *Simples*).

Die am weitesten ausgearbeitete Version einer solchen Theorie hat Roger (Rudjer) Boscovich 1759 mit seiner *Philosophiae naturalis theoria* vorgelegt. Im Gegensatz zu Kants Balancemodell, demzufolge Materielles durch den Ausgleich der gleichzeitig in entgegengesetzter Richtung wirkenden Grundkräfte konstituiert wird, findet sich bei Boscovich ein Alternationsmodell, bei dem sich die entgegengesetzen Grundkräfte in ihrer Wirkung abwechseln. Vorbilder für das Balancemodell finden sich u. a. in Hermann Boerhaaves Theorie des Wärmestoffs; im Unterschied zu Kant haben die entgegengesetzten Kräfte hier ihren Sitz in verschiedenen Teilchensorten (vgl. Carrier, *Kants Theorie der Materie*, S. 177f.). Ein möglicher Einfluss der Theorien Boscovichs auf Kant wird von der Forschung größtenteils verneint, nicht nur, weil dessen Hauptwerk erst nach der *Monadologia physica* erschien, sondern auch wegen der erwähnten theoretischen Differenzen (vgl. Adickes, *Kant als Naturforscher*, Bd. 1, S. 172; Carrier, *Kants Theorie der Materie*; Sarmiento, *Kant's definition of the monad*). Zu größerer Bekanntheit gelangte die dynamistische Materiekonzeption später v. a. durch Joseph Priestleys 1777 erschienene *Disquisitions relating to matter and spirit*.

Philosophische Funktion

Zu den auffallenden Charakteristika von Kants Materieauffassung gehört, dass sie sich im Verlauf seines Schaffens mehrmals erheblich wandelt.

Die folgende Darstellung orientiert sich daher weitgehend an der chronologischen Abfolge der Theorieentwürfe; zu Erklärungen dieses Wandels s. unter „Interpretationslage".

1 Früher Atomismus und Kosmologie

In *De igne* (1755) argumentiert Kant noch in traditionell atomistischer Weise. Feste Körper sollen nicht durch einen direkten Kontakt zwischen ihren „molecul[is]" (1:372) zusammengehalten werden, sondern vermittels einer elastischen Materie (eines Äthers also, vgl. 1:371; 1:375). In der *Theorie des Himmels* (1755) versucht Kant, Kosmologie und Kosmogonie nach mechanischen Gesetzen, auf Grundlage einer kräftebasierten Konzeption des Ursprungs und der Formation der Materie zu etablieren, in der die später zentralen Kräfte der Attraktion und Repulsion schon zum Einsatz kommen (vgl. 1:263f.). Die ursprünglich chaotische Weltmaterie soll hier sowohl anziehende als auch zurückstoßende Kräfte besitzen (vgl. 1:225; in 1:264 auch als „wesentliche Kräfte" bezeichnet), die unterschiedliche Funktionen erfüllen: Aufgrund der Anziehungskraft sammeln die Elemente höherer Dichtigkeit „aus einer Sphäre rund um sich alle Materie von minder specifischer Schwere" (1:264), durch die Zurückstoßungskraft werden sie „von der geradlinichten Bewegung seitwärts gelenkt", also ihre Bewegung modifiziert (1:265; vgl. 1:225). Die Verschiedenheit der Gattungen und Teile der Materie lässt sich als Wirkung der Zurückstoßung erklären (vgl. 1:264–266). Materielle Dinge sind der *Theorie des Himmels* zufolge aus Partikeln von unterschiedlicher spezifischer Dichtigkeit zusammengesetzt (vgl. 1:270). Es ist jedoch zu beachten, dass sich Kants Ausführungen hier nicht auf die Konstitution der Materie beziehen; es ist nicht klar zu bestimmen, ob Kant 1755 noch Atomist war oder schon eine alternative Konzeption verfolgte.

2 Physische Monaden

In der *Monadologia physica* (1756) entwickelt Kant die erste Fassung einer Materietheorie, die nicht Ausdehnung und Undurchdringlichkeit als die primären Eigenschaften der Materie ansetzt, sondern diese ihrerseits auf die Grundkräfte der Attraktion und Repulsion zurückführt. Monaden werden zunächst wie auch bei Leibniz als einfache und unteilbare Substanzen bestimmt, aus denen die Körper zusammengesetzt sind. Demgegenüber soll der Raum ins unendliche teilbar sein. Materielles ist danach nicht unendlich teilbar und besteht aus einer bestimmten, endlichen Anzahl einfacher Elemente (vgl. 1:477–479). Kants Theorie in der *Monadologia physica* ist damit grundsätzlich noch zum Atomismus zu zählen (vgl. Carrier, *Kants Theorie der Materie*, S. 179).

Kant führt in diesem Zusammenhang eine für seine gesamte Materietheorie zentrale Unterscheidung ein, nämlich die zwischen dem bloßen *Einnehmen* eines Raumes bzw. der bloßen Existenz im Raum und dem *Erfüllen* eines Raumes. Mittels ihrer setzt er die unendliche Teilbarkeit des Raumes mit der endlichen Teilbarkeit der Materie in ein Verhältnis: Die einfachen Elemente der Körper existieren nicht nur als geometrische Körper im Raum, sondern erfüllen ihn zugleich als physikalische Körper. Dadurch ist widerspruchsfrei darstellbar, wie (physikalisch) unteilbare Elemente einen zugleich (geometrisch) weiter teilbaren Raum einnehmen können (vgl. 1:480). Wird der Raum, den eine Monade einnimmt, geteilt, so betrifft dies nicht die Substanz selbst hinsichtlich ihrer inneren Bestimmungen, sondern nur die extensive Größe ihrer Gegenwart (vgl. 1:481). Die physische Monade bestimmt den Raum ihrer Gegenwart nicht durch eine Mehrzahl ihrer substantiellen Teile („pluralitate partium suarum substantialium", 1:480), sondern durch eine Sphäre der Wirksamkeit („sphaera activitatis", 1:480), durch die sie angrenzende Monaden abhält. Die Kraft, durch die eine Monade ihre Sphäre der Wirksamkeit bestimmt, entspricht dem, was üblicherweise Undurchdringlichkeit genannt wird (vgl. 1:482). Diese reicht aber zur Materiekonstitution nicht aus, denn durch die Kraft der Undurchdringlichkeit allein hätten die Körper kein bestimmtes Volumen. Also muss ihr die Anziehung als gleichermaßen ursprüngliche Kraft an die Seite gestellt werden, um mit ihr gemeinsam die Schranke der Ausdehnung eines Körpers zu bestimmen („cum illa coniunctim limitem definiens extensionis", 1:483). Hinsichtlich der quantitativen Bestimmung der Grundkräfte ist Kant der allerdings vorsichtig formulierten Ansicht, dass die Repulsionskraft umgekehrt proportional zum Kubus der Entfernung vom Zentrum der Monade abnimmt, die Attraktionskraft jedoch umgekehrt proportional zum Quadrat der Entfernung (vgl. 1:484). Bereits in der *Monadologia physica* ist Kant der Auffassung, dass die unterschiedliche Dichte von Körpern nicht auf die unterschiedliche Packungsdichte der Korpuskeln, sondern auf die ursprünglich verschiedene Masse und damit unterschiedliche Dichte der ersten Materieeinheiten zurückzuführen ist (vgl. Carrier, *Kants Theorie der Materie*, S. 174; Lefèvre/Wunderlich, *Kants naturtheoretische Begriffe*, Stichwort „Materien"). Als dritte essentielle Kraft tritt in der *Monadologia physica* die Trägheitskraft hinzu, die für jede Materieart spezifisch sein soll, jedoch nicht an der Balance von Attraktion und Repulsion beteiligt ist.

3 Reflexion 44

Die materietheoretischen Überlegungen in der von Adickes auf 1775–1777 datierten *Refl.* 44 weisen in einigen Hinsichten mehr Ähnlichkeiten mit dem *Op. post.* auf als mit den dazwischen verfassten *MAN* (vgl. Tuschling, *Metaphysische und transzendentale Dynamik*, S. 32–36). Wie im *Op. post.* stehen vermeintliche Randthemen wie unterschiedliche Materiearten (Äther, Wärme, Licht, Elektrizität, magnetische Materie), die Kohäsion von Körpern oder die Aggregatzustände im Vordergrund. Neben der alles durchdringenden Kraft der Anziehung stehen hier die „alles durchfließende Materie" des Äthers (14:289), Licht und Wärme als zwei weitere durchdringende und zugleich stoßende Kräfte, sowie Elektrizität und Magnetismus als „[r]espectiv durchdringend" (14:291). Der Äther genießt gegenüber den anderen Materiearten eine Sonderstellung, denn er ist keine besondere Materieart, „sondern alle Materien bestehen aus aether, der [...] in verschiedenen Graden angezogen wird. Diese Anziehung ist nicht die der gravitation, sondern welche die Zitterungen des aethers hemmt" (14:336). Als Beweis für die Existenz der „Grundkraft der gravitation" gilt hier der Umstand, dass Schwere nicht durch Stoss erklärt werden kann (14:295). Der Äther wird durch die Attraktion aller Materie des Universums zusammengedrückt und ist der Grund allen Zusammenhangs (die „Gebahrmutter" der Körper, 14:295) und damit für das schwierige Problem zuständig, wie der Zusammenhang von Materieteilen zu einem bestimmten Körper zu erklären ist. Die Argumente, warum zwei einander ausgleichende Grundkräfte benötigt werden, gleichen denen der *Monadologia physica* und der *MAN*; jedoch ist hier nur die Rede davon, dass „[b]estimmte Materien" von den beiden Grundkräften abhängen (14:296), ganz im Unterschied zu deren universeller Bedeutung 1756 und 1786. Von der Annahme letzter Materieeinheiten nimmt Kant in *Refl.* 44 bereits Abstand, hier mit dem Argument: „Erste untheilbare Elemente, die sich nach Newton in verschiednen Entfernungen treiben, sind unmöglich, weil ihre eigene Gestalt und Größe von ihrer Anziehung abhängen würde, die aber, da sie, ie weniger sie Masse haben, desto kleiner ist, eine unendlich kleine Dichtigkeit haben würde" (14:328f.).

4 Die Metaphysischen Anfangsgründe der Naturwissenschaft

Aufgabe der *MAN* (1786) ist es, den „Begriff der Materie [...] durch alle vier genannte Functionen der Verstandesbegriffe" (4:476), also hinsichtlich der vier Kategoriengruppen, zu bestimmen. Da die Grundbestimmung eine Gegenstandes äußerer Sinne Kant zufolge aber die Bewegung sein soll (weil nur durch Bewegung die Sinne affiziert werden, vgl. 4:476), orientieren sich die vier Teile der *MAN* primär am Begriff der Bewegung und nicht der Materie. Der Materietheorie im engeren Sinne ist die „*Dynamik*" (4:496ff.), das zweite Hauptstück der *MAN*, gewidmet. Kants Theorie gleicht hier derjenigen aus der *Monadologia physica* insofern, als Materie auch hier durch die beiden Grundkräfte der Attraktion und Repulsion konstituiert werden soll. Im Unterschied zur *Monadologia physica* behauptet Kant nun jedoch, dass auch die Materie (und nicht nur der Raum) unendlich teilbar ist, das Konzept der physischen Monaden wird also aufgegeben (vgl. die deutliche Selbstkritik in 4:521).

Der dynamischen Erklärung des Begriffs zufolge ist Materie „das *Bewegliche*, sofern es einen *Raum erfüllt*" (4:496). Unter dem Erfüllen eines Raumes ist auch hier eine spezifischere Bestimmung des Einnehmens eines Raumes zu verstehen: Während einen Raum einzunehmen lediglich bedeutet, „in allen Punkten desselben unmittelbar gegenwärtig zu sein" (4:497 Anm.) und damit die Ausdehnung eines Dinges zu bestimmen, erfüllt ein Körper einen Raum dann, wenn er zugleich auch anderen Körpern widersteht, die in den von ihm erfüllten Raum eindringen wollen. Dieser Widerstand ist vom mechanischen zu unterscheiden, den ein Körper leistet, wenn er aus einem Ort „*getrieben*“, also selbst bewegt werden soll (4:496 Anm.). Entscheidend ist für Kants Theorie nun, dass Materie einen Raum „nicht durch ihre bloße Existenz, sondern durch eine *besondere bewegende Kraft*“ erfüllt (4:497). Dies ist eine Reformulierung der bekannten These, wonach Undurchdringlichkeit keine primäre Eigenschaft des Materiellen ist (denn dann würde sie schon aufgrund ihrer bloßen Existenz Widerstand leisten; vgl. bes. 4:497f. Anm. zum ersten Lehrsatz der *MAN*).

Dass Materie einen Raum erfüllt, ist Kant zufolge auf repulsive Kräfte zurückzuführen, und zwar jeweils aller ihrer Teile (da der Raum sonst nicht durchgängig erfüllt wäre, was eine zentrale Forderung Kants ist). Ein materielles Ding hat danach eine ihr eigentümlich zukommende „Ausdehnungskraft“, die einen bestimmten Grad aufweist (4:499). Auf dem Widerstand, den die Materie aufgrund ihrer Zurückstoßungskraft leistet, basiert ihre Undurchdringlichkeit.

Im vierten Lehrsatz der *MAN* stellt Kant schließlich fest, dass die Materie „*ins Unendliche theilbar*“ ist, wobei jeder dieser Teile wiederum selbst materiell ist (4:503). Er behält dabei grundsätzlich die Überlegung aus der *Monadologia physica* bei, dass die durch die Mathematik etablierte unendliche Teilbarkeit des Raumes nicht umstandslos auf die Materie übertragen werden kann. Beweisen lässt sich die unendliche Teilbarkeit der Materie Kant zufolge schließlich nur aufgrund der zweiten Antinomie in der *KrV*. Die Grundüberlegung hierbei besagt, dass ein unendlich Teilbares nicht aus unendlich vielen Teilen bestehen muss.

Hinsichtlich des Verhältnisses der beiden Grundkräfte ist festzuhalten, dass Materie nur aufgrund ihres Zusammenwirkens erklärt werden kann, das näher als ein Balance- oder Konfliktverhältnis bezeichnet werden kann. Die Anziehungskraft muss eine Grundkraft sein, weil das Ausdehnungsvermögen der Materie nicht durch sich selbst eingeschränkt werden kann, ebensowenig durch den Raum allein. Es muss also eine der Repulsion entgegengesetzte, zusammendrückende Kraft angenommen werden, die nicht Ausdehnung, sondern Annäherung bewirkt. Die Repulsionskraft ohne Einschränkung durch die Anziehungskraft hätte zur Folge, dass alle Materie „sich ins Unendliche zerstreuen“ würde (4:508). Ebenso lässt sich zeigen, dass Materie auch nicht allein aufgrund der Anziehungskraft erklärt werden kann: ohne Widerstand durch repulsive Kräfte würden alle Teile der Materie sich einander uneingeschränkt annähern, bis alle „in einen mathematischen Punkt zusammenfließen, und der Raum würde leer, mithin ohne alle Materie sein“ (4:511). Die beiden Grundkräfte unterscheiden sich allerdings hinsichtlich ihrer Wirkungsweise: Während die Zurückstoßungskraft nun im Gegensatz zur *Monadologia physica* als eine Flächenkraft bezeichnet wird, d. h. eine solche, wodurch Materien „nur in der gemeinschaftlichen Fläche der Berührung unmittelbar auf einander wirken können“, handelt es sich bei der Anziehungskraft um eine „*durchdringende*“ (4:516), also eine Fernwirkungskraft. Aus dem Zusammenwirken der ursprünglichen Anziehungskraft mit der ihr entgegenwirkenden Zurückstoßungskraft müsste sich, so Kant, die Einschränkung der Zurückstoßungskraft quantitativ bestimmten lassen, und damit auch „die Möglichkeit eines in einem bestimmten Grade erfüllten Raumes“ (4:517), d. h. der für eine bestimmte Materie spezifischen Dichtigkeit. In einem Brief an Jacob Sigismund Beck vom 16. Oktober 1792 bemerkt Kant, dass, während die allgemeine Anziehung für alle Materiearten gleich ist, die Repulsion eine für jede Materieart spezifische Größe besitzen und somit deren spezifische Dichtigkeit erklären soll. Dies „führt doch gewissermaaßen auf einen Cirkel aus dem ich nicht herauskommen kan und darüber ich mich noch selbst besser zu verstehen suchen muß“ (11:377; zum Verständnis dieses Zirkels s. unter „Interpretationslage“).

Kant macht in der *Allgemeinen Anmerkung zur Dynamik* (4:523) deutlich, dass die von ihm angenommenen Grundkräfte nicht als wahrnehmbare oder messbare Kräfte zu verstehen sind, sondern nur als für die Konstitution der Materie notwendig anzusehen sind; sie „können nur angenommen werden, wenn sie zu einem Begriff, von dem es erweislich ist, daß er ein Grundbegriff sei, der von keinem anderen weiter abgeleitet werden kann (wie der der Erfüllung des Raumes) unvermeidlich gehören“ (4:524). In diesem Sinne ist die Gravitation auch nur eine „*Wirkung*“ der allgemeinen Anziehung (4:518). Daraus ergibt sich allerdings unmittelbar die Schwierigkeit, wie ihre quantitativen Verhältnisse zufriedenstellend zu bestimmen sind; dies ist a priori eigentlich nicht mehr möglich.

5 Das Opus postumum und der „Übergang“

Hinsichtlich des *Op. post.* ist verschiedentlich festgestellt worden, dass Kant hier in einigen Hinsichten auf den Stand vor den *MAN* zurückkehrt. So bemerkt Tuschling eine generelle Unzufriedenheit Kants mit der Materietheorie der *MAN* (vgl. Tuschling, *Metaphysische und transzendentale Dynamik*, S. 35–39), und Carrier konstatiert, dass die Rückkehr zu Ätherhypothesen dem Umstand geschuldet sein könnte, dass Kant einerseits Vakua innerhalb der Körper strikt ablehnte, andererseits mit den Mitteln der *MAN* keine befriedigende Erklärung für diese Auffassung anbieten konnte (vgl. Carrier, *Kants Theorie der Materie*, S. 183f.). Offenkundig ist Kant nun der Überzeugung, dass der Äther den jeweiligen Repulsivkräften entgegenwirkt und damit die verschiedenen Dichtigkeiten der Materien erklärt. Unübersehbar ist auch eine Verschiebung der Themenlagen: Probleme wie der Zusammenhang fester und flüssiger Körper (Kohäsion), die Erklärung der Aggregatzustände, Dichtigkeit, Ponderabilität, Sprödigkeit oder Elastizität, die in den *MAN* nur am Rande in den Anmerkungen diskutiert wurden, treten nun ins Zentrum. Tuschling weist weiter darauf hin, dass Kant auch das Konflikt- oder Balancemodell der Grundkräfte modifiziert (vgl. Tuschling, *Metaphysische und transzendentale Dynamik*, S. 60): „Anziehung u. Abstoßung beydes als Flachenkraft (cohaesio et expansio) Anziehung u. Abstoßung beydes als durchdringende Körperliche Kraft (gravitatio et caloricum)“ (21:387). Hier werden also anscheinend insgesamt vier Grundkräfte angenommen, wobei je zwei Formen der Anziehung und Abstoßung unterstellt werden. Anstelle des Zusammenwirkens einer durchdringenden (Attraktion) und einer Flächenkraft (Repulsion) soll nun die Wirkung der Repulsion durch eine weitere Flächenkraft in Gestalt der Kohäsion, die der Attraktion durch eine weitere durchdringende Kraft in Gestalt der Wärme ausgeglichen werden.

Ein weiterer gegenüber den *MAN* neuer Aspekt liegt in den nun entwickelten transzendentalphilosophischen Argumenten gegen den Atomismus. Kant behauptet, dass der Atomismus „an sich selbst wiedersprechend“ sei (22:611; vgl. Adickes, *Kants Opus postumum*, S. 363f.), da er (1) die Existenz leerer und damit nicht erfahrbarer Räume postuliert; „der sachleere Raum“ ist aber kein Objekt möglicher Erfahrung (22:611; vgl. 21:535; 22:526). Kant geht demgegenüber von der Kontinuität möglicher Erfahrung aus: „Alle Erfahrungen aber sind unter einander verknüpft und das Object derselben macht die Materie aus“, bzw. die Materie ist „ein Object aller vereinigten moglichen Erfahrung“ (21:538). (2) Desgleichen widerspricht der Atomismus der von Kant als Tatsache vorausgesetzten unendlichen Teilbarkeit der Materie (vgl. 22:611). Aus den *MAN* beibehalten wird allerdings die Behauptung, dass der Atomismus auch daran scheitert, dass er die spezifischen Dichtigkeiten unterschiedlicher Materien nicht erklären kann (vgl. 21:579; 22:554–555; 4:523f.; vgl. Friedman, *Kant and the Exact Sciences*, S. 218).

Im Zusammenhang des Übergangs von der Metaphysik zur Physik nimmt Kant eine Zuordnung der allgemeinsten Eigenschaften der Materie zu den Kategorien vor (vgl. 22:136f.; vgl. Adickes, *Kants Opus postumum*, S. 164). Als „attractiver Weltstoff“ (22:136) ist alle Materie entweder wägbar oder unwägbar und insofern durch die Kategorien der Quantität bestimmt. Als „repulsiver (expansiver) Weltstoff“ ist die Materie sperrbar („coercibel“) oder unsperrbar („incoercibel“); dies entspricht den Kategorien der Qualität (22:137). Nach den Relationskategorien ist die Materie als physischer Körper durch die ihr innerlichen bewegende Kräfte bestimmt („cohäsibel“ oder „incohäsibel“, 22:137). Der Modalität nach wird die Materie als unveränderlicher allgemeiner Stoff, der alle bewegenden Kräfte in Bewegung setzt und erhält, bestimmt; hier scheint die „Nothwendigkeit eines gleichartigen Ganzen aller Materie“ (22:137) im Vordergrund zu stehen.

6 Das Problem der Grundmaterien

Die zu Kants Zeit vorherrschenden atomistischen Materietheorien stimmten weitgehend darin überein, dass die ersten Materieeinheiten sich nur in Größe und Gestalt unterscheiden sollten. Unterschiede zwischen den verschiedenen Materien sollten auf eine unterschiedliche Zusammensetzung aus den ersten Materieeinheiten zurückgeführt werden. Kant unterstellt dagegen keine einheitliche, sondern „[v]erschiedene Grundmaterien“ als „ursprünglich verschiedene Materien“ (14:212). Die Grundmaterien unterscheiden sich „durch die bloße Verschiedenheit in der Verbindung der ursprünglichen Kräfte der Zurückstoßung und Anziehung“ (4:532). Dabei ist die Anziehungskraft für alle Materien gleich und hängt von der Masse eines gegebenen Körpers ab, die Repulsionskraft ist dagegen je unterschiedlich (vgl. 4:532–535). In der *Monadologia physica* geht Kant noch davon aus, dass das Verhältnis zwischen den die Ausdehnung der Monaden bestimmenden Grundkräften der Attraktion und Repulsion stets gleich ist und folglich alle Monaden unabhängig von ihrer *Quantitas materiae* den gleichen Raum erfüllen. Da sie diese gleichen Räume auch *vollständig* erfüllen, sind ihre Massenunterschiede als unterschiedliche Grade der Raumerfüllung konzipiert. Dem entspricht die später aufgegebene Annahme, dass es so viele spezifische Trägheitskräfte gibt wie verschiedenartige Monaden (vgl. Lefèvre/Wunderlich, *Kants naturtheoretische Begriffe*, Stichworte „Materien“, „Trägheit, spezifische“). Im *Op. post.* wird die Annahme verschiedener Grundmaterien dagegen in Zweifel gezogen, denn „*Materien* zu denken ist ungereimt und es kann zwar Verschiedenheit der Basis der Kräfte derselben als so viel Stoffe geben allein nicht mehr als eine allgemein bewegende Kraft“ (22:299; vgl. Adickes, *Kants Opus postumum*, S. 405–410). Isoliert erscheint Kants Überlegung, Wärmestoff und Lichtstoff könnten eine „alle Stoffe als Urstoff zu oberst agitirende[] und jene Kräfte Vereinigende[] Materie“ darstellen (22:429).

Interpretationslage

In der Literatur diskutierte Auffassungen zu Kants Materietheorie sind meist in übergreifende Kontroversen eingebettet. Dies betrifft einerseits das Problem des „Übergangs“ von den metaphysischen Anfangsgründen der Naturwissenschaft zur Physik im *Op. post.*, andererseits die generelle Diskussion um das Verhältnis von Kants Naturtheorie zu Newton und Leibniz. Eine Diskussion über die Materietheorie im engeren Sinne betrifft die Frage, wie das von Kant im Brief an Beck (s. o.) angesprochene Zirkelproblem zu verstehen ist.

Von den prominenten Interpretationen zum Übergang greifen Tuschling (vgl. *Metaphysische und transzendentale Dynamik*) und Friedman (vgl. *Kant and the Exact Sciences*) zentral auf die Materietheorie zurück, während bei Mathieu (vgl. *Kants Opus postumum*) und Förster (vgl. *Kant’s Final Synthesis*) unterschiedliche Aspekte der *KU* im Mittelpunkt stehen. Tuschling sieht neben den Auseinandersetzungen der Phlogistiker und Antiphlogistiker, die sich v. a. zwischen 1785 und 1795 abspielen, vor allem theorieinterne Schwierigkeiten wie das Zirkelproblem als Hauptmotiv für die Modifikationen im *Op. post.* an. Friedman gewichtet die zu dieser Zeit stattfindende „chemische Revolution“ stärker und sieht die Etablierung materiespezifischer Kräfte wie chemischer Anziehung, Kohäsion, Kristallisation und Magnetismus primär als Reaktion darauf; bei Tuschling wird dies dagegen als Rückkehr zu Themenlagen verstanden, die schon vor den *MAN* zentral waren.

Carrier (vgl. *Kants Theorie der Materie*, S. 183f.) weist darauf hin, dass Kant in zwei wesentlichen Hinsichten von Newton abweicht: durch die Annahme der unendlichen Teilbarkeit der Materie ebenso wie durch seinen Plenismus, d. h. die Annahme, dass materielle Objekte kontinuierlich von Materie erfüllt sind und keine Vakua zwischen Materiebestandteilen möglich sind. Friedman (vgl. *Kant and the Exact Sciences*, S. 137–141) gesteht diese Differenzen hinsichtlich der Materietheorie zwar zu, sieht aber zum einen hier nicht Newton als Kants Hauptgegner an, zum anderen hält er die Materietheorie in diesem Zusammenhang für zweitrangig; Kants eigentliches Interesse habe Newtons Theorie über Raum und Zeit gegolten. Watkins (vgl. *Kant on Extension and Force*, *Simples*) rekonstruiert Kants Position als Ergebnis einer komplexen Auseinandersetzung mit Newton und Leibniz, die sich von beiden grundlegend unterscheidet.

Zum von Kant im Brief an Beck konstatierten, aber nicht näher erläuterten Zirkel existieren unterschiedliche Auffassungen. Förster (vgl. *Kant’s Final Synthesis*, S. 34–37) sieht den Zirkel darin begründet, dass Kant im Beck-Brief die allgemeine Anziehung mit der newtonschen Gravitation gleichsetzt. Ein Problem ergebe sich daraus, dass Gravitation immer proportional zur Masse ist, bzw. für ein gegebenes Volumen proportional zur Dichtigkeit. Das aber bedeutet, dass die Größe der anziehenden Kraft kausal von der Dichte abhängt, und die Dichte soll zugleich ein Effekt der Anziehung sein. Eine ausführliche Diskussion des

Zirkelproblems in verschiedenen möglichen Varianten findet sich bei Emundts (vgl. *Kants Übergangskonzeption*, S. 74–117). Der eigentliche Zirkel liegt Emundts zufolge darin, dass die Erklärung der Dichtigkeit eine bestimmte Dichtigkeit der Materien schon voraussetzt.

Ein detaillierter Kommentar zu den für die Materiethorie relevanten Passagen der *MAN* findet sich bei Pollok (Pollok, *Kants MAN*, S. 222–383). Nach wie vor grundlegend ist Adickes' Gesamtdarstellung von Kants Materietheorie in *Kant als Naturforscher* (vgl. Bd. 1, S. 145–232). Zum zeitgenössischen Kontext von Kants Auffassungen vgl. die materietheoretischen Stichworte in Lefèvre/Wunderlich (*Kants naturtheoretische Begriffe*).

Weiterführende Literatur

Adickes, Erich: Kant als Naturforscher, Berlin: de Gruyter 1924.
Carrier, Martin: „Kants Theorie der Materie und ihre Wirkung auf die zeitgenössische Chemie", in: Kant-Studien 81.2, 1990, 170–210.
Emundts, Dina: Kants Übergangskonzeption im Opus postumum, Berlin u. a.: de Gruyter 2004.
Förster, Eckart: Kant's Final Synthesis, Cambridge u. a.: Harvard University Press 2000.
Friedman, Michael: Kant and the Exact Sciences, Cambridge u. a.: Harvard University Press 1992.
Friedman, Michael: Kant's Construction of Nature. A Reading of the *Metaphysical Foundations of Natural Science*, Cambridge u. a.: Cambridge University Press 2013.
Lefèvre, Wolfgang / Wunderlich, Falk: Kants naturtheoretische Begriffe, Berlin u. a.: de Gruyter 2000.
Pollok, Konstantin: Kants „Metaphysische Anfangsgründe der Naturwissenschaft", Hamburg: Meiner 2001.
Tuschling, Burkhard: Metaphysische und transzendentale Dynamik in Kants opus postumum, Berlin: de Gruyter 1971.
Warren, Daniel: Reality and Impenetrability in Kant's Philosophy of Nature, New York: Routledge 2001.
Watkins, Eric: „Kant on Extension and Force: Critical Appropriations of Leibniz and Newton", in: Lefèvre, Wolfgang (Hg.): Between Leibniz, Newton, and Kant, Dordrecht u. a.: Kluwer 2001, 111–127.

Silvia De Bianchi / Falk Wunderlich

Mathematik

Die Mathematik zeichnet sich nach Kant dadurch aus, dass sie, abgesehen von einigen formal-logischen Sätzen, aus → synthetischen Urteilen a priori besteht, welche streng allgemeingültig und notwendig sind. Sowohl die → Geometrie, die sich mit räumlichen Größen (*quanta*) beschäftigt, als auch die Arithmetik, die auf die Größe (*quantitas*) bezogen ist, enthalten synthetische Urteile a priori. In methodischer Hinsicht ist die Mathematik. darum für Kant das Paradigma einer aus Definitionen, Axiomen und Demonstrationen bestehenden Wissenschaft. Die Möglichkeit synthetischer Urteile a priori in der Mathematik beruht darauf, dass die Mathematik „auf der *Construction* der Begriffe vermittelst Darstellung des Gegenstandes in einer Anschauung *a priori* ihr Erkenntniß gründet" (4:469). Im Unterschied zum diskursiven Vernunftgebrauch in der Philosophie, der durch Verdeutlichung gegebener Begriffe das „Besondere nur im Allgemeinen" (KrV A 714 / B 742) betrachtet, ist die Mathematik durch die Konstruktion von Begriffen in der Lage, das „Allgemeine im Besonderen" (KrV A 714 / B 742), und zwar in einer apriorischen Anschauung zu erwägen. Die mathematische Konstruktion ist nicht zu verwechseln mit der empirischen Darstellung und der durch „Instrumente verrichtet[en]" (8:192) technischen Konstruktion. Gemeint ist mit der mathematischen Konstruktion nicht das einzelne *Bild*, sondern das ihm zugrunde liegende *Schema* (vgl. KrV A 139ff. / B 179ff.). Darunter ist jenes allgemeine Verfahren der produktiven Einbildungskraft zu verstehen, das in der → *Schematismuslehre* der *KrV* im Hinblick auf die reinen sinnlichen Begriffe der Geometrie als „Regel der Synthesis der Einbildungskraft in Ansehung reiner Gestalten im Raume" (KrV A 141 / B 180) bestimmt wird. Obwohl die „einzelne hingezeichnete Figur" (KrV A 713 / B 741) nach Kant jederzeit empirisch ist, kann sie gleichwohl dazu dienen, „den Begriff unbeschadet seiner Allgemeinheit auszudrücken, weil bei dieser empirischen Anschauung immer nur auf die Handlung der Construktion des Begriffs, welchem viele Bestimmungen, z. E. der Größe, der Seiten und der Winkel, ganz gleichgültig sind, gesehen und also von diesen Verschiedenheiten, die den Begriff des Triangels nicht verändern, abstrahirt wird" (KrV A 714 / B 742).

Möglich ist der zugleich apriorische und anschauungsgeleitete Vernunftgebrauch in der Mathematik deshalb, weil es sich bei den Anschauungen von Raum und Zeit, auf deren Eigenschaften sich die Mathematik bezieht, nicht um Vorstellungen der Dinge an sich selbst, sondern um subjektive Bedingungen der Sinnlichkeit handelt: „Reine Mathematik ist als synthetische Erkenntniß *a priori* nur dadurch möglich, daß sie auf keine andere als bloße Gegenstände der Sinne geht, deren empirischer Anschauung eine reine Anschauung (des Raums und der Zeit) und zwar *a priori* zum Grunde liegt und darum zum Grunde liegen kann, weil diese nichts anders als die bloße Form der Sinnlichkeit ist, welche vor der wirklichen Erscheinung der Gegenstände vorhergeht, indem sie dieselbe in der That allererst möglich macht" (4:283f.). Allein aus diesem Grund kommt den Sätzen der Mathematik nach Kant objektive Realität zu: „Die reine Mathematik [...] kann nur unter der Bedingung allein objective Realität haben, daß sie blos auf Gegenstände der Sinne geht, in Ansehung deren aber der Grundsatz feststeht: daß unsre sinnliche Vorstellung keinesweges eine Vorstellung der Dinge an sich selbst, sondern nur der Art sei, wie sie uns erscheinen" (4:287). Alle Anschauungen sind, dem Prinzip der *Axiome der Anschauung* entsprechend, als *extensive Größen* (vgl. KrV A 162ff. / B 202ff.) zu betrachten, und sogar das *Reale* der Empfindung ist aufgrund seiner graduellen Veränderbarkeit, wie das Lehrstück von den *Antizipationen der Wahrnehmung* (KrV A 166–176 / B 207–218) zeigt, einer quantitativen Bestimmung als *intensiver Größe* fähig. Weitere wichtige Stellen: 2:167ff.; 2:271–283; 2:290–296; KrV A 5f. / B 8f.; KrV B 14–17; KrV A 38f. / B 55f.; KrV B 147; KrV A 135f. / B 175; KrV A 159f. / B 199; KrV A 163–166 / B 204–207; KrV A 178–180 / B 221–223; KrV A 238–241 / B 298–300; KrV A 299f. / B 356; KrV A 510 / B 538; KrV A 712–738 / B 740–766; 4:268f.; 4:272–275; 4:279; 4:280–294; 4:301; 4:306f., 4:327; 4:352f.; 4:472f.; 4:476ff.; 8:233ff.; 9:22f.; 21:67ff.; 21:131ff.; 21:205ff.; 21:239–244; 22:81; 22:488ff.

Vorgeschichte und historischer Kontext

Die wichtigste historische Quelle für Kants Philosophie der Mathematik stellen die euklidischen *Elemente* dar, in denen Theorien und Rechenverfahren der Mathematik erstmalig systematisch zusammengefasst werden. Die *Elemente* bestehen aus den so genannten *planimetrischen* und *stereometrischen* Büchern zur ebenen Geometrie bzw. zur elementaren Raumlehre. Darüber hinaus enthalten sie die Anfänge der Zahlenlehre. Im 1. Buch stellt Euklid Definitionen, Postulate und Axiome an den Anfang, aus denen die mathematischen Lehrsätze abzuleiten sind. Nicht nur viele der mathematischen Beispiele und Probleme, die Kant in seinen Schriften diskutiert, sind den *Elementen* entnommen (z. B. Kants Diskussion des *Parallelenaxioms*, vgl. 22:81), sondern darüber hinaus gilt die axiomatische Struktur der *Elemente* Kant als Beleg für sein methodisches Verständnis der Mathematik als einer streng beweisenden, aus Definitionen und Axiomen bestehenden Wissenschaft. Mit der These, dass der axiomatische Aufbau der Mathematik Folge eines spezifisch mathematischen Vernunftgebrauchs ist, markiert Kants Theorie der Mathematik einen entscheidenden Einschnitt in der Methodendiskussion des 17. und 18. Jahrhunderts. Indem Kant der → Anschauung eine epistemische Funktion für die Begründung der mathematischen Gewissheit zuspricht und die mathematische Erkenntnisweise auf synthetische Urteile a priori festlegt, grenzt er sich von dem durch Leibniz und Wolff geprägten analytisch-logischen Verständnis der Mathematik ab. Die mathematische Gewissheit basiert nach Kant nicht auf logischen Schlüssen und Ableitungen, sondern auf der anschaulichen Vergegenwärtigung des mathematischen Sachverhaltes. Dass nur die Mathematik, nicht aber die Philosophie Begriffe konstruieren kann, diese Bestimmung avanciert in der *Transzendentalen Methodenlehre* der *KrV* (KrV A 705–856 / B 733–884) dann zum entscheidenden Argument gegen die Vorstellung einer Philosophie *more geometrico* (vgl. KrV A 724f. / B 752f.).

Über welche mathematischen Kenntnisse Kant tatsächlich verfügte, ist schwer zu sagen. Unklar ist auch, inwieweit Kant den Entwicklungsstand der zeitgenössischen Mathematik überblickte. Es ist aber davon auszugehen, dass Kant nicht nur durch seinen Schüler J. Schultz, sondern auch durch Eulers und Kästners mathematische Schriften mit den wichtigsten Problemen und Hauptentwicklungen der Mathematik des 17. und 18. Jahrhunderts in groben Zügen vertraut war. Dies darf insbesondere für die Diskussion um das berühmte

Parallelenaxiom der euklidischen *Elemente* gelten. Das Parallelenaxiom, welches behauptet, dass sich zwei parallele Geraden niemals schneiden, soweit sie auch fortgesetzt werden, stand seit jeher im Zentrum mathematischer Auseinandersetzungen. Aufgrund seines *Unendlichkeitsaspektes* besitzt das Parallelenaxiom ganz offensichtlich nicht jene zwingende Plausibilität oder Evidenz, die mit den anderen euklidischen Axiomen verknüpft ist. Das hat die Frage nach der Unabhängigkeit bzw. logischen Abhängigkeit des Parallelenaxioms von den anderen euklidischen Axiomen aufgeworfen und zu endlosen Beweisversuchen geführt. In seiner nachgelassenen Schrift *Über Kästners Abhandlungen* (20:410–423) greift Kant in den durch das Parallelenproblem ausgelösten Streit um den Unendlichkeitsbegriff in der Mathematik ein und weist den Begriff *aktualer Unendlichkeit* zugunsten einer bloß *potentiellen Unendlichkeit* in der Mathematik zurück (vgl. 20:420f.).

Obwohl Kant den Terminus ‚*mathematische Analysis*' nur ein einziges Mal verwendet, ist anzunehmen, dass Kant über elementare Kenntnisse der Infinitesimalrechnung verfügte. Gemeint ist damit jener Entwicklungszweig in der Mathematik, der im 17. Jahrhundert im Zusammenhang mit Bewegungsproblemen der neuzeitlichen Physik entstanden ist und in zwei voneinander unabhängigen Theorien durch Newton und Leibniz entwickelt wurde. Die Infinitesimalrechnung wird durch zwei Grundprobleme bestimmt: 1. durch das *Tangentenproblem* in der *Differentialrechnung*: zu einer gegeben Kurve die berührende Tangente zu finden. 2. durch das Problem der Integralrechnung: zu einer gegeben Kurve den Flächeninhalt zu finden. Newtons und Leibniz' Verdienst ist es, den inneren Zusammenhang beider Probleme aufgedeckt zu haben. Obwohl sich Newtons *Fluxionsrechnung* gegenüber dem später entwickelten leibnizschen *Differentialkalkül* als unterlegen erwiesen hat, lassen sich in Kants Theorie der *intensiven Größe* Verbindungslinien zu Newtons Begriff der *Fluxion* nachweisen (vgl. Büchel, *Geometrie und Philosophie*, insbes. 221–300; Friedman, *Kant's Theory of Geometry*, insbes. 193ff.).

Philosophische Funktion

1 Der mathematische Vernunftgebrauch

Kant spricht der Mathematik eine Sonderstellung innerhalb der Wissenschaften zu. Der Grund hängt nach Kant mit dem besonderen Vernunftgebrauch in der Mathematik zusammen: Dies ist ein Gedanke der kantischen Mathematiktheorie, der schon sehr früh in Kants Werk entwickelt und durchgängig in Kants mathematiktheoretischen Überlegungen vertreten wird. Kants erster wichtiger Versuch, die mathematische Erkenntnisweise zu bestimmen, findet sich in der Preisschrift über die *Deutlichkeit*. Diese Konzeption weist Übereinstimmungen mit seiner späteren ausgereiften Theorie, aber auch Differenzen zur *KrV* auf. Beide Konzeptionen verbindet die Unterscheidung zwischen einem mathematischen und philosophischen Begriffsgebrauch: Im Unterschied zum diskursiven Vernunftgebrauch in der Philosophie, der *gegebene* Begriffe durch *analytische* Zergliederung verdeutlicht und das *Allgemeine in abstracto* vorstellt, hat es die Mathematik mit *willkürlich gemachten* Begriffen zu tun, die sie synthetisch verdeutlicht und durch *sinnliche Zeichen in concreto* betrachtet (vgl. 2:276–279). Obwohl Kant die Sinnlichkeit des mathematischen Zeichens hier als einen besonderen Vorzug der Mathematik hervorhebt, wird der Anschauungscharakter des mathematischen Zeichens noch nicht durchgängig für die Bestimmung des mathematischen Vernunftgebrauchs fruchtbar gemacht. Das liegt vor allem daran, dass Kant hier noch nicht über die wesentliche Voraussetzung seiner späteren Mathematikonzeption verfügt: die Lehre von →Raum und →Zeit als reinen →Anschauungen (vgl. zu den entwicklungsgeschichtlichen Aspekten Henrich, *Kants Denken*; v. Wolff-Metternich, *Überwindung*, insbes. 20–41; Koriako, *Philosophie der Mathematik*, insbes. 25–105). Von ihr her bestimmt Kant in der *Transscendentalen Methodenlehre* der *KrV* die spezifisch mathematische Erkenntnisweise als Erkenntnis aus der *Konstruktion* von Begriffen: „Einen Begriff aber *construiren*, heißt: die ihm correspondirende Anschauung *a priori* darstellen" (KrV A 713 / B 741). Es ist also die Möglichkeit einer apriorischen Versinnlichung der Begriffe, von der her Kant in der *KrV* einsichtig macht, warum die Mathematik ihre Begriffe synthetisch und willkürlich, d. h. ohne Bezugnahme auf Gegebenes, bestimmen kann. Dass es in der mathematischen Konstruktion dabei wesentlich auf das *allgemeine Verfahren* selbst ankommt, einem „Begriff sein Bild zu verschaffen" (KrV A 140 / B 180), verdeutlicht das Schematismuskapitel der *KrV*. Hier zeigt Kant, dass mit der mathematischen Konstruktion weniger das einzelne, durch Konstruktion erzeugte *Bild* als vielmehr die zugrunde liegende *Regel* der *schematisierenden reinen Einbildungskraft* gemeint ist (vgl. KrV A 140ff. / B 180f.). Die mathematische Konstruktion verlangt deshalb auch nicht *Überschaubarkeit* in einem Bild. So muss der Mathematiker für die Konstruktion eines regulären Vielecks, wie z. B. einem „*Sechs=Und=Neunzigeck*", nach Kant kein genaues Bild dieser Figur haben, sondern es genügt, wenn er „die Regel der Construction seines Begriffs, mithin sein Vermögen, die Größe desselben, so nahe der des Objects selbst, als er wollte, zu bestimmen, und also dieses dem Begriffe gemäß in der Anschauung zu geben, kannte" (8:212).

2 Die Methode der Mathematik

Im kantischen Wissenschaftsverständnis ist die Mathematik aufgrund ihrer besonderen Erkenntnisgewißheit das Paradigma für wissenschaftliche Erkenntnis. Wie die *Transscendentale Methodenlehre* der *KrV* zeigt, beruht die besondere „Gründlichkeit der Mathematik [...] auf Definitionen, Axiomen, Demonstrationen" (KrV A 726 / B 754) – also auf jenen methodischen Elementen und Denkformen, durch die nach Kant strenge Wissenschaftlichkeit verbürgt wird. Methodisches Vorbild für Kant sind die euklidischen *Elemente*. Neuartig ist an Kants methodologischen Überlegungen zur Mathematik, dass er die Besonderheit der mathematischen Methodik auf die spezifische Erkenntnisweise der Mathematik zurückführt: Die mathematische Methode ist der Mathematik damit nicht *äußerlich*, sondern sie ist nach Kant Folge des spezifisch mathematischen Vernunftgebrauchs. So dürfen in der Mathematik nur deshalb Definitionen am Anfang stehen, weil mathematische Begriffe nicht auf (prinzipiell unabschließbaren) Begriffszergliederungen basieren, sondern „eine willkürliche Synthesis enthalten, welche *a priori* construirt werden kann" (KrV A 729 / B 757). Dass die mathematische Definition dem zu definierenden Gegenstande jederzeit *adäquat* ist, liegt daran, dass die Mathematik den Gegenstand in einer Anschauung a priori darstellen kann, „und dieser kann sicher nicht mehr noch weniger enthalten als der Begriff, weil durch die Erklärung der Begriff von dem Gegenstande ursprünglich d. i. ohne die Erklärung irgend wovon abzuleiten, gegeben wurde" (KrV A 729f. / B 757f.; vgl. KrV A 731 / B 759f.). Auch die Axiomatisierbarkeit ist nach Kant ein Vorrecht der Mathematik. Die Mathematik verfügt über Axiome, d. h. „synthetische Grundsätze *a priori*, so fern sie unmittelbar gewiß sind", weil sie „vermittelst der Construction der Begriffe in der Anschauung des Gegenstandes die Prädicate desselben *a priori* und unmittelbar verknüpfen kann" (KrV A 732 / B 760). Allerdings muss einschränkend bemerkt werden, dass nach Kant nur die Geometrie, nicht aber die Arithmetik der Axiome fähig ist. Und wiederum ist es der apriorische Anschauungsbezug der mathematischen Denkart, die den mathematischen Beweisen ihre charakteristische demonstrative Strenge verleiht: Nur die Mathematik weist die für Demonstrationen charakteristische „anschauende Gewißheit, d. i. Evidenz" auf, weil sie nicht „aus Begriffen, sondern der Construction derselben, d. i. der Anschauung, die den Begriffen entsprechend *a priori* gegeben werden kann, ihre Erkenntniß ableitet" (KrV A 734 / B 762).

Mit diesen methodologischen Überlegungen zur Mathematik entzieht Kant der im Rationalismus entstandenen Idee einer *mathesis unversalis* jeglichen Rechtsgrund: Keine der mathematischen Denkformen kann „in dem Sinne, darin sie der Mathematiker nimmt, von der Philosophie [...] nachgeahmt werden" (KrV A 726 / B 754).

3 Der Anschauungscharakter der Mathematik

Kants Philosophie der Mathematik führt auf die Frage, „wie synthetische Sätze *a priori* in der reinen Mathematik [...] möglich" (4:281) sind und kulminiert in dem Nachweis, dass Mathematik *reine* Anschauungen (Raum und Zeit) zum Grunde liegen. Aufgrund ihrer apodiktischen Gewissheit lassen sich die Sätze der Mathematik nicht auf empirische Anschauungen zurückführen: „[D]ie geometrischen Sätze sind insgesammt apodiktisch, d. i. mit dem Bewußtsein ihrer Nothwendigkeit verbunden, z. B. der Raum hat nur drei Abmessungen; dergleichen Sätze aber können nicht empirische oder Erfahrungsurtheile sein, noch aus ihnen geschlossen werden" (KrV B 41). Aber auch „durch Zergliederung der Begriffe, d. i. analytisch" (4:272) können die Sätze der Mathematik nicht entspringen. Dies gilt nach Kant gleichermaßen für die Arithmetik wie für die Geometrie (vgl. KrV B 15ff.). Der „Stoff zu synthetischen

Urtheilen *a priori*“ werde der Mathematik durch die „reine Anschauung des Raums“ (4:283) und der Zeit gegeben. „So werden [...] alle geometrische Grundsätze, z. E. daß in einem Triangel zwei Seiten zusammen größer sind, als die dritte, niemals aus allgemeinen Begriffen von Linie und Triangel, sondern aus der Anschauung und zwar *a priori* mit apodiktischer Gewißheit abgeleitet“ (KrV A 25 / B 39). Zwar ist der mathematische Gegenstand als „*extensive Größe*[]“ (KrV A 162 / B 203), wie das Lehrstück von den *Axiomen der Anschauung* (KrV A 162–166 / B 202–207) in der *KrV* zeigt, jederzeit Produkt einer durch die Kategorien der *Quantität* bestimmten *aggregativen Synthesis*, und ist insofern auch Resultat einer begrifflichen Bestimmung. Möglich ist dieser Vernunftgebrauch aber nur, weil es sich bei den ursprünglichen Vorstellungen von Raum und Zeit nicht um Begriffe, sondern um reine Anschauungen handelt. Als begrifflich nicht bestimmbare Qualitäten des geometrischen Gegenstandes gelten Kant insbesondere die *Kontinuität* und die *Inkongruenz* von gleichen und ähnlichen Gestalten im Raume (vgl. KrV A 169f. / B 211f.; 2:375–384; 4:284ff.). Das *Paradoxe* inkongruenter Gegenstücke besteht offensichtlich darin, dass diese trotz Übereinstimmung „in allen zur Größe und Qualität gehörigen Bestimmungen“ (4:285) nicht deckungsgleich sind. Es handelt sich hier nach Kant um einen Unterschied, der sich nicht auf „deutliche Begriffe“ bringen lässt, sondern nur „in der Anschauung“ (4:484) gegeben werden kann und darum als ein „wahrhafter mathematischer und zwar innerer Unterschied“ (4:484) gelten muss (zu der Frage, ob und inwiefern sich mit Kants anschauungsbezogenem Geometriebegriff die Möglichkeit einer nicht-euklidischen Geometrie verbinden lässt vgl. Friedman, *Kant's Theory of Geometry*).

4 Unterschiede zwischen Geometrie und Arithmetik

Dass es die Mathematik mit Quantitäten zu tun hat, liegt nach Kant daran, dass sich „nur der Begriff von Größen [...] constuiren, d. i. a priori in der Anschauung darlegen“ lässt (KrV A 714 / B 743). Dies kann auf zweierlei Art geschehen. In der Geometrie werden reine Anschauungen bezüglich ihrer Ausdehnung bestimmt. Die Geometrie hat es demnach mit „Größen (*quanta*)“ (KrV A 163 / B 204) zu tun. Ihren Sätzen liegt eine „successive Synthesis der productiven Einbildungskraft in der Erzeugung der Gestalten“ (KrV A 163 / B 204) zugrunde. Kant spricht hier von „ostensiver“ Konstruktion“ (KrV A 717 / B 745; →Geometrie). Wird dagegen von dem räumlichen Aspekt der Größe abgesehen und nur auf die „Synthesis des Gleichartigen (der Einheiten)“ (KrV A 164 / B 205) geachtet, dann handelt es sich um eine arithmetische Bestimmung der Größe (*quantitas*). Diese Form der Konstruktion nennt Kant *symbolische Konstruktion* (vgl. KrV A 717 / B 745; vgl. Shabel, *Kant on the ‚Symbolic Construction‘*). Danach liegt der Unterschied zwischen geometrischen Quantum und arithmetischer Größe darin, dass das geometrische Objekt ein so und so groß Bestimmtes ist, sofern es zugleich die Qualität des räumlich Bestimmten, nämlich dessen Figur, darstellt, während bei der Beantwortung nach dem *Wieviel* im sukzessiven Fortgang „von einem Augenblick zum anderen“ (KrV A 163 / B 203) nur „die bloße Synthesis des gleichartig Mannigfaltigen“ (KrV A 720 / B 748) von Interesse ist. Resultat dieser Operation sind Größen, die sich als Einheiten gesetzter Vielheiten und damit, indem man für die gezählten Größen Zahlzeichen (Charaktere) einsetzt, als Zahlen interpretieren lassen. Ob die so bestimmten arithmetischen Konstruktionen tatsächlich unter den Begriff einer Erkenntnis in reiner Anschauung fallen können, ist in der Forschungsliteratur sehr umstritten. Als besonders problematisch gilt die von Kant behauptete Zeitabhängikkeit der Arithmetik (vgl. 4:283). Ganz offensichtlich können Zahlen niemals in der Weise *zeitliche* Gegenstände sein, wie geometrische Figuren Räumliches darstellen.

Auch in methodischer Hinsicht weisen Arithmetik und Geometrie signifikante Unterschiede auf. Nach Kant verfügt nur die Geometrie, nicht aber die Arithmetik über Axiome. Zwar handelt es sich bei den eigentlich arithmetischen Sätzen genauso wie bei den Sätzen der Geometrie um synthetische Urteile a priori, „im eigentlichen Verstande“ kann es in der Arithmetik aber „keine Axiome[]“ (KrV A 164 / B 204) geben. Der Grund dafür liegt nach Kant darin, dass die Sätze der Arithmetik zwar von synthetischem, nicht aber von *allgemeinem* Charakter sind (vgl. KrV A 164f. / B 205).

5 Der Realitätsbezug von Mathematik und das Zusammenspiel von Mathematik und Naturwissenschaft

Ein zentrales Anliegen der kantischen Philosophie der Mathematik ist die Begründung der → objektiven Gültigkeit mathematischer Erkenntnis. Obwohl die Mathematik im kantischen Verständnis als Paradigma wissenschaftlicher Erkenntnis gilt, kann die Mathematik ihren Realitätsbezug selbst nicht begründen. Vom kantischen Standpunkt her gesehen ist klar, dass nur die Transzendentalphilosophie eine befriedigende Antwort auf die Frage nach der *objektiven Realität* der reinen Mathematik geben kann. Am deutlichsten formuliert Kant diesen Anspruch in den *Prolegomena*: „Die reine Mathematik und namentlich die reine Geometrie kann nur unter der Bedingung allein objective Realität haben, daß sie blos auf Gegenstände der Sinne geht, in Ansehung deren aber der Grundsatz feststeht: daß unsre sinnliche Vorstellung keineswegs eine Vorstellung der Dinge an sich selbst, sondern nur der Art sei, wie sie uns erscheinen. Daraus folgt, daß die Sätze der Geometrie nicht etwa Bestimmungen eines bloßen Geschöpfs unserer dichtenden Phantasie sind und also nicht mit Zuverlässigkeit auf wirkliche Gegenstände könnten bezogen werden, sondern daß sie nothwendiger Weise vom Raume und darum auch von allem, was im Raume angetroffen werden mag, gelten" (4:287). Es ist die in der *Transscendentalen Ästhetik* der *KrV* (KrV A 19–49 / B 33–73) gewonnene Einsicht, dass es sich bei Raum und Zeit um *reine Formen* unserer sinnlichen Vorstellungskraft (vgl. KrV B 34) handelt, die „allen äußeren Anschauungen zum Grunde liegt" (KrV A 24 / B 38), durch die der Realitätsbezug der Mathematik verbürgt wird. Dieser Befund wird durch die ersten beiden Grundsätze des Verstandes, die *Axiome der Anschauung* (KrV A 162–166 / B 202–207) und die *Antizipationen der Wahrnehmung* (KrV A 166–176 / B 207–218) konkretisiert. Die objektive Realität der Mathematik beruht nach Kant darauf, dass Erscheinungen „insgesammt Größen" sind, und zwar extensive Größen, sofern sie als „Anschauungen im Raume oder der Zeit" (KrV B 203) betrachtet werden und „intensive Größe[n]" (KrV A 166 / B 208) hinsichtlich des *Realen* der Empfindung (vgl. KrV A 166ff. / B 207ff.).

Die generelle Anwendbarkeit der Mathematik auf Erscheinungen eröffnet nach Kant Möglichkeiten für eine Applikation der Mathematik im Bereich der Naturforschung. Ausgehend von der Einsicht, dass „in jeder [...] Naturlehre nur so viel *eigentliche* Wissenschaft angetroffen werde könne, als darin *Mathematik* anzutreffen ist" (4:470), geht es in den *MAN* um die Frage, welche Momente des Materiebegriffs einer mathematischen Behandlung zugänglich sind (Mathematik und Philosophie; vgl. zu Kants Theorie der Naturwissenschaft Plaass, *Kants Theorie der Naturwissenschaft*). Um den Instrumentalcharakter der Mathematik geht es auch im *Op. post.* mit seinem weitergehenden Versuch, einen Übergang von dem reinen Teil der Naturwissenschaft zur Physik zu finden. Die Mathematik erweist sich hier als ein „sehr nöthiges Instrument" für die Naturmetaphysik, wenn es darum geht, „die Große der Bewegungen und bewegender Kräfte [...] zu schätzen" (21:482).

Interpretationslage

Kants Philosophie der Mathematik wurde und wird von den unterschiedlichsten Richtungen und Schulen rezipiert. Das Spektrum reicht von positiver Würdigung bis hin zu gänzlicher Ablehnung des kantischen Mathematikbegriffs. Einen ersten Höhepunkt erreichte die Auseinandersetzung um den kantischen Mathematikbegriff in der im mathematischen Grundlagenstreit geführten Debatte um den epistemischen Status der Mathematik. Der *intuitionistischen* Schule um Brouwer und Heyting gilt Kant als Vorläufer. In Kants anschauungsbezogenem Mathematikbegriff erkennt sie eine Vorwegnahme des intuitionistischen Grundgedankens, dass die Mathematik als eine Tätigkeit *intuitiver Konstruktionen* aufzufassen und somit nicht vollständig auf logische Gesetze zurückführbar ist (vgl. Körner, *Philosophie der Mathematik*, insbes. 142).

Vielen Autoren aus dem Umfeld des *Logizismus* dagegen gilt Kants Bestimmung der mathematischen Erkenntnis als Darstellung eines Begriffs in einer reinen Anschauung als grundsätzlich verfehlt. Sie vertreten wie Russell und Frege die Auffassung, dass sich mathematische Theorien durch die Logik begründen lassen. Mit Stoßrichtung gegen Kants Anschauungslehre streben sie eine formallogische Neubegründung der

Mathematik an und knüpfen damit, historisch gesehen, an Leibniz logisches Verständnis der Mathematik an. Diese Kontroverse über die Grundlagen der Mathematik ist ein wesentlicher Faktor des Erwartungshorizontes in den Untersuchungen von Cassirer, *Kant und die moderne Mathematik* und Martin, *Arithmetik und Kombinatorik bei Kant*.

So unterschiedlich die Einschätzungen der kantischen Theorie der Mathematik auch ausfallen, das gemeinsame Grundinteresse an Kant zentriert sich um die Frage, ob und inwieweit mit Kants Begriff der Mathematik eine tragfähige Theorie der Mathematik entwickelt werden kann, die in der Lage ist, dem Entwicklungsgang der modernen Mathematik Rechnung zu tragen. Auch wenn die gegenwärtig geführte Debatte um den kantischen Mathematikbegriff in der Wertung differenzierter und in der thematischen Schwerpunktsetzung spezialisierter geworden ist, so wird die Auseinandersetzung nach wie vor von dem Anliegen bestimmt – so Posy in seinem einschlägigen Sammelband von 1992 zu Kants Philosophie der Mathematik – eine Rekonstruktion von „Kant's mathematical views from a modern perspective" zu leisten und diese mit neueren Studien in „empirical science, in mathematics and in logic" zu verknüpfen (Posy, *Kant's Philosophy of Mathematics*, S. 1). Exemplarisch zeigt sich dieses Anliegen vor allem in den dort versammelten Studien von Parsons (*Kant's Philosophy of Arithmetic*), Hintikka (*Kant on the Mathematical Method*) und Friedman (*Kant's Theory of Geometry*).

Von einem eher philosophiehistorischen Interesse sind dagegen Arbeiten bestimmt, die Kants Mathematikbegriff unter entwicklungs- und philosophiegeschichtlichen Aspekten untersuchen. Vgl. dazu die Studien von Menzel (*Die Stellung der Mathematik*) und Koriako (*Philosophie der Mathematik*). Eine weitere Perspektive auf Kants Theorie der Mathematik eröffnen Arbeiten, die Kants Grenzbestimmung von Mathematik und Philosophie im Hinblick auf Kants Philosophieverständnis untersuchen (vgl. dazu v. Wolff-Metternich, *Überwindung*).

Weiterführende Literatur

Büchel, Gregor: Geometrie und Philosophie. Zum Verhältnis beider Vernunftwissenschaften im Fortgang von der Kritik der reinen Vernunft zum Opus postumum, Berlin u. a.: de Gruyter 1987.

Cassirer, Ernst: „Kant und die moderne Mathematik", in: Kant-Studien 12, 1907, 1–49.

Friedman, Michael: „Kant's Theory of Geometry", in: The Philosophical Review 94, 1985, 455–506.

Hintikka, Jaakko: „Kant on the Mathematical Method", in: The Monist 51, 1967, 352–375.

Koriako, Darius: Kants Philosophie der Mathematik. Grundlagen – Voraussetzungen – Probleme, Hamburg: Meiner 1999.

Martin, Gottfried: Arithmetik und Kombinatorik bei Kant, Berlin u. a.: de Gruyter 1972.

Parsons, Charles: Kant's philosophy of Arithmetic, in: ders.: Mathematics in Philosophy. Selected Essays, Ithaca u. a.: Cornell University Press 1983, 110–149.

Posy, Carl J. (Hg.): Kant's Philosophy of Mathematics. Modern Essays, Dordrecht u. a.: Kluwer Academic Publ. 1992.

Shabel, Lisa: „Kant on the ‚Symbolic Construction' of Mathematical Concepts", in: Studies in History and Philosophy of Science 29, 1998, 589–621.

von Wolff-Metternich, Brigitta-Sophie: Die Überwindung des mathematischen Erkenntnisideals. Kants Grenzbestimmung von Mathematik und Philosophie, Berlin u. a.: de Gruyter 1995.

Brigitta-Sophie von Wolff-Metternich

mathematisch/ dynamisch

In der *KrV* verwendet Kant das Begriffspaar „mathematisch/dynamisch" in erster Linie zur Unterscheidung zweier Klassen von → Grundsätzen des reinen Verstandes (vgl. KrV A 160 / B 199; 4:306ff.). In der B-Auflage differenziert Kant zusätzlich zwischen „zwei Abtheilungen" von → Kategorien, wobei die mathematischen „auf Gegenstände der Anschauung (der reinen sowohl als empirischen)", die dynamischen dagegen „auf die Existenz dieser Gegenstände (entweder in Beziehung auf einander oder auf den Verstand) gerichtet sind" (KrV B 110). Der Unterschied zwischen den Grundsätzen, welche ihrerseits diese differente Applikation der reinen Verstandesbegriffe auf mögliche Erfahrung regeln, wird dabei durch die folgenden drei Gegensatzpaare präzisiert: →konstitutiv/regulativ, intuitiv gewiss / diskursiv gewiss sowie unbedingt →notwendig / bedingt notwendig.

Eine wichtige Rolle spielt das Begriffspaar „mathematisch/dynamisch" in der *Transzendentalen Dialektik* bei der Beurteilung der Antinomien (vgl. KrV A 529ff. / B 557ff.), in der Kritik der ästhetischen →Urteilskraft bei der Abgrenzung des Mathematisch-Erhabenen vom Dynamisch-Erhabenen (vgl. 5:247) sowie in den *MAN* bei der Einteilung der verschiedenen Gebiete der reinen Naturwissenschaft. Weitere wichtige Stellen: KrV B 110; KrV A 160ff. / B 199–202; KrV A 178ff. / B 221ff.; KrV A 216ff. / B 263ff.; KrV A 237f. / B 295f.; KrV A 418ff. / B 446ff.; KrV A 528–532 / B 556–560; KrV A 535f. / B 563f.; KrV A 560 / B 588; 4:307; 4:343; 4:496f.; 5:103f.; 5:247–278; 10:327f.; 12:223; 23:218; 27:293f.; 27:706; 28:409.

Philosophische Funktion

1 Kategorien und Grundsätze

Mit dem Begriffspaar „mathematisch/dynamisch" markiert Kant primär einen Unterschied zwischen zwei grundlegend verschiedenen Anwendungsformen der kategorialen →Synthesis: „In der Anwendung der reinen Verstandesbegriffe auf mögliche Erfahrung ist der Gebrauch ihrer Synthesis entweder *mathematisch* oder *dynamisch*" (KrV A 160 / B 199). Im ersten Fall handelt es sich um die Synthesis von Gleichartigem, welches „*nicht nothwendig zu einander* gehört", im zweiten um die Synthesis von Ungleichartigem, „so fern *es nothwendig zu einander* gehört" und als „*a priori* verbunden vorgestellt wird" (KrV B 201 Anm.). Mathematisch ist der Gebrauch der Synthesis nach Kant in Bezug auf jene Aspekte der Erscheinungswelt, welche einer quantifizierenden Betrachtung zugänglich sind. Dies gilt für Erscheinungen „ihrer Anschauung" sowie „dem Realen ihrer Wahrnehmung nach" (KrV B 221), also für extensive und intensive Größen. Dynamisch wird die kategoriale Synthesis dagegen dort verwendet, wo es darum geht, Erscheinungen ihrem *Dasein* nach unter Regeln zu bringen, ohne dass dabei freilich in metaphysischem Vorgriff bereits etwas über die empirischen Eigenschaften dieser Erscheinungen ausgesagt würde. Synthesisleistungen dieser Art sind zum einen Bedingung für den nomologischen Charakter der Verhältnisse, in welchen sämtliche Erscheinungen untereinander stehen, und ermöglichen damit die „Bestimmung des Daseins der Erscheinungen in der Zeit" (KrV B 262), also ihre Lokalisierung in einer objektiven Zeitordnung. Zum andern setzen sie die Gegenstände der Erfahrung in Beziehung zum Erkenntnisvermögen und bilden damit die Grundlage für deren modale Beurteilung (→Postulate des empirischen Denkens). Was diesen letzten Punkt betrifft, so ist jedoch – anders als im Fall der Applikation der Relationskategorien – nur bedingt einsichtig, inwiefern hier in der Tat dynamische Synthesisleistungen involviert sind.

Die Axiome der Anschauung und Antizipationen der Wahrnehmung haben unter den Grundsätzen des reinen Verstandes einen besonderen Status: Sie sind konstitutiv, intuitiv gewiss und unbedingt notwendig. Konstitutiv sind sie insofern, als sie Erscheinungen „sowohl ihrer Anschauung als dem Realen ihrer Wahrnehmung nach" gemäß „Regeln einer mathematischen Synthesis erzeug[en]" (KrV B 221), sie also a priori als Größen bestimmen. Größenbegriffe lassen sich – anders als Relations- oder Modalitätsbegriffe – in reiner Anschauung darstellen und unabhängig von empirischen Daten „durch die reinen Verhältnisse von Raum und Zeit sinnlich interpretieren" (von Wolff-Metternich, *Überwindung*, S. 120). Die mathematischen Grundsätze sind deshalb Träger intuitiver Gewissheit. Allerdings ist schwer nachvollziehbar, weshalb Kant nicht nur die Axiome der Geometrie und die arithmetischen Zahlformeln (vgl. KrV A 163f. / B 204f.), sondern auch die mathematischen Grundsätze selbst, also die in KrV A 162 / B 202 und KrV A 167 / B 207 formulierten Prinzipien, für intuitiv gewiss hält (vgl. KrV A 160f. / B 198f.; vgl. dazu auch KrV A 734 / B 762). – Da nach Kant ferner a priori nachgewiesen werden kann, dass die Wahrnehmung eines Gegenstandes nur durch „das Bewußtsein des mannigfaltigen Gleichartigen in der Anschauung" (KrV B 203) bzw. den Begriff einer Größe möglich ist, wobei das gegenständliche Korrelat unserer Empfindungen und damit auch diese selbst zwingend einen Grad aufweisen müssen, handelt es sich bei den Axiomen und Antizipationen um unbedingt notwendige Grundsätze.

Anders verhält es sich im Fall der Analogien und Postulate. Diese sind regulativ, bloß diskursiv gewiss und bedingt notwendig. Im Gegensatz zu den mathematischen Kategorien sind die dynamischen nicht auf die Anschauung, sondern auf das Dasein von Erscheinungen gerichtet. Dieses lässt sich nicht a priori antizipieren. Vielmehr erfordert es bereits unter empirische Begriffe gefasstes Gegebenes. Die dynamischen Grundsätze haben entsprechend bloß regulativen Charakter (vgl. insbes. KrV A 179f. / B 222f.). Mit Bezug auf die Modi der Zeitordnung geben uns die Analogien Regeln für die gesetzmäßige Verknüpfung von Erscheinungen an die Hand und machen damit Erfahrung „allererst möglich" (KrV A 177 / B 219). Das heißt aber auch: Die Analogien regeln das Unternehmen Naturwissenschaft, indem sie uns allgemein gehaltene Anweisungen für die empirische Forschung liefern. – Die Gewissheit der dynamischen Grundsätze lässt sich nicht unmittelbar durch Anschauung einsehen, sondern nur unter Anwendung von Begriffen nachweisen: Die Analogien und Postulate sind deshalb bloß diskursiv gewiss. Eine letzte Charakterisierung der dynamischen Grundsätze betrifft deren modalen Status: Kant zufolge sind die Analogien und Postulate „nur unter der Bedingung des empirischen Denkens in einer Erfahrung" (KrV A 160 / B 199f.), also nur mittelbar bzw. bedingt notwendig. Wichtig ist jedoch zu beachten, dass ‚bedingte Notwendigkeit' hier nicht als Gegenbegriff zu ‚transzendentale Notwendigkeit' zu verstehen ist. Bei den dynamischen Grundsätzen handelt es sich – ebenso wie bei den mathematischen – um *transzendentale* Prinzipien für den empirischen Verstandesgebrauch. Auch sie sind deshalb – trotz ihrer engeren Anbindung an die Empirie – Träger transzendentaler Notwendigkeit.

2 Mathematische und dynamische Antinomien

Obwohl Kant in der *Transzendentalen Dialektik* die mit den jeweiligen Ideen verbundenen Scheinschlüsse generell „am Faden der Kategorien" (KrV A 335 / B 392) abhandelt, wird die Einteilung mathematisch/dynamisch nur bei den Antinomien sachlich relevant (vgl. KrV A 528–532 / B 556–560). Nach Kants Diagnose sind die Thesen und Antithesen aller Antinomien keine kontradiktorischen Gegensätze. Bei der ersten und zweiten, den mathematischen Antinomien, können aber beide falsch sein, während bei der dritten und vierten, den dynamischen Antinomien, beide wahr sein können. Diesen auffälligen Unterschied erklärt Kant durch den Unterschied der mathematischen und der dynamischen Synthesis (vgl. auch 20:327f. und 4:343).

Die mathematische Synthesis ist die „*Synthesis des Gleichartigen*" (KrV A 530 / B 558). Fragt man nach einer absoluten räumlichen und zeitlichen Grenze der →Welt (1. Antinomie) bzw. nach absolut unteilbaren Bestandteilen der Materie (2. Antinomie), so fragt man nach einer ersten Bedingung des räumlich und zeitlich Bedingten, die mit diesem Bedingten gleichartig, also raum-zeitlich sein muss. Daraus folgt einerseits, dass sowohl These wie auch Antithese falsch sind, da sie die erste Bedingung als Bestimmung der Welt an sich und nicht als Erscheinung in Raum und Zeit verstehen. Wird die Frage andererseits als empirische Frage verstanden, kann sie nicht beantwortet werden, da der empirische Bedingungsregress nicht abschließbar ist.

Der Unterschied zur dynamischen Synthesis liegt darin, dass „die dynamische Reihe sinnlicher Bedingungen doch noch eine ungleichartige Bedingung zuläßt, die nicht ein Theil der Reihe ist, sondern als bloß *intelligibel* außer der Reihe liegt" (KrV A 530 / B 558). Daher gilt vom empirischen Standpunkt aus tatsächlich, dass alle Erscheinungen durchgehend kausal determiniert sind. Das schließt aber nicht die Möglichkeit der →Freiheit aus, sofern sie nur als intelligibel und nicht raum-zeitlich vorgestellt wird (3. Antinomie). In gleicher Weise schließt auch die Kontingenz aller Erscheinungen nicht aus, dass es ein notwendiges Wesen gibt, sofern dieses nur als intelligibles Wesen gedacht wird (4. Antinomie). Entsprechend sind die Antithesen der dynamischen Antinomien als Aussagen über die transzendentalen Bedingungen der Erfahrung wahr, widersprechen aber gleichwohl nicht den Thesen als Aussagen über eine mögliche intelligible Welt.

Diese in den unterschiedlichen Synthesisformen begründete Differenz der mathematischen und dynamischen Antinomien ist folgenreich: Die dynamische Synthesis lässt die Wahrheit der Thesen zu und damit die Möglichkeit der Kausalität durch Freiheit bzw. der Existenz eines notwendigen Wesens. Zwar können die Thesen nicht mit Mitteln der theoretischen Vernunft erwiesen oder widerlegt werden, es bleibt aber Raum für eine Antwort aus der praktischen Vernunft.

3 Verwendung in weiteren Schriften

3.1 *Metaphysische Anfangsgründe der Naturwissenschaft* Bei der Entwicklung der metaphysischen Grundlagen der →Physik in den *MAN* bestimmt Kant den empirischen Begriff der Materie durch die Kategorien (vgl. 4:473ff.), sodass die korrespondierenden vier Teilgebiete der Physik in mathematische und dynamische unterteilt werden können. Es mag daher überraschen, wenn das Gebiet, das der mathematischen Kategorie der Qualität zugehört, als „Dynamik" bezeichnet wird (4:477), in welcher eine „dynamische Erklärung des Begriffs der Materie" (4:496) gegeben wird. Das liegt daran, dass Kant in der Dynamik zwar tatsächlich die Raumerfüllung durch die Materie als intensive Größe begründet, die verschiedene Grade haben und entsprechend durch die Qualitätsbegriffe erfasst werden kann. Die graduelle Raumerfüllung erklärt er aber durch das Zusammenspiel der fundamentalen bewegenden Kräfte (Anziehungs- und Zurückstoßungskraft; vgl. 4:498), das kausal verstanden werden muss (vgl. 4:497). Kant greift also bei der Begründung auf die dynamischen Kategorien der Relation zurück. Er bevorzugt diese „metaphysisch-dynamische" (4:525) Erklärung der Raumerfüllung als graduelle Intensität dynamischer Kräfte, weil sie ohne die Annahme eines leeren empirischen Raumes auskommt; anders als die „mathematisch-mechanische Erklärungsart" (4:524), welche die Raumerfüllung der Materie als extensives Verhältnis von atomaren Teilen und leerem Raum ansieht (vgl. Pollok, *Kommentar*, S. 341ff.; vgl. auch KrV A 173ff. / B 215f.).

3.2 *Kritik der Urteilskraft* In der *Analytik des Erhabenen*, dem zweiten Buch der *Kritik der ästhetischen Urteilskraft*, kommt dem Begriffspaar „mathematisch/dynamisch" – anders als in deren erstem Buch – ein zentraler systematischer Stellenwert zu: „Aber eine Eintheilung hat die Analysis des Erhabenen nöthig, welche die des Schönen nicht bedarf, nämlich die in das *Mathematisch-* und in das *Dynamisch-Erhabene*" (5:247). „Erhaben" nennt Kant das, was im Gegensatz zum Schönen unseren Sinnen nicht angemessen ist, sondern deren Kapazität übersteigt und entsprechend als „schlechthin groß" (5:248) erfahren wird. Die Größenschätzung von Naturobjekten kann Kant zufolge auf zweierlei Art erfolgen: logisch-mathematisch, durch Anwendung von Zahlbegriffen, oder ästhetisch, durch Apprehension einzelner Sinnesdaten in die Einbildungskraft und deren Zusammenfassung (*comprehensio aesthetica*) in einer Anschauung (vgl. 5:251). Während die mathematische Größenschätzung (Messung) bei der Bestimmung einer Größe durch Reproduktion einer zugrunde gelegten Einheit (Grundmaß) progressiv verfährt und deshalb „ungehindert ins Unendliche" (5:254) gehen kann, ist bei der ästhetischen Größenschätzung Fassbarkeit anschaulicher Totalität auf einen Blick gefordert. Im Fall von besonders großen Objekten – als Beispiele nennt Kant „ungestalte Gebirgsmassen, in wilder Unordnung über einander gethürmt, mit ihren Eispyramiden, oder die düstere tobende See" (5:256) – stößt die Einbildungskraft an ihre Grenzen: Der Gegenstand wird als mathematisch-erhaben, als das Unendliche, im Vergleich mit dem alles andere klein ist, vorgestellt (vgl. 5:254) und löst ein Gefühl der Achtung aus (vgl. 5:257ff.). Wird der Fokus bei der ästhetischen Beurteilung dagegen nicht auf die Größe, sondern auf die Natur als Macht, als Gegenstand der Furcht, gerichtet, so erfahren wir die entsprechenden Phänomene als dynamisch-erhaben (wie z. B. „am Himmel sich aufthürmende Donnerwolken, mit Blitzen und Krachen einherziehend, Vulcane in ihrer ganzen zerstörenden Gewalt, Orkane mit ihrer zurückgelassenen Verwüstung" usw., 5:261). Von zentraler Bedeutung ist nach Kant der Umstand, dass Erscheinungen, welche das Gefühl des Erhabenen auslösen, gewissermaßen über sich selbst hinausweisen: Durch das Mathematisch-Erhabene werden wir uns unserer selbst als Vernunftwesen, durch das Dynamisch-Erhabene als freier, moralischer Subjekte bewusst.

Weiterführende Literatur

Pollok, Konstantin: Kants „Metaphysische Anfangsgründe der Naturwissenschaft". Ein kritischer Kommentar, Hamburg: Meiner 2001.

Wolff-Metternich, Brigitta-Sophie von: Die Überwindung des mathematischen Erkenntnisideals, Berlin u. a.: de Gruyter 1995.

Silvan Imhof / Rebecca Iseli Buchi

Maxime

Eine Maxime ist ein subjektives Prinzip, das das Erkennen oder Handeln eines Menschen leitet. Als Gegenstand des kategorischen Imperativs spielen Maximen in Kants praktischer Philosophie eine zentrale Rolle. Dort werden sie als subjektive praktische Prinzipien dem moralischen Gesetz als objektivem praktischen Prinzip gegenübergestellt. Eine Handlung ist frei, weil die Maxime, auf die sie zurückgeht, vom Handelnden frei gewählt wurde. An der Maxime einer Handlung entscheidet sich ihr moralischer Wert. Wichtigste Stellen: KrV A 666 / B 694; 4:400; 4:420; 5:19; 6:225; 6:23f.

Philosophische Funktion

1 Maximen in Kants theoretischer Philosophie

Der Begriff der Maxime wird in der Dialektik der *KrV* für den Bereich der spekulativen Vernunft eingeführt. Kant versteht dort unter Maximen der Vernunft „subjective Grundsätze, die nicht von der Beschaffenheit des Objects, sondern dem Interesse der Vernunft in Ansehung einer gewissen möglichen Vollkommenheit der Erkenntniß dieses Objects hergenommen sind" (KrV A 666 / B 694; vgl. KrV A 306 / B 362). So hat die Vernunft beispielsweise ein Interesse an der Mannigfaltigkeit der Erscheinungen, aber auch an ihrer Einheit. Beide können bei der Erforschung von Gegenständen der Erscheinung zur Anwendung kommen (→Vernunft, Interesse der). Sie sind jedoch keine konstitutiven Prinzipien, sondern Maximen, d. h. bloß subjektive Prinzipien, die beide unser Erkennen regulieren können und damit heuristischen Wert haben. Dem anfänglichen Schein zum Trotz führen sie also nicht zu einem echten Widerspruch (vgl. KrV A 297f. / B 353f.).

„Maximen der Urtheilskraft" (5:182) sollen „der Nachforschung der Natur a priori zum Grunde gelegt werden" (5:182; vgl. 5:376, 5:387, 5:398; →Zweckmäßigkeit). Kant nennt auch die „Maximen des gemeinen Menschenverstandes" (5:294), welche Leitregeln bzw. die „Vorschrift" (7:200) zur Weisheit zu gelangen anbieten sollen (vgl. 7:200, 7:228, 9:57; →Menschenverstand, gesunder/gemeiner).

2 Maximen in Kants Handlungstheorie

Offiziell eingeführt wird der Begriff der Maxime in zwei Fußnoten der *GMS*, die Maximen als subjektive praktische Prinzipien von Gesetzen als objektiven praktischen Prinzipien unterscheiden. Eine Maxime wird definiert als „das subjective Princip des Wollens" (4:400 Anm.) bzw. als „das subjective Princip zu handeln"; und sie enthält „die praktische Regel, die die Vernunft den Bedingungen des Subjects gemäß (öfters der Unwissenheit oder auch den Neigungen desselben) bestimmt" (4:420f. Anm.; vgl. 4:438, 6:225). Eine Maxime ist das Prinzip, nach dem ein Mensch handelt; das Gesetz das Prinzip, nach dem er handeln soll (vgl. 5:19). Dieser Kontrast spiegelt sich auch in der späten Unterscheidung von Wille und Willkür wieder: „Von dem Willen gehen die Gesetze aus; von der Willkür die Maximen" schreibt Kant in der *Metaphysik der Sitten* (6:226). Die Willkür des Menschen nennt er eine „freie Willkür" (6:226). In der Kategorientafel der *KpV* nennt Kant Maximen die „*Willensmeinungen*" (5:66) – d. h. manifesten Absichten – des Individuums.

Eine weitere wichtige Ergänzung und Klärung des Maximenbegriffs findet sich in *Religion*. Kant stellt sich dort die Frage, ob der Mensch von Natur aus gut oder böse ist, und versucht zunächst, die Möglichkeit eines moralisch indifferenten Charakters auszuschließen. Dabei formuliert er die von Henry Allison so genannte *incorporation thesis* (vgl. Allison, *Kant's Theory of Freedom*, S. 40f.): Die Freiheit der Willkür „ist von der ganz eigenthümlichen Beschaffenheit, daß sie durch keine Triebfeder zu einer Handlung bestimmt werden kann, *als nur sofern der Mensch sie in seine Maxime aufgenommen hat*" (6:23f.). Nur so seien Triebfedern und menschliche Freiheit miteinander vereinbar. Maximen sind also frei gewählte Handlungsgrundsätze. Weil sie frei gewählt sind, ist der Mensch für sein Handeln verantwortlich. Neu in *Religion* ist der Gedanke einer obersten Maxime und der eines hierarchisch geordneten Systems, den sie nahelegt. Der Mensch kann nicht anders, als sich zu seinen grundlegenden Triebfedern irgendwie zu verhalten. Wie wir uns zu Eigeninteresse und moralischem Gesetz stellen, ob wir das eine im Rahmen des anderen verfolgen wollen oder umgekehrt, entscheidet die Frage nach unserer moralischen Gesinnung. Diese Entscheidung spiegelt sich in unserer obersten Maxime wider (vgl. 6:31).

Wahrscheinlich diente Kant der Maximenbegriff von Christian Wolff und Alexander Gottlieb

Baumgarten als Ausgangspunkt, die Maximen als zunächst unbewusste Verhaltensregeln verstehen. Sie sind die Obersätze eines praktischen Syllogismus, aus dem eine Handlung entspringt (vgl. Schwartz, *Maxime*, S. 25f.). Eine mögliche zweite Quelle ist ein durch die französischen Moralisten vermittelter Maximenbegriff, der sich auf die *propositiones maximae* in den Aristoteleskommentaren des Boethius stützt (vgl. Bubner, *Handlung*, S. 197f.). Die Herkunft von Kants Maximenbegriff ist noch nicht abschließend geklärt.

Gelegentlich scheint in den pädagogischen Schriften ein Maximenbegriff am Werk, nach dem nur besonders charakteristische, in einem emphatischen Sinn selbstgesetzte Handlungsprinzipien es verdienen, Maximen genannt zu werden (vgl. etwa 9:475). In dieser Bedeutung liegt nicht jeder Handlung eine Maxime zugrunde, und wir müssen erst lernen, nach Maximen zu handeln. In jedem Fall sind Maximen qua subjektiv als Prinzipien formuliert, die sich in der ersten Person Singular auf den Handelnden beziehen.

In der neueren Forschung erfreut sich Kants Maximenbegriff nicht erst seit Allisons *Kant's Theory of Freedom* einiger Aufmerksamkeit. Seit längerem diskutiert man die Frage, wie Maximen in einer plausiblen Handlungstheorie beschaffen sein müssen, ob es sich etwa um robuste ‚Lebensregeln' von hoher Allgemeinheit handelt (Bittner, *Maximen*) oder um grundlegende, regelhafte Absichten (O'Neill, *Consistency*). (Zur Interpretationslage siehe Gressis, *Recent Work*.)

3 Maximen in Kants Moralphilosophie

Maximen sind ein zentraler Bezugspunkt für Kants Ethik, weil sich der kategorische Imperativ explizit oder implizit auf die Maximen möglicher Handlungen bezieht. Wie er in der *GMS* erstmals formuliert wird, gebietet er, niemals anders zu verfahren, also so, „*daß ich auch wollen könne, meine Maxime solle ein allgemeines Gesetz werden*" (4:402; vgl. 4:421). Später nennt Kant Autonomie „das *Princip* eines jeden menschlichen Willens, als *eines durch alle seine Maximen allgemein gesetzgebenden Willens*" (4:432).

Eine Maxime, die Kant dem Test durch den kategorischen Imperativ unterzieht, ist die eines lügenhaften Versprechens: „wenn ich mich in Geldnoth zu sein glaube, so will ich Geld borgen und versprechen es zu bezahlen, ob ich gleich weiß, es werde niemals geschehen" (4:422). Sie wird verworfen, weil sie nicht zum allgemeinen Gesetz taugt, d. h., weil unmöglich alle Menschen zu aller Zeit nach dieser Maxime handeln können. Der kategorische Imperativ ist somit in erster Linie ein Verfahren, mit dem die Erlaubtheit von Maximen ermittelt werden kann. Ist in einer bestimmten Situation nur eine einzige einschlägige Maxime erlaubt, so ist nach ihr zu handeln Pflicht. Eine Handlung, die aus → Pflicht erfolgt, ist moralisch gut. Die Frage, ob eine Handlung moralischen Wert hat, d. h. moralisch gut ist, hängt vom moralischen Gehalt der Maxime des Akteurs ab (vgl. schon 4:397f.). Da → pflichtmäßige Handlungen auf Maximen beruhen können, die der kategorische Imperativ nicht gutheißt, ist es unzulässig, von der äußeren Handlung auf die Gesinnung des Handelnden zu schließen (vgl. 6:20, 8:284). Der moralische Wert einer Handlung kann deshalb nicht mit Sicherheit bestimmt werden.

In *MSR* und *MST* dient der Maximenbegriff zur Abgrenzung von Recht und Ethik (vgl. 6:386f.). Das Recht bezieht sich demnach nur auf Handlungen, die seinem Gesetz entsprechen oder nicht, aber nicht auf die Maximen der Menschen, aus denen sie entspringen. Die Ethik oder Tugendlehre gebietet dagegen, bestimmte Zwecke in seine Maxime aufzunehmen: die eigene Vollkommenheit und die Glückseligkeit anderer (vgl. 6:391f.). Weil ethische Pflichten nur Maximen gebieten, also allgemeine Handlungsregeln und keine bestimmten Handlungen, besitzt die Willkür des Menschen einen „Spielraum (latitudo)" (6:390) bei ihrer Ausführung.

Wie die Maxime des falschen Versprechens zeigt, entspringen Handlungsmaximen ebenso wie Maximen in der theoretischen Philosophie den Interessen des Akteurs. In der *KpV* leitet Kant den Interessenbegriff von dem der Triebfeder ab und fügt dann hinzu: „Auf dem Begriffe eines Interesse gründet sich auch der einer *Maxime*" (5:79). Alle drei Begriffe betreffen nur Wesen mit einem endlichen Willen, bei denen Wollen und Sollen divergieren können.

Der Maximenbegriff in Kants Ethik wird ausgesprochen kontrovers diskutiert. Im Zentrum steht dabei die Frage, ob die Anwendung des kategorischen Imperativs auf mögliche Handlungsmaximen zu akzeptablen Ergebnissen führt. Interpreten befürchten falsche positive Ergebnisse, zum Beispiel das der Erlaubtheit besonders speziell formulierter Täuschungsmaximen, und falsche negative Resultate, wie etwa die Zurückweisung von Maximen moralisch harmloser Handlungen durch den kategorischen Imperativ (vgl. Herman, *Moral deliberation*, und Wood, *Ethical Thought*).

Weiterführende Literatur

Abrecht, Michael: „Kants Maximenethik und ihre Begründung", in: Kant-Studien 85, 1994, 129–146.

McCarty, Richard R.: „Maxims in Kant's Practical Philosophy", in: Journal of the History of Philosophy 44, 2006, 65–83.

Nell, Onora: Acting on Principle. An Essay on Kantian Ethics, New York u. a.: Columbia University Press 1975 (Neuaufl.: Cambridge: Cambridge University Press 2013).

Schwartz, Maria: Der Begriff der Maxime bei Kant. Eine Untersuchung des Maximenbegriffs in Kants praktischer Philosophie, Berlin: Lit Verlag 2006.

Timmermann, Jens: Sittengesetz und Freiheit. Untersuchung zu Immanuel Kants Theorie des freien Willens, Berlin u. a.: de Gruyter 2003.

Jens Timmermann

Mensch

In einer Nachschrift der kantischen Metaphysikvorlesung findet sich folgende Einteilung: „Das Feld der Philosophie in sensu cosmopolitico läßt sich auf folgende Fragen zurückbringen: 1) Was kann ich *wissen*? Das zeigt die *Metaphysik*. 2) Was soll ich *thun*? Das zeigt die *Moral*. 3) Was darf ich hoffen? Das lehrt die *Religion*. 4) Was ist der Mensch? Das lehrt die *Anthropologie*. Man könnte alles Anthropologie nennen, weil sich die drei ersten Fragen auf die letztere beziehen" (28:533f.; mit geringfügigen Änderungen übernommen in 9:25). Ähnlich schreibt Kant am 4. Mai 1793 an den Göttinger Theologen Carl Friedrich Stäudlin: „Mein schon seit geraumer Zeit gemachter Plan der mir obliegenden Bearbeitung des Feldes der reinen Philosophie ging auf die Auflösung der drei Aufgaben: 1) Was kann ich wissen? (Metaphysik) 2) Was soll ich thun? (Moral) 3) Was darf ich hoffen? (Religion); welcher zuletzt die vierte folgen sollte: Was ist der Mensch? (Anthropologie; über die ich schon seit mehr, als 20 Jahren jährlich ein Collegium gelesen habe)" (11:429). In diesen viel zitierten Äußerungen ergänzt Kant die drei erst genannten Fragen der *KrV* (vgl. KrV A 804f. / B 832f.) durch die Frage nach dem Wesen des Menschen und weist im Brief von 1793 auf seine eigene *Anthropologie* hin. Die Frage ‚Was ist der Mensch?' wird jedoch weder in den Vorlesungsnachschriften zur Anthropologie noch in der 1798 edierten *Anthropologie* erwähnt, aber auch in ihrem Inhalt ist diese Ergänzung problematisch. Was Kant hier jedoch generell ausdrückt, trifft sicher zu: dass der Mensch das Zentrum seiner Philosophie bildet. Dadurch stellt sich Kant in einen Gegensatz zur Schulmetaphysik; er ersetzt die metaphysische Seinslehre oder →Ontologie durch eine Analytik des reinen Verstandes (vgl. KrV A 247), und die *metaphysica specialis* mit ihren drei Themen →Seele (→Psychologie), →Welt (→Kosmologie) und →Gott (→Theologie) wird so umgestaltet, dass die objektive Realität der Welt und Gottes zu Funktionen der menschlichen reinen praktischen Vernunft werden. Zur Kosmologie: Schon in *De mundi* (1770) wird die Erscheinungswelt von der menschlichen Erkenntnis abhängig gemacht; das Ergänzungsstück dazu ist, dass auch alle Zwecke dieser Welt auf den Endzweck, die Moralität des Menschen, zielen (vgl. 5:435f.; schon 25:47). Kant vertritt damit einen rigorosen Anthropozentrismus. Zur Theologie: Die objektive Realität Gottes wird durch den Vernunftglauben gewährleistet, der seinerseits eine Funktion menschlichen moralischen Handelns ist (vgl. 5:467–472).

Zugleich gibt es konterkarierende Züge. Wenn in der *KrV* vom Menschen gesprochen wird, dann ist nicht der aus der Anthropologie bekannte Mensch gemeint, denn die Ausstattung mit bestimmten Sinnesorganen, die Form des Körpers, die Geschlechtlichkeit, die psychologische Trennung von Bewusstsein und Unbewusstheit inklusive von Wach- und Traumzuständen tangieren nicht die Ebene, in der in der Transzendentalphilosophie der *KrV* vom Menschen gesprochen wird. Die Theorieebene wird bis zu einem Punkt gehoben, in der es sogar offen bleibt, ob die Sinnlichkeit des Wesens, von dem gehandelt wird, die Form von →Raum und →Zeit hat (KrV B 146: „[...] warum Zeit und Raum die einzigen Formen unserer möglichen Anschauung sind"). In der reinen

Moral der *KpV* wird von Vernunftwesen gesprochen, wobei Kant ebenfalls einzig die Affektion durch Neigungen annimmt; wie diese aber aussehen, wird in der reinen Theorie der Moral offen gelassen. Anders in der *Kritik der ästhetischen Urteilskraft*, in der eine bestimmte Sinnenausstattung (Sehen und Hören) für die Realisierung ästhetischer Urteile vorausgesetzt wird.

Kant handelt vom empirischen Menschen in systematischer Form in der Anthropologie-Vorlesung und der *Anthropologie* von 1798; diese Disziplin entwickelt sich aus der empirischen Psychologie der Schulmetaphysik (vgl. 25:8 und 25:243; →Anthropologie) und wird von Kant nicht als Teil seiner eigentlichen Philosophie begriffen, wenn auch viele Themen der reinen Philosophie in sie eingehen und unter dem spezifischen Gesichtspunkt einer empirischen Lehre erörtert werden. In der kritischen Philosophie selbst kann die ontologische Definitionsfrage ‚Was ist der Mensch?' nicht gestellt werden; sie wird ersetzt durch die Frage nach der finalen Bestimmung des Menschen, die nach vielen expliziten Äußerungen im Zentrum sowohl der kritischen Philosophie als auch des Vernunftinteresses eines jeden steht und tatsächlich auch die eingangs zitierten drei Fragen in sich vereinigt.

Weitere wichtige Stellen: 2:427; KrV B 22; KrV B 29; KrV A 19 / B 33; KrV A 26 / B 42; KrV A 35 / B 51f.; KrV A 66 / B 90f.; KrV A 139 / B 178; 8:57; 8:89.

Vorgeschichte und historischer Kontext

Die Vorgeschichte der kantischen Philosophie des Menschen reicht nach seiner eigenen Auffassung bis zu Sokrates zurück: „Nehmen wir die alten griechischen Philosophen wie Epicur, Zeno, Socrates etc., so finden wir, daß die Bestimmung des Menschen und die Mittel dazu zu gelangen, das Haupt Object ihrer Wißenschaft gewesen sind. Sie sind also der wahren Idee des Philosophen weit getreuer geblieben, als in den neueren Zeiten geschehen ist [...]. Socrates [...] lehrte, die Speculationen helfen nichts unsere Bestimmung zu erfüllen" (29:9). Von entscheidender Wichtigkeit wird die stoische Philosophie, zu deren Themenkatalogen die philosophische (im Gegensatz zur medizinischen) Anthropologie gehört; von der Stoa, besonders Seneca, wird Kant die →Teleologie übernehmen und die Auffassung, dass alles in der Natur seinen ihm folglich externen Zweck im Menschen erfährt, der seinen Zweck in sich selbst hat. In der Neuzeit gibt es vielfache Strömungen, die in die Anthropologie und Philosophie des Menschen eingehen. Da ist Hobbes' Buch I des *Leviathan* „De homine", Lockes *Essay* (in der lateinischen Übersetzung von E. Burridge: *Tractatus de intellectu humano*), Humes anthropologisch fundierter Skeptizismus in seinen *Vermischten Schriften* (1754–1756). Die Metaphysik von Christian Wolff und Alexander Baumgarten operiert mit der Differenz einer empirischen und einer rationalen Psychologie. Kant bearbeitet die erstere schon vor dem Beginn seiner Anthropologie-Vorlesungen intensiv, während die rationale Psychologie der Paralogismenkritik in der *KrV* (vgl. KrV A 341–405 / B 399–435) zum Opfer fällt. Damit aber wird die menschliche Seele ein Teilstück der Welt, sofern sie nicht durch das noumenale Freiheitsgesetz bestimmt ist. (Welchen Ort hat aber dann das erkennende Ich? Es kann weder zur Sinneswelt noch zur Freiheit gehören.) Von größter Wichtigkeit ist Johann Joachim Spaldings Schrift *Betrachtung über die Bestimmung des Menschen* (1748) mit ihren vielfältigen Auswirkungen auf die 2. Hälfte des 18. Jahrhunderts in Deutschland. Sie teilt die neostoischen Grundlagen mit Rousseaus Philosophie der Natur des Menschen, der Kant gemäß dem Diktum „Rousseau hat mich zurecht gebracht" (20:44) einen entscheidenden Impuls in der Ablösung von der traditionellen Metaphysik zur Menschheitsemphase verdankt.

Philosophische Funktion

Die Frage ‚Was ist der Mensch?' wird von Kant in keiner von ihm selbst publizierten Schrift erwähnt; sie gehört als Definitionsfrage in die Ontologie, die die kritische Philosophie gerade überwunden hat. Wie Locke weist Kant eine anfängliche Definition von Dingen, die wir nicht machen, als unmöglich zurück. In der Vorlesungsnachschrift zur *Philosophischen Enzyklopädie* (um 1775) wird die finale Bestimmung des Menschen ins Zentrum der Philosophie gestellt: „Der Philosoph sieht die Regeln der Weisheit ein, der Weise handelt aber darnach. Von dem kann ich nur sagen, daß er philosophire, der sich bemüht die obersten Zwecke und die Bestimmungen seiner Vernunft vestzusetzen [...]. Der Philosoph als ein Führer der Vernunft, leitet den Menschen zu seiner Bestimmung. Seine Erkenntniße gehen also auf die Bestimmung des Menschen. Als Künstler vermehrt er unsere Einsichten und Wißenschaft. (Die Wißenschaft ist eigentlich nicht unsere Bestimmung.) [...] Wenn der Philosoph alle seine Spekulation, Wißenschaft etc. mit den Zwecken, mit der Bestimmung des Menschen verbindet, dann ist er ein Führer und Gesetz Geber der Vernunft" (29:8). Die Spekulationen für sich sind wertlos, wenn sie nicht mit den „wahre[n] Zwecke[n]" (29:9) der Menschen verbunden werden.

Die Zweckbestimmung betrifft nicht die unbekannte Essenz des Menschen, sondern seine Existenz und Lebenspraxis und ist unmittelbar mit den drei oben genannten Fragen verknüpft: Was kann ich wissen? Was soll ich tun? Was darf ich hoffen? In ihnen bündelt sich alles Vernunftinteresse, und entsprechend heißt es, dass der Mathematiker für die Auflösung dieser drei Fragen und die Erkenntnis der praktischen Bestimmung des Menschen „gerne seine ganze Wissenschaft dahin gäbe" (KrV A 463 / B 491). Die drei Fragen beziehen sich in der Tradition der drei christlichen Tugenden von →Glaube (an Gott), Liebe (beim Handeln in der Welt) und Hoffnung (im Hinblick auf die unsterbliche Seele) auf die drei Themen der Dialektik der Theologie, Kosmologie und Psychologie. Es handelt sich bei ihnen um den „uns so innigst angelegenen Theile menschlicher Erkenntnisse" (10:269), „die größeste Angelegenheit des Menschen, womit die Metaphysik als ihrem Endzweck umgeht" (20:329). Und es sind notorisch die Themen und Fragen, die der alles zermalmende Kant für theoretisch unbeantwortbar hält (entgegen der Meinung der bisherigen Metaphysik, die in ihrer dreiteiligen *metaphysica specialis* gelehrte Antworten präsentierte). Weder zur reinen Theorie ist also der Mensch bestimmt noch zur Sorge um Lust und Schmerz, wie die epikureische Fraktion von Epikur bis hin zu Locke und den französischen Aufklärern lehrt, sondern zum moralischen Handeln, das seinerseits zum praktischen Postulat von Gott und Unsterblichkeit führt.

1771 macht Kant gegen Pietro Moscati, einen italienischen Arzt, geltend, dass der Mensch von Natur zuerst zwar für die physische Selbsterhaltung zum vierfüßigen Gang bestimmt war, „daß in ihm aber auch ein Keim von Vernunft gelegt sei, wodurch er, wenn sich solcher entwickelt, *für die Gesellschaft* bestimmt ist, und vermittelst deren er für beständig die hiezu geschickteste Stellung, nämlich die *zweifüßige*, annimmt, wodurch er auf einer Seite unendlich viel über die Thiere gewinnt, aber auch mit den Ungemächlichkeiten vorlieb nehmen muß, die ihm daraus entspringen, daß er sein Haupt über seine alte Cameraden so stolz erhoben hat" (2:425). Dass die Vernunftbestimmung des Menschen über die bloß physische Naturbestimmung herrscht und herrschen soll, gehört zu den Konstanten der Philosophie des Menschen. Der Mensch ist von der →Natur dazu bestimmt, der Vernunftbestimmung zum Sieg zu verhelfen, d. h. er soll die paradoxe Aufgabe der Natur lösen, seine Selbstbestimmung qua Selbstgesetzgebung (→Autonomie) und Selbstbeherrschung gegen die Fremdbestimmung durch die Natur, konkret: durch die Neigungen durchzusetzen. Die Neigungen sollen nicht in der Manier der Stoiker bis zur Apathie abgetötet werden, aber sie sollen bei der Nachfrage: Was soll ich tun? nicht die Regie übernehmen. Wie es überhaupt möglich ist, dass der Mensch den Neigungen folgt und nicht dem Freiheitsgesetz und dabei trotzdem verantwortlich bleibt und nicht einfach durch eine stärkere Macht überwältigt wird, versucht die *Religion* (1793) durch eine zeitlose „intelligibele That" zu erklären, durch die sich der Mensch vor allem empirischen Handeln einen Hang zum Bösen selbst zuzieht (6:31).

Im Zweckgefüge der Natur ist der Mensch einmal das einzige Wesen, das sich selbst →Zwecke zu setzen vermag (→Menschheit), aber sich dadurch noch nicht dem Lebenszyklus des Gebrauchens und Verbrauchens entzieht. Erst dadurch, dass nur er sich in der Bestimmung seiner Handlungen nach dem Freiheitsgesetz von der Herrschaft der Natur zu befreien vermag, erhebt er sich selbst zum Zweck an sich selbst und ist damit genötigt, diesen Status jedem Menschen als Vernunftwesen zuzuerkennen. Der Mensch, so heißt es 1788 in der *KpV*, „ist doch nicht so ganz Thier, um gegen alles, was Vernunft für sich selbst sagt [sc. also die autonome, moralische Vernunft], gleichgültig zu sein und diese blos zum Werkzeuge der Befriedigung seines Bedürfnisses als Sinnenwesens zu gebrauchen. Denn im Werthe über die bloße Thierheit erhebt ihn das gar nicht, daß er Vernunft hat, wenn sie ihm nur zum Behuf desjenigen dienen soll, was bei Thieren der Instinct verrichtet; sie wäre alsdann nur eine besondere Manier, deren sich die Natur bedient hätte, um den Menschen zu demselben Zwecke, dazu sie Thiere bestimmt hat, auszurüsten, ohne ihn zu einem höheren Zwecke zu bestimmen. Er bedarf also freilich nach dieser einmal mit ihm getroffenen Naturanstalt Vernunft, um sein Wohl und Weh jederzeit in Betrachtung zu ziehen [sc. das Sinnenwohl und -weh mittels der Klugheit], aber er hat sie überdem noch zu einem höheren Behuf, nämlich auch das, was an sich gut oder böse ist, und worüber reine, sinnlich gar nicht interessirte Vernunft nur allein urtheilen kann, nicht allein mit in Überlegung zu nehmen, sondern diese [sc. moralische] Beurtheilung von jener gänzlich zu unterscheiden und sie zur obersten Bedingung der letzteren zu machen" (5:61f.). „[Z]u einem höheren Behuf" (5:62) – eben das ist die eigentümliche Bestimmung der reinen praktischen Vernunft, die nicht der Lebenswohlfahrt dient. Das Oppositionsschema von Vernunft und Neigung wird in den neunziger Jahren in eine dreistufige Form überführt: „Von der ursprünglichen Anlage zum Guten in der menschlichen Natur. – Wir können sie in Beziehung auf ihren Zweck füglich auf drei Klassen, als Elemente der Bestimmung des Menschen, bringen: 1. Die Anlage für die *Thierheit* des Menschen, als eines *lebenden*; 2. Für die *Menschheit* desselben, als eines lebenden und zugleich *vernünftigen*; 3. Für seine *Persönlichkeit*, als eines vernünftigen und zugleich der *Zurechnung fähigen* Wesens" (6:26; vgl. 6:418). Beim Menschen als nur vernünftigem Wesen könnte man von einer instrumentellen Vernunft sprechen. (Kant folgt einer traditionellen Gedankenlinie, die man z. B. schon in der *Nikomachischen Ethik* von Aristoteles ausmachen kann (VIII 3): Freundschaft der Lust, des Nutzens und des Guten an sich). Zu ihr gehört die bloße Klugheit, die auch Wesen eignen kann, die zur →Moral keinen Zugang haben wie vermutlich die Teufel, die im *Frieden* (1795) als potentielle Staatserrichter auftreten (vgl. 8:366).

Das Höchste im Menschen ist seine erhabene Bestimmung, „da es denn nicht zu verwundern ist, wenn der Mensch, als zu beiden Welten gehörig, sein eigenes Wesen in Beziehung auf seine zweite und höchste Bestimmung nicht anders als mit Verehrung und die Gesetze derselben mit der höchsten Achtung betrachten muß" (5:87). Ohne der Vernunftbestimmung zu folgen, kann der Mensch nicht zu sich selbst gelangen. „[Die Glückseligkeit] ist die Materie aller seiner Zwecke auf Erden, die, wenn er sie zu seinem ganzen Zwecke macht, ihn unfähig macht, seiner eigenen Existenz einen Endzweck zu setzen und dazu zusammen zu stimmen" (5:431). Der Mensch bedarf eines einheitlichen Endzwecks seines Daseins, um eine bestimmte, mit sich identische Person zu sein. Und diese nicht nur psychologische Identität ist am Ende sein eigenes Werk, weil sie die Leitidee seines Handelns ist. Eben dies ist die Tat-Bestimmung des Menschen, nicht seine Definition, denn was er in seinem Wesen ist, ließe sich – wenn es möglich wäre – nur erkennen, nicht aber selbst bewirken. Die antischolastische Frage lautet: Was soll ich tun, um ich selbst zu sein?

In der *Rechtslehre* (der *MSR*, 1797) erscheint der Imperativ zur Selbstkonstitution des Menschen als einer Person in dem Imperativ: „*Sei ein rechtlicher Mensch* (honeste vive)" (6:236). Dieser Imperativ ist das Fundament des gesamten Privatrechts und öffentlichen Rechts, denn alles was folgt, ist begründet in der Selbstkonstitution des Menschen als einer Person, die ihm kein Gott, keine Natur, sondern nur er selbst sich geben oder erwerben kann. Wegen dieser Möglichkeit, die in jedem Menschen liegt, haben wir auch im Verbrecher die Menschheit in seiner Person zu ehren und dürfen ihn nicht zur Sache, etwa in medizinischen Experimenten, machen. Auf dieser Personhaftigkeit beruht das innere Mein und Dein, damit aber auch der äußere Besitz, d. h. das Eigentum an Sachen, der Besitz des Willens einer anderen Person in Verträgen und das Hausrecht, dies alles bildet wiederum die Grundlage des Staats-, Völker- und Weltbürgerrechts mit dem finalen Ausblick auf den ewigen Frieden (vgl. 6:355), den zu realisieren der Mensch von der Natur und seiner →praktischen Vernunft bestimmt ist.

Die Frage nach der Bestimmung des Menschen durchzieht nicht nur das Problem der Selbstbestimmung des einzelnen Menschen, sondern auch die Selbstgewinnung der menschlichen Gattung und damit die kantische Geschichtsphilosophie. Sie setzt ein mit dem Kapitel der Anthropologie-Vorlesung von 1775–1776 „Vom Charackter der Menschheit überhaupt" (25:675–697) und endet innerhalb der Veröffentlichungen mit den letzten Schriften, *Fakultäten* und *Anthropologie* (1798). Die *Anthropologie* resümiert mit neuen Ideen die Anthropologie-Vorlesungen von 1772–1773 bis 1795–1796. Es wird in ihr von der Natur des Menschen gehandelt, jedoch nur in seiner psychologischen Dimension. Das Körper-Geist-Problem wird (wie in der Transzendentalphilosophie) ausgeschaltet: „Wer den NatururSachen nachgrübelt, worauf z. B. das Erinnerungsvermögen beruhen möge, kann über die im Gehirn zurückbleibenden Spuren von Eindrücken, welche die erlittenen Empfindungen hinterlassen, hin und her (nach dem Cartesius) vernünfteln; muß aber dabei gestehen: daß er in diesem Spiel seiner Vorstellungen bloßer Zuschauer sei und die Natur machen lassen muß, indem er die Gehirnnerven und Fasern nicht kennt, noch sich auf die Handhabung derselben zu seiner Absicht versteht, mithin alles theoretische Vernünfteln hierüber reiner Verlust ist“ (7:119). Zur empirisch-psychologischen und zugleich (seit der Mitte der siebziger Jahre) → pragmatischen Menschenkunde gehört die Erörterung der drei wesentlichen menschlichen psychischen Vermögen des Erkennens, des Fühlens und des Wollens, und dann die jeweils unterschiedlichen Menschen zukommenden Naturvorgaben des Naturells, der Temperamente, des Geschlechts, der Rasse und der Völker. Zusammenfassend und die Empirie übersteigend dann die Bestimmung des Menschen: „Die Summe der pragmatischen Anthropologie in Ansehung der Bestimmung des Menschen und die Charakteristik seiner Ausbildung ist folgende. Der Mensch ist durch seine Vernunft bestimmt, in einer Gesellschaft mit Menschen zu sein und in ihr sich durch Kunst und Wissenschaften zu *cultiviren*, zu *civilisiren* und zu *moralisiren*, wie groß auch sein thierischer Hang sein mag, sich den Anreizen der Gemächlichkeit des Wohllebens, die er Glückseligkeit nennt, *passiv* zu überlassen, sondern vielmehr *thätig*, im Kampf mit den Hindernissen, die ihm von der Rohigkeit seiner Natur anhängen, sich der Menschheit würdig zu machen“ (7:324f.). Und: Der Mensch fühlt sich durch das Bewusstsein veredelt, „zu einer Gattung zu gehören, die der Bestimmung des Menschen, so wie die Vernunft sie ihm im Ideal vorstellt, angemessen ist“ (7:329f.). Es ist dies die Summe nicht nur der Anthropologie, sondern der kantischen Philosophie im ganzen. Die Vernunftbestimmung hat die absolute Präzedenz vor der Naturbestimmung. Die Klugheit ist ein bloßes Instrument der sinnlichen Lebensziele und hebt uns aus dem Naturreich nicht heraus. Es kommt ein anderes hinzu; sucht der Mensch nach einer bestimmten Bestimmung im Felde seiner unvermeidlichen natürlichen Glücksbegierde, dann stellt er überrascht fest, daß er nicht weiß, „was er eigentlich wünsche und wolle“ bzw. „was er hier eigentlich wolle“ (4:418). Suchen wir also die Bestimmung des Menschen im *pursuit of happiness*, wissen wir nicht, wer wir sind und was wir wollen. Recht und Moral dagegen machen unsere eigentliche präzise erkennbare Bestimmung aus: „Sich als ein nach dem Staatsbürgerrecht mit in der Weltbürgergesellschaft vereinbares Glied zu denken, ist die erhabenste Idee, die der Mensch von seiner Bestimmung denken kann und welche nicht ohne Enthusiasm gedacht werden kann“, heißt es in einer Vorarbeit zum zweiten Abschnitt des *Streits der Fakultäten* (*Refl.* 8077, 19:609).

Die Menschheitsgeschichte kann unter der Idee einer Vorsehung der Natur (der stoischen *providentia*) betrachtet werden, die die Selbstbestimmung des Menschen im Laufe der Geschichte vorbereitet und so dem Menschen ermöglicht, die Naturgeschichte zu verlassen und die weitere Geschichte aus eigener → Autonomie zu gestalten. Die Emanzipation des Menschen lässt sich fassen als eine Absicht der Vorsehung, die die Geschichte, in der es kein bewusst planendes menschliches Subjekt gibt, hinleitet zur Ermöglichung einer globalen Rechtsstruktur und damit der letzten Vorbereitung der Natur zur eigenen Sittlichkeit. Hierbei betont Kant, dass sich der historische Prozess tatsächlich nur als Naturprozess dechiffrieren lässt, der nun zwar auf ein moralisch gebotenes Ziel hinführt, in der Mittelwahl jedoch keine moralischen Skrupel kennt. Ehrsucht, Herrschsucht und Habsucht sind die Triebkräfte, deren sich die Natur bedient (vgl. 8:21; 7:272–274), sichtlich die Triebkräfte der nicht mehr monopolistisch-absolutistischen Ökonomie, sondern des sich allmählich in Europa durchsetzenden Liberalismus des *laisser faire, laisser aller* (vgl. dazu 7:20). Der Mensch zerfällt damit in der Intention der Vorsehung in ein Doppelwesen; einerseits soll er dem moralischen Imperativ folgen und die Maximen seiner Handlungen bezüglich ihrer Tauglichkeit zur Gesetzgebung prüfen, andererseits ist er Agent eines Systems ohne alle moralischen Vorbehalte. Wer ohne Skrupel aus Ehrsucht, Herrschsucht und vor allem Habsucht agiert, handelt *naturae conveni-*

enter, in Übereinstimmung mit der Natur, denn die Vorsehung oder Natur (Kant spricht in diesem Zusammenhang nicht von Gott!) ist in der Durchsetzung ihres Ziels an einzelnen menschlichen guten oder bösen Handlungen nicht interessiert. „Von der letzten Bestimmung des menschlichen Geschlechts. Die lezte Bestimmung des menschlichen Geschlechts ist die moralische Vollkommenheit, so fern sie durch die Freyheit des Menschen bewirkt wird, wodurch alsdenn der Mensch der größten Glückseeligkeit fähig ist. Gott hätte die Menschen schon so vollkommen machen und jedem die Glückseeligkeit haben austheilen können, allein alsdenn wäre es nicht aus dem innern principio der Welt entsprungen. Das innere principium der Welt aber ist die Freyheit“ (27:470). Aber die Freiheitshandlungen haben als solche in der Weltgeschichte kein Gewicht, und vielleicht fördert ein Timur die Pläne der Gattungsgeschichte mehr als ein pflichtbewußter Philosoph. Die Vorsehung oder Natur wenigstens setzt auf Ehrsucht, Herrschsucht und Habsucht. Es ist die philosophische Geschichte, die dem Vernunftinteresse folgt und nur noch „aus dem Gesichtspunkte dessen, [...] was Völker und Regierungen in weltbürgerlicher Absicht geleistet oder geschadet haben“ (8:31), geschrieben wird. Aber das Dilemma bleibt auch hier: Die Menschen, die Völker, die Regierungen sind einerseits die Subjekte, die die Geschichte in weltbürgerlicher Absicht bewusst positiv vorantreiben, deren eigenes Werk sie ist, die sich selbst emporarbeiten (vgl. 8:19); andererseits jedoch haben wir es mit der Naturgeschichte der Menschheit zu tun, die sich in die Kultur hinein fortsetzt und der das bewusste gute oder böse Handeln der Menschen völlig gleichgültig ist. Die Natur setzt nicht auf die Mitarbeit der Menschen, sondern benutzt deren Handlungen, die notwendig aus nur subjektiven Zielsetzungen erfolgen, für ihre eigenen übergreifenden Zwecke. „Einzelne Menschen und selbst ganze Völker denken wenig daran, daß, indem sie, ein jedes nach seinem Sinne und einer oft wider den andern, ihr eigene Absicht verfolgen, sie unbemerkt an der Naturabsicht, die ihnen selbst unbekannt ist, als an einem Leitfaden fortgehen und an derselben Beförderung arbeiten, an welcher, selbst wenn sie ihnen bekannt würde, ihnen doch wenig gelegen sein würde“ (8:17). Damit aber zerreißt das Projekt an seinem inneren Widerspruch; die menschlichen Akteure sind das blinde Mittel der Vorsehung, sie sollen jedoch andererseits das Ergebnis selbst handelnd hervorbringen oder, falls böse, hemmen. Der Einzelne zählt nicht in der Vernunft- und Naturgeschichte der menschlichen Gattung, und auch die Französische Revolution ist das Erzeugnis einer wiewohl geistreichen Menschenmasse, aber nicht einzelner Individuen. In der *Geschichte* (1784) ist der Friedenszustand zwischen den Staaten noch abhängig von einer machthabenden Völkerversammlung (vgl. 8:28); dieselbe Position findet sich noch im *Gemeinspruch* von 1793 (vgl. 8:310); erst im *Frieden* (1795) zieht Kant die Konsequenz aus der Französischen Revolution: der Friede ist nur, aber auch tatsächlich möglich unter der Bedingung einer internen Republikanisierung der Völker.

Es zeigt sich, dass die Frage nach der Bestimmung des Menschen den Mittelpunkt des Interesses nicht nur der Menschen und der Menschheit bildet, sondern – damit – auch der kantischen Vernunftphilosophie. Um dieses Problem dreht sich gewissermaßen alles: In der *KrV* lesen wir: Alles Vernunftinteresse der Menschen und alle Bemühungen der Philosophie zielen letztlich auf „die praktische Bestimmung des Menschen“ (KrV A 464 / B 492). „Wesentliche Zwecke sind darum noch nicht die höchsten, deren (bei vollkommener systematischer Einheit der Vernunft) nur ein einziger sein kann. Daher sind sie entweder der Endzweck, oder subalterne Zwecke, die zu jenem als Mittel nothwendig gehören. Der erstere ist kein anderer, als die ganze Bestimmung des Menschen [...]“ (KrV A 840 / B 868). (Zur letzteren Formulierung vgl. in der *KU* die Rede von der *„ganze[n] Bestimmung* des Gemüths“; 5:259). Die *KpV* sekundiert (vgl. 5:147f.), und die *KU* stimmt ein: „Dazu kommt noch die Bewunderung der Natur, die sich an ihren schönen Producten als Kunst, nicht bloß durch Zufall, sondern gleichsam absichtlich, nach gesetzmäßiger Anordnung und als Zweckmäßigkeit ohne Zweck, zeigt: welchen letzteren, da wir ihn äußerlich nirgend antreffen, wir natürlicher Weise in uns selbst und zwar in demjenigen, was den letzten Zweck unseres Daseins ausmacht, nämlich der moralischen Bestimmung, suchen (von welcher Nachfrage nach dem Grunde der Möglichkeit einer solchen Naturzweckmäßigkeit aber allererst in der Teleologie die Rede sein wird)“ (5:301). „*Gott*, *Freiheit* und *Seelenunsterblichkeit* sind diejenigen Aufgaben, zu deren Auflösung alle Zurüstungen der Metaphysik, als ihrem letzten und alleinigen Zwecke, abzielen“ (5:473). Dieser letzte und alleinige Zweck der →Metaphysik ist zugleich der „Endzweck unserer Bestimmung“ (5:481).

Interpretationslage

Während der Neukantianismus wenig Interesse an der kantischen Menschenkunde nimmt, wächst das Interesse mit dem Aufkommen einer dezidiert philosophischen Anthropologie in den zwanziger Jahren des letzten Jahrhunderts. Ein von der Ethik und Rechtsphilosophie her bestimmtes Interesse leitet die Publikation von Johannes Schwartländer (*Der Mensch ist Person*). Norbert Hinske (*Kants Idee der Anthropologie*; *Das stillschweigende Gespräch*) richtet den Blick auf die genaue Entstehung der kantischen Anthropologie besonders im Hinblick auf die einschlägigen Reflexionen und ihre Datierung; die Grundlage von Reinhard Brandts *Kommentar zu Kants Anthropologie* bilden einerseits die Reflexionen und die publizierten Werke, andererseits die Vorlesungen zur Anthropologie, die 1997 in der Akademie-Ausgabe ediert wurden. Seine *Bestimmung des Menschen bei Kant* unternimmt eine Gesamtinterpretation der kantischen Philosophie nach dem Leitfaden des Primats der praktischen Philosophie und der finalen Selbstbestimmung des einzelnen Menschen und der Menschheit im Ganzen.

Weiterführende Literatur

Brandt, Reinhard: „Ausgewählte Probleme der Kantischen Anthropologie“, in: Schings, Hans-Jürgen (Hg.): Der ganze Mensch, Stuttgart u. a.: Metzler 1994, 14–32.

Brandt, Reinhard: Kommentar zu Kants Anthropologie in pragmatischer Hinsicht, Hamburg: Meiner 1999.

Brandt, Reinhard: Die Bestimmung des Menschen bei Kant, Hamburg: Meiner 2007.

Brandt, Reinhard: „‚Sei ein rechtlicher Mensch!‘ – wie das?“, in: Brandhorst, Mario / Hahman, Andree / Ludwig, Bernd (Hg.): Sind wir Bürger zweier Welten? Freiheit und moralische Verantwortung im transzendentalen Idealismus, Hamburg: Meiner 2012, 311–360.

Firla, Monika: Untersuchungen zum Verhältnis von Anthropologie und Moralphilosophie bei Kant, Frankfurt/M.: Lang 1981.

Gerland, Georg: „Immanuel Kant. Seine geographischen und anthropologischen Arbeiten“, in: Kant-Studien 10, 1905, 1–43, 417–547 (als Monographie: Berlin 1906).

Hinske, Norbert: „Kants Idee der Anthropologie“, in: Rombach, Heinrich (Hg.): Die Frage nach dem Menschen, Freiburg/Br.: Alber 1967, 410–427.

Hinske, Norbert: „Das stillschweigende Gespräch: Prinzipien der Anthropologie und Geschichtsphilosophie bei Mendelssohn und Kant“, in: Albrecht, Michael / Engel, Eva / Hinske, Norbert (Hg.): Moses Mendelssohn und die Kreise seiner Wirksamkeit, Tübingen: Niemeyer 1994, 135–156.

Hinske, Norbert: „Wolffs empirische Psychologie und Kants pragmatische Anthropologie. Zur Diskussion über die Anfänge der Anthropologie im 18. Jahrhundert“, in: Aufklärung 11, 1999, 97–107.

Lestition, Steven: Kant's Philosophical Anthropology: Texts and Historical Contexts, Continuity and Change, Diss. Chicago 1985.

Linden, Mareta: Untersuchungen zum Anthropologiebegriff des 18. Jahrhunderts, Bern u. a.: Lang 1976.

Schwartländer, Johannes: Der Mensch ist Person. Kants Lehre vom Menschen, Stuttgart u. a.: Kohlhammer 1968.

Sturm, Thomas: Kant und die Wissenschaften vom Menschen, Paderborn: Mentis 2009.

Zammito, John H.: Kant, Herder, and the Birth of Anthropology, Chicago u. a.: University of Chicago Press 2002.

Reinhard Brandt

Menschenverstand, gesunder/gemeiner

Gesunder und gemeiner Menschenverstand sind Ausdrücke für den einfachen, empirischen und allgemein verbreiteten →Verstand des Menschen, den natürlichen und unkultivierten Normalverstand, nüchternen und pragmatischen Alltagsverstand sowie gleich verteilten und pluralistischen Jedermannsverstand. Er ist „das Vermögen der Erkenntniß und des Gebrauchs der Regeln in concreto“ (4:369; vgl. 9:19). Seine →Maximen lauten: „1. Selbstdenken; 2. An der Stelle jedes andern denken; 3. Jederzeit mit sich selbst einstimmig denken“ (5:294; vgl. 7:200f.; 7:228f.; 9:57; 25:1480). Der gesunde/gemeine Menschenverstand steht u. a. im Gegensatz zu Dummheit, Schwärmerei, Gelehrsamkeit und Pedanterie (vgl. *Refl.* 514, 15:223; *Refl.* 1619, 16:38; *Refl.* 1573, 16:12ff.; *Refl.* 436, 15:180). Er ist entscheidend durch Urteilskraft gekennzeichnet (vgl. 7:201; *Refl.* 1861, 16:139; 5:169; *Refl.* 1486, 15:712). Als praktischer Anwendungsverstand wird er vor allem dem spekulativen, künstlichen, höheren, feinen, subtilen Vernunftgebrauch entgegengesetzt (vgl. KrV B XXXII; 4:369ff.; 2:269). Zur Bezeichnung des Begriffsfeldes, das gesunder/gemeiner Menschenverstand benennt, verwendet Kant eine Vielzahl von Synonymen, z. B. gemeiner und gesunder Verstand, (all)gemeine und gesunde (Menschen)Vernunft sowie sensus communis. Weitere wichtige Stellen: KrV A 752 / B 780; KrV A 831 / B 859; KrV A 855 / B 883; 4:259f.; 4:369ff.; 4:402ff.; 5:91f.; 5:237ff.; 5:293ff.; 7:139f.; 7:169; 8:133ff.; 9:57; 9:78f.; *Refl.* 423, 15:170f.; 24:16ff.; 24:311ff.; 25:155ff.; 25:358ff.; 25:548ff.; 25:1012f.; 25:1049f.

Philosophische Funktion

1 Gemeinsamkeiten und Unterschiede

Unter den Synonymen im Begriffsfeld gesunder/gemeiner Menschenverstand zeichnen sich vier verschiedene Grundtypen ab. Sie eint vor allem ein starker Bezug zur →Erfahrung und die Opposition zum spekulativen Vernunftgebrauch. Ihre Bedeutungsunterschiede werden in Kants Wortwahl aber oft nicht berücksichtigt.

Der *gemeine Verstand* (1) urteilt nach konkreten, ihm aber nicht näher bekannten Regeln der Erfahrung und berücksichtigt das allgemeine Urteil der anderen (vgl. 4:369f.; 9:19; *Refl.* 1579, 16:18; *Refl.* 1619, 16:38f.; 24:18f.). Er benötigt anschauliche Beispiele und entlehnt die allgemeinen Erkenntnisse den besonderen (vgl. *Refl.* 1579, 16:18; 24:312f.; 25:538). Für ihn werden u. a. die Ausdrücke ‚natürlicher‘ (vgl. 2:65; *Refl.* 514, 15:223), ‚(all)gemein(st)er (Menschen)Verstand‘ (vgl. KrV B XXXII; 4:278; 5:91; 9:19; 25:777), ‚sensus communis‘ (vgl. 5:238; 9:56f.; *Refl.* 1579, 16:18; 24:312; 25:1095), ‚sensus communis logicus‘ (vgl. 5:295), ‚sensus vulgaris‘ (vgl. *Refl.* 1871, 16:144; 25:1012), ‚intellectus communis‘ (vgl. 2:418; 24:503), ‚sens commun‘ (vgl. 24:21; 24:312) und ‚Gemeinsinn‘ (vgl. 5:238; 7:139) verwendet. Der *gesunde Verstand* (2) ist „der *gemeine Verstand*, so fern er richtig urtheilt“ (4:369), d. h. mit der Erfahrung übereinstimmt (vgl. 4:259; 24:18; 24:503; 24:508; 24:795; 28:243f.). Für ihn stehen auch ‚natürlicher (gesunder) Verstand‘ (vgl. 2:159; 4:397), ‚gesunder Menschenverstand‘ (vgl. 4:369ff.; 7:139; *Refl.* 430, 15:173; 29:35) und ‚bon sens‘ (vgl. 7:139; *Refl.* 1573, 16:14; 24:312). Die *gemeine Vernunft* (3) schließt von der Erfahrung aufs Allgemeine (vgl. *Refl.* 1578, 16:16; 24:312f.; 4:404; 24:18). Zu ihren Vorzügen zählen Einfalt, Richtigkeit, Brauchbarkeit, Leichtigkeit, Klarheit und Lebhaftigkeit (vgl. 24:19). Sie verbirgt sich auch hinter der (all)gemeinen Menschenvernunft (vgl. KrV B XXXVIIIf.; KrV B 22; KrV A 752 / B 780; 4:402ff.; 4:454ff.). Die *gesunde Vernunft* (4) ist die gemeine Vernunft, sofern sie richtig schließt (vgl. *Refl.* 438, 15:181; *Refl.* 687, 15:306; 24:798; 25:158f.; 25:548; 28:243f.; 28:300). Gleichbedeutend sind ‚gesunde Menschenvernunft‘ (vgl. 5:443), ‚recta ratio‘ (vgl. 1:388; 1:394; 1:403) und ‚sana ratio‘ (vgl. 1:407; 1:409; 2:401).

In diesem Kontext geht die Erweiterung von ‚Verstand‘ und →‚Vernunft‘ zu ‚Menschenverstand‘ und ‚Menschenvernunft‘ mit keiner inhaltlichen Differenzierung einher. Sie unterstreicht, dass jeder über dieses Vermögen verfügt. Weiterhin betont im engeren Sinne ‚allgemein‘ das Gemeinschaftliche, ‚gemein‘ das Gewöhnliche und Erfahrungsnahe, ‚gesund‘ das Richtige und ‚natürlich‘ das Angeborene und Unverbildete.

Dem *sensus communis* als dem einfachen, gemeinschaftlichen, aber achtenswerten Verstand, von dem das richtige →Urteil gefordert wird, ist der *sensus vulgaris* entgegengesetzt, der zum Irrtum neigende, verdorbene Verstand, über den jeder verfügt (vgl. 7:139; *Refl.* 1505, 15:811; 24:503; 25:1012; 25:1301). Ebenfalls zu unterscheiden ist der *sensus communis* als gemeiner Verstand (*sensus communis logicus*) vom *sensus communis* als Gemeinsinn in Gestalt des *sensus communis aestheticus* (vgl. 5:295; 5:237ff.; →Geschmack).

2 Menschenverstand und Wissenschaft

Die Erkenntnis des gesunden/gemeinen Menschenverstandes bildet eine zusammenhanglose Anhäufung; wissenschaftliche Erkenntnis dagegen ist systematisch geordnet (vgl. KrV A 832 / B 860). Der gesunde/gemeine Menschenverstand ist ungeeignet zu abstraktem →Denken, aber kompetent im konkreten; bei der wissenschaftlichen Vernunft verhält es sich oft umgekehrt (vgl. KrV B XXXII; 24:19ff.). Außerdem hegen Gebildete und Ungebildete ein gegenseitiges Vorurteil füreinander (vgl. 9:48; 9:78).

Trotz dieser scheinbaren Unvereinbarkeit schildert Kant das Verhältnis von Normalverstand und →Wissenschaft als eine Symbiose und fordert ein produktives Miteinander. Der gesunde/gemeine Menschenverstand dient der Wissenschaft als Ausgangspunkt, stetiger Anlass zur Selbstprüfung und finaler Maßstab. Ihm entspringen die Fragen der Wissenschaft, er ist „Probirstein" (9:57) ihrer Forschung und stellt die Verständnisebene dar, der ihre Ergebnisse angemessen sein müssen (vgl. *Refl.* 1581f., 16:24; 24:21; 9:57; *Refl.* 428, 15:173). Die große Bedeutung des gesunden/gemeinen Menschenverstandes betont Kant z. B. gegenüber den drei oberen Fakultäten (vgl. *Refl.* 430, 15:172ff.; 7:89).

3 Menschenverstand und Philosophie

Das symbiotische Verhältnis besteht auch mit der →Philosophie (vgl. 9:57; *Refl.* 436, 15:180; *Refl.* 1578, 16:16). Sie soll den gesunden/gemeinen Menschenverstand außerdem in Schutz nehmen und darüber „wachen, daß der gemeine Menschenverstand ein Gesunder Verstand bleibe" (*Refl.* 430, 15:174). In dieser Wächterfunktion kommt ihr die Aufgabe zu, die Erkenntnisse der oberen Fakultäten „zum Gesunden Menschenverstande herabzubringen" (*Refl.* 430, 15:173). Vor den eigenen Resultaten soll dabei nicht Halt gemacht werden.

Scharfe Kritik äußert Kant am Gebrauch des gesunden/gemeinen Menschenverstandes in der →Metaphysik. Die Berufung auf diese „Wünschelruthe" (4:369) zeige an, dass die Vernunft kapituliert habe (vgl. 4:369f.; KrV A 783f. / B 811f.; 4:259; 24:551). Kants Polemik richtet sich aber nur gegen den Missbrauch des Vermögens, vor allem durch die Naturalisten (vgl. KrV A 855 / B 883; 4:314; 4:259f.). Der gesunde/gemeine Menschenverstand ist der Metaphysik z. B. als Probierstein des spekulativen Vernunftgebrauchs und Ausgangspunkt für die Fragen der →reinen Vernunft von Nutzen (vgl. 9:57; 8:219; *Refl.* 2269, 16:293; KrV B 22; KrV A 834 / B 862f.; *Refl.* 4452, 17:557). Dennoch gilt: „In der Metaphysik ist die Berufung auf die Aussprüche des gemeinen Verstandes überall ganz unzulässig, weil hier kein Fall in concreto kann dargestellt werden" (9:79; vgl. 24:551).

„Mit der Moral hat es aber freilich eine andre Bewandniß. Nicht nur können in der Moral alle Regeln in concreto gegeben werden, sondern die praktische Vernunft offenbart sich auch überhaupt klärer und richtiger durch das Organ des gemeinen als durch das des speculativen Verstandesgebrauchs. Daher der gemeine Verstand über Sachen der Sittlichkeit und Pflicht oft richtiger urtheilt als der speculative" (9:79; vgl. 4:391; 4:404; 24:551; 27:625). In Kants Moralphilosophie wird dem gesunden/gemeinen Menschenverstand höchste Anerkennung zuteil. Wegen seiner Urteilssicherheit dient er als Ausgangspunkt und Leitfaden zur Aufsuchung und Festsetzung des →moralischen Gesetzes (vgl. 4:392; 4:402ff.; 4:454; 5:27; 5:36f.; 5:91f.; 5:155; *Refl.* 4926, 18:30).

Auch das Geschmacksurteil ist bei Kant eng mit dem gesunden/gemeinen Menschenverstand verknüpft: „Was schön ist, muß allgemein, und jedermann gefallen. zu Beurtheilung der Schönheit wird Erfahrung erforderet, und das urtheil vom schönen und Hässlichen wird zu Folge der gemeinen und gesunden Vernunft gefället" (24:19). Der durch die Einnahme eines allgemeinen Standpunktes und das Fällen subjektiver, aber allgemein geteilter Urteile charakterisierte empirische gesunde/gemeine Menschenverstand steht in Analogie zum ästhetischen Gemeinsinn, der die →apriorische Bedingung von verallgemeinerbaren Geschmacksurteilen darstellt (vgl. 5:237ff.; 5:293ff.; *Refl.* 1619, 16:38f.).

Weiterführende Literatur

Kuehn, Manfred: Scottish Common Sense in Germany, 1768–1800. A Contribution to the History of Critical Philosophy, Kingston u. a.: McGill-Queen's Univ. Press 1987.

Nehring, Robert: Kritik des Common Sense: Gesunder Menschenverstand, reflektierende Urteilskraft und Gemeinsinn. Der sensus communis bei Kant, Berlin: Duncker & Humblot 2010.

Tiffany, Monika Katharina: Der Begriff des sensus communis in Kants Kritik der Urteilskraft. Eine historische und systematische Analyse, Zürich: Universität Zürich 2002.

Robert Nehring

Menschheit

‚Menschheit' bedeutet im weiteren Sinne die →Menschen in ihrer Gesamtheit als Gattung (vgl. 7:87; 8:22; 8:27; 8:39; 9:36) hinsichtlich ihrer wesentlichen und unwesentlichen Eigenschaften (vgl. 8:117). Im engeren Sinne meint „das Charakteristische der Menschheit" (6:392) innerhalb der Trias „*Thierheit*", „*Menschheit*", „*Persönlichkeit*" (6:26; vgl. auch 6:418) die noch nicht speziell moralische Fähigkeit eines vernünftigen Weltwesens (vgl. 6:60), sich durch das Verfolgen von Zwecken zu kultivieren (vgl. 6:392; vgl. auch 6:387; 5:431). In einer für die kantische Philosophie entscheidenden noch engeren Bedeutung fällt Menschheit mit dem dritten Glied der vorigen Trias zusammen: „Ein jeder Mensch hat rechtmäßigen Anspruch auf Achtung von seinen Nebenmenschen, und *wechselseitig* ist er dazu auch gegen jeden Anderen verbunden. Die Menschheit selbst ist eine Würde; denn der Mensch kann von keinem Menschen (weder von Anderen noch sogar von sich selbst) blos als Mittel, sondern muß jederzeit zugleich als Zweck gebraucht werden, und darin besteht eben seine Würde (die Persönlichkeit), dadurch er sich über alle andere Weltwesen, die nicht Menschen sind und doch gebraucht werden können, mithin über alle Sachen erhebt" (6:462; vgl. ferner 4:430, 5:87, 5:131, 5:233, 5:262, 5:273, 6:80, 6:183, 6:236, 7:70, 7:72). In der *MSR* und *MST* kennzeichnet Kant die Unterscheidung der beiden engeren Bedeutungen durch die Differenzierung zwischen →Mensch als vernünftigem Naturwesen (*homo phaenomenon*) und der speziell moralischen Menschheit in unserer eigenen →Person (*homo noumenon*) (vgl. 6:239; 6:295; 6:418; 6:423). Weitere wichtige Stellen: 4:429ff.; 5:87; 5:131; 5:233; 5:262; 5:273; 5:431; 6:26ff.; 6:80; 6:183; 6:236; 6:239; 6:392; 6:418; 6:420; 6:429; 6:435f.; 6:462; 7:70; 7:72.

Philosophische Funktion

‚Menschheit' ist bei Kant insbesondere ein normativer moral- und rechtsphilosophischer Begriff. Innerhalb der Moralbegründung geht er in die zweite Formulierung des kategorischen Imperativs als dessen „*Materie*" (4:436) ein: „*Handle so, daß du die Menschheit sowohl in deiner Person, als in der Person eines jeden andern jederzeit zugleich als Zweck, niemals bloß als Mittel brauchst*" (4:429). Die „Menschheit in uns" (5:335) bzw. die „Moralität" (7:70) ist Gegenstand der →Achtung (vgl. 5:273; 5:335). Menschheit ist ferner die Grundlage des angeborenen Freiheitsrechts: „*Freiheit* (Unabhängigkeit von eines Anderen nöthigender Willkür), sofern sie mit jedes Anderen Freiheit nach einem allgemeinen Gesetz zusammen bestehen kann, ist dieses einzige, ursprüngliche, jedem Menschen kraft seiner Menschheit zustehende Recht" (6:237). Die Verwirklichung dieser speziell moralischen und rechtlichen Menschheit im engeren Sinne stellt sowohl eine Aufgabe für die Menschheit im weiteren Sinne als deren letzter Zweck (vgl. KrV A 850 / B 878; 5:298) und „Bestimmung" (6:183; vgl. 8:305; 9:442) als auch einen Zweck der Schöpfung (vgl. 6:60) dar. Die Menschheit kann aber auch lädiert werden (vgl. 7:211; 7:214).

Weiterführende Literatur

Derbolav, Josef: „Praktische Vernunft und politische Ideologie. Die Ambivalenz der Menschheitsformel in Kants kategorischem Imperativ", in: Perspektiven der Philosophie 4, 1978, 37–60.

Korsgaard, Christine M.: „Kant's Formula of Humanity", in: Kant-Studien 77, 1986, 183–202.

Sensen, Oliver: Kant on Human Dignity, Berlin u. a.: de Gruyter 2011 (insbes. Kap. 3).

Olrik Santozki

Metaphysik

Kant versteht unter ‚Metaphysik' (ihrem aus der aristotelischen Tradition stammenden Namen entsprechend, der die Absicht anzeige, vermittelst ihrer „über alle Gegenstände möglicher Erfahrung (trans physicam) hinaus[zu]gehen", 20:316; vgl. 28:381f.; 28:468; 28:616; 29:773) eine „jenseit der Erfahrung liegende [...] Erkenntniß" (4:265), die eben darum nur „Erkenntniß a priori, oder aus reinem Verstande und reiner Vernunft" (4:266) sein kann. Denn der vornehmste Zweck dieser Wissenschaft ist die „Erkenntniß eines höchsten Wesens und einer künftigen Welt" (4:271; vgl. 28:382f.; 28:541; 28:618–620; 28:690f.; 28:776; 28:821 [hier erweitert um „Freiheit"]; 29:773), und diese Erkenntnis kann weder auf empirischen Prinzipien beruhen noch auf solchen reinen Verstandesprinzipien, die nur als Bedingungen a priori der Möglichkeit der Erfahrung →objektive Gültigkeit haben. Die ersten in der *KrV* gegebenen Definitionen der Metaphysik lauten entsprechend: Metaphysik ist „ein System der reinen (speculativen) Vernunft" (KrV A XXI) bzw. „eine[] ganz isolirte[] speculative[] Vernunfterkenntniß, die sich gänzlich über Erfahrungsbelehrung erhebt, und zwar durch bloße Begriffe" (KrV B XIV). In den erhaltenen Fragmenten von Kants geplanter Beantwortung der Preisfrage der Berliner Akademie „*Welches sind die wirklichen Fortschritte [der] Metaphysik [...]*" (vgl. 20:255–332) unterscheidet er zwischen einer auf ihren „Endzweck" gegründeten Definition der Metaphysik als „die Wissenschaft, von der Erkenntnis des Sinnlichen [d. h. dessen, „was Gegenstand der Erfahrung sein kann", 20:316] zu der des Übersinnlichen durch die Vernunft fortzuschreiten" (20:260) und einer Definition „nach dem Begriff der Schule", nach welcher sie „das System aller Prinzipien der reinen theoretischen Vernunfterkenntniß [der Dinge] durch Begriffe" bzw. „das System der reinen theoretischen Philosophie" (20:261; vgl. 20:317) ist. Weitere wichtige Stellen: 1:30; 1:503; 2:283; 2:368; 2:396; KrV A 841 / B 869; 4:362ff.

Vorgeschichte und historischer Kontext

In seiner ersten philosophischen Schrift, *Wahre Schätzung* (1747), schließt sich Kant dem Sprachgebrauch des Wolffianismus an, wenn er z. B. sagt, dass „[u]nsere Metaphysik [...] in der That nur an der Schwelle einer recht gründlichen Erkenntniß" (1:30) stehe. Gegen Naturlehrer seiner Zeit insistiert er auf der Notwendigkeit einer metaphysischen Begründung der Naturerkenntnis (vgl. 1:61). Die → Mathematik müsse mit der Metaphysik verbunden werden, wenn sie auf die Natur angewandt werden soll (vgl. 1:107). Kants Habilitationsschrift *Nova dilucidatio* (1755) handelt von den ontologischen Grundsätzen, dem Satz vom Widerspruch und dem Satz vom bestimmenden Grund, und entwickelt aus ihnen und anderen Prinzipien der metaphysischen Erkenntnis „fruchtbare Folgesätze" (vgl. 1:410). Als Beispiel des Gebrauchs einer notwendigen Verbindung von Metaphysik bzw. Transzendentalphilosophie und Geometrie in der Naturphilosophie (vgl. 1:473; 1:475; 1:480) legt er seine *Monadologia physica* (1756) vor. Dementsprechend hat Kant seit 1755 nach Lehrbüchern der Wolff-Schule Vorlesungen über Metaphysik gehalten, ohne an deren Metaphysik-Begriff Anstoß zu nehmen (vgl. 1:503). An dem grundsätzlichen Einverständnis mit dem Metaphysik-Verständnis der Leibniz-Wolffischen Schule ändern der neue ontologische Gottesbeweis und die veränderte Methode der Physikotheologie im *Beweisgrund* (1763) nichts, obwohl Kant nun von dem „bodenlosen Abgrund der Metaphysik" (2:66) spricht und sich von wichtigen Positionen seiner *Nova dilucidatio* entfernt hat.

Das zeigt sich an der Metaphysik-Definition in der *Deutlichkeit* (1764). Metaphysik ist hier, wie bei Baumgarten, „nichts anders als eine Philosophie über die ersten Gründe unseres Erkenntnisses" (2:283), während die „Ontologie" wenig später (1765) als „Wissenschaft von den allgemeinern Eigenschaften aller Dinge" (2:309) definiert und die empirische Psychologie, ebenfalls mit Baumgarten, als „metaphysische Erfahrungswissenschaft vom *Menschen*" (2:309) verstanden wird (vgl. Baumgarten, *Metaphysica*, 1757, § 1,1; § 4,2, §§ 504–793).

Allerdings betont Kant, dass die Metaphysik „die schwerste unter allen menschlichen Einsichten" sei und behauptet sogar, dass „noch niemals eine geschrieben worden" sei (2:283). Die Philosophie sei nämlich noch auf der Suche nach der wahren Methode, durch die eine Metaphysik zustande gebracht werden kann, wodurch Kant seine Abkehr von Wolff und dessen Schule, insbesondere wegen deren (vorgeblicher) Nachahmung der Methode der Mathematik in der Philosophie zum Ausdruck bringt (vgl. 2:286). Stattdessen wendet sich Kant Newton zu, dessen empirisch-analytische Methode mit der echten Methode der Metaphysik im Grunde einerlei sei. So müsse man durch sichere innere Erfahrung diejenigen Merkmale der Dinge aufsuchen, „die gewiß im Begriffe von irgendeiner allgemeinen Beschaffenheit [einer Sache] liegen" (2:286), um auch ohne Kenntnis ihres ganzen Wesens viele Bestimmungen dieses Dinges herleiten zu können (vgl. 2:286).

Noch weiter in der Kritik an Wolff und seiner Schule gehen die *Träume* (1766), in denen die Leibniz-Wolffische Metaphysik den haltlosen Spekulationen Swedenborgs gleichgestellt (vgl. „die erträumte Wissenschaft", 10:70, und im Titel der Schrift „erläutert durch die Träume der Metaphysik") und die Metaphysik nunmehr definiert wird als „eine Wissenschaft von den *Grenzen der menschlichen Vernunft*" (2:368). Diese Grenzen werden bestimmbar durch die Unterscheidung zwischen dem, was die Vernunft aufgrund von durch die → Erfahrung (die ihrerseits Grenzen haben mag, vgl. 2:72) gegebenen und zur Auflösung eines metaphysischen Problems erforderlichen Data erkennen kann, und den vorgeblichen Einsichten, zu denen diese Data fehlen und die deshalb nur skeptisch behandelt werden können (vgl. 10:70f.). Ungeachtet Kants vernichtender Kritik an der zeitgenössischen Metaphysik gilt für sie „obiectiv erwogen" dennoch, „daß sogar das wahre und dauerhafte Wohl des Menschlichen Geschlechts auf ihr ankomme" (10:70f.).

Einen völligen Neueinsatz zur Bestimmung der Metaphysik nach der Weise ihrer Erkenntnis und ihres Gegenstandes bringt die Dissertation *De mundi* von 1770. Die Metaphysik wird nun definiert als diejenige Philosophie, welche die ersten Prinzipien des Gebrauchs des reinen Verstandes enthält, „*prima* [...] *principia* usus *intellectus puri*" (2:395), wobei → Verstand und → Vernunft nicht unterschieden werden. Diese Neubestimmung richtet sich gegen die bloß logische Unterscheidung von sinnlicher qua verworrener (konfuser) und intellektueller qua deutlicher Erkenntnis bei Wolff und seiner Schule (vgl. 2:394f.) und beruft sich auf die aus der Antike stammende, im Platonismus und Skeptizismus übliche Unterscheidung der → *phaenomena* und *noumena*, die auch dem Titel der Schrift in seiner Rede von *sensibilia* und *intelligibilia* zugrunde liegt. Diese neu definierte Metaphysik enthält keinerlei empirische Prinzipien mehr, sondern nur Erkenntnisse von apodiktischer Gewissheit (vgl. 2:395; 2:409). Ihre Begriffe entstammen der Natur des reinen Verstandes selbst und werden aus den dem Geiste innewohnenden Gesetzen abstrahiert. Beispiele sind die Begriffe der Möglichkeit, Wirklichkeit, Substanz, Ursache usw. (vgl. 2:395). Sie gehören als allgemeine Prinzipien des reinen Verstandes in die → Ontologie oder in die rationale Psychologie und führen auf ein Musterbild (*exemplar*), das als *perfectio noumenon* das gemeinsame Maß aller übrigen Dinge hinsichtlich ihrer Realitäten ist. In theoretischer Bedeutung ist dies das höchste Wesen (→ Gott), in praktischer Bedeutung die moralische Vollkommenheit (*perfectio moralis*). Somit gehört auch die Moralphilosophie zur Metaphysik als *philosophia pura* (vgl. 2:395f.), zu der die Dissertation selbst die *scientia propaedeutica* ist (vgl. 2:395). In ihr werden die sinnenhafte und die intellektuelle Erkenntnis voneinander geschieden, um einen Einfluss der ersteren auf die letztere zu verhindern (vgl. 2:411), und innerhalb der intellektuellen Erkenntnis wird eine Abgrenzung des logischen vom realen Verstandesgebrauch vorgenommen, zu dem die Metaphysik gehört (vgl. 2:393f.; 2:410f.). Die Behauptung, dass dem System der Metaphysik eine Vorbereitungswissenschaft vorherzugehen habe, wird in der *KrV* aufrechterhalten, die insgesamt als „Tractat von der Methode" der Metaphysik bezeichnet wird (KrV B XXII).

Diese Übereinstimmung darf allerdings nicht darüber hinwegtäuschen, dass in dem Jahrzehnt zwischen diesen beiden Äußerungen Kants seine Rezeption dessen liegt, was er den „Angriff" David Humes auf die Metaphysik genannt hat (4:257): „seit dem Entstehen der Metaphysik, so weit die Geschichte derselben reicht, hat sich keine Begebenheit zugetragen, die in Ansehung des Schicksals dieser Wissenschaft hätte entscheidender werden können" (4:257), wenn die Erkenntnis der überragenden Bedeutung dieses „Einwurf[s]" (4:260) nicht am Unverständnis der Zeitgenossen gescheitert wäre. Hätte Hume seinen Einwand gegen die objektive Gültigkeit der im Begriff der Ursache gedachten notwendigen Verknüpfung der Existenz zweier Dinge verallgemeinert, so hätte dies zur Bestreitung der Möglichkeit von metaphysischer Erkenntnis überhaupt führen und Hume hätte sagen müssen, „es gebe überall keine Metaphysik und könne auch keine geben" (4:258). Solange das verallgemeinerte „Humische[] Problem[]" (4:260; vgl. 4:313) nicht gelöst war, musste man jedenfalls annehmen, „daß es überall noch keine Metaphysik gebe" (4:257). Kants *Kritik der reinen Vernunft* soll nach dem Verständnis ihres Autors die „*Ausführung* des Humischen Problems in seiner möglich größten Erweiterung" (4:261) sein und damit den Weg zu einer künftigen Metaphysik als Wissenschaft eröffnen.

Philosophische Funktion

1 Kants Verhältnis zur Metaphysik

Kants Definitionen der Metaphysik markieren einen radikalen Umbruch in der Geschichte dieser philosophischen Wissenschaft. In seiner *KrV* geht es sowohl um eine Kritik der subjektiven Prinzipien jeder möglichen metaphysischen Erkenntnis als auch um eine künftige Neubegründung (eine

„Wiedergeburt", 4:367) der Metaphysik als der einzigen aller (materialen Vernunft-)Wissenschaften, die vollendet und der Nachwelt als ein geschlossenes, seinem Inhalt nach unvermehrbares und sogar unveränderliches System überliefert werden kann (vgl. KrV A XX; 4:381f.; KrV B XXIIIf.). Die *KrV* ist der Versuch, „das bisherige Verfahren der Metaphysik umzuändern", ja „eine gänzliche Revolution mit derselben vorzunehmen" (KrV B XXII).

2 *Metaphysik als Naturanlage und als Wissenschaft*

Allerdings unterscheidet Kant von der Metaphysik als Wissenschaft die Metaphysik als „Naturanlage" (4:279; vgl. 4:362ff.; 4:365), der die erstere ihre Existenz verdankt, wenn es sie gibt. „Metaphysik ist vielleicht mehr, wie irgend eine andere Wissenschaft durch die Natur selbst ihren Grundzügen nach in uns gelegt und kann gar nicht als das Product einer beliebigen Wahl, oder als zufällige Erweiterung beim Fortgange der Erfahrungen [...] angesehen werden" (4:353). Das „Ding [...], was Metaphysik heißt" (4:362; vgl. 4:378) ist also, qua subjektive Anlage und bevor es ein System der Wissenschaft sein kann, eine anthropologische Konstante (vgl. 4:362). Die Natürlichkeit der Anlage zur Metaphysik indiziert keinen Naturalismus in Kants Anthropologie. Vielmehr ist es nicht primär ein theoretisches, sondern ein moralisch-praktisches Interesse der Menschenvernunft, das sie zur Metaphysik hintreibt. In den Vorlesungen der 90er Jahre heißt es dazu: „Metaphysik ist *nothwendig.* Ihr Grund ist die durch empirische Begriffe niemals zu befriedigende Vernunft. Die Vernunft findet weder in der Betrachtung der Dinge Befriedigung, noch im Felde der Erfahrung, d. h. in der Sinnenwelt. Die Begriffe von Gott und von der Unsterblichkeit der Seele, das sind die beiden großen Triebfedern, weshalb die Vernunft aus dem Felde der Erfahrung herausgegangen ist" (28:541).

Deshalb ist die Metaphysik „älter [...] als alle übrige[n Wissenschaften] und würde bleiben, wenn gleich die übrigen insgesammt in dem Schlunde einer alles vertilgenden Barbarei gänzlich verschlungen werden sollten" (KrV B XIV). Obwohl man also „von keiner einzigen bisher [als Wissenschaft] vorgetragenen [Metaphysik], was ihren wesentlichen Zweck angeht, sagen kann, sie sei wirklich vorhanden" (KrV B 21), so ist sie doch „als Naturanlage (metaphysica naturalis) wirklich" (KrV B 21): „so ist wirklich in allen Menschen, so bald Vernunft sich in ihnen zur Speculation erweitert, irgend eine Metaphysik zu aller Zeit gewesen und wird auch immer darin bleiben" (KrV B 21; vgl. KrV B XXXI). Diese Naturgabe ist allerdings alles andere als segensreich, da die sich selbst überlassene, dogmatisierende und keiner Selbstkritik unterworfene natürliche Vernunft sich in Truggebilde verstrickt, d. h. einer natürlichen → Dialektik unterliegt, die sie leicht in Verzweiflung an sich selbst treiben kann. Was aber die Geschichte der Metaphysik als → Wissenschaft angeht, so steht sie „nach so viel Gewühl und Geräusch noch immer da, wo sie zu *Aristoteles*' Zeiten war" (4:368), so dass man gerechterweise sogar sagen muss, „daß Metaphysik als Wissenschaft bisher noch gar nicht existirt habe" (4:369). Kant ist also so wenig der Meinung, dass seine *KrV* die Metaphysik als Wissenschaft vernichtet habe, als er vielmehr beansprucht, sie ihren Prinzipien und ihrem Systemaufriss nach, also als Wissenschaft, als erster ermöglicht zu haben. Er kündigt mehrfach ein auf die *KrV* gegründetes, durch sie „geläuterte[s]" (KrV B XXIV) und bald erscheinendes → System der Metaphysik an, das als theoretische Wissenschaft „*Metaphysik der Natur*" heißen sollte, weil der Titel schon auf das Gegenstück einer „Metaphysik der Sitten" Rücksicht nehmen, inhaltlich aber dem entsprechen sollte, was in der von Aristoteles bestimmten Tradition einfach „Metaphysik" (oder ‚Hauptwissenschaft') hieß (KrV A XXI; vgl. KrV B XLIII; 5:170). Das Buch, das nach Kants Worten das erste Beispiel einer wissenschaftlichen Metaphysik hätte werden sollen, ist nicht erschienen. Dazu hat gewiss beigetragen, dass es zu der von Kant seit langem gewünschten Zusammenarbeit mit anderen Metaphysikern (wie Lambert, vgl. Brief vom 31. 12. 1765 10:55; Brief vom 2. 9. 1770, 10:97; Brief vom 13. 10. 1770, 10:103f.; oder Mendelssohn, vgl. Brief vom 8. 4. 1766, 10:71; vgl. KrV A XIXff.; 20:310; 4:382, wo das geplante Gemeinschaftswerk „ein Lehrgebäude, wenn gleich nicht das meinige" genannt wird) nicht gekommen ist. In seinen Briefen an Jakob (vgl. Brief vom 11. 9. 1787, 10:493ff.) und Beck (vgl. Brief vom 20. 1. 1792, 11:313ff.) hat Kant eine Skizze des Aufbaus eines nach seinen kritischen Regeln abgefassten Handbuches gegeben, und in seinen Metaphysik-Vorlesungen nach Erscheinen der *KrV* hat er mehrfach seine Überlegungen zu Inhalt und Form einer künftigen kritischen Metaphysik vorgetragen (vgl. 28:363–367; 28:470f.; 28:540–542; 28:616–618; 28:656; 28:776f.; 29:875; 29:956).

3 Die Möglichkeit metaphysischer Erkenntnis

Kants Anspruch liegt seine Neubestimmung von Wesen und Aufgabe der Metaphysik als einer besonderen Art von Erkenntnis und Wissenschaft zugrunde, die er allererst in den *Prolegomena* und in der zweiten Auflage der *KrV* hervorhebt. „*In der Metaphysik*, wenn man sie [...] für eine [...] Wissenschaft ansieht, sollen *synthetische Erkenntnisse a priori enthalten sein*" (KrV B 18), ja sie besteht, „wenigstens *ihrem Zwecke nach* aus lauter synthetischen Sätzen a priori" (KrV B 18). Als Beispiel für einen solchen Satz nennt Kant die Aussage: „die Welt muß einen ersten Anfang haben" (KrV B 18). Besteht aber die Metaphysik (im wesentlichen) nur aus synthetischen Erkenntnissen a priori aus bloßen Begriffen, so wird über ihre Möglichkeit als Wissenschaft mitentschieden, wenn sich die Frage beantworten lässt: „Wie sind synthetische Urtheile a priori möglich?" (KrV B 19). Diese Frage, die die Wirklichkeit solcher Urteile in der reinen Mathematik und der reinen Naturwissenschaft voraussetzt, enthält nach Kant „die eigentliche Aufgabe der reinen Vernunft" (KrV B 19). (Kant hat, wie gesagt, seine eigene Erkenntnis der entscheidenden Bedeutung dieser Frage auf Hume zurückgeführt.) Die „dogmatische[] Metaphysik" (4:367; vgl. 4:379), die sich diese alles entscheidende Aufgabe nicht gestellt und sie schon gar nicht gelöst hat, wird darum von Kant „jene[] alte[] und sophistische[] Scheinwissenschaft" (4:366) genannt, während er von der „wichtige[n] Aufgabe wie synthetische Sätze a priori moglich seyn" (und der darin vorausgesetzten Unterscheidung synthetischer und analytischer Sätze) in einer Vorarbeit zu den *Prolegomena* sagen kann, dass sie „die Seele des ganzen Werks", nämlich der *KrV* als Untersuchung der Möglichkeit einer Metaphysik als Wissenschaft, ausmachten (23:57). Diese Untersuchung selbst konnte allerdings nicht analytisch von einem Faktum metaphysischer Erkenntnis ausgehen, sondern musste die radikalere Frage stellen: „*Ist überall Metaphysik möglich?*" (4:274) und sie synthetisch auf der Grundlage des nur erst „*problematischen* Begriff[s] einer solchen Wissenschaft" (4:274) beantworten.

4 Metaphysik und Philosophie

Metaphysik als → Philosophie der reinen Vernunft und empirische Philosophie fallen beide unter den Begriff der Philosophie nach dem „*Weltbegriff* [...], der das betrifft, was jedermann nothwendig interessirt" (KrV A 839 Anm. / B 867 Anm.), weil es dabei um den Endzweck, „die ganze Bestimmung des Menschen" (KrV A 840 / B 868) als solchen geht. Ein Philosoph ist, wie auch die Alten es sahen, „jederzeit zugleich und vorzüglich" ein „Moralist[]" (KrV A 840 / B 868), ein Gesetzgeber der menschlichen Vernunft, der alles menschliche Verhalten auf diesen Endzweck bezieht. Dementsprechend wird die Philosophie von Kant eingeführt als „Gesetzgebung der menschlichen Vernunft" (KrV A 840 / B 868). Das gilt nicht nur für die praktische Philosophie, sondern auch für die theoretische, sofern Verstand und Vernunft schon in der überlieferten Ontologie als dasjenige gedacht werden, was die Prinzipien der Möglichkeit von Dingen überhaupt enthält. Kants Transzendentalphilosophie hat diese Konzeption revolutioniert, aber die Idee einer Gesetzgebung für den philosophischen Vernunftgebrauch aller Menschen beibehalten. Die Gegenstände dieses Vernunftgebrauchs und damit dieser Gesetzgebung sind nach Kant → Natur und → Freiheit (vgl. KrV A 840 / B 868), die entsprechenden Gesetze sind das Naturgesetz und das Sittengesetz. Unter Natur ist „alles, was da *ist*" und unter „Sitten [...] das, was [durch Freiheit] da *sein soll*" zu verstehen (KrV A 840 / B 868). Die auf diesen Gesetzen beruhenden Systeme müssen „zuletzt [...] in einem einzigen philosophischen System" (KrV A 840 / B 868) vereinigt werden. Das ist ein Vorverweis auf die „praktisch-dogmatische" Metaphysik (20:311), deren Umriss Kant in seinen Vorarbeiten zur Beantwortung der Preisfrage der Berliner Akademie gezeichnet hat.

Der kantische Begriff der Metaphysik setzt erkenntnistheoretisch die Einteilung aller Philosophie in Erkenntnis aus reiner Vernunft und Vernunfterkenntnis aus empirischen Begriffen (empirische Philosophie) voraus. Die reine Philosophie ist allein das, was Metaphysik genannt werden kann. Angewandt auf die beiden Systemteile der Philosophie ergibt sich die Einteilung in

→Metaphysik der Natur und →Metaphysik der Sitten, die von empirischer Physik und praktischer Anthropologie als den beiden Teilen der empirischen Philosophie zu unterscheiden sind. Der Einteilung der Metaphysik nach den Gegenständen der Philosophie, „*Natur*" und „*Sitten*", geht die genetische Differenzierung der „Philosophie der reinen Vernunft" in Propädeutik (Kritik) und ausgeführtes System (Wissenschaft) (KrV A 841 / B 869) voraus, welche aber auch als Bestandteile der Metaphysik angesehen werden können.

5 Definition der kritischen Metaphysik

Der neue Begriff der Metaphysik, der in der *KrV* zugrundegelegt wird, ist bestimmt als „reine Vernunfterkenntniß aus bloßen *Begriffen*" bzw. „reine Philosophie" (4:469). Sie ist demnach „ein System der Erkenntniß a priori aus bloßen Begriffen" (6:216). In der *KrV* selbst wird diese Wissenschaft definiert als „das System der reinen Vernunft [d. h. als] die ganze (wahre sowohl als scheinbare) philosophische Erkenntniß aus reiner Vernunft im systematischem Zusammenhange" (KrV A 841 / B 869).

Unter der „scheinbare[n]" (KrV A 841 / B 869) Erkenntnis ist nichts anderes als die von Wolff her bekannte Metaphysik, die aus Ontologie, →Kosmologie, →Psychologie und →Theologie besteht, zu verstehen, die sich insgesamt in der *KrV* als unmöglich erwiesen hat.

Die Idee der reinen Philosophie setzt die Einteilung aller reinen Vernunfterkenntnisse in die aus Begriffen und die aus der Konstruktion von Begriffen voraus, wobei die letzteren, die der Mathematik, aus der Betrachtung ausgeschlossen werden. Das System der philosophischen reinen Vernunfterkenntnis ist die reine Philosophie oder Metaphysik (vgl. KrV A 838 / B 866; KrV A 841 / B 869).

Die Philosophie als Erkenntnis aus reiner Vernunft ist entweder „*Propädeutik* (Vorübung), welche das Vermögen der Vernunft in Ansehung aller reinen Erkenntniß a priori untersucht, und heißt *Kritik*", oder „das System der reinen Vernunft (Wissenschaft) [...] und heißt *Metaphysik*" (KrV A 841 / B 869). Zur reinen Philosophie bzw. Metaphysik kann aber auch die Kritik gerechnet werden, denn diese ist als „die Untersuchung alles dessen, was jemals a priori erkannt werden kann, [...] auch [als] die Darstellung desjenigen, was ein System reiner philosophischer Erkenntnisse [...] ausmacht" (KrV A 841 / B 869), selber reine philosophische Erkenntnis in Systemform. Das erklärt, warum Kant in einem Brief an Marcus Herz die *KrV* als die „*Metaphysik von der Metaphysik*" bezeichnet hat (Brief vom 11. 05. 1781, 10:269). Metaphysik (der Natur und der Sitten) als System und Kritik im Sinne vorausgehender Propädeutik „machen eigentlich allein dasjenige aus, was wir im ächten Verstande Philosophie nennen können" (KrV A 850 / B 878). Diese Einbeziehung der Kritik in die Metaphysik steht nicht im Widerspruch zu der von Kant in den *Prolegomena* eingeschärften Unterscheidung zwischen der Kritik als einer „ganz neue[n] Wissenschaft" (4:262; vgl. 4:279; Brief an Garve vom 07. 08. 1783, 10:340) von der Möglichkeit der Metaphysik und dieser selbst. Insofern kann die Kritik nicht als metaphysisches System angesehen werden. Denn die Entscheidung über das Stehen und Fallen der Metaphysik beruht für Kant auf einer nichtempirischen philosophischen Untersuchung ihrer Möglichkeit, einer „Critik *einer a priori urtheilenden* Vernunft" (Brief an Garve vom 07. 08. 1783, 10:340), in der die metaphysischen Begriffe und Grundsätze auf ihre Gültigkeit als Erkenntnisse, die das System der Metaphysik bilden sollen, allererst geprüft werden.

Nun ist die Idee einer solchen Metaphysik zwar so alt wie die spekulative Menschenvernunft (vgl. KrV A 842 / B 870). Da aber bisher die völlig a priori erzeugte philosophische Erkenntnis nicht von der nur a posteriori aus der Erfahrung entstandenen deutlich unterschieden wurde, konnte die „ächte Idee" (KrV A 843 / B 871) der Metaphysik als einer besonderen Art von Erkenntnis in der bisherigen Geschichte der Philosophie nicht erfasst werden. Metaphysik kann erst jetzt, nach der Kritik, richtig als „ein System der Erkenntniß a priori aus bloßen Begriffen" (6:216) definiert werden. Kant spricht dabei von *einem* System, weil die Metaphysik qua Gegenstandserkenntnis nicht als Metaphysik überhaupt, sondern nur als Metaphysik der Natur oder als Metaphysik der Sitten wirklich sein kann.

Kant setzt diese „ächte Idee" der Metaphysik von der durch Baumgartens Metaphysik-Definition repräsentierten philosophischen Tradition ab. Sie lautet: „Metaphysik ist die Wissenschaft von den ersten Principien der menschlichen Erkenntniß" (KrV A 843 / B 871; vgl. Baumgarten, *Metaphysica*, § 1). Nach Kant bezeichnet der Ausdruck „erste[]" (KrV A 843 / B 871) Prinzipien bloß den Vorrang in einer Reihe bzw. den Grad ihrer Überordnung gegenüber anderen, seien diese nun empirische oder Prinzipien a priori, d. h. sie werden nur so genannt, weil sie als allgemeinere Prinzipien höher stehen als die besonderen.

Die darin liegende Unbestimmtheit macht den Unterschied der „ganz besondere[n] Art" (KrV A 843 / B 871) der Erkenntnis a priori gegenüber der empirischen unkenntlich. Die Metaphysik muss als reine Wissenschaft durch die gänzliche Ungleichartigkeit ihres Ursprungs von den Erkenntnissen a posteriori aller übrigen (nichtmathematischen) Wissenschaften unterschieden werden. Ebenso ist sie abzugrenzen von der dem Ursprung nach mit ihr verwandten, der Erkenntnisart nach aber von ihr ganz verschiedenen mathematischen Erkenntnis. Die fehlende Abgrenzung von der Erkenntnis a posteriori und von der Mathematik hat nach Kant dazu beigetragen, dass die Metaphysik sogar bei Philosophen von Profession in Verachtung geriet (vgl. KrV A 844 / B 872).

6 Einteilung der kritischen Metaphysik

Metaphysik als die systematische Einheit aller reinen Erkenntnis a priori aus Begriffen kann eingeteilt werden in einen praktischen Teil, der von dem, was durch menschliches Handeln geschehen soll, handelt, und einen spekulativen Teil, „der sich diesen Namen vorzüglich zugeeignet hat", und den Kant *„Metaphysik der Natur"* nennt (KrV A 845 / B 873; vgl. KrV A 842 / B 870). Sie handelt von allem, „so fern es ist" (wie die aristotelische Tradition), aber sie „erwägt" es nur „aus Begriffen a priori" (KrV A 845 / B 873). Diese Metaphysik der Natur („die im engeren Verstande so genannte Metaphysik", KrV A 845 / B 873) wird nun nach ihrem Bezug auf mögliche Gegenstände eingeteilt in: *„Transscendentalphilosophie"* und *„Physiologie* der reinen Vernunft" (KrV A 845 / B 873). Der erste Teil entspricht dem, was herkömmlich *„Ontologia"* genannt wird, handelt aber nicht wie diese von den allgemeinsten Bestimmungen der Gegenstände (des Seienden), sondern „betrachtet nur den *Verstand* und [die] Vernunft selbst in einem System aller Begriffe und Grundsätze, die sich auf Gegenstände überhaupt beziehen, ohne Objekte anzunehmen, die *gegeben wären*" (KrV A 845 / B 873). Die Transzendentalphilosophie, die die *ontologia* ersetzen soll, handelt also von Begriffen und Grundsätzen der reinen Vernunft, die sich auf „Gegenstände überhaupt" (KrV A 845 / B 873) nur beziehen, ohne dass die Möglichkeit dieser Gegenstände selbst als in diesen Begriffen und Grundsätzen gegründet angesehen würde, wie es bei der dogmatischen Metaphysik der Fall ist. Sie werden vielmehr gewonnen durch eine Betrachtung der Funktionen und Leistungen des Verstandes, der insofern reiner Verstand ist, als seine Gegenstände überhaupt nicht als gegebene vorausgesetzt werden. Die →Transzendentalphilosophie stimmt insoweit mit der Ontologie überein, als sie von der Erkenntnis von Gegenständen überhaupt unabhängig von deren Gegebenheit (Existenz) handelt, widerspricht ihr aber darin, dass sie mit einer Differenz zwischen den logischen Prinzipien der Erkenntnis der Dinge und den Bedingungen ihrer realen Möglichkeit rechnet. Transzendentalphilosophie im neuen, kantischen Sinne ist diese Philosophie, nicht weil sie sich mit Gegenständen überhaupt, sondern mit „unsern Begriffen a priori von Gegenständen überhaupt beschäftigt" (KrV A 11f.), bzw. „mit unserer Erkenntnißart von Gegenständen, so fern diese a priori möglich sein soll, überhaupt" (KrV B 25). Auch diese „Erkenntnißart" (KrV B 25) ist zu beziehen auf Gegenstände überhaupt, von denen es aber als solchen keine Erkenntnis geben kann, wie die Kritik im Ergebnis lehrt.

Der ebenfalls neue Begriff einer *„Physiologie* der reinen Vernunft" bezeichnet eine Betrachtung der Natur als Inbegriff gegebener Gegenstände, entweder als unseren Sinnen gegebener Gegenstände oder „wenn man will, einer andern Art von Anschauung" (KrV A 845 / B 873). Diese Naturbetrachtung ist rational, sofern sie Erkenntnis durch Vernunft ist, die entweder der Anschauung der Sinne bedarf oder selbst anschauen kann (vgl. KrV A 845 / B 873).

Nun wird die rationale Physiologie nicht nach ihren Gegenständen in physische und hyperphysische eingeteilt, sondern nach dem Vernunftgebrauch in immanente und transzendente, in beiden Fällen bezogen auf die Natur als Gegenstand der Erfahrung. Der immanente Vernunftgebrauch ist eine reine Naturerkenntnis, die in der Erfahrung angewandt werden kann. Der transzendente Vernunftgebrauch bezieht sich auf diejenige

Verknüpfung der Gegenstände der Erfahrung, und damit der Natur, welche alle Erfahrung übersteigt. Dieser Vernunftgebrauch macht eine „*transscendente* Physiologie" aus, und sie wird eingeteilt, sofern sie von einer inneren Verknüpfung der Erfahrungsgegenstände, ihrer Koordination, oder einer äußeren handelt, ihrer Subordination. Sie ist dementsprechend entweder Physiologie der gesamten Natur, „d. i. die *transscendentale Welterkenntniß*", oder Physiologie „des Zusammenhanges der gesammten Natur mit einem Wesen über der Natur, d. i. die *transscendentale Gotteserkenntniß*" (KrV A 846 / B 874). (Hier wird der Begriff „transscendental" im Anschluss an seinen scholastischen bzw. Wolffischen Sinn gebraucht, KrV A 846 / B 874).

Die immanente Physiologie handelt von der Natur als „Inbegriff aller Gegenstände der Sinne, mithin so wie sie *uns* gegeben ist, aber nur nach Bedingungen a priori, unter denen sie uns überhaupt gegeben werden kann" (KrV A 846 / B 874), also in Abhängigkeit von den Formen unserer →Sinnlichkeit. Entsprechend der Einteilung der menschlichen Sinne in die äußeren und den inneren handelt die immanente Physiologie von der körperlichen und der denkenden Natur. Die Metaphysik der körperlichen Natur heißt →Physik, oder vielmehr (im Unterschied zur empirischen) rationale Physik, weil sie nur die Prinzipien a priori der körperlichen Natur enthält. Analog heißt die Metaphysik der denkenden Natur rationale →Psychologie, aber nicht im Sinne Wolffs, da sie nur die Prinzipien a priori der empirischen Erkenntnis der denkenden Natur enthält, noch im Sinne der im Paralogismus-Kapitel der *KrV* (KrV A 338–405 / B 396–432) kritisierten transzendentalen Psychologie.

Das gesamte System der Metaphysik gliedert sich nach ihren Gegenständen in vier Hauptteile (vgl. *Refl.* 4851, 18:9) (wobei der Begriff „*rationale[] Physiologie*" nunmehr eingeschränkt als immanente Physiologie verstanden wird und der Begriff „*transscendente* Physiologie" als Oberbegriff entfällt, KrV A 846 / B 874):

1. Ontologie, die sich von der Wolffischen unterscheidet, erstens durch Einschränkung auf Erkenntnisse a priori von „Gegenstände[n] überhaupt" (KrV A 845 / B 873), sofern solche Erkenntnisse in ihrer Möglichkeit begründbar sind, zweitens durch die Unterscheidung von Begriffen und →Anschauungen a priori, wobei der Gegenstand der letzteren kein bloß denkbarer Gegenstand überhaupt sein kann. Nun können nur anschaubare Gegenstände (empirisch oder) a priori erkannt werden. Also handelt die kritische Ontologie von der „Natur überhaupt" (KrV B 165; vgl. 4:295; 4:318; 4:469; 4:470; 4:472; 4:473; 6:216), d. h. von den Sinnen gebbaren Gegenständen der Erfahrung, sofern sie in ihrer gesetzlichen Verknüpfung allererst eine mögliche Natur ausmachen. Eine Ontologie im Sinne Wolffs als Erkenntnis von allen Dingen überhaupt (d. h. sofern sie Dinge sind) ist hingegen unmöglich, und Ontologie wird darum vorzugsweise Transzendentalphilosophie genannt.

2. Rationale Physiologie, d. i. die Naturlehre der reinen Vernunft (eingeschränkt auf den immanenten Vernunftgebrauch zur Erkenntnis von Gegenständen der Sinne). Dieser Teil wird unterteilt in *physica rationalis* und *psychologia rationalis* (vgl. KrV A 847 / B 875). Die rationale Physik legt den empirischen Begriff eines Objekts der äußeren Sinne zugrunde, d. h. „den bloßen Begriff Materie (undurchdringliche leblose Ausdehnung)" (KrV A 848 / B 876) und bestimmt diesen a posteriori gegebenen Begriff eines Gegenstandes der Sinne nach Prinzipien a priori, um diese Materie in einer Metaphysik der körperlichen Natur zu erkennen, die zugleich der Mathematik bedarf, da nur in ihr Gegenstände der empirischen Anschauung a priori oder in ihrer (realen) Möglichkeit erkannt werden können. Das ist die Aufgabe der ‚Metaphysischen Anfangsgründe der Naturwissenschaft' (qua empirischer Physik). Entsprechend würde die rationale Psychologie den Gegenstand des inneren Sinnes, d. h. „den Begriff eines denkenden Wesens (in der empirischen inneren Vorstellung: Ich denke)" (KrV A 848 / B 876) zugrunde legen. Da aber der Gebrauch der Mathematik wie in aller eigentlichen Wissenschaft auch hier „ganz unentbehrlich" wäre (KrV A 847 / B 875 Anm.), wird sich erweisen, dass eine Wissenschaft von diesem Gegenstande (wegen der Unanwendbarkeit der Mathematik und des Einflusses der Beobachtung auf den Gegenstand) nicht möglich ist. Folglich kann es metaphysische Anfangsgründe der empirischen Seelenlehre nicht geben. Die empirische Psychologie, die bei Wolff und Baumgarten einen Teil der Metaphysik ausmachte, wird von der kri-

tischen Metaphysik „gänzlich ausgeschlossen" (KrV A 848 / B 876).

Der 3. und 4. Teil der Metaphysik, die rationale Kosmologie (die nicht nur, wie bei Wolff, Körper, sondern auch Seelen umfassen müsste) und die rationale Theologie, sind ihrerseits als (doktrinale) metaphysische Wissenschaften unmöglich (vgl. aber 20:281), denn beide handeln von einer Verknüpfung der Gegenstände der Erfahrung, welche alle Erfahrung übersteigt und gehören zu einer „transscendente[n] Physiologie" (vgl. KrV A 846 / B 874), die keine theoretische Erkenntnis sein kann.

7 Die praktisch-dogmatische Metaphysik

Im Kanon-Kapitel der *Transzendentalen Methodenlehre* der *KrV* fragt Kant nach dem letzten Zweck des reinen Gebrauchs unserer Vernunft in spekulativer Absicht, d. h. nach den Aufgaben, deren Auflösung diesen Zweck ausmacht. Die reine theoretische Vernunft habe sich diese Aufgaben nicht willkürlich gestellt. Sie stammen vielmehr aus ihrer eigenen Natur als des Vermögens, das →Unbedingte in der Totalität der Bedingungen zu einem gegebenen Bedingten zu denken. Sie sind insofern für sie als Vernunft (in ihrem transzendentalen Gebrauch) notwendig. Dass sie dabei aber nach einem dialektischen Grundsatze verfährt, nämlich dem, „wenn das Bedingte gegeben ist, so [ist] auch die ganze Reihe einander untergeordneter Bedingungen, die mithin selbst unbedingt ist, gegeben" (KrV A 307f. / B 364; vgl. KrV A 322 / B 379; KrV A 332 / B 388f.; KrV A 409 / B 436; KrV A 497ff. / B 525ff.; *Refl.* 5553, 18:223), bedeutet nach Kant, dass sie nach ihm schließend in lauter Trugschlüsse und Widersprüche gerät. Dies darum, weil die Gegenstände in Raum und Zeit, auf die die Vernunft ihren Grundsatz anwendet, noch anderen Bedingungen ihrer Möglichkeit unterliegen als denen ihrer Denkbarkeit durch die Vernunft bzw. weil allgemein die Möglichkeit der Dinge (und erst recht ihrer Existenz) nicht in der Denkbarkeit nach reinen Begriffen des Verstandes und der Vernunft aufgeht. Das Unbedingte, der eigentliche Gegenstand der reinen Vernunft und damit der „eigentlichen Metaphysik" (20:260; vgl. 20:265; 20:277), kann nichts Sinnliches sein, denn dieses ist immer ein durch anderes Sinnliche in Raum und Zeit Bedingtes, also muss es ein Übersinnliches sein, was immer es sonst sein mag. Da aber das →Übersinnliche per definitionem kein Gegenstand der uns allein möglichen Anschauung sein kann und Erkenntnis von Gegenständen deren Anschauung durch uns erfordert, so kann und muss das Unbedingte durch unsere Vernunft zwar gedacht werden, bleibt aber als Übersinnliches für uns theoretisch unerkennbar. Also können die Aufgaben, deren Auflösung der letzte Zweck der reinen spekulativen Vernunft und damit der eigentlichen „Metaphysik der Natur" (20:293) ist, nicht gelöst werden.

Denn „die Endabsicht, worauf die Speculation der Vernunft im transscendentalen Gebrauche zuletzt hinausläuft, betrifft drei Gegenstände: die Freiheit des Willens, die Unsterblichkeit der Seele und das Dasein Gottes" (KrV A 798 / B 826). Da diese Gegenstände nicht nur auf ihre Weise jeweils ein Unbedingtes sind, sondern auch „das Übersinnliche [...] *in* uns, [...] *nach* uns" und „*über* uns" (20:295), so sind sie notwendig unerkennbar für uns. Aber selbst wenn wir die Freiheit des Willens, die Unsterblichkeit der Seele und das Dasein Gottes erkennen könnten, so wäre „das bloß speculative Interesse der Vernunft" daran „nur sehr gering", weil man von diesen Erkenntnissen „doch keinen Gebrauch machen kann, der *in concreto*, d. i. in der Naturforschung, seinen Nutzen bewiese" (KrV A 798 / B 826). Das Vernunftinteresse an der Auflösung dieser Aufgaben kann also kein theoretisches sein. „Diese [drei gedachten Probleme] selber aber haben wiederum ihre entferntere Absicht, nämlich, *was zu thun sei*, wenn der Wille frei, wenn ein Gott und eine künftige Welt ist. [...] [S]o ist die letzte Absicht der weislich uns versorgenden Natur, bei der Einrichtung unserer Vernunft, eigentlich nur aufs Moralische gestellt" (KrV A 800f. / B 828f.). Das ist es also, was wir uns als die letzte Absicht der Natur bei der Stiftung der „Metaphysik als Naturanlage" (KrV B 22) unserer Vernunft denken können: die Orientierung des Menschen auf die Verfolgung des „höchsten Zweckes" (5:435) seiner moralisch-praktischen Vernunft. Dieser Endzweck der reinen →praktischen Vernunft, das sogenannte höchste durch uns mögliche Gut in der Welt (→höchste Gut), gedacht als Glückseligkeit in Proportion mit der Sittlichkeit des Wollens des Menschen, ist nach Kant nur unter der Annahme der Freiheit des Willens, der Unsterblichkeit der Seele und des Daseins Gottes durch uns erreichbar. Da wir diese drei Gegenstände durch unsere spekulative Vernunft im theoretisch-dogmatischen Gebrauche (in welchem →Beweise aus Gründen a priori geführt werden) nicht erkennen können, stellt sich jetzt das Problem, ob die Vernunft in einem anderen Gebrauch dazu berechtigt ist, auf die drei theoretisch unbeantwortbaren Fragen eine bejahende Antwort zu geben. Kants Lösung ist die praktisch-dogmatische Metaphysik, in der die Vernunftgesetzgebungen für die Natur und für das freie Handeln des Menschen zusammengeführt werden. Kant kündigt diese neue Art der Metaphysik in einem Brief an Kästner (1790) an, in dem er sagt, dass er „nur durch einen Umweg", nämlich „nur durch die Verbindung der theoretischen Philosophie mit der Praktischen, zu eben demselben Ziele" gelangen wolle, wie die „Leibnitz-Wolfische Philosophie", welche „Absicht" für jeden ersichtlich werde, wenn es ihm während seiner Lebenszeit noch gelinge, „die Metaphysik in einem zusammenhängenden Systeme aufzustellen" (13:278).

Ausgangspunkt ist dabei dasjenige Übersinnliche, das „als wirklich im Subject gegeben" ist, die „Freyheit der Willkür" (20:292). Sie kann zwar als etwas Übersinnliches nicht theoretisch erkannt werden, wird aber durch das Bewusstsein des →moralischen Gesetzes als wirklich verbürgt, da wir nicht durch es verpflichtet sein könnten, in bestimmter Weise zu wollen und zu handeln, wenn wir nicht das Vermögen hätten, uns durch die bloße Vorstellung dieses Gesetzes bei der Wahl unserer Maximen selbst zu bestimmen. Dieses übersinnliche Vermögen der freien Willkür hat ein Objekt, welches zwar gleichfalls in seiner Möglichkeit nicht theoretisch erkannt werden kann, aber qua Objekt des Wollens und Handelns a priori bestimmbar ist als der unbedingte Endzweck der reinen praktischen Vernunft. Dieser Endzweck, das seit der Antike so genannte →*höchste Gut* (vgl. 20:294), soll nicht nur durch unser Handeln unter dem moralischen Gesetz verwirklicht werden, er ist auch „der eigentliche Endzweck der Metaphysik" (20:292), die eben darum eine praktisch-dogmatische Metaphysik ist. Denn sie erkennt die (theoretischen) Bedingungen a priori der Möglichkeit dieses Unbedingten und Übersinnlichen in der (praktischen) Absicht seiner Erreichbarkeit durch unser freies Handeln, (welches kein Verfolgen beliebiger Zwecke, sondern ein durch das moralische Gesetz gebotenes Handeln ist), gehört aber nicht zur Metaphysik der Sitten, die die moralisch-praktischen Prinzipien dieses Handelns (seine Gesetze und Pflichten) erkennt, sondern zur Metaphysik der Natur als reiner theoretischer Vernunfterkenntnis dessen, was ist und sein muss, wenn der moralisch mögliche Endzweck der freien Willkür durch menschliches Handeln in der Welt wirklich werden soll.

Die Bedingungen der praktischen Möglichkeit des höchsten Gutes sind nach Kant, außer der Freiheit der Willkür, das Dasein eines moralischen Gottes und die Unsterblichkeit der Seele. Der Widerspruch zwischen der theoretischen Unerkennbarkeit dieser übersinnlichen Gegenstände der Vernunft und der Notwendigkeit, die beiden letzteren um des höchsten Gutes willen anzunehmen, wird nun dadurch auflösbar, dass wir analog zur →Zweckmäßigkeit der Natur, die wir auch nicht dogmatisch erkennen können, die aber ein von der Vernunft a priori gegebenes Mittel zur theoretischen Erkenntnis dieser Natur ist, eine moralische Zweckmäßigkeit der Welt (des Ganzen der Natur) zur Verwirklichung des moralisch bedingten Endzwecks des Menschen in ihr annehmen, nicht um sie besser zu erkennen, sondern um den Zweifel an der Ausführbarkeit des als Objekt der freien Willkür notwendigen „Unbedingten in der Reihe der Zwecke" (20:294) niederzuschlagen. Da der Fortschritt zu diesem übersinnlichen Endzweck der Vernunft zwar Pflicht ist, er selbst aber, was die Glückseligkeit und die zur Erreichung des vollkommen gesetzmäßigen Verhaltens erforderliche Dauer unserer Existenz betrifft, „nicht völlig in unsrer Gewalt" ist, müssen wir uns in moralisch-praktischer Absicht „einen theoretischen Begriff von der Quelle, woraus [der Endzweck] entspringen kann, machen", den wir, wie bei dem Begriff der Zweckmäßigkeit der Natur, in die Objekte „hineinlegen" (20:294). Eine solche unumgängliche „Theorie" (20:294) von dem „Übersinnliche[n] in der Welt (die geistige Natur der Seele)" und dem Übersinnlichen „außer der Welt (Gott)" (20:292) kann nicht zur Erkenntnis ihrer Objekte dienen, da sie übersinnlich sind. „Also wird diese Theorie nur in praktisch-dogmatischer Rücksicht Statt finden, und der Idee des Endzweckes auch nur in dieser Rücksicht hinreichende objective Realität zusichern können" (20:294). Damit sind die bloß subjektive Notwendigkeit und die Abhängigkeit der praktisch-dogmatischen Metaphysik von Begriffen, die, wie der Zweckbegriff, „jederzeit von uns selbst gemacht" (20:294f.) sind, deutlich ausgesprochen. Da es hier nicht darum gehen kann, „das übersinnliche Ding" nach dem, „was es an sich selbst ist" zu denken, bleibt als Aufgabe dieser Art von Metaphysik nur die Bestimmung dessen, „wie wir es zu denken, und seine Beschaffenheit anzunehmen haben, um dem praktisch-dogmatischen Object des reinen sittlichen Prinzipes, nämlich dem Endzweck, welcher das höchste Gut ist, für uns selbst angemessen zu seyn" (20:296). Wir kehren dabei die Richtung vom reinen sittlichen Prinzip zu dem ihm entsprechenden Objekt gleichsam um und fragen, „was", jener Vernunftidee des höchsten Gutes gemäß, „für moralische Grundsätze der Handlungen [uns] obliegen" (20:297). Dies ist die Wiederholung der Frage aus der *KrV*: „*was zu thun sei*, wenn der Wille frei, wenn ein Gott und eine künftige Welt ist" (KrV A 800 / B 828). Die Antwort ergibt sich aus dem Sittengesetz als einer „schlechterdings nothwendigen praktischen, nämlich moralischen Regel" (20:297), die als solche von allen durch das ihr gemäße Handeln zu bewirkenden Zwecken abstrahiert. Wird aber der moralische Endzweck als zu bewirkender „Effekt" vorausgesetzt und können wir uns diesen Effekt nur unter der freien Annahme der Existenz Gottes und unserer Unsterblichkeit als möglich denken, so ergeben sich daraus zwar keine anderen Pflichten als ohne diese Glaubensartikel, wohl aber ergibt sich, sozusagen in pädagogischer Absicht, eine „subjectiv-, und zwar praktisch-gültige, und in dieser Absicht hinreichende Belehrung, so zu handeln, als ob wir wüßten, dass diese Gegenstände wirklich wären" (20:298). Diese „Vorstellungsart" unserer Handlungen, die „nur in moralischer Absicht nothwendig ist", dient also nur dazu, „um dem, wozu wir so schon von selbst verbunden sind, nämlich der Beförderung des höchsten Gutes in der Welt nachzustreben, noch ein Ergänzungsstück zur Theorie der Möglichkeit desselben, allenfalls durch bloße Vernunftideen hinzuzufügen" (20:298). So vorgestellt, ist das Handeln als Beförderung des höchsten Gutes nicht mehr nur moralisch geboten, sondern auch theoretisch aussichtsreich, da die Erreichung seines Endzweckes auch theoretisch als möglich gedacht werden kann.

Die praktisch-dogmatische Metaphysik beschreibt also einen Kreis. Ausgehend „von der Freyheit als übersinnlichem, aber durch den Kanon der Moral erkennbarem Vermögen" kehrt sie zu ihr zurück „in praktisch-dogmatischer, d. i. einer auf den Endzweck, das höchste in der Welt zu befördernde Gut, gerichteten Absicht [...], dessen Möglichkeit durch die Ideen von Gott, Unsterblichkeit, und das von der Sittlichkeit selbst diktierte Vertrauen zum Gelingen dieser Absicht ergänzet, und so diesem Begriffe [des höchsten Gutes] objective, aber praktische Realität verschafft wird" (20:300), indem es als durch freie Handlungen realisierbar gedacht wird. Das Glauben, als ein Fürwahrhalten in moralisch-praktischer Absicht, kann also selbst als ein Beitrag zur Verwirklichung dieser Absicht durch ein von ihr geleitetes Handeln aus Freiheit angesehen werden, „indem wir uns jene Objecte, Gott, Freyheit in praktischer Qualität, und Unsterblichkeit [...] selbst machen und ihnen objective Realität freywillig geben, da [...] von der Annahme derselben die Zurückwirkung auf die subjectiven Principien der Moralität und deren Bestärkung [...] wiederum in der Intention moralisch ist" (20:298f.). Die Metaphysik ist demnach nur als praktisch-dogmatische möglich. Sie ist auf das Übersinnliche gerichtet, das zwar theoretisch nicht einmal in seiner Möglichkeit erkannt werden kann, das aber als durch die Vernunft gedachter Gegenstand im Handeln des Menschen Kausalität haben kann, wenn er seiner eigenen reinen praktischen Vernunft folgt.

Weiterführende Literatur

Ameriks, Karl: „The Critique of Metaphysics: Kant and Traditional Ontology", in: Guyer, Paul (Hg.): Cambridge Companion to Kant, Cambridge: Cambridge University Press 1992.

Baertschi, Christian: Die deutsche metaphysische Kantinterpretation der 1920er Jahre, Dissertation Zürich 2004. http://www.dissertationen.unizh.ch/2004/baertschi/a-baertschi.html (April 2009).

Brandt, Reinhard: „Kant als Metaphysiker", in: Gerhardt, V. (Hg.): Der Begriff der Politik. Bedingungen und Gründe politischen Handelns, Stuttgart: Metzler 1990, 57–94.

Fischer, Norbert (Hg.): Kants Metaphysik und Religionsphilosophie, Hamburg: Meiner 2004.

Grier, Michelle: „Kant's Critique of Metaphysics",

in: Zalta, Edward N. (Hg.): The Stanford Encyclopedia of Philosophy (Summer 2012 Edition), URL = http://plato.stanford.edu/archives/sum2012/entries/kant-metaphysics/.

Manfred Baum

Metaphysik der Natur

Unter diesem von ihm neu geprägten Terminus versteht Kant „die Metaphysik [...] des *speculativen* [...] Gebrauchs der reinen Vernunft", die „alle reine Vernunftprincipien aus bloßen Begriffen (mithin mit Ausschließung der Mathematik) von dem *theoretischen* Erkenntnisse aller Dinge" (KrV A 841 / B 869) enthält. Diese Metaphysik der Natur ist als „Metaphysik der speculativen Vernunft [...] nun das, was man im *engeren Verstande* Metaphysik zu nennen pflegt" (KrV A 842 / B 870; vgl. KrV A 845 / B 873). Metaphysik der Natur ist also das, was üblicherweise einfach ‚Metaphysik' genannt wird. Sie wird dabei als eine Wissenschaft verstanden, „die nur die reinen Principien a priori der [Physik] in allgemeiner Bedeutung enthält" (5:138). Die Neuerung, die sich in Kants neuem Terminus ausdrückt, besteht also darin, dass die reine Moralphilosophie von ihm als gleichberechtigtes Gegenstück zur herkömmlich so genannten Metaphysik angesehen wird, da auch sie eine reine Erkenntnis a priori aus bloßen Begriffen enthält. Also kann nach dieser Aufwertung der reinen Moral zur „Metaphysik der Sitten" die „Metaphysik der speculativen Vernunft" nicht mehr schlechthin „Metaphysik" genannt werden (KrV A 841f. / B 869f.). Sie ist nur „der speculative Theil" der Metaphysik, hat sich aber „diesen Namen vorzüglich zugeeignet" (KrV A 845 / B 873). Deshalb sagt Kant, dass sie diejenige Metaphysik ist, „welche wir *Metaphysik der Natur* nennen", da sie nur „alles, sofern es *ist*", nicht aber „das, was sein soll" (KrV A 845 / B 873), aus reinen Begriffen erwägt, auch dann, wenn es theoretisch nicht erkennbar ist. Dass das, „was sein soll", von Kant gleichwertig neben das, was da ist, gestellt wird, bedeutet eine revolutionäre Veränderung im Verständnis von Philosophie und Metaphysik. Weitere wichtige Stellen: 4:467–473; 20:293.

Philosophische Funktion

Die →Natur wäre als die Gesamtheit dessen, was da ist, unterbestimmt. Der Ausdruck „*Metaphysik der Natur*" (KrV A 845 / B 873) bezeichnet eine Wissenschaft von der Natur, sofern Natur in formaler Bedeutung „das erste, innere Princip alles dessen" bedeutet, „was zum Dasein eines Dinges gehört" (4:467). Die Natur (in materialer Bedeutung) als die Gesamtheit der in Raum und Zeit existierenden Gegenstände der Sinne enthält „Gesetze, d. i. Principien der Nothwendigkeit dessen, was zum *Dasein* eines Dinges gehört" (4:469), und diese Gesetze betreffen sowohl das „mannigfaltige[] zum Dasein [eines] Dinge[s] Gehörige"; sofern es „aus ihrem inneren *Princip*" (4:468), d. h. aus ihrer jeweiligen Natur ableitbar ist, als auch den dynamischen Zusammenhang der nach diesen Gesetzen wirkenden Substanzen, den wir insgesamt Natur nennen. →Naturwissenschaft als Wissenschaft von der Natur der Dinge, aus der das mannigfaltige zu Ihrem Dasein Gehörige abgeleitet werden können muss, erfordert eine Erkenntnis der Prinzipien der Notwendigkeit des zu diesem Dasein in Raum und Zeit Gehörigen. Diese Prinzipien können keine empirischen sein, da diese keine Notwendigkeit und Allgemeinheit haben, wie es der Begriff eines Gesetzes erfordert, und sie können keine mathematischen sein, da die Mathematik vom Dasein ihrer Gegenstände abstrahiert. Also können sie nur metaphysische Prinzipien a priori sein, die in ihrer Gesamtheit den Inhalt der Metaphysik ausmachen. „Daher setzt eigentliche Naturwissenschaft Metaphysik der Natur voraus" (4:469). Der so aus dem Begriff der Naturwissenschaft gewonnene Begriff der Metaphysik der Natur ist aber identisch mit dem Begriff einer theoretischen, nichtmathematischen Erkenntnis der Dinge a priori, von dem die *KrV* handelte, allerdings nur dann, wenn sie „ohne Beziehung auf irgend ein bestimmtes Erfahrungsobject, mithin unbestimmt in Ansehung der Natur dieses oder jenes Dinges der Sinnenwelt von den Gesetzen, die den Begriff einer Natur überhaupt möglich machen" (4:469), handelt. Die so verstandene Metaphysik der Natur nennt Kant nun „de[n] *transscendentale[n]* Theil der Metaphysik der Natur" (4:469f.).

In dieser „Metaphysik der Natur" muss es nach Kant gleichwohl „Principien der Anwendung jener allgemeinen obersten Grundsätze von einer Natur überhaupt auf Gegenstände der Erfahrung geben" (6:216), die jeweils ihre besondere Natur haben können. So unterscheidet er die

Metaphysik der körperlichen von der der denkenden Natur als zwei „besondere metaphysische Naturwissenschaft[en] (Physik und Psychologie), in [denen] jene transscendentale[n] Principien auf die zwei Gattungen der Gegenstände unserer Sinne angewandt werden" (4:470), nämlich die Körper als Gegenstände der äußeren Sinne und die →Seelen als Gegenstände des inneren Sinnes. Die Metaphysik der Natur, deren Grundlegung in der *KrV* erfolgt ist, wird nun entsprechend „Metaphysik der Natur überhaupt" bzw. „metaphysische[s] System [...] der Natur überhaupt" genannt, und ihr wird eine „Metaphysik der körperlichen Natur" als „metaphysische[s] System [...] der körperlichen Natur" (4:473) gegenübergestellt. Das letztere sind die „[m]etaphysische[n] Anfangsgründe der *Naturwissenschaft*" (4:465).

Kant hat diese Unterscheidung der Metaphysik der Natur, deren Erscheinen (als Buch unter diesem Titel) als Gegenstück zu einer Metaphysik der Sitten er mehrfach ankündigte, von der Metaphysik der körperlichen Natur zumeist beibehalten. So spricht er in den Vorarbeiten zur Preisschrift über die Fortschritte der Metaphysik von der „Metaphysik blos als theoretische Wissenschaft, oder, wie man sie sonst nennen kann, als *Metaphysik der Natur*" und stellt sie der „*Metaphysik der Sitten*" als „moralisch-praktische[r] Vernunftwissenschaft" gegenüber (20:293). Er spricht sogar von dem „praktisch-dogmatische[n] Überschritt der Metaphysik der Natur" (20:293), der sich selbst zu widersprechen scheine, aber, wie der folgende Text zeigt, genau seine Intention bezeichnet. In einer Vorarbeit zur Vorrede zur *MS* sagt er, dass „auf die Critik der reinen theoretischen Vernunft die Metaphysik der Natur" folge, „und so auf diese die Metaphysik der körperlichen Natur u. die Metaphysik der denkenden Natur" (23:247). Aber in der gedruckten Vorrede zu den *MSR* werden die „metaphysischen Anfangsgründe der *Naturwissenschaft*" als Gegenstück zur „Metaphysik der Sitten" (6:205) bezeichnet, obwohl nur eine Metaphysik der Natur dieses Gegenstück sein konnte. Schließlich finden sich in den Vorarbeiten zum sog. *Op. post.* Stellen, wo mit „Metaphysik der Natur" die „[M]etaph[ysischen] Anf[angsgründe] d[er] N[aturwissenschaft]" (21:621; vgl. 22:328) gemeint sind. In diesen Fällen liegt wohl nur eine nachlässige Formulierung vor, die keinen Wandel in Kants Konzeption einer Metaphysik der Natur anzeigt.

Weiterführende Literatur

Falkenburg, Brigitte: „Kants Forderungen an eine wissenschaftliche Metaphysik der Natur", in: Fulda, H. F. / Stolzenberg, J. (Hg.): Architektonik und System in der Philosophie Kants, Hamburg: Meiner 2001, 307–327.

Falkenburg, Brigitte: Kants Kosmologie, Frankfurt/M.: Klostermann 2000.

Schäfer, Lothar: Kants Metaphysik der Natur, Berlin: de Gruyter 1966.

Manfred Baum

Metaphysik der Sitten

Die Metaphysik der Sitten ist der reine Teil der Moralphilosophie, der ihre Prinzipien enthält. Sie ist unterteilt in die Grundlagen der Rechtsphilosophie und die Grundlagen der Ethik. Wichtige Stellen: KrV A 841 / B 869; 4:387f.; 6:214f.

Philosophische Funktion

Kant erwähnt das Projekt einer reinen Moralphilosophie schon 1781 in der *KrV*, veröffentlicht zunächst jedoch eine vorbereitende Schrift in Gestalt der *GMS*. In der *KpV* wird die Metaphysik der Sitten nicht explizit erwähnt. Ein Buch mit dem Titel *Die Metaphysik der Sitten* erscheint schließlich 1797 in zwei Bänden, die den beiden Teilbereichen – den metaphysischen Anfangsgründen der Rechtslehre und der Tugendlehre – gewidmet sind.

In der *GMS* verfolgt Kant die Aufgabe, das Projekt des Systems einer reinen Moralphilosophie vorzubereiten. Zunächst werden deshalb nach antikem Vorbild die drei philosophischen Disziplinen →Logik, →Physik und →Ethik unterschieden. Nur Physik und Ethik (→Moral) beziehen sich auf die Gesetze eines ihnen eigenen Gegenstandsbereichs: Gesetze der Natur und Gesetze der Freiheit. Der rein vernünftige Teil der Systeme, welche die Prinzipien beider Bereiche enthalten, bilden demnach eine „zwiefache[] Metaphysik" und heißen „*Metaphysik der Natur*" und „*Metaphysik der Sitten*" (4:387; vgl. KrV A 841 / B 869). Kant erklärt die Notwendigkeit der neuen Disziplin aus der strengen Notwendigkeit und Allgemeinheit moralischer Gebote, die für ihn unbezweifelbare Merkmale moralischer Urteile darstellen. Die Erforschung der „a priori in unserer Vernunft liegenden praktischen Grundsätze" dient allerdings nicht nur unserem Erkenntnisinteresse; „die Sitten selber" bleiben „allerlei Verderbniß unterworfen", solange „jener Leitfaden und oberste Norm ihrer richtigen Beurtheilung fehlt" (4:389f.). Wenn dieses Ziel erreicht werden soll, darf die Metaphysik der Sitten keine empirischen Erkenntnisse von der Natur des Menschen enthalten. Sie soll „Idee und [...] Principien eines möglichen *reinen* Willens" (4:390) untersuchen und wird erst dann auf den Menschen angewandt. Dies ist der zweite, nicht-reine Teil der Moralphilosophie, die praktische Anthropologie (vgl. 4:388f.; vgl. 4:412).

Kant kommt am Ende des ersten Abschnitts der *GMS* wieder auf die Dringlichkeit einer Metaphysik der Sitten zu sprechen. Die philosophische Analyse allgemeiner moralischer Vorstellung hat zur ersten Formulierung des obersten moralischen Prinzips geführt (vgl. 4:402). Es stellt sich deshalb die Frage, was ein zweiter, dezidiert metaphysischer Abschnitt überhaupt noch leisten kann. Kants Antwort lautet: Die Wissenschaft von der Moral ist nötig, damit moralische Vorschriften „Eingang und Dauerhaftigkeit" erhalten (4:405). Die Metaphysik der Sitten verschafft der Stimme der reinen Vernunft Gehör und hilft uns so, uns von unseren Neigungen zu emanzipieren. Kant schreibt in diesem Sinn in der Schrift von 1797, eine Metaphysik der Sitten zu haben sei Pflicht, „und jeder Mensch hat sie auch, obzwar gemeiniglich nur auf dunkle Art in sich" (6:216). Vor diesem Hintergrund sind die Neuformulierungen des →kategorischen Imperativs im zweiten Abschnitt der *GMS* zu verstehen, die an dessen Ende noch einmal übersichtlich zusammengestellt sind (vgl. 4:436f.). Ihnen wird die Aufgabe zugewiesen, dem moralischen Gesetz Eingang zu verschaffen (vgl. 4:437). Die zentrale Neuerung ist dabei die Rückführung des Geltungsanspruchs moralischer Gebote auf die →Autonomie des menschlichen Willens.

Eine Aufgabe, die sich Kant in der *GMS* ausdrücklich für das Folgeprojekt vorbehält, ist die systematische „Eintheilung der Pflichten" (4:421 Anm.). Dabei wird vor allem die Unterscheidung von →Rechtspflichten und Tugendpflichten getroffen werden müssen, die in der *GMS* nicht zur Sprache kommt. Die *Metaphysik der Sitten* zerfällt entsprechend in die „metaphysische[n] Anfangsgründe" (6:205; vgl. 6:373) der Rechtslehre und der Tugendlehre. Obwohl die Wissenschaft in der Vorrede zur *MS* ganz ähnlich charakterisiert wird wie in der *GMS*, ist unklar, ob es sich bei dem 1797 erschienenen zweiteiligen Werk tatsächlich um die angekündigte reine Moralphilosophie handelt.

Weiterführende Literatur

Kuehn, Manfred: „Kant's Metaphysics of Morals. The history and significance of its deferral", in: Denis, Lara (Hg.): Kant's ‚Metaphysics of Morals'. A Critical Guide, Cambridge: Cambridge University Press 2010, 9–27.

Timmermann, Jens: „Appendix F: ‚The project of a metaphysics of morals'", in: ders.: Kant's Groundwork of the Metaphysics of Morals. A Commentary, Cambridge: Cambridge University Press 2007, 168–172.

Wood, Allen: „The final form of Kant's practical philosophy", in: Timmons, Mark (Hg.): Kant's Metaphysics of Morals. Interpretative Essays, Oxford: Oxford University Press 2002, 1–22.

Jens Timmermann

Methodenlehre, transzendentale

Kant definiert die transzendentale Methodenlehre als „die Bestimmung der formalen Bedingungen eines vollständigen Systems der reinen Vernunft" (KrV A 707f. / B 735f.). Dieser Aufgabe ist der zweite, *Transzendentale Methodenlehre* genannte Teil der *KrV* gewidmet, welcher dem ersten Teil, der →*Transzendentalen Elementarlehre*, folgt. Weitere wichtige Stellen: KrV A 797 / B 735; 5:151–161; 5:354–356; 5:416–474; 6:475–491; 7:412; 9:18; 9:139f.; 24:682; 24:779; 24:795.

Philosophische Funktion

1 Methodenlehre

Kant entwickelt die Idee einer Methodenlehre im Kontext seiner neuen Auffassung und Artikulation der →Logik und in Auseinandersetzung mit der Logik seiner Zeit, besonders mit Meiers *Vernunftlehre* und dem *Auszug*. Bei Meier findet sich die Unterscheidung zwischen einer *logica theoretica* bzw. *docens* (lehrende Vernunftlehre) und einer *logica practica* bzw. *utens* (ausübende Vernunftlehre). Letztere verstand Meier als diejenige, in der „die Regel der gelehrten Erkenntniss [...] auf die besondern Arten derselben angewendet" werden (16:72f.). Dieser Einteilung entspricht jedoch nicht die Gliederung der Abhandlung, da Meier aus didaktischen Gründen beide Perspektiven zugleich anwendet. Für die Gliederung der Abhandlung sieht Meier stattdessen vier Hauptteile vor, nämlich „I. Von der gelehrten Erkenntniss", „II. Von der Lehrart der gelehrten Erkenntniss", „III. Von dem gelehrten Vortrage" und „IV. Von dem Charakter eines Gelehrten" (16:74).

Kant lehnt die Idee einer praktischen Logik ab: In der allgemeinen Logik wäre sie „eine contradictio in adjecto, weil eine praktische Logik die Kenntniß einer gewissen Art von Gegenständen, worauf sie angewandt wird, voraussetzt" (9:17); in der Logik einer besonderen Wissenschaft würde sie mit dieser zusammenfallen: wir können nämlich „jede Wissenschaft eine *praktische Logik* nennen" (9:18). Die Idee einer praktischen Logik (einer „allgemeinen Logik, als praktisch betrachtet") kann höchstens als „*Technik der Gelehrsamkeit überhaupt*", als „*Organon der Schulmethode*" zugelassen werden, so dass „also die Logik einen *dogmatischen* und einen *technischen* Theil haben" würde. Dabei würde „der erste [...] die *Elementarlehre*, der andere die *Methodenlehre* heißen können" (9:18; in einigen Logik-Vorlesungen identifiziert Kant praktische Logik und Methodenlehre; vgl. 24:682; 24:779). Dieser technische Teil der (allgemeinen) Logik bzw. Methodenlehre soll „von der Form einer Wissenschaft überhaupt, oder von der Art und Weise [...] handeln, das Mannigfaltige der Erkenntniß zu einer Wissenschaft zu verknüpfen" (9:139; vgl. *Refl.* 3332, 16:783). Mit Ausnahme der Lehre von der Definition sind die Themen, die Kant in einer Methodenlehre behandelt (etwa scientifische oder populare, systematische oder fragmentarische, analytische oder synthetische, akroamatische oder erotematische Methode, vgl. 9:138–140), zum Teil diejenigen Themen, die im zweiten Hauptteil („Von der Lehrart der gelehrten Erkenntniss") von Meiers *Auszug* behandelt werden (diese Verbindung wird in einer Notiz ausdrücklich hergestellt, in der Kant neben den Titel des zweiten Hauptteils des *Auszugs* „Allgemeine Methodenlehre" schreibt, *Refl.* 3331, 16:783). Auf die rhetorische Tradition der *dispositio* anknüpfend (vgl. Pozzo, *Meiers Vernunftlehre*, S. 188ff.), wird in Meiers Darstellung der Lehrart besonders auf die „Ordnung der Gedanken" (16:776) geachtet; diese wird desto vollkommener, je mehr Gedanken miteinander verknüpft werden und je größer die geregelte Verbindung derselben ist. Diese Idee der Verknüpfung einer Mannigfaltigkeit von Erkenntnissen in einem einheitlichen Zusammenhang (der „systematischen Anordnung derselben zum Ganzen einer Wissenschaft", 9:140) ist – wie oben gesehen, vgl. 9:139 – in Kants Auffassung einer Methodenlehre zentral: diese wird folglich in einer Logik-Vorlesung (der sogenannten *Wiener Logik*) als „Logic von der Form eines Systemes der Erkenntniße" (24:795) definiert.

In der *Logik* hat somit die Methodenlehre grundsätzlich die Aufgabe, die Vollkommenheit der Erkenntnis zu befördern, die neben „der Deutlichkeit, der Gründlichkeit" in der „systematischen Anordnung" der Erkenntnis „zum Ganzen einer Wissenschaft" besteht (9:140).

Der Ort einer Methodenlehre, die Kant sowohl in der allgemeinen als auch in der transzendentalen Logik der Elementarlehre nachstellt, hat systematische Gründe. Schon in der *Nachricht* von 1765 schreibt Kant, dass erst „zu Ende der Metaphysik eine Betrachtung über die eigenthümliche Methode derselben" beizufügen sei; da sie „im Anfange derselben nicht an seiner rechten Stelle sein würde, indem es unmöglich ist die Regeln deutlich zu machen, wenn noch keine Beispiele bei der Hand sind, an welchen man sie in concreto zeigen kann" (2:310). In der *Wiener Logik* wird eine „besondere Methodenlehre" mit einer „technischen Logic" oder „Organon" gleichgesetzt; und dieses „kann nur am Ende einer Wissenschaft vorkommen, weil ich dann erst die Natur der Wissenschaft kenne" (24:795). In der *KrV* wird eine analoge Überlegung auf die Logik des besonderen Verstandesgebrauchs bezogen: sie „wird mehrentheils in den Schulen als Propädeutik der Wissenschaften vorangeschickt, ob sie zwar nach dem Gange der menschlichen Vernunft das Späteste ist, wozu sie allererst gelangt, wenn die Wissenschaft schon lange fertig ist und nur die letzte Hand zu ihrer Berichtigung und Vollkommenheit bedarf. Denn man muß die Gegenstände schon in ziemlich hohem Grade kennen, wenn man die Regeln angeben will, wie sich eine Wissenschaft von ihnen zu Stande bringen lasse" (KrV A 52 / B 76f.).

Methodenlehren (mit jeweils unterschiedlichen Funktionen, vgl. Bacin, *Sul rapporto*) sind nicht nur in der *KrV*, sondern auch in der *KpV*, *KU*, *MST* zu finden (vgl. 5:151–161; 5:354–356; 5:416–474; 6:475–491). Von einer Methodenlehre ist auch in Bezug auf die Anthropologie die Rede: die anthropologische Charakteristik, welche die Aufgabe hat, zu zeigen, „[w]oran [...] die Eigenthümlichkeit jedes Menschen zu erkennen" ist, wird in Analogie zu einer „Methodenlehre der Menschenkunde" (7:412; vgl. 7:400, 25:1529) aufgefasst.

2 Transzendentale Methodenlehre

2.1 Kant erkennt die Grenzen einer *allgemeinen Methodenlehre* an, die an die herkömmliche praktische Logik anknüpft, denn diese kann im Grunde nur „tautologisch" sein: „anstatt Mittel zur Auflösung der Fragen zu geben, geben sie dieselben Fragen wieder" (24:339; vgl. 24:319, 24:682). Dies wird auch dort behauptet, wo Kant in der *KrV* die Idee einer transzendentalen Methodenlehre einführt: „Wir werden [...] dasjenige in transscendentaler Absicht leisten, was unter dem Namen einer *praktischen Logik* in Ansehung des Gebrauchs des Verstandes überhaupt in den Schulen gesucht, aber schlecht geleistet wird, weil, da die allgemeine Logik auf keine besondere Art der Verstandeserkenntniß (z. B. nicht auf die reine), auch nicht auf gewisse Gegenstände eingeschränkt ist, sie, ohne Kenntnisse aus anderen Wissenschaften zu borgen, nichts mehr thun kann, als Titel zu *möglichen Methoden* und technische Ausdrücke, deren man sich in Ansehung des Systematischen in allerlei Wissenschaften bedient, vorzutragen, die den Lehrling zum voraus mit Namen bekannt machen, deren Bedeutung und Gebrauch er künftig allererst soll kennen lernen" (KrV A 708 / B 736). So war in der *Logik* „der praktische oder technische Theil der Logik [...] eine logische Kunst in Ansehung der Anordnung und der logischen Kunstausdrücke und Unterschiede, um dem Verstande dadurch sein Handeln zu erleichtern" (9:18). Wenn dies aber in Bezug auf eine allgemeine Logik bloß terminologisch bleibt („Sie redet nur von verschiedenen Arten der Form des Systems", 24:795), so ist die Aufgabe einer Methodenlehre innerhalb der → transzendentalen Logik anderer Art, denn sie bezieht sich auf eine *besondere* Wissenschaft, die Wissenschaft der reinen Erkenntnis.

Wenn die transzendentale Elementarlehre – betrachtet man „den Inbegriff aller Erkenntniß der reinen und speculativen Vernunft wie ein Gebäude" – mit den „Materialien" zu tun hat, so ist es in der transzendentalen Methodenlehre „um den Plan zu thun [...] und den Anschlag zu einem Gebäude in Verhältniß auf den Vorrath, der uns gegeben und zugleich unserem Bedürfniß angemessen ist, zu machen" (KrV A 707 / B 735). Anders gesagt, die transzendentale Methodenlehre soll die allgemeine Idee der Wissenschaft der reinen Vernunft als eines Systems entwerfen, und die angemessenen Mittel für die Errichtung dieses Systems angeben. Kants Definition des Begriff einer transzendentalen Methodenlehre lautet daher: „Ich verstehe [...] unter der transscendentalen Methodenlehre die Bestimmung der formalen Bedingungen eines vollständigen Systems der reinen Vernunft" (KrV A 707f. / B 735f.). Sie wird in der *KrV* in vier Hauptstücke gegliedert: eine *Disziplin der reinen Vernunft*, einen *Kanon der reinen Vernunft*, eine Architektonik der reinen Vernunft und eine *Geschichte der reinen Vernunft*.

2.2 Die Aufgabe, den Plan und die Mittel für die Errichtung des Gebäudes der reinen Vernunft anzugeben, schließt einen negativen Aspekt ein, nämlich die Vorbeugung bzw. Verhütung von Fehlern der reinen Vernunft, die sich ebenfalls in systematischer Form entfalten, durch eine „Disciplin der reinen Vernunft". Wo nämlich „wie in der reinen Vernunft, ein ganzes System von Täuschungen und Blendwerken angetroffen wird, die unter sich wohl verbunden und unter gemeinschaftlichen Principien vereinigt sind, da scheint eine ganz eigene und zwar negative Gesetzgebung erforderlich zu sein, welche unter dem Namen einer *Disciplin* aus der Natur der Vernunft und der Gegenstände ihres reinen Gebrauchs gleichsam ein System der Vorsicht und Selbstprüfung errichte" (KrV A 711 / B 739). So wird diese „warnende Negativlehre" (KrV A 712 / B 740) nicht so sehr bestimmte Fehler der reinen Vernunft korrigieren, sondern vielmehr ihr methodisches Verfahren untersuchen und prüfen. Daher findet sich im Hauptstück über *Die Disciplin der reinen Vernunft im dogmatischen Gebrauche* (KrV A 712–738 / B 740–766) die ausführlichste Diskussion des Problems der Methode einer reinen Vernunft. Hier unterscheidet Kant die mathematische von der philosophischen Methode der Erkenntnis: „Die *philosophische* Erkenntniß ist die *Vernunfterkenntniß* aus *Begriffen*, die mathematische aus der *Construction* der Begriffe" (KrV A 713 / B 741). Der Unterschied besteht genauer darin, dass die Mathematik sich für den Beweis ihrer synthetischen und apriorischen Erkenntnisse durch die apriorische Konstruktion ihrer Begriffe auf reine Anschauung stützt, während die Philosophie nur mit Begriffen (den →Kategorien bzw. den ihnen korrespondierenden →‚Grundsätzen des reinen Verstandes') operieren kann, die die Regel für die Möglichkeit empirischer Anschauungen enthalten: „Sie enthalten bloß die Regel, nach der eine gewisse synthetische Einheit desjenigen, was nicht a priori anschaulich vorgestellt werden kann (der Wahrnehmungen), empirisch gesucht werden soll. Sie können aber keinen ihrer Begriffe a priori in irgendeinem Falle darstellen, sondern thun dies nur a posteriori, vermittelst der Erfahrung, die nach jenen Grundsätzen allererst möglich wird" (KrV 720f. / B 748f.; vgl. KrV A 722 / B 750). Daher kann und darf die Philosophie nicht hoffen, „sich eben so glücklich und gründlich erweitern zu können", wenn sie „dieselbe Methode" (KrV A 713 / B 741) wie die Mathematik anwendet. Auch wenn die Kritik „dogmatisch, d. i. aus sicheren Principien a priori strenge beweisend" (KrV B XXXV) verfahren soll, ist jede dogmatische Methode („sie mag nun dem Mathematiker abgeborgt sein, oder eine eigenthümliche Manier werden sollen") „für sich unschicklich" (KrV A 737 / B 765), weil die Philosophie „kein Dogma", d. h. kein „einziges direct synthetisches Urtheil aus Begriffen" (KrV A 736 / B 764) enthält. Positiv gesehen kann die Methode „*systematisch* sein. Denn unsere Vernunft (subjectiv) ist selbst ein System, aber in ihrem reinen Gebrauche, vermittelst bloßer Begriffe, nur ein System der Nachforschung nach Grundsätzen der Einheit, zu welcher Erfahrung allein den Stoff hergeben kann" (KrV A 737f. / B 765f.).

2.3 Eine eigentlich positive Funktion hat aber erst der *Kanon der reinen Vernunft* (KrV A 795–831 / B 823–859) als „Inbegriff der Grundsätze a priori des richtigen Gebrauchs gewisser Erkenntnißvermögen überhaupt" (KrV A 796 / B 824). Da eine synthetische Erkenntnis der reinen Vernunft in ihrem spekulativen Gebrauch „gänzlich unmöglich" ist, gibt es eigentlich „keinen Kanon des speculativen Gebrauchs derselben (denn dieser ist durch und durch dialektisch), sondern alle transscendentale Logik ist in dieser Absicht nichts als Disciplin" (KrV A 796 / B 824). Deswegen wird der Kanon ausschließlich „nicht den speculativen, sondern den *praktischen Vernunftgebrauch* betreffen". Der Kanon soll den Hang der Vernunft, „über den Erfahrungsgebrauch hinaus zu gehen" korrigieren und sie dazu veranlassen, dass ihre Bestrebung „allererst in der Vollendung ihres Kreises, in einem für sich bestehenden systematischen Ganzen, Ruhe zu finden" (KrV A 797 / B 825) außerhalb der spekulativen Vernunft im Bereich des Praktischen erfüllt und nur auf ihr praktisches Interesse gegründet wird. Er bezieht sich auf „reine praktische Gesetze, deren Zweck durch die Vernunft völlig a priori gegeben ist, und die nicht empirisch bedingt, sondern schlechthin gebieten"; dies sind die „*moralischen* Gesetze", sie „erlauben einen Kanon" (KrV A 800 / B 828). „In einem Kanon der reinen Vernunft" ist es nur um „zwei Fragen zu tun, die das praktische Interesse der reinen Vernunft angehen [...], nämlich: ist ein Gott? ist ein künftiges Leben?" (KrV A 803 / B 831). Sie sind das Thema von Kants Moraltheologie.

2.4 Zentral in der *Transzendentalen Methodenlehre* ist besonders das Hauptstück der *Architektonik der reinen Vernunft* (KrV A 832–851 / B 860–879), denn in ihr wird die Thematik des →Systems abgehandelt, das für die ursprüngliche Idee der Methodenlehre entscheidend war und den qualifizierenden Charakter einer Wissenschaft ausmacht: „die systematische Einheit" ist dasjenige, „was gemeine Erkenntniß allererst zur Wissenschaft [...] macht" (KrV A 832 / B 860). Also ist die Architektonik als „Kunst der Systeme" eben „die Lehre des Scientifischen in unserer Erkenntniß überhaupt, und sie gehört also notwendig zur Methodenlehre" (KrV A 832 / B 860). Die *Architektonik* enthält somit Kants metaphilosophische Theorie, die die Bedingungen und den Plan der kritischen Philosophie selbst darstellt. Der Begriff des Systems wird als „die Einheit der mannigfaltigen Erkenntnisse unter einer Idee" verstanden; die →Idee ist dabei „der Vernunftbegriff von der Form eines Ganzen, so fern durch denselben der Umfang des Mannigfaltigen sowohl, als die Stelle der Theile untereinander a priori bestimmt wird" (KrV A 832 / B 860). Die Idee übt die Funktion eines Plans aus, der den Aufbau der Wissenschaft leitet, indem sie dem Ganzen der Erkenntnisse die Einheit eines

→Zwecks („einem einigen obersten und inneren Zwecke, der das Ganze allererst möglich macht", KrV A 833 / B 861) verleiht. Die Idee kann in diesem Sinn wirken, auch wenn sie nicht klar erfasst ist und in der Vernunft „wie ein Keim [...] verborgen" (KrV A 834 / B 862) liegt. Entsprechend dieser Auffassung der eigentlichen Wissenschaft als eines Systems von Erkenntnissen wird dann die systematische Gliederung der Philosophie entworfen, in der sich die →Metaphysik (die auch die →Kritik enthält) in →Metaphysik der Natur und →Metaphysik der Sitten einteilt, wobei beide letztendlich auf die Weisheit bezogen bleiben. Kant fasst zusammen: „Metaphysik also sowohl der Natur, als der Sitten, vornehmlich die Kritik der sich auf eigenen Flügeln wagenden Vernunft, welche *vorübend* (propädeutisch) vorhergeht, machen eigentlich allein dasjenige aus, was wir im ächten Verstande Philosophie nennen können. Diese bezieht alles auf Weisheit aber durch den Weg der Wissenschaft, den einzigen, der, wenn er einmal gebahnt ist, niemals verwächst und keine Verirrungen verstattet" (KrV A 850 / B 878). Hervorzuheben ist Kants Betonung der Tatsache, dass die Idee der Philosophie als „System aller philosophischen Erkenntnis" objektiv verstanden werden soll, d. h. als „Urbild der Beurtheilung aller Versuche zu philosophiren" (KrV A 838 / B 866). Eigentlicher Begriff der →Philosophie ist der „*Weltbegriff*". Er betrifft das, „was jedermann nothwendig interessirt" (KrV A 840 / B 868 Anm.). Höchster Zweck bzw. Endzweck dieses Interesses ist „die ganze Bestimmung des Menschen", und „die Philosophie über dieselbe heißt Moral" (KrV A 840 / B 868). Daraus lässt sich Kants These ableiten, dass die systematische Einheit nicht bloß Einheit der Erkenntnisse, sondern eine „Einheit aus dem Standpunkte der Zwecke" (KrV A 840 / B 868) ist: „In dieser Absicht ist Philosophie die Wissenschaft von der Beziehung aller Erkenntniß auf die wesentlichen Zwecke der menschlichen Vernunft (teleologia rationis humanae), und der Philosoph ist nicht ein Vernunftkünstler, sondern der Gesetzgeber der menschlichen Vernunft" (KrV A 839 / B 867). So wird in der transzendentalen Methodenlehre die „*logische* Vollkommenheit der Erkenntniß", die der traditionelle Gegenstand einer Methodenlehre ist und dem „*Schulbegriff*" der Philosophie vorbehalten ist, zugunsten des „*Weltbegriff[s]*" (KrV A 838 / B 866) der Philosophie und einer alle theoretische Erkenntnis übersteigenden Vollkommenheit im Blick auf den Endzweck der menschlichen Vernunft überwunden.

2.5 Zur *Transzendentalen Methodenlehre* gehört als viertes Hauptstück die *Geschichte der reinen Vernunft* (KrV A 852–856 / B 880–884). Darin will Kant „einen flüchtigen Blick" auf die bisherige Philosophie werfen (die systematische Stelle, die den Titel „*Geschichte der reinen Vernunft*" bezeichnet, soll nämlich „künftig ausgefüllt werden"), dies aber aus einem „bloß transscendentalen Gesichtspunkte" (KrV A 852 / B 880). So unterteilt er die Vernunfterkenntnisse in Ansehung des Gegenstandes oder des Ursprungs derselben oder in Ansehung der Methode. Diese kann eine „*naturalistische*" oder eine „*scientifische*" sein: diejenigen, die der szientifischen folgen, „haben [...] die Wahl, entweder *dogmatisch* oder *sceptisch*, in allen Fällen aber doch die Verbindlichkeit, *systematisch* zu verfahren" (KrV A 855f. / B 883f.).

Weiterführende Literatur

Conrad, Elfriede: Kants Logikvorlesungen als neuer Schlüssel zur Architektonik der Kritik der reinen Vernunft. Die Ausarbeitung der Gliederungsentwürfe in den Logikvorlesungen als Auseinandersetzung mit der Tradition, Stuttgart: Frommann-Holzboog 1994, insbes. 75–100.

Fichant, Michel: „Du Discours de la méthode à la Methodenlehre", in: Descartes en Kant, hg. von Michel Fichant und Jean-Luc Marion, Paris 2006, 29–37.

La Rocca, Claudio: „Istruzioni per costruire. La Dottrina del metodo della prima Critica", in: ders., Soggetto e mondo. Studi su Kant, Venezia: Marsilio 2003, 183–215.

Marty, François: „La méthodologie transcendantale, deuxième partie de la Critique de la raison pure", in: Revue de métaphysique et de morale 80, 1975, 11–31.

Mohr, Georg / Willaschek, Marcus (Hg.): Immanuel Kant. Kritik der reinen Vernunft, Berlin: Akademie 1998, insbes. 547–645.

Wolff-Metternich, Brigitta-Sophia von: Die Überwindung des mathematischen Erkenntnisideals. Kants Grenzbestimmung von Mathematik und Philosophie, Berlin u. a.: de Gruyter 1995.

Claudio La Rocca

Modalität

Der Terminus ‚Modalität' erscheint bei Kant zuerst als vierter „Titel" in der Tafel der Urteile (KrV B 95) und betrifft mit der Differenzierung in problematische, assertorische und apodiktische Urteile den Grad der Entschiedenheit (des „Bejahen[s] oder Verneinen[s]", KrV B 100) eines Urteils. Gemäß dem Leitfadengedanken überträgt sich der Titel dann auf die → Kategorien, → Schemata und Grundsätze der Modalität und bestimmt, wie die anderen drei Titel, auch die entsprechende Architektonik in den *MAN*, der *KpV*, und der *KU*.

Philosophische Funktion

1 Modalität der Urteile

Den Begriff der Modalität zeichnet Kant durch eine Entgegensetzung zu den anderen drei Titeln der Urteilstafel aus: „Die Modalität der Urtheile ist eine ganz besondere Function derselben, die das Unterscheidende an sich hat, daß sie nichts zum Inhalte des Urtheils beiträgt [...], sondern nur den Werth der Copula in Beziehung auf das Denken überhaupt angeht" (KrV B 100). Nach der Analyse M. Wolffs (*Die Vollständigkeit*, S. 148) ist die Modalität „als logische Form zweiter Stufe anzusehen". Die drei Urteilsformen werden von Kant durch ihren Gebrauch in Urteilszusammenhängen exemplifiziert, die problematische durch die nicht selbständig behaupteten Glieder der hypothetischen und disjunktiven Urteile (vgl. KrV B 100), die assertorische durch den „von logischer Wirklichkeit oder Wahrheit" sprechenden Untersatz des hypothetischen Vernunftschlusses; der apodiktische Satz schließlich denke sich den assertorischen „durch diese Gesetze des Verstandes selbst bestimmt und daher *a priori* behauptend" (KrV B 101). Daraus, dass bei dieser Stufung der Urteilsentscheidung „hier alles sich gradweise dem Verstande einverleibt", folgert Kant, man könne „diese drei Functionen der Modalität auch so viel Momente des Denkens überhaupt nennen" (KrV B 101).

2 Kategorien, Schemata und Grundsätze der Modalität

2.1 In der Kategorientafel werden die Modalitätskategorien als Gegensatzpaare aufgezählt: „*Möglichkeit* – Unmöglichkeit; *Dasein* – Nichtsein; *Notwendigkeit* – Zufälligkeit" (KrV B 106); (statt von „Dasein" heißt es beim entsprechenden Schema (vgl. KrV 184) und Postulat in den Hauptformulierungen „Wirklichkeit" (vgl. KrV B 266; KrV B 272, allerdings im Wechsel mit „Dasein", vgl. KrV B 272). In der Erläuterung der Kategorien ordnet Kant den „Prädicamenten der Modalität" die „Prädicabilien [...] des Entstehens, Vergehens, der Veränderung" unter (vgl. KrV B 108).

Ganz analog zu der Sonderstellung der modalen Urteilsfunktionen hebt Kant diejenige der Modalkategorien zu Anfang der Erläuterung der Modalgrundsätze hervor: „Die Kategorien der Modalität haben das Besondere an sich: daß sie den Begriff, dem sie als Prädicate beigefügt werden, als Bestimmung des Objects nicht im mindesten vermehren, sondern nur das Verhältniß zum Erkenntnißvermögen ausdrücken. Wenn der Begriff eines Dinges schon ganz vollständig ist, so kann ich doch noch von diesem Gegenstande fragen, ob er bloß möglich oder auch wirklich, oder, wenn er das letztere ist, ob er gar auch nothwendig sei?" (KrV B 266).

Das Schematismuskapitel nennt als Gesichtspunkt der Modalität die Antwort auf die Frage, *ob und wie der Gegenstand zur Zeit gehöre*, insofern „das Schema der Modalität und ihrer Kategorien die Zeit selbst als das Correlatum der Bestimmung eines Gegenstandes, ob und wie er zur Zeit gehöre, enthalte und vorstellig mache" (KrV B 184).

2.2 Aus der erwähnten Sonderstellung der Modalkategorien leitet Kant die der Modalgrundsätze, der „*Postulate des empirischen Denkens überhaupt*" (KrV B 265) ab: „Eben um deswillen sind auch die Grundsätze der Modalität nichts weiter, als Erklärungen der Begriffe der Möglichkeit, Wirklichkeit und Nothwendigkeit in ihrem empirischen Gebrauche und hiemit zugleich Restrictionen aller Kategorien auf den bloß empirischen Gebrauch, ohne den transscendentalen zuzulassen und zu erlauben" (KrV B 266f.). Der erste Teil dieser Charakterisierung weist wohl auf die spätere Erläuterung des Postulat-Begriffs voraus, der letzte wird durch einen Hinweis auf die Differenz zwischen bloß logischem und gegenstandsbezogenem Gebrauch begründet: „Denn wenn diese nicht eine bloß logische Bedeutung haben und die Form des *Denkens* analytisch ausdrücken sollen, sondern *Dinge* und deren Möglichkeit, Wirklichkeit oder Nothwendigkeit betreffen sollen, so müssen sie auf die mögliche Erfahrung und deren synthetische Einheit gehen, in welcher allein Gegenstände der Erkenntniß gegeben werden" (KrV B 267).

Als Postulate und damit zugleich als *unbeweisbare Sätze* bezeichnet Kant die Modalitätsgrundsätze in Anlehnung an einen mathematischen Wortgebrauch, wonach „der praktische Satz, der nichts als die Synthesis enthält, wodurch wir einen Gegenstand uns zuerst geben und dessen Begriff erzeugen" (KrV B 287), also eine Konstruktionsanweisung etwa für einen Kreis, so genannt werde. Ein solcher Satz könne „darum nicht bewiesen werden, weil das Verfahren, was er fordert, gerade das ist, wodurch wir den Begriff von einer solchen Figur zuerst erzeugen" (KrV B 287).

2.3 In der Literatur wurde darauf hingewiesen, dass das Möglichkeitspostulat nicht, wie die zugehörigen Prädikabilien und das betreffende Schema nahelegen, auf mögliche Gegenstandszustände nach empirischen Gesetzen Bezug nimmt, sondern nur auf die Bedingungen a priori der Möglichkeit der Erfahrung; des Weiteren, dass das Notwendigkeitsschema nicht, wie das Schema nahelegt, auf die zu aller Zeit gesetzlichen Verhältnisse, sondern nur auf die schon im Kausalprinzip festgehaltene hypothetische Notwendigkeit der Wirkung eingeht. Grünewald vertritt im Anschluss an solche Beobachtungen und nach einem Vergleich mit den modaltheoretischen Lehrsätzen der *MAN* (*Grünewald, Modalität*, S. 9ff.; S. 18ff.) die These, dass die „*Postulate*" statt mit echten Modalkategorien mit „modalen Reflexionsbegriffen" operieren (*Modalität*, S. 84–92) und daher einer Reformulierung bedürfen (*Modalität*, S. 97–151; dagegen Hoffmann, *Die absolute Form*, S. 268; Wingendorf, *Kritische Modalphilosophie*, 269–301).

3 Modalität der Bewegung: Phänomenologie der MAN

Das vierte Hauptstück der *MAN* wendet die Modalkategorien auf den Begriff der →Bewegung als das Grundprädikat der Materie an und müsste damit, gemäß der *Vorrede*, der Transzendentalphilosophie den „unentbehrlichen Dienst" tun, den Modal-Kategorien und -Grundsätzen „Sinn und Bedeutung unterzulegen" (4:478). Phänomenologie, im kantischen Sprachgebrauch, ist die Lehre von den subjektiven (Bewegungs-)Erscheinungen, insofern sie durch objektiv gültige Urteile in Erfahrung zu überführen sind (vgl. 4:555). Diese objektive Bestimmung der Bewegungserscheinungen erfolgt durch eine in drei verschiedenen Formen vorkommende Entscheidung zwischen den Prädikaten ‚ist bewegt' und ‚ist nicht bewegt (in Ruhe)'.

Vergleicht man die Lehrsätze der Phänomenologie mit den Modalgrundsätzen der *KrV*, so fällt auf, dass sie nicht beide dasselbe System von Modalbegriffen verwenden. Während das erste Postulat den weitesten Begriff der Möglichkeit benutzt, der das Wirkliche und das Notwendige mitumfasst, benutzt der erste Lehrsatz der Phänomenologie den Begriff des ‚bloß Möglichen', der gegenüber dem Wirklichen und dem Notwendigen disjunkt ist; der Notwendigkeitsbegriff des dritten Lehrsatzes wiederum ist der einer zwar relationalen, aber gesetzlichen Notwendigkeit, nicht der einer bloß hypothetischen Notwendigkeit.

4 Modalität in der KpV und der KU

In der „*Tafel der Kategorien der Freiheit*" zählt Kant „Das Erlaubte und Unerlaubte", „Die Pflicht und das Pflichtwidrige" und „Vollkommene und unvollkommene Pflicht" als Kategorien der Modalität auf (5:66). Insofern die Kategorien der Freiheit sich zunächst nur auf die „Naturmöglichkeit" der Handlungen aus Freiheit beziehen, leiten die Modalkategorien, allerdings „nur problematisch" (solange nämlich das moralische Gesetz noch nicht „dogmatisch dargestellt" ist) „den Übergang von praktischen Principien überhaupt zu denen der Sittlichkeit" ein (5:67).

Die Analytik des Schönen in der *KU* definiert das Schöne gemäß dem Moment der Modalität – in Abgrenzung von der *möglichen* Lust an jeder beliebigen Vorstellung und der *wirklichen* Lust am Angenehmen – als das, „was ohne Begriff als Gegenstand eines *nothwendigen* Wohlgefallens erkannt wird" (5:236; vgl. 5:240). – Die „Modalität der ästhetischen Urteile" über das Erhabene besteht entsprechend darin, dass wir unter der „subjektiven Voraussetzung [...] des moralischen Gefühls im Menschen" dem „ästhetischen Urtheile Nothwendigkeit beilegen" (vgl. 5:266).

Weiterführende Literatur

Grünewald, Bernward: „Modale Gegenstandsbestimmung und modale Reflexion bei Kant. Versuch einer Korrektur, mit Hinweisen auf modaltheoretische Überlegungen Fichtes", in: Mues,

Albert (Hg.): Transzendentalphilosophie als System. Die Auseinandersetzung zwischen 1794 und 1806, Hamburg: Meiner 1989, 41–57.

Grünewald, Bernward: Modalität und empirisches Denken. Eine kritische Auseinandersetzung mit der Kantischen Modaltheorie, Hamburg: Meiner 1986.

Hoffmann, Thomas Sören: Die absolute Form. Modalität, Individualität und das Prinzip der Philosophie nach Kant und Hegel, Berlin u. a.: de Gruyter 1991.

Menne, A.: „Modalität (des Urteils)" in: Ritter, Joachim / Günter, Karlfried / Gabriel, Gottfried (Hg.): Historisches Wörterbuch der Philosophie, Bd. 6, Darmstadt: Wissenschaftliche Buchgesellschaft 1984, 12–16.

Motta, Giuseppe: Die Postulate des empirischen Denkens überhaupt. KrV A 218–235 / B 265–287. Ein kritischer Kommentar, Berlin u. a.: de Gruyter 2012.

Poser, Hans: „Die Stufen der Modalität. Kants System der Modalbegriffe", in: Weinke, K. (Hg.): Logik, Ethik und Sprache, Fs. für R. Freundlich, Wien u. a.: Oldenbourg 1981, 195–212.

Specht, Reiner: „Modalität", in: Ritter, Joachim / Günter, Karlfried / Gabriel, Gottfried (Hg.): Historisches Wörterbuch der Philosophie, Bd. 6, Darmstadt: Wissenschaftliche Buchgesellschaft 1984, 9–12.

Vuillemin, Jules: „La théorie kantienne des modalités", in: Funke, Gerhard (Hg.): Akten des 5. Internationalen Kant-Kongresses, Mainz 4.–8. April 1981, Teil II: Vorträge, Bonn: Bouvier 1982, 149–167.

Wingendorf, Ralf: Kritische Modalphilosophie. Möglichkeit, Wirklichkeit und Notwendigkeit in der Kritik der reinen Vernunft, elektronisch publiziert unter: http://nbn-resolving.de/urn/resolver.pl?urn=urn:nbn:de:hbz:385-2833.

Wolff, Michael: Die Vollständigkeit der kantischen Urteilstafel, Frankfurt/M.: Klostermann 1995.

Bernward Grünewald

Möglichkeit

In der *KrV* stellen Möglichkeit und Unmöglichkeit die modalen →Kategorien dar, die der Verstandeshandlung in einem problematischen Urteil entsprechen. Im Unterschied zur modernen Behandlung der Modalitäten ist Kant offenbar nicht der Ansicht, man könne die Möglichkeit über die Negation in die →Notwendigkeit umwandeln, denn in seiner Kategorientafel stehen Möglichkeit und Notwendigkeit für verschiedenartige Urbegriffe. Kant unterscheidet verschiedene Arten der Möglichkeit, wie zum Beispiel: transzendentale, absolute, praktische, physische und, für sein Unternehmen besonders wichtig, logische und reale Möglichkeit. Bei der Ausformulierung seines kritischen Projekts im Rahmen der Erkenntnistheorie spielt die Kategorie der Möglichkeit für Kant eine ziemlich bedeutende Rolle, geht es doch hier um die Eingrenzung der legitimen Gegenstände theoretischer →Erkenntnis. Mit der Erläuterung des Begriffs der Möglichkeit in seinem empirischen Gebrauch glaubt Kant eine grundsätzliche Grenzziehung hinsichtlich aller möglichen Erfahrung, das heißt: alles Erfahrbaren, vorgenommen zu haben. Diese Grenzziehung erfolgt durch die Charakterisierung der möglichen Erkenntnisgegenstände und ihrer Begriffe, d. h. indem besonders die Grundbestandteile der Erkenntnis betrachtet werden. Kant formuliert das erste →Postulat des empirischen Denkens überhaupt als eine hinreichende Bedingung für die Möglichkeit der Dinge: „Was mit den formalen Bedingungen der Erfahrung (der Anschauung und den Begriffen nach) übereinkommt, ist *möglich*" (KrV A 218 / B 265). Diese Bedingung für die Möglichkeit ergibt sich aus ihrem →Schema, das „die Zusammenstimmung der Synthesis verschiedener Vorstellungen mit den Bedingungen der Zeit überhaupt [...] also die Bestimmung der Vorstellung eines Dinges zu irgend einer Zeit" ist (KrV A 144 / B 184). Weitere wichtige Stellen: 1:395; 2:83–87; 2:413; 2:769; KrV A 74f. / B 100f.; KrV A 144 / B 184; KrV A 218–224 / B 265–272; KrV A 310 / B 367; KrV A 575–582 / B 603–610; 5:134ff.; 5:172; 5:351; 5:401ff.; 5:434; 5:467f.; 9:108f.; 24:89ff.; 24:278; 24:766; 24:935.

Philosophische Funktion

Kants Interesse am Begriff der Möglichkeit entspringt verschiedenen, miteinander verwandten philosophischen Anliegen. An erster Stelle steht dabei das ontologische Argument für die Existenz →Gottes, zu dem Kant in seinen vorkritischen Schriften eine Alternative im Stile rationalistischer Metaphysiker formuliert. Kant argumentiert in diesem Zusammenhang zwar, dass aus der logischen Möglichkeit des Begriffs Gottes weder die reale Möglichkeit noch die Existenz Gottes folge, er glaubt aber, dass man ein anderes Argument für die Existenz Gottes vorbringen könne, indem man nach dem „ersten Realgrund" aller Möglichkeit überhaupt forscht (1:395; vgl. 2:78–90). Er deutet hier an, dass gerade aus der Fähigkeit zu entscheiden, ob Begriffe konsistent miteinander verbunden werden können, die Existenz eines Wesens folge, das an sich alle möglichen →Realitäten offenbart. Auch für das Verständnis von Leibniz' Behauptung über die beste aller möglichen Welten, der sich Kant im Essay über den *Optimismus* anschließt, ist der Begriff der Möglichkeit wesentlich.

Kants Auffassung vom Begriff der Möglichkeit leitet sich auch noch von einer anderen wichtigen Fragestellung her, die nach und nach ins Zentrum seiner Philosophie rückt, nämlich die nach den Grenzen menschlicher Erkenntnis. Sie taucht in den *Träumen* auf, wenn er zum Beispiel nach „der vermutheten Möglichkeit immaterieller Wesen in dem Weltganzen" fragt (2:324). In der Naturphilosophie richtet Kant sein Augenmerk auf die vielfältigen, zur Erklärung von Phänomenen erfundenen →Kräfte und Vermögen, die sich bei näherer Untersuchung als reine Phantasiegebilde herausstellen, die man vielleicht mit Hilfe widerspruchsfreier Begriffe beschreiben kann, die aber darum noch nicht möglich sind (vgl. 2:416). Die von solchen Begriffen „falso confictarum" (2:416) verursachte Täuschung muss unterschieden werden von der Einsicht, die durch andere Begriffe hervorgerufen wird, wie etwa denen der newtonschen Mechanik, wobei jedoch vielleicht keiner der hier zu subsumierenden Fälle durch empirische Anschauung vorgestellt werden kann.

1 Logische versus reale Möglichkeit

In seinen vorkritischen ebenso wie in seinen kritischen Schriften unterscheidet Kant zwischen logischer und realer Möglichkeit und warnt „von der Möglichkeit der Begriffe (logische) nicht sofort auf die Möglichkeit der Dinge (reale) zu schließen" (KrV A 596 Anm. / B 624 Anm.; vgl. KrV A 244 / B 302). Kant unterscheidet hier nicht einfach zwischen einer Prädikation der Möglichkeit, die auf *Begriffe* und einer die auf *Dinge* zutrifft, denn dieselbe Unterscheidung trifft Kant ebenso bei Begriffen, auch wenn er ihnen im allgemeinen „objective Realität" zuschreibt, um die reale Möglichkeit zu bezeichnen (KrV A 220 / B 268). Nach Kant ist ein →Begriff logisch möglich, wenn er widerspruchsfrei ist. Dass kein Widerspruch vorhanden ist, was er auch als das „analytische Merkmal der Möglichkeit" (KrV A 602 / B 630) oder „das Formale der Möglichkeit" oder „das Logische in der Möglichkeit" bezeichnet (2:77f.), erläutert Kant an zusammengesetzten Begriffen, wie etwa dem einer Figur, die von zwei geraden Linien eingeschlossen ist (vgl. KrV A 220 / B 268). Die Merkmale dieses Begriffs bestehen Kants Analyse zufolge aus der Liste (Figur, Zusammenstoßung zweier gerader Linien), in der offenbar keine widersprüchlichen Prädikate enthalten sind. Ebenso sind ‚Triangel', ‚rechter Winkel' und ‚feuriger Körper' widerspruchsfrei (vgl. 2:77; 2:80). Mit dieser Analyse sind zwei größere Probleme verbunden: Erstens lässt sich Kant zufolge nicht jeder Begriff auf die angegebene Weise in Unterbegriffe (seine Intension) zergliedern; z. B. können die Kategorien als Urbegriffe diesem Test nicht unterzogen werden. Kant mag vielleicht zugeben, dass jeder Urbegriff logisch möglich ist, doch abgesehen von den Kategorien liefert er kein Entscheidungskriterium für die Ursprünglichkeit von Begriffen. Zweitens, außer in Kontexten, in denen ein Begriff offensichtlich die Prädikats-Negation oder das konträre Gegenteil eines anderen Begriffs ist, z. B. in Kontexten, in denen zur Intension eines Begriffs (C, non-C) gehören, ist überhaupt nicht klar, wie sich durch reine Begriffsanalyse „logische[] Repugnanz" (2:172) feststellen lässt. Kant ist sich bewusst, dass die Suche nach einem Gegenstand, der alle Merkmale eines Begriffs in sich vereint, rein logische Erwägungen übersteigt und durch den Verstand allein nicht bewältigt werden kann (vgl. 2:81). Trotz dieser Probleme ist die logische Möglichkeit für Kant ein notwendiges Kriterium, um die Grenzen verständlicher Rede, die vielleicht trotzdem leere Gedanken oder unmögliche Dinge kodifiziert, zu kennzeichnen.

Obwohl es zwischen den Erklärungen der realen Möglichkeit in den vorkritischen und den kritischen Schriften Kants erhebliche Unterschiede gibt, ist ihnen dennoch die Behauptung gemeinsam, dass sich die reale Möglichkeit nicht allein durch Begriffsanalyse verstehen lasse, und dass man eine materielle Grundlage brauche – ein „Materiale" oder „*Datum*" – um diesbezügliche Behauptungen zu stützen oder einzuschränken

(1:395; vgl. 2:78; 2:83; KrV A 581 / B 609). Dieses ontologische Kriterium wendet Kant in seinen kritischen Schriften in ein erkenntnistheoretisches. Wie aus den übrigen Modalbegriffen lassen sich auch aus der Möglichkeit Grundsätze entwickeln, die „zu dem Begriffe eines Dinges (Realen), von dem sie sonst nichts sagen, die Erkenntnißkraft hinzu[fügen], worin er entspringt und seinen Sitz hat“ (KrV A 234 / B 286; vgl. 5:401f.). Zwar merkt Kant einmal an, dass es bei problematischen Urteilen so sei, „als wenn das Denken [...] eine Funktion des *Verstandes* [...] wäre“ (KrV A 75 Anm. / B 100 Anm.), doch bestimmt er diese Arbeitsteilung unter den Geistesvermögen näher, indem er erklärt, über die reale Möglichkeit von → Begriffen werde dadurch entschieden, dass man analysiert, wie sich ein Objekt zum → Verstande und dessen empirischen Gebrauche verhalte (vgl. KrV A 219 / B 266; vgl. *De Mundi*, § 26, 2:413). Das Sinnesvermögen stellt sich als für diese Analyse entscheidend heraus, weil, wie Kant sagt, „die Möglichkeit eines Dinges niemals bloß aus dem Nichtwidersprechen eines Begriffs desselben, sondern nur dadurch, daß man diesen durch eine ihm correspondirende Anschauung belegt, bewiesen werden [kann]“ (KrV B 308). Die ‚transzendentale Möglichkeit‘, wenn Kant etwa von „der transsccendentalen Möglichkeit der *Dinge* (da dem Begriff ein Gegenstand correspondirt)“ spricht, lässt sich als reale Möglichkeit wiedergeben, die *a priori* erkennbar ist (KrV A 244 / B 302; vgl. KrV A 610 / B 638).

Es ist nicht klar, was ‚einen Begriff durch eine Anschauung belegen‘ besagen soll. Sollte man, um einen Begriff durch eine → Anschauung belegen zu können, die Anschauungen besitzen, die vom Schema dieses Begriffs verlangt werden? Kant gibt zu verstehen, dass ein empirischer Begriff, insbesondere ein „gedichtete[r]“ (KrV A 222 / B 269), nur dann als real möglich beurteilt werden kann, wenn es für ihn einen empirischen Gegenstand als Beispiel gibt: „Wenn man sich aber gar neue Begriffe von Substanzen, von Kräften, von Wechselwirkungen, aus dem Stoffe, den uns die Wahrnehmung darbietet, machen wollte, ohne von der Erfahrung selbst das Beispiel ihrer Verknüpfung zu entlehnen: so würde man in lauter Hirngespinste geraten, deren Möglichkeit ganz und gar kein Kennzeichen für sich hat [...] Dergleichen gedichtete Begriffe können den Charakter ihrer Möglichkeit nicht so, wie die Kategorien, *a priori*, [...], sondern nur *a posteriori*, als solche, die durch die Erfahrung selbst gegeben werden, bekommen, und ihre Möglichkeit muß entweder *a posteriori* und empirisch, oder sie kann gar nicht erkannt werden“ (KrV A 222 / B 269f.; vgl. KrV A 729 / B 757; 24:90f.; 24:889). Damit schließt Kant so etwas wie Wahrsagen, übersinnliche Wahrnehmung oder immaterielle Substanzen aus dem Bereich des (real) Möglichen aus, weil unsere Art von → Sinnlichkeit nichts liefern kann, das ihrer Beschreibung entspräche (vgl. KrV A 222 / B 270; 5:467f.). Dass die → Wahrnehmung Beispiele liefert, mag zwar hinreichend sein, sollte jedoch noch keine notwendige Bedingung sein, um die reale Möglichkeit eines Begriffs zu erweisen, da nicht einmal der Bereich des Wirklichen von Kant auf das eingeschränkt wird, was sich unmittelbar wahrnehmen lässt (vgl. KrV A 226 / B 273). Somit sollte man die reale Möglichkeit eines erdichteten Begriffs, auch wenn es für ihn keine unmittelbar wahrnehmbaren Beispiele gibt, zugestehen können, indem man zeigt, dass sie „auf Erfahrung und deren bekannte Gesetze gegründet werden kann“ (KrV A 223 / B 270).

Die reale Möglichkeit reiner Begriffe jedoch lässt sich nicht dadurch beweisen, dass man in der → Erfahrung nach Beispielen für sie sucht; denn ihre rechtmäßige Anwendbarkeit auf die Erfahrung ist, insofern als sie reine Begriffe sind, gerade fraglich. Warum die Kategorien objektiv real sind, dafür hat Kant ein Argument; das zumindest ist eine der vorherrschenden Interpretationen des Ziels der transzendentalen Deduktion der reinen Verstandesbegriffe (vgl. KrV A 221f. / B 269; KrV A 310 / B 367). Die objektive Realität mathematischer Begriffe wird eigens durch eine Untersuchung der Natur mathematischer Begriffe begründet (vgl. KrV A 713–738 / B 741–766). Aus dieser Analyse geht hervor, dass ein reiner Begriff durch eine reine Anschauung belegt werden kann, ehe man für ihn eine empirische Anschauung hat – die objektive Realität des Begriffs eines Triangels, zum Beispiel, ist unabhängig davon, ob wir in der Erfahrung auf einen Triangel stoßen oder nicht (vgl. KrV B 147; KrV A 223f. / B 271f.). Der Verzicht darauf, dass eine wirkliche empirische Anschauung vorliegen muss, um die Möglichkeit eines Begriffs zu bestimmen, steht nun besser mit Kants Behauptung in Einklang, dass der Bereich des

Möglichen durch eine Analyse des empirischen Verstandesgebrauchs bestimmt werden könne – eine Analyse, die lediglich die formalen Bedingungen der Erfahrung aufdecken kann, aber nicht ihre jeweilige Verfassung in einem bestimmten →Subjekt. Eine solche Analyse kann zwar zu dem Ergebnis führen, dass ursachenlose Geschehnisse oder diskontinuierliche Größen der Realität unmöglich sind, doch ist nicht klar, wie eine solche Analyse derart erweitert werden kann, dass sie, wie von Kant behauptet, die Möglichkeit eines Äthers oder der Zeitreise ausschließt (vgl. 5:467f.). Modern ausgedrückt heißt das: Kants allgemeine Entscheidungskriterien dafür, wann eine Kennzeichnung Bedeutung hat, sind nicht explizit. Ungeachtet der Schwierigkeiten in der Ausführung ist die Bestimmung realer Möglichkeiten ein entscheidender Bestandteil von Kants Projekt, das Gebiet des Erfahrbaren zu kartographieren, d. h. festzulegen, wie menschliche Diskursivität durch die menschliche Sinnlichkeit begrenzt werden sollte.

2 Kriterien der Möglichkeit

Obschon im ersten Postulat das Kriterium für die reale Möglichkeit von Gegenständen als hinreichende Bedingung formuliert wird, gibt Kant hier und da zu verstehen, dass dieses Kriterium auch eine notwendige Bedingung sei, zum Beispiel wenn er sagt, dass „die Möglichkeit der Dinge durch Begriffe *a priori* […] niemals aus solchen Begriffen für sich allein, sondern jederzeit nur als formale und objective Bedingungen einer Erfahrung überhaupt stattfinden können" (KrV A 223 / B 270f.; vgl. KrV A 224 / B 272). Allerdings gibt es auch Stellen, die etwas anderes nahe legen, zum Beispiel wenn Kant erklärt: „[E]ine Existenz außer diesem Felde [der Erfahrung] kann zwar nicht schlechterdings für unmöglich erklärt werden, sie ist aber eine Voraussetzung, die wir durch nichts rechtfertigen können" (KrV A 601 / B 629). Die Möglichkeit einer solchen Existenz, obwohl empirisch nicht zu rechtfertigen, kann also nicht allein auf Grund von epistemischen oder kognitiven Kriterien für die Möglichkeit ausgeschlossen werden, ohne damit gegen die Lehre des →transzendentalen Idealismus zu verstoßen.

Ob nun Kants Kriterium für die reale Möglichkeit hinreichend ist oder nicht, beinhaltet eine Reihe weiterer Fragen, die den Umfang der möglichen theoretischen Erkenntnis betreffen. Die erste Frage ist, ob es bloße *possibilia* gibt, d. h.: mögliche Gegenstände, die nicht wirklich sind. Im kantischen System ist das keine echte ontologische Frage, da Wirklichkeit, ebenso wie Möglichkeit, eine subjektive Kategorie ist, insofern als sie ontologisch neutral ist (vgl. KrV A 219 / B 266; KrV A 233 / B 286). Man würde eigentlich erwarten, dass Kant sagt, es könne bloße reale *possibilia* geben, weil es kontingent ist, ob jemand wirklich die Erfahrung eines möglichen Gegenstandes macht. Wohl erklärt Kant: „Die Sätze […]: daß Dinge möglich sein können, ohne wirklich zu sein, daß also aus der bloßen Möglichkeit auf die Wirklichkeit gar nicht geschlossen werde könne, gelten ganz richtig für die menschliche Vernunft, ohne darum zu beweisen, daß dieser Unterschied in den Dingen selbst liege" (5:402). Doch auf die Frage, „ob meine Wahrnehmungen zu mehr als einer möglichen Erfahrung (in ihrem allgemeinen Zusammenhange) gehören können", scheint seine Antwort negativ auszufallen (KrV A 230f. / B 283). Dies steht im Einklang mit einer deterministischen Naturauffassung, der zufolge die Momente oder Ausschnitte wirklicher Erfahrungen mit nur einer einzigen phänomenalen Weltgeschichte vereinbar sind. Das Schema der Möglichkeit lässt dieses Problem ungelöst, denn die Möglichkeit wird hier temporalisiert durch „die Zusammenstimmung der Synthesis verschiedener Vorstellungen mit den Bedingungen der Zeit überhaupt […], also die Bestimmung der Vorstellung eines Dinges zu irgend einer Zeit" (KrV A 144 / B 184). Dies legt die Vermutung nahe, dass Kant der alten Erklärung von Modalität im Sinne ‚temporaler Häufigkeit' verpflichtet ist, der zufolge das Mögliche manchmal wirklich ist.

Die zweite Frage ist die Umkehrung der ersten, nämlich ob Dinge existieren, die nicht real möglich sind. Während also jedes wirkliche Ding im kantischen System notwendigerweise eine reale Möglichkeit darstellt, muss dies nicht auch für jedes existierende Ding gelten, denn es gibt vielleicht Dinge, die wir uns nicht vorstellen können. Bei dieser Frage geht es insbesondere um die Perspektiven von denkenden Wesen mit anderen Formen der Sinnlichkeit oder einer ganz anderen geistigen Architektur – eine Möglichkeit, mit der Kant sich schwer tut (vgl. KrV A 230 / B 283; 4:350f.). Diese Frage ist aber von entscheidender Bedeutung, denn Kants Position gerade hinsichtlich der Existenz von →Freiheit, Unsterblichkeit und Gott, oder auch der „praktischen Möglichkeit" (im Unterschied zur „physischen Möglichkeit", 5:172) hängt an der möglichen Existenz von Dingen, die von Menschen nicht erkannt werden können (vgl. 2:414).

3 Arten der Möglichkeit

Bei der Beantwortung solcher Fragen wie den oben erwähnten sollte man nicht vergessen, dass Kant in seinen Schriften den Begriff der Möglichkeit mittels verschiedener Adjektive näher bestimmt, und wo er es nicht tut, gibt auch der Kontext nicht immer eindeutige Hinweise. Zwar geht es Kant in der *KrV* vor allem darum, eine Theorie der realen Möglichkeit zu entwickeln, doch verwendet er zu Unterscheidungszwecken neben der logischen Möglichkeit noch andere Arten der Möglichkeit. Eine davon ist der Begriff der ‚absoluten Möglichkeit', der dazu dient, die bedingte Natur der realen Möglichkeit hervorzuheben. Die absolute Möglichkeit wird nicht in Relation zu irgendeiner kognitiven Perspektive gesetzt, und daher ist auch nicht klar, ob sie unter die logische Möglichkeit subsumiert werden sollte oder nicht, denn letztere gilt nur für diskursive Vorstellungen. Kant schreibt: „In der That ist [...] die absolute Möglichkeit (die in aller Absicht gültig ist) kein bloßer Verstandesbegriff, und kann auf keinerlei Weise von empirischem Gebrauche sein, sondern er gehört allein der Vernunft zu, die über allen möglichen empirischen Verstandesgebrauch hinausgeht" (KrV A 232 / B 285). Offenbar steht auch dieser Begriff der Möglichkeit im Hintergrund, wenn Kant zwischen dem Erkennbaren und dem Möglichen der Dinge selbst unterscheidet: „[D]ie Frage, ob etwas ein erkennbares Wesen sei oder nicht, ist keine Frage, die die Möglichkeit der Dinge selbst, sondern unserer Erkenntniß derselben angeht" (5:467). In seinen Äußerungen über den besonderen Charakter der praktischen Philosophie unterscheidet Kant zwischen praktischer und physischer Möglichkeit, wobei er mit letzterer offenbar die reale Möglichkeit meint. Er schreibt: „Alles, was als durch einen Willen möglich (oder nothwendig) vorgestellt wird, heißt praktisch-möglich (oder nothwendig): zum Unterschiede von der physischen Möglichkeit oder Nothwendigkeit einer Wirkung, wozu die Ursache nicht durch Begriffe (sondern wie bei der leblosen Materie durch Mechanism und bei Thieren durch Instinct) zur Causalität bestimmt wird" (5:172). Und schließlich verlangt Kants berühmte Redewendung von der „möglichen Erfahrung" (KrV A 230f. / B 283), die sich auf jene Art von empirischer Erkenntnis bezieht, zu der wir oder uns kognitiv ähnliche Lebewesen fähig sind, nach einer weiteren Art der Möglichkeit, denn der Gegenstand, dessen Möglichkeit hier besonders betont wird, nämlich die Erkenntnis, kann nicht einfach als Sinnesgegenstand genommen werden, ohne dass man fälschlicherweise transzendentale und empirische Fragen vermengt. Kant betont daher nachdrücklich, dass die Bedingungen der Möglichkeit der Erfahrung – die ganz verschiedenartig sein können: ontologisch, epistemisch, kognitiv usw. – keineswegs bloß empirischer oder psychologischer Natur sind. Um für oder wider Behauptungen der Art ‚Ich kann im Prinzip wissen, ob P' oder ‚P kann von Menschen gewusst werden' argumentieren zu können, muss man mittels rationaler Reflexion untersuchen, was das menschliche Erkenntnisvermögen erwarten lässt, und sich dabei auf einen Begriff von Möglichkeit stützen, der sich aus der Fähigkeit der Vernunft zu philosophieren herleitet.

Weiterführende Literatur

Chignell, Andrew: „Kant, Real Possibility, and the Threat of Spinoza", in: Mind 121, 2012, 635–675.

Fisher, Mark / Watkins, Eric: „Kant on the Material Ground of Possibility: From The Only Possible Argument to the Critique of Pure Reason", in: The Review of Metaphysics 52, 1998, 369–395.

Guyer, Paul: „The Postulates of Empirical Thinking in General and the Refutation of Idealism", in: Mohr, Georg / Willaschek, Marcus (Hg.): Immanuel Kant. Kritik der reinen Vernunft, Berlin: Akademie 1998, 297–324.

Ottaviani, Osvaldo: „From ‚Possible Worlds' to ‚Possible Experience'. Real Possibility in Leibniz and Kant", in: Kant Yearbook 6, 2014, 65–86.

Berna Kilinc

(Übersetzung: Birger Brinkmeier)

Moral

Moral ist das System der verbindlichen Forderungen an das Verhalten. ‚Moral' heißt daher nach Kant „die Philosophie über" die „ganze Bestimmung des Menschen" (KrV A 840 / B 868). Unter Moral versteht Kant „nicht eigentlich die Lehre, wie wir uns glücklich *machen*, sondern wie wir der Glückseligkeit *würdig* werden sollen" (5:130; vgl. KrV A 806 / B 834). „[D]as alleinige Princip der Moral" ist das „Princip der Autonomie" (4:440). Auf dieser Grundlage entwickelt sich die Moral als „*System[] der Pflichten überhaupt*" (6:242; vgl. 6:239), das Ethik und Recht umfasst. Obwohl die Moral weder Religionsglauben noch theologische Grundlage voraussetzt, „führt [sie] unumgänglich zur Religion, wodurch sie sich zur Idee eines machthabenden moralischen Gesetzgebers außer dem Menschen erweitert" (6:6). Weitere wichtige Stellen: KrV B XXVIIIf.; KrV A 480 / B 508; KrV A 801 / B 829; 2:298ff.; 4:436 Anm.; 5:140; 6:3ff.; 6:239; 6:378; 6:487.

Vorgeschichte und historischer Kontext

Kants vorkritische Ethik beginnt in einer Auseinandersetzung mit Christian Wolff. Von ihm übernimmt er das übergeordnete formale Doppelprinzip: „Thue, was dich und deinen oder anderer Zustand vollkommener machet: unterlaß, was ihn unvollkommener machet" (Wolff, *Deutsche Ethik*, I.1, § 12). Gegen Wolff liege die kategorische Verbindlichkeit des moralischen Sollens aber weder im ontologischen Vervollkommnungsstreben der Natur der Dinge selbst, noch könne sie theonom begründet werden wie beim Wolff-Gegner Crusius.

Unter dem Einfluss der englisch-schottischen Gefühlsethik, vor allem von Shaftesbury, Hutcheson und Hume, misst Kant dem moralischen Gefühl (*moral sentiment / moral sense*), einen entscheidenden Stellenwert im moralischen Handeln bei und ordnet dem formalen das materiale Prinzip, die unerweislich einfache → Empfindung des Guten, unter.

Anhand von Reflexionen und Vorlesungskommentaren zum Kompendium der Moralphilosophie des Wolffianers Baumgarten, die *Initia philosophiae practicae primae* (1760), arbeitet Kant seine frühe Ethik beständig aus. Ab Mitte der 60er Jahre erfährt sie einen der stärksten Impulse durch die revolutionären pädagogischen, gesellschafts-, geschichts- und kulturphilosophischen Ideen Rousseaus, von denen Kant gesteht, dass sie ihn „zurecht gebracht" (20:44) haben. Statt den Menschen bloß nach seiner wissenschaftlichen Bildung zu schätzen – oder auch deren Mangel im Pöbel zu verachten, führt ihn Rousseau auf die dem Menschen ureigene → Würde, unabhängig von Rang und Stand (vgl. 2:217). Die Idee, als akademischer Lehrer Erzieher der Menschheit sein zu können und deren Rechte herzustellen, erwacht (Schmucker, *Ursprünge*, S. 202). Die Bestimmung des Menschen wird zur Zentralfrage der kantischen Philosophie. Rousseau bestärkt die moralische Bedeutung des Herzens, regt Reflexionen über das Mitleid an und äußert den für die Begründung der Moral zentralen Gedanken der menschlichen Freiheit als Grundwert und -wesen der menschlichen Natur. Außerdem beeinflusst Rousseau Kants Engagement für die Erziehungsanstalt in Dessau, das Philanthropin, durch die pädagogische Idee der negativen Erziehung (vgl. 2:447–452).

Systematisch reicher, wenngleich teils selektiv, teils verzerrt, wird der historisch-systematische Diskussionshorizont der kritischen Ethik in *GMS* und *KpV*. Paradigmatisch sei hier auf die ‚Tafel' der materialen Handlungsprinzipien in der *KpV* verwiesen (vgl. 5:40). Mit einer summarisch rigorosen Geste verabschiedet Kant als Vertreter des primär formalen Moralprinzips alle bisherige Moralphilosophie unter dem Vorwurf der unzureichenden bloß materialen Moralbegründung (vgl. 5:39f.; 4:432f.; → Heteronomie). Exemplarisch fallen darunter die antike Ethik Epikurs im Prinzip der physischen Lust und Glückseligkeit, die spätantike Ethik der Stoa im Prinzip der Vollkommenheit und Tugend und ihre Rezeption durch Wolff, ferner die frühneuzeitlich moralistische Ethik Montaignes im Prinzip der Erziehung, Crusius' Moraltheologie und Hutchesons *moral sense*, schließlich Mandeville mit dem Prinzip der bürgerlichen Verfassung. Aus heutiger Sicht wichtige und anspruchsvolle systematische Gegner werden verschwiegen: Da es „[v]on den alten griechischen Schulen [...] eigentlich nur zwei" gab – Epikur und die Stoa (5:111) – bleiben Platon und Aristoteles unerwähnt. Die Vertragsethiken der frühen Neuzeit arbeitet Kant namentlich erst spät in der Friedens- und Religionsphilosophie auf (vgl. 6:97; 8:348f.). Ebenso erst spät im Oeuvre, in der *MSR*, gibt Kant eine seiner bedeutendsten terminologischen Quellen an: in stoischem Vokabular wie →Wille, Würde, Autonomie, vor allem im Pflichtbegriff gibt Kant der ciceronischen Begriffstradition neue oder modifizierte Inhalte (vgl. 6:239; vgl. auch Kühn, *Kant and Cicero*). Ciceros *De officiis* rezipiert Kant schon als Schüler des Collegium Fridericianum und erneut 1783 in Garves Übersetzung in der Entstehungsphase der *GMS*. Ciceros Neologismus ‚*philosophia moralis*' als Übersetzung des griechischen ἠθική hat den Begriff der Moralphilosophie in die Philosophiegeschichte eingeführt (vgl. *De fato*, S. 1).

Philosophische Funktion

1 Moral in der Entwicklung von Kants Denken

In den *Beobachtungen* begründet Kant die Moral im moralischen Gefühl. „[W]ahre Tugend" ist „[i]n moralischen Eigenschaften [...] allein erhaben", während andere sittliche Qualitäten wie „ein warmes Gefühl des *Mitleidens*" (2:215) bloß →schön, liebenswürdig, manchmal gar „schwach und [...] blind" (2:215f.) sein können. Die Quelle einer moralischen →Handlung ist das „innigliche[] Gefühl für die Schönheit und Würde der menschlichen Natur" (2:219).

Eine systematische Untersuchung der ersten Prinzipien moralischen Handelns beginnt in *Beweisgrund* und in *Deutlichkeit* mit der Kritik am Wolffschen Begriff der →Vollkommenheit (vgl. 2:90) und an den „Grundsätze[n]" der Moral überhaupt (2:298). Man sei noch weit entfernt, „die zur Evidenz nöthige Deutlichkeit und Sicherheit der Grundbegriffe und Grundsätze" (2:298) geben zu können. Der frühe Kant lässt ab nun ein formales und ein materiales Prinzip der Moral zu. Das oberste Moralprinzip ist der „*formale Grund* aller Verbindlichkeit zu *handeln*": „Thue das Vollkommenste, was durch dich möglich ist". Das untergeordnete materiale Prinzip ist die „unerweislich[e]" einfache Empfindung: „dieses ist gut" (2:299).

Die *KrV* bezeichnet die Moral als entscheidendes Wesensmerkmal des →Menschen, bestimmt ihre führende Stellung im Gebäude der Philosophie und weist die Möglichkeit der Moral überhaupt aus der Freiheit nach (vgl. KrV B XXX). Kants anthropologische Fundamentalaussage der ersten Kritik ist, dass nicht wie bei Aristoteles in der *theoria*, der theoretischen Lebensweise, sondern in der moralischen Praxis die „ganze Bestimmung des Menschen" liege (KrV A 840 / B 868). Im Gebäude der Philosophie insgesamt wird die Moral zum Endzweck und höchsten Prinzip. „Die ganze Zurüstung also der Vernunft in der Bearbeitung, die man reine Philosophie nennen kann", ist „eigentlich nur aufs Moralische gestellt" (KrV A 800f. / B 828f.). Deshalb ist Moralphilosophie Moralteleologie (vgl. KrV A 801 / B 829; KrV A 840 / B 868). Eine weitere entscheidende Einsicht der *KrV* betrifft die Möglichkeit der Moral überhaupt. Kant beweist in der dritten Antinomie, dass sich neben der kausalen Determination der Natur widerspruchsfrei eine zweite →Kausalität der ‚transzendentalen' oder kosmologischen Freiheit denken lässt (vgl. KrV A 558 / B 586; vgl. 5:133). Aus der allgemeinen Möglichkeit einer nichtempirischen Spontanverursachung des Werdens im Kosmos überhaupt schließt Kant auf die spezifischere praktische Freiheit des Menschen, die aller moralischen Entscheidungsfähigkeit zugrunde liegt (vgl. KrV A 533 / B 561f.).

In der *GMS* greift Kant das schon in *KrV* erwähnte Projekt einer „*reine[n] Moral*" (KrV A 480 / B 508) wieder auf. In Abgrenzung gegen die empirisch praktische →Anthropologie, den zweiten Bereich innerhalb der Ethik, soll die *GMS* unter der Fragestellung: „[W]ie viel reine Vernunft" im Felde der Sitten „leisten könne" (4:388f.) die empiriefreien Anteile einer „reine[n] Moralphilosophie" (4:389) darstellen. Die Grundidee des →kategorischen Imperativs ist ein „Kanon der moralischen Beurtheilung" (4:424), ein Test oder Gedankenexperiment, das den moralischen Gehalt von →Maximen formal anhand ihrer Universalisierbarkeit prüft, aber auch zum entsprechenden Handeln auffordert. Führt die Universalisierung zur Selbstaufhebung der Maxime, ist sie nicht moralisch. Moral beruht auf Autonomie, der Selbstgesetzgebung eines Willens (vgl. 4:440), der nicht durch verschiedene sinnliche Reize stimuliert (heteronom, fremdbestimmt), sondern aus sich selbst, aus →reiner Vernunft praktisch wird. Im moralischen Wollen gibt sich die reine Vernunft das Gesetz des Handelns und übt es als rationaler Wille zugleich praktisch aus (→Autonomie). Der „eigentliche", moralische Begriff der „reine[n] *Vernunftreligion*" (6:12) liegt „nicht im Wissen oder Bekennen dessen, was Gott zu unserer Seligwerdung thue [...], sondern in dem, was wir thun müssen, um dessen würdig zu werden" (6:133). Grundsätzlich kehrt Kant wie schon in der *KpV* und *KrV* die christlich theologische Begründung der Moral in eine moralische Begründung der Theologie um: die Idee Gottes geht „aus der Moral hervor und ist nicht die Grundlage derselben" (6:5).

Kants kosmopolitischer Friedensentwurf fundiert friedenstaugliche nationale und internationale Verhältnisse dreifach in der „Zusammenstimmung der Politik mit der Moral" (8:385).

Die Moral der äußeren Rechtsordnung besteht in der Regelung der angeborenen äußeren Freiheitsansprüche aller Menschen, so, dass analog zum Universalisierungsprinzip im kategorischen Imperativ, das „Recht [...] der Inbegriff der Bedingungen [ist], unter denen die Willkür des einen mit der Willkür des andern nach einem allgemeinen Gesetze der Freiheit zusammen vereinigt werden kann" (6:230). Es kann äußerlich durch den Rechtsschutz im Staat erzwungen werden. Die Moral der angeborenen inneren Freiheit, der Tugend, liegt dagegen in der inneren „Stärke der Maxime" (6:394), mit der der Einzelne das aus dem Vernunftgrund moralisch Gebotene tut. Moralische Tugend wird nicht äußerlich erzwungen, sondern nur im „*Selbstzwang* nach (moralischen) Gesetzen" (6:381) bewahrt.

Während in *Religion* trotz der Rückführung der Religion auf die Moral die Moral dennoch „unumgänglich zur Religion" führt, weil wie in der *KpV* ein göttliches Wesen außerhalb der Menschheit postuliert wird (6:6), koinzidieren im *Op. post.* Ethik und Religion, die Postulatenlehre wird überflüssig: „*Religion ist Gewissenhaftigkeit* (mihi hoc religioni) [...] Bekenne dir selbst. Diese zu haben wird nicht der Begriff von Gott noch weniger das Postulat: ‚es ist ein Gott' gefordert" (21:81).

2 Kants Begründung der Moral

2.1 *Der Ursprung der moralischen Prinzipien* In der Frage nach der Herkunft und Gegebenheitsweise moralischer Prinzipien und Werte wehrt der kantische Ansatz verschiedene Positionen ab: Moralische Werte sind weder ewige Wahrheiten, die objektiv für sich selbst in einem Reich des Geistes, gleich der platonischen Idee des Guten unabhängig vom Menschen existieren, noch sind sie ein voluntaristisches Produkt des göttlichen Willens und existieren allein, weil Gott unumstößliche moralische Werte will, noch sind sie bloß menschliche Konvention. Mit der überzeitlich, transkulturell, geschlechtsunabhängig, kurz universal gültigen Imperativformel bestreitet Kant den Relativismus und die Skepsis gegen den objektiven Rang der Moral. Moralische Standards sind weder etwas Individuelles, noch sind sie kulturrelativ. Kant konzipiert seine kritische Moralphilosophie vor dem Hintergrund der ontologischen Zwei-Aspekten-These, die neben einer empirischen eine rationale Daseinskomponente anerkennt, den Menschen als Teilhaber beider Bereiche bestimmt und das oberste Moralprinzip der rationalen Sphäre zuordnet. Daher gilt, dass es die Sphäre der Moral für den Menschen, aber auch unabhängig von ihm, in rein rationalen Wesen, gibt.

2.2 *Kants Moralpsychologie: Egoismus und Altruismus* Die psychologische Basis aller Handlungen und moralischer Urteile liegt für Kant nicht im ausschließlich egoistischen Selbstinteresse des Menschen wie bei Hobbes. Zwar teilt Kant in einem gewissen Sinne einen psychologischen Hedonismus, für den die treibende Kraft hinter allen Handlungen Vergnügen und Lust ist. Aber er verneint, dass Vergnügen und Lust den einzigen und ausschlaggebenden, primären Handlungsimpuls bilden. Prinzipien der →Glückseligkeit sind für Kant immer empirisch. Ihnen übergeordnet ist die menschliche Vernunft, die gegen materiale Antriebe ein formales Gesetz richtigen Handelns aufstellt.

Statt des psychologischen Altruismus der Tradition, der moralische Handlungen wie bei Joseph Butler durch das Gefühl des Wohlwollens gegen andere motiviert, impliziert die Universalität des praktischen Gesetzes die Gleichheit aller Menschen und Toleranz gegen nationale und individuelle Verschiedenheit, die stärker als das altruistische Gefühl des Wohlwollens fordert, dass der andere selbst dann in die moralische Überlegung mit eingeschlossen werden muss, wenn man Abneigung oder Hass gegen ihn hegt. Kants Altruismus ist rational, nicht emotional begründet.

Gegen Humes antirationalistische Begründung der Moral aus dem Gefühl, in der die Vernunft allenfalls „the slave of the passions" sein kann (Hume, *Treatise*, 2.3.3), basiert Kants Grundlegung der Moral primär auf einem singulären Kriterium der reinen praktischen Vernunft, der Universalisierungsregel, die die Verallgemeinerbarkeit der Handlungsvorsätze prüft. Obwohl →Gefühle und Begehren immer am Handlungsgeschehen beteiligt sind, fällt die eigentlich moralische Entscheidung auf der Grundlage des Vernunftgesetzes. Die Gefühlswelt ist dabei differenzierter als es zunächst scheint: einige Gefühle qualifizieren sich zu Tugenden (*Beobachtungen*, *MST*), außerdem beschreibt Kant das der Tradition bislang unbekannte apriorische und rationale Gefühl der Achtung (vgl. 4:401 Anm.; 5:71–89).

3 Kants normative Moraltheorie

Während Naturalisierungsversuche der Moral eine vom Naturdeterminismus verschiedene Eigengesetzlichkeit des Moralischen leugnen und Handlungen wie naturgesetzliches Geschehen deskriptiv darstellen, behaupten normative Moraltheorien ein Prinzip oder eine Reihe von Prinzipien, die einen moralischen Standard für richtiges und falsches Verhalten vorschreiben und in normativer Sprache dargestellt werden.

Vor dem Hintergrund der drei klassischen Varianten normativer Moraltheorien, der Tugendethik mit dem höchsten Prinzip der Glückseligkeit bzw. Tugend, der Pflichtenethik mit dem höchsten Prinzip der →Pflicht bzw. Freiheit und des Konsequentialismus mit dem Leitprinzip der besten Folgen, wird die kantische Position hauptsächlich der Pflichtenethik zugeordnet, obgleich sie auch typisch tugendethische Züge enthält und konsequentialistische Verhaltensweisen benennt, die sich allerdings nicht für den Bereich des Moralischen qualifizieren.

3.1 *Kants Tugendethik* Klassische Vertreter der Tugendethik wie Platon mit den vier Kardinaltugenden der Weisheit, Tapferkeit, Besonnenheit und Klugheit, Aristoteles mit der Unterscheidung dianoetischer und ethischer Tugenden und das christliche Mittelalter mit den drei zusätzlichen Tugenden Glaube, Liebe, Hoffnung begründen die Moral aus dem Verlangen nach Glück (*eudaimonia*, *beatitudo*, *felicitas*) und aus der Vernunftnatur des Menschen mit dem Zusammenspiel von Charakter- und Verhaltenstugenden. Die (eudaimonistischen) Tugendethiken legen Wert auf die erforderliche Erziehung, die der Bildung eines moralischen Charakters und der moralischen Urteilskraft (*phronesis*, *prudentia*: Klugheit) dient. Tugendethische Momente in der kantischen Ethik finden sich vor allem in den geschichtsteleologischen Schriften der 1780er Jahre und der *Religion*, die das Theorem von der Bildung und Besserung, der moralischen Fortschrittsfähigkeit des menschlichen →Charakters entfalten. Neben der überzeitlichen imperativischen Begründung der Moral lässt Kant eine historische Entwicklung der Moralität des Subjekts zu, die aus der Erfahrung und dem Gefühl der Achtung, der Selbstschätzung im Fall einer Entscheidung für das moralische Gesetz, resultiert. Darüber hinaus bringt die Geschichte der Menschengattung insgesamt eine moralische, äußerlich-vollkommene Staatsverfassung zustande.

3.2 *Kants Pflichtenethik* Insbesondere in der Moralphilosophie der Grundlegungsschriften vertritt Kant eine der seither einschlägigsten systematischen Gestalten der Pflichtenethik. Mit dem kategorischen Imperativ findet er den einen, ultimativ obligatorischen Grundsatz moralischen Handelns, der sich auf andere, allgemeine, wenngleich subjektive Grundsätze, die Maximen, bezieht. Der Imperativ verpflichtet den Handelnden auf die Universalisierbarkeit der Handlungsgrundsätze. Kant differenziert die Unterarten der Verpflichtung vierfach: in Pflichten gegen andere, wie das strenge Verbot zu lügen und das verdienstliche Gebot, anderen zu helfen, und Pflichten gegen sich selbst, wie das strenge Selbstmordverbot und das verdienstliche Gebot der Ausbildung und Kultivierung der Talente. Gegenüber der vorkantischen Tradition verneint er die dritte Subkategorie der Pflichten, die Pflichten gegen Gott; gegenüber David Ross, einem Pflichtenethiker nach Kant, der sieben einzelne elementare „*prima facie* duties" (*Ross, The Right and the Good*, S. 19) vorgeschlagen hat, reduziert er die Pflichten auf ein einziges, singuläres Prinzip der Pflicht, das den Unterarten der Pflicht zugrunde liegt.

Interpretationslage

Gegen die Grundtendenz der Re-Aristotelisierung der Ethik seit den 50er Jahren des letzten Jahrhunderts (vgl. Anscombe, *Modern Moral Philosophy*; Foot, *Virtues and Vices*; MacIntyre, *After Virtue*) und wider eine plane Alternative zwischen Tugend- und Pflichtenethik finden in der komparatistischen Debatte Annäherungen der beiden Haupttypen der Moralphilosophie statt. Neoaristoteliker(innen) legen den emotionalen Anteil der Tugend als rationalen Entscheidungsprozess aus (Nussbaum, *Poetic Justice*; Solomon, *Not Passion's Slave*), Kantforscher argumentieren für bisher ungesehene tugendethische Elemente der kantischen Moraltheorie (vgl. Höffe, *Königliche Völker*; Hursthouse, *Virtue Ethics*; Louden, *Moralische Stärke*; Betzler, *Kant's Ethics of Virtue*; Korsgaard, *From Duty and for the Sake of the Noble*; O'Neill, *Kant after Virtue*; Williams, *Ethics and Limits of Philosophy*). Kants moralteleologische Geschichtsphilosophie, die strebensethische Züge enthält, wird als zweiter Strang neben den vor allem pflichtenethischen Grundlegungsschriften anerkannt (vgl. Wood, *Kant's Ethical Thought*).

Die immanente Kantforschung erörtert in Bezug auf die moralphilosophisch zentrale *GMS*, warum und ob das Handeln für den Menschen überhaupt einen verpflichtenden bzw. Sollenscharakter annimmt und ob es so richtig beschrieben ist, welche der verschiedenen Verpflichtungsgrade und -arten die eigentlich moralisch relevanten sind; ferner warum Kant zur betont *einen* Grundformel des kategorischen Imperativs die Varianten der Naturgesetz- und Zweckformel vorschlägt; weiterhin was die Autonomie der praktischen Vernunft bedeutet und ob die metaphysische Begründung der Moral aus der Freiheit gelungen sei (vgl. Herman, *Morality as Rationality*; Sullivan, *Introduction to Kant's ethics*; Wood, *Kant's Ethical Thought*). In anderen Arbeiten zeigt sich der kategorische Imperativ nicht nur als fundamentales Prinzip im Bereich der Moral, sondern außerdem des moralischen Rechts, das gegen die Entmoralisierungsthese der Moderne überhaupt, gegen einen rechtsethischen Skeptizismus und gegen einen rechtsethischen Empirismus ausgespielt werden kann (Höffe, *Kategorische Rechtsprinzipien*). Diskussionsschwerpunkt hinsichtlich der *KpV* ist zum einen die Möglichkeit einer Rechtfertigung der Moralität aus dem praktischen Gesetz und der Freiheit überhaupt, zum anderen die wechselseitige Begründung von Freiheit und praktischem Gesetz in der sogenannten Reziprozitätsthese (Allison, *Kant's Theory of Freedom*; Ameriks, *Interpreting Kant's Critiques*).

Weiterführende Literatur

Allison, Henry E.: Kant's Theory of Freedom, Cambridge: Cambridge University Press 1990.

Ameriks, Karl: Interpreting Kant's Critiques, Oxford: Clarendon Press 2003, insbes. 159–282.

Guyer, Paul: Kant on Freedom, Law and Happiness, Cambridge: Cambridge University Press 2000.

Herman, Barbara: Morality as Rationality: a Study of Kant's Ethics, New York u. a.: Garland Publishers 1990.

Höffe, Otfried: ‚Königliche Völker'. Zu Kants kosmopolitischer Rechts- und Friedenstheorie, Frankfurt/M.: Suhrkamp 2001, insbes. 33–88.

Höffe, Otfried (Hg.): Immanuel Kant. Kritik der praktischen Vernunft, Berlin: Akademie 2002.

Höffe, Otfried: Kategorische Rechtsprinzipien. Ein Kontrapunkt der Moderne, Frankfurt/M.: Suhrkamp 1994.

O'Neill, Onora (Hg.): The Sources of Normativity, Cambridge: Cambridge University Press 1996.

Schmucker, Josef: Die Ursprünge der Ethik Kants, Meisenheim: Hain 1961.

Wood, Allen W.: Kant's Ethical Thought, Cambridge: Cambridge University Press 1999.

Otfried Höffe

Mundus sensibilis/intelligibilis

Der *mundus sensibilis* (Sinnenwelt) und der *mundus intelligibilis* (Verstandeswelt) sind die Welt, die aus sinnlichen Gegenständen raumzeitlicher Erfahrung besteht, und die Welt, die aus nichtsinnlichen Gegenständen besteht, die uns in den Formen von Raum und Zeit erscheinen. Kant bezeichnet sie auch als ‚*mundus phaenomenon*' und ‚*mundus noumenon*'. „Grund der Form des Alls ist, was den Grund für die allgemeine Verknüpfung enthält, wodurch alle Substanzen und deren Zustände zu demselben Ganzen gehören, das man *Welt* nennt. Grund der Form der *Sinnenwelt* ist, was den Grund für die *allgemeine Verknüpfung* von allem enthält, sofern es *Phaenomenon* ist. Die Form der *Verstandeswelt* kennt einen objektiven Grund, d. i. irgendeine Ursache, durch die eine Verbindung des an sich Daseienden zustande kommt" (2:398). Weitere wichtige Stellen: 2:385–419; KrV A 272 / B 328; KrV A 433 / B 461; 4:438; 4:457–462; 17:708f.; *Refl.* 5109, 18:90ff.; *Refl.* 5111, 18:92; *Refl.* 5396, 18:171; *Refl.* 5397, 18:171; *Refl.* 5601, 18:247; *Refl.* 5612, 18:253f.; *Refl.* 5941,

18:395; *Refl.* 5942, 18:396; *Refl.* 5943, 18:396; *Refl.* 5959, 18:399f.; *Refl.* 5962, 18:401ff.; 23:35; 28:298; 28:731f.; 28:826–829; 28:1206; 29:925–927; 29:1006.

Philosophische Funktion

1 De mundi

Die Begriffe ‚*mundus sensibilis*' und ‚*mundus intelligibilis*' treten in Kants Denken erstmals in seiner Inaugural-Dissertation *De mundi* thematisch auf (vgl. 2:385–419). Kant definiert eine Welt als ein Ganzes, das selbst nicht Teil eines größeren Ganzen ist (vgl. 2:387). Eine Welt ist nicht lediglich eine Ansammlung von Gegenständen, sondern ein strukturiertes Ganzes; sie enthält sowohl Materie – die einzelnen Substanzen, aus denen sie besteht – als auch eine Form, ein Prinzip der Einheit unter ihren Teilen. „[Z]ur Identität des Ganzen genügt nicht die Identität der Teile, vielmehr wird dazu die Identität der charakteristischen *Zusammensetzung* gefordert" (2:390). Die Existenz einer Welt ist von der kontinuierlichen Existenz ihrer Teile abhängig, zugleich aber auch vom Fortbestehen der Form, die diese Teile miteinander verbindet.

Kant unterscheidet, in enger Verbindung mit der Unterscheidung zwischen →Sinnlichkeit und →Verstand, zwei Welten: den *mundus sensibilis* und den *mundus intelligibilis*. Die Sinnlichkeit-Verstand-Unterscheidung, die für die *KrV* und die gesamte kritische Philosophie Kants grundlegend ist, wird in *De mundi* zum ersten Mal in der Weise beschrieben, in der sie später in der *KrV* eine Rolle spielen wird. Kant bricht mit der Ansicht Wolffs und Baumgartens, derzufolge Sinnlichkeit lediglich eine verworrene oder unzureichend unterschiedene Vorstellung des Intellekts ist: „das Sinnliche werde schlecht erklärt durch das *verworren* Erkannte, das Intellektuelle durch dasjenige, dem die *deutliche* Erkenntnis zugehört" (2:394). Inhalt der Sinnlichkeit sind nicht allgemeine Begriffe, sondern Anschauungen einzelner Gegenstände in Raum und Zeit (vgl. 2:396; 2:399; 2:402). Des Weiteren hat die Sinnlichkeit ihre eigenen charakteristischen Formen – Raum und Zeit –, die, weil sie Anschauungen sind, nicht begrifflich analysiert werden können. Unter Rückgriff auf Argumente, die er später in der transzendentalen Ästhetik der *KrV* anwenden wird, argumentiert Kant, dass die Sinnlichkeit aufgrund ihrer apriorischen Form nicht Gegenstände so präsentiert, wie sie unabhängig von unserem Sinnesvermögen sind, sondern nur Erscheinungen von Gegenständen (vgl. 2:398–406; KrV A 19–49 / B 33–73). Der Verstand hingegen hat zwei Funktionen: einen logischen Gebrauch, der zwischen Begriffen – welchen Ursprungs auch immer – lediglich logische Beziehungen erkennt, und einen „*reale[n] Gebrauch*" (2:393), der apriorische Begriffe und Erkenntnis von Substanzen bereitstellt, die von unserem Geist unabhängig sind und die uns als empirische Gegenstände in Raum und Zeit erscheinen. „[S]o ist ersichtlich, daß das sinnlich Gedachte in Vorstellungen der Dinge besteht, *wie sie erscheinen*, das Intellektuelle aber, *wie sie sind*" (2:392; vgl. 2:393, 2:398, 2:394, 2:395f.).

Die Unterscheidung zwischen Sinnlichkeit und Verstand zieht die Unterscheidung zwischen der ‚Sinnenwelt' (*mundus sensibilis*) und der ‚Verstandeswelt' (*mundus intelligibilis*) nach sich. Die Sinnenwelt ist die Welt, die wir unter den Formen von Raum und Zeit erfahren; ihre Materie sind raumzeitliche Gegenstände, und ihre Formen sind die der Sinnlichkeit, Raum und Zeit (vgl. 2:389; 2:398). Die Verstandeswelt ist die Welt, die dem realen Gebrauch des Verstandes bekannt ist; ihre Materie sind die →Substanzen, die von unserem Geist unabhängig sind und die uns als raumzeitliche, empirische Gegenstände erscheinen. Damit sich diese Substanzen zu einer Welt zusammenfügen können, müssen sie in realer kausaler Wechselwirkung stehen. Eine ‚ideale' oder repräsentationale Relation zwischen Substanzen – wie die Leibniz'sche prästabilierte Harmonie in der Wahrnehmung von Monaden – reicht nicht aus, um aus diesen Substanzen eine Welt, eine reale Einheit zu erzeugen. „Wenn sich deshalb etwa gewisse Ganze von Substanzen fänden, die durch keine Verknüpfung miteinander verbunden wären, so würde ihre Zusammenfassung, mittels derer die Erkenntniskraft eine Menge in ein ideales Eines zwingt, nichts weiter besagen als eine Mehrzahl von Welten, die von Einem Gedanken umgriffen sind" (2:390; vgl. 2:409). Aus der bloßen Existenz einer Ansammlung von Substanzen folgt allerdings nicht, dass diese auch interagieren; die Wechselwirkung von Substanzen, durch die sie sich zu einer Welt, einem ‚realen Ganzen' (vgl. 2:407) zusammenfügen, ist nur dann möglich, wenn sie auf eine gemeinsame Ursache zurückzuführen sind: Gott. „*Die Weltsubstanzen sind von einem anderen her Seiende*, aber nicht von verschiedenen, sondern *alle von Einem.* [...] *Also ist die Einheit in der Vereinigung der Substanzen des Alls ein Folgestück der Abhängigkeit aller von Einem*" (2:408; vgl. 2:407). Die Form der Verstandeswelt ist somit die kausale Wechselwirkung zwischen den Substanzen, die von Gott als gemeinsame Ursache geschaffen worden sind.

Obgleich der *mundus sensibilis* und der *mundus intelligibilis* zwei verschiedene Welten sind, stehen sie gleichwohl in ontologischer Verbindung: Die Phänomene, die Gegenstände, aus denen die Sinnenwelt besteht, sind sinnliche Erscheinungen der immateriellen, nicht-raumzeitlichen Substanzen, aus denen die Verstandeswelt besteht. Darüber hinaus legt Kant nachdrücklich nahe, dass es sich bei den Formen der Sinnenwelt – Raum und Zeit – um Erscheinungen der Formen der Verstandeswelt – kausale Wechselwirkungen von Substanzen, die von Gott abhängig sind – handelt. „Die menschliche Erkenntniskraft wird nämlich nur insofern von Äußerem affiziert, und die Welt steht ihrem Blick nur insofern ins Unendliche offen, *als sie selber mit allem anderen von derselben unendlichen Kraft eines Einzigen erhalten wird.* Daher empfindet sie das Äußere nur durch die Gegenwart ebendieser gemeinsamen erhaltenden Ursache, und deshalb kann man den Raum, der die sinnlich erkannte allgemeine und notwendige Bedingung der Mitgegenwart von allem ist, die *Allgegenwart als Phaenomenon* nennen" (2:409f.; vgl. 2:357; 2:391; 2:407). Es folgt eine ähnliche Bemerkung über die Zeit. Allerdings bleibt etwas unklar, was es bedeuten würde, dass Gottes Allgegenwart uns als Raum erscheint – insbesondere, weil Kant bereits dafür argumentiert hat, dass der Raum eine Form unserer Sinnlichkeit ist.

2 *‚Mundus sensibilis' im kritischen System*

Kant verwendet die Ausdrücke ‚*mundus sensibilis*' und ‚*mundus intelligibilis*' in seinen veröffentlichten kritischen Schriften nicht sehr häufig (vgl. dennoch 4:438; 4:457f.; 4:462; KrV A 272 / B 328; KrV A 433 / B 461). Sie tauchen jedoch häufig in den Nachschriften seiner Vorlesungen über Metaphysik und den unveröffentlichten *Refl.* auf (vgl. besonders 28:298 Anm.; 28:731f.; 28:826–829; 28:1206; 29:925–927; 29:1006; *Refl.* 5941, 18:395; *Refl.* 5942, 18:396; *Refl.* 5959, 18:399f.; *Refl.* 5962, 18:401ff.). In jedem Falle steht die Idee einer von der Sinnenwelt unterschiedenen Verstandeswelt in enger Verbindung mit Kants Doktrin des →transzendentalen Idealismus und der Unterscheidung zwischen →Erscheinungen und →Dingen an sich; obwohl Kant die Ausdrücke also nur selten verwendet, bleibt die Unterscheidung *mundus sensibilis*/*mundus intelligibilis* in der kritischen Periode ein zentrales Thema seines Denkens.

Es ist verlockend anzunehmen, dass der *mundus sensibilis* aus *De mundi* mit der Welt der Phaenomena und Erscheinungen in der *KrV* korrespondiert. Die Sache liegt allerdings etwas komplizierter. Zum einen ist Kants Begriff der →Erfahrung in *De mundi* deutlich weniger entwickelt und ausgefeilt als in der *KrV*; die Identifikation des *mundus sensibilis* aus dem vorkritischen Werk mit der Welt der Erfahrung in der späteren *KrV* könnte also einem Anachronismus gleichkommen. Vielleicht wäre es angemessener zu sagen, dass, indem Kant seinen Begriff der Erfahrung anreichert und entwickelt, der *mundus sensibilis* in der *KrV* die Welt der Phänomene wird (vgl. 2:394; KrV A 20 / B 34; KrV A 110; KrV A 226 / B 273; KrV A 492f. / B 521). Eine zweite Schwierigkeit betrifft den Begriff der ‚Welt'. Während Kant in *De mundi* keine Zurückhaltung zeigt, die Gesamtheit der empirischen Gegenstände in Raum und Zeit als eine ‚Welt' zu beschreiben, ist der Begriff ‚Welt' in der *KrV* problematischer, weil es sich um den Begriff einer Gesamtheit von Gegenständen in Raum und Zeit handelt. Weil jeder Raum von einem größeren Raum umgrenzt oder bedingt wird, und weil die Erfahrung des größeren Raums, der den kleineren umgrenzt, einen Akt der Synthesis erfordert, würde die Erfahrung der Welt als eines Ganzen erfordern, dass das Subjekt eine unendliche Reihe von Akten der Synthesis durchläuft – was unmöglich ist. Entsprechend könnte keine Erfahrung eines menschlichen Subjekts eine Erfahrung der Welt in ihrer Gesamtheit sein; die empirische Welt als Ganze wäre kein Gegenstand möglicher Erfahrung, also kein empirischer Gegenstand (vgl. KrV A 518–523 / B 546–551). Interessanterweise ist sich Kant genau dieses Konflikts zwischen unserem rationalen Anspruch auf Vollständigkeit und unserer Unfähigkeit, vollständige unendliche Reihen zu erfahren, in *De mundi* bewusst; allerdings löst er ihn dort auf, indem er schlichtweg behauptet, dass unsere Unfähigkeit, uns eine vollständige unendliche Serie vorzustellen, nicht zeigt, dass eine solche unmöglich ist. Seine kritische Doktrin, dass Begriffe wie ‚Welt', deren Gegenstände nicht in der Anschauung gegeben sein können, keine Gegenstände unseres Wissens sein können, hat er noch nicht entwickelt; unter kritischen Begriffen gelesen, erlaubt er der Erkenntnis hier, über mögliche Erfahrung hinauszugehen (vgl. 2:387–389 und 2:392 mit KrV A 235–260 / B 294–315).

3 ‚*Mundus intelligibilis*' und ‚*mundus noumenon*'

Im Kontext der kritischen Philosophie ist ‚*mundus intelligibilis*' allerdings der problematischere und kontroversere Begriff. Während es sich bei dem *mundus sensibilis* um die Gesamtheit aller Phaenomena handelt, ist der *mundus intelligibilis* (den Kant manchmal auch „mundus noumenon" nennt, 28:581) die Gesamtheit aller Noumena (vgl. 4:458; 20:307; 28:581; 29:850; 29:854; 29:826; 29:868; 29:924f.). Dies ist aus zwei verschiedenen Gründen problematisch. Zum einen bestreitet Kant in der kritischen Periode, dass wir zu dem fähig sind, was er in *De mundi* den „*reale[n] Gebrauch*" (2:393) des Intellekts nennt: der Verstand liefert keine theoretische Erkenntnis nicht-sinnlicher Gegenstände (Noumena). Daher ist es unklar, ob Kant überhaupt sachhaltige Behauptungen über die Natur oder gar die Existenz der Verstandeswelt aufstellen kann, ohne seine eigenen erkenntnistheoretischen Restriktionen zu verletzen. Zum anderen sind die Rolle von → Noumena und Dingen an sich (die als ein und dasselbe gelten können) sowie deren Verhältnis zu Phaenomena und Erscheinungen (die ebenfalls als identisch anzunehmen sind) in der kritischen Philosophie selbst hochgradig umstritten.

Kant bezieht sich auf den *mundus intelligibilis* manchmal als „mundus noumenon"; bei 28:581 setzt er diese Begriffe ausdrücklich gleich. Diese begriffliche Verbindung könnte für eine ‚minimalistische' Lesart von Kants Gebrauch des Ausdrucks ‚*mundus intelligibilis*' in Anspruch genommen werden. Im Abschnitt *Phaenomena und Noumena* der KrV B 294–315 unterscheidet Kant zwischen Noumena im ‚negativen Sinne', womit er Gegenstände meint, die wir nicht sinnlich anschauen können, und Noumena im ‚positiven Sinne', womit er Gegenstände meint, die – wenngleich nicht durch uns – mit nicht-sinnlichen Mitteln angeschaut werden können; und er argumentiert dafür, dass wir keine Erkenntnis von Noumena im positiven Sinne haben können. Er schreibt: „Der Begriff eines Noumenon [im negativen Sinne] ist also bloß ein *Grenzbegriff*, um die Anmaßung der Sinnlichkeit einzuschränken, und also nur von negativem Gebrauche. Er ist aber gleichwohl nicht willkürlich erdichtet, sondern hängt mit der Einschränkung der Sinnlichkeit zusammen, ohne doch etwas Positives außer dem Unfange derselben setzen zu können" (KrV A 255 / B 310f.). Dies legt nahe, dass der einzig legitime Gebrauch des Begriffs eines *mundus noumenon* (Welt der Noumena) oder *mundus intelligibilis* darin besteht, uns daran zu erinnern, dass wir aufgrund unseres sinnlichen Vermögens der Anschauung die Welt nur so kennen und erfahren, wie sie uns erscheint. Dieser Interpretation zufolge bezieht sich ‚*mundus intelligibilis*' nicht auf eine Welt, die aus anderen Gegenständen als denjenigen unserer Erfahrung besteht, sondern kontrastiert lediglich unseren Modus der Bekanntschaft mit dem einer nicht-sinnlichen oder intellektuellen Anschauung, die uns die Dinge so zeigt, wie sie an sich sind; Kants Diskussion der Verstandeswelt bei 4:462 und der Begriff des Noumenon bei KrV A 285–288 / B 341–344 stützen diese Lesart.

Es gibt allerdings gute Belege dafür, dass Kant dem Begriff des *mundus intelligibilis* mehr ontologisches Gewicht beilegt, als es diese Interpretation erlaubt. An zahlreichen Stellen scheint Kant die Existenz eines *mundus intelligibilis*, der sich von dem *mundus sensibilis* unterscheidet, zu akzeptieren. Tatsächlich scheint der *mundus intelligibilis* der kritischen Philosophie dem *mundus intelligibilis* der Inaugural-Dissertation wesentlich zu ähneln: Beide bestehen aus nicht-raumzeitlichen Substanzen, und ihre Form ist kausale Wechselwirkung dieser Substanzen – eine kausale Wechselwirkung, die von Gott geschaffen ist. Der wesentliche Unterschied zwischen der Inaugural-Dissertation und der kritischen Konzeption besteht darin, dass die Verstandeswelt in der kritischen Philosophie durch uns nicht erkannt werden kann (jedenfalls nicht mit theoretischen Mitteln), während Kant in *De mundi* die Meinung vertritt, dass uns der reale Gebrauch des Verstandes hinreichend sachhaltige Erkenntnis des *mundus intelligibilis* liefert (vgl. 9:926; 28:732; 28:827; 28:829; 29:1007; *Refl.* 5943, 18:396).

Kant verwendet den Ausdruck ‚*mundus intelligibilis*' in einer ganz anderen Weise als seine unmittelbaren Vorgänger, wie er selbst anmerkt: „Ich fürchte aber, daß der berühmte *Wolff* durch diesen Unterschied zwischen dem Sinnlichen und Intellektuellen, der für ihn nur ein logischer ist, [...] *die natürliche Beschaffenheit der Phaenomena und Noumena* zu erörtern, zum großen Schaden der Philosophie vielleicht gänzlich zunichte gemacht [hat]" (2:395). Kant will darauf hinaus, dass Wolff – weil er meint, Sinnlichkeit sei nichts weiter als eine weniger klare Form des Verstandes – Phaenomena einfach unterschiedslos für Noumena hält. In genau diesem Sinne unterscheidet Baumgarten den *mundus sensibilis* – die Welt, wie wir sie durch unsere Sinne kennen – von dem *mundus intelligibilis*, der durch den Verstand erkannten Welt. Im Amphibolie-Abschnitt der *KrV* schreibt Kant Leibniz die Annahme zu, dass Erscheinungen „intelligibilia" sind (KrV A 264 / B 320) – Gegenstände, die mit rein begrifflichen Mitteln vollständig erklärbar sind. Kants Begriff eines *mundus intelligibilis* ist allerdings nicht der Begriff einer Welt der *intelligibilia* in diesem Sinne. Wenn Kant von einem ‚*mundus intelligibilis*' spricht, meint er nicht, dass die Welt so, wie sie ist, in einem von Leibniz, Wolff und Baumgarten angenommenen Sinne vollständig erkannt werden kann; mit seiner Beschreibung als „*Verstandeswelt*" (2:398) legt sich Kant nicht auf die Behauptung fest, dass der Satz vom zureichenden Grunde in dieser Welt uneingeschränkt gilt. Er muss behaupten, dass die Verstandeswelt uns nicht durch die Sinne bekannt sein kann; er muss allerdings nicht behaupten, dass all ihre Eigenschaften mit intellektuellen Mitteln vollständig erkannt werden können (vgl. auch KrV A 257 / B 312; 29:930).

Weiterführende Literatur

Allison, Henry: Kant's Transcendental Idealism, New Haven: Yale University Press 2004.

Ameriks, Karl: „Recent Work on Kant's Theoretical Philosophy", in: American Philosophical Quarterly 19, 1982, 1–24.

Watkins, Eric: Kant and the Metaphysics of Causality, Cambridge: Cambridge University Press 2005.

Nicholas F. Stang
(Übersetzung: Sebastian Boll)

Natur

„Natur im allgemeinsten Verstande [ist] die Existenz der Dinge unter Gesetzen" (5:43; vgl. 4:294, 8:159). Innerhalb dieses allgemeinen Begriffs der Natur, mit dem Kant der neuzeitlichen Engführung von Natur und →Gesetz (vgl. Kaulbach, *Natur*, S. 469) prägnanten Ausdruck gibt, unterscheidet Kant zwischen einem *materialen* Naturbegriff (als der Gesamtheit der empirischen Gegenstände oder →‚Erscheinungen') und einem *formalen* Naturbegriff (als dem „Zusammenhang der Bestimmungen" eines Dinges; KrV A 419 / B 446 Anm.; vgl. 4:467). Der formale Naturbegriff, der z. B. in Wendungen wie die „Natur des Menschen" (z. B. 6:409) zur Anwendung kommt, ist eng verwandt mit dem Begriff des Wesens einer Sache (von welchem Kant ihn aber unterscheidet; vgl. 4:467; vgl. dazu Abschnitt 2). Innerhalb des materialen Naturbegriffs unterscheidet Kant unter anderem zwischen Körper und Geist als ‚ausgedehnter' und ‚denkender Natur' (vgl. 4:467), innerhalb des formalen Naturbegriffs zwischen einer *„sinnlichen"* und einer *„übersinnlichen"* Natur (5:43). Außerdem lässt sich bei Kant ein wörtlich-vergegenständlichender (Natur als kollektiver Gegenstand; vgl. z. B. KrV A 846 / B 874) von einem figürlich-personifizierenden Gebrauch (Natur als handelndes Subjekt; vgl. z. B. 8:360) unterscheiden. Daraus ergeben sich mindestens drei grundlegende Bedeutungen des Wortes ‚Natur' bei Kant: (1) Natur als Gesamtheit aller körperlichen und geistigen ‚Erscheinungen' (vgl. z. B. KrV B 163; 4:467); (2) Natur als gesetzmäßiger Zusammenhang der notwendigen Eigenschaften einer Sache (vgl. z. B. KrV A 419 / B 446 Anm.); und (3) die personifizierte Natur (vgl. z. B. 8:360–368). Weitere wichtige Stellen: KrV A 125; KrV A 216 / B 263; KrV A 418 / B 446; KrV A 532 / B 560; KrV A 845 / B 873; 4:294; 4:318; 4:470; 5:174; 5:198; 5:386.

Philosophische Funktion

1 Kants Unterscheidung zwischen Natur und Welt und der materiale Naturbegriff

In der *KrV* unterscheidet Kant zwischen zwei Begriffen des „Ganze[n] aller Erscheinungen" (KrV A 418 / B 446), d. h. der Gesamtheit aller empirischen Gegenstände, nämlich dem der Welt und dem der Natur. Die Welt ist das „mathematische Ganze aller Erscheinungen" und die „Totalität ihrer Synthesis, im Großen sowohl als im Kleinen" durch „Zusammensetzung" und „Theilung" (KrV A 418 / B 446). Die Natur ist „dieselbe Welt [...], so fern sie als ein dynamisches Ganzes betrachtet wird, und man [...] auf die Einheit im *Dasein* der Erscheinungen sieht" (KrV A 418f. / B 446f.). Das ist der ‚materiale' Naturbegriff, den Kant in einer Anmerkung zu dieser Stelle folgendermaßen erläutert: Man verstehe unter „Natur substantive (materialter) den Inbegriff der Erscheinungen, so fern diese vermöge eines innern Princips der Causalität durchgängig zusammenhängen" (KrV A 419 / B 446 Anm.). Auch wenn Kant von Natur in diesem Sinn gelegentlich nur als „Inbegriff[] aller Erscheinungen" (KrV B 163) oder *„Inbegriff aller Gegenstände der Erfahrung"* (4:295) spricht, ohne das ‚innere Princip' ihres Zusammenhangs ausdrücklich zu erwähnen, ist dabei im Lichte der Unterscheidung zwischen Welt und Natur sowie der von Kant wiederholt betonten begrifflichen Verbindung zwischen Natur und Gesetz (vgl. 5:43; 4:294) stets der gesetzmäßige Zusammenhang zwischen den Dingen der Natur mitgemeint.

In der vorherrschenden Verwendung bezieht sich der Ausdruck ‚Natur' in Kants Werk im Sinne der ‚materialen' Bedeutung auf die Gesamtheit aller *empirischen* Gegenstände, den *„Inbegriff aller Gegenstände der Erfahrung"* (4:295) oder „Inbegriff[] aller Gegenstände der Sinne" (5:174). Auf der Grundlage der Unterscheidung zwischen →innerem und äußerem Sinn unterscheidet Kant innerhalb der so verstandenen Natur zwischen der *„denkende[n]* Natur" (dem Gegenstand des inneren Sinns) und der ‚körperlichen' oder *„ausgedehnte[n]* [...] Natur" (dem Gegenstand des äußeren Sinns) (4:467; vgl. KrV A 846 / B 874). Wie Kant erst in den *MAN* klar feststellt, ist nur die äußere Natur (d. h. die Gesamtheit der materiellen Gegenstände im Raum mit ihren Eigenschaften und Relationen) ein geeigneter Gegenstand der Naturwissenschaft (vgl. 4:470; →Naturwissenschaft; →Psychologie). In diesem Sinne identifiziert Kant die Natur gelegentlich mit dem „Inbegriff der Gegenstände äußerer Sinne" (5:386), also der ‚ausgedehnten' Natur.

In diesem Zusammenhang schließt Kant nichtsinnliche Gegenstände ausdrücklich aus der Natur in materialer Bedeutung aus. Natur ist demnach „der Inbegriff aller Dinge, so fern sie *Gegenstände unserer Sinne*, mithin auch der Erfahrung sein können, worunter also das Ganze aller Erscheinungen, d. i. die Sinnenwelt mit Ausschließung aller nicht sinnlichen Objecte, verstanden wird" (4:467). Damit übereinstimmend kontrastiert Kant gelegentlich die Natur mit dem Übernatürlichen (vgl. 7:187) und dem Nichtsinnlichen (Intelligiblen), etwa wenn er die Natur von ihrem „übersinnliche[n]" (5:255) oder „intelligible[n] Substrat" unterscheidet (5:345). Dieser Gegensatz zwischen Natur und Übersinnlichem kommt auch zum Ausdruck, wenn Kant davon spricht, es gebe eine „unübersehbare Kluft zwischen dem Gebiete des Naturbegriffs, als dem Sinnlichen, und dem Gebiete des Freiheitsbegriffs, als dem Übersinnlichen" und fordert, die Natur müsse „folglich auch so gedacht werden können, daß die Gesetzmäßigkeit ihrer Form wenigstens zur Möglichkeit der in ihr zu bewirkenden Zwecke nach Freiheitsgesetzen zusammenstimme" (5:175f.). In diesem Sinne sind →‚Freiheit' und (die auf Freiheit beruhenden) ‚Sitten' (= Moral) für Kant wichtige Antonyme zu ‚Natur', so etwa, wenn er zwischen →Kausalität aus Freiheit und Kausalität der Natur (vgl. KrV A 532 / B 560) oder zwischen →Metaphysik der Sitten und →Metaphysik der Natur unterscheidet (vgl. z. B. 4:388; 5:170; 6:216; 20:293).

An anderen Stellen verwendet Kant den materialen Naturbegriff aber in umfassenderer Weise sowohl für sinnliche als auch nichtsinnliche Gegenstände, so etwa, wenn er von der Natur als dem „Inbegriff *gegebener* Gegenstände (sie mögen nun den Sinnen, oder, wenn man will, einer andern [d. h. nichtsinnlichen] Art von Anschauung gegeben sein)" (KrV A 845 / B 873) spricht. In der *KpV* heißt es, „das moralische Gesetz" sei „das Grundgesetz einer übersinnlichen Natur und einer reinen Verstandeswelt", die sich zur Sinnenwelt wie ein Urbild („natura archetypa") zu seinem Abbild („natura ectypa") verhalte (5:43). Kants ‚allgemeiner' Naturbegriff als Dasein der Dinge unter Gesetzen erlaubt eine solche weite Lesart, sofern auch das Intelligible Gesetzen unterliegt. Demgegenüber bezeichnet er den engeren Naturbegriff, der auf empirische Gegenstände beschränkt ist, auch als „Natur (im empirischen Verstande)" (KrV A 216 / B 263). Die Natur in diesem materialen und empirischen Sinne ist der Gegenstand einiger wichtiger vorkritischer Schriften Kants (v. a. der *Theorie des Himmels*) und ist ein zentrales Thema seiner →Transzendentalphilosophie bis zum *Op. post.* geblieben (vgl. Abschnitt 3).

2 Der formale Naturbegriff: Natur als ‚inneres Prinzip'

Von diesem ‚materialen' Naturbegriff unterscheidet Kant einen ‚formalen' Naturbegriff: „Natur, adjective (formaliter) genommen, bedeutet den Zusammenhang der Bestimmungen eines Dinges nach einem innern Princip der Causalität. [...] Im ersteren Verstande spricht man von der Natur der flüssigen Materie, des Feuers etc. und bedient sich dieses Worts nur adjective" (KrV A 419 / B 446 Anm.). Während der materiale Naturbegriff also der Begriff eines kollektiven *Gegenstandes* (bzw. einer Gesamtheit von Gegenständen) ist, handelt es sich beim formalen Naturbegriff um den Begriff der *Beschaffenheit* eines Gegenstandes. In den *MAN* kontrastiert Kant ebenfalls materialen und formalen Naturbegriff (vgl. 4:467), unterscheidet letzteren aber auch vom Begriff des Wesens einer Sache: „Wesen ist das erste, innere Princip alles dessen, was zur Möglichkeit eines Dinges gehört" (4:467 Anm.). Natur „in *formaler* Bedeutung genommen" ist dagegen „das erste, innere Princip alles dessen [...], was zum Dasein eines Dinges gehört" (4:467). Die Natur eines Dinges ist demnach sein im Dasein des Dinges aktualisiertes Wesen.

Die Unterscheidung zwischen formalem und materialem Naturbegriff wird dadurch verkompliziert, dass auch die Natur im materialer Bedeutung als Gesamtheit aller (empirischen) Gegenstände eine *formale* Natur hat, die in ihrem bereits erwähnten Zusammenhang vermöge eines „innern Princips der Causalität" (KrV A 419 / B 446 Anm.) besteht. So spricht Kant von der „*Natur überhaupt*" (als „natura formaliter spectata") als einer „Gesetzmäßigkeit der Erscheinungen in Raum und Zeit" (KrV B 165), womit also die *formale* Natur (die Einheit kraft eines gesetzmäßigen Zusammenhanges), nicht eines einzelnen Gegenstandes, sondern der *materialen* Natur insgesamt (der Gesamtheit der Erscheinungen) gemeint ist (vgl. auch KrV A 125).

Innerhalb der formalen Natur unterscheidet Kant, vor allem mit Blick auf den Menschen, zwischen seiner „*sinnlichen*" und seiner „*übersinnlichen Natur*": „Die sinnliche Natur vernünftiger

Wesen überhaupt ist die Existenz derselben unter empirisch bedingten Gesetzen [...]. Die übersinnliche Natur eben derselben Wesen ist dagegen ihre Existenz nach Gesetzen, die [...] zur *Autonomie* der reinen Vernunft gehören. Und [...] so ist die übersinnliche Natur, so weit wir uns einen Begriff von ihr machen können, nichts anders als *eine Natur unter der Autonomie der reinen praktischen Vernunft*" (5:43). (Da Kant an derselben Stelle auch von der übersinnlichen Natur als einer „Verstandeswelt" spricht, wird nicht klar, ob die letzten beiden Vorkommnisse von ‚Natur' in diesem Zitat in formaler oder materialer Bedeutung gemeint sind.) Statt von der ‚übersinnlichen' Natur des Menschen ist bei Kant auch häufig von seiner ‚vernünftigen Natur' die Rede (vgl. z. B. 4:429f.; 4:436f.), etwa wenn Kant konstatiert: „*die vernünftige Natur existirt als Zweck an sich selbst*" (4:429).

3 Natur im transzendentalen Idealismus

Die Natur „im empirischen Verstande" (KrV A 216 / B 263) ist Kants →transzendentalem Idealismus zufolge ein „Inbegriff von Erscheinungen" (KrV A 114), nicht von →Dingen an sich selbst, da sie von den menschlichen Anschauungsformen Raum und Zeit sowie den Begriffen des reinen Verstandes (den →Kategorien) als den Bedingungen ihrer Möglichkeit abhängig ist. In den *Prolegomena* bringt Kant diesen Zusammenhang auf den Punkt, indem er fragt: „*Wie ist Natur selbst möglich?*" (4:318). Entsprechend der Unterscheidung zwischen materialem und formalem Naturbegriff unterscheidet Kant zwei darin enthaltene Fragen: „*Erstlich*: Wie ist Natur in *materieller* Bedeutung, nämlich der Anschauung nach, als der Inbegriff der Erscheinungen [...] überhaupt möglich? Die Antwort ist: vermittelst der Beschaffenheit unserer Sinnlichkeit, nach welcher sie auf die ihr eigenthümliche Art von Gegenständen [...] gerührt wird. [...] *Zweitens*: Wie ist Natur in formeller Bedeutung, als der Inbegriff der Regeln, unter denen alle Erscheinungen stehen müssen, wenn sie in einer Erfahrung als verknüpft gedacht werden sollen, möglich? [...] [S]ie ist nur möglich vermittelst der Beschaffenheit unseres Verstandes, nach welcher alle jene Vorstellungen der Sinnlichkeit auf ein Bewußtsein nothwendig bezogen werden, und wodurch allererst die eigenthümliche Art unseres Denkens, nämlich durch Regeln, und vermittelst dieser die Erfahrung, welche von der Einsicht der Objecte an sich selbst ganz zu unterscheiden ist, möglich ist" (4:318; vgl. KrV B 164). Die Natur als Inbegriff der Erscheinungen, sofern diese nach Regeln bzw. Gesetzen zusammenhängen, ist also nur dadurch möglich, dass wir empirische Gegenstände in Raum und Zeit anschauen und gemäß den Regeln unseres Verstandes denken. Da Raum und Zeit aber nur unsere spezifisch menschlichen Anschauungsformen sind und die Regeln unseres Verstandes nur für Dinge gelten, die uns in Raum und Zeit gegeben werden können, handelt es sich bei den Dingen der Natur nicht um Dinge an sich (also Dinge, wie sie unabhängig von unseren Erkenntnisbedingungen sind), sondern um Erscheinungen, die aber, aufgrund der intersubjektiven Geltung von Raum, Zeit und Verstandesregeln, gleichwohl kein bloßer Schein, sondern „wirklich" sind (vgl. KrV A 491 / B 520). – Diejenigen →„*Grundsätze des reinen Verstandes*" (KrV A 148 / B 187), die wie das Prinzip der Substanzerhaltung oder das Kausalprinzip als allgemeine „Bedingungen der *Möglichkeit der Erfahrung*" (KrV A 158 / B 197) fungieren, begründet Kant in der *KrV* als allgemeine Prinzipien einer für uns erfahrbaren Natur. In den *MAN* fügt er dem spezifischere Grundsätze der Bewegungslehre, der Dynamik und Mechanik hinzu, die zwar den empirischen Begriff der Materie voraussetzen, sich aber dennoch aus apriorischen Funktionen des reinen Verstandes ergeben, und die es erlauben, die Natur als ein System von →Kräften zu beschreiben (Metaphysische Anfangsgründe der Naturwissenschaft). Die Naturphilosophie des *Op. post.* knüpft daran an, indem sie den Übergang von der Transzendentalphilosophie zur Metaphysik der Natur herstellen soll. – Wie bereits erwähnt unterscheidet Kant in der *KU* von dieser empirischen Natur ein ihr zugrundeliegendes „übersinnliche[s] Substrat" (5:414), das wir zwar annehmen müssen, aber nicht erkennen können (vgl. 5:413–415).

4 Teleologische Beschreibung der Natur und die personifizierte Natur

Bereits in der *KrV* (vgl. KrV A 641 / B 670ff.), dann in detaillierter Ausarbeitung in der *KU*, rechtfertigt Kant eine teleologische Beschreibung der Natur nach dem „*Princip der formalen Zweckmäßigkeit der Natur*", dem zufolge die Natur „so vorgestellt [wird], als ob ein Verstand den Grund der Einheit des Mannigfaltigen ihrer empirischen Gesetze enthalte" (5:181). Diese Zweckmäßigkeit der Natur äußert sich in drei verschiedenen Hinsichten: erstens subjektiv in der Erfahrung von → Schönheit, in der wir die Zweckmäßigkeit unserer eigenen Erkenntniskräfte in der ästhetischen Betrachtung von Gegenständen lustvoll erfahren (vgl. 5:380), zweitens in der objektiven Zweckmäßigkeit von Organismen, an denen aufgrund ihres selbstorganisierenden Charakters *„alles Zweck und wechselseitig auch Mittel"* ist (5:376) und die sich daher nur als „Naturzwecke" verstehen lassen (5:378); und drittens, indem die Natur insgesamt sich als ein zweckmäßiges Ganzes oder *„teleologische[s] Sytem"* (5:429) denken lässt, in welchem unsere letzten theoretischen (systematische Einheit der Erkenntnis unter Prinzipien; vgl. 5:180; 5:184) und praktischen Zwecke (Verwirklichung des → höchsten Gutes; vgl. 5:450) zumindest grundsätzlich erreichbar sind. Zum Zusammenhang zwischen Teleologie und Moral schreibt Kant schon in der *GMS*: „Die Teleologie erwägt die Natur als ein Reich der Zwecke, die Moral ein mögliches Reich der Zwecke als ein Reich der Natur" (4:436 Anm.). Diese teleologische Beschreibung der Natur bezieht ihre Berechtigung letztlich daraus, dass Organismen Kant zufolge rein mechanistisch nicht erklärbar sind (vgl. 5:376). Ist die Annahme einer Zweckmäßigkeit der Natur damit einmal gerechtfertigt, darf sie auch auf die Natur insgesamt angewendet werden (vgl. 5:380). Allerdings schränkt Kant ein, dass diese teleologische Perspektive nicht auf einem Prinzip der bestimmenden, sondern der reflektierenden Urteilskraft beruht (vgl. 5:181; 5:383) und uns daher weder dazu berechtigt noch darauf festlegt, der Natur selbst Absichten zuzuschreiben, sondern nur, die Natur so zu betrachten, „als ob die Zweckmäßigkeit in ihr absichtlich sei [...]. Daher spricht man in der Teleologie [...] ganz recht von der Weisheit, der Sparsamkeit, der Vorsorge, der Wohlthätigkeit der Natur, ohne dadurch aus ihr ein verständiges Wesen zu machen [...]: sondern es soll dadurch nur eine Art der Causalität der Natur nach einer Analogie mit der unsrigen im technischen Gebrauche der Vernunft bezeichnet werden" (5:383; vgl. 5:181). Wir müssen die Natur also als zweckmäßig beschreiben, gewinnen dadurch aber keine Erkenntnis dessen, wie die Natur selbst beschaffen ist, da sich die Notwendigkeit einer teleologischen Perspektive allein der Begrenztheit unseres endlichen Verstandes verdankt (vgl. 5:405–410).

Mit der teleologischen Perspektive auf die Natur als Ganze ist aber zugleich eine personifizierende Redeweise über ‚die Natur' z. B. als „große Künstlerin" (8:360) oder als fürsorgliche „Mutter" (2:447 – oder auch Stiefmutter: vgl. 4:394) einerseits gerechtfertigt, andererseits in ihrem Erkenntniswert relativiert. Kant bedient sich ihrer in vielen seiner Schriften immer wieder, um die zweckmäßige Einrichtung der Natur für die Menschheit und ihre moralisch-politische Entwicklung herauszustellen (vgl. z. B. 4:394f.; 8:17–31): „Der Gebrauch des Worts *Natur* ist auch, wenn es wie hier bloß um Theorie (nicht um Religion) zu thun ist, schicklicher für die Schranken der menschlichen Vernunft [...] und *bescheidener*, als der Ausdruck einer für uns erkennbaren *Vorsehung*" (8:362).

Weiterführende Literatur

Beck, Lewis White: „Über die Regelmäßigkeit der Natur bei Kant", in: Dialectica, 35/1–2, 1981, 43–56.

Breil, Reinhold: „Kants Naturbegriff und der Teleologismus in der Naturphilosophie", in: Allgemeine Zeitschrift für Philosophie, 16, 1991, 375–400.

Edwards, Jeffrey: Substance, Force, and the Possibility of Knowledge – On Kant's Philosophy of Material Nature, Berkeley u. a.: University of California Press 2000.

Falkenburg, Brigitte: Die Form der Materie. Zur Metaphysik der Natur bei Kant und Hegel, Frankfurt/M.: Athenäum 1987.

Falkenburg, Brigitte: „Kants Naturbegriff und die Begründung der modernen Physik", in: Philosophia Naturalis Bd. 37, Frankfurt/M.: Klostermann 2000, 409–438.

Friedman, Michael: Kant's Construction of Nature: A Reading of the Metaphysical Foundations of Natural Science, Cambridge: Cambridge University Press 2013.

Gloy, Karen: „Die Naturauffassung bei Kant, Fichte und Schelling", in: Girndt, Helmut / Schrader, Wolfgang H. (Hg.): Realität und Gewißheit, Fichte Studien Bd. 6, Amsterdam u. a.: Rodopi 1994, 253–275.

Kitcher, Phillip: „Projecting the Order of Nature", in: Butts, Robert E. (Hg.): Kant's Philosophy

of Physical Science, Dordrecht, Reidel 1986, 201–225.
Lefèvre, Wolfgang / Wunderlich, Falk: Kants naturtheoretische Begriffe (1747–1780). Eine Datenbank zu ihren expliziten und impliziten Vernetzungen, CD-Rom, Berlin u. a.: de Gruyter 2000.
Onnasch, Ernst-Otto J. (Hg.): Kants Philosophie der Natur. Ihre Entwicklung im ‚Opus Postumum' und ihre Wirkung, Berlin u. a.: de Gruyter 2009.
Rohs, Peter: Die Vermittlung von Natur und Freiheit in Kants ‚Kritik der Urteilskraft', in: Funke, Gerhard (Hg.): Akten des VII. Internationalen Kant-Kongresses, Kurfürstliches Schloß zu Mainz 1990, Bd. 1, Bonn: Bouvier 1991, 213–234.
Santozki, Ulrike: „Kants ‚Technik der Natur' in der ‚Kritik der Urteilskraft'", in: Archiv für Begriffsgeschichte, 47, 2005, 89–121.
Thöle, Bernhard: Kant und das Problem der Gesetzmäßigkeit der Natur, Berlin u. a.: de Gruyter 1991.
Watkins, Eric: „What is, for Kant, a Law of Nature?", in: Kant-Studien, 105, 2014, 471–490.
Watkins, Eric: „Nature as a System of Ends", in: Goy, Ina / Watkins, Eric (Hg.): Kant's Theory of Biology, Berlin u. a.: de Gruyter 2014, 117–130.

Red.

Naturwissenschaft

Kants entwickelter Begriff der Naturwissenschaft bestimmt diese Disziplin (oder Gruppe von Disziplinen) als (i) Spezialfall von Wissenschaft, (ii) deren Gegenstand eine Natur im anspruchsvollen Sinn einer „Natur [...] (formaliter)" (KrV A 418 / B 446 Anm.) besitzt, d. h. einen für das „Dasein" (4:467) des Gegenstandes wesentlichen „Zusammenhang der Bestimmungen [...] nach einem innern Princip der Causalität" (KrV A 418f. / B 446 Anm.; vgl. KrV B 165; 4:467) aufweist. (iii) Hierbei müssen sich die für den Gegenstand konstitutiven Bestimmungen durch ein System spezieller apriorischer Begriffe und Prinzipien identifizieren und begründen lassen (vgl. KrV A 848 / B 876; 4:473).

Das erste Merkmal schließt aus, dass Naturwissenschaften bloße Aggregate von Erkenntnissen sein können. Vielmehr muss, wie bei jeder Wissenschaft, ein systematischer Zusammenhang der →Erkenntnisse vorliegen. Mit dem zweiten Merkmal lässt Kant es zu, dass es andere Wissenschaften als naturwissenschaftliche gibt oder geben kann. Hierzu zählen →Logik und →Mathematik, aber auch seine →Transzendentalphilosophie versieht er mit diesem Anspruch (vgl. KrV A 11; KrV A 57 / B 81; KrV B 109f.). Aufgrund des dritten Merkmals kann eine Naturwissenschaft niemals eine „bloß empirische" (4:408) Disziplin sein. Das bedeutet nicht, dass Kant empirische Naturwissenschaften als unwissenschaftlich ansieht; nur „bloß" (4:408) empirische Lehren können diesen Status nicht besitzen. Empirische Hypothesen, Taxonomien aus Naturbeschreibung und Naturgeschichte (Klasse; Klassifikation) oder auf Beobachtungen und →Experimenten beruhende einzelne empirische Urteile sind nur dann Teil einer „*eigentliche[n]*" (4:469) Naturwissenschaft, wenn sie durch einen systematischen Rahmen apriorischer Begriffe und Prinzipien gestützt werden. Daher hat man zwischen Naturwissenschaft und „Naturlehre[n]" (4:469) zu unterscheiden. Unter letztere fasst Kant jede „systematische Kunst oder Experimentallehre" (4:471) und jede bloße „*Naturbeschreibung*" (4:468; vgl. 4:471). Sodann ist zwischen „*rein[er]*" (oder „*rationale[r]*"; 4:468) und „empirische[r]" (4:468) Naturwissenschaft zu unterscheiden (vgl. KrV B 18; KrV B 20). Kant gebraucht neben diesen qualifizierenden Zusätzen noch andere, wie „allgemeine" (2:294, vgl. 2:306) oder „theoretische[]" (5:383) Naturwissenschaft. Dies sind jedoch nur Varianten von ‚rein' oder ‚rational' und ohne wesentliche Bedeutung für seine begrifflichen Bestimmungen.

Den reifen Begriff von Naturwissenschaft vertritt Kant besonders in den *MAN* sowie in der *KrV B*. Er entsteht in mehreren Stufen aus konzeptionellen Überlegungen in frühen Schriften. Weitere wichtige Stellen: KrV A 850 / B 878; KrV B 17f., KrV B 21; KrV B 128; 4:294–297; 4:468–479; 5:381–384, 5:416; 8:178f.).

Vorgeschichte und historischer Kontext

An einer berühmten Stelle der *KrV* beschreibt Kant selbst die Geschichte der Naturwissenschaft, „so fern sie auf *empirische* Principien gegründet ist" so, dass es bei ihr im Vergleich zu Logik und Mathematik „weit langsamer" zuging, „bis sie den Heeresweg der Wissenschaft traf; denn es sind nur etwa anderthalb Jahrhunderte, daß der Vorschlag des sinnreichen *Baco* von Verulam diese

Entdeckung theils veranlaßte, theils, da man bereits auf der Spur derselben war, mehr belebte, welche eben sowohl nur durch eine schnell vorgegangene Revolution der Denkart erklärt werden kann" (KrV B XII). Die „Revolution der Denkart" (KrV B XII) habe darin bestanden, dass Naturforscher wie Galilei, Torricelli oder Stahl eine neue Methode eingeführt hätten, durch die „allen Naturforschern ein Licht" (KrV B XIII) aufgegangen sei. Kant beschreibt diese Methode als ein Zusammenspiel von Vernunft (Vernunftgebrauch) und →Experiment. Dabei dient erstere dazu, Fragen, Entwürfe und Prinzipien zu formulieren, mittels derer ein aktives Experimentieren statt eines bloßen Sammelns und Ordnens von Beobachtungen möglich wird und so die Natur systematisch erforscht werden kann: „Die Vernunft muß mit ihren Prinzipien, nach denen allein übereinkommende Erscheinungen für Gesetze gelten können, in einer Hand und mit dem Experiment, das sie nach jenen ausdachte, in der anderen an die Natur gehen, zwar um von ihr belehrt zu werden, aber nicht in der Qualität eines Schülers, der sich alles vorsagen läßt, was der Lehrer will, sondern eines bestallten Richters, der die Zeugen nöthigt auf die Fragen zu antworten, die er ihnen vorlegt. [...] Hiedurch ist die Naturwissenschaft allererst in den sicheren Gang einer Wissenschaft gebracht worden, da sie so viel Jahrhunderte durch nichts weiter als ein bloßes Herumtappen gewesen war" (KrV B XIIIf.).

Wie Kant einräumt, beschreiben diese Überlegungen nicht exakt eine historische Entwicklung (vgl. KrV B XIII Anm.). Gleichwohl ist die Durchsetzung des Experiments in der frühen Neuzeit für einen heute noch oft als ‚revolutionär' beschriebenen Wandel der Wissenschaften mit verantwortlich gewesen. Zwar nennen heutige Wissenschaftshistoriker und -theoretiker noch andere Faktoren wie die Entwicklung neuer Zweige der Mathematik und der Logik, oder auch soziale Faktoren wie die Entstehung organisierter Formen der Forschung (vgl. Kuhn, *Structure*; Friedman, *Dynamics*; Shapin, *Revolution*). Die häufige Identifikation der Experimentalmethode mit ‚der' naturwissenschaftlichen Methode ist durch Forderungen danach verstärkt worden, die Naturwissenschaft von einer als überholt angesehenen Philosophie oder speziell →Metaphysik zu befreien. Der für Kants Auffassungen sonst oft maßgebende Isaac Newton kann noch allgemein von „natural philosophy" (z. B. in Newton, *Principia*, ‚Scholium' der 2. Aufl. von 1713) sprechen und damit empirische und mathematische Erkenntnisse einbeziehen, welche spätere Autoren eher nicht als philosophische oder metaphysische Erkenntnisse ansehen würden. Zum Teil folgt Kant diesen Entwicklungen, zum Teil widerspricht er ihnen. In seinen Schriften zeigt sich daher eine Entwicklung von einem unbestimmten Begriff von Naturwissenschaft hin zu einem solchen Begriff, bei dem er Naturphilosophie und Naturwissenschaft nicht mehr miteinander gleichsetzt. Zudem folgt er aber auch nicht den empiristischen Positionen, denen zufolge jegliche Metaphysik aus der Naturforschung zu verbannen ist. Vielmehr verschärft er den Begriff der Naturwissenschaft so, dass sie bestimmte metaphysische Prinzipien voraussetzt. Dies drückt der Titel *MAN* aus.

Philosophische Funktion

1 Die dreifache Beziehung von Naturwissenschaft und Metaphysik

Die Kants Begriff der Naturwissenschaft kennzeichnenden Merkmale ergeben sich aus dem Interesse an der Verbindung zwischen Naturwissenschaft und Metaphysik (vgl. Sturm, *Beziehung*). Dieses Interesse hat zumindest drei Seiten.

1.1 Kant betont seit den 1760er Jahren (vgl. *Beweisgrund*, 2:275; 2:286), dass die Naturwissenschaft der ständig ins „Stecken" und unsichere „Herumtappen" (KrV B vii) geratenen Metaphysik als Vorbild dienen kann, um auf den „sicheren Gang einer Wissenschaft" (KrV B XIV; vgl. KrV B XII) zu gelangen. Die Naturwissenschaft soll der Metaphysik dabei als Vorbild in Fragen der Methode dienen. Diese Funktion teilt sie mit Logik und Mathematik. In der *KrV B* (teils auch in den *Prolegomena*) wird dieser methodologische Vorbildcharakter der Naturwissenschaften für die Metaphysik erneut betont. Dies geschieht mit einer gegenüber der vorkritischen Position geänderten Ansicht von naturwissenschaftlicher Methode, was am Begriff des →Experiments verdeutlicht wird (vgl. KrV B viii-xiv; 4:279–297).

1.2 Kant sieht die Naturwissenschaft, wie andere Disziplinen auch, trotz dieser Vorbildfunktion als der Metaphysik dienend an. Die Metaphysik nach dem „Weltbegriff[]" der →Philosophie (KrV A 840 / B 868) sei die Lehre von den höchsten Zwecken und Grenzen der menschlichen Vernunft, und diesen hätten auch wissenschaftliche Untersuchungen zu dienen: „Mathematik, Naturwissenschaft, selbst die empirische Kenntniß des Menschen haben einen hohen Werth als Mittel größtentheils zu zufälligen, am Ende aber doch zu nothwendigen und wesentlichen Zwecken der Menschheit, aber alsdann nur durch Vermittelung einer Vernunfterkenntniß aus bloßen Begriffen, die, man mag sie benennen, wie man will, eigentlich nichts als Metaphysik ist" (KrV A 850 / B 878).

1.3 Kant sieht die Naturwissenschaft von theoretischen und epistemologischen Voraussetzungen getragen, die zur Metaphysik zählen, allerdings nur hinsichtlich eines besonderen Teils einer zudem kritisch gereinigten Metaphysik. Dies erklärt Kant nicht nur in der *KrV* und den *Prolegomena*, sondern führt ein entsprechendes Projekt auch umfassend in den *MAN* durch. Seine sich wandelnden Überlegungen zu Inhalt und Umfang der epistemologisch-metaphysischen Voraussetzungen der Naturwissenschaft sind im Folgenden genauer zu erörtern.

2 *Naturwissenschaft als Wissenschaft: Begriff und Einteilung (KrV A)*

In der vorkritischen Phase benutzt Kant den Terminus ‚Naturwissenschaft' bereits in der *Wahren Schätzung* von 1746–1747 und anderen Schriften (vgl. 1:118; 1:208; 1:211; 1:234; 1:458f., 1:465f.; 2:09; 2:68; 2:135), jedoch ohne Begriffsklärung. Das Wort ist hier noch austauschbar mit Ausdrücken wie ‚Naturforschung' (1:229; vgl. 2:119) oder ‚Naturlehre' (1:20; vgl. 1:60; 1:164; 1:229; 2:142). Erste grundsätzlichere Überlegungen betreffen weniger den Begriff der Naturwissenschaft selbst; sie bestehen eher darin, dass Kant 1762–1763 erstmals den Vorbildcharakter der Naturwissenschaft für die Metaphysik im Blick auf Methodenfragen hervorhebt (vgl. 2:275; 2:286).

Die Begriffsklärung in der kritischen Phase setzt ein mit den erstmals explizierten Bestimmungen des allgemeinen Begriffs der Wissenschaft (vgl. KrV A 832 / B 860) sowie den grundlegenden Unterscheidungen von →Metaphysik der Natur und →Metaphysik der Sitten einerseits sowie →apriorischen und empirischen Erkenntnissen andererseits (vgl. KrV A 846 / B 874). Damit deuten sich schon die eingangs genannten drei Merkmale an. Zwar formuliert Kant in der *KrV A* noch teils einseitig, dass sich in der Naturwissenschaft „alles auf empirische Anschauungen gründet" (KrV A 792 / B 820). Doch der Sache nach ergibt sich bereits die Unterscheidung zwischen reinen und empirischen Naturwissenschaften. Erkennbar ist zudem die These, dass erstere für letztere notwendige Erkenntnisse beinhaltet (vgl. KrV A 848 / B 876).

Der Begriff der Wissenschaft enthält die Forderung nach Systematizität (vgl. KrV A 832 / B 860). Auch die Naturwissenschaften erfordern aus Kants Sicht daher zum einen eine durch eine „Idee" (KrV A 832 / B 860) und ein „*Schema*" (KrV A 833 / B 861) gesteuerte Verbindung und Strukturierung ihrer Erkenntnisse zu einem systematischen „Ganzen" (KrV A 832 / B 860). In der *KrV* geschieht dies für den Fall der Naturforschung über den „*regulativen Gebrauch der Ideen der reinen Vernunft*" (KrV A 642 / B 670; →Idee). Zum anderen müssen sie nach ihrem Gegenstand und der für sie speziellen Erkenntnisart oder Methode (sowie teils noch nach ihren Zwecken) definiert werden (vgl. 4:265; 4:477). Nur so lassen sich die Forschungsbereiche und -aufgaben der einzelnen naturwissenschaftlichen Disziplinen klar voneinander abgrenzen (vgl. Sturm, *Beziehung*, Kap. III).

In der *KrV* wendet Kant diese definitorischen Mittel zur Einteilung der Wissenschaften soweit an, als es für die dort gestellte Aufgabe der Bestimmung der Philosophie und ihrer Teildisziplinen oder, wie er sagt, einer „*Architektonik* aller Erkenntnis aus *reiner Vernunft*" (KrV A 835 / B 863) erforderlich ist. Bezüglich der Naturwissenschaften erklärt er, dass eine Verwandtschaft von Metaphysik und Naturwissenschaften besteht, weil beide „Vernunfterkenntnis" (KrV A 840 / B 868) oder Erkenntnis a priori enthalten – wobei die Metaphysik nur aus solchen Erkenntnissen besteht, während die Naturwissenschaften sowohl derartige als auch empirische Erkenntnisse enthält (KrV A 846ff. / B 874ff.; vgl. KrV A 172 / B 213; Vernunftwissenschaften). Die apriorischen Erkenntnisse der Naturwissenschaften sind demjenigen Teil der Metaphysik zugeordnet, den Kant als die „*Metaphysik der Natur*" (KrV A 841 / B 869) bezeichnet. Die eigentlichen Gegenstände der Naturwissenschaften sind nach seiner Auffassung nur „a posteriori" (KrV A 847 / B 875) erkennbar: Materielle Körper sind uns durch die äußeren Sinne gegeben und machen den Gegenstand der →Physik aus;

die „Seele“ ist dagegen Gegenstand des „inneren Sinnes“ und damit der →Psychologie (KrV A 846 / B 874). Gleichwohl, so Kant, können wir von diesen empirischen Gegenständen „eine Erkenntnis a priori, mithin Metaphysik [...] erwarten [...]: wir nehmen aus der Erfahrung nichts weiter, als was nöthig ist, uns ein Object, theils des äußeren, theils des inneren Sinns zu *geben*“ (KrV A 847f. / B 875f.).

3 Reine Naturwissenschaft als Transzendentalphilosophie? (Prolegomena)

In den *Prolegomena* werden neue, teils jedoch noch verwirrte Überlegungen deutlich, die den Begriff einer *„reine[n]“* (4:280; vgl. 4:294; 4:306f.; 4:322; 4:327) Naturwissenschaft betreffen. Zum einen scheint Kant ihn (bzw. Inhalte dieser Wissenschaft) mit dem Begriff (bzw. bestimmten Inhalten) der Transzendentalphilosophie zu identifizieren. Zum anderen will er Inhalte fernhalten, welche er später zur reinen Naturwissenschaft zählt (vgl. 4:295).

Die fraglichen Überlegungen stehen im Zusammenhang mit der Begründung der These, dass eine Metaphysik als Wissenschaft möglich ist. Kant weist dazu darauf hin, dass es →synthetische Urteile a priori nicht nur in der Metaphysik, sondern auch in unumstrittenen Wissenschaften gibt, nämlich in Mathematik und Naturwissenschaft (vgl. 4:280; KrV B 21). In letzterer sei etwa „diejenige Propädeutik der Naturlehre, die unter dem Titel der allgemeinen Naturwissenschaft vor aller Physik (die auf empirische Principien gegründet ist) vorhergeht, zum Zeugen“ (4:295) zu rufen. Zwei weitere Annahmen führen zum eigentlichen Problem.

Zum einen lehnt Kant es ab, diese „Propädeutik der Naturlehre“ als „ganz rein“ (4:295) zu bezeichnen. Denn es „ist doch auch manches in ihr, was nicht ganz rein und von Erfahrungsquellen unabhängig ist: als der Begriff der *Bewegung*, der *Undurchdringlichkeit* (worauf der empirische Begriff der Materie beruht), der *Trägheit* u. a. m., welche es verhindern, daß sie nicht ganz reine Naturwissenschaft heißen kann“ (4:295). Zum anderen weist Kant auf „wirklich allgemeine Naturgesetze“ (4:295) hin: „Es finden sich aber unter den Grundsätzen jener allgemeinen Physik etliche, die wirklich die Allgemeinheit haben, die wir verlangen, als der Satz: *daß die Substanz bleibt* und beharrt, daß *alles, was geschieht*, jederzeit *durch eine Ursache* nach beständigen Gesetzen vorher *bestimmt sei*, u. s. w“ (4:295) Dies bezieht sich auf die ersten beiden der drei Analogien der Erfahrung, den Grundsatz der Beharrlichkeit der Substanz und den der Kausalität – und wegen der Offenheit der Formulierung womöglich auf alle →Grundsätze des reinen Verstandes aus der *KrV* (KrV A 149ff. / B 188ff.). Kant bezeichnet die Beispiele als „wirklich allgemeine Naturgesetze, die völlig a priori bestehen“ (4:295). Das steht noch nicht in Konflikt mit seinen sonstigen Begriffen von Transzendentalphilosophie und Naturwissenschaft. Hierzu kommt es erst durch die in den *Prolegomena* sofort gezogene Folgerung: „Es giebt also in der That eine reine Naturwissenschaft“ (4:295). Damit werden die Aufgaben von Transzendentalphilosophie und reiner Naturwissenschaft nicht mehr scharf getrennt (vgl. auch die Bezeichnung der Tafel der Grundsätze in den *Prolegomena*, vgl. 4:303; 4:306f.; 4:322 im Gegensatz zu der Charakterisierung der Grundsätze unter Ausschluss der „allgemeinen Naturwissenschaft“ in KrV A 172 / B 213). In der *KrV* stellt Kant die Aufgaben und Resultate der Transzendentalphilosophie oder *„Kritik“* (KrV A 841 / B 869) als nur einen Teil der allgemeinen „Philosophie der reinen Vernunft“ (KrV A 841 / B 869) dar: den, der „nur den *Verstand* und Vernunft selbst in einem System aller Begriffe und Grundsätze“ betrachtet, „ohne Objecte anzunehmen, die *gegeben wären*“ (KrV A 845 / B 873). Dagegen nehme der andere Teil, die *„Metaphysik der Natur“*, einen solchen Gegenstand an: „Natur, d. i. den Inbegriff *gegebener* Gegenstände“ (KrV A 845 / B 873). Dieser werde auch in den Disziplinen der immanenten rationalen Physik und Psychologie näher a priori bestimmt.

Es ergibt sich ein weiteres Problem. Kant behauptet in den *Prolegomena* auch, die „Propädeutik der Naturlehre“ (4:295) gehe „nur auf die Gegenstände äußerer Sinne, also giebt sie kein Beispiel von einer allgemeinen Naturwissenschaft in strenger Bedeutung, denn die muß die Natur überhaupt, sie mag den Gegenstand äußerer Sinne oder den des inneren Sinnes (den Gegenstand der Physik sowohl als Psychologie) betreffen, unter allgemeine Gesetze bringen“ (4:295). Wie sich zeigen wird (Abs. 4.2.), revidiert Kant diese Position nur wenige Jahre später (vgl. Plaass, *Kants Theorie der Naturwissenschaft*, Kap.1; Pollok, *Kants MAN*).

4 Präzisierungen des Begriffs reiner Naturwissenschaft (MAN; KrV B)

In den *MAN* von 1786 werden zwei Positionen der *Prolegomena* und teils auch der *KrV A* umgeworfen. Kant führt erstens eine geschärfte Unterscheidung zwischen Transzendentalphilosophie oder allgemeiner Metaphysik der Natur einerseits und „*reine[r]*" (4:280) Naturwissenschaft (oder eben „*[m]etaphysische[n] Anfangsgründe[n] der Naturwissenschaft*", 4:465) andererseits ein, indem er eine Erweiterung der noch als →a priori aufzufassenden Begriffe und Prinzipien vornimmt. Zweitens argumentiert Kant hier dafür, dass der apriorische Teil der Physik einen ausgezeichneten, wenn nicht sogar einzigen Fall einer reinen Naturwissenschaft darstellt (vgl. 4:467–473; 6:214). Dies ist sachlich jedoch ein unklarer Punkt und wird in dieser Schärfe von Kant auch nicht beibehalten.

4.1 Kant lässt nun Begriffe und Prinzipien zu, welche er zuvor als „nicht ganz rein" (4:295) und darum als der reinen Naturwissenschaft nicht zugehörig bezeichnet hat. So könnten auch „mathematische Physiker metaphysischer Principien gar nicht entbehren und unter diesen auch nicht solcher, welche den Begriff ihres eigentlichen Gegenstandes, nämlich der Materie, a priori zur Anwendung auf äußere Erfahrung tauglich machen, als des Begriffs der Bewegung, der Erfüllung des Raums, der Trägheit usw." (4:472; vgl. KrV B 17f.). Begriffe wie die der →Bewegung oder der Undurchdringlichkeit, und Prinzipien wie das der „Beharrlichkeit derselben Quantität Materie, der Trägheit, der Gleichheit der Wirkung und Gegenwirkung" (KrV B 21 Anm.) werden damit zum wesentlichen Teil reiner Naturwissenschaft. Wie aber soll eine Erkenntnis a priori von Gegenständen möglich sein, deren Begriffe einen teilweise empirischen Gehalt haben?

Kant unterscheidet dazu erstens zwischen allgemeiner und spezieller →Metaphysik der Natur, also einerseits einer Identifikation und Rechtfertigung „transscendentale[r] Principien" der „Natur überhaupt", und andererseits einer auf spezielle „Gattungen der Gegenstände unserer Sinne" (4:470) beschränkten Untersuchung. Zweitens nimmt er an, dass in letzterer die „transscendentale[n] Principien" der allgemeinen Metaphysik „angewandt werden" (4:470) können. Ziel einer solchen Anwendung ist die Gewinnung derjenigen apriorischen Erkenntnisse, die das „Dasein" (4:467) oder die „Natur [...] (formaliter)" (KrV A 418 / B 446 Anm.; vgl. KrV B 165) der fraglichen Gegenstandsart bestimmen; oder, wie Kant schon in *KrV A* andeutet, um „nichts weiter, als was nöthig ist, uns ein Object [...] zu *geben*" (KrV A 848 / B 876). Zugleich ist hier an apriorische Bestimmungen der Gegenstandsbegriffe zu denken, durch die nähere empirische Erkenntnisse und Forschungen in der Naturwissenschaft möglich werden, in Analogie zum transzendentalphilosophischen Prinzip, dass die „Bedingungen a priori einer möglichen Erfahrung überhaupt [...] zugleich die Bedingungen der Möglichkeit der Gegenstände der Erfahrung" sind (KrV A 111). Kant behauptet explizit, dass er die fragliche Anwendung der Kategorien und Prinzipien aus der *KrV* in den *MAN* durchführt (vgl. 4:473–477). So soll sich aus der vierteiligen Kategorienlehre eine Vierteilung der reinen Naturwissenschaft ergeben. Auf die Grundbestimmung der Materie über den Begriff der „Bewegung" (4:472; 21:290) folgt zuerst in der *Phoronomie* (4:480–495; 21:173) eine extensive Bestimmung der Materie als dem „*Bewegliche[n]* im Raum" (4:480; 21:290). Zweitens zielt die *Dynamik* (4:496–535; 21:117) auf eine intensive Bestimmung der „ursprünglich bewegenden Kraft" (4:477; vgl. 21:290) der Materie, wodurch verständlich werden soll, warum materielle Objekte räumlich ausgedehnt sind. Drittens soll *Mechanik* (4:536–553; vgl. 21:292) eine relationale Bestimmung der Materie liefern, wobei insbesondere die drei „Analogien der Erfahrung" (KrV A 176 / B 218) aus der *KrV* durch die physikalischen Grundsätze der Erhaltung der materiellen Substanz bei Veränderungen, das Trägheitsprinzip sowie das Gesetz der Gleichheit von Aktion und Reaktion spezifiziert werden. Schließlich werden in der *Phänomenologie* (4:554–566) die Modalitäten der Urteile über materielle Objekte thematisiert. Im *Op. post.* werden solche Bestimmungsversuche erneut aufgegriffen, um einen engeren „Übergang" (21:285; vgl. Übergang) von der Metaphysik der Natur zur empirischen Physik zu erlangen. So erklärt Kant etwa die Vernunftprinzipien als die Naturwissenschaft überhaupt nach folgenden Hauptschritten begründend: „1.) Metaph. A. Gr. welche die Materie blos als das *Bewegliche* im Raum vorstellt 2.)

Die Aufzählung der ursprünglichen bewegenden Kräfte der Materie, (welche zum Übergang von jenen zur Physik dient) 3.) Die Physik als System selbst" (21:290).

4.2 Im Prinzip kann es aus Kants Sicht eine Vielzahl reiner Naturwissenschaften geben: je nach Art der Gegenstände, die eine „Natur [...] (formaliter)" (KrV A 418 / B 446 Anm.) besitzen und je nach Möglichkeit, für sie entsprechende konstitutive Begriffe und Prinzipien anzugeben. Paradebeispiel hierfür ist die (von Christian Wolff und Alexander Gottlieb Baumgarten übernommene) Unterscheidung zwischen Physik und Psychologie auf der Basis von ontologischen Bestimmungen von Geist und Materie (vgl. 2:397; 4:295). So bezeichnet Kant die rationale Physik als „Metaphysik der körperlichen Natur" und die rationale Psychologie als „Metaphysik der denkenden Natur" – womit er hier bei beiden von „immanente[n]" (KrV A 846 / B 874) Lehren der Metaphysik spricht, um sie vor dem Verdacht einer Überschreitung der Grenzen der Erkenntnis zu schützen (vgl. KrV A 848 / B 876). Noch in einem Schreiben vom September 1785 an Christian Gottfried Schütz erklärt Kant, dass er in den bald erscheinenden *MAN* auch metaphysische Anfangsgründe der „Seelenlehre" (Brief an Schütz vom 13. 9. 1785, 10:406) liefern wolle. Dies stimmt mit seinen vorhergehenden Aussagen überein. Als das Werk jedoch ein halbes Jahr später erscheint, fehlt dieser Teil nicht nur. Kant argumentiert sogar, dass eine solche reine Psychologie nicht (oder genauer: in nur zu geringem Umfang) möglich ist. Daher könne auch die empirische Psychologie keine nennenswerte Naturwissenschaft werden. Ähnliches soll für die Chemie gelten. Solche Disziplinen hätten eher den Status von Naturgeschichten oder Naturbeschreibungen.

Das Argument dafür baut zunächst (1) auf der Forderung auf, dass „*eigentlich[e]*" Naturwissenschaft „apodiktische Gewißheit" (4:469) besitzen muss. (2) Solche Gewissheit sei in Bezug auf Gegenstände der Erkenntnis nur erreichbar, wenn man die „Möglichkeit" (4:470) der Gegenstände a priori erkennen kann. (3) Die Erkenntnis einer solchen „Möglichkeit" (4:470) wiederum ist Kant zufolge in zwei Weisen begründbar: Entweder aus „bloßen Begriffen" oder aber durch „Construction der Begriffe" (4:470), also entweder durch metaphysische oder durch mathematische Verfahrensweisen und Argumente. Während Annahme (1) in *MAN* nicht gerechtfertigt wird und von Kant in dieser Schärfe auch weder zuvor noch später vertreten wird (vgl. Abs. 4.3.), wiederholen (2) und (3) Positionen über die Möglichkeiten und die Basis von reiner Vernunfterkenntnis, die schon in der *KrV* begründet sind (vgl. KrV A 155 / B 194f.; KrV A 713 / B 741; KrV A 837 / B 865).

Kant argumentiert nun nicht etwa, dass die Psychologie keine metaphysischen Grundlagen hat, sondern bezieht sich auf die davon ausdrücklich unterschiedene Annahme, dass für eine Naturwissenschaftlichkeit dieser Disziplin spezielle mathematische Prinzipien erforderlich sind. Damit wählt er wohl die aus zeitgenössischer Sicht weniger problematische Strategie: dass Naturwissenschaft mathematisch sein kann und soll, ist eine verbreitete Auffassung. Die These hingegen, dass metaphysische Prinzipien erforderlich sein sollen, ist umstritten. Kant richtet sie gleichwohl und gerade auch gegen die von ihm als einseitig aufgefasste Position Newtons (vgl. 4:472; 4:479f.).

Während Kant (wie in Abs. 4.1. gezeigt) die Menge der in reinen Naturwissenschaften zulässigen apriorischen Begriffe und Prinzipien von Gegenständen der wissenschaftlichen Erkenntnis dauerhaft erweitert, ist seine Beschränkung des Begriffs der Naturwissenschaft auf den Fall der Physik eher als vorübergehend anzusehen. Erstens hat er seine Auffassungen hinsichtlich der Quantifizierbarkeit der Gesetze der Chemie um 1790 revidiert, vor allem unter dem Einfluss von Antoine Lavoisiers Arbeiten (Carrier, *Kants Theorie der Materie*; Friedman, *Kant and the Exact Sciences*, S. 264–290; Pollok, *Kants MAN*, S. 88–93). Zweitens richtet sich sein Argument hinsichtlich der Psychologie auf Konzeptionen, die das Mentale als allein im → inneren Sinn gegebenen Gegenstand auffassen. Kant argumentiert mit Recht, dass Experimente mit dem Mentalen Kriterien voraussetzen, die typischerweise auch äußere Beobachtungen erfordern (4:471; vgl. KrV B 288–294). Zudem richtet sich Kants Argument gegen den Anspruch der Psychologie auf den Titel einer Naturwissenschaft. Von seiner eigenen → Anthropologie dagegen meint er, dass diese wissenschaftlich, aber nicht naturwissenschaftlich sein kann – da der Mensch als Gegenstand dieser Disziplin keine ‚Natur' im strengen Sinne des Wortes hat (vgl. Sturm, *Beziehung*, Kap. II, IV, VII–VIII).

5 Die Systematik der Naturwissenschaft: Späte Entwicklungen

In den Überlegungen nach der *KrV* und den *MAN* beschäftigt Kant sich wiederholt mit der Frage, wie die Naturwissenschaften systematisch entwickelt werden können (vgl. oben Abs. 2). Die näheren Überlegungen hierzu sind nicht eigentlich definitorischer, sondern methodologischer Art, doch sie belegen sein zunehmend anspruchsvoller werdendes Verständnis der Naturwissenschaften. Zumindest zwei Stränge lassen sich ausmachen.

5.1 Naturwissenschaft und Teleologie (*KU*): Kants Begriff der Naturwissenschaft wird durch seine Überlegungen in der *KU* zwar nicht geändert, doch in wichtigen Hinsichten vertieft und in seinem Anwendungsbereich erweitert. Er betont hier die Aufgabe, die Vielfalt empirischer Naturgesetze in einer jeweiligen Wissenschaft zusammenzufügen. Dieses Problem ergibt sich für Kant daraus, dass wir einerseits eine unverbundene und ungeordnete Vielfalt solcher Gesetze nicht hinnehmen können, und dass andererseits das Vermögen des reinen →Verstandes diese Vielfalt nicht verbinden und ordnen kann: seine Funktion erschöpft sich darin, Gegenstandsbegriffe zu bestimmen und zu rechtfertigen (vgl. 5:179f.). Er schreibt nun der →Urteilskraft – speziell der „reflectirende[n] Urteilskraft" (5:180) – die Aufgabe zu, dieses Problem zu lösen mittels der Einführung eines neuen Prinzips, nämlich dem der *„formalen Zweckmäßigkeit der Natur*" (5:181). (Zur Diskussion über Divergenzen zwischen *KrV* und *KU* vgl. Guyer, *Reason and Reflective Judgment* vs. Kitcher, *Unity*. Zu Kants Auffassungen in der *KU* siehe besonders McLaughlin, *Kritik der teleologischen Urteilskraft*).

Eine Konsequenz hiervon ist, dass Kants Begriff der Naturwissenschaft nicht mit einem mechanistischen Weltbild verbunden ist und auf Disziplinen ausgedehnt wird, die sich mit Organismen, also biologischen Gegenständen, als zweckmäßig eingerichteten Gegenständen beschäftigen. Dabei zielt Kant darauf ab, die Naturwissenschaft von Lasten einer traditionellen Metaphysik zu befreien, diesmal bezüglich der Annahme einer teleologischen Ordnung der Natur. Die →Zweckmäßigkeit der Natur soll nicht als Zeichen eines „göttlichen Zwecks in der Anordnung der Natur" (5:382) gedeutet werden. Die Zweckmäßigkeit der Natur ist vielmehr ein Mittel der Integration naturwissenschaftlicher Gesetze.

5.2 Im *Op. post.* schließlich bemüht Kant sich darum, wie von den metaphysischen Anfangsgründen der Naturwissenschaft eine Brücke zur empirischen Physik geschlagen werden kann. Wie gezeigt (Abs. 4.2.), diskutiert Kant in den *MAN* den Anspruch bestimmter Disziplinen auf den Titel der Naturwissenschaft nicht mittels der These einer Notwendigkeit metaphysischer, sondern mathematischer Anfangsgründe. Wie verhalten sich diese zwei Arten von Prinzipien zueinander? Im *Op. post.* finden sich hierzu neue Überlegungen. So sollen auch mathematische Anfangsgründe eine wichtige Rolle spielen, um die gesuchte Brücke von den metaphysischen Anfangsgründen der Naturwissenschaft zur empirischen Physik zu schlagen. Wir benötigen mathematische Anfangsgründe der Naturwissenschaft, wenn wir das bloß Formale der Bewegung durch mathematische Konstruktion darstellen wollen, d. i. „nach dem *Förmlichen* den Gesetzen der Bewegung derselben als Veränderungen ihrer [der bewegende Kräfte] Örter im Raum (phoronomisch)" (21:352). Daher sollen die mathematischen Anfangsgründe von den physischen oder dynamischen Anfangsgründen abzusondern sein, weil „sie blos das Formale der bewegenden Kräfte enthalten" (21:352). Zugleich erklärt Kant, „nämlich daß es schon *Philosophie* ist sich der Mathematik zum Behuf der N[atur]. W[issenschaft]. zu bedienen denn der αγεωμε—τρητος kann in der Naturwissenschaft keine Fortschritte thun: d. i. kann nicht philosophischer Naturkundiger seyn. Es gehört aber auch Philosophie dazu (zwar nicht durch) die Mathematik auf Physik anzuwenden" (22:486; vgl. 22:430). Solche Bemerkungen legen zumindest die Frage nahe, ob Kant sich um der Präzisierung des Begriffs der Naturwissenschaft willen von einer seit der *KrV A* fest etablierten Unterscheidung von zwei Grundarten der Vernunfterkenntnis verabschiedet. Hier hatte er nämlich behauptet, es gebe einerseits die Erkenntnis a priori „aus Begriffen" (KrV A 837 / B 865) und andererseits die „aus der Construction der Begriffe; die erstere heißt philosophisch, die zweite mathematisch" (KrV A 837 / B 865; zum *Op. post.* vgl. Förster, *Kant's Final Synthesis*; Emundts, *Kants Übergangskonzeption*).

Interpretationslage

Das Interesse an Kants Naturwissenschaftsbegriff ist zuerst besonders durch den Neukantianismus geweckt worden und später unter dem Einfluss des Logischen Empirismus fortgeführt worden (vgl. Cohen, *Kants Theorie der Erfahrung*; Reichenbach, *Relativitätstheorie*). Den Interpreten ging es dabei oft darum, die *KrV* als eine Wissenschaftstheorie zu verstehen, die auf eine Explikation und Rechtfertigung von Voraussetzungen der Mathematik und der exakten Naturwissenschaften in Kants Zeit, besonders der Newtonschen Physik gerichtet ist. Daher wird die *KrV* oft in engen Zusammenhang mit den *MAN* gestellt (Plaass, *Kants Theorie der Naturwissenschaft*; Brittan, *Kant's Theory of Science*; Friedman, *Kant's Construction*).

Es gibt erhebliche Zweifel an solchen Verknüpfungen. Erstens wird bestritten, dass Kant sie wirklich beabsichtigt hat, d. h. dass er gemeint hat, die Transzendentalphilosophie der *KrV* sei erst dann vollendet, wenn auch die metaphysischen Grundlagen der Physik geliefert sind. Zweitens lässt sich einwenden, dass Kant den Aufbau der Transzendentalphilosophie und der metaphysischen Grundlagen der Physik nicht wirklich erfolgreich in strenger Parallele durchführt (Pollok, *Kants MAN*, S. 28–30). Drittens hat Watkins dafür argumentiert, dass Kants *MAN* eigenständige transzendentale Argumente liefert, die als vom Kapitel über die Grundsätze des reinen Verstandes in der *KrV* unabhängig angesehen werden können (Watkins, *Argumentative Structure*). Viertens ist aus mehr empiristischen oder naturalistischen Positionen heraus bestritten worden, dass sich wissenschaftliche Theorien sowie ihr jeweiliger Gegenstandsbereich überhaupt durch einen einheitlichen und gar vollständigen Rahmen von apriorischen konstitutiven Begriffen und Prinzipien bestimmen lassen. Dennoch kann die Bestimmung und Begründung des für eine jeweilige Naturwissenschaft notwendigen Begriffsrahmens eine philosophische Aufgabe sein. Die von Kant formulierte Aufgabe wird in moderater Form bis heute in Form eines relativierten Apriori verteidigt (Reichenbach, *Relativitätstheorie*; Friedman, *Dynamics*).

Ein anderes die Literatur beherrschendes Thema betrifft das Verhältnis zwischen regulativen und →konstitutiven Prinzipien der Wissenschaft. So betont Buchdahl die scharfe Unterscheidung dieser zwei Arten von Prinzipien (Buchdahl, *Metaphysics*). Dagegen argumentiert Friedman, dass auch konstitutive Prinzipien nur relativ gültig seien oder dynamischen, historischen Wissenschaftsentwicklungen unterworfen (Friedman, *Dynamics*). Kitcher wiederum betont die Fruchtbarkeit von Kants Auffassungen über regulative Prinzipien zur Systematisierung der Erkenntnisse einer Naturwissenschaft, etwa im Kontext heutiger Debatten über wissenschaftliche Erklärungen (Kitcher, *Unity*).

Weiterführende Literatur

Adickes, Erich: Kant als Naturforscher (2 Bde.), Berlin u. a.: de Gruyter 1924–1925.

Brittan, Gordon J.: Kant's Theory of Science, Princeton: Princeton University Press 1978.

Friedman, Michael: Kant and the Exact Sciences. Cambridge, MA: Cambridge University Press 1992.

Friedman, Michael: „Philosophy of Natural Science“, in: Guyer, Paul (Hg.): The Cambridge Companion to Kant and Modern Philosophy, Cambridge: Cambridge University Press 2003, 303–341.

Plaass, Peter: Kants Theorie der Naturwissenschaft, Göttingen: Vandenhoeck & Ruprecht 1965.

Pollok, Konstantin: Kants „Metaphysische Anfangsgründe der Naturwissenschaft“, Hamburg: Meiner 2001.

Watkins, Eric (Hg.): Kant and the Sciences, New York: Oxford University Press 2001.

Thomas Sturm / Silvia De Bianchi

Notwendigkeit

Notwendig ist alles, was sich nicht anders verhalten kann. Dabei unterscheidet Kant zwischen der (logischen) Notwendigkeit von Urteilen und der (realen) Notwendigkeit der Existenz von Dingen. Wichtige Stellen: 2:81f.; KrV A 1f.; KrV A 226f.; KrV A 325 / B 381f.; 5:36.

Philosophische Funktion

1 Notwendige Prinzipien

1.1 Der herkömmlichen Definition folgend, versteht Kant unter dem Notwendigen dasjenige, „dessen Gegentheil unmöglich ist“ (2:285; vgl. Baumgarten, *Metaphysica*, § 101). An dieser „Worterklärung" (2:285) hält Kant zeitlebens fest (vgl. KrV A 325 / B 381f.; *Refl.* 5570, 18:236). In der kritischen Philosophie verknüpft er die Notwendigkeit jedoch aufs Engste mit der Allgemeinheit bestimmter Erkenntnisse. Notwendigkeit wird so zu einem Merkmal einer Art von Urteilen. Notwendige und allgemeine Urteile lassen sich nicht aus der Erfahrung schöpfen. Erfahrung „sagt uns zwar, was da sei, aber nicht, daß es nothwendiger Weise so und nicht anders sein müsse. Eben darum giebt sie uns auch keine wahre Allgemeinheit" (KrV A 1). Sollen Erkenntnisse notwendig sein und allgemein gelten, müssen sie unabhängig von der Erfahrung, das heißt → a priori gewonnen werden können. „Nothwendigkeit und strenge Allgemeinheit sind also sichere Kennzeichen einer Erkenntniß a priori und gehören auch unzertrennlich zu einander" (KrV B 4).

Die Notwendigkeit ist kein an den Gegenständen wahrgenommenes Merkmal. Sie entstammt nicht der → Sinnlichkeit, sondern dem → Verstand. Im → Leitfaden-Kapitel der *KrV* (vgl. KrV A 57–68 / B 84–99) listet Kant zwölf logische Funktionen auf, wie der Verstand mehrere Vorstellungen in einem Urteil zur Einheit bringt. Die drei letzten betreffen die Modalität des Urteils. Jedes Urteil ist entweder problematisch oder assertorisch oder apodiktisch. Das apodiktische Urteil ist eines, bei dem man das Bejahen oder Verneinen „als *nothwendig* ansieht" (KrV A 75 / B 100). Dem apodiktischen Urteil entspricht die → Kategorie der „*Nothwendigkeit* – Zufälligkeit" (KrV A 80 / B 106). Alles, was nicht notwendig ist, sondern auch anders oder nicht sein könnte, ist zufällig oder kontingent.

1.2 Notwendig sind für Kant zunächst alle analytischen Urteile (vgl. 4:267). Dazu gehören die in der → Logik enthaltenen Denkgesetze als die „allgemeinen und nothwendigen Regeln des Verstandes" (KrV A 59 / B 83f.; vgl. 9:13).

Notwendig sind sodann die verschiedenen Arten → synthetischer Urteile a priori. Dazu zählen erstens die Grundsätze der → Geometrie; sie sind „a priori gewiß und apodiktisch" (4:281), weil ihre Begriffe etwas bezeichnen, das in der reinen Anschauung „nothwendig angetroffen werden muß" (4:281; vgl. KrV A 24). Synthetische Urteile a priori enthält zweitens die reine → Naturwissenschaft, wenn sie „mit aller derjenigen Nothwendigkeit, welche zu apodiktischen Sätzen erforderlich ist, Gesetze vorträgt, unter denen die Natur steht" (4:294f.; vgl. KrV B 17f.). Drittens wird das moralische Gesetz „als objectiv nothwendig gedacht, weil es für jedermann gelten soll, der Vernunft und Willen hat" (5:36; vgl. KrV A 55 / B 79).

Einen Sonderfall bildet das Geschmacksurteil. Es sagt zwar nichts über die Verfassung seines Gegenstandes, besitzt aber dennoch „*subjective Nothwendigkeit*" (5:237), das heißt „sinnt jedermann Beistimmung an" (5:237). Nicht zu verwechseln ist diese Modalität ästhetischer Urteile mit der gewohnheitsmäßigen Assoziation von Vorstellungen, auf die Hume das Prinzip der Kausalität zurückgeführt hatte und die Kant ebenfalls „subjective[] Nothwendigkeit" nennt (KrV B 127; vgl. 4:257f.).

1.3 Kants These von der Apriorität notwendiger Urteile hat Saul Kripke zurückgewiesen. Ihm zufolge handelt es sich bei wissenschaftlichen Wesensaussagen um notwendige Urteile a posteriori. Es steht freilich zu vermuten, dass der Essentialismus Kripkes auf grundsätzlich anderen Voraussetzungen ruht als die transzendentale Analytik Kants (vgl. Wendel, *Notwendigkeit*).

Eine besondere Schwierigkeit der Interpretation ergibt sich ferner aus dem → Schema der Notwendigkeit, das Kant als „das Dasein eines Gegenstandes zu aller Zeit" (KrV A 145 / B 184) angibt. Denn einerseits ist diese Regel schwer von dem Schema der → Substanz zu unterscheiden; andererseits scheint sie auszuschließen, dass es sich bei der zu einem bestimmten Zeitpunkt eintretenden Wirkung einer Ursache um etwas Notwendiges handelt. Doch welche Arten von Gegenständen oder Gegebenheiten kämen dann als notwendig in Betracht?

2 Das Notwendige in der Natur

2.1 Von der Notwendigkeit eines Urteils unterscheidet Kant die „absolute Realnothwendigkeit" (2:82) oder notwendige Existenz von Dingen (vgl. 2:82; *Refl.* 5570, 18:236). Während die absolute Notwendigkeit nur von Gott behauptet werden kann (siehe unten), liegt in der Welt der Erfahrung „materiale Nothwendigkeit im Dasein" vor, wenn etwas aus einer gegebenen Ursache „nach Gesetzen der Causalität" als Wirkung folgt (KrV A 226f. / B 279). Dem entspricht die herkömmliche Unterscheidung zwischen dem absolut oder innerlich und dem hypothetisch Notwendigen (vgl. *Refl.* 4033, 17:391; Baumgarten, *Metaphysica*, § 102).

Die hypothetische Notwendigkeit ist das Kennzeichen der „Natur (im empirischen Verstande)" (KrV A 216 / B 263), die Kant als „den Zusammenhang der Erscheinungen ihrem Dasein nach nach nothwendigen Regeln, d. i. nach Gesetzen" definiert (KrV A 216 / B 263). In der →Natur gilt das Prinzip: „Dessen Zusammenhang mit dem Wirklichen nach allgemeinen Bedingungen der Erfahrung bestimmt ist, ist (existirt) *nothwendig*" (KrV A 218 / B 266; →Postulate des empirischen Denkens). Obwohl er von „Bedingungen der Erfahrung" in der Mehrzahl spricht (KrV A 218 / B 266), schränkt Kant die Notwendigkeit der Existenz auf die Erkenntnis „der Wirkungen aus gegebenen Ursachen nach Gesetzen der Causalität" ein (KrV A 227 / B 279). Dabei denkt er offenbar nur an den transzendentalen Grundsatz der Zeitfolge sowie die von ihm abhängigen „empirischen Gesetze[] der Causalität" (KrV A 227 / B 280) und übergeht, wie in der Forschung bisweilen kritisch vermerkt wurde, die Gesetze der Wechselwirkung sowie mögliche andere Gesetze der Natur.

2.2 Die kantische Konzeption der →Kausalität führt zu einem Widerstreit zwischen Natur und →Freiheit. Sobald gewisse Bedingungen gegeben sind, tritt die gesetzmäßige Wirkung ein. Ausnahmen lässt die Natur nicht zu. „Alles, was geschieht, ist hypothetisch nothwendig" (KrV A 228 / B 280). Daraus ergibt sich die These: „Es ist keine Freiheit, sondern alles in der Welt geschieht lediglich nach Gesetzen der Natur" (KrV A 445 / B 473; →Antinomie der reinen Vernunft).

Vereinbaren lassen sich Natur und Freiheit nur unter der Voraussetzung der Unterscheidung zwischen der →Erscheinung und dem →Ding an sich (→Idealismus, transzendentaler). Ihr entsprechend gibt es zwei Arten von Kausalität. Während die „*Causalität* der Erscheinungen auf Zeitbedingungen beruht" (KrV A 532 / B 560), liegt die „intelligibele Ursache [...] außer der Reihe [...] der empirischen Bedingungen" (KrV A 537 / B 565). Auf diese Weise rechtfertigt Kant die Möglichkeit der Freiheit als eines Vermögens, „eine Reihe von Begebenheiten von selbst anzufangen" (KrV A 554 / B 582), und verbindet sie zugleich mit der Annahme einer allgemeinen Naturnotwendigkeit (vgl. KrV A 538–558 / B 566–586).

Die Auflösung der Antinomie und Kants Behauptung der „*Möglichkeit der Causalität durch Freiheit in Vereinigung mit dem allgemeinen Gesetze der Naturnothwendigkeit*" (KrV A 538 / B 566) haben eine Fülle von Diskussionen ausgelöst. In jüngerer Zeit, vor allem im Anschluss an die Handlungstheorie Donald Davidsons, findet Kants Lösung wieder mehr Verteidiger (vgl. Hudson, *Kant's Compatibilism*).

2.3 Die Notwendigkeit stellt die Freiheit nicht nur auf theoretischem, sondern auch auf praktischem Gebiet in Frage. Insofern das spontane Handeln dem Sittengesetz untersteht, scheint dessen objektive Notwendigkeit die der Natur abgerungene Freiheit wieder aufzuheben. Für Kant ist indes niemand anderes als das vernünftige Wesen selbst der Urheber des moralischen Gesetzes. „[Also] ist ein freier Wille und ein Wille unter sittlichen Gesetzen einerlei" (4:447).

Das bedeutet nicht, dass der Mensch in jedem Fall gezwungen wäre zu tun, was das Sittengesetz vorschreibt. Der →Wille ist „seiner Natur nach" den sittlichen Gesetzen „nicht nothwendig folgsam" (4:413). Vollbringt er dennoch Handlungen, „die objectiv als nothwendig erkannt werden", wird er „durch Gründe der Vernunft" dazu bestimmt (4:413).

3 Das notwendige Wesen

3.1 Handelt es sich bei dem Verhältnis von Ursache und Wirkung um eine bedingte Notwendigkeit, ringt Kant außerdem zeitlebens um den Begriff des absolut Notwendigen. Bereits in der Habilitationsschrift von 1755 spricht er von einem Seienden, dessen Existenz seiner eigenen und aller Dinge Möglichkeit vorangeht (vgl. 1:395). Im *Beweisgrund* entfaltet Kant sein Argument. Um etwas Mögliches, zum Beispiel ein Dreieck, denken zu können, genügt nicht, dass es formal frei ist von Widersprüchen, sondern es muss überhaupt das „Materiale zu irgend etwas Denklichem" geben (2:78). Würde alles Dasein aufgehoben, entfiele auch alle Möglichkeit. Es gibt also einen „Realgrund" alles Denkbaren (2:79). „Dasjenige aber, dessen Aufhebung oder Verneinung alle Möglichkeit vertilgt, ist schlechterdings nothwendig. Demnach existirt etwas absolut nothwendiger Weise" (2:83). Dieses notwendige Wesen bestimmt Kant sodann als „das realste unter allen möglichen" (2:85; →Gott). Wie er in der Untersuchung über die Deutlichkeit der Grundsätze der natürlichen Theologie und der Moral noch einmal herausstellt, bildet der Begriff des schlechterdings notwendigen Wesens die Grundlage der natürlichen →Theologie (vgl. 2:296f.).

3.2 Während Kant in der vorkritischen Zeit einen theoretischen Beweis des Daseins Gottes für möglich hielt, gibt er seine Überzeugung später auf. In der *KrV* nimmt er seine bereits im *Beweisgrund* vorgetragenen Einwände gegen die herkömmlichen →Gottesbeweise wieder auf und entwickelt sie zu einer umfassenden Kritik der Ontotheologie. Unter dem Titel eines ‚ontologischen Beweises' kritisiert Kant zunächst den Schluss von dem bloßen Begriff eines notwendigen Wesens auf dessen Existenz. Ihm liege die Verwechslung der (logischen) Notwendigkeit von Urteilen mit der (realen) Notwendigkeit des Daseins eines bestimmten Dinges zugrunde. Werde das Prädikat eines notwendigen Urteils zusammen mit dem Subjekt aufgehoben, entstehe kein Widerspruch (vgl. KrV A 592–596 / B 620–624).

Gleichwohl ist der Begriff des notwendigen Wesens keine willkürliche Erdichtung, sondern er entspringt der Natur der →Vernunft, von dem gegebenen Bedingten stets zurückzugehen auf seine Bedingungen und nicht eher stehen zu bleiben, als bis sie das →Unbedingte erreicht hat. Im Antinomien-Kapitel erörtert Kant die Annahme eines schlechthin notwendigen Wesens, von dem die Reihe der Veränderungen in der →Welt abhängt. Dabei gerät die Vernunft in einen Widerstreit mit sich selbst, denn einerseits muss das Unbedingte dem durch es Bedingten in der →Zeit vorangehen und mithin zur Reihe der Weltbegebenheiten gehören; gerade das aber widerspricht andererseits dem Grundsatz der Zeitfolge, wonach nichts geschieht ohne eine Ursache (vgl. KrV A 452–461 / B 480–489). Kant löst das kosmologische Problem durch die Unterscheidung zwischen den „Dinge[n] der Sinnenwelt" (KrV A 560 / B 588), die „zufällig sind, mithin auch immer nur empirisch bedingte Existenz haben" (KrV A 560 / B 588), und dem „unbedingt nothwendige[n] Wesen" als der „nichtempirischen" oder „intelligibelen Bedingung" der Reihe des Bedingten (KrV A 560 / B 588).

3.3 Der transzendentale Idealismus sichert freilich nicht mehr als die Möglichkeit, dass das notwendige Wesen existiert. Was hingegen das „kosmologische Argument" betrifft, das „aus der Zufälligkeit der Weltzustände" auf das Dasein Gottes schließt (KrV A 457 / B 485), findet Kant darin „ein ganzes Nest von dialektischen Anmaßungen" (KrV A 609 / B 637). So gilt unter anderem der transzendentale Grundsatz der Kausalität nur in der Sinnenwelt (vgl. KrV A 609 / B 637). Noch schwerer wiegt, dass uns die Prädikate fehlen, um den Begriff des notwendigen Wesens weiter zu bestimmen. Kant zufolge laufen sowohl der ontologische als auch der kosmologische Beweis auf den Versuch hinaus, in dem notwendigen Wesen das realste Wesen, also Gott, zu erkennen. Da beide Wege misslingen, bleibt der Begriff des notwendigen Wesens theoretisch problematisch (vgl. 5:142; 5:402).

Stattdessen deutet Kant bereits in *KrV A* die Möglichkeit eines moralischen Arguments an: „Da es praktische Gesetze giebt, die schlechthin nothwendig sind (die moralische), so muß, wenn diese irgend ein Dasein als die Bedingung der Möglichkeit ihrer *verbindenden* Kraft nothwendig voraussetzen, dieses Dasein *postulirt* werden, darum weil das Bedingte, von welchem der Schluß auf diese bestimmte Bedingung geht, selbst a priori als schlechterdings nothwendig erkannt wird" (KrV A 633f. / B 661f.). Das spätere Postulat des Daseins Gottes in der *KpV* und der moralische Beweis in der *KU* gründen freilich nicht unmittelbar in der Verbindlichkeit des Sittengesetzes, sondern in der Annahme eines höchsten Guts und Endzwecks.

Weiterführende Literatur

Colonnello, Pio: „Über den Begriff der Notwendigkeit in Kants Analytik der Grundsätze", in: Kant-Studien 80, 1989, 48–62.

Motta, Giuseppe: Kants Philosophie der Notwendigkeit, Frankfurt/M.: Lang 2007.

Schneeberger, Guido: Kants Konzeption der Modalbegriffe, Basel: Verlag für Recht und Gesellschaft 1952.

Watkins, Eric / Fisher, Mark: „Kant on the Material Ground of Possibility: From The Only Possible Argument to the Critique of Pure Reason", in: Review of Metaphysics 52, 1998, 369–395.

Wendel, Hans Jürgen: „Apriorische Einsicht und metaphysische Notwendigkeit. Eine Auseinandersetzung mit Kripkes Kant-Kritik", in: Kant-Studien 82, 1991, 63–80.

Georg Sans

Noumenon/ Phaenomenon

Die Ausdrücke ‚Noumenon' und ‚Phaenomenon' verwendet Kant dazu, Gegenstände danach einzuteilen, vermittels welcher Erkenntnisvermögen man sich auf sie beziehen kann. Phaenomena, von Kant auch „Sinnenwesen" genannt (KrV B 306; vgl. KrV B 308; 4:315; 8:210), sind Gegenstände sinnlicher Anschauung; Noumena, von Kant auch „Verstandeswesen" genannt (KrV B 306; vgl. KrV B 308; 4:315; 4:332; 4:355; 8:210), sind Gegenstände des Verstandes. Da man sich laut Kant auch auf sinnlich wahrgenommene Gegenstände nur durch ein Zusammenspiel von Sinnlichkeit und Verstand beziehen kann, sollte man genauer sagen, dass Phaenomena Gegenstände der Sinne und des Verstandes sind; sie sind „Erscheinungen, so fern sie als Gegenstände nach der Einheit der Kategorien gedacht werden" (KrV A 248). Noumena dagegen sind Gegenstände, die „bloß durch den Verstand gedacht" werden und „die gar nicht Objecte unserer Sinne sind" (KrV B 306). Ferner unterscheidet Kant in der *KrV* zwischen einer *negativen* und einer *positiven* Bedeutung des Ausdrucks ‚Noumenon', wobei ein Noumenon in negativer Bedeutung ein Ding ist, das nicht Gegenstand sinnlicher Anschauung ist, ein Noumenon in positiver Bedeutung hingegen ein Ding, das Gegenstand einer nicht-sinnlichen Anschauung ist (vgl. KrV B 307ff.; KrV A 252; KrV A 255f. / B 311f.; KrV A 286f. / B 342f.). Weitere wichtige Stellen: 2:392–398; 2:410–419; KrV B XXV; KrV A 235ff. / B 295ff.; KrV A 249; KrV A 254ff. / B 310ff.; KrV A 269 / B 325; KrV A 279f. / B 335f.; KrV A 285ff. / B 341ff.; KrV B 423; KrV B 430; KrV A 538ff. / B 566ff.; 4:354; 5:6; 5:54f.; 5:114; 5:134ff.; 5:254f.; 6:418–423; 6:439 Anm.; 8:207f.; 8:215f.; 18:221; 18:230f.; 21:418f.; 22:24–46; 22:94; 22:414ff.; 23:36.

Philosophische Funktion

1 Die Unterscheidung in der vorkritischen Philosophie

1.1 Die Unterscheidung zwischen Phaenomena und Noumena taucht bei Kant zum ersten Mal in seiner Dissertation *De mundi* auf. Sie ist eine Konsequenz der dort vertretenen These, dass sich der Verstand und die Sinne nicht, wie Leibniz und Wolff annahmen, dadurch unterscheiden, dass durch sie dieselben Dinge mit einem unterschiedlich hohen Grad an Deutlichkeit erkannt werden (vgl. 2:394f.), sondern dass man vermittels dieser beiden Vermögen von einem jeweils anderen Bereich von Gegenständen bzw. Aspekten der Welt Wissen erlangt. Die Sinnlichkeit ist das Vermögen eines Subjekts, durch das es möglich ist, dass „sein Vorstellungszustand von der Gegenwart irgendeines Objekts auf bestimmte Weise affiziert wird" (2:392). Da die Weise, wie sich der Zustand des Subjekts durch den Gegenstand verändert, auch von der Beschaffenheit des Subjektes selbst abhängt und deswegen bei verschiedenen Subjekten verschieden sein kann, sind sinnliche Vorstellungen bloß „Vorstellungen der Dinge [...], *wie sie erscheinen*" (2:392). Dagegen erkennt man durch den Verstand die Dinge „*wie sie sind*" (2:392), d. h. dasjenige an ihnen, was nicht durch die Sinne repräsentiert werden kann. Was durch die Sinne repräsentiert werden kann, heißt Phaenomenon; was ausschließlich in den Gegenstandsbereich des Verstandes fällt, Noumenon. Noumena haben anders als Phaenomena keine raum-zeitlichen Eigenschaften. Da → Raum und → Zeit keine subjektunabhängigen Gegenstände oder Eigenschaften von Gegenständen sind, sondern bloß Formen, denen gemäß der menschliche Geist sinnlich Wahrgenommenes ordnet (vgl. 2:398; 2:400; 2:403), kommen raum-zeitliche Eigenschaften den Dingen nicht an sich zu, sondern nur insofern sie uns erscheinen – oder anders: Es sind Eigenschaften von Dingen, so wie sie uns erscheinen, d. h. von Phaenomena. Bei der wissenschaftlichen Erkenntnis von Phaenomena, etwa in Disziplinen wie der Physik oder der empirischen Psychologie (vgl. 2:397f.), ist der Verstand in seinem „logischen Gebrauch" („*usus logicus*") (2:393) beteiligt, indem er sinnlich gegebene Vorstellungen in Urteilen und Schlüssen einander über- und unterordnet (vgl. 2:393f.). Noumena kann man deswegen erkennen, weil es neben dem logischen auch einen realen Gebrauch („*usus realis*", 2:293) des Verstandes gibt, durch den Begriffe nicht nur miteinander verglichen werden, sondern bestimmte Begriffe – und zwar Begriffe wie „Dasein", „Notwendigkeit", „Substanz" und „Ursache" (2:395), also diejenigen, die Kant in der *KrV* → Kategorien nennen wird – selbst hervorgebracht werden (vgl. 2:393) und deswegen subjektunabhängige Aspekte der Welt, d. h. die Dinge, wie sie sind, repräsentieren.

1.2 Verstandeserkenntnis hat einerseits einen negativen „elenktischen" („*elencticus*"), andererseits einen positiven „dogmatischen" („*dogmaticus*") Zweck (vgl. 2:395). Der elenktische Zweck besteht in der Vermeidung des Fehlers, Eigenschaften, als die habend uns die Dinge erscheinen, wenn wir sie sinnlich wahrnehmen, für Eigenschaften der Dinge selbst zu halten und anzunehmen, dass die Grundsätze, die für Phaenomena gelten, auch auf Noumena zutreffen (vgl. 2:395; 2:411f.) – zum Beispiel der Grundsatz, dass sich alles, was existiert, in Raum und Zeit befindet, eine Annahme, die zu unsinnigen Fragen wie der nach dem Ort der Seele oder der zeitlichen Existenz Gottes führt (vgl. 2:413ff.). Der dogmatische Zweck des Verstandesgebrauchs besteht darin, dass man – etwa in Disziplinen wie der Ontologie, rationalen Psychologie oder Moralphilosophie – allgemeine Grundsätze erkennt, die für Noumena gelten (vgl. 2:395f.). Diese Erkenntnis ist möglich, obwohl wir keine Anschauung von Noumena haben (vgl. 2:396; 2:413). Da allerdings „*alles, was durch gar keine Anschauung erkannt werden kann,* [...] *völlig undenkbar* und also unmöglich [ist]" (2:413), muss man annehmen, dass Noumena mögliche Gegenstände einer rein intellektuellen, d. h. nicht-sinnlichen Anschauung sind, auch wenn wir selbst nicht über diese verfügen (vgl. 2:413). Kants Begriff eines Noumenons in seiner Dissertation ist also der, den er in der *KrV* als Begriff eines Noumenons in positiver Bedeutung bezeichnet. Man sollte beachten, dass Kant mit der Rede vom „*mundus sensibilis atque intelligibilis*" (2:385) im Titel seiner Dissertation nicht von einer sinnlich wahrnehmbaren und einer davon unterschiedenen durch den Verstand erkennbaren Welt spricht, sondern von einer einzigen Welt, auf die wir uns auf verschiedene Weise epistemisch beziehen können. Eine Welt ist ein „Ganze[s], das kein Teil ist" (2:387), wobei die Teile nur Substanzen sein können (vgl. 2:389). Da der Begriff einer Substanz niemals Teil einer sinnlichen Vorstellung sein kann (vgl. 2:395), Phaenomena aber wesentlich etwas sind, das durch die Sinne repräsentiert wird, wäre es widersinnig, von einer eigenen Welt von Phaenomena zu sprechen. Richtiger ist die Beschreibung, dass es eine Welt von Substanzen (Noumena) gibt, und dass uns einige dieser Substanzen auch sinnlich erscheinen können. Phaenomena nennt man diese Substanzen, insofern man ihnen diejenigen Eigenschaften zuspricht, als die habend sie uns sinnlich erscheinen (vgl. 2:392; 2:394; 2:397f.); außerdem kann man auch diese Eigenschaften selbst, z. B. Raum und Zeit, Phaenomena nennen (vgl. 2:391). Folgerichtig wählt Kant auch die Formulierung „Welt [...] als Phänomenon betrachtet, d. i. in Bezug auf die Sinnlichkeit der menschlichen Erkenntniskraft" (2:398; vgl. 2:404), er spricht von dem „*Verhältnis aller Substanzen* [...], *das anschaulich betrachtet Raum heißt*" (2:407; vgl. 2:409f.) und er bestreitet nicht, dass es Substanzen und deren Akzidenzen sind, die uns z. B. als zeitlich strukturiert erscheinen (vgl. 2:400), sondern nur, dass wir ein „Noumenon als ein solches" (2:396), d. h. so, wie es an sich selbst ist, sinnlich erfassen können.

2 Die Unterscheidung in der kritischen Philosophie

2.1 Schon in seinem Brief an Marcus Herz von 1772 macht Kant sich den Einwand, sich „in der *dissertation* damit begnügt [zu haben] die Natur der *intellectual* Vorstellungen blos *negativ* auszudrüken: daß sie nemlich nicht *modificationen* der Seele durch den Gegenstand wären", die Frage aber, wie „eine Vorstellung die sich auf einen Gegenstand bezieht ohne von ihm auf einige Weise *afficirt* zu seyn möglich" sei, „mit Stillschweigen" übergangen zu haben (10:130f.). Laut der *KrV* ist eben dies gar nicht möglich. Der in der Dissertation so genannte *reale* Gebrauch des Verstandes, d. h. die Verwendung von dem Verstand entstammenden Begriffen wie *Dasein, Notwendigkeit, Substanz* und *Ursache* kann nur dann zu Erkenntnis führen, wenn wir diese Begriffe auf Gegenstände anwenden, von denen wir affiziert werden, d. h. auf Gegenstände unserer Anschauung oder Phaenomena. Zudem repräsentieren diese Begriffe in ihrem zulässigen Gebrauch – als *schematisierte* Kategorien (→ Schema) – anschauliche Aspekte dieser Gegenstände, der Begriff *Substanz* z. B. Beharrlichkeit im zeitlichen Wandel oder der Begriff *Notwendigkeit* das Dasein zu allen Zeiten (vgl. KrV A 142ff. / B 182ff.). Das Beharrliche wird deswegen „*substantia phaenomenon*", die Ewigkeit „*necessitas phaenomenon*" genannt (KrV A 146 / B 186). Schließlich gelten auch die mit den Verstandesbegriffen einhergehenden Grundsätze nur von Phaenomena, und wir erkennen Gegenstände deswegen immer nur so, wie sie uns sinnlich erscheinen, nie so, wie sie an sich selbst sind (→Ding an sich).

2.2 Auch wenn wir der *KrV* zufolge keine theoretische Erkenntnis von Noumena haben, verliert der Begriff von ihnen auch in der kritischen Phase von Kants Denken nicht ganz seine philosophische Bedeutung. Um diese zu charakterisieren, unterscheidet Kant nun zwischen einer zulässigen negativen und einer unzulässigen positiven Bedeutung des Ausdrucks Noumenon (vgl. KrV B 307ff.; KrV A 252; KrV A 255f. / B 311f.; KrV A 286f. / B 342f.). Ein „Noumenon in *negativem* Verstande" ist ein Ding „*so fern es nicht Object unserer sinnlichen Anschauung* ist" und „wir von unserer Anschauungsart desselben abstrahiren" (KrV B 307), d. h. ein Verstandesgegenstand, auf den wir uns rein begrifflich beziehen. Da man sich laut Kant durch Begriffe ohne Anschauung nie auf wirkliche Gegenstände beziehen kann, wir aber nur über sinnliche Anschauung verfügen, sind Noumena im negativen Verstande bloße „Gedankendinge" (KrV A 290ff. / B 347f.; vgl. 22:31f.; 22:36; 22:414ff.), d. h. interne Repräsentationsgegenstände nicht-widersprüchlicher Begriffe, und der Begriff des Noumenons wird in dieser Bedeutung bloß „problematisch" verwendet, d. h. als Begriff, „der keinen Widerspruch enthält, [...] dessen objective Realität aber auf keine Weise erkannt werden kann" (KrV A 254 / B 310; vgl. KrV A 256 / B 311; KrV A 286 / B 343). Ein „Noumenon in *positiver* Bedeutung" ist dagegen ein „*Object einer nichtsinnlichen Anschauung*", für das „wir eine besondere Anschauungsart an[nehmen], nämlich die intellectuelle, die aber nicht die unsrige ist" (KrV B 307; vgl. KrV B 308; KrV A 287 / B 344). Noumena in positiver Bedeutung – in der *KrV A* nennt Kant diese auch „intelligibilia" bzw. „Noumena" ohne weiteren Zusatz (KrV A 29) – sind also Gegenstände eines anschauenden Verstandes. Da man nur wirklich existierende Gegenstände anschauen kann, wären Noumena in positiver Bedeutung mehr als begriffsimmanente Gedankendinge, und der Bezug auf Noumena in positiver Bedeutung wäre deswegen nicht bloß problematisch, sondern „*assertorisch*" (KrV A 255 / B 310). Weil wir nicht wissen können, ob es einen anschauenden Verstand gibt, sondern von einem solchen Verstand wiederum nur einen problematischen Begriff haben (vgl. KrV A 287 / B 344), sind wir nicht zu der Annahme berechtigt, dass es Noumena in positiver Bedeutung gibt. Die Verwendung des negativen Begriffs eines Noumenons ist dagegen nicht nur zulässig, sondern für die Transzendentalphilosophie unvermeidlich, denn es liegt „schon in unserm Begriffe, wenn wir gewisse Gegenstände als Erscheinungen Sinnenwesen (*Phaenomena*) nennen, indem wir die Art, wie wir sie anschauen, von ihrer Beschaffenheit an sich selbst unterscheiden: daß wir entweder eben dieselbe nach dieser letzteren Beschaffenheit, wenn wir sie gleich in derselben nicht anschauen, oder auch andere mögliche Dinge, die gar nicht Objecte unserer Sinne sind, als Gegenstände, bloß durch den Verstand gedacht, jenen gleichsam gegenüber stellen und sie Verstandeswesen (*Noumena*) nennen" (KrV B 306). Kant unterscheidet hier zwei Fälle von Gedanken von Noumena (vgl. insbes. *Refl.* CXXXI, 23:36): Erstens haben wir den Gedanken von einem Noumenon, wenn wir im Falle eines Phaenomenons, d. h. eines Gegenstandes unserer sinnlichen Anschauung, von all dessen sinnlich erfahrbaren Eigenschaften abstrahieren und einen Begriff von diesem Gegenstand bilden, so wie er an sich selbst und insofern er nicht Gegenstand unserer sinnlichen Anschauung ist (in der *KrV A* spricht Kant in diesem Fall statt von einem Noumenon auch vom „transscendentale[n] Object", KrV A 250). Da wir, um Gegenstände unserer Anschauung als Erscheinungen beschreiben zu können, als Kontrastbegriff den Begriff von diesen Gegenständen, insofern sie nicht Gegenstände unserer sinnlichen Anschauung sind, haben müssen, ist Kants „Lehre von der Sinnlichkeit [...] zugleich die Lehre von den Noumenen im negativen Verstande" (KrV B 307). Zweitens können wir den Begriff von Verstandeswesen bilden, „auf welche unser sinnliches Anschauungsvermögen gar keine Beziehung hat" (KrV B 309). So haben z. B. die „transscendente[n] Ideen [...] einen bloß intelligibelen Gegenstand", welcher aber „ein bloßes Gedankending ist" (KrV A 565f. / B 593f.). Zu der Annahme, dass ein Begriff wie der von Gott nicht nur ein Gedankending, sondern einen wirklichen Gegenstand repräsentiert, sind wir allenfalls in moralischer Hinsicht gerechtfertigt (vgl. 6:439).

2.3 Durch die erste der beiden im letzten Abschnitt erwähnten Verwendungen des Begriffes eines Noumenons in negativer Bedeutung ergibt sich eine Überschneidung dieses Begriffes mit dem von →Dingen an sich, denn diese können nicht sinnlich wahrgenommen, sondern nur durch den Verstand gedacht werden. Die Verwendung ist deswegen in der Kantrezeption genauso problematisiert worden wie die kantische Lehre vom Ding an sich. Es drängen sich vor allem zwei Fragen auf: Die erste Frage betrifft das Verhältnis, das bei dieser Verwendung zwischen Noumena in negativer Bedeutung und Phaenomena angenommen wird. Wenn wir auf den Begriff eines Noumenons dadurch kommen, dass wir im Falle eines Gegenstandes unserer sinnlichen Anschauung von all dessen sinnlich erfahrbaren Eigenschaften abstrahieren, dann scheint die Annahme naheliegend, dass in diesem Fall Noumena in negativer Bedeutung mit Phaenomena numerisch identisch sind (besonders gute Belege für diese Interpretation finden sich in 22:26f.; 23:35). Wir nennen Phaenomena in diesem Sinne Noumena, wenn wir sie auf eine bestimmte Weise betrachten. Diese Annahme wird besonders von Anhängern einer *zwei Aspekte*-Interpretation von Kants Unterscheidung zwischen Dingen an sich und Erscheinungen vertreten (vgl. Allison, *Kant's Transcendental Idealism*; Willaschek, *Affektion*). Aus der Identitätsannahme folgt allerdings gemäß dem Satz von der Ununterscheidbarkeit des Identischen, dass so verstandene Noumena alle Eigenschaften haben, die auch Phaenomena haben, nur dass wir von diesen Eigenschaften absehen, wenn wir sie als Noumena bezeichnen. Wer meint, dass sich diese Annahme nicht mit der kantischen Behauptung verträgt, dass (soweit wir es wissen können) Noumena in negativer Bedeutung nicht kategorial verfasst sind, d. h. zum Beispiel nicht Substanzen sind, die in kausalen Wechselwirkungsverhältnis zueinander stehen (vgl. KrV B 307f.), der wird dagegen annehmen, dass Phaenomena und Noumena in jeder möglichen Bedeutung numerisch verschieden sind (vgl. Guyer, *Claims of Knowledge*; Van Cleve, *Problems*). Eine dritte Interpretationsmöglichkeit eröffnet sich durch eine Variante einer *zwei Aspekte*-Lesart, der zufolge die zulässige Unterscheidung zwischen Phaenomena und Noumena auf ein Unterscheidung von zwei verschiedenen Arten von Eigenschaften derselben Gegenstände hinausläuft (vgl. dazu z. B. Rosefeldt, *Dinge an sich*), nämlich – wie Kant selbst schreibt – zwischen der „Art, wie wir sie anschauen", d. h. subjektabhängigen Eigenschaften, und „ihrer Beschaffenheit an sich selbst" (KrV B 306; →Intelligible, das). Kategorien wären dann in dem Sinne nicht auf Noumena anwendbar, dass nur der Gebrauch schematisierter Kategorien zulässig ist, diese aber selbst subjektabhängige Eigenschaften von Gegenständen repräsentieren, Eigenschaften wie Beharrlichkeit oder Immersein.

Zweitens wirft Kants Gebrauch des Begriffes eines Noumenons im Zuge seiner Aussagen zu Dingen an sich die Frage auf, ob er nicht mehr über solche Noumena behaupten muss, als es im Rahmen seiner kritischen Philosophie zulässig ist. Wenn Kant zum Beispiel zu der Annahme gezwungen wäre, dass Noumena uns affizieren müssen, damit wir etwas wahrnehmen können, würde er selbst – da Affektion eine kausale Relation ist – die unschematisierte Kategorie der Kausalität auf etwas anwenden. Im Rahmen einer *zwei Aspekte*-Interpretation kann man auf diese Schwierigkeit durch die Annahme reagieren, dass es Phaenomena sind, die uns als in Raum und Zeit existierende Subjekte affizieren, dass wir aber einen Begriff davon bilden können, wie erstens diese affizierenden Phaenomena, zweitens wir selbst, und drittens die Relation der Affektion an sich selbst beschaffen sind. Bei allen dreien können wir also wenigstens in Gedanken davon abstrahieren, wie sie uns sinnlich erscheinen, ohne dass wir durch diese Gedanken etwas erkennen würden (vgl. Willaschek, *Affektion*, S. 216ff.; für eine alternative Lösung vgl. Rosefeldt, *Dinge an sich*). Allerdings muss auch (und gerade) ein Vertreter einer *zwei Aspekte*-Interpretation annehmen, dass wir erkennen, dass Noumena in negativer Bedeutung wirklich existieren – schließlich sind diese Noumena ja identisch mit Phaenomena; es fragt sich, wie dies mit ihrem Status von bloßen Gedankendingen vereinbar ist. Eine Antwort könnte lauten: Wenn wir im Falle eines Gegenstandes unserer Anschauung von all dessen raum-zeitlichen Eigenschaften abstrahieren, können wir nicht anders, als uns das, was übrig bleibt, immer noch mit Hilfe der (nun unschematisierten) Kategorien vorzustellen. Wir haben also nicht nur einen Begriff von irgendetwas, das auch unabhängig davon existiert, wie es uns erscheint, sondern stellen uns dies zum Beispiel auch als Substanz vor. Ein Gegenstand allerdings, dessen Substantialität nicht in seiner Beharrlichkeit in der Zeit besteht, kann zwar widerspruchsfrei gedacht, seine Existenz aber nicht erkannt werden, und er ist also ein bloßes Gedankending.

2.4 Obwohl Kant dem Begriff eines Noumenons in negativer Bedeutung in seiner theoretischen Philosophie eine bloß erkenntnisbegrenzende Funktion zuweist, hält er es für legitim, im Rahmen moralphilosophischer Überlegungen affirmative Aussagen über bestimmte Noumena zu machen. In der *MdS* unterscheidet Kant zwischen dem „Mensch [...] als vernünftige[m] *Naturwesen* (*homo phaenomenon*)" und „[e]ben [demselben] seiner *Persönlichkeit* nach, d. i. als mit innerer *Freiheit* begabte[m] Wesen (*homo noumenon*)" (6:418; vgl. 6:420; 6:423; 6:439 Anm.). Wenn Kant hier dem Menschen als Noumenon Freiheit zuspricht – eine Eigenschaft, die man nicht sinnlich wahrnehmen kann –, dann tut er das nicht deswegen, weil er die Existenz einer nicht-sinnlichen Selbstanschauung annimmt und den Menschen also zu den Noumena in positiver Bedeutung zählt. Wie er in der *KpV* darstellt, hält er sich dazu vielmehr deswegen für berechtigt, weil wir aus der unbedingten Geltung des Sittengesetzes auf das Erfülltsein der Bedingungen der Möglichkeit seiner Befolgung schließen dürfen, also etwa darauf, dass wir als Dinge an sich frei sind, obwohl wir es als →Erscheinungen nicht sind (→Freiheit). Dass der Mensch zwischen sich selbst als Noumenon und sich selbst als Phaenomenon unterscheiden kann, erklärt für Kant zudem die Existenz bestimmter, ansonsten schwer zu verstehender Phänomene des moralischen Selbstbezugs, so etwa die von Pflichten gegen sich selbst (vgl. 6:417f.) und die des Gewissens als eines inneren Gerichtshofs (vgl. 6:437ff.; 6:439 Anm.).

Weiterführende Literatur

Allison, Henry: Kant's Transcendental Idealism. An Interpretation and Defense. Revised and Enlarged Edition, New Haven: Yale University Press 2004, insbes. Kap. 1–3.

Guyer, Paul: Kant and the Claims of Knowledge, Cambridge: Cambridge University Press 1987, insbes. Kap. 15–17.

Rosefeldt, Tobias: „Dinge an sich und sekundäre Qualitäten", in: Stolzenberg, Jürgen (Hg.): Kant in der Gegenwart, Berlin u. a.: de Gruyter 2007, 161–203.

Van Cleve, James: Problems from Kant, New York u. a.: Oxford University Press 1999, insbes. Kap. 1 u. 10.

Willaschek, Marcus: „Affektion und Kontingenz in Kants transzendentalem Idealismus", in: Schumacher, Ralf (Hg.): Idealismus als Theorie der Repräsentation?, Paderborn: Mentis 2001, 211–231.

Tobias Rosefeldt

Objekt

Kant unterscheidet terminologisch nicht strikt zwischen ‚Objekt', ‚Ding' und ‚Gegenstand', bezeichnet mit ersterem Ausdruck aber zumeist Dinge der Außenwelt, die mittels der fünf Sinne wahrnehmbar sind. Objekt ist das zum erkennenden →Subjekt erkannte Andere, das als Gegenstand auch von anderen Subjekten wahrgenommen werden kann. Kant verknüpft daher den Sinn von Objektivität eng mit dem von Intersubjektivität. In der Beziehung eines empirischen Urteils auf Objekte liegt für Kant der Wille, „daß es […] für jedermann gültig sein solle" (4:298). In einem Brief erläutert Kant den Sinn von „für jedermann gültig" (4:298) mit „*communikabel*" bzw. „mittheilbar" (11:515). Mitteilbarkeit konstituiert sich jedoch nur durch die Beziehung „auf etwas Andere[s]", nämlich „vo[m] […] Subjekt[] Unterschiedenes", denn etwas rein Subjektives, beispielsweise ein „Gefühl", ist „an sich nicht mittheilbar" (11:515). →Gefühle sind nicht mit anderen teilbar. Sie sind als Modifikationen der Innenwelt nichts Anderes zum Subjekt und daher keine eigenständigen Objekte, keine empirischen →Dinge an sich, auf die sich auch andere Subjekte wahrnehmend beziehen können.

Kants erkenntnistheoretische Überlegungen richten sich insbesondere auf die Frage, wie die Beziehung des erkennenden →Subjekts auf das erkannte Objekt erklärt werden kann. Im Sinne seiner Kopernikanischen Revolution müssen sich die Objekte „nach unserem Erkenntniß richten", nämlich nach unserem →Erkenntnisvermögen (KrV B XVI). Insofern definiert Kant: „*Object* aber ist das, in dessen Begriff das Mannigfaltige einer gegebenen Anschauung *vereinigt ist*" (KrV B 137). Ein Objekt der Erkenntnis wird durch das Zusammenwirken von →Sinnlichkeit und →Verstand, durch die Verbindung von →Anschauung und →Begriff ermöglicht. Daher ist das Objekt dasjenige, das die Einheit stiftende Leistung des Verstandes als notwendige Regel, nämlich als →Kategorien, „enthält" (KrV A 191 / B 236). Weitere wichtige Stellen: KrV B 139; KrV A 189ff. / B 234ff.; 11:313ff.; *Refl.* 3145, 16:678f.

Philosophische Funktion

Kant hebt die philosophische Problematik seiner Kopernikanischen Revolution hervor, wenn er betont: „Nun kann man zwar alles und sogar jede Vorstellung, so fern man sich ihrer bewußt ist, Object nennen; allein was dieses Wort bei Erscheinungen zu bedeuten habe, nicht in so fern sie (als Vorstellungen) Objecte sind, sondern nur ein Object bezeichnen, ist von tieferer Untersuchung" (KrV A 189f. / B 234f.). →‚Erscheinungen' benutzt Kant hier in transzendentalphilosophischer Bedeutung. Er weist darauf hin, dass die reflektierende Untersuchung zu klären hat, wie es möglich ist, dass die empirischen Dinge der Außenwelt in philosophischer Hinsicht entsprechend der „Umänderung der Denkart" (KrV B XVI) subjektabhängig sind, gleichwohl aber als Objekte eben nicht subjektiv und damit beliebig sind, sondern als „für jedermann gültig" (4:298) erkannt werden können. Diese Klärung beinhaltet die Antwort auf die Frage, die hinter der →transzendentalen Deduktion steht, nämlich die Frage danach, wie die objektive →Gültigkeit der Kategorien und damit die Objekt konstituierenden Leistungen des →Verstandes gerechtfertigt werden können. Es muss Kant zufolge gezeigt werden, dass die Prinzipien der →Erfahrung auf Seiten des Subjekts auch objektiv notwendig, dass also die reinen Verstandesbegriffe „ontologische Prädicate" (5:181) sind.

Diese philosophische Argumentation kann für Kant nur gelingen, wenn die Erfahrung konstituierenden Prinzipien in ihrer apriorischen Gültigkeit erwiesen werden. „Auch kann kein System in der Welt diese Notwendigkeit [die objektive Nothwendigkeit und damit die Gültigkeit der Verstandesbegriffe für die Objekte der Außenwelt] wo anders herleiten, als aus den a priori zum Grunde liegenden Principien der Möglichkeit des *Denkens selbst*, wodurch allein die Erkenntniß der Objecte, deren Erscheinung uns gegeben ist, d. i. Erfahrung, möglich wird" (4:476 Anm.). Kant fasst hier Erscheinungen als →Anschauungen auf, worauf seine Verwendung von ‚gegeben' hinweist. Als solche, mithin unabhängig von den Verstandesbegriffen, besitzen die Anschauungen, „die bei uns immer nur sinnlich sind" (4:474), keinen Objektbezug. Nur daraus, dass sie sich mit den →Begriffen, „die a priori auf Objecte gehen" (KrV A 79 / B 105), „vereinigen, kann Erkenntniß entspringen" (KrV A 51 / B 75f.). Die Kategorien sind mithin die notwendige Bedingung dafür, dass das Subjekt ein Objekt der Außenwelt erkennen kann, und diese

Einsicht ist es, die die objektive Notwendigkeit der Kategorien begründet.

Der Beweisgrund liegt für Kant in der Einsicht, dass einerseits Anschauungen ohne →Begriffe blind sind (vgl. KrV A 51 / B 75), andererseits aber die Kategorien, die Verstandesbegriffe, „a priori auf Objecte gehen" (KrV A 79 / B 105), und dadurch ursprünglich in Verbindung mit Anschauungen den Bezug auf Gegenstände der Außenwelt konstituieren.

Mit jedem →Erfahrungsurteil, z. B. „die Körper sind schwer" (KrV B 142), bezieht sich das Subjekt auf Objekte und hat damit das Mannigfaltige der Anschauungen zum erkannten Gegenstand auf Grund der Einheitsleistung des Verstandes mit seinen Kategorien bestimmt (vgl. KrV B XVII: „Weil ich aber bei diesen Anschauungen, wenn sie Erkenntnisse werden sollen, nicht stehen bleiben kann, sondern sie als Vorstellungen auf irgend etwas als Gegenstand beziehen und diesen durch jene bestimmen muß".). Die notwendige objektive Gültigkeit der Kategorien ist damit von Kant mit Bezug auf empirische Urteile begründet. Die Verstandesbegriffe sind Prinzipien der Objekte, ohne die Objekte nicht erkannt werden können.

Weiterführende Literatur

Carl, Wolfgang: „Die transzendentale Deduktion in der zweiten Auflage", in: Mohr, Georg / Willaschek, Marcus (Hg.): Immanuel Kant. Kritik der reinen Vernunft, Berlin: Akademie 1998, 189–216.

Collins, Arthur: Possible Experience. Understanding Kant's *Critique of Pure Reason*, Berkeley: University of California Press 1999.

Lechner, Jochen: „Die Deduktion der Kategorien in der zweiten Auflage der Kritik der reinen Vernunft", in: Hogrebe, Wolfgang (Hg.): Argumente und Zeugnisse. Philosophische und historische Beiträge, Frankfurt/M. u. a.: Peter Lang 1985, 56–121.

Mohr, Georg: Kants Grundlegung der kritischen Philosophie. Werkkommentar und Stellenkommentar zur Kritik der reinen Vernunft, zu den Prolegomena und zu den Fortschritten der Metaphysik, Frankfurt/M.: Suhrkamp 2004.

Prauss, Gerold: „Erscheinung bei Kant. Ein Problem der ‚Kritik der reinen Vernunft'", Berlin: de Gruyter 1971.

Hans-Ulrich Baumgarten

Öffentlichkeit

Im Allgemeinen bezieht sich Kant mit dem Terminus ‚die Öffentlichkeit' (oft auch ‚das Publikum') auf das Volk oder die Bevölkerung im weiteren Sinne (vgl. z. B. 6:108; 6:289–290; 8:81; 8:85). In diesen Kontexten beschäftigt er sich jedoch spezifischer mit denjenigen, denen man Ideen, Behauptungen, Maximen, Verhaltensnormen und ähnliches effektiv vermitteln kann, sowie – damit zusammenhängend – mit den Erfordernissen, eine solche Vermittlung zu erreichen. Mit anderen Worten, Kant ist damit befasst zu klären, was es heißt, Angelegenheiten öffentlich zu machen, und welche besondere Bedeutung dem beizumessen ist. Weitere wichtige Stellen: 5:5; 6:102; 6:152; 6:156; 6:160; 6:230; 6:242; 6:312–314; 7:8; 7:28–29; 7:31–35; 7:129; 7:219; 8:35–36; 8:38–39; 8:41; 8:289–290; 8:297.

Philosophische Funktion

1 Wer die Öffentlichkeit konstituiert

Oft handelt es sich allgemein um Personen, die die Öffentlichkeit, so wie Kant sie intendiert, konstituieren. Jedoch verstehen wir seine Intention und die Ursache seines Interesses für die Öffentlichkeit besser, wenn wir auch die Fälle betrachten, in denen diese Gruppe enger begrenzt ist. So unterscheidet er in *Fakultäten* die weitere Öffentlichkeit von der eines „*gelehrten* gemeinen Wesens" (7:34). Einige Angelegenheiten eignen sich für die Diskussion und die Debatte in der breiteren Bevölkerung, andere sind nur für Theoretiker zugänglich. Selbst in diesem letzteren Fall muss es „strenge Prüfung und Einwürfe" geben, wenn die Forschung etwa im Recht oder in der Medizin voranschreiten soll, und wenn der Lehre, die sich an die weitere Öffentlichkeit wendet, vertraut werden soll (7:35). Es sind Philosophen, die im Namen der Regierung und der breiteren Öffentlichkeit damit betraut sind, die Zweifel und harten Fragen aufzuwerfen, die die Debatte innerhalb der gelehrten Gemeinwesen voranbringen (vgl. z. B. 7:28–29; 7:35).

2 Die Öffentlichkeit erreichen

Kant erörtert an verschiedenen Stellen die Behauptung, dass wir Ideen nicht der Öffentlichkeit vermitteln oder sie öffentlich machen können, wenn wir nicht die Kriterien einer angemessenen Kommunikation erfüllen. Dass bestimmte Debatten sich nur für eine speziell geschulte Öffentlichkeit eignen, ist ein Aspekt dieser Diskussion. In einem weiteren Kontext spricht Kant von Ideen, die veröffentlicht werden, wenn sie in einer solchen Weise vorgebracht werden, dass sie überprüft und untersucht werden können (vgl. z. B. 5:5; 6:152; 6:156; 7:28; 7:31–33; 7:129; 7:219; 8:39; 8:41). Weniger häufig aber dennoch wichtig ist, dass das, was veröffentlicht wird, anderen in einer Weise zur Verfügung gestellt wird, dass es imitiert, eingeschätzt oder ihm gefolgt werden kann (5:5; 6:102; 6:160). Kurz, um Ideen in der Weise öffentlich zu machen, die Kants Intention entspricht, ist es nicht genug, zu bewirken, dass sie gehört oder sogar gelesen werden. Man muss die Angelegenheiten auch in einer Weise fassen, die es erlaubt, sie effektiv aufzufassen und zu verstehen. Eine andere Verhaltensnorm, die das Bekanntwerden in der Öffentlichkeit angeht, betrifft die Person, die etwas veröffentlicht. Jemand, der im Rahmen seiner sozialen Rolle oder Beschäftigung Ideen vermittelt, zum Beispiel ein Geistlicher, muss entsprechend den Obliegenheiten und den Grenzen seiner Position sprechen oder lehren (vgl. z. B. 8:38). So soll der Geistliche in Übereinstimmung mit dem Credo seiner Kirche seine Schüler den Katechismus lehren und seiner Gemeinde predigen. Entsprechend darf ein Bürger seinem Protest gegen Gesetze nicht auf die Weise Ausdruck geben, dass er sich weigert, die seiner bürgerlichen Stellung entsprechenden Steuern zu zahlen (vgl. 8:37–38). Jedoch kann jeder als ein Gelehrter, der öffentlichen Gebrauch von seiner → Vernunft macht, die Prinzipien und Grenzen hinterfragen, die ihn als Bürger, Geistlichen usw. binden. „[Als] Gelehrter, der durch Schriften zum eigentlichen Publicum, nämlich der Welt, spricht, [...] genießt einer uneingeschränkte Freiheit, sich seiner eigenen Vernunft zu bedienen und in seiner eigenen Person zu sprechen" (8:38).

3 *Der Zweck der Öffentlichkeit*

Bei der Betrachtung dessen, was erfordert ist, um die Öffentlichkeit zu erreichen, wurde auch schon sichtbar, worauf diese abzielt. Von der Öffentlichkeit spricht Kant am häufigsten als von einem Mittel, unsere Ideen zu prüfen, zu testen, zu kritisieren und zu revidieren, und um Erkenntnisse und Normen, die man anwenden oder befolgen kann, zu vermitteln. Den vollständigsten Ausdruck gibt Kant diesem Zweck in seiner Erörterung der Aufklärung. „Aufklärung ist der Ausgang des Menschen aus seiner selbstverschuldeten Unmündigkeit. Unmündigkeit ist das Unvermögen sich seines Verstandes ohne die Leitung eines anderen zu bedienen" (8:35). Es ist die „*Freiheit* [...]: von seiner Vernunft in allen Stücken *öffentlichen* Gebrauch zu machen", die den Schlüssel zu einer solchen Aufklärung darstellt (8:36). Durch eine solche Freiheit werden wir erfahren im Gebrauch unserer Fähigkeit zur kritischen Reflexion sowie im Erkenntnisgewinn aus den Reflexionen der anderen. Die Freiheit des öffentlichen Vernunftgebrauchs ist die Bedingung der Denkfreiheit in einem substantiellen Sinne. Die Freiheit zu denken ist selbst der Schlüssel zum moralischen Fortschritt von Individuen und zur Gerechtigkeit von Staaten. „Wenn denn die Natur unter dieser harten Hülle den Keim, für den sie am zärtlichsten sorgt, nämlich den Hang und Beruf zum freien *Denken*, ausgewickelt hat: so wirkt dieser allmählig zurück auf die Sinnesart des Volks (wodurch dieses der *Freiheit zu handeln* nach und nach fähiger wird) und endlich auch sogar auf die Grundsätze der *Regierung*, die es ihr selbst zuträglich findet, den Menschen, der nun *mehr* als Maschine ist, seiner Würde gemäß zu behandeln" (8:41f.). So ist für Kant Öffentlichkeit zentral für unsere Entwicklung als Individuen und Staatsbürger.

4 *Weitere Bezugnahmen auf Öffentlichkeit*

Bei der Erörterung des öffentlichen Rechts lässt sich Kant nicht mit vielen Worten über die Öffentlichkeit aus, aber dieser Begriff ist in diesem Zusammenhang nichtsdestoweniger zentral. Das Recht besteht in jenen Begrenzungen der Freiheit eines jeden Individuums, die notwendig dafür sind, dass diese Freiheit „mit der Freiheit von jedermann, in so fern dies nach einem allgemeinen Gesetze möglich ist" (8:290), zusammenstimmt (vgl. 8:289–290; vgl. auch 6:230). Das öffentliche Recht ist jene Sammlung von „äußeren Gesetze[n]", die es ermöglichen, eine solche Zusammenstimmung zu erreichen (8:290; vgl. 6:242). Die äußeren Gesetze sind diejenigen, die die Handlungen und nicht die Motive leiten, und sie werden mit zwingender Gewalt durchgesetzt (vgl. 8:290; 6:232–233). Das öffentliche Recht kann nur im Rahmen einer Verfassung realisiert werden, nach der jeder Bürger wählen kann, sich selbst und alle anderen als freie, gleiche und unabhängige Mitglieder einer Zivilgesellschaft zu behandeln (vgl. 8:297; 6:312–314). Diese Gemeinschaft konstituiert die Öffentlichkeit, in der und in Bezug auf die Recht realisiert werden kann. Es ist dies vielleicht das bedeutsamste Anzeichen der potentiell aufgeklärten Gemeinschaft, von der Kant spricht, die nur durch die weitere kosmopolitische Gemeinschaft übertroffen wird, der wir uns annähern, die wir aber niemals voll verwirklichen können.

Weiterführende Literatur

Bohman, James: „The Public Spheres of the World Citizen", in: Bohman, James / Lutz-Bachmann, Matthias (Hg.): Perpetual Peace. Essays on Kant's Cosmopolitan Ideal, Cambridge/Mass.: The MIT Press 1997, 179–200.

Keienburg, Johannes: Immanuel Kant und die Öffentlichkeit der Vernunft, Berlin u. a.: de Gruyter 2012.

O'Neill, Onora: „The public use of reason", in: dies.: Constructions of Reason. Explorations of Kant's Practical Philosophy, New York: Cambridge University Press 1989, 28–50.

Rawls, John: Political Liberalism, New York: Columbia University Press 1996, insbes. Lecture VI.

Sarah Holtman

(Übersetzung: Jean Philipp Strepp)

Ontologie

Ontologie ist Kant zufolge die „Wissenschaft von den allgemeinern Eigenschaften aller Dinge" (2:309). Sie ist „Inbegrif aller Begriffe und Grundsätze des reinen Denkens" (*Refl.* 5644, 18:286). Daher ist sie die Wissenschaft „von den ersten Gründen unserer reinen Vernunfterkenntnis aller Dinge" (*Refl.* 4166, 17:441). Traditionell, so bei Christian Wolff, gehört die Ontologie zur allgemeinen →Metaphysik (metaphysica generalis), während die spezielle Metaphysik (metaphysica specialis) die rationale →Psychologie, rationale →Kosmologie und rationale →Theologie umfasst. Die kritische Ontologie hingegen ist „diejenige Wissenschaft (als Theil der Metaphysik), welche ein System aller Verstandesbegriffe und Grundsätze, aber nur, sofern sie auf Gegenstände gehen, welche den Sinnen gegeben und also durch Erfahrung belegt werden können, ausmacht" (20:260). Nach den Ergebnissen der kritischen Philosophie muss „der stolze Name einer Ontologie [...] dem bescheidenen einer bloßen Analytik des reinen Verstandes, Platz machen" (KrV A 247 / B 303). Weitere wichtige Stellen: 1:17–25; 1:387–416; 2:65–69; 2:276–301; 2:308f.; 2:395f.; KrV A 246f. / B 303; KrV A 846f. / B 874f.; 4:325f.; 4:376; 6:218; *Refl.* 4166, 17:441f.; *Refl.* 4781, 17:726; *Refl.* 5130, 18:100; *Refl.* 5131, 18:100; *Refl.* 5644, 18:246–247; *Refl.* 6050, 18:435f.; *Refl.* 6275, 18:542.

Philosophische Funktion

1 Transformationen der Ontologie

Der Begriff „Ontologia" wurde 1606 von Jacob Lorhard geprägt und 1613 von Rudolph Goclenius als „philosophia de ente" definiert (Goclenius, *Lexicon philosophicum*, S. 16). Für Christian Wolff ist „Ontologia" die erste Philosophie bzw. „philosophia prima" (Wolff, *Ontologia*, S. 1). Als Wissenschaft vom Seienden im Allgemeinen hat sie die Aufgabe, „durch begrifflich begründete Deduktion alle jene Bestimmungen (Prädikate) zu explizieren, die den Seienden als solchen zukommen können und die damit von höchster Allgemeinheit sind". Im Anschluss an Christian Wolff bestimmt Alexander Gottlieb Baumgarten Ontologie als →Wissenschaft von den allgemeinen Eigenschaften des Seins („scientia praedicatorum entis generaliorum", Baumgarten, *Metaphysica*, S. 2; vgl. 1:309; *Refl.* 4169, 17:442).

Auf eine Seinslehre im traditionellen Sinn bezieht sich das erste Kapitel von Kants Frühschrift *Wahre Schätzung*, wenngleich der Begriff unerwähnt bleibt (vgl. 1:17–25). Mittelpunkt ist die Lehre von der →Kraft bzw. →Substanz. Die skizzierte Seinslehre endet mit einem Vorbehalt: „Ich darf mir nicht versprechen, etwas Entscheidendes und Unwidersprechliches in einer Betrachtung zu erlangen, die bloß metaphysisch ist. Unsere Metaphysik ist wie viele andere Wissenschaften in der That nur an der Schwelle einer recht gründlichen Erkenntniß; Gott weiß, wenn man sie selbige wird überschreiten sehen" (1:30).

Im darauffolgenden Jahrzehnt treten epistemologische Aspekte in den Vordergrund (vgl. 1:387–416). Diese Themenverschiebung führt ein Jahrzehnt später zu Einschränkungen der Möglichkeit der Seinserkenntnis, zunächst mit Bezug auf ontologische Beweise im Besonderen (vgl. 2:65–69), sodann mit Bezug auf die metaphysische Methode im Allgemeinen (vgl. 2:276–301; 2:367–368). Diese Entwicklung kulminiert in einer kritischen Reduktion der traditionellen Ontologie. In der *KrV* (1781) wird Ontologie auf eine „Analytik des reinen Verstandes" reduziert (KrV A 247 / B 303).

1.1 *Strukturen des Seins* Kraft und →Zeit sind laut *Wahre Schätzung* (vgl. 1:17–25) für die Grundstruktur des Seins zentral. Die „Entelechie" der Körper ist die „wesentliche Kraft" (1:17). →Bewegung ist ein Aspekt der Kraft unter vielen anderen Aspekten (vgl. 1:18). Bewegung ist „das äußerliche Phänomenon" (1:18). Das innere Wesen besteht in der →Möglichkeit von Substanzen. Es wird „darin bestimmt [...], außer sich zu wirken (das ist den inneren Zustand anderer Substanzen zu ändern)" (1:19). Substanzen entäußern sich zu →Raum und Ausdehnung (vgl. 1:23). Ausbreitung von Kraft der Substanzen erzeugt somit Ausdehnung des Raums. Verbindung rührt von „gewechselten Wirkungen" (1:21) her; „äußerliche Verknüpfungen, Lagen und Relationen" erzeugen Orte (1:22). Orte verbinden sich zu einem ‚Netzwerk', welches die →Welt bildet (vgl. 1:22–23). So erzeugen Substanzen das Feld ihrer Orte und damit Dimensionalität. Deren Grund ist unbekannt, aber „es ist wahrscheinlich, daß die dreiffache Abmessung des Raumes von dem Gesetze herrührt, nach welchem die Kräfte der Substanzen in einander wirken" (1:24). Mehrere Universen sind unter der Bedingung wahrscheinlich, „daß vielerlei Raumesarten [...] möglich sind" (1:25).

1.2 *Strukturen der Seinserkenntnis* In Kants früher Schrift *Nova dilucidatio* (vgl. 1:385ff.) ist die Verbindung von metaphysischen und erkenntnistheoretischen Prinzipien innovativ, die fortan als Ontologie gelten soll. Ähnlich wird auch in der Inauguraldissertation *De Mundi* (vgl. 2:385ff.) Ontologie als die Lehre der allgemeinen Prinzipien des reinen Intellekts bestimmt („principia generalia intellectus puri, qualia exhibet ontologia", 2:395).

Kants Schrift *Nova dilucidatio* behandelt vier Prinzipien: Identität, Kausalität, Folge und Zugleichsein. Auffallend ist das Fehlen des →Satzes vom Widerspruch, des traditionell höchsten Erkenntnisprinzips. Laut Wolff setzt Erkenntnis die Gewissheit des denkenden Subjekts von sich selbst und der Existenz äußerer Gegenstände voraus. Diese Gewissheit beinhaltet, dass es unmöglich ist, „daß wir uns zugleich unserer solten bewust seyn und auch nicht bewust seyn" (Wolff, *Deutsche Metaphysik*, S. 6). Hiergegen wendet Kant ein, dass Grundsätze einfach sein müssen, weil zusammengesetzte Sätze ableitbar sind. Der Satz vom Widerspruch vereint Bejahendes und Verneinendes zur Definition der Unmöglichkeit; eine Verknüpfung, die ihn als Grundsatz disqualifiziert (vgl. 1:391). Jedoch erfüllt kein Satz Kants Forderung: Es gibt kein einfaches erstes und allgemeines Prinzip („non datur principium UNICUM, absolute primum, catholicon", 1:388).

Nichts und Etwas sind elementar. Leibniz' Arbeiten über die binäre Arithmetik folgend, behauptet Kant, es müsse zwei („bina") absolut erste Prinzipien geben, positiv und negativ: ‚Was ist, ist' („quicquid est, est"); ‚was nicht ist, ist nicht' („quicquid non est, non est", 1:389; vgl. 1:389–390; Leibniz, *De l'arithmetique binaire*, S. 227).

→Urteile bestimmen die Identität von etwas in Subjekt-Prädikat-Verknüpfungen. ‚Bestimmen' („determinare") heißt, ein Prädikat mit Ausschluss des Gegenteils zu setzen. Ein Grund („ratio") ist, was ein Subjekt prädikativ bestimmt (1:391). Das maßgebliche Prinzip, das traditionell der Satz vom zureichenden Grund ist, müsste, so Kant in Anlehnung an Crusius, besser ‚der Satz vom bestimmenden Grund' heißen: „nihil est verum sine ratione determinante" (1:393).

Verknüpfung ist die Basis von Zeit (vgl. 1:410). In der Zeit erzeugt der Satz vom bestimmenden Grund das Korollarium des *„principium successionis"* (1:410), des Satzes der Aufeinanderfolge. Auf den Raum bezieht sich der bestimmende Grund als das Korollarium des „principium coexistentiae", des Satzes des Zugleichseins (1:497).

Ohne →Schema gäbe es keinen Nexus, ohne Nexus keinen Raum, und ohne Raum kein Zugleichsein. Das Schema ist Ursprung der Existenz („exsistentiarum origo") und zugleich ein fortdauernder Akt („actus perdurabilis"; 1:414). Kant nennt seine Lehre der Seinserkenntnis ‚das allgemeine System des Wechselspiels der Substanzen' oder „systema universalis substantiarum commercii" (1:415).

2 *Reduktion der Ontologie auf eine Analytik des reinen Verstandes*

Die Möglichkeit der Ontologie wird mit der „Umänderung der Denkart" (KrV B XVI), der sog. Kopernikanische Wende, grundsätzlich in Frage gestellt. In der *KrV* heißt es: „Bisher nahm man an, alle unsere Erkenntnis müsse sich nach den Gegenständen richten; aber alle Versuche, über sie a priori etwas durch Begriffe auszumachen, wodurch unsere Erkenntnis erweitert würde, gingen unter dieser Voraussetzung zu nichte. Man versuche es daher einmal, ob wir nicht in den Aufgaben der Metaphysik damit besser fortkommen, daß wir annehmen, die Gegenstände müssen sich nach unserem Erkenntnis richten" (KrV B XVI).

Die Reduktion der vormaligen Ontologie auf eine Analytik des Verstandes ergibt sich aus Kants Antwort auf die Hauptfrage der kritischen Philosophie: ‚Wie sind synthetische Urteile a priori möglich?'. Solche Urteile liegen, wie Kant zeigt, in Wahrheit den Sätzen der traditionellen Metaphysik und ihren Disziplinen zugrunde. Sie wurden (wie die Urteile ‚Gott existiert', ‚Die Welt muss einen ersten Anfang haben', ‚Die menschliche Seele ist unsterblich') fälschlicherweise für analytische Urteile gehalten. Als → synthetische Urteile a priori können sie weder aus bloßen Begriffen noch im Rekurs auf → Erfahrung begründet werden. Traditionelle Metaphysik, die von ihren Gegenständen „a priori etwas durch Begriffe" (KrV B XVI) auszumachen sucht, ist daher unmöglich. Kants kritische Erkenntnistheorie zeigt, dass einige synthetische Urteile a priori (die → Grundsätze des reinen Verstandes) insofern begründet werden können, als sie die nicht-empirischen Prinzipien der Erfahrungserkenntnis sind. Erfahrungserkenntnis ist an die reinen Formen der Sinnlichkeit, Raum und Zeit, gebunden, durch die Gegenstände in der → Anschauung als → Erscheinungen gegeben werden, deren Theorie in der Transzendentalen Ästhetik entwickelt wird, und an die Anwendung reiner Verstandesbegriffe (→ Kategorien), durch die Erscheinungen als Objekte gedacht bzw. auf objektiv gültige Weise erkannt werden. Dies zu zeigen, ist die Aufgabe einer Analytik des reinen Verstandes. Daher muss die vormalige Ontologie auf eine Analytik des reinen Verstandes reduziert werden. Deren Resultat fasst Kant wie folgt zusammen: „Die transcendentale Analytik hat demnach dieses wichtige Resultat: daß der Verstand a priori niemals mehr leisten könne, als die Form einer möglichen Erfahrung überhaupt zu anticipiren, und, da dasjenige, was nicht Erscheinung ist, kein Gegenstand der Erfahrung sein kann: daß er die Schranken der Sinnlichkeit, innerhalb denen uns allein Gegenstände gegeben werden, niemals überschreiten könne. Seine Grundsätze sind bloß Principien der Exposition der Erscheinungen, und der stolze Name einer Ontologie, welche sich anmaßt, von Dingen überhaupt synthetische Erkenntnisse a priori in einer systematischen Doctrin zu geben (z. E. den Grundsatz der Causalität) muß dem bescheidenen, einer bloßen Analytik des reinen Verstandes, Platz machen" (KrV A 246–247 / B 302).

Weiterführende Literatur

Heimsoeth, Heinz: Studien zur Philosophie Immanuel Kants I. Metaphysische Ursprünge und ontologische Grundlagen, Kantstudien Ergänzungsheft 71, Bonn: Bouvier [2]1970.

Martin Schönfeld

Pädagogik

Der Begriff ‚Pädagogik' kommt bei Kant nur zweimal vor und wird durch „Erziehungskunst" (9:447) und „Erziehungslehre" (9:455) erläutert. Den Terminus →‚Kunst' verwendet er als Gegenbegriff zum Terminus →‚Natur' bzw. zu dem, was von selbst geschieht: „Weil die Entwickelung der Naturanlagen bei dem Menschen nicht von selbst geschieht, so ist alle Erziehung – eine Kunst. – Die Natur hat dazu keinen Instinct in ihn gelegt" (9:447).

Kant fasst Pädagogik anwendungsbezogen auf. Sie ist weder als Historiographie der Pädagogik noch als hermeneutische Interpretation der Erziehungswirklichkeit im Sinne geisteswissenschaftlicher Pädagogik noch als empirische Bildungsforschung im aktuellen Sinne ausgelegt, sondern als Lehre für die Praxis von Eltern, Lehrern und „aufgeklärtesten Kenner[n]", denen Kant die Einrichtung von Schulen überantworten möchte (9:449). Es geht um Verbesserung der Erziehung (vgl. 9:444), um die Arbeit „an dem Plane einer zweckmäßigern Erziehung" (9:445) in der Hoffnung, „daß die Erziehung immer besser werden und daß jede folgende Generation einen Schritt näher thun wird zur Vervollkommnung der Menschheit" (9:444).

Philosophische Funktion

Kant hatte pflichtmäßig viermal öffentliche Vorlesungen über Pädagogik gehalten, das erste Mal zur Zeit seiner beiden Aufsätze über das Dessauer Philanthropin und zwar über Basedows *Methodenbuch*. In den späteren Vorlesungen seit 1780 war die Vorlage das *Lehrbuch der Erziehungskunst* seines ehem. Kollegen Bock. Durch beide Autoren war Kant mit der zeitgenössischen Pädagogik (Bock erfasste im Anhang seines Lehrbuches ca. 360 Titel), durch die Philanthropisten Basedow, Campe und Wolke, mit denen er Briefwechsel führte, sogar mit der aktuellsten Reformpädagogik der Aufklärung vertraut (zum Philanthropinismus vgl. Pinloche, *Philanthropinismus*). Anklänge an diese Autoren finden sich in der Pädagogikvorlesung jedoch kaum (vgl. Weisskopf, *Kant*, S. 166), dafür umso mehr Bezüge zu Rousseaus *Emile*, aus dem schon Basedow ganze Passagen zitiert hatte. Zweifellos gehört Kants Pädagogik in zahlreichen Punkten in die Rousseau-Nachfolge (vgl. Weisskopf, *Kant*; Bockow, *Sittlichkeit*).

Kants Forderung nach Verwissenschaftlichung der Pädagogik lag in der Luft. Schon 1779 wurde Ernst Christian Trapp, zuvor wie Wolke und Campe Lehrer an Basedows Dessauer Philanthropin, durch den preußischen Minister von Zedlitz auf den ersten Pädagogik-Lehrstuhl nach Halle berufen. Trapp war zwar Kant-Leser, aber kein pädagogischer Kantianer. Anders die frühen Kantianer Greiling, Heusinger, der nur wenig bekannte Blau, Schuderoff u. a., die noch zu Kants Zeit mit Versuchen wissenschaftlicher Pädagogik zu publizieren begannen (vgl. Schmidt, *Ansätze*; Ruberg, *Moralerziehung*). Ihnen folgte noch im 20. Jh. mit den pädagogischen ‚Neukantianern', vor allem Natorp, Hönigswald, Cohn (vgl. Blankertz, *Neukantianismus*; Ritzel, *Philosophie*), eine zweite Welle, die sich über den Hönigswald-Schüler Petzelt und dessen Schüler Fischer und Heitger bis in die Gegenwart fortsetzt. Damit sind aber längst nicht alle Namen genannt, u. a. berufen sich auch Schillers Briefe *„Über die ästhetische Erziehung des Menschen"* (1795) auf „größtenteils Kantische Grundsätze" (1. Brief).

1 Pädagogik als Wissenschaft

Kant war einer der ersten, wenn nicht überhaupt der erste, der die Verwissenschaftlichung der Pädagogik ausdrücklich gefordert hat: „Die Erziehungskunst oder Pädagogik muß [...] judiciös werden"; sie muss „ein Studium werden"; „Der Mechanismus in der Erziehungskunst muß in Wissenschaft verwandelt werden" (9:447). Allerdings hatte schon Bock von „Erziehungswissenschaft" gesprochen (Bock, *Lehrbuch*, Vorrede 2). Wissenschaftliche Pädagogik bedeutet bei Kant einen durch Prinzipien geordneten „Erziehungsplan" (9:451): „Die Erziehung und Unterweisung muß nicht blos mechanisch sein, sondern auf Principien beruhen" (9:451). Das bloß Mechanische der (vorwissenschaftlichen) Pädagogik folgt hingegen einer planlosen Ordnung nach „gegebenen Umständen" und „vorkommenden Gelegenheiten" (9:447).

Das wichtigste „Princip der Erziehungskunst" lautet: „Kinder sollen nicht nur dem gegenwärtigen, sondern dem zukünftig möglichen bessern Zustand des menschlichen Geschlechts, das ist: der Idee der Menschheit und deren ganzer Bestimmung angemessen erzogen werden" (9:447). In diesem Prinzip ist die Idee genannt, die den wissenschaftlichen Erziehungsplan und seine Fortschreibung beherrscht: die Idee der Menschheit, angewandt auf die Entwicklung der menschlichen Natur. Nach Kants Wissenschaftsverständnis bedarf jede wissenschaftliche Disziplin einer Systemidee, daher auch die wissenschaftliche Pädagogik, weil „die systematische Einheit dasjenige ist, was gemeine Erkenntniß allererst zur Wissenschaft [...] macht" und weil unter einem System „die Einheit der mannigfaltigen Erkenntnisse unter einer Idee" zu verstehen ist (KrV A 832 / B 860).

Der Begriff einer der Menschheitsidee adäquaten Erziehung ist selbst eine Idee, d. h. „Begriff von einer Vollkommenheit, die sich in der Erfahrung noch nicht vorfindet" (9:444). Diese Leitidee wissenschaftlicher Pädagogik wird im Kontext der von Rink hg. Pädagogikvorlesung als „Idee einer Erziehung" bezeichnet, „die alle Naturanlagen im Menschen entwickelt" (9:445). Gemeint sind diejenigen Anlagen, die sich nicht von selbst entwickeln (vgl. 9:447), auch als „Anlagen zum Guten" bezeichnet (9:446). Dabei handelt es sich um Anlagen des Menschen, *„die auf den Gebrauch seiner Vernunft abgezielt sind"* (8:18). Sie werden in Kants pragmatischer *Anthropologie* aufgelistet und erläutert: die technische, die pragmatische und die moralische Anlage (vgl. 7:322–325). Auf dieser Unterscheidung beruht Kants Differenzierung der Erziehungsaufgaben in Kultivierung, Zivilisierung und Moralisierung (vgl. 9:449–450).

Wenngleich die wissenschaftliche Pädagogik nach Kant von einer Leitidee beherrscht wird, ist sie nicht als bloße Ideenwissenschaft konzipiert, sondern zugleich als Experimentalwissenschaft. Kant hat mehrfach in der Pädagogikvorlesung „Experimentalschulen" gefordert, ehe man „Normalschulen" errichten könne (9:451). Vor Augen hatte er das Dessauer Philanthropin des Aufklärungspädagogen Basedow als bislang „einzige Experimentalschule, die hier gewissermaßen den Anfang machte" (9:451), von Kant schon 1776 als „Musterschule" beurteilt (2:450; vgl. 27:471). Generell sei es nämlich ein Irrtum, bloß „aus der Vernunft" beurteilen zu können, „ob etwas gut oder nicht gut sein werde", weil die Erfahrung oft lehre, dass sich „bei unseren Versuchen ganz entgegengesetzte Wirkungen zeigen von denen, die man erwartete" (9:451). Der Erfahrungs- und Experimentalcharakter wissenschaftlicher Pädagogik lässt ein abschließbares Erziehungskonzept nicht zu: „Man sieht also, daß, da es auf Experimente ankommt, kein Menschenalter einen völligen Erziehungsplan darstellen kann" (9:451). Auch von dem idealen bzw. reinen Teil der Pädagogik, der Idee der menschlichen Vollkommenheit, war Kant der Meinung, dass er noch nicht abschließend formuliert sei: „Wir selbst sind noch nicht einmal mit diesem Begriffe auf dem Reinen" (9:445).

2 Die Pädagogik der Hauptwerke

Kant hat pädagogische Fragen nicht nur in der Pädagogikvorlesung behandelt, sondern auch in den kritischen Hauptwerken, in der *Religion*, der pragmatischen *Anthropologie* und in kleineren Abhandlungen (*Nachricht*, *Orientieren* u. a.). Wichtige Ausführungen finden sich in den Methodenlehren der drei *Kritiken*.

In der *KrV* wird bei der „Bildung eines Talents" zwischen Disziplin/Zucht und Unterweisung/Belehrung unterschieden, wobei die erstere negative Bedeutung hat („das *Negative* der Unterweisung") und zusammen mit einer generellen Apologie dessen, was dazu dient, „vor Irrthümern zu verwahren" ausdrücklich in ihrer Wichtigkeit hervorgehoben wird („noch mehr Wichtigkeit als manche positive Belehrung") (KrV A 709f. / B 737f.). Ferner wird der folgenreiche Unterschied zwischen „historische[r]" →Erkenntnis („cognitio ex datis") und „rationale[r]" Erkenntnis („cognitio ex principiis") bzw. Erkenntnis „aus Vernunft" gemacht (KrV A 836 / B 864), woraus der für das Erlernen der →Philosophie wichtige Satz folgt, dass man Philosophie nicht lernen könne, sondern nur das Philosophieren (vgl. KrV A 837f. / B 865f.). Man kann ferner die These Natorps vertreten, dass die synthetische Einheit der →Apperzeption, „höchster Punkt" (KrV B 134 Anm.) allen Verstandesgebrauchs, auch als „höchster und letzter Gesichtspunkt" für die Pädagogik anzuerkennen sei (Natorp, *Sozialpädagogik*, S. 466).

Die *KpV* entwickelt – folgenreich für die Grundlegung der Pädagogik – in ihrer *Analytik* das moralische Autonomieprinzip (vgl. 5:33), in ihrer Dialektik den Primat der praktischen Vernunft (vgl. 5:119f.) sowie in ihrer Methodenlehre das beidem angemessene Verfahren der moralischen Bildung („wie man den Gesetzen der reinen praktischen Vernunft *Eingang* in das menschliche Gemüth, *Einfluß* auf die Maximen desselben verschaffen, d. i. die objectiv-praktische Vernunft auch *subjectiv* praktisch machen könne", 5:151). Ihr schließt sich die Methodenlehre der *MST* mit ihrer *Ethischen Didaktik* (6:477–484) und *Ethischen Asketik* (6:484–485) an. Die Freiheit der praktischen Vernunft als Grundlage der Moralpädagogik führt bei Kant zu der Differenzierung der Pädagogik in physische und praktische mit dem Vorrang der auf Freiheit bezogenen praktischen Pädagogik (vgl. 9:455; 9:470; 9:475).

Hinzu tritt aus der *Religion* die allgemeine Anmerkung zum ersten Stück *Von der Wiederherstellung der ursprünglichen Anlage zum Guten in ihrer Kraft* (6:44–53) mit dem Grundsatz, dass die moralische Bildung des Menschen „nicht von der Besserung der Sitten, sondern von der Umwandlung der Denkungsart und von Gründung eines Charakters anfangen müsse" (6:48); zuvor hieß es, sie sei nur möglich „durch eine *Revolution* in der Gesinnung" oder „durch eine Art von Wiedergeburt gleich als durch eine neue Schöpfung" (6:47). All das muss man zusammensehen, um Kants pädagogische Überzeugungen aus ihren Gründen zu verstehen (vgl. Koch, *Ethische Didaktik*).

In der *KU* (*Von der Methodenlehre des Geschmacks*, 5:355–357) wird relativ wenig über die Ausbildung des →Geschmacks, „als allgemeinen Menschensinn" (5:356), gesagt, dafür werden die für die Bildung des (logischen) Gemeinsinns wichtigen Maximen der vorurteilsfreien, der erweiterten und der konsequenten Denkungsart entwickelt (vgl. 5:294) und an anderen Stellen der *KU* und der *Anthropologie* Hinweise zur ästhetischen Bildung als einer Propädeutik der Sittlichkeit gegeben (vgl. 5:297; 5:354; 5:433; 7:244; 6:443). Wichtig ist der Hinweis aus der *Methodenlehre der teleologischen Urtheilskraft* (5:416–486), dass nicht →Glückseligkeit, sondern Kultur der „letzte Zweck" der Natur „in Ansehung der Menschengattung" sei (5:431).

Interpretationslage

Eine Reihe von Fragen bezüglich der kantischen Pädagogik werden kontrovers diskutiert: 1. ihr Wissenschaftscharakter, 2. ihre Beziehung zu den kritischen Werken des Philosophen, 3. ihre Stellung in der Geschichte der Pädagogik.

Zum Wissenschaftscharakter: Umstritten ist, ob Kants Vorstellung von Pädagogik auf eine empirische (vgl. Liedke, *Kant*; Strauß, *Logik*, S. 309) oder eine philosophische Disziplin (vgl. Hufnagel, *Wissenschaftscharakter*, S. 82) oder auf eine Kombination beider zielt (vgl. Winkels, *Forderung*, S. 174; Koch, *Postulat*, S. 124). Schwierig ist in diesem Zusammenhang auch die Lokalisierung der Pädagogik in der „Encyklopädie aller Wissenschaften", in der nach Kant jede Wissenschaft „ihre bestimmte Stelle" haben muss (5:416). Es scheint sogar fraglich zu sein, ob man überhaupt von einer eigenständigen Disziplin Pädagogik sprechen kann (vgl. Klemme, *Schule*, S. 60).

Hinsichtlich ihrer Stellung zur kritischen Philosophie Kants hat man zwischen der Pädagogikvorlesung und den kritischen Werken wenig Übereinstimmungen (vgl. Vogt, *Pädagogik*, S. 67), wenn nicht gar Widersprüche entdecken und die Vorlesung als empirische Aufklärungspädagogik verorten wollen (vgl. Niethammer, *Vorlesung*, S. 81f., 88), andere vertraten die entgegengesetzte These, wonach die Vorlesung in Übereinstimmung mit der kantischen →Ethik sei (vgl. Groothoff, *Kant*, S. 158; Niethammer, *Vorlesung*, S. 89).

Pädagogik hat trotz einiger zu pädagogischen Topoi gewordenen Sätze relativ wenig Resonanz im Vergleich mit den pädagogischen Passagen und Grundlegungsgedanken der kritischen Hauptwerke gefunden, bes. der *KpV*, an die bereits die frühen Kantianer anknüpften. Allerdings wird auch seit Herbart die Freiheitslehre der *KrV* und *KpV* kritisch erörtert, weil sie die Möglichkeit moralischer Erziehung in Frage zu stellen scheint: „Kein leisester Wind von transcendentaler Freyheit darf in das Gebiet des Erziehers durch irgend ein Ritzchen hineinblasen" (Herbart, *Darstellung*, S. 261).

Weiterführende Literatur

Blau, Felix: Ueber die moralische Bildung des Menschen. Nebst einem Anhange, Frankfurt/M.: 1795.

Blaß, Josef Leonhard: Modelle pädagogischer Theoriebildung. Bd. 1: Von Kant bis Marx, Stuttgart: Kohlhammer 1978,.

Ipfling, Heinz-Jürgen: „Anmerkungen über die wissenschaftstheoretische Grundlegung der Pädagogik bei Kant", in: Pädagogische Rundschau 21, 1967, 165–172.

Kauder, Peter / Fischer, Wolfgang: Immanuel Kant über Pädagogik. 7 Studien, Hohengehren: Schneider 1999.
Koch, Lutz: Kants ethische Didaktik, Würzburg: Ergon 2003.
Vogel, Peter: Kausalität und Freiheit in der Pädagogik. Studien im Anschluß an die Freiheitsantinomie bei Kant, Frankfurt/M.: Lang 1990.
Weisskopf, Traugott: Immanuel Kant und die Pädagogik. Beiträge zu einer Monographie, Zürich: EVZ-Verlag 1970.
Winkels, Theo: Kants Forderung nach Konstitution einer Erziehungswissenschaft, München: Profil 1984.

Lutz Koch

Paralogismen der reinen Vernunft

Das Kapitel über die Paralogismen der reinen Vernunft ist der erste von drei Hauptabschnitten der *Transzendentalen Dialektik* (KrV A 293–704 / B 349–732), d. h. desjenigen Teils der *KrV*, der der Kritik traditioneller metaphysischer Theorien über die Seele, die Welt und Gott gewidmet ist. Kant kritisiert in diesem Kapitel die Disziplin der sogenannten rationalen Psychologie, in der versucht wird, zu gerechtfertigten nicht-empirischen Annahmen über wesentliche Eigenschaften eines denkenden Wesens, so wie es an sich selbst beschaffen ist, zu gelangen. Er diskutiert vier dieser Annahmen, nämlich die, dass denkende Wesen Substanzen sind, dass sie einfach und also unteilbar sind, dass sie Personen sind, d. h. Wissen von ihrer Identität in der Zeit haben, und – jedenfalls in der zweiten Auflage der *KrV* – dass sie ohne Körper existieren könnten. Zusammengenommen würden diese Annahmen die Unsterblichkeit der menschlichen Seele implizieren. Die Argumente, die in der Tradition für sie gegeben wurden, rekonstruiert Kant als syllogistische Schlüsse, um dann zu zeigen, dass deren Prämissen nur dann gerechtfertigt sind, wenn die Schlüsse selbst auf eine bestimmte Weise formal ungültig, d. h. Paralogismen sind. Das Kapitel über die Paralogismen der reinen Vernunft gehört zu denjenigen Teilen der *KrV*, die Kant für deren zweite Auflage fast vollständig neu geschrieben hat. Weitere wichtige Stellen: KrV A 107f.; KrV A 115–117; KrV A 341–405; KrV A 443 / B 471; KrV B 131–136; KrV B 152–159; KrV B 399–432; KrV A 479f. / B 506f. Anm.; KrV A 784f. / B 812f.; 4:333–337; 4:542; 9:134f.; 18:300f.; 20:325f.; 23:38f.; 28:225; 28:264–270.

Philosophische Funktion

1 Allgemeine Struktur des transzendentalen Paralogismus

„Wenn man den Paralogism in den dialektischen Vernunftschlüssen der rationalen Seelenlehre, so fern sie gleichwohl richtige Prämissen haben, logisch betiteln will: so kann er für ein *sophisma figurae dictionis* gelten" (KrV A 402; vgl. KrV B 411. Ein *sophisma figurae dictionis* ist eine bestimmte Form eines ‚Trugschlusses', d. h. eines Vernunftschlusses, „welcher der Form nach falsch ist, ob er gleich den Schein eines richtigen Schlusses für sich hat" (9:134), und zwar einer, bei dem „der *medius terminus* in verschiedener Bedeutung genommen wird" (9:135 Anm.). Der *terminus medius* oder *Mittelbegriff* ist derjenige Begriff, der in dem Schlussschema ‚Alle M sind O. Alle U sind M. Also: Alle U sind O' an der Stelle von ‚M' steht. Im Falle der vier paralogistischen Schlüsse der rationalen Seelenlehre stehen an der Stelle von ‚U' jeweils Ausdrücke für denkende Wesen, an der Stelle von ‚O' die Ausdrücke ‚Substanz', ‚einfach', ‚Person' und ‚kann ohne Körper existieren' und an der Stelle von ‚M' Ausdrücke, die das *definiens* für den jeweiligen zu definierenden Oberbegriff ausdrückt. Diese Ausdrücke, so Kants Kritik, werden im Ober- und Untersatz des Schlusses in unterschiedlicher Bedeutung verstanden, jedenfalls dann, wenn diese beiden Prämissen gerechtfertigt sein sollen. Macht man die Ambiguität explizit, kann man die Form eines Paralogismus durch folgendes ungültige Schlussschema darstellen: ‚Alle M sind O. Alle denkenden Wesen sind M*. Also: Alle denkenden Wesen sind O'.

Laut Kant sind die Fehlschlüsse der rationalen Psychologie nicht nur ‚logische', sondern ‚transzendentale' Paralogismen: „Ein transscendentaler Paralogismus [...] hat einen transscendentalen Grund, der Form nach falsch zu schließen. Auf solche Weise wird ein dergleichen Fehlschluß in der Natur der Menschenvernunft seinen Grund haben und eine unvermeidliche, obzwar nicht unauflösliche Illusion bei sich führen" (KrV A 341 / B 399). Dass das Übersehen der Mehrdeutigkeit des Mittelbegriffs der Paralogismen seinen Ursprung in der menschlichen Vernunft hat, liegt an der besonderen Art und Weise, auf die man die zweite Prämisse (‚Alle denkenden Wesen sind M') zu rechtfertigen versucht ist. Zu Annahmen über denkende Wesen im Allgemeinen kommen wir laut Kant nämlich nur dadurch, dass wir ein Bewusstsein von uns selbst als denkenden Wesen haben und die Eigenschaften, die wir dabei an uns selbst zu erkennen meinen, als Eigenschaften denkender Wesen überhaupt interpretieren. Man kann „von einem denkenden Wesen durch keine äußere Erfahrung, sondern bloß durch das Selbstbewußtsein die mindeste Vorstellung haben" (KrV A 347 / B 405), und also muss man, „wenn man sich ein denkend Wesen vorstellen will, [...] sich selbst an seine Stelle setzen und also dem Objecte, welches man erwägen wollte, sein eigenes Subject unterschieben" (KrV A 353; vgl. KrV A 354). Dabei soll die rationale Psychologie keine empirische Wissenschaft sein und also darf die zweite Prämisse nicht durch empirisches Selbstbewusstsein, d. h. Selbstanschauung mit Hilfe des inneren Sinns, sondern allein durch eine Analyse des Begriffs, durch den man sich auf sich selbst als denkendes Wesen bezieht, gerechtfertigt werden: „Demnach bedeutet der Ausdruck: Ich, als ein denkend Wesen, schon den Gegenstand der Psychologie, welche die rationale Seelenlehre heißen kann, wenn ich von der Seele nichts weiter zu wissen verlange, als was unabhängig von aller Erfahrung (welche mich näher und *in concreto* bestimmt) aus diesem Begriffe Ich, so fern er bei allem Denken vorkommt, geschlossen werden kann" (KrV A 342 / B 400; zum Begriff ‚Ich, als denkendes Wesen' vgl. KrV A 117 Anm.; KrV B 131f.; 25:861; 28:224; 28:265; → Ich denke). Die zweiten Prämissen der Paralogismen haben also dann, wenn sie gerechtfertigt sein sollen, eigentlich die folgende Form: ‚Ich, als denkendes Wesen, bin M*'. In dieser Form sollen sie etwas explizit machen, was in dem Begriff ‚Ich, als ein denkendes Wesen' enthalten ist; sie sind also analytische Urteile. Kant betont dies besonders in der Fassung der zweiten Auflage der *KrV* (vgl. KrV B 407–409; KrV B 412 Anm.), die Behauptung findet sich aber auch schon in der ersten Auflage (vgl. KrV A 355; KrV A 362; 23:38f.).

Darüber, worin die Mehrdeutigkeit der Mittelbegriffe der paralogistischen Schlüsse besteht, gibt Kant in der zweiten Auflage der *KrV* am Beispiel des ersten Paralogismus die folgende Auskunft: „Im Obersatze wird von einem Wesen geredet, das überhaupt, in jeder Absicht, folglich auch so, wie es in der Anschauung gegeben werden mag, gedacht werden kann. Im Untersatze aber ist nur von demselben die Rede, so fern es sich selbst als Subject nur relativ auf das Denken und die Einheit des Bewußtseins, nicht aber zugleich in Beziehung auf die Anschauung, wodurch es als Object zum Denken gegeben wird, betrachtet" (KrV B 411; vgl. auch die Charakterisierung in KrV A 402f., die allerdings von Kant schematisch aus seiner Kritik der Antinomien in KrV A 499f. / B 527f. übernommen zu sein scheint; zum Unterschied zwischen der ersten und der zweiten Fassung der Paralogismen vgl. Thöle, *Kants Diagnose* und Horstmann, *Kants Paralogismen*). Allgemein formuliert kann man sagen: Der Mittelbegriff des Obersatzes eines transzendentalen Paralogismus gibt eine empirisch brauchbare Definition des jeweiligen Oberbegriffs und zwar eine, die festlegt, dass etwas nur dann unter diesen Begriff fällt, wenn es notwendigerweise und als Gegenstand der Anschauung auf eine bestimmte Weise repräsentiert wird. Der Mittelbegriff des Untersatzes dagegen drückt das Merkmal aus, das etwas nur von sich selbst und zudem ohne Gegenstand der Anschauung zu sein auf diese Weise repräsentiert wird. Die allgemeine Form eines transzendentalen Paralogismus kann also abschließend folgendermaßen angegeben werden: ‚Alles, was notwendigerweise und als Gegenstand der Anschauung als F repräsentiert wird, ist O. Ich, als denkendes Wesen, repräsentiere mich selbst, insofern ich kein Gegenstand der Anschauung bin, als F. Also bin ich selbst, als denkendes Wesen O.' Kant macht die Ambiguität des Mittelbegriffs wiederholt dadurch deutlich, dass er zwischen realen Merkmalen (für die der Mittelbegriff im Obersatz ein *definiendum* gibt) und logischen Merkmalen (für die der Mittelbegriff im Untersatz ein *definiendum* gibt) unterscheidet (vgl. KrV A 350; KrV B 407; KrV A 363; 20:325f.).

2 Die einzelnen Paralogismen

Der erste Paralogismus lautet in der ersten Auflage der *KrV*: „Dasjenige, dessen Vorstellung das *absolute Subject* unserer Urtheile ist und daher nicht als Bestimmung eines andern Dinges gebraucht werden kann, ist *Substanz*. Ich, als ein denkend Wesen, bin das *absolute Subject* aller meiner möglichen Urtheile, und diese Vorstellung von mir selbst kann nicht zum Prädicat irgend eines andern Dinges gebraucht werden. Also bin ich, als denkend Wesen (Seele), *Substanz*" (KrV A 348). Der Mittelbegriff dieses Schlusses lautet „was das absolute Subjekt unserer Urteile ist und daher nicht als Bestimmung (bzw. Prädikat) eines anderen Dinges gebraucht werden kann" (zum Begriff des ‚absoluten Subjekts' vgl. KrV A 321–332 / B 377–389; 4:333; 18:145f.). In der B-Fassung ist der Mittelbegriff „[*w*]*as nicht anders als Subject gedacht werden kann*" (KrV B 410). Die Hauptschwierigkeit bei der Interpretation dieses Paralogismus ergibt sich daraus, dass der Ausdruck ‚Subjekt' auf offenkundige Weise mehrdeutig ist: Mit ‚Subjekt' kann ein denkendes Wesen gemeint sein (der Gegenbegriff wäre dann ‚Objekt'), oder es kann damit dasjenige gemeint sein, was durch den Subjektbegriff eines Urteils repräsentiert wird bzw. dieser Begriff selbst (der Gegenbegriff wäre dann ‚Prädikat'). Einige Interpreten meinen, dass es genau diese Mehrdeutigkeit ist, die laut Kant dem Paralogismus der Substantialität zu Grunde liegt. Der Fehler der rationalen Psychologie bestünde dann darin, aus der Tatsache, dass man selbst dasjenige denkende Subjekt ist, das die eigenen Gedanken hat bzw. die eigenen Urteile fällt, zu schließen, dass man selbst die aristotelische Definition von Substanzen als letzten Aussagesubjekten erfüllt (vgl. z. B. Kitcher, *Kant's Paralogisms*, S. 520f. und Ameriks, *Kant's Theory*, S. 68). Diese Interpretation ist aus verschiedenen Gründen problematisch: Erstens kann sie nicht erklären, weshalb auch der Mittelbegriff im Untersatz den Zusatz „kann nicht zum Prädikat irgend eines anderen Dinges gebraucht werden" enthält. Zweitens würde sie keine einheitliche Interpretation der Mehrdeutigkeit des Mittelbegriffs der Paralogismen erlauben, denn der Ausdruck ‚Subjekt' kommt in den Mittelbegriffen der anderen drei Paralogismen nicht vor. Und drittens gibt es zwar Stellen, die für die angegebene Interpretation des Untersatzes sprechen (vgl. insbes. Kants Rede vom „*bestimmende*[*n*] Subjekt" in KrV B 407; vgl. KrV B 157f. Anm.), meistens begründet Kant die These des Untersatzes aber damit, dass man sich selbst als denkendes Wesen zwar zum Subjekt eines Urteils über sich machen, nicht aber von etwas anderem prädizieren kann (vgl. KrV A 349; KrV B 407; KrV B 412 Anm.; 4:334; 4:542; 28:225; 28:266). Diese Stellen kann man besser interpretieren, wenn man annimmt, dass der Mittelbegriff sowohl im Ober- als auch im Untersatz etwas bezeichnet, das nur als Subjekt, nie aber als Prädikat eines Urteils repräsentiert werden kann, und die Mehrdeutigkeit anders versteht: Um die Substanzdefinition im Obersatz zu erfüllen, muss etwas auch als Gegenstand der Anschauung dementsprechend repräsentiert werden, was nur im Falle beharrlicher Gegenstände der Anschauung der Fall ist (vgl. KrV A 144 / B 183; →Substanz). Diese Bedingung erfüllt man selbst als denkendes Wesen nicht: Zwar repräsentiert man sich selbst notwendigerweise als absolutes Urteilssubjekt, weil der Begriff ‚Ich' nicht prädikativ ist, d. h. in einem Urteil nicht an Prädikatstelle verwendet werden kann, aber es ist mit diesem Begriff keine „stehende und bleibende Anschauung [...], worin die Gedanken (als wandelbar) wechselten" verbunden (KrV A 350; vgl. KrV A 399f.; KrV B 412; KrV B 291f.; vgl. Rosefeldt, *Das logische Ich*, Kap. 3).

In der B-Fassung der *KrV* sind die drei weiteren paralogistischen Schlüsse nicht mehr explizit ausformuliert. In der A-Fassung lautet der Mittelbegriff des zweiten Paralogismus, in dem die Einfachheit der Seele bewiesen werden soll und den Kant als den „Achilles aller dialektischen Schlüsse der reinen Seelenlehre" bezeichnet: „[ein] Ding, dessen Handlung niemals als die Concurrenz vieler handelnden Dinge angesehen werden kann" (KrV A 351). Kant schließt an die Formulierung des Schlusses ein Gedankenexperiment an, das scheinbar zeigt, dass zusammengesetzte Wesen keine Denkhandlungen ausführen können: Wenn man die durch die einzelnen Wörter eines Verses ausgedrückten Vorstellungen auf verschiedene Denker verteilt, gibt es dadurch noch niemanden, der den ganzen durch den Vers ausgedrückten Gedanken denkt (vgl. KrV A 352; 28:266f.). Diese Überlegung ist laut Kant fehlerhaft: „die Einheit des Gedanken, der aus vielen Vorstellungen besteht, ist collectiv und kann sich den bloßen Begriffen nach eben sowohl auf die collective Einheit der daran mitwirkenden Substanzen beziehen" (KrV A 353), auch wenn die in dem Gedankenexperiment erwähnten Denker zugegebenermaßen keine solche kollektive Einheit bilden. Zu dem paralogistischen Fehlschluss kommt es deswegen, weil jedes (sei es einfaches oder nicht-einfaches) denkende Wesen *selbst* seine Gedanken nicht als Handlungen eines zusammengesetzten Wesens repräsentieren kann. Das liegt daran, dass es sich diese Gedanken mit Hilfe des Begriffes ‚Ich' zuschreibt, welcher „ein Etwas überhaupt (transscendentales Subject) [bezeichnet], dessen Vorstellung allerdings einfach sein muß, eben darum weil man gar nichts an ihm bestimmt, wie denn gewiß nichts einfacher vorgestellt werden kann, als durch den Begriff von einem bloßen Etwas" (KrV A 355; vgl. KrV B 407). Bei der Verwendung dieses Begriffes abstrahiert man also von der eigenen möglichen Zusammengesetztheit (vgl. KrV A 400; insbes. KrV A 784f. / B 812f.), ohne eine Anschauung von sich selbst als etwas Einfachem zu haben (vgl. KrV A 356; KrV A 443 / B 471).

Der Mittelbegriff des Paralogismus der Personalität lautet „[w]as sich der numerischen Identität seiner selbst in verschiedenen Zeiten bewußt ist" (KrV A 361; vgl. 7:127). In seiner Kritik macht Kant deutlich, dass ein solches Identitätsbewusstsein nur dann hinreichend für Personsein ist (wie im Obersatz behauptet wird), wenn es Wissen von tatsächlicher Identität in der Zeit ist. Dieses impliziere aber die Anschauung von etwas Beharrlichem, welches uns im inneren Sinn jedoch nicht gegeben ist (vgl. KrV A 362ff.; KrV B 415). Gleichwohl repräsentieren wir uns selbst notwendigerweise als Wesen, die sich ihrer eigenen Identität bewusst sind, „weil wir zu unserem identischen Selbst nur dasjenige zählen, dessen wir uns bewußt sind, und so allerdings nothwendig urtheilen müssen, daß wir in der ganzen Zeit, deren wir uns bewußt sind, eben dieselbe sind" (KrV A 364; vgl. KrV B 408; 7:134; 18:420). Anhand eines an Locke erinnernden Gedankenexperiments macht Kant deutlich, dass zu den Vorstellungen, die wir zu unserem ‚identischen Selbst' rechnen, prinzipiell auch solche gehören könnten, die in Wirklichkeit andere denkende Wesen gehabt haben (vgl. KrV A 363f.; KrV A 363 Anm.) und er zieht daraus, anders als Locke, die Konsequenz, dass die Identität des Bewusstseins nicht hinreichend für die Identität der Person ist. Kants Aussagen zum epistemischen Status des Bewusstseins von der eigenen Identität sind auch für eine Interpretation der → transzendentalen Deduktion der Kategorien interessant, in der dieses Bewusstsein eine zentrale argumentative Rolle spielt (vgl. KrV A 108; KrV A 116; KrV B 133).

Kant hat im Laufe der Zeit verschiedene Ansichten dazu vertreten, welches der vierte Schluss der rationalen Seelenlehre ist. In Vorlesungen, die aus einer Zeit stammen, zu der Kant das Paralogistische an den Paralogismen noch nicht entdeckt zu haben scheint, präsentiert er als viertes ein Argument für die Annahme, dass man selbst als denkendes Wesen transzendental frei ist (vgl. 28:264–270; vgl. Rosefeldt, *Das logische Ich*, Kap. 7). In der *KrV* wird die Freiheitsproblematik im Kapitel über die Antinomien abgehandelt. In der A-Fassung des Paralogismen-Kapitels ist der vierte Paralogismus ein Schluss, der beweisen soll, dass „das Dasein aller Gegenstände äußerer Sinne zweifelhaft" ist (KrV A 367), und Kant versucht in seiner Widerlegung dieses Schlusses zu zeigen, dass sein → transzendentaler Idealismus einen solchen empirischen Idealismus ausschließt (KrV A 367–380). Dass diese Überlegungen eigentlich nicht zu einer Kritik der rationalen Psychologie passen, da sie gar nicht eine vermeintliche wesentliche Eigenschaft denkender Wesen betreffen, mag Kant dazu bewogen haben, sie in der zweiten Auflage der *KrV* in neuer Form unter dem Titel *Widerlegung des Idealismus* (KrV B 274–279) in die transzendentale Analytik vorzuziehen. Der zweiten Auflage der *KrV* zufolge ist der vierte Paralogismus ein Argument für die Annahme, dass man selbst „bloß als denkend Wesen (ohne Mensch zu sein) existiren könne" (KrV B 409). Zu dieser Annahme wird man dadurch verleitet, dass man durch den Begriff ‚Ich, als denkendes Wesen' einen begrifflichen Unterschied zwischen sich und seinem Körper macht: „Ich unterscheide meine eigene Existenz, als eines denkenden Wesens, von anderen Dingen außer mir (wozu auch mein Körper gehört), ist eben so wohl ein analytischer Satz; denn *andere* Dinge sind solche, die ich als von mir *unterschieden* denke" (KrV B 409). Dadurch allein ist aber noch nicht garantiert, dass man selbst als denkendes Wesen ohne seinen Körper existieren könnte. Dies ist, wie Kant in einer späteren Schrift schreibt, zwar ‚logisch möglich', nicht aber deswegen unbedingt auch ‚real möglich' (vgl. 20:325f.).

Kants Kritik an den Paralogismen – besonders an den ersten beiden – ist zugleich eine Kritik an der theoretischen Beweisbarkeit der Unsterblichkeit der menschlichen Seele, wie sie von vielen Autoren der philosophischen Tradition, insbesondere solchen der Leibniz-Wolffschen Schulphilosophie, vertreten wurde. So könne die dem ersten Paralogismus zu Grunde liegende Argumentation keine „von den gewöhnlichen Folgerungen der vernünftelnden Seelenlehre, als z. B. die immerwährende Dauer derselben bei allen Veränderungen und selbst dem Tode des Menschen lehren" (KrV A 350f.). Die Kritik am zweiten Paralogismus impliziert zudem, dass die Unsterblichkeit der Seele auch nicht auf der Grundlage der Annahme bewiesen werden kann, dass die Seele einfach ist und also nicht durch „*Zertheilung*" (KrV B 413) vergehen kann. In der zweiten Auflage der *KrV* fügt Kant dem Kapitel über die Paralogismen ein Argument dafür hinzu, dass die Seele selbst dann, wenn sie einfach wäre, aufhören könnte zu existieren (vgl. *Widerlegung des Mendelssohnschen Beweises der Beharrlichkeit der Seele*, KrV B 413–426).

Weiterführende Literatur

Ameriks, Karl: Kant's Theory of Mind. An Analysis of the Paralogisms of Pure Reason, Oxford: Oxford University Press ²2000.

Horstmann, Rolf-Peter: „Kants Paralogismen", in: Kant-Studien 84, 1993, 408–425.

Kitcher, Patricia: „Kant's Paralogisms", in: Philosophical Review 91, 1982, 515–547.

Rosefeldt, Tobias: Das logische Ich. Kant über den Gehalt des Begriffes von sich selbst, Berlin: Philo Verlag 2000.

Thöle, Bernhard, „Kants Diagnose der Illusionen der rationalen Psychologie", in: Chotaš, Jiří / Karásek, Jindřich / Stolzenberg, Jürgen (Hg.): Metaphysik und Kritik. Interpretationen zur „Transzendentalen Dialektik", Würzburg: Königshausen & Neumann 2007, 99–116.

Tobias Rosefeldt

Person

Kant nennt ‚Person' sowohl das →Subjekt des Denkens, d. h. den Menschen, der die Vorstellung des Ich haben kann (vgl. z. B. 7:127; 20:270), als auch das Subjekt zurechenbarer Handlungen (vgl. z. B. 6:223), d. h. ein „mit praktischem Vernunftvermögen und Bewußtsein der Freiheit seiner Willkür ausgestattetes Wesen" (7:324). Obwohl es also möglich ist, zwischen einem theoretischen und einem praktischen Gebrauch von ‚Person' zu unterscheiden, wird das Wort vornehmlich verwendet, um den Menschen als „Subject einer moralisch-praktischen Vernunft" zu bezeichnen (6:434), d. h. als Urheber (*causa libera*) von Handlungen, die unter Gesetzen stehen und ihm zugerechnet werden können (vgl. 6:223; 6:227; 23:391). In diesem Sinn des Begriffs ist Person auch ein Wesen, das auf Grund seiner Vernunftnatur ein (angeborenes) Recht auf freies, selbstbestimmtes Handeln besitzt, und gegenüber welchem jeder andere Mensch Pflichten hat (vgl. 23:357). Weitere wichtige Stellen: 4:428; 4:438–440; 6:434; 7:70–72; 15:887; 21:14; 21:36; 21:103; 22:55–56; 23:400.

Philosophische Funktion

1 Vernunftlose Tiere vs. Menschen

Die Bedeutung des Wortes ‚Person' umfasst das Spannungsfeld zwischen einem deskriptiven Menschenbild und einem Ideal- oder normativen Bild. Indem er den internen Zusammenhang zwischen Zurechenbarkeit und Personenstatus hervorhebt, stellt Kant die moralphilosophische Ausdeutung des Personenbegriffs in den Vordergrund, aber er vernachlässigt trotzdem nicht den Bezug des Begriffs auf deskriptiv identifizierbare Fähigkeiten. Diese Zweideutigkeit, auf Grund derer es vielleicht angebracht ist, von zwei Begriffen der Person zu reden, ist am Anfang der *Anthropologie* offensichtlich, wo ‚Person' verwendet wird, um den Unterschied zwischen dem Menschen (→Mensch) und den anderen Tieren zu betonen. Im Text liest man: „Daß der Mensch in seiner Vorstellung das Ich haben kann, erhebt ihn unendlich über alle andere auf Erden lebende Wesen. Dadurch ist er eine *Person* und vermöge der Einheit des Bewußtseins bei allen Veränderungen, die ihm zustoßen mögen, eine und dieselbe Person, d. i. ein von *Sachen*, dergleichen die vernunftlosen Thiere sind, mit denen man nach Belieben schalten und walten kann, durch Rang und Würde ganz unterschiedenes Wesen, selbst wenn er das Ich noch nicht sprechen kann, weil er es doch in Gedanken hat: wie es alle Sprachen, wenn sie in der ersten Person reden, doch denken müssen, ob sie zwar diese Ichheit nicht durch ein besonderes Wort ausdrücken. Denn dieses Vermögen (nämlich zu denken) ist der *Verstand*" (7:127). Der

Begriff des Menschen bezeichnet nicht unmittelbar eine Person, sondern ein Wesen, das, da es über Vernunft verfügt, die Fähigkeit zur Ich-Vorstellung (→Ich) hat und deshalb dafür ausgestattet ist, eine Person zu sein bzw. zu werden. Für Kant unterscheidet die Fähigkeit zur Ich-Vorstellung den Menschen von den anderen Lebewesen mit einer Kluft, die er durch das Inkommensurabilitäts-Prädikat ‚unendlich' kennzeichnet (vgl. auch 25:1033f. und Brandt, *Kommentar zu Kants Anthropologie*, S. 105–110). Im Einklang mit der Leibnizschen Tradition (vgl. Leibniz, *Principes*, § 5; *Monadologie*, §§ 29–30) steht der Besitz von rationellen Erkenntnisfähigkeiten in enger Verbindung mit dem Ich-Bewusstsein (vgl. Klemme, *Kants Philosophie des Subjekts*, S. 38–138). Kant unterstreicht, dass das Vermögen zu sich Ich zu sagen und daher Person zu sein, ein Vermögen zu denken ist: „Die Thiere haben zwar Vorstellungen von der Welt aber nicht von ihren Ich daher sind sie auch keine vernünftigen Wesen" (25:1215); Tiere haben keinen Verstand und keine Vernunft, „denn alle Handlungen des Verstandes und der Vernunft sind nur in sofern möglich, als man sich seiner selbst bewußt ist" (28:276; vgl. auch 7:397). Diese Auffassung entspricht in der kritischen Phase der These, dass die →Apperzeption das „Radicalvermögen aller unsrer Erkenntniß" ist (KrV A 114).

Außer dem deskriptiven Inhalt des Personenbegriffs lässt die Stelle der *Anthropologie* (vgl. 7:127) auch dessen normativen Inhalt durchscheinen. Das bloße Ich-Bewusstsein, das den Menschen zu Person macht, wird nicht nur als theoretisches sondern auch als moralisch-praktisches gesehen. Ein Zeichen davon ist die Verwendung des Wortes →‚Würde'. Mit der Gleichstellung der vernunftlosen Tiere mit Sachen geht in der Tat die Gegenüberstellung von Mensch versus Tier in die von Person versus Sache über, was typisch für die Moralphilosophie ist (vgl. 4:429). Mit diesem letzteren Wortpaar unterscheidet Kant das, was einen relativen Wert als Mittel hat, von dem, was nicht bloß als Mittel gebraucht werden darf.

Die oben zitierte Passage der *Anthropologie* (vgl. 7:127) legt eine Verbindung zwischen dem theoretischen und dem praktischen Begriff von Person nahe. Was das menschliche Handeln auszeichnet, ist tatsächlich das Vermögen, nach selbstgesetzten →Zwecken, d. h. nach →Begriffen, zu handeln. Unter diesem Aspekt ist die →Freiheit des Handelns sicher nur auf der Basis des Verstandes als des Vermögens der Begriffe möglich. Die Fähigkeiten, zu sich Ich zu sagen und ein Subjekt zurechenbarer Handlungen zu sein, sind folglich miteinander verbunden (vgl. Baum, *Subjekt und Person*). Das Vermögen der Begriffe ist trotzdem nicht das entscheidende Element für das Personsein des Menschen. Wenn die schlichte Tatsache, Vernunft zu besitzen und mit ihr auch die Fähigkeit, sich willkürlich Zwecke zu setzen, auch das Menschsein vom Tiersein unterscheidet (vgl. 5:431; 6:392), so erhebt sie doch nicht den Menschen „im Werthe über die bloße Thierheit" (5:61), sie reicht nicht aus, um ihm den „innern Werth" zu verleihen, der vom Wort „*Würde*" (4:435) oder durch die Zuerkennung der Eigenschaft, Zweck an sich selbst zu sein, gekennzeichnet wird (vgl. 4:428). Das theoretische Ich-Bewusstsein und die Fähigkeit, sich selbst willkürlich Zwecke zu setzen, sind notwendige Bedingungen des Personseins, aber für Kant ist es nur die reine →praktische Vernunft, die dem Menschen erst den Status der Person im Gegensatz zu dem der Sache verleiht und ihn damit von den Tieren trennt (vgl. 6:418; vgl. auch 6:26). Er schreibt: „*Person* ist dasjenige Subject, dessen Handlungen einer *Zurechnung* fähig sind. [...] *Sache* ist ein Ding, was keiner Zurechnung fähig ist" (→Handlung und Zurechnung). ‚Zurechnung' ist streng moralisch gemeint und setzt voraus, „daß eine Person keinen anderen Gesetzen als denen, die sie (entweder allein, oder wenigstens zugleich mit anderen) sich selbst giebt, unterworfen ist" (6:223).

2 *Der Mensch zwischen zwei Welten*

Im Unterschied zu den Sachen existiert die Person als Zweck an sich selbst, als Gegenstand der →Achtung und folglich als einschränkende Bedingung der Freiheit der Handlungen (vgl. 4:428), mit der die Handlungen, sowohl die eigenen als die der anderen, übereinstimmen müssen (vgl. 4:430f.; 6:395). Der Status einer Person geht in der Moralphilosophie mit der Unterwerfung unter bedingungslose, von der eigenen Vernunft gegebene, praktische Gesetze einher (vgl. 6:435). Freiheit als →Autonomie markiert den Schritt vom Selbst zur Person. Dieser ist auch ein Übergang zum Intelligiblen (vgl. 4:430f.), denn wenn man als Intelligenz eine Kausalität der Vernunft zuordnet, stellt sich der Mensch in eine Ordnung der Dinge (vgl. 4:457f.), „die nur der Verstand denken kann, und die zugleich die ganze Sinnenwelt, mit ihr das empirisch bestimmbare Dasein des Menschen in der Zeit“ unter sich hat (5:86f.). Autonomie und Personsein kommen dadurch zustande, dass sich der Mensch von seiner empirischen Bestimmtheit löst. Damit wird auch der subjektive Standpunkt durch eine Handlungsperspektive überschritten, die sich an den überindividuellen Kriterien der (eigenen) Vernunftgesetzgebung orientiert. Personen sind für Kant Mitglieder eines *mundus intelligibilis*, d. h. einer Welt vernünftiger Wesen als →Reich der Zwecke (vgl. 4:435f.). Das Personsein des Menschen bringt den Standpunkt der Zwischenmenschlichkeit mit sich. Die Schicklichkeit der Maximen des Handeln zur allgemeinen Gesetzgebung, die das vernünftige Wesen als Zweck an sich selbst auszeichnet, verlangt nämlich, die Maximen jederzeit auch vom Gesichtspunkt „jedes andern vernünftigen als gesetzgebenden Wesens (die darum auch Personen heißen) nehmen zu müssen“ (4:438).

Aus der „unübersehbare[n] Kluft zwischen dem Gebiete des Naturbegriffs, als dem Sinnlichen, und dem Gebiete des Freiheitsbegriffs, als dem Übersinnlichen“ (5:175f.) entsteht eine innere Spannung der Bedeutung von ‚Person‘ oder die Trennung von zwei Personenbegriffen: ‚Person‘ kann nämlich sowohl den Menschen als Teil der Natur, d. h. als mit besonderen Erkenntnis- und Wunschfähigkeiten ausgestattetes Tier, als auch das Subjekt einer moralisch-praktischen Vernunft bezeichnen. So betrachtet ist der Mensch aber nicht einfach ein vernünftiges Wesen (*homo phaenomenon*); laut Kant ist der Mensch in praktischer Hinsicht als Subjekt der moralischen, von dem Begriffe der Freiheit ausgehenden Gesetzgebung, „als ein Anderer als der mit Vernunft begabte Sinnenmensch (specie diversus)“ zu betrachten (6:439 Anm.). Das Selbstverständnis der Vernunft als praktisch bringt den Begriff der intelligiblen Welt mit sich (vgl. 4:458 und Willaschek, *Praktische Vernunft*, S. 270f.): Da das Freiheitsvermögen übersinnlich ist, „kann und soll“ der Mensch „als von physischen Bestimmungen unabhängige[] Persönlichkeit[] (homo noumenon) vorgestellt werden“ (6:239; vgl. auch 6:418). In dieser zweiten Bedeutung beruht ‚Person‘ (gelegentlich auch als Synonym für ‚Persönlichkeit‘ gebraucht) auf der Geltung des moralischen Gesetzes und beinhaltet darum eine normative Idee (vgl. Mohr, *Personne*). Es bezeichnet die jenseits der Naturverhältnisse gesetzte normative Bestimmung, an der sich vernünftige Individuen – d. h. Personen als eine besondere Art von Subjekten – praktisch ausrichten können. Damit ist auch die Verwendung eines Ausdrucks wie „idealische Person“ verbunden (6:439), mit der Kant, als er das →Gewissen behandelt, eine von der praktischen Vernunft gebildete Urteilsinstanz bezeichnet. Sie entspricht der Möglichkeit einer distanzierten Haltung der Person zu ihren Handlungsweisen, d. h. eines reflexiven Verhältnisses der Person zu sich selbst.

3 Person und Zeit

Eine Person zu sein bedeutet, Subjekt von freien Handlungen, genauer von Taten, zu sein, d. h. von zurechenbaren Handlungen, die moralischen Gesetzen unterworfen sind. Da die Zurechnung von Handlungen voraussetzt, dass der Handelnde dieselbe Person im Verlauf der Zeit bleibt, ist mit dem Begriff der Person die Frage nach der Identität des Subjekts als eines frei handelnden Wesens verknüpft. Der Personenbegriff der praktischen Philosophie verweist auf ein grundlegendes Element des theoretischen Personenbegriffs, und zwar auf die Idee der Identität in der Zeit. Man liest im Hauptvorwort zum dritten Paralogismus der transzendentalen Psychologie: „Was sich der numerischen Identität seiner selbst in verschiedenen Zeiten bewußt ist, ist so fern eine *Person*“ (KrV A 361; zur Theorie personaler Identität in der *KrV* siehe Ameriks, *Kant's Theory*, S. 128–176). Das ist für Kant der haltbare Sinn des theoretischen Personbegriffs, „nöthig und hinreichend“ auch „zum praktischen Gebrauche“ (KrV A 365f.). In den Eingangspassagen der *Anthropologie* sind Identität des Selbstbewusstseins und Identität der Person direkt aufeinander bezogen und der Status einer Person wird durch den Begriff numerischer Identität definiert; trotzdem ergibt sich aus den Überlegungen des dritten Paralogismus, dass die bloß logisch im Selbstbewusstsein begründete numerische Identität eine Identität des

Subjekts ist und nicht der Person (→Selbstbewusstsein). Kant unterscheidet also Person vom Subjekt. Für ihn ist das Ich-Bewusstsein notwendigerweise ein Bewusstsein ‚diachroner Identität', aber der Identitätssinn, der sich im →‚Ich denke' ausdrückt, ist von demjenigen zu unterscheiden, der im Begriff ‚Person' Ausdruck findet. Ersterer entspricht der logischen Identität, die von jedem Bewusstsein eines vielfältigen Inhalts verlangt wird und die einfach eine formale Bedingung unseres Gedankens und ihres Zusammenhangs ist. Durch die Identität der Person wird hingegen auf theoretischer Ebene das Bewusstsein der Identität ihrer eigenen Substanz als denkendes Wesen in jedem Wechsel der Zustände verstanden (vgl. KrV B 408). Da die Persönlichkeit Substantialität voraussetzt (vgl. KrV A 365), kann die logische Identität des Ichs nicht die Identität der Person bedeuten (vgl. Sturma, *Die Paralogismen*, S. 403–405). Kant stimmt hier zwar mit Locke darin überein, die unmittelbare Gleichsetzung der Persönlichkeit mit der Beharrlichkeit eines mentalen *substratum* abzulehnen. Aber er gibt sich nicht damit zufrieden, den Ausdruck ‚Person' als einen *forensic term* (also einen juristischen Ausdruck) zu betrachten. Seine Auffassung ist von der Art beeinflusst, mit der Leibniz Lockes Trennung zwischen personaler Identität und substanzieller Identität des Selbst vollzogen hat. Indem Leibniz die erste als einfache „apparence" des Selbst betrachtet, dessen Perzeptionskontinuität die Identität real macht (vgl. *Nouveaux essais*, II.xxvii.9–14), fasste er die personale Identität als bloße reflexive Erfahrung der realen Identität der Seele auf, die nur den *esprits* oder *ames raisonnables* zur Verfügung steht. Kant formuliert seinen Standpunkt größtenteils mit Leibnizschen Worten (seine Unterscheidung zwischen dem Ich als Noumenon, dem empirischen Ich und der transzendentalen Einheit der Apperzeption erinnert an die Leibnizsche zwischen dem Selbst, der Erscheinung des Selbst und der *consciosité*), aber er nimmt Lockes Skeptizismus bezüglich der Erkennbarkeit der immateriellen Seelensubstanz auf.

Während Locke die Person von der Seelensubstanz trennt, schafft Kant allerdings der metaphysischen Idee der Seelensubstanz in der praktischen Philosophie gewissermaßen Ersatz. Seine Kritik an der rationalen Psychologie lässt in der Tat die Möglichkeit offen, dass das bloße Selbstbewusstsein des denkenden Subjekts eine praktische Bestimmung erhält (vgl. KrV B 428–432 und Klemme, *Kants Philosophie des Subjekts*, S. 375–403). Daraus resultiert die Verbindung zwischen der Bedeutung von ‚Person' und einer Selbstbestimmung, in der sich die Idee, Mitglied einer intelligiblen Welt zu sein, ausdrückt. Unter diesem Aspekt ist die wirkliche Identität der Person die Identität des intelligiblen Subjekts, das außerhalb der Zeit liegt. Diese Beziehung zur intelligiblen Welt zeichnet aber die problematische Natur der personalen Identität aus. Das ist eine andere Kehrseite der Zweideutigkeit, die den Kantschen Personenbegriff charakterisiert. Wie Locke bestimmt auch Kant die Person als ein Subjekt zurechenbarer Handlungen. Er geht aber in einem entscheidenden Punkt über Locke hinaus, da er behauptet, dass die Zurechnungsfähigkeit noch nicht aus der Identität des Selbstbewusstseins, sondern erst aus der moralischen Selbstgesetzgebung folgt (vgl. Sturma, *Philosophie der Person*, S. 207). Ein Subjekt zurechenbarer Handlungen muss über ein Bewusstsein seiner Identität *in der* Zeit verfügen; aber als Person ist es einer Gesetzgebung unterworfen und einer Kausalität fähig, die nicht-zeitlich sind. Kants Begriff der Person und der Identität der Person ist letztlich von einer Differenzierung beherrscht, deren theoretischer Status nicht völlig klar gemacht ist. Die Person existiert als ein vernünftiges Individuum (als Individuum der biologischen Gattung Mensch) in Zeit und Raum, aber sie ist als Substanz von Handlungsereignissen nichts Raum-Zeitliches (vgl. 5:66), obwohl sie real auf eine phänomenale Vielfalt von zeitlichen Ereignissen bezogen wird.

Weiterführende Literatur

Brandt, Reinhard: „The Guiding Idea of Kant's Anthropology and the Vocation of the Human Being", in: Jacobs, Brian and Kain, Patrick (Hg.): Essays on Kant's Anthropology, Cambridge: Cambridge University Press 2003, 85–104.

Klemme, Heiner F.: Kants Philosophie des Subjekts. Systematische und entwicklungsgeschichtliche Untersuchungen zum Verhältnis von Selbstbewusstsein und Selbsterkenntnis, Hamburg: Meiner 1996.

Sturma, Dieter: „Was ist der Mensch? Kants vierte Frage und der Übergang von der philosophischen Anthropologie zur Philosophie der Person“, in: Heidemann, Dietmar H. und Engelhard, Kristina (Hg.): Warum Kant heute?, Berlin u. a.: de Gruyter 2004, 264–285.

Wood, Allen W.: Kant's Ethical Thought, Cambridge: Cambridge University Press 1999.

Gabriele Tomasi

Persönlichkeit

Persönlichkeit ist für Kant „die Idee der Menschheit ganz intellectuell betrachtet“ (6:28). Der Begriff spielt eine besonders wichtige Rolle in Kants Begründung der Gültigkeit des Sittengesetzes für moralische Wesen. In diesem Zusammenhang versteht Kant unter Persönlichkeit „die Freiheit und Unabhängigkeit von dem Mechanism der ganzen Natur, doch zugleich als ein Vermögen eines Wesens betrachtet, welches eigenthümlichen, nämlich von seiner eigenen Vernunft gegebenen, reinen praktischen Gesetzen“, unterworfen ist (5:87). Weitere wichtige Stellen: KrV A 362; KrV A 365; 5:66; 5:86f.; 5:117; 5:162; 6:27f.; 6:223; 6:239; 6:418; 6:422f.; 6:439; 6:462; 9:455; 21:12; 22:63.

Philosophische Funktion

Im Begriff der Persönlichkeit fasst Kant die Eigenschaften der →Person als handelndes Subjekt zusammen, die mit ihrer Freiheit und Unabhängigkeit vom Mechanismus der Natur verbunden sind, also mit dem negativen Begriff der →Freiheit und folglich mit ihrem positiven Begriff, d. h. der →Autonomie (vgl. 6:418 und →Autonomie). Kant versteht unter „*moralische[r]* Persönlichkeit“ speziell „die Freiheit eines vernünftigen Wesens unter moralischen Gesetzen“. Er unterscheidet von der moralischen Persönlichkeit die „psychologische“, die als „bloß das Vermögen, sich der Identität seiner selbst in den verschiedenen Zuständen seines Daseins bewußt zu werden“ verstanden wird (6:223).

Die erste, moralische Bedeutung des Wortes, da sie auf die Vernunftgesetzgebung zurückzuführen ist (vgl. 5:117), ist überwiegend normativ. Sie liegt der Forderung zu Grunde, dass die Person sich „ihrer eigenen Persönlichkeit“ unterwirft (5:87; vgl. auch 4:454): Da es zwei Welten angehört, kann und soll das Subjekt zurechenbarer Handlungen das eigene Handeln nach Gesetzen der Vernunft bestimmen. Die Idee der Persönlichkeit ist Kant zufolge eine „Achtung erweckende“ Idee, dank der die vernünftigen Wesen „Zwecke an sich selbst sind“ (5:87). Deshalb ist die Persönlichkeit auch „die oberste Bedingung aller Rechtsverhältnisse“ (20:455; vgl. 6:239ff.; →Menschheit). ‚Persönlichkeit‘ bezeichnet auch das Beharren des Handlungssubjektes auf das Ändern der Absichten und der Taten (vgl. 5:66). Damit hängt ein Aspekt des Begriffs der Persönlichkeit zusammen, der die rationale Psychologie herausstellt, nämlich die Beharrlichkeit der Seele. Das geschieht auf der Ebene der →Postulate der reinen praktischen Vernunft, wo die Idee der Unsterblichkeit der Seele wieder aufgenommen wird (vgl. 5:122), während – jedenfalls laut der ersten Fassung des Kapitels über die Paralogismen der reinen Vernunft – man im Begriff der Persönlichkeit, „so fern er blos transscendental ist“, nur den Ausdruck der „identischen Apperception“, der bloßen logischen Einheit des Selbstbewusstseins im Denken überhaupt sehen konnte (KrV A 365). Kant sieht diese Bedeutung des Begriffs als „zum praktischen Gebrauche nötig und hinreichend“ an (KrV A 365f.).

Weiterführende Literatur

Baum, Manfred: „Person und Persönlichkeit bei Kant“, in: Lohmar, Achim / Peucker, Henning (Hg.): Subjekt als Prinzip? Zur Problemgeschichte und Systematik eines neuzeitlichen Paradigmas, Würzburg: Königshausen & Neumann 2004, 81–92.

Mohr, Georg: „Personne, Personnalité et Liberté dans la Critique de la raison pratique“, in: Revue Internationale de Philosophie 166, 1988, 289–319.

Sturma, Dieter: Philosophie der Person. Die Selbstverhältnisse von Subjektivität und Moralität, Paderborn: Schöningh 1997.

Wood, Allen W.: Kant's Ethical Thought, Cambridge: Cambridge University Press 1999.

Gabriele Tomasi

Pflicht

„*Pflicht ist die Nothwendigkeit einer Handlung aus Achtung fürs Gesetz*“ (4:400). – „Wie nennt man diese unmittelbare durch die Vernunft dem Menschen auferlegte Nothwendigkeit, einem Gesetze derselben gemäß zu handeln? [...] Sie heißt *Pflicht*" (6:481f.). Pflicht ist das Bewusstsein, einem absoluten und unbedingten Gebot der eigenen → Vernunft unterworfen zu sein; nicht äußere Autorität oder soziale Üblichkeiten, sondern nur die eigene Vernunft kann Grund einer Pflicht sein. Wichtige Stellen: 4:397; 4:434; 4:439; 5:32; 5:80–82; 5:86; 6:222; 6:379; 6:383; 6:388; 6:394; 6:405; 6:410.

Vorgeschichte und historischer Kontext

In vielen Ethiken steht die Frage im Mittelpunkt, welche materiellen Pflichten (im Plural) Menschen haben; paradigmatisch ist insoweit Cicero, *De officiis*. Ebenso sind die Naturrechtssysteme aus Rationalismus und Aufklärung (Grotius, *Recht des Krieges und des Friedens*; Pufendorf, *Über die Pflicht des Menschen*; Wolff, *Grundsätze des Natur- und Völkerrechts*; Achenwall/Pütter, *Elementa iuris naturae*) genau genommen Pflichtensysteme, die nach dem Gliederungsschema Pflichten gegen Gott, Pflichten gegen andere und Pflichten gegen sich selbst aufgebaut sind. In den Naturrechtssystemen ist Pflicht der Primärbegriff, aus dem die Rechte abgeleitet werden; nur aus der im Licht der Vernunft erkannten Pflicht kann der einzelne das Recht der anderen und sein eigenes Recht erkennen. Auf dem fundamentalen semantischen Unterschied zwischen ‚Pflicht' und ‚*Zwang*' beruht die Widerlegung der These vom sog. Recht des Stärkeren durch Rousseau: Das Recht des Stärkeren reicht nicht weiter als der Zwang durch überlegene physische Gewalt; „ich sehe überhaupt nicht, welche sittliche Verpflichtung sich aus ihren Wirkungen ergeben kann" (*Rosseau, Contrat social*, I. 3., S. 9).

Philosophische Funktion

1 Das alltagssprachliche Verständnis des Pflichtbegriffs

Der Ausdruck ‚Pflicht' ist mehrdeutig. In der Alltagssprache sind mit Pflichten meistens Aufgaben und Anforderungen gemeint, die jemand im Rahmen einer sozialen Rolle oder Funktion aufgrund von externen Zwängen (Weisungen, Befehle), sozialen Bindungen oder auch Internalisierungen zu erfüllen hat. Der Alltagsbegriff von Pflicht/Pflichten führt die vage Konnotation des Gebundenseins und der Verbindlichkeit mit sich, wobei unbestimmt bleibt, worauf die Verbindlichkeit beruht und ob durch Befehl, Zwang oder Gewöhnung überhaupt eine moralische Verbindlichkeit entstehen kann. Der philosophische Pflichtbegriff bei Kant ist mit dem Alltagsverständnis nur insoweit locker verbunden als Kant die vage Konnotation mit Gebundensein und Verbindlichkeit in Anspruch nimmt. Philosophisch relevant ist für Kant zum einen die mit einer Pflicht einhergehende → Notwendigkeit (vgl. 4:400), die sich endlichen Wesen gegenüber als Nötigung darstellt (vgl. 4:413), sowie die Unterscheidung zwischen pflichtgemäßem Handeln und Handeln → aus Pflicht (vgl. 4:397).

2 Zwei Pflichtbegriffe bei Kant: Die Idee der Pflicht als Triebfeder und Pflicht(en) als Materie der Verbindlichkeit

Bei Kant sind zwei Pflichtbegriffe zu unterscheiden, von denen der erste nur im Singular vorkommen kann (Begriff der Pflicht, Idee der Pflicht), während der zweite sich auf Pflichten im Plural bezieht. Der Begriff der Pflicht im Singular gehört systematisch in die Triebfedernlehre, während die Pflichten im Plural sich aus der Anwendung des → kategorischen Imperativs ergeben und in der *MST* zur Auflistung der konkreten Tugendpflichten führen. Kant erläutert diese Unterscheidung in *MS* durch den Hinweis, dass zu jeder Gesetzgebung zwei Elemente gehören: „*erstlich* ein *Gesetz*, welches die Handlung, die geschehen soll, *objectiv* als nothwendig vorstellt, d. i. welches die Handlung zur Pflicht macht, *zweitens* eine Triebfeder, welche den Bestimmungsgrund der Willkür zu dieser Handlung *subjectiv* mit der Vorstellung des Gesetzes verknüpft; mithin ist das zweite Stück dieses: daß das Gesetz die Pflicht zur Triebfeder macht" (6:218). Das erste Element betrifft die gleichsam theoretische Erkenntnis der gebotenen Handlung. Kant bezeichnet diese Bedeutung des Pflichtbegriffs auch als Materie der Verbindlichkeit, wenn er in *MS* diesen Pflichtbegriff definiert als: „*Pflicht* ist diejenige Handlung, zu welcher jemand verbunden ist. Sie ist also die Materie der Verbindlichkeit, und es kann einerlei Pflicht (der Handlung nach) sein, ob wir zwar auf verschiedene Art dazu verbunden werden können" (6:222). Das pflichtgemäße Handeln gemäß der konkreten Pflicht macht die → Legalität der Handlung aus; kommt noch die Idee der Pflicht als Triebfeder hinzu, dann liegt Moralität der Handlung vor.

Gemäß der Fragestellung nach dem *„obersten Princip[] der Moralität“* (4:392) befasst sich Kant in *GMS* und *KpV* primär mit der Analyse und der Rechtfertigung der Idee der Pflicht als Triebfeder des Handelns und als Moralitätskriterium. Erst in *MS* wendet sich Kant ausführlicher der Materie der Verbindlichkeit, d. h. den Pflichten im Plural, zu und versucht, ein System der Pflichten zu entwickeln (→Rechtspflicht).

3 Der Begriff der Pflicht in der GMS: Guter Wille – Pflicht – Gesetz – kategorischer Imperativ

Im Rahmen der analytischen Methode der ersten beiden Abschnitte der *GMS* ist der Begriff der Pflicht ein Zwischenschritt in dem Verfahren, welches beim gewöhnlichen Alltagsbewusstsein ansetzt und schrittweise zum philosophischen Standpunkt führt: Guter Wille – Pflicht – Gesetz – →kategorischer Imperativ. Der Begriff des „guten Willens, so wie er schon dem natürlichen gesunden Verstande beiwohnt“ (4:397), wird im zweiten Schritt durch den Begriff der Pflicht erläutert. Diese Erläuterung geschieht durch die Einführung der Unterscheidung zwischen Handeln aus Pflicht und bloß →pflichtmäßigem Handeln (vgl. 4:397). Als Kriterium für ein moralisch gutes Handeln kommt nur das Handeln aus Pflicht in Betracht; bloß pflichtgemäßes Handeln, sei es aus Neigung, sei es aus sonstigen Interessen- und Klugheitserwägungen, ist sittlich neutral und hat nach Kant keinen moralischen Wert. Der dritte Schritt des Übergangs vom gewöhnlichen Bewusstsein zur philosophischen Erkenntnis besteht in der Erläuterung, was es heißt, aus Pflicht zu handeln: *„Pflicht ist die Nothwendigkeit einer Handlung aus Achtung fürs Gesetz“* (4:400). Dies führt über die Frage „Was kann das aber wohl für ein Gesetz sein“? (4:402) zur ersten Formulierung des kategorischen Imperativs (vgl. 4:402) und zu dessen Begründung und Rechtfertigung. In der *GMS* hat der Begriff der Pflicht eine wichtige didaktische Funktion beim Aufstieg vom „natürlichen gesunden Verstand[]“ (4:397) zum kategorischen Imperativ und seiner Deduktion; in der *KpV* wird deutlich, dass und wie er vom Grundgesetz der reinen praktischen Vernunft abgeleitet ist. Nachdem die Arbeit der Rechtfertigung geleistet ist, erscheint der Begriff der Pflicht als vollständig abhängig und abgeleitet vom Grundgesetz der reinen praktischen Vernunft, das sich für endliche, sinnlich-vernünftige Wesen auswirkt als kategorischer Imperativ und als „Gesetz der *Pflicht*“ (5:82).

4 Pflichtbegriff, Nötigung und unvollkommener Wille

Kant erläutert die Funktion des Pflichtbegriffs durch die Unterscheidung zwischen dem vollkommenen (heiligen) Willen eines reinen Vernunftwesens und dem unvollkommenen Willen eines sinnlich-vernünftigen Wesens, d. h. dem menschlichen Willen (vgl. 4:413f.; 5:82). Ein reines Vernunftwesen, das voraussetzungsgemäß überhaupt keine entgegenstehenden sinnlichen Neigungen hat, würde von selbst durch das Grundgesetz der reinen praktischen Vernunft (vgl. 5:30) in seinem Handeln bestimmt werden. „Ein vollkommen guter Wille würde also eben sowohl unter objectiven Gesetzen (des Guten) stehen, aber nicht dadurch als zu gesetzmäßigen Handlungen *genöthigt* vorgestellt werden können, weil er von selbst nach seiner subjectiven Beschaffenheit nur durch die Vorstellung des Guten bestimmt werden kann. Daher gelten für den *göttlichen* und überhaupt für einen *heiligen* Willen keine Imperativen; das *Sollen* ist hier am unrechten Orte, weil das *Wollen* schon von selbst mit dem Gesetz nothwendig einstimmig ist“ (4:414). Für ein reines Vernunftwesen sind Handlungen, die gemäß dem moralischen Gesetz als objektiv notwendig erkannt werden, auch subjektiv notwendig. Deshalb sind die Begriffe Nötigung, Imperativ, →Sollen und Pflicht auf den vollkommen guten Willen eines reinen Vernunftwesens gar nicht anwendbar. Beim Menschen sind jedoch die „Handlungen, die objectiv als nothwendig erkannt werden, subjectiv zufällig, und die Bestimmung eines solchen Willens objectiven Gesetzen gemäß ist *Nöthigung*; [...] Die Vorstellung eines objectiven Princips, sofern es für einen Willen nöthigend ist, heißt ein Gebot (der Vernunft), und die Formel des Gebots heißt *Imperativ*“ (4:413).

5 Das System der Pflichten

5.1 In *GMS* ordnet Kant die vier Beispiele (4:421–423) „nach der gewöhnlichen Eintheilung derselben in Pflichten gegen uns selbst und gegen andere Menschen, in vollkommene und unvollkommene Pflichten“ (4:421). Unter vollkommenen Pflichten versteht Kant in der *GMS* „diejenige[n], die keine Ausnahme zum Vortheil der Neigung verstatte[n]“ (4:421 Anm.). Kant stellt dies aber unter den Vorbehalt des künftigen, in der *MS* zu entwickelnden Systems der Pflichten.

5.2 Das vollständige System der Pflichten in der *MS* unterscheidet sich von dem provisorischen aus der *GMS* dadurch, dass Kant nun zwischen Rechtslehre und Tugendlehre unterscheidet und nach der Materie der Verbindlichkeit zwischen Rechtspflichten und Tugendpflichten differenziert. Hinzu kommt die allgemeine Tugendpflicht im Singular „Handle pflichtmäßig aus Pflicht“ (6:391), die zu allen Pflichtarten, d. h. auch zu den Rechtspflichten, hinzutritt. Kant bezeichnet dies auch als „indirect-ethische[]“ (6:221) Pflicht oder „*Tugendverpflichtung*“ (6:410) im Unterschied zu den vielen Tugendpflichten. Kant erläutert das am Beispiel einer Vertragspflicht, wenn die eine Seite ihren Anspruch nicht beweisen kann und der Anspruch deshalb nicht zwangsweise durchgesetzt werden könnte. Wenn der äußere Zwang als Vollstreckungsmittel der Rechtspflicht ausfällt, dann bleibt als Triebfeder nur die Idee der Pflicht: „Hieraus ist zu ersehen, daß alle Pflichten blos darum, weil sie Pflichten sind, mit zur Ethik gehören [...]. So gebietet die Ethik, daß ich eine in einem Vertrage gethane Anheischigmachung, wenn mich der andere Theil gleich nicht dazu zwingen könnte, doch erfüllen müsse“ (6:219). Das vollständige System der Pflichtarten besteht also aus: (1) der allgemeinen Tugendverpflichtung, (2) Rechtspflichten und (3) Tugendpflichten. Dadurch, dass die allgemeine Tugendverpflichtung auch zu den Rechtspflichten hinzutritt, werden diese zu indirekt-ethischen Pflichten.

5.3 Zum Zwecke der Einteilung der Pflichten in Rechtspflichten und Tugendpflichten entwickelt Kant zwei verschiedene Ansätze im Schema „Eintheilung nach dem objectiven Verhältniß des Gesetzes zur Pflicht“ (6:240) und in der Einleitung zur *Tugendlehre* (6:390).

In der *Tugendlehre* identifiziert Kant schon in der Überschrift die ethischen Pflichten mit den weiten und die Rechtspflichten mit den engen Pflichten (vgl. 6:390). Weil „die Rechtslehre das *Seine* einem jeden (mit mathematischer Genauigkeit) bestimmt wissen will“ (6:233), sind die Rechtspflichten enge Pflichten, welche die gebotene Handlung auf den Punkt genau festlegen; das Recht gibt Gesetze für Handlungen, die Ethik gibt Gesetze bloß für Maximen (vgl. 6:388). Deshalb sind die ethischen Pflichten weite Pflichten, die bei ihrer „Befolgung (Observanz) einen Spielraum (latitudo) für die freie Willkür überlasse[n]“ (6:390). Der Spielraum besteht im „wie und wie viel durch die Handlung zu dem Zweck, der zugleich Pflicht ist, gewirkt werden solle“ (6:390). Abweichend vom provisorischen Verständnis in *GMS* (vgl. 4:421 Anm.) enthalten die weiten Pflichten keine Erlaubnis zu Ausnahmen von der Pflicht zugunsten der Neigung, „sondern nur die der Einschränkung einer Pflichtmaxime durch die andere (z. B. die allgemeine Nächstenliebe durch die Elternliebe)“ (6:390). Das Kantsche System der Pflichten in *MS* ist allerdings nicht frei von Widersprüchen (Willaschek, *Why the Doctrine of Right*, S. 207f.). Denn wenn die Rechtspflichten mit den engen und vollkommenen und die Tugendpflichten mit den weiten und unvollkommenen Pflichten identifiziert werden, dann dürfte es eigentlich keine vollkommenen Tugendpflichten geben. Im Widerspruch dazu enthält der Haupttext der *Tugendlehre* ein ganzes Buch über die vollkommenen Pflichten gegen sich selbst (vgl. 6:421). Kant begründet und rechtfertigt das mit dem Hinweis, dass „in diesem Hauptstücke nur von negativen Pflichten, folglich von Unterlassungen nur die Rede ist“ (6:421), was die Unstimmigkeit aber nicht beseitigen kann.

Nach dem Schema aus der ‚Einteilung der Metaphysik der Sitten überhaupt‘ (vgl. 6:240) werden die Pflichten jeweils als vollkommene oder unvollkommene Pflichten nach dem Kriterium Recht-Zweck zugeordnet. Die Pflicht zur physischen Selbsterhaltung (Suizidverbot) wäre nach dem Schema dem Zweck der Menschheit in unserer Person und damit den unvollkommenen Pflichten zuzuordnen, die Kant auch hier mit den Tugendpflichten identifiziert; auch nach diesem Schema dürfte es keine vollkommene Tugendpflicht geben. Demgegenüber sind die Rechtspflichten nach dem Schema im Wesentlichen identisch mit den vollkommenen Pflichten gegen andere Menschen, was mit dem Begriff und dem Prinzip des Rechts (vgl. 6:230) übereinstimmt. Die Ausnahme bildet eine einzige vollkommene (Rechts-) Pflicht gegen sich selbst: „Das Recht der Menschheit in unserer eigenen Person“ (6:240) in Gestalt der ersten Pseudo-Ulpianischen Formel „*Sei ein rechtlicher Mensch* (honeste vive)“ (6:236) mit der inneren Rechtspflicht zur Behauptung der eigenen Rechtspersönlichkeit. Das Kantsche Vernunftrecht schließt den nach dem römischen Recht möglichen Selbstverkauf in die Sklaverei und den freiwilligen Verzicht auf die eigene Rechtspersönlichkeit aus. Ein Vertrag, mit dem jemand „aufhört, eine Person zu sein [, ist] in sich selbst widersprechend, d. i. null und nichtig" (6:283).

Interpretationslage

1 Der autoritäre Charakter

Die Mehrdeutigkeit des Pflichtbegriffs in der Alltagssprache ist der Grund für hartnäckige Fehlinterpretationen von Kants Moralphilosophie. Das gröbste Missverständnis besteht in der Annahme, Kant sei ein rigoroser Regelfetischist, der durch eine Moralphilosophie, die auf dem Begriff der Pflicht aufbaut, blinden Gehorsam gegenüber staatlichen und sozialen Autoritäten fordert und rechtfertigt. Im Extremfall (vgl. Arendt, *Eichmann in Jerusalem*) würde es sich um einen autoritären Charakter handeln, der nicht nur unkritisch und willig alle externen Regeln und Befehle befolgt, sondern sogar die externen Autoritäten verinnerlicht und so vorauseilenden Gehorsam übt. Dagegen ist zu erinnern: Der Verpflichtungsgrund für eine konkrete Handlungspflicht kann nach Kant nur die eigene Vernunft sein (vgl. 4:432; 5:82). „Habe Muth dich deines *eigenen* Verstandes zu bedienen! ist also der Wahlspruch der Aufklärung" (8:35). Die Gesetzgebung der Vernunft ist Selbst-Gesetzgebung (Autonomie) und die Nötigung, die davon ausgeht, ist Selbst-Nötigung. Was Pflicht ist, können uns nicht äußere Autoritäten vorschreiben. Wir können es nur aus Freiheit und im Licht unserer eigenen Vernunft am Maßstab des Grundgesetzes der reinen praktischen Vernunft erkennen. Die Maxime ‚Ich will jeden Befehl eines Vorgesetzten gleich welchen Inhalts ausführen, selbst wenn mir die Ermordung Unschuldiger befohlen wird' besteht die Prüfung am kategorischen Imperativ nicht.

2 Anmut und Würde

Friedrich Schiller hatte Kant so verstanden, als sei eine Handlung nur dann moralisch gut, wenn man gegen seine innere Neigung handelt und das Pflichtbewusstsein die Neigung überwindet. Das würde dann bedeuten, dass es ohne moralischen Wert ist, wenn man eine Pflicht gerne (mit Neigung) erfüllt. Dagegen hat Schiller rebelliert und vorgebracht, es gebe zwei Typen von moralisch guten Handlungen: *Anmut*, wenn Pflicht und Neigung harmonieren; *Würde*, wenn das Bewusstsein der Pflicht die entgegenstehende Neigung überwindet (Schiller, *Über Anmut und Würde*). Kant ist an dem Missverständnis nicht ganz unschuldig, weil das Beispiel des griesgrämigen Wohltäters (vgl. 4:398) dazu einlädt; denn es erscheint so als habe die Handlung nur deshalb „ächten moralischen Werth" (4:398), *weil* der Griesgram ohne oder sogar gegen seine Neigung anderen hilft. Das Missverständnis entsteht dadurch, dass Handlungen in der realen, phänomenalen Welt motivational komplex sind, Kant im gegebenen Kontext aber nur am Kriterium der Moralität interessiert ist. Handelt jemand (1) aus Achtung vor dem moralischen Gesetz bzw. dem daraus folgenden Gebot der Wohltätigkeit und zugleich (2) aus Freude anderen zu helfen, dann wird das Moralitätskriterium nur durch die erste Komponente erfüllt. „Es ist sehr schön, aus Liebe zu Menschen und theilnehmendem Wohlwollen ihnen Gutes zu thun, oder aus Liebe zur Ordnung gerecht zu sein, aber das ist noch nicht die ächte moralische Maxime unsers Verhaltens, die unserm Standpunkte unter vernünftigen Wesen *als Menschen* angemessen ist" (5:82). Denn die Maxime, immer das zu tun, wozu man Lust hat, ist sicher kein geeignetes Kriterium für Moralität. Hilfreich für das Verständnis ist insoweit die Unterscheidung zwischen: eine Handlung *aus* Neigung oder *mit* Neigung auszuführen (Timmermann, *Sittengesetz und Freiheit*, S. 184). Parallelität von Pflicht und Neigung bzw. das Handeln *mit* Neigung schließt die Moralität nicht aus.

Vom Kriterium der Moralität zu unterscheiden ist die Frage nach der *Erkennbarkeit* des Kriteriums im konkreten Fall. Es zeigt sich, dass das Vorliegen des Kriteriums in der Konstellation ‚Handeln aus Pflicht *gegen* die Neigung' leichter zu erkennen ist als in der Konstellation ‚Handeln aus Pflicht *mit* Neigung' (Paton, *Der kategorische Imperativ*, S. 44f.). Wenn jemand überhaupt keine Neigung und kein sonstiges Interesse hat, anderen zu helfen, und es nun doch tut, dann ist kein anderer Grund ersichtlich als das reine Handeln aus Pflicht; d. h. das Vorliegen des Kriteriums ist gut erkennbar. In allen anderen Fällen hält es Kant für nahezu unmöglich, bei anderen und sich selbst zu erkennen, ob ein Fall des Handelns aus Pflicht tatsächlich vorliegt; selbst bei schärfster Selbstprüfung könne man sich nicht sicher sein, ob man sich nicht über seine Motive täuscht (vgl. 4:407; 6:392). Wenn man aber vom Problem der Erkennbarkeit des Kriteriums absieht, dann ist auch der Fall der Harmonie von Pflicht und Neigung ein Fall der Moralität. In seiner Antwort auf Schiller hat Kant erwidert: „Ich gestehe gern: daß ich dem *Pflichtbegriffe* gerade um seiner Würde willen keine *Anmuth* beigesellen kann“ (6:23 Anm.), fügt aber hinzu: „Frägt man nun: welcherlei ist die *ästhetische* Beschaffenheit, gleichsam das *Temperament der Tugend*, muthig, mithin *fröhlich*, oder ängstlich-gebeugt und niedergeschlagen? so ist kaum eine Antworth nöthig. Die letztere sklavische Gemüthsstimmung kann nie ohne einen verborgenen *Haß* des Gesetzes statt finden, und das fröhliche Herz in *Befolgung* seiner Pflicht [...] ist ein Zeichen der Ächtheit tugendhafter Gesinnung“ (6:23f. Anm.).

3 Gesinnungsethik und Verantwortungsethik; moralischer Rigorismus

Ein populäres Vorurteil besteht in der Annahme, der Typus der Gesinnungsethik, wie er auch von Kant vertreten werde, sei durch die Verantwortungsethik widerlegt. Für eine Gesinnungsethik reiche die gute Absicht ohne Rücksicht auf die Handlungsfolgen aus, während erst eine moderne Verantwortungsethik auf die tatsächlichen Folgen abstelle. Die Voraussetzung, die Kantsche Gesinnungsethik entlaste von Folgenabschätzung und Folgenverantwortung, ist falsch. Dass der Erfolg kein Kriterium für den moralischen Wert einer Handlung sein kann (vgl. 4:399), bedeutet nicht, dass die Abschätzung von Folgen und Nebenfolgen gar keine moralische Bedeutung hat. Kant unterscheidet deutlich zwischen → Wille und Wunsch (vgl. 4:395; 6:213). Guter Wille, im Unterschied zum bloßen Wunsch, bedeutet bei Kant immer Ausführung der gebotenen Handlung unter „Aufbietung aller Mittel, so weit sie in unserer Gewalt sind“ (4:394). Die Folgenabschätzung gehört zur Aufbietung aller Mittel hinzu; es ist offensichtlich, dass die Maximenprüfung am kategorischen Imperativ ohne eine Folgenabschätzung nicht möglich ist. D. h. die Kantsche Gesinnungsethik begründet Folgenverantwortung, aber nur für die vorhersehbaren Folgen. Mehr verlangt auch Max Weber nicht. Unter der Prämisse Max Webers, „daß man für die (voraussehbaren) Folgen seines Handelns aufzukommen hat“ (Weber, *Politik als Beruf*, S. 70), wäre Kant als Verantwortungsethiker einzuordnen.

Zweifel an der Einordnung Kants als Verantwortungsethiker könnten sich aber aus dem Aufsatz *Vermeintes Recht* ergeben. Kant verteidigt hier nämlich ohne Rücksicht auf die Folgen die These, dass „die Lüge gegen einen Mörder, der uns fragte, ob unser von ihm verfolgter Freund sich nicht in unser Haus geflüchtet, ein Verbrechen sein würde“ (8:425). Kant behandelt die Wahrhaftigkeit in *Vermeintes Recht* als unbedingte Rechtspflicht (vgl. 8:426 Anm.). Es können aber Bedenken angemeldet werden, ob Kants Position in *Vermeintes Recht* im Kontext seiner Moralphilosophie immanent stimmig ist. So behandelt Kant die Wahrhaftigkeit hier ohne weiteres als Rechtspflicht, die er in *MS* als Tugendpflicht des Menschen gegen sich selbst einordnet (vgl. 6:429); Kant verwendet in der *Tugendlehre* das im Wesentlichen gleiche Beispiel vom im Auftrag lügenden Hausboten unter den kasuistischen Fragen (vgl. 6:431). Zudem unterscheidet Kant zwischen Lüge im ethischen und Lüge im rechtlichen Sinn (vgl. 6:238 Anm.; 6:430). Unter Lüge im Rechtssinn versteht Kant in der Einleitung in die *Rechtslehre* nur das falsche vertragliche Versprechen, der verwandte Begriff der leichtfertigen Unwahrheit falle nicht darunter: „weil es bei der bloßen Erklärung seiner Gedanken immer dem andern frei bleibt, sie anzunehmen“ (6:238 Anm.).

Weiterführende Literatur

Herman, Barbara: „On the Value of Acting from the Motive of Duty“, in: dies.: The Practice of Moral Judgment, Cambridge/Mass. u. a.: Harvard University Press 1993, 1–22.

Korsgaard, Christine M.: „Kant's Analysis of Obligation. The argument of Groundwork I“, in: dies.: Creating the Kingdom of Ends, Cambridge u. a.: Cambridge University Press 1996, 43–76.

Paton, H. J.: Der kategorische Imperativ – Eine Untersuchung über Kants Moralphilosophie, Berlin: de Gruyter 1962, insbes. 39–51.

Schönecker, Dieter: Kant: Grundlegung III – Die Deduktion des kategorischen Imperativs, Freiburg/Br. u. a.: Alber 1999, insbes. 30–38.

Timmermann, Jens: Sittengesetz und Freiheit – Untersuchungen zu Kants Theorie des freien Willens, Berlin u. a.: de Gruyter 2003.

Ulli F. H. Rühl

pflichtmäßig / aus Pflicht / aus Neigung

Eine Handlung ist pflichtmäßig, wenn ihre Maxime dem entspricht, was von einem sittlichen Imperativ geboten bzw. von einem praktischen Gesetz vorgeschrieben ist. Eine Handlung geschieht aus Pflicht, wenn sie sowohl pflichtmäßig ist als auch ausgeführt wird, um der allgemeinen Anforderung der moralisch-praktischen Vernunft zu entsprechen, die durch einen sittlichen Imperativ ausgedrückt wird oder in einem praktischen Gesetz enthalten ist. Aus Pflicht handelt, wer aus →Achtung vor dem Gesetz handelt. Eine Handlung geschieht aus Neigung, wenn ihre Maxime auf einer Neigung (einer habituellen sinnlichen Begierde) qua nicht-vernünftiger Bedingung der Motivation basiert. Wichtige Stellen: 4:397–399; 4:440; 5:80–82; 5:84–85; 5:117–118; 6:30; 6:46–49; 6:223–224; 6:382–383; 6:386–387; 6:391–393; 6:446; 23:99–100 (vgl. 6:23–24); 23:119–120; 23:379; 23:382; 23:390–391.

Philosophische Funktion

1 *Definitorische Bestimmung*

Handlungen sind pflichtmäßig, wenn ihre Maximen, als die subjektiven Prinzipien des Willens, formal dem entsprechen, was die Gesetze der moralisch-praktischen Vernunft von uns fordern. Handlungen werden aus Pflicht ausgeführt, wenn sie, über diese Entsprechung hinaus, um der Erfüllung der in diesen Gesetzen enthaltenen Forderung der Allgemeingültigkeit ausgeführt werden. Oder allgemeiner ausgedrückt: wenn ihre Maximen notwendigerweise eine Übereinstimmung mit dem fundamentalen deontischen Gebot der reinen →praktischen Vernunft beinhalten, welches durch das Sittengesetz selbst ausgedrückt wird, nämlich die Forderung, nach einer Maxime zu handeln, die als Prinzip einer allgemeinen Gesetzgebung gelten kann. Eine Handlung kann aus Pflicht ausgeführt werden, gleichgültig ob sie mit oder ohne eine sie begleitende Neigung unternommen wird, solange sie nicht *aus* dieser Neigung hervorgeht. Entsprechend Kants Theorieansatz der Beziehung zwischen Handlungen aus Pflicht und Handlungen aus Neigung kann keine Handlung, die aus Neigung stattfindet, aus Pflicht ausgeführt werden und umgekehrt. Dies gilt selbst dann noch, wenn die Maxime einer Handlung aus Neigung völlig in Übereinstimmung mit den besonderen, in den praktischen Gesetzen enthaltenen Anforderungen der Allgemeingültigkeit steht, wie sie in den besonderen →Rechtspflichten und ethischen Pflichten (beinhaltend alle Tugendpflichten) spezifiziert sind.

2 *Aus Pflicht und aus Neigung in der Grundlegung zur Metaphysik der Sitten*

Die Einlassungen zum moralischen Wert von Handlungen im ersten Abschnitt der *GMS* (vgl. 4:397–400) enthalten die historisch einflussreichste Behandlung der Beziehung zwischen Handlungen aus Pflicht und Handlungen aus Neigung. Kant unterscheidet zwischen (1) pflichtmäßigen Handlungen, die Menschen (a) aus einer unmittelbaren Neigung heraus unternehmen mögen oder (b) aufgrund einer anderen Neigung geneigt sind zu tun, und (2) pflichtmäßigen Handlungen, zu welchen Menschen weder unmittelbar noch mittelbar geneigt sind. Ein Beispiel für den Handlungstyp (1.a) ist, anderen aus einer Neigung heraus wohlzutun, „Freude um sich zu verbreiten" und „sich an der Zufriedenheit anderer [...] ergötzen", insofern diese das eigene Werk ist (4:398). Eine Handlung, die dieser Beschreibung entspricht, kann keinen echten moralischen Wert haben, denn ihrer bedingenden Maxime „fehlt der sittliche Gehalt, nämlich solche Handlungen nicht aus Neigung, sondern *aus Pflicht* zu thun" (4:398). Damit eine solche Handlung moralischen Wert haben kann, muss sie aus bloßer Achtung für das praktische Gesetz, das den Willen objektiv bestimmt, getan werden und als solche „den Einfluß der Neigung [...] ganz absondern" (4:400). Somit muss ich, entsprechend meiner Fähigkeit als ein moralisch Handelnder, nach der Maxime handeln „einem solchen Gesetze selbst mit Abbruch aller meiner Neigungen Folge zu leisten" (4:400f.). Diese Überlegungen zur Beziehung zwischen dem moralischen Wert von Handlungen und dem Inhalt von Maximen werden auf Handlungen vom Typ (1.b) angewandt, z. B. die Zügelung des natürlichen Appetits in Übereinstimmung mit der „allgemeine[n] Neigung zur Glückseligkeit“ (4:399), die sich beim Menschen natürlicher Weise ergibt. Eine solche Handlung *kann* aus Pflicht geschehen, aber nur insofern, als sie nicht aus der Neigung heraus getan wird, die jeder handelnde Mensch von Natur aus hat, seine eigene Glückseligkeit zu befördern. Eine solche Handlungsweise geschieht in der Tat aus Pflicht, wenn sie zu dem Zweck unternommen wird, Versuchungen zu vermeiden, die einen zu pflichtwidrigem Handeln verleiten könnten (vgl. 4:399). Jedoch kann keine Handlung, die mit der Neigung, die eigene Glückseligkeit zu befördern, zusammenstimmt, aus Pflicht getan werden, wenn sie aus dieser naturgegebenen Neigung heraus geschieht. Handlungen, die unter den zweiten der oben erwähnten Hauptpunkte fallen – z. B. die Erhaltung des eigenen Lebens angesichts des Wunsches, es zu beenden, und wohltuende Handlungen, die ohne wohlwollende Neigung ausgeführt werden –, werden ohne jegliche unterstützende Neigung aus Pflicht ausgeführt, oder sie werden im Gegensatz zur Neigung des Handelnden, sich pflichtwidrig zu verhalten, aus Pflicht ausgeführt.

3 Kritik der praktischen Vernunft und andere Werke

3.1 Die weiteren veröffentlichten Schriften Kants zur Moralphilosophie enthalten Ausführungen zu dem Verhältnis zwischen pflichtmäßigen Handlungen, Handlungen aus Pflicht und Handlungen aus Neigung, die im Allgemeinen mit dem eben zusammengefassten Gedankengang vereinbar sind. Die Unterscheidung zwischen pflichtmäßigen Handlungen und Handlungen aus Pflicht findet ihre Parallele in der Unterscheidung zwischen der Legalität und der Moralität von Handlungen, wie Kant sie in *KpV* und *Religion* vornimmt: Die Idee der Pflicht erfordert objektiv Einstimmung mit dem Gesetz und sie erfordert subjektiv „Achtung fürs Gesetz, als die alleinige Bestimmungsart des Willens durch dasselbe“ (5:81; vgl. 6:218). Während somit die Legalität einer Handlung – ihre Übereinstimmung mit den Vernunftforderungen der Allgemeingültigkeit, die in den praktischen Gesetzen enthalten sind – sogar möglich ist, wenn Neigungen ihre Bestimmungsgründe ausmachen, besteht die Moralität derselben Handlung in ihrer Ausführung „aus Pflicht, d. i. blos um des Gesetzes willen“ (5:81); und eine Handlung, die nur um des Gesetzes willen getan wird, wird als eine verstanden, deren Maxime „das Gesetz *allein* zur *hinreichenden* Triebfeder in sich aufgenommen hat“ (6:30).

3.2 Im Kontext der *MST* sind sowohl Kants Darstellung des Verhältnisses zwischen pflichtmäßigen Handlungen und Handlungen aus Pflicht als auch – korrespondierend – seine Bestimmung des Verhältnisses zwischen der Legalität und der Moralität von Handlungen in die Idee einer moralischen Zwecklehre integriert – einer auf dem Argument begründeten Lehre, dass die eigene →Vollkommenheit und die fremde Glückseligkeit als die objektiv notwendigen, a priori bestimmbaren Zwecke der praktischen Vernunft gedacht werden müssen. Die eigene Vollkommenheit und die fremde Glückseligkeit sind als objektiv notwendige Zwecke qualifiziert, d. h. als *„Zwecke, die zugleich Pflichten sind*“ (6:385). Aufgrund „de[s] allgemeinen ethischen Gebot[s]: ‚Handle pflichtmäßig aus Pflicht‘“ (6:391) gehören alle Pflichten zur Ethik. Aber die Ethik enthält als →Tugendlehre auch Tugendpflichten, die in der Spezifikation dieses universellen Gebots in Bezug auf die eigene Vollkommenheit und die Glückseligkeit der Anderen als Zwecke, die auch Pflichten sind, begründet sind. „Das oberste Princip der Tugendlehre“ erfordert eine Handlungsweise „nach einer Maxime der *Zwecke*, die zu haben für jedermann ein allgemeines Gesetz sein kann“ (6:395). Die Darstellung der Selbstvervollkommnung bereitet, als eine der beiden Zweckformen, die in einer solchen Maxime auftreten können, die wichtigste systematische Plattform für Kants Behandlung des Verhältnisses zwischen ‚Pflichtmäßigkeit‘ und ‚aus Pflicht‘ im Aufbau der moralischen Zwecklehre. Da es die *größte* Vollkommenheit eines Menschen darstellt, seine Pflicht aus Pflicht zu tun, so dass „das Gesetz nicht blos die Regel, sondern auch die Triebfeder der Handlungen sei“ (6:392), umfasst die Selbstvervollkommnung notwendig die *„Cultur der Moralität* in uns“ (6:392); und das Gesetz, das die Entwicklung dieses im handelnden Menschen angelegten Charakterzugs fordert, ist dasjenige, welches gebietet: „die Maxime der Handlung, darauf nach allem Vermögen auszugehen: daß zu allen pflichtmäßigen Handlungen der Gedanke der Pflicht für sich selbst hinreichende Triebfeder sei“ (6:393). Somit muss die praktische Notwendigkeit, in uns die Moralität zu kultivieren, verstanden werden als die „Pflicht, den Werth seiner Handlungen nicht blos nach der Legalität, sondern auch der Moralität (Gesinnung) zu schätzen" (6:393; vgl. 6:446).

3.3 Selbst wenn wir akzeptieren, dass die größte moralische Vollkommenheit in der kultivierten Veranlagung besteht, den moralischen Wert von Handlungen in dieser Weise einzuschätzen, können wir immer noch fragen, warum die Moralität unserer Handlungen jeglichen Einfluss unserer Neigung davon ausschließen muss, ein mitbestimmender Grund des Willens zu sein. Speziell können wir fragen, warum eine Handlung aus Pflicht nicht *auch* aus Neigung ausgeführt werden kann, solange es einen gewissen Handlungszweck gibt – nämlich die Glückseligkeit der Anderen –, der sowohl einen objektiv notwendigen Zweck der reinen praktischen Vernunft als auch einen möglichen Gegenstand der Neigung darstellt (z. B. ein *moralischer* Zweck, zu dem ein handelnder Mensch die *Neigung* fassen kann, ihn zu befördern, oder sich bemühen kann, ihn durch Handlung zu verwirklichen). Nach Kant muss sich die Antwort auf diese Fragen auf die definierenden Kennzeichen der Pflicht und ihrer Verbindung mit dem Begriff des moralischen Gesetzes konzentrieren. ‚Pflicht' konnotiert für Kant einfach den Typ von Handlung, die „nach diesem Gesetze mit Ausschließung aller Bestimmungsgründe aus Neigung objectiv praktisch ist" (5:80). Deswegen findet der Begriff der Pflicht seine Anwendung auf den Menschen als einem endlichen vernünftigen Wesen, für das Neigungen Hindernisse gegenüber der Einhaltung des moralischen Gesetzes und der verschiedenen Gesetze der Pflicht, die es begründet, darstellen. Der Begriff der Pflicht findet keine Anwendung auf einen göttlichen oder heiligen Willen eines vollkommensten Wesens. Da ein Wesen, das dieser letzteren Beschreibung entspricht, nicht als ein Handelnder gedacht werden kann, der geneigt sein könnte, entgegen dem moralischen Gesetz zu handeln, fällt es nicht unter die Verbindlichkeit, vorausgesetzt, dass der Gehalt (oder die Materie) der Verbindlichkeit das darstellt, was Pflicht genannt wird (vgl. 5:32, 5:80, 5:82, 5:84–85, 6:222). Somit ist der kantischen Konzeption zufolge der Gedanke inkohärent, dass *jeder* Handelnde eine pflichtgemäße Handlung sowohl aus Pflicht als auch aus Neigung (im Unterschied zur Ausführung einer solchen Handlung mit begleitender oder unterstützender Neigung) ausführen könnte. Und die Annahme, dass ein handelnder Mensch in dieser Weise zum Handeln motiviert sein könnte, läuft auf ein grundlegendes Missverständnis des Verfahrens der moralisch vorschreibenden praktischen Vernunft hinaus: „Denn ein Gebot, daß man etwas gerne thun soll, ist in sich widersprechend, weil, wenn wir, was uns zu thun obliege, schon von selbst wissen, wenn wir uns überdem auch bewußt wären, es gerne zu thun, ein Gebot darüber ganz unnöthig, und, thun wir es zwar, aber eben nicht gerne, sondern nur aus Achtung fürs Gesetz, ein Gebot, welches diese Achtung eben zur Triebfeder der Maxime macht, gerade der gebotenen Gesinnung zuwider wirken würde" (5:83). Der Gedanke, dass wir zugleich aus Pflicht *und* aus Neigung handeln könnten, um die Glückseligkeit der Anderen zu befördern, leitet sich dann für Kant von dem „eigenliebigen Wahn" her, nach dem „wir uns anmaßen, [...] uns mit stolzer Einbildung über den Gedanken von Pflicht wegzusetzen und, als vom Gebote unabhängig, blos aus eigener Lust das thun zu wollen, wozu für uns kein Gebot nöthig wäre" (5:82). Kant vertritt den Standpunkt, dass eine solche Annahme einer Unabhängigkeit nicht mit der begrifflichen Verbindung vereinbar ist, die zwischen dem kategorisch gebietenden Charakter des praktischen Gesetzes und der moralischen Veranlagung von Menschen als endliche vernünftig Handelnde besteht. Denn obwohl uns in der Tat auferlegt ist, Verpflichtungen der Wohltätigkeit (oder des aktiven Wohlwollens) freudig zu praktizieren, stellt sich doch die Natur der menschlichen Tugend in folgender Weise dar: „[d]as Gebot [...], daß dieses zur Regel macht, kann auch nicht diese Gesinnung in pflichtmäßigen Handlungen zu *haben*, sondern blos darnach zu *streben* gebieten." (5:83). In dieser Weise insistiert Kant darauf, dass wir notwendig unter eine „*Disciplin* der Vernunft" (5:82) fallen, wenn es auch unsere eigene Vernunft ist, die uns das Gesetz gibt, pflichtgemäß aus Pflicht zu handeln.

Weiterführende Literatur

Baron, Marcia W.: „Acting from Duty", in: Allen Wood (Hg.): Immanuel Kant. Groundwork of the Metaphysics of Morals, New Haven u. a.: Routledge 2002, 92–110.

Herman, Barbara: „On the Value of Acting from the Motive of Duty", in: Philosophical Review 90, 1981, 259–382.

Höffe, Otfried: „‚Gerne dien ich den Freunden, doch tue ich es leider mit Neigung…' – Überwindet Schillers Gedanke der schönen Seele Kants Gegensatz von Pflicht und Neigung?", in: Zeitschrift für philosophische Forschung 60, 2006, 1–20.

Reath, Andrews: „Kant's Theory of Moral Sensibility. Respect for the Moral Law and the Influence of Inclination", in: Kant-Studien 80, 1989, 284–302.

Schönecker, Dieter / Wood, Allen W.: Kants „Grundlegungen zur Metaphysik der Sitten". Ein einführender Kommentar, 4., durchges. und bibliograph. aktualisierte Aufl., Paderborn u. a.: Schöningh 2011.

Stratton-Lake, Philip: Kant, Duty and Moral Worth, New York: Routledge, 2000.

Timmermann, Jens: „Acting from Duty. Inclination, Reason and Moral Worth", in: ders. (Hg.): Kant's 'Groundwork of the Metaphysics of Morals'. A Critical Guide, Cambridge: Cambridge University Press 2009, 45–62.

Jeffrey Edwards
(Übersetzung: Jean Philipp Strepp)

Philosophie

Philosophie ist die Wissenschaft von den Bedingungen, Zielen, Gründen und Grenzen menschlicher Erkenntnis. Sie befasst sich mit den Fragen: „1. *Was kann ich wissen?* 2. *Was soll ich thun?* 3. *Was darf ich hoffen?*", die ihre Einheit in einer vierten Frage finden: „Was ist der Mensch?" (KrV A 805 / B 833; 9:25). Philosophie hat in allen ihren Schritten kritisch prüfend zu verfahren und muss dabei sämtliche natürlichen, geschichtlichen, kulturellen und intellektuellen Bedingungen einbeziehen, die das Dasein des Menschen tragen. Zu diesen Bedingungen gehören vornehmlich die Fähigkeiten der Sinnlichkeit und der Anschauung, des Verstandes, der Urteilskraft und der Vernunft. Da die Vernunft den Begriff dieser Konditionen gibt, kann die Aufgabe der Philosophie auch als „Vernunftkritik" (20:239) bezeichnet werden; in ihr macht die Vernunft sich selbst zum Gegenstand ihrer kritischen Untersuchung. Diese Selbstkritik der Vernunft wird von Kant auch „*Wissenslehre*" (8:420) genannt, die ihr Motiv in der „Liebe zur Weisheit" (21:119) hat. So ergibt sich als umfassende, den wissenschaftlichen Charakter betonende Kennzeichnung der Philosophie der Begriff der „*Weisheitsforschung*" (8:417). Sie fällt für Kant mit der Metaphysik in eins. Weitere wichtige Stellen: 1:8; 1:12f.; 2:276; 2:283; 2:305f.; KrV A XII; KrV A 708ff. / B 736ff.; KrV A 838–840 / B 866–868; KrV A 845ff. / B 873ff.; KrV A 850f. / B 878f.; KrV A 856 / B 884; 4:317; 4:350; 4:383; 4:387f.; 7:119; 8:389f.; 8:402; 8:417; 8:419; 20:239.

Vorgeschichte und historischer Kontext

Kants erste Schrift, die er im Alter von 23 Jahren als Magisterarbeit mit dem Titel *Gedanken von der wahren Schätzung der lebendigen Kräfte* (1747) verfasste, folgt einem Philosophieverständnis, das bis in die letzten Werke gültig bleibt: Ausgangspunkt ist ein bedeutsamer Streitfall in der Philosophie seiner Zeit. Ihm sucht Kant auf den Grund zu gehen, um ihn sowohl mit den Mitteln begrifflicher Analyse als auch unter Bezug auf die fortschreitenden wissenschaftlichen Erkenntnisse so zu erschließen, dass er in kritischer Gewichtung der kontroversen Positionen zu einer Lösung gebracht werden kann. Sie soll die Einsichten beider zuvor für unvereinbar gehaltenen Seiten verbinden. Auf diese Weise gelingt es Kant, die zwischen Cartesianern und Leibnizianern umstrittene Formel zur Berechnung der Beschleunigung einer physikalischen →Bewegung mit Rückgriff auf die Einsichten der newtonschen Physik zu korrigieren. Das Ergebnis besteht aber nicht nur in einer (bis heute gültigen) Berechnungsformel, sondern in einer Ausweitung der Reichweite des Kraftbegriffs über die Mechanik hinaus bis in die Sphäre des Lebendigen. Das am Ende vorgeschlagene „wahre Kräftenmaß der Natur" (1:139) weitet somit das Naturverständnis auf die Formen des Lebens aus.

Hinzu kommt, dass Kant bereits in der Vorrede zu seinem ersten Buch sein individuelles Erkenntnisinteresse mit größtem Nachdruck zum Ausdruck bringt. Es verbiete ihm, sich mit bestehenden Widersprüchen abzufinden, denn damit müsste er sich den Weg der „Entdeckung der Wahrheit" (1:7) verstellen, die er sich zur Lebensaufgabe setzt. Er könne von nichts anderem als seiner ‚Meinung' ausgehen, um in der „vollkommensten Freiheit" (1:8) alle Ansichten zu prüfen und dabei ohne Rücksicht auf anerkannte Autoritäten der Wissenschaft nach der Wahrheit zu suchen. Philosophie ist dabei offenbar auf „große[] Dinge“ bezogen. Sie dient dazu, die „Wissenschaften zu verbessern“, und kann dennoch in die bescheidene Aufgabe gefasst werden, sich „eigene Gedanken“ zu machen (1:8). Dabei habe man, so Kant, die „Bequemlichkeit“ und die „Eigenliebe“ zu überwinden (1:8).

In dieser Zielsetzung der Philosophie ist bereits der Bezug auf die „Menschheit“ enthalten (1:12); der Wert der ‚öffentliche[n] Erklärung‘ wird hervorgehoben (1:13); schließlich ist Kant davon überzeugt, dass der „Erfolg“ der Philosophie mit dem der Wissenschaften überhaupt verbunden ist (1:8).

Mit diesem Philosophieverständnis öffnet sich Kant der für Erfahrung und Experiment offenen Wissenschaftspraxis seiner Zeit. In der thematischen Reichweite schließt er an die überlieferte metaphysische Aufgabenstellung an, die nichts, was zur ‚Welt‘ und zur ‚menschlichen Erkenntnis‘ gehört, von den Gegenständen philosophischer Untersuchung ausschließt. Die Betonung der bereits mit dem exponierten ‚Ich‘ des erkennenden Subjekts ausgezeichneten Gegenwart steht jedoch der historischen Anlage des Philosophierens nicht entgegen: Kant sieht die Probleme der Philosophie von Anfang an im Kontext der Überlieferung, hält ihre aktuelle Bedeutung für selbstverständlich und erörtert alle ihm wichtig erscheinenden Fragen unter dem Gesichtspunkt ihres ‚Erfolgs‘, d. h. ihrer Folgen für die Zukunft der Menschheit. Philosophie steht in der Perspektive eines geschichtlich verstandenen Lebens, dessen Verständnis Kant schon wenig später aus der dynamischen Entwicklung der antagonistischen Kräfte des kosmischen Naturgeschehens herzuleiten sucht.

Die Betonung des individuellen Ausgangspunkts steht schon in der ersten Schrift in Verbindung mit der sachlichen Opposition zu seinem akademischen Lehrer Martin Knutzen. In ihr lässt sich aber auch die Eigenständigkeit gegenüber Descartes und Leibniz rechtfertigen. Später hilft sie Kant in seiner Auseinandersetzung mit der (als „*dogmatisch*“ abgewerteten) Schulphilosophie sowie in der Abgrenzung vom (als bloß „*sceptisch*“ kritisierten) Empirismus David Humes (KrV A 856 / B 884). Heute fällt es schwer, die Vorrede zur ersten Schrift nicht als einen selbstbewussten Vorgriff auf die 34 Jahre später publizierte *KrV* zu lesen.

Philosophische Funktion

1 Vorkritische Zeit

Die sachliche Reichweite des vorkritischen Philosophiebegriffs tritt bereits mit Blick auf die Vielfalt der Themen, mit denen sich Kant in seinen Veröffentlichungen zwischen 1755 und 1770 befasst, anschaulich hervor: Am Anfang steht der große Entwurf einer Naturgeschichte des Weltalls, der in seiner auf Newtons Physik gegründeten Spekulation bis zu Erwägungen über die Entstehung des Menschen unter den speziellen Konditionen des Planeten Erde reicht (vgl. 1:214ff.). Dass die *Theorie des Himmels* (1755) eine philosophische Abhandlung ist, hat weder für Kant noch für die Königsberger Fakultät infrage gestanden, denn sie wurde als Qualifikationsschrift für die Lehrbefähigung im Fach Philosophie anerkannt. Dabei ist bemerkenswert, dass es der Autor bei aller Strenge der Argumentation versteht, seinem Buch eine literarische Gestalt zu geben. Am philosophischen Charakter der Untersuchung ändert das ebenso wenig wie die Tatsache, dass Kant die in seinem Werk ausgebreiteten Kenntnisse nutzt, um dem städtischen Publikum das Erdbeben von Lissabon aus geologischer Sicht zu erklären und daran lebenspraktische Erwägungen zu knüpfen (vgl. 1:417ff.; 1:129ff.; 1:463ff.). Das ist auch bei den anderen naturphilosophischen Schriften der vorkritischen Zeit (*Ob die Erde veralte*, 1754; *De igne*, 1755) der Fall. Es gilt vor allem aber für die Vorlesungen über Physische Geographie (seit 1757: vgl. 1:1ff.; 9:151ff.; 26:1f.) und Anthropologie (seit 1772: vgl. 7:117ff.; 25:1f.), die geographische, ökonomische, psychologische und pädagogische Kenntnisse ausbreiten und dabei ein Interesse an der Selbstbildung des einzelnen Lesers und Hörers unterstellen. Theoretische und praktische Absichten des Philosophierens wirken hier unmittelbar zusammen. Sie bestimmen Kants Denken bis in die letzte Werkperiode hinein. Denn dass Kant zugleich Überlegungen zu elementaren Bestimmungen von Bewegung und Ruhe (*Lehrbegriff*, 1758: vgl. 1:13ff.) verfolgt, zeigt, wie stark seine auf systematische Grundlegung ausgerichteten naturphilosophischen Interessen sind. Sie kommen später in der kritischen Werkperiode zum Tragen und beschäftigen den greisen Kant bis in seine letzten Notizen hinein.

Das Verständnis der Philosophie als Grundlegungswissenschaft bestimmt auch die zahlreichen prinzipientheoretischen Schriften zu klassischen Fragen der Metaphysik im Grenzbereich von Logik, Ontologie, Ethik und rationaler Theologie. In Anlage und Durchführung seiner Untersuchungen bleibt Kant der Schulauffassung der Disziplinen nahe, erhebt aber Einspruch, wenn die Erwartung besteht, aus der „Spitzfindigkeit" (2:65) theoretischer Schlüsse unmittelbare Folgen für die Praxis abzuleiten. So wehrt er die Auffassung ab, der Glauben an ein Dasein Gottes könne an die Gottesbeweise der Philosophen gebunden sein (1763; vgl. 1:65ff.). Wohl aber ist er überzeugt, dass die Kritik der syllogistischen Schlüsse (1762; vgl. 1:45ff.) oder der *Versuch*, den Begriff der negativen Größen in die Weltweisheit einzuführen (*Negative Größen*, 1764; vgl. 1:165f.) für die Arbeitsweise der Philosophie verbindlich sind. Der Titel der methodologisch zentralen Schrift über die produktive Funktion der Rolle der Negation zeigt überdies, dass Kant selbst in einer wesentlich an eine akademische Leserschaft gerichteten Schrift den für die Philosophie mit anschaulichem Gehalt aufgeladenen Begriff der Weltweisheit verwendet. Er macht von diesem Titel nichts abhängig, gibt aber sein selbst im fachlichen Kontext nicht erlahmendes Interesse an einer Öffnung der Philosophie für ein breiteres Publikum zu erkennen. Gleichwohl hält Kant Distanz zur sog. Popularphilosophie, die sich gegen die disziplinären Interessen einer als Wissenschaft auftretenden Philosophie zu profilieren sucht. Für ihn steht die philosophische Aufklärung eines bürgerlichen Publikums dem strengen Anspruch einer „*zetetisch*" (2:307), d. h. forschend betriebenen Philosophie nicht entgegen.

Wie stark die Neigung zur Öffnung der Philosophie für ein breites Publikum ist, führen nicht nur zahlreiche kleinere Texte der vorkritischen Zeit, sondern auch zwei umfangreiche Schriften aus diesem Zeitraum, die *Beobachtungen* (1764; 1:205ff.) und die *Träume* (1766; 2:315ff.), vor Augen. Hier erkennt man, dass der Anspruch auf eine umfassende Aufklärung des Publikums für Kant zum Selbstverständnis des Philosophierens gehört. Es muss in der Lage sein, elementare Sachverhalte des Lebens und grundlegende Bedingungen des menschlichen Handelns allgemein verständlich, d. h., wie er später sagt, „*communicabel*" (11:515) zu machen. Daraus wird das ausschlaggebende Kriterium für die transzendentalen Leistungen des Verstandes überhaupt.

Vom Ziel allgemeiner Verständlichkeit lässt sich Kant bereits in seiner literarisch angelegten Abhandlung über ästhetische und moralische Grundsätze (*Beobachtungen* 1764) leiten. Wenig später ist er sich auch angesichts aufsehenerregender öffentlicher Missverständnisse nicht zu schade, die verbreiteten Irrtümer eines schwedischen „Geistersehers" (2:315) in akribischer Nachforschung offenzulegen. Auch die Tatsache, dass Kant dabei in eindringlichen Wendungen dem Publikum die Nähe der Philosophie zur „Selbsterkenntniß" (2:368) vor Augen führt und die Erklärung voranstellt, er habe das „Schicksal", in die Metaphysik „verliebt" (2:367) zu sein, ist ein Beleg für die von Kant ernst genommene Verbindung zwischen allgemeiner Aufklärung und disziplinärer Philosophie.

In der Lösung zentraler systematischer Fragen, vor allem, wenn es um die Erörterung unauflöslich erscheinender Gegensätze zwischen philosophischen Schulen geht, sieht sich Kant jedoch genötigt, seinen Vortrag allein mit Blick auf die sich ihm stellenden wissenschaftlichen Probleme einzustellen. Das enthebt ihn nicht der Verpflichtung, möglichst klar und deutlich zu formulieren; doch die Darstellung dient allein dem Zweck, überhaupt erst einen Zugang zu einem bislang mit Widersprüchen belasteten Problembestand zu eröffnen.

In diesem Versuch bringt Kant die in früheren Schriften geschärften methodologischen Prinzipien vom *Widerspruch* und vom *zureichenden Grund* (*Nova Dilucidatio*, 1755; 1:385ff.) sowie die insbesondere auch das kritische Philosophieren leitende Unterscheidung zwischen ‚synthetischer' und ‚analytischer' Erkenntnis (*Deutlichkeit*, 1764; 2:273ff.) zum Tragen. Anders als die Mathematik, die nach Kant wesentlich ‚synthetisch' (also Getrenntes anschaulich und begrifflich zusammensetzend) verfährt, ist die philosophische Erkenntnis wesentlich auf die analytische „Zergliederung" (2:276) der die menschliche Erkenntnis leitenden Begriffe angewiesen. Insofern ist Philosophie ‚Wissenschaft aus bloßen Begriffen'. Anders als in der Mathematik sind ihr die bereits im Alltag verwendeten Begriffe eher „verworren oder nicht genugsam bestimmt" gegeben (2:276); also ist es das „Geschäfte der Weltweisheit", sie „zu zergliedern", sie „ausführlich und bestimmt zu machen" (2:278) und sich dabei der „innere[n] Erfahrung" zu bedienen (2:286). Eine für Kants ganzes Denken wesentliche Konsequenz liegt daher darin, nicht mit „Definition[en]" anzufangen, sondern nach Möglichkeit mit ihnen zu enden (2:283).

In seiner 1770 vorgelegten Dissertation *De mundi*, durch die Kant sich für eine ordentliche Professur habilitiert, macht er die analytische Methode produktiv. Nach Erörterung elementarer Begriffe wie des ‚Einfachen' oder des ‚Teils', des ‚Ganzen' oder der ‚Welt' gelangt er zu einer basalen Unterscheidung zwischen „*Sinnlichkeit*" („*sensualitas*") und „Verstand" („*intelligentia*"; „rationalitas") (2:392), deren fundamentale Bedeutung in der These hervortritt, die Sinnlichkeit zeige die „Dinge [...], *wie sie erscheinen*", der Verstand präsentiere sie hingegen, „*wie sie sind*" (2:392). Die sich dieser Unterscheidung sowie ihren begrifflichen Folgen widmende Philosophie nennt Kant weiterhin „*Metaphysik*": Sie enthalte „die *ersten Grundsätze* des Gebrauchs *des reinen Verstandes*" (2:395). Von hier aus versteht man, warum Kant auch später nie davon abrückt, seine die Einsichten der Dissertation von 1770 modifizierend fortführende ‚Transzendental-Philosophie' weiterhin als ‚Metaphysik' zu bezeichnen. Er nennt sie einmal sogar die „*Metaphysik von der Metaphysik*" (10:269).

2 Der Philosophiebegriff in der ersten Kritik

In den zwischen 1781 und 1790 erschienenen drei *Kritiken* ist Kant von populärer Verständlichkeit weit entfernt, obgleich auch diese Bücher eine literarische Konzeption zu erkennen geben, starke rhetorische Momente enthalten und von einer erfindungsreichen Metaphorik getragen sind. Die nun zunehmend ‚öffentlich' genannte Instanz, an die Kant sich wendet, ist das „Publicum" (KrV B XXXIV). Er schreibt nicht für ein Fachkollegium, sondern er richtet sich an die Vernunft der Menschen, deren „Interesse[n]" (KrV A 745 / B 773) er in allen seinen Arbeiten zu fördern sucht. Wie insbesondere die Vorreden zur *KrV* belegen, geht Kant von einer sich historisch entwickelnden Menschheit aus, die auf Wissen und Wissenschaft angewiesen ist. Die in diesem Wissen auftretenden Widersprüche sind es, die die Philosophie zur „*Kritik*" (KrV A XII), genauer: zur Selbstkritik nötigen. Die Selbstkritik der Philosophie aber führt zur Selbstkritik der Vernunft. Von ihr erwartet Kant eine umfassende Klärung, die den geschichtlichen Prozess des Wissens im Ganzen befördern und dem Menschen helfen soll, seine Aufgabe als erkennendes, handelndes und fühlendes Wesen genauer zu bestimmen. Begriffliches Erkennen, ethisches Handeln sowie das lebendige Fühlen und Urteilen des Menschen sind die zentralen Themen der drei Kritiken.

In der ersten Konzeption seiner Vernunftkritik erwägt Kant, dem Buch den Titel „*Grentzen der Sinnlichkeit und der Vernunft*" zu geben (10:129). Auch wenn er den Titel am Ende aufgibt, bleibt die Grenzbestimmung der menschlichen Erkenntnis und die damit verbundene Beschränkung seiner Handlungsmöglichkeiten ein zentrales Thema seiner kritischen Philosophie. Wenn sie in der „Natur der Seele" (10:130) nach den „Qvellen" (10:130) der spezifisch menschlichen Leistungen sucht, hat sie im Menschen ihr vorrangiges Untersuchungsobjekt.

Diese Nähe zur Anthropologie hat Kant nie verborgen. Im Gegenteil: 1772, im selben Jahr, in dem er erstmals über sein kritisches Vorhaben berichtet, beginnt er mit seinen Vorlesungen zur *Anthropologie in pragmatischer Hinsicht*. Es ist die erste Universitätsvorlesung dieser Art; Kant begründet diese akademische Disziplin, die mit dem Hauptanliegen seiner Philosophie stets auf das Engste verbunden bleibt.

Das betont er mit besonderem Nachdruck in den *Prolegomena*, um das von den ersten Lesern der *KrV* in Umlauf gebrachte Missverständnis, er vertrete einen neuen spekulativen Idealismus, zu korrigieren. Hier liegt ihm besonders daran, die Aufgabe der „*Selbsterkenntniß* der Vernunft" (4:317) zu betonen und ihre daraus notwendig folgende „*Grenzbestimmung*" vorzunehmen (4:350). Die Philosophie übernimmt damit die Aufgaben einer Grenzwissenschaft des menschlichen Daseins, und die wichtigste Lehre, die sie erteilt, liegt in der „*Disciplin*", die sie jedem auferlegt, der sie begreift (KrV A 709 / B 737; vgl. KrV A 708ff. / B 736ff.).

Im Vordergrund der Rezeption der ersten Kritik steht Kants These, die Erkenntnis richte sich nicht nach den uns in sinnlicher Anschauung gegebenen Gegenständen, sondern nach unserer (menschlichen) Erkenntnisart von Gegenständen. Diese nach dem Vorbild des Kopernikus vollzogene „Umänderung der Denkart" (KrV B XVI) hat der „kritische[n] Philosophie" (4:383) den Ruf eingetragen, sie vollziehe einen revolutionären Bruch mit der Tradition. Doch darüber wird nur zu leicht vergessen, wie groß die Gemeinsamkeiten zwischen seiner vorkritischen und seiner kritischen Philosophie tatsächlich sind. In der vorkritischen *Nachricht* von der Einrichtung seiner Vorlesungen im Winter 1765/66 hat Kant die besondere Stellung der Philosophie im Kanon der Wissenschaften erläutert und damit auf sein kritisches Philosophieverständnis vorausgewiesen: Er verlangt, dass ein akademischer Lehrer die Studierenden dazu anleitet, ‚*verständige*[]' und dann auch ‚*vernünftige*[]' Menschen zu werden (2:305). Das könne aber nur gelingen, wenn die Nachwachsenden „nicht *Gedanken*, sondern *denken* lernen" (2:306).

Das mag man noch als allgemeine Anforderung an jedes Studium ansehen. Aber Kant sieht zwischen mathematischen und historischen Fächern auf der einen und der „Weltweisheit" auf der anderen Seite einen prinzipiellen Unterschied: Während es in den einen um den Kanon eines Fachwissens gehe, sei es gänzlich unmöglich, „*Philosophie [zu] lernen*"; man könne einzig „*philosophiren lernen*" (2:306). Denn um „Philosophie" zu lernen, müsse es bereits eine „fertige Disciplin" geben: „Um also auch Philosophie zu *lernen*, müßte allererst eine wirklich vorhanden sein. Man müßte ein Buch vorzeigen und sagen können: sehet, hier ist Weisheit und zuverlässige Einsicht, lernet es verstehen und fassen, bauet künftighin darauf, so seid ihr Philosophen" (2:307).

Im Schlussabsatz der *KrV* scheint Kant der Ansicht nahe zu sein, dass ihm nun ein Buch gelungen sei, das die Philosophie auf den sicheren Weg der Wissenschaft bringe. Mit dem allen Dogmatismus und Skeptizismus überwindenden „*kritische[n] Weg*" sei endlich eine Möglichkeit geöffnet, „die menschliche Vernunft in dem, was ihre Wißbegierde jederzeit, bisher aber vergeblich beschäftigt hat, zur völligen Befriedigung zu bringen" (KrV A 856 / B 884). Nunmehr scheint die Philosophie einen gemeinsamen Ausgangspunkt und ein alle verpflichtendes Verfahren gefunden zu haben.

Gleichwohl stellt Kant auch hier weiterhin alles dem Urteil des Einzelnen anheim. Nur wem es „beliebt, das Seinige dazu beizutragen", kann daran mitwirken, den „Fußsteig" der Philosophie zur „Heeresstraße" auszubauen (KrV A 856 / B 884). Man braucht nicht viel vom Menschen zu wissen, um sich klar zu machen, dass Kant, so, wie er die kritische Philosophie anlegt, schon 1781 hätte wissen können, dass es auch *nach*, *mit* und *in* der kritischen Philosophie bei der Vielzahl immer wieder neu beschrittener Fußsteige und damit auch bei Widersprüchen in der Philosophie bleiben wird. Eine „Heeresstraße" (KrV A 856 / B 884), auf der wenigstens die kritischen Philosophen wandeln, wird es somit wohl niemals geben. Tatsächlich wiederholt Kant gegen Ende der *KrV* seine schon 1764 geäußerte Auffassung: Von den historischen Tatsachen, die es natürlich auch in der Philosophie gibt, abgesehen, könne man „nur *philosophiren* lernen" (KrV A 838 / B 866). Die *Verkündigung* von 1796 hält es immerhin für möglich, dass sich die Philosophie einvernehmlich auf die ihr gesetzten Grenzen ihres Erkennens verständigt.

Zu den Innovationen der Vernunftkritik gehört, dass Kant nicht länger davon ausgeht, dass Verstand und Vernunft die Dinge so erkennen, ‚wie sie sind'. Auch der → Verstand dringt nur bis zu den durch ihn verständlich (und damit mitteilbar) gemachten → Erscheinungen durch, und die → Vernunft gibt die → Ideen vor, die es dem Menschen ermöglichen, den Erscheinungen eine ideelle Ordnung zu geben, die mit den Zielen des menschlichen Handelns begrifflich vereinbar sind. Diese aus Verstandesbegriffen entworfenen Einheiten der Vernunft, in denen sich Welt und Selbst zu einer Einheit verbinden, nennt Kant → Zwecke; sie erlauben dem Einzelnen, in Übereinstimmung mit der Welt zu handeln.

Die für Erkennen und Handeln zentrale Stellung der Zwecke wird deutlich, wenn Kant nunmehr die Philosophie als die „Wissenschaft von der Beziehung aller Erkenntniß auf die wesentlichen Zwecke der menschlichen Vernunft (teleologia rationis humanae)" bezeichnet. Darauf folgt – nach einem konsekutiven ‚und' – die zweite Innovation im Philosophiebegriff der kritischen Philosophie: „und der Philosoph ist nicht ein Vernunftkünstler, sondern der Gesetzgeber der menschlichen Vernunft" (KrV A 839 / B 867).

Die Philosophie als „Gesetzgebung der menschlichen Vernunft" (KrV A 840 / B 868) umfasst die epistemischen Aufgaben einer *„Metaphysik der Natur"*, die im „engeren Verstande" die „Transscendentalphilosophie" umfasst (KrV A 845 / B 873), die sich auf Objekte überhaupt beziehen und dann *„Ontologie"* (KrV A 876 / B 874) genannt werden kann. Ist sie hingegen nur auf die dem Menschen in seinen unterschiedlichen ‚Vermögen' gegebenen Objekte gerichtet, kann sie (*„rationale[]"*) *„Physiologie"* (KrV A 846 / B 874) genannt werden. Ist die Transzendentalphilosophie hingegen auf die *„innere* Verknüpfung" aller ihrer Gegenstände bezogen, wird sie „transscendentale Welterkenntniß" genannt; sucht sie nach einer „transscendent[en]" Einheit, verdient sie den Namen einer *„transscendentale[n] Gotteserkenntniß"*. *„Ontologie"* (KrV A 845ff. / B 873ff.), *„rationale[] Physiologie"*, *„rationale[] Kosmologie"* und *„rationale[] Theologie"* bilden somit nach Kant das „ganze System" der Metaphysik der Natur (KrV A 846 / B 874).

Die Benennung gibt zu erkennen, wie schlüssig, aber auch wie beweglich Kant mit dem Begriff des Transzendentalen umgeht. Stets ist der Terminus auf die allgemeinen und damit selbst nicht empirisch zu ermittelnden Voraussetzungen einer Erkenntnis bezogen. Da jedoch auch die Erkenntnis der durch die Vernunft gegebenen Zwecke nicht anders als →transzendental genannt werden kann, Zwecke aber das selbstbestimmte praktische Handeln des Menschen anleiten, reicht die transzendentale Leistung der menschlichen Erkenntnis bis in den Bereich des praktischen Handelns hinein.

Die transzendentale Leistung auf dem Feld des praktischen Handelns umfasst eine negative und eine positive Aufgabe: Die negative besteht darin, dass die auf Naturerkenntnis gerichtete Philosophie Missverständnisse über den Begriff Gottes wie auch über den des Selbst abzuwehren hat. Zwar kann sie nicht sagen, was Gott *ist*; deshalb ist die theoretische Philosophie auch keine „Grundfeste der Religion"; aber sie kann eine „Schutzwehr" sein, um unsinnige Aussagen (etwa über die empirische Existenz Gottes) fernzuhalten (KrV A 849 / B 877). Das Gleiche gilt für den rationalen Begriff des ‚Selbst'; auch hier kann die ‚Metaphysik der Natur' einschreiten, um die „Verwüstungen" (KrV A 849 / B 877) fernzuhalten, die entstehen müssen, wenn jemand so tut, als könne das ‚Selbst' etwas Physisches oder Organisches sein, um dann den frappierenden Nachweis zu führen, dass es das ‚Selbst' (oder das ‚Ich' oder die ‚Seele') gar nicht gibt. Vor solchem Unsinn kann die Philosophie den Menschen bewahren. In ihrem „Censoramt" kann sie sich größte Verdienste um die „allgemeine Ordnung", ja selbst um den „Wohlstand" und die „Glückseligkeit" erwerben (KrV A 851 / B 879).

Gleichwohl ist dieser günstige Effekt der kritischen Philosophie nicht alles, was man von ihr erwarten kann. Ihre positive Leistung reicht weit darüber hinaus. Sie besteht in der „Gesetzgebung der menschlichen Vernunft", in ihr geht es um „die ganze Bestimmung des Menschen" (KrV A 840 / B 868). Kant bezeichnet diese höchste, alle anderen Aufgaben übersteigende Zielsetzung der Philosophie mit dem Begriff der „Moral" (KrV A 840 / B 868). Er spricht auch von den ‚Sitten', von den ‚Tugenden' oder von der ‚ethischen Gesetzgebung'. Wie immer die Bezeichnung auch lauten mag: In der Beschäftigung mit der praktischen Selbstgesetzgebung des Menschen gelangt die Philosophie zur „Vollendung aller *Cultur* der menschlichen Vernunft" (KrV A 850 / B 878).

Dieser Aufgabe bleibt Kants Philosophieren im Ganzen verpflichtet; in den nachfolgenden Kritiken sucht er sie mit Blick auf die Moralphilosophie, die Ästhetik und die Theorie des Organischen zu präzisieren. Die dritte Kritik bietet überdies eine parallele Konzeption des Systems der Philosophie und der umfassenden Einheit der Kultur. Mit ‚System' und ‚Kultur' ist die Klammer gesetzt, in der die weiterhin kritisch verfahrende Spätphilosophie ihren Ort findet, die Kant in großen Werken wie auch in kleineren Schriften entwickelt.

3 Übergang zum System der kritischen Philosophie

Der ersten *Kritik* folgen die *Prolegomena* (1783), *GMS* (1785), *MAN* (1786) sowie eine im ersten Drittel völlig neu bearbeitete zweite Auflage der *KrV* (1787). Hinzu kommen zahlreiche Aufsätze, in denen Kant eine kritische Konzeption der Geschichte, ein auf Dauer gestelltes Programm der Aufklärung, eine Theorie der Politik und einen Leitfaden der Erziehung des Menschen entwirft. Man wird hier keine strikte Trennung zwischen den 1788 und 1790 erscheinenden weiteren Kritiken und den anderen Schriften vornehmen können, erst recht nicht, wo sie wie im Fall der *GMS* der Vorbereitung der *KpV* dient. Nur der Grundgedanke der dritten Kritik wird von Kant vermutlich erst Ende 1787 gefasst.

Im Ganzen lässt sich sagen, dass sich Kants Philosophiebegriff in der Konzentration auf die ethischen, ästhetischen, biologischen und kulturellen Fragen in den beiden nachfolgenden Kritiken merklich vertieft. Zum Motiv der Grenzziehung und der kritischen Sicherung des Erkennens kommt das Ziel einer systematischen Ergänzung der rationalen Vermögen des Menschen hinzu. Der praktischen Vernunft und der Urteilskraft werden eigene Aufgaben zugewiesen, durch die sich der Bereich dessen, was dem Menschen als wirklich gelten kann, wesentlich erweitert. Dadurch kann auch der Geschichte, dem Leben, der Kunst, dem Recht, der Wissenschaft und der Kultur ein kritisch gesichertes Fundament gegeben werden. Es sind diese Felder der gesellschaftlichen Realität des Menschen, denen sich Kant nach Abschluss der Arbeit an den drei Kritiken in den neunziger Jahren widmet. Schließlich sind auch die wiederholten Anläufe zu einer umfassenden Theorie der Natur, die im sogenannten *Opus postumum* erhalten sind, eine Konsequenz der systematischen Verknüpfung von theoretischer und praktischer Vernunft durch die apriorischen Leistungen der Urteilskraft.

In der Vorrede zu *GMS* unterscheidet Kant terminologisch zwischen der *„Metaphysik der Natur*" (4:388) und der *„Metaphysik der Sitten*", die er mit der „Ethik" gleichsetzt; sie wird auch „sittliche Weltweisheit" (4:387) genannt. Zu ihr gehören ein empirischer (der hier *„praktische Anthropologie*" genannt wird) und ein rationaler Teil (unter dem Titel *„Moral*"; 4:388).

Durch die systematische Zuordnung der ‚praktischen Anthropologie' zur ‚Ethik' steht außer Zweifel, dass die ‚Metaphysik der Sitten' auf menschliches Verhalten bezogen ist. Auch Kants Überzeugung, dass es der Vernunftkritik nur um die Grenzen der menschlichen Vernunft gehen kann, spricht für den strikten Bezug auf menschliches Verhalten. Umso größere Beachtung verdient Kants Forderung, dass die „reine Moralphilosophie" von allen empirischen Elementen, vor allem von allen anthropologischen Zutaten ‚säubern' und allein das „vernünftige Wesen" in den Blick zu nehmen (4:389), als das sich der Mensch angesichts der Frage: „Was soll ich thun?" (9:25) versteht.

Die Metaphysik der Sitten setzt damit voraus, dass sich der Mensch in ethischer Perspektive auf sein Selbstverhältnis als ‚vernünftiges Wesen' zurückziehen kann. Wann immer ein Individuum sich in der Lage sieht, vernünftige Gründe zu erwägen, bezieht es eine Position, in der es unterstellt, von jedem anderen Individuum, sofern es sich auf Gründe versteht, in ebendiesen Gründen verstanden zu werden. So verschieden die Lebensumstände der Individuen auch sein mögen: In ihrer Reflexion auf die Bedingungen, Mittel und Ziele ihres Handelns verstehen sie sich als ‚vernünftige Wesen' und begreifen sich darin als ‚gleich'. Dieser Selbstbegriff aus reiner Vernunft schließt jedoch nicht nur die ‚Gleichheit' ein, in der sich selbst höchst verschiedene Individuen unmittelbar verstehen; er impliziert auch die ‚Freiheit' sowohl des Selbstbezugs wie auch die der eigenen Entscheidung. Zu ihr gehört, dass jeder selbst darüber zu befinden hat, was er mit seiner vernünftigen Einsicht unter den konkreten Umständen seines Daseins macht. Kant konzipiert eine universalistische Ethik, die jedem nicht nur die Freiheit lässt, seine eigene Entscheidung zu treffen, sondern auch über die Umstände ihres ‚Gebrauchs' (in den das ethische Problem auslösenden Fällen) zu befinden. Das erlaubt es seiner Ethik, gleichermaßen individuell und universell zu sein. Man kann sie daher ‚exemplarisch' nennen: Jeder Einzelne hat in seiner „Person" ein Beispiel für die „Menschheit" zu geben (4:429; vgl. 6:479). In diesem Sinn reguliert der in seiner Allgemeinheit nicht zu überbietende „kategorische Imperativ" nur die stets subjektive „Maxime", nach der das Individuum handelt (4:421).

Entscheidend ist hier, dass die ‚praktische Vernunft' als Instanz sui generis verstanden wird. In ihr hat der Mensch einen prinzipiell anderen, über der physischen Natur stehenden Status, den er einnimmt, sobald er nach vernünftigen Gründen sucht und unter Bezug auf sie in rationaler Zwecksetzung entscheidet. Insofern hat der Mensch die Position eines rein „vernünftige[n] Wesen[s]" (4:427), in der er sich mit jedem anderen vernünftigen Wesen, seien es ‚Engel' oder sei es ein ‚Gott', vergleichen kann. Und es ist dieser, allein durch die Funktion der Einsicht und der durch sie möglichen freien Entscheidung eines jeden Menschen erreichte Status, der den Menschen in seiner vernünftigen Selbstbestimmung prinzipiell über die Sinnlichkeit erhebt (vgl. 4:427ff.).

Auf diese Weise lässt sich die „*Autonomie*" (5:33) des Menschen begründen, obgleich er mit allen Antrieben und Anlässen, mit allen Handlungsursachen und Handlungsfolgen in einen heteronom verfassten Naturzusammenhang eingelassen ist. Unter den im Handeln notwendig beanspruchten rein vernünftigen Konditionen wird aber auch das alternative Beweisverfahren verständlich, das Kant in der *KpV* zur Anwendung bringt: Aus der von vornherein eingenommenen Position reiner praktischer Vernunft kann er nicht wie in der ersten Kritik von Anschauungen und einzelnen Erkenntnissen, sondern muss von „*Grundsätzen*" ausgehen, nach denen die autonome Vernunft entscheidet (5:16). Das wiederum ist die Voraussetzung dafür, vom „*Sittengesetz*" wie auch von der „Freiheit" als einem „Factum" zu sprechen (5:31), das unter den „*Kategorien der Freiheit*" (5:66) einer eigenen Ordnung untersteht (vgl. 5:66ff.). Und nur wenn man von dieser durch die Wirklichkeit der praktisch begründenden Vernunft bereits wirksamen Freiheit ausgeht, kann einleuchten, was Kant in der *Dialektik der praktischen Vernunft* zu den ‚Postulaten' ausführt: Man muss ‚Freiheit', ‚intelligible Dauer' (also: ‚Unsterblichkeit') und ‚Gott' als im gleichen Sinn wirklich annehmen (vgl. 5:122ff.) wie die ‚Selbstbestimmung' der Vernunft durch ihre eigenen Gründe. In dieser Wirklichkeit liegt der „*Primat der reinen praktischen Vernunft*" (5:119; 5:119ff.).

Gleichwohl wird dadurch der Mensch selbst nicht wie Gott. Das arbeitet Kant im Schlussabschnitt der *Dialektik* der *KpV* heraus, wenn er die unauflösbare Bindung des Menschen an seine von der Natur so „*stiefmütterlich*" behandelte physische Existenz in Erinnerung bringt (5:146). Doch der im Vergleich zu Gott und den Engeln bestehende Nachteil erweist sich insofern als Vorzug, als der Mensch nur unter den Bedingungen der Heteronomie seiner Natur die Autonomie seiner Vernunft zu schätzen weiß. Insofern kann der Mensch wahrhaft moralisch nur sein, weil er vor der Notwendigkeit steht, die aus seiner Triebnatur stammenden Widerstände zu überwinden.

In analoger Weise arbeitet Kant die systematische Eigenständigkeit der →Urteilskraft heraus, die in der Lage ist, sowohl die Wirksamkeit des →Schönen und des →Erhabenen wie auch das weite Feld des Lebens zu fundieren. Da mit dem Schönen die Bedingung sowohl für die Erfahrung als auch für die Entfaltung der ‚Künste' gegeben ist, kommen sich am Ende die Leistungen der „*ästhetischen*" und der „*teleologischen*" Urteilskraft (5:193) sehr nahe, weil das sich geschichtlich entwickelnde Leben des Menschen seine ihm angemessene Organisation nur in der selbstgeschaffenen „*Cultur*" finden kann (5:430).

Das Systemprogramm, das es der Urteilskraft erlaubt, eine so umfassende Fundierungsleistung zu erbringen, entwirft Kant in der *Einleitung* in die *KU*. Den Grundgedanken hat er bereits Ende 1787 in einem Brief an Carl Leonhard Reinhold skizziert, dem er die Eröffnung macht, er sehe, je länger er auf seiner philosophischen Bahn fortschreite, desto „unbesorgter", wie sich alles ineinanderfüge. Es sei die Beschäftigung mit der „Critik des Geschmaks", die ihn eine vorher nicht vermutete „neue Art von Principien a priori" habe entdecken lassen, auf deren Grundlage er nun die Lücke füllen könne, die bis dahin zwischen den apriorischen Leistungen der (theoretischen) Erkenntnisvermögen und der (praktischen) des Begehrungsvermögens geblieben sei (10:514). Die könne er nun schließen, und man darf vermuten, dass ihm mit der Entdeckung des freien Spiels der Erkenntniskräfte nicht nur der Grund für die ästhetischen, sondern auch für die teleologischen Urteile aufgegangen ist. Denn bereits im Brief an Reinhold benennt er das neu gefundene Gebiet als das der „theoretische[n] Philosophische[n] Teleologie" (10:515). Folgerichtig wird in der *Einleitung* in die *KU* das „*Princip der formalen Zweckmäßigkeit der Natur*", so wie es im Lust und Unlust anzeigenden Zusammenspiel von theoretischer und praktischer Vernunft in den Leistungen der Urteilskraft zum Ausdruck kommt, ein „transscendentales Princip" genannt (5:181). Das Schöne, das Organische und das Kultivierte belegen jeweils auf ihre Weise die „Angemessenheit" (5:188) und die „Zweckmäßigkeit" (5:181) in einer Natur, von der auch die intelligiblen Vermögen des erkennenden Subjekts nicht ausgeschlossen werden können. Insofern zeigen die Leistungen der Urteilskraft die Durchgängigkeit einer Entsprechung aller physischen mit allen intelligiblen Verhältnissen an. Hier muss kein „*Schlußstein*“ des kritischen Systems der Philosophie mehr gesucht werden (5:3), sondern hier fügen sich Natur und Vernunft derart in die Leistung eines gleichermaßen natürlichen wie vernünftigen Wesen, dass dieses Lebewesen sich seiner verschiedenen Momente in ihrer gesteigerten Präsenz bewusst werden kann.

Kants kritisches ‚System der Philosophie‘ ist damit vollendet; seine Einheit tritt in einem „freien Spiele“ (5:217) der Erkenntniskräfte hervor, an dem neben der aus der Sinnlichkeit schöpfenden →Einbildungskraft auch das scheinbar gänzlich vernunftferne Gefühl der Lust beteiligt ist. An dieser in den menschlichen Leistungen hervortretenden systematischen Einheit von Natur und Vernunft ist der in den beiden anderen Kritiken unvermeidlich scheinende Dualismus überwunden.

4 Philosophie im Übergang zum Leben

In systematischer Hinsicht kommt die kritische Konzeption der Philosophie Kants mit der *KU* zum Abschluss. Solange die erhaltenen Textentwürfe, die sich im *Opus postumum* finden, nicht kritisch ediert sind, wird man in jedem Urteil über die darin möglicherweise versuchte Revision Vorsicht üben müssen. Tatsächlich gibt es bislang keine Hinweise darauf, dass Kant nach einem neuen oder umfassenderen Verständnis sucht; er scheint sich am Philosophiebegriff der *MAN* und der *KU* zu orientieren und nicht die Absicht gehabt zu haben, noch eine ‚vierte Kritik‘ zu schreiben.

Die zahlreichen anderen Schriften, die Kant in den Jahren vor und nach 1790 publiziert, enthalten gewiss keine Revision seines Philosophiebegriffs, bieten aber vielfältige Konkretisierungen. Die aus der Vorrede zur Publikation der Anthropologie-Vorlesung stammende Kennzeichnung der Philosophie als der Bemühung um „*Weltkenntniß*“, als deren „wichtigste[r] Gegenstand“ der Mensch zu gelten habe (7:119), bestätigt sich in vielfältiger Weise.

Das gilt vornehmlich für die grundlegenden Schriften zur Geschichtsphilosophie und zur Politik. Kant entwirft ein Programm historischen Verstehens, dass eng an das kritische Selbstverständnis des Menschen angelehnt ist. Seine Beantwortung der Frage nach der Aufklärung macht die basale Kennzeichnung des Philosophierens als „Selbstdenken[...]“ zum Inbegriff einer nie zum Abschluss kommenden Epoche (8:36). Der an jeden einzelnen Menschen ergehende „Wahlspruch der Aufklärung“: „Sapere aude! Habe Muth dich deines *eigenen* Verstandes zu bedienen!“ (8:35) kann auch als conditio sine qua non des Philosophierens verstanden werden. Denn der Begriff des Verstandes ist hier so weit gefasst, dass er die Vernunft einschließt. Nimmt man hinzu, dass die Aufklärung auf Öffentlichkeit („Publicum“, 8:36; „Publicität“, 8:381) setzt, eine „Reform der Denkungsart“ (8:36) verlangt und sich auf nichts anderes so sehr gründet wie auf die „Freiheit“ (8:36), tritt nicht nur die Parallele in der Konzeption von Aufklärung und Philosophie hervor. Es wird auch deutlich, dass Kant der von ihm wissenschaftlich vertretenen Disziplin zutraut, selbst eine geschichtliche Kraft zu werden.

Denn der Philosoph wirkt nicht allein durch die akademische Unterweisung, sondern auch durch öffentliche Kritik – in der Erwartung, dass sein Zeitalter selbst kritisch, mündig und so verständig werde, dass ganze Völker dem „Hang und Beruf zum freien *Denken*“ nachgehen können (8:41). Nicht umsonst verwendet Kant in dieser Schrift so große Mühe auf den Nachweis, dass die Freiheit der uneingeschränkten öffentlichen Meinungsäußerung auch einem Staatsdiener zusteht, sofern er nur „*als Gelehrter*“ vor dem „ganzen Publicum der *Leserwelt*“ spricht (8:37). Damit hat auch der Philosoph die durch kein Amt eingeschränkte Befugnis, das Publikum zur philosophischen Eigenständigkeit zu erziehen.

Die Rechtfertigung der philosophischen Anleitung zum gesellschaftlichen Handeln legt Kant in seiner Schrift über den *Gemeinspruch* (1793) vor. Er hält es für einen „Skandal der Philosophie“ (8:277), wenn in ihrem Namen ein Abstand zwischen Theorie und Praxis behauptet wird, der sich durch keine Theorie verringern lasse. Der Selbstwiderspruch, in den eine mit einer solchen Behauptung aufwartende Theorie gerät, wird von Kant als „Anmaßung“ der Vernunft und als „Weisheitsdünkel mit Maulwurfsaugen“ rasch abgefertigt (8:277). Die Abwertung der Theorie aus der Sicht der Praxis nimmt er hingegen sehr ernst. Und so zeigt er in drei groß angelegten Studien, dass sowohl in der Moral wie auch im Staats- und im Völkerrecht alles verständige Handeln auf Grundsätzen beruht, die aus eigener Logik eine philosophische Begründung fordern. Also kommt er in allen drei Bereichen des menschlichen Handelns zu dem Ergebnis: „Was aus Vernunftgründen für die Theorie gilt, das gilt auch für die Praxis" (8:313). Für Kant ist damit hinlänglich gezeigt, dass philosophisches Denken und menschliches Handeln auf denselben Prämissen beruhen. Nur weil das so ist, kann Philosophie moralisch und politisch wirksam sein. Also ist sie ein Teil der fortschreitenden Selbstaufklärung des Menschengeschlechts.

Einen großen Raum in Kants Spätwerk nehmen theologische und religionsphilosophische Arbeiten ein, die weit über die Beschäftigung mit dem Gottesproblem hinausgehen. Kant fragt nach dem geschichtlichen Gehalt der Schöpfungsgeschichte, nach dem epistemischen Wert der Offenbarung, nach dem Beitrag der Religion zur geschichtlichen Entwicklung der Menschheit, nach der ethischen Bedeutung der theologischen Unterscheidung zwischen Gut und Böse sowie nach dem Glauben an ein erlösendes Ende. Alle Beiträge bieten Neues und machen anschaulich, dass Kant nicht allein durch seine logisch bezwingende und rhetorisch durchschlagende Destruktion der Gottesbeweise auch eine Wende in der Theologiegeschichte der Neuzeit herbeigeführt hat.

Methodologisch bedeutsam ist, dass Kant auch bei eindringender Beschäftigung mit theologischen Fragen nie genötigt ist, seine Position als Philosoph aufzugeben. Er spricht, selbst bei größtem Verständnis für einen theologischen Sachverhalt (der Beurteilung der Offenbarung, der göttlichen Stellung Jesu oder der vermittelnden ethischen Leistung kirchlicher Gemeinden), in der Perspektive möglichen Wissens, niemals jedoch aus der des bloßen Glaubens. Gleichwohl ist die Philosophie durch ihre Angewiesenheit auf Vernunftideen ebenso wie durch die apriorische Leistung der Urteilskraft, die ein sich im Zusammenspiel der Erkenntniskräfte verstärkendes Gefühl zur Basis eines Urteils über die selbst erfahrene Lebendigkeit machen kann, in der Lage, kritisch gerechtfertigte Aussagen über den Glauben und seine Gegenstände zu machen. So kommt Kants Philosophie gerade in ihrer kritischen Distanz zur Glaubensprämisse der Theologie zu einer bemerkenswerten Nähe zu deren Gegenständen.

Wenn Kant den Glauben als ein „Vertrauen" beschreibt, das wir in die „Erreichung einer Absicht" setzen, „deren Beförderung Pflicht, die Möglichkeit der Ausführung derselben aber für uns nicht *einzusehen* ist" (5:472), dann wird bei aller Entschiedenheit in der Abgrenzung zwischen Philosophie und Theologie deutlich, worin sich beide nahe sind. Denn auch die Philosophie vermag letztlich nicht einzusehen, wie die Vernunfterkenntnis, der sie sich verschrieben hat, zum Erfolg gebracht werden kann. Hätte sie nicht die praktisch notwendige Vernunftidee der Freiheit, müsste sie „verzweifeln" (5:474). Also weiß sie, was sie jetzt zu tun hat. Möchte sie darüber hinaus aber auch eine positive Aussicht auf die von ihr mit so großem Nachdruck vorbereitete Zukunft eröffnen, bleibt auch ihr nichts als ein Glaube, den sie sich in den Postulaten der praktischen Vernunft längst offen gehalten hat.

Kants kritischer Philosophiebegriff hat nichts so stark akzentuiert wie die Selbstbegrenzung der Vernunft – einschließlich aller sie ermöglichenden Erkenntnisleistungen. Das Paradox dieser entschiedenen Selbstbeschränkung der menschlichen Vernunft liegt aber darin, dass sie augenblicklich Glauben fordert, sobald ihr diese Grenze nicht genügt. Nichts führt die Philosophie näher an den Glauben heran als die von ihr selbst betriebene Selbstbegrenzung des Wissens.

Besonders aufschlussreich sind Kants Ausführungen zur Philosophie, wenn er sie gegen Missverständnisse verwahrt, die sein eigenes Denken betreffen. So geht er in der polemischen Schrift *Von einem neuerdings erhobenen vornehmen Ton in der Philosophie* (1796) mit Autoren ins Gericht, die aus der Philosophie ein „Geheimniß" (8:389) oder eine Belustigung zu machen suchen. Sie verleugnen, dass die Philosophie ein „*öffentlich geltendes* Zeugniß" (8:402) ihrer „*schulmäßig*" (8:390) und ‚begrifflich' zu leistenden Anstrengung abzulegen hat. Sie ist nichts für „Mystagogen" (8:398), nichts für „Kraftmänner[]" (8:401 Anm.) und schon gar nichts für solche, die noch an „Orakel" glauben (8:406). Sie kann auch nicht „*geniemäßig*" (8:390), gleichsam im „Übersprung (salto mortale) von Begriffen zum Undenkbaren" betrieben werden (8:398). Die Philosophie verlangt nicht nur die „fleißige und sorgsame Arbeit des Subjects", wie sie in alle Wissenschaften benötigt wird (8:404); sie ist überdies mit der „herculische[n] Arbeit des Selbsterkenntnisses" verbunden, die nicht „überfliegend“, sondern nur „von unten hinauf“ – also auch hier: von jedem einzelnen an sich selbst – bewältigt werden kann (8:390).

Um ihren epochalen Stellenwert zu kennzeichnen, könnte man ihr Arbeitsethos als öffentlich, demokratisch und existenziell bezeichnen. Zugleich betont Kant die Unerlässlichkeit der formalen Ordnung sowie die Untauglichkeit bloßer Ahnungen und Gefühle; er lobt die Nüchternheit des klaren Denkens: „Im Grunde ist wohl alle Philosophie prosaisch; und ein Vorschlag jetzt wiederum poetisch zu philosophiren möchte wohl so aufgenommen werden, als der für den Kaufmann: seine Handelsbücher künftig nicht in Prose, sondern in Versen zu schreiben“ (8:406 Anm.).

Der Geist der Nüchternheit darf aber nicht vergessen lassen, dass die Philosophie dem „*Leben*“ (8:413) zugehört und hier nicht nur auf „Kraft“ und „Wirkung“ angewiesen ist, sondern dem Gegensatz gar nicht entraten kann, der nun einmal zum „Widerspiel“ des Daseins gehört (8:414f). Nimmt man hinzu, dass in der Philosophie jeder den Weg zur Wahrheit selbst finden muss, dass Irrtum und Lüge so schnell nicht verschwinden, dass auch das Gegeneinander der Schulen nicht einfach aufhören wird, so darf nicht mit einem Zustand der Ruhe gerechnet werden.

Käme es dennoch so weit, hätten die Philosophen alles daran zu setzen, diesen „Todesschlaf[]“ abzuwehren (8:416). Tatsächlich sieht Kant in der Philosophie ein „Belebungsmittel[] zum Endzweck der Menschheit“ (8:417). Nur sollte das, wodurch sie die Belebung und Begeisterung erreicht, nicht „Krieg“ (8:417) genannt werden. So wie es der Politik gelingen muss, durch rechtliche Vorkehrungen zu verhindern, dass die immer wieder neu entstehenden Gegensätze mit kriegerischen Mitteln ausgetragen werden, so hat auch die Philosophie für Grenzbestimmungen zu sorgen, die den Streit auf beantwortbare Fragen beschränken. Im kritischen Geist müsste sie sich auf „*Weisheitsforschung*“ (8:417) und „Weisheitslehre“ (8:419) beschränken lassen, sodass es nicht unmöglich ist, auf einen „ewigen Frieden in der Philosophie“ zu setzen (8:419).

Weiterführende Literatur

Abela, Paul: Kant's Empirical Realism, Oxford: Oxford University Press 2002.

Allison, Henry / Heath, Peter / Hatfield, Gary (Hg.): Immanuel Kant: Theoretical Philosophy after 1781, Cambridge: Cambridge University Press 2002.

Ameriks, Karl: Kant and the Historical Turn: Philosophy As Critical Interpretation, Oxford: Oxford University Press 2006.

Cassirer, Ernst: Kants Leben und Lehre, Hamburger Ausgabe, Bd. 6, Hamburg: Meiner 2000 (1919).

Chotaš, Jiří / Karásek, Jindřich / Stolzenberg, Jürgen (Hg.): Metaphysik und Kritik: Interpretationen zur „Transzendentalen Dialektik“ der „Kritik der reinen Vernunft“, Würzburg: Königshausen und Neumann 2010.

Dudley, Will / Engelhard, Kristina (Hg.): Immanuel Kant: Key Concepts, Durham: Acumen Publishing 2011.

Forster, Michael N.: Kant and Skepticism, Princeton: Princeton University Press 2008.

Frierson, Patrick R.: Freedom and Anthropology in Kant's Moral Philosophy, Cambridge: Cambridge University Press 2003.

Gerhardt, Volker: Immanuel Kant. Vernunft und Leben, Stuttgart: Reclam 2002.

Gotz, Gerhard: Letztbegründung und systematische Einheit: Kants Denken bis 1772, Wien: Passagen Verlag 1993.

Guyer, Paul: Kant, Oxon: Routledge 2006.

Hanna, Robert: Kant and the Foundations of Analytic Philosophy, Oxford: Oxford University Press 2001.

Heidemann, Dietmar H. / Engelhard, Kristina (Hg.): Warum Kant heute? Systematische Bedeutung und Rezeption seiner Philosophie in der Gegenwart, Berlin u. a.: de Gruyter 2004.

Kaulbach, Friedrich: Immanuel Kant, Berlin: de Gruyter 1969.

Langthaler, Rudolf: Geschichte, Ethik und Religion im Anschluss an Kant, 2 Bde., Berlin: Akademie 2014.

Massimi, Michela (Hg.): Kant and Philosophy of Science Today, Cambridge: Cambridge University Press 2008.

Puri, Bindu / Sievers, Heiko (Hg.): Reason, Morality, and Beauty: Essay on the Philosophy of Immanuel Kant, Oxford: Oxford University Press 2007.

Rescher, Nicholas: Kant and the Reach of Reason: Studies in Kant's Theory of Rational Syste-

matization, Cambridge: Cambridge University Press 2000.
Rohs, Peter: Der Platz zum Glauben, Paderborn: Mentis 2013.
Schönfeld, Martin: The Philosophy of the Young Kant: The Precritical Project, New York: Oxford University Press 2000.
Thiel, Karsten: Kant und die „Eigentliche Methode der Metaphysik", Zürich: Olms 2008.
Timmermann, Jens: Kant's Groundwork of the Metaphysics of Morals: A Commentary, Cambridge: Cambridge University Press 2007.
Trawny, Peter: „Das Ideal des Weisen. Zum Verhältnis von Philosophie und Philosoph bei Kant", in: Kant-Studien 99, 2008, 456–476.
Treloar, John: „Kant on Philosophy and Being a Philosopher", in: American Catholic Philosophical Quarterly 75, 2001, 297–316.
Watkins, Eric (Hg.): Kant and the Sciences, New York: Oxford University Press 2001.
Wilson, Holly L.: Kant's Pragmatic Anthropology: Its Origin, Meaning and Critical Significance, Albany: State University of New York Press 2006.
Wood, Allen: Kant, Malden: Blackwell 2005.

Volker Gerhardt

Physik

Zusammen mit der →Mathematik bildet die Physik nach Kant eine der beiden theoretischen Erkenntnisse der Vernunft. Im Unterschied zur Mathematik ist die Physik empirisch (vgl. KrV B X), denn sie beschäftigt sich mit den Gegenständen der äußeren Sinne. Sie ist daher eine „Körperlehre" (4:467) und eine „Bewegungslehre" (4:477). Im Vergleich zu anderen besonderen Naturlehren (→Psychologie) macht sie die Naturwissenschaft schlechthin aus (vgl. KrV B 17; 4:471). Infolgedessen muss außer dem angewandten Teil noch ein reiner Teil der Physik vorausgesetzt werden, der das →System ihrer Prinzipien a priori enthält und zur →Metaphysik gehört (vgl. KrV A 846–847 / B 874–875; 4:470; 4:473). Nach dem *Op. post.* soll dieses System mit einem Übergang von den *MAN* zur Physik ergänzt werden (vgl. 22:280–281). Eine der zahlreichen Definitionen, die in diesem Werk gegeben werden, lautet: „Physik ist empirische Erkentnis in einem System. Hier werden bewegende Kräfte im Subject vorausgesetzt und ein formales Princip der Vereinigung derselben zur Einheit der Erfahrung" (22:339). Weitere wichtige Stellen: 1:221–236; 1:475f.; 4:294–322; 21:582f.; 22:361–366.

Vorgeschichte und historischer Kontext

Im aristotelischen System stellt die Physik eine der drei theoretischen Lehren neben der Mathematik und der Metaphysik dar. Sie handelt von den Prinzipien der →Bewegung und unterscheidet sich von der Mathematik, die nur quantitative Darstellungen geben, nicht aber die Gründe der physikalischen Prozesse erklären kann. Aristoteles hält ferner den himmlischen Teil des Kosmos gegenüber dem irdischen Teil für physikalisch heterogen, nimmt eine ätherische, die Gestirne bildende Materie an (vgl. *De coelo*, II, 4) und widerlegt die demokritische Atomistik sowie die Behauptung eines leeren →Raumes zugunsten der Lehre des Kontinuums (vgl. *Physik*, 215 a 5–18).

Die erfolgreiche Entwicklung der Physik in der Neuzeit ist auf die experimentelle Methode zurückzuführen, die hauptsächlich Galileo Galilei zugeschrieben wird. Diese Methode besteht in der Untersuchung aller Phänomene, der himmlischen wie der irdischen, durch Erfahrung, das heißt durch auf Theorie gestützte →Experimente und Beobachtungen, um kausale Zusammenhänge zwischen physikalischen Vorgängen mathematisch zu bestimmen.

Im Gegensatz zu den Empiristen versucht Descartes die Physik bloß deduktiv aufzubauen. Er leitet die Regel der Bewegung aus den Prinzipien der Mathematik und aus den Hypothesen der *res extensa*, der Substanz des physikalischen Weltalls, und Gottes ab. Gott sei der Ursprung der Bewegung in der *res extensa*, die selbst kein Bewegungsprinzip enthalte. Dahingegen sieht Leibniz in der Kraft das Wesen der Substanz und die Ursache der Bewegung.

Newtons *Principia mathematica* (1687) stellen eine allgemeine Theorie der Physik nach dem Modell der Elemente des Euklid dar. Aus drei Axiomen, den Bewegungsgesetzen, werden alle andere Theoreme und Korollarien des physikalischen Systems abgeleitet. Nach dem berühmten Motto „Hypotheses non fingo" meint Newton, jede metaphysische Grundlegung, nämlich die cartesianischen Annahmen Gottes und der res extensa, ablehnen und die Axiome seiner Theorie bloß empirisch bestimmen zu können. Nun setzten die Schlüsselbegriffe der newtonschen Physik, nämlich Kraft und Masse, die →Begriffe der Kraft und der Trägheit voraus, die in ihrer modernen Bedeutung vor allem der Metaphysik Descartes' zu verdanken sind (vgl. Newton, *Principia Mathematica*, II, § 39). Die Natur dieser Begriffe sowie die Natur der bestimmten Kräfte, die in den physikalischen Vorgängen vorkommen, werden jedoch bei Newton nicht ausreichend erklärt.

Mit Newtons Gravitationsgesetz wird Aristoteles' physikalische Scheidung zwischen Himmel und Erde endgültig verabschiedet. Die newtonsche Mechanik fasst ferner Raum und →Zeit als real und absolut auf und nimmt die Existenz von Atomen und leeren Räumen an. Was die Natur des Lichtes betriff, vertritt Newton die Emissionstheorie, nach der die Lichtstrahlen sich geradlinig verbreiten und aus Korpuskeln bestehen. Er setzt sich daher Huygens und Euler entgegen, in deren Wellentheorie das Licht als eine sich im Äther fortpflanzende Druckwelle betrachtet wird.

Philosophische Funktion

1 Kants naturwissenschaftliche Ausbildung und erste Schrift

1.1 Bereits während seines Studiums an der Universität Königsberg tritt Kant in Kontakt mit den drei dominierenden physikalischen und naturphilosophischen Lehren jener Zeit: der cartesianischen, der newtonschen und der leibniz-wolffschen. Es ist hauptsächlich sein Lehrer Martin Knutzen, ein Wolffianer, der aber stark an Newton anschließt, der den jungen Kant in die Naturphilosophie einführt.

1.2 In seiner Erstlingsschrift *Wahre Schätzung* (1746–1747) beschäftigt sich der noch studierende Kant mit den Begriffen der Kraft, der Bewegung und der Substanz. Laut den Cartesianern hätten die Körper lediglich eine ‚äußere', ‚tote' Kraft, die dem Produkt aus Masse und Geschwindigkeit gleich sei. Die Leibnizianer schreiben hingegen den Körpern eine ‚innere', ‚lebende' Kraft, gleich dem Produkt aus Masse und dem Quadrat der Geschwindigkeit, zu. Der Streit war in der Tat schon 1743 dank d'Alembert und seiner Erfindung der Formel der kinetischen Energie gelöst worden. Die kantische Schrift versucht trotzdem, die mechanische und die geometrische Perspektive der Cartesianer mit dem metaphysischen Standpunkt der Leibnizianer zu vereinbaren. Bereits in dieser Schrift erscheint also die Hauptlinie der weiteren naturphilosophischen Untersuchungen Kants: die Vereinbarung der mechanischen und geometrischen mit der metaphysischen Theorie der Physik.

1.3 In der Zeit zwischen dem Abschluss seines Studiums und der Erlangung der Privatdozentur (1755) setzt Kant seine naturwissenschaftliche Ausbildung mit intensiver Lektüre fort. Das belegen die Schriften der Jahre 1754–1756, in denen der junge Philosoph bereits breite Kenntnisse der Literatur über die theoretische wie experimentelle moderne Physik zu erkennen gibt.

2 Vorlesungen, Briefwechsel und schriftlicher Nachlass

Von Anfang seiner Lehrtätigkeit (1755–1756) an bis zur Übernahme des Ordinariats (1770) liest Kant regelmäßig über Physik. Danach wird das Physikkolleg seltener angekündigt und nur noch sechsmal gehalten (vgl. 29:653; für die erhaltenen Abschriften der Vorlesungen Kants über Physik vgl. 29:67–590). Mit der Physik beschäftigt sich Kant ferner in zahlreichen *Refl.* (vgl. vor allem 14:65–537) und im Austausch mit seinen Briefpartnern, zu denen einige der bedeutendsten Naturwissenschaftler jener Zeit, wie Leonhard Euler, Lichtenberg, Lambert und Johann Bernoulli (1667–1748) zählen. Ein breites Spektrum von Themen wird in den kantischen Schriften behandelt: von der theoretischen Physik bis zur Struktur der Materie (Aggregatzustände, Elastizität, Elektrizität, Gravitation, Hydrodynamik, Hydrostatik, Magnetismus, Mechanik, Theorie des Lichtes, Thermodynamik).

3 Drei Schriften aus den Jahren 1755–1756

3.1 Drei bedeutende Werke Kants über die Physik erscheinen 1755 und 1756. Die *Theorie des Himmels* (1755) stellt eine Kosmogonie nach den Grundsätzen der newtonschen Mechanik dar. Die Entstehung unseres Sonnensystems wird ohne Rekurs auf metaphysische Hypothesen durch die Annahme eines ursprünglichen, chaotischen Grundstoffs elementarer Teilchen und zweier gegensätzlicher Kräfte, der Anziehungs- und der Zurückstoßungskraft, erklärt (vgl. 1:234f.).

3.2 Im Unterschied zur historischen Perspektive der *Theorie des Himmels* handelt es sich bei *De igne* (1755) um einen kleinen Traktat über die Struktur der Materie. Was die Methode angeht, ist auch diese Abhandlung zumindest programmatisch von Newtons *Philosophiae Naturalis Principia Mathematica* geprägt. Denn ihre Absicht ist es, jede hypothetische und willkürliche Beweisführung sorgfältig zu vermeiden und soweit wie möglich dem Leitfaden der Erfahrung und der Geometrie zu folgen (vgl. 1:371). In dieser Schrift nimmt Kant zum ersten Mal die Existenz des Äthers ausdrücklich an. Er wird hier als ein elastisches, die interatomaren Räume der Körper ausfüllendes Medium aufgefasst. Als Feuer-, Licht- und Wärmestoff zugleich soll er verschiedene Eigenschaften der Materie erklären, wie Kohäsion, Elastizität, Ausdehnung und Kompression, sowie auch die Änderung des Aggregatzustands.

3.3 In *Monadologia physica* (1756) behauptet Kant hingegen, dass die Grundlegung der Physik nicht bloß empirisch geschehen kann (vgl. 1:475–476). Durch die Erfahrung können wir zwar die Gesetze der Natur erkennen, nicht aber ihren Ursprung und ihre Ursachen. Dazu sei die Unterstützung der Metaphysik notwendig. Die Geometrie muss sich nach Kant mit der Metaphysik vereinbaren lassen, die Mechanik mit der Dynamik, Newtons Atomistik mit Leibniz' Monadologie, um die Natur von Raum, Bewegung und Kraft auf neue Art zu verstehen. Der Begriff der bewegenden Kraft sei der Schlüssel des Problems. Kant versucht daher, durch die bewegenden Kräfte der Repulsion und Attraktion die grundsätzlichen Eigenschaften der Materie, nämlich Ausdehnung, Undurchdringlichkeit und Trägheit, zu erklären.

4 Weitere vorkritische Schriften

4.1 Physikalische Betrachtungen finden wir auch in weiteren Schriften der vorkritischen Periode. Von der Relativität der Bewegung (→Bewegung) und von der Trägheitskraft handelt der *Lehrbegriff* (1758), in dem Kant eine entschiedene Kritik an den Begriffen der absoluten Ruhe und Bewegung äußert. Die zweite Abteilung des *Beweisgrunds* (1763) enthält eine immanente naturwissenschaftliche Version des kosmologischen Gottesbeweises, in der sich Kant der Ergebnisse der *Theorie des Himmels* bedient (2:137–151). In den *Negativen Größen* (1763) beziehen sich die Beispiele aus der Physik sowohl auf die dynamische Theorie der Wechselkräfte von Anziehung und Abstoßung (vgl. 2:179f.) als auch auf Phänomene von thermischer, elektrischer oder magnetischer Polarisierung, die den substantialistischen Ätherbegriff voraussetzen (vgl. 2:184–188).

4.2 Im Laufe der 60er Jahre sieht Kant schließlich, dass die Vereinbarkeit des geometrischen und empirischen Standpunkts von Newton mit der metaphysischen Perspektive von Leibniz zu einer Schwierigkeit führt, die letztlich in der Aporie der jeweiligen Auffassungen von Raum und Zeit ihren Grund hat. Eine um 1764–1766 datierte *Refl.* lehnt den absoluten Raum und die absolute Zeit ab, denn diese implizieren leere Räume und Zeiten (vgl. 17:330), die mit der relationalen Darstellung bei Leibniz inkompatibel sind. Nach den *Gegenden* (1768) gerät hingegen Leibniz' Begriff des Raums als eines „bloße[n] Gedankending[s]" in Widerspruch zur Behauptung seiner Realität in der Geometrie und durch die Erfahrung (2:383). Nach dem „große[n] Licht" von 1769 (18:69) kündigt die Darstellung von Raum und Zeit als ursprünglicher Anschauungsformen des Subjekts in *De mundi* (1770) bereits die kritische Wende und die Formulierung des Problems der metaphysischen Untermauerung der Physik im Rahmen der →Transzendentalphilosophie an. Diese Wende wurde ferner von der Lektüre der britischen Empiristen Hobbes und Locke und der Auseinandersetzung mit dem Skeptizismus Humes vorbereitet.

5 Die Physik und die Frage der kritischen Philosophie

Mit der *KrV* wird das Verhältnis der Metaphysik zur Physik, der Naturwissenschaft schlechthin, zu einem bedeutenden Problem der Transzendentalphilosophie. Die Vorrede zur zweiten Ausgabe (1787) bemerkt, dass die empirische Physik erst in der Neuzeit dank der Anwendung der experimentellen Methode „den sicheren Gang einer Wissenschaft" (KrV B XIV) gegangen ist. Das Wesentliche dieser Methode besteht nach Kant in Folgendem: „Die Vernunft muß mit ihren Principien, nach denen allein übereinstimmende Erscheinungen für Gesetze gelten können, in einer Hand und mit dem Experiment, das sie nach jenen ausdachte, in der anderen an die Natur gehen, zwar um von ihr belehrt zu werden, aber nicht in der Qualität eines Schülers, der sich alles vorsagen läßt, was der Lehrer will, sondern eines bestallten Richters, der die Zeugen nöthigt auf die Fragen zu antworten, die er ihnen vorlegt" (KrV B XIII). Was die moderne Physik zu einer theoretischen Erkenntnis, einer Wissenschaft, macht, ist also die Tatsache, dass die Prinzipien, die sie in ihrer Untersuchung der Natur leiten, synthetische Urteile a priori sind (vgl. KrV B 17f.). Aufgabe der *KrV* ist es zu erklären, wie →synthetische Urteile a priori im allgemeinen und wie die Physik als Naturwissenschaft im besonderen möglich sind (vgl. KrV B 19f.).

6 Die kritische Auffassung des Raums und der Zeit

6.1 In der kantischen Transzendentalphilosophie ist das Sinnliche vom Intellektuellen nicht bloß graduell unterschieden, sondern beides sind heterogene Erkenntnisquellen. Die sinnliche Anschauung besitzt eigene, von den Kategorien verschiedene Formen a priori: Raum und Zeit. Darin besteht der Fortschritt der *KrV* gegenüber der newtonschen sowie der leibnizschen Auffassung von Raum und Zeit. Newton stellt Raum und Zeit als „zwei ewige und unendliche vor sich bestehende Undinge" dar, „welche dasind (ohne daß doch etwas Wirkliches ist), nur um alles Wirkliches in sich zu befassen" (KrV A 39 / B 56). Leibniz hingegen versteht sie als von der Erfahrung abstrahierte →Relationen der →Objekte, deren Begriffe a priori aber bloße Geschöpfe der Einbildungskraft seien. Ihr Ursprung muss vielmehr a posteriori gesucht werden, womit aber die apodiktische Gewissheit der Geometrie, die den Raum voraussetzt, nicht begründet werden kann (vgl. KrV A 39f. / B 56f.). Abweichend von diesen beiden objektivistischen Auffassungen versteht Hume Raum und Zeit als die subjektive Anordnung der →Ideen der Objekte in unseren →Wahrnehmungen. Wie Hume entgeht Kant dem Gegensatz von naturalistisch und ontologisch fixierter Darstellung der Realität bei Newton bzw. Leibniz. Raum und Zeit sind keine vor aller Erfahrung bestehenden, allumfassenden ‚Behälter'. Sie sind vielmehr Relationsstrukturen, aber nicht als verworrene Vorstellung, sondern als ein notwendiges vereinheitlichendes Gefüge des Subjekts zur Erkenntnis der →Erscheinungen.

6.2 Die Behauptung des Raums als Relationsgefüge und die Widerlegung seiner absoluten Wirklichkeit verstärken Kants Kritik an der newtonschen Lehre von leeren Räumen und von der damit verbundenen Existenz der Atome. Die Atomistik wird zwar in den kritischen Schriften noch als denkbare Hypothese über die Struktur der Materie zugegeben (vgl. KrV A 434–443 / B 462–471 und 4:532–535). Die Möglichkeit eines Beweises durch Erfahrung der beiden Annahmen, Existenz von Grundbestandteilen der Materie und den entsprechenden leeren Zwischenräumen, auf denen die Atomistik beruht, wird jedoch negiert (KrV A 172 / B 214; KrV A 214 / B 261 und KrV A 229 / B 281f.).

6.3 Die transzendentale Ästhetik schafft eine geschlossene Verbindung zwischen Raum und Zeit sowie zwischen Geometrie und Physik. Der Raum ist die Form aller Erscheinungen äußerer Sinne (vgl. KrV A 26 / B 42), die Zeit die Form des →inneren Sinnes (vgl. KrV A 33 / B 49). Die letzte ist daher die formale Bedingung a priori aller Erscheinung überhaupt: unmittelbar der inneren und mittelbar auch der äußeren (vgl. KrV A 34 / B 50f.). Sie kann an Erscheinungen nicht wahrgenommen werden (vgl. KrV A 182f. / B 226). Die Zusätze der zweiten Ausgabe fügen hinzu: eine figürliche Vorstellung der Zeit sei nur durch eine Linie möglich (vgl. KrV B 292), genauer durch eine räumliche Vorstellung, insofern die Geometrie die Wissenschaft des Raumes ist (vgl. KrV B 40). Dahingegen ist „der Begriff der Veränderung und mit ihm der Begriff der Bewegung (als Veränderung des Orts) nur durch und in der Zeitvorstellung möglich" (KrV B 48). Die Bewegungslehre, worin im Wesentlichen für Kant die Physik besteht, bedarf deswegen beider Anschauungsformen und setzt die Geometrie voraus.

7 Die Bedingungen der empirischen Erkenntnis

7.1 Die sinnliche Anschauung bestimmt nach dem kritischen Denken die Grenzen der Erkenntnis. Bloße Gedanken ohne den Bezug zur sinnlichen Anschauung liefern keine Erkenntnis im Vollsinn. Mathematische Vorstellungen als Konstruktionen in einer Anschauung a priori sind eine bloß theoretische Erkenntnis, ohne Bestimmung der Existenz der Gegenstände der Erkenntnis. Die empirische Erkenntnis, d. h. die Erkenntnis aus Erfahrung, erkennt Erscheinungen, nämlich Gegenstände, die im Raum und in der Zeit gegeben werden. Nun gelingt diese Erkenntnis nicht objektivistisch, denn sie setzt die synthetische Aktivität eines Subjekts voraus. Das erkennende Subjekt ist also das Korrelat des in Raum und Zeit gegebenen Objekts, wie es eine Aussage von 1781 pointiert zum Ausdruck bringt: „Die Bedingungen a priori einer möglichen Erfahrung überhaupt sind zugleich Bedingungen der Möglichkeit der Gegenstände der Erfahrung“ (KrV A 111). Gegenstände, die sich außerhalb dieser Korrelation des Gegebenen und des Denkenden konstituieren würden, d. h. Dinge an sich, sind jenseits unserer Erkenntnis. Die Physik beschäftigt sich daher nicht mit Dingen an sich. Sie untersucht die Natur, die Welt der Phänomene. Aber diese Welt wird von unserem Verstand gebildet, oder, mit Worten aus den *Prolegomena*: „*der Verstand schöpft seine Gesetze* (a priori) *nicht aus der Natur, sondern schreibt sie dieser vor*“ (4:320).

7.2 Axiome der Anschauung und Antizipationen der Wahrnehmung begründen die Anwendung der Mathematik auf Erscheinungen. Sie erklären, wie diese nach Regeln einer mathematischen Synthesis hervorgebracht werden können, aber betrachten die Erscheinungen nach ihrer bloßen Möglichkeit (vgl. KrV A 178 / B 221). Denn ihr Dasein lässt sich nicht ‚mathematisch' konstruieren. Es kann nur ‚dynamisch' a priori unter Regeln gebracht werden. Wie das geschieht, wird durch die drei Analogien der Erfahrung erklärt. Sie sind die „Grundsätze der Bestimmung des Daseins der Erscheinungen in der Zeit“ (KrV A 215 / B 262), nach den drei Verhältnissen derselben: Beharrlichkeit, Zeitfolge und Zugleichsein. Da die Zeit selbst vom Prinzip der kantischen Theorie her nicht wahrnehmbar ist, setzt die Bestimmung der Existenz der Objekte in der Zeit a priori im Subjekt verknüpfende Begriffe voraus: Substanz, Kausalität und Wechselwirkung. Diesen entsprechen in der Erfahrung Begriffe wie Materie, Kraft, Bewegung, Wirkung und Gegenwirkung, sodass die Analogien der Erfahrung, die auf die drei Gesetze der newtonschen Mechanik zurückverweisen, diesen ihre transzendentale Untermauerung liefern.

8 Die metaphysische Grundlegung der Physik

8.1 Die kantische Reflexion über das Problem der metaphysischen Grundlegung der Physik als Naturwissenschaft setzt sich in den *MAN* (1786) fort, die ein Jahr vor der zweiten Ausgabe der *KrV* erscheinen. Nur dank Prinzipien a priori gewinnt eine empirische Erkenntnis jene apodiktische Gewissheit, die sie zur „eigentliche[n] Naturwissenschaft“ (4:469) macht, so betont die „*Vorrede*“ (4:467–479). Diese Prinzipien müssen zuerst aus der Metaphysik der Natur abgeleitet werden. Denn die Metaphysik ist reine Vernunfterkenntnis durch Begriffe, und nicht durch Konstruktion der Begriffe, wie die Mathematik, und der Begriff des Daseins eines Dinges lässt sich eben in keiner Anschauung a priori darstellen. Zur Metaphysik der Natur gehören ein allgemeiner oder transzendentaler Teil und ein besonderer Teil, der aus Physik und Psychologie besteht, in denen die transzendentalen Prinzipien auf die beiden Arten der Objekte unserer Sinne – die Körper bzw. die → Seele – angewandt werden (vgl. KrV A 845–851 / B 873–879). Der allgemeine Teil entspricht einer reinen Philosophie der Natur überhaupt, der besondere Teil soll hingegen eine „metaphysische Naturwissenschaft“ (4:470) sein.

8.2 Nun kann nach dem bekannten Ausspruch der *MAN* „in jeder besonderen Naturlehre nur so viel eigentliche Wissenschaft angetroffen werden [...], als darin Mathematik anzutreffen ist“ (4:470). Denn die Erkenntnis a priori von bestimmten Naturdingen kann nicht aus bloßen Begriffen abgeleitet werden. Dazu muss eine dem Begriff entsprechende Anschauung gegeben werden. Oder, in der Sprache Kants: Der Begriff muss „construirt“ (4:470) werden. Da nur in der Physik die Anwendung der Mathematik gelungen ist, ist sie nach Kant die einzige Naturlehre, die im Unterschied zur Chemie und zur Psychologie den Namen „Naturwissenschaft“ verdient. Die Prinzipien der Konstruktion jener Begriffe, die sich auf die Materie beziehen und mit denen sich die Physik beschäftigt, gehören jedoch zur besonderen Metaphysik der Natur, nämlich zur Metaphysik der körperlichen Natur. Dieser Prinzipien haben sich, wenn auch unbewusst, die „mathematische[n] Physiker“ (4:472), hauptsächlich Newton, bedient, obwohl sie auf jede metaphysische Hypothese verzichten wollten.

8.3 Die *MAN* sollen nach Kants Einschätzung das philosophische Defizit der Physik durch die systematische Behandlung aller metaphysischen Prinzipien der Naturwissenschaft nach der Tafel der Kategorien ausgleichen. Da die Grundbestimmung der Gegenstände der äußeren Sinne die Bewegung ist, wird die Bewegung zum Leitfaden der Darstellung aller übrigen Begriffe, die sich auf die Natur der Materie beziehen.

Die *MAN* werden deswegen als Traktat von der Materie als dem Beweglichen im Raum konzipiert.

9 Der Übergang von der MAN zur Physik

9.1 Auf das Problem der metaphysischen Begründung der Physik kommt Kant in seinem letzten, unvollendeten Werk, dem sogenannten *Op. post.* (1795–1803), zurück, dessen Titel ursprünglich „Übergang von den *MAN* zur Physik hätte lautern sollen". Es sollte nämlich nach Kant „eine noch übrige Lücke" im System der Naturphilosophie ausfüllen (12:258). Denn trotz der Resultate der Transzendentalphilosophie und der metaphysischen Naturwissenschaft habe die empirische Erkenntnis noch keine vollständige Legitimierung a priori bekommen (vgl. 22:280).

9.2 Die *KrV* hatte das Problem der Möglichkeit der theoretischen Erkenntnis von physikalischen Objekten im Allgemeinen behandelt. Die Transzendentalphilosophie beweist z. B., dass die Veränderung das Gesetz der Kausalität voraussetzt. Sie beschäftigt sich aber nicht mit der Erkenntnis wirklicher Kräfte, welche die Veränderung verursachen können, denn diese Erkenntnis kann nur empirisch gegeben werden (vgl. KrV A 206f. / B 252). Die *MAN* hatten ein System der Materie überhaupt hergestellt und im zweiten Hauptstück eine dynamische Theorie der Materie durch die Wirkungen der bewegenden Kräfte der Attraktion und Repulsion entwickelt. Es fehlt aber noch an einem System aller bestimmten bewegenden Kräfte nach den Prinzipien ihrer Möglichkeit a priori. Ein solches System sei notwendig, sonst gebe es etwas in der Erfahrung, dessen Möglichkeit nicht durch Prinzipien a priori antizipiert wird, was der Transzendentalphilosophie widerspräche und die Grundlegung der Physik als Naturwissenschaft verhindern würde (vgl. z. B. 21:528–530). Der Übergang hätte daher ein Elementarsystem der bewegenden Kräfte der Materie enthalten sollen, von dem verschiedene Entwürfe erhalten sind (vgl. z. B. 22:556). Außer der systematischen Behandlung der Prinzipien der besonderen bewegenden Kräfte hätte das Elementarsystem ferner die Eigenschaften der Materie nach ihren bewegenden Kräften darstellen sollen.

9.3 Unermüdlich bemüht sich Kant immer wieder um eine Definition der Physik. In verschiedenen Varianten wird am häufigsten betont: a) Die Physik ist das System der in der Erfahrung gegebenen bewegenden Kräfte der Materie; b) ihre Erkenntnis ist jedoch nicht bloß empirischer Natur, denn ein wahrnehmendes Subjekt muss als Prinzip der Einheit empirischer Vorstellungen zur Möglichkeit der Erfahrung vorausgesetzt werden. Von den zahlreichen Versuchen kann hier nur ein repräsentatives Beispiel gegeben werden: „1) Was ist Physik? Sie ist das Aggregat der empirischen Erkentnis der bewegenden Krafte der Materie in der Erfahrung. 2.) Was ist Erfahrung. Sie ist die Vereinigung der Warnehmungen unter dem Princip der Verknüpfung derselben (einem subjectiven Ganzen des Aggregats derselben) nach Begriffen zu einem Lehrsystem" (22:479f.).

10 Der Äther

Durch den Begriff des Äthers oder Wärmestoffs versucht Kant, den Übergang von der Konstruktion a priori der Form der Erscheinung zur Erfahrung der Materie in ihren bewegenden Kräften herzustellen. Bei diesem einzigartigen „Stoff" geht es um eine ursprüngliche Flüssigkeit, die als eine lebende Kraft in den Körpern wirkt und die verschiedensten Eigenschaften der Materie erklärt – Kohäsion, Elastizität, Starrheit, Flüssigkeit, usw. –, obwohl sie selbst unwägbar, unsperrbar, unzusammenhängend und unerschöpflich ist (vgl. 22:610). Der Äther macht also die Materie erfahrbar, ohne selbst direkt erfahrbar zu sein. Seine eigene Natur sei, wie die späteren Entwürfe betonen, aber nicht diejenige einer empirischen Hypothese (vgl. 22:606). Denn er ist „als formales Princip der Möglichkeit des Ganzen der Erfahrung überhaupt ein zum System der bew. Kr. *nothwendig* mithin a priori gegebener Stoff der allen bewegenden Kräften der Materie im Elementarsystem derselben zur *Basis* dient" (21:543). Kant schreibt daher dem Äther die Funktion und die Natur eines transzendentalen Prinzips zu und identifiziert ihn mit dem „hypostasirte[n] Raum" (21:224), in dem sich alles bewegt. Alles Bewegende, das heißt die Wirkung der konkreten bewegenden Kräfte, macht unsere Erfahrung aus, indem es unsere äußeren Sinne affiziert. Die gegebene Materie, die wir dadurch erkennen, kann nicht ursprünglich sein. Sie setzt daher weitere, ursprüngliche bewegende Kräfte a priori voraus. Ein System dieser ursprünglichen bewegenden Kräfte bedarf aber der Existenz eines Einheitsprinzips, des Äthers, worauf letztlich unsere Erkenntnis der Natur basiert.

Interpretationslage

Zur Entwicklung der modernen Physik hat Kant nicht unmittelbar beigetragen. Seine physikalischen und naturphilosophischen Schriften fanden bereits bei der zeitgenössischen Naturforschung geringe Resonanz. So gut wie unbekannt war die *Theorie des Himmels* geblieben, sodass Pierre-Simon Laplace (1749–1827) 1796 ohne Bezugnahme auf die kantische Kosmologie die heute als Kant-Laplacesche bekannte Theorie der Entstehung des Sonnensystems aus einem ursprünglichen Nebel veröffentlichte. Genau so unbeachtet blieben auch die *MAN*, wie Kants Schüler J. G. C. C. Kiesewetter (1766–1819) noch 1795 bedauert (vgl. 12:23f.).

Sehr unterschiedliche Meinungen herrschen unter den Kantforschern darüber, was den Wert und die Kohärenz der Naturphilosophie Kants insgesamt betrifft. Besonders umstritten ist bis heute die Frage, ob und unter welchen Umständen eine systematische Konsistenz zwischen den kritischen Werken und dem *Op. post.* besteht, oder ob der Übergang vielmehr an die vorkritische substantialistische Physik anknüpft. Entscheidend für dieses Problem scheint letztlich die Interpretation der kantischen Auffassung des Äthers zu sein.

In einigen Aussagen scheint Kants Standpunkt von der Physik unserer Tage widersprochen zu werden. Man denke z. B. an die Verteidigung der Polartheorie der Wärme oder der Ätherhypothese, oder auch an Kants starke Abneigung gegen die Atomistik. Dennoch erweckt lebhaftes Interesse gerade die Frage, ob und in welchem Sinn bestimmte Begriffe des kantischen Denkens die Physik des 20. Jahrhunderts antizipieren. Die entschiedene Aufstellung des Grundsatzes der Relativität aller Bewegungen (vgl. 2:17; 4:481f.; 4:559–563), die Formulierung des Trägheitssatzes (vgl. 2:19–21) sowie die Behauptung der physikalischen Äquivalenz zwischen träger und schwerer Masse (vgl. 4:514f.), die Kritik von absolutem Raum und absoluter Zeit, die Voraussetzung der wechselseitigen Verknüpfung der räumlichen-zeitlichen Form und des empirischen Inhalts sowie die Rolle des wahrnehmenden Subjekts in der Konstitution der Erfahrungswelt suggerieren eine Affinität Kants mit der Theorie der Relativität und der Quantenphysik.

Die transzendentale Begründung der empirischen Physik als Naturwissenschaft macht den Schwerpunkt der kantischen Naturphilosophie aus. Nun scheint gerade ihre Möglichkeit durch die Kritik der Kausalität und die Voraussetzung des Probabilismus und der Unbestimmbarkeit der Quantentheorie zugunsten von Humes Skeptizismus widerlegt worden zu sein, wie Max Planck (1858–1947) sagt: „Es geht heute nicht mehr an, dass man, wie es Kant getan hat, das Kausalgesetz als Ausdruck der Gültigkeit unverbrüchlicher Regeln für alles Geschehen einfach mit zu den Kategorien rechnet, als eine Form der Anschauung, ohne die wir überhaupt nicht imstande sind, Erfahrungen zu sammeln" (*Kausalität*, S. 250). Manche Autoren beweisen hingegen, dass eine objektive und kausale Erkenntnis im kantischen Sinne auch in der Quantenphysik, zumindest im Fall einiger Arten von Gegenständen, möglich ist (vgl. Mittelstaedt, *The Constitution of Objects* und Brittan, *Kant and the Quantum Theory*). Wie Gordon Brittan pointiert erklärt: „Kant is a 'foundationalist' only in the somewhat special sense that he laid down conditions which any 'objective' scientific account of the world had to satisfy. He is not concerned to guarantee the adequacy, much less the necessity, of any particular scientific theory, including Newton's" (*Kant and the Quantum Theory*, S. 150).

Kant spricht im 11. Entwurf des *Op. post.* wiederholt von „Erscheinung der Erscheinung" oder „indirecte[r] Erscheinung" (vgl. z. B. 22:339). Nach Vittorio Mathieu (vgl. *Kants Opus Postumum*, S. 137–161 und S. 282–286) unterscheidet Kant auf diese Weise zwischen der Erscheinung, die unsere Sinne unmittelbar affiziert, und der Erscheinung als „Zusammensetzung" „zum Behuf der Erfahrung" (22:341), der Erscheinung der Erscheinung, die jedem ‚Konstrukt' des Phänomens entspricht, welches der Physiker unserer Tage voraussetzt und zur ‚Sache selbst' seiner Forschung macht. Die Elementarteilchen, die elektrische Spannung oder die physikalischen Felder stellen ebenso viele Beispiele von solchen ‚Konstrukten' dar. Mit seinem Begriff des a priori gegebenen Äthers als einer Erscheinung der Erscheinung habe Kant mehr als ein Jahrhundert zuvor den modernen Begriff des ‚Feldes' der theoretischen Physik antizipiert (vgl. Wong, *Kant's Conception of Ether*).

Weiterführende Literatur

Adickes, Erich: Kant als Naturforscher, Bde 1–2, Berlin: de Gruyter 1924–1925.

Butts, Robert E. (Hg.): Kant's Philosophy of Physical Science. Metaphysische Anfangsgründe der Naturwissenschaft 1786–1986, Dordrecht u. a.: Reidel 1986.

Capeillères, Fabien: Kant philosophe newtonien. Figures de l'idéal de scientificité en métaphysique, Bd. I, Paris: Éditions du Cerf 2004.

Edwards, Jeffrey: Substance, Force, and the Possibility of Knowledge. On Kant's Philosophy of Material Nature, Berkeley u. a.: University of California Press 2000.

Emundts, Dina: Kants Übergangskonzeption im Opus postumum. Zur Rolle des Nachlaßwerkes für die Grundlegung der empirischen Physik, Berlin u. a.: de Gruyter 2004.

Friedman, Michael: Kant and the Exact Sciences, Cambridge u. a.: Harvard University Press 1992.

Friedman, Michael: Kant's Construction of Nature. A Reading of the *Metaphysical Foundations of Natural Science*, Cambridge: Cambridge University Press 2013.

Hoppe, Hansgeorg: Kants Theorie der Physik. Eine Untersuchung über das Opus postumum von Kant, Frankfurt/M.: Klostermann 1969.

Mudroch, Vilem: Kants Theorie der physikalischen Gesetze, Berlin u. a.: de Gruyter 1987.

Pecere, Paolo: La filosofia della natura in Kant, Bari: Edizioni di Pagina 2009.

Vuillemin, Jules: Physique et métaphysique kantiennes, Paris: Presses Universitaires de France 1955 (^{2}1987).

Giovanni Pietro Basile

Postulate der reinen praktischen Vernunft

Mit dem Ausdruck ‚Postulate der reinen praktischen Vernunft' bezeichnet Kant theoretische Urteile oder Sätze, die keine von der theoretischen (spekulativen) Vernunft stammenden Beweisgründe zulassen, denen kraft ihrer Beziehung zum →moralischen Gesetz aus rationalen Gründen dennoch notwendigerweise zuzustimmen ist. Die Postulate der reinen praktischen Vernunft werden anfänglich nicht von irgendeinem bestimmten Gegenstand her definiert, sondern durch ihre theoretische Form und den eigentümlichen praktischen Rechtsgrund, der ihnen zugedacht ist, nämlich durch ihren Status als Bedingungen eines guten Willens. Kants formale Definitionen lauten wie folgt: „ein[...] *theoretische[r]*, als solche[r] aber nicht erweisliche[r] Satz [...], so fern er einem a priori unbedingt geltenden *praktischen* Gesetze unzertrennlich anhängt" (5:122); eine „in Ansehung des Subjects zu Befolgung ihrer objectiven, aber praktischen Gesetze nothwendige Annehmung, mithin blos nothwendige Hypothesis" (5:11 Anm.); „der *Vernunftglaube*, der auf dem Bedürfniß ihres Gebrauchs in *praktischer* Absicht beruht" (8:141). Der Inhalt und der Gegenstand der Sätze, denen Kant zufolge dieser Status nachweislich zukommt, hat in allen Fällen mit Begriffen zu tun, die zur reinen Vernunft gehören, und im Falle der beiden berühmtesten Postulate der reinen praktischen Vernunft mit der Unsterblichkeit der Seele und der Existenz Gottes. Diese Postulate bilden die vorrangigen und zentralen Elemente in Kants Moraltheologie; sie werden von Kant als Gegenstände des moralischen Glaubens oder Vernunftglaubens beschrieben und beziehen sich auf die dritte der Vernunftfragen: „*Was darf ich hoffen?*" (KrV A 805 / B 833). Kant charakterisiert auch die Selbsterkenntnis, dass wir →Freiheit besitzen, als ein Postulat der reinen praktischen Vernunft und dehnt diesen Status auf andere Grundsätze aus, einschließlich einiger Rechtsgrundsätze sowie, einleuchtenderweise, bestimmter Sätze über die Weltgeschichte. Weitere wichtige Stellen: Besonders systematisch erörtert Kant seine Auffassung in *KpV*, 5:121–146, und in *KU*, 5:442–474. Siehe auch: KrV B XXIX–XXX, KrV A 632–634 / B 660–662, wo Kant „postulieren" erstmals im einschlägigen Sinn gebraucht; KrV A 804–819 / B 832–847, KrV A 828f. / B 856f.; 6:3–8; 6:246f., 6:307; 8:137–142; 8:396 Anm.; 8:418f.; 20:296–310; 28:1011f., 28:1071–1076, 28:1082–1084.

Vorgeschichte und historischer Kontext

Zwar findet sich der allgemeine Gedanke, dass die Moral einen hinreichenden Grund für religiöse Überzeugungen liefere, schon in zahlreichen früheren Kontexten der philosophischen Theologie, wobei Kants Auffassung von der Natur und den

Gründen religiöser Überzeugungen wahrscheinlich von Rousseaus *Profession de foi du vicaire savoyard* (*Émile*, 565–635) beeinflusst ist, doch sind Kants spezifische Auffassung davon, wie die Moral auf die Religion bezogen ist, sowie seine Verwendung des Ausdrucks ‚Postulat', um diese Beziehung auszudrücken, ohne Vorbild.

Philosophische Funktion

1 Die Postulate der reinen praktischen Vernunft: einige Unterscheidungen

1.1 In der Vorrede zur *KpV* unterscheidet Kant – mit Blick auf die jeweiligen Gegenstände – das Postulat im Allgemeinen vom Postulat der reinen praktischen Vernunft: Jenes postuliert die Möglichkeit einer Handlung, dieses die Möglichkeit eines Gegenstandes (vgl. 5:11 Anm.). Obwohl es in den reinen praktischen Postulaten um die Existenz von Dingen geht und nicht darum, Handlungen als solche vorzuschreiben, so dass sie in assertorischer, nicht-imperativischer Form auftreten, erhalten sie doch ihre Rechtfertigung von der praktischen Vernunft und übernehmen eine handlungsorientierende Funktion; wegen ihrer indirekten Beziehung zu Imperativen sind sie „dem *Gehalte* nach (*in potentia*) oder *objectiv* praktisch" (9:86). Und auch wenn Kant sowohl im allgemeinen wie auch in seinen systematisch gesehen zentralen Darlegungen des Begriffs in der *KpV* und der *KU* scharf zwischen den Postulaten der reinen praktischen Vernunft und moralischen Imperativen als solchen unterscheidet – der Grundsatz der Moral ist „kein Postulat, sondern ein Gesetz" (5:132) – so bezeichnet er doch gelegentlich einige Grundsätze der Moral oder des Rechts als Postulate der reinen praktischen oder als rechtliche Postulate der praktischen Vernunft (siehe 2.3). Aus der von Kant behaupteten starken Notwendigkeit folgt, dass das einzig mögliche praktische Postulat in seinem Sinn ein Postulat der reinen praktischen Vernunft ist; eine theoretische, existentielle Überzeugung, die man sich auf Geheiß der *unreinen* praktischen Vernunft zu eigen gemacht hätte, d. h. aus Gründen bloßer Neigung und in Beziehung auf einen bloß hypothetischen Imperativ, wäre entweder irrational: auf jeden Fall würde ihr die Universalität eines Postulats fehlen (vgl. 5:143; Kant antwortet hier auf eine gegen ihn gerichtete Kritik von Wizenmann in *An den Herrn Professor Kant*, 134–148), oder sie hätte nur den kontingenten Charakter eines von Kant so genannten „*pragmatischen Glauben[s]*" (KrV A 824 / B 852). Kant räumt zwar ein, dass sein Gebrauch des Ausdrucks ‚Postulat' den falschen Eindruck erwecken könnte, für ihn wären die Postulate der reinen praktischen Vernunft epistemologisch von der gleichen Art wie die Postulate der reinen Mathematik, doch rechtfertigt er seinen Gebrauch mit der Begründung, dass wir es in beiden Fällen mit Sätzen zu tun haben, die zwar in einer genau festgelegten Hinsicht unbeweisbar sind, aber doch „Gewißheit" und „wahre und unbedingte Vernunftnothwendigkeit" besitzen (5:11 Anm.).

1.2 Die Unterscheidung zwischen Postulaten der reinen praktischen Vernunft und Hypothesen trifft Kant bei verschiedenen Gelegenheiten auf unterschiedliche Weise, indem er einmal jene als „theoretische, in praktischer Vernunftabsicht nothwendige Hypothesen" definiert (9:112; vgl. 5:11 Anm.; 18:40) und sie somit offenbar zu einer Unterklasse der Hypothesen macht, und ein andermal erklärt, dass die Postulate der reinen praktischen Vernunft von Hypothesen unterschieden seien, weil jene praktisch, diese aber theoretisch begründet sind (vgl. 5:141f. und 5:143, wo Kant praktische Postulate und „erlaubte Hypothese[n]", unterscheidet; vgl. 18:260). Der trotz aller terminologischen Veränderungen für Kant hier wichtige und hervorzuhebende Punkt besteht darin, dass ein Gegensatz besteht zwischen der den Postulaten der reinen praktischen Vernunft eigenen Gewissheit und dem fallibelen, bloß wahrscheinlichen Status, der das Äußerste ist, was wir Kant zufolge jenen Behauptungen der spekulativen Vernunft zusprechen können, die auf erklärenden Schlussfolgerungen von der Wirkung auf die Ursache beruhen (vgl. KrV A 633 / B 661; 28:1083). Die Postulate der reinen praktischen Vernunft unterscheiden sich auch von jenen theoretischen Überzeugungen, die Kant als „*doctrinalen Glauben*" bezeichnet, auch wenn ihre Inhalte zumindest teilweise zusammenfallen (KrV A 825 / B 853, vgl. KrV A 825–827 / B 853–855).

2 Inhalt und Umfang der Postulate der reinen praktischen Vernunft

2.1 Als Postulate der reinen praktischen Vernunft bezeichnet Kant in der *KpV* (1) die „Voraussetzung einer ins *Unendliche* fortdaurenden *Existenz* und Persönlichkeit desselben vernünftigen Wesens (welche man die Unsterblichkeit der Seele nennt)" (5:122) und (2) den Glauben an das Dasein „einer von der Natur unterschiedenen Ursache der gesammten Natur, welche den Grund [...] der genauen Übereinstimmung der Glückseligkeit mit der Sittlichkeit, enthalte" (5:125), also der Glaube an „eine[n] moralisch vollkommenen (heiligen und gütigen), zugleich auch allgewaltigen Willen" (5:129). Beide Postulate erfahren eine Reihe von Um- und Neuformulierungen, von denen einige einfache Erweiterungen darstellen, andere wiederum eine Neufassung ihres Inhalts vermuten lassen. An einigen Stellen bezieht sich Kant auf „eine für uns künftige Welt" (KrV A 811 / B 839), „eine für uns jetzt nicht sichtbare, aber gehoffte Welt", die „nur eine intelligibele Welt" ist (KrV A 813f. / B 841f.), „eine[] ander[e] Welt" (9:112) als postulierte; an anderen (mit den vorhergehenden vermutlich nicht unvereinbaren) Stellen betont Kant eine göttlich determinierte Harmonie in dieser Welt zwischen Natur und Moral (vgl. 4:438, 5:450ff.; 20:300, 20:307). Der theologische Gehalt dieser Postulate ist eine unmittelbare Folge der von Kant angeführten Art von Gründen (siehe 3.1), die das Unvermögen der Natur und die Unzulänglichkeit endlichen rationalen Handelns thematisieren, für sich genommen jene Zwecke zu verwirklichen, die sich einem moralischen Willen als notwendig darstellen. Diese Zwecke verlangen folgerichtig eine Bezugnahme auf die Sphäre des nicht-endlichen und übernatürlichen Handelns. Mit Hilfe der Postulate kann Kant der Vernunft von der praktischen Seite seiner Philosophie her erlauben, zu den transzendentalen Ideen zurückzukehren, die der theoretische Teil, weil wir von ihnen nichts wissen können, als bloß problematisch hingestellt hatte, so dass nun die drei Teile der transzendentalen Dialektik der reinen Vernunft durch die praktischen Postulate ergänzt und vervollständigt werden (vgl. 5:132–133): Ebenso wie das Postulat von Gott dem transzendentalen Ideal (→Ideal der reinen Vernunft) objektive Realität (in praktischer Hinsicht) verleiht, so verleihen auch das Postulat der Unsterblichkeit der in den →Paralogismen der reinen Vernunft erörterten Idee der →Seele und das Postulat der Freiheit der in der →Antinomie der reinen Vernunft behandelten „*kosmologische[n]* Idee einer intelligibelen Welt und das Bewußtsein unseres Daseins in derselben" (5:133) objektive Realität. Besonderen Nachdruck legt Kant (vgl. KrV A 814f. / B 842f.; 5:139f.; 5:444, 5:477; 28:1073ff.;) auf die Art und Weise, wie es dem praktischen Postulat der Existenz Gottes im Unterschied zu den traditionellen theoretischen Argumenten gelingt, Gott so zu bestimmen, dass ihm genau jene Prädikate uneingeschränkter Intelligenz und moralischer Persönlichkeit zukommen, die für das gesamte Repertoire göttlicher Vollkommenheiten und den (erkennbar christlichen) Theismus erforderlich sind. Kant schlussfolgert: „Also ist der Begriff von Gott ein ursprünglich nicht zur Physik, d. i. für die speculative Vernunft, sondern zur Moral gehöriger Begriff, und eben das kann man auch von den übrigen Vernunftbegriffen sagen, von denen wir als Postulaten derselben in ihrem praktischen Gebrauche oben gehandelt haben" (vgl. 5:140). Obwohl sie nicht ausdrücklich von Kant als gesonderte Postulate der reinen praktischen Vernunft beschrieben werden, scheint doch auch einigen Lehrsätzen in seiner Religionslehre derselbe oder ein ähnlicher Status zuzukommen. Dazu gehört die begriffliche Neufassung der Pflichten als Gebote Gottes (vgl. KrV A 818f. / B 846f.; 5:129; 6:153; 7:36) sowie Kants Lehre von der Gnade (vgl. 6:75, 6:174, 6:191). Die „Abfertigung aller Einwürfe wider die göttliche Weisheit", welche die von Kant so genannte „*authentische* Theodicee" umfasst (8:264; vgl. 28:1098–1099), scheint ebenfalls als ein (negatives) abgeleitetes Postulat gelten zu können.

2.2 Was die Zugehörigkeit der Freiheit zu den Postulaten der reinen praktischen Vernunft betrifft (vgl. 5:14, 5:132, 5:134; 8:418f.; 9:112; 20:307f., 20:310), muss zweierlei angemerkt werden: Erstens, bei der Freiheit, um die es hier geht, handelt es sich um die →transzendentale, nicht um die praktische Freiheit; insbesondere handelt es sich um den Anspruch, sich selbst als ein übersinnliches, (im positiven Sinn) noumenales Handlungssubjekt zu erkennen: die „*Freiheit*, positiv betrachtet (als der Causalität eines Wesens, so fern es zur intelligibelen Welt gehört)" (5:132); zweitens besteht ein Unterschied in der Art der Beziehung zum moralischen Gesetz: Freiheit ist eine Bedingung dieses Gesetzes selbst, wohingegen die Postulate von Gott und der Unsterblichkeit nur Bedingungen seiner Befolgung sind. Damit erklärt sich auch die von Kant behauptete asymmetrische Abhängigkeit der objektiven Realität der Begriffe von Gott und Unsterblichkeit von derjenigen der Freiheit (vgl. 5:3f.).

2.3 Darüber hinaus wird der Begriff des Postulats der reinen praktischen Vernunft in einer Reihe von weiteren Fällen entweder von Kant ausdrücklich verwendet oder seine Anwendbarkeit kann unterstellt werden. Sie lassen sich in zwei Gruppen einteilen: (1) Zu der ersten gehören Sätze, die ihrer äußeren Form nach nicht-imperativischen Charakter haben. Kant beschreibt das Postulat, das dem Begriff des Eigentums entspricht und ihn konstituiert, als das „eine[r] Voraussetzung *a priori* der praktischen Vernunft einen jeden Gegenstand meiner Willkür als objectiv mögliches Mein oder Dein anzusehen und zu behandeln" (6:246; vgl. 6:252, 6:257, 6:258, 6:263, 6:268, 6:292f.; rechtliches Postulat der praktischen Vernunft). Dieses Postulat enthält insofern einen übersinnlichen Bezug, als die Tatsache des Besitzes eines äußeren Gegenstandes als gleichbedeutend mit „intelligibele[r] Besitz" aufzufassen ist (6:268). Zu diesen Sätzen aus dem politischen und historisch-philosophischen Bereich, von denen man plausiblerweise annehmen kann, dass sie von Kant den Status von praktischen Postulaten oder zumindest einen ähnlichen Status zuerkannt bekämen, gehören die „gegründete Hoffnung" (8:386), dass der Zustand eines öffentlichen Rechts (und damit der →ewige Friede, zusammen mit der dafür erforderlichen republikanischen Staatsform) verwirklicht werden könne (vgl. 6:354f.), sowie die grundlegendere Annahme, dass der Verlauf der Menschheitsgeschichte, unterstützt durch die natürlichen Prozesse menschlichen Miteinanders, fortschrittlicher Natur ist (vgl. 20:307; 7:79–94). Dazu gehört auch Kants „Postulat des Gewissens" (6:186), das einen Gewissheitsanspruch enthält hinsichtlich meines Urteils, die Handlung, zu der ich mich entschlossen habe, sei richtig. (2) In der zweiten Gruppe von Fällen scheint Kant den Unterschied zwischen reinen praktischen Postulaten und Imperativen zu verwischen (siehe 1.1). In der *GMS* wird die Menschheit-als-Zweck-Formel des →kategorischen Imperativs als Postulat bezeichnet (vgl. 4:429 Anm.), wenn auch Kant klarstellt, dass diese Bezeichnung nur provisorisch ist. In der *MSR* bezeichnet Kant „das allgemeine Rechtsgesetz" (6:231) sowie den Grundsatz des Übergangs zum öffentlichen Recht als „Postulat" (6:231, bzw. 6:307), und der Grundsatz, dass ich mein Versprechen halten soll, wird in der *MSR* als „Postulat der reinen [...] Vernunft" charakterisiert (6:273). Dieser erweiterte Gebrauch, einerlei ob er eine neue Bedeutung von ‚praktisches Postulat' beinhaltet oder nicht, spiegelt Kants Interesse wider, darauf hinzuweisen, dass Beweise für die Möglichkeit der fraglichen praktischen Grundsätze nur in einem sehr eingeschränkten Sinn zur Verfügung stehen.

3 Rechtfertigung der Postulate der reinen praktischen Vernunft

3.1 Da die Postulate der reinen praktischen Vernunft sich nicht analytisch aus dem moralischen Gesetz herleiten lassen, haben sie einen synthetisch a priorischen Status (vgl. 6:6–8 Anm.). Das von Kant in der *KpV* angeführte Argument für die zwei zentralen theologischen Postulate arbeitet mit dem Begriff des →höchsten Guts und dem der sich daraus ergebenden →Antinomie der praktischen Vernunft, für deren Auflösung Kant zufolge erforderlich ist, dass nicht nur gezeigt werde, die notwendige Beziehung zwischen Glückseligkeit und Tugend sei nicht nur nicht unmöglich, sondern dass auch Gründe dafür aufgezeigt werden, dass eine solche Beziehung möglich sei (vgl. 5:119). Diese Sicherheit – dass das höchste Gut nicht nur logisch, sondern real möglich ist; dass die Hoffnung darauf begründet ist (vgl. 8:419) – wird durch die Unsterblichkeit der Seele und die Existenz Gottes gewährleistet. Jene ist die (einzige) Bedingung der Möglichkeit dafür, „die *völlige Angemessenheit* der Gesinnungen zum moralischen Gesetze", d. h. die Heiligkeit unseres Willens zu erlangen (5:122; vgl. 6:446), die Kant zufolge ein Bestandteil des höchsten Guts ist: Nur wenn unsere Existenz sich unendlich, und somit über die Natur hinaus, ausdehnt, kann sie die „Angemessenheit der Dauer zur Vollständigkeit der Erfüllung des moralischen Gesetzes" enthalten (5:132). Und die Existenz Gottes ist die (einzige) Bedingung, unter der Tugend und Glückseligkeit so miteinander in Beziehung gesetzt werden können, wie der Begriff des höchsten Gutes es verlangt, d. h. als Bedingung und Bedingtes, denn dazu ist erforderlich, dass die Verteilung der Glückseligkeit mit der Moral, und zwar nicht als äußere Eigenschaft von Handlungen, sondern als Beweggrund des Willens, d. h. mit der moralischen Gesinnung des Handelnden, übereinstimmt (vgl. 5:125). Nur Gott kann diese Rolle spielen, weil nur ein allwissendes Wesen unfehlbar bestimmen kann, welcher Grad an Tugend einem Handelnden zukommt, und nur ein allmächtiges Wesen hat notwendigerweise die Fähigkeit sicherzustellen, dass der angemessene Grad an Glückseligkeit sich einstellt (vgl. 5:140). (Allgegenwart und Ewigkeit sind, wie Kant behauptet, zusätzliche göttliche Prädikate, die im Argument impliziert sind; eine ausführliche Erörterung der moralisch begründeten Attribute, die Gott zugeschrieben werden müssen, findet sich in 28:1073ff.)

3.2 Da dem grundlegenden Begriff eines Postulats der reinen praktischen Vernunft als solchem kein spezifischer Inhalt zukommt, ist offen, ob nicht im Zuge des Beweises, dass ein bestimmter Satz diesen Status hat, auch andere, von dem eben erwähnten Argument von der Notwendigkeit des höchsten Guts unabhängige Argumente vorgebracht werden können. Kant liefert ein solches Argument in seiner Deduktion des nichttheologischen Postulats des Eigentums oder des äußeren „Mein oder Dein" (6:246). Auch wenn die zur Rechtfertigung eines praktischen Postulats angeführten Argumente in dieser Hinsicht nicht notwendigerweise von einerlei Art sind, sind doch allen Rechtfertigungen von Postulaten der reinen praktischen Vernunft, außer dass sie die objektive Gültigkeit des moralischen Gesetze voraussetzen, zumindest die folgenden zwei Merkmale gemeinsam: Erstens besteht eine notwendige Verknüpfung des Begriffs eines Postulats der reinen praktischen Vernunft mit Kants These vom Primat der reinen praktischen Vernunft und dadurch mit den Begriffen der Einheit der Vernunft und des →Vernunftinteresses, die von jenem methodologischen Grundsatz vorausgesetzt werden. Dass die Rechtfertigung eines Satzes den Primat der reinen praktischen Vernunft erfordert, ist eine notwendige und hinreichende Bedingung dafür, dass es sich um ein Postulat der reinen praktischen Vernunft handelt: Eben weil es sich dabei um einen *„theoretischen*, als solchen aber nicht erweislichen Satz" handelt (5:122), wird das Vorrecht der praktischen gegenüber der theoretischen Vernunft notwendigerweise behauptet werden müssen, wenn man ihn mit Recht für wahr halten will. Zweitens berufen sich alle Rechtfertigungen von praktischen Postulaten letztlich auf die Notwendigkeit, praktische Selbstwidersprüche zu vermeiden, sei es, dass es sich dabei um eine relativ eingeschränkte Art handelte, die sich ergäbe, wenn kein System des Eigentums gewollt wäre, sei es, dass es sich um die tiefere, uneingeschränkte Art einer nihilistischen praktischen Absurdität („absurdum practicum", 29:777) und Absage an die Moral handelte, die nach Meinung Kants der konsistente Spinozist nicht vermeiden kann (vgl. 5:114; 5:452; 28:1083; in *MSR*, 6:355, wird der Preis einer Ablehnung des Postulats vom Fortschritt in der Geschichte charakterisiert als der Wunsch, „lieber aller Vernunft zu entbehren und sich [...] mit den übrigen Thierclassen in einen gleichen Mechanism der Natur geworfen anzusehen").

3.3 Da die Postulate an der Schnittfläche von theoretischer und praktischer Vernunft liegen – *„Postulatum theoreticum* aber ist eine nothwendige *hypothesis* der Zusammenstimmung der theoretischen und practischen Erkentnis" (*Refl.* 4954, 18:40) – und die Vermittlung dieser beiden Bezirke der Vernunft das vorrangige Ziel der dritten *Kritik* ist, wird in der *KU*, kraft der architektonischen Rolle, welche die Postulate bei der Vermittlung von theoretischer und praktischer Vernunft spielen, der Rechtfertigungsgrund und die systematische Bedeutung der theologischen Postulate erweitert und die Integration der Moraltheologie mit der teleologischen Auffassung von der Natur, an der die theoretische (reflektierende) Urteilskraft ein eigenes Interesse hat, verstärkt, so dass sich daraus eine moralische Teleologie entwickelt, in welcher der Vernunftidee eines Endzwecks objektive Realität zukommt (vgl. 5:443–445, 5:456; 20:293–296). In Kants Texten finden sich weitere Belege dafür, dass seine Ansicht über die möglichen Rechtfertigungen der Postulate geschwankt (und sich vielleicht sogar geändert) hat: Während die *KpV* sich auf die Bedingungen für die Verwirklichung des höchsten Guts mit Blick auf die eigene Glückseligkeit konzentriert, lässt die *KU* vermuten, dass entweder der moralische Wille allein oder ein Interesse an der verdienten Glückseligkeit anderer genügen (vgl. 5:451–453), wohingegen in der *Religion* das allgemeine formale Erfordernis betont wird, dass die moralische Bestimmung des Willens auf einen →Zweck bezogen werde (vgl. 6:4–6). Besondere interpretatorische Schwierigkeiten bereiten Kants Aussagen im *Op. post.* (vgl. z. B.: 21:28, 21:81; 22:52f., 22:109, 22:116–118, 22:127), die eine Reduzierung des Gottesbegriffs auf die Charakterisierung menschlicher Pflichten als göttlicher Gebote und seine strikte Äquivalenz mit dem moralischen Imperativ ins Auge zu fassen scheinen, um somit der Notwendigkeit vorzubeugen, Gott Existenz zuschreiben zu müssen. Dementsprechend kann man nun argumentieren, dass Kant hier seine Rechtfertigung Gottes als Gegenstand eines praktischen Postulats radikal revidiert oder sogar fallen lässt (vgl. Förster, *Subject as Person*).

4 Epistemischer Status der Postulate der reinen praktischen Vernunft

4.1 Kant betont, dass die Postulate der reinen praktischen Vernunft Gegenstände echten →Fürwahrhaltens sind (vgl. KrV A 823 / B 851; 5:141; 5:471; 8:141) und zugleich eine einzigartige komplexe epistemische Haltung beinhalten. Dass die Art und Weise, in der die Postulate der reinen praktischen Vernunft für wahr gehalten werden, sich von der hinsichtlich irgendeines theoretisch begründeten Satzes radikal unterscheidet, zeigt sich darin, wie Kant die Gesinnung des moralisch Handelnden („des Rechtschaffenen") in der *KpV* beschreibt: „ich *will*, daß ein Gott, daß mein Dasein in dieser Welt auch außer der Naturverknüpfung noch ein Dasein in einer reinen Verstandeswelt, endlich auch daß meine Dauer endlos sei, ich beharre darauf und lasse mir diesen Glauben nicht nehmen; denn dieses ist das einzige, wo mein Interesse, weil ich von demselben nichts nachlassen *darf*, mein Urtheil unvermeidlich bestimmt, ohne auf Vernünfteleien zu achten, so wenig ich auch darauf zu antworten oder ihnen scheinbarere entgegen zu stellen im Stande sein möchte" (5:143). Bei den Postulaten handelt es sich also um Überzeugungen von ganz persönlicher Art. Kant deutet an, dass die richtige Form, sie auszudrücken, nicht die unpersönliche ist („*es* ist moralisch gewiß, daß ein Gott sei etc."), sondern die der ersten Person („ich bin moralisch gewiß etc.") (KrV A 829 / B 857; vgl. 9:69 Anm.). Den Postulaten der reinen praktischen Vernunft kommt zwar echte Gewissheit zu, doch ist diese „gar nicht theoretisch" und – da ein praktisches Postulat keine „in Ansehung des Objects erkannte Nothwendigkeit" ausdrückt – auch nicht apodiktisch (5:11 Anm.); die fragliche Gewissheit wird von Kant als „nicht logische, sondern *moralische*" charaktierisiert (KrV A 829 / B 857), und ist eng verwandt mit dem, was Kant als „*formale Gewissenhaftigkeit*" bezeichnet (8:268). Auch wenn die reinen praktischen Postulate sich von anderen Überzeugungen darin unterscheiden, dass ihr Erwerb in spezieller Weise den Willen beinhaltet, sich ein Postulat der reinen praktischen Vernunft zu eigen zu machen, ist dennoch keine Handlung, die aus Pflicht erfolgt oder befohlen ist, da, so Kant, „es […] gar keine Pflicht geben [kann], die Existenz eines Dinges anzunehmen" (5:125; vgl. 6:354). „Ein Glaube aber, der geboten wird, ist ein Unding" (5:144). Die Bestimmung des Glaubens durch das moralische Gesetz findet indirekt statt: Der Glaube an die Postulate entspringt freiwillig „aus der moralischen Gesinnung" (5:146) und in direkter Antwort auf ein „gefühltes *Bedürfniß* der Vernunft" (8:139). Im Hinblick auf die von Kant im Kanon der reinen Vernunft gegebenen Taxonomie epistemischer Haltungen (vgl. KrV A 820 / B 848ff.; 5:4; 5:469–472; 8:140–142; 9:64ff.; 20:297), sind aus praktischen Gründen gefällte Urteile über das Übersinnliche keine Fälle von Wissen, weil es ihnen an genügend *objektiven* Gründen fehlt, sondern, da es genügend *subjektive* Gründe für sie gibt, Fälle von →Glauben, nicht bloßen Meinens, und dürfen daher nicht mit theoretischen Überzeugungen verwechselt werden, die auf schwache Beweismittel gegründet sind. Kant hält es für einen Vorteil einer reinen praktischen Begründung, dass religiöse Überzeugungen dadurch gegen jene Art von Zweifel und Sophisterei immunisiert werden, für die die Ergebnisse theoretischer Beweise anfällig sind (vgl. 5:133f.), während sie zugleich die möglichen Motive für die Schwärmerei untergraben.

4.2 Dass Kant die Postulate der reinen praktischen Vernunft als Fälle von praktischer Erkenntnis behauptet (vgl. 5:133–134, 5:137; 5:475, 5:482, 5:484f.; 9:86), und dass sie „objective Realität" haben („in praktischer Absicht", 5:133; vgl. 5:136; 5:482 oder „in praktisch-dogmatischer Rücksicht", 20:305), impliziert, dass vermittels ihrer die problematischen Begriffe der theoretischen Vernunft „jetzt assertorisch für solche erklärt werden, denen wirklich Objecte zukommen", dass „die Existenz" dieser Objekte durch die praktische Vernunft erwiesen wird (5:134), und dass ihre Verwendung von Begriffen, die für die theoretische Vernunft problematisch ist, als „*immanent* und *constitutiv*" gelten kann (5:135). Kant betont, dass sich diese praktische Erkenntnis nicht in irgendeine theoretische Erkenntnis umwandeln lässt: Wir erlangen dadurch keinerlei Wissen von der Beschaffenheit der Objekte und können auch nicht erklären, wie unsere Begriffe sich auf sie beziehen, und da wir von den transzendentalen Ideen, die sich in diesen Postulaten darstellen, keinen „positiven Gebrauch" (5:134) machen können, beschränkt sich die Erweiterung unserer theoretischen Erkenntnis darauf zu begreifen, dass diese Ideen Objekte haben (vgl. 5:134–136). All dies lässt sich mit einem realistischen Verständnis der Postulate vereinbaren; ein Gegengewicht zu dieser Lesart bildet aber offenbar Kants gelegentlicher Gebrauch von ‚als ob', um zu erklären, was damit gemeint ist, wenn man den Gegenständen der Postulate ‚moralisch-praktische Realität' zukommen lässt: „nämlich uns so zu *verhalten*, als ob ihre Gegenstände (Gott und Unsterblichkeit), die man also in jener (praktischen) Rücksicht postuliren darf, gegeben wären" (8:416; vgl. 6:354; 8:396f. Anm.; 9:93; 16:541; 20:298; 22:115). Das deutet darauf hin, dass der Status der Postulate tatsächlich dem der regulativen Prinzipien oder, in der Sprache der *KU*, der Wirkungsweise der reflektierenden Urteilskraft eng verwandt ist (wie Kant in 5:455 andeutet). Auf diese Weise lassen sich die praktischen Postulate schließlich so verstehen, dass ihnen die logische Form von →Maximen oder Regeln zugrunde liegt, d. h. sie wären nicht als schlichte Existenzbehauptungen zu deuten, sondern als *Anweisungen, so zu verfahren*, als ob Gott existierte usw. (Neiman, *Unity of Reason*, 158: Glaube „*geht* nur *auf* die Leitung, die er dem Handeln gibt".)

Interpretationslage

Interpretationsfragen ergeben sich in erster Linie aufgrund der offenkundigen Abweichungen, die in Kants Darstellungen von Inhalt, Umfang und Rechtfertigungsgrund der Postulate der reinen praktischen Vernunft auftauchen (siehe 2.1, 2.3 und 3.3), und die mit Recht als Inkonsistenz, Unentschiedenheit oder entwicklungsbedingte Änderungen seiner Ansichten aufgefasst werden können. Probleme stellen sich ein hinsichtlich des Inhalts einzelner Postulate: z. B., ob es für ein endliches, von Krankheit befallenes Handlungssubjekt vernünftig ist, sich Heiligkeit des Willens als Zweck zu setzen, und ob die Begriffe eines fortwährenden moralischen Strebens oder des Genusses der Glückseligkeit sich im Kontext einer nicht-zeitlichen, übersinnlichen Existenz kohärent anwenden lassen. Kants Behauptung, dass die Postulate vom Standpunkt moralischen Handelns aus betrachtet unbedingt notwendig sind – eine Behauptung, die wohl definiert und eingegrenzt werden muss, um ein vermehrtes Auftreten von *unechten* Postulaten zu verhindern – ist anfechtbar, besonders im Hinblick auf die Frage, ob Kant konsistent argumentiert, wenn er darauf verweist, dass es uns um Glückseligkeit zu tun ist, und zugleich die Neigung aus dem moralischen Willen ausschließt. Auch gegen die Rationalität der Postulate als praktischer Strategie richten sich Zweifel. So behauptet Hegel in seiner ausführlichen Kritik in der *Phänomenologie* (S. 441–464), dass die Postulate für das Problem, das höchste Gut zu verwirklichen, keine kohärente Lösung darstellen. Eine ebenso grundlegende Frage (die mit dem in 4.2 erwähnten Problem verknüpft ist) lautet, ob Kant überhaupt etwas beweist, das über die Notwendigkeit hinausgeht, dass wir *bestimmte Überzeugungen haben*, wobei der Einwand lautet, dass Kants Argumente vielleicht die Notwendigkeit aufzeigen, dass *wir* Gott usw. *unterstellen*, dass sie aber nicht die *Existenz* des Unterstellten, d. h. die *Wahrheit* der Postulate beweisen – was sie eigentlich tun müssten (siehe Beck, *Kant's Critique of Practical Reason*, 262–264). Dieses Problem, wie realistisch Kant die praktischen Postulate verstanden wissen will, und ob zu Recht, schließt an die von Kants Zeitgenossen und den Deutschen Idealisten geführten Debatten über die Postulate der reinen praktischen Vernunft an, für die dieser Teil des kantischen Systems von großer Bedeutung war – zunächst im Zusammenhang mit der Frage, ob Kant die Auseinandersetzung um die Fähigkeit der →Aufklärung, die Gültigkeit religiöser Überzeugungen zu prüfen, positiv entscheidet (wie von Carl Leonhard Reinhold in seiner frühen und einflussreichen Verteidigung Kants in seinen *Briefen über die Kantische Philosophie* verkündet), und später im Zusammenhang mit der allgemeineren Frage nach der richtigen Auffassung von der philosophischen Methode. Während daher Fichte und der frühe Schelling (in den *Philosophischen Briefen* und der *Allgemeine[n] Uebersicht*, Anhang) der Idee nachgehen, dass die praktischen Postulate ein allgemeines Modell für philosophisches Denken und Systembilden liefern, wird die Methode der Postulate von Hegel (in

Glauben und Wissen, 300–332) als eine Reflexion der, wie er meint, subjektiven Beschränkung der kantischen Philosophie attackiert. Die Interpretation der Postulate der reinen praktischen Vernunft ist eng mit ganz allgemeinen Problemen der Kant-Interpretation verwoben: Eine starke, realistische Interpretation der Postulate geht mit einer Interpretation einher, die Kant als jemanden sieht, der danach trachtet, die traditionelle Metaphysik auf neuer Grundlage hier und da zu restituieren, während eine schwache, antirealistische Interpretation mit einer Sichtweise harmoniert, die Kants Intentionen als antimetaphysisch betrachtet.

Weiterführende Literatur

Beck, Lewis White: A Commentary on Kant's ‚Critique of Practical Reason', Cambridge: Cambridge University Press 1960, Kap. 13–14, 239–283.

Förster, Eckart: „Die Wandlungen in Kants Gotteslehre", in: Zeitschrift für philosophische Forschung 52, 1998, 341–362.

Förster, Eckart: „The Subject as Person and the Idea of God", in: Kant's Final Synthesis. An Essay on the ‚Opus Postumum', Cambridge, Mass.: Harvard University Press 2000, 117–147.

Guyer, Paul: „From a Practical Point of View. Kant's Conception of a Postulate of Pure Practical Reason" in: Kant on Freedom, Law, and Happiness, Cambridge: Cambridge University Press 2000, 333–371; dt. (gekürzt): ders.: „In praktischer Absicht: Kants Begriff eines Postulates der reinen praktischen Vernunft", in: Philosophisches Jahrbuch 104, 1997, 1–18.

Neiman, Susan: The Unity of Reason. Rereading Kant, Oxford: Oxford University Press 1993, Kap. 4, 145–184.

Ricken, Friedo: „Die Postulate der reinen praktischen Vernunft (122–148)", in: Höffe, Otfried (Hg.): Immanuel Kant. Kritik der praktischen Vernunft, Berlin: Akademie 2002, 187–202.

Winter, Aloysius: „Der Gotteserweis aus praktischer Vernunft. Das Argument Kants und seine Tragfähigkeit vor dem Hintergrund der Vernunftkritik", in: ders.: Der andere Kant. Zur philosophischen Theologie Immanuel Kants, Hildesheim: Olms 2000, Kapitel 5, 257–343; wiederabgedruckt in: Klaus Krämer (Hg.): Um Möglichkeit oder Unmöglichkeit natürlicher Gotteserkenntnis heute, Leiden: Brill 1985, 109–178.

Wittwer, Héctor: „Einige Schwierigkeiten in Kants Lehre von der Unsterblichkeit der Seele", in: Studi italo-tedeschi / Deutsch-Italienische Studien XXIV, hg. v. der Akademie Deutsch-Italienischer Studien unter der Leitung v. Roberto Cotteri, Merano 2004, 57–70.

Wood, Allen: Kant's Moral Religion, Ithaca u. a.: Cornell University Press 1970, insbes. Kap. 4, 100–152.

Sebastian Gardner
(Übersetzung: Birger Brinkmeier)

Postulate des empirischen Denkens

Die Postulate des empirischen Denkens bilden die vierte Gruppe synthetischer Grundsätze *a priori*, die Kant in der *KrV* aus der Kategorientafel entwickelt. Jedem der Postulate entspricht eine der drei → Kategorien der Modalität, wobei jedes Postulat etwas darüber aussagt, wie die entsprechende Kategorie in der Erfahrung anzuwenden ist. Im Unterschied zu den anderen reinen Verstandesgrundsätzen stellen die Postulate des empirischen Denkens keine neuen Behauptungen darüber auf, wie Erfahrungsgegenstände beschaffen oder sich zueinander verhalten müssen. Vielmehr beschreiben sie einfach, wie sich aufgrund der Beziehung eines Gegenstandes zu unseren Erkenntnisvermögen sein Status als möglich, wirklich und/oder notwendig bestimmen lässt. Wichtige Stellen: KrV A 218–234 / B 265–287; 28:418; 28:498; 28:556; 28:557; 28:633.

Philosophische Funktion

1 Aufbau des Kapitels

Den größten Teil des Kapitels über die Postulate des empirischen Denkens (KrV A 218–235 / B 265–287) verwendet Kant auf eine ‚Erläuterung' der Kategorien der Möglichkeit, Wirklichkeit und Notwendigkeit, insofern als sie für Erfahrungsgegenstände gelten. In der zweiten Auflage der *KrV* ergänzt er die Erörterung des Postulats der Wirklichkeit um die → Widerlegung des Idealismus, in der er (gegenüber dem cartesischen Skeptiker) zu beweisen versucht, dass unsere Gewissheit über die äußeren Dinge nicht geringer ist als die über innere (mentale) Zustände. Ergänzt wird die zweite Auflage außerdem um eine „*Allgemeine An-*

merkung zum System der Grundsätze" (KrV B 288), in der Kant betont, dass ein Beweis der realen Möglichkeit eines Dings und der objektiven Realität der Kategorien immer auch der → Anschauung bedürfe. Folgerichtig erinnert er daran, dass sich die Gültigkeit der Kategorien nur für Erfahrungsgegenstände erweisen lasse.

2 Status der Postulate

2.1 *Definitionen* Bei den zuvor dargelegten Grundsätzen der transzendentalen Analytik handelt es sich um inhaltliche Behauptungen über die Struktur unserer Erfahrung und ihrer Gegenstände. Wie jedoch schon erwähnt, sollen die Postulate des empirischen Denkens bloße „Erklärungen der Begriffe der Möglichkeit, Wirklichkeit und Nothwendigkeit in ihrem empirischen Gebrauche" (KrV A 219 / B 266) sein. Mit anderen Worten: Die Postulate des empirischen Denkens sagen nichts darüber aus, wie die Gegenstände unserer Erfahrung beschaffen sein müssen, und sie legen unseren Begriffen von diesen Gegenständen kein reales Prädikat bei. Vielmehr drücken sie „nur das Verhältniß zum Erkenntnißvermögen" (KrV A 219 / B 265) aus sowie „die Handlung des Erkenntnißvermögens, dadurch er [der Modalbegriff] erzeugt wird" (KrV A 234 / B 286). Da die Postulate nur die Anwendung modaler Kategorien auf die → Erscheinungen betreffen, folgt daraus nicht, dass die Möglichkeit, Notwendigkeit oder Wirklichkeit eines *nicht*-empirischen Gegenstandes, eines → Dinges an sich, in der Beziehung des Begriffs eines solchen Gegenstandes zu unseren Erkenntnisvermögen besteht. Noch folgt daraus irgendetwas im Hinblick darauf, ob die Kategorien der Modalität auf nicht-empirische Gegenstände angewendet werden können.

2.2 *Subjektiv-synthetisch* Auch die Postulate des empirischen Denkens sind synthetische Grundsätze *a priori*. Synthetisch sind sie aber nicht in einem ‚objektiven', sondern vielmehr in einem ‚subjektiven' Sinn. Kant meint damit, dass jedes der Postulate von dem entsprechenden Modalbegriff nur aussagt, „worin er entspringt und seinen Sitz hat" (KrV A 234 / B 286). Wenn man zum Beispiel sagt, dass ein Gegenstand möglich sei, dann impliziert dies, dass er „mit den formalen Bedingungen der Erfahrung in Verknüpfung ist" (KrV A 234 / B 286). Das ist bei den „objektiv-synthetischen" Grundsätzen anders; sie „vermehren" die von ihnen regierten Begriffe der Dinge (KrV A 234 / B 286). So heißt es zum Beispiel in der Zweiten Analogie, dass jede Zustandsveränderung eines Erfahrungsgegenstandes notwendigerweise eine empirische Ursache habe; dieses Prädikat – ‚x hat eine empirische Ursache' – kann daher jedem Erfahrungsgegenstand synthetisch-*a priori* beigelegt werden. Man könnte jedoch der Meinung sein, dass die Aussage, ein Gegenstand sei wirklich, etwas über seine Stellung im Kausalzusammenhang impliziere und daher dem Gegenstand ebenfalls ein reales Prädikat beilege, nämlich das Prädikat „steht in Kausalbeziehungen zu anderen Erfahrungsgegenständen" (Kemp Smith, *Commentary* [2]1923, S. 395). Falls das stimmt, können die Postulate der Wirklichkeit und der Notwendigkeit auch in einem ‚objektiven' Sinn synthetisch a priori sein.

2.3 *Beziehung zum Schematismus* Im Kapitel über den → Schematismus werden die schematisierten Modalkategorien ganz anders charakterisiert als sie im Kapitel über die Postulate des empirischen Denkens definiert werden. Das „Schema der Möglichkeit" zum Beispiel wird als „die Zusammenstimmung der Synthesis verschiedener Vorstellungen mit den Bedingungen der Zeit überhaupt" charakterisiert (KrV A 144 / B 184). Kants Erörterung im Schematismus konzentriert sich ganz auf die → Zeit und nicht auf den → Raum; von daher werden auch nicht die anderen Bedingungen für die äußere Möglichkeit erwähnt, die im Kapitel über die Postulate des empirischen Denkens auftauchen (z. B. die Übereinstimmung mit räumlichen Axiomen und Kausalgesetzen). Misslicher ist, dass offenbar das Schema der Notwendigkeit („das Dasein eines Gegenstandes zu aller Zeit", KrV A 145 / B 184) und das Postulat der Notwendigkeit schlicht und einfach inkonsistent sind, da ersteres besagt, dass ein notwendiger Gegenstand *immer* existiere, während letzteres bloß besagt, dass ein notwendiger Gegenstand in Übereinstimmung mit den natürlichen Gesetzen der Kausalität *irgendwann* im Kausalzusammenhang existieren müsse. Kant-Interpreten lösen diese Problem oft dadurch, dass sie davon ausgehen, dass nicht der Schematismus, sondern die Postulate Kants abschließende Meinung darüber enthalten, wie die Kategorien der Modalität auf die Erfahrung anzuwenden seien (vgl. Guyer, *The Postulates of Empirical Thinking*, S. 302f.).

3 Arten der Modalität in den Postulaten
In den Postulaten des empirischen Denkens werden wenigstens zwei verschiedene Arten von Modalität erörtert, ‚formale Modalität' und ‚empirische Modalität', die von Kant nicht immer ausdrücklich unterschieden werden. Außerdem lässt Kant wenigstens noch eine weitere Modalität gelten, nämlich die logische Modalität. Ein Gegenstand oder Sachverhalt ist logisch möglich genau dann, wenn sein Begriff keinen logischen Widerspruch enthält. Weil aber die Postulate des empirischen Denkens die Anwendung der Modalkategorien auf die Erfahrung betreffen und sehr viele logisch konsistente Begriffe in der Erfahrung keine Anwendung finden, bildet die logische Möglichkeit im Kapitel über die Postulate kein zentrales Thema.

Im Hinblick auf diese Modalitäten stellt nun Kant wiederholt und standardmäßig fest, dass Möglichkeit, Wirklichkeit und Notwendigkeit sich wechselseitig definieren lassen (vgl. 28:418; 28:498; 28:556; 28:557; 28:633). Folglich können wir aus einem bestimmten Begriff von Möglichkeit einen entsprechenden Begriff von Notwendigkeit, von Kontingenz und so weiter ableiten. Im Folgenden soll zuerst die formale und die empirische Möglichkeit erörtert und daraus dann die entsprechenden Arten von Notwendigkeit und Kontingenz abgeleitet werden.

3.1 *Formale Möglichkeit* Manchmal verwendet Kant den Ausdruck ‚Möglichkeit', um damit die Vereinbarkeit eines Gegenstandes mit den Formen der Erfahrung zu bezeichnen. Diese Art von Möglichkeit hat Kant meistens in der *KrV* im Sinn, besonders wenn er von der „Möglichkeit der Erfahrung" schreibt, sie heiße „formale Möglichkeit", ein Ausdruck, der von Kant in dieser Bedeutung an der Stelle KrV A 127 benutzt wird. Jedes Urteil, das einen Sachverhalt beschreibt, der mit den Strukturen von Raum und Zeit sowie den allgemeinen Grundsätzen der Erfahrung übereinstimmt, ist formal möglich. Ein ‚formal notwendiges' Urteil ist dann eines, dessen Negation mit den Formen der Erfahrung unvereinbar ist. Natürlich ist jedes Urteil, das aus den Axiomen von Raum und Zeit und den Prinzipien des reinen Verstandes folgt, in diesem Sinn formal notwendig. So ist z. B. ein nicht-wirklicher Erfahrungsgegenstand, wie etwa ein schwanzloses Känguru, formal möglich, aber ein nicht-euklidischer Gegenstand, wie etwa ein vierseitiges Dreieck, ist formal unmöglich. Dementsprechend ist es formal kontingent, dass es keine schwanzlosen Kängurus gibt, aber formal notwendig, dass alle äußeren Gegenstände räumlich ausgedehnt und euklidisch sind.

3.2 *Empirische Möglichkeit* Kant verwendet den Ausdruck ‚Möglichkeit' auch, um damit, die Naturgesetze vorausgesetzt, die Vereinbarkeit einer Zustandsveränderung mit früheren Zustandsveränderungen zu bezeichnen. Es ist genau dann empirisch möglich, dass ich zum Zeitpunkt *t* ein falsches Versprechen abgebe, wenn dies mit den Naturgesetzen und den Ereignissen vor *t* vereinbar ist. ‚Empirisch notwendig' ist daher jede Zustandsveränderung, deren Nichtexistenz mit den früheren Ereignissen sowie den Naturgesetzen unvereinbar ist. Es ist genau dann empirisch notwendig, dass ich zum Zeitpunkt *t* ein falsches Versprechen abgebe, wenn seine Unterlassung in Anbetracht der Ereignisse vor *t* Naturgesetze verletzen würde. Es ist genau dann empirisch kontingent, dass ich zum Zeitpunkt *t* ein falsches Versprechen abgebe, wenn ich zum Zeitpunkt *t* tatsächlich ein falsches Versprechen abgebe, es aber empirisch möglich ist, dass ich zum Zeitpunkt *t* kein falsches Versprechen abgegeben hätte. Man beachte, dass die Zuschreibung sowohl formaler als auch empirischer Modalitäten auf Erfahrungsgegenstände und deren Zustandsveränderungen beschränkt ist.

Man beachte auch, dass Kant von der Erörterung der formalen Möglichkeit/Notwendigkeit im ersten Postulat zur Erörterung der empirischen Möglichkeit/Notwendigkeit im dritten Postulat übergeht, ohne dies für den Leser kenntlich zu machen. Es bedarf daher einiger Aufmerksamkeit, um diese beiden Arten der Modalität zu unterscheiden.

4 Inhalt der einzelnen Postulate
4.1 *Möglichkeit* „Was mit den formalen Bedingungen der Erfahrung (der Anschauung und den Begriffen nach) übereinkommt, ist *möglich*" (KrV A 218 / B 265). Wie gesehen definiert Kant die formale → Möglichkeit für empirische Gegenstände als Vereinbarkeit mit den „formalen Bedingungen der Erfahrung" (KrV A 220 / B 268), womit er die

Struktur von Raum und Zeit („der Anschauung [...] nach") und die bereits aus den Kategorien abgeleiteten Prinzipien des reinen Verstandes („den Begriffen nach") meint (KrV A 218 / B 265). Somit ist jeder Begriff eines raum-zeitlichen Gegenstandes, der die Grundsätze der Erfahrung erfüllt (z. B. einer Substanz, die in kausaler Gemeinschaft mit anderen Substanzen steht) der Begriff eines formal möglichen empirischen Gegenstandes. In den folgenden Absätzen erläutert Kant, woher wir bei einem bestimmten Begriff wissen können, dass sein Gegenstand formal möglich ist.

Der Leser wird zunächst daran erinnert, dass die logische Widerspruchsfreiheit eines Begriffs eine zwar notwendige, aber nicht hinreichende Bedingung für die reale formale Möglichkeit seines Gegenstandes ist. Zur Veranschaulichung erörtert er den Begriff einer „Substanz, welche beharrlich im Raume gegenwärtig wäre, doch ohne ihn zu erfüllen [...] oder eine besondere Grundkraft unseres Gemüths, das Künftige zum voraus *anzuschauen* [...] oder [...] ein Vermögen desselben, mit andern Menschen in Gemeinschaft der Gedanken zu stehen" (KrV A 222 / B 270). Kant sagt, dass solche Begriffe zwar logisch widerspruchsfrei sind, doch die Behauptung, ihre Gegenstände seien möglich, ist „ganz grundlos [...] weil sie nicht auf Erfahrung und deren bekannte Gesetze gegründet werden kann" (KrV A 222 / B 270). Jedoch ist nicht leicht zu sehen, was hier mit „Erfahrung und deren bekannte Gesetze" (KrV A 222 / B 270) gemeint ist. Kant könnte meinen, dass diese Begriffe von Kräften und Substanzen mit den formalen Gesetzen *a priori* der Erfahrung, insbesondere den Prinzipien, unvereinbar und daher nicht formal möglich sind. Dann aber ist nicht klar, warum die von Kant an dieser Stelle erwähnten Phänomene – im Raum vorhandene Materie, ohne ihn auszufüllen; die menschliche Vorausschau der Zukunft, und die telepathische Gemeinschaft mit anderen Geistern – mit den formalen Gesetzen der Erfahrung unvereinbar sind. Wenn sich andererseits „bekannte Gesetze" (KrV A 222 / B 270) auf bekannte empirische Naturgesetze bezieht, dann meint Kant nur, dass wir nicht wissen, dass diese Dinge mit den Naturgesetzen, von denen die empirische Welt eigentlich regiert wird, vereinbar sind. Dann ist aber nicht klar, warum dadurch ein Agnostizismus hinsichtlich ihrer formalen Möglichkeit befördert würde – was doch das Thema des ersten Postulats des empirischen Denkens ist. Schließlich *definiert* Kant in diesem Abschnitt die formale Möglichkeit als Vereinbarkeit mit den *formalen* Bedingungen der Erfahrung, die weit weniger bestimmt sind als die tatsächlichen empirischen Gesetze.

4.2 *Wirklichkeit* „Was mit den materialen Bedingungen der Erfahrung (der Empfindung) zusammenhängt, ist *wirklich*" (KrV A 218 / B 265). Die Vereinbarkeit mit den formalen Bedingungen der Erfahrung (Raum, Zeit, Kategorien) genügt also, damit ein Gegenstand formal möglich ist. Der Zusammenhang mit den materialen Bedingungen der Erkenntnis genügt, damit er wirklich ist. Das ‚Materiale' der Erkenntnis ist der sinnliche Inhalt, der durch die Formen der Erfahrung (Raum, Zeit, die Kategorien) strukturiert und synthetisiert und durch die in unserer Welt vorherrschenden empirischen Gesetze der Kausalität bestimmt wird. Ein wirklicher Erfahrungsgegenstand ist demnach das Korrelat eines Inhalts, der zumindest *prinzipiell* der sinnlichen Erkenntnis zugänglich ist.

Kant wiederholt hier seine Auffassung vom nichtbegrifflichen Charakter der Existenz: Ob einem Erfahrungsbegriff ein Gegenstand entspricht, hängt nicht von seiner Vollständigkeit oder anderen logischen Merkmalen ab, da Tatsachen, welche die Existenz betreffen, nicht hinreichend durch begriffliche Tatsachen bestimmt werden. Es hängt vielmehr von einer außerbegrifflichen Tatsache ab – d. h. davon, ob es eine Empfindung gibt, welche die Existenz des Gegenstandes bezeugt und unseren formalen Begriff erfüllt.

Zum Schluss des Abschnitts über die Wirklichkeit stellt Kant klar, dass er nicht behaupte, alle wirklichen Gegenstände müssten tatsächlich unmittelbar wahrgenommen werden. Ein Gegenstand ist auch dann wirklich, wenn er nomologisch mit den Gegenständen zusammenhängt, die wir unmittelbar wahrnehmen. Eine „magnetische[] Materie" (KrV A 226 / B 273) beispielsweise, die wir nicht wahrnehmen können, gilt als wirklich aufgrund ihrer kausalen Wirkung auf Eisenspäne, die wir wahrnehmen können. Wenn wir das Verhalten der Eisenspäne wahrnehmen und die relevanten empirischen Gesetze kennen, dann können wir kausal auf die Wirklichkeit der magnetischen Materie schließen.

4.3 *Notwendigkeit* „Dessen Zusammenhang mit dem Wirklichen nach allgemeinen Bedingungen der Erfahrung bestimmt ist, ist (existirt) *nothwendig*" (KrV A 218 / B 266). Wie im Postulat der Wirklichkeit bezieht sich „Zusammenhang" (KrV A 218 / B 266) im Postulat der →Notwendigkeit auf die Natur des empirischen Kausalzusammenhangs zwischen phänomenalen Gegenständen. Das Postulat der Notwendigkeit stellt somit eine Definition der empirischen Notwendigkeit dar. Es besagt, dass ein Gegenstand oder eine Zustandsveränderung, die vermittels eines Kausalgesetzes aus der Existenz eines anderen Gegenstandes oder einer anderen Zustandsveränderung folgen, empirisch notwendig sind. Da aber die Analogien der Erfahrung gezeigt haben, dass jede Veränderung im Zustand eines Erfahrungsgegenstandes aus einer vorhergehenden Ursache vermittels Naturgesetze folgt, impliziert das jetzige Postulat, dass *jeder* Zustand jedes Erfahrungsgegenstandes empirisch notwendig ist. Kant stellt sofort klar, dass er damit nicht meine, diese Zustände seien für sich genommen *absolut notwendig*; vielmehr seien sie nur hypothetisch notwendig – d. h. notwendig *in Anbetracht* der vorhergehenden Folge von Ereignissen und der Kausalgesetze.

Da nur die Urteile, deren Wahrheit durch die Formen der Erfahrung festgelegt wird, d. h. die formal notwendigen Urteile, gänzlich *a priori* erkannt werden können, und da durch die Formen der Erfahrung nicht hinreichend bestimmt wird, welche Kausalgesetze die empirische Welt regieren, können spezifische Kausalgesetze nicht *a priori* gewusst werden. Wir müssen deshalb die Erfahrung zu Rate ziehen, wenn wir wissen wollen, wie ein bestimmtes Ereignis (eine Veränderung im Zustand eines Gegenstandes) aus seiner Ursache folgt. Das Postulat der Notwendigkeit gewährleistet aber, dass wir eine schwächere Form des Wissens *a priori* von dem Ereignis haben können – eine Art Wissen, das Kant an anderer Stelle als „*a priori secundum quid*" bezeichnet. Damit meint er, dass wir *a priori* wissen können, wie das Ereignis beschaffen sein wird und dass es in Übereinstimmung mit Gesetzen eintritt, auch wenn wir seinen spezifischen „Grund" nur durch Erfahrung erkennen können (28:557).

Daher rechtfertigt sich Kants Grundsatz, „keine Nothwendigkeit in der Natur ist blinde, sondern bedingte, mithin verständliche Nothwendigkeit" (KrV A 228 / B 280f.). Jedes Ereignis in der →Natur ist daher in einer Weise notwendig, die damit vereinbar ist, dass wir ein Wissen *a priori secundum quid* von ihm haben.

5 Anwendungen

5.1 *Nicht-fatalistischer Determinismus* Abgesehen vom anti-skeptischen Argument der *Widerlegung des Idealismus'*, gibt es noch eine Reihe weiterer wichtiger Anwendungen der Kategorien der Modalität. Bei der Erörterung der Notwendigkeit sagt Kant, dass der Grundsatz der Kausalität in den Analogien den Satz bestätige, „*in mundo non datur casus*" (dass es keinen Zufall in der Welt gibt), wohingegen das Postulat der Notwendigkeit zeige, dass „*non datur fatum*" (dass es kein Schicksal gibt). Und zwar deshalb, weil „Schicksal" für Kant „blinde" Determination beinhaltet, d. h. eine Determination, für die es keine Erklärung gibt; wohingegen das Postulat gerade besagt, dass Notwendigkeit in der Natur „bedingte, mithin verständliche Nothwendigkeit" sei (KrV A 228 / B 280f.).

5.2 *Bloße possibilia?* Das führt geradewegs zu der Frage, ob Kants Theorie der Modalitäten Zustände oder Zustandsveränderungen zulässt, die nicht wirklich, gleichwohl aber möglich sind. Kants Antwort ist insofern verwirrend, als er nicht ausdrücklich sagt, welche Art der Modalität er gerade erörtert.

Einerseits gibt sich Kant als Agnostiker im Hinblick darauf zu erkennen, ob andere Anschauungsformen als Raum und Zeit oder ein nichtdiskursiver Verstand möglich sind. Diese Frage, sagt er, falle unter die Rechtsprechung der Vernunft und der Verstand könne die Antwort nicht wissen, da dieser es nur mit der Synthesis des Gegebenen zu tun habe, und deshalb keinen Einblick in die Möglichkeit ganz andersartiger Formen der Synthesis haben könne. Man beachte jedoch, dass damit die Einführung einer *weiteren* nicht-logischen Modalität droht, da gemäß *jeder* der beiden früher unterschiedenen Arten der Modalität (vgl. KrV A 232 / B 285) eine nichtraumzeitliche Anschauung ganz klar unmöglich ist. Kant räumt zwar ein, dass eine nicht-raumzeitliche Form der Anschauung logisch möglich sei, äußert sich aber agnostisch im Hinblick darauf, ob sie in diesem dritten Sinn möglich ist. Da im Mittelpunkt der Postulate des empirischen Denkens die Anwendung der Kategorien der Modalität auf Erfahrungsgegenstände steht, wird diese dritte Art einer realen Modalität in den Postulaten nicht in allen Einzelheiten erörtert.

Andererseits liefert Kant ein sehr komprimiertes Argument für die Behauptung, dass es keine nicht-wirklichen empirischen Möglichkeiten gebe. Seine Überlegung ist offenbar die folgende: Dass ein Ereignis oder eine Zustandsveränderung empirisch möglich sind, d. h., dass sie unter der Voraussetzung von Naturgesetzen mit früheren Ereignissen vereinbar sind. Da aber die Naturgesetze deterministisch sind, sind die einzigen Ereignisse, die mit diesen Gesetzen und jenen früheren Ereignissen vereinbar sind, die wirklichen. Auf die empirische Möglichkeit trifft dies ganz klar zu, jedoch gilt dies nicht für die formale Möglichkeit: Viele nicht-wirkliche Gegenstände sind gleichwohl mit den Formen der Erfahrung vereinbar.

5.3 *Kein Wissen von supersensibilia* Eine letzte wichtige Anwendung der Postulate des empirischen Denkens hat mit Kants Kritik an der spekulativen Metaphysik zu tun. Leibniz und Wolff nehmen für sich in Anspruch, ein Wissen von der Möglichkeit, Wirklichkeit und/oder Notwendigkeit nicht-empirischer Dinge haben zu können. Kants Auffassung nach kann es aber ein Wissen vom realen modalen Status von Wesen, die sich jenseits der Grenzen möglicher Erfahrung befinden, nicht geben. Daher sind die Postulate nicht *bloß* Definitionen der Modalbegriffe, sondern „hiemit zugleich Restrictionen aller Kategorien auf den bloß empirischen Gebrauch, ohne den transscendentalen zuzulassen und zu erlauben" (KrV A 219 / B 266f.). Das ist übertrieben, denn Kant behauptet an anderer Stelle, wir könnten die absolute Möglichkeit nicht-empirischer Dinge ‚denken'. Es *gibt* also einen „transzendentalen" Gebrauch für diese Kategorien im Denken, auch wenn dadurch keine Erkenntnis und kein Wissen erzeugt wird. Man sollte daher vielleicht besser sagen, dass es keinen *kognitiven* oder *epistemischen* transzendentalen Gebrauch der Kategorien der Modalität gibt.

Weiterführende Literatur

Chignell, Andrew: „Kant, Modality, and the Most Real Being" in: Archiv für Geschicte der Philosophie, 91, 2009, 157–192.

Chignell, Andrew: „Real Repugnance and Belief about Things-in-Themselves: A Problem and Kant's Three Solutions" in: Krueger, James / Bruxvoort Lipscomb Benjamin (Hg.): Kant's Moral Metaphysics, Berlin u. a.: de Gruyter 2010, 177–211.

Motta, Giuseppe: Die Postulate des empirischen Denkens überhaupt, Berlin u. a.: de Gruyter, 2012.

Schneeberger, Guido: Kants Konzeption der Modalbegriffe, Basel: Verlag für Recht und Gesellschaft 1952.

Stang, Nicholas: „Kant's Possibility Proof", in: History of Philosophy Quarterly, 27, 2010, 275–299.

Stang, Nicholas: Kant's Modal Metaphysics, unveröffentlichte Dissertation, Princeton University 2008.

Andrew Chignell / Nicholas F. Stang
(Übersetzung: Birger Brinkmeier)

pragmatisch

‚Pragmatisch' heißt allgemein alles, was die Anwendung der Mittel zu einem gewissen → Zweck betrifft (vgl. KrV A 824f. / B 852f.). Entsprechend sind alle Kenntnisse bzw. Wissenschaften pragmatisch, die dem menschlichen Leben, besonders in seiner gesellschaftlichen Dimension hilfreich sind (vgl. 6:445; 7:119f.; 7:322f.; 7:66; 2:443). In einem engeren Sinn bezeichnet Kant als pragmatisch jeden Hinweis auf die Mittel zum eigenen → Glück (KrV A 806 / B 834; 4:415f.; 20:200; 6:385). Weitere wichtige Stellen: 2:443; KrV A 806 / B 834; KrV A 824f. / B 852f.; 4:415ff.; 6:281; 6:354; 6:385; 6:433; 6:445; 7:66; 7:119f.; 7:176; 7:189; 7:214; 7:246; 7:322f.; 8:380; 9:41; 20:200.

Philosophische Funktion

Im Fall des Begriffs ‚pragmatisch' setzt sich Kant mit einem Lieblingswort der Aufklärung auseinander (vgl. z. B. Tonelli, '*Critique*', S. 120). Er lehnt dabei den gewöhnlichen Sprachgebrauch nicht ab, bestimmt ihn aber präziser im Kontext seiner Philosophie. Es finden sich drei unterschiedliche Gebrauchsweisen von ‚pragmatisch' in Kants Schriften.

1 Zweckgerichtetes Handeln

Erstens benutzt Kant ganz allgemein, wie sonst bei anderen Autoren üblich, den Begriff ‚pragmatisch', um handlungsorientierte Kenntnisse zu bezeichnen, die hiermit den bloß ‚spekulativen' Kenntnissen entgegengesetzt werden. So wird ‚pragmatisch' z. B. bei Baumgarten mit „fecundum" erklärt (Baumgarten, *Initia*, § 90). Eine Kenntnis kann in diesem Sinn pragmatisch sein, obwohl sie in theoretischer Rücksicht unzureichend bzw. unbegründet ist, wenn sie ohnehin zum Handeln genügende Informationen liefert. So spricht Kant etwa in seiner Gliederung verschiedener Grade des →Fürwahrhaltens von einem *„pragmatischen Glauben"*, der zwar „zufällig[]", d. h. kognitiv nicht zureichend gerechtfertigt ist, „aber dem wirklichen Gebrauche der Mittel zu gewissen Handlungen zum Grunde liegt" (KrV A 824 / B 852; vgl. 6:354; 8:289; 7:176).

2 Ratschläge für die Menschenwelt

Dem Begriff ‚pragmatisch' kommt dann, zweitens, eine breitere Bedeutung zu. Er bezeichnet nämlich nicht nur eine Kenntnis, die zu beliebigen Zielen zweckmäßig ist, sondern präziser eine, die dem Leben eines →Menschen hilfreich oder gar notwendig ist, damit er „dem Zweck seines Daseins angemessen[]" lebt (6:445; vgl. 6:281). In diesem Sinn bezeichnet pragmatisch also vor allem Komplexe von Kenntnissen, die nicht so sehr nach bloß wissenschaftlichen Kriterien eingerichtet sind, sondern zum Leben brauchbare Informationen vermitteln.

Auch diese Bedeutung des Worts ist zu Kants Zeit verbreitet gewesen. Wolff hat sogar erklärt, dass seine Philosophie „ganz pragmatisch ist, das ist, dergestalt in alle eingerichtet, dass sie sowohl in Wissenschaften und den sogenannten höheren Facultäten als auch im menschlichen Leben, sich gebrauchen lässet" (Wolff, *Deutsche Metaphysik*, § 35; vgl. Schwaiger, *Das Problem des Glücks*, S. 111). Bei Kant heißt pragmatisch aber nicht nur eine Erkenntnis, die sich anwenden lässt, sondern eine, die sich sowohl vom abstrakten Wissen als auch von bloß technischen Informationen zu einem ganz bestimmten Zweck unterscheidet. Das Hauptbeispiel eines pragmatischen Kenntniskomplexes ist bei Kant die →Anthropologie. Sie wird „in *pragmatischer* Hinsicht" insofern verstanden und ausgeführt, als sie den Mensch nicht im Hinblick darauf, „was die Natur aus dem Menschen macht", erforscht (wie eine bloß „physiologische" Wissenschaft tun würde), sondern darauf, „was er als freihandelndes Wesen aus sich selber macht, oder machen kann und soll" (7:119; vgl. 7:246; 7:189; 7:214).

Pragmatisch ist also weder eine *Schulwissenschaft*, noch eine Kunst bzw. eine Technik, sondern eine Weltkenntnis, die sich eher dem „Volk" als den Gelehrten zuwendet (7:66; vgl. *Refl.* 1482, 15:659; *Refl.* 1502, 15:800). Sie dient dazu, „allen sonst erworbenen Wissenschaften und Geschicklichkeiten das *Pragmatische* zu verschaffen, dadurch sie nicht bloß für die *Schule*, sondern für das *Leben* brauchbar werden, und wodurch der fertig gewordene Lehrling auf den Schauplatz seiner Bestimmung, nämlich in die *Welt*, eingeführt wird" (2:443). Eine pragmatische Kenntnis bringt also nicht Gelehrsamkeit, sondern Klugheit hervor, und soll den Menschen dazu vorbereiten, seine jeweiligen Zwecke und Absichten in der Menschenwelt erreichen zu können: Die Dimension des Pragmatischen ist also in erster Linie die der intersubjektiven Verhältnisse. So spricht Kant von einer pragmatischen Anlage, „andere Menschen zu seinen Absichten geschickt zu brauchen" (7:322; vgl. 7:323f.). Eine diesbezüglich besonders deutliche Definition kommt in einer Notiz vor: „Pragmatisch ist die Erkentnis, von der sich ein allgemeiner Gebrauch in der Gesellschaft machen läßt" (*Refl.* 1482, 15:660; vgl. z. B. 9:455; 25:856; 25:1210).

3 Streben nach Glückseligkeit

Kants eigentümliche Weiterbestimmung des Begriffs besteht aber darin, dass ‚pragmatisch' drittens speziell für Kenntnisse und Hinweise verwendet wird, die auf den „subjectiv-nothwendigen" (20:200 Anm.) Zweck des eigenen →Glücks abzielen. So erklärt Kant schon in *KrV*: „Das praktische Gesetz aus dem Bewegungsgrunde der *Glückseligkeit* nenne ich pragmatisch (Klugheitsregel)" (KrV A 806 / B 834). Zusammen mit dem Begriff der Klugheit zeichnet der des Pragmatischen jede Entscheidung aus, die nicht nach moralischen Kriterien, sondern nach dem eigenen Nutzen gerichtet ist. Pragmatisch ist so auch eine Vorschrift, „die uns auf unsern Vortheil aufmerksam macht und uns bloß lehrt, diesen in Acht zu nehmen" (4:419; vgl. 6:385). Kant zufolge kann der Begriff eben durch den Bezug auf den eigenen Vorteil bzw. auf die eigene Wohlfahrt „am genauesten bestimmt werden" (4:417 Anm.). Als Beispiel dazu führt er den damals üblichen Begriff einer ‚pragmatischen Geschichte' an, die so zu nennen sei, „wenn sie *klug* macht, d. i. die Welt belehrt, wie sie ihren Vortheil besser, oder wenigstens eben so gut als die Vorwelt besorgen könne" (4:417 Anm.).

In dieser engen Bedeutung wird ‚pragmatisch' ein Gegenbegriff zu ‚moralisch' (→Moral). Ein bedeutender Teil von Kants Moralphilosophie zielt darauf ab, die eigentlichen moralischen Normen von letztendlich bloß empirisch fundierten Vorschriften strikt zu unterscheiden. In *GMS* werden diejenigen hypothetischen Imperative, welche „die praktische Nothwendigkeit der Handlung als Mittel zur Beförderung der Glückseligkeit" vorstellen (4:415), ‚pragmatisch' genannt (vgl. 4:417; →Imperativ, hypothetischer; Ratschläge der Klugheit). Da solche Anweisungen aber vom Streben nach dem Glück abhängen, können sie keine allgemeingültigen Normen, sondern lediglich Regeln zum Handeln darstellen, die nicht als Gesetze im eigentlichen Sinn bezeichnet werden dürfen. Sie sind bloß *„pragmatische* Gesetze des freien Verhaltens zur Erreichung der uns von den Sinnen empfohlenen Zwecke und also keine reine Gesetze, völlig a priori bestimmt" (KrV A 800 / B 828; vgl. z. B. *Refl.* 7063, 19:240). Die pragmatischen Hinweise gelten also als Ratschläge der Klugheit (vgl. 4:416f.) oder als bedingte Vorschriften (vgl. z. B. 6:483). Anzumerken ist aber, dass ‚pragmatisch' in *KpV* und in *KU* (bis auf eine Stelle aus der *1. Einleitung KU*, vgl. 20:200) gar nicht vorkommt: In diesen Schriften wird der Unterschied zwischen technisch-praktischen und moralisch-praktischen Regeln entwickelt, während der Begriff ‚pragmatisch' hauptsächlich im Bereich der Anthropologie eine Rolle spielt (siehe 2.).

Kant verwendet im übrigen den Terminus ‚pragmatisch' auch in Verbindung mit ‚moralisch', um eine angebrachte Anwendung bzw. Ausführung von moralisch fundierten Forderungen zu bezeichnen. Dabei ist die →Urteilskraft des Handelnden auf die Kenntnisse angewiesen, welche die jeweils besseren Mittel zur Erreichung der moralisch gebotenen Zwecke liefern (vgl. 6:433; 8:380; 9:41; 19:211; 27:482).

Weiterführende Literatur

Brandt, Reinhard: Kritischer Kommentar zu Kants „Anthropologie in pragmatischer Hinsicht (1798)", Hamburg: Meiner 1999, insbes. 51–53.

Hinske, Norbert: „Grundformen der Praxis. Vorüberlegungen zu den Grundlagen von Kants praktischer Philosophie", in: ders.: Kant als Herausforderung an die Gegenwart, Freiburg u. a.: Alber 1980, 86–120.

Kuhne-Bertram, Gudrun: „Aspekte der Geschichte und der Bedeutungen des Begriffs ‚pragmatisch' in den philosophischen Wissenschaften des ausgehenden 18. und des 19. Jahrhunderts", in: Archiv für Begriffsgeschichte 27, 1983, 158–186.

Louden, Robert B.: „Applying Kant's Ethics: The Role of Anthropology", in: Bird, Graham (Hg.): A Companion to Kant, Oxford u. a.: Blackwell 2006, 350–363, insbes. 352ff.

Schwaiger, Clemens: Kategorische und andere Imperative. Zur Entwicklung von Kants praktischer Philosophie bis 1785, Stuttgart-Bad Cannstatt: Frommann-Holzboog 1999, insbes. 121–125.

Stefano Bacin

praktisch

Praktisch ist nach Kant „alles, was durch Freiheit möglich ist" (KrV A 800 / B 828; vgl. KrV A 314f. / B 371; 9:455; 27:111). Genauer bezeichnet ‚praktisch' die Dimension der Willensbestimmung bzw. der freien Willkür: in seinem „praktischen Gebrauche [...] beschäftigt sich die Vernunft mit Bestimmungsgründen des Willens" (5:15; vgl. 5:4; 5:19; 5:24; 5:42; 5:46; 5:49; 5:192; 6:488). Zugleich bedeutet ‚praktisch' auch die Beziehung auf ein kraft einer Willensbestimmung zu realisierendes Ziel: „für uns praktisch[]" heißt „durch unsern Willen wirklich zu machen[]" (5:113; vgl. 4:436; 5:89; 5:133; 5:120). Von *KU* an expliziert Kant die Unterscheidung zwischen technisch-praktischer und moralisch-praktischer Ebene: zur ersteren gehören Vorschriften, „eine Wirkung hervorzubringen, die nach Naturbegriffen der Ursachen und Wirkungen möglich ist"; während die moralisch-praktische Vorschriften „sich gänzlich auf dem Freiheitsbegriffe mit völliger Ausschließung der Bestimmungsgründe des Willens aus der Natur gründen" (5:173; vgl. 5:26; 5:455; 20:199ff.; 23:163). Weitere wichtige Stellen: KrV A 803 / B 831; 4:427; 4:397; 4:459.

Philosophische Funktion

1 Die Abgrenzung der praktischen Philosophie

Gegen die in der Aufklärung verbreitete Verwendung von ‚praktisch' für die konkreten, praxis- und lebensorientierten Anwendungsmöglichkeiten jedes Wissens im Allgemeinen gibt Kant dem Begriff ‚praktisch' (und den damit verwandten Begriffen wie →‚pragmatisch';) eine spezifischere, in seiner Philosophie aber systematisch grundlegende Bedeutung (→Vernunft, praktische).

Wie schon bei Aristoteles kommt der Terminus auch bei Kant vor allem in Bezug auf die Bestimmung des Bereichs der praktischen Philosophie vor. Ausführliche Bemerkungen dazu findet man in den einführenden Bemerkungen der Vorlesungen zur praktischen Philosophie, wo Kant unabhängig von Baumgartens Kompendien Status, Gegenstand und Ziele derselben erörtert. Er bemerkt dort, wenn der Begriff ‚praktisch' dem Begriff ‚spekulativ' entgegensetzt wird, hat jede Wissenschaft einen theoretischen und einen praktischen Teil: Ersterer zielt auf die Erkenntnis und die Beurteilung des jeweiligen Objekts ab, letzterer auf die Anwendung und Ausführung der entsprechenden Kenntnisse zur Hervorbringung des Objekts (vgl. 4:415; 5:172f.; 20:197ff.; 27:1397). Dasselbe gilt für die →Logik, und selbst die Philologie hat entsprechend einen „*praktischen*, auf die Bildung des Geschmacks zunächst abzweckenden" Teil (9:46). Nach diesem Sprachgebrauch bezieht sich ‚praktisch' nicht auf den Bereich der Moral. So schrieb etwa J. H. Lambert gegen Wolff: „Das Practische geht auf das Finden und Thun, und in so fern steht es mit den Fähigkeiten des Verstandes und des Leibes in ungleich näherer Verbindung, als mit dem Willen, welcher eigentlich der Gegenstand der Moral ist" (Lambert, *Architektonik*, § 18). Gegen diesen herrschenden „große[n] Mißbrauch" (5:171; vgl. 20:195f.) des Begriffs wendet sich Kant; ähnlich lehnt er auch das Konzept einer praktischen Logik ab (→Methodenlehre, transzendentale).

Dagegen bemerkt Kant, ‚praktisch' solle nicht nur als Antonym von ‚spekulativ', sondern auch von ‚theoretisch' verstanden werden, denn es gebe eine Bedeutung des Begriffs, nach der das Praktische keinem vorauszusetzenden anwendbaren Wissen zugeordnet wird. Man solle ‚praktisch' also nicht nur „der *Form nach*", sondern vor allem „*dem Inhalte nach*" (vgl. 9:110) verstehen: ‚praktisch' an sich selbst und nicht (nur) in Bezug auf etwas anderes. Kant sagt zusammenfassend: „bei der Moral ist die praxis das Object und nicht der effect" (27:97). Somit kann man der praktischen Philosophie einen eigenständigen Gegenstandsbereich zuordnen und sie von theoretischen Untersuchungen abgrenzen: „Das Theoretische ist das Erkennen und das Praktische ist das Verhalten" (27:243; vgl. 27:1397); ausschließlich das letztere stellt den Gegenstand der praktischen Philosophie dar.

Kant gibt zwar zu, dass die praktische Anwendbarkeit jedes Wissens nicht ohne Grund herausgestellt wird: „Alles läuft zuletzt auf das *Praktische* hinaus, und in dieser Tendenz alles Theoretischen und aller Speculation in Ansehung ihres Gebrauchs besteht der praktische Werth unsers Erkenntnisses". Damit die eigentliche Bedeutung des Begriffs nicht verloren geht, bemerkt er aber demgegenüber: „Dieser Werth ist aber nur alsdann ein *unbedingter*, wenn der *Zweck*, worauf der praktische Gebrauch des Erkenntnisses gerichtet ist, ein *unbedingter* Zweck ist. Der einige, unbedingte und letzte Zweck (Endzweck), worauf aller praktische Gebrauch unsers Erkenntnisses zuletzt sich beziehen muß, ist die *Sittlichkeit*, die wir um deswillen auch das *schlechthin* oder *absolut Praktische* nennen. Und derjenige Theil der Philosophie, der die Moralität zum Gegenstande hat, würde demnach *praktische* Philosophie κατ' εξοχην heißen müssen; obgleich jede andre philosophische Wissenschaft immer auch ihren *praktischen* Theil haben, d. h. von den aufgestellten Theorien eine Anweisung zum praktischen Gebrauche derselben für die Realisirung gewisser Zwecke enthalten kann" (9:87; vgl. 16:518).

2 Das ‚Praktische' als freie Entscheidung zum Handeln

2.1 „Die Qvellen aller Wissenschaften die der Sitten der Geschiklichkeit des Umganges der Methode Menschen zu bilden u. zu regiren mithin alles Praktischen zu eröfnen" (10:145; vgl. etwa 9:47) ist 1773 das Ziel von Kants neuer →Anthropologie-Vorlesung gewesen. ‚Praktisch' bezeichnet hier zwar keine Anwendung irgend einer Erkenntnis, bezieht sich aber allgemein auf die Dimension menschlichen Lebens, die Kant dann ‚pragmatisch' nennt (vgl. die angeführte Stelle mit 7:119). Um eine deutliche Begriffsbestimmung zu gewinnen, verbindet Kant zunächst das eigentlich ‚Praktische' mit dem Begriff der Freiheit: Schon in *De mundi* wird die entsprechende Definition angedeutet: „Theoretice aliquid spectamus, quatenus non attendimus nisi ad ea, quae enti competunt, practice autem, si ea, quae ipsi per libertatem inesse debebant, dispicimus" („theoretisch betrachten wir etwas, sofern wir nur auf das achten, was einem Seienden zukommt, praktisch aber, wenn wir das erwägen, was ihm durch Freiheit innewohnen sollte" (2:396 Anm., Übers. Hinske). Ähnlich erklärt wird dann in *KrV*: „Praktisch ist alles, was durch Freiheit möglich ist" (KrV A 800 / B 828; vgl. KrV A 314f. / B 371; 9:455; 27:111), d. h. alles was mit der freien Willkür, „es sei als Grund oder Folge, zusammenhängt" (KrV A 802 / B 830).

‚Praktisch' ist demnach jede Ausführung der als eine Art von →Kausalität verstandenen Freiheit, insofern sie „als eine von den Natursachen, nämlich eine Causalität der Vernunft in Bestimmung des Willens" angesehen wird (KrV A 803 / B 831). Der praktische Bereich schließt also den gesamten von der Vernunft geregelten Gebrauch der Freiheit ein: „Daß diese Vernunft nun Causalität habe, wenigstens wir uns eine dergleichen an ihr vorstellen, ist aus den *Imperativen* klar, welche wir in allem Praktischen den ausübenden Kräften als Regeln aufgeben" (KrV A 547 / B 575).

Die verschiedene Rolle der Vernunft und der entsprechend unterschiedliche Charakter der von ihr gelieferten Regeln lässt innerhalb des praktischen Bereichs zwei Hauptformen von vernunftgeleitetem Handeln unterscheiden. Einerseits können „die Bedingungen der Ausübung unserer freien Willkür aber empirisch" (KrV A 800 / B 828) sein; die Willkür zielt dabei auf den eigenen Vorteil ab. In diesem Fall nennt Kant den Gebrauch der Freiheit bzw. seine Regeln eher pragmatisch (vgl. auch KrV A 806 / B 834). Andererseits kann die Vernunft a priori die Bedingungen des Handelns bestimmen, indem sie echte, „reine praktische Gesetze", d. h. „*moralische[]* Gesetze" (KrV A 800 / B 828) liefert und „schlechthin nothwendige[] Zwecke[]" gibt (KrV A 823 / B 851). So ist an zahlreichen Stellen vom moralischen Gebrauch der Vernunft bzw. von den moralischen Gesetzen als der a priori allgemeingültigen Art des Praktischen die Rede (vgl. KrV B XXV; KrV A 633 / B 661; KrV A 807f. / B 835f.; KrV A 841 / B 869; 4:389; 6:225; →Moral).

Neben den von der Vernunft gegebenen Regeln ist auch die Rolle des →Gefühls im Bereich des Praktischen zu erörtern: „Denn alles Praktische, so fern es Triebfedern enthält, bezieht sich auf Gefühle, welche zu empirischen Erkenntnißquellen gehören" (KrV B 29). Aus diesem Grund wird die praktische Philosophie an einigen Stellen der *KrV* aus der →Transzendentalphilosophie ausgeschlossen, die entsprechend als „eine Weltweisheit der reinen, bloß speculativen Vernunft" verstanden wird (KrV B 29; vgl. KrV A 480 / B 508; KrV A 801 / B 829; KrV A 805 / B 833).

2.2 In der weiteren Entfaltung seines moralphilosophischen Denkens verbindet Kant den Begriff des Praktischen speziell mit dem der Willensbestimmung: In seinem „praktischen Gebrauche [...] beschäftigt sich die Vernunft mit Bestimmungsgründen des Willens" (5:15; vgl. z. B. 5:4; 5:19; 5:24; 5:42; 5:46; 5:49; 5:192; 6:488). Diese Bedeutung liegt dem Projekt einer Kritik der praktischen Vernunft zugrunde, taucht aber schon vor *KpV* auf. So wird in *GMS* behauptet, dass die Vernunft „als praktisches Vermögen, d. i. als ein solches, das Einfluß auf den *Willen* haben soll", „ihre höchste praktische Bestimmung in der Gründung eines guten Willens erkennt" (4:396; vgl. KrV A 803 / B 831; 4:427; 4:459). Auch die hypothetischen Imperative sind analytisch-praktische Sätze, da sie, „was das Wollen betrifft, analytisch" sind (4:417).

Entsprechend wird also auch zwischen moralischem und nicht-moralischem Handeln unterschieden: „Alle praktische Principien, die ein *Object* (Materie) des Begehrungsvermögens als Bestimmungsgrund des Willens voraussetzen, sind insgesammt empirisch und können keine praktische Gesetze abgeben" (5:21). In diesem Fall liefert die Vernunft Regeln, die den →Willen nicht „als Willen" (5:20) bzw. „*unmittelbar*" (5:116), sondern pathologisch, d. h. unter dem Einfluss der Sinnlichkeit, bestimmen; das echte Moralische wird hingegen als das erörtert, was a priori allgemeingültige Gründe für eine Entscheidung liefern kann (vgl. KrV A 802 / B 830; 5:20; 5:31; 5:33; 4:413). So nennt Kant →Pflicht „die Handlung, die nach diesem Gesetze [sc. dem moralischen] mit Ausschließung aller Bestimmungsgründe aus Neigung objectiv praktisch ist" (5:80; vgl. 4:427); dementsprechend ist „[p]raktisch *gut*", „was vermittelst der Vorstellungen der Vernunft, mithin nicht aus subjectiven Ursachen, sondern objectiv, d. i. aus Gründen, die für jedes vernünftige Wesen als ein solches gültig sind, den Willen bestimmt" (4:413).

Diese wesentliche Differenzierung im Praktischen wird dann in *KU* (und in *1. Einleitung KU*) mit Nachdruck ausgedrückt. Es sei nämlich zu unterscheiden, „ob der Begriff, der der Causalität des Willens die Regel giebt, ein Naturbegriff, oder ein Freiheitsbegriff sei": „ist der die Causalität bestimmende Begriff ein Naturbegriff, so sind die Principien *technisch-praktisch*; ist er aber ein Freiheitsbegriff, so sind diese *moralisch-praktisch*" (5:172; vgl. 5:26; 5:455; 20:199ff.; 23:163; und öfter in *Op. post.*: 21:16; 21:21; 21:23f.; 21:78; technisch-praktisch; Freiheitsbegriff/Naturbegriff). Die in diesem Sinne praktische Philosophie wird mit der Sittenlehre gleichgesetzt (vgl. 5:172; 5:171; 6:217).

Die Willensbestimmung umfasst aber nicht nur eine abstrakte Gesetzgebung, sondern auch eine motivierende Wirkung der praktischen Gründe auf das Gefühl: die besondere „Empfindung, die wir Achtung nennen", kann „ihres Ursprunges wegen nicht pathologisch, sondern muß *praktisch gewirkt* heißen: indem dadurch, daß die Vorstellung des moralischen Gesetzes der Selbstliebe den Einfluß und dem Eigendünkel den Wahn benimmt" (5:75; →Achtung, Achtung für das Gesetz). Ähnlich ist die besondere Lust an der rein moralisch motivierten Handlung „eine reine praktische, nicht ästhetische Bestimmung des Begehrungsvermögens" (5:116; vgl. 5:73; 5:187; 6:212; 6:376), da sie bloß in der Beziehung der Vernunft auf den Willen gründet. Im Praktischen ist die Rolle der Motivation so wesentlich, dass die bloße Kenntnis der praktischen Regeln von Kant sogar als „theoretisch[]", d. h. als an sich praktisch unzureichend, qualifiziert wird: Durch das Gesetz „wird die Handlung als Pflicht vorgestellt, welches ein bloßes theoretisches Erkenntnis der möglichen Bestimmung der Willkür, d. i. praktischer Regeln, ist"; durch die Triebfeder „wird die Verbindlichkeit so zu handeln mit einem Bestimmungsgrunde der Willkür überhaupt im Subjecte verbunden" (6:218). Demzufolge ist die praktische Philosophie nicht bloß ein Wissen: „Ein der *praktischen Philosophie Kundiger* ist darum eben nicht *ein praktischer Philosoph*. Der letztere ist derjenige, welcher sich den *Vernunftendzweck* zum Grundsatz *seiner Handlungen* macht [...]. Denn da kommt es nicht blos darauf an, zu wissen, *was* zu thun Pflicht ist [...]: sondern vornehmlich auf dem inneren Princip des Willens, nämlich daß das Bewußtsein dieser Pflicht zugleich *Triebfeder* der Handlungen sei, um von dem, der mit seinem Wissen dieses Weisheitsprincip verknüpft, zu sagen: daß er ein *praktischer Philosoph* sei" (6:375 Anm.).

Innerhalb des Praktischen betrifft der „moralische Begriff" des →Rechts *„erstlich* nur das äußere und zwar praktische Verhältnis einer Person gegen eine andere, sofern ihre Handlungen als Facta aufeinander (unmittelbar oder mittelbar) Einfluß haben können" (6:230; vgl. 6:263). Das Recht regelt also insofern die Handlungen, nicht insofern sie physische Bewirkungen, sondern insofern sie Folgen einer Bestimmung der Willkür sind (vgl. 6:246; 6:249; 6:257).

2.3 „[B]loß praktisch" ist die „moralisch[e]" Frage *„Was soll ich thun?"* (KrV A 805 / B 833); allgemein im ‚Praktischen' befragen wir „nur die Vernunft um die *Vorschrift* des Verhaltens" (KrV A 803 / B 831). Zwar hat die praktische Vernunft „mit dem Subjecte zu thun" (5:20), ihre Bestimmung ist aber immerhin auf eine Wirkung eines aktiven Vermögens bezogen: etwas „in praktischer Rücksicht" anzunehmen, bedeutet allgemein, es zu tun, „um einen gewissen Zweck zu erreichen" (6:354). So bezeichnet der Begriff ‚praktisch' andererseits neben der Willensbestimmung auch die Beziehung auf ein kraft solcher Bestimmung zu realisierendes Ziel; insofern bedeutet „für uns praktisch[]": „durch unsern Willen wirklich zu machen[]" (5:113; vgl. 4:436; 5:89; 5:133; 5:120). In diesem Sinn wird die Frage nach der praktischen Möglichkeit des höchsten Gutes erörtert (vgl. 5:112; 5:143; →Gut, höchstes). „Als praktisches Vermögen an sich selbst" ist die reine Vernunft berechtigt, die „Ordnung der Zwecke" „und mit ihr unsere eigene Existenz über die Grenzen der Erfahrung und des Lebens hinaus zu erweitern" (KrV B 425; vgl. KrV B 421; KrV A 800 / B 828).

3 Das Praktische über die praktische Philosophie hinaus

Trotz des Ausschlusses der praktischen Philosophie aus der Transzendentalphilosophie misst Kant dem Praktischen eine systematische Bedeutung bei, die über die Aufgaben der Moralphilosophie hinaus geht. Die drei „Cardinalsätze" von der Willensfreiheit, der Unsterblichkeit der Seele und des Daseins →Gottes sind „zum *Wissen* gar nicht nöthig [...]: so wird ihre Wichtigkeit wohl eigentlich nur das *Praktische* angehen müssen" (KrV A 799f. / B 827f.). Denn sie stellen Bedingungen der möglichen Verwirklichung vom moralisch gebotenen Endzweck dar und dürfen also als „praktisch nothwendige Voraussetzung[en]" (KrV A 777 / B 805; vgl. 5:132; 9:68; →Postulate der reinen praktischen Vernunft) bzw. „in praktischer Absicht" (KrV A 823 / B 851; vgl. 5:4; 5:106; 5:133; 5:136; 6:487; 9:70) angenommen werden. Ein weiterer wichtiger Unterschied des Praktischen zum Theoretischen und Spekulativen besteht also darin, dass es eine besondere Art von →Fürwahrhalten berechtigt, die eine praktisch fundierte Erweiterung der Erkenntnis darstellt: „Um ein reines Erkenntniß *praktisch* zu erweitern, muß eine *Absicht* a priori gegeben sein, d. i. ein Zweck als Object (des Willens), welches unabhängig von allen theoretischen Grundsätzen durch einen den Willen unmittelbar bestimmenden (kategorischen) Imperativ als praktisch nothwendig vorgestellt wird, und das ist hier das *höchste Gut*. Dieses ist aber nicht möglich, ohne drei theoretische Begriffe (für die sich, weil sie bloße reine Vernunftbegriffe sind, keine correspondirende Anschauung, mithin auf dem theoretischen Wege keine objective Realität finden läßt) vorauszusetzen: nämlich Freiheit, Unsterblichkeit und Gott" (5:134). Demzufolge ist die Frage: „wenn ich nun thue, was ich soll, was darf ich alsdann hoffen? [...] praktisch und theoretisch zugleich, so daß das Praktische nur als ein Leitfaden zu Beantwortung der theoretischen und, wenn diese hoch geht, speculativen Frage führt" (KrV A 805 / B 833).

Die herausragende Bedeutung des Praktischen für den Sinn des philosophischen Denkens wird noch in *Op. post.* bestätigt. In *KU* hat Kant erklärt, dass das Technisch-Praktische „zur theoretischen Philosophie (als Naturlehre) gehören" sollte (5:172); diese Verbindung wird dann noch verstärkt, sodass an mehreren Stellen in *Op. post.* die technisch-praktische Ebene in sich alle theoretischen Fragen einzuschließen scheint (vgl. 21:556; auch 21:16; 21:21; 21:23f.; 21:78), sodass das Praktische letztlich die ganze Perspektive der →Philosophie zu umfassen scheint. Schon in *KpV* behauptet Kant, dass „alles Interesse zuletzt praktisch ist, und selbst das der speculativen Vernunft nur bedingt und im praktischen Gebrauche allein vollständig ist" (5:121; vgl. KrV B XXXVIII); zuletzt wird auch das Verhältnis zwischen Praktischem und Transzendentalphilosophie entsprechend angedeutet: „Der höchste Standpunkt der transsc: Philosophie ist die *Weisheitslehre* welche ganz auf das Practische des Subjects abzweckt" (21:95; vgl. z. B. 22:112; 22:489).

Weiterführende Literatur

Bertani, Corrado: „Il concetto di 'pratico' nella ‚Kritik der reinen Vernunft'", in: Studi kantiani 10, 1997, 27–79.

Guyer, Paul: „In praktischer Absicht. Kants Begriff der Postulate der reinen praktischen Vernunft", in: Philosophisches Jahrbuch 104, 1997, 1–18.

Schönecker, Dieter: Kants Begriff transzendentaler und praktischer Freiheit. Eine entwicklungsgeschichtliche Studie, Berlin u. a.: de Gruyter 2005.

Willaschek, Marcus: Praktische Vernunft. Handlungstheorie und Moralbegründung bei Kant, Stuttgart u. a.: Metzler 1992.

Stefano Bacin

Psychologie

Gegenstand der Psychologie (auch „Seelenlehre", z. B. 4:470) ist die Seele, oder genauer: das denkende Ich, sofern es „Gegenstand des innern Sinnes" ist (KrV A 342 / B 400; vgl. KrV A 334 / B 391). Kant unterscheidet zwischen der empirischen und der rationalen Psychologie: Die empirische Psychologie verfolgt das Ziel, allgemeine Aussagen über die wahrnehmbaren inneren Zustände des denkenden Ich zu formulieren (vgl. KrV A 342 / B 400; KrV A 347 / B 405; 4:471; 7:141). Im Gegensatz zur empirischen Psychologie sieht die rationale Psychologie von allen wahrnehmbaren inneren Zuständen ab; ausgehend von dem für alles Erkennen konstitutiven Bewusstsein ‚Ich denke' versucht sie vielmehr allein durch logisches Schließen zu substantiellen Erkenntnissen über denkende Wesen zu gelangen. Sie verlangt von der Seele „nichts weiter zu wissen [...], als was unabhängig von aller Erfahrung (welche mich näher und *in concreto* bestimmt) aus diesem Begriffe *Ich*, so fern er bei allem Denken vorkommt, geschlossen werden kann" (KrV A 342 / B 400). Weitere wichtige Stellen: 2:180ff.; 2:351f.; KrV A 334f. / B 391f.; KrV A 341–348 / B 399–406; KrV B 406–431; KrV A 348–405; KrV A 846 / B 874; KrV A 848f. / B 876f.; 4:304; 4:333ff.; 4:427; 4:467; 4:471; 5:9 Anm.; 5:137; 5:266; 5:277ff.; 5:286; 5:460f.; 5:479; 7:134 Anm.; 7:141f.; 7:161; 10:145; 20:237ff.

Vorgeschichte und historischer Kontext

Die *Psychologia empirica* beschäftigt sich bei Christian Wolff mit der Beschreibung von Bewusstseinszuständen des → Erkenntnisvermögens und des Begehrungsvermögens. Die *Psychologia rationalis* verfolgt hingegen das Ziel, diese Zustände metaphysisch zu erklären, d. h. aus ihr Aussagen über die zugrunde liegende Seelensubstanz abzuleiten (vgl. Wolff, *Deutsche Metaphysik*, §§ 191ff.; §§ 727ff.; Baumgarten, *Metaphysica* §§ 501–739; §§ 740–799, vgl. 15:5–54; 17:130–156). Im Laufe des 18. Jahrhunderts bürgert sich auch der Ausdruck ‚Pneumatologie' (auch ‚Pneumatik', ‚Pneumatismus') als Bezeichnung für die Seelen- bzw. Geisterlehre ein. In dieser Bedeutung wird er von Wolff (vgl. Wolff, *Discursus Praeliminaris*, § 58, § 79), aber auch von Crusius verwendet (vgl. Crusius, *Entwurf*, § 424).

Philosophische Funktion

1 Psychologie beim vorkritischen Kant

Spätestens in den 1760er Jahren setzt bei Kant eine intensive Auseinandersetzung mit der Psychologie seiner Zeit ein. So greift Kant etwa in den *Beobachtungen* (1764) auf zeitgenössische psychologische Aussagen über das Gefühl der Lust und Unlust zurück, wie z. B. die Unterscheidung von groben und feinen Gefühlen (vgl. 2:207ff.). Zugleich setzt sich Kant in *Träume* polemisch mit der rationalen Psychologie bei Wolff und Crusius auseinander (vgl. etwa 2:342 und 2:351f.). Kant kritisiert vor allem das Argument, dem zufolge aus der Einfachheit des Ich folgen soll, dass es immaterielle Wesen mit Vernunft gibt (vgl. 2:322f.). Bei der „Pneumatologie der Menschen" handle es sich lediglich um einen „Lehrbegriff ihrer nothwendigen Unwissenheit in Absicht auf eine vermuthete Art Wesen" (2:352). In *De mundi* (1770) beschäftigt sich Kant mit dem Problem des Verhältnisses zwischen Seele und Körper, welches auch von der rationalen Psychologie von Wolff und Baumgarten erörtert wird. Gegen die drei Theorien des *influxus physicus*, der prästabilierten Harmonie und des Okkasionalismus behauptet er, dass sich die Interaktion von Seele und Körper unserem Wissen entzieht.

Im Wintersemester 1772–1773 konzipiert Kant dann eine neue Vorlesung bzw. akademische Disziplin, die als Alternative zur empirischen Psychologie angesehen werden muss: die → Anthropologie. In einem Brief an Marcus Herz vom Herbst 1773 erklärt Kant, dass die empirische Psychologie nicht im Stande sei, die Frage nach dem physiologischen Substrat psychischer Phänomene und Prozesse zu beantworten (vgl. 10:145). Die Anthropologie erörtere hingegen die psychischen Phänomene lediglich in praktischer Perspektive und müsse sich daher nicht der Erforschung des Verhältnisses von Seele und Körper widmen (vgl. auch Kants spätere Aussage hierzu in 7:119). Ihr Ziel besteht in der empirischen Beobachtung des weltklugen Verhaltens.

2 Psychologie in der KrV

2.1 *Ausschluss von Moralphilosophie und Geschmackskritik* Zumindest dem Anspruch nach schließt Kant den Rückgriff auf empirisch-psychologische Aussagen in der *KrV* aus. Da sich die → Transzendentalphilosophie mit der Frage beschäftigt, wie Erkenntnis a priori möglich ist, dürfen in diese „gar keine Begriffe hineinkommen [...], die irgend etwas Empirisches in sich enthalten" (KrV A 14 / B 28). Nun müssen allerdings „die obersten Grundsätze der Moralität und die Grundbegriffe derselben [...] die Begriffe der Lust und Unlust, der Begierden und Neigungen etc., die insgesammt empirischen Ursprungs sind, [...] nothwendig in die Abfassung des Systems der reinen Sittlichkeit mit hineinziehen" (KrV B 28f.). Kant löst diese Schwierigkeit, indem er das System der reinen Sittlichkeit, also die Moralphilosophie, aus der Transzendentalphilosophie ausschließt. Diese Trennung liegt der B-Auflage zufolge darin begründet, dass Lust und Unlust, Begierde und Neigungen zwar nicht die Basis der moralischen Vorschriften bilden, gleichwohl aber mit dem „Begriffe der Pflicht als Hinderniß, das überwunden, oder als Anreitz, der nicht zum Bewegungsgrunde gemacht werden soll", verbunden sind (KrV B 29; vgl. KrV A 14f.).

Auch die Beurteilung schöner Gegenstände wird nach Kant nicht in der *KrV* thematisiert. Kant kritisiert in diesem Zusammenhang die Redeweise von der →Ästhetik als Wissenschaft des Schönen, die sich bei Baumgarten findet (vgl. KrV A 21 Anm. / B 35f. Anm.). Nach Kant muss sich unser Geschmacksurteil nicht, wie Baumgarten annimmt, nach „Vernunftprincipien" richten (KrV A 21 Anm. / B 35 Anm.). Es ist vielmehr umgekehrt das Geschmacksurteil, welches den „eigentlichen Probirstein der Richtigkeit der ersteren", d. h. der „Regeln oder Kriterien" des Geschmacks ausmacht (KrV A 21 Anm. / B 35 Anm.). Denn nach Kant weisen die Regeln des →Geschmacks einen empirischen Ursprung auf und lassen sich nicht aus „Gesetzen a priori" ableiten. Die „Benennung" Ästhetik kann somit zumindest im Rahmen der *KrV* der ‚transzendentalen Ästhetik', also der Lehre von Raum und Zeit als den Formen sinnlicher Anschauung, vorbehalten bleiben (KrV A 21 Anm. / B 35 Anm.; vgl. aber 20:221f.).

2.2 *Kants Kritik an Locke* Insbesondere an der Lehre von den reinen Verstandesbegriffen zeigt sich für Kant die Schwäche empirisch-psychologischer Erklärungen in der Transzendentalphilosophie. Kant kritisiert hier John Locke und seinen Versuch, die reinen Verstandesbegriffe aus der Erfahrung abzuleiten: „Ein solches Nachspüren der ersten Bestrebungen unserer Erkenntnißkraft, um von einzelnen Wahrnehmungen zu allgemeinen Begriffen zu steigen, hat ohne Zweifel seinen großen Nutzen, und man hat es dem berühmten *Locke* zu verdanken, daß er dazu zuerst den Weg eröffnet hat. Allein eine *Deduction* der reinen Begriffe a priori kommt dadurch niemals zu Stande, denn sie liegt ganz und gar nicht auf diesem Wege, weil in Ansehung ihres künftigen Gebrauchs, der von der Erfahrung gänzlich unabhängig sein soll, sie einen ganz andern Geburtsbrief, als den der Abstammung von Erfahrungen müssen aufzuzeigen haben" (KrV A 86f. / B 118f.; vgl. KrV A IX, KrV B 127f.; →Deduktion, transzendentale).

2.3 *Die Paralogismen – Kritik der rationalen Psychologie* Im Paralogismen-Kapitel (vgl. KrV A 341–348 / B 399–406; KrV A 348–405; KrV B 406–431) setzt sich Kant kritisch mit der rationalen Psychologie auseinander. Ausgangspunkt der rationalen Psychologie ist nach Kant das für alles Erkennen konstitutive Bewusstsein „*Ich denke*" (KrV A 341 / B 399; vgl. B 131ff.; →Apperzeption; denkendes Ich). Allerdings thematisiert die rationale Psychologie das ‚Ich', wie es im →‚Ich denke' auftritt, nicht als eine Bedingung für Erkenntnis, sondern vielmehr als Gegenstand der Erkenntnis. Die primären Erkenntnisziele, die sie dabei verfolgt, lassen sich in Anlehnung an die Kategorien-Tafel in Form von vier Behauptungen formulieren: „1. Die Seele ist *Substanz*. 2. Ihrer Qualität nach *einfach*. 3. Den verschiedenen Zeiten nach, in welchen sie da ist, numerisch-identisch, d. i. *Einheit* (nicht Vielheit). 4. Im Verhältnisse zu *möglichen* Gegenständen im Raume" (KrV A 344 / B 402). Die Interpretation dieser Behauptungen ist im Einzelnen umstritten (→Paralogismen der reinen Vernunft). Zusammen genommen zielen sie jedoch darauf ab zu zeigen, dass die Seele unabhängig vom Körper existiert und demgemäß auch nach dem Tod weiter besteht (vgl. KrV A 356f.; KrV A 383).

Die Schlüsse, welche die vier Behauptungen ausgehend vom ‚Ich denke' beweisen sollen, sind Kant zufolge allerdings allesamt formal ungültig (also Fehlschlüsse bzw. ‚Paralogismen', vgl. KrV A 341 / B 399; KrV A 402f.; Paralogismus). Kant ordnet den vier Behauptungen jeweils spezifische Paralogismen zu (vgl. KrV A 348ff. und B 407ff.). Seine genaue Analyse dieser Fehlschlüsse ist allerdings komplex und umstritten (näheres hierzu vgl. Rosefeldt, *Das logische Ich*). Ein Problem besteht Kant zufolge darin, dass in ihnen die →Kategorien auf das Ich angewandt werden, ohne dass dabei eine entsprechende →Anschauung gegeben ist. Auf diese Weise könne jedoch das Ich etwa als eine Seelensubstanz gedacht, jedoch nicht als eine solche erkannt werden (vgl. KrV A 350f.; KrV A 356).

3 Kants Kritik der empirischen Psychologie in den MAN

In der *GMS* (1785) stellt Kant der empirischen →Physik noch die empirische Psychologie als zweiten empirischen Teil der Naturlehre an die Seite. Er spricht von „einer empirischen Seelenlehre, welche den zweiten Theil der Naturlehre ausmachen würde, wenn man sie als *Philosophie der Natur* betrachtet, so fern sie auf *empirischen Gesetzen* gegründet ist" (4:427). In den *MAN* (1786) vertritt Kant hingegen die These, dass die empirische Psychologie keine eigentliche Naturwissenschaft ist (vgl. 4:471). Der Hauptgrund wird von Kant lediglich angedeutet: Die Psychologie sei keine Naturwissenschaft, „weil Mathematik auf die Phänomene des inneren Sinnes und ihre Gesetze nicht anwendbar ist, man müßte denn allein das *Gesetz der Stetigkeit* in dem Abflusse der inneren Veränderungen desselben in Anschlag bringen wollen [...]. Denn die reine innere Anschauung, in welcher die Seelen-Erscheinungen construirt werden sollen, ist die Zeit, die nur *eine* Dimension hat“ (4:471). Durch den inneren Sinn werden, im Gegensatz zu den äußeren Sinnen, ausschließlich nicht-räumliche intensive Größen (wie z. B. unterschiedliche Grade von Schmerz oder Lust) gegeben. Auf diese Größen ist →Mathematik jedoch nur sehr beschränkt anwendbar, weil sich im Hinblick auf Seelenzustände (über Dauer und Intensität hinaus) nichts Quantitatives ausmachen lässt. Das einzige Gesetz, welches hier einschlägig ist, ist das auf die Zeit-Dimension gestützte Gesetz der Stetigkeit: „Die Natur [...] thut [...] keinen Sprung, weder in der Folge ihrer Veränderungen, noch der Zusammenstellung specifisch verschiedener Formen (lex continui in natura)“ (5:182). Doch ähnlich wie eine Geometrie, welche allein die Eigenschaften einer Geraden betrachten würde, wäre eine mathematisierte Psychologie relativ arm an Erkenntnissen (vgl. 4:471; 20:237).

4 Psychologie und praktische Vernunft

Die moralphilosophischen Grundlegungsschriften des kritischen Kant sind – zumindest auf den ersten Blick – ebenfalls von einer kritischen Bewertung des philosophischen Nutzens der Psychologie durchzogen (für die *GMS* vgl. etwa 4:425–427). So polemisiert Kant in der *KpV* gegen den „*comparativen* Begriff[] von Freiheit“ (5:96), also gegen die Annahme, die Freiheit des menschlichen Willens bestünde darin, dass das Wollen einer Handlung durch die eigenen Begierden bzw. das „Belieben“ des Menschen bestimmt wird. Dabei handle es sich lediglich um eine „psychologische Freiheit“, die mit einer deterministischen „inneren Verkettung der Vorstellungen“ vereinbar sei (5:96). Sie sei daher um „nichts besser[] als die Freiheit eines Bratenwenders [...], der auch, wenn er einmal aufgezogen worden, von selbst seine Bewegungen verrichtet“ (5:97).

Gleichwohl gesteht Kant psychologischen Begriffen eine gewisse Bedeutung für die praktische Philosophie zu. So „entlehnt“ die *KpV* die Begriffe des Lebens, des Begehrungsvermögens und der Lust explizit „aus der Psychologie“ (5:9 Anm.). Um allerdings zu verhindern, dass damit unter der Hand empirische Vorentscheidungen getroffen werden, müssen deren Definitionen zuerst einen Abstraktionsprozess durchlaufen – sie müssen, wie Kant sich ausdrückt, „aus lauter Merkmalen des reinen Verstandes, d. i. Kategorien, zusammengesetzt“ sein, „die nichts Empirisches enthalten“ (5:9 Anm.; vgl. auch 6:211f.).

Dass Kant der empirischen Psychologie darüber hinaus mindestens implizit eine positive Rolle in der Moralphilosophie zuspricht, kommt an zahlreichen Stellen zum Ausdruck. Zahlreiche Theoriestücke der moralischen Schriften Kants, insbesondere der *GMS*, der *KpV* und der *MST*, können als Beiträge zu empirisch-psychologischen Beobachtungen angesehen werden, die in einem Kontinuitätsverhältnis zu Kants Anthropologie-Vorlesungen stehen (vgl. etwa 5:22ff.; 5:34ff.).

5 Psychologie in der KU

Kant kritisiert in der *KU* Burkes „physiologische“ Exposition der Geschmacksurteile und setzt ihr seine eigene „transscendentale[]“ Exposition entgegen (5:277; vgl. 5:277ff.; 20:237ff.). Kant zufolge wird eine rein psychologische Untersuchung dessen, was Menschen für gewöhnlich ästhetisch schätzen, der Apriorität ästhetischer Urteile nicht gerecht. Gleichwohl ist auffällig, dass sich in der ersten Hälfte der *KU* auch eigene empirisch-psychologischen Beobachtungen Kants finden, die insbesondere den Zusammenhang von Gefühl und Leben betreffen. So merkt Kant im Zusammenhang mit seiner Kritik an Burke an, dass jede Vorstellung mit Vergnügen oder mit Schmerz verbunden ist. Alle Vorstellungen affizieren nämlich das Lebensgefühl: „Es ist auch nicht zu läugnen, daß alle Vorstellungen in uns, sie mögen objectiv bloß sinnlich, oder ganz intellectuell sein, doch subjektiv mit Vergnügen oder Schmerz, so unmerklich beides auch sein mag, verbunden werden können (weil sie insgesammt das Gefühl des Lebens afficiren, und keine derselben, sofern als sie Modification des Subjects ist, indifferent sein kann)“ (5:277).

Darüber hinaus behauptet Kant im gleichen Zusammenhang, weder Vergnügen noch Schmerz seien erklärbar, ohne eine Verbindung der Seele mit dem Körper vorauszusetzen; so stimmt er Epikur darin zu, „daß [...] immer *Vergnügen* und *Schmerz* zuletzt doch körperlich sei, es mag nun von der Einbildung, oder gar von Verstandesvorstellungen anfangen" (5:277). Auch die Begründung dieser These beruht auf dem Begriff des Lebens. Sie basiert auf der Differenzierung zwischen dem Leben, welches als „Bewußtsein seiner Existenz" aufgefasst wird, und dem Leben als „Gefühl des Wohl- oder Übelbefindens" (5:278). Letzteres erfordert, dass das Bewußtsein seiner eigenen Existenz mit dem „Gefühl des körperlichen Organs" (5:278) verbunden wird. Ohne dieses wäre das Gefühl des Wohlbefindens nicht denkbar, „weil das Leben ohne das Gefühl des körperlichen Organs bloß Bewußtsein seiner Existenz, aber kein Gefühl des Wohl- oder Übelbefindens, d. i. der Beförderung oder Hemmung der Lebenskräfte, sei; weil das Gemüth für sich allein ganz Leben (das Lebensprincip selbst) ist, und Hindernisse oder Beförderungen außer demselben und doch im Menschen selbst, mithin in der Verbindung mit seinem Körper gesucht werden müssen" (5:277f.; vgl. dazu →Gefühl).

In den Reflexionen und den Vorlesungen über Anthropologie wird das Leben seit den siebziger Jahren auf drei verschiedenen Ebenen konzipiert. Zuerst wird das tierische Leben des Menschen in Betracht gezogen, sodann das menschliche Leben und endlich das geistige Leben. Während das tierische Leben nicht erklärt werden kann ohne den Bezug auf den Körper, sind sowohl das menschliche als auch das geistige Leben vom Körper unabhängig. Diesen drei Formen des Lebens korrespondieren drei verschiedene Gefühle: sinnliches Vergnügen und Schmerz, ästhetisches Wohlgefallen und praktisches Wohlgefallen. Wenn Kant etwa das Geschmacksurteil auf das „Lebensgefühl" bezieht (5:204), so wird hier das spezifisch menschliche Leben angesprochen. Die Verbindung mit dem Körper, von der im obigen Zitat die Rede ist, betrifft hingegen nur Vergnügen und Schmerz und das tierische Leben. So heißt es in der *KU*: „Annehmlichkeit gilt auch für vernunftlose Thiere; Schönheit nur für Menschen, d. i. thierische, aber doch vernünftige Wesen, aber auch nicht blos als solche (z. B. Geister), sondern zugleich als thierische; das Gute aber für jedes vernünftige Wesen überhaupt" (5:210).

Interpretationslage

Ein vieldiskutiertes Problem der Forschung betrifft die Frage, ob Kants Theorie der apriorischen Konstitution der Erfahrung in der *KrV* selbst auf fragwürdige psychologische Thesen zurückgreift. So ist etwa Peter Strawson zufolge die Theorie der Vermögen und die Theorie der Synthesis Kants ‚transzendentaler' Psychologie zuzuordnen und sollte bei der philosophischen Erschließung des Werks unberücksichtigt bleiben (vgl. Strawson, *The Bounds of Sense*, S. 20, S. 32; für eine alternative Auffassung vgl. Kitcher, *Transcendental Psychology*).

Ein weiteres offenes Problem ist das Verhältnis zwischen Kants Moralphilosophie und der Psychologie. So hält etwa L. W. Beck Kants Triebfederlehre grundsätzlich für Psychologie. Obwohl er bemerkt, dass die Frage, wie das moralische Gesetz subjektiv Triebfeder werden könne und welche Wirkung es auf das Gemüt ausübe, indem es eine Triebfeder ist, „mithilfe der ‚transzendentalen Definitionen' apriori beantwortet" wird (Beck, *Kants KpV*, S. 206), schreibt er: „Dazu müssen wir uns mit Kants Psychologie befassen und uns seinen ‚transzendentalen Definitionen' zuwenden, die, wie er sagt, das einzige sind, was er ‚aus der Psychologie entlehnt'" (Beck, *Kants KpV*, S. 205, vgl. auch S. 198f.).

Eine dritte Frage betrifft Kants Gebrauch des Ausdrucks ‚Seele'. In der Literatur wird die Vermutung geäußert, die Passagen, an welchen unproblematisch von ‚Seele' die Rede ist, offenbaren die Präsenz von vorkritischen Theoriestücken. Gegen diese Auffassung ist der Akzent darauf gelegt worden, dass der Ausdruck ‚Seele' nur insofern auf ein denkendes Subjekt referiert, „als dieses mit dem Körper verbunden ist" (Klemme, *Kants Philosophie des Subjekts*, S. 8).

Weiterführende Literatur

Ameriks, Karl: Kant's Theory of Mind. An Analysis of the Paralogisms of Pure Reason, Oxford: Clarendon Press, 2000².

Beck, Lewis White: Kants ‚Kritik der praktischen Vernunft'. Ein Kommentar, München: Fink 1995.

Brandt, Reinhard / Stark, Werner: Einleitung, in: Kants Gesammelte Schriften, Bd. 25: Vorlesungen über Anthropologie, Berlin u. a.: de Gruyter 1997, VII–CLI.

Butts, Robert E.: Kant and the Double Government Methodology. Supersensibility and Method in Kant's Philosophy of Science, Dordrecht: Reidel 1984.

Gigliotti, Gianna: „,Vermögen' e ,Kraft'. Una rilettura del concetto di ,sintesi' nella ,Critica della ragion pura'", in: Rivista di storia della filosofia 50, 1995, 255–276.

Giordanetti, Piero: L'estetica fisiologica di Kant, Milano: Mimesis 2001.

Klemme, Heiner F.: Kants Philosophie des Subjekts. Systematische und entwicklungsgeschichtliche Untersuchungen zum Verhältnis von Selbstbewußtsein und Selbsterkenntnis, Hamburg: Meiner 1996.

Höwing, Thomas: Praktische Lust. Kant über das Verhältnis von Fühlen, Begehren und praktischer Vernunft, Berlin u. a.: de Gruyter 2013.

Kitcher, Patricia: Kant's Transcendental Psychology, Oxford: Oxford University Press 1990.

Poggi, Stefano: Il genio e l'unità della natura, Bologna: Il Mulino 2000.

Pollok, Konstantin: Kants Metaphysische Anfangsgründe der Naturwissenschaft. Ein kritischer Kommentar, Hamburg: Meiner 2001.

Rosefeldt, Tobias: Das logische Ich. Kant über den Gehalt des Begriffes von sich selbst, Berlin: Philo Verlag 2000.

Piero Giordanetti / Red.

Qualität

Die Qualität ist der Titel der bejahenden, verneinenden und unendlichen Urteile und der in Entsprechung dazu gefassten Kategorien der → Realität, Negation und Limitation (vgl. KrV A 70 / B 95; KrV A 80 / B 106). Die Kategorien der Qualität bilden insgesamt den Begriff und das Zeitschema einer kontinuierlichen, gleichförmigen, in ihrer Stärke zu- oder abnehmenden → Empfindung (vgl. KrV A 143 / B 182; KrV A 166ff. / B 207ff.). Wie die reinen Verstandesbegriffe der → Quantität gehören sie zu den mathematischen Kategorien, die alle Begriffe von Größen sind. Anders als bei den Quantitätskategorien handelt es sich hier nicht um eine extensive, als Synthesis von Einheiten begreifbare Größe, sondern um eine graduelle, „*intensive Größe*" (KrV B 207), die nach dem Modell eines gegen Null strebenden Wertes zu verstehen ist. Die Qualität in dieser kategorialen Bedeutung ist ein Begriff, der als formale Bedingung der Empfindung fungiert. Er ist zu unterscheiden von der „empirischen Qualität", der Beschaffenheit eines Dinges wie Härte, Wärme, Farbe, Geschmack usw., welche man zu den materialen Bedingungen der Empfindung zu rechnen hat (KrV A 175 / B 217). Als kategorialer Begriff, der auf gegebene Empfindungen bezogen wird und dabei das Erfassen empirischer Qualitäten allererst möglich macht, entspricht die Qualität schließlich dem im Blick auf die Gültigkeit synthetischer Urteile a priori zu beweisenden Grundsatz der *Anticipationen der Wahrnehmung* (KrV A 166 / B 207), der nach der zweiten Auflage lautet: „*In allen Erscheinungen hat das Reale, was ein Gegenstand der Empfindung ist, intensive Größe*, d. i. einen Grad" (KrV B 207). Weitere wichtige Stellen: 2:405f.; KrV A 261ff. / B 317ff.; KrV A 291 / B 347; KrV A 344 / B 402; KrV A 404; KrV B 413ff.; KrV A 574f. / B 602f.; KrV A 714f. / B 742f.; KrV A 720 / B 748; 4:302ff.; 4:306ff.; 4:523; 5:203ff.; 18:661ff.; 20:456.

Philosophische Funktion

1. Das bewiesene Prinzip der Antizipationen der Wahrnehmung dient der Grundlegung der „Anwendung der Mathematik (*mathesis intensorum*) auf Naturwissenschaft" (4:307; vgl. *Refl.* 6338, 18:662). Den *MAN* zufolge sind die Qualitätskategorien Leitbegriffe der im Sinne einer mathematischen Kräfte- und Materielehre aufgefassten „Dynamik" (4:523). Dabei steht die Realität für das durch die Zurückstoßungskraft bewirkte „*Reelle* im Raume", die Negation für die Anziehungskraft, die bewirkt, dass das „Solide gänzlich aufgehoben" wird, die Limitation für eine Einschränkung der ersten Kraft durch die zweite, wodurch sich die „Bestimmung des *Grades einer Erfüllung* des Raumes" ergibt (4:523). Die den Raum erfüllende Materie, genauer gesagt: ihre Undurchdringlichkeit, ist somit als ein graduell bestimmbares Verhältnis von bewegenden Kräften aufzufassen. Vor diesem Hintergrund wird nahe gelegt, dass zu den Bedingungen der Empfindung oder des Realen nicht nur die graduelle Quantifizierung einer gegebenen Empfindung gehört, sondern auch das Begreifen der Empfindung als Relation von Kräften. Diese Auffassung von Größe als intensiver Kraft findet sich andeutungsweise auch im Beweis des Prinzips der Antizipationen der Wahrnehmung nach der zweiten Auflage der *KrV* („Grad des Einflusses auf den Sinn", (KrV B 208) und wird im *Op. post.* weiter ausgeführt (vgl. z. B. 21:396ff.; 22:437).

2. Mit dem Vorschlag, die Qualitätskategorien mithilfe des transzendentalen Arguments der Ermöglichung von Empfindung als gültig im Sinne synthetischer Erkenntnis a priori zu beweisen, hebt sich Kant von seinen philosophischen Vorgängern signifikant ab, was Anregungen durch dieselben bezüglich der Definition des Qualitätsbegriffs nicht ausschließt. So dürfte die Annahme, der Qualität komme eine Größe im Sinne eines Grades zu („*quantitas qualitatis est gradus*", 4:309 Anm.), durch Baumgarten angeregt sein, welcher Quantität und Qualität einerseits in den Bedeutungen von Größe und Beschaffenheit auseinanderhält (vgl. Baumgarten, *Metaphysica*, § 69; Baumgarten, *Metaphysik*, § 53), andererseits miteinander kombiniert, indem er eine Größe eigens der Beschaffenheit, den Grad, in Vorschlag bringt: „Quantitas qualitatis est gradus (quantitas virtutis)" (Baumgarten, *Metaphysica*, § 246; nach der *Metaphysik* 1783, § 168: „Die Größe einer Beschaffenheit ist *der Grad*, die Stufe (gradus, quantitas virtutis)". Für die Verbindung von Qualität und → Kraft wie auch für die Unterscheidung von apriorischer und empirischer Qualität ist Lockes These zu beachten, wonach sekundäre Qualitäten wie Farben, Töne und Gerüche durch primäre Qua-

litäten wie Größe und Bewegung bedingt sind (vgl. Locke, *Essay*, II.VIII.10). Die Beschreibung der Qualität als Kontinuität, die eine „unendliche Stufenfolge“ einschließt (KrV A 172 / B 214), deutet auf eine Anlehnung an Leibniz’ *lex continui*; die Erklärung, die intensive Größe sei als solche eine Einheit des Punkts oder Augenblicks, die als Vielheit „nur durch Annäherung zur Negation=0 vorgestellt werden kann“ (KrV A 168 / B 210), spricht für eine Bezugnahme auf den bei Leibniz und Lambert hoch im Kurs stehenden Begriff des Differentials, eines sich zum Unendlichkleinen bewegenden Wertes (vgl. Cohen, *Kants Theorie der Erfahrung*, S. 540ff.; S. 550f.). Wie aus der zweiten kosmologischen Antinomie hervorgeht (vgl. KrV A 439ff. / B 467ff.), verwirft Kant allerdings die Ansicht der Monadisten, die Vorstellung des Unendlichkleinen schließe nicht aus, dass es letzte kleine und damit einfache, substantielle Kräfte gebe. Kant zufolge erweist sich die Vorstellung einer unabschließbaren Annäherung an 0 gerade als unüberwindliches Hindernis für einen triftigen Beweis dieser Ansicht, die überdies von Mendelssohn zur Stützung des Dogmas der Unsterblichkeit der Seele herangezogen wurde (vgl. KrV B 413ff.). (Zu weiteren Hintergründen, vor allem das Verhältnis von extensiver und intensiver Größe betreffend, vgl. Böhme, *Kants Unterscheidung*, S. 254ff.)

3. Interpretationsschwierigkeiten bereitet die intensive Größe, die zum einen als eine von 0 bis zu einem bestimmten Wert bestehende Kontinuität mit unendlich vielen Abstufungen beschrieben wird (vgl. KrV B 208), zum anderen als eine punktuell oder augenblicklich auftretende Einheit der Empfindung, die in der → Apprehension „keine successive Synthesis, die von Theilen zur ganzen Vorstellung fortgeht“, kennt, somit „keine extensive Größe“ hat und in welcher die Vielheit nur „durch Annäherung zur Negation=0 vorgestellt werden kann“ (KrV A 167f. / B 209f.). Die Lesarten zu dieser Einheit der → Empfindung sind seit längerem kontrovers. Nach Cohen ist sie die „Einheit der Infinitesimalzahl“ und wird dabei als „Ursprung“ nicht nur der kontinuierlichen Reihe von Graden, sondern auch der extensiven Größe betrachtet (*Kants Theorie der Erfahrung*, S. 544ff.). Dem steht der von Meier ausgehende Versuch gegenüber, sie als eine der begrifflich-quantitativ bestimmten Qualität zugrunde liegende anschauliche Qualitätsform, ein *quale* überhaupt, kenntlich zu machen (vgl. *Qualitätskategorien*, S. 62). Während diese Richtung sich mit einer einsichtigen Abgrenzung der anschaulichen Qualitätsform von der empirischen Qualität schwer tut, operiert jene mit einer Auffassung von Erzeugung des Extensiven aus dem Intensiven, die sich nicht ohne Widerstand aus Kants Text herausinterpretieren lässt. Erklärungsbedürftig ist zudem die Aussage, wonach die einen Punkt oder Augenblick erfüllende Empfindung keine extensive Größe hat. Eine Empfindung dieser Art ist zwar als solche keine extensive Größe, für uns aber nur vorstellbar, wenn sie an etwas besteht, was eine minimale Ausdehnung oder Dauer hat, somit nur unter der Voraussetzung der extensiven Größe. Eine punktuell oder augenblicklich empfundene Stärke von Licht haben wir nur an einem für uns wahrnehmbaren Lichtfleck oder Lichtintervall.

Im Blick auf die einzelnen Qualitätskategorien wirft die Negation Fragen auf. Mit dem negativen Urteil führt Kant eine logische Negation ein, die (im Unterschied zu jener, die er mit dem unendlichen Urteil in Verbindung bringt) keine Position zulässt. Im Zusammenhang der Qualitätskategorien und des Zeitschemas der Qualität ist dagegen von einer grundsätzlich als Mangel an → Realität zu deutenden transzendentalen Negation die Rede, bei welcher zum einen von einer „gänzlichen Negation“ (KrV A 168 / B 210) oder auch einem „Nichts (= 0 = *negatio*)“ auszugehen ist, zum anderen von einer „Annäherung an die Negation =0“ (KrV A 143 / B 182) oder auch Negation, die nicht „gänzliche[n] Mangel“ (KrV A 172 / B 214) an Realität bedeutet. Vor diesem Hintergrund drängt sich die Ansicht auf, dass die zweite Bedeutung, die nicht vollständige Negation, nicht mit der Kategorie der Negation, sondern der Limitation zusammenfällt, die ausgehend vom unendlichen Urteil als eine durch Negation bedingte unabschließbare positive Bestimmung erscheint. Beim Beweis des Grundsatzes der Antizipationen der Wahrnehmung konzentriert Kant sich einseitig auf die zweite Bedeutung. Da Kategorien sich auf etwas in Raum und Zeit Gegebenes beziehen müssen, ist ein minimaler Realitätsgrad und damit eine Negation, die lediglich Annäherung an 0 bedeuten kann, vorauszusetzen. In dieser Richtung wird schließlich sogar dafür argumentiert, dass jede Wahrnehmung zwischen Realität und Negation einen Grad hat und dass dadurch „aus der Erfahrung niemals ein Beweis vom leeren Raume oder einer leeren Zeit gezogen werden" kann (KrV A 172 / B 214). Es bleibt damit unausgesprochen, welche Funktion und welchen Status die Negation=0 bei der Kategorienanwendung genau hat. Mit den Ausführungen zur „transscendentale[n] Verneinung" (KrV A 574f. / B 602f.) wird nahe gelegt, dass sie als bestimmte Negation vorzustellen ist, d. h. als Gegensatz zu einer bestimmten Bejahung oder Realität (z. B. Finsternis/Licht; Ruhe/Bewegung).

Eine häufiger erörterte Frage betrifft schließlich das Verhältnis der Kategorie der → Realität zur zweiten Modalitätskategorie, zur Wirklichkeit. Ist mit der Realität als graduell bestimmter Empfindung die Bedeutung von Wirklichkeit, unter welcher das Postulat der „materialen Bedingung[] der Erfahrung (der Empfindung)" verstanden werden soll (KrV A 218 / B 266), nicht bereits eingeschlossen? Ist die durch manche Stellen nahe gelegte Unterscheidung von Realität als „Sachheit" (KrV A 143 / B 182; KrV A 574 / B 602) und Wirklichkeit als Existenz überhaupt sinnvoll? Wie in Anlehnung an Cohen (vgl. *Kants Theorie der Erfahrung*, S. 553ff.) wiederholt festgehalten worden ist, erwecken manche Formulierungen – so beispielsweise die Fassung des Prinzips der Antizipationen der Wahrnehmung nach der ersten Auflage („In allen Erscheinungen hat die Empfindung, und das Reale, welches ihr an dem Gegenstande entspricht, (*realitas phaenomenon*) eine intensive Größe, d. i. einen Grad", KrV A 166) – in der Tat den Eindruck, dass Empfindung je schon eine Bezugnahme auf den Gegenstand der Empfindung einschließt, die es überflüssig macht, das Reale vom Wirklichen zu unterscheiden. Dem ist nicht so, wenn man sich die mit dem Prinzip der Antizipationen der Wahrnehmung verbundenen Beweisschritte vergegenwärtigt. Die Realität ist die als intensive Größe und Relation von Kräften zu charakterisierende Bedingung von Empfindung, die Wirklichkeit ist ebendiese Bedingung unter Einschluss ihres Bezugs auf gegebene Empfindungen, eines Bezugs, der es schließlich zu behaupten ermöglicht, die Bedingung der Empfindung sei objektiv gültig bzw. zugleich von gegenständlicher Bedeutung.

Weiterführende Literatur

Böhme, Gernot: „Über Kants Unterscheidung von extensiven und intensiven Größen", in: Kant-Studien 65, 1974, 239–258.

Cohen, Hermann: Kants Theorie der Erfahrung, Berlin: Cassirer [3]1918.

Maier, Annelise: Kants Qualitätskategorien, Berlin: Pan-Verl. Metzner 1930.

Martin Bondeli

Quantität

Unter den Titel der Quantität gehören die Kategorien der → Einheit (das Maß), der Vielheit (die Größe) und der Allheit (das Ganze) (vgl. KrV A 80 / B 106; 4:303) sowie die entsprechenden allgemeinen, besonderen und einzelnen Urteile (vgl. KrV A 70 / B 95). Die Quantitätsbegriffe gehören zusammen mit jenen der → Qualität zu den mathematischen Kategorien. Deren Funktion ist die „Synthesis des Mannigfaltigen, was *nicht nothwendig zu einander* gehört" (KrV B 201 Anm.), „und dergleichen ist die Synthesis des *Gleichartigen* in allem, was *mathematisch* erwogen werden kann" (KrV B 201 Anm.). Im Unterschied zur Qualität, unter welche intensive Größen fallen, werden durch die quantitative Synthesis im Mannigfaltigen der Anschauung „*extensive Größen*" (KrV A 162 / B 202), also im Umfang bestimmte Mengen homogener Elemente erzeugt. Solche sind im Verbund mit dem → Schematismus der Zahl nach erfassbar (vgl. KrV A 142f. / B 182). Mit dem Beweis des Grundsatzes der Axiome der Anschauung, dass alle Erscheinungen extensive Größen sind, sichert Kant die objektive Gültigkeit der Quantitätskategorien und weist die Möglichkeit synthetischer Urteile a priori in der → Mathematik nach (vgl. KrV A 162ff. / B 202ff.). Als wichtigste Anwendung ist die Begründung der Phoronomie, der Lehre von der „*Bewegung* als ein reines *Quantum*" (4:477), in den *MAN* zu nennen. Weitere wichtige Stellen: KrV A 70 / B 95; KrV A 80 / B 106; KrV A 142f. / B 182; KrV A 162ff. / B 202ff.; KrV A 717ff. / B 745ff.; 4:302f.; 4:495; 4:537ff.; 5:211–219; 5:248–260; 9:102ff.; 21:454ff.; 28:560ff.; 28:659ff.

Philosophische Funktion

1. Dem → *Leitfaden* gemäß gewinnt Kant die Quantitätskategorien aus den Urteilsfunktionen der Quantität. Dabei besteht eine Interpretations-

schwierigkeit bezüglich ihrer Zuordnung (vgl. Frede/Krüger, *Zuordnung*): Eigentlich würde man erwarten, dass dem allgemeinen Urteil die Allheit und dem einzelnen die Einheit entspricht, was auch durch die folgende Anmerkung gestützt wird: „Wenn ich aber von der Einheit (in einzelnen Urtheilen) anhebe und so zur Allheit fortgehe [...]" (4:302 Anm.). Die Anordnung der Tafeln in der *KrV* wie auch in den *Prolegomena* legt aber die Zuordnung allgemeines Urteil/Einheit und einzelnes Urteil/Allheit nahe. Der Grund für diese Unklarheit ist wohl darin zu suchen, dass Kant der Urteilstafel die aristotelische →Logik zu Grunde legt, welche eigentlich nur allgemeine und besondere Urteile unterscheidet. Die einzelnen Urteile behandelt sie als Spezialfall der allgemeinen, da auch bei ersteren das Prädikat von allem gilt, was unter den Subjektbegriff fällt (vgl. KrV A 71 / B 96). Kant ordnet also der Einheit und der Allheit die formal gleiche Urteilsfunktion zu. Die Dreiheit der Urteilsquantitäten erscheint als Adhoc-Konstruktion im Hinblick auf die drei Quantitätskategorien.

2. Kants Annahme, dass die Quantitätsbegriffe zu den Kategorien (Gegenstandsbegriffen) gezählt werden müssen, beruht im Wesentlichen auf folgenden Thesen: (1) Die Quantifizierbarkeit des Mannigfaltigen der Anschauung ist unabdingbar für objektiv gültige Erkenntnis (Erfahrung). (2) Größenbestimmungen sind nicht schon durch die sinnliche Anschauung gegeben. Die Begriffe der extensiven Größe können entsprechend nicht empirisch sein (vgl. 21:456). (3) Es bedarf deshalb einer Verstandesleistung, die eine quantitative Erfassung des Anschauungsmaterials a priori möglich macht. Diese besteht in der Subsumtion gleichartiger Anschauungsmomente unter apriorische Begriffe der Quantität, welche durch apriorische Kriterien der Anwendbarkeit dieser Begriffe, den →Schematismus, vermittelt wird. Beides zusammen führt schließlich zu synthetischen Urteilen, die a priori für alle möglichen Erfahrungsgegenstände bezüglich ihrer extensiven Größe gelten.

3. Das reine →Schema der Quantität ist die Zahl, „welche eine Vorstellung ist, die die successive Addition von Einem zu Einem (gleichartigen) zusammenbefaßt" (KrV A 142 / B 182), bzw. „die Erzeugung (Synthesis) der Zeit selbst in der successiven Apprehension eines Gegenstandes" (KrV A 145 / B 184). Es gibt nur ein Schema für alle drei Kategorien, da beim sukzessiven Aneinanderfügen (dem Zählen oder Messen) bereits alle drei Begriffe involviert sind und der Begriff einer Zahl als abschließendes Moment „zur Kategorie der Allheit gehört" (KrV B 111). Kant unterscheidet allerdings nicht zwischen der im Zählprozess verwendeten Zählzahl und der Zahl, welche die Anzahl der gezählten Einheiten abschließend bestimmt.

Da bei der quantitativen Synthesis bloß die Gleichartigkeit der verbundenen Elemente erforderlich ist und keine zusätzliche, notwendige Beziehung unter ihnen (wie bei den dynamischen Kategorien), reicht als schematisches Kriterium für die Bestimmung extensiver Größen in der Anschauung bereits die subjektiv-zufällige zeitliche Abfolge der Anschauungsmomente.

Aus der objektiven Anwendbarkeit der Quantitätskategorien mittels des Schemas der Zahl folgt auch nur ein Grundsatz: „Alle Erscheinungen sind ihrer Anschauung nach *extensive* Größen" (KrV A 162) bzw. „*Alle Anschauungen sind extensive Größen*" (KrV B 202). Auf diesem Prinzip beruhen einerseits die Axiome der Geometrie, andererseits die arithmetischen Zahlformeln (vgl. KrV A 162ff. / B 203ff.), beides synthetische Urteile a priori.

4. Im Zusammenhang mit dem Prinzip der Axiome der Anschauung unterscheidet Kant zwei Begriffe der extensiven Größe: (1) Jeder Gegenstand hat als Erscheinung im Raum räumliche Ausdehnung (Gestalt) und ist insofern ein aus Anschauungsmomenten zusammengesetztes Quantum. „Auf diese successive Synthesis der productiven Einbildungskraft in der Erzeugung der Gestalten gründet sich die Mathematik der Ausdehnung (Geometrie) mit ihren Axiomen" (KrV A 163 / B 204). Entsprechend betreffen die Axiome der Geometrie auch „nur Größen (*quanta*) als solche" (KrV A 163 / B 204). (2) Deshalb kann bei allen Erscheinungen als Quanta immer noch „die Frage: wie groß etwas sei" (KrV A 163 / B 204) gestellt werden, die Frage nach der Quantitas, der zahlmäßig bestimmten Extension. Die „bloße Größe (*quantitatem*)" (KrV A 717 / B 745) und die reinen Zahlverhältnisse sind Gegenstand der Arithmetik. Kant scheint also der Meinung zu sein, dass die Bestimmung der extensiven Größe (quantitas) durch Quantitätsbegriffe an einem Quantum vor-

genommen wird („*Vnum, in quo est quantitas, est quantum*", *Refl.* 3713, 17:253).

Weiterführende Literatur

Frede, Michael / Krüger, Lorenz: „Über die Zuordnung der Quantitäten des Urteils und der Kategorien der Größe bei Kant", in: Kant-Studien 61, 1970, 28–49.

Longuenesse, Béatrice: Kant et le pouvoir de juger. Sensibilité et discursivité dans l'*Analytique transcendentale* de la *Critique de la raison pure*, Paris: Presses Universitaires de France 1993.

O'Sullivan, John M.: Vergleich der Methoden Kants und Hegels auf Grund ihrer Behandlung der Kategorie der Quantität, Kant-Studien Ergänzungshefte 8, Berlin: Reuther & Reichard 1908.

Sickenberger, Otto: „Kants Lehre von der Quantität des Urteils", in: Kant-Studien 2, 1898, 90–99.

Wolff-Metternich, Brigitta-Sophia von: Die Überwindung des mathematischen Erkenntnisideals, Berlin u. a.: de Gruyter 1995.

Silvan Imhof

Raum

In der *Transzendentalen Ästhetik* der *KrV* definiert Kant den Raum als „die reine Form aller äußeren Anschauung" (KrV A 34 / B 50), indem er festhält: „Der Raum ist nichts anderes, als nur die Form aller Erscheinungen äußerer Sinne, d. i. die subjective Bedingung der Sinnlichkeit, unter der allein uns äußere Anschauung möglich ist" (KrV A 27 / B 42). Diese Definition ist voraussetzungsreich, nur im Kontext des kritischen Werks (einschließlich *De mundi*) verständlich und nur für das kritische Werk einschlägig. Selten bezeichnet Kant Flächen und Linien als Räume. Ist von ‚dem Raum' die Rede, so geht Kant davon aus, dass dieser dreidimensional ist. Zugleich erkennt er aber deutlich, dass dies keineswegs trivial, sondern begründungsbedürftig ist. Weitere wichtige Stellen: 2:395–405; KrV A 17–30 / B 31–45; 4:280–288.

Philosophische Funktion

1 Historischer Kontext

In Bezug auf den Raum stellen sich für Kant die folgenden Fragen: (1) Gibt es den Raum nur relativ auf Körper, nämlich als *deren* gleichzeitige Ordnung (relationale Theorie des Raums); oder gibt es einen von den Körpern unabhängigen, absoluten Raum? (2) Gibt es →Bewegung im Raum nur relativ auf Körper als Bezugspunkte; oder gibt es eine Bewegung nur relativ zum absoluten Raum? Die jeweils erste Option wurde im berühmten Briefwechsel zwischen Leibniz und Clarke von Leibniz vertreten, die jeweils zweite von Clarke (in Abstimmung mit Newton; vgl. Robinet, *Correspondance Leibniz-Clarke*). (3) Ist unser Begriff bzw. unsere Idee vom Raum vorgegeben oder aber erworben? Die zweite Position wird deutlich von Locke vertreten (vgl. Locke, *Essay*, II.13). Die *räumliche* Gestalt eines Gegenstands erklärt Locke zu einer primären Qualität (vgl. Locke, *Essay*, II.8), für die gilt: Die *idea* von ihr ähnelt der Beschaffenheit des Gegenstands, wie er an sich selbst ist.

2 Vorkritisches Werk

Schon in seinem Erstling, der *Wahren Schätzung*, beschäftigt sich Kant u. a. mit der Frage, ob es nur *einen* Raum geben kann. Er hält dort eine Vielzahl von Räumen für möglich, wenn auch aus theologischen Gründen für unwahrscheinlich (vgl. 1:25). In der *KrV* geht Kant dagegen davon aus, dass es nur einen Raum geben kann (vgl. KrV A 25 / B 39 – der Plural ‚Räume' bezieht sich dann nur auf ‚Teile' oder ‚Einschränkungen' des einen Raumes). In der *Monadologia physica* findet sich der Versuch, Monaden als punktförmige Kraftzentren in den Raum einzuordnen. In *Gegenden* befürwortet er den von den Körpern unabhängigen absoluten Raum und glaubt, im Unterschied von rechter und linker Hand ein Argument für dessen Existenz gefunden zu haben. Später, in den *Prolegomena* (§ 13, 4:285f.), sieht er darin jedoch ein Argument für die Idealität des Raums.

3 Kritisches Werk: Der Raum als Anschauungsform

3.1 In der *Transzendentalen Ästhetik* der *KrV* definiert Kant den Raum als „die reine Form aller äußeren Anschauung" (KrV A 34 / B 50). Reine Form der Anschauung ist in dieser Definition das *genus proximum*, die nächsthöhere Gattung. Äußere →Anschauung ist die *differentia specifica*: der artbildende Unterschied. Denn auch die →Zeit ist die Form einer bestimmten Art von →Anschauung, nämlich der „innern Anschauung" (KrV A 34 / B 50). Der Grundgedanke vom Raum als Form der äußeren →Anschauung lässt sich unabhängig von Interpretationsproblemen so verstehen: Der bewusste geistige Bezug auf etwas setzt beim Menschen voraus, dass ihm „im Gemüthe" (KrV A 20 / B 34; in *De mundi* heißt dieses „mens", 2:395) eine Repräsentation davon zur Verfügung steht; der Mensch ist zur Erkenntnis auf Repräsentationen angewiesen („*cognitio symbolica*", 2:396). Es kann sich dabei um eine Repräsentation von etwas handeln, das mehreren Objekten gemeinsam ist: einen Begriff („*repraesentatio discursiva*", *Logik* § 1, 9:91). Oder es handelt sich um eine Repräsentation eines Einzeldings: eine Anschauung („*repraesentatio singularis*", 9:91). Um aber überhaupt als Repräsentation von etwas anderem als dem eigenen inneren Zustand verstanden werden zu können, muss eine Anschauung räumlich interpretiert werden. In diesem Sinne ist der Raum Form der Anschauung, und zwar der äußeren →Anschauung. Er muss vom Subjekt beigesteuert werden, damit es auf Äußeres gerichtete ‚Sinnlichkeit' überhaupt geben kann (zum Begriff der →Sinnlichkeit vgl. KrV A 19 / B 33; in *De Mundi* spricht Kant von „cognitio sensitiva", 2:395f.).

3.2 Entscheidend ist für Kant eine zweifache Abgrenzung, die sich aus der Definition ergibt.

Der Raum ist „keine Eigenschaft [... der] Dinge an sich [...] d. i. keine Bestimmung derselben, die an Gegenständen selbst haftete, und welche bliebe, wenn man auch von allen subjectiven Bedingungen der Anschauung abstrahirte" (KrV A 26 / B 42). Ganz anders beschaffene Wesen hätten vielleicht eine völlig andere Art, sich auf Einzeldinge zu beziehen, eine andere Art von → Anschauung („intuitus", vgl. *De mundi* § 10, 2:395f.). Kant bemerkt dazu zusammenfassend: „Wir behaupten also die *empirische Realität* des Raumes (in Ansehung aller möglichen äußeren Erfahrung), ob zwar die *transscendentale Idealität* desselben, d. i., daß er Nichts sei, so bald wir [...] ihn als etwas, was den Dingen an sich selbst zum Grunde liegt, annehmen" (KrV A 28 / B 44).

Der Raum ist aber auch kein → Begriff. Vor allem an Stellen, an denen Kant dies betont, geht er so weit, sogar den Raum selbst „eine reine Anschauung" zu nennen (KrV A 24 / B 39, vgl. auch *Prolegomena* § 10, 4:283). Verwirrenderweise argumentiert Kant in KrV A 24 / B 38f. getrennt dafür, dass der Raum kein diskursiver oder allgemeiner Begriff ist, und dafür, dass er kein empirischer Begriff ist. Nach § 1 der *Logik* (vgl. 9:91) sind dagegen alle → Begriffe diskursiv oder allgemein (vgl. aber den Ausdruck „*conceptus spatii*" in *De mundi*, § 15, 2:402, sowie „*Begriff[] vom Raume*" in KrV B 40; vgl. auch KrV A 22 / B 37.). Auch ist „Raum" in der Systematik der *KrV* klarerweise kein reiner Verstandesbegriff im Sinne der → transzendentalen Logik. Das Argument dafür, dass der Raum kein empirischer Begriff ist (vgl. KrV A 23 / B 38; 2:403), betont wohl zusätzlich den Gegensatz zu Locke, der die ‚idea of space' als empirische Vorstellung ansieht (vgl. *Locke, Essay*, II 13).

3.3 Für das kritische Werk ergeben sich zwei wesentliche Anwendungen der „Lehre von der Idealität des Raumes" (4:292; vgl. KrV A 38 / B 54):

(1) Die Lehre von der Idealität des Raums erklärt, wie Sätze der → Geometrie das sein können, wofür Kant sie hält: wahre → synthetische Urteile a priori, um deren Wahrheit man auch wissen kann.

Einerseits sind die Sätze der → Geometrie Kants Einteilung zufolge synthetische Sätze, also Sätze bei denen durch das Prädikat etwas über das Satzsubjekt behauptet wird, was sich nicht schon aus dem für das Satzsubjekt verwendeten Ausdruck (dem Subjektterm) folgern ließe: „Daß die gerade Linie zwischen zweien Punkten die kürzeste sei, ist ein synthetischer Satz. Denn mein Begriff vom *Geraden* enthält nichts von Größe, sondern nur eine Qualität" (KrV B 16.

Andererseits meint Kant, dass Sätze der → Geometrie Urteile sind, deren Wahrheit sich nur a priori begründen lässt, also ohne Rekurs auf Erfahrung. Denn wenn sie sich nur mit Rekurs auf Erfahrung begründen ließen (sie also synthetische Urteile a posteriori wären), dann wären sie auch anfällig für eine Widerlegung durch die Erfahrung, also anfällig für das Induktionsproblem (vgl. 2:404–406; KrV B 3f.). Das hält Kant im Falle von Sätzen der Geometrie für absurd. Im Falle des synthetischen Urteils a posteriori stützt sich der Verstand zur Verknüpfung von Subjekt- und Prädikatausdruck auf Erfahrung. Das kann bei den → synthetischen Urteilen a priori nicht so sein. Es stellt sich deshalb die Frage: „Was ist hier das Unbekannte = X, worauf sich der Verstand stützt, wenn er außer dem Begriff von *A* ein demselben fremdes Prädicat *B* aufzufinden glaubt, welches er gleichwohl damit verknüpft zu sein erachtet?" (KrV B 13).

Die Antwort → ‚Begriffe' scheidet aus, weil geometrische Urteile synthetische Urteile sind; die Antwort ‚empirische Anschauung' scheidet aus, weil geometrische Urteile Urteile a priori sind. Die Antwort, die Kant angesichts der Lehre von der Idealität des Raums aber offen steht, ist: ‚reine Anschauung'. Kant meint also: Sätze der → Geometrie sind eigentlich Aussagen über den Raum als Form der Anschauung; sie sind deshalb unabhängig vom Rekurs auf bestimmten empirischen Input, der die Gefahr der Widerlegbarkeit mit sich brächte. (Dies ist schon in *De mundi* § 15 C, 2:402f., angedeutet und wird in KrV B 40f. sowie in den *Prolegomena* 4:280–290 ausgeführt.)

(2) Die Lehre von der Idealität des Raums erlaubt Kant zufolge eine Auflösung der ansonsten unentscheidbaren Streitfrage, ob die → Welt räumlich endlich oder aber unendlich ist, also eine Auflösung der ersten Antinomie der *KrV* in räumlicher Hinsicht (vgl. KrV A 503–506 / B 531–534; KrV A 521 / B 549; *Prolegomena* § 52c 4:341f.). Im Falle der Nicht-Idealität des Raums gäbe es Kants Meinung nach sowohl ein gutes Argument für die Endlichkeit als auch für die Unendlichkeit des

Raums: „[Ist die Welt] *unendlich* und unbegrenzt, so ist sie für allen möglichen empirischen Begriff *zu groß. Ist sie endlich* und begrenzt, so fragt ihr mit Recht noch: was bestimmt diese Grenze?“ (KrV A 487 / B 515, vgl. auch KrV A 468 / B 456f.). Im Falle der Idealität des Raums ist, so Kant, dagegen klar, „daß wir die Weltgröße weder als endlich, noch unendlich annehmen können“ (KrV A 519 / B 547 Anm.). Dennoch ist es gerade im Falle der Idealität des Raums richtig, zu sagen: „[D]ie Welt hat [...] keine äußerste Gränze dem Raume nach“ (KrV A 520 / B 548). Denn damit soll gerade nicht räumliche Unendlichkeit im Sinne einer Eigenschaft der →Welt behauptet werden; vielmehr hält Kant fest: „[D]ie Sinnenwelt hat keine absolute Größe“ (KrV A 521 / B 549). Der Raum ist nicht etwa (durch – unmöglichen – vollendeten infiniten Regress) als unendlicher gegeben; sondern es ist aufgegeben, sich den Raum in einem indefiniten Regress zur Anschauung zu bringen (vgl. KrV A 499 / B 527). Man kann sich fragen: Was hindert daran, den Raum auch realiter unendlich nennen zu dürfen, wenn es, wie Kant offenbar annimmt, eine a priori-Garantie dafür gibt, dass eine erfolgreiche Erweiterung der Raumerfahrung indefinit möglich ist? Andererseits: Woher kommt eine solche Garantie? Die genaue Interpretation der Stellen ist schwierig (vgl. Falkenburg, *Kants Kosmologie*, S. 177–255; Malzkorn, *Kants Kosmologie-Kritik*; Strobach, *Qualifizierte Negation*).

3.4 Kant beschreibt seine Lehre von der Idealität des Raums bewusst als neuartig. Er grenzt sie einerseits von der Lehre eines von den Dingen unabhängigen absoluten Raums ab, (eines „Behältnisses“, lat. „*receptaculum*“, 2:403). Mit überraschender Schärfe wirft Kant aber auch der relationalen Raumtheorie vor, das Induktionsproblem für geometrische Sätze nicht lösen zu können (vgl. 2:404; vgl. dagegen aber die andere Einschätzung zu Leibniz in 4:508). Ausdrücklich interpretiert Kant sein Vorgehen als Leugnung der Existenz primärer Qualitäten im Sinne Lockes. Kant zählt nicht nur, (wie er es von Locke behauptet), die Farbe, sondern „den Raum, mit allem was ihm anhängig ist ([...] Gestalt etc.), auch mit zu den bloßen Erscheinungen“ (4:289). Kant verwahrt sich jedoch gegen eine Interpretation der Lehre von der Idealität des Raums als Idealismus im Sinne Berkeleys: „Der Idealismus besteht in der Behauptung, daß es keine andere als denkende Wesen gebe [...] Ich dagegen sage: es sind uns Dinge als außer uns befindliche Gegenstände unserer Sinne gegeben, allein von dem, was sie an sich selbst sein mögen, wissen wir nichts, sondern kennen nur ihre Erscheinungen [...]“ (4:288f.).

3.5 In den *MAN* unternimmt Kant den Versuch, die Ausdrücke ‚absoluter Raum‘ und ‚relativer Raum‘ umgedeutet in die Lehre von der Idealität des Raums zu integrieren. Der Begriff des absoluten Raums soll dabei ein Grenzbegriff (→‚Idee‘) sein: Die Aufgabe, Fixpunkte zu finden, relativ auf die Bewegung beschreibbar ist, führt zum indefiniten Regress von ineinander verschachtelten Bezugssystemen.

3.6 Im *Op. post.* rückt das seit der Antike diskutierte Problem des leeren Raums in den Vordergrund, und zwar im neuen Licht der Lehre vom Raum als Anschauungsform: Wie erkennt man Distanzen zwischen Körpern, wenn zwischen ihnen einfach nichts ist? Kant tendiert deshalb zur Ablehnung des leeren Raums und zur Annahme eines Licht- und Wärmeäthers.

Interpretationslage

Grundsätzlich scheinen zwei verschiedene Lesarten der Lehre von der Idealität des Raums möglich.

(1) Idealität des Raums heißt: Der Raum ist nicht unabhängig davon da, dass wir Dinge räumlich interpretieren. Insofern heißt die Dinge als etwas im Raum anzusehen nicht, sie anzusehen, wie sie an sich selbst sind. Im Zuge unserer Interpretation erhalten aber die Dinge räumliche Gestalten, räumliche Abstände voneinander etc.; und die haben die Dinge dann auch – nur eben nicht, insofern sie an sich selbst sind, sondern insofern *sie* uns erscheinen (→Ding an sich; →Erscheinung).

(2) ‚Idealität des Raums‘ heißt: Nicht das, „was da erscheint“ (KrV B XXVII), hat räumliche Eigenschaften und wird in den Raum eingeordnet, sondern nur die dafür stehende Repräsentation im Geist. Sie ist die Erscheinung *des* Dinges, und alle räumlichen Beziehungen bestehen nur zwischen Erscheinungen *von* Dingen.

Die erste Lesart steht der so genannten Zwei-Aspekte-Theorie nahe (vgl. Allison, *Kant's Transcendental Idealism*; Prauss, *Dinge an sich*). Die zweite Lesart ist idealistischer, aber auch sie ist mit Kants Abgrenzung gegenüber Berkeley in den *Prolegomena* vereinbar. Sie würde deshalb in Kants Augen noch keinen (empirischen) Idealismus darstellen. Viele Passagen insbesondere der *Prolegomena* (vgl. z. B. 4:287–490; 4:337), aber auch in der *KrV* (vgl. KrV A 507 / B 535; KrV A 492 / B 520) sprechen für die zweite Lesart. Für die erste Lesart spricht, dass das, was Kant ihr zufolge ‚Raum' nennt, auch das ist, was man in der Physik oder der angewandten Geometrie ‚Raum' nennt. Das trifft für die zweite Lesart nicht zu, denn Physiker kümmern sich, anders als Psychologen, nicht um die Eigenschaften von Erscheinungen im Sinne der zweiten Lesart.

Unabhängig davon, welcher Interpretation man den Vorzug gibt, wird man heute festhalten können: Wenn die Lehre von der Idealität des Raums wahr ist, dann impliziert sie – anders als Kant dachte – nicht, dass die Sätze der von ihm vorausgesetzten →Geometrie vor empirischer Widerlegung sicher sind. Bereits 1854 vertritt Bernhard Riemann als Konsequenz aus der bloßen Denkmöglichkeit von nicht-euklidischen Geometrien, dass die für die Geltung der „Sätze der Geometrie" relevanten Eigenschaften des Raums nur „aus der Erfahrung entnommen werden können" (vgl. Riemann, *Über die Hypothesen, welche der Geometrie zu Grunde liegen*, S. 272f.). Und die allgemeine Relativitätstheorie sagt empirisch messbare Abweichungen von vielen Sätzen der euklidischen Geometrie vorher, die in modernen Navigationssystemen mit Erfolg berücksichtigt werden (vgl. Feynman, *Six Not so Easy Pieces*, S. 111–128; eine philosophische Diskussion gibt Sklar, *Space, Time, and Spacetime*, S. 65–147). Das ist unvereinbar mit Kants Ansicht, er habe „unwidersprechlich bewiesen: daß alle äußere Gegenstände unsrer Sinnenwelt nothwendig mit den Sätzen der Geometrie nach aller Pünktlichkeit übereinstimmen müssen" (4:287). Wie reine Anschauung zum Beweis des Innenwinkelsatzes (vgl. Euklid, *Elemente*, I.32) dienen soll, zeigt Kants Version davon (vgl. KrV B 744f.; Friedman, *Kant and the Exact Sciences*, Teil 1, Kap. 2). Kant konnte (lange vor Bolyais und Lobachevskys Arbeiten der 1820er Jahre) eine andere als die euklidische Geometrie nicht in den Sinn kommen. Zwar hätte er sicher zugestimmt, dass für ein Dreieck auf einer Kugelfläche der Innenwinkelsatz nicht gilt und für diesen Fall auch keiner der Beweisschritte dafür noch einleuchtet. Aber davon, dass wir vielleicht in einem dreidimensionalen Analogon zu einer solchen Kugelfläche (im sogenannten ‚gekrümmten Raum') leben (vgl. Feynman, *Six Not so Easy Pieces*, S. 123–128), konnte er nichts ahnen, und ebenso wenig von der „Möglichkeit einer endlichen und doch nicht begrenzten Welt" (vgl. Einstein, *Über die spezielle und die allgemeine Relativitätstheorie*, S. 71; vgl. zur Denkmöglichkeit einer solchen Welt schon Riemann, *Über die Hypothesen, welche der Geometrie zu Grunde liegen*, § 3.3). Ob es einen von einer speziellen Geometrie unabhängigen Kern von Kants Lehre vom Raum im kritischen Werk gibt, ist Sache der Interpretation. In ihrer Gesamtheit dürfte Kants Lehre vom Raum im kritischen Werk nur noch von historischem Interesse sein: „Kant was in error" (Friedman, *Kant and the Exact Sciences*, S. 340f., vgl. S. XII; eine andere Ansicht vertritt Horstmann, *Raumanschauung*). Die Grundtendenz, dass der Beobachter an der räumlichen Ordnung des Beobachtbaren Anteil hat, teilt sie freilich auch mit der modernen Physik, etwa bereits der speziellen Relativitätstheorie.

In Zukunft könnten vielleicht die vorkritischen Argumente und Modelle wieder verstärkt an Interesse gewinnen. Das Nachdenken über die Rechts/Links-Unterscheidung hat sich in der Physik als außerordentlich fruchtbar erwiesen (vgl. Feynman, *Six Not so Easy Pieces*, S. 23–47). Und die Gedanken in der *Wahren Schätzung* weisen überraschende Parallelen zur jüngst von Martin Rees aufgebrachten Theorie eines ‚Multiversums' auf (Rees, *Before the Beginning*, S. 209–258).

Weiterführende Literatur

Baum, Manfred: „Kants Raumargumente und die Begründung des transzendentalen Idealismus", in: Oberer, H. (Hg.): Kant. Analysen – Probleme – Kritik, Bd. 2, Würzburg: Königshausen & Neumann 1996, 41–64.

Brandt, Reinhard: „Transzendentale Ästhetik, §§ 1–3", in: Willaschek, Marcus / Mohr, Georg (Hg.): Immanuel Kant – Kritik der reinen Vernunft, Berlin: Akademie 1998, 81–106.

Falkenburg, Brigitte: Kants Kosmologie, Frankfurt/M.: Klostermann 2000.

Friedman, Michael: Kant and the Exact Sciences, Cambridge/Mass.: Harvard University Press 1992, Teil 1, Kap. 1–2; Teil 2, Kap. 4–5.

Horstmann, Rolf-Peter: „Raumanschauung und Geometrie“, in: ders.: Bausteine kritischer Philosophie. Arbeiten zu Kant, Philo: Bodenheim 1997, 15–34.

Posy, Carl J. (Hg.): Kant's Philosophy of Mathematics. Modern Essays, Dordrecht: Kluwer 1992.

Niko Strobach

Realismus, empirischer/ transzendentaler

Die Ausdrücke ‚empirischer‘ und ‚transzendentaler Realismus‘ bezeichnen in Kants theoretischer Philosophie zwei Formen des Realismus und stehen jeweils für eine bestimmte Wirklichkeitsauffassung. Dem empirischen Realismus zufolge „correspondirt unseren äußeren Anschauungen etwas Wirkliches im Raume“ (KrV A 375). Dabei ist Kants → transzendentalem Idealismus zufolge „der Raum selbst mit allen seinen Erscheinungen als Vorstellungen nur in mir, aber in diesem Raume ist doch gleichwohl das Reale oder der Stoff aller Gegenstände äußerer Anschauung wirklich und unabhängig von aller Erdichtung gegeben [...]“ (KrV A 375). Der empirische Realismus bildet somit gemeinsam mit dem transzendentalen Idealismus ein Theorienpaar, so dass wir Gegenstände im → Raum und „darin ausgedehnte Wesen als wirklich annehmen“ können (KrV A 492 / B 520). Dagegen sieht der transzendentale Realismus „Zeit und Raum als etwas an sich (unabhängig von unserer Sinnlichkeit) Gegebenes“ an und „stellt [...] äußere Erscheinungen [...] als Dinge an sich selbst vor, die unabhängig von uns und unserer Sinnlichkeit existiren [...]“ (KrV A 369). Dieser Theorie ordnet Kant den empirischen Idealismus zu, demzufolge „nicht gewiß ist, daß, wenn die Vorstellung existirt, auch der ihr correspondirende Gegenstand existire“ (KrV A 371). Weitere wichtige Stellen: KrV A 26–30 / B 42–45; KrV A 36–38 / B 53–55; KrV A 366–380; KrV B 69–71; KrV A 225f. / B 272ff.; KrV B 274–279; KrV A 490–497 / B 518–525; KrV A 543 / B 571; 4:288–294; 4:372–380; *Refl.* 5653, 18:306–313; *Refl.* 6311, 18:610–623.

Philosophische Funktion

1 Der metaphysische Hintergrund des Realismusproblems bei Kant

Der Begriff des Realismus wird in der Philosophie terminologisch zum ersten Mal von Kant verwendet (vgl. Halbfass, *Realismus*, S. 156). Kant führt ihn in der ersten Auflage der *KrV* im vierten Paralogismus und damit im metaphysischen Kontext der Frage nach dem „Verhältnisse [der Seele] zu *möglichen* Gegenständen im Raume“ (KrV A 344 / B 402; vgl. KrV A 366ff.) ein. Zwar spricht Kant in der *Transzendentalen Ästhetik* von der *„empirische*[n] *Realität* des Raumes“ (und der → Zeit) „in Ansehung aller möglichen äußeren Erfahrung“ (KrV A 28 / B 44), um seine „absolute Realität“ zu bestreiten, was ebenso für die Zeit (KrV A 35 / B 52) gelte. Doch gebraucht er den Terminus ‚Realismus‘ erst in der *Transzendentalen Dialektik* im Zusammenhang der Kritik metaphysischer Erkenntnisansprüche der reinen Seelenlehre. Dort unterscheidet Kant zwischen dem „Dualismus“ im „empirischen“ und „transscendentalen Verstande“ (KrV A 379). Ersterer setzt sich zusammen aus Kants eigenem → transzendentalen Idealismus und dem ihm koordinierten empirischen Realismus. Letzterer besteht aus dem transzendentalen Realismus und empirischen Idealismus. Im Zuge der Analyse und Gegenüberstellung dieser beiden Formen des Dualismus versucht Kant zu zeigen, dass der transzendentale Realismus eine unhaltbare metaphysische Wirklichkeitsauffassung darstellt und in den empirischen Idealismus, das heißt letztlich in den → Skeptizismus mündet. Denn dieser Auffassung zufolge sind → Raum und → Zeit „unabhängig von unserer Sinnlichkeit“ (KrV A 369), und daher sei die Erkenntnis der äußeren Wirklichkeit unsicher. Demgegenüber repräsentiert der empirische Realismus die nach Kant korrekte Wirklichkeitsauffassung, da dieser auf dem transzendentalen Idealismus beruhe, demgemäß „Zeit und Raum nur sinnliche Formen unserer Anschauung“ sind (KrV A 369), so dass die Außendinge unmittelbar als wirklich wahrgenommen werden können (vgl. Heidemann, *Kant und der metaphysische Idealismus*, S. 67ff.).

2 Empirischer Realismus

In Kants Theorie ist der transzendentale Idealist zugleich ein empirischer Realist. Obwohl er „Materie und sogar deren innere Möglichkeit blos für Erscheinung gelten läßt, die, von unserer Sinnlichkeit abgetrennt, nichts ist“ (KrV A 370), und für ihn „alle Gegenstände einer uns möglichen Erfahrung nichts als Erscheinungen, d. i. bloße Vorstellungen, sind, die [...] außer unseren Gedanken keine an sich gegründete Existenz haben" (KrV A 490f. / B 518f.), sind für ihn „die Gegenstände äußerer Anschauung, eben so wie sie im Raume angeschauet werden, [...] wirklich" (KrV A 491 / B 520; vgl. Prauss, *Dinge an sich*, S. 44ff.). Mit dieser Wirklichkeitsauffassung ergänzt Kant den → transzendentalen Idealismus um den empirischen Realismus. Der empirische Realismus wird dem transzendentalen Idealismus allerdings nicht lediglich angehängt, um ihn vom „schon längst so verschrieenen empirischen Idealismus [...], der, indem er die eigene Wirklichkeit des Raumes annimmt, das Dasein der ausgedehnten Wesen in demselben leugnet, wenigstens zweifelhaft findet" (KrV A 491 / B 519), klar zu unterscheiden. Für Kant hat die Verbindung von transzendentalem Idealismus und empirischem Realismus systematische Gründe. Aufgrund der „Receptivität" (KrV A 494 / B 522) unserer → Sinnlichkeit sowie der Bestimmung des → Raumes als → Form unserer sinnlichen → Anschauung können wir davon ausgehen, dass den Vorstellungen äußerer Gegenstände wirkliche „ausgedehnte Wesen" (KrV A 492 / B 520) im Raum entsprechen. Äußere Gegenstände im Raum sind dabei insofern *empirisch* real, als der Raum eine Bedingung unserer Art der äußeren Anschauung ist und unsere Wahrnehmung der äußeren Wirklichkeit daher nur räumlich sein kann: „Es sind demnach die Gegenstände der Erfahrung *niemals an sich selbst*, sondern nur in der Erfahrung gegeben und existiren außer derselben gar nicht" (KrV A 492 / B 521). Weil der Raum Form der Anschauung ist, besteht die Abhängigkeit der äußeren Wirklichkeit von der Erkenntnis aber nur in formaler Hinsicht. In materialer Hinsicht ist der „Stoff aller Gegenstände äußerer Anschauung" hingegen „unabhängig" von der Erkenntnis gegeben (KrV A 375), denn er kann nicht durch unsere passive Sinnlichkeit produktiv hervorgebracht sein. Da der Raum Anschauungsform ist und nicht an sich selbst existiert, beweist die „äußere Wahrnehmung also [...] unmittelbar etwas Wirkliches im Raume, oder ist vielmehr das Wirkliche selbst, und in so fern ist also der empirische Realismus außer Zweifel" (KrV A 375).

3 Transzendentaler Realismus

Während für den transzendentalen Idealisten die Gegenstände des äußeren Sinnes → Erscheinungen sind, macht der transzendentale Realist aus den „Modificationen unserer Sinnlichkeit an sich subsistirende Dinge und daher *bloße Vorstellungen* zu Sachen an sich selbst" (KrV A 491 / B 519). Damit muss der transzendentale Realist nach Kant zugleich den empirischen Idealismus anerkennen, demzufolge „innere Erfahrung" und damit die Existenz des wahrnehmenden → Ich zwar unbestreitbar ist, der es jedoch, weil er die „eigene Wirklichkeit des Raumes annimmt", für unmöglich hält, den Unterschied zwischen „Traum und Wahrheit" zu erkennen (KrV A 491 / B 519). Die systematische Verbindung von transzendentalem Realismus und empirischem Idealismus erörtert Kant im Zusammenhang mit dem vierten Paralogismus. Der vierte Paralogismus argumentiert, dass die Außenwelt „eine nur zweifelhafte Existenz" habe, da auf ihr „Dasein nur als einer Ursache zu gegebenen Wahrnehmungen geschlossen werden kann" (KrV A 366f.) und Kausalschlüsse von „inneren Wahrnehmungen" auf äußere Gegenstände als deren Ursache „jederzeit unsicher" sind (KrV A 368). Diese nach Kant unzulässige Schlussfolgerung hat den transzendentalen Realismus zur Voraussetzung. Denn dieser nehme an, erstens dass „Zeit und Raum als etwas an sich (unabhängig von unserer Sinnlichkeit) Gegebenes" real sind, und daraus folgend zweitens, dass „äußere Erscheinungen" „Dinge an sich" sind, „die unabhängig von uns und unserer Sinnlichkeit existiren" (KrV A 369). Aus diesen zwei Annahmen ergibt sich der empirische Idealismus, der äußere Wahrnehmungen auf Gegenstände im → Raum zurückführt, die in sowohl materialer als auch formaler Hinsicht unabhängig vom Erkennenden existieren und deren Wirklichkeit daher nur mittelbar erschlossen werden kann. Wenn aber äußere Wahrnehmung mittelbar ist, ist die Existenz ihrer Gegenstände unsicher. Kant verbindet mit dem transzendentalen Realismus explizit den Namen Descartes' (vgl. KrV A 367). Ob er diese Theorie auch Berkeley, Leibniz oder Newton zuschreibt, ist nicht eindeutig zu entscheiden (vgl. Allison, *Kant's Transcendental Idealism*, S. 20ff.). Doch legt sich dies nahe, da Kant die Widerlegung des transzendentalen Realismus im Kontext der Antinomienlehre, wo auf einige dieser Autoren angespielt wird, als indirekten Beweis des → transzendentalen Idealismus ansieht (vgl. KrV A 506f. / B 534f.; vgl. dazu Engelhard, *Das Einfache und die Materie*, S. 309ff.).

4 Zu einigen Interpretationsfragen

Bereits zu Kants Lebzeiten entzündet sich ein Streit um die Bedeutung des empirischen und transzendentalen Realismus, hervorgerufen unter anderem durch Jacobis *David Hume über den Glauben oder Idealismus und Realismus* (1787). Eine der besonders strittigen, in der neueren Forschung weiter debattierten Fragen lautet, ob Kants empirischer Realismus aufgrund seiner Verbindung mit dem → transzendentalen Idealismus nicht selbst eine Art Idealismus darstellt. Positiv aufgegriffen wird Kants empirischer Realismus durch Putnams Konzeption des internen Realismus in *Reason, Truth and History*. Allison dagegen verteidigt in *Transcendental Idealism* den kantischen Idealismus gegen eine Überbetonung des → Realismus. Abela wiederum argumentiert in *Kant's Empirical Realism*, dass die Urteilstheorie des transzendentalen Idealismus die Grundlage von Kants eigentlicher Theorie, des empirischen Realismus bildet.

Weiterführende Literatur

Abela, Paul: Kant's Empirical Realism, Oxford: Clarendon Press 2002.

Allison, Henry E.: Kant's Transcendental Idealism. An Interpretation and Defence, New Haven u. a.: Yale University Press ²2004.

Heidemann, Dietmar H.: Kant und das Problem des metaphysischen Idealismus, (Kantstudien Ergänzungsheft 131), Berlin u. a.: de Gruyter 1998.

Dietmar H. Heidemann

Realität

In der *KrV* ist Realität diejenige → Kategorie der → Qualität, die der Verstandeshandlung in einem bejahenden Urteil entspricht. Als reiner → Begriff ist sie diejenige Bestimmung, „die nur durch eine bejahend Urtheil gedacht werden kann" (KrV A 246). Schematisiert ist „Realität [...] im reinen Verstandesbegriffe das, was einer Empfindung überhaupt correspondirt, dasjenige also, dessen Begriff an sich selbst ein Sein (in der Zeit) anzeigt" (KrV A 143 / B 182). Im Unterschied zu modernen Verwendungsweisen ist die Realität eines Gegenstandes scharf von seiner Aktualität oder Existenz unterschieden, die Kant zufolge begrifflich unter eine andere, zur → Modalität gehörenden → Kategorie fällt. Wie radikal sich Kants Gebrauch des Ausdrucks Realität von modernen Verwendungsweisen unterscheidet, lässt sich am besten an seiner Verwendung im Plural erkennen, wenn zum Beispiel Kant behauptet, dass „zwischen Realität und Negation [...] ein continuirlicher Zusammenhang möglicher Realitäten" sei (KrV A 169 / B 211).

Kant verwendet häufig auch den Ausdruck ‚objektive Realität', jedoch unterscheidet sich diese Verwendungsweise erheblich von der ohne eine solche nähere Bestimmung.

Weitere wichtige Stellen: 1:394f.; 1:408; 2:31; 2:83–87; 2:378; 2:400; KrV A 28f. / B 44f.; KrV A 35ff. / B 52ff.; KrV A 143 / B 182; KrV A 155 / B 194; KrV A 197 / B 242; KrV A 264f. / B 320; KrV A 310 / B 367; KrV A 574–577 / B 602–605; KrV A 581f. / B 609f.; KrV A 715 / B 743; 4:289f.; 4:308; 5:351; 17:668f.; 17:737; 18:138; 18:661–665; 28:567; 28:683.

Philosophische Funktion

1 Noumenale Realität

Die Art und Weise, wie Kant das Wort ‚Realität' gebraucht, war seinen Zeitgenossen auf dem Kontinent, insbesondere jenen, die von der deutschen, dem scholastischen Erbe verpflichteten Schulphilosophie durchdrungen waren, keineswegs fremd. In dieser Tradition bezeichnete eine Realität, abgeleitet aus dem lateinischen Wort ‚*res*', die positive → Qualität eines Dings, die einzeln oder in Verbindung mit anderen sein Wesen, seine *quidditas*, ‚Sachheit' oder ‚Dingheit' spezifizieren sollte. Kants vorkritischer Gebrauch des Ausdrucks, der sich zum Teil auch noch in seinen kritischen Schriften findet, knüpft an diese scholastische Verwendungsweise an. Kants Unterscheidung zwischen „*Realitas phaenomenon oder noumenon*" in der *Refl.* 4817 (*Refl.* 4817, 17:737; vgl. KrV A 264f. / B 320f.; 4:289; 4:308; 5:189) weist auf seine kritische Position hin, der zufolge nur phänomenale Realitäten zum Gegenstand menschlicher Erkenntnis werden können. Mit dem Ausdruck ‚noumenale Realität' bezeichnet er Qualitäten von Dingen unabhängig von den menschlichen Bedingungen der → Sinnlichkeit; jene lassen sich daher auch weder räumlich noch zeitlich vorstellen. Kant scheint diesen Gedanken auch durch die Wendung „absolute Realität" auszudrücken (KrV A 35 / B 52; vgl. KrV A 35ff. / B 52ff.). Das kritische Unternehmen Kants dreht sich vor allem um die Aufklärung der Kluft zwischen von Menschen erkennbaren und nicht erkennbaren Realitäten, das heißt: der Kluft zwischen empirischer und noumenaler Realität (vgl. 2:397–400; 4:353; KrV A 28f. / B 44f.; KrV A 35ff. / B 52ff.). Unser Erkenntnisanspruch erstreckt sich auf empirische Realitäten; unsere Denkinhalte jedoch, insofern als sie sich durch Sinnliches nie werden näher bestimmen lassen, weder im Hinblick auf ihren Grund noch darauf, was dieses bezüglich der Natur der Dinge, „[des Inneren] der Dinge" (4:353), unbestimmt lässt – jene Denkinhalte also betreffen die noumenale Realität. Während in Kants frühen Schriften (vgl. z. B. 1:408) noch Spuren eines kontrastiven Gebrauchs von Realität und Erscheinung erkennbar sind, verschwinden auch diese, je mehr sich seine kritische Terminologie stabilisiert. Die Realität, d. h., eine, die wir erkennen können, ist wesentlicher Bestandteil der Erscheinungen. Die Realitäten eines Regentropfens entsprechen also den Realitäten des Regenbogens, der durch jene hervorgerufen wird – beide fallen unter die sinnlichen Vorstellungen (vgl. KrV A 45f. / B 63). Gelegentlich kontrastiert Kant objektive und subjektive Realitäten, wobei sich diese auf Modifikationen im Subjekt beim Vorstellungsakt beziehen sollen (vgl. KrV A 197 / B 242), ohne dass allerdings deutlich wird, ob diese subjektiven Realitäten sich vorstellen lassen oder bewusst sind. Wenn sie sich nicht vorstellen lassen, entsprechen subjektive Realitäten vielleicht noumenalen Realitäten, die zwar gedacht, aber nicht erkannt werden können. In den kritischen Schriften Kants spielt das, was er vorher als „wahre Realität" (2:87) bezeichnet hat, nämlich Verstand und Wille oder auch die noumenalen Realitäten überhaupt, weiterhin eine bedeutende Rolle, indem sie das Reich jenseits der von der Naturwissenschaft beschriebenen Welt konstituieren. Ein besonders umstrittener Punkt in der Kant-Interpretation liegt darin, ob diese Trennung von empirischer/phänomenaler und → transzendentaler/noumenaler Realität ontologischer oder epistemologischer Natur ist.

Schon in der *Transzendentalen Ästhetik* (vgl. KrV A 28 / B 44; KrV A 35 / B 52) schreibt Kant jenen Vorstellungen empirische Realität zu, die menschlichen Formen der → Sinnlichkeit und des → Verstandes entsprechen. Die vollständige Darstellung der → Kategorie der Realität findet sich aber in der *Transzendentalen Analytik* der *KrV*. Wenn von einem Gegenstand x, der durch den Begriff A vorgestellt wird, geurteilt wird, er sei B, dann kann sein B-sein für eine Realität von x angesehen werden, oder als eine Realität des Gegenstandes von A, insofern als das B-Sein eine positive Qualität von x darstellt. Da ein → Begriff eine allgemeine Vorstellung ist, lässt eine Realität qualitative Wiederholungen zu, d. h., dass dieselbe Realität numerisch verschiedenen Dingen angehören kann. Diese metaphysische Einstellung zu Realitäten als Universalien drückt sich bereits in Kants früher Äußerung aus, dass „sich Realität und Realität von einander durch nichts als durch die einer von beiden anhängende Negationen, Abwesenheiten, Schranken [unterscheiden]" (2:31; vgl. 20:227). Nicht jede Eigenschaft, die einem Ding zugeschrieben werden kann, ist eine Realität – eine Realität sollte über die zahlreichen Eigenschaften hinaus, die einem Ding nicht (und daher auch nur negativ) zugeschrieben werden können, eine positive Eigenart unter sich begreifen. Eine positive → Qualität zu sein, wird in Kants vorkritischen Schriften als etwas metaphysisch Gegebenes gedeutet, zum Beispiel, wenn er behauptet, dass Finsternis keine Realität sei, selbst wenn sie als Prädikat in einem bejahenden Urteil vorkomme (vgl. 2:172). In der *KrV* schließlich kann Kant die positiven Qualitäten von Dingen vermittels des → Schematismus der Realität erklären.

2 Das Schema der Realität

Die Kategorie der Realität wird von Kant in seine Theorie zweier → Erkenntnisvermögen in der Weise eingefügt, dass er behauptet, eine erkennbare Realität sei eine, die sich auf → Empfindungen zurückführen lasse, d. h., auf das, was wir vermittels der → Sinnlichkeit von Gegenständen aufnehmen können. Die Realität hat, vielleicht vor allen anderen Kategorien, mehr mit der Rezeptivität als mit der Spontaneität der Erkenntnis zu tun. Häufig werden die Ausdrücke ‚real' oder ‚Realität' in Kants Schriften dem Formalen, Logischen oder dem Ideal gegenübergestellt, die alle damit zu tun haben, wie wir uns die Welt aktiv vorstellen. Der Beitrag, den die → Einbildungskraft zu unserer Vorstellung von einer bestimmten Realität leistet, beinhaltet nach Kant, dass man sich der zu einer bestimmten → Empfindung als Empfindung wesentlich dazugehörenden quantitativen Veränderlichkeit bewusst ist. Er charakterisiert das Schema der → Kategorie der Realität, genauer gesagt: das Schema „einer Realität als der Quantität von Etwas, so fern es die Zeit erfüllt“ als „continuirliche und gleichförmige Erzeugung derselben in der Zeit“ (KrV A 143 / B 183).

Dieser →Schematismus ermöglicht es Kant zu behaupten, es sei „jede Realität als ein Quantum vorstellig“ (KrV A 143 / B 183); eine Charakterisierung, die viele Eigenschaften unmittelbar davon ausschließt, Realitäten zu sein – zumindest vorstellbare Realitäten. Von daher sind solche, im kantischen Werk erwähnte, Eigenschaften wie ‚gedacht sein‘, ‚geschaffen sein‘, ‚eine rechte Hand sein‘, ‚Unsterblichkeit‘ und natürlich ‚*simpliciter* sein‘ keine Realitäten. Aus demselben Grund kann Kant nun zumindest einige negative Eigenschaften, wie etwa Finsternis, als Realitäten ausschließen. Wie sich aber dieses Kriterium auf Beraubungen überhaupt, wie etwa Kälte, anwenden lässt, ist unklar. Auch ließen sich Relationen nur schwer als Realitäten begreifen. Von seinen Beispielen erweisen sich einige: Licht, Wärme, Schwere, Erfüllung des Raumes, Kräfte, Vergnügen oder Schmerz als Realitäten (vgl. 4:306f.; KrV A 264f. / B 320f.), der Geschmack hingegen nicht (vgl. KrV A 28 / B 45). Kant zufolge ist eine Realität eine Größe, wie etwa Schwere, deren Intensität sich im Prinzip durch die →Sinnlichkeit entdecken lassen sollte. Wenn er aber dagegen argumentiert, dass die Existenz eines leeren Raumes empirisch feststellbar sei (vgl. KrV A 172 / B 214), scheint Kant die Existenz von Realitäten in Betracht zu ziehen, deren Intensitätsgrad jeweils unter der Schwelle der *minima sensibilia* liegt.

3 Antizipierte und nicht antizipierte Wahrheiten über die Realität

Realitäten sind nach Kants Darstellung in dem Sinne kontingent, dass sowohl ihre Verschiedenartigkeit wie auch ihre Intensität einzig und allein *a posteriori* bestimmt werden können. In Kants Worten: „Der allgemeine Begriff einer Realität überhaupt kann *a priori* nicht eingetheilt werden, weil man ohne Erfahrung keine bestimmte Arten von Realität kennt, die unter jener Gattung enthalten wären“ (KrV A 577 / B 605, vgl. KrV A 175 / B 217; KrV A 715 / B 743; 29:829). Ungeachtet dieser Kontingenz besteht im Hinblick auf die Realitäten wenigstens eine notwendige Wahrheit, die für Kant aus den Bedingungen für den empirischen Gebrauch der Kategorie der Realität folgt, nämlich aus dem Grundsatz der Antizipationen der Wahrnehmung. Diesem synthetischen Grundsatz a priori zufolge hat jede erfahrbare Realität einen Grad, derart dass wir diese Realität als eine kontinuierliche und begrenzte Größe vorstellen können. Kants Formulierungen des Grundsatzes der Antizipationen der Wahrnehmung in den beiden Ausgaben der *KrV* unterscheiden sich ein wenig und können zu unterschiedlichen Interpretationen Anlass geben (vgl. 4:306f.). Ungeachtet dieses Unterschiedes ist Kant insofern auf eine →Metaphysik der Realität festgelegt, und zwar einer für uns erkennbaren Realität, als er die Ansicht vertritt, Realitäten seien Variablen, d. h., dass jede Realität aus einer Menge qualitativ identischer, jedoch quantitativ verschiedener Eigenschaften besteht, und diese Variablen nähmen zu jedem Zeitpunkt *eindeutig bestimmte* Werte an. Ob die Vorstellung einer Realität noch andere Merkmale, wie etwa eine Richtung im Raum, beinhalten kann, bleibt in den Antizipationen offen. Noch in seiner kritischen Periode vertritt Kant den in *Negative Größen* geäußerten Gedanken, dass Realitäten im „*Widerstreit*“ stehen können, wenn sie entgegengesetzte Richtungen im Raum oder sich gegenseitig aufhebende Wirkungen haben (KrV A 264 / B 320; vgl. 4:483).

Ob die Antizipationen der Wahrnehmung sich auf natürliche Weise aus Kants Beschäftigung mit der Erfahrung überhaupt ergeben oder auf die metaphysischen Voraussetzungen der newtonschen Mechanik zugeschnitten sind, ist umstritten (vgl. Friedman, *Kant and the Exact Sciences*; Cohen, *Kants Theorie der Erfahrung*; Watkins, *Metaphysics of Causality*). Bemerkenswert ist, dass Kant schon in seinen vorkritischen Schriften, sowohl in naturwissenschaftlichen (vgl. 1:408; 2:197) als auch theologischen (vgl. 2:31) Kontexten, Realität rein quantitativ begreift, also bevor er gezeigt hat, dass sich eine solche Auffassung durch transzendentale Überlegungen rechtfertigen lässt (vgl. 4:307). Seine darüber hinausgehende Behauptung hinsichtlich der Kontinuität jeder dieser sinnlichen Größen lässt sich nur schwer als Schlussfolgerung aus der Analyse der notwendigen Bedingungen der Erfahrung deuten (vgl. Longuenesse, *Capacity to Judge*). Die Beschäftigung mit der zeitgenössischen Naturwissenschaft erklärt vielleicht, warum Kant in seinen Schriften hinsichtlich des Status von Farben unschlüssig ist, ob zum Beispiel die Farbe Rot eine Realität ist oder nicht, denn seit Galilei und Locke war die vorherrschende Tendenz die, Farben als sekundäre Qualitäten anzusehen (vgl. KrV A 29 / B 45; KrV B 69f.; KrV A 169 / B 211; 4:289). Indem er die Unveränderlichkeit geistiger Modifikationen bei verschiedenen wahrnehmenden Subjekten als notwendige Bedingung dafür anführt, dass etwas Material einer Realität sein kann (vgl. KrV A 29 / B 45), bringt Kant seine →Metaphysik der Realität mit den Voraussetzungen der Naturwissenschaft im Allgemeinen, wenn nicht gar mit den Anforderungen der newtonschen Wissenschaft im Besonderen in Übereinstimmung, denn die Welt, welche die Naturwissenschaft entdecken will, ist ebenso eine Welt intersubjektiv bestimmbarer stabiler Realitäten (vgl. KrV A 173 / B 215).

4 Realitäten, kontemplativ betrachtet
Ein weiterer wichtiger Kontext neben der Naturwissenschaft, in dem Kants Ansichten über Realität zum Tragen kommen, ist die Theologie, insbesondere Überlegungen zum traditionellen ontologischen Argument für die Existenz →Gottes. Kants Widerlegung dieses Arguments im *Beweisgrund* und später in seinen kritischen Schriften beruht auf der grundlegenden Beobachtung, dass Existenz kein reales Prädikat sei, wobei ‚real' in einem umfassenderen Sinn verstanden werden kann, d. h. auch im Sinn von „noumenal real" (KrV A 598 / B 626). Er bestimmt seine Position genauer, wenn er dem Rationalisten zwar zugesteht, dass sich ein Individuum in dem umfassenden Raum aller Realitäten lokalisieren lasse, einer *omnitudo realitatis*, „de[m] ganzen Vorrath des Stoffes, daher alle möglichen Prädicate der Dinge genommen werden können" (KrV A 575 / B 603), aber die umgekehrte Behauptung, alle möglichen Realitäten würden durch ein Individuum dargestellt, bestreitet (vgl. 2:85f.; KrV A 582 / B 610). Zugleich findet Kant die →Idee eines ens realissimum, das die Einheit der höchsten Realität bezeichnet, zu groß, als dass sie ein Gegenstück in der Erfahrung haben könnte, selbst wenn es existierte (KrV A 602 / B 630).

Weiterführende Literatur
Cohen, Hermann: Kants Theorie der Erfahrung, Berlin: B. Cassirer ³1918.
Courtine, J. F.: „Realitas" und „Realität/Idealität", in: Ritter, Joachim / Günter, Karlfried / Gabriel, Gottfried (Hg.): Historisches Wörterbuch der Philosophie, Bd. 8, Darmstadt: Wissenschaftliche Buchgesellschaft 1980, Sp. 178–193.
Friedman, Michael: Kant and the Exact Sciences, Cambridge/Mass.: Harvard University Press 1992.
Longuenesse, Béatrice: Kant and the Capacity to Judge, übers. von C. Wolfe, Princeton: Princeton University Press ²1998.
Seigfried, Hans: „Kant's ‚Spanish Bank Account': Realität and Wirklichkeit", in: Gram, Moltke S. (Hg.): Interpreting Kant, Iowa City: University of Iowa Press 1982, 115–132.
Watkins, Eric: Kant and the Metaphysics of Causality, Cambridge: Cambridge University Press 2005.

Berna Kilinc
(Übersetzung: Birger Brinkmeier)

Recht

Der Begriff des Rechts wird nach Kant durch drei Bestimmungen definiert. Er bezieht sich erstens auf freie, also selbstverursachte und darum zurechenbare Handlungen, auf „das äußere und zwar praktische Verhältnis einer Person gegen eine andere, sofern ihre Handlungen als Facta aufeinander (unmittelbar oder unmittelbar) Einfluß haben" (6:230). An diesen Handlungen ist aus der Perspektive des Rechts ausschließlich deren Auswirkung auf die Handlungsfreiheit anderer von Bedeutung. Daher bezieht sich der Begriff des Rechts zweitens nicht auf „das Verhältniß der Willkür auf den *Wunsch* (folglich auch auf das bloße Bedürfniß) des Anderen, wie etwa in den Handlungen der Wohlthätigkeit oder Hartherzigkeit, sondern lediglich auf die *Willkür* des Anderen" (6:230). Und drittens abstrahiert das Recht von allen Zwecken und Absichten der Handelnden und konzentriert sich ausschließlich auf die äußere Verträglichkeit ihres Freiheitsgebrauchs. In „diesem wechselseitigen Verhältniß der Willkür kommt [...] nicht die *Materie* der Willkür, d. i. der Zweck, den ein jeder mit dem Object, was er will, zur Absicht hat, in Betrachtung", sondern lediglich die „Form im Verhältniß der beiderseitigen Willkür" (6:230). Das Recht ist eine Ordnung der Handlungsfreiheit. Es koordiniert die äußeren Handlungen ausschließlich anhand des formalen Kriteriums der Verträglichkeit. Es ist „der Inbegriff der Bedingungen, unter denen die Willkür des einen mit der Willkür des andern nach einem allgemeinen Gesetze der Freiheit zusammen vereinigt werden kann" (6:230).

Diese Begriffsbestimmungen führen zu folgendem allgemeinen „*Princip des Rechts*": „Eine jede Handlung ist *recht*, die oder nach deren Maxime die Freiheit der Willkür eines jeden mit jedermanns Freiheit nach einem allgemeinen Gesetze zusammen bestehen kann" (6:230). Wie das Prinzip der Moral gründet auch das Prinzip des Rechts in der Gesetzgebung reiner →praktischer Vernunft. Ihm kommt daher praktische Notwendigkeit und unbedingte Verbindlichkeit zu. Jedoch ist es nicht erforderlich, es aus Gründen dieser Verbindlichkeit zu befolgen. Das Recht fordert, dass ich der Freiheit anderer „durch meine *äußere Handlung* [...] nicht Eintrag thue" (6:231). Es betrifft lediglich die äußeren Folgen meiner Handlungen. „Also ist das allgemeine Rechtsgesetz: handle äußerlich so, daß der freie Gebrauch deiner Willkür mit der Freiheit von jedermann zusammen bestehen könne, zwar ein Gesetz, welches mir eine Verbindlichkeit auferlegt, aber ganz und gar nicht erwartet, noch weniger fordert, daß ich ganz um dieser Verbindlichkeit meine Freiheit auf jene Bedingungen *selbst* einschränken *solle*, sondern die Vernunft sagt nur, daß sie in ihrer Idee darauf eingeschränkt *sei* und von andern auch thätlich eingeschränkt werden dürfe" (6:231). Die dem Recht eigentümliche Gleichgültigkeit gegenüber der Handlungsmotivation gilt also auch für das Rechtsgesetz der Vernunft selbst.

Aus Begriff und Prinzip des Rechts folgt, dass „alles, was unrecht ist, [...] ein Hinderniß der Freiheit nach allgemeinen Gesetzen" ist (6:231). Und daraus folgt weiter, dass eine „*Verhinderung* eines *Hindernisses der Freiheit* mit der Freiheit nach allgemeinen Gesetzen zusammen stimmend, d. i. recht" sein muss. Folglich ist das Recht „nach dem Satze des Widerspruchs", aus begrifflichen Gründen, „*mit der Befugniß zu zwingen verbunden*" (6:231). Betrachten wir das Recht aus dieser Perspektive seiner legitimen Erzwingbarkeit, dann erscheint es als eine durch symmetrischen Zwang stabilisierte äußere Freiheitsordnung. In dieser Hinsicht begegnet das Recht nach Kant als „*strictes* (enges) Recht": „*Das stricte Recht kann* [...] *als die Möglichkeit eines mit jedermanns Freiheit nach allgemeinen Gesetzen zusammenstimmenden durchgängigen wechselseitigen Zwanges vorgestellt werden*" (6:232). Betrachten wir hingegen das Recht aus der Perspektive der gesetzgebenden Vernunft, betonen wir nicht seine Erzwingbarkeit, sondern seine „ihm correspondirende Verbindlichkeit", dann haben wir es mit dem moralischen Begriff des Rechts zu tun (6:230).

Betrachten wir das Recht aus objektiver Perspektive, dann erscheint es als Grundprinzip einer symmetrischen äußeren Freiheitsordnung, das die unbedingt verbindliche Grundbedingung friedlicher Koexistenz formuliert. Betrachten wir das Recht aus subjektiver Perspektive, dann erscheint es als „(*moralische*[s]) *Vermögen* Andere zu verpflichten" (6:237). Kant definiert das normative Profil des subjektiven Rechts also als Verpflichtungsfähigkeit und Verpflichtungsbefugnis. Menschen können daher nur darum Rechte besitzen, weil sie reine praktische Vernunft besitzen und deswegen sowohl Quell von Verpflichtungen als auch Adressat von Verpflichtungen sein können.

Nach der „[a]*llgemeine*[n] *Eintheilung der Rechte*" gibt es das „*angeborne*" und das „*erworbene*" Recht. Das angeborene Recht ist das „ursprüngliche, jedem Menschen kraft seiner Menschheit zustehende Recht". Und dies ist „*nur ein einziges*": „*Freiheit* (Unabhängigkeit von eines Anderen nöthigender Willkür), sofern sie mit jedes Anderen Freiheit nach einem allgemeinen Gesetz zusammen bestehen kann" (6:237). Gleichbedeutend mit der angeborenen Freiheit ist die „angeborne *Gleichheit*, d. i. die Unabhängigkeit nicht zu mehrerem von Anderen verbunden zu werden, als wozu man sie wechselseitig auch verbinden kann; mithin die Qualität des Menschen *sein eigener Herr* (sui iuris) zu sein" (6:237f.).

Das angeborene Recht auf gesetzliche Freiheit wird von Kant auch in Übernahme der traditionellen Terminologie des Naturrechts als das „angeborne Mein und Dein" oder auch als das „*innere*" Mein und Dein bezeichnet (6:237). Entsprechend fällt der Bereich des erworbenen Rechts mit dem „*äußeren Mein und Dein*" zusammen (6:245). Eine Rechtserwerbung kann ursprünglich sein, auf einer Rechtsübertragung beruhen oder im Rahmen der häuslichen Gemeinschaft erfolgen. Ursprüngliche Rechtserwerbung ist der aus der Okkupation herrenlosen Bodens erwachsende Rechtsanspruch. Rechtsübertragung findet durch Vertrag statt. Und Rechtserwerb innerhalb der häuslichen Gemeinschaft bezieht sich auf die Rechtsverhältnisse, die durch Verehelichung, durch die Geburt von Kindern und durch die Anstellung von Knechten und Mägden entstehen (vgl. 6:277). Vom angeborenen und erworbenen Recht gilt gleichermaßen, dass es im Naturzustand lediglich provisorische Geltung besitzt und erst im bürgerlichen Zustand, durch das Zusammenspiel von Legislative, Exekutive und Jurisdiktion volle rechtliche Gültigkeit erhält. Weitere wichtige Stellen: 6:229–237; 8:127–129; 8:381; *Refl.* 4684, 17:670f.; *Refl.* 6315, 18:618f.; *Refl.* 7862, 19:538; 27:134f.; 27:140f.; 27:435; 27:1552; 29:631.

Vorgeschichte und historischer Kontext

Als Kant 1767 mit seinen Naturrechtsvorlesungen begann, wurde das Naturrechtsdenken durch Pufendorf und seine Nachfolger Christian Thomasius und Christian Wolff bestimmt. Pufendorf hatte unter dem Einfluss der Naturrechtssystematik Hugo Grotius' das Naturrecht auf die materialen Prinzipien der Selbsterhaltung und der Geselligkeit gegründet: die Selbsterhaltung verlangt die Kooperation der Menschen, die Geselligkeit ermöglicht sie, und das Recht formuliert die normativen Prinzipien dieses vorteilhaften Zusammenlebens. Aus dem Sozialitätsprinzip entwickelt Pufendorf zuerst die Rechte und Pflichten der menschlichen Individuen, sodann das Recht der häuslichen Gemeinschaften und schließlich das Staats- und Völkerrecht. Dahinter steht der systematische Anspruch, das gesamte System des positiven Rechts mit all seinen Institutionen aus einem Prinzip zu entwickeln. Anders als Hobbes hat Pufendorf die Verbindlichkeit des Rechts jedoch nicht ausschließlich im rationalen Selbstinteresse begründet. Denn die Prinzipien des natürlichen Rechts entdecken sich nicht nur der Klugheit, sie sind auch göttliche, mit natürlichen Sanktionen ausgestattete Gebote.

Kant hat seinem Naturrechtskolleg Gottfried Achenwalls zweibändiges *Ius Naturae* in der Auflage von 1763 zugrunde gelegt. Und wie Ritter gezeigt hat (in: *Rechtsgedanke*), war sein frühes Rechtsdenken stark von der Naturrechtskonzeption Pufendorfs und Wolffs geprägt. Selbst die *MSR* von 1797 zeigen noch diesen Einfluss: ihr Aufbau hat die Architektonik der Naturrechtskompendien der Pufendorfianer und Wolffianer zum Vorbild. Und auch die für eine apriorische Rechtslehre überraschende empirische Konkretheit mancher Passagen – etwa des dritten privatrechtlichen Hauptstücks von *„der subjectiv-bedingten Erwerbung durch den Ausspruch einer öffentlichen Gerichtsbarkeit*" (6:296) mit seiner ausgearbeiteten Vertragstypologie – bezeugen den Einfluss der Naturrechtsjuristen. Viele Interpreten waren darum der Meinung, dass Kants Rechtsdenken den Boden des Naturrechts nie verlassen habe und seine „Rechtslehre nicht teilhat an dem säkularen Fortschritt der kantischen Philosophie, den man in der transzendentalen Methode erblickte" (Ritter, *Rechtsgedanke*, S. 16). Doch diese Kontinuitätsthese kann nicht aufrechterhalten werden (vgl. Busch, *Entstehung*; Kersting, *Wohlgeordnete Freiheit*). Kants späte Rechtsphilosophie ist gleich in doppelter Hinsicht geprägt durch die begründungstheoretischen Neuerungen, durch die sich der theoretische wie praktische Kritizismus von der theoretischen Philosophie der Neuzeit und dem Naturrechtsdenken Pufendorfs und Wolffs unterscheidet. Zum einen beansprucht Kant, die Rechtsphilosophie wie auch die Moralphilosophie in formaler, von empirischen anthropologischen Voraussetzungen unabhängiger Vernunftgesetzgebung zu begründen. Zum anderen verwendet Kant auch in der Rechtsphilosophie durchaus transzendentale Argumentationsformen zur systematischen Klärung des intrikaten Verhältnisses von normativ-apriorischem Vernunftgrund und geschichtlichem Anwendungsfeld (vgl. Kaulbach, *Studien zur späten Rechtsphilosophie Kants*). In dieser Hinsicht unterscheidet sich Kants Rechtsmetaphysik auch von Hobbes' politischer Philosophie. Denn wenn der Grund der Verbindlichkeit des Rechts in der Vernunftgesetzgebung liegt, dann macht er sich nicht nur von dem anthropologischen Socialitas-Prinzip und dem sanktionistischen Obligationskonzept Pufendorfs unabhängig, sondern auch von Hobbes' staatsphilosophischem Rationalismus, der die Notwendigkeit von Recht und Staat in der eingesehenen Vorzugswürdigkeit eines gesetzlichen Zustandes gründet und darum nicht, wie Kant, den Staat als unerlässliche Bedingung der Institutionalisierung des Rechts mit rechtlicher Notwendigkeit ausstattet. Genau dieser Instrumentalismus, der *mutatis mutandis* das naturrechtliche Socialitas-Prinzip, das sanktionistische Obligationskonzept des Pufendorfianismus und auch das Hobbessche Staats- und Rechtsdenken prägt, wird durch das apriorische Vernunftrecht Kants zurückgewiesen.

Aber Kants späte Rechtsphilosophie von 1797 unterscheidet sich nicht nur vom Hobbesschen Kontraktualismus und dem Naturrechtsdenken des 17. und 18. Jahrhunderts. Es unterscheidet sich auch von den rechtsphilosophischen Vorstellungen der Kantianer, die auf die *MSR* nicht warten wollten und seit dem Erscheinen der *GMS* 1785 das Recht nach „kritischen Principien" behandelten (vgl. Heydenreich, *System des Naturrechts*). Als Kants *MSR* erschien, mussten die Kantianer feststellen, dass „seine metaphysischen Anfangsgründe der Rechtslehre [...] in gar vielen Stücken gerade das Gegentheil von dem, was man bisher in seinem Namen gelehrt hatte", waren (Hugo, *Lehrbuch eines civilistischen Cursus*, Bd. 2, S. 32). Während Kant das Recht als eigenständiges gebietendes Prinzip der praktischen Vernunft entwickelt, haben die Kantianer es ausschließlich als System sittengesetzlicher Erlaubnisse verstanden (vgl. Kersting, *Wohlgeordnete Freiheit*, S. 121–138; ders., *Kant über Recht*, S. 169–196).

Philosophische Funktion

1 Die Verbindlichkeit des Rechts

Nehmen wir an, „daß *reine* Vernunft einen praktisch, d. i. zur Willensbestimmung hinreichenden Grund in sich enthalten könne", dann sind wir auch berechtigt, von der Existenz praktisch-unbedingter Gesetze auszugehen. Denn, so der Beginn des Lehrsatzes IV aus der *„Analytik der reinen praktischen Vernunft"* (5:19), „die *Autonomie* des Willens ist das alleinige Princip aller moralischen Gesetze und der ihnen gemäßen Pflichten" und begründet allein alle Verbindlichkeit (5:33). Dieser geltungstheoretische Sachverhalt gilt auch für das allgemeine Rechtsgesetz. Das Rechtsgesetz setzt als kategorischer Imperativ und unbedingt verbindliche Handlungsregel wie das Sittengesetz und alle anderen Prinzipien der *Metaphysik der Sitten* folglich auch die transzendentale Freiheit, die „Freiheit im *positiven* Verstande" (5:33) als *ratio essendi* voraus. So heißt es etwa in *Frieden*: „Freilich, wenn es keine Freiheit und darauf gegründetes moralisches Gesetz giebt, sondern alles, was geschieht oder geschehen kann, bloßer Mechanism der Natur ist, so ist Politik [...] die ganze praktische Weisheit und der Rechtsbegriff ein sachleerer Gedanke" (8:372), eine „chimärische Idee ohne Wahrheit" (4:445). Und in den *MSR* treffen wir auf den gleichen Gedanken: „Wir kennen unsere eigene Freiheit (von der alle moralischen Gesetze, mithin auch alle Rechte sowohl als Pflichten ausgehen) nur durch den *moralischen Imperativ*, welcher ein pflichtgebietender Satz ist, aus welchem nachher" – und dieses 'nachher' meint natürlich kein temporales Später, sondern weist auf ein logisch-begriffliches Abhängigkeits- und Nachträglichkeitsverhältnis hin – aus welchem also nachher „das Vermögen, andere zu verpflichten, d. i. der Begriff des Rechts, entwickelt werden kann" (6:239).

Das Recht ist erzwingbar und somit unabhängig von moralischem, sich das „Rechthandeln" zur Maxime machenden Handeln realisierbar (6:231). Aber es ist verfehlt, von dieser verwirklichungspraktischen Unabhängigkeit des Rechts von Moralität auf eine begründungslogische Unabhängigkeit der Rechtsphilosophie von der Konzeption reiner praktischer Vernunft zu schließen. Reine Moral und reines Recht haben für Kant dieselbe verbindlichkeitstheoretische Wurzel. Die dem Recht eigentümlichen Momente der Äußerlichkeit, der Gesinnungsgleichgültigkeit und der Erzwingbarkeit dürfen nicht als Anzeichen seiner Geltungsunabhängigkeit von der Moralphilosophie, von der Lehre der im moralischen Handeln für sich selbst praktisch werdenden reinen Vernunft gelesen werden. Das Rechtsgesetz Kants ist ein praktisches Vernunftgesetz, keine analytisch aus dem Begriff der äußeren Freiheit zu gewinnende koexistenztechnische Verstandesregel im Dienste der Nützlichkeit (wie etwa Ebbinghaus behauptet in: *Kant und das 20. Jahrhundert*). Das Recht ist in der Moralphilosophie verbindlichkeitstheoretisch verankert. Ohne die in der Moralphilosophie explizierte Erfahrung vom unbedingten moralischen Sollen in uns würde die Rede von der Verbindlichkeit des Rechtsgesetzes, von der verpflichtenden Wirkung des subjektiven Freiheitsrechtes eines jeden unverständlich sein.

2 Die systematische Entwicklung des Rechts

Kants Rechtsphilosophie besteht aus drei Teilen. Im ersten Teil werden die Grundlagen entwickelt, der Rechtsbegriff definiert, das Rechtsprinzip formuliert, die grundlegenden → Rechtspflichten vorgestellt, das grundlegende Menschheitsrecht beschrieben und das Verhältnis des Rechts zur Ethik knapp umrissen. Im zweiten Teil wird das Privatrecht behandelt und im dritten Teil das öffentliche Recht. Der erste Teil handelt vom angeborenen Recht. Im Unterschied dazu handelt der Privatrechtsteil vom erworbenen Recht oder dem „*äußeren Mein und Dein*" (6:245). Seine Prinzipien sind zum einen das „*rechtliche*[] *Postulat der praktischen Vernunft*" (6:246) und zum anderen die Idee der „*vereinigte*[n] *Willkür Aller in einem Gesammtbesitz*" (6:261) und die ihr korrespondierende Idee der „*ursprüngliche*[n] Gemeinschaft des Bodens" (6:251).

2.1 Der Rechtsschutz des allgemeinen Rechtsprinzips bezieht sich auf das innere Mein und Dein, auf die gesetzliche Handlungsfreiheit und die körperliche Unversehrtheit. Auch alle Gegenstände, die ich in der Hand halte, fallen unter diesen ursprünglichen Rechtsschutz des angeborenen Freiheitsrechts. Das systematische Problem, das im reinen Privatrecht eine rechtsphilosophische Lösung erfährt, betrifft nun die Möglichkeit, etwas Äußeres, nicht mit mir physisch Verbundenes rechtlich zu besitzen. Kant kommt bei der freiheitsrechtlichen Überprüfung dieser Frage zu folgendem Ergebnis: „Es ist möglich, einen jeden äußern Gegenstand meiner Willkür als das Meine zu haben; d. i.: eine Maxime, nach welcher, wenn sie Gesetz würde, ein Gegenstand der Willkür *an sich* (objectiv) *herrenlos* (res nullius) werden müßte, ist rechtswidrig. Denn ein Gegenstand meiner Willkür ist etwas, was zu gebrauchen ich *physisch* in meiner Macht habe. Sollte es nun doch *rechtlich* schlechterdings nicht in meiner Macht stehen, d. i. mit der Freiheit von jedermann nach einem allgemeinen Gesetz nicht zusammen bestehen können (unrecht sein), Gebrauch von demselben zu machen: so würde die Freiheit sich selbst des Gebrauchs ihrer Willkür in Ansehung eines Gegenstandes desselben berauben, dadurch daß sie *brauchbare* Gegenstände außer aller Möglichkeit des *Gebrauchs* setzte, d. i. diese in praktischer Hinsicht vernichtete und zur res nullius machte; obgleich die Willkür formaliter im Gebrauch der Sachen mit jedermanns äußerer Freiheit nach allgemeinen Gesetzen zusammenstimmte" (6:246). Die Dinge stehen der Willkür zu Verfügung, und da die Ausübung dieser Verfügungsgewalt der Willkür über ihre Gegenstände mit dem allgemeinen Rechtsgesetz konform geht – denn die Dinge haben keine Rechte –, ist jede rechtliche Regelung abzulehnen, die diese uneingeschränkte Verfügungsgewalt aushöhlt, insonderheit die, die die Verfügungsgewalt über Dinge an deren physischen Besitz bindet. Daher muss es möglich sein, äußere Dinge rechtlich zu besitzen. Es widerspricht dem Begriff des Rechts, wenn Menschen hinsichtlich des Sachengebrauchs einander nach Maßgabe von Naturbedingungen einschränken. „Würde nun kein äußeres Mein und Dein möglich seyn so würde die Freyheit sich selbst vom physischen Besitz d. i. von Sachen in Raum und Zeit abhängig machen folglich der Rechtsbegrif selbst vom empirischen Bedingungen a priori abhängig mithin selbst empirisch seyn welches dem Begriffe des Rechts wiederspricht" (23:336). Der Begriff des Rechts selbst verlangt, dass Rechtspersonen an äußeren Willkürgegenständen ein Recht haben können müssen. Daher ist es eine „Voraussetzung a priori der praktischen Vernunft [...], einen jeden Gegenstand meiner Willkür als objectiv mögliches Mein oder Dein anzusehen und zu behandeln". Des näheren besagt dieses „*rechtliche*[] *Postulat der praktischen Vernunft*" (6:246) dreierlei: 1. Es ist möglich, einen jeden äußern Gegenstand meiner Willkür als das Meine zu haben. 2. Es ist erlaubt, Dinge in meinen Besitz zu bringen und sie rechtlich zu besitzen, d. h. alle anderen rechtmäßig von ihrem Gebrauch auszuschließen. 3. Jedermann ist verpflichtet, gegenüber anderen sich so zu verhalten, „daß das Äußere (Brauchbare) auch das Seine von irgend jemanden werden könne" (6:252). Diese Verpflichtung ist identisch mit dem Vernunftrechtsgebot, den Naturzustand zu verlassen und sich einem gesetzgebenden allgemeinen Willen zu unterwerfen.

2.2 Während das rechtliche Vernunftpostulat beweist, dass es rechtlich notwendig ist, Äußeres im rechtlichen Besitz zu haben und den rechtlichen Freiheitsschutz über das innere Mein auf äußere, legitim in Besitz genommene Willkürgegenstände auszudehnen, nennt die Idee des a priori vereinigten Willens die Bedingung, unter der dieser grundsätzlich als notwendig ausgewiesene

Rechtserwerb möglich ist. Das öffentliche Recht beschäftigt sich dann mit den rechtlichen Bedingungen, die den Privatrechtszustand in einen bürgerlichen Zustand verwandeln und ein System der öffentlichen, der „austheilenden Gerechtigkeit" (6:307) und „öffentlich-gesetzgebenden Gewalt" etablieren, das allgemeine Rechtssicherheit gewährleistet. Denn „in statu naturali ist Jedermann im Zustand seines Privatrechts; er bestimmt sein und die Rechte Anderer Menschen nach eigenem Urtheil, und sucht sie sich nach eigener Gewalt zu verschaffen; es ermangelt hier eine öffentliche Gerechtigkeit, die Jedem das Seinige zusichert, und eine öffentliche Gewalt, die es ihm verschafft. Hieher kann man das Princip: neminem laede ziehen. Tritt dagegen Jemand in statum civilem, so ist er zugleich schuldig, sich der öffentlichen Gerechtigkeit zu unterwerfen, welche ihm, da er nicht sein eigener Richter seyn kann, statt seiner seine Rechte bestimmt, und unter öffentlicher Gewalt verschafft; – hieher kann man das suum cuique tribue ziehen; und würde dies heißen: unterwirf dich der öffentlichen Gerechtigkeit oder einem solchen Zustande, wo Jedem von einem öffentlichen Gesetz seine Rechte geschützt werden" (27:528). Es ist nicht nur klug, sondern auch rechtlich notwendig, d. h. eine grundlegende →Rechtspflicht, den Naturzustand zu verlassen und einen Zustand gesetzlicher Ordnung zu errichten. Daher geht aus dem Privatrecht selbst das „Postulat des öffentlichen Rechts hervor" (6:307).

2.3 Mit diesem „Postulat des öffentlichen Rechts" (6:307) verabschiedet Kant den legeshierarchischen Dualismus des traditionellen Naturrechts. Sein Vernunftrecht stellt der geschichtlichen Welt kein Bündel abstrakter Normen gegenüber, sondern reflektiert die Bedingungen seiner Verwirklichung und verlangt seine eigene Positivierung. Es nimmt den Staat als den Ort der Verwirklichung der Gesetzgebung des allgemeinen Willens in den Bereich des rechtlich Notwendigen auf. Es verlangt, dass Staat sein soll. Und insofern das apriorische Privatrecht seinerseits im angeborenen Freiheitsrecht begründet ist, entdeckt sich das Menschheitsrecht selbst als Recht auf Staat, als Recht auf die Institutionalisierung der Bedingungen, die seine sichere Wahrnehmung garantieren, die sowohl das innere Mein und Dein als auch das um der rechtlichen Freiheit willen unerlässliche äußere Mein und Dein sichern (vgl. Kersting, *Kant über Recht*, S. 51–54).

2.4 Das vernunftrechtliche Modell der staatlichen Vereinigung ist der Vertrag. Der Vertrag ist nicht die Geschichtsurkunde des Staats, sondern dessen Vernunfturkunde. Der Vertragsstaat ist „die Form eines Staats überhaupt, d. i. der Staat *in der Idee*, wie er nach reinen Rechtsprincipien sein soll, welcher jeder wirklichen Vereinigung zu einem gemeinen Wesen (also im Inneren) zur Richtschnur (norma) dient" (6:313). Stellt man sich eine Staatsgründung nach reinen Vernunftbegriffen vor, dann wird der ursprüngliche Vertrag, der „contractus originarius" (8:297), als Stiftungsprinzip des Rechtszustandes zugleich auch dessen Stiftungsereignis sein. Nach Vernunftbegriffen betrachtet ist der Vertrag, der einvernehmliche Zusammenschluss aller zu einem gesetzgebenden und allgemeingültigen Willen, der einzige rechtmäßige Weg, den Naturzustand zu verlassen, der Vergesellschaftungspflicht zu entsprechen und dem unbedingten Rechts- und Freiheitszweck zu genügen. Mit der ursprünglichen, angeborenen Rechtsposition jedes Menschen ist das vertragliche Einigungsverfahren auf der Basis strikter Gleichheit als einzig mögliche Prozedur der Gewinnung einer allgemeinen gesetzgebenden Instanz von vornherein festgelegt. Nur ein alle gleichermaßen und mit gleichem Recht beteiligender allgemeiner Wille, also ein aus einer streng den Strukturprinzipien der Gleichheit, Symmetrie und Reziprozität verpflichteten vertraglichen Einigung aller entstehender allgemeiner Wille kann Gesetze erzeugen, die notwendig gerecht sind, und folglich legitim Herrschaft ausüben.

Jedoch klaffen die vernünftige Entstehung von politischer Allgemeinheit und die geschichtliche Entstehung von Staaten auseinander. Der geschichtliche Staat folgt nicht der reinen staatsrechtlichen Vernunft; der geschichtliche Staat ist gewalterzeugt. Wenn Kant davon spricht, dass der ursprüngliche Vertrag die Norm für jede wirkliche staatliche Vereinigung sei, dann bedeutet das, dass jeder geschichtliche Staat, gleichgültig, wie er im einzelnen entstanden sein mag, gehalten ist, sich in seiner inneren Herrschaftsorganisation dem Modell des Vertragsstaates anzupassen, seine Herrschaft so zu organisieren, als ob sie dem gemeinschaftlichen Willen einer vertraglich entstandenen Vereinigung entstammen würde. Hinsichtlich der geschichtlichen Welt ist der ursprüngliche Vertrag „Richtschnur, principium, exemplar des Staatsrechts" (*Refl.* 7738, 19:504); er formuliert das „ideal der Gesetzgebung, Regirung und öffentlichen gerechtigkeit" (*Refl.* 7734, 19:503). Er bestimmt, wie der geschichtliche Staat sein soll. Der Vertrag entdeckt sich damit als das staatsrechtliche Gegenstück zum → kategorischen Imperativ, als staatsrechtliches Universalisierungsprinzip. Wie der kategorische Imperativ als Moralprinzip die Gesetzmäßigkeit der Maximen zu beurteilen gestattet, so vermag der ursprüngliche Kontrakt als Prinzip der öffentlichen Gerechtigkeit die Rechtmäßigkeit positiver Gesetze zu bestimmen. Die Bürger besitzen in ihm ein allgemeingültiges Kriterium zur Bewertung des Gerechtigkeitsgrades der über sie ausgeübten Herrschaft: nur solche Herrschaftsausübung kann vor dem Verfassungsrichterstuhl der Rechtsvernunft, vor dem gemeinsamen Willen der Vertragsvereinigung bestehen, die sich als Durchsetzung rechtmäßiger Gesetze versteht und so den Vertragswillen zur Geltung bringt.

2.5 Die vernunftrechtliche Prinzipienfolge vom allgemeinen Rechtsprinzip über das Postulat der Rechtsvernunft, die Idee des a priori vereinigten allgemeinen Willens und das Postulat des öffentlichen Rechts bis zum *contractus originarius* gipfelt in der Erkenntnis, dass ein sicheres, wirkliche Geltung besitzendes, „*peremtorisch*[e]" Recht nur in einer Republik zu finden ist. „Dies ist die einzige bleibende Staatsverfassung, wo das *Gesetz* selbstherrschend ist und an keiner besonderen Person hängt; der letzte Zweck alles öffentlichen Rechts, der Zustand, in welchem allein jedem das Seine *peremtorisch* zugetheilt werden kann; indessen daß, so lange jene Staatsformen dem Buchstaben nach eben so viel verschiedene mit der obersten Gewalt bekleidete moralische Personen vorstellen sollen, nur ein *provisorisches* inneres Recht und kein absolut-rechtlicher Zustand der bürgerlichen Gesellschaft zugestanden werden kann" (6:341). Jedoch ist mit der Entwicklung der reinen republikanischen Verfassung die rechtsphilosophische Bemühung um die Abschaffung des Rechtsprovisoriums Naturzustand und um die Gewährleistungsbedingungen peremtorischer Rechtsverhältnisse noch nicht abgeschlossen. Die Aufgaben des öffentlichen Rechts, das den provisorischen Charakter des Privatrechts beenden soll, sind mit der Etablierung des Staatsrechts noch nicht erschöpft. Denn peremtorisch ist das Recht in einer Republik nur in innerstaatlicher Hinsicht geworden, nicht jedoch in zwischenstaatlicher Hinsicht. Mit dem individuellen Staat ist – für eine bestimmte Anzahl von Menschen – der interindividuelle Naturzustand überwunden, aber zwischen den einzelnen staatlichen Naturzustandsüberwindern entsteht ein neuer, ein internationaler Naturzustand, dessen Rechtsgefährdungspotential dem des interindividuellen Naturzustandes strukturell gleicht, und der daher nach einer analogen rechtlichen Befriedung verlangt. Angesichts der unvermeidbaren Interdependenz der Staaten besteht ein unauflöslicher Zusammenhang zwischen der innerstaatlichen und der zwischenstaatlichen Friedensstiftung. Daher muss die Vernunft den Entwurf einer Rechtsordnung der bürgerlichen Gesellschaft um völker- und weltbürgerrechtliche Bestimmungen erweitern, die die Verhältnisse der Staaten zueinander rechtlich ordnen. Oder, anders formuliert, die von der Vernunft a priori gestiftete rechtliche Ordnung der äußeren Freiheit der Menschen ist erst dann vollständig, wenn auch die zwischenstaatlichen Verhältnisse der normierenden Rechtsvernunft unterstellt werden.

Weiterführende Literatur

Deggau, Hans-Georg: Die Aporien der Rechtslehre Kants, Stuttgart-Bad Cannstatt: Frommann-Holzboog 1983.

Höffe, Otfried (Hg.): Immanuel Kant. Metaphysische Anfangsgründe der Rechtslehre, Berlin: Akademie 1999.

Kersting, Wolfgang: „Vernunft, Verbindlichkeit und Recht bei Kant", in: Ameriks, Karl / Sturma, Dieter (Hg.): Kants Ethik, Paderborn: Mentis 2004, 269–291.

Kühl, Kristian: Eigentumsordnung als Freiheitsordnung. Zur Aktualität der Kantischen Rechts- und Eigentumslehre, Freiburg: Alber 1984.

Küsters, Gerd-Walter: Kants Rechtsphilosophie, Darmstadt: Wissenschaftliche Buchgesellschaft 1988.

Ludwig, Bernd: Kants Rechtslehre, Hamburg: Meiner 1988.

Mulholland, Leslie A.: Kant's Systems of Rights, New York: Columbia University Press 1990.

Römpp, Georg: Kants Kritik der reinen Freiheit. Eine Erörterung der ‚Metaphysik der Sitten', Berlin: Duncker&Humblot 2006.
Rosen, Allen D.: Kant's Theory of Justice, Ithaca: Cornell University Press 1996.
Unruh, Peter: Die Herrschaft der Vernunft. Zur Staatsphilosophie Immanuel Kants, Baden-Baden: Nomos 1993.
Zotta, Franco: Immanuel Kant. Legitimität und Recht, Freiburg: Alber 2000.

Wolfgang Kersting

Rechtspflicht/Tugendpflicht

Rechtspflichten sind „äußere Pflichten" (6:219), „für welche eine äußere Gesetzgebung möglich ist" (6:239). Rechtspflichten sind – im Unterschied zu Tugendpflichten – enge (6:390) bzw. vollkommene (6:240) Pflichten, die bestimmte Handlungen ge- bzw. verbieten. Um die Einhaltung der Rechtspflichten zu sichern, kann äußerer Zwang angewendet werden (vgl. 6:220). Weitere wichtige Stellen: 6:99, 6:214, 6:218, 6:221, 6:224, 6:230, 6:232, 6:236f., 6:239, 6:313, 6:375, 6:383, 6:449, 6:458, 8:426, 8:379, 13:396.

Philosophische Funktion

Nach Kant sind alle Pflichten entweder Rechts- oder Tugendpflichten (vgl. 6:239). Rechtspflichten sind Gegenstand der juridischen Gesetzgebung. Diese kann (genau wie die ethische) durch zwei Aspekte charakterisiert werden: Durch das „*Gesetz*, [...] welches die Handlung zur Pflicht macht" und durch die „Triebfeder, welche den Bestimmungsgrund der Willkür zu dieser Handlung *subjectiv* mit der Befolgung des Gesetzes verknüpft" (6:218). Die juridische Gesetzgebung unterscheidet sich von der ethischen dadurch, dass sie „auch eine andere Triebfeder als die Idee der Pflicht selbst zuläßt" (6:219), d. h. dass das Handlungsmotiv für die Rechtsbefolgung nicht von Belang ist. Entsprechend macht es auch nur „äußere Handlungen" (6:214) zu Pflichten. Im Gegensatz dazu schreibt eine Tugendpflicht eine Zwecksetzung vor, die nach Kant ein „innerer Act des Gemüths" (6:239) ist. Dass Rechtspflichten *äußere* Handlungen betreffen, die „nur das äußere und zwar praktische Verhältnis einer Person gegen eine andere" und deren „Willkür" betreffen (6:230), lässt sich so interpretieren, dass sie sich auf raum-zeitliches Verhalten einer Person beziehen, das die Ausübung der Willkür einer anderen Person angeht (vgl. dazu auch Ludwig, *Kants Rechtslehre*, S. 86).

1 Rechtspflichten als Pflichten, die der äußeren Nötigung fähig sind

Im Gegensatz zu Tugendpflichten müssen Rechtspflichten nicht aus Pflicht befolgt werden. Kant benennt als mögliche Triebfeder der äußeren Gesetzgebung den „äußere[n] Zwang" (6:220). Entsprechend charakterisiert Kant Rechtspflichten als Pflichten, denen „*Rechte* eines Anderen (facultas iuridica)" korrespondieren, „jemand zu zwingen" (6:383). Ein äußerer Zwang ist bei Tugendpflichten hingegen gar nicht möglich, die auf dem „freien Selbstzwange allein" beruhen (6:383).

Die rechtliche Gesetzgebung lässt dadurch, dass sie nicht die Pflicht als Triebfeder des Handelns verlangt, ein „Vakuum [...], um der Möglichkeit der Erzwingbarkeit rechtlich gebotener Handlungen einen Platz zu schaffen" (Kersting, *Wohlgeordnete Freiheit*, S. 33). Kant betont allerdings, dass sich ethische bzw. innere Gesetzgebung auch auf rechtliche bzw. äußere Pflichten beziehen kann, d. h. dass ethische Gesetzgebung fordern kann, äußere Pflichten aus Pflicht zu tun: „So ist es eine äußerliche Pflicht, sein vertragsmäßiges Versprechen zu halten; aber das Gebot, dieses blos darum zu thun, weil es Pflicht ist, [...] ist blos zur *innern* Gesetzgebung gehörig" (6:220). Deshalb gehören Rechtspflichten zu den „indirect-ethischen" Pflichten (6:221). Die „*Achtung* fürs Recht" ist jedoch keine Rechtspflicht, sondern „*verdienstlich*" (6:390).

Rechtspflichten lassen sich demnach als die Teilklasse von Pflichten verstehen, die einer äußeren Nötigung fähig sind: „Zu allem, was Pflicht ist, kann ich mich selbst zwingen [...] nur zu äußeren Handlungen kann ich auch äußerlich genötigt werden" (Ludwig, *Kants Rechtslehre*, S. 89).

2 Rechtspflichten als enge bzw. vollkommene Pflichten

Ein weiteres Unterscheidungsmerkmal von rechtlichen und ethischen Pflichten ist, dass ethische Pflichten „von *weiter*, dagegen die Rechtspflichten von *enger* Verbindlichkeit" sind (6:390). Dies ist, wie Kant sagt, eine Folge der Tatsache, dass

Rechtspflichten Gesetze für *Handlungen* vorschreiben (vgl. 6:388), ethische Pflichten für →*Maximen*. Während es bei der Erfüllung von ethischen Pflichten deshalb einen gewissen „Spielraum (latitudo)" (6:390) in der Befolgung gibt, bestimmt eine Rechtspflicht „mit mathematischer Genauigkeit" (6:233), was getan werden soll.

Dass Rechtpflichten enge Pflichten sind, hat zur Folge, dass ihre Übertretung „*Verschuldung*" (6:227, 6:390) ist, während die Übertretung weiter Pflichten „blos moralischer *Unwerth*" (6:390) ist. Der „*rechtliche* Effect einer Verschuldung ist die *Strafe* (poena)" (6:227). Entspricht die Handlung dem, was eine Rechtspflicht fordert, ist dies „Schuldigkeit", die nicht verdienstlich ist und „keinen rechtlichen Effect" hat (6:228).

3 Welches sind nach Kant die Rechtspflichten?
Nach dem allgemeinen Rechtsprinzip ist jede Handlung recht, die „mit jedermanns Freiheit nach einem allgemeinen Gesetze zusammen bestehen kann" (6:230). Entsprechend ist eine Handlung unrecht, wenn sie nicht mit einer allgemeinen Gesetzgebung vereinbar ist. Rechtspflichten können dementsprechend prinzipiell Unterlassungshandlungen (z. B. die Unterlassung von Diebstahl) oder Begehungshandlungen vorschreiben (z. B. Handlungen, die erfordert sind, um „sein vertragsmäßiges Versprechen zu halten" (6:220); vgl. auch die „Pflicht" der Eltern zur „Erhaltung und Versorgung in Absicht auf ihr *Erzeugniß*" (6:280)).

Kant unterscheidet zwei Arten von Rechtsgesetzen: „äußere, aber *natürliche* Gesetze", „zu denen die Verbindlichkeit auch ohne äußere Gesetzgebung a priori durch die Vernunft erkannt werden kann", und „*positive* Gesetze", „die ohne wirkliche äußere Gesetzgebung gar nicht verbinden" (6:224). Insofern ein Gesetz der „Grundsatz [ist], welcher gewisse Handlungen zur Pflicht macht" (6:225) gibt es auch entsprechend zwei Arten von Rechtspflichten. Gemäß der Unterscheidung zwischen natürlichen und positiven Gesetzen werden die konkreten Rechtspflichten entweder durch das jeweilige positive Recht kodifiziert, oder gelten sie a priori. In der „*Allgemeine[n] Eintheilung der Rechtspflichten*" (6:236) richtet sich Kant nach der klassischen Formeltrias des Ulpian. Einerseits sind diese Formeln nach Kant Einteilungsprinzipien, andererseits werden sie auch selbst als Pflichten formuliert. Die erste dieser Pflichten, „honeste vive" (6:236), die fordert, sich selbst für andere nicht zum bloßen Mittel zu machen, sondern für sie zugleich Zweck zu sein, sieht Kant im „*Rechte* der Menschheit in unserer eigenen Person" (6:236) begründet und somit als „*innere*" (6:237) Rechtspflicht. Dies steht in Spannung zu Kants Charakterisierung der Rechtspflichten als Pflichten, „für welche eine äußere Gesetzgebung möglich ist" (6:239). Nach den Vorarbeiten zur *MST* und den Vigilantius-Aufzeichnungen der Vorlesungen hat Kant selbst diese Pflicht früher zu den ethischen Pflichten gezählt (vgl. dazu 23:386 und 27:527 und Kersting, *Wohlgeordnete Freiheit*, S. 102). Als Rechtspflicht lässt sich „honeste vive" als „Gebot des rechtlichen Selbsterhalts" interpretieren, das die „inneren Bedingungen der äußeren Freiheit" formuliert (Kersting, *Wohlgeordnete Freiheit*, S. 106; vgl. auch Brandt, *Rechtlicher Mensch*, S. 331).

Die beiden anderen Gebote der Ulpianischen Trias – „neminem laede" (6:236) und „suum cuique tribue" (6:237) – beziehen sich beide auf das Recht der Menschheit in der Person anderer. Im Anschluss an die drei Formeln bezeichnet Kant sie als „Eintheilungsprincipien des Systems der Rechtspflichten in *innere*, *äußere* und in diejenigen, welche die Ableitung der letzteren vom Princip der ersteren durch Subsumtion enthalten" (6:237) (vgl. dazu Byrd/Hruschka, *Doctrine of Right*, S. 63f.).

Weiterführende Literatur

Byrd, Sharon / Hruschka, Joachim: Kant's Doctrine of Right. A Commentary, Cambridge: Cambridge University Press 2010.

Kersting, Wolfgang: Wohlgeordnete Freiheit, Berlin u. a.: de Gruyter 1984.

Ludwig, Bernd: Kants Rechtslehre, Hamburg: Meiner 1988.

Claudia Blöser

Reflexion

Das lateinische ‚reflexio' (‚Rückbiegung', ‚Reflektion') wird von Kant teils als ‚Reflexion' übernommen, teils als ‚Überlegung' übersetzt. (1) Reflexion ist allgemein das Wirken des →Verstandes: „[...] der Verstand schauet nichts an, sondern reflectirt nur" (4:288). (2) Zu diesem Tun des Verstandes gehört insbesondere die Begriffsbildung durch Vergleichung, Reflexion und Abstraktion. (3) Nur in der *KrV* fragt eine dann auch ‚transzendental' genannte Reflexion danach, welchem →Erkenntnisvermögen eine Vorstellung zuzurechnen ist. (4) Der „bloßen" (5:190; vgl. 5:291f.), also noch nicht beim Begriff angekommenen Reflexion hängt laut *KU* Lust an. Wichtige Stellen: 1. 2:394; KrV A 310 / B 366f.; 4:288; *Refl.* 230, 15:88; *Refl.* 2834, 16:536; *Refl.* 2851, 16:546; *Refl.* 3917, 17:342; 24:232; 24:234; 24:236; 25:281; 28:233; 2. 7:138; 7:142; 7:396; *Refl.* 2389, 16:340; *Refl.* 2860, 16:549; *Refl.* 2865, 16:552; *Refl.* 2876, 16:555f.; 24:566; 24:654; 24:907–909; 28:1052f.; 29:760; 29:795; 3. KrV A 260–262 / B 316–319; KrV A 269 / B 325f.; KrV A 294f. / B 351; 4. 20:249; 5:190f.; 5:291f.; 28:675f.

Philosophische Funktion

1 Reflexion als Tätigkeit des Verstandes

Reflexion ist allgemein das Wirken des →Verstandes, das →Denken. Sie ist als solche dem Wirken der →Anschauung entgegengesetzt (vgl. 4:288; *Refl.* 409, 15:165f.; 28:207) und ein menschliches, kein göttliches Tun (vgl. 1:405; 28:1052f.; 28:1269).

Auf dem Weg von der →Empfindung bzw. →Erscheinung zur →Erfahrung folgt die Reflexion den Regeln des logischen, nicht denen des realen Verstandesgebrauchs (vgl. 2:394). Erfahrung ist „eine reflectirte Empfindung, oder eine Empfindung, welche durch ein Urtheil ausgedrücket ist" (24:236). Da sie den Eindruck erweckt, allein ein Produkt der Sinne zu sein, wird leicht eine Subreption begangen, wenn „wir die Reflexionen des Verstandes über die Sinne nicht bemerken, und die Erkenntnisse für unmittelbare Anschauungen der Sinne halten" (28:232; vgl. 28:234).

Reflexion ist das, was aus einer →Empfindung eine zum →Verstand gehörende →Vorstellung macht, also einen →Begriff, „eine reflectirte Vorstellung" (*Refl.* 2834, 16:536; vgl. 9:91). Insofern sind auch →Ideen Produkte der Reflexion (vgl. *Refl.* 3917, 17:342; *Refl.* 230, 15:88), obwohl sie andererseits „nicht bloß reflectirte, sondern geschlossene Begriffe" (KrV A 310 / B 366) sind. Die Reflexion in diesem Sinne ist damit diejenige Handlung, die die Epigenesis der Begriffe bewirkt (vgl. 28:233).

Prägend für diese Bedeutung von ‚Reflexion' ist vermutlich ihre Bestimmung durch Locke als zweiter Erkenntnisquelle neben der Empfindung: „Ich verstehe [...] durch das Ueberdenken diejenige Erkenntniß der Seele, da sie ihre eigene Wirkungen und die Art derselben wahrnimmt, wodurch eben im Verstande die Begriffe von diesen Wirkungen entstehen" (Locke, *Versuch vom Menschlichen Verstande*, S. 78 II, I § 4). Für Locke wie für Kant gewinnen wir mit Hilfe der Reflexion die Verstandesbegriffe. Allerdings stellt Kant Locke meist anders dar (vgl. 28:233; 28:373; 29:763f.; 29:781; KrV A 271 / B 327; aber 29:16; Oberhausen, *Das neue Apriori*, S. 66–68).

2 Reflexion als Faktor in der Begriffsbildung

Baumgarten unterscheidet zwei Stufen der Aneignung von Vorstellungen durch die von der Abstraktion unterschiedene Aufmerksamkeit: „Sukzessive auf alle Teile der Perzeption gerichtete Aufmerksamkeit ist Reflexion. Aufmerksamkeit auf die ganze Perzeption nach der Reflexion ist Komparation" (Baumgarten, *Metaphysica*, § 626; 15:34). Kant behält nicht nur die durch Baumgarten angemerkten deutschen Ausdrücke bei: „Ueberlegung" für „reflexio" und „Vergleichung, das Zusammenhalten" für „comparatio" (Baumgarten, *Metaphysica*, § 626, 15:34), sondern auch den Gedanken: „Wenn ich auf die theile der Erkenntniß acht gebe, so zergliedere ich dieselben. Dieses heißt reflexio" (*Refl.* 2389, 16:340; vgl. *Refl.* 2978, 16:556; 24:566; 24:654; 28:80; 28:869f.).

Anders als Baumgarten sieht Kant in der Reflexion jedoch keine Unterart der Aufmerksamkeit. Vielmehr gewährleistet sie zusammen mit Vergleichung und Abstraktion den „[l]ogische[n] Ursprung der Begriffe: 1. durch comparation: [...] 2. durch reflexion: [...] 3. durch abstraction" (*Refl.* 2876, 16:555). In dieser Trias steht die Reflexion mal an erster (vgl. *Refl.* 2860, 16:549; 24:564; 24:656), mal an zweiter Stelle (vgl. *Refl.* 2876, 16:555; 9:94; 24:907–909). Die Reflexion ist die „Überlegung des Zusammenhangs zur Einheit des Begrifs" (*Refl.* 2876, 16:556). Sie ist „Bewußtsein der Thätigkeit in Zusammenstellung des Mannigfaltigen der Vorstellung nach einer Regel der Einheit desselben" (7:141; vgl. 7:396).

Die Form des Begriffs ist „logisch und besteht in der reflexion, wodurch ein conceptus communis wird, als derjenigen Form, die zur Urtheilskraft erfodert wird" (*Refl.* 2851, 16:546; vgl. 9:94, 29:795). Der durch Reflexion gewonnene Begriff ist Erkenntnisgrund für empirische Gegenstände. Die „Vorstellung einer nota als communis" wird durch die Reflexion „als Erkentnisgrund eines Dinges" angesehen (*Refl.* 2854, 16:547). Ein Begriff wird gemacht, „1. dadurch, daß etwas als Teilvorstellung betrachtet wird, die mehrern gemein sein kann, z. B. die rote Farbe. 2. wenn ich die Teilvorstellung als notam, als Erkenntnisgrund einer Sache betrachte, z. B. durch rot Blut, Rose usw. erkenne" (24:753). Von hier aus gesehen ist die Reflexion „das Verwenden einer Vorstellung als Erkenntnisgrund" (Prien, *Logik der Begriffe*, S. 69; vgl. Prien, *Komparation*, S. 59).

3 Reflexion als Unterscheidung nach Erkenntnisquellen

In der *KrV* wird es zur Aufgabe der Reflexion, danach zu fragen, ob gegebene Vorstellungen solche der → Anschauung oder solche des → Verstandes sind. Dieser Sinn von Reflexion hat deshalb in der Literatur am meisten Aufmerksamkeit gefunden, weil Kant ihn ausdrücklich einführt (vgl. KrV A 260–292 / B 316–349). Nur die erste Definition, Reflexion sei „der Zustand des Gemüths, in welchem wir uns zuerst dazu anschicken, um die subjective[n] Bedingungen ausfindig zu machen, unter denen wir zu Begriffen gelangen können" (KrV A 260 / B 316), kommt in die Nähe eines heutigen Verständnisses von Reflexion als eines Hinterfragens. Schon die zweite Definition jedoch engt den Gegenstandsbereich der Reflexion auf das Verhältnis der → Vorstellungen zu den → Erkenntnisvermögen ein: „Die *Überlegung* (reflexio) [...] ist das Bewußtsein des Verhältnisses gegebener Vorstellungen zu unseren verschiedenen Erkenntnißquellen, durch welches allein ihr Verhältniß unter einander richtig bestimmt werden kann" (KrV A 260 / B 316; vgl. *Refl.* 5552, 18:218).

Handelt es sich bei diesen Vorstellungen nicht um empirische, sondern um „die Vergleichung der Vorstellungen überhaupt", wird die Reflexion als eine → transzendentale bezeichnet, der es aber unterschiedslos auch um die Frage geht, ob die Vorstellungen „zum reinen Verstande oder zur sinnlichen Anschauung" gehören (KrV A 261 / B 317). Kant greift die Reflexion als Unterscheidung der Vorstellungen nach Erkenntnisquellen innerhalb der *KrV* nur ein einziges Mal und später gar nicht mehr wieder auf (vgl. KrV A 295 / B 351).

Der Fehler, der ohne eine solche Reflexion unterlaufen kann, ist der der Amphibolie der Reflexionsbegriffe, die „Verwechselung des reinen Verstandesobjects mit der Erscheinung" (KrV A 270 / B 326).

4 Reflexion als Befassung mit der Form des Objekts

In der *1. Einl. KU* und der *KU* bezieht sich Kant mit "Reflexion" wieder auf begriffs- oder erkenntnisbildende Prozesse, jedoch gerade insofern diese noch nicht abgeschlossen sind. Dasjenige „Gefühl der Lust (welches mit der Vorstellung der subjectiven Zweckmäßigkeit einerley ist)" hängt nicht dem Begriff des jeweiligen Objekts an, auch nicht einer von ihm ausgelösten Empfindung, sondern „der Reflexion und deren Form [...], wodurch [die Urteilskraft] von empirischen Anschauungen zu Begriffen überhaupt strebt" (20:249).

In der *KU* handelt Kant von einer „bloßen Reflexion über die [Form des Gegenstandes] (ohne Absicht auf einen von ihm zu erwerbenden Begriff)" (5:190), von einer „bloßen Reflexion" (20:220; vgl. 20:244; 20:251; 5:291; 5:292; 5:295) „ohne Begriff von dem, was der Gegenstand sein soll" (5:320; vgl. 5:190; Longuenesse, *Kant*, S. 209f.). Obwohl eine Handlung des Verstandes im weiten Sinne als Denkvermögen (im Gegensatz zur Anschauung) ist die Reflexion keine Handlung des Verstandes im engen Sinn (als Vermögen der Begriffe), sondern eine der → Urteilskraft (vgl. 20:212; 20:235; 20:249; 5:185; 5:193; 5:203 Anm.; 5:269; 5:280; 5:293; 5:386; 5:399; 5:405; 28:675f.).

In diesem unabgeschlossenen Zustand der Auseinandersetzung mit der Form eines Gegenstandes kann nun die Form des Gegenstandes „als der Grund einer Lust an der Vorstellung eines solchen Objects beurtheilt" werden (5:190). Geschieht das, wird mit der Vorstellung des Gegenstandes „diese Lust auch als nothwendig verbunden geurtheilt" (5:190). Es stimmt dann „die Gesetzmäßigkeit im empirischen Gebrauche der Urtheilskraft überhaupt" mit der „Vorstellung des Objects in der Reflexion" zusammen (5:190). Allgemeingültig ist diese Zusammenstimmung deshalb, weil sie auf Bedingungen zurückgeführt werden kann, die → a priori bestehen: insbesondere die der Reflexion gelten „a priori allgemein" (5:190; vgl.

5:191). Die Lust am Schönen ist „weder eine Lust des Genusses, noch einer gesetzlichen Thätigkeit, auch nicht der vernünftelnden Contemplation nach Ideen, sondern der bloßen Reflexion" (5:292).

Weiterführende Literatur

Liedtke, Max: „Der Begriff der Reflexion bei Kant", in: Archiv für Geschichte der Philosophie 48, 1966, 207–216.

Prien, Bernd: Kants Logik der Begriffe. Die Begriffslehre der formalen und transzendentalen Logik Kants, Berlin 2006, insbes. 68–75.

Hanno Birken-Bertsch

Regel, praktische

Unter einer praktischen Regel versteht Kant eine Präskription zur Regulierung von Handlungen. Als das Vermögen der Prinzipien (vgl. KrV A 299 / B 356) gibt die →Vernunft Regeln für das Handeln freier rationaler Subjekte vor. Eine praktische Regel ist daher „jederzeit ein Product der Vernunft" (5:20). →Praktische Vernunft ist das Vermögen, nach den durch die Vernunft vorgestellten Handlungsregeln zu *handeln* (vgl. z. B. 4:412, 4:446; 5:32). Weitere wichtige Stellen: 4:414; 4:440; 5:20f.; 5:172f.; 6:222.

Philosophische Funktion

1 Technisch-praktische und moralisch-praktische Regeln

Kant verwendet den Begriff der Regel sowohl als Gegenstand der theoretischen als auch als Gegenstand der praktischen Philosophie. So kann es sowohl Regeln des Denkens und Erkennens als auch Regeln des Verhaltens geben (vgl. 5:172; 27:1397). Eine Regel ist dabei ein allgemeines Prinzip, das in Bezug auf Erkenntnisse und Handlungen beschreibenden oder vorschreibenden Charakter haben kann.

Eine Regel ist „praktisch", wenn sie Einfluss auf die Wirkungsweise des →Willens als einem nicht rein instinktiv geleiteten, sondern durch Begriffe bestimmbaren Begehrungsvermögen hat (5:172). Kant unterscheidet „*technisch-praktisch[e]*" von „*moralisch-praktisch[en]*" Regeln: „[I]st der die Causalität bestimmende Begriff ein Naturbegriff, so sind die Principien *technisch-praktisch*; ist er aber ein Freiheitsbegriff, so sind diese *moralisch-praktisch* [...]" (5:172). Technisch-praktische Regeln sind empirische Vorschriften, deren Gültigkeit davon abhängt, ob das betreffende Subjekt die passenden Zwecke verfolgt, die ihrerseits Voraussetzung für die Anwendung der Regel sind. Moralisch-praktische Regeln hingegen sind nicht-empirische Vorschriften und gelten unabhängig von den Zwecken und Absichten einzelner Subjekte (vgl. 5:172f.).

2 Objektiv-praktische und subjektiv-praktische Regeln

Kant unterscheidet objektiv-praktische von subjektiv-praktischen Regeln. Beide haben eine handlungsbezogene Funktion. So ist „[d]er Grundsatz, welcher gewisse Handlungen zur Pflicht macht, [...] ein praktisches Gesetz. Die Regel des Handelnden, die er sich selbst aus subjectiven Gründen zum Princip macht, heißt seine *Maxime*" (6:225). →Maximen ‚enthalten' praktische Regeln (vgl. 4:421 Anm.; 5:19) in dem Sinne, dass aus Regeln praktische Grundsätze werden. Die Maximen eines Menschen sind Ausdruck seiner Gesinnung; sie zeigen an, welche Regeln eine Person sich zu Grundsätzen macht und nach welchen Grundsätzen sie schließlich handelt. Eine Regel, die ‚praktisch richtig' ist, ist ein Gesetz, da sie ausnahmslos gebietet (vgl. 5:21). Ist sie auch objektiv gültig, so kann sich eine subjektiv praktische Regel, eine →Maxime, zur allgemeinen Gesetzgebung ‚qualifizieren' (vgl. 6:225).

Objektiv praktische Regeln sind für ein Wesen, das nicht immer rational handelt, Imperative (vgl. 6:222). Sie gebieten entweder eine →Handlung als Mittel zu einem beabsichtigten →Zweck (der Neigung) oder aber sie gebieten eine →Handlung als etwas, was seinen Wert in sich selbst trägt (‚an sich', ‚unbedingt') (vgl. z. B. 4:414). Auf dieser Voraussetzung beruht Kants Unterscheidung von hypothetischen und →kategorischen Imperativen.

3 Form und Inhalt der moralisch-praktischen Regel

Die moralisch-praktische Regel ist eine nicht empirisch bedingte, apodiktische Regel der reinen Vernunft, die Handlungen ausnahmslos gebietet (vgl. 4:440; 4:444). Kant zufolge ergeben sich alle moralischen Regeln aus dem kategorischen Imperativ bzw. dem →moralischen Gesetz (vgl. 4:440).

Im Anschluss an von Wrights 6-Komponenten-Unterscheidung von Normen in Charakter, Inhalt, Anwendungsbedingung, Norm-Autorität, Norm-Adressat und Situation (vgl. von Wright, *Norm und Handlung*, 79–99) lässt sich Kants moralisch-praktische Regel folgendermaßen spezifizieren: Die moralisch-praktische Regel hat Sollens-Charakter, es handelt sich bei ihr um eine Verpflichtungsnorm. Sie gebietet Handlungen, deren Handlungsgrundsatz die Form eines Gesetzes hat. Ein Wesen mit Vernunft und einem Willen, das der freien Handlung fähig ist, ist die Bedingung der Möglichkeit der Erfüllung der Regel. Es handelt sich damit um eine kategorische Norm, weil die Anwendungsbedingung notwendige und hinreichende Bedingung dafür ist, dass der Inhalt dieser Regel vollzogen werden kann. Das autonome Vernunftsubjekt ist zugleich Norm-Autorität und Norm-Adressat. Die moralische Regel ist anwendbar auf eine unbegrenzte Anzahl von Situationen. Sie ist damit eine allgemeine Regel, die a priori gültig ist.

4 Die moralisch-praktische Regel als Kriterium moralischer Bewertung

Der Begriff der moralisch-praktischen Regel ist zentral für Kants Konzept der moralischen Bewertung. Dieses befasst sich mit der Form der moralischen Handlung; beurteilt wird die Beziehung, in der eine → Handlung zur obersten Verhaltensregel, dem kategorischen Imperativ, steht: „Der Imperativ [im Allgemeinen] sagt also, welche durch mich mögliche Handlung gut wäre, und stellt die praktische Regel in Verhältniß auf einen Willen vor [...]" (4:414). Dementsprechend definiert Kant Moralität schon früh als „Verhältnis der Handlung zur allgemeinen Regel" (27:1276; vgl. 27:1209). In dieser Hinsicht bestimmt die moralische Regel die Begriffe des Guten und Bösen: Nur solche Handlungen, deren Maximen die Form der moralisch-praktischen Regel bzw. eines praktischen Gesetzes haben, können als gut gelten (vgl. 5:62f.).

Moralisch wertvoll ist demnach ein Handeln, in dem der Wille nicht durch subjektive Zwecke und Motive, sondern durch ein formales Prinzip bestimmt wird. Dieses willensbestimmende „formell[e]" Prinzip (4:400) ist die unbedingte praktische Regel: der kategorische Imperativ. Als die oberste objektiv praktische Regel unterscheidet er sich von allen subjektiv praktischen Regeln, wie sie durch die Ratschläge der Klugheit und die Regeln der Geschicklichkeit konstituiert sind. So ist er „nicht eine Vorschrift, nach welcher eine Handlung geschehen soll, dadurch eine begehrte Wirkung möglich ist (denn da wäre die Regel immer physisch bedingt), sondern eine Regel, die blos den Willen in Ansehung der Form seiner Maximen a priori bestimmt" (5:31).

Weiterführende Literatur

Schwartz, Maria: Der Begriff der Maxime bei Kant. Eine Untersuchung des Maximenbegriffs in Kants praktischer Philosophie, Münster: Lit Verlag 2006.

Steffi Schadow

Reich der Zwecke

Das Reich der Zwecke ist in der *GMS* „die systematische Verbindung verschiedener vernünftiger Wesen durch gemeinschaftliche Gesetze" (4:433). Es besteht aus vernunft- und moralbegabten Personen als seinen gleichberechtigten Gliedern. Diese sind jedes Zweck-an-sich, wodurch ihnen Würde zukommt. Jedes einzelne Glied ist nur selbstgegebenen und zugleich allgemeinen Gesetzen unterworfen, die sich jedoch nicht widersprechen, da „eben diese Schicklichkeit seiner Maximen zur allgemeinen Gesetzgebung es als Zweck an sich selbst auszeichnet, imgleichen daß dieses seine Würde (Prärogativ) vor allen bloßen Naturwesen es mit sich bringe, seine Maximen jederzeit aus dem Gesichtspunkte seiner selbst, zugleich aber auch jedes andern vernünftigen als gesetzgebenden Wesens (die darum auch Personen heißen) nehmen zu müssen" (4:438). Das Reich der Zwecke ist ein moralisches Ideal, dessen Wirklichkeit davon abhängt, dass die moralfähigen Personen tatsächlich moralisch handeln. Weitere wichtige Stellen: KrV A 808 / B 836; 4:433–440; 5:82.

Philosophische Funktion

1 Das Reich der Zwecke als moralisches Ideal

In der *GMS* unterscheidet Kant fünf Formeln des kategorischen Imperativs: die allgemeine Gesetzesformel, die Naturgesetzformel, die Zweck-an-sich-Formel, die Autonomieformel und die Reich-der-Zwecke-Formel. Gemäß der Reich-der-Zwecke-Formel „muß ein jedes vernünftige Wesen so handeln, als ob es durch seine Maximen jederzeit ein gesetzgebendes Glied im allgemeinen Reiche der Zwecke wäre“ (4:438). Aus der Perspektive des Handelnden bedeutet das, „daß alle Maximen aus eigener Gesetzgebung zu einem möglichen Reiche der Zwecke, als einem Reiche der Natur, zusammenstimmen sollen“ (4:436). Dabei wird die Reich-der-Zwecke-Formel als Unterformel der Autonomieformel angesehen, da sie von dieser abhängig ist.

Der Ausdruck ‚Reich der Zwecke‘ ist doppeldeutig. Kant selbst bestimmt das Reich der Zwecke als „ein Ganzes aller Zwecke (sowohl der vernünftigen Wesen als Zwecke an sich, als auch der eigenen Zwecke, die ein jedes sich selbst setzen mag) in systematischer Verknüpfung“ (4:433). Mit →Zwecken kann einerseits der Status von Menschen als Vernunftwesen gemeint sein: Sie sind zur moralischen Selbstgesetzgebung (→Autonomie) fähig. Dadurch kommt ihnen der Status von →Personen und →Würde zu. Hier geht es um die Bestimmung des Menschen als Zweck-an-sich, was ihn zum Glied im Reich der Zwecke (als gleichberechtigter Selbstzwecke) qualifiziert. Andererseits sind mit der Rede von Zwecken oft materiale Handlungszwecke gemeint, die von subjektiven Präferenzen abhängen. Kant spricht hier von *subjektiven Zwecken*, die von unseren Neigungen bestimmt werden. Problematisch wirkt, dass Kant diese subjektiven Zwecke in derselben Passage aus dem Reich der Zwecke auszuschließen scheint. „Weil nun Gesetze die Zwecke ihrer allgemeinen Gültigkeit nach bestimmen, so wird, wenn man von dem persönlichen Unterschiede vernünftiger Wesen, imgleichen allem Inhalte ihrer Privatzwecke abstrahirt, ein Ganzes aller Zwecke (sowohl der vernünftigen Wesen als Zwecke an sich, als auch der eigenen Zwecke, die ein jedes sich selbst setzen mag) in systematischer Verknüpfung, d. i. ein Reich der Zwecke, gedacht werden können“ (4:433; vgl. KrV A 808 / B 836; 4:437).

Unklar ist auch, ob die Zweck-an-sich-Formel und die Autonomie-Formel des kategorischen Imperativs, aus der die Reich-der-Zwecke-Formel abgeleitet wird, ein positives Kriterium der Bestimmung gebotener Maximen enthält (vgl. z. B. Wimmer, *Universalisierung*, S. 174–200; Schönecker/Wood, *Kants Grundlegung*, S. 156f.; dagegen Kersting, *Starkes Gesetz*, S. 101) und ob es von der *GMS* aus einen Übergang zur Bestimmung förderungswürdiger materialer Zwecke in der →*Tugendlehre* der *MS* gibt, in der eigene →Vollkommenheit und fremde →Glückseligkeit von Kant als →Zwecke dargelegt werden, die zu haben zugleich →Pflicht ist. Dafür spricht, dass Kant für das Hilfsgebot eine *positive Übereinstimmung* mit der Menschheit als Zweck an sich verlangt, die impliziert, „die Zwecke anderer [...] zu befördern [...]. Denn das Subject, welches Zweck an sich selbst ist, dessen Zwecke müssen, wenn jene Vorstellung bei mir *alle* Wirkung thun soll, auch, so viel möglich, *meine* Zwecke sein“ (4:430). Dagegen spricht, dass Kant mehrfach betont, man solle vom Standpunkt des Reichs der Zwecke aus von Privatzwecken und von „persönlichen Unterschiede[n] [...] abstrahir[en]“ (4:433; vgl. 4:437). Ferner bleibt der Andere als Selbstzweck negativ: „Zweck [wird] hier nicht als ein zu bewirkender, *sondern selbstständiger* Zweck, mithin nur negativ gedacht werden müssen, d. i. dem niemals zuwider gehandelt, der also niemals bloß als Mittel, sondern jederzeit zugleich als Zweck in jedem Wollen geschätzt werden muß“ (4:437).

Das Reich der Zwecke, als →*mundus intelligibilis*, an dem man qua moralfähiges Vernunftwesen teilhat, scheint mit der Verstandeswelt oder *intelligibelen Welt*, die Kant als Teil einer Zwei-Reiche-Lehre entwickelt, identisch (vgl. 4:452f.; 7:70). Bereits in der *Transscendentalen Methodenlehre* der *KrV* (KrV A 705–856 / B 733–884) entwickelte Kant die Vorstellung eines moralischen Idealzustands – allerdings ohne für ihn den Ausdruck ‚Reich der Zwecke‘ zu gebrauchen „Ich nenne die Welt, so fern sie allen sittlichen Gesetzen gemäß wäre, (wie sie es denn, nach der Freiheit der vernünftigen Wesen, sein *kann*, und, nach den nothwendigen Gesetzen der *Sittlichkeit*, sein *soll*) eine *moralische Welt*. Diese wird sofern bloß als intelligibele Welt gedacht, weil darin von allen Bedingungen (Zwecken) und selbst von allen Hindernissen der Moralität in derselben (Schwäche oder Unlauterkeit der menschlichen Natur) abstrahirt wird. Sofern ist sie also eine bloße, aber doch praktische Idee, die wirklich ihren Einfluß auf die Sinnenwelt haben kann und soll, um sie dieser Idee soviel als möglich gemäß zu machen“ (KrV A 808 / B 836). In der *GMS* schreibt Kant, eine „Welt vernünftiger Wesen (mundus intelligibilis) als ein Reich der Zwecke“ sei „möglich und zwar durch die eigene Gesetzgebung aller Personen als

Glieder" (4:438). Es ist fraglich, ob die Zwei-Reiche-Lehre im Sinne einer Zwei-Welten-Ontologie oder im Sinne einer konstruktivistisch interpretierbaren Zwei-Standpunkte-Lehre zu verstehen ist. Kant schreibt, ein vernünftiges Wesen müsse sich „nicht als zur Sinnen= sondern zur Verstandeswelt gehörig, ansehen; mithin hat es zwei Standpunkte, daraus es sich selbst betrachten und Gesetze des Gebrauchs seiner Kräfte, folglich aller seiner Handlungen erkennen kann, *einmal*, so fern es zur Sinnenwelt gehört, unter Naturgesetzen (Heteronomie), *zweitens*, als zur intelligibelen Welt gehörig, unter Gesetzen, die, von der Natur unabhängig, nicht empirisch, sondern bloß in der Vernunft gegründet sind" (4:452). Onora O'Neill und Christine Korsgaard weisen eine ontologische Deutung der Zwei-Standpunkte-Lehre zurück und vertreten eine konstruktivistische Interpretation (vgl. O'Neill, *Constructions of Reason*; Korsgaard, *Konstruktion des Reichs der Zwecke*, S. 232).

2 Reich der Zwecke und Reich der Natur

Bereits in der Vorrede der *GMS* unterscheidet Kant zwischen *Gesetzen der Natur* und *Gesetzen der Freiheit*. →Gesetze der Natur sind „Gesetze, nach denen alles geschieht" (4:387f.). Gesetze der Freiheit sind Gesetze, „nach denen alles geschehen soll" (4:388). Die Freiheitsgesetze oder moralischen Gesetze bezeichnet Kant auch als „objektiv-praktische Gesetze" (4:427). Sie beziehen sich auf das „Verhältnis[] eines Willens zu sich selbst" (4:427), sofern er durch Vernunft bestimmt ist. Diese Vernunftbestimmung bezeichnet Kant als moralische Selbstgesetzgebung. Parallel zu der Unterscheidung zwischen Gesetzen der Natur und Gesetzen der Freiheit unterscheidet Kant zwischen einem Reich der Natur und einem Reich der Zwecke. Der Unterschied ist jeweils, dass die moralischen Gesetze bloß möglich sind. Die Gesetze der Natur sind jedoch wirklich. Gleichwohl spricht Kant von Analogien zwischen den Bereichen, wenn es um die moralische Selbstgesetzgebung des Willens geht (vgl. 4:437). Das Reich der Zwecke ist dadurch möglich, dass alle Glieder denselben, allerdings selbstgegebenen Gesetzen der Freiheit unterworfen sind. „Nun ist auf solche Weise eine Welt vernünftiger Wesen (mundus intelligibilis) als ein Reich der Zwecke möglich und zwar durch die eigene Gesetzgebung aller Personen als Glieder. Demnach muß ein jedes vernünftige Wesen so handeln, als ob es durch seine Maximen jederzeit ein gesetzgebendes Glied im allgemeinen Reiche der Zwecke wäre. Das formale Princip dieser Maximen ist: handle so, als ob deine Maxime zugleich zum allgemeinen Gesetze (aller vernünftigen Wesen) dienen sollte. Ein Reich der Zwecke ist also nur möglich nach der Analogie mit einem Reiche der Natur, jenes aber nur nach Maximen, d. i. sich selbst auferlegten Regeln, diese nur nach Gesetzen äußerlich genöthigter wirkenden Ursachen" (4:438). Der Schlüssel zu der Analogie zwischen einem Reich der Natur und einem Reich der Zwecke ist der Gesetzesbegriff. Im Unterschied zu Naturgesetzen sind moralische Gesetze selbstgegebene Gesetze. Die Reich-der-Zwecke-Formel des →kategorischen Imperativs setzt den Autonomiegedanken und die daraus erwachsende Vorstellung der Selbstzweckhaftigkeit und Würde der menschlichen Vernunftnatur voraus. Das moralische Reich wird von selbstgegebenen Vernunftgesetzen regiert. Dabei führt die Vernunftgesetzgebung der einzelnen Glieder je zu demselben Resultat. Eine weitere Verschränkung zwischen dem Reich der Natur und dem Reich der Zwecke besteht darin, dass der Mensch als sinnlich-vernünftiges Wesen auch Teil der Natur ist. Interpretiert man die Natur aus einer teleologischen Perspektive, so kann der Mensch als ein Zweck der Natur verstanden werden, als Ziel des „Naturganzen", das „auf vernünftige Wesen als seine Zwecke" (4:338) angelegt ist. „Die Teleologie erwägt die Natur als ein Reich der Zwecke, die Moral ein mögliches Reich der Zwecke als ein Reich der Natur. Dort ist das Reich der Zwecke eine theoretische Idee zu Erklärung dessen, was da ist. Hier ist es eine praktische Idee, um das, was nicht da ist, aber durch unser Thun und Lassen wirklich werden kann, und zwar eben dieser Idee gemäß zu Stande zu bringen" (4:436 Anm.). Die Verwirklichung eines möglichen Reichs der Zwecke hängt so vom menschlichen Wollen ab. Doch dieses Wollen wird selbst nicht natur- oder geschichtsteleologisch an einem vorgegebenen Zweck orientiert verstanden. Vielmehr spricht Kant selbst von einem „Paradoxon": „daß bloß die Würde der Menschheit als vernünftiger Natur ohne irgend einen andern dadurch zu erreichenden Zweck oder Vortheil, mithin die Achtung für eine bloße Idee dennoch zur unnachlaßlichen Vorschrift des Willens dienen sollte" (4:439). Der Standpunkt der Moral beruht letztlich auf dem Autonomiegedanken: auf dem Bewusstsein der Möglichkeit der moralischen Selbstgesetzgebung der Vernunft – sonst würde man sich das Subjekt „nur als dem Naturgesetze seines Bedürfnisses unterworfen" vorstellen müssen (4:439).

3 Reich der Zwecke und Reich Gottes

Kants Wortschöpfung ‚Reich der Zwecke' geht auf Gottfried W. Leibniz' Ausdruck „Reich der Gnaden" (KrV A 812 / B 840) zurück, worunter Leibniz „eine moralische Welt in der natürlichen Welt" versteht (Leibniz, *Monadologie*, § 85). Kant verwendet die Metapher des Reichs auch im politischen und im religiösen Kontext. Im Kontext der *Religion* spricht Kant vom „Reich Gottes" (7:74) oder auch von einem „Reich des Lichts" (6:60 Anm.), das er mit dem „Reich der Finsterniß" (6:60 Anm.) kontrastiert. Im Nachlass zur Metaphysik wird das Reich der Zwecke explizit auf →Gott zurückgeführt. „1. Gott als Welt Ursach. 2. Als weltschopfer und Erhalter, Urheber. 3. Als welt herrscher, und die Welt nicht allein als ein Reich der Natur, sondern auch als ein Reich der Zwecke" (*Refl.* 6149, 18:469; vgl. *Refl.* 6159, 18:471). Kant betont die moralisch-praktische Dimension der Vernunftreligion für unser Selbstverständnis. Aus der „Idee von einem Weltschöpfer aber ging endlich die praktische Idee hervor von einem allgemeinen moralischen Gesetzgeber für alle unsere Pflichten, als Urheber des uns inwohnenden moralischen Gesetzes. Diese Idee bietet dem Menschen eine ganz neue Welt dar. Er fühlt sich für ein anderes Reich geschaffen, als für das Reich der Sinne und des Verstandes, – nämlich für ein moralisches Reich, für ein Reich Gottes. Er erkennt nun seine Pflichten zugleich als göttliche Gebote, und es entsteht in ihm ein neues Erkenntniß, ein neues Gefühl, nämlich Religion" (7:73f.; vgl. 6:101). Dabei soll man sich Gott „nicht als Urheber der Gesetze, sondern der obligation nach diesen" vorstellen (*Refl.* 6099, 18:452; vgl. 6:141f.). Dass Kant im Kontext der in der *GMS* entwickelten moralphilosophischen Position überhaupt von einem möglichen Oberhaupt des Reichs der Zwecke spricht (vgl. 4:434), scheint nicht gut vereinbar damit, dass Gott als Urheber der moralischen Gesetze (so wie als Urheber von deren Befolgungsgrund) in der *GMS* explizit als heteronomer Versuch der Moralbegründung zurückgewiesen wird (vgl. 4:441–445). Geltungs- und Befolgungsgrund der Moral werden dort explizit allein in der Selbstgesetzgebung der praktischen Vernunft gesehen.

4 Die politische Deutung des Reichs der Zwecke

Im politischen Kontext der *MSR* geht Kant von einem „gesetzgebende[n] Oberhaupt des Staats" (6:320) aus, das die Befugnis hat, die Bürger und Untertanen zur Einhaltung der Gesetze zu zwingen. Das menschliche und damit fehlbare Oberhaupt selbst hat jedoch kein Oberhaupt mehr über sich, das es selbst zur Einhaltung der Gesetze zwingen könnte. Der politische Gesetzgeber ist aber letztlich wie alle anderen Menschen moralisch durch Selbstgesetzgebung verpflichtet. Er sollte „einen *guten Willen* haben sich selbst den Gesetzen zu unterwerfen" (23:141). Im Kontext der Moralphilosophie werden alle Menschen als gleichberechtigte gesetzgebende Glieder eines Reiches der Zwecke verstanden (vgl. 5:82). „Pflicht kommt nicht dem Oberhaupte im Reiche der Zwecke, wohl aber jedem Gliede und zwar allen in gleichem Maße zu" (4:434). In moralischer Hinsicht gibt es kein (menschliches) Oberhaupt im Reich der Zwecke, das zur Einhaltung der moralischen Gesetze zwingt, sondern nur gleichberechtigte gesetzgebende Glieder. Hier kommt es auf die Gesinnung an, die nicht von außen erzwungen werden kann. Obwohl also eine politische Interpretation der *GMS* (vgl. 4:433–440) nicht direkt naheliegend scheint, vergleicht John Rawls das idealisierte Szenario einer Verfassungswahl in einem fiktiven Urzustand mit der kantischen Vorstellung vom Reich der Zwecke (Rawls, *Theorie der Gerechtigkeit*, 288ff.). Andrews Reath knüpft an diese Deutung an und betont, dass die Gesetze, die man als Glied im Reich der Zwecke gibt, die Zustimmung aller anderen Mitglieder des Reichs der Zwecke finden müssen. Gerade in diesem intersubjektiven Aspekt sieht Reath die Bedingung der moralischen Selbstgesetzgebung: „autonomy, as Kant understands it, presupposes and can only be exercised among a community of rational agents, each of whom possesses the same basic rational capacities and the same sovereign status" (Reath, *Realm of Ends*, S. 227). Die *essential social dimension* der Autonomie sieht Reath darin, dass der Akteur einen *universal point of view* einnehmen muss. Dadurch wird er zu einem „active participant in a public life, and as such entitled to the recognition and respect of other legislating members of a realm of ends" (Reath, *Realm of Ends*, S. 236).

Weiterführende Literatur

Bache, Kurt: Kants Prinzip der Autonomie im Verhältnis zur Idee des Reiches der Zwecke, Halle 1909.

Geismann, Georg: „Die Formeln des kategorischen Imperativs nach H. J. Paton, N. N., Klaus Reich und Julius Ebbinghaus", in: Kant-Studien 93, 374–384.

Guyer, Paul: Kant on Freedom, Law and Happiness, Cambridge: Cambridge University Press 2000.

Hill, Thomas E.: „The Kingdom of Ends", in: Beck, Lewis White (Hg.): Proceedings of the Third international Kant Congress, Dordrecht: Reidel 1972, 307–315.

Horn, Christoph: „Die Menschheit als objektiver Zweck – Kants Selbstzweckformel des kategorischen Imperativs", in: Ameriks, Karl / Sturma, Dieter (Hg.): Kants Ethik, Paderborn: Mentis 2004, 195–212.

Kant, Immanuel: Grundlegung zur Metaphysik der Sitten, hg., eingeleitet und kommentiert von Christoph Horn, Corinna Mieth und Nico Scarano, Frankfurt/M.: Suhrkamp 2007.

Korsgaard, Christine: Creating the Kingdom of Ends, Cambridge: Cambridge University Press 1996.

Langthaler, Rudolf: Kants Ethik als System der Zwecke, Berlin u. a.: de Gruyter 1991.

McCloskey, Mary: „Kant's Kingdom of Ends", in: Philosophy 51, 1976, 391–399.

Pieper, Annemarie: „Ethik als Verhältnis von Moralphilosophie und Anthropologie. Kant's Entwurf einer Transzendalpragmatik und ihre Transformation durch Apel", in: Kant-Studien 69, 314–329.

Corinna Mieth

Rekognition

Rekognition oder Synthesis der Rekognition ist ein Bestandteil der „dreifachen Synthesis, die nothwendiger Weise in allem Erkenntniß vorkommt" (KrV A 97). Als Bestandteil dieser dreifachen Synthesis ist es ihre Aufgabe, das Mannigfaltige der Eindrücke, das zuvor in der Synthesis der Apprehension in das Bewusstsein aufgenommen und in der Synthesis der Reproduktion reproduziert wurde, zu ordnen, indem sie es bestimmten Regeln unterwirft. Da diese Regeln Begriffe sind, spricht Kant von der „*Synthesis der Recognition im Begriffe*" (KrV A 103).

Ein Begriff, der die Synthesis der Rekognition leitet, „besteht lediglich in dem Bewußtsein dieser Einheit der Synthesis. [...] Denn dieses *eine* Bewußtsein ist es, was das Mannigfaltige, nach und nach Angeschaute und dann auch Reproducirte in eine Vorstellung vereinigt" (KrV A 103).

Dieses Bewusstsein kann sowohl „empirisch [...] betrachtet" (KrV A 115) werden, als auch rein (vgl. das Beispiel des Dreiecks in KrV A 105). Die empirische „Recognition der Erscheinungen [...] enthält [...] Begriffe, welche die formale Einheit der Erfahrung und mit ihr alle objective Gültigkeit (Wahrheit) der empirischen Erkenntniß möglich machen" (KrV A 125). Sofern diese „Gründe der Recognition des Mannigfaltigen [...] *blos die Form einer Erfahrung überhaupt* angehen" (KrV A 124f.), mithin Grundlagen a priori sind, sind sie die Kategorien. Weitere wichtige Stellen: KrV A 103ff.; 15:150; 18:268; 18:296.

Philosophische Funktion

1 Rekognition in der dreifachen Synthesis

Kant charakterisiert die dreifache Synthesis nur in der ersten Auflage der *KrV* näher, nämlich im zweiten und dritten Abschnitt seiner *Transzendentalen Deduktion*. Sie fiel dann der Überarbeitung dieses zentralen Textstücks in der zweiten Auflage der *KrV* zum Opfer. Anders als die anderen Bestandteile der dreifachen Synthesis wird die Synthesis der Rekognition in anderen Zusammenhängen nicht erwähnt. Das sollte allerdings nicht über die Bedeutung dieses Begriffs hinwegtäuschen. Diese wird schnell deutlich, wenn man sich die dreifache Synthesis, die notwendig in aller Erkenntnis vorkommt, etwas genauer ansieht.

Man kann sich das Wirken dieser Synthesen am besten mit Hilfe eines Beispiels plausibel machen, das Kant in diesem Zusammenhang gibt: Die Anschauung einer Linie setzt das Durchlaufen der Eindrücke im Geiste voraus. Dieses Durchlaufen der Eindrücke ist die → Synthesis der → Apprehension. Die so apprehendierten einzelnen Eindrücke müssen nun aber beständig reproduziert werden – andernfalls wäre jeder neue Eindruck, jeder Bestandteil der Linie im Geiste, immer der erste und einzige. Dies ist die Aufgabe der Synthesis der Reproduktion (vgl. KrV A 102). Und schließlich muss ich einen Begriff von der Linie als Ganzes haben, ich muss sie in ihren Grenzen und ihrer Verschiedenheit von anderen Objekten wahrnehmen – dafür brauchen wir ihre begriffliche Einordnung, die „*Synthesis der Rekognition im Begriffe*", wie Kant es nennt (KrV A 103).

Das Ergebnis dieses komplexen synthetischen Prozesses sind raum-zeitlich strukturierte Anschauungen von Objekten in der empirischen Realität. Man sieht nun, wie wichtig die Synthesis der Rekognition, also das Bewusstsein einer Einheit, in diesem Zusammenhang ist: „Ohne Bewußtsein, daß das, was wir denken, eben dasselbe sei, was wir einen Augenblick zuvor dachten, würde alle Reproduction in der Reihe der Vorstellungen vergeblich sein. Denn es wäre eine neue Vorstellung, die zu dem Actus, wodurch sie nach und nach hat erzeugt werden sollen, gar nicht gehörte, und das Mannigfaltige derselben würde kein Ganzes ausmachen, weil es der Einheit ermangelte, die ihm nur das Bewußtsein verschaffen kann" (KrV A 103).

2 Rekognition „im Begriffe"

Rekognition ist also synthetische Ordnung des Mannigfaltigen, das apprehendiert und reproduziert wurde, unter Begriffen. Den Nachweis, dass diese Synthesis der Rekognition nicht allein auf *empirischen* Begriffen basieren kann, die durch *Assoziationsmechanismen* gewonnen wurden, sondern sich vielmehr auf Kategorien gründen muss, versucht Kant in der *A-Deduktion* zu führen. Im Folgenden sollen die wesentlichen Schritte dieser Überlegung skizziert werden.

Tatsächlich, so räumt Kant zunächst ein, können wir auf die Einbeziehung von Assoziationsmechanismen seiner Ansicht nach in der empirischen Begriffsbildung nicht verzichten. Doch diese sind bloß der *subjektive* Grund dafür, dass wir gerade *diese* Wahrnehmung in der Synthesis der Einbildungskraft reproduzieren, und nicht eine beliebige andere von den vorher aufgetretenen. „Diesen subjectiven und *empirischen* Grund der Reproduction nach Regeln nennt man die *Association* der Vorstellungen" (KrV A 121).

Kant ist allerdings der Ansicht, dass dieser subjektive Grund der Reproduktion nach Regeln nicht ausreicht, um eine wichtige Frage zu beantworten: „Der Grund der Möglichkeit der Association des Mannigfaltigen, so fern er im Objecte liegt, heißt die *Affinität* des Mannigfaltigen. Ich frage also, wie macht ihr euch die durchgängige Affinität der Erscheinungen (dadurch sie unter beständigen Gesetzen stehen und darunter gehören *müssen*) begreiflich?" (KrV A 113).

Die bloße „Vergesellschaftung" von Vorstellungen (vgl. KrV A 100) auf der Basis assoziativer Verknüpfungen schafft subjektive Einheitlichkeit von Vorstellungsverknüpfungen, aber noch keine objektive Einheit von Erscheinungen. Denn diese Einheit ist wesentlich gekennzeichnet dadurch, dass sie gesetzesartigen Regeln und nicht bloßen Regelmäßigkeiten unterliegt. Erst dadurch werden die assoziativ verknüpften Vorstellungen zu Vorstellungen von einem objektiv existierenden Gegenstand, d. h. einem Gegenstand, der genau diese Synthesis von Vorstellungen *notwendig* macht. Ohne die Ergänzung des subjektiven Grundes der einheitlichen Synthesis der Vorstellungen durch einen *objektiven* Grund der Einheit dieser Synthesis wäre die eigentliche Rekognition eines objektiv existierenden empirischen Gegenstandes im Begriff also gar nicht möglich.

Damit ist Kants Überlegung zum Nachweis der Unzulänglichkeit eines bloß subjektiven Grundes der Einheit der Synthesis beendet: Assoziative Verknüpfungen können einen objektiven Grund der Einheit nicht garantieren.

Was aber liefert dann einen *objektiven Grund*? Die Gegenstände der Vorstellung kommen dafür gleichfalls nicht in Frage: Sie sind für Kant immer nur Erscheinung und nicht Dinge an sich. Als Erscheinung sind sie selbst jedoch nichts anderes als ein Inbegriff, d. h. eine Gesamtheit, von Vorstellungen (vgl. KrV A 191 / B 236) und können deshalb nicht selbst als objektiver Grund der synthetischen Einheit dieser Vorstellungen dienen.

An dieser Stelle kommt nun die transzendentale → Apperzeption ins Spiel, die vermittels der kategorialen Strukturierung der Erscheinungen die Affinität der Erscheinungen als *objektiven* Grund ihrer Assoziierbarkeit garantiert. Das geschieht dadurch, dass eine apriorische Synthesis der Einbildungskraft allem empirischen Wirken dieses Vermögens zu Grunde liegt und dass diese apriorische Synthesis ihrerseits mit der transzendentalen Apperzeption übereinstimmt, weil die Regeln dieser reinen Synthesis von der transzendentalen Apperzeption vorgegeben werden. „Die objective Einheit alles (empirischen) Bewußtseins in einem Bewußtsein (der ursprünglichen Apperception) ist also die nothwendige Bedingung sogar aller möglichen Wahrnehmung, und die Affinität aller Erscheinungen (nahe oder entfernte) ist eine nothwendige Folge einer Synthesis in der Einbildungskraft, die *a priori* auf Regeln gegründet ist" (KrV A 123).

Diese Regeln sind nun nichts anderes als die →Kategorien, die gemeinsam den Begriff von einem Gegenstand überhaupt konstituieren. Dieser Begriff vom Gegenstand überhaupt liegt also bereits aller apriorischen Synthesis der Einbildungskraft, und damit mittelbar auch ihrer empirischen Synthesis, zu Grunde. Deshalb werden aus bloßen empirischen Erscheinungen Gegenstände der Erfahrung – etwas, worin das Mannigfaltige *objektiv* verbunden ist. „Es ist daher zwar befremdlich, allein aus dem bisherigen doch einleuchtend, daß nur vermittelst dieser transscendentalen Function der Einbildungskraft sogar die Affinität der Erscheinungen, mit ihr die Association und durch diese endlich die Reproduction nach Gesetzen, folglich die Erfahrung selbst möglich werde: weil ohne sie gar keine Begriffe von Gegenständen in einer Erfahrung zusammenfließen würden" (KrV A 123). Der gesuchte objektive Grund wird also nicht von den jeweiligen empirischen Gegenständen geliefert, auf die sich unsere Vorstellungen als ihr Objekt beziehen, sondern von dem kategorial konstituierten Begriff eines Gegenstands überhaupt, der es uns erst ermöglicht, den Inbegriff unserer Vorstellungen als Gegenstand dieser Vorstellungen aufzufassen.

Wie aber kommt dieser objektive Grund nun in der Synthesis der Rekognition zum tragen? Die „allbefassende[] reine[] Apperception" (KrV A 123) ist dafür verantwortlich, dass die *„productive"* (KrV A 118) oder „reine[]" (KrV A 124) Einbildungskraft überhaupt dazu in der Lage ist, Begriffe „in einer Erfahrung zusammenfließen" zu lassen. „Diese Apperception ist es nun, welche zu der reinen Einbildungskraft hinzukommen muß, um ihre Function intellectuell zu machen" (KrV A 124). Mit dieser „formale[n] Einheit [...] der Synthesis der Einbildungskraft" (KrV A 125) steht aber auch alles, was in Raum und Zeit auf Grund des „empirischen Gebrauchs" (KrV A 125) der Einbildungskraft erscheint, unter diesen Bedingungen. Diese ‚Intellektualisierung' der reinen produktiven Einbildungskraft ist damit die Bedingung der Möglichkeit der Synthesis der Rekognition der Erscheinungen im Begriffe.

Die transzendentale Apperzeption stellt die Erscheinungen im *„empirischen Bewußtsein* der Identität dieser reproductiven Vorstellungen mit den Erscheinungen, dadurch sie gegeben waren, mithin in der *Recognition*" (KrV A 115) dar. Ihre Fundierung hat die empirische Rekognition im Begriffe also in der transzendentalen Apperzeption, und damit auch in den Regeln des reinen Verstandesgebrauchs, den Kategorien, die der apriorischen Synthesis die nötige Einheit verleihen. In diesem Sinne enthält die Rekognition „Begriffe welche die formale Einheit der Erfahrung und mit ihr alle objective Gültigkeit (Wahrheit) der empirischen Erkenntniß möglich machen" (KrV A 125) – nämlich die Kategorien selbst.

Weiterführende Literatur

Carl, Wolfgang: Die transzendentale Deduktion der Kategorien in der ersten Auflage der Kritik der reinen Vernunft. Ein Kommentar, Frankfurt/M.: Klostermann 1992.

Haag, Johannes: Erfahrung und Gegenstand. Zum Verhältnis von Sinnlichkeit und Verstand, Frankfurt/M.: Klostermann 2007, Kap. 6.

Hoppe, Hansgeorg: Synthesis bei Kant, Berlin u. a.: de Gruyter 1983.

Longuenesse, Béatrice: Kant and the Capacity to Judge. Sensibility and Discursivity in the Transcendental Analytic of the Critique of Pure Reason, Princeton/NJ: Princeton University Press [2]1998, Kap. 2.

Johannes Haag

Relation

Relation ist der Titel der kategorischen, hypothetischen und disjunktiven Urteile und der in Entsprechung dazu gefassten →Kategorien der Inhärenz und Subsistenz (→Substanz), der →Kausalität und Dependenz sowie der Gemeinschaft (Wechselwirkung zwischen dem Handelnden und Leidenden) (vgl. KrV A 70 / B 95; KrV A 80 / B 106).

Die drei Kategorien der Relation bilden mit den entsprechenden Zeitschemata die Arten der notwendigen Verknüpfung von Wahrnehmungen: die Beharrlichkeit eines Realen in der Zeit, die jederzeitige Folge eines anderen aus einem gesetzten Realen sowie das Zugleichsein substantieller Bestimmungen (vgl. KrV A 144 / B 183f.; KrV A 177 / B 219). Zusammen mit den Kategorien der →Modalität gehören sie zur Klasse der dynamischen Kategorien, d. h. sie betreffen im Unterschied zu den mathematischen Kategorien nicht die extensive oder intensive Größe angeschauter Erscheinungen, sondern das Dasein und das Verhältnis dieser Erscheinungen untereinander (vgl. KrV B 110; KrV A 178 / B 220). Hinsichtlich ihrer Anwendung auf mögliche Erfahrung und des damit einhergehenden Beweises ihrer objektiven Gültigkeit stehen die Kategorien der Relation unter dem Grundsatz der *Analogien der Erfahrung*, welcher nach der zweiten Auflage lautet: „*Erfahrung ist nur durch die Vorstellung einer nothwendigen Verknüpfung der Wahrnehmungen möglich*" (KrV B 218). Als objektiv gültig bewiesen werden sie in der Form von Grundsätzen der Beharrlichkeit, der Zeitfolge sowie des Zugleichseins.

Neben seiner spezifischen Verwendung im Bereich der Urteils- und Kategorientafel dient der Terminus ‚Relation' (als Synonym für ‚Verhältnis' oder ‚Beziehung') auch zur Kennzeichnung allgemeiner Voraussetzungen des Erkennens. So sind die Kategorien und Zeitschemata dadurch, dass sie in Urteilsfunktionen als Verhältnisbestimmungen von Subjekt und Prädikat gegründet sind, allesamt als Relationen aufzufassen. In ihrer Anwendung auf einen empirischen Gegenstandsbereich lassen sie sich als „relationes der Erscheinungen" (*Refl.* 4674, 17:643) kenntlich machen. Desgleichen sind die Synthese- und Einheitsfunktion des →Subjekts im Verhältnis zum gegebenen Mannigfaltigen in der sinnlichen Anschauung sowie die Beziehung des erkennenden Subjekts auf einen gegebenen Gegenstand relationale Zusammenhänge. Mit der Beziehung des Subjekts auf einen Gegenstand ist impliziert, dass die Erkenntnis eines Gegenstandes „von der Anschauungsart des Subjects in der Relation des gegebenen Gegenstandes zu ihm" (KrV B 69) abhängt, dass wir somit nicht Gegenstände, wie sie an sich sind, erkennen können. Weitere wichtige Stellen: 1:125; 1:414; 2:399f.; 2:03f.; 2:407; 2:410; 2:414; KrV B 162f.; KrV B 288ff.; KrV A 161f. / B 200f.; KrV A 265f. / B 321f.; KrV A 285 / B 341f.; KrV A 323 / B 379f.; KrV A 333ff. / B 390ff.; 4:302f.; 4:473ff.; 4:536ff.; 5:66; 5:219f.; 5:247; 5:266f.; 5:483; 6:102; 8:245; 9:38; 9:49; 9:102; 9:115f.; 9:144; 10:61; 14:131; 15:312; 16:369; 16:643f.; 16:662; 16:668f.; 16:690ff.; 17:369; 17:441; 17:572; 17:583f.; 17:719; 18:24; 18:124; 18:147ff.; 18:157; 18:174; 18:179; 18:161; 18:307ff.; 20:289; 20:297; 20:356f.; 20:419; 21:68; 21:166; 21:171f.; 21:174; 21:181f.; 21:395; 21:404; 22:135; 22:339; 22:387; 22:556; 23:218; 23:274; 23:298; 23:302.

Philosophische Funktion

Im Bereich der theoretischen Vernunft dienen die Kategorien der Relation und die ihnen entsprechenden Grundsätze dem Nachweis, dass ohne notwendige gesetzmäßige Verknüpfungen von Daten in Raum und Zeit Erfahrung nicht möglich wäre und dass diese Verknüpfungen deshalb für Gegenstände möglicher Erfahrung objektiv gültig sind. Der nach dem Prinzip der Ermöglichung von Erfahrung geführte Beweis trifft bei den Kategorien der Relation insofern den Kern der Sache, als erst aufgrund ihres Hinzutretens zu den Kategorien der →Quantität und der →Qualität von Erfahrung im strengen Sinne – dies in Abgrenzung sowohl von der „Erzeugung der Anschauungen" als auch von einem „bloßen Aggregat von Wahrnehmungen" – gesprochen werden kann (vgl. 4:319f.). Im Blick auf die Aufgabe der Grundlegung der Naturwissenschaft, die hier verfolgt wird, sind die bewiesenen Grundsätze der Analogien der Erfahrung „die eigentlichen Naturgesetze, welche dynamisch heißen können" (4:307). Dies bedeutet, dass sie zwar objektiv gültige Naturgesetze sind, dabei aber den Status ‚regulativer' Gesetze haben (vgl. KrV A 179f. / B 221f.). Auf der Stufe der Anwendung sind diese Naturgesetze Grundgesetze der Mechanik. Dabei entspricht der Substanz das Gesetz der bei allen Veränderungen der körperlichen Natur unverändert bleibenden Quantität der Materie, der Kausalität das Gesetz, wonach alle Veränderung der Materie eine äußere Ursache hat, der Wechselwirkung das Gesetz der Gleichheit von Wirkung und Gegenwirkung (vgl. 4:541ff.). Wie alle Urteilsfunktionen und Kategorien fungieren auch jene der Relation als Einteilungsschemata diverser Gegenstände der theoretischen, ästhetischen, teleologischen und praktischen Vernunft.

Eine besondere Bedeutung kommt der Relation bezüglich der auf den Vernunftschlüssen basierenden Vernunftideen zu. Der Versuch, die Vernunftschlüsse einzuteilen, führt zum Ergebnis, dass die Dreiheit der Urteile der Relation „einzig möglicher Eintheilungsgrund" ist (9:122). Die Relation ist damit die Matrix zum „*System der transscendentalen Ideen*" (KrV A 333 / B 390f.; KrV A 333ff. / B 390).

Was Kants begründungstheoretische Verwendung der Relationskategorien und des Relationsbegriffs allgemein betrifft, sind philosophiehistorische Anregungen aus zwei Problemrichtungen auszumachen: Zum einen aus der seit der Scholastik einsetzenden, im 18. Jahrhundert durch Crusius und Lambert erneuerten Diskussion über die Formalität oder Realität der Relationen (vgl. Schulthess, *Relation und Funktion*, S. 149–155), zum anderen aus der seit der Neuzeit, vor allem durch Locke, beförderten Tendenz, die Relation nicht mehr ausgehend von den Relaten, sondern diese ausgehend von jener zu begreifen, was ein ausgeprägtes Verständnis von externer Relation zur Folge hat (vgl. Schulthess, *Relation und Funktion*, S. 139f.). Wie insbesondere Texte aus Kants Duisburger-Nachlaß dokumentieren, haben ihn beide Richtungen auf dem Weg zur kritizistischen These über die synthetischen Urteile a priori beeinflusst. Die erste hat zur Parteinahme für ein empirisch fundiertes Verständnis von realer Relation beigetragen, die zweite zur „Loslösung des Relationsproblems aus dem traditionellen substanzontologischen Ansatz" (Schulthess, *Relation und Funktion*, S. 259) geführt. Da Kant sich auf diesem Weg ebenfalls für eine Relation von Subjekt und Gegenstand des Erkennens ausspricht, die keine skeptizistischen Konsequenzen zu fürchten hat, versteht sich, dass er sich in der Sache gegen Aspekte des Hume'schen Relationsverständnisses wendet. Hume geht von der Ähnlichkeit (*resemblance*) als Grundmuster der Relation aus (vgl. *Treatise*, Book I., Part I, Sect. V). Alle Relationen beruhen seines Erachtens auf einer assoziativen Verknüpfung ähnlicher Dinge. Mit diesem Ansatz nimmt er in Kauf, dass Relationen zwar als real, jedoch nicht als notwendige oder apriorische Formen der Verknüpfung behauptet werden können. Kant stützt sich bei seiner anti-skeptizistischen Entgegnung auf Hume nicht zuletzt auf die Überlegung, dass nicht die Ähnlichkeit, sondern die Kausalität die Grundlage der Relation ist. Der Verstand verknüpft Daten in der Funktion eines Gesetzgebers oder Urhebers und nicht eines passiven Vermögens. Dem entsprechend kann man die „Verhältnisse der Dinge" mit begrifflichen Mitteln „wohl nicht anders denken, als daß eines die Ursache von Bestimmungen in dem andern sei" (KrV A 285 / B 341f.).

Weiterführende Literatur

Baumgarten, Alexander Gottlieb: Metaphysica. Editio VII, Halle 1779.

Hume, David: A Treatise of Human Nature. The Philosophical Works, Vols. 1–2, ed. by T. H. Green and T. H. Grose, London 1874f. (Nachdruck Aalen 1964).

Locke, John: An Essay Concerning Human Understanding. The works in 10 vols., Vol. 1, London 1823 (Nachdruck Aalen 1963).

Schulthess, Peter: Relation und Funktion. Eine systematische und entwicklungsgeschichtliche Untersuchung zur theoretischen Philosophie Kants, Kant-Studien, Ergänzungshefte 113, Berlin u. a.: de Gruyter 1981.

Thöle, Bernhard: „Die Analogien der Erfahrung (A 176 / B 218–218 / B 265)", in: Mohr, G. / Willaschek, M.: Immanuel Kant. Kritik der reinen Vernunft, Berlin: Akademie 1998, 276–296.

Martin Bondeli

Republik

Die Republik ist für Kant die einzig rechtmäßige Verfassung, in der das Gesetz selbst herrscht, das freie und gleiche Staatsbürger sich gegeben haben. Institutionelles Merkmal ist die strikte Gewaltenteilung. Wichtige Stellen: 6:341f.; 6:314f.; 8:352.

Philosophische Funktion

1 Die Republik als Ziel

1.1 *Die Republik als Möglichkeit des rechtlichen Zustands* Bei der Republik, genauer gesagt bei der „reinen Republik [...] wo das *Gesetz* selbstherrschend ist", handelt es sich nach Kant um die einzige rechtmäßige Verfassung (6:340f.). In *Frieden* ist die republikanische Verfassung nach dem Gesetz der Gleichheit der Staatsbürger gestiftet, die einzige, „welche aus der Idee des ursprünglichen Vertrags hervorgeht" – und die einzige,

„die zum ewigen Frieden hinführen kann" (8:350). Ihre Rechtmäßigkeit erklärt sich daraus, dass die Republik „allein die *Freiheit* zum Princip, ja zur Bedingung alles *Zwanges* macht" und in ihr das Gesetz herrscht (6:340), dass nicht etwa einzelne Menschen, womöglich noch aus Gründen, welche der Idee des ursprünglichen Vertrags äußerlich sind, die Macht für sich beanspruchen. Nur die Republik gewährleistet daher die rechtliche Gleichheit und →Freiheit der Staatsbürger. Alle anderen Staatsformen besitzen lediglich vorläufige Legitimität und sollen sich langfristig in die „ursprüngliche (rationale) auflösen" (6:340). Wenn diese Veränderung „nicht auf einmal geschehen kann", so soll sie doch beharrlich in der Weise weiter verfolgt werden, dass die „empirisch[]" existierenden Staaten wenigstens „*ihrer Wirkung nach*" mit einer solchen Republik „zusammenstimme[n]" (6:340). Der Monarch soll in ihnen wenigstens „den Gesetzen analogisch, die sich ein Volk nach allgemeinen Rechtsprincipien geben würde", agieren (7:88). In ihnen gibt es lediglich ein „*provisorisches* inneres Recht", während in der Republik in „*peremtorisch[er]*" Weise „jedem das Seine [...] zugetheilt werden kann" (6:341). Den anderen Staatsformen kann kein „absolutrechtlicher Zustand [...] zugestanden werden" (6:341). Dies heißt, dass allein die Republik den rechtlichen Zustand ermöglicht, in den aus dem Naturzustand heraus einzutreten nach § 41 der *Rechtslehre* Pflicht ist. Somit ist die Republik die „einzige bleibende Staatsverfassung" (6:341). Sie ist dem Wandel der politischen Ordnungen nicht unterworfen, da sie dessen Ziel darstellt.

1.2 *Souverän und Verfassungswandel* Die Verfolgung dieses Wandels, dessen Voranschreiten er meint vorhersagen zu können (vgl. 7:88), ist für Kant eine moralische Pflicht der „constituirenden Gewalt". Diese hat den „Buchstaben" (6:340) der ursprünglichen Gesetzgebung, was hier nicht im Sinne von *uranfänglich*, sondern von *legitim* zu verstehen ist, kontinuierlich dem Geist des ursprünglichen Vertrages anzugleichen (vgl. 6:340). Als diesen Buchstaben, somit als in ihrer konkreten Beschaffenheit eher kontingente Ausdrucksform, kann man die zu Kants Zeit üblichen Staatsformen, insbesondere die Autokratie, verstehen.

Dem durch die Metaphern der „*Geist[es]*" und des „*Buchstabe[ns]*", letztere ergänzt durch die vom „Maschinenwesen der Staatsverfassung", vorgestellten Unterschied korrespondiert offenbar derjenige zwischen der „constituirenden Gewalt" (6:340) und den empirischen Autoritäten, die in der hier von Kant aufgegriffenen Redeweise des Abbé Sieyes, stets nur *pouvoirs constitués*, bereits konstituierte Gewalten, darstellen können. Diese konstituierten Gewalten können nicht als eigentliches Subjekt des kontinuierlichen Wandels fungieren, weil sie einerseits dabei aufgelöst werden, andererseits ihre Rolle als Souverän, die sie, je nach Staatsverfassung, innehaben können, nicht so verstehen dürfen, dass „es auf der freien Wahl und dem Belieben des Souveräns beruhe, welcher Verfassung er das Volk unterwerfen wolle" (6:340). Beim Begriff des Souveräns gilt es hier, zwei eng miteinander verbundene, von Kant jedoch wohl unterschiedene Verwendungsweisen zu unterscheiden: „Souverän" meint zum einen die „reine Idee von einem Staatsoberhaupt", des a priori aus der Vernunft abstammenden Volkswillens, bei der es sich um ein „*Gedankending*" handelt, solange sie nicht von einer „physischen Person" repräsentiert, „vor[ge]stellt" (6:338), wird, und zum anderen eben jenen physischen Träger oder Repräsentanten (vgl. 6:320f. Anm.), welcher je nach Verfassung ein König, der Adel oder auch „die ganze Volkszahl" sein kann (6:341; vgl. 6:322).

2 Republik und Volk

2.1 *Gesamtwille und Repräsentation* Die „wahre Republik", die nicht nur der Wirkung nach einer solchen gleichkommt, „ist und kann nichts anders sein, als ein *repräsentatives System* des Volks, um im Namen desselben, durch alle Staatsbürger vereinigt, vermittelst ihrer Abgeordneten (Deputirten) ihre Rechte zu besorgen". Da dies die einzig rechtmäßige Regierung ist, „*repräsentirt* das vereinigte Volk nicht bloß den Souverän, sondern es *ist* dieser selbst" (6:341). Wenn dieser Schritt einmal erreicht ist, kann es keinen Weg zurück zur Ermächtigung eines Monarchen geben. Es scheint hier sinnvoll, dies als generelle Auffassung Kants anzusehen, obwohl er sie unter Rückgriff auf die Einberufung der Generalstände durch Ludwig XVI. erläutert. Die Begründung dafür, dass eine etwaige vertragliche Vereinbarung der Nationalversammlung mit dem König über die Rückgabe der Macht und jeglicher Vertrag solcher Art „an sich selbst null und nichtig" sein müsste, besteht in der Unveräußerlichkeit des →Rechts der „obersten Gesetzgebung im gemeinen Wesen“. Auf der Grundlage dieses Rechts kann man „durch den Gesammtwillen des Volks über das Volk, aber nicht über den Gesammtwillen selbst, der der Urgrund aller öffentlichen Verträge ist, disponiren“ (6:342). Auch das Volk, das bedeutet hier eine empirisch vorhandene Gruppe von Repräsentanten desselben, kann die Souveränität nicht wieder an einen Monarchen oder eine Aristokratie veräußern. Kant stellt nicht etwa die verfassungsgebende Gewalt des Volkes neben die des Königs, sondern allein das Volk kann legitimer Inhaber dieser Gewalt sein. Der Gedanke, dass die konstituierende Gewalt unauslöschlich beim Volk verbleibt, lässt sich auch nicht, wie später etwa bei Carl Schmitt, als unterschiedslose Ermächtigung all derer interpretieren, die sich unwidersprochen mit dem Volk identifizieren können. Kant hält eindeutig an einem repräsentativen System fest. Eine Revolution, „wenn sie geschieht“, kann stets „nur die *ausübende Gewalt*, nicht die gesetzgebende treffen“ (6:322), weil die gesetzgebende Gewalt immer schon in der Hand des rechtmäßigen Souveräns, d. i. des Volkes ist.

2.2 *Die Republik als rechtliche Mutter* Emmanuel Sieyes, in dessen Tradition sich Kant hier unübersehbar befindet, hat als Inhaberin der verfassunggebenden Gewalt die Nation benannt. Kant bezeichnet die Republik als „gemeinschaftliche[] Mutter“, von der die Staatsbürger „in intellectueller und rechtlicher Bedeutung [...] geboren“ werden, „nach der Analogie der Erzeugung von einem gemeinschaftlichen *Elterstamm*“ (6:343). Dies deutet darauf hin, dass hier erste Vorstellungen ethnischer Zusammengehörigkeit der Staatsbürger, später eine häufige Grundlage substanzialistischer oder essenzialistischer Nationenkonzeptionen (über National- und Rassencharaktere vgl. 7:311ff.), mit dem konstruktivistischen Element der intellektuellen Vorstellung einer Analogie verknüpft werden. Diese Ambivalenz setzt sich im weiteren Text fort, wo die ‚Kinder‘ dieser Mutter, mit „denen, die neben ihnen im Naturzustande leben möchten, als unedlen keine Vermischung eingehen“ (6:343). Heute mag dies nach Rassismus klingen, von dem Kant durchaus nicht frei gewesen ist. Wichtiger ist im gegenwärtigen Kontext die Besonderheit dieser republikanischen „Familie“, dass ihre „Glieder (Staatsbürger) alle ebenbürtig sind“ (6:343), was als Zeichen des modernen Staates im Gegensatz zu archaischen und hierarchischen Herrschaftsformen gilt. Diese Ebenbürtigkeit impliziert nicht unbedingt die Gleichheit aller Kinder der Republik.

3 Gewaltenteilung

Neben der Repräsentation des Volkes gehört als bestimmendes organisatorisches Element auch die Gewaltenteilung fest zum Konstruktionsprinzip einer Republik. Dies wird insbesondere im *Ersten Definitivartikel zum ewigen Frieden* hervorgehoben, wobei allerdings das Kennzeichen republikanischer Verfassung darin besteht, repräsentativ zu sein (vgl. 8:352). Kant bedient sich hier einer Differenzierung zwischen der „*Form* der Beherrschung“ und der „*Regierungsart* des Volks durch sein Oberhaupt“ (8:352). Erstere teilt sich je nach Anzahl der an der Herrschergewalt Beteiligten in Autokratie, Aristokratie und Demokratie, letztere ist entweder republikanisch oder despotisch: „Der *Republikanism* ist das Staatsprincip der Absonderung der ausführenden Gewalt (der Regierung) von der gesetzgebenden; der Despotism ist das der eigenmächtigen Vollziehung des Staats von Gesetzen, die er selbst gegeben hat, mithin der öffentliche Wille, sofern er vom Regenten als sein Privatwille gehandhabt wird“ (8:352). Das Repräsentative einer Regierungsform besteht also in *Frieden* darin, dass sie den Unterschied zwischen der gesetzgebenden und der ausführenden Gewalt bewahrt; das heißt, die ausführende Gewalt ist nicht identisch mit der gesetzgebenden, sondern vertritt, repräsentiert dieselbe bei ihren Aktivitäten. Dass bei Kant der Begriff der Repräsentation in unterschiedlicher Bedeutung auftaucht, zeigt sich beim eigenwilligen, quantifizierenden Umgang mit der Repräsentation: „[J]e kleiner das Personale der Staatsgewalt (die Zahl der Herrscher), je größer dagegen die Repräsentation derselben, desto mehr stimmt die Staatsverfassung zur Möglichkeit des Republikanism“ (8:353). Die Größe der Repräsentation bezieht sich offenbar auf die Zahl der durch sie erfassten, an der Gesetzesbildung beteiligten Staatsbürger. Wenn die Monarchie eher republikanisch zu sein vermag als die Demokratie, dann wohl deshalb, weil der Monarch den Souverän allemal nur repräsentieren kann, etwa wenn er Gesetze erlässt, „die sich ein Volk nach allgemeinen Rechtsprincipien geben würde“ (7:88). Es ist nicht eindeutig, ob Kant hier Vorsicht im Angesicht der Zensur walten lässt, oder ob es tatsächlich „eine durchaus zweitrangige Frage [ist], ob die Verfassung selber oder nur die Art der Regierung republikanisch ist" (Hofmann, *Repräsentation*, 412).

4 Demokratie, Republik und Gleichheit

In diesen Kontext gehört auch die schroffe Ablehnung Kants gegenüber der Demokratie als Herrschaftsform, der „*Demokratie* im eigentlichen Verstande des Worts" (8:352). Diese ist für ihn „nothwendig ein *Despotism*" (8:352), insofern dann, wenn ‚das Volk' als exekutive Gewalt auftritt, oder gar zu Gericht sitzt (vgl. *Refl.* 8054, 19:595), angeblich alle über einen oder wenige beschließen, während es offensichtlich doch nicht alle sind. In diesem Fall wäre, in der Redeweise Rousseaus formuliert, der Wille aller eben nicht der Gemeinwille, obwohl er dies vortäuschte. In der *MS* scheint sich der Akzent insofern verschoben zu haben, als jegliche Form physischer Repräsentation des Souveräns dem Volk als Souverän gegenüber gestellt wird und jeder Repräsentation schlicht die Rechtsunfähigkeit, über den Gemeinwillen zu disponieren, bescheinigt wird (vgl. 6:342). Beide Überlegungen zeigen, wie weit Kant davon entfernt ist, den Vorwurf eines Vaters der totalitären Demokratie zu rechtfertigen, der gegen ihn erhoben wurde (vgl. Talmon, *Ursprünge*).

Eher stellt sich umgekehrt die Frage: Wie demokratisch ist Kants Republik? Mag sich Kants Kritik der Demokratie in *Frieden* auch nur gegen das Volk als exekutive Gewalt richten, so bleibt doch zunächst umstritten, inwieweit die von Kant erstrebte reine Republik egalitäre Züge trägt, oder ob es sich um eine geschlossene Gesellschaft des besitzenden Bürgertums handelt. In letzterem Fall wäre auch Kants absolut rechtlicher Zustand nach heutigen Kriterien illegitim. Geht man davon aus, dass Kant grundsätzlich nur die Selbständigen als an der Gesetzgebung beteiligte Staatsbürger anzuerkennen bereit ist, wodurch nicht nur die Frauen, sondern alles Gesinde im Hauswesen ausgeschlossen würde, wie es in der *MSR* heißt (vgl. 6:314), so beruhte seine Republik auf etwa einem Zehntel der Bevölkerung. Die Staatsbürger, so lautet dann die Kritik, sind untereinander zwar gleich, stellen jedoch nur einen Bruchteil des Volkes dar. Für die anderen wäre Kants reine Republik trotz seiner Kritik am Despotismus „der alten sogenannten Republiken" (8:353) kaum besser als diese. Andererseits betont Kant, der Staat müsse allen den Weg zur Selbständigkeit eröffnen (vgl. 8:353), was freilich noch immer nicht für Frauen gilt. Die rechtsphilosophischen Schriften selbst lassen – auch in der Sekundärliteratur – beide Deutungen zu.

Erst eine Deutung der Ulpianschen Formeln in der *Allgemeinen Eintheilung der Rechtspflichten* (6:236) vor dem Hintergrund des →kategorischen Imperativs lässt das Pendel etwas zugunsten einer egalitären Interpretation ausschlagen: Wenn man als Prinzip der ersten Rechtspflicht – „Mache dich anderen nicht zum bloßen Mittel, sondern sei für sie zugleich Zweck" – den kategorischen Imperativ in seinen verschiedenen Formulierungen akzeptiert, aus dem durch Subsumtion der äußeren Rechtspflicht der Nichtverletzung die dritte gewonnen wird, nämlich in einen Zustand einzutreten, „worin Jedermann das Seine gegen jeden Anderen gesichert sein kann" (6:236f.), so könnte die egalitäre Behandlung aller Vernunftwesen in der Ethik eine korrespondierende Betrachtung der Menschen im Recht nahe legen (vgl. Sugasawa, *Kants Privatrechtslehre*; Byrd/Hruschka, *Lex iusti*).

5 Die Republik als Metapher für Wohlordnung

Die Republik ist für Kant nicht nur in der politischen Philosophie und Rechtsphilosophie ein Paradigma rechtmäßiger Verhältnisse. In *Religion*, wo es darum geht, dass der Mensch aus dem ethischen Naturzustand, in dem er sich auch als politischer Bürger nach wie vor befindet (vgl. 6:95), heraus in ein ethisches gemeines Wesen eintreten soll, ein Volk Gottes unter Tugendgesetzen, dessen Bestehen nicht mehr allein in der Macht der einzelnen liegt, ist es die „Republik unter Tugendgesetzen" (6:100) mit einer bloß innerlichen Gesetzgebung, die einer aristokratischen Priesterreligion mit statutarischen Gesetzen entgegengesetzt wird (vgl. 6:100). Auch der Vernunftgebrauch selbst kann am besten als republikanisch charakterisiert werden: Die „vornehm[en]" neuen Philosophen, die „*geniemäßig* – durch einen einzigen Scharfblick auf ihr Inneres alles das, was Fleiß nur immer zu leisten vermag, und wohl noch mehr zu leisten imstande sind“ (8:390), verletzen das unveräußerliche „Recht der Freiheit und Gleichheit in Sachen der bloßen Vernunft“ ihrer „*Zunftgenossen*“ (8:394).

Weiterführende Literatur

Byrd, Sharon / Hruschka, Joachim: „Lex iusti, lex iuridica und lex iustitiae in Kants Rechtslehre“, in: Archiv für Rechts- und Sozialpilosophie 91, 2005, 484–500.

Goyard-Fabre, Simone: La philosophie du droit de Kant, Paris: Vrin 1996.

Joung, Ho-Won: Volkssouveränität, Repräsentation und Republik, Würzburg: Königshausen und Neumann 2006.

Maus, Ingeborg: Zur Aufklärung der Demokratietheorie. Rechts- und demokratietheoretische Überlegungen im Anschluss an Kant, Frankfurt/M.: Suhrkamp 1992.

Sugasawa, Tatsubumi: „Kants Privatrechtslehre nach dem kategorischen Imperativ – Intelligibler Besitz und Ulpians Formeln“, in: Rohden, Valerio u. a. (Hg.): Recht und Frieden in der Philosophie Kants, Bd. 4, Berlin u. a.: de Gruyter 2008, 701–714.

Matthias Kaufmann

Rezeptivität/ Spontaneität

Kants Erkenntnistheorie beruht auf dem Gedanken, dass menschliche Erkenntnis sowohl Rezeptivität als auch Spontaneität verlangt. Menschliche Erkenntnis ist ein „Zusammengesetztes“: zusammengesetzt aus dem „was wir durch Eindrücke empfangen, und dem, was unser eigenes Erkenntnißvermögen (durch sinnliche Eindrücke bloß veranlaßt) aus sich selbst hergiebt“ (KrV B 1). Jene Vorstellungsakte, die wir „empfangen“ (KrV B 1), nennt Kant rezeptive Akte, jene, die unser Erkenntnisvermögen „aus sich selbst hergiebt“ (KrV B 1), nennt er spontane Akte. Dasjenige Vermögen, kraft dessen der Mensch in der Lage ist, rezeptive Vorstellungen zu haben, ist seine →Sinnlichkeit. „Die Fähigkeit (Receptivität), Vorstellungen durch die Art, wie wir von Gegenständen afficirt werden, zu bekommen, heißt *Sinnlichkeit*“ (KrV A 19 / B 33). Die Rolle der Sinnlichkeit ist es, den Gegenstand des Erkennens zu geben: „Vermittelst der Sinnlichkeit also werden uns Gegenstände *gegeben*“ (KrV A 19 / B 33). Dasjenige Vermögen, kraft dessen der Mensch spontane Vorstellungen haben kann, ist sein →Verstand, der „aus sich selbst“ (KrV B 1) Begriffe und Urteile hergibt (vgl. KrV A 51 / B 75; KrV A 68f. / B 93f.). Die Rolle des Verstandes ist es, den gegebenen Gegenstand zu denken und dadurch zu erkennen.

Das Prinzip der Unterscheidung in rezeptive und spontane Vorstellungen ist bei Kant das jeweilige Verhältnis, in dem die →Vorstellung sowohl zum Gegenstand der Vorstellung wie auch zum Subjekt der Vorstellung steht. Eine rezeptive, sinnliche Vorstellung ist eine Vorstellung, die das Subjekt von dem Gegenstand empfängt, indem es durch den Gegenstand „afficirt wird“ (KrV A 51 / B 75). Das Subjekt ist bei einer solchen Vorstellung passiv. Eine rezeptive, sinnliche Vorstellung ist folglich eine Vorstellung, die von dem Gegenstand *abhängig* ist in dem Sinne, dass ihr Vorliegen von dem Gegenstand bewirkt wird, indem dieser eine „*Empfindung*“ (KrV A 20 / B 34) in dem Subjekt bewirkt. Eine spontane Vorstellung ist durch den Kontrast zu einer rezeptiven, sinnlichen Vorstellung definiert: Sie ist eine Vorstellung, die das Subjekt „selbst hervor[]bring[t]“ (KrV A 51 / B 75). Das Subjekt ist bei einer spontanen Vorstellung aktiv. Eine spontane Vorstellung eines Gegenstands ist von dem Gegenstand folglich unabhängig in dem Sinne, dass ihr Vorliegen nicht von dem Gegenstand bewirkt wird.

Die Unterscheidung in rezeptive und spontane Vorstellungsakte ist grundlegend für Kants Erkenntnistheorie (vgl. KrV A 51f. / B 75f.). Gleichwohl geht diese Unterscheidung nicht als Voraussetzung in seine Erkenntnistheorie ein, sondern ist als Resultat seiner transzendentalen Analyse des Erkennens zu verstehen. Rezeptivität und Spontaneität beschreiben zwei komplementäre Vermögen, die durch die je spezifische Leistung bestimmt sind, die diese Vermögen im Erkennen zu erbringen haben (vgl. KrV A 51f. / B 75f.). Weitere wichtige Stellen: KrV A 15; KrV B 29; KrV B 67f.; KrV A 76ff. / B 102f.; KrV B 129; KrV B 133ff.; KrV B 150ff.; KrV B 162 Anm.; KrV A 172 / B 214; KrV B 430; KrV A 444ff. / B 472ff.; KrV A 494 / B 522; KrV A 533 / B 561; KrV A 548 / B 576; 4:281; 5:48; 5:99; 5:406; 6:24; 6:143; 7:704;

7:134; 7:140ff.; 7:545; 8:203; 8:221f.; 8:308; 8:443; 9:36; 11:315f.; 12:42; 12:213ff.; 12:349; 12:535; 15:08; 18:98; 18:183; 18:211; 18:256; 18:268; 18:306; 18:312; 18:419; 18:431f.; 18:465; 18:487; 20:271; 20:276; 23:26.

Vorgeschichte und historischer Kontext

Kants Verwendung des Begriffspaares Rezeptivität/Spontaneität zur Beschreibung der für das menschliche Erkennen grundlegenden Vermögen grenzt sich deutlich von der vorkantischen Tradition der Verwendung dieser Begriffe ab. Weder hatten diese Begriffe in der vorkantischen Tradition eine grundlegend erkenntnistheoretische Ausrichtung, noch war ihre erkenntnistheoretische Komplementarität und wechselseitige Notwendigkeit anerkannt.

1 Der Begriff der Rezeptivität

Der Begriff der Rezeptivität beschreibt in der Tradition allgemein jede Art von Empfänglichkeit irgendeiner Art von Entität. Als spezifisch subjekttheoretischer Begriff zur Beschreibung eines subjektiven Vermögens gewinnt er in der aristotelischen Seelenlehre erstmals eine zentrale philosophische Bedeutung. Das Vermögen der Empfindung und der sinnlichen Wahrnehmung gehören nach Aristoteles zu den grundlegenden rezeptiven Vermögen des Menschen. Sie sind unter anderem die Grundlage des menschlichen Erkennens (vgl. *Über die Seele*, 2. Buch, Kap. 5, 416b–418a). Der gesamten philosophischen Tradition zufolge besteht in der Rezeptivität die spezifische Endlichkeit des Menschen. So versteht Leibniz unter Rezeptivität die ursprüngliche Begrenztheit der Kreatur, die darin besteht, dass diese sich passiv verhalten muss, um Bestimmtheit irgendeiner Art erhalten zu können. Mit Kant gewinnt der Begriff der Rezeptivität eine grundlegend erkenntnistheoretische Bedeutung, indem er bei Kant dasjenige Vermögen beschreibt, kraft dessen ein Subjekt in einer unmittelbaren Beziehung zu Gegenständen stehen kann, was die Voraussetzung dafür ist, dass es diese erkennen kann.

2 Der Begriff der Spontaneität

Der Begriff der Spontaneität spielt in der Tradition in drei philosophischen Zusammenhängen eine Rolle: 1) im Bereich der Naturphilosophie, in dem er die Eigentätigkeit der Naturabläufe beschreibt; 2) im Bereich der praktischen Philosophie, in dem er Handlungen beschreibt, die nicht aus äußerem Zwang geschehen, sondern ihren Ursprung in der Freiheit des Subjekts haben; 3) im Bereich der theoretischen Philosophie, in dem er Denken, Erkennen, Urteilen als Vorstellungsakte beschreibt, die das Subjekt selbsttätig hervorbringt. Allen drei Verwendungen des Begriffs der Spontaneität ist die Idee eines ‚Von-Selbst-Stattfindens' gemeinsam, im Kontrast zur Idee eines Ereignisses, eines Aktes oder einer Handlung, die durch etwas Äußerliches erzwungen wird. So bestimmt Aristoteles ein spontanes, freiwilliges Handeln als ein Handeln, dessen Prinzip im Handelnden selbst liegt (vgl. *Nikomachische Ethik*, 3. Buch, Kap. 1, 1110a). Leibniz verwendet den Begriff der Spontaneität dann sowohl in seiner Handlungstheorie – eine spontane Handlung ist eine ungezwungene Handlung – als auch in seiner theoretischen Philosophie, indem er jedes erkennende Wesen als ein spontanes Wesen versteht und jeden Erkenntnisakt als einen spontanen Vollzug (vgl. *Discours de Métayphysique*, § 30). Im Bereich der praktischen Philosophie knüpft Kant an die Bestimmung von Spontaneität als einer Handlung an, die von einem dem Handelnden internen Prinzip bewirkt wird. Im Bereich der theoretischen Philosophie leistet Kant eine grundsätzliche Neuorientierung in der Bestimmung des Begriffs der Spontaneität: Erstens ist bei ihm der Begriff der Spontaneität durch seinen Kontrast zum Begriff der Rezeptivität bestimmt, insofern beide zwei einander komplementäre, für das Erkennen jeweils unverzichtbare Vermögen beschreiben; zweitens gewinnt er das Verständnis dieser beiden Vermögen dadurch, dass er die Leistung bestimmt, die sie jeweils für das Erkennen erbringen.

Philosophische Funktion

1 Der Begriff der Erkenntnis

Kant charakterisiert den Begriff der → Erkenntnis so: „*Erkenntnisse*", so Kant, „bestehen in der bestimmten Beziehung gegebener Vorstellungen auf ein Object" (KrV B 137). „Erkenntnisse" sind „mit Bewußtsein auf ein Object bezogene Vorstellungen" (9:91). Jemand, der eine Erkenntnis hat, hat folglich eine bewusste Vorstellung, die er in einer bestimmten Weise auf einen Gegenstand bezieht. Diese „bestimmte[] Beziehung", in der Erkenntnisse zum Gegenstand stehen, erläutert Kant näher als die der „objective[n] Gültigkeit“ (KrV B 137). Jemand, der einen Erkenntnisakt vollzieht, hat also eine Vorstellung von einem Gegenstand, für die er den Anspruch erhebt, dass sie von dem Gegenstand gültig ist und die genau das auch ist. Nun können wir eine Vorstellung von einem Gegenstand, die von dem Gegenstand gültig ist, auch eine Vorstellung nennen, die mit dem Gegenstand übereinstimmt. Und wenn „Wahrheit in der Übereinstimmung einer Erkenntniß mit ihrem Gegenstande besteht“ (KrV A 58 / B 83), dann können wir dies auch so ausdrücken, dass wir sagen, eine Erkenntnis sei eine wahre Vorstellung von einem Gegenstand. Diese Charakterisierung des Erkennens ist nach Kant dabei noch so allgemein, dass sie für jedes Wesen gilt, das überhaupt etwas erkennen kann. Dieses Verständnis von Erkenntnis ist die Grundlage für Kants zentrale Doktrin, der zufolge die *menschliche* Erkenntnis ein „Zusammengesetztes“ (KrV B 1) aus Rezeptivität und Spontaneität ist.

2 Die Notwendigkeit der Rezeptivität

Kant fragt nun, wie es möglich ist, eine bewusste Vorstellung, die von einem Gegenstand objektiv gültig ist (d. h. eine Erkenntnis) zu haben. Kant beantwortet diese Frage in zwei Schritten: Der erste Schritt lautet, dass eine solche Vorstellung nur möglich ist, wenn dem Subjekt ein „Gegenstand *gegeben*“ wird (KrV A 19 / B 33). Denn dass einem Subjekt ein Gegenstand gegeben wird, heißt, dass ein Gegenstand zum Inhalt einer bewussten Vorstellung dieses Subjekts wird. Dies ist eine notwendige Voraussetzung dafür, dass jene „bestimmte[] Beziehung“ (KrV B 137) zwischen einer Vorstellung und einem Gegenstand möglich ist, die das Erkennen definiert. Die allgemeine Weise, in der einem Subjekt ein Gegenstand gegeben wird, besteht darin, dass das Subjekt den Gegenstand anschaut. Denn eine → Anschauung ist eine *einzelne* Vorstellung, die sich *unmittelbar* auf den Gegenstand bezieht (vgl. KrV A 320 / B 377). Das heißt, wie auch immer eine Anschauung genauer verfasst ist, so gilt stets, dass jemand nur dann die Anschauung eines Gegenstands haben kann, wenn es eben jenen Gegenstand gibt, den er anschaut. Und genau darum, weil es die Anschauung eines Gegenstands nur *zusammen* mit dem Gegenstand der Anschauung gibt, kann Kant sagen, dass eine Anschauung genau jene Art der Vorstellung ist, die als solche *erklärt*, wie einem Subjekt ein Gegenstand gegeben werden kann.

Der zweite Schritt Kants lautet nun, dass es zwei Arten von Anschauungen gibt und also zwei Weisen, einen Gegenstand zu geben: Die Anschauung kann entweder „*ursprünglich*“ oder „sinnlich“ sein (KrV B 72). Eine ursprüngliche Anschauung ist eine Anschauung, „durch die selbst das Dasein des Objects der Anschauung gegeben wird“ (KrV B 72). Ursprünglich ist diese Anschauung, weil sie sich nicht dem Gegenstand der Anschauung verdankt; sie ist nicht von dem Gegenstand der Anschauung abgeleitet, sondern selbst der Ursprung des Daseins des Gegenstands. Allein Gott, das „Urwesen“ (KrV B 72), von dem, wie Kant immer wieder betont, wir uns keinen Begriff machen können (vgl. KrV B 139), verfügt über eine solche Anschauung.

Die einzige Alternative zu einem Vermögen ursprünglicher Anschauungen ist nun ein Anschauungsvermögen, das einem Subjekt den Gegenstand dadurch gibt, dass seine Anschauungen durch den Gegenstand bewirkt werden. Genau das definiert das Vermögen der Sinnlichkeit (vgl. KrV A 19 / B 33), welches die dem Menschen eigentümliche Anschauungsart ist: „Nun ist alle uns mögliche Anschauung sinnlich“ (KrV B 146). Was aber genau ist eine sinnliche Anschauung? Eine sinnliche Anschauung, so erklärt Kant, ist „von dem Dasein des Objects abhängig“ (KrV B 72). Dass eine Anschauung vom Gegenstand *abhängig* ist und dass sie *sinnlich* ist, so Kant, heißt dasselbe (vgl. KrV B 72). Wir nennen eine Anschauung genau dann und genau deswegen sinnlich, wenn und weil sie „unmittelbar von der Gegenwart des Gegenstandes abhäng[t]“ (4:281). Denn dass eine Anschauung sinnlich ist, heißt, dass das Subjekt von dem Gegenstand „afficirt“ (KrV A 19 / B 33) werden muss, damit es eine Anschauung von ihm erhält (vgl. KrV A 19 / B 33). Affizierung aber ist ein kausales Verhältnis (→ Affektion). Dass eine sinnliche Anschauung von dem Gegenstand abhängig ist, bedeutet daher genauer, dass sie *kausal* von ihm abhängt. Indem der Gegenstand eine Empfindung in dem Subjekt bewirkt, bringt er eine Anschauung in ihm hervor (vgl. KrV A 19f. / B 34).

3 Die Notwendigkeit der Spontaneität

Kant behauptet nun, dass es für ein sinnliches Wesen nicht genügt, nur ein Vermögen der Sinnlichkeit zu haben, um Gegenstände zu erkennen. Es muss überdies ein Vermögen der Spontaneität haben, welches Kant den Verstand nennt (vgl. KrV B 130). Kant argumentiert so: Wenn Erkennen heißt, dass ein Subjekt eine bewusste Vorstellung hat, für die es den Anspruch erhebt, von einem Gegenstand gültig zu sein, dann setzt dies voraus, dass das →Subjekt ein Bewusstsein davon hat, dass es eine solche Vorstellung hat. Das heißt, die Idee von Erkenntnis, um die es Kant geht, ist die Idee *selbstbewusster Erkenntnis*. Und eine Erkenntnis in diesem Sinn, so Kant, können nur Verstandeswesen haben. Denn die Voraussetzung dafür, so argumentiert Kant im § 16 der B-Ausgabe der *KrV*, dass ein Subjekt selbstbewusste Vorstellungen haben kann, ist, dass das Subjekt die Vorstellungen, die es hat, in einer Weise zu einer Einheit miteinander verbindet, durch die sie „in einem Selbstbewußtsein" zusammenstehen können (KrV B 134). →Selbstbewusstsein „enthält" folglich „eine Synthesis der Vorstellungen und ist nur durch das Bewußtsein dieser Synthesis möglich" (KrV B 133). Der Gedanke, dass die Vorstellungen, die ich habe, *meine* Vorstellungen sind, setzt nach Kant also voraus, dass ich die Vorstellungen, die ich habe, zu einer Einheit miteinander verbinde, und zwar so, dass ich von diesem Akt der Verbindung ein Bewusstsein habe, „denn sonst würde ich ein so vielfärbiges, verschiedenes Selbst haben, als ich Vorstellungen habe, deren ich mir bewußt bin" (KrV B 134). Und um genau eine solche Vorstellung haben zu können, nämlich eine Vorstellung von der Verbindung meiner Vorstellungen, so Kant, ist ein Vermögen des Verstandes nötig. Die Begründung hierfür liefert § 15 der *KrV*, in dem Kant allgemein erklärt: „Allein die *Verbindung* (*conjunctio*) eines Mannigfaltigen überhaupt kann niemals durch Sinne in uns kommen [...]; denn sie ist ein Actus der Spontaneität der Vorstellungskraft, und da man diese zum Unterschiede von der Sinnlichkeit Verstand nennen muß, so ist alle Verbindung [...] eine Verstandeshandlung" (KrV B 129f.). Die Vorstellung der Verbindung eines Mannigfaltigen, so Kant, kann nicht durch die Sinne in uns kommen. Daraus folgt, dass es eine spontane Vorstellung sein muss. Denn es gibt nur zwei Quellen von Vorstellungen: das Vermögen der Rezeptivität und das Vermögen der Spontaneität. Während eine rezeptive, d. h. sinnliche Vorstellung von einem Gegenstand eine *gegenstandsabhängige* Vorstellung in dem Sinne ist, dass ihr Vorliegen von dem Gegenstand bewirkt wird, ist eine spontane Vorstellung eines Gegenstands folglich eine *gegenstandsunabhängige* Vorstellung in dem Sinne, dass ihr Vorliegen nicht von dem Gegenstand bewirkt wird. Der Name, den Kant dem Vermögen gibt, dem solche spontanen Vorstellungen entspringen, ist der Verstand.

Ganz wie schon das Vermögen der Sinnlichkeit führt Kant also auch das Vermögen des Verstandes *durch die je spezifische Leistung* ein, die dieses Vermögen zu erbringen hat. Der Verstand, so erklärt Kant entsprechend, ist in seiner allgemeinsten Bestimmung „selbst nichts weiter [...] als das Vermögen, *a priori* zu verbinden" (KrV B 135). Diese Charakterisierung des Verstandes lässt es nach Kant indes für sich noch offen, in welcher Weise der Verstand eine selbstbewusste Vorstellung von einem Gegenstand haben kann. Ganz analog zu den zwei Weisen, wie einem Subjekt ein Gegenstand gegeben werden kann – entweder durch eine ursprüngliche oder durch eine sinnliche Anschauung – unterscheidet Kant zwischen zwei Weisen, wie ein Verstand eine selbstbewusste Vorstellung von einem Gegenstand hervorbringen kann. Ein Verstand kann dies *entweder* dadurch, dass er eine „intellectuelle Anschauung" (KrV B 72) von einem Gegenstand hervorbringt. Dann ist der Verstand ein anschauender, ursprünglicher Verstand. *Oder* aber der Verstand ist ein diskursiver Verstand, der die einzige Alternative zu einem anschauenden Verstand ist. Ein diskursiver Verstand bringt dadurch eine selbstbewusste Vorstellung von einem Gegenstand hervor, dass er Begriffe hervorbringt, durch die er einen Akt des Verbindens vollziehen kann, mit dem er das Mannigfaltige der Anschauung zur Einheit eines Selbstbewusstseins zusammenfassen kann. Denn Begriffe sind im Unterschied zu Anschauungen allgemeine Vorstellungen, d. h. es sind Vorstellungen, die sich nicht nur auf einen einzelnen Gegenstand beziehen, sondern für viele Gegenstände gelten (vgl. KrV A 68 / B 93; KrV A 320 / B 377). Von Begriffen, so erklärt Kant, „kann nun der Verstand keinen andern Gebrauch machen, als daß er dadurch urtheilt" (KrV A 68 / B 93). Entsprechend bestimmt er Begriffe auch als „Prädicate möglicher Urtheile" (KrV A 69 / B 94). Das heißt, diejenige Handlung des Verstandes, die er vollzieht, wenn er einen Begriff hervorbringt, um ein Mannigfaltiges zur Einheit eines Selbstbewusstseins zusammenzufassen, ist die Handlung des Urteilens. Urteilsakte sind also die paradigmatischen Akte des diskursiven Verstandes. Der diskursive Verstand kommt demnach genau dadurch zu einer selbstbewussten Vorstellung, dass er jene Handlungen vollzieht, durch die er die „logische Form eines Urtheils zu Stande" bringt (KrV A 79 / B 105).

Damit erreichen wir Kants zentrale Doktrin: Ein Wesen, dessen Verstand keine ursprünglichen Anschauungen hervorbringt, kann nur dann einen Gegenstand erkennen, wenn es sowohl über ein Vermögen der Rezeptivität verfügt, kraft dessen ihm die Gegenstände gegeben werden, als auch über ein Vermögen der Spontaneität, kraft dessen es sich selbstbewusst auf anschaulich gegebene Gegenstände beziehen kann.

4 Die Aporie von Rezeptivität und Spontaneität

Bislang wurde gezeigt, *dass* sinnliche Anschauungen für das Erkennen des diskursiven Verstandes notwendig sind. Noch nicht gezeigt wurde indes, *wie* sinnliche Anschauungen genau das leisten *können*, was sie leisten können *müssen*, damit Erkenntnisakte möglich sind. Die Frage lautet also: Wie ermöglicht eine sinnliche Anschauung ein Erkenntnisurteil? Kant beantwortet diese Frage zunächst so: Sinnliche Anschauungen ermöglichen Erkenntnisurteile dadurch, dass sie deren „Boden" (KrV A 3 / B 7), „Leitfaden" (KrV A 3 / B 6) und „Zeugniß" (KrV B 11) sind. Mit dieser Charakterisierung der sinnlichen Anschauung als ‚Boden', ‚Leitfaden' und ‚Zeugnis' des Verstandes beschreibt Kant die spezifische Art des Verhältnisses, in welchem die sinnlichen Anschauungen zu den Akten des Verstandes stehen müssen, um ihre Aufgabe erfüllen zu können. Der diskursive Verstand ist von den sinnlichen Anschauungen *abhängig*, und zwar in der spezifischen Weise, dass er von ihnen *geleitet* wird. Damit aber stellt sich die Frage, wie eine sinnliche Anschauung verfasst sein muss, damit sie genau das leisten kann: den Verstand in seinen Urteilen zu leiten. Die Idee der Rezeptivität, so hatten wir oben gesehen, soll erklären, wie einem Subjekt ein Gegenstand gegeben sein kann. Die Idee der Rezeptivität erklärt dies dadurch, dass eine rezeptive Vorstellung von dem Gegenstand kausal abhängig ist. Dass eine solche sinnliche Anschauung die Rolle eines „Leitfaden[s]" (KrV A 3 / B 6) hat, verlangt nun indes, dass diese Anschauung selbstbewusst ist. Denn ich kann nur dann von etwas geleitet werden, wenn ich ein Bewusstsein von dem habe, was mich leiten soll. Jene sinnlichen Vorstellungen also, die Kant als eine notwendige Voraussetzung des Erkennens rekonstruiert, unterstehen somit zwei Bedingungen: Sie müssen sowohl *gegenstandsabhängig* als auch *selbstbewusst* sein. Die Idee der Spontaneität, so haben wir oben gesehen, soll nun erklären, wie ein Subjekt eine selbstbewusste Vorstellung von einem Gegenstand haben kann. Eine selbstbewusste Vorstellung ist eine, die das Subjekt „selbst verrichtet" (KrV B 130), d. h. sie ist kausal unabhängig vom Gegenstand (KrV B 130). Nehmen wir nun diese beiden Charakterisierungen von Rezeptivität und Spontaneität zusammen, um auf ihrer Grundlage zu verstehen, wie Erkennen möglich ist, dann ergibt sich folgendes Problem: Wir müssen verstehen, wie eine Vorstellung, die gegenstandsabhängig ist, das Subjekt leiten kann. Dies setzt voraus, dass diese Vorstellung selbstbewusst ist. Dies aber scheint zu verlangen, dass die Vorstellung spontan sein muss. Und daraus scheint zu folgen, dass sie dann nicht gegenstandsabhängig sein kann. Denn nach der bisherigen Erläuterung ist eine Vorstellung *entweder* vom Gegenstand abhängig, dann aber hat das Subjekt keine selbstbewusste Vorstellung von dem Gegenstand. *Oder* aber das Subjekt hat eine selbstbewusste Vorstellung von dem Gegenstand. Dann aber kann die Vorstellung nicht vom Gegenstand abhängig sein, sondern muss eine spontane Vorstellung sein.

In der Kant-Literatur gibt es nun zwei Auffassungen darüber, wie Kant diese Aporie aufgelöst hat. Hinter Kants scheinbar klarer Auskunft, bei all unserer Erkenntnis handle es sich um ein „Zusammengesetztes" (KrV B 1), verbirgt sich nämlich eine Schwierigkeit, die darin besteht, dass Kant die Ausdrücke ‚Spontaneität' und ‚Rezeptivität' in einer Weise verwendet, die zwei Lesarten erlaubt: Man kann ihn so verstehen, dass er damit beansprucht, zwei verschiedene Vermögen zu beschreiben, die zusammen jedes „endliche denkende Wesen" charakterisieren (KrV B 72); oder aber man kann ihn so verstehen, dass er damit beansprucht, zwei Aspekte ein und desselben Vermögens eines endlichen denkenden Wesens zu beschreiben:

nämlich zwei Aspekte seines Erkenntnisvermögens. Wir können die erste die 2-Fähigkeiten-Lesart nennen und die zweite die 2-Aspekte-Lesart (vgl. *Interpretationslage*).

Interpretationslage

1 Rezeptivität und Spontaneität als zwei verschiedene Fähigkeiten

Kant versteht eine Fähigkeit allgemein als die „Quelle" der Akte, die unter sie fallen (vgl. KrV A 50 / B 74). Er sagt, sie ist der „Ursprung" dieser Akte (KrV A 55ff. / B 80f.; vgl. KrV A 62 / B 87). Ein häufiger Ausdruck, den Kant auch verwendet, ist der Ausdruck ‚entspringen'. Dem Verstand „entspringen" seine Akte, also Begriffe und Urteile (KrV B 1; vgl. KrV A 19 / B 33; KrV A 77 / B 103). Unsere Erkenntnis „entspringt aus zwei Grundquellen" (KrV A 50 / B 74). Gelegentlich verwendet er auch den Ausdruck ‚gründen': „Begriffe gründen sich also auf der Spontaneität des Denkens, wie sinnliche Anschauungen auf der Receptivität der Eindrücke" (KrV A 68 / B 93). All diesen Charakterisierungen des Verhältnisses zwischen der Fähigkeit und den Akten, die unter sie fallen, ist gemein, dass sie dieses in einem bestimmten Sinn als ein Verhältnis der Erklärung beschreiben. ‚Quelle', ‚Ursprung', ‚Grund' sind Ausdrücke, die besagen, dass die Fähigkeit als dasjenige verstanden wird, das das Vorliegen eben jener Akte, die unter sie fallen, erklärt.

Die 2-Fähigkeiten-Lesart des Kontrastes von Spontaneität und Rezeptivität ist nun die in der Literatur dominierende Lesart (vgl. exemplarisch u. a. Strawson, *The Bounds of Sense*; Pippin, *Theory of Form*; Hoppe, *Synthesis bei Kant*; Mohr, *Das sinnliche Ich*; Benoist, *Kant et les limites de la synthèse*). Sie versteht Kant so, dass den beiden oben unterschiedenen Arten von Vorstellungen, also rezeptive und spontane Vorstellungen, je zwei verschiedene Arten von Fähigkeiten entsprechen, durch die sie erklärt werden. Nach der 2-Fähigkeiten-Lesart kann eine Vorstellung also nur *entweder* einem rezeptiven *oder* einem spontanen Vermögen entspringen. Dies bedeutet, dass es ausgeschlossen ist, dass eine rezeptive Vorstellung *als solche* selbstbewusst sein kann. Unter dieser Voraussetzung aber gibt es nur eine Möglichkeit zu verstehen, wie eine rezeptive Vorstellung selbstbewusst sein kann: nämlich dadurch, dass das Subjekt sich mit einer spontanen Vorstellung auf diese rezeptive Vorstellung richtet und diese zum Gegenstand einer spontanen Vorstellung macht. Gemäß der 2-Fähigkeiten-Lesart ist eine sinnliche Vorstellung, die ein Subjekt leiten kann, folglich das Resultat zweier Schritte. In einem ersten Schritt bewirkt ein Gegenstand, dass das sinnliche Vermögen des Subjekts aktualisiert wird: Das Subjekt hat eine sinnliche Vorstellung, die jedoch noch nicht zur Einheit seines Selbstbewusstseins gehört. In einem zweiten Schritt bringt das Subjekt eine spontane Vorstellung hervor, mit der es diese gegebene sinnliche Vorstellung zu seinem Selbstbewusstsein vereinigt. Erst nachdem dieser zweite Schritt vollzogen ist, verfügt das Subjekt sodann über eine sinnliche Vorstellung, die es in seinem Urteilen *leiten* kann.

Die 2-Fähigkeiten-Lesart besagt, dass das Vorliegen rezeptiver und spontaner Vorstellungen eine *je andere Erklärung* hat. Zugleich aber ist sie auf die These festgelegt, dass das Vermögen der Spontaneität nicht unabhängig vom Vermögen der Rezeptivität ist. Denn rezeptive Vorstellungen sollen ja eine wesentliche Rolle in der Erklärung von Erkenntnisurteilen spielen. Die 2-Fähigkeiten-Lesart verknüpft beides miteinander, indem sie die Notwendigkeit von spontanen Vorstellungen behauptet, deren Inhalt rezeptive Vorstellungen sind. Für die 2-Fähigkeiten-Lesart spricht Kants Charakterisierung von Sinnlichkeit und Verstand als „zwei Stämme der menschlichen Erkenntniß" (KrV A 15 / B 29) oder seine Definition von Rezeptivität und Spontaneität als „zwei Grundquellen des Gemüths" (KrV A 50 / B 74).

2 Rezeptivität und Spontaneität als zwei Aspekte einer Fähigkeit

Vertreter der 2-Aspekte-Lesart bestreiten, dass die 2-Fähigkeiten-Lesart die obige Aporie lösen kann (vgl. exemplarisch McDowell, *Mind and World* sowie *Having the World in View*; Kitcher, *Kant's Philosophy of the Cognitive Mind*; m. E. Longuenesse, *Capacity to Judge*). Die 2-Fähigkeiten-Lesart will sagen, dass ein Subjekt sich seine sinnlichen Vorstellungen dadurch selbstbewusst machen kann, dass es ein Erkenntnisurteil über das Mannigfaltige seiner sinnlichen Vorstellung fällt. Das aber heißt, um eine selbstbewusste sinnliche Vorstellung zu haben, was notwendig ist, damit es ein Erkenntnisurteil fällen kann, muss das Subjekt einen Akt *von genau der gleichen Art* vollziehen wie es derjenige Akt ist, dessen Möglichkeit ein solcher Akt gerade erklären soll. Damit ein Subjekt ein Erkenntnisurteil fällen kann, muss es ein Erkenntnisurteil über seine sinnlichen Vorstellungen fällen. Im Versuch, die Aporie von Spontaneität und Rezeptivität aufzulösen, gerät die 2-Fähigkeiten-Lesart folglich in einen *Regress der Erklärung*. Die 2-Aspekte-Lesart zieht aus dem Scheitern der 2-Fähigkeiten-Lesart nun folgenden Schluss: Wenn die Idee sinnlicher Anschauungen eine Rolle in der Erklärung von Erkenntnisurteilen spielen soll, dann müssen sinnliche Anschauungen Vorstellungen sein, die *als solche* eine Erklärung dafür enthalten, wie ein Subjekt in seinem Urteil durch eine sinnliche Anschauung *geleitet* werden kann. Eine solche Erklärung aber können sinnliche Anschauungen nur dann enthalten, wenn sie einem Vermögen entspringen, das nicht nur rezeptiv, sondern auch spontan ist. Denn nur, wenn es auch spontan ist, kann es erklären, wie ein Subjekt Vorstellungen haben kann, die es als solche zur Einheit eines Selbstbewusstseins vereinigen kann. Das zentrale Merkmal, das nach Kant Vorstellungen charakterisiert, die einem spontanen Vermögen entspringen, ist ihr begrifflicher Charakter. Durch Begriffe wird die Einheit eines Mannigfaltigen gedacht (vgl. KrV A 68 / B 93). Der paradigmatische Fall einer begrifflichen Vorstellung, so Kant, ist das Urteil. Urteile sind Vorstellungen, die das Subjekt „selbst verrichtet" (KrV B 130). Doch diese selbsttätig verrichteten Vorstellungen, die Urteile sind, so Kants zentrale These, sind logisch nicht selbständig. Man kann das Vorliegen von selbsttätig verrichteten begrifflichen Vorstellungen nicht unabhängig davon verstehen, dass ihr Subjekt über sinnliche Vorstellungen verfügt, die diese selbsttätig verrichteten Vorstellungen *leiten*. Dies aber verlangt nach der 2-Aspekte-Lesart, dass es sinnliche Vorstellungen gibt, die genau jenes Merkmal haben, das selbstbewusste Vorstellungen als solche charakterisiert: Sie müssen einen *begrifflichen Inhalt* haben. Daraus folgt, dass es sinnliche Vorstellungen geben muss, die *genau demselben Vermögen* entspringen, dessen paradigmatische Vorstellungen Urteile sind, die jedoch im Unterschied zu diesen von dem Gegenstand, den sie vorstellen, abhängig sind. Denn nur dann kann der Inhalt einer sinnlichen Vorstellung beides zugleich sein: sowohl gegenstandsabhängig als auch selbstbewusst. Und nur, wenn das der Fall ist, kann eine sinnliche Vorstellung das Subjekt leiten.

Daraus folgt, dass genau dasjenige Vermögen, dem selbsttätige Urteile entspringen, nicht nur spontan sein kann, sondern überdies rezeptiv sein muss. Es muss ein Vermögen sein, durch welches das Subjekt genau dadurch selbsttätig Urteile hervorbringt, dass ihm sinnliche Anschauungen entspringen, die das Subjekt bei seinen selbsttätigen Urteilen leiten. Sinnlich sind diese Anschauungen, weil ihr Inhalt von dem Gegenstand bewirkt wird. Leiten können sie die selbsttätigen Urteile, weil ihr Inhalt ein begrifflicher Inhalt ist und damit als solcher erklärt, weshalb diese Vorstellungen selbstbewusst sind. Sinnliche Anschauungen und die Urteile, die sie leiten, sind nach der 2-Aspekte-Lesart folglich logisch miteinander verknüpft: Sie haben beide denselben begrifflichen Inhalt. Kant macht diesen Zusammenhang im § 10 der *KrV* ausdrücklich, in dem es heißt: „Dieselbe Function, welche den verschiedenen Vorstellungen *in einem Urtheile* Einheit giebt, die giebt auch der bloßen Synthesis verschiedener Vorstellungen *in einer Anschauung* Einheit [...]" (KrV A 79 / B 104f.).

Nach dieser Lesart unterscheiden sich rezeptive und spontane Vorstellungen nicht nach der Art des Vermögens, dem sie entspringen, voneinander. Denn unterschieden sind sinnliche Anschauungen und Urteile nicht dadurch, dass erstere einen unbegrifflichen Inhalt haben, den sich das Subjekt allererst durch eine Ausübung seines Verstandes selbstbewusst machen kann, während letztere solche Ausübungen sind. Unterschieden sind sinnliche Anschauungen und Urteile dadurch, dass im Fall einer sinnlichen Anschauung der begriffliche Inhalt das Resultat einer *Einwirkung* des Gegenstands auf das Subjekt ist, während im Fall des Urteils der begriffliche Inhalt das Resultat einer *Selbsttätigkeit* des Subjekts ist.

Der wesentliche Unterschied zur 2-Fähigkeiten-Lesart liegt darin, wie die 2-Aspekte-Lesart das Verhältnis zwischen rezeptiven und spontanen Vorstellungen bestimmt: Wenn wir rezeptive und spontane Vorstellungen als Akte begreifen, die ein und demselben Vermögen entspringen, dann bedeutet dies, dass zwischen beiden Vorstellungsarten ein *wechselseitiges Abhängigkeitsverhältnis* besteht. Nicht nur sind Erkenntnisurteile von sinnlichen Anschauungen abhängig, sondern ebenso sind sinnliche Anschauungen von Erkenntnisurteilen abhängig. Es ist diese wechselseitige Abhängigkeit voneinander, die begründet, weshalb beide Vorstellungsarten ein und demselben Vermögen entspringen müssen. Denn diese wechselseitige Abhängigkeit bedeutet, dass es für beide Vorstellungsarten nur *eine einzige, gemeinsame Erklärung* geben kann. Philologisch spricht für diese Lesart die Behauptung Kants, der zufolge er in der *Transzendentalen Ästhetik* der *KrV*, um die Form rezeptiver Vorstellungen zu untersuchen, „zuerst die Sinnlichkeit *isoliren*" müsse (KrV A 22 / B 36). D. h. Kant versteht diesen Abschnitt nicht als die Isolierung eines so gegebenen Vermögens – des Vermögens der Sinnlichkeit –, sondern als die Isolierung von etwas, das es in der so isolierten Form gar nicht gibt.

Weiterführende Literatur

Aquila, Richard E.: Representational Mind. A Study of Kant's Theory of Knowledge, Bloomington: Indiana University Press 1983.

Benoist, Jocelyn: Kant et les limites de la synthèse. Le sujet sensible, Paris: Presses Universitaires de France 1996.

Glouberman, Marc: „Kant on Receptivity: Form and Content", in: Kant-Studien 66, 1975, 313–330.

Heidemann, Ingeborg: Spontaneität und Zeitlichkeit. Ein Problem der Kritik der reinen Vernunft, Köln: Kölner Univ.-Verl. 1958.

Hoppe, Hansgeorg: Synthesis bei Kant. Das Problem der Verbindung von Vorstellungen und ihrer Gegenstandsbeziehung in der „Kritik der reinen Vernunft", Berlin: de Gruyter 1983.

Long, Christopher P.: „Two Powers, One Ability: The Understanding and Imagination in Kant's Critical Philosophy", in: The Southern Journal of Philosophy 36, 1998, 233–253.

Longuenesse, Béatrice: Kant and the Capacity to Judge. Sensibility and Discursivity in the Transcendental Analytic of the Critique of Pure Reason, Princeton: Princeton University Press 1998.

McDowell, John: Mind and World, Cambridge/Mass.: Harvard University Press [3]1996.

Mohr, Georg: Das sinnliche Ich. Innerer Sinn und Bewußtsein bei Kant, Würzburg: Königshausen & Neumann 1991.

Pippin, Robert B.: „Kant on the Spontaneity of Mind", in: ders.: Idealism as Modernism. Hegelian Variations, Cambridge: Cambridge University Press 1997, 29–55.

Strawson, Peter F.: The Bounds of Sense. An Essay on Kant's Critique of Pure Reason, London: Methuen 1966.

Andrea Kern

Schema

Das Schema (griech. *schêma*: Gestalt, Figur) zu einem →Begriffe wird von Kant allgemein als eine →Vorstellung definiert, welche als ein Drittes zwischen dem Begriff und dem in der →Anschauung Gegebenen vermittelt und die Anwendung der Begriffe auf Gegenstände der →Erfahrung, bzw. die Subsumtion der letzteren unter die ersteren möglich macht. Da es empirische (z. B. der Begriff des Hundes), reine sinnliche (z. B. der Begriff des Dreiecks) und reine nichtsinnliche (z. B. der Begriff der Substanz) Begriffe gibt, haben wir dreierlei Schemata zu unterscheiden: die Schemata der empirischen Begriffe oder die empirischen Schemata, die Schemata der „reinen sinnlichen Begriffe[]" (KrV A 140 / B 180) (Schemata für Begriffe von Entitäten der reinen Geometrie) und die Schemata der reinen Verstandesbegriffe (→Kategorien) oder die transzendentalen Schemata.

Das Schema der erstgenannten Art definiert Kant als „eine Regel der Bestimmung unserer Anschauung, gemäß einem gewissen allgemeinen Begriffe" (KrV A 141 / B 180); das Schema der zweiten Art als „Regel der Synthesis der Einbildungskraft in Ansehung reiner Gestalten im Raume" (KrV A 141 / B 180). Das transzendentale Schema ist hingegen von Kant als „transscendentale[] Zeitbestimmung, welche als das Schema der Verstandesbegriffe die Subsumtion der letzteren unter die erste vermittelt" (KrV A 139 / B 178) definiert. Adickes vermerkt zu Recht, dass Kant hier die Reihenfolge verwechselt und mit dieser Formulierung die Subsumtion der Erscheinungen unter die Kategorie meinen muss.

Zwischen den Schemata der ersten beiden Arten und den Schemata der dritten Art besteht jedoch ein radikaler Unterschied: Die ersten beiden Arten sind definiert als „allgemeine[s] Verfahren der Einbildungskraft, einem Begriff sein Bild zu verschaffen" (KrV A 140 / B 179f.). Hier besteht die für die „Subsumtionen eines Gegenstandes unter einen Begriff" (KrV A 137 / B 176) erforderliche Gleichartigkeit zwischen beiden Arten von Vorstellungen von vorne herein und das Schema hat nur die Funktion diese Gleichartigkeit bei der Subsumtion zu garantieren. „Dagegen ist das Schema eines reinen Verstandesbegriffs etwas, was in gar kein Bild gebracht werden kann" (KrV A 142 / B 181). Das hängt damit zusammen, dass „reine Verstandesbegriffe in Vergleichung mit empirischen (ja überhaupt sinnlichen) Anschauungen ganz *ungleichartig*" (KrV A 137 / B 176) sind. Hier besteht die Vermittlungsfunktion des Schemas darin, diese Ungleichartigkeit zu überbrücken, was dadurch möglich wird, dass das Schema, als eine Vorstellung, die „rein (ohne alles Empirische) und doch einerseits *intellectuell*, andererseits *sinnlich*" ist, „einerseits mit der Kategorie, andererseits mit der Erscheinung in Gleichartigkeit" (KrV A 138 / B 177) steht. Das transzendentale Schema als transzendentale Zeitbestimmung ist also einerseits mit der Kategorie gleichartig und zwar in sofern „als sie *allgemein* ist und auf einer Regel *a priori* beruht" (KrV A 138 / B 177f.); sie ist aber andererseits auch mit dem sinnlich Gegebenen, der Erscheinung gleichartig, in sofern „als die *Zeit* in jeder empirischen Vorstellung des Mannigfaltigen enthalten ist" (KrV A 139 / B 178). Aufgrund dieser zweifachen, aber jeweils unterschiedlichen Gleichartigkeit – so glaubt Kant –, kann das transzendentale Schema zwischen dem reinen Verstandesbegriff und dem in der Anschauung Gegebenen vermitteln und die Anwendung des ersteren auf das letztere möglich machen. Wichtige Stellen: KrV A 137–147 / B 176–187; 4:316; 5:68–70; 6:64 Anm.

Philosophische Funktion

1. Das empirische Schema ist eine Vorstellung der Einbildungskraft, die zwischen einem Begriff, d. h. einer Vorstellung des Verstandes, und einem Bild, das ebenfalls eine Vorstellung ist, die die Einbildungskraft hervorbringt, vermittelt, d. h. die es möglich macht, ein empirisches Bild unter den zugehörigen Begriff zu subsumieren oder einem empirischen Begriff empirische Bilder zu verschaffen, die unter ihn fallen. Um dies zu leisten, muss das Schema sowohl mit dem Begriff als auch mit dem Bild etwas gemein haben.

Wie das zu denken ist, erläutert Kant anhand eines Beispiels: „Der Begriff vom Hunde bedeutet eine Regel, nach welcher meine Einbildungskraft die Gestalt eines vierfüßigen Thieres allgemein verzeichnen kann, ohne auf irgendeine einzige besondere Gestalt, die mir die Erfahrung darbietet, oder auch ein jedes mögliche Bild, was ich *in concreto* darstellen kann, eingeschränkt zu sein" (KrV A 141 / B 180). Hier spricht Kant also von drei Vorstellungsarten und den Vermögen, die sie jeweils hervorbringen: 1. dem Begriff oder der Regel, die der Verstand gibt, 2. die allgemeine Gestalt (das Schema dieses Begriffes), welches die Einbildungskraft produziert, 3. das konkrete Bild, welches ebenfalls die Einbildungskraft (bei Gelegenheit der Erfahrung oder frei) produziert. Nach Kant sind bei diesem Verfahren zwei Arten von Einbildungskraft im Spiele: die Einbildungskraft, die einen abstrakten Umriss einer Gestalt gemäß einem Begriff vorstellt einerseits und das empirische Vermögen der produktiven – Vaihinger meint es müsse ‚reproduktiven' heißen – Einbildungskraft, welches ein konkretes dem Schema entsprechendes Bild vorstellt, andererseits. Das Produkt der ersteren ist einerseits sinnlich, insofern es sich um eine räumliche Gestalt handelt, besitzt aber andererseits doch eine gewisse Allgemeinheit, insofern es den abstrakten Umriss einer Gestalt enthält, die in vielen verschiedenen Bildern konkretisiert werden kann. Die Funktion des letzteren besteht darin, dafür zu sorgen, dass unter den Begriff nicht die falschen empirischen Anschauungen oder Bilder, sondern immer nur diejenigen subsumiert werden, die wirklich unter den Begriff fallen. Denn „ein Gegenstand der Erfahrung oder Bild desselben (erreicht niemals) den empirischen Begriff, sondern dieser bezieht sich jederzeit unmittelbar auf das Schema der Einbildungskraft, als eine Regel der Bestimmung unserer Anschauung, gemäß einem gewissen allgemeinen Begriffe" (KrV A 141 / B 180).

2. Auch den reinen mathematischen (arithmetischen und geometrischen) Begriffen, die sowohl sinnlich als auch a priori sind, kann nicht immer (der Begriff der Zahl fünf bildet eine Ausnahme, vgl. KrV A 140 / B 179) ein adäquates Bild gegeben werden. Kant erläutert: „Dem Begriffe von einem Triangel überhaupt würde gar kein Bild desselben jemals adäquat sein. Denn es würde die Allgemeinheit des Begriffs nicht erreichen, welcher macht, dass dieser für alle, recht- oder schiefwinklichte sc. gilt, sondern immer nur auf einen Theil dieser Sphäre eingeschränkt sein" (KrV A 141 / B 180). Daher ist auch hier ein Schema nötig, das zwischen dem reinen sinnlichen Begriff und der Anschauung vermittelt. Kant bestimmt diese Vermittlungsfunktion wie folgt:

„[D]as *Schema* sinnlicher Begriffe (als Figuren im Raume) [ist] ein Product und gleichsam ein Monogramm der reinen Einbildungskraft *a priori*, wodurch und wornach die Bilder allererst möglich werden, die aber mit dem Begriffe nur immer vermittelst des Schema, welches sie bezeichnen, verknüpft werden müssen, und an sich demselben nicht völlig congruiren" (KrV A 142 / B 181). Auch hier unterscheidet Kant zweierlei Funktionen der Einbildungskraft: eine, bei der „die Synthesis der letzteren [der Einbildungskraft] keine einzelne Anschauung, sondern die Einheit in der Bestimmung der Sinnlichkeit allein zur Absicht hat" (KrV A 140 / B 179) und eine andere, bei der die reine konkrete Gestalt (z. B. ein Dreieck) selbst vorgestellt wird. Mit der erstgenannten Funktion erweitert Kant die Rolle der Einbildungskraft deutlich gegenüber dem, was er ihr in der A-Deduktion zugesprochen hat, nämlich die Aufgabe, „das Mannigfaltige der Anschauung in ein Bild zu bringen" (KrV A 120). Diese letztgenannte Funktion spricht Kant dem „empirischen Vermögen der productiven Einbildungskraft", die erstgenannte aber der „reinen Einbildungskraft *a priori*" (KrV A 142 / B 181) zu. Man sieht, dass auch hier die geometrische Figur und geometrischen Begriff vermittelnde Vorstellung mit beiden zu vermittelnden Vorstellungen etwas gemein hat, und zwar mit der letzten den Charakter einer Regel oder „Methode" (KrV A 140 / B 179) und mit der ersten den Bezug auf die formale Anschauung des Raumes.

3. Auch das transzendentale Schema ist – nach Kant – ein Produkt der Einbildungskraft und hat die Aufgabe zwischen Begriffen und Anschauungen zu vermitteln. Aber im Unterschied zum zuvor erläuterten Fall handelt es sich bei den ersteren nun um reine Verstandesbegriffe und bei den letzteren um die Vorstellungen des „inneren Sinns überhaupt, nach Bedingungen ihrer Form (der Zeit), in Ansehung aller Vorstellungen" (KrV A 142 / B 181).

Was muss man sich nun unter einem transzendentalen Schema genau vorstellen und wie kann eine Vorstellung zugleich intellektuell und sinnlich sein? Erläutern wir dies – wie oben bei den anderen Typen von Schemata – mit einem Beispiel Kants, dem des Schemas der Kategorie der →Substanz: „Das Schema der Substanz ist die Beharrlichkeit des Realen in der Zeit, d. i. die

Vorstellung desselben, als eines Substratum der empirischen Zeitbestimmung überhaupt, welches also bleibt, indem alles andere wechselt" (KrV A 143 / B 183). Man versteht sofort, dass Beharrlichkeit eine Zeitbestimmung ist. Die Frage ist aber, ob es sich dabei um einen Begriff (eine Regel) oder um eine Anschauung handelt. Leider gibt der Text Kants auf diese Frage keine eindeutige Antwort. Er sagt, das Schema eines reinen Verstandesbegriffes sei „die reine Synthesis gemäß einer Regel der Einheit nach Begriffen überhaupt, die die Kategorie ausdrückt, und ist ein transscendentales Product der Einbildungskraft, welches die Bestimmung des inneren Sinnes überhaupt, nach Bedingungen ihrer Form (der Zeit), in Ansehung aller Vorstellungen, betrifft, sofern diese der Einheit der Apperception gemäß *a prori* in einem Begriff zusammenhängen sollen" (KrV A 142 / B 181). Diese Aussage kann man so deuten, dass es sich beim transzendentalen Schema um eine konkretisierte formale Anschauung, z. B. die Vorstellung von einer beharrenden räumlichen Konstellation von Sinnesdaten unter Absehen von deren Qualität, handelt. Als solche wäre sie das Produkt einer Synthesis der Einbildungskraft, die letztere gemäß einer in der Kategorie gegebenen Regel leistet. Aber es ist uneinsichtig, wie z. B. die unschematisierte Kategorie der Substanz (also der Begriff von „Etwas [...], das als Subject (ohne ein Prädicat von etwas anderm zu sein) gedacht werden kann", KrV A 147 / B 186), eine Regel zur Produktion der formalen Anschauung von etwas Beharrlichen soll sein können. Auch wäre in diesem Falle das transzendentale Schema anschaulich und nicht intellektuell.

Sinnlich und zugleich intellektuell könnte hingegen der reine Begriff des Beharrens selbst genannt werden. In diesem Falle wäre das transzendentale Schema keine Anschauung, sondern ein Begriff. Darauf, dass Kant das transzendentale Schema in diesem Sinne verstanden haben mag, deutet seine Äußerung hin, das Schema sei „das Phänomenon oder der sinnliche Begriff eines Gegenstandes in Übereinstimmung mit der Kategorie" (KrV A 146 / B 186). An anderer Stelle bezeichnet Kant die transzendentalen Schemata als „Bestimmungen ihrer [der Kategorien] Anwendung auf Sinnlichkeit überhaupt" (KrV A 245) und er nennt sie „Bedingung[en] der Urtheilskraft" (KrV A 247 / B 304) und „allgemeine Verbindungsbegriffe *a priori*" (KrV B 308). Aber wären die transzendentalen Schemata reine Begriffe, so wären sie schwerlich als Produkte der Einbildungskraft zu verstehen.

Interpretationslage

In der Literatur wird die Frage, ob die transzendentalen Schemata als reine Anschauungen oder als reine Begriffe aufzufassen sind, kontrovers diskutiert. Allison (*Kant's Transcendental Idealism*, S. 179f.) unterscheidet nicht weniger als acht verschiedene Charakterisierungen derselben. Diese laufen jedoch auf folgende zwei Konzeptionen hinaus: (1) Die „transzendentalen Schemata" sind „reine Anschauungen", welche die „transzendentale Einbildungskraft" gemäß Regeln a priori, die vom reinen Verstand in Entsprechung zu den einzelnen Kategorien gegeben werden, im Medium der reinen Anschauungen Raum und Zeit vorstellt. Sie sind demgemäß wie Raum und Zeit apriorische Bedingung der Möglichkeit empirischer Anschauung (vgl. Allison, *Kant's Transcendental Idealism*, S. 185) einerseits und reine allgemeine Anschauungen andererseits. Als letztere bilden sie den „rein[en]" „Gegenstand" der Anschauung (KrV A 156 / B 195), der es ermöglicht, dass die Kategorien a priori – und nicht erst durch die Erfahrung – einen Gegenstandsbezug haben. (2) Die „transzendentalen Schemata" sind Begriffe von strukturellen Eigenschaften (wie z. B. „regelmäßig auf einander folgen" oder „beharren"), welche Konstellationen von Sinnesdaten besitzen können, sofern sie räumlich und vor allem zeitlich geordnet sind. Diese „transzendentalen Zeitbestimmungen" sind als solche allgemeine Vorstellungen, haben aber einen direkten Bezug auf reine und – vermittels derselben – auf empirische Anschauungen.

Die erste Auffassung wird u. a. von Guyer (*Claims of Knowledge*, Ch. 6) vertreten (vgl. auch Seel, *Schematismus und oberste Grundsätze*), Vertreter der letzten sind Gram (*Ontology and the Apriori*, S. 128f.) und Allison (*Kant's Transcendental Idealism*, S. 180–185). Pendlebury (*Making Sense*, S. 786f.) vertritt eine dritte Position. Nach ihm sind die transzendentalen Schemata Typen von Synthesis-Prozessen, deren sich das Subjekt nicht bewusst ist.

Weiterführende Literatur

Allison, Henri E.: Kant's Transcendental Idealism. An Interpretation and Defense, New Haven u. a.: Yale U. P. 1983.

Gram, Moltke S.: Kant, Ontology and the Apriori, Evanston: Northwestern Univ. Press 1968.

Guyer, Paul: Kant and the Claims of Knowledge, Cambridge: Cambridge Univ. Press 1987.

Pendlebury, Michael: „Making Sense of Kant's Schematism", in: Philosophy and Phenomenological Research 55, 1995, 777–797.

Seel, Gerhard: „Die Einleitung in die Analytik der Grundsätze, der Schematismus und die obersten Grundsätze", in: Mohr, Georg / Willaschek, Marcus (Hg.): Immanuel Kant. Kritik der reinen Vernunft, Berlin: Akademie 1998, 217–246.

Gerhard Seel

Schematismus des reinen Verstandes

Der „*Schematismus* des reinen Verstandes" ist „das Verfahren des Verstandes mit diesen Schematen" (KrV A 140 / B 179). Dieses Verfahren wird näherhin bestimmt als die Prozedur der „Anwendung der Kategorie auf Erscheinungen [...] vermittelst der transscendentalen Zeitbestimmung, welche, als das Schema der Verstandesbegriffe, die Subsumtion der letzteren unter die erste vermittelt" (KrV A 139 / B 178). Das Schema ist seinerseits – im unmittelbar folgenden Absatz – definiert als „die allgemeine Bedingung [...], unter der die Kategorie allein auf irgendeinen Gegenstand angewandt werden kann" und als „formale und reine Bedingung der Sinnlichkeit, auf welche der Verstandesbegriff in seinem Gebrauch restringirt ist" (KrV A 140 / B 179). Kant ist somit der Auffassung, dass die Anwendung der Kategorien auf Gegenstände auf diejenigen Gegenstände eingeschränkt ist, welche gemäß dem Schematismus Gegenstände einer möglichen Erfahrung sind. Wichtige Stelle: KrV A 137–147 / B 176–187.

Philosophische Funktion

Kant widmet der Erörterung des Schematismus das – in beiden Auflagen identische – erste Hauptstück des zweiten Buches der *Transzendentalen Analytik* der *KrV*. Er begründet die Notwendigkeit dieser Erörterung mit einer Eigentümlichkeit der →Transzendentalphilosophie, die darin besteht, „daß sie außer der Regel (oder vielmehr der allgemeinen Bedingung zu Regeln), die in dem reinen Begriffe des Verstandes gegeben wird, zugleich *a priori* den Fall anzeigen kann, worauf sie angewandt werden sollen" (KrV A 135 / B 174). Das heißt – wie er anschließend erläutert –, dass die Transzendentalphilosophie „zugleich die Bedingungen, unter welchen Gegenstände in Übereinstimmung mit jenen Begriffen gegeben werden können, in allgemeinen und hinreichenden Kennzeichen darlegen [muss], widrigenfalls sie [die reinen Verstandesbegriffe] ohne allen Inhalt, mithin bloße logische Formen und nicht reine Verstandesbegriffe sein würden" (KrV A 136 / B 175).

Die Bedeutung dieses Lehrstücks kann kaum überschätzt werden (vgl. die Briefe an J. S. Beck, 12:222–225 und J. H. Tieftrunk, 13:467–472 sowie *Refl.* 6359, 18:686). Denn hier versucht Kant zu zeigen, wie die reinen Verstandesbegriffe auf →Anschauungen bezogen bzw. diese unter die ersteren subsumiert werden können. Ohne diesen Nachweis hinge das Ergebnis der transzendentalen Deduktion der reinen Verstandesbegriffe in der Luft und die Möglichkeit gültiger empirischer Erkenntnis bliebe fraglich.

Kants Lehre vom Schematismus ist im Wesentlichen eine Bestimmung des Verhältnisses, das zwischen drei Typen von Vorstellungen besteht: den Kategorien, den transzendentalen Schemata und den in der Anschauung gegebenen Sinnesdaten. Dabei wird den Schemata die Funktion zugewiesen, zwischen den beiden übrigen Vorstellungsarten zu vermitteln und so die Anwendung der ersten auf die letzte oder – wie Kant auch sagt – die Subsumtion der letzten unter die erste zu ermöglichen. In Kants Text finden sich nun – unvermittelt nebeneinander – unterschiedliche Konzeptionen 1. der Kategorien und 2. der transzendentalen Schemata. Die Kategorien werden einmal als „Functionen des Verstandes zu Begriffen" (KrV A 147 / B 187) oder als „logische Functionen in Urtheilen" (KrV B 131), zum anderen auch als reine Gegenstandsbegriffe, „Vorstellungen der Dinge überhaupt" (KrV A 245) oder „das Denken eines *Objects überhaupt*" (KrV B 158; KrV A 247 / B 304) bestimmt (→Kategorie). Die transzendentalen →Schemata ihrerseits bezeichnet Kant zum einen als „reine[] Anschauung[en]", dann aber auch als begriffliche „transscendentale

Zeitbestimmung[en]" (KrV A 138f. / B 177f.) und als „allgemeine Verbindungsbegriffe" (KrV B 308), das heißt Begriffe, die die Verbindung der Kategorien mit dem in der Anschauung Gegebenen ermöglichen (→Schema). Daraus ergeben sich zwei unterschiedliche Konzeptionen der Art und Weise, wie die transzendentalen Schemata die Anwendung der Kategorien ermöglichen.

Der ersten Konzeption der transzendentalen Schemata entspricht die Auffassung, dass die Sinnesdaten nicht nur gemäß den Formen der reinen Anschauung →Raum und →Zeit, sondern ursprünglich auch gemäß den allgemeinen Anschauungstypen der verschiedenen Schemata vorgestellt werden. Die Sinnesdaten brauchen demgemäß also nicht unter die Schemata gebracht zu werden, sie sind es immer schon. Was die apriorische Verbindung der – so konzipierten – Schemata mit den Kategorien betrifft, so gibt uns Kant keine präzise Auskunft. An einer Stelle aus dem dritten Hauptstück *Phaenomena und Noumena* (vgl. KrV A 235ff. / B 294ff.) sieht es so aus, als seien die Kategorien mit den Schemata ursprünglich verbunden und als gewinne man die „reinen Kategorie[n]" (KrV A 247 / B 304), das sind die nichtschematisierten Kategorien, erst dadurch, dass man „diese Bedingung", das ist das transzendentale Schema, „aus der reine[n] Kategorie" (KrV A 247 / B 304) weggelassen hat. Fügt man aber diese Anwendungsbedingung wieder hinzu, so werden die reinen Kategorien schematisiert und damit komplettiert. Es ist diese Schematisierung, welche aus den „Functionen des Verstandes zu Begriffen" (KrV A 147 / B 187) echte Gegenstandsbegriffe macht. Da das empirisch Gegebene immer schon gemäß den Schemata qua Anschauungstypen vorgestellt wird, ist seine Subsumtion unter die Kategorien dann nicht mehr problematisch. Es steht aufgrund von deren Schematisierung ganz ursprünglich unter den Kategorien.

Die zweite Konzeption der Kategorien und der transzendentalen Schemata eröffnet hingegen eine ganz andere Auffassung von der Vermittlungsfunktion derselben, d. h. von der Beantwortung der Frage, wie die Anwendung der Kategorien auf anschaulich Gegebenes möglich ist. Da die transzendentalen Schemata gemäß dieser Konzeption Vorstellungen begrifflicher Natur und die Kategorien reine Gegenstandsbegriffe sind, kann man die Anwendung der Kategorien auf die Sinnesdaten in Form eines Syllogismus rekonstruieren (vgl. Kants Brief an Tieftrunk vom 11. Dezember 1797, 13:223). Nehmen wir das Beispiel der Kategorie der →Substanz:

Obersatz: Alles, was beharrt, ist eine Substanz.
Untersatz: Diese (hier und jetzt gegebene) Konstellation von Sinnesdaten beharrt.
Conclusio: Diese (hier und jetzt gegebene) Konstellation von Sinnesdaten ist eine Substanz.

Der Obersatz ist ein synthetisches Urteil a priori, welches das transzendentale Schema mit der Kategorie (dem reinen Gegenstandsbegriff) verbindet. Der Untersatz ist ein synthetisches Urteil a posteriori, welches einer in der empirischen Anschauung gegebenen Konstellation von Sinnesdaten (auf die deiktisch Bezug genommen wird), eine im transzendentalen Schema gedachte, also apriorische sinnliche Eigenschaft zuspricht. Dieses Urteil besitzt aber noch keine Objektivität. Kant nennt diesen Typus von Urteil in § 18 der *Prolegomena* „Wahrnehmungsurtheil" (4:296). Die Konklusion ist hingegen ein objektives empirisches Urteil, das anschaulich Gegebenes auf einen in der Kategorie gedachten Gegenstand bezieht und damit erstmals konkrete Gegenstände der Erfahrung konstituiert. Kant nennt solche Urteile daher „Erfahrungsurtheile" (4:297).

Beide Konzeptionen sind mit erheblichen Problemen verbunden: Bei der ersten Konzeption ist nicht erklärlich, warum Kant so eindringlich vor einem „transscendentalen Gebrauch" (KrV A 248 / B 305) der Kategorien, das heißt vor ihrer Anwendung auf empirisch nicht gebbare Gegenstände warnt. Die schematisierten Kategorien lassen ohnehin nur eine Anwendung auf in der Anschauung Gebbares zu. Bei den nichtschematisierten Kategorien aber ist eine Anwendung auf nicht empirische Gegenstände gleichfalls nicht zu fürchten, da sie ja lediglich „Functionen [...] zu Begriffen" (KrV A 147 / B 187) und keine Gegenstandsbegriffe sind.

Das zweite bei der ersten Konzeption auftretende Problem betrifft die Verbindung von reiner Kategorie und Schema. Ist das Schema als Produkt der reinen Einbildungskraft etwas Anschauliches, so müsste man zu seiner Verknüpfung mit der Kategorie, also etwas Begrifflichem, gemäß Kants Argumentation am Beginn des Schematismuskapitels etwas Drittes in Ansatz bringen, das mit beiden etwas gemein hat und so zwischen beiden vermitteln kann. Was aber soll dieses Dritte sein? Ein Begriff oder eine Anschauung? Diese Frage führt zu einer – von Kant nicht eingestandenen – Verkomplizierung der Problematik des Schematismus. Die Frage, die das Schematismus-Kapitel beantworten soll, wäre dann nicht so sehr, wie reine Verstandesbegriffe sich auf Erscheinungen beziehen, als vielmehr, wie sie sich auf Gegenstände der reinen Anschauung beziehen.

Auch wenn aufgrund dieser Probleme der zweiten Konzeption der Vorzug zu geben ist, fügt diese sich nicht problemlos in die kantische Transzendentalphilosophie: Wenn die Kategorien reine Gegenstandsbegriffe sind, ist die Konzeption des →‚Leitfadens' zu ihrer Entdeckung nicht mehr überzeugend, denn es fragt sich, wie Urteilsformen Gegenstandsbegriffe korrespondieren können. Im Übrigen steht sie in Widerspruch zu Kants wiederholter Versicherung, die transzendentalen Schemata seien Produkte der (reinen) →Einbildungskraft. In den Texten Kants finden sich Belege für beide hier unterschiedenen Konzeptionen.

Interpretationslage

Neben der Frage, ob die transzendentalen Schemata anschauliche oder begriffliche Vorstellungen sind (→Schema), werden in der umfangreichen Literatur vor allem zwei Fragen kontrovers diskutiert: (1) Ist das Schematismus-Kapitel – angesichts der Resultate der transzendentalen Deduktion – überflüssig? Diese Frage wurde u. a. von Adickes (*Kants Kritik*, S. 171 Anm. 1); Curtius (*Schematismuskapitel*, S. 363–365); Prichard (*Theory of Knowledge*, S. 246f.) und Warnock (*Concepts*, S. 77–82) positiv beantwortet. Eine negative Antwort gaben hingegen Heidegger (*Kant und das Problem der Metaphysik*, S. 105) und Allison (*Kant's Transcendental Idealism*, S. 175f.). Nach der oben gegebenen Analyse kann die transzendentale Deduktion das Schematismus-Kapitel keineswegs überflüssig machen. Denn in letzterem versucht Kant zum ersten Mal in der *KrV* konkret zu zeigen, wie die verschiedenen Kategorien auf empirische Daten angewandt werden. Umgekehrt aber lässt sich mit guten Gründen die These vertreten, dass eine überzeugende Lösung des Anwendungsproblems die transzendentale Deduktion der reinen Verstandesbegriffe überflüssig machen würde (vgl. auch Seel, *Kategorien*).

(2) Wie rechtfertigt Kant die Verbindung zwischen den Kategorien und den Schemata? Fast alle Interpreten sind der Meinung, dass diese Verbindung auf synthetischen Prinzipien a priori beruhen muss (vgl. Allison, *Kant's Transcendental Idealism*, S. 186–188). Für diese Prinzipien müsste Kant eine transzendentale Deduktion liefern, die sich aber – so wird kritisch bemerkt (vgl. Allison, *Kant's Transcendental Idealism*, S. 188) – explizit im Text nicht findet. Dazu sei bemerkt, dass der § 26 der B-Deduktion – zwar nicht für jede einzelne Kategorie, aber doch im Allgemeinen – eine solche Rechtfertigung zu liefern beansprucht.

Weiterführende Literatur

Allison, Henry E.: Kant's Transcendental Idealism. An Interpretation and Defense, New Haven u. a.: Yale U. P. 1983.

Gram, Moltke S.: Kant, Ontology and the Apriori, Evanston: Northwestern Univ. Press 1968.

Guyer, Paul: Kant and the Claims of Knowledge, Cambridge: Cambridge Univ. Press 1987.

Pendlebury, Michael: „Making Sense of Kants Schematism", in: Philosophy and Phenomenological Research 55, 1995, 777–797.

Seel, Gerhard: „Was sind und wozu braucht man Kategorien?", in: Koch, D. / Bort, K. (Hg.): Kategorie und Kategorialität. Historisch-systematische Untersuchung zum Begriff der Kategorie im philosophischen Denken, Würzburg: Königshausen & Neumann 1990, 421–437.

Warnock, G. J.: „Concepts and Schematism", in: Analysis 8, 1949, 77–82.

Gerhard Seel

Schluss

Im Sprachgebrauch Kants bezeichnet Schluss sowohl die Ableitung eines Satzes aus einem anderen als auch das →Urteil im abgeleiteten Satz (Schlusssatz). Da der paradigmatische Schluss derjenige Vernunftschluss bzw. Syllogismus ist, dessen mögliche Arten in der Schlusslehre der traditionellen →Logik untersucht werden, gebraucht Kant ‚Schluss' und ‚Vernunftschluss' oft synonym. Entsprechend versteht Kant das Schließen als *mittelbares Urteilen*, wobei er jedoch zwischen den drei *operationes mentis* unterscheidet: →Verstand als Vermögen allgemeine Regeln zu erkennen, →Urteilskraft als Vermögen unter einer allgemeinen Regel zu subsumieren und Vernunft als Vermögen aus der Verbindung der Regel und der Subsumtion zu schließen (vgl. KrV A 330 / B 386; 2:58f.; KF 8:193f.; KrV A 304 / B 360f.). „Bei jedem Schlusse ist *ein* Satz, der zum Grunde liegt, und *ein* anderer, nämlich die Folgerung, die aus jenem gezogen wird, und endlich die Schlussfolge (Consequenz), nach welcher die Wahrheit des letzteren unausbleiblich mit der Wahrheit des ersteren verknüpft ist" (KrV A 303 / B 360; vgl. 9:114). Außerdem unterscheidet Kant die Materie eines Schlusses, die in den Prämissen besteht, von der →Form, der consequentia legitima aus den Prämissen (vgl. KF 8:194; 24:772; *Refl.* 3208, 16:713). In diesem letzteren Sinne kann ein Schluss also „*folgerecht*" (8:406 Anm.), „richtig" (1:346), „gültig" (5:12), „der Form nach wahr" (KF 9:282) sein. „Bei jedem Vernunftschlusse ist also zuerst die Wahrheit der Prämissen und sodann die Richtigkeit der Consequenz zu prüfen" (9:121). Ebenso redet Kant von der Sicherheit bzw. Dunkelheit (‚sicher', ‚dunkel', ‚geheim', ‚täuschend') von Schlüssen (vgl. 2:320 Anm.; KrV A 206 / B 251; 5:138; 7:234; 9:212). Weitere wichtige Stellen: 2:49; KrV A 299–306 / B 355–363; KrV A 330 / B 386f.; KrV A 339 / B 397; KF 8:187f.; 9:121ff.; KF 9:632–640; *Refl.* 3197, 16:707; *Refl.* 3201, 16:710; *Refl.* 3218, 16:717; 24:771f.

Philosophische Funktion

In der ersten Hälfte des 18. Jh. ist die in Deutschland vorherrschende Schlusslehre diejenige Christian Wolffs und seines Nachfolgers Alexander Gottlieb Baumgarten. In seinen Logik-Vorlesungen benutzt Kant zunächst die *Vernunftlehre*, dann ab 1757 den *Auszug* Georg Friedrich Meiers, einem Schüler und Freund Baumgartens. Obwohl die Einteilung der *Vernunftlehre* sowohl von derjenigen der Wolffischen Logik als auch der Logik Baumgartens in wichtigen Hinsichten abweicht, folgt Meier diesen Vorgängern, indem er sich mit einer (z. T. aus der Rhetorik) stammenden Polemik gegen die Schlusslehre auseinandersetzt (vgl. Pozzo, *G. F. Meiers Vernunftlehre*, S. 21; S. 140f.; S. 189; S. 265). Wie zu erwarten, deckt sich die von Kant in seinen Vorlesungen vorgetragene Schlusslehre oft mit der von Meier in der *Vernunftlehre* dargelegten Schlusslehre. Andere bemerkenswerte Quellen der Überlegungen Kants zur Schlusslehre sind die logischen Schriften von Christian August Crusius und von Johann Heinrich Lambert, auf den Kant selbst verweist (vgl. KF 9:198).

Kant polemisiert (wohl gegen Reusch und Crusius), dass die Schlusslehre kein Mittel sei, um die →Erkenntnis zu erweitern, sondern nur die Aufgabe habe, bereits Erkanntes klarer darzustellen. „Durch die Logik werden keine Kenntnisse erworben, sondern die Kenntnisse beurtheilt" (Stark, *Neue Kant-Logiken*, S. 144; vgl. KF 9:289; KF 9:516f.). In den Logik-Vorlesungen vor 1780 kommt die Schlusslehre traditionsgemäß unmittelbar nach der der Urteilslehre. Ab 1780 gibt Kant eine Erklärung der systematischen Erkenntnis (*de cognitione systematica*) nach der Urteilslehre und vor der Schlusslehre (vgl. 24:669; 24:768f.; 24:937f.).

1 Schlussarten

Kant unterscheidet unmittelbare und mittelbare Schlüsse (vgl. 2:50; KrV A 299 / B 355; KrV B 360; 9:114; KF 9:632). Den unmittelbaren Schluss, d. h. die Folgerung eines Urteils aus einem anderen ohne vermittelndes Zwischenurteil (*consequentia sine judicio intermedio*), bezeichnet er auch als *Verstandesschluss*. Unter den mittelbaren Schlüssen gibt es Vernunftschlüsse (*ratiocinatio rigida*), die vom Allgemeinen aufs Besondere und daher apodiktisch schließen, und Schlüsse der Urteilskraft (*ratiocinatio laxa*, auch *empirische* Schlüsse durch Induktion und Analogie), die vom Besonderen aufs Allgemeine und daher nicht apodiktisch schließen (vgl. 24:287; 24:771; *Refl.* 3276, 16:755). Manchmal weicht Kant jedoch von dieser Terminologie ab, indem er die Schlussfolgerung vom Besonderen aufs Allgemeine einen *Verstandesschluss* nennt (vgl. 24:679). Kant betont, dass solche Schlüsse unentbehrliche „praesumtionen" (*Refl.* 3276, 16:755) und „Krücken der menschlichen Vernunft" sind (24:777). Er kennzeichnet solche Schlüsse auch als *reflektierende* Schlüsse, wobei er sich ausdrücklich auf die in der Einleitung der *KU* eingeführten reflektierenden Urteilsarten bezieht (vgl. *Refl.* 3200, 16:709; 24:594; 24:771). Im Gegensatz zu solchen empirischen Schlüssen ist ein *logischer Vernunftschluss (Syllogismus, ratiocinium)* notwendig, weil er bloß dank der Subsumtion einer Bedingung unter eine gegebene allgemeine Regel erfolgt (vgl. *Refl.* 3197, 16:707; *Refl.* 3201, 16:710). Überdies spricht Kant allerdings auch von denjenigen *dialektischen* Ver-

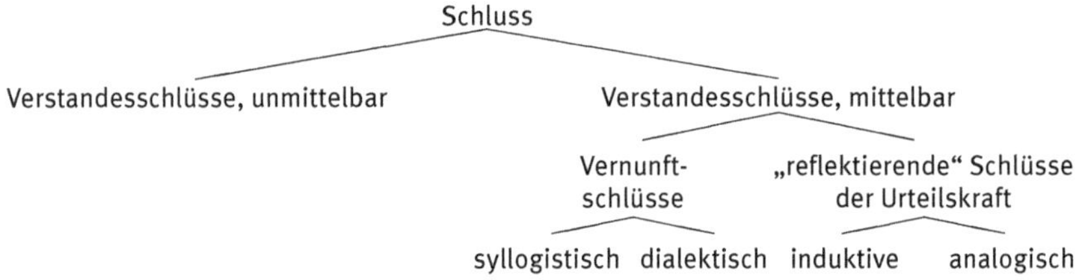

Mögliche Schlussarten

nunftschlüssen, die zu transzendentalen Illusionen führen. Somit kommt sowohl das dialektische als auch „das formale und logische Verfahren [...] in Vernunftschlüssen“ vor (KrV B 363).

Aus diesem Überblick geht der Umriss der laut Kant möglichen Schlussarten hervor (siehe obige Grafik).

2 Verstandesschluss (consequentia immediata)
Unter Verstandesschlüssen fasst Kant traditionsgemäß die sich nach den vier Urteilsmomenten unterscheidenden Möglichkeiten ‚des Schließens‘ auf. Erstens gibt es einen unmittelbaren Schluss (*consequentia per judicia subalternata*), dessen Quantität allein verändert wird, indem ein besonderes Urteil aus einem allgemeinen geschlossen wird (z. B. von *Alle F sind G* auf *Einige F sind G*). Verstandesschlüsse der zweiten Art ergeben sich aus der unterschiedlichen Qualität der → Urteile bzw. aus Gegensätzen (*oppositiones*) zwischen Urteilen. Es gibt drei solche unmittelbaren Schlüsse: die Folgerung der Falschheit eines Urteils aus der Feststellung der → Wahrheit des ihm widersprechenden Urteils und umgekehrt (*consequentia per judicia contradictorie opposita*: *Einige F sind nicht G ist falsch* aus *Alle F sind G ist wahr*); die Folgerung der Falschheit eines Urteils aus der Feststellung der Wahrheit des ihm widerstreitenden oder ihm konträr entgegen gesetzten Urteils und nicht umgekehrt (*per judicia contrarie opposita*: *Kein F ist G ist falsch* aus *Alle F sind G ist wahr*); und die Folgerung der Wahrheit eines besonderen Urteils aus der Feststellung der Falschheit seines subkonträren Urteils (besondere Urteile mit gleicher Quantität und verschiedener Qualität) (*per judicia subcontrarie opposita*: *Einige A sind B ist wahr* aus *einige A sind nicht B ist falsch*). *Kein F ist G*, also gilt auch: *kein G ist F* ist ein Beispiel der dritten Art des Verstandesschlusses, der auf der Relation bzw. Umkehrung des → Subjekts und Prädikats der Urteile (*per conversium judiciorum*) beruht. Ein solcher Schluss tritt entweder ohne Änderung der → Qualität (im Fall allgemein verneinender Urteile und partikulär bejahender Urteile) oder mit Änderung der Qualität (im Fall der allgemein bejahenden Urteile) auf. In der vierten unmittelbaren Schlussart wird die Qualität, aber nicht die → Quantität verändert (*per contrapositionem judiciorum*: von *Alle F sind G* auf *Keiner, der nicht G ist, ist F*). Doch Kant meint, dass diese vierte Art des Verstandesschlusses *bloß* die → Modalität betrifft, da sie die Notwendigkeit eines allgemeinen bejahenden Urteils oder → Begriffs ausdrückt (vgl. *Warschauer Logik*, S. 635; vgl. 24:486). Zur Liste der Verstandesschlüsse zählt Kant manchmal auch aequipollentia (z. B. von *Nichts ist ohne Grund* auf *Alles hat einen Grund*), obwohl er sie *eigentlich* nicht für einen Schlüsse hält (vgl. KF 8:181f.; KF 9:439–449; KF 9:632–636; 24:670f.; 24:769f.).

Da Kant die geschilderte *subalternatio*, conversio usw. für richtig hält, zieht er die Möglichkeit einer Null-Klasse nicht in Betracht. Aus dem Gesichtspunkt der heutigen mathematischen Logik verkennt Kant dabei die Notwendigkeit der existentialen Instantiierung. Gibt es keine Instanzen von *A*, dann folgt *Einige A sind B* auch nicht aus *Alle A sind B*. Allerdings war es vor de Morgan und Frege auch unter Logikern nicht üblich, existentielle Annahmen ausdrücklich zu machen.

3 Syllogistische Vernunftschlüsse (consequentia mediata)
Kants Auffassung der syllogistischen Vernunftschlüsse folgt weitgehend der Schlusslehre (Syllogistik, Lehre vom Syllogismus), die nach der Begriffs- und Urteilslehre dem dritten Teil der traditionellen formalen (*allgemeinen*) Logik entspricht. Die Begriffs-, Urteils- und Schlussleh-

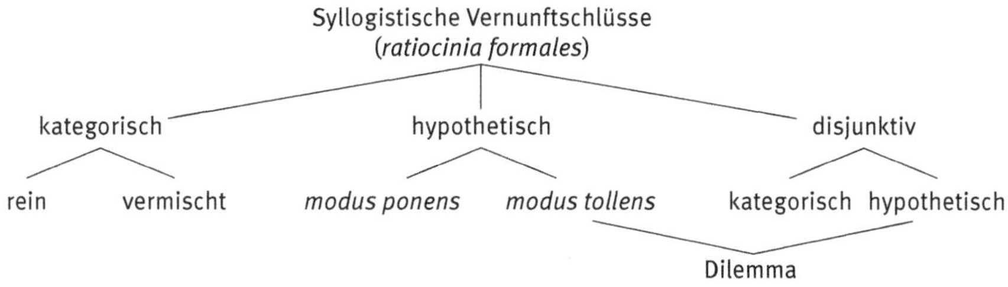

Syllogistische Vernunftschlüsse

ren treffen „ganz genau mit der Einteilung der oberen Erkenntnißvermögen“ in Verstand (KrV A 130 / B 169), Urteilskraft und Vernunft zusammen. „Vernunft, als Vermögen einer gewissen logischen Form der Erkenntniß betrachtet, ist das Vermögen zu schließen, d. i. mittelbar (durch die Subsumtion der Bedingung eines möglichen Urtheils unter die Bedingung eines gegebenen) zu urtheilen“ (KrV A 330 / B 386). Die Bestimmungen der Vernunftschlüsse in den Nachschriften stimmen damit der Sache nach überein: „[I]n dem Vernunftschlusse wird eine neue Erkenntniß mit der allgemeinen Regel verbunden, vermittelst der Bedingung der allgemeinen Regel“ (KF 8:187; vgl. KrV A 330 / B 386f.). „Der Vernunftschluß ist das Bewußtseyn der Nothwendigkeit einer Erkenntnis durch die subsumtion der Bedingung derselben unter eine allgemeine regel“ (*Refl.* 3196, 16:707). Das → Subjekt des Obersatzes entspricht der Bedingung der allgemeinen Regel. So ist z. B. *A* die Bedingung der allgemeinen Regel *Alle A sind B* oder *Kein A ist B*. In dem Untersatz wird eine Erkenntnis unter die Bedingung der Regel subsumiert, z. B. *Alle C sind A* oder *Einige C sind A*. Daraus, dass alle bzw. einige *C* der Bedingung (*A*) der allgemeinen Regel untergeordnet werden, folgt die gültige Subsumtion aller bzw. einiger *C* unter dem Prädikat der Regel bzw. des Obersatzes. Im Schlusssatz wird also das Prädikat der Regel (*B*) von der subsumierten Erkenntnis notwendigerweise bejaht oder verneint. Daher kennzeichnet Kant einen Vernunftschluss auch als „die Erkenntniß der Notwendigkeit eines Satzes durch die Subsumtion seiner Bedingung unter eine allgemeine Regel“ (24:771; vgl. 9:120; KrV B 397).

Obwohl Kant häufig betont, ein Schluss sei eine Art des Urteilens, gibt es unter Vernunftschlussarten keine Einteilung nach vier Urteilsmomenten. Dies ist darin begründet, dass der Obersatz als Regel nur etwas Allgemeines sein kann, der Schluss bejahend oder verneinend sein kann und apodiktisch sein muss. Fallen Unterschiede der Qualität, Quantität und Modalität auf diese Weise weg, dann „bleibt allein nur die *Relation* als einzig möglicher Eintheilungsgrund der Vernunftschlüsse übrig“ (9:122). Der → Relation nach sind Schlüsse kategorisch, hypothetisch oder disjunktiv (vgl. KrV B 361; KF 8:188; 9:121f.). Die Arten der Vernunftschlüsse entsprechen also den Arten des Ausdruckes der Regel, die im Obersatz des Schlusses angewandt wird: „Sie sind also gerade dreifach, so wie alle Urtheile überhaupt, sofern sie sich in der Art unterscheiden, wie sie das Verhältniß des Erkenntnisses im Verstand ausdrücken, nämlich: *kategorische* oder *hypothetische* oder *disjunctive* Vernunftschlüsse“ (KrV A 304 / B 361).

4 Kategorische Vernunftschlüsse

Sowohl in dem frühen Aufsatz *Spitzfindigkeit* als auch in den Logik-Vorlesungen stellt Kant ein oberstes Prinzip bzw. die oberste Regel der kategorischen Vernunftschlüsse auf: „nota notae est nota rei ipsius et repugnans notae, repugnant rei ipsi“. „Was den *Merkmale zukommt, das kommt der Sache selbst zu [...] Was dem Merkmale einer Sache widerspricht, das widerspricht auch der Sache selbst*“ (9:123; vgl. 2:49; KF 9:458). Damit bestreitet er die von Wolff und Baumgarten übernommene These Meiers, dass das *Dictum de omni et nullo* das oberste Prinzip sei. Insofern folgt er Crusius, der das *Dictum* aus der Regel der Identität, die selbst aus dem → Satz vom Widerspruch entspringt, ableitet (vgl. Crusius, *Weg zur Gewißheit*, S. 465ff.; S. 492–496; S. 507f.). Da das so genannte *Dictum de omni et nullo* sich somit aus dem Satz vom Widerspruch ableiten lässt, kann es als das oberste Prinzip „weder für die Vernunftschlüsse überhaupt, noch für die kategorischen insbesondre gelten" (9:123; vgl. 24:284). Dennoch setzt Kant „das dictum de omni et nullo" auch teilweise dem Prinzip „aller Vernunftschlüsse" und dem Prinzip der kategorischen Vernunftschlüsse gleich (9:123; vgl. *Refl.* 3218, 16:717).

Kant gibt die traditionellen Regeln der kategorischen Vernunftschlüsse wieder: Sie müssen nur drei Begriffe enthalten; der medius terminus kommt nur in Prämissen, nie im Schlusssatz vor; Prämisse dürfen weder beide verneinende noch beide besondere Sätze sein; wenn eine Prämisse ein verneinender bzw. ein besonderer Satz ist, dann muss der Schlusssatz ebenso ein verneinender bzw. ein besonderer sein (*conclusio sequi debet partem debiliorem*); der Schlusssatz darf nie mehr enthalten als das, was in den Prämissen vorkommt; der Obersatz muss allgemein, der Untersatz bejahend sein (vgl. KF 9:200f.; 24:674f.). Diese letzte Regel (*maior sit universalis, minor affirmans*) gilt allerdings nur für Schlüsse der ersten Figur (vgl. 24:675; 24:775; *Refl.* 3239, 16:728).

Dennoch dient diese Figur als Muster, weswegen die entsprechende Regel für alle Vernunftschlüsse „tacite" verbindlich ist (*Refl.* 3239, 16:728). Der Grund hierfür ist, dass die Gültigkeit der Schlüsse anderer Figuren von der Einmischung eines unmittelbaren Schlusses abhängt. In derartigen Überlegungen, die sowohl in Spitzfindigkeit als auch in seinen Logik-Vorlesungen vorkommen, setzt Kant sich mit der traditionellen Lehre der vier syllogistischen Figuren („die besondre Stellung der Prämissen und ihrer Begriffe", 9:125) auseinander. Kant hält die erste Figur für die natürlichste und vollkommenste (*figura perfecta*), weil sie als direkte Anwendung des dictum de omni et nullo alle anderen möglichen Schlussarten begründet (obwohl er in einem anderen Zusammenhang bestreit, dass es das *oberste* Schlussprinzip ist). Nur die erste syllogistische Figur sei rein, weil allein sie drei und nur drei Sätze enthält. Dagegen sind die anderen Figuren vermischt (hybrid), weil sie nur durch die Einmischung der unmittelbaren Schlüsse, die sie in Schlüsse der ersten Figur umwandeln, folgen. Kant besteht darauf, dass die drei letzten Schlussarten *überflüssig* und *unnatürlich* sind, da sie den Verstand *bloß verwirren* und daher aus der Logik „verbannt seyn müssen" (24:677).

5 Hypothethetische und disjunktive Vernunftschlüsse und Dilemmata

„Der *hypothetische Vernunftschluß* ist der, wo major propositio ein bedingter Satz ist" (24:776). Ein bedingter Satz enthält sowohl einen Grund (*antecedens*) als auch eine Folge (*consequens*), z. B.: Wenn *p*, denn *q*. Der Tradition konform identifiziert Kant zwei gültige hypothetische Schlussarten: *modus ponens* (ist der Grund wahr, dann ist auch die Folge: *verum est prius, ergo et posterius*) und modus tollens (ist die Folge falsch, dann auch der Grund: *falsum est posterius ergo et prius*). Unter einem disjunktiven Vernunftschluss versteht Kant einen Schluss, dessen Obersatz die exklusive Disjunktion von „einander opponierten" Teilen aufstellt und dessen Untersatz entweder die Wahrheit eines Teils oder die Falschheit aller außer einem Teile wiedergibt. Aus der Wahrheit eines Teils folgt die Falschheit aller anderen Teile; aus der Falschheit aller Teile außer einem folgt die Wahrheit des übrigbleibenden Teils, z. B.: „Die Seele ist einfach oder zusammengesezt, atqui sie ist einfach, also nicht zusammengesetzt" (24:593). Kants Auffassung des Dilemmas, als einer indirekten Art durch *modus tollens* zu schließen, ist ebenfalls konform mit der Tradition. Der Obersatz eines Dilemmas ist ein hypothetischer Satz, dessen Folge disjunktiv ist; der Schlusssatz eines Dilemmas ist immer negativ, z. B.: Wenn es *A* gibt, dann gibt es *B* oder nicht *B*; es gibt aber weder *B* noch nicht *B*; also gibt es auch *A* nicht. Dementsprechend wird das Dilemma „nach den Regeln des syllogismi hypothetici erwiesen" (24:477; vgl. KF 9:459f.; KF 9:472ff.; KF 9:646f.; 24:286; 24:593; 24:677f.).

6 Dialektische Vernunftschlüsse

Dialektische Schlüsse sind Schlüsse, „die keine empirischen Prämissen enthalten, und vermittelst deren wir von etwas, das wir kennen, auf etwas anderes schließen, wovon wir doch keinen Begriff haben, und dem wir gleichwohl, durch einen unvermeidlichen Schein, objective Realität geben" (KrV A 339 / B 397). Dementsprechend seien dialektische Schlüsse „eher *vernünftelnde* als Vernunftschlüsse" (KrV A 339 / B 397). Der Titel „Vernunftschlüsse" kommt ihnen aber zu Recht zu, „weil sie doch nicht erdichtet oder zufällig entstanden, sondern aus der Natur der Vernunft entsprungen sind" (KrV A 339 / B 397; vgl. 4:362).

Kant bespricht diese dialektischen Schlüsse in der *Transscendentale Dialektik* der *KrV*, die der Schlusslehre als dem dritten Teil der allgemeinen Logik entspricht (so wie die zwei Bücher der *Transscendentalen Analytik – Analytik der Begriffe* (KrV A 65–129 / B 90–168) und die *Analytik der Grundsätze* (KrV A 130–292 / B 169–349) – der Begriffs- und Urteilslehre bzw. den ersten beiden Teilen entsprechen). Die transzendentale Dialektik bezweckt die Aufdeckung des transzendentalen Scheins, der unvermeidlich aus „einem eigenthümlichen Grundsatze der Vernunft", der mit dem Vermögen zu schließen eng zusammenhängt, hervorgeht (KrV A 307 / B 364). Kant behauptet, „daß aller transscendentale Schein der reinen Vernunft auf dialektischen Schlüssen beruh[t]" (KrV A 405 / B 432). Wie oben dargelegt, hängt die Gültigkeit des Vernunftschlusses von der gelungenen Subsumtion einer Bedingung (in der Form des Subjekts des Schlusssatzes) unter die Bedingung der im Obersatz ausgedrückten allgemeinen Regel ab. „Da nun diese Regel wiederum eben demselben Versuche der Vernunft ausgesetzt ist, und dadurch die Bedingung der Bedingung (vermittelst eines Prosyllogismus) gesucht werden muß, so lange es angeht, so sieht man wohl, der eigenthümliche Grundsatz der Vernunft überhaupt (im logischen Gebrauche) sei: zu den bedingten Erkenntnisse[n] des Verstandes das Unbedingte zu finden, womit die Einheit desselben vollendet wird" (KrV A 307 / B 364; vgl. KrV A 409 / B 436). Da die entsprechenden Begriffe des Unbedingten über die → Erfahrung hinausführen, nennt Kant sie „reine Vernunftbegriffe oder transscendentale Ideen" (KrV A 311 / B 367f.; vgl. KrV A 322 / B 378). Eine solche → Idee ist nichts anderes als der Begriff derjenigen Totalität der Bedingungen (*Totalität in der Reihe der Prämissen*), die die Vernunft in Prosyllogismen feststellen muss, damit das Urteil im Vernunftschluss „a priori in dem ganzen Umfang seiner Bedingung bestimmt wird" (KrV A 321 / B 378; vgl. KrV A 331f. / B 387ff.).

Die drei Arten von dialektischen Schlüssen bzw. Prosyllogismen sind den drei syllogistischen Schlussarten gemäß: kategorisch, hypothetisch und disjunktiv. „Wir haben aus der natürlichen Beziehung, die der transscendentale Gebrauch unserer Erkenntniß, sowohl in Schlüssen als Urtheilen, auf den logischen haben muß, abgenommen: daß es nur drei Arten von dialektischen Schlüssen geben werde, die sich auf die dreierlei Schlussarten beziehen, durch welche Vernunft aus Principien zu Erkenntnissen gelangen kann, und daß in allem ihr Geschäft sei, von der bedingten Synthesis, an die der Verstand jederzeit gebunden bleibt, zur unbedingten aufzusteigen, die er niemals erreichen kann" (KrV A 333 / B 390; vgl. 4:330). Unter dem Unbedingten der kategorischen Schlussart versteht Kant das Subjekt, „welches selbst nicht mehr Prädikat ist" (KrV A 323 / B 379) und zu dem für die transzendentale Seelenlehre zentralen Begriff der „absoluten Einheit des *denkenden Subjects*" (KrV A 335 / B 335) führt. Beim hypothetischen Prosyllogismus ist das → Unbedingte die Voraussetzung bzw. die Bedingung (*antecedens*) des hypothetischen Obersatzes, „die nichts weiter voraussetzt" (KrV A 323 / B 380) (d. h., sie darf nicht wiederum als *consequens* eines hypothetischen Urteils fungieren, vgl. KrV A 408f. / B 434). Aus der Vorstellung dieses Unbedingten entspringen Begriffe des „Weltganzen" (KrV A 217 / B 265 Anm.) bzw. die kosmologischen Ideen, seien sie im Sinne „der ganzen Reihe, oder eines Teils derselben" (KrV A 417 / B 445) verstanden, wie sie von Kant in der → *Antinomie der reinen Vernunft* ausgeführt werden (KrV A 408f. / B 434; vgl. KrV A 417f. / B 444ff.). Das Unbedingte im Fall der disjunktiven Schlussart ist die Idee der unbedingten Totalität der Bedingungen aller möglichen Dinge überhaupt. Eine solche Totalität, die der durchgängigen Bestimmung jedes möglichen Dinges in disjunktiven Urteilen zugrunde liegt, führt zur Idee eines ursprünglichen, alle → Realität in sich einschließenden Wesens, demgegenüber alle Möglichkeit der Dinge als abgeleitet angesehen wird. Die Vernunft muss diese Idee voraussetzen, „um von einer unbedingten Totalität der durchgängigen Bestimmung die bedingte, d. i., die des Eingeschränkten abzuleiten" (KrV A 578 / B 606). Da diese Idee das Urbild (*Prototypon*) aller Dinge ist und zur Idee des höchsten Wesens führt, nennt Kant sie das → Ideal der reinen Vernunft, welches auch Gegenstand einer transzendentalen Theologie ist (vgl. KrV A 572–580 / B 600–608).

Dialektische Vernunftschlüsse

Paralogismus | Antinomien | Ideal

7 Schlüsse der Urteilskraft

Schlüsse der Urteilskraft, die „vom besonderen zum (empirisch-) allgemeinen“ gehen (*Refl.* 3200, 16:709), sind induktiv, d. h. sie gehen „von einigen Dingen, die zu einer Gewissen Art gehören, auf alle“ (*Refl.* 3200, 16:709), oder analogisch, d. h. sie gehen „von einigen Eigenschaften, darin Dingen von einerley Art zusammen stimmen, auf die übrige, so fern sie zu demselben Princip gehören“ (*Refl.* 3200, 16:709; vgl. 24:594; 24:679f.; 5:12; KrV B 654f.; KrV B 818; 8:56). Solche Schlüsse unterscheiden sich von unmittelbaren Schlüssen, weil das folgende Prinzip der Urteilskraft ihnen zugrunde liegt: „daß nämlich vieles nicht ohne Gemeinschaftlichen Grund in einem Zusammenstimmen werde, daß also das, was ihm so zukommt, aus einem gemeinschaftlichen Grunde werde nothwendig sein“ (*Refl.* 3200, 16:709).

Die Haltung Kants zu diesen Schlussarten ändert sich jedoch. In Logik-Nachschriften um 1782 behauptet Kant, dass Induktion und →Analogie „eigentlich nicht in die Logik gehören“ (KF 9:476; vgl. 24:594). 1792 identifiziert er dagegen Induktion und Analogie als „Schlüsse der Urtheilskraft“, die „kein Logiker [...] gehörig bearbeitet“ hat, (24:771f.; vgl. Pinder, *Einleitung*, XXXVI Anm.).

Weiterführende Literatur

Beckermann, Ansgar: „Zum Verhältnis von Kantischer und Fregescher Logik“, in: Zeitschrift für philosophische Forschung 52, 1998, 422–434.

Conrad, Elfriede: Kants Logikvorlesungen als neuer Schlüssel zur Architektonik der Kritik der reinen Vernunft, Stuttgart: Frommann-Holzboog 1994.

Hinske, Norbert: Zwischen Aufklärung und Vernunftkritik. Studien zum Kantschen Logikcorpus, Stuttgart-Bad Canstatt: Frommann-Holzboog 1998.

Longuenesse, Béatrice: Kant et le pouvoir de juger, Paris: Presses Universitaires de France 1993.

Malzkorn, Wolfgang: „Kants Kritik an der traditionellen Syllogistik“, in: History and Philosophy of Logic 16, 1995, 75–88.

Nussbaum, Charles: „Critical and Pre-Critical Phases in Kant's Philosophy of Logic“, in: Kant-Studien 83, 1992, 280–293.

Pinder, Tillmann: „Zu Kants Logik-Vorlesung um 1780“, in: Brandt, Reinhardt / Stark, Werner (Hg.): Neue Autographen und Dokumente zu Kants Leben, Schriften und Vorlesungen, Hamburg: Meiner 1987, 79–114.

Pozzo, Riccardo: Kant und das Problem einer Einleitung in die Logik. Ein Beitrag zur Rekonstruktion der historischen Hintergründe von Kants Logik-Kolleg, Frankfurt/M.: Lang 1989.

Risse, Wilhelm: „Logik“, in: Ritter, Joachim / Günter, Karlfried / Gabriel, Gottfried (Hg.): Historisches Wörterbuch der Philosophie, Bd. 5, Darmstadt: Wissenschaftliche Buchgesellschaft 1980, 357–362.

Stark, Werner: „Neue Kant-Logiken. Zu gedruckten und ungedruckten Kollegheften nach Kants Vorlesungen über Logik“ in: Brandt, Reinhardt / Stark, Werner (Hg.): Neue Autographen und Dokumente zu Kants Leben, Schriften und Vorlesungen, Hamburg: Meiner 1987, 123–164.

Stuhlmann-Laeisz, Rainer: Kants Logik, Berlin u. a.: de Gruyter 1976.

Tonelli, Giorgio: Kant's Critique of Pure Reason within the Tradition of Modern Logic, Zürich u. a.: Olms 1994.

Vuillemin, Jules: „Reflexionen über Kants Logik“, in: Kant-Studien 52, 1960/61, 310–335.

Wolff, Michael: Die Vollständigkeit der kantischen Urteilstafel, Frankfurt/M.: Klostermann 1995.

Daniel Dahlstrom

Schönheit (Schöne, das)

‚Schönheit‘ ist ein Wertprädikat, dessen Bedeutung Kant systematisch in der *Analytik des Schönen* im Kontext der *Analytik der ästhetischen Urteilskraft* seiner dritten kritischen Hauptschrift, der *Kritik der Urteilskraft*, in vier von ihm so genannten ‚Momenten‘ des Geschmacksurteils entwickelt (vgl. 5:201ff.). In Abgrenzung vom Logischen wie von anderen Wertprädikaten wie Annehmlichkeit, Nutzen, moralische Güte und Erhabenheit wird Schönheit als Modus eines rein ästhetischen Wohlgefallens bestimmt. Schönheit besteht Kant zufolge in der positiven ästhetischen Anmutung eines Gegenstandes, durch die dieser in der bloßen Betrachtung gefällt: „*Schön* ist das, was ohne Begriff als Gegenstand eines *nothwendigen* Wohlgefallens erkannt wird“ (5:240). Weitere wichtige Stellen: 2:209; 5:204f.; 5:211; 5:219; 5:236; 5:240; 5:353.

Philosophische Funktion

1 Zur Entwicklung von Kants Begriff der Schönheit

Die Funktion des Begriffs der Schönheit als Reflexionsbegriff für ästhetische Eindrücke hat Kant in der Entwicklung seines Denkens bis zur kritischen Philosophie mit zunehmender Deutlichkeit herausgestellt. Mit der Anwendung des Begriffs auf ästhetische wie auf moralische Eindrücke in der frühen Schrift *Beobachtungen* begreift Kant als schön noch eben sowohl die Form der sinnlichen Erscheinung äußerer Dinge wie die intelligible Verfassung von Gesinnungen und Handlungen, die das Wohlgefallen und die Billigung des Betrachters finden. Während er dort 1764 Schönheit durch den Reiz des Objekts auf das Subjekt bestimmt, wird er 1790 in *KU* Wert darauf legen, Schönheit von Reiz und Rührung frei zu denken. Schönheit wird nun mit den epistemologischen Mitteln der Vernunftkritik unter dem Titel eines *„freien Spiels* der Erkenntnisvermögen" (5:217) durch die zugleich harmonische und animierte Gemütsbewegung erklärt, in welche die → Vorstellung des Gegenstandes den Betrachter versetzt (vgl. 5:216ff.).

2 Kants frühes erkenntnistheoretisches und metaphysisches Interesse am Schönen

„Die Schöne Dinge zeigen an, daß der Mensch in die Welt passe und selbst seine Anschauung der Dinge mit den Gesetzen seiner Anschauung stimme" (16:127). Da → ‚Anschauung' hier objektiv, d. h. als Ausdruck für den real gegebenen Gegenstand der → Erkenntnis aufgefasst ist, ist deutlich, dass Kant in dieser Reflexion im Jahre 1771 mit Blick auf die Schönheit der Dinge eine erkenntnistheoretische Bestimmung und deren metaphysische Bedeutung prägnanter zu machen beansprucht, als es rein sachlich auch schon die Analyse der gelingenden Erkenntnis ermöglichte. Das ‚und', das die beiden Satzteile verbindet, ist zunächst als explikative Konjunktion zu verstehen; dann stützt sie die Option, die Passung des Menschen in die → Welt epistemologisch als Korrespondenz von Erkenntnisbedingungen und erkannten Gegenständen zu begreifen. Zwei Jahrzehnte vor der *KU*, in der Begriff und Theorie des Schönen in einem Zuge mit der Begründung des autonomen Geltungsanspruchs ästhetischer Geschmacksurteile entwickelt werden, ist es noch ein erkenntnistheoretisch-ontologisches Problem, das Kants theoretisches Interesse am Schönen motiviert. Der Satz weist voraus auf das Programm der kritischen → Transzendentalphilosophie, das Kant in *KrV* und *KU* durchführen wird, und auf die Art und Weise, wie er den → ‚empirischen Realismus' in den Ansatz des ‚kritischen Idealismus' einzubetten beabsichtigt (vgl. KrV A 371): Der Mensch ‚passt' dann in die Welt als den *nexus rerum* (Zusammenhang der Dinge), wenn die ‚Gesetze' seiner → Erkenntnisvermögen (als subjektive Bedingungen der Möglichkeit von Erkenntnis) mit der (hier als objektiv gedachten) Anschauung von den Dingen dieser Welt übereinstimmt. Das Problem, dem sich Kant hier widmet, ist schon das gleiche, das er auch als Theoretiker der kategorialen Konstitution gegenständlicher Wirklichkeit einer ausdrücklichen Reflexion für wert halten wird: Gegen die Einwände der Kritiker, die ihn des absoluten Idealismus verdächtigen, wird er den Abschnitt zur → *Widerlegung des Idealismus* in die zweite Auflage der *KrV* einfügen (vgl. KrV B 274ff.) und damit deduzieren, *daß selbst die* (dem Menschen objektiv gegebene) *Anschauung mit den Gesetzen seiner Anschauung stimme.*

Inwiefern und in welchem Sinne die schönen Dinge für das Verständnis der fraglichen Passung von subjektiven Anschauungsgesetzen und objektiver Anschauung etwas leisten, wird Kant in *KU* in der Analyse jener Reflexion des Subjekts zeigen, in der das Urteil über das Schöne besteht: Durch das „freie Wohlgefallen" (5:210) am Schönen, das als reine Lust an der Form ihrer → Zweckmäßigkeit für die Betätigung unserer Erkenntnisvermögen in der Reflexion entspringt (vgl. 5:219ff.), spürt der Mensch hier (vgl. 5:210), was in deren Zusammenwirken bei der begrifflich vermittelten Erkenntnis jederzeit gewährleistet sein muss, aber in deren Vollzug unvermerkt absorbiert ist: *dass die Gesetze seiner Anschauung zu seinen Anschauungen stimmen.* Es ist das ästhetische Gefühl der Lust am Schönen, das auf diese Weise die Einsicht vermittelt, dass der Mensch in die Welt passe.

Die Erweiterung der kritischen Problemstellung um die Frage nach der Einheit der Vernunft in ihren theoretischen und praktischen Leistungen, die Kant in der *Einleitung* zur *KU* als das systematische Interesse dieser Schrift auszeichnet, ist dazu angetan, auch an der frühen Reflexion auf die schönen Dinge bereits eine weitere Dimension kenntlich zu machen: Spricht doch schon aus der Notiz von 1771 die differenzierende Aufmerksamkeit eines Autors, der über die Anmutung der Schönheit sowohl aus der Perspektive des Erkenntniskritikers wie aus der Innenperspektive des ästhetischen Erlebens spricht, zu welch letzterer die intuitive Deutung des Schönen als ein metaphysisches Glücksversprechen dazugehört. Die mögliche Lesart des ‚und' als additiver Konjunktion eröffnet die spekulative Dimension der Passung des Menschen in eine zweckmäßige Natur, für welche deren Schönheiten das Indiz zu geben scheinen (vgl. 5:300).

3 Schönheit als Reflexionsbegriff

In der *KU* untersucht Kant das Schöne und das Erhabene, die schöne und erhabene → Natur und die schöne → Kunst als Werk des → Genies. Die methodische Pointe der gesamten Untersuchung erschließt sich daran, dass Kant auch diesen Bereich des Ästhetischen im Sinne der kopernikanischen Wende angeht (vgl. zu diesem Ausdruck KrV B XVIf.): Er untersucht das Schöne und das Erhabene als die elementaren ästhetischen Wertbegriffe, indem er nach den Bedingungen der Möglichkeit *ihrer* Erfahrung im erlebenden Subjekt fragt. Mit den begrifflichen Mitteln der Vernunftkritik qualifiziert Kant hier den Anspruch, dass Schönheit kein Prädikat vom Objekt ist, sondern ein Reflexionsbegriff, in dem das Gefühl der Lust angesichts eines Gegenstandes der Wahrnehmung zum Ausdruck gebracht wird. Das Urteil über das Schöne, mithin der Begriff des Schönen, bezieht sich auf das ‚Lebensgefühl' des Subjekts (vgl. 5:204). In der *Analytik des Schönen* rekonstruiert Kant die intelligible Entstehungsgeschichte dieses Lebensgefühls. Diese Untersuchung fällt in eins mit dem Bemühen, das ästhetische Urteil – ebenso wie zuvor die Erkenntnis als Leistung der theoretischen Vernunft und das moralische Handeln als Leistung der → praktischen Vernunft – aus seinem eigenen Prinzip zu begreifen.

Im ersten Teil der *KU* löst Kant in der Analyse der epistemischen Bedingungen des ästhetischen Gefühls die Forderung ein, dass dessen Aufnahme in das Programm der Vernunftkritik von der Möglichkeit abhängig sei, dessen erkenntnistheoretische Rekonstruktion a priori zu leisten: Auch im Erleben des Schönen wirken Prinzipien der Erkenntnis, die nicht empirisch bestimmt und damit beliebiger Modifikation ausgesetzt sind, sondern regelmäßig am Ursprung aller Erfahrung als deren formgebende Konstanten wirken. Im Blick auf das Schöne als die schlechthin positive ästhetische Anmutung eines Gegenstandes sind die beiden Erkenntniskräfte des Subjekts, → Einbildungskraft und → Verstand, in einem sich wechselseitig belebenden „freien Spiele" (5:217; vgl. 5:240) begriffen. In dieser freien und harmonischen Reflexion entspringt eine Lust, die ihren Ausdruck eines interesselosen Wohlgefallens und positiven ‚Lebensgefühls' in der Artikulation des Geschmacksurteils findet. Besonderen Wert legt Kant in der *Analytik des Schönen* darauf, dass *„im Geschmacksurtheile das Gefühl der Lust" nicht* als → Empfindung *„vor der Beurtheilung des Gegenstandes"* vorausgehe, sondern vielmehr als *Reflexion „diese vor jener vorhergehe"* (5:216). Nur so, in der Abgrenzung gegen das unmittelbare Empfindungsurteil, ist gewährleistet, dass es hier nicht um eine beliebige, empirisch wechselhafte und psychologisch erklärbare Lust geht, die als solche nichts Verbindliches für alle möglichen Subjekte hätte, sondern um eine Lust, die sich aus den Bedingungen der Möglichkeit von Erkenntnis überhaupt in prinzipiell jedem Subjekt erklären lässt; allein durch diese Allgemeinheit taugt die Lust der ästhetischen Reflexion als Grund allgemein mitteilbarer Urteile. Dieser Anspruch des ästhetischen Urteils auf allgemeine und notwendige Geltung, den Kant im zweiten, dritten und vierten Moment des Geschmacksurteils zu erhärten sucht, macht sich darin bemerkbar, dass wir trotz der konstitutiven Reflexivität im Begriff der Schönheit so urteilen, „als ob Schönheit eine Beschaffenheit des Gegenstandes [...] wäre" (5:211).

Von hohem explikativem Wert für Kants Begriff von Schönheit ist das Konzept der ästhetischen Idee, das er im Rahmen seiner Genieästhetik (vgl. 5:300ff.) als produktionsästhetisches Komplement zum rezeptionsästhetischen Zugang der Analytik entwickelt. Wenn er dort das künstlerische Ingenium als das Vermögen der Darstellung ästhetischer Ideen fasst und die ästhetische Idee bestimmt als „diejenige Vorstellung der Einbildungskraft, die viel zu denken veranlaßt, ohne daß ihr doch irgend ein bestimmter Gedanke, d. i. Begriff, adäquat sein kann" (5:314; vgl. auch 5:315f.), so ist in dieser Erklärung nichts anderes beschrieben als wiederum das freie Spiel der Erkenntniskräfte angesichts des Schönen als einer Vorstellung der Einbildungskraft.

4 Das Schöne als Symbol des Sittlichguten

Zielt die Argumentationsabsicht der *Analytik des Schönen* und der Genieästhetik auf die Begründung eines eigenen Prinzips ästhetischer Urteile, so scheint Kant den damit verbundenen Anspruch des Ästhetischen auf Autonomie durch die Behauptung des Zusammenhangs von ästhetischem und moralischem Bewusstsein in der abschließenden These vom Schönen als Symbol des Sittlichguten wieder zurücknehmen zu wollen. „Nun sage ich: das Schöne ist das Symbol des Sittlich-Guten“ (5:353), so erklärt Kant und erläutert mit Blick auf das Vermögen der Urteilskraft zu ästhetischer Reflexion: „In diesem Vermögen sieht sich die Urtheilskraft nicht, wie sonst in empirischer Beurtheilung einer Heteronomie der Erfahrungsgesetze unterworfen: sie giebt in Ansehung der Gegenstände eines so reinen Wohlgefallens ihr selbst das Gesetz, so wie die Vernunft es in Ansehung des Begehrungsvermögens thut“ (5:353). Nach dem ausdrücklichen Hinweis auf die *Autonomie* der Urteilskraft im Hinblick auf das Schöne ist die entscheidende Erläuterung im Vergleich mit der autonomen Gesetzgebung der Vernunft zu sehen: Das ‚*so wie*‘ enthält den Funktionssinn dessen, was Kant als Verfahren analogischer Reflexion im Begriff der Symbolisierung fasst. An seinen berühmten Beispielen von der Handmühle, die ein Symbol für einen absolutistischen Staat abgeben, und dem beseelten Körper, der einen „nach inneren Volksgesetzen“ regierten Staat symbolisieren könne, macht Kant auch anschaulich klar, worin nach seinem Begriff das Wesen der Symbolisierung besteht: „Denn zwischen einem despotischen Staate und einer Handmühle ist zwar keine Ähnlichkeit, wohl aber zwischen den Regeln, über beide und ihre Causalität zu reflectiren“ (5:352). Nicht die Abhängigkeit des Schönen vom Guten, und nicht einmal die Ähnlichkeit zwischen dem Schönen und dem Guten wird behauptet, sondern die Ähnlichkeit in den Weisen, über beide zu reflektieren. Der Schlüssel zum Verständnis der Analogieformel liegt darin, dass sich schon die Erörterung des ästhetischen Urteils wie ein *Traktat auf die Idee der Freiheit* ausnimmt. Geradezu demonstrativ wirkt der doppelte Hinweis auf die → Freiheit in der Bemerkung, mit der Kant den § 59 zum Abschluss bringt: „Der Geschmack macht gleichsam den Übergang vom Sinnenreiz zum habituellen moralischen Interesse ohne einen zu gewaltsamen Sprung möglich, indem er die Einbildungskraft *auch in ihrer* Freiheit als zweckmäßig für den Verstand bestimmbar vorstellt und sogar an Gegenständen der Sinne auch ohne Sinnenreiz ein *freies* Wohlgefallen finden lehrt“ (5:354; Hervorhebung v. Vf.).

Die behauptete → Analogie des Schönen mit dem Sittlichguten besteht somit darin, dass das ästhetische Urteil eine *freie* Reflexion *im Medium der Anschaulichkeit* ist und als solche die *Idee der Freiheit*, auf die moralische Urteile über Handlungen als Äußerungen des freien Willens notwendig Bezug nehmen, im reflektierten Gefühl der Lust darstellt. Das Schöne ist insofern das *Symbol des Sittlichguten*, als die an ihm erlebte Freiheit der Reflexion die Idee der Freiheit exemplifiziert, die das Sittlichgute ausmacht und die Voraussetzung (‚Regel‘) aller moralischen Urteile ist. Es kann dies sein, indem es auf anschauliche und fühlbare Weise die allen vernünftigen Leistungen zugrundeliegende Handlungsrationalität exemplifiziert. Der Symbolcharakter des Schönen bedeutet daher nichts anderes, als dass wir durch die Art, wie es uns in einem reflexiven Gefühl die *Freiheit und Zweckmäßigkeit* im Spiel der Vorstellungskräfte bewusst werden lässt, jener Freiheit als des Vermögens, sich im Handeln nach sittlichen Grundsätzen zu bestimmen, gewahr werden, um die es Kant im Begriff der → Autonomie geht. Die Erfahrung des Schönen in ihrer eigensinnigen Rationalität verweist der ‚Form der Reflexion‘ nach auf den rationalen Eigensinn, der den Menschen als Person, d. h. dadurch auszeichnet, dass er sich einen freien Willen zuschreibt (vgl. 4:457). So findet in der Reflexion des Schönen *die Versinnlichung einer Vernunftidee* durch ein Gefühl statt.

5 Systematische Einschätzung von Kants Theorie des Schönen

Die in der *KU* entwickelte Theorie des Schönen enthält, ungeachtet der terminologischen Besetzung des Ausdrucks bei Kant, nicht allein im modernen Sinne des Wortes eine *Ästhetik*, sondern auch eine Metaphysik der Schönheit: Sie begründet das Ästhetische als einen autonomen Modus der Erfahrung und bildet den methodischen Einstieg in eine Spekulation über das Ganze der Natur und die Stellung des Menschen in ihr. Sie ist so ein exemplarischer Fall für die Einsicht, dass die Freude am Schönen, von der die ästhetischen Theorien handeln, unterbestimmt wäre, wenn sie rezeptionsästhetisch unter das bloße Streben nach Genuss, produktionsästhetisch unter die Gefälligkeit des bloß Dekorativen eingeordnet würde; sie ist vielmehr als Element des vernünftigen Selbstverständnisses und Weltverhältnisses ernst zu nehmen.

Einer präziseren Bestimmung bedarf dabei das von Kant selbst nicht explizit erörterte Spannungsverhältnis zwischen der transzendentalen und der anthropologischen Dimension seiner vernunftkritischen Analyse. Während Kant in der vermögenstheoretischen und erkenntniskritischen Ausrichtung der Analyse auf die Funktionsbestimmung einer *freien Reflexion* zwischen Einbildungskraft und Verstand (vgl. 5:217f.; 5:240ff.; 5:287) als den Bedingungen der Möglichkeit von „*Erkenntniß überhaupt*" (5:217; vgl. 5:219) rekurriert und damit transzendentale Bedingungen des Urteils über das Schöne behandelt, heißt es in § 5 der *Analytik des Schönen* bei dessen Abgrenzung von den anderen Werturteilstypen: „Annehmlichkeit gilt auch für vernunftlose Thiere; Schönheit nur für Menschen, d. i. thierische, aber doch vernünftige Wesen, aber auch nicht blos als solche (z. B. Geister), sondern zugleich als thierische; das Gute aber für jedes vernünftige Wesen überhaupt" (5:210). Im ästhetischen Urteil über das Schöne kommt dieser Analyse gemäß die Bestimmung des Menschen als eines sinnlich-vernünftigen Wesens zum Tragen.

Weiterführende Literatur

Crawford, Donald: Kant's Aesthetic Theory, Madison: University of Wisconsin Press 1974.

Guyer, Paul: Kant and the Experience of Freedom. Essays on Aesthetics and Morality, Cambridge: Cambridge University Press 1993.

Recki, Birgit: Ästhetik der Sitten. Die Affinität von ästhetischem Gefühl und praktischer Vernunft bei Kant, Frankfurt/M.: Klostermann 2001.

Recki, Birgit: „Die Dialektik der ästhetischen Urteilskraft und die Methodenlehre des Geschmacks (§§ 55–60)", in: Höffe, Otfried (Hg.): Kritik der Urteilskraft, Berlin: Akademie 2008, 189–210.

Wachter, Alexander: Das Spiel in der Ästhetik. Systematische Überlegungen zu Kants Kritik der Urteilskraft, Berlin u. a.: de Gruyter 2006.

Birgit Recki

Seele

Im kritischen Verständnis zählt der Begriff der Seele zu jenen Vernunftbegriffen, die sich Kant zufolge mit Notwendigkeit aus der logischen Struktur unseres Vernunftvermögens ableiten lassen. Solche Vernunftbegriffe nennt Kant transzendentale Ideen, im Gegensatz etwa zur Idee reinen Wassers (vgl. KrV B 674), deren Existenz sich der Idealisierung eines empirischen Begriffs verdankt. Der Begriff der Seele gilt Kant deswegen als transzendentale Idee, weil seiner Ansicht nach die Seele von uns als „*Unbedingtes* der *kategorischen* Synthesis in einem *Subject*" (KrV B 379) gedacht wird. Eine kategorische Synthesis wird in kategorischen Urteilen der Form ‚S ist p' ausgedrückt, in denen einem Subjekt- ein Prädikatsbegriff zugesprochen wird. Da es sich bei Begriffen immer um Prädikate möglicher Urteile handelt (vgl. KrV B 94), können Subjektbegriffe ihrerseits in weiteren kategorischen Urteilen als Prädikat verwendet werden. Kant ist der – von ihm nicht explizit begründeten – Auffassung, dass einzig das denkende Subjekt als „letzte[s] Subject" (genauer: als Subjektbegriff, der kein Prädikatbegriff sein kann) (KrV A 246) und damit als Substrat aller jener Zustände in Frage komme, die ihm durch die Verkettung kategorischer Urteile als Prädikate zugeschrieben werden: „Ich, als ein denkend Wesen, bin das absolute Subject aller meiner möglichen Urtheile, und diese Vorstellung von Mir selbst kann nicht zum Prädicat irgend eines andern Dinges gebraucht werden" (KrV A 348). Der Verdacht liegt nahe, dass Kant hier die Ambiguität des Subjektbegriffs ausnützt, der in logischer Hinsicht dasjenige bezeichnet, wovon in einem (kategorischen) Urteil etwas ausgesagt wird, in transzendentaler Hinsicht hingegen das (in der Anschauung nicht gegebene und damit nur denkbare) Subjekt des Denkens (so z. B. in KrV B 422: „Das Subject der Kategorien kann also dadurch, daß es diese denkt, nicht von sich selbst als einem Objecte der Kategorien einen Begriff bekommen"). Weitere wichtige Stellen: 2:327f.; 2:414ff.; 20:308; 21:488.

Historischer Kontext

Während die Schulphilosophie in der Nachfolge Christian Wolffs die Seele als immaterielles, einfaches und unsterbliches Wesen begreift, ist die Situation in der sich entwickelnden empiristisch orientierten Psychologie, wie wir sie etwa bei Johann Nicolas Tetens finden, komplizierter. Dort wird zwar weiterhin die Eigenständigkeit des Mentalen gegenüber körperlichen Vorgängen anerkannt. Zugleich steht aber außer Frage, dass mentale Vorgänge auf eine physische Basis angewiesen sind und nicht in völliger Abgetrenntheit vom Körper vollzogen werden können. Die empirischen Belege für diese These muten zwar aus heutiger Sicht unzureichend an (auch Kant hat dies ähnlich gesehen), doch ist die Kenntnis beider Traditionen unverzichtbar für ein umfassendes Verständnis der kantischen Auffassung mentaler Zustände und der sie betreffenden philosophischen Prinzipien.

Wolff definiert die Seele als an einen organischen Körper gebundene und durch diesen eingeschränkte Kraft, das Universum vorzustellen (vgl. Wolff, *Psychologia rationalis*, § 66). In der Seele sind das begrifflich verfasste Wesen und die letzte Ursache ihrer Veränderungen, also essentia und natura identisch: Von der Fähigkeit der Seele zum Haben von Vorstellungen hängen der Möglichkeit nach alle weiteren Eigenschaften ab. Zugleich ist sie der zureichende Grund der in ihr vorkommenden Veränderungen (vgl. Wolff, *Psychologia rationalis*, § 67). Tiere sind nach Wolff ebenfalls beseelt (vgl. Wolff, *Psychologia rationalis*, § 749). Darauf deutet die Tatsache hin, dass sie über Sinnesorgane verfügen, in denen ähnliche Veränderungen vor sich gehen wie in menschlichen Sinnesorganen, Veränderungen, derer sich das Tier auch bewusst ist (vgl. Wolff, *Psychologia rationalis*, § 751), die nicht nur kognitiv, sondern auch appetitiv sein können (vgl. Wolff, *Psychologia rationalis*, § 757) und die ähnlich wie in der Seele des Menschen nach Gesetzen ablaufen (vgl. Wolff, *Psychologia rationalis*, § 758).

Tiere verfügen jedoch nicht über Sprache und damit auch nicht über höhere Erkenntnisvermögen (vgl. Wolff, *Psychologia rationalis*, §§ 759ff.), darunter auch das Gedächtnis (vgl. Wolff, *Psychologia rationalis*, § 766): Aus diesem Grund sind tierische Seelen anders als menschliche nicht personal verfasst und deswegen nicht unsterblich (vgl. Wolff, *Psychologia rationalis*, § 729).

Auch Tetens verweist darauf, dass Menschen manche ihrer Seelenkräfte wie auch ihrer körperlichen Kräfte mit Tieren gemein haben (vgl. Tetens, *Philosophische Versuche*, Bd. 2, S. 149). Zudem entsteht Mentales immer aus der Interaktion mit körperlichen Vorgängen: „Zu jedweder Seelenäußerung wirket ein gewisser innerer Theil unsers Körpers bey; wir mögen diesen Theil das Gehirn, das sensorium commune, Seelenorgan, schema perceptionis, oder wie wir wollen, benennen" (Tetens, *Philosophische Versuche*, Bd. 2, S. 158). Das Resultat solcher Vorgänge sind sogenannte „materielle Ideen" (Tetens, *Philosophische Versuche*, Bd. 1, S. 160), die Tetens in der Nachfolge Hartleys als Spuren vorhergegangener Vorstellungen in der Materie des Gehirns auffasst (vgl. Tetens, *Philosophische Versuche*, Bd. 2, S. 16f.). Diese Überlegungen führen Tetens zur These, dass die Seele als Ganze als funktionale Einheit zweier unterschiedener Elemente aufzufassen sei, des immateriellen, einfachen ‚Ich' und des Gehirns: „Was ist das Ich, welches empfindet, denket, will? [...] Es ist weder das Gehirn allein, noch das unkörperliche Wesen allein, was wir fühlen und uns vorstellen, wenn wir unser Ich fühlen und uns selbst vorstellen" (Tetens, *Philosophische Versuche*, Bd. 2, S. 169). Weil die Wahrnehmung unserer selbst in dem Sinne ‚relativ' ist, dass sie genau wie die Wahrnehmung äußerer Gegenstände durch physische Zustände vermittelt ist, unterliegt sie den gleichen epistemischen Einschränkungen und kann nicht als unmittelbare Form der Selbstgewissheit aufgefasst werden (vgl. Tetens, *Philosophische Versuche*, Bd. 2, S. 152f.). Andererseits ist Tetens kein Materialist. Seelische Zustände können nicht auf physische zurückgeführt werden: „Es folget ferner, daß unser Ich ein Wesen sey, welches von allem dem, was wir unter der Idee vom körperlichen Organ der Seele uns vorstellen, unterschieden ist, und daß es auch den ganzen Inbegriff unserer Organe nicht ausmachen können" (Tetens, *Philosophische Versuche*, Bd. 2, S. 193f.).

Philosophische Funktion

Der vorkritische Kant entwickelt die meisten seiner Thesen zum Seelenbegriff in den *Träumen*, einer polemischen Auseinandersetzung mit den Thesen des schwedischen Spiritisten Emanuel

Swedenborg. Kant entwirft hier allerdings keine explizite Theorie der Seele, verzichtet zudem auf die Einordnung seiner Ausführungen in das System seiner vorkritischen Metaphysik.

Kant gesteht seinem Opponenten zu, dass in der Welt immaterielle Substanzen existieren mögen, da Menschen und Tiere in der Lage sind, ihre räumlichen Bewegungen selbsttätig (nach „*Willkür*") zu bestimmen (2:327 Anm.). Dies spricht deswegen für die Immaterialität ihres Lebensprinzips, weil materielle Substanzen in ihrer räumlichen Lage „äußerlich *abhängend* und *gezwungen*" sind (2:327 Anm.). Dies wiederum beruht auf der Tatsache, dass materielle Substanzen den Raum durch eine „nothwendige Kraft" und deren Interaktion mit den Kräften anderer materieller Substanzen erfüllen (2:327). Während die Frage nach dem ‚Ort' der Seele unter den Prämissen der kritischen Philosophie v. a. im Paralogismus-Kapitel der *KrV* behandelt wird, thematisiert Kant die Frage, ob auch Tiere eine Seele haben, in der kritischen Philosophie sowohl im Kontext der praktischen Philosophie wie auch im zweiten Teil der *KU*.

1 Der Ort der Seele

Kants Argumentation lässt sich am besten unter Rückgriff auf die Konzeption der 1756 erschienenen *Monadologia physica* begreifen, in der Kant einfachen Substanzen die Fähigkeit zubilligt, in Interaktion mit anderen Substanzen das Phänomen des Raumes zu erzeugen, in dem sie in eine „sphaera activitatis" (1:481) hineinwirken, ohne diese als Korpuskeln materiell auszufüllen. Dies ermöglicht die Koexistenz heterogener Substanzen an ein und derselben (ja selbst nur zur Ebene der Phänomene gehörenden) Raumstelle: Zwei Substanzen wirken in unterschiedlicher Hinsicht in dieselbe *sphaera activitatis*, wobei die immaterielle Substanz in der Lage ist, indirekt (durch Zugriff auf die ‚inneren Bestimmungen' materieller Substanzen) auch die Interaktion materieller Substanzen zu beeinflussen: „Es scheint, ein geistiges Wesen sei der Materie innigst gegenwärtig, mit der es verbunden ist, und wirke nicht auf diejenige Kräfte der Elemente, womit diese untereinander in Verhältnissen sind, sondern auf das innere Principium ihres Zustandes. Denn eine jede Substanz, selbst ein einfaches Element der Materie muß doch irgend eine innere Thätigkeit als den Grund der äußerlichen Wirksamkeit haben" (2:328). Dies erklärt, wie der gesamte menschliche Körper als ganzes zugleich der Ort der ihn belebenden Seele sein kann. „Daher würde ich einen strengen Beweis verlangen, um dasjenige ungereimt zu finden, was die Schullehrer sagten: *Meine Seele ist ganz im ganzen Körper und ganz in jedem seiner Theile*" (2:325).

Dieser Grundgedanke bleibt auch in der Dissertation *De mundi* von 1770 (vgl. 2:419) erhalten und wird lediglich an die in diesem Text neu entwickelte Lehre von der Subjektivität der Anschauungsformen Raum und Zeit angepasst. Der Seele ist bloß eine „abgeleitete Existenz an einem Ort" („*localitas* [...] *derivativa*") zuzusprechen, und zwar deswegen, weil Dinge, die nicht stofflich sind („immaterialia") nur als etwas zu denken sind, was nicht im Raum existiert (2:419). Da aber unstreitig ist, dass die Seele räumlich wahrnehmbare Wirkungen zeitigt (sonst könnte sie weder wahrnehmen noch wollen), gilt, dass Dinge, die nicht stofflich sind, nur ‚virtuell' im Raum gegenwärtig sind (vgl. 2:414). Mit diesem Begriff bezeichnete schon die scholastische Tradition die Tatsache, dass immaterielle Substanzen im Raum wirksam sein können, ohne eine Raumstelle auszufüllen. Im Kontext der obigen Darlegungen aus Kants früher Metaphysik bedeutet dies anscheinend, dass virtuell gegenwärtige Substanzen in der Lage sind, innere Bestimmungen anderer (materieller) Substanzen und damit mittelbar auch deren Interaktion mit anderen materiellen Substanzen zu beeinflussen. Noch in seiner Replik auf Soemmerring verweist Kant auf die bloß virtuelle Gegenwart der letzteren und setzt sie der im Begriff vom Seelensitz implizierten „locale[n] Gegenwart" entgegen (12:428).

Unter den Prämissen der *KrV*, die die Möglichkeit verneint, Erkenntnis allein aus Begriffen (also durch das Denken) zu begründen, ist die These von der virtuellen Gegenwart immaterieller Substanzen im Raum nicht mehr aufrechtzuerhalten (vgl. Klemme, *Kants Philosophie des Subjekts*, S. 50ff.). Dies gilt jedoch nicht für die Unterscheidung innerer und äußerer Bestimmungen von Substanzen, die Kant in veränderter Form beibehält: Zu unterscheiden sind nun Vorstellungen, die sich auf Gegenstände in Raum und Zeit beziehen, also Vorstellungen des äußeren Sinns, und Vorstellungen, die sich auf Gegenstände beziehen, die zwar zeitlich, nicht aber räumlich sind, also

Vorstellungen des →inneren Sinns. Die Frage, wie Immaterielles im Raum gegenwärtig sein könne, wird so neu gestellt als die Frage nach dem gesetzmäßigen Zusammenhang der Vorstellungen des äußeren und des inneren Sinns in einer Erfahrung (vgl. KrV A 385f., vgl. auch *Entdeckung*, 8:249). Um diesen Zusammenhang erkennen zu können, müssen zunächst beide Klassen von Anschauungen unterschieden werden. Dies setzt den regulativen Gebrauch der Vernunftidee der Seele, also die Annahme einer systematischen Einheit aller mentalen Zustände als mentaler voraus, selbst wenn uns diese Einheit in der Anschauung nicht gegeben werden kann.

2 Die Seele der Tiere

Auch der in den *Träumen* angedeutete Gedanke, dass Tieren eine Seele als Lebensprinzip zuzusprechen sein könnte, wird im kritischen Denken Kants aufgegriffen. So verweist Kant zur Eingrenzung des Begriffs der menschlichen Willkür darauf, dass ihr Gegenstück, die tierische Willkür („*arbitrium brutum*") durch einen sinnlichen Reiz („*stimulus*") determiniert werde (6:213, vgl. auch KrV B 562). Das aber bedeutet, dass auch Tieren nicht-räumliche (und nichtpropositionale) Zustände des Begehrens zuzuschreiben sind. Noch expliziter wird dieser Gedanke in *Refl.* 5458 ausgeführt: „Thier ist belebte Materie. Alle belebte materie ist zugleich beseelt. Denn das *principium* des Lebens ist *absolute internum*, d. i. denken und wollen, d. i. Bestimmungen seiner selbst nach willkühr" (18:188). In der Kritik der teleologischen Urteilskraft erläutert Kant das derartigen Erwägungen zugrundeliegende sogenannte analogische Verfahren: Zwar können wir nicht davon ausgehen, dass bestimmte „Kunsthandlungen" der Tiere (Kant diskutiert als Beispiel den Biberbau) dieselben rationalen Fähigkeiten erfordern, die ein Mensch zur Erreichung eines vergleichbaren Handlungsziels einsetzen würde (5:464 Anm.). Wohl aber ist es legitim, Tiere und Menschen zu einer einzigen Gattung – nämlich der der Lebewesen – zusammenzufassen und die „ähnliche[] Wirkungsart" (5:464 Anm.) der Tiere auf Ursachen zurückzuführen, welche jenen ähneln, die uns als Menschen unmittelbar bekannt sind. Entsprechend verweist Kant auch noch im *Op. post.* auf den Unterschied zwischen einer „eigentliche[n]" Ausprägung der Lebenskraft, die im beseelten Wesen das Handeln nach Vorstellungen ermögliche, und einer „uneigentliche[n]", die als „Princip der Bewegung [...] nach einem Analogon von Vorstellungen" (21:488) anzusehen ist.

3 Die Seele als Idee

Durch transzendentale Ideen können keine ihnen korrespondierenden Gegenstände erkannt werden. Dies bedeutet für die empirische Selbsterkenntnis, dass in ihr die Behauptung der Existenz der Seele als letztem Subjekt (und damit als einfacher, beharrlicher und mit sich selbst identischer Substanz) keinen Anhaltspunkt findet, da uns im inneren Sinn kein „stehendes oder bleibendes Selbst" (KrV A 107) gegeben ist. Diese Einsicht dient Kant dazu, im Paralogismus-Kapitel der *KrV* entsprechende Erkenntnisansprüche der dogmatischen Metaphysik (genauer, der rationalen Psychologie im Sinne Wolffs) zurückzuweisen. Dennoch ermöglicht die Idee der Seele die empirische Erforschung von Prinzipien der systematischen Einheit für die Erklärung der Erscheinungen (des inneren Sinns), wie Kant explizit unter Bezug auf den Begriff der Grundkraft erläutert (vgl. KrV B 678ff.).

Eine weitere Aufgabe der Idee der Seele soll in der Erleichterung der Unterscheidung von Erscheinungen im Raum und den ‚Handlungen des Denkens' (also Erscheinungen bloß in der Zeit und damit allein im inneren Sinn) bestehen. Diese Asymmetrie zwischen niederen und höheren Erkenntnisvermögen und die enge Verknüpfung beider führt dazu, dass eine scharfe Trennung zwischen physischen Vorgängen im Gehirn und psychischen Zuständen im engeren Sinne, wie sie von Tetens veranschlagt wurde, nach Kants Ansicht nicht möglich ist. „[Es] bleibt [...] für alle Philosophie, vornehmlich für die Metaphysik, unmöglich auszumachen, was und wie viel die Seele, und was, oder wieviel der Körper selbst zu den Vorstellungen des innern Sinnes beytrage, ja, ob nicht vielleicht, wenn eine dieser Substanzen von der andern geschieden wäre, die Seele schlechterdings alle Art Vorstellungen (Anschauen, Empfinden und Denken) einbüßen würde" (20:308). In seiner Replik auf *Sömmerring* polemisiert Kant ebenfalls gegen die These, dass das Denken zwingend auf materielle Ideen als Grundlage angewiesen sei: Hier handele es sich um „sehr willkürliche Hypothesen" (12:32), die deswegen abzulehnen seien, weil die Gegenstände des inneren Sinns nichträumlich seien. Eine physiologische Analyse der unserem mentalen Leben zugrundeliegenden körperlichen Vorgänge bleibe von diesem Einwand jedoch unberührt (vgl. 12:34f.).

Interpretation

Kants Darlegungen zum Seelenbegriff bildeten eine maßgebliche Voraussetzung für die Etablierung der Psychologie als eigenständiger Wissenschaft. Damit einher ging eine klarere Unterscheidung des Gegenstandsbereichs der → Psychologie gegenüber der philosophischen Reflexion von logischen, begrifflichen und rechtfertigungstheoretischen Voraussetzungen unseres Erkennens (vgl. Hatfield, *Psychology*, S. 223). Das Paralogismus-Kapitel ist aus einer solchen Perspektive nicht nur aufgrund seiner Kritik dogmatischer Erkenntnisansprüche der rationalen Psychologie relevant, sondern auch, weil Kants dort artikulierter Entwurf die Möglichkeit einer Debatte zwischen einem „sophisticated naturalism" und einem „properly qualified rationalist view of mind" eröffnet (vgl. Ameriks, *Kant's Theory of the Mind*, S. 293f.).

Beide Pole prägen auch die Interpretation der kantischen Theorie der Seele. So reformuliert Patricia Kitcher die These von der Unerkennbarkeit des Ichs im Lichte des gegenwärtigen Funktionalismus. Eine Beschreibung mentaler Funktionen des Denkens ist unabhängig von ihrer materiellen Realisierung und deswegen mit einem naturalistischen Weltbild vereinbar (vgl. Kitcher, *Transcendental Psychology*, S. 111f.). Im Gegensatz dazu verweist z. B. Klemme (vgl. Klemme, *Kants Philosophie des Subjekts*, S. 396f.) explizit auf den engen Zusammenhang von theoretischer und praktischer Spontaneität. Sowohl im Erkennen wie im Handeln bestimmen wir uns selbst – ein Selbstverhältnis, das in einer naturalistischen Beschreibung unserer selbst nicht ohne weiteres aufgeht.

Weiterführende Literatur

Ameriks, Karl: Kant's Theory of Mind, Oxford: Clarendon Press [2]2000.

Hatfield, Gary: „Empirical, rational, and transcendental psychology: Psychology as science and as philosophy", in: Guyer, Paul E. (Hg.): The Cambridge Companion to Kant, Cambridge: Cambridge University Press 1992, 200–227.

Kitcher, Patricia: Kant's Transcendental Psychology, New York u. a.: Oxford University Press 1990.

Klemme, Heiner F.: Kants Philosophie des Subjekts, Hamburg: Meiner 1996.

Stefan Heßbrüggen-Walter

Sein, Dasein

„Das Dasein ist die absolute Position eines Dinges" (2:73). Es ist kein Prädikat, sondern die Setzung eines Dinges mit allen seinen Prädikaten. Das Sein kann nur synthetisch, nicht analytisch oder bloß begrifflich, auf Grund einer Empfindung erkannt werden. Gleichbedeutend mit den Ausdrücken ‚Sein' und ‚Dasein' spricht Kant häufig auch von ‚Existenz' oder ‚Wirklichkeit'. Weitere wichtige Stellen: 2:72ff.; KrV B 141f.; KrV A 143 / B 182; KrV A 166ff. / B 207ff.; KrV A 225f. / B 272ff.; KrV A 592ff. / B 620ff.; KrV A 597ff. / B 625ff.

Philosophische Funktion

1 Negative Aussagen über das Sein

„Das Daseyn keines Dinges kan aus Begriffen abgeleitet werden" (*Refl.* 6017, 18:424). Dass etwas „ist", ist ein synthetischer, kein analytischer Satz (vgl. KrV A 225 / B 272f.; KrV A 597 / B 625; KrV A 601 / B 629; KrV A 639 / B 667; *Refl.* 5230, 18:126; *Refl.* 5767, 18:348; *Refl.* 6027, 18:427; *Refl.* 6245, 18:524f.; *Refl.* 6389, 18:700ff.; *Refl.* 6413, 18:708). Dasein ist im Allgemeinen keine begriffliche Determination. „[Es] ist gar kein Prädicat und die Aufhebung des Daseins keine Verneinung eines Prädicats" (2:81; vgl. KrV A 598ff. / B 626ff.; *Refl.* 3533, 17:39; *Refl.* 3761, 17:286; *Refl.* 4017, 17:387; *Refl.* 4729, 17:689f.; *Refl.* 5230, 18:126; *Refl.* 5255, 18:133; *Refl.* 5507, 18:202f.; *Refl.* 5710, 18:332f.; *Refl.* 5758, 18:345f.; *Refl.* 5780, 18:353ff.; *Refl.* 5913, 18:383; *Refl.* 6270, 18:538ff.; *Refl.* 6297, 18:563f.; *Refl.* 6320, 18:634ff.; *Refl.* 6381, 18:697f.). Man kann sicherlich das Dasein als ein bloß logisches Prädikat betrachten, denn alles kann im Redegebrauch als Prädikat vorkommen (vgl. 2:72; KrV A 598 / B 626; *Refl.* 3706, 17:240ff.; *Refl.* 5858, 18:370). Das Dasein selbst ist aber keine zusätzliche, prädikative Bestimmung eines Dinges. Es ändert vor allem nichts an der Beschaffenheit und an der Definition der Sachen: „*Sein* ist offenbar kein reales Prädicat, d. i. ein Begriff von irgend etwas, was zu dem Begriffe eines Dinges hinzukommen könne" (KrV A 598 / B 626). Es entsteht daher kein Widerspruch, wenn die Sache selbst (auch die vollkommenste: →Gott) aufgehoben (d. h. ihr Sein verneint) wird (vgl. 1:394; 2:81; KrV A 225; KrV A 592ff. / B 620ff.; KrV A 615 / B 643; *Refl.* 3725, 17:270; *Refl.* 3736, 17:276f.; *Refl.* 4033, 17:391; *Refl.* 4659, 17:628; *Refl.* 5505, 18:202; *Refl.* 5523, 18:207; *Refl.* 5761, 18:346f.; *Refl.* 5776, 18:351; *Refl.* 5783, 18:353f.; *Refl.* 6389, 18:700ff.; *Refl.* 6408, 18:707; *Refl.* 6436, 18:716; 20:350; 28:571).

2 Positive Aussagen über das Sein

2.1 Man kann das Dasein Frege zufolge als ein Prädikat zweiter Stufe betrachten. In der Sache ist bereits Kant dieser Auffassung. Das Sein ist kein Prädikat von einem Ding, sondern nur „von dem Gedanken, den man davon hat" (2:72). Man sollte in diesem Sinne nicht sagen: „regelmäßige Sechsecke existiren in der Natur", sondern umgekehrt: „gewissen Dingen der Natur [...] kommen die Prädicate zu, die in einem Sechsecke beisammen gedacht werden" (2:73). Dasein ist, mit anderen Worten, wohl ein Prädikat, aber nicht des Dinges selbst, sondern des gedachten Begriffs in seinem Verhältnis zu den Gegenständen der Wahrnehmung (vgl. KrV A 598f. / B 626f.; *Refl.* 5716, 18:333; *Refl.* 6276, 18:543).

2.2 *„Das Dasein ist die absolute Position eines Dinges"* (2:73). Existenz ist kein Prädikat, sondern die Setzung selbst des Subjekts mit allen seinen Prädikaten. Alles, was existiert, ist absolut gesetzt. Dasein „ist bloß die Position eines Dinges, oder gewisser Bestimmungen an sich selbst" (KrV A 598 / B 626; vgl. KrV A 225 / B 272f.; *Refl.* 3274, 17:269; *Refl.* 4017, 17:387; *Refl.* 4156, 17:437; *Refl.* 4396, 17:531; *Refl.* 5230, 18:126; *Refl.* 6245, 18:525; *Refl.* 6382, 18:698). Diese Absolutheit impliziert nicht, dass etwas ‚an sich' existiert oder existieren kann. Wir haben in unserer →Erfahrung nur mit →Erscheinungen, nicht mit →Dingen an sich zu tun und „beym phaenomeno ist die rede niemals von absoluter existentz" (*Refl.* 5400, 18:172; vgl. *Refl.* 5919, 18:384; *Refl.* 5975, 18:411f.). Unser Wissen über die Möglichkeit, das Dasein und die Notwendigkeit bestimmter Gegenstände bezieht sich ausschließlich auf Erscheinungen, nicht auf die Dinge an sich. Das ist eine der Hauptthesen der →Postulate des empirischen Denkens überhaupt, welche die Wirklichkeit (genauso wie →Möglichkeit und →Notwendigkeit) in der Erfahrung untersuchen: „Was mit den materialen Bedingungen der Erfahrung (der Empfindung) zusammenhängt, ist wirklich" (KrV A 218 / B 266). Das Dasein der Erscheinungen kann daher nur in einer →Wahrnehmung, d. h. durch eine sinnliche →Anschauung festgestellt werden (vgl. 2:73; KrV A 225 / B 272f.; KrV A 234 / B 286; KrV A 601 / B 629; *Refl.* 5277, 18:141; *Refl.* 5502, 18:201; *Refl.* 5518, 18:205; *Refl.* 5526, 18:208; *Refl.* 5710, 18:332; *Refl.* 5718, 18:334; *Refl.* 6270, 18:540; *Refl.* 6328, 18:698).

3 Sein als Form der Modalität

3.1 Dasein ist ein modaler Begriff: eine Kategorie der →Modalität (vgl. KrV A 80 / B 106). Das Besondere der Urteile der Modalität besteht nun darin, dass diese „nichts zum Inhalte des Urtheils beiträgt" (KrV A 74 / B 99f.), sondern nur die Art bezeichnet, *wie* ein Ding mit allem ihm Zugehörigen gesetzt wird. „Modalitaeten der determinationen sind nicht selbst determinationen" (*Refl.* 5525, 18:207; vgl. 2:75; KrV A 219 / B 266; *Refl.* 3706, 17:240ff.; *Refl.* 4017, 17:387; *Refl.* 6331, 18:653; 28:554). Urteilen wir, dass etwas *ist* bzw. *existiert*, dann sagen wir nichts Inhaltliches über das Ding, sondern nur, dass es etwas unserem Begriff Entsprechendes gibt. Alle Grundsätze der Modalität sind nicht objektiv-, sondern subjektiv-synthetische Sätze: „Sie fügen zu dem Begriffe eines Dinges, (Realen) von dem sie sonst nichts sagen, die Erkenntnißkraft hinzu, worin er entspringt und seinen Sitz hat" (KrV A 234 / B 286). Thema des Postulats der Wirklichkeit ist daher nicht das Objekt selbst, sondern das Objekt in seinem Verhältnis „zur empirischen Urtheilskraft" (KrV A 219 / B 266). Das wird in einer Reflexion aus den 80er Jahren folgendermaßen ausgedrückt: „existentz ist nicht Bestimmung des Dinges, sondern des Verstandes durch das obiect" (*Refl.* 5716, 18:333; vgl. KrV A 74ff. / B 99ff.; KrV A 600 / B 628; *Refl.* 5558, 18:232; 20:349).

3.2 Während Kant in der Kategorientafel den Ausdruck ‚Dasein/Nichtsein' verwendet, braucht er im Schematismuskapitel und im zweiten Postulat des empirischen Denkens das Wort ‚Wirklichkeit'. Die begrifflichen Bereiche von ‚Existenz', ‚Dasein' und ‚Wirklichkeit' werden von Kant nie deutlich geschieden oder präzisiert. ‚Wirklichkeit' und ‚Realität' treten dagegen bei Kant als zwei völlig getrennte Begriffe auseinander. Man muss in dieser Hinsicht klar das Dasein als zweiter Kategorie der Modalität von der Realität als erster Kategorie der →Qualität unterscheiden: „Realität ist im reinen Verstandesbegriffe das, was einer Empfindung überhaupt correspondirt, dasjenige also, dessen Begriff an sich selbst ein Sein (in der Zeit) anzeigt“ (KrV A 143 / B 182; vgl. KrV A 166ff. / B 207ff.; KrV A 242 / B 300). Es geht hier um die inhaltliche Bestimmung des Dinges selbst, d. h. um das, was das Seiende selbst ist. „Qualität eines Dinges ist die Bestimmung, die es als ein Etwas oder als bloßen Mangel vorstellt, d. i. dessen Begrif ein Seyn oder Nichtseyn enthält“ (*Refl.* 6338, 18:662; vgl. 21:457). Sein und Nichtsein gelten in diesem eher qualitativem Sinne als die einfachsten Vorstellungen der Dinge selbst (vgl. *Refl.* 6324, 18:646; 20:282; 28:552; 28:560; 28:1004). Die Wirklichkeit gehört dagegen nicht zur Realität, denn für die sachhaltigen Prädikate der Realität ist es vollkommen irrelevant, ob etwas auch existiert oder nicht.

4 Die relative Position des Seins

4.1 Das Verb ‚sein‘ kann die bloße Setzung der Existenz eines Dinges bezeichnen. Es kann aber auch als Verbindungsglied von →Subjekt und Prädikat in einem →Urteil gelten. Es handelt sich in diesem zweiten Fall nicht um die Position von etwas, sondern um die logische Verbindung von zwei Elementen in einem Urteil. Diese Verbindung wird durch die Kopula des Urteils vollzogen: „Im logischen Gebrauche ist [das Sein] lediglich die Copula eines Urtheils“ (KrV A 598 / B 626; vgl. 2:73f.; *Refl.* 5142, 18:102; *Refl.* 5704, 18:330f.; 28:313; 28:1027). Hier ist das Verhältniswörtchen ‚ist‘ offensichtlich kein Prädikat oder Merkmal des Subjekts. Es stellt nur eine Relation zwischen den zwei Vorstellungen her, die sich als prädikative Korrelate einordnen lassen. Diese Unterordnung der Vorstellungen findet nach Kant im Hinblick auf die Einheit der Apperzeption (das →Ich denke) statt (vgl. KrV B 141f.; 9:104).

4.2 „Ohne modalitaet ist gar kein Urtheil moglich“ (*Refl.* 3111, 16:663). Das Verhältnis der Vorstellungen zur synthetischen Einheit der Apperzeption (vgl. KrV B 141) zeigt die Notwendigkeit der Vorstellungen in ihrem objektiven Verhältnis. Empirische bzw. zufällige Urteile enthalten eine solche Notwendigkeit und können deswegen als objektiv bezeichnet werden. „Darauf zielt das Verhältniswörtchen ist [...], um die objective Einheit gegebener Vorstellungen von der subjectiven zu unterscheiden“ (KrV B 141f.). Die mit der Kopula ausgedrückte Notwendigkeit zeigt den Anspruch eines Urteils auf objektive Gültigkeit an. Möglichkeit und Dasein werden dementsprechend in den →Postulaten des empirischen Denkens unter die Notwendigkeit subsumiert (vgl. KrV A 218ff. / B 265ff.).

Weiterführende Literatur

Neumann, Hardy: Die neue Seinsbestimmung in der reinen theoretischen Philosophie Kants: Das Sein als Position, Berlin: Duncker & Humblot 2006.

Schwarz, Wolfgang: „Kant's Categories of Reality and Existence“, in: Philosophy and Phenomenological Research 48, 1987, 343–346.

Vick, George R.: „Existence was a predicate for Kant“, in: Kant-Studien 61, 1970, 357–371.

Wagner, Hans: „Über Kants Satz, das Dasein sei kein Prädikat“, in: Archiv für Geschichte der Philosophie 53, 1971, 183–186.

Young, Michael: „Der Begriff der Existenz bei Kant“, in: Ratio 18, 1976, 85–98.

Giuseppe Motta

Selbstbewusstsein

Der Begriff des Selbstbewusstseins ergänzt bei Kant die sachlich verwandten und systematisch grundlegenderen Begriffe der →Apperzeption und des Bewusstseins. Die drei einander beträchtlich überschneidenden Begriffe markieren und artikulieren das Ineinander von Selbstverhältnis und Gegenstandsbeziehung in Kants nicht-empirischer Begründung der Erfahrung und ihrer Objekte. Selbstbewusstsein versteht Kant nicht primär als psychisches oder mentales Phänomen von Introspektion oder Reflexion, sondern als eine kognitiv relevante Strukturverfassung des Subjekts, die gegenständliche Erkenntnis ermöglicht, ohne selbst Gegenstand solcher Erkenntnis werden zu können. Die transzendentalphilosophisch relevante Gestalt des Selbstbewusstseins ist das „ursprüngliche und nothwendige Bewußtsein der Identität seiner selbst“ (KrV A 108). Weitere wichtige Stellen: KrV A 111–114; KrV A 117 Anm.; KrV B 132–135; KrV B 138f.; KrV B 144; KrV A 343 / B 401;

KrV A 370f.; KrV A 378; KrV A 401f.; KrV B 406f.; KrV B 411f. Anm.; KrV B 420; KrV B 422; 5:29; 5:74; 5:101; 5:116; 5:133; 5:476; 6:439).

Philosophische Funktion

1 Selbstbewusstsein vor Kant

1.1 Ähnlich wie der Terminus ‚Apperzeption', dessen Bildung auf Leibniz zurückgeht, ist der Ausdruck ‚Selbstbewusstsein' eine Wortprägung, die im Rückgriff auf einen kurrenten Ausdruck (in diesem Fall in der Art von ‚sich seiner selbst bewusst sein') als Terminus eingeführt wird. Doch anders als im Fall der Apperzeption kommt der Ausdruck vor Kant nicht terminologisch zum Einsatz. Es finden sich aber in der für die Ausbildung und Entwicklung von Kants reifer Philosophie maßgeblichen Leibniz-Wolffschen Schulphilosophie Wendungen und Ausdrücke, die dem Gebrauch des nominalisierten Terminus ‚Selbstbewusstsein' nahe kommen und die in der Sache einen Begriff von Selbstbewusstsein beinhalten.

Der systematische Kontext dieser Anbahnungen des philosophischen Begriffs von Selbstbewusstsein ist die auf Leibniz zurückgehende Unterscheidung derjenigen Vorstellungen oder Denkgehalte, die in uns vorliegen mögen, ohne doch bemerkt oder bedacht zu werden („petites perceptions"), von solchen, denen sich der Geist eigens bewusst wird durch mentale Akte von Aufmerksamkeit, Reflexion und Erinnerung, deren Leistung Leibniz mit dem Neologismus ‚Apperzeption' (französisch ‚aperception'; von ‚s'aperçevoir de quelque chose', ‚etwas bemerken') bezeichnet. Für die Resultate der Reflexionsleistung („actes réflexifs") verwendet Leibniz den Ausdruck „Bewusstsein" („conscience") (Leibniz, *Monadologie*, § 14; Leibniz, *Principes*, § 5). Den Gegenstandsbereich reflexiver Vergewisserung bezeichnet er als das „Ich" („Moy") und die reflektierten Denkgehalte lokalisiert er „in uns" („en Nous"; Leibniz, *Monadologie*, § 30).

Zu den im Ich reflexiv-bewusst vorliegenden Gedanken rechnet Leibniz nicht zuletzt die Allgemeinbegriffe, die er für angeboren hält und zu denen er das Sein, die Substanz, das Einfache, das Zusammenengesetzte, das Immaterielle und Gott zählt. Den in der Apperzeption vorliegenden Selbstbezug des Denkens versteht Leibniz dabei als Achthaben auf das, was in uns vorliegt („s'aperçevoir de ce qui est en nous"; Leibniz, *Nouveaux essais*, L. I, Ch. i, § 5). Gegenstand des reflexiv vermittelten Bewusstseins von dem, was in uns vorliegt, ist also bei Leibniz nicht ein individueller, personal verfasster ichlicher Kernbestand, sondern ein Inbegriff meiner Gedanken.

1.2 In der schulphilosophischen Rezeption und Transformation von Leibniz' Auffassung des apperzeptiven (Selbst-)Bewusstseins, insbesondere bei Wolff und Baumgarten, finden sich im Hinblick auf den sich erst entwickelnden Begriff des Selbstbewusstseins terminologische Annäherungen in Gestalt der lateinischen Ausdrücke und Wendungen ‚*conscientia*' (Bewusstsein), ‚*sensus internus*' (innerer Sinn) und ‚conscium sui' (seiner bewusst) sowie von deutschsprachigen Konstruktionen des Typus „des sind wir uns bewußt" (Wunderlich, *Kant und die Bewusstseinstheorien*, S. 18–31, S. 35, S. 40). Hervorzuheben ist die Verortung der einschlägigen Ausführungen in der Metaphysik und speziell in der einerseits rein rational und andererseits im Rückgriff auf die Erfahrung entwickelten Seelenlehre (*psychologia rationalis, psychologia empirica*). Als Arena der Bewusstseins- und Selbstbewusstseinsprozesse gilt die substantiell verstandene Seele. Auch ist auffällig, dass die Selbstbezüglichkeit des Denkens bei Wolff und Baumgarten durchweg im sachlichen Kontext von dessen Bezugnahme auf außermentale Gegenstände bzw. auf deren mentale Repräsentanten (Vorstellungen) erfolgt.

Neben der umschreibenden Annäherung an einen spezifischen Begriff von kognitivem Selbstbewusstsein finden sich in der philosophischen Entwicklung von Leibniz zu Kant auch Ansätze zu einer nicht-referentiellen Konzeption von Selbstbewusstsein, für deren Kennzeichnung etwa bei Mendelssohn der Terminus ‚Selbstgefühl' Verwendung findet (Wunderlich, *Kant*, S. 58–60). Bemerkenswert ist hieran insbesondere der Einschluss der Existenzgewissheit in das Selbstverhältnis der Denksubstanz.

2 Selbstbewusstsein bei Kant

2.1 Bei Kant wird ‚Selbstbewusstsein' in der *KrV* zum philosophischen Terminus, der –wie die sachlich zugehörigen Ausdrücke ‚Apperzeption' und ‚Bewusstsein' – doppelt zum Einsatz kommt: bei der Begründung des notwendigen Erfahrungsbezugs der Kategorien in der transzendentalen Deduktion und bei der Kritik an den Fehlschlüssen der rationalen Seelenlehre in der → transzendentalen Dialektik (→ Paralogismen der reinen Vernunft). Der Terminus ‚Selbstbewusstsein' kommt dabei in geringerem Umfang zum Einsatz als die beiden verwandten Fachausdrücke.

Gelegentlich finden sich bei Kant in den einschlägigen Kontexten statt des Terminus ‚Selbstbewusstsein' umschreibende Wendungen wie „Bewußtsein meiner selbst" (KrV A 122). In dieser indirekten Gestalt figuriert der Begriff Selbstbewusstsein auch in der *Widerlegung des Idealismus* (KrV B 274), wo er das Bewusstsein der eigenen Existenz („Dasein"; KrV B 275f.) einschließt. An einigen wenigen Stellen sind auch parenthetische Identifizierungen des Bewussteins seiner selbst mit der Apperzeption zu verzeichnen (vgl. KrV B 68; vgl. auch 7:134 Anm.; 23:107 Anm.). Der Bedeutungsgehalt des terminologisch verwendeten Begriffs Selbstbewusstsein umfasst so in der *KrV* sowohl das Bewusstsein von der transzendentalen Funktion des Subjekts des Denkens als auch das Bewusstsein von der eigenen Existenz des denkenden Selbst.

2.2 Weitere Verwendung findet der Ausdruck ‚Selbstbewusstsein' vor allem in der *KpV* (vgl. 5:29; 5:74; 5:101; 5:116; 5:133) und der *MST* (6:439), wo er das spezifische Bewusstsein sittlicher Verpflichtung kennzeichnet, sowie in der *KU* (5:476) und – in größerer Zahl – im *Op. post.*, das die transzendentalphilosophische Bedeutung des Terminus aufnimmt und fortführt. Im Nachlass ist das Wort ‚Selbstbewusstsein' in geringem Umfang in den Reflexionen zur Metaphysik aus der zweiten Hälfte der siebziger Jahre zu finden (vgl. 18:117; 18:182) und taucht dann dort wieder vereinzelt gegen Ende der achtziger Jahre auf (vgl. 18:313; 18:315).

Die *Anthropologie* widmet dem Thema Selbstbewusstsein unter der Überschrift *Vom Bewußtsein seiner selbst* den Eröffnungsabschnitt (7:127f.) des Werkes, in dessen Zentrum die Verstandesbefähigung des (menschlichen) „Ich" steht, und setzt die einschlägigen Überlegungen im unmittelbar anschließenden Abschnitt „Vom Egoism." (7:128–130) fort, der den Selbstbezug in der Verengung auf das eigene Selbst unter Ausschluss der logischen, ästhetischen und moralischen Berücksichtigung der Anderen („Pluralismus"; 7:130) erörtert.

3 Die transzendentale Funktion des Selbstbewusstseins

3.1 Die Fassung der transzendentalen Deduktion der Kategorien in der ersten Auflage der *KrV* führt den Begriff des Selbstbewusstseins im Ausgang vom Begriff der Apperzeption ein, um die Korrelativität zwischen der „Einheit des Bewußtseins" (KrV A 108) und der Einheit des begrifflich bestimmten Gegenstandes zum Ausdruck zu bringen. Unter Apperzeption versteht Kant die prinzipielle Selbstzuschreibung aller meiner Vorstellungen durch den Gedanken „*Ich denke* [die Vorstellung]" (KrV B 131f.). Als kategorial geregelte Einheitsleistung unter Erscheinungen ist die Apperzeption in eins → Synthesis des Gegenstandsbewusstseins und Synthesis des Selbstbewusstseins. „Selbstbewusstsein" meint dabei nicht das Bewusstsein der eigenen inneren Zustände des apperzipierenden Denksubjekts, sondern das allererst in der synthetischen Einheitsbildung des Gegenstandes zustande kommende Bewusstsein der durchgängigen numerischen Identität des denkenden Subjekts.

Da die konstitutive Synthesis von Selbst- wie Gegenstandsbewusstsein nicht empirisch erfolgt, sondern „rein[]" (KrV A 107) oder „transscendental[]" (KrV A 107) und Empirie allererst ermöglicht, ist auch das resultierende (Selbst-)Bewusstsein der eigenen Identität im Denken „ursprünglich" und „notwendig" (KrV A 108). Das in transzendentaler Funktion eingeführte Selbstbewusstsein ist wesentlich „Bewußtsein der Identität seiner selbst" (KrV A 108; Identität, numerische) und von „durchgängiger Einheit" (KrV A 111) geprägt, die in einem „ganzen möglichen Selbstbewußtsein" (KrV A 113) kulminiert, in dem alle gegenständlich relevanten Erscheinungen, wenn nicht aktuell, so doch potenziell und prinzipiell vereinigt sind in „einem einigen Selbstbewußtsein" (KrV A 117 Anm.).

3.2 Die Fassung der transzendentalen Deduktion der Kategorien in der zweiten Auflage der *KrV* nimmt die funktionalen Bestimmungen des Selbstbewusstseins aus der Erstfassung auf und stellt dessen „transscendentale Einheit" (KrV B 132), dessen „objective" und „notwendige Einheit" (KrV B 139; KrV B 144) und dessen „allgemeinen" Charakter in der umfassenden Gestalt von „einem Selbstbewußtsein" (KrV B 132; KrV 137) heraus. Die Apperzeption wird nunmehr explizit als Modus von Selbstbewusstsein eingeführt, nämlich als „dasjenige Selbstbewusstsein [...] was, in dem es die Vorstellung *Ich denke*, hervorbringt, die alle andere muß begleiten können und in allem Bewußtsein ein und dasselbe ist, von keiner weiter begleitet werden kann" (KrV B 132). Die damit vorgenommene Kennzeichnung der Apperzeption als transzendental relevanter Spezies von Selbstbewusstsein, hält den Ausdruck ‚Selbstbewusstsein' für andere Bedeutungszuweisungen offen und macht auch verständlich, warum Kant in der *KrV* öfter und typischer von ‚Apperzeption' als von ‚Selbstbewusstsein' handelt.

Die systematische Nähe des transzendentalem Selbstbewusstsein zur Apperzeption in deren Prinzipienfunktion erörtert Kant im kontrastierenden Vergleich des begrenzten menschlichen Verstandes, der nur begrifflich vermittelt („diskursiv") operieren kann und der dabei angewiesen ist auf das ihm vorgegebene „Mannigfaltige der Anschauung" (KrV B 136), mit dem Begriff eines unendlichen, nicht diskursiv-sukzessiv sondern intuitiv-instantan operierenden Verstandes, „durch dessen Selbstbewußtsein zugleich das Mannigfaltige der Anschauung gegeben würde" (KrV B 138f.). Der menschliche Verstand ist dem gegenüber als ein Verstand anzusehen, in dem Selbstbewusstsein nicht ohne die Selbstzuschreibungsleistung meiner Vorstellungen durch Apperzeption und damit durch die Beziehung des Denkens und seiner Begriffe auf die Sinnlichkeit und deren Anschauungen möglich ist.

3.3 Kants Kritik am Projekt der rationalen Seelenlehre konfrontiert die primär funktionale Auffassung des Selbstbewusstseins aus der transzendentalen Deduktion der Kategorien mit dem Anspruch der traditionellen Metaphysik auf vernünftig erschlossene Einsichten in die Natur des Selbst als vorstellungsbegabter Substanz (Seele), die qualitativ einfach, numerisch identisch und räumlich relationiert beschaffen ist (vgl. KrV A 344 / B 402). In Anbetracht des prätendierten rein rationalen Charakters der traditionellen metaphysischen Seelenlehre, der alle „Wahrnehmung seiner selbst" (KrV 342 / B 400) und „innere Erfahrung" (KrV A 342 / B 400) ausschließt, ist für Kant das „Ich denke" der „alleinige Text der rationalen Psychologie" (KrV A 343 / B 401). Die kritische Reflexion auf die „für sich selbst an Inhalt gänzlich leere Vorstellung: Ich" (KrV A 345f. / B 404), die den Kern des transzendentalen Selbstbewusstseins bildet, liefert nicht die beanspruchten substantiellen Einsichten in die Natur der Seele, sondern nur die Vergewisserung über die formale Grundstruktur des Denkens, die das zugrundeliegende einfache, identische und im Verhältnis zum Raum und den Dingen in ihm positionierte Subjekt des Denkens umfasst, nicht aber ein inhaltlich bestimmtes übersinnliches Objekt.

In der ersten Auflage der *KrV* an den Fehlschlüssen der reinen Vernunft (KrV A 341ff.) in der Seelenlehre tritt neben die restriktive Funktion des Selbstbewusstseins als minimaler Selbstvergewisserung des Denksubjekts (vgl. KrV A 343; KrV A 346; KrV A 362; KrV A 364; KrV A 398; KrV A 401) die epistemische Differenzierung zwischen dem Selbstbewusstsein und dem Bewusstsein äußerer Gegenstände. Im „*vierten Paralogismus der Idealität*" (KrV A 366) wird das Selbstbewusstsein mit seiner untrüglichen Gewissheit im Hinblick auf „meine eigene Existenz" von der „zweifelhafte[n] Existenz [äußerer Gegenstände]" abgesetzt (KrV A 366f.). Gegen die idealistische Bevorzugung des epistemischen Status des Selbstbewusstseins gegenüber dem des Gegenstandsbewussteins reklamiert Kant die kognitive Gleichrangigkeit von denkenden und ausgedehnten Wesen als Gegenständen innerer bzw. äußerer Erfahrung (Erscheinungen). Das bloße Selbstbewusstsein erlaubt keinen privilegierten epistemischen Zugang zu einem Selbst, das sich in seiner absoluten Existenz (Ding an sich) aller theoretischen Erkenntnis entzieht und das als Erscheinung genauso gewiss Gegenstand von Erkenntnis durch den →inneren Sinn sein kann, wie die körperlichen Gegenstände im Raum es für die äußeren Sinne zu sein vermögen (vgl. KrV A 370f.).

3.4 Die zweite Auflage der *KrV* verschärft mit der neu hinzugefügten *Widerlegung des Idealismus* (KrV B 274–279) die anti-idealistische Position mit dem Argument, dass schon das „Bewußtsein meines eignen Daseins" ein „unmittelbare[s] Bewußtsein des Daseins anderer Dinge außer mir" einschließt (KrV B 276). Als Beweisgrund fungiert dabei die Unterscheidung zwischen dem bloßen, rein intellektuellen Bewusstsein meiner selbst und der inhaltlichen „Bestimmung meines Daseins in der Zeit" (KrV B 275), die nur unter Bezugnahme auf ein von mir als denkendem Subjekt verschiedenes Beharrliches im Raum erfolgen kann.

3.5 Die stark gestraffte Fassung des Paralogismen-Kapitels in der zweiten Auflage (*KrV B*) pointiert die Kritik am rational-psychologischen Fehlschluss durch die Unterscheidung zweier Arten, das denkende Selbst zu erwägen: als ein „Object überhaupt (mithin wie es in der Anschauung gegeben werden mag)" und „wie es in Beziehung aufs Selbstbewußtsein besteht, wobei also an gar kein Object gedacht wird" und das denkende Selbst nur als „Beziehung auf sich als Subject" erwogen wird (KrV B 411 Anm.). Da für die erstgenannte, objektive Betrachtung die notwendige epistemische Basis in Gestalt von einschlägigen sinnlichen Anschauungen der Substanzialität, Einheit, Identität und des Daseins fehlt, erfasst die denkende Erwägung des Selbst nichts als die „bloße logische [...] Einheit des Selbstbewußtseins" (KrV B 413) oder das „einfache Selbstbewußtsein" (KrV B 420). Eine „Anschauung des Subjects als Objects" (KrV B 421f.) ist dagegen nicht möglich.

Bei aller kritischen Restriktion des Selbstbewusstseins auf ein inhaltlich unbestimmtes und gänzlich ungegenständliches „reines Selbstbewußtsein" (KrV B 422) hält Kant aber weiterhin daran fest, dass die Apperzeption „etwas Reales" (KrV B 419) ist. Die kognitive Einschränkung im Hinblick auf das denkende Selbst betrifft nicht dessen Existenz, sondern „die Art, wie ich existire" und insbesondere die Frage, ob ich dies selbständig tue („Substanz"), wie der Spiritualismus vertritt, oder als anhängende Bestimmung („Accidenz") nach der Auffassung des Materialismus (KrV B 420). Doch beide dogmatischen Positionen verkennen den transzendentalen Status des reinen Selbstbewusstseins, das als notwendige Bedingung gegenständlicher Erfahrung auch nur im Horizont der von ihr ermöglichten Erfahrung ausgewiesen werden kann und damit auf „unser Dasein im Leben" beschränkt ist (KrV B 420). An die Stelle der metaphysischen Entität Seele ist die transzendentale Voraussetzung des (reinen) Selbstbewusstseins getreten.

4 *Selbstbewusstsein und Selbsterkenntnis*

4.1 Zu den weitreichenden Resultaten der transzendentalen Deduktion der Kategorien gehört eine epistemische Grundunterscheidung: „[s]ich einen Gegenstand *denken* und einen Gegentand *erkennen*, ist also nicht einerlei" (KrV B 146). Während das bloße (Sich-)Denken eines Gegenstandes den Einsatz der Kategorien unter der Anleitung der transzendentalen Apperzeption erfordert, braucht es für die Erkenntnis des Gegenstandes eine zusätzliche, einschränkende Bedingung: die (sinnliche) Anschauung, durch die der Gegenstand, der durch die Kategorien gedacht werden soll, allererst gegeben wird. Ohne die korrespondierende Anschauung bleibt das gegenständliche Denken ein „Gedanke der Form nach, aber ohne allen Gegenstand" (KrV B 146).

Übertragen auf den Fall des denkenden Selbst führt die Differenz von Denken und Erkennen auf die Unterscheidung von transzendentaler Apperzeption (kurz: Apperzeption) und empirischer Apperzeption (kurz: „inner[er] Sinn"; KrV B 153) und auf die korrelierte Differenz zwischen dem „Ich, der ich denke" (KrV B 155), das als Subjekt in allem Denken nur ein Gegenstand im Denken oder ein logisches Objekt sein kann, und dem „Ich, das sich selbst anschauet" (KrV B 155), das als Gegenstand bestimmt erkannt werden kann, doch in dieser Objektivität immer nur den Status einer Erscheinung hat. Wenn Kant der rationalen Psychologie das Erreichen von Selbsterkenntnis explizit abspricht (vgl. KrV B 293f.; KrV B 421), meint der Begriff der Selbsterkenntnis – im Unterschied zu dem des Selbstbewusstseins – die mit theoretischen Mitteln nicht zu leistende gegenständliche Erkenntnis des nicht-empirischen Selbst.

4.2 In der theoretischen Philosophie rekurriert Kant zusätzlich auf den Terminus „*Selbsterkenntniß*" (4:317) in einem nicht spezifisch bewusstseinstheoretischen Sinn, um sein eigenes Unternehmen der Vernunftkritik als „*Selbsterkenntniß* der Vernunft" (4:317) oder „Selbsterkenntniß der reinen Vernunft" (4:328) von den dogmatischen Selbstüberschätzungen des Vernunftvermögens abzusetzen (vgl. KrV A XI; KrV A 366; KrV A 481 / B 509; KrV A 735 / B 763; KrV A 744 / B 773; KrV A 763 / B 791; KrV A 849 / B 877). Schließlich wertet Kant die kritische Substitution der prätendierten rationalen Selbsterkenntnis durch das reine Selbstbewusstsein als „Wink" für den fälligen Wechsel der Bemühung um Selbsterkenntnis „von der fruchtlosen überschwenglichen Speculation zum fruchtbaren practischen Gebrauche" (KrV B 421).

4.3 In der Moralphilosophie nimmt Kant die Unterscheidung von Selbstbewusstsein und Selbsterkenntnis aus der Transzendentalphilosophie in verwandelter Form auf. Insbesondere bezeichnet Kant das nicht-empirische Bewusstsein moralischer Freiheit – das Bewusstsein der Unabhängigkeit des moralischen Wollens von den Antrieben der Neigungen und seine Bestimmbarkeit bloß durch die Vernunft – als das „Selbstbewußtsein einer reinen praktischen Vernunft" (5:29 Anm.). Der Ausdruck ‚Selbstbewusstsein' dient hier zur Anzeige einer unmittelbaren Gewissheit, die weder auf Vernunftschlüssen noch auf sinnlicher Anschauung beruht und die deshalb auch nicht eigentlich als ‚Erkenntnis' oder ‚Wissen' aufgefasst und ausgegeben werden kann. Dem entsprechend führt Kant die „*Erkenntniß* des unbedingt Praktischen" (5:29 Anm.) auch nicht auf ein (Selbst-)Bewusstsein der Freiheit als solcher zurück, sondern auf das Bewusstsein unbedingter sittlicher Verpflichtung, von dem aus dann auf die moralische Freiheit geschlossen wird.

Wenn Kant nun in der weiteren Entwicklung seiner praktischen Philosophie auf eine Selbsterkenntnis in moralischer Hinsicht rekurriert, meint dies nicht eine unmittelbar gewisse Erkenntnis des Selbst von der eigenen Freiheit. Vielmehr versteht Kant unter moralischer Selbsterkenntnis die grundsätzlich schwierige und im Einzelfall immer fallible Bemühung des Menschen um die Erkenntnis seiner eigenen moralischen Qualität. Angesichts der faktischen Tendenz des Menschen zur moralischen Selbsttäuschung hegt Kant schwerwiegende Zweifel an der Wirklichkeit moralischer Selbsterkenntnis, ohne dass der Agnostizismus im Hinblick auf den genuinen Charakter moralischer Motivation und Exekution die normative Wirklichkeit des Selbstbewusstseins unbedingter sittlicher Verpflichtung einschränken oder gar aufheben würde. Für Kant ist die moralische Selbsterkenntnis ein „Gebot" (6:442), dessen konsequente Befolgung für den Menschen die „Höllenfahrt des Selbsterkenntnisses" (6:441; 7:55; vgl. 23:342) beinhaltet.

Einen spezifisch ethischen Gebrauch macht Kant vom Begriff der Selbsterkenntnis in seiner späten Ethik, in der er das Gewissen als ein „moralische[s] Selbstbewußtsein" (6:439) beschreibt. Im →Gewissen soll die problematische moralische Selbstbeurteilung unter Rückgriff auf die Idee eines in seinen kognitiven und praktischen Fähigkeiten dem Menschen überlegenen, vollkommenen moralischen Wesens („Gott") angestellt werden.

Interpretation

Als Kernstück der Transzendentalphilosophie ist die Lehre von der Apperzeption mit ihrer terminologischen Trias ‚Apperzeption', ‚Selbstbewusstsein' und ‚Bewusstsein' seit langem der Dreh- und Angelpunkt der interpretatorischen und kritischen Auseinandersetzung mit Kants theoretischer Philosophie. Strittig sind in der Literatur immer noch der ontologische Status und die argumentative Leistungsfähigkeit des Selbstbewusstseins bei Kant (vgl. Zöller, *Developments*). Gegen eher metaphysische Lesarten des apperzeptiven Ich als Wesen sui generis jenseits der kritischen Unterscheidung von Ding an sich und Erscheinung standen und stehen stärker erkenntnistheoretische Auslegungen, die an dem apperzeptiven (Selbst-)Bewusstsein die Funktionalität statt der Substantialität des Ich herausstellen. Die Einschätzung des (reinen) Selbstbewusstseins als oberstem Beweisgrund der Transzendentalphilosophie schwankt zwischen ‚schwachen' Auslegungen, die das Apperzeptionsbewusstsein als Interpretationskonstrukt für mögliche Erfahrung auffassen und ‚starken' Deutungen, die das Apperzeptionsbewusstsein als selbstständig-irreduzible Grundlage von nicht-empirischer Gegenstandserkenntnis verstehen.

Auch der rezente Aufschwung der Philosophie des Geistes (*philosophy of mind*) sowie der Kognitions- und Neurowissenschaften (*cognitive science, neuroscience*) mit seinen direkten und indirekten Auswirkungen auf die Kantforschung hat die etablierten und tradierten Kontroversen um Apperzeption, Selbstbewusstsein und Bewusstsein bei Kant nicht etwa einer konsensuellen Lösung zuzuführen vermocht, sondern eher deutlich werden lassen, wie akut und aktuell Kants diffizile Überlegungen zum Verhältnis von Selbstbezug und Gegenstandsbezug im Erkennen weiterhin sind. Wie in den anderen Kernbereichen seines Philosophierens – namentlich der Lehre vom unbedingten Sollen in der Moralphilosophie und der Lehre vom Geschmacksurteil in der Ästhetik – bekundet sich auch die Stärke und Wirkmächtigkeit von Kants Lehre von der Apperzeption nicht in ihrer fazilen Übersetzbarkeit und Übertragbarkeit in kurrente Positionen, Methodologien und Theorien, sondern in ihrer profunden Ambiguität im Hinblick auf Voraussetzungen, Beweisgänge und Schlussfolgerungen und in ihrem philosophischen Irritationspotential gegenüber etablierten oder emergierenden Theorien.

Weiterführende Literatur

Carl, Wolfgang: Die transzendentale Deduktion der Kategorien in der ersten Auflage der Kritik der reinen Vernunft, Frankfurt/M.: Klostermann 1992.

Henrich, Dieter: Identität und Objektivität. Über Kants transzendentale Deduktion, Heidelberg: Winter 1976.

Klemme, Heiner: Kants Philosophie des Subjekts. Systematische und entwicklungsgeschichtliche Untersuchungen zum Verhältnis von Selbstbewußtsein und Selbsterkenntnis, Hamburg: Meiner 1996.

Rosefeldt, Tobias: Das logische Ich. Kant über den Gehalt des Begriffes von sich selbst, Berlin u. a.: Philo 2000.

Wunderlich, Falk: Kant und die Bewußtseinstheorien des 18. Jahrhunderts, Berlin u. a.: de Gruyter 2005.

Zöller, Günter: „Main Developments in Recent Scholarship on the *Critique of Pure Reason*", in: Philosophy and Phenomenological Research 52 (1993), 445–466.

Günter Zöller

Sinn, innerer

Der innere Sinn ist das Vermögen, „vermittelst dessen das Gemüth sich selbst oder seinen inneren Zustand anschauet" (KrV A 22 / B 37). Nahezu synonym verwendet Kant auch Ausdrücke wie ‚empirische Apperzeption', ‚innere Anschauung', ‚innere Wahrnehmung' und ‚innere Erfahrung'. Der innere Sinn grenzt sich einerseits vom äußeren Sinn dadurch ab, dass er mentale Zustände des Subjekts bzw. die Seele zum Gegenstand und die Zeit als seine formale Bedingung hat, wohingegen der äußere Sinn mit körperlichen Gegenständen im Raum zu tun hat. Andererseits unterscheidet sich der innere Sinn von der reinen →Apperzeption dadurch, dass er eine empirische Selbstanschauung des zeitlich bestimmbaren Subjekts, die reine Apperzeption dagegen ein intellektuelles Selbstbewusstsein des Denkens ist, das zur Spontaneität gehört. Zur Selbsterkenntnis ist das Subjekt auf empirische Anschauungen durch den inneren Sinn angewiesen, in dem aber alles in einem kontinuierlichen Fluss gegeben ist. „Das Bewußtsein seiner selbst nach den Bestimmungen unseres Zustandes bei der innern Wahrnehmung ist blos empirisch, jederzeit wandelbar, es kann kein stehendes oder bleibendes Selbst in diesem Flusse innrer Erscheinungen geben, und wird gewöhnlich der *innre Sinn* genannt, oder die *empirische Apperception*" (KrV A 107). Weitere wichtige Stellen: KrV B XXXIX-XLI; KrV A 22 / B 37; KrV A 33ff. / B 49ff.; KrV B 66ff.; KrV B 131f.; KrV B 152–157; KrV A 137 / B 185; KrV B 275–279; KrV B 291–294; KrV A 342–347 / B 400–405; KrV A 491f. / B 519f.; KrV A 846 / B 874; KrV A 107; KrV 357–361; KrV A 367f.; KrV A 385f.; 4:336f.; 4:471; 5:259; 7:134; 7:140–143; 7:153; 7:161f.; 7:398f.; 9:156; 15:85; 18:152; 18:610ff.; 20:268f.; 28:79f.; 28:222f.; 28:275–280; 28:483f.; 28:583; 28:771f.; KF 1:18–21.

Philosophische Funktion

1 Der innere Sinn als ein Erkenntnisvermögen

Kant unterteilt das →Erkenntnisvermögen insgesamt in die Spontaneität des Denkens und die Rezeptivität der Anschauung, die auch „Sinnlichkeit" genannt wird (KrV A 19f. / B 33f.). Die Sinnlichkeit enthält die Vermögen des Sinns und der Einbildungskraft, wobei sich der Sinn wiederum in den äußeren und den inneren Sinn differenziert; „der erstere ist der, wo der menschliche Körper durch körperliche Dinge, der zweite, wo er durchs Gemüth afficirt wird" (7:153). Der innere Sinn ist von der reinen Apperzeption zu unterscheiden, da jener zur Sinnlichkeit und diese zur Spontaneität gehört. Zu beachten ist, dass Kant das Gefühl der Lust und Unlust nicht unter „den *inneren* Sinn (*sensus internus*)" zählt, sondern als „den *inwendigen* Sinn (*sensus interior*)" (7:153) bezeichnet, weil es keine bloße Beziehung der Vorstellung auf ein Objekt ist, sondern eine „Empfänglichkeit des Subjects, durch gewisse Vorstellungen zur Erhaltung oder Abwehrung des Zustandes dieser Vorstellungen bestimmt zu werden" (7:153; vgl. 5:22; 20:222). Das Gefühl der Lust und Unlust ist kein Erkenntnisvermögen, sondern selbst eines der drei selbständigen Vermögen des menschlichen Gemüts neben dem Erkenntnis- und dem Begehrungsvermögen (vgl. 5:177f.; 20:205f.).

2 Die Form des inneren Sinns

2.1 Die Form des inneren Sinns ist die Zeit, die Form des äußeren Sinns dagegen der →Raum. „Äußerlich kann die Zeit nicht angeschaut werden, so wenig wie der Raum als etwas in uns" (KrV A 23 / B 37). Vermittelst des äußeren Sinns werden Gegenstände als außer uns im Raum wahrgenommen, wobei räumliche Eigenschaften nicht in der Form der Zeit bestimmt werden können: „Denn die Zeit kann keine Bestimmung äußerer Erscheinungen sein: sie gehört weder zu einer Gestalt, oder Lage etc.; dagegen bestimmt sie das Verhältniß der Vorstellungen in unserm innern Zustande" (KrV A 33 / B 49f.). Alles, was im inneren Sinn gegeben ist, wird in Verhältnissen der Zeit bestimmt. Aber während der Raum lediglich die Form der Anschauung der äußeren Erscheinungen ist, gilt die Zeit als die formale Bedingung aller Erscheinungen überhaupt, „weil alle Vorstellungen, sie mögen nun äußere Dinge zum Gegenstande haben oder nicht, doch an sich selbst, als Bestimmungen des Gemüths, zum innern Zustande gehören [...]: so ist die Zeit eine Bedingung *a priori* von aller Erscheinung überhaupt und zwar die unmittelbare Bedingung der inneren (unserer Seelen) und eben dadurch mittelbar auch der äußern Erscheinungen" (KrV A 34 / B 50; vgl. KrV A 155 / B 194; 6:214). Deshalb bezeichnet Kant den inneren Sinn sogar als „den Inbegriff aller Vorstellungen" (KrV A 177 / B 220). Da alle Gegenstände der Erfahrung letztlich über den inneren Sinn in der Zeit erscheinen, müssen die Kategorien vermittelst der transzendentalen Zeitbestimmung in Schemata konkretisiert werden, um auf sinnliche Anschauungen angewandt werden zu können (vgl. KrV A 138f. / B 177f.).

2.2 In anderer Hinsicht hängt der innere Sinn allerdings umgekehrt auch vom äußeren ab. Kant zufolge gilt, dass „alles, was im inneren Sinne ist, beständig fließt" (KrV B 291). Wir sind uns zwar dessen bewusst, dass unsere inneren Vorstellungen in einer Zeitfolge stehen (vgl. KrV A 37 / B 54), aber da die Zeit als die Form des inneren Sinns keine Gestalt hat, haben wir von ihr selbst keine unmittelbare Vorstellung. Deshalb versuchen wir diesen Mangel durch räumliche Analogien zu kompensieren, indem wir „die Zeitfolge durch eine ins Unendliche fortgehende Linie" (KrV A 33 / B 50) darstellen. Kant ist der Meinung, „daß wir die Zeit [...] uns nicht anders vorstellig machen können, als unter dem Bilde einer Linie, so fern wir sie ziehen [...], folglich die Bestimmungen des inneren Sinnes gerade auf dieselbe Art als Erscheinungen in der Zeit ordnen müssen, wie wir die der äußeren Sinne im Raume ordnen" (KrV B 156).

2.3 Die Abhängigkeit des inneren vom äußeren Sinn dient Kant als ein zentrales Argument gegen den empirischen oder materialen Idealismus, der die Existenz äußerer Dinge bezweifelt oder leugnet. In der → *Widerlegung des Idealismus* versucht Kant die These zu begründen: *„Das bloße, aber empirisch bestimmte Bewußtsein meines eigenen Daseins beweiset das Dasein der Gegenstände im Raum außer mir"* (KrV B 275). Da Kant zufolge alle Zeitbestimmung etwas Beharrliches in der Wahrnehmung braucht, dieses im inneren Sinn selbst aber nicht anzutreffen ist, muss die Existenz äußerer Dinge, die ich als etwas Beharrliches im Raum wahrnehme, vorausgesetzt werden, sofern ich mir meines Daseins in der Zeit bewusst bin. Das „Bewußtsein meines Daseins in der Zeit ist also mit dem Bewußtsein eines Verhältnisses zu etwas außer mir identisch verbunden" (KrV B XL), das nicht Erdichtung oder Einbildung, sondern Erfahrung von wirklichen Dingen ist. So ist innere Erfahrung überhaupt nur mittelbar durch äußere Erfahrung möglich. Damit glaubt Kant die Möglichkeit ausgeräumt zu haben, dass „wir nur einen inneren Sinn, aber keinen äußeren, sondern bloß äußere Einbildung hätten" (KrV B 277 Anm.; vgl. KrV B 277ff.; Kant, *Vom inneren Sinne*, S. 18–21).

3 Der Gegenstand des inneren Sinns

3.1 Während sich der äußere Sinn, durch den die körperlichen Dinge angeschaut werden, in den Vitalsinn und den Organsinn differenziert, wobei der letztere wiederum fünf einzelne Sinne umfasst (Tast-, Gesichts-, Gehör-, Geschmacks- und Geruchssinn; vgl. 7:154ff.), „giebt es [...] nur Einen inneren Sinn, weil es nicht verschiedene Organe sind, durch welche der Mensch sich innerlich empfindet, und man könnte sagen, die Seele ist das Organ des inneren Sinnes" (7:161). Kant bezeichnet den Gegenstand des inneren Sinns meist als →Seele (vgl. KrV A 342 / B 400; KrV A 846 /

B 874; 4:336), gelegentlich aber auch als Gemüt (vgl. KrV A 22 / B 37), Subjekt (vgl. KrV B 68), Ich (vgl. KrV A 443 / B 471), Mensch (vgl. 9:156), Geist (vgl. 17:468) oder Intelligenz (vgl. 28:224). Der Gegenstand des äußeren Sinns sind dagegen die ausgedehnte Natur oder allgemein die Körper. Aus dieser Gegenüberstellung folgt allerdings nicht, dass sich der innere Sinn zur Seele so verhielte wie der äußere Sinn zu den körperlichen Dingen. Kant weist nämlich darauf hin, dass in der inneren Anschauung „die Vorstellungen *äußerer Sinne* den eigentlichen Stoff ausmachen, womit wir unser Gemüth besetzen" (KrV B 67; vgl. KrV B XXXIX; Kant, *Vom inneren Sinne*, S. 18). Das könnte bedeuten, dass der innere Sinn kein Material liefern kann, das selbst nicht wiederum auf den äußeren Sinn zurückgeführt werden müsste (vgl. Allison, *Kant's Transcendental Idealism*, S. 280ff.). Kants These kann allerdings auch so verstanden werden, dass der innere Sinn unabhängig vom äußeren Sinn, rein für sich, keinen Stoff zu Erkenntnissen bietet (vgl. Ameriks, *Kant's Theory*, S. 243f.). Auf jeden Fall ist Kant der Meinung, dass der innere Sinn nur eingeschränkt zu Erkenntnissen über die Seele beiträgt.

3.2 Kant teilt die immanente Physiologie als die Wissenschaft aller Gegenstände der Sinne in die Physik (Körperlehre) und die Psychologie (Seelenlehre) ein, die jeweils den äußeren bzw. den inneren Sinn zur Grundlage haben (vgl. KrV A 846 / B 874; 4:467). Trotz dieser Gegenüberstellung weist Kant darauf hin, dass in der Physik „vieles *a priori* aus dem bloßen Begriffe eines ausgedehnten undurchdringlichen Wesens", in der Psychologie „aber aus dem Begriffe eines denkenden Wesens gar nichts *a priori* synthetisch erkannt werden kann" (KrV A 381). Während körperliche Gegenstände in ihrer räumlichen Erscheinung dem äußeren Sinn etwas Bleibendes anzubieten haben, was die Anwendung der Substanzkategorie auf einen bestimmten Gegenstand ermöglicht, ist die einzige Form des inneren Sinns die Zeit, die „nichts Bleibendes hat, mithin nur den Wechsel der Bestimmungen, nicht aber den bestimmbaren Gegenstand zu erkennen giebt" (KrV A 381). Daher ist es unmöglich, im inneren Sinn etwas als ein bestimmtes Objekt gegen anderes auszumachen. Alle inneren Wahrnehmungen werden stattdessen der „einfache[n] und für sich selbst an Inhalt gänzlich leere[n] Vorstellung: Ich" (KrV A 345f. / B 404) zugeschrieben, ohne dabei als Eigenschaften dieses „Objekts" angeschaut werden zu können. In diesem Sinne schreibt Kant schon in der transzendentalen Ästhetik, dass der innere Sinn „keine Anschauung von der Seele selbst als einem Object" (KrV A 22 / B 37) gibt.

3.3 Der kontinuierliche Fluss des inneren Sinns führt auch dazu, dass die Psychologie selbst als eine empirische Wissenschaft problematisch wird. In *MAN* stellt Kant fest, dass die „empirische Seelenlehre jederzeit von dem Range einer eigentlich so zu nennenden Naturwissenschaft entfernt bleiben" (4:471) muss. Denn die Phänomene des inneren Sinns und ihre Gesetze lassen sich weder mathematisch beschreiben noch abgesondert und objektiv beobachten, ohne dabei den Zustand des zu beobachtenden Gegenstandes zu verändern und zu verstellen. Die Psychologie „kann daher niemals etwas mehr als eine historische und, als solche, so viel möglich systematische Naturlehre des inneren Sinnes, d. i. eine Naturbeschreibung der Seele, aber nicht Seelenwissenschaft, ja nicht einmal psychologische Experimentallehre werden" (4:471). Da die Ordnung derjenigen Dinge, die den äußeren Sinnen gegeben werden, im inneren Sinn fehlt, ist dieser besonders für Täuschungen anfällig. Sie bestehen darin, dass Einbildungen für Empfindungen oder gar Eingebungen gehalten werden. „In beiden Fällen ist es *Gemüthskrankheit*: der Hang das Spiel der Vorstellungen des inneren Sinnes für Erfahrungserkenntniß anzunehmen, da es doch nur eine Dichtung ist" (7:161).

4 Innerer Sinn versus reine Apperzeption

4.1 Kant bemängelt gelegentlich, dass der innere Sinn oft mit der Apperzeption verwechselt wird (vgl. KrV B 153; 7:142). Obwohl der innere Sinn auch „*empirische Apperzeption*" genannt wird (KrV A 107), ist er doch von der reinen Apperzeption streng zu unterscheiden: „Der innere Sinn ist nicht die reine Apperception, ein Bewußtsein dessen, was der Mensch *thut*, denn dieses gehört zum Denkungsvermögen, sondern was er *leidet*, wiefern er durch sein eignes Gedankenspiel afficirt wird" (7:161). Während der innere Sinn als ein Anschauungsvermögen zur Sinnlichkeit gehört, ist die reine Apperzeption nichts Empirisches, sondern gehört als ein Bewusstsein der Denktätigkeit zur Spontaneität. In der *Anthropologie* erläutert Kant diese Unterscheidung ausführlich: „Wenn wir uns die innere Handlung (Spontaneität), wodurch ein *Begriff* (ein Gedanke) möglich wird, die *Reflexion*, die Empfänglichkeit (Receptivität), wodurch eine *Wahrnehmung* (*perceptio*), d. i. empirische *Anschauung*, möglich wird, die *Apprehension*, beide Acte aber mit Bewußtsein vorstellen, so kann das Bewußtsein seiner selbst (*apperceptio*) in das der Reflexion und das der Apprehension eingetheilt werden. Das erstere ist ein Bewußtsein des Verstandes, das zweite der innere Sinn; jenes die *reine*, dieses die *empirische* Apperception, da dann jene fälschlich der innere *Sinn* genannt wird" (7:134 Anm.). Auch wenn Kant mit David Hume (vgl. Hume, *Treatise*, S. 165) darin übereinstimmt, dass im inneren Sinn nichts Einfaches oder Beharrliches empirisch zu beobachten ist, muss Kant zufolge allen meinen Vorstellungen die reine Apperzeption zugrunde gelegt werden, die in allem Bewusstsein ein und dasselbe ist und die die Identität des denkenden Subjekts darstellt (vgl. KrV B 131f.). Die reine Apperzeption gehört zu den Bedingungen der Möglichkeit der Erfahrung und ist insofern eine objektiv gültige Einheit, wohingegen der innere Sinn nur eine empirische und subjektive Einheit des Bewusstseins aufweist, die durch die Assoziation der Vorstellungen in der Mannigfaltigkeit der Anschauungen hergestellt wird und daher ganz zufällig ist (vgl. KrV B 139f.).

4.2 Die Unterscheidung zwischen reiner Apperzeption und innerem Sinn entspricht derjenigen zwischen dem Ich als „*Subject* des Denkens" und dem Ich als „*Object* der Wahrnehmung" (7:134 Anm.). Mit dieser Unterscheidung, bei der das Ich nur „der Form (der Vorstellungsart) nach, aber nicht der Materie (dem Inhalte) nach" (7:134 Anm.) als doppelt betrachtet wird, ist der Begriff der Selbstaffektion verbunden (vgl. KrV B 152). Im inneren Sinn schaue ich mich selbst an, indem ich einerseits das Objekt der Anschauung bin, anderseits aber zugleich von mir selbst als Subjekt des Denkens innerlich affiziert werde: „Das, was den inneren Sinn bestimmt, ist der Verstand und dessen ursprüngliches Vermögen das Mannigfaltige der Anschauung zu verbinden [...]. Er also übt unter der Benennung einer *transscendentalen Synthesis der Einbildungskraft* diejenige Handlung aufs *passive* Subject, dessen *Vermögen* er ist, aus, wovon wir mit Recht sagen, daß der innere Sinn dadurch afficirt werde" (KrV B 153f.).

4.3 Die reine Apperzeption bezieht sich zwar auf das denkende Subjekt, enthält aber keine Anschauung vom ihm. Es handelt sich um ein Selbstbewusstsein des Denkenden, das als solches noch keine Selbsterkenntnis ist. Denn ich bedarf „zum Erkenntnisse meiner selbst außer dem Bewußtsein oder außer dem, daß ich mich denke, noch einer Anschauung des Mannigfaltigen in mir, wodurch ich diesen Gedanken bestimme" (KrV B 158). Die reine Apperzeption enthält lediglich das „Förmliche des Bewußtseins" und „dagegen die *innere Erfahrung* das Materielle desselben und ein Mannigfaltiges der empirischen inneren Anschauung" (7:141f.). Im Abschnitt über die „Paralogismen der reinen Vernunft" beansprucht Kant zu zeigen, dass es überhaupt keine rationale Erkenntnis des denkenden Subjekts von sich selbst geben kann. Um mich selbst zu erkennen, bin ich auf die Anschauungen durch den inneren Sinn angewiesen, aber dabei bin ich mir selbst nur als ein empirisches Objekt zugänglich, das in der Zeit bestimmbar ist, „und ich habe also demnach keine *Erkenntniß* von mir, *wie ich bin*, sondern bloß, wie ich mir selbst *erscheine*" (KrV B 158). Die prinzipielle Unmöglichkeit, die Dinge, wie sie an sich selbst betrachtet sind, zu erkennen, gilt nicht nur für die äußeren Gegenstände im Raum, sondern ebenso auch für das denkende Subjekt selbst.

Weiterführende Literatur

Allison, Henry: Kant's Transcendental Idealism. An Interpretation and Defense. Revised and Enlarged Edition, New Haven: Yale University Press 2004, insbes. 275–285.

Ameriks, Karl: Kant's Theory of Mind. An Analysis of the Paralogisms of Pure Reason. New Edition, Oxford: Oxford University Press 2000, insbes. Kap. 7.

Kitcher, Patricia: Kant's Transcendental Psychology, New York: Oxford University Press 1993.

Mohr, Georg: Das sinnliche Ich. Innerer Sinn und Bewußtsein bei Kant, Würzburg: Könighausen und Neumann 1991.

Rosefeldt, Tobias: Das logische Ich. Kant über den Gehalt des Begriffs von sich selbst, Berlin u. a.: Philo 2000.

Chong-Fuk Lau

Sinnlichkeit

„Die Fähigkeit (Receptivität), Vorstellungen durch die Art, wie wir von Gegenständen afficirt werden, zu bekommen, heißt *Sinnlichkeit*" (KrV A 19 / B 33). Sinnlichkeit ist demnach die Fähigkeit eines Vorstellungssubjekts, Vorstellungen in Abhängigkeit davon zu erhalten, dass Gegenstände es in irgendeiner Weise affizieren (vgl. KrV A 51 / B 75). Sinnlichkeit ist eine der zwei Grundfunktionen des menschlichen →‚Gemüts'. Sie wird in der *KrV* neben dem Verstand als einer von zwei Grundstämmen der menschlichen Erkenntnis eingeführt (vgl. KrV A 15 / B 29). Die Sinnlichkeit wird als Vermögen der Rezeptivität im Gegensatz zur Spontaneität (vgl. KrV A 50 / B 74) verstanden. Sie beruht auf Affektionen, während der Verstand auf (Urteils-)Funktionen beruht (vgl. KrV A 68 / B 93). Sie wird von Kant auch als das Vermögen der Anschauung im Gegensatz zum Vermögen der Begriffe (vgl. KrV A 51 / B 75; 9:36), als die subjektive im Gegensatz zur objektiven Erkenntnisart (vgl. 6:211 Anm.) sowie als das untere →Erkenntnisvermögen im Gegensatz zum Verstand als dem oberen Erkenntnisvermögen (vgl. 7:196) charakterisiert. Zur Sinnlichkeit gehören auch die Gefühle, die „*blos* die Beziehung [der Vorstellung] aufs *Subject* und nichts zur Erkenntniß des Objects Brauchbares [enthalten]" (6:212 Anm.). Darüber hinaus kann die Sinnlichkeit auch Bestimmungsgrund unseres Handelns sein. Da wir als natürliche Wesen nach der Befriedigung unserer Neigungen streben, ist die Sinnlichkeit oft Bestimmungsgrund unseres Begehrungsvermögens, indem eine Handlung ein Mittel zur Erreichung von Lust oder der Vermeidung von Unlust ist (vgl. 5:62). Weitere wichtige Stellen: 2:392ff.; 2:397; KrV A 15f. / B 29f.; KrV A 19–22 / B 33–36; KrV A 38f. / B 55f.; KrV A 42ff. / B 59ff.; KrV B 72; KrV B 136; KrV A 139f. / B 178f.; KrV B 150–152; KrV A 248 / B 305; KrV A 534 / B 562; 4:283f.; 4:318; 5:60f.; 5:75f.; 7:140ff.; 7:153ff.; 9:35ff.; 15:673ff.; 20:223.

Philosophische Funktion

1 *Kants Charakterisierung der Sinnlichkeit im Allgemeinen*

Dem ‚kritischen' Kant zufolge ist die Sinnlichkeit die Weise, wie das erkennende und handelnde Subjekt von seinem jeweiligen Kontext und seiner Naturanlage abhängt. Bezüglich unserer Erkenntnisvermögen ist die Sinnlichkeit das Vermögen, durch Gegenstände affiziert werden zu können. Deshalb wird sie auch Rezeptivität oder Empfänglichkeit genannt (vgl. KrV A 50 / B 74; 7:140). Die Sinnlichkeit haben wir mit den vernunftlosen Tieren gemeinsam, welche Instinkte der Sinnlichkeit haben und lernen können, die aber keinen Verstand besitzen (vgl. 7:196) und ihre Willkür nur von sinnlichen Antrieben bestimmen lassen (vgl. 6:213).

Als rezeptives Vorstellungsvermögen ist die Sinnlichkeit das, dadurch Gegenstände uns gegeben werden, während das, dadurch sie gedacht werden, der Verstand ist, welcher ein Vermögen der Spontaneität oder Selbsttätigkeit ist (vgl. KrV A 50 / B 74). Demnach kann man den Beitrag der Sinnlichkeit und die Rolle der Affektion zunächst rein funktional als das verstehen, was uns Gegenstände ‚gibt', auf die die Funktionen des Verstandes angewandt werden können. Die Abhängigkeit davon, affiziert zu werden, ist darüber hinaus aber auch eine kausale Abhängigkeit, die Kant als eine nicht-sinnliche Kausalbeziehung versteht (vgl. 4:289; 4:314f.). Diese Fähigkeit, auf bestimmte Weisen affiziert zu werden, erstreckt sich aber nur auf Gegenstände der →Erfahrung. Kant versteht seine funktionale Unterscheidung zwischen der Sinnlichkeit und dem Verstand als Gegenposition zu der der Leibniz-Wolffischen Schule, die sinnliche und intellektuelle Vorstellungen nach dem Grad ihrer Klarheit unterschied: „Die Leibniz-Wolffische Philosophie hat daher allen Untersuchungen über die Natur und den Ursprung unserer Erkenntnisse einen ganz unrechten Gesichtspunkt angewiesen, indem sie den Unterschied der Sinnlichkeit vom Intellectuellen bloß als logisch betrachtete, da er offenbar transscendental ist und nicht bloß die Form der Deutlichkeit oder Undeutlichkeit, sondern den Ursprung und den Inhalt derselben betrifft" (KrV A 44 / B 61f.).

Vorstellungen, die wir insofern haben, als wir sinnlich affiziert werden, nennt Kant Empfindungen. Empfindungen sind aber keine objektiven Vorstellungen eines Gegenstands, sondern nur Vorstellungen von subjektiven Zuständen (vgl. KrV B 44). Empfindungen können aber einen Gegenstandsbezug gewinnen, wenn sie Teil einer empirischen Anschauung werden, dadurch die Vorstellungen zeitlich bzw. raumzeitlich strukturiert werden. Gegenstände, sofern sie in dieser Weise sinnlich angeschaut sind, heißen Erscheinungen. An empirischen Anschauungen bzw. Erscheinungen können wir eine Materie und eine Form unterscheiden. Die Materie ist das, was uns a posteriori durch Empfindungen gegeben ist, während die Form der Anschauungen a priori bestimmt, wie die Empfindungen geordnet sind (vgl. KrV A 19f. / B 34). Die apriorischen Formen der Anschauung bzw. der Sinnlichkeit sind nach Kant →Raum und →Zeit, die „auch ohne einen wirklichen Gegenstand der Sinne oder Empfindung, als eine bloße Form der Sinnlichkeit im Gemüthe" liegen (KrV A 21 / B 35). Die Zeit ist die Form des →inneren Sinnes, „vermittelst dessen das Gemüth sich selbst oder seinen inneren Zustand anschauet", während der Raum die Form des äußeren Sinnes ist, wodurch „wir uns Gegenstände als außer uns [vorstellen]" (KrV A 23 / B 37). Als Formen sind Raum und Zeit nicht Objekte, sondern die Gesamtkontexte, in denen wir wirkliche und mögliche Gegenstände in Beziehung zu den verschiedenen möglichen Positionen setzen können, die wir und andere Subjekte relativ zu ihnen einnehmen können. Von dieser Vorstellung unseres Gesamtkontexts kann man den empirischen Raum und die mit ihm durch Bewegungen verbundene empirische Zeit unterscheiden, derer wir durch die verschiedenen Affektionen (Empfindungen) gewahr werden und denen wir aus verschiedenen Lagen im Raum und der Zeit unterworfen sind (vgl. 4:481).

Die Sinnlichkeit wird hinsichtlich ihrer Funktion nicht nur unserem Verstand entgegengesetzt, sondern noch grundsätzlicher einer nichtsinnlichen göttlichen intellektuellen Anschauung, die ein unmittelbar schöpferisches, wesentliches Erfassen von Dingen (und somit Denken und Anschauen zugleich) wäre. Unsere Anschauung heißt „darum sinnlich [...], weil sie *nicht ursprünglich*, d. i. eine solche, ist, durch die selbst das Dasein des Objects der Anschauung gegeben wird (und die, so viel wir einsehen, nur dem Urwesen zukommen kann)" (KrV B 72).

Zur Sinnlichkeit als Rezeptivität gehören nicht nur die Vorstellungen, die sich auf die Erkenntnis der Gegenstände richten, sondern auch Gefühle (vgl. 6:211 Anm.), die das sind, „was jederzeit blos subjectiv bleiben muß und schlechterdings keine Vorstellung eines Gegenstandes ausmachen kann" (5:206). Demgemäß enthält ein Gefühl „die Wirkung der Vorstellung (diese mag sinnlich oder intellectuell sein) aufs Subject [...] und [gehört] zur Sinnlichkeit [...], obgleich die Vorstellung selbst zum Verstande oder der Vernunft gehören mag" (6:212 Anm.). Das Gefühl erläutert Kant auch als „die Fähigkeit, Lust oder Unlust bei einer Vorstellung zu haben" (6:211).

Gefühle der Lust und Unlust sind bedeutsam auch in Bezug auf das Begehrungsvermögen, indem sinnliche Antriebe unser Handeln beeinflussen; „Das *Wohl* oder *Übel* bedeutet immer nur eine Beziehung auf unseren Zustand der *Annehmlichkeit* oder *Unannehmlichkeit*, des Vergnügens und Schmerzens, und wenn wir darum ein Object begehren oder verabscheuen, so geschieht es nur, so fern es auf unsere Sinnlichkeit und das Gefühl der Lust und Unlust, das es bewirkt, bezogen wird" (5:60). In diesen Zusammenhang gehört auch Kants Begriff der Neigung. Eine Neigung ist eine „habituelle sinnliche Begierde" (7:251), die auf einer pathologischen (d. h. durch sinnliche Anreize bewirkten) Bestimmung unseres Gemüts beruht (vgl. 5:24f.).

Die drei wichtigsten Sinne sind für Kant das Gehör, der Sehsinn und der Tastsinn. Das Gehör ist Kant zufolge nicht nur eine Bedingung dafür, mit anderen sprachlich zu kommunizieren, sondern auch dafür, Vernunft zu haben (vgl. 7:155). Kant versteht Denken als „*Reden* mit sich selbst", das ein „innerlich[es] [...] *Hören*" voraussetzt (7:192). Hier wird die innere Erfahrung als internalisierte Kommunikation mit anderen Personen verstanden. Diese Internalisierung von sprachlichen Strukturen ist wiederum ohne das äußere Gehör „kaum möglich", so dass man ohne Gehör beim Sprechen auch „ohne eigentliche Begriffe [...] und [...] [D]enken" ist (7:192; vgl. 7:155). Der Sehsinn ist zwar nicht so eng mit unserer Vernunft verbunden. Er hat aber die größte Reichweite und kommt der ‚reinen Anschauung' am nächsten, weil der Empfindungsaspekt hier am wenigsten fühlbar ist (vgl. 7:156). Durch den Tastsinn sind wir in die Lage versetzt, uns eine Vorstellung von der dreidimensionalen Gestalt eines Körpers zu machen (vgl. 7:154).

2 Sinnlichkeit in der theoretischen Philosophie

Die Sinnlichkeit spielt eine zentrale Rolle in Kants kritischer Philosophie. Da unsere Erkenntnis erst einen Gegenstandbezug gewinnen kann, wenn ihre Gegenstände in Anschauungen gegeben sind (oder gegeben werden können), können wir keine Erkenntnis von Gegenständen haben, die in unserer sinnlichen Anschauung niemals angetroffen werden können. Daher können auch die Kategorien als Begriffe a priori nur insofern als Erkenntnisse gelten, als sie sich auf mögliche Gegenstände der sinnlichen Anschauung beziehen: „Wir können uns keinen Gegenstand denken, ohne durch Kategorien; wir können keinen gedachten Gegenstand *erkennen*, ohne durch Anschauungen, die jenen Begriffen entsprechen. Nun sind alle unsere Anschauungen sinnlich, und diese Erkenntniß, so fern der Gegenstand derselben gegeben ist, ist empirisch. Empirische Erkenntniß aber ist Erfahrung. Folglich *ist uns keine Erkenntniß a priori möglich, als lediglich von Gegenständen möglicher Erfahrung*“ (KrV B 165f.). Diese Einschränkung unserer Erkenntniskraft gilt vor allem für die transzendentalen Ideen von →Gott, der →Seele und der →Welt, die niemals Erkenntnis werden können. Da aber in Anschauungen Gegenstände nach den apriorischen Formen unserer Sinnlichkeit angeschaut werden, bedeutet das auch, dass wir von einem transzendentalen Standpunkt aus diese Gegenstände als Erscheinungen und nicht als Dinge an sich betrachten müssen. Um die Sinnlichkeit zu ‚begrenzen‘ (vgl. KrV A 288 / B 344), denkt sich der Verstand deswegen ein transzendentales Objekt, „das die Ursache der Erscheinung (mithin selbst nicht Erscheinung) ist“ (KrV A 288 / B 344). Die Begrenzung der Sinnlichkeit besteht demnach darin, „daß, weil die sinnliche Anschauung nicht auf alle Dinge ohne Unterschiede geht, für mehr und andere Gegenstände [als die sinnlich erfahrbaren] Platz übrig bleibe“ (KrV A 288 / B 344). Der Begriff der →Erscheinung schließt zwar logisch die Wirklichkeit von etwas, das diese Erscheinung verursacht, mit ein. Kant lehnt aber die Schlussfolgerung ab, dass dieser Gegenstand „übrig bleiben würde“ (KrV A 288 / B 345), würde man die Sinnlichkeit aufheben.

Die Sinnlichkeit ist auch in Kants Theorie der →Mathematik von Bedeutung. Nach Kant ist die Mathematik (einschließlich der →Geometrie und der Arithmetik) synthetischer Urteile a priori fähig, weil wir mathematische Begriffe mit einer korrespondierenden Anschauung verknüpfen können, indem wir durch die Konstruktion von Begriffen Verhältnisse in Raum und Zeit a priori bestimmen: „Nun ist von aller Anschauung keine a priori gegeben, als die bloße Form der Erscheinungen, Raum und Zeit; und ein Begriff von diesen als quantis läßt sich entweder zugleich mit der Qualität derselben (ihre Gestalt), oder auch bloß ihre Quantität (die bloße Synthesis des gleichartig Mannigfaltigen) durch Zahl a priori in der Anschauung darstellen, d. i. construiren“ (KrV A 720 / B 748).

3 Sinnlichkeit in der Ästhetik

Die Lust, die wir direkt durch die Sinne in Empfindungen erfahren können, bezeichnet Kant als das Angenehme (vgl. 5:205ff.; 7:230ff.). Außer dem Angenehmen identifiziert Kant zwei andere Arten von sinnlicher Lust, die zentral für seine →Ästhetik sind: die Lust am Schönen (→Schönheit (Schöne, das)) und am →Erhabenen (vgl. 7:230; 7:239–243; 5:209ff.). Allerdings beruhen ästhetische Urteile im Gegensatz zum Angenehmen nicht unmittelbar auf sinnlichen Empfindungen, sondern auf der Beurteilung von Gegenständen der Sinne, wofür auch →Einbildungskraft und Verstand bzw. Vernunft eine Rolle spielen. Demnach ergibt sich bei Geschmacksurteilen über das Schöne ein freies Spiel zwischen der Einbildungskraft und dem Verstand, das Lust in der →Apprehension des Gegenstands insofern produziert, als wir eine Harmonie zwischen diesen Erkenntnisvermögen fühlen, ohne dass eine Bestimmung der Gegenstände durch Begriffe stattfindet (5:217ff.). Im Gegensatz dazu ergibt sich bei ästhetischen Urteilen über das Erhabene ein Verhältnis zwischen Einbildungskraft und Vernunft (vgl. 5:244), sodass wir in der Apprehension eines über alle Maßen großen oder mächtigen Gegenstandes der Sinne eine indirekte Lust erfahren, weil die erfolglose Bestrebung der Einbildungskraft, den Gegenstand in seiner Totalität zu erfassen, die Vernunftidee des Übersinnlichen in uns erweckt (vgl. 5:268ff.).

4 Sinnlichkeit in der praktischen Philosophie

In *KU* beschreibt Kant die Lust am Schönen als eine interesselose Lust (vgl. 5:204f.). Demgemäß wird sie in der *MSR* als „blos contemplativ[]“ bezeichnet (6:212). Dieser kontemplativen Lust setzt Kant eine praktische Lust entgegen, die „mit dem Begehren (des Gegenstandes, dessen Vorstellung das Gefühl so afficirt) nothwendig verbunden ist“ (6:212; vgl. 5:209f.). Die praktische Lust wird wiederum in sinnliche und intellektuelle unterteilt.

Bei der sinnlich praktischen Lust ist die Lust die Ursache des Begehrens. D. h. die Vorstellung eines Gegenstandes, der uns gefällt, bestimmt unser Begehren nach demselben. Dasjenige, wonach wir in diesem Fall streben, ist das Angenehme, und die Bestimmung des Begehrungsvermögens erzeugt deswegen ein „Interesse der Neigung" (6:212). Dagegen folgt die intellektuell praktische Lust „auf eine vorhergehende Bestimmung des Begehrungsvermögens" (6:212). In der *KpV* definiert Kant diese praktische Lust als → Achtung für das moralische Gesetz, die „eine Wirkung [der praktischen Vernunft] aufs Gefühl, mithin auf die Sinnlichkeit eines vernünftigen Wesens ist" (5:76). Nur das moralische Gesetz kann nach Kant das Begehrungsvermögen a priori bestimmen, ohne ein Gefühl der Lust vorauszusetzen. In dieser Weise kann die Vernunft „ohne Voraussetzung irgend eines Gefühls, mithin ohne Vorstellungen des Angenehmen oder Unangenehmen als der Materie des Begehrungsvermögens, [...] durch die bloße Form der praktischen Regel den Willen bestimmen" (5:24). Diese Bestimmung des Begehrungsvermögens erzeugt jedoch a priori das Gefühl der Achtung: „So ist die ächte Triebfeder der reinen praktischen Vernunft [...] keine andere als das reine moralische Gesetz selber, so fern es uns die Erhabenheit unserer eigenen übersinnlichen Existenz spüren läßt und subjectiv in Menschen, die sich zugleich ihres sinnlichen Daseins und der damit verbundenen Abhängigkeit von ihrer so fern sehr pathologisch afficirten Natur bewußt sind, Achtung für ihre höhere Bestimmung wirkt" (5:88).

Weiterführende Literatur

Falkenstein, Lorne: Kant's Intuitionism. A Commentary on the Transcendental Aesthetics, Toronto: Toronto University Press 1994.

Höwing, Thomas: Praktische Lust. Kant über das Verhältnis von Fühlen, Begehren und praktischer Vernunft, Berlin u. a.: de Gruyter 2013.

Longuenesse, Béatrice: Kant and the Capacity to Judge. Sensibility and Discursivity in the Transcendental Analytic of the „Critique of Pure Reason", Princeton: Princeton University Press 1998.

Nakazawa, Takeshi: Kants Begriff der Sinnlichkeit. Seine Unterscheidung zwischen apriorischen und aposteriorischen Elementen der sinnlichen Erkenntnis und deren lateinische Vorlagen, Stuttgart-Bad Cannstatt: Frommann-Holzboog 2009.

Reath, Andrews: „Kant's Theory of Moral Sensibility. Respect for the Moral Law and the Influence of Inclination", in: Kant-Studien 80, 1989, 284–302.

Gabriele Gava / Pierre Keller

Skeptizismus

Der Grundsatz „einer kunstmäßigen und scientifischen Unwissenheit" (KrV A 424 / B 451). Weitere wichtige Stellen: KrV A IX; KrV B 23; KrV B 128; KrV B 168; KrV A 761 / B 789; KrV A 765 / B 793; 4:271; 4:274; 4:351; 4:360; 5:3; 5:13; 5:51ff.; 5:103; 5:238f.; 9:30f.; 9:83f.; 10:122; 10:548; 11:62; 11:285; 12:6; 16:456–461; 18:294; 20:175; 24:207–218; 28:538f.

Philosophische Funktion

1 Skeptische Einflüsse auf Kant

1.1 Auch vor der *KrV* lobt Kant immer wieder die skeptische Methode (2:307; vgl. 2:25; 16:452–461; 20:175; 24:207–214); sein Begriff davon ist von Sextus Empiricus bestimmt (vgl. 9:30f.; 9:83f.; Guyer, *Kant on Common Sense*, S. 4). In *De mundi* beruft sich Kant auf den „Unterschied der Alten zwischen Phaenomena und Noumena" (2:395), was als Anspielung auf Sextus Empiricus' Beschreibung der skeptischen Methode zu verstehen ist (vgl. Sextus Empiricus, *Grundriss der pyrrhonischen Skepsis*, I.iv.8). Die transzendentale Antithetik der *KrV* zwischen Empirismus und → Dogmatismus folgt einer skeptischen Methode (vgl. KrV A 507 / B 535). Zweck dieses Gegensatzes ist es, wie bei Sextus, uns von den dogmatischen Behauptungen oder Urteilen über → Dinge an sich zu befreien.

1.2 Kants Lehre, dass Raum und Zeit nicht Dinge an sich sind, sondern Formen der Anschauung, erinnert an Bayles Behauptung in dem Artikel *Zenon d'Elée* seines *Dictionnaires* (Abs. G, K, I), wonach wir den Begriff der Ausdehnung nur dann vor Widersprüchen retten können, wenn wir der Ausdehnung nur eine Existenz in unserem Geist zuschreiben (vgl. 2:208; 16:58; 16:241; 16:450; 16:457; 24:216; 16:860; 20:71; 24:509; 24:804; 18:579; 18:588; 18:593; vgl. auch Ferrari, *Les sources françaises*, S. 91–99). Kant verweist auf den „*eleatische[n] Zeno*" als Vorreiter der Methode der Antinomie und des → transzendentalen

Idealismus (KrV A 502 / B 530), wobei er sowohl an Platons Dialog *Parmenides* wie an Bayles Artikel denkt. In den Artikeln *Pyrrhon* (Abs. B) und *Zenon d'Elée* (Abs. H) hat Bayle Argumente gegen die Existenz der Außenwelt von Malebranche und Foucher dargestellt, die Kants Begriff vom problematischen Idealismus beeinflusst haben könnten (vgl. 28:42ff.; 28:205–208; 29:927ff.).

1.3 Wichtigster Erbe von Bayle ist David Hume, der eine skeptische Kritik an der rationalen Begründung von Kausalurteilen im *Treatise* und dem *Enquiry concerning Human Understanding* vorgetragen hat. In seinen *Dialogues Concerning Natural Religion* trägt Hume eine Kritik der philosophischen →Theologie vor, die Kant 1780 in Johann Georg Hamanns Übersetzung kennen lernt. In den *Prolegomena* gesteht Kant: „[D]ie Erinnerung des *David Hume* war eben dasjenige, was mir vor vielen Jahren zuerst den dogmatischen Schlummer unterbrach" (4:260). Wenn der Begriff der Ursache seinen Ursprung nicht in der →Vernunft, sondern in der →Einbildungskraft hat, wie Hume behauptet, dann sind wir nicht berechtigt, ihn auf Gegenstände überhaupt, d. h. auf Dinge an sich (z. B. Gott), zu beziehen (vgl. 4:259; 5:13).

2 Kants Abgrenzung gegenüber dem Skeptizismus

Obwohl er in der transzendentalen Antithetik einer skeptischen Methode folgt, grenzt sich Kant gegen die Skeptiker ab, indem er nicht an eine „*sceptische[] Befriedigung der* [...] *Vernunft*" glaubt (KrV A 758 / B 786; vgl. KrV A 761 / B 789), d. h. das Ziel der *ataraxia* (dt. „Seelenruhe") für nicht erreichbar erklärt. Stattdessen benutzt er die skeptische Methode, um die Vernunft zur Gewissheit und Selbsterkenntnis zu bringen (vgl. KrV A 424 / B 451f.).

Nach Kant hat Hume Recht, wenn er meint, wir können keine →Erkenntnis von Gegenständen jenseits der →Erfahrung haben (vgl. 4:312f.). Es gibt keine spekulative Erkenntnis von Gott, Freiheit und Unsterblichkeit. Kant will aber Humes radikalen Skeptizismus in Bezug auf die →Metaphysik vermeiden. Er versucht die Erfahrungsunabhängigkeit von Begriffen wie Ursache und Substanz zu verteidigen, um dadurch die Denkbarkeit von Gegenständen der reinen Vernunft wie Gott und Freiheit zu retten (vgl. KrV B XXX; KrV B 128; 4:360; 5:13; 5:53–57).

Hume hatte die Gültigkeit a priori des Grundsatzes der →Kausalität bestritten und deswegen den Ursprung des Begriffs der Ursache im reinen Verstande verneint (vgl. KrV A 760 / B 788; KrV A 767f. / B 793f.; 4:257f.; 5:51). Kant zeigt, dass der Begriff der Ursache seinen Ursprung in einer der →Funktionen des Verstandes hat, durch welche Urteile über Gegenstände erst möglich sind (vgl. KrV A 70–83 / B 95–109). In der →transzendentalen Deduktion argumentiert Kant, dass Erfahrung nur unter der Voraussetzung möglich ist, dass Begriffe des reinen Verstandes a priori gültig sind (vgl. KrV A 84–130 / B 116–175). Damit wird sowohl der Ursprung a priori des Begriffes der Ursache (vgl. 4:313; KrV B 234) als auch die Gültigkeit a priori des Grundsatzes der Kausalität bestätigt (vgl. KrV A 189 / B 232).

Kants Beweis der objektiven Gültigkeit des Begriffs der Ursache gilt nur für mögliche Erfahrung, d. h. für →Erscheinungen, nicht für Dinge an sich (vgl. KrV A 186 / B 229). Es ist daher nicht überraschend, dass mehrere Zeitgenossen Kants ihn als Skeptiker angesehen haben (vgl. 10:548; 11:62).

3 Skeptizismus in Ansehung der Erfahrung und der Mathematik

3.1 Humes Zweifel bringt einen Empirismus mit sich, der zum härtesten „*Scepticism* selbst in Ansehung der ganzen Naturwissenschaft (als Philosophie)" führt (5:51). Lockes und Humes empirische Ableitung der Verstandesbegriffe und der →Grundsätze des reinen Verstandes ist aber dadurch widerlegt, dass wir Erkenntnisse a priori haben (vgl. KrV B 3ff.; KrV B 20f.; KrV B 127f.; KrV A 762 / B 790; 4:276f.). Falls jemand solche „Beispiele" als „Beweise der Wirklichkeit reiner Grundsätze *a priori* in unserem Erkenntnisse" nicht annehmen wollte, könne man „ihre Unentbehrlichkeit zur Möglichkeit der Erfahrung selber, mithin *a priori* darthun" (KrV B 5).

3.2 Die Möglichkeit der Erfahrung als empirische Erkenntnis kann aber nicht a priori bewiesen werden, weil sie kontingent ist (vgl. KrV A 737 / B 765; 5:187f.). Sie wäre demnach nur aus ihrer Wirklichkeit zu beweisen. Kant kann aber nicht beweisen, dass es Erfahrungsurteile wirklich gibt, wie in einer anonym erschienenen Rezension von Ulrichs *Institutiones logicae et metaphysicae* ausgeführt wird, auf die Kant in den *MAN* selbst aufmerksam macht (vgl. Schultz, *Rez. Institutiones*; 4:474 Anm.). Kant bestreitet das nicht, sondern erwidert, dass der Hauptzweck der →Deduktion negativ sei, d. h. die Unmöglichkeit einer dogmatischen Anwendung der →Kategorien jenseits der Erfahrung aufzeigen solle (vgl. 4:474 Anm.; 8:184).

Der Rezensent bemerkt, dass wir nicht beweisen können, dass die regelmäßige Ordnung der Erscheinungen nicht bloß scheinbar sei, also das Resultat einer prästabilierten Harmonie. In diesem Falle hätten die Kategorien der Kausalität und der Gemeinschaft keine Anwendung auf die Erscheinungen. Der anonyme Rezensent war, wie Kant wusste, Johann Schultz, den Kant als seinen besten Interpreten betrachtete. Kant scheint Schultz zuzustimmen (vgl. Kants späteres Lob für Salomon Maimons ähnliche Kritik an Kant in 11:49). Wie Schultz bemerkt hatte, würde die Annahme einer prästabilierte Harmonie oder eines Systems der Präformation der Verstandesbegriffe nach Kant die →objektive Gültigkeit der Kategorien und damit die Möglichkeit einer Erkenntnis a priori zerstören (vgl. 4:476 Anm.; KrV B 167f.; 4:319 Anm.; 10:131). Eine solche Annahme wäre transzendent (vgl. KrV A 391), könnte aber eben deswegen nicht widerlegt werden.

3.3 Nach Kants Ansicht akzeptiert Hume die Gültigkeit der reinen →Mathematik. Wenn Hume erkannt hätte, dass die Urteile der Mathematik synthetisch a priori sind, so hätte er Kant zufolge auch die Möglichkeit →synthetischer Urteile a priori akzeptiert (vgl. KrV B 19f.; 4:272f.; 4:277). Im Prinzip aber führt Humes Empirismus der Grundsätze zur Zurückweisung auch der reinen Mathematik (vgl. KrV B 19f.; 4:472f.; 4:277; 5:13f.; 5:52f.). Mit dem Widerstreit zwischen Empirismus und Mathematik, der sich in der zweiten Antinomie gezeigt hatte, „offenbart sich der allgemeine Empirism als de[r] ächte[] [...] *Scepticism*, den man dem Hume fälschlich in so unbeschränkter Bedeutung beilegte" (5:13f.). Dieser Widerstreit gefährdet nämlich nicht nur die Mathematik, sondern die Vernunft selbst.

4 *Praktische Antwort auf den Skeptizismus in Ansehung der Möglichkeit der Erfahrung und der transzendentalen Freiheit von Urteilskraft und Vernunft*

4.1 Die systematische Einheit der Verstandeserkenntnisse, heißt es in KrV A 647 / B 675, ist der „*Probirstein der Wahrheit* der Regeln. Umgekehrt ist die systematische Einheit [...] lediglich nur *projectirte* Einheit, die man an sich nicht als gegeben, sondern nur als Problem ansehen muß" (vgl. hierzu auch KrV A 651 / B 679; KrV A 679–682 / B 707–710; KrV A 692–695 / B 720–723). Diese Einheit ist aber nicht objektiv beweisbar. Was versichert uns, dass die theoretische Vernunft auf die Welt anwendbar ist? Kants Antwort lautet, dass die →zweckmäßige Einheit, die für die Anwendbarkeit (und deswegen für die Gültigkeit) des →moralischen Gesetzes notwendig ist, sonst nicht möglich wäre. Unsere Verpflichtung durch das moralische Gesetz ist aber in praktischer Hinsicht unbedingt notwendig (KrV A 816f. / B 844f.).

4.2 Wenn es Wunder gäbe, führt Kant in *Religion* aus, auch wenn sie unter einer scheinbaren Ordnung der Natur verdeckt wären, wäre unsere Vernunft sowohl in praktischer wie in theoretischer Hinsicht unbrauchbar. Wir können aber nicht beweisen, dass es Wunder nicht gibt. Gegen die Denkmöglichkeit der Wunder können wir uns nur mit einer →Maxime zum Gebrauch der theoretischen Vernunft schützen, keine Wunder im Laufe der Natur anzunehmen (vgl. 6:88 Anm., 5:294 Anm.; vgl. hierzu KrV B 167f.; 4:319 Anm.; Anderson, *On the Practical Foundation*).

4.3 Das Bewusstsein des moralischen Gesetzes als ein →Faktum der reinen Vernunft, insofern es mit dem Bewusstsein der Freiheit identisch ist (vgl. 5:4; 5:42; 5:46), bewahrt die Vernunft davor, „in einen Abgrund des Scepticisms gestürzt zu werden" (5:3). Das praktische Bewusstsein der Freiheit begründet unser Vertrauen in die reale Möglichkeit des Begriffs von Gott und schützt damit die spekulative Vernunft, die diese →Idee notwendig denken muss (vgl. KrV A 686 / B 714), gegen Skeptizismus (vgl. 5:3f.).

Weiterführende Literatur

Ameriks, Karl: „Kant's Transcendental Deduction as a Regressive Argument", in: ders.: Interpreting Kant's Critiques, Oxford: Clarendon Press 2003, 51–66; ursprünglich in: Kant-Studien 69, 1978, 273–285.

Forster, Michael N.: Kant and Skepticism, Princeton: Princeton University Press 2008.

Guyer, Paul: Knowledge, Reason and Taste: Kant's Response to Hume, Princeton: Princeton University Press 2008.

Kuehn, Manfred: „Kant's Transcendental Deduction: A Limited Defense of Hume", in: Den Ouden, Bernard (Hg.): New Essays on Kant, New York: Peter Lang 1987, 47–72.

Laursen, John Christian: „Kant in the History of Skepticism", in: Thompson, M. P. (Hg.): John Locke und/and Immanuel Kant: historische Rezeption und gegenwärtige Relevanz, Berlin: Duncker und Humblot 1991, 254–268.

Stern, Robert: „Metaphysical Dogmatism, Humean Scepticism, Kantian Criticism", in: Kantian Review 11, 2006, 102–116.

Tonelli, Giorgio: „Kant und die antiken Skeptiker", in: Heimsoeth, Heinz/Henrich, Dieter/Tonelli, Giorgio (Hg.): Studien zu Kants philosophischer Entwicklung, Hildesheim: Olms 1967, 93–123.

Abraham Anderson

Sollen

Kant charakterisiert das Sollen als eine →Notwendigkeit, die von Naturnotwendigkeit zu unterscheiden ist: „Das *Sollen* drückt eine Art von Nothwendigkeit und Verknüpfung mit Gründen aus, die in der ganzen Natur sonst nicht vorkommt" (KrV A 547 / B 575). Die Gesetze der Vernunft treten dem menschlichen Willen in Form des Sollens, d. h. als Imperative gegenüber, „welche sagen, *was geschehen soll*, ob es gleich vielleicht nie geschieht" (KrV A 802 / B 830), da der menschliche Wille aufgrund seiner sinnlichen Natur von diesen Gesetzen abweichend handeln kann. Weitere wichtige Stellen: 2:298, KrV A 319 / B 375; KrV A 534 / B 562; KrV A 547f. / B 575f.; KrV A 802 / B 830; KrV A 807 / B 835; 4:413f.; 4:344f.; 4:449; 4:454f.; 4:460; 4:463; 5:403f.; 6:225; 6:379; 6:382; 9:25; 9:86.

Philosophische Funktion

1 Sein und Sollen

Das Sollen führt einen grundsätzlichen Unterschied in den Bereich der Handlungen ein: Das „Sollen nun drückt eine mögliche Handlung aus, davon der Grund nichts anders als ein bloßer Begriff ist, da hingegen von einer bloßen Naturhandlung der Grund jederzeit eine Erscheinung sein muß" (KrV A 547f. / B 575f.). Der „Begriff", der Grund einer gesollten Handlung ist, stammt aus der →Vernunft, während die Erkenntnis dessen, was ist, dem *Verstand* zugeschrieben wird (der erkennt, „*was da ist* oder gewesen ist oder sein wird. Es ist unmöglich, daß etwas darin anders *sein soll*, als es in allen diesen Zeitverhältnissen in der That ist" (KrV A 547 / B 575)). Die Vernunft „folgt nicht der Ordnung der Dinge, so wie sie sich in der Erscheinung darstellen; sondern macht sich mit völliger Spontaneität eine eigene Ordnung nach Ideen, in die sie die empirischen Bedingungen hinein paßt, und nach denen sie sogar Handlungen für nothwendig erklärt, die doch *nicht geschehen sind* und vielleicht nicht geschehen werden" (KrV A 548 / B 576).

In *KrV* steht die Diskussion des Sollens und dessen Unterscheidung von dem, was ist, im Kontext der Auflösung der Freiheitsantinomie. Dass der Mensch ein Vermögen hat, sich im Handeln nach einem vernünftigen Sollen zu richten (d. h. dass die „Vernunft [...] Causalität habe" (KrV A 547 / B 575)) führt Kant als Grund dafür an, ihm Freiheit zuzuschreiben, da die Willensbestimmung durch ein Sollen Unabhängigkeit von Naturursachen beweist und auf die eigene Vernunft zurückgeht. Entsprechend nennt Kant auch die Imperative, in denen das vernünftige Sollen formuliert wird, „*Gesetze der Freiheit*" im Unterschied zu Naturgesetzen (KrV A 802 / B 830). Zwischen Sollen und Freiheit besteht also bei endlichen vernünftigen Wesen ein enger Zusammenhang: „Alle Menschen denken sich dem Willen nach als frei. Daher kommen alle Urtheile über Handlungen als solche, die hätten *geschehen sollen*, ob sie gleich *nicht geschehen sind*" (4:455).

2 Sollen der Moral und der Zweckrationalität

In welcher Hinsicht gibt die Vernunft eine Antwort auf die Frage, was wir tun sollen? Kants hauptsächliches Interesse betrifft das *moralische* Sollen, doch erwähnt er schon in *Deutlichkeit*, dass das Sollen „einer zwiefachen Bedeutung fähig" (2:298) ist, insofern auch instrumentelle Rationalität mit einem Sollen einhergeht: „Ich *soll* nämlich entweder etwas thun (als ein *Mittel*), *wenn* ich etwas anders (als einen *Zweck*) will; oder ich *soll unmittelbar* etwas anders (als einen Zweck) *thun* und wirklich machen. Das erstere könnte man die Nothwendigkeit der Mittel (*necessitatem problematicam*), das zweite die Nothwendigkeit der Zwecke (*necessitatem legalem*) nennen" (2:298). Allerdings schränkt Kant im Anschluss sogleich ein, dass die Notwendigkeit der Mittel „gar keine

Verbindlichkeit" anzeigt, „sondern nur die Vorschrift als die Auflösung in einem Problem, welche Mittel diejenige sind, deren ich mich bedienen müsse, wie ich einen gewissen Zweck erreichen will" (2:298). Eine Handlung, die Mittel zu einem Zweck ist, ist zwar in Bezug auf den Zweck notwendig, sie bleibt aber in einer anderen Hinsicht „zufällig" (2:298), nämlich solange sie sich nicht auf einen notwendigen Zweck bezieht (vgl. 2:298).

Auch in *KrV* und den späteren praktischen Schriften wird der Gedanke verfolgt, dass es diese zwei Arten des Sollens gibt. Sie schlagen sich in zwei Arten von Imperativen nieder, denn das Sollen wird gerade in der Form von Imperativen formuliert, „welche sagen, *was geschehen soll*, ob es gleich vielleicht nie geschieht" (KrV A 802 / B 830). Es gibt zwei Klassen von Imperativen, die Kant in *GMS* als kategorische Imperative (welche „eine Handlung als für sich selbst, ohne Beziehung auf einen andern Zweck, als objectiv-nothwendig" vorstellen (4:414)) und hypothetische Imperative („die praktische Nothwendigkeit einer möglichen Handlung als Mittel zu etwas anderem, was man will" (4:414) ausdrücken) ausführlich diskutiert, aber bereits in *KrV* ankündigt (vgl. KrV A 548 / B 576). Diese beiden Arten von Imperativen entsprechen dem moralischen und dem instrumentellen Sollen.

3 Sollen und endlicher Wille: Nötigung und eigenes Wollen

Warum treten die Gesetze der Vernunft dem menschlichen Willen überhaupt in Form eines Sollens, d. h. als Imperative, gegenüber? Nicht für jeden denkbaren → Willen existiert ein Sollen. Um dies zu verdeutlichen, führt Kant den vollkommen vernünftigen, göttlichen Willen an, der „von selbst nach seiner subjectiven Beschaffenheit nur durch die Vorstellung des Guten bestimmt werden kann" (4:414). Für einen solchen Willen sind Gesetze der Vernunft keine Imperative, drücken also kein Sollen aus: „[D]as *Sollen* ist hier am unrechten Orte, weil das *Wollen* schon von selbst mit dem Gesetz nothwendig einstimmig ist" (4:414). Beim menschlichen Willen besteht hingegen die Möglichkeit der Abweichung von vernünftigen Gesetzen aufgrund von kognitiven und volitionalen Beschränkungen: Ein menschliches Subjekt vollzieht „nicht sofort eine Handlung [...], weil sie gut ist, theils weil das Subject nicht immer weiß, daß sie gut sei, theils weil, wenn es dieses auch wüßte, die Maximen desselben doch den objectiven Principien einer praktischen Vernunft zuwider sein könnten" (4:414). Inwiefern der menschliche Wille nicht nur vernünftig ist, liegt nach der kantischen Konzeption des Menschen als einem vernünftigen *und sinnlichen* Wesen auf der Hand: Es gäbe kein Sollen, „wenn die Vernunft ohne Sinnlichkeit (als subjective Bedingung ihrer Anwendung auf Gegenstände der Natur) ihrer Causalität nach, mithin als Ursache in einer intelligibelen, mit dem moralischen Gesetze durchgängig übereinstimmenden Welt betrachtet würde, wo zwischen Sollen und Thun, zwischen einem praktischen Gesetze von dem, was durch uns möglich ist, und dem theoretischen von dem, was durch uns wirklich ist, kein Unterschied sein würde" (5:403f.).

Die Möglichkeit der Abweichung von Vernunftgesetzen aufgrund der nicht rein vernünftigen Beschaffenheit des menschlichen Willens ist demnach der Ursprung des Sollens: „Alle Imperativen werden durch ein *Sollen* ausgedrückt und zeigen dadurch das Verhältniß eines objectiven Gesetzes der Vernunft zu einem Willen an, der seiner subjectiven Beschaffenheit nach dadurch nicht nothwendig bestimmt wird (eine Nöthigung)" (4:413). Dass der menschliche Wille „nicht nothwendig" (4:413) durch Vernunft bestimmt wird, heißt also, dass es die Möglichkeit der Abweichung von vernünftigen Gesetzen gibt, sodass eine vernünftige Entscheidung bzw. Handlung in diesem Sinne empirisch zufällig ist („d. i. daß das, was nothwendig geschehen *sollte*, doch öfter nicht geschieht", 5:403). Das Sollen bzw. ein Imperativ setzt an dieser Stelle an: „Der Imperativ ist eine praktische Regel, wodurch die an sich zufällige Handlung nothwendig *gemacht* wird" (6:222). Im Gegensatz zu einem Gesetz, das „zwar die Nothwendigkeit einer Handlung vorstellig macht, aber ohne Rücksicht darauf zu nehmen, ob diese an sich schon dem handelnden Subjecte (etwa einem heiligen Wesen) *innerlich* nothwendig beiwohne, oder (wie dem Menschen) zufällig sei", bezieht sich der Imperativ auf ein Subjekt, „was zur Übereinstimmung mit dieser [praktischen] Regel *genöthigt* (necessitirt) werden muß" (6:222). Der Begriff des Sollens ist demnach eng verknüpft mit dem der Nötigung: Dass ein (nicht vollkommen guter) Wille eine Handlung ausführen *soll*, heißt, dass er durch „objective[] Gesetze[] (des

Guten) [...] *genöthigt*“ ist (4:414). Zu demselben begrifflichen Umfeld gehören auch Verbindlichkeit und Pflicht. Eine moralisch gesollte Handlung ist also eine, zu der man moralisch verbunden bzw. verpflichtet ist.

Das Sollen bedeutet für den Menschen als ein sinnlich-vernünftiges Wesen also einerseits Nötigung – die Kant an mancher Stelle auch mit „Zwang“ gleichsetzt (6:379) – doch andererseits ist es auch ein „eigenes nothwendiges Wollen“ (4:455), und zwar insofern sich der Mensch als Glied „einer intelligibelen Welt“ versteht (4:455; vgl. 4:345). Am Sollen, das im kategorischen Imperativ ausgedrückt wird, muss der Mensch „nothwendig ein Interesse *nehmen* [...], denn dieses Sollen ist eigentlich ein Wollen“ (4:449). Indem Kant aufzeigt, dass das Sollen von der Vernunft als dem „eigentlichen Selbst“ (4:461) ausgeht, wird dieses Sollen als eigentliches Wollen und der damit verbundene Zwang als Selbstzwang eingesehen.

4 *„Du kannst, denn Du sollst“ – „Sollen impliziert Können“*

Die Notwendigkeit einer Handlung setzt logisch ihre Möglichkeit voraus (vgl. 8:276f.). Die Möglichkeit einer Handlung hängt von verschiedenen Faktoren ab: Erstens muss die Handlung technisch ausführbar, d. h. nach Naturgesetzen möglich, sein: „Nun muß die Handlung allerdings unter Naturbedingungen möglich sein, wenn auf sie das Sollen gerichtet ist“ (KrV A 548 / B 576). Die Ermöglichungsbedingungen in der Natur, so qualifiziert Kant, betreffen „die Wirkung und den Erfolg derselben [der Willkür] in der Erscheinung“ (KrV A 548 / B 576). Demnach kann keine Handlung Pflicht bzw. gesollt sein, die aufgrund von Naturgesetzlichkeiten, z. B. physischen Hindernissen, unmöglich ist.

Zweitens impliziert ein Sollen, dass der Wille des Menschen so beschaffen ist, dass er sich für die gesollte Handlung entscheiden kann. Es lassen sich zwei Varianten dieser Bedingung unterscheiden: Das Prinzip ‚Sollen impliziert Können‘ besagt, dass das Können eine notwendige Voraussetzung für ein Sollen ist. Darüber hinaus setzt das Prinzip ‚Du kannst, denn Du sollst‘ die Gültigkeit des Sollens voraus (zum Vergleich der beiden Prinzipien siehe Timmermann, *Sollen und Können*). Kant wird das zweite Prinzip zugeschrieben, das zwar nicht wörtlich, doch in sehr ähnlichen Formulierungen in seinen Texten zu finden ist: „Daß der Mensch sich bewußt ist, er könne dieses, weil er es soll: das eröffnet ihm eine Tiefe göttlicher Anlagen, die ihm gleichsam einen heiligen Schauer über die Größe und Erhabenheit seiner wahren Bestimmung fühlen läßt“ (8:287f.). Könnte es nicht sein, dass das moralisch Gesollte zu viel von uns verlangt? Kant teilt diese Sorge nicht, sondern geht davon aus, dass das moralisch Gesollte die menschlichen Fähigkeiten nicht übersteigt („[Die Pflicht] gebietet uns aber nichts, als was uns thunlich ist“ (6:47)). Allerdings gründet sich diese These nicht in einer empirischen Untersuchung menschlicher Fähigkeiten samt ihrer Schwächen (vgl. dazu Stern, *Does ‚Ought‘ Imply ‚Can‘?*, insbes. S. 56). Kant lehnt die These ab, dass sich das Sollen nach dem empirisch erweisbaren Können richten muss, sondern geht davon aus, dass „die Vernunft für sich selbst und unabhängig von allen Erscheinungen gebiete, was geschehen soll, mithin Handlungen, von denen die Welt vielleicht bisher noch gar kein Beispiel gegeben hat, an deren Thunlichkeit sogar der, so alles auf Erfahrung gründet, sehr zweifeln möchte, dennoch durch Vernunft unnachlaßlich geboten seien“ (4:408).

Kant zufolge werden wir uns im Faktum der Vernunft bewusst, dass wir unbezweifelbar unter einer moralischen Verpflichtung stehen (vgl. 5:31) (→ Factum der (reinen praktischen) Vernunft). Insofern wir dieses Sollen als gültig für uns anerkennen, müssen wir auch davon ausgehen, dass wir in der Lage sind, ihm Folge leisten zu können. Dies impliziert die Annahme, dass die Bedingungen erfüllt sind, die für die Möglichkeit des Moralgesetzes vorausgesetzt werden müssen, insbesondere die Freiheit des Willens (aber auch die Möglichkeit, das → höchste Gut zu realisieren (vgl. 5:143f.)). Die Annahme der Freiheit des Willens umfasst die Annahme, dass wir auch angesichts sinnlicher Hindernisse dem vernünftigen Sollen gehorchen können: „Die Antriebe der Natur enthalten also *Hindernisse* der Pflichtvollziehung im Gemüth des Menschen und (zum Theil mächtig) widerstrebende Kräfte, die also zu bekämpfen und durch die Vernunft nicht erst künftig, sondern gleich jetzt (zugleich mit dem Gedanken) zu besiegen er sich vermögend urtheilen muß: nämlich das zu *können*, was das Gesetz unbedingt befiehlt, daß er thun *soll*“ (6:380).

Weiterführende Literatur

Pollok, Konstantin: „Wenn Vernunft volle Gewalt über das Begehrungsvermögen hätte. Über die gemeinsame Wurzel der Kantischen Imperative“, in: Kant-Studien 98, 2007, 57–80.

Stern, Robert: „Does ‚Ought‘ Imply ‚Can‘? And Did Kant Think It Does?“, in: Utilitas, 16, 2004, 42–61.

Timmermann, Jens: „Sollen und Können. ‚Du kannst, denn Du sollst‘ und ‚Sollen impliziert Können‘ im Vergleich“, in: Philosophiegeschichte und logische Analyse, 6, 2003, 113–122.

Willaschek, Marcus: Praktische Vernunft. Handlungstheorie und Moralbegründung bei Kant, Stuttgart u. a.: Metzler 1992.

Claudia Blöser

Staat

Kant hat den Staat aus unterschiedlichen Perspektiven thematisiert. In seinem rechtsphilosophischen Hauptwerk, der →*Metaphysik der Sitten*, widmet er sich dem „Staat *in der Idee*, wie er nach reinen Rechtsprincipien sein soll“ und definiert ihn als „Vereinigung einer Menge von Menschen unter Rechtsgesetzen“. Kants Bestreben ist hier, die Staatsidee a priori, „d. i. aus Begriffen des äußeren Rechts überhaupt“ (6:313; vgl. 19:555) zu gewinnen. Ein Staat ist eine souveräne Institution, d. h. er „ist eine Gesellschaft von Menschen, über die Niemand anders, als er selbst zu gebieten und zu disponiren hat“ (8:344; vgl. 23:347). Der Staat soll dem Staatsbürger Rechtssicherheit gewähren und damit ein Leben in Freiheit ermöglichen, mithin „durch keine sinnliche Bestimmungsgründe zum Handeln *genöthigt* zu werden“ (6:226) und in der Folge „keinem anderen Gesetz zu gehorchen, als zu welchem er [der Staatsbürger] seine Beistimmung gegeben hat“ (6:314). Erst der Recht setzende, sprechende und durchsetzende Staat (vgl. 6:313ff.) ermöglicht dem Menschen, seine im vorstaatlichen Zustand bestehende „wilde, gesetzlose Freiheit gänzlich zu verlassen, um seine Freiheit überhaupt in einer gesetzlichen Abhängigkeit, d. i. in einem rechtlichen Zustande unvermindert wieder zu finden“ (6:316; vgl. 8:24). Weitere wichtige Stellen: 6:311ff.; 8:22ff.; 8:289ff.; 8:344ff.

Philosophische Funktion

1 Kants vorkritisches Staatsverständnis

Da Kant erst ab Mitte der 1780er Jahre Schriften mit explizit rechtsphilosophischen Inhalt publizierte, finden sich Hinweise zu seinem Staatsverständnis vor dieser Periode in keinem der zu Lebzeiten edierten Texte. Allein die 1764/65 nieder geschriebenen, aber von Kant nicht veröffentlichten Bemerkungen zu seinen *Beobachtungen*, in denen er Ansätze einer Eigentumslehre im Geiste der Besitztheorie von John Locke entfaltet (vgl. 20:35f., 20:40f., 20:66ff., 20:93f., 20:156ff., 20:160f.) sowie Vorlesungen aus dieser Zeit (vgl. 27.1:80f.) lassen erkennen, dass Kant mit Blick auf die grassierende Armut der Bauern und Arbeiter, deren Zustand er als unmittelbare Folge der Maßlosigkeit der Reichen deutet, mit dem Besitz umverteilenden Wohlfahrtsstaat sympathisiert (vgl. dazu Ritter, *Rechtsgedanke*, S. 142–154; Brandt, *Eigentumstheorien*, S. 167–176).

2 Naturzustand und Staat

In der *MSR* von 1797 konzipiert Kant den Staat als Gegenentwurf zum Naturzustand. Thomas Hobbes' ‚exeundum esse e statu naturali‘ (Der Naturzustand ist zu verlassen) ist das Leitmotiv der kantischen Staatstheorie (vgl. 6:97, 19:243, 19:600). Anders jedoch als Hobbes, der den Naturzustand in Folge seines negativen Kalküls über die von ständigem Misstrauen geprägte Natur des Menschen letztlich als Ort der gegenseitigen Vernichtung auffasst (vgl. Hobbes, *Leviathan*, S. 104), konzipiert Kant das Naturzustandstheorem als „Vernunftidee“ (6:312) weitgehend frei von anthropologischen Setzungen (vgl. 6:312). Für ihn ist dieser Zustand, in dem bereits alle Rechtspflichten und -ansprüche des Individuums bestehen (vgl. 6:306), zu Gunsten des Staates allein deshalb zu verlassen, weil im *status naturalis* „keine austheilende Gerechtigkeit ist“ (6:306). Ohne ein jene Rechte auch durchsetzendes Gewaltmonopol aber bleibt der Naturzustand, selbst wenn er von privatrechtlichen Regelungen strukturiert und von den gutartigsten Menschen bevölkert würde, rechtslogisch immer „ein Zustand der *Rechtlosigkeit* (status iustitia vacuus)“ (6:312). Kant entfaltet somit die Notwendigkeit zur Staatsgründung „analytisch aus dem Begriffe des *Rechts*“ (6:307): Der Rechtsstaat ist der Inbegriff der Bedingungen, die vernünftigerweise gegeben sein müssen, damit „jeder seines Rechts *theilhaftig* werden kann" (6:305f.) und bringt in der Konsequenz das „Postulat des öffentlichen Rechts hervor: du sollst im Verhältnisse eines unvermeidlichen Nebeneinanderseins mit allen anderen, aus jenem [Naturzustand] heraus in einen rechtlichen Zustand, d. i. den einer austheilenden Gerechtigkeit übergehen" (6:307; vgl. 6:318). Dieser rechtliche Zustand nimmt in seiner höchsten, d. h. vollkommen gerechten Form die Gestalt einer republikanischen Staatsverfassung an (vgl. 6:10ff., 6:125ff., 6:145ff.), die Kant in seiner Staatsformenlehre an Hand der beiden Kriterien „Form der Beherrschung" und „Form der Regierung" weiter unterteilt und in ein Votum für eine repräsentative, gewaltenteilige Regierungsart münden lässt (vgl. 8:352f.). Kant grenzt die Staatskompetenzen auf ein minimalistisches Niveau ein: Der Staat verhält sich indifferent zu den vorstaatlichen Rechtsverhältnissen und sorgt mittels seiner Institutionen lediglich dafür, dass die Rechtsansprüche nach rationalen Verfahren auch zur Geltung kommen können. Denn in der vorstaatlichen Gemeinschaft hat „jederman gegen den andern schon ein Recht, und die constitutionen gehen nur auf die Mittel, dieses Recht zu exseqviren" (*Refl.* 7681, 19:488). Im Kern ist Kants Staat somit vernunftrechtlich legitimierte, durchsetzungsfähige Macht (vgl. 6:312), die sich darauf beschränkt, den privatrechtlichen status quo des Naturzustandes öffentlich-rechtlich zu konservieren. Unter dieser vorstaatlichen „Materie des Privatrechts" (6:306) fasst Kant primär das Recht auf Privateigentum, weshalb Kant in der *MSR* allein 40 Paragraphen (vgl. 6:243–308) der Frage widmet, wie ein solches Recht herzuleiten und auszugestalten ist.

3 Staat, Eigentum, Bürger

Aus der Genese der Staatsgründungsidee ergeben sich vielfältige Konsequenzen für Kants Ausgestaltung der rechtstaatlichen Realität und der ihr angemessenen politischen Praxis. Kants Bürger bedürfen des Staates, weil dieser robuste Rechtssicherheit bietet. Insofern Kant das vorstaatliche Individuum aber primär als Eigentümer definiert, dessen rechtmäßig, d. i. „nach Gesetzen der äußeren Freiheit" (6:264) erworbener →Besitz durch das rechtsstaatliche Vakuum des *status naturalis* potenziell bedroht ist, wird der Eigentumsschutz zur zentralen Aufgabe des Staates. Die Staatsgründung dient dem Ziel, einen Rechtszustand hervor zu bringen, „durch welchen jedem das Seine nur gesichert, eigentlich aber nicht ausgemacht und bestimmt wird" (6:256; vgl. 6:341), da der Staat in Folge seines minimalistischen Gestaltungsspielraums auf Art und Umfang von Eigentumstiteln nur reaktiv-sanktionierend bezogen ist (vgl. 6:291). Weil der Staat „allein alle Erwerbung peremtorisch machen kann" (6:256), ist erst unter dem staatlichen Gewaltmonopol der provisorische Besitzanspruch, der sich bei Kant als Besitz von Boden (vgl. 6:261ff.) materialisiert, rechtlich abgesichert. Besitzlose sind passive Staatsbürger, Schutzgenossen ohne Stimmrecht (vgl. 6:313ff.; 8:294ff.). Inwieweit aus Kants Staatslehre, etwa schon aus seinem allgemeinen Rechtsgesetz (vgl. 6:230), ein Sozialstaatsprinzip zu deduzieren ist, das dem Staat die Aufgabe zuweist, jedem Individuum die essentiellen Voraussetzungen freier und selbstbestimmter Lebensführung zu gewähren, ist umstritten (vgl. Luf, *Freiheit*; Kaufman, *Welfare*; Kersting, *Kant*; Köhler, *Rechtsprinzip*; Ludwig, *Vertragstheorie*; Zotta, *Sozialstaat*).

In Kants Staatsdefinition liegt schließlich auch begründet, warum Kant den Untertanen zum unbedingten Gehorsam gegenüber der Staatsmacht verpflichtet, Widerstand und Revolution aufs Schärfste verurteilt und in reformerischer Politik die einzig mögliche Form politischer Praxis sieht. Da Kant die Legitimität des Staates wesentlich über das Vorhandensein eines Gewaltmonopols definiert und im Umkehrschluss den *status iustitia vacuus* des Naturzustandes im Sinne eines „ausschließlich negativen Grenzbegriffs" (Herb/Ludwig, *Naturzustand*, S. 315) zum *summum malum* erklärt, partizipiert jede noch so defizitäre staatliche Autorität am Glanz der idealen Staatsidee. Irgendein Staat ist für Kant immer noch besser als die „völlige[ ] Gesetzlosigkeit" des anarchischen Naturzustandes, „wo alles Recht aufhört" (8:301; vgl. 8:373). Folglich muss der Untertan auch den schlimmsten Despoten immer auch als Verkörperung des unverzichtbaren Gewaltmonopols betrachten, so dass nach Kant rechtsstaatlicher Fortschritt nur vom unendlichen politischen Dialog mit dem Souverän erhofft werden kann (vgl. *Refl.* 7975, 19:569). Der Rigorismus der Gehorsamspflicht verliert an Schärfe durch Kants Überzeugung, dass in der Geschichte reale Anzeichen zu finden sind, die nicht anders als Indizien für einen steten Rechtsfortschritt zu deuten sind.

4 Staat, Staatenbund, Geschichte

In seinen geschichtsphilosophischen Schriften bettet Kant das Freiheit erst ermöglichende Staatsideal in eine historisch-praktische Perspektive ein. Gemäß seiner „teleologischen Naturlehre" (8:18; vgl. dazu den zweiten Teil der *KU*, 5:357ff.) geht Kant davon aus, dass der Mensch, sich kultivierend, seine Naturanlagen vollständig und zweckmäßig ausbilden soll, dies aber nur in einem Staat geschehen kann (vgl. 8:27ff.), in welchem „*Freiheit unter äußeren Gesetzen* im größtmöglichen Grade mit unwiderstehlicher Gewalt verbunden angetroffen wird" (8:22; vgl. 5:433, 8:289). Von daher rückt für Kant die Frage in den Mittelpunkt, inwieweit der historisch bzw. zeitgenössisch beschreibbare Staat als Ausdruck des Idealstaats gedeutet werden kann, inwieweit also die reale Geschichte der Menschengattung und damit die Geschichte der Staatsentwicklung so interpretiert werden kann, dass eine Tendenz „vom Schlechtern zum Besseren" (8:123) erkennbar wird. In seiner Schrift Zum ewigen Frieden schließlich geht Kant der Frage nach, wie sich das Verhältnis der Staaten untereinander zwecks Vermeidung kriegerischer Auseinandersetzungen rein nach Rechtsprinzipien gestalten ließe. Er überträgt die Prinzipien seiner Nationalstaatstheorie auf die weltweiten Beziehungen zwischen autonomen Staaten und entwickelt daraus die Idee eines „*Friedensbund[s]*" (8:356) bzw. eines „*permanenten Staatencongreß*" (6:350). Kant geht schließlich sogar so weit festzustellen, es sei ein „auch für die strengste Theorie haltbarer Satz: daß das menschliche Geschlecht im Fortschreiten zum Besseren immer gewesen sei und so fernerhin fortgehen werde" (7:88; vgl. 8:310), zumal die → Natur selbst, ob der Mensch nun will oder nicht, einer Maschine gleich (vgl. 6:34) dafür sorge, dass die Geschichte ein fortwährender Rechtsfortschritt ist (vgl. 8:365).

Weiterführende Literatur

Herb, Karlfriedrich/Ludwig, Bernd: Kants kritisches Staatsrecht, in: Jahrbuch für Recht und Ethik, Bd. 2, 1994, 431–478.

Horn, Christoph: Nichtideale Normativität. Ein neuer Blick auf Kants politische Philosophie, Frankfurt/M.: Suhrkamp 2014, Kap. 4.

Saage, Richard: Eigentum, Staat und Gesellschaft bei Immanuel Kant, Baden-Baden: Nomos 1994, insbes. §§ 5–11.

Steinvorth, Ulrich: „Kants Staatsbegriffe", in: Landwehr, Götz (Hg.): Freiheit, Gleichheit, Selbständigkeit. Zur Aktualität der Rechtsphilosophie Kants für die Gerechtigkeit in der modernen Gesellschaft, Göttingen: Vandenhoeck & Ruprecht 1999, 41–60.

Unruh, Peter: Die Herrschaft der Vernunft. Zur Staatsphilosophie Immanuel Kants, Baden-Baden: Nomos 1993.

Zotta, Franco, Immanuel Kant. Legitimität und Recht. Eine Kritik seiner Eigentumslehre, Staatslehre und seiner Geschichtsphilosophie, Freiburg/Br. u. a.: Verlag K. Alber 2000, insbes. Kap. 1.3, 2.3 und 2.4.

Franco Zotta

Strafrecht

Das Wort ‚Strafrecht' hat zwei Bedeutungen, je nachdem, ob → Recht als objektives Recht oder als subjektives Recht verstanden wird (vgl. 6:237). Strafrecht als objektives Recht ist ein Corpus von Gesetzen, der bestimmte Handlungen und Unterlassungen unter Strafe stellt und damit die gesetzliche Grundlage für die Verhängung von Strafen durch den Richter liefert. Kant definiert das Strafrecht als „das Recht des Befehlshabers gegen den Unterwürfigen, ihn wegen seines Verbrechens mit einem Schmerz zu belegen" (6:331). Diese einzige ausdrückliche Definition, die Kant dem Wort ‚Strafrecht' gibt, stellt das Strafrecht als subjektives Recht der ausführenden Gewalt (Exekutive) dar, d. h. als das Recht der exekutiven Gewalt, die richterliche Strafe zu vollstrecken. Kant diskutiert das Strafrecht als objektives Recht eher unter den Begriffen der Strafe, der Strafgerechtigkeit und des Strafgesetzes. Nichtsdestoweniger behandelt Kant alle dem Strafrecht im Sinne vom objektiven Recht zugehörigen Themen unter dem Titel *Vom Straf- und Begnadigungsrecht* (6:331). Weitere wichtige Stelle: 6:362f.

Philosophische Funktion

1 Das Strafrecht als subjektives Recht der Exekutive

Als subjektives Recht der exekutiven Gewalt diskutiert Kant das Strafrecht am Beginn der *Allgemeinen Anmerkung* E zu § 49 von *MSR* (vgl. 6:331–337). Das subjektive Recht setzt ein Über-/Unterordnungsverhältnis zwischen einem Vorgesetzten

(Kant: „Befehlshaber") und einem Untergeordneten („Unterwürfigen", 6:331) voraus. Daraus folgt nach Kant, dass das Staatsoberhaupt nicht bestraft werden kann, da niemand über dem Staatsoberhaupt, sondern dieses über allen anderen steht.

2 Strafandrohung und Strafzufügung

Die Unterscheidung von gesetzlicher Strafandrohung und Strafzufügung war am Ende des achtzehnten Jahrhunderts üblich. Sie wird von Achenwall (Androhung: vgl. *Iuris Naturalis pars posterior* § 40 = 19:347) und von Feuerbach (vgl. *Anti-Hobbes*, 210ff., 221f.) vertreten. Kant greift das auf, unterscheidet aber bei der Strafzufügung noch einmal zwei Aspekte. Danach ist von der Differenz zwischen a) der gesetzlichen Strafandrohung, b) der richterlichen Strafverhängung, und c) der Vollstreckung der Strafe durch die Strafvollstreckungsbehörden auszugehen. Der Zweck der gesetzlichen Strafandrohung ist, wie bei Achenwall und Feuerbach, die Generalprävention (vgl. 6:235). So wird Kant auch von Mellin verstanden, der Strafe definiert als den „rechtlichen Effekt einer Verschuldung, welcher durchs Gesetz gedrohet ist, so daß derselbe die Bewegursache zur Unterlassung der That seyn kann" (Mellin, *Encyclopädisches Wörterbuch der kritischen Philosophie*, Bd. 5, S. 392). Für das Maß der Strafe greift Kant auf das Talionsprinzip, d. h. auf den Gedanken der Wiedervergeltung zurück. Kant vertritt demnach, ganz im Gegensatz zu einer oft vertretenen anderen Auffassung, keine reine Vergeltungstheorie (*absolute Straftheorie*), denn Wiedervergeltung ist bei Kant nicht Zweck der Strafe, sondern Prinzip der Strafzumessung.

2.1 *Abschreckung als Zweck der Strafandrohung.* Kants Theorie der Abschreckung ist mit seinem Begriff einer juridischen Gesetzgebung verbunden. Für Kant besteht alle Gesetzgebung aus zwei Stücken. Erforderlich sind: „*erstlich* ein *Gesetz*, welches die Handlung, die geschehen soll, *objectiv* als nothwendig vorstellt, d. i. welches die Handlung zur Pflicht macht", und „*zweitens* eine Triebfeder, welche den Bestimmungsgrund der Willkür zu dieser Handlung *subjectiv* mit der Vorstellung des Gesetzes verknüpft" (6:218). Für die ethische Gesetzgebung ist die Triebfeder die Pflicht selbst, die den Täter zu der pflichtmäßigen Handlung motiviert. Die juridische Gesetzgebung lässt eine andere Triebfeder als die Idee der Pflicht zu. Von dieser Triebfeder sagt Kant: „Man sieht [...] leicht ein, daß diese von der Idee der Pflicht unterschiedene Triebfeder von den *pathologischen* Bestimmungsgründen der Willkür der Neigungen und Abneigungen und unter diesen von denen der letzteren Art hergenommen sein müsse, weil es eine Gesetzgebung, welche nöthigend, nicht eine Anlockung, die einladend ist, sein soll" (6:219). Darüber hinaus sagt Kant, dass die von der rechtlichen Gesetzgebung mit der Pflicht verknüpfte Triebfeder nur eine äußere sein kann (vgl. 6:219). Die Triebfeder ist folglich äußerer Zwang (vgl. 6:220). Der äußere Zwang, den Kant meint, ist die Strafandrohung, die in der strafrechtlichen Gesetzgebung enthalten ist: „Das Übel, das mit der Übertretung des Gesetzes verbunden ist, ist Strafe" (27:1390). Für Kant haben Strafen „keine andere Nothwendigkeit als sofern sie dienen böse Thaten abzuhalten" (27:150). Das Recht des Staates, Personen zu bestrafen, die Strafgesetze verletzen, leitet sich aus der Pflicht des Staates ab, die subjektiven Rechte der einzelnen zu sichern. Nur *öffentliche* Verbrechen sind strafbar, weil sie das gemeine Wesen gefährden. Dass Kant auf den abschreckenden Effekt der Strafandrohung abstellt, zeigt auch seine Diskussion der Beleidigung als Straftat: „So hat z. B. Geldstrafe wegen einer Verbalinjurie gar kein Verhältnis zur Beleidigung, denn der des Geldes viel hat, kann diese sich wohl einmal zur Lust erlauben" (6:332). In einem solchen Fall wird die Androhung von Geldstrafe den Täter von der Beleidigung nicht abhalten können. Die Drohung, „öffentlich abzubitten", verbunden mit der Nötigung, dem Beleidigten, „ob er zwar niedriger ist, etwa zugleich die Hand zu küssen" (6:332), dagegen kann sehr wohl einen Abschreckungseffekt haben. Auch bei seiner Diskussion des Notrechts (Tötung einer anderen Person zwecks Selbstrettung in Seenot) bezieht sich Kant auf „die beabsichtigte Wirkung" des Strafgesetzes. „[D]enn die Bedrohung mit einem Übel, was noch *ungewiß* ist (dem Tode durch den richterlichen Ausspruch), kann die Furcht vor dem Übel, was *gewiß* ist (nämlich dem Ersaufen), nicht überwiegen" (6:235). Die Tatsache, dass Kant den Vorsatz als einen notwendigen Bestandteil eines Verbrechens ansieht (vgl. 6:224), ist auch damit zu begründen, dass nur vorsätzlich Handelnde von ihren Handlungen abgeschreckt werden können (vgl. 27:1373).

2.2 *Wiedervergeltung als Maß der Strafzufügung.* Der Gedanke der Wiedervergeltung hat die Funktion, „die Qualität und Quantität der Strafe“, die zugefügt werden darf und muss, zu bestimmen (6:332). Die Strafe ist an dem vom Täter begangen Unrecht zu messen. Das ist „das Princip der Gleichheit“ (6:332). Die Wiedervergeltung schützt also den Täter vor exzessiven Strafen, die vielleicht dann als wünschenswert erscheinen mögen, wenn eine Flut bestimmter Straftaten eingedämmt werden soll. Somit wäre z. B. die Todesstrafe für Ladendiebstahl nicht zulässig. Deshalb schützt der Gedanke der Wiedervergeltung bei der Verhängung und Zufügung von Strafe den Täter sowohl vor Eingriffen in seine Persönlichkeit, z. B. um ihn zu resozialisieren, als auch vor Versuchen, z. B. aus medizinischen Experimenten an ihm einen Nutzen für die Gesellschaft zu ziehen. Seine Bestrafung darf auch nicht bloß als ein Beispiel benutzt werden, andere von der Begehung ähnlicher Straftaten abzuhalten. Der Vergeltungsgedanke ist für Kant nicht Selbstzweck, sondern vielmehr ein Mittel, um eine gerechte Behandlung gerade des Delinquenten zu gewährleisten.

3 Die Vollziehung von Strafe

Auch wenn man versteht, dass der Staat die Pflicht hat, um der allgemeinen Sicherheit willen Strafen anzudrohen, und der Richter im Falle einer Zuwiderhandlung die Pflicht hat, die angedrohte Strafe auch zu verhängen, lässt sich immer noch fragen, ob der Staat auch die Pflicht hat, die Strafe tatsächlich zu vollziehen. Ist es zulässig, von der Strafe Abstand zu nehmen, wenn die Exekutive den Täter aus irgendwelchen Gründen nicht bestrafen möchte?

3.1 Kant antwortet mit dem Satz: „Das Strafgesetz ist ein kategorischer Imperativ“ (6:331). Der Satz setzt ein von einem (menschlichen) Gesetzgeber erlassenes Strafgesetz voraus, und er besagt: „Wenn ein von einem Gesetz formulierter Straftatbestand erfüllt worden ist, dann ist Strafe kategorisch geboten!“. Das heißt, dass stets dann, wenn jemand straffällig geworden ist, die verdiente Strafe bedingungslos zu verhängen und zu vollstrecken ist. Ein Strafgesetz ist nur mittelbar an die Bürger, unmittelbar aber an die Strafverfolgungsorgane gerichtet. Der Staat, vertreten durch die Gerichte und die Strafvollstreckungsorgane, ist verpflichtet, das Strafgesetz, wenn es einmal erlassen und ein Deliktstatbestand erfüllt worden ist, auch anzuwenden. Es ist nicht in sein Belieben gestellt, dies zu tun oder zu unterlassen. Zweckmäßigkeit oder Unzweckmäßigkeit der Strafverhängung spielen keine Rolle. Strafe muss gegen den Verbrecher „verhängt werden, weil er *verbrochen* hat“ (6:331). Heute bezeichnet man dies als das *Legalitätsprinzip*. Es besagt, dass die Strafverfolgungsorgane die Pflicht haben, begangene Straftaten zu verfolgen. Der Grund dafür ist, dass (rechtmäßige) Drohungen, wenn ihre Voraussetzungen erfüllt sind, genauso durchgeführt werden müssen, wie (rechtmäßige) Versprechen gehalten werden müssen, wenn ihre Voraussetzungen erfüllt sind. Das gilt auch für die Strafdrohungen. Der Staat würde sich in einen Selbstwiderspruch begeben, wenn er im Falle der Übertretung seiner Gesetze die angedrohte Bestrafung nicht durchführen würde.

3.2 *Unzulässigkeit von staatlicher Täuschung.* Kant erwägt die Möglichkeit, dass ein Gesetzgeber Strafen „ohne Ernst“ androht, so dass die Strafandrohungen zwar ein Mittel sind, „den Menschen von Verbrechen abzuhalten“; „[z]ugleich aber würde auch die Strafe selbst, da deren völlige Vollziehung damit nicht verbunden ist, [...] ein Blendwerk sein“ Kant stellt fest, dass man dies letztere „nie annehmen“ dürfe (27:554). Ein Rechtssystem kann und darf nicht auf einer Täuschung aufgebaut sein.

4 Keine Strafe ohne Gesetz!

Zur Strafe in einem Rechtsstaat gehört der Grundsatz „Keine Strafe ohne Gesetz!“ („Nulla poena sine lege!“), dessen erste Formulierung gewöhnlich Paul Johann Anselm Feuerbach zugeschrieben wird, der aber seine Wurzeln in der Antike hat (vgl. Paulus, *Römerbrief*, 4:15; vgl. auch Hobbes, *Leviathan*, Kap. 27). Bei Kant heißt es anderthalb Jahrzehnte vor Feuerbach: „Alle Strafe ist Zwang, aber nicht jeder Zwang ist Strafe. Strafe ist Zwang, der unter der Auctoritaet eines Gesetzes ist“ (27:1333). Im Hinblick auf die Gewaltenteilung, die Kant annimmt, ist auch nichts anderes denkbar als dieser Grundsatz: „Keine Strafe ohne Gesetz!“ (Feuerbach, *Lehrbuch des Peinlichen Rechts*, S. 20). Weder die strafbaren Fälle noch die Strafen denkt der Richter sich selbst aus, sondern der Richter steht unter dem Gesetz und „giebt“ dem Gesetz im Einzelfall „Effect“ (6:460). Deshalb muss ein

Strafgesetz, das dem Richter sagt, eine bestimmte Handlung sei mit Strafe zu ahnden, erst vom Gesetzgeber erlassen worden sein, bevor der Richter (oder die Strafverfolgungsorgane) gegen den Täter vorgehen können.

5 Die Unschuldsvermutung
Ein weiterer rechtsstaatlicher Aspekt des Strafrechts besteht in der Forderung, dass die Tat nachgewiesen sein muss. Schon bei Achenwall heißt es: „da das Recht zu bestrafen nur gegen einen Verbrecher ausgeübt werden darf, kann nicht vermutet werden, daß jemand ein Verbrecher sei. Es kann auch niemand bestraft werden, ohne daß das Delikt hinreichend bewiesen ist" (*Iuris Naturalis pars posterior*, § 198 = 19:413). Kant kommentiert diese Stelle mit den Worten: „[e]s kan niemand gestraft werden als nach bewiesenem Verbrechen" (*Refl.* 7491, 19:413). Das ist eine Konsequenz der Unschuldsvermutung, von der Kant an verschiedenen Stellen ausgeht (vgl. 6:238; 6:301).

Weiterführende Literatur

Byrd, B. Sharon / Hruschka, Joachim: Kant's Doctrine of Right – A Commentary, Cambridge: Cambridge University Press 2010, insbes. 261–278.

Byrd, B. Sharon / Hruschka, Joachim: „Kant zu Strafrecht und Strafe im Rechtsstaat", in: Juristen Zeitung 62, 2007, 957–964.

Byrd, B. Sharon: „Kant's Theory of Punishment: Deterrence in its Threat, Retribution in its Execution", in: Law and Philosophy 8, 1989, 151–200.

Hruschka, Joachim: Kant, Feuerbach und die Grundlagen des Strafrechts, in: Paeffgen, Hans-Ullrich u. a. (Hg.): Strafrechtswissenschaft als Analyse und Konstruktion – Festschrift für Ingeborg Puppe zum 70. Geburtstag, Duncker & Humblot Berlin 2011, S. 17–37.

B. Sharon Byrd

Subjekt

Der Begriff des Subjekts bezieht sich in Kants theoretischer Philosophie auf die selbstreferenzielle Instanz des Denkens, deren Vollzüge unter den Bedingungen möglichen →Selbstbewusstseins stehen. Das Subjekt in der Form des →‚Ich denke' muss „alle meine Vorstellungen begleiten *können*" (KrV B 132). Nur unter dieser Bedingung „hat alles Mannigfaltige der Anschauung eine nothwendige Beziehung auf das: *Ich denke*, in demselben Subject, darin dieses Mannigfaltige angetroffen wird" (KrV B 132).

Die *Kritik der reinen Vernunft* enthält in der *Transzendentalen Analytik* eine erkenntnistheoretische Theorie des Subjekts und in den →*Paralogismen der reinen Vernunft* eine Kritik des Subjekts, welche die traditionelle philosophische Psychologie einer grundsätzlichen Kritik unterzieht. Der Subjektgedanke der praktischen Philosophie wird in den Begriffen des Subjekts der Freiheit sowie der →Person als dem Subjekt der Moralität (6:423) ausgedrückt. Weitere wichtige Stellen: KrV B 129ff.; KrV B 155f.; KrV B 404; KrV B 410ff.; KrV B 428; 4:437f.; 5:6f.; 6:223; 20:270f.

Philosophische Funktion
1 Die erkenntnistheoretische Wende
Kant verwendet den Begriff des Subjekts nicht mehr im traditionellen substanzphilosophischen Sinn. Gleichwohl finden sich Anklänge an Aristoteles' Bestimmung des Zugrundeliegenden, von dem etwas ausgesagt, aber selbst nicht prädiziert wird, sowie an Leibniz' bewusstseinsphilosophische Interpretation des Substanzbegriffs, wonach das denkende Subjekt Grundlage aller seiner Vorstellungen und Zustände ist. Die neuartige Konzeption des Subjektgedankens wird entscheidend von erkenntniskritischen Gesichtspunkten bestimmt. So werden die herkömmlichen Unterscheidungen zwischen Subjekt und Objekt bzw. von Subjekt und Prädikat beibehalten, aber durchgängig mit einer erkenntnistheoretischen Interpretation versehen.

Grundlage der kantischen Konzeption ist Descartes' Formel „ich denke", die in dem Sinne der cartesischen Tradition verpflichtet bleibt, als der erkenntnistheoretische Subjektgedanke keine empirischen Bestimmungen aufweist. Im Anschluss an Hume, der an der Annahme einer Seelensubstanz den fehlenden deskriptiven Befund bemängelt, werden Versuche zurückgewiesen, aus dem erkenntnistheoretischen Begriff des Subjekts des Selbstbewusstseins ontologische Konsequenzen im Sinne einer denkenden →Substanz oder eines Ichobjekts zu ziehen. Entscheidende Hinweise für die Neubestimmung kommen aus dem vierten Buch von Rousseaus *Emile*, in dem auf den Zusammenhang von Urteilen und Selbstbewusstsein aufmerksam gemacht wird. Der neue Subjektbegriff übt großen Einfluss auf den Systemgedanken des sog. deutschen Idealismus aus und eröffnet einen Reflexionsraum, aus dem heraus Fichte, Schelling und Hegel ihre eigenen subjektphilosophischen Ansätze entwickeln.

2 Subjekt und Selbstbewusstsein

Die Einführung des erkenntniskritischen Subjektbegriffs wird von der Unterscheidung zwischen formalen Bestimmungen von Selbstreferenz und selbstbezüglichen Bewusstseinszuständen wie Selbstbewusstsein und Selbsterkenntnis bestimmt. Die Formel „Das: *Ich denke*, muß alle meine Vorstellungen begleiten *können*" (KrV B 131), ist die notwendige Bedingung aller möglichen Erfahrungszustände. Das →„ich denke" ist die Formel für den Subjektbegriff: Das Ich, insofern es denkt, ist das transzendentale Subjekt des Denkens. Die formale Bestimmung „ich denke" ist nicht mit Erlebnis- oder Erfahrungszuständen zu verwechseln. Das Bewusstsein ist so formiert, dass Fälle ausdrücklichen Selbstbewusstseins jederzeit auftreten können. Sie treten aber keineswegs durchgängig auf. Denken vollzieht sich unter den Bedingungen *möglichen* Selbstbewusstseins.

Das „ich denke" findet keine ausdrückliche Aufnahme in die Liste der transzendentalen Begriffe, der Sache nach muss es aber „dennoch dazu gezählt werden", denn „das Urtheil: *Ich denke*" ist „das Vehikel aller Begriffe überhaupt" (KrV A 341 / B 399). Von einer Änderung der Kategorientafel kann abgesehen werden, weil das Urteil „ich denke" als Bestandteil aller Begriffe, einschließlich der transzendentalen Begriffe, „unter diesen jederzeit mit begriffen werde" (KrV A 341 / B 399).

In beiden Fassungen des Paralogismenkapitels der *KrV* wird herausgearbeitet, dass der im „ich denke" ausgedrückte Subjektgedanke sich unter keinen Umständen in eine Substanzbestimmung transformieren lässt. In den Bewusstseinsvollzügen ist das Subjekt nicht als Erscheinung präsent. Für sich genommen ist das Denken „bloß die logische Function, mithin lauter Spontaneität der Verbindung des Mannigfaltigen einer bloß möglichen Anschauung" (KrV B 428). Das Subjekt des Gedankens enthält keine Vorstellungen von dem, wie es ist oder wie es ihm selbst erscheint. →Kategorien – wie etwa die der Substanz, der →Kausalität oder der →Notwendigkeit – kommen in selbstreferenziellen Bewusstseinszuständen nicht zur Anwendung. Kategorien können ihre erkenntnisbegründende Funktion nur bezüglich eines in der Anschauung Gegebenen erfüllen.

Das Modell für die Neufassung des Subjektbegriffs ist das Phänomen des Selbstbewusstseins. Das Subjekt des Denkens tritt im Selbstbewusstsein nicht als isoliertes Element auf, sondern strukturiert auf formale Weise die kategoriale →Synthesis des in der Anschauung Gegebenen. Es ist als selbstreferenzielle Instanz in den jeweiligen mentalen Akten immer schon enthalten.

Bei der Erläuterung des Subjektgedankens zeigen sich Bezüge zum traditionellen Begriff, dem zufolge von einer Substanz Prädikate ausgesagt werden, sie selbst aber nie an die Prädikatstelle tritt. Diese formale Bestimmung geht in die erkenntnistheoretische Gestaltung des Subjektbegriffs ein. Das Subjekt des Denkens wird formal und ohne weitere inhaltliche Bestimmungen definiert. Als transzendentales Subjekt ist es lediglich die einfache Vorstellung von „Etwas überhaupt" (KrV A 355). „Durch dieses Ich oder Er oder Es (das Ding), welches denkt, wird nun nichts weiter als ein transscendentales Subject der Gedanken vorgestellt = X, welches nur durch die Gedanken, die seine Prädicate sind, erkannt wird, und wovon wir abgesondert niemals den mindesten Begriff haben können" (KrV B 404). Gleichwohl sind Gedanken nicht Attribute des Subjekts. Dieses *hat* keine Gedanken, sondern *denkt* eine Mannigfaltigkeit von Inhalten. Die konstitutive Funktion des Subjekts des Denkens erzeugt Zirkularitätsprobleme: Weil wir uns dieser Funktion immer schon bedienen, „um irgend etwas von ihm zu urtheilen", müssen wir uns in selbstreferenziellen Aktivitäten „in einem beständigen Zirkel herumdrehen". Diese „Unbequemlichkeit" (KrV B 404) ist aber nur Folge der epistemischen Verfassung menschlichen Bewusstseins, die im Phänomen des Selbstbewusstseins ihren Ausdruck findet.

3 Das Ich als Subjekt und Objekt

Das Subjekt des Denkens bezieht sich nicht auf sich als eine im Wechsel von Vorstellungen beharrliche Substanz. Gleichwohl ist es einer Person in der Regel jederzeit möglich, bezüglich ihrer jeweiligen Aktivitäten und Zustände in ein Selbstverhältnis einzutreten. Dabei ist „das Ich, der ich denke, von dem *Ich*, das sich selbst anschauet“ zu unterscheiden. Das „Ich, als Intelligenz und *denkend* Subject“ erkennt sich „als *gedachtes* Object“ (KrV B 155) in der inneren Anschauung, in der wir „unser eigenes Subject nur als Erscheinung, nicht aber nach dem, was es an sich selbst ist, erkennen“ (KrV B 156).

Die Unterscheidung zwischen dem Ich als Subjekt und dem Ich als Objekt ist erkenntnistheoretisch begründet und läuft nicht auf die ontologische Annahme einer Subjektverdopplung hinaus. In *Fortschritte* heißt es, dass Selbstbewusstsein eine nicht weiter ableitbare Tatsache intelligenter Existenz ist, in der sich zwei selbstreferenzielle Bestimmungen, das Ich als Subjekt und das Ich als Objekt, manifestieren: „Ich bin mir meiner selbst bewußt, ist ein Gedanke, der schon ein zweifaches Ich enthält, das Ich als Subject, und das Ich als Object. Wie es möglich sey, daß ich, der ich denke, mir selber ein Gegenstand (der Anschauung) seyn, und so mich von mir selbst unterscheiden könne, ist schlechterdings unmöglich zu erklären, obwohl es ein unbezweifeltes Factum ist“ (20:270). Kant unterscheidet auch zwischen dem „Subject der Apperception“ und dem „Subject der Perception“ (20:270). Das Subjekt der Apperzeption bzw. des Selbstbewusstseins manifestiert sich als „Vorstellung a priori“ des „logischen Ich“, dessen Wesen oder „Naturbeschaffenheit“ „nicht weiter erkannt werden kann“ (20:270). Demgegenüber zeigt sich das Subjekt der Perzeption, „das psychologische Ich, als empirisches Bewußtseyn“ zu „mannigfacher Erkenntniß fähig“ (20:270). Im Rahmen der Erläuterung des Begriffs des Subjekts der → Apperzeption kommt eine erkenntnistheoretische Umgestaltung des klassischen Substanzmodells zur Anwendung: „Von dem Ich in der erstern Bedeutung (dem Subject der Apperception), dem logischen Ich, als Vorstellung a priori, ist schlechterdings nichts weiter zu erkennen möglich, was es für ein Wesen, und von welcher Naturbeschaffenheit es sey; es ist gleichsam, wie das Substanziale, was übrig bleibt, wenn ich alle Accidenzen, die ihm inhäriren, weggelassen habe, das aber schlechterdings gar nicht weiter erkannt werden kann, weil die Accidenzen gerade das waren, woran ich seine Natur erkennen konnte“ (20:270). Diese epistemische Schwierigkeit ist darauf zurückzuführen, dass das Subjekt der Apperzeption als logisches Ich kein Gegebenes bzw. keine Rezeptivität enthält, „sondern reine Spontaneität anzeigt“ (20:271).

Die Bestimmungen des Subjekts der Apperzeption und des Subjekts der Perzeption sind nicht Ausdruck einer Subjektverdopplung, derzufolge „in Ansehung des innern Sinnes das doppelte Ich im Bewußtseyn meiner selbst“ vielen „zwey Subjecte in einer Person vorauszusetzen“ (20:268) scheint. Mit der Unterscheidung ist „nicht eine doppelte Persönlichkeit gemeynt“, sondern nur dem Sachverhalt entsprochen, dass „Ich, der ich denke und anschaue, [...] die Person, das Ich aber des Objectes, was von mir angeschauet wird, [...] gleich andern Gegenständen außer mir, die Sache“ (20:270) ist.

In der *Anthropologie* wird herausgestellt, dass die Annahme eines doppelten Subjekts widersprüchlich sei. Die Unterscheidung zwischen dem „Ich als *Subject* des Denkens (in der Logik)“ und dem „Ich als das *Object* der Wahrnehmung, mithin des inneren Sinnes“ (7:134 Anm.) erklärt sich aus der Beziehung des Bewusstseins des Verstandes auf den inneren Sinn. Deshalb ist auch die Frage, ob der Mensch, der sich den vielfältigen inneren Veränderungen seiner selbst bewusst werde, „noch sagen könne, er sei *ebenderselbe* (der Seele nach), [...] eine ungereimte Frage“ (7:134 Anm.). Er kann sich dieser Veränderungen nur dadurch bewusst werden, „daß er sich in den verschiedenen Zuständen als ein und dasselbe *Subject* vorstellt, und das Ich des Menschen ist zwar der Form (der Vorstellungsart) nach, aber nicht der Materie (dem Inhalte) nach zwiefach“ (7:134 Anm.).

4 Kritik des Subjekts

Vor dem Hintergrund der erkenntniskritischen Revision des Subjektbegriffs erweist sich die traditionelle philosophische Psychologie sowohl in inhaltlicher als auch in logischer Hinsicht als fehlerhaft. Es ist insbesondere zu kritisieren, dass es ihr „am Merkmale der Beharrlichkeit fehlte, um den psychologischen Begriff eines letzten Subjects, welcher der Seele im Selbstbewußtsein nothwendig beigelegt wird, zur realen Vorstellung einer Substanz zu ergänzen“ (5:133). Danach sind die Argumentationsgänge der so genannten rationalen und empirischen Psychologie des 17. und 18. Jh. gleichermaßen von logischen wie von erkenntnistheoretischen Fehlschlüssen geprägt.

Die rationale Psychologie verkennt, dass aus dem „ich denke“ als Formel für das bestimmende Subjekt kein Objekt im Sinne eines für sich selbst bestehenden Wesens oder einer Substanz gefolgert werden kann: „Das letztere geht sehr weit, erfordert daher auch Data, die im Denken gar nicht angetroffen werden, vielleicht (so fern ich bloß das denkende als ein solches betrachte) mehr, als ich überall (in ihm) jemals antreffen werde“ (KrV B 407). Der Fehlschluss der rationalen Psychologie nimmt entsprechend folgende Form an: „*Was nicht anders als Subject gedacht werden kann, existirt auch nicht anders als Subject, und ist also Substanz. – Nun kann ein denkendes Wesen, bloß als ein solches betrachtet, nicht anders als Subject gedacht werden. – Also existirt es auch nur als ein solches, d. i. als Substanz*“ (KrV B 410f.). Der Schluss vom logischen Subjekt des Denkens auf die Existenz des Subjekts als Substanz ist ein „*sophisma figurae dictionis*“, der „durch einen Trugschluß“ (KrV B 411) auf die Konklusion führt. Die Prämissen enthalten nur Bestimmungen, die sich auf den Begriff des Subjekts und auf formale Bewusstseinsrelationen beziehen, die keinen in der Anschauung gegebenen Inhalt haben, auf den die Kategorie der Substanz angewendet werden könnte. Deshalb drückt sich im Selbstbewusstsein als solchem nur das Subjekt des Denkens oder Urteilens aus, wodurch „schlechterdings nichts über die Art meines Daseins eröffnet“ (KrV B 412 Anm.) wird.

5 Das Subjekt der Freiheit und Person

Das menschliche Subjekt ist durch eine „doppelte Seite“ (KrV B 566) gekennzeichnet. Seine Kausalität kann als intelligibel nach Maßgabe seiner Handlung und als sensibel nach Maßgabe ihrer Wirkung als Erscheinung der Sinnenwelt betrachtet werden. Während das Naturgesetz den Menschen als Erscheinung bestimmt, zeigt das →moralische Gesetz den Menschen als Subjekt der →Freiheit an. Es macht sich „als Subject der Freiheit zum Noumen, zugleich aber auch in Absicht auf die Natur zum Phänomen in seinem eigenen empirischen Bewußtsein“ (5:6). Die Vereinigung von Kausalität aus Freiheit und Naturkausalität vollzieht sich „in einem und demselben Subjecte, dem Menschen“ (5:6 Anm.). Als Subjekt der Freiheit ist der Mensch unabhängig von inneren und äußeren Determinationen zurechenbar und verantwortlich. Das gilt auch für den Fall der Abhängigkeit von Gott (vgl. 5:100ff.).

Der Subjektgedanke der praktischen Philosophie gewinnt sein semantisches Profil durch die Abgrenzung von Sachbestimmungen: „*Sache* ist ein Ding, was keiner Zurechnung fähig ist. Ein jedes Object der freien Willkür, welches selbst der Freiheit ermangelt, heißt daher Sache (*res corporalis*)“ (6:223). Das Kriterium für die Anwendung des praktischen Subjektgedankens ist Zurechnungsfähigkeit: „*Person* ist dasjenige Subject, dessen Handlungen einer *Zurechnung* fähig sind. Die *moralische* Persönlichkeit ist [...] nichts anders, als die Freiheit eines vernünftigen Wesens unter moralischen Gesetzen“ (6:223), die von dem bloß psychologischen Vermögen, „sich der Identität seiner selbst in den verschiedenen Zuständen seines Daseins bewußt zu werden“ (6:223), unterschieden werden muss. Als Subjekt ist „eine Person keinen anderen Gesetzen als denen, die sie (entweder allein, oder wenigstens zugleich mit anderen) sich selbst giebt, unterworfen“ (6:223).

Unter der Handlung eines Subjekts, „sofern sie unter Gesetzen der Verbindlichkeit steht“, ist die Tat zu verstehen, durch die der Handelnde „als *Urheber* der Wirkung betrachtet“ (6:223) wird. Die Zurechnung erfolgt unter der Voraussetzung, dass das Gesetz der Verbindlichkeit bekannt ist. Verbindlichkeit und Verpflichtung ergeben sich aus dem moralischen Gesetz. In ihm ist die Autonomie eines Willens begründet, der nach seinen allgemeinen Gesetzen notwendig zu demjenigen zugleich muß *einstimmen* können, welchem er sich *unterwerfen* soll. Die Person ist insofern das *Subject des moralischen Gesetzes*. Aus dem praktischen Subjektgedanken folgt unmittelbar, „[d]aß in der Ordnung der Zwecke der Mensch (mit ihm jedes vernünftige Wesen) *Zweck an sich selbst* sei, d. i. niemals blos als Mittel von jemanden (selbst nicht von Gott), ohne zugleich hiebei selbst Zweck zu sein, könne gebraucht werden, daß also die *Menschheit* in unserer Person uns selbst *heilig* sein müsse“ (5:131).

Die vernünftige Natur im Allgemeinen und die menschliche Person im Besonderen zeichnen sich in der Natur dadurch aus, dass sie sich selbst Zwecke setzen. Die Person ist das Subjekt aller möglichen Zwecke, weil es „das Subject eines möglichen schlechterdings guten Willens ist“ (4:437). Das Subjekt der Zwecke muss „allen Maximen der Handlungen zum Grunde gelegt werden" (4:438). Es ist die „oberste einschränkende Bedingung im Gebrauche aller Mittel" und darf „niemals bloß als Mittel" (4:438) gebraucht werden. Dementsprechend ist das Selbsttötungsverbot Ausdruck der vollkommenen Pflicht gegen sich selbst, das „Subject der Sittlichkeit in seiner eigenen Person" (6:423) zu erhalten. Bei einer Selbsttötung würde das Subjekt der Sittlichkeit zum bloßen Mittel der Vermeidung negativ empfundener körperlicher oder psychischer Zustände herabgewürdigt. Weil der Mensch als Persönlichkeit gegenüber sinnlichen Triebfedern die „Obermacht" (6:422) hat, dürfen diese nicht über das Fortbestehen des Subjekts der Sittlichkeit entscheiden.

Weiterführende Literatur

Ameriks, Karl: Kant's Theory of Mind. An Analysis of the Paralogisms of Pure Reason, 2. Auflage, Oxford: Clarendon Press 2000.

Klemme, Heiner F.: Kants Philosophie des Subjekts. Systematische und entwicklungsgeschichtliche Untersuchungen zum Verhältnis von Selbstbewusstsein und Selbsterkenntnis, Hamburg: Meiner 1996.

Mohr, Georg: Das sinnliche Ich. Innerer Sinn und Bewußtsein bei Kant, Würzburg: Königshausen & Neumann 1991.

Sturma, Dieter: Kant über Selbstbewußtsein. Zum Zusammenhang von Erkenntniskritik und Theorie des Selbstbewußtseins, Hildesheim: Olms 1985.

Dieter Sturma

Substanz

Es gibt beim kritischen Kant zwei grundlegende Konzeptionen des Begriffs der Substanz: 1. Substanz als dasjenige, worin die Akzidenzen inhärieren, 2. Substanz als beharrliche Materie. Das erste ist Substanz, wie sie durch die reine → Kategorie von Substanz und Akzidens ausgedrückt wird, das zweite „Substanz in der Erscheinung" (KrV B 225; vgl. KrV A 188 / B 231), oder „substantia phaenomenon" (KrV A 146 / B 186) und entspricht der schematisierten Kategorie der Substanz. Das Verhältnis zwischen beiden Konzeptionen ist umstritten bzw. unklar. Daneben gibt es noch die vorkritische Konzeption von Substanzen als ‚physischen Monaden' (vgl. 1:480f.). Weitere wichtige Textstellen: KrV A 80 / B 106; KrV A 144 / B 183; KrV A 182–189 / B 224–232; KrV A 204–211 / B 249–256; KrV B 291; KrV A 348–351; KrV B 410f.; 4:503ff.; 4:541ff.; *Refl.* 5294, 18:145; 28:428ff.

Philosophische Funktion

1 Physische Monaden

Es lassen sich grob zwei Phasen in der Entwicklung von Kants Substanzkonzeption unterscheiden. Bis spätestens 1769 vertritt Kant eine Konzeption der ‚physischen Monaden' (vgl. 1:480f.). Doch schon vorher finden sich Ansätze zu seiner späteren kritischen Konzeption.

Die Konzeption der physischen Monaden stellt Kant hauptsächlich in der *Monadologia Physica* von 1756 dar, doch sie lässt sich auch später noch nachweisen (vgl. 2:286f.; 28:43; 28:47; 28:48; zur späteren Entwicklung Monade). Die physische Monade sei eine einfache Substanz, die nicht unmittelbar im → Raum anwesend ist, sondern ihn durch ihre → Kräfte erfülle (vgl. 1:480f.). Dadurch habe sie eine ‚Sphäre der Wirksamkeit' (vgl. 1:480), durch die sie einen bestimmten Raum einnehme. Die Monade sei auf diese Weise einfach (unteilbar), obwohl ihr Raum unendlich teilbar sei. Kant denkt sich physische Monaden offenkundig sowohl als letzte Subjekte als auch als beharrlich. Mit der Annahme der unendlichen Teilbarkeit der Substanzen ab 1769 wurde diese Konzeption hinfällig.

2 Die reine Kategorie der Substanz

Kant definiert Substanz folgendermaßen: „Der Begriff einer Substanz bedeutet das letzte Subject der Existenz, d. i. dasjenige, was selbst nicht wiederum blos als Prädicat zur Existenz eines anderen gehört" (4:503; vgl. KrV B 149; *Refl.* 5295, 18:145; *Refl.* 5856, 18:370; 28:428; 28:510; 28:563). Eine Substanz zeichnet sich demnach durch zwei Merkmale aus: 1. Ihr inhärieren Akzidenzen, 2. sie inhäriert nicht in etwas anderem. Oft wird Substanz als ‚reales Subjekt' bezeichnet im Unterschied zum bloß ‚logischen Subjekt' (*Refl.* 3573f., 17:67), das ein begriffliches Subjekt von logischen Prädikaten ist (vgl. *Refl.* 4052, 17:398f.; *Refl.* 4412, 17:536; 28:430; vgl. 3.3. zu logischen Subjekten). Die Substanz unter Absehung von ihren Akzidenzen bezeichnet Kant auch als Substantiale (vgl. *Refl.* 4414, 17:537; *Refl.* 4762, 17:718; 28:195; 28:824). Dabei betont er häufig dessen

Unerkennbarkeit (vgl. 28:511; 28:563; 29:771f.; 29:904).

Der Substanzbegriff ist Bestandteil der Kategorie von Substanz und Akzidens, welche die erste Kategorie in der Klasse der → Relationen ist. In der Kategorientafel der *KrV* trägt sie den Titel der „*Inhärenz* und Subsistenz (substantia et accidens)“ (KrV A 80 / B 106). In den Kategorientafeln der Metaphysiknachschriften ist hingegen fast ausschließlich von ‚Substanz und Akzidens‘ die Rede (vgl. 28:397; 28:480: 28:626; 29:802; 29:986; dagegen 28:398; die Kategorie heißt „Inhaerenz“ in 28:547). Die unterschiedlichen Bezeichnungen der Kategorie sind dadurch zu erklären, dass Substanz und Akzidens nur Relata sind, die eigentliche Relation ist die der Inhärenz. Daneben gibt es noch eine zweite Art der Relation zwischen Substanz und Akzidens, nämlich die → Kraft. Durch Kräfte sind Substanzen Ursache der Akzidenzen (vgl. 8:22 Anm.; *Refl.* 3785, 17:292; 28:514; 28:563; 29:770). Die Verwechslung beider Arten von Relationen führe zum Spinozismus, bei dem die einzige Substanz → Gott sei, in welcher alles andere als Akzidenzen inhäriere (vgl. 5:393; 8:224 Anm.; Subsistenz). Dieselbe Folge habe die falsche Gleichsetzung von Substanzen mit Kräften, welche Kant der Leibniz-Wolffschen Schule zuschreibt (vgl. 8:224 Anm.).

Dennoch besteht ein sehr enges Verhältnis zwischen Substanz und Kräften, denn sie bedingen einander wechselseitig (vgl. KrV A 204 / B 249f.; 28:431; 28:564f.; 29:823). Insofern Substanzen durch Kräfte wirksam sind, „handel[n]“ sie (28:512; vgl. 28:512f.; 28:564f.; 29:822f.; → Handlung). Jede Substanz hat eine spezifische Natur, oder ein „*Realwesen*“, wodurch sie „der erste innere Grund alles dessen, was der Sache selbst zukommt“, sei (28:553).

3 Die schematisierte Kategorie der Substanz

Wie jede Kategorie hat die Kategorie der Substanz ein → Schema, das ihre Anwendung auf → Erscheinungen ermöglicht. Das Schema der Substanz ist „die Beharrlichkeit des Realen in der Zeit, d. i. die Vorstellung desselben als eines Substratum der empirischen Zeitbestimmung überhaupt, welches also bleibt, indem alles andere wechselt“ (KrV A 144 / B 183). Die Substanz in der Erscheinung ist also das Beharrliche, was → Zeit überdauert, während die Akzidenzen in der Zeit wechseln. Doch da es nur im Raum Beharrliches geben könne, ist das Schema der Substanz an den Raum gebunden und nur materielle Körper, nicht die → Seele, können Substanzen in der Erscheinung sein (vgl. KrV B 291; KrV A 381; KrV B 413ff.; 4:542).

3.1 In der *Ersten Analogie der Erfahrung* beweist Kant, dass es in der Erscheinung etwas Beharrliches geben muss: „*Bei allem Wechsel der Erscheinungen beharret die Substanz, und das Quantum derselben wird in der Natur weder vermehrt noch vermindert.*“ (KrV B 224; vgl. KrV A 182) Der Beweis beruht auf den Bedingungen der Möglichkeit der Erfahrung: Ohne etwas Beharrliches gäbe es keinen Zusammenhang der Erfahrung, insbesondere keine Zeitfolge (vgl. KrV A 182–189 / B 224–232). Das „*Erste Gesetz der Mechanik*“ in den *MAN*, welches die Erste Analogie explizit voraussetzt (vgl. 4:541), lautet: „Bei allen Veränderungen der körperlichen Natur bleibt die Quantität der Materie im Ganzen dieselbe, unvermehrt und unvermindert“ (4:541). Doch diese Beweise erstrecken sich nur auf materielle Substanzen in der Erscheinung, nicht auf die Seele oder Dinge an sich (vgl. KrV B 289; KrV A 248 / B 304f.; 4:542f.).

Zur *Ersten Analogie* werden in der Literatur mehrere interpretatorische Fragestellungen bzw. sachliche Probleme diskutiert. Erstens sei das Verhältnis zwischen der Ersten Analogie (in der Fassung der zweiten Auflage der *KrV*) und dem Ersten Gesetz der Mechanik unklar. Laut den *MAN* von 1786 ist das Erste Gesetz der Mechanik noch nicht in der Ersten Analogie enthalten, doch in der Fassung der zweiten Auflage der *KrV* von 1787 ist jenes Gesetz eingeschlossen, wenn Kant behauptet, „*das Quantum*“ der Substanz werde „*in der Natur weder vermehrt noch vermindert*“ (KrV B 224; vgl. KrV B 225). Hier stelle sich die Frage, ob Kant die erste Analogie mit dem Ersten Gesetz der Mechanik unzulässig vermischt. Zweitens beruhe das Argument für die Beharrlichkeit der Substanz auf der Nicht-Wahrnehmbarkeit der Zeit, doch die Substanz selber könne ebenfalls nicht wahrgenommen werden. Drittens sei nicht ersichtlich, warum die Einheit der Zeit von der Existenz einer beharrlichen Substanz abhängen sollte. Warum können nicht die Akzidenzen beharrlich sein, oder warum muss es für die Einheit der Zeit überhaupt etwas Beharrliches geben? Viertens, wenn es etwas Beharrliches geben muss, warum müssen dann alle Substanzen und nicht bloß einige beharrlich sein? Fünftens scheine Kants Beweis vielleicht die relative Beharrlichkeit der Substanzen, aber nicht deren absolute zeigen zu können. Vgl. dazu Bennett, *Kant's Analytic*; Guyer, *Claims of Knowledge*; Van Cleve, *Problems*; Allison, *Kant's Transcendental Idealism*; Hahmann, *Kritische Metaphysik der Substanz.*

3.2 Eine andere zentrale Fragestellung ist das Verhältnis zwischen der reinen und der schematisierten Kategorie der Substanz. Dazu gibt es in der Kantforschung unterschiedliche Ansichten. Einige Interpreten glauben, dass die schematisierte Kategorie die reine ergänze (vgl. Paton, *Kant's Metaphysic of Experience*: S. 69f., Van Cleve, *Problems*: S. 106; Watkins, *Metaphysics of Causality*, S. 268–272), während andere die Ansicht vertreten, dass die schematisierte Kategorie die reine ersetze (vgl. Bennett, *Kant's Analytic*, S. XV, 182–184; Ameriks, *Kant's Theory*, S. 67; Langton, *Kantian Humility*). Erstere glauben demnach, dass auch die Substanz in der Erscheinung das letzte Subject der Inhärenz sei, während letztere die Existenz eines letzten Subjekts in der Erscheinung bestreiten. Typischerweise glauben Vertreter der zweiten Interpretation, dass Substanzen in der Erscheinung nur aus Kraftkomplexen bestünden, die einer modernen Feld-Theorie der Materie ähneln (vgl. Langton, *Kantian Humility*; Holden, *The Architecture of Matter*).

Es gibt Textbelege für beide Positionen. Einerseits spricht einiges für die erstere Position. Denn erstens macht Kant deutlich, dass im Schema der Substanz die reine Kategorie enthalten sein muss (vgl. KrV A 147 / B 186; KrV A 181 / B 224; KrV A 242f. / B 300f.). Zweitens argumentiert Kant in den *MAN* explizit dafür, dass Materie Substanz im Sinn eines ersten Subjekts habe: „Der Begriff einer Substanz bedeutet das letzte Subjekt der Existenz, d. i. dasjenige, was selbst nicht wiederum blos als Prädicat zur Existenz eines anderen gehört. Nun ist Materie das Subject alles dessen, was im Raume zur Existenz der Dinge gezählt werden mag [...]. Also ist Materie als das Bewegliche im Raume die Substanz in demselben" (4:503). Drittens schließlich redet Kant manchmal von einem Substantiale, also letztem Subjekt im Raum, das aber unbekannt sei (vgl. 28:429; 28:512; 28:563; 29:771f.; 29:1004). Doch andererseits argumentiert Kant dafür, dass es in der Erscheinung keine Substanz geben könne, weil Materie unendlich teilbar sei (vgl. KrV A 525f. / B 553f.; *Refl.* 3986, 17:376f.; *Refl.* 4499, 17:574; *Refl.* 4500, 17:574f.; *Refl.* 5981, 18:415; 28:209). Eine interpretatorisch befriedigende Lösung des Problems steht noch aus.

3.3 In Verbindung mit dem Problem, ob es in der Erscheinung ein letztes Subjekt gebe, verwendet Kant oft den Begriff des *phaenomenon substantiatum*. Dies sei ein Akzidens, das als Substanz behandelt wird (vgl. *Refl.* 3782, 17:291; *Refl.* 4494, 17:572; 22:182; 28:24; 28:639). Vielleicht ein Spezialfall davon ist die *substantia comparativa*, worunter Kant ein Akzidens versteht, dessen Begriff in Urteilen als logisches Subjekt dient (vgl. *Refl.* 4830, 17:740; *Refl.* 5294, 18:145; *Refl.* 5312, 18:150). Eine *substantia comparativa* könne wieder als logisches Prädikat eines anderen Subjekts gebraucht werden, eine Substanz aber nicht (vgl. KrV A 413f. / B 441; *Refl.* 3574, 17:67; *Refl.* 4052, 17:398f.; *Refl.* 5858, 18:370). Im Widerspruch dazu behauptet Kant in den *Prolegomena*, dass es eine Verkettung von Substanzen und Akzidenzen geben könne, sodass eine Substanz wieder Akzidens einer anderen Substanz sei (vgl. 4:333). Möglicherweise handelt es sich dabei aber um ein Versehen Kants.

Wenn Materie *substantia comparativa* ist, dann werden bestimmte Verhältnisse in ihr – Kräfte oder Eigenschaften – als Substanzen behandelt. Diese Verhältnisse zeichnen sich durch die Eigenschaft der Beharrlichkeit aus: „Denn da zeigt sich, dass eine beharrliche Erscheinung im Raume (undurchdringliche Ausdehnung) lauter Verhältnisse und gar nichts schlechthin Innerliches enthalten und dennoch das erste Substratum aller äußeren Wahrnehmung sein könne" (KrV A 284 / B 340; vgl. KrV A 285 / B 341). Das Beharrliche ist hier offenbar als *substantia comparativa* aufzufassen.

4 Die Substantialität der Seele

Zur Frage, ob die Seele eine Substanz ist, hat Kant im Verlauf seiner philosophischen Entwicklung unterschiedliche Antworten gegeben. In der *Metaphysik L1* aus den frühen 1770er Jahren heißt es: „Denn dieser Begriff von Ich drückt aus: 1) Die Substantialität. [...] Wir können von keinem Dinge das substratum und das erste Subject anschauen; aber in mir schaue ich die Substanz unmittelbar an." (28:225f.; vgl. *Refl.* 5294, 18:145) In der *KrV* gibt Kant die Auffassung einer unmittelbaren Anschauung der seelischen Substanz jedoch auf. Der Grund dafür ist, dass die Seele als Ding an sich nicht erkannt werden könne und ihr als Erscheinung das Schema der Substanz, die Beharrlichkeit, fehle (vgl. KrV A 350; KrV A 381f.; KrV B 412f.; KrV 420). Neben der Möglichkeit der Anschauung leugnet Kant auch die Möglichkeit des Beweises der Substantialität der Seele. Der Schein, dass ein solcher Beweis möglich sei, beruhe auf einem paralogistischen Fehlschluss, den Kant im „Paralogismus der Substantialität" aufzudecken versucht (vgl. KrV A 348–A 351; KrV B 410f.; → Paralogismen der reinen Vernunft). Allerdings hält er daran fest, dass die Substantialität zum Begriff der Seele gehöre, sodass diese als Substanz gedacht werden müsse (vgl. KrV A 350f.; KrV B 407).

Doch wenn auch die Seele in der Erscheinung keine Substanz ist, so sei sie doch etwas, was man ‚als-ob-Substanz' nennen kann: „Wir wollen [...] *erstlich* (in der Psychologie) alle Erscheinungen, Handlungen und Empfänglichkeit unseres Gemüths an dem Leitfaden der inneren Erfahrung so verknüpfen, *als ob* dasselbe eine einfache Substanz wäre, die mit persönlicher Identität beharrlich (wenigstens im Leben) existirt" (KrV A 672 / B 700; vgl. KrV A 682ff. / B 710ff.). Die transzendentale Idee der Seele habe dabei keine → konstitutive, sondern eine regulative Funktion, indem sie dazu diene, die → Einheit der inneren Erfahrung herzustellen. Es gebe also zwar in der inneren Erfahrung keine Substanz, doch diene die Idee einer solchen Substanz zur Ordnung der inneren Erscheinungen.

5 Die Substantialität Gottes

So wie die Seele ist auch Gott als Substanz zu denken, ohne dass wir ihn als Substanz erkennen könnten: „Aus dieser absoluten Nothwendigkeit fließt, daß das nothwendige Wesen eine nothwendige Substanz seyn muß, also die Substantialität" (28:323; vgl. 28:694; 28:795). Dabei stellt sich Kant aber gegen die Behauptung des Spinozismus, dass Gott die einzige Substanz sei.

Weiterführende Literatur

Ameriks, Karl: Kant's Theory of Mind – An Analysis of the Paralogisms of Pure Reason. New Edition, New York: Oxford University Press 2000 ([1]1982).

Hahmann, Andree: Kritische Metaphysik der Substanz – Kant im Widerspruch zu Leibniz, Berlin u. a.: de Gruyter 2009.

Scheffel, Dieter: Kants Theorie der Substantialität – Untersuchung ihrer Entwicklungsgeschichte, Köln: Böhlau 1979.

Van Cleve, James: Problems from Kant, New York: Oxford University Press 1999.

Michael Oberst

Synthesis

Unter ‚Synthesis' versteht Kant eine Aktivität des Verstandes, nämlich die Aktivität des Verbindens von Vorstellungen: „Allein die *Verbindung* (conjunctio) eines Mannigfaltigen überhaupt kann niemals durch Sinne in uns kommen und kann also auch nicht in der reinen Form der sinnlichen Anschauung zugleich mit enthalten sein; denn sie ist ein Actus der Spontaneität der Vorstellungskraft, und da man diese zum Unterschiede von der Sinnlichkeit Verstand nennen muß, so ist alle Verbindung [...] eine Verstandeshandlung, die wir mit der allgemeinen Benennung *Synthesis* belegen" (KrV B 129f.; vgl. KrV A 77 / B 102f.; KrV B 134f.; 11:33f.; 11:316; 11:515; 20:275f.). Diese Synthesis des Verstandes „mag eine Verbindung des Mannigfaltigen der Anschauung oder mancherlei Begriffe" (KrV B 130) sein, d. h. bei den Vorstellungen, die durch den Verstand synthetisiert werden, kann es sich entweder um sinnliche Vorstellungen handeln, die zu Anschauungen, oder um Begriffe, die zu Urteilen verbunden werden (vgl. KrV A 79 / B 104f.; KrV A 155 / B 194). Den Begriff der Synthesis verwendet Kant als Gegenbegriff zum Begriff der Analysis. Seiner Meinung nach setzt „die Auflösung, *Analysis*, die ihr Gegentheil zu sein scheint, sie [die Synthesis] doch jederzeit voraus" (KrV B 130; vgl. KrV A 77 / B 103). Weitere wichtige Stellen: KrV A 77ff. / B 102ff.; KrV A 99–128; KrV B 129ff.; KrV B 153ff.; KrV B 201f. Anm.; KrV A 220 / B 267; KrV A 224 / B 271; KrV A 719 / B 747f.; KrV A 722 / B 750ff.; 8:244f.; 8:282f.; 11:315f.; 11:376; 18:278; 20:275ff.; 23:19.

Philosophische Funktion

1 Synthesis und die transzendentale Deduktion der reinen Verstandesbegriffe

Zwar handelt es sich laut der Definition von ‚Synthesis' aus KrV B 129f. sowohl bei der Verbindung von sinnlichen Vorstellungen zu Anschauungen als auch bei der Verbindung von Begriffen zu Urteilen um die Synthesis von Vorstellungen. Tatsächlich verwendet Kant den Ausdruck ‚Synthesis' allerdings vorwiegend zur Bezeichnung der Verbindung sinnlicher Vorstellungen zu Anschauungen. Synthesis in diesem Sinne spielt in erster Linie in der *Transzendentalen Deduktion der reinen Verstandesbegriffe* in der *KrV* – besonders in der A-Auflage – eine große Rolle. Kant will dort zeigen, dass wir deswegen berechtigt sind, bestimmte Begriffe a priori, nämlich die → Kategorien, auf Gegenstände der Erfahrung anzuwenden, weil Anschauungen nur dann entstehen, wenn Kategorien als Regeln sinnlicher Synthesis fungieren. In anderen Worten: Kant will zeigen, dass eine sinnliche Synthesis, bei der die Kategorien als Synthesisregeln fungieren, in dem Sinn eine transzendentale Synthesis ist, dass ihr Stattfinden notwendige Bedingung für das Vorliegen von Erfahrung ist.

2 Synthesis der Apprehension, Reproduktion und Rekognition

2.1 Was Kant unter der Synthesis sinnlicher Vorstellungen zu Anschauungen versteht, erläutert er am ausführlichsten in der *Transzendentalen Deduktion* der A-Auflage der *KrV*. Dort führt er aus, dass sinnliche Synthesis aus drei Teilaktivitäten besteht, nämlich der Synthesis der → Apprehension, der Synthesis der Reproduktion und der Synthesis der → Rekognition. Diese drei Aktivitäten sind sowohl für das Entstehen empirischer Anschauungen als auch für das Entstehen von Anschauungen a priori verantwortlich (vgl. KrV A 99f.; KrV A 101f.). Der vorliegende Artikel bezieht sich in erster Linie auf Kants Konzeption der Synthesis sinnlicher Vorstellungen zu empirischen Anschauungen. Zur Synthesis sinnlicher Vorstellungen zu Anschauungen a priori siehe Synthesis, reine/empirische.

2.2 Die Frage, worin genau Kant zufolge die Aktivität der Synthesis besteht, ist in der Kant-Literatur dermaßen umstritten, dass es kaum möglich ist, diese Aktivität auf eine unkontroverse Weise zu charakterisieren. Zunächst einmal ist umstritten, ob es sich bei der Synthesis sinnlicher Vorstellungen um eine Aktivität handelt, die nichtzeitlich oder innerzeitlich ist. Aufgrund von Kants Charakterisierung der Apprehension und Reproduktion, insbesondere seiner Behauptung, das Mannigfaltige einer Anschauung könne nicht als ein solches vorgestellt werden, „wenn das Gemüth nicht die Zeit in der Folge der Eindrücke auf einander unterschiede" (KrV A 99), wird in diesem Artikel davon ausgegangen, dass es sich bei sinnlicher Synthesis um einen innerzeitlichen Prozess handelt. Wie Kants Ausführungen über die Synthesis sinnlicher Vorstellungen aufzufassen sind, hängt des Weiteren davon ab, welche Auffassung bezüglich der Beschaffenheit dieser Vorstellungen man ihm zuschreibt. Die von der Sinnlichkeit gelieferten Vorstellungen müssen laut Kant deswegen synthetisiert werden, weil es sich bei ihnen um „absolute Einheit[en]" (KrV A 99) handelt. Unter absoluter Einheit könnte Kant zum einen *qualitative* Einfachheit verstehen. In diesem Fall wäre die Sinnlichkeit nicht dazu in der Lage, gleichzeitig eine Vorstellung zu liefern, die mehr als ein Merkmal zum Inhalt hat. Kant würde also einen Sinnesdatenatomismus vertreten (vgl. z. B. Hoppe, *Synthesis*, S. 63 u. 179). Sinnliche Vorstellungen müssten dann deswegen synthetisiert werden, weil Anschauungen laut Kant qualitativ komplexen Vorstellungen sind, die Sinnlichkeit aber keine qualitativ komplexe Vorstellungen liefert. Synthesis würde also dazu dienen, nacheinander gelieferte einfache Vorstellungen zu komplexen Vorstellungen zu verbinden. Diese Interpretation ist insofern unattraktiv, als nicht einzusehen ist, warum unsere Sinne nicht in der Lage sein sollen, gleichzeitig verschiedene sinnliche Vorstellungen zu liefern. ‚Absolute Einheit' lässt sich zweitens aber auch als Synonym zu ‚undifferenzierte Einheit' verstehen (vgl. z. B. Longuenesse, *Capacity to Judge*, S. 38 u. 271f.). Gemäß dieser Interpretation liefert die Sinnlichkeit komplexe Vorstellungen; nur kann man, bevor die Vorstellungen synthetisiert werden, die Teilvorstellungen der komplexen Vorstellungen nicht voneinander unterscheiden und hat somit kein Bewusstsein von ihnen. Die Funktion der Synthesis besteht in diesem Fall darin, die undifferenzierte Einheit komplexer sinnlicher Vorstellungen in eine differenzierte Einheit zu verwandeln. Dies lässt sich entweder so verstehen, dass die Synthesis sinnlicher Vorstellungen dazu führt, dass das Subjekt der Vorstellung, das ein undifferenziertes Bewusstsein von der ganzen Vorstellung besitzt, zusätzlich Bewusstsein von deren Teilvorstellungen erhält. Oder es lässt sich so verstehen, dass die Synthesis sinnlicher Vorstellungen dazu dient, komplexe sinnliche Vorstellungen überhaupt erst bewusst zu machen (vgl. Grüne, *Blinde Anschauung*, S. 158–161). Im Folgenden wird davon ausgegangen, dass zweites der Fall ist.

2.3 Die Funktion der Synthesis der Apprehension besteht darin, komplexe Vorstellungen zu Bewusstsein zu bringen. Dazu ist „erstlich das Durchlaufen der Mannigfaltigkeit [einer Anschauung] und dann die Zusammennehmung desselben" (KrV A 99) notwendig. Die Mannigfaltigkeit bzw. die Teilvorstellungen einer Anschauung zu durchlaufen bedeutet wohl, sie (für einen Augenblick) bewusst zu machen. Dieses Durchlaufen alleine ist jedoch nicht hinreichend dafür, dass man Bewusstsein von einer komplexen Vorstellung hat, sondern bewirkt nur, dass man nacheinander Bewusstsein von unterschiedlichen Teilvorstellungen der komplexen Vorstellung besitzt. Erst dadurch, dass die nacheinander durchlaufenen Teilvorstellungen in einer Vorstellung zusammengefasst werden, entsteht eine einzige Vorstellung, in der sie alle als bewusste Vorstellungen enthalten sind. Die beiden Aktivitäten des Durchlaufens und des Zusammennehmens konstituieren zusammen die Synthesis der Apprehension.

2.4 Damit die durchlaufenen Vorstellungen zusammengenommen werden können, müssen sie reproduziert werden: „Würde ich aber die vorhergehende [Vorstellung] [...] immer aus den Gedanken verlieren und sie nicht reproduciren, indem ich zu den folgenden fortgehe, so würde niemals eine ganze Vorstellung [...] entspringen können" (KrV A 102). Würden die Teilvorstellungen $v^1, \ldots, v^n$ einer komplexen Vorstellung ausschließlich durchlaufen, dann würde dies nur dazu führen, dass diese Vorstellungen für einen Moment bewusst wären. Sie würden aber, nachdem sie durchlaufen worden sind, ihre Bewusstheit wieder verlieren. Damit eine komplexe Vorstellung mit Bewusstsein entsteht, müssen Vorstellungen deswegen, nachdem sie durchlaufen worden sind, reproduziert werden, d. h. ihre Bewusstheit muss erhalten bleiben. Eine zweite Funktion der Synthesis der Reproduktion besteht darin, das Vorliegen von aktuell nicht durchlaufenen Vorstellungen zu bewirken. Hat die Sinnlichkeit wiederholt die Vorstellungen v^1, v^2 und v^3 geliefert, liefert momentan aber nur die Vorstellungen v^1 und v^2, dann wird das Vorliegen von v^3 bewirkt (vgl. KrV A 99f.).

2.5 Eine weitere Bedingung dafür, dass sinnliche Vorstellungen zu einer komplexen Vorstellung zusammengenommen werden können, gibt Kant in dem Abschnitt über die Synthesis der Rekognition an. Die Teilvorstellungen der von der Sinnlichkeit gelieferten komplexen Vorstellungen präsentieren sich nicht als in bestimmten Verbindungen stehend. Welche ihrer Teilvorstellungen zusammengehören, wird von den noch nicht synthetisierten komplexen Vorstellungen vollkommen offen gelassen. Damit bestimmte Vorstellungen zu einer komplexen Vorstellung zusammengenommen werden, muss der Verstand diese Vorstellungen als Einheit auffassen. Dies mag man sich an dem Beispiel der Vorstellung eines Hundes verdeutlichen: Die Vorstellung eines Hundekopfes, Hundekörpers und Hundeschwanzes bilden nicht von alleine eine Einheit, sondern müssen vom Verstand als eine solche aufgefasst werden, damit die Anschauung eines Hundes entsteht. Das Als-Einheit-Auffassen verschiedener Vorstellungen bezeichnet Kant als Aktivität der Rekognition (vgl. KrV A 103f.). Voraussetzung dafür, dass diese Aktivität stattfindet, ist, dass Begriffe als Regeln der Synthesis sinnlicher Vorstellungen fungieren (vgl. KrV A 103f.). Kant argumentiert im Abschnitt über die Rekognition des Weiteren dafür, dass sich unter diesen Begriffen auch die Kategorien befinden müssen, da sinnliche Vorstellungen nur dann Gegenstandsbezug erhalten und somit zu Anschauungen werden, wenn sie gemäß den Kategorien synthetisiert werden (vgl. KrV A 104–110). Was genau es heißt, dass Begriffe als Regeln sinnlicher Synthesis fungieren, ist unter Kant-Interpreten umstritten.

3 Synthesis und Begriffe

3.1 Manche Interpreten gehen davon aus, dass es sich bei der Synthesis sinnlicher Vorstellungen um eine Form des Urteilens handelt (vgl. z. B. Ginsborg, *Lawfulness*). Begriffe fungieren somit dadurch als Regeln sinnlicher Synthesis, dass sie als Bestandteile von Urteilen auftreten. Für diese Interpretation spricht Kants Behauptung, der Verstand könne von Begriffen „keinen andern Gebrauch machen, als daß er dadurch urtheilt" (KrV A 68 / B 93). Dagegen spricht jedoch folgende Überlegung: Sollte Kant sinnliche Synthesis als eine Form des Urteilens auffassen, dann vertritt er eine inkonsistente Position bezüglich des Verhältnisses von Anschauungen und Begriffen. Denn einerseits behauptet er dann, dass man schon über Begriffe verfügen muss, um Anschauungen zu bilden. Andererseits ist er aber der Meinung, dass (empirische) Begriffe erst durch den Vergleich von Gegenständen der Anschauung gebildet werden und das Verfügen über (empirische) Begriffe somit das Vorliegen von Anschauungen voraussetzt (vgl. KrV A 76f. / B 102f.; KrV A 126; KrV B 130; 4:304; 9:93f.; 15:79; 18:629; 24:568; Grüne, *Blinde Anschauung*).

3.2 Diese Schwierigkeit umgehen Interpreten, die Kant die Auffassung zuschreiben, das Entstehen von Anschauungen setze das Verfügen über Begriffe nicht voraus (vgl. z. B. Hanna, *Kant and the Foundations*, S. 31–54). Laut Hanna sind Apprehension und Reproduktion zusammen hinreichend für das Vorliegen von Anschauungen, finden aber statt, ohne dass Begriffe als Synthesisregeln fungieren. Die Synthesis der Rekognition versteht er nicht als Bedingung für die Bildung einer Anschauung, sondern als das Fällen eines Urteils über Gegenstände, die durch schon gebildete Anschauungen repräsentiert werden. Bei dem Fungieren von Begriffen als Regeln sinnlicher Synthesis handelt es sich somit nicht um eine Bedingung für das Vorliegen von Anschauungen, sondern um das Fällen von Urteilen über Gegenstände der Anschauung. Diese Interpretation ist jedoch exegetisch problematisch, da aus der A-Deduktion der *KrV* hervorgeht, dass ohne Rekognition kein Zusammennehmen und somit auch keine Apprehension von Vorstellungen stattfinden kann (vgl. 1.) und somit Apprehension und Reproduktion nicht ohne Rekognition zu der Entstehung von Anschauungen führen.

3.3 Kants Aussagen über Begriffe als Regeln sinnlicher Synthesis lassen sich drittens so verstehen, dass das Entstehen von Anschauungen das Fungieren von Begriffen als Synthesisregeln voraussetzt, dass sinnliche Synthesis aber keine Form des Urteilens ist. Dieser Interpretation zufolge gibt es laut Kant zwei verschiedene Arten der Verwendung von Begriffen: zum einen als Bestandteile von Urteilen, zum anderen als Regeln sinnlicher Synthesis (vgl. z. B. Longuenesse, *Capacity to Judge*). Genau wie für die unter 3.1 geschilderte Position stellt sich auch hier zunächst die Schwierigkeit, dass Kant eine inkonsistente Position in Bezug auf das Verhältnis von Begriffen und Anschauungen zugesprochen wird: Einerseits ist das Verfügen über Begriffe Voraussetzung für das Vorliegen von Anschauungen, andererseits ist das Vorliegen von Anschauungen Voraussetzung für das Verfügen über Begriffe. Diese Schwierigkeit lösen die Vertreter der gerade dargelegten Interpretation durch die Annahme, dass Kant unter Begriffen Unterschiedliches versteht. Hier bieten sich zwei Möglichkeiten an: Entweder geht man davon aus, dass Kant unter den Begriffen, über die man verfügen muss, damit Anschauungen entstehen, die Kategorien bzw. deren Schemata versteht, unter den Begriffen, die nur dann gebildet werden können, wenn schon Anschauungen vorliegen, dagegen empirische Begriffe (vgl. z. B. Longuenesse, *Capacity to Judge*). Oder man nimmt an, dass Kant unter den ersten Begriffen dunkle, unter den zweiten dagegen klare Begriffe versteht, wobei man über einen klaren Begriff *F* genau dann verfügt, wenn man die Fähigkeit besitzt, Gegenstände, die unter *F* fallen, als solche zu klassifizieren, über einen dunklen Begriff *F* dagegen genau dann, wenn man die Fähigkeit hat, sinnliche Vorstellungen auf eine solche Weise zu verbinden, dass die Anschauung eines *F*s entsteht (vgl. Grüne, *Blinde Anschauung*).

4 Synthesis, Verstand und Einbildungskraft

Die Aufgabe, sinnliche Vorstellungen zu synthetisieren, schreibt Kant nicht immer dem →Verstand (vgl. KrV B 130; KrV B 134f.), sondern häufig auch der Einbildungskraft zu (vgl. KrV A 103; KrV A 118; KrV A 120 Anm.; KrV A 123f.). Diese beiden unterschiedlichen Charakterisierungen der Synthesis lassen sich so verstehen, dass es sich bei der Synthesis sinnlicher Vorstellungen um eine Aktivität handelt, die das Mitwirken beider Vermögen voraussetzt. Der Verstand ist involviert, da sinnliche Vorstellungen nur unter der Mitwirkung von Begriffen zu Anschauungen synthetisiert werden und Begriffe Vorstellungen des Verstandes sind (vgl. KrV A 50f. / B 74f.). Die Einbildungskraft ist involviert, da der Verstand als Vermögen des Urteilens (vgl. KrV A 69 / B 94) nur dazu in der Lage ist, *Begriffe* miteinander zu verbinden. Für eine Verbindung von *Vorstellungen der Sinnlichkeit* kann deswegen nicht der Verstand alleine verantwortlich sein, sondern eine solche Verbindung bedarf der Mitwirkung eines Vermögens, das zwischen Sinnlichkeit und Verstand vermittelt, nämlich der Einbildungskraft (vgl. KrV A 124 / B 151f.).

Weiterführende Literatur

Ginsborg, Hannah: „Lawfulness without a law", in: Philosophical Topics 25, 1997, 37–81.

Grüne, Stefanie: Blinde Anschauung. Die Rolle von Begriffen in Kants Theorie sinnlicher Synthesis, Frankfurt/M.: Klostermann 2009.

Hanna, Robert: Kant and the Foundations of Analytical Philosophy, Oxford: Clarendon Press 2001.

Hoppe, Hansgeorg: Synthesis bei Kant. Das Problem der Verbindung von Vorstellungen und ihrer Gegenstandsbeziehung in der „Kritik der reinen Vernunft", Berlin u. a.: de Gruyter 1983.

Longuenesse, Béatrice: Kant and the Capacity to Judge, Princeton: Princeton University Press 1998.

Stefanie Grüne

System

„Ein System ist, wenn die Idee des gantzen vor den Theilen vorhergeht. Wenn die Theile dem Gantzen vorhergehn so entspringt daraus ein Aggregat. Ein System von Kenntnißen macht eine Wißenschaft aus" (29:5). Kant verwendet den Begriff ‚System' auf verschiedene Weise, und dies nicht nur in Bezug auf seine eigene Philosophie. So hält er die wolffische Philosophie für „ein System der Philosophie" (KrV A 836 / B 864) und die Philosophie Spinozas für ein „System der Fatalität" (5:391) und charakterisiert die Offenbarung als „*historisches System*" (6:12). Weiterhin unterscheidet er Linnés „*Natursystem*" von Naturbeschreibung (9:159) und verweist auf Newtons „System der allgemeinen Gravitäten" (4:474; vgl. 21:138). Für Kant ist die Philosophie selbst ein System (vgl. KrV A 838 / B 866; 9:23; 21:136; 21:156). Ebenso behauptet er, dass jede Wissenschaft „für sich ein System" ist, was auch bedeutet, dass die Wissenschaft „nicht [...] als ein[...] Theil eines andern Gebäudes, sondern als ein Ganzes für sich" behandelt werden soll (5:381; vgl. 9:139; vgl. auch 9:72). In der *KrV* erklärt er, dass der Zweck bzw. das Ergebnis der Kritik ein System sein müsse, das als „System der *Epigenesis* der reinen Vernunft" (KrV B 167), „System der reinen Vernunft" (KrV A 83 / B 109) bzw. „System [der Erkenntnisse a priori]" (KrV A 336f. / B 394) näher zu kennzeichnen ist. Dennoch ist das System der reinen Vernunft in diesem Sinne nur der erste Teil („*Transscendentalphilosophie*" oder „*Ontologie*") des ganzen Systems seiner „Metaphysik" (KrV A 846 / B 873f.). Auch die → rationale Psychologie und die Physikotheologie, deren Gültigkeit er in gewissen Hinsichten bestreitet, sowie die → Logik, deren Gültigkeit er voraussetzt, sollen ebenfalls Systeme sein (vgl. KrV B 416; KrV A 690f. / B 718f.; 7:141). Zugleich grenzt er das aus der *KpV* hervorgehende System von dem „kritischen System[] der speculativen Vernunft" deutlich ab (5:7f.; vgl. 6:205f.; 6:381; 6:412f.). In einem anderen Zusammenhang behauptet Kant, dass wir „hinreichende Ursache" haben, „den Menschen [...] als den *letzten* Zweck der Natur [anzunehmen], in Beziehung auf welchen alle übrige Naturdinge ein System von Zwecken ausmachen" (5:429). Aus diesen Zitaten wird deutlich, dass Kant den Systembegriff nicht nur verwendet, um die Methode, sondern in gewissen Fällen auch den Gegenstand seiner Überlegungen zu charakterisieren. Weitere wichtige Stellen: 4:325f.; 4:472f.; 5:380; 5:427; 6:12f.; 6:205; 20:195; 20:201–218; 20:241–247; 22:292; 26:476.

Philosophische Funktion

Trotz der unterschiedlichen Verwendungsweisen des Systembegriffes steht ‚System' im Allgemeinen für ein gegliedertes, zweckmäßiges Ganzes, eine geschlossene, aber unfertige Einheit, die „wie ein thierischer Körper" nur innerlich (nicht äußerlich) wächst (KrV A 833 / B 861). Aufgrund dieser innerlichen, zweckmäßigen Geschlossenheit erhebt die Gliederung bzw. Artikulation dieses Ganzen den Anspruch auf einen gewissen Grad der Vollständigkeit in der Ausführung (z. B. in der Analysis, Definition und Ableitung) zum Zweck der Klarstellung sowohl der Zusammengehörigkeit der Teile untereinander als auch der Kongruenz des Ganzen. Ein System ist des weiteren ein organisiertes Ganzes, dessen Teile selbst untergeordnete Systeme ausmachen. In der *Architektonik der reinen Vernunft* („Kunst der Systeme") stellt Kant ein System der Erkenntnisse einem „Aggregat" und einer „Rhapsodie" (einer nicht unter der Idee des Ganzen ausgeführten Sammlung) gegenüber (KrV A 832ff. / B 860ff.; vgl. KrV A 64f. / B 89f.; 6:357; 9:158; 9:160). Ein solches System ist „die Einheit der mannigfaltigen Erkenntnisse unter einer Idee"; dabei ist die Idee „der Vernunftbegriff von der Form eines Ganzen, sofern durch denselben der Umfang des Mannigfaltigen sowohl als die Stelle der Theile untereinander a priori bestimmt wird“ (KrV A 832 / B 860). Die Vernunft fordert ein System deshalb, weil die Erkenntnisse nur darin „die wesentlichen Zwecke“ (KrV A 839 / B 867) der Vernunft „unterstützen und befördern können“ (KrV A 832 / B 860). Dementsprechend liegt die Aufgabe der Vernunft darin, „das *Systematische* der Erkenntniß [...], d. i. de[n] Zusammenhang derselben aus einem Princip“ zustande zu bringen (KrV A 645 / B 673; vgl. 5:151). Zur Wahrung der Geschlossenheit des Systems erklärt Kant, dass er die „Einheit des Systems“ verletze, wenn er aufgrund von Grundsätzen der reinen Vernunft den allgemeinen Naturwissenschaften „vorgreifen“ würde (KrV A 171 / B 213; vgl. KrV A 801 / B 829).

Im Folgenden werden drei Gruppen von Systembegriffen Kants näher erläutert: (a) solche, die im Rahmen der *KrV* eine zentrale Rolle spielen; (b) solche, die in anderen Teilen seiner Philosophie vorkommen; und (c) solche, die für die kritische Philosophie Kants als Ganzes wichtig sind.

1 System im Rahmen der Kritik der reinen Vernunft

Im Rahmen der Kritik der reinen Vernunft lassen sich mindestens vier Systembegriffe unterscheiden. Kant spricht (1) vom System der reinen Vernunft bzw. demjenigen System, zu dem die Kritik als Propädeutik anzusehen ist; (2) vom System als Maßstab der Kritik, wobei die Kritik selbst das System ist; (3) vom System der transzendentalen Ideen; und (4) vom System des empirischen Verstandesgebrauches bzw. der Verstandeserkenntnisse unter einer Vernunftidee als regulativem Prinzip.

1.1 *System als Anwendung der Ergebnisse der Kritik der reinen Vernunft* In der Einleitung zur *KrV A* unterscheidet Kant das System der reinen Vernunft von der Kritik der reinen Vernunft als Propädeutik zum System (vgl. KrV A 11). Auch in *KrV B* spricht Kant mehrmals im Rahmen seiner Darstellung der Idee einer Kritik der reinen Vernunft von einem System der reinen Vernunft. Weil Kant davon ausgeht, dass die → Vernunft die Prinzipien der Erkenntnis a priori enthält, versteht er die Kritik der reinen Vernunft als die Vorbereitung zu einem Organon der reinen Vernunft, nach dem „alle reine[n] Erkenntnisse a priori können erworben werden und wirklich zu Stande gebracht werden“ (KrV B 24f.). In diesem Zusammenhang beschreibt er das Verhältnis des aus der Kritik hervorgehenden Organons zum System vorsichtigerweise im Konjunktiv: „Die ausführliche Anwendung eines solchen Organon würde ein System der reinen Vernunft verschaffen“ (KrV B 25). Da die Möglichkeit eines solchen Systems „dahin steht“, bestimmt Kant die Kritik als „*Propädeutik* zum System der reinen Vernunft“ (KrV B 25) und „Vorbereitung [...] wenigstens zu einem Kanon derselben“ (KrV B 26). Da Kant im Rahmen der transzendentalen Kritik die Analysis nur so weit vorantreibt, wie er es für erforderlich hält, um die Prinzipien der Synthesis a priori einzusehen, unterscheidet er die transzendentale Kritik vom System der → Transzendentalphilosophie im Sinne einer Doktrin.

Kant kennzeichnet das von der Kritik unterschiedene System der reinen Vernunft auch als Metaphysik bzw. als „System der Metaphysik“ (KrV A 846 / B 874). Er versteht die → Metaphysik überhaupt als diejenige Philosophie, die die reine Erkenntnis a priori in einer systematischen Einheit darstellen soll. Dabei teilt sich die Metaphysik in einen praktischen Teil (→ Metaphysik der Sitten) und einen spekulativen Teil (Metaphysik der spekulativen Vernunft bzw. Metaphysik im engeren Sinne). Die Kritik ist die Propädeutik zum „System der reinen Vernunft“ (KrV A 841 / B 869) als Metaphysik in diesem engeren Sinne, der die „*Transscendentalphilosophie*“ bzw. das „System aller Begriffe und Grundsätze“ mit einschließt (KrV A 845 / B 873; vgl. KrV B XXVII; 4:338; 5:168; 5:179; 6:375).

1.2 *Kritik (der reinen Vernunft) als System* Trotz der Unterscheidung des Systems der reinen Vernunft von der Kritik derselben spricht Kant auch vom „System der Kritik der reinen Vernunft“ (4:474 Anm.). Da die transzendentale Analytik die Aufgabe hat, unsere gesamte Erkenntnis a priori in die Elemente der reinen Verstandeserkenntnis zu zergliedern, ist sie der Versuch, die Elementarbegriffe in ihrer Vollständigkeit nachzuweisen. Ein solcher Versuch ist der Vollständigkeit wegen „nur vermittelst einer *Idee des Ganzen* der Verstandeserkenntniß a priori und durch die daraus bestimmte Abtheilung der Begriffe, welche sie ausmachen, mithin nur durch ihren *Zusammenhang in einem System* möglich“ (KrV A 64f. / B 89). Die Ausarbeitung eines solchen Systems ist die Aufgabe der zwei Bücher der *Transzendentalen Logik*, die je wiederum ein besonderes System darstellen: Die „systematisch[e]" (KrV A 83 / B 109) Gewinnung und Abteilung der Begriffe der reinen Vernunft bzw. das „System der Kategorien" (4:324) und das „*System [der] Grundsätze des reinen Verstandes*" (KrV A 147 / B 187). In seiner Auseinandersetzung mit Eberhard besteht Kant außerdem darauf, dass die Kritik „die Vorstellung eines ganzen Systems [der] metaphysischen und zwar synthetischen Grundsätze[] aufstellt" (8:233).

Die beiden erwähnten Systembegriffe spielen in beiden Büchern der *Transzendentalen Logik* eine explizite Rolle. Kant hält seine Erklärung der Kategorientafel deshalb für gelungen, weil die →Kategorien vollständig aufgeführt werden. Sie sollen „systematisch", d. h. aus einem gemeinschaftlichen Prinzip erzeugt werden. Aus diesem Grund behauptet Kant auch, dass seine Kategorientafel der Diskussion der Kategorien bei Aristoteles vorzuziehen ist. Dabei räumt er aber gleichzeitig ein, die Kategorien seien nur Stammbegriffe, die „ihre eben so reine[n] *abgeleitete[n] Begriffe* haben, die in einem vollständigen System der Transscendental-Philosophie keinesweges übergangen werden können". Dennoch besteht er darauf, dass es ihm in der Kritik der reinen Vernunft „nicht um die Vollständigkeit des Systems", sondern um „die Principien zu einem System" geht (KrV A 81f. / B 106f.). Aufgrund desselben Unterschiedes zwischen der Kritik der reinen Vernunft und demjenigen System, das aus der ausführlichen Anwendung der durch die Kritik gewonnenen Prinzipien entstünde, übergeht er die Erörterung des Verhältnisses der Kausalität zu abgeleiteten Begriffen wie ‚Handlung' und ‚Kraft' (vgl. KrV A 204 / B 249).

1.3 *System der transzendentalen Ideen* Den transzendentalen Ideen zugrunde liegt der nur aus der Funktion der reinen Vernunft hervorgehende Begriff der „unbedingten synthetischen Einheit aller Bedingungen überhaupt" (KrV A 334 / B 391; vgl. 4:338; vgl. Grier, *Transcendental Illusion*, S. 119–139). Die Vernunft überhaupt ist das Vermögen zu schließen bzw. aus Prämissen (Bedingungen) einer der drei Schlussarten – kategorisch, hypothetisch und disjunktiv – auf einen Schlusssatz (über das Bedingte) zu schließen. Der Begriff der „unbedingten synthetischen Einheit" (KrV A 334 / B 391) geht aus dem Geschäft der reinen Vernunft, die Einheit aller solchen Bedingungen zu fassen, hervor. Aus derselben Funktion, derer die Vernunft sich zur Durchführung der jeweiligen Schlussart bedient, ergibt sich jene Einheit als diejenige des denkenden Subjekts, die zu einer transzendentalen Seelenlehre (*psychologia*) führt; als diejenige der Reihe der Bedingungen des Gegenstandes in der Erscheinung, die zu einer transzendentalen Weltwissenschaft (*cosmologia*) führt; oder als diejenige der Bedingung aller Gegenstände des Denkens überhaupt, die zu einer transzendentalen Gotteserkenntnis (*theologia*) führt. Obwohl die transzendentalen Ideen „keine Beziehung auf irgend ein Object [haben], was ihnen congruent gegeben werden könnte, eben darum weil sie nur Ideen sind", sind sie die Mittel der reinen Vernunft, „alle ihre Erkenntnisse in ein System" zu bringen (KrV A 336f. / B 393f.).

1.4 *System als regulativer Grundsatz (KrV B 675–730; 4:364)* Im Anhang zur *Transzendentalen Dialektik* führt Kant noch eine andere Art von System ein. Dieses betrifft den regulativen Gebrauch der →Ideen der reinen Vernunft. Die Vernunfteinheit überhaupt als „Einheit des Systems" macht auf dreierlei Weise die Endabsicht der reinen Vernunft aus: Erstens wirkt die systematische Einheit nicht objektiv im Sinne eines die Gegenstände bestimmenden Grundsatzes, sondern nur subjektiv als eine Maxime, „um sie [die Vernunft] über alles mögliche empirische Erkenntniß der Gegenstände zu verbreiten" (KrV A 680 / B 708). Zweitens stellt sie die „Richtigkeit" des empirischen Verstandesgebrauches sicher, und drittens wird der empirische Gebrauch der Vernunft „durch Eröffnung neuer Wege, die der Verstand nicht kennt, ins Unendliche (Unbestimmte)" befördert (KrV A 680 / B 708; systematische Einheit und Grier, *Transcendental Illusion*, S. 263–301). In diesem Sinne hält Kant „unsere Vernunft (subjectiv)" für „ein System" (KrV A 737f. / B 765f.). Aber sie ist es nur „in ihrem reinen Gebrauche, vermittelst bloßer Begriffe, nur ein System der Nachforschung nach Grundsätzen der Einheit, zu welcher Erfahrung allein den Stoff hergeben kann" (KrV A 737f. / B 765f.; zur „*Disciplin* [...] der Vernunft" als „System der Vorsicht und Selbstprüfung", KrV A 711 / B 739).

2 Weitere Systeme in der kritischen Philosophie
Kant schränkt den Systembegriff weder auf Teile noch auf das Ganze der theoretischen Philosophie ein. So wie in der theoretischen Philosophie verwendet er weitere Systembegriffe, um einmal den Gegenstand, einmal die Methode zu kennzeichnen. Er stellt z. B. dem System der Natur die „intelligibele, d. i. moralische, Welt" als ein System der „Freiheit" sowie ein System der Sitten gegenüber (KrV A 815 / B 843; vgl. 6:218). Zugleich spricht er von Systemen der Sitten und Auffassungen solcher Systeme, die dem von ihm begriffenen System der Sitten entgegenstehen (vgl. 4:404; 4:443). Obgleich Kant seine praktische Philosophie für ein System hält, betont er, dass sie als das System der reinen Sittlichkeit außerhalb der Transzendentalphilosophie liege, weil dieses trotz des apriorischen Grundes seiner Vorschriften empirische Begriffe wie Lust in Anspruch nehmen muss (vgl. KrV B 29). Die →Metaphysik der Sitten ist weiterhin dasjenige System, das auf die Kritik der praktischen Vernunft folgt und sich in zwei Teile (→Tugendlehre) teilt (vgl. 6:205). Ein weiterer wichtiger Systembegriff Kants ist derjenige des „Systems der Zwecke" bzw. „die Idee der gesamten Natur als eines Systems nach der Regel der Zwecke", auf die der Begriff der inneren Zweckmäßigkeit in organisierten Wesen notwendig führt (5:379; vgl. 5:376–381). Dass wir über organisierte Wesen teleologisch reflektierend urteilen müssen, ist jedoch nur eine subjektive Maxime („bloß Maxime unserer Urtheilskraft", 5:390). Insofern erklärt Kant „Systeme [über die] Zweckmäßigkeit der Natur" (5:391) (seien sie im Sinne des Idealismus oder des Realismus der Naturzwecke) insgesamt zu „dogmatische[n]" Behandlungen des Begriffes eines Naturzweckes, der „seiner objectiven Realität nach durch die Vernunft gar nicht erweislich ist (d. i. er ist nicht für die bestimmende Urtheilskraft constitutiv, sondern für die reflectirende bloß regulativ)" (5:396).

3 System der Transzendentalphilosophie
In der Einleitung zur *KU* weist Kant auf die „systematische[] Einheit" (5:197) der drei oberen Seelenvermögen, deren Prinzipien a priori in den jeweiligen Hauptwerken seiner kritischen Philosophie untersucht werden, hin (vgl. 5:195–198). Auch im *Op. post.* gibt es verschiedene Überlegungen zur Transzendentalphilosophie als System. Ein Aspekt von systematischer Einheit ist verbunden mit dem Umfang des Systems der Transzendentalphilosophie, insofern es Gott und die Welt bzw. Gott, die Welt und den Menschen als moralisches Wesen umfasst (vgl. 21:19; 21:27; 21:39; 21:52; 21:83). Ein anderer, eher theoretischer, Aspekt betrifft die Transzendentalphilosophie als „System synthetischer Erkenntnisse aus Begriffen a priori in so fern es in sich selbst begründet ist" (21:40; 21:73; 21:80; 21:91; 21:95ff.; vgl. Edwards, *Spinozism*). Die beiden ersten Aspekte werden durch mehrfache Bestimmungen der Transzendentalphilosophie zu einem „System von Ideen" (21:75) zusammengebracht. In einer für Kant typischen Formulierung wird die Transzendentalphilosophie gekennzeichnet als „die Idee vom System der Ideen durch welches das Ganze möglicher Erfahrung in dem Subject durch ein synthetisches Princip sich selbst a priori in Einem Ganzen vereinigt denkt" (21:106; vgl. 21:76f.; 21:82–87; 21:98–101; 21:104; 21:110; 21:115–118; 21:132). Wie einige der oben zitierten Aussagen schon andeuten, liegt die „Selbstbestimmung des denkenden Subjects" bzw. das Selbstbewusstsein dem System der Transzendentalphilosophie zugrunde (21:92; vgl. 21:97f.). Dabei legt Kant den Akzent immer wieder auf den Zusammenhang bzw. die Abgrenzung des Systems der Transzendentalphilosophie von der Mathematik (vgl. 21:68f.; 21:72f.; 21:75; 21:83). Außerdem bezeichnet Kant die Transzendentalphilosophie als ein System, das die praktische Philosophie miteinbezieht. In diesem Zusammenhang bezieht sich die Transzendentalphilosophie als System auf das problematische „Verhältnis der theoretisch//speculativen und moralisch//practischen Vernunft in Verknüpfung mit einander in einem System der Selbsterkentnis nach der Analogie eines Objects möglicher Erfahrung" (21:108; vgl. 21:19; 21:26; 21:67; 21:78; 21:108; 21:114; 21:118; 21:124). Es ist umstritten, inwieweit solche Überlegungen mit der von Kant circa 1790 (nach Veröffentlichung der *KU*) konzipierten systematischen Einheit der kritischen Philosophie verträglich sind (vgl. Tuschling, *Idee des transzendentalen Idealismus*; Guyer, *Reason and Reflective Judgment*, *The Unity of Nature and Freedom*; Förster, *Deductions*; Edwards, *Spinozism*).

Weiterführende Literatur

Dahlstrom, Daniel O.: „The Unity of Kant's Critical Philosophy", in: Baur, Michael / Dahlstrom, Daniel O. (Hg.): The Emergence of German Idealism, Washington DC.: Catholic University of America Press 1999, 13–29.

Edwards, Jeffrey: „Spinozism, Freedom, and Transcendental Dynamics in Kant's Final System of Transcendental Idealism", in: Sedgwick, Sally (Hg.): The Reception of Kant's Critical Philosophy, Cambridge u. a.:Cambridge University Press 2000, 54–77.

Förster, Eckart (Hg.): Kant's Transcendental Deductions: The Three „Critiques" and the „Opus postumum", Stanford: Stanford University Press 1989.

Fulda, Hans Friedrich / Stolzenberg, Jürgen (Hg.): Architektonik und System in der Philosophie Kants, Hamburg: Meiner 2001.

Guyer, Paul: „Reason and Reflective Judgment: Kant on the Significance of Systematicity", in: Nous 24, 1990, 17–43.

Guyer, Paul: „The Unity of Nature and Freedom: Kant's Conception of the System of Philosophy", in: Sedgwick, Sally (Hg.): The Reception of Kant's Critical Philosophy, New York: Cambridge University Press 2000, 19–53.

Hinske, Norbert: Zwischen Aufklärung und Vernunftkritik, Studien zum Kantschen Logikcorpus, Stuttgart-Bad Cannstatt: Frommann-Holzboog 1998, insbes. Kap. VII: Die Wissenschaften und ihre Absichten oder Zwecke. Kants Neuformulierung der Systemidee, 102–117.

Tuschling, Burkhard: „Die Idee des transzendentalen Idealismus im späten Opus postumum", in: Forum für Philosophie (Hg.): Übergang. Untersuchungen zum Spätwerk Immanuel Kants, Frankfurt/M.: Suhrkamp 1991, 105–145.

Daniel O. Dahlstrom

Teleologie, teleologisch

Teleologie ist die Lehre von der → Zweckmäßigkeit aller Dinge. Sie widmet sich den Fragen, „wozu die Dinge in der Welt einander nützen" und „wozu das Mannigfaltige in einem Dinge für dieses Ding selbst gut ist" (5:437). Bei einer teleologischen Beziehung sind Dinge in einer „zweckmäßige[n] Einheit" (KrV A 686 / B 714f.) verbunden. Ein teleologisches Urteil betrifft „die Zweckmäßigkeit an Dingen der Natur, die als ein Grund der Möglichkeit derselben (als Naturzwecke) betrachtet wird" (20:232). Gelegentlich wird der Begriff ‚Teleologie' auch von den Vertretern der Physikotheologie verwendet, um zu zeigen, dass es in der internen Anordnung von Organismen und in der Nützlichkeit natürlicher Dinge für den Menschen göttliche Zwecke gibt (vgl. 8:256). Weitere wichtige Stellen: KrV A 691 / B 719f.; 4:436; 5:193f.; 5:360f.; 5:376–383; 5:389; 5:392f.; 5:395; 5:399f.; 5:409; 5:411–415; 5:416f.; 5:435f.; 5:440ff.; 5:444; 5:447f.; 5:453ff.; 8:159; 8:178; 8:182f.; 8:361; 20:233f.; 20:239ff.; 20:294.

Vorgeschichte und historischer Kontext

Kants Verständnis von Teleologie ist zu einem Großteil der Tradition der Physikotheologie verpflichtet und kann als Versuch angesehen werden, „eine mißverstandene physische Teleologie" (5:442) durch eine moralische Teleologie zu ersetzen. Den Begriff ‚Teleologie' führte Christian Wolff in seiner *Logica* (1728) ein. Damit bezeichnete er den Bereich der Naturphilosophie, der die Zwecke aller Dinge ergründet. Mutmaßungen über Finalursachen waren zwar schon vor Wolff verbreitet, allerdings hat erst Wolff der Teleologie einen systematischen Platz im System der Wissenschaften zugewiesen und sie damit zu einem zentralen Bestandteil der deutschen Schulphilosophie gemacht. Ein von Kant für seine Klarheit geschätzter Vertreter dieser Tradition ist H. S. Reimarus (vgl. 5:476f.). Die Physikotheologen haben das Interesse für Zweckmäßigkeit in der Natur mit naturwissenschaftlicher Forschung sowie philosophischer Spekulation über den Status von Organismen verbunden.

Kant beschränkt die physikalische Teleologie auf die Rolle eines Leitprinzips für Beobachtungen der Natur. Damit bringt Kant dezidiert die physische Teleologie mit den Problemen der Lebenswissenschaften des 18. Jahrhunderts in Verbindung. Insbesondere die lebhafte Debatte über die Entstehung von Organismen, die vornehmlich von zwei Lagern, nämlich den Anhängern der Theorien der Präformation sowie der Epigenesis geführt wurde, machte sich Kants teleologisches Prinzip für die empirischen Wissenschaften zunutze. Unter Bezug auf J. F. Blumenbachs Begriff des Bildungstriebs bringt Kant sein Verständnis von Teleologie mit dem Verständnis von Organismen als sich selbst organisierenden Entitäten in Verbindung. Damit löst Kant die Teleologie von der Theologie und ordnet sie in den Bereich der Naturwissenschaften ein. Er nimmt dadurch eine Position ein, die der natürlichen Teleologie des Aristoteles näher steht, als es für seine Zeit üblich war, obgleich sich der bloß regulative Status der Teleologie bei Kant stark von Aristoteles' ontologischer Zuschreibung von Teleologie bei Lebewesen unterscheidet.

Philosophische Funktion

1 Teleologie in den Naturwissenschaften

Die Annahme des Anatomen, es „habe alles an dem Thiere seinen Nutzen und gute Absicht" (KrV A 688 / B 716) und „[n]ichts in ihm ist umsonst" (5:376) zeigt, dass eine teleologische Perspektive für die Lebenswissenschaften als unverzichtbar erscheint; gleichzeitig stellt sie eine Voraussetzung dar, die über das hinausgeht, was durch bloße Erfahrung begründet werden kann. In der *KrV* schreibt Kant, dass dieser Umstand zeigt, dass „sie nichts als ein regulatives Princip der Vernunft sei, um zur höchsten systematischen Einheit vermittelst der Idee der zweckmäßigen Causalität der obersten Weltursache, und als ob diese als höchste Intelligenz nach der weisesten Absicht die Ursache von allem sei, zu gelangen" (KrV A 688 / B 716). In der *KU* entwickelt Kant ein spezifischeres Verständnis von Organismen, demzufolge teleologisches Urteilen in „*Analogie* mit der Causalität nach Zwecken" (5:360) notwendig ist, weil „wir die organisirten Wesen und deren innere Möglichkeit nach bloß mechanischen Principien der Natur nicht einmal zureichend kennen lernen, viel weniger uns erklären können" (5:400; vgl. 5:411, 5:417, 8:179).

Dass es ein spezielles Prinzip für das Urteil über Organismen als natürliche Zwecke geben muss, ist durch deren charakteristische Fähigkeiten begründet wie Fortpflanzung, Wachstum (einschließlich Ernährung) und die wechselseitige Abhängigkeit der einzelnen Teile voneinander. Dazu gehört auch die Regeneration der Teile sowie die Selbsterhaltung des gesamten Organismus (vgl. 5:371f.). Diese Fähigkeiten zeigen, dass in einem Organismus „alles Zweck und wechselseitig auch Mittel ist" (5:376). Wie schon in der *KrV* haben allerdings auch der *KU* zufolge teleologische Zuschreibungen auf dem Feld der Biologie eine bloß regulative Funktion. Aber hier wird das Prinzip der Zweckmäßigkeit der reflektierenden Urteilskraft zugeschrieben, und in der Analytik der teleologischen →Urteilskraft wird unterschieden zwischen der internen Zweckmäßigkeit, die man in Organismen findet, und der bloß relativen oder externen Zweckmäßigkeit, die den Zweck eines natürlichen Dinges für ein anderes betrifft.

Als ein Prinzip der →reflektierenden Urteilskraft gehört die Zweckmäßigkeit nicht zu einer Doktrin, sondern zur Kritik eben dieser kognitiven Fähigkeit, obwohl das Prinzip der Zweckmäßigkeit ebenso aufgrund seines Stellenwertes in der Biologie auch die Naturwissenschaften beeinflusst (vgl. 5:417). Sobald die regulative Anwendung des Prinzips der Zweckmäßigkeit zur Etablierung eines Begriffs des Organismus gesichert ist, kann es auf die gesamte Natur ausgeweitet werden: Das „führt nun nothwendig auf die Idee der gesammten Natur als eines Systems nach der Regel der Zwecke" (5:379), obwohl diese Ansicht anders als in Bezug auf Organismen keineswegs unausweichlich ist, weil „uns die Natur im Ganzen als organisirt (in der oben angeführten engsten Bedeutung des Worts) nicht gegeben ist" (5:398). Die Ausweitung des Prinzips der Zweckmäßigkeit auf die gesamte Natur ist eine Idee der Vernunft; sie stellt eine Verbindung von der Biologie zur Frage nach der Physikotheologie her. Die Teleologie hat der *KU* zufolge eine vermittelnde Funktion zwischen der theoretischen und praktischen Philosophie, weil sie von einem Prinzip a priori Gebrauch macht, nämlich dem der Zweckmäßigkeit (vgl. 5:194; vgl. auch 10:515, 20:241).

2 Die Verdrängung der Physikotheologie durch die moralische Teleologie

Kants kritischer Philosophie zufolge hat das teleologische Urteil einen bloß regulativen Gebrauch und eignet sich daher nur für die Beobachtung der Natur, nicht aber für deren Erkenntnis (vgl. 5:360). Während also die Teleologie für die Naturforschung von Nutzen ist, kann kein objektiv gültiges Urteil über die zweckmäßige Anordnung der Natur gerechtfertigt werden. Teleologie kann auch keinen Beweis für die Existenz →Gottes liefern, nach dem die Vertreter der Physikotheologie suchen. Darüber hinaus kann der wichtigste Bestandteil des theologischen Begriffs von Gott, nämlich absolute Güte, nicht durch die Annahme einer „einigen intelligenten Ursache" erreicht werden, wie die physische Teleologie behauptet (vgl. 5:440f.; 20:294). Das Konzept der Güte kann nur moralisch begründet werden und das Moralgesetz führt auf eine „moralische Teleologie" (vgl. 5:448; 5:455; 5:480f.). Das verleiht dem Begriff ‚Gott' eine „praktische Realität", insofern Gott als „moralische[r] Welturheber[]" (5:456) angesehen wird, obgleich für diese Ansicht kein theoretisch gültiger Beweis gegeben werden kann (vgl. 5:456). Die physische Teleologie „treibt uns zwar an, eine Theologie zu suchen, aber kann keine hervorbringen" (5:440), denn moralische Überlegungen machen teleologische Überlegungen erst sinnvoll, und nicht umgekehrt. Die moralische Gesetzgebung obliegt dem Menschen, welche „ihn also allein fähig macht ein Endzweck zu sein, dem die ganze Natur teleologisch untergeordnet ist" (5:436).

3 Der teleologische Begriff der Vernunft und der Philosophie

Der Begriff der Teleologie wird wegen des Bezugs auf Zwecke auch auf die →Philosophie als solche angewendet: das kosmopolitische Verständnis von Philosophie, das die Philosophie nach dem „Weltbegriff" (KrV A 838 / B 866) betrifft, ist im Gegensatz zu einem scholastischen, auf „die *logische* Vollkommenheit der Erkenntniß" bezogenen Konzept der Philosophie nach dem „Schulbegriff" (KrV A 838 / B 866), eine „teleologia rationis humanae", welche alle Erkenntnis „auf die wesentlichen Zwecke der menschlichen Vernunft" zu beziehen bestrebt ist (KrV A 839 / B 867), was letztlich zur Moralphilosophie führt, die den „Endzweck", d. h. die „ganze Bestimmung des Menschen" (KrV A 840 / B 868) betrifft. Da die Vernunft auf die Entwicklung eines systematischen Ganzen abzielt, zeigt sie selbst eine teleologische Struktur, die der eines Organismus ähnlich ist: Die Vernunft ist eine Einheit, „in welcher ein jedes Glied wie in einem organisirten Körper um aller anderen und alle um eines willen da sind" (KrV B XXIII).

Zur Interpretationslage

Das aktuelle Interesse an Kants Teleologie hat sich aufgrund einer möglichen Relevanz für die zeitgenössische Philosophie der Biologie entwickelt, insbesondere im Hinblick auf den Gebrauch funktionalistischer und teleologischer Formulierungen für die Beschreibung und Erklärung biologischer Phänomene. Es existiert ein breites Spektrum an Ansichten darüber, ob Kants teleologisches Verständnis eines Naturzwecks mit seiner Wechselwirkung zwischen Teil und Ganzem für die moderne Biologie überhaupt nützlich sein kann (vgl. Toepfer, *Zweckbegriff*; Zammito, *Teleology*).

Weiterhin besteht Interpretationsbedarf hinsichtlich der Rolle der Teleologie im Kontext der Einheit von Kants kritischer Philosophie und im Hinblick auf die Funktion der *KU*, einen Übergang von der theoretischen zur praktischen Philosophie zu liefern. So wurde dafür argumentiert, dass die Teleologie ein regulatives Konzept einer zweckmäßig eingerichteten Welt ermöglicht, in der die Zwecke der Moral als realisierbar angesehen werden (vgl. 8:182f.). Ein solcher Begriff der Welt sei der Sinn von Kants Teleologie (vgl. Düsing, *Teleologie*).

Weiterführende Literatur

Düsing, Klaus: Die Teleologie in Kants Weltbegriff, Bonn: Bouvier 1986.

Fugate, Courtney D.: The Teleology of Reason, Berlin u. a.: de Gruyter 2014.

Ginsborg, Hannah: „Kant's Biological Teleology and its Philosophical Significance", in: Bird, Graham (Hg.): A Companion to Kant, Oxford: Blackwell 2006, 455–469.

Guyer, Paul: Kant's System of Nature and Freedom, Oxford: Oxford University Press 2005.

Heidemann, Dietmar H. (Hg.): Kant Yearbook, Bd 1, Berlin u. a.: de Gruyter 2009.

Marc-Wogau, Konrad: Vier Studien zu Kants „Kritik der Urteilskraft", Uppsala: A. B. Lundequistska Bokhandeln 1938.

McLaughlin, Peter: Kant's Critique of Teleology in Biological Explanation, Lewiston: The Edwin Mellen Press 1990.

Toepfer, Georg: Zweckbegriff und Organismus, Würzburg: Königshausen & Neumann 2004.

Zammito, John: „Teleology Then and Now. The Question of Kant's Relevance for Contemporary Controversies over Function in Biology", in: Studies in History and Philosophy of Biological and Biomedical Sciences 37, 2006, 748–770.

Marcel Quarfood
(Übersetzung: Julia Born)

Theologie

Kant definiert die Theologie als die „Erkenntniß des Urwesens" (KrV A 631 / B 659) oder auch als das „System unserer Erkenntniß vom höchsten Wesen" (28:995; vgl. auch 28:1134). In der *KrV* bestimmt er das „Ding, welches die oberste Bedingung der Möglichkeit von allem, was gedacht werden kann, enthält", das „Wesen aller Wesen", als den zentralen Gegenstand dieser Disziplin (KrV A 334 / B 391). Die *„rationale Theologie"* bildet für Kant in Übereinstimmung mit der schulphilosophischen Tradition den vierten Hauptteil des ganzen „System[s] der Metaphysik" (KrV A 846 / B 874). Weitere wichtige Stellen: KrV A 580 / B 608; KrV A 631–642 / B 659–670; KrV A 695f. / B 723f.; KrV A 814–816 / B 842–844; 5:442; 5:444; 5:480–482; 6:9f.; 11:429; 18:501f.; 20:301–304; 28:305–308; 28:321f.; 28:330f.; 28:339; 28:450–453; 28:998; 28:1135–1137; 28:1140; 28:1234.

Philosophische Funktion

1 Die Theologieformen in der „Dialektik" der KrV und die Grenzen ihrer Beweisführungen

Im Schlussabschnitt des 3. Hauptstücks der *Transzendentalen Dialektik* entfaltet Kant die folgende definitorische Binnendifferenzierung des Theologiebegriffs: Zunächst sei die Theologie „aus bloßer Vernunft (theologia rationalis)" von der Theologie „aus Offenbarung (relevata)" zu unterscheiden (KrV A 631 / B 659). Diejenige Form von Rationaltheologie, die sich nur auf die „reine Vernunft" und damit auf „lauter transscendentale[] Begriffe" wie das „ens originarium, realissimum, ens entium" stützt, heiße *„transscendentale* Theologie" (KrV A 631 / B 659). Als Unterarten derselben führt Kant hier die *„Kosmotheologie"*, welche das Dasein des Urwesens „von einer Erfahrung überhaupt" ableite, und die *„Ontotheologie"* an, die das Dasein des Urwesens „durch bloße Begriffe,

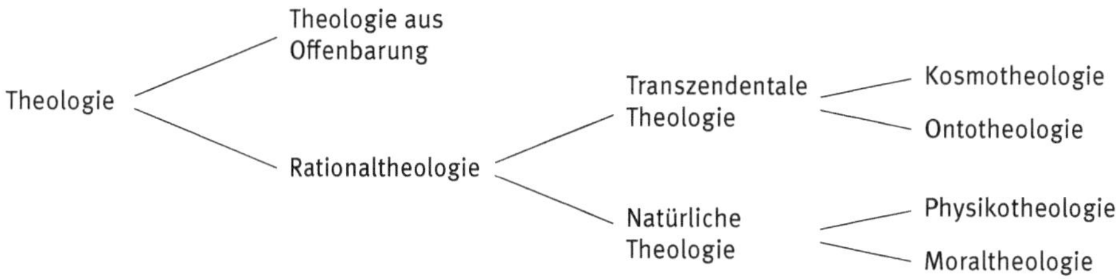

Die definitorische Binnendifferenzierung des Theologiebegriffs in der *KrV*

ohne Behülfe der mindesten Erfahrung" beweisen wolle (KrV A 632 / B 660). Im Unterschied zur transzendentalen Theologie schließe die „*natürliche Theologie*" – als zweite Grundform der Rationaltheologie – durch einen Begriff, den sie „aus der Natur (unserer Seele)" (KrV A 631 / B 659) entlehne, auf das Dasein →Gottes. Auf diese Weise steige die natürliche Theologie von der „Welt zur höchsten Intelligenz" auf, was wiederum auf zwei Arten geschehen könne: Die Physikotheologie verstehe die „höchste Intelligenz" des Näheren als Prinzip aller „natürlichen", die Moraltheologie des Näheren als Prinzip aller „sittlichen" Ordnung und Vollkommenheit (KrV A 632 / B 660).

Während die transzendentale Theologie nur dazu imstande sei, das höchste Wesen als eine neutrale „*Weltursache*" zu denken (ohne etwa entscheiden zu können, ob dieses dann durch die „Nothwendigkeit" seiner Natur oder durch „Freiheit" wirke), ziele die natürliche Theologie darauf ab, das Urwesen in Analogie zum menschlichen Erkenntnisvermögen und Willen als einen „*Welturheber*" zu bestimmen, der durch „Verstand und Freiheit" Grund aller Dinge sei (KrV A 631f. / B 659f.). Derjenige, der nur eine „*transscendentale* Theologie" einräumt, heißt nach Kant „*Deist*" (KrV A 631 / B 659; vgl. auch 10:393; 28:322; 28:1001 u. ö.). Als „*Theist*" sei demgegenüber derjenige zu bezeichnen, der zumindest auch eine „*natürliche* Theologie" annimmt (KrV A 631 / B 659). Während Kant dem Deisten, auch in möglicher Abgrenzung von pejorativen Deismus-Begriffen, zugesteht, dass dieser zumindest einen Gott „glaube", sieht er das Wesen des Theisten dadurch gekennzeichnet, dass dieser darüber hinaus einen „*lebendigen Gott* (summam intelligentiam)" annimmt (KrV A 633 / B 661). Eine Parallelstelle aus der Metaphysik-Vorlesung nach Volckmann unterstreicht, dass Kant hier den „Glauben des Deisten" offenbar nicht im Sinne des kritischen Terminus eines Vernunftglaubens verstanden wissen will. Denn gemäß der Vorlesung „denkt" der Deist Gott „blos als ens summum" und „behauptet" dementsprechend „eine oberste Weltursache" (28:452). Diese Verkoppelung des rationaltheologischen Geltungsanspruches mit dem Wissensbegriff konnte Kant unter anderem bei seinem Referenzautor Alexander Gottlieb Baumgarten vorfinden, der diese im § 800 seiner *Metaphysica* als Wesensmerkmal der gesamten natürlichen Theologie ausgemacht hatte: „Die *natürliche Theologie* ist die Wissenschaft von Gott, soweit er ohne den Glauben erkannt werden kann" (17:157; Übers. Gawlick/Kreimendahl, S. 437; vgl. dazu unter anderem *Refl.* 4564, 17:595 und 4841, 17:742f.). Andererseits könnte der „Glaube des Deisten" mit Blick auf dessen Intention auch als Surrogat aufgefasst werden, das diesem nach dem Scheitern seiner transzendentaltheologischen Beweisbemühungen noch übrig bleibt bzw. noch diplomatisch zugestanden wird. Denn Kants zentrale These in dem entsprechenden Abschnitt der *Transzendentalen Dialektik* lautet, dass „alle Versuche eines bloß speculativen Gebrauchs der Vernunft in Ansehung der Theologie gänzlich fruchtlos und ihrer inneren Beschaffenheit nach null und nichtig sind" (KrV A 636 / B 664). Und er ergänzt, dass auch „die Principien ihres Naturgebrauchs ganz und gar auf keine Theologie führen", so dass „folglich, wenn man nicht moralische Gesetze zum Grunde legt oder zum Leitfaden braucht, es überall keine Theologie der Vernunft geben könne" (KrV A 636 / B 664). Aus diesem Kontext geht hervor, dass Kant hier nur die Moraltheologie von seiner Kritik ausnimmt und alle weiteren Formen der Rationaltheologie in ihren direkten Beweisabsichten als unzulänglich ansieht. Auch der „physischtheologische Beweis" müsse als ein letztlich scheiternder Versuch aufgefasst werden, „Speculation mit Anschauung“ zu verknüpfen (KrV A 637 / B 665). Als Begründung für das Scheitern führt Kant in dem Schlussabschnitt das für die Dialektik grundlegende Argument an, dass es der Vernunft nicht gestattet sei, das nur „[inner-]empirisch gültige Gesetz der Causalität“ (KrV A 636 / B 664) zu gebrauchen, um auf ein Urwesen als intelligiblen Grund der Sinnenwelt synthetisch zurückzuschließen. Den globalen Referenzrahmen seiner diesbezüglichen Kritik theologischer Schlussformen bildet die in den vorangegangenen Abschnitten entfaltete These, dass sich alle Versuche eines spekulativen →Gottesbeweises systematisch auf den ontologischen Gottesbeweis zurückführen ließen, der aber letztlich deswegen unzureichend sei, weil die Annahme, dass das lediglich als höchstvollkommen und „nothwendig“ gedachte Wesen realiter nicht gesetzt sei, keinen Widerspruch impliziere (vgl. KrV A 594f. / B 622f.). Die in diesem Wesen vermeintlich a priori gedachte Eigenschaft der Existenz bzw. des Seins sei „kein reales Prädikat“ (KrV A 598 / B 626). Vielmehr bezeichne das hier projektierte „*Sein*“ die über die bloße analytische Begriffs- und Prädikatenzergliederung hinausgehende reale „Position“ eines Gegenstands (KrV A 598 / B 626). Da auch der kosmologische Gottesbeweis bei seiner selektierenden Bestimmung desjenigen Dinges, das gegenüber allen zufälligen Dingen absolut „nothwendig“ sein soll, substantiell auf das Konzept des „allerrealsten“ (und damit erst notwendigen) Wesens zurückgreifen müsse (vgl. KrV A 605–607 / B 633–635), falle dieser auf den ontologischen zurück (KrV A 609 / B 637). Ein entsprechender Rückfall lasse sich ebenso beim physikotheologischen Gottesbeweis konstatieren, da es diesem nicht gelänge, einen spezifischen Begriff von der absoluten „Weisheit“, „Macht“ und „Vollkommenheit“ einer göttlichen, zweckmäßig wirkenden Ursache abzuleiten (vgl. KrV A 628–630 / B 656–658). Dergestalt könne auch dieser im Ergebnis, wie der seinerseits bereits krypto-ontologische, kosmologische Gottesbeweis, nur von der „anfangs aus der Ordnung und Zweckmäßigkeit der Welt geschlossenen [globalen] Zufälligkeit derselben“ (KrV A 629 / B 657) auf eine notwendige Ursache zu schließen versuchen.

Im Folgenden sollen zunächst einige weitere Fundierungsbeziehungen und funktionale Zuschreibungen innerhalb der Rationaltheologie exponiert werden (2). Dieser Auseinanderlegung folgt abschließend eine Betrachtung des Verhältnisses von Rationaltheologie und Offenbarungstheologie in der kantischen Philosophie (3).

2 Fundierungsbeziehungen und funktionale Zuschreibungen innerhalb der Rationaltheologie

2.1 *Der (frühe) konzeptionelle Primat der transzendentalen Theologie.* Unbeschadet seiner Kritik an allen nicht moralisch fundierten Gottesbeweisen gesteht Kant dennoch der transzendentalen Theologie eine wichtige kriteriologische Funktion zu: Sie erschließe ein „*fehlerfreies Ideal*, ein[en] Begriff, welcher die ganze menschliche Erkenntniß schließt und krönt“ (KrV A 641 / B 669; vgl. zudem 28:1037), und leiste die „unaufhörliche Censur einer durch Sinnlichkeit oft genug getäuschten und mit ihren eigenen Ideen nicht immer einstimmigen Vernunft“ (KrV A 641 / B 669; vgl. auch 28:326; 28:1002; 28:1046). Durch die konzeptionelle Sicherung der ontologischen Prädikate bewahre die transzendentale Theologie die menschliche Vernunft bei ihren Sondierungsbemühungen und Schlüssen vor atheistischen und deistischen Dogmatismen, falschen Anthropomorphismen (vgl. KrV A 640 / B 668) und Polytheismen (vgl. KrV A 590 / B 618), die von Kant auch allesamt unter dem Begriff der „Vernünfteley“ subsumiert werden (27:1457). Denn *wenn* es eine haltbare Theologie geben sollte, *dann gilt* gemäß dem in der Dialektik entfalteten Argument, dass in ihrem Gottesbegriff die folgenden Attribute Berücksichtigung finden müssen: die „Nothwendigkeit, die Unendlichkeit, die Einheit, das Dasein außer der Welt (nicht als Weltseele), die Ewigkeit ohne Bedingungen der Zeit, die Allgegenwart ohne Bedingungen des Raumes, die Allmacht etc.“ (KrV A 641f. / B 669f.; vgl. auch 28:1020f.).

Norman Kemp Smith hat diese Ausführungen Kants wie folgt kommentiert: „These concluding remarks cannot be accepted as representing Kant's true teaching. The Ideal, by his own showing, is by no means without a flaw. [...] In short, it is constituted in accordance with the false, un-Critical principles of Leibnizian metaphysics, and is found on examination to be non-existent even as a purely mental entity. Reduced to its proper terms, it becomes a mere schema regulative of the understanding in the extension of experience, and does not yield even a negative criterion for the testing of our ideals of Divine Existence" (*A Commentary*, S. 541f.). Auch für Giovanni B. Sala lässt sich das hier von Kant kriteriologisch herangezogene „*Ideal*" (KrV A 641 / B 669) nicht ohne weiteres mit vorangegangenen Lehrstücken der *KrV* in Einklang bringen. Aus seiner Sicht macht dieses „Kants eigene Erklärung des transzendentalen Scheins, der dem ‚transzendentalen Ideal' anhaftet, problematisch" (Sala, *Kant und die Frage nach Gott*, S. 355). Diese globalen Einschätzungen sehen sich den folgenden drei Einwänden ausgesetzt:

(a) Der „Schein" (KrV A 581 / B 609) und die „natürliche[] Illusion" (KrV A 582 / B 610) des transzendentalen Ideals ergeben sich nach Kant allein daraus, dass wir es in Gestalt eines objektiv existierenden Dinges „hypostasiren" (KrV A 580 / B 608), nicht aber bereits aus der Bildung dieser Idee, die als ein „unentbehrliches Richtmaß der Vernunft" (KrV A 569 / B 597) angesehen werden könne (vgl. auch KrV A 601 / B 629; KrV A 611f. / B 639f.).

(b) Wenn Kant gegen Ende der *Dialektik* darauf abhebt, dass die transzendentale Theologie ihre „Unentbehrlichkeit" dadurch beweise, dass sie den „Begriff" und Gegenstand der Theologie (und damit auch einer Moraltheologie, „wenn es eine [...] [solche] geben sollte") allererst bestimme (KrV A 641 / B 669), so adaptiert er hier offenbar (noch) das in der *KrV* mehrfach vorgetragene Theorem, dass die Moral noch einmal einer Stütze in Ideen der theoretisch-spekulativen Vernunft bedürfe: „Wenn es kein von der Welt unterschiedenes Urwesen giebt, wenn die Welt ohne Anfang und also auch ohne Urheber, unser Wille nicht frei und die Seele von gleicher Theilbarkeit und Verweslichkeit mit der Materie ist: so verlieren auch die *moralischen* Ideen und Grundsätze alle Gültigkeit und fallen mit den *transscendentalen* Ideen, welche ihre theoretische Stütze ausmachten" (KrV A 468 / B 496; vgl. auch KrV A 828 / B 856). Kemp Smith scheint im Rahmen seiner Stellungnahme zu unterschätzen, dass Kant zumindest in diesen Zusammenhängen noch einen relativen Primat der Transzendentaltheologie vor der Moraltheologie zu statuieren versucht, den er auch in der *Refl.* 4582 (etwa 1772) zum Gegenstand macht: „Die transscendentale theologie allein ist deistisch; die natürliche allein ist anthropomorphistisch; die Moralische allein ist nicht gnug gegen Eingriffe gesichert. Die transscendentale theologie sichert wieder sie" (17:601; vgl. 17:742f.; 28:307; 28:1002). Bei den „Eingriffe[n]" könnte Kant neben Formen der Schwärmerei etwa auch den von ihm kritisierten „Manichäismus" vor Augen haben, der „polytheistisch" ein gutes und ein gleichrangiges böses Grundprinzip an den Anfang aller Dinge setzt (28:691f.; 28:1040f.). Der relative Primat der Transzendentaltheologie spiegelt sich auch (noch) an all den Werkstellen wider, an denen diese konzeptionell als der „Grund aller möglichen Theologie" ausgewiesen wird (28:1003; vgl. 28:306f.). Als „Grund" fungiert die Transzendentaltheologie in den Vorlesungen auch deshalb, weil der kosmologische und der physikotheologische Gottesbeweis hier an verschiedenen Stellen ebenfalls mit dem ontologischen Beweisversuch rückgekoppelt werden können (vgl. 28:314; 28:1006f.; 28:1009; 28:1149; 28:1245f. u. ö.).

(c) Von der potenziellen kriteriologischen Funktion der Transzendentaltheologie macht Kant auch noch 1796 im *Vornehmen Ton* Gebrauch. In der Schrift heißt es, dass „der transscendentale Begriff von Gott, als dem *allerrealsten Wesen*[,]" in der Philosophie „nicht umgangen" werden kann und dass er „zum Verbande und zugleich zur Läuterung aller concreten [Begriffe]" gehört, „die nachher in die angewandte Theologie und Religionslehre hineinkommen mögen" (8:400 Anm.). Es handelt sich dementsprechend offenbar um kein Theorem, das Kant aus prinzipiellen Gründen in Lehrstücken und Schriften, die auf die *Dialektik* der *KrV* folgten, fallen gelassen hätte.

2.2 *Die prädikative Autonomie der Moraltheologie und die additive Funktion der transzendentalen Theologie.* Im *Kanon* der *KrV* (KrV A 795ff. / B 823ff.) führt Kant in akzentuierter Form nochmals den „eigenthümlichen Vorzug" der Moraltheologie gegenüber der „speculativen" Theologie an, dass erstere „unausbleiblich auf den Begriff eines *einigen*, *allervollkommensten* und *vernünftigen* Urwesens führt, worauf uns speculative Theologie nicht einmal aus objectiven Gründen *hinweiset*, geschweige uns davon *überzeugen* konnte" (KrV A 814 / B 842). Die etwaigen ‚subjektiven' Anhaltspunkte und Schlüsse können dergestalt „weder in der transscendentalen, noch natürlichen Theologie" dazu herangezogen werden, um einen „bedeutenden Grund" ausfindig zu machen, „ein einiges Wesen anzunehmen" (KrV A 814f. / B 842f.; zum bloß „subiectiv[en]" Beweisgrund der transzendentalen Theologie vgl. auch die *Refl.* 5528, 28:314 sowie Theis, *Neuer Wein in alten Schläuchen*, S. 140 und 142). Hier fällt zunächst auf, dass Kant im *Kanon* (KrV A 795ff. / B 823ff.) den Begriff der natürlichen Theologie in einem anderen Sinne verwendet als im Schlussabschnitt des 3. Hauptstücks der *Dialektik* (vgl. 1). Die Moraltheologie wird hier nicht (mehr) als ein Teil derselben, sondern als eine dritte, eigenständige Unterart der Rationaltheologie verstanden. Kant schließt damit an die von ihm in Reflexionen und Vorlesungen gebrauchte Terminologie an, nach der sich die natürliche Theologie (im Sinn von: ‚Theologie, die sich auf die äußere Natur bezieht') aus der Kosmotheologie und der Physikotheologie zusammensetzt (vgl. u. a. 17:601; 17:605; 18:260; 28:307f.; 28:999f.; 28:1140 sowie auch schon in der *KrV*: KrV A 604 / B 632; davon jedoch in den Vorlesungen wieder abweichend: 28:1007; 28:1246); neben der Anlehnung an das Lehrbuch von Johann August Eberhard über natürliche Theologie (vgl. 18:555f. und 28:1033) könnte dabei für Kant die Herausstellung des Minimums an natürlicher Erfahrung, auf das die Kosmotheologie rekurrieren muss, ein Grund für diese variierte Systematisierung gewesen sein, der dann die Trias Ursache (Transzendentaltheologie) – Urheber/ Schöpfer (Kosmotheologie/Physikotheologie) – Herrscher (Moraltheologie) korrespondiert (vgl. 28:1141; 28:1047).

Neben der Teilmodifikation der Terminologie spricht Kant der Moraltheologie im *Kanon* (KrV A 795ff. / B 823ff.) nun aber auch ausdrücklich eine erweiterte Funktion im Hinblick auf die nähere Prädikation des Gottesbegriffs bzw. des göttlichen Willens zu. Während dies in der *Dialektik* zumindest in korrektiv-abgrenzender Hinsicht noch der transzendentalen Theologie vorbehalten war, generiert die Moraltheologie diese Bestimmungen hier aus sich selbst und auf Grundlage des Sittengesetzes: „Dagegen wenn wir aus dem Gesichtspunkte der sittlichen Einheit als einem nothwendigen Weltgesetze die Ursache erwägen, die diesem allein den angemessenen Effect, mithin auch für uns verbindende Kraft geben kann, so muß es ein einiger oberster Wille sein, der alle diese Gesetze in sich befaßt. [...] Dieser Wille muß allgewaltig sein, damit die ganze Natur und deren Beziehung auf Sittlichkeit in der Welt ihm unterworfen sei; allwissend, damit er das Innerste der Gesinnungen und deren moralischen Werth erkenne; allgegenwärtig, damit er unmittelbar allem Bedürfnisse, welches das höchste Weltbeste erfordert, nahe sei; ewig, damit in keiner Zeit diese Übereinstimmung der Natur und Freiheit ermangele, usw." (KrV A 815 / B 843; vgl. zudem in den Vorlesungen: 28:1012; 28:1073). Ungeachtet seiner Modifikation der moralischen Triebfedernlehre und der abgewandelten Einbettung des →höchsten Guts hält Kant an dieser prädikativen Autonomie der Moraltheologie dann ebenfalls in der *KpV* fest (vgl. 5:131; 5:139f.). Während die Prädikationen der transzendentalen Theologie (die Kant in der *Refl.* 5524 auch „praedicata logica Entis realissimi" nennt, 18:207) in der Hauptsache negativ ausfielen, ist dergestalt erst die Moraltheologie dazu imstande, einzelnen göttlichen Eigenschaften eine positive Bestimmung („praedicata realia synthetica", 18:207) zu verleihen (vgl. auch 5:133; 18:205; 18:427). Heißt es beispielsweise in der Vorlesung über die philosophische Religionslehre nach Pölitz über die „Allgegenwart" Gottes, diese sei „nicht local, aber virtual; d. h. Gott wirkt beständig und allenthalben mit seiner Kraft in alle Dinge; er erhält auf die Art die Substanzen selbst, und regieret auch ihren Zustand" (28:1108f.), so ist eine solche transzendentaltheologische Spekulation über die Dinge (an sich) im Paradigma der kritischen Philosophie auch deshalb problematisch geworden, weil sich auf diese Weise kein Begriff einer derartigen ‚Einwirkung' und ‚Kraft' gewinnen lässt. Einen kritisch gerechtfertigten Begriff kann allenfalls die Moraltheologie bereitstellen, die hier die „Allgegenwart" eben als „unmittelbar allem Bedürfnisse, welches das höchste Weltbeste erfordert, nahe sei[n]" oder auch als „allen helfen [können]" (28:339) näher bestimmt (vgl. dazu auch Heimsoeth, *Transzendentale Dialektik*, S. 770).

Doch auch wenn die Bestimmung der Attribute des göttlichen Willens im *Kanon* (KrV A 795ff. / B 823ff.) nicht (mehr) auf die Unterstützung durch die Transzendentaltheologie angewiesen ist, so wird hier noch auf das Instrumentarium derselben in einem verwandten Zusammenhang ergänzend zurückgegriffen. So zieht Kant im direkten Anschluss an seine moraltheologischen Ausführungen den Schluss, dass die von Gott hergestellte „Einheit der Zwecke in dieser Welt der Intelligenzen“ zugleich wiederum „unausbleiblich auch auf die zweckmäßige Einheit aller Dinge, die dieses große Ganze ausmachen, nach allgemeinen Naturgesetzen“ führt. Diese „Naturgesetze“, die das Korrelat der „allgemeinen und nothwendigen Sittengesetze[]“ bildeten, könnten nun aber – als Gesetze – ebenfalls nicht als das Produkt einer „zufällig gestifteten Einheit“ angesehen werden (KrV A 815f. / B 843f.). Dementsprechend bringe die „Physikotheologie“ die hier von ihr auszuleuchtende Zweckmäßigkeit der Natur „auf Gründe, die a priori mit der inneren Möglichkeit der Dinge unzertrennlich verknüpft sein müssen und dadurch auf eine *transscendentale Theologie*, die sich das Ideal der höchsten ontologischen Vollkommenheit zu einem Princip der systematischen Einheit nimmt, welches nach allgemeinen und nothwendigen Naturgesetzen alle Dinge verknüpft, weil sie alle in der absoluten Nothwendigkeit eines einigen Urwesens ihren Ursprung haben“ (KrV A 816 / B 844). Hier greift Kant offenbar sein bereits in der vorkritischen Phase, vor allem im *Beweisgrund* entfaltetes Postulat auf, etwaige Zweckmäßigkeiten in der Natur so weit wie möglich auf Naturgesetze, die im Wesen Gottes gegründet seien, zurückzuführen (vgl. 2:126). Die Notwendigkeit der natürlichen, zweckmäßig erscheinenden Dinge läge dann in ihrer ontologischen, von Gott herrührenden Vollkommenheit begründet. Das (dann im Übrigen zugleich mit dem Frage nach der göttlichen Prädestination verbundene) Argument, dass Gott nicht nur, wie von der Moraltheologie projektiert, aus Freiheit und Vernunft heraus agiert, sondern ebenfalls aus einer „absoluten Nothwendigkeit“ (KrV A 816 / B 844) heraus wirken muss, wird dergestalt im *Kanon* (KrV A 795ff. / B 823ff.) noch aus der transzendentalen Theologie geschöpft.

2.3 *Die Moraltheologie als „Grund“ von Theologie und Religion.* In der *KU* bedarf es keines transzendentaltheologischen Zusatzargumentes mehr, um die Nichtwidersprüchlichkeit und Koexistenz von Naturteleologie und Naturmechanismus denkbar werden zu lassen. Die beiden Prinzipien werden in Beurteilungsmaximen transformiert (vgl. 5:387f.), wobei es nach Kant „unausgemacht dahin gestellt“ bleiben kann, „ob nicht in dem uns unbekannten inneren Grunde der Natur selbst die physisch-mechanische und die Zweckverbindung an denselben Dingen in einem Princip zusammen hängen mögen“ (5:388; vgl. auch 5:441f.). Über den *Kanon* (KrV A 795ff. / B 823ff.) hinausgehend ist es in der *KU* nun außerdem möglich, durch die Einflechtung des Endzweck-Konzeptes in die teleologische Naturbetrachtung aus moraltheologischer Perspektive eine hierarchische Beziehung zwischen den „Endursachen“ und den bloß mechanisch „bewegende[n] Kräften“, die dann „nur als Mittelursachen“ unter den ersteren ständen (5:390), zu statuieren. Als „der Schöpfung Endzweck“, dem „die ganze Natur teleologisch untergeordnet“ sei, sei der Mensch dazu legitimiert, die „ganze Natur“ (in ihrem Mechanismus) seinem höchsten Zweck zu „unterwerfen“ (5:435f.). Vor diesem Hintergrund werden wir uns Gott nach Kants Gedankenführung auch in der *KU* „nicht bloß als Intelligenz und gesetzgebend für die Natur, sondern auch als gesetzgebendes Oberhaupt in einem moralischen Reiche der Zwecke denken müssen. In Beziehung auf das *höchste* unter seiner Herrschaft allein mögliche *Gut*, nämlich die Existenz vernünftiger Wesen unter moralischen Gesetzen, werden wir uns dieses Urwesen als *allwissend* [,] [...] *allmächtig* [...] [sowie] als *allgütig* und zugleich *gerecht* [denken] [...]; und so [werden wir] auch alle noch übrigen transscendentalen Eigenschaften, als *Ewigkeit*, *Allgegenwart* usw. (denn Güte und Gerechtigkeit sind moralische Eigenschaften), die in Beziehung auf einen solchen Endzweck vorausgesetzt werden, an demselben denken müssen. – Auf solche Weise ergänzt die *moralische* Teleologie den Mangel der *physischen* und gründet allererst eine *Theologie*“ (5:444). In terminologischer Umkehrung der früheren Verhältnisbestimmung (vgl. 2.1 b) fungiert die Moraltheologie jetzt „allererst“ als „Grund“ der Theologie. Auch die „transscendentalen Eigenschaften“ (5:444) werden nunmehr ganz aus ihren Grundannahmen abgeleitet.

Gegen Ende der Schrift betont Kant, dass die Theologie auf solche Weise „unmittelbar zur *Religion, d. i. der Erkenntniß unserer Pflichten als göttlicher Gebote*“ führe, und zwar deshalb, „weil die Erkenntniß unserer Pflicht und des darin uns durch Vernunft auferlegten Endzwecks den Begriff von Gott zuerst bestimmt hervorbringen konnte“ (5:481). Dergestalt ist die „natürliche Religion“, wie es in der Danziger Rationaltheologie nach

Baumbach heißt, „noch nicht ein Fundament der Religion, sondern erst die Theologia moralis" (28:1242). Die Wurzel der Theologie ist in der kantischen Philosophie weder die gelebte noch die offenbarte Religion, sondern die Theologie (jedoch nur die moralisch fundierte, vgl. 9:494f.) bildet hier umgekehrt die Wurzel der vernünftigen Religion und verfolgt so letztlich „nicht das spekulative, sondern praktische Interesse" (28:1135; vgl. 28:998).

3 Zum Verhältnis von Rationaltheologie und Offenbarungstheologie

Kant versteht die Schlüsse der philosophischen Rationaltheologie bzw. der natürlichen Theologie, soweit sie zu kritisch gerechtfertigten Vorbehalten und Einsichten führen, als Maßstab, um die Aussagen der geoffenbarten Theologie (die Kant gelegentlich auch „übernatürliche Theologie", 27:170, nennt) zu beurteilen. Hieß es etwa bei Baumgarten im § 992 seiner *Metaphysica* noch neutraler und zurückhaltender: „Gottes Offenbarung in enger oder engster Bedeutung *widerspricht nicht* der natürlichen Offenbarung (§ 991), folglich auch nicht der objektiv verstandenen Vernunft" (17:205; Übers. Gawlick/Kreimendahl, S. 523), so kommentiert Kant dies in der *Refl.* 6202 wie folgt: „Die Natürliche theologie ist nothwendig [...] weil wir nach ihren Begriffen die ächtheit der geoffenbarten beurtheilen" (18:487; vgl. auch 7:23; 18:485; 28:1323). Auf diese Weise verlagert Kant das Verifikationspotential einseitig in die Vernunft, durch welche die geoffenbarte Theologie, deren faktischer Ursprung durchaus „durch offenbarung seyn könne", jederzeit „von jedem eingesehen werden könen [muss]" (18:487; vgl. dazu auch die Ausführungen über natürliche und geoffenbarte Religion in der *Religion*, 6:153–157 sowie 8:142f.). Dies führt Kant an anderen Stellen, etwa im *Theodizee*-Aufsatz, dazu, die „unmittelbare Erklärung und Stimme Gottes" mit der „Auslegung [...] einer *machthabenden* praktischen Vernunft" zu identifizieren (8:264) und den Unterschied einer „*innere[n]*" von einer „*äußere[n]*" Offenbarung wie folgt systematisch fruchtbar zu machen: „Eine *äußere* Offenbahrung Gottes kann *zwiefach* seyn, entweder durch Werke, oder durch Worte; die *innere* göttliche Offenbahrung ist die Offenbahrung Gottes durch unsere eigene Vernunft; diese letztere *muß allen andern vorhergehen*, und zur Beurtheilung der äußern dienen. Sie muß der Probierstein seyn, woran ich erkenne, *ob eine äußere Offenbahrung Gottes sey*" (28:1117). Ob angesichts dieser Identifikationen und Zuschneidungen die tradierte, von Kant in Vorlesungen referierte Differenz zwischen einer „Theologia archetypa", die „nur allein in Gott" anzutreffen sei, und einer „Theologia ectypa", die dem Menschen einzig zugänglich sei (28:995; vgl. 28:1134) und die nur eine analogische Gotteserkenntnis ermöglicht, unter dem Vorzeichen der kritischen Philosophie noch haltbar ist, erscheint fraglich. (Für den durchgängig analogischen Charakter der Gottesbestimmung beim kritischen Kant argumentieren hingegen Edith und Klaus Düsing, *Negative und positive Theologie bei Kant*, S. 99, 112, 116f.)

Weiterführende Literatur

Esposito, Constantino: „Kant: von der Moral zur Religion (und zurück)", in: Fischer, Norbert (Hg.): Kants Metaphysik und Religionsphilosophie, Hamburg: Meiner 2004, 265–291.

Heimsoeth, Heinz: Transzendentale Dialektik. Ein Kommentar zu Kants Kritik der reinen Vernunft. Dritter Teil: Das Ideal der reinen Vernunft; die spekulativen Beweisarten vom Dasein Gottes; dialektischer Schein und Leitideen der Forschung, Berlin u. a.: de Gruyter 1969, 531–545.

Schmucker, Josef: Die Ontotheologie des vorkritischen Kant, Berlin u. a.: de Gruyter 1980.

Theis, Robert: „Kants Theologie der bloßen Vernunft in der Kritik der reinen Vernunft", in: Philosophisches Jahrbuch 104, 1997, 19–51.

Theis, Robert: „Kants Transformation der Ontotheologie. Über die Möglichkeit einer philosophischen Theologie im Schatten des Kritizismus", in: Hilpert, Konrad / Ohlig, Karl-Heinz (Hg.): Der eine Gott in vielen Kulturen. Inkulturation und christliche Gottesvorstellung, Zürich: Benzinger 1993, 127–140.

Theis, Robert: „Von der Kritik der Ontotheologie zur kritischen Ontotheologie", in: Danz, Christian / Langthaler, Rudolf (Hg.): Kritische und absolute Transzendenz. Religionsphilosophie und philosophische Theologie bei Kant und Schelling, Freiburg u. a.: Alber 2006, 11–29.

Wood, Allen W.: Kant's Rational Theology, Ithaca u. a.: Cornell University Press 1978, insbes. 79–93.

Thomas Wyrwich

transzendental

Hinsichtlich des Gebrauchs des Begriffs ‚transzendental' ist ein vorkritischer und ein kritischer Gebrauch zu unterscheiden.

Zunächst zum vorkritischen Gebrauch: Kant identifiziert eine →Transzendentalphilosophie mit einer Metaphysik, die allgemeine Kennzeichen der Dinge beschreibt (vgl. 1:475). ‚Transzendental' entspricht daher ‚auf mögliche Dinge überhaupt bezogen'.

Zum kritischen Gebrauch: Der wichtigste Sinn ist der einer erkenntnistheoretischen Untersuchung: Das Prädikat ‚transzendental' kommt Erkenntnissen, die →a priori, also unabhängig von einer Erfahrungserkenntnis, d. h. von der Erkenntnisart des Menschen handeln, genau dann zu, wenn sie die Möglichkeit einer →Erkenntnis von Gegenständen zum Inhalt haben. Dies ist der Inhalt der zwei Definitionen einer transzendentalen Untersuchung, der „Einleitungsdefinition" der *KrV* (Hinske, *Transzendental*, Sp. 1383): „Ich nenne alle Erkenntniß *transscendental*, die sich nicht sowohl mit Gegenständen, sondern mit unserer Erkenntnißart von Gegenständen, so fern diese a priori möglich sein soll, überhaupt beschäftigt" (KrV B 25). In der ersten Auflage der *KrV* lautet der Schluss dieser Definition: „sondern mit unsern Begriffen a priori von Gegenständen überhaupt beschäftigt" (KrV A 11f.), und der „Systemdefinition" (Hinske, *Transzendental*, Sp. 1383): „daß nicht eine jede Erkenntniß a priori, sondern nur die, dadurch wir erkennen, daß und wie gewisse Vorstellungen (Anschauungen oder Begriffe) lediglich a priori angewandt werden oder möglich sind, transscendental (d. i. die Möglichkeit der Erkenntniß oder der Gebrauch derselben a priori) heißen müsse" (KrV A 56 / B 80f.).

Auch die Inhalte der transzendentalen Untersuchung, Bedingungen a priori der Erfahrungserkenntnis beziehungsweise formale Bedingungen oder Charakteristika a priori möglicher Erfahrungsgegenstände werden durch ‚transzendental' charakterisiert. ‚Transzendental' in diesem Sinn könnte meinen ‚a priori für eine Erkenntnis notwendig oder eine Erkenntnis ermöglichend' (vgl. KrV B 151).

Eine weitere Verwendungsweise von ‚transzendental' ergibt sich aus der Kritik des Versuchs, Begriffe über die Grenzen möglicher Erfahrung hinaus für eine Erkenntnis von Gegenständen zu gebrauchen: „Die Grundsätze des reinen Verstandes [...] sollen bloß von empirischem und nicht von transscendentalem, d. i. über die Erfahrungsgrenze hinausreichendem, Gebrauche sein" (KrV A 296 / B 352f.). In diesem Sinn könnte ‚transzendental' meinen ‚a priori auf Gegenstände überhaupt beziehungsweise Dinge an sich selbst ohne Beschränkung auf mögliche Gegenstände einer sinnlichen Anschauung bezogen'. Diese Verwendungsweise erlaubt auch die Abgrenzung des Status von möglichen Gegenständen der Erfahrung gegen den von Dingen an sich als Gegenständen der traditionellen Metaphysik durch die Lehre der transzendentalen Idealität der Gegenstände der Erkenntnis (vgl. KrV A 490f. / B 518f.). Weitere wichtige Stellen: 2:389; KrV B 25; KrV A 56 / B 80; KrV B 113f.; KrV A 109f.; KrV A 250f.; KrV A 295f. / B 352f.; KrV A 480f. / B 508f.

Vorgeschichte und historischer Kontext

Der Ausdruck ‚transzendental' hat eine lange Tradition. Kant nimmt diese Tradition auf, transformiert den durch sie festgelegten Gebrauch des Begriffs aber methodisch und inauguriert so eine neue Traditionslinie, die bis zu den heute diskutierten transzendentalen Argumenten reicht: „Hatte der Begriff [...] bis unmittelbar vor Kant ontologisch, d. h. die Möglichkeit unmittelbarer Gegenstandserkenntnis voraussetzend, die allgemeinsten Bestimmungen des Seienden bezeichnet, so wird er in der kantischen und nachkantischen Philosophie als Prädikat der Erkenntnis gebraucht, die sich mit den apriorischen Möglichkeitsbedingungen von Erfahrung beschäftigt" (Hinske, *Transzendental*, Sp. 1359f.; zu transzendentalen Argumenten vgl. Stroud, *Arguments*).

In der mittelalterlichen Philosophie bezeichnet ‚transzendental' Prädikate, die ebenso allgemein sind wie der Ausdruck ‚existiert' und nicht innerhalb der aristotelischen Kategorienlehre behandelt werden. Sie kommen allem zu, das existiert. Sie charakterisieren daher keine Art von Dingen im Unterschied zu anderen. Bisweilen wird darin der einzige oder wichtigste historische Anknüpfungspunkt gesehen: „In medieval philosophy, the transcendental denoted the extra-categorical attributes of beings. [...] For Kant, a trace of this usage survives in the use of transcendental as a form of knowledge, not of objects themselves but of the ways in which we are able to know them, namely the conditions of possible experience" (Caygill, *Kant Dictionary*, S. 309; vgl. Hinske, *Transzendental*, Sp. 1383). Doch gerade die Analogie zwischen den außerkategorialen Prädikaten aller Dinge und der Charakterisierung unserer Erkenntnisart, statt der Dinge selbst, wäre zu erklären.

Einen weiterführenden historischen Bezugspunkt, Kants Gebrauch des Begriffs ‚transzendental' zu erklären, könnte Christian Wolff liefern. Bei diesem spalten sich die Verwendungsweisen des Begriffs in eine, die der mittelalterlichen Transzendentalienlehre entsprechen soll, und eine zur Kennzeichnung einer transzendentalen Kosmologie, die beinhaltet, was alle möglichen Gegenstände, nicht nur die wirklichen, gemeinsam haben (vgl. Wolff, *Logica*, S. 36; Wolff, *Ontologia*, S. 390; Knoepffler, *Begriff*, S. 15f.; Hinske, *Transzendental*, Sp. 1377). Auch wenn eine solche Abgrenzung nur vage sein kann, so scheint der Inhalt dieser transzendentalen Kosmologie weniger eine allgemeine Ontologie als eine Beschreibung der Gesetzmäßigkeiten zu sein, die in allen möglichen Welten gelten, die dem entspricht, was die empirischen Naturwissenschaften über die Erfahrungswelt herausfinden sollen, nur mit dem Unterschied, dass es um das geht, was allen Welten gemeinsam ist, und daher auch nicht durch Erfahrung herausgefunden werden kann. Jene Gesetzmäßigkeiten können nicht durch eine Erfahrung wirklicher Gegenstände, sondern müssen in einem rein begrifflichen Durchlaufen möglicher Gegenstände erkannt werden.

Philosophische Funktion

1 Vorkritischer Gebrauch

Im Anschluss an den historischen Kontext lassen sich Kants wichtigste Verwendungsweisen von ‚transzendental' erklären. Die Funktion des Begriffs lässt sich als Auseinandersetzung mit dem Programm einer Metaphysik interpretieren, welche rein aus Begriffen klärt, was alle möglichen Gegenstände gemeinsam haben müssen (vgl. Carl, *Deduktion*, S. 12). Diese Auseinandersetzung besteht in der vorkritischen Phase in einer Übernahme des Programms einer Metaphysik, die allgemeine Kennzeichen der Dinge beschreibt. Der Ausdruck ‚transzendental', den Kant in dieser Zeit sehr selten gebraucht, wäre demnach ungefähr mit ‚auf mögliche Dinge überhaupt bezogen' gleichzusetzen, allerdings auch hier schon eher mit einem kosmologischen als einem ontologischen Hintergrund (vgl. Hinske, *Transzendental*, Sp. 1379). Kant identifiziert eine Transzendentalphilosophie mit einer Metaphysik. Die kategoriale Gleichartigkeit ihrer Inhalte mit denen einer Naturwissenschaft zeigt sich darin, dass sie direkt in Konflikt mit Fragen der Geometrie und der allgemeinen Mechanik gerät (vgl. 1:475ff.). Insofern ist zu vermuten, dass Kant zwar die mittelalterliche Transzendentalienlehre kannte, aber in seiner Konzeption einer Metaphysik doch auch an Wolffs kosmologischen Gebrauch anschließt. Darauf deutet auch hin, dass Kant in der kritischen Zeit seiner Kritik der mittelalterlichen Transzendentalphilosophie eine besondere, sehr randständige Stellung neben anderen transzendentalen Aussagen einer dogmatischen Metaphysik einräumt.

2 Übergang zum kritischen Gebrauch

Der Gebrauch des Begriffs ‚transzendental' in der kritischen Phase ergibt sich nun aus zwei Neuerungen. Erstens hält Kant angesichts der skeptischen Herausforderungen eine kritische erkenntnistheoretische Überprüfung der Ansprüche, die mit einer Metaphysik einhergehen, für unerlässlich (vgl. KrV A VIIIf.). Eine allgemeine Charakterisierung möglicher Gegenstände kann nur so weit gehen, als diese erkennbar sind. Zweitens gelangt Kant zu der Überzeugung, dass der Anspruch auf eine Erkenntnis a priori, den eine →Metaphysik erhebt, nur dann eingelöst werden kann, wenn sich die →Begriffe und →Anschauungen a priori, die dabei verwendet werden, nicht nach subjektunabhängigen Gegenständen richten, sondern umgekehrt die Gegenstände der Erkenntnis bestimmen, weil sonst kein Zugang a priori zu diesen Gegenständen bestünde (vgl. KrV B XVIIf.). Dazu ist allerdings ein Sinn von Subjektunabhängigkeit, wie ihn der negative Begriff des Dings an sich kennzeichnet, von einem anderen abzugrenzen, wie ihn der Begriff der Objektivität kennzeichnet. Die letztere muss gewahrt werden, um Erkenntnis zu ermöglichen. Wenn aber die Gegenstände durch Begriffe und Anschauungen a priori bestimmt werden können, können sie keine Dinge an sich selbst, sondern nur Vorstellungen, Erscheinungen sein.

Das Programm einer Metaphysik muss im Hinblick auf diese beiden Einsichten reformiert werden. Der direkte Versuch, es ohne Rücksicht auf die Erkennbarkeit von Gegenständen umzusetzen, würde zu dem transzendentalen Gebrauch von Begriffen führen, den Kant in der *Dialektik* der *KrV* kritisiert: Es wird versucht, →Dinge an sich allgemein a priori zu beschreiben, wie sie an sich, ohne Rücksicht auf Erkenntnisfähigkeiten sein müssen. Stattdessen müssen die möglichen Gegenstände, deren allgemeine Charakterisierung die Aufgabe der transzendentalen Metaphysik war, als Raum von Möglichkeiten begriffen werden, wie ein erkennbarer Gegenstand ausfallen kann, der durch Begriffe und Anschauungen a priori festgelegt wird, und, da, wie sich herausstellt, Erkennbarkeit mit der möglichen Gegebenheit in einer Erfahrung zusammenfällt, „welche begrenzenden Züge jeder Begriff von Erfahrung haben muß, den wir uns einsichtig machen können" (Strawson, *Grenzen*, S. 19). Aus der erkenntniskritischen Wendung ergibt sich das allgemeine Programm, im Hinblick auf eine allgemeine Charakterisierung möglicher Gegenstände die Erkenntnisart der Gegenstände a priori statt dieser selbst zu prüfen. Die Transzendentalphilosophie kann insofern zumindest teilweise an die Stelle der traditionellen transzendentalen Metaphysik treten, die mögliche Gegenstände überhaupt charakterisiert, als sie aus der Untersuchung der Weise, wie Begriffe und Anschauungen a priori auf Gegenstände angewendet werden, allgemeine formale Bedingungen ableitet, mit deren Hilfe sich die Gemeinsamkeiten möglicher Gegenstände der Erkenntnis charakterisieren lassen. Dies ist der gemeinsame Inhalt der „Einleitungsdefinition" und der „Systemdefinition" (Hinske, *Transzendental*, Sp. 1383) der Transzendentalphilosophie.

Entsprechend der erkenntnistheoretischen Reflexion des Programms einer Charakterisierung möglicher Gegenstände überhaupt ist der höchste Begriff der Transzendentalphilosophie der Begriff eines Gegenstands überhaupt. Dieser wird dann weiter gemäß verschiedenen Interpretationen von Möglichkeit unterteilt, für die Bedingungen spezifiziert werden, welche die entsprechenden Gegenstände erfüllen müssen, um möglich zu sein. Bedingungen von Gegenständen, die nur möglich sind im Sinne widerspruchsfreier Denkbarkeit, aber im Gegensatz zur Auffassung der traditionellen Metaphysik nicht erkennbar sind, stehen stärkere Bedingungen dafür gegenüber, ein möglicher Gegenstand der Erkenntnis zu sein (vgl. KrV A 290ff. / B 346ff.). Auf die letzteren müssen sich Ansprüche auf eine Erkenntnis a priori, was mögliche Gegenstände gemeinsam haben müssen, beschränken.

3 Untersuchung der Ermöglichungsbedingungen der Erkenntnis a priori

Eine erste Verwendungsweise von ‚transzendental', die sich aus der erkenntnistheoretischen Wendung ergibt, ist also die zur Kennzeichnung einer erkenntnistheoretischen Untersuchung. ‚Transzendental' im Sinne von ‚die Möglichkeit einer Erkenntnis a priori betreffend' kommt allen systematischen Vernunfterkenntnissen a priori zu, die nicht zur reinen Mathematik oder zur Morallehre gehören (vgl. KrV A 480f. / B 508f.).

Eine zweite Verwendungsweise, die Kant selbst nicht ausdrücklich von der ersten unterscheidet, ergibt sich aus der ersten, wenn nicht mehr die Untersuchungsart, sondern das, wovon sie handelt, ihre Inhalte durch ‚transzendental' charakterisiert werden. In der Systemdefinition zeigt sich schon eine gewisse Verschleifung beider Verwendungsweisen, wenn Kant sagt „transscendental (d. i. die Möglichkeit der Erkenntniß oder der Gebrauch derselben a priori) heißen müsse" (KrV A 56 / B 80f.; vgl. Knoepffler, *Begriff*, S. 32f.). ‚Transzendental' kommt Bedingungen a priori der Erfahrungserkenntnis zu. So ist eine Synthesis genau dann transzendental, wenn sie eine solche Bedingung ist (vgl. KrV B 151) Durch solche Bedingungen werden auch allgemeine transzendentale Charakteristika möglicher Gegenstände der Erkenntnis festgelegt. ‚Transzendental' in diesem Sinn könnte dann meinen ‚a priori für eine Erkenntnis notwendig'.

Der Ausdruck ‚transzendental' hat insofern eine Abgrenzungsfunktion. Er zeichnet unter den Erkenntnissen a priori diejenigen aus, die mit der Möglichkeit von Erkenntnis zu tun haben. Er hat aber auch eine Abgrenzungsfunktion gegen den Bereich der Erfahrung. Er zeichnet dasjenige aus, was den Gegenstand der Erkenntnis charakterisiert, aber nicht aus Erfahrung gewonnen werden kann, sondern Inhalt einer Untersuchung sein muss, welche aus reiner Vernunft die Möglichkeit einer Erfahrung a priori klärt.

4 Kritik der dogmatischen Metaphysik

4.1 Kritische Rekonstruktion von Ansprüchen auf eine Erkenntnis der Dinge an sich Die erkenntnistheoretische Wendung, die Kant der Metaphysik gibt, führt zu einer Zweiteilung seiner Auseinandersetzung mit dem Programm einer Erkenntnis aus Begriffen a priori. Auf der einen Seite steht die allgemeine Charakterisierung des Bereichs der Bedingungen a priori möglicher Erkenntnis und dessen, was mögliche Gegenstände der Erkenntnis gemeinsam haben. Diese bildet das, was nach erkenntnistheoretischer Reflexion vom Programm der Metaphysik noch umsetzbar ist, allerdings in der modifizierten Form, die sich aus der erkenntnistheoretischen Wendung des Modalbegriffs des Möglichen ergibt. Auf der anderen Seite aber steht eine kritische Darstellung metaphysischer Ansprüche auf Erkenntnis von Gegenständen überhaupt, die in Wahrheit nur möglich im Sinne widerspruchsfreier Denkbarkeit sind. Diese Ansprüche zielen auf transzendentale Prädikate im vorkritischen Sinn. Dazu nimmt Kant diesen vorkritischen Gebrauch von ‚transzendental' auf, allerdings so, wie sich das, was ‚transzendental' bezeichnet, aus der Perspektive einer Erkenntniskritik darstellt. Diese Darstellung spielt nicht nur konsequent alle Anlässe zum Versuch eines dogmatischen transzendentalen Gebrauchs durch, den Begriffe a priori bieten, sondern es wird zugleich reflektiert, wie dieser Versuch sich aus der kritischen Perspektive als ein unangemessener Gebrauch darstellt, der das Ziel des Erkenntniserwerbs verfehlt. Wie bei der Erkenntniskritik können sowohl die Theorie und die entsprechenden Vorstellungen oder ihr Gebrauch als auch bestimmte Inhalte, etwa die Eigenschaften, die den Dingen an sich zugesprochen werden, transzendental genannt werden. Diese Verwendungsweise von ‚transzendental' ergibt sich mithin aus dem Fehler, zu versuchen, Begriffe über die Grenzen möglicher Erfahrung hinaus zu gebrauchen. So wird das, was zu einem solchen Versuch geneigt macht, als „transzendentale[r] Schein[]" (KrV A 295f. / B 352) charakterisiert. In diesem Sinn könnte ‚transzendental' meinen ‚a priori auf Gegenstände überhaupt oder Dinge an sich selbst bezogen'.

Kant unterscheidet im Kontext dieser kritischen Darstellung metaphysischer Ansprüche ‚transzendental' vom eng verwandten ‚transzendent': „Ich verstehe aber unter diesen nicht den *transscendentalen* Gebrauch oder Mißbrauch der Kategorien, welcher ein bloßer Fehler der nicht gehörig durch Kritik gezügelten Urtheilskraft ist, die auf die Grenze des Bodens, worauf allein dem reinen Verstande sein Spiel erlaubt ist, nicht genug Acht hat; sondern wirkliche Grundsätze, die uns zumuthen, alle jene Grenzpfähle niederzureißen und sich einen ganz neuen Boden, der überall keine Demarcation erkennt, anzumaßen. Daher sind *transscendental* und *transscendent* nicht einerlei" (KrV A 296 / B 352). Es ist jedoch zweifelhaft, ob Kant diese Unterscheidung konsequent durchhält.

4.2 Kritische Rekonstruktion der mittelalterlichen Transzendentalienlehre Kant will seine Transzendentalphilosophie jedoch auch als Nachfolgerin der mittelalterlichen Transzendentalienlehre etablieren. Dazu bedient er sich der Strategie einer kritischen Rekonstruktion der Prädikate der →Einheit, →Wahrheit, Allheit: „Diese vermeintlich transscendentale Prädicate der *Dinge* sind nichts anders als logische Erfordernisse und Kriterien aller *Erkenntniß der Dinge* überhaupt und legen ihr die Kategorien der Quantität, nämlich der *Einheit*, *Vielheit* und *Allheit*, zum Grunde, nur daß sie diese, welche eigentlich material, als zur Möglichkeit der Dinge selbst gehörig, genommen werden müßten, in der That nur in formaler Bedeutung, als zur logischen Forderung in Ansehung jeder Erkenntniß gehörig, brauchten und doch diese Kriterien des Denkens unbehutsamer Weise zu Eigenschaften der Dinge an sich selbst machten" (KrV B 113f.). Indem er diesen Fehler in die Menge derjenigen einordnet, die eine dogmatische Metaphysik begeht, versucht Kant, die mittelalterliche und die rationalistische dogmatische Metaphysik als Manifestationen eines einheitlichen Paradigmas verfehlter Transzendentalphilosophie zu verstehen, dem er seinen eigenen Ansatz einer kritischen transzendentalen Untersuchung gegenüberstellt. An obiger Stelle macht Kant auch deutlich, warum er meint, dass seine Theorie die früheren nicht nur widerlegt, sondern auch den eigentlichen Themenbereich erschließt, auf den eine dogmatische Auffassung von transzendentalen Prädikaten zielt: Eine solche Theorie zielt darauf, allgemeine Charakteristika möglicher Dinge an sich zu geben. Sie muss die →Kategorien material, als zur Möglichkeit der Dinge selbst gehörig nehmen. Kant wirft der traditionellen transzendentalen Metaphysik vor, bloße Bedingungen des Denkens fälschlich für Kennzeichen möglicher Dinge an sich auszugeben und damit das eigene Programm zu verfehlen. Er seinerseits aber erfüllt dieses Programm, soweit es überhaupt erfüllt werden kann, indem er zeigt, wie bloße Bedingungen der Erkenntnis tatsächlich Charakteristika aller möglichen, nämlich derjenigen Dinge festlegen, die überhaupt Gegenstände einer menschlichen Erkenntnis sein können, wie sie die transzendentale Metaphysik liefern sollte. Dazu müssen diese Bedingungen, wie sie die Kategorien bilden, material genommen werden, auf die sinnlichen Anschauungsformen bezogen werden, die den Raum aller möglichen Gegenstände einer menschlichen Erkenntnis festlegen.

5 Die Abgrenzung von Gegenständen der Erkenntnis und Gegenständen einer dogmatischen Metaphysik

Neben der Beschränkung der Charakterisierung möglicher Gegenstände auf Gegenstände der Erkenntnis und damit auf Erscheinungen als Gegenstände möglicher Erfahrung steht die Kritik des Versuchs, Gegenstände überhaupt a priori zu charakterisieren, ohne sich auf →Erscheinungen zu beschränken. Es gilt jedoch nicht nur, Bedingungen der Erkenntnis a priori zu untersuchen und Ansprüche der transzendentalen Metaphysik auf eine Erkenntnis von Dingen an sich zu kritisieren, sondern auch, zu klären, wie sich die Gegenstände einer möglichen Erkenntnis zu den Gegenständen verhalten, auf deren Erkenntnis die transzendentale Metaphysik zielte. Das Ergebnis ist die Lehre des →transzendentalen Idealismus. Gegenstände der Erkenntnis sind keine Gegenstände an sich, sondern nur Erscheinungen (vgl. KrV A 490f. / B 518f.; 18:279).

Interpretationslage

Eine besondere Schwierigkeit des Begriffs ‚transzendental' liegt in den Ambiguitäten seiner Verwendung. Die unmittelbare Gleichsetzung der transzendentalen Erkenntnis mit der Möglichkeit einer Erkenntnis von Gegenständen durch „d. i." (KrV A 56 / B 80) in der Systemdefinition ist durch die Unterscheidung der zwei Verwendungsweisen nicht zu erklären. Direkt nach der Systemdefinition fährt Kant weiter: „Daher ist weder der Raum, noch irgend eine geometrische Bestimmung desselben a priori eine transscendentale Vorstellung, sondern nur die Erkenntniß, daß diese Vorstellungen gar nicht empirischen Ursprungs sind, und die Möglichkeit, wie sie sich gleichwohl a priori auf Gegenstände der Erfahrung beziehen können, kann transscendental heißen. Imgleichen würde der Gebrauch des Raumes von Gegenständen überhaupt auch transscendental sein: aber ist er lediglich auf Gegenstände der Sinne eingeschränkt, so heißt er empirisch" (KrV A 56 / B 81). Auch diese Stelle wirft mehrere paradigmatische Probleme auf. Kant nennt zuerst eine wissenschaftliche Untersuchung und die in ihr verwendeten Vorstellungen wie den Begriff des →Raums transzendental, dann aber nicht eine Erkenntnis der Möglichkeit, wie sich Gegenstände auf Erfahrung beziehen können, sondern diese Möglichkeit selbst. Auch nennt er nicht die Vorstellung oder den Begriff des Raums, sondern den Raum selbst transzendental. Schließlich nennt er dessen Anwendung auf Gegenstände überhaupt (wie sie die dogmatische Metaphysik vornähme) im Gegensatz zur empirischen transzendental. Hier verbindet er also, ohne dies deutlich zu machen, drei verschiedene Verwendungsweisen von ‚transzendental', und suggeriert damit eine Einheitlichkeit der Verwendung, die wohl nicht besteht.

Eine weitere Interpretationsschwierigkeit ergibt sich, wenn erklärt werden soll, warum Kant leugnet, dass der Raum eine transzendentale Vorstellung sei. Dies wäre verständlich, wenn er sich auf die Verwendung von ‚transzendental' für die Untersuchung von Bedingungen der Erkenntnis festlegen würde. Doch wenn es auch darum geht, Bedingungen a priori der Erkenntnis zu kennzeichnen, und der Raum oder die Vorstellung des Raums eine solche Bedingung ist, dann ist die Frage, warum er oder seine Vorstellung nicht unabhängig vom Kontext einer transzendentalen Untersuchung transzendental sind. Es könnte argumentiert werden, dass eine Bedingung erst dann das Prädikat transzendental verdient, wenn sie in einer transzendentalen Untersuchung betrachtet wird. Aber es fragt sich, ob dadurch etwas gewonnen wäre, wenn z. B. die reinen Verstandesbegriffe nur die Disposition hätten, transzendental zu werden, bis sie untersucht werden. Vielleicht könnte auf die Abgrenzung dessen zurückgegriffen werden, was dem Raum oder seiner Vorstellung für sich genommen zukommt, und einer relationalen Eigenschaft, die ihn oder seine Vorstellung mit etwas anderem verbinden. Aber es bleibt zweifelhaft, ob Kant eine wirklich konsistente Abgrenzung des Begriffs ‚transzendental' geben könnte.

Kant deutet manchmal auf eine Verbindung der verschiedenen Verwendungsweisen hin, die über die bisherige Darstellung hinausgehen könnte. Eine besondere Stellung in diesem Zusammenhang nimmt der Begriff des transzendentalen Gegenstands ein. Dieser hat drei Funktionen. Er bezeichnet das, worauf sich der dogmatische Versuch richtet, Gegenstände überhaupt zu charakterisieren (vgl. KrV A 372). Er bezeichnet jedoch auch den Gegenstand der Erscheinung, da Erscheinungen nur Vorstellungen sind, die Gegenstände bezeichnen, die nicht bloße Erscheinungen sind: „Erscheinungen sind die einzigen Gegenstände, die uns unmittelbar gegeben werden können, und das, was sich darin unmittelbar auf den Gegenstand bezieht, heißt Anschauung. Nun sind aber diese Erscheinungen nicht Dinge an sich selbst, sondern selbst nur Vorstellungen, die wiederum ihren Gegenstand haben, der also von uns nicht mehr angeschaut werden kann und daher der nichtempirische, d. i. transscendentale, Gegenstand = X genannt werden mag" (KrV A 108f.). Der transzendentale Gegenstand kann nicht als bloße Erscheinung gedacht werden. Aufgrund der kritischen Einschränkungen erkennbarer Gegenstände kann er aber auch nicht in der Weise charakterisiert werden, wie es eine dogmatische Metaphysik erfordert. Er kann transzendental im Sinn von ‚auf Gegenstände überhaupt bezogen' genannt werden, insofern er mit dem gleichgesetzt wird, was vom Ziel der dogmatischen Metaphysik umgesetzt werden kann, notwendige Eigenschaften der Dinge an sich zu erkennen. Der transzendentale Gegenstand ist der Gegenstand, insofern er durch Prädikate beschrieben werden kann, die mögliche Gegenstände überhaupt charakterisieren, die nicht bloße Erscheinungen sind. Da er nicht erkennbar ist, ist sein transzendentales Prädikat X (vgl. KrV A 104).

Kant verwendet den Begriff des transzendentalen Gegenstands jedoch auch als Begriff, der die allgemeinen formalen Bedingungen a priori eines Gegenstands der Erfahrung zu Bedingungen eines Gegenstands macht, im Hinblick auf die alle Vorstellungen zusammengefasst werden müssen, damit Ansprüche auf eine Erkenntnis von Gegenständen erhoben werden können: „Der reine Begriff von diesem transscendentalen Gegenstande (der wirklich bei all unsern Erkenntnissen immer einerlei = X ist) ist das, was in allen unsern empirischen Begriffen überhaupt Beziehung auf einen Gegenstand, d. i. objective Realität verschaffen kann" (KrV A 109; vgl. KrV A 250f.). Insofern ist der Gegenstand transzendental im Sinne einer Ermöglichungsbedingung der Erkenntnis.

Es könnte argumentiert werden, dass hier verschiedene Begriffe vom transzendentalen Gegenstand im Spiel sind. Aber die Beziehungen, die Kant zumindest zwischen den zwei letzteren Funktionen suggeriert sind zu auffällig, als dass diese These akzeptabel schiene. Eher könnte die These verteidigt werden, dass der Begriff des transzendentalen Gegenstands auch als Begriff des Gegenstands, den die Erscheinung bezeichnet, ganz im Bereich der Bedingungen a priori der Erkenntnis bleibt. Aber der Verdacht ist nicht einfach abzuweisen, dass der erkenntnistheoretischen Funktion des transzendentalen Gegenstands nur dadurch Rechnung getragen werden kann, dass die beiden wichtigsten Verwendungsweisen von ‚transzendental' aufgenommen werden. Das bisher Gesagte reicht jedoch vielleicht nicht hin, diese Verbindung der beiden Verwendungsweisen zu erklären.

Weiterführende Literatur

Allison, Henry E.: Kant's transcendental Idealism, New Haven: Yale University Press 1983.

Carl, Wolfgang: Die transzendentale Deduktion der Kategorien in der ersten Auflage der Kritik der reinen Vernunft, Frankfurt/M.: Vittorio Klostermann 1992.

Guyer, Paul: Kant and the Claims of Knowledge, Cambridge u. a.: Cambridge University Press 1987.

Hinske, Norbert u. a.: „transzendental", in: Ritter, Joachim / Günter, Karlfried / Gabriel, Gottfried (Hg.): Historisches Wörterbuch der Philosophie, Bd. 10, Darmstadt: Wissenschaftliche Buchgesellschaft 1998, 1358–1438.

Hinske, Norbert: Kants Weg zur Transzendentalphilosophie, Stuttgart: W. Kohlhammer 1970.

Knoepffler, Nikolaus: Der Begriff ‚transzenden-

tal' bei Immanuel Kant, München: Herbert Utz Verlag 1999.
Sellars, Wilfrid: Science and Metaphysics. Variations on Kantian Themes, London: Routledge and Kegan Paul 1967.
Strawson, Peter F.: The Bounds of Sense. An Essay on Kant's „Critique of Pure Reason", London: Methuen 1966; dt.: ders.: Die Grenzen des Sinns. Ein Kommentar zu Kants „Kritik der reinen Vernunft", Frankfurt/M.: Hain 1992.
Stroud, Barry: „Transcendental Arguments", in: Journal of Philosophy 65, 1968, 350–366.

Daniel Dohrn

Transzendentalphilosophie

Transzendentalphilosophie ist die systematische Bestimmung aller Begriffe und Prinzipien, durch die Erkenntnis a priori möglich ist. „Sie ist das System aller Principien der reinen Vernunft" (KrV B 27; vgl. KrV A 10ff. / B 24ff.). Ihr Zweck ist zunächst die Gründung einer Metaphysik, in Kants Spätphilosophie, dem sog. *Op. post.*, setzt sie selbst eine Metaphysik voraus. Weitere wichtige Stellen: KrV A 845 / B 873; 4:279; 4:390; 4:478; 10:132; 16:34; 17:558; 18:16; 18:20; 20:265; 20:272; 20:275; 20:277; 21:1–158; 22:23–48; 22:55–131; 22:411–421; 29:750–756; 29:767f.

Vorgeschichte und Historischer Kontext

Kant übernimmt den Terminus ‚Transzendentalphilosophie' aus der Tradition, gibt ihm aber eine gegenüber der Tradition veränderte Bedeutung, die sich selbst im Zuge der Abfassung der drei Kritiken und dann im *Op. post.* noch einmal verschiebt. Die „Transscendentalphilosophie der Alten" (KrV B 113) hatte die allgemeinsten Bestimmungen des Seienden zum Gegenstand und war als solche selbst ein Teil der Metaphysik. Die Möglichkeit metaphysischer Erkenntnis wurde dabei als unproblematisch vorausgesetzt. Mit Kants kritischer Wende wird aber die Möglichkeit von Metaphysik als wahrheitsfähiger Erkenntnis a priori von Dingen selbst problematisiert. Dadurch wird zugleich eine ganz neue Art philosophischer Untersuchung nötig, welche nicht selbst Metaphysik sein kann, da sie deren Möglichkeit erst erweisen muss. Eine solche Erkenntnis nennt Kant fortan Transzendentalphilosophie. Sie, bzw. ein Teil von ihr, die „transscendentale Kritik" (KrV A 12 / B 26) des apriorischen Erkenntnisvermögens, muss der Metaphysik folglich vorausgehen.

Philosophische Funktion

1 Vorkritische Zeit

Erstmalig taucht der Begriff in neuer Bedeutung im Brief an Marcus Herz vom 21. Februar 1772 (vgl. 10:129ff.) auf. Da Metaphysik intellektuelle Erkenntnis zu sein beansprucht und ihre Gegenstände ohne Zuhilfenahme von Erfahrung zu erkennen vorgibt, so hinterlassen ihre Behauptungen, schreibt Kant, solange die Möglichkeit eines wahrheitsfähigen apriorischen Gegenstandsbezugs nicht erklärt ist, „immer eine Dunckelheit in Ansehung unsres Verstandesvermögens woher ihm diese Einstimmung mit den Dingen selbst komme" (10:131). Ausgehend von der Frage, auf welchem Grund die Beziehung unserer Vorstellungen auf ihren Gegenstand beruht, will Kant darum zunächst „die Quellen der Intellectualen Erkenntnis" (10:131f.) aufsuchen, d. h. diejenigen Vermögen, die apriorische Vorstellungen oder Begriffe enthalten, um daran anschließend „die *transcendentalphilosophie*, nemlich alle Begriffe der gäntzlich reinen Vernunft, in eine gewisse Zahl von *categorien* zu bringen" (10:132). Damit ist ein wichtiger Unterschied gegenüber der Tradition angezeigt, denn in der Transzendentalphilosophie der Alten waren die *„transcendentia"* als alle (aristotelischen) Kategorien übersteigend von diesen abgegrenzt. Kants → Kategorien sind aber auch nicht Begriffe eines bloß logischen Verstandesgebrauchs, sondern sollen diejenigen reinen Verstandesbegriffe sein, die sich a priori auf Gegenstände beziehen: „Der *canon* alles formalen gebrauchs des Verstandes ist logic. Der *canon* alles realen gebrauchs des Verstandes ist transcendental philosophie" (16:34; vgl. 4:390).

Wie Kant ausdrücklich betont, tritt das Problem der Transzendentalphilosophie, wie sich nämlich Vorstellungen a priori und zugleich wahrheitsgemäß auf Gegenstände beziehen können, nur hinsichtlich der theoretischen Metaphysik auf. Da im Sittlichen die Vorstellung von dem, was sein soll, selbst Maßstab zu ihrer Realisierung ist, entsteht kein entsprechendes Problem: das Verhältnis von Vorstellung und entsprechendem

Gegenstand ist hier im Prinzip einsichtig, nicht so im Fall der theoretischen Gegenstandsbeziehung a priori.

2 Kritik der reinen Vernunft (A)

In der ersten Auflage der *KrV* von 1781 stellt Kant in der Einleitung zunächst die „Idee der Transcendental-Philosophie“ (KrV A 1) vor, wie er sie im Gegensatz zur Tradition von nun an verstanden wissen will. Sie ist das vollständige System aller unserer Begriffe a priori von Gegenständen überhaupt (vgl. KrV A 12). Als solches enthält sie „sowohl die analytische Erkenntniß, als die synthetische *a priori* vollständig“ (KrV A 12), d. h. sie enthält nicht nur die „Stammbegriffe, welche die gedachte reine Erkenntniß ausmachen“ (KrV A 13), sondern auch alles das, was sich aus der Analyse dieser Begriffe sowie deren Kombination untereinander ergibt. Eine solche Vollständigkeit ist aber nicht erforderlich, wenn es lediglich darum geht zu bestimmen, ob apriorische Erkenntnis von Gegenständen möglich ist oder nicht. Die *KrV* ist folglich diese Transzendentalphilosophie nicht selbst, sondern deren Idee oder deren Entwurf, soweit dies zur Entscheidung der Frage, ob Metaphysik möglich ist, nötig ist: „Zur Kritik der reinen Vernunft gehört demnach alles, was die Transcendental-Philosophie ausmacht, und sie ist die vollständige Idee der Transcendental-Philosophie, aber diese Wissenschaft noch nicht selbst, weil sie in der Analysis nur so weit geht, als es zur vollständigen Beurtheilung der synthetischen Erkenntniß *a priori* [= Metaphysik] erforderlich ist“ (KrV A 14). Während Metaphysik sich mit gegebenen Objekten beschäftigt, betrachtet die Transzendentalphilosophie „nur den *Verstand* und Vernunft selbst in einem System aller Begriffe und Grundsätze, die sich auf Gegenstände überhaupt beziehen, ohne Objecte anzunehmen, die *gegeben wären*“ (KrV A 845 / B 873). Ergänzend ist allerdings hinzuzufügen, dass zur „transscendentalen Elementar-Lehre“ (KrV A 21) dieses Systems auch die Sinnlichkeit gehört, in sofern sie Prinzipien a priori enthält, die sich auf Gegenstände überhaupt beziehen.

Auch in der *KrV A* weist Kant ausdrücklich darauf hin, obwohl mit anderer Begründung als im Herz-Brief, dass die Transzendentalphilosophie eine Disziplin nur der theoretischen Vernunft ist: „obzwar die obersten Grundsätze der Moralität und die Grundbegriffe derselben Erkenntnisse *a priori* sind, so gehören sie doch nicht in die Transcendental-Philosophie“ (KrV A 14f.). „Daher ist die Transcendental-Philosophie eine Weltweisheit der reinen blos speculativen Vernunft“ (KrV A 15). Die Moral ist dieser durchaus „fremd“ (KrV A 801 / B 829), da sie keine Erkenntnis a priori *von Dingen* ist. „Außer der Transcendentalphilosophie giebt es noch zwei reine Vernunftwissenschaften, eine bloß speculativen, die andere praktischen Inhalts: *reine Mathematik* und *reine Moral*“ (KrV A 480 / B 508).

3 Vorlesung und Prolegomena

Kant hat sich auch in seinen Vorlesungen bemüht, den neuen Sinn von Transzendentalphilosophie verständlich zu machen. Kurz nach Veröffentlichung der *KrV*, in einer Metaphysikvorlesung vom Winter 1782/83, erklärte er z. B.: „Wahre Transcendental Philosophie hat man nicht gehabt. Man hat das Wort gebraucht und darunter Ontologie verstanden; so nehmen wir es aber (wie leicht zu ersehen) nicht“ (29:752). Die →Ontologie handelt nämlich von Dingen und deren allgemeinsten Eigenschaften, die man a priori bestimmen zu können glaubt. Kants Transzendentalphilosophie dagegen untersucht keine Dinge, sondern das menschliche Erkenntnisvermögen, ob es zu derartiger Leistung überhaupt fähig ist. „Die Transcendentalphilosophie ist die propaedeutic der eigentlichen Metaphysik. Die Vernunft bestimmt hier nichts, sondern redt nur immer von ihrem eigenen Vermögen“ (29:752).

„Das ist transcendental Philosophie, die nicht von den Objecten a priori etwas sagt, sondern das Vermögen des Verstandes oder der Vernunft a priori was zu erkennen, untersucht, sie ist also eine Selbst Erkenntniß des Verstandes oder der Vernunft dem Inhalt nach, so wie Logic eine Selbst Erkenntniß des Verstandes und der Vernunft der Form nach ist“ (29:784; vgl. 4:279).

Nach der Definition der Transzendentalphilosophie durch Abgrenzung ihres Gegenstandsbereichs von demjenigen der Metaphysik erörtert Kant die Frage, was man mit ihr beabsichtigt oder durch sie zu erreichen sucht: nämlich die Möglichkeit metaphysische Erkenntnisse zu erklären. Um deren Eigentümlichkeit zu erfassen, muss der Unterschied zwischen →analytischen und synthetischen Urteilen erläutert werden, den Kant hier erst nach der Bestimmung der Transzendentalphilosophie einführt: „Nun gehen wir zu der würklichen Erkenntniß, und ehe wir sie [...] betrachten, so müßen wir noch etwas vorausschicken, nehmlich den Unterschied der analytischen und synthetischen Urtheile“ (29:787). Da die Metaphysik wesentlich aus synthetischen Sätzen a priori besteht, so ist der Nachweis ihrer Möglichkeit eng verbunden mit dem Nachweis, wie solche Sätze möglich sind: „Nun bleibt noch die Möglichkeit synthetischer Urteile a priori zu zeigen übrig, und das ist schwer zu beantworten, macht aber den Geist der ganzen trancendental Philosophie aus“ (29:788). Wie Kant seinen Studenten in einem späteren Logikkolleg anvertraute, habe er bei der Arbeit an der *KrV* erst ganz „[z]uletzt [...] gefunden, alles ließe sich in die Frage fassen: Sind synthetische Sätze a priori möglich?“ (24:784).

Diese Frage hat Kant dann 1783 den *Prolegomena* zugrunde gelegt. Statt wie in der *KrV* Erkenntnis a priori aus ihren „ursprünglichen Keimen“ zu entwickeln, wozu er „in der reinen Vernunft selbst forschte und in dieser Quelle selbst die Elemente sowohl, als auch die Gesetze ihres reinen Gebrauchs nach Prinzipien zu bestimmen suchte“ (4:274), nimmt Kant in den *Prolegomena* an, dass in der reinen →Mathematik und reinen →Naturwissenschaft „gewisse reine synthetische Erkenntniß *a priori* wirklich gegeben sei“, so dass man „aus dem Princip der Möglichkeit der gegebenen auch die Möglichkeit aller übrigen“ ableiten könne (4:275). Die Frage: „Wie sind synthetische Erkenntnisse *a priori möglich*?“ (4:276) wird hier als „transcendentale[] Hauptfrage“ (4:280) bezeichnet, die sich in vier Teilfragen zerteilt: Wie ist reine Mathematik möglich? Wie ist reine Naturwissenschaft möglich? Wie ist Metaphysik überhaupt möglich? Wie ist Metaphysik als Wissenschaft möglich? (Vgl. 4:280). Die *Prolegomena* machen also mit dem Ziel oder der Aufgabe der Transzendentalphilosophie bekannt; sie sind diese aber nicht selbst, da sie (a) sich nicht um Ableitung und Vollständigkeit der Elemente bekümmern, und (b) etwas als gegeben voraussetzen müssen, das kontrovers ist (synthetische Erkenntnisse a priori in Mathematik und Naturwissenschaft): „Man kann sagen, daß die ganze Transcendentalphilosophie, die vor aller Metaphysik nothwendig vorhergeht, selbst nichts anders als blos die vollständige Auflösung der hier vorgelegten Frage sei, nur in systematischer Ordnung und Ausführlichkeit, und man habe also bis jetzt keine Transcendentalphilosophie“ (4:279). Allerdings bleibt von der traditionellen Metaphysik nicht mehr viel übrig, nachdem die *KrV* ihr „die falsche[n] Federn abgezogen“ (4:382) und gezeigt hat, dass theoretische Erkenntnis über die Grenzen möglicher Erfahrung hinaus nicht möglich ist. Darum konnte Kant 1781 in der Vorrede zur *KrV* ankündigen, nach Vollendung des Werkes nun eine Metaphysik der Natur „in kurzer Zeit“ (KrV A XX) vorzulegen. Dazu ist es aber nicht gekommen; stattdessen hat die Transzendentalphilosophie selbst eine unerwartete Ausdehnung erhalten.

4 Erweiterung des Begriffs der Transzendentalphilosophie

Während Kant noch an den *Prolegomena* arbeitete, kam ihm eine erste Rezension der *KrV* zu Gesicht. Dabei wurde ihm deutlich, dass die neue, von ihm inaugurierte Bedeutung von „transzendental“ gar nicht verstanden worden war (vgl. 4:373). Allerdings: die Zweifel des Rezensenten (Garve), dass es tatsächlich unbedingte moralische Gesetze und damit einen kategorisch gebietenden Pflichtimperativ gebe, wie Kant im Kanonkapitel behauptete (vgl. KrV A 807 / B 835), hatten eine nachhaltige Wirkung auf ihn: „Nun ist die Frage wie ist ein categorischer Imperativ möglich wer diese Aufgabe auflöset der hat das echte princip der Moral gefunden. Der Rec: wird sich vermutlich eben so wenig daran wagen wie an das wichtige Problem der Transcendental philos. welches mit jenem der Moral eine auffallende Aehnlichkeit hat“ (23:60). Der kategorische Imperativ, der auf die Frage „Was soll ich tun?“ antwortet, ist nämlich ebenfalls ein synthetischer Satz a priori, da er eine Handlung mit dem Willen a priori verbindet, ohne auf einen Zweck zu rekurrieren. Auch hier stellt sich also die Frage, wie ein solcher Satz möglich sein soll. Solange dessen Möglichkeit nicht erwiesen und damit „das echte Princip“ (23:60) der Sittlichkeit gefunden ist, kann es folglich auch keine Metaphysik der Sitten geben. Im Gegensatz zu Kants bisheriger Auffassung ist somit nicht nur die Möglichkeit einer Metaphysik der Natur, sondern auch die einer Metaphysik der Sitten zu erweisen. Hatte Kant in der *KrV A* noch ausdrücklich betont, dass die Frage „Was soll ich tun?“, obwohl sie der reinen Vernunft angehört, „doch nicht transcendental, sondern moralisch" (KrV A 805 / B 833) sei, so wird das nun revidiert, wenn auch nicht *expressis verbis*. Von nun an wird Transzendentalphilosophie nicht mehr definiert durch die Erklärung, wie wahrheitsfähiger Gegenstandsbezug a priori möglich ist, sondern durch das Problem, wie synthetische Sätze a priori möglich sind. Dadurch wird aber zugleich eine Erweiterung des ursprünglichen Gegenstandbereichs der Transzendentalphilosophie erforderlich.

Während Kant bisher darauf insistiert hatte, dass die Moral der Transzendentalphilosophie ganz „fremd" sei (KrV A 801 / B 829), so schreibt er am 7. April 1786 an Johann Bering, dass das System der praktische Philosophie mit dem der theoretischen „vergeschwistert" sei und folglich „einer ähnlichen Bearbeitung bedarf, wiewohl die Schwierigkeit bey demselben nicht so groß ist" (10:441). Darum plante Kant zunächst, eine Kritik der reinen praktischen Vernunft in die zweite Auflage der *KrV* zu integrieren (vgl. Erdmann, *Einleitung*, S. 556). Davon hat er aber bald wieder Abstand genommen. Denn neben dem →Erkenntnis- und dem Begehrungsvermögen gibt es noch ein drittes Vermögen, nämlich den Geschmack bzw. das Gefühl der Lust und Unlust. Falls dieses Vermögen ebenfalls einen synthetischen Satz a priori als eigenes Prinzip hätte, müsste dessen Möglichkeit nun in einer Transzendentalphilosophie genauso erwiesen werden. Eine solche Untersuchung könnte aber nicht auch noch in die Neuauflage der *KrV* integriert werden, ohne deren Rahmen völlig zu sprengen.

Dass auch das Geschmacksvermögen ein synthetisches Prinzip a priori hat, davon berichtet Kant erstmals in einem Brief an Reinhold vom 28. Dezember 1787: „so daß ich jetzt drey Theile der Philosophie erkenne deren jede ihre Principien *a priori* hat die man abzählen und den Umfang der auf solche Art möglichen Erkentnis sicher bestimmen kan" (10:514f.). Im Gegensatz zu Behauptungen über Angenehmes, die von Subjekt zu Subjekt wechseln können, erwarten wir Kant zufolge beim Urteil über das Schöne die Zustimmung aller, welche a priori „gleichsam als Pflicht jedermann zugemuthet werde" (5:296). Dass wir einen solchen Anspruch auf Zustimmung bei Urteilen über Schönes zumindest implizit immer erheben, ist eine „Merkwürdigkeit, zwar nicht für den Logiker, aber wohl für den Transzendental-Philosophen, welche seine nicht geringe Bemühung auffordert, um den Ursprung derselben zu entdecken" (5:213). Diese „Merkwürdigkeit" ist der Grund dafür, auch die ästhetische →Urteilskraft „in die Transcendentalphilosophie hinüberzuziehen" (5:266). Denn die Rechtmäßigkeit eines solchen Anspruchs auf jedermanns Beistimmung muss mittels einer Deduktion erwiesen werden, welches folglich eine Untersuchung des Geschmacksvermögens „bloß in transcendentaler Absicht" (5:170) nötig macht. Dabei erweist sich aber auch, dass das Faktum der Naturschönheit uns eine „Zweckmäßigkeit respectiv auf den Gebrauch der Urtheilskraft in Ansehung der Erscheinungen [...] entdeckt" (5:246), wodurch diese „für unsere Urtheilskraft gleichsam vorherbestimmt zu sein scheint" (5:245). Das Prinzip einer formalen →Zweckmäßigkeit der Natur erweist sich damit selbst als „ein transcendentales Princip" (5:181).

Kants Transzendentalphilosophie, die zunächst nur die Möglichkeit einer Metaphysik der Natur untersuchen sollte, hat sich damit zu einer Disziplin erweitert, die drei Teile aufweist – und damit drei Kritiken erfordert – welche wiederum den drei Erkenntnisvermögen Verstand, Urteilskraft, und Vernunft entsprechen (vgl. 5:179 gegen 20:242). Dies macht Kant nicht nur tabellarisch am Ende der Einleitung zur *KU* deutlich (vgl. 5:198; 20:244ff.), sondern z. B. auch im § 76 der *KU*: Für alle drei Vermögen gleichermaßen weist er dort nach, dass wir gemäß ihrer Verfasstheit gewisse Begriffe annehmen *müssen*, ohne doch behaupten zu können, dass der Grund dafür im Objekt liege. Eine solche Betrachtung, da sie an dieser Stelle nur abgekürzt vorgetragen werden kann, „verdient in der Transcendentalphilosophie umständlich ausgeführt zu werden" (5:401).

5 *Opus postumum*

Die Weiterentwicklung der Transzendentalphilosophie hat schließlich dazu geführt, dass Kant auch deren Verhältnis zur Metaphysik noch einmal neu reflektieren musste. „Was ist in der Metaphysik Transc. Philosophie? Was ist in der Transc: Philos. Metaphysik." (22:75), fragt er wiederholt im *Op. post.* Allerdings konnte bereits die „Widerlegung des Idealismus", wonach die Bestimmung meines Daseins in der Zeit nur möglich ist durch die Existenz wirklicher Dinge außer mir (vgl. KrV B 275f.), die Frage aufkommen lassen, ob die

Selbstisolierung des Verstandes und der Vernunft in der Transzendentalphilosophie tatsächlich so radikal durchgeführt werden kann, dass *gar keine* Objekte angenommen werden, die gegeben sind. Denn wenn *Erfahrung* nicht möglich ist ohne Zeitbestimmung, Zeitbestimmung aber nicht möglich ist ohne wirkliche Dinge außer mir, dann ist dazu ebenfalls erforderlich, dass ich eine Stelle im Raum einnehme, zu der andere Dinge äußerlich sein können. Dazu muss ich einen Körper haben, oder wie Kant kurz darauf notiert, ich muss ein „in einer Welt existirende[s] Wesen[] seyn könne[n] [...] um des empirischen Bewußtseyns und seiner Moglichkeit willen [...] worin ich mein Daseyn setze" (18:615).

Im sogenannten *Op. post.*, das den „Übergang von den metaphysischen Anfangsgründen der Naturwissenschaft zur Physik" zum Thema hat, hat Kant diese Theorie der Selbstsetzung in groben Zügen ausgearbeitet. Da sie auch für das Verhältnis von Transzendentalphilosophie und Metaphysik von Bedeutung ist, müssen ihre Grundzüge kurz skizziert werden.

Der erste Akt der Selbstsetzung ist der Akt des →Selbstbewusstseins, durch den das Denken sich zum Gedachten, das Subjekt zum Objekt macht, ohne dieses zu bestimmen: Ich = Ich. Dies ist nach Kant noch kein Schluss, sondern ein identisches Urteil, ein bloß logischer Akt (vgl. 22:89). Dabei kann es aber nicht stehen bleiben; das Denkende geht unweigerlich dazu über, dieses von ihm gesetzte Objekt zu bestimmen, um sich selbst in ihm zu erkennen oder, wie Kant sagt, sich dem „Imperativ [...] (*nosce te ipsum*)" (22:22) zu unterwerfen. Dabei findet es in diesem Objekt etwas *Gegebenes*, nicht vom Subjekt gemachtes, nämlich Raum und Zeit als reine Anschauungen, jede als ein absolut Ganzes mit einem unbestimmten Mannigfaltigen (vgl. 22:77; 22:87). Wenn Kant nun deren Bestimmung als den ersten synthetischen bzw. *metaphysischen* Akt des Bewusstseins bezeichnet, so bedeutet das zweierlei: Zum einen ist dieser Akt metaphysisch, weil durch ihn eine apriorische Bestimmung von etwas Gegebenem erfolgen soll (= Metaphysik), zum anderen ist er metaphysisch, weil jede *reale* Bestimmung von Raum und Zeit von den Kräften ausgehen muss, welche die *MAN* als fundamental für Raumerfüllung erwiesen hat: Attraktion und Repulsion. Soll äußere Erfahrung möglich sein, müssen Stellen im Raum wahrnehmbar sein, und da es nur Einen Raum und nur Eine Erfahrung gibt, muss dieser als durchgängig mit einem Kontinuum solcher Kräfte („Aether") (22:599) erfüllt gedacht werden, die ihn wahrnehmbar und bestimmbar machen: „Die Kräfte liegen hier schon in der Raumesvorstellung" (22:84). Das aus der Raum- bzw. Äthervorstellung ableitbare Kräftesystem nennt Kant das „Elementarsystem der bewegenden Kräfte" (22:599).

Da Raum und Zeit als solche nur im Subjekt sind, muss alles, was *in* diesen gegeben werden kann, als Erscheinung gedacht werden. Aus diesem Grund kann es synthetische Sätze a priori geben – und damit Transzendentalphilosophie, deren Aufgabe es ist, die Möglichkeit solcher Sätze zu erweisen. „Die Vorstellung vom Raume und der Zeit ist eine Propädevtik für die Transcendental Philosophie" (22:82). Die Transzendentalphilosophie nämlich zeigt, wie die Gegenstände der Physik als Erkenntnisgegenstände dadurch zustande kommen, dass das Subjekt die Kräfte des „Elementarsystem[s]" (22:599) in die Erscheinungen hineinlegt. Schon in der *KrV* hatte Kant darauf insistiert, dass wir nur darum reine Vorstellungen a priori als klare Begriffe aus der Erfahrung herausziehen können, weil wir sie vorher „in die Erfahrung gelegt hatten und diese daher durch jene allererst zu Stande brachten" (KrV A 196 / B 241). Daran knüpft er nun direkt an. Dadurch, dass das Subjekt die noch unbestimmte Mannigfaltigkeit *apprehendiert* und durch „Hineinlegen" seiner eigenen Kräfte in Bewegung setzt, erfährt es dessen Kräfte als Reaktionen auf seine eigene Tätigkeit. Andererseits erfährt es aber sich selbst durch diese Reaktionen überhaupt erst als *affiziert* und damit als körperlich und räumlich: „Das Subject afficirt sich selbst und wird ihm selbst Gegenstand in der Erscheinung in der Zusamensetzung der bewegenden Krafte [...] als Bestimung eines Objects [...] ein Act synthetischer Erkentnis *a priori* (transcendental) welcher subjectiv Erfahrung möglich macht wodurch das zusamensetzende Subject sich selbst zum Object wird" (22:364f.).

Die philosophische Rekonstruktion möglicher Erfahrung führt somit im *Op. post.* von der Metaphysik zur Transzendentalphilosophie: „Der Fortschritt in der Erkenntnis desselben ist der Uberschritt von der Metaphysik zur Transcendental//Philosophie" (22:78). Die Metaphysik, um die es hier geht, ist natürlich nicht das System übersinnlicher Erkenntnis, dessen Unmöglichkeit Kant in der *KrV* nachgewiesen hatte. Daran hat sich auch im Spätwerk nichts geändert. Lediglich die metaphysische Kräftelehre der *MAN*, revidiert und erweitert in den früheren Passagen des *Op. post.*, bleibt als genuiner (mit Erkenntnissen ausfüllbarer) Teil der Metaphysik der Natur bestehen. Sie muss sich mit der „metaphysischen" Erörterung der Begriffe von Raum und Zeit (vgl. KrV B 37; KrV B 46) verbinden, um den Raum als wahrnehmbaren zu konstituieren und somit den Übergang von möglicher zu wirklicher Erfahrung vorzubereiten. Dieser Übergang wird vollzogen durch die Transzendentalphilosophie, welche zeigt, wie durch die Selbstsetzung des Subjekts diejenigen synthetischen Sätze a priori möglich werden, die eine Physik als systematische Wissenschaft begründen können. „Unter der Transc. Phil. verstehen wir das Princip *synthetischer* Erkenntnis *a priori* aus *Begriffen* [...]; sie ist also zwar zur Metaphysik gehörend in so fern sie von dieser ausgeht, aber doch kein Theil derselben sondern eine für sich bestehende Wissenschaft in so fern sie die Bedingungen des Fortschritts zur Möglichkeit der Physik (als Erfahrungslehre) in sich enthält" (22:87).

So scheint es zunächst, als würde Kant nun die Transzendentalphilosophie als Selbstsetzungslehre mit dem eigentlichen Projekt des *Op. post.*, nämlich dem ‚Übergang von den Metaphysischen Anfangsgründen der Naturwissenschaft zur Physik' identifizieren. Das ist aber nicht, oder nur vorübergehend, der Fall. Denn das Subjekt konstituiert sich nicht nur als bewegtes und bewegendes, beobachtendes und experimentierendes Wesen in Raum und Zeit, sondern auch als sittliches und damit als ethisch-rechtliches Gemeinschaftswesen. Auch dazu sind bewegende Kräfte in der Natur vorauszusetzen, allerdings solche der moralisch-praktischen Vernunft (vgl. 22:105): „Die Phänomene aus den bewegenden Kräften der moralisch//practischen Vernunft in so fern sie *a priori* in Ansehung der Menschen im Verhältnis auf einander sind sind die Rechtsideen" (22:104). Ist der kategorische Tugendimperativ die Antwort auf die Frage „Was soll *ich* tun?" und somit das „echte Princip" (23:60) der Sittlichkeit, so ist der Rechtsimperativ dasjenige, was die Menschen untereinander verbindet und zu einer realen Einheit zusammenfügt. Denn → Recht, in allgemeinster Bedeutung, ist die mit Macht verbundene Gesetzgebung (vgl. 8:292). Beide gehören notwendig zusammen: Ein Gesetz, dessen Übertretungen mit keinerlei Konsequenzen verbunden wäre, wäre kein Gesetz. Das gilt auch für das Sittengesetz. Soll es mehr als eine erbauliche Idee („Hirngespinst", 4:445; vgl. 4:407; 5:154) sein, muss gelten: „Es muß aber auch eine gesetztgeberische Gewalt (*potestas legislatoria*) geben oder wenigstens gedacht werden welche diesen Gesetzen Nachdruck (Effect) giebt obzwar nur in der Idee, welche nichts anders als die des *höchsten* moralisch und physisch über alles erhabnen und mächtigen Wesens und sein heiliger Wille ist" (22:126). Die moralisch-praktische Vernunft konstituiert sich folglich als real wirksame Kraft, indem sie sich in einen Zusammenhang von Rechten und Pflichten einordnet, der alle Vernunftwesen so vereint, wie die raumerfüllenden physischen Kräfte der Anziehung und Abstoßung die Objekte der Sinnenwelt zu einem Naturganzen verbinden. Das ist aber nur möglich im Lichte einer Idee von → Gott als einer sittlichen, über alles machthabenden Instanz: „Das Rechtsprincip im categorischen Imperativ macht das All nothwendig als absolute Einheit" (22:109). So wie die physischen Kräfte ihre Einheit dem Äther verdanken, von dem sie Modifikationen sind, so die Rechte und Pflichten dem Sittengesetz, das kein reales Gesetz wäre ohne ein göttliche Wesen, das im moralischen Sinn Legislative, Jurisdiktion und Exekutive in sich vereinigt. Die Idee Gottes ist damit für die praktische Selbstsetzung so wesentlich wie der Begriff eines einheitlichen Kräftekontinuums (Äther) für die theoretische Selbstsetzung: „Naturverhaltnisse u. Rechtsverhältnisse[.] Natureinheit des Weltganzen und Einheit der Rechtsprincipien unter einem moralischen Princip einer jeden sein Recht bestimenden Substanz" (22:110f.).

Damit zeichnet sich die abschließende Fassung der kantischen Transzendentalphilosophie ab: Sie ist „die Selbstschöpfung (Autocratie) der Ideen zu einem vollständigen System der Gegenstände der reinen Vernunft" (21:84). Ihr Zweck oder Ziel ist die Selbstkonstituierung des Menschen: „Transc: Phil. ist der Act des Bewußtseyns dadurch das Subject seiner selbst Urheber wird" (21:78). Das Subjekt konstituiert sich zum Objekt, indem es die Ideen von Welt und Gott schafft, die jeweils ein Maximum darstellen, das eine dem Umfange nach (quantitativ) das andere dem Grade nach (qualitativ, vgl. 21:11). In der Limitierung und Bestimmung dieser beiden Ideale konstituiert das Subjekt sich selbst als theoretisches und praktisches Vernunftwesen: „Die Transc: Philosophie geht vor der Behauptung der gedachten Dinge Voraus als ihr Urbild wohin sie gestellt werden müssen" (21:7). Beide an sich heterogenen Ideale werden schließlich zur Einheit eines Systems verbunden durch ein drittes Ideal: nämlich das des der Pflicht jederzeit angemessenen Menschen in der Welt. Damit ist Kants Transzendentalphilosophie in letzter Bestimmung eine Lehre von drei der Vernunft immanenten und notwendigen Ideen bzw. Idealen: „Transc: Phil. ist das Princip eines Systems der Ideen der synthetischen Erkentnis *a priori* aus Begriffen wodurch das Subject sich selbst zum Objecte constituirt" (21:67). War in der *KrV* die synthetische Einheit der →Apperzeption als „der höchste Punkt" bezeichnet worden, an den man „die Transcendental-Philosophie heften muß" (KrV B 134 Anm.), so ist im *Op. post.* die Selbstsetzungslehre „der höchste Standpunkt", den man in dieser Wissenschaft einnehmen kann, weil sie es ist, welche die Ideen der Vernunft zu einem System zusammenfügt: „Der Transcendentalphilosophie höchster Standpunct im System der Ideen: Gott, die Welt und der durch Pflichtgesetze sich selbst beschränkende *Mensch* in der Welt" (21:59).

Weiterführende Literatur

Förster, Eckart: Kant's Final Synthesis, Cambridge/Mass. u. a.: Harvard University Press 2000.

Hinske, Norbert: Kants Weg zur Transzendentalphilosophie, Stuttgart: Kohlhammer 1970.

Hinske, Norbert: „Transzendental; Transzendentalphilosophie", in: Ritter, Joachim / Günter, Karlfried / Gabriel, Gottfried (Hg.): Historisches Wörterbuch der Philosophie, Bd. 10, Darmstadt: Wissenschaftliche Buchgesellschaft 1998, 1379–1387.

Wagner, Hans: „Wieweit reicht die klassische Transzendentalphilosophie?", in: Müller, Gisela / Seebohm, Thomas M. (Hg.): Perspektiven transzendentaler Reflexion, Bonn: Bouvier 1989, 169–202.

Eckart Förster

Tugend

Im Singular bedeutet ‚Tugend' „die Stärke der Maxime des Menschen in Befolgung seiner Pflicht" (6:394; vgl. 6:405). Diese Stärke ist erforderlich, da die „moralische Gesinnung *im Kampfe*" (5:84) mit den Neigungen ist, die „zu Zwecken [...] verleiten, die der Pflicht zuwider sein können" (6:380). Gelegentlich wird Tugend direkt mit der guten →Gesinnung identifiziert (vgl. 4:435) und auch als „Angemessenheit der *Gesinnung* zum Gesetze der Pflicht" bezeichnet (6:37). Laut Kant mag Tugend „hin und wieder verdienstlich heißen und einer Belohnung würdig sein", aber „sie [muss] doch für sich selbst, so wie sie ihr eigener Zweck ist, auch als ihr eigener Lohn betrachtet werden" (6:406; vgl. 6:377, 6:391, 6:396). Mehrere ‚Tugenden' im Plural ergeben sich nun daraus, „sich verschiedne moralische Gegenstände [zu] denken, auf die der Wille aus dem einigen Princip der Tugend geleitet wird" (6:406). Beispiele für konkrete Tugenden, denen jeweils entsprechende Laster entgegengesetzt sind, sind „*Ehrliebe*" (6:420), „Keuschheit" (6:424) und die Umgangstugenden „*Zugänglichkeit*, der *Gesprächigkeit*, der *Höflichkeit*, *Gastfreiheit*, *Gelindigkeit* (im Widersprechen, ohne zu zanken)" (6:473). Weitere wichtige Stellen: 5:32f.; 5:110–117, 5:151–155; 6:383f.; 6:406ff.; 6:440; 7:147; 8:283 Anm.; 21:472; 23:258; 23:388; 23:396.

Philosophische Funktion

1 Tugend als Stärke

1.1 Tugend (lat. *virtus* für Stärke, Mut, Tapferkeit oder Tüchtigkeit; vgl. auch Kants eigene etymologische Hinweise 6:57; 6:390; 27:492) wird von Kant sehr häufig als ‚Stärke' (vgl. 6:190 Anm.; 6:387; 6:392; 6:394, 6:397; 6:405; 6:409; 6:447; *Refl.* 4842, 17:744), seltener als „*Kampf*" (6:440) oder „*Tapferkeit*" („fortitudo moralis", 6:380; 23:396) bezeichnet. Diese Redeweise ist Ausdruck des inneren Konflikts, in dem Kant denjenigen sieht, der gut handeln will. In diesem Konflikt stehen dem sittlichen Vorsatz die Neigungen, die mit ihm „in Streit kommen können", gegenüber (6:394).

1.2 Ein Mensch ist umso tugendhafter, je zuverlässiger er diese Hindernisse, die er sich selbst in den Weg legt, überwindet, und je größer diese Hindernisse sind (vgl. 6:394; vgl. 6:397, 6:405). Das Ziel dabei ist, „*das Gemüth in Ruhe* mit einer überlegten und festen Entschließung [das moralische] Gesetz in Ausübung zu bringen" (6:409) und die Neigungen schließlich zu beherrschen (vgl. 23:388). Es ist dabei gar nicht möglich, *zu* tugendhaft zu sein; das „würde ungefähr so viel sagen als: einen Cirkel gar zu rund, oder eine gerade Linie gar zu gerade machen" (6:433 Anm.). Ebenfalls ist es für den Menschen als endliches Vernunftwesen nicht möglich, Heiligkeit als „vermeintlichem *Besitze* einer völligen *Reinigkeit* der Gesinnungen des Willens" (5:84) zu erreichen, da es ihm zwar möglich ist, einzelne Neigungen aufzugeben, aber nicht, überhaupt keine Neigungen zu haben. „[D]ie menschliche Moralität in ihrer höchsten Stufe" kann „doch nichts mehr als Tugend sein" (6:383). Dennoch ist die Heiligkeit des Willens „eine praktische Idee, welche nothwendig zum *Urbilde* dienen muß" (5:32; vgl. 6:132; 23:396).

1.3 Tugend als solche ist nicht angeboren, sondern muss erworben werden, „dadurch daß die moralische *Triebfeder* (die Vorstellung des Gesetzes) durch Betrachtung (contemplatione) der Würde des reinen Vernunftgesetzes in uns, zugleich aber auch durch *Übung* (exercitio) erhoben wird" (6:397; vgl. 6:190 Anm.; 6:477). Wäre Tugend jedoch nur eine „durch Übung erworbene *Gewohnheit*", so wäre sie „weder auf alle Fälle gerüstet, noch vor der Veränderung, die neue Anlockungen bewirken können, hinreichend gesichert" (6:383f.). Tugend muss also „immer ganz neu und ursprünglich aus der Denkungsart hervorgehen" (7:147). Beide Charakterisierungen der Tugend sind miteinander vereinbar, da sie aus verschiedenen Perspektiven vorgenommen werden. Aus der intellektuellen Perspektive betrachtet sind Menschen transzendental frei und können somit frei entscheiden, ob sie tugendhaft sein wollen oder nicht. Es gibt kein Mittleres. Die empirische Perspektive berücksichtigt, dass unsere prinzipiell freien, vernünftigen Entscheidungen mit durch Neigungen motivierten Zwecken konkurrieren und es eingeübt werden muss, mit diesem Konflikt umzugehen (vgl. 6:39 Anm.; vgl. auch Blöser, *Zurechnung bei Kant*, S. 271ff.). In diesem Sinne ist auch Kants Satz zu verstehen: „Die Tugend ist immer im *Fortschreiten* und hebt doch auch immer *von vorne* an" (6:409).

Somit ist Tugend eine besondere, nämlich eine „*freie*" Fertigkeit, „sich durch die Vorstellung des Gesetzes im Handeln zu bestimmen"; sie unterscheidet sich somit von anderen Fertigkeiten, die sich „durch öfters wiederholte Handlung zur *Nothwendigkeit* gewordene Gleichförmigkeit" auszeichnen (6:407; vgl. 6:14, 6:47).

1.4 Tugend als „Würdigkeit glücklich zu sein" ist der erste Bestandteil des → höchsten Guts und „die *oberste Bedingung* alles dessen, was uns nur wünschenswerth scheinen mag, mithin auch aller unserer Bewerbung um Glückseligkeit" (5:110; vgl. 5:450, 7:326, 6:482). In diesem Kontext wird der Ausdruck ‚Tugend' oft synonym zu dem Ausdruck ‚Sittlichkeit' verwendet.

2 Tugend und Tugenden

Tugend, als „die in der festen Gesinnung gegründete Übereinstimmung des Willens mit jeder Pflicht, ist wie alles *Formale* blos eine und dieselbe" (6:395). Insofern gibt es auch „nur *Eine* Tugendverpflichtung" (6:410). Das ist die Verpflichtung, aus keiner anderen Motivation heraus als aus → Achtung vor dem Gesetz zu handeln. Tugend in diesem Sinne ist der zentrale Begriff der Ethik im engeren Sinne, d. h. der „Lehre von den Pflichten, die nicht unter äußeren Gesetzen stehen" (6:379). Daher bedeutet ‚Tugend-' in Begriffskombinationen (Tugendlehre usw.) meistens ‚ethisch' (→ Ethik), woraus aber nicht folgt, dass alle ethischen Pflichten Tugendpflichten sind (vgl. 6:410).

Es gibt jedoch insofern mehrere Tugenden, als die Vernunft uns zwei Zwecke, die zugleich Pflicht sind (eigene → Vollkommenheit, fremde → Glückseligkeit), vorschreibt, aus denen eine Anzahl von besonderen Tugendpflichten folgt: „[I]n Ansehung des *Zwecks* der Handlungen, der zugleich Pflicht ist, d. i. desjenigen (des Materiale), was man sich zum *Zwecke* machen *soll*, kann es mehr Tugenden geben, und die Verbindlichkeit zu der Maxime desselben heißt Tugendpflicht, deren es also viele giebt" (6:395). Wird eine solche Tugendpflicht beständig und auch entgegen innerer Widerstände ausgeübt, ist von einer Tugend in einem zweiten Sinn zu sprechen (vgl. 6:395; 6:383). Kant entwickelt die einzelnen Tugendpflichten und die zugehörigen Tugenden in der Tugendlehre.

3 Tugend und Laster

Die bloße Abwesenheit von Tugend nennt Kant Untugend. Hat man es sich aber zum Grundsatz gemacht, eine bestimmte Tugend nicht auszuüben, so bezeichnet er das als Laster. Zwar kann Tugend in Graden vorkommen (siehe Abschnitt 1), jedoch kann der Unterschied „nie in *Graden* der Befolgung gewisser Maximen, sondern muß allein in der specifischen *Qualität* derselben (dem Verhältniß zum Gesetz) gesucht werden; mit andern Worten, der belobte Grundsatz (des Aristoteles), die Tugend in dem *Mittleren* zwischen zwei Lastern zu setzen, ist falsch" (6:404). So mag ‚gute Wirtschaft' der Mittelweg zwischen den Lastern Verschwendung und Geiz sein, wenn nur das Ergebnis betrachtet wird in dem Sinne, dass der Verschwender weniger ausgibt und der Geizende mehr. Doch eine gute Wirtschaft ist mehr als einfach nur mehr Ausgaben zu tätigen als der Geizende und weniger als der Verschwender. Derjenige, der gut wirtschaftet, verschwendet mit keiner Investition, die er tätigt und geizt mit keiner Investition, die er nicht tätigt. Der grundsätzliche Unterschied zu den beiden Lastern ist qualitativ und nicht bloß quantitativ. Letztere treffen sich so betrachtet also nicht in der Mitte und müssen ganz aufgegeben werden, um gutes Wirtschaften zu erreichen (vgl. 6:404; 6:432; Refl. 6317, 18:624f.).

4 Interpretationslage

Allgemein haben ein neues Interesse für Kants Verständnis der Tugend und damit einhergehende Forschungen zur Folge, dass die gewöhnliche einfache Entgegensetzung zwischen Kants Ethik und einer Tugendethik, und damit auch die Klassifizierung von Kants Ethik als deontologischer Ethik bezweifelt wird (vgl. Betzler, *Kant's Ethics of Virtue*; Jost/Wuerth, *Perfecting Virtue*).

Im Besonderen ist für Interpreten von Interesse, wie Kants Konzept der Tugend in der *MST* auf sein Konzept des guten Willens in der *GMS* bezogen werden kann, z. B. als Ausdruck und beständige, verlässliche Ausübung des letzteren (vgl. z. B. Hill, *Kantian Virtue*, S. 40f.). Auch wird auf Basis von Stellen, an denen Kant sagt, dass Untugend „mit dem besten Willen gar wohl zusammen bestehen kann" (6:408) die These aufgestellt, dass ein guter, aber schwacher Wille *ohne* Tugend (aber nicht *mit* Lastern) denkbar sei (vgl. Denis, *Kant's Conception of Virtue*, S. 514). Weiterhin erfährt der Aspekt der Tugend, der als Selbstbeherrschung oder Selbstherrschaft („*Autokratie*", 6:383) bezeichnet werden kann, erhöhte Aufmerksamkeit (vgl. König, *Autonomie*; Baxley, *Kant's Theory of Virtue*).

Weiterführende Literatur

Denis, Lara: „Kant's conception of virtue", in: Guyer, Paul (Hg.): The Cambridge Companion to Kant and Modern Philosophy, Cambridge: Cambridge University Press 2006, 505–537.

Guyer, Paul: Kant on Law, Freedom, and Happiness, Cambridge: Cambridge University Press 2000, insbes. 303–323.

Hill, Thomas E. Jr.: „Kantian Virtue and 'Virtue Ethics'", in: Betzler, Monika (Hg.): Kant's Ethics of Virtue, Berlin u. a.: de Gruyter 2008, 29–59.

Jost, Lawrence / Wuerth Julian (Hg.): Perfecting Virtue. New Essays on Kantian Ethics and Virtue Ethics, Cambridge: Cambridge University Press 2011.

Stratton-Lake, Philip: „Being Virtuous and the Virtues: Two Aspects of Kant's *Doctrine of Virtue*", in: Betzler, Monika (Hg.): Kant's Ethics of Virtue, Berlin u. a.: de Gruyter 2008, 101–121.

Florian Marwede

Tugendlehre

Kant teilt die „*Sittenlehre* (philosophia moralis)" in „*Rechtslehre* (ius)" und „*Tugendlehre* (Ethica)" ein (6:379). Unter Sittenlehre versteht Kant in Anknüpfung an die „alten Zeiten" die allgemeine „*Lehre von den Pflichten*", die er auch das „System der allgemeinen Pflichtenlehre" nennt (6:379). Die „*Rechtslehre* (ius)" ist die Lehre von den Pflichten, die „äußerer Gesetze fähig" sind, die „*Tugendlehre* (Ethica)" die Lehre von den Pflichten, „die nicht unter äußeren Gesetzen stehen" und „deren nicht fähig" sind (6:379). Die Einteilung in Rechtslehre und Tugendlehre folgt der „Eintheilung in die Pflichten der *äußeren* und *inneren Freiheit*" (6:406). Der Gegenstand der Tugendlehre sind Pflichten von „*weiter*" Verbindlichkeit, im Unterschied zu →Rechtspflichten als Pflichten von „*enger*" Verbindlichkeit (6:390; vgl. 6:375; 6:381; 8:381; 8:426). Sofern sich die Tugend inhaltlich auf die Zwecke der Beförderung der eigenen →Vollkommenheit und der fremden →Glückseligkeit richtet, kann es mehrere Tugendpflichten geben (vgl. 6:385ff.). In diesem Zusammenhang spricht

Kant von einer Tugendlehre als einer Lehre der Zwecke, die zu haben zugleich Pflicht ist. Die systematische Entfaltung der Tugendpflichten findet sich in den *Metaphysischen Anfangsgründen der Tugendlehre*, dem zweiten Teil der →*Metaphysik der Sitten* (vgl. 6:375–491; vgl. auch 23:373–419).

Philosophische Funktion

1 Tugendlehre als Pflichtenlehre

Kants Tugendlehre impliziert die Unterscheidung von tugendhafter →Gesinnung (Tugend im engeren Sinn) und verschiedenen Tugendpflichten (ethische Pflichten, weite Pflichten im Unterschied zu Rechtspflichten). Rechtspflichten zeichnen sich dadurch aus, dass sie sich (a) auf Handlungen und nicht auf Gesinnungen richten, dass ihnen (b) bestimmte Rechte einer anderen Person korrespondieren und dass sie (c) erzwingbar sind. Tugendpflichten richten sich dagegen nicht auf äußere Handlungen, sondern auf →Zwecke, die zu haben zugleich →Pflicht ist. Da man dazu, Zwecke zu haben, von anderen nicht gezwungen werden kann, sind die Tugendpflichten Pflichten ohne korrespondierende Rechte eines anderen, ihre Einhaltung zu erzwingen. Die Tugendlehre ist insofern eine materiale Lehre, als ihr oberstes Prinzip dazu auffordert, sich einen Zweck zu eigen zu machen, den zu haben zugleich Pflicht ist. Insofern gibt es für Kant nur eine Tugend, aber mehrere Tugendpflichten: „weil es zwar viel Objecte giebt, die für uns Zwecke sind, welche zu haben zugleich Pflicht ist, aber nur eine tugendhafte Gesinnung als subjectiver Bestimmungsgrund seine Pflicht zu erfüllen, welche sich auch über Rechtspflichten erstreckt, die aber darum nicht den Namen der Tugendpflichten führen können" (6:410). Die Tugend im engeren Sinn umfasst also die Erfüllung aller Pflichten (vgl. 6:383; 6:394f.; 6:410). „Die Tugendlehre ist der Inbegrif aller Pflichten oder Gesetze, so fern die Idee derselben für sich allein die hinreichende Bestimung zur Handlung enthält" (*Refl.* 7309, 19:308). In dieser Hinsicht besteht die ‚Tugend' für Kant in der „Stärke der Maxime des Menschen in Befolgung seiner Pflicht" (6:394). Diese Stärke wird nur durch Überwindung von Hindernissen erkannt. Für Kant sind die eigenen Neigungen Hindernisse der Ausführung moralischer Pflichten. Die Tugend versteht Kant entsprechend als Stärke gegenüber den eigenen (moralwidrigen) Neigungen: sie entspricht Selbstzwang „nach einem Princip der innern Freiheit" (6:394). Kant spricht an anderer Stelle auch von der Selbstgesetzgebung der praktischen Vernunft (→Autonomie) (vgl. 6:383). Gemäß dem Haupttext der *MST* ergibt sich (in Auseinandersetzung mit Ludwig, *Einleitung*, S. XXII) folgende Gesamteinteilung der Pflichten in der Metaphysik der Sitten:

Pflichten			
gegen andere		gegen sich selbst	
vollkommene	unvollkommene	vollkommene	unvollkommene
Rechtspflichten	Ethik: Tugendpflichten		
Tugend im engeren Sinn: tugendhafte Gesinnung			

Problematisch ist der Status der vollkommenen Pflichten gegen sich selbst. Sie gehören offensichtlich nicht in die Rechtslehre, doch wie können sie zur Tugendlehre gehören, wenn diese sich ‚allein' auf unvollkommene Pflichten bezieht (vgl. 6:390)? Kants Abhandlung der vollkommenen Pflichten gegen sich selbst im Rahmen der Tugendlehre ist nur verständlich, wenn man sich klar macht, dass die Tugend im engeren Sinn die Disposition, immer aus der richtigen Gesinnung moralisch zu handeln, umfaßt. Insofern ist es tugendhaft, aus Pflicht niemanden zu betrügen, obwohl das Betrugsverbot nicht unter die Tugendpflichten, sondern unter die Rechtspflichten fällt: „was zu thun Tugend ist, das ist darum noch nicht sofort eigentliche *Tugendpflicht*. Jenes kann bloß das *Formale* der Maximen betreffen, diese aber geht auf die Materie derselben, nämlich auf einen *Zweck*, der zugleich als Pflicht gedacht wird" (6:394f.). (Zur Diskussion der Pflichteneinteilung vgl. Ludwig, *Einleitung*, S. XXIff.) Die Tugendlehre teilt Kant in ethische Elementarlehre, in der einzelne Tugendpflichten benannt und diskutiert werden, und ethische Methodenlehre. Dort wird deutlich, dass die Tugend nicht angeboren ist, sondern gelehrt werden muss: „die Tugendlehre ist also eine *Doctrin*" (6:477). Eine Orientierung an guten Beispielen anderer Menschen – wie etwa dem Exempel des Lehrers – reicht allerdings nicht aus (vgl. 6:479). Die Tugendmaxime „besteht gerade in der subjectiven Autonomie der praktischen Vernunft eines jeden Menschen, mithin daß nicht anderer Menschen Verhalten, sondern das Gesetz uns zur Triebfeder dienen müsse" (6:480).

Dabei soll „die Kraft zur Ausübung der Regeln [...] durch Versuche der Bekämpfung des inneren Feindes im Menschen [der eigenen Neigungen, C. M.] (ascetisch) cultivirt, *geübt* werden" (6:477). Diese Pflicht impliziert eine permanente Selbstprüfung: „Das moralische Selbsterkenntniß, das in die schwerer zu ergründende Tiefen (Abgrund) des Herzens zu dringen verlangt, ist aller menschlichen Weisheit Anfang" (6:441).

2 Welche konkreten inhaltlichen Pflichten zählt Kant zu den Tugendpflichten?

Die Tugendlehre hat nach Kant das folgende „oberste Princip": „[H]andle nach einer Maxime der *Zwecke*, die zu haben für jedermann ein allgemeines Gesetz sein kann. – Nach diesem Princip ist der Mensch sowohl sich selbst als Andern Zweck, und es ist nicht genug, daß er weder sich selbst noch andere blos als Mittel zu brauchen befugt ist (dabei er doch gegen sie auch indifferent sein kann), sondern den Menschen überhaupt sich zum Zwecke zu machen ist an sich selbst des Menschen Pflicht" (6:395). Gegenüber der *GMS* leistet die Tugendlehre eine materiale Bestimmung der Zwecke, die zu haben zugleich Pflicht ist. Aus diesen Zwecken folgt die inhaltliche Bestimmung der Tugendpflichten. „Die Tugendlehre hat aber außer daß sie aus Achtung für Pflicht überhaupt pflichtmäßig zu handeln lehrt noch besondere Pflichten d. i. sie gebietet eine Maxime der Handlungen die nicht durch Gesetze bestimmt werden können weil sie nicht auf der Form der Gesetzmäßigkeit allein beruhen, sondern dadurch der Willkühr (dem Willen) ein Zwek als Materie d. i. Object zur Pflicht gemacht wird; dieser kan nun in uns oder außer uns seyn. In uns kan kein Zweck uns zur Pflicht gemacht werden, als das was Mittel ist zu Zwecken wozu es Pflicht ist zusammen zu stimmen, (eigene Vollkommenheit) außer uns aber Glückselichkeit" (23:391). Kant unterscheidet zwischen Pflichten gegen sich selbst (Beförderung der eigenen Vollkommenheit) und Pflichten gegen andere (Beförderung fremder Glückseligkeit). Der Autor der Verpflichtung bleibt immer das moralfähige Subjekt selbst. In dieser Hinsicht sind alle Pflichten selbstauferlegte Pflichten. Doch der Gegenstand, das Objekt der Verpflichtung, kann sowohl die Person selbst (Pflichten gegen sich selbst) als auch eine andere Person sein (Pflichten gegen andere). Diese Pflichten werden wiederum in vollkommene und unvollkommene Pflichten unterteilt. Die vollkommenen Pflichten gegen sich selbst sind einschränkend: sie verbieten, gegen den Zweck seiner Natur zu handeln, den Kant in physischer und moralischer Selbsterhaltung und Gesundheit sieht. Darunter fallen die Verbote von Selbsttötung, wohllüstiger Selbstschändung (Onanie), Selbstbetäubung gegenüber sich selbst als einem physisch-moralischen Wesen und die Verbote von → Lüge, Geiz und Kriecherei gegenüber sich selbst als einem bloß moralischen Wesen. Die unvollkommenen Pflichten gegen sich selbst sind erweiternd. Sie gebieten bestimmte Zwecke im Sinne der Vervollkommnung seiner selbst: moralische Wohlhabenheit und die Kultur aller Talente über das Naturgegebene hinaus (Kant spricht auch von Begehungspflichten, *viribus concessis utere*). Bei den (unvollkommenen) Pflichten gegen andere unterscheidet Kant wiederum zwischen (negativen) Achtungspflichten (Verbot von Verhöhnung, Hochmut und übler Nachrede) und (positiven) Liebespflichten (praktische Liebe in Form des Wohlwollens und der Wohltätigkeit, Dankbarkeit und Anteilnahme). Überblicksartig ergibt sich folgende Darstellung der Tugendpflichten in der *MST*:

(a) Pflichten gegen sich selbst (vgl. §§ 1–22)

(a1) vollkommene Pflichten gegenüber sich selbst

- als animalisches Wesen (Gebot der physischen Selbsterhaltung, Verbot von Selbsttötung, Onanie, Selbstbetäubung; vgl. §§ 5–8)
- als bloß moralisches Wesen (Verbot von Lüge, Geiz, Kriecherei (Verlust der Selbstachtung); vgl. §§ 9–12); Kultivierung der moralischen Anlage: des Gewissens (vgl. § 13); Gebot der moralischen Selbsterkenntnis (vgl. §§ 14f.)
- indirekte Pflichten gegenüber Tieren (Grausamkeit gegenüber Tieren ist verboten, da sie zur Abstumpfung moralaffiner Gefühle gegenüber anderen Menschen führen könnte; vgl. §§ 16f.)

(a2) unvollkommene Pflichten gegenüber sich selbst

- Entwicklung der Naturanlagen in pragmatischer Absicht: Seelenkräfte und Leibeskräfte (vgl. §§ 19f.)
- Erhöhung der moralischen Vollkommenheit in sittlicher Absicht (vgl. §§ 21f.)

(b) Pflichten gegen andere Menschen (§§ 23–48)

(b1) unvollkommene Pflichten gegenüber anderen „bloß als Menschen" (6:448)

- Liebespflichten: Wohltätigkeit, Dankbarkeit, Anteilnahme (vgl. §§ 26–35)

(b2) Pflichten gegen andere Menschen „aus der ihnen gebührenden Achtung“ (6:462)

- Achtungspflichten: Verbot von Demütigung, Hochmut, Afterreden (vgl. §§ 37–44)

Bezüglich der Systematik der Pflichtenlehre läßt sich folgendes festhalten: vollkommene Pflichten sind immer negative Pflichten, d. h. Unterlassungen gebietende Pflichten. Aber nur die vollkommenen Rechtspflichten gegen andere sind äußerlich erzwingbar, bei den vollkommenen Pflichten gegen sich selbst ist ein äußerer Zwang unmöglich. Einen Überschneidungsfall stellt das Lügenverbot dar. Als Betrugsverbot gehört es zu den vollkommenen Pflichten gegen andere (den Rechtspflichten) und ist erzwingbar insofern, als der Verstoß formell sanktionierbar ist. Gleichwohl zählt das Lügenverbot auch zu den vollkommenen (moralischen) Pflichten gegen sich selbst, wenn es um den Handlungsgrund geht: Man soll nicht etwa aus Angst vor Strafe nicht lügen, sondern aus →Achtung vor dem Gesetz. Unvollkommene Pflichten können sowohl positiv sein wie die Pflichten der Talententfaltung (a2) und die Liebespflichten gegenüber anderen (b1) als auch negativ, wie die Achtungspflichten gegenüber anderen (b2). Letztere sind jedoch nicht Teil der Rechtspflichten und damit nicht erzwingbar. Das liegt daran, dass sie von Kant auf bestimmte Maximen des Akteurs zurückgehen, die zu haben nicht erzwungen werden kann. Das Lügenverbot gehört als moralisches Gebot zu den selbstauferlegten Pflichten, die aus Achtung vor dem Gesetz befolgt werden sollen, um der Person, die so handelt, moralischen Wert zusprechen zu können. In dieser Hinsicht gehört die Befolgung des Gebotes zur eigenen Vollkommenheit: der Tugend im engeren Sinn.

3 Kants Tugendlehre und die Tradition

Kants Tugendlehre unterscheidet sich von der antiken Tugendlehre als auch von der christlichen Tugendlehre sowie von den Pflichtenlehren des deutschen Naturrechts. Von den älteren Pflichtenlehren grenzt er sich dadurch ab, dass er den Verpflichtungsgrund nicht etwa in Gott, sondern im moralfähigen Vernunftwesen selbst ansiedelt, das sich das Moralgesetz selbst auferlegt. Die Tugendlehre ist eine Lehre von der Festigung dieses Vorsatzes in uns (vgl. 6:395). Was die Inhalte der Tugendlehre, die Tugendpflichten betrifft, so unterscheiden sich diese zunächst von den klassischen antiken Tugenden: Weisheit, Besonnenheit, →Gerechtigkeit und Tapferkeit. Während Besonnenheit und Gerechtigkeit als Tugenden bei Kant gar keine Rolle spielen, verwendet er die Tapferkeit als Metapher für moralische Stärke angesichts moralwidriger Neigungen. Dabei identifiziert er die Tapferkeit „in Ansehung des Gegners der sittlichen Gesinnung *in uns*“ mit der „*Tugend* (virtus, fortitudo moralis)“ (6:380). Ferner lehnt Kant sowohl die aristotelische Unterscheidung von ethischen und dianoetischen Tugenden als auch die Konzeption der Tugend als Mitte ab. Für Kant können alle Verstandestugenden wie Scharfsinn und Klugheit auch zu schlechten Zwecken eingesetzt werden (vgl. 4:394; 4:416). Auch Tugenden wie Freigebigkeit oder Großzügigkeit können pflichtwidrig sein, wenn sie etwa auf Mittel zurückgreifen, die rechtlich oder moralisch verboten sind. Ferner sind sie nicht zuverlässig, sofern sie auf →Gefühlen wie Mitleid beruhen, die Kant zur pathologischen Liebe zählt, deren Vorliegen dem Willen des Akteurs letztlich unverfügbar bleibt. Indem sich Kants Tugendlehre auf Zwecke richtet, die zu haben zugleich Pflicht ist, und die Rechtspflichten den Tugendpflichten einschränkend vorausschickt, versucht sie, diese Probleme zu beheben. Die Wohltätigkeit als Teil der Liebespflichten gegen andere überschneidet sich mit der christlichen Pflicht der Nächstenliebe. Andere Tugenden der christlichen Tradition: →Glaube und Hoffnung erwähnt Kant zwar vereinzelt, doch in der Tugendlehre kommt ihnen – außer der praktischen Liebe in Form der Wohltätigkeit – kein systematischer Stellenwert zu. Auch die Gottesliebe kann nach Kant nur so interpretiert werden, dass man seine Gebote gerne befolgt (vgl. 5:83) – obwohl Kant eine theologische Moralbegründung als heteronom ablehnt (vgl. 4:433f.).

4 Kants Kritik an der antiken Tugendlehre

Nach Kant geht die antike Tugendlehre von drei (falschen) Voraussetzungen aus: Erstens vertritt sie die These, es gebe nur eine Tugend und nur ein Laster. Zweitens konzipiere Aristoteles die Tugend als Mitte zwischen zwei Übeln. Drittens werde die Tugend aus →Erfahrung gewonnen wie die Klugheit (vgl. 6:405). Dagegen stellt Kant drei Grundsätze auf:

4.1 Erstens: Es gibt nur einen Verpflichtungsgrund, der das Einhalten aller Pflichten umfaßt (vgl. 6:403). In dieser Hinsicht bezieht sich die Tugendlehre auf die innere Gesinnung, die ein Handeln →aus Pflicht hervorbringt. Tugend wird hier als Stärke des Vorsatzes zur Pflichtbefolgung gegenüber widerstreitenden Neigungen verstanden (vgl. 6:394). Die Tugend als Stärke des Vorsatzes gegenüber den eigenen Neigungen bewirkt ein moralkonformes (pflichtmäßiges) Verhalten aus dem Pflichtmotiv heraus. Dieses stellt ein moralisches „*Verdienst* (meritum) = +*a*" (6:390) dar. Davon zu unterscheiden ist einerseits die Untugend als Schwäche des Vorsatzes, die ein pflichtwidriges Verhalten bewirken kann. Dieses geht dann auf einen Hang zum Affekt, auf einen Überhang der Neigung zurück. In diesem Fall spricht Kant von moralischem „*Unwerth* = 0" (6:390). Andererseits bezeichnet Kant erst eine vorsätzliche Übertretung der moralischen Pflichten als Laster. In diesem Fall steht hinter der pflichtwidrigen Handlung ein Grundsatz, eine unmoralische →Maxime. Hier spricht Kant von „*Verschuldung* (demeritum) = −*a*" oder von einem qualifizierten Bösen (6:390).

4.2 Zweitens: „Der Unterschied der Tugend vom Laster kann nie in *Graden* der Befolgung gewisser Maximen, sondern muß allein in der specifischen *Qualität* derselben (dem Verhältniß zum Gesetz) gesucht werden" (6:404). Ein Laster als pflichtwidrige Maxime kann nicht aus einem Zuviel (Quantität) einer Absicht entstehen. Kants Hauptargument gegen die aristotelische Auffassung, die Tugend sei die Mitte zwischen zwei Übeln, lautet, dass die Tugend, als das Mittlere des Grades betrachtet, bloß ein vermindertes Laster wäre. Mäßigung ist nach Kant nicht die Mitte zwischen Geiz und Verschwendung. Vielmehr betrachtet er eine Maxime des Geizes einerseits als Verletzung der Pflicht gegen sich selbst im Hinblick auf die eigene physische Wohlfahrt: als „Verengung *seines eigenen* Genusses der Mittel zum Wohlleben unter das *Maß* des wahren eigenen Bedürfnisses" (6:432). Andererseits betrachtet Kant den habsüchtigen Geiz als Verletzung der Wohltätigkeitspflicht gegen andere: als „Erweiterung seines Erwerbs der Mittel zum Wohlleben über die Schranken des wahren Bedürfnisses" hinaus (6:432). „Nicht das *Maß* der Ausübung sittlicher Maximen, sondern das objective *Princip* derselben muß als verschieden erkannt und vorgetragen werden, wenn ein Laster von der Tugend unterschieden werden soll" (6:432).

4.3 Drittens lehnt Kant eine kontextuelle Moralbegründung ab. „[D]ie ethischen Pflichten müssen nicht nach den dem Menschen beigelegten Vermögen dem Gesetz Gnüge zu leisten, sondern umgekehrt: das sittliche Vermögen muß nach dem Gesetz geschätzt werden, welches kategorisch gebietet: also nicht nach der empirischen Kenntniß, die wir vom Menschen haben, wie sie sind, sondern nach der rationalen, wie sie der Idee der Menschheit gemäß sein sollen" (6:404f.). Hieraus wird besonders deutlich, dass entgegen der Moral-Sense-Tradition die Tugend für Kant nicht aus empirischen Anlagen, z. B. dem Gefühl der Lust oder Unlust hervorgeht, sondern durch die Wirkung des Sittengesetzes erst ermöglicht wird. Erst dann spricht Kant von einem moralischen im Unterschied zu einem pathologischen Gefühl, das die moralische Pflicht bewußt werden läßt (vgl. 6:399). Da moralische Gefühle einerseits die Voraussetzung der Erkenntnis des Menschen als eines moralischen Wesens sind, sie sich aber andererseits dem Einfluss des Willens entziehen, gibt es keine Pflicht, diese Anlagen zu haben, sondern nur eine Pflicht, diese Anlagen zu kultivieren (vgl. 6:399). Die *MST* setzen, wie die in der *GMS* entworfene reine Moralphilosophie, beim Menschen als Vernunftwesen an. „Die Tugend in ihrer eigentlichen Gestalt erblicken, ist nichts anders, als die Sittlichkeit von aller Beimischung des Sinnlichen und allem unächten Schmuck des Lohns oder der Selbstliebe entkleidet darzustellen" (4:426 Anm.). Ein *habitus* wäre nur eine subjektive Vollkommenheit der Willkür, „keine aus der Freiheit hervorgehende, mithin auch nicht moralische Fertigkeit" (6:407). Die Tugend als bloße Angewohnheit zu verstehen, widerspräche der inneren Freiheit, der Selbstgesetzgebung der praktischen Vernunft (Autonomie), die eine Handlung aus Pflicht ausmacht. Nur der Wille, der „mit der Regel, die er annimmt, zugleich allgemein-gesetzgebendes Begehrungsvermögen ist", bringt die Tugend zum Ausdruck (6:407). Objektiv betrachtet ist die Tugend ein Ideal, dem sich anzunähern, subjektiv betrachtet, Pflicht ist, die immer wieder gegen widerstrebende Neigungen durchgesetzt werden muss (vgl. 6:409). Dazu gelangt man nur durch eine *„Entschließung* [, die] auf einmal vollständig genommen werden muß: weil die Gesinnung (animus) sonst bei einer Capitulation mit dem Laster, um es allmählich zu verlassen, an sich unlauter und selbst lasterhaft sein, mithin auch keine Tugend (als die auf einem einzigen Princip beruht) hervorbringen könnte" (6:477).

4.4 Tugend und Glück stehen bei Kant in der empirischen Welt in keinem Entsprechungsverhältnis. Tugend als moralische Gesinnung ist für Kant das oberste Gut, wohingegen das →höchste Gut die proportionale Entsprechung von Tugend und Glückseligkeit in einer allerdings bloß möglichen Welt darstellt (vgl. dazu 5:110–119). Sind die Tugenden in der Antike glücksfunktional, so sind sie bei Kant moralfunktional. Das Problem an verdienstlichen Tugendpflichten bei Kant ist, dass man eine Gegenleistung, wie Dankbarkeit als Reaktion auf Wohltätigkeit, nicht erzwingen kann. Dankbarkeit ist selbst nur eine weite Tugendpflicht. So kann man von einem *„süße[n] Verdienst"* (6:391) und einer moralischen Lust sprechen, wenn andere sich gerne helfen lassen und sich dankbar zeigen. Einem Unerkenntlichen, Undankbaren zu helfen, führt dagegen nur zu einer Zufriedenheit mit sich selbst, die negativ bleibt: zu einem *„sauere[n] Verdienst"* (6:391).

Weiterführende Literatur

Baxley, Anne M.: Kant's Theory of Virtue. The Value of Autocracy, Cambridge: Cambridge University Press 2010.

Betzler, Monika (Hg.): Kant's Ethics of Virtue, Berlin u. a.: de Gruyter 2008.

Denis, Lara: „Kant's Conception of Virtue", in: Guyer, Paul (Hg.): The Cambridge Companion to Kant and Modern Philosophy, Cambridge: Cambridge University Press 2006, 505–537.

Denis, Lara (Hg.): Kant's ‚Metaphysics of Morals'. A Critical Guide, Cambridge: Cambridge University Press 2010.

Engstrom, Stephen / Whiting, Jennifer (Hg.): Aristotle, Kant and the Stoics. Rethinking Happiness and Duty, Cambridge: Cambridge University Press 1998.

Engstrom, Stephen: „The Inner Freedom of Virtue", in: Timmons, Mark (Hg.): Kant's „Metaphysics of Morals": Interpretative Essays, Oxford: Oxford University Press 2002, 289–316.

Esser, Andrea Marlen: Eine Ethik für Endliche. Kants Tugendlehre in der Gegenwart, Stuttgart: Frommann-Holzboog 2003.

Höffe, Otfried: „Aristoteles und Kant. Wider eine plane Alternative", in: ders. (Hg.): Aristoteles: Nikomachische Ethik, Berlin: Akademie 1995, 277–304.

Jost, Lawrence / Wuerth, Julian (Hg.): Perfecting Virtue: New Essays on Kantian Ethics and Virtue Ethics, Cambridge: Cambridge University Press 2011.

Kersting, Wolfgang: „Das starke Gesetz der Schuldigkeit und das schwächere der Gütigkeit", in: ders.: Recht, Gerechtigkeit und demokratische Tugend. Abhandlungen zur praktischen Philosophie der Gegenwart, Frankfurt/M.: Suhrkamp 1997, 74–120.

Louden, Robert B.: „Kant's Virtue Ethics", in: Philosophy 61, 1986, 473–489.

O'Neill, Onora: Tugend und Gerechtigkeit. Eine konstruktive Darstellung praktischen Denkens, Berlin: Akademie 1996.

Sherman, Nancy: Making a Necessity of Virtue. Aristotle and Kant on Virtue, Cambridge: Cambridge University Press 1997.

Sensen, Oliver / Timmermann, Jens / Trampota, Andreas (Hg.): Kant's ‚Tugendlehre'. A Comprehensive Commentary, Berlin u. a.: de Gruyter 2013.

Corinna Mieth

übersinnlich, das Übersinnliche

Ein Gegenstand ist übersinnlich, wenn er der sinnlichen Erkenntnis nicht zugänglich ist. Dieser Bereich ist das Übersinnliche und besteht in den →Dingen an sich. Die Begriffe ‚übersinnlich' und ‚das Übersinnliche' kommen vor dem Aufsatz *Orientieren* (1786) so gut wie gar nicht vor, zählen ab dann aber zu den am häufigsten verwendeten philosophischen Begriffen. Waren sie ursprünglich in der Theosophie beheimatet (u. a. bei Jakob Böhme), sind sie durch Kant zu geläufigen philosophischen Termini geworden (vgl. Model, *Bedeutung von ‚übersinnlich'*; zur philosophischen Verwendung des Begriffs bei Mendelssohn und Eberhard vgl. Schwaiger, *Denken des ‚Übersinnlichen'*). Gleichbedeutend sind häufig die Ausdrücke ‚intelligibel' bzw. ‚das →Intelligible'. Wichtige Stellen: KrV B XXI; 5:43–50; 5:56f.; 5:134–141; 5:175f.; 5:195; 8:136–143; 8:389–406; 8:417–419; 20:259–264; 20:279f.; 20:293–310; 28:617.

Philosophische Funktion

1 Begriff und Bereich des Übersinnlichen

Kant verwendet den Begriff des Übersinnlichen in Abgrenzung vom →Sinnlichen. Das Sinnliche ist der Bereich der Gegenstände, der unserer sinnlichen Erkenntnis zugänglich ist; das Übersinnliche ist dagegen der Bereich, der über den Bereich der sinnlichen Erkenntnis hinaus liegt. Das Übersinnliche wäre also nicht durch Sinne, sondern nur durch den →Verstand erkennbar. Damit ist der Bereich des Sinnlichen mit dem der →Erscheinungen und der Bereich des Übersinnlichen mit dem der →Dinge an sich bzw. der →Noumena identisch. Die Begriffe sind aber jeweils verschieden.

Das Übersinnliche ist allerdings in zweifacher Hinsicht vom Nichtsinnlichen abzugrenzen. Zum Einen gehören zum Sinnlichen auch Begriffe, die zwar im Verstand (also unabhängig von dem sinnlich Gegebenen) ihren nichtsinnlichen Ursprung haben, denen aber dennoch ein Objekt in der Erfahrung entsprechen kann. Zu diesen Begriffen gehören die →Kategorien (vgl. 20:260). Zum Anderen gehören dazu Gegenstände, die aufgrund der kontingenten Beschaffenheit unserer Sinne diesen nicht gegeben werden können, aber dennoch durch den Fortschritt der Erfahrung erkannt werden können und somit zum Bereich des Sinnlichen gehören (vgl. KrV A 226 / B 237; KrV A 522 / B 550; 8:205). Gelegentlich verwendet Kant aber den Ausdruck des ‚Nichtsinnlichen' gleichbedeutend mit dem des Übersinnlichen (vgl. etwa 8:201; 8:207).

2 Das Scheitern der theoretischen Erkenntnis des Übersinnlichen

Kant definiert →Metaphysik als „die Wissenschaft, von der Erkenntnis des Sinnlichen zu der des Übersinnlichen durch die Vernunft fortzuschreiten" (20:260; vgl. 20:316; 28:617). Doch da das Übersinnliche sich unserer Erkenntnis verschließt, verfehlt die Metaphysik ihren Zweck (vgl. 20:262f.).

Die Möglichkeiten und Grenzen der Vernunft fasst Kant in dem Satz zusammen: „[D]er Umfang der theoretischen Erkenntniß der reinen Vernunft erstreckt sich nicht weiter, als auf Gegenstände der Sinne." In diesem Satze seien zwei Sätze enthalten: „1) daß die Vernunft, als Vermögen der Erkenntniß der Dinge a priori, sich auf Gegenstände der Sinne erstrecke, 2) daß sie in ihrem theoretischen Gebrauch zwar wohl der Begriffe, aber nie einer theoretischen Erkenntniß desjenigen fähig, was kein Gegenstand der Sinne seyn kann" (20:273). Für Kant können wir nicht anders als durch Sinnlichkeit Bekanntschaft mit Gegenständen haben, daher ist die Sinnlichkeit eine notwendige Bedingung der Erkenntnis; von übersinnlichen Gegenständen können wir keine theoretische Erkenntnis haben. Auch hat die Erkenntnis vom Übersinnlichen keine Grade der Wahrscheinlichkeit (vgl. 8:396f. Anm.; 20:299; 20:342). Das Übersinnliche kann aber in der Erfahrung durch →Analogie symbolisch dargestellt werden (vgl. 5:351ff.; 20:279f.; 20:332; Symbol, symbolisch; vgl. Chignell, *Real Repugnance*, S. 201–208).

Philosophen, die die Grenzen der Vernunft leugnen, erliegen der Schwärmerei. Schwärmerei ist „ein *Wahn [...], über alle Gränze der Sinnlichkeit hinaus* etwas *sehen*, d. i. nach Grundsätzen träumen (mit Vernunft rasen), zu *wollen*" (5:275). Schwärmer glauben an eine „übersinnliche Anschauung" (20:272), bzw. „übersinnliche Erfahrung" (8:401 Anm.; vgl. 8:389), deren Möglichkeit Kant aber jeweils leugnet. Aus diesem Grund ist er ein erklärter Gegner der Schwärmerei.

3 Orientierung im Übersinnlichen

Wenn auch eine (theoretische) Erkenntnis des Übersinnlichen nicht möglich ist, so ist es doch möglich, sich im Übersinnlichen zu orientieren: „Sich im Denken überhaupt *orientiren*, heißt also: sich bei der Unzulänglichkeit der objectiven Principien der Vernunft im Fürwahrhalten nach einem subjectiven Princip derselben bestimmen" (8:136 Anm.). Die Vernunft orientiert sich dabei nicht nach objektiven Gründen, die in der Beschaffenheit des Objekts bestehen, sondern nach subjektiven Gründen, und zwar nach dem Bedürfnis der Vernunft. Die Modalität des →Führwahrhaltens beim Orientieren im Übersinnlichen ist das →Glauben (vgl. 20:297).

Kant betont, dass die Vernunft sowohl ein theoretisches als auch ein →praktisches Bedürfnis nach dem Übersinnlichen hat (vgl. 8:139). Das theoretische Bedürfnis besteht vornehmlich in der Auflösung der Antinomien, und zwar sowohl der Antinomien der theoretischen und praktischen Vernunft, als auch der ästhetischen und teleologischen Urteilskraft (vgl. KrV B XXI; KrV A 566f. / B 594f.; 5:119; 5:340f.; 5:412; 20:311). Aber auch in anderen Zusammenhängen gibt es ein Bedürfnis der theoretischen Vernunft nach dem Übersinnlichen, etwa zur Erklärung der →Zweckmäßigkeit der Natur (vgl. 8:139). Das praktische Bedürfnis hingegen besteht in Hinsicht auf die Möglichkeit des Moralgesetzes sowie des höchsten moralischen Gutes, welches jeweils nur im Übersinnlichen bestehen kann. Dies führt auf die →praktischen Postulate nach der Freiheit des Willens, der Unsterblichkeit der Seele und der Existenz Gottes.

Es stellt sich nun die Frage, ob es auch wirklich übersinnliche Objekte geben kann, zu deren Annahme wir subjektiv zureichende Gründe haben, oder ob es sich dabei um bloße Fiktionen handelt, denen nichts im Übersinnlichen entspricht. Viele Interpreten glauben, dass übersinnliche Objekte gar nicht existieren könnten, weil sie die Bedingungen der Möglichkeit der Erfahrung nicht erfüllen (vgl. etwa Klemme, *Kants Philosophie des Subjekts*, S. 10). Sie verweisen darauf, dass laut Kant unsere Begriffe ohne →Anschauung keine Bedeutung hätten (vgl. etwa KrV A 253f. / B 309; KrV A 696 / B 724). Daraus ziehen sie den Schluss, dass wir zwar zur Annahme übersinnlicher Objekte genötigt sind, doch könnten diese weder in noch außerhalb der Erscheinungen existieren. Andere Interpreten glauben hingegen, dass Kant lediglich die Erkennbarkeit übersinnlicher Objekte einschränkt, die Möglichkeit ihrer Existenz aber unentschieden lässt (vgl. Ameriks, *Kant's Theory*, S. XXIII–XXX). Umstritten ist in diesem Zusammenhang auch, ob ‚praktische Erkenntnis' eine Form des Wissens über das Übersinnliche darstellt (vgl. Kain, *Practical Cognition*).

Weiterführende Literatur

Chignell, Andrew: „Real Repugnance and Belief about Things-in-Themselves: A Problem and Kant's Three Solutions", in: Krueger, James/ Bruxvoort Lipscomb, Benjamin (Hg.): Kant's Moral Metaphysics, Berlin u. a.: de Gruyter 2010, 177–209.

Model, Anselm: „Zur Bedeutung und Ursprung von ‚übersinnlich' bei Immanuel Kant", in: Archiv für Begriffsgeschichte 30, 1986/87, 183–191.

Schwaiger, Clemens: „Denken des ‚Übersinnlichen' bei Kant. Zu Herkunft und Verwendung einer Schlüsselkategorie seiner praktischen Metaphysik", in: Fischer, Norbert (Hg.): Kants Metaphysik und Religionsphilosophie, Hamburg: Meiner 2004, 331–345.

Michael Oberst

unbedingt, das Unbedingte

Der Begriff des Unbedingten ist der Begriff von einer Bedingung zu einem gegebenen Bedingten, die selbst nicht wieder bedingt ist. Es handelt sich dabei um einen Begriff, der seinen Ursprung in der Vernunft hat. Er ist transzendent, weil ihm in der (jederzeit bedingten) Erfahrung keine Darstellung verschafft werden kann, die ihm völlig angemessen wäre. Bestimmtere Begriffe des Unbedingten (wie derjenige der →Welt) unterliegen der restriktiven Bedingung eines bloß regulativen Gebrauchs, den die Vernunft von ihnen macht, um den empirischen Verstand auf eine vollständige systematische →Einheit seiner Erkenntnisse auszurichten. Wichtige Stellen: KrV B XXII; KrV A 28 / B 44; KrV A 307f. / B 364f.; KrV A 322ff. / B 378ff.; KrV B 427; KrV A 417 / B 445; KrV A 565f. / B 593f.; KrV A 578 / B 606; KrV A 631 / B 659; KrV A 665 / B 693; KrV A 678 / B 706; KrV A 689f. / B 717f.; 4:333f.; 4:437; 5:245; 5:257; 5:268; 8:139; 8:282; 17:393f.; 18:43; 18:228; 18:696; 20:294.

Vorgeschichte und historischer Kontext

In Baumgartens *Metaphysica* ist der Begriff vereinzelt (neben dem gleichwertigen ‚schlechterdings') als Übersetzung des lat. ‚*absolutus*' belegt (vgl. z. B. §§ 104, 702). Kant verwendet diesen Begriff bis 1769 nur selten und unspezifisch. Mit der Entdeckung, dass sich die Vernunft unvermeidlich in Antinomien verstrickt, sobald sie zu einer vollständigen Erkenntnis gegebener Gegenstände der Erfahrung zu gelangen versucht, wird der Begriff des Unbedingten zu einem Schlüsselbegriff in Kants Denken. Der Grund für den Streit der Vernunft mit sich selbst liegt nach der kritischen Auflösung in einem missverstandenen Streben nach dem Unbedingten.

Philosophische Funktion

1 Allgemeine Bestimmung

1.1 *Die logische Grundlage* Die eigentümliche Erkenntnisleistung der Vernunft lässt sich nicht unabhängig vom Begriff des Unbedingten bestimmen. Dabei müssen zwei Verwendungsweisen des Begriffs bei Kant unterschieden werden. Zunächst lässt sich jedes bedingte (hypothetische) Urteil in ein (formal gesehen) unbedingtes (kategorisches) Urteil verwandeln, indem man die „Bedingung" des Urteils zum Subjekt (als dessen „Bestimmung") hinzufügt (KrV A 28 / B 44; vgl. auch z. B. Lambert, *Neues Organon*, § 132). Daher lassen sich besondere durch allgemeine Urteile ersetzen, wenn es gelingt, die Bedingung(en) aufzufinden, unter denen die Assertion des Prädikats in den besonderen Urteilen steht. Kants Charakterisierung der Vernunft als logisches Vermögen zu schließen ist auf der einen Seite an diesem Zusammenhang zwischen allgemeinen, besonderen und bedingten Urteilen orientiert. „Den Satz: Cajus ist sterblich, könnte ich auch bloß durch den Verstand aus der Erfahrung schöpfen. Allein ich suche einen Begriff, der die Bedingung enthält, unter welcher das Prädicat (Assertion überhaupt) dieses Urtheils gegeben wird (d. i. hier den Begriff des Menschen), und nachdem ich unter diese Bedingung, in ihrem ganzen Umfange genommen, (alle Menschen sind sterblich) subsumirt habe: so bestimme ich darnach die Erkenntniß meines Gegenstandes (Cajus ist sterblich)" (KrV A 322 / B 378). Der Vernunftschluss (die Konklusion) ist demnach „ein Urtheil, welches *a priori* in dem ganzen Umfange seiner Bedingung bestimmt wird" (KrV A 322 / B 378). Jedoch besteht das Ziel der Vernunft in ihrem logischen Gebrauch letztlich nicht nur darin, aus einer Regel (*maior*) und der Subsumtion unter die Bedingung der Regel (*minor*) das Gesetztsein einer Bestimmung im Schlusssatz abzuleiten, sondern uneingeschränkt alle Bedingungen anzugeben, unter denen die Assertion eines Prädikats (einer Bestimmung) gegeben ist. Die Vernunft sucht nach Grundsätzen, in denen der maximale Umfang von Begriffen bestimmt ist und damit die Bedingungen ihrer Anwendbarkeit in wahren Sätzen vollständig festgelegt sind. Indem die Vernunft über Prosyllogismen nach den Bedingungen von Bedingungen sucht und auf diese Weise nach der vollendeten Einheit aller Erkenntnisse strebt, besteht der „eigenthümliche Grundsatz der Vernunft überhaupt (im logischen Gebrauche)" darin, „zu dem bedingten Erkenntnisse des Verstandes das Unbedingte zu finden, womit die Einheit desselben vollendet wird" (KrV A 307 / B 364). In dieser zweiten Hinsicht ist das Streben der Vernunft nach Unbedingtheit der Erkenntnis anspruchsvoller, denn sie richtet sich auf die vollendete uneingeschränkte Einheit aller Verstandeserkenntnisse. Um die Bedeutung dieses Begriffs des Unbedingten hervorzuheben, bedient sich Kant des Begriffs des Absoluten. Dieser Begriff soll anzeigen, „daß etwas in aller Beziehung (uneingeschränkt) gültig ist" (KrV A 324 / B 381); es ist „dem bloß komparativ oder in besonderer Rücksicht Gültigen" entgegengesetzt; „denn dieses letztere ist auf Bedingungen restringiert, jenes aber gilt ohne Restriktion" (KrV A 326 / B 382); vgl. auch 18:696; 18:228).

1.2 *Begriffe des Unbedingten und die transzendentalen Ideen* Dass die Vernunft im logischen Gebrauch nach der Maxime verfährt, „zu dem bedingten Erkenntnisse des Verstandes das Unbedingte zu finden, womit die Einheit desselben vollendet wird", kann nur dadurch ein „Principium der *reinen Vernunft*" werden, dass man annimmt: „wenn das Bedingte gegeben ist, so sei auch die ganze Reihe einander untergeordneter Bedingungen, die mithin selbst unbedingt ist, gegeben (d. i. in dem Gegenstande und seiner Verknüpfung enthalten)" (KrV A 307f. / B 364). Dieser Grundsatz ist synthetisch, da im Begriff des Bedingten zwar der Begriff der Bedingung, nicht aber der des Unbedingten enthalten ist. Es entspringen aus ihm verschiedene synthetische Sätze, sobald man versucht, das Unbedingte, „wenn es wirklich Statt hat“, „nach allen den Bestimmungen, die es von jedem Bedingten unterscheiden“, zu erwägen. Da von ihm „kein ihm adäquater empirischer Gebrauch“ gemacht werden kann, werden die aus ihm entspringenden Sätze, in denen das Unbedingte bestimmt wird, im Hinblick auf alle Erscheinungen transzendent sein (KrV A 308 / B 365).

Die Bestimmung von Begriffen des Unbedingten erfolgt in zwei Stufen. Nach den Arten von Vernunftschlüssen, die den verschiedenen möglichen relationalen Formen des Obersatzes gemäß eingeteilt werden können, lassen sich zunächst drei Arten von Bedingungen unterscheiden, die selbst nicht mehr bedingt sind, und die entsprechenden Grenzbegriffe (*conceptus terminatores*) einer unbedingten Bedingung der Inhärenz, der Dependenz und der Konkurrenz bilden (vgl. 17:393f.; 18:43). Der Begriff von einem absoluten (letzten) Subjekt, das selbst nicht mehr einem anderen Subjekt als Prädikat inhäriert, bezieht sich auf die unbedingte Bedingung des Gesetztseins (eines Aggregats) von Bestimmungen; der Begriff von einem absoluten (ersten) Grund, der selbst nicht mehr von einem anderen Grund als Folge abhängt, auf die unbedingte Bedingung des Gesetztseins einer Reihe voneinander abhängiger Bestimmungen; und der Begriff von einem absoluten Ganzen, das nicht mehr durch andere Teile eingeschränkt wird, auf die unbedingte Bedingung des Gesetztseins eines Systems sich wechselseitig bedingender, untereinander zusammenhängender Bestimmungen. Zu Spezifikationen dieser Grenzbegriffe gelangt man, sobald man näher bestimmt, was als Aggregat, Reihe oder System bedingter Bestimmungen fungieren soll. Bestimmtere Begriffe des Unbedingten (oder transzendentale Ideen) ergeben sich für Kant daraus, dass alle unsere Vorstellungen in einen dreifachen Bezug gestellt und als Bestimmungen entweder eines denkenden Subjekts oder eines Gegenstandes der Erscheinung oder eines Gegenstandes überhaupt aufgefasst werden können. Da es sich dabei um drei verschiedene Bedingungsverhältnisse handelt, lassen sich „*drei Classen*“ von transzendentalen Ideen aufstellen, „davon die *erste* die absolute (unbedingte) *Einheit des denkenden Subjects*, die *zweite* die absolute *Einheit der Reihe der Bedingungen der Erscheinung*, die *dritte* die absolute *Einheit der Bedingung aller Gegenstände des Denkens überhaupt* enthält“ (KrV A 334 / B 391). „Das denkende Subject ist der Gegenstand der *Psychologie*, der Inbegriff aller Erscheinungen (die Welt) der Gegenstand der *Kosmologie*, und das Ding, welches die oberste Bedingung der Möglichkeit von allem, was gedacht werden kann, enthält (das Wesen aller Wesen), der Gegenstand der *Theologie*“ (KrV A 334 / B 391). Durch diese transzendentalen Ideen betrachtet die Vernunft „alles Erfahrungserkenntniß als bestimmt durch eine absolute Totalität der Bedingungen“ (KrV A 327 / B 384). Zur Absicht hat sie dabei nichts anderes, „als die absolute Totalität der Synthesis *auf der Seite der Bedingungen* (es sei der Inhärenz, oder der Dependenz, oder der Concurrenz)“ (KrV A 336 / B 393). Die Vernunft scheitert jedoch bei dem Versuch, diese absolute Totalität der Bedingungen zu einem gegebenen Bedingten in einem als Gegenstand realisierbaren genau bestimmten Begriff zu denken, und muss daher einer kritischen Prüfung ihrer Erkenntnisansprüche unterzogen werden.

2 Das Unbedingte der Inhärenz (ens substantiale)

Beim *ens substantiale* handelt es sich um das Unbedingte, das Bedingung der Inhärenz von anderen Bestimmungen ist, ohne selbst wiederum als Bestimmung einem anderen zu inhärieren. Es ist der Begriff von einem Subjekt, das übrig bleibt, wenn man alle Akzidenzen (als Prädikate) absondert (vgl. 4:333). Im Hinblick auf die körperlichen Naturgegenstände kann ein allen Eigenschaften zu Grunde liegendes *ens substantiale* nicht erkannt, ja nicht einmal gedacht werden, „weil die specifische Natur unseres Verstandes darin besteht, alles discursiv, d. i. durch Begriffe, mithin durch lauter Prädicate zu denken, wozu also das absolute Subject jederzeit fehlen muß“ (4:333). Die Bestimmung des substantiellen Kerns aller Naturgegenstände wäre Ziel einer als Gegenstück zur rationalen Psychologie fungierenden rationalen Physiologie. Die Auseinandersetzung mit der These von der Erkennbarkeit des den Naturgegenständen zu Grunde liegenden, von allen phänomenalen Prädikaten abgesonderten *ens substantiale* bildet den Hintergrund von Kants Unterscheidung zwischen →Noumena und Phaenomena in der *KrV*.

Im Fall des Subjekts, dem alle seine Vorstellungen (Gedanken) inhärieren, hat es dagegen den Anschein, als ließe sich das *ens substantiale* erkennen. „Nun scheint es, als ob wir in dem Bewußtsein unserer selbst (dem denkenden Subject) dieses Substantiale haben und zwar in einer unmittelbaren Anschauung; denn alle Prädicate des innern Sinnes beziehen sich auf das Ich als Subject, und dieses kann nicht weiter als Prädicat irgend eines andern Subjects gedacht werden. Also scheint hier die Vollständigkeit in der Beziehung der gegebenen Begriffe als Prädicate auf ein Subject nicht blos Idee, sondern der Gegenstand, nämlich das absolute Subject selbst, in der Erfahrung gegeben zu sein" (4:334). In den →Paralogismen der reinen Vernunft versucht Kant nachzuweisen, dass das ‚Ich denke' eine logische Bedingung alles Denkens ist, dass darin jedoch keine Möglichkeit liegt, zur Bestimmung des Substantialen eines denkenden Wesens zu kommen, dem alle Gedanken des Subjekts inhärieren. Das ‚Ich denke' zeigt lediglich an, dass alle Gedanken als Akte des Bestimmens zur Einheit eines Selbstbewusstseins gehören, ohne die sie nicht einmal gedacht werden könnten, nicht jedoch den bestimmten Begriff eines absoluten Subjekts, durch den sich dieses erkennen ließe (vgl. 4:334). Verwechselt wird die mögliche Abstraktion von meiner empirisch bestimmten Existenz „mit dem vermeinten Bewußtsein einer *abgesondert* möglichen Existenz meines denkenden Selbst" (KrV B 427).

3 Das Unbedingte der Dependenz (ens primum)

Für Kants Kritik der Metaphysik ist die Bestimmung des Unbedingten als des ersten Gliedes in einer Reihe voneinander abhängiger Bedingungen von besonderem Gewicht. Die →Antinomie der reinen Vernunft beruht darauf, dass die Vernunft zu einer solchen Reihe stets eine die Reihe beginnende erste Bedingung zu bestimmen versucht, und sich zugleich gezwungen sieht, diese Bedingung immer wieder im Hinblick auf eine höhere, voraus liegende Bedingung zu überbieten. In der transzendentalen Analytik der *KrV* wird gezeigt, dass das Mannigfaltige einer gegebenen Anschauung durch den Verstand in bestimmte funktionale Beziehungen gesetzt und dadurch in die Einheit eines Selbstbewusstseins zusammengefasst werden kann. Alle Erkenntnis des empirisch Gegebenen ist daher im Hinblick auf quantitative, qualitative, relationale und modale Prädikate bestimmt. Die Suche nach der vollständigen Totalität der Bedingungen zu diesen bedingten Bestimmungen führt zu einem widerstreitenden Ergebnis. Auf der einen Seite wird dieses Unbedingte in der jeweils unterschiedlichen Form eines *ens primum* angesetzt, nämlich als Weltanfang und Weltgrenze, als das Einfache, als absolute Selbsttätigkeit (→Freiheit) und als absolute Naturnotwendigkeit. Auf der anderen Seite scheint das Unbedingte „bloß in der ganzen Reihe" zu bestehen, „in der also alle Glieder ohne Ausnahme bedingt und nur das Ganze derselben schlechthin unbedingt wäre", es folglich ein Erstes nicht gäbe (KrV A 417 / B 445).

4 Das Unbedingte der Konkurrenz (ens originarium)

Unter den drei Arten, das Unbedingte zu bestimmen, besitzt die Idee von einem unbedingten Ganzen der Einteilung eines Begriffs einen systematischen Vorrang. Die Vernunft legt dazu den höchsten (allgemeinsten) Begriff (den von einem Gegenstand überhaupt) zu Grunde und bezieht ihn auf den Inbegriff aller möglichen Bestimmungen, die sich in seinem vollständigen Umfang (= alle Gegenstände überhaupt) finden. Daraus glaubt die Vernunft den vollständig bestimmten Begriff von einem einzelnen (seinerseits vollständig bestimmten) idealen Gegenstand zu gewinnen (Ideal der Vernunft). Dieser Begriff zeichnet sich dadurch aus, dass er (1) nur Bestimmungen enthält, die nicht von anderen Bestimmungen abhängig sind (also können es nur Bestimmungen sein, die an sich eine Realität ausdrücken) (*conceptus originarius*), und (2) der Begriff von einem ursprünglichen Gegenstand (*ens originarium*) ist, der das Modell für alle Gegenstände abgibt, auf die sich Begriffe beziehen, wenn sie objektive Realität besitzen sollen. Er ist daher zugleich der Begriff von einem höchsten Wesen (*ens summum*), einem Wesen aller Wesen (*ens entium*) und einem allerrealsten Wesen (*ens realissimum*). Kant zeigt, dass der Begriff von einem *ens originarium*, in der Weise, in der die Vernunft ihn in ihren synthetischen Sätzen zu bestimmen versucht, einen unbehebbaren Mangel besitzt: entweder lässt er sich als ein bestimmter Begriff denken, dann aber seine objektive Realität nicht beweisen, oder es lässt sich seine Existenz voraussetzen, dann aber lediglich als ein Etwas überhaupt, das nicht weiter bestimmbar ist (vgl. KrV A 578 / B 606; KrV A 631 / B 659).

5 Die Kritik am transzendentalen Gebrauch der Vernunft

Kants Kritik am transzendentalen Gebrauch der Vernunft hat eine doppelte Stoßrichtung. Sie richtet sich auf der einen Seite gegen die Schlüsse, die die Vernunft verwendet, um zu beweisen, dass das Unbedingte (im Sinne eines letzten Subjekts, eines ersten Grundes und eines obersten eingeteilten Ganzen) gegeben ist. Der grundsätzliche Einwand lautet dabei, dass der Begriff des Bedingten im Obersatz (dem transzendentalen Grundsatz, dass, wenn das Bedingte gegeben ist, auch das es ermöglichende zugehörige Unbedingte gegeben sein muss) und im Untersatz (das Bedingte ist gegeben) in verschiedener Bedeutung genommen wird. Von den subjektiven Bedingungen, unter denen das Bedingte steht, von dem der Untersatz die Gegebenheit behauptet, wird im Obersatz abstrahiert, und daraus entsteht der Schein, der den Schluss auf die Gegebenheit des Unbedingten trägt. Auf der anderen Seite richtet sich Kants Kritik gegen die beanspruchte Erkennbarkeit des Unbedingten. In allen Fällen (*ens substantiale*, *ens primum*, *ens originiarium*) zeigt sich, dass keine Möglichkeit besteht, das Unbedingte „als ein durch seine unterscheidende und innere Prädicate bestimmbares Ding zu denken" (so Kants Bemerkung in Bezug auf die kosmologischen Ideen, KrV A 565f. / B 593f.; vgl. auch KrV A 697f. / B 725f.). Alle Schlüsse der Vernunft, durch die aus dem obersten Grundsatz synthetische Sätze abgeleitet werden, die besondere Bestimmungen des Begriffs des Unbedingten enthalten, sind insofern dialektisch und müssen zurückgewiesen werden.

Aus der Betrachtung der Dialektik der Vernunft entspringt nach Kant zugleich ein *experimentum crucis* der kritischen Philosophie: sollte sich zeigen, dass das Unbedingte ohne Widerspruch nicht gedacht werden kann, wenn man annimmt, dass sich unsere Vorstellung der Dinge nach den Dingen selbst richtet, dann müsste diese Annahme zugunsten der anderen fallengelassen werden, nach der sich die Gegenstände, als Erscheinungen, nach unseren Vorstellungen richten müssen (vgl. KrV B Xf.).

6 Das Unbedingte im regulativen Gebrauch der Vernunft

Kant ist der Auffassung, dass die Begriffe des Unbedingten „nicht willkürlich erdichtet, sondern durch die Natur der Vernunft selbst aufgegeben" sind (KrV A 327 / B 384). Sie entspringen einem doppelten Bedürfnis der Vernunft, einem bedingten Bedürfnis in ihrem theoretischen und einem unbedingten Bedürfnis in ihrem praktischen Gebrauch, und haben ihre berechtigte (regulative) Funktion (vgl. 8:139). Das Interesse der Vernunft im theoretischen Gebrauch besteht darin, alle empirischen Verstandeserkenntnisse zu einer vollständigen systematischen Einheit zu verbinden. Um den Verstand auf diese Einheit auszurichten, bedarf es der „Idee des *Maximum* der Abtheilung und der Vereinigung der Verstandeserkenntniß in einem Princip [...]. Denn das Größte und Absolutvollständige läßt sich bestimmt gedenken, weil alle restringirende Bedingungen, welche unbestimmte Mannigfaltigkeit geben, weggelassen werden" (KrV A 665 / B 693). Die Idee einer unbedingten Einheit aller Verstandeserkenntnis kann jedoch nur als regulatives Prinzip wirksam werden, wenn sie realisiert wird. Dabei besteht ein Unterschied, ob etwas der Vernunft „als ein *Gegenstand schlechthin*, oder nur als ein *Gegenstand in der Idee* gegeben wird" (KrV A 670 / B 698). Während der schlechthin gegebene Gegenstand der Idee durch keine Begriffe erkennbar ist und nur als Etwas gedacht wird, von dem man nicht weiß, was es ist, kann der Gegenstand in der Idee „nach der Analogie der Realitäten in der Welt" bestimmt werden, wenn man diese jeweils in ihrer höchsten Vollkommenheit nimmt (KrV A 678 / B 706). Zum „relativen Gebrauch" (bezogen auf „den größtmöglichen empirischen Vernunftgebrauch") dürfen „alle Verbindungen" so angesehen werden, „*als ob* sie Anordnungen einer höchsten Vernunft wären, von der die unsrige ein schwaches Nachbild ist" (KrV A 678 / B 706). Der Gegenstand in der Idee dient dabei nur als Schema für die Anwendung der Idee der größtmöglichen systematischen Einheit der Verstandeserkenntnis (vgl. KrV A 665 / B 693). Geht die Vernunft von der „Restriction" der Ideen auf den regulativen Gebrauch ab, wird sie in die Irre geführt und verstrickt sich in einer täuschenden Dialektik (KrV A 689 / B 717).

Im theoretischen Gebrauch der Vernunft hängt die Annahme eines Gegenstandes in der Idee davon ab, dass ein Bedürfnis besteht, über die größtmögliche Einheit der Verstandeserkenntnisse urteilen zu wollen. In ihrem praktischen Gebrauch ist die Vernunft dagegen durch diese Bedingung nicht mehr eingeschränkt. Die „Existenz Gottes voraus zu setzen" werden wir in Beziehung auf einen obersten Zweck unseres Wollens „nicht bloß alsdann genöthigt [...], wenn wir urtheilen wollen, sondern weil wir urtheilen müssen" (8:139).

7 Das Unbedingte in praktischer Bedeutung

In seinen Schriften zur praktischen Philosophie will Kant zeigen, dass die moralische Beurteilung und Ausführung von Handlungen auf einem „unbedingten" Prinzip der Willensbestimmung beruht. Das „unbedingte Vernunftgesetz (Pflicht)" (8:282) steht nicht unter den Bedingungen subjektiver (empirischer, zufälliger) Zwecksetzungen. Es gilt daher kategorisch und nicht bloß hypothetisch. Der Begriff von einem Willen, der durch das Vernunftgesetz bestimmt würde, wäre der eines „unbedingt guten Willens", der „nicht böse sein [...] kann" (4:437). Diese „Idee eines ohne einschränkende Bedingung (der Erreichung dieses oder jenes Zweckes) schlechterdings guten Willens" erweist sich als die Idee eines Willens, „dessen Maxime zu einem allgemeinen Gesetz gemacht, sich selbst niemals widerstreiten kann" (4:437). Ausgehend von der Idee eines solchen Willens lässt sich die Idee eines „Endzwecks" (als dem Unbedingten in der Reihe der Zwecke) fassen. Es handelt sich dabei um die Idee von einem letzten und höchsten Gegenstand der Willensbestimmung (vgl. 20:294), der ein Maximum praktischer Realität in sich vereinigt. Im Hinblick auf diesen Gegenstand (das →höchste Gut) ist zwischen der formalen (notwendigen) Bedingung seiner Möglichkeit und dem zureichenden Grund seiner Wirklichkeit zu unterscheiden. Die notwendige Bedingung der Möglichkeit besteht im tugendhaften Handeln des Einzelnen und seiner Würdigkeit zur Glückseligkeit. Der zureichende Grund der Wirklichkeit in einem allmächtigen und allgütigen Wesen, das Glückseligkeit in Proportion zur Würdigkeit verteilt. Der Gedanke eines der unbedingten Willensbestimmung zugeordneten unbedingten (vollständigen) höchsten Guts bildet die Grundlage von Kants Postulatenlehre in der *KpV*. Mit der Postulatenlehre führt Kant aus, was er in der *KrV* nur andeutet, dass nämlich der transzendente Vernunftbegriff des Unbedingten auch dadurch genauer bestimmen werden kann, dass man „praktische *Data*" verwendet (KrV B XXII).

8 Darstellung des Unbedingten

Die Ideen der Vernunft können, „buchstäblich genommen und logisch betrachtet", in der Anschauung direkt nicht dargestellt werden (5:268), weil sich das Unbedingte im Bereich der durchgängig bedingten Natur (als Inbegriff der Gegenstände sinnlicher Erfahrung) nicht finden lässt. In der *KU* zeigt Kant, dass wir im Gefühl des Erhabenen eine „Achtung für unsere eigene Bestimmung" haben (5:257), indem wir uns bewusst werden, dass unser Vermögen zur (sinnlichen) Darstellung von Begriffen (die Einbildungskraft) unangemessen zur Darstellung von Vernunftbegriffen des Unbedingten ist. Diese Unangemessenheit lässt sich seinerseits sinnlich darstellen, und ihre Anschauung wird als subjektiv zweckmäßig für die Einsicht in die wahre Bestimmung des Menschen beurteilt und empfunden (vgl. 5:245).

Weiterführende Literatur

Hinske, Norbert: „Kants Rede vom Unbedingten und ihre philosophischen Motive", in: Baumgartner, Hans Michael / Jacobs, Wilhelm G. (Hg.): Philosophie der Subjektivität? Zur Bestimmung des neuzeitlichen Philosophierens. Akten des 1. Kongresses der Internationalen Schelling-Gesellschaft 1989, Bd. 1, Stuttgart-Bad-Cannstatt: Frommann-Holzboog 1993, 265–281.

Malzkorn, Wolfgang: Kants Kosmologie-Kritik. Eine formale Analyse der Antinomie-Lehre, Berlin u. a.: de Gruyter 1999.

Pilot, Harald: „Die Vernunftideen als Analoga von Schemata", in: Fricke, Christel u. a. (Hg.): Das Recht der Vernunft. Kant und Hegel über Denken, Erkennen und Handeln, Stuttgart-Bad Cannstatt: Frommann-Holzboog 1995, 155–192.

Reinach, Adolf: „Die obersten Regeln der Vernunftschlüsse bei Kant", in: Kant-Studien 16, 1911, 214–233.

Peter König

Urteil

Ein „Urtheil[] überhaupt" – schreibt Kant in der Vorrede zu den *MAN* – sei nach einer „genau bestimmten Definition" eine „Handlung, durch die gegebene Vorstellungen zuerst Erkenntnisse eines Objects werden" (4:475 Anm.). Diese Definition führt § 19 der *KrV B* wie folgt aus: „Wenn ich aber die Beziehung gegebener Erkenntnisse in jedem Urtheile genauer untersuche und sie als dem Verstande angehörige von dem Verhältnisse nach Gesetzen der reproductiven Einbildungskraft (welches nur subjective Gültigkeit hat) unterscheide, so finde ich, daß ein Urtheil nichts andres sei, als die Art, gegebene Erkenntnisse zur *objectiven* Einheit der Apperception zu bringen" (KrV B 141; vgl. *Refl.* 3055, 16:634; *Refl.* 5923, 18:387; *Refl.* 5933, 18:392; Refl. 5934, 18:393). Die *KrV A* enthält lediglich Ansätze zu dieser Definition, indem sie erklärt: „Das Urtheil ist also die mittelbare Erkenntniß eines Gegenstandes, mithin die Vorstellung einer Vorstellung desselben" (KrV A 68 / B 93; vgl. *Refl.* 3047, 16:631); und: „Alle Urtheile sind demnach Functionen der Einheit unter unseren Vorstellungen, da nämlich statt einer unmittelbaren Vorstellung eine höhere, die diese und mehrere unter sich begreift, zur Erkenntniß des Gegenstandes gebraucht, und viel mögliche Erkenntnisse dadurch in einer zusammengezogen werden" (KrV A 69 / B 94). Mit dem, was Kant hier ‚Funktion' nennt, ist eine Verstandeshandlung gemeint, „die alle übrige [Verstandeshandlungen] enthält und sich nur durch verschiedene Modificationen oder Momente unterscheidet, das Mannigfaltige der Vorstellung unter die Einheit des Denkens überhaupt zu bringen" (4:323). Weitere wichtige Stelle: 2:60.

Philosophische Funktion

1 Die genau bestimmte Definition des Urteils

Kants Ansicht, dass zur Form des Urteils der Bezug auf ein Objekt gehört – wie es die Überschrift zu *KrV* § 19 mit den Worten *„Die logische Form aller Urtheile besteht in der objectiven Einheit der Apperception der darin enthaltenen Begriffe"* (KrV B 140) zum Ausdruck bringt, findet ihre Grundlage in der Urteilsdefinition der *KrV B*. Nach dieser Definition unterscheidet sich das Urteil von bloßer Assoziation durch seinen Anspruch auf objektive Geltung. Auf ihn „zielt das Verhältnißwörtchen *ist* in denselben [d. h. in den Urteilen], um die objective Einheit gegebener Vorstellungen von der subjectiven zu unterscheiden. Denn dieses bezeichnet die Beziehung derselben auf die ursprüngliche Apperception und die *nothwendige Einheit* derselben, wenn gleich das Urtheil selbst empirisch, mithin zufällig ist, z. B. die Körper sind schwer. [...] Dadurch allein wird aus diesem Verhältnisse *ein Urtheil*, d. i. ein Verhältniß das *objectiv gültig* ist und sich von dem Verhältnisse eben derselben Vorstellungen, worin bloß subjective Gültigkeit wäre, z. B. nach Gesetzen der Association, hinreichend unterscheidet. Nach den letzteren würde ich nur sagen können: wenn ich einen Körper trage, so fühle ich einen Druck der Schwere; aber nicht: er, der Körper, *ist* schwer; welches so viel sagen will als: diese beide Vorstellungen sind im Object, d. i. ohne Unterschied des Zustandes des Subjects, verbunden und nicht bloß in der Wahrnehmung (so oft sie auch wiederholt sein mag) beisammen" (KrV B 141f.; vgl. *Refl.* 3044, 16:629; *Refl.* 3045, 16:630f.; *Refl.* 5923, 18:386f.). Kants frühere Erläuterungen des Urteilsbegriffs sehen weitgehend vom Objektivitätsanspruch des Urteils ab und explizieren meist nur seine Einheitsfunktion, so auch noch § 22 der *Prolegomena*: „Die Vereinigung der Vorstellungen in einem Bewußtsein ist das Urteil" (4:304). Ähnlich heißt es in § 17 bzw. § 18 in Kants *Logik*: „Ein Urtheil ist die Vorstellung der Einheit des Bewußtseins verschiedener Vorstellungen oder die Vorstellung des Verhältnisses derselben, sofern sie einen Begriff ausmachen. [...] Zu jedem Urtheile gehören als wesentliche Bestandstücke desselben *Materie* und *Form*. In den gegebenen, zur Einheit des Bewußtseins im Urtheile verbundenen Erkenntnissen besteht die *Materie* [des Urteils], in der Bestimmung der Art und Weise, wie die verschiedenen Vorstellungen, als solche, zu Einem Bewußtsein gehören, die *Form* des Urtheils" (9:101; vgl. *Refl.* 3044, 16:629; *Refl.* 3050, 16:632; *Refl.* 3053, 16:633; *Refl.* 3060, 16:635). Man beachte allerdings auch schon Kants frühesten Ansatz in *Spitzfindigkeit* § 1: „Etwas als ein Merkmal mit einem Dinge vergleichen heißt *urtheilen*. Das Ding selber ist das Subject, das Merkmal das Prädicat. Die Vergleichung wird durch das Verbindungszeichen *ist* oder *sind* ausgedrückt, [...]" (2:47).

Alle von Kant unternommenen Ansätze zu einer Urteilsdefinition lassen mehr oder weniger deutlich erkennen, dass er mit der herkömmlichen, z. B. bei G. F. Meier greifbaren Auffassung des Urteils als „Vorstellung eines logischen Verhältnisses einiger Begriffe" (Meier, *Auszug*, § 292; vgl. *Refl.* 3032, 16:624) nicht einverstanden ist. Kant bringt seine Kritik in § 19 der *KrV* zum Ausdruck: „Ich habe mich niemals durch die Erklärung, welche die Logiker von einem Urtheile überhaupt geben, befriedigen können: es ist, wie sie sagen, die Vorstellung eines Verhältnisses zwischen zwei Begriffen. Ohne [...] über das Fehlerhafte der Erklärung, daß sie allenfalls nur auf *kategorische*, aber nicht hypothetische und disjunctive Urtheile paßt [...], mit ihnen zu zanken [...], merke ich nur an, daß worin dieses *Verhältniß* bestehe, hier nicht bestimmt ist" (KrV B 140f.).

2 Das Urteil als Grundoperation

Der Begriff des Urteils gehört zu den wichtigsten und grundlegendsten Begriffen in Kants Philosophie insgesamt. Dieser Begriff stiftet eine Verbindung zwischen allen drei *Kritiken*. Jede von ihnen hat es mit einer besonderen Art reiner (das heißt: nicht-empirischer) Urteile zu tun: Theoretische Urteile, soweit sie nicht Reflexionsurteile sind, sind dabei Hauptgegenstand der *KrV*, praktische Urteile sind Thema der *KpV*, und sowohl ästhetische als auch teleologische Reflexionsurteile werden in der *KU* behandelt. Die Kritik zielt in allen drei Fällen wesentlich auf weitere Unterscheidungen innerhalb der aufgezählten vier Arten. Die zentrale Rolle, die das Urteil in Kants Philosophie spielt, kommt darin zum Ausdruck, dass er → Verstand und → Vernunft (im weiteren Sinne dieser Wörter, nämlich als das gesamte höhere Erkenntnisvermögen verstanden) auf das „*Vermögen zu urtheilen*" zurückführt (KrV A 69 / B 94). Ein hierin zum Ausdruck kommender Grundgedanke findet sich bei Kant schon 1762: Die „geheime Kraft", durch die „das Urtheilen möglich wird" und die als „das Vermögen des innern Sinnes, d. i. seine eigene Vorstellungen zum Objecte seiner Gedanken zu machen", „blos vernünftigen Wesen eigen" sei, sei „ein Grundvermögen im eigentlichen Verstande" und „nicht aus einem andern abzuleiten" (2:60). In der *KrV* wird die Auffassung des Urteilsvermögens als eines „Grundvermögen[s]" (2:60) allerdings relativiert, da Kant dort zwar sowohl den Verstand im engeren Sinne (als das Vermögen, von Begriffen Gebrauch zu machen) als auch die Vernunft im engeren Sinne (als das Vermögen zu schließen) auf das Vermögen zu urteilen zurückführt (vgl. KrV A 69 / B 94), dieses dann aber im Rahmen der transzendentalen Deduktion der reinen Verstandesbegriffe (sowohl in *KrV A* als auch in *KrV B*) auf das Zusammenwirken von → Einbildungskraft und → Apperzeption weiter zurückführt.

3 Einteilungen in Arten des Urteils

Der bereits erwähnten Einteilung der Urteile in solche der theoretischen und praktischen Vernunft einerseits und solche der ästhetischen und teleologischen → Urteilskraft andererseits liegt der Gedanke zugrunde, dass Urteile unterschiedlichen Arten der Beurteilung dienen und dementsprechend auf unterschiedliche Weise zustande kommen: Entweder ist schon ein Allgemeines (ein Begriff, eine Regel, ein Gesetz, ein Prinzip) gegeben, so dass, durch Subsumtion unter das Allgemeine, Besonderes weiter bestimmt werden kann, oder umgekehrt: Besonderes ist gegeben, wozu das Allgemeine erst noch gefunden werden soll, so dass das Besondere zum Gegenstand nicht einer Subsumtion, sondern einer → Reflexion wird (vgl. 5:179). Es gibt daher „bestimmende" (subsumierende) und „reflectirende[]" Urteile (5:267; vgl. 20:223; 20:243).

Reflektierende Urteile sind entweder ästhetisch oder teleologisch. Ästhetische Urteile verbinden Objekte nicht mit einem (klassifizierenden) Begriff, sondern mit einem Gefühl des Wohlgefallens oder Missfallens. Als empirische (materiale) „Sinnenurtheile" sagen sie von einem Objekt Annehmlichkeit oder Unannehmlichkeit aus; als reine (formale) ästhetische Urteile sagen sie von einem Objekt Schönheit oder Erhabenheit aus (vgl. 5:223). „Durch die Benennung eines ästhetischen Urtheils über ein Object wird [...] angezeigt, daß eine gegebene Vorstellung zwar auf ein Object bezogen, in dem Urtheile aber nicht die Bestimmung des Objects, sondern des Subjects und seines Gefühls verstanden werde" (20:223). Teleologische Urteile verbinden Objekte mit einem (klassifizierenden) Begriff, sie sind daher – im Unterschied zu ästhetischen Urteilen – ein „*Erkenntnißurtheil*", aber ein solches „der reflectirenden, nicht der bestimmenden Urtheilskraft"

(20:221), indem sie entweder auf die relative oder innere Zweckmäßigkeit des Objekts reflektieren (20:233ff.; 20:239ff.; 20:243ff.; 20:250).

Für nicht-ästhetische Urteile führt Kant in der *KU* die Bezeichnung „Erkenntnißurtheil" ein (5:203). Erkenntnisurteile sind entweder teleologisch oder Urteile der bestimmenden (subsumierenden) Urteilskraft. Diese Urteile teilt Kant in theoretische und praktische ein, je nachdem ob sie „ein Seyn oder Nichtseyn" enthalten oder „ein Sollen, die Nothwendigkeit, warum etwas geschieht zu irgendeiner Absicht" (24:936). Moralische Urteile sind reine (nicht-empirische) praktische Urteile; sie entspringen nicht, wie die ästhetischen, einem Gefühl des Wohlgefallens oder Missfallens, vielmehr bewirken sie ein solches (vgl. *Refl.* 6760, 19:152; vgl. 5:301). Auch die theoretischen Urteile der bestimmenden Urteilskraft lassen sich nach Kant in reine und empirische Urteile einteilen. Die letzteren sind entweder Wahrnehmungs- oder →Erfahrungsurteile (vgl. 4:298). Reine Erkenntnisurteile sind entweder mathematisch (und als solche intuitiv) oder Urteile des reinen Verstandes (und als solche diskursiv, vgl. 4:281; KrV A 720 / B 747f.).

Nicht nur die Einteilung in reine und empirische Urteile bzw. in (streng allgemeingültige) Urteile a priori und Urteile a posteriori ist für jede der drei Kritiken grundlegend, sondern auch die in analytische und synthetische. Die Frage: Wie sind synthetische Urteile a priori möglich? wird nämlich von Kant gleichermaßen auf theoretische, praktische, ästhetische und teleologische Urteile bezogen.

Grundlegend für alle drei *Kritiken* ist schließlich auch die in Kants Urteilstafel (KrV A 70 / B 95) durchgeführte Einteilung der Urteile nach ihrer logischen Form. Diese Einteilung, nach der es jeweils drei Arten quantitativ, qualitativ, relational und modal bestimmter Urteile gibt, hat in der *KrV* nicht nur den heuristischen Zweck, alle Verstandeshandlungen (genauer: die Funktionen des Verstandes) und alle reinen Verstandesbegriffe (die als Kategorien „die [...] objective Einheit des Bewußtseyns als Begriffe von Dingen überhaupt [vorstellen]" (*Refl.* 3054, 16:633f.) ausfindig zu machen. Sie dient auch dem Entwurf einer Systematik der Reflexionsbegriffe sowie der transzendentalen Ideen. Die *KU* entwirft nach dieser Einteilung eine Systematik der reinen Geschmacksurteile (vgl. 5:203–266), und die *KpV* leistet Entsprechendes für die Tafel der „*Kategorien der Freiheit in Ansehung der Begriffe des Guten und Bösen*" (5:66).

Weiterführende Literatur

Longuenesse, Béatrice: Kant and the Capacity to Judge, Princeton: Princeton University Press 1993.

Reich, Klaus: „Die Vollständigkeit der Kantischen Urteilstafel", in: ders.: Gesammelte Schriften, Hamburg: Meiner 2001, 3–112.

Wolff, Michael: Die Vollständigkeit der kantischen Urteilstafel. Mit einem Essay über Freges ‚Begriffsschrift', Frankfurt/M.: Klostermann 1995.

Wolff, Michael: „Die Analyse der Erfahrung in Kants Prolegomena (§§ 20–26)", in: Lyre, Holger / Schliemann, Oliver (Hg.): Kants Prolegomena. Ein kooperativer Kommentar, Frankfurt/M.: Klostermann 2012, 127–167.

Michael Wolff

Urteil, synthetisches a priori

Ein Urteil ist nach Kant synthetisch, wenn es weder analytisch noch kontradiktorisch ist, seine Verneinung daher keinen Widerspruch enthält. Ein synthetisches Urteil ist a priori, wenn es „*schlechterdings* von aller Erfahrung unabhängig" (KrV B 3) ist. Weitere wichtige Stellen: KrV A 38 / B 55; KrV B 73; KrV A 296 / B 352; KrV A 664 / B 692; KrV A 736f. / B 764f.

Philosophische Funktion

1 Kants Einteilungen synthetischer Urteile a priori

Kant unterscheidet zwischen „direct" synthetischen Urteilen a priori und solchen, die nicht direkt synthetisch sind (KrV A 736 / B 764). Die erste Klasse von Urteilen teilt er ein in solche der dogmatischen Metaphysik („*Dogmata*") und solche der Mathematik („*Mathemata*"): „Ein direct synthetischer Satz aus Begriffen ist ein *Dogma*, dagegen ein dergleichen Satz durch Construktion der Begriffe, ist ein *Mathema*" (KrV A 736 / B 764). Die nicht dogmatisch verfahrende Metaphysik („die ganze reine Vernunft in ihrem bloß speculativen Gebrauche") enthält „nicht ein einziges direct synthetisches Urtheil aus Begriffen. Denn durch Ideen ist sie [...] gar keiner synthetischer Urtheile, die objective Gültigkeit hätten, fähig; durch Verstandesbegriffe aber errichtet sie zwar sichere Grundsätze, aber gar nicht direct aus Begriffen, sondern immer nur indirect durch Beziehung dieser Begriffe auf etwas ganz Zufälliges, nämlich *mögliche Erfahrung*" (KrV A 736f. / B 764f.). Synthetische Urteile a priori sind demnach, soweit sie als nicht direkt synthetische Urteile theoretischer Erkenntnis dienen, teils solche, die (als „immanente", KrV A 296 / B 352 und „constitutive", KrV A 664 / B 692) Grundsätze des empirischen Verstandesgebrauchs) reine Verstandesbegriffe (Kategorien) als Prädikate enthalten, teils solche, die (als „transscendente" (KrV A 296 / B 352; vgl. KrV A 308 / B 365) und „regulative" (KrV B 708) Prinzipien des empirischen Verstandesgebrauchs) reine Vernunftbegriffe (→ Ideen) als Prädikate enthalten. Von den immanenten Grundsätzen des reinen Verstandes handelt die Transzendentale Analytik. Von den transzendenten Grundsätzen der reinen Vernunft handelt die Transzendentale Dialektik. Der oberste synthetische Grundsatz a priori des reinen Verstandes lautet: „ein jeder Gegenstand steht unter den nothwendigen Bedingungen der synthetischen Einheit des Mannigfaltigen der Anschauung in einer möglichen Erfahrung" (KrV A 158 / B 197; vgl. KrV A 721 / B 749; KrV A 764f. / B 792f.). Der oberste synthetische Grundsatz a priori der → reinen Vernunft lautet: „wenn das Bedingte gegeben ist, so sei auch die ganze Reihe einander untergeordneter Bedingungen, die mithin selbst unbedingt ist, gegeben [...]" (KrV A 307f. / B 364).

2 Die allgemeine Aufgabe der Transzendentalphilosophie

Die Beantwortung der Frage „*wie sind synthetische Sätze a priori möglich?*" wird in der *KrV* als „Auflösung der allgemeinen Aufgabe der Transscendentalphilosophie" hervorgehoben (KrV B 73; vgl. 4:276). Diese Aufgabe, „in ihrer Allgemeinheit betrachtet", bezeichnet Kant später als den „Stein des Anstoßes, woran alle metaphysische Dogmatiker unvermeidlich scheitern müssen" (8:226).

2.1 *Die Aufgabe bezogen auf theoretische Erkenntnis* Kants Auflösung dieser Aufgabe erstreckt sich in der *KrV* lediglich auf reine (d. h. „gar nichts Empirisches" enthaltende, KrV B 3) Urteile theoretischer Erkenntnis. Solche Urteile können nur zwei Arten von Elementen enthalten: reine Anschauung und reine Begriffe. Um zu zeigen, wie reine synthetische Urteile a priori als objektiv gültige Urteile möglich sind, besteht Kants Aufgabe darin zu zeigen, dass es (für uns Menschen) reine Anschauungen und reine Begriffe gibt, ferner welche → Anschauungen und → Begriffe dies sind, und schließlich dass sie einer → Synthesis fähig sind, aus der objektiv gültige Urteile a priori hervorgehen. Was reine Anschauungen angeht, so sieht Kant in → Raum und → Zeit „zusammengenommen reine Formen aller sinnlichen Anschaung", aus denen reine Anschauungen „geschöpft werden können" und die „dadurch", dass sie Formen aller Sinnlichkeit sind, „synthetische Sätze a priori möglich" machen (KrV A 39 / B 56). Um synthetische Urteile a priori möglich zu machen, bedürfen aber die Formen der Sinnlichkeit einer Synthesis, die nach Kant eine Handlung des Verstandes ist, genauer gesagt eine durch reine Verstandesbegriffe, die in der Kategorientafel aufgezählt sind, geregelte Handlung der → Einbildungskraft. Kategorien bedürfen auch ihrerseits eines Bezugs auf reine Anschauung, um als Prädikate, die „Sinn und Bedeutung" haben (KrV B 149), in einem synthetischen Urteil a priori auftreten zu können, da „aus bloßen Kategorien kein synthetischer Satz gemacht werden kann" (KrV B 289). Dies ist der Grund, aus dem es unmöglich ist, „von Dingen überhaupt synthetische Erkenntnisse a priori" zu gewinnen, die sich die dogmatische Ontologie bloß „anmaßt" (KrV A 247 / B 303). Wenn „wir im Urtheile a priori über den gegebenen Begriff hinausgehen wollen", müssen wir ihn auf Anschauungen beziehen, „in welchen wir [...] dasjenige antreffen, was nicht im Begriffe, wohl aber in der Anschauung, die ihm entspricht, a priori entdeckt werden und mit jenem synthetisch verbunden werden kann" (KrV B 73). Eine Konsequenz hiervon ist, dass synthetische Urteile a priori „nie weiter als auf Gegenstände der Sinne reichen und nur für Objecte möglicher Erfahrung gelten" (KrV B 73), ja nur „als Principien der Möglichkeit dieser Erfahrung selbst thunlich und zulässig" (KrV B 410) sind. Kants abschließende Antwort auf die Frage, wie synthetische Urteile a priori möglich sind, sofern sie bloß theoretischer Erkenntnis dienen, lautet: Diese sind „möglich, wenn wir die formalen Bedingungen der Anschauung a priori, die Synthesis der Einbildungskraft und die nothwendige Einheit derselben in einer transscendentalen Apperception, auf ein mögliches Erfahrungserkenntniß überhaupt beziehen, und sagen: die Bedingungen der *Möglichkeit der Erfahrung* überhaupt sind zugleich Bedingungen der *Möglichkeit der Gegenstände der Erfahrung* und haben darum objective Gültigkeit in einem synthetischen Urtheile a priori" (KrV A 158 / B 197).

2.2 *Die Aufgabe bezogen auf praktische Erkenntnis*
In voller Allgemeinheit betrachtet ist Kants Frage nach der Möglichkeit synthetischer Urteile a priori nicht nur auf Urteile eines theoretischen Erkenntnisinhalts zu beziehen. Sie wird von Kant selbst auch auf praktische Erkenntnis bezogen. So ist der →kategorische Imperativ ein synthetischer Satz a priori, dessen Möglichkeit nicht in derselben Weise erklärt werden kann wie die Möglichkeit von Urteilen theoretischer Erkenntnis. „*Wie ein solcher praktischer Satz a priori möglich* und warum er nothwendig sei" (4:444), ist eine Frage, die Kant als Aufgabe der *KpV* zuweist (vgl. 4:444f.). Sie wird im Abschnitt „*Die Analytik der reinen praktischen Vernunft*" (5:19–106) der *KpV* dadurch beantwortet, dass Kant den kategorischen Imperativ auf ein Postulat zurückführt, dessen Gültigkeit weder auf reiner noch auf empirischer Anschauung beruht, sondern vielmehr ein →„Factum der reinen Vernunft" ist (5:31).

2.3 *Die Aufgabe bezogen auf ästhetische Urteile*
In § 36 der *KU* wird die Aufgabenstellung der *KrV* ausdrücklich auf Erkenntnisurteile zurückbezogen: „Mit der Wahrnehmung eines Gegenstandes kann unmittelbar der Begriff von einem Objecte überhaupt, von welchem jene die empirischen Prädicate enthält, zu einem Erkenntnißurtheile verbunden und dadurch ein Erfahrungsurtheil erzeugt werden. Diesem liegen nun Begriffe a priori von der synthetischen Einheit des Mannigfaltigen der Anschauung, um es als Bestimmung eines Objects zu denken, zum Grunde; und diese Begriffe (die Kategorieen) erfordern eine Deduction, die auch in der Kritik der r. V. gegeben worden, wodurch denn auch die Auflösung der Aufgabe zu Stande kommen konnte: Wie sind synthetische Erkenntnißurtheile a priori möglich?" (5:287f.). Demgegenüber formuliert Kant die Aufgabe der *KU* als die Frage: „Wie sind Geschmacksurtheile möglich?" und erläutert: „Welche Aufgabe also die Principien a priori der reinen Urtheilskraft in *ästhetischen* Urtheilen betrifft, d. i. in solchen, wo sie nicht (wie in den theoretischen) unter objectiven Verstandesbegriffen bloß zu subsumiren hat und unter einem Gesetze steht, sondern wo sie sich selbst subjectiv Gegenstand sowohl als Gesetz ist" (5:288). Da nun auch Geschmacksurteile synthetisch und, „was die geforderte Beistimmung *von jedermann* betrifft, Urtheile a priori" sind, „gehört diese Aufgabe der Kritik der Urtheilskraft unter das allgemeine Problem der Transscendentalphilosophie: Wie sind synthetische Urtheile a priori möglich?" (5:288f.) Die Lösung dieser Aufgabe ist Sache des Abschnitts „*Deduktion der reinen ästhetischen Urtheile*" (5:279–336).

Weiterführende Literatur

Cramer, Conrad: Nicht-reine synthetische Urteile a priori. Ein Problem der Transzendentalphilosophie Immanuel Kants, Heidelberg: Winter 1985.

Patzig, Günther: Immanuel Kant. Wie sind synthetische Urteile a priori möglich?, in: Speck, Josef (Hg.): Grundprobleme der großen Philosophen. Philosophie der Neuzeit II, Göttingen: Vandenhoeck & Ruprecht 1976 (1982), 9–70.

Michael Wolff

Urteilskraft

Urteilskraft (lat. *iudicium*) ist das Vermögen, das Besondere als unter dem Allgemeinen enthalten zu denken (vgl. 5:179). „Ist das Allgemeine (die Regel, das Princip, das Gesetz) gegeben, so ist die Urtheilskraft, welche das Besondere darunter subsumirt, [...] *bestimmend.* Ist aber nur das Besondere gegeben, wozu sie das Allgemeine finden soll, so ist die Urtheilskraft bloß *reflectirend*" (5:179; vgl. 5:385f.; 20:211f.). Die bestimmende Urteilskraft hat demnach zu entscheiden, „ob etwas unter einer gegebenen Regel [...] stehe, oder nicht" (KrV A 132 / B 171). Da diese Beurteilung nicht wiederum durch eine Regel geleitet werden kann, muss die bestimmende Urteilskraft, insbesondere im empirischen Gebrauch, als eigenständiges Vermögen angesetzt werden (vgl. KrV A 133 / B 172). Im Kontext der *KrV* wird die bestimmende Urteilskraft als subsumierendes Vermögen jedoch durch die regelgebenden Vermögen des →Verstandes und der →Vernunft geleitet, insofern deren transzendentale Funktion darin besteht, die Anwendungsfälle ihrer Begriffe bzw. Regeln selbst möglich zu machen (vgl. KrV A 135 / B 174). Verstand und Vernunft werden daher auch selbst als Urteilsvermögen bezeichnet (vgl. KrV A 69f. / B 93f.; KrV A 307 / B 364) und in ihren transzendentalen Funktionen im Ausgang von den traditionellen (logischen) Funktionen des Urteilens und Schließens analysiert (→ Grundsätze des reinen Verstandes; → Ideal der reinen Vernunft).

Die reflektierende Urteilskraft, deren Konzeption erst in der *KU* voll entwickelt wird, gibt sich im Unterschied zur bestimmenden Urteilskraft das Prinzip ihrer Reflexion selbst bzw. autonom (vgl. 5:385) und hat die Aufgabe, „von dem Besondern in der Natur zum Allgemeinen aufzusteigen" (5:180; vgl. 20:211–216). Das gesetzmäßige Verhältnis der (zufälligen) besonderen Formen und Gesetze der Natur zu einem (aufzufindenden) Allgemeinen kann „nur durch einen darauf gerichteten Zweck als möglich" (5:407) vorgestellt werden. Daher ist „das Princip der Urtheilskraft in Ansehung der Form der Dinge der Natur unter empirischen Gesetzen überhaupt die *Zweckmäßigkeit der Natur* in ihrer Mannigfaltigkeit" (5:180). Dieses transzendentale Prinzip liegt regulativ der teleologischen Urteilskraft zugrunde, nämlich als Idee einer objektiven → Zweckmäßigkeit der Natur für die Beurteilung der systematischen Einheit der Mannigfaltigkeit ihrer empirischen Gesetze (vgl. 5:185f.; 20:232–236) wie auch für die Beurteilung der besonderen (zweckmäßigen) Einheit der sich selbst organisierenden Naturwesen (vgl. 5:373; 5:389). Konstitutiv liegt hingegen das Prinzip einer subjektiven Zweckmäßigkeit der Natur der ästhetischen Urteilskraft (als Vermögen des → Geschmacks) zugrunde, die anschaulich gegebene (besondere) Formen daraufhin beurteilt, ob sie subjektiv zweckmäßig für Erkenntnis überhaupt bzw. für ein freies Spiel der Erkenntniskräfte von Einbildungskraft und Verstand (vgl. 5:216–219; 20:220–226; → Schönheit) oder aber für die übersinnliche (moralische) Bestimmung des Menschen bzw. für ein harmonisches Spiel von Einbildungskraft und Vernunft sind (vgl. 5:282f.; → Erhabene, das), das sich jeweils als (subjektives) Gefühl eines interesselosen Wohlgefallens äußert (vgl. 5:203f.).

Weitere wichtige Stellen: KrV A 67–70 / B 92–94; KrV A 131–138 / B 169–177; KrV A 140–145 / B 179–185; KrV A 299 / B 356; KrV A 304 / B 360f.; KrV A 307 / B 364; KrV A 321–323 / B 378f.; KrV A 330 / B 386; KrV A 334 / B 391; KrV A 339f. / B 397f.; KrV A 570f. / B 598f.; KrV A 644f. / B 672f.; KrV A 652–658 / B 680–686; KrV A 665 / B 693; KrV A 670 / B 698; 2:393; 5:67–71; 5:179–198; 5:203–205; 5:211; 5:216–220; 5:237f.; 5:244–246; 5:251–265; 5:282f.; 5:286–293; 5:307f.; 5:311–315; 5:370; 5:373–375; 5:385f.; 5:389; 5:402f.; 5:405–412; 5:426–428; 5:431; 5:435; 5:437; 5:444; 5:450; 7:196f.; 7:199–201; 7:230–250; 8:275; 8:389; 9:11; 9:99–101; 9:104; 9:121f.; 9:131–133; 10:513–516; 15:191–202; 20:201–216; 20:220–226; 20:232–236; 20:241–246.

Vorgeschichte und historischer Kontext

Der Begriff der Urteilskraft ist in der Bedeutung eines eigenständigen Urteilsvermögens, das sich auf theoretische, praktische, insbesondere aber auf ästhetische Urteile erstreckt, wesentlich durch Kant selbst geprägt worden. Der deutsche Ausdruck ‚Urteilskraft' entwickelt sich im 18. Jh. aus der Geschmackslehre der Aufklärungsphilosophie (vgl. Puster, *Urteilskraft*) und integriert dabei vor allem die rechtlich-rhetorische Bedeutung des lateinischen Begriffs *‚iudicium'*, nämlich als situationsbezogene Fähigkeit der Beurteilung einer Problemlage (vgl. Zantwijk, *Urteil*). Dem deutschen Geschmacksbegriff geht wiederum die französische Tradition des 17. und 18. Jh. voraus, die das Ideal des vollkommenen Weltmanns entwickelt, dessen Geschmack (*bon goût*) in jeder Lebenslage das Richtige zu treffen weiß. In diesem Sinne fungiert der Geschmack auch als Beurteilungsinstanz in den wichtigen ästhetischen Debatten der Zeit, insbesondere in der *Querelle des Anciens et des Modernes* über den Vorrang von Antike oder Moderne in Dichtung und Kunst (vgl. Perrault, *Parallèle*; Stierle, *Geschmack*; Baeumler, *Irrationalitätsproblem*, S. 18–95). Als eigenständiges Vermögen des Geschmacks wird die Urteilskraft im Kontext der deutschen Schulphilosophie insbesondere bei Baumgarten (*Metaphysica*, §§ 501–623; speziell §§ 606–609) und Meier (*Anfangsgründe*, § 467) konzipiert, nämlich als Bestandteil eines sinnlichen Beurteilungsvermögen, das als *analogon rationis* vom intellektuellen Vermögen der Beurteilung lediglich anhand des minderen Grades an (logischer) Klarheit der beurteilten Vorstellungen zu unterscheiden ist (vgl. Kurbacher-Schönborn, *Ästhetisches Urteil*, S. 463).

Kant kritisiert diese Unterscheidung insofern, als der Unterschied zwischen →Sinnlichkeit und Verstand nicht logischer, sondern epistemologischer Art ist: →Begriffe sind allgemeine, →Anschauungen einzelne Vorstellungen, deren Vermittlung nicht nur im Rahmen des Geschmacks der Urteilskraft als eigenständigem Vermögen obliegt (vgl. 7:196; 9:11). Die hierdurch begründete Aufwertung der Urteilskraft (im Sinne eines eigenständigen Vermögens der Regelanwendung und der Regelfindung) zieht bei Kant im erkenntnistheoretischen Kontext die Konzeption der transzendentalen Urteilskraft nach sich, die als bestimmende Urteilskraft (unter der Leitung des Verstandes und der Vernunft) die Möglichkeit einer objektiven und systematischen Erkenntnis der Natur ermöglicht (vgl. KrV A 132ff. / B 171ff.). Im praktischen Kontext entspricht dieser Funktion die Konzeption der reinen praktischen Urteilskraft, welche die Anwendung des erfahrungsunabhängigen Sittengesetzes auf empirische Handlungen ermöglicht (vgl. 5:67–71). Die reflektierende Urteilskraft gibt sich als oberes Erkenntnisvermögen ihr transzendentales Prinzip einer Zweckmäßigkeit der Natur für die Erkenntnisvermögen selbst (vgl. 5:180f.). Dies liegt objektiv der teleologischen Beurteilung der Einheit besonderer Erfahrungsgesetze zugrunde (vgl. 5:185f.) und subjektiv der ästhetischen Beurteilung anschaulicher Formen als schön (vgl. 5:216–219) oder erhaben (vgl. 5:282f.). In diese Erklärung der ästhetischen Urteilskraft, als Vermögen des Geschmacks, findet wiederum die Tradition einer Theorie des Gemeinsinns (*sensus communis*) Eingang (vgl. Lühe, *Sensus Communis*) sowie der englischen Ästhetik (vgl. insbes. Shaftesbury, *Moralists*; Burke, *Über den Ursprung unserer Begriffe vom Erhabenen und Schönen*).

Vor allem die Konzeption der reflektierenden Urteilskraft, die als ein „oberes Vermögen" (5:197) zwischen Verstand (Natur) und praktischer Vernunft (Freiheit) vermittelt (vgl. 5:195–198), bildet Kant erst allmählich aus. Die ästhetische Urteilskraft erhält erst nach Vollendung der beiden ersten Kritiken und im Unterschied zu den *Beobachtungen* von 1764 in der *KU* den Rang eines oberen Vermögens, das ein eigenes transzendentales Prinzip besitzt und dessen Ansprüche auf notwendige Geltung in der Beurteilung des Schönen und Erhabenen mit einer →transzendentalen Deduktion (vgl. 5:279–336) gerechtfertigt werden müssen (vgl. KrV A 21 / B 36; vgl. insbes. Kants Brief an Reinhold vom Dez. 1787, 10:513–516). Die Funktion der teleologischen Urteilskraft findet sich hingegen schon in der *KrV* mit der regulativen Funktion der Ideen der reinen Vernunft vorgebildet (vgl. KrV A 644f. / B 672f.) und wird bereits in *Teleolog. Prinz.* von 1788 entfaltet (*Kritik der Urteilskraft*; ferner Frank/Zanetti, *Kommentar*, S. 1209–1221; Klemme, *Einleitung*, S. XIII–LXXXVI; Zammito, *Genesis*). Insbesondere der in der *KU* als Gegenbegriff zum menschlichen Urteilsvermögen entwickelte Begriff einer intellektuellen Anschauung bzw. eines intuitiven Verstandes (vgl. 5:405–410) hat maßgeblich auf die Philosophie des deutschen Idealismus gewirkt (vgl. Kulenkampff, *Materialien*; Fulda, *Hegel und die KU*; Förster, *Eigentümlichkeit*).

Philosophische Funktion

1 Die bestimmende Urteilskraft

1.1 Die bestimmende Urteilskraft ist das „Vermögen unter Regeln zu *subsumiren*, d. i. zu unterscheiden, ob etwas unter einer gegebenen Regel (*casus datae legis*) stehe, oder nicht" (KrV A 132 / B 171). Im Rahmen der *KrV* gehört die bestimmende Urteilskraft (als Vermögen der Urteile, vgl. 5:287) damit einerseits dem Verstand (als Vermögen der Begriffe bzw. der Regeln) zu (vgl. KrV A 69 / B 94; KrV A 126; KrV A 132 / B 171), andererseits aber auch der Vernunft (als Vermögen der Schlüsse bzw. Prinzipien; vgl. KrV A 330 / B 386; KrV A 299 / B 356), wobei Verstand, Urteilskraft und Vernunft zusammen als obere Erkenntnisvermögen den Verstand im allgemeinen Sinne (als Vermögen zu denken; vgl. KrV A 81 / B 106) ausmachen (vgl. KrV A 131 / B 169; 7:196f.; 20:201f.). Der Verstand im allgemeinen Sinne ist als oberes Erkenntnisvermögen dem unteren Erkenntnisvermögen gegenübergestellt, nämlich der Sinnlichkeit (als Vermögen der →Anschauung; vgl. 7:196f.). Bei der Erkenntnis einzelner Gegenstände repräsentiert die →Einbildungskraft (Sinnlichkeit) vermittels der Anschauung das Einzelne, der Verstand hingegen vermittels des Begriffs das Allgemeine, und zwar als eine Regel, „der das Mannigfaltige der sinnlichen Anschauungen untergeordnet werden muß, um Einheit zur Erkenntniß des Objects hervorzubringen" (7:196; vgl. 9:11).

Der Verstand im allgemeinen Sinne ist daher das „Vermögen der Erkenntniß durch *Begriffe*" (8:389), das als diskursives Vermögen auf die Sinnlichkeit (als intuitives Vermögen der Anschauung) angewiesen ist, um eine Erkenntnis von Gegenständen gewinnen zu können (vgl. KrV A 67f. / B 92f.).

Die bestimmende Urteilskraft muss als selbständiges Vermögen der Anwendung dieser Regeln angesetzt werden. Wollte man nämlich „allgemein zeigen, wie man unter diese Regeln subsumiren, d. i. unterscheiden sollte, ob etwas darunter stehe oder nicht, so könnte dieses nicht anders, als wieder durch eine Regel geschehen. Diese aber erfordert eben darum, weil sie eine Regel ist, aufs neue eine Unterweisung der Urtheilskraft" (KrV A 133 / B 172). Daher muss die Urteilskraft als ein „besonderes Talent" – das „Specifische des so genannten Mutterwitzes" – angesehen werden, „welches gar nicht belehrt, sondern nur geübt sein will" (KrV A 133 / B 172; vgl. 7:201; 15:191–202). Der Mangel an natürlicher Urteilskraft – wenn man „zwar das Allgemeine *in abstracto* einsehen, aber ob ein Fall *in concreto* darunter gehöre, nicht unterscheiden kann" (KrV A 134 / B 173) –, ist daher „eigentlich das, was man Dummheit nennt", dem als „Gebrechen" gar nicht, auch nicht durch Beispiele (die vielmehr nur der Schärfung der Urteilskraft dienen), abzuhelfen ist (KrV A 134 / B 173 Anm.; vgl. 7:199; 8:275).

1.2 Der Verstand (im allgemeinen Sinne) kann von den Begriffen (Regeln) keinen anderen Gebrauch machen, als mit ihnen zu urteilen (vgl. KrV A 68f. / B 93f.). Hierbei ist ein realer und ein logischer Gebrauch des Verstandes (im Urteil) zu unterscheiden. Durch den realen (transzendentalen) Verstandesgebrauch werden „die Begriffe von den Dingen oder von den Beziehungen selbst gegeben", durch den logischen werden „die irgendwoher gegebenen [Begriffe] einander nur untergeordnet, nämlich die unteren den oberen (den allgemeinen Merkmalen) und unter sich nach dem Satz des Widerspruchs verglichen" (2:393; vgl. KrV A 299 / B 355). Der logische Verstandesgebrauch (im allgemeinen Sinne, der sich mit dem Vernunftgebrauch im engeren Sinne überschneidet) betrifft damit die Klassifikation (als logische Abstraktion, die von der Verschiedenheit der Merkmale gegebener Begriffe abstrahiert und nur die gleichartigen unter einen höheren Begriff zusammenfasst) und Spezifikation (als logische Determination, die unter Voraussetzung einer Gleichartigkeit gegebener Begriffe auf die Verschiedenheit ihrer Merkmale achtet und diese jeweils mit einem eigenen Begriff bestimmt) gegebener (empirischer) Begriffe (vgl. 9:99; vgl. auch KrV A 652–658 / B 680–686; 20:214f.).

Der reale (transzendentale) Verstandesgebrauch geht auf die Funktion des logischen Verstandesgebrauchs im engeren Sinne zurück, nämlich die Funktion der logischen Urteilsformen. „Ein Urtheil ist die Vorstellung der Einheit des Bewußtseins verschiedener Vorstellungen oder die Vorstellung des Verhältnisses derselben, so fern sie einen Begriff ausmachen" (9:101). Die Form des Urteils besteht daher „in der Bestimmung der Art und Weise, wie die verschiedenen Vorstellungen, als solche, zu Einem Bewußtsein gehören" (9:101) – diese werden von Kant nach den Titeln der → Quantität, → Qualität, → Relation und → Modalität unterschieden (vgl. KrV 70 / B 95). Die entsprechenden Funktionen der Urteile liegen zugleich, als reine Verstandesbegriffe oder → Kategorien, der Synthesis verschiedener Vorstellungen in einer Anschauung zugrunde (vgl. KrV A 79 / B 105; KrV A 321 / B 378). Der reale Verstandesgebrauch besteht daher darin, dass der Verstand Begriffe erzeugt (Kategorien), die der Möglichkeit der objektiven Erfahrung zugrunde liegen, indem diese den anschaulichen Vorstellungen einen transzendentalen Inhalt geben (vgl. KrV B 128).

1.3 Begriffe, als allgemeine Repräsentationen, können auf (zu erkennende) einzelne Gegenstände nur mittelbar bezogen werden, nämlich vermittels der Anschauungen, als einzelner und unmittelbarer Repräsentationen eines Gegenstands (vgl. KrV A 68 / B 93). Die Anwendung von Begriffen auf Anschauungen erfordert daher die Vermittlung der bestimmenden Urteilskraft und zwar vermittels eines Schemas. Ein → Schema im Allgemeinen ist die „Vorstellung [...] von einem allgemeinen Verfahren der Einbildungskraft, einem Begriff sein Bild zu verschaffen" (KrV A 140 / B 179f.). Das konkrete Bild eines Gegenstandes der Erfahrung, z. B. in der Anschauung eines Hundes, wird von der empirischen Urteilskraft nicht direkt auf den allgemeinen Begriff ‚Hund' bezogen, sondern vielmehr auf das durch den Begriff ‚Hund' erzeugte Schema, nämlich die Gestalt (Figur) eines vierfüßigen Tieres im Allgemeinen, die nicht auf eine besondere

Gestalt, die sich *in concreto* wahrnehmen lässt, eingeschränkt ist (vgl. KrV A 141 / B 180). Diese „verborgene Kunst in den Tiefen der menschlichen Seele" (KrV A 141f. / B 180f.) bedarf im Falle des Verhältnisses empirischer Begriffe zu Anschauungen keiner besonderen Erörterung ihrer Möglichkeit (vgl. KrV A 141 / B 180f.; KrV A 570f. / B 598f.).

Die Analytik der Grundsätze des reinen Verstandes stellt hingegen eine „*Doctrin der Urtheilskraft*" dar bzw. einen „Kanon für die *Urtheilskraft* [...], der sie lehrt, die Verstandesbegriffe, welche die Bedingung zu Regeln *a priori* enthalten, auf Erscheinungen anzuwenden" (KrV A 132 / B 171) – und zwar als „Kritik, um die Fehltritte der Urtheilskraft (*lapsus iudicii*) im Gebrauch der wenigen reinen Verstandesbegriffe, die wir haben, zu verhüten" (KrV A 135 / B 174). Die Möglichkeit dieser Kritik ergibt sich daraus, dass die Transzendentalphilosophie „außer der Regel (oder vielmehr der allgemeinen Bedingung zu Regeln), die in dem reinen Begriffe des Verstandes gegeben wird, zugleich *a priori* den Fall anzeigen kann, worauf sie angewandt werden sollen" (KrV A 135 / B 174f.). Die Notwendigkeit und zugleich die Schwierigkeit einer Doktrin der Urteilskraft ergibt sich daraus, dass hier – anders als im Falle empirischer Begriffe – die Bedingung der Subsumtion eines Gegenstandes unter einen Begriff, nämlich die Gleichartigkeit beider, die in der Anschaulichkeit einer (schematischen) Figur liegt, nicht gegeben ist (vgl. KrV A 137 / B 176). Die Doktrin der Urteilskraft handelt daher zum einen von den sinnlichen Bedingungen des Gebrauchs der reinen Verstandesbegriffe, nämlich dem → Schematismus der reinen Verstandesbegriffe, und zum anderen von den „synthetischen Urtheilen, welche aus reinen Verstandesbegriffen unter diesen Bedingungen *a priori* herfließen" (KrV A 136 / B 175), nämlich den → Grundsätzen des reinen Verstandes.

Die zwischen den reinen Verstandesbegriffen und den Erscheinungen vermittelnde Vorstellung, die „einerseits *intellectuell*, andererseits *sinnlich* sein" (KrV A 138 / B 177) muss, nennt Kant ein transzendentales Schema (vgl. KrV A 138 / B 177). Das Schema eines reinen Verstandesbegriffes ist nicht als Figur auf ein Bild bezogen, sondern ist vielmehr „ein transscendentales Product der Einbildungskraft, welches die Bestimmung des inneren Sinnes überhaupt nach Bedingungen seiner Form (der Zeit) in Ansehung aller Vorstellungen betrifft" (KrV A 142 / B 181). Die transzendentalen Schemata der reinen Verstandesbegriffe sind Zeitbestimmungen a priori (z. B. ist das Schema der → Substanz die Beharrlichkeit des Realen in der Zeit; vgl. KrV A 144 / B 183), weil die Zeit, als formale Bedingung des Mannigfaltigen des inneren Sinns, sowohl in der empirischen Vorstellung eines Mannigfaltigen enthalten ist, wie auch, als reine (formale) Anschauung, eine Mannigfaltigkeit a priori enthält, deren Einheit durch die Kategorien ermöglicht wird (vgl. KrV A 138f. / B 177f.) und dabei der Zeitreihe, dem Zeitinhalt, der Zeitordnung und dem Zeitinbegriff nach bestimmt werden kann (vgl. KrV A 145f. / B 184f.; vgl. auch 23:471). Die Grundsätze des reinen Verstandes, die den zweiten Teil der Doktrin der Urteilskraft bilden, werden diesen Schemata entsprechend durch die Axiome der Anschauung, die Antizipationen der Wahrnehmung, die Analogien der Erfahrung und die → Postulate des empirischen Denkens überhaupt gebildet, nämlich als synthetische Urteile a priori, deren Medium die Zeit bildet, als Form des inneren Sinns und als „Inbegriff, darin alle unsre Vorstellungen enthalten sind" (KrV A 155 / B 194).

1.4 Von der Vernunft gibt es ebenfalls „einen bloß formalen, d. i. logischen, Gebrauch, da die Vernunft von allem Inhalte der Erkenntniß abstrahirt, aber auch einen realen, da sie selbst den Ursprung gewisser Begriffe und Grundsätze enthält" (KrV A 299 / B 355). Der logische Vernunftgebrauch besteht im Vermögen, mittelbar zu schließen: „In jedem Vernunftschlusse denke ich zuerst eine *Regel* (*maior*) durch den *Verstand*. Zweitens *subsumire* ich ein Erkenntniß unter die Bedingung der Regel (*minor*) vermittelst der *Urtheilskraft*. Endlich *bestimme* ich mein Erkenntniß durch das Prädicat der Regel (*conclusio*), mithin *a priori* durch die *Vernunft*" (KrV A 304 / B 360f.). So wird zum Beispiel die Erkenntnis der Konklusion ‚Alle Gelehrten sind sterblich' dadurch geschlussfolgert, dass unter die allgemeine Regel des Obersatzes ‚Alle Menschen sind sterblich' (*maior*) – als ein Satz bzw. Urteil des Verstandes – zunächst der Untersatz ‚Alle Gelehrten sind Menschen' (*minor*) – durch die Urteilskraft – subsumiert wird, nämlich als besonderer Fall der Bedingung der allgemeinen Regel (die Sterblichkeit unter der Bedingung des Menschseins aussagt), und sodann das Ergebnis dieser Subsumtion durch das Prädikat der Regel des Obersatzes (sterblich) bestimmt wird – mit Hilfe der Vernunft, die hier a priori bzw. mit logischer Notwendigkeit schließt (vgl. KrV A 304 / B 360f.; KrV A 330 / B 387). Die Arten der Vernunftschlüsse werden durch das mögliche Verhältnis bestimmt, das im Obersatz durch die allgemeine Regel und deren Bedingung gedacht wird, und unter das diesem Verhältnis entsprechend ein anderer möglicher Satz, der ebenfalls etwas unter einer Bedingung aussagt, subsumiert und bestimmt werden kann, nämlich als besonderer Fall der allgemeinen Regel, und sind (den Urteilsformen entsprechend) dreifach: kategorische, hypothetische, disjunktive Vernunftschlüsse (vgl. KrV A 323 / B 379). Die Konklusion des Vernunftschlusses bzw. entsprechend der Obersatz (vgl. 9:122) ist (a) kategorisch, wenn sie die Form annimmt „A ist (oder ist nicht) B" bzw. wenn etwas „als Prädikat dem Subjecte" untergeordnet wird (Subjekt der Inhärenz der Merkmale); (b) hypothetisch, wenn sie die Form annimmt „Wenn etwas gesetzt ist (oder nicht gesetzt ist), so ist etwas anderes gesetzt (oder nicht gesetzt)" bzw. wenn etwas „als Folge dem Grunde" untergeordnet wird (Grund der Dependenz eines Erkenntnisses zum andern); oder (c) disjunktiv, wenn sie die Form annimmt „A ist entweder B oder C", d. h. wenn etwas als „Glied der Eintheilung dem eingetheilten Begriffe" untergeordnet wird (Verbindung der Teile in einem Ganzen; 9:104; vgl. 9:121; vgl. auch Renaut, *Dialektik*, S. 358). Da „die Vernunft in ihrem logischen Gebrauche die allgemeine Bedingung ihres Urtheils (des Schlußsatzes)" sucht und der Vernunftschluss selbst „nichts andres als ein Urtheil, vermittelst der Subsumtion seiner Bedingung unter eine allgemeine Regel (Obersatz)" ist, sucht die Vernunft „so lange es angeht" die „Bedingung der Bedingung" ihres Urteils (KrV A 307 / B 364). Der Grundsatz der Vernunft im logischen Gebrauch besteht daher darin, „zu dem bedingten Erkenntnisse des Verstandes das Unbedingte zu finden" (KrV A 307 / B 364; vgl. KrV A 330 / B 386f.). Der reale (transzendentale) Vernunftgebrauch besteht in der Umwandlung der logischen Maxime in den synthetischen Satz, dass zu einem gegebenen Bedingten auch „die ganze Reihe einander untergeordneter Bedingungen, die mithin selbst unbedingt ist, gegeben" (KrV A 307f. / B 364) ist. Dabei gilt, dass „die Form der Vernunftschlüsse, wenn man sie auf die synthetische Einheit der Anschauungen nach Maßgebung der Kategorien anwendet, den Ursprung besonderer Begriffe *a priori* enthalten werde, welche wir reine Vernunftbegriffe oder *transzendentale Ideen* nennen können" (KrV A 321 / B 378). Da alle Verhältnisse der Vorstellungen im Allgemeinen entweder das Verhältnis zum Subjekt oder zum Mannigfaltigen des Objekts in der Erscheinung oder zu allen Dingen überhaupt bedeuten, so wird *„erstlich* ein *Unbedingtes* der *kategorischen* Synthesis in eine[m] *Subject*, *zweitens* der *hypothetischen* Synthesis der Glieder einer Reihe, *drittens* der *disjunctiven* Synthesis der Theile in einem System zu suchen sein" (KrV A 323 / B 379). Transzendentale Ideen lassen sich daher unter drei Klassen bringen: die absolute (unbedingte) Einheit des denkenden Subjekts (→ Psychologie), die absolute Einheit der Reihe der Bedingungen der Erscheinung (→ Kosmologie), die absolute Einheit der Bedingung aller Gegenstände des Denkens überhaupt (→ Theologie; vgl. auch KrV A 334 / B 391). Sofern wir hierbei „von etwas, das wir kennen, auf etwas anderes schließen, wovon wir doch keinen Begriff haben, und dem wir gleichwohl, durch einen unvermeidlichen Schein, objective Realität geben" (KrV A 339 / B 397), entstehen drei Arten „vernünftelnder Schlüsse", die als *„Paralogismen der reinen Vernunft"*, als *„Antinomie* der reinen Vernunft" und als *„Ideal* der reinen Vernunft" kritisiert werden (KrV A 339ff. / B 397ff.).

1.5 Die transzendentalen Ideen sind keine Begriffe von Objekten und haben daher keinen konstitutiven Gebrauch, sondern ordnen lediglich regulativ die Begriffe des Verstandes. So wie der Verstand „das Mannigfaltige im Object durch Begriffe vereinigt, so vereinigt jene [die Vernunft] ihrerseits das Mannigfaltige der Begriffe durch Ideen, indem sie eine gewisse collektive Einheit zum Ziele der Verstandeshandlungen setzt" (KrV A 644 / B 672). Die systematische Einheit der Verstandeserkenntnisse (statt eines zufälligen Aggregats) wird also durch eine Idee erzeugt, nämlich „von der Form eines Ganzen der Erkenntniß, welches vor der bestimmten Erkenntniß der Theile vorhergeht und die Bedingungen enthält, jedem Theile seine Stelle und Verhältniß zu den übrigen *a priori* zu bestimmen" (KrV A 645 / B 673). Das Analogon eines anschaulichen Schemas für die systematische Einheit des Verstandes insgesamt ist die „Idee des *Maximum* der Abtheilung und

Vereinigung der Verstandeserkenntniß in einem Princip" (KrV A 665 / B 693).

Der Begriff einer höchsten Intelligenz fungiert hierbei als Schema des Begriffs eines Dinges überhaupt, „indem man den Gegenstand der Erfahrung gleichsam von dem eingebildeten Gegenstande dieser Idee als seinem Grunde oder Ursache, ableitet" (KrV A 670 / B 698). Die Dinge der Welt müssen demgemäß (heuristisch) so betrachtet werden, als ob sie von einer höchsten Intelligenz erzeugt wären und daher eine zweckmäßige Einheit bilden, die nach teleologischen Gesetzen beurteilt werden kann – eine Funktion, die Kant in der *KU* später der reflektierenden (teleologischen) Urteilskraft zuweist. Dies führt zu den drei transzendentalen Prinzipien der Gleichartigkeit des Mannigfaltigen unter höheren Gattungen, der Varietät des Gleichartigen unter niederen Arten und dem Prinzip der Affinität aller Begriffe im kontinuierlichen Übergang der Arten durch stufenartiges Wachstum der Verschiedenheit (vgl. auch KrV A 652–657 / B 680–686).

1.6 Für die reine praktische Urteilskraft ergibt sich bei der Subsumtion konkreter Handlungen in der empirisch bedingten Natur unter das allgemeine Sittengesetz, als Gesetz der Freiheit, für dessen Objekt (das Sittlich-Gute) „in keiner sinnlichen Anschauung etwas Correspondirendes gefunden werden kann" (5:68), ein analoges Problem. Statt eines Schemas der transzendentalen Einbildungskraft, wie im Falle der Darstellung der reinen Verstandesbegriffe, dient hier ein Gesetz des Verstandes der Urteilskraft als Vorbild bzw. als „*Typus* des Sittengesetzes" (5:69). Dieses Gesetz liegt einerseits der freien Willensbestimmung zugrunde und lässt sich andererseits an Gegenständen der Sinne *in concreto* darstellen – nämlich als ein „Naturgesetz, aber nur seiner Form" (5:69) bzw. der „*Form der Gesetzmäßigkeit* überhaupt" (5:70) nach. Die Regel der reinen praktischen Urteilskraft lautet daher: „Frage dich selbst, ob die Handlung, die du vorhast, wenn sie nach einem Gesetze der Natur, von der du selbst ein Theil wärest, geschehen sollte, sie du wohl als durch deinen Willen möglich ansehen könntest" (5:69; vgl. zur Anwendung der unvollkommenen Pflichten und Maximen auf konkrete Fälle Kasuistik; dazu auch 6:411; 6:438; 23:389).

2 Die reflektierende Urteilskraft

2.1 In der *Logik* bestimmt Kant die Funktion der reflektierenden Urteilskraft dadurch, dass sie vom Besonderen zum Allgemeinen gehe, hierbei jedoch lediglich einer empirischen Allgemeinheit, als Analogon der logischen, fähig sei (vgl. 9:131f.). Die Schlüsse der reflektierenden Urteilskraft stellen empirische Schlüsse dar, die generale aber keine universalen Sätze ergeben und deren man sich, weil sie bloß empirische Gewissheit geben, mit Behutsamkeit und Vorsicht bedienen müsse (vgl. 9:133). Diese Schlüsse bzw. logische Präsumtionen folgen dem Prinzip, „*daß Vieles nicht ohne einen gemeinschaftlichen Grund in Einem zusammenstimmen, sondern daß das, was Vielem auf diese Art zukommt, aus einem gemeinschaftlichen Grunde nothwendig sein werde*" (9:132). Die beiden Schlussarten der (reflektierenden) Urteilskraft sind Induktion und →Analogie: „Die Induction erweitert das empirisch Gegebene vom Besondern aufs Allgemeine in Ansehung *vieler Gegenstände*, die Analogie dagegen die *gegebenen Eigenschaften* eines Dinges auf mehrere *eben desselben Dinges*" (9:133).

2.2 In der *KU* wird die Funktion der reflektierenden Urteilskraft aufgewertet, indem sie nun einem transzendentalen Prinzip folgt und damit einer nicht nur empirischen Allgemeinheit fähig ist. Während die bestimmende Urteilskraft heteronom unter vorgegebene allgemeine Regeln subsumiert, sucht die reflektierende Urteilskraft zu empirisch gegebenen Naturformen allgemeine Gesetze oder Begriffe allererst zu finden (vgl. 5:385). Da die Urteilskraft, als Vermögen, das Besondere als unter dem Allgemeinen enthalten zu denken (vgl. 5:179), in der Reflexion über die empirische gegebenen Naturformen ohne ein (heteronom) vorgegebenes Prinzip zu deren Bestimmung auskommen muss, dient sie sich hierbei, autonom, selbst als Prinzip (vgl. 5:385). Dieses Reflexionsprinzip besteht allgemein in der Idee einer Zweckmäßigkeit der Natur für die Erkenntniskräfte bzw. in der Idee eines zwecksetzenden intelligiblen Grundes von Natur und urteilendem Subjekt, dessen „*Vorstellung* eines Ganzen den Grund der Möglichkeit der Form desselben und der dazu gehörigen Verknüpfung der Theile enthalte" (5:408; vgl. 5:180f.; vgl. insgesamt 5:405–410; 20:211–216).

Das Prinzip der reflektierenden Urteilskraft geht auf die subjektive Besonderheit des menschlichen Verstandes zurück, zwischen der gedanklichen →Möglichkeit eines besonderen Objektes und dessen anschaulich gegebener Wirklichkeit unterscheiden zu müssen (vgl. 5:402). Existierten Objekte alleine deswegen, weil sie erkannt werden, so könnte „die Möglichkeit einiger, die doch nicht existirten, d. i. Zufälligkeit derselben, wenn sie existiren, also auch die davon zu unterscheidende Nothwendigkeit" (5:403) nicht einmal vorgestellt werden. Tatsächlich aber ist der menschliche Verstand ein „Vermögen der Begriffe, d. i. ein discursiver Verstand, für den es freilich zufällig sein muß, welcherlei und wie sehr verschieden das Besondere sein mag, das ihm in der Natur gegeben werden und das unter seine Begriffe gebracht werden kann" (5:406). Da gleichwohl „dieses Besondere in der Mannigfaltigkeit der Natur zum Allgemeinen (durch Begriffe und Gesetze) zusammenstimmen soll, um darunter subsumirt werden zu können" (5:406f.), kann die Zusammenstimmung der (empirischen) Dinge der Natur im Verhältnis zur Urteilskraft, als zufällig und doch gesetzmäßig, „nur durch einen darauf gerichteten Zweck als möglich" (5:407) vorgestellt werden. Da „der Begriff von einem Object, sofern er zugleich den Grund der Wirklichkeit dieses Objects enthält, der Zweck und die Übereinstimmung eines Dinges mit derjenigen Beschaffenheit der Dinge, die nur nach Zwecken möglich ist, die *Zweckmäßigkeit* der Form desselben heißt: so ist das Princip der Urtheilskraft in Ansehung der Form der Dinge der Natur unter empirischen Gesetzen überhaupt die *Zweckmäßigkeit der Natur* in ihrer Mannigfaltigkeit" (5:180f.; vgl. 5:184; 20:232–236; →Zweck, Zweckmäßigkeit).

2.3 Die transzendentalen Naturbegriffe (Kategorien), die der Verstand der bestimmenden Urteilskraft a priori vorgibt, beziehen sich nur auf die Möglichkeit einer Natur überhaupt, als Inbegriff erfahrbarer Gegenstände, lassen aber deren „Modificationen" (5:179), die empirischen Naturgesetze, unbestimmt. Daher gibt sich die reflektierende (teleologische) Urteilskraft, die sich bei der Aufgabe, „von dem Besondern in der Natur zum Allgemeinen aufzusteigen" (5:180) einer potentiell unendlich großen Mannigfaltigkeit empirischer Gesetze und Formen gegenüber sieht (vgl. 5:183), das Prinzip, diese so zu betrachten, „als ob gleichfalls ein Verstand (wenn gleich nicht der unsrige) sie zum Behuf unserer Erkenntnißvermögen, um ein System der Erfahrung nach besonderen Naturgesetzen möglich zu machen, gegeben hätte" (5:180). Die transzendentalen Grundsätze der reflektierenden (teleologischen) Urteilskraft, die sich auf eine objektive Zweckmäßigkeit der Natur beziehen, entsprechen daher den transzendentalen Prinzipien der reinen Vernunft in der *KrV*, nämlich Homogenität, Spezifikation und Kontinuität der Formen und Gesetze (vgl. KrV A 652–657 / B 680–686; vgl. auch 5:182; 5:185f.). Die →transzendentale Deduktion dieser Grundsätze der Urteilskraft (vgl. 5:182) ergibt sich daraus, dass man mit ihnen der Natur kein Gesetz vorschreibt, sondern lediglich zum Zweck des Erfahrungserwerbs über die Einheit ihrer empirischen Gesetze reflektiert (vgl. 5:186). Dies bedeutet insbesondere, dass der Gedanke eines zwecksetzenden Grundes der Natur kein Prinzip für die bestimmende Urteilskraft ist, welches die Möglichkeit der Dinge ihrer Entstehung nach erklärt (vgl. 5:412f.).

Die Zufälligkeit und zugleich Gesetzmäßigkeit auch der Form eines einzelnen Naturprodukts, seiner empirischen Erkenntnis nach, ist für die Vernunft ebenfalls ein Grund, die Ursache des Naturprodukts „so anzunehmen, als ob sie eben darum nur durch Vernunft möglich sei" (5:370). So kann insbesondere nicht mechanisch erklärt werden, dass sich ein organisiertes Wesen, z. B. ein Baum, sowohl der Gattung nach wie auch als Individuum (im Wachstum) selbst erzeugt. Im Unterschied zu einer Maschine, deren Teile durch den Begriff oder die Idee eines Zwecks bestimmt sind, dabei aber als das „Product einer von der Materie (den Theilen) desselben unterschiedenen vernünftigen Ursache" (5:373) verstanden werden müssen, gilt für einen Naturzweck als ein sich selbst organisierendes Wesen, „daß die Teile desselben sich dadurch zur Einheit eines Ganzen verbinden, daß sie von einander wechselseitig Ursache und Wirkung ihrer Form sind" (5:373). Ein organisiertes Wesen besitzt daher in sich selbst „*bildende* Kraft und zwar eine solche, die sie den Materien mittheilt, welche sie nicht haben (sie organisirt): also eine sich fortpflanzende bildende Kraft, welche durch das Bewegungsvermögen allein (den Mechanism) nicht erklärt werden kann" (5:374). Die Organisation der Natur hat demnach „nichts Analogisches mit irgend einer Causalität, die wir kennen" (5:375), weder mit einem physischen Naturvermögen noch auch mit menschlicher Kunst. Gleichwohl dient der Begriff eines Naturzwecks, in dem alles Zweck und wechselseitig auch Mittel ist, als regulativer Begriff für die reflektierende Urteilskraft, nämlich „nach einer entfernten Analogie mit unserer Causalität nach Zwecken überhaupt, die Nachforschung über Gegenstände dieser Art zu leiten und über ihren obersten Grund nachzudenken" (5:375).

2.4 Neben der objektiven Zweckmäßigkeit der Natur beurteilt die reflektierende Urteilskraft als ästhetische Urteilskraft auch eine subjektive Zweckmäßigkeit der Natur für das Erkenntnisvermögen, nämlich als →Schönheit und als Erhabenheit. Subjektiv oder ästhetisch nennt Kant dasjenige, was die Beziehung einer Vorstellung auf das Subjekt und nicht auf den Gegenstand ausmacht (vgl. 5:203). Dies betrifft einerseits die Formen der Anschauung a priori, Raum und Zeit, als Bewusstsein der Art und Weise, wie dem Subjekt Anschauungen gegeben sind, andererseits aber das →Gefühl der Lust oder Unlust (vgl. 5:188f.) Das Gefühl des Schönen besteht (als Lust) in einem subjektiven, jedoch allgemeingültigen interesselosen Wohlgefallen, das vom Angenehmen und vom Guten unterschieden werden muss (vgl. 5:203; 5:204f.; 5:211), und geht aus einer Reflexion der Urteilskraft über die subjektive Zweckmäßigkeit anschaulich gegebener, aber nicht begrifflich bestimmter einzelner Formen für ein freies Spiel der Erkenntniskräfte (Einbildungskraft und Verstand) bzw. für Erkenntnis überhaupt hervor (vgl. 5:216–219; vgl. auch 5:287; 5:292f.). Das (subjektive) Prinzip dieser Reflexion liegt als Idee eines Gemeinsinns (*sensus communis*) der notwendigen Geltung des Geschmacksurteils zugrunde, das exemplarisch jedermann angesonnen wird (vgl. 5:237f.). Für diese Bestimmung gilt einerseits, dass das Gefühl der Lust allgemein als Bewusstsein einer subjektiven Zweckmäßigkeit (vgl. 5:220) verstanden werden kann, andererseits, wie die transzendentale Deduktion der reinen Geschmacksurteile zu zeigen sucht, dass die Beurteilung des Verhältnisses von Einbildungskraft und Verstand durch die reflektierende Urteilskraft – als ihr eigenes, subjektives Prinzip – eine notwendige (subjektive) Bedingung der empirischen Erkenntnis der Objekte überhaupt ist (vgl. 5:286–291; vgl. auch 20:220–226). Unter dieser Voraussetzung kann auch die Lust selbst, als auf einem allgemeinen Prinzip begründet, jedermann angesonnen werden und der beurteilte Gegenstand heißt „alsdann schön; und das Vermögen, durch eine solche Lust (folglich auch allgemeingültig) zu urtheilen, der Geschmack" (5:190; vgl. die Abschnitte zur Lust und zum Geschmack in der *Anthropologie*: 7:230–250).

Im Falle des →Erhabenen sind die durch die Einbildungskraft aufgefassten Formen der Gegenstände der Natur hingegen „zweckwidrig für unsere Urtheilskraft" (5:245), sie erregen die Idee des Erhabenen gerade „in ihrem Chaos oder in ihrer wildesten regellosesten Unordnung und Verwüstung" (5:246). Das Gefühl des Erhabenen besteht daher (als negative Lust) in einem subjektiven, jedoch allgemeingültigen interesselosen Gefühl der Bewunderung oder Achtung (vgl. 5:244f.; 5:257–260), das aus einer Reflexion der Urteilskraft über die (indirekte) subjektive Zweckmäßigkeit eines absolut Großen (Mathematisch-Erhabenes) oder eines Übermächtigen (Dynamisch-Erhabenes) in der Natur für ein freies Spiel von Einbildungskraft und Vernunft hervorgeht (vgl. 5:258; 5:268–270). Das Grenzenlose in der Natur bzw. das Übermächtige wirkt abstoßend, insofern es sich der ästhetischen Größenschätzung (Zusammenfassung) durch die Einbildungskraft bzw. der Macht des Menschen entzieht (vgl. 5:245f.; 5:261). Zugleich jedoch wirkt es anziehend, indem seine anschauliche Unfassbarkeit bzw. die Ohnmacht des Menschen durch die Urteilskraft reflektierend auf die unanschaulichen Vernunftideen eines Übersinnlichen im Menschen selbst bezogen wird. Damit kann das Grenzenlose oder Übermächtige als indirekte Darstellung der Erhabenheit des Menschen über die sinnlich wahrnehmbare Natur dienen (vgl. 5:251–257; 5:260–264), erscheint es doch nur unter Voraussetzung der Vernunftidee eines übersinnlichen Substrats von Mensch und Natur (vgl. 5:254f.) als absolut groß oder übermächtig und nicht lediglich als furchterregender „Abgrund" für die Einbildungskraft (5:258; vgl. 5:264), so dass hierdurch wiederum das Bewusstsein der übersinnlichen moralischen Bestimmung des Menschen bestärkt wird und dieses Gefühl einer subjektiven Zweckmäßigkeit im harmonischen Spiel von Einbildungskraft und Vernunft jedermann notwendig angesonnen werden kann (vgl. 5:264f.).

Da Schönheit auf einem interesselosen Wohlgefallen beruht, darf auch die schöne Kunst, obwohl sie im Unterschied zum Naturschönen absichtlich hervorgebracht wird, „nicht absichtlich scheinen; d. i. schöne Kunst muß als Natur *anzusehen* sein, ob man sich ihrer zwar als Kunst bewußt ist“ (5:307). Da die schöne Kunst „sich selbst nicht die Regel ausdenken [kann], nach der sie ihr Product zu Stande bringen soll“ (5:307), muss sie als Produkt eines →Genies angesehen werden, nämlich als eine „angeborne Gemüthsanlage (*ingenium*), *durch welche* die Natur der Kunst die Regel gibt“ (5:307). Genie (Genialität) ist dementsprechend als ein Talent zu verstehen, das nach keiner Regel erlernt und ausgeübt werden kann (vgl. 5:307), dessen Produkte jedoch exemplarisch anderen „zum Richtmaße oder Regel der Beurtheilung“ dienen (5:308). Zur Beurteilung der Schönheit (in Natur und Kunst) ist ferner Geschmack erforderlich (vgl. 5:311), der insbesondere dazu dient, die Form des Kunstwerks in „einer langsamen und gar peinlichen Nachbesserung [...] dem Gedanken angemessen“ (5:312f.) werden zu lassen, der dem Kunstwerk zugrunde liegt, da dieses, als „*schöne Vorstellung* von einem Dinge“ einen Begriff von demjenigen erfordert, „was der Gegenstand für ein Ding sein solle“ (5:311). Dieser Begriff bzw. Gedanke erlaubt jedoch keine mechanische oder wissenschaftliche Produktion oder Reproduktion des Kunstwerks, da er in einer Art und Weise dargestellt und dabei erweitert wird, die „so viel zu denken veranlasst, als sich niemals in einem bestimmten Begriff zusammenfassen läßt“ (5:315). Die schöne Kunst dient daher der Darstellung ästhetischer Ideen, d. h. einer Vorstellung der Einbildungskraft, „die viel zu denken veranlaßt, ohne daß ihr doch irgend ein bestimmter Gedanke, *d. i. Begriff* adäquat sein kann“ (5:314).

2.5 Für die ästhetische Urteilskraft ist das Prinzip einer subjektiven Zweckmäßigkeit der Natur „in Ansehung des Gefühls der Lust oder Unlust ein constitutives Princip“ (5:197), daher muss sie als ein „besonderes Vermögen, Dinge nach einer Regel, aber nicht nach Begriffen zu beurtheilen“ (5:194) angesehen werden. Die telelogische Vorstellung einer Zweckmäßigkeit der Natur bezieht hingegen die Form eines Gegenstandes in der Auffassung auf die „Möglichkeit des Dinges selbst, nach einem Begriffe von ihm, der vorhergeht und den Grund dieser Form enthält“ (5:192). Diese begriffliche Beurteilung eines Gegenstandes durch den Verstand betrifft die reale oder objektive Zweckmäßigkeit der Natur (vgl. 5:193). Da diese jedoch nur als regulatives Prinzip der Urteilskraft angenommen werden kann (vgl. 5:197), also keine bestimmenden Prinzipien für die Erkenntnis der Objekte besitzt (vgl. 5:194), stellt die teleologische Urteilskraft kein besonderes Vermögen dar, sondern „nur die reflectirende Urtheilskraft überhaupt“ (5:194). Gleichwohl führt die teleologische Beurteilung der Natur, insbesondere bei der Beurteilung der Organismen, auf die Frage nach dem Endzweck der Natur und des Menschen in ihr (vgl. 5:426) und wird hierbei wiederum durch die praktische Vernunft bzw. eine moralische Perspektive vervollständigt. In der Natur, als Inbegriff erfahrbarer Gegenstände, findet sich kein Endzweck (vgl. 5:426–428), da die Zweckbeziehungen in der Natur immer nur bedingte sind und daher die Naturforschung die Frage, „wozu die Natur selbst existirt (wozu der Grund außer der Natur gesucht werden muß) gar nicht einmal in Anfrage bringen kann“ (5:437). Nur der Mensch, sofern er das übersinnliche und unbedingte Vermögen der →Freiheit besitzt, hat seinen Zweck in sich selbst (vgl. 5:435). Als letzter Zweck der Natur, in Bezug auf den alle übrigen Dinge ein System von Zwecken ausmachen, kann sich der Mensch jedoch nur insofern ansehen, als er „es verstehe und den Willen habe, dieser [d. h. der Natur] und ihm selbst eine solche Zweckbeziehung zu geben, die unabhängig von der Natur sich selbst genug, mithin Endzweck sein könne, der aber in der Natur gar nicht gesucht werden muß“ (5:431). Dieser letzte Zweck ist „das *höchste* durch Freiheit mögliche *Gut in der Welt*“, nämlich die „*Glückseligkeit*: unter der objectiven Bedingung der Einstimmung des Menschen mit dem Gesetze der *Sittlichkeit*, als der Würdigkeit glücklich zu sein“ (5:450). Hierin ist der Mensch jedoch nicht selbstgenügsam, sondern muss auf eine Instanz hoffen, die ihn nach Maßgabe seiner Würdigkeit glücklich macht, nämlich auf die Person Gottes, der daher „nicht bloß als Intelligenz und gesetzgebend für die Natur, sondern auch als gesetzgebendes Oberhaupt in einem moralischen Reiche der Zwecke“ verstanden werden muss (5:444). Die reflektierende Urteilskraft gewinnt in diesem Zusammenhang als eigenständiges Vermögen der Beurteilung a priori einer objektiven und subjektiven Zweckmäßigkeit der Natur eine zentrale vermittelnde Funktion im Verhältnis von Verstand und (praktischer) Vernunft (vgl. 5:195–198).

Während der Verstand (im allgemeinen Sinne) gesetzgebend für die sinnlich wahrnehmbaren und erfahrbaren Objekte in der Natur ist, gibt die (praktische) Vernunft der Freiheit des moralisch handelnden Subjektes die Gesetze, verbunden mit einer unbedingt-praktischen Erkenntnis des in den Bereich des Übersinnlichen fallenden →höchsten Guts, der Verbindung von →Tugend und →Glückseligkeit. „Der Freiheitsbegriff bestimmt nichts in Ansehung der theoretischen Erkenntniß der Natur; der Naturbegriff eben sowohl nichts in Ansehung der praktischen Gesetze der Freiheit: und es ist insofern nicht möglich, eine Brücke von einem Gebiete zu dem andern hinüberzuschlagen" (5:195). Im Begriff einer „Causalität durch Freiheit" (5:195) ist jedoch bereits der Begriff eines Endzwecks dieser Kausalität enthalten, dessen Realisierung in der Sinnenwelt geboten ist, so dass auch die Bedingung der Möglichkeit der Realisierung dieses Endzwecks in der Natur, d. h. im Menschen als Sinnenwesen, vorausgesetzt werden muss (vgl. 5:196).

Die (reflektierende) Urteilskraft „giebt den vermittelnden Begriff zwischen den Naturbegriffen und dem Freiheitsbegriffe, der den Übergang von der reinen theoretischen zur reinen praktischen, von der Gesetzmäßigkeit nach der ersten zum Endzwecke nach dem letzten möglich macht, in dem Begriffe einer *Zweckmäßigkeit* der Natur an die Hand; denn dadurch wird die Möglichkeit des Endzwecks, der allein in der Natur und mit Einstimmung ihrer Gesetze wirklich werden kann, erkannt" (5:196). Während der Verstand, indem seine Gesetze a priori nur für Erscheinungen gelten, auf ein übersinnliches Substrat der Natur verweist, dieses aber unbestimmt lässt, verschafft die Urteilskraft durch ihr „Princip *a priori* der Beurtheilung der Natur nach möglichen besonderen Gesetzen derselben ihrem übersinnlichen Substrat (in uns sowohl als außer uns) *Bestimmbarkeit durch das intellectuelle Vermögen*" (5:196). Die (praktische) Vernunft zuletzt gibt diesem übersinnlichen Substrat „durch ihr praktisches Gesetz *a priori* die Bestimmung" (5:196; vgl. 20:241–246).

Interpretationslage

Die vielfältigen Funktionen der Urteilskraft werden in der Forschung meist nicht im Zusammenhang, sondern in den je verschiedenen Kontexten, in denen sie von Kant spezifiziert werden, diskutiert. Abgesehen von der transzendentalen Doktrin der Urteilskraft in der *KrV*, die im Zusammenhang mit dem Schematismusproblem und der Interpretation der Grundsätze des reinen Verstandes eigens und intensiv diskutiert wird, hat im Bezug auf die Frage nach der Urteilskraft als eigenem (reflektierendem) Vermögen, die wohl stärkste Beachtung die Kritik der ästhetischen Urteilskraft gefunden, gefolgt von der Diskussion der Leistung der teleologischen Urteilskraft im naturphilosophischen Kontext.

Kontrovers diskutiert wird im Rahmen der Ästhetik vor allem die Frage, in welchem Sinne die Beurteilung des Verhältnisses von Einbildungskraft und Verstand durch die reflektierende Urteilskraft als zweckmäßig für Erkenntnis überhaupt verstanden werden kann. Stellte das freie Spiel der Erkenntniskräfte eine Vorstufe zu einer begrifflichen Bestimmung der durch die Einbildungskraft aufgefassten Form dar, die als solche dann das freie Spiel beenden würde, insofern nun die Einbildungskraft unter die gefundene Regel (den Begriff) des Verstandes gezwungen würde, so ergäbe sich die Frage, wieso nicht nur dasjenige erkannt werden kann, was auch schön ist. Würde das freie Spiel hingegen so interpretiert, dass in ihm eine Vielzahl bereits bestimmter Begriffe auf die Einbildungskraft bezogen werden, ohne dass jemals ein einzelner zur Anwendung käme, so ergäbe sich die Frage, inwiefern dieses Verhältnis unter Rekurs auf die allgemeine Mitteilbarkeit begrifflich bestimmter Erkenntnisse seinerseits als allgemein mitteilbar bzw. als zweckmäßig für Erkenntnis überhaupt verstanden werden kann (vgl. u. a. Kulenkampff, *Kants Logik*; Ginsborg, *Role of Taste*; Fricke, *Geschmacksurteil*; Guyer, *Claims of Taste*; Guyer, *Harmony*).

Die Schwierigkeit, den „Schlüssel zur Kritik des Geschmacks" (5:216) zu verstehen, nämlich das Prinzip der ästhetischen Beurteilung selbst, ergibt sich vor allem daraus, dass es, als Prinzip der Beurteilung einer (subjektiven) Zweckmäßigkeit der Natur für die Erkenntniskräfte bzw. für Erkenntnis überhaupt, selbstbezüglich verfasst ist, insofern sich die reflektierende Urteilskraft hier, im Bewusstsein ihrer subjektiven Bedingungen zu urteilen, selbst zum Prinzip und zugleich (im Verhältnis zur Natur) zum Gegenstand ihrer Beurteilung macht. Daher bezeichnet Kant dieses Prinzip auch als unbestimmte Idee eines Übersinnlichen (vgl. 5:341) bzw. eines intelligiblen Substrats von Natur und Subjekt (vgl. 5:340f.). Die Möglichkeit dieser (selbstbezüglichen) Reflexion selbst, mit der die Ebene der Bildung oder Anwendung bestimmter Begriffe überschritten wird und die sich im (subjektiven) Vollzug als (Selbst-)Gefühl eines interesselosen Wohlgefallens bzw. als Gefühl der Harmonie zwischen Natur und Subjekt (im Unterschied zum bloß privaten und passiven Sinnenurteil über das Angenehme) äußert, kann jedoch, so Kant, im Rahmen der theoretischen Philosophie nicht weiter erklärt werden (vgl. 5:341), sie gewinnt ihre Bedeutung vielmehr vor allem mit Blick auf die praktische Philosophie, d. h. im Kontext der Frage nach dem höchsten Gut bzw. auch nach dem Endzweck des Menschen in der Natur (vgl. 5:195–198; vgl. auch Ginsborg, *Wohlgefallen*; Henrich, *Kant's Explanation of Aesthetic Judgment*; Stolzenberg, *Freies Spiel*; Wieland, *Urteil und Gefühl*).

Im Kontext der Naturphilosophie ist Kants Verteidigung der Teleologie im Allgemeinen wie auch seine Analyse der Organismen im besonderen Hauptgegenstand der Interpretationen. Kant begründet die Vereinbarkeit mechanischer Erklärungsprinzipien der Natur (anhand von Wirkursachen), welche konstitutiv – im eigentlich naturwissenschaftlichen Sinne – die Erklärung der Entstehung besonderer Naturformen erlauben, mit teleologischen Erklärungsprinzipien (anhand von Endursachen), welche regulativ die Reflexion insbesondere über die Struktur der organischen Naturformen anleiten, ohne jedoch deren Entstehung erklären zu können, damit, dass weder mechanische noch teleologische Prinzipien eine (konstitutive) Erklärung a priori der Möglichkeit besonderer (empirischer) Naturformen erlauben (vgl. 5:384) – sind diese doch als sinnlich Gegebenes und begrifflich zu Bestimmendes für den diskursiven menschlichen Verstand stets zufällig (vgl. 5:406). Diskutiert wird daher, wie sich die mechanischen Erklärungsprinzipien der besonderen (empirischen) Naturformen von den konstitutiven Prinzipien a priori der bestimmenden Urteilskraft unterscheiden (insbesondere im Blick auf das Prinzip der Kausalität, das in der zweiten Analogie der *KrV* formuliert wird, vgl. KrV B 232ff. / A 189ff.); ferner, warum mechanische Erklärungsprinzipien grundsätzlich nicht ausreichen sollten, um auch Organismen, ihrem Ursprung und ihrer Fähigkeit des Wachstums, der Reproduktion und der Selbsterhaltung nach, zu erklären. Diese letzte Frage stellt sich auch im Blick auf neuere naturwissenschaftliche Theorien, die teleologische Erklärungen auf einer naturalistischen Basis vorschlagen (z. B. im Rahmen selbstregulierender Systeme), d. h. unter Verzicht auf Erklärungen, die, wie bei Kant, zumindest analog zum menschlichen Zweckhandeln begriffen werden können (vgl. Goy, *Teleologie der organischen Natur*; Quarfood, *Transcendental Idealism*; McLaughlin, *Kritik der teleologischen Urteilskraft*; Watkins, *Antinomie*; Allison, *Antinomy*).

Die Schwierigkeit der Interpretation begründet sich wiederum vor allem aus der Selbstbezüglichkeit des Prinzips der reflektierenden (teleologischen) Urteilskraft, die sich selbst zum Prinzip (einer objektiven Zweckmäßigkeit der Natur) und zugleich (im Verhältnis zur Natur) zum Gegenstand ihrer Beurteilung macht, so dass dieses Prinzip von Kant ebenfalls als unbestimmte und theoretisch nicht weiter erklärliche Idee eines Übersinnlichen bzw. eines intelligiblen Grundes (Substrats) von Natur und Subjekt angeführt wird, von dem her sich im allgemeinen die Möglichkeit einer Vereinbarkeit der mechanischen und der teleologischen Maximen der reflektierenden Urteilskraft rechtfertigen lasse (vgl. 5:412). Kants Analyse einer objektiven Zweckmäßigkeit der Natur steht demnach im Rahmen einer (philosophischen) Reflexion über das Verhältnis von Mensch (Subjekt) und Natur, der es sowohl erlaubt, die (moralische bzw. metaphysische) Frage nach dem Endzweck des Menschen (als Teil der Natur) aufzunehmen wie auch, im Ausgang von dieser Frage, in einer grundsätzlichen Weise sowohl über die Aufschlusskraft wie auch die Grenzen der mechanischen (eigentlich naturwissenschaftlichen) Erklärungsprinzipien, auch im Blick auf die organische Natur, nachzudenken, was die (konstitutive) Erklärung der inneren Möglichkeit besonderer (empirischer) Naturformen betrifft (vgl. Höffe, *Urteilskraft und Sittlichkeit*; Düsing, *Teleologie*; Bartuschat, *Systematischer Ort*).

Weiterführende Literatur

Frank, Manfred / Zanetti, Véronique: „Kommentar zur ersten Einleitung in die Kritik der Urteilskraft", in: Kant, Immanuel: Schriften zur Ästhetik und Naturphilosophie, Bd. 3, hg. von Manfred Frank und Véronique Zanetti, Frankfurt/M.: Bibliothek deutscher Klassiker 1996, 1206–1338.

Henrich, Dieter: „Kant's Explanation of Aesthetic Judgment", in: Aesthetic Judgment and the Moral Image of the World. Studies in Kant, Stanford: Stanford University Press 1992, 29–56.

Höffe, Otfried (Hg.): Immanuel Kant. Kritik der Urteilskraft, Berlin: Akademie 2008.

Kulenkampff, Jens: Kants Logik des ästhetischen Urteils, Frankfurt/M.: Klostermann ^{2}1994.

McLaughlin, Peter: Kants Kritik der teleologischen Urteilskraft, Bonn: Bouvier 1989.

Ulrich Seeberg

Vernunft

Bei Kant müssen eine allgemeine und eine engere, für die Transzendentalphilosophie spezifische Bedeutung des Ausdrucks ‚Vernunft' unterschieden werden.

(1.) Dass „wir etwas durch Vernunft erkennen", sagen wir Kant zufolge nur, „wenn wir uns bewußt sind, daß wir es auch hätten wissen können, wenn es uns auch nicht so in der Erfahrung vorgekommen wäre; mithin ist Vernunfterkenntniß und Erkenntniß *a priori* einerlei" (5:12). Aus der Opposition zum Empirischen ergibt sich der allgemeine Sinn von Vernunft: Kant versteht „unter Vernunft das ganze obere Erkenntnißvermögen" und setzt „also das Rationale dem Empirischen entgegen" (KrV A 835 / B 863).

(2.) Der engere, spezifische Sinn von ‚Vernunft' ergibt sich erst, wenn innerhalb des oberen Erkenntnisvermögens zwischen →Verstand und Vernunft differenziert wird: „Alle unsere Erkenntniß hebt von den Sinnen an, geht von da zum Verstande und endigt bei der Vernunft, über welche nichts Höheres in uns angetroffen wird"; Vernunft in diesem spezifischen Sinne ist nicht nur obere, sondern wird zur „obersten Erkenntnißkraft" (KrV A 298f. / B 355; vgl. KrV A 299f. / B 356). Weitere wichtige Stellen: KrV A 302 / B 359; KrV A 326 / B 383; KrV A 645 / B 673; 4:452.

Philosophische Funktion

1 Die kritische Leitdifferenz von Vernunft und Verstand

Die Unterscheidung zwischen →*mundus sensibilis* und *mundus intelligibilis* ist für das vorkritische Werk Kants kennzeichnend. Hier wird der rezeptiven →Sinnlichkeit eine in sich undifferenzierte Spontaneität der Intelligenz oder Rationalität entgegengesetzt (vgl. 2:392, § 3), so dass die Sinnlichkeit die Dinge vorstellt, *wie sie subjektiv erscheinen*, der Intellekt sie hingegen denkt, *wie sie objektiv sind* (vgl. 2:392, § 4).

Die kritische Entdeckung, die zu einem →transzendentalen Idealismus führt, welcher zugleich ein →empirischer Realismus ist, besteht deshalb genau darin, die schlichte Entgegensetzung von Sinnlichkeit und Intelligenz (und damit die gemeinsame Voraussetzung des ewigen Streites zwischen Empirismus und Rationalismus) zu überwinden, indem *innerhalb* der Intelligenz zwischen Verstand und Vernunft unterschieden wird. Diese kritische Leitdifferenz ist mithin (auch nach Kants eigenem Verständnis) die zentrale Leistung der transzendentalen Vernunftkritik: „Die Unterscheidung der *Ideen*, d. i. der reinen Vernunftbegriffe, von den Kategorien oder reinen Verstandesbegriffen, als Erkenntnissen von ganz verschiedener Art, Ursprung und Gebrauch, ist ein so wichtiges Stück zur Grundlegung einer Wissenschaft, welche das System aller dieser Erkenntnisse *a priori* enthalten soll, daß ohne eine solche Absonderung Metaphysik schlechterdings unmöglich oder höchstens ein regelloser, stümperhafter Versuch ist [...]. Wenn Kritik der reinen Vernunft auch nur das allein geleistet hätte, diesen Unterschied zuerst vor Augen zu legen, so hätte sie dadurch schon mehr zur Aufklärung unseres Begriffs und der Leitung der Nachforschung im Felde der Metaphysik beigetragen" als alle früheren Versuche, denen der Grundfehler gemeinsam ist, Verstandes- und Vernunftbegriffe nicht zu unterscheiden und „in einem Striche" zu verwenden (4:328f.).

2 Vernunft als absolute Spontaneität

Kants kritische Vernunftphilosophie führt eine *spontaneitätstheoretische* Differenzierung zwischen Verstand und Vernunft durch. Der Mensch findet Kant zufolge in sich „ein Vermögen, dadurch er sich von allen andern Dingen, ja von sich selbst, so fern er durch Gegenstände afficirt wird, unterscheidet, und das ist die *Vernunft*. Diese, als reine Selbstthätigkeit, ist sogar darin noch über den *Verstand* erhoben", dass der Verstand zwar spontanes Denken ist, doch in seiner Spontaneität auf mögliche Gegenstände bezogen bleibt, da seine Begriffe „bloß dazu dienen, um die *sinnlichen Vorstellungen unter Regeln zu bringen* und sie dadurch in einem Bewußtsein zu vereinigen". Demgegenüber zeigt „die Vernunft unter dem Namen der Ideen eine so reine Spontaneität", dass „sie dadurch weit über alles, was ihr Sinnlichkeit nur liefern kann, hinausgeht und ihr vornehmstes Geschäfte darin beweiset, [...] dem Verstande selbst seine Schranken vorzuzeichnen" (4:452; vgl. KrV A 546ff. / B 574ff.).

3 Der Vernunftschluss auf das absolute Ganze

Die Vernunft, „als Vermögen einer gewissen logischen Form der Erkenntniß betrachtet, ist das Vermögen zu schließen“ (KrV A 329 / B 386; vgl. KrV A 299f. / B 355f.). Dieser bloß logische Vernunftbegriff wird aber zu einem genuin transzendentalen Vernunftbegriff fortentwickelt, indem Kant die logische Schlussform in die Idee eines transzendentalen *Abschlusses*, d. h. in die Idee einer vollständigen oder *unbedingten* Synthesis überführt. Deshalb „geht der transscendentale Vernunftbegriff jederzeit nur auf die absolute Totalität in der Synthesis der Bedingungen und endigt niemals als bei dem schlechthin, d. i. in jeder Beziehung Unbedingten. Denn die reine Vernunft überläßt alles dem Verstande, der sich zunächst auf die Gegenstände der Anschauung oder vielmehr deren Synthesis in der Einbildungskraft bezieht. Jene behält sich allein die absolute Totalität im Gebrauche der Verstandesbegriffe vor und sucht die synthetische Einheit, welche in der Kategorie gedacht wird, bis zum Schlechthin-Unbedingten hinauszuführen“ (KrV A 325f. / B 382f.). Bei aller Verschiedenheit von Verstandes- und Vernunfterkenntnis gilt es jedoch festzuhalten, dass es sich bei *beiden* Erkenntnisweisen um Formen der Einheitsbildung handelt, da Erkenntnis für Kant stets Synthesis, d. h. Verbindung und In-Beziehung-Setzen ist (vgl. KrV A 302f. / B 359). Allerdings gewinnt das Einheitsmoment, das den Verstand als Erkenntnisvermögen ausmacht, im Zuge der Verstandeserkenntnis nur eine relative Geltung und bleibt so eher unthematisch; die Vernunfterkenntnis ist hingegen bei Kant gerade dadurch definiert, dass sie das dem Verstand Unthematische und Verborgene reflexiv ins Bewusstsein hebt und auf diese Weise nicht nach *einer* Einheit der Erkenntnis, sondern nach *der* Einheit der Erkenntnis fragt (vgl. KrV A 307 / B 364). „So bezieht sich“, wie Kant sagt, „die Vernunft nur auf den Verstandesgebrauch [...] um ihm die Richtung auf eine gewisse Einheit vorzuschreiben, von der der Verstand keinen Begriff hat, und die darauf hinaus geht, alle Verstandeshandlungen in Ansehung eines jeden Gegenstandes in ein *absolutes Ganzes* zusammen zu fassen“ (KrV A 326 / B 383; vgl. KrV B XXf.; 4:328).

4 Die Dialektik der Vernunftideen vom Unbedingten

Die Vernunft ist bei Kant zugleich die Instanz und der Gegenstand der Kritik. Denn die „Vernunft wird durch einen Hang ihrer Natur getrieben, über den Erfahrungsgebrauch hinaus zu gehen, sich in einem reinen Gebrauche und vermittelst bloßer Ideen zu den äußersten Grenzen aller Erkenntniß hinaus zu wagen und nur allererst in der Vollendung ihres Kreises, in einem für sich bestehenden systematischen Ganzen, Ruhe zu finden“ (KrV A 797 / B 825). Hieraus entspringt aber eine notwendige → Dialektik der Vernunft (vgl. 5:107), die jenen „Kampfplatz“ zu „endlosen Streitigkeiten“ bereitet, der in der Philosophiegeschichte unter dem Namen der „*Metaphysik*“ verzeichnet ist (KrV A VIII).

Die konkrete Quelle dieser Dialektik ist aber „das *Unbedingte*, welches die Vernunft in den Dingen an sich selbst nothwendig und mit allem Recht zu allem Bedingten und dadurch die Reihe der Bedingungen als vollendet verlangt“ (KrV B XX). Denn „das Unbedingte“ ist für Kant „die eigentliche transscendentale Idee, worauf es ankommt“ (KrV A 418 Anm. / B 445 Anm.); daher ist es in spezifischer Weise die „Vernunft, die das Unbedingte fordert“ (KrV A 564 / B 592), oder anders formuliert: „Die Vernunft ist ein Vermögen der Principien und geht in ihrer äußersten Forderung auf das Unbedingte“ (5:401). Quelle der Dialektik wird diese spezifische Vernunftforderung aber deshalb, weil „das Unbedingte nicht an Dingen, so fern wir sie kennen (sie uns gegeben werden), wohl aber an ihnen, so fern wir sie nicht kennen, als Sachen an sich selbst angetroffen“ wird (KrV B XX).

Infolgedessen versteht Kant „unter der Idee einen nothwendigen Vernunftbegriff, dem kein congruirender Gegenstand in den Sinnen gegeben werden kann“ (KrV A 326 / B 383). Die transzendentalen Vernunftideen, in die sich die Vernunftforderung nach dem Unbedingten ausdifferenziert, sind somit Kant zufolge „nicht willkürlich erdichtet, sondern durch die Natur der Vernunft selbst aufgegeben“ (KrV A 327f. / B 384). Der „Ursprung der Ideen“ ist nämlich „in den drei Functionen der Vernunftschlüsse zu suchen“ (4:330), so dass sich ein System von genau drei Vernunftideen ergibt, welche die „eigentliche transscendentale Idee“ (KrV A 418 Anm. / B 445 Anm.) des Unbedingten konkret ausbuchstabieren: Die „unvermeidlichen Aufgaben der reinen Vernunft selbst sind *Gott, Freiheit und Unsterblichkeit*“ (KrV B 7).

Die notwendige Dialektik der Vernunft entspringt somit einem kaum vermeidbaren Streit im näheren Verständnis des ontologischen und epistemischen Sinns der drei Vernunftideen. Das dogmatische Verständnis pocht auf einen positiven Vernunftsinn, missversteht ihn aber nach Maßgabe der Verstandeserkenntnis, d. h. in Orientierung an einer gegenständlichen Wirklichkeit, so dass unter der Hand das Unbedingte verdinglicht und dem gleichgesetzt wird, was wir kennen, weil es uns gegeben werden kann. Das skeptische Verständnis insistiert hingegen auf einem rein negativen Vernunftsinn, da der dogmatische Ansatz offenkundig zum Scheitern verurteilt ist. Infolgedessen werden die Ideen – so scheint es – zu bloßen Hirngespinsten, weil sie etwas kennzeichnen, „so fern wir" es „nicht kennen" (KrV B XX). Gegenüber diesem „Kampfplatz" (KrV A VIII), auf dem sich Dogmatik und Skepsis ewig streiten, ist als Ausweg nur noch der „*kritische* Weg" offen (KrV A 856 / B 884), der nicht nur kritisch (d. h. unterscheidend) ist, weil er innerhalb des oberen Erkenntnisvermögens zwischen Verstand und Vernunft differenziert, sondern mehr noch, weil er *innerhalb* der Vernunft zwischen spekulativem und praktischem Vernunftgebrauch zu unterscheiden weiß.

5 Die systematische Einheit von spekulativer und praktischer Vernunft

Für Kant können die Ideen der reinen Vernunft „nimmermehr an sich selbst dialektisch sein, sondern ihr bloßer Mißbrauch muß es allein machen, daß uns von ihnen ein trüglicher Schein entspringt; denn sie sind uns durch die Natur unserer Vernunft aufgegeben, und dieser oberste Gerichtshof aller Rechte und Ansprüche unserer Speculation kann unmöglich selbst ursprüngliche Täuschungen und Blendwerke enthalten" (KrV A 669 / B 697). Die Beobachtung, dass die reine Vernunft dialektisch ist, führt so in Verbindung mit der Überzeugung, dass die der Naturanlage der Vernunft entspringenden Ideen nicht „an sich selbst dialektisch sein" (KrV A 669 / B 697) können, zu der für die Gesamtarchitektur der kantischen Vernunftkritik grundlegenden Konsequenz, den Vernunftgebrauch *in sich selbst* zu differenzieren: in einen spekulativen Vernunftgebrauch, der dem Missbrauch und der Dialektik offen steht, und in einen praktischen Vernunftgebrauch, der keiner Kritik bedarf und somit den letzten Maßstab jeder Kritik der Vernunft bildet.

Angesichts der Dialektik der Vernunft bleibt also für Kant nur „noch ein Versuch übrig: ob nämlich auch reine Vernunft im praktischen Gebrauche anzutreffen sei, ob sie in demselben zu den Ideen führe, welche die höchsten Zwecke der reinen Vernunft, die wir eben angeführt haben, erreichen, und diese also aus dem Gesichtspunkte ihres praktischen Interesse nicht dasjenige gewähren könne, was sie uns in Ansehung des speculativen ganz und gar abschlägt" (KrV A 804 / B 832). Sollte demnach reine *praktische* Vernunft möglich sein, dann wird die transzendentale Vernunftkritik aufgrund der fundamentalen Asymmetrie zwischen spekulativem und praktischem Vernunftgebrauch „nicht eine Kritik der *reinen praktischen*, sondern nur der *praktischen* Vernunft überhaupt zu bearbeiten haben. Denn reine Vernunft, wenn allererst dargethan worden, daß es eine solche gebe, bedarf keiner Kritik. Sie ist es, welche selbst die Richtschnur zur Kritik alles ihres Gebrauchs enthält" (5:15f.).

Diese Lösung der Vernunftdialektik vermittels der reinen praktischen Vernunft wirft allerdings ein neues Problem auf: die Frage nach der Einheit der Vernunft in ihrem in sich differenzierten, doppelten Gebrauch. Daher fordert Kant von einer Kritik der reinen praktischen Vernunft, „daß, wenn sie vollendet sein soll, ihre Einheit mit der speculativen in einem gemeinschaftlichen Princip zugleich müsse dargestellt werden können, weil es doch am Ende nur eine und dieselbe Vernunft sein kann, die bloß in der Anwendung unterschieden sein muß" (4:391). Versteht man den zweifachen Gebrauch der Vernunft als ihre zweifache Gesetzgebung, dann lässt sich dieselbe Forderung auch so ausdrücken: „Die Gesetzgebung der menschlichen Vernunft (Philosophie) hat nun zwei Gegenstände, Natur und Freiheit, und enthält also sowohl das Naturgesetz, als auch das Sittengesetz, anfangs in zwei besonderen, zuletzt aber in einem einzigen philosophischen System" (KrV A 841 / B 868).

Die Antwort auf die für das Gesamtunternehmen der kantischen Vernunftkritik letztlich entscheidende Frage nach der Einheit der Vernunft in ihren zwei kritisch unterschiedenen Gebrauchsweisen führt daher zur Idee eines →Systems der Vernunft. So ist Kant zufolge „dasjenige, was Vernunft ganz eigenthümlich [...] zu Stande zu bringen sucht", eben gerade „das *Systematische* der Erkenntniß", „d. i. der Zusammenhang derselben aus einem Princip" (KrV A 645 / B 673). Oder erneut mit Hilfe des Gedankens einer Gesetzgebung der Vernunft ausgedrückt: „Unter der Regierung der Vernunft dürfen unsere Erkenntnisse überhaupt keine Rhapsodie, sondern sie müssen ein System ausmachen, in welchem sie allein die wesentlichen Zwecke derselben unterstützen und befördern können. Ich verstehe aber unter einem Systeme die Einheit der mannigfaltigen Erkenntnisse unter einer Idee. Diese ist der Vernunftbegriff von der Form eines Ganzen, so fern durch denselben der Umfang des Mannigfaltigen sowohl, als die Stelle der Theile untereinander *a priori* bestimmt wird" (KrV A 832 / B 860).

Die systematische Verfassung der spezifischen Vernunfterkenntnis führt also am Ende zu der genuin praktischen Idee einer absoluten Gesetzgebung der Vernunft oder zur Idee eines Gerichtshofes der Vernunft als der höchsten Instanz aller Kritik. Es ist daher für Kant von der Vernunft ein „Gerichtshof einzusetzen, der sie bei ihren gerechten Ansprüchen sichere, dagegen aber alle grundlose Anmaßungen [...] nach ihren ewigen und unwandelbaren Gesetzen abfertigen könne; und dieser ist kein anderer als die *Kritik der reinen Vernunft* selbst" (KrV A XIf.).

Weiterführende Literatur

Heimsoeth, Heinz: Transzendentale Dialektik. Ein Kommentar zu Kants Kritik der reinen Vernunft, 4 Bde, Berlin: Gruyter 1966–1971.

Hutter, Axel: Das Interesse der Vernunft. Kants ursprüngliche Einsicht und ihre Entfaltung in den transzendentalphilosophischen Hauptwerken, Hamburg: Meiner 2003.

Neiman, Susan: The Unity of Reason: Rereading Kant, Oxford u. a.: Oxford University Press 1994.

O'Neill, Onora: „Vindicating reason", in: Guyer, Paul (Hg.): The Cambridge Companion to Kant, Cambridge: Cambridge University Press 1992, 280–308.

Strawson, Peter: The Bounds of Sense. An Essay on Kant's Critique of Pure Reason, London: Methuen 1966.

Axel Hutter

Vernunft, Interesse der

Die Vernunft hat ein Interesse hauptsächlich in zwei verschiedenen Zusammenhängen. (1) Bei Fragen, deren Wahrheit nicht entschieden werden kann, verhält sie sich gegenüber derjenigen Auffassung interessiert, deren Konsequenzen in spekulativer oder →praktischer Hinsicht Vorteile bieten. (2) Wenn es um gutes Handeln geht, hat sie ein Interesse an Handlungen, „wenn die Allgemeingültigkeit der Maxime derselben ein gnugsamer Bestimmungsgrund des Willens ist" (4:460 Anm.). Der erste Zusammenhang ist das Projekt der *KrV*, „einen Gerichtshof einzusetzen" (KrV A XI) und „unparteiische Kampfrichter" über Fragen der Metaphysik entscheiden zu lassen (KrV A 423 / B 451). Unangekündigt tritt ein „Interesse der Vernunft bei diesem ihrem Widerstreite" hinzu (KrV A 462–476 / B 490–504). Der zweite Zusammenhang ist der Versuch in der *GMS*, die Motivation zu moralischem Handeln bei endlichen Wesen zu erklären. Der Ausdruck „Vernunftinteresse" wird einmal im ersten (KrV A 667 / B 695) und sonst im zweiten Zusammenhang gebraucht (vgl. 4:460, 6:212f., 15:239). Zu einem Interesse des →Verstandes gibt nur in zwei kurzen Eintragungen Kants in sein Exemplar von Meiers Auszug (vgl. 9:40, 16:155, 16:187). Weitere wichtige Stellen: KrV A 666 / B 694; KrV A 741–744 / B 769–772; KrV A 804–806 / B 832–834; 4:413 Anm.; 4:448–450; 4:459–463; 5:119; 6:212f.; 15:733; 18:155; 28:379.

Philosophische Funktion

1 Begriffsgeschichtlicher Kontext

‚Interesse' bedeutete zuerst ‚Zins'. Justus Christian Hennings beobachtet 1775 eine Verallgemeinerung dieses Wortgebrauchs, „indem man darunter alles, was uns Nutzen bringt, oder den Eigennutzen [...] verstehet" (Walch, *Philosophisches Lexicon*, S. 2081). Dieses Verständnis mag man auch bei Kant finden wollen, etwa wenn er vom Handeln „aus Interesse" spricht (4:413). Es greift aber zu kurz, weil es eine spezifische Dimension unterschlägt, die bereits im Zinsbegriff lag und die Christian Garve 1771 auch im Interessebegriff findet: „[...] alles das intereßirt uns, was uns durch den Eindruck des Wohlgefallens, den es auf uns macht, ohne unsern Vorsatz, aufmerksam und nach der Fortsetzung und der Folge begierig erhält" (Garve, *Intereßirende*, S. 5). In einer

Vorlesung formuliert Kant 1790/1 diese Beobachtung ganz ähnlich wie Garve: „Was mich vergnügt, daran nehme ich ein Interesse, weil es mich in meinem Zustande so afficiert, dass ich ihn gern erhalten will" (28:741).

2 Interesse der Vernunft in spekulativer Hinsicht

Erstmals gebraucht Kant die Formulierung von einem ‚Interesse der Vernunft' in dem Abschnitt „Von dem Interesse der Vernunft bei diesem ihrem Widerstreite" (KrV A 462–476 / B 490–504), wenn man von wenigen früher datierten Reflexionen absieht (vgl. 15:733; 18:155; 18:176). Mit Hilfe dieses Begriffes erörtert Kant die Frage, wie sich die Vernunft verhalten solle: „[...] auf welche Seite wir uns wohl am liebsten schlagen möchten, wenn wir etwa genöthigt würden, Partei zu nehmen" (KrV A 465 / B 493). Wenn Kant sagt, „der Gegenstand des Streits [...] interessirt" (KrV A 464 / B 492), dann geht es ihm also um die Konsequenzen, die sich aus der Annahme der Auffassungen der einen oder der anderen Partei zur → Antinomie der reinen Vernunft ergeben.

Die Aussagen der beiden Parteien werden in drei Hinsichten geprüft. „Auf der Seite [...] des *Dogmatismus* [...] oder der *Thesis* zeigt sich [z]uerst ein gewisses praktisches *Interesse*, woran jeder Wohlgesinnte, wenn er sich auf seinen wahren Vortheil versteht, herzlich Theil nimmt" (KrV A 466 / B 494). Die Thesen des Dogmatismus fungieren als „Grundsteine der Moral und Religion" (KrV A 466 / B 494). „*Zweitens* äußert sich auch ein *speculatives Interesse* der Vernunft auf dieser Seite" (KrV A 466 / B 494). Durch die Annahme der Thesen wird der Bereich erweitert, den die Vernunft „völlig a priori [...] fassen" kann (KrV A 467 / B 495). Die dritte Hinsicht, die Popularität, wird ohne Interesse-Begriff formuliert.

Die Prüfung der Antithesis wird analog durchgeführt. „Auf der Seite des *Empirismus* [...] oder der *Antithesis* findet sich [e]rstlich kein solches praktisches Interesse aus reinen Principien der Vernunft, als Moral und Religion bei sich führen" (KrV A 468 / B 496). Ganz anders das Ergebnis der Prüfung in der zweiten Hinsicht: Der Empirismus biete „dem speculativen Interesse der Vernunft Vortheile an, die sehr anlockend sind und diejenigen weit übertreffen, die der dogmatische Lehrer der Vernunftideen versprechen mag" (KrV A 468 / B 496). Denn mit dem Empirismus braucht der Verstand die „Kette der Naturordnung" nicht zu verlassen, „um sich an Ideen zu hängen, deren Gegenstände er nicht kennt, weil sie als Gedankendinge niemals gegeben werden können", ja er darf es nicht einmal (KrV A 469 / B 497).

Hinzu tritt ein architektonisches Interesse, welches „eine natürliche Empfehlung für die Behauptungen der Thesis bei sich" führt (KrV A 475 / B 503). Kant erwägt nun, was daraus folgen würde, wenn es möglich wäre, sich von dem Interesse der Vernunft zu distanzieren: „Könnte sich [...] ein Mensch von allem Interesse lossagen und die Behauptungen der Vernunft, gleichgültig gegen alle Folgen, bloß nach dem Gehalte ihrer Gründe in Betrachtung ziehen: so würde ein solcher [...] in einem unaufhörlich schwankenden Zustande sein" (KrV A 475 / B 503). Dieser schwankende Zustand in Fragen der theoretischen Vernunft hat sein eigenes Recht, und das Vortragen der gegenläufigen Argumente kann nicht verwehrt werden, weil es „einem nachdenkenden und forschenden Wesen anständig ist, gewisse Zeiten lediglich der Prüfung seiner eigenen Vernunft zu widmen" (KrV A 475 / B 503).

Im Antinomiekapitel der *KrV* geht es der Vernunft dann, wenn von ihrem Interesse die Rede ist, um die Konsequenzen, die sich aus der Annahme der jeweiligen Auffassungen ergeben. An einer anderen Stelle der *KrV* ist der Gebrauch des Begriffs des Interesses der Vernunft dagegen eher unspezifisch: „Alles Interesse meiner Vernunft (das speculative sowohl, als das praktische) vereinigt sich in folgenden drei Fragen: 1. Was kann ich wissen? 2. Was soll ich thun? 3. Was darf ich hoffen?" (KrV A 804f. / B 832f.). Kant hätte auch schlicht von Bemühungen der Vernunft oder aber dem „Feld der Philosophie" sprechen können, wie er es auch an den übrigen Stellen, an denen er diese Fragen auflistet, tut (11:429; 28:533f.; vgl. 9:25).

3 Interesse der Vernunft als Praktischwerden der Vernunft

In der *GMS* wird der Begriff des Interesses meist auf nicht-moralische Motivation bezogen. Einerseits ist es unmöglich, „ein *Interesse* ausfindig und begreiflich zu machen, welches der Mensch an moralischen Gesetzen nehmen könne" (4:459f.), andererseits nimmt der Mensch bzw. die Vernunft „wirklich daran ein Interesse" (4:460). Das moralische Gesetz hat „nicht darum für uns Gültigkeit […], *weil es interessirt* […] sondern […] es interessirt, weil es für uns als Menschen gilt" (4:460f.).

Das Prinzip der Allgemeingültigkeit bewirkt ein Interesse, „welches rein *moralisch* heißen würde" (4:461). Grundlage für dieses moralische Interesse ist das moralische Gefühl, das „als die *subjective* Wirkung, die das Gesetz auf den Willen ausübt, angesehen werden muß" (4:460, vgl. 5:80).

In den Fußnoten, die Kant der *GMS* beigegeben hat, versucht er in sehr verdichteter Form, die Voraussetzungen der zitierten Aussagen zu liefern. Darin definiert er das Interesse zuerst von seiner Bestimmung durch das Gesetz her als „Abhängigkeit eines zufällig bestimmbaren Willens […] von Principien der Vernunft" (4:413 Anm.), dann von seiner gute Handlungen motivierenden Funktion her als „das, wodurch Vernunft praktisch, d. i. eine den Willen bestimmende Ursache, wird" (4:459 Anm.).

Kant greift auf diese mehr angedeutete als entwickelte Auffassung auch in *KpV*, *KU* und *MSR* zurück: Das Interesse ist „eine *Triebfeder* des Willens […], so fern sie durch *Vernunft vorgestellt* wird" (5:79). „[…] das Interesse der Vernunft [schickt] die Zweckmäßigkeit vor dem Gefühle der Lust voran" (5:223). „[…] wenn die Lust nur auf eine vorhergehende Bestimmung des Begehrungsvermögens folgen kann, so wird sie eine intellectuelle Lust und das Interesse an dem Gegenstande ein Vernunftinteresse genannt werden müssen" (6:212).

Der Begriff des Vernunftinteresses hat weder einen „systemwidrige[n] Status" (Habermas, *Erkenntnis und Interesse*, S. 250) noch ist er „das systematische Zentrum" von Kants Philosophie (Hutter, *Interesse*, S. 32 Anm., vgl. Klemme, *Rez. Hutter*, S. 334). Vielmehr handelt es sich um eines von mehreren Instrumenten Kants, menschliches Denken und Handeln in Abgrenzung von göttlichem zu begreifen.

Weiterführende Literatur

Kleingeld, Pauline: „The Conative Character of Reason in Kant's Philosophy", in: Journal of the History of Philosophy 36, 1998, 77–97.

Pascher, Manfred: Kants Begriff ‚Vernunftinteresse', Innsbruck: Institut für Sprachwissenschaft 1991.

Schmidinger, Heinrich M.: Das Problem des Interesses und die Philosophie Sören Kierkegaards, Freiburg: Alber 1983, insbes. 84–117.

Schönecker, Dieter / Wood, Allen W.: Kants Grundlegung zur Metaphysik der Sitten. Ein einführender Kommentar, Paderborn: Schöningh 2002, [3]2007, insbes.155–158, 172–174.

Welsch, Wolfgang: Vernunft. Die zeitgenössische Vernunftkritik und das Konzept der transversalen Vernunft, Frankfurt/M.: Suhrkamp 1995, insbes. 647–656.

Hanno Birken-Bertsch

Vernunft, praktische

Praktische Vernunft ist das Vermögen, nach vernünftigen Prinzipien zu handeln. Kant identifiziert die praktische Vernunft auch mit dem Willen: „Nur ein vernünftiges Wesen hat das Vermögen, *nach der Vorstellung* der Gesetze, d. i. nach Principien, zu handeln, oder einen *Willen*. Da zur Ableitung der Handlungen von Gesetzen *Vernunft* erfordert wird, so ist der Wille nichts anders als praktische Vernunft" (4:412). Während praktische Vernunft im Allgemeinen auch der vernünftigen Befriedigung von Neigungen dient, ist sie als *reine* praktische Vernunft „für sich allein praktisch" (5:31), indem sie ein apriorisches Handlungsprinzip, das Sittengesetz, und ein neigungsunabhängiges Handlungsmotiv, die → Achtung vor dem Sittengesetz, bereitstellt. Weitere wichtige Stellen: KrV A 800–804 / B 828–832; 4:459 Anm.; 5:3; 5:15; 5:55; 5:89; 5:134; 6:213.

Philosophische Funktion

1 Die Unterscheidung zwischen theoretischer und praktischer Vernunft

Nach Kant hat die Vernunft zwei verschiedene „Anwendung[en]" (4:391): Durch den theoretischen Gebrauch der Vernunft kann man erkennen, „*was da ist*", durch den praktischen Gebrauch das, „*was dasein soll*" (KrV A 633 / B 661; → Vernunft). Doch die praktische Vernunft dient nicht nur zur Erkenntnis dessen, was sein soll, sondern ist auch das Vermögen, die entsprechenden Gegenstände „*wirklich zu machen*", d. h. sie steht in unmittelbarem Zusammenhang mit einem Willen, „welcher eine Causalität ist, so fern Vernunft den Bestimmungsgrund derselben enthält" (5:89). Praktische Vernunft ist demnach nicht bloß das

Vermögen, in praktisch relevanter Hinsicht zu *überlegen*, sondern insbesondere auch das Vermögen, auf vernünftige Weise kausal wirksam zu werden, d. h. vernünftig zu *handeln*.

2 *Die Identifikation von Wille und praktischer Vernunft*

Während in der christlich-naturrechtlichen Tradition der →,Vernunft' (,ratio') und dem →,Willen' (,voluntas') verschiedene Aufgaben im Rahmen der Moraltheorie zugewiesen werden (vgl. Ludwig, *Die ,praktische Vernunft'*), verbindet Kant die beiden Begriffe in seiner Konzeption der ,praktischen Vernunft'. Dieser wird neben einer *kognitiven* auch eine *desiderative* Funktion zugesprochen: Die praktische Vernunft ist nicht nur ein Erkenntnisvermögen, sondern auch ein Begehrungsvermögen. Letzteres wird insbesondere deutlich in Kants Identifizierung der praktischen Vernunft mit dem Willen: Der Wille ist nach Kant „nichts anderes als praktische Vernunft" (4:412) bzw. „die praktische Vernunft selbst" (6:213).

Trotz der Übereinstimmung dieser beiden Formulierungen muss beachtet werden, dass der Ausdruck ,Wille' – und damit auch ,praktische Vernunft' – in den beiden Schriften in zwei unterschiedlichen Bedeutungen gebraucht wird (vgl. Willaschek, *Praktische Vernunft*, S. 52): Während der Wille in *GMS* das gesamte Vermögen vernunftbestimmten Handelns ist, handelt es sich in der *MS*, in der Kant Wille und Willkür erstmals klar unterscheidet, um das Vermögen, das Gesetze gibt und zum vernünftigen Handeln bestimmt. Entsprechend kann ,praktische Vernunft' zweierlei bedeuten: In *GMS* ist sie als Fähigkeit zum vernünftigen Handeln zu verstehen, in der *MS* als ein Aspekt dieses Vermögens: Praktische Vernunft bezeichnet in der *MS* die Instanz, die der Willkür ein Gesetz gibt und sie dadurch vernünftig bestimmen kann.

In *GMS* begründet Kant die Identifikation von Willen und praktischer Vernunft folgendermaßen: „Da zur Ableitung der Handlungen von Gesetzen *Vernunft* erfordert wird, so ist der Wille nichts anders als praktische Vernunft" (4:412). Umstritten ist, welche Art von Gesetzen Kant hier meint. In Frage kommen Naturgesetze, das Sittengesetz oder Vernunftgesetze im Allgemeinen, d. h. neben dem Sittengesetz auch das Prinzip der Zweckrationalität. Die Ableitung lässt sich als praktischer Schluss verstehen: So wird z. B. aus dem Prinzip der Zweckrationalität, dem Wollen eines Zwecks und der Erkenntnis, dass eine Handlung X ein notwendiges Mittel für diesen Zweck ist, die Handlung X ,abgeleitet', was, sofern die Person sich rational verhält, bedeutet, dass sie X tut. Praktische Vernunft ist dabei wirksam geworden, insofern die Einsicht in die Vernünftigkeit der Handlung eine Ursache ihrer Ausführung ist.

Bei rein vernünftigen Wesen würde die objektive Notwendigkeit der Handlung gemäß dem vernünftigen Prinzip ausreichen, damit die Handlung auch subjektiv gewollt ist. Für sinnlich-vernünftige Wesen haben die vernünftigen Prinzipien nötigenden Charakter, da sie potentiell mit Neigungen in Konflikt geraten können. Das Prinzip der Zweckrationalität tritt Menschen in Form hypothetischer Imperative gegenüber, das Sittengesetz in Form des kategorischen Imperativs.

3 *Empirisch bedingte praktische Vernunft*

Kant unterscheidet „empirisch-bedingte" (5:15) von ,reiner' praktischer Vernunft. Empirisch bedingt ist praktische Vernunft, wenn vernünftiges Überlegen dazu verwendet wird, Zwecke zu realisieren, die auf empirisch gegebenen Neigungen beruhen. Die Vernunft wird dann durch →hypothetische Imperative wirksam, denen das Prinzip der Zweckrationalität zugrunde liegt: „Wer den Zweck will, will (so fern die Vernunft auf seine Handlungen entscheidenden Einfluß hat) auch das dazu unentbehrlich nothwendige Mittel, das in seiner Gewalt ist" (4:417). Die Vernunft ist in solchen Fällen aus demselben Grund ,empirisch bedingt', wie der Imperativ ,hypothetisch' ist: Ein hypothetischer Imperativ gilt nur unter der Bedingung eines Zwecks, der auf empirischen Neigungen gründet.

Zweckrationale Überlegungen stellen Menschen nicht nur bezüglich einzelner Zwecke an. Vielmehr streben sie nach einer möglichst umfassenden und dauerhaften Befriedigung ihrer Neigungen, die unter der regulativen Idee der „*Glückseligkeit*" steht (5:124). Die praktische Vernunft hat dementsprechend die Aufgabe, für die „Vereinigung aller Zwecke, die uns von unseren Neigungen aufgegeben sind" (KrV A 800 / B 828) zu sorgen, d. h. verschiedene Neigungen, Zwecke und Mittel, die potentiell in Konflikt geraten können, aufeinander abzustimmen.

Dies tut die Vernunft zunächst durch die Ausbildung von Maximen, d. h. subjektiven Handlungsprinzipien (vgl. 4:420 Anm.), die aus „Begierden und Neigungen [...] durch Mitwirkung der Vernunft" (4:427) entspringen. Die Rolle der praktischen Vernunft ist dabei zunächst die Auswahl von Neigungen anhand einer Vorstellung von Glückseligkeit und zweckrationalen Überlegungen. Auf diese Weise wird aus einer Neigung ein Interesse, d. h. eine „*Triebfeder* des Willens [...], so fern sie *durch Vernunft vorgestellt* wird" (5:79): „Interesse ist das, wodurch Vernunft praktisch, d. i. eine den Willen bestimmende Ursache, wird. Daher sagt man nur von einem vernünftigen Wesen, daß es woran ein Interesse nehme, vernunftlose Geschöpfe fühlen nur sinnliche Antriebe" (4:459 Anm.).

Ihre systematisierende Funktion übt die praktische Vernunft nicht nur in Bezug auf einzelne Zwecke aus, indem sie Maximen bildet, sondern auch in Bezug auf die Gesamtheit der Maximen einer Person. Die Vernunft stellt die „Einheit der Maximen" (6:36) her, wobei als einheitsstiftendes Prinzip dabei die Idee der → Glückseligkeit in Frage kommt, jedoch letztlich nur das Sittengesetz eine stabile Einheit herstellen kann, da das Böse „Widerstreit mit sich selbst bei sich führt und kein bleibendes Princip in sich selbst verstattet" (7:329).

4 Reine praktische Vernunft

Im Gegensatz zu den britischen Empiristen, vor allem David Hume, erschöpft sich für Kant die praktische Vernunft nicht in der Zweckrationalität. In dieser Funktion dient die Vernunft dem Menschen „blos zum Werkzeuge der Befriedigung seines Bedürfnisses als Sinnenwesens" (5:61). In der *KpV* beantwortet Kant die Frage, „ob reine Vernunft zur Bestimmung des Willens für sich allein zulange, oder ob sie nur als empirisch-bedingte ein Bestimmungsgrund derselben sein könne" (5:15). Die Frage lautet anders formuliert, ob reine Vernunft einen hinreichenden Handlungsgrund liefern kann, der unabhängig von Neigungen der Person ist. Genau dann, wenn es reine praktische Vernunft in diesem Sinne gibt, gibt es nach Kant auch „praktische *Gesetze*" (5:19), die für alle vernünftigen Wesen gelten, unabhängig davon, welche kontingenten Zwecke sie sich setzen. Seine Argumentation dafür, dass es ein solches praktisches Gesetz gibt, beginnt mit der These, dass ein praktisches Gesetz kein „*Object* (Materie) des Begehrungsvermögens als Bestimmungsgrund des Willens voraussetzen" darf (5:21). Ein praktisches Gesetz enthält „nicht der Materie, sondern blos der Form nach den Bestimmungsgrund des Willens" (5:27). Das gesuchte „*Grundgesetz der reinen praktischen Vernunft*" (5:30) enthält dementsprechend nur eine formale Bedingung und lautet (in Form eines Imperativs): „Handle so, daß die Maxime deines Willens jederzeit zugleich als Princip einer allgemeinen Gesetzgebung gelten könne" (5:30). Dieses praktische Gesetz identifiziert Kant mit dem „*Sittengesetz*" (5:31).

Da dieses Gesetz nichts dem Willen Fremdes (z. B. nicht abhängig von Naturgesetzen) ist, sondern der Vernunft selbst entspringt, „drückt das moralische Gesetz nichts anders aus, als die *Autonomie* der reinen praktischen Vernunft" (5:33).

Das praktische Gesetz gilt „für alle vernünftige Wesen, so fern sie überhaupt einen Willen [...] haben" (5:32). Für den Menschen als sinnlich-vernünftiges Wesen tritt das Gesetz als „*Imperativ*, der kategorisch gebietet" (5:32) auf. Eine weitere Konsequenz der sinnlichen Natur des Menschen ist, dass er dem Gesetz aus verschiedenen Handlungsmotiven heraus entsprechen kann. Eine Handlung hat genau dann moralischen Wert, wenn „*das moralische Gesetz unmittelbar den Willen bestimm[t]*" (5:71) und die Entscheidung nicht „vermittelst eines Gefühls, [...] das vorausgesetzt werden muß" (5:71) geschieht. Im Kapitel über die *Triebfedern der reinen praktischen Vernunft* geht Kant der Frage nach, „auf welche Art das moralische Gesetz Triebfeder werde" (5:72). Kant entwickelt dort die These, dass das moralische Gesetz „subjectiver Bestimmungsgrund, d. i. Triebfeder" ist, „indem es auf die Sinnlichkeit des Subjects Einfluß hat und ein Gefühl bewirkt" (5:75), nämlich das Gefühl der Achtung.

In der neueren Forschung wird die Frage diskutiert, welche Rolle Achtung für die moralische Motivation leistet. Es werden drei Interpretationen vertreten: (1) Allein die intellektuelle Anerkennung des Sittengesetzes motiviert bereits zum Handeln und Achtung resultiert aus dem Vorgang der Motivation; (2) Erst die Achtung motiviert zur Wahl der richtigen Handlung; (3) Im Gefühl der Achtung werden wir uns des Gesetzes bewusst, ohne dass Achtung eine motivierende Rolle übernimmt (vgl. dazu Höwing, *Praktische Lust*).

5 Die Realität der reinen praktischen Vernunft: Das Faktum

Wenn reine Vernunft praktisch ist, bestimmt sie den Willen durch ein praktisches Gesetz, das Sittengesetz. Um die „objective Realität [...] einer reinen praktischen Vernunft" (5:55) zu zeigen, zieht Kant die These vom Bewusstsein des Sittengesetzes als „Factum der Vernunft" (5:31) heran (→ Factum der (reinen praktischen) Vernunft). Versteht man das „Factum" nicht nur als ‚Tatsache', sondern auch als ‚That' (vgl. Willaschek, *Praktische Vernunft*, S. 177), lässt sich an die Vorrede der *KpV* anknüpfen: „wenn [...] reine Vernunft wirklich praktisch ist, so beweiset sie ihre und ihrer Begriffe Realität durch die That, und alles Vernünfteln wider die Möglichkeit, es zu sein, ist vergeblich" (5:3). Die ‚Tat' der Vernunft lässt sich demnach auf einer ersten, metaphorischen Ebene so verstehen, dass die Vernunft das Sittengesetz ‚gibt'. Das Ergebnis dieser Tat ist das Bewusstsein dieses Gesetzes und damit das Bewusstsein unserer Freiheit. Auf einer zweiten Ebene besteht die ‚Tat der Vernunft' in einer Handlung aus Achtung für das Gesetz. Kant illustriert das anhand des ‚Galgenbeispiels': Ein Mann, dem unter Androhung der Todesstrafe „ein falsches Zeugniß wider einen ehrlichen Mann" abgerungen werden soll, ist sich bewusst, dass er selbst seine stärkste Neigung, die „Liebe zum Leben" (5:30), überwinden kann, um das moralisch Gebotene zu tun. Er ist sich somit erstens der Geltung des Sittengesetzes bewusst und zweitens seiner Fähigkeit, nach diesem Gesetz zu handeln. Dieses Beispiel macht Kants These deutlich, dass wir ein Motiv haben, moralisch zu handeln, selbst wenn alle empirischen Neigungen dagegen sprechen.

6 Praktische Vernunft und Freiheit

In der *KpV* zeigt Kant durch die These vom Faktum nicht nur die Realität der reinen praktischen Vernunft, sondern damit auch die Realität der Freiheit. Bereits in der Vorrede kündigt er an: „Mit diesem Vermögen [der reinen praktischen Vernunft, CB] steht auch die transscendentale *Freiheit* nunmehr fest" (5:3). In der *KrV* war Kant zu dem Schluss gelangt, dass wir nicht theoretisch erkennen können, ob wir frei sind, dass transzendentale Freiheit jedoch auch unter der Annahme eines durchgängig gültigen Prinzips der Naturkausalität in der empirischen Welt zumindest denkmöglich ist. Die *KpV* zeigt nun darüber hinaus, „daß Freiheit wirklich ist, denn diese Idee offenbart sich durchs moralische Gesetz" (5:4).

Die These, dass „Freiheit und unbedingtes praktisches Gesetz [...] wechselsweise aufeinander zurück[weisen]" (5:29) begründet Kant in § 5 und § 6 der *KpV* und fasst in § 8 zusammen: „Jene *Unabhängigkeit* [von einem begehrten Objekt, CB] aber ist die Freiheit im *negativen*, diese *eigene Gesetzgebung* aber der reinen und als solche praktischen Vernunft ist Freiheit im *positiven* Verstande" (5:33).

Es ist in der Kant-Forschung umstritten, ob transzendentale Freiheit des Willens nur in der Bestimmbarkeit durch den kategorischen Imperativ besteht (vgl. Bojanowski, *Kants Theorie der Freiheit*), oder ob zudem die Fähigkeit, nach hypothetischen Imperativen zu handeln, transzendentale Freiheit ausmacht (vgl. Allison, *Kant's Theory of Freedom*; sowie Willaschek, *Praktische Vernunft*). Die zweite Lesart kann sich v. a. auf die *KrV* stützen, in der Kant dem Menschen einen intelligiblen Charakter und damit transzendentale Freiheit zuschreibt, weil er sich durch „Gründe der Vernunft" (KrV A 550 / B 578) in seinem Handeln leiten lassen kann. Kant schränkt die vernünftigen Überlegungen, die transzendental freie Handlungen ausmachen, nicht auf kategorische Imperative ein: „Daß diese Vernunft nun Causalität habe, [...] ist aus den Imperativen klar, welche wir in allem Praktischen den ausübenden Kräften als Regeln aufgeben" (KrV A 547 / B 575).

7 Die Postulate und das Primat der reinen praktischen Vernunft

In der *KpV* zeigt Kant nicht nur die „objective Realität" der Idee der Freiheit, sondern auch diejenige „der Ideen von Gott und Unsterblichkeit" (5:4). Alle Vernunftideen, deren Wirklichkeit theoretisch nicht erkannt werden kann, erweisen sich als Bedingungen praktischer Notwendigkeit: Die Freiheit ist Bedingung des moralischen Gesetzes; → Gott und Unsterblichkeit sind „Bedingungen des nothwendigen Objects eines durch dieses Gesetz bestimmten Willens" (5:4), nämlich des → höchsten Guts (vgl. 5:134). Deshalb muss die Realität der unsterblichen Seele (vgl. 5:122–124),

Gottes (vgl. 5:124–132) und auch der Freiheit (vgl. 5:135) *postuliert* werden. Unter einem „*Postulat* der reinen praktischen Vernunft" versteht Kant „einen *theoretischen*, als solchen aber nicht erweislichen Satz [...], so fern er einem a priori unbedingt geltenden *praktischen* Gesetze unzertrennlich anhängt" (5:122; →Postulate der reinen praktischen Vernunft).

Doch ist es gerechtfertigt, die Realität der Vernunftideen aus praktischen Gründen für wahr zu halten, wenn diese theoretisch nicht erkennbar sind – sollte man sich nicht des Urteils enthalten? Kant verneint dies mit dem Hinweis auf das Primat der reinen praktischen Vernunft. Da die Postulate nicht im Widerspruch mit theoretischen Erkenntnissen stehen, gilt: „In der Verbindung also der reinen speculativen mit der reinen praktischen Vernunft zu einem Erkenntnisse führt die letztere das Primat, vorausgesetzt nämlich, daß diese Verbindung nicht etwa *zufällig* und beliebig, sondern a priori auf der Vernunft selbst gründet, mithin *notwendig* sei" (5:121). Dass reine praktische Vernunft das Primat gegenüber der reinen spekulativen Vernunft hat, begründet Kant mit dem kurzen Hinweis darauf, dass „alles Interesse zuletzt praktisch ist" (5:121). Die Notwendigkeit eines Primats überhaupt motiviert Kant mit der Überlegung, dass „ohne diese Unterordnung ein Widerstreit der Vernunft mit ihr selbst entstehen" würde (5:121).

Dieser letzten These liegt Kants Überzeugung zugrunde, dass es letztlich „immer nur eine und dieselbe Vernunft" (5:121) ist, auch wenn sich der praktische und theoretische Gebrauch unterscheiden. In *GMS* hatte Kant angekündigt, dass eine vollständige Kritik der reinen praktischen Vernunft „ihre Einheit mit der speculativen in einem gemeinschaftlichen Princip zugleich müsse" darstellen können (4:391). Da Kant dieses Vorhaben in *KpV* nicht umgesetzt hat, bleibt die Einheit der Vernunft und die Frage, welches ihr ‚gemeinschaftliches Prinzip' sei, Gegenstand der Forschung (vgl. Kleingeld, *Unity*; vgl. O'Neill, *Constructions of Reason*).

Weiterführende Literatur

Allison, Henry E.: Kant's Theory of Freedom, Cambridge: Cambridge University Press 1990.

Bojanowski, Jochen: Kants Theorie der Freiheit. Rekonstruktion und Rehabilitierung, Berlin u. a.: de Gruyter 2006.

Hill, Thomas E.: „Kant's Theory of Practical Reason", in: The Monist 72, 1989, 363–383.

Höwing, Thomas: Praktische Lust. Kant über das Verhältnis von Fühlen, Begehren und praktischer Vernunft, Berlin u. a.: de Gruyter 2013.

Kleingeld, Pauline: „Kant on the Unity of Theoretical and Practical Reason", in: The Review of Metaphysics 52, 1998, 311–339.

Ludwig, Bernd: „Die ‚praktische Vernunft' – ein hölzernes Eisen? Zum Verhältnis von Voluntarismus und Rationalismus in Kants Moralphilosophie", in: Jahrbuch für Recht und Ethik, 5, 1997, 9–25.

O'Neill, Onora: Constructions of Reason, Cambridge: Cambridge University Press 1989.

Reath, Andrews / Timmermann, Jens (Hg.): Kant's ‚Critique of Practical Reason'. A Critical Guide, Cambridge: Cambridge University Press 2013.

Willaschek, Marcus: Praktische Vernunft, Stuttgart: Metzler 1992.

Claudia Blöser

Vernunft, reine

Für Kant heißt „jede Erkenntniß *rein*, die mit nichts Fremdartigem vermischt ist. Besonders aber wird eine Erkenntniß schlechthin rein genannt, in die sich überhaupt keine Erfahrung oder Empfindung einmischt, welche mithin völlig *a priori* möglich ist. Nun ist Vernunft das Vermögen, welches die Principien der Erkenntniß *a priori* an die Hand giebt. Daher ist reine Vernunft diejenige, welche die Principien etwas schlechthin *a priori* zu erkennen enthält" (KrV A 11). Weitere wichtige Stellen: KrV B 2f.; KrV B 19; KrV B 24.

Philosophische Funktion

1 Die Aufgaben der reinen Vernunft

In der Einleitung zur *KrV* heißt es programmatisch: Die „unvermeidlichen Aufgaben der reinen Vernunft selbst sind *Gott, Freiheit und Unsterblichkeit*" (KrV B 7). Freilich sagt Kant auch, die „eigentliche Aufgabe der reinen Vernunft" sei „in der Frage enthalten: *Wie sind synthetische Urtheile a priori möglich?*" (KrV B 19). Die subtile Architektur der transzendentalen Vernunftkritik wird sich daher nur angemessen erschließen lassen, wenn die systematische Verwandtschaft wie auch die grundlegende Differenz zwischen diesen beiden Aufgabenbestimmungen der reinen Vernunft sorgfältig beachtet werden. Denn nur so kann deutlich werden, dass bei Kant ein allgemeines Verständnis der reinen Vernunft, das den →synthetischen Urteilen a priori zugeordnet ist, von einem spezifischen und für sein Denken letztlich entscheidenden Verständnis der reinen Vernunft unterschieden werden muss, das den reinen Vernunftideen *„Gott, Freiheit und Unsterblichkeit"* (KrV B 7) zugeordnet ist.

Einen wichtigen Hinweis für die genannte Unterscheidung gibt Kant, wenn er in der Einleitung der *KrV* des Näheren ausführt: „Wir werden also im Verfolg unter Erkenntnissen *a priori* nicht solche verstehen, die von dieser oder jener, sondern die *schlechterdings* von aller Erfahrung unabhängig stattfinden. Ihnen sind empirische Erkenntnisse oder solche, die nur *a posteriori*, d. i. durch Erfahrung, möglich sind, entgegengesetzt. Von den Erkenntnissen *a priori* heißen aber diejenigen *rein*, denen gar nichts Empirisches beigemischt ist" (KrV B 2f.). Der Erkenntnis →a posteriori, die allein durch Erfahrung möglich ist, wird also zunächst eine Erkenntnis →a priori gegenübergestellt, die nicht nur von dieser oder jener, sondern schlechterdings von aller Erfahrung unabhängig stattfindet. Wie soll man aber die weitere und letztlich wohl entscheidende Differenzierung zwischen einer Erkenntnis a priori und einer *reinen* Erkenntnis verstehen, der „gar nichts Empirisches beigemischt ist" (KrV B 3)?

Die Antwort auf diese Frage gibt Kants *spontaneitätstheoretische* Differenzierung zwischen →Verstand und →Vernunft (im engeren und spezifischen Sinne). Der Mensch findet nämlich, so Kant, in sich „ein Vermögen, dadurch er sich von allen andern Dingen, ja von sich selbst, so fern er durch Gegenstände afficirt wird, unterscheidet, und das ist die *Vernunft*. Diese, als reine Selbstthätigkeit, ist sogar darin noch über den *Verstand* erhoben" (4:452), weil die Spontaneität des Verstandes im strengen Sinne *nicht* „rein" ist. Das spontane Verstandesdenken bleibt nämlich auf mögliche *empirische* Gegenstände bezogen, da seine Begriffe „bloß dazu dienen, um die *sinnlichen Vorstellungen unter Regeln zu bringen* und sie dadurch in einem Bewußtsein zu vereinigen" (4:452). Die Begriffe des Verstandes und der Vernunft werden zwar jeweils spontan erzeugt und sind daher in ihrem Ursprung „rein"; doch nennt Kant allein die Vernunft (im Unterschied zum Verstand) eine „reine Selbstthätigkeit", weil sie ihre Begriffe in der Erkenntnis auch auf reine, d. h. nicht-empirische Gegenstände (Ideen) bezieht, d. h. die Vernunft bleibt auch in ihrer Endabsicht „rein", wohingegen der Verstand mittels seiner Begriffe „bloß dazu dien[t]", die empirische Gegenstandserkenntnis möglich zu machen (4:452).

Die Vernunft im spezifischen, vom Verstand unterschiedenen Sinne ist daher für Kant „vornehmlich" *rein* zu nennen; denn sie wird „ganz eigentlich und vorzüglicher Weise von allen empirisch bedingten Kräften unterschieden, da sie ihre Gegenstände bloß nach Ideen erwägt und den Verstand darnach bestimmt, der denn von seinen (zwar auch reinen) Begriffen einen empirischen Gebrauch macht" (KrV B 575). Deshalb kann Kant auch sagen: „Wenn es über irgend einen Gegenstand eine *Philosophie* (System der Vernunfterkenntniß aus Begriffen) giebt, so muß es für diese Philosophie auch ein System reiner, von aller Anschauungsbedingung unabhängiger Vernunftbegriffe, d. i. eine *Metaphysik*, geben" (6:375). Diese kritisch erneuerte Metaphysik umfasst in Kants Verständnis daher nichts anderes als die reinen Vernunftideen, d. h. *„Gott, Freiheit und Unsterblichkeit"* (KrV B 7).

2 Dialektik der reinen Vernunft

„Die Vernunft wird", so Kant, „durch einen Hang ihrer Natur getrieben, über den Erfahrungsgebrauch hinaus zu gehen, sich in einem reinen Gebrauche und vermittelst bloßer Ideen zu den äußersten Grenzen aller Erkenntniß hinaus zu wagen" (KrV B 825). Der *reine* Gebrauch der Vernunft „vermittelst bloßer Ideen" bedeutet also für Kant stets ein *Wagnis*, bei dem die Vernunft Gefahr läuft, dass sich ihr hoher Anspruch nicht rechtfertigen lässt, weil sich die vermeintliche „Reinheit" ihrer Ideen als „Leere" von bloßen Hirngespinsten erweist. „Die reine Vernunft hat" daher Kant zufolge „jederzeit ihre Dialektik, man mag sie in ihrem speculativen oder praktischen Gebrauche betrachten; denn sie verlangt die absolute Totalität der Bedingungen zu einem gegebenen Bedingten, und diese kann schlechterdings nur in Dingen an sich selbst angetroffen werden" (5:107).

Die kritische Zentralunterscheidung zwischen bedingten →‚Erscheinungen' und unbedingten →‚Dingen an sich selbst' entspricht also genau der spontaneitätstheoretischen Unterscheidung zwischen einer immanenten Verstandeserkenntnis, die sich am Leitfaden der Möglichkeit von Erfahrung orientiert, und einer wahrhaft reinen, d. h. transzendenten Vernunfterkenntnis, die jede empirische Anwendbarkeit überschreitet: „Die aus diesem obersten Princip der reinen Vernunft entspringende Grundsätze werden [...] in Ansehung aller Erscheinungen *transscendent* sein, d. i. es wird kein ihm adäquater empirischer Gebrauch von demselben jemals gemacht werden können. Er wird sich also von allen Grundsätzen des Verstandes (deren Gebrauch völlig *immanent* ist, indem sie nur die Möglichkeit der Erfahrung zu ihrem Thema haben) gänzlich unterscheiden" (KrV B 365).

Für die empirischen Bedingungen der Erscheinungswelt kann daher reine Vernunfterkenntnis nur „inadäquat" sein – und an der Dialektik dieses Missverhältnisses scheitern. Denn hier „beziehen sich alle Begriffe und mit ihnen alle Grundsätze, so sehr sie auch *a priori* möglich sein mögen, dennoch auf empirische Anschauungen, d. i. auf *data* zur möglichen Erfahrung. Ohne dieses haben sie gar keine objective Gültigkeit, sondern sind ein bloßes Spiel, es sei der Einbildungskraft oder des Verstandes, respective mit ihren Vorstellungen" (KrV B 298).

3 Die Abwertung der reinen Vernunft in ihrem spekulativen Gebrauch

Der dialektische Umschlag des „reinen" in einen „leeren" Vernunftgebrauch unter Bedingungen der Erscheinungswelt führt bei Kant zu einer entschiedenen Abwertung der reinen Vernunft in ihrem spekulativen Gebrauch: „Es ist demüthigend für die menschliche Vernunft, daß sie in ihrem reinen Gebrauche nichts ausrichtet und sogar noch einer Disciplin bedarf, um ihre Ausschweifungen zu bändigen und die Blendwerke, die ihr daherkommen, zu verhüten" (KrV B 823). In Hinsicht auf die Erscheinungswelt, d. h. im Bereich der vergegenständlichenden Erkenntnis, überlässt „die reine Vernunft" daher „alles dem Verstande, der sich zunächst auf die Gegenstände der Anschauung oder vielmehr deren Synthesis in der Einbildungskraft bezieht" (KrV B 382f.).

Diese kritische „Demütigung" der reinen Vernunft, die auf einen Bruch mit der traditionellen Metaphysik abzielt, wird von Kant am Ende in einer allgemeinen Nutzenabwägung zusammengefasst. In Ansehung der drei „unvermeidlichen Aufgaben der reinen Vernunft [...] *Gott, Freiheit und Unsterblichkeit*" (KrV B 7) ist nämlich „das bloß speculative Interesse der Vernunft nur sehr gering, und in Absicht auf dasselbe würde wohl schwerlich eine ermüdende, mit unaufhörlichen Hindernissen ringende Arbeit transscendentaler Nachforschung übernommen werden, weil man von allen Entdeckungen, die hierüber zu machen sein möchten, doch keinen Gebrauch machen kann, der *in concreto*, d. i. in der Naturforschung, seinen Nutzen bewiese" (KrV B 826). Mit anderen Worten: Die drei Vernunftideen „bleiben für die speculative Vernunft jederzeit transscendent und haben gar keinen immanenten, d. i. für Gegenstände der Erfahrung zulässigen, mithin für uns auf einige Art nützlichen Gebrauch" (KrV B 827).

Unter der Bedingung, dass die Vernunft letztlich stets auf die erfolgreiche Bestimmung empirischer Gegenstände abzielt, um so einen „immanenten, d. i. für Gegenstände der Erfahrung zulässigen, mithin für uns auf einige Art nützlichen Gebrauch" (KrV B 827) aufzuweisen, erweist sich die Idee, sie möge „rein" sein, als leer und nichtig, weil sie radikal nutzlos und zweckfrei ist.

4 Die Aufwertung der reinen Vernunft in ihrem praktischen Gebrauch

Setzt das empirische Nutzenkalkül der reinen Vernunft Grenzen, so vermag allerdings auch diese jenem seine Grenze aufzuzeigen. Dies geschieht dort, wo gegenüber allen menschlichen Anstrengungen, die sich mehr oder weniger „nützlich" als Mittel auf vorgegebene Zwecke beziehen, das thematisch wird, was nie als Mittel zu einem gegebenen Zweck begriffen werden kann, weil es Selbstzweck ist: das moralisch Verpflichtende. Der spekulativ-theoretische Gebrauch geht hier in den →praktischen Gebrauch der reinen Vernunft über. Denn wenn die „drei Cardinalsätze" der reinen Vernunft (Gott, Freiheit und Unsterblichkeit) uns in empirischer Hinsicht „gar nicht nöthig sind und uns gleichwohl durch unsere Vernunft dringend empfohlen werden: so wird ihre Wichtigkeit wohl eigentlich nur das *Praktische* angehen müssen" (KrV B 827f.).

Als „Klugheit" und allgemeines Streben nach „*Glückseligkeit*" bezeichnet Kant alle empirischen Anstrengungen zur „Erreichung der uns von den Sinnen empfohlenen Zwecke"; von ihnen sind aber Kant zufolge „reine praktische Gesetze" radikal zu unterscheiden, „deren Zweck durch die Vernunft völlig *a priori* gegeben ist, und die nicht empirisch bedingt" sind, „sondern schlechthin gebieten", so dass sie nur als „Producte der reinen Vernunft" möglich sind (KrV B 828). Der Mensch ist am Ende, so Kant, „doch nicht so ganz Thier, um gegen alles, was Vernunft für sich selbst sagt, gleichgültig zu sein und diese blos zum Werkzeuge der Befriedigung seines Bedürfnisses als Sinnenwesens zu gebrauchen. Denn im Werthe über die bloße Thierheit erhebt ihn das gar nicht, daß er Vernunft hat, wenn sie ihm nur zum Behuf desjenigen dienen soll, was bei Thieren der Instinct verrichtet [...], ohne ihn zu einem höheren Zwecke zu bestimmen" (5:61f.).

Unter den empirischen Bedingungen der Erscheinungswelt ist das Nutzenkalkül geeignet, die Idee einer reinen, alle empirischen Zwecke transzendierenden Vernunft zu desavouieren; Kants kritischer Übergang vom spekulativen zum praktischen Gebrauch der reinen Vernunft macht aber deutlich, dass die reine praktische Vernunft im Gegenzug jedem pragmatischen Nutzenkalkül eine Grenze setzt, indem sie ihm die autonome Selbstzweckhaftigkeit der moralischen Pflicht entgegensetzt. Denn aus „dem Angeführten erhellt: daß alle sittliche Begriffe völlig *a priori* in der Vernunft ihren Sitz und Ursprung haben und [...] daß in dieser Reinigkeit ihres Ursprungs eben ihre Würde liege" (4:411).

Kants Kritik der reinen Vernunft zielt also durch die polemische Kritik am spekulativ-theoretischen Vernunftgebrauch schließlich auf eine rettende Kritik der Metaphysik vermittels einer praktisch-moralischen Transformation ab. Nur aus dieser systematischen Scharnierstelle der gesamten Vernunftkritik „erklärt sich auch allererst das Räthsel der Kritik, wie man dem übersinnlichen *Gebrauche der Kategorien* in der Speculation objective *Realität absprechen* und ihnen doch in Ansehung der Objecte der reinen praktischen Vernunft *diese Realität zugestehen* könne; denn vorher muß dieses nothwendig *inconsequent* aussehen, so lange man einen solchen praktischen Gebrauch nur dem Namen nach kennt" (5:5).

5 Die kritische Metaphysik der reinen Vernunft in praktischer Absicht

Durch das „*Primat der reinen praktischen Vernunft in ihrer Verbindung mit der speculativen*" (5:119) begründet Kant eine kritische Metaphysik der reinen Vernunft in praktischer Absicht. Dabei kommt konsequenterweise der praktischen Leitidee, der → Freiheit, eine zentrale Bedeutung zu. Denn der „Begriff der Freiheit, so fern dessen Realität durch ein apodiktisches Gesetz der praktischen Vernunft bewiesen ist, macht nun den *Schlußstein* von dem ganzen Gebäude eines Systems der reinen, selbst der speculativen Vernunft aus, und alle andere Begriffe (die von Gott und Unsterblichkeit), welche als bloße Ideen in dieser ohne Haltung bleiben, schließen sich nun an ihn an und bekommen mit ihm und durch ihn Bestand und objective Realität" (5:3f.).

Zusammenfassend kann Kant daher sagen: „Die ganze Zurüstung also der Vernunft in der Bearbeitung, die man reine Philosophie nennen kann, ist in der That nur auf die drei gedachten Probleme" – nämlich die Vernunftideen – „gerichtet. Diese selber aber haben wiederum ihre entferntere Absicht, nämlich *was zu thun sei*, wenn der Wille frei, wenn ein Gott und eine künftige Welt ist. Da dieses nun unser Verhalten in Beziehung auf den höchsten Zweck betrifft, so ist die letzte Absicht der weislich uns versorgenden Natur bei der Einrichtung unserer Vernunft eigentlich nur aufs Moralische gestellt" (KrV B 828f.).

Weiterführende Literatur

Guyer, Paul: „The Unity of Reason: Pure Reason as Practical Reason in Kant's Early Conception of the Transcendental Dialectic", in: Monist 72, 1989, 139–167; wiederabgedruckt in: ders.: Kant on Freedom, Law and Happiness, Cambridge: Cambridge University Press 2000, 60–95.

Henrich, Dieter: „Systemform und Abschlussgedanke. Methode und Metaphysik als Problem in Kants Denken", in: Gerhardt, Volker / Horstmann, Rolf-Peter / Schumacher, Ralph (Hg.): Kant und die Berliner Aufklärung. Akten des IX. Internationalen Kant-Kongresses, Bd. 1, Berlin u. a.: de Gruyter 2001, 94–115.

Klimmek, Nikolai: Kants System der transzendentalen Ideen, Berlin u. a.: de Gruyter 2005.

Vaihinger, Hans: Kommentar zu Kants Kritik der reinen Vernunft, 2 Bde, hg. von Raymund Schmidt, Stuttgart u. a.: Union deutsche Verlagsgesellschaft [2]1922.

Velkley, Richard: Freedom and the Ends of Reason: On the Moral Foundations of Kant's Critical Philosophy, Chicago: University of Chicago Press 1989.

Axel Hutter

Verstand

Der Verstand ist neben der Urteilskraft und der Vernunft eines „der oberen Erkenntnißvermögen" (KrV A 130 / B 169). Im Unterschied zu Urteilskraft und Vernunft „ist für das *Erkenntnißvermögen* (das theoretische der Natur) der Verstand dasjenige, welches die *constitutiven* Principien *a priori* enthält" (5:196). Er ist damit als „das Vermögen der *Erkenntnisse*" (KrV B 137) qualifiziert. In der „allgemeinsten Bedeutung" ist er bloß negativ als „ein von der Sinnlichkeit unterschiedenes und davon [...] unabhängiges Erkenntnißvermögen" (5:406), als „nichtsinnliches Erkenntnißvermögen" (KrV A 67 / B 92) bestimmt. Im Falle des „discursiven, der Bilder bedürftigen Verstandes (*intellectus ectypus*)" (5:408) ist „in der Vorstellung: *Ich bin*, noch gar nichts Mannigfaltiges gegeben" (KrV B 138). Er ist daher positiv als das „Vermögen, *a priori* zu verbinden, und das Mannigfaltige gegebener Vorstellungen unter Einheit der Apperception zu bringen" (KrV B 135), mithin als „*Vermögen zu urtheilen*" (KrV A 69 / B 94) und dadurch „den Gegenstand sinnlicher Anschauung zu *denken*" (KrV A 51 / B 75) bestimmt. Mit Blick auf diesen ektypischen (diskursiven) Verstand ist „die synthetische Einheit der Apperception der höchste Punkt, an dem man allen Verstandesgebrauch, selbst die ganze Logik, und, nach ihr, die Transscendental-Philosophie heften muss, ja dieses Vermögen ist der Verstand selbst" (KrV B 134 Anm.). Weitere wichtige Stellen: 2:291f.; KrV A 119; KrV A 126f.; KrV A 65 / B 90; KrV A 80f. / B 106; KrV B 145f.; KrV B 153; KrV A 158ff. / B 197ff.; KrV A 299 / B 356; 4:266f.; 4:304; 4:317; 4:320f.; 4:351; 5:190; 5:228f.; 5:244; 5:401f.; 5:403; 5:430f.; 8:35.

Philosophische Funktion

Der Ausdruck ‚Verstand' wird von Kant nahezu ausschließlich in der Bedeutung eines ektypischen Verstandes im Unterschied zu einem archetypischen Verstand verwendet (1.). Dem (ektypischen) Verstand kommt qua Vermögen zu denken eine logische (2.) und qua Vermögen, einen Gegenstand zu denken, eine erkenntnisrelevante Funktion (3.) zu. In seiner erkenntnisrelevanten Funktion ist er qua reiner Verstand das maßgebliche Vermögen zur Konstitution von Gegenständlichkeit (4.). Dem Verstand als psychisches Vermögen einzelner Subjekte schreibt Kant auch eine normative Funktion zu (5.).

1 Archetypischer und ektypischer Verstand

Es können nach Kant grundsätzlich zwei Arten von Verstand unterschieden werden: der ektypische (diskursive) Verstand und der archetypische (intuitive) Verstand. In der Gegenüberstellung mit der Idee eines Verstandes, „der selbst anschaute" und „der nicht gegebene Gegenstände sich vorstellte, sondern durch dessen Vorstellungen die Gegenstände selbst zugleich gegeben, oder hervorgebracht würden" (KrV B 145, vgl. auch 5:401–406), ist der „menschliche" Verstand als ektypischer Verstand bestimmt, „dessen ganzes Vermögen im Denken besteht, d. i. in der Handlung, die Synthesis des Mannigfaltigen, welches ihm anderweitig in der Anschauung gegeben worden, zur Einheit der Apperception zu bringen, der also für sich gar nichts *erkennt*, sondern nur den Stoff zum Erkenntniß, die Anschauung, die ihm durchs Object gegeben werden muß, verbindet und ordnet" (KrV B 145). Die reine Apperzeption ist hierbei bloß die prinzipielle Fähigkeit des Denkens zur Selbstbezüglichkeit, deren Vollzug allerdings die Bezogenheit auf ein Gegebenes (Mannigfaltigkeit) zur notwendigen Voraussetzung hat. Die Identität der Apperzeption ist also nur bestimmt in Bezug auf gegebene Mannigfaltigkeit (vgl. Hiltscher, *Kants Begründung*, S. 435ff.). Der ektypische Verstand ist demnach auf die → Sinnlichkeit als ein von ihm unabhängiges Vermögen mit eigenen Prinzipien bezogen. Sie hat die Funktion, den Begriffen einen „Gegenstand in der Anschauung beizufügen" (KrV A 51 / B 75). Insofern ist der ektypische Verstand – im Unterschied zum archetypischen – gerade kein von der Sinnlichkeit „ganz unabhängiges Erkenntnißvermögen" (5:406).

Die Idee eines anschauenden (intuitiven) Verstandes als das „Vermögen einer *völligen Spontaneität der Anschauung*" (5:406) ist besonders für die teleologische Betrachtung der Natur relevant. Kant erklärt die notwendig anzunehmende →Zweckmäßigkeit der Natur mit Hilfe eines Rekurses auf die Besonderheiten eines ektypischen Verstandes (vgl. 5:405–410). Um aber die „Eigenthümlichkeit *unseres* (menschlichen) Verstandes in Ansehung der Urtheilskraft in der Reflexion derselben über Dinge der Natur" als etwas Besonderes denken zu können, „muß hier die Idee von einem andern möglichen Verstande, als dem menschlichen zum Grunde liegen" (5:405). Dies geschieht durch die Kontrastierung des „*intellectus ectypus*" (5:408) mit einem „*intuitiven* Verstand [...], welcher nicht vom Allgemeinen zum Besonderen und so zum Einzelnen (durch Begriffe) geht" (5:406). Dabei ist es für Kant „auch gar nicht nöthig zu beweisen, daß ein solcher *intellectus archetypus* möglich sei" (5:408), sondern er hat allein die Funktion eines „limitativen Begriffs" (Klingner, *Kant über den endlichen Verstand*, S. 164ff.). Er erlaubt es also nicht, die Naturteleologie „von dem Urgrunde der Zwecke der Natur bis zum Begriffe einer Gottheit zu ergänzen" (5:438f.), da der Mensch ihn nur „negativ, nämlich bloß als nicht discursiven" (5:406) denken kann. In dieser Gegenüberstellung ist die Endlichkeit des ektypischen Verstandes durch die Merkmale der Abhängigkeit von einem sinnlich gegebenen Material und der ihr entsprechenden Diskursivität charakterisiert. Die spezifische Art der Sinnlichkeit, auf die der ektypische Verstand verwiesen ist, ist für Kant aber augenscheinlich unerheblich. Auch ein Verstand, der sich auf eine andere Art der Sinnlichkeit, deren Anschauungsformen also nicht die von Raum und Zeit sind, notwendig bezieht, ist ein ektypischer Verstand (vgl. Cramer, *Nicht-reine synthetische Urteile apriori*, S. 268–272).

2 Logische Funktion

Im Gegensatz zur Sinnlichkeit, durch die „uns ein Gegenstand *gegeben*" wird, und die Kant als „*Receptivität* unseres Gemüths" kennzeichnet, ist der Verstand überhaupt „das Vermögen, Vorstellungen selbst hervorzubringen, oder die *Spontaneität* des Erkenntnisses" (KrV A 50f. / B 74f.). Als bloßes „Denken, für sich genommen", ist der Verstand in seiner logischen Funktion nur „lauter Spontaneität der Verbindung des Mannigfaltigen einer bloß möglichen Anschauung" (KrV B 428). Er erzeugt Begriffe, Urteile und Regeln (vgl. u. a. KrV A 160 / B 199; KrV A 81 / B 106; KrV A 299 / B 356), durch die er „den Stoff zum Erkenntniß, die Anschauung, die ihm durchs Object gegeben werden muß, verbindet und ordnet" (KrV B 145). Er ist in dieser logischen Ordnungsfunktion als „das Vermögen zu denken, d. h. die Vorstellungen der Sinne unter Regeln zu bringen" (9:11) qualifiziert.

3 Erkenntnisrelevante Funktion

Die bloß logische Qualifikation des Verstandes ist allerdings unzureichend, da dem Verstand eine erkenntnisrelevante (epistemologische) Funktion zukommt, die sich nicht in seiner Ordnungsfunktion erschöpft. Kant selbst weist darauf hin, indem er den Verstand als einziges →Erkenntnisvermögen, „welches die *constitutiven* Principien *a priori* enthält" (5:196), sowie als „Urheber der Erfahrung" (KrV B 127) und als „Quell der Gesetze der Natur, und mithin der formalen Einheit der Natur" (KrV A 127) bezeichnet. Er ist nicht nur das Vermögen zu denken, sondern „das Vermögen, den Gegenstand sinnlicher Anschauung zu *denken*" (KrV A 51 / B 75), mithin nicht nur Denkvermögen, sondern „ein Erkenntnißvermögen, das sich auf Objecte beziehen soll" (KrV A 97). Seine →Erkenntnis ist „discursiv", d. h. „Erkenntniß durch Begriffe" (KrV A 68 / B 93, vgl. auch 4:351 und 5:407).

Da der Unterschied zwischen Denken und Erkennen darin zu sehen ist, dass für Erkenntnis „dem Begriffe eine korrespondirende Anschauung" zur Seite gestellt werden muss, ist er qua Erkenntnisvermögen auf das Vermögen der Sinnlichkeit angewiesen. Andernfalls wäre der →Begriff bloß „ein Gedanke der Form nach, aber ohne allen Gegenstand" (KrV B 146). Im Gegensatz zur Sinnlichkeit, die den Gegenstand mittels →Anschauung in seiner Unbestimmtheit gibt, erzeugt der Verstand selbst durch seine begrifflichen Gegenstandsvorstellungen die Bestimmtheit des Gegenstandes (vgl. Flach, *Idee der Transzendentalphilosophie*, z. B. S. 34f.).

4 Reiner Verstand

Mit dem Ausdruck ‚reiner Verstand' benennt Kant den für die →Transzendentalphilosophie relevanten Aspekt des Verstandes. Er wird von Kant selbst als das „Vermögen, *a priori* zu verbinden" (KrV B 135, vgl. auch KrV B 164) und „Vermögen" der

„synthetische[n] Einheit der Apperception“ (KrV B 133 Anm., vgl. auch KrV A 119, KrV A 127 und KrV B 153) bestimmt, „der nicht allein das Vermögen der Regeln ist, in Ansehung dessen, was geschieht, sondern selbst der Quell der Grundsätze, nach welchem alles (was uns nur als Gegenstand vorkommen kann) nothwendig unter Regeln steht“ (KrV A 158f. / B 197f.). Er ist „selbst die Gesetzgebung für die Natur, d. i. ohne Verstand würde es überall nicht Natur, d. i. synthetische Einheit des Mannigfaltigen der Erscheinungen nach Regeln geben“ (KrV A 126f.). Er „sondert sich nicht allein von allem Empirischen, sondern sogar von aller Sinnlichkeit völlig aus“ und ist demnach „eine für sich selbst beständige, sich selbst gnugsame, und durch keine äußerlich hinzukommenden Zusätze zu vermehrende Einheit“ (KrV A 65 / B 89f.). Der reine Verstand ist demnach ein Inbegriff von bloß „formalen Principien“ (KrV A 63 / B 88), mithin als „eine selbige unendliche Funktionalität“ zu verstehen, die auf Mannigfaltigkeit bezogen ist (Hiltscher, *Kants Begründung*, S. 435). Der „Inbegriff seiner Erkenntniß“ soll „ein unter einer Idee zu befassendes und zu bestimmendes System ausmachen“ (KrV A 65 / B 90). Dieses System entfaltet die transzendentale Logik (→ Logik, transzendentale), die deutlich macht, dass und wie der Verstand sich als reiner Verstand a priori auf Gegenstände bezieht (vgl. KrV A 62f. / B 87).

5 Normative Funktion

Der Ausdruck ‚Verstand‘ hat auch eine normative Dimension. An den Verstand als „oberes Erkenntnißvermögen“ (5:345) sind Ansprüche zu stellen: Wenn er, „der *denken* soll, an dessen statt *schwärmt*“, dann „kann ihm niemals verziehen werden“ (4:317). Und zu Beginn seiner Schrift *Aufklärung* schreibt Kant: „Habe Muth dich deines eigenen Verstandes zu bedienen! Ist also der Wahlspruch der Aufklärung“ (8:35). Kant benutzt daher auch Wendungen wie „richtiger Verstand“ (z. B. 9:197) oder „gesunder Verstand“ (z. B. 9:208), die nicht mehr nur einen Prinzipieninbegriff bezeichnen, sondern das psychologische Vermögen des einzelnen Subjekts (→ Menschenverstand, gesunder/gemeiner). Der Ausdruck ‚Verstand‘ wird in dieser Bedeutung von Kant besonders in anthropologischem und pädagogischem Kontext verwendet (vgl. etwa Munzel, *Kant's Conception*, S. 254ff.).

Weiterführende Literatur

Baumanns, Peter: Kants Philosophie der Erkenntnis. Durchgehender Kommentar zu den Hauptkapiteln der „Kritik der reinen Vernunft“, Würzburg: Königshausen & Neumann 1997.

Longuenesse, Béatrice: Kant and the Capacity to Judge. Sensibility and Discursivity in the Transcendental Analytic of the „Critique of Pure Reason“, Princeton: Princeton University Press 1998.

Stefan Klingner

Vollkommenheit

Vollkommenheit ist nach Kant im Allgemeinen die „vollständige zweckmäßige Einheit“ eines Gegenstandes (KrV A 694 / B 722), d. i. „die Zusammenstimmung des Mannigfaltigen in einem Dinge zu einer innern Bestimmung desselben als Zweck“ (5:311; vgl. 5:227). Kant unterscheidet aber genauer verschiedene Bedeutungen des Begriffs. Die grundlegende Unterscheidung ist die zwischen quantitativer bzw. materialer und qualitativer bzw. formaler Vollkommenheit. Quantitative Vollkommenheit ist „die Vollständigkeit eines jeden Dinges in seiner Art“ (5:227; vgl. 6:386). Qualitative Vollkommenheit ist davon zu unterscheiden, weil sie den Bezug auf einen → Zweck mit einschließt, zu welchem die Eigenschaften eines Dinges zusammenstimmen (vgl. 6:389; 5:227). Unter moralischer Vollkommenheit versteht Kant endlich speziell einen „dem Gesetze unbedingt gehorchenden Willen“ (6:3 Anm.; vgl. 6:387, 6:392). Weitere wichtige Stellen: 2:30f.; 2:90f.; 4:410; 4:441ff.; 5:41; 5:127; 5:227f.; 6:3f.; 6:385ff.; 6:391ff.; 6:398; 6:441; 6:444ff.; 9:36ff.

Philosophische Funktion

1 Notwendigkeit einer Differenzierung

Kant erklärt früh, „lange Zeit über den Begriff der Vollkommenheit insgemein oder insbesondere sorgfältige Untersuchungen angestellt“ zu haben (2:90). Sie haben ihn zur Überzeugung geführt, „daß in einer genauern Kenntniß derselben überaus viel verborgen liege, was die Natur eines Geistes, unser eigen Gefühl und selbst die ersten Begriffe der praktischen Weltweisheit aufklären kann“ (2:90). Es handele sich dann um einen Schlüsselbegriff für verschiedene Bereiche der Philosophie. Eine grundsätzliche Schwierigkeit besteht aber in der genauen Bestimmung seiner Bedeutung.

Kant bezieht sich in erster Linie auf die Terminologie von Wolff, Baumgarten und Meier, die Vollkommenheit allgemein als innere Zusammenstimmung verstanden hatten (siehe dazu Schwaiger, *Vollkommenheit*). Kant nennt dementsprechend die Vollkommenheit „schlechthin betrachtet" die „vollständige zweckmäßige Einheit" eines Gegenstandes (KrV A 694 / B 722). Viel öfter hebt Kant aber die Notwendigkeit einer Differenzierung hervor. Wegen seiner mehrfachen Bedeutung, bemerkt er, ist „das Wort *Vollkommenheit* [...] mancher Mißdeutung ausgesetzt" (6:386). Er schlägt daher verschiedene Unterscheidungen vor, welche die Bedeutung des Begriffs im jeweiligen Kontext genau bestimmen sollen.

Eine erste Unterscheidung setzt absolute und relative Vollkommenheit auseinander: *Absolute* Vollkommenheit eines Dinges bestehe „in dem Grade der Realität", „wenn man sie ohne irgend eine Absicht für sich selbst betrachtet" (2:30f.). Demgegenüber sei „[d]ie Vollkommenheit im respectiven Verstande" „die Zusammenstimmung des Mannigfaltigen zu einer gewissen Regel, diese mag sein, welche sie wolle" (2:30 Anm.). Kant entwickelt diese Differenzierung weiter, indem er zwischen theoretischen und praktischen Bedeutungen des Begriffs unterscheidet. *Theoretisch* relevant sind die „transscendentale" Bedeutung (die „Vollständigkeit eines jeden Dinges in seiner Art") und die „metaphysische" (die Vollständigkeit „eines Dinges blos als Dinges überhaupt") (5:41). Die *praktische* Bedeutung wird an dieser Stelle als „die Tauglichkeit oder Zulänglichkeit eines Dinges zu allerlei Zwecken" erklärt (5:41).

Kant macht an späteren Stellen klarer, dass der Unterschied zwischen einer bloß inneren Betrachtung der Eigenschaften eines Dinges und einer Betrachtung ihrer Angemessenheit zu einem bestimmten Zweck das Hauptkriterium der Differenzierung sein soll. Die theoretischen Bedeutungen von Vollkommenheit fallen dann in den ersten Bereich, da sie nur den Gegenstand selbst berücksichtigen. In diesem Sinn ist Vollkommenheit „ein zur Transscendentalphilosophie gehörender Begriff der Allheit des Mannigfaltigen, was zusammengenommen ein Ding ausmacht" (6:386; vgl. 5:227). Diese Bedeutung des Begriffs nennt Kant „*quantitativ[]*" (oder „*material[]*"), da Vollkommenheit in diesem Fall „ein bloßer Größenbegriff (der *Allheit*)" (5:227) ist. Es geht nämlich nur darum, ob alle zu einem Ding gehörenden Merkmale vorhanden sind. In diesem Sinn spricht Kant auch von der Vollkommenheit eines Begriffs. Sie bestehe darin, dass die Vielheit der Merkmale „auf die Einheit des Begriffs zurückführt, und zu diesem und keinem anderen völlig zusammenstimmt" (KrV B 114).

Die andere Bedeutung des Begriffs ist nach Kant dagegen „*qualitativ[]*" (bzw. „*formal[]*"), da sie „die Zusammenstimmung der Beschaffenheit eines Dinges zu einem *Zwecke*" bezeichnet (6:386; vgl. 5:227). Die Vollkommenheit in dieser Bedeutung wird hier letztlich nicht mehr als praktisch bezeichnet (→praktisch), sondern eher der →Teleologie zugeschrieben (vgl. 6:386).

2 Teleologische Vollkommenheit vs. Schönheit
Auf dem teleologischen Verständnis von (qualitativer) Vollkommenheit beruht auch Kants Unterscheidung zwischen Vollkommenheit und →Schönheit. Die qualitative Vollkommenheit als „objective innere Zweckmäßigkeit" kommt nämlich der Schönheit zwar näher als die Nützlichkeit (5:227). Auch die Vollkommenheit bezieht sich aber auf einen Zweck. Da die Beurteilung einer qualitativen Vollkommenheit daher ihren Bezug auf einen Zweck berücksichtigen muss, muss sie also von einem Urteil über die Schönheit eines Gegenstandes unterschieden werden (vgl. 5:227f.; vgl. 5:279, 5:311). „Also wird durch die Schönheit, als eine formale subjective Zweckmäßigkeit, keinesweges eine Vollkommenheit des Gegenstandes als vorgeblich formale, gleichwohl aber doch objective Zweckmäßigkeit gedacht" (5:228; vgl. 5:231; →Zweckmäßigkeit). Kant bemerkt deswegen, dass mit Bezug auf mathematische Entitäten eigentlich nicht von Schönheit gesprochen werden kann, obwohl dies üblich ist. Da es bei ihnen um „eine objective Zweckmäßigkeit, d. i. Tauglichkeit zu allerlei (ins Unendliche mannigfaltigen) Zwecken" geht, müsste man „sie eher eine *relative Vollkommenheit*, als eine Schönheit der mathematischen Figur nennen" (5:366).

3 Vollkommenheit in der Moralphilosophie
Die Unbestimmtheit des allgemeinen Begriffs von Vollkommenheit stellt auch den Ausgangspunkt von Kants Bemerkungen zur Rolle des Begriffs in der Moralphilosophie dar. Kant behauptet, dass die vorigen Auffassungen der Moral sie entweder auf →Glückseligkeit oder auf Vollkommenheit zurückgeführt haben (vgl. 4:410; →Heteronomie). Als Paradebeispiel einer auf dem Prinzip der Vollkommenheit basierenden Moralphilosophie nennt Kant Wolff, aber auch die Stoiker (vgl. 5:40). Der Begriff der Vollkommenheit spielt allerdings nach Kant auch in den theonomen Begründungen der Moral eine zentrale Rolle, denn sie führen die moralischen Gebote auf einen „göttlichen, allervollkommensten Willen" zurück (4:443; vgl. 4:442, 5:41). „[D]er ontologische Begriff der *Vollkommenheit*" sei aber „besser als der theologische Begriff" (4:443). Insgesamt sei jeder Versuch, die Moral auf Vollkommenheit zu gründen, allen eudämonistischen Auffassungen vorzuziehen, da er wenigstens erkennt, dass die Moral nicht eine sinnliche, sondern eine rationale Grundlage erfordert (vgl. 4:443). Dennoch wendet sich Kant gegen alle Ansätze, die sich auf den Begriff der Vollkommenheit stützen. Selbst in der ontologischen Bedeutung bleibt er „so leer, so unbestimmt, mithin unbrauchbar" (4:443).

Eine wichtige Rolle in der Moral schreibt Kant dem Begriff der Vollkommenheit trotzdem zu, denn er betrachtet die „*fremde Glückseligkeit*" und die „*[e]igene Vollkommenheit*" als die zwei „*Zwecke, die zugleich Pflicht sind*" (6:385; vgl. 6:3f.). (Kant verneint, dass die Beförderung der Vollkommenheit anderer Menschen ein möglicher Zweck sein kann, vgl. 6:386.) Vollkommenheit wird hier ausdrücklich in qualitativer bzw. formaler Bedeutung verstanden (vgl. 6:386). Die eigene Vollkommenheit, die befördert werden soll, umfasst sowohl die *physische* als auch die *moralische* Vollkommenheit des Menschen.

Die erste, die Kant auch „*Naturvollkommenheit*" nennt (6:444; vgl. 6:4), besteht in der bloßen „Tauglichkeit oder Untauglichkeit zu allerlei dir beliebigen oder auch gebotenen Zwecke" (6:441). Dem scheint die „innere Vollkommenheit des Menschen" zu entsprechen, die darin besteht, dass „er den Gebrauch aller seiner Vermögen in seiner Gewalt habe, um ihn seiner *freien Willkür* zu unterwerfen" (7:144). Die physische Vollkommenheit des Menschen ist daher „nur bedingter Weise gut" (6:4 Anm.). Die Beförderung der eigenen Vollkommenheit verlangt also den „Anbau [...] seiner Naturkräfte (Geistes-, Seelen- und Leibeskräfte)" (6:444).

Die moralische Vollkommenheit eines Menschen dagegen besteht nach Kant in einem „dem Gesetze unbedingt gehorchenden Willen" (6:4 Anm.). Gegenstand des ethischen Gebots ist hier nämlich die „*Lauterkeit* [...] der Pflichtgesinnung" (6:446), wo die einzige Triebfeder zum Handeln das moralische Gesetz selbst ist. Kant hebt hervor, dass wegen der menschlichen Gebrechlichkeit „zwar das *Streben*, aber nicht das *Erreichen*" dieser Vollkommenheit „(in diesem Leben) Pflicht ist" (6:446). Die Befolgung dieser Pflicht kann nur in einem „continuirlichen Fortschreiten" bestehen (6:446).

4 Die ‚Vollkommenheiten des Erkenntnisses'
Kant distanziert sich von dem damals üblichen Gebrauch des Begriffs im Bereich der →Logik. Hier spielt der Begriff der Vollkommenheit eine bedeutende Rolle, da Kant, an Meiers Terminologie anknüpfend, von den verschiedenen „*Vollkommenheit[en]* des Erkenntnisses" (9:36; vgl 9:36ff.) spricht. Darunter versteht er die Eigenschaften, die eine Erkenntnis besitzen soll, um ihre Funktion zu erfüllen. Wie schon Meier, unterscheidet Kant dabei zwischen „der *ästhetischen* und der *logischen Vollkommenheit* des Erkenntnisses" (9:36): „Die logische Vollkommenheit des Erkenntnisses beruht auf seiner Übereinstimmung mit dem Objecte; also auf *allgemeingültigen* Gesetzen, und läßt sich mithin auch nach Normen a priori beurtheilen. Die ästhetische Vollkommenheit besteht in der Übereinstimmung des Erkenntnisses mit dem Subjecte und gründet sich auf die besondere Sinnlichkeit des Menschen" (9:36). Die ästhetische Vollkommenheit kann daher nicht auf allgemeingültige Regeln zurückgeführt werden. Kant nennt in erster Linie die folgenden logischen Vollkommenheiten einer Erkenntnis, denen jeweils eine ästhetische Vollkommenheit entspricht: Allgemeinheit, Deutlichkeit, →Wahrheit und Gewissheit (vgl. 9:38f.). Die logische Elementarlehre hat „die Elemente und Bedingungen der Vollkommenheit einer Erkenntniß zu ihrem Inhalt" (9:139).

Eine zentrale Frage ist, wie logische und ästhetische Vollkommenheit vereinbart werden können. „Überhaupt bleibt wohl freilich zwischen der ästhetischen und der logischen Vollkommenheit unsers Erkenntnisses immer eine Art von Widerstreit, der nicht völlig gehoben werden kann. Der Verstand will belehrt, die Sinnlichkeit belebt sein, der erste begehrt Einsicht, die zweite Faßlichkeit" (9:37). Aber „das Bedürfniß der menschlichen Natur und der Zweck der Popularität des Erkenntnisses erfordert, daß wir beide Vollkommenheiten mit einander zu vereinigen suchen" (9:37).

Der Begriff der Vollkommenheit spielt übrigens in der Logik noch eine weitere Rolle, da Kant mit Bezug auf ihn den Begriff des Horizonts definiert: „Unter dem absoluten und allgemeinen Horizont ist die Congruenz der Grenzen der menschlichen Erkenntnisse mit den Grenzen der gesammten menschlichen Vollkommenheit überhaupt zu verstehen" (9:41). Hier kommt aber nicht die Vollkommenheit einer Erkenntnis in Frage, sondern die potentiellen Ergebnisse der menschlichen Entwicklung.

Weiterführende Literatur

Denis, Lara: „Kant on the Perfection of Others", in: Southern Journal of Philosophy 37, 1999, 21–41.

Guyer, Paul: „Kantian Perfectionism", in: Jost, Lawrence / Wuerth, Julian (Hg.): Perfecting Virtue. New Essays on Kantian Ethics and Virtue Ethics, Cambridge: Cambridge University Press 2011, 194–214.

Jeske, Diane: „Perfection, Happiness, and Duties to Self", in: American Philosophical Quarterly 33, 1996, 263–276.

Red.

Vorstellung

Der Terminus ‚Vorstellung' steht bei Kant, soweit nicht im unspezifischen Sinne von Auffassung, Ansicht, Darstellung u. ä. verwendet, in drei Bedeutungszusammenhängen: Er ist erstens die Sammelbezeichnung für verschiedene Akte des Vorstellens (→Denken, Empfinden, Erkennen), verschiedene Vorstellungsmittel (→Begriff, →Anschauung, →Schema) sowie verschiedene Arten oder Qualitäten des Vorgestellten (Vorstellung als sinnliche, empirische, symbolische, intellektuelle, dunkle, klare, deutliche usw.). Kant schließt in diesem Punkt vor allem an damalige Lehrbücher der wolffschen Philosophie an, in welchen „Vorstellung" (lat. *perceptio, repraesentatio, idea, notio)* als Oberbegriff für die Wirkungen und Modifikationen des vorstellenden Subjekts oder Seelenvermögens fungiert. Allerdings setzt er mit der „Stufenleiter" der Vorstellungsarten (KrV A 320 / B 376f.) das Resultat seiner Vorgänger in einer veränderten, auf die Ziele der kritischen Vernunft ausgerichteten Weise fort. Unter der „Gattung" einer „*Vorstellung* überhaupt (*repraesentatio*)" soll die „Vorstellung mit Bewußtsein (*perceptio*)" stehen, diese in eine subjektive („*Empfindung*", „*sensatio*") und objektive („*Erkenntniß*", „*cognitio*") zerfallen, letztere in „*Anschauung* oder *Begriff* (*intuitus vel conceptus*)"; der Begriff seinerseits ist „*empirischer* oder *reiner*", der reine entweder Verstandesbegriff oder „*Idee*" (KrV A 320 / B 376f.). Mit dieser Untergliederung werden die Bestandteile und Eingrenzungen des neuen Verständnisses von objektiver Erkenntnis deutlich gemacht. Weitere wichtige Stellen: 9:91; 16:82–88; 22:24f.

Zweitens ist ‚Vorstellung' ein grundlegender Terminus in der Erklärung des Erkenntnisprozesses vor dem Hintergrund einer Subjekt-Objekt-Beziehung. Symptomatisch hierfür sind feste Ausdrücke wie „Vorstellung eines Gegenstandes" (9:173), Gegenstand *außer meiner Vorstellung*. Zu einer reflektierteren Verwendung dieser Bedeutung kommt es mit der für die Urteilsdefinition relevanten Aussage, die „Vorstellung" beziehe sich als Anschauung „unmittelbar", als Begriff „mittelbar" auf einen „Gegenstand" (KrV A 68f. / B 93f.), sowie in der kritisch an die überlieferten Auffassungen von *perceptio* und *apperceptio* anschließenden Erörterung zum Begleiten aller meiner „Vorstellungen" durch die „Vorstellung" oder den „Actus" des „*Ich denke*" (KrV B 131f.). Grundsätzlich zeichnet der Vorstellungsbegriff sich hier durch die als intentional zu umschreibende Struktur des *Vorstellens von etwas* und damit durch die Unterscheidung und den Zusammenhang von Vorstellendem und Vorgestelltem aus. Der Terminus „Vorstellung" wird dabei sowohl der Subjekt- oder Formseite („Vorstellung der *synthetischen* Einheit des Mannigfaltigen", KrV B 130f.) als auch der Gegenstands- oder Stoffseite (das „Mannigfaltige der Vorstellungen", „gegebene Vorstellungen", KrV B 129, KrV B 137, 5:217, 5:219) zugeordnet. Weitere wichtige Stellen: KrV B 129–142; 11:311; 11:395; 16:77–80; 16:631.

Drittens wird mit ‚Vorstellung' die für das Zustandekommen von → Erkenntnis nötige Verbindung von Begriff und sinnlicher Anschauung benannt, so dass dieser Terminus auch als Synonym für Einbildung (lat. *phantasia, imaginatio*) erscheint. In diesem Zusammenhang steht er für einen Vermittlungsaspekt des Beziehens einer Vorstellung auf den Gegenstand. Er bezeichnet das Vermögen, sinnliche Eindrücke in reproduktiver Weise → Begriffen zuzuordnen. Damit eine Vorstellung Erkenntnis wird, müssen „Begriff und Anschauung von einem Gegenstand in derselben Vorstellung verbunden" werden (20:273). Die „Vorstellungskraft muß dem reinen Verstandesbegriff ein Schema *a priori* unterlegen" (20:274). Das Dritte, welches sowohl intellektuell als auch sinnlich ist, ist die „vermittelnde Vorstellung" des transzendentalen → Schemas (KrV A 138 / B 177). Weitere wichtige Stellen: 5:351f.; 15:124; 18:220.

Philosophische Funktion

Verglichen mit dem Leibniz-Wolffschen Rationalismus, welcher dem cartesischen Ideal klarer und deutlicher Vorstellungen verpflichtet ist, wie auch mit dem Empirismus, für den seit Locke die Einteilung in sinnliche und selbstwahrnehmende Vorstellungen (engl. *sensations* und *reflections*) eine entscheidende Grundlage in der Erkenntnisfrage darstellt, verliert der Vorstellungsbegriff bei Kant an Gewicht. Dies hängt damit zusammen, dass Kants Hauptthema in der theoretischen Philosophie nicht das Vorstellen, sondern das Erkennen und dessen Abgrenzung vom bloßen Denken ist. Zudem ist dies dadurch bedingt, dass sich Kants eigentliches Geschäft des Unterscheidens nicht auf Vorstellungen, sondern auf *Erkenntnisstämme* bezieht. Trotz dieser veränderten Gewichtung bleiben Überlegungen zum Terminus ‚Vorstellung', zur Unterscheidung und Einteilung der Vorstellungsarten sowie zur intentionalen Struktur des Vorstellens eines Gegenstandes in allen Phasen des kantischen Denkens bedeutsam. Im *Op. post.* lässt sich zudem eine als partielle Aufwertung des Vorstellungsbegriffs interpretierbare Zunahme von Reflexionen zur „Vorstellungskraft" (22:11) und zum „Vorstellungsvermögen (*facultas repraesentativa*)" (22:73) feststellen (vgl. auch 22:43, 22:58, 22:66f., 22:79, 22:83, 22:91f.). Beide Bezeichnungen stehen dort für den zentral werdenden Gedanken einer als Vermögen der Selbstsetzung oder Selbstanschauung gefassten ursprünglichen → Apperzeption.

1 ‚Vorstellung' als unerklärbarer, aber bekannter Begriff

Wiederholt weist Kant darauf hin, dass ‚Vorstellung' kein zergliederbarer oder erklärbarer Begriff ist. Das „Wort *Vorstellung*" kann „in seine[r] Bedeutung niemals durch eine Erklärung" gefasst werden (2:70). „Vorstellung" gehört zu jenen Begriffen, die „beinahe gar nicht aufgelöset werden können" (2:280). Der Begriff der „Vorstellung" besteht seiner Bedeutung nach durch sich selbst, kann nicht durch etwas anderes expliziert werden: „Denn man müsste, was *Vorstellung sei*? doch immer wiederum durch eine andere Vorstellung erklären" (9:34; vgl. *Logik Bauch*, S. 38 und *Logik Hechsel*, S. 304). Damit soll nicht gesagt sein, ‚Vorstellung' sei ein leerer, bedeutungsloser Begriff. Vielmehr argumentiert Kant dafür, dass er ein einfacher Begriff bzw. ein ‚Grundbegriff' ist. Seine Bedeutung ist uns, ähnlich wie bei der Anschauung des Außer- und Nebeneinander, klar, einleuchtend, ausreichend bekannt. Er kann deshalb in der „allertiefsinnigsten Wissenschaft" mit „Zuversicht" gebraucht werden (2:70). Mit der Frage, was die einfache Bedeutung von ‚Vorstellung' ist, hat Kant sich bei der G. F. Meiers *Auszug* zugrundeliegenden Ausarbeitung der Logik-Vorlesung befasst: „*repraesentatio est determinatio mentis (interna), qvatenus ad res qvasdam ab ipsa (nempe repraesentatione) diversas refertur.* Ist diejenige Bestimmung der Seele, die sich auf andere Dinge beziehet. Beziehen aber nenne ich, wenn ihre Beschaffenheit der Beschaffenheit der äußeren Dinge gemäß ist, *sive si rebus externis conformis est*" (16:76f.). Ferner aus der *Logik Bauch*: „Eine Vorstellung ist nichts anderes, als wenn sich in meiner Seele etwas befindet, was mit der vorgestellten Sache eine Ähnlichkeit hat" (*Logik Bauch*, S. 30). Im Brief an Beck vom 4. Dez. 1792 heißt es ähnlich: „Denn Vorstellung bedeutet eine Bestimmung in uns, die wir auf etwas Anderes beziehen (dessen Stelle sie gleichsam in uns vertritt)" (11:395).

2 Die Stufenleiter der Vorstellungsarten

Bereits in den vorkritischen Schriften finden sich Unterscheidungen oder Zuordnungen, die in die „Stufenleiter" der Vorstellungsarten (vgl. KrV A 320 / B 376f.) einfließen werden. So wird z. B. mit der Erwähnung der „[d]*unkle*[n]" oder unbewussten Vorstellungen (2:290) die Unterscheidung von Vorstellung mit oder ohne Bewusstsein vorweggenommen, mit der Verwendung von „idea" im Hinblick sowohl auf die reinen oder empirischen Begriffe als auch auf die Anschauungen Raum und Zeit (2:394; vgl. 2:398) die Aufteilung der Vorstellungsart der Erkenntnis vorbereitet. Die Feststellung, dass man ohne Mühe ein Ganzes der Vorstellung („*totum repraesentationis*") zustande bringt, damit aber nicht schon eine Vorstellung des Ganzen („*repraesentationem totius*") (2:390), erweist sich zudem als grundlegend für die Unterteilung der Erkenntnis in allgemeine und einzelne, bzw. in Begriff und Anschauung.

Die „Stufenleiter" der Vorstellungsarten (KrV A 320 / B 376f.) wird von Kant im Anschluss an die Klärung des Ausdrucks ‚Idee' eingeführt. Dementsprechend verfolgt er mit ihr die Absicht, eine dem Stand der *KrV* angemessene Erkenntnisterminologie zu statuieren. Demjenigen, der sich an die Stufenleiter gewöhnt hat, „muß es unerträglich fallen, die Vorstellung der rothen Farbe Idee nennen zu hören. Sie ist nicht einmal Notion (Verstandesbegriff) zu nennen" (KrV A 320 / B 377). Was die von Kant stichwortartig skizzierte Einteilung betrifft, sei an dieser Stelle die durch C. G. Schütz in der *Rezension von Schulzes Erläuterungen* (S. 161) vervollständigte und tabellarisch dargestellte Version (in modifizierter Weise) wiedergegeben (siehe folgende Grafik).

Hinsichtlich dieser Einteilung des Vorstellungsbegriffs ist zu beachten, dass Kant bei der Unterteilung der Erkenntnis in einzelne und allgemeine bzw. in „*Anschauung* oder *Begriff* (*intuitus vel conceptus*)" (KrV A 320 / B 377) auf die Unterscheidung von unmittelbarem oder mittelbarem Gegenstandsbezug hinweist. Die Anschauung „bezieht sich unmittelbar auf den Gegenstand und ist einzeln", der Begriff hingegen „mittelbar, vermittelst eines Merkmals, was mehreren Dingen gemein sein kann" (KrV A 320 / B 377). Vor dem Hintergrund der Urteilsdefinition (vgl. KrV A 68f. / B 93f.) ergibt sich daraus die Zuordnung des Urteilssubjekts zur einzelnen Erkenntnis oder Anschauung, des Urteilsprädikats zur allgemeinen Erkenntnis oder zum Begriff. Zu berücksichtigen ist ferner, dass Kant in der *Logik* die Unterscheidung von einzelner und allgemeiner Vorstellung (*repraesentatio singularis*, *repraesentatio per notas communes*) auch als Verhältnis von einzelner, gewöhnlicher Vorstellung einerseits und allgemeiner, „*reflectirte*[r] Vorstellung (*repraesentatio discursiva*)" andererseits thematisiert (9:91). Auf diese Weise wird die allgemeine Vorstellung näher besehen als Vorstellen eines Vorgestellten wie auch als sich vorstellendes Vorstellen gefasst. Bestätigt wird dies durch Kants Auffassung, wonach die bewusste, erkennende oder begriffliche Vorstellung zu einer Art selbstbezüglicher Vorstellung gehört. Während die → Empfindung oder die sich lediglich auf das → Objekt beziehende Vorstellung als bloße Vorstellung erscheint, ist die gleichzeitig auf das Subjekt, Bewusstsein oder den Begriff bezogene Vorstellung „eine Vorstellung, daß eine andre Vorstellung in mir ist" (9:33). Analog dazu werden Vorstellungen, die uns gegeben sind, von „gemacht[en] Vorstellungen" unterschieden (*Refl.* 2853, 16:547; vgl. 22:67). Und entsprechend ist bei der Einteilung des Erkenntnisbegriffs davon die Rede, dass Erkenntnis der Materie nach „Vorstellung", der Form nach „Bewustsein" und damit ein „wißen, daß man diese Vorstellung hat", ist (16:85f.; vgl. 16:80).

Für den Bruch Kants mit traditionellen Einteilungen des Vorstellungsbegriffs ist die Unterscheidung von auf → Erfahrung beziehbarem Verstandesbegriff und erfahrungstranszendenter → Idee wesentlich. Mit ihr wird – in Abhebung vom klassischen Rationalismus – die Eingrenzung des Erkenntnisbegriffs auf den Bereich raum-zeitlich strukturierter Erfahrung zum Ausdruck gebracht. Nicht weniger bedeutsam sind die Zuordnungen zur einzelnen und allgemeinen Erkenntnis. Eine einzelne Vorstellung ist nicht Begriff (der als solcher immer allgemein ist und sich nur dem Gebrauch nach in Allgemeines, Besonderes und Einzelnes unterteilen lässt), sondern Anschauung zu nennen. Das Subjekt, von dem etwas prädiziert wird, ist damit gleichfalls nicht Begriff, sondern Anschauung. Mit diesem Resultat wird gegen den klassischen Rationalismus die Unerkennbarkeit und Unbegreiflichkeit des Subjekts an sich behauptet, gegen sowohl den klassischen Rationalismus als auch den Empirismus die strukturelle Differenz von Begriff und Anschauung geltend gemacht. Schließlich enthalten auch die Unterscheidungen von Vorstellung mit und Vorstellung ohne Bewusstsein, subjektiver und objektiver Vorstellung, Anschauung und Begriff

Stufenleiter der Vorstellungsarten

eine kritische Spitze. Kant schließt hiermit an die traditionelle Leibniz-Wolffsche Einteilung in klare und dunkle, deutliche und verworrene Vorstellungen an und kritisiert die dort feststellbare Reduktion der Undeutlichkeit auf Verworrenheit sowie die unzulässige Deutung der sinnlichen Vorstellung als verworrenen Begriff.

3 Der intentionale Vorstellungsbegriff

Im Blick auf die Herausbildung von Kants intentionalem Vorstellungsbegriff ist ohne Zweifel die Auseinandersetzung mit G. F. Meiers Ausführungen zum Verhältnis von Vorstellung und Bild, Vorstellung und Gegenstand sowie zum bewussten Vorstellen als Unterscheiden von Bedeutung (vgl. Meier, *Auszug*, §§ 10–13). Wichtige Anregungen dürfte Kant darüber hinaus aus Baumgartens Erfahrungspsychologie empfangen haben. Baumgarten zufolge kann dann von einer Seele gesprochen werden, wenn „etwas in einem Dinge ist, was sich irgend einer Sache bewußt seyn kann" (Baumgarten, *Metaphysik*, § 370). Unter der Annahme, dass Gedanken bzw. Vorstellungen Akzidenzien meiner Seele sind, ist diese somit nichts anderes als eine Vorstellungskraft (vgl. Baumgarten, *Metaphysik*, § 372). Während Kant Baumgartens Behauptung über die Wirklichkeit der Seele, die sich aufgrund unserer Empfindung, wonach wir uns einer Sache bewusst sind, ergeben soll, nicht akzeptieren kann, ist dies beim Seelenverständnis als solchem offenbar nicht der Fall. Auch nach Kant haben wir als Denkende und Erkennende ein Seelenvermögen, Subjekt oder „Ich denke" (KrV B 131) vorauszusetzen, welches Träger von Vorstellungen ist sowie eine vorstellende Aktivität entwickelt. Die Tätigkeit der „Verbindung", die von der reinen Apperzeption geleistet wird, ist ein „Actus der Spontaneität der Vorstellungskraft" (KrV B 130).

Der intentionale Vorstellungsbegriff dient Kant über die Darlegung der Subjekt-Objekt-Struktur des Erkennens hinaus auch zur Explikation der Unterscheidung von →Erscheinung und →Ding an sich. „Unsere sinnliche Vorstellung" ist keineswegs eine „Vorstellung der Dinge an sich selbst", sondern nur der „Dinge [...], wie sie uns erscheinen" (4:287). Unter der Voraussetzung, dass der →Verstand Vorstellungen auf ein Objekt bezieht, wird dafür argumentiert, dass, „da Erscheinungen nichts als Vorstellungen sind" (KrV A 250), dieses Objekt für uns nicht erkennbar ist bzw. für uns nur als ein „Etwas = x" (KrV A 250) besteht. Die Tatsache, dass wir uns mittels Vorstellungen auf ein Objekt beziehen, ist demzufolge auch der Grund dafür, dass wir dieses Objekt nicht als Objekt an sich erkennen.

Zu berücksichtigen ist schließlich, dass sich für Kant mit der Auffassung des *Beziehens* auf einen Gegenstand die Frage stellt, in welcher

Weise von einer *Übereinstimmung* von Vorstellung und vorgestelltem Gegenstand gesprochen werden kann. Da Begriff und Sinnlichkeit von unterschiedlicher Struktur sind, lässt sich eine Übereinstimmung lediglich als Ähnlichkeit in Bezug auf die Verbindung von Teilen und nicht als bildliche Ähnlichkeit behaupten (vgl. 16:77f.). Die Vermittlung von Begriff und Sinnlichkeit, die hier dennoch nicht wegzudenken ist, wird dadurch möglich, dass wir über eine „*intuitive* Vorstellungsart", die „*schematisch*[ ]" oder „*symbolisch*[ ]" sein kann (5:351f.), verfügen. Für Kants Ansicht, wonach das Vorstellen hier auch eigens als die durch Einbildungskraft ermöglichte Vermittlung von Begriff und sinnlicher Anschauung zu verstehen ist, dürften – neben damaligen Überlegungen zum künstlerisch-ästhetischen Seelenvermögen – die Ausführungen zum Vorstellungsbegriff bei Tetens wichtig gewesen sein. Bei Tetens, der Vorstellen zur Hauptsache als reaktivierendes Beziehen auf vorhergegangene Seelenmodifikationen versteht, gehören „Einbildungskraft" oder „Phantasie" zusammen mit „Perzeption" und „Dichtkraft" zu den wesentlichen Tätigkeiten und Vermögen der „vorstellenden Kraft" (Tetens, *Philosophische Versuche*, S. 105).

4 Kants Vorstellungsbegriff in der zeitgenössischen und neueren Interpretation

In der frühen Kant-Interpretation nimmt die Diskussion um den Vorstellungsbegriff einen wichtigen Platz ein. Der Begründer des Jenaer Kantianismus, C. G. Schütz, zählt die Stufenleiter der Vorstellungsarten zu den richtungweisenden Errungenschaften der kantischen Theorie (vgl. Bondeli, *Kantianismus und Fichteanismus*, S. 33–41 und Schröpfer, *Kants Weg*, S. 264f.). Er bereitet damit den Weg zur Auffassung, der Vorstellungsbegriff sei zum Ausgangspunkt der kantischen Vernunftkritik zu erheben. Aus dieser Interpretationssicht wirft K. L. Reinhold Kant nach 1789 eine unzureichende Bestimmung des intentionalen Vorstellungsbegriffs vor, setzt an die Stelle des Begriffs der reinen Apperzeption ein relationales Gefüge von Vorstellendem, Vorstellung und Vorgestelltem und präsentiert ein revidiertes kantisches System der theoretischen und praktischen Vernunft als Theorie des Vorstellungsvermögens. J. S. Beck weist seit 1791 kontinuierlich auf Probleme hin, die sich durch Kants Ansicht über das „Beziehen" einer Vorstellung auf den Gegenstand sowie durch Kants Annahme gegebener Vorstellungen ergeben. Ehe sich eine Vorstellung auf einen Gegenstand beziehen lässt bzw. für uns gegeben ist, muss dieser „ursprünglich" vorgestellt oder erzeugt worden sein. Vorstellung ist deshalb nicht primär als eine Beziehungsstruktur zu fassen (vgl. Bondeli, *Apperzeption und Erfahrung*, S. 269ff.).

In der neueren Interpretation wird Kants Vorstellungsbegriff meist im Zusammenhang der für den Anfangspunkt der → transzendentalen Deduktion zentralen Begriffe des: → Ich denke, des Bewusstseins oder der Apperzeption diskutiert (vgl. Cramer, *Über Kants Satz*; Bondeli, *Apperzeption und Erfahrung*; Wunderlich, *Kant und die Bewußtseinstheorien*). Studien, die sich speziell mit Kants Vorstellungsbegriff befassen, sind bis heute eher selten (vgl. dazu vor allem: Ballauff, *Vorstellungsbegriff bei Kant*; Baumgarten, *Kant und Tetens*; Schmucker-Hartmann, *Der Widerspruch von Vorstellung und Gegenstand*). Gestritten wird sowohl über Sachprobleme als auch über die allgemeine Frage, wie man Kants Aufstellung einer Stufenleiter der Vorstellungsarten bewerten soll. Manche sehen darin ein Relikt von Kants vorkritischer Denkweise, andere betonen den darin nachvollzogenen Bruch mit der Tradition.

Weiterführende Literatur

Ballauff, Theodor: Über den Vorstellungsbegriff bei Kant, Berlin: Verlag für Staatswissenschaft und Geschichte 1938.

Baumgarten, Hans-Ulrich: Kant und Tetens: Untersuchungen zum Problem von Vorstellung und Gegenstand, Stuttgart: M u P. Verlag für Wissenschaft und Forschung 1992.

Bondeli, Martin: Apperzeption und Erfahrung. Kants transzendentale Deduktion im Spannungsfeld der frühen Rezeption und Kritik, Basel: Schwabe 2006.

Cramer, Konrad: „Über Kants Satz: Das: Ich denke, muß alle meine Vorstellungen begleiten können", in: Cramer, Konrad u. a. (Hg.): Theorie der Subjektivität, Frankfurt/M.: Suhrkamp 1987, 167–202.

Schmucker-Hartmann, Josef: Der Widerspruch von Vorstellung und Gegenstand. Zum Kantverständnis von Jakob Sigismund Beck, Meisenheim/Glan: Hain 1976.

Martin Bondeli

Wahrheit

Der Begriff der Wahrheit, sofern Kant ihn ohne erläuternde Zusätze gebraucht, ist bestimmt als die „Übereinstimmung einer Erkenntnis mit ihrem Gegenstande" (KrV A 58 / B 83). Diese Definition ist zunächst eine reine „Namenerklärung" (KrV A 58 / B 83): Sie besagt nur, was wir unter Wahrheit verstehen, stellt also keine „Real-Definition" dar (9:143f.), die ein zugleich allgemeines wie auch hinreichendes Kriterium der Wahrheitsrelation angeben müsste (vgl. KrV A 57f. / B 82f.; 9:49f.). Zudem lässt die Definition offen, wie die Rede von verschiedenen Arten von Wahrheiten – etwa empirische, formale, materielle, objektive, transzendentale – zu verstehen ist. Weitere wichtige Stellen: KrV A 57–60 / B 82–84; KrV A 820f. / B 848f.; 9:49–57.

Philosophische Funktion

1 Zur Definition des Wahrheitsbegriffs

An einer konzeptionell wichtigen (aber selten hinreichend analysierten) Stelle der *KrV* argumentiert Kant, dass Wahrheit zwar nominal im Sinne der seit Aristoteles verbreiteten Korrespondenztheorie definiert werden kann. Dies stelle jedoch keine substanzielle Definition, über deren Möglichkeit in der Philosophie Kant sich ohnehin zurückhaltend äußert, dar, und es könne überhaupt keine zugleich allgemeine und substanzielle Erklärung der Wahrheitsrelation gegeben werden. Das Argument ist zum einen zentral für Kants Begriff der Wahrheit und sein Verhältnis zu heutigen Kontroversen hierzu. Zum anderen ist es wichtig für ein korrektes Verständnis des umfassenden Projektes der → Transzendentalphilosophie, speziell der *Transzendentalen Analytik* der *KrV*.

Kant erklärt: „Die Namenerklärung der Wahrheit, daß sie nämlich die Übereinstimmung der Erkenntniß mit ihrem Gegenstande sei, wird hier geschenkt und vorausgesetzt; man verlangt aber zu wissen, welches das allgemeine und sichere Kriterium der Wahrheit einer jeden Erkenntniß sei. [...] Wenn Wahrheit in der Übereinstimmung einer Erkenntniß mit ihrem Gegenstande besteht, so muß dadurch dieser Gegenstand von andern unterschieden werden; denn eine Erkenntniß ist falsch, wenn sie mit dem Gegenstande, worauf sie bezogen wird, nicht übereinstimmt, ob sie gleich etwas enthält, was wohl von andern Gegenständen gelten könnte. Nun würde ein allgemeines Kriterium der Wahrheit dasjenige sein, welches von allen Erkenntnissen ohne Unterschied ihrer Gegenstände gültig wäre. Es ist aber klar, daß, da man bei demselben von allem Inhalt der Erkenntniß (Beziehung auf ihr Object) abstrahirt, und Wahrheit gerade diesen Inhalt angeht, es ganz unmöglich und ungereimt sei, nach einem Merkmale der Wahrheit dieses Inhalts der Erkenntnisse zu fragen, und daß also ein hinreichendes und doch zugleich allgemeines Kennzeichen der Wahrheit unmöglich angegeben werden könne" (KrV A 57–59 / B 82–83; vgl. 9:49–51).

Das Argument gebraucht zunächst Kants Unterscheidung zwischen nominalen („Namenerklärung", KrV A 58 / B 82) und realen Definitionen von Begriffen (vgl. 9:143). Erstere explizieren lediglich die konventionelle Wortbedeutung; letztere geben ein „klares *Merkmal*" (KrV A 242 Anm.) oder die „innern Bestimmungen" (9:143) eines Begriffs an. Reale Definitionen bieten damit das gesuchte „allgemeine und sichere Kriterium" (KrV A 58 / B 82) dafür an, um zu erkennen, welche Gegenstände unter den jeweiligen Begriff fallen und welche nicht. Gegeben dies, lassen sich die ersten Voraussetzungen des Arguments wie folgt bestimmen:

(1) Nominale Definitionen geben die umgangssprachliche Bedeutung von Begriffen wieder; mittels dieser Definitionen kann man noch nicht erkennen, ob etwas unter einen Begriff fällt oder nicht.

(2) Reale Definitionen geben allgemeine und hinreichende Kriterien von Begriffen an; mittels dieser Definitionen kann man in einem jedem gegebenen Fall erkennen, ob etwas unter einen Begriff fällt oder nicht.

Man kann diesen Prämissen noch nicht entnehmen, wie die entsprechenden Definitionen des Wahrheitsbegriffes auszusehen hätten. Kant geht freilich davon aus, dass das gewöhnliche Verständnis das korrespondenztheoretische ist, und dass dies in gewisser Hinsicht unproblematisch ist. Zudem nimmt er an, dass → Erkenntnisurteile, die ja mit dem Anspruch der Wahrheit auftreten, auch falsch sein können, und dass sie nur jeweils eines von beiden sind – eine an das logische Bivalenzprinzip angelehnte Voraussetzung:

(3) Erkenntnisurteile sind entweder wahr oder falsch.

Die „Namenerklärung“ (KrV A 58 / B 82) von Wahrheit und Falschheit lässt sich nun in Anlehnung an (1) wie folgt wiedergeben:

(4) Nominal definiert, besteht Wahrheit in der Übereinstimmung eines Erkenntnisurteils mit seinem Gegenstand, und Falschheit in der Nicht-Übereinstimmung eines Erkenntnisurteils mit seinem Gegenstand (Korrespondenzthese der Wahrheit).

Mit dieser Bestimmung verbindet Kant nun einen Punkt, der nicht trivial ist: Erkenntnisse, die wahr sind, haben jeweils einen Gegenstand, durch den sie wahr gemacht werden; und wenn dies gilt, „so muß dadurch dieser Gegenstand von andern unterschieden werden“ (KrV A 58 / B 83). Das korrespondenztheoretisch verstandene Wahrsein wird also mit der Forderung verbunden, dass die Gegenstände unserer Urteile als solche voneinander unterschieden werden können müssen. Man meint jeweils etwas ganz Bestimmtes und schließt anderes damit aus. Etwas anders formuliert Kant diesen Punkt mittels der Rede von einer „materiellen“ oder „objektiven“ (KrV A 60 / B 85) Wahrheit: „In dieser Übereinstimmung einer Erkenntniß mit demjenigen bestimmten Objecte, worauf sie bezogen wird, muß aber die materiale Wahrheit bestehen“ (9:51).

Nun scheint Kant davon auszugehen, dass es eine verbreitete Erwartung gibt, der zufolge man das Vorliegen oder Nichtvorliegen dieser objektiven Wahrheitsrelation in sämtlichen Fällen durch Angabe eines Kriteriums beurteilen können sollte. Man müsste also etwas angeben, dass die Bestimmtheit von Urteilsgegenständen erklärt und somit zu entscheiden hilft, welche Gegenstände mit welchen Urteilen übereinstimmen und mit welchen nicht. Kant macht sich diese Überlegung nicht zu eigen, aber benutzt sie als zu widerlegende Ausgangsprämisse im Gang des weiteren Arguments, das damit den Charakter einer *reductio ad absurdum* annimmt. Der nächste Schritt besteht daher in einer Bedingung für eine reale Definition des Wahrheitsbegriffs (die sich an (2) anlehnt):

(5) Real definiert, würde die Wahrheit (bzw. Falschheit) von Erkenntnisurteilen die Angabe eines zugleich allgemeinen und hinreichenden Kriteriums erfordern, durch welches für jedes Erkenntnisurteil erkannt werden kann, ob es wahr (bzw. falsch) ist.

Diese Forderung folgt nicht ohne weiteres aus den bislang vorgeführten Überlegungen. Kant appelliert hierbei zusätzlich daran, dass es etwas mehr gibt, was „man verlangt [...] zu wissen“ (KrV A 58 / B 82) – also ein bestimmtes Interesse an der Wahrheit unserer Urteile. Dies lässt sich als epistemisches Interesse bezeichnen: Wir wollen nicht nur wissen, was es heißt, dass ein Urteil wahr ist oder falsch, sondern auch, welche Urteile wahr sind und welche falsch. Ein substanzieller Wahrheitsbegriff, wenn es ihn denn gäbe, sollte ermöglichen, in jedem einzelnen Fall eines Erkenntnisurteils mittels eines hinreichenden Kriteriums zu entscheiden, ob das Prädikat der Wahrheit auf dieses Urteil zutrifft oder nicht.

Die Beziehung von Urteilen „auf ihr Object“ (KrV A 59 / B 83), durch die jeweils bestimmt ist, ob ein Urteil wahr oder falsch ist, ist Kant zufolge nun nicht zu verstehen ohne die zusätzliche Annahme, dass die Urteile einen gewissen semantischen „Inhalt“ (KrV A 59 / B 83) haben. Weil Urteile beanspruchen wahr zu sein, aber darin fehlgehen können (s. Annahme (3)), beanspruchen sie, sich auf gewisse Gegenstände zu beziehen, können aber darin fehlgehen (Annahme (4) folgend). Dass sie dies können, bedeutet jedoch nicht, dass man gar nichts gemeint hat, wenn man ein Erkenntnisurteil formuliert, das sich als falsch herausstellt. Also:

(6) Erkenntnisurteile haben Inhalte, mittels derer sie sich entweder auf den Gegenstand der Erkenntnis beziehen (und dann wahr sind) oder aber nicht (und dann falsch sind) (aus (3) und (4)).

Wegen (5) müsste nun jedoch gelten:

(7) Ein allgemeines und hinreichendes Kriterium der Wahrheit müsste von allen speziellen Inhalten der Erkenntnisurteile abstrahieren.

Da aber gemäß (4) und (6) Erkenntnisurteile ihre Wahrheit bzw. ihren Gegenstandsbezug nur dadurch gewinnen, dass sie sich auf jeweils bestimmte Gegenstände beziehen und andere damit als Bezug des Urteils ausgeschlossen sind, so kann es kein ganz allgemeines und zugleich hinreichendes Kriterium zur Unterscheidung von wahren und falschen Urteilen geben. So können bloß formale Kriterien wie solche der →Logik diese Bestimmung nicht leisten, da die Logik ja von allen Urteilsinhalten absieht (KrV A 60 / B 84f.; 9:51). Kant drückt dies auch erneut mit der Rede von materialer Wahrheit aus: „Es ist daher ungereimt, ein allgemeines materiales Kriterium der Wahrheit zu fordern, das von allem Unterschiede der Objecte zugleich abstrahiren und auch nicht abstrahiren solle“ (9:51). Die Annahme (7) kann daher nicht erfüllt werden:

(8) Die Begründung dafür, warum ein wahres Erkenntnisurteil nicht falsch ist (oder ein falsches Urteil nicht wahr ist), kann nicht von den Inhalten des Urteils abstrahieren (gemäß (4) und (6)).

Und nun folgt zweierlei:

(9) Es kann kein zugleich allgemeines und hinreichendes Kriterium der Wahrheit geben (aus (7) und (8)).

(10) Wahrheit kann nicht real definiert werden (aus (5) und (9)).

Anders gesagt, Kant hält (5) und auch (7) für absurd. Die Kernüberlegungen dieses Argumentes – die von (7)–(9) erfolgenden Schritte – werden auch von heutiger Seite aufgegriffen und für plausibel gehalten. Dabei wird zugleich treffend darauf verwiesen, dass das Argument von vornherein einen Standard an eine reale (in heutigen Begriffen: nicht-deflationäre, substanzielle) Definition der Wahrheit legt (s. (5)), den man nicht teilen muss. Einen informativen Wahrheitsbegriff zu entwickeln verlangt nicht unbedingt, dass man Kriterien der Erkenntnis von Wahrheiten mitliefern müsste, und schon gar nicht, dass ein einziges hinreichendes Kriterium für alle Wahrheiten gleichermaßen gegeben werden müsste (vgl. Sher, *Possibility*; Sher, *Search*). Das Argument funktioniert also nur gegen eine Position, die sich (5) zu eigen macht. – Kants Wahrheitsbegriff sowie sein Argument gegen eine reale Definition desselben sind zudem für eine ganze Reihe heutiger Positionen vereinnahmt worden: verschiedene antirealistische und – allerdings seltener – realistische Positionen. Viel spricht für eine moderat realistische Lesart. Vgl. dazu unten den Abschnitt ‚Interpretationslage‘.

Positiv gilt, dass Kants Überlegungen zum einen die Richtung, zum anderen die Grenzen des Anspruches der folgenden ausführlichen Untersuchungen in der *Transscendentalen Analytik* (KrV A 65 / B 89; vgl. KrV A 65–292 / B 89–349) der *KrV* vorgeben. Obwohl mit ihr Wahrheitskriterien formuliert werden sollen, sind diese nicht als hinreichend zu verstehen. In diesem Sinne spricht er von der Analytik der *KrV* auch als einer „Logik der Wahrheit. Denn ihr kann keine Erkenntniß widersprechen, ohne daß sie zugleich allen Inhalt verlöre, d. i. alle Beziehung auf irgend ein Object, mithin alle Wahrheit“ (KrV A 62 / B 87; vgl. auch KrV A 788 / B 816).

2 Transzendentale und empirische Wahrheit
Kant spricht gelegentlich von „transscendentale[r] Wahrheit“ (KrV A 222 / B 269). Damit meint er nicht eine besondere Art des Wahrseins, sondern will auf bestimmte Wahrheiten hinweisen, welche die notwendigen Bedingungen der Möglichkeit der Erfahrung darstellen. Diese Redeweise bezeichnet die Menge aller und nur der → *Grundsätze des reinen Verstandes*. Diese ermöglichen empirische Wahrheiten bzw. wahre empirische Urteile: „In dem Ganzen aller möglichen Erfahrung liegen aber alle unsere Erkenntnisse, und in der allgemeinen Beziehung auf dieselbe besteht die transscendentale Wahrheit, die vor aller empirischen vorhergeht und sie möglich macht“ (KrV A 146 / B 185). Man kann dies auch so ausdrücken, dass Kant mittels dieser Prinzipien Kriterien dafür angibt, dass unsere Erkenntnisurteile sich in determinierter Weise auf Gegenstände beziehen bzw. dass diese Gegenstände soweit bestimmt werden, dass unsere Urteile über sie definitiv wahr oder falsch sind, im Anschluss an die Schritte (4), (5) und (7) des vorgeführten Arguments. Dies sind also keine Kriterien, die zeigen würden, dass ein gewisses Urteil wahr ist, oder Kriterien der Rechtfertigung. Manchmal wird Kants damit verbundene Rede von einer „Logik der Wahrheit“ (KrV A 62 / B 87) überinterpretiert, wenn etwa behauptet wird, die Analytik bzw. die transzendentale Logik insgesamt liefere nicht nur notwendige Kriterien, sondern kläre sogar das „Wesen der Wahrheit“ (Prauss, *Wahrheitsproblem*, S. 177).

Hinreichende Kriterien der Wahrheit gibt es viele, je nach Gegenstand der Erkenntnisurteile. Bei empirischen Urteilen etwa handelt es sich um → Erfahrungskriterien, welche Kant entsprechend als „Quell der Wahrheit“ (KrV A 318 / B 375) bezeichnet. Allerdings stehen diese Kriterien noch unter einer weiteren Grundbedingung: den Prinzipien der Naturforschung, die sich aus dem regulativen Gebrauch von Ideen der reinen Vernunft ergeben. Da wir die Übereinstimmung von Erkenntnissen mit ihren Objekten immer nur mittels anderer Erkenntnisse rechtfertigen können, und nur unverbunden nebeneinander stehende Erfahrungsurteile zu sehr dem Risiko des Irrtums unterliegen würden, müssen wir unsere empirischen Erkenntnisse in ein geordnetes und zusammenhängendes Ganzes bringen – jedenfalls als regulatives Ideal.

Interpretationslage

Die heutige Diskussion über Kants Wahrheitsbegriff läuft einerseits ab vor dem Hintergrund aktueller Debatten um den Wahrheitsbegriff, andererseits vor der komplexen Frage, worin sein →transzendentaler Idealismus besteht und wie dieser zu beurteilen ist. Letztere Diskussion ist zu komplex, um an dieser Stelle erörtert zu werden, zumal in der Literatur oft in unklarer Weise Fragen der Wahrheit und Fragen der Erkenntnis miteinander vermengt werden. Besser ist es, zunächst beides voneinander zu trennen. Hier sei daher primär gefragt, wie sich Kants Konzept zu antirealistischen (etwa epistemischen, kohärentistischen oder konsensorientierten) Positionen und mehr oder weniger starken realistischen Positionen verhält. Bei diesem Disput geht es vor allem darum, ob der Begriff der Wahrheit ohne epistemische Begriffe wie die der Erkenntnis oder der Rechtfertigung definiert werden kann (vgl. Dummett, *Realism*). Kant wird dabei nicht selten auf die jeweils philosophisch bevorzugte Position hin interpretiert (vgl. etwa bei Putnam, *Reason, Truth, and History*, S. 60–64; Posy, *Language*).

Gegen antirealistische Lesarten lassen sich wenigstens vier Punkte vorbringen. Erstens fordert Kant zwar von einer realen Definition (vgl. Prämisse (5) des in Abschnitt 1 vorgeführten Arguments), dass man den Wahrheitsbegriff mittels Kriterien der Erkenntnis zu bestimmen hätte. Dies scheint auf einen epistemischen Begriff hinauszulaufen. Jedoch zeigt Kant dann ja, dass so eine Definition unmöglich ist (Schritt (7)–(10)). Zweitens: In der *Logik* heißt es, dass man die Übereinstimmung zwischen einem Erkenntnisurteil und seinem Gegenstand nur mithilfe anderer Erkenntnisse feststellen kann. Wie Kant sagt, führt dieses Verfahren in einen „Cirkel" (9:50) oder eine „Diallele" (9:50; vgl. KrV A 57 / B 82): Die Wahrheit dieser Erkenntnisse muss jedoch wiederum dadurch erklärt werden, dass man auf andere Erkenntnisse verweist, usw. Diese Überlegung ähnelt zwar bei oberflächlicher Betrachtung den Argumenten von späteren Kohärenztheoretikern der Wahrheit. Kant behauptet jedoch nicht, dass Wahrheit im Zusammenhang von Erkenntnissen oder Überzeugungen besteht, sondern weist lediglich darauf hin, dass hier ein Problem für die Korrespondenztheorie vorliegt, wenn man diese Theorie als mehr als eine nominale Auskunft über den Wahrheitsbegriff auffasst. Drittens werden zugunsten einer zumindest teils kohärentistischen Interpretation auch Kants tatsächlich vorgebrachte kohärentistische Kriterien für empirische Wahrheit angeführt (vgl. etwa Walker, *Coherence Theory*, S. 61ff.). Doch auch hier gilt, dass man diese nicht als definitorisch für seinen Wahrheitsbegriff ansehen kann, sondern eher als wesentlich für seine Begriffe von Erfahrung, →Erkenntnis und auch →Wissenschaft. Gegen antirealistische Interpretationen spricht schließlich viertens, dass Kant der Auffassung ist, dass es Wahrheiten geben kann, die jenseits unserer Erkenntnis- oder Rechtfertigungsmöglichkeiten liegen: Wir sind nicht in der Lage zu erkennen, ob Gott existiert oder die Seele unsterblich ist; aber Kant schließt nicht aus, dass die entsprechenden Urteile einen Wahrheitswert haben. Auch spricht er davon, dass die in den Antinomien der reinen Vernunft formulierten Urteile nicht sinnlos, sondern teils wahr, teils falsch sein können (vgl. KrV A 528 / B 556; KrV A 532 / B 560). Und schließlich kann man – gegen manche Interpretationen – seinen Begriff des Fürwahrhaltens mit berücksichtigen und ernst nehmen: Es gibt verschiedene Arten des Fürwahrhaltens (→Glaube; vgl. KrV A 820–831 / B 848–859), die nicht alle Erkenntnisansprüche darstellen. Gleichwohl schließen sie ein, dass die dabei jeweils akzeptierten Urteile eben für wahr gehalten werden (wenn auch nicht aus epistemischen, sondern aus verschiedenen praktischen Gründen). Und das legt die Annahme nahe, dass sie entweder wahr oder falsch sein werden, die Variante des Bivalenzprinzips (3) also in etwa folgender Weise zu erweitern wäre:

(3*) Urteile sind entweder wahr oder falsch.

Das stimmt bei genauerer Überlegung jedoch sachlich nicht. Nicht die Urteile selbst müssen das Bivalenzprinzip erfüllen, sondern es ist aufgrund der vorgeführten Überlegung allenfalls so, dass die epistemischen Subjekte dies annehmen müssen, wenn sie ihre Rede vom Fürwahrhalten ernst meinen. Es gilt also nur:

(3**) Wenn ein urteilendes Subjekt ein Urteil für wahr hält, dann meint es auch, dass das Urteil entweder wahr oder falsch ist.

Kant äußert sich hierzu jedoch nicht. Man müsste, um diesen Punkt zu klären, noch näher über Kants Anforderungen an das Fürwahrhalten nachdenken.

Andererseits ist es schwer, Kant einen sonderlich starken Realismus in Bezug auf den Wahrheitsbegriff zuzuschreiben. Zwar lassen sich zumindest drei Punkte zugunsten einer realistischen Interpretation erkennen. Erstens akzeptiert Kant eine an das Bivalenzprinzip angelehnte These (oben Annahme (3) – (entgegen der Interpretation von Walker, *Coherence Theory*, S. 66), was manchen Antirealisten zufolge ein Kennzeichen des Realismus ist (vgl. Dummett, *Realism*). Zweitens akzeptiert er die Korrespondenztheorie als zumindest nominale Definition, die aber nicht völlig trivial ist, da Kant sie mit der These einer notwendigen Bestimmtheit der Gegenstände und damit der Beziehung von Erkenntnisurteil und Gegenstand verknüpft (oben (4) und (6)). Drittens erklärt Kant, der „Probirstein des Fürwahrhaltens [...] ist also, äußerlich, die Möglichkeit, dasselbe mitzutheilen und das Fürwahrhalten für jedes Menschen Vernunft gültig zu befinden" (KrV A 820 / B 848; vgl. 9:56). Dies ist zwar gelegentlich als Hinweis darauf gelesen worden, dass Kant eine Konsenstheorie (vgl. Hacking, *Representing*, S. 98f.) oder auch eine Idealisierungstheorie (vgl. Putnam, *Reason, Truth, and History*) vertritt, derzufolge Wahrheit zwar kein allgemeines und zugleich hinreichendes Kriterium erfordert, aber doch darin bestehen würde, was eine ideale Gemeinschaft von Erkenntnissubjekten für wahr halten würde, oder was unter idealen Bedingungen gerechtfertigt werden könnte. Worüber Kant hier jedoch tatsächlich spricht, ist das Fürwahrhalten von Urteilen, nicht deren Wahrheit selbst. Er unterscheidet dies scharf und nimmt das von Gottlob Frege bekannte Prinzip vorweg, dass aus dem Fürwahrhalten noch kein Wahrsein folgt (Frege, *Gedanke*). Zudem heißt es direkt im Anschluss an die zitierte Stelle, dass der Konsens Grund für eine „Vermuthung" (KrV A 820 / B 848) sei, „der Grund der Einstimmung aller Urtheile [...] werde auf dem gemeinschaftlichen Grunde, nämlich dem Objecte, beruhen" (KrV A 820f. / B 848f.). Der ideale Konsens ist also sachlich dadurch berechtigt, dass unsere Urteile den Gegenständen entsprechen, nicht umgekehrt. Dies gilt auch dann, wenn wir – wie hinsichtlich des Zirkelarguments gesehen – keinen anderen Zugriff auf die Übereinstimmung von Gegenstand und Erkenntnis haben als weitere Erkenntnisurteile, unsere eigenen und die anderer Subjekte.

Diese Punkte sprechen dafür, Kant insgesamt einen moderaten Realismus in Bezug auf den Wahrheitsbegriff zuzusprechen. Wie auch in der modernen semantischen Konzeption der Wahrheit von Alfred Tarski ist dieser Begriff metaphysisch weitgehend neutral (vgl. für ähnliche und weiterführende Überlegungen Hanna, *Human Nature*). Viele Interpreten richten ihre Interpretation von Kants Wahrheitsbegriff jedoch zusätzlich eng an ihren Positionen zu anderen bekannten Fragen aus (vgl. etwa Allais, *Anti-Realism*; Allison, *Kant's Transcendental Idealism*; Clark, *Why Kant*; Mensch, *Kant*; Posy, *Language*): Sind die Gegenstände unserer Erkenntnisurteile unabhängig von diesen Urteilen – also so beschaffen, wie sie nun einmal sind, egal, was wir über sie urteilen oder sogar, welchen Bedingungen unsere Erkenntnis unterliegt? Und wie ist die für den transzendentalen Idealismus zentrale Unterscheidung von → Erscheinung und → Ding an sich zu verstehen? (Für eine Unabhängigkeit nicht nur von Dingen an sich, sondern auch Erscheinungen von unserer Erkenntnis argumentiert – gegen anti-realistische Interpretationen – besonders Abela, *Kant's Empirical Realism*; vgl. auch Allais, *Anti-Realism*.) Gegen diese Vorgehensweise lässt sich jedoch anführen, dass Kant seine Überlegungen über den Wahrheitsbegriff an den Anfang der *Transzendentalen Analytik* der *KrV* stellt, diese also programmatisch zu nehmen sind – und man daher die Beantwortung dieser Fragen im Lichte des skizzierten moderaten Realismus verstehen sollte. Das würde das transzendentale Projekt erheblich von Beweislasten und Probleme befreien. Allerdings bleiben dabei andere Fragen offen: Behauptet Kant eigentlich, dass nur Urteile über Gegenstände möglicher Erfahrung einen Wahrheitswert haben? Können auch Urteile über rein intelligible Gegenstände (wie Gott) wahr oder falsch sein, selbst wenn wir von diesen prinzipiell keine Erkenntnis haben können? Oder sollte man sich u. a. gegen die eben vorgeführte Überlegung etwa zum Begriff des Fürwahrhaltens stellen und meinen, dass Kant besser sagen sollte: Wahrheit und Falschheit sind doch nur Eigenschaften von Erkenntnisurteilen; man kann vielleicht die Möglichkeit von rein intelligiblen Gegenständen zulassen, aber man sollte nicht meinen, Aussagen oder Urteile über sie könnten wahr oder falsch sein – jedenfalls nicht im Sinne der ‚objektiven' Wahrheit (vgl. Hanna, *Human Nature*)?

Weiterführende Literatur

Rosenkoetter, Timothy: „Truth criteria and the very project of a transcendental logic", in: Archiv für Geschichte der Philosophie 91, 2009, 1–49.

Stevenson, Leslie & Walker, Ralph: „Symposium: Empirical Realism and Transcendental Anti-Realism", in: Proceedings of the Aristotelian Society, Suppl. Vol. 57, 1983, 131–177.

Walker, Ralph: „Verificationism, Anti-Realism, and Idealism", in: European Journal of Philosophy 3, 1995, 257–272.

Thomas Sturm

Wahrnehmung

Unter ‚Wahrnehmung' versteht Kant „das Bewußtsein einer empirischen Anschauung" (8:217), „[die] sich auf einen Gegenstand durch Empfindung bezieht", der als „unbestimmte[r] Gegenstand einer empirischen Anschauung [...] *Erscheinung* [heißt]" (KrV A 20 / B 34). Die Definition wird an anderer Stelle modifiziert: Eine gegebene Empfindung, „welche, wenn sie auf einen Gegenstand überhaupt, ohne diesen zu bestimmen, angewandt wird, [heißt] Wahrnehmung" (KrV A 374).

Kant verwendet den Begriff der Wahrnehmung synonym mit dem Begriff der empirischen Anschauung, der die unmittelbare Bezugnahme auf individuelle räumlich-zeitliche Gegenstände bezeichnet. Kant betont den subjektiven Charakter der Wahrnehmung, die er von der → Erfahrung als verstandesgeleiteter und objektiv gültiger Erkenntnis der Sinnesgegenstände unterscheidet (vgl. 4:298).

Kants Wahrnehmungsbegriff zeichnet sich im Wesentlichen durch drei Bestimmungsstücke aus: Wahrnehmung ist 1. das Bewusstsein einer empirischen, das heißt auf Sinnesempfindungen beruhenden Anschauung, die sich 2. unmittelbar auf einen Gegenstand bezieht, der 3. Erscheinung ist im Sinne eines in der Anschauung gegebenen, der Erkenntnis nach aber noch unbestimmten Gegenstandes.

Kants Wahrnehmungstheorie betont einerseits wie der Empirismus die Unverzichtbarkeit der Sinne für den gesamten Erkenntnisprozess und betrachtet die → Empfindung als dessen unverzichtbare materiale Basis, macht aber andererseits deutlich, dass die Wahrnehmung auch bestimmte außerempirische und ‚formale' Elemente enthält, die dem menschlichen Anschauungsvermögen als solchem zugehören. Erst diese Elemente erklären, wie Empfindungen, die als solche zunächst nur subjektive Bewusstseinszustände sind (vgl. KrV A 166 / B 207; *Refl.* 6333, 18:654; *Refl.* XVII, 23:22f.), sich auf ‚äußere' Gegenstände beziehen können. Weitere wichtige Stellen: KrV A 19ff. / B 33ff.; KrV A 121; KrV A 373ff.; 4:305; 7:153.

Philosophische Funktion

1 Wahrnehmung ist Bewusstsein einer empirischen Anschauung

Kant versteht die → Anschauung als ein vorbegriffliches sinnliches Bewusstsein, das sich unmittelbar auf Einzelnes bezieht (vgl. KrV A 19 / B 33; 9:91; 22:25; 28:546f.). Er versteht diese Bezugnahme als ein Bewusstsein zusammenhängender Sinnesempfindungen, die für sich betrachtet zwar lediglich → Vorstellungen sind, jedoch im Wahrnehmungsvorgang gegenständlich interpretierbar werden, das heißt als mentale Repräsentanten von visuellen, akustischen, haptischen, olfaktorischen und gustatorischen Qualitäten gelten können, durch die sich den Sinnen ein Gegenstand präsentiert (vgl. KrV A 20 / B 34; 5:206; *Refl.* 1482, 15:688f.; *Refl.* 1838, 16:133; *Refl.* 6314, 18:617). Ein wichtiges Charakteristikum der Anschauung besteht Kant zufolge darin, dass diese *rezeptiv* ist und ihre Inhalte, die Empfindungen, nicht willkürlich erzeugen kann, sondern als etwas Gegebenes erfasst, das sich einer → Affektion (vgl. KrV A 19f. / B 33f.; KrV A 51 / B 75) verdankt: Kant betrachtet die Sinneseindrücke naturwissenschaftlich gesehen als durch eine Reizung der Sinnesorgane entstehende Stimuli (vgl. 7:154f.; 8:401; *Refl.* 1503, 15:802; 28:260; 28:278ff.; 28:281), denen auf der Ebene des Bewusstseins ein „Spiel der Empfindungen" (28:260) korrespondiert. Empfindungen verweisen insofern auf eine Materie der Anschauung (vgl. KrV A 20 / B 34; KrV A 167 / B 209; 20:266), das heißt auf etwas, das vom Empfindungsbewusstsein selbst unterschieden ist, auch wenn es nur von der Ebene des Bewusstseins her beschreibbar ist. Insofern verweisen die Empfindungen auf eine absolute Grenze der Anschauung und damit zugleich auch aller menschlichen Erkenntnis, die – wie Kant stets betont – grundsätzlich auf die Anschauung angewiesen ist, weil das → Denken für sich genommen keine Erkenntnisinhalte zu erzeugen vermag (vgl. KrV A 19 / B 33; KrV A 51 / B 75; 2:396f.). Es sind die Empfindungen, die eine Anschauung empirisch machen (vgl. KrV A 20 / B 34; 28:548). Wahrnehmung als empirische Anschauung besteht somit in einem Empfindungsbewusstsein, das anlässlich einer Affektion der Sinne zustande kommt. Dieses Empfindungsbewusstsein tritt auf im Zuge des Anschauens als Funktion des rezeptiven Erkenntnisvermögens des Menschen, das einen Bezug auf ein Angeschautes, das heißt auf einen sich im Durchgang durch gegebene Qualitäten präsentierenden und im Bewusstsein repräsentierten Gegenstand der Sinne herstellt.

Die Besonderheit des kantischen Wahrnehmungsbegriffs liegt darin, dass er die Möglichkeit der empirischen Anschauung von der Voraussetzung einer nicht-empirischen Anschauung abhängig macht. Kant entwickelt diese Auffassung, indem er zunächst in Übereinstimmung mit der philosophischen Tradition geltend macht, dass nicht nur die Empfindungen selbst, sondern auch deren räumlich-zeitliche Positionierungen für die Wahrnehmung von zentraler Bedeutung sind. Eine ausführliche Untersuchung der Vorstellungen von Raum und Zeit (vgl. KrV A 19ff. / B 33ff.) führt Kant zu dem Ergebnis, dass räumlich-zeitliche Positionierungen keine empirisch-qualitativen Wahrnehmungsinhalte sind, sondern vielmehr vorempirische und formale Elemente der Wahrnehmung darstellen, die eine Strukturierung von gegebenen Empfindungsmannigfaltigkeiten sicherstellen, die für die Möglichkeit, diese in gegenständlich interpretierbare Zusammenhänge zu bringen, unerlässlich ist. Die Vorstellungen von Raum und Zeit sind reine, das heißt empirieunabhängige Vorstellungen, die nicht auf Empfindungen beruhen und nicht begrifflich, sondern nur in einer Anschauung erfassbar sind: reine Anschauungen a priori (vgl. KrV A 26f. / B 42f.; KrV A 32f. / B 49f.; KrV B 147; 4:281).

Diese Statusbestimmung liefert Kant nicht nur die Begründung für die Möglichkeit der empirieunabhängigen Formulierung mathematischer Aussagen und der geometrischen und arithmetischen Konstruktion (→ Urteil, synthetisches a priori). Mit ihr gewinnt er zugleich eine Realdefinition von Raum und Zeit, die sich von den Auffassungen der philosophischen Tradition tiefgreifend unterscheidet und die von zentraler Bedeutung für die Sachbestimmung der Wahrnehmung ist. Die traditionelle Ontologie betrachtet Raum und Zeit durchgängig als an sich, das heißt unabhängig vom Subjekt bestehende und in diesem Sinne *objektive* Entitäten, als leere Weltbehälter (vgl. 22:68) oder aber als primäre Qualitäten (, *Versuch*, S. 222ff.) bzw. als relationale Eigenschaften (vgl. KrV A 275f. / B 331f.) an sich bestehender Dinge. Kant zufolge können Raum und Zeit dagegen selbst nichts *Objektives* im Sinne subjektunabhängiger Entitäten sein, sondern müssen genuin dem Subjekt zugehören, jedoch nicht als empirisch-psychologisch beschreibbare Gehalte einer inneren Wahrnehmung, sondern als im menschlichen Anschauungsvermögen selbst verankerte Formen der sinnlichen Anschauung (d. h. Funktionsweisen, die eine Anordnung sinnlicher Gegebenheiten ermöglichen) (vgl. KrV B XXV; KrV A 20 / B 34; 28:567).

2 Wahrnehmung bezieht sich durch Empfindung auf einen Gegenstand.

Kants Raum-Zeit-Lehre ist von besonderer Relevanz für die Begründung des Gegenstandsbezuges der Wahrnehmung. Der sich durch Empfindungen erschließende Gegenstand der äußeren Wahrnehmung unterscheidet sich als wirklicher bzw. real möglicher Gegenstand von mir und meinen Vorstellungen. Diese Differenz ist durch das Kriterium der logischen Verschiedenheit allein nicht zu begründen. Sie beruht vielmehr auf der Möglichkeit, Empfindungen räumlich zu lokalisieren. Das aber heißt: Erst auf der Grundlage des Bewusstseins einer räumlichen äußeren Sphäre werden Empfindungen, die als solche lediglich Vorstellungen in mir sind, überhaupt als Eindrücke von etwas interpretierbar, das in einem *äußeren* Gegenstand zusammengehört, der – wie mein eigener Körper – einen Teil der äußeren Wirklichkeit darstellt (vgl. KrV A 28 / B 44).

Auch der Zeit misst Kant eine für die Wahrnehmung konstitutive Funktion zu, die sich ebenfalls im Rekurs auf die Differenz von Anschauung und Denken verdeutlichen lässt: Während nämlich die logische Möglichkeit eines lediglich gedachten Gegenstandes allein von der logischen Kompatibilität, das heißt der Widerspruchsfreiheit der in seinem Begriff gedachten Merkmale abhängt (vgl. 9:51; *Refl.* 6298, 18:565; *Refl.* 3756, 17:284), lassen sich Wahrnehmungsgegenständen logisch inkompatible Merkmale zusprechen, die jedoch die reale Möglichkeit dieser Gegenstände in keiner Weise in Frage stellen: Ein Gegenstand an einem Ort x befindet sich nicht am Ort x – wenn er sich bewegt hat (vgl. KrV A 32f. / B 48f.). In der empirischen Anschauung ist das logisch Widersprechende vereinbar, allerdings nur unter der Voraussetzung von Zeitverhältnissen: Die Erfassung von (bloß logisch betrachtet entgegengesetzten) Merkmalen, die relativ auf mit ihnen *zeitgleich* gegebene Merkmale aufeinander folgen, zeichnet die Wahrnehmung gegenständlicher Veränderung aus. Das Nacheinander und Zugleich und damit die Vorstellung von Zeit ermöglichen somit in der Wahrnehmung einen Gegenstandsbezug, der durch die Kriterien des Denkens allein nicht zu erklären wäre (vgl. *Refl.* 6298, 18:565). Alle Wahrnehmung von Veränderung beruht auf einem zeitlichen Moment, das, auch wenn es als bloß subjektive Anschauungsform ausweisbar ist, doch im Erfassen der Veränderung seine empirische Realität und Wirklichkeit erweist (vgl. KrV A 35ff. / B 52ff.)

Kant gesteht der Zeit vor dem Raum eine Priorität zu, die er an die von John Locke übernommene Unterscheidung von *innerer und äußerer Wahrnehmung* (Locke, *Versuch*, S. 107ff.; vgl. 7:161) koppelt: Er betont, dass die Zeit allein als Form der Anschauung des eigenen Vorstellungsgeschehens fungiert, das sich in reflexiver Selbstzuwendung der Aufmerksamkeit präsentiert. Kant beruft sich darauf, dass die eigenen psychischen Vorgänge als etwas Gegebenes erfasst werden, so dass er das Selbstverhältnis analog zur äußeren Anschauung durch eine → Rezeptivität gekennzeichnet sieht (vgl. KrV A 145 / B 185; 7:161). Der Gegenstand der inneren Anschauung gilt ihm dabei allerdings als etwas genuin Unräumliches (vgl. KrV B 427f.; KrV A 492 / B 520; 12:32; 28:279): Das „psychologische Ich" (20:270) erschließt sich Kant zufolge als ein Wahrgenommenes allein im Durchgang durch die Vorstellungen, die auf einen selbst nicht wahrnehmbaren Grund ihrer Einheit und ihres Zusammenhanges bezogen werden, zu dem ich ‚Ich' sagen kann (vgl. KrV A 379f.; 11:103; 20:270). Das Ich erfasst sich selbst als stets veränderlich: verschiedene Bewusstseinszustände heben an und hören auf, auch scheinbar relativ auf diesen Wechsel andauernde Zustände ändern sich, wenn die Aufmerksamkeit wiederholt auf sie zurückkommt (vgl. 7:134; 7:395f.; *Refl.* 6314, 18:617). Wie bei der Wahrnehmung jeder Veränderung ist die Gegebenheit der Mannigfaltigkeiten, die hier eben innere sind, wie auch die Möglichkeit der Beziehbarkeit dieses Gegebenen auf einen Gegenstand – hier: auf das Ich, in dem alle Vorstellungszustände zusammengehören – abhängig von der Voraussetzung von Zeitverhältnissen; und zwar nur von diesen, da es für Bewusstseinszustände kein räumliches Nebeneinander geben kann: „nicht alles, was in der Zeit ist, ist zugleich im Raume, z. B. meine Vorstellungen, aber alles, was im Raum ist, ist in der Zeit" (*Refl.* 5653, 18:310). Die Zeit erweist sich so als die Anschauungsform mit dem weiteren Geltungsbereich.

3 Der Gegenstand der Wahrnehmung ist Erscheinung

Im Rahmen seiner Analyse der menschlichen Wahrnehmung entwickelt Kant das Theorem einer durchgängigen Determination der Inhalte menschlicher Rezeptivität durch subjektimmanente Anschauungsformen. Aus diesem Theorem folgt die Restriktion der menschlichen Erkenntnis auf → Erscheinungen. Kant bezeichnet die Erscheinung dezidiert als „unbestimmte[n] Gegenstand einer empirischen Anschauung" (KrV A 20 / B 34). Die Formulierung ‚unbestimmt' verweist auf den epistemischen Status der Wahrnehmung als zwar notwendige, aber nicht hinreichende Bedingung für Erkenntnis, die Kant zufolge als solche gerade auch der begrifflichen Bestimmung durch den Verstand bedarf (vgl. 9:61; 9:57f.; 9:94). Dadurch wird das zunächst bloß subjektiv Wahrgenommene verobjektivierbar, das heißt: das, was in der Wahrnehmung gegeben ist, wird als → Objekt erkennbar. Entscheidend ist, dass Kants Raum-Zeit-Lehre den Erscheinungscharakter der für den Menschen erkennbaren Gegenstände notwendig macht: Mit Rückbezug auf die zeitgenössische Assoziationspsychologie legt Kant in der *KrV* dar, dass Anschauungen nicht als Konglomerate isolierter Eindrücke anzusehen sind, sondern als einheitliche Wahrnehmungsbilder, die während des Wahrnehmungsvorganges durch eine ‚blinde', meist unbewusst ablaufende geistige Aktivität, von Kant als →Apprehension bezeichnet (vgl. KrV A 121; KrV B 160ff.; 7:134; 7:141f.; 7:396), aus heterogenen sinnlichen Gegebenheiten gewissermaßen automatisch synthetisiert werden. Da aber die von der Apprehension zusammengeführten Eindrücke selbst nicht anders als in räumlich-zeitlichen Verhältnissen gegeben werden können, vermag die Apprehension auch nur räumlich-zeitlich bestimmte Bilder zu erzeugen. Das aber bedeutet: Jedes Wahrnehmungsbild und damit alles Wahrnehmbare überhaupt ist in seiner ausnahmslosen Gebundenheit an Raum und Zeit als subjektimmanente Formen a priori der sinnlichen Anschauung notwendig subjektiv bedingt und damit lediglich Erscheinung. Besteht nun menschliches Erkennen nicht bloß im Wahrnehmen, sondern in rational fundierten Verobjektivierungsoperationen, die allerdings ohne wahrnehmbares sinnliches Material, an dem sie ausgeübt werden, leer laufen, so ist Erkenntnis notwendig auf eine Sphäre der Erscheinungen bezogen, die in keiner Weise auf ein Sein an sich hin überschritten werden kann (vgl. KrV B XXVIf.; 4:451; 20:269).

Weiterführende Literatur

Baum, Manfred: „Kant on Pure Intuition", in: Cummings, Phillip D. / Zöller, Günter (Hg.): Minds, Ideas and Objects. Essays on the Theory of Representation in Modern Philosophy, Atascadero/CA: Ridgeview Publ. 1992, 303–315.

Baum, Manfred: „Kants Raumargumente und die Begründung des transzendentalen Idealismus", in: Oberer, Hariolf (Hg.): Kant. Analysen – Probleme – Kritik, Bd. II, Würzburg: Königshausen & Neumann 1992, 41–64.

Bröcker, Walter: „Kant über Wahrnehmung und Erfahrung", in: Kant-Studien 66, 1975, 309–312.

Hatfield, Gary: The Natural and the Normative: Theories of Spatial Perception from Kant to Helmholtz, Cambridge/Mass.: MIT Press 1990.

Michel, Karin: Untersuchungen zur Zeitkonzeption in Kants Kritik der reinen Vernunft, Berlin u. a.: de Gruyter 2003.

Mohr, Georg: Das sinnliche Ich. Innerer Sinn und Bewußtsein bei Kant, Würzburg: Königshausen & Neumann 1991.

Yolton, John W.: Perception and Reality: A History from Descartes to Kant, Ithaca u. a.: Cornell University Press 1996.

Karin Michel

Welt

Die Welt ist ein Ganzes, das kein Teil von etwas anderem ist. Die Welt, verstanden als Sinnenwelt (*mundus phaenomenon*), ist der Inbegriff aller →Erscheinungen (vgl. KrV A 334 / B 391; KrV A 419 / B 447), aller Gegenstände möglicher →Erfahrung (vgl. 8:137), d. h. das Naturganze (vgl. 5:414; *Refl.* 40, 14:121). Sie ist das Feld aller möglichen Erfahrung (vgl. KrV A 229 / B 281). Die intelligible Welt (*mundus intelligibilis*) ist „nichts als der allgemeine Begriff einer Welt überhaupt, in welchem man von allen Bedingungen der Anschauung derselben abstrahirt" (KrV A 433 / B 461). Sie ist eine Welt, die durch reine Verstandesbegriffe gedacht wird: eine Verstandeswelt. Weitere wichtige Stellen: KrV A 229 / B 281; KrV A 249; KrV A 255ff. / B 311ff.; KrV A 328 / B 384; KrV A 334 / B 391; KrV A 418ff. / B 446ff.; KrV A 433 / B 461; KrV A 454 / B 482; KrV A 504ff. / B 532ff.; KrV A 511 / B 539; KrV A 605 / B 633; KrV A 696 / B 724; 5:414; 8:137; *Refl.* 40, 14:121; *Refl.* 4085, 17:408f.; 28:195ff.

Philosophische Funktion

1 Vorkritisches Werk

1.1 In der *Wahren Schätzung* definiert Kant die Welt als die Reihe aller gleichzeitigen und aufeinander folgenden unter sich verknüpften zufälligen Dinge: „Mundus est rerum omnium contingentium simultanearum & successivarum inter se connexarum series" (1:23 Anm.; „Die Welt ist die Reihe aller gleichzeitigen und aufeinander folgenden unter sich verknüpften zufälligen Dinge", Übers. Weischedel). Dieser Definition nach könnte es mehrere solcher Reihen geben, die aber untereinander nicht verbunden wären. Jede von ihnen würde dann eine Welt für sich ausmachen. Darum ist es „im recht metaphysischen Verstande wahr, daß mehr wie eine Welt existiren könne" (1:22). Wenn nur eine einzige „Raumesart" möglich wäre, könnten mehrere Welten dem →Raum nach verbunden werden. Da →Gott „durch ihre

Verknüpfung seinem Werke eine größere Vollkommenheit mitgetheilt haben würde", ist es nicht wahrscheinlich, „daß viele Welten existiren (ob es gleich an sich möglich ist), es sei denn, daß vielerlei Raumesarten [...] möglich sind" (1:25).

Darüber hinaus „können Dinge wirklich existiren, dennoch aber nirgends in der Welt vorhanden sein" (1:21). Für eine →Substanz ist es nicht notwendig, dass sie mit anderen Substanzen in Verbindung steht. Substanzen können also existieren, ohne in äußerlichen Relationen zu anderen Substanzen zu stehen. Da aber „ohne äußerliche Verknüpfungen, Lagen und Relationen kein Ort statt findet, so ist es wohl möglich, daß ein Ding wirklich existire, aber doch nirgends in der ganzen Welt vorhanden sei" (1:22).

1.2 In der *Nova dilucidatio* behauptet Kant, dass „die Substanzen auch so bestehen können, daß sie in gar keinem Orte sind und in gar keiner Beziehung auf die Dinge unserer Welt" (1:414). Da solche Substanzen, wenn es sie gäbe, eine Welt für sich allein bilden würden, „ist es keine Unmöglichkeit, daß in dieser Weise mehrere Welten auch in metaphysischem Sinne bestehen könnten, wenn es Gott so beliebte" (1:414). Das bloße gleichzeitige Dasein der Substanzen ist jedoch zur Begründung ihrer Verbindung in einer Welt *nicht* hinreichend. Sie „haben einen Verkehr mit einander nur von dem gemeinsamen Prinzip ihres Daseins, nämlich von dem göttlichen Verstande, so weit, als dieser sie wechselseitigen Beziehungen entsprechend erhält" (1:412f.).

1.3 Die *Theorie des Himmels* liefert eine Kosmogonie. Dort wird gezeigt, wie die Welt aus einem chaotischen Anfangszustand der Materie entstanden sein soll, allein mit Anziehungs- und Zurückstoßungskraft begabt und den Gesetzen der Mechanik gehorchend: „*Gebet mir Materie, ich will eine Welt daraus bauen!*" (1:230). Dadurch soll der Beweis des göttlichen Urhebers, der auf der Grundlage der wahrnehmbaren Harmonie des Weltgebäudes zu führen ist, gegen den Naturalismus verteidigt werden: „Der eine Schluß ist ganz richtig: Wenn in der Verfassung der Welt Ordnung und Schönheit hervorleuchten, so ist ein Gott. Allein der andere ist nicht weniger gegründet: Wenn diese Ordnung aus allgemeinen Naturgesetzen hat herfließen können, so ist die ganze Natur nothwendig eine Wirkung der höchsten Weisheit" (1:346). Die Welt ist ein zusammenhängendes, geordnetes Ganzes von Sternensystemen, und in diesem Sinne ist sie eine Welt von Welten.

1.4 Der *Beweisgrund* schlägt eine verbesserte Methode der Physikotheologie vor, nach der die Abhängigkeit der Welt von Gott nicht nur ihrer Form, sondern auch ihrer Materie nach bewiesen werden kann: „Man schließe aus den *zufälligen* Verbindungen der Welt auf den Urheber der Art, wie das Universum zusammengefügt ist, von der *nothwendigen* Einheit aber auf eben dasselbe Wesen als einen Urheber sogar der Materie und des Grundstoffes aller Naturdinge" (2:126f.). Gott darf deshalb nicht bloß als Weltbaumeister, sondern muss als Weltschöpfer gedacht werden.

Die Welt hat in Gott ihren Grund, aber sie „ist nicht ein Accidens der Gottheit, weil in ihr Widerstreit, Mängel, Veränderlichkeit, alles Gegentheile der Bestimmungen einer Gottheit angetroffen werden" (2:90). Der Wille Gottes enthält den Grund vom Dasein der Welt. Aber ein solcher Grund ist kein logischer, sondern ein Realgrund: „Ihr möget nun den Begriff vom göttlichen Wollen zergliedern, so viel euch beliebt, so werdet ihr niemals eine existirende Welt darin antreffen, als wenn sie darin enthalten und um der Identität willen dadurch gesetzt sei" (2:202).

1.5 *De mundi* unterscheidet zwischen der intelligiblen und der sinnlichen Welt. Die erste ist das Ganze der Dinge, wie sie an sich sind. Die zweite ist das Ganze der Dinge, wie sie uns erscheinen. Die sinnliche Welt hat ihrer Form nach zwei Prinzipien: Raum und →Zeit. Sie sind nichts Gegenständliches und Wirkliches, sondern etwas Subjektives und Ideales. Sie sind Bedingungen, durch die „alles, was Gegenstand der Sinne [...] sein kann, nothwendig zu demselben Ganzen zu gehören scheint" (2:398). Raum und Zeit sind reine Anschauungen. Sie sind zwar subjektive Bedingungen, aber keine *angeborenen* Vorstellungen. Vielmehr sind sie erworben, jedoch „nicht in dem Sinn, daß sie von Gegenständen abgezogen worden sind [...], sondern als die unveränderliche Grundform, welche durch die eigene Thätigkeit der Seele, die nach ewigen Gesetzen ihre Empfindungen ordnet, gleichsam mittelst Anschauung erlangt werden muß" (2:406). Die intelligible Welt ist ein Ganzes von beigeordneten Substanzen. Ein Ganzes aus notwendigen Substanzen ist unmöglich, denn ihre jeweiligen Zustände wären unabhängig von den Zuständen aller andern

Substanzen und folglich würden sie in keiner Gemeinschaft miteinander stehen. Also besteht die Welt aus lauter Zufälligem. Die Ursache der Welt ist außerhalb der Welt. Würden mehrere Ursachen angenommen, gäbe es mehrere Welten, nicht nur *eine* Welt. Und umgekehrt: mehrere Welten würden mehrere Ursachen erfordern. Unter dieser Bedingung (d. h. der Gegebenheit mehrerer Ursachen) sind also „mehrere Welten im strengsten metaphysischen Sinne außer einander möglich" (2:408). Man könnte auch von der gegebenen Ursache aller Teile der Welt auf die Form der Welt schließen, obwohl Kant zugibt, dass ihm „dieser Schluß nicht so klar erscheint" (2:409). Die Verbindung der Substanzen wäre dann keine zufällige, sondern eine notwendige. In diesem Fall würde ein physischer Einfluss (*influxus physicus*) die Gemeinschaft der Substanzen ermöglichen, und so wäre die Welt ein *wirkliches* Ganzes. Eine zufällige Verbindung wäre dagegen „eine Harmonie ohne wahre Gemeinschaft" (2:409). Die Welt wäre dann nur *ideal*. Nach Kant ist eine notwendige Verbindung der Substanzen durch physischen Einfluss, insofern dieser durch eine erste architektonische Ursache bedingt ist, „wenn auch nicht bewiesen, doch durch andere Gründe genügend erhärtet" (2:409).

2 Kritisches Werk und Opus postumum

2.1 Die Einteilung der Welt in eine Sinnen- und eine Verstandeswelt kann in positiver Bedeutung (wie noch in *De mundi*) gar nicht zugelassen werden (vgl. KrV A 256 / B 311). Trotzdem geht diese Unterscheidung nicht verloren. Die Welt als Inbegriff aller Erscheinungen ist die Sinnenwelt. Ihr Begriff ist eine Idee, d. h. ein Vernunftbegriff, der auf die Vollständigkeit der Synthesis des Verstandes und damit auf das →Unbedingte unter den Erscheinungen gerichtet ist. Eine solche Synthesis kann →mathematisch, d. h. eine Verbindung von Gleichartigen (wie die der Aggregation oder der Koalition) oder dynamisch, d. h. eine Verbindung von Ungleichartigen (wie die des Akzidens zu einer Substanz oder der Wirkung zur Ursache) sein. Diesbezüglich ist eine engere Bedeutung von Welt zu unterscheiden, nach der diese „das mathematische Ganze aller Erscheinungen und die Totalität ihrer Synthesis im Großen sowohl als im Kleinen, d. i. sowohl in dem Fortschritt derselben durch Zusammensetzung, als durch Theilung" ist (KrV A 418 / B 446). Wenn man dagegen das dynamische Ganze der Erscheinungen meint, d. h. die Einheit im *Dasein* der Erscheinungen, wird die Welt Natur genannt.

2.2 Die Fragen, „ob die Welt von Ewigkeit her sei, oder einen Anfang habe; ob der Weltraum ins Unendliche mit Wesen erfüllt, oder innerhalb gewisser Grenzen eingeschlossen sei; ob irgend in der Welt etwas einfach sei, oder ob alles ins Unendliche getheilt werden müsse; ob es eine Erzeugung und Hervorbringung aus Freiheit gebe, oder ob alles an der Kette der Naturordnung hänge; endlich ob es irgend ein gänzlich unbedingt und an sich nothwendiges Wesen gebe, oder ob alles seinem Dasein nach bedingt und mithin äußerlich abhängend und an sich zufällig sei" (KrV A 481 / B 509), entzünden die →Antinomie der reinen Vernunft. Einen Ausweg aus der Antinomie bietet jedoch die Einsicht, dass solche Fragen eine vollendete Synthesis der Erscheinungen voraussetzen, obwohl die Totalität der Synthesis der Erscheinungen in der Erfahrung nicht gegeben werden kann. Die Begriffe der Vollständigkeit der Synthesis der Erscheinungen, die Weltbegriffe (vgl. KrV A 420 / B 447), haben keinen ihnen entsprechenden sinnlichen Gegenstand und bleiben vielmehr dem Verstand fortwährend aufgegebene Forderungen, die verhindern, dass eine empirische Grenze seiner Synthesis ihm für eine absolute Grenze gilt. Darin besteht die regulative Funktion der →Ideen (vgl. KrV A 509 / B 537).

2.3 Die Welt als Inbegriff aller Erscheinungen ist so anzusehen, „*als ob* sie das Werk eines höchsten Verstandes und Willens sei" (4:357). Dies ist eine Forderung der *theoretischen* Vernunft, die dazu dient, systematische Einheit unter den empirischen Gesetzen der Erscheinungen hervorzubringen (vgl. KrV A 671f. / B 699f.). Parallel dazu verlangt die →praktische Vernunft, dass eine höchste Vernunft, die nach moralischen Gesetzen gebietet, als Ursache der Welt angenommen wird, wenn die „nothwendige Verknüpfung der Hoffnung, glücklich zu sein, mit dem unablässigen Bestreben, sich der Glückseligkeit würdig zu machen" erkannt werden soll (KrV A 810 / B 838).

2.4 Die theoretische Erkenntnis einer Verstandeswelt ist uns unmöglich. Der Begriff einer solchen Welt ist aber von zentraler Bedeutung für die praktische Vernunft. Die Welt, „sofern sie allen sittlichen Gesetzen gemäß wäre", nennt Kant eine moralische Welt (KrV A 808 / B 836). Sie wird als eine intelligible Welt gedacht, „weil darin von allen Bedingungen (Zwecken) und selbst von allen Hindernissen der Moralität in derselben (Schwäche oder Unlauterkeit der menschlichen Natur) abstrahirt wird“ (KrV A 808 / B 836). → Noumena und deren Inbegriff, d. h. eine intelligible Welt, „[sind] nichts als Vorstellungen einer Aufgabe [...], deren Gegenstand an sich wohl möglich, deren Auflösung aber nach der Natur unseres Verstandes gänzlich unmöglich ist, indem unser Verstand kein Vermögen der Anschauung, sondern blos der Verknüpfung gegebener Anschauungen in einer Erfahrung ist“ (4:316). Dementsprechend bedeutet die moralische Welt „nur ein Etwas, das da übrig bleibt, wenn ich alles, was zur Sinnenwelt gehört, von den Bestimmungsgründen meines Willens ausgeschlossen habe, bloß um das Princip der Bewegursachen aus dem Felde der Sinnlichkeit einzuschränken, dadurch daß ich es begrenze und zeige, daß es nicht Alles in Allem in sich fasse, sondern daß außer ihm noch mehr sei; dieses Mehrere aber kenne ich nicht weiter“ (4:462). Die moralische Welt wird also von der spekulativen Vernunft als unbestimmt und problematisch gedacht. Der Grundsatz der Sittlichkeit jedoch ermöglicht, dass ein Wesen sich als zur moralischen Welt gehörig bestimmt und diese durch diesen Akt in praktischer Hinsicht assertorisch erkannt wird. Dadurch wird uns „die Wirklichkeit der intelligibelen Welt“ im praktischen Gebrauch der Vernunft gegeben (5:105). Das Verhältnis der Menschen untereinander in einer moralischen Welt kann nach einer → Analogie mit den physischen Anziehungs- und Abstoßungskräften vorgestellt werden: „Vermöge des Princips der *Wechselliebe* sind sie angewiesen sich einander beständig zu *nähern*, durch das der *Achtung*, die sie einander schuldig sind, sich im *Abstande* von einander zu erhalten“ (6:449).

2.5 Eine Welt, in der die → Glückseligkeit im genauen Verhältnis zur Sittlichkeit der vernünftigen Wesen steht, muss als eine für uns künftige Welt angenommen werden, damit die Ideen der Sittlichkeit „Triebfedern des Vorsatzes und der Ausübung“ werden und nicht bloße „Gegenstände des Beifalls und der Bewunderung“ sind (KrV A 813 / B 841; vgl. 4:462; 28:1098f.; → Gut, höchstes). Diese Welt, die sowohl physisch als auch moralisch vollkommen ist, ist die beste aller möglichen Welten (vgl. *Refl.* 6113, 18:459; 28:1100). In der *KpV* ist jedoch die Idee der vollkommensten Welt, die mit dem höchsten abgeleiteten Gut zu identifizieren ist, nicht mehr Prinzip der Ausführung des Sittengesetzes (vgl. 5:109). Das Problem der Ausführung des Sittengesetzes wird nun durch die Theorie der → Achtung gelöst, wozu schon die *GMS* einige Hinweise gibt.

2.6 Man kann nicht erkennen, ob Gott mit der Welt eine Endabsicht gehabt habe oder nicht. Und selbst wenn wir die Natur der theoretischen Forderung der Vernunft gemäß ansehen müssen, als ob sie das Werk eines höchsten Verstandes wäre, um uns die Möglichkeit ihrer zweckmäßigen Anordnungen begreiflich zu machen, bleibt unausgemacht, „ob jene oberste Ursache überall nach einem Endzwecke und nicht vielmehr durch einen von der bloßen Nothwendigkeit seiner Natur zu Hervorbringung gewisser Formen bestimmten Verstand (nach der Analogie mit dem, was wir bei den Thieren den Kunstinstinct nennen) Urgrund derselben sei“ (5:441f.). Die praktische Vernunft muss jedoch einen Grund für die Ausführbarkeit sittlicher Zwecke in der sinnlichen Welt annehmen. Wir haben also einen moralischen Grund, „diejenige Beschaffenheit der Welt, die zu dem, was wir allein nach Gesetzen bestimmt angeben können, nämlich dem Endzwecke unserer reinen praktischen Vernunft, und zwar so fern sie praktisch sein soll, übereinstimmt“, als Endzweck der Schöpfung anzunehmen (5:455).

2.7 Wenn man die Welt als Inbegriff aller Erfahrungserkenntnisse betrachtet, dann ist sie, „als *Gegenstand des äußern Sinnes*, [...] *Natur*, als *Gegenstand des innern Sinnes* aber, *Seele* oder *der Mensch*“ (9:156). Die Erfahrungserkenntnisse der Natur und des Menschen machen also zusammen die Welt*erkenntnisse* aus. Für die *Kenntnis* der Welt ist jedoch darüber hinaus eine Unterweisung nötig, „wie man seine bereits erworbenen Erkenntnisse in Anwendung zu bringen und einen seinem Verstande, so wie den Verhältnissen, in denen man steht, gemäßen, nützlichen Gebrauch von ihnen zu machen, oder unsern Erkenntnissen das *Praktische* zu geben habe“ (9:157f.).

2.8 Im *Op. post.* wird die Welt als „der Inbegriff aller Gegenstande der Sinne (möglicher Erfahrung) im absoluten Ganzen des Systems als Objects möglicher Erfahrung vorgestellt“ verstanden (21:42). Das All der Wesen sind Gott und die Welt.

Es existiert nur ein Universum (vgl. 21:24; 21:29; 21:30; 21:33; 21:35; 21:47; 21:54; 21:55). Weder Gott noch die Welt sind ein Gegenstand möglicher Erfahrung, sondern selbstgeschaffene Gedankendinge *a priori*, welche Prinzipien der systematischen Einheit des Denkens von Gegenständen enthalten (vgl. 21:43). Der höchste Punkt der Transzendentalphilosophie besteht darin, Gott und die Welt synthetisch zu vereinigen (vgl. 21:23).

Weiterführende Literatur

Düsing, Klaus: Die Teleologie in Kants Weltbegriff, Bonn: Bouvier ²1986.

Falkenburg, Brigitte: Kants Kosmologie, Frankfurt/M.: Klostermann 2000.

Malzkorn, Wolfgang: Kants Kosmologie-Kritik. Eine formale Analyse der Antinomienlehre, Berlin u. a.: de Gruyter 1999.

Schmucker, Josef: Das Weltproblem in Kants Kritik der reinen Vernunft, Bonn: Bouvier 1990.

Hernán Pringe

Widerspruch, Satz vom

Der Satz vom Widerspruch lautet nach der *KrV*: „Keinem Dinge kommt ein Prädikat zu, welches ihm widerspricht" (KrV B 190). Er ist der „oberste Grundsatz aller analytischen Urteile" (vgl. KrV B 189–193) und gibt „die allgemeine, obzwar nur negative Bedingung aller unserer Urteile überhaupt" (KrV B 189) an. Obwohl Kant den Satz vom Widerspruch lediglich der allgemeinen, von allem Inhalt abstrahierenden formalen Logik zuordnet (vgl. KrV A 59f. / B 84f.), lässt bereits die angeführte Formulierung des Satzes (wo von „Dingen" die Rede ist; vgl. dagegen 2:294) vermuten, dass er in der *KrV* nicht ohne transzendentallogische Bedeutung ist. Sofern zur → transzendentalen Logik auch die Bedingungen gehören, die Urteile erfüllen müssen, um sich auf Gegenstände oder Dinge überhaupt zu beziehen (vgl. KrV A 290 / B 346), ist der Satz vom Widerspruch in diesen Zusammenhang integriert. Ein „Ding", das zum Gegenstand möglicher → Erfahrung taugen soll, muss gedacht werden können (vgl. KrV A 58f. / B 83f.; KrV B XXVI Anm.). Und dies ist nach dem Satz vom Widerspruch möglich, wenn der gegebene Begriff desselben Dinges in dem → Urteil, das sich auf es bezieht, weder implizit (unter Umständen auch mit Blick auf die begrifflichen Konsequenzen) noch explizit (durch die Prädizierung des Urteils) kontradiktorisch einander widersprechende Prädikate aufweist. Ob dies der Fall ist, wird in analytischen, lediglich den Begriff des Dinges zergliedernden Urteilen festgestellt (ohne dass der Begriff schon auf seinen möglichen Anschauungsbezug hin betrachtet würde). Für diese ist der Satz vom Widerspruch insofern „oberster Grundsatz", als er die Analyse auf das Ziel ausrichtet, einen verdeckten Widerspruch zu entdecken. Soll dasselbe „Ding" aber nicht nur „Gedankending" bleiben (vgl. KrV A 292 / B 348), wobei Gefahr besteht, dass sein Begriff „leer" ist, muss es (beziehungsweise das Urteil, das sich auf es bezieht), weitergehende Bedingungen des Verstandes und der Sinnlichkeit erfüllen. Der Satz vom Widerspruch kann hierbei nicht mehr helfen, auch wenn er insofern eine Funktion behält, als alle weiteren Urteile, die die weitergehenden Bedingungen erfüllen, selbstverständlich widerspruchsfrei sein müssen. Er erlaubt stets nur einen Ausschluss: von „Dingen", die zu denken unmöglich sind, und von Urteilen oder Urteilszusammenhängen, die Kontradiktionen enthalten („negatives Kriterium aller Wahrheit", KrV B 190). Den Ausschluss von „Dingen" Erkenntnissen, der durch den Satz vom Widerspruch bewirkt wird, charakterisiert Kant als Vernichtung bzw. Aufhebung (vgl. KrV A 150f. / B 189f.). Da der Satz vom Widerspruch keinen positiven „Bestimmungsgrund[e] der Wahrheit" (KrV A 152 / B 191) eines Urteils über einen Gegenstand an die Hand gibt, kann das widerspruchsfreie Urteil beziehungsweise der widerspruchsfreie „problematische" Begriff (vgl. KrV A 254 / B 310) des in Frage stehenden Gegenstandes immer noch dem Gegenstand unangemessen, d. h.: die vermeintliche Erkenntnis „falsch oder grundlos" (KrV A 150 / B 190) sein, und zwar dann, „wenn sie mit dem Gegenstande, worauf sie bezogen wird, nicht übereinstimmt" (KrV A 58 / B 83). Man muss deshalb „gegründete Erkundigung außer der Logik eingezogen haben" (KrV A 60 / B 85; vgl. KrV A 782f. / B 810f.), wenn man inhaltlich positiv über Objekte urteilen will. Im Zusammenhang der *KrV*, in der es darauf ankommt, die Bedingungen der Sinnlichkeit zur Geltung zu bringen, geht Kant deshalb vom Satz vom Widerspruch als dem „obersten Grundsatz aller analytischen Urteile" schnell über zum „obersten Grundsatz aller synthetischen Urteile", die im Zentrum des Interesses der transzendentalen Logik stehen. Weitere wichtige Stellen: 1:391; 1:389; 2:293ff.; 4:267ff.

Vorgeschichte und historischer Kontext

Der Satz vom Widerspruch ist seit der Antike bekannt. Gewöhnlich schreibt man seine Entdeckung Aristoteles zu (*Metaphysik*, Buch IV, Kap. 3, 1005b, in mehreren Versionen, zum Beispiel: „dass nämlich dasselbe demselben und in derselben Beziehung [...] unmöglich zugleich zukommen und nicht zukommen kann", Übers. Bonitz/Seidl), so auch Kant (vgl. 20:277), obwohl schon Platon ihn explizit formuliert (*Sophistes*, 230b) und die Sophisten ihn in ihren Scheinargumentationen voraussetzen (vgl. Platon, *Euthydemos*, 283a–286a). Die Zuschreibung ist vor allem daher begründet, dass Aristoteles den Satz vom Widerspruch zum „sichersten Prinzip" (*Metaphysik*, Buch IV, Kap. 3, 1005b) aller Urteile über die „seienden Dinge" (*Metaphysik*, Buch IV, Kap. 3, 1005b) erhebt und erklärt, dass er eines direkten Beweises weder bedürftig noch fähig ist (vgl. *Metaphysik*, Buch IV, Kap. 4, 1006a), dass aber sehr wohl ein indirekter Beweis von ihm gegeben werden kann, wenn jemand seine Gültigkeit bestreiten sollte. In diesem Falle gelänge der Beweis durch Widerlegung dieser Leugnung (*Metaphysik*, Buch IV, Kap. 4, 1006a; vgl. dazu den indirekten Beweis, den Platon im *Euthydemos* bereits vorgelegt hat, *Euthydemos*, 287b–288a).

Kant begegnet dem Satz vom Widerspruch vor allem bei Leibniz, Wolff, Baumgarten und in der Schul-Metaphysik insgesamt, wo ihm höchste Bedeutung gegeben und insbesondere zugetraut wird, zusammen mit dem Satz vom Grund den Bereich der Prinzipien der →Ontologie völlig abzudecken. Kants Kritik richtet sich hier zunächst gegen die systematische Stellung des Satzes vom Widerspruch, noch nicht gegen dessen Formulierung, die er übernimmt (vgl.: „*impossibile est, idem simul esse ac non esse*", es ist unmöglich, dass dasselbe zugleich ist und nicht ist, 1:391). Dem frühen Kant zufolge ist der Satz vom Widerspruch nachrangig gegenüber dem Satz der Identität (vgl. 1:390f.), den er in „zwei unbedingt erste Grundsätze für alle Wahrheiten", einen für „bejahende", einen für „verneinende Wahrheiten", aufspaltet (vgl. 1:389; Übers. Hinske/Bock). Mit der Wende zur kritischen Transzendentalphilosophie und der Entdeckung des Unterschieds zwischen →analytischen und synthetischen Urteilen (vgl. KrV B 19; 4:270; 8:245) ändert sich Kants Kritik an der systematischen Stellung des Satzes vom Widerspruch. Diese Kritik schlägt dann auch auf die Formulierung durch, in der der Satz vom Widerspruch eine Funktion und Bedeutung erhalten soll. Der Satz vom Widerspruch, nun als der oberste Grundsatz aller analytischen Urteile erkannt, ist danach systematisch vom Satz vom Grund getrennt und kann nicht mehr zu dessen Beweis oder Bestätigung herangezogen werden (wie dies in der Schul-Metaphysik manchmal praktiziert wurde; vgl. Kants Kritik: 2:293ff.; 2:201–204; KrV A 243f. / B 301f.; KrV A 260–292 / B 316–349; 8:193–198; Cassirer, *Erkenntnisproblem*, S. 547; S. 549; S. 556f.; S. 611ff.; S. 673–678). An die Stelle des Satzes vom Grund tritt in der transzendentalen Logik der synthetische Grundsatz der →Kausalität (*Zweite Analogie der Erfahrung*), wobei Kant zugleich deutlich macht, dass dem alten Satz vom Grund keine Funktion mehr zur Bestimmung möglicher Erfahrung gegeben werden kann. Er drückt nurmehr die wissenschaftstheoretische Forderung aus, dass ein Urteil begründet sein muss (vgl. 8:193f.). Der Satz vom Widerspruch wiederum behält seine Funktion für die Theorie der Erfahrung (s. o.), aber erst dadurch, dass Kant aus seiner Formulierung das „zugleich" („simul") entfernt und damit jedes Missverständnis verhindert, als ob Zeitverhältnisse beim Satz vom Widerspruch eine Rolle spielten, der Satz also per se synthetischen Charakter hätte (vgl. KrV A 152 / B 191ff.). Er darf vielmehr nur als rein logischer Satz genommen werden, bei dem von allem Inhalt abstrahiert wird und der nur die formale Widerspruchsfreiheit fordert (übereinstimmend mit dem Satz der Identität, der dieselbe Forderung positiv ausdrückt und deshalb nicht mehr eigens aufgeführt werden muss, vgl. 9:52). So ist er ein rein logischer Satz, der in die transzendentale Logik integriert werden kann und muss – den reinen Verstandesbegriffen vergleichbar, die auch „*unabhängig von Sinnlichkeit*" (KrV B 144) als Bedingungen („bloße *Gedankenformen*", KrV B 150) der Möglichkeit von Erfahrung isoliert werden können, nämlich als Bedingungen, einen Gegenstand überhaupt zu denken (vgl. KrV A 93 / B 125f.), aber nur in der Anwendung auf das Mannigfaltige der Anschauung sinnvoll und nicht leer sind.

Philosophische Funktion

1 Der negative und der positive Gebrauch des Satzes vom Widerspruch in der theoretischen Philosophie

Die Hauptfunktion des Satzes vom Widerspruch besteht nach Kant darin, alle unsere Urteile dem Kriterium der Widerspruchsfreiheit zu unterwerfen (vgl. KrV A 150f. / B 189). Mit Hilfe dieses Kriteriums werden die Urteile identifiziert, deren Wahrheit bereits aus logischen Gründen ausgeschlossen ist. Dies wäre der ‚negative Gebrauch' des Satzes vom Widerspruch. Die negative Anwendung erstreckt sich aber durchaus nicht nur auf Urteile über Gegenstände überhaupt, die weiter geprüft werden müssen, ob sie womöglich sogar Gegenstände realer oder möglicher Erfahrung sind, sondern auch auf Urteile über Gegenstände, die theoretisch-gedanklich sind und bleiben müssen, Urteile, wie sie beispielsweise der Text der *KrV* selbst enthält. Dass dem so ist, lässt sich durch die Stellen belegen, an denen Kant sogar ‚positiven Gebrauch' vom Satz vom Widerspruch macht (die Anwendung des negativen Kriteriums hat ja nicht widerspruchsfreie Urteile aus dem Zusammenhang der *KrV eliminiert*). Ein solcher ‚positiver Gebrauch' liegt vor, wenn durch den Satz vom Widerspruch der Wahrheitsanspruch eines Urteils bestätigt werden kann, und ist immer dann möglich, wenn das in Frage stehende Urteil ein „analytisches" Urteil ist (vgl. KrV A 151 / B 190). So ist etwa die Behauptung der *KrV*, dass alle unsere Anschauungen unter der Bedingung der synthetischen Einheit der Apperzeption stehen müssen (vgl. KrV B 132; KrV B 135; KrV B 136; KrV B 138), eine Behauptung über einen theoretischen Sachverhalt, und indem Kant diesen Grundsatz „analytisch" nennt (vgl. KrV B 135; KrV B 138), kann er für dessen Wahrheit mit Hilfe des Satzes vom Widerspruch argumentieren: Würden unsere Anschauungen nicht unter dieser Bedingung stehen, dann wären es nicht unsere (vgl. KrV B 132f.; KrV B 138). Der Begriff, den wir uns von unseren Anschauungen machen müssen (als solche, die unter der Einheit der Apperzeption stehen müssen), muss „bejaht werden [...], darum, weil das Gegenteil desselben dem Objekte widersprechen würde" (KrV A 151 / B 190f.; weitere Anwendungsbeispiele: vgl. KrV A 521 / B 549; KrV A 527 / B 555). Der einfachere Fall eines „analytischen Urteils", das entsprechend einen positiven Gebrauch des Satzes vom Widerspruch erlaubt, ist freilich der, bei dem das Urteil das Ergebnis einer Analyse des Begriffs eines empirischen oder möglichen empirischen ‚Dinges' ausspricht – einer Analyse des Begriffs auf die implizit ihm zugeschriebenen Prädikate hin.

Darin liegt jedoch auch schon sogleich die Crux eines positiven Gebrauchs des Satzes vom Widerspruch: Analytische Urteile in nicht-kritischen Theoriezusammenhängen enthalten „gegebene Begriffe" (vgl. KrV A 154 / B 193f.), „ohne nach dem Grund dieser Begriffe und nach dem Recht, mit welchem wir ihnen eine gegenständliche Bedeutung beimessen, zu fragen" (Cassirer, *Erkenntnisproblem*, 2. Bd., S. 674; vgl. Wolff, *Der Begriff des Widerspruchs in der KrV*, S. 194f.). Dies ist zweifellos bei den analytischen Urteilen der *KrV* insofern nicht der Fall, als Kant getreu seiner „Transzendentalen Methodenlehre" „Einsicht in die Quellen" seiner Erkenntnisse zu geben versucht (KrV A 789 / B 817; vgl. KrV A 789 / B 817 die Kritik an den „apagogischen" indirekten Beweisen in der Philosophie, die sich des Satzes vom Widerspruch bedienen). Die Beispiele von Begriffen, die Kant anführt und für ‚gegeben' hält, etwa der Begriff des ‚Körpers', zeigen nichtsdestoweniger, dass aus historischen Gründen schon die Gefahr stets real ist, es könnten sich Vorurteile über das einschleichen, was analytisch in einem ‚gegebenen Begriff' liege und was nicht (vgl. Cassirer, *Erkenntnisproblem*, 2. Bd., S. 678f.).

2 Die Anwendung des Satzes vom Widerspruch in der praktischen Philosophie

In der theoretischen Philosophie konnte Kant nach seiner Entdeckung des Unterschiedes von analytischen und synthetischen Urteilen und logischer und realer Entgegensetzung die Vorstellungen der Schul-Metaphysik widerlegen, der Satz vom Widerspruch tauge zum ontologischen Prinzip. Die Transzendentale Dialektik der *KrV* führt ausführlich vor, wie durch die Instrumente des Satzes vom Widerspruch und des „apagogischen Beweises" jenseits der auf Sinnlichkeit restringierten Sphäre der theoretischen Vernunft scheinbare ‚Widersprüche' (von Kant in der Regel „Widerstreit" genannt; vgl. z. B. KrV A 426 / B 454) erzeugt werden, und von der kritischen Vernunft aufgelöst werden.

Im Gegensatz dazu legt Kant in der praktischen Philosophie nahe, dem Satz vom Widerspruch sogar die Deduktion des Begriffs des „Eigentums“ zuzutrauen (vgl. 6:245–252). Obwohl „der Satz von der Möglichkeit des Besitzes einer Sache außer mir“ erklärtermaßen „synthetisch“ ist (6:250), liegt der Satz vom Widerspruch auch im Zentrum von Kants Rechtfertigung des „noumenalen“ Besitzes. Die Annahme des Gegenteils des „rechtliche[n] Postulat[s] der praktischen Vernunft“, die Annahme, dass es „rechtlich schlechterdings nicht in meiner Macht“ stehen solle, Gebrauch von brauchbaren Gegenständen zu machen, darf verneint werden, weil der Begriff der „Freiheit“ dabei in sich widersprüchlich würde: „so würde die Freiheit sich selbst des Gebrauchs ihrer Willkür in Ansehung eines Gegenstandes derselben berauben, dadurch dass sie *brauchbare* Gegenstände außer aller Möglichkeit des *Gebrauchs* setzte, d. i. diese in praktischer Rücksicht vernichtete“ (6:246). Sofern Kants Auskunft, dass Eigentum zu haben erlaubt werden muss, weil ein Verbot nicht ohne Widerspruch gedacht werden kann, keinen positiven ‚Bestimmungsgrund‘ für den Begriff des ‚Eigentums‘ enthält, bleibt auch diese Anwendung des Satzes vom Widerspruch im Gebiet der praktischen Philosophie fragwürdig und unbefriedigend: „Die apagogische Beweisart kann aber nur in den Wissenschaften erlaubt sein, wo es unmöglich ist, das Subjektive unserer Vorstellungen dem Objektiven, nämlich der Erkenntnis desjenigen, was am Gegenstande ist, *unterzuschieben*“ (KrV A 791 / B 819).

Interpretationslage

Kants Verständnis des Satzes vom Widerspruch wird vor allem vor dem Hintergrund der kantischen Unterscheidung von formaler und transzendentaler Logik diskutiert (Vor- versus Beiordnung). Hier entsteht auch die Frage, ob der Satz vom Widerspruch selbst in Kants Sinne ‚analytisch‘ ist und inwieweit er ein Kriterium für Analytizität liefert. Einen guten Überblick über diese und weitere Probleme gibt Wolff *Diskussion*.

Weiterführende Literatur

Cassirer, Ernst: Das Erkenntnisproblem in der Philosophie und Wissenschaft der neueren Zeit, Bd. 2, Berlin: Bruno Cassirer 1922.

Wolff, Michael: „Der Begriff des Widerspruchs in der ‚Kritik der reinen Vernunft‘. Zum Verhältnis von formaler und transzendentaler Logik“, in: Tuschling, Burkhard (Hg.): Probleme der „Kritik der reinen Vernunft“. Kant-Tagung Marburg 1981, Berlin u. a.: de Gruyter 1984, 178–202.

Wolff, Michael u. a.: „Diskussion im Anschluß an das Referat von M. Wolff“, in: Tuschling, Burkhard (Hg.): Probleme der Kritik der reinen Vernunft, Kant-Tagung Marburg 1981, Berlin u. a.: de Gruyter 1984, 203–226.

Andreas Eckl

Wille

Der Begriff des Willens bezeichnet die Fähigkeit vernünftiger Wesen, „sich selbst zum Handeln zu bestimmen“ (4:427). Analog zum theoretischen Selbstverhältnis des Verstandes, der sich in seinem Denken an objektiven Gründen ausrichten kann, begreift Kant den Willen als ein praktisches Selbstverhältnis. Der Wille kann „*nach der Vorstellung* der Gesetze, d. i. nach Principien“ (4:412) handeln. Einen Willen, der sich selbst unabhängig von allen Neigungen und Interessen allein aus Vernunft bestimmt, nennt Kant einen reinen Willen. Der menschliche Wille kann zwar in diesem Sinne der Vernunft folgen, er ist aber auch durch sinnliche Antriebe und unvernünftige Motive affizierbar. An ihn richtet sich die Form des reinen Willens, die vernünftige Selbstbestimmung, daher als ein Gebot. Nimmt der menschliche Wille das objektive Gebot der Vernunft, den →kategorischen Imperativ, unmittelbar und ohne eine weitere Bedingung auch als subjektiven Grundsatz oder →Maxime seines Handelns an, so handelt er aus →Pflicht und ist ein guter Wille. Ein solcher Wille, der sich selbst aus Vernunft, objektiv zum Handeln bestimmt, ist →autonom und insofern auch ein freier Wille. Lässt sich ein Wille dagegen von anderen Motiven und Grundsätzen leiten, so handelt er aus subjektiven Triebfedern und ist daher →heteronom bestimmt. Weitere wichtige Stellen: KrV A 802 / B 830; 4:393; 5:15 Anm.; 5:56–57; 5:172; 6:213; 6:388.

Philosophische Funktion

1 Der Wille als zentraler Begriff der Praktischen Philosophie

Durch den Begriff des Willens trennt Kant die theoretische Philosophie von der praktischen Philosophie auf prinzipieller Ebene: Nur „was als durch einen Willen möglich (oder nothwendig) vorgestellt wird“, soll als „praktisch-möglich (oder nothwendig)“ (5:172) bezeichnet werden dürfen. Entsprechend befasst sich die praktische Philosophie mit den „Bestimmungsgründen des Willens, welcher ein Vermögen ist, den Vorstellungen entsprechende Gegenstände entweder hervorzubringen, oder doch sich selbst zu Bewirkung derselben (das physische Vermögen mag nun hinreichend sein, oder nicht), d. i. seine Causalität, zu bestimmen“ (5:15). Dabei muss jedoch vorausgesetzt werden, dass die Regel dieser Selbstbestimmung des Willens auf dem Freiheitsbegriff, nicht auf dem Naturbegriff beruht, dass der Wille also seine Kausalität aus Freiheit bestimmt (vgl. 5:172), denn: „Praktisch ist alles, was durch Freiheit möglich ist“ (KrV A 800 / B 828; →praktisch). Lässt sich der Wille dagegen von natürlichen Antrieben und Interessen leiten, so geht er darin auf, nur eine diesen Antrieben jeweils entsprechende „Wirkung hervorzubringen, die nach Naturbegriffen der Ursachen und Wirkungen möglich ist“ (5:173). In dieser Funktion wirkt er gerade nicht als ein praktisches, sondern bloß als ein „Naturvermögen“ (5:172), dessen Regeln aus der Erkenntnis technisch-praktischer Gesetzmäßigkeiten der natürlichen Welt gewonnen werden, dessen Wirkungsweisen daher im Rahmen der theoretischen Philosophie eingesehen werden können.

Analog zur Aufgabenstellung der *KrV* beansprucht Kant in *GMS* und *KpV* auch für das Gebiet der praktischen Philosophie, für den Willen Bedingungen nachzuweisen, die dessen Akten den Charakter objektiver Geltung und Verbindlichkeit verleihen. Die philosophische Untersuchung muss dazu ergründen, wie „reine Vernunft *einerseits* a priori Objecte *erkennen* und wie sie *andererseits* unmittelbar ein Bestimmungsgrund des Willens, d. i. der Causalität des vernünftigen Wesens in Ansehung der Wirklichkeit der Objecte [...] sein könne“ (5:44f.). Denn nur wenn für das Gebiet der Praxis Bedingungen →a priori nachweisbar sind, lässt sich nach Kant die zwar bereits von Baumgarten getroffene, aber seiner Ansicht nach unzureichend begründete (und letztlich auch sachlich inadäquate) Unterscheidung zwischen einem ‚oberen‘ Begehrungsvermögen, das sich an der Vernunft, und einem ‚unteren‘ Begehrungsvermögen (vgl. Baumgarten, *Metaphysica*, §§ 663ff.), das sich an Interessen und Annehmlichkeiten orientiert, sinnvoll treffen. Bei Kant entspricht der Terminus des ‚oberen Begehrungsvermögens‘ dem des reinen Willens, der sich selbst nur aus Vernunft und insofern formal bestimmt, daher selbst →praktische Vernunft ist. Der Terminus des ‚unteren Begehrungsvermögens‘ kennzeichnet dagegen den ‚empirischen‘, durch Neigungen und insofern material bestimmten Willen. Beide Begriffe bezeichnen aber keine Entitäten oder psychologischen Tatsachen, sondern jeweils regelgeleitete Zusammenhänge, von denen die philosophische Untersuchung darlegen soll, dass sie zur Erklärung der Möglichkeit des jeweiligen Wollens notwendig vorauszusetzen sind. Um ein das ‚untere Begehrungsvermögen‘ normierendes ‚oberes Begehrungsvermögen‘ überhaupt annehmen zu können, ist ein alles Wollen umfassendes und verbindliches Gesetz des Willens nachzuweisen; es „muß ein Verhältnis des Willens zu seinem Gegenstand aufgezeigt werden, in welchem er nicht sowohl vom Objekt, von der besonderen ‚Materie‘ der Begehrung bestimmt wird, als er vielmehr umgekehrt dieses Objekt bestimmt“ (Cassirer, *Kants Leben und Lehre*, S. 259). „Alsdann allein ist Vernunft nur, so fern sie für sich selbst den Willen bestimmt (nicht im Dienste der Neigungen ist), ein wahres *oberes* Begehrungsvermögen, dem das pathologisch bestimmbare untergeordnet ist, und wirklich, ja *specifisch* von diesem unterschieden“ (5:24f.) und die praktische Philosophie eine gegenüber dem theoretischen Kalkül eigenständige philosophische Disziplin.

2 Der Wille als besondere Form des Begehrungsvermögens

Kant fasst den Begriff des Willens unter dem des Begehrungsvermögens. Dieser bezeichnet die Fähigkeit, durch „*Vorstellungen Ursache von der Wirklichkeit der Gegenstände dieser Vorstellungen zu sein*“ (5:9 Anm.). Auch nicht-vernünftige Lebewesen haben ein Begehrungsvermögen in diesem allgemeinen Sinne. Der Wille vernünftiger Wesen stellt aber eine besondere Form des Begehrungsvermögens dar. Weder hinsichtlich der Inhalte noch hinsichtlich der Bestimmungsgründe seines Wollens ist er durch Gesetze der Natur determiniert. Im Gegensatz zu dem Begehrungsvermögen der Tiere, die nicht handeln, sondern vom Instinkt geleitet werden, ist der Wille vernünftiger Wesen ein „Begehrungsvermögen nach Begriffen“, dessen Bestimmungsgründe zu einer „Handlung in ihm selbst, nicht in dem Objecte angetroffen“ (6:213) werden und das auch noch diese Bestimmungsgründe selbst, also die Zwecke und Maximen seines Handelns, nach vernünftigen Maßstäben wählen und setzen kann. Dies eröffnet dem Willen die Möglichkeit, sich nicht nur nach Gesetzen zu verhalten, sondern auch „*nach der Vorstellung* der Gesetze, d. i. nach Principien, zu handeln“ (4:412) und eigene Zwecksetzungen zu kontrollieren oder gegebenenfalls zu korrigieren. Kant bezeichnet den Willen deshalb auch als das „Vermögen der Zwecke“ (5:58). Der Wille begründet nicht nur die Fähigkeit, das „*nach Belieben zu thun oder zu lassen*“ (6:213), was bereits faktisch erstrebt wird (Handlungsfreiheit), noch ist er darauf beschränkt, zwischen gegebenen Handlungszielen nur zu wählen. Beide Fähigkeiten setzen vielmehr voraus, dass sich der Wille nicht nur auf Inhalte und Zwecke, sondern auch auf sich selbst beziehen und sich dadurch a priori zum Handeln bestimmen kann. Erst dieses praktische Selbstverhältnis des Willens eröffnet einem Handelnden und Wählenden die Möglichkeit zur Selbstkontrolle und ist somit die Quelle auch seiner moralischen Orientierung (vgl. Prauss, *Für sich selber praktische Vernunft*).

Der menschliche Wille ist nun zwar zu vernünftiger Selbstbestimmung fähig, als ein empirischer Wille ist er aber nicht notwendig durch Vernunft bestimmt, denn er kann sich in der Wahl seiner Zwecke und Grundsätze auch von privat-subjektiven Neigungen und aposteriorischen Gründen leiten lassen. Insofern steht der menschliche Wille „mitten inne zwischen seinem Princip a priori, welches formell ist, und zwischen seiner Triebfeder a posteriori, welche materiell ist, gleichsam auf einem Scheidewege“ (4:400). Bereits in seinen frühen Schriften kennzeichnet Kant den menschlichen Willen als die durch Motive und Gründe bestimmbare, insofern ‚freie‘ Entscheidungsfähigkeit mit dem Terminus ‚Willkür‘.

In *MS* fixiert Kant die sachlich schon in *KrV* identifizierbare Unterscheidung zwischen ‚Wille‘ und ‚Willkür‘ terminologisch. „[W]eil Sinnlichkeit ihre Handlung[en] nicht nothwendig macht“, kann sich die Willkür unabhängig „von der Nöthigung durch sinnliche Antriebe“ zum Handeln bestimmen, ist daher „arbitrium [...] liberum“ (KrV A 534 / B 562; vgl. 6:213) und je nach angenommenem Bestimmungsgrund frei oder unfrei zu nennen. Demgegenüber ist der Wille „das Begehrungsvermögen, nicht sowohl (wie die Willkür) in Beziehung auf die Handlung, als vielmehr auf den Bestimmungsgrund der Willkür zur Handlung betrachtet, und hat selber vor sich eigentlich keinen Bestimmungsgrund, sondern ist, sofern sie die Willkür bestimmen kann, die praktische Vernunft selbst“ (6:213). Gerade weil der Wille „auf nichts Anderes, als bloß auf Gesetz geht, kann [er] weder frei noch unfrei genannt werden“ (6:226). Je nach Qualität des den Willen bestimmenden Grundes und seinem spezifischen Verhältnis zu diesem Grund ist mit dem Begriff des Willens gemeint: 1) der reine, gesetzgebende Wille als praktische Vernunft (vgl. 5:44; 6:213); dies ist der Wille im engeren Sinne (vgl. Allison, *Kant's Theory of Freedom*, S. 129ff.); 2) der durch das Gesetz bestimmbare, aber nicht notwendig dadurch bestimmte menschliche Wille; ihn bezeichnet Kant auch mit dem Begriff der Willkür (vgl. KrV A 534 / B 562; 6:213); oder 3) der Vollzug der Selbstbestimmung, in dem der menschliche Wille (Willkür), wenn er den Forderungen der praktischen Vernunft (Wille im engeren Sinne) entspricht, sich als →autonomer Wille erweist und die Willkür dann frei, oder, als heteronomer, unfrei zu nennen ist (vgl. 6:213). Dies ist der Begriff des Willens im weiteren Sinne.

3 Negative und positive Freiheit des Willens

Entschließt sich eine handelnde Person dazu, ihr Wollen (Willkür) primär an der Aussicht auf Erfüllung der eigenen Interessen (nach dem Prinzip der Selbstliebe) auszurichten, und macht sie von diesen Motiven auch die Befolgung der Gebote der praktischen Vernunft (Wille) abhängig, so ist ihr Wille (im weiteren Sinne) insgesamt heteronom bestimmt. Auch um sich zur →Heteronomie entschließen zu können, muss der Wille (Willkür) aber als unabhängig von determinierenden Antrieben der Sinnlichkeit gedacht werden, denn schon „diese Überlegungen aber von dem, was in Ansehung unseres ganzen Zustandes begehrungswerth, d. i. gut und nützlich, ist, beruhen auf der Vernunft“ (KrV A 802 / B 830). Allerdings beschränkt sich diese Erklärung darauf, nur die psychologische Tatsache anzuführen, dass nicht bloß momentane Sinnenreize, sondern auch Vorstellungen künftiger Zustände unser Handeln bestimmen können. Diese Feststellung hat zwar den Rang einer Erfahrungserkenntnis, die Kant in *KrV* als „praktische Freiheit" bezeichnet (KrV A 802 / B 830), er hält sie aber, da mit ihr nur die negative Freiheit der Willkür als Freiheit „von den Natursachen" (KrV A 803 / B 831) belegt werden kann, für zur Erklärung der Möglichkeit vernünftigen Handelns unzureichend. Denn die Begründung dieser negativen Freiheit der Willkür bleibt vom Nachweis der transzendentalen Freiheit, von der Möglichkeit einen reinen Willen anzunehmen, abhängig, weshalb auch die „Aufhebung der transscendentalen Freiheit zugleich alle praktische Freiheit vertilgen" (KrV A 534 / B 562) würde. In einem positiven Sinne ‚frei' kann der Wille (im weiteren Sinne) nur gelten, wenn dem Wollen eine ihm eigene Gesetzlichkeit nachgewiesen wird. Dementsprechend bezeichnet der Begriff des ‚Willens' (im engeren Sinne) nur die formale Bedingung und den Bestimmungsgrund der Willkür. Mit ihm fasst Kant den Gedanken einer letzten und obersten Normierung der Willkür, den Gedanken einer „praktische[n] Vernunft selbst" (6:213; vgl. 4:412). Weil sich diese Bedingung oder Gesetzlichkeit nicht aus dem Inhalt dessen, was jeweils zufällig gewollt wird, ableiten lässt, muss sie in der Struktur des Willens (im engeren Sinne) selbst liegen. So ist der Wille (im weiteren Sinne) nur frei zu nennen, wenn er sich selbst als Willkür das Gesetz gibt und dadurch autonom ist, wenn er ein Wille zur Vernunft ist. „Das Gesetz dieser Autonomie aber ist das moralische Gesetz" (5:43), das dem menschlichen Willen (Willkür) als ein unbedingter Sollensanspruch, als ein → kategorischer Imperativ, bewusst wird, der lediglich auf die Form der Gesetzestauglichkeit der Maximen abhebt. „Wie nun dieses Bewußtsein der moralischen Gesetze oder, welches einerlei ist, das der Freiheit möglich sei, läßt sich nicht weiter erklären" (5:46). Kant versucht zwar im dritten Abschnitt der *GMS* die „Freiheit als Eigenschaft des Willens aller vernünftigen Wesen" (4:447) zu beweisen und unternimmt dazu eine Deduktion des Begriffs der Freiheit aus der Vernunft und dem Selbstbewusstsein des Menschen als Intelligenz. In *KpV* aber weist er die Möglichkeit eines solchen Unternehmens zurück und beurteilt es als für Begriffe der praktischen Vernunft unangemessen (vgl. Henrich, *Deduktion des Sittengesetzes*).

4 *Die Kausalität des Willens*

Kant charakterisiert den Willen (im weiteren Sinne) als eine „Art von Causalität lebender Wesen, so fern sie vernünftig sind" (4:446). Da aber „der Begriff einer Causalität den von *Gesetzen* bei sich führt, nach welchen durch etwas, was wir Ursache nennen, etwas anderes, nämlich die Folge, gesetzt werden muß: so ist die Freiheit, ob sie zwar nicht eine Eigenschaft des Willens nach Naturgesetzen ist, darum doch nicht gar gesetzlos, sondern muß vielmehr eine Causalität nach unwandelbaren Gesetzen, aber von besonderer Art sein; denn sonst wäre ein freier Wille ein Unding" (4:446). In den *Refl.* skizziert Kant das systematische Verhältnis der verschiedenen Arten der → Kausalität zu den jeweiligen Formen des Begehrungsvermögens und des Wollens in aller Kürze: „Die Causalität der Vorstellungen eines Wesens in Ansehung der Gegenstände derselben ist das Leben. Die Bestimmbarkeit der Vorstellungskraft zu dieser Causalität ist das Begehrungsvermögen. Diese Vorstellungskraft, wenn sie Vernunft ist, so ist die Bestimmbarkeit ihrer Causalität in Ansehung der Gegenstände, d. i. ihr Begehrungsvermögen Wille. Hat reine Vernunft die Causalität, so ist der Wille ein reiner Wille, und seine Causalität heißt Freiheit" (*Refl.* CLXXIII; 23:41). Somit erklärt Kant die Art und Weise, wie der Wille „unabhängig von fremden sie *bestimmenden* Ursachen wirkend sein kann" (4:446) mittels einer, allerdings zu Missverständnissen einladenden, Analogie zwischen dem Freiheitsgesetz des Willens und der Gesetzlichkeit der Naturkausalität. Die Rede von einer Kausalität des Willens qua Kausalität aus Freiheit, die gleichsam jenseits einer Kausalität der Natur wirken soll, erscheint problematisch, wenn die Autonomie des Willens (im weiteren Sinne) der Analogie folgend als kausale Wirkungsweise eines empirischen ‚Seelenvermögens' gedeutet wird. Versteht man den Begriff des Willens (im weiteren Sinne) dagegen als einen Funktionsbegriff, der jeweils ein bestimmtes, durch den Bezug auf die hervorzubringenden Gegenstände ausgezeichnetes Verhältnis von Vorstellungen umfasst (vgl. Wolff, *Autonomy of Reason*, S. 115f.), so ist der Gegenstand des Willens, die Sache, der Zustand oder die Handlung, die jeweils gewollt werden, gerade nicht bloß die Wirkung einer ursächlichen Handlung, die zur Erzeugung dieser Gegenstände vollzogen wird. Diese kausale Erklärung der Produkte des Handelns wäre vielmehr eine Erklärung aus theoretischer Vernunft. Diese Fähigkeit, die empirische Ursache aller Handlungen zu sein, schreibt Kant dem Vermögen der Willkür (vgl. KrV A 549 / B 577), nicht aber dem Willen (im engeren Sinne) zu. Der Wille als praktische Vernunft darf dagegen nur in einem metaphorischen Sinne mittels der Kategorien, wie z. B. der Kategorie der Kausalität, beschrieben werden. Das Verhältnis des Willens zu seinem Gegenstand und die Spontanität des Handelns muss im praktischen Zusammenhang statt in Begriffen von Ursache und Wirkung mit dem Begriffspaar Zweck und Mittel, also in einer finalen statt in einer kausalen Relation beschrieben werden (vgl. Cohen, *Kants Begründung der Ethik*). Entsprechend ist auch unter der Freiheit des Willens nicht die Unabhängigkeit vom Kausalgesetz der Natur zu verstehen, sondern nur die Unabhängigkeit von vermeintlichen ‚Anschlusszwängen' erkannter Zweck-Mittel-Relationen. So gesehen ist der Wille keineswegs nur Ursache von Gegenständen des Handelns und dann seinerseits als Wirkung aus anderen Ursachen zu begreifen. Wenn vielmehr im „Begriffe eines Willens [...] der Begriff der Causalität schon enthalten" (5:55) ist, so gilt dies im Sinne der praktischen Selbstbezüglichkeit, die wie im Falle des reinen Willens „ihren Bestimmungsgrund lediglich in reinem Vernunftvermögen liegen hat" (5:44).

Weiterführende Literatur

Esser, Andrea Marlen: Eine Ethik für Endliche. Kants Tugendlehre in der Gegenwart, Stuttgart: Frommann-Holzboog 2003.

Guyer, Paul: Kant and the Experience of Freedom. Essays on Aesthetics and Morality, Cambridge: Cambridge University Press 1993.

Henrich, Dieter: „Ethik der Autonomie", in: ders., Selbstverhältnisse. Gedanken und Auslegungen zu den Grundlagen der klassischen deutschen Philosophie, Stuttgart: Reclam 1982, 6–56.

Horn, Christoph: „Wille, Willensbestimmung, Begehrungsvermögen (§§ 1–3, 19–26)", in: Höffe, Otfried (Hg.): Kritik der praktischen Vernunft, Berlin: Akademie 2002, 43–63.

Röd, Wolfgang: „Kants Annahme einer Kausalität aus Freiheit und die Idee einer transzendentalen Ethik", in: Dialectica 35, 1981, 223–241.

Andrea Esser

Wissenschaft

In den kritischen Hauptwerken bestimmt Kant den Begriff der Wissenschaft als einen Spezialfall von „Lehren" oder Zusammenhängen von Erkenntnissen. Wissenschaftliche Lehren sind allgemein dadurch gekennzeichnet, dass sie „Systeme" sind, was sie von solchen Lehren unterscheidet, die nur „Aggregate" sind: „systematische Einheit" ist dasjenige, „was gemeine Erkenntniß allererst zur Wissenschaft, d. i. aus einem bloßen Aggregat derselben ein System macht" (KrV A 832 / B 860; vgl. 9:72; 9:139). Eine solche systematische Einheit ist Kant zufolge nicht ohne eine einheitsstiftende → Idee und ein dazugehöriges → Schema zu erreichen. Dabei ist die Aufgabe des Aufbaus wissenschaftlicher Systeme von der Aufgabe der Ordnung, Abgrenzung und Verbindung aller Wissenschaften in einem System verschiedener (oder sogar aller) Wissenschaften zu unterscheiden.

Zuweilen formuliert Kant so, dass Systematizität eine *hinreichende* Bedingung für Wissenschaftlichkeit ist (vgl. etwa KrV A 832 / B 860). Teils jedoch scheint es sich lediglich um eine *notwendige* Bedingung zu handeln, da Kant gelegentlich auch bemerkt, dass eine Lehre erst dann eine Wissenschaft sein kann, wenn ihre Erkenntnisse nicht nur systematisch sind, sondern als weitere notwendige Bedingung die der „apodiktisch[en]" „Gewißheit" erfüllen oder ein „Bewußtsein ihrer Nothwendigkeit" mit sich führen (4:468). Diese Bedingung stellt Kant jedoch letztlich nur für Vernunftwissenschaften bzw. für die „rationalen" Teile einzelner Wissenschaften auf. Ihnen gegenüber stehen empirische oder „*historische* [W]issenschaften" (9:72), deren Erkenntnisse, wenn sie auch selbst nicht gewiss sein müssen, apriorische Voraussetzungen mit Gewissheit haben müssen.

Nicht vermengt werden darf Kants allgemeiner Wissenschaftsbegriff mit dem der → Naturwissenschaft, der nur auf Lehren gerichtet ist, die sich mit Gegenständen einer → Natur im anspruchsvollen Sinn befassen – d. h., mit Gegenständen, die nicht nur zur Natur als Inbegriff aller → Erscheinungen zählen (zur „Natur in materieller Bedeutung"), sondern die auch eine „Natur [...] in formaler Bedeutung" besitzen, d. h. einen für das „Dasein" (4:467) des Gegenstandes wesentlichen „Zusammenhang der Bestimmungen [...]

nach einem innern Princip der Causalität" (KrV A 418f. / B 446 Anm.; KrV B 165; vgl. 4:467). Weitere wichtige Stellen: KrV A 832ff. / B 860ff.; 4:265; 4:468–473; 7:226; 9:21–26; 9:71f.

Vorgeschichte und historischer Kontext

Kants Interesse am Wissenschaftsbegriff, besonders in seiner kritischen Philosophie, ist einerseits von seinem Interesse an der Möglichkeit von →Metaphysik geleitet, andererseits aber auch von seinen Interessen an den Beziehungen zwischen Metaphysik und den empirischen Wissenschaften. Seine Bestimmungen des Wissenschaftsbegriffs wiederum ergeben sich aus einer Auseinandersetzung mit mindestens drei Traditionen. Erstens wird als unterscheidende Eigenschaft der Wissenschaft vor Kant meist die *Gewissheit* oder *Notwendigkeit* ihrer Erkenntnisse gesehen. Diese auf Aristoteles (vgl. *Metaphysik*, 1,1, 980a–982a; *Nikomachische Ethik*, VI,3, 1139b 19–35) zurückgehende Auffassung wird unter Kants näheren Vorläufern besonders durch den Wolff-Schüler Georg Friedrich Meier vertreten. Sie wird dabei schon – zweitens – mit dem Begriff eines *Systems* von Erkenntnissen verbunden. So schreibt Meier im (von Kant als Textbuch für Logik-Vorlesungen verwendeten) *Auszug aus der Vernunftlehre* (1752): „Ein Lehrgebäude (systema) ist eine Menge dogmatischer Wahrheiten, welche dergestalt miteinander verbunden werden, daß sie zusammengenommen eine Erkenntnis ausmachen, welche man als ein Ganzes betrachten kann" (Meier, *Auszug*, § 104). Solche „dogmatischen" Wahrheiten seien anhand von zwei Kriterien zu bestimmen: erstens Widerspruchsfreiheit, und zweitens anhand des Zusammenhangs der Wahrheiten in einem System von Gründen und Folgen (vgl. Meier, *Auszug*, §§ 93–97 und 105). Einflussreich für Kants neuen Wissenschaftsbegriff ist – drittens – Johann Heinrich Lambert. Er entwickelt eine „Systematologie", in der zentrale Fälle die Wissenschaften sind: „Jede Wissenschaft und jeder Theil derselben kann als ein System angesehen werden, in so ferne als ein System der Inbegrif von Ideen und Sätzen ist, die zusammengenommen als ein Ganzes betrachtet werden können" (Lambert, *Philosophische Schriften*, Bd. VI, S. 510). Im *Neuen Organon* (1764) begründet er eine entsprechende Differenz zwischen „gemeiner" (also vorwissenschaftlicher empirischer) und wissenschaftlicher Erkenntnis. Lambert sucht zu erklären, wie wir die Beschränkungen „gemeiner" Erkenntnisse überwinden können. So erlauben es isolierte Beobachtungssätze niemals, die Größe der Erde oder der Planeten zu berechnen; dies gelingt nur mittels spezifischer Methoden wie der „Meßkunst". Ebensowenig genügt „gemeine" Erkenntnis zur Gewinnung explanatorischen Wissens; sie kann höchstens zeigen, „daß etwas sey, daß es so und nicht anders sey, und etwann auch, was es sey" (Lambert, *Philosophische Schriften*, Bd. I, S. 387f.), nicht aber Gründe oder Erklärungen liefern. In diesem Konzept systematischer Wissenschaft spielt erstens die traditionelle Forderung nach Gewissheit keine Rolle mehr. Zweitens folgt nicht, dass man erst dann von einer Wissenschaft sprechen darf, wenn man alle jeweils relevanten Erkenntnisse in einem deduktiven System von Gründen und Folgen verbunden hat. Vielmehr fordert Lambert, begriffliche und epistemologische Abhängigkeiten zwischen verschiedenen Erkenntnissen so weit zu explizieren, dass man bei einer gegebenen Frage weiß, wie man verfahren kann, um sie zu beantworten: „Es zeigt uns aber die wissenschaftliche Erkenntniß nicht nur an, daß sich einige Wahrheiten aus andern finden lassen, sondern sie bestimmt auch bey jedem Quaestio die geringste Anzahl gegebener Stücke, und zeigt, welche und wie vielerley Abwechslungen dabey möglich sind" (Lambert, *Philosophische Schriften*, Bd. I, S. 391).

Philosophische Funktion

1 Kritik an den Wissenschaftsbegriffen G. F. Meiers und J. H. Lamberts

Die Entwicklung von Kants Wissenschaftsbegriff setzt in Vorlesungen über Logik seit den 1770er Jahren ein. Hier kritisiert Kant zunächst Meiers Systembegriff insbesondere in zwei Hinsichten: 1. „Der Autor schränkt die Bedeutung dieses Wortes gar zu sehr ein, in dem er es blos, und allein auf die dogmatische wahrheit appliciret" (24:100). Der Begriff solle keineswegs nur auf „rationale" Erkenntniszusammenhänge bezogen werden: „[...] es giebt auch andere Systeme, die nicht aus Dogmatibus bestehen. Denn alle Systeme der Erkenntniß sind entweder rational oder historisch. Hübners Geographie ist das erste geographische System" (24:399; vgl. 24:530; 24:631; 26:891). Wie auch Lambert bezieht Kant die Forderung nach Systematisierung nicht nur auf „Dogmatibus", sondern fragt auch nach der Systematisierbarkeit empirischer Erkenntnisse. 2. Meier räumt, so Kant, dem Ganzen eines Systems keine Priorität vor seinen Teilen ein: „[...] nicht jeder Bau, nicht jede Zusammenhäufung da ein Autor von particulairen Sätzen die ihm glänzend scheinen anfängt und dann mit Unterdrückung aller Zweifel [...] fortfähret und ein Ganzes zusammenklebt; nicht ein jedes solches Flickwerk ist ein System. [...] Der Plan muß von einer aparten Hauptidee herkommen nicht von den Theilen" (24:400; vgl. 24:631). Anders gesagt, die Anwendung der rationalistischen Beweismethode erklärt noch nicht die innere, sachliche Zusammengehörigkeit einer Menge von Erkenntnissen. Meier gibt kein Merkmal oder Prinzip dafür an, wo ein Erkenntnissystem anfängt und ein anderes endet. Dagegen betont Kant schon hier die Rolle einer „aparten Hauptidee" (24:400) als einheitsstiftenden Gesichtspunkt für den Aufbau eines Systems.

Von Lambert hingegen übernimmt Kant die Konzeption der Vollständigkeit von Wissenschaften, derzufolge es nicht gefordert ist, schon alle möglichen Erkenntnisse einer Lehre gefunden zu haben, sondern nur die Vollständigkeit eines Rahmens für weitere Forschung. Anders als Lambert füllt Kant diese Forderung jedoch durch seine Lehre der für eine jeweilige Wissenschaft notwendigen leitenden „Idee" (KrV A 831 / B 861) aus. Durch gewisse Begriffe und Kriterien, genannt *„Schema"* (KrV A 831 / B 861), sind diese Ideen so auszufüllen, dass die Erkenntnisse in eine geordnete Struktur gebracht werden, und so die Wissenschaft eine Vollständigkeit im „Umriß (*monogramma*)" gewinnt (KrV A 831 / B 861).

2 Zwei Aufgaben der Systematisierung der Wissenschaften

Die Aufgabe oder Lehre der Systematisierung der Wissenschaften nennt Kant in Anlehnung an – und erneut in gewisser Abgrenzung von – Lambert in der *KrV* eine *„Architektonik"* oder „Kunst der Systeme" bzw. eine „Lehre des Scientifischen" (KrV A 832 / B 860; vgl. 7:266; Manchester, *Architectonic*). Dabei lassen sich zwei Aufgaben der „Lehre des Scientifischen" (KrV A 832 / B 860) unterscheiden (vgl. Sturm, *Wissenschaften*, Kap. 3).

Zum einen ist der Zusammenhang der Erkenntnisse einer Lehre nur dann ein wissenschaftliches System, wenn die „Einheit der mannigfaltigen Erkenntnisse unter einer Idee" oder einem „scientifische[n] Vernunftbegriff" (KrV A 832 / B 860) steht. Kant zufolge versucht es niemand, „eine Wissenschaft zu Stande zu bringen, ohne daß ihm eine Idee zum Grunde liegt", mag diese Idee anfangs auch noch unklar sein und erst im Laufe weiterer Forschung hinreichend präzise werden (KrV A 834 / B 862). Zum anderen gibt es nach Kants Auffassung eine Vielfalt von Wissenschaften. Jede einzelne muss angemessen definiert werden, wodurch sie sich idealerweise in ein umfassendes System aller Wissenschaften richtig einordnen lässt. Ohne eine sachgerechte Definition kann keine Wissenschaft „ihrer Natur nach gründlich abgehandelt werden" (4:265; vgl. 7:7; 9:21); und es ist „nicht Vermehrung, sondern Verunstaltung der Wissenschaften", wenn man „ihre Grenzen in einander laufen läßt" (KrV B VIII). Dabei geht die Aufgabe der Definition einzelner Wissenschaften und die damit verbundene Systematisierung des Verhältnisses verschiedener (oder sogar aller) Wissenschaften der Aufgabe des Aufbaus einzelner wissenschaftlicher Systeme in gewisser Hinsicht voraus: Ohne zumindest vorläufige Definition kann man keine Idee einer Wissenschaft haben. Zugleich spielen Kants allgemeine erkenntnistheoretische Auffassungen häufig so in seine Überlegungen über die Definitionen einzelner Disziplinen hinein, dass er die beiden Aufgaben der Systematisierung der Wissenschaften typischerweise Hand in Hand bearbeitet.

3 Systeme der Wissenschaften: Definitionselemente und Klassifikationen

Wie die Definition einer jeweiligen Wissenschaft zu geben ist, erklärt Kant etwa in den *Prolegomena* und in den *MAN*. Wenn man eine „Erkenntniß als *Wissenschaft* darstellen will", dann ist es sinnvoll, „zuvor das Unterscheidende, was sie mit keiner andern gemein hat, und was ihr also *eigenthümlich* ist" zu bestimmen. Unterscheidende Merkmale lassen sich „in dem Unterschiede des Objects oder der Erkenntnißquellen oder auch der Erkenntnißart oder einiger, wo nicht aller dieser Stücke zusammen" finden (4:265). Zudem kann es erlaubt sein, „die Grenzen einer Wissenschaft nicht blos nach der Beschaffenheit des Objects und der specifischen

Erkenntnißart desselben, *sondern auch nach dem Zwecke*, den man mit der Wissenschaft selbst zum anderweitigen Gebrauche vor Augen hat, zu zeichnen" (4:477). Man definiert einzelne Wissenschaften also durch die Bestimmung (a) des Gegenstandes, (b) der Methode zur Erforschung des Gegenstandes und (c) auch des Ziels oder der Ziele einer jeweiligen Lehre. Entsprechend ergeben sich Verwandschaften und Abgrenzungen der verschiedenen Wissenschaften.

Die Definition einer Wissenschaft ist notwendig, um die Forschungsaufgaben verschiedener Disziplinen nicht zu vermengen. Dazu ist es bisweilen sinnvoll, adäquate Definitionen *möglicher* Wissenschaften zu entwickeln, auch wenn diese Wissenschaften noch nicht realisiert werden können (vgl. 4:265; 9:21). Es geht Kant um die Möglichkeit wissenschaftlichen *Fortschritts*, der nicht bloß im Zuwachs von Erkenntnissen, sondern auch in der Präzisierung der Definitionen der Disziplinen selbst besteht. Entsprechend lassen sich bei Kant mehrere Versuche ausmachen, traditionelle, aber nach seiner Auffassung nicht sachgerechte Definitionen bestimmter wissenschaftlicher Disziplinen zu korrigieren, oder auch neue Disziplinen zu entwerfen und umfassendere Karten der Wissenschaftslandschaft zu zeichnen (vgl. auch 9:43). So soll die formale →Logik als Lehre von den reinen Gesetzen des Denkens nicht mit einer →Psychologie der empirischen Denkabläufe und ihrer Ursachen vermengt werden (vgl. KrV A 54 / B 78; 9:13f.); die Ziele der Moralphilosophie können nicht erreicht werden, wenn man ihre normativen Grundfragen durch eine empirische →Anthropologie menschlichen Handelns zu beantworten versucht (vgl. 4:389; 4:411f.; 6:216f.); philosophische Untersuchungen unterscheiden sich nicht derart von der →Mathematik, dass erstere „Qualitäten" zum Gegenstand hätten und letztere „Quantitäten" (vgl. KrV A 714 / B 742; 9:23); es ist irreführend zu meinen, philosophische Fragen ließen sich durch die Anwendung mathematischer Konstruktionen lösen (vgl. KrV A 715 / B 743ff.; 9:23); und transzendentale Fragen über den Begriff der Erkenntnis lassen sich nicht durch eine „physiologische" Untersuchung der Genese bestimmter Arten von Vorstellungen behandeln (vgl. KrV A 86f. / B 119).

4 Wissenschaftliche Systeme: Apriorische Voraussetzungen

Für die Aufgabe der Systematisierung von Erkenntnissen in einzelnen wissenschaftlichen Lehren – also für die Überlegungen zum „*Schema*", das eine „Idee" einer Wissenschaft realisieren kann (KrV A 831 / B 861) – orientiert Kant sich primär an seinen Annahmen über die Systematik seiner →Transzendentalphilosophie. Sie sieht er deshalb und nur deshalb als eine Wissenschaft an, weil sie auf der – nach seiner Auffassung abgeschlossenen – Basis der Einheit, Strukturiertheit und Vollständigkeit der Urteilsformen der formalen Logik beruht. Diese Eigenschaften schreibt Kant auch der parallel zu den Urteilsformen entwickelten Tafel der →Kategorien und dem System der →Grundsätze des reinen Verstandes zu (vgl. KrV A 11; KrV B 25; KrV A 57 / B 81; KrV B 110). Die Transzendentalphilosophie hat durch die Systematik der Kategorientafel den „*Plan zum Ganzen einer Wissenschaft*, sofern sie auf Begriffen a priori beruht" (KrV B 109), welcher dann nach innen im „*System aller Grundsätze des reinen Verstandes*" seine Artikulation und seinen Abschluss findet (KrV A 148 / B 187ff.).

Während in der Transzendentalphilosophie die apriorischen Anschauungen, Begriffe und Grundsätze von Gegenständen der Erkenntnis „überhaupt" zu bestimmen und begründen sind, muss es in speziellen Wissenschaften um spezielle Gegenstände gehen. Das zentrale und von Kant am ehesten durchgeführte Beispiel einer Übertragung der Kategorien und Prinzipien zur Analyse und Begründung der inneren Systematik einer Wissenschaft ist die Physik, deren spezieller Gegenstand die materielle Natur ist (vgl. 4:473; →Naturwissenschaft).

5 Wissenschaft und apodiktische Gewissheit

Kant verlangt zumindest von bestimmten Wissenschaften, dass ihre Erkenntnisse „apodiktisch[e]" „Gewißheit" oder ein „Bewußtsein [der] Nothwendigkeit" (4:468) mit sich führen müssen. Dies bedeutet jedoch erstens nicht, dass jede wissenschaftliche Erkenntnis gewiss sein muss. Kant unterscheidet regelmäßig zwischen den rationalen oder apriorischen und den empirischen Teilen der Wissenschaften (vgl. KrV A 835ff. / B 863ff.; 4:467). Zudem fordert er die „apodiktisch[e]" „Gewißheit" (4:468) bestimmter wissenschaftlicher

Erkenntnisse als notwendige Bedingung dafür, um epistemisch legitime von illegitimen Hypothesen zu unterscheiden – legitime Hypothesen müssen jedoch selbst nicht gewiss sein (vgl. KrV A 770 / B 798; 9:85f.). Zweitens hat Kants Forderung nach Gewissheit nichts mit einem zu rationalistischen Verständnis von absolut unbezweifelbarer oder für alle Zeiten unrevidierbarer Gewissheit zu tun (gegen Interpretationen wie die von Walsh, *Kant's Conception*). Es geht ihm um das Vorhandensein und die Qualität von *Gründen* für das →Fürwahrhalten von Urteilen (vgl. KrV A 822 / B 850; vgl. 9:66–71). Apodiktische Gewissheit muss bei jedem Fall echten Wissens, im Unterschied zum Meinen und Glauben, vorliegen. Aber dies kann sogar bei empirischen Urteilen erreicht werden: „was ich endlich weiß, [halte ich] für *apodiktisch* gewiß, d. i. für allgemein und objectiv nothwendig (für Alle geltend), gesetzt auch, daß der Gegenstand selbst, auf den sich dieses gewisse Fürwahrhalten bezieht, eine bloß empirische Wahrheit wäre“ (9:66; vgl. das Beispiel der kopernikanischen Hypothese der Planetenbewegung, KrV B XXII Anm.; vgl. Plaass, *Kants Theorie der Naturwissenschaft*, S. 111). Erforderlich dafür ist, dass die entsprechenden empirischen Urteile fest in ein hinreichend dichtes und strukturiertes Netz von Erkenntnissen eingebettet sind und nicht nur auf Beobachtungen gestützt sind (vgl. 9:70f.).

6 Wissenschaft und Metaphysik

Kants Bestimmungen des Wissenschaftsbegriffs zielen nicht zuletzt darauf, die Bedeutung seiner Behauptungen zu erläutern, dass er die Metaphysik auf den „sicheren Pfad einer Wissenschaft“ (KrV B XXIII) führen will. Die Klärung des Begriffs und der Standards von Wissenschaft stellt insofern ein nachgordnetes Ziel seiner kritischen Philosophie dar, wenngleich ein wichtiges: Die Metaphysik ist letztlich oder nach ihrem „*Weltbegriff*“ darauf aus, einen „Endzweck“ der Vernunft zu bestimmen (KrV A 838f. / B 866f.; 9:23f.), welchen Kant zumeist als „Weisheit“ bestimmt (9:24). Diesen kann die Metaphysik, wenn überhaupt, nur „durch den Weg der Wissenschaft“ bestimmen und verfolgen, denn bei diesem Weg handelt es sich um „den einzigen, der, wenn er einmal gebahnt ist, niemals verwächst, und keine Verirrungen verstattet“ (KrV A 850 / B 878; vgl. 9:26). Daher hat Kant seinen Wissenschaftsbegriff auch unabhängig von dem Interesse an der Möglichkeit von Metaphysik entwickelt, in genuin wissenschaftstheoretischen Auseinandersetzungen mit Vorgängern und Zeitgenossen und in Reflexion über die Wissenschaften seiner Zeit.

Interpretationslage

Das Interesse an Kants Wissenschaftsbegriff ist zuerst besonders durch den Neukantianismus geweckt worden und später unter dem Einfluss des Logischen Empirismus fortgeführt worden (vgl. Cohen, *Kants Theorie der Erfahrung*; Reichenbach, *Relativitätstheorie*). Den Interpreten ging es zunächst weniger um eine Analyse von Kants Wissenschaftsbegriff, sondern vielmehr darum, die *KrV* als eine Wissenschaftstheorie zu verstehen, die besonders auf eine Explikation und Rechtfertigung von Voraussetzungen der neuzeitlichen mathematischen →Naturwissenschaften, insbesondere der newtonschen Physik gerichtet ist. Daher wird die *KrV* oft in engen Zusammenhang mit den *MAN* gestellt (vgl. Plaass, *Kants Theorie der Naturwissenschaft*; Brittan, *Kant's Theory of Science*; Friedman, *Kant and the Exact Sciences*). Friedman argumentiert, dass der Zusammenhang sehr eng ist und Kant dafür auch gute Gründe hat – dass also letztlich die Gültigkeit der Kategorien und Prinzipien des reinen Verstandes notwendig davon abhängt, dass bestimmte Prinzipien der euklidischen →Geometrie und der newtonschen Mechanik selbst synthetisch-apriorischen Status haben. Verbunden damit ist auch die Frage, in welcher Beziehung zwei zentrale Lehrstücke in der *KrV* stehen: zum einen Kants Auffassungen über die Notwendigkeit apriorischer Vorstellungen für die Möglichkeit von Erkenntnis; zum anderen seine Überlegungen zur regulativen Funktion der transzendentalen Ideen für die Integration und Strukturierung von Erkenntnissen in wissenschaftlichen Theoriesystemen (vgl. neben den genannten Arbeiten etwa Kitcher, *Kant's Philosophy of the Cognitive Mind*; Wartenberg, *Reason*). Friedmans These (vgl. *Regulative and Constitutive*), dass auch diese Beziehung eng sein muss, wird interpretatorisch von Allison (vgl. *Causality*) sowie aus heutiger wissenschaftstheoretischer Sicht von Kitcher (vgl. *Aprioristic Yearnings*) kritisiert. Allison argumentiert, dass Kant den synthetisch-apriorischen Status der Prinzipien des reinen Verstandes – etwa das Prinzip der →Kausalität – allein mit transzendentalphilosophischen Mitteln zu rechtfertigen versucht, also unabhängig von wissenschaftstheoretischen Erörterungen. Kitcher dagegen hält dieses Projekt einer Begründung der apriorischen Kategorien und Prinzipien des reinen Verstandes für unrealisierbar, betont aber, dass Kants Konzept der regulativen Ideen als Mitteln der „*projectirte[n]* Einheit" der Natur (KrV A 647 / B 675) für ein philosophisches Verständnis wissenschaftlicher Forschung auch heute noch fruchtbar sei.

Insgesamt kommt bei diesen die Debatten über Kants Wissenschaftsphilosophie beherrschenden Themen eine Klärung seines allgemeinen Wissenschaftsbegriffs zu kurz; dieser wird zudem zu oft mit dem der Naturwissenschaft oder auch der Vernunftwissenschaften vermengt (vgl. etwa van den Berg, *Kant's Conception*). Kants Reflexionen über die Wissenschaften, ihre Definitionen und begrifflichen und epistemologischen Voraussetzungen umfassen auch andere Fälle als die →Physik, Mathematik oder auch die Logik. In seinen Überlegungen zu anderen Disziplinen, gerade auch solchen, deren Status als Wissenschaft teils problematisch ist – etwa der Naturgeschichte, Chemie, Psychologie, Anthropologie oder →Geschichte – wird deutlich, dass sich seine Wissenschaftstheorie keinesfalls in Annahmen über die Gründe und Funktionen apriorischer Erkenntnisse erschöpft (vgl. Watkins, *Kant and the Sciences*; Sturm, *Beziehung*).

Weiterführende Literatur

Brittan, Gordon J.: Kant's Theory of Science, Princeton 1978.

Friedman, Michael: Kant and the Exact Sciences, Cambridge, MA: Cambridge University Press 1992.

Friedman, Michael: „Causal Laws and the Foundations of Natural Science", in: Guyer, Paul (Hg.): The Cambridge Companion to Kant, Cambridge: Cambridge University Press 1992, 161–199.

Kitcher, Philip: „Kant's Philosophy of Science", in: Wood, Allen W. (Hg.): Self and Nature in Kant's Philosophy, Ithaca: Cornell University Press 1984, 185–215.

Plaass, Peter: Kants Theorie der Naturwissenschaft, Göttingen: Vandenhoeck & Ruprecht 1965.

Sturm, Thomas: Kant und die Wissenschaften vom Menschen, Paderborn: Mentis 2009, Kap. 3.

Watkins, Eric (Hg.): Kant and the Sciences, New York: Oxford University Press 2001.

Thomas Sturm

Würde

‚Würde' bezeichnet bei Kant den absoluten, nicht gegenrechenbaren Wert der →Menschheit, der im einzelnen Menschen konkret instantiierbar ist. Die dem Menschen „angeborne[]" (6:420) und „unverlierbare Würde" (6:436) wird ihrem Träger dabei nicht nach Art von sozialen Rangabstufungen des „Feudalwesen[s]" (7:131) äußerlich beigelegt, sondern ist „an jedem anderen Menschen praktisch anzuerkennen" (6:462). Die „Würde der Menschheit" gründet in der über alle Phänomenalität hinausweisenden sittlichen Autonomie des Menschen, d. h. in der „Fähigkeit, allgemein gesetzgebend, obgleich mit dem Beding, eben dieser Gesetzgebung zugleich selbst unterworfen zu sein" (4:440). Weitere wichtige Stellen: 4:434–436; 4:439; 6:430; 9:23f.; 9:488.

Philosophische Funktion

1 Kants epochale Neubestimmung des Würdebegriffs

1.1 Die Neufassung des Begriffs der Würde gehört zu den wirkungsgeschichtlich bedeutsamsten Leistungen Kants, die sich in der inzwischen weltweit geläufigen Rede von *Menschenwürde* sowie der Kodifizierung dieses Begriffs in der *Allgemeinen Erklärung der Menschenrechte* von 1948 und neueren Verfassungstexten niederschlägt. Kants historischer Erfolg liegt dabei nicht zuletzt darin begründet, dass der neue Begriff einer autonomiebegründeten Würde, wiewohl seiner Funktion nach mehr ein kritischer als ein dogmatischer Terminus, aus einer Grundlegung menschlicher Praxis, die, ohne bei einem inhaltlich vorab schon bestimmten Begriff des Menschen anzusetzen, strikt reflexiv verfährt, nicht mehr wegzudenken ist.

1.2 Kant greift mit dem Begriff der Würde auf einen Begriff zurück, den bereits „[d]er Stoiker" kannte, auch wenn dieser dabei nach Kant „den Menschen" mehr als „erhaben" denn als durch „Pflichten" und „Verbindlichkeit" charakterisiert aufgefasst hat (23:437). Die Stoa gehört neben der römischen, lebensweltlich verankerten *dignitas*-Tradition, sowie neben dem →Christentum, der Philosophie der Renaissance oder dem Naturrechtsdenken der frühen Neuzeit zu den wichtigsten Quellen für den philosophischen Würdebegriff (vgl. Pöschl, *Würde*). Für Kants Reformulierung des Würdegedankens, für welche die Unterscheidung zwischen den Begriffen eines extern verliehenen Ranges oder Wertes auf der einen Seite und einer intrinsischen Würde auf der anderen von zentraler Bedeutung ist, spielen dann allerdings weder Cicero, Seneca oder die Imago-dei-Lehre der Bibel und Theologie, weder Pico della Mirandola noch Samuel Pufendorf eine bestimmende Rolle. Auch verschiedene Parallelen in den Motiven, etwa bezüglich der objektiven Nichtfestgelegtheit des Menschen, erscheinen doch durch den neuen Gedanken einer freien Selbstgesetzgebung gemäß der Vernunftnatur des Menschen neu gefasst und geordnet.

1.3 In den von ihm benutzten Quellen, insbesondere solchen zum Naturrecht, konnte Kant sowohl auf die Unterscheidung zwischen einem „schätzbaren“ und „unschätzbaren Wert“ (valor aestimabile vel inaestimabile) überhaupt (Achenwall, *Elementa iuris naturae* § 383) wie auch auf die Bestimmung treffen, dass eine (öffentliche) Befehlsgewalt (imperium civile) zugleich die Würde (dignitas) des Befehlshabers stiftet (Achenwall, *Iuris naturalis pars posterior*, § 122, vgl. 19:385). Die entsprechenden Anstöße mögen zu der zentralen Unterscheidung von Wert und Würde einerseits, zur Bindung der letzteren an die Gesetzgebungsvollmacht (Autonomie) beigetragen haben. Der entscheidende Schritt liegt gleichwohl erst in Kants systematischem Aufbau einer kritisch fundierten →Ethik und Zwecksetzungslehre.

1.4 Der kritische Begriff der Würde begegnet in Kants Oeuvre nicht vor der *GMS* (vgl. bes. 4:434–436, 4:439f.). Es kann dabei zwar nicht behauptet werden, Kant habe alle →Kritik der →Metaphysik von vornherein im Interesse der Freisetzung eines Begriffs von autonomer Würde des Menschen betrieben (so Santeler, *Menschenwürde*); wohl aber gilt, dass das kantische Würdekonzept ein dezidiert nachmetaphysisches Profil besitzt und darum auch nicht mehr mit den tradierten Naturrechts- oder Vollkommenheitsbegriffen vereinbar ist. Würde gehört vielmehr in das System jener aus dem Selbstbewusstsein qualifizierter →Freiheit entwickelten praktischen Begriffe, das Kant aus der Einsicht in die Autonomie als menschliche Praxis insgesamt bestimmendes Prinzip heraus entfaltet. Was sie zum Ausdruck bringt, ist der Gedanke einer irreduziblen Ursprünglichkeit praktischer Existenz in reziproken Anerkennungsverhältnissen (vgl. 6:462), welche als nach keiner Seite dinglich konditioniert oder anderweitig abgeleitet erscheint.

2 Wert und Würde im Reich der Zwecke

2.1 Würde bestimmt sich nach Kant als Indikator von Unbedingtheit vor allem im Gegenüber zu Preis oder Wert. „Im Reiche der Zwecke hat alles entweder einen *Preis*, oder eine *Würde*. Was einen Preis hat, an dessen Stelle kann auch etwas anderes als *Äquivalent* gesetzt werden; was dagegen über allen Preis erhaben ist, mithin kein Äquivalent verstattet, das hat eine Würde“ (4:434). Die *GMS* referiert hier auf eine Grundstruktur praktischer Gegenstandsbeziehung überhaupt: in praktischer Perspektive zeigen sich sowohl gegeneinander austauschbare gegenständliche Instanzen als auch nicht austauschbare, vielmehr den Tausch und die Mittelwahl regulierende Größen (→Zwecke). In diesem Sinne heißt es bei Kant weiter: „Was sich auf die allgemeinen menschlichen Neigungen und Bedürfnisse bezieht, hat einen *Marktpreis*; das, was, auch ohne ein Bedürfniß vorauszusetzen, einem gewissen Geschmacke, d. i. einem Wohlgefallen am bloßen zwecklosen Spiel unserer Gemüthskräfte, gemäß ist, einen *Affectionspreis*; das aber, was die Bedingung ausmacht, unter der allein etwas Zweck an sich selbst sein kann, hat nicht bloß einen relativen Werth, d. i. einen Preis, sondern einen innern Werth, d. i. *Würde*“ (4:434f.). Inhaber dieser Würde ist der →Mensch, insofern er sich als Zweck an sich selbst erweist, was in dem Maße der Fall ist, als er als (moralisch motivierter) Gesetzgeber (*imperans*, vgl. Abschnitt 1.3 und Abschnitt 3) im Reich der Zwecke, damit aber auch als Repräsentant der Menschheit überhaupt aufgefasst werden kann: „Also ist Sittlichkeit und die Menschheit, so fern sie derselben fähig ist, dasjenige, was allein Würde hat. Geschicklichkeit und Fleiß im Arbeiten haben einen Marktpreis; Witz, lebhafte Einbildungskraft und Launen einen Affectionspreis; dagegen Treue im Versprechen, Wohlwollen aus Grundsätzen (nicht aus Instinct) haben einen innern Werth" (4:435).

2.2 Der kritische Kerngehalt der Überlegungen Kants tritt prägnant in der Formulierung hervor, dass „nichts einen Werth" besitzt „als den, welchen ihm das Gesetz bestimmt" (4:436). Wenn aller Wert so nicht etwa Ausdruck einer der Natur entnommenen, *objektiv* konstatierbaren (Seins-)Vollkommenheit, sondern Funktion einer auf Freiheitsprinzipien beruhenden Setzung ist, dann besitzt eben damit das Vermögen der Wertsetzung auch einen „unbedingten, unvergleichbaren Werth", und seine innere Unabhängigkeit von dem nur faktisch Gegebenen, seine „*Autonomie* ist also der Grund der Würde der menschlichen und jeder vernünftigen Natur" (4:436).

2.3 Der Besitz von Würde impliziert für ihren Träger eine unmittelbare Verpflichtung auf die allgemeine Vernunftnatur und → Menschheit in seiner Person. Die entsprechende sittliche Nötigung liegt in der „Pflicht", die „Würde der Menschheit in seiner eignen Person nicht zu verleugnen" (9:488). Es ist die „Pflicht des Menschen gegen sich selbst *blos* als moralisches Wesen", die „im *Formalen* der Übereinstimmung der Maximen seines Willens mit der *Würde* der Menschheit in seiner Person" besteht (6:420). Kant räumt ein, es scheine ein „Paradoxon" darin zu liegen, „daß bloß die Würde der Menschheit als vernünftiger Natur ohne irgend einen andern dadurch zu erreichenden Zweck oder Vortheil, mithin die Achtung für eine bloße Idee dennoch zur unnachlaßlichen Vorschrift des Willens dienen sollte, und daß gerade in dieser Unabhängigkeit der Maxime von allen solchen Triebfedern die Erhabenheit derselben bestehe und die Würdigkeit eines jeden vernünftigen Subjects, ein gesetzgebendes Glied im Reiche der Zwecke zu sein" (4:439). Was die „*Menschheit* in der Idee zu einer Würde erhebt", ist die „Überlegenheit des *übersinnlichen Menschen* in uns über den *sinnlichen*", die „man am *Menschen* als Gegenstande der Erfahrung nicht vermuthen sollte" (7:58). In diesem Sinne kann Kant auch von einer „Würde des reinen Vernunftgesetzes in uns" sprechen, durch dessen „Betrachtung" wir ein „Vermögen als *Stärke* (robur)" in der Überwindung der sinnlich induzierten → Heteronomie gewinnen (6:397).

3 Staatswürden

Auch bei den authentischen Würden im → Staat handelt es sich nach Kant wesentlich nicht um von außen verliehene „Nominalwürde[n]" (23:268), sondern um aus der Idee des Staates selbst resultierende Auszeichnungen der elementaren Staatsfunktionen bzw. ihrer Träger. Die drei konstitutiven Gewalten im Staat sind nach Kant in diesem Sinne „Würden und als wesentliche aus der Idee eines Staats überhaupt zur Gründung desselben (Constitution) nothwendig hervorgehend, *Staatswürden*. Sie enthalten das Verhältniß eines allgemeinen *Oberhaupts* (der, nach Freiheitsgesetzen betrachtet, kein Anderer als das vereinigte Volk selbst sein kann) zu der vereinzelten Menge ebendesselben als *Unterthans*, d. i. des *Gebietenden* (imperans) gegen den *Gehorsamenden* (subditus)" (6:315). „[I]n ihrer Würde betrachtet" muss es von den Gewalten heißen: „der Wille des *Gesetzgebers* (legislatoris) in Ansehung dessen, was das äußere Mein und Dein betrifft, ist *untadelig* (irreprehensibel), das Ausführungs-Vermögen des *Oberbefehlshabers* (summi rectoris) *unwiderstehlich* (irresistibel) und der Rechtsspruch des obersten *Richters* (supremi iudicis) *unabänderlich* (inappellabel)" (6:316).

4 Verleugnung der Würde

4.1 So wenig der Besitz von Würde dem Menschen ursprünglich nur von außen beigelegt wird, so wenig kann er ihm auch von außen einfach genommen oder abgesprochen werden. Noch der „Vorwurf des Lasters" darf in diesem Sinne nie „zur völligen Verachtung und Absprechung alles moralischen Werths des Lasterhaften" (6:464) führen, schon, weil dies hieße, dass dieser „nie gebessert werden könnte; welches mit der Idee eines *Menschen*, der als solcher (als moralisches Wesen) nie alle Anlage zum Guten einbüßen kann, unvereinbar ist" (6:465f.). Eher wäre zu sagen, dass die Verweigerung „der schuldigen *Achtung* für jeden Menschen überhaupt" als offenbares „*Laster*" (6:464) nur als Verstoß gegen die eigene Menschenwürde des Verweigerers denkbar ist.

4.2 In diesem Sinne kann der Anspruch der Würde durch den Handelnden selbst generell verleugnet, wenn nicht verwirkt (vgl. 23:130) werden, was zuletzt immer dann geschieht, wenn sich der Handelnde anders als autonom bestimmt und sich in seinem Handeln äußeren Zwängen, Hoffnungen und Erwartungen oder auch einem fremden Willen subordiniert. In diesem Sinne sind vor allem „die *Lüge*, der *Geiz* und die *falsche Demuth* (Kriecherei)" jene Laster, die „der inneren Freiheit, der angebornen Würde des Menschen, geradezu (schon der Form nach) widersprechen" (6:420; vgl. für die Lüge als „Wegwerfung und gleichsam Vernichtung seiner Menschenwürde" auch 6:429). Ebenso „verleugnen" wir „[d]ie Würde der Menschheit [...] wenn wir z. E. uns dem Trunke ergeben, unnatürliche Sünden begehen, alle Arten von Unmäßigkeit ausüben u. s. w., welches Alles den Menschen weit unter die Thiere erniedrigt"; die entsprechenden Ansprüche der „Würde des Menschen" lassen sich „auch dem Kinde schon an ihm selbst bemerkbar machen" (9:489). Der Kern entsprechender Verstöße gegen das Würdeprinzip besteht stets in der Mißachtung des „Verbot[s], daß er [scil. der Mensch] sich selbst des *Vorzugs* eines moralischen Wesens, nämlich nach Principien zu handeln, d. i. der inneren Freiheit, nicht beraube und dadurch zum Spiel bloßer Neigungen, also zur Sache, mache" (6:420). Macht der Mensch sich zur Sache, gibt er allen Würdeanspruch auf.

Weiterführende Literatur

Baumanns, Peter: „Kants Reflexion der Menschenwürde und die Bioethik", in: Hoffmann, Thomas Sören / Schweidler, Walter (Hg.): Normkultur versus Nutzenkultur. Über kulturelle Kontexte von Bioethik und Biorecht, Berlin: de Gruyter, 2006, 439–456.

Hoffmann, Thomas Sören: „Zur Aktualität Kants für die Bioethik", in: Synthesis Philosophica 39, 2005, 151–163.

Löhrer, Guido: Menschliche Würde. Wissenschaftliche Geltung und metaphorische Grenze der praktischen Philosophie Kants, Freiburg u. a.: Alber 1995.

Meyer, Michel: „Kant's Concept of Dignity and Modern Political Thought", in: History of European Ideas 8, 1987, 319–332.

Sensen, Oliver: Kant on Human Dignity, Berlin u. a.: de Gruyter 2011.

Thomas Sören Hoffmann

Zeit

Die Zeit ist wie der Raum nach Kant eine „reine Form der sinnlichen Anschauung" (KrV A 31 / B 47). Damit ist sie eine der beiden sinnlichen Bedingungen a priori der Möglichkeit von Erfahrungserkenntnissen. Die Zeit als solche betrachtet ist transzendental ideal, während sie im Hinblick auf Erscheinungen in der Zeit empirisch real, weil im inneren Sinn des menschlichen Erkenntnisvermögens, gegeben und wirklich ist. Die Zeit hat für Kant „nur Eine Dimension" (KrV A 31 / B 47) und sie ist eine Unendlichkeit, in der alle Teile der Zeit befasst sind (vgl. KrV A 32 / B 47f.). Der Nachweis der transzendentalen Idealität der Zeit erfolgt in der „*[m]etaphysische[n] Erörterung*" der *Transscendentalen Ästhetik* der *KrV* (vgl. KrV A 30ff. / B 46ff.). Die empirische Realität der Zeit, mithin ihre objektive Gültigkeit für mögliche Gegenstände der Erfahrung, behauptet Kant in der „*[t]ransscendentale[n] Erörterung*" (KrV B 48) und in den anschließenden Ausführungen (vgl. besonders KrV A 35ff. / B 52ff.).

Kant hat bereits in der Dissertation *De Mundi* von 1770 die Zeit (und den Raum) als eine notwendige, reine und apriorische Form der sinnlichen Anschauung bestimmt, während seine Lehre von intelligiblen Bedingungen a priori der Erkenntnis, den reinen Verstandesbegriffen oder Kategorien, erst mit der Veröffentlichung der *KrV* von 1781 ihre reife Form findet (vgl. 2:398ff.). Weitere wichtige Stellen: 1:35ff.; 1:177ff.; 2:398ff.; KrV A 32ff. / B 49ff.; KrV A 138ff. / B 177ff.; KrV A 182ff. / B 224ff.; 7:231ff.; 10:106ff.; 17:403ff.; 17:576ff.; 18:151ff.; 18:271ff.; 18:310ff.; 18:401f.; 18:611ff.; 18:643ff.; 21:69; 21:217ff.; 21:416; 21:446ff.; 22:9ff.; 22:27ff.; 22:66ff.; 22:434ff.; 22:442–452; 28:340ff.; 28:570; 28:1043ff.

Philosophische Funktion

1 Die Zeit ist als reine Anschauungsform eine notwendige sinnliche Bedingung der Erfahrungserkenntnis

In der „*[m]etaphysische[n] Erörterung*" der Zeit, so bezeichnet in KrV B 46, entwickelt Kant vier Argumente dafür, weshalb die Zeit nur eine reine Form der Anschauung a priori und nicht eine empirische Vorstellung oder ein allgemeiner Begriff sein kann. Ein zusätzliches Argument (das mittlere) macht Aussagen über die transzendentale Bedeutung der Zeit, also ihre Funktion für Erkenntnisse a priori, die aus ihr gewonnen werden können.

a) Die Zeit ist kein empirischer Begriff, denn ein zeitliches Zugleich oder Nacheinander kann nur deshalb wahrgenommen werden, weil die Zeit als reine Form der Anschauung vorhergeht (vgl. KrV A 30 / B 46).

b) Alle bestimmten Vorstellungen können negiert, hinweggedacht werden, die Vorstellung der Zeit kann niemals aufgehoben werden. Daraus folgt für Kant die Apriorität der Zeit als Bedingung von Erfahrung (vgl. KrV A 31 / B 46).

c) Es gibt nur eine Zeit und nur eine Dimension der Zeit. Ihre unabweisliche Notwendigkeit und Apriorität ermöglicht apodiktische Regeln und Grundsätze für Erfahrungsgegenstände. Kant führt diese im System der → Grundsätze der *KrV* und in den *MAN* aus (vgl. KrV A 31 / B 47).

d) Die Zeit ist kein allgemeiner Begriff, unter den Zeitbestimmungen (Teile der Zeit) subsumiert werden, sondern eine ursprünglich synthetische Anschauung, in der alle zeitlichen Bestimmungen und Teile der Zeit enthalten sind (vgl. KrV A 31f. / B 47, vgl. ferner 2:399).

e) Gegenüber der Unendlichkeit der Zeit ist jede konkrete Zeitbestimmung eine Einschränkung derselben. Dies bestätigt überdies den Charakter der Zeit als reine Anschauung, die daher nicht Begriff sein kann (vgl. KrV A 32 / B 47f.). In *De mundi* verknüpft Kant überdies mit der Unendlichkeit die Stetigkeit der Zeit, die beliebige Einschränkungen als Teile, Größen, Messungen der Zeit möglich machen (vgl. 2:399).

2 Die Zeit ist transzendental ideal und zugleich empirisch real

2.1 *Das Sein der Zeit als transzendentale Idealität* Der Nachweis der Apriorität der Zeit als sinnlicher Bedingung für Wahrnehmungen und für Erfahrungserkenntnisse zeigt, dass die Zeit Kant zufolge nicht an sich existiert, dass sie also transzendental ideal ist. Ohne Newton zu nennen, bestreitet Kant die von diesem behauptete absolute Realität der Zeit (vgl. KrV A 32f. / B 49; KrV A 38f. / B 55f.; vgl. ferner 2:400f.). Wäre die Zeit absolut real, dann müsste sie auch ohne die Dinge in ihr existieren. Gegen Leibniz widerlegt Kant die Annahme, dass die Zeit eine von inneren Zuständen „abstrahirt[e]" reale Eigenschaft der Dinge sei, die deren Lage, Verhältnismäßigkeit zueinander oder Gestalt objektiv bestimme (vgl. KrV A 32f. / B 49f.; vgl. ferner 2:400f.).

2.2 *Die empirische Realität der Zeit im innerer Sinn* Trotz ihrer transzendentalen Idealität ist die Zeit Kant zufolge jedoch empirisch real, d. h. eine Bestimmung der Vorstellungen von empirischen Gegenständen. Die empirische Realität der Zeit ist insofern subjektiv, als sie allein darin besteht, dass alle Vorstellungen (auch diejenigen äußerer Gegenstände) im inneren Sinn zeitlich bestimmt sind. Kant muss so interpretiert werden, dass das, was subjektiv als Zeitlichkeit, als zeitliche Bestimmungen im inneren Sinn und als Veränderung erlebt wird, zugleich ein objektives Geschehen ist, das nicht Zeiteigenschaft der Dinge ist, sondern ein physikalisches, chemisches oder sonst zu bezeichnendes Ereignis des Beharrens oder der Veränderung an Erfahrungsgegenständen. Diese Überlegungen verdanken sich dem Briefwechsel mit Johann Heinrich Lambert, dem Kant 1770 seine Dissertation schickte. Lambert reagierte brieflich mit Einwänden gegen Kants Theorie der Idealität der Zeit, deren Realität er einklagte. Lambert betont, Veränderungen sind wirklich, diese sind nur in der Zeit möglich, also muss auch die Zeit wirklich sein. Kants Antwort findet als eine „Erläuterung" zur empirischen Realität der Zeit Eingang in die *KrV* (vgl. Kant an Lambert, 2. 9. 1770, 10:96ff.; Lambert an Kant, 13. 10. 1770, 10:107ff.; KrV A 36f. / B 53f.; Waibel, *Transzendental ideal*). Diese Überlegungen in der *KrV* stellen keine systematische Veränderung der Zeittheorie von *De mundi* dar, eröffnen aber den Weg zu einer Phänomenologie der Zeit, die Kant nicht systematisch ausgeführt hat. Husserl wird zu Beginn des 20. Jahrhunderts eine *Phänomenologie des inneren Zeitbewusstseins* ausarbeiten, die als ein Fortdenken von Kants Theorie der Zeit verstanden werden kann.

3 Synthetische Urteile a priori durch die Konstruktion in der Anschauung der Zeit

Da die Zeit neben dem Raum eine a priori verfügbare sinnliche Form der Anschauung ist, die Bedingung jeder Erfahrungserkenntnis ist, ohne die das Subjekt nichts vorstellen kann, sind Bestimmungen der Zeit von jeder Erfahrung unabhängig. Die Arithmetik und besonders das Zählen, sowie die zeitlichen Momente der Mechanik beruhen auf der apriorischen Konstruktion der Zeitlichkeit und ermöglichen so synthetische Urteile a priori. Das Zählen in der Zeit spielt implizit, ohne Nennung des Namens, auf Aristoteles' berühmte Definition der Zeit als „Zahl der Bewegung hinsichtlich des Früher und Später" in der Physik an (Aristoteles, *Physik*, 219b2). Das Nacheinander des Zählens ist für Kant ein subjektives Tun, das gar nicht als Nacheinander begriffen werden könnte, wenn nicht auch das Zugleichsein mit hinzu gedacht würde und wenn Zeit nicht eine apriorische Form der Anschauung wäre. Dank der reinen Form der Anschauung sind in der →Mathematik (für die Zeit: Arithmetik, Mechanik, für den Raum: Geometrie) apodiktisch gewisse synthetische Urteile a priori möglich (vgl. 2:397f.; 2:400f.; KrV B 15f.; KrV A 164f. / B 205f.; KrV A 240 / B 299; KrV A 734 / B 762; 4:283).

Kant betont überdies, dass der an sich analytische Satz des Widerspruchs oftmals implizit auf die Vorstellung der Zeit bezogen wird und dann eine Synthesis enthält, durch die er apodiktisch gewiss und a priori gültig ist: „Ein Ding = *A*, welches etwas = *B* ist, kann nicht zu gleicher Zeit *non B* sein; aber es kann gar wohl beides (*B* sowohl, als *non B*) nach einander sein" (KrV A 152 / B 191f.; vgl. 2:401).

3.1 *Die Stetigkeit der Zeit in der reinen Apprehension der Anschauung, der Reproduktion in der Einbildungskraft, der Rekognition im Begriff* Der Behauptung der Stetigkeit der Zeit räumt Kant in *De mundi* einen wichtigen Stellenwert ein (2:399f.), der in der transzendentalen Ästhetik der *KrV* so nicht wiederkehrt. Dieser Aspekt findet vielmehr Eingang in die Überlegungen zur →Apprehension, schließlich auch der Reproduktion und →Rekognition im Rahmen der Deduktion der reinen Verstandesbegriffe der *KrV* von 1781. Damit empirische Wahrnehmungen von Eigenschaften möglich sind, muss das subjektive Vermögen als Ermöglichungsbedingung eine Folge in der Zeit durchlaufen und die Abfolge in der einen Zeit zusammenhalten können („*Apprehension in der Anschauung*", KrV A 98f.). Das Bewusstsein von Stetigkeit ermöglicht auch das von Nichtstetigem, also von Veränderung, mithin die Erfahrung vom Wechsel im Nacheinander der Wahrnehmungen und ferner das Wiedererkennen von Identischem („*Reproduction in der Einbildung*", KrV A 100f.). Schließlich gilt, dass die innere Anschauung vom stetigen Fluss der Zeit (mithin auch des gegebenen Mannigfaltigen) nur deshalb möglich ist, weil es die

Vorstellung von dem einen Bewusstsein und infolgedessen auch der einen Zeit gibt (vgl. KrV A 107; KrV B 291).

3.2 *Der transzendentale Schematismus der Zeit* Die reinen Verstandesbegriffe oder Kategorien lassen sich Kant zufolge nur deshalb auf sinnliche Gegenstände der Erfahrung anwenden, weil ihnen Schemata als reine Bestimmungen der Zeit als ein vermittelndes Drittes beigelegt werden können (→Schematismus der reinen Verstandesbegriffe). Die transzendentalen Zeitschemata sind apriorisch und rein (ohne empirische Beimischung) wie die reinen Verstandesbegriffe und sinnlich wie die sinnlichen Gegenstände der Erfahrung (vgl. KrV A 138f. / B 177f.). Die apriorische Zeitbestimmung der Quantität ist die Zeitreihe, die der Qualität ist der Zeitinhalt, die der Relation ist die Zeitordnung, die der Modalität ist der Zeitinbegriff (vgl. KrV A 145 / B 185).

3.3 *Die Zeit im System der Grundsätze* Kant untersucht im „*System aller Grundsätze des reinen Verstandes*" (KrV A 148ff. / B 187ff.), in welcher Form und in welchem Umfang synthetische Urteile a priori im Rahmen der Erfahrungserkenntnis Geltung haben können. Kant behauptet: „die Bedingungen der *Möglichkeit der Erfahrung* überhaupt sind zugleich Bedingungen der *Möglichkeit der Gegenstände der Erfahrung*, und haben darum objective Gültigkeit in einem synthetischen Urtheile *a priori*" (KrV A 158 / B 197; vgl. KrV A 111).

Dabei spielt neben den mit den Kategorien einhergehenden Regeln der Synthesis die Zeit eine zentrale Rolle, da jede Vorstellung eine Modifikation des inneren Sinnes und mithin der Zeit darstellt. Jede empirische Bestimmung der Zeit hat ihre Ermöglichungsbedingung in der Form der Anschauung der reinen Zeit, also in den Schemata der Zeit. Mit den *Axiomen der Anschauung* wird gezeigt, dass empirische und reine Anschauungen auf Extensionen, also Ausdehnungen in der Zeit beruhen (KrV A 162ff. / B 202ff.). Die *Anticipationen der Wahrnehmung* beruhen auf der intensiven Größe, also der Antizipation der Wahrnehmungsstärke bis hin zur Negation der Empfindungen in der Zeit (KrV A 166ff. / B 207ff.). Die *Analogien der Erfahrung* bilden das erkenntnistheoretische Zentrum der *KrV*, weil mit dem Beharren von →Substanzen in der Zeit und der Veränderung von Zuständen in der Zeit Zeitfolgen und Zeitordnungen und infolgedessen Substanzialität und →Kausalität, schließlich auch, durch die Gemeinschaft von Substanzen zu gleicher Zeit, die Bedingung für die von Newton entdeckte Gravitation (von Kant nur implizit angedeutet) erkenntnistheoretisch und a priori grundgelegt werden (KrV A 176ff. / B 218ff.). Die *Postulate des empirischen Denkens überhaupt* (KrV A 218ff. / B 265ff.) widmen sich der Frage des Gegebenseins einer Erscheinung in der Zeit, nämlich entweder notwendig in aller Zeit (Kausalgesetze), wirklich in aktueller Zeit oder möglich, weil wirklich zu irgendeiner Zeit zu sein (vgl. KrV A 218ff. / B 265ff.).

4 *Die durch die Zeit bestimmten Grenzen der Erkenntnis*

Alle Vorstellungen, deren Inhalt nicht durch die Zeit bestimmt ist, sind entweder transzendentale Ideen von bloß regulativem Gebrauch (die Postulate der praktischen Vernunft, also Gott, Freiheit, Unsterblichkeit der Seele), transzendentale Ermöglichungsbedingungen der Erkenntnis (Zeit, Raum, Kategorien, die Grundsätze des reinen Verstandes), Vernunftbegriffe der Zwecke in der Natur, Normen und Werte (Schönheit, Erhabenheit, das Sittengesetz, das höchste Gut oder das transzendentale Ideal), oder es sind überschwängliche Vorstellungen, die niemals Erkenntnis möglich machen. In metaphysikkritischer Absicht untersucht Kant in der *Transzendentalen Dialektik* diejenigen Begriffe und Schlüsse, die notwendig zu metaphysischen Irrtümern und transzendentalem Schein führen, sofern die empirischen und rationalen Bedingungen der Erkenntnis nicht beachtet werden.

4.1 *Paralogismen der reinen Vernunft* In den *Paralogismen der reinen Vernunft* (KrV A 341ff. / B 399ff.) entzieht Kant den traditionellen Versuchen, die Unsterblichkeit der Seele als ein Andauern und Existieren in ewiger Zeit auszuweisen, die Grundlage. Bestimmungen der Zeit können nur auf Gegenstände der Erfahrung Anwendung finden, niemals aber auf das reine Selbst oder die Seele. Die Seele ist Kant zufolge keine in der Zeit beharrende Substanz (vgl. KrV A 348ff. / B 407), sie ist ferner keine letzte einfache, weil unteilbare Substanz im Gegensatz zu den in der Zeit teilbaren materiellen Substanzen (vgl. KrV A 351ff. / B 407f.; Zeitteilchen). Sie ist auch nicht ein numerisch Eines als eine Person (Entität, Substanz) in der Zeit (vgl. KrV A 361ff. / B 408f.). Ferner gilt, dass Bestimmungen der Zeit im inneren Sinn prinzipiell die gleiche Gewissheit und Geltung haben wie räumliche Bestimmungen im äußeren Sinn, weil diese Bestimmungen immer empirisch sind, wie Kant gegen Descartes betont (vgl. KrV A 366ff. / B 409; KrV B 274ff.). Die Seele ist also ein reines und nicht ein empirisches Selbst. Der Begriff der Seele ist daher eine Idee von regulativem Gebrauch außer aller Zeit (vgl. KrV A 682f. / B 710f.).

4.2 *Antinomie der Zeit* Auch die vier → Antinomien der reinen Vernunft beruhen auf dem transzendentalen Schein und der (zwar notwendig sich aufdringenden) Missachtung der Grenzen möglicher Erkenntnis. Die erste Antinomie behandelt die Frage, ob die Welt in der Zeit einen Anfang und dem Raum nach Grenzen hat (Thesis) oder ob sie unendlich, ohne Anfang und ohne Grenzen zu denken ist (Antithesis) (vgl. KrV A 426ff. / B 454ff.). Kant zeigt, dass beide Aussagen falsch sind, die Fragen nach dem Anfang der Welt in der Zeit und den Grenzen im Raum also falsch gestellt sind. Eine unendliche Zeit kann nicht empirisch durchmessen werden, ein erster Anfang in der Zeit hingegen kann nicht gedacht werden, ohne das vor dem Anfang der Zeit liegende selbst wieder zeitlich zu denken (vgl. KrV A 517ff. / B 545ff.).

Weiterführende Literatur

Michel, Karin: Untersuchungen zur Zeitkonzeption in Kants Kritik der reinen Vernunft, Berlin u. a.: de Gruyter 2003.

Mohr, Georg: „Transzendentale Ästhetik, §§ 4–8 (A 30 / B 46–A 49 / B 73)", in: Mohr, Georg / Willaschek, Marcus (Hg.): Immanuel Kant. Kritik der reinen Vernunft, Berlin Akademie 1998, 107–130.

Parson, Charles: „The Transcendental Aesthetic", in: Guyer, Paul (Hg.): The Cambridge Companion to Kant, Cambridge: Cambridge University Press 1992, 62–100.

Patt, Walter: Transzendentaler Idealismus. Kants Lehre von der Subjektivität der Anschauung in der Dissertation von 1770 und in der Kritik der reinen Vernunft, Berlin u. a.: de Gruyter 1987.

Söffler, Detlev: Auf dem Weg zu Kants Theorie der Zeit. Untersuchungen zur Genese des Zeitbegriffs in der Philosophie Immanuel Kants, Frankfurt/M. u. a.: Lang 1994.

Violetta L. Waibel

Zweck

Kant benutzt den Zweckbegriff zum einen in formaler, methodologischer Hinsicht als einheitsstiftende (regulative) Systemidee einer „*Architektonik*" von Vernunfterkenntnis und Philosophie (KrV A 832 / B 860; vgl. KrV A 839 / B 867), zum anderen inhaltsorientiert als zentrale Kategorie zur Begründung von Naturerfahrung und Freiheit. Die Obereinteilung besteht in der wesentlichen Differenz zwischen Zwecken der Natur (Naturzwecken) und Zwecken aus Freiheit (praktischen Zwecken) (vgl. 8:182). Was die Seite der Natur betrifft, so wird mit Hilfe des Begriffs des Zwecks eine „besondere Art der Causalität" bezeichnet, sofern sie auf das Erkenntnisvermögen der reflektierenden → Urteilskraft bezogen ist, nämlich den *nexus finalis* im Unterschied zum *nexus effectivus* (5:359; vgl. 5:372). Die Unterschiede in Kants Gebrauch des Begriffs richten sich nach den jeweiligen Verhältnissen der → *Zweckmäßigkeit*. Der ästhetische Gebrauch der reflektierenden Urteilskraft abstrahiert vom Begriff eines Zwecks und betrifft nur eine subjektive formale Zweckmäßigkeit unter den Erkenntniskräften Einbildungskraft und Verstand. Den teleologischen Gebrauch kann man nach seiner subjektiven oder objektiven Bedeutung unterscheiden. *Objektiv* betrachtet sind Zwecke *Dinge* (Gegenstände, Produkte), deren Ermöglichungsbedingung in einer Ursache gesucht werden muss, deren Wirkungsvermögen durch Vernunftbegriffe bestimmt wird (Endursache) (vgl. 5:219f.; 5:369f.). Der Zweck ist das Produkt, das durch eine Ursache hervorgebracht wird, „deren Bestimmungsgrund bloß die Vorstellung ihrer Wirkung ist" (5:408; vgl. 5:220). Er ist insofern kein Ding, sondern nur der *Begriff* von einem Objekt, der zugleich den „Grund" (5:180) dafür abgibt, dass das Objekt, das er bezeichnet, Wirklichkeit wird: „die vorgestellte Wirkung, deren Vorstellung zugleich der Bestimmungsgrund der verständigen wirkenden Ursache zu ihrer Hervorbringung ist, heißt *Zweck*" (5:426). In *subjektiver* Hinsicht dagegen bezeichnet der Zweck den „Grund" der Kausalität und ist eine „bloße Idee" (oder Vorstellung) (20:236). Zwecke werden infolge der besonderen Beschaffenheit des diskursiven Verstandes niemals den „Dinge[n] selbst", sondern immer bloß unserer *Vorstellung* von der Möglichkeit derselben bzw. unserem Vermögen ihrer Beurteilung zugeschrieben (5:408).

In Hinsicht auf praktische Zwecke der Freiheit ist der Wille durch einen Begriff als „Vorstellung eines Zwecks gemäß zu handeln" bestimmbar (5:220). Das Vermögen, Zwecke überhaupt als Begriffe hervorzubringen, ist die Vernunft, und zwar in letzter Konsequenz die reine praktische Vernunft. Insofern sich die Bedeutung des Ausdrucks ‚Zweck' aus seiner Verwendung im praktischen Kontext der Willensbestimmung herleitet, ersetzt ihn Kant auch in seiner Funktion als Zweck der Natur häufig durch den der ‚Absicht'. Besonders auffallend ist diese Ausdrucksweise in Kants Betrachtung der teleologischen Verfasstheit der Natur in ihrer Ausrichtung auf die Menschheitsgeschichte (vgl. z. B. 8:17–31; 8:159; 8:178). In dieser Bedeutung wird der Begriff aber für Kant selbst im Kontext der *Kritik der teleologischen Urteilskraft* problematisch. Wichtige Stellen: KrV A 688–694 / B 716–722; KrV A 840 / B 868; 4:415; 4:427–431; 4:433–439; 5:41; 5:87; 5:130; 5:134; 5:176; 5:220; 5:227; 5:344; 5:347f.; 5:359–361; 5:369–373; 5:376; 5:390–396; 5:411; 5:425–427; 5:429–431; 5:434–450; 5:454; 5:458f.; 6:222; 6:354f.; 6:376; 6:380–390; 6:393; 6:395–398; 6:410; 6:424; 6:426; 8:17–22; 8:27; 8:98f.; 8:102f.; 8:114; 8:159; 8:166f.; 8:179; 8:181–183; 8:280–283; 8:289; 8:312; 8:364f.; 20:220; 20:227f.; 20:232; 20:234–236; 20:249f.; 20:294f.

Vorgeschichte und historischer Kontext

Die systematische Einführung und Verbreitung des Zweckbegriffs innerhalb der Philosophie der Neuzeit geht einerseits einher mit der Rezeptionsgeschichte der aristotelischen Naturphilosophie und ist andererseits abhängig von den jeweils epochal dominierenden naturwissenschaftlichen Bedürfnissen und Ansprüchen, die an naturtheoretische (physikalische) Erklärungsmodelle gestellt werden. Aristoteles hat als erster abendländischer Denker den Zweckbegriff in einen weiten wissenschaftlichen Kontext gestellt (*Physik*, B, Kap. 1, 3 und 7; vgl. Kullmann, *Aristoteles*, S. 255–312). Während noch Francis Bacon im Zuge der mathematisch-mechanistisch ausgerichteten Naturphilosophie Zweckursachen aus der Philosophie und den Wissenschaften entfernen wollte, wendete sich Leibniz unter ausdrücklicher Berufung auf Aristoteles' Begriff der *Entelechie* als Instrument genauer und effizienter Naturerforschung dem Begriff des Zwecks (den er allerdings auf Absichten Gottes zurückführt) als einer Naturursache wieder zu (*Discours de Métaphysique*, § 19). Dabei lässt Leibniz das Wirkprinzip und das Finalprinzip kausaler Erklärung als gleichermaßen tauglich und gültig nebeneinander bestehen (*Discours de Métaphysique*, §§ 21–22); im Aufbau der Welt aus Monaden teilen die Finalursachen des Guten und Bösen und die Wirkursachen der materiellen Natur alle Dinge in zwei Reiche, die an sich miteinander übereinstimmen, insofern sie durch die Idee der prästabilierten Harmonie zusammengehalten werden, jedoch so, dass die moralische Welt der natürlichen übergeordnet ist (Leibniz, *Principes* § 3, § 15; *Monadologie*, § 88). Der Grundgedanke der Metaphysik und der Physik Christian Wolffs bei der Anwendung der Zweckursachen zur Erklärung der Natur ist es, die natürlichen Dinge einerseits als Mittel menschlicher Zwecke, andererseits als Absichten Gottes und so die zweckhaft eingerichtete Welt insgesamt als einen „Spiegel der Vollkommenheiten Gottes" zu betrachten (*Deutsche Teleologie*, § 7; § 15; §§ 1026–1028; § 1045). Kants eigener Standpunkt bezüglich der Zweckmäßigkeit der Natur wird in seiner Auseinandersetzung mit den dogmatischen Gebrauchsweisen deutlich, die der Natur Zweckmäßigkeit in objektiver Bedeutung zuschreiben (vgl. 5:391f.). Im Zuge seiner Begründung einer Naturteleologie kritisiert Kant in der *KU* zwei Positionen als einander kontradiktorisch entgegengesetzte, dogmatische Systeme von Endursachen, d. i. *Idealismus* und *Realismus* der Naturzwecke. Für die idealistische Position steht u. a. Spinoza (vgl. 5:393f.; 5:439f.), für die realistische z. T. und implizit Wolff (vgl. 5:395; Naturzweck). Diese Kritik beinhaltet die Aussage, dass Naturzwecke weder absichtlich noch unabsichtlich, sondern als indifferent gegenüber beiden Behauptungen auszulegen sind. Im Resultat stuft sie das Prinzip objektiver Zweckmäßigkeit, weil es in der Natur als besondere Art der → Kausalität nicht beweisbar ist, auf den Status einer subjektiven Maxime zur Naturbeurteilung herab (vgl. 5:390f.; 5:396).

Philosophische Funktion

1 Innerer und äußerer Zweck

Der Begriff des Zwecks wird in der *KU* u. a. benötigt, um Kausalität in der Natur als objektive Zweckmäßigkeit beurteilen zu können. In dieser Hinsicht bestimmt der Zweckbegriff, was ein Ding sein *soll* und enthält damit die Regel zur Verbindung des Mannigfaltigen derart, dass das Mannigfaltige mit dem Begriff qualitativ übereinstimmt. Da der Zweckbegriff nicht zu den Begriffen a priori des reinen Verstandes gehört (Verstandesbegriff, reiner), gibt er nicht die Form eines transzendentalen Naturgesetzes vor und hat demnach auch keine konstitutive und bestimmende Funktion für die Erkenntnis als Erfahrung. Je nachdem, ob innere oder äußere Zweckmäßigkeit vorliegt, verlangt dies einen Begriff des äußeren oder inneren Zwecks (vgl. 5:227). Der äußere Zweck heißt auch *relativ*, insofern er nicht an sich selbst Zweck ist, sondern zugleich als Mittel für einen anderen Zweck dient. Sowohl die subjektive (ästhetische) als auch die objektive (teleologische) Zweckmäßigkeit macht von inneren und äußeren (relativen) Zwecken Gebrauch (vgl. 20:249f.). Der innere Zweck enthält den Grund der *inneren Möglichkeit* eines Gegenstandes (ebd.). Als innerer Zweck ist einem Naturwesen im Unterschied zum äußeren Zweck der Endzweck immanent (vgl. 5:443). Er hat keinen Nutzen für etwas anderes.

2 Zwecke der Natur

Zwecke der →Natur sind im Unterschied zu praktischen Zwecken solche, die den Produkten der Natur, insbesondere den Organismen (organisierten Wesen), durch die reflektierende Urteilskraft beigelegt und an der Natur beobachtet werden können. Sie dienen der Erfassung und Ordnung, Systematisierung und Vereinheitlichung empirischer Befunde der Natur.

In der Natur sind Zwecke entweder innere oder äußere oder beides. Beide werden objektiv und material gedacht, insofern sie nicht bloß die Form von Naturprodukten beschreiben und nicht bloß subjektiv gültig sind. Der Zweckbegriff ist ein Vernunftbegriff, der der Kausalität der Naturdinge selbst in Hinsicht auf ihre „Erzeugung“ (20:232) zugrunde liegt. Er enthält den Grund der inneren Möglichkeit eines Objekts der Natur (vgl. 20:232; 20:234f.). Im engeren Sinne meint Kant mit den Zwecken der Natur *Naturzwecke*, d. h. objektive innere Zwecke, die der Natur real und mit Notwendigkeit zugeschrieben werden (vgl. 5:370f.), ihr also nicht bloß angedichtet werden (Naturzweck). In Beziehung auf den Zweck wird den Dingen der Natur auch „Vollkommenheit“ beigelegt; das entsprechende Urteil heißt „teleologisch“ (20:228). Zwecke werden nach Kant nicht nur den einzelnen Dingen, sondern auch der Natur insgesamt beigemessen. Als Vernunftursache sind sie durch Erfahrung in der Natur nicht zu belegen, u. a. weil uns Zweckursachen als Kräfte, die nach einer Idee wirken, nur in uns selbst (als Verstand und Wille) in Gestalt von Kunstprodukten erfahrbar sind (vgl. 8:181; 20:234f.). Die Urteilskraft verwendet den Begriff der Naturtechnik nur in ihrer Reflexion über Gegenstände, „um nach seiner Anweisung Erfahrung nach besonderen Gesetzen“ möglich zu machen (20:235).

Die Frage, ob es Zwecke in der Natur wirklich gibt, ist durch →Erfahrung nicht sicher zu beantworten (vgl. 5:359f.), weil sie aus den allgemeinen, transzendentalen Gesetzen der Natur, die sich auf Gegenstände sinnlicher Erfahrung beziehen, nicht ableitbar sind. Gleichwohl sind sie eine unverzichtbare Voraussetzung für die Beurteilung mannigfaltiger empirischer Gegenstände und Gesetze der Natur und für das Verständnis der Möglichkeit von Dingen der Natur nach einer „besondere[n] Art der Causalität“ (5:360). Die Besonderheit dieser Kausalität zeichnet sich durch →Spontaneität und Produktivität der Naturursachen aus (vgl. 5:411). Zwecke werden nicht „aus objectiven Gründen“ in der Natur erkannt, aber gebraucht, „die Natur nach der Analogie mit einem subjectiven Grunde der Verknüpfung der Vorstellungen in uns begreiflich zu machen“ (5:360). Als Momente teleologischer Beurteilung der Natur gehören sie daher „mit Recht“ zur Naturforschung, um die Teleologie der Natur „nach der *Analogie* mit der Causalität nach Zwecken unter Principien der Beobachtung und Nachforschung zu bringen“ (5:360f.). Obwohl hiermit die Erscheinungen der Natur in Ergänzung der mechanischen Kausalgesetze unter Regeln gebracht werden, hat ihre Funktion nicht die Bedeutung einer *Erklärung* der Natur (vgl. 5:360f.; 5:411). Aufgrund dieser ihrer Funktion ist Kant aber auch wieder gezwungen, vorauszusetzen, dass Zwecke in der Natur anzutreffen sind, mithin auch empirisch feststellbar, d. h. beobachtbar sein müssen (Naturzwecke beruhen „auf Beweisgründen der Erfahrung“, 8:159; vgl. 5:443); auf der anderen Seite hält Kant an der Behauptung fest, es sei a priori nicht einzusehen, dass es in der Natur Zwecke geben müsse (vgl. 8:182).

Die Zuordnung der Zwecke in der Natur erfolgt deshalb durch ein regulatives Prinzip der Vernunft, das an den Dingen nichts bestimmt (vgl. KrV A 688f. / B 716f.). Zufolge Kants Kritik an der Physikotheologie und ihrem Gottesbeweis (vgl. KrV A 690f. / B 718f.) kann man sich nicht auf das Dasein einer höchsten Intelligenz als zweckmäßig wirkender Weltursache berufen (vgl. KrV A 688 / B 716; KrV A 691 / B 719), um Zwecke der Natur zu rechtfertigen. Um die Fehler der Physikotheologie zu vermeiden, muss jedoch der ganzen Natur systematische Einheit als Zweckmäßigkeit in Beziehung auf die regulative Idee einer höchsten Intelligenz vorausgesetzt werden (vgl. KrV A 691 / B 719; KrV A 693 / B 721). Dieses Vernunftprinzip a priori der noch unbestimmten zweckmäßigen Einheit und kausalen Verknüpfung der Natur hat daher eine *heuristische* Funktion (vgl. 5:411); es dient als leitende Idee der *Suche* nach Zwecken oder Gattungen zweckmäßig eingerichteter Wesen in der Natur im Hinblick auf ihre erkenntnistheoretische Erweiterung zu einer Natureinheit nach allgemeinen Gesetzen (vgl. KrV A 692–694 / B 720–722; KrV A 699 / B 727f.; 8:91; 20:235f.).

Unabhängig von dem Reflexionshorizont der dritten *Kritik* betrachtet Kant Naturzwecke einer teleologischen Naturlehre im Rahmen der Geschichtlichkeit der Natur, und zwar im Hinblick auf die Sozialgeschichte der Menschheit, indem er von einem Antagonismus der Zwecke der Menschen im Ganzen ihrer Gattung und dem Zweck der menschlichen Individuen (vgl. 8:312) bzw. zwischen Naturabsicht und Absicht einzelner Menschen ausgeht (vgl. 8:17f.). Im Laufe der Naturgeschichte des Menschen kommt es zu einer zweckmäßigen Auswicklung aller Naturanlagen (vgl. 8:18; 8:27). Dabei wird der Natur ein → *Wille* unterstellt (vgl. 8:19; 8:22; 8:364f.; 8:367). Die Natur steuert planmäßig die Entwicklung menschlicher Anlagen mit dem Ziel einer vollkommenen bürgerlichen Vereinigung, indem sie sich seines gesellschaftlichen Antagonismus als Mittel bedient (vgl. 8:20f.; 8:24; 8:27; 8:29). Ihre „höchste Aufgabe" im Hinblick auf die Menschengattung ist die Errichtung einer *„gerechte[n] bürgerliche[n] Verfassung*" (8:22; vgl. 8:27).

In einem weiteren Sinne bezeichnet Kant natürliche Einstellungen des Menschen zum Leben, die moralische Fragen aufwerfen, als *Zwecke der Natur* oder *Naturzwecke*. Von solcher Art sind z. B. die „Liebe zum Leben" und die „Liebe zum Geschlecht", d. h. die Fortpflanzung als Erhaltung der Art (6:424; vgl. 6:426). Der Naturzweck ist hier eine Verknüpfung von Ursache und Wirkung, bei der der Ursache Absichtlichkeit unterstellt wird. In den Grenzbereich zwischen theoretischer und praktischer Philosophie fallen noch andere zweckgebundene Begriffe. So wird z. B. *„Glückseligkeit*" noch zu den Zwecken der Natur gerechnet (5:430; vgl. 5:436 Anm.).

3 Praktische Zwecke

3.1 Im Unterschied zur übrigen Natur sind allein vernünftige Wesen befähigt, sich selbst Zwecke zu setzen. Zwecke gelten dann als Objekte des Willens. Kant nennt sie deshalb gelegentlich auch *„Absicht[en]*" (z. B. 5:134) (Absicht). Allgemein definiert Kant den Zweck in praktischer Bedeutung als „Gegenstand der Willkür (eines vernünftigen Wesens), durch dessen Vorstellung diese zu einer Handlung diesen Gegenstand hervorzubringen bestimmt wird" (6:381; vgl. 6:384). Das Haben eines solchen Zweckes folgt nicht aus dem Zwang durch andere, sondern daraus, dass ich mir denselben selbst *mache* (vgl. 6:381), welches ein Akt der → Freiheit und nicht eine Wirkung der Natur ist (vgl. 6:385). Zwecke, die als Objekt vor der Willensbestimmung vorhergehen, so dass die Materie des Willens dessen Ermöglichungsgrund ausmacht, sind stets empirisch und können niemals „zum reinen Vernunftprincip der Sittenlehre und der Pflicht dienen" (5:41). Dass Handlungen nicht bloß pflichtgemäß sondern → „aus Pflicht" geschehen, ist für Kant „der wahre Zweck aller moralischen Bildung" (5:117).

Praktische Zwecke lassen sich bei Kant der Sache nach einteilen in pragmatische (technische), moralische und rechtliche Zwecke. Derjenige Bereich des Praktischen, den Kant in einem weiteren Sinne als „Kunst" bezeichnet, dient ihm zur Illustration der Kausalverbindung nach Zweckbegriffen (5:372). Ein pragmatischer (technischer) Zweck oder „Kunstzweck" ist im Unterschied zu einem moralischen Zweck ein solcher, dessen Handlungsanweisung nicht mit einer → Pflicht, sondern bloß mit einem Anraten verbunden ist (6:354; vgl. 6:387). Er ist nur subjektiv gültig und beruht auf Klugheitsregeln, während moralische Zwecke aufgrund ihrer Verbindung mit Pflichten objektiv reale, auf Vernunftprinzipien a priori beruhende

Zwecke sind (6:385). Kant spricht auch von einer *„reinen Zweckslehre“*, deren Zweck die *Freiheit* sei und die „nur praktisch“ sein könne, insofern ihr Prinzip a priori „die Beziehung einer Vernunft überhaupt auf das Ganze aller Zwecke“ enthalte (8:182). Eine solche „reine praktische Teleologie“ sei eine Moral, die dazu bestimmt sei, „ihre Zwecke in der Welt wirklich zu machen“ (8:182f.). Ihre „objektive Realität“ hängt ab vom Erfolg der „natürliche[n] *Teleologie*“ und der „Transscendental-Philosophie“ (8:183) (→Teleologie, teleologisch). Deshalb besteht eine wesentliche Aufgabe der *Kritik der teleologischen Urteilskraft* eben darin, zu zeigen, unter welchen natürlichen Bedingungen praktische Zwecke der Vernunft in der Natur verwirklicht werden sollen und können (vgl. 5:176; 5:458f.).

Menschliche →Handlungen können zweckmäßig sein, ohne dass die Vorstellung eines Zwecks notwendig vorausgesetzt werden muss, wenngleich der Erklärung ihrer Möglichkeit die Annahme eines Willens als Kausalität nach Zwecken zugrunde liegen muss (vgl. 5:220). Ein praktischer Zweck setzt das Gefühl der Lust an der Existenz eines Objektes voraus. Er ist immer ein moralischer Zweck. Zwecke, die zur Technik gehören, sind eigentlich Zwecke der Natur (vgl. 20:227). Die der Moralität untergeordnete Zweckkausalität ist nach Naturursachen nicht möglich, weil ihre Bestimmung zum Handeln von einem übersinnlichen, von der Natur unabhängigen Prinzip abhängt (vgl. 5:436 Anm.). Das →moralische Gesetz als formale Bedingung (Verbindlichkeit) des Gebrauchs unserer Freiheit in Handlungen hängt von keinerlei Zweck als materialer Bedingung ab (vgl. 5:450).

Dadurch dass die Kausalität der Naturzwecke nur analogisch ist, wird die →praktische Vernunft (als Wille) zum eigentlichen Urheber der Zwecke (vgl. 5:369f.; 20:294f.). Reine praktische Vernunft ist „ein Vermögen der Zwecke überhaupt“ (6:395). Höchster unbedingter Zweck der reinen praktischen Vernunft ist, dass die →Tugend ihr eigener Zweck sei (vgl. 6:396); er geht über alle empirischen Zwecke (vgl. 6:397) hinaus.

Auf der Grundlage des moralischen Zwecks als eines Zwecks „vernünftiger Wesen unter moralischen Gesetzen“ entwirft Kant eine *„moralische* Teleologie“, in welcher der Versuch unternommen werden könnte, auf eine höchste Ursache der Natur (als eine „verständige“, „absichtlich wirkende“ und zweckgerichtete „Weltursache“) (5:444f.) und ihre Eigenschaften als Grund und Bedingung der Existenz praktischer Zwecke in der Welt zu schließen (vgl. 5:436). Sie soll es schließlich ermöglichen, eine notwendige Beziehung auch zwischen Naturzwecken und verständiger Weltursache zu denken (vgl. 5:444).

3.2 In Kants *Rechtslehre* (innerhalb der *MS*) wird von Zwecken ausgegangen, die sich jedermann aus freier Willkür für seine Handlungen setzen kann, d. h. sie gibt keine Zwecke verbindlich vor, denn sie handelt nur von den formalen Bedingungen der äußeren Freiheit; die Maximen der Handlungen aber werden gesucht, um sie zum allgemeinen Gesetz zu machen. In der *Ethik* ist das Verfahren umgekehrt: Sie führt vom Pflichtbegriff auf Zwecke und begründet in dieser Hinsicht die Maximen, d. h. sie liefert einen Gegenstand als Materie der freien Willkür, der als Zweck der reinen Vernunft insofern objektiv-notwendig ist, als er zugleich Pflicht ist (vgl. 6:380; 6:382). Dass sich der Mensch zu Maximen rechtmäßiger Handlungen selbst verpflichten kann, ist für Kant zugleich ein Grund für jeden Menschen, sich „das Recht der Menschheit“ zum Zweck zu machen und damit über die Bedingungen rechtlicher Verpflichtung hinauszugehen (6:390).

Der moralische Zweck ist ein solcher, der *„an sich selbst“* oder „zugleich“ (seinem Begriff nach) Pflicht ist, d. h. ein Zweck, der eine Verbindlichkeit enthält und materialer Bestimmungsgrund a priori der Willkür, der sinnlich motivierten Zwecken entgegenwirkt, ist (6:381; vgl. 6:383; 6:385). Er ist der eigentümliche Gegenstand der *Ethik* (vgl. 6:389). Indem der subjektive Zweck, den jedermann sich machen kann, dem objektiven, der gesetzlich geboten wird (Pflicht ist), untergeordnet wird, wird ein Gesetz für die Handlungsmaximen begründet (vgl. 6:389). Dies ist der kategorische Imperativ als oberstes Prinzip der Tugendlehre: „handle nach einer Maxime der *Zwecke*, die zu haben für jedermann ein allgemeines Gesetz sein kann“ (6:395; vgl. 6:222). Demzufolge ist der Mensch verbindlich Zweck sich selbst und anderen gegenüber (vgl. 6:395; 6:410). Zwecke, die an sich selbst Pflichten sind, begründen Tugendpflichten (vgl. 6:395; 6:410). Hiernach erfolgt die Einteilung der Zwecke in *„Eigener Zweck*, der mir zugleich Pflicht ist“ (d. i. die „eigene *Vollkom-*

menheit"), „*Zweck Anderer*, dessen Beförderung mir zugleich Pflicht ist" (d. i. die fremde Glückseligkeit) und „Der *Zweck*, der zugleich Triebfeder ist" (6:398).

3.3 Der praktische Zweck wird von Kant an vielen Stellen in Beziehung auf die menschliche Willensbildung abgehandelt. Nach der Darlegung in *GMS* muss in der Idee eines unbedingt guten Willens von Zwecken abstrahiert werden. Sofern hier noch von Zweck gesprochen wird, bedeutet er das „Subject aller möglichen Zwecke" (4:437). Er wird nur negativ gedacht („*selbstständiger* Zweck", der niemals bloß Mittel sein kann (4:437)).

Der Zweck ist *objektiver* Grund („*Bewegungsgrund*", 4:427) der Selbstbestimmung des Willens. Als Vernunftbegriff ist er zugleich allgemeingültig. Von diesem objektiven Zweck wird der *subjektive* unterschieden, der auf der „*Triebfeder*" als subjektivem Grund des Begehrens beruht (4:427). Durch Abstraktion von subjektiven Zwecken werden *materiale* praktische Prinzipien zu *formalen*. Zwecke, die sich ein Vernunftwesen zum Vorsatz seines Handelns macht, sind zwar materiale, aber auch nur relative Zwecke, d. h. sie gelten nur im Verhältnis zu dem besonderen Begehrungsvermögen eines Subjekts. Dadurch fehlt ihnen die Allgemeingültigkeit. Folglich sind sie nur der Grund →*hypothetischer* Imperative (vgl. 4:427f.). Im Unterschied zu einem *relativen* Zweck existiert etwas als „Zweck an sich selbst", sofern seine Handlungen stets als Zweck und nicht bloß als *Mittel* für die Handlungszwecke anderer betrachtet werden (4:428) (Mittel). Dem →kategorischen Imperativ, sofern er sich in der Zweck-Mittel-Formel ausdrückt (vgl. 4:429), liegt die Bedeutung des Zwecks als objektives und subjektives Willensprinzip („*Zweck an sich selbst*") zugrunde (4:428f.). Der praktische Zweck in objektiver Bedeutung ist zugleich allgemeines Gesetz der praktischen Vernunft als einschränkende Bedingung aller subjektiven Zwecke, nicht dieser oder jener Zweck eines handelnden Subjekts (vgl. 4:431). Alle Maximen haben einen Zweck zur Materie. Als Zweck an sich selbst dient er jeder Maxime als einschränkende Bedingung aller bloß relativen Zwecke (vgl. 4:436; 6:395).

4 *Zufällige und notwendige Zwecke*

Die Zufälligkeit betrifft die Form eines Dinges unter der Bedingung, dass sie nicht nach den Gesetzen des reinen Verstandes, sondern nur als Zweck möglich ist. Sie gilt von allen empirischen Naturgesetzen mit Rücksicht auf die (theoretische) Vernunft. Zwecke der Natur sind demzufolge (vom Standpunkt mechanischer Naturerklärung aus gesehen) als zufällig zu erachten, indem die Ergebnisse empirischer Beobachtung, die eine Ursache in der mechanisch wirkenden Natur ausschließen, allein durch Vernunftbegriffe erklärbar sein sollen. Andererseits muss die Vernunft an jeder Form auch die Notwendigkeit erkennen; das gelingt ihr in Bezug auf die Natur nur analogisch, indem die Zwecke als Naturzwecke (organisierte Wesen) ausgelegt werden (vgl. 5:360f.; 5:369–371). Die Möglichkeit von Naturprodukten als Zwecken wird notwendig gedacht; sie besteht in der „*Gesetzmäßigkeit einer an sich zufälligen Verbindung des Mannigfaltigen*" (20:228). Eine solche objektive Zweckmäßigkeit wird durch ein →teleologisches Urteil im Modus der Notwendigkeit ausgedrückt (vgl. 20:228). Als Vernunftmaxime ist die Zweckbeziehung ein notwendiges (jedoch nicht hinreichendes) heuristisches Prinzip der Naturforschung (neben der mechanischen Naturkausalität); aber sie erhebt nicht den Anspruch auf Notwendigkeit im Sinne einer bestimmenden Naturerklärung (vgl. 5:411). Damit aber für die Urteilskraft unter Berücksichtigung der besonderen Bedingungen des menschlichen Verstandes überhaupt die Notwendigkeit besteht, über die Möglichkeit von Naturprodukten so zu reflektieren, als seien sie absichtlich und nach Zwecken erzeugt, muss die Idee eines „intuitiven" (anschauenden) Verstandes zugrunde gelegt werden. Auf diese Weise kann das, was der „discursive[]" Verstand im Besonderen der Natur nur als zufällig begreift, in der Urteilskraft mit dem Allgemeinen in notwendige Übereinstimmung gebracht werden (5:406–408).

5 *Subalterne und Endzwecke*

Die *KrV* macht eine begriffliche Differenz zwischen dem Endzweck und subalternen Zwecken. Der Endzweck ist der höchste bzw. erste aller wesentlichen Zwecke der menschlichen Vernunft, der aufgrund der systematischen Einheit der Vernunft nur ein einziger sein kann. Er enthält „die ganze Bestimmung des Menschen" in moralischer Hinsicht und ist Gegenstand der Moralphilosophie. Auf ihn sind subalterne Zwecke als Mittel seiner Erlangung notwendig bezogen (vgl. KrV

A 840 / B 868). Diese Zwecke werden von Kant an der zitierten Stelle nicht näher benannt. Man kann aber in Hinsicht auf den Endzweck alle Zwecke der Natur als Subordination und Mittel der Verwirklichung desselben ansehen (vgl. 8:280).

In der *KU* wird der Begriff des Endzwecks in zweierlei Bedeutung verwendet. In Hinsicht auf organisierte Naturwesen bezeichnet der Endzweck deren Existenzweise, nach der Dinge den Zweck als Grund ihrer Existenz in sich selbst haben, d. h. nicht nur Zweck insofern sind, als sie wiederum eines anderen Zwecks außerhalb ihrer zu ihrer Existenz bedürfen, zu dem sie auch als Mittel fungieren (vgl. 5:425f.). In engerer Bedeutung ist mit dem Endzweck der „Endzweck der Schöpfung" (5:448f. Anm.) gemeint. Dieser kann nicht gleichbedeutend sein mit einem Naturzweck, insbesondere nicht mit dem „letzte[n] Zweck" (5:449 Anm.) der ganzen Natur, d. i. dem Menschen als Naturwesen, weil er unbedingt ist und allein von seiner Idee abhängen kann. Der Endzweck der Schöpfung kann nur der Mensch als moralisches Wesen, d. h. der Mensch „*unter moralischen Gesetzen*" (5:448) sein. Diesem ist die ganze Natur als Zweckordnung untergeordnet (vgl. 5:426; 5:430f.). Wie der Endzweck überhaupt verbindlich ein von Menschen beabsichtigter Zweck sein muss (vgl. 5:447f.; 5:450), so besteht in Hinsicht auf praktische Zwecke der moralische Endzweck im →höchsten Gut (er ist zugleich der letzte Zweck Gottes als des Weltschöpfers; vgl. 5:130), der Endzweck der Rechtslehre in der allgemeinen und andauernden Friedensstiftung. Der rechtliche Endzweck ist ein höchstes politisches Gut, d. i. der →ewige Frieden (vgl. 6:355). Für den Endzweck wird praktische Notwendigkeit gefordert (vgl. 5:450).

6 *Letzte oder höchste Zwecke*

Die menschlichen Zwecke denkt Kant in hierarchischer Ordnung gegliedert, wobei die Zwecke der Freiheit denen der Natur übergeordnet sind. Glückseligkeit ist für Kant derjenige Zweck im Menschen, der als letzter Zweck der Natur gilt, soweit er von der Natur selbst befriedigt werden kann. Dagegen ist die Kultur des Menschen die „Tauglichkeit und Geschicklichkeit zu allerlei Zwecken" in ihm, zu der die Natur nur das benötigte Mittel ist (5:430). Die →Glückseligkeit ist jedoch ein *für den Menschen* eigentlich unerreichbarer Zweck, weil der Mensch aufgrund seiner Naturanlagen und antagonistischen Bestrebungen auch zugleich destruktive Ziele verfolgt. Sie ist kein Zweck der Freiheit, sondern nur ein Zweck der Natur (vgl. 5:430f.) und damit „der Inbegriff aller durch die Natur außer und in dem Menschen möglichen Zwecke desselben" (5:431). Zugleich ist sie zwar „die Materie aller seiner Zwecke", kann aber niemals sein ganzer Zweck sein und ist somit *für den Menschen* auch nicht der letzte (höchste) Zweck der Natur (5:431; vgl. 5:436 Anm.; 8:280–283). Letzter Zweck der Natur ist hingegen die „*Cultur*" als „Tauglichkeit eines vernünftigen Wesens", sich selbst beliebige Zwecke zu setzen und die Natur, unabhängig von ihrer Zweckbestimmung, „den Maximen seiner freien Zwecke überhaupt angemessen als Mittel zu gebrauchen" (5:431). Die Kultur der menschlichen Naturanlagen gehört aber andererseits zu den Zwecken, die dem Menschen an sich selbst Pflicht sind (vgl. 6:387; 6:391f.; 8:308f.), und zwar entspricht sie dem Zweck der eigenen Vollkommenheit (vgl. 6:386f.). Entsprechend ist auch die Glückseligkeit, insofern sie nicht die *eigene* sondern die *fremde* meint, für Kant ein Zweck, der zugleich Pflicht ist (vgl. 6:386–388; 6:393). Als ein spezielles Problem der *KU* ist noch die Funktion des „übersinnliche[n] Substrat[s]", in Hinsicht auf welches alle menschlichen Erkenntnisvermögen zusammenstimmen sollen, als des letzten, „durch das Intelligible unserer Natur gegebene[n]" Zwecks, der als Richtschnur der ästhetischen Beurteilung des Schönen sowie der teleologischen Beurteilung der Naturkausalität dient, zu nennen (5:344; vgl. 5:412, 5:414).

7 *Ordnung der Zwecke*

Von einem „System von Zwecke[n]" (5:428) kann nur gesprochen werden, sofern vom Menschen als letztem (höchstem) Zweck der Schöpfung ausgegangen wird, der durch sein Vernunftvermögen der Zwecksetzung ein solches System zu kreieren vermag (vgl. 5:429f.). Damit wird die von Linné gesetzte Naturordnung umgedreht (vgl. 5:427). Das Problem, dass die Organisation des äußeren Verhältnisses der Naturgattungen und der Gedanke von einem „System aller Naturreiche nach Endursachen" (5:427) der Erfahrung zu widersprechen scheint, wird von Kant in Hinsicht auf die dafür notwendigen Bedingungen ausgiebig erörtert (vgl.

5:427–429). Der dem Menschen immanente Zweck, der ihn letztlich mit der Naturordnung verbindet, ist nicht die Glückseligkeit, sondern die Kultur (vgl. 5:430f.). Sie ist zugleich der letzte Zweck der Natur für den Menschen, sich einen Endzweck zu setzen und damit zugleich aus der Ordnung der Natur, in der er „immer nur Glied in der Kette der Naturzwecke" ist (5:430), herauszutreten und die Natur als Mittel den Maximen seiner „freien Zwecke" zu unterwerfen (5:431). In der Natur im Kleinen, d. h. in jedem einzelnen organisierten Naturprodukt, ist nichts zwecklos (vgl. 5:376; 8:173; 8:179); und in ihr im Großen ist nichts umsonst, d. h. ohne Zweck (vgl. 5:437f.), aber der Endzweck ist nicht in ihr (vgl. 5:454). Es ist der Mensch als moralisches Wesen betrachtet, der den höchsten, unbedingten Zweck (Endzweck) in sich selbst hat. Er entspricht der „Idee des Ganzen aller Zwecke" (8:280 Anm.). Ihm ist die Natur insgesamt und notwendig „teleologisch untergeordnet" (5:436). Die kritische Grenzziehung teleologischer Naturbegründung verläuft dort, wo sie unberechtigter Weise auf einen „bestimmten Begriff von der obersten Ursache" (5:441) des Weltgeschehens (auf die *Endabsicht* eines verständigen Welturhebers) schließt (vgl. 5:440–442). Indem der Mensch als moralisch zweckbestimmtes Wesen als Endzweck der Schöpfung angesehen wird, ist der Grund gegeben, den Zusammenhang des Weltganzen als „*System* von Endursachen" anzusehen, und zugleich „*ein Princip*" für die „nothwendige Beziehung der Naturzwecke auf eine verständige Weltursache" zu denken (5:444). In dem obersten Grund des verständigen Welturhebers und Gesetzgebers werden das natürliche und das moralische „Reich[] der Zwecke" zu einer Einheit verbunden (5:444), und zwar so, dass die moralische Absicht die zweckmäßig eingerichtete Natur dominiert (vgl. 5:445–447). In dieser Hinsicht begründet die „*moralische* Teleologie" eine „*Theologie*" (5:444). Von einem idealen „*Reich[] der Zwecke*" als einem systematischen Ganzen, das alle vernünftige Wesen als Zwecke und Mittel aufeinander bezieht und durch „gemeinschaftliche Gesetze" (insbesondere das moralische Gesetz) miteinander verknüpft (4:433), handelt vor allem Kants *GMS* („Ordnung der Zwecke unter sittlichen Gesetzen", 4:450; vgl. 4:433–436; 4:438f.; 4:462; 5:31; 5:87). Eine soziale Vereinigung von Menschen aber, die „an sich selbst Pflicht" ist (8:289) (und insofern verbindlich ist), ist für Kant nur in der bürgerlichen Gesellschaft möglich. Ein solcher Zweck, der in einem „äußern Verhältniß an sich selbst Pflicht und selbst die oberste formale Bedingung [...] aller übrigen äußeren Pflicht ist", ist für Kant das Recht „*unter öffentlichen Zwangsgesetzen*" (8:289).

Interpretationslage

Eine echte Kontroverse über den Zweckbegriff bei Kant findet nicht statt oder wird nur partiell geführt, z. B. in Hinsicht auf Kants Theorie des Geschmacksurteils und des ästhetisch Schönen und Erhabenen oder mit Bezug auf die Frage der regulativen versus konstitutiven Bedeutung des Naturzwecks im teleologischen Urteil. Gestritten wird u. a. über die richtige Auslegung von Kants Begriff der *Technik der Natur* im Zusammenhang mit dem Verhältnis zur Naturteleologie des Aristoteles (vgl. Santozki, *Bedeutung antiker Theorien*, S. 259–271). Während auf der einen Seite Kant die Behauptung einer in Bezug auf die Gesamtnatur immanenten Zweckmäßigkeit unterstellt und von einer Unvergleichbarkeit zwischen der Naturteleologie von Kant und Aristoteles ausgegangen wird, ist man auf der anderen Seite bemüht, Kants Verständnis der Zweckhaftigkeit der Natur auf aristotelische (und leibnizianische) Wurzeln zurückzuführen.

Weiterführende Literatur

Brandt, Reinhard: Die Bestimmung des Menschen bei Kant, Hamburg: Meiner 2007.

Dörflinger, Bernd: Das Leben theoretischer Vernunft. Teleologische und praktische Aspekte der Erfahrungstheorie Kants, Berlin u. a.: de Gruyter 2000.

Goy, Ina / Watkins, Eric (Hg.): Kant's Theory of Biology, Berlin u. a.: de Gruyter 2014.

Höffe, Otfried (Hg.): Immanuel Kant. Kritik der Urteilskraft, Berlin: Akademie 2008.

Kulenkampff, Jens: Kants Logik des ästhetischen Urteils, Frankfurt/M.: Klostermann [2]1994.

McLaughlin, Peter: Kants Kritik der teleologischen Urteilskraft, Bonn: Bouvier 1989.

Pleines, Jürgen-Eckardt (Hg.): Zum teleologischen Argument in der Philosophie. Aristoteles – Kant – Hegel, Würzburg: Königshausen & Neumann 1991.

Santozki, Ulrike: Die Bedeutung antiker Theorien für die Genese und Systematik von Kants Philosophie, Berlin u. a.: de Gruyter 2006.

Spaemann, Robert / Löw, Reinhard: Die Frage Wozu? Geschichte und Wiederentdeckung des teleologischen Denkens, München: Piper 1981.

Trentani, Federica: La teleologia della ragione pratica. Sviluppo umano e concretezza dell'esperienza morale in Kant, Trento: Verifiche 2012.

Werner Euler

Zweckmäßigkeit

→Zweck ist für Kant „der Begriff von einem Object, sofern er zugleich den Grund der Wirklichkeit dieses Objects enthält" (5:180), und dementsprechend ist unter der Zweckmäßigkeit eines Dinges, so formuliert Kant recht umständlich, dessen „Übereinstimmung [...] mit derjenigen Beschaffenheit der Dinge, die nur nach Zwecken möglich ist" zu verstehen (5:180). Zweckmäßig sind insofern alle Dinge, die ihre Wirklichkeit in der →Kausalität eines Urhebers haben, der sie nach einem →Begriff und darin regelgeleitet absichtsvoll zustandebringt, so dass Kant Zweckmäßigkeit auch als „die Causalität eines *Begriffs* in Ansehung seines *Objects*" definieren kann (5:220). Sie ist, in scholastischer Terminologie, die „forma finalis" (5:220) eines Dinges, die Beschaffenheit eines Dinges, von der angenommen wird, dass sie von einer zielgerichteten Ursache bewirkt worden ist. Kant erörtert den Begriff der Zweckmäßigkeit grundsätzlich im Kontext von Überlegungen, die untersuchen, inwieweit wir zu einer solchen Annahme berechtigt sind. Weitere wichtige Stellen: KrV A 686–702 / B 714–730; 5:181–184; 5:188–194; 5:221–236; 5:346–351; 5:362–369; 5:376–381; 5:388–400; 8:182; 20:216–218.

Philosophische Funktion

1 Transzendentale Zweckmäßigkeit

Eine zielgerichtete Kausalität konstatieren wir gewöhnlich an Dingen, die von einem willentlich agierenden Urheber hervorgebracht worden sind. Die *KrV* hat ausgeschlossen, dass wir sie im Rückgriff auf einen göttlichen Urheber an Dingen der →Natur erkennen könnten. Wir kennen sie hingegen aus unserer Praxis, aus Technik (menschliche →Kunst) und pragmatisch orientiertem menschlichen Zusammenleben (Sitten im weitesten Sinne). Doch hat nicht eine solche „praktische[] Zweckmäßigkeit" Kants philosophische Aufmerksamkeit auf sich gezogen, sondern eine Zweckmäßigkeit, die, davon „ganz unterschieden", lediglich eine „Analogie" zu ihr hat (5:181). Es ist eine Zweckmäßigkeit von Dingen der Natur, von denen wir nicht behaupten können, dass sie willentlich hervorgebracht worden sind, weder von unseren Plänen und Entwürfen noch von einem göttlichen Intellekt, die aber gleichwohl unter einen Begriff von Zweckmäßigkeit gebracht werden müssen, wenn wir sie uns in ihrer Eigenart verständlich machen wollen. Diese Form von Zweckmäßigkeit erörtert Kant in der *KU*, weil sie, so seine grundlegende These, „ein besonderer Begriff a priori [ist], der lediglich in der reflectirenden Urtheilskraft seinen Ursprung hat" (5:181).

Dieser Begriff hat zum einen das Beschränktsein unseres diskursiv verfahrenden →Verstandes zur Voraussetzung und speist sich zum anderen aus dem menschlichen Bedürfnis, auch solche Dinge der Natur zu erkennen, die unserem mit bloßen →Begriffen operierenden Verstand verschlossen sind. In der *Einleitung* zur *KU* (5:171–197) entwickelt Kant diesen Sachverhalt an der Mannigfaltigkeit der besonderen empirischen Gesetze der Natur und zeigt, dass deren →Einheit, die eine interne Verknüpfung der Gesetze garantiert, nicht schon aus dem durch →Kategorien bestimmten Verstand als dem Prinzip allgemeiner Naturgesetzlichkeit folgt. Um diese Einheit finden zu können, bedarf es deshalb eines anderen Prinzips, von dem her die besonderen Gesetze als einer zweckmäßigen Anordnung unterliegend zu denken sind. Schon in der *Transzendentalen Dialektik* der *KrV* hatte Kant das Problem der möglichen Einheit besonderer Naturgesetze im Blick, und dabei hatte er im Verweis auf die methodische Funktion von →Ideen der Vernunft, wenn auch eher beiläufig, hervorgehoben, dass das „*speculative* Interesse" der Vernunft zu der Annahme einer „*zweckmäßige[n]* Einheit der Dinge" führe und darin „ganz neue Aussichten [eröffne], nach teleologischen Gesetzen die Dinge der Welt zu verknüpfen" (KrV A 686f. / B 714f.). Eine zentrale Bedeutung erhält der Begriff einer Zweckmäßigkeit der Natur aber erst in der *KU*, insofern ihn Kant hier zu einem Prinzip der reflektierenden →Urteilskraft selbst macht. Unangetastet bleibt das Theorem der *KrV*, dass allein der kategoriale Verstand eine objektive Erkenntnis der Natur liefert, sodass der Rückgriff auf einen Zweck, der in der Tafel der Kategorien keinen Ort hat (Tafel der reinen Verstandesbegriffe), für die Erkenntnis der Natur keine konstitutive Bedeutung haben kann, sondern nur eine regulative, dass Zweckmäßigkeit also nicht Element einer Objektivität beanspruchenden bestimmenden Urteilskraft ist.

Neu ist, dass Kant den Begriff der Zweckmäßigkeit jetzt nicht nur einer bloß reflektierenden Urteilskraft zuordnet, sondern ihn aus ihr als einem → Erkenntnisvermögen besonderer Art auch ableitet und darin als ein *„transscendentales Princip der Urtheilskraft"* (5:181) bestimmt. → Transzendental ist ein Prinzip, „durch welches die allgemeine Bedingung a priori vorgestellt wird, unter der allein Dinge Objecte unserer Erkenntniß überhaupt werden können" (5:181). Dem genügt die reflektierende → Urteilskraft als ein Vermögen, das sich nicht auf bestimmte Erkenntnisse richtet, sondern auf Erkenntnis überhaupt, insofern sie darauf reflektiert, unter welchen Bedingungen bestimmte Sachverhalte, die sich einer objektiven Erkenntnis entziehen, gleichwohl Gegenstand menschlicher Erkenntnis in einem weitgefassten Sinne werden können. So gründet der Begriff der Zweckmäßigkeit in einem Interesse an Erkenntnis, in einem, wie Kant auch sagt, „Verstandesbedürfniß" (5:186), für das, was die Natur in ihren Besonderungen uns darbietet, allgemeine Prinzipien ausfindig zu machen. Es bringt die Urteilskraft dazu, eine „Zusammenstimmung der Natur zu unserem Erkenntnißvermögen [...] a priori" vorauszusetzen (5:185), ihr also eine Zweckmäßigkeit zuzusprechen, „wodurch die Natur mit unserer, aber nur auf Erkenntniß gerichteten Absicht übereinstimmt" (5:186). Deshalb bezeichnet Kant die Zweckmäßigkeit der Natur als eine „transscendentale Zweckmäßigkeit (in Beziehung auf das Erkenntnißvermögen des Subjects)" (5:185).

Demzufolge ist der Rückgriff auf einen Zweck, mit dessen Hilfe keine Aussagen über die tatsächliche Beschaffenheit der Natur gemacht werden können, keine beliebige Annahme einer bloß empirisch motivierten Urteilskraft, sondern eine solche, die sich in einer „transscendentalen Deduction" rechtfertigen lässt (5:182). Hierfür müsse „der Grund so zu urtheilen in den Erkenntnißquellen a priori aufgesucht werden" (5:182), und genau dieses Aufsuchen ist das Geschäft der reflektierenden Urteilskraft. Denn ihr Reflektieren ist eine → Reflexion auf das Verhältnis der im Urteilsakt beteiligten subjektiven Erkenntnisvermögen untereinander, wofür die Urteilskraft sich selbst ein Gesetz („als Heautonomie", 5:185; vgl. 20:225) gibt, das ein Gesetz der Reflexion auf das subjektinterne Verhältnis unserer Vermögen ist. Und allein im Hinblick auf dieses Reflektieren wird die Natur als zweckmäßig angesehen, d. h. als zweckmäßig für unsere auf Erkenntnis gerichtete Absicht. Die Natur, die uns nötigt, wenn wir sie in der Mannigfaltigkeit ihrer besonderen Ereignisse erkennen wollen, auch für diese Ereignisse „eine faßliche Ordnung" (5:185) anzunehmen und somit den → Verstand auf eine → Idee des Ganzen aller Erfahrung und darin auf die Vernunft hin zu überschreiten, wird zu einem bloßen Anlass für die Urteilskraft, auf die Relation dieser Vermögen zu reflektieren und an ihr eine mögliche Zweckmäßigkeit ihrer Glieder aufzuzeigen. Das transzendentale Prinzip der Urteilskraft ist insofern Prinzip einer bloß *„formalen Zweckmäßigkeit der Natur"* (5:181), mit dem weder eine interne Zweckmäßigkeit der materialen Teile eines Dinges der Natur noch die einzelner Naturereignisse untereinander beschrieben werden, die zu erkennen es immer der → Erfahrung bedürfte. Vielmehr bringt dieses Prinzip, unabhängig von aller Empirie, Dinge der Natur unter einen Begriff, der „nur der reine Begriff von Gegenständen des möglichen Erfahrungserkenntnisses überhaupt" ist (5:181f.). Er legt „gar nichts dem Objecte (der Natur) bei", sondern stellt „nur die einzige Art [vor], wie wir in der Reflexion über die Gegenstände der Natur in Absicht auf eine durchgängig zusammenhängende Erfahrung verfahren müssen" (5:184). Insofern ist alle Zweckmäßigkeit der Natur relativ auf die reflektierende Urteilskraft, die auf die Möglichkeit von Erkenntnis überhaupt reflektiert und hierfür auf die Relation der Komponenten zu reflektieren hat, die im menschlichen Erkenntnishaushalt anzutreffen sind.

2 Formen der Zweckmäßigkeit

Allerdings ist Kants Terminologie nicht immer eindeutig, weil er in der *KU* von Zweckmäßigkeit in unterschiedlichen Kontexten spricht und dabei Formen unterscheidet, von denen nur schwer zu sehen ist, ob sie sich überhaupt unter einen einheitlichen Begriff von Zweckmäßigkeit bringen lassen. So unterscheidet Kant innerhalb der durch den Bezug auf unser Erkenntnisvermögen generell als subjektiv bestimmten Zweckmäßigkeit noch einmal zwischen einer *subjektiven* Zweckmäßigkeit im engeren Sinne und einer von ihr verschiedenen *objektiven* Zweckmäßigkeit. Er ordnet sie den beiden großen Teilen der *KU* zu, in denen die Urteilskraft einmal in ästhetischer, zum anderen in teleologischer Form auftritt, von Kant auch unterschieden als „*ästhetische[]*" (5:188) und „*logische[]*" (5:192) Vorstellung der Natur. Die ästhetische Vorstellung der Natur ist rein subjektiv, weil die Beurteilung →der Schönheit eines Gegenstandes nicht von der Beschaffenheit dieses Gegenstandes, sondern allein von einer Weise seiner Betrachtung abhängt. In ihr bringt das Subjekt seine Erkenntniskräfte →Einbildungskraft und Verstand in eine Harmonie des Zusammenspielens, die eine subjektinterne Zweckmäßigkeit der Glieder dieses Spiels ist, ohne dass das urteilende Subjekt hierfür auf einen Zweck zu blicken hätte, der als die Ursache der materialen Beschaffenheit des Gegenstandes seines Urteils vorgestellt wird, 5:226). Auch die schöne Kunst, die unser Produkt ist, bestimmt Kant als „eine Vorstellungsart, die für sich selbst zweckmäßig ist" (5:306), so dass im Kunstwerk, das der Absicht eines Künstlers entspringt, die Zweckmäßigkeit „doch nicht absichtlich scheinen" muss (5:307). Nur so führt die Kunst ihren Betrachter, ohne ihn zu nötigen, „subjectiv zur Belebung der Erkenntnißkräfte", worin auch sie „indirect" einen Bezug auf Erkenntnis überhaupt wahrt (5:317).

Demgegenüber richtet sich die logische Vorstellung der Zweckmäßigkeit auf einen Gegenstand, der von sich aus von einer bestimmten materialen Verfassung ist, die zu erklären uns nicht anders möglich ist, als dass wir für sie einen Zweck als deren Ursache annehmen. Gegenstände dieser Art sind Organismen, die als Produkte der Natur in einer Wechselseitigkeit der Verursachung von Teilen und Ganzem sich selbst organisieren. Sie sind Naturzwecke, deren Zweckmäßigkeit Kant im Unterschied zur subjektiv ästhetischen als objektiv (vgl. 5:359) bezeichnet.

Als „innere Zweckmäßigkeit" (5:367) unterscheidet Kant diese objektive Zweckmäßigkeit von der relativen und darin „äußere[n]" (5:368) einer bloßen Zuträglichkeit eines Naturdinges für andere Dinge, und als „materiale[] Zweckmäßigkeit" (5:366) von der „*formal[en]*" (5:362) geometrischer Figuren, die, anders als die ästhetische, zwar am Gegenstand selbst zu beobachten ist, aber doch nur von uns in ihn hineingetragen worden ist. Organismen sind Beispiele für eine objektive (sowohl innere wie materiale) Zweckmäßigkeit, die zu erfassen es eines Urteils bedarf, das teleologisch ist, weil man sich diese Form von Zweckmäßigkeit nicht anders als mit Hilfe eines Organisationsprinzips verständlich machen kann, das als ein „Zweck *der Natur*" (5:376) anzusehen ist. Ein solcher Zweck kann nicht selbst zur Natur gehören, weil er den sie kennzeichnenden Mechanismus überschreitet. Er muss „über die Natur hinaus gesucht werden" (5:378), kann aber als ein Prinzip der reflektierenden Urteilskraft „allein in der Idee des Beurtheilenden" (5:376) liegen. Deshalb hat auch die objektive Zweckmäßigkeit von Naturdingen eine lediglich subjektive Bedeutung, die als eine „*Maxime* der Beurtheilung" (5:376) nur dazu dient, uns bestimmte Sachverhalte der Natur, die nicht unser Erzeugnis sind, in deren Eigenart begreiflich zu machen. Von dieser am Faktum organisierter Wesen exemplifizierten teleologischen Betrachtungsart, die den Mechanismus der Natur beispielhaft überschreitet, gelangt Kant dazu, die Natur im Ganzen als ein „*System der Zwecke*" (5:377) zu betrachten, womit er den in der Einleitung zur *KU* exponierten Gedanken einer unter einer Vernunftidee stehenden zweckmäßigen Organisation der besonderen Naturgesetze einholt.

3 Zweckmäßigkeit als kritisches Prinzip

In erster Linie ist der Begriff der Zweckmäßigkeit „*ein kritisches Princip der Vernunft für die reflectirende Urtheilskraft*" (5:397), die in ihrem Reflektieren, darauf laufen Kants abschließende Erwägungen zur →Teleologie hinaus, nicht eigentlich einen Beitrag zum Verständnis der Natur liefert, sondern einer Selbstverständigung des →Menschen über die Relation seiner Vermögen zueinander dient. In dieser Perspektive kann der Begriff der Zweckmäßigkeit als Prinzip der reflektierenden Urteilskraft zu einer subjektiven →Maxime der Deutung von Weltzusammenhängen in einem weitgefassten Sinne erweitert werden. Generell sind es Zusammenhänge, die in ihrer Besonderheit nicht Fall einer allgemeinen Gesetzlichkeit sind und die Kant, weil sie durch diese Gesetzlichkeit nicht bestimmt sind, als „zufällig" bezeichnet (5:183). Vor ihnen muss der Mensch in seinem ihn auszeichnenden Bemühen um Erkenntnis, die ihrem Wesen nach gesetzesförmig ist, aber nicht resignieren. An einer Stelle heißt es pointiert: „Zweckmäßigkeit ist eine Gesetzmäßigkeit des Zufälligen als eines solchen" (20:217), d. h. ein Begriff, mit dessen Hilfe der Mensch auch das kategorial nicht bestimmbare Besondere unter ein nicht bloß empirisch verallgemeinerndes Gesetz des Erkennens bringt.

Das Problem der Faktizität des Besonderen, exemplarisch erläutert an der Besonderheit nur empirisch erfahrener Naturereignisse, stellt sich für Kant darüber hinaus in einem viel grundsätzlicheren Zusammenhang. Es ist eine Grundeinsicht Kants, dass unser Zugang zur Welt über Vermögen erfolgt, die faktisch voneinander verschieden sind und nicht einem übergeordneten einheitlichen Prinzip von Erkenntnis überhaupt unterliegen, aus dem sie sich ableiten ließen, so dass sie in ihrer Faktizität als zufällig angesehen werden müssen. Unter diesem Aspekt kann Kants Begriff der Zweckmäßigkeit als ein Prinzip verstanden werden, das uns in unserem Bemühen leitet, für unsere in sich verschiedenen Vermögen eine sie verknüpfende Einheit aufzufinden. Weil dies nicht in Form einer → Deduktion aus einem gegebenen Prinzip erfolgen kann, ist es eine bloß mögliche Einheit, die aufzufinden nur den Weg einer Selbstverständigung des Menschen über den internen Bezug seiner unterschiedlichen Vermögen, in denen er einen Zugang zur Welt hat, offen lässt. Das ist eine Verständigung darüber, nicht was diese Vermögen in ihren konstitutiven Leistungen zustandebringen, sondern was sie in ihrer konstitutiven Kraft für ihn als Menschen bedeuten. So ist es nur konsequent, dass der als *Methodenlehre der teleologischen Urtheilskraft* (5:416–485) betitelte umfangreiche Anhang auf den Menschen als einen Endzweck verweist. Endzweck ist er als ein moralisches Wesen, das einen Zweck in sich selbst hat, in dem sich die Bestimmung des ganzen Menschen aber nur erfüllen kann, wenn sich im Hinblick auf ihn die anderen Formen menschlicher Weltorientierung wenigstens so betrachten lassen, dass sie dem in der Moralität gelegenen Anspruch auf Unbedingtheit nicht von sich aus zuwiderlaufen und dass deshalb deren möglichen Zusammenhang ausfindig zu machen, Aufgabe unseres Reflektierens bleibt. Die *KpV* hat Kant in der *Elementarlehre der reinen praktischen Vernunft* (5:17–148) mit einem Abschnitt ausklingen lassen, der überschrieben ist: „*Von der der praktischen Bestimmung des Menschen weislich angemessenen Proportion seiner Erkenntnißvermögen*" (5:146–148), und dort formuliert, dass zu dem Zweck, den der Mensch als moralisches Wesen zu realisieren hat, „das Maß [seiner] Erkenntnißvermögen, vornehmlich ihr Verhältniß unter einander, als [...] schicklich angenommen werden [muß]" (5:146). In der *KU* rechtfertigt er diese Annahme über die Unterstellung einer weislichen Anordnung hinaus aus einer Reflexion auf die Struktur des menschlichen Erkenntnisvermögens selbst.

Weiterführende Literatur

Düsing, Klaus: Die Teleologie in Kants Weltbegriff, Bonn: Bouvier ²1986.

Frank, Manfred / Zanetti, Véronique (Hg.): Immanuel Kant. Schriften zur Ästhetik und Naturphilosophie, Bd. 3, Frankfurt/M.: Suhrkamp 1996.

Tonelli, Giorgio: „Von den verschiedenen Bedeutungen des Wortes Zweckmäßigkeit in der Kritik der Urteilskraft", in: Kant-Studien 49, 1957/58, 154–166.

Wolfgang Bartuschat

Werke und Ausgaben Kants

Referenzausgabe

Textgrundlage für Zitate und Stellenangaben ist, wo nicht anders vermerkt, die Akademie-Ausgabe, mit Ausnahme der Kritik der reinen Vernunft, die stets nach A (1781) und B (1787) zitiert wird.

Kant's gesammelte Schriften, hg. von der Königlich Preußischen Akademie der Wissenschaften (Bde. 1–16), der Preußischen Akademie der Wissenschaften (Bde. 17–22), der Deutschen Akademie der Wissenschaften zu Berlin und/oder der Akademie der Wissenschaften zu Göttingen (Bde. 23–25 und 27–29), und der Berlin-Brandenburgischen Akademie der Wissenschaften (Bd. 26), Berlin: Reimer, jetzt: de Gruyter 1900 ff.

Weitere im Kant-Lexikon zitierte oder erwähnte Ausgaben

Allgemeine Naturgeschichte und Theorie des Himmels, oder Versuch von der Verfassung und dem mechanischen Ursprunge des ganzen Weltgebäudes nach Newtonschen Grundsätzen abgehandelt. Neue Auflage, mit des Herrn Verfassers eignen neuen Berichtigungen, Frankfurt u. a.: 1797 [Kant, Allgemeine Naturgeschichte mit eignen neuen Berichtigungen]

Allgemeine Naturgeschichte und Theorie des Himmels, hg. von Fritz Krafft, München: Kindler 1971

Bemerkungen in den Beobachtungen über das Gefühl des Schönen und Erhabenen, neu hrsg. und kommentiert von Marie Rischmüller, Kant-Forschungen, Bd. 3, Hamburg: Meiner 1991

Collegium Physico Geographicum a Viro Excellentissimo Professore Ordinario Domino Kant secundum dictata sua pertratum [!] studio vero persecutum, Regiomonti per semestre aestivum 1775, ab Joanne Siegismundo Kaehler, University of Pennsylvania (Rare Book & Manuscript Library): Ms. Codex 1120 [Kant, Physische Geographie Kaehler]

Der einzig mögliche Beweisgrund zu einer Demonstration des Daseins Gottes. Historisch-kritische Edition, mit einer Einl. und Anmerkungen hg. von Lothar Kreimendahl und Michael Oberhausen, Hamburg: Meiner 2011

Der Streit der Fakultäten, hg. von Horst D. Brandt und Piero Giordanetti, Hamburg: Meiner 2005 [Brandt/Giordanetti, Fakultäten]

Die philosophischen Hauptvorlesungen Immanuel Kants. Nach den neu aufgefundenen Kollegheften des Grafen Heinrich zu Dohna-Wundlacken, hg. von Arnold Kowalewski, München u. a.: Rösl & Cie 1924 [Kant, Hauptvorlesungen]

Die Religion innerhalb der Grenzen der bloßen Vernunft, Königsberg: Friedrich Nicolovius 1793

Die Religion innerhalb der Grenzen der bloßen Vernunft. Mit einer Einleitung und Anmerkungen, hg. von Bettina Stangneth, Hamburg: Meiner 2003 [Stangneth, Die Religion innerhalb]

„Erste Einleitung in die Kritik der Urteilskraft", in: Immanuel Kants Werke, Bd. 5, hg. von Otto Buek, Berlin: Bruno Cassirer 1914, 177–321 [Buek, Erste Einleitung]

Erste Einleitung in die Kritik der Urteilskraft. Faksimile und Transkription, hg. von Norbert Hinske/Wolfgang Müller-Lauter/Michael Theunissen, Stuttgart-Bad Cannstatt: Frommann-Holzboog 1965 [Hinske/Müller-Lauter/Theunissen, Erste Einleitung]

Frühere noch nicht gesammelte kleine Schriften, Lintz [Zeitz: Wilhelm Webel] 1795

Frühere noch nicht gesammelte kleine Schriften, Bd. 2, Frankfurt u. a.: 1797

Geographische und andere naturwissenschaftliche Schriften. Mit einer Einl. hg. von Jürgen Zehbe, Hamburg: Meiner 1985 [Zehbe, Schriften Kant]

Grundlegung zur Metaphysik der Sitten, neu hg. und eingeleitet von Bernd Kraft und Dieter Schönecker, Hamburg: Meiner 1999 [Kraft/Schönecker, GMS]

„Kants Urtheil über Schulz's fatalistische Moral", in: Borowski, Ludwig Ernst: Ueber Immanuel Kant. Darstellung des Lebens und Characters Immanuel Kants, Königsberg: Nicolovius, 238–250

Kleine Schriften von Immanuel Kant, Neuwied: Haupt 1793

Kleinere Schriften zur Naturphilosophie, hg. von Julius Heinrich von Kirchmann, Berlin: Heimann 1873

Kritik der praktischen Vernunft, hg. von Karl Vorländer, Leipzig: Meiner 1929 [Kant, KpV (Vorländer)]

„Kurzgefaßte Darstellung einiger Betrachtungen über das Feuer (1755)", in: Kant, Immanuel: Frühschriften, hg. von Georg Klaus, Bd. 2, Berlin: Akademie 1961, 407–424 [Kant, Feuer]

Lectures on Logic, übers. u. hg. von J. Michael Young, Cambridge u. a.: Cambridge University Press 1992

Logik-Vorlesung. Unveröffentlichte Nachschriften, bearb. von Tillmann Pinder, Teil 1: Logik Bauch (Kant-Forschungen, Bd. 8), Hamburg: Meiner 1998 [Pinder, Unveröffentlichte Nachschriften 1] [KF8]

Logik-Vorlesung. Unveröffentliche Nachschriften, bearbeitet von Tillman Pinder, Teil 2: Logik Hechsel, Warschauer Logik (Kant-Forschungen, Bd. 9), Hamburg: Meiner 1998 [Pinder, Unveröffentlichte Nachschriften 2] [KF9]

„Loses Blatt Krakau", in: Kant-Studien 31, 1959/60, 3–10 [Kant, Loses Blatt Krakau]

„Loses Blatt Leipzig 1", in: Stark, Werner: „Loses Blatt Leipzig 1. Transkription und Bemerkungen", in: Blasche, Siegfried / Köhler, Wolfgang R. / Kuhlmann, Wolfgang / Rohs, Peter (Hg.): Übergang. Untersuchungen zum Spätwerk Immanuel Kants, Frankfurt/M.: Klostermann 1991, 146–156

Metaphysische Anfangsgründe der Rechtslehre. Metaphysik der Sitten, Erster Teil, hg. von Bernd Ludwig, Hamburg: Meiner 2009

Metaphysische Anfangsgründe der Tugendlehre, neu hg. und eingeleitet von Bernd Ludwig, Hamburg: Meiner 2008 [Ludwig, Anfangsgründe]

Opera ad philosophiam criticam, 4 Bde, hg. von Friedrich Gottlieb Born, Leipzig: Schwickert 1796–1798

Opus postumum, hg. von Eckart Förster, übers. von Eckart Förster / Michael Rosen, Cambridge: Cambridge University Press 1993

Physische Geographie, hg. von Gottfried Dietrich Lebrecht Vollmer, 4 Bde, Hamburg: Vollmer 1801–1805

Physische Geographie. Auf Verlangen des Verfassers, aus seiner Handschrift herausgegeben und zum Theil bearbeitet von D. Friedrich Theodor Rink, 2 Bde, Königsberg: Göbbels u. Unzer 1802

Physische Geographie Hesse, Ms.

Prolegomena to Any Future Metaphysics, hg. von Günter Zöller, übers. von Peter G. Lucas und Günter Zöller, Oxford: Oxford University Press 2004

„Rezension von Schulz: Versuch einer Anleitung zur Sittenlehre für alle Menschen, ohne Unterschied der Religion, nebst einem Anhange von den Todesstrafen", in: Raisonnirendes Bücherverzeichnis, 2. Jahrgang, Königsberg 1783, 97–100

Sammlung einiger bisher unbekannt gebliebener kleiner Schriften von Immanuel Kant, hg. von Friedrich Theodor Rink, Königsberg: Nicolovius 1800

Sämmtliche kleine Schriften. Nach der Zeitfolge geordnet, 4 Bde., Königsberg u. Leipzig [Jena]: Voigt 1797–1798

Schriften zur theoretischen Philosophie. Kritik der reinen Vernunft. Prolegomena zu einer jeden künftigen Metaphysik, die als Wissenschaft wird auftreten können. Welches sind die wirklichen Fortschritte, die die Metaphysik seit Leibnizens und Wolffs Zeiten in Deutschland gemacht hat? In: Kant, Immanuel: Theoretische Philosophie. Texte und Kommentar, hg. von Georg Mohr, Bde. 1 und 2, Frankfurt/M.: Suhrkamp 2004

Träume eines Geistersehers erläutert durch Träume der Metaphysik, textkritisch herausgegeben und mit Beilagen versehen von Rudolf Malter, Stuttgart: Philipp Reclam jun. 1976 [Kant, Träume (Malter)]

„Über das Misslingen aller philosophischen Versuche in der Theodicee", in: Berlinische Monatsschrift, Bd. 18, 1791, 194–225

„Über das radicale Böse in der menschlichen Natur", in: Berlinische Monatsschrift, Bd. 20, 1792, 323–384

„Über den Gemeinspruch: Das mag in der Theorie richtig sein, taugt aber nicht für die Praxis", in: Berlinische Monatsschrift 22, 1793, 201–284

Über die Buchmacherei, Königsberg: Nicolovius 1798

Über Pädagogik, hg. von Friedrich Theodor Rink, Königsberg: Nicolovius 1803

„Urtheil über Schulzens fatalistische Moral“, in: Immanuel Kant's vermischte Schriften, Bd. 4, hg. v. Johann Heinrich Tieftrunk, Königsberg 1799, 371–378

„Verkündigung des nahen Abschlusses eines Tractats zum ewigen Frieden in der Philosophie“, in: Berlinische Monatsschrift, Bd. 28, 1796, 485–504

Verkündigung des nahen Abschlusses eines Tractats zum ewigen Frieden in der Philosophie, Ulm: Wohler 1798

Vermischte Schriften. Aechte und vollständige Ausgabe, 3 Bde, hg. von Johann Heinrich Tieftrunk, Halle: Renger 1799 [Kant, Vermischte Schriften]

„Vom inneren Sinne“. Loses Blatt Leningrad 1, in: Brandt, Reinhard u. a. (Hg.): Neue Autographen und Dokumente zu Kants Leben. Schriften und Vorlesungen, Kant-Forschungen, Bd. 1, Hamburg: Meiner 1987, 18–21 [Kant, Vom inneren Sinne]

Von den verschiedenen Racen der Menschen, in: Der Philosoph für die Welt 22, 2. Teil, Leipzig: Dyck 1777, 125–164

„Von einem neuerdings erhobenen vornehmen Ton in der Philosophie“, in: Berlinische Monatsschrift, 28, 1796, 387–426

Von einem neuerdings erhobenen vornehmen Ton in der Philosophie, Ulm: Wohler 1798

Vorlesung zur Moralphilosophie, herausgegeben von Werner Stark, Berlin u. a.: de Gruyter 2004 [Kant, Vorlesung zur Moralphilosophie]

Werke in sechs Bänden, hg. von Wilhelm Weischedel, Übersetzungen von Norbert Hinske, Darmstadt: Wissenschaftliche Buchgesellschaft ^{7}2011 [Werke (Weischedel)]

Zerstreute Aufsätze von Herrn Professor Kant, Frankfurt und Leipzig 1793

Bibliographie

Abela, Paul: „The Demands of Systematicity. Rational Judgement and the Structure of Nature“, in: Bird, Graham (Hg.): A Companion to Kant, Malden, MA: Blackwell 2006, 408–422 [Abela, The Demands of Systematicity]

Abela, Paul: Kant's Empirical Realism, Oxford: Oxford University Press 2002 [Abela, Kant's Empirical Realism]

Abicht, Johann Heinrich: Versuch einer Metaphysik des Vergnügens nach Kantischen Grundsätzen. Zur Grundlegung einer systematischen Thelematologie und Moral, Leipzig: Johann Philipp Haugs Wittwe 1789 [Abicht, Versuch einer Metaphysik des Vergnügens]

Achenwall, Gottfried: Iuris naturalis pars posterior, Göttingen: Victor Bossiegel ^{5}1763; Libri II-IV wieder abgedruckt in: AA 19:325–442 [Achenwall, Iuris naturalis pars posterior ^{5}1763]

Achenwall, Gottfried: Ius Naturae pars prior, Göttingen: Victor Bossiegel ^{6}1767 [Achenwall, Ius Naturae pars prior ^{6}1767]

Achenwall, Gottfried / Pütter, Johann Stephan: Elementa iuris naturae, Göttingen: W. Schmidt 1750; dt.: Anfangsgründe des Naturrechts, hg. und übers. von Jan Schröder, Frankfurt/M.: Insel 1995 [Achenwall / Pütter, Elementa iuris naturae]

Adickes, Erich: Immanuel Kants Kritik der reinen Vernunft, Berlin: Mayer & Müller 1889 [Adickes, Kants Kritik]

Adickes, Erich: Kant als Naturforscher, Berlin u. a.: de Gruyter 1924–1925 [Adickes, Kant als Naturforscher]

Adickes, Erich: Kants Lehre von der doppelten Affektion unseres Ich als Schlüssel zu seiner Erkenntnistheorie, Tübingen: J. C. Mohr 1929 [Adickes, Kants Lehre]

Adickes, Erich: Kants Opus Postumum, dargestellt und beurteilt, Berlin: Reuther & Reichard 1920 [Adickes, Kants Opus Postumum]

Al-Azm, Sadik: The Origins of Kant's Arguments in the Antinomies, Oxford: Clarendon Press 1972 [Al-Azm, Origins]

Albrecht, Michael: Kants Antinomie der praktischen Vernunft, Hildesheim: Olms 1978 [Albrecht, Kants Antinomie]

Allais, Lucy: „Kant, Nonconceptual Content, and the Representation of Space“, in: Journal of the History of Philosophy 47, 2009, 383–413 [Allais, Nonconceptual Content]

Allais, Lucy: „Kant's One World: Interpreting 'Transcendental Idealism'“, in: British Journal for the History of Philosophy 12, 2004, 655–684 [Allais, One World]

Allais, Lucy: „Kant's Transcendental Idealism and Contemporary Anti-Realism“, in: International Journal of Philosophical Studies 11, 2003, 369–392 [Allais, Anti-Realism]

Allison, Henry E.: „Causality and Causal Laws in Kant: A Critique of Michael Friedman“, in: Parrini, Paolo (Hg.): Kant and Contemporary Epistemology, Dordrecht u. a.: Kluwer 1994, 291–307; wieder abgedruckt in: ders.: Idealism and Freedom, Cambridge: Cambridge University Press 1996, 80–91 [Allison, Causality]

Allison, Henry E.: „Kant's Antinomy of Teleological Judgment“, in: Southern Journal of Philosophy 30 (Supplement), 1992, 25–42 [Allison, Antinomy]

Allison, Henry E.: „Kant's Conception of Enlightenment“, in: Gedney, Mark D. (Hg.): The Proceedings of the Twentieth World Congress of Philosophy, Bd. 7: Modern Philosophy, Bowling Green OH, Philosophy Documentation Center 2000, 35–44; wieder abgedruckt in: ders., Essays on Kant, Oxford: Oxford University Press 2012, 229–235 [Allison, Kant's Conception of Enlightenment]

Allison, Henry E.: Kant's Theory of Freedom, Cambridge: Cambridge University Press 1990 [Allison, Kant's Theory of Freedom]

Allison, Henry E.: Kant's Theory of Taste. A Reading of the Critique of Aesthetic Judgment, Cambridge: Cambridge University Press 2001 [Allison, Kant's Theory of Taste]

Allison, Henry E.: Kant's Transcendental Idealism. An Interpretation and Defense, New Haven: Yale University Press 1983, 2. Aufl. 2004 [Allison, Kant's Transcendental Idealism]

Allison, Henry: Kant's Groundwork for the Metaphysics of Morals. A Commentary, Oxford: Oxford University Press 2011 [Allison, Kant's Groundwork]

Ameriks, Karl: Interpreting Kant's Critiques, Oxford: Clarendon Press 2003 [Ameriks, Interpreting Kant's Critiques]

Ameriks, Karl: Kant's Theory of Mind, 2., erweiterte Aufl., New York: Oxford University Press 2000 ([1]1982) [Ameriks, Kant's Theory]

Anderson, Abraham: „On the Practical Foundation of Kant's Response to Epistemic Skepticism", in: Kant-Studien 89, 1998, 145–166 [Anderson, On the Practical Foundation]

Anderson, Georg: „Die ‚Materie' in Kants Tugendlehre und der Formalismus der kritischen Ethik", in: Kant-Studien 26, 289–311. [Anderson, Die ‚Materie' in Kants Tugendlehre]

Anscombe, Elizabeth: „Modern Moral Philosophy", in: Philosophy 33, 1958, 1–19 [Anscombe, Modern Moral Philosophy]

Arendt, Hannah: Eichmann in Jerusalem. Ein Bericht von der Banalität des Bösen, München u. a.: Piper 2011 [Arendt, Eichmann in Jerusalem]

Aristoteles: Metaphysik, Neubearbeitung der Übersetzung von Hermann Bonitz, hg. von Horst Seidl, Hamburg: Meiner [3]1991 (1978) [Aristoteles, Metaphysik]

Aristoteles: Physik. Vorlesungen über die Natur, in: ders.: Philosophische Schriften in sechs Bänden, hg. und übers. von Hans Günter Zekl, Bd. 2, Hamburg: Meiner 1995 [Aristoteles, Physik]

Arnauld, Antoine: La Logique ou l'Art de penser (1685), hg. von Dominique Descotes, Paris: Honoré Champion 2011; dt.: Die Logik oder die Kunst des Denkens, übers. von Christos Axelos, Darmstadt: Wissenschaftliche Buchgesellschaft 1972 [Arnauld, La Logique ou l'Art de penser]

Augustinus, Aurelius: De civitate Dei, lat./dt., hg. von Carl Johann Perl, Paderborn u. a.: Schöningh 1979 [Augustinus, De civitate Dei]

Aviau de Ternay, Henri d': „Réflexions sur la question de Dieu dans l'Opus postumum", in: Schüßler, Ingeborg u. a. (Hg.): Années 1796–1803, Paris: Vrin 2001 [Ternay, Réflexions sur la question de Dieu dans l'Opus postumum]

Bacin, Stefano: „Kant on the Relation between Duties of Love and Duties of Respect", in: Bacin, Stefano / Ferrarin, Alfredo / La Rocca, Claudio / Ruffing, Margit (Hg.): Kant und die Philosophie in weltbürgerlicher Absicht. Akten des XI. Internationalen Kant-Kongresses, Bd. 3, Berlin u. a.: de Gruyter 2013, 15–27 [Bacin, Duties of Love and Duties of Respect]

Bacin, Stefano: „Sul rapporto tra riflessione e vita morale in Kant: le dottrine del metodo nella filosofia pratica", in: Studi kantiani 15, 2002, 65–91 [Bacin, Sul rapporto]

Bacon, Francis: Instauratio Magna. Novum Organum, sive Indicia vera de interpretatione naturae, London 1620 [Bacon, Instauratio magna]

Baeumler, Alfred: Kants Kritik der Urteilskraft. Ihre Geschichte und Systematik, Bd. 1: Das Irrationalitätsproblem in der Ästhetik und Logik des 18. Jh. bis zur Kritik der Urteilskraft, Tübingen: Niemeyer [2]1967 (1923) [Baeumler, Irrationalitätsproblem]

Ballauff, Theodor: Über den Vorstellungsbegriff bei Kant, Berlin: Verlag für Staatswissenschaft und Geschichte 1938 [Ballauff, Vorstellungsbegriff bei Kant]

Bartuschat, Wolfgang: Zum systematischen Ort von Kants Kritik der Urteilskraft, Frankfurt/M.: Klostermann 1972 [Bartuschat, Systematischer Ort]

Baum, Manfred: „Subjekt und Person bei Kant", in: Baum, Manfred / Hammacher, Klaus (Hg.): Transzendenz und Existenz. Idealistische Grundlagen und moderne Perspektiven des transzendentalen Gedankens, Amsterdam: Rodopi 2001, 3–19 [Baum, Subjekt und Person]

Baum, Manfred: Deduktion und Beweis in Kants Transzendentalphilosophie. Untersuchungen zur Kritik der reinen Vernunft, Königstein/Ts.: Hain Verlag bei Athenäum 1986 [Baum, Deduktion und Beweis]

Baum, Manfred: Die transzendentale Deduktion in Kants Kritiken, Diss. Köln 1975 [Baum, Die transzendentale Deduktion]

Baumann, Christian: „Kant and the magnitude of sensation: a neglected prologue to modern psychophysics", in: Journal of the History of Neuroscience 17, 2008, 1–7 [Baumann, Kant and the Magnitude]

Baumgarten, Alexander Gottlieb: Aesthetica, 2 Bde, Frankfurt/O.: Kleyb 1750–1758; Nachdruck Hildesheim u. a.: Olms 1961; dt.: Ästhetik, übers., mit einer Einführung, Anmerkungen und Registern, hg. von Dagmar Mirbach, Hamburg: Meiner 2007 [Baumgarten, Aesthetica]

Baumgarten, Alexander Gottlieb: Initia philosophiae practicae primae, Halle u. a.: Hemmerde 1760; wieder abgedruckt in: AA 19:7–91 [Baumgarten, Initia]

Baumgarten, Alexander Gottlieb: Meditationes philosophicae de nonnullis ad poema pertinentibus, Halle: Grunert 1735; dt.: Philosophische Betrachtungen über einige Bedingungen des Gedichts (1735), hg. von Heinz Paetzold, Hamburg: Meiner 1983 [Baumgarten, Meditationes]

Baumgarten, Alexander Gottlieb: Metaphysica, Halle: Hemmerde ^{4}1757; wieder abgedruckt in: AA 17:5–226 (§§ 1–503, 700–1000) und 15:5–54 (§§ 504–699). Historisch-kritische Ausgabe: Baumgarten, Alexander Gottlieb: Metaphysica. Metaphysik, übers., eingel. und hg. von Günter Gawlick und Lothar Kreimendahl, Stuttgart-Bad Cannstatt: Frommann-Holzboog 2011 [Baumgarten, Metaphysica]

Baumgarten, Alexander Gottlieb: Metaphysik. Ins Deutsche übersetzt von George Friedrich Meier. Nach dem Text der zweiten, von Johann August Eberhard besorgten Ausgabe 1783, hg. mit einer Einführung, einer Konkordanz und einer Bibliographie von Dagmar Mirbach, Jena: Scheglmann 2004 [Baumgarten, Metaphysik]

Baumgarten, Alexander Gottlieb: Philosophia generalis, Halle: Hemmreole 1770; Nachdruck Hildesheim: Olms 1968 [Baumgarten, Philosophia generalis]

Baumgarten, Hans-Ulrich: Kant und Tetens: Untersuchungen zum Problem von Vorstellung und Gegenstand, Stuttgart: M u P. Verlag für Wissenschaft und Forschung 1992 [Baumgarten, Kant und Tetens]

Baxley, Anne Margaret: Kant's Theory of Virtue. The Value of Autocracy, Cambridge: Cambridge University Press 2010 [Baxley, Kant's Theory of Virtue]

Bayle, Pierre: Dictionnaire historique et critique, Amsterdam: Reinier Leers 1697; dt.: Bayle, Pierre: Historisches und kritisches Wörterbuch. Eine Auswahl, hg. und übers. von Günter Gawlick und Lothar Kreimendahl, 2 Bde, Hamburg: Meiner 2003–2006 [Bayle, Dictionnaire]

Beck, Jacob Sigismund: Lehrbuch des Naturrechts, Jena: Cröker 1820 [Beck, Lehrbuch des Naturrechts]

Beck, Lewis White: „Did the Sage of Königsberg Have No Dreams?“, in: Beck, Lewis White (Hg.): Essays on Kant and Hume, New Haven u. a.: Yale University Press 1978 [Beck, Sage]

Beck, Lewis White: A Commentary on Kant's Critique of Practical Reason, Chicago: University of Chicago Press 1960 [Beck, Kant's Critique of Practical Reason]

Beck, Lewis White: Essays on Kant and Hume, New Haven u. a.: Yale University Press 1978 [Beck, Kant and Hume]

Beck, Lewis White: Kants ‚Kritik der praktischen Vernunft'. Ein Kommentar. Ins Deutsche übersetzt v. Karl-Heinz Ilting, München: Fink 1974 [Beck, Kants KpV]

Beckermann, Ansgar: „Zum Verhältnis von Kantischer und Fregescher Logik“, in: Zeitschrift für philosophische Forschung 52, 1998, 422–434 [Beckermann, Verhältnis]

Bennett, Jonathan: Kant's Dialectic, New York: Cambridge University Press 1974 [Bennett, Dialectic]

Bennett, Jonathan: Kant's Analytic, Cambridge u. a.: Cambridge University Press 1966 [Bennett, Kant's Analytic]

Benoist, Jocelyn: Kant et les limites de la synthèse. Le sujet sensible, Paris: Presses Universitaires de France 1996 [Benoist, Kant et les limites de la synthèse]

Bermes, Christian: Welt als Thema der Philosophie: Vom metaphysischen zum natürlichen Weltbegriff, Hamburg: Meiner 2004 [Bermes, Welt]

Betzler, Monika (Hg.): Kant's Ethics of Virtue, Berlin u. a.: de Gruyter 2008 [Betzler, Kant's Ethics of Virtue]

Bittner, Rüdiger, „Maximen“, in: Funke, Gerhard / Kopper, Joachim (Hg.): Akten des 4. Internationalen Kant-Kongresses, Bd. II/2, Berlin u. a.: de Gruyter 1974, 485–498 [Bittner, Maximen]

Blankertz, Herwig: Der Begriff der Pädagogik im Neukantianismus, Weinheim u. a.: Beltz 1959 [Blankertz, Neukantianismus]

Blöser, Claudia: Zurechnung bei Kant. Zum Zusammenhang von Person und Handlung in Kants praktischer Philosophie, Berlin u. a.: de Gruyter 2014 [Blöser, Zurechnung bei Kant]

Bock, Friedrich Samuel: Lehrbuch der Erziehungskunst zum Gebrauch für christliche Eltern und künftige Jugendlehrer, Königsberg u. a.: Hartung 1780 [Bock, Lehrbuch]

Bockow, Jörg: Erziehung zur Sittlichkeit. Zum Verständnis von praktischer Philosophie und Pädagogik bei Jean-Jacques Rousseau und Immanuel Kant, Frankfurt/M.: Lang 1984 [Bockow, Sittlichkeit]

Böhme, Gernot: „Über Kants Unterscheidung von extensiven und intensiven Größen“, in: Kant-Studien 65, 1974, 239–258 [Böhme, Kants Unterscheidung]

Böhme, Gernot: Philosophieren mit Kant, Frankfurt/M.: Suhrkamp 1986 [Böhme, Philosophieren mit Kant]

Bojanowski, Jochen: Kants Theorie der Freiheit. Rekonstruktion und Rehabilitierung, Berlin u. a.: de Gruyter 2006 [Bojanowski, Kants Theorie der Freiheit]

Bondeli, Martin: Apperzeption und Erfahrung. Kants transzendentale Deduktion im Spannungsfeld der frühen Rezeption und Kritik, Basel: Schwabe 2006 [Bondeli, Apperzeption und Erfahrung]

Bondeli, Martin: Kantianismus und Fichteanismus in Bern. Zur philosophischen Geistesgeschichte der Helvetik sowie zur Entstehung des nachkantischen Idealismus, Basel: Schwabe 2001 [Bondeli, Kantianismus und Fichteanismus]

Bonnet, Charles: Analytischer Versuch über die Seelenkräfte, übers. aus dem Französischen und mit einigen Zusätzen vermehrt von M. Christian Gottfried Schütz, 2 Bde, Bremen u. a.: Johann Henrich Cramer 1770–1771 [Bonnet, Analytischer Versuch über die Seelenkräfte]

Bormann, C. von / Holzhey Helmut: Art. „Kritik“, in: Ritter, Joachim / Gründer, Karlfried / Gabriel, Gottfried (Hg.): Historisches Wörterbuch der Philosophie, Bd. 4, Basel u. a.: Schwabe 1976, 1249–1282 [von Bormann/Holzhey, Kritik]

Boscovich, Roger Joseph: Philosophiae naturalis theoria redacta ad unicam legem virium in natura existentium, Wien: Bernardi 1759 [Boscovich, Philosophiae naturalis theoria]

Brandt, Reinhard: „Analytic/Dialectic“, in: Schaper, Eva / Vossenkuhl, Wilhelm (Hg.): Reading Kant. New Perspectives on Transcendental Arguments and Critical Philosophy, Oxford: Basil Blackwell 1989, 179–195 [Brandt, Analytic/Dialectic]

Brandt, Reinhard: „‚Sei ein rechtlicher Mensch!‘ (*honeste vive*) – wie das?“, in: Brandhorst, Mario / Hahman, Andree / Ludwig, Bernd (Hg.): Sind wir Bürger zweier Welten? Freiheit und moralische Verantwortung im transzendentalen Idealismus, Hamburg: Meiner 2012, 311–360 [Brandt, Rechtlicher Mensch]

Brandt, Reinhard: „Die Politische Institution bei Kant“, in: Göhler, Gerhard (Hg.): Politische Institutionen im Gesellschaftlichem Umbruch, Opladen: Westdeutscher Verlag 1990, 133–175 [Brandt, Politische Institution]

Brandt, Reinhard: „Rousseau und Kants ‚Ich denke‘, in: Brandt, Reinhard / Stark, Werner (Hg.): Autographen, Dokumente und Berichte. Zu Edition, Amtsgeschäften und Werk Immanuel Kants, Hamburg: Meiner 1994, 1–18 [Brandt, Rousseau und Kant]

Brandt, Reinhard: Die Bestimmung des Menschen bei Kant, Hamburg: Meiner 2007 [Brandt, Bestimmung des Menschen]

Brandt, Reinhard: Die Urteilstafel, Kritik der reinen Vernunft A 67–76; B 92–201, Hamburg: Meiner 1991 [Brandt, Urteilstafel]

Brandt, Reinhard: Eigentumstheorien von Grotius bis Kant, Stuttgart / Bad Cannstatt: Frommann-Holzboog 1974 [Brandt, Eigentumstheorien]

Brandt, Reinhard: Immanuel Kant – Was bleibt?, Hamburg: Meiner 2010 [Brandt, Immanuel Kant – Was bleibt?]

Brandt, Reinhardt: „Zum ‚Streit der Fakultäten‘“, in: Brandt, Reinhard / Stark, Werner (Hg.): Neue Autographen und Dokumente zu Kants Leben, Schriften und Vorlesungen, Hamburg: Meiner 1987, 31–78 [Brandt, Streit der Fakultäten]

Brandt, Reinhardt: Kritischer Kommentar zu Kants „Anthropologie in pragmatischer Hinsicht“ (1798), Hamburg: Meiner 1999 [Brandt, Kommentar zu Kants Anthropologie]

Breil, Reinhold: Grundzüge einer Philosophie der Natur, Würzburg: Königshausen und Neumann 1993 [Breil, Grundzüge]

Brittan, Gordon J.: Kant's Theory of Science, Princeton: Princeton University Press 1978 [Brittan, Kant's Theory of Science]

Brittan, Gordon G. Jr.: „Kant and the Quantum Theory“, in: Parrini, Paolo (Hg.): Kant and Contemporary Epistemology, Dordrecht u. a.: Kluwer Academic Publishers 1994, 131–155 [Brittan, Kant and the Quantum Theory]

Bröcker, Walter: Kant über Metaphysik und Erfahrung, Frankfurt/M.: Suhrkamp 1970 [Bröcker, Metaphysik und Erfahrung]

Brook, Andrew: Kant and the Mind, Cambridge: Cambridge University Press 1995 [Brook, Kant and the Mind]

Bubner, Rüdiger: Handlung, Sprache und Vernunft. Grundbegriffe der praktischen Philosophie, Frankfurt/M.: Suhrkamp 1982 [Bubner, Handlung]

Buchdahl, Gerd: Kant and the Dynamics of Reason. Essays on the Structure of Kant's Philosophy, Oxford u. a.: Blackwell 1992 [Buchdahl, Dynamics of Reason]

Buchdahl, Gerd: Metaphysics and the Philosophy of Science, Oxford: Blackwell 1969 [Buchdahl, Metaphysics]

Büchel, Gregor: Geometrie und Philosophie. Zum Verhältnis beider Vernunftwissenschaften im Fortgang von der Kritik der reinen Vernunft zum Opus postumum, Berlin u. a.: de Gruyter 1987 [Büchel, Geometrie und Philosophie]

Burke, Edmund: Philosophische Untersuchungen über den Ursprung unserer Begriffe vom Erhabenen und Schönen, übers. von Christian Garve, Riga: Hartknoch 1773; Nachdruck Bristol: Thoemmes 2001 [Burke, Über den Ursprung unserer Begriffe vom Erhabenen und Schönen]

Busch, Werner: Die Entstehung der kritischen Rechtsphilosophie Kants 1762 – 1786 (Kant-Studien Erg.-H. 110), Berlin u. a.: de Gruyter 1979 [Busch, Entstehung]

Byrd, B. Sharon / Hruschka, Joachim: „Lex iusti, lex iuridica, lex iustitae in Kants Rechtslehre", in: Archiv für Rechts- und Sozialphilosophie 91, 2005, 484–500 [Byrd/Hruschka, Lex iusti]

Byrd, B. Sharon / Hruschka, Joachim: Kant's „Doctrine of Right". A commentary, Cambridge: Cambridge University Press 2010 [Byrd/Hruschka, Doctrine of Right]

Carl, Wolfgang: Der schweigende Kant. Die Entwürfe zu einer Deduktion der Kategorien vor 1781, Göttingen: Vandenhoeck u. Ruprecht, 1989 [Carl, Der schweigende Kant]

Carl, Wolfgang: Die transzendentale Deduktion der Kategorien in der ersten Auflage der Kritik der reinen Vernunft: Ein Kommentar, Frankfurt/M.: Klostermann 1992 [Carl, Deduktion]

Carrier, Martin: „Kants Theorie der Materie und ihre Wirkung auf die zeitgenössische Chemie", in: Kant-Studien 81, 1990, 170–210 [Carrier, Kants Theorie der Materie]

Cassirer, Ernst: „Kant und die moderne Mathematik", in: Kant-Studien 12, 1907, 1–49 [Cassirer, Kant und die moderne Mathematik]

Cassirer, Ernst: Das Erkenntnisproblem in der Philosophie und Wissenschaft der neueren Zeit, Bd. 2, Berlin: Verlag Bruno Cassirer 1922 [Cassirer, Erkenntnisproblem]

Cassirer, Ernst: Determinismus und Indeterminismus in der modernen Physik, Hamburg: Meiner 2004 [Cassirer, Determinismus]

Cassirer, Ernst: Kants Leben und Lehre, Immanuel Kants Werke, hg. von Ernst Cassirer in Gemeinschaft mit Hermann Cohen et al., Bd. 11 (Ergänzungsband), Berlin: Bruno Cassirer 1923; Nachdruck Darmstadt: Wissenschaftliche Buchgesellschaft 1975 [Cassirer, Kants Leben und Lehre]

Cassirer, Ernst: Zur Einsteinschen Relativitätstheorie, Hamburg: Meiner 2001 [Cassirer, Relativitätstheorie]

Cassirer, Ernst: Substanzbegriff und Funktionsbegriff, Berlin: Bruno Cassirer 1910 [Cassirer, Ernst: Substanzbegriff und Funktionsbegriff]

Cavallar, Georg: Pax Kantiana. Systematisch-historische Untersuchung des Entwurfs „Zum ewigen Frieden" (1795) von Immanuel Kant, Wien u. a.: Böhlau Verlag 1992 [Cavallar, Pax Kantiana]

Caygill, Howard: A Kant Dictionary, Oxford u. a.: Blackwell 1995 [Caygill, Kant Dictionary]

Chignell, Andrew: „Belief in Kant", in: Philosophical Review 116, 2007, 323–360 [Chignell, Belief]

Chignell, Andrew: „Kant's Concepts of Justification", in: Nous 41, 2007, 33–63 [Chignell, Kant's Concepts of Justification]

Chignell, Andrew: „Real Repugnance and Belief about Things-in-Themselves: A Problem and Kant's Three Solutions", in: Krueger, James / Bruxvoort Lipscomb, Benjamin (Hg.): Kant's Moral Metaphysics, Berlin u. a.: de Gruyter 2010, 177–209 [Chignell, Real Repugnance]

Choi, In-Sook: Die Paralogismen der Seelenlehre in der ersten und der zweiten Auflage der „Kritik der reinen Vernunft", Frankfurt/M. u. a.: Peter Lang, 1991 [Choi, Paralogismen]

Cicero, Marcus Tullius: De fato (Über das Fatum), München: Heimeran 1963 [Cicero, De fato]

Cicero, Marcus Tullius: De officiis / Vom pflichtgemäßen Handeln, lat.-dt., hg. und übers. von Rainer Nickel, Düsseldorf: Artemis und Winkler 2008 [Cicero, De officiis]

Clark, Andy J.: „Why Kant Couldn't Be an Anti-Realist", in: Analysis 45, 1985, 61–63 [Clark, Why Kant]

Cohen, Hermann: Kants Begründung der Ästhetik, Berlin: F. Dümmler 1889 [Cohen, Kants Begründung der Ethik]

Cohen, Hermann: Kants Theorie der Erfahrung, Berlin: Bruno Cassirer ^{3}1918 (^{1}1871) [Cohen, Kants Theorie der Erfahrung]

Collins, Arthur: Possible Experience. Understanding Kant's Critique of Pure Reason, Berkeley: University of California Press 1999 [Collins, Possible Experience]

Cramer, Konrad, „Die Einleitung (A1/B1–A16/B30)", in: Mohr, Georg / Willaschek, Marcus (Hg.): Immanuel Kant. Kritik der reinen Vernunft, Berlin: Akademie Verlag 1998, 57–80 [Cramer, Die Einleitung]

Cramer, Konrad: Gegeben und gemacht. Vorüberlegung zur Funktion des Begriffs ‚Handlung' in Kants Theorie der Erkenntnis von Objekten, in: Prauss, Gerold (Hg.): Handlungstheorie und Transzendentalphilosophie, Frankfurt a. M.: Klostermann 1985, 41–81 [Cramer, Gegeben]

Cramer, Konrad: „Hypothetische Imperative?", in: Riedel, Manfred (Hg.): Rehabilitierung der praktischen Philosophie, Bd. 1, Freiburg: Rombach 1972, 159–212 [Cramer, Hypothetische Imperative]

Cramer, Konrad: „Kants ‚Ich denke' und Fichtes ‚Ich bin'", in: Internationales Jahrbuch des Deutschen Idealismus / International Yearbook of German Idealism, hg. von Karl Ameriks / Jürgen Stolzenberg / Fred Rush, Bd. 1, Berlin u. a.: de Gruyter 2003, 57–92 [Cramer, Kants ‚Ich denke']

Cramer, Konrad: „Über Kants Satz: Das Ich denke, muß alle meine Vorstellungen begleiten können", in: Cramer, Konrad u. a. (Hg.): Theorie der Subjektivität, Frankfurt/M.: Suhrkamp 1987, 167–202 [Cramer, Über Kants Satz]

Cramer, Konrad: „Zur systematischen Differenz von Apriorität und Reinheit in Kants Lehre von den synthetischen Urteilen a priori", in: Henrich, Dieter / Wagner, Hans (Hg.): Subjektivität und Metaphysik. Festschrift für Wolfgang Cramer, Frankfurt/M.: Klostermann 1966, 21–63 [Cramer, Zur systematischen Differenz]

Cramer, Konrad: Nicht-reine synthetische Urteile a priori. Ein Problem der Transzendentalphilosophie Immanuel Kants, Heidelberg: Universitätsverlag Winter 1985 [Cramer, Nicht-reine synthetische Urteile a priori]

Creuzer, Leonhard: Skeptische Betrachtungen über die Freiheit des Willens mit Hinsicht auf die neuesten Theorien über dieselbe, Giessen: Heyer 1793; partiell wieder abgedruckt in: Bittner, Rüdiger / Cramer, Konrad (Hg.): Materialien zu Kants „Kritik der praktischen Vernunft", Frankfurt/M.: Suhrkamp 1975, 275–294 [Creuzer, Skeptische Betrachtungen]

Crusius, Christian August: Anweisung, vernünftig zu leben, Darinnen nach Erklärung der Natur des menschlichen Willens die natürlichen Pflichten und allgemeinen Klugheitslehren im richtigen Zusammenhange vorgetragen werden, Leipzig: Gleditsch 1744; Nachdruck hg. von Giorgio Tonelli, Hildesheim u. a.: Olms 1964 [Crusius, Anweisung vernünftig zu leben]

Crusius, Christian August: Entwurf der nothwendigen Vernunftwahrheiten, wiefern sie den zufälligen entgegen gesetzet werden, Leipzig: Johann Friedrich Gleditsch 1745; Nachdruck: hg. von Giorgio Tonelli, Hildesheim u. a.: Olms 1964 [Crusius, Entwurf]

Crusius, Christian August: Weg zur Gewißheit und Zuverläßigkeit der menschlichen Erkenntnis, Leipzig: Gleditsch 1747; Nachdruck hg. von Giorgio Tonelli, Hildesheim: Olms, 1999 [Crusius, Weg zur Gewißheit]

Curtius, Ernst Robert: „Das Schematismuskapitel in der Kritik der reinen Vernunft", in: Kant-Studien 19, 1914, 338–366 [Curtius, Schematismuskapitel]

De Duve, Thierry: „Kant after Duchamp", in: ders.: Kant After Duchamp, Cambridge/Mass. u. a.: MIT Press 1996, 283–325 [De Duve, Kant After Duchamp]

Denis, Lara: „Kant's conception of virtue", in: Guyer, Paul (Hg.): The Cambridge Companion to Kant and Modern Philosophy, Cambridge: Cambridge University Press 2006, 505–537 [Denis, Kant's Conception of Virtue]

Derham, William: Physico-Theology, or a demonstration of the being and attributes of God from its works of creation, London: W. Innys 1713 [Derham, Physico-Theology]

Despland, Michel: Kant on History and Religion, Montreal u. a.: McGill – Queen's University Press 1973 [Despland, Kant on History and Religion]

Dörflinger, Bernd: „Kant über das Defizit der Physikotheologie und die Notwendigkeit der Idee einer Ethikotheologie", in: Fischer, Norbert / Forschner, Maximilian (Hg.): Die Gottesfrage in der Philosophie Immanuel Kants, Freiburg: Herder 2010, 72–84 [Dörflinger, Physikotheologie und Ethikotheologie]

Dörflinger, Bernd: „Offenbarung – nicht jedermanns Sache. Kants Kritik der historischen Religionen", in: Dörflinger, Bernd / Krieger, Gerhard / Scheuer, Manfred (Hg.): Wozu Offenbarung?, Paderborn: Schöningh 2006, 141–164 [Dörflinger, Offenbarung]

Druet, Pierre-Etienne: La philosophie de l'histoire chez Kant, Paris: L'Harmattan 2002 [Druet, La philosophie de l'histoire chez Kant]

Dummett, Michael: „Realism", in: ders.: Truth and Other Enigmas, London: Duckworth 1978, 145–165 [Dummett, Realism]

Dupré, Louis: „Kant's Theory of History and Progress", in: The Review of Metaphysics 51, 1998, 813–828 [Dupré, Kant's Theory of History]

Düsing, Edith / Düsing, Klaus: „Negative und positive Theologie bei Kant. Kritik des ontologischen Gottesbeweises und Gottespostulats", in: Hüning, Dieter / Stiening, Gideon / Vogel, Ulrich (Hg.): Societas rationis. Festschrift für Burkhard Tuschling zum 65. Geburtstag, Berlin: Duncker & Humblot 2002, 85–118 [Edith und Klaus Düsing, Negative und positive Theologie bei Kant]

Düsing, Klaus: „Das Problem des höchsten Gutes in Kants praktischer Philosophie", in: Kant-Studien 62, 1971, 5–42 [Düsing, Das Problem des höchsten Gutes]

Düsing, Klaus: „Kritik der Theologie und Gottespostulat bei Kant", in: Fischer, Norbert / Forschner, Maximilian (Hg.): Die Gottesfrage in der Philosophie Immanuel Kants, Freiburg/Br.: Herder 2010, 57–71 [Düsing, Kritik der Theologie und Gottespostulat bei Kant]

Düsing, Klaus: Die Teleologie in Kants Weltbegriff, Bonn: Bouvier 1968 (^{2}1986) [Düsing, Teleologie]

Ebbinghaus, Julius: Kant und das 20. Jahrhundert, in: ders.: Gesammelte Aufsätze, Vorträge und Reden, Darmstadt: Wissenschaftliche Buchgesellschaft 1968, 97–118 [Ebbinghaus, Kant und das 20. Jahrhundert]

Edwards, Jeffrey: „Spinozism, Freedom, and Transcendental Dynamics in Kant's Final System of Transcendental Idealism", in: Sedgwick, Sally (Hg.): The Reception of Kant's Critical Philosophy, Cambridge u. a.: Cambridge University Press 2000, 54–77 [Edwards, Spinozism]

Einstein, Albert: Über die spezielle und die allgemeine Relativitätstheorie (1917), Braunschweig: Vieweg ^{23}1988 [Einstein, Über die spezielle und die allgemeine Relativitätstheorie]

Emundts, Dina: „Kant's Critique of Berkeley's Concept of Objectivity", in: Garber, Daniel / Longuenesse, Béatrice (Hg.): Kant and the Early Moderns, Princeton: Princeton University Press 2008, 117–141 [Emundts, Berkeley's Concept of Objectivity]

Emundts, Dina: Kants Übergangskonzeption im Opus Postumum: Zur Rolle des Nachlasswerkes für die Grundlegung der Empirischen Physik, Berlin u. a.: de Gruyter 2004 [Emundts, Kants Übergangskonzeption]

Engelhard, Kristina: Das Einfache und die Materie. Untersuchungen zu Kants Antinomie der Teilung, Berlin u. a.: de Gruyter 2005 [Engelhard, Das Einfache und die Materie]

England, Frederick-Ernest: Kant's Conception of God, New York: Humanities Press 1968 (1929) [England, Kant's Conception of God]

Engstrom, Stephen: „Understanding and Sensibility", in: Inquiry 49, 2006, 2–25 [Engstrom, Understanding and Sensibility]

Enskat, Rainer: Kants Theorie des geometrischen Gegenstandes, Berlin u. a.: de Gruyter 1978 [Enskat, Kants Theorie des geometrischen Gegenstandes]

Erdmann, Benno: „Einleitung", in: Kant's gesammelte Schriften, Bd. 3, Kritik der reinen Vernunft, Berlin u. a.: Reimer 1911, 555–594 [Erdmann, Einleitung]

Erdmann, Benno: „Die Entwicklungsperioden von Kants theoretischer Philosophie", in: ders. (Hg.): Reflexionen Kants zur kritischen Philosophie, Bd. 2: Leipzig: Fues 1884; Nachdruck Stuttgart-Bad Cannstatt: Frommann-

Holzboog 1992, S. XXIII–LX [Erdmann, Entwicklungsperioden]

Ertl, Wolfgang: „Schöpfung und Freiheit: ein kosmologischer Schlüssel zu Kants Kompatibilismus“, in: Fischer, Norbert (Hg.): Kants Metaphysik und Religionsphilosophie, Hamburg: Meiner 2004, 43–76 [Ertl, Schöpfung und Freiheit]

Euklid, Die Elemente. Bücher I-XIII, übers. u. hg. von Clemens Thaer, Frankfurt/M.: Harri Deutsch ^{3}1997 [Euklid, Elemente]

Falkenburg, Brigitte: Kants Kosmologie: die wissenschaftliche Revolution der Naturphilosophie im 18. Jahrhundert, Frankfurt/M.: Klostermann 2000 [Falkenburg, Kants Kosmologie]

Falkenstein, Lorne: Kant's Intuitionism. A Commentary on the Transcendental Aesthetic, Toronto: University of Toronto Press 1995 [Falkenstein, Kant's Intuitionism]

Farr, Wolfgang (Hg.): Hume und Kant, München: Alber 1982 [Farr, Hume und Kant]

Feder, Johann Georg Heinrich: Ueber Raum und Caussalität. Zur Prüfung der Kantischen Philosophie, Göttingen: Dietrich 1787 [Feder, Ueber Raum und Causalitaet]

Ferrari, Jean: Les sources françaises de la philosophie de Kant, Paris: Klinksieck 1979 [Ferrari, Les sources françaises]

Ferretti, Giovanni: Ontologia e teologia in Kant, Torino: Rosenberg & Sellier 1997 [Ferretti, Ontologia e teologia in Kant]

Feuerbach, Paul Johann Anselm: Anti-Hobbes, Erfurt: Henningssche Buchhandlung 1797 [Feuerbach, Anti-Hobbes]

Feuerbach, Paul Johann Anselm: Lehrbuch des gemeinen in Deutschland geltenden Peinlichen Rechts, Giessen: Heyer 1801 [Feuerbach, Lehrbuch des Peinlichen Rechts]

Feynman, Richard: Six Not so Easy Pieces, Einstein's Relativity, Symmetry and Space-Time, originally prepared for publication (1963) by R. B. Leighton and M. Sands, London: Penguin 1999 [Feynman, Six Not so Easy Pieces]

Fischer, Norbert / Forschner, Maximilian (Hg.): Die Gottesfrage in der Philosophie Immanuel Kants, Freiburg: Herder 2010 [Fischer/Forschner, Die Gottesfrage in der Philosophie Immanuel Kants]

Flach, Werner: Die Idee der Transzendentalphilosophie: Immanuel Kant, Würzburg: Königshausen & Neumann 2002 [Flach, Idee der Transzendentalphilosophie]

Fleischacker, Samuel: „Values behind the Market: Kant's Response to the Wealth of Nations“, in: History of Political Thought 17, 1996, 379–407 [Fleischacker, Values behind the Market]

Foot, Philippa: Virtues and Vices, Oxford: Blackwell 1978; dt.: „Tugenden und Laster“, in: dies.: Die Wirklichkeit des Guten, Frankfurt/M.: Fischer 1997, 108–127 [Foot, Virtues and Vices]

Forschner, Maximilian: „Guter Wille und Haß der Vernunft“, in: Höffe, Otfried (Hg.): Grundlegung zur Metaphysik der Sitten. Ein kooperativer Kommentar, Frankfurt/M.: Klostermann 1989, 45–65 [Forschner, Guter Wille und Haß]

Förster, Eckart: „Die Bedeutung von §§ 76, 77 der Kritik der Urteilskraft für die Entwicklung der nachkantischen Philosophie“, in: Zeitschrift für philosophische Forschung 56, 2002, 169–190 [Förster, Bedeutung von §§ 76, 77]

Förster, Eckart: „Die Wandlungen in Kants Gotteslehre“, in: Zeitschrift für philosophische Forschung 52, 1998, 341–362 [Förster, Die Wandlungen]

Förster, Eckart: „Kant's Refutation of Idealism“, in: Holland, A. J. (Hg.): Philosophy, Its History and Historiography, Dordrecht: Reidel 1985, 287–303 [Förster, Kant's Refutation]

Förster, Eckart: „The Subject as Person and the Idea of God“, in: Kant's Final Synthesis. An Essay on the ‚Opus Postumum‘, Cambridge, Mass.: Harvard University Press, 2000, 117–147 [Förster, Subject as Person]

Förster, Eckart: Kant's Final Synthesis. An Essay on the Opus postumum, Cambridge (Mass.) u. a.: Harvard University Press 2000 [Förster, Kant's Final Synthesis]

Förster, Eckart: „Von der Eigentümlichkeit unseres Verstands in Ansehung der Urteilskraft (§§ 74–78)“, in: Höffe, Otfried (Hg.): Immanuel Kant. Kritik der Urteilskraft, Berlin: Akademie 2008, 259–274 [Förster, Eigentümlichkeit]

Förster, Eckart (Hg.): Kant's Transcendental Deductions: The Three ‚Critiques‘ and the ‚Opus postumum‘, Stanford: Stanford University Press 1989 [Förster, Deductions]

Frank, Manfred: „Fragmente einer Geschichte der Selbstbewußtseinstheorie von Kant bis Sartre“, in: Frank, Manfred (Hg.): Selbstbewußtseinstheorien von Fichte bis Sartre, Frankfurt/M.: Suhrkamp 1991, 413–499 [Frank, Fragmente]

Frank, Manfred / Zanetti, Véronique: „Kommentar zur ersten Einleitung in die Kritik der Urteilskraft", in: Kant, Immanuel: Schriften zur Ästhetik und Naturphilosophie, Bd. 3, hg. von Manfred Frank und Véronique Zanetti, Frankfurt/M.: Bibliothek deutscher Klassiker 1996, 1206–1338 [Frank/Zanetti, Kommentar]

Frede, Michael / Krüger, Lorenz: „Über die Zuordnung der Quantitäten des Urteils und der Kategorien der Größe bei Kant", in: Kant-Studien 61, 1970, 28–49 [Frede/Krüger, Zuordnung]

Frege, Gottlob: „Der Gedanke", in: ders., Logische Untersuchungen, hg. von Günther Patzig, Göttingen: Vandenhoeck & Ruprecht [5]2003, 35–62 [Frege, Gedanke]

Frege, Gottlob: Grundgesetze der Arithmetik (1893–1903), hg. von Christian Thiel, Hildesheim u. a.: Olms 1998 [Frege, Grundgesetze]

Fricke, Christel: „Kunstwerke und ihre nichtkünstlerischen Gegenstücke – Ein Kantisch inspirierter Beitrag zur Debatte über das Ende der Kunst", in: Moulines, Carlos Ulises / Niebergall, Karl-Georg (Hg.): Argument und Analyse, Paderborn: Mentis 2002, 371–388 [Fricke, Ende der Kunst]

Fricke, Christel: Kants Theorie des reinen Geschmacksurteils, Berlin u. a.: de Gruyter 1990 [Fricke, Geschmacksurteil]

Friebe, Cord: „Kant und die Spezielle Relativitätstheorie", in: Kant-Studien 99, 2008, 30–45 [Friebe, Kant und die Spezielle Relativitätstheorie]

Friebe, Cord: „Substanz/Akzidens-Ontologie inkongruenter Gegenstücke", in: Kant-Studien 97, 2006, 33–49 [Friebe, Substanz/Akzidens-Ontologie inkongruenter Gegenstücke]

Friedman, Michael: „Kant's Theory of Geometry", in: The Philosophical Review 94, 1985, 455–506 [Friedman, Kant's Theory of Geometry]

Friedman, Michael: „Causal Laws and the Foundations of natural Science", in: Guyer, Paul (Hg.): The Cambridge Companion to Kant, Cambridge u. a.: Cambridge University Press 1992, 161–199 [Friedman, Causal Laws]

Friedman, Michael: „Kant on Concepts and Intuitions in the Mathematical Sciences", in: Synthese 84, 1990, 213–257 [Friedman, Kant on Concepts and Intuitions]

Friedman, Michael: „Regulative and Constitutive", in: Southern Journal of Philosophy 30, 1991, 73–102 [Friedman, Regulative and Constitutive]

Friedman, Michael: Dynamics of Reason, Stanford, CA: CSLI Publications 2001 [Friedman, Dynamics]

Friedman, Michael: Kant and the Exact Sciences, Cambridge u. a.: Harvard University Press 1992 [Friedman, Kant and the Exact Sciences]

Friedman, Michael: Kant's Construction of Nature. A Reading of the Metaphysical Foundations of Natural Science, Cambridge: Cambridge University Press 2013 [Friedman, Kant's Construction]

Fulda, Hans-Friedrich / Horstmann, Rolf-Peter (Hg.): Hegel und die „Kritik der Urteilskraft", Stuttgart: Klett-Cotta 1990 [Fulda, Hegel und die KU]

Garcia, Ernesto V.: „A Kantian Theory of Evil", in: The Monist 85, 2002, 194–209 [Garcia, A Kantian Theory]

Gardner, Sebastian: Kant and the Critique of Pure Reason, London u. a.: Routledge 1999 [Gardner, Kant and the Critique of Pure Reason]

Garve, Christian / Feder, Johann Georg Heinrich: Rez. Immanuel Kant, Kritik der reinen Vernunft, in: Zugabe zu den Göttingischen Anzeigen von gelehrten Sachen 1782, 19. 1. 1782, 40–48; wieder abgedruckt in: Landau, Albert (Hg.): Rezensionen zur Kantischen Philosophie, Bebra: Albert Landau 1991, 10–17, und in: Kant, Immanuel: Prolegomena zu einer jeden künftigen Metaphysik, die als Wissenschaft wird auftreten können, hg. und kommentiert von Georg Mohr, Frankfurt/M.: Suhrkamp 2004, 208–215 (mit Verweis auf die Originalpaginierung) [Garve/Feder, Rez. KrV]

Garve, Christian: „Einige Gedanken über das Intereßirende", in: Neue Bibliothek der schönen Wissenschaften und der freyen Künste 12, 1–42 [Garve, Intereßirende]

Gensichen, Friedrich: „Auszug aus Kants Naturgeschichte und Theorie des Himmels", in: Herschel, William: Über den Bau des Himmels. Drey Abhandlungen aus dem Englischen übersetzt. Nebst einem authentischen Auszug aus Kants allgemeiner Naturgeschichte und Theorie des Himmels, Königsberg: Nicolovius 1791, 161–204 [Gensichen, Auszug]

Gerhardt, Volker: „Handlung als Verhältnis von Ursache und Wirkung. Zur Entwicklung des Handlungsbegriffs bei Kant“, in: Prauss, Gerold (Hg.): Handlungstheorie und Transzendentalphilosophie, Frankfurt/M.: Klostermann 1986, 98–131 [Gerhardt, Handlung als Verhältnis]

Gerhardt, Volker: Immanuel Kant. Vernunft und Leben, Stuttgart: Reclam 2002 [Gerhardt, Vernunft und Leben]

Ginsborg, Hannah: „Interesseloses Wohlgefallen und Allgemeinheit ohne Begriffe (§§ 1–9)“, in: Höffe, Otfried (Hg.): Immanuel Kant. Kritik der Urteilskraft, Berlin: Akademie 2008, 59–77 [Ginsborg, Wohlgefallen]

Ginsborg, Hannah: „Lawfulness without a Law: Kant on the Free Play of Imagination and Understanding“, in: Philosophical Topics 25, 1997, 37–81 [Ginsborg, Lawfulness]

Ginsborg, Hannah: The Role of Taste in Kant's Theory of Cognition, New York u. a.: Garland 1990 [Ginsborg, Role of Taste]

Glare, P. G. W. (Hg.): Oxford Latin Dictionary, Oxford: Clarendon Press 1982 [Glare, Oxford Latin Dictionary]

Goclenius, Rudolph: Lexicon philosophicum, quo tanquam clave philosophiae fores aperiuntur, Frankfurt/M.: Becker 1613; Nachdruck Hildesheim: Olms 1964 [Goclenius, Lexicon philosophicum]

Goethe, Johann Wolfgang: Gedenkausgabe der Werke, Briefe und Gespräche, hg. von Ernst Beutler, Bd. 19, Zürich: Artemis 1949 [Goethe, Brief an Herder vom 7. 6. 1793]

Göttingische Anzeigen von gelehrten Sachen, Göttingen: Hager u. a. 1753–1801 [Göttingische Anzeigen von gelehrten Sachen]

Goy, Ina: „Die Teleologie der organischen Natur (§§ 64–68)“, in: Höffe, Otfried (Hg.): Immanuel Kant. Kritik der Urteilskraft, Berlin: Akademie 2008, 223–239 [Goy, Teleologie der organischen Natur]

Gram, Moltke S.: Kant, Ontology and the Apriori, Evanston: Northwestern Univ. Press 1968 [Gram, Ontology and the Apriori]

Gressis, Robert: „Recent Work on Kantian Maxims“, in: Philosophy Compass 5, 2010, 216–239 [Gressis, Recent Work]

Grier, Michelle: Kant's Doctrine of Transcendental Illusion, Cambridge: Cambridge University Press 2001 [Grier, Transcendental Illusion]

Grimm, Stephen R.: „Kant's Argument for Radical Evil“, in: European Journal of Philosophy 10, 2002, 160–177 [Grimm, Kant's Argument for Radical Evil]

Groothoff, Hans-Hermann: Anmerkungen, in Groothoff, Hans-Hermann (Hg.): Immanuel Kant. Ausgewählte Schriften zur Pädagogik und ihrer Begründung, hg. von Groothoff, Hans-Hermann, Paderborn: Schöningh 1963 [Groothoff, Kant]

Grotius, Hugo: De jure belli ac pacis libri tres / Drei Bücher vom Recht des Krieges und des Friedens (1707), übersetzt und eingeleitet von Walter Schätzel, Tübingen: Mohr 1950 [Grotius, Recht des Krieges und des Friedens]

Grüne, Stefanie: Blinde Anschauung. Die Rolle von Begriffen in Kants Theorie sinnlicher Synthesis, Frankfurt/M.: Klostermann 2009 [Grüne, Blinde Anschauung]

Grünewald, Bernward: Modalität und empirisches Denken. Eine kritische Auseinandersetzung mit der Kantischen Modaltheorie, Hamburg: Meiner 1986 [Grünewald, Modalität]

Guyer, Paul: „Kant on Common Sense and Scepticism“, in: Kantian Review 7, 2003, 1–37 [Guyer, Kant on Common Sense]

Guyer, Paul: „Beauty, Systematicity, and the Highest Good: Eckart Förster's, Kant's Final Synthesis“, in: Inquiry, 46, 2003, 195–214 [Guyer, Beauty and the Highest Good]

Guyer, Paul: „Reason and Reflective Judgment: Kant on the Significance of Systematicity“, in: Nous 24, 1990, 17–43 [Guyer, Reason and Reflective Judgment]

Guyer, Paul: „The crooked timber of mankind“, in: Oksenberg Rorty. Amélie / Schmidt, James (Hg.): Kant's Idea for a Universal History with a Cosmopolitan Aim. A Critical Guide, Cambridge u. a.: Cambridge University Press 2009, 129–149 [Guyer, The crooked timber of mankind]

Guyer, Paul: „The Ethical Value of the Aesthetic. Kant, Alison, and Santayana“, in: ders.: Values of Beauty. Historical Essays in Aesthetics, Cambridge: Cambridge University Press 2005, 190–221 [Guyer, Ethical Value of the Aesthetic]

Guyer, Paul: „The Harmony of the Faculties Revisited“, in: Values of Beauty. Historical Essays in Aesthetics, Cambridge / New York: Cambridge University Press 2005, 77–109 [Guyer, Harmony]

Guyer, Paul: „The Postulates of Empirical Thinking in General and the Refutation of Idealism“, in: Mohr, Georg / Willaschek, Marcus (Hg.): Immanuel Kant. Kritik der reinen Vernunft, Berlin: Akademie Verlag 1998, 297–324 [Guyer, The Postulates of Empirical Thinking]

Guyer, Paul: „The unity of Nature and Freedom: Kant's Conception of the System of Philosophy“, in: Sedgwick, Sally (Hg.): The Reception of the Critical Philosophy, Cambridge: Cambridge University Press 2000, 19–53 [Guyer, The Unity of Nature and Freedom]

Guyer, Paul: Kant and the Claims of Knowledge, Cambridge u. a.: Cambridge University Press 1987 [Guyer, Claims of Knowledge]

Guyer, Paul: Kant and the Claims of Taste, Cambridge: Cambridge University Press ^{2}1997 [Guyer, Claims of Taste]

Haag, Johannes: Erfahrung und Gegenstand. Zum Verhältnis von Sinnlichkeit und Verstand, Frankfurt/M.: Klostermann 2007 [Haag, Erfahrung und Gegenstand]

Habermas, Jürgen: Erkenntnis und Interesse, Frankfurt/M.: Suhrkamp 1968 [Habermas, Erkenntnis und Interesse]

Hacking, Ian: Representing and Intervening, Cambridge: Cambridge University Press 1983 [Hacking, Representing]

Hahmann, Andree: Kritische Metaphysik der Substanz – Kant im Widerspruch zu Leibniz, Berlin u. a.: de Gruyter 2009 [Hahmann, Kritische Metaphysik der Substanz]

Halbfass, W.: „Realismus II“, in: Ritter, Joachim / Gründer, Karlfried / Gabriel, Gottfried (Hg.): Historisches Wörterbuch der Philosophie, Bd. 8, Basel: Schwabe 1992, 156–162 [Halbfass, Realismus]

Hanna, Robert: „Kant and Nonconceptual Content“, in: European Journal of Philosophy 13, 2005, 247–290 [Hanna, Kant and Nonconceptual Content]

Hanna, Robert: „Kant, Truth, and Human Nature“, in: British Journal for the History of Philosophy 8, 2000, 225–250 [Hanna, Human Nature]

Hanna, Robert: Kant and the Foundations of Analytical Philosophy, Oxford: Clarendon Press 2001 [Hanna, Kant and the Foundations]

Harper, William A. / Meerboote, Ralf (Hg.): Kant on Causality, Freedom and Objectivity, Minnesota: University of Minnesota Press 1984 [Harper/Meerbote, Kant on Causality]

Hatfield, Gary: „Empirical, rational, and transcendental psychology: Psychology as science and as philosophy“, in: Guyer, Paul (Hg.): The Cambridge Companion to Kant, Cambridge: Cambridge University Press 1992, 200–227 [Hatfield, Psychology]

Hatfield, Gary: „The Prolegomena and the Critiques of Pure Reason“, in: Gerhardt, Volker / Horstmann, Rolf-Peter / Schumacher, Ralph (Hg.): Kant und die Berliner Aufklärung: Akten des IX. Internationalen Kant-Kongresses, Bd. 1, Berlin u. a.: de Gruyter 2001, 185–208 [Hatfield, Prolegomena and Critiques of Pure Reason]

Hegel, Georg Wilhelm Friedrich: „Glauben und Wissen oder die Reflexionsphilosophie der Subjectivität, in der Vollständigkeit ihrer Formen, als kantische, jacobische und fichtesche Philosophie“, in: ders.: Jenaer Kritische Schriften, Gesammelte Werke, Bd. 4, hg. von Hartmut Buchner und Otto Pöggeler, Hamburg: Meiner 1968, 315–414 [Hegel, Glauben und Wissen]

Hegel, Georg Wilhelm Friedrich: Enzyklopädie der philosophischen Wissenschaften im Grundrisse (1827), in: ders.: Gesammelte Werke, hg. von Wolfgang Bonsiepen, Bd. 19, Hamburg: Meiner 1989 [Hegel, Enzyklopädie]

Hegel, Georg Wilhelm Friedrich: Enzyklopädie der philosophischen Wissenschaften im Grundrisse (1830), in: ders.: Gesammelte Werke. Bd. 20, Hamburg: Meiner 1992 [Hegel, Enzyklopädie 1830]

Hegel, Georg Wilhelm Friedrich: Phänomenologie des Geistes (1807), in: Georg Wilhelm Friedrich Hegel, Werke. Auf der Grundlage der Werke von 1832–1845 neu edierte Ausgabe (Theorie-Werkausgabe), hg. von Eva Moldenhauer und Karl Markus Michel, Frankfurt/M.: Suhrkamp, 1979, Bd. 3, 10–591 [Hegel, Phänomenologie]

Hegel, Georg Wilhelm Friedrich: Wissenschaft der Logik. Zweiter Band: Die subjektive Logik oder die Lehre vom Begriff (1816), in: Gesammelte Werke, hg. von Friedrich Hogemann, Bd. 12,

Hamburg: Meiner 1981 [Hegel, Wissenschaft der Logik, Bd. 2]

Heidegger, Martin: Kant und das Problem der Metaphysik (1929), in: Gesamtausgabe, 1. Abt., Bd. 3, hg. von Friedrich-Wilhelm von Hermann, Frankfurt/M.: Klostermann 1991 [Heidegger, Kant und das Problem der Metaphysik]

Heidegger, Martin: Wegmarken, Frankfurt/M.: Klostermann ²1996 [Heidegger, Wegmarken]

Heidemann, Dietmar H.: Kant und das Problem des metaphysischen Idealismus, Berlin u. a.: de Gruyter 1998 [Heidemann, Kant und der metaphysische Idealismus]

Heidemann, Ingeborg: „Über die methodische Funktion der Kategorientafel", in: Kopper, Joachim / Marx Wolfgang (Hg.): 200 Jahre Kritik der reinen Vernunft, Hildesheim: Gerstenberg 1981, 43–78 [Heidemann, Methodische Funktion]

Heimsoeth, Heinz: „Vernunftantinomie und transzendentale Dialektik in der geschichtlichen Situation des Kantischen Lebenswerkes", in: Kant-Studien 51, 1959 / 60, 131–141 [Heimsoeth, Vernunftantinomie]

Heimsoeth, Heinz: Transzendentale Dialektik. Ein Kommentar zu Kants Kritik der reinen Vernunft, 4 Bde, Berlin u. a.: de Gruyter 1967–1971 [Heimsoeth, Transzendentale Dialektik]

Heine, Heinrich: Zur Geschichte der Religion und Philosophie in Deutschland, in: Sämtliche Werke in vier Bänden, Bd. 3. 2, revidierte und überarbeitete Auflage, Darmstadt: Wissenschaftliche Buchgesellschaft 1992 (¹1972), 395–520 [Heine, Zur Geschichte]

Heller, Edmund: „Kant und J. S. Beck über Anschauung und Begriff", in: Philosophisches Jahrbuch 100, 1993, 72–95 [Heller, Kant und J. S. Beck]

Henrich, Dieter: „Kants Denken 1762–63: Über den Ursprung der Unterscheidung analytischer und synthetischer Urteile", in: Studien zu Kants philosophischer Entwicklung, hg. von Heinz Heimsoeth, Dieter Henrich und Giorgio Tonelli, Hildesheim: Georg Olms 1967, 7–36 [Henrich, Kants Denken]

Henrich, Dieter: „Der Begriff der sittlichen Einsicht und Kants Lehre vom Faktum der Vernunft", in Henrich, Dieter / Schulz, Walter / Volkmann-Schluck, Karl H. (Hg.): Die Gegenwart der Griechen im neureren Denken: Festschrift für Hans-Georg Gadamer zum 60. Geburtstag, Tübingen: Mohr 1960, 77–115 [Henrich, Sittliche Einsicht]

Henrich, Dieter: „Fichtes ursprüngliche Einsicht", in: Henrich, Dieter / Wagner, Hans (Hg.): Subjektivität und Metaphysik. Festschrift für Wolfgang Cramer, Frankfurt/M.: Klostermann 1966, 188–232 [Henrich, Fichtes ursprüngliche Einsicht]

Henrich, Dieter: „Kant's Explanation of Aesthetic Judgment", in: Aesthetic Judgment and the Moral Image of the World, Stanford: Stanford University Press 1992, 29–56 [Henrich, Kant's Explanation of Aesthetic Judgment]

Henrich, Dieter: „Kant's Notion of a Deduction and the Methodological Background of the First Critique", in: Förster, Eckart (Hg.): Kant's Transcendental Deductions. The Three ‚Critiques' and the ‚Opus postumum', Stanford: Stanford University Press 1989, 29–46 [Henrich, Kant's Notion of a Deduction]

Henrich, Dieter: Der ontologische Gottesbeweis. Sein Problem und seine Geschichte in der Neuzeit, Tübingen: Mohr 1960 [Henrich, Der ontologische Gottesbeweis]

Henrich, Dieter: Die Deduktion des Sittengesetzes. Über die Gründe der Dunkelheit des letzten Abschnittes von Kants ‚Grundlegung der Metaphysik der Sitten', in Schwan, Alexander (Hg.): Denken im Schatten des Nihilismus. Festschrift für Wilhelm Weischedel zum 70. Geburtstag am 11. April 1975, Darmstadt: Wissenschaftliche Buchgesellschaft 1975, 55–112 [Henrich, Deduktion des Sittengesetzes]

Henrich, Dieter: Identität und Objektivität. Eine Untersuchung zu Kants transzendentaler Deduktion, Heidelberg: Winter 1976 [Henrich, Identität und Objektivität]

Herb, Karlfriedrich / Ludwig, Bernd: Naturzustand, Eigentum und Staat. Immanuel Kants Relativierung des „Ideal des hobbes", in: Kant-Studien 83, 1993, 283–316 [Herb/Ludwig, Naturzustand]

Herbart, Johann Friedrich: Über die ästhetische Darstellung der Welt als Hauptgeschäft der Erziehung, in: ders.: Sämtliche Werke, hg. von Karl Kehrbach und Otto Flügel. Neudruck der Ausgabe Langensalza 1887. Aalen, Scientia 1989, Bd. 1, 259–274 [Herbart, Darstellung]

Herman, Barbara: „Moral deliberation and the

derivation of duties“, in: dies.: The Practice of Moral Judgment, Cambridge, Mass.: Harvard Universtiy Press 1993, 132–158 [Herman, Moral deliberation]

Herman, Barbara: Morality as Rationality: a Study of Kant’s Ethics, New York u. a.: Garland Publishers 1990 [Herman, Morality as Rationality]

Hermann, Jakob: Phoronomia, sive de viribus et motibus corporum solidorum et fluidorum libri duo, Amsterdam: Wetstenios 1716 [Hermann, Phoronomia]

Herschel, William: Über den Bau des Himmels. Drey Abhandlungen aus dem Englischen übersetzt. Nebst einem authentischen Auszug aus Kants allgemeiner Naturgeschichte und Theorie des Himmels, Königsberg: Nicolovius 1791 [Herschel, Bau des Himmels]

Heßbrüggen-Walter, Stefan: Die Seele und ihre Vermögen. Kants Metaphysik des Mentalen in der „Kritik der reinen Vernunft“, Paderborn: Mentis 2004 [Heßbrüggen-Walter, Die Seele und ihre Vermögen]

Heydenreich, Karl Heinrich: System des Naturrechts nach kritischen Principien. Erster Theil, Leipzig: Feind 1794 [Heydenreich, System des Naturrechts]

Hill, Thomas E. Jr.: „Kantian Virtue and ‚Virtue Ethics‘“, in: Betzler, Monika (Hg.): Kant’s Ethics of Virtue, Berlin u. a.: de Gruyter 2008, 29–59 [Hill, Kantian Virtue]

Hill, Thomas E.: The Hypothetical Imperative, in: The Philosophical Review 82, 1973, 429–450 [Hill, The Hypothetical Imperative]

Hiltscher, Reinhard: „Kants Begründung der Adäquationstheorie der Wahrheit in der transzendentalen Deduktion der Ausgabe B“, in: Kant-Studien 83, 1993, 426–447 [Hiltscher, Kants Begründung]

Hindrichs, Gunnar: Negatives Selbstbewußtsein. Überlegungen zu einer Theorie der Subjektivität in Auseinandersetzung mit Kants Lehre vom transzendentalen Ich, Hürtgenwald: Pressler 2002 [Hindrichs, Selbstbewußtsein]

Hinsch, Wilfried: Erfahrung und Selbstbewußtsein, Hamburg: Meiner 1986 [Hinsch, Erfahrung und Selbstbewußtsein]

Hinske, Norbert u. a.: „transzendental“, in: Ritter, Joachim / Gründer, Karlfried / Gabriel, Gottfried (Hg.): Historisches Wörterbuch der Philosophie, Bd. 10, Darmstadt: Wissenschaftliche Buchgesellschaft 1998, 1358–1438 [Hinske, Transzendental]

Hinske, Norbert: „Antinomie I“, in: Ritter, Joachim / Günter, Karlfried (Hg.): Historisches Wörterbuch der Philosophie, Bd. 1, Basel: Schwabe 1995 (1971), 393–396 [Hinske, Antinomie I]

Hinske, Norbert: „Das stillschweigende Gespräch: Prinzipien der Anthropologie und Geschichtsphilosophie bei Mendelssohn und Kant“, in: Albrecht, Michael / Engel, Eva / Hinske, Norbert (Hg.): Moses Mendelssohn und die Kreise seiner Wirksamkeit, Tübingen: Niemeyer 1994, 135–156 [Hinske, Das stillschweigende Gespräch]

Hinske, Norbert: „Kants Begriff der Antinomie und die Etappen seiner Ausarbeitung“, in: Kant-Studien 56, 1965, 485–496 [Hinske, Kants Begriff der Antinomie]

Hinske, Norbert: „Kants Idee der Anthropologie“, in: Rombach, Heinrich (Hg.): Die Frage nach dem Menschen, Freiburg/Br.: Alber 1967, 410–427 [Hinske, Kants Idee der Anthropologie]

Hinske, Norbert: Zwischen Aufklärung und Vernunftkritik. Studien zum Kantschen Logikcorpus. Stuttgart-Bad Cannstatt: Frommann-Holzboog 1998 [Hinske, Zwischen Aufklärung und Vernunftkritik]

Hintikka, Jaakko: „Kant on the Mathematical Method“, in: The Monist 51, 1967, 352–375 [Hintikka, Kant on the Mathematical Method]

Hintikka, Jaakko: „On the Logic of the Ontological Arguments“, in: ders. (Hg.): Models for Modalities, Dordrecht: Reidel 1969, 45–54 [Hintikka, On the Logic]

Hobbes, Thomas: Leviathan oder Stoff, Form und Gewalt eines kirchlichen und bürgerlichen Gemeinwesens, hg. u. eingeleitet von Iring Fetscher, aus dem Englischen von Walter Euchner, Frankfurt/M.: Suhrkamp 1984 [Hobbes, Leviathan]

Hoeppner, Till: Kants Begriff der Funktion und die Vollständigkeit der Urteils- und Kategorientafel, in: Zeitschrift für philosophische Forschung 65, 2011, 193–217 [Hoeppner, Kants Begriff der Funktion]

Höffe, Otfried: ‚Königliche Völker‘. Zu Kants kosmopolitischer Rechts- und Friedenstheorie, Frankfurt/M.: Suhrkamp 2001 [Höffe, Königliche Völker]

Höffe, Otfried: „Recht und Moral: ein kantischer Problemaufriß“, in: Neue Hefte für Philosophie 17, 1979, 1–36 [Höffe, Recht und Moral]

Höffe, Otfried: „Urteilskraft und Sittlichkeit. Ein moralischer Rückblick auf die dritte Kritik“, in: ders. (Hg.): Immanuel Kant. Kritik der Urteilskraft, Berlin: Akademie 2008, 351–366 [Höffe, Urteilskraft und Sittlichkeit]

Höffe, Otfried: Kants Kritik der reinen Vernunft. Die Grundlegung der modernen Philosophie, München: C. H. Beck 2003 [Höffe, Kants Kritik der reinen Vernunft]

Höffe, Otfried: Kategorische Rechtsprinzipien. Ein Kontrapunkt der Moderne, Frankfurt/M.: Suhrkamp 1990 [Höffe, Kategorische Rechtsprinzipien]

Hoffmann, Thomas Sören: Die absolute Form. Modalität, Individualität und das Prinzip der Philosophie nach Kant und Hegel, Berlin u. a.: de Gruyter 1991 [Hoffmann, Die absolute Form]

Hofmann, Hasso: Repräsentation, Berlin: Duncker & Humblot 1975 [Hofmann, Repräsentation]

Hogrebe, Wolfram: Kant und das Problem einer transzendentalen Semantik, Freiburg u. a.: Alber 1974 [Hogrebe, Kant und das Problem]

Holden, Thomas: The Architecture of Matter – Galileo to Kant, Oxford: Oxford University Press 2004 [Holden, The Architecture of Matter]

Hönigswald, Richard: „Ist Psychisches zählbar?“, in: ders.: Die Grundlagen der Denkpsychologie. Studien und Analysen, 2. Aufl. Leipzig/Berlin: Teubner 1925, 77–150 [Hönigswald, Ist Psychisches zählbar?]

Hoppe, Hansgeorg: „Synthesis; synthetisch“, in: Ritter, Joachim / Gründer, Karlfried / Gabriel, Gottfried (Hg.): Historisches Wörterbuch der Philosophie, Bd. 10, Darmstadt: Wissenschaftliche Buchgesellschaft 1980, 818–823. [Hoppe, Synthesis]

Hoppe, Hansgeorg: Synthesis bei Kant. Das Problem der Verbindung von Vorstellungen und ihrer Gegenstandsbeziehung in der ‚Kritik der reinen Vernunft‘, Berlin u. a.: de Gruyter 1983 [Hoppe, Synthesis bei Kant]

Horn, Christoph: „Die menschliche Gattungsnatur: Anlagen zum Guten und Hang zum Bösen“, in: Höffe, Otfried (Hg.): Immanuel Kant. Die Religion innerhalb der Grenzen der bloßen Vernunft, Berlin: Akademie Verlag 2011, 43–69 [Horn, Die menschliche Gattungsnatur]

Horneffer, Ernst: Kant und der Gottesgedanke, Hildesheim: Olms 2010 [Horneffer, Kant und der Gottesgedanke]

Horstmann, Rolf-Peter: „Die metaphysische Deduktion in Kants Kritik der reinen Vernunft“, in: Tuschling, Burkhard (Hg.): Probleme der „Kritik der reinen Vernunft“, Berlin u. a.: de Gruyter 1984, 15–34 [Horstmann, Metaphysische Deduktion]

Horstmann, Rolf-Peter: „Kant und Carl über Apperzeption“, in: Stolzenberg, Jürgen (Hg.): Kant in der Gegenwart, Berlin u. a.: de Gruyter 2007, 131–147 [Horstmann, Kant und Carl über Apperzeption]

Horstmann, Rolf-Peter: „Kants Paralogismen“, in: Kant-Studien 84, 1993, 408–425 [Horstmann, Kants Paralogismen]

Horstmann, Rolf-Peter: „Raumanschauung und Geometrie. Bemerkungen zu Kants Transzendentaler Ästhetik“, in: ders.: Bausteine kritischer Philosophie. Arbeiten zu Kant, Bodenheim: Philo Verlagsgesellschaft 1997, 15–34 [Horstmann, Raumanschauung]

Horstmann, Rolf-Peter: „Why must there be a Transcendental Deduction in Kant's Critique of Judgment?“, in: Förster, Eckart (Hg.): Kant's Transcendental Deductions. The Three ‚Critiques‘ and the ‚Opus postumum‘, Stanford: Stanford University Press 1989, 157–176 [Horstmann, Why must there]

Hossenfelder, Malte: Kants Konstitutionstheorie und die transzendentale Deduktion, Berlin u. a.: de Gruyter 1978 [Hossenfelder, Konstitutionstheorie]

Höwing, Thomas: Praktische Lust. Kant über das Verhältnis von Fühlen, Begehren und praktischer Vernunft, Berlin u. a.: de Gruyter 2013 [Höwing, Praktische Lust]

Hudson, Hud: Kant's Compatibilism, Ithaca: Cornell University Press 1994 [Hudson, Kant's Compatibilism]

Hufnagel, Erwin: Der Wissenschaftscharakter der Pädagogik, Würzburg: Königshausen & Neumann 1990 [Hufnagel, Wissenschaftscharakter]

Hugo, Gustav: Lehrbuch eines civilistischen Cursus, Berlin: Mylius [4]1819 [Hugo, Lehrbuch eines civilistischen Cursus]

Hume, David: A Treatise of Human Nature. Being an Attempt to introduce the experimental Method of Reasoning into Moral Subjects, 3 Bde (1739–1740), hg. von David Fate Norton und Mary J. Norton, Oxford: Oxford University Press 2000 [Hume, Treatise]

Hume, David: Dialoge über natürliche Religion, hg. von Günter Gawlick, Hamburg: Meiner 1993 [Hume, Dialoge]

Hume, David: Dialogues Concerning Natural Religion (1779), hg. von Richard H. Popkin, Indianapolis: Hackett Publishing Company 1988 [Hume, Dialogues]

Hume, David: Enquiries Concerning the Human Understanding and Concerning the Principles of Morals, hg. von L. A. Selby-Bigge, Oxford: Clarendon Press [2]1972 [Hume, Enquiry Concerning Human Understanding; Hume, Enquiry Concerning the Principles of Morals]

Hume, David: Vermischte Schriften. Aus dem Englischen übersetzt, 4 Bde, Hamburg/Leipzig: 1755–1766 [Hume, Vermischte Schriften]

Hursthouse, Rosalind: On Virtue Ethics, Oxford: Oxford University Press 1999 [Hursthouse, Virtue Ethics]

Husserl, Edmund: Zur Phänomenologie des inneren Zeitbewußtseins (1893–1917), hg. von Rudolf Boehm, Husserliana Bd. X, Den Haag: Nijhoff 1966 [Husserl, Phänomenologie des inneren Zeitbewußtseins]

Hutter, Axel: Das Interesse der Vernunft, Hamburg: Meiner 2003 [Hutter, Interesse]

Irwin, Terence H.: „Kant's Criticism of Eudaemonism", in: Engstrom, Stephen / Whiting, Jennifer (Hg.): Aristotle, Kant, and the Stoics. Rethinking Happiness and Duty, Cambridge: Cambridge University Press 1996, 63–101 [Irwin, Kant's Criticism]

Jacobi, Friedrich Heinrich: „Über den transzendentalen Idealismus". Beilage in: ders.: David Hume über den Glauben, oder Idealismus und Realismus, in: ders. Werke, hg. von Friedrich Roth und Friedrich Köppen. Darmstadt: Wissenschaftliche Buchgesellschaft 1968, Bd. 2, 291–310 [Jacobi, Über den transzendentalen Idealismus]

Jacobi, Friedrich Heinrich: David Hume über den Glauben, oder Idealismus und Realismus. Beilage: „Über den transzendentalen Idealismus", Breslau ([1]1787), in: ders.: Werke: Gesamtausgabe der Bayerischen Akademie der Wissenschaften. Bd. 2.1, hg. Walter Jaeschke und Irmgard-Maria Piske, Hamburg: Meiner 2004 [Jacobi, David Hume]

Jost, Lawrence / Wuerth Julian (Hg.): Perfecting Virtue. New Essays on Kantian Ethics and Virtue Ethics, Cambridge University Press, 2011 [Jost/Wuerth, Perfecting Virtue]

Jüsten, Wilhelm: Ontotheologie und Gottesbeweiskritik bei Kant, Diss., Bonn: 1983 [Jüsten, Ontotheologie und Gottesbeweiskritik bei Kant]

Kain, Patrick: „Practical Cognition, Intuition, and the Fact of Reason", in: Krueger, James / Bruxvoort Lipscomb, Benjamin (Hg.): Kant's Moral Metaphysics, Berlin u. a.: de Gruyter 2010, 211–230 [Kain, Practical Cognition]

Kames, Lord (Henry Home): Elements of Criticism (1762), hg. von Peter Jones, Indianapolis: Liberty Fund 2005 [Kames, Elements of Criticism]

Kaufman, Alexander: Welfare in the Kantian State, New York, Oxford: Oxford University Press 1999 [Kaufman, Welfare]

Kaulbach, Friedrich: „Natur (V. Neuzeit)", in: Ritter, Joachim / Gründer, Karlfried / Gabriel, Gottfried (Hg.): Historisches Wörterbuch der Philosophie, Bd. 6, Basel: Schwabe 1984, 468–478 [Kaulbach, Natur]

Kaulbach, Friedrich: Das Prinzip Handlung in der Philosophie Kants, Berlin u. a.: de Gruyter 1978 [Kaulbach, Prinzip Handlung]

Kaulbach, Friedrich: Studien zur späten Rechtsphilosophie Kants und ihrer transzendentalen Methode, Würzburg: Königshausen & Neumann 1982 [Kaulbach, Studien zur späten Rechtsphilosophie Kants]

Kemp Smith, Norman: Commentary to Kant's Critique of Pure Reason, London: Macmillan [2]1923; Nachdruck Atlantic Highlands: Humanities Press 1992 [Kemp Smith, Commentary]

Kepler, Johannes: Harmonices mundi libri V (1619), in: Gesammelte Werke, Bd. 6, hg von Max Caspar, München: Beck 1940; dt.: Weltharmonik, München u. a.: R. Oldenbourg 1939 [Kepler, Harmonices]

Kersting, Wolfgang: „Das starke Gesetz der Schuldigkeit und das schwächere der Gütigkeit", in: Studia Leibnitiana, 14, 1982, 184–220; wieder abgedruckt in: ders.: Recht, Gerechtigkeit und demokratische Tugend. Abhandlungen zur praktischen Philosophie der Gegenwart, Frankfurt/M.: Suhrkamp 1997, 74–120 [Kersting, Starkes Gesetz]

Kersting, Wolfgang: Kant über Recht, Paderborn: Mentis 2004 [Kersting, Kant über Recht]

Kersting, Wolfgang: Kant und das Problem der Sozialstaatsbegründung, in: Gerhardt, Volker / Horstmann, Rolf-Peter / Schumacher, Ralph (Hg.): Kant und die Berliner Aufklärung, Akten des IX. Internationalen Kant-Kongresses, Berlin u. a.: de Gruyter 2001, 151–171 [Kersting, Kant]

Kersting, Wolfgang: Wohlgeordnete Freiheit. Immanuel Kants Rechts- und Staatsphilosophie, Frankfurt/M.: Suhrkamp 1993 [Kersting, Wohlgeordnete Freiheit]

Kim, Sang-Bong: Das Problem des Dinges an sich im Opus postumum Kants. Versuch einer systematischen Darstellung der Selbstsetzungs- und Ding-an-sich-Lehre im späten Opus postumum, Diss. Mainz 1992 [Kim, Problem des Dinges an sich]

Kitcher, Patricia: „Kant's Paralogisms", in: Philosophical Review 91, 1982, 515–547 [Kitcher, Kant's Paralogisms]

Kitcher, Patricia: „Kant's Philosophy of the Cognitive Mind", in: Guyer, Paul (Hg.): The Cambridge Companion to Kant and Modern Philosophy, Cambridge: Cambridge University Press 2006, 169–202 [Kitcher, Kant's Philosophy of the Cognitive Mind]

Kitcher, Patricia: Kant's Transcendental Psychology, New York u. a.: Oxford University Press 1990 [Kitcher, Transcendental Psychology]

Kitcher, Patricia: Kant's Thinker, Oxford: Oxford University Press 2011 [Kitcher, Kant's Thinker]

Kitcher, Philip: „Aprioristic Yearnings: Michael Friedman, Kant and the Exact Sciences (Rez.)", in: Erkenntnis 44, 1996, 397–416 [Kitcher, Aprioristic Yearnings]

Kitcher, Philip: „The Unity of Science and the Unity of Nature", in: Parrini, Paolo (Hg.): Kant and Contemporary Epistemology, Dordrecht: Kluwer 1994, 253–272 [Kitcher, Unity]

Klein, Patrick: Gibt es ein Moralgesetz, das für alle Menschen gültig ist? Eine Untersuchung zum Faktum der Vernunft bei Immanuel Kant, Würzburg: Königshausen & Neumann 2008 [Klein, Gibt es ein Moralgesetz?]

Kleingeld, Pauline: „Kant on the Unity of Theoretical and Practical Reason", in: The Review of Metaphysics 52, 1998, 311–339 [Kleingeld, Unity]

Kleingeld, Pauline: „Moral Consciousness and the 'Fact of Reason'", in: Reath, Andrews/Timmermann, Jens (Hg.): Kant's Critique of Practical Reason: A Critical Guide, Cambridge: Cambridge University Press 2010, 55–72. [Kleingeld, Moral Consciousness]

Kleingeld, Pauline: Fortschritt und Vernunft, Würzburg: Königshausen & Neumann 1995 [Kleingeld, Fortschritt und Vernunft]

Klemme, Heiner F. (Hg.): Die Schule Immanuel Kants. Mit dem Text von Christian Schiffert über das Königsberger Collegium Fridericianum, Hamburg: Meiner 1994 [Klemme, Schule]

Klemme, Heiner F.: „Die rationalistische Interpretation von Kants ‚Paralogismen der reinen Vernunft'. Eine Kritik" in: Stolzenberg, Jürgen u. a. (Hg.): Metaphysik und Kritik. Interpretationen zur ‚Transzendentalen Dialektik' der ‚Kritik der reinen Vernunft', Würzburg: Königshausen & Neumann 2010, 141–161 [Klemme, Interpretation]

Klemme, Heiner F.: „Einleitung", in: Kant, Immanuel: Kritik der praktischen Vernunft, hg. von Horst D. Brandt / Heiner F. Klemme, Hamburg: Meiner 2003, ix-lxii [Klemme, Einleitung KpV]

Klemme, Heiner F.: „Einleitung", in: Kant, Immanuel: Kritik der Urteilskraft, mit einer Einleitung und Bibliographie hg. von Heiner F. Klemme, Hamburg: Meiner 2001, XIII–LXXXVI [Klemme, Einleitung]

Klemme, Heiner F.: „Kants Wende zum Ich. Zum Einfluß von Herz und Mendelssohn auf die Entwicklung der kritischen Subjekttheorie", in: Zeitschrift für philosophische Forschung 53, 1999, 507–529 [Klemme, Kants Wende zum Ich]

Klemme, Heiner F.: Kants Philosophie des Subjekts. Systematische und entwicklungsgeschichtliche Untersuchungen zum Verhältnis von Selbstbewußtsein und Selbsterkenntnis, Hamburg: Meiner 1996 [Klemme, Kants Philosophie des Subjekts]

Klemme, Heiner F.: Rez. von Axel Hutter, Das Interesse der Vernunft, in: Archiv für Geschichte der Philosophie 87, 2005, 332–335 [Klemme, Rez. Hutter]

Klingner, Stefan: „Kant über den endlichen Verstand, den intuitiven Verstand und Gott (KU §§ 76, 77)", in: Hiltscher, Reinhard u. a. (Hg.): Die

Vollendung der Transzendentalphilosophie in Kants Kritik der Urteilskraft, Berlin: Duncker und Humblot 2006, 163–182 [Klingner, Kant über den endlichen Verstand]

Klotz, Christian: Kants Widerlegung des Problematischen Idealismus, Göttingen: Vandenhoeck & Ruprecht 1993 [Klotz, Kants Widerlegung]

Kneale, William & Martha: The Development of Logic, London u. a.: Oxford Univ. Press 1962 [Kneale, Development]

Knoepffler, Nikolaus: Der Begriff ‚transzendental' bei Immanuel Kant, München: Herbert Utz Verlag 1999 [Knoepffler, Begriff]

Knudsen, Harald: Gottesbeweise im Deutschen Idealismus. Die modaltheoretische Begründung des Absoluten dargestellt an Kant, Hegel und Weiße, Berlin u. a.: de Gruyter 1972 [Knudsen, Gottesbeweise im Deutschen Idealismus]

Koch, Lutz: „Kants Postulat einer wissenschaftlichen Pädagogik", in: Böhm, Winfried / Wenger, Hadwig (Hg.): Erziehungswissenschaft oder Pädagogik? Würzburg: Ergon 1998, 115–130 [Koch, Postulat]

Koch, Lutz: Kants ethische Didaktik, Würzburg: Ergon 2003 [Koch, Ethische Didaktik]

Köhler, Michael: Freiheitliches Rechtsprinzip und Teilhabegerechtigkeit in der modernen Gesellschaft, in: Landwehr, Götz (Hg.): Freiheit, Gleichheit, Selbständigkeit. Zur Aktualität der Rechtsphilosophie Kants für die Gerechtigkeit in der modernen Gesellschaft, Göttingen: Vandenhoeck & Ruprecht 1999, 103–128 [Köhler, Rechtsprinzip]

König, Peter: Autonomie und Autokratie. Über Kants Metaphysik der Sitten, Berlin u. a.: de Gruyter 1994 [König, Autonomie]

Kopper, Joachim: „Kants Gotteslehre", in: Kant-Studien 47, 1955 / 56, 31–61 [Kopper, Kants Gotteslehre]

Koriako, Darius: Kants Philosophie der Mathematik. Grundlagen – Voraussetzungen – Probleme, Hamburg: Meiner 1999 [Koriako, Philosophie der Mathematik]

Körner, Stephan: Philosophie der Mathematik. Eine Einführung, München: Nymphenburger Verl.-Handlung 1968 [Körner, Philosophie der Mathematik]

Korsgaard, Christine M.: „Two Distinctions in Goodness", in: Philosophical Review 92, 1983, 169–195; wieder abgedruckt in: dies.: Creating the Kingdom of Ends, Cambridge: Cambridge University Press 1996, 249–274 [Korsgaard, Two Distinctions]

Korsgaard, Christine M.: „From Duty and for the Sake of the Noble: Kant and Aristotle on Morally Good Action", in: Engstrom, Stephen / Whiting, Jennifer (Hg.): Aristotle, Kant and the Stoics. Rethinking Happiness and Duty, Cambridge: Cambridge University Press, 1996, 203–236 [Korsgaard, From Duty and for the Sake of the Noble]

Korsgaard, Christine: „Die Konstruktion des Reichs der Zwecke – Gegenseitigkeit und Verantwortung in persönlichen Beziehungen", in: Ameriks, Karl / Sturma, Dieter (Hg.): Kants Ethik, Paderborn: Mentis 2004, 213–244 [Korsgaard, Konstruktion des Reichs der Zwecke]

Kotsuka, Shinichiro: Die Gottesbeweise in der Philosophie Kants, Borna-Leipzig: Noske 1931 [Kotsuka, Gottesbeweise in der Philosophie Kants]

Kreimendahl, Lothar: „Die Antinomie der reinen Vernunft, 1. und 2. Abschnitt (A 405–461/B 432–489)", in: Mohr, Georg / Willaschek, Marcus (Hg.): Immanuel Kant. Kritik der reinen Vernunft, Berlin: Akademie 1998, 413–447 [Kreimendahl, Antinomie]

Kreimendahl, Lothar: Kant – Der Durchbruch von 1769, Köln: Jürgen Dinter 1990 [Kreimendahl, Durchbruch]

Kreimendahl, Lothar: „Kants vorkritisches Aufklärungsprogramm", in: Klemme, Heiner F. (Hg.): Kant und die Zukunft der europäischen Aufklärung, Berlin u. a.: de Gruyter 2009, 124–142 [Kreimendahl, Kants vorkritisches Aufklärungsprogramm]

Krug, Wilhelm Traugott: Allgemeines Handwörterbuch der philosophischen Wissenschaften, nebst ihrer Literatur und Geschichte. Nach dem heutigen Standpuncte der Wissenschaft, Bd. 2, Leipzig: Brockhaus 1833 [Krug, Allgemeines Handwörterbuch]

Krüger, Lorenz: „Wollte Kant die Vollständigkeit seiner Urteilstafel beweisen?", in: Kant-Studien 59, 1968, 333–356 [Krüger, Vollständigkeit]

Kuehn, Manfred: „Kant and Cicero", in: Gerhardt, Volker / Horstmann, Rolf-Peter / Schumacher, Ralph (Hg.): Kant und die Berliner Aufklärung. Akten des IX. Internationalen Kant-Kongresses,

Bd. 3, Berlin u. a.: de Gruyter 2001, 270–278 [Kühn, Kant and Cicero]

Kuhn, Thomas S.: The Structure of Scientific Revolutions, Chicago: University of Chicago Press 1962, ²1970 [Kuhn, Structure]

Kulenkampff, Jens (Hg.): Materialien zu Kants „Kritik der Urteilskraft", Frankfurt/M.: Suhrkamp 1974 [Kulenkampff, Materialien]

Kulenkampff, Jens: Kants Logik des ästhetischen Urteils, Frankfurt/M.: Klostermann ²1994 [Kulenkampff, Kants Logik]

Kullmann, Wolfgang: Aristoteles und die moderne Wissenschaft, Stuttgart: Steiner 1998 [Kullmann, Aristoteles]

Kurbacher-Schönborn, Frauke Annegret: „Urteil, ästhetisches", in: Ritter, Joachim / Gründer, Karlfried / Gabriel, Gottfried (Hg.): Historisches Wörterbuch der Philosophie, Bd. 11, Basel: Schwabe 2001, 462–465 [Kurbacher-Schönborn, Ästhetisches Urteil]

Lamacchia, Ada: „La filosofia della religione", in: dies.: Dal dogmatismo teologico al teismo morale, Manduria: Lacaita 1969 [Lamacchia, La filosofia della religione]

Lambert, Johann Heinrich: Anlage zur Architectonic oder Theorie des Einfachen und Ersten in der philosophischen und mathematischen Erkenntnis, Riga: Hartknoch 1771; Nachdruck in: ders.: Philosophische Schriften, hg. von Hans-Werner Arndt, Hildesheim: Olms 1965, Bde III-IV [Lambert, Architektonik]

Lambert, Johann Heinrich: Neues Organon oder Gedanken über die Erforschung und Bezeichnung des Wahren und dessen Unterscheidung vom Irrthum und Schein, Leipzig: Johann Wendler 1764; Nachdruck Hildesheim: Olms 1965 [Lambert, Neues Organon]

Lambert, Johann Heinrich: Neues Organon, in: ders.: Philosophische Schriften, Bd. 2, hg. von Hans Werner Arndt, Hildesheim: Olms 1965ff. [Lambert, Neues Organon (Arndt)]

Lambert, Johann Heinrich: Philosophische Schriften, hg. von Hans Werner Arndt, Hildesheim: Olms 1965ff. [Lambert, Philosophische Schriften]

Lambert, Johann Heinrich: Über die Methode die Metaphysik, Theologie und Moral richtiger zu beweisen, hg. von Klaus Bopp, Berlin u. a.: de Gruyter 1918 [Lambert, Über die Methode]

Langthaler, Rudolph: Kants Ethik als ‚System der Zwecke'. Perspektiven einer modifizierten Idee der ‚moralischen Teleologie' und Ethikotheologie, Berlin u. a.: de Gruyter 1991 [Langthaler, Kants Ethik]

Langton, Rae: Kantian Humility: Our Ignorance of Things in Themselves, Oxford: Clarendon Press 1998 [Langton, Kantian Humility]

Lefèvre, Wolfgang / Wunderlich, Falk: Kants naturtheoretische Begriffe, Berlin u. a.: de Gruyter 2000 [Lefèvre/Wunderlich, Kants naturtheoretische Begriffe]

Leibniz, Gottfried Wilhelm, Essai de Theodicée (1710), in: ders.: Die Philosophischen Schriften von Gottfried Wilhelm Leibniz, hg. von Carl J. Gerhardt, Bd. 6, Berlin: Weidmann 1885; Nachdruck Hildesheim u. a.: Olms 1978; dt.: Die Theodizee von der Güte Gottes, der Freiheit des Menschen und dem Ursprung des Übels, Erster und zweiter Teil, in: Leibniz, Gottfried Wilhelm: Philosophische Schriften, hg. und übers. von Hans Heinz Holz, von Bd. 2, Darmstadt: Wissenschaftliche Buchgesellschaft 1985 [Leibniz, Theodicée]

Leibniz, Gottfried Wilhelm: „De Logica Nova Condenda", in: ders.: Die Grundlagen des logischen Kalküls, hg., übers. u. mit einem Kommentar versehen von Franz Schupp, Hamburg: Meiner 2000 [Leibniz, De Logica Nova]

Leibniz, Gottfried Wilhelm: „De l'arithmetique binaire, qui se sert des seuls caractères 0 et 1, avec des remarques sur son utilité, et sur ce qu'elle donne le sens des anciennes figures Chinoises de Fohy", in: ders.: Mathematische Schriften, Bd. 7, Die mathematischen Abhandlungen, Halle: von Schmidt 1863; Nachdruck Hildesheim u. a.: Olms 1971, 223–227 [Leibniz, De l'arithmetique binaire]

Leibniz, Gottfried Wilhelm: Brief an Grimarest vom 4. 6. 1712, in: Transkriptionen 1712, elektronische Vorabveröffentlichung im Rahmen der Akademie-Ausgabe, Leibniz-Archiv / Leibniz-Forschungsstelle Hannover, http://www.gwlb.de/Leibniz/Leibnizarchiv/Veroeffentlichungen/Transkriptionen.htm (letzter Zugriff: 03. 01. 2015) [Leibniz, Brief an Grimarest]

Leibniz, Gottfried Wilhelm: Discours de métaphysique et Correspondance avec Arnauld, Paris: Vrin ⁵1988; dt.: in: Leibniz, Gottfried Wilhelm: Hauptschriften zur Grundlegung der Philosophie, hg. von Ernst Cassirer, Hamburg: Felix Meiner 1996, 343–388 [Leibniz, Discours de Métaphysique]

Leibniz, Gottfried Wilhelm: Monadologie (1714), in: ders.: Die philosophischen Schriften, Bd. 6, hg. von Carl J. Gerhardt, Berlin: Weidmann 1885; Nachdruck Hildesheim u. a.: Olms 1978, 607–623; dt.: Monadologie, in: Leibniz, Gottfried Wilhelm: Philosophische Schriften, Bd. 1, hg. und übers. von Hans Heinz Holz, Frankfurt/M.: Suhrkamp 1996 [Leibniz, Monadologie]

Leibniz, Gottfried Wilhelm: Nouveaux Essais sur l'entendement humain, hg. von R. E. Raspe, Amsterdam u. a.: 1765, in: Leibniz, Sämtliche Schriften und Briefe, hg. von der Berlin-Brandenburgischen Akademie der Wissenschaften, Bd. VI.6. Berlin: Akademie Verlag 1962 (^{2}1990) [Leibniz, Nouveaux essais]

Leibniz, Gottfried Wilhelm: „Principes de la Nature et de la Grace, fondés en raison", in: Die Philosophischen Schriften von Gottfried Wilhelm Leibniz, hg. von Carl J. Gerhardt, Berlin: Weidmann 1875–1890; Nachdruck Hildesheim u. a.: Olms, 1978, Bd. 6, 598–606 [Leibniz, Principes]

Leibniz, Gottfried Wilhelm: „Réponse aux reflexions contenues dans la seconde Edition du Dictionnaire Critique, article Rorarius, sur le système de l'harmonie preetablie", in: Die Philosophischen Schriften von Gottfried Wilhelm Leibniz, hg. von Carl J. Gerhardt, Berlin: Weidmann 1875–1890; Nachdruck Hildesheim u. a.: Olms, 1978, Bd. 4, 554–571 [Leibniz, Réponse]

Leibniz, Gottfried Wilhelm / Clarke, Samuel: Correspondance Leibniz-Clarke, présentée d'après les manuscrits originaux des bibliothèques de Hanovre et de Londres, hg. von André Robinet, Paris: PUF 1957 [Robinet, Correspondance Leibniz-Clarke]

Lenk, Hans: „Zu Kants Begriff transzendentalen und normativen Handelns", in: Prauss, Gerold (Hg.): Handlungstheorie und Transzendentalphilosophie, Frankfurt/M.: Klostermann 1986, 185–203 [Lenk, Kants Begriff transzendentalen Handelns]

Liedke, Max: „Kant und die Erziehungswissenschaft", in: Zeitschrift für Pädagogik 11, 1966, 134–143 [Liedke, Kant]

Locke, John: An Essay Concerning Human Understanding (1690, ^{2}1694), hg. von Peter H. Nidditch, Oxford: Oxford University Press 1975 [Locke, Essay]

Locke, John: Libri IV. de intellectu humano, hg. von Gotthelff Heinrich Thiele, Leipzig: Georgi 1741 [Locke, De intellectu humano]

Locke, John: Versuch über den menschlichen Verstand, übersetzt von J. H. von Kirchmann, Hamburg: Meiner 2000 [Locke, Versuch]

Locke, John: Versuch vom Menschlichen Verstande, übers. Heinrich Engelhard Pleyen, Altenburg: Richter 1757; Nachdruck Bristol: Thoemmes 2004 [Locke, Versuch vom Menschlichen Verstande]

Longuenesse, Béatrice: „Kant on a priori Concepts. The Metaphysical Deduction of the Categories", in: Guyer, Paul (Hg.): The Cambridge Companion to Kant and Modern Philosophy, Cambridge: Cambridge University Press 2006, 129–168 [Longuenesse, Kant on a priori concepts]

Longuenesse, Béatrice: „Kant's ‚I Think' versus Descartes' ‚I Am a Thing That Thinks'", in: Garber, Daniel / Longuenesse, Béatrice (Hg.): Kant and the Early Moderns, Princeton: Princeton University Press 2008, 9–31 [Longuenesse, Kant's ‚I think']

Longuenesse, Béatrice: Kant and the Capacity to Judge: Sensibility and Discursivity in the Transcendental Analytic of the *Critique of Pure Reason*, übers. von Charles T. Wolfe, Princeton: Princeton University Press ^{2}1998 [Longuenesse, Capacity to Judge]

Longuenesse, Béatrice: Kant et le pouvoir de juger. Sensibilité et discursivité dans l'Analytique transcendentale de la Critique de la raison pure, Paris: Presses universitaires de France 1993 [Longuenesse, Kant]

Lorenz, Konrad: „Kants Lehre vom Apriorischen im Lichte gegenwärtiger Biologie", in: Blätter für Deutsche Philosophie 15, 1941, 94–125 [Lorenz, Lehre]

Louden, Robert B.: „Moralische Stärke: Tugend als eine Pflicht gegen sich selbst", in: Klemme, Heiner F. / Kühn, Manfred / Schönecker, Dieter (Hg.): Moralische Motivation: Kant und die Alternativen, Hamburg: Meiner 2006, 79–96 [Louden, Moralische Stärke]

Ludwig, Bernd: „Die ‚praktische Vernunft' – ein hölzernes Eisen? Zum Verhältnis von Voluntarismus und Rationalismus in Kants Moralphilosophie“, in: Jahrbuch für Recht und Ethik 5, 1997, 9–25 [Ludwig, Die ‚praktische Vernunft‘]

Ludwig, Bernd: „Einleitung“, in: Kant, Immanuel: Metaphysische Anfangsgründe der Tugendlehre. Metaphysik der Sitten. Zweiter Teil, hg. von Bernd Ludwig, Hamburg: Meiner Verlag 1990, XIII-XXVIII [Ludwig, Einleitung]

Ludwig, Bernd: „Kant's Hypothetical Imperatives" (GMS II, 417–419), in: Horn, Christoph/Schönecker, Dieter (Hg.): Groundwork for the Metaphysics of Morals. Berlin: De Gruyter, 2006, 139–157 [Ludwig, Kants Hypothetical Imperatives]

Ludwig, Bernd: Kants Rechtslehre. Ein Analytischer Kommentar, Hamburg: Felix Meiner Verlag 1988 [Ludwig, Kants Rechtslehre]

Ludwig, Bernd: „Kants Verabschiedung der Vertragstheorie – Konsequenzen für eine Theorie sozialer Gerechtigkeit“, in: Jahrbuch für Recht und Ethik 1, 1993, 221–254 [Ludwig, Vertragstheorie]

Luf, Gerhard: Freiheit und Gleichheit. Die Aktualität im politischen Denken Kants, Wien u. a.: Springer-Verlag 1978 [Luf, Freiheit]

Lühe, A. von der: „Sensus communis“, in: Ritter, Joachim / Gründer, Karlfried / Gabriel, Gottfried (Hg.): Historisches Wörterbuch der Philosophie, Bd. 9, Basel: Schwabe 2001, 661 [Lühe, Sensus Communis]

Mach, Ernst: Die Mechanik in ihrer Entwicklung, Leipzig: F. A. Brockhaus [9]1933 [Mach, Entwicklung Mechanik]

MacIntyre, Alasdair: After Virtue, Notre Dame: University of Notre Dame Press 1981 [MacIntyre, After Virtue]

Maier, Annelise: Kants Qualitätskategorien, Berlin: Pan-Verl. Metzner 1930 (Kant-Studien- Ergänzungsheft 65) [Maier, Qualitätskategorien]

Malzkorn, Wolfgang: „Kants Kritik an der traditionellen Syllogistik“, in: History and Philosophy of Logic 16, 1995, 75–88 [Malzkorn, Syllogistik]

Malzkorn, Wolfgang: Kants Kosmologie-Kritik. Eine formale Analyse der Antinomienlehre, Berlin u. a.: de Gruyter 1999 [Malzkorn, Kants Kosmologie-Kritik]

Manchester, Paula: „Kant's Conception of Architectonic in its Historical Context“, in: Journal of the History of Philosophy 41, 2003, 187–207 [Manchester, Architectonic]

Marquardt, Konrad Gottlieb (Theophil): Philosophia rationalis, Königsberg 1733 [Marquardt, Philosophia rationalis]

Martin, Gottfried: Arithmetik und Kombinatorik bei Kant, Berlin u. a.: de Gruyter 1972 [Martin, Arithmetik und Kombinatorik bei Kant]

Marzolf, Edwige: „L'athéisme philosophique de la théologie de l'Opus postumum“, in: Robelin, Jean (Hg.): Kant anti-kantien, Mont-Saint-Aignan: Publications de l'Univ. de Rouen 2004, 47–64 [Marzolf, L'athéisme philosophique de la théologie de l'Opus postumum]

Mathieu, Vittorio: Kants Opus postumum, hg. von Gerd Held, Frankfurt/M.: Klostermann 1989 [Mathieu, Kants Opus Postumum]

McCarthy, Michael H.: „Analytic Method and Analytic Propositions in Kant's ‚Groundwork‘“, in: Dialogue 15, 1976, 565–582 [McCarthy, Analytic Method]

McCarthy, Vincent: Quest for a Philosophical Jesus. Christianity and Philosophy in Rousseau, Kant, Hegel, and Schelling, Macon: Mercer University Press 1986 [McCarthy, Quest]

McDowell, John: „Having the World in View: Sellars, Kant, and Intentionality“, in: The Journal of Philosophy 95, 1998, 431–491 [McDowell, Having the World in View]

McDowell, John: Mind and World, Cambridge, MA: Harvard University Press 1994 ([3]1996) [McDowell, Mind and World]

McLaughlin, Peter: Kants Kritik der teleologischen Urteilskraft, Bonn: Bouvier 1989 [McLaughlin, Kritik der teleologischen Urteilskraft]

McMullin, Irene: „Kant on Radical Evil and the Origin of Moral Responsibility“, in: Kantian Review 18, 2013, 49–72 [McMullin, Kant on Radical Evil]

Mechtenberg, Lydia: Kants Neutralismus, Paderborn: Mentis 2006 [Mechtenberg, Kants Neutralismus]

Meier, Georg Friedrich: Anfangsgründe aller schönen Wissenschaften, 3 Bde, Halle: Hemmerde 1748–1750 [Meier, Anfangsgründe]

Meier, Georg Friedrich: Auszug aus der Vernunftlehre, Halle: Gebauer 1752; wieder abgedruckt in AA 16 [Meier, Auszug]

Meier, Georg Friedrich: Vernunftlehre, Halle: Gebauer 1752; Neuausgabe hg. von Günter Schenk,

Halle: Hallescher Verlag 1997 [Meier, Vernunftlehre]
Mellin, Georg Samuel: Encyclopädisches Wörterbuch der kritischen Philosophie oder Versuch einer fasslichen und vollständigen Erklärung der in Kants kritischen und dogmatischen Schriften enthaltenen Begriffe und Sätze, Züllichau: Friedrich Frommann 1797–1804 [Mellin, Encyclopädisches Wörterbuch der kritischen Philosophie]
Mendelssohn, Moses: Phädon oder über die Unsterblichkeit der Seele (1767), in: ders.: Gesammelte Schriften. Jubiläumsausgabe, Bd. 2, Stuttgart-Bad Cannstatt: Frommann-Holzboog 1972, 5–128 [Mendelssohn, Phädon]
Mensch, Jennifer: „Kant on Truth", in: Idealistic Studies 34, 2004, 163–172 [Mensch, Kant]
Menzel, Alfred: „Die Stellung der Mathematik in Kants vorkritischer Philosophie", in: Kant-Studien 16, 1911, 139–213 [Menzel, Die Stellung der Mathematik]
Michalson, Gordon E.: Fallen Freedom. Kant on Radical Evil and Moral Regeneration, Cambridge: Cambridge University Press 1990 [Michalson, Fallen Freedom]
Milz, Bernhard: Der gesuchte Widerstreit. Die Antinomie in Kants ‚Kritik der praktischen Vernunft', Berlin u. a.: de Gruyter 2002 [Milz, Widerstreit]
Mittelstaedt, Peter: „The Constitution of Objects in Kant's Philosophy and in Modern Physics", in Parrini, Paolo (Hg.): Kant and Contemporary Epistemology, Dordrecht u. a.: Kluwer Academic Publishers 1994, 115–129 [Mittelstaedt, The Constitution of Objects]
Mittelstaedt, Peter / Strohmeyer, Ingeborg: „Die kosmologischen Antinomien in der Kritik der reinen Vernunft und die moderne physikalische Kosmologie", in: Kant-Studien 81, 1990, 145–169 [Mittelstaedt/Strohmeyer, Antinomien]
Model, Anselm: „Zur Bedeutung und Ursprung von ‚übersinnlich' bei Immanuel Kant", in: Archiv für Begriffsgeschichte 30, 1986 / 87, 183–191 [Model, Bedeutung von ‚übersinnlich']
Mohr, Georg: „Personne, Personnalité et Liberté dans la ‚Critique de la raison pratique'", in: Revue Internationale de Philosophie 166, 1988, 289–319 [Mohr, Personne]
Mohr, Georg: Das sinnliche Ich. Innerer Sinn und Bewußtsein bei Kant, Würzburg: Königshausen & Neumann 1991 [Mohr, Das sinnliche Ich]
Mohr, Georg: Kants Grundlegung der kritischen Philosophie. Werkkommentar und Stellenkommentar zur Kritik der reinen Vernunft, zu den Prolegomena und zu den Fortschritten der Metaphysik, in: Kant, Immanuel: Theoretische Philosophie. Texte und Kommentar, Bd. 3, hg. von Georg Mohr, Frankfurt/M.: Suhrkamp 2004 [Mohr, Werkkommentar]
Muchnik, Pablo: „An Alternative Proof of the Universal Propensity to Evil", in: Anderson-Gold, Sharon / Muchnik, Pablo (Hg.): Kant's Anatomy of Evil, Cambridge u. a.: Cambridge University Press 2010, 116–143 [Muchnik, An Alternative Proof]
Mühlhölzer, Felix: „Das Phänomen der inkongruenten Gegenstücke aus Kantischer und heutiger Sicht", in: Kant-Studien 83, 1992, 436–453 [Mühlhölzer, Das Phänomen der inkongruenten Gegenstücke]
Munzel, Felicitas: Kant's Conception of Moral Character. The „Critical" Link of Morality, Anthropology, and Reflective Judgment, Chicago: The University of Chicago Press 1999 [Munzel, Kant's Conception]
Munzel, G. Felicitas: Kant's Conception of Pedagogy. Towards Education for Freedom, Evanston: Northwestern University Press 2012 [Munzel, Kant's Conception of Pedagogy]
Natorp, Paul, Gesammelte Abhandlungen zur Sozialpädagogik. 1. Abt.: Historisches, Stuttgart: Frommann 1907 [Natorp, Sozialpädagogik]
Natorp, Paul: Die logischen Grundlagen der exakten Wissenschaften, Leipzig u. a.: B. G. Teubner 1910 [Natorp, Die logischen Grundlagen]
Neiman, Susan: The Unity of Reason. Rereading Kant, New York: Oxford University Press 1994 [Neiman, Unity of Reason]
Nelson, Leonard: Kritik der praktischen Vernunft, in: ders.: Vorlesungen über die Grundlagen der Ethik, Leipzig: Veit 1917, Bd. 1 [Nelson, Kritik der praktischen Vernunft]
Newton, Isaac: Mathematical principles of natural philosophy and his system of the world, hg. von Florian Cajori, Berkeley: University of California Press 1962 [Newton, Principia]
Newton, Isaac: Opticks, in: Newton, Isaac: Opera quae exstant omnia, hg. von S. Horsley, London 1779–1785, Bd. 4; Nachdruck: Stuttgart-Bad

Cannstatt: Frommann-Holzboog 1964 [Newton, Opticks ND]

Newton, Isaac: Philosophiae naturalis Principia mathematica. The third edition (1726) with variant readings, hg. von Alexandre Koyré und I. Bernard Cohen, Cambridge, Mass.: Harvard University Press 1972 [Newton, Principia mathematica]

Niethammer, Arnolf: Kants Vorlesung über Pädagogik. Freiheit und Notwendigkeit in Erziehung und Entwicklung, Frankfurt/M.: Lang 1980 [Niethammer, Vorlesung]

Nortmann, Ulrich: „Kants Urteilstafel und die Vollständigkeitsfrage", in: Zeitschrift für philosophische Forschung 52, 1998, 406–421 [Nortmann, Vollständigkeitsfrage]

Nussbaum, Martha C.: Poetic Justice. The Literary Imagination and Public Life, Boston: Beacon Press 1996 [Nussbaum, Poetic Justice]

O'Neill, Onora: „Consistency in Action", in: dies.: Constructions of Reason. Explorations of Kant's Practical Philosophy, Cambridge: Cambridge University Press 1989, 81–104 [O'Neill, Consistency]

O'Neill, Onora: „Kant after Virtue", in: Inquiry 26, 1983, 387–405 [O'Neill, Kant after Virtue]

O'Neill, Onora: Constructions of Reason. Explorations of Kant's Practical Philosophy, Cambridge: Cambridge University Press 1989 [O'Neill, Constructions of Reason]

Oberer, Hariolf: „Sittengesetze und Rechtsgesetze a priori", in: ders. (Hg.): Kant. Analysen, Probleme, Kritik, Bd. 3, Würzburg: Königshausen und Neumann 1997, 157–200 [Oberer, Sittengesetze]

Oberhausen, Michael: Das neue Apriori. Kants Lehre von einer „ursprünglichen Erwerbung" apriorischer Vorstellungen. Stuttgart-Bad Cannstatt: Frommann-Holzboog 1997 [Oberhausen, Das neue Apriori]

Paley, William: Natural Theology or Evidence of the Existence and Attributes of the Deity, collected from the appearances of nature (1802), hg. von Matthew D. Eddy / David Knight, Oxford: Oxford University Press 2006 [Paley, Natural Theology]

Parsons, Charles: „Kant's Philosophy of Arithmetic", in: ders.: Mathematics in Philosophy. Selected Essays, Ithaca u. a.: Cornell University Press 1983, 110–149 (ursprünglich in: Morgenbesser, Sidney / Suppes, P. / White, M. (Hg.): Philosophy, Science, and Method, New York: St. Martin's Press 1969, 568–594) [Parsons, Kant's Philosophy of Arithmetic]

Paton, Herbert J.: Kant's Metaphysic of Experience. A Commentary of the First Half of the „Kritik der reinen Vernunft", 2 Bde, London: Allen & Unwin 1936 [Paton, Kant's Metaphysic of Experience]

Paton, Herbert J.: The Categorical Imperative. A Study in Kant's Moral Philosophy, London: Hutchinson 1947; dt.: Der kategorische Imperativ – Eine Untersuchung über Kants Moralphilosophie, Berlin u. a.: de Gruyter 1962 [Paton, Der kategorische Imperativ]

Patt, Walter: Transzendentaler Idealismus. Kants Lehre von der Subjektivität der Anschauung in der Dissertation von 1770 und in der „Kritik der reinen Vernunft", Berlin u. a.: de Gruyter 1987 [Patt, Transzendentaler Idealismus]

Patzig, Georg: Kant: „Wie sind synthetische Urteile a priori möglich?", in: Speck, Josef (Hg.): Grundprobleme der großen Philosophen. Philosophie der Neuzeit II, Göttingen: Vandenhoeck & Ruprecht 1976 (^{2}1982), 9–70 [Patzig, Synthetische Urteile]

Peijnenberg, Jeanne: „Formal Proof or Linguistic Process? Beth and Hintikka on Kant's use of ‚Analytic'", in: Kant-Studien 85, 1994, 160–178 [Peijnenberg, Formal Proof]

Pendlebury, Michael: „Making Sense of Kant's Schematism", in: Philosophy and Phenomenological Research 55, 1995, 777–797 [Pendlebury, Making Sense]

Perrault, Charles: Parallèle des Anciens et des Modernes en ce qui regarde les Arts et les Sciences (1688–1697); Nachdruck mit einleitender Abh. von Hans-Robert Jauss, München: Eidos 1964 [Perrault, Parallèle]

Picht, Georg: Kants Religionsphilosophie, Stuttgart: Klett-Cotta 1985 [Picht, Kants Religionsphilosophie]

Pinder, Tillmann: „Einleitung (zu den Unveröffentlichten Nachschriften)", in: Kant, Immanuel: Logik-Vorlesung. Unveröffentlichte Nachschriften, hg. von Tillmann Pinder, Hamburg: Meiner 1998 [Pinder, Einleitung]

Pinloche, Auguste: Geschichte des Philanthropinismus, Leipzig: Friedrich Brandstetter 1896 [Pinloche, Philanthropismus]

Pippin, Robert B.: Kant's Theory of Form. An Essay on the Critique of Pure Reason, New Haven: Yale University Press 1982 [Pippin, Theory of Form]

Plaass, Peter: Kants Theorie der Naturwissenschaft. Eine Untersuchung zur Vorrede von Kants „Metaphysischen Anfangsgründen der Naturwissenschaft", Göttingen: Vandenhoeck 1965 [Plaass, Kants Theorie der Naturwissenschaft]

Planck, Max: „Die Kausalität der Natur", Stuttgart: Hirzel ^{5}1949; Nachdruck in: ders.: Vorträge und Erinnerungen, Darmstadt: Wissenschaftliche Buchgesellschaft 1983, 250–269 [Planck, Kausalität]

Platner, Ernst: Anthropologie für Ärzte und Weltweise, Leipzig: Dyckische Buchhandlung 1772 [Platner, Anthropologie]

Plotinus: Ennead VI. 6–9, with an English Translation by A. H. Armstrong, Cambridge (Mass.) u. a.: Loeb 1988 [Plotin, Enneaden]

Pollok, Konstantin: Kants „Metaphysische Anfangsgründe der Naturwissenschaft". Ein kritischer Kommentar, Hamburg: Meiner 2001 [Pollok, Kants MAN]

Popper, Karl: Conjectures and Refutations, London: Routledge and Kegan Paul 1989; dt.: ders.: Vermutungen und Widerlegungen, Tübingen: Mohr 1994 [Popper, Vermutungen]

Pöschl, Viktor: „Der Begriff der Würde im antiken Rom und später", in: Sitzungsberichte der Heidelberger Akademie der Wissenschaften. Philosophisch-historische Klasse 3, 1989 7–67 [Pöschl, Würde]

Poser, Hans: Wissenschaftstheorie, Stuttgart: Reclam 2001 [Poser, Wissenschaftstheorie]

Posy, Carl J. (Hg.): Kant's Philosophy of Mathematics: Modern Essays, Dordrecht/Boston: Kluwer 1992 [Posy, Kant's Philosophy of Mathematics]

Posy, Carl J.; „The Language of Appearances and Things in Themselves", in: Synthese 47, 1981, 313–352 [Posy, Language]

Pozzo, Riccardo: Georg Friedrich Meiers „Vernunftlehre". Eine historisch-systematische Untersuchung, Stuttgart: Frommann-Holzboog 2000 [Pozzo, Meiers Vernunftlehre]

Prauss, Gerold: „Für sich selber praktische Vernunft", in: Schönrich, Gerhard / Kato, Yasushi (Hg.): Kant in der Diskussion der Moderne, Frankfurt am Main: Suhrkamp 1996, 268–280 [Prauss, Für sich selber praktische Vernunft]

Prauss, Gerold: „Zum Wahrheitsproblem bei Kant", in: Kant-Studien 60, 1969, 166–182 [Prauss, Wahrheitsproblem]

Prauss, Gerold: Die Welt und wir, Stuttgart: Metzler 1990ff. [Prauss, Die Welt und wir]

Prauss, Gerold: Erscheinung bei Kant. Ein Problem der „Kritik der reinen Vernunft", Berlin u. a.: de Gruyter 1971 [Prauss, Erscheinung]

Prauss, Gerold: Kant über Freiheit als Autonomie, Frankfurt/M.: Klostermann 1983 [Prauss, Freiheit als Autonomie]

Prauss, Gerold: Kant und das Problem der Dinge an sich, Bonn: Bouvier 1974 [Prauss, Dinge an sich]

Prichard, H. A.: Kant's Theory of Knowledge, Oxford: Clarendon Press 1909 [Prichard, Theory of Knowledge]

Prien, Bernd: „Komparation, Reflexion und Abstraktion", in: Prien, Bernd / Scholz, Oliver R. / Suhm, Christian (Hg.): Das Spektrum der kritischen Philosophie Immanuel Kants. Eine Münsteraner Ringvorlesung zum Kant-Jahr 2004, Berlin: Lit 2006, 47–61 [Prien, Komparation]

Prien, Bernd: Kants Logik der Begriffe. Die Begriffslehre der formalen und transzendentalen Logik Kants, Berlin u. a.: de Gruyter 2006 [Prien, Logik der Begriffe]

Priestley, Joseph: Disquisitions relating to Matter and Spirit, London: Johnson 1777 [Priestley, Disquisitions]

Pufendorf, Samuel von: De officio hominis et civis prout ipsi praescribuntur lege naturali, 1673; Nachdruck: Buffalo NY: Hein 1995; dt.: Über die Pflicht des Menschen und des Bürgers nach dem Gesetz der Natur, hg. von Heinrich Maier / Michael Stolleis, Frankfurt/M.: Insel 1994 [Pufendorf, Über die Pflicht des Menschen]

Puster, Rolf W.: „Urteilskraft", in: Ritter, Joachim / Gründer, Karlfried / Gabriel, Gottfried (Hg.): Historisches Wörterbuch der Philosophie, Bd. 11, Basel: Schwabe 2001, 479–485 [Puster, Urteilskraft]

Putnam, Hilary: Reason, Truth and History, Cambridge: Cambridge University Press 1981 [Putnam, Reason, Truth, and History]

Pütter, Johann Stephan: Anleitung zur juristischen Praxi wie in Teutschland sowohl gerichtliche als außergerichtliche Rechtshändel oder andere Kanzley- Reichs- und Staats-Sachen schriftlich oder mündlich verhandelt, und in Archiven beygeleget werden, Göttingen: Vandenhoeck und Ruprecht [4]1780 [Pütter, Anleitung]

Quarfood, Marcel: Transcendental Idealism and the Organism. Essays on Kant, Stockholm: Almqvist & Wiksell 2004 [Quarfood, Transcendental Idealism]

Quine, Willard Van Orman: „Two Dogmas of Empiricism", in: ders.: From a Logical Point of View, Cambridge, Mass.: Harvard University Press 1953 [Quine, Two Dogmas of Empiricism]

Rawls, John: Eine Theorie der Gerechtigkeit, Frankfurt/M.: Suhrkamp 1976 [Rawls, Theorie der Gerechtigkeit]

Ray, John: The Wisdom of God manifested in the works of creation. Being the substance of some common places delivered in the Chappell of Trinity College in Cambridge, London: Samuel Smith 1691 [Ray, Wisdom of God]

Reath, Andrews: „Kant's Theory of Moral Sensibility. Respect for the Moral Law and the Influence of Inclination", in: Kant-Studien 80, 1989, 284–302; wieder abgedruckt in: ders.: Agency and Autonomy in Kant's Moral Theory. Selected Essays, Oxford: Oxford University Press 2006, 8–32 [Reath, Kant's Theory of Moral Sensibility]

Reath, Andrews: „Legislating for a Realm of Ends: The Social Dimension of Autonomy", in: Reath, Andrews / Herman, Barbara / Korsgaard, Christine (Hg.): Reclaiming the History of Ethics: Essays for John Rawls, Cambridge: Cambridge University Press 1997, 214–239 [Reath, Realm of Ends]

Recki, Birgit: Ästhetik der Sitten: die Affinität von ästhetischem Gefühl und praktischer Vernunft bei Kant, Frankfurt/M.: Klostermann 2001 [Recki, Ästhetik der Sitten]

Redmann, Horst-Günter: Gott und die Welt. Die Schöpfungstheologie der vorkritischen Periode Kants, Göttingen: Vandenhoeck & Ruprecht 1962 [Redmann, Gott und die Welt]

Rees, Martin: Before the Beginning, Cambridge/Mass.: Perseus 1998 [Rees, Before the Beginning]

Reich, Klaus: „Die Vollständigkeit der kantischen Urteilstafel", in: ders.: Gesammelte Schriften, hg. von Manfred Baum u. a., Hamburg: Meiner 2001, 3–112 [Reich, Vollständigkeit 2001]

Reich, Klaus: Die Vollständigkeit der kantischen Urteilstafel, Hamburg: Meiner [3]1986 ([1]1932; [2]1948) [Reich, Vollständigkeit]

Reichenbach, Hans: Relativitätstheorie und Erkenntnis Apriori, Berlin: Springer 1920; Nachdruck in: Gesammelte Werke, hg. von Andreas Kamlah / Maria Reichenbach, Braunschweig: Vieweg 1979, Bd. 3, 193–302 [Reichenbach, Relativitätstheorie]

Reid, Thomas: An inquiry into the Human Mind on the Principles of Common Sense (1764), hg. von Dreek Brookes, Edinburgh: Edinburgh University Press 1997 [Reid, Inquiry into the Human Mind]

Reinhold, Karl Leonhard: Erörterung des Begriffes von der Freiheit des Willens, Leipzig 1792; Textauszug in: Bittner, Rüdiger / Cramer, Konrad (Hg.): Materialien zu Kants „Kritik der praktischen Vernunft", Frankfurt/M.: Suhrkamp 1975, 252–274 [Reinhold, Freiheit des Willens]

Reinhold, Karl Leonhard: Briefe über die Kantische Philosophie, 2 Bde, Leipzig: Göschen 1790–1792; in: ders., Gesammelte Schriften. Kommentierte Ausgabe, hg. von Martin Bondeli, Bd. 2, Basel: Schwabe 2007 [Reinhold, Briefe über die Kantische Philosophie]

Renaut, Alain: „Transzendentale Dialektik. Einleitung und Buch I", in: Mohr, Georg / Willaschek, Marcus (Hg.): Immanuel Kant. Kritik der reinen Vernunft, Berlin: Akademie 1998, 353–369 [Renaut, Dialektik]

Riehl, Alois: Der philosophische Kriticismus und seine Bedeutung für die positive Wissenschaft, Bd. 1, Geschichte und Methode des philosophischen Kriticismus, Leipzig: Engelmann 1876 [Riehl, Der philosophische Kriticismus]

Riemann, Bernhard: Über die Hypothesen, welche der Geometrie zu Grunde liegen (1854), in: ders.: Gesammelte mathematische Werke, wissenschaftlicher Nachlass und Nachträge, nach der Ausgabe von Heinrich Weber und Richard Dedekind neu hg. von Raghavan Narasimhan, Berlin u. a.: Springer und Leipzig: Teubner 1990, 272–287 [Riemann, Über die Hypothesen, welche der Geometrie zu Grunde liegen]

Risse, Wilhelm, „Logik", in: Ritter, Joachim / Gründer, Karlfried / Gabriel, Gottfried (Hg.): Historisches Wörterbuch der Philosophie, Bd. 5, Darmstadt: Wissenschaftliche Buchgesellschaft 1980, 357–362 [Risse, Logik]

Ritter, Christian: Der Rechtsgedanke Kants nach den frühen Quellen, Frankfurt/M.: Klostermann 1971 [Ritter, Rechtsgedanke]

Ritzel, Wolfgang: Philosophie und Pädagogik im 20. Jahrhundert, Darmstadt: Wissenschaftliche Buchgesellschaft 1980 [Ritzel, Philosophie]

Rosefeldt, Tobias: „Dinge an sich und sekundäre Qualitäten", in: Stolzenberg, Jürgen (Hg.): Kant in der Gegenwart, Berlin u. a.: de Gruyter 2007, 161–203 [Rosefeldt, Dinge an sich]

Rosefeldt, Tobias: Das logische Ich. Kant über den Gehalt des Begriffes von sich selbst, Berlin: Philo Verlag 2000 [Rosefeldt, Das logische Ich]

Ross, William D.: The Right and the Good, Oxford: Oxford University Press 2004 ([1]1930) [Ross, The Right and the Good]

Rousseau, Jean-Jacques: Émile ou De l'éducation, Paris u. a. 1762; in: ders.: Œuvres complètes, hg. von Bernard Gagnebin und Marcel Raymond, Bd. 4, Paris: Gallimard 1969, 241–868 [Rousseau, Émile]

Rousseau, Jean-Jacques: Discours sur les sciences et les arts (1750), in: ders.: Œuvres Complètes, hg. von Bernard Gagnebin und Marcel Raymond, Bd. 3, Paris: Gallimard 1964, 1–107 [Rousseau, Discours]

Rousseau, Jean-Jacques: Discours sur l'origine et les fondements de l'inégalité parmi les hommes (1755), in: ders.: Œuvres Complètes, hg. von Bernard Gagnebin und Marcel Raymond, Bd. 3, Paris: Gallimard 1964, 109–237 [Rousseau, Discours sur l'inégalité]

Rousseau, Jean-Jacques: Du contrat social ou principes du droit politique (1762), in: ders.: Œuvres complètes, hg. von Bernard Gagnebin und Marcel Raymond, Bd. 3, Paris: Gallimard 1969; dt.: Rousseau, Jean-Jacques: Vom Gesellschaftsvertrag oder Grundsätze des Staatsrechts, übers. und hg. von Hans Brockard, Stuttgart: Reclam 2008 [Rousseau, Contrat social]

Ruberg, Christiane: Wie ist Erziehung möglich? Moralerziehung bei den frühen pädagogischen Kantianern, Bad Heilbrunn/Obb.: Klinkhardt 2002 [Ruberg, Moralerziehung]

Saint-Pierre, Charles-Irénée Castel de (Abbé de Saint-Pierre): Projet pour rendre la paix perpétuelle en Europe, Utrecht: Schouten 1713 [Abbé de Saint-Pierre, Projet pour rendre la paix perpétuelle en Europe]

Sala, Giovanni B.: Kant und die Frage nach Gott. Gottesbeweise und Gottesbeweiskritik in den Schriften Kants, Berlin u. a.: de Gruyter 1990 [Sala, Kant und die Frage nach Gott]

Santeler, Josef: Die Grundlegung der Menschenwürde bei Immanuel Kant. Eine systematisch kritische Studie, Innsbruck: Sprachwissenschaftliches Institut der Leopold-Franzens-Universität 1962 [Santeler, Menschenwürde]

Santotzki, Ulrike: Die Bedeutung antiker Theorien für die Genese und Systematik von Kants Philosophie. Eine Analyse der drei Kritiken, Berlin u. a.: de Gruyter 2006 [Santozki, Bedeutung antiker Theorien]

Sarmiento, Gustavo: „On Kant's definition of the monad in the *Monadologia physica* of 1756", in: Kant-Studien 96, 2005, 1–19 [Sarmiento, Kant's definition of the monad]

Schadow, Steffi: Achtung für das Gesetz. Moral und Motivation bei Kant, Berlin u. a.: de Gruyter 2013 [Schadow, Achtung für das Gesetz]

Schelling, Friedrich Wilhelm Joseph: Allgemeine Uebersicht der neuesten philosophischen Literatur (1797), in: Friedrich Wilhelm Joseph Schelling. Historisch-Kritische Ausgabe, hg. von Wilhelm G. Jacobs / Hermann Krings / Hermann Zeltner, Stuttgart-Bad Cannstatt: Frommann-Holzboog 1976ff., Bd. I.4, 1–190 [Schelling, Allgemeine Uebersicht]

Schelling, Friedrich Wilhelm Joseph: Philosophische Briefe über Dogmatismus und Kritizismus (1795), in: Friedrich Wilhelm Joseph Schelling. Historisch-Kritische Ausgabe, hg. von Wilhelm G. Jacobs / Hermann Krings / Hermann Zeltner, Stuttgart-Bad Cannstatt: Frommann-Holzboog 1976ff., Bd. I.3, 1–112 [Schelling, Philosophische Briefe]

Schiller, Friedrich: „Über Anmut und Würde", in: ders.: Sämtliche Werke. Bd. 5: Philosophische Schriften / Vermischte Schriften, München: Winkler 1975, 231–285 [Schiller, Anmut]

Schiller, Friedrich: Über die ästhetische Erziehung des Menschen. Briefe an den Augustenburger, Ankündigung der „Horen" und letzte, verbesserte Fassung, hg. von Wolfhart Henckmann, München: Fink 1967 [Schiller, Ästhetische Erziehung]

Schmidt, Doris: Ansätze zu einer systematischen

Pädagogik bei Immanuel Kant und den frühen pädagogischen Kantianern, Bamberg: Gräbner 1981 [Schmidt, Ansätze]

Schmucker-Hartmann, Josef: Der Widerspruch von Vorstellung und Gegenstand. Zum Kantverständnis von Jakob Sigismund Beck, Meisenheim/Gl.: Hain 1976 [Schmucker-Hartmann, Der Widerspruch von Vorstellung und Gegenstand]

Schmucker, Josef: Das Weltproblem in Kants Kritik der reinen Vernunft, Bonn: Bouvier 1990 [Schmucker, Weltproblem]

Schmucker, Josef: Die Ontotheologie des vorkritischen Kant, Berlin u. a.: de Gruyter 1980 [Schmucker, Die Ontotheologie des vorkritischen Kant]

Schmucker, Josef: Die Ursprünge der Ethik Kants in seinen vorkritischen Schriften und Reflexionen, Meisenheim/Gl.: Hain 1961 [Schmucker, Ursprünge]

Schmucker, Josef: Kants vorkritische Kritik der Gottesbeweise. Ein Schlüssel zur Interpretation des theologischen Hauptstücks der transzendentalen Dialektik der reinen Vernunft, Mainz: Akad. der Wiss. und der Literatur 1983 [Schmucker, Kants vorkritische Kritik der Gottesbeweise]

Schneiders, Werner: Aufklärung und Vorurteilskritik. Studien zur Geschichte der Vorurteilstheorie, Stuttgart-Bad Cannstatt: Frommann-Holzboog 1983 [Schneiders, Aufklärung und Vorurteilskritik]

Scholz, Oliver R.: „Aufklärung: Von der Erkenntnistheorie zur Politik – Das Beispiel Immanuel Kant", in: Philosophiegeschichte und logische Analyse 9, 2006, 156–172 [Scholz, Aufklärung]

Schönecker, Dieter: Kant: *Grundlegung* III: Die Deduktion des kategorischen Imperativs, Freiburg u. a.: Alber 1999 [Schönecker, Grundlegung III]

Schönecker, Dieter / Wood, Allen: Kants Grundlegung zur Metaphysik der Sitten. Ein einführender Kommentar, Paderborn: Schöningh 2002 [Schönecker/Wood, Kants Grundlegung]

Schopenhauer, Arthur: Die Welt als Wille und Vorstellung (1819/44), in: ders.: Sämtliche Werke, hg. von Arthur Hübscher, Bd. 2, Wiesbaden: Brockhaus 1972 [Schopenhauer, Welt als Wille und Vorstellung]

Schröpfer, Horst: Kants Weg in die Öffentlichkeit. Christian Gottfried Schütz als Wegbereiter der kritischen Philosophie, Stuttgart-Bad Cannstatt: Frommann-Holzboog 2003 [Schröpfer, Kants Weg]

Schulthess, Peter: Relation und Funktion. Eine systematische und entwicklungsgeschichtliche Untersuchung zur theoretischen Philosophie Kants, Berlin u. a.: de Gruyter 1981 [Schulthess, Relation und Funktion]

Schultz, Johann: Erläuterungen über des Herrn Professor Kant Critik der reinen Vernunft, Königsberg: Dengel 1784 (^{2}1791); Nachdruck Bruxelles: Culture et Civilisation 1968 [Schultz, Erläuterungen]

Schultz, Johann: Rezension von „Institutiones logicae et metaphysicae von Jo. Aug Henr. Ulrich", in: Allgemeine Litteratur-Zeitung 195, 13. 12. 1785, 297–299 (anonym) [Schultz, Rez. Institutiones]

Schüßler, Ingeborg: „Ethique et théologie dans la Critique de la faculté de juger", in: Revue de théologie et de philosophie 118, 1986, 337–372 [Schüßler, Ethique et théologie dans la Critique de la faculté de juger]

Schütz, Christian Gottfried: „Rezension von Johann Schulzes Erläuterungen in Beziehung auf Kants Kritik und Prolegomena", in: Allgemeine Literatur-Zeitung vom 12. bis 30. Juli 1785, wieder abgedruckt in: Landau, Albert (Hg.): Rezensionen zur Kantischen Philosophie 1781–87, Bebra: Landau 1991, 147–182 [Schütz, Rezension von Schulzes Erläuterungen]

Schwaiger, Clemens: „Denken des ‚Übersinnlichen' bei Kant. Zu Herkunft und Verwendung einer Schlüsselkategorie seiner praktischen Metaphysik", in: Fischer, Norbert (Hg.): Kants Metaphysik und Religionsphilosophie, Hamburg: Meiner, 2004, 331–345 [Schwaiger, Denken des ‚Übersinnlichen']

Schwaiger, Clemens: „Vollkommenheit als Moralprinzip bei Wolff, Baumgarten und Kant", in: ders.: Alexander Gottlieb Baumgarten – ein intellektuelles Porträt. Studien zur Metaphysik und Ethik von Kants Leitautor, Stuttgart-Bad Cannstatt: Frommann-Holzboog 2011, 155–165 [Schwaiger, Vollkommenheit]

Schwaiger, Clemens: Das Problem des Glücks im Denken Christian Wolffs. Eine quellen-, begriffs- und entwicklungsgeschichtliche Studie zu Schlüsselbegriffen seiner Ethik, Stuttgart-Bad Cannstatt: Frommann-Holzboog 1995 [Schwaiger, Das Problem des Glücks]

Schwartländer, Johannes: Der Mensch ist Person. Kants Lehre vom Menschen, Stuttgart u. a.: Kohlhammer 1968 [Schwartländer, Der Mensch ist Person]

Schwartz, Maria: Der Begriff der Maxime bei Kant. Eine Untersuchung des Maximenbegriffs in Kants praktischer Philosophie, Berlin: Lit Verlag 2006 [Schwartz, Maxime]

Schwarz, Gerhard: Est Deus in nobis. Die Identität von Gott und reiner praktischer Vernunft in Immanuel Kants ‚Kritik der praktischen Vernunft', Berlin: Verlag TU Berlin 2004 [Schwarz, Deus in nobis]

Seeberg, Ulrich: Ursprung, Umfang und Grenzen der Erkenntnis. Eine Untersuchung zu Kants transzendentaler Deduktion der Kategorien, Hamburg: Philo 2006 [Seeberg, Ursprung]

Seel, Gerhard: „Die Einleitung in die Analytik der Grundsätze, der Schematismus und die obersten Grundsätze", in: Mohr, Georg / Willaschek, Marcus (Hg.): Immanuel Kant. Kritik der reinen Vernunft, Berlin: Akademie Verlag 1998, 215–246 [Seel, Schematismus und oberste Grundsätze]

Seel, Gerhard: „Was sind und wozu braucht man Kategorien?", in: Koch, Dietmar / Bort, Klaus (Hg.): Kategorie und Kategorialität. Historisch-systematische Untersuchung zum Begriff der Kategorie im philosophischen Denken, Würzburg: Königshausen & Neumann 1990, 421–437 [Seel, Kategorien]

Seel, Gerhard: „Sind hypothetische Imperative analytische praktische Sätze?", in: Höffe, Otfried (Hg.): Grundlegung zur Metaphysik der Sitten. Ein kooperativer Kommentar, Frankfurt/M.: Klostermann, 1989, 148–171 [Seel, Analytische praktische Sätze]

Sellars, Wilfrid: Science and Metaphysics. Variations on Kantian Themes, London: Routledge and Kegan Paul 1967 [Sellars, Science and Metaphysics]

Sensen, Oliver: „Duties to Others from Respect (TL 6:462–468)", in: Trampota, Andreas / Sensen, Oliver / Timmermann, Jens (Hg.): Kant's ‚Tugendlehre'. A Comprehensive Commentary, Berlin u. a.: de Gruyter 2013, 343–364 [Sensen, Duties to Others from Respect]

Sextus Empiricus: Grundriss der pyrrhonischen Skepsis, übers. von Malte Hossenfelder, Frankfurt/M.: Suhrkamp 1968 [Sextus, Grundriss der pyrrhonischen Skepsis]

Shabel, Lisa: „Kant on the ‚Symbolic Construction' of Mathematical Concepts", in: Studies in History and Philosophy of Science 29, 1998, 589–621 [Shabel, Kant on the ‚Symbolic Construction']

Shaftesbury, Anthony Ashley Cooper, Third Earl of: The Moralists. A Philosophical Rhapsody, London 1709 [Shaftesbury, The Moralists]

Shapin, Steven: The Scientific Revolution, Chicago: University of Chicago Press 1996 [Shapin, Revolution]

Sher, Gila: „On the Possibility of a Substantive Theory of Truth", in: Synthese 117, 1999 133–172 [Sher, Possibility]

Sher, Gila: „In Search of a Substantive Theory of Truth", in: The Journal of Philosophy, 101, 2004, 5–36 [Sher, Search]

Sidgwick, Henry: „The Kantian Conception of Free Will", in: Mind 13, 1888, 405–412, mit einigen Auslassungen wieder abgedruckt in: ders.: The Methods of Ethics, London: Macmillan, [7]1907, 511–516 [Sidgwick, Kantian Conception of Free Will]

Sidgwick, Henry: The Methods of Ethics, London: Macmillan [7]1907; dt.: Die Methoden der Ethik, nach der 7. engl. Aufl. übertragen von Dr. Constantin Bauer, 2 Bde, Leipzig: Klinkhardt 1909 [Sigdwick, Ethik]

Simon, Josef: Kant: Die Fremde Vernunft und die Sprache der Philosophie, Berlin u. a.: de Gruyter 2003 [Simon, Fremde Vernunft]

Sklar, Lawrence: Space, Time, and Spacetime, Berkeley: University of California Press 1974 [Sklar, Space, Time, and Spacetime]

Solomon, Robert C.: Not Passion's Slave: Emotions and Choice, Oxford: Oxford University Press 2003 [Solomon, Not Passion's Slave]

Spalding, Johann Joachim: Betrachtung über die Bestimmung des Menschen, Greifswald: Weitbrecht [1]1748 [Spalding, Betrachtung über die Bestimmung des Menschen]

Spinoza, Benedictus de: Ethica, in: Opera, lat.-dt., Bd. 2, hg. von Konrad Blumenstock, Darmstadt: Wissenschaftliche Buchgesellschaft [2]1978 [Spinoza, Ethica]

Stark, Werner, „Neue Kant-Logiken. Zu gedruckten und ungedruckten Kolleghaften nach Kants Vorlesungen über Logik", in Brandt, Reinhard /

Stark, Werner (Hg.): Neue Autographen und Dokumente zu Kants Leben, Schriften und Vorlesungen, Hamburg: Meiner 1987, 123–164 [Stark, Kant-Logiken]

Stegmüller, Wolfgang: Wissenschaftliche Erklärung und Begründung. Probleme und Resultate der Wissenschaftstheorie und Analytischen Philosophie II, Berlin u. a.: Springer 1969 [Stegmüller, Erklärung]

Stern, Robert: „Does ‚Ought' Imply ‚Can'? And Did Kant Think It Does?“, in: Utilitas, 16, 2004, 42–61 [Stern, Does ‚Ought' Imply ‚Can'?]

Stevenson, Leslie: „Opinion, Belief or Faith, and Knowledge“, in: Kantian Review 7, 2003, 72–101 [Stevenson, Opinion]

Stierle, Karlheinz: „Geschmack“, in: Ritter, Joachim / Gründer, Karlfried / Gabriel, Gottfried (Hg.): Historisches Wörterbuch der Philosophie, Bd. 3, Basel: Schwabe 2001, 444–448 [Stierle, Geschmack]

Stolzenberg, Jürgen: „Das freie Spiel der Erkenntniskräfte. Zu Kants Theorie des Geschmacksurteils“, in: Franke, Ursula (Hg.): Kants Schlüssel zur Kritik des Geschmacks. Ästhetische Erfahrung heute – Studien zur Aktualität von Kants „Kritik der Urteilskraft“, Hamburg: Meiner 2000, 1–28 [Stolzenberg, Freies Spiel]

Strauß, Walter: Allgemeine Pädagogik als transzendentale Logik der Erziehungswissenschaft, Bern: Lang 1982 [Strauß, Logik]

Strawson, Peter F.: Die Grenzen des Sinns. Ein Kommentar zu Kants „Kritik der reinen Vernunft“, Frankfurt/M.: Hain 1992 [Strawson, Grenzen]

Strawson, Peter F.: The Bounds of Sense. An Essay on Kant's „Critique of Pure Reason“, London: Methuen 1966 [Strawson, The Bounds of Sense]

Strobach, Niko: „Qualifizierte Negation als Schlüssel zum Verständnis der 1. Antinomie in Kants KrV“, in: Gerhardt, Volker / Horstmann, Rolf-Peter / Schumacher, Ralph (Hg.): Kant und die Berliner Aufklärung. Akten des IX. Internationalen Kant-Kongresses, Berlin u. a.: de Gruyter 2001, Bd. 5, 94–105 [Strobach, Qualifizierte Negation]

Stroud, Barry: „Transcendental Arguments“, in: Journal of Philosophy 65, 1968, 350–366 [Stroud, Arguments]

Sturm, Thomas: „Kant über die dreifache Beziehung zwischen den Wissenschaften und der Philosophie“, in: Internationales Jahrbuch des Deutschen Idealismus, 8, 2010, 60–82 [Sturm, Beziehung]

Sturm, Thomas: Kant und die Wissenschaft vom Menschen, Paderborn: Mentis 2009 [Sturm, Wissenschaften]

Sturma, Dieter: „Die Paralogismen der reinen Vernunft in der zweiten Auflage (B406–432; A381–405)“, in: Mohr, Georg / Willaschek, Marcus (Hg.): Immanuel Kant. Kritik der reinen Vernunft, Berlin: Akademie Verlag 1998, 391–411 [Sturma, Die Paralogismen]

Sturma, Dieter: Philosophie der Person. Die Selbstverhältnisse von Subjektivität und Moralität, Paderborn: Schöningh 1997 [Sturma, Philosophie der Person]

Suárez, Francisco: Tractatus de fide theologica in 24 disputationes, in: ders.: Opera Omnia, Bd. 12, hg. von Charles Berton, Paris: Vivès 1858 [Suárez, Tractatus de fide]

Sugasawa, Tatsubumi: „Kants Privatrechtslehre nach dem kategorischen Imperativ – Intelligibler Besitz und Ulpians Formeln“, in: Rohden, Valerio u. a. (Hg.): Recht und Frieden in der Philosophie Kants. Akten des X. internationalen Kant-Kongresses, Bd. 4, Berlin u. a.: de Gruyter 2008, 701–714 [Sugasawa, Kants Privatrechtslehre]

Sullivan, Roger J.: An introduction to Kant's ethics, Cambridge: Cambridge University Press 1994 [Sullivan, Introduction to Kant's ethics]

Tafani, Daniela: Virtù e felicità in Kant, Firenze: Olschki 2006 [Tafani, Virtù e felicità]

Talmon, Jacob: Die Ursprünge der totalitären Demokratie, Köln: Westdeutscher Verlag 1961 [Talmon, Ursprünge]

Tetens, Holm: Kants ‚Kritik der reinen Vernunft'. Ein systematischer Kommentar, Stuttgart: Reclam 2006 [Tetens, Kritik der reinen Vernunft]

Tetens, Johann Nikolaus: Philosophische Versuche über die menschliche Natur und ihre Entwickelung, Leipzig: Weidmanns Erben und Reich 1777; Nachdruck Hildesheim: Olms 1979) [Tetens, Philosophische Versuche]

Theis, Robert: „Neuer Wein in alten Schläuchen. Kants Behandlung der rationalen Theologie in seinen Vorlesungen über Metaphysik aus den 60er und 70er Jahren“, in: Kohnen, Joseph (Hg.): Königsberg. Beiträge zu einem besonderen Kapitel der deutschen Geistesgeschichte des 18. Jahrhunderts, Frankfurt/M. u. a.: Lang 1994, 127–159 [Theis, Neuer Wein in alten Schläuchen]

Theis, Robert: Gott. Untersuchung zur Entwicklung des theologischen Diskurses in Kants Schriften zur theoretischen Philosophie bis hin zum Erscheinen der Kritik der reinen Vernunft, Stuttgart-Bad Cannstatt: Frommann-Holzboog 1994 [Theis, Gott]

Theis, Robert: La raison et son Dieu. Etude sur la théologie kantienne, Paris: Vrin 2012 [Theis, La raison et son Dieu]

Thiel, Udo: „Between Wolff and Kant: Merian's Theory of Apperception", in: Journal of the History of Philosophy 34, 1996, 213–232 [Thiel, Between Wolff and Kant]

Thöle, Bernhard, „Kants Diagnose der Illusionen der rationalen Psychologie", in: Chotas, Jiri / Karásek, Jindřich / Stolzenberg, Jürgen (Hg.): Metaphysik und Kritik. Interpretationen zur „Transzendentalen Dialektik", Würzburg: Königshausen & Neumann 2010, 99–116 [Thöle, Kants Diagnose]

Thöle, Bernhard: „Die Analogien der Erfahrung", in: Mohr, Georg / Willaschek, Marcus (Hg.): Immanuel Kant. Kritik der reinen Vernunft, Berlin: Akademie Verlag 1998, 267–296 [Thöle, Analogien]

Thöle, Bernhard: Kant und das Problem der Gesetzmäßigkeit der Natur, Berlin u. a.: de Gruyter 1991 [Thöle, Kant und das Problem der Gesetzmäßigkeit der Natur]

Thomas von Aquin: De ente et essentia. Das Seiende und das Wesen, Stuttgart: Reclam 1987 [Thomas von Aquin, De ente et essentia]

Thomas von Aquin: Quaestiones disputatae de veritate, in: ders.: Opera Omnia, Bd. 3, Stuttgart-Bad Cannstatt: Frommann-Holzboog 1980 [Thomas, Quaestiones]

Thomas von Aquin: Summa Theologiae, Rom u. a.: Editiones Paulinae 1961; dt: Thomas von Aquin: Die deutsche Thomas-Ausgabe / Summa theologica, vollst., ungekürzte dt.-lat. Ausg., übers. und kommentiert von Dominikanern und Benediktinern Deutschlands und Österreichs, Salzburg: Pustet u. a. 1933 ff. [Thomas, Summa theologica]

Timmermann, Jens: „Sollen und Können. ‚Du kannst, denn Du sollst' und ‚Sollen impliziert Können' im Vergleich", in: Philosophiegeschichte und logische Analyse, 6, 2003, 113–122 [Timmermann, Sollen und Können]

Timmermann, Jens: Sittengesetz und Freiheit: Untersuchungen zu Immanuel Kants Theorie des freien Willens, Berlin u. a.: de Gruyter 2003 [Timmermann, Sittengesetz und Freiheit]

Timmons, Mark: „Evil and Imputation in Kant's Ethics", in: Jahrbuch für Recht und Ethik 2, 1994, 113–141 [Timmons, Evil and Imputation]

Toepfer, Georg: Zweckbegriff und Organismus, Würzburg: Königshausen & Neumann 2004 [Toepfer, Zweckbegriff]

Tonelli, Giorgio: „'Critique' and Related Terms Prior to Kant: A Historical Survey", in: Kant-Studien 69, 1978, 119–148 [Tonelli, ‚Critique']

Trendelenburg, Adolf: „Über eine Lücke in Kants Beweis von der ausschliessenden Subjectivität des Raumes und der Zeit", in: ders. (Hg.): Historische Beiträge zur Philosophie, Bd. 3, Berlin: Bethge 1867, 215–276 [Trendelenburg, Lücke]

Tuschling, Burkhard: „Die Idee des transzendentalen Idealismus im späten Opus postumum", in: Forum für Philosophie Bad Homburg (Hg.): Übergang. Untersuchungen zum Spätwerk Immanuel Kants, Frankfurt/M.: Klostermann 1991, 105–145 [Tuschling, Idee des transzendentalen Idealismus]

Tuschling, Burkhard: Metaphysische und transzendentale Dynamik in Kants Opus postumum, Berlin u. a.: de Gruyter 1971 [Tuschling, Metaphysische und transzendentale Dynamik]

Ulrich, Johann August Heinrich: Institutiones logicae et metaphysicae, Jena: Cröker 1785 [Ulrich, Institutiones logicae et metaphysicae]

Vaihinger, Hans: Commentar zu Kants Kritik der reinen Vernunft, Bd. 1, Stuttgart: W. Spemann 1881; Bd. 2, Stuttgart u. a.: Union Deutsche Verlagsgesellschaft 1892 (^{2}1922) [Vaihinger, Commentar]

Van Cleve, James: Problems from Kant, New York u. a.: Oxford University Press 1999 [Van Cleve, Problems]

Van den Berg, Hein: „Kant's Conception of Proper Science", in: Synthese 183, 2011, 7–26 [Van den Berg, Kant's Conception]

Vasilyev, Vadim: „Kants dogmatische Wende in der ‚kritischen' Periode", in: Rohden, Valerio u. a. (Hg.): Recht und Frieden in der Philosophie Kants. Akten des X. internationalen Kant-Kongresses, Bd. 2, Berlin u. a.: de Gruyter 2008, 797–804 [Vasilyev, Kants dogmatische Wende]

Vogt, Theodor: Immanuel Kant. Über Pädagogik, Langensalza: Beyer ³1901 [Vogt, Pädagogik]

Vollmer, Gerhard: „Ist evolutive Selbstorganisation zu Leben und Bewußtsein doch denkbar?“, in: Hammacher, Klaus / Schottky, Richard / Schrader, Wolfgang (Hg.): Transzendentalphilosophie und Evolutionstheorie, Amsterdam: Rodopi 1992, 53–67 [Vollmer, Selbstorganisation]

Vollmer, Gerhard: „Kant und die Evolutionäre Erkenntnistheorie“, in: ders.: Was können wir wissen?, Bd. 1, Stuttgart: Hirzel 1985, 166–216 [Vollmer, Kant]

Vollmer, Gerhard: Evolutionäre Erkenntnistheorie, Stuttgart: Hirzel 1983 [Vollmer, Erkenntnistheorie]

Waibel, Violetta L.: „Transzendental ideal – empirisch real. Kant über Raum und Zeit“, in: Akten der IX. Internationalen Kant Tagung. Kant zwischen Ost und West, Bd. I, Kaliningrad 2006, 210–219 [Waibel, Transzendental ideal]

Walch, Johann Georg: Philosophisches Lexicon, hg. von Justus Christian Hennings, Leipzig: Gleditsch (1726) ⁴1775, 2 Bde; Nachdruck Hildesheim: Olms 1968 [Walch, Philosophisches Lexicon]

Walker, Ralph: The Coherence Theory of Truth: Realism, Anti-Realism, Idealism, London: Routledge 1989 [Walker, Coherence Theory]

Walsh, William Henry: „Kant's Conception of Scientific Knowledge“, in: Mind 49, 1940, 445–450 [Walsh, Kant's Conception]

Warnock, G. J.: „Concepts and Schematism“, in: Analysis 8, 1949, 77–82 [Warnock, Concepts]

Warren, Daniel: „Kant and the Apriority of Space“, in: The Philosophical Review 107, 1998, 179–224 [Warren, Apriority of Space]

Wartenberg, Thomas E.: „Reason and the Practice of Science“, in: Guyer, Paul (Hg.): The Cambridge Companion to Kant, Cambridge: Cambridge University Press 1992, 228–248 [Wartenberg, Reason]

Watkins, Eric (Hg.): Kant and the Sciences, New York: Oxford University Press [Watkins, Kant and the Sciences]

Watkins, Eric: „Die Antinomie der teleologischen Urteilskraft und Kants Ablehnung alternativer Teleologien (§§ 69–71 und §§ 72–73)“, in: Höffe, Otfried (Hg.): Immanuel Kant. Kritik der Urteilskraft, Berlin: Akademie 2008, 241–258 [Watkins, Antinomie]

Watkins, Eric: „The Antinomy of Practical Reason: Reason, the Unconditioned and the Highest Good“, in: Reath, Andrews / Timmermann, Jens (Hg.): Kant's Critique of Practical Reason: A Critical Guide. Cambridge: Cambridge University Press 2010, 145–167 [Watkins, Antinomy of Practical Reason]

Watkins, Eric: „Kant on Extension and Force: Critical Appropriations of Leibniz and Newton“, in: Lefèvre, Wolfgang (Hg.): Between Leibniz, Newton, and Kant, Dordrecht u. a.: Kluwer 2001, 111–127 [Watkins, Kant on Extension and Force]

Watkins, Eric: „Kant on Rational Cosmology“, in ders. (Hg.): Kant and the Sciences, Oxford: Oxford University Press 2001, 70–89 [Watkins, Kant on Rational Cosmology]

Watkins, Eric: „Kant's Third Analogy of Experience“, in: Kant-Studien 88, 1997, 406–441 [Watkins, Kant's Third Analogy of Experience]

Watkins, Eric: „Kant“, in: O'Connor, Timothy / Sandis, Constantine (Hg.): Blackwell's Companion to the Philosophy of Action, Oxford: Wiley-Blackwell 2010, 521–527 [Watkins, Kant]

Watkins, Eric: „On the Necessity and Nature of Simples: Leibniz, Wolff, Baumgarten, and the Pre-Critical Kant“, in: Oxford Studies in Early Modern Philosophy 3, 2006, 261–314 [Watkins, Simples]

Watkins, Eric: „The Argumentative Structure of Kant's Metaphysical Foundations of Natural Science“, in: Journal of the History of Philosophy 36, 1998, 567–593 [Watkins, Argumentative Structure]

Watkins, Eric: Kant and the Metaphysics of Causality, Cambridge u. a.: Cambridge University Press 2005 [Watkins, Metaphysics of Causality]

Weber, Max: Politik als Beruf, Stuttgart: Reclam 1992 [Weber, Politik als Beruf]

Weidemann, Hermann: „Kants Kritik am Eudämonismus und die Platonische Ethik“, in: Kant-Studien 92, 2001, 19–37 [Weidemann, Kants Kritik am Eudämonismus]

Weisskopf, Traugott: Immanuel Kant und die Pädagogik. Beiträge zu einer Monographie, Zürich: EVZ-Verlag 1970 [Weisskopf, Kant]

Weizsäcker, Carl Friedrich von: „Kants ‚Erste Analogie der Erfahrung‘ und die Erhaltungssätze der Physik“, in: Delius, Harald / Patzig, Günther (Hg.): Argumentationen. Festschrift für Josef König, Göttingen: Vandenhoeck & Ruprecht 1964, 256–275; wieder abgedruckt in: Prauss, Gerold (Hg.): Kant. Zur Deutung seiner Theorie von Erkennen und Handeln, Köln: Athenaeum 1973, 151–166 [Weizsäcker, Kants ‚Erste Analogie der Erfahrung‘]

Weizsäcker, Carl Friedrich von: Die Einheit der Natur, München: Hanser 1979 [Weizsäcker, Einheit]

Wendel, Hans Jürgen: „Apriorische Einsicht und metaphysische Notwendigkeit: Eine Auseinandersetzung mit Kripkes Kant-Kritik“, in: Kant-Studien 82, 1991, 63–80 [Wendel, Notwendigkeit]

Westphal, Kenneth. R.: „Human Consciousness and its Transcendental Conditions: Kant's Anti-Cartesian Revolt“, in Heinämaa, Sara / Lähteenmäki, Vili / Remes Pauliina (Hg.): Consciousness: From Perception to Reflection in the History of Philosophy, Dordrecht: Springer 2007, 223–243 [Westphal, Consciousness]

Wieland, Wolfgang: Urteil und Gefühl. Kants Theorie der Urteilskraft, Göttingen: Vandenhoeck & Ruprecht 2001 [Wieland, Urteil und Gefühl]

Wilkerson, T. E.: Kant's Critique of Pure Reason. A Commentary for Students, Oxford: Clarendon 1976 [Wilkerson, Critique]

Willaschek, Marcus: „Der transzendentale Idealismus und die Idealität von Raum und Zeit. Eine ‚lückenlose‘ Interpretation von Kants Beweis in der ‚Transzendentalen Ästhetik‘“, in: Zeitschrift für philosophische Forschung 51, 1997, 537–564 [Willaschek, Der transzendentale Idealismus]

Willaschek, Marcus: „Affektion und Kontingenz in Kants Transzendentalem Idealismus“, in: Schumacher, Ralph (Hg.): Idealismus als Theorie der Repräsentation?, Paderborn: Mentis 2001, 211–231 [Willaschek, Affektion]

Willaschek, Marcus: „Phaenomena/Noumena und die Amphibolie der Reflexionsbegriffe“, in: Mohr, Georg / Willaschek, Marcus (Hg.): Immanuel Kant, Kritik der reinen Vernunft, Berlin: Akademie Verlag 1998, 325–351 [Willaschek, Phaenomena/Noumena]

Willaschek, Marcus: „Why the Doctrine of Right does not belong in the Metaphysics of Morals. On some Basic Distinctions in Kant's Moral Philosophy“, in: Jahrbuch für Recht und Ethik 5, 1997, 205–227 [Willaschek, Why the Doctrine of Right]

Willaschek, Marcus: „Die Mehrdeutigkeit der kantischen Unterscheidung zwischen Ding an sich und Erscheinungen – Zur Debatte um Zwei-Aspekte- und Zwei-Welten-Interpretation des transzendentalen Idealismus“, in: Gerhardt, Volker / Horstmann, Rolf-Peter / Schumacher, Ralph (Hg.): Kant und die Berliner Aufklärung. Akten des IX. Internationalen Kant-Kongresses, Bd. 2, Berlin u. a.: de Gruyter 2001, 679–690 [Willaschek, Mehrdeutigkeit]

Willaschek, Marcus: Praktische Vernunft. Handlungstheorie und Moralbegründung bei Kant, Stuttgart: Metzler 1992 [Willaschek, Praktische Vernunft]

Williams, Bernard: Ethics and the Limits of Philosophy, Cambridge: Harvard University Press 1985 [Williams, Ethics and Limits of Philosophy]

Wimmer, Rainer: Kants kritische Religionsphilosophie, Berlin u. a.: de Gruyter 1990 [Wimmer, Kants kritische Religionsphilosophie]

Wimmer, Reiner: „Die Religionsphilosophie des ‚Opus postumum‘“, in: Ricken, Friedo / Marty, François (Hg.): Kant über Religion, Stuttgart u. a.: Kohlhammer 1992, 195–229 [Wimmer, Die Religionsphilosophie des Opus postumum]

Wimmer, Reiner: Universalisierung in der Ethik, Frankfurt/M.: Suhrkamp 1980 [Wimmer, Universalisierung]

Wind, Edgar: Das Experiment und die Metaphysik. Zur Auflösung der kosmologischen Antinomien, Frankfurt/M.: Suhrkamp ^{2}2001 [Wind, Experiment]

Wingendorf, Ralf: Kritische Modalphilosophie. Möglichkeit, Wirklichkeit und Notwendigkeit in der Kritik der reinen Vernunft, elektronisch publiziert unter: http://nbn-resolving.de/urn/resolver.pl?urn=urn:nbn:de:hbz:385-2833 [Wingendorf, Kritische Modalphilosophie]

Winkels, Theo: Kants Forderung nach Konstitution einer Erziehungswissenschaft, München: Profil 1984 [Winkels, Forderung]

Winter, Aloysius: „Der Gotteserweis aus praktischer Vernunft. Das Argument Kants und seine Tragfähigkeit vor dem Hintergrund der Vernunftkritik“, in: ders.: Der andere Kant. Zur philosophischen Theologie Immanuel Kants, Hildesheim: Olms 2000, 257–343 [Winter, Der Gotteserweis aus praktischer Vernunft]

Wizenmann, Thomas: „An den Herrn Professor Kant von dem Verfasser der Resultate Jakobischer und Mendelssohnscher Philosophie“, in: Deutsches Museum, Februar 1787, 116–156 [Wizenmann, An den Herrn Professor Kant]

Wolff-Metternich, Brigitta-Sophie von: Die Überwindung des mathematischen Erkenntnisideals: Kants Grenzbestimmung von Mathematik und Philosophie, Berlin u. a.: de Gruyter 1995 [Wolff-Metternich, Überwindung]

Wolff, Christian: Cosmologia generalis methodo scientifica pertractata, Frankfurt/M. u. a.: Renger 1737; Nachdruck Hildesheim: Olms 1964 [Wolff, Cosmologia]

Wolff, Christian: Discursus praeliminaris de philosophia in genere. Einleitende Abhandlung über Philosophie im allgemeinen. Historisch-kritische Ausgabe, übers., eingeleitet und hg. von Lothar Kreimendahl und Günter Gawlick, Stuttgart-Bad Cannstatt: Frommann-Holzboog 1996 [Wolff, Discursus praeliminaris]

Wolff, Christian: Grundsätze des Natur- und Völkerrechts worinn alle Verbindlichkeiten und alle Rechte aus der Natur des Menschen in einem beständigen Zusammenhange hergeleitet werden, Halle: Renger 1754; Nachdruck Hildesheim u. a.: Olms 1980 [Wolff, Grundsätze des Natur- und Völkerrechts]

Wolff, Christian: Philosophia prima sive ontologia: methodo scientifica pertractata, qua omnis cogitationis humanae principia continentur (^{2}1736); Nachdruck hg. von Jean Ecole u. a., Hildesheim: Olms 1977 [Wolff, Ontologia]

Wolff, Christian: Philosophia rationalis sive Logica, Frankfurt/M. u. a.: Renger 1740; Nachdruck Hildesheim: Olms 1983 [Wolff, Logica]

Wolff, Christian: Psychologia rationalis methodo scientifica pertractata, Frankfurt/M. u. a.: Renger 1740; Nachdruck Hildesheim: Olms 1972 [Wolff, Psychologia rationalis]

Wolff, Christian: Vernünfftige Gedancken von den Absichten der natürlichen Dinge, Frankfurt u. a.: Renger 1726; Nachdruck hg. von Hans Werner Arndt u. a., Hildesheim: Olms 1980 [Wolff, Deutsche Teleologie]

Wolff, Christian: Vernünfftige Gedancken von der Menschen Thun und Lassen zu Beförderung ihrer Glückseeligkeit, den Liebhabern der Wahrheit mitgetheilet, Halle: Renger 1720; Nachdruck Hildesheim et al.: Olms 2006 [Wolff, Deutsche Ethik]

Wolff, Christian: Vernünfftige Gedancken von Gott, der Welt und der Seele des Menschen, auch allen Dingen überhaupt, den Liebhabern der Wahrheit mitgetheilt, neue Auflage, hin und wieder vermehret, Halle: Renger 1751; Nachdruck mit einer Einleitung und einem kritischem Apparat von Charles A. Corr, Hildesheim: Olms 1983 [Wolff, Deutsche Metaphysik]

Wolff, Michael u. a.: „Diskussion im Anschluß an das Referat von M. Wolff“, in: Tuschling, Burkhard (Hg.): Probleme der Kritik der reinen Vernunft, Kant-Tagung Marburg 1981, Berlin u. a.: de Gruyter 1984, 203–226 [Wolff, Diskussion]

Wolff, Michael: „Der Begriff des Widerspruchs in der ‚Kritik der reinen Vernunft‘. Zum Verhältnis von formaler und transzendentaler Logik“, in: Tuschling, Burkhard (Hg.): Probleme der „Kritik der reinen Vernunft“. Kant-Tagung Marburg 1981, Berlin: de Gruyter 1984, 178–202 [Wolff, Der Begriff des Widerspruchs in der KrV]

Wolff, Michael: „Warum das Faktum der Vernunft ein Faktum ist. Auflösung einiger Verständnisschwierigkeiten in Kants Grundlegung der Moral“, in: Deutsche Zeitschrift für Philosophie 57, 2009, 511–549 [Wolff, Faktum der Vernunft]

Wolff, Michael: Die Vollständigkeit der kantischen Urteilstafel. Mit einem Essay über Freges Begriffsschrift, Frankfurt/M.: Klostermann 1995 [Wolff, Vollständigkeit]

Wolff, Michael: Geometrie und Erfahrung. Kant und das Problem objektiver Geltung der Euklidischen Geometrie, in: Gerhardt, Volker / Horstmann, Rolf-Peter / Schumacher, Ralph (Hg.): Kant und die Berliner Aufklärung. Akten des IX. Internationalen Kant-Kongresses, Bd. 1, Berlin u. a.: 2001, 209–232 [Wolff, Geometrie und Erfahrung]

Wolff, Robert Paul: Kant's Theory of Mental Activity: A Commentary on the Transcendental Analytic of the ‚Critique of Pure Reason‘, Cambridge/Ma.: Harvard University Press 1963 [Wolff, Kant's Theory of Mental Activity]

Wolff, Robert Paul: The Autonomy of Reason. A Commentary on Kant's *Groundwork of the*

Metaphysics of Morals, New York: Harper & Row 1973 [Wolff, Autonomy of Reason]

Wong, Wing-Chun: „Kant's Conception of Ether as a Field in the Opus postumum", in: Proceedings of the Eighth International Kant Congress, Memphis: Marquette University Press 1995, Bd. 2, 405–411 [Wong, Kant's Conception of Ether]

Wood, Allen W.: Kant's Ethical Thought, Cambridge: Cambridge University Press 1999 [Wood, Kant's Ethical Thought]

Wood, Allen W.: Kant's Rational Theology, Ithaca u. a.: Cornell University Press 1978 [Wood, Kant's Rational Theology]

Wood, Allen: „The Final Form of Kant's Practical Philosophy", in: Timmons, Mark (Hg.): Kant's Metaphysics of Morals, Oxford u. a.: Oxford University Press 2002, 1–21. [Wood, The Final Form]

Wright, Georg Henrik von: Norm and Action. A Logical Enquiry, London: Routledge and Kegan Paul 1963; dt. Übers.: Norm und Handlung. Eine logische Untersuchung, Königstein/Taunus: Scriptor Verlag 1979 [von Wright, Norm und Handlung]

Wunderlich, Falk: Kant und die Bewusstseinstheorien des 18. Jahrhunderts, Berlin u. a.: de Gruyter 2005 [Wunderlich, Kant und die Bewusstseinstheorien]

Wundt, Max: Die deutsche Schulphilosophie im Zeitalter der Aufklärung, Tübingen: Mohr (Siebeck) 1945; Nachdruck: Hildesheim u. a.: Olms 1992 [Wundt, Schulphilosophie]

Wundt, Max: Kant als Metaphysiker, Hildesheim: Olms 1984 ([1]1924) [Wundt, Kant als Metaphysiker]

Zammito, John H.: „Teleology Then and Now. The Question of Kant's Relevance for Contemporary Controversies over Function in Biology", in: Studies in History and Philosophy of Biological and Biomedical Sciences 37, 2006, 748–770 [Zammito, Teleology]

Zammito, John H.: The Genesis of Kant's Critique of Judgment, Chicago u. a.: The University of Chicago Press 1992 [Zammito, Genesis]

Zantwijk, Temilo van: „Urteil", Historischen Wörterbuch der Philosophie, Bd. 11, hg. von Karlfried Gründer, Basel: Schwabe 2001, 430–436 [Zantwijk, Urteil]

Zöller, Günter: „Main Developments in Recent Scholarship on the *Critique of Pure Reason*", in: Philosophy and Phenomenological Research 52, 1993, 445–466 [Zöller, Developments]

Zotta, Franco: „Kant und der Sozialstaat", in: Kühnel, Martin / Reese-Schäfer, Walter / Rüdiger, Axel (Hg.): Modell und Wirklichkeit, Anspruch und Wirkung politischen Denkens. Festschrift für Richard Saage zum 60. Geburtstag, Halle: Mitteldeutscher Verlag 2001, 67–78 [Zotta, Sozialstaat]

Autorenverzeichnis

A

Michael Albrecht, apl. Professor für Philosophie, Fachbereich 1, Universität Trier, albrecht@uni-trier.de

Abraham Anderson, Professor of Philosophy, Sarah Lawrence College, Bronxville, NY (USA), aanderson1@sarahlawrence.edu

B

Stefano Bacin, Dr. phil., Facoltà di Filosofia, Università Vita-Salute San Raffaele Milano (Italien), s.bacin@gmail.com

Wolfgang Bartuschat, Professor für Philosophie (i. R.), Philosophisches Seminar, Universität Hamburg, Wolfgang.Bartuschat@uni-hamburg.de

Giovanni Pietro Basile, Dozent für Hermeneutik und Geschichte der Philosophie, Hochschule für Philosophie, München, giampiero.basile@hfph.de

Manfred Baum, Professor für Philosophie (i. R.), Institut für Philosophie, Bergische Universität Wuppertal, baum@uni-wuppertal.de

Hans-Ulrich Baumgarten, apl. Professor für Philosophie, Institut für Philosophie, Heinrich-Heine-Universität Düsseldorf, hbaumgarten@phil-fak.uni-duesseldorf.de

Hanno Birken-Bertsch, Dr. phil., birkenbertsch@gmail.com

Claudia Blöser, Dr. phil., Akademische Rätin a. Z., Institut für Philosophie, Goethe Universität Frankfurt/M., bloeser@em.uni-frankfurt.de

Martin Bondeli, Dr. phil., Privatdozent für Philosophie an den Universitäten Bern und Fribourg, martin.bondeli@philo.unibe.ch, martin.bondeli@unifr.ch

Reinhard Brandt, Professor für Philosophie (i. R.), Institut für Philosophie, Philipps-Universität Marburg, brandt2@staff.uni-marburg.de

Reinhold Breil, apl. Professor für Philosophie, Philosophisches Institut, RWTH Aachen, reinhold.breil@rwth-aachen.de

Rebecca Iseli Buchi, Dr. phil.-hist., Hochschuldozentin und Gymnasiallehrerin für Philosophie, Institut für Philosophie, Universität Bern, rebecca.iseli@philo.unibe.ch

B. Sharon Byrd (1947–2014), Professorin of Anglo-American Law and Jurisprudence, Rechtswissenschaftliche Fakultät, Friedrich-Schiller-Universität Jena

C

Katja Crone, Professorin für Philosophie, Institut für Philosophie und Politikwissenschaft, Technische Universität Dortmund, katja.crone@tu-dortmund.de

D

Daniel Dahlstrom, Professor of Philosophy, Department of Philosophy, Boston University, dahlstro@bu.edu

Silvia De Bianchi, Ph. D., Marie Curie Fellow, Centre d'Història de la Ciència (CEHIC), Universitat Autònoma de Barcelona, silvia_debi@yahoo.it

Daniel Dohrn, Privatdozent für Philosophie, wissenschaftlicher Mitarbeiter, Institut für Philosophie, Humboldt-Universität zu Berlin, Daniel_Dohrn@yahoo.com

Bernd Dörflinger, Professor für Philosophie, Fachbereich I Philosophie, Universität Trier, doerflin@uni-trier.de

E

Andreas Eckl, apl. Professor für Philosophie, Institut für Philosophie, Goethe-Universität Frankfurt/M., eckl@em.uni-frankfurt.de

Jeffrey Edwards, Professor of Philosophy, State University of New York, Stony Brook (USA), Jeff.edwards@stonybrook.edu

Dina Emundts, Professorin für Philosophie, Fachbereich Philosophie, Universität Konstanz, Dina.Emundts@uni-konstanz.de

Kristina Engelhard, Dr. phil. wissenschaftliche Mitarbeiterin, DFG-Post-Doc Fellow, Philosophisches Seminar, Universität zu Köln, kristina.engelhard@uni-koeln.de

Wolfgang Ertl, Professor für Philosophie, Department of Philosophy/Ethics, Keio University, Tokyo (Japan), w.ertl@flet.keio.ac.jp

Andrea Esser, Professorin für Philosophie, Institut für Philosophie, Friedrich-Schiller-Universität Jena, andrea.esser@uni-jena.de

Werner Ludwig Euler, Gastprofessor für Philosophie, Departamento de Filosofia do CFH, Universidade Federal de Santa Catarina, Florianópolis-SC (Brasilien), werner.euler@ufsc.br

F

Katrin Flikschuh, Professor of Political Theory, London School of Economics, London (Großbritannien), K.A.Flikschuh@lse.ac.uk

Eckart Förster, Professor of Philosophy, Department of Philosophy, Johns Hopkins University, Baltimore (USA), eckart.forster@jhu.edu

Luca Fonnesu, Professor für Geschichte der Philosophie, Dipartimento di Studi Umanistici, Università di Pavia (Italien), luca.fonnesu@unipv.it

Maximilian Forschner, Professor für Philosophie, Institut für Philosophie, Friedrich-Alexander-Universität Erlangen-Nürnberg, Maximilian.Forschner@sophie.phil.uni-erlangen.de

Christel Fricke, Professorin für Philosophie, Department of Philosophy et al., University of Oslo (Norwegen), christel.fricke@ifikk.uio.no

Cord Friebe, PD Dr., Institut für Philosophie, Universität Bonn, cfriebe@uni-bonn.de

G

Włodzimierz Galewicz, Professor für Philosophie, Institut für Philosophie, Jagellonen Universität Kraków (Polen), w.galewicz@uj.edu.pl

Sebastian Gardner, Professor of Philosophy, Department of Philosophy, University College London (Großbritannien), sebastian.gardner@ucl.ac.uk

Gabriele Gava, Dr. phil., Wissenschaftlicher Mitarbeiter, Institut für Philosophie, Goethe-Universität Frankfurt/M., gabriele.gava@gmail.com

Volker Gerhardt, Seniorprofessor, Institut für Philosophie, Humboldt-Universität zu Berlin, volker.gerhardt@philosophie.hu-berlin.de

Piero Giordanetti, Professor für Geschichte der Philosophie, Dipartimento di Filosofia, Università degli Studi di Milano (Italien), piero.giordanetti@unimi.it

Stefanie Grüne, Dr. phil., wissenschaftliche Mitarbeiterin, Institut für Philosophie, Universität Potsdam, sgruene@uni-potsdam.de

Bernward Grünewald, Professor für Philosophie (i. R.), Philosophisches Seminar, Universität zu Köln, b.gruenewald@uni-koeln.de

Paul Guyer, Professor of Humanities and Philosophy, Department of Philosophy, Brown University (USA), Paul_guyer@brown.edu

H

Johannes Haag, Professor für Theoretische Philosophie, Institut für Philosophie, Universität Potsdam, jhaag@uni-potsdam.de

Dietmar H. Heidemann, Professor für Philosophie, Institut für Philosophie, Universität Luxemburg, dietmar.heidemann@uni.lu

Marion Heinz, Professorin für Theoretische Philosophie, Philosophische Fakultät, Universität Siegen, hinz@philosophie.uni-siegen.de

Stefan Heßbrüggen-Walter, Assistenzprofessor (доцент), School of Philosophy, National Research University – Higher School of Economics, Moskau (Russland), shessbru@hse.ru

Reinhard Hiltscher, apl. Professor für Philosophie, Institut für Philosophie, TU Dresden, rjhdd@gmx.de

Beatrix Himmelmann, Professorin für Philosophie, Department of Philosophy, UiT, The Arctic University of Norway, Tromsø (Norwegen), beatrix.himmelmann@uit.no

Gunnar Hindrichs, Professor für Philosophie, Philosophisches Seminar, Universität Basel, Gunnar.Hindrichs@unibas.ch

Otfried Höffe, Professor für Philosophie (i. R.), Philosophisches Seminar, Universität Tübingen, sekretariat.hoeffe@uni-tuebingen.de

Matthias Hoesch, Dr. phil., Vertretung einer Professur für Philosophie, Westfälische Wilhelms-Universität Münster, Matthias.hoesch@uni-muenster.de

Thomas Sören Hoffmann, Professor für Philosophie, Institut für Philosophie, FernUniversität Hagen, thomas.hoffmann@fernuni-hagen.de

Sarah Holtman, Professor of Philosophy, Department of Philosophy, University of Minnesota, Minneapolis (USA), holtm001@umn.edu

Christoph Horn, Professor für praktische Philosophie und Philosophie der Antike, Institut für Philosophie, Universität Bonn, chorn@uni-bonn.de

Joachim Hruschka, Professor für Strafrecht und Rechtsphilosophie (i. R.), Friedrich-Alexander-Universität Erlangen, byrd2804@gmail.com

Axel Hutter, Professor für Philosophie, Ludwig-Maximilians-Universität München, axel.hutter@lmu.de

I

Silvan Imhof, Dr. phil., wissenschaftlicher Mitarbeiter, Département de Philosophie, Université de Fribourg (Schweiz), silvan.imhof@unifr.ch

K

Jindřich Karásek, Dr. phil., Dozent für Philosophie, UFAR FF UK, Prag (Tschechische Republik), Jindrich.karasek@ff.cuni.cz

Matthias Kaufmann, Professor für Philosophie, Seminar für Philosophie, Martin-Luther-Universität Halle-Wittenberg, matthias.kaufmann@phil.uni-halle.de

Johannes Keienburg, Dr. phil., Humboldt-Universität zu Berlin, Journalist und Unternehmensberater n/a, keienburg@gmx.de

Pierre Keller, Professor of Philosophy, Department of Philosophy, University of California at Riverside, pierre.keller@ucr.edu

Andrea Kern, Professorin für Philosophie, Institut für Philosophie, Universität Leipzig, akern@uni-leipzig.de

Wolfgang Kersting, Professor für Philosophie (i. R.), Philosophisches Seminar, Christian-Albrechts-Universität zu Kiel, kersting@philsem.uni-kiel.de

Berna Kilinc, Professor für Philosophie, Felsefe Bolumu, Bogazici Universitesi, Istanbul (Türkei), bernakilinc@gmail.com

Patricia Kitcher, Professor of Humanities, Professor of Philosophy, Columbia University, New York (USA), pk206@columbia.edu

Heiner F. Klemme, Professor für Geschichte der Philosophie, Seminar für Philosophie, Martin-Luther-Universität Halle-Wittenberg, heiner.klemme@phil.uni-halle.de

Stefan Klingner, Dr. phil., Technische Universität Dresden, Institut für Philosophie, Technische Universität Dresden, st.klingner@googlemail.com

Christian Klotz, Professor für Philosophie, Faculdade de Filosofia, Universidade Federal de Goiás (Brasilien), klotz.chr@googlemail.com

Franz Knappik, Dr. phil., wissenschaftlicher Mitarbeiter, Institut für Philosophie, Humboldt-Universität zu Berlin, franz.knappik@hu-berlin.de

Lutz Koch, Prof. Dr., Professor für Allgemeine Pädagogik (i. R.), Universität Bayreuth, Lutz.Koch@uni-bayreuth.de

Peter König, Professor für Philosophie, Philosophisches Seminar, Universität Heidelberg, p.koenig@urz.uni-heidelberg.de

Kristian Kühl, Professor für Strafrecht, Strafprozessrecht und Rechtsphilosophie, Juristische Fakultät, Eberhard Karls Universität Tübingen, kuehl@jura.uni-tuebingen.de

L

Thomas Land, Assistant Professor of Philosophy, Department of Philosophy, Ryerson University, Toronto, Ontario (Kanada), tcl37@cam.ac.uk

Claudio La Rocca, Professor für Theoretische Philosophie, Dipartimento di Scienze della Formazione, Università di Genova (Italien), claudio.larocca@unige.it

Chong-Fuk Lau, Professor of Philosophy, Department of Philosophy, The Chinese University of Hong Kong (China), cflau@cuhk.edu.hk

Seung-Kee Lee, Professor of Philosophy, Department of Philosophy, Drew University, Madison, New Jersey (USA), slee3@drew.edu

Robert Louden, Professor of Philosophy, Department of Philosophy, University of Southern Maine, Portland, Maine (USA), Louden@Maine.edu

M

Beate Marschall-Bradl, Dr. phil., Lehrbeauftragte, Philosophisches Seminar, Universität Heidelberg und Staatliches Seminar für Didaktik und Lehrerbildung Heilbronn, marschall-bradl@uni-heidelberg.de

Florian Marwede, M.A., Dipl.-Inform., wissenschaftlicher Mitarbeiter, Goethe-Universität Frankfurt/M., florian_marwede@gmx.de

Lydia Mechtenberg, Dr. phil., Dr. rer. oec., Professorin für Mikroökonomie, Fakultät Wirtschafts- und Sozialwissenschaften, Universität Hamburg, lydia.mechtenberg@wiso.uni-hamburg.de

Jean-Christophe Merle, Professor für Philosophie, Fakultät III Kulturwissenschaften, Universität Vechta, Honorarprofessor der Universität des Saarlandes, jean-christophe.merle@uni-vechta.de

Karin Michel, Dr. phil., Leiterin des Instituts für praktische Philosophie Wuppertal, info@philosophieinstitut-michel.de

Corinna Mieth, Professorin für Philosophie, Institut für Philosophie I, Ruhr-Universität Bochum, corinna.mieth@rub.de

Giuseppe Motta, Dr. phil., wissenschaftlicher Mitarbeiter, Institut für Philosophie, Karl-Franzens-Universität Graz (Österreich), giuseppe.motta@uni-graz.at

N

Thomas Nenon, Professor of Philosophy, Department of Philosophy, University of Memphis, (USA), tnenon@memphis.edu

Nico Naeve, Dr. phil., wissenschaftlicher Mitarbeiter, Philosophisches Seminar, Universität Mannheim, nnaeve@mail.uni-mannheim.de

Robert Nehring, Dr. phil., Verlagsleiter/Chefredakteur, Verlag Frank Nehring GmbH Berlin, nehringR@ymail.com

O

Michael Oberst, Dr. phil., Postdoctoral Scholar, Department of Philosophy, University of California, San Diego (USA), mioberst@ucsd.edu

P

Helke Panknin-Schappert, Dr. phil., Privatdozentin, Philosophisches Seminar, Johannes Gutenberg-Universität Mainz, Autorin im Schulbuchverlag, Dozentin für Lehrerfortbildungen, H.P-Schappert@online.de

Michael Pauen, Professor für Philosophie, Institut für Philosophie, Humboldt-Universität zu Berlin, m@pauen.com

Rocco Porcheddu, Dr. phil., Lehrbeauftragter, Philosophisches Seminar, Bergische Universität Wuppertal, porcheddu@uni-wuppertal.de

Bernd Prien, PD Dr. phil., Lehrbeauftragter, Institut für Philosophie, Heinrich-Heine-Universität Düsseldorf, bprien@uni-muenster.de

Hernán Pringe, Professor für Philosophie, Instituto de Humanidades, Universidad Diego Portales, Santiago (Chile), CONICET-Instituto de Filosofía (FFYL-UBA), Buenos Aires (Argentinien), hpringe@gmail.com

Q

Marcel Quarfood, Ph. D., Lecturer in Theoretical Philosophy, Department of Philosophy, Stockholm University (Schweden), marcel.quarfood@philosophy.su.se

R

Birgit Recki, Professorin für Philosophie, Philosophisches Seminar, Universität Hamburg, birgit.recki@uni-hamburg.de

Tobias Rosefeldt, Professor für Philosophie, Institut für Philosophie, Humboldt-Universität zu Berlin, tobias.rosefeldt@hu-berlin.de

Ulli F. H. Rühl, Professor für Öffentliches Recht, Rechts- und Sozialphilosophie, Fachbereich Rechtswissenschaft, Universität Bremen, uruehl@uni-bremen.de

S

Georg Sans SJ, Professor für Religions- und Subjektphilosophie, Hochschule für Philosophie, München, georg.sans@hfph.de

Olrik Santozki, Dr. phil., Studienrat mit den Fächern Philosophie, Latein und Deutsch, Schiller-Gymnasium Hameln, osantozki@directbox.com

Steffi Schadow, Dr. phil., Lehrbeauftragte, Institut für Philosophie, Universität Bremen, schadow@uni-bremen.de

Dieter Schönecker, Professor für Philosophie, Philosophische Fakultät I, Universität Siegen, dieter.schoenecker@uni-siegen.de

Martin Schönfeld, Professor für Philosophie, Department of Philosophy, University of South Florida, Tampa, Florida (USA), mschonfe@usf.edu

Oliver R. Scholz, Professor für Philosophie, Philosophisches Seminar, Westfälische Wilhelms-Universität Münster, oscholz@uni-muenster.de

Ulrich Seeberg, Dr. phil., Berlin, ulrich.seeberg@gmx.de

Gerhard Seel, Professor für Philosophie (i. R.), Institut für Philosophie, Universität Bern, gseel@net2000.ch

Oliver Sensen, Professor of Philosophy, Department of Philosophy, Tulane University, New Orleans (USA), sensen@tulane.edu

Camilla Serck-Hanssen, Professorin für Philosophie, Institut für Philosophie et al. (IFIKK), Universität Oslo, (Norwegen), caseha@ifikk.uio.no

Nicholas F. Stang, Assistant Professor, Department of Philosophy, University of Toronto, nick.stang@utoronto.ca

Christiane Straub, M.A., wissenschaftliche Hilfskraft, Seminar für Philosophie, Martin-Luther-Universität Halle-Wittenberg; freie Mitarbeiterin im Stadtmuseum Halle/S., Christian-Wolff-Haus, Christiane.Straub@gmx.de

Niko Strobach, Professor für Philosophie, Philosophisches Seminar, Westfälische Wilhelms-Universität Münster, logic.language@uni-muenster.de

Rainer Stuhlmann-Laeisz, Professor für Logik und Grundlagenforschung (i. R.), Institut für Philosophie, Universität Bonn, stuhlmann-laeisz@uni-bonn.de

Thomas Sturm, ICREA Research Professor für Philosophie, ICREA (Institució Catalana de Recerca i Estudis Avançats) & Dept. de Filosofia & Center for History of Science (CEHIC), Universitat Autònoma de Barcelona (Spanien), Thomas.Sturm@uab.cat

Dieter Sturma, Professor für Philosophie, Institut für Philosophie, Rheinische Friedrich-Wilhelms-Universität Bonn, Direktor des Instituts für Wissenschaft und Ethik (IWE), des Deutschen Referenzzentrums für Ethik in den Biowissenschaften (DRZE) und des Instituts für Ethik in den Neurowissenschaften am Forschungszentrum Jülich, dieter.sturma@uni-bonn.de

Christian Suhm, Dr. phil., Westfälische Wilhelms-Universität Münster, wissenschaftlicher Geschäftsführer am Alfried Krupp Wissenschaftskolleg, Greifswald, christian.suhm@wiko-greifswald.de

T

Robert Theis, Professor für Philosophie (i. R.), Université du Luxembourg, robert.theis@uni.lu

Jens Timmermann, Professor of Moral Philosophy, University of St Andrews (Schottland), jt28@st-andrews.ac.uk

Gabriele Tomasi, Professor für Ästhetik, Dipartimento di Filosofia, Sociologia, Pedagogia e Psicologia Applicata FISPPA, Università degli Studi di Padova (Italien), gabriele.tomasi@unipd.it

V

Alberto Vanzo, Research Fellow, Department of Philosophy, University of Warwick, Coventry (Großbritannien), alberto.vanzo@email.it

W

Violetta L. Waibel, Universitätsprofessorin für Europäische Philosophie und Continental Philosophy, Institut für Philosophie, Universität Wien (Österreich), violetta.waibel@univie.ac.at

Kenneth R. Westphal, Professor für Philosophie, Department of Philosophy, Boğaziçi Üniversitesi, İstanbul (Türkei), westphal.k.r@gmail.com

Héctor Wittwer, Professor für Praktische Philosophie, Institut für Philosophie, Otto-von-Guericke-Universität Magdeburg, hector.wittwer@ovgu.de

Michael Wolff, Professor für Philosophie (i. R.), Abteilung Philosophie, Universität Bielefeld, mwolff@philosophie.uni-bielefeld.de

Brigitta-Sophie von Wolff-Metternich, Dr. phil., Akademische Oberrätin, Philosophisches Seminar, Universität Heidelberg, von-Wolff-Metternich@urz.uni-heidelberg.de

Falk Wunderlich, Dr. phil., wissenschaftlicher Mitarbeiter, Seminar für Philosophie, Martin-Luther-Universität Halle-Wittenberg, falk.wunderlich@phil.uni-halle.de

Thomas Wyrwich, Dr. phil., wissenschaftlicher Mitarbeiter, Fakultät für Philosophie, Wissenschaftstheorie und Religionswissenschaft, Ludwig-Maximilians-Universität, München, thomas.wyrwich@lrz.uni-muenchen.de

Z

John Zammito, Professor of History, Department of History, Rice University, Houston, Texas (USA), zammito@rice.edu

Günter Zöller, Professor für Philosophie, Fakultät für Philosophie, Wissenschaftstheorie und Religionswissenschaft, Ludwig-Maximilians-Universität München, zoeller@lmu.de

Franco Zotta, Dr. phil., Project Manager, Bertelsmann Stiftung, Gütersloh, franco.zotta@bertelsmann-stiftung.de